DICCIONARIO PORTUGUEZ - KOMKANI PORTUGUESE - KONKANI DICTIONARY

DICCIONARIO PORTUGUEZ - KOMKANI
PORTUGUESE - KONKANI DICTIONARY
पोरचोगीज़ –कोन्कनी शब्दकोष

M. SEBASTIAO RODOLPHO DALGADO

GYAN

Published by

Gyan Publishing House
5, Ansari Road
Daryaganj, New Delhi-110002
Phone: 011-47034999, 9811692060
E-mail: books@gyanbooks.com

Distribution Network
gyanbooks.com
India, USA, Canada, UK, Australia, France

ISBN : 978-81-212-4283-7 (PB)
First Published, 1905

2nd Impression 2020

Printed at: Gyan Press, Delhi.

Diccionario Portuguez - Komkani Portuguese - Konkani Dictionary
Author: M. Sebastiao Rodolpho Dalgado

Ao

Illmo e Exmo Senhor

Conselheiro Jacinto Candido da Silva

Que auctorizou a publicação deste Diccionario quando Ministro
da Marinha e Ultramar

Dedica

O auctor.

INTRODUCÇÃO

> A cultura methodica da lingua materna tornará familiar a lingua maratha; facilitará o conhecimento das outras linguas asiaticas e europeias, antigas o modernas, e por ellas abrirá as portas da intelligencia a todos os conhecimentos uteis; e desentranhará de um mundo, para vós hoje desconhecido, os thesouros que alli jazem occultos, por falta de instrumento apropriado á sua exploração.
>
> Cunha Rivara, *Ensaio historico da lingua concani*, XXXI.

O estudo da lingua vernacula de Gôa, geralmente denominada concani, recommenda-se por varios titulos, quer o consideremos como meio, quer o encaremos como fim [1].

O estudo de uma lingua por amor de lingua, desconhecido da antiguidade, é o objectivo da moderna sciencia de glottologia ou linguistica, para a qual não ha fala humana, por mais barbara e rudimentar que seja, que não tenha seu valor real, ou por corroborar uma theoria, ou por esclarecer uma duvida, ou por ministrar novo elemento de investigação. «Dialectos que nunca produziram nenhuma literatura, diz Max Müller, os *jargons* de tribus selvagens, os estalidos dos hottentotes e as modulações vocaes dos indo-chineses são tão importantes, e para a resolução de alguns dos nossos problemas, até mais importantes do que a poesia de Homero ou a prosa de Cicero» [2].

A India vindica, por bom direito, a gloria de ter dado causa e incentivo para a philologia comparada, que tem tanto corrigido a historia e a ethnologia.

Aos gregos e aos romanos, assim como era barbaro todo o povo differente do seu, barbaro lhes era tambem o respectivo idioma, com o qual nada tinham de commum e no qual não havia nada que aprender.

---

[1] Diz-se *concani* (segundo a minha transliteração *koṁkaṇî*), do Concão meridional, onde principalmente é falada, posto que, fóra de Gôa, em concurso com o maratha no norte e com o canarês no sul. Os antigos escriptores portugueses designaram-na por diversos appellidos, como: *concana, concánica, brámana, brámana-goana, goana*, e até *canarim* ou *canarina*, em opposição ao que nos ensinam a geographia, a ethnologia e a philologia. Convir-lhe-ia com mais propriedade o nome de *gomantakí*, de *Gomantaka* ou Gôa, sua séde primordial, com o quê se evitava a ambiguidade com o dialecto maratha do Concão.

[2] *Science of Language*, vol. I.

Os christãos durante longos seculos adoptaram por axioma que todas as linguas derivavam do hebreu, falado por Adão e Noé, progenitores do genero humano, e accommodaram a este leito de Procustes todo o systema etymologico e linguistico. Foram os missionarios catholicos Thomás Estevam, Roberto de Nobili e outros jesuitas, que primeiro desvendaram aos olhos da Europa uma vasta e importantissima literatura, que exploraram em proveito da nova religião que prègavam, e demais, a existencia de uma lingua, que, segundo William Jones, é mais perfeita que a grega, mais copiosa que a latina e mais esmeradamente polida do que uma e outra. E foi o padre Cœurdoux quem, comparando em 1767 o vocabulario e a grammatica das tres linguas e descortinando uma lingua primitiva commum, antecipou pelo menos em cincoenta annos, como observa Max Müller, alguns dos mais interessantes resultados da philologia comparada[1].

Mas a nova sciencia não podia circumscrever-se a tão acanhado recinto. Da analyse da lingua de Valmiki e de Vyassa para a dos idiomas prakríticos ia apenas um passo. As leis que haviam presidido á elaboração das linguas romanas do latim na Europa eram analogas ás que haviam formado do sanskrito os idiomas neo-áricos da India, alguns dos quaes apresentam notaveis pontos de contacto com o processo peculiar a cada uma daquellas[2].

Não eram, porém, sómente as linguas sanskríticas que governavam a linguagem de trezentos milhões de habitantes; havia dezenas de outras linguas, algumas muito cultivadas, pertencentes a familias e grupos differentes, mas nem por isso menos dignas de estudo e menos interessantes para a glottologia. Que outro campo mais adequado á expansão da sciencia da linguagem do que essa terra de dimensões quasi eguaes ás da Europa, com centenas de linguas (e infinidade de dialectos) de todas as gradações, desde as rhematicas monosyllabicas e dissyllabicas até as inflexivas e analyticas?[3] Não admira, portanto, que os genios de Max Müller, Latham, Beames, Caldwell, Grierson e tantos outros indianistas insignes tenham alli tido farta colheita, deixando ainda ampla margem para novos investigadores.

Nesta chamada geral ás linguas indianas, não ha duvida que o konkaní não tem sido preterido; mas tambem não mereceu ainda toda a

---

[1] É pena que a unica cadeira de lingua e literatura sanskrita que existe em Portugal e que, pelo novo regulamento, deixou de fazer parte do Curso Superior de Letras, esteja prestes a extinguir-se, por falta de frequencia, emquanto outras nações, com menos relações com a India, tem mais de uma nas suas universidades e academias. Cf. Max Müller, *India: what can it teach us?*

[2] Vid. E. L. Brandreth, *The Gaurian compared with the Romance languages*, em *Journal R. A. S.*, vol. XI e XII.

[3] Robert Cust (*A sketch of the modern languages of the East Indies*) orça em 243 o numero das linguas, e em 296 o dos dialectos. George Grierson (*Linguistic survey of India.— Bombay and Baroda*), tratando *ex professo* do assumpto, enumera, só na presidencia de Bombaim (que não é a mais prolifica), 3 familias, 5 grupos, 15 linguas e 126 dialectos, e confessa que a lista é incompleta.

consideração a que tem direito, talvez por não ser falado por muitos milhões de individuos, por não ser assás conhecida a sua genuina literatura, e por não ter a sua séde principal no territorio inglês[1].

O unico trabalho de monta sobre o assumpto, até agora publicado, é a contribuição para o *Bombay Gazetteer*, do Dr. Gerson da Cunha, que, infelizmente, só se abeirou de varias questões de vulto, sem perscrutar desenvolvidamente a origem e a estructura da lingua, as suas differenças dialectaes e phases historicas, a sua evolução normal e as intrusões das vizinhas, para o que, aliás, tinha reconhecida competencia[2].

Os outros glottologos divergem muito na sua apreciação. Cust, Beames, Hoernle, Grierson consideram-na como dialecto do maratha. Murphy, identificando-a com o maratha, reconhece-lhe, comtudo, o cunho de uma particular influencia brahmánica; mas não explica como, porquê e quando essa influencia teve o condão de se exercer tão singularmente. Sir W. Elliot, Ellis, C. Lassen, Benfey, Burnell dão-lhe foros de lingua autonoma. Murray Mitchell e o Dr. Wilson fazem-na differir do maratha tanto como o guzerathe.

Ora, se fosse detidamente examinado o vacabulario basilar e organico do konkaní, claramente se deprehenderia que elle é importado, por hereditariedade, do sanskrito, ou directamente sem mudança phonetica (*tatsamas*), ou por intermedio da *bhâlabhâshâ* [3], em obediencia ao processo evolutivo (*tadbhâvas*) [4]. E sobretudo, se fosse minuciosamente confrontado o seu mechanismo grammatical com o dos outros idiomas áricos — pois é a grammatica, e não o lexico, que distingue e caracteriza as linguas — demonstrar-se-ia até a evidencia que, longe de se filiar em algum de elles, se aproximava, mais do que o proprio maratha, da lingua-mãe, — que pertencia ao grupo gaudiano (*paṁcha gauḍa*), — que provavelmente representava a antiga sarasvatí, que os orientalistas dão por extincta, e reforçava a tradição oral e escripta, fundada tambem em affinidades ethnicas, sobre a emigração dos bráhmanes de Trihotra (actualmente Tirhut) para Gomáchala, moderna Goa[5]. Assim não teria sido difficil discernir e elucidar historica e

---

1 «It also has a large literature mostly dating from the glorious times of the early Portuguese rule at Goa, and due to the surprising zeal and ability of the former jesuits; and for these reasons must be of great interest to a philologist». A. C. Burnell, *Specimens of S. Indian dialects*, n.º 1.

2 Sobre o dialecto do konkaní do Canará meridional, cf. Burnell, *op. cit.*

3 Literalmente: *linguagem de creanças*, quer dizer, sanskrito vulgar, sem observancia rigorosa de regras grammaticaes. Com relação ao português e latim, *acto, facto, plano, pleno* seriam *tatsamas*; e *auto, feito, chão, cheio*, mereceriam o nome de *tadbhâvas*.

4 «It is manifestly in the main formed of the Sanskrit, and compared with other vernacular dialects, throws some light on their formation from the Sanskrit, and on some of their peculiar grammatical forms». Dr. Wilson, *Bombay Administration Report*, 1872-1873.

5 *Cf. Sahyâdri-khanda.* **Rámchandra Gunjíkar**, *Sarasvatî-maṇḍala.*

geographicamente a superestructura exotica, em grande parte dispensavel (por ser synonymica), e dar a razão por que a fala das camadas inferiores se avizinha do maratha, lexicologica e morphologicamente, mais do que a das classes superiores, que, logicamente, com maior fundamento se deviam por elle influenciar, visto lidar com a lingua e a literatura de Maharashtra.

Ha, portanto, no konkaní ainda muito que explorar no interesse da linguistica, da ethnologia e da historia antiga dessa parte do Concão.

*

* *

Mas se o proveito da sciencia não é incentivo sufficiente para convidar muitos espiritos ao estudo do konkaní, o seu conhecimento é indispensavel como meio de communicação e convivio com os indigenas, cuja grande maioria não fala, nem se póde razoavelmente esperar que fale senão a lingua vernacula.

E foi justamente essa necessidade, sob o ponto de vista religioso, como o é ao presente em Mangalor, que tanto promoveu a sua cultura e produziu uma literatura relativamente tão vasta: grammatical, lexicologica, doutrinaria e apologetica, em prosa e verso.

No primeiro ardor da conquista e do zelo da gloria de Deus, queimaram-se, á imitação do processo de Omar em Alexandria, todos os livros vernaculos que se acharam, em seguida á destruição dos idolos e pagodes, unicamente pelo motivo de serem producções de pagãos, e como taes *a priori* maus e condemnaveis [4]. Perdeu-se deste modo o fio de Ariadne, que com segurança teria guiado na resolução de muitas questões de alto valor, que ora se afiguram insoluveis, como: a configuração peculiar do alphabeto, os espécimes da fala primitiva, a genuina linguagem literaria, os documentos historicos, o grau de illustração dos habitantes e as suas relações com os países limitrophes.

Em seguida tornou-se palpavel e imperiosa a necessidade de aprender e cultivar a lingua da terra conquistada, como o unico vehiculo natural da evangelização. Á falta de subsidios escriptos e normas apropriadas, os missionarios tiveram de a estudar de viva voz e com o auxilio do sanskrito e do maratha, e assim compuseram catecismos e devocionarios sanskritizados e obras apologeticas marathizadas. Isto explica satisfactoriamente porque é que o povo não percebe grande numero dos termos da doutrina christan, que aprende oralmente, e os deturpa na enunciação, e porque é que ainda hoje vigora uma linguagem hieratica com vocabulos puramente sanskritos (*tatsamas*), que só

[4] Vid. Cunha Rivara, *Ensaio historico da lingua concani*, VII.

se entendem pelo contexto e pela constante prática [1]. D'aqui provém a hesitação ou a confusão dos philologos, cuja base de criterio se limita, de ordinario, a uma ou outra publicação antiga ou moderna, em individualizar e classificar a lingua de tantos cambiantes.

É exclusivamente para o fim de doutrinamento dos fieis e de confutação do paganismo que inculcam e encarecem o conhecimento do konkaní as constituições do arcebispado de Gôa, os concilios provinciaes e até as ordens regias [2]. Tambem houve em alguns conventos mestres para o ensino da lingua aos seus collegas religiosos, e auctores de grammaticas, vocabularios e outros subsidios, em grande parte ineditos e perdidos, para a instrucção dos seus successores na propagação da fé catholica.

Decorrido um seculo depois da conquista, notavel pela actividade religiosa e literaria, o zelo apostolico arrefeceu, e os ecclesiasticos estrangeiros não querendo dar-se ao trabalho de saber o idioma do país, declamaram, sob fementidos pretextos, contra a sua existencia, e pretenderam constranger os indigenas a aprender o delles, como se fosse facil alcançar que renegue da sua lingua quem não renega de sua mãe [3]. E tanto se empenharam nessa guerra de exterminio, que conseguiram que as auctoridades civil e ecclesiastica e até a inquisição prohibissem aos naturaes a sua prática, substituindo o uso do português em seu logar, sob penas severas e impedimentos canonicos [4]. Baldadas tentativas: a lingua não succumbiu aos esforços titanicos dos

---

[1] Admira que até agora não tenha sido commentado o catecismo konkani, que apresenta tantas variantes, por desconhecimento do texto primitivo, rectificando a prosodia e glosando a terminologia abstrusa. O finado Barão de Cumbarjua tinha preparado um valioso trabalho sobre o assumpto, mas não o deu á estampa. Os catecismos que correm impressos são reproducção das fórmulas oraes, deformadas pelo tempo, e não reedição dos antigos.

[2] O quinto concilio (1606), por exemplo, «ordena e manda estreitamente que nenhum sacerdote secular ou regular seja promovido a vigario de Igreja alguma curada, sem saber a lingua de seus freguezes, na qual será examinado; e aos que ao presente são vigarios, sem a saberem, limita seis mezes do tempo da publicação deste decreto para a aprenderem, depois dos quaes, se a não tiverem aprendido, os ha *ipso facto* suspensos, e lhes tira toda jurisdicção sobre os ditos freguezes».

[3] ... «me parece quanto ao primeiro impraticavel extinguir a lingua materna destes naturaes, pois com ella são criados, ainda aquelles que tem continua communicação, e trato com portuguezes». Conde de Sandomil, *Livros das monções*, 101.

[4] Eis os impedimentos: «Não havemos de admittir pessoa alguma de qualquer qualidade, que seja, ás Ordens... além da sciencia e uso de fallar só a lingua portugueza, não só os mesmos pretendentes, mas tambem todos os seus parentes chegados, assim homens, como mulheres, comprovada com um rigoroso exame». «Somos servidos instituir, crear, e pôr de novo nesta Ilha de Goa, e adjacentes, e nas duas Provincias de Bardez e Salcete, o impedimento de não poder contrahir matrimonio todo aquelle homem, ou mulher, que não souber, ou não usar ou falar a lingua portugueza». Pastoral de D. Fr. Lourenço de Santa Maria, 1745.

poderes colligados; saiu da refrega com algumas arranhaduras, sim, mas cheia de vitalidade e disposta a arrostar novos combates [1].

Subsequentemente, dispensado da cura de almas o elemento estranho e substituido o clero indigena, como mais idoneo, cessou naturalmente a guerra; mas tambem cessaram o estudo methodico e a cultura da lingua e o uso dos antigos trabalhos literarios, com a persuasão de que a lingua materna não precisa de ser estudada por livros, visto estar já aprendida ao collo da mãe e aperfeiçoada pela prática.

Não bastando, porém, a linguagem colloquial para o fim de prègação proficiente e estando a linguagem hieratica a perder gradualmente terreno, por falta de adminiculos, suppre-se a deficiencia com dicções incorrectas, improprias do logar e circumlocutorias, e com larga importação do português, sob color de pobreza da lingua, em desvantagem do auditorio em geral, que não percebe nem gosta de semelhante hybridismo [2].

Mas além dos motivos religiosos, não será, se não necessario, ao menos muito util e conveniente o conhecimento da lingua do país aos funccionarios europeus que, por officio, lidam constantemente com o povo, para entender o qual tem de se servir, por annos, de interpretes, nem sempre idoneos? A Inglaterra, que passa por modelo de nação colonizadora, obriga os candidatos a cargos de certa importancia ao exame previo, feito em Londres, de hindustaní, que é a lingua franca da India, e sujeita-os a novos exames de proficiencia na lingua do districto, para o effeito de promoção e augmento de ordenado. É sabido que a rainha Victoria não se dedignou de aprender e falar o hindustaní, com immensa ufania de centenas de milhões dos seus subditos indianos. E houve um vice-rei da nossa India, Antonio de Mello e Castro, que em 1666 escrevia a um superior religioso estas memoraveis palavras: «E de caminho seguro a V. P. que tenho por tão necessario o uso da lingua para conciliar os animos, que eu desde que vim a aprendo, para entender as queixas dos meus subditos [3].

---

[1] Egual tentame, mas por outros motivos, fizeram os hollandeses em Ceylão com respeito ao português; mas por desforra da justiça, os seus descendentes ainda hoje falam o crioulo português.

[2] Este hybridismo, já profundamente arraigado, é uma das causas principaes do imperfeito conhecimento de uma e outra lingua.—«The native Roman Catholic Christians, who are numerous round Sawant Wari and Goa, speak a patois which contains many Portuguese words mixed with Marathi». Beames, *Outlines of Indian Philology*, 1868, p. 4.

[3] *Livros das monções*, 30. Este assumpto foi defendido e advogado calorosamente pelo Sr. G. de Vasconcellos Abreu nas conferencias das Missões Ultramarinas no Ministerio da Marinha, quando era ministro Mello Gouveia.

*
* *

É vantajoso, é proficuo o estudo da lingua materna?

A questão, posta assim na generalidade, não admitte discussão, por den evidente, aos olhos de um português, de um francês, de um inglês, a quem o conhecimento accurado da sua lingua constitue a essencia de toda a instrucção e a base de illustração.

Mas poderá e deverá dizer-se outro tanto com respeito a uma lingua que se não gaba de esmerada cultura e de importante e variada literatura, e em particular de uma lingua colonial, dominada ha quatrocentos annos por outra official, que nem a centesima parte da população percebe, não obstante todas as escolas primarias existentes, regias e parochiaes ecclesiasticas? [1] Parece que o facto de não ter havido até hoje em Gôa nenhuma escola pública da lingua vernacula, a despeito de tantos seculos de dominação civilizadora, e o de ser o konkaní banido até da instrucção primaria, como nocivo ao adeantamento, devem depor contra a resposta affirmativa, por mais absurdo c paradoxal que isto se afigure [2].

Portugal empenhou-se em implantar nas suas conquistas a lingua propria, e produziu numerosos dialectos crioulos — tão interessantes para o estudo da linguistica — os quaes ainda hoje attestam a sua possantc acção assimiladora; mas não promoveu, como governo, a instrucção e a cultura das linguas indigenas, para serem vehiculo do patrio idioma e da sua civilização. Mas tambem não procurou exterminá-las, senão a de Gôa, «com a demonstração e severidade de castigo», por ser assim «util ao aproveitamento das almas, e segurança para o dominio das terras» [3].

Não foi, porém, o konkaní sempre alvo de animadversão official, nem motivo de perigo espiritual e temporal; se teve perseguidores ferozes, tambem teve, de espaço a espaço, estrenuos propugnadores, se bem que não tivessem sido coroados de exito os seus esforços pelo ensino e restauração da lingua. Merece especial menção Cunha Rivara, investigador incansavel e espirito de longo alcance e largos horizontes, não só pelo muito que trabalhou para attrahir a attenção do publico ao estudo systematico do konkaní, mas, sobretudo, por ter com admi-

---

[1] O *Censo da população da India,* 1903, dá a percentagem de 10,5 dos que sabem ler e escrever, incluindo o maratha e o guzerathc. Mas em relação ao português, o saber lê lo não é entendê-lo.

[2] Ha, comtudo, escolas officiaes de maratha, lingua exotica, posto que germana e erroneamente considerada literaria do país. — «Recommenda-se aos mestres de primeiras letras... se appliquem com todo o desvelo ao ensino da mesma lingua a favor dos seus discipulos, não consentindo que estes falem nas suas escolas a da terra». O vice-rei D. Manuel de Portugal e Castro, 1839.

[3] Vide Cunha Rivara, *op. cit.*, XVI.

ravel perseverança desencantado e dado á estampa valiosos manuscriptos vernaculos, que, aliás, teriam ficado em perpetuo olvido. «Oxalá, dizia elle em uma dessas publicações, que estas nossas tentativas sirvam de despertar os filhos desta terra, que ainda se hajam em conta de aprendizes para se applicarem ao estudo da sua propria lingua, sem o conhecimento methodico da qual será sempre de difficil accesso o das outras linguas, e mui tardios os progresso m qualquer ramo de literatura ou sciencia»[1]. E não serviram de despertar a muitos, porque a apathia geral continúa, parecendo que o hybridismo infrene do konkaní e do português, e ás vezes do inglês, constitue a suprema aspiração da linguagem dos que querem passar por instruidos.

Mas a nota predominante é a indifferença, é o desprezo, assim da parte do governo, como da parte das classes dirigentes e illustradas. A utilidade do ensino e da cultura da lingua de Gôa é, pelo que se vê, um problema intrincado, que até agora não foi satisfactoriamente resolvido. Mas convirá que continue a ser o nó gordio? não haverá razões urgentes e elementos necessarios para a sua solução definitiva?

E todavia, na moderna politica colonial, o conhecimento dos idiomas vernaculos não sómente se impõe aos estranhos como meio de communicação e de christianização, ou como um factor para a philologia comparada, mas o seu estudo methodico e aprofundado é uma necessidade impreterivel, como noutras partes do mundo culto, aos proprios naturaes, para a sua civilização estavel e para os seus rapidos progressos intellectuaes.

Haja vista a vizinha Inglaterra[2] que, longe de perseguir e votar ao ostracismo as linguas indigenas, de qualquer especie que sejam, tem por um dos seus principaes deveres abrir por toda a parte escolas, e subsidiar generosamente as de iniciativa particular, para o seu ensino, estimular por varios modos a sua frequencia, servir-se dellas como pedestal para estudos superiores, fomentar com toda a diligencia a producção de livros didacticos[3], e assim reduzir á escripta, systematizar e cultivar até idiomas rudes e cahoticos, numa palavra, avocar suave, efficaz e rapidamente ao convivio da civilização europeia, por meio da lingua vernacula, povos que, de outro modo, andariam alheados por longo tempo da sua benefica influencia. E com isto não prejudica a diffusão da lingua propria, antes pelo contrario.

Haja vista a colonia goense de Bombaim, mais em contacto com a administração britannica e com o movimento intellectual dos seus

---

[1] *Grammatica da lingua concani, escripta em portuguez por um missionario italiano.* Prefação.

[2] E a Allemanha segue-a na esteira nas suas recentes colonias africanas.

[3] Neste sentido merece menção e louvor a judiciosa portaria do Sr. Conselheiro Ressano Garcia, de 13 de janeiro de 1890, a qual, por má sina do konkaní não surtiu effeito.

subditos, a qual, de ha poucos annos para cá, tem na lingua materna periodicos, publicações literarias, em maior parte traducções ou imitações, como sempre acontece no periodo inicial, e até peças theatraes, muito lidas e apreciadas pelos que não sabem, ou conhecem superficialmente, linguas europeias. É pena, porém, que a esta louvavel iniciativa não tenham presidido uma orientação scientifica e cabal conhecimento dos recursos literarios, e por isso, não lucre muito a lingua; pois, salvo rarissima excepção, todos os trabalhos são feitos com vocabulario pobre e avariado, em estylo corriqueiro e linguagem pouco cuidada e ás vezes falha de grammatica, e em orthographia arbitraria, apparentemente sonica, como se faltassem modelos com foros de classicos.

É, portanto, já tempo de romper de vez com a rotina secular e preconceitos antiquados, e de tratar seriamente, sem solução de continuidade, de dar impulso vigoroso á instrucção e á restauração da lingua vernacula de Gôa, instituindo escolas independentes ou mixtas para o seu ensino methodico e promovendo a publicação de livros apropriados [1]. O actual estado do konkaní, reduzido á linguagem colloquial (e esta mesma hybrida sem necessidade) e depreciado pelos modernos orientalistas como *patois* e *jargon*, é de continuação impossivel, por ser um desdouro para o governo, um labéo para os que o usam, um empeço á proficiencia no português, uma difficuldade para a acquisição de outras linguas e um defeito fundamental de toda a instrucção [2].

*

* *

Pondo de parte a questão da necessidade ou da utilidade do konkaní, considerado como base primaria e vehiculo principal da instrucção em geral, quem experimenta a sua deficiencia no presente estado de cousas, quem sente a falta de meios idoneos á sua facil cultura, é o clero da terra. No cabal desempenho do seu ministerio, elle não pode prescindir de alargar os seus conhecimentos além do restricto ambito da linguagem colloquial. E para remediar isso, o que mais precisa é adquirir grande copia de termos vernaculos, a fim de poder exprimir com exactidão, variedade e elegancia todos os seus conceitos e traduzir com fidelidade o que lê em livros escriptos em outras linguas, especialmente na portugucsa. O konkaní não lhes é associado, nem se

---

[1] «A 4.ª difficuldade é a falta de livros nesta lingua, o que seria hum grande soccorro a hum estudioso». *Grammatica da lingua concani*, por um missionario italiano, pag. 144.

[2] «Aprendia-se a ler e escrever machinalmente o portuguez, sem se comprehender a significação de uma só palavra desta lingua, a qual unicamente se começava a conhecer, quando se estudava a grammatica latina. Dahi veio falarem e escreverem muitos padres correntemente o latim, e não serem capazes de se explicar em portuguez». Cunha Rivara, *Ensaios historicos*, xxx.

conhece de ordinario a correspondencia de vocabulos ou não occorre promptamente á memoria. D'aqui se vê quanto vantajoso é não sómente aos estranhos, mas ainda aos proprios indigenas, sobretudo aos ecclesiasticos, um diccionario português-konkaní completo, abrangendo as principaes accepções e a phraseologia mais commum, representadas por grande quantidade de significados.

Esta difficuldade em encontrar de prompto, no vocabulario vulgar e nos livros accessiveis, termos adequados para dar corpo a ideias abstractas e para expressar todas as manifestações do pensamento, eu proprio a experimentei, quando, ha vinte e cinco annos, comecei a exercitar-me na prègação em lingua vernacula. Foi desde então que me empenhei em estudá-la mais a fundo e em tornar-me nella possivelmente proficiente. Tambem datou do mesmo tempo a minha intenção de compor, quando dispusesse de elementos necessarios e tivesse vagar sufficiente, um diccionario, que servisse de auxiliar, especialmente, aos meus collegas.

Annos depois, com o estudo do sanskrito, lingua-mãe, e do maratha, lingua-irman, e com as noções de outros idiomas áricos e dravídicos, bem assim com o exame dos materiaes antigos e modernos do proprio konkaní, achei executavel o projecto desde tão longo tempo concebido; e offereceu-se-me o ensejo de o levar a effeito, quando deixei de ser vigario geral da missão portuguesa de Bengala.

Se bem que o diccionario português-konkaní merecia precedencia, por ser mais util e prático, a ordem logica exigia que primeiro fosse elaborado o diccionario konkaní, para ao outro servir de base e de guia. Assim o fiz, consumindo na sua feitura mais de tres annos de insanas e constantes lucubrações, coadjuvado por amigos devotados; e publiquei-o por minha conta em Bombaim, com grande dispendio e no meio de contrariedades de varias especies.

Quando trabalhava na sua composição, desbravando o escabroso caminho e aplanando as difficuldades que surgiam a cada passo, presentia com fundamento que a rotina intransigente e a ignorancia petulante lhe notariam muitas pechas; e por isso, na extensa introducção que o precedeu, explicava minuciosamente a sua organização, justificava com clareza a sua razão de ser e respondia de antemão ás objecções provaveis e assisadas.

O livro foi, em geral, benevolamente acolhido, lisonjeiramente apreciado e altamente recommendado. E a pequena critica desfavoravel que appareceu veiu unicamente provar-me que não fôra lida a sua introducção ou não tinham sido ponderadas as razões nella expostas. A obra, vasada em moldes inteiramente novos e em completa divergencia da bitola usual, não se conformava com a acanhada orientação de alguns individuos illetrados, que persumiam de mestres da lingua, pelo simples facto de ser ella a materna. Não tendo alcance para lhe comprehender as bellezas, era muito natural que confundissem as suas virtudes com vicios, dando mais uma vez razão ao dictado inglês: *fools rush in where angels fear to tread.*

Isto não quer dizer que o diccionario é destituido de defeitos. Fui eu o primeiro a reconhecê-lo [1], embora não fosse necessario, visto que não era de esperar que elle fosse obra perfeita, attenta a sua natureza e a traça que segui no seu conjuncto. Mas a critica não os discerniu nem os apontou, e, por isso, não me proporcionou occasião de agradecer [2]. Se publicasse outra edição, como seria de toda a conveniencia, e como se praticou judiciosamente com os diccionarios marathas de Molesworth e Candy, corrigia-os em grande parte, e melhorava consideravelmente o livro, introduzindo novos vocabulos e phrases, inserindo algumas variantes, que adrede então omitti, e accrescentando muitos significados. Como porém não conto fazê-lo, dou neste um supplemento sómente do vocabulario, que podia ter sido mais extenso, se não fôra um tanto descabido.

*

* *

Eis o plano que segui na composição deste volume.

Fiz copiar por varias pessoas em apropriados livros *in-folio,* palavra por palavra em cada linha, o vocabulario do diccionario de João de Deus, e em parte do de Roquette, e tratei de transferir, reversamente, do manuscripto do primeiro volume, que ainda não estava publicado, todas as palavras do vocabulario konkaní — tarefa esta, quasi toda, levada a cabo, com paciencia benedictina, pelo padre Manuel Antonio Dias [3].

Em seguida, occupei-me em rever o trabalho feito, que representava tão sómente o esqueleto, e esse mesmo defectivo, mas guardava a harmonia essencial entre um e outro volume. Preenchi grande numero de lacunas, ora recorrendo aos synonymos que já tinham significados simples, ora formando significados compostos e periphrasticos possivelmente resumidos, ora consultando livros similares, antigos e modernos, postoque imperfeitos e deficientes, ora soccorrendo-me a diccionarios de linguas affins, especialmente aos do maratha. E deixei em branco varios vocabulos para ulterior exame.

Neste comenos, alquebrado de forças, após dez annos de serviço de missionario, vim ao reino, onde me foi concedido um anno de licença nos termos da lei. Aqui, depois de muitas delongas e diversas formalidades, alcancei que o Ministerio da Marinha e Ultramar aucto-

---

1 Vide Introducção, pag. xxv.

2 O facto de ter sido o manuscripto muitas vezes copiado, com deslocação de vocabulos em observancia da melhor prosodia e orthographia, explica a omissão de alguns delles, de uso commum; o de ter sido impresso longe das vistas do auctor e em typographia barata, para ser accessivel a todos, dá a razão das numerosas erratas, as quaes, aliás, na sua maioria, facilmente se percebem.

3 Identico plano foi encetado por Molesworth e proseguido por Candy no seu diccionario inglês-maratha.

rizasse a publicação do livro por conta do Estado. Á recommendação da Academia Real das Sciencias devi a minha demora no reino para poder dirigir de perto a composição e rever as provas, como era de todo o ponto conveniente em trabalhos desta ordem [1].

Ora, vendo que a composição typographica tinha de ser necessariamente morosa, assim por causa da fundição de novos typos, como pela natureza da propria obra, mórmente sendo em lingua desconhecida do pessoal, e tambem pelas repetidas interrupções por motivos de outras publicações mais urgentes, julguei que devia pôr todo o esmero no seu acabamento e dar o maior desenvolvimento possivel, dentro do limite de mil paginas, designado no orçamento, para assim, além de outras razões, tornar o trabalho digno de edição official.

Não pensando ao principio na somma de labores e na tensão constante do espirito que isto envolvia, arrojei-me á difficilima empresa de reproduzir, na integridade substancial, em konkaní, cujo vocabulario se acha ao presente tão restricto, o *Diccionario Contemporaneo*, da copiosa lingua portuguesa.

Depois, quando senti o peso do commettimento e vi aggravados os meus padecimentos physicos, fiquei mais de uma vez tentado a retrahir-me; mas não tive outro recurso senão proseguir no caminho encetado, não só porque me julgava compromettido com o Governo, como porque tinha pena de deixar inutilizado ou truncado o trabalho executado. Nem parecia airoso que, tendo lançado grandiosos alicerces, levantasse mesquinho edificio.

*

*   *

Agora duas palavras ácerca da organização formal do diccionario.

No primeiro volume o vocabulo principal ou o artigo é dado em caracteres devanágricos com a transliteração em alphabeto romano, segundo o systema de William Jones, communmente seguido pelos orientalistas ingleses. Neste, eu tinha de adoptar, por motivos graves e obvios, um dos dois alphabetos; preferi a romanização, como mais conhecida dos christãos e mais praticada, explanando no principio a sua correlação com o devanágari e a sua phonação peculiar.

Ha, porém, na transcripção observada neste volume uma differença, unica e muito importante para a facilidade da leitura: a suppressão do *a* mudo medial e final, que conservei no outro, pela simples razão de estar inherente á respectiva consoante devanágrica, que se devia fielmente representar para manter a perfeita concordancia de transliteração [2].

---

[1] Cumpre-me deixar aqui consignados os meus cordiaes agradecimentos ao Sr. Conselheiro José de Sousa Monteiro, secretario perpetuo da Academia, por este e outros valiosos favores.

[2] Este *a* final é equivalente ao e mudo francês em *rose*, *porte*.

Adoptado o *Diccionario Contemporaneo*, como norma invariavel [1], por elle me guiei inteiramente, sem ecletismo, no vocabulario, nas accepções, na phraseologia e até na orthographia, accrescentando alguns vocabulos e significados do de João de Deus. Eliminei alguns vocabulos, uns por serem muito technicos e de rara occorrencia, outros por não terem correspondentes nas linguas indianas, como os zoologicos e botanicos, e uns poucos, de pequena monta, por demandarem longa descripção, a qual teria cabida, se eu visasse primariamente ao estudo do português e não ao do konkani [2].

Para supprir a deficiencia do konkaní, introduzi muitos neologismos, em particular ácerca da terminologia scientifica e literaria, importados mórmente do sanskrito, como se pratica em todas as linguas indianas, ainda de familias differentes, á semelhança do que fazem as linguas europeias com relação ao grego. Uns, encontrei-os já promptos nos diccionarios, outros cunhei-os eu proprio, porventura nem sempre com a devida correcção. Não os notei como taes em cada caso, por ser desnecessario; e os vocabulos que indico como pouco usados, podem, em parte, ser com effeito novos. Apropriei-me, conjecturalmente, de muitos do maratha ou adoptados no maratha, embora o seu uso não seja geral, por ser lingua subsidiaria.

Quanto á accumulação de synonymos konkanís em certos vocabulos usuaes, cumpre notar que nem todos são conhecidos em toda a área, nem tem egual acceitação; alguns são privativos da linguagem ecclesiastica, outros, peculiares a certas castas [3]. Apontei os que são correntes em certas zonas, para se não empregarem indistinctamente em toda a região; como tambem notei os que apparecem nos antigos escriptos e que actualmente não estão em uso commum, nem provavelmente estiveram muitos delles na epocha dos seus auctores.

Tendo-me proposto não exceder a 1:000 paginas, envidei todos os meus esforços para poupar o espaço, e procurei ser conciso, sem faltar á clareza. Assim: representei a repetição do vocabulo do artigo por um travessão (—), a da primeira palavra do significado composto por virgula e traço (, -) e a da ultima por traço e virgula (- ,); eliminei algumas vezes, em especial no principio, os adverbios em *-mente*, os substantivos em *-dor* e o participo passivo, por serem de facil formação os seus correspondentes em konkaní; omitti as phrases portuguesas que podiam ser quasi literalmente vertidas, guardada a ordem syntactica, dando apenas as mais idiomaticas; mencionei as diversas accepções portuguesas só no vocabulo principal ou primeiro, evitando a sua repetição nos derivados ou subsequentes; fiz chamadas,

---

[1] Não estava então publicado o diccionario do Sr. Candido de Figueiredo

[2] Neste caso, é costume em Goa empregar o termo português de preferencia á sua descripção.

[3] No concurso de synonimos, os de origem sanskrita são considerados como mais nobres e polidos.

não muito frequentes, a vocabulos mais conhecidos, para accepções menos importantes e para significados mais copiosos; não marquei o genero depois de cada significado dos substantivos, mas, sim, no fim da serie dos do mesmo genero; nem designei a declinação a que pertence, por ser cognoscivel, na generalidade, pelo genero e pela terminação, e por ser amiude dado o caso obliquo no corpo do artigo; e agrupei os vocabulos synonymos, com ligeiras variantes phoneticas, se bem que não eram alphabeticamente consecutivos [1].

A regencia e a construcção syntactica do português, muito diversas das do konkaní, e a significação periphrastica, em muitos casos indispensavel, occasionam frequentemente graves alterações grammaticaes. Achei, por isso, da maxima utilidade esclarecer o mais laconicamente possivel este importante assumpto, ainda exemplificando-o algumas vezes; e pelo mesmo motivo inclui certas palavras entre parenthesis, que, aliás, não teriam razão de ser. Pareceu-me tambem de conveniencia, para melhor conhecimento da indole da lingua, indicar em português o sentido literal de phrases idiomaticas ou figuradas.

No primeiro volume estão introduzidos tão sómente os termos portugueses de uso commum; mas neste não houve razão para tal restricção. Convem, porém, advertir que, entre os hindús e fóra de Goa, é muito circumscripto o emprêgo de semelhantes palavras, quando tenham equivalentes vernaculas.

Para maior simplificação da leitura e facilidade de intelligencia, separei algumas palavras que, conforme a indole das linguas neo-aricas deviam estar compostas, como: *jâvûm yeso, ârsyâ sârko.*

Dou em supplemento varios vocabulos, que na revisão final do diccionario, já impresso, e na sua confrontação com o original, achei escapados por salto, *errante oculo;* e outros, que eu havia de proposito omittido, por serem pouco usados ou meras variantes, ou por não atinar então com o significado.

Não obstante o maximo cuidado que pus na fastienta revisão de provas, feita exclusivamente por mim, revendo-as sempre, quatro, e não raro, mais vezes, escaparam não poucos erros typographicos, particularmente nas primeiras folhas e nos signaes diacriticos, por não estarem os olhos habituados a trabalhos desta especie [2]. Posto que em muitos casos as falhas consistam em um ponto ou accento, inseri-as, comtudo, na lista das erratas, por alterarem sensivelmente a orthoépia ou por causarem confusão, preterindo outros de somenos monta.

---

[1] Como, por exemplo: *lapida* e *lapide; ondulado, ondulante* e *onduloso; sacudida, sacudidela, sacudidura* e *sacudimento.*

[2] A minha pessima graphia, de um lado, e o facto do konkaní e a sua transliteração serem desconhecidos dos compositores, do outro lado, augmentaram notavelmente este serviço, que consumiu muito tempo e estragou a minha vista.

*

* *

Devo justificar, por motivos especiaes, a demora havida na impressão do livro, já que pareceu a mais de um, e poderá parecer a muitos, propositada; sendo, aliás, facto conhecido dos interessados na sua acceleração, que ninguem mais do que eu estava empenhado em vê-lo no mais breve praso publicado, pois que receava que a morte me viesse surprehender no meio da faina, deixando a obra truncada.

Apesar de não ter faltado da minha parte, durante todo o decurso, original para a composição e presteza, por vezes excessiva, na revisão de provas, nem boa vontade da parte do pessoal da Imprensa Nacional[1], o trabalho protelou-se demasiado e mais de uma vez se interrompeu, por motivo de força maior. Mas houve compensação: saiu a obra mais comprehensiva e desenvolvida, empregando eu principalmente nisto o vagar que me sobrava.

Se a composição corresse regular e rapida, como era meu summo desejo, labutaria eu com mais afinco e não me deteria em dissorar o cerebro, a fim de desencantar ou excogitar correspondencias de vocabulos e phrases arduas, sem nenhuma collaboração, como fiz com a mira em que o diccionario rivalizasse com os melhores do seu genero, ainda que não apparentasse grande volume. E se me tivesse circumscripto á modesta traça primitiva de produzir um simples vocabulario português-konkaní, mais ou menos extenso — e muitas das linguas indianas se contentam com tão pouco — e tivesse reproduzido, *vice-versa,* o diccionario konkaní-português, preenchendo as lacunas que facilmente pudesse e preterindo sem escrupulo as outras, com effeito este volume se me tornaria, como esperava, muito menos trabalhoso que o primeiro.

Não é de admirar, á vista de innumeras difficuldades inherentes e supervenientes, que obras desta natureza e de tamanho folego demandem largo praso para a sua elaboração e publicação. O Governo inglês, por exemplo, não se espantou — e não se retrahiu de o remunerar generosamente — de que Candy, rodeado de letrados e sabios indigenas e auxiliado por todos os meios pela direcção de instrucção publica, sómente concluisse em 1847 o diccionario inglês-maratha, começado por elle oito annos antes, em continuação dos trabalhos iniciados em 1831 por Molesworth com a sua collaboração[2].

---

[1] Devo aqui especializar com reconhecimento o Sr. José Antonio Dias Coelho pela sua esclarecida e perseverante coadjuvação.

[2] Vide os prefacios dos diccionarios *Maráthí and English* e *English and Maráthí.*

*
* *

De bom grado emprehendido o trabalho e penosamente proseguido através de varias vicissitudes, tenho agora a summa satisfação de o ter concluido, arrostando todos os obstaculos — louvado seja Deus! — sem deficiencias e truncamentos substanciaes, e pondo em contacto, quanto ao meu alcance estava, o riquissimo lexico português com o desdenhado, mal conhecido e nada estudado konkaní, digno sem duvida de melhor sorte. Não me desvaneço certamente de ter feito obra perfeita, não havendo, nem podendo haver, pela propria natureza de linguas vivas, diccionario rigorosamente completo.

Agora o konkaní póde gloriar-se de possuir dois diccionarios modernos, elaborados conforme todas as regras lexicographicas e os melhores modelos no seu genero, e como creio, superiores, em particular o presente, aos das muitas linguas indianas.

Mas não é tudo. Faltam livros apropriados de leitura e de estudo da lingua, e, em especial, falta uma grammatica composta em concordancia com os diccionarios e completa, abrangendo todas as phases historicas e fórmas dialectaes e peculiaridades de castas [1], relacionada com o sanskrito, donde procede, e com o maratha, cuja influencia é notoria, e coordenada mais ou menos conforme as linhas da grammatica maratha de Ganpatráo Navalkar [2].

Sorria-me a ideia de me abalançar ao emprehendimento, que não demandaria muita laboração e longo tempo, dispondo eu já de grande copia de materiaes. Mas sinto-me esmorecido pelo receio de falta de apoio official, imprescindivel em trabalhos desta ordem.

Concluindo, protesto a minha profunda gratidão a todos os que directa ou indirectamente concorreram — e não foram poucos — para a publicação deste livro.

Lisboa, junho de 1905.

S. R. Dalgado.

---

[1] Essas peculiaridades nem sempre são barbarismos, mas, em muitos casos elementos preciosos para estudos ethnologicos.

[2] O Barão de Cumbarjua foi commissionado, ha muitos annos, pelo Governo desta empresa, mas os seus trabalhos, se os fez, não sairam ao publico.

DICCIONARIO

EXPLICAÇÃO

DO

ALPHABETO DEVANAGRICO E SUA TRANSLITERAÇÃO

(Abreviaturas : *a.* aspirada; *apr.* aproximadamente; *c.* cacuminal; *d.* dental; *d.-l.* dento-labial; *i.* inaspirada; *ingl.* inglês; *k.* konkaní; *l.* longo; *lat.* latino; *n.* nasal; *pr.* pronuncia-se.)

VOGAES

अ		(*b.*)	corresponde a	*a*	na 2.ª syllaba de	páp*a*.	(*apr.*)
आ	á	(*l.*)	»	*á*	na 1.ª syllaba de	p*á*pa.	
इ	i	(*b.*)	»	*i*	em	flór*i*do.	
ई	î	(*l.*)	»	*í*	»	flor*í*do.	
उ	u	(*b.*)	»	*u*	na 2.ª syllaba de	túm*u*lo.	
ऊ	û	(*l.*)	»	*ú*	na 1.ª syllaba de	t*ú*mulo.	
ऋ	ṛi	(*b.*)	»	*ri*	em	*ri*tual.	(*apr.*)
ॠ	ṛî	(*l.*)	»	*rí*	»	*ri*to.	(*apr.*)
ऌ	ḷi	(*b.*)	»	*li*	»	*li*dado.	(*apr.*)
ॡ	ḷî	(*l.*)	»	*lí*	»	*li*do.	(*apr.*)
ए	e	(*l.*) *fechado*	»	*ê*	na 1.ª syllaba de	sêde.	
»	»	» *aberto*	»	*é*	na 1.ª syllaba de	séde.	
ऐ	ai	(*l.*)	»	*oi*	em	*oi*ro.	(*apr.*)
ओ	o	(*l.*) *fechado*	»	*ô*	»	côrte.	
»	»	» *aberto*	»	*ó*	»	córte.	
औ	au	(*l.*)	»	*ou*	»	o*u*ro.	(*apr.*)
ं	ṁ	(*anusvâra*)	»	~	»	tão.	
ः	ḥ	(*visarga*)	»		»	*duḥkha*	(*k.*, dôr)

CONSOANTES

Gutturaes

क	**ka**	(*i.*)	corresponde a	*c*	em	calor.
ख	**kha**	(*a.*)	»	*c* + *h*	»	*khata* (*k.*, mancha).
ग	**ga**	(*i.*)	»	*g*	»	*g*abar.
घ	**gha**	(*a.*)	»	*g* + *h*	»	*gharâvo* (*k.*, domestico).
ङ	**ṅa**	(*n.*)	»	*n*	»	sa*n*gue (*apr.*)

Palataes

च	cha	(*i.*)	corresponde a	*ch*	em	*ch*apéọ (*apr.*)
»	»	» *dento-palatal*	»	*ts*	»	*chāṇo* (*k.*, ervanço).
छ	chha	(*a.*)	»	*ch* + *h*	»	*chhîta* (*k.*, chita).
»	»	» *dento-palatal*	»	*ts* + *h*	»	*chhaḍar* (*k.*, lençol).
ज	ja	(*i.*)	»	*j*	»	*j*angada.
»	»	» *dento-palatal*	»	*z*	»	*z*agal.
झ	jha	(*a.*)	»	*j* + *h*	»	*jheṁjaraṇî* (*k.*, esfregadura).
»	»	» *dento-palatal*	»	*z* + *h*	»	*jhaḍa* (*k.*, lufada).
ञ	ña	(*n.*)	»	*n*	»	a*n*cho, a*n*jo.

Cacuminaes ou cerebraes

ट	ṭa	(*i.*)	corresponde a	*t* (*ingl.*)	em	*t*rumpet
ठ	ṭha	(*a.*)	»	*ṭ* + *h*	»	*ṭhâṇa* (*k.*, estação).
ड	ḍa	(*i.*)	»	*d* (*ingl.*)	»	*d*rum.
ढ	ḍha	(*a.*)	»	*ḍ* + *h*	»	*ḍhâṁga* (*k.*, passo).
ण	ṇa	(*n.*)	»	*n* (*ingl.*)	»	di*n*t.

Dentaes

त	ta	(*i.*)	corresponde a	*t*	em	*t*al.
थ	tha	(*a.*)	»	*t* + *h*	»	*th*in (*ingl.*)
द	da	(*i.*)	»	*d*	»	*d*ar.
ध	dha	(*a.*)	»	*d* + *h*	»	*dharma* (*k.*, esmola).
न	na	(*n.*)	»	*n*	»	*n*ome

Labiaes

प	pa	(*i.*)	corresponde a	*p*	em	*p*a*p*a
फ	pha	(*a.*)	»	*ph* (*f*)	»	*ph*ase

ब	**ba**	(*i.*)	corresponde a	*b*	em	*bom*
भ	**bha**	(*a.*)	»	*b + h*	»	*bhâu* (*k.*, irmão).
म	**ma**	(*n.*)	»	*m*	»	*mar.*

Semivogaes

य	**ya**	(*p.*)	corresponde a	*y* (*i*)	em	m*y*opia.
र	**ra**	(*c.*)	»	*r*	»	ca*r*o.
ल	**la**	(*d.*)	»	*l*	»	*l*ado.
व	**va**	(*d.-l.*)	»	*w* (*ingl.*)	»	*w*ine.

Sibilantes

श	**śa**	(*p.*)	corresponde a	*x*	em	*x*adrez.
ष	**sha**	(*c.*)	»	*x + h*	»	*sh*ew (*ingl.*), *bhesha* (*k.*, trage).
स	**sa**	(*d.*)	»	*s*	»	*sess*ão.

Aspirante

ह	**ha**		»	*h* (*ingl.*)	em	*h*and.

Prakritica

ळ	**ḷa**	(*c.*)	»		em	*kâḷo* (*k.*, preto).

Compostas

क्ष	**ksha**	(क + ष)	»	*xs*	em	e*xs*ecutio (*lat.*; *apr.*)
ज्ञ	**jña**	(ज + ञ)	»	*dnya*	»	*âjñâ* (*k.*, ordem, *pr.* *âdnyâ*).
»	»	»	»	*gnya*	»	*jñâna* (*k.*, sciencia, *pr.* *gnyân*).

OBSERVACÕES

1.ª O phonema de अ *a*, no konkaní, como no bengalí, diverge muito do do sanskrito e maratha, e aproxima-se do *o* breve ou, melhor, *u* breve em inglês, como em *not* (não), *nut* (noz)[1]. É inherente a toda a consoante simples, que, por isso, se considera syllabica. A consoante que o não tiver ou é composta, ou é pronunciada com a vogal antecedente, *v.* g. क्ष *k-sha*, उद् *u-d*[2].

2.ª As vogaes ॠ *ṛî*, ऌ *ḷi* e ॡ *ḷî* só são usadas em sanskrito, e ऋ nas palavras adoptadas do sanskrito, sendo muitas vezes substituida por रि *ri*, *v.* g. रीण *rîṇa* (divida), *S.* ऋण *ṛiṇa*. O som de *i* é medio entre *i* e *u*, e o do *ṛ* e *ḷ*, muito breve, *v.* g. कृपा *kṛipâ* (graça), (comm. कुर्पा *kurpâ*).

3.ª ए *e* e ओ *o*, sempre longos, tem dois phonemas: fechado (commum) e aberto, peculiar ao konkaní. É aberto, quanto á primeira letra, na penultima syllaba dos substantivos neutros e na ultima e penultima do nominativo plural dos nomes masculinos: *péra* (goiaba), *déra* (porta); *déra* (irmãos do marido), *doré* (barbantes), *boré* (bons); — e quanto á segunda, na ultima syllaba do singular e na penultima dos substantivos neutros: *ghoḍó* (cavallo), *baró* (bom), *meló* (morreu); *dóra* (calabre), *póra* (cria)[3].

4.ª O अ *a* da penultima syllaba tonica é, em vocabulos homonymos correlativos, fechado nos femininos e aberto nos neutros, á similhança de ओ *o*: भिरंड *bhiraṁḍa (fem.)* (brindoeiro, Garcinia purpurea) e भिरंड *bhiraṁḍa*, *(neut.)* (brindão)[4].

---

[1] Este phonema, que nas publicações modernas se confunde, erroneamente, com *o*, é representado, com mais justeza, nos impressos antigos, por *ă* breve ou por *a* italico.

[2] A consoante final, destituida da vogal (e ás vezes a medial, por necessidade typographica) marca-se com *virâma* (्), *ut supra*.

[3] Cf. a introducção ao *Diccionario komkaṇî-portuguez*.

[4] Mas o अ *a*, aberto ou fechado, é sempre breve, não devendo, portanto, confundir-se com ओ *o*, que é sempre longo, seja aberto ou fechado, como o são ए *e*, ऐ *ai* e औ *au*, por serem ditongos.

5.ª O *a* dos ditongos ऐ *ai* e औ *au* sôa como a primeira vogal (अ *a*) e não como o *a* português. Estes ditongos em konkaní correspondem a *oi* e *ou* em português.

6.ª O konkaní (bem como o sanskrito e o maratha) não tem, rigorosamente falando, os ditongos portugueses *ai, ei, ui* e *au*. São de ordinario representados pela primeira respectiva vogal e pelas semivogaes य *ya* e व *va*: बायल्ल *bâyala* (mulher), (ou बाइल्ल *bâil* ou बाईल्ल *bâîla*), वेय *veya* (consogro), ह्यायह्वय *hâyahûya* (ai!), भाव *bhâva* (irmão), (ou भाउ *bhâu*).

7.ª O *anusvâra* propriamente dito tem o som levemente nasal e *illiteral* (*nâsikya*): कांटो *kâṁṭo*, espinho. Quando, porém, o *anusvâra* suppre, como acontece commummente na escripta, a consoante nasal destituida de vogal, tem o phonema nasalado da respectiva consoante (isto é, nasal *organico*): अंक = अङ्क *aṅka* (algarismo), आंजन = आञ्जन *âñjana* (collyrio), कंठ = कण्ठ *kaṇṭha* (pescoço), नंदन = नन्दन *nandana* (deleite), आंबट = आम्बट *âmbaṭa* (acido)[1].

8.ª O *anusvâra* que antecede र *ra*, श *śa* e स *sa*, sôa *ṁw*: संरक्षण *saṁrakshaṇa* (custodia) *pr. saṁwrakshaṇ*, संसार *saṁsâra* (mundo) *pr. saṁwsâr*, संस्कृत *saṁskṛita* (sanskrito) *pr. saṁwskṛit*, quasi *sõuscrŭt* em português.

9.ª O *visarga*, que é puro *spiritus* ou sopro, tonifica aspiradamente a letra a que se junta, produzindo uma especie de hiato: दुःख *duḥ-kha*, dor[2]. É de rara occorrencia em konkaní.

10.ª च *cha* (e sua aspirada छ *chha*) representa, assim como em maratha, dois phonemas: um, normal (devanágrico): explosivo, como em castelhano ou como o *c* italiano antes de *e* e *i*; outro, prakrítico: *ts*, quasi equivalente ao de *zz* em italiano (*prezzo, mezzo*)[3]. Tem o primeiro antes de इ *i*, ई *î*, ए *e*, e य *ya*; e o segundo, antes das outras vogaes, sendo as excepções muito poucas e em vocabulos exoticos: चित्त *chitta* (attenção) *pr. tchitt*, चेप *chepa* (pressão) *pr. tchêp*; चाल्ल *châla* (andadura) *pr. tsál*, चूल्ल *chûla* (fogão) *pr. tsúl*, छणछणीत *chhaṇachhṇîta* (estrugidor) *pr. tshaṇtshaṇít*.

11.ª Similhantemente, ज *jà*, além do som normal explosivo, como em inglês (e não fricativo, como em português), tem o de *z* inicial e medial em por-

---

[1] Vid. Max Müller, *The first book of Hitopadeśa* (pp. VIII e sgs.). Navalkar's *Grammar* (pp. 15 e sgs.).

[2] «Aspiração sibilada seguida de echo fraquissimo da vogal que a precede». G. de Vasconcellos Abreu, *Manual para o estudo do sãoskrito classico*, p. 7.

[3] Esta é tambem a notação da *Grammatica marastta*, Roma 1778. *Zzautà* (चौता) = *chautâ*, *panzzavà* (पंचवा) = *paṁchavâ*.

tuguês: जीव *jiva* (vida) *pr. jiw,* जेव *jeva* (coma) *pr. jew,* झिगझिगीत *jhiga-jhigîta* (brilhante) *pr. jhigjhiguit;* जर *jara* (febre) *pr. zăr,* जोर *jora* (força) *pr. zôr,* झगडें *jhagaḍem* (rixa) *pr. zhăgḍém*[1].

12.ª As cacuminaes ट *ṭa,* ड *ḍa* e ण *ṇa* são pronunciadas com mais força do que em inglês.

13.ª A cerebral ड *ḍa,* não sendo composta nem antecedida de *anusvâra* sôa *rḍ* no meio da dicção, quasi como em *bordo:* बडबडुंक *baḍabaḍuṁka* (tagarelar) *pr. bărḍbărḍuṁka,* पडणी *paḍaṇî* (quéda) *pr. părḍṇî.*

14.ª A tendencia vulgar é mudar as cacuminaes em dentaes: तोपी *topî* (barrete) por टोपी *ṭopî,* थरुंक *tharuṁka* (fixar-se) por ठरुंक *ṭharuṁka,* धकलुंक *dhakaluṁka* (impellir) por ढकलुंक *ḍhakaluṁka.*

15.ª O phonema da letra फ *pha,* que é aspirada de प *pa,* corresponde popularmente ao de *f* ou *ph* em português, mas é um pouco mais brando.

16.ª A semivogal र *ra,* quer inicial, quer medial, tem o som brando de *r* medial em português.

17.ª A letra ळ *ḷa* que occorre nos vedas tem o phonema de ड *ḍa,* e não de *ḷa* cacuminal, como em konkaní e maratha.

18.ª क्ष *ksha* e ज्ञ *jña,* que são consoantes compostas, incluem-se no alphabeto *bâlabodh,* por ter som e configuração differentes dos elementos componentes.

19.ª As vogaes, excepto a primeira, assumem as seguintes fórmas abreviadas depois das consoantes e semivogaes: ा (= आ *â*), ि (= इ *i*), ी (= ई *î*), ु (= उ *u*), ू (= ऊ *û*), ृ (= ऋ *ṛi*), ॄ (= ॠ *ṛî*), े (= ए *e*), ै (= ऐ *ai*), ो (= ओ *o*), ौ (= औ *au*). Ex.: क *ka,* का *kâ,* कि *ki,* की *kî,* कु *ku,* कू *kû,* कृ *kṛi,* कॄ *kṛî,* के *ke,* कै *kai,* को *ko,* कौ *kau,* कं *kaṁ,* कः *kaḥ.*

20.ª As consoantes aspiradas, especialmente ख *kha* e थ *tha* iniciaes, tem de ser distinctamente proferidas como taes, para não haver homonymia ou ambiguidade do sentido: कार *kâra* (estrume), खार *khâra* (salgado); तार *târa* (arame), थार *thâra* (repouso); गोडो *goḍo* (doce), घोडो *ghoḍo* (cavallo); आंव *âṁva* (muco), ह्यांव *hâṁva* (eu)[2].

---

[1] Os phonemas primitivos do *ch* e *j* são os mesmos nos crioulos indianos, differindo, por isso, dos portuguêses.

[2] «E trocando huma só letra, ou accento, ou aspiração não sómente se corrompe a escriptura, e pronunciação, mas tambem se muda ás vezes o sentido, e aquelles que nos ouvem, não nos entendem». Padre Thomaz Estevão, *Arte da lingua canarin.*

21.ª Devem-se pronunciar em syllabas separadas as consoantes apparentemente geminadas, pela suppressão de *a* mudo neste diccionario: *khaṇṇî* (= खणणी *khaṇaṇî*, cavadura) *pr. khaṇ-ṇî*, *phullalo* (= फुललला *phulalalo*, florescido) *pr. phul-lălô*.

22.ª Quanto ao accento tonico, é regra geral que as palavras terminadas em vogal longa são oxytonas, e as que terminam em अ *a* mudo (eliminado neste livro na transcripção) ou outra vogal breve são paroxytonas. As excepções limitam-se a vocabulos exoticos não popularizados.

23.ª Na emphase (no canto e na poesia) o *a* final substitue-se por *i* ou *u* breve, sem deslocação do accento.

24.ª Veja-se o *Diccionario komkaṇî-portuguez* acêrca de consoantes compostas, syllabario e declinação.

EXPLICAÇÃO DAS ABREVIATURAS E DOS SIGNAES

A.	arabo.
a.	adjectivo.
aa.	adjectivos.
a. c.	adjectivo commum (a todos os generos).
a. g.	adjectivo genitival.
a. sup.	adjectivo superlativo.
ab.	ablativo.
adv.	adverbio.
agric.	agricultura.
alg.	algebra.
anat.	anatomia.
ant.	antigo.
archit.	architectura.
arith.	arithmetica.
art.	artigo.
astr.	astronomia.
aug.	augmentativo.
bot.	botanico.
brasil.	brasileiro.
C.	canarí.
Cf.	confira-se.
chim.	chimica.
chul.	chulo.
cirur.	cirurgia.
comm.	commercial.
comm. us. neg.	communmente usado com negativa.
comp.	composto.
conj.	conjuncção.
corr.	corrupção.
d. do o.	dativo do objectivo.
d. do s.	dativo do sujeito.
dat.	dativo.
decl.	declinavel.
deprec.	depreciativo.
deriv.	derivados.
desus.	desusado.
dim.	diminutivo.
eccl.	ecclesiastico.
em comp.	em composição.
emph.	emphatico.
esp.	especialmente.
f.	feminino.
fig.	figurado.
for.	forense.
g., gen.	genitivo.
geogr.	geographia.
geom.	geometria.
gram.	grammatica.
H.	hindustaní.
i. do s.	instrumental do sujeito.
id.	*idem.*
ind.	indiano.
ind.	indirecto (objecto).
ingl.	inglês.
inj.	injurioso.
inst.	instrumental.
int.	interjeição.
interr.	interrogativo.
jur.	juridico.
l. do o.	locativo do objecto.
l. in do o.	locativo *in* do objecto.
l. sup. do o.	locativo *super* do objecto.
litt.	litteralmente.
liturg.	liturgico.
loc. infant.	locução infantil.
M.	maratha.
m.	masculino.
mar.	marinha.
math.	mathematico.
med.	medicina.
milit.	militar.
mod.	moderno.
mus.	musica.
n.	neutro.
naut.	nautica.
onom.	onomatopico.
orig.	originariamente.
P.	persa.
p. us.	pouco usado.
phil.	philosophia.
pint.	pintura.
pl.	plural.
poet.	poetico.
posp.	posposição.
pref.	prefixo.
prep.	preposição.
pron.	pronome.
pur.	puranico.
q. v.	*quod vide.*
r. do o.	radical do objecto.
rad.	radical.
redup.	reduplicativo.
S.	sanskrito.
s.	sujeito.
suff.	suffixo.
sup.	superlativo.
T.	tamul.
theatr.	theatro.
Tu.	tulú.
us.	usado.
us. Can.	usado no Canará.
us. em comp.	usado em composição.
us. Ilh.	usado nas Ilhas.
us. N. C.	usado nas Novas Conquistas.
us. restrict.	usado restrictamente.
us. Sal.	usado em Salsete.
us. Sav.	usado em Savantvadí.
V.	veja-se.
Var.	variante.
v. c.	verbo causal ou causativo.
v. c. i.	verbo causal intransitivo.
v. i.	verbo intransitivo.
v. imp.	verbo impessoal.
v. r.	verbo reflexivo.
v. t.	verbo transitivo.
vulg.	vulgar.
vv.	verbos.
zool.	zoologia.
*	palavra antiga.
* *	palavra nova.
†	palavra portuguesa.
—	repetição do vocabulo principal.
,-	repetição da primeira palavra.
-,	repetição da ultima palavra da phrase.

DICCIONARIO

PORTUGUEZ-KOṀKAṆÎ

A

A, paileṁ akshar: a, â, akâr, âkâr. ‖ *art. e pron.* ho, hî, heṁ; to, tî, teṁ. ‖ *a.* pailo; *ex.: livro A,* paileṁ pustak. ‖ *prep.: inclue-se no caso ou na phrase correspondente, ex.: a tempo,* veḷâr; *a troco,* badlek; *tres a tres,* teteglı; *prompto a responder,* jâb divuṁk tayâr. ‖ *pref. privativo,* a, an; *ex.: anonymo,* anâmik; *analphabeto,* anakshar. ‖ *O koṁkaṇî, como o sanskrito, não tem o artigo definido; usa-se o pronome demonstrativo, quando fôr necessario.*

Á, doṁ akârâṁ va âkârâṁcho saṁkshep *(prep. e art.)*

Aba, *s. f.* lâṁbtî *ou* paḍtî deg *f.*, pâkhoṭo, pâlaṁv, padar, sogo *m.* ‖ -s, *pl.* sim, sarad *f.*, ghero *m.; — da cidade,* upanagar, upapur *n.; — do rio,* taḍ, daḍ, kaḍ *f.; — da serra,* ḍoṁgrâ mulâchî jamîn, parvatâchî deg *f.*, ghero *m.* ‖ *Agarrar-se ás —,* pâṁgîk âsuṁk *ou* râvuṁk, pâṁg dharuṁk, pâṭhâpâṭhî bhoṁvuṁk.

Abaçanado, *a.* sâṁvḷo, kâḷsâr, gair.

Abaçanar, *v. t.* sâṁvḷo karuṁk, kâḷsâvuṁk.

Abacellar, *v. t.* dâkheche phâṁṭe lâvuṁk; paḍsuṁchyâk âyṇâṁt bel *ou* khâṁdyo puruṁk; âḷyâr mâtî sâruṁk.

Abaco, *s. m.* mej *ou* chavraṁg *n.;* pâṭî, dhûḷpâṭî *f.; (arith.)* gaṇchî phaḷî *f.;* Pithâgorâcho tabâd, *m.; (archit.)* khâṁbyâcho mâtho *m.*, kapsel *n.*

Abada, *s. f.* pâlaṁvbhar *m.*, oṁṭîbhar *f.;* pâlaṁv *m.*, oṁṭî *f.*

Ábada, *s. f.* gaṁḍ, gaṁḍmîrg *m.*, gaṁḍmerûṁ, gaṁḍrûṁ; gaṁḍâcheṁ siṁg *n.*

Abadejo, *s. m. V.* BADEJO.

Abaetado, *a.*, paṭṭûso, paṭṭû sârko; âṁgâvlyâṁnîṁ bharlalo.

Abaetar, *v. t.* paṭṭûn nesauṁk *ou* guṭhlâvuṁk. ‖ *v. r.* paṭṭû nesuṁk *ou* pâṁghruṁk; chaḍh nesuṁk.

Ab-aeterno, *adv.* sâsṇâk, anâdsiddhpaṇîṁ.

Abafadamente, *adv.* choryâm *ou* chorye, guptîṁ.

Abafadiço, *a.* vâreṁ nâslalo, gajgajît, ubâḷâcho; râgishṭ, krodhî.

Abafado, *a.* ghusmaṭlalo, miḍmiḍlalo; vâreṁ nâslalo, gajgajît, ubaṭ; ubecheṁ neslalo; lipailalo, gupt kelalo.

Abafador, *s. m.* miḍmiḍâvṇo, ghuspâvṇo *(a.);* pâṁghurcheṁ, olcheṁ *n.;* nâd deṁvauṁcheṁ lugaṭ *n.*

Abafamento, *s. m.* ghusmaṭṇî *f.;* taḷtaḷo *m.;* jirauṇî *f.*

Abafar, *v. t.* ûb saṁbhâḷuṁk, bâph râkhuṁk; *suffocar:* ghusmaṭâvuṁk *ou* ghuspaṭâvuṁk, miḍmiḍâvûṁk; *cobrir:* dhâṁpuṁk, dâṭ pâṁghrauṁk, ubecheṁ nesauṁk; *reprimir:* dâmûn dharuṁk; *occultar:* lipauṁk, gupuṁk; *sonegar:* jirauṁk, gupt davruṁk; *mallograr:* bighḍâvuṁk, phiskaṭâvuṁk; *não deixar crescer:* vâḍhuṁk nâ divuṁk, ghuspâvuṁk. ‖ *— o jantar,* jevaṇ ûn davruṁk. *— o fogo,* ujo thoḍâvuṁk *ou* pâlauṁk. ‖ *v. i.* ukḍoṁk; usmaṭuṁk, ghusmaṭuṁk; taḷtaḷuṁk; *perder o animo:* âṁg kâḍhuṁk, beṁ mhaṇuṁk. ‖ *v. r.* dâṭ *ou* ubecheṁ nesuṁk.

Abafas, *s. f. pl.* dâṭâvṇî, darkâvṇî, paijâ *f.*, śive *m. pl.*

Abafo, *s. m.* ûb saṁbhâḷneṁ, bâph râkhṇeṁ; dâṭ pâṁghurṇeṁ *n.; (fig.)* aprubây *f.*, moypâs *m.;* unhâvuṁchî *ou* tâpauṁchî svât *f.*

Abahulado, *a.* biṁbâkâr, ubhâr.

Abahular, *v. t.* bâhûcheṁ dhâṁpṇeṁ kaso karuṁk.

Abainhar, *v. t. V.* EMBAINHAR.

Abaionetar, *v. t.* saninen topuṁk, bâynetîn mâruṁk.

Abairrar, *v. t.* vâḍe karuṁk *(g. do o.)*, vâḍyâṁnîṁ vâṁṭuṁk.

Abaixador, abaixante, *s. m.* deṁvauṇâr, deṁvauṇo, utarṇâr.

Abaixamento, *s. m.* deṁvauṇî, uṇâvṇî; jirauṇî *f.*, utâr *m.;* khâltepaṇ, uṇepaṇ, lînpaṇ *n.*; nivḷây *f.*

Abaixar, *v. t.* khâlâ *ou* saklâ ghâluṁk,- kâḍhuṁk,- deṁvauṁk, khâlâvuṁk, saklâvuṁk, deṁvauṁk; *inclinar:* vaṁdâvuṁk, bhâgâvuṁk; *diminuir:* uṇo karuṁk, jirauṁk; *moderar:* thoḍo karuṁk, utruṁk, nivḷâvuṁk; *humilhar:* lahânâvuṁk, khâlto karuṁk. ‖ — *a cabeça*, taklî moḍuṁk,- poṁdâk ghâluṁk; — *a ira*, râg nivḷâvuṁk; — *os olhos*, poṁdâk-, saklâ paḷevuṁk; — *a soberba*, garv moḍuṁk. ‖ *v. r.* deṁvuṁk, vaṁdavuṁk, vaṇavuṁk; uṇo jâvuṁk; thoḍo jâvuṁk, utroṁk, nivḷuṁk; khâlto-, lîn jâvuṁk, garv soḍuṁk.

Abaixo, *adv.* saklâ, sakal, khâlâ, khâlîṁ taḷâ. ‖ *Cahir* —, bhûṁy paḍuṁk. *Deitar* —, bhûṁy uḍauṁk, moḍuṁk. *Vir* —, paḍuṁk, moḍoṁk, koṁsḷuṁk; bighḍuṁk.

Abajoujar-se, *v. r.* pisâvoṁk, bhuḷuṁk, mûrkh jâvuṁk.

Abalada, *s. f.* uṭhâv *m.*, gaman *n.*

Abalado, *a.* hâllalo, hâlâyto; uchaṁbaḷ, halkaṁḍlalo.

Abalamento, *s. m. V.* ABALO.

Abalançar, *v. t.* tukuṁk, jokhuṁk; hiṁḍḷuṁk, jelauṁk; *impellir:* neṭ-, baḷ divuṁk, loṭuṁk. ‖ *v. i.* hâluṁk, helkâvuṁk, jeluṁk, ulâṁḍuṁk. ‖ *v. r.* âṁgâr ghevuṁk, phuḍe saruṁk, usluṁk.

Abalar, *v. t.* hâlauṁk, ḍauṁḍaḷâvuṁk; *fazer tremer:* kâṁpaṁuk, halkaṁḍâvuṁk, thartharâvuṁk; *inquietar:* uchaṁbaḷâvuṁk, kalkalâvuṁk; *commover:* mavâḷuṁk, kaṇvâḷâvuṁk. ‖ *v. i.* hâluṁk; paḷuṁk, jhurî kâḍhuṁk. ‖ *v. r.* kâṁpuṁk, kalkaluṁk; mavâḷoṁk, kaṇvâḷuṁk; vachuṁk, vâṭek lâgumk, hâṁkâruṁk.

Abalaustrar, *v. t.* kaṭhḍo ghâluṁk *(l. do o.)*, kaṭhḍyân saṁjauṁk.

Abalavel, *a.* hâlto, hâlâyto, hâlauṁyeso.

Abalisado, *a.* merâylalo, nisâylalo; uttam, śreshṭh, param, nâvâḍhgo, prasiddh, śrîmân, yaśasvî.

Abalisador, *s. m.* pâlâytolo *(a.)*, merâvṇâr. ‖ — *de campos*, kâmtî *ou* kâmat *(a mulher d'este*, kâmtîn).

Abalisar, *v. t.* pâlâvuṁk, merâvuṁk, nisâvuṁk; *assignar:* âropuṁk, yojuṁk. ‖ *v. r. (fig.)* nâṁv-, yaś hâḍuṁk, nâvâḍhgo-, uttam-, śreshṭh-, prasiddh jâvuṁk.

Abalo, *s. m.* hâlṇî, ḍauṁḍaḷṇî; kâṁp *f.*, kâṁpero *m.*, halkaṁḍṇî; uchaṁbaḷây, gaḍbaḍ; mavâḷây; vachṇî *f.*, gaman *n.*

Abalofado, *a.* phugro, balbalît.

Abalofar, *v. t.* phugro karuṁk, phugauṁk, poksâvuṁk. ‖ *v. r.* phugro jâvuṁk, balbaluṁk, poksevuṁk.

Abalroa, *s. f.* lolî, laylî *f.*

Abalroação, abalroada, *s. f.*, **abalroamento**, *s. m.* lolyen dharṇeṁ *n.;* âḍaḷṇî, âḍkhaḷṇî (târvâṁchî) *f.*

Abalroar, *v. t.* lolyen dharuṁk,- sâṁpḍâvuṁk; jhoṁbuṁk, ghâlo ghâluṁk. ‖ *v. i.* âḍḷuṁk, âḍkhaḷuṁk (târvâṁ).

Abalsar, *v. t.* kaṇphyâṁt *ou* doṇâṁt ghâluṁk.

Abaluartar, *v. t.* buriṁj bâṁdhuṁk *(d. do o.)*

Abanação, abanadela, abanadura, *s. f.* vâreṁ ghâlṇeṁ; hâlauṇeṁ *n.*

Abanado, *a.* vâyṭâkâr, rogyo.

Abanador, *s. m.* vâreṁ ghâltalo *(a.);* âyṇo, pâṁkho *m.*

Abana-moscas, *s. m. V.* ENXOTA-MOSCAS.

Abananado, *a.* keḷeṁ kaso; *(fig.)* maû, pej *(litt.* CANJA); pisâṭ.

Abanar, *v. t.* âyṇo hâlauṁk *(d. do o.)*, vâreṁ ghâluṁk *(d. do o.);* phâphḍuṁk, jhaḍpuṁk; hâlauṁk. — *o lume*, phaṭphaṭyân ujo phuṁkuṁk. — *as orelhas*, kânmâtreṁ karuṁk, nâ mhaṇuṁk. ‖ *v. i.* hâluṁk, ḍauṁḍaḷuṁk. ‖ *v. r.* âpṇâk vâreṁ ghâluṁk.

Abancar, *v. t.* bâṁk ghâluṁk *(l. do o.);* bâṁkâṁ pramâṇeṁ vâṁṭuṁk. ‖ *v. i. e r.* bâṁkâr *ou* pâṭâr basuṁk.

Abandalhar, *v. t.* pato-, choṁbḍo karuṁk. ‖ *v. r.* pato-, choṁbḍo-, albelo jâvuṁk.

Abandejar, *v. t.* tâṭâ sarko karuṁk; âsḍuṁk.

Abandoar-se, *v. r.* birem̐-, chom̐bo jâvum̐k.

Abandonado, *a.* soḍlalo, sâm̐ḍlalo, varjilalo; anâth, nirâdhârî, bâbḍo, agatî, osâḍ.

Abandonamento, abandono, *s. m.* soḍṇî *f.*, tyâg, utsarg, nyâs, sanyâs *m.;* sâm̐ḍṇî *f.*, varjaṇem̐ *n.;* nirâdhâr *m.*, anâthpaṇ, bâbḍepaṇ *n.*, lâchârî, osâḍî *f.*

Abandonar, *v. t. renunciar:* soḍum̐k, tyâgum̐k, nyasum̐k, sanyâsum̐k; *largar:* sâm̐ḍum̐k *ou* sâm̐ḍaum̐k, davrum̐k, varjum̐k, hârpum̐k; *desamparar:* nirâdhârum̐k, vâṭer-, paro ghâlum̐k, gaḷaum̐k. ‖ *v. r.* âpḷî beparvâ karum̐k, sanyâsum̐k; *render-se:* bâḍgum̐k. ‖ — *aos vicios,* aguṇâm̐nîm̐ loḷum̐k.

Abandonavel, *a.* sâm̐ḍum̐cho, sâm̐dîso, davrûm̐yeso.

Abanico, *s. m.* lahân âyṇo, -pâm̐kho *m.* ‖ **-s,** *pl.* alam̐kâr *m.*

Abano, *s. m.* âyṇo, pâm̐kho *m.*, jhaḍpaṇem̐ *n.* ‖ — *grande,* pâm̐khâ *m.;* — *de lume,* phaṭphaṭem̐ *n.; acção de abanar:* vârem̐ ghâlṇem̐ *n.*, jhaḍpaṇî *f.; abalo:* hâlṇî, hâlâuṇî *f.*

Abantesma, *s. f.* nâsâm̐v *n.*, bhût, bhâs, piśâch; *(fig.)* balâv *m.*, kalpiḍâ *f.*

Abar, *v. t.* deg *ou* pâkhoṭo lâvum̐k; pâkhoṭe-, pâlam̐v vayr kâḍhum̐k.

Abaratar, *v. t.* savây karum̐k; *(fig.)* mol nâ divum̐k, beparvâ karum̐k. ‖ *v. i.* savây jâvum̐k.

Abarbado, *a.* chadh bharlalo, buḍlalo (*litt.* IMMERSO); *proximo:* tem̐klalo, lâgśîlo.

Abarbar, *v. t.* khâḍkî tem̐kaum̐k; khâḍâk khâḍ-, tom̐ḍâk tom̐ḍ meḷaum̐k *ou* jokhum̐k; eke um̐châyecho karum̐k. ‖ *v. i. e r.* eke um̐châyecho jâvum̐k, barâbar-, sârke âsum̐k; *resistir:* aḍum̐k, virudhum̐k, vârum̐k.

Abarbarizar, *v. t. V.* BARBARIZAR.

Abarca, *s. f.* chepḷî *f.*, chepal *n.*

Abarcador, *s. m.* âṭâptalo *(a.); â*ḍâvṇâr, muktedâr, guttekâr.

Abarcamento, *s. m.* âṭâpṇî *f.*, âlim̐gaṇ *n.;* âḍâvṇî *f.;* mukto, gutto *m.*

Abarcar, *v. t.* vem̐g mârum̐k, vem̐gaṭum̐k, vem̐ṭâḷum̐k; *abranger:* âṭâpum̐k, dharum̐k, poṭḷum̐k; *monopolizar:* âḍâvum̐k, mukto-, gutto karum̐k.

Abarga, *s. f.* mâsḷî mârchî mânas, khaṇ *f.*

Abarracamento, *s. m.* tam̐bû mârṇem̐, mâm̐gar karṇem̐ *n.;* mâm̐ṭvâm̐ *ou* ḍeryâm̐chî svât *f.;* tam̐bvam̐ *ou* ḍeryâm̐cho jamo *m.*

Abarracar, *v. t.* tam̐bû mârum̐k, mâm̐ṭav *ou* mâm̐gar karum̐k *ou* ghâlum̐k *(l. do o.);* tam̐bvâm̐nîm̐ ghâlum̐k *ou* rigaum̐k. ‖ *v. i. e r.* tam̐bvâm̐nîm̐-, mâm̐ṭvam̐ṭ rigum̐k *ou* bhitar sarum̐k.

Abarrancar, *v. t.* khaṇkulâm̐ mârum̐k *(l. do o.)* ‖ *v. r.* khaṇkulâm̐t paḍum̐k.

Abarreirar, *v. t.* aḍum̐k, âḍo ghâlum̐k *(d. do o.)*

Abarretar-se, *v. r.* topî ghâlum̐k.

Abarrotar, *v. t.* vâm̐se mârum̐k, âḍîm̐ ghâlum̐k *(d. do o.);* khem̐chûn *ou* chem̐chûn bharum̐k, chom̐ḍum̐k. ‖ *v. r.* taḍtaḍum̐k, taḍsum̐k, kuchkuchum̐k.

Abasbacar-se, *v. r.* thaṭâkum̐k, kityâkay ajâp jâvum̐k.

Abastadamente, *adv.* paripûrttîm̐.

Abastado, *a.* tâm̐ḍûḷgoṭyân bharlalo, varav-, bejmî âslalo; giresth, dhanvam̐t, chakravatî.

Abastamento, *s. m.* purav *f.*, purvaṇ *n.*

Abastança, *s. f.* purem̐ *n.*, paripûrtti, paripûrṇây, sam̐patti, sam̐pad *f.*, ragḍo *m.*

Abastar, *v. t.* garaj tem̐ divum̐k, puraum̐k, purem̐ karum̐k. ‖ *v. i.* puro jâvum̐k, purom̐k. ‖ *v. r.* bejmî karum̐k.

Abastardar, *v. t.* bighḍâvum̐k, viguṇ karum̐k, utrum̐k.

Abastecer, *v. t.* jây tem̐ divum̐k, puraum̐k, sam̐rakshum̐k.

Abastecido, *a.* purailalo, sam̐rakshilalo; bharlalo, udam̐ḍ.

Abastecimento, *s. m.* puraṇî, sam̐rakshaṇî *f.*, purvaṇ *n.*, sarbharâ, *f.*

Abasto, *s. m.* purâv *m.*, uphâḷem̐ *n.*

Abastoso, *a.* phuskaḷ, jâyto, khûp; giresth, sam̐pattivam̐t.

Abate, *s. m.* tûṭ *f.*, uṇâv *m.*

Abatedor, *s. m.* dem̐vaitalo *(a.),* uṇo kartalo *(a.)* ‖ — *de gado,* kasâb.

Abater, *v. t. abaixar:* dem̐vaum̐k, saklâvum̐k, sakal kâḍhum̐k, khâlâvum̐k; *derribar:* âpṭum̐k, śevṭum̐k, paḍaum̐k, moḍum̐k, lakaum̐k, kom̐sḷâvum̐k, kâtrûn uḍaum̐k; *matar rezes:* mârum̐k; *humilhar:* halkâvum̐k, lahânâvum̐k, lîn-, khâlto karum̐k; *reprimir:* tham̐ḍâvum̐k, moḍum̐k, bhasmum̐k; *enfraquecer:* mam̐ḍâvum̐k, mem̐go karum̐k; nivaum̐k, nivḷâvum̐k, jiraum̐k; *diminuir:* thoḍâvum̐k, uṇâvum̐k, uṇo karum̐k, dem̐vaum̐k; *descontar:* bâḍ karum̐k,- ghâlum̐k,- divum̐k;

vexar: haḷhaḷâvuṁk, dhumâḷuṁk, trâsuṁk; *desviar do rumo:* sarkâvuṁk, kaḍsarâvuṁk, phirauṁk. ‖ *v. i., descer:* deṁvuṁk, uṇo jâvuṁk, saklâ yevuṁk; *cahir, desabar:* paḍuṁk, śevṭoṁk, lakuṁk, koṁsḷuṁk, moḍoṁk; *diminuir de intensidade:* nivuṁk, nivḷuṁk, deṁvuṁk, jiruṁk; *diminuir de valor:* deṁvuṁk, uṇo jâvuṁk. savây jâvuṁk; *mudar de rumo:* kaḍsaruṁk, phiruṁk. ‖ *v. r., aviltar-se:* halkuṁk, khâlto-, lîn jâvuṁk; *perder o vigor:* meṁgo-, maû-, maṁd jâvuṁk; *perder o animo:* kâlîj soḍuṁk (*litt.* LARGAR O CORAÇÃO), virghuṁk, saṁkîrṇuṁk.

Abatido, *a.* moḍlalo, deṁvlalo; aśakt, abaḷvaṁt, abaḷî, ṭaṁg, nistej; bâd, vâśîl.

Abatimento, *s. m.* deṁvap *n.*, moḍṇî *f.*, uṇâv *m.*, uṇepaṇ *n.*, utâr *m.*, jirṇî; soḍ, soḍdoḍ *f.;* meṁgepaṇ *n.*, kâḍâmaḍ *f.*

Abat-jour, *s. m.* divyâr tâṭ *ou* ghâgro ghâltât to.

Abatinar-se, *v. r.* lob ghâluṁk.

Abbacial, *a.* maṭhâdhipatîcho, mahaṁtâcho.

Abbadado, *a.* mahaṁt âslalo.

Abbade, *s. m.* maṭhâdhipati, maṭhâdhikârî, maṭhguru, mahaṁt; vigâr.

Abbadengo, *a.* maṭhâdhikâryâcho.

Abbadessa, *s. f.* maṭhsvâminî, maṭhâdhikâriṇî, mâdrîṁchî vhaḍîlṇ.

Abbadessado, *s. m.* mahaṁtpaṇ, maṭhâdhipatipaṇ *n.;* maṭhâdhikâryâcho kâl,- samay *m.*

Abbadia, *s. f.* maṭh *m.;* mahaṁtpaṇ *n.*

Abbatina, *s. f.* mahaṁtâchî nesaṇ *f.*, lob *m.*

Abc, *s. m.* âbeśî, aksharmâlâ *f.*, varṇkram *m.;* mûḷgraṁth *n.*

Abcesso, *s. m.* phoḍ *m.*, duḥkhâṇ, duḥkhâṇeṁ *n.*

Abdicação, *s. f.* soḍṇî *f.*, tyâg, adhikârtyâg, utsarg *m.*

Abdicador, *s. m.* soḍûn deṇâr, tyâgî, utsargî *m.*

Abdicar, *v. t.* soḍuṁk, soḍûn divuṁk, tyâguṁk, utsarg karuṁk, sanyâsuṁk. ‖ *v. i.* hakk-, dâvo soḍuṁk.

Abdicavel, *a.* soḍûmyeso, tyâguṁcho.

Abdomen, *s. m.* poṭ, udar *n.*, kuchî *f.*

Abdominal, *a.* poṭâcho, udarâcho.

Abdominoso, *a.* poṭâḷ, poṭâro, dhanyo.

Abeatar-se, *v. r.* beât javuṁk.

Abeberado, *a.* pyelalo, phuglalo.

Abeberar, *v. t.* udak divuṁk *ou* dâkhauṁk, udak pyevuṁk *ou* udkâk vharuṁk; phugauṁk, bhijauṁk, timâvuṁk. ‖ *v. i.* timuṁk, phuguṁk, bhijuṁk.

Abecedario, *s. m.* âbeśî, aksharmâlâ, varṇmâlâ *f.* varṇkram *m.;* mûḷgraṁth *n.* ‖ *a.* aksharâṁcho, âbeśecho.

Abegão, *s. m.* muṇkârî *m.*, kûḷ *n.;* śetkâmî, śetkâmtî; mukdam *m.*

Abegoa, *s. f.* muṇkârṇ, śetkâmtîṇ.

Abegoaria, *i. f.* śetkâm, śetkâmat *n.;* nâṁgarguṁṭho *m.*

Abeirar, *v. t.* taḍîr-, deger davruṁk; ‖ *v. r.* lâgîṁ saruṁk, teṁkûn vachuṁk.

Abelha, *s. f.* moṁhâcho mûs, madhukar *m.*

Abelhão, *s. m.* gâṁjîl, gâṁdhîl *m.*

Abelhar-se, *v. r.* haḍbaḍuṁk, huḍhuḍuṁk.

Abelheira, *s. f.* musâṁchî dhol *f.*

Abelheiro, *s. m.* mûs postalo *(a.);* musâṁcheṁ mâleṁ *n.*

Abelhudice, *s. f.* choṁḍepaṇ *n.*, huḷhuḷây *f.*

Abelhudo, *a.* choṁbḍo, huḷhuḷo.

A bel-prazer, *adv.* jây taseṁ, khuśen, sukhân.

A bem, *adv.* bare bhâshen, bareṁ karûn, barepaṇîṁ.

Abemolado, *a.* dabdabît; madhur, dulabh.

Abemolar, *v. t.* dabdabît-, madhur karuṁk, madhurâvuṁk.

Abençoado, *a.* âśîrvachanbharit; subhâgî, sukhî.

Abençoador, abençoadeiro, *s. m.* beṁsâṁv ditalo *ou* ghâltalo *(a.),* âśîrvâdî, varad, saṁtâytalo.

Abençoar, abendiçoar, *v. t.* beṁsâṁv divuṁk *ou* ghâluṁk, âśîrvâd-, âśîrvachan divuṁk, pratinaṁduṁk, saṁtâvuṁk; bejñâr karuṁk; *fazer feliz:* kalyâṇ-, bareṁ karuṁk, naṁdauṁk.

Aberração, *s. f.* vigati, kaḍsarṇî, vâṭchûk *f.*, durmârg *m.; (fig.)* chûk *f.*, matibhram, vyabhichâr *m.*

Aberrar, *v. i. e r.* vâṁkḍe vâṭen vachuṁk, vâṭ soḍuṁk, kaḍsaruṁk; chukuṁk, matibhram jâvuṁk *(d. do s.)*

Aberta, *s. f.* ughṭepaṇ *n.*, ughṭî svât *f.; fenda:* dhâḷ, phâḷ *f.; buraco:* bîḷ, khâṁḍ, bhoṁk *n.; intervallo:* khâvṭeṁ *n.*, pharak, avkâs *m.; cessação da chuva:* ughṭeṁ *n.*, ughaḍ *f.; (fig.)*

opportunidade: sayog, prasaṁg, avsar *m.*

Abertamente, *adv.* dekhtâṁ, dekhteṁ, dekhatrupîṁ, ujâgar, ughṭeṁ, hujîr.

Aberto, *a.* ughṭo, ughḍo, ughḍâpo, ughaḷḷalo; *espaçoso:* iskaḷ, aṁtarâdîk, savistar; *gravado:* kâṁtailalo, ṭâṁklalo; *franco, sincero:* khadkhadît, saraḷ, saḷobhoḷo, nishkapâṭî, śuddhamati; *accessivel:* sugam, rigatso; *(gram.)* udatt. ‖ *De braços abertos,* donaỳ hât ughḍûn, hât uḍaun. *Logar aberto, não defendido,* nâgveṁ *n.*

Abertura, *s. f.* ughadṇeṁ, ughṭepaṇ *n.; fenda:* dhâḷ, phûṭ, phâṭ *f.; buraco:* toṁḍ, mukh, khâṁḍ *n.* ‖ *— do tumor,* phâḷṇî *f.* *— de fallencia,* divâḷeṁ kâḍhṇeṁ *n.* ‖ *(fig.) o principiar:* araṁbh deṇeṁ *n.*, âḍâvṇî *f.*

Abesana, *s. f.* jot *n.;* varo *m.*

Abesentar, *v. t.* mohar nâslalyâṁ nâṇyâṁnîṁ alaṁkâruṁk.

Abespinhado, *a.* chiḍro, jalsar.

Abespinhamento, *s. m.* châḷvaṇî, tiḍṇî, chîḍ *f.*

Abespinhar-se, *v. r.* châḷvuṁk, tiḍkuṁk, tiḍuṁk, chiḍuṁk, pesuṁk.

Abestruz, *s. f.* śahâmṛig *m.*

Abeto, *s. m.* devdâr *m.*

Abetumado, *a.* kîl kâḍhlalo; *(fig.)* raḍkuḷo, duḥkhest. ‖ *Ter os ouvidos —,* kâṇmâtreṁ-, kânbhâyreṁ karuṁk.

Abetumar, *v. t.* kîl kâḍhuṁk; gaj lâvuṁk, -bharuṁk *(d. do o.)*

Abexim, *s. m.* śiddî, khâprî.

Abhorrecedor, *a. e s. m.* viṭetalo, aḷśiketalo; dveshî.

Abhorrecer, *v. t.* kâṁṭâḷuṁk, viṭevuṁk, vîṭ disuṁk *ou* yevuṁk *(d. do s.),* aḷśikevuṁk, dveshuṁk, paḷevûṁ najo jâvuṁk *(i. do s.)* ‖ *v. i.* vâj divuṁk *ou* hâḍuṁk. ‖ *v. r.* ubgoṁk, vâjevuṁk, bejâr jâvuṁk.

Abhorrecimento, *s. m.* vîṭ *f.*, kâṁṭâḷo, oṁkâro, dvesh *m.;* vaj, ubgaṇ, bejâray *f.*

Abhorrecivel, *a.* aḷśikvaṇo, kâṁṭâḷvaṇo.

Abicar, *v. t.* taḍîk lâvuṁk, dhakyâk teṁkauṁk. ‖ *v. r.* lâguṁk, teṁkuṁk.

Abietino, *a.* devdârâcho.

Ab-initio, *adv.* araṁbhîṁ, âdîṁ thân, survek thân, anâdhi.

Ab-intestato, *adv.* maraṇpatr nâstânâ.

Ab-irato, *adv.* râgân, râgâchyâ kaḍhân.

Abiscoitar, *v. t.* biskutî bhâshen bhâjuṁk (uṁḍo).

Abjecção, *s. f.* kirkoḷây *f.*, kirkoḷpaṇ, halkepaṇ, lahânpaṇ, uṇepaṇ *n.*

Abjecto, *a.* kirkoḷ, halko, kamâśîl, uṇo, laḍgo, hîṇ.

Abjudicar, *v. t.* hâtâṁtlî vast nitîn kâḍhûn dusryâk divuṁk.

Abjuração, *s. f.* pramâṇâr soḍṇeṁ *n.*, śâpathtyâg; mattyâg *m.*

Abjurar, *v. t.* âṇ divûn soḍuṁk, pramâṇâr soḍuṁk, śâpathtyâg karuṁk *(g. do o.);* mat *(n.)* sâṁḍuṁk.

Abjurgar, *v. t.* *V.* REPREHENDER.

Ablação, *s. f.* kâḍhṇî *f.;* baḷân kâḍhûn gheṇeṁ; *(cirur.)* gâtrchhedan *n.*

Ablactação, *s. f.* dûdh kâḍhṇeṁ.

Ablactar, *v. t.* dûdh kâḍhuṁk *(g. do o.)*

Ablaqueação, *s. f.* âḷeṁ kâdhṇeṁ, mûḷ khaṇṇeṁ *n.*

Ablaquear, *v. t.* phâsâṁtlo soḍuṁk, mekhḷâvuṁk; *(agric.)* âḷeṁ kâḍhuṁk *ou* mâruṁk *(d. do o.),* mûḷ ustuṁk *ou* khaṇuṁk *(g. do o.)*

Ablativo, *a.* kâḍhcho; vharcho. ‖ *s. m.* satisaptamî *f.*, apâdân *n.*, paṁchmî *f.* ‖ *Fazer — da viagem,* khâṭḷî poṭḷî bâṁdhuṁk, vâṭek lâguṁk, jhurî kâḍhuṁk.

Ablegação, *s. f.* pardeś, deśâmtar *m.*, nirvâsaṇ *n.*

Ablegar, *v. t.* pardeśuṁk, deśâṁtarî karuṁk, nirvâsuṁk.

Ablução, *s. f.* *lavagem:* dhuṇeṁ, dhuvap *n.*, dhoṇî *f.*, prakhyâḷan *n.; banho:* âṁgoḷî *f.*, nâhân, âṁgdhuṇeṁ *n.*

Abluente, *a.* dhuvuṁcho, meḷ kâḍhcho, nitḷâvuṁcho.

Abluir, *v. t.* dhuvuṁk, prakhyâḷan karuṁk; nitḷâvuṁk.

Abnegação, *s. f.* pâṭh karṇeṁ *n.*, soḍṇî, varjaṇî, visar; nirâsâ *f.*, nirlobh *m.*, nishkâmpaṇ *n.*, sanyâs, tyâg *m.*

Abnegador, *s. m.* soḍṇâr, varjaṇo; nirlobhî, nishkâmî, nirâśî, tyâgî.

Abnegar, *v. t.* pâṭh karuṁk, visruṁk, soḍuṁk, sâṁḍuṁk. ‖ *v. r.* âplî khuśî nâ karuṁk, sanyâsuṁk.

Abneta, *s. f.* śeṇṭî.

Abneto, *s. m.* śeṇṭû.

Abobada, *s. f.* babd, ghumaṭ *n.*, ḍero *m.;* bhuṁyâr, taḷghar *n.* ‖ *— celeste,* maḷabh *n.* *— palatal,* khoṁpo *m.*

Abobadado, *a.* babdâcho, ghumaṭ âslalo; ḍeryâ sârko; *(fig.)* poṁg âslalo, poṁgaṭ, doslyân deṁvto.

Abobadar, *v. t.* babdâr karuṁk, babd-, ghumaṭ-, ḍero karuṁk *(d. do o.)*
Abobar-se, *v. r.* bhâshelî jâvuṁk, bhaṁḍâcho bhesh ghevuṁk.
Abobora, *s. f.* bhobḷo, dudhî *m.* ‖ — *silvestre,* kaḍveṁ dudhîṁ *n.; (fig.)* bhobḷo.
Aboboral, *s. m.* bhobḷyâṁcho-, dudhnîṁcho maḷo *m.*, bhobḷyo *f. pl.*
Aboborar, *v. t.* piklalo bhobḷo kaso karuṁk, bachbachît-, pachpachît karuṁk.
Aboboreira, *s. f.* bhobḷî, dudhîn *f.*
Aboccamento, *s. m.* toṁḍân dharṇeṁ; toṁḍâk toṁḍ lâvṇeṁ *ou* lâgṇeṁ *n.* ‖ — *de duas ruas,* don mârg meḷṇeṁ.
Aboccanhar, *v. t.* châbuṁk, châbḍâvuṁk, dâṁsâvuṁk, ghâṁsâvuṁk, ghâṁs mâruṁk; bharsuṁk, nirvâduṁk, jâstî mâruṁk, nâṁvâr âḍ ulauṁk *(g. do o.)*, ijat ubhauṁk *(g. do o.)*
Aboccar, *v. t.* toṁḍân ghaṭṭ dharuṁk; *chegar á bocca:* toṁḍâk-, mukhâr pâvuṁk *(g. do o.); apontar:* jokhuṁk, mokuṁk, tipâvuṁk; *alcançar:* meḷûn ghevuṁk, jikuṁk.
Abocetado, *a.* vâṭkuḷo. ‖ *Rosto* —, guḷam toṁḍ.
Abocetar, *v. t.* busetâṁt-, peṭlâṁt ghâluṁk; vâṭkuḷo-, vâṭâṁguḷo karuṁk.
Aboiar, *v. t.* peṁvâk bâṁdhuṁk. ‖ *v. i.* uphevuṁk, piyoṁk.
Abolar, *v. t.* guḷo karuṁk *(g. do o.); amassar:* maḷuṁk, lâṭuṁk; *amolgar:* chepuṁk, dâḍâvuṁk, kharḍuṁk; *embotar o gume:* dhâr moduṁk *(g. do o.)*
Aboleimado, *a., achatado:* chepṭo, pâtâṁgo, thapkaṭo; *rombo:* doḍo, jaḍ, maṁd.
Aboletar, *v. t.* śipâyâṁk lokâchyâṁ gharâṁnîṁ râvauṁk.
Abolição, *s. f.*, **abolimento**, *s. m.* aṁtrâvṇî, nâkarṇî, bhâṁjṇî, phedṇî, pheḍ, mahakubî *f.*, nirâs *m.*
Abolinar, *v. i.* ghoṁs râvuṁk *ou* vachuṁk.
Abolir, *v. t.* kâḍhn ghâluṁk *ou* uḍauṁk, moḍuṁk, bhâṁjuṁk, pheḍuṁk, nirasuṁk *ou* nirâsuṁk, aṁtrâvuṁk, mahakûb karuṁk.
Abolorecer, *v. i.* bâtevuṁk, bâtsevuṁk, bâto mâṁḍuṁk *(d. do s.)*
Abombar, *v. i.* thakuṁk (ghoḍo).
Abominação, *s. f.* viṭeṇî, abkeṇî *f.;* kâṁṭâḷo *m.*, aḷśîk, paḷitây *ou* palishṭây *f.*, chaṁḍâḷpaṇ *n.*
Abominador, *s. m.* kâṁṭâḷnâr, aḷśiketalo *(a.)*

Abominando, abominavel, abominoso, *a.* kâṁṭâḷvaṇo, kâṁṭâḷyâcho, aḷśikaṇo, paḷît, palishṭ, okhaṭo *ou* onkhaṭo, viṭâḷvaṁt, amaṁgaḷ.
Abominar, *v. t.* kâṁṭâḷuṁk, viṭevuṁk, abkevuṁk, kâṁṭâḷo disuṁk *(d. do s., g. do o.) ou* dharuṁk *(g. do o.)*, dveshuṁk.
Abonação, *s. f.* paṭkarṇî *f.*, mânaṇ *n.; garantia:* thâr, aḍav *m.*, kâtrî *f.; fiança:* jâmînkî *f.*, havâlo *m.*, phyâṁs *n.* ‖ *Testemunha de* —, jâminâcho jâmîn *m.*
Abonado, *a.* maṁjûr kelalo, baro mhaṇlalo; jâmînkî ditalo; *rico:* âstîk, nâṇe âslalo.
Abonador, *s. m.* jâmîn; jâminâcho jâmîn *m.*
Abonamento, *s. m.* jamînkî *f.*, thâr, aḍav, havâlo *m.*
Abonançar, *v. t.* thaṁḍâvuṁk, śâṁtauṁk, śamanâvuṁk. ‖ *v. i.* thaṁḍ jâvuṁk, śamanuṁk.
Abonar, *v. t.* paṭkaruṁk, maṁjûr karuṁk, baro mhaṇ sâṁguṁk; *louvar:* vâkhâṇuṁk, varṇuṁk, parkaṁḍuṁk; *afiançar:* jâmîn râvuṁk, havâlo divuṁk; *adeantar (dinheiro):* pailo-, mukhâr divuṁk.
Abono, *s. m.* varṇan *n.*, vâkhâṇî, stuti, târîph *f.;* âdîṁ-, mukhâr duḍû dilale. ‖ *Abonos:* boṁd *ou* teṁt paile vâṁṭlale.
Aborbulhar, *v. i. e r.* puḷyo phuṭuṁk *(d. do s.)*, murmevuṁk.
Abordada, abordagem, *s. f.* lâgṇî *f.*, târvâk târûṁ teṁkṇeṁ *n.*
Abordar, *v. t.* (târvâk târûṁ) lâguṁk, âḍkhaḷuṁk; târvâr chaḍhuṁk; teṁkuṁk, lâgîṁ saruṁk *(d. do o.)* ‖ *v. r.* taḍîk pâvuṁk. ‖ *v. i.* taḍîk-, khâḍîṁt pâvuṁk; târvâr chaḍhuṁk.
Abordavel, *a.* lâgûṁyeso, chaḍhûṁyeso.
Abordo, *s. m.* lâgṇî, âḍkhaḷṇi *f.;* dvâr *n.*, praveś *m.*
Abordoar, *v. t.* baḍauṁk, ṭonkâvuṁk, saṭâvuṁk. ‖ *v. r.* dâṁḍo teṁkauṁk, baḍyer bhâr ghâluṁk.
Aborigene, *a.* mulkî; *s. m. pl.* mûḷvâsî, âdîmavâsî *m. pl.*
Aborrascar-se, *v. r.* moḍ-, tuphân jâvuṁk.
Aborrecer, *v. t. V.* ABHORRECER.
Aborrido, *a.* bejâr, atushṭ, vâjelalo, ubgolalo, ubgaṇcho.
Aborrimento, *s. m.* bejârây, ubgaṇ, vâj *f.*

Aborrir, *v. t. V.* ABHORRECER.
Abortamento, *s. m.* hoḷauṇî; bighaḍṇî, phiskaṭṇî *f.*
Abortar, *v. t.* upjâvuṁk, nipjâvuṁk (vikaḷ *ou* vikaṭ garbh), hoḷauṁk; bighḍâvuṁk, phiskaṭâvuṁk. ‖ *v. i.* poṭcheṁ vachuṁk, gâbh suṭuṁk, hoḷuṁk; virjuṁk, bighḍuṁk, phiskaṭuṁk.
Abortivo, *a.* poṭcho, mahine bharanâstânâ jâlalo.
Aborto, *s. m.* poṭcheṁ *n.*, garbh *m.*, hoḷṇî *f.*, garbhpât, garbhghât *m.;* naval, adbhut *n.*
Abostellar, *v. i.* phoḍ-, rûm jâvuṁk *(d. do o.)*
Abotoação, *s. f.* boṁge-, kaḷe. yeṇeṁ,- jâṇeṁ *n.*
Abotoadeira, *s. f.* butâṁv kartalî *ou* lâytalî *(a.)*
Abotoador, *s. m.* butâṁv ghâltalo,- kartalo *ou* lâytalo *(a.)*
Abotoadura, *s. f.* buṭâṁv ghâlṇeṁ *n.;* butâṁvâṁcho joḍ *m.*
Abotoar, *v. t.* buṭâṁv ghâluṁk. ‖ *v. i.* boṁge-, kaḷe yevuṁk, -jâvuṁk,- phuluṁk, boṁgevuṁk, kaḷevuṁk, phuṭuṁk. ‖ *v. r.* âple butâṁv ghâluṁk; *(fig.)* hât mâruṁk, sutlâvuṁk.
Ab-ovo, *adv.* araṁbhîṁ, âdîṁ thân, survek thân, paileṁ legûn.
Abra, *s. f.* khaḷî, khâḍ *f.*
Abraçador, *s. m.* veṁgaṭṭalo, veṁg mârtalo *a.*
Abraçamento, *s. m.* veṁg mârṇeṁ, veṁgaṭṇeṁ *n.*
Abraçar, *v. t.* veṁg mâruṁk, veṁgaṭuṁk, veṁguṁk, âliṁguṁk, gaḷo dharuṁk, gaḷoveṁg ghevuṁk, poṭḷuṁk; *conter:* âṭpuṁk, âṭâpuṁk, dharuṁk; *circumdar:* veṁṭuṁk, veḍhuṁk; *adoptar:* ghevuṁk, patkaruṁk, âṁgîkaruṁk, viṁchuṁk; *digerir:* jirauṁk, pachuṁk *(s. do o., d. do s.)*. ‖ *v. r.* ekâmekâk veṁg mâruṁk,- âliṁguṁk. ‖ — *os pés,* charaṇâṁ dharuṁk.
Abraço, *s. m.* veṁg, gaḷoveṁg, khem *f.*, âliṁgan *n.*, viḷkho *m.*
Abrandamento, *s. m.* thaṁḍâvṇî, mavâḷṇî, śâṁtvaṇ *f.*, śaman *n.*
Abrandar, *v. t. tornar brando:* maû karuṁk, mavâḷuṁk, dravuṁk; *suavizar:* narmâvuṁk, śâṁtauṁk, maṁdâvuṁk; godsâvuṁk, goḍâvuṁk; *serenar:* thaṁḍâvuṁk, nivḷâvuṁk, nivauṁk; *enternecer:* mavâḷuṁk, kanvâḷuṁk. ‖ *v. r.* maû-, thaṁḍ jâvuṁk, nivḷuṁk, nivuṁk. ‖ *v. i.* thaṁḍ jâvuṁk. ‖ — *o vento,* vâreṁ paḍuṁk.
Abrandecer, *v. t. V.* EMBRANDECER.
Abranger, *v. t. abraçar, cingir:* veṁṭâvuṁk, veḍhuṁk, poṭḷuṁk; *alcançar, chegar:* âṭpuṁk, pâvuṁk *(d. do o.)*; *conter, comprehender:* âṭpuṁk *ou* âṭâpuṁk.
Abrazado, *a.* peṭlalo, ulpalalo: jaḷjaḷît, kaḍak; tâṁbḍo lâl.
Abrazador, *a.* jaḷto, kaḍak, ulpo; *fulgurante:* laklakît, prajvaḷît; *que secca:* khar, dâḍho.
Abrazamento, *s. m.* peṭṇî, jaḷṇî lâsṇî *f.*, jâḷ, ulap *m.*, tâp *f.*; *enthusiasmo:* umâḷo *m.*, hurbhâ *f.*
Abrazar, *v. t.* jaḷauṁk, ulpâvuṁk, lâsuṁk, peṭauṁk; *devastar:* nâś-, deśvâṭ karuṁk. ‖ *v. i.* tâpuṁk, ulpuṁk. ‖ *v. r.* jaḷuṁk, lâsuṁk, peṭuṁk; *enthusiasmar-se:* umâḷuṁk, khatkhatuṁk.
Abrazeado, *a.* tâplalo; tâṁbḍo lâl.
Abrazear, *v. t.* lâsuṁk, lâsauṁk; tâpauṁk; tâṁbḍo tâṁbḍo karuṁk. ‖ *v. r.* tâṁbḍo bhiraṁḍ jâvuṁk, tâpuṁk.
Abre-bocca, *s. m.* mukhyaṁtr *n.*
Abrenhar, *v. t. V.* EMBRENHAR.
Abrenunciação, *s. f.* soḍṇî *f.*, utsarg, nyâs, tyâg *m.*
Abrenunciar, *v. t.* pâṭh karuṁk *(d. do o.)*, vâṭ soḍuṁk *(g. do o.)*, tyâguṁk, sanyâsuṁk, soḍuṁk.
Abrenuncio, *int.* chhî, chhî thû.
Abrepticio, *a. V.* POSSESSO.
Abreviação, *s. f.*, **abreviamento,** *s. m.* moṭvepaṇ, thoḍepaṇ, lahânpaṇ, *n.;* saṁkshep, âṭâp, samâs, veṁcho *m.*
Abreviadamente, *adv.* saṁkshepîṁ, samâsîṁ.
Abreviador, *s. m.* moṭvo kartalo, saṁksheptalo *(a.)*
Abreviadura, abreviatura, *s. f.* saṁkshep, samâs *m.;* joḍâkshar; saṁkshepchihneṁ *n.*
Abreviar, *v. t.* moṭvo-, uṇo karuṁk, moṭvâvuṁk, saṁkshepuṁk, âṭâpuṁk, saṁgrahuṁk.
Abridor, *s. m.* ughaḍṇâr; kâṁtârî.
Abrigada, *s. f.* sâvaṭ *n.*, âsar, âdhâr *m.*
Abrigador, *s. m.* âsar-, âlâśro ditalo *(a.)*
Abrigadouro, *s. m. V.* ABRIGADA e ABRIGO.
Abrigar, *v. t.* âsrâvuṁk, âsar divuṁk; âlâśro-, âdhâr divuṁk, âśramuṁk, âdhâruṁk. ‖ *v. r.* âsrâk-, âlâśryâk yevuṁk; śaraṇâ vachuṁk *ou* yevuṁk.

Abrigo, *s. m.* âsar, âḍos, âlâśro, âśram *m.*, majat, kumak *f.*

Abril, *s. m.* âbrîl *m.*

Abrilhantar, *v. t.* jhagjhakît,- jhigjhigît karumk; ujvâḍâvumk, ujvâḍ ghâlumk *(l. sup. do o.)*

Abrimento, *s. m.* ughaḍnî, ughḍî *f.*, ughṭepaṇ *n.* ‖ — *de bocca,* jâmbhây *f.*

Abrir, *v. t.* ughḍumk, ughṭo karumk; *descobrir:* ughḍâpo karumk, ḍolyâm mukhâr ghâlumk; *desdobrar:* usaumk, viskaṭumk; *gravar:* kâmtaumk, ṭhasaumk; *cortar, romper:* chirumk, phâḷumk, ugḷâvumk; *dar começo:* arambhumk, arambh divumk *(d. do o.)*, śurû karumk. ‖ — *o appetite,* rûch ghevumk,- hâḍumk. — *a bocca,* tomḍ ughḍumk; ulaumk; jâmbhâvumk. — *o chapeu,* satrî ughḍumk *ou* phulaumk. — *um fardo,* muḍo soḍumk *ou* usaumk. — *a mão,* dân dharm karumk. — *as pernas,* pâmy *ou* ḍhâmgâm pemḍumk. — *a porta,* dâr ughḍumk *ou* kâḍhumk. — *a pustula, o tumor,* phoḍ-, rûm phoḍumk,- pulâvumk. — *a bocca a alguem,* ulaumk lâvumk. ‖ *v. i.* ughṭo âsumk; *desabotoar:* phulumk, ugarmumk; *apontar:* ugavumk, ugaḷumk; *fazer-se claro:* nitaḷumk, ughḍomk. ‖ *v. r.* ughṭo jâvumk, ughḍomk; ughḍâpo jâvumk; phuṭumk; *rasgar-se,* pimjumk; *rachar-se:* phuṭumk, phuṭolyo vachumk *(d. do s.)* ‖ — *com alguem,* phuṭumk, âple gûḍh sâmgumk.

Abrochar, *v. t.* âmkḍo ghâlumk *(g. do o.)*, âmkḍâvumk, kulchetî ghâlumk *(g. do o.)*

Abrogação, *s. f.* moḍnî, amtrâvnî *f.*, nirasan, radd *n.*, bhamg *m.*, mahakubî *f.*

Abrogador, *s. m.* moḍṇâr, amtrâvṇâr.

Abrogar, *v. t.* moḍumk, kâḍhumk, nâkarumk, partumk, amtrâvumk, nirasumk, radd-, mahakûb karumk.

Abrogatorio, *a.* moḍumcho, kâḍhumcho.

Abrolhado, *a.* pâlelalo, âmkrelalo, kombelalo; kâmṭero, kâmṭyâmnîm bharlalo.

Abrolhar, *v. t.* kâmṭe jâvumk *(d. do s.)*; kamṭe *ou* kâmṭiyo ghâlumk,- śimpḍâvumk *(l. sup. do o.)* ‖ *v. i.* pâlevumk, âmkrevumk, âmkrî yevumk *(d. do s.)*, kombevumk, taḍevumk, phuṭumk.

Abrolho, *s. m.* gokhrû, sarâmṭho; kâmṭo, khumṭo *m.*; *(fig.)* *pl.* âṭâs *m. pl.*, aḍkhaḷî, âḍchaṇyo *f. pl.*

Abrolhoso, *a.* kâmṭero, kâmṭyâmnîm bharlalo.

Abronzar, *v. t.* otumk (pitûḷ karchyâk).

Abronzear, *v. t.* pitḷîcho ramg divumk.

Abroquelado, *a.* ḍhâḷâ sârko.

Abroquelar, *v. t.* ḍhâḷân dhâmpumk. ‖ *v. r.* ḍhâḷâchyâ âḍosâk râvumk; *(fig.)* âsrâk râvumk, âplo jîv sambhâḷumk.

Abruptamente, *adv.* kaḍyâ parîm; avchitt, dhaḍ karn.

Abrupto, *a.* kaḍyâcho, vhaḍâ demvaṇyâcho, kaḍsyâcho; avchitt, akaḷît. ‖ *Ex abrupto, adv.* avchitt.

Abrutado, *a.* arbaṭ, kachcho, doḍo, bâḍgo.

Abrutamento, *s. m.* doḍepan, karḍepaṇ, khâparpaṇ *n.*

Abrutar, *v. t.* monjât-, gaddhâ karumk.

Abscesso. *s. m. V.* ABCESSO.

Abscisão, *s. f.* kâpṇî *f.*, âmgchhed *m.*

Absconso, *a.* gupt, gupit.

Abside, *s. f.* *(archit.)* devḷî *f.*, kurkûṭ *n.*; *(liturg.)* relikechem peṭûl *n.*, jîvarkhî *f.*; *(astron.)* uchchamîch *n.*

Absinthado, *a.* mâmḍpatrecho ras âslalo; *(fig.)* kaḍû, kaṭûr, kaṭûk.

Absintho, *s. m.* mâmḍpatrî *f.*; mâmḍpatrecho ras *ou* ark *m.*

Absogra, *s. f.* paṇjî mâmy.

Absogro, *s. m.* paṇjo mâmv.

Absolto, *a. V.* ABSOLVIDO.

Absolução, *s. f. V.* ABSOLVIÇÃO.

Absolutamente, *adv.* nipaṭ, nibel, agdim, jarûr; paripûrṇîm sarvathâ.

Absolutismo, *s. m.* svatamtrpaṇ, svâdhînpaṇ *n.*

Absolutista, *s. m.* svatamtratârakt *a.*

Absoluto, *a.* sapûrṇ, paripûrṇ; *incondicional:* ekâmt, asâmketik; *despotico, independente:* svatamtr, svâdhîn; *puro:* nigaḷ, nirmaḷ; *absolvido:* bogsilalo.

Absolutorio, *a.* soḍumcho, muktîcho.

Absolver, *v. t.* *declarar innocente:* niraprâdhumk, soḍumk; *perdoar:* bogsumk, mâph karumk. ‖ — *da excommunhão,* ekshkomujñâmv kâḍhumk *(g. do o.)* ‖ *v. r.* niraprâdhî jâvumk, bogsaṇem joḍumk.

Absolvição, *s. f.*, **absolvimento**, *s. m.* niraprâdh *m.*, suṭkâ, soḍ, mukti, mâphî *f.*, bogsaṇeṁ, khem, âbsalusâṁv *n.*, pâpmukti *f.*

Absolvido, *a.* bogsilalo, soḍlalo, suṭlalo, mukt, uttîrṇ, niraprâdhî.

Absono, *a.* apsvar, ḍabḍabît, vâyṭâ nâdâcho; virodhî, viruddh, viprit, ayukt.

Absorpção, *s. f.*, **absorvimento**, *s. m.* oḍhṇî, jirauṇî *f.*, piṇeṁ; aṁtardhyân *n.*

Absorto, *a.* oḍhlalo, piyelalo, giḷlalo; dhyânî, dhyânishṭh, aṁtardhyânî, samâdhisth; pramâdî. ‖ *s. m. pl.* dhyân *n.*, samâdhi *f.*, âhlâd *m.*

Absorvedor, *a. e s. m.* oḍhtalo, jiraitalo, chiṁvtalo *(a.)*

Absorvencia, *s. f.* odhṇî, jirṇî, giḷṇî *f.*, śoshaṇ *n.*

Absorvente, *a.* śoshak. ‖ *s. m.* śoshak okhat *n.*

Absorver, *v. t.* oḍhuṁk, piyuṁk *ou* piyevuṁk, jirauṁk, khâvuṁk, giḷuṁk, chiṁvuṁk, śoshuṁk; *consumir:* khâvuṁk, âṭauṁk, nâkaruṁk; *concentrar o espirito:* chitt divuṁk, man davruṁk *(l. sup. do o.)*, guṁg karuṁk; *enlevar:* mirauṁk, hirauṁk, dhyânî karuṁk. ‖ *v. r.* jiruṁk, khomoṁk, oḍhoṁk; bhramuṁk, lobhduṁk.

Absorvivel, *a.* śoshûṁyeso, chiṁvûṁyeso.

Abstemio, *a.* soro piyenâslalo; nyamî.

Abstenção, *s. f.* karnâstânâ davarṇeṁ *ou* râvṇeṁ *n.*, soḍṇî *f.*, varjaṇeṁ *n.*

Abster, *v. t.* varjuṁk, âḍâvuṁk, chukauṁk, khaḷauṁk. ‖ *v. r.* soḍuṁk *(v. t.)*, sâṁḍuṁk *(v. t.)*, karnâstânâ râvuṁk *ou* davruṁk, pâṭh karuṁk, kûs mâruṁk. ‖ — *de beber*, piyevuṁcheṁ soḍuṁk. — *de comer*, upâsîṁ râvuṁk. — *de fazer*, karcheṁ davruṁk.

Abstergente, abstersivo, *a.* nitaḷ-, sâph karcho, nirmaḷâvuṁcho, śodhak.

Absterger, *v. t.* dhuvuṁk, nirmaḷâvuṁk, nitḷâvuṁk.

Abstersão, *s. m.* nitḷâvṇî, nirmaḷâvṇî *f.*, śodhan *n.*

Absterso, *a.* nitḷâylalo, nitaḷ, nirmaḷ.

Abstinencia, *s. f.* bhogtyâg *m.*, bhogvarjan; varjaṇeṁ, karnâstânâ râvṇeṁ *n.* ‖ — *de comer:* nirhâr, nirâhâr, upâs *m.*, niraśan *n.*; *sobriedade:* alpabhog, niyam, alpâhâr *m.*, alpabhojan *n.*

Abstinente, *a.* varjaṇo, karnâstânâ râvtalo; alpabhogî, niyamî; alpâhârî, alpabhojî.

Abstracção, *s. f.* kâḍhṇî; amûrtî *f.*; aṁtardhyân; achitt *n.*

Abstractamente, *adv.* saṁbaṁdh nâstânâ; achittîṁ, chitt dînâstânâ.

Abstractivo, *a.* manâṁt kâḍhuṁcho va kâḍhuṁk upkârto.

Abstracto, *a.* kâḍhlalo; manâṁt kuśîn kelalo, kalpanecho; amurt; *(gram.)* bhavvachak, sâdhit; *distrahido:* achitt, pramâdî; *absorto:* dhyânî, samâdhisth.

Abstrahido, *a.* kuśîn kelalo; dhyânishṭh; achitt.

Abstrahir, *v. t.* kâḍhuṁk; manâṁt kuśîn karuṁk. ‖ *v. r.* bhramuṁk, dhyânishṭh jâvuṁk. ‖ *v. i.* varjuṁk, sâṁḍuṁk, davruṁk *(vv. tt.)*

Abstruso, *a.* samjanâslalo, avghaḍ, khol; agam, gupt, gupit, gûḍh, nigûḍh.

Absurdamente, *adv.* ayuktîṁ, asaṁbhavîṁ.

Absurdidade, *s. f.*, **absurdo**, *s. m.* nâkâ jâlaleṁ *n.*, ayukti *f.*, asaṁbhav, anarth, nirarth *m.*; pisây *f.*, gaḷyepan *n.*

Absurdo, *a.* nâkâ jâlalo, asamjik; ayukt, asaṁbhavî, asaṁbaddh.

Abullar, *v. t.* sopo mâruṁk. ‖ *v. r.* bûl kâḍhuṁk *ou* ghevuṁk.

Abundancia, *s. f.* phushkaḷây, paripûrṇây, paripûrtti, sapûrṇây *f.*, sapûrṇpaṇ *n.*, samṛidhi *f.*, viśesh *m.* ‖ — *de viveres:* sukaḷ, varav, loṭ *m.*, uphâḷeṁ *n.* — *de riqueza:* sapuṇikây, daulat, saṁpatti, saṁpad *f.*

Abundanciar, *v. i.* phushkaḷ-, udaṁḍ karuṁk.

Abundante, abundoso, *a.* jâyto, khûp, chaḍh, phushkaḷ, uphâḷ, udaṁḍ, mast, subhâm, sapûrṇ, paripûrṇ, samṛiddh.

Abundantemente, *adv.*, jâyteṁ, bârîṁ, paripûrṇîṁ.

Abundar, *v. i.* chaḍh-, jâyto âsuṁk, bharûn âsuṁk, paripûrṇ jâvuṁk; uphevuṁk, loṭoṁk, uphâḷuṁk.

Abunhadio, *s. m.* muṁḍkârpaṇ, raytpaṇ *n.*

Abunhado, *s. m.* muṁḍkâri, rayt.

Abunhar, *v. i.* thoḍyân dîs kâḍhuṁk, kasrin jyevuṁk.

Aburacar, *v. t. V.* ESBURACAR.

Abusador, *s. m.* bhashṭâvṇâr, kuprayogî, khudaltalo.

Abusão, *s. f.* kuprayog *m.*; lokmat *n.*; âchâr, śakun *m.*

Abusar, *v. t.* khudḷumk, ghusḍumk, bhashṭâvumk; vâyṭ gholaumk, phasaumk, aḷśik-, pâḍ karumk; mâthyâr basumk (*litt.* ASSENTAR-SE NA CABEÇA).

Abusivo, *a.* kuprayogâcho; viśvâsghâtâcho.

Abuso, *s. m.* kuprayog *m.*, ghusaḍṇî, khudaḷṇî, phasauṇî *f.*; viśvâsghât *m.*

Abutilo, *s. m.* peṭârî *f.*

Abutre, *s. m.* gîdh *ou* ghîd, garuḍ, garuḍpakshî *ou* garuḍpakhî *m.* (*f.* garuḍpakhiṇ).

Abysmal, *a.* pâtâḷâcho, rahâḷâcho.

Abysmar, *v. t.* vivarâmt-, pâtâḷâmt ghâlumk,- loṭumk; kalkalâvumk, tharthârâvumk, saṁkîrṇ karumk. || *v. r.* rahâḷâmt-, vivarâmt paḍumk, buḍumk.

Abysmo, *s. m.* vivar *m.*, pâtâḷ, rahâḷ, nirvâṇ *n.*, bairi *f.*; samudr *ou* samdîr *m.*, khomḍ *f.* || *V.* INFERNO.

Acabado, *a.* saṁplalo, saṁpâdlalo; *perfeito:* saṁgîn, saṁpûrṇ; *envelhecido:* jarḍo, ḍomkro-, mhâtâro jâlalo; *gasto:* jarjaro, jhejro-, juno jâlalo.

Acabador, *s. m.* saṁpauṇâr.

Acabamento, *s. m.* saṁpauṇî *f.*, saṁpâdan, sâṁdhan *n.*, âṭap *ou* âṭâp *m.*, âṭâpṇî, tayârî, âkher *f.*; *perfeição:* nigutây, saṁpûrṇây, siddhi *f.*; *morte:* marṇ *n.*, mṛiti *f.*

Acabar, *v. t.* kabâr karumk, saraumk, âṭpumk, âṭâpumk, saṁpaumk, saṁpâdumk, hâraumk; *aperfeiçoar:* sudhârumk, ujkhurumk, nibhâvumk. || *v. i.* kabâr jâvumk, sarumk, jâvumk, saṁpâdomk, âṭpomk, nâśomk. || — *com alguem, com alguma cousa,* saṁpaumk, śevaṭ ghâlumk; nâś karumk.

Acabellar, *v. i.* keṁs yevumk,- phuṭumk (*d. do s.*)

Acabrunhado, *a.* dagdâylalo, haḷhaḷâylalo; duḥkhest, duḥkhâbharit, saṁkîrṇ, udâsîn, khaṁtîbharit.

Acabrunhar, *v. t.* dagdagâvumk, haḷhaḷâvumk, raḍaumk, trâs divumk, kaḷvaḷâvumk, kashṭâvumk, duḥkhaumk, doshumk. || *v. r.* duḥkhavumk, vaḷvaḷumk; saṁkîrṇumk, hât pâṁy kavḷumk.

Açacal, *s. m.* pakhalyo, pâṇkyo, bhisti.

Açacalado, *a.* ujaḷlalo, nisaḷlalo, nisaḷ; tuḷtuḷît, jhigjhigît, chakk.

Açacalador, *s. m.* ujaḷṇâr.

Açacaladura, *s. f.* ujaḷṇi, nisaḷṇî *f.*, ujḷap *n.*

Açacalar, *v. t.* ujḷumk, nisḷumk, ghâṁsumk; sudhârumk, ujkhurumk, nibhâvumk.

Acaçapado, *a.* thapkaṭo, ṭheṁgṇo, moṭvo.

Acaçapar, *v. t.* thapkaṭumk, lahânâvumk. || *v. r.* thapkaṭomk, thapkaṭyâṁ-, ukaḍyâṁ basumk.

Acachoar, *v. i.* khatkhatumk, khatkhato yevumk (*d. do s.*); buḍbuḍumk, baṁbhâḷ jâvumk (*g. do s.*)

Acacia, *s. f.* keṁsar, bâbûḷ *f.*

Acadeirar-se, *v. r.* kadelir basumk.

Academia, *s. f.* pâṭhsâḷ, vidyâsâḷ *f.*, vidyâlay, vidyâmaṭh; paṁḍitgaṇ, paṁḍitsaṁgât, vidvatsamâj *m.*

Académia, *s. f.* manushyâche âṁgaḷticho namuno *m.*

Academial, *a. V.* ACADEMICO.

Academiar, *v. i.* vidyârthyâ pariṁ ulaumk.

Academicamente, *adv.* paṁḍitâ-, vidyârthyâ bhâshen.

Academico, *a.* pâṭhsâḷicho, vidyâlayâcho, pâṭhsâlâ saṁbaṁdhî; paṁḍitsaṁgâtâcho. || *s. m.* vidyârthî, vidyâlayâbhyâsî *m.*

Acaecer, *v. i. V.* ACONTECER.

Açafata, *s. f.* dâlîvâlî *f.*

Açafate, *s. m.* dâlî *f.*, peṭâro, salad, kurkulo *m.*

Acafelador, *s. m.* chuno kâḍhtalo *a.*

Acafeladura, *s. f.* chuno kâḍhṇeṁ *n.*

Acafelar, *v. t.* chuno-, gilâvo kâḍhumk, kâphlâr karumk; (*fig.*) dhâṁpumk, lipaumk.

Açafrão, *s. m.* haḷad *f.*

Açafrar, *v. i.* nâ âṭpomk, nâ bâḍgumk, nâ lekhumk.

Açafroa, *s. f.* âṁbyâ haḷad *f.*

Açafroado, *a.* haḷad lâylalo, haḷad ghâlalo; haḷduvo.

Açafroal, *s. m.* haḷdicho maḷo *m.*

Açafroar, *v. t.* haḷad kâḍhumk *ou* lâvumk (*d. do o.*), haḷduvâvumk.

Açafroeira, *s. f.* haḷdîcheṁ jhâḍ *n.*, haḷad *f.*

Acairelar, *v. t.* phît lâvumk, viṇumk.

Acaiçanhar, *v. t.* khoṭâvumk, khoṭ davrumk (*l. sup. do o.*), guḍhḍâvumk, mastumk; (mochyâchi khoṭ) moḍumk *ou* jharaumk.

Acalcar, *v. t. V.* CALCAR.

Acalentar, *v. t.* hâllo karumk, thâṁbaumk, śamanâ karumk, śamanâvumk; *consolar:* bujaumk, śâṁtaumk; *lisongear:* phuslâvumk, phulaumk, kombo, kâḍhumk (*litt.* TIRAR GALLO). ‖ *v. r.* thâṁbumk, śamanâ jâvumk.

Acalmado, *a.* thamḍ, śamanâ.

Acalmar, *v. t.* thamḍ-, śamanâ karumk, thramḍâvumk, śamanâvumk; *mitigar:* lahû-, thoḍo-, uṇo karumk; *pacificar:* śamanâvumk, śâṁtaumk svasthâvumk, samjâvumk. ‖ — *a ira,* râg nivaumk,- nivḷâvumk. ‖ *v. i.* (vârem) paḍumk. ‖ *v. r.* ṭhamḍ-, śamanâ jâvumk; nivumk, nivḷumk; svasthumk, śamanumk.

Açalmo, *s. m.* tâmḍûgoṭyâ âni dârûguḷyâchî bejmî *f.*, samrakshaṇ *n.*

Acalorar, *v. t.* unhâvumk, tâpaumk. ‖ *v. r.* unhevumk, ubevumk, tâpumk.

Acamar, *v. t.* ḍâḷumk, tharâmnîm mâmḍumk; âḍ-, *thâmbaḍ ghâlumk. ‖ *v. i.* âmthuḷṇâr-, vâyṭân paḍumk; nidumk, âḍ-, *thâmbaḍ paḍumk.

Açamar, *v. t.* muskem ghâlumk (*d. do o.*) tomḍ bâmdhumk (*g. do o.*); *refrear:* dâmûn dharumk, daḍpâvumk.

Acamaradar-se, *v. r.* samgaḍî-, samgatî jâvumk.

Acamato, *s. m.* ghaṭṭ âmglaṭ *f.*, gidâr *n.*

Açambarcador, *s. m.* khot, guttekâr, maktedâr.

Açambarcar, *v. t.* sâṭem mârumk (*d. do o.*), sâṭyâchem sâṭem ghevumk (*g. do o.*), makto ghevumk (*g. do o.*)

Açamo, *s. m.* muskem *n.*, jhâblî *f.*

Acampainhar, *v. t.* ghâmṭlî kaso karumk.

Acampamento, *s. m.* peṇem karṇem; makham, ṭhâṇ *n.*, paḍâv *m.*

Acampar, *v. t.* paḍâvâr davrumk *ou* râvaumk. ‖ *v. i.* peṇem-, makham-, ṭhâṇ karumk, tambû mârumk; ghâmṭlî vâjaumk.

Acanaladura, *s. f.* khâmchṇî, balkî, khaḷî *f.*

Acanalar, *v. t.* khâmchṇyo-, balkyo karumk.

Acanhado, *a.* samkaṭ, âmkhûḍ, lahân, bârîk; aśîr, arumḍ, alamgulo; aḍchaṇîcho; *timido:* kâkûḍ, ghâbro, bhiḍest, maryâdîk; *mesquinho:* châṭo, himṭo, lumcho.

Acanhamento, **acanho**, *s. m.* âmkhuḍâvṇî, aśirâvṇî; âmkhuḍây, aśirây; kâkuḍây, kâmkaṭṇî, ghâbrây, bhîḍ, maryâd *f.;* châṭepaṇ, himṭepaṇ, lumchepaṇ *n.*

Acanhar, *v. t.* aśirâvumk, âmkhuḍâvumk, arnumk, âmvḷumk; *deprimir:* lahân-, uṇo karumk; *intimidar:* ghâbrâvumk, bhejḍâvumk; *envergonhar:* lajjaumk, lajjek-, bhiḍek ghâlumk. ‖ *v. r.* âmkhuḍumk, kâkuḍumk, lajjumk, lajj disumk (*d. do s.*)

Acanhoar, **acanhonear**, *v. t.* nâḷî mârumk, toph soḍumk (*l. sup. do o.*)

Acannaveadura, *s. f.* domasṇem, khomṇem *n.*

Acannavear, *v. t.* domsumk, nâkshyâmnîm khomumk; *atormentar:* vaḷvaḷâvumk; *definhar:* bhâgaumk, remjaumk.

Acannelar, *v. t.* tikiyecho ramg divumk (*d. do o.*); tikî ghâlumk (*l. in do o.*)

Acantoar, *v. t.* koṇsyâk davrumk,- ghâlumk,- uḍaumk,- basaumk. ‖ *v. r.* koṇsyâk basumk,- râvumk; manshyâmtlo paḷumk,- lipumk.

Acantonamento, *s. m.* chhâvṇyemṁ davarṇem *n.;* chhâvṇî.

Acantonar, *v. t.* chhâvṇyemt davrumk,- râvaumk.

Acapellar, *v. t.* khoḷ divumk; ghomgḍyâ sârko karumk; buḍaumk, buchkaḷâvumk.

Acapitular, *v. t.* avasvar-, adyâv karumk

Acorar, *v. t.* paḷevumk, teḷumk, chavumk; mân divumk, mânumk (*d. do o.*)

Acardumar-se, *v. r.* birem jâvumk, urpamj karumk.

Acareação, *s. f.*, **acareamento**, *s. m.* rujvâṭ *f.*, tomḍâtomḍ *n.*

Acarear, *v. t.* rujvâṭ karumk (*g. do o.*), rujvâṭumk, tomḍâtomḍ (gvâhyâmchem) karumk.

Acariciador, *s. m.* bhoḷâvṇâr, lâlevṇâr.

Acariciar, **acarinhar**, *v. t.* posevumk, aprubây karumk (*g. do o.*), lâlevumk, bhoḷâvumk, balsâvumk, poṭḷumk

Acariciativo, *a.* aprubâyecho, moypâsâcho.

Acaro, *s. m.* kaḷaû *f.*

Acaroado, *a.* tomḍâk tomḍ lâglalo, temklalo.

Acarrar, *v. i.* gumg jâvumk, bebevumk; gull-, chemḍ jâvumk. ‖ *v. r.* gaṭṇik basumk, gaṭevumk.

Acarrear, *v. t.* hâḍumk, vharumk; (*fig.*) varavumk, upjaumk.

Acarretador, *s. m.* vharṇâr *ou* hâḍṇâr; ojhekâr *ou* ojhelî, vâhṇâr.

Acarretamento, **acarreto**, *s. m.* vharṇî, vâhṇi *f.*

Acarretar, *v. t.* gâḍyân vharumk; vharumk, harumk, vâhumk, ghevûn vachuṁk, taklyer,- mâthyâr ghevuṁk; hâḍuṁk, varavuṁk, upjauṁk.

Acasalar, *v. t.* joḍî karuṁk, joḍâvuṁk.

Acaso, *s. m.* daiv *n.*, daivyog *m.*, daivgat *f.*, kâktâlîya *n.* ‖ *adv.* daiviṁ, akasmât, sahaj; *talvez:* bi, gi, gây *(pospositivas)*, ghaḍyek, anegatâ. ‖ *Ao* —, chiṁtinâstânâ, saṁjanâstânâ, neṇârpaṇiṁ. *Por* —, akasmât; gây.

Acatalepsia, *s. f.* dubhâv, aviśvâs *m.*; mûḍhây *f.*

Acataleptico, *a.* dubhâvî, aviśvâsî; mûḍh.

Acatamento, *s. m.* mân, namaskâr, satkâr, âdar, śaraṇârth *m.*, âdaraṇ *n.*, bhîḍ *f.*

Acatar, *v. t.* mân divuṁk, mânuṁk, satkâruṁk, âdaruṁk, namaskâr karuṁk, praṇâmuṁk, bhiḍâ âsuṁk *ou* disuṁk *(d. do s., g. do o.)*

Acatarrhoar-se, *v. i.* bârkaṇ jâvuṁk *(d. do s.)*

Acatavel, *a.* mân-, namaskâr phâvo âslalo *ou* jâlalo.

Acatholico, *a.* kâtolk nay âslalo.

Acaudilhar, *v. t.* jujâk (phauj) vharuṁk; (sardârkî) chalauṁk.

Acauteladamente, *adv.* chatrâyen, chaturiṁ, huśârpaṇiṁ.

Acautelado, *a.* huśâr, huśârik, sâvadh, achirkâyecho; chatur, śiḍûk, kâṭhû.

Acautelamento, *s. m.* huśârkî, achirkây *f.*, sâvadhpaṇ *n.*; chaturây *ou* chatrây, śiḍukây *f.*

Acautelar, *v. t.* chatrâvuṁk, śiḍkâvuṁk. ‖ *v. r.* chatrâyen chaluṁk, huśâr-, huśârken râvuṁk, upây ghevuṁk (*litt.* EMPREGAR OS MEIOS), phuṁk mârûn pâṁy ghâluṁk (*litt.* PÔR O PÉ DEPOIS DE ASSOPRAR O CHÃO).

Acavalhar, *v. t.* ekâmekâr ghâluṁk, dâḷuṁk.

Acção, *s. f*, *operação, acto:* karaṇ, karṇeṁ, kartav, kartab *ou* kartûb; *obra, feito:* kâm, karm, kâryeṁ *n.*, kṛiti *f.*; *effeito, influencia:* guṇ, phaḷ *m.*, kârya, karm *n.*, vaso *m.*; *movimento:* chalṇeṁ, vartan *n.*, châl, gat *f.*; *batalha:* juj, saṁgrâm, yuddh *n.*, laḍhây *f.*; *attitude, postura:* âsan, sthân *n.*, sthiti *f.*; *assumpto:* vast *f. ou* vastu *n.*; *accionado:* moḍâmoḍ, sûchi *f.*, âṁgvikshep, âṁgbhaṁg *m.*; *direito de demandar:* dâvo *m.*, nyây *m. e f.*, vâd, vyavahâr *m.*; *porção do capital:* vâṁṭo, bhâg, aṁś, vaṁt, hisso, *m.*, baṁṭî *f.*; *cedula:* vâṁṭnîpatr, vaṁtâṁcheṁ kâgad *n.*; *(gram.)* kârak *n.* ‖ — *de graças*, ârghâṁ *n. pl.*

Accedente, *a.* kabûl, hoy mhaṇto.

Acceder, *v. i.* kabûl jâvuṁk, hoy-, hâṁ-, bareṁ mhaṇuṁk; praveśuṁk, ekvaṭoṁk.

Acceitação, *s. f.*, **acceitamento**, *s. m.* gheṇeṁ, ghevap, âṁgikaraṇ, mânap *ou* mânvap *n.*, patkarṇî *f.*, anumân *m.*

Acceitador, *s. m.* gheṇâr, ghetalo.

Acceitante, *a.* ghetalo. ‖ *s. m.* huṁḍî phârik karṇâr.

Acceitar, *v. t.* ghevuṁk, âp karuṁk, patkaruṁk, âṁgîkaruṁk, râjî jâvuṁk *(d. do o.)*, mânoṁk *(d. do s.)* ‖ — *a lettra*, huṁḍî phârik karuṁk kabûl jâvuṁk.

Acceitavel, *a.* ghevuṁcho, ghetlyâr baro, mânavcho, yukt.

Acceito, *a.* ghetlalo, mânlalo, puṭavlalo.

Acceleração, *s. f.*, **acceleramento**, *s. m.* vegiṁ karṇeṁ *n.*, darvaḍâvṇî, dhâṁvḍâvṇî *f.*; darvaḍo, darvaḍ *m.*, jhaḍjhaḍî, tâkît *f.*; utâvḷây *f.*, utâvaḷpaṇ *n.*, avichâr *m.*

Acceleradamente, *adv.* vegiṁ vegiṁ, gaḍgaḍît, jhaḍjhaḍît; avichâriṁ, utâvḷâyen.

Accelerado, *a.* gaḍgaḍit, jhaḍjhaḍit, vegâcho, jalad, suḍsuḍit; utâvḷî, gaḍgaḍyo, avichârî.

Accelerador, *a. e s. m.* darvaḍâytalo, gaḍgaḍâytalo *(a.)*

Accelerar, *v. t.* vegiṁ-, tâktin karuṁk, vegsâruṁk, gaḍgaḍâvuṁk, dhâṁvḍâvuṁk, darvaḍâvuṁk. ‖ *v. r.* tâkît karuṁk, vegsaruṁk; utâvḷuṁk, gaḍgaḍuṁk.

Accendalha, *s. f.* jaḷo *m.*

Accendedor, *a. e s. m.* peṭauṇâr, peṭaitalo.

Accender, *v. t.* ulpâvuṁk, jaḷauṁk, lâsuṁk, ujo lâvuṁk *ou* ghâluṁk *(d. do o.)*, peṭauṁk, perauṁk. ‖ — *o fogão*, ujo phuṁkuṁk,- peṭauṁk, sâṁduṁk. — *o candieiro*, divo lâvuṁk *ou* peṭauṁk; *irritar:* tiḍauṁk, chiḍauṁk, râg hâduṁk (*litt.* TRAZER IRA). ‖ *v. r.* ulpuṁk, jaḷuṁk, lâsuṁk; peṭuṁk; râg chaḍhuṁk,- yevuṁk *(d. do s.)*, râgân jaḷuṁk *ou* kaḍhuṁk, chiḍuṁk.

Accendimento, *s. m.* peṭauṇî, jaḷauṇî, tâpṇî *f.*, ulap, jâḷ *m.*, tâp *m. e f.*

Accento, *s. m. inflexão:* svarbhed *m.*, svarvikṛiti *f.*; *tom:* svar, jar *m.*; *timbre de voz:* ṭâḷo, gaḷo, svar *ou* sûr *m.*; *linguagem:* vâṇî *f.*, dhvani, svar *m.*; *con-*

sonancia: ektâḷ, svarmeḷ *m.*, svarsâmya *n.* || — *agudo,* udatt *m.* — *grave,* anudatt *m.* — *circumflexo,* svarit *m.* *Signal do* —, svarchihneṁ *n.*, svarâṁk *m.*

Accentuação, *s. f.* svarṇî *f.*, svarochchâr *m.*, svarochchâraṇ; svardân, svarchihneṁ karṇeṁ *n.*

Accentuar, *v. t.* svardân-, svarchihneṁ-, svarâṁk karuṁk *ou* ghâluṁk *(d. do o.)*; svaruṁk, svar divûn ulauṁk.

Accepção, *s. f.* arth, arthbodh *m.*

Acceso, *a.* ulpalalo, lâslalo, peṭlalo; tiḍlalo, jaḷtalo, jaḷto; tâṁbḍo lâl.

Accessão, *s. f.* kabûl jâṇeṁ *n.*, kablât *f.*, anumat *n.*; vâḍhṇî, vriddhi *f.*, praveś *m.*; chaḍhṇî, chaḍhtî; adhikârprâpti *f.*

Accessivel, *a.* sugam, rigûṁyeso, pâvûṁyeso; sugam, vinayî.

Accesso, *s. m. chegada:* yeṇeṁ, pâvṇeṁ, *n.*, âgam; *entrada:* rîg, praveś *m.*; *promoção:* adhikârprâpti *f.*, adhikârâgam *m.*; *passagem:* vâṭ *f.*, mârag *ou* mârg *m.*; *trato*: vahivâṭ, châlîboḷî *f.*, lâgbhâg *m.* || — *da alma,* jhapâṭo *m.*, chaḍhṇî *f.* — *de doença,* jhaṭko, jhapâṭo *m.*, chaḍhṇî *f.* — *de febre,* bhartî, chaḍhtî *f.* — *de epilepsia, de possessão,* pheṁpreṁ, châḷvaṇeṁ *ou* châḷavṇeṁ *n.*

Accessorio, *a.* hâlâyto, âḍecho, apradhân; bhartccho, chaḍhto, chaḍhâvâcho. || *s. m.* hâlâytî-, apradhân vast *f.*, upaskar *m.*

Accidentado, *a.* uṁchsakal, asam; râjghadyâṁcho.

Accidental, *a.* âḍecho, hâlâyto; amukhya, apradhân; adrishṭâcho, daivyogâcho; aniśchit, akalpit.

Accidentalmente, *adv.* akasmât, adrishṭân, daiviṁ.

Accidentar, *v. t.* badluṁk, vikruṁk; uṁchsakal karuṁk. || *v. r.* badloṁk; uṁchsakal jâvuṁk.

Accidente, *s. m.* *(phil.)* hâlâyto-, âḍecho guṇ, asahajdharm, asvâbhâvik guṇ *m.*; *casualidade:* adrishṭ *n.*, yog, saṁyog, daivyog *m.*, daiv *n.*; *acontecimento infeliz:* chûk, ghaḍṇî *f.*, arishṭ, jaḍjakhîm *n.*; *enfermidade*: jaḍâvṇî *f.*, jhaṭko, jhapâṭo *m.*, pheṁpreṁ *n.*

Accionado, *s. m.* moḍâmoḍ, sûchi *f.*, âṁgbhaṁg, âṁgvikshep *m.*

Accionador, *s. m.* moḍâmoḍî karṇâr, moḍâmoḍyo.

Accionar, *v. t.* moḍâmoḍî karûn ulauṁk, hâlûn dolûn sâṁguṁk; *(for.)* dâvo-, nyây karuṁk *(l. sup. do o.)* || *v. i.* moḍoṁk, doḍoṁk, sûchi-, âṁgbhaṁg karuṁk.

Accionario, *s. m.* vâṁṭckâr, vâṁṭelî, bhâgidâr, bhâgelî, vaṁtdâr.

Acclamação, *s. f.* nâvâḍhṇî, śâbâskî *f.*; jayaśabd, jayajaya *m.*; pâtśâyâcheṁ ghoshaṇ *n.*

Acclamador, *s. m.* navâḍhṇâr, ghoshaṇ kartalo *(a.)*

Acclamar, *v. t. clamar:* ârḍûn mhaṇuṁk, vel mârûn sâṁguṁk; *proclamar:* nâvâḍhuṁk, praghaṭuṁk, prakâśuṁk; *applaudir:* śâbâskî divuṁk, ṭâḷyo peṭauṁk *(d. do o.)*, naṁdauṁk; *asseverar:* khareṁch sâṁguṁk, bhâsuṁk, nirvâduṁk. || — *rei,* sadrer basauṁk, pâtśây mhaṇ ghoshaṇ karuṁk.

Acclimação, acclimatação, *s. f.* pardeś pachauṇeṁ, dusryâ havyâchî saṁvay karṇeṁ *n.*

Acclimar, acclimatar, *v. t.* pardeś pachauṁk, dusryâ gâṁvâchî saṁvay karuṁk. || *v. r.* dusro gâṁv pachuṁk,- baro lâguṁk *(d. do s.)*; saṁvay jâvuṁk *ou* vaj lâguṁk *(d. do s.)*

Acclive, *a.* chaḍhto, uṁchaṭ, uṁchâṭ, pâlsaṇâcho. || *s. m.* chaḍhtî, ghâṭî *f.*

Accommodação, *s. f.* mâṁḍṇî, saṁjauṇî *f.*; bareṁ ghar *n.*, iskaḷ râvuṁcho jâgo *m.*; bibrâḍ, ṭhikâṇ *n.*; udyam, udyog *m.*, udarposhaṇ *n.*

Accommodadamente, *adv.* puṭavseṁ, salavseṁ, phâvo te pariṁ.

Accommodado, *a.* mâṁḍlalo; purto, sârko, yogya, lâyk, ṭhîk; susth, kuśâl; udyam-, poṭâcho upây âslalo; thaṁḍ, svasth.

Accommodamento, *s. m.* mâṁḍṇî; putavṇî; toḍ, thârâvṇî, râjî, svasthâvṇî *f.*

Accommodar, *v. t. fazer commodo:* sârko-, lâyk-, ṭhîk karuṁk; *ordenar, dispor:* mâṁḍuṁk, sâjuṁk, saṁjauṁk; *adaptar:* sarî karuṁk, salvauṁk, lâvuṁk, basauṁk; *alojar:* âpṇâger râvauṁk,- ḍavruṁk, bihrâḍ *ou* biḍâr divuṁk; *socegar:* thâṁbauṁk, susthâvuṁk, svasthâvuṁk; *dar emprego:* aṇṇâk-, poṭâk lâvuṁk, udyam-, udarposhaṇ divuṁk; *compor disputa:* thârâvuṁk, ekṭâvuṁk, jamâvuṁk, râjî-, toḍ karuṁk *(g. do o.)*. || *v. r. alojar-se:* ṭhikuṁk, ṭhikâṇ karuṁk, râvuṁk; *conformar-se:* pramâṇeṁ chaluṁk, purauṁk *(d. do s.)*, puṭvuṁk *(d. do s.)*, salvuṁk *(d. do s.)*; *socegar-se:* thâṁbuṁk, thaṁḍ jâvuṁk, susthavuṁk; *contentar-se:*

susth-, kuśâl jâvuṁk; *fazer bem ao estomago:* jiruṁk, pachuṁk, pâruṁk, sokuṁk, sasuṁk.

Accommodaticio, *a.* salavaso (arth), padârthveg̣lo.

Accommodavel, *a.* salavaso, upkârûṁyeso.

Accordadamente, *adv.* ekchittîṁ, ekmanîṁ; achirkâyen, bareṁ karûn, chiṁtîṁ, vivekîṁ.

Accordado, *a. desperto:* jâgo, jâgṛit; *resolvido por accordo:* sammat; *accorde:* samsvar; *prudente:* śahâṇo, chatur, vivekî.

Accordamento, *s. m.* jâgo karṇeṁ *n.;* jâgṛitây *f.*

Accordante, *a.* ektâḷ, samsvar; ekmanâcho, ekbhâvâcho, sammat, milâphî.

Accordão, *s. m.* nem, nivâḍo, nirṇay, tark *m.,* phaṛmaṇ *n.*

Accordar, *v. t. lembrar:* manâṁt hâḍuṁk, ughḍâs karuṁk *(g. do o.); despertar:* jâgauṁk, uṭauṁk, jâgo karuṁk; *resolver:* nemuṁk, bodhuṁk; *activar:* huśâruṁk, huskauṁk; *reconciliar:* ekṭâvuṁk, meḷauṁk, râjî karuṁk *(d. ou g. do o.)* ‖ *v. i.* jâgo jâvuṁk, jâgavuṁk, uṭuṁk; nem ghevuṁk, sammat jâvuṁk, mathuṁk. ‖ *v. r.* ughḍâs jâvuṁk *ou* yevuṁk *(d. do s.);* ekṭâvoṁk. ‖ — o *cão que está dormindo,* vâṭechyâ vâghâ, mâkâ yevûn khâ gâ.

Accorde, *a.* sammat, ekmanâcho, ekchittâcho; ektâḷ, samsvar, majûr *ou* maṁjûḷ. ‖ *s. m.* svarmeḷ, ektâḷ *m.,* majurây *f.*

Accordemente, *adv.* ekchittîṁ, ekbhâvîṁ; samsvarîṁ, majurâyen.

Accordo, *s. m.* jâgṛitây *f.,* jâgṛitpaṇ; *união, concordia:* ekman *n.,* ekbhâv, ekatr, ekvaṭ, meḷ *m.,* ektraṇ, ektrapaṇ *n.; consenso:* kablât, sammati *f.,* anumat, mat *n.,* milâph *m.,* sabuddhi *f.; convenção:* râji, bolî *f.,* karâr, khaṁḍ, kaṭ, ṭharâvo *m.,* ṭhikâṇ *n.; accordão:* nem, tîrp *m.; tino, tento:* buddhi, achirkây, chatrây, śiḍukây *f.,* vivek *m.; lembrança:* âṭhav, ughḍâs *m.* ‖ *De* —, *adv.* bareṁ, jâṁv, jâyt. *De commum* —, *adv.* ek buddhîn, sag̣lyâṁchî ek khuśî jâvûn, samestâṁk bareṁ disûn. *Estar de* —, kabûl âsuṁk; râjî jâvuṁk, dusryâche khuśer âsuṁk. *Não dar* — *de si,* jîv vachuṁk, jhiṁṭ mâruṁk; jâb *ou* jâp nâ divuṁk.

Accorrer, *v. i.* dhâṁvuṁk, dhâṁvûn yevuṁk, pâvuṁk, vegîṁ pâvuṁk. ‖ *v. r.* śaraṇâ vachuṁk *ou* yevuṁk, âdhârâ-, âsrâ yevuṁk.

Accrescentador, *s. m. e a.* chaḍhauṇâr, vâḍhauṇâr; chaḍhaitalo, vâḍhaitalo.

Accrescentamento, *s. m.* chaḍhauṇî, vâḍhauṇî, lâvṇi; chaḍhṇi, vâḍhṇi *f.,* chaḍhâv *m.,* chaḍhap *n.*

Accrescentar, *v. t.* chaḍhauṁk, chaḍh-, ag̣lo-, adhik karuṁk, vâḍhauṁk, âṇṇk lâvuṁk. ‖ *v. r.* chaḍhuṁk, chaḍh-, ag̣lo jâvuṁk, vâḍhuṁk.

Accrescer, *v. i.* chaḍhuṁk, chaḍh-, adhik-, ag̣lo jâvuṁk, upjuṁk, lâguṁk. ‖ *Accresce a isto,* hyâ bhâyr âsâ *ou* jâtâ.

Accrescido, *a.* chaḍhlalo, chaḍhto; lâgîm âylalo; adhik jâlalo.

Accrescimento, accrescimo, *s. m.* chaḍhṇî, chaḍhtî, vâḍhṇî, vâḍhây, vâḍh *f.,* chaḍhap *n.,* upaj *m.,* ṛiddhi, abhivṛiddhi *f.*

Accumulação, *s. f.,* **accumulamento,** *s. m.* jamâvṇî, puṁjâvṇî *f.;* jamo, puṁjo, sâṁṭho *ou* sâṁṭh, chaḍhâv *m.,* sâmagri, râs *f.*

Accumuladamente, *adv.* ḍoṁgar kaso karûn, râśiṁnîṁ.

Accumulador, *s. m. e a.* jamâvṇâr, chaḍhauṇâr, puṁjikartalo.

Accumular, *v. t.* jamâvuṁk *ou* jamauṁk, puṁjâvuṁk, puṁjîkaruṁk, sâṁṭhauṁk, chaḍhauṁk, ḍâḷuṁk. ‖ *v. i.* mâṁḍoṁk, bharoṁk, gâṁṭh-, sâṁṭho karuṁk. ‖ *v. r.* jamuṁk, sâṁṭhuṁk, charbaṭuṁk.

Accumulativo, *a.* chaḍhûṁyeso, chaḍhâvâcho, jamcho.

Accuradamente, *adv.* barâbar, sârkeṁ.

Accurado, *a.* saṁskrit, nigût, uttam, niṭ, sârko, barâbar, sutî, sam, ṭhîk; kharo, khachît, achûk.

Accurar, *v. t.* saṁskâruṁk, sudhâruṁk, ujkhuruṁk.

Accusação, *s. f.* dosh *m.,* gârâṇeṁ *n.,* phiryâd, niṁdâ *f.,* parivâd *m.* ‖ — *falsa,* baglâṁṭ *n.,* birâmat *f.,* apvâd *m.*

Accusado, *s. m.* gunyâṁkârî, dosh lâylalo.

Accusador, *s. m.* gârâṇeṁkâr, phiryâdî, vâdî, mudây; parivâdî, niṁdâkâr; upvâdî, baglâṁṭî.

Accusar, *v. t.* doshuṁk, gârâṇeṁ karuṁk *(l. sup. do o.);* parivâduṁk, niṁduṁk; *mostrar:* dâkhauṁk, dakhal karuṁk, gamauṁk, kaḷauṁk. ‖ — *peccados,* pâtkâṁ sâṁguṁk. — *a recepção* *de carta*, chiṭṭ pâvlî *ou* ghetlî mhaṇ kaḷauṁk.

Accusativo, *s. m.* dvitîyâ *f.*, karmpad *n.*

Accusatorio, *s. m.* gârâṇyâcho, doshâcho.

Accusavel, *a.* doshî, phiryâd karûṁyeso.

Aceirar, *v. t. dar tempera de aço:* pâṇvaḷ divuṁk; *guarnecer de aço:* tikeṁ ghâluṁk *ou* lâvuṁk; *fortalecer:* ghaṭṭâvuṁk, milâṁv kaso karuṁk; *afiar:* pâjuṁk, dhâr kâḍhuṁk *(d. do o.)*; *metter na ceira:* meṇâṁt ghâluṁk *ou* lepḍâvuṁk; *dar figura de ceira:* meṇâ parîṁ *ou* sârko karuṁk; *ajustar:* khaṁḍuṁk *ou* khaṁḍ karuṁk *(abl.* lâgîṁ *ou* kaḍe *do o.)*, muśâryâk-, kâmâk lâvuṁk *ou* ghevuṁk; *desmontar:* râṇâ-, jhâḍâṁ bhoṁvtîṁ jâgo mekhḷâvuṁk ujo lâganâ jâvuṁchyâk, *bhîs kâḍhuṁk.

Aceiro, *s. m.* tikeṁ *n.*, milâṁv *m.*; jhâḍhâṁ bhoṁvtîṁ mekhḷâylalî jamîn, *bhîs.

Aceiro, *a.* tikyâcho; kaṭhiṇ, nibar. ‖ *s. m.* tikekâr.

Acenar, *v. t. e i.* khuṇâvuṁk, khûṇ-, iśârat karuṁk, haḍkuṁk. ‖ — *com a cabeça*, taklî hâlauṁk *ou* moḍuṁk. — *com as mãos*, hâtâṁnîṁ âpauṁk.

Acendrar, *v. t.* gobrân ujḷuṁk; puṭâvuṁk, puṭâk lâvuṁk *ou* ghâluṁk; ujḷuṁk, nitḷâvuṁk, nirmaḷâvuṁk, saṁskâruṁk.

Aceno, *s. m.* haḍkaṇî, moḍ, kurû, iśârat *f.*, khûṇ *n.*, gurt *m.*; âpauṇeṁ *n.* ‖ — *de olhos*, ḍoḷemoḍ *f.*

Acephalo, *a.* taklevîṇ, mastakahîn.

Acepilhador, *s. m.* kisaḷṇâr.

Acepilhadura, *s. f.* kisaḷṇî; kisûḷ *f.*

Acepilhar, *v. t.* kisḷuṁk, kisûḷ mâruṁk *(d. do o.)*; ghâṁsuṁk; sudhâruṁk, saṁskâruṁk.

Acepipe, *s. m.* ṭoṁḍâḷâvṇeṁ, toṁḍâk lâvuṁcheṁ (*litt.* O QUE É PARA SE APPLICAR Á BOCCA), nisteṁ, pakvan *ou* pâkhuvaṇ *n.* ‖ *Servir-se de* —, toṁḍâk lâvuṁk.

Acequia, *s. f.* char, khaḷî *f.*, pâṭ *m.*

Acerar, *v. t.* pânvaḷ divuṁk; kiḍâvuṁk, chiḍauṁk.

Acerbidade, *s. f.* tarṇepaṇ, tarḍepaṇ; harvây; âṁbṭây, kaḍvây; kharây, tiksâṇ; nishṭurây, dâruṇây *f.*

Acerbo, *a.* tarṇo, harvo, tarḍo; âṁbaṭ, kaḍû, kaḍvo; khar, tîk; dâruṇ, nishṭur, krûr, kaṭhiṇ.

Acerca, *adv.* bhoṁvtîṁ, bhoṁvtaṇîṁ; vishayîṁ *ou* viśîṁ, saveṁ, lâgîṁ.

Acercar-se, *v. r.* lâgîṁ saruṁk *ou* yevuṁk, teṁkûn vachuṁk.

Acerrimo, *a. sup.* bhav kaṭûr,- tîk; jabar; nibar.

Acertadamente, *adv.* nîṭ, sârkeṁ, phâvo te parîṁ.

Acertado, *a.* nîṭ, sârko, ujû, phâvo taslo; śahâṇo, śiḍûk.

Acertador, *s. m.* mokṇâr, mokṇo; pârkhî.

Acertar, *v. t.* khareṁch-, sâmkeṁch meḷuṁk *(d. do o.)*; sâmko-, nîṭ-, barâbar karuṁk; *dar no alvo:* mokuṁk, tipâvuṁk; *ajustar:* basauṁk, ghaḍuṁk, ghaḍsuṁk. ‖ *v. i. bater no ponto:* basuṁk, lâguṁk; *pensar, obrar bem:* phâvo te parîṁ chiṁtuṁk *ou* chaluṁk. ‖ — *com*, chiṁtînâstânâ-, akasmât meḷuṁk,- sâṁpḍuṁk,- gaṁvsuṁk *(d. do s.)*; pârkhuṁk, tarjuṁk, kalpuṁk *(vv. tt.)* — *em*, śiḍkuṁk, âḍkhaḷuṁk *(d. do s.)* — *de*, ghaḍuṁk, jâvuṁk. *Dizer as cousas a* —, ulauṁk, boṭyâr padûṁv biyer paḍûṁv; ubhaṁtarîṁ ulauṁk.

Acerto, *s. m.* mokṇeṁ; pârkhaṇeṁ; śahâṇepaṇ *n.*, samjaṇî, śiḍukây; śrî *f.*, dârjaṇeṁ *n.*

Acervo, *s. m.* puṁjo, mâch, ḍâḷ *m*, râs; tâṁḍî *f.*, choṁbo, laṁbo, ragḍo, jamo *m.*

Acescencia, *s. f.* âṁbaṭsâṇ, âṁbsâṇ *f.*

Acescente, *a.* âṁbaṭsâr, âṁbsâr, âṁbaṭso.

Acetar, **acetificar**, *v. t.* śirko-, vinâgr karuṁk *(g. do o.)*, âṁbaṭ karuṁk, âṁbṭâvuṁk.

Acetico, **acetoso**, *a.* âṁbaṭ, âṁbaṭso.

Acetificação, *s. f.* âṁbṭâvṇî *f.*, śirko karṇeṁ *n.*

Acetometro, *s. m.* śirko mejcheṁ yaṁtr *n.*

Acevadar, *v. t.* jav khâvauṁk *(d. do o.)*

Acha, *s. f.* kâṁṭîṁ *n.*, salpo, salpo *m.*, soval *n.*, sovlî; koltî *f.*; kuhrâḍeṁ *n.*

Achacadiço, *a.* soṁpepaṇîṁ vâyṭâṁt paḍtalo, gâṁṭhîk piḍâ âslalo, rogyo.

Achacado, **achacoso**, *a.* piḍesht, baḷmît, âbgûl, gulâṁkâr.

Achacar, *v. i.* vâyṭâṁt-, piḍeṁt paḍuṁk, rogyo-, jakhmî jâvuṁk. ‖ *v. t.* duḥkh-, piḍâpîḍ divuṁk, kichḍâvuṁk.

Achada, *s. f.* meḷṇî *f.*, meḷap *n.*, gaṁvsaṇî, sâṁpaḍṇî; meḷlalî vast *f.*; *planalto:* mâṭh *f.*, mâḷ *n.*, saḍo *m.*

Achado, *a.* meḷlalo, gâvlalo; yojilalo, kalpilalo; sâṁpaḍlalo, gaṁvsalalo. ‖ *Não se dar por — de alguma cousa,* sâmjanâseṁ karuṁk *ou* dâkhauṁk, baḷyaṁ neṇoṁ mhaṇuṁk. ‖ *s. m.* meḷṇî *f.*, meḷap *n.*; meḷlalî vast *f.*

Achador, *s. m. e a.* gaṁvsitalo, sâṁpḍâvṇâr; yojaṇo.

Achamboado, *a.* burso, arbaṭ; karḍo, kachcho.

Achamboar, *v. t.* burso-, boṁtho karuṁk. ‖ *v. r.* arbaṭ-, karḍo jâvuṁk.

Achanar, *v. t.* sapâṭ karuṁk, peṭuṁk; samtaḷuṁk, samtaḷ-, barâbar-, sârko karuṁk.

Achaparrado, *a.* moṭvo âni moṭo, khujo, giḍḍo. ‖ *Homem* —, tutîṁ, ghâṁṭno.

Achaque, *s. m.* rog *m.*, sadâṁchî piḍâ; *vicio:* khoḍ *f.*, aguṇ *m.*; *imputação:* lachâṁḍ, baglâṁṭ *n.*; *pretexto:* nîb, nimitt *n.*, tapsîl *m.*

Achar, *v. t.* meḷuṁk, gâvuṁk, gaṁvsuṁk, sâṁpḍuṁk *(vv. ii., d. do s.)*, meḷauṁk (*litt.* GANHAR), gaṁvsauṁk *(p. us.)*, sâṁpḍâvuṁk (*litt.* ALCANÇAR); *descobrir:* kâḍhuṁk, śodhûn kâḍhuṁk, pârkhuṁk; *inventar:* yojuṁk, kalpuṁk, rachuṁk, navo rachuṁk; *advertir, notar:* dishṭî paḍuṁk, kaḷuṁk, gamuṁk *(vv. ii., d. do s.)*; *reconhecer, verificar:* dishṭî paḍûn yevuṁk, dekhuṁk, umguṁk *ou* umjuṁk *(vv. ii., d. do s.)*; *pensar, julgar:* disuṁk, âṭhavuṁk *(vv. ii., d. do s.)*, samjuṁk, chiṁtuṁk; *sentir:* lâguṁk, ruchuṁk *(vv. ii., d. do s.)* ‖ *v. r.* meḷuṁk, gâvuṁk; *estar:* âsuṁk, râvuṁk; *sentir-se:* disuṁk. ‖ — *bem,* bareṁ disuṁk, baro-, kuśâl âsuṁk. — *mal,* bareṁ nâ disuṁk, baro nâsuṁk. — *com alguem,* koṇâcho âdhâr-, koṇâchî pâṁg meḷuṁk.

Achar, *s. m.* loṇcheṁ, miskûṭ *n.*

Acharoar, *v. t.* Japânâche ritîn raṁgauṁk.

Achatamento, *s. m.*, **achatadura**, *s. f.* chepṇî, chep *f.*

Achatar, *v. t.* chepṭo-, pâṭâṁgo karuṁk; thapkaṭuṁk, peṭuṁk. ‖ *v. r.* thapkaṭoṁk.

Achavascado, *a.* karḍo, burso, arbaṭ, boṁtho, doḍo.

Achavascar-se, *v. r.* karḍo-, boṁtho jâvuṁk.

Ache, *s. f.* bû, bûbû; ghâvṭo *m.*, jheṁjrap *n.*

Achega, *s. f.* chaḍhâv, vâḍhâv *m.*, vâḍh, bhar *f.* ‖ -s, *f. pl.* kharḍo.

Achegado, *a.* lâgśîlo, lâgîṁcho, baglecho. ‖ *s. m.* soyro, lâgśîlo soyro.

Achegamento, *s. m.* lâgîṁ kâḍhneṁ *n.*, ekṭhâvṇî *f.*

Achegar, *v. t.* lâgîṁ-, bagleṁt kâḍhuṁk *ou* hâḍuṁk, teṁkauṁk, pâvauṁk, ekṭhâvuṁk. ‖ *v. r.* lâgîṁ-, teṁkûn yevuṁk, pâvuṁk; riguṁk, âsrâ yevuṁk.

Achicar, *v. t.* ghâmat kâḍhuṁk *ou* uspuṁk.

Achinado, *a.* chinî, chinkuṭo.

Achincalhar, *v. t.* keṁḍuṁk, khebaḍâṁ karuṁk *(g. do o.)*, tarjuṁk, bharsuṁk.

Achinelar, *v. t.* chinelâ sarko karuṁk.

Achores, *s. m. pl.* jânvây *f.*

Achromo, *s. m.* raṁg nâslalo.

Achumbado, *a.* siṁsyâchyâ raṁgâcho.

Acicate, *s. m.* kâṁṭo *m.*, âr *f.*

Acicular, *a.* suye sârko, suyero.

Acidavel, *a.* âṁbaṭ jâvûṁyeso.

Acidez, *s. f.* âṁbṭây, âṁbṭâṇ, âṁbalsâṇ, châchurây *f.*

Acidia, *s. f.* jaḍây, maṁdây; âḷsây, beśârmây *f.*

Acidificação, *s. f.* âṁbṭâvṇî *f.*

Acidificante, *a.* aṁbṭâvuṁcho.

Acidificar, *v. t.* âṁbṭâvuṁk. ‖ *v. r.* âṁbṭevuṁk.

Acidioso, *a.* jaḍ, maṁd, sustî, âḷśî.

Acido, *a.* âṁbaṭ, âml. ‖ *s. m.* âml *m.*

Acidular, *v. t.* âṁbaṭso karuṁk.

Acidulo, *a.* mâtso âṁbaṭ, âṁbaṭso, âṁbaṭsâr, âṁbsâr.

Acima, *adv.* vayr, var, uṁch, phuḍe, śiriṁ.

Acimar, *v. t.* kabâr karuṁk, sarauṁk, saṁpâḍuṁk; uṁchâvuṁk, ubâruṁk.

Acinte, *s. m.* dvesh *m.*, kubuddhi *f.*, kubuddhipaṇ *n.*; kheṁḍṇî *f.*, dâvo *m.*, bhagal *f.* ‖ —, *acintemente, adv.* chiṁtûn, jâṇo jâvûn, jây mhaṇ, kubuddhîn, dveshîṁ, baḷyâṁ.

Acintoso, *a.* kubuddhi, kapaṭî, kuṭâḷo, vâyṭâ maṇâcho.

Acirandar, *v. t.* châhiṇî ghâluṁk.

Acirrar, *v. t.* tiḍauṁk, chiḍauṁk; huskâvuṁk.

Acitara, *s. f.* pâsoḍî *f.*

Aclaração, *s. f.*, **aclaramento**, *s. m.* nitḷâvṇî, nitḷây *f.*; prakâś *m.*

Aclarar, *v. t.* nitaḷ karuṁk, nitḷâvuṁk, ujḷuṁk; *elucidar:* ujvâḍâvuṁk, prakâśauṁk; *illustrar:* sudhâruṁk, ujkhuruṁk; *purificar:* nivḷâvuṁk, nirmaḷâvuṁk. ‖ *v. i.* ughḍoṁk, ujḷoṁk. ‖ *v. r.* nitaḷ jâvuṁk, prakâśuṁk, nivḷuṁk.

Acmastico, *a.* chaḍhanâ deṁvanâ taslo, niraṁtar (jar).

Aço, *s. m.* tikeṁ *n.*, milâṁv *m.*; *arma:* hatyâr, astr *n.* ‖ — *de espelho:* ârsyâchî kalhay *f.*

Acobardado, *a.* bhejûḍ, bheṁkro.

Acobardamento, *s. m.* bhejuḍây *f.*, bheṁkrepaṇ *n.*

Acobardar, *v. t.* bhejḍâvuṁk, bheṁkḍâvuṁk. ‖ *v. r.* bhejḍuṁk, bhiyevuṁk; âṁkhuḍuṁk, moḍoṁk.

Acobertar, *v. t.* pâṁghrauṁk, kâṁbrauṁk; *(fig.)* saṁbhâḷuṁk, nivâruṁk, pratipâḷuṁk. ‖ *v. r.* pâṁghruṁk, kâṁbruṁk; *(fig.)* nib-, rûp ghevuṁk.

Acochar, *v. t.* chepuṁk, chepûn-, cheṁchûn bharuṁk,- ghâluṁk,- mâṁḍuṁk, dâmûn ḍâḷuṁk. ‖ *v. r.* thapkaṭyâṁ basuṁk.

Acocoramento, *s. m.* thapkaṇ, ukaḍyâṁ basṇeṁ *n.*

Acocorar-se, *v. r.* ukaḍyâṁ basuṁk, thapkaṭon basuṁk, thapkaṭoṁk.

Açodadamente, *adv.* gaḍgaḍît, gaḍgaḍyâṁ, darvaḍyân.

Açodado, *a.* gaḍgaḍyo, gaḍbaḍyo, dhâṁvto, turturît; utâvḷî *ou* utâvḷo, hurmaṭ.

Açodamento, *s. m.* darvaḍo *ou* darvaḍ *m.*, dhâṁvḍâvṇî, tâkît, utâvḷây *f.*, viḍviḍo *m.*

Açodar, *v. t.* darvaḍâvuṁk, dhâṁvḍâvuṁk, gaḍgaḍâvuṁk, jhaḍjhaḍâvuṁk. ‖ *v. r.* darvaḍuṁk, darvaḍo karuṁk, gaḍbaḍuṁk, ghoḍyâr basuṁk (*litt.* MONTAR A CAVALLO), utâvḷuṁk, viḍviḍuṁk.

Acoflar, *v. t.* pośevuṁk, ugauṁk (keṁs).

Acoguladura, *s. f.* suyen bharṇeṁ *n.*; suî *f.*

Acogular, *v. t.* suyen-, upaṭ bharuṁk, suî kâḍhuṁk *(d. do o.)*; chaḍh-, cheṁchûn bharuṁk.

Acoimar, *v. t.* daṁḍ ghâluṁk, bâr bâṁdhuṁk; *castigar:* khâst-, śikshâ lâvuṁk; *censurar:* gâṁjuṁk, niṁduṁk.

Acoitar, **acoutar**, *v. t.* bihrâḍ-, âsar divuṁk, âśrâvuṁk, âśramuṁk; âdhâr divuṁk, âdhâruṁk. ‖ *v. r.* âsrâk yevuṁk, âśram śodhuṁk, riguṁk.

Açoitar, *v. t.* sait *ou* saitîn mâruṁk, saitâr kâḍhuṁk, korḍe-, phaṭke-, jerbaṁd divuṁk, sâṭ mâruṁk, châbkâvuṁk, phaṭkâvuṁk, saṭâvuṁk, jhoṁpâvuṁk; saṭkâvuṁk, śevṭuṁk.

Açoite, *s. f.* sait *(corr. de açoite)*, śiplîn *(corr. de disciplina) f.*, jerbaṁd, châbûk, phaṭko, korḍo, saṭo *m.*, *bastanî, sâṭ *f.*; *flagello:* kharg *n.*, śirâṁṭ, dhâḍ *f.*, arishṭ *m.*

Acolá, *adv.* othaiṁ, thaiṁ, thaiṁsar, thâṁgâ, tiṁgâ, pelyân.

Acolchetar, *v. t.* kulchet-, âṁkḍo ghâluṁk *(g. do o.)*

Acolchoado, *s. m.* rajay, supetî *f.*, naṁdâ *m.*

Acolchoar, *v. t.* supetuṁk, kâpûs ghâluṁk *ou* rû-, rudâr bharuṁk *(l. in do o.)*

Acolhedor, *s. m.* bihrâḍ *ou* âsar ditalo; âskârî, pâḷak, sanimânî.

Acolher, *v. t.* âpnâger davruṁk *ou* râvauṁk, bihrâḍ divuṁk; ṭhevuṁk, saṁbhâḷuṁk, âśramuṁk, sanimân karuṁk; âdhârâ *ou* âsrâ ghevuṁk, âdhâr divuṁk, âdhâruṁk. ‖ *v. r.* śaraṇâ vachuṁk, âsrâ *ou* âdhârâ yevuṁk.

Acolhida, *s. f.* gheṇeṁ *n.*; thâr, âsar, âdhâr *m.*, trâṇ *n. e m.*, śaraṇ *n.*

Acolhimento, *s. m.* gheṇeṁ *n.*; sanimân *m.*, satkṛiti, saṁbhâvanâ *f.*, *ou* saṁbhâvan *n.*; thâr, âsar, âdhâr, âśram *m.*

Acolyto, *s. m.* âkolt, choṁ grâvâṁcho pâdrî; *(fig.)* lâṁbto, sâṁîl.

Acommettedor, *s. m. e a.* uprâḷnâr, ghâlo ghâḷnâr; âḍâvṇâr, âḍâytalo.

Acommetter, *v. t.* hât ghâluṁk *(l. sup. do o.)*, paḍuṁk *(l. sup. do o.)*, âṁgâr yevuṁk *(g. do o.)*, uprâḷuṁk, peṭ mâruṁk, ghâlo ghâluṁk, jhoṁbî mâruṁk, jhaḍjhaḍâvuṁk; *emprehender:* araṁbhuṁk, âḍâvuṁk, lâguṁk *(com inf.)*

Acommettida, *s. f.*, **acommettimento**, *s. m.* uprâḷo, ghâlo, peṭ *m.*; araṁbhṇî, âḍâvṇî *f.*

Acompadrar, *v. t.* kumpâr-, ishṭ karuṁk. ‖ *v. r.* kumpâr-, ishṭ jâvuṁk.

Acompanhador, *s. m.*, **acompanhante**, *a.* pâvṇâr, pâvṇo, sâṁgâtî, anusârî; dhrupaḍyo.

Acompanhamento, *s. m.* pâvṇî *f.*, anusaraṇ *n.*, pâṭhlâv, sâṁgât *m.*; *sequito:* lok, parivâr, âḍaṁbar. ‖ — *nu-*

pcial, varaṇ *n.*, hor *ou* var *m.*, dibaṇ *(us. Can.)* — *musical*, dhrupad *n.*

Acompanhar, *v. t.* pâvauṁk, barâbarî-, sâṁgâtâ vachuṁk *(g. do o.)*, sâṁgât karuṁk *(d. do o.)*, sâṁgâtuṁk, anusaruṁk; dhrupad dharuṁk, sâṁgâtâ gâvuṁk *ou* vâjauṁk. || *v. i. e r.* sâṁgâtâ-, barâbarî bhoṁvuṁk.

Acompridar-se, *v. r.* lâṁb jâvuṁk, lâṁbuṁk, dîrghuṁk.

Acondicionação, *s. f.*, acondicionamento, *s. m.* mâṁḍnî *f.*, mâṁḍap *n.*, mâṁḍâvaḷ, ḍâḷṇî *f.*

Acondicionado, *a.* mâṁḍlalo, ḍâḷlalo; bare *ou* vâyṭe gatîcho,- daśecho; svasth, yuktîcho.

Acondicionar, *v. t.* gat-, daśâ divuṁk; mâṁḍuṁk, ḍâḷuṁk; poṭḷuṁk.

Aconito, *s. m.* vatsanâbh *m.*

Aconselhado, *a.* buddh ghetlalo, upadishṭ, upadeśî; viveki, chatur.

Aconselhar, *v. t.* buddh divuṁk, upadeśuṁk, maṁtruṁk, jâṇauṁk. || *v. r.* buddh ghevuṁk.

Acontecer, *v. i.* ghaḍuṁk, jâvuṁk, vartuṁk.

Acontecimento, *s. m.* ghaḍṇî, goshṭ, vârttâ *f.*, mât *m.*, vartmân *n.*, hakikat *f.*

Açor, *s. m.* *raṇayîr.

Açorado, *a.* asosî, âśecho.

Açorar, *v. t.* asosâvuṁk, asosî karuṁk; vaḷvaḷâvuṁk. || *v. r.* asosuṁk, vaḷvaḷuṁk; âṁvḍhe ghoṭuṁk, luslusuṁk, hurhuruṁk, khurkhuruṁk.

Açorda, *s. f.* *uṁḍyâchî khîr.

Acordoar, *v. t. V.* ENCORDOAR.

Acores, *s. m. pl. (naut.)* khâṁblyo *f. pl.*

Acori, *s. m.* niḷeṁ paṁvḷeṁ *n.*

Acoria, *s. f.* bhukecho rakhrakho *m.*

Acoroçoado, *a.* kâḷjâvaṁt, dhirâdhîk, tejvaṁt, prabaḷ.

Acoroçoamento, *s. m.* phusḷâvṇî, dhirâvṇî *f.*, dhîr-, baḷ deṇeṁ *n.*

Acoroçoar, *v. t.* jîv-, baḷ-, dhîr divuṁk, ghaṭṭâvuṁk, dhirâvuṁk, phusḷâvuṁk.

Acorrentamento, *s. m.* sâṁkḷâvṇî, sâṁgḍâvṇî *f.*

Acorrentar, *v. t.* sâṁkḷâvuṁk, sâṁgḍâvuṁk, bâṁdhuṁk.

Acortinar, *v. t.* paḍdyâṁnîṁ saṁjauṁk, paḍde ghâluṁk *(d. do o.)*

Acossar, *v. t.* pâṭhî-, pâṭhâpâṭhî-, pâḷâṁk lâguṁk *(g. do o.)*, piḍâpîḍ divuṁk.

Acostar-se, *v. r. V.* ENCOSTAR-SE.

Acostumado, *a.* saṁvaycho, saṁvay jâlalo.

Acostumar, *v. t.* saṁvay karuṁk *(d. do o.)*, aḷsauṁk, rahâṭauṁk. || *v. r.* saṁvay karuṁk, saṁvay paḍuṁk *(d. do s.)*, saṁvkuṁk, rahâṭuṁk, aḷsuṁk.

A cote, *adv.* disândîs, disâdispaṭo *a.*

Açotea, *s. f.* devḍî, poṭmâḷî *f.*

Acotovelar, *v. t.* koṁprâvuṁk, koṁpar mâruṁk.

Açougada, *s. f.* bob *f.*, bobâḷ, gaḷbaḷ *m.*

Açougue, *s. m.* mâs vikchî svât, *kasâbsâḷ *f.*, tiṁṭo *m.*; mârâmârî.

Acourellar, *v. t.* śiro-, verkâṁ karuṁk *(g. do o.)*.

Acquiescencia, *s. f.* kablât *f.*, anumât *n.*, patkarṇî, sammati *f.*

Acquiescer, *v. i.* kabûl jâvuṁk, hoy-, hâṁ mhaṇuṁk, patkaruṁk *(v. t.)*, kânâr hâḍuṁk *ou* ghevuṁk.

Acquisição, *s. f.* meḷauṇî, meḷvaṇ *f.*, meḷap, gheṇeṁ *n.*, sâṁpḍâvṇî, joḍṇî; joḍ; âpti, prâpti *f.*, âgam *m.*

Acquistar, *v. t. V.* ADQUIRIR.

Acravar, *v. t.* puruṁk, chepuṁk, nemuṁk *ou* nemauṁk. || *v. r.* puroṁk, nemoṁk, chepoṁk.

Acre, *a.* kaṭûk, kaṭûr; tîk, tikhaṭ, mirmirît, tirbaṭ; nibar, jabar; ugr, krûr.

Acreditado, *a.* nâṁvâcho, âbrûcho, âbrûvaṁt.

Acreditar, *v. t.* mânuṁk, sat mânuṁk *ou* mâṁduṁk; mân-, nâṁv divuṁk. || *v. r.* nâṁv-, mân joḍuṁk.

Acremente, *adv.* nibrân, kharâyen.

Acrimonia, *s. f.* tirbaṭâṇ, kaḍvây, tikhaṭây, tiksâṇ, mirmirî *f.*, chatko *m.*; kharây, haṭhiṇây, nibrây, nibrâsâṇ *f.*

Acrimonioso, *a.* mirmirît, tirbaṭ, tîk; khar, kaṭhiṇ, nibar.

Acrisolado, *a.* nirmaḷ, nishkaḷaṁk, śuddh.

Acrisolar, *v. t.* puṭâ lâvuṁk, puṭâvuṁk; nitḷâvuṁk, nirmaḷâvuṁk, sudhâruṁk.

Acro, *a.* charcharît, khaḍkhaḍît.

Acroamatico, *a.* kânâṁcho, âykaṇecho; bârîk samjaṇecho.

Acroatico, *a.* avghaḍ, khol (pustak).

Acrobata, *s. m. e f.* nâḍekâr, bhorpî *m.*; nâḍekârṇ, bhorpîṇ *f.*

Acrobatico, *a.* nâḍekârâcho, ṇâḍepenâcho.

Acronico, acronio, *a. (astr.)* sûryâche parte kaḍen disto (nakshatr).

Acrolitho, *a.* phâtrâchî taklî, hat pâṁy âslalo (mûrti).

Acrostico, *s. m.* âdyâksharbaṁd, prathamâksharbaṁdh *m.* ‖ *a.*, prathamâksharbaṁdhâcho.

Acta, *s. f.* khardo, lekh *m.*, hakikat, yâdî, satkathâ *f.*; daphtar *m.* (*us. Can.*)

Activação, *s. f.* huśârṇî; darvadâvṇî *f.*

Activamente, *adv.* suḍsuḍyâṁ, gaḍgaḍît, vegîṁ.

Activar, *v. t.* huśâruṁk, huśâr-, châlû karuṁk; *apressar:* darvadâvuṁk, gaḍgaḍâvuṁk, jhaḍjhaḍâvuṁk; *atear:* saṁdhakuṁk, peraumk.

Actividade, *s. f.* śakti, karmśakti, karaṇśakti *f.*; *diligencia:* dhâṁdalpaṇ *n.*, *ou* dhâṁdalây, śitâbî, suḍsuḍây; *força:* baḷ *n.*, tâkat *f.*, jor *m.* ‖ *Estar em* —, chaluṁk, châlû jâvuṁk *ou* âsuṁk.

Activo, *a.* śakt, karmśakt, jito, karmkâr, karmishṭh; suḍsuḍît, śitâb, âṁgsûṭ, huśâr, jalad; utâvḷo, phiṭphiṭo; *forte, energico:* khar, nibar, kaḍak; *laborioso:* kâmî, udyogî; (*gram.*) sakarmak. ‖ *Divida* —, gheṇeṁ. *Vida* —, pravṛitti *f.*, pravṛittimârg *m.*

Acto, *s. m.* karṇî *f.*, kartûb, kartab, kartav, karm *n.*, kriyâ *f.*; *exame:* parîkshâ *ou* parikhyâ *f.*; (*theat.*) âṁk *ou* aṁk *m.* ‖ — *de fé*, bhâvârthâcho âkt. *No mesmo* —, tyâch vaktâr, tednâṁch. *Em — continuo*, tyâch barâbar, tyâch phârâk, taseṁch.

Actor, *s. m.* soṁgâḍî *ou* soṁgâkâr, nâṭkî *ou* nâṭkâr, raṁgchar, sûtradhâr, bhorpî.

Actriz, *s. f.* soṁgâḍîṇ, bhorpîṇ, nâṭkî, naṭî.

Actuação, *s. f.* châlauṇî, chalṇî, huśârkî *f.*

Actuado, *a.* rahâṭlalo; suḍsuḍît, śitâb.

Actual, *a.* âtâṁcho, hâlîṁcho, sâṁpratcho; chalto; *effectivo, real:* bharoch, sat, siddh, vartmân.

Actualidade, *s. f.* ho samay, âtâṁcho kâḷ *m.*

Actualmente, *adv.* âtâṁ, sadhyâṁ, sardyâ, turût, sâṁprat, hyâ samayâr; bhareṁch, bharepaṇîṁ.

Actuante, *a.* chalto, gholto.

Actuar, *v. t.* châlauṁk *ou* chalauṁk, ghoḷauṁk, karauṁk (*p. us.*), châlû karuṁk; huśâruṁk. ‖ *v. i.* chaluṁk, ghoḷuṁk; *influir:* lâguṁk, jhomuṁk.

Actuoso, *a.* huśâr; suḍsuḍît, śitâb, karmishṭh.

Acuar, *v. i.* thapkaṇ mârûn basuṁk, phuṁdneṁ teṁkauṁk; *acantoar-se:* konsyâk basuṁk; *recuar:* pâṭhî saruṁk; *estacar:* lâguṁk, chalanâ jâvuṁk (monjât).

Açucena, *s f.* kanel *n.*

Acuchilhar, *v. t. V.* ANAVALHAR.

Acucular, *v. t. V.* ACOGULAR.

Açude, mânas, mer *f.*, bâṁdh *m.*

Acudir, *v. i.* pâvuṁk, garjek pâvuṁk; *vir ao chamamento:* âpaitoch yevuṁk, hâjîr jâvuṁk; *responder logo:* rokḍich jâb divuṁk; *sobrevir:* yevuṁk.

Acuidade, *s. f.* bârkây *f.*; jarâcho bhâr *m.*

Açulamento, *s. m.* huskâvṇî *f.*

Açular, *v. t.* huskâvuṁk, kukâruṁk; châḷvauṁk, chiḍauṁk.

Aculeado, *a.* kuṁs âslalo.

Aculeiforme, *a.* suye sârko, suyero.

Aculeo, *s. m.* kuṁs *n.*, taḍas, kâṁṭo *m.*; hurbhâ *f.*

Acume, *s. m.* bârkây, tikhaṭây, tajvit *f.*

Acuminado, *a.* tikhaṭ; domsâḷo.

Acuminar, *v. t.* bârîk-, domsâḷo karuṁk, suḷâvuṁk, domsuṁk.

Acunhar, *v. t.* pâchâreṁ mâruṁk *ou* ghâluṁk (*d. do o.*); mohar mâruṁk.

Acupunctura, *s. f.* suyen topṇeṁ *n.*

Acurralar, *v. t. V.* ENCURRALAR.

Acurvado, *a.* poṁgo, poṁg paḍlalo, vaṁdavlalo.

Acurvar, *v. t.* vaṁdâvuṁk, bâgâvuṁk, vâṁkauṁk. ‖ *v. i. e r.* vaṁdavuṁk, bâguṁk, poṁg paḍuṁk (*d. do s.*); *abater-se:* moḍoṁk, moḍon paḍuṁk, chepoṁk, âṁg soḍuṁk (*litt.* LARGAR O CORPO).

Acurvilhar, *v. i.* diṁbhî moḍuṁk (monjât).

Acustica, *s. f.* śrâvaṇvidyâ, dhvanividyâ *f.*

Acustico, *a.* dhvanî, nâdâcho.

Acutangulo, *s. m.* laghukoṇ *m.*

Acutilado, *a.* ghâyvaṭî, ghâyâḷ, ghây kelalo, karvaṇâṁ mârlalo.

Acutilar, *v. t.* ghây karuṁk, karvaṇâṁ ghâluṁk *ou* mâruṁk (*d. do o.*), karvaṇâvuṁk; ghâṁsâvuṁk, bhurkâvuṁk.

Adaga, *s. f.* kaṭâr *f.*, khaṁjiro, suro *m.*

Adagada, *s. f.* kaṭârîcho-, khaṁjiryâcho phâr *m.*

Adagial, *a.* opârîṁcho, nyâyâcho.

Adagio, *s. m.* opâr, mhaṇṇî *f.*, nyây *m.*, âhṇeṁ, vâkya *n.*, ślok (*vulg.* śilok) *m.*, gâd *f.* (*us. Can.*) ‖ (*mus.*) *adv.* śavkâś *ou* śâvkâś. ‖ *s. m.* vilambit *n.*

Adamado, *a.* bâibolo, bâilâmḍo.

Adamantino, *a.* vajrâmcho; (*fig.*) nibar, kaṭhiṇ.

Adamar-se, *v. r.* bâîl kaso jâvumk, bâibolo-, bâilâmḍo jâvumk.

Adamascar, *v. t.* dâmâskâ sâmko karumk.

Adaptação, *s. f.* lâvṇi, sâmarthî *f.*

Adaptar, *v. t.* sarî karumk, lâvumk, basaumk, meḷaumk, salvaumk, lâyk-, sâmarthvamt karumk. ‖ *v. r.* sarî-, lâyk jâvumk, lâgumk, salvumk, samjumk.

Adaptavel, *a.* sarî karûmyeso, yukt.

Adarga, *s. f.* ḍhâḷ *m.*, aḍḍaṇ *n.*

Adargado, adargueiro, *s. m.* aḍḍaṇkâr.

Adargar, *v. t.* aḍḍaṇân-, ḍhâḷân dhâmpumk-, samjaumk. ‖ *v. r.* aḍḍaṇân samjumk; âsrâk yevumk *ou* sarumk.

Addição, *s. f.* chaḍhauṇî, jamâkarṇî, jamâvṇî *f.*; samîkaraṇ *n.*, samkhyâ; vâḍh *f.*, chaḍhâv *m.*

Addicionação, *s. f.* sâroḷo *m.*

Addicional, *a.* chaḍhît, adhik; vâḍhîcho; samkhyecho.

Addicionamento, *s. m.* chaḍhauṇî, vâḍhauṇî *f.*, chaḍhâv.

Addicionar, *v. t.* jamaumk, jamâkarumk; chaḍhaumk, lâvumk, ânîmk divumk *ou* ghâlumk.

Adicto, *a.* lâglalo, samvkalalo. ‖ *Ser* —, lâgumk, samvkumk, peṭumk.

Addido, *s. m.* kâmâk chaḍhailalo manîs, sâmîl *m.*

Addir, *v. t.* chaḍhaumk, lâvumk, jamâkarumk.

Additamento, *s. m.* chaḍhauṇî, lâvṇî *f.*; purvaṇ, tâjkalam, kroḍpatr *n.*

Additar, *v. t.* chaḍhaumk, lâvumk, jamaumk.

Adduzir, *v. t.* hâḍumk; dâkhaumk.

Adeantadamente, *adv.* âdîmch, phuḍech, mukhâr.

Adeantado, *a.* phuḍârlalo; mukhâr sarlalo. ‖ *A hora adiantada,* uśirâm.

Adeantamento, *s. m.* phuḍârṇî; gat, vriddhi *f.*, kram *n.*; âdîm-, mukhâr duḍû dilale, -phârik kelale.

Adeantar, *v. t.* mukhâr-, phuḍe-, samor vharumk, phuḍârumk, phuḍe kâḍhumk; *antecipar:* âdîm-, phuḍe-, mukhâr karumk; *promover:* chaḍhaumk, vâḍhaumk, phuḍârumk. ‖ — *dinheiro,* paile-, mukhâr duḍû divumk. ‖ *v. r.* phuḍe-, mukhâr sarumk,- vachumk, phuḍâromk; *progredir:* vâḍhumk, namdumk, vasumk; *exceder:* adhik-, agḷo jâvumk, vâjvarumk. ‖ — *em annos,* mhâtâro jâvumk.

Adeante, *adv.* phuḍe, mukhâr, samor.

Adega, *s. f.* koṭhâr *m.*, koṭhî *f.*, taḷghar *n.*, gudâmv, bogdo *m.*

Adejar, *v. i.* pâkhoṭe baḍaumk,- hâlaumk; jhaḍpaḍumk, uḍumk. ‖ *v. t.* hâlaumk.

Adejo, *s. m.* pâkhoṭe baḍauṇem *n.*; uḍṇi *f.*

Adela, *s. f.* parṇîm vastram *ou* vastû viktalî.

Adelgaçado, *a.* bârîk, pâtaḷ, aśîr, supûr.

Adelgaçamento, *s. m.* bârkâvṇî; bârkây, pâtḷây, aśirây *f.*

Adelgaçar, *v. t.* bârîk karumk, bârkâvumk; *rarefazer:* pâtaḷ karumk, pâtḷâvumk; *aguçar:* pâjumk, dhâr kâḍhumk (*d. do o.*); *estreitar:* aśîr karumk, aśirâvumk *ou* aśrâvumk; *diminuir:* uṇo karumk, uṇâvumk, demvaumk. ‖ *v. i. e r.* bârîk-, supûr-, pâtaḷ-, aśîr-, uṇo jâvumk; *emmagrecer:* bhâgumk, sukumk.

Adelo, *s. m.* parṇyo vastû viktalo; dalâl; vakîl.

Adem, *s. f.* hâms, batak *n.*

Ademanes, *s. m. pl.* moḍâmoḍî *f. pl.*, âmgvikshep, âmgbhamg *m. pl.*, phaḍâ *f.*

Adempção, *s. f.* (*jur.*) kâḍhṇî *f.*, partan *n.*

Adenoso, *a.* binâmcho.

Adensar, *v. t.* âṭaumk, dâṭ karumk, dâṭaumk, ghaṇâvumk. ‖ *v. i.* âṭumk, dâṭ jâvumk, dâṭumk, sâmsevumk.

Adentado, dâmtryâmcho.

Adentar, *v. t.* dâmtre ghâlumk, dâmtrâvumk, dâmtâvumk; *morder:* dâmt mârumk (*d. do o.*), dâmsâvumk, ghâms mârumk, ghâmsâvumk. ‖ *v. i.* dâmt phuṭumk *ou* yevumk (*d. do s.*).

Adentro, *adv.* bhitar, gharâbhitar.

Adepto, *s. m.* siddh (*a.*); *sectario:* pâṭhlâvṇâr, śîs, anusârî.

Adequação, *s. f.* sâmarthî *f.*

Adequado, *a.* nîṭ, sârko, sâmko, barâbar, lâyk, sâmarthvamt, jûst.

Adequar, *v. t.* sarî-, barâbar-, sâmko karumk. ‖ *v. i.* jûst-, sârko-, lâyk jâvumk, basumk, lâgumk.

Adereçar, *v. t.* śimgârumk, śṛimgârumk, neṭaumk, alamkârumk.

Adereço, *s. m.* śimgâr, śṛimgâr, alamkâr, sâj *m.*, âbharaṇ *n.*

Adergar, *v. i.* pâvuṁk; ghaḍuṁk, jâvuṁk.

Adornar, *v. i.* buḍuṁk.

Adestrado, *a.* śikailalo; rahâṭlalo, karmishṭh, mardecho, khabardâr, sâdhṇo.

Adestrador, *s. m.* śikauṇâr, rahâṭauṇâr.

Adestramento, *s. m.* śikauṇî *ou* śikauṇ, rahâṭauṇî; lulî *f.*, abhyâs *m.*

Adestrar, *v. t.* śikauṁk, upśâmuṁk, kîr karuṁk (*litt.* FAZER PAPAGAIO); *exercitar:* rahâṭauṁk, gavḷâvuṁk, abhyâsuṁk, peṭauṁk. || *v. r.* śikuṁk; rahâṭuṁk, gavḷuṁk, kuṭuṁk, peṭuṁk.

Adeus, *adv.* âdes, svasti (*p. us.*), râmrâm (*us. entre os gentios*), salâm (*us. esp. entre os moiros*). || *s. m.* âdes, râmrâm, salâm *m.*, salâmâlkî *f.* || *Dizer* —, salâm-, âdes karuṁk; (*fig.*) vâṭ soḍuṁk (*g. do o. i.*), pâṭh karuṁk.

Adeusar, *v. t. V.* ENDEUSAR.

Adherencia, adhesão, *s. f.* lâgṇî, chikaṭṇî; chikaṭây *f.*, chikaṭpaṇ *n.*; *assentimento:* kablât, sammati *f.*; *valia:* dhîr *m.*, majat *f.*; *amizade:* ishṭagat, maṁtrikây, dostî *f.*

Adherente, *a.* lâgto, chikaṭ. || *s. m.* pâṭhlâvkâr, anusârî, pakshapâtî, pakshî, sapaksh. || *s. pl.*, ishṭmitr, ishṭmaṁtîr *m. pl.*

Adherir, *v. i.* lâguṁk, chikâṭuṁk, ḍoṁkuṁk; kabûl jâvuṁk, mânuṁk (*d. do s.*); anusaruṁk.

Adhesivo, *a.* lâgto, chikaṭ.

Ad-hoc, *adv.* barâbar; tyâch pâsûn.

Ad-honores, *adv.* phakat mânâk.

Adiamento, *s. m.* nemṇeṁ, ṭhevṇeṁ; mukhâr-, phuḍe davarṇeṁ *n.*

Adianto, *s. m.* ghoḍepâvaḷ *n.*

Adiaphoro, *a.* garjek paḍanâslalo, kâmâk yenâslalo, nâkâ jâlalo.

Adiar, *v. t.* nemuṁk, nemsuṁk, nimyâruṁk; erâ disâ davruṁk, phuḍe-, mukhâr vharuṁk.

Adibe, *s. m.* kolo, jaṁbuk. || — *femea:* kolî, bhâlû *f.*, bhâlgeṁ *n.*

Adição, *s. f.* daij patkarṇeṁ,- gheṇeṁ *n.*

Adietar, *v. t.* pathâr davruṁk.

Adipe, *s. m.* charab, vas *f.*

Adiposo, *a.* charbecho, vasecho.

Adipsia, *s. f.* piṇyâchî arûch *f.*

Adir, *v. t.* ghevuṁk, patkaruṁk (daij).

Aditar, *v. t.* sukh divuṁk, sukhâvuṁk.

Adito, *s. m.* rîg, praveś *m.*

Advinha, *s. f.* pârkhîṇ *f.*; pârkhaṇeṁ *n.*

Advinhação, *s. f.*, **advinhamento**, *s. m.*, pârkhaṇeṁ; humâṇeṁ, gûḍh *n.*

Advinhador, advinhão, advinho, *s. m.* pârkhî.

Advinhar, *v. t.* pârkhuṁk, tarkuṁk.

Adjacencia, *s. f.* lâgîṁ-, teṁkûn âsṇeṁ *n.*; lâgsâr *m.*

Adjacente, *a.* lâgśilo, teṁklalo, merelî.

Adjecção, *s. f.* chaḍhṇî, vâḍh *f.*, chaḍhâv, upaj *m.*

Adjectivação, *s. f.* guṇśabd karṇeṁ *n.*; yukti, lâykî *f.*

Adjectivamente, *adv.* guṇśabdîṁ.

Adjectivar, *v. t.* guṇśabd-, viśeshaṇ karuṁk (*g. do o.*); *accommodar:* sarî-, yukt karuṁk, jokhuṁk, salvauṁk. || *v. i. e r.* paḍuṁk (*ex.: não adjectivam a virtude e o vicio,* suguṇâk âni aguṇâk paḍanâ); pramâṇeṁ chaluṁk.

Adjectivo, *a.* lâvuṁcho, chaḍhauṁcho; guṇśabdâcho. || *s. m.* guṇśabd *m.*, guṇvachan, viśeshaṇ *n.*

Adjudicação, *s. f.* nivâḍyân deṇeṁ *n.*, nivâḍo, phaisâlo *m.*; sâ *f.*

Adjudicar, *v. t.* mansubî-, chaukasî-, tapâsṇî karûn divuṁk, nivâḍyân divuṁk,- âdhîn karuṁk; sâ· karuṁk.

Adjudicatorio, *a.* nivâḍyân-, phaisâlyân gheṇâr.

Adjudicativo, *a.* nivâḍyân divuṁcho.

Adjuncção, *s. f.* lâvṇî *f.*, saṁyog *m.*

Adjuncto, *a.* lâylalo, ghaḍsilalo, jaḍlalo. || *s. m.* saṁsargî-, lâylalo manîs *ou* vast, sâmîl *a.*

Adjuração, *s. f.* śapûth ghâlṇeṁ *n.*, âṇ *f.*

Adjurar, *v. t.* pramâṇâr, sâṁguṁk, śapûth divûn ulauṁk; âṇ-, śapûth divuṁk.

Adjutorio, *s. m.* âdhâr, âlâsro *m.*, majat *n.* śaraṇ *n.*

Adjuvante, *a.* âdhâr-, kumak-, hât ditalo, majatvaṁt.

Ad-libitum, *adv.* khuśe pramâṇeṁ, jây taseṁ.

Adminiculante, adminicular, *a.* pâvtalo, âdhâr ditalo.

Adminiculo, *s.* âdhâr *m.*, kumak, sahây *f.*

Administração, *s. f.* chalauṇî, vasauṇî, jâḷvaṇî, jâḷoṇî, vahivâṭ, vyavasthâ *f.*, kârbhâr, adhikâr, abhyâs *m.*, abhyâsan, âcharaṇ *n.*; *governo, ministerio:* râjkârbhârmaṁḍaḷ *f.*, râj *n.* ||

— *de justiça,* nît-, nyây karṇeṁ; — *de sacramentos:* sâkrâmeṁt deṇeṁ. *Repartição de* —, kârkhâṇo *m.*

Administrador, *s. m.* chalauṇâr, vasauṇâr, kârbhârî, adhikârî, pâḷak, kâjî *(moiro),* *khâsnîs. ‖ — *de concelho,* âdministrâdor, mahâldâr, **maṁḍaleś. — *de casa,* gharkâr.

Administrante, *a.* chalauṇo, vasaitalo.

Administrar, *v. t.* chalauṁk, vasauṁk, kamâvuṁk, jâḷvuṁk, vahivâṭuṁk, abhyâsuṁk, âchâruṁk, âṭpuṁk *ou* âṭâpuṁk; *conferir:* divuṁk. ‖ — *justiça,* nyây-, nît karuṁk.

Administrativo, *a.* kârbhârâcho, jâḷvaṇecho.

Admiração, *s. f.* ajâp jâṇeṁ, acharyepaṇ *n.,* thaṭâkṇî, vipritây *f.;* ajâp, naval, acharyeṁ, kautuk, adbhut *n.,* chamatkâr *m.* ‖ *Ponto de* —, viśmayachihna *n.*

Admirador, *a. e s. m.* ajâp jâtalo, ajâpî.

Admirando, admiravel, *a.* ajâpâṁcho, acharyâṁcho, acharyavaṁt, vichitr, aprûb, viprit, viśmit, adbhut, divya. ‖ *int.* hâhâ! lay!

Admirar, *v. t.* ajâp jâvûn paḷevuṁk, thaṭâkûn teḷuṁk, mirauṁk; ajâpâvuṁk, ajâp karuṁk. ‖ *v. i.* ajâp disuṁk, vichitr-, aprûb jâvuṁk. ‖ *v. r.* ajâpuṁk, ajâp jâvuṁk, thaṭâkuṁk.

Admirativo, *a.* ajâp jâlalo, thaṭâklalo.

Admiravelmente, *adv.* acharyepaṇîṁ, vichitrîṁ.

Admissão, *s. f.* yevuṁk deṇeṁ *n.,* patkarṇî *f.,* âṁgîkaraṇ, gheṇeṁ *ou* ghevap *n.,* rîg *m.*

Admissivel, *a.* ghevuṁcho, rigauṁcho, kabûl karcho.

Admittido, *a.* ghetlalo, patkelalo; pasaṁd; mâṁdlalo.

Admittir, *v. t.* yevuṁk divuṁk, ghevuṁk, bhitar ghevuṁk,- kâḍhuṁk, rigauṁk, rîg divuṁk; *approvar, concordar:* patkaruṁk, âṁgîkaruṁk, kabûl jâvuṁk *(d. do o.); suppor:* chiṁtuṁk, samjuṁk, mhaṇuṁk, dharuṁk; *permittir, soffrer:* upkâruṁk *(d. do s., s. do o.),* jâvuṁk *(idem).*

Admoestação, *s. f.* upadeś *m.,* tâkîd; taṭkarṇî, dhamkâvṇî, dhamkî *f.*

Admoestador, *s. m.* taṭkarṇâr, upadeśak.

Admoestar, *v. t.* upadeśuṁk, upśâmuṁk, barî buddh divuṁk, buddh śikauṁk; bobâṭ karuṁk, taṭkaruṁk; dhamkâvuṁk, tâḍauṁk.

Admonitor, *s. m.* upadeśak, sûchak.

Admonitorio, *a.* upadeśuṁcho, bobâṭ karcho.

Adobe, *s. m.* bhâjinâslalo tijulo, koro îṭ; phâturlî *f.* ‖ — **e adoba,** khoḍo *m.*

Adoçar, *v. t.* goḍ karuṁk, goḍâvuṁk, goḍsâvuṁk, sâkrâvuṁk; *suavizar, acalmar:* narmâvuṁk, thaṁḍâvuṁk, mavâḷuṁk, maṁd karuṁk; *afiar:* pâjuṁk, dhâr kâḍhuṁk *(d. do o.); polir, alizar:* ujḷuṁk, nisḷuṁk, suḷsuḷît karuṁk. ‖ — *a côr,* raṁg narmâvuṁk. — *o oiro,* bhâṁgâr puṭâvuṁk, sonyâcheṁ kîṭ kâḍhuṁk.

Adocicado, *a.* goḍso, goḍsâr; goḍvo.

Adocicar, *v. t.* goḍsâvuṁk, goḍso karuṁk; mavâḷuṁk, goḍvo karuṁk.

Adoecer, *v. i.* vâyṭâṁt-, piḍeṁt paḍuṁk, piḍâ jâvuṁk *(d. do s.),* baḷṇikuṁk, roguṁk.

Adoecimento, *s. m.* vâyṭâṁt-, piḍeṁt paḍṇeṁ *n.,* baḷṇîk *f.*

Adoentado, *a.* jivâk bareṁ nâslalo, bareṁseṁ disanâslalo, rogyo.

Adoentar, *v. t.* jivâk vâyṭ karuṁk, bareṁ disanâseṁ karuṁk.

Adoidado, *a.* pisâṭ, pisoso.

Adoidar, *v. t.* piso karuṁk, pisâvuṁk.

Adoestar, *v. t.* bharsuṁk, apmânuṁk.

Adolescencia, *s. f.* pirây, tarṇî pirây, vâḍhtî pirây *f.*

Adolescente, *a. e s. m.* tarṇo, tarṇo dhâkṭo, tarṇe pirâyecho.

Adolescer, *v. i.* pirâyer pâvuṁk.

Adonde, *adv.* khaiṁ, khaiṁsar.

Adonis, *s. m.* rûpest-, śobhit burgo; koṁgryâṁcho manîs.

Adonisar, *v. t.* neṭauṁk, alaṁkâruṁk. ‖ *v. r.* neṭuṁk, pehrâvuṁk.

Adopção, *s. f.* posṇî *f.,* poskepaṇ, dharmputrpaṇ; âṁgîkaraṇ *n.*

Adoptante, *s. m.* posuṁk ghetalo, posṇâr.

Adoptar, *v. t.* posuṁk, posko karûn ghevuṁk, dharmputr-, âplo karuṁk; âṁgîkaruṁk, patkaruṁk, viṁchûn kâḍhuṁk.

Adoptivo, *a.* posko *(a.),* datt *(a.),* dharmputr *m.*

Adoração, *s. f.* pujâ, devjpujâ, bhakti *f.,* namaskâr *m.,* bhajaṇ, samaraṇ, vaṁdan *n.,* praṇipât *m.*

Adorador, *s. m.* bhajṇâr, pujṇâr, praṇâmî, bhakt.

Adorando, adoravel, namaskârâcho, vaṁdvaṁt, pûjya, archit.

Adorar, *v. t.* namaskâr karuṁk, namaskaruṁk, pujuṁk, bhajuṁk, vaṁdḍuṁk, praṇipâtuṁk, samaruṁk.

Adormecedor, *a. e s. m.* nîd hâḍtalo, nidâytalo.

Adormecer, *v. t.* nidâvuṁk, nîd hâḍuṁk; *entorpecer:* bahirâvuṁk; *calmar:* śamanâvuṁk, lahû karuṁk. ‖ *v. i.* jemevuṁk, ḍoḷe lâguṁk *(g. do s.)*, nîḍ yevuṁk,- paḍuṁk *(d. do s.)*, niḍuṁk, tâtâ karuṁk *(infant.)*; *entorpecer-se:* bharoṁk, muyevuṁk; *desleixar-se:* phikîr-, boṁdh nâsuṁk *(d. do s.)*

Adormecimento, *s. m.* jem, nîd, nidrâ; guṁgî *f.*, bahirepaṇ, meṁgepaṇ *n.*

Adormentar, *v. t.* nîd-, jeṁ hâḍuṁk; meṁgo karuṁk, bahirâvuṁk.

Adornar, *v. t.* neṭauṁk, śiṁgâruṁk, śṛiṁgâruṁk, alaṁkâruṁk, saṁskâruṁk.

Adorno, *s. m.* neṭauṇî *f.*, neṭ. śiṁgâr, śṛiṁgâr, alaṁkâr, sâj *m.*, bhûshaṇ, âbhâraṇ *n.*

Adquirição, *s. f. V.* ACQUISIÇÃO.

Adquiridor, *a. e s. m.* joḍtalo, meḷaitalo, joḍṇâr, meḷauṇâr, sâṁpḍâvṇâr.

Adquirir, *v. t.* joḍuṁk, meḷauṁk, sâṁpḍâvuṁk, prâpt karuṁk.

Adquirivel, *a.* joḍûṁyeso, meḷauṁyeso.

Adrede, *adv.* jây mhaṇ, jâṇo jâvûn, muddam.

Ad referendum, *adv.* mukhâr-, mâgîr tharâvuṁchyâk.

Ad rem, *adv.* kâmâk, barâbar, jûst.

Adresse, *s. m.* ṭhikâṇ, nâṁv ghar *n.*, lakhoṭo *m.*

Adriça, *s. f.* śîḍ ubhârcheṁ dor, âdrîs *n.*

Adro, *s. m.* âdr *m.*, nekhepuṁchî svât, masaṇ *f.*

Adscripção, *s. f.* tâjkalam *n.*

Adscripto, *a.* paṭṭyer barailalo, nâṁv ghetlalo.

Adstricção, *s. f.* âṁvaḷṇî *f.*

Adstricto, *a.* lâylalo, ghâlalo, ṭhevlalo; âdhîn, parâdhîn, parataṁtr; âṁvaḷlalo, arnalalo.

Adstringencia, *s. f.* kashây *f.*, turaṭpaṇ *n.*, râṁp *m.*

Adstringente, *a.* kashây, turaṭ.

Adstringir, *v. t.* âṁvḷuṁk, arnuṁk; *obrigar:* baḷ karuṁk, karuṁk lâvuṁk. ‖ *v. i.* kaḍû *ou* kaḍso lâguṁk,- mâruṁk. ‖ *v. r.* âṁvḷoṁk, arnoṁk.

Adua, *s. f.* veṭh *f.*; jâṁgaḷ *n.*; udkâchî pâḷî,- *pairî *f.*

Aduana, *s. f.* ḍobî, ghuḍî, mâṁḍvî, jakât *f.*, mâdan *n.*

Aduanar, *v. t.* ḍobyer-, mâdanâr lâvûn divuṁk.

Aduaneiro, *a.* śuṁkâcho, mâṁḍvecho, jakâtîcho.

Aduar, *v. t.* udak śiṁpuṁk vharchyo pâḷyo karuṁk, udak vâṁṭuṁk.

Adubar, *v. t.* phoḍnâ ghâluṁk,- divuṁk, saṁbhâr-, miriṁ ghâluṁk,- lâvuṁk, saṁbhâruṁk; *estrumar:* sâreṁ ghâluṁk,- puruṁk *(d. do o.)*, kamâyishṭ karuṁk; *curtir:* kamâvuṁk, kamâyishṭ karuṁk.

Adubio, adubo, *s. m.* phoḍṇ *n.*, saṁbhâr, masâlo, korḍyâs *m.*, mirîṁ; sâreṁ *n.*, sop *m.*; kamâyishṭpaṇ *n.*; *adorno:* śiṁgâr, śṛiṁgâr *m.*, bhûshaṇ *n.*; *concerto, reparo:* sârko karṇeṁ *n.*, navsarṇî *f.*

Aduchar, *v. t.* kavḷuṁk, revḍuṁk (dorâṁ).

Aduchas, *s. f. pl.* dorâṁche kavḷe *m. pl.*, dorâṁchîṁ revḍâṁ *n. pl.*

Aducir, *v. t.* maû karuṁk, pânvaḷ divuṁk.

Adueiro, *s. m.* jâṁgḷî.

Aduela, *s. f.* phaḷî *f.* (barlâchî); phichârnecho phâtar *m.* ‖ *Ter — de menos,* śîr phiruṁk, âṁkḍo gavḷuṁk.

Adufa, *s. f.* âdûph *n.*; ughḍî, mânas *f.*

Adufe, *s. m.* halkî *f.*

Adufeiro, *s. m.* halkî vâjaitalo.

Adulação, *s. f.* lâg *m.*, khuśâmat, phuslâvṇî *f.*

Adulador, *a. e s. m.* lâgâḷo, khuśâmatî, phuslâvṇo, phuslâvṇâr.

Adular, *v. t.* lâg-, khuśâmat karuṁk, koṁbo kâḍhuṁk, phulâṁ mâḷuṁk (*litt.* ADORNAR A CABEÇA COM FLORES: FLOREJAR), phuslâvuṁk, toṁḍâr poḷe bhâjuṁk *(litt.* ASSAR BOLOS SOBRE A BOCCA OU EM PRESENÇA; *g. do o.)*

Adulatorio, *a.* lâgâṁcho, khuśâmatîcho.

Adulteração, *s. f.* bhel, barsî *f.*

Adulterado, *a.* barsilalo, bhel ghâlalo; phoṭkiro, laṭik.

Adulterar, *v. t.* pardvâruṁk; barsuṁk, bhel ghâluṁk *(l. in do o.)*; bighḍâvuṁk, viṭkaḷâvuṁk, pâḍ-, dushṭ karuṁk; laṭik-, phoṭkiro karuṁk. ‖ *v. r.* bighḍuṁk; viṭkaḷuṁk; pâḍ jâvuṁk.

Adulterino, *a.* pardvârâcho, poṭâcho.

Adulterio, *s. m.* pardvâr, vyabhichâr *m.*, śiṁdaḷpaṇ *n.*

Adultero, *a. e s. m.* pardvârî, vyabhichârî, śiṁdaḷ *(a.)*, *(f.* pardvârî, vyabhichârîṇ, śiṁdḷî).

Adulto, *a.* tarṇo, vhaḍlo, pirâyecho, vâdh-, pushṭi bharlalo. ‖ *s. m.* mânây.

Adumbrar, *v. t.* âṁdhâruṁk, sâvḷî karuṁk,- ghâluṁk,- dâkhauṁk.

Adunar, *v. t.* ekṭhâvuṁk, ekvaṭuṁk, jamâvuṁk, meḷauṁk.

Adunco, *a.* vâṁkḍo, tiḍko, tiṁkḍo, bâgâḷ.

Adurente, *a.* rakhrakhît, ulpo, khar.

Adustão, *s. f.* lâsṇî *f.*, rakhrakho *m.*, lâsap, karpaṇ *n.*

Adustivo, *a.* ulpo, jaḷto.

Adusto, *a.* ulpalalo, lâslalo; karpalalo, vayṇelalo; rakhrakhît.

Ad valorem, *adv.* dhârṇî pramâṇeṁ.

Advena, *s. m.* parko manîs.

Adventiciamente, *adv.* hâlâytîṁ; akasmât, daivîṁ.

Adventicio, *a., estranho:* parko, parasth, bâhelo *ou* bhâylo; *accessorio:* âḍecho, hâlâyto; *inesperado:* avchitt, akaḷît.

Advento, *s. m.* yeṇeṁ, pâvṇeṁ; âdveṁt *n.*

Adverbial, *a.* avyayâcho, avyayasaṁbaṁdhîṁ.

Adverbialmente, *adv.* avyayîṁ, avyayarûpîṁ.

Adverbiar, *v. t.* avyaya karuṁk *(g. do o.)*

Adverbio, *s. m.* avyaya, avyayapad *n.*

Adversamente, *adv.* parteṁ, âḍ, virodhîṁ, avdaśîṁ, âpadîṁ.

Adversão, *s. f.* virodh *m.*, âḍâvṇî *f.*

Adversario, *a. e s. m. inimigo:* duśmân, vayrî, amitr; *oppositor:* pratipakshî, prativâdî, virodhî.

Adversativo, *a.* virodhâcho.

Adversidade, *s. f.* avdaśâ *ou* avdisâ, âpad, vipatti, durgati *f.*, vighn *n.*, âkâṁt *m.*

Adverso, *a.* parto, uphrâṭo, viparit; virodhî, duśmânîk.

Advertencia, *s. f.* kaḷauṇî, jâṇauṇî, śiḍkâvṇî, tâkît, khabar *f.*, ughḍâs *m.*; *attenção, reflexão:* chatrây, achirkây, śiḍukây *f.*, sâvadhpaṇ, avdhân *n.*, nihâḷ *m.*, yojan *n.*; *censura:* nirvâd *m.*, taṭkarṇî, dhamkî *f.*

Advertido, *a.* huśâr, chatur, achirkâyecho, savchitt, sâvdhân.

Advertir, *v. t.* kaḷauṁk, gamauṁk, jâṇauṁk, śiḍkâvuṁk, chatrâvuṁk, khabar-, tâkît divuṁk, suchauṁk; *reprehender:* bobâṭ karuṁk hiṁḍsuṁk, tâḍauṁk; *attender:* chitt divuṁk; ṭeḷuṁk; *reflectir:* nihâḷuṁk, yojuṁk. ‖ *v. r.* śiḍkuṁk, samjuṁk, ughḍâs jâvuṁk,- yevuṁk *(d. do s.)*, achirkây-, chatrây jâvuṁk *(d. do s.)*

Advir, *v. i.* yevuṁk, upjuṁk, prasavuṁk.

Advocação, *s. f. V.* INVOCAÇÃO.

Advocacia, **advocatura**, *s. f.* âdvokâsî *f.*, vakîlpaṇ *n.*

Advogada, *s. f.* sârathîṇ, śekây.

Advogado, *s. m.* âdvogâd, letrâd, vakîl; sârathî, śekây, pâḷak.

Advogar, *v. t.* âdvogâr karuṁk, vakilî-, prârthan-, prârthvivâd karuṁk, dusryâ khâtîr ulauṁk.

Adynamia, *s. f.* aśaktây, pharkatây *f.*, nirbaḷ *n.*

Adyto, *s. m.* gabhâro *m.*; gupt svât *f.*

Aereo, *a.* vâryâcho, âkâśî, aṁtrâḷâcho; *(fig.)* uklâṁbo, ubhaṭ.

Aericola, *a.* aṁtrâḷîṁ âsto,- râvto, âkâśvâsî.

Aerifero, *a.* vâyuvâhî.

Aerificação, *s. f.* vâyu *ou* vây karṇeṁ,- jâṇeṁ *n.*

Aerificar, *v. t.* vâyu *ou* vây karuṁk *(g. do o.)*

Aeriforme, *a.* vâryâ sârko, vâyurûp.

Aerizar, *v. t.* vâreṁ kaso karuṁk.

Aerographia, *s. f.* vâyuvarṇan; vâyuśâstr *n.*

Aerolitho, *s. m.* âkâśâcho phâtar, kupâcho phâtar *m.*

Aerologia, *s. f.* vâyuvidyâ *f.*, vâyuśâstr *n.*

Aeromancia, *s. f.* vâryâchyâ khuṇâṁnîṁ pârkhaṇeṁ *n.*

Aeromante, *a.* vâryâ pramâneṁ pârkhî.

Aerometria, *s. f.* vâyumiti *f.*

Aerometro, *s. m.* vâryâcheṁ mâp. vâyuyaṁtr *n.*

Aeronauta, *s. m.* âkâśgâmî, âkâśchârî.

Aeronautica, *s. f.* âkâśgamanvidyâ *f.*

Aeronautico, *a.* âkâśgâmyâcho, âkâśgamanâcho.

Aerophano, *a.* vâyuprakâśak.

Aerophobia, *s. f.* vâyudvesh *m*

Aerophobo, *s. m.* vâyudveshî.

Aeroposta, *s. f.* âkâśî ṭappâl *n.*

Aerostação, *s. f.* âkâśgaman *n.*

Aerostatica, *s. f.* vâyupramâṇvidyâ *f.*

Aerostatico, *a.* vâyupramâṇvidyecho.

Aerostato, *s. m.* âkâśayân, vimân *n.*

Afadigador, *s. m.* kashṭâvṇâr, dagdagâvṇâr.

Afadigar, *v. t.* kashṭ-, ghâs divuṁk, kashṭâvuṁk, jîv hârpît karuṁk *(g. do o.)*, bemâvuṁk, kharsâvuṁk; dagdagâvuṁk, duḥkh divuṁk. || *v. r.* kashṭî jâvuṁk, kashṭâvoṁk, thakuṁk, śramuṁk, bemevuṁk, dagdag kâḍhuṁk, hârpît jâvuṁk, âṁg moḍuṁk, hât pâṁy jharauṁk (*litt.* ROÇAR AS MÃOS E OS PÉS), kashṭ-, ghâs bhogoṁk *(d. do s.)*, puro jâvuṁk *(d. do s.)*

Afadigoso, *a.* kashṭâṁcho, dagdagâṁcho.

Afadistado, *a.* lâpît, bhâmṭo kaso.

Afadistar-se, *v. r.* lâpîṭ-, pâṁprel jâvuṁk, bhâmṭyâcho bhesh ghevuṁk.

Afagador, *s. m.* bhoḷâvṇâr, pośevṇâr.

Afagar, *v. t.* bhoḷâvuṁk, bhoḷsâvuṁk, lâlevuṁk, bâbâ putâ mhaṇuṁk (*litt.* DIZER «MEU MENINO, MEU FILHO»); pośevuṁk, hât oḍhuṁk *(l. sup. do o.)* || *v. r.* âpṇâk pośevuṁk. || *V.* LISONJEAR.

Afago, *s. m.* bhoḷâvṇî, bhoḷsâvṇî, aprubây, pośevṇî; phuslâvṇî.

Afaimar, *v. t.* bhukek ghâluṁk, ann kâḍhuṁk *(g. do o.)*

Afallar, *v. t.* âṁbḍuṁk, âṁṭauṁk, irî irî dâdâ mhaṇuṁk, pâṁpâvuṁk.

Afamado, *a.* nâṁvâcho, nâmdâr, nâvâḍhgo nâvâḍhlalo, kîrtivaṁt, sukîrtivaṁt.

Afamar, *v. t.* nâvâḍhuṁk, nâṁv vâḍhauṁk,- praghaṭuṁk *(g. do o.)*, kîrtuṁk. || *v. r.* nâṁv karuṁk, nâvâḍhgo jâvuṁk, nâṁv chadhuṁk *(g. do s.)*

Afan, *s. m.* kashṭ *m. (comm. us. no pl.)* ghâs, huss, ghâs huss, mârâmârî *f.*, dagdag *(comm. us. no pl.)*, dhâṁdo *m.*

Afanar, *v. t.* hurbhen śodhuṁk, atrekuṁk. || *v. i.* puro jâvuṁk *(d. do s.)*, kashṭî jâvuṁk. || *v. r.* kashṭâvoṁk, kasht-, ghâs kâḍhuṁk, kashṭ ghevuṁk, âpṭoṁk dapṭoṁk; âṁg moḍuṁk (*litt.* QUEBRAR O CORPO); kharsevuṁk, dhâpevuṁk.

Afanoso, *a.* kashṭâṁcho, ghâsîcho.

Afasta, *int.* pais, kuśîn, pelyâu.

Afastador, *s. m.* paisâvṇâr, pelyân kâḍhtalo *(a.)*

Afastamento, *s. m.* paisâvṇî, kaḍsarṇî, viskaḷây *f.*

Afastar, *v. t.* kaḍsâruṁk, gavḷâvuṁk, sarkâvuṁk, sarauṁk, pelyân kâḍhuṁk, uṭhauṁk; viskaṭâvuṁk *ou* viskaḷâvuṁk; paisâvuṁk, pais kâḍhuṁk, durâvuṁk. || *v. r.* kaḍsaruṁk, gavḷuṁk, sarkuṁk, saruṁk, pelyân saruṁk, paisevuṁk.

Afatiar, *v. t.* phâtyo karuṁk *(g. do o.)*; kâpuṁk, pesuṁk.

Afazendado, *a.* mâlkâr, vittkâr, vittvaṁt, vitt âslalo; girestḥ.

Afazendar-se, *v. r.* mâlkâr-, vittkâr jâvuṁk, âstî joḍuṁk.

Á fé, *adv.* kharench, bhâvârthân.

Afeador, *s. m.* vidrupâvṇâr.

Afeamento, *s. m.* vidrupâvṇî, vidrupây, vikaṭây *f.*

Afear, *v. t.* vikrâḷ-, kurûp-, vidrûp-, vikaṭ karuṁk, vidrupâvuṁk.

Afeiçoar, *v. t.* âkâruṁk, âkâr-, rûp divuṁk *(d. do o.)*, rupkâruṁk.

Afelear, *v. t.* piṁtâṁt misḷuṁk,- meḷauṁk, piṁtâvuṁk; piṁt piyevuṁk divuṁk.

Afeminação, *s. f. V.* EFFEMINAÇÃO.

Aferição, *s. f.* philsâṁv *(port.) n.*, sopo, śikko *m.*

Aferidor, *s. m.* philsâṁv mârṇâr, sopekâr, *m.*; philsâṁvâcheṁ âut *n.*

Aferir, *v. t.* philsâṁv-, sopo-, śikko mâruṁk.

Aferrado, *a.* ghaṭṭ dharlalo, phârâylalo; dṛiḍh, thîr, karârî; saḷî, haṭhî, temelî, vâdyo.

Aferramento, **aferro**, *s. m.* ghaṭṭ dharṇeṁ; poṭlûn gheṇeṁ; nâṁgar ghâlṇeṁ; chikaṭpaṇ *n.*, chikaṭây; dṛiḍhây *f.*, thîrpaṇ *n.*; saḷ *f.*, haṭh, abhimân *m.*

Aferrar, *v. t.* âṁkḍâvuṁk, phârâvuṁk; *agarrar:* ghaṭṭ dharuṁk, dâmûn dharuṁk; poṭḷuṁk; *ancorar:* nâṁgar ghâluṁk,- soḍuṁk *(g. do s.)*, nâṁgruṁk; baṁdrâṁt saruṁk. || *v. r.* lâguṁk, ghaṭṭ dharoṁk; *obstinar-se:* saḷ-, haṭh-, tem karuṁk, abhimânuṁk.

Aferretoar, *v. t.* kuṁs lâvuṁk *ou* moḍuṁk *(d. do o.)*, topuṁk.

Aferrolhar, *v. t.* khîḷ ghâluṁk, khiḷîn dhâṁpuṁk; baṁdkhaṇîṁt ghâluṁk, khoḍo-, beḍî ghâluṁk *(d. do o.)*

Aferventar, *v. t.* khatkhatâvuṁk, kaḍhauṁk; ubek lâvuṁk, ûb mâruṁk *(d. do o.)* || *v. r.* khatkhatuṁk, kaḍhuṁk, umâḷuṁk.

Afervoradamente, *adv.* umâḷyân, hurbhen.

Afervorado, *a.* umâḷlalo; hurbhevaṁt, kaḍhat.

Afervorar, *v. t.* khatkhatâvuṁk, umâḷâvuṁk; huśâruṁk, kiḍâvuṁk, chetauṁk. ‖ *v. r.* khatkhatuṁk, umâḷuṁk, hurbhevuṁk.

Affabilidade, *s. f.* bholepaṇ, mogâḷpaṇ *n.*, dulabhây, kurpâ, dayâmayâ, goḍây *f.*, vinay, satbhâv *m.*, suman, dhârjaṇeṁ *n.*

Affavel, *a.* bholo, mogâḷ, dulabh *ou* dulap, prîtivaṁt, chittvaṁt, kurpevaṁt, kṛipâḷû; dhârjaṇo, naram.

Affavelmente, *adv.* dulabhîṁ, bholepaṇân, vinayîṁ.

Affazer, *v. t.* saṁvay karuṁk (*d. do o.*), aḷsauṁk, rahâṭauṁk. ‖ *v. r.* saṁvay jâvuṁk (*d. do s.*), rahâṭuṁk, saṁvkuṁk.

Affazer, *s. m.* kâm *n.*, yepâr, udyog, dhâṁdo.

Affecção, *s. f.* lahân piḍâ *f.*, rog *m.*; kuḍichî va âtmyâchî vikarṇî *f.*

Affectação, *s. f.* dâkhauṇeṁ, ḍhoṁg *n.*, ḍaul, daṁbh *m.*, kapaṭ *n.*, lâg, gaṁje *m. pl.*, mijâs, nâjukây *f.* ‖ — *no vestir*, neṭṇî *f.*, neṭ, pehrâvo *m.* *Fallar com* —, oḍhûn-, pâtḷâvûn ulauṁk.

Affectadamente, *adv.* kapaṭîṁ, ḍhoṁg-, lâg karûn.

Affectado, *a.* dâkhauṇo, lâgâḷo, nâjûk, ḍhoṁgî.

Affectar, *v. t.* dâkhauṁk, baḷyâṁ karuṁk, ḍhoṁg-, lâg-, âḍaṁbar karuṁk (*g. do o.*); lâguṁk, lekhuṁk, bujuṁk, bheduṁk (*vv. ii., d. do s.*); vâyṭ karuṁk, duḥkh divuṁk. ‖ *v. r.* gaṁje-, ḍaul-, pehrâvo karuṁk, neṭuṁk, doḍoṁk, moḍoṁk.

Affectivo, *a.* mogâcho, pritîcho.

Affecto, *s. m.* âkâr, vikâr, bhâv *m.*, vṛitti *f.*; mog, moymog, moypâs *m.*, prîti, priyâ, bhakti *f.*, atrek, prem, sneha, iklo, ullâs *m.*, ullâsan *n.* ‖ *a.* mogâḷ, premaḷ, pritivaṁt; lâglalo, paḍlalo, âdhîn kelalo.

Affectuoso, *a.* mogâcho, mogâḷ, pritîcho, prîtivaṁt, mâyâḷû, mâyâḷ, premaḷ, drâvak.

Affeição, *s. f.* mog, moymog, moypâs, prem, moy, sneha *m.*, prîti, mâyâ, rati; vaṁdavnî *f.*

Affeiçoado, *a.* ishṭ, bhaktivaṁt.

Affeiçoar, *v. t.* mog lâgaso-, prîti lâgasî karuṁk, mog karuṁk vaṁdâvuṁk. ‖ *v. r.* mogâk lâguṁk (*g. do o. ind.*), ratuṁk.

Affeito, *a.* saṁvay jâlalo, aḷsalalo, rahâṭlalo.

Affiliar, *v. t.* V. FILIAR.

Affim, *s. m.* soyro (*f.* -î, *n.* -eṁ), bâile vâṭen soyro, nâtedâr, saṁbaṁdhî *ou* samaṁdhî. ‖ *a.* ek sârko, ekâ jinnsâcho; saṁbaṁdhî.

Affinidade, *s. f.* soyrîk *ou* soyrigat, bâile vâṭechî soyrîk *f.*, nâteṁ, saṁbaṁdh *n.*, lagtî *f.*, padar, pâlaṁv *m.*

Affirmação, *s. f.* hoy mhaṇṇeṁ, khachît sâṁgṇeṁ, vachan, niśchit ulauṇeṁ, avdhâraṇ; kharo-, rujû karṇeṁ *n.*, rujvâṭ, thirâsṇî *f.*

Affirmador, *s. m.* hoy mhaṇtalo, thirâsṇâr.

Affirmar, *v. t.* hoy mhaṇuṁk, kharem-, khachit-, khaṁḍit sâṁguṁk,- ulauṁk, thirâsuṁk, kharâvuṁk. ‖ *v. r.* thîr-, ghaṭṭ âsuṁk,- râvuṁk; rujû karuṁk, âplyâṁ ḍolyâṁnîṁ paḷevuṁk.

Affirmativa, *s. f.* hoypaksh *m.*, thirâsaṇ *n.*

Affirmativamente, *adv.* hoy-, hâṁ mhaṇûn.

Affirmativo, *a.* hoy mhaṇtalo *ou* mhaṇcho, hoypakshî, hoypakshâcho, avdhâraṇâcho.

Affixação, *s. f.* thirâvṇî, lâvṇî, jaḍṇî, basauṇi, mârṇî *f.*

Affixar, *v. t.* thirâvuṁk, *ou* thirauṁk, lâvuṁk, mâruṁk, jaḍuṁk, basauṁk, âropuṁk. ‖ *v. r.* thiruṁk, lâguṁk.

Affixo, *a.* lâylalo, thirâylalo. ‖ *s. m.* anubaṁdh *m.*, pratyaya *n.*, saṁjñâ *f.*

Afflar, *v. t.* phuṁkuṁk, ûb-, bâph divuṁk.

Afflicção, *s. f.* duḥkh, piḍâ, phoḍâphoḍ *f.*, kashṭ *m. pl.*, chaḍchaḍo, upadravo *ou* upadro, viklab *m.*; *pena moral, magua:* duḥkh, khaṁt *f.*, dagdag *m. pl.*, aṭâs *ou* aṭṭâhâs *m. pl.*, saṁtâp, âkâṁt, śok, asaṁtosh, dhako *m.*, kargâṇî, saṁkîrṇây, piḍâpiḍ *f.*, vedan, udâspaṇ *n.* ‖ — *cruciante*, âṭeviṭe *m. pl.* — *da carne*, upâstâpâs *m.*, daṁḍaṇ *ou* daṁḍvaṇ *f.*

Afflictivo, *a.* upadravo, upadravî; duḥkhcho.

Afflicto, *a.* duḥkhvaṁt, duḥkhâbharit, duḥkhest, duśchit, khaṁt bhoglalo, khaṁtîbharit, saṁkîrṇ, udâs, udâsîn.

Affligir, *v. t.* duḥkhauṁk, kashṭâvuṁk, upadre-, duḥkh-, dagdag divuṁk, dagdagâvuṁk, saṁtâpauṁk, halhaḷâvuṁk *ou* vaḷvaḷâvuṁk, kalkalâvuṁk, âkâṁtâvuṁk, âṁgmâs khâvuṁk *(g. do o.)*, prakâr karuṁk *(g. do o.)*, ghâs-, vedan divuṁk. ‖ *v. r.* duḥkhavuṇk, duḥkh-, ghâs-, khaṁt-, vedan bhogoṁk *(d. do s.)*, duḥkh disuṁk,-lâguṁk *(d. do s.)*, khaṁt dharuṁk, vaḷvaḷuṁk *ou* haḷhaḷuṁk, kaḷvaḷuṁk, aṭâsuṁk, aṭṭâhâsuṁk, saṁtâpuṁk, âkâṁtuṁk.

Affluencia, *s. f.* vâhvaṇ *f.*, loṭ, loṁḍho; pushkaḷây, sapûrṇây, paripûrtti, paripûrṇây, riddhi, samṛiddhi *f.*, saṁpûrṇpaṇ *n.* ‖ — *de viveres*, sukaḷ, loṭ *m.*, uphâḷeṁ. — *de riquezas*, daulat, saṁpad, sampatî, sapuṇikây, śrî *f.* — *de pessoas*, choṁbo *m.*, urpaṁj *f.*

Affluente, *a.* vâhvto, vâhûn veto; pushkaḷ, paripûrṇ, saṁṛiddh, sapuṇîk, śrîmaṁt. ‖ *s. m.* vahâḷ *m.*

Affluir, *v. i.* vâhuṁk, loṭoṁk; jamuṁk, jamo jâvuṁk.

Affluxo, *s. m.* vâhṇî *f.*, loṭ *m.*

Affronta, *s. f.* apmân *ou* akmân, bemân, pachmân *m.*, behurmat, dhiṁḍ, niṁdâ, jâstî, phajitî *ou* phajat *f.*, viṭaṁban *n.*; *trabalho, fadiga:* kashṭ *m. pl.*, dagdag *m. pl.*, harḍephûṭ; *denuncia em almoeda:* pâvṇî, sâ *f.*

Affrontador, *s. m.* apmânî, bemânî, niṁdâkâr.

Affrontamento, *s. m.* ukaḍṇî, ubâḷṇî; kharâs, thakṇî *f.*

Affrontar, *v. t.* akmân-, bemân karuṁk, apmânuṁk *ou* akmânuṁk, bemânuṁk, pachmânuṁk, aprâdhuṁk, niṁduṁk, viṭaṁbuṁk, bharsuṁk, mukhîrvachuṁk, jâstî mâruṁk, jerbaṁd divuṁk; *fatigar:* kashṭâvuṁk, dagdagâvuṁk, kharsâvuṁk; *encarar:* teḷuṁk, ḍoḷe lâvuṁk; mukhâr-, phuḍyâṁt ghâluṁk; *confrontar:* rujvâṭuṁk, toṁḍâk toṁḍ karuṁk; *envergonhar:* lajjauṁk, lajjek ghâluṁk; *denunciar:* pâvṇer ghâluṁk, sâ karuṁk; *accommetter:* hât ghâluṁk *(l. sup. do o.)*, âṁgâr paḍuṁk *(g. do o.)*, uprâḷuṁk. ‖ *v. i.* mukhâr râvuṁk, phuḍo karuṁk; *abafar:* ukḍoṁk, gajgajuṁk. ‖ *v. r.* kashṭâvoṁk, kashṭî jâvuṁk, puro jâvuṁk *(d. do s.)*; kharsevuṁk, dhâpevuṁk; lajjuṁk, lajjek paḍuṁk; *comparar-se:* sarî jâvuṁk, lâguṁk.

Affrontosamente, *adv.* akmânân, bemânîṁ.

Affrontoso, *a.* apmânâcho *ou* akmânâcho, bemânî, niṁdecho.

Affusão, *s. f.* otṇî *f.*, dhâr soḍṇeṁ *n.*

Afiação, *s. f.* pâjṇî *f.*, dhâr kâḍhṇeṁ *n.*

Afiado, *a.* pâjlalo, dhârîcho; *irritado:* tiḍlalo, peslalo; *apurado:* kuṭlalo, sudhârlalo.

Afiador, *s. m.* pâjṇâr.

Afiançado, *a.* jâmîn-, jâmînkî dilalo.

Afiançador, *s. m.* jâmîn.

Afiançar, *v. t.* jâmîn râvuṁk *ou* jâvuṁk *(d. do o.)*, havâlo divuṁk; *(fig.)* bhâsâvuṁk; bhâs divuṁk.

Afiar, *v. t.* pâjuṁk, dhâr kâḍhuṁk *(d. do o.)*, śâṇuṁk, kânsuṁk; *apurar:* sudhâruṁk, neṭauṁk, alaṁkâruṁk.

Afidalgar, *v. t.* phidâlg karuṁk, kulyeṁt lekhuṁk. ‖ *v. r.* phidâlg jâvuṁk, kulyeṁt saruṁk.

Afiguração, *s. f.* rupkârṇî, âkârṇî; kalpanâ, bhâvanâ *f.*, kalpaṇ *n.*

Afigurado, *a.* rûp âslalo; thaṭâklalo.

Afigurar, *v. t.* rupkâruṁk, âkâruṁk. ‖ *v. r.* disuṁk, nihâḷoṁk, âṭhavuṁk, manâṁt yevuṁk.

Afilado, *a.* bârîk, domsâḷo.

Afilamento, *s. m.* philsâṁv mârṇeṁ *n.*; sopo, śikko.

Afilar, *v. t.* philsâṁv-, sopo mâruṁk *(d. do o.)*; bârîk karuṁk, bârkâvuṁk; phulauṁk (nâk); *açular:* huskâvuṁk, kukâruṁk.

Afilhado, *s. m.* âphilyâd *ou* philyâd, dharmputr *(p. us.)*, *(f.* dharmdhûv, *p. us.)*; dost, pâṁgîcho *(a.)*, âdhârâcho *(a.)*

Afilhar, *v. i.* phâṁṭe phuṭuṁk *(d. do s.)*

Afinação, *s. f.* svarṇî, * surti *f.*; puṭâ lâvṇeṁ *n.*

Afinadamente, *adv.* susvarîṁ.

Afinado, *a.* saṁpâdlalo, saṁpailalo; chakk, nâjûk; tiḍlalo, koplalo.

Afinador, *s. m.* svarṇâr; puṭâ lâvṇâr.

Afinagem, *s. f.* puṭâ lâvṇeṁ *n.*

Afinal, *adv.* śekîṁ, śevṭîṁ, nimâṇeṁ.

Afinamento, *s. m.* svarṇî *f.*, svarmeḷ *m.*; puṭâ lâvṇeṁ *n.*; bârkâvṇî; sudhârṇî *f.*

Afinar, *v. t. tornar fino:* bârîk karuṁk, bârkâvuṁk, supurâvuṁk; *purificar metaes:* puṭâ lâvuṁk, puṭâvuṁk, kîṭ kâḍhuṁk *(g. do o.)*, chakk karuṁk; *ajustar o som:* svaruṁk, *suratuṁk, lâvuṁk, svar meḷauṁk *ou* svarmeḷ karuṁk *(g. do o.)*; *apurar:* sudhâruṁk, niguṭuṁk, saṁpâduṁk; *provocar com motejos:* keṁḍuṁk, toṁḍuṁk, kisrâvuṁk, châḷvauṁk. ‖ *v. i. e r.* châḷvuṁk, tiḍuṁk, chiḍuṁk.

Afincado, *a.* thîr, dhairyavaṁt, karârî; udyogî, yatnî, khaṇpaṇo.

Afincamento, afinco, *s. m.* khaṇpaṇî, thirây *f.*, thîrpaṇ, dhair *n.*, dam, udyog, yatn *m.;* chikaṭây *f.*, chikaṭpaṇ *n.*

Afincar, *v. t.* jharauṁk, ghâṁsuṁk; pâḷâṁk-, pâṭhâpâṭhî lâguṁk *(g. do o.)* ‖ *v. r.* khaṇpuṁk, thiruṁk, dâṁteṁ mâṁḍuṁk (*litt.* ARMAR O MOINHO).

Afistular, *v. t.* rûṁ-, varaṇ karuṁk *(g. do o.)* ‖ *v. r.* rûṁ-, bhagaṁdar jâvuṁk.

Afitar, *v. t. V.* FITAR.

Afito, *s. m.* moḍśî (burgyâṁchî) *f.*

Afiuzar, *v. t.* viśvâsâvuṁk, viśvâs-, dhair divuṁk.

Afivelar, *v. t.* phivelân bâṁdhuṁk, âṁkḍâvuṁk, phâsâvuṁk.

Aflautado, *a.* lâṁboḍo, ṭeṁkḍiso.

Afleimar-se, *v. r.* châḷvuṁk, ubgoṁk.

Afocinhar, *v. t.* soṁḍ *ou* soṁḍî mâruṁk *(d. do o.)*, soṁḍyen mâruṁk. ‖ *v. r.* soṁḍyen âpṭoṁk, omto paḍuṁk, sarpaṭuṁk; hât pâṁy gaḷuṁk *(g. do s.)*, moḍon paḍuṁk.

Afofar, *v. t.* phusphusît-, phasphasît-, balbalît karuṁk, phugauṁk, poksâvuṁk; *(fig.)* phulauṁk. ‖ *v. r.* phuguṁk, poksevuṁk, phusphusîtjâvuṁk; phuluṁk.

Afogadamente, *adv.* choryâṁ, guptîṁ; darvaḍyâṇ, vegîṁ vegîṁ.

Afogadiço, *a.* ghusmaṭṇo, miḍmiḍṇo, usmaṭṇo; vâreṁ nâslalo, gajgajît.

Afogadilho, *s. m.* darvaḍo *m.*, dhâṁvḍâvṇî, utâvḷây *f.*, utâvaḷpaṇ *n.* ‖ *De* —, darvaḍyân, dhâṁvdhâṁvîṁ.

Afogado, *a.* buḍlalo; ghusmaṭlalo; gajgajît, ubaṭ; alaṁgulo.

Afogador, *s. m.* ghusmaṭṇâr; buḍauṇâr; *collar:* phugudor *m.*, gaḷsarî *f.*, goph, hâr *m.*

Afogadura, *s. f.*, **afogamento,** *s. m.* ghusmaṭâvṇî *ou* ghuspaṭâvṇî, miḍmiḍâvṇî; buḍauṇî; ghusmaṭṇî, miḍmiḍṇî, usmaṭ; buḍṇî *f.*

Afogar, *v. t.* phugâr karuṁk, gaḷo murḍuṁk *(g. do o.)*; ghusmaṭâvuṁk *ou* ghuspaṭâvuṁk, miḍmiḍâvuṁk; *abafar, entrecortar:* dâṁûn dharuṁk, ghuspâvuṁk, goṁdhḷâvuṁk; *ensopar:* bhijauṁk, bhijat ghâluṁk, phugauṁk, timâvuṁk; *submergir:* buḍauṁk, buchkaḷâvuṁk; *não deixar crescer:* kirluṁk-, vâḍhuṁk nâ divuṁk, ghuskusâvuṁk, ghuspâvuṁk; *extinguir:* pâlauṁk; *amortecer, acanhar:* âṁvḷuṁk, âṁkhuḍâvuṁk, meṁgâvuṁk, mâruṁk. ‖ — *as penas em vinho,* khaṁtîk soro piyevuṁk. ‖ *v. r.* phugâr jâvuṁk, ghuspaṭuṁk, miḍmiḍuṁk, usmaṭuṁk; buḍuṁk; nâ kirluṁk, nâ vâḍhuṁk; darvaḍuṁk, gaḍbaḍuṁk. ‖ — *em pouca agua,* karṭen nâk buḍauṁk. — *em vinho,* bûchbhar piyevuṁk *ou* mâruṁk.

Afogo, *s. m.* ghusmaṭṇî, miḍmiḍṇî *f.;* aṭâs, vaḷvaḷe, chaḍphaḍe *m. pl.*, piḍâpîḍ *f.*, trâs, julûm *m.*

Afogueado, *a.* jaḷlalo, ulpalalo, kaḍhlalo, tâplalo; ûn, kaḍak, khar.

Afoguear, *v. t.* ulpâvuṁk, lâsuṁk, jaḷauṁk; kaḍhauṁk, tâpauṁk, tâṁbḍo karuṁk. ‖ *v. r.* lâsuṁk, ulpuṁk, jaḷuṁk; vayṇevuṁk; kaḍhuṁk, tâpuṁk, tâṁbḍo jâvuṁk.

Afoitado, afoito, *a.* damdâr, damâcho, chhâtîdâr, mardîvaṁt, mardîkâr; nirbhayî, prabaḷ, niśśaṁk.

Afoitamente, *adv.* damân, umedîn, nirbhayîṁ, ekdam.

Afoitar, *v. t.* baḷ-, dhîr-, kâḷîj divuṁk, ghaṭṭâvuṁk, dhirâvuṁk, nirvâṇuṁk. ‖ *v. r.* phuḍe saruṁk, phuḍâroṁk, kâḷîj jâvuṁk *(d. do s.)*, dhîr karuṁk.

Afoiteza, *s. f.* dam *m.*, kâḷîj *n.*, chhâtî, mardî, umed, ûb, niśśaṁkâ, prabaḷây *f.*, abhay, nirbhay *m.*

Afolhar, *v. t.* vaṁpchî âni paḍît davarchî jamîn kuśîn karuṁk; *rubricar:* âṁkuṁk. ‖ *v. i.* pâlevuṁk.

Afóra, *adv.* bhâyr, kâḍhûn, śivây.

Aforado, *a.* śidâvâk dilalo va ghetlalo.

Aforador, *s. m.* śidâvâk ditalo va ghetalo.

Aforar, *v. t.* âphrâmeṁt divuṁk va karuṁk *(g. do o.)*, śidâvâk divuṁk va ghevuṁk; rakam bâṁdhuṁk *(d. do o.);* kuḷyeṁt ghâḷuṁk *ou* kâḍhuṁk. ‖ *v. r.* âpṇâk lâbauṁk,- oḍhûn ghevuṁk, abhimân karuṁk.

Aforçurar-se, *v. r.* darvaḍuṁk, gaḍbaḍuṁk, dhaḍbaḍuṁk, âpṭoṁk dhapṭoṁk.

Aformosear, aformosentar, *v. t.* śobhit karuṁk, śobhauṁk; śṛiṁgâruṁk, śiṁgâruṁk, alaṁkâruṁk.

Aforquilhado, *a.* kel âslalo, dukhâṁdî.

Aforquilhar, *v. t.* digî mâruṁk, meḍ lâvuṁk *(d. do o.)*

Aforrar, *v. t.* phorrâr karuṁk, astar ghâluṁk *(p. us.)*; hât kavḷuṁk; soḍuṁk, suṭkâ divuṁk, âple sattecho karuṁk.

Afortalezar, *v. t.* koṭṭ bâṁdhuṁk *(l. do o.)*, taṭbaṁdî karuṁk *(d. do o.)*; ghaṭṭâvuṁk, dṛiḍhâvuṁk.

Afortunadamente, *adv.* daivîṁ, adṛishṭân.

Afortunado, *a.* adṛishṭvaṁt, daivvaṁt, dhârjaṇo, sukhvaṁt, sukhî, sabhagî, saubhâgî, subhâgî, kalyâṇî, bhâgevaṁt, lakshmîvaṁt.

Afortunar, *v. t.* sukhâvuṁk, daivvaṁt-, sabhâgî karuṁk.

Afracar, *v. t. V.* ENFRAQUECER.

Afrancezar, *v. t.* phrâṁsej kaso karuṁk.

Afrechado, *a.* bhâlyâ sârko; bhâlyân toplalo.

Afreguezar, *v. t.* gihrâyk karuṁk, durâṭâvuṁk. ‖ *v. r.* gihrâyk jâvuṁk, durâṭuṁk.

Afretar, *v. t. V.* FRETAR.

Africano, afro, *a.* âphrikâcho.

Afrouxamento, *s. m.* dilây, saḍaḷây, saḍaḷṇî, viskaḷây *f.*

Afrouxar, *v. t.* dilâvuṁk, dîl karuṁk, viskaḷâvuṁk, saḍaḷâvuṁk, soḍuṁk; uṇâvuṁk, halkâvuṁk, deṁvauṁk, maṁd-, meṁgo karuṁk. ‖ *v. r.* dîl jâvuṁk, diluṁk, viskaḷuṁk, saḍaḷuṁk, saḍaḷ jâvuṁk; deṁvuṁk, uṇo jâvuṁk, uṇâvoṁk.

Afugentador, *a. e s. m.* paḷauṇâr, paḷaitalo.

Afugentamento, *s. m.* paḷauṇî, dispaṭ, âṁbuḍṇî *f.*

Afugentar, *v. t.* paḷauṁk, jhurauṁk, âṁbḍuṁk *ou* âṁbuḍuṁk, dhâṁvḍâvuṁk, dispaṭâvuṁk *ou* dispaṭuṁk.

Afumar, *v. t.* dhuṁvrâvuṁk, dhuṁkaṭâvuṁk, dhuṁvrân bharuṁk.

Afundar, afundir, *v. t.* buḍauṁk, poṁdâk ghâluṁk; kholâvuṁk, khol karuṁk. ‖ *v. i. e r.* buḍuṁk, poṁdâk vachuṁk.

Afunilar, *v. t.* phunelâ-, turbâṇe sârko karuṁk.

Afuroar, *v. t.* muṁgas ghâluṁk *ou* soḍuṁk *(l. in do o.)*; śodhûn kâḍhuṁk.

Afusado, *a.* bhoṁvre sârko; bârîk, domsâḷo.

Afusar, *v. t.* bhoṁvre sârko karuṁk; bârkâvuṁk, bârîk karuṁk.

Agachar-se, *v. r.* guṭhlî karûn basuṁk, thapkaṭyâṁ *ou* thapkaṭon basuṁk, thapkatoṁk; khâlto jâvuṁk, âṭpoṁk, moḍon paḍuṁk.

Agacho, *s. m.* thapkaṇ *n.*

Agadanhador, *s. m.* urbaḍṇâr; nâgauṇâr, nâgauṇo, luṭṇâr.

Agadanhar, *v. t.* urbaḍuṁk, burḍuṁk, bhurkâvuṁk varkhaḍuṁk, nâkshâvuṁk; luṭuṁk, lûṭ lâvuṁk *(d. do o.)* nâgauṁk, jhoṁbûn vharuṁk.

Agafanhar, *v. t.* sutlî lâvuṁk, pâgâruṁk, gaṁvsuṁk.

Agalanar, *v. t.* neṭauṁk, mirauṁk. ‖ *v. r.* neṭuṁk, mirvuṁk.

Agalgar, *v. t.* vâṭuṁk, ragḍâvuṁk.

Agallegado, *a.* karḍo, kachcho, burso, boṁtho, jaṁgḷî.

Agaloar, *v. t.* gâlâṁv lâvuṁk, gâlâṁvân śṛiṁgâruṁk, phît-, nâḍo lâvuṁk.

Agaloche, *s. m.* agar *m. e n.*

Agamo, *a.* aliṁg (jhâḍ).

Agape, *s. m.* paṁkat *f.*

Agareno, *a. e s. m.* arab, arbasthânî.

Agarico, *s. m.* âyaṁbeṁ *ou* âḷaṁbeṁ, paṇsâ-âyaṁbeṁ *n.*

Agarotar-se, *v. r.* vâydes-, pâṁprel jâvuṁk.

Agarrado, *a.* dharlalo; *avarento:* hiṁṭo, luṁcho, châṭo; *obstinado:* âplyâ vâdyâcho, vâdyo, saḷî, haṭhî.

Agarrador, *s. m.* dharṇâr.

Agarrar, *v. t.* chapkâvuṁk, chapko mâruṁk, bhurkâvuṁk; dharuṁk, ghaṭṭ dharuṁk, ghaṭṭâvuṁk, hât ghâluṁk *(l. sup. do o.)*, sâṁpḍâvuṁk. ‖ *v. r.* dharoṁk, lâgoṁk.

Agarrochar, *v. t.* akuṁś lâvuṁk; kiḍâvuṁk, châḷvauṁk, chetauṁk.

Agasalhadeiro, *a.* bihrâḍ divuṁcho.

Agasalhado, *a.* dhâṁplalo, pâṁghurlalo, ubecheṁ neslalo; âsrâk âslalo. ‖ *s. m.* bihrâḍ, makham *n.*, âsar, âdhâr *m.*

Agasalhador, *a. e s. m.* bihrâḍ ditalo, parkaṁdṇâr, sanimânî.

Agasalhar, *v. t.* bihrâḍ *ou* bidâr divuṁk, parkaṁduṁk, saṁbhâvuṁk, sanimân karuṁk, sanimânuṁk; *pôr em abrigo:* aśramuṁk, âsrâvuṁk, âsrâk davruṁk; *proteger:* âdhâruṁk, pâḷuṁk, hât divuṁk; *dar modo de vida:* poṭâk-, annâk lâvuṁk; *aquecer:* tâpauṁk, unhâvuṁk. ‖ *v. r.* bihrâḍ-, makham karuṁk, bihrâḍâk-, vastek râvuṁk; pâṁghruṁk, dâṭ-, ubecheṁ nesuṁk; âsrâk yevuṁk *ou* râvuṁk.

Agasalho, *s. m.* bihrâḍ deṇeṁ *n.*,

parkaṁdṇî *f.*, sanimân *m.*, saṁbhâvanâ *f.;* âśram, âsar *m.;* ubecheṁ vastr *n.*

Agastadamente, *adv.* râgân, kopân, krodhîṁ.

Agastadiço, *a.* râghishṭ, râgî, piṁtvegî, krodhivaṁt, tiḍṇâr.

Agastado, *a.* koplalo, tâplalo, râgâr, chaḍhit, perlûs.

Agastamento, *s. m.* râg, kop, krodh, saṁtâp *m.*, chaḷvaṇî, chîḍ *f.*

Agastar, *v. t.* râg hâḍuṁk, râgâvuṁk, krodhâvuṁk, châḷvauṁk, thuklâvuṁk, tâpauṁk. ‖ *v. r.* râgâr jâvuṁk, râgevuṁk, râg yevuṁk *(d. do s.)*, kopuṁk, krodhuṁk, pesuṁk, châḷvuṁk, tiḍuṁk, tâpuṁk, jaḷuṁk, piṁḍaḷuṁk.

Agata, *s. f.* gomed *m.*

Agatanhadura, *s. f.* phâpsâvṇî *f.;* bhurko *m.*

Agatanhar, *v. t.* dâvlyo-, chapko mâruṁk, chapkâvuṁk, nâkshâvuṁk, bhurkâvuṁk, varkhaḍuṁk, phâpsuṁk, burḍuṁk.

Agavelar, *v. t.* chuḍyo karuṁk *(g. do o.)*

Ageitar, *v. t.* salvauṁk, sudhâruṁk, sarî-, lâyk karuṁk, lâvuṁk, basauṁk, meḷauṁk. ‖ *v. r.* salvuṁk, lâguṁk, saṁjuṁk, sarî-, lâyk jâvuṁk.

Agencia, *s. f.* karṇî *f.*, kartab, kartûb, kartav *n.*, hikmat; dalâlkî *f.*, daḷâlpaṇ, vakîlpaṇ *n.;* kârbhâr *m.*, châḷauṇî, jâḷvaṇî; halmaṇî *f.*

Agenciador, *s. m.* dalâl, vakîl.

Agenciamento, *s. m.* dalâlkî *f.*, vakîlpaṇ; halmaṇî *f.*

Agenciar, *v. t.* śodhuṁk, joḍuṁk, meḷauṁk; halmuṁk, vahivâṭuṁk; dalâlkî-, vakîlpaṇ châlauṁk.

Agencioso, *a.* suḍsuḍît, huśâr, karmishṭh.

Agenda, *s. f.* paṭṭî, śivḍî *f.;* melalyâṁcho ophîs *m.*

Agenesia, *s. f.* jananâśakti *f.;* vâṁjhpaṇ *n.*

Agente, *s. m.* karṇâr, kartâ, kriyâkâr, kartabî; rachṇâr, chalauṇâr, jâḷoṇâr; kârbhârî, munîm, dalâl, vakîl, gamast, nâyk, mutâlik.

Agermanar, *v. t.* sarî-, sârko-, sam karuṁk; sâṁgâtâ-, bhâgâ ghevuṁk; sâṁgḍâvuṁk.

Agglomeração, *s. f.* ekṭhâvṇî, jamâvṇî; puṁjâvṇî *f.;* puṁjo, choṁbo *m.*

Agglomerar, *v. t.* ekṭhâvuṁk, jamâvuṁk, puṁjâvuṁk, puṁjîkaruṁk.

Agglutinação, *s. f.* chikṭâvṇî, pâṁkṇî, sâṁdhṇî *f.*

Agglutinante, agglutinativo, *a.* pâṁkît, chikaṭ; sâṁdhuṁcho.

Agglutinar, *v. t.* chikṭâvuṁk, pâṁkâvuṁk, sâṁdhuṁk.

Aggravação, *s. f.*, **aggravamento,** *s. m.* adhik karṇeṁ *ou* jâṇeṁ *n.*, adhikây; jaḍâvṇî *f.*

Aggravado, *a.* jaḍâvlalo; jaḍ.

Aggravante, *a.* adhik karcho, jaḍâvuṁcho; chaḍhît.

Aggravar, *v. t.* adhik-, agḷo karuṁk, chaḍhauṁk; jaḍ karuṁk, jaḍâvuṁk, bhârâvuṁk; adhik vâyṭ karuṁk, huskauṁk; *vexar:* julûm karuṁk, julmuṁk, duḥkh divuṁk, duḥkhavuṁk; *offender:* gâṁjuṁk, apmânuṁk, niṁduṁk. ‖ *v. r.* adhik-, chaḍh-, jaḍ jâvuṁk, chaḍhuṁk, jaḍâvoṁk, bhârevuṁk, huskuṁk. ‖ *v. i.* âgrâv karuṁk.

Aggravo, *s. m.* apmân *ou* akmân, bemân *m.*, behurmat; gâṁjṇî *f.*, julûm; âgrâv *m.*

Aggredir, *v. t.* âṁgâr paḍuṁk *ou* yevuṁk *(g. do o.)*, uprâḷuṁk, jhaḍjhaḍâvuṁk.

Aggregação, *s. f.* ekṭâvṇî, meḷauṇî *f.;* ekvaṭ, jamo, puṁjo, choṁbo, samâj *m.*

Aggregado, *s. m.* jamo, puṁjo, meḷ, kalâp, sâṁgaḍ *m.* ‖ *a.* jamâylalo, ekṭhâylalo; lâylalo.

Aggregar, *v. t.* ghevuṁk (hiṁḍâṁt, jamâtîṁt); lâvuṁk, saṁghaṭṭuṁk, chaḍhauṁk, meḷauṁk; ekvaṭuṁk, ekṭhâṁy karuṁk, ekṭhâvuṁk, jamâvuṁk, jamâkaruṁk, puṁjîkaruṁk, puṁjâvuṁk. ‖ *v. r.* lâguṁk, meḷuṁk, ekṭhâṁy jâvuṁk, ekṭhâvoṁk, ekvaṭoṁk, puṁjîjâvuṁk.

Aggregativo, *a.* ekṭhâvuṁcho, ekvaṭuṁcho.

Aggressão, *s. f.* âṁgâr paḍṇeṁ *n.*, jhoṁbî *f.*, uprâḷo, peṭ, julûm *m.*, jabardastî *f.*

Aggressivo, *a.* virodhî, jabardast, uprâḷyâcho.

Aggressor, *s. m.* âṁgâr paḍṇâr, uprâḷṇâr, julûmdâr.

Agigantado, *a.* atikây, arishṭ kaso; bhav vhaḍ.

Agigantar, *v. t.* arishṭ-, vhaḍ karuṁk.

Agil, *a.* âṁgsûṭ, suḍsuḍît, saḍsaḍît, śitâb, châlû, karkarît, dhâṁvro, utâvḷo.

Agilidade, *s. f.* suḍsuḍpaṇ *n.*, suḍsuḍây, saḍsaḍitây, śitâbî, dhâṁḍalây *f.*, dhâṁḍalpaṇ *n.;* bârkây, yukti *f.*

Agilmente, *adv.* saḍkarûn, phaṭkarûn, suḍsuḍâyen, yuktîn.
Agio, *s. m.* vâṭâv *m.*, dalâlî, dasturî *f.;* kalâṁtar *n.*
Agiographia, *s. f.* bhaktâṁchî kathâ, satkathâ *f.*
Agiographo, *s. m.* bhaktâṁchî jîṇ baraunâr, satkathâlekhak.
Agiologico, *a.* bhaktâṁcho, sâṁtâṁcho.
Agiologio, *s. m.* bhaktâṁcheṁ-, sâṁtâṁcheṁ śâstr *n.*
Agiologo, *s. m.* bhaktśâstrvîd.
Agiota, *s. m.* sarâp, khurdekâr, dalâl; kalâṁtarî.
Agiotagem, *s. f.* sarâppaṇ, dalâlpaṇ *n.*, dalâlkî *f.*
Agiotar, *v. i.* sarâppaṇ chalauṁk, dalâlkî-, duḍvâṁcho yepâr karuṁk.
Agitação, *s. f.*, **agitamento,** *s. m.* hâlauṇî, hâlṇî *f.*, hâlap *n.*, gholauṇî, gholṇî; chaḷbaḷ, kuskuśî, kuskusitây, asvasthi, uchaṁbaḷây, khadaḷây *f.;* gholḷ, gaḷbaḷ, khaḷbaḷ *m.;* taḷmaḷe *m. pl.*
Agitado. *a.* aḍmaḍyo, asvasth, uchaṁbaḷ, khadaḷ, tirtiro; vyâkûḷ.
Agitador, *a. e s. m.* hâlauṇâr; uṭhauṇâr; chetaitalo.
Agitar, *v. t.* hâlauṁk, kachkachâvuṁk, gholauṁk, ḍhavḷuṁk, phâphḍuṁk; dolauṁk, *excitar:* uchaṁbaḷâvuṁk, chetauṁk, châḷvauṁk, mavâḷuṁk; *sublevar:* uṭhauṁk, phiraumk, khaḷbaḷâvuṁk; *discutir:* ghâṁsuṁk, gholauṁk, mathuṁk. ‖ *v. r.* hâluṁk, gholuṁk, huḷhuḷuṁk, tustusuṁk, kuskusuṁk, chaḷbaḷuṁk, gaḍgaḍuṁk, gaḍbaḍuṁk, khadaḷuṁk, doluṁk, ḍauṁḍaḷuṁk, gavḷuṁk; khaḷbaḷuṁk, uchaṁbaḷuṁk, châḷvuṁk.
Agitavel, *a.* hâlauṁyeso, gholauṁcho.
Aglactação, *s. f.* dûdh suknem *n.*
Agnação, *s. f.* bâpâyveśilî soyrîk *f.*, gatrsaṁbaṁdh *m.*
Agnaticio, *a.* dâyjyâcho, gotrâcho.
Agnato, *s. m.* dâyjî, bâpâyvesilo soyro, gotrsaṁbaṁdhî, gotrâj.
Agnelino, *s. m.* śelyechem châm laṁv davrûn kamâylaleṁ.
Agnome, *s. m.* aḍnâṁv *n.*
Agnus-Dei, *s. m.* devmeṁḍhî *f.*
Agoirar, *v. t.* âchâruṁk, śakunuṁk, śakunân pârkhuṁk.
Agoireiro, *a. e s. m.* nalbato, âchârî, śakunî.
Agoirento, *a.* âchârâcho, nalbato.
Agolpear, *v. t. V.* GOLPEAR.
Agomar, *v. i.* taḍevuṁk, koṁbevuṁk.
Agomia, *s. f.* koytî *f.*
Agonia, *s. f.* ghor, ghargharî *f.*, marṇâchyo oḍhî *f. pl.;* kaḷvaḷo *m.*, âṭeviṭe, vaḷvaḷe, taḷmaḷe *m. pl.*, chaṭko *m.*
Agoniado, *a.* kaḷvaḷlalo, saṁtâplalo; duḥkhâbharit.
Agoniar, *v. t.* jivâk vâyṭ karuṁk (*litt.* FAZER MAL Á VIDA; *d. do o.); kaḷvaḷâvuṁk, vaḷvaḷâvuṁk, duḥkh-, piḍâ divuṁk. ‖ *v. r.* kaḷvaḷuṁk, vaḷvaḷuṁk *ou* haḷhaḷuṁk, taḷmaḷuṁk; duḥkh lâguṁk *(d. do s.) V.* AGASTAR-SE.
Agonizado, *a.* ghor châḷvalalo; duḥkhavlalo.
Agonizante, *a.* gharghari lâglalo, oḍhî suṭlalo, marṇâche taṇîr pâvlalo. ‖ *s. m.* maruṁk śikauṇâr, martalyâk âdhâr deṇâr.
Agonizar, *v. t.* martalyâk pâvuṁk, maruṁk śikauṁk; duḥkh-, piḍâpîḍ divuṁk, saṁtâpauṁk. ‖ *v. i.* ghargharuṁk, ghor châḷvuṁk *(d. do s.)* oḍhî suṭuṁk *(d. do s.)*
Agora, *adv.* âtâṁ, sardyâ, sadhyâṁ, turût, sâṁprat, âjkâl, hâlîṁ; *(emph.)* âtâṁch, âttâṁ; *á vista d'isto:* âtâṁ, aseṁ âstâṁ, aseṁ jâvûn. ‖ *Até —*, âjûn, âjûn ver, âtâṁ paryâṁt, adyâp, adyâpay. *Ainda —*, âtâṁch, rigvo *(decl.)*, nikto *(decl.) Desde —*, âtâṁ thân, âj legûn, hyâ phuḍe. *De —*, âtâṁcho, hâlîṁcho *(decl.)*
Agosto, *s. m.* âgost *m.*
Agraciado, *a.* śobhit, rupest.
Agraciar, *v. t.* śriṁgâruṁk, saṁjauṁk, alaṁkâruṁk; kurpâ divuṁk; upkâr karuṁk, sanimânuṁk; billo divuṁk; bogsuṁk.
Agraço, *s. m.* harvyo dâko *f. pl.;* harvyâṁ dâkâṁcho ras *m.;* tarṇepaṇ, burgepaṇ *n.* ‖ *Deitar o — no olho a alguem,* ḍoḷyâṁt pyâv piḷuṁk.
Agradar, *v. i.* bareṁ disuṁk,- lâguṁk, puṭavuṁk, purauṁk, manâ-, chitâ yevuṁk, mâṁḍuṁk, mânoṁk, śobhuṁk, patkaruṁk *(v. t.).* ‖ *v. t.* khuśî karuṁk, saṁtoshuṁk, tarpuṁk.
Agradavel, *a.* goḍ, baro, rokh, ruchîk, madhur, dulabh, priya, ramya, saṁtoshî.
Agradavelmente, *adv.* barepaṇîṁ, madhurâyen, goḍâyen, ruchîn.
Agradecer, *v. t. e i.* ârghâṁ divuṁk, ârghuṁk *(p. us.)*, upkâr âṭhauṁk,- mânuṁk,- mâṁduṁk *(g. do o.)*, bareṁ mâguṁk, dhinvâsuṁk.

Agradecido, *a.* upkâr mântalo, upkârî, dhinvâsî. || *Muito* —, bareṁ jâṁv (*litt.* SEJA BEM), Dev bareṁ karûṁv (*litt.* DEUS FAÇA BEM).

Agradecimento, *s. m.* upkâr mânneṁ *ou* âṭhauṇeṁ *n.*, ârghâṁ *n. pl.*, dhinvâs, dhanyavâd *m.*, pratinaṁdan *n.*

Agrado, *s. m.* mânap *n.*, khuśî, rûch, goḍây, âvaḍ *f.*, tarpaṇ; bholepaṇ, mogâḷpaṇ *n.*, dulabhây *f.*, vinay *m.*

Agramente, *adv.* kharâyen, tiksâṇen, nibrân.

Agrario, *a.* śctâcho, śetgaṇyâcho.

Agre, *a. V.* AGRO.

Agremiar, *v. t.* ekṭhâṁy karuṁk, jamâvuṁk.

Agreste, *a.* śetgaṇyâcho; khedegâṁvcho; râncho, rânaṭ, rânâṁtlo, jaṁgḷî, ḍoṁgrî; *aspero ao tacto:* kharkharît, khaḍbaḍît; *inclemente:* vâdaḷyo, tuphânî.

Agricola, *a.* śetâcho, śctkâmtâcho. || *s. m.* śetkâmî, kuḷvâḍî.

Agricultar, *v. t.* krishuṁk; vasauṁk. || *v. i.* śetkâm karuṁk.

Agricultavel, *a.* krishuṁcho; nâṁgrûṁyeso.

Agricultor, *s. m.* śetkâr (*f.* -n), śetkâmî, śetkâmtî, kuḷvâḍî, kuṇbî, krishikâr; (*fig.*) vasauṇâr.

Agricultura, *s. f.* śetkâm, śetkâmat, kâṁtîpaṇ, kuḷvâḍpaṇ *n.*, krishi *f.*

Agridoce, *a.* goḍ âṁbaṭso.

Agrilhoar, *v. t.* khoḍo ghâluṁk, sâṁkḷâvuṁk; bâṁdhuṁk; (*fig.*) damauṁk, dâmuṁk, âḍvâruṁk.

Agrimensar, *v. t.* mejuṁk (śet).

Agrimensor, *s. m.* śetmejpî, kâmtî *ou* kâmat.

Agrimensura, *s. f.* kâmtîpaṇ; śet mejṇeṁ *n.*

Agro, *s. m.* śct *n.*, bhûṁy *f.*, kshetr *n.* (*p. us.*)

Agro, *a.* âṁbaṭ, âml; (*fig.*) kaṭhiṇ, avghaḍ, saṁkashṭ, dâruṇ, ugr. || *s. m.* âṁbsâṇ, âṁbṭâṇ *f.*; kaḍso, sûḷ *m.*; aṭâs, kashṭ *m. pl.*

Agronomia, *s. f.* krishividyâ *f.*

Agronomico, *a.* krishividyecho.

Agronomo, *s. m.* krishividyâjña.

Agrumular, *v. t.* guṭhlyo karuṁk (*g. do o.*), âṭauṁk, śiṁkâvuṁk. || *v. r.* śiṁkevuṁk, âṭuṁk, jamuṁk.

Agrupar, *v. t.* puṁjâvuṁk, ekṭhâvuṁk, mâṁḍuṁk, ḍâḷuṁk. || *v. r.* puṁjîjâvuṁk, ekṭhâvoṁk jamo jâvuṁk.

Agrura, *s. f.* âṁbṭâṇ, âṁbsâṇ, tarṭâṇ *f.*; kaḍso, sûḷ; aṭâs, kashṭ, halâhal *m.*

Agua, *s. f.* udak *ou* udîk, pâṇî (vaṇî *nos comp.*), jaḷ *n.* (*p. us.*), nîr *m.* (*p. us.*); *chuva:* pâus *m.*; *suor:* ûm *f.*, ghâm *m.*; *lustre, brilho:* pâṇî *n.*; *abertura no casco de navio:* boṁb *m.*; *lagrimas:* duhkhâṁ *n. pl.*; *urina:* mût, vâṭoṇî, mutvaṇî *n.*; *ondas em um estofo:* lahar *f.* || — *acidulada:* âṁbaṭvaṇî *n.*; — *assucarada:* gûḷvaṇî *n.*; — *benta:* âgbeṁt *ou* âlmet, pavitr udak (*us. entre os hindús*); — *de bomba:* ghâmat *n.*; — *de chuva:* pâvsâcheṁ udak, pâvasvaṇî; — *doce:* sâveṁ udak; — *envolta:* khaḍaḷ *n.*; (*fig.*) gaḍbaḍ *f.*; — *enxovalhada:* ushṭvaṇî *ou* ushṭoṇî; — *estagnada ou morta:* sâṁselaleṁ-, sâṁṭhalaleṁ udak; — *fervente:* unhvaṇî *ou* unoṇî, kaḍhatvaṇî; — *de fonte:* jharvaṇî, jitvaṇî; — *fria:* śeḷeṁ-, thaṁḍ udak; — *insulsa:* ayṇî *ou* aḷṇî udak; — *lustral:* tîrth *m.*, tirthodak *n.*; — *morna, tepida:* śclmoḍeṁ-, ubcheṁ udak; — *raz:* devdârâcho arkh *m.*; — *russa:* reṁdvaṇî; — *de sal:* mithvaṇî; — *salgada:* khâreṁ udak, khârvaṇî *ou* khâroṇî; — *salobra:* châchûr uḍak; — *de telhado:* pâkhîṁ, nîv *n.*; — *thermal:* unhâḷeṁ *n.*; — *turva:* khaḍaḷ-, khaḍaḷaleṁ udak; — *viva:* vâhvteṁ udak. *Aguas enchentes,* bhartî *f.* — *furtadas,* kolveṁ *n.* — *mornas,* (*fig.*), sukyo polyo *f. pl.* — *mortas,* bhâṁg *m.* — *vertentes,* ojhro *m.*, pânvaṭ *ou* pânloṭ *n.* — *vivas,* jorgat *f.* *Agua do dia antecedente,* pârotheṁ udak. — *aquecida ao sol,* jhaḷvaṇî. — *da lavadura de arroz,* tâṁduḷeṁ *n.* — *de lavar as mãos,* hâtdhoṇî *f.* — *de lavar os pés,* pâṁyvaṇî. — *de arroz cozido,* tarṇ *n.* — *de canja,* pejecheṁ niseṁ *n.*, niś *m.* — *de arroz, fria,* nivaḷ *m.* — *tirada da panella de arroz,* uttreṁ *n.* — *posta a ferver para cozer arroz,* âdhan *n.* — *em que se cozeu arroz com casca,* bhâtvaṇî, bhhatoḍeṁ *n.* — *que se deixa na estrada para os viandantes beberem,* pâṇoy, povâ *f.* *Logar onde se deixa esta* —, pâṇsâḷ *f.* *Poeta, medico de* — *doce,* kachcho kavi,- vaij. *Fazer* —, udak purauṁk, udkâchî bejmî karuṁk; boṁb jâvuṁk *ou* phuṭuṁk (*d. do s.*) *Fazer vir* — *á bocca,* rûch hâḍuṁk. *A flor de* —, udkâche dhârîr. *Colher* — *no cesto,* jhâbḷyâṁt udak bharuṁk. *Ir por* — *e por terra,* jaḷîṁmaḷîṁ vachuṁk. *Ir por* — *abaixo,* bhaṁguṁk, hogḍoṁk. *Lançar* — *no mar,* daryâṁt pâus. *Estar como o peixe na* —, svasth-, kuśâl âsuṁk. *Pescar* *nas — s turvas,* Dev paḍlâ bobâḷâr, devûḷ nâgaumyâ. *Sem dizer — vae,* hûṁkûṁ karinâstânâ, jâg dinâstânâ. *Levar — ao seu moinho,* âplyâ phoṁḍâr mâtî oḍhuṁk. *Vir — á bocca ou crescer — na bocca,* âṁvḍhe ghoṭuṁk, âṁvḍhevuṁk. *— o dá, — o leva,* udkâṁtleṁ udkâṁt vachuṁk.

Aguaçal, *s. m.* mâyn *n.*, koṁḍ *f.*

Aguaceira, *s. f.* thiṁpyechi-, lâḷîchî râs; pachakvaṇî *n.*

Aguaceiro, *s. m.* dhaḍak *f.*

Aguacento, *a.* udkâḷo.

Aguada, *s. f.* udkâḷeṁ *n.*

Aguadeiro, *s. m.* pâṇkyo, pâṇivâlo, bhistî, pakhalyo.

Aguadilha, *s. f.* las, gai *f.*, nijhar *m.*, udak *n.*, reṁḍ, lâḷ *f.*

Aguado, *a.* udkâḷo, udak ghâllalo, sarbarit. ‖ *Cabello —,* pâtaḷ âni bârik keṁs. *Cavallo —,* dharlalo-, lâglalo ghoḍo.

Aguador, *s. m.* âgvâdor, śiṁpṇo *m.*

Aguagem, *s. f.* śiṁpṇeṁ *n.*, śiṁvar *m.*; osâḍ; bhartî *f.*

Agua-mãe, *s. f.* khârvaṇî, khâroṇî, khâroṭeṁ *n.*

Agua-mel, *s. f.* madhuvaṇi *n.*

Aguamento, *s. m.* dharṇi (monjâtiṁchî) *f.*

Agua-pé, *s. f.* pachak, *n.*, pachko soro *m.*, pâtaḷeṁ *n.*

Aguar, *v. t.* udkâṁt bharuṁk; śiṁpuṁk, śiṁvrâvuṁk; udak ghâluṁk *(l. in do o.),* udkân barsuṁk,- meḷauṁk; *(fig.)* bhaṁgauṁk, bighḍâvuṁk, udak karûn uḍauṁk. ‖ *v. i.* âṁvḍhe ghoṭuṁk, âṁvḍhevuṁk, jibh pâchevuṁk *(g. do s.),* miṭhyo mâruṁk; dhoroṁk.

Aguarda, *s. f.* **aguardamento,** *s. m.* râvṇi, râkhaṇ *f.*

Aguardar, *v. t.* râvuṁk *(d. do o.),* râkhuṁk, râkhûn-, teḷûn râvuṁk, chatrâyen râvuṁk, ḍoḷyâṁt tel ghâlûn râvuṁk (*litt.* ESPERAR PONDO AZEITE NOS OLHOS); pâḷuṁk, pâḷo divuṁk.

Aguardentar, *v. t.* phenî ghâluṁk *(l. in do o.),* phenyeṁt meḷauṁk.

Aguardente, *s. f.* pheṇî *f.*, âgpâṇî *n.*, nibar soro, madyârk *m.*

Aguardenteiro, *s. m.* pheṇî-, âgpâṇî karṇâr va vikṇâr.

Aguazil, *s. m.* śipây, pâyk, pedo.

Aguçadeira, *s. f.* nisâṇo *m.*, śâṇî, śeḷî *f.*, śâṇ *f. e n.*

Aguçado, *a.* pâjlalo, ghâṁslalo; dhâricho, domsâḷo; tikhaṭ.

Aguçador, *s. m.* pâjṇâr, ghâṁspî.

Aguçadura, *s. f.* **aguçamento,** *s. m.* pâjṇî, ghâṁsṇî *f.*, ghâṁsap *n.*; dhâr *f.*

Aguçar, *v. t.* pâjuṁk, ghâṁsuṁk, śâṇuṁk, dhâr kâḍhuṁk *(d. do o.)*; bârîk karuṁk, domsuṁk, domas kâḍhuṁk, suḷâvuṁk; *(fig.)* châḷvauṁk, chetauṁk, uṭhauṁk; *(ant.)* darvaḍâvuṁk, dhâṁvḍâvuṁk. ‖ *— o dente,* dâṁt pâjuṁk. *— o appetite,* rûch hâḍuṁk. *— a vista,* ḍoḷyâṁt tel ghâluṁk (*litt.* PÔR AZEITE NOS OLHOS).

Agudamente, *adv.* bârkâyen, bârkamâyen.

Agude, *s. m.* **agudea,** *s. f.* pisoḷeṁ *n.*

Agudeza, *s. f.* dhâr *f.*, domas *m.*; bârkây, bârkamây, śiḍukây, chatrây, sukshmabuddhi; tikhaṭây, jaḍây *f.*, bhâr *m.*

Agudo, *a.* dhâricho, domsâcho, domsâḷo; *fino:* bârik; *activo:* nibar, jabar; *perspicaz:* śiḍûk, bârik, sukshmabuddhi. ‖ *Accento —,* udâtt *m.* *Doença —,* jaḍ piḍâ. *Som —,* uṁchsvar, bârik tâḷo *m.* *Vista —,* bârik dishṭ *f.* *Dito —,* varm *n.*

Agueiro, *s. m.* saṁgrî *f.*, udkâcho mâg *m.*

Aguentador, *s. m.* dharṇâr, saṁbhâḷṇâr; sosṇâr, tâḷṇâr.

Aguentar, *v. t.* dharuṁk, saṁbhâḷuṁk, âsrâvuṁk, paḍuṁk nâ divuṁk, vâhuṁk; *(fig.)* tâḷuṁk, toluṁk, niṁduṁk, sosuṁk, tâṁkuṁk.

Aguerrido, *a.* jujân rahâṭlalo,- ghoḷlalo. *V.* CORAJOSO.

Aguerrir, *v. t.* jujâk rahâṭauṁk,- ghoḷauṁk.

Aguia, *s. f.* garuḍ, garuḍpakshî, garuḍpakhî (*f.* -n). ‖ *Vista de —,* ghiḍâchî dishṭ, sukshmadṛishṭi *f.* *Nariz de —,* garuḍnâk *n.*

Aguieiro, *s. m.* vâṁso, pakâso *m.*, vâṁslî *f.*

Aguieta, *s. f.* ghîd *m.*

Aguilhada, *s. f.* aṁkuś *m.*, moḍkûḷ *n.*

Aguilhão, *s. m.* aṁkuś *m.*, âr *f.*, taḍas *m.*; kuṁs *n.*; *(fig.)* huḍhuḍî, urḷûk, chiḍ *f.*, umâḷo *m.*

Aguilhoada, *s. f.* aṁkusâcho phâr *m.*, dhakṇî *f.*; kuṁs lâvṇeṁ; chaḍchaḍo *m.*, phoḍâphoḍ *f.*

Aguilhoador, *a. e s. m.* kuṁs lâvṇâr, dhaṁkṇâr, doṁsitalo.

Aguilhoamento, *s. m.* dhaṁkṇî, topṇî, domasṇî; châḷvaṇi, phuslâvṇi *f.*

Aguilhoar, *v. t.* kuṁs lâvuṁk, aṁkuś mâruṁk,- topuṁk, domsuṁk, dhaṁkuṁk; phuslâvuṁk, châḷvauṁk.

Aguisado, *a.* phâvoto, sam, lâyk, jûst.

Aguisar, *v. t.* mâṁḍuṁk, ḍâḷuṁk.

Agulha, *s. f.* sui *f.; suyecheṁ* kâṁ *n.*, śivaṇ *f.; (peixe —):* taḷî, toṁkî *f.; obelisco:* minâr *m.* ‖ — *de enfardar,* dâbaṇ *n.* — *ferrugenta (fig.),* lâṁvḍo. — *de marear,* charak, hoko *m.* — *grande,* suyel *n.*, suvo *m. O fundo da* —, birḍeṁ *n.*

Agulhada, *s. f.* sui topṇeṁ *n.*, ṭâṁchâvṇî *ou* ṭâṁchṇî *f.;* dhâgo *m.*

Agulhão, *s. m.* vhaḍlî toṁkî *f.;* vhaḍ hoko *m.*

Agulheiro, *s. m.* ehaṁchî, suyâṁchî naḷî *f.;* suyo kartalo *(a.);* parâṁch-, pahâḍ ghâlcho burâk *m.;* dhâreṁ, govaksh *n.*, khiḍkî *f.*

Agulheta, *s. f.* śimlî *f.*

Agulheteiro, *s. m.* suyo karṇâr, suyâṁkâr, *satrî.

Ah, *int.* a, âh, hâ, ahâ, ahâhâ, o, âbâ, âbbâ, âbâre, ais.

Ahi, *adv.* thaiṁ, thaiṁsar, othaiṁ; hyâ saṁsâraṁt; hyâ khâtîr, hyâ vishayiṁ. ‖ *Por* —, teṇeṁ, tevśîn, tiṇyâṁ. *D'ahi,* thaiṁcho *(decl.)* thaiṁsarlo, thaiṁ thân *ou* sûn. *D'ahi por deante,* tyâ phuḍe, tyâ uprâṁt, tethûn thân.

Ahuste, *s. m.* pâg *n.*

Ai, *int.* hây, oy, hûy, âygc, hayhay, ahây, ahaha, is, us, huṁhuṁ, kaṭâ. ‖ *s. m.* piraṁgaṇî *f.* ‖ *Dar ais,* hây hûy mhaṇuṁk. *Estar aos ais,* piraṁguṁk. *N'um ai,* eke ghaḍyen, ekâ nimikhâu.

Aia, *s. f.* âyâ, bâḷgaṇârîn, saṁbhâḷṇârîn, upamâtâ *(p. us.),* *âkay; sevkî *ou* sevkîn, vhaḍlî ehâkarn.

Ai-Jesus, *s. m.* (koṇâcho) bâbulo *ou* bâbû, kâḷjâcho goṁḍo *m.*

Ainda, *adv.* âjûn, ajuni, âjûu ver, âjûn paryâṁt, tarîṁ, adyâp, adyapay, api; y *(posp.,* ex.: *elle ainda é mais alto que o irmão,* bhâvây paras to adhik uṁch). ‖ — *mais,* adhik, ânîṁk, ânîṁkay. *Até então,* paryâṁt, tethuu paryân. *Para o futuro,* phuḍe, mâgîr, mukhâr. — *agora,* attâṁ, âtâṁch. — *assim,* tarî, tarîpaṇ, aseṁ âstâṁ. — *bem,* tarîy bareṁ. — *mal,* tarîy vâyṭ. — *em cima,* aseṁ âstâṇâ, hyâ vayr. — *quando,* tarîpaṇ, jarîtar, jarîpaṇ. — *que,* jarî, jarîtar, bî, y (ex.: *ainda que diga,* sâṁglyâray).

Aio, *s. m.* burgîṁ bâḷgaṇâr, bâlśikshak; sevak, vhaḍlo châkar, gaḍî.

Airado, *a.* vâryâ sârko, vâryâvaylo; ubhaṁtarîṁ bhoṁvtalo, vâydeś *ou* vâdes, ukâḷyâr-, bhoṁvûn dîs kâḍhtalo; pâṁprel, lâpîṭ. ‖ *Vida* —, bekârpaṇ, pâṁprelpaṇ *n.*

Airosamente, *adv.* śobhen, alaṁkârîṁ; mâṇsugen, maryâdîn.

Airosidade, *s. f.* śobh, śobhitây, kâṁti, śrî *f,* âkâr *m.;* mâṇsugî, maryâd, âbrû *f.*, mân *m.*

Airoso, *a.* śobhavṇo, śobhit, âkârvaṁt, alaṁkârî; maryâdîk, maryadîcho, mâṇsugecho, lâyk, yuktivaṁt.

Aiveca, *s. f.* nâṁgrâchî jibh *f.*

Ajaezar, *v. t.* neṭauṁk, pakhar ghâluṁk.

Ajantarado, *a.* jevṇâ sârko.

Ajardinar, *v. t.* bâg-, parsûṁ karuṁk *(g. do o.)*

Ajoelhação, *s. f.* diṁbî ghâlṇeṁ *ou* moḍṇeṁ *n.*

Ajoelhado, *a.* diṁbhî ghâlalo. ‖ *Estar* —, diṁbhyer âsuṁk.

Ajoelhar, *v. t.* diṁbhî ghâluṁk *ou* moḍuṁk lâvuṁk. ‖ *v. i. e r.* diṁbhî ghâluṁk,- mâruṁk,- moḍuṁk,- doḍuṁk; diṁbhkuryâṁ paḍuṁk.

Ajornalar, *v. t.* disvadyâk-, diskulyek vâvruṁk *ou* kâmâk lâvuṁk.

Ajoujamento, *s. m.* kaḍyâḷyân sâṁgḍâvṇeṁ *n.*

Ajoujar, *v. t.* kaḍyâḷyân joḍâvuṁk, sâṁgḍâvuṁk.

Ajoujo, *s. m.* kaḍyâḷeṁ *n.*

Ajuda, *s. f.* âdhâr, âlâśro, âskâr *ou* âśkâr *m.*, majat *ou* madat, kumak, sâsây, sahây, pustî *f.*, sârthipaṇ *n.*, sâharo, kaivâr *m.; clister:* âjûd *n.*, vasti, pichkârî *f.* ‖ *Dar* —, hât divuṁk, majat karuṁk. *Vir em* —, pâvuṁk, hât ghâluṁk. *V.* AJUDANTE.

Ajudador, *s. m.* majatdâr, âskârî.

Ajudante, *a.* majat-, kumak ditalo, sahakârî. ‖ *s. m.* sâmîl, majatdâr, sahây; âjuḍâṁt.

Ajudar, *v. t.* âdhâr, âlâśro divuṁk, pâvuṁk *(d. do o.),* hât-, pâlaṁv divuṁk, hât boṭ lâvuṁk, upkâruṁk, kâmâk paḍuṁk. ‖ *v. i.* mîs âjudâr karuṁk.

Ajuizadamente, *adv.* buddhîn, śahâṇepaṇiṁ.

Ajuizado, *a.* śahâṇo, samjîk, gnyanâcho, buddhvaṁt.

Ajuizador, *s. m.* samjaṇâr, tarkî, nirdhârî; mansubîdâr, nitidâr; divâṇâṁt ghâlṇâr.

Ajuizar, *v. t. julgar:* nît karuṁk *(g. do o.),* nivâḍuṁk; *formar juizo:* kalpuṁk, tarkuṁk, chaukasuṁk, tajvît karuṁk *(g. do o.); suppor:* samjuṁk, yojuṁk, chiṁtuṁk; *pôr em juizo:* divâṇâṁt ghâluṁk.

Ajuntadamente, *adv.* ekṭhâṁy, barâbarî.

Ajuntado, *a.* ekṭhâylalo, puṁjâylalo, jamo.

Ajuntador, *s. m.* ekṭhâvṇâr, puṁjâvṇâr, jamâvṇâr.

Ajuntadouro, *s. m.* vaḥṇ *n.*, ḍev *m.*

Ajuntamento, *s. m.* ekṭhâvṇî, puṁjâvṇî, jamâvṇî *f.*, jamo, puṁjo, meḷ, ektâr, ekvaṭ *m.*; tâṁḍî, khet *f.*; saṁbhog *m.*

Ajuntar, *v. t.* ekṭhâṁy karuṁk, ekṭhâvuṁk, ekvaṭuṁk, ekṭuṁk, jamâvuṁk; *accrescentar:* lâvuṁk, chaḍhauṁk, ghaḍsuṁk; *convocar:* âpauṁk, puṁjikaruṁk, puṁjâvuṁk, meḷauṁk; *combinar:* saṁghaṭṭuṁk, samsuṁk. ‖ *v. i. enriquecer:* jamuṁk, mâṁḍoṁk. ‖ *v. r.* ekṭhâṁy jâvuṁk, ekṭhâvoṁk, ekvaṭoṁk, jamo jâvuṁk; lâguṁk, chaḍhuṁk; puṁjîjâvuṁk, puṁjâvoṁk, meḷuṁk.

Ajuntavel, *a.* ekṭhâvûṁyeso, jamâvuṁcho.

Ajuramentado, *a.* pramâṇ dilalo.

Ajuramentar, *v. t.* pramâṇ karuṁk lâvuṁk, śapûth ghevuṁk (*g. do o.*). ‖ *v. r.* pramâṇ karuṁk, śapûth divuṁk.

Ajustadamente, *adv.* sârkeṁ, barâbar, jûst.

Ajustado, *a.* sârko, sâmko, nîṭ, barâbar, sam, ṭhîk, lâyk, jûst.

Ajustamento, *s. m.* sâmkâvṇî, sârkâvṇî, niṭâvṇî, sudhârṇî; khaṁḍṇî *f.*, khaṁḍ, sallo *m.*, bolî; toḍṇî, toḍ, pheḍ, phaḍsâ *f.*

Ajustar, *v. t.* nîṭ, barâbar karuṁk, niṭâvuṁk, sârkâvuṁk, sâmkâvuṁk, sudhâruṁk, saṁjauṁk; *adaptar:* sarî karuṁk, salvauṁk; *completar:* purauṁk, bharuṁk; *pactuar:* khaṁḍuṁk, bodhuṁk, boluṁk, bolî karuṁk (*g. do o.*). ‖ — *contas,* deveṁ ghevem toḍuṁk, lekh phaḍśâ-, hisob karuṁk. — *uma contenda,* nyây toḍuṁk, dâvo nivâḍuṁk. — *uma mercadoria,* molâvuṁk, khaṁḍuṁk, mol *ou* vâṁṭpaṇ karuṁk (*g. do o.*). ‖ *v. i.* jâvuṁk, lâguṁk. ‖ *v. r.* sarî jâvuṁk, saṁjuṁk, salvuṁk.

Ajuste, *s. m.* khaṁḍṇî *f.*, khaṁḍap *n.*, khaṁḍ nikâl, vâyḍo *m.*, thârâvṇî; molâvṇî; bolî, châlîbolî, bhâsh, bodhṇî *f.*, kaṭ *m.*

Al, *pron.* er-, dusrî vast, er sagḷeṁ.

Ala, *s. f.* phaujechî kûs *f.*, senâpaksh *m.*; hâr, âḷ *ou* âḷî, oḷ, loy, âvlî *f.*; *aza:* pâkhoṭo; *labareda:* bhagbhag, parso *m.* ‖ — *de casa,* sopo, oṭo *m.*

Alabandina, *s. f.* kâḷeṁ mâṇik *n.*

Alabarda, *s. f.* bhâlo, sûḷ *m.*, kurhâḍeṁ *n.*, *sabaḷ *m.*

Alabardada, *s. f.* bhâlyâcho phâr,-ghây *m.*

Alabardeiro, *s. m.* bhâlekâr, *sabaḷyo.

Alabastrino, *a.* dhavo phûl, dhavo dhavo.

Alabastro, *s. m.* dhavo saṁgmarvar, ** chaṁdrkâṁt *m.*

Alacoado, *a.* tuṭtuḍît, gujgujo; rasrasît.

Alacor, *s. m.* kusuṁbkarḍî *f.*

Alacrau, *s. m.* vichû *m.*

Alacridade, *s. f.* hurbkâ *f.*, ullâs, utsav *ou* uchchkâv, hans *m.*, hurmaṭây *f.*; sudsudpaṇ *n.*, sudsuḍây, huśârkî *f.*

Alado, *a.* pâkhoṭe âslalo, sapaksh.

Aladroado, *a.* chorṭo; choryecho.

Alagadeira, *s. f.* hogḍâvṇârṇ, ibâḍyî bâil.

Alagadiço, *a.* pachpachît, daldalît; âṁvrâcho.

Alagador, *s. m.* divâḷkhar, hogḍâvṇâr, vikshepî vidhḷo (*a.*), ibâḍyo (*a.*)

Alagamento, *s. m.* aur *ou* âṁvr *n.*, buḍtî *f.*, negûs *m.*; vîdh, hogḍâvṇî *f.*, ibâḍ *m.*

Alagar, *v. t.* buḍauṁk; kharîk ghâluṁk; *destruir:* bhaṁgauṁk, duṁbḍâvuṁk; *desperdiçar:* hogḍâvuṁk, ibâḍuṁk, vâṭek lâvuṁk (*litt.* APPLICAR Á ESTRADA).

Alagoa, *s. f.* taḷeṁ *n.*, taḷî *f.*

Alaguna, *s. f.* taḷay, koṁḍ *f.*, oṁḍo *m.*

A-la-larga, *adv.* pais; disîṁmisîṁ.

Alamar, *s. m.* âṁkḍo, phâso, vâḷo *m.*, * birḍeṁ *n.*

Alambazado, *a. goloso:* poṭyo, poṭâro, khâṇâro, khâvgo; *corpulento:* tuṭtuḍît, tutîṁ, dâṭo moṭo; *grosseiro:* arbaṭ, boṁtho, bâḍgo, burso; *esfarrapado:* boṁdro, bhâṁḍśiro; *cheio:* bharlalo, upaṭ bharlalo.

Alambazar-se, *v. r.* poṭbhar jevuṁk, poṭ tâṇuṁk.

Alambicado, *a.* lâvṇen kâḍhlalo; saṁskrit, alaṁkrit.

Alambicar, *v. t.* bhâṭṭyen *ou* lâvṇen kâḍhuṁk; bârkâvuṁk, kisauṁk, sudhâruṁk. ‖ *v. r.* pehrâvuṁk, mirvuṁk, moḍoṁk.

Alambique, *s. m.* bhâṭṭî, lâvṇî *f.*

Alambor, *s. m.* khoḷ *f.*

Alamborar, *v. t.* khoḷ ghâluṁk.

Alambre, *s. f.* triṇamaṇi *m.*

Alambreado, *a.* triṇamaṇîchyâ raṁgâcho, piṁgḷo.

Alameda, *s. f.* hivrâṁcheṁ rân *n.*; durastâṁ jhâḍâṁcho mârag *m.*; isoḷeṁ *n.*

Alamiré, *s. m.* dhaivat *m.* ‖ *Dar o* —, vastâd jâvuṁk.

Alamo, *s. m.* hivar *m.*

Alampada, *s. f.* lâṁpd *n.*, divṭî *f.*, lâṁban divo, dîp, dipak *m.*, battî *f.*

Alampadario, *s. m.* dipakâcho vâḷo *m.*

Alanceado, *a.* bhâlyân toplalo; phâphsâylalo, vidhlalo.

Alanceador, *s. m.* bhâlauṇâr. ‖ *a.* kaḷvaḷit, churchurît.

Alanceamento, *s. m.* bhâlauṇî *f.*

Alancear, *v. t.* bhâlyân topuṁk, bhâlauṁk; duḥkhauṁk, piḍâpîḍ divuṁk.

Alanhar, *v. t.* kâtre,- ghâvṭe ghâluṁk, phâphsâvuṁk; suṭîkaruṁk, âṁtâṁ kâḍhuṁk; chiruṁk, karvaṇâṁ ghâluṁk, phâsṇâṁ mâruṁk.

Alão, *s. m.* bârîk laṁveche suṇeṁ *n.*

Alapar, *v. t.* lipauṁk. ‖ *v. i.* lipuṁk, âṁg marûn lipuṁk.

Alapardar-se, *v. r.* thapkaṭyâṁ-, guṭhlî karûn basuṁk; thapkaṭuṁk; lipuṁk, daḍpuṁk, gupuṁk.

Alar, *v. t.* vayr kâḍhuṁk *ou* oḍhuṁk, ubhâruṁk, ukluṁk, uṭhauṁk; hârîn mâṁḍuṁk. ‖ — *as velas,* śiḍâṁ hâṁkâruṁk. ‖ *v. r.* ukloṁk, ubhâroṁk; uṭhuṁk. ‖ — *em honras,* vhaḍvikek-, mânâk pâvuṁk.

Alaranjado, *a.* lârâṁjâchyâ raṁgâcho.

Alarde, alardo, *s. m.* phaḍâ *f.*, tarâṁṭh *m.*, vhadvî, vhaḍvîk, âptushṭi *f.*, gamje *m. pl.*, * dhejo *m.*

Alardeador, *s. m.* dâkhauṇâr, mijâskâr, dabâjekâr, baḍâykhar.

Alardeamento, *s. m.* dâkhauṇî, baḍây *ou* badâyk *f.*, dabâjo, ahaṁkâr *m.*, darśaṇ *n.*

Alardear, *v. t.* dâkhauṁk, mirauṁk, kaḍkaḍâvuṁk phaḍâ-, dabâjo karuṁk (*g. do o.*), baḍây-, ahaṁkâr dâkhauṁk (*g. do o.*)

Alares, *s. m. pl.* phâskâṁ (ghoḍyâchyâṁ keṁsâṁchiṁ) *n. pl.*

Alargamento, *s. m.* ruṁdâvṇî *f.*, vistâr *m.*

Alargar, *v. t.* ruṁd karuṁk, ruṁdâvuṁk, viskaḷâvuṁk; *afrouxar:* dil karuṁk, dilâvuṁk, saḍaḷâvuṁk, soḍuṁk; *prolongar:* lâṁbâvuṁk, durâvuṁk, dîrghâvuṁk; *ampliar:* vistâruṁk, vâḍhauṁk, chaḍhauṁk; *relaxar:* uṇo karuṁk, uṇâvuṁk. ‖ — *a bolsa,* gâṁṭh soḍuṁk. — *o passo,* pâṁval ukluṁk. ‖ *v. i.* chaḍhuṁk, adhik jâvuṁk. ‖ *v. r.* ruṁduṁk, diluṁk; pais saruṁk *ou* râvuṁk; sabâr ulauṁk.

Alarido, *s. m.* bob, âraḍ *f.*, khaḷkhaḷ, śivâḍo, kukâro *m.*

Alarma, *s. f.*, **alarme,** *s. f.* hâk, âraḍ, kuî; govjî *f.*, bobâḷ; âkâṁt, dhaḍdhaḍo *m.*

Alarmar, *v. t.* âkâṁtâvuṁk, dhaḍdhaḍâvuṁk, kalkalâvuṁk. ‖ *v. r.* kalkaluṁk, âkâṁtuṁk.

Alarvaria, *s. f.* arbaṭpaṇ, râṇvaṭpaṇ, khâparpaṇ; poṭârpaṇ.

Alarve, *s. m.* vanmânush, nikḷeṭ (*a.*), bekûb (*a.*): poṭâro, poṭyo (*a.*)

Alastrado, *a.* nilimyâk ghâlalo.

Alastrar, *v. t.* nilimo *ou* nilimyâk ghâluṁk; bharuṁk, śiṁpḍâvuṁk. ‖ *v. i.* charuṁk. ‖ *v. r.* bhoroṁk.

Alatinar, *v. t.* lâtiṁ bhâshe parîṁ karuṁk.

Alaude, *s. m.* vîṇo *m.*

Alavanca, *s. f.* uṭâḷeṁ, lavaṁg *n.*, pâray *f.*

Alazão, *a.* tikyechyâ raṁgâcho (ghoḍo).

Albacar, *s. m.* buruṁj *m.*

Albarda, *s. f.* mûṭh *m.*; ojheṁ *n.*

Albardado, *a.* muṭhâylalo; (*fig.*) karḍo, barbaṭo.

Albardadura, muṭhâvṇî *f.*, mûṭh ghâlṇeṁ *n.*

Albardão, *s. m.* moṭo-, vhaḍ mûṭh *m.*

Albardar, *v. t.* mûṭh ghâluṁk, muṭhâvuṁk; barbaṭâvuṁk; tâṁtyâṁnîṁ lepḍâvuṁk. ‖ *v. r.* juner-, boṁdrâṁ nesuṁk.

Albardeiro, *s. m.* mûṭh karṇâr; kachcho kâmelî.

Albarrã, *a.*; *cebola* —, koḷkâṁdo *m.*

Albergador, *s. m.* bihrâḍ ditalo *ou* deṇâr.

Albergamento, *s. m.* bihrâḍ deṇeṁ *n.*

Albergar, *v. t.* bihrâḍ divuṁk, bihrâḍâk davruṁk, âśramuṁk. ‖ *v. r.* bihrâḍ karuṁk, bihrâḍâk râvuṁk.

Albergaria, *s. f.* dharmsâḷ *f.*

Albergue, *s. m.* jevaṇghar *n.*, dharmsâḷ, vastî *f.*, bihrâḍ *ou* biḍâr, ṭhikâṇ *n.*; âśram, âsar *m.*; dubḷyâṁchem ghar *n.*

Albinismo, *s. m.* ujaḷuî *f.*

Albino, *s. m.* ujaḷlalo manis *m.*

Alborcar, *v. t.* badluṁk, sadalbadal karuṁk.

Alborque, *s. m.* badal, sȧdalbadal *f.*

Albufeira, *s. f.* taḷay; roḍ, telâchî mûr *f.*

Albugem, *s. f.* **albugo,** *s. m.* phûl (ḍoḷyâṁtleṁ) *n.*

Albuginea, *s. f.* ḍoḷyâcho boḷ *m.*

Albugineo, albuginoso, *a.* boḷâcho. ‖ *Tunica —a,* ḍoḷyâcho boḷ *m. Humor —,* ḍoḷyâcho paḍḍo.

Album, *s. m.* chitrâṁcheṁ-, hastalekhâcheṁ pustak *n.*

Albumen, *s. m.* movḷo; ḃoḷ (tâṁtyâcho) *m.*

Albumina, *s. f.* boḷ *m.*

Albuminoso, *a.* boḷ âslalo, boḷâcho.

Alburno, *s. m.* ṡeḍeṁ *n.*

Alça, *s. f.* suspeṁsor *m.;* mochyâcheṁ âls,- phît *n.;* vâḷo, kân, pâkhoṭo (âydan ukalcho) *m.;* chirîmirî, dasturî *f.*

Alcaçar, alcacer, *s. m.* killo, goḍ *m.,* durîg; maṁdir, arman *n.,* havelî *f.*

Alcaçarias, *s. f. pl.* châmḍîṁ kamâvuṁcho kârkhâṇo *m.,* châhmârsâḷ *f.;* vhaḍlîṁ gharâṁ *n. pl.*

Alcacel, alcacer, *s. m.* harvo jav *m.*

Alcachinado, *a.* poṁgo, poṁg paḍlalo, bâgâḷ, bâg paḍlalo.

Alcaçova, *s. f.* koṭṭ *n.,* killo *m.*

Alcaçuz, *s. f.* goḍeṁ jâveṁ, goḍeṁ kashṭ *n.*

Alçada, *s. f.* mansubîdârâchî padvî,- prâptî *f. ou* hukûṁ *m.;* padvî, sattâ *ou* sattyâ *f.,* adhikâr *m.*

Alcadefe, *s. m.* soro vikcho koṇpho *m.*

Alçado, *a.* ukallalo; uṁch, ubhâr.

Alçador, *s. m.* ukalṇâr, ubhârṇâr, uṭhaitalo.

Alcaide, *s. m.* koṭṭkâr, killedâr; subhedâr, adhikârî, mâmlatdâr *ou* mâmledâr, *kâṭhîkâr, *lâṭhîkâr.

Alcaideria, *s. f.* koṭṭkârpaṇ, killedârpaṇ *n.;* adhikâr *m.,* mâṁledârî *f.*

Alcaiote, *s. m. V.* ALCOVITEIRO.

Alcalà, *s. m.* mâltulo *m.*

Alcalescencia, *s. f.* khâr jâṇeṁ *n.*

Alcalescente, *a.* khâr âslalo, khârâcho.

Alcali, *s. m.* khâr, kâpot *m.*

Alcalico, alcalino, *a.* khârâcho, kâpotâcho.

Alcalificar, *v. t.* khârâvuṁk.

Alcalização, *s. f.* khârâvṇî *f.*

Alcalizar, *v. t.* khârâvuṁk, ḱhâr kâḍhuṁk va ghâluṁk.

Alçamento, *s. m.* ukalṇî, ubhârṇî, uṁchâvṇî *f.*

Alcançadiço, *a.* soṁpepaṇîṁ meḷotso.

Alcançado, *a.* devo jâlalo, riṇâṁt paḍlalo *ou* buḍlalo.

Alcançador, *s. m.* meḷauṇâr, joḍṇâr.

Alcançar, *v. t. chegar a —:* pâvuṁk; *apanhar:* sâṁpḍâvuṁk, pâṭh dharuṁk *(g. do o.); obter:* joḍuṁk, meḷauṁk, hâtâsuṁk, hâruṁk, gaṁvsuṁk *(d. do s., n. do o.),* gâvuṁk *(idem); perceber:* samjuṁk, umjuṁk, dhyânâṁt yevuṁk *(d. do s.); abranger:* âṭpuṁk *ou* âṭâpuṁk, ṭhâv ghevuṁk *(g. do o.).* ‖ *v. i.* garbh saṁbhâḷuṁk *ou* dharuṁk; pâvuṁk; puro jâvuṁk *(d. do s.),* thakuṁk. ‖ *v. r.* meḷuṁk, ekâmekâ pâṭhî yevuṁk; koṁtâk-, lekhâk sâṁpḍuṁk, devo jâvuṁk.

Alcance, *s. m.* pâvṇî; joḍṇî, hâtâsṇî *f.; distancia attingivel:* lâgsâr *m.; distancia de tiro:* oḍh *f.; comprehensão:* ṭhâv *ou* ṭhâvak *m.,* umjaṇî *f.; importancia:* bhâr *m.,* biṡât *f.,* jaḍ kâm *n.; deficit:* bâkî *f.; seguimento:* pâṭhlâv *m.* ‖ *Estar ao —,* lâgsârâk-, hâtâkaḍe âsuṁk. *Estar fóra do —,* lâgṡârâk nâsuṁk, hâtâbhâyr âsuṁk. *Estar ao — da vista, da voz,* dishṭ ḍoḷo-, tâḷo pâvuṁk *(d. do s.). Estar ao — de alguem,* hâtâṁ âsuṁk, ghaḍuṁk *(com abl. de* kaḍe).

Alcaneve, *s. m.* âṁbâḍo saṇ *m.*

Alcanfor, *s. m.* kâphûr *m.*

Alcanforar, *v. t.* kâphurâṁt misḷuṁk *ou* meḷauṁk.

Alcantil, *s. m.* sûḷ, kaḍo, kaḍso *m.,* ḍegas *f.*

Alcantilada, *s. f.* kaḍso *m.,* jâyte kaḍse *m. pl.,* khaḍâghâṁṭ *m.*

Alcantilado, alcantiloso, *a.* sûḷ, kaḍsyâcho.

Alcantilar, *v. t.* kaḍso-, sûḷ kaso karuṁk, suḷâvuṁk.

Alcanzia, *s. f.* budkuleṁ; nâriṁg *n.*

Alçapão, *s. m.* alsâpâṁv *m.,* chordâr *n.*

Alçapé, *s. m.* pâṁy phârâvuṁcheṁ phâsak *n.*

Alçaprema, *s. f.* lavaṁg *n.; (fig.)* mânas *f.,* sâṁpḷo *m.*

Alçapremar, *v. t.* lavaṁgân ukluṁk.

Alçar, *v. t.* ukluṁk, uchluṁk, ubhâruṁk, ubrâvuṁk, uṭhauṁk, tâṇuṁk; chhâplalyo pholî ḍâḷuṁk: *celebrar:* nâvâḍhuṁk, kîrtuṁk, mirauṁk. ‖ *v. r.*

uṭhumk, ubho râvumk, uk-umk; nâvâdhomk, prabaḷumk, ahamkârumk; *sublevar-se:* uṭhumk, kalpumk; *sobresahir:* varto-, uttam jâvumk, erâm haun adhik-, chaḍh jâvumk.

Alcaraviz, *s. m.* bhâtyâchî naḷî *f.*

Alcatea, *s. f.* (lâmḍgyâmcho) himḍ *m.; urpamj f.*

Alcatifa, *s. f.* alkâtîph *n.*, tivâsî, satramgî *f.*, jamkhâṇo *m.*

Alcatifado, *a.* tivâslalo, satramgî ghâlalo.

Alcatifamento, *s. m.* tivâsṇî *f.*

Alcatifar, *v. t.* tivâsumk, tivâsî âmthḷumk *(l. do o.)*, satramgî ghâlumk *(l. do o.)*

Alcatira, *s. f.* dik *m.*

Alcatrão, *s. m.* ḍâmbar *ou* ḍâmar, kîl *m.*

Alcatroar, *v. t.* ḍâmar-, kîl kâḍhumk *(d. do o.)*

Alcatruz, *s. m.* rahâṭghaḍo, ghaḍo, gâḍgo *m.*, koḷambem *n.*

Alcatruzado, *a.* pomgo, pomg paḍlalo.

Alcatruzar, *v. t.* rahâṭghaḍe bhâmdhumk *(d. do o.)*; vamdâvumk, bâgâvumk. || *v. i. e r.* oṇvumk, vamdvumk, pomgevumk, pomg paḍumk *(d. do s.)*

Alcea, *s. f.* rânpeṭârî *f.*

Alcheron, *s. m.* gavardhan *n.*

Alchime, *s. m.* bhâmgârâ sârko dhâtu *m. e f.*, phoṭkirem soncm *n.*

Alchimia, *s. f.* rasâyan, rasśâstr *n.*

Alchimico, *a.* rasâyanâcho.

Alchimista, *s. m.* rasâyanî.

Alcofa, *s. f.* chângḍo; kanḍo *m.*

Alcoice, *s. m.* kâmâchârâchem ghar, veśyâgâr *n.*

Alcool, *s. m.* madyasâr, madyârk *m.*, âgpâṇî *n.*, soryâchî pheṇî *f.*, tik soro *m.*

Alcoolico, *a.* madyârkâcho, madyasârâcho, soryâcho.

Alcoolismo, *s. m.* soryâcho guṇ *m.*

Alcoolizar, *v. t.* madyârk meḷamk,-misḷumk *(l. in do o.)*; bebdo karumk. || *v. r.* bebdo jâvumk, soro piyevumk.

Alcorão, *s. m.* kurâṇ *m.*

Alcorcova, *s. f.* pomg *n.*

Alcova, *s. f.* nidchî kûḍ, nidrâsâḷ *f.*

Alcovitar, *v. i.* kumṭanpaṇ-, kumṭaṇkî karumk,- chalaumk; lâmvḍây sâmgumk.

Alcovitaria, alcovitice, *s. f.* kumṭaṇpaṇ *n.*, kumṭaṇkî. bhâḍ *f.*, bhaḍvepaṇ *n.*

Alcoviteiro, *s. m.* kumṭaṇ *(f.* -taṇî *ou* -ṭîṇ), bhaḍvo, bhâḍyo (dûtî *f.*)

Alcunha, *s. f.* âlkûjñ, kulnâmv *n.*, *paik *m.*; âḍnâmv, paḍnâmv, châltem nâmv, nâmv *n.*

Alcunhar, *v. t.* nâmv divumk *ou* ghâlumk *(d. do o.)*

Alcyão, alcyon, *s. m.* kuḍav, temṭo *m.*

Aldeão, *a.* gâmvṭo, gâmvgharo; kheḍegâmveho. || *s. m.* gâmvkâr, gâmvcho manîs.

Aldeia, *s. f.* gâmv, grâm *m.*; kheḍem *(aldeola) n.*

Aldrava, *s. f.* âldrav *f.*, ṭhokṇem *n.*; âḍkhîḷ, khîḷ *f.*

Aldravada, *s. f.* thokṇyâcho phâr *m.*

Aldravão, *s. m.* vhaḍ khîḷ *f.*; baḍbaḍyo manîs; gapî-, tâlyo manîs; daḍo vâvrâḍî.

Aldravar, *v. t.* khîḷ ghâlumk *(d. do o.)*, khîḷîn dhâmpumk; kâm vâyṭ karumk. || *v. i.* baḍbaḍumk; gapâm ghâlumk, tâlâm mârumk.

Aldravice, *s. f.* gap, tâl *n.*, phoṭ *f.*

Alea, *s. f.* oḷ, karel *f.*

Aleatorio, *a.* daivgat.

Alegrador, *a. e s. m.* khuśî kartalo, samtoshâvṇâr.

Alegrão, *s. m.* vhaḍ khuśî *f.*, moṭo harkh *m.*

Alegrar, *v. t.* khuśî karumk, samtosh-, ânamd divumk, samtoshâvumk, ânamdâvumk, anadâvumk, namdaumk; śobhaumk, śrimgârumk. || *v. r.* khuśî jâvumk, khuśî-, samtosh bhogomk *(d. do s.)*, samtoshumk, ânamdumk, anadumk, namdumk, ullâsumk, parkamdomk, tokhumk; âlegr jâvumk. || — *muito,* mutumk *(vulg.)*

Alegre, *a.* khuśî, kuśâl, ânamdbharit, samtoshî, ullâsî, harkhvamt, harkhit, tushṭ; khuśecho, ânamdâcho, harkhâcho; *meio embriagado:* âlegr, chaḍhît.

Alegremente, *adv.* khuśen, samtoshân, ullâsîm.

Alegrete, *a.* kuśâl, tushṭ. || *s. m.* âlegret. kumḍî *f.*

Aleijado, *a.* thomṭo, mumḍho, lumḍo, apâmg, apâmguḷo, âmgvikaḷ. || — *de pé:* lâmgḍo, pâmgḷo.

Aleijão, *s. m.* thomṭepaṇ, lumḍepaṇ *n.*, apâmguḷây *f.*, lâmgḍepaṇ, pâmgḷepaṇ *n.*; *(fig.)* khoḍ, avdisâ *f.*

Aleijar, *v. t.* thomṭo-, lâmgḍo karumk, thomṭâvumk. kuṭâvumk, mumḍhâvuṁk; lâṁgḍâvuṁk, pâṁgḷâvuṁk. ‖ *v. i. e r.* thoṁṭo-, apâṁguḷo-, lâṁgḍo jâvuṁk, thoṁṭevuṁk, lâṁgḍuṁk.

Aleitar, *v. t.* dûdh divuṁk, dudhân posuṁk.

Aleive, *s. m.* **aleivosia,** *s. f.* ghât, apghât *ou* âbghât, viśvâsghât, viśvâsbhaṁg *m.*, dagal, phiturî *f.*, phiturpaṇ *n.*, bhed *m.*, kaṁvṭâl; baglâṁṭ, lachâṁḍ, tuphân *n.*, birâmat *f.*

Aleivosamente, *adv.* âbghâtîṁ, ghâtkîṁ; lachâṁḍân, birâmatîṁ.

Aleivoso, *a.* apghâtî, âbghâtî, ghâtkî, phituryo, kaṁvṭâlî; tuphânî, baglâṁṭî, lachâṁḍî.

Alem, *adv.* pelyân, paro; palikaḍe, paltaḍî, pâr; var, varto *(decl.)*, upar; thaiṁ, thaiṁsar. ‖ — *d'isto*, hyâ bhâyr, hyâvayr, hyâvarteṁ. *Ir* —, mukhâr-, phuḍe vachuṁk; adhik jâvuṁk.

Alem-mar, *s. m.* daryâ-, samudrâ palikaḍ *f.*

Alentadamente, *adv.* dhirân, dhairîṁ, marden.

Alentado, *a.* dhirâdîk, dhairyavaṁt, kâḷjî, chhâtîdâr, baḷî; poslalo, moṭo, dâṭo, dâṁḍgo.

Alentar, *v. t.* posuṁk, pratipâḷuṁk, khâvauṁk; ghaṭṭâvuṁk, jîv-, baḷ-, dhîr divuṁk; dhirâvuṁk, nirvâṇuṁk, chetauṁk. ‖ *v. i.* śvâsuṁk, uchchhvâsuṁk. ‖ *v. r.* dhîr-, dhair ghevuṁk, kâḷij karuṁk.

Alento, *s. m.* uchchhvâs, śvâs, viśvâs *m.*; posaṇ, udarposhaṇ, jevaṇkhâṇ, annpâṇî *n.*, âhâr; jîv *m.*, chhâtî *f.*, kâḷîj, baḷ *n.*, ghaṭṭây *f.*, dhîr *m.*, dhairyeṁ, nirvâṇ *n.*; hurbhâ, umed, hurlûk *f.*

Aleonado, *a.* siṁhâchyâ raṁgâcho, piṁgḷo.

Alerta, *adv.* chitt divûn, achirkâyen. ‖ *int.* khabardar. ‖ *s. m.* âleṭ *m.* *Estar* —, jâgṛit âsuṁk.

Aletria, *s. f.* śevay, śirvaḷî *f.*

Alevadoiro, *s. m.* uṭhâḷeṁ *n.*, uṭhâṇo *m.*

Alevantar, *v. t. V.* LEVANTAR.

Alexipharmaco, *a.* vishanâśak, vishaghn.

Alface, *s. f.* âlphâs *f.*

Alfaços, *s. m. pl.* tâṁbḍeṁ âḷaṁbeṁ *n.*

Alfaia, *s. f.* mustâykî *ou* mustâytî, sâmagrî *f.*, siṁgâr *m.* ‖ — *de casa*, jiṁdgi, gharvaḍ, ghargutî, gharvatâ *ou* gharvatî *f.*

Alfaiar, *v. t.* mustâyken saṁjauṁk, sâmagrî karuṁk *(g. do o.)*, gharguṭuṁk; śiṁgâruṁk, śṛiṁgâruṁk, neṭauṁk, śobhauṁk.

Alfaiata, *s. f.* darjîṇ, śivaṇkârṇ *ou* śivaṇkârîṇ.

Alfaiate, *s. m.* âlphyâd, darjî, śivaṇkâr, śiṁvpî.

Alfandega, *s. f.* âlphâṁd, *n.*, ḍabî, mâṁḍvî, ghuḍî *f.*, mâdan, śuṁk *n.*

Alfandigueiro, *a.* ḍabyecho, śuṁkâcho.

Alfange, *s. m.* tego, koyto *m.*, khaḍg *n*

Alfaque, *s. m.* bhâṭî *f.*

Alfaqueque, *s. m.* gulâmâṁcho soḍaṇṇâr; dût *m.*

Alfaquim, *s. m.* kâpsâḷeṁ (mâsḷî) *n.*

Alfaroz, *s. m.* taṭû *m.*

Alfarrabio, *s. m.* parṇeṁ pustak *n.*

Alfarrabista, *s. m.* parṇîṁ pustakâṁ viktalo,- ghetalo va vâchtalo.

Alfazema, *s. f.* âlphâjem *n.*

Alfeiro, *s. m.* hiṁḍ (parâṁ nâslalyâṁ gorvâṁ va bakḍyâṁcho) *m.*; dhukrâṁcho gûḍh *m.*

Alfeizar, *s. m.* kharvaṁtîchî mûṭh *f.*

Alfeloa, *s. f.* khaṭkhaṭeṁ (khâjeṁ) *n.*

Alferce, *s. m.* pânkudaḷ *f.*

Alferes, *s. m.* âlpher *(mulher do alferes*, âlpherṇ), bâvṭekâr, guḍidâr.

Alfim, *adv.* śekîṁ, śevṭîṁ.

Alfinete, *s. m.* âlphinet, ṭâṁchṇî, *ṭâṁkuṇî *f.*

Alfobre, alforbe, *s m.* mâg *m.*; âyṇ *n.*, tarvo *m.*

Alfombra, *s. f.* tivâsî, satraṁgî *f.*, jamkhâṇo *m.*

Alforge, *s. m.* peṁḍoḷeṁ, bokseṁ *n.*, bhutî, haḍpî *f.*

Alforjada, *s. f.* peṁḍoḷeṁbhar *n. e a.*

Alforjar, *v. i.* peṁḍoḷeṁ-, bhutî bharuṁk; bolsân ghâluṁk.

Alforra, *s. f.* pânepaṇ *ou* pânsepaṇ *n.*

Alforrar, *v. i.* pânsevuṁk, pânevuṁk.

Alforreca, *s. f.* jharam *n.*, jâr *m. e f.*

Alforria, *s. f.* svataṁtrpaṇ deṇeṁ *n.*, soḍ, suṭkâ. ‖ *Carta de* —, svataṁtrpaṇâcheṁ patr.

Alforva, *s. f.* methî *f.*

Alfostigo, *s. m.* pistâ *m.*

Alfurja, *s. f.* râjâṁgaṇ *n.*; gâîr *f.*

Algalia, *s. f.* javâdî; mutsaḷaî, *f.*, mûtraśrâviyaṁtr *n.* ‖ *Gato de* —, kuṭâḷeṁ mâjar.

Algar, *s. m.* bhuṁyâr *n.*, pâtâḷ; phoṁḍ *m.*, khoṁḍkûl *n.*

Algaravia, *s. f.* tuṭkîbhâs, âḍbolî, upabhâshâ; châvḍî *f.*, gaḷbaḷ *m.*

Algaraviar, *v. t.* tuṭkeṁ ulauṁk. ‖ *v. i.* tuṭkîbhâs ulauṁk.

Algaraviz, *s. m.* bhâtyâchî naḷî *f.*

Algarismo, *s. m.* âṁk, aṁk, âṁkḍo *m.*

Algarvio, *a.* *(fig.)* baḍbaḍyo, pharpharo.

Algazarra, *s. f.* karaṁḍây, gaḍbaḍ *f.*, bobâḷ *m.*, ghaṇghaṇ, ḍhaṇḍhaṇ *n.*, tanṭaṇo *m.*, dhâṁdûm, govjî *f.*

Algebra, *s. f.* bîjgaṇit, avyaktgaṇit, gaṇit, âṁktaṁtr *n.*

Algebrico, *a.* bîjgaṇitâcho, gaṇitâcho.

Algebrista, *s. m.* bîjgaṇitî, gaṇitî.

Algema, *s. f.* khoḍîsâṁkaḷ, beḍî, hâtbeḍî *f.*, hâtkhoḍo *m.*; *(fig.)* naḍ, âḍkhaḷ *f.*, vighn *n.*

Algemar, *v. t.* hâtbeḍî-, hâtkhoḍî ghâluṁk; *(fig.)* bhâṁduṁk, aḍchuṁk, baḷ karuṁk.

Algibe, *s. m.* bhuṁyâr *n.*

Algibebe, *s. m.* parṇîṁ-, juniṁ vastrâṁ viknâr.

Algibeira, *s. f.* bolas *n.*, khiso *m.*, pothî, pisvî *f.*

Algido, *a.* thaṁḍ gâr.

Algirão, *s. m.* jâḷâcheṁ toṁḍ *ou* mukh *n.*

Algo, *pron.* kiteṁ, kiteṁpaṇ, kâṁy. ‖ *s. m.* âstî *f.*, vitt *n.*, mâl *m.* ‖ *adv.* mât, mâtriso *(decl.)*

Algodão, *s. m.* kâpûs *m.*

Algodoal, *s. m.* kâpsiṇîṁcho maḷo *m.*

Algodoeiro, *s. m.* kâpsîṇ *f.*

Algoz, *s. m.* kasâb, mâṁg, phâsîdâr, mârekâr; nishṭur manis, mhârû.

Alguem, *pron.* koṇ, koṇek, koṇpuṇ, koṇ nâ koṇ, bhalto, phalâṇo.

Alguidar, *s. m.* kadeṁ, tast *n.*

Algum, *a.* ek, koṇek, kâṁyek; thoḍo, mâtso, kâṁyso, ilo, iloso. ‖ — *tempo*, kednây, kednâpuṇ. — *dia*, khaiṁchyây di. —, koṇây disâ. — *tanto*, thoḍeṁbhav, ileṁpuṇ, chikepuṇ, mâtr. *Alguma coisa*, kâṁytar, kâṁy nâ kâṁy. ‖ *adv.* mâtso, iloso *(decl.)*. ‖ — *hora*, ekâdâ vaktâr, koṇey ghaḍye. —*s vezes*, thoḍe pâvṭî, kednâ nâ kednâ.

Algures, *adv.* bhalthaiṁ, khaiṁsaray, ekâ jâgyâr. ‖ *s. m.* ek svât *f.*, ek jâgo *m.*

Alhada, *s. f.* lasṇichî râs *f.*; lasṇicheṁ khâṇ *n.*; revaḍkoṁkeṁ *n.*, gaspârgaṁdhaḷ, gaṁdhaḷ, guṭhlo *m.*

Alhanar, *v. t.* mâṭh-, samtaḷ karuṁk, sapâṭuṁk; gharṭhân-, deśvâṭ karuṁk, nirdâḷuṁk, moḍûn ghâḷuṁk; soṁpo karuṁk, soṁpauṁk. ‖ *v. r.* moḍon paḍuṁk, gaḷuṁk.

Alheação, *s. f.* parâdhînpaṇ *n.*; bhûl *f.*, pisepaṇ *n.*

Alheado, *a.* parâdhîn kelalo; dhyânî, dhyânishṭh, samâdhisth; piso, pisâṭ, khuḷo.

Alhear, *v. t.* parâdhîn-, dusryâcho karuṁk, dusryâchyâ hâtân divuṁk, vikuṁk, divuṁk; *desviar:* kuśîn kâḍhuṁk, kaḍsarâvuṁk, sarkâvuṁk; *allucinar:* piso karuṁk, mat phirauṁk *(g. do o.)*, virâr karuṁk, pisâvuṁk; *indispor:* aṁtrâvuṁk, phituruṁk. ‖ *v. r.* dhyânishṭh jâvuṁk, bhramuṁk.

Alheavel, *a.* parâdhîn karûṁyeso.

Alheio, *a.* pelyâcho, dusryâcho, lokâcho, lokâlo; par, parakîya, parko; *improprio:* nay aslalo, nâkâ jâlalo, ayukt, anupayogî; *apartado:* paisilo, dûrcho, lâṁb; *contrario:* parto, virodhî, avkaṭ; *falto:* nâslalo, aṁtarlalo, varjalalo; *ignorante:* neṇâr, neṇo âslalo; *isento:* mekhḷo. sûṭ; *distrahido:* chitt dînâslalo, kâṇbhâvro, pramâdî; *doido:* piso, khuḷo, mûrkh. ‖ *s. m.* dusryâchî vast *f.*

Alheiro, *s. m.* lasuṇkâr.

Alheta, *s. f.* uryâcho konso. ‖ *Ir na* —, pâṭhâpâṭhî vachuṁk,- lâguṁk.

Alho, *s. m.* lasûṇ *f.*: lasṇicheṁ jhâḍ *n.* ‖ *Dente de* —, lasṇichî boy. *Cabeça de* —, mâṁḍeṁ *n.* — *porro*, rânlasûṇ. *Cascas de* —*s*, *(fig.)* kuskuṭâṁ *n. pl.*, kispuro *m.* *Entender* — *por bugalhos*, ek sâṁglyâr, dusreṁ samjuṁk; âr mhaṇlyâr, bûr samjuṁk.

Alias, *adv.* nâtar, nâ jâlyâr, harseṁ. erviṁ.

Alibi, *s. m.* dusro jâgo *m.*, -ṭhikâṇ *n.*

Alicantina, *s. f.* aḍkâṁnâḍkâṁ *n. pl.*, taḍḍhoṁg *n.*, chorbuddhî, phoṭ, kapaṭvidyâ *f.*, kaḷvaṁchan *n.*

Alicantineiro, *a. e s. m.* taḍḍhoṁgî. phoṭlîṁg, phoṭîṁg, chorbuddyo.

Alicate, *s. m.* chimṭo *m.*

Alicerce, *s. m.* bunyâd *f.*; mûḷ *n.*

Alienação, *s. f.* parâdhînpaṇ; vikṇeṁ, dusryâk deṇeṁ; pisepaṇ, mûrkhpaṇ *n.*; âhlâd, paramânaṁd, brahmânaṁd *m.*

Alienado, *a.* dhyânishṭh, aṁtardhyânî, samâdisth; piso, khuḷo, mûrkh, divânâ, pâgaḷ.

Alienador, *s. m.* parâdhîn karṇâr.

Alienar, *v. t.* parâdhîn-, âdhîn-, dusryâcho karuṁk, dusryâk divuṁk; sarkâvuṁk, kaḍsarâvuṁk, kuśîn kâḍhuṁk; aṁtrâvuṁk; mirauṁk, lobhḍauṁk, hirauṁk. ‖ *v. r.* pisâvoṁk, piso jâvuṁk, mat phiruṁk *(g. do s.)*

Alienavel, *a.* parâdhîn karûṁyeso.

Alienigena, *s. m. e f.* pardeśî, videśî, parko *(a.)*

Alienista, *s. m.* pisyâṁcho vaij.

Alifafe, *s. m.* barsût *f.*

Alifero, aligero, *a.* pâkhoṭe âslalo, pâkhotyâṁcho.

Aliforme, *a.* pâkhoṭyâṁ asalo.

Aligeirar, *v. t* vegîṁ-, tâktîu karuṁk, vegsâruṁk; lahû karuṁk, halkâvuṁk; uṇo karuṁk, uṇâvuṁk, deṁvauṁk; rahâṭauṁk, abhyâsuṁk, kuṭauṁk. ‖ — *o passo,* vegîṁ-, daḍâṁ chaluṁk; pâṁy ukluṁk.

Alijação, *s. f.* **alijamento,** *s. m.* daryâṁt uḍauṇeṁ *n.*

Alijar, *v. t.* târvâṁtleṁ bhâyr uḍauṁk, daryâṁt uḍauṁk, bhâyr uḍauṁk; *(fig.)* oḍhbhar uḍauṁk; dusryâcher ghâluṁk.

Alimaria, *s. f.* monjât *f.*, janâvar *n.*

Alimentação, *s. f.* bharaṇ, posaṇ *n.*, pratipâḷ *m.*

Alimentar, *a.* jevnâcho, khâṇâcho, poscho.

Alimentar, *v. t.* jevaṇ khâṇ divuṁk, ann divuṁk; khâvauṁk, bharauṁk, lâvuṁk; posuṁk, pratipâḷuṁk; purauṁk; chetauṁk, chaḍhauṁk; kâḷjâṁt davruṁk. ‖ *v. r.* jevuṁk, ann ghevuṁk; posoṁk.

Alimenticio, *a.* annâcho, jevṇâcho.

Alimento, *s. m.* jevaṇ, khâṇ, jevaṇ khâṇ, ann, annpâṇî *n.*, gujâro, âhâr, grâs *m.*, bhûs *f. e n.*, korḍyâs *m.*, bhak, posaṇ, udarposhaṇ *n.*, pushṭi. ‖ *pl.* bhûs, gujâro.

Alimpa, *s. f.* bheṁḍṇî, naḍṇî *f.*

Alimpador, *s. m.* pusṇâr, dhuṇâr *m.;* pusṇeṁ *n.*

Alimpadura, *s. f.* pusṇî, ujaḷṇî *f.;* kair *m.*, guḷeṁ, tus *n.*, tâḍ *f.*

Alimpamento, *s. m.* pusṇî *f.*, dhuṇeṁ *n.*

Alimpar, *v. t.* pusuṁk, dhuvuṁk (*litt.* LAVAR), ujḷuṁk, ghâṁsuṁk (*litt.* ESFREGAR), nitḷâvuṁk, nirmaḷuṁk, pheḍuṁk.

Alindar, *v. t.* śobhauṁk, śobhit karuṁk, sriṁgâruṁk, neṭauṁk. ‖ *v. r.* śobhit jâvuṁk, śobhuṁk, neṭuṁk.

Alinhado, *a.* sutâr mâṁḍlalo,- davarlalo; neṭlalo, pehrâvlalo.

Alinhador, *s. m.* hârîu mâṁḍṇâr; neṭauṇâr, alaṁkârî.

Alinhamento, *s. m.* sût mârṇeṁ *n.*, sutâvṇî, sutârṇî *f.;* hârîr davarṇeṁ *ou* mâṁḍṇeṁ *n.;* hâr, oḷ *f.*

Alinhar, *v. t.* sût mâruṁk *ou* ghâluṁk *(d. do o.)*, sutâvuṁk, sutâruṁk; hârîṁt mâṁḍuṁk,- lâvuṁk,- bâṁdhuṁk, oḷîr davruṁk; śriṁgâruṁk, alaṁkâruṁk, neṭauṁk. ‖ — *as palavras,* kisaun ulauṁk, bârîk kâṁtuṁk *(fig.)*

Alinhavado, *a.* dhâgo bharlalo. ‖ *Mal* —, barbaṭo, karḍo, pachpachît.

Alinhavar, *v. t.* dhâgo bharuṁk, doro bharuṁk, ubho doro bharuṁk, poṁt-, phâre mâruṁk *(d. do o.);* kamâvuṁk, mâṁḍuṁk, tayâr karuṁk; naksuṁk; bharḍuṁk, barbaṭâvuṁk.

Alinhavo, *s. m.* dhâgo-, doro bharṇeṁ *n.*, moṭo poṁt, phâro *m.*

Alinho, *s. m.* sutâvṇî, sutârṇî *f.;* sût *n.;* śiṁgâr, śṛiṁgâr, alaṁkâr, neṭ *m.*, neṭauṇî *f.*

Alipede, *a.* pâṁyâṁk pâkhoṭe âslalo; dhâṁvro.

Aliquanta, *a.* saśeshabhâjak, sâgrabhâjak.

Aliquota, *a.* niśśeshabhâjak, niragrabhâjak.

Alistamento, *s. m.* paṭṭyer-, śivḍer barauṇeṁ,- ghâlṇeṁ *n.;* paṭṭî, śivḍî, jamâbaṁdî, kalambaṁdî *f.*

Alistar, *v. t.* paṭṭyer-, śivḍer barauṁk *ou* ghâluṁk; nâṁv barauṁk,- listâr ghâluṁk *(g. do o.)*, nâṁv niśâṇeṁ ghevuṁk *(g. do o.);* kalambaṁdî-, jamâbaṁdî karuṁk *(g. do o.);* śipâysoldâd karuṁk. ‖ *v. r.* śipây jâvuṁk: âpleṁ nâṁv divuṁk,- barauṁk lâvuṁk.

Aliturgico, *a.* kherît rît nâslalo.

Alizadura, *s. f.* nisaḷṇî, tâsṇî; suḷsuḷitây *f.*

Alizar, *v. t.* suḷsuḷît-, tuḷtuḷît-, sapâṭ karuṁk, nisḷuṁk, tâsuṁk, sârkâvuṁk; ujḷuṁk; alaṁkâruṁk.

Alizari, *s. m.* âdrâvayleṁ jhâḍ *n.* maṁjishṭh *m. e n.*

Aljava, *s. f.* bhâto, tûṇ, tûṇîr *m.* *bhâraṇâ.

Aljofar, aljofre, *s. m.* bârîk motîṁ; duḥkh *n.;* dav *m.*

Aljofrar, *v. t.* motyâṁnîṁ śṛiṁgâruṁk.

Aljorces, *s. m. pl.* ghâṁṭlyo *f. pl.*

Aljuba, *s. f.* ḍaglo *m.*

Aljube, *s. m.* baṁdkhaṇ, baṁdaḍî *f.*

Aljubeta. *s. f.* jhubo; lob *m.*

Allegação, *s. f.* âlegâsâṁv *n.*, dâkhauṇ, dâkhauṇî *f.*; nimitt sâṁgṇeṁ *n.*, kârâṇ, upanyâs *m.*; nîb; âhṇeṁ *n.*
Allegante, *s. m.* vâdî, kârâṇ sâṁgûn mâgṇâr.
Allegar, *v. t.* dâkhauṁk, nimitt-, kârâṇ sâṁguṁk (*g. do o.*), upanyâs karuṁk; nîb sâruṁk; âhṇeṁ mâruṁk.
Allegoria, *s. f.* drishṭâṁt *n.*, opâr *ou* vapâr *f.*, upam, nidarśan *n.*, rûpakaśabd *m.*
Allegoricamente, *adv.* upamân, oparîn.
Allegorico, *a.* drishṭâṁtâcho, upam.
Allegorista, *s. m.* opârîn ulauṇâr.
Allegorizar, *v. t.* opârîn-, rûpakân dâkhauṁk.
Alleluia, *s. f.* âleluî *f.*; (*fig.*) ânaṁd, ullâs *m.*
Alli, *adv.* thaiṁ, thaiṁsar, othaiṁ, tikḍe, tiṁgâ, thâṁgâ; tâṁtûṁ. ‖ *D'alli*, thaiṁcho *ou* thaiṁsarlo (*decl.*), thaiṁthân, thaiṁsûn, tethûn. *Por* —, ⁺haiṁchyân, tiṇyâṁ, tikaḍchyân.
Alliaceo, *a.* lasṇîcho; lasṇî sârko.
Alliado, *s. m.* pakshî, sâmîl, sakhây; soyro, nâtedâr, saṁbaṁdhî.
Alliança, *s. f.* ekatr *m.*, ekatraṇ, ekatrapaṇ *n.*, ekvaṭ, meḷ, kaṭ *m.*, saṁdhi *f.*; saṁbaṁdh *ou* samaṁdh, nâteṁ *n.*
Alliar, *v. t.* ekṭhâvuṁk, ekvaṭuṁk, kaṭ-, saṁdhi karuṁk (*g. do o.*); saṁbaṁdh karuṁk, nâteṁ joḍuṁk. ‖ *v. r.* meḷuṁk, bareṁ paḍuṁk (*d. do s.*)
Alliciação, *s. f.* bhulauṇî, phuslâvṇî, odhṇî *f.*, akshep *m.*
Alliciador, *s. m.* bhulauṇâr, bhulauṇo (*a.*), nâḍgo (*a.*)
Alliciar, *v. t.* bhulauṁk, phulauṁk, phuslâvuṁk, koṁbo kâḍhuṁk, mathuṁk, ahshepuṁk, odhuṁk, nâḍuṁk, tâḷuṁk.
Alligator, *s. m.* śisar *f.*
Allitteração, *s. f.* anuprâs *m.*
Alliviado, *a.* haḷû, lohu.
Alliviador, *s. m.* haḷû-, lohu karṇâr; bujvaṇâr.
Alliviamento, allivio, *s. m.* haḷuvây, lohusâṇ *f.*, lohupaṇ *n.*; dam, viśrâm, visav; narmây, śâṁti *f.*, śaman *n.*, pratikâr, ârâm *m.*; bujvaṇ, svasthâvṇî *f.*
Alliviar, *v. t.* haḷû karuṁk, haluvâvuṁk, haḷusâvuṁk, halkâvuṁk; *mitigar:* narmâvuṁk, śamanâvuṁk, deṁvauṁk, thaṁḍâvuṁk, maṁdâvuṁk; *consolar:* bujauṁk, śâṁtauṁk, svasthâvuṁk, saṁtoshâvuṁk; *isentar:* soḍuṁk, bhâyrâvuṁk, mâph karuṁk. ‖ *v. r. e i.* haḷû-, lohu-, halko jâvuṁk; deṁvuṁk; uṇo-, thaṁḍ jâvuṁk, thaṁḍâvoṁk.
Allocução, *s. f.* prasaṁg, pravachan *n.*, sabhâvâd *m.*
Allodial, *a.* suṭo, sûḍ, svâdhipatyâcho, muktîcho.
Allodialidade, *s. f.* soḍ, mukti *f.*; svâdhipatyâcheṁ śet va bhâṭ *n.*
Allomorphia, *s. f.* rûpâṁtar *n.*, vikâr *m.*
Allucinação, *s. f.* dipâvṇî, bhûl, chûk, mâyâ *f.*, bhram *m.*; aṁdhakpaṇ *n.*, girgirî *f.*, manasnâś *m.*
Allucinado, *a.* aṁdhakî, âṁdhḷo, bhramishṭ.
Allucinar, *v. t.* bhûl ghâluṁk, bhulauṁk, dipâvuṁk, ḍolyâṁ lâgîṁ kâḷok hâḍuṁk (*g. do o.*); virâr kâruṁk, pisâvuṁk. ‖ *v. r.* bhuluṁk, bhramuṁk, khubhdaḷuṁk.
Alludir, *v. i.* ughḍâs kâḍhuṁk, iśârat-, sûchanâ karuṁk, khuṇâvuṁk.
Allusão, *s. f.* ughḍâs *m.*, iśârat, sûchanâ *f.*, sûchan *n.*
Allusivo, *a.* sûchanâcho, iśâratîcho
Alluvial, *a.* maḷîcho, horâcho.
Alluvião, *s. f.* aur *ou* âṁvr *n.*, negûs *m.*; maḷî *f.*, hor *m.*, khâraṭ *n.*
Alma, *s. f.* âtmo *ou* atmo *m.* ‖ — *universal (segundo a philosophia hindú):* paramâtmâ *m.*, brahm *n.*; *principio vital:* jîv, prâṇ *m.*; *essencia:* tattv *n.*, sâr *m.*; *sentimento, coração:* aṁtashkaraṇ *ou* aṁtashkan, abhyaṁtar *n.*; *indole:* bhâv *m.*, prakrit *f.*; *energia:* jiv *m.*, kâḷîj, tej *n.*; *enthusiasmo:* hurbhâ *f.*, utsav, umâḷo *m.*; *pessoa:* jaṇ *ou* jâṇ, prâṇî *m.*, boḍ *n.* ‖ *s. pl.* pargatorîṁtle atme *m. pl.*, âlmâṁ *n. pl.*. ‖ — *do outro mundo*, nâsâṁv, pret *n.*, bhût, bhâs *m.* *Deus tenha sua — em gloria*, Devân tâkâ svargârâj divuṁcheṁ. *Dar — a Deus*, Devâchyâ hâṭâṁt maruṁk *ou* prâṇ soḍuṁk. *Dar — ao diabo*, devchârâk atmo divuṁk. *Sua — sua palma*, karît taseṁ bhogît. — *da peça*, nâḷîcho gîr.
Almacega, *s. f.* koḷaṁbî, âtan *f.*
Almadia, *s. f.* ḍon, hoḍî *f.*, paṁdeḷ *m.*
Almafega, *s. f.* kâṁbaḷ *f.*
Almagrar, *v. t.* kâv kâḍhuṁk (*d. do o.*); (*fig.*) khuṇâvuṁk, niśâṇ karuṁk, sopo mâruṁk.
Almagre, *s. m.* kâv *f.*
Almalho, *s. m.* pâḍko.

Almanach, *s. m.* âlmânâk *m.*, paṁchâṅg *n.*

Almargeado, *a.* charvâk davarvalo (jâgo); kaḍâsck davarlalo.

Almargeal, almagem, *s. m.* gâḍaḷ, kuraṇ *n.*

Almario, *s. m. V.* ARMARIO.

Almece, *s. m.* tâk *n.*

Almecega, *s. f.* rumamastakî *f.*

Almeirão, *s. m.* âlmiro *m.*

Almejar, *v. t.* atrekuṁk, âśevuṁk, âṁvḍhevuṁk *(v. i.)*, aphekuṁk, lobhḍuṁk *(v. i.)*, luslusuṁk *(v. i.)*, khurkhuruṁk *(v. i.)*; miṭî mâruṁk *(d. do o.)*. ‖ *v. i.* oḍhî kâḍhuṁk, oḍhî suṭuṁk *(d. do s.)*, ghargharuṁk.

Almilha, *s. f.* bânyân *n.*

Almirante, *s. m.* âlmirâṁt, **nausâdhanâdhyaksha.

Almiscar, *s. m.* kastûrî, javâdî *f.*

Almiscarar, *v. t.* kastûryen parmaḷâvuṁk.

Almiscareiro, *s. m.* kuṭâḷeṁ-, javâdî mâjar *n.*, kastûrîmrig *m.*

Almo, *a.* vâgauṇo, bâḷgaṇo; pavitr, bhâgevaṁt, vaṁdvaṁt; kalyâṇî, prasann, upkârî, hitkar.

Almoçar, *v. t.* âlmûs karuṁk, nyâhârî karuṁk *(p. us.)*

Almoço, *s. m.* âlmûs *n.*, nâsto *m.*, nyâhârî *f.*, prâtarânn, prâtarbhojan *n.*

Almocreve, *s. m.* kâbâḍî. ‖ — *de petas*, tâlyo, phoṭkiro.

Almoeda, *s. f.* pâvṇî *f.*

Almoedar, *v. t.* pâvṇer ghâluṁk, pâvauṁk.

Almofaça, *s. f.* kharâro *m.*

Almofaçar, *v. t.* kharâruṁk.

Almofacilha, *s. f.* peḷî *f.*

Almofada, *s. f.* uśeṁ *n.*, gâdî, lepḍî, âtharî, tivâśî *f.*

Almofadar, *v. t.* uśeṁ-, gâdî ghâluṁk.

Almofariz, *s. m.* âlmophârîj *m.*, vân, hâmân *n.*, gargaṭo *m.*

Almofia, *s. f.* tast, kadeṁ *n.*

Almofreixe, *s. m.* poṭlo.

Almofrez, *s. m.* ârî *f.*

Almorreimas, *s. f. pl.* âlmirâṁv *m.*, raktî, arśavyadhi *f.*, arśarog *m.*

Almotaçar, *v. t.* dar-, dhâraṇ basauṁk,- bâṁdhuṁk, molâvuṁk.

Almotolia, *s. f.* kâṁsuleṁ *n.*, *kamaṁḍalî *f.*

Almoxarife, *s. f.* râjgharâcho kârbhârî.

Almude, *s. m.* maṇ *m.*

Alna, *s. f.* kobd, ḍeḍ hât *m.*

Aloâ, *s. m.* hâlvo *m.*

Aloes, *s. m.* kâṁṭekuṁvar *f.*, musâṁbhar *m.*, sabar *n.*

Alojamento, *s. m.* râvṇeṁ, ghar, ṭhikâṇ, ṭhâṇ, ṭhâṇeṁ, peṇeṁ, bihrâḍ *ou* biḍâr *n.*, vastî *f.*

Alojar, *v. t.* bihrâḍ *ou* biḍâr divuṁk, vastek râvauṁk, âpṇâger davruṁk; peṇyâr-, ṭhâṇyâr davruṁk. ‖ *v. r.* vastek râvuṁk, ṭhikâṇ-, ṭhâṇeṁ-, peṇeṁ karuṁk.

Alombamento, *s. m.* peṁkaṭ moḍṇeṁ *n.*

Alombar, *v. t.* beṁḍ-, peṁkaṭ-, kaṇo moḍuṁk *(g. do o.)*; bâgâvuṁk, vaṁdâvuṁk, poṁgâvuṁk.

Alongado, *a.* lâṁb, dîgh.

Alongamento, *s. m.* lâṁbâvṇî *f.*, lâṁbaṇ *n.*, paisâvṇî *f.*

Alongar, *v. t.* lâṁb karuṁk, lâṁbâvuṁk, dîrghâvuṁk; *afastar:* paisâvuṁk, durâvuṁk; *extender:* soḍuṁk, uḍauṁk (hât, pâṁy). ‖ *v. r.* lâṁb jâvuṁk, dîrghuṁk; pais-, dûr vachuṁk.

Alopecia, *s. f.* uṁdrî *f.*

Alosna, *s. f.* mâṁḍpatrî *f.*

Aloucado, *a.* pisâṭ, pisoso.

Alpaca, *s. f.* âlpâk *m.*

Alparavaz, *s. m.* pâṁvḷî, bâḍî *f.*

Alparca, alparcata, *s. f.* vahâṇ, cheplî *f.*, chepal, juteṁ *n.*, pâdukâ *f.*

Alparqueiro, *s. m.* châhmâr.

Alpendrada, *s. f.* lâṁb devḍî *f.*

Alpendre, *s. m.* pâḍvî, devḍî, chaukî, mukhsâḷ *f.*, balkâṁv *n.*, darvâjo *m.*

Alpestre, *a.* kaḍsyâcho, kaḍyâcho, sûḷ.

Alpha, *s. m.* paileṁ akshar (yavaṇe bhâshecheṁ) *n.*, akâr *m.*; *(fig.)* araṁbh *m.*, mûḷ *n.*

Alphabetar, *v. t.* aksharmâle pramâṇeṁ mâṁḍuṁk, aksharkramân ghaḍsuṁk.

Alphabeticamente, *adv.* aksharkramân, varṇkramîṁ.

Alphabetico, *a.* aksharmâlecho, varṇkramâcho.

Alphabeto, *s. m.* aksharmâlâ, varṇmâlâ *f.*, varṇkram *n.*, aksharâṁ *n. pl.*; mûḷ *n.*, araṁbh *m.*

Alpondras, *s. f. pl.* vhâḷâṁtlyâṁt-, nahîṁtlyâṁt chalûn vachuṁk phâtar ghâllale *m. pl.*, pâvṭhaṇî *f.*

Alporca, *s. f.* kaṁṭhmâḷ *f.*, gâlguṁḍ *n.*

Alporcar, *v. t.* phâṁṭe-, khâṁdyo lâvuṁk,- ravuṁk.

Alporque, *s. m.* phâṁṭo lâylalo.

Alporquento, *a.* kaṁṭhmâḷkâr, kaṁṭhmâḷyo.

Alquebrado, *a.* koṁsaḷlalo; aśakt, askat, bebaḷo, boḍkâvlalo.

Alquebramento, alquebre, *s. m.* koṁsaḷṇî, gaḷgaḷṇî (târvâchî); aśaktây, phorkatây *f.*, barlpaṇ *n.*

Alquebrar, *v. i.* koṁsḷuṁk, gaḷgaḷuṁk, vereṁ âni nâv vaḷoṁk,- uthâḷoṁk (*g. do s.*); (*fig.*) kaṇḍu bhâyr kâḍhuṁk, jarḍikavḷi jâvuṁk, el jâvuṁk (*litt.* SER A LETTRA ळ); aśakt *ou* askat jâvuṁk, moḍon paḍuṁk, boḍkâvoṁk. ‖ *v. t.* aśaktâvuṁk, moḍûn ghâluṁk, boḍkâvuṁk.

Alqueivar, *v. t.* kâs kâḍhuṁk.

Alqueive, *s. m.* kâs *m.*

Alquilar, *v. t.* bhâḍyâk divuṁk va ghevuṁk.

Alquitarra, *s. f.* bâṭṭî, lâvṇî *f.*

Alta, *s. f.* mahârghây *f.*, śipâyâk piḍeṁtlo baro karûn châkrek dhâḍṇeṁ.

Altamente, *adv.* vhaḍlyân, uṁch, uṁchîṁ, vartîṁ, jabar.

Altanado, *a.* uṁch, ubhâr; garvî, ahaṁkârî, abhimânî; uchaṁbaḷ, khaḷbaḷlalo.

Altaneiro, *a.* vayr uḍto; uṁch; uṁch taklecho, garvî, hurmaṭ.

Altaneria, *s. f.* ahaṁkâr, abhimân *m.*, garv *n.*; uṁch uḍṇeṁ *n.*

Altar, *s. m.* âltâr *m.*; uṁchastan *n.*, vedî; (*fig.*) dharm *m.*, samurt *f.*

Alteamento, *s. m.* uṁchâvṇî *f.*

Altear, *v. t.* uṁchâvuṁk, ubhâruṁk, uṁchî divuṁk (*d. do o.*), uṁch karuṁk, chaḍhauṁk. ‖ *v. r.* uṁchâvoṁk, uṁch jâvuṁk; chaḍhuṁk.

Alteração, *s. f.* badalṇî, badal *f.*, badlap, partan, phirṇeṁ *n.*, phirauṇî *f.*, vikâr *m.*, pâlaṭ *f.*; khaḷbaḷ *m.*, uchaṁbaḷây, phiturî *f.*, baṁḍ *n.*; bhel, barsî *f.*

Alterado, *a.* badal, parto; uchaṁbaḷ, vyâkûḷ; khaḷbaḷlalo, khubhdaḷlalo.

Alterante, alterativo, *a.* badluṁcho, phirauṁcho.

Alterar, *v. t.* badluṁk, partuṁk, phirauṁk, vikruṁk; *falsificar:* barsuṁk, bhel ghâluṁk (*d. do o.*); *perturbar:* uchaṁbaḷâvuṁk, halkaṁḍâvuṁk. ‖ *v. r.* badloṁk, partoṁk; chaḍhuṁk, chiduṁk; uchaṁbaḷuṁk, khaḷbaḷuṁk, khubhdaḷuṁk.

Altercação, *s. f.* jhagḍeṁ, jhoṁbâjhoṁbî, bhâshâbhâsh, kustî *f.*, taṁṭo, vivâd *m.*, vâdhaṁg, bhâṁḍaṇ *n.*

Altercador, *s. m.* jhagḍekâr, taṁṭekâr, vâdhaṁgyo (*a.*)

Altercar, *v. t.* tarkuṁk, vivâduṁk, toṁḍuṁk. ‖ *v. i.* jhagḍuṁk, jujuṁk, taṁṭe karuṁk, khaṭpaṭuṁk, toṁḍâk toṁḍ jâvuṁk *ou* lâguṁk (*d. do s.*)

Alter-ego, *s. m.* prâṇmitr, jivprâṇ *m.*

Alternação, *s. f.* parasparatâ, pâḷî, dusârṇî sadalbadal *f.*

Alternadamente, alternamente, *adv.* parasparîṁ, sadalbadlen, ekâmekâ pâṭhî.

Alternado, *a.* paraspar, adalbadal, dusârlalo.

Alternar, *v. t.* adalbadal-, parasparîṁ-, pâḷyen karuṁk, dusâruṁk; dusreṁ bîṁ vaṁpuṁk. ‖ *v. i. e r.* ekâmekâ pâṭhî yevuṁk,- jâvuṁk,- ghaḍuṁk, parasparîṁ-, adalbadal jâvuṁk.

Alternativa, *s. f.* pâḷî, sadalbadal, vibhâsh *f.*, anukram *n.*, vikalp *m.* ‖ *pl.* rahâṭghaḍe *m. pl.*

Alternativamente, *adv.* parasparîṁ, salaṭpalaṭ.

Alternativo, *a.* adalbadal, anukramâcho.

Alterno, *a. V.* ALTERNATIVO *e* ALTERNADO.

Alteroso, *a.* uṁch, thor, karâl, uttam; uchaṁbaḷ; garvî, ahaṁkârî.

Alteza, *s. f.* uṁchî, uṁchây *f.*, uṁchpaṇ *n.*; uṁchastây, râjśrî *f.*

Althea, *s. f.* kivoṇ, tûpkivoṇ *f.*

Altibaixos, *s. m. pl.* rahâṭghaḍe (*litt.* ALCATRUZES) *m. pl.*

Altiloquencia, *s. f.* śabdprauḍhî *f.*, uṁch uṁch ulauṇeṁ *n.*

Altiloquo, *a.* uṁch uṁch ulauṇo; śabdprauḍhyecho.

Altimetria, *s. f.* uṁchî mejchî vidyâ, uchchatvamâpanavidyâ *f.*

Altimetro, *s. m.* uṁchî mejcheṁ yaṁtr *n.*

Altisonante, altisono, *a.* uṁchâ nâdâcho; uṁch uṁch, atiprauḍh.

Altissimo, *a.* bhav uṁch, uṁchastanâcho. ‖ *s. m.* Sarveśvar *ou* Sarvaspar.

Altitonante, *a.* ghaṇghaṇît, ṭhaṇṭhaṇît, dhaṇdhaṇît.

Altitude, *s. f.* uṁchî, unnati *f.*

Altivamente, *adv.* garvîṁ, ahaṁkârân.

Altivez, *s. f.* garv *n.*, phaḍâ *f.*, daṁbh, dam, ahaṁkâr, atimân, abhimân, durbhimân *m.*, hurmaṭây *f.*, hurmaṭpaṇ *n.*

Altivo, *a.* garvî, ahaṁkârî, hurmaṭ, atimânî, abhimânî, durbhimânî, padvekhar.

Altivolo, *a.* uṁch uḍtâ taslo.

Alto, *a.* umch, umchlo, ubhâr, umchaṭ *(dim.)*, ubhaṭ *(dim.)*, lâmbodo; *eximio:* uttam, aprûb, param, prasiddh, śreshṭh; *nobre:* kuḷivamt, mânsugecho, moṭo, vhaḍlo; *difficil:* avgaḍ, kaṭhin; *caro:* mahâragh; *profundo:* khol; *excessivo:* chaḍh, adhik, aparamit; *superior:* vaylo, varto. ‖ *Mar —*, vhaḍlo-, bhâvlo daryâ. ‖ *s. m.* umchî, umchây *f.; cimo:* mâtho, pâṭos *m.; monte:* ḍomgar, parvat *m.* ‖ *Altos e baixos,* rahâṭghaḍe. *Ao alto (adv.)*, ubho, khumṭ. *Por alto (adv.)*, vaylyâvayr, bhâylyâbhâr. *Passar por —*, visrumk. *Do alto,* vaylo, svargâvaylo. ‖ *adv.* umch, vhaḍlyân. ‖ *Fallar —*, vhaḍlyân ulaumk.

Alto, *int.* ubho râv. ‖ *Fazer —*, râvumk. *— lá,* khabardâr!

Altura, *s. f.* umchî, umchây, umchastan, umchâsthân *n.;* koḍî, kholây *f.;* ḍomgar, parvat *m.*

Aluado, *a.* luvo âslalo, lûy chaḷvalalo, mânjkâr.

Alugador, *s. m.* bhâḍekâr.

Alugar, *v. t.* bhâḍyâk divumk va ghevumk. ‖ *v. r.* âpṇâk bhaḍyâk divumk.

Aluguel, aluguer, *s. m.* bhâḍem *n.* *De —*, bhâḍyâcho.

Aluir, *v. t.* gaḷgaḷâvumk, ḍaumḍaḷâvumk, lakaumk, hâlaumk, komslâvumk, moḍumk. ‖ *— o credito,* nâmv ubhaumk. ‖ *v. i.* gaḷgaḷumk, lakumk, hâlumk, ḍaumḍaḷumk, komslumk, moḍomk, gharṭhâṇ jâvumk *(g. do o.)*

Alumen, *s. m.* phaṭkî *f.*

Alumiado, *a.* phâmklalo, ujvâḍîk.

Alumiador, *a. e s. m.* prakâśak, ujvâḍ kartalo *ou* ditalo.

Alumiar, *v. t.* ujvâḍâvumk, prakâśumk, phâmkaumk (*tambem:* ILLUSTRAR); divo-, divṭî lâvumk; peṭaumk; dishṭ divumk, ḍoḷe ughḍumk; *(agric.)* âḷem ustumk. ‖ *v. i.* ujvâḍ dâkhaumk, phâmkaumk.

Alumina, *s. f.* **aluminio,** *s. m.* phaṭkî *f.*

Aluminoso, *a.* phaṭkyecho.

Alumno, *s. m.* śikṇâr, vidyârthî; posko.

Alva, *s. f.* jhemjurṭem, bhimbhirṭem, prabhamṭem *n.*, aruṇ, udev *m.;* âlv, dhavem âmglem *n.* ‖ *Estrella de —*, śukr *m.* *— do olho,* ḍoḷyâcho baḷ *m.* *— do cão,* śuṇyâche lemḍyecho piṭho.

Alvacento, alvadio, *a.* dhavsâr, dhavso, sâvḷo.

Alvado, *s. m.* paicho gîr; pâso, *m.*, meḍem.

Alvaiade, *s. f.* gopichamdan *n.*

Alvar, *a.* dhavso, dhavsâr; bhoḷo, sâdho, bhoḷyâ manâcho; jaḷvây, veḍjhamy, nirbuddhî; pisyâcho, pisâyecho.

Alvará, *s. m.* râjpatr, śâsan, śâsanpatr, pharmaṇ *n.*, paṭṭo, hukûmnâmâ *m.*

Alvaraço, alvaraz, *s. m.* śibâm *n. pl.*

Alveario, *s. m.* pai, poḷî *f.;* kânâcho gîr-, burâk *m.*

Alvedrio, *s. m.* khuśî. *V.* ARBITRIO.

Alveitar, *s. m.* monjâtimcho vaij, paśuvaid.

Alveitaria, *s. f.* paśuvaidik, aśvavaidik *f.*

Alvejante, *a.* dhavo disto, dhavsâr.

Alvejar, *v. t.* tipâvumk, mokumk, jhokumk; dhavo karumk, dhavsâvumk, dhavo jâvumk, pâmḍhrevumk; dhavo disumk; jhiḷmiḷumk, bikbikumk.

Alvela, *s. f.* ghoṇ *f.*

Alvenaria, *s. f.* gamvḍyâchem-, pidrerâchem kâm, pidrerpaṇ *n.*, śilpvidyâ *f.;* gaḍge phâtar *m. pl.*, rabrâm *n. pl.*

Alvenel, *s. m.* gamvḍo, pidrer.

Alveo, *s. m.* bhâmḍem, pâtr, poṭ *n.*

Alveolo, *s. m.* poḷyecho gîr *m.*, paikaḍî; dâmtâchem ghar *n.*, hirḍî *f.*

Alverca, *s. f.* khaṇ *f.*, omḍo *m.;* gadaḷ, mâyṇ *n.;* âtan, koḷambî *f.*

Alvergue, *s. m.* koḷambî *f.*

Alvião, *s. m.* pâṅkudaḷ *f.*

Alviçaras, *s. f. pl.* âlvîs, chirîmirî, inâm, dasturî, tasrîb, bakhśîs *f.*, uchit, post *n.*

Alviçareiro, *a.* âlvîs,- chirîmirî ditalo va mâgtalo.

Alvidrar, *v. t. V.* ARBITRAR.

Alvino, *a.* poṭâcho, âmtkityâmcho. ‖ *Dejecção alvina,* bhâvr, maḷ *n.*

Alvitrar, *v. t.* buddh divumk, upây-, vâṭ sâmgumk, sûchan karumk, suchaumk. *V.* ARBITRAR. ‖ *v. i.* khabar divumk.

Alvitre, *s. m.* upây *m.*, gat, vâṭ *f.*, sûchan *n.;* buddh, khabar, vijbî *f.;* damḍ *m. V.* ARBITRIO.

Alvitreiro, *a.* upâyî, upâyvamt; gumgurnâm sâmgtalo.

Alvo, *s. m.* dhavo, dhavlo, dhavelo, pâmḍhro, sapet; goro, ujvaṭ, ujaḷ; nitaḷ, nirmaḷ, pavitr, śudh. ‖ *s. m.* ḍoḷyâcho boḷ; ṭipo, ṭîp, tîr *m.*, mokî, nisâṇi *f.*, khûṇ *n.;* vishay, padârth *m.*, kârâṇ *m.*

Alvor, *s. m.* jhemjurṭem, bhimbirṭem, prabhamtem *n.*, aruṇ *m.*; dhavsâṇ *f.*, dhavepaṇ *n.*

Alvorada, *s. f.* udev, phâmtempahâr *m.*, phâmtem, jhemjurtem *f.*, kiḷbiḷṇî *f.*

Alvorar, alvorescer, *v. i.* ujvâḍuṁk, udevuṁk, phâmtoḍuṁk, phâmtevuṁk; dishṭi paḍuṁk.

Alvoroçado, *a.* âkâmtlalo, kalkallalo, uchambaḷ; *açodado:* gadgadyo, gadbadyo, utâvḷo; *enthusiasmado:* murgaṭlalo, phullalo; *amotinado:* kalpalalo, khaḷbaḷlalo, châḷvalalo.

Alvoroçador, *s. m.* uchambaḷâvṇâr, khaḷbaḷâvṇâr.

Alvoroçar, alvorotar, *v. t.* âkâmtâvuṁk, kalkalâvuṁk, kaḍkaḍâvuṁk, uchambaḷâvuṁk; uṭhauṁk, khaḷbaḷâvuṁk, phirauṁk; darvaḍâvuṁk. ‖ *v. r.* âkâmtuṁk, kalkaluṁk, uchambaḷuṁk, haḷkhamḍuṁk; haḍbaḍuṁk, chaḷbaḷuṁk, ghaḷbaḷuṁk, bobâḷuṁk, darvaḍuṁk, utâvḷuṁk; khaḷbaḷuṁk, kalpuṁk phiruṁk; jabar khuśî jâvuṁk, murgaṭuṁk.

Alvoroço, alvoroto, *s. m.* âkâmt, kalkalo *m.*, uchambaḷây; hurbhâ *f.*, utsav, uchchhâv *m.*, murgaṭṇî, kuśâlî *f.*; darvaḍ *m.*, tâkît, haḍbaḍṇî *f.*; halkhaḷ, khaḷbaḷ, uṭhâv *m.*, mârâmârî *f.*; ghanghaṇ, ṭhanṭhaṇ *m.*, laṭpaṭ *n.*

Alvura, *s. f.* dhavsâṇ *f.*, dhavepaṇ *n.*; gorbâṇ, gorsâṇ *f.*, gorepaṇ *n.*; *(fig.)* nirmaḷây, nitaḷây *f.*

Ama, *s. f.* âmâ, dûdh ditalî bâil, dudhkârṇ *ou* dudhkârîṇ, thânkârṇ; dây, dhâtrî, upamâtâ, mâtrik; *dona:* gharkarṇ, dhanîṇ, patîn, sahebîṇ.

Amabilidade, *s. f.* mogâḷpaṇ, suman *n.*, dulabhây *f.*, satbhâv *m.*

Amacacado, *a.* mâkaḍ kaso, keldyâ sârko.

Amaçarocado, *a.* bomḍ-, bhomvrî kaso.

Amachucar, *v. t.* maḷuṁk, mastuṁk; *(fig.)* trâs-, piḍâpîḍ divuṁk, kichḍâvuṁk.

Amaciar, *v. t.* dabdabît-, luglugît-, tuḷtuḷît karuṁk, suḷsuḷitâvuṁk; maû-, naram karuṁk, mavâḷuṁk, narmâvuṁk ‖ *v. r.* thamḍâvomk, paḍuṁk (vârem).

Amada, *s. f.* mogâchî strî, kâmtâ, priyâ.

Amado, *a.* mogâcho, pritîcho, prîtivamt, aprubâyecho, priya, priyavamt, mogâḷ.

Amador, *a.* mog-, prîti kartalo, dhagaḍ (*f.* -î). ‖ *s. m.* ishṭ (*f.* -îṇ), lobhdaṇâr.

Amadornar, *v. t. V.* AMODORRAR.

Amadurar, amadurecer, *v. t.* pikauṁk; puleṇyâm hâḍuṁk; *(fig.)* aḷsauṁk, rahâṭauṁk. ‖ *v. i.* pikumk; *(começar a —)* âmburkevuṁk, junâvuṁk; pulevuṁk, puleṇyâm yevuṁk; aḷsuṁk, kuṭuṁk, jûn jâvuṁk.

Amadurecimento, *s. m.* pikṇem *n.*; pulevṇî *f.*

Amago, *s. m.* sâr, nâr, girabh, garbh, amtargarbh, gar, movḷo *m.*, bhemḍ; kâḷîj, amtashkarṇ, abhyamtar *n.*

Amainar, *v. t.* (śiḍâm) kavḷuṁk,- demvauṁk,- saklâ kâḍhuṁk; *(fig.)* demvauṁk, uṇâvuṁk, narmâvuṁk; thamḍâvuṁk, thârâvuṁk, śâmtauṁk, bhoḷâvuṁk; nivauṁk, nivḷâvuṁk (râg). ‖ *v. i.* śiḍâm kavḷuṁk. ‖ — *a colera,* râg demvuṁk. — *o vento,* vârem paḍuṁk.

Amaldiçoado, *a.* mâldisâmv-, śirâp paḍlalo, śâplalo.

Amaldiçoador, *s. m.* śirâp ghâlṇâr, śâpṇâr.

Amaldiçoar, *v. t.* mâldisâmv-, śirâp-, śrâp ghâluṁk, śirâpuṁk, śrâpuṁk, śâpuṁk, savuṁk, *niśirvâḍuṁk.

Amalgama, *s. m.* pâradmiśradhâtu; misaḷ, khitkhutlo *m.*

Amalgamação, *s. f.* pâradânyadhâtumelan *n.*; misaḷṇî, barsî *f.*

Amalgamar, *v. t.* pârajân dusrî dhât meḷauṁk; misḷuṁk, barsuṁk.

Amalhar, *v. t.* goṭhyâmt ghâluṁk,- hâḍuṁk; *(fig.)* mârgâr kâḍhuṁk. ‖ *v. i. e r.* goṭhyâmt vachuṁk,- riguṁk.

Amalucado, *a.* jaḷvây, mâmjkâr.

Amame, *a.* śirbo (ghoḍo).

Amamentação, *s. f.* lumchaunî *f.*

Amamentar, *v. t.* dûdh divuṁk, lumchauṁk.

Amancebado, *a.* bâil davarlalo, bâylek-, cheḍyek lâglalo, mimḍ *(s.)*

Amancebamento, *s. m.* dhagaḍpaṇ, sambhogsambamdh, kâmînpan *n.*

Amancebar-se, *v. r.* bâil-, dhagaḍî davruṁk, bâylâmk-, cheḍyek lâguṁk,- samvkuṁk, kâmchâr chalauṁk.

Amanhã, *adv.* phâlyâ, phây, udyâm. ‖ — *de manhã,* sakâḷîm, phâlyâ sakâḷîm. — *de tarde,* phâlyâ sâmje. *Depois de —,* parvâm. *De hoje para —,* âychem phâlyâ; eke ghaḍyen. *De — a oito dias,* phâlyâchyân âṭhâm disâmnîm.

Amanhado, *a.* tayâr kelalo, mâṁḍlalo; kamâyisht, kamâylalo; neṭlalo, pehrâvlalo; suṭikelalo.

Amanhar, *v. t.* tayâr karuṁk, mâṁḍuṁk, ḍâḷuṁk, ṭharâvuṁk, rachuṁk, ghaḍuṁk, ghaḍsuṁk, sarî karuṁk. ‖ — *o peixe,* mâsḷî suṭikaruṁk,- ujrâvuṁk. — *uma gallinha,* koṁbî suṭîkaruṁk. — *a terra,* kamâvuṁk, kamâyisht karuṁk, kâs kâḍhuṁk, kârâvuṁk. ‖ *v. r.* nesuṁk, neṭuṁk; dîs-, takas kâḍhuṁk.

Amanhecer, *v. i.* ujvâḍuṁk, dîs ujvâḍuṁk,- udevuṁk,- dhârîr yevuṁk, phâleṁ jâvuṁk phâṁtevuṁk, phâṁtoḍuṁk; uṭhuṁk, jâgo jâvuṁk (sakâḷcho); sakâḷcho-, sakâḷîṁ phuḍe pâvuṁk. ‖ — *morto,* nidlâ thaiṁ maruṁk. ‖ *s. m.* ujvâḍteṁ, phâleṁ *n.*

Amanho, *s. m.* tayârî, mâṁḍṇî, ghaḍvaṇ, ṭharâvṇî; kamây, kâmgat *f.* ‖ *pl.* âutâṁ *n. pl.*, âspâv *m.*

Amaninhar, *v. t.* pâḍ karuṁk, pâḍaṁg davruṁk.

Amansadela, amansadura, *s. f.* damṇî, damâvṇî, peṭauṇî; mavâḷṇî, thaṁḍâvṇî; śamanâvṇî, śâṁti; deṁvauṇî, moḍṇî *f.*

Amansador, *s. m.* damak, damâvṇâr; thaṁḍâvṇâr, śâṁtauṇâr.

Amansar, *v. t.* damâvuṁk; gharâvo karuṁk, peṭauṁk; *socegar:* śâṁtauṁk, thârâvuṁk; *moderar:* âṭâpuṁk, deṁvauṁk; *serenar:* thaṁḍâvuṁk, śamanâvuṁk, mavâḷuṁk; *mitigar:* thâṁbauṁk, mâruṁk. ‖ *v. i. e r.* damuṁk, thaṁḍ-, śamanâ jâvuṁk.

Amansia, *s. f.* peṭauṇî *f.*

Amante, *a.* mog-, prîti kartalo, prîtivaṁt, premaḷ. ‖ *s. m.* kâṁt, dhagaḍ, mîṁd, ramaṇ, jâr, sajan, upapati. ‖ *s. f.* kâṁtâ, dhagaḍî, priyâ.

Amante, *s. m. (naut.)* dor *n.*, âṁjo *m.*

Amanteigado, *a.* tupâḷ; maû, madhur.

Amanuense, *s. m.* barpî, lekhṇâr, gamast *śrîkârṇî, chitṇîs, munśî, aksharaṇ.

Amar, *v. t.* mog-, prîti-, priya-, prem karuṁk *(g. do o.)*,- âsuṁk *(d. do s.)*,- disuṁk *(d. do s.)*, *mogâḷuṁk; *gostar:* âvaḍuṁk, baro disuṁk,- lâguṁk *(d. do s.)* ‖ — *extremosamente,* jîv divuṁk, jivâ itleṁ karuṁk. — *ternamente,* aprubây karuṁk.

Amaraco, *s. m.* marvo *ou* murvo *m.*

Amaranto, *s. m.* âbolî *f.*; âboleṁ *(flor) n.*; butâṁv *m.*

Amarar, *v. i.* hâṁkâroṁk (daryâṁt).

Amarellado, amarellante, *a.* haḷduvoso, pâṁḍhro, pâṁḍû.

Amarellar, *v. t.* haḷduvo karuṁk, haḷduvâvuṁk; haḷduvoso karuṁk. ‖ *v. r.* haḷduvo-, haḷduvoso jâvuṁk.

Amarellecer, amarellejar, *v. i.* haḷduvoso jâvuṁk *ou* disuṁk, haḷduvoṁk; ujḷoṁk.

Amarellidão, amarellidez, *s. f.* haḷduvepaṇ, pâṁḍhrepaṇ *n.*

Amarello, *a.* haḷduvo, piṁvḷo, *pîtvarṇ; pâṁḍhro, pâṁḍhrogî. ‖ *s. m.* haḷduvepaṇ, piṁvḷepaṇ, pîtvarṇ *n.*, pîtraṁg *m.*

Amarfanhar, *v. t.* miryo ghâluṁk, maḷuṁk, murḍuṁk, pisḍuṁk.

Amargado, *a.* kaḍû jâlalo, kaḍvâyen bharlalo.

Amargamente, amargosamente, *adv.* kaḍsâṇîn, kaḍvâyen; saṁtâpiṁ, ḍuḷḍuḷyâṁ.

Amargar, *v. t.* kaḍû karuṁk, kaḍvâvuṁk, kaḍsâruṁk. ‖ *v. i.* kaḍû jâvuṁk,- lâguṁk,- disuṁk. ‖ *v. r.* âplo jîv kaḍû *ou* âṁbaṭ karuṁk.

Amargo, *a.* kaḍû, kaṭuk, kaṭûr, kaḍvo; khâr, khârso; khaṁtîbharit, duśchit. ‖ *s. m.* kaḍvây, kaḍsâṇ *f.* ‖ *s. pl.* kaḍû *n.* ‖ — *de bocca,* toṁḍâchî-, jibhechî kaḍsâṇ.

Amargor, *s. m.* **amargura,** *s. f.* kaḍvây, kaḍsâṇ, kaṭurây; khaṁt, duḥkh *f.*, saṁtâp, jâḷ *m.*

Amargoso, *a.* kaḍvo, kaḍû, kaḍsâṇîcho; upadravî *ou* upadravo, kashṭâṁcho, saṁtâpâcho, ghâsivaṁt.

Amarguradamente, *adv.* duḥkhân, khaṁtîn.

Amargurado, *a.* khaṁtîn bharlalo, khaṁtîbharit, duśchit, duḥkhest.

Amargurar, *v. t.* kaḍvâvuṁk, kaḍsâvuṁk; *(fig.)* duḥkh-, piḍâpiḍ divuṁk, saṁtâpauṁk, vaḷvaḷâvuṁk, kichḍâvuṁk. ‖ *v. r.* duḥkh-, khaṁt bhogoṁk *(d. do s.)*, vaḷvaḷuṁk, aṭâsuṁk.

Amaricar-se, *v. r.* bâibolo-, bâilâṁḍo jâvuṁk.

Amarinhar, *v. t.* târvaṭî-, kaḷâśî ghevuṁk (târvâr); chalauṁk (târûṁ).

Amaro, *a. V.* AMARGO.

Amarra, *s. f.* bâṁdh, bâṁdhpâs *m.*, bâṁdhaṇ, bâṁdhap *n.*, baṁd; âṁjo *m.*, dor *n.*; *(fig.)* upây, âdhâr, teṁko *m.*, gat *f.*

Amarração, *s. f.* **bâṁdhap** *n.*, bâṁdhṇî *f.*; bâṁdhpâs *m.*, **bâṁdhaṇ** *n.*; **khâḍ** *f.*

Amarrador, *s. m.* bâṁdhṇâr, bâṁdhpî.

Amarrar, *v. t.* bâṁdhuṁk, bâṁdhpâsuṁk, gâṁṭhâvuṁk, aruṁk, *katpuṁk. || *v. r.* bâṁdhoṁk; khuṁṭ râvuṁk.

Amarrilha, *s. f.* dorî *f.*

Amarroar, *v. t.* ghoṇṇ baḍauṁk. || *v. i.* boḍkâvoṁk, moḍon paḍuṁk, hât pâṁy kavḷuṁk.

Amarrotar, *v. t.* murḍuṁk, murḍâvuṁk, maḷuṁk, chirmuṭâvuṁk, mastuṁk; *(fig.)* pisḍuṁk; bhak dâḍâvuṁk, toṁḍ phoḍuṁk *(g. do o.)*

Amartellar, *v. t.* tutyân-, kudten baḍauṁk; *esmagar:* peṁchuṁk, dâḍâvuṁk; *subjugar:* jikuṁk, jayt vharuṁk; *persuadir:* taklen ghâluṁk,- kheṁchuṁk; *aturdir:* bahirâvuṁk, taklî phoḍuṁk,- kaṇkaṇâvuṁk. || *v. r.* kuṭuṁk, saṁvkuṁk.

Amarugem, *s. f.* kaḍsâṇ *f.*

Amarujar, *v. i.* kaḍso-, kaḍsâr jâvuṁk.

Amarujento, *a.* kaḍso, kaḍsâr.

Amasia, *s. f.* dhagaḍî, dâsî, poṭâchî bâil, upapatnî.

Amasio, *s. m.* dhagaḍ, mîṁḍ, upapati.

Amassadeira, *s. f.* maḷpîṇ *f.*; maḷcheṁ âydan *n.*

Amassadela, *s. f.* maḷap *n.*, maḷṇî; chepṇî, chep *f.*

Amassadoiro, *s. m.* gâir *f.*

Amassador, *s. m.* maḷṇâr, maḷpî.

Amassadura, *s. f.* maḷap *n.*, maḷṇî; tâḷṇî; dâmṇî; bhâṭṭibhar *f.*

Amassar, *v. t.* kâlauṁk, maḷuṁk, lâṭuṁk, kâṁḍuṁk *(esp. a cal)*; *misturar:* jamauṁk, meḷauṁk; *amolgar:* chepuṁk, daḍâvuṁk. || — *com os pés,* pâṁyâṁnîṁ maḷuṁk, mastuṁk, gudhḍâvuṁk. — *o corpo,* âṁg dâmuṁk,- maḷuṁk,- muṭhâvuṁk.

Amassaria, *s. f.* pîṭh maḷchî svât *f.*

Amassilho, *s. m.* maḷcheṁ kâm,- âut *n.*, lâṭṇî *f.*; ekâ phârâk maḷcheṁ pîṭh *n.*

Amatalotar, *v. t.* jevṇâk bhâg karuṁk. || *v. r.* ekṭhâṁy-, ekesṭhâṁy jevuṁk,- râṁdhuṁk.

Amatilhar, *v. t.* kaḍyâḷyân sâṁgḍâvuṁk (śuṇîṁ).

Amativo, *a.* mog karto.

Amatorio, *a.* kâmî, kâmuk, śriṁgârî.

Amaurose, *s. f.* timir *n.*

Amaurotioo, *a.* timirâcho.

Amavel, *a.* mog-, prîti phâvoto, prîtivaṁt, bhalo; mogâḷ, kṛipâḷû, goḍvo, maû; dulabh *ou* dulap, suṁdar.

Amavelmente, *adv.* mogân, bhalepaṇîṁ.

Amavios, *s. m. pl.* vaśîkaraṇ aushadh,- maṁtr *n.*

Amazelado, *a.* ghây-, kivṇâṁ paḍlalo.

Amazona, *s. f.* śûrastrî, ekthânistrî.

Ambages, *s. m. pl.* ghuṁvâḷyo *f. pl.*, revaḍkoṁkeṁ *n.*; girkâṁdo *m.*, vakrokti *f.*

Ambar, *s. m.* tṛiṇamaṇi, tṛiṇagrâhî *m.* || — *gris,* aṁbar *m.*

Ambição, *s. f.* mânâśâ *f.*, svârth, lobh, abhilâsh *ou* âbhlâkh *m.*, âpâppaṇ *n.*, âśâ *f.*; ahaṁkâr, dam *m.*

Ambicionar, *v. t.* âśevuṁk, âśâ-, âbhlâkh dharuṁk *(g. do o.)*, abhilâshuṁk, abhimânuṁk; śodhuṁk, âṁvḍhevuṁk *(d. do o.)*

Ambicioso, *a.* âśâḷ, âśâdîk, âśecho, abhilâshî, lobhî, svârthî, âpâpî, ahaṁkârî.

Ambidextro, *a.* doṁy hâtâṁnîṁ sâmko vâvartalo, donay hât sârke chaltât taslo, **ubhayahastakuśal.

Ambiente, *a.* veshṭik, vyâpak, nipâtî. || *s. m.* vyâpak vâyu *m.*; maṁḍaḷ *f.*, prakaraṇ *n.*, ilâkho *m.*

Ambiguamente, *adv.* duvârthîṁ; dubhâvân.

Ambiguidade, *s. f.* duvârthpaṇ *n.*; dubhâv, saṁdeha *ou* saṁdhev *m.*, śaṁkâ *f.*, athîrpaṇ *n.*

Ambiguo, *a.* duvârtho *ou* duvarthî; dubhâvâcho, aniśchit; athîr, bhrâṁt.

Ambito, *s. m.* phero, ghero *m.*, maṁḍaḷ *f.*, âvâḍ *n.*

Amblyope, *a.* âṁdhḷo.

Amblyopia, *s. f.* âṁdhḷepaṇ *n.*

Ambos, *a. pl.* donay, doghay *(pessoas)*, ubhay.

Ambrear, *v. t.* aṁbarân parmaḷâvuṁk,- misḷuṁk.

Ambrosia, *s. f.* amṛit *n.*

Ambrosiaco, *a.* amṛitâcho.

Ambula, *s. f.* śiṁslî, kupî *f.*

Ambulancia, *s. f.* phirtî rogîśâlâ, bhoṁvtî âspatrî *f.*

Ambulante, ambulativo, ambulatorio, *a.* chalto, bhoṁvto, phirto, hiṁḍno.

Ameaça, *s. f.* bheṁkḍâvṇî, dhamkâvṇî, dârâvṇî, dâṭâvṇî, tarjaṇî, ḍagauṇ, payjâ *ou* paijâ *f.*

Ameaçador, *a. e s. m.* dagauṇo, dârâvṇo, bhemkḍâvṇâr, paijâdâr.

Ameaçar, *v. t.* bhemkḍâvuṁk, dâṭâvuṁk, dhamkâvuṁk, dârâvuṁk, ḍagauṁk, ḍarkâvuṁk, bharsuṁk; *fazer recear:* kalkalâvuṁk, âkâṁtâvuṁk; *approximar-se:* temkuṁk *(d. do o.)*, pâvuṁk *(d. do o.)* ‖ — *ruina*, paḍuṁk âsuṁk, ḍagluṁk, ḍhakḷoṁk. ‖ *v. i.* lâgîṁ pâvuṁk, yevuṁk âsuṁk.

Ameaço, *s. m.* dhamkî, ḍarkâvṇî *f.*, bhâṁḍaṇ *n.;* kâḷ *m.*, pâḷî *f.*

Amealhar, *v. t.* milcrâṁt ghâluṁk,-davruṁk. ‖ *v. i.* vâṁṭpaṇ-, hichimichî karuṁk, khaṇpaṇuṁk.

Amear, *v. t.* durgâoḷ ghâluṁk *(d. do o.)*

Amedrontado, *a.* bhiyelalo, bheyâbhît.

Amedrontar, *v. t.* bhemkḍâvuṁk, bhesuḍâvuṁk, kâkuḍâvuṁk, ḍhaḍḍhaḍâvuṁk, âkâṁtâvuṁk, ḍagauṁk; bujauṁk.

Ameia, *s. f.* jaṁgyâṁchî bhiṁt, durgâol *f.*

Ameigador, *a. e s. m.* aprûbây kartalo, bhoḷâvṇâr, lâlâvṇâr.

Ameigar, *v. t.* aprûbây karuṁk *(g. do o.)*, bhoḷâvuṁk, lâlâvuṁk, pośevuṁk, potḷuṁk.

Ameijoa, *s. f.* tisrî, śiṁpî *f.*

Ameijoada, *s. f.* tisryâṁchem khâṇ *n.;* dâvaṇ *f.*

Ameijoar, *s. f.* dâvṇir vharuṁk *ou* davruṁk. ‖ *v. i.* dâvṇir yevuṁk; kheḷûn rât kâḍhuṁk. ‖ *v. r.* śeḷcrâk niduṁk.

Ameixa, *s. f.* japhran *n.*

Amen, *adv.* âmen, asem jâṁv, svasti *(p. us)*, *tathâst.

Amendoa, *s. f.* âmeṁd, bâdâm *n.;* movḷo, moy, gar *m.*, koy, bî *f.*

Amendoeira, *s. f.* âmeṁd, bâdâmî *f.*

Amendoim, *s. m.* Mosaṁbîchem bikaṇ *n.*, bhûṁy mûg *m.*

Amenidade, *s. f.* lavlavitây, śitaḷây *ou* śitḷây, ramyatâ; goḍây, dulabhây, madhurây *f.*

Ameninado, *a.* burgyâ sârko; aśakt, abaḷî.

Ameninar-se, *v. r.* burgo jâvuṁk, burgepaṇâṁ karuṁk.

Amenizar, *v. t.* lavlavît,- śitaḷ karuṁk, madhurâvuṁk.

Ameno, *a.* lavlavît, śitaḷ, ramya; dulabh, madhur, chokhaṭ.

Amenta, *s. f. V.* EMMENTA.

Amentar, *v. t.* piso karuṁk, pisâvuṁk; khuḷâvuṁk; ughḍâs karuṁk; maṁtruṁk.

Amente, *a. V.* DEMENTE.

Amercear-se, *v. r.* kâklût karuṁk, chutchure dharuṁk, chutchuruṁk.

Amesendar-se, *v. r.* mejâr basuṁk.

Amesquinhado, *a.* garib, durbaḷ.

Amesquinhar, *v. t.* garib-, bâbḍo-, kirkoḷ-, khâlto karuṁk, moḍuṁk, boḍkâvuṁk, uṇâvuṁk, halkâvuṁk. ‖ *v. r.* raḍuṁk, piraṁguṁk, chirmuṭuṁk, śiṇuṁk; bâbḍo-, kirkoḷ jâvuṁk; châṭo-, himṭo jâvuṁk.

Amestrado, *a.* śiklalo, gavaḷlalo, rahâṭlalo, abhyâsî.

Amestrar, *v. t.* mestir karuṁk, śikauṁk, kir karuṁk (*litt.* FAZER PAPAGAIO); gavḷâvuṁk, abhyâsuṁk, peṭauṁk *(animaes)*. ‖ *v. r.* śikuṁk, gavḷuṁk, kuṭuṁk, peṭuṁk.

Ametade, *s. f. V.* METADE.

Amethysta, *s. f.* yâkûṭ *m.*

Amezinhador, *s. m.* okhtî.

Amezinhar, *v. t.* (gharchem) okhat divuṁk. ‖ *v. r.* (jhâḍpâlyâchem) okhat ghevuṁk.

Amicto, *s. m.* âmikt *m.*

Amido, **amidão**, *s. m.* kâṁji, khaḷ *f.*

Amiga, *s. f.* ishṭiṇ; dhagaḍi.

Amigalhaço, *s. m.* vhaḍ ishṭ, prâṇmitr.

Amigamente, *adv.* ishṭmitr kaso *(decl.)*

Amigar, *v. t.* ishṭ karuṁk, lâgîṁ hâḍuṁk *ou* kâḍhuṁk, ekṭhâṁy karuṁk. ‖ *v. r.* ishṭ jâvuṁk, ishṭagat karuṁk.

Amigavel, *a.* ishṭâcho, ishṭagaticho; mogâḷ, premabharit; bhoḷo, kṛipâḷû, dayâḷ.

Amigavelmente, *adv.* ishṭagatiṁ, barepaṇiṁ, moymogâṇ.

Amigo, *s. m.* ishṭ, maṁtîr, mitr, dast, sajan, sakhây. ‖ — *intimo*, prâṇmitr, jîvprâṇ. ‖ *a.* ishṭ, ishṭagat aslalo; sâṁgâtâcho.

Amigote, *s. m.* ishṭulo.

Amimador, *a. e s. m.* baḷsâvṇo, bhoḷâvṇâr.

Amimar, *v. t.* aprûbây karuṁk *(g. do o.)*, pośevuṁk, bhoḷâvuṁk, baḷsâvuṁk, lâlâvuṁk. ‖ — *em excesso*, poṭḷuṁk, phulâṁnîṁ ghâluṁk (*litt.* PÔR NAS FLORES).

Amiserar-se, *v. r.* chutchuruṁk, dayâ disuṁk *(d. do s.)*, kâḷij vaḷoṁk *(g. do s.)*

Amissibilidade, *s. f.* sâṁḍṇî, bighaḍṇî.

Amissivel, *a.* sâṁḍûṁyeso.

Amiudadamente, amiude, amiudo, *adv.* ghaḍye ghaḍye, bhoṁvûn bhoṁvûn, partûn partûn, vârâṁvârîṁ.

Amiudado, *a.* bhoṁvûn bhoṁvûn kelalo, vârâṁvârâcho; sabâr, jâyto.

Amiudar, *v. t.* ghaḍye ghaḍye-, bhoṁvûn bhoṁvûn-, vârâṁvârîṁ karuṁk, bhavtuṁk.

Amizade, *s. f.* ishṭagat, maṁtrikây, maṁtrîk, dostî *f.*, sâṁgât, lâgbhâg, priya *m.*

Ammonia, *s. f.* khâr *m.*

Ammoniacal, *a.* khârâcho.

Ammoniaco, *s. m.* khâr, navsâgar *m.* || *a.* navsâgarâcho. || *Sal* —, navsâgar.

Amnesia, *s. f.* smaraṇṇâś *m.*

Amnistia, *s. f.* sarmâphî *f.*; bogsaṇeṁ *n.*

Amnistiar, *v. t.* sarmâphî divuṁk; bogsuṁk.

Amo, *s. m.* posṇâr, bâḷgaṇâr; dhanî, saheb, svâmî *ou* svâm, pati, adhipati, śeṭ, prabhu *ou* parabh, nâth, gosây.

Amodorrar, *v. t.* jhâṁpâvuṁk, jhâṁkuḷâvuṁk. || *v. r.* jhâṁpuṁk, jhâṁkuḷuṁk, bhramuṁk, bhramishṭ jâvuṁk.

Amoedado, *a.* mohar mârlalo; duḍvâṁkâr, nâṇekâr.

Amoedar, *v. t.* ṭâṁkuṁk, mohar mâruṁk, *mutrî lâvuṁk.

Amofinação, *s. f.* piḍâpîḍ *f.*, upadro *m.*, dagdag, karkar *m. pl.*, ubgaṇ *f.*

Amofinado, *a.* kichḍâylalo, bejâr kelalo, dagdagî; daḷdiro, kanishṭh.

Amofinador, *a. e s. m.* dagdagâṁcho, kashṭâṁcho; dagdagâvṇâr, piḍâpîḍ deṇâr, ubgauṇo.

Amofinar, *v. t.* kashṭâvuṁk, dagdagâvuṁk, kichḍâvuṁk, khâvuṁk (*litt.* COMER), piḍâpîḍ divuṁk, bejâr karuṁk, ubgauṁk, châḷvauṁk; garib-, bâbḍo-, daḷdiro karuṁk. || *v. r.* châḷvuṁk, ubgoṁk, chaḍhuṁk, chiḍuṁk; duḥkh-, khaṁt bhogoṁk (*d. do s.*), saṁtâpuṁk.

Amojado, *a.* dudhân bharlalo, dudhâḷ.

Amojar, *v. t.* dûdh kâḍhuṁk; pânhâvuṁk, dudhân bharuṁk (oṁṭî, thân); bharuṁk, dûdh mâṁḍuṁk (*d. ou l. in do o.*). || *v. r.* pânhâvoṁk, dudhân bharoṁk, dûdh mâṁḍoṁk (*d. ou l. in do s.*)

Amojo, *s m.* pânho *m.*, dûdh bharṇeṁ,- mâṁḍṇeṁ *n.*

Amolação, *s. f.* pâjṇî, dhârâvṇî *f.*

Amolado, *a.* sâṇîr ghâlalo, pâjlalo.

Amolador, *s. m.* pâjṇâr, sâṇîr ghâlṇâr.

Amoladura, *s. f.* pâjṇî, dhârâvṇî *f.*, pâjap, sâṇîr ghâlṇeṁ *n.*; dhâr *f.*; sâṇicheṁ udak *n.*

Amolar, *v. t.* sâṇîr ghâluṁk, sâṇî dharuṁk, sâṇuṁk, pâjuṁk, dhâr kâḍhuṁk (*d. do o.*), dhârâvuṁk. || *v. i.* âykalale a manâṁt ghoḷauṁk,- jharauṁk.

Amoldar, *v. t.* sâṁchyâ-, sâṭhyâ pramâṇeṁ karuṁk, âkâr divuṁk (*d. do o.*), âkâruṁk, ghaḍuṁk; sarî karuṁk, lâvuṁk, basauṁk; aḷsauṁk, rahâṭauṁk, saṁvay karuṁk. || *v. r.* pramâṇeṁ chaluṁk, râjî âsuṁk; aḷsoṁk, kuṭuṁk, saṁvay jâvuṁk (*d. do s.*), vaj paḍuṁk (*d. do s.*)

Amolgadela, amolgadura, *s. f.*, **amolgamento,** *s. m.* chepṇî, chep, dâḍâvṇî *f.*

Amolgar, *v. t.* chepuṁk, chepauṁk, dâḍâvuṁk, vaḷuṁk, kharḍuṁk; (*fig.*) dhako-, ḍhako-, dhag basauṁk, jhomauṁk. || *v. i. e r.* cheporik, vaḷoṁk; âṭpoṁk, bâḍguṁk.

Amollecer, *v. t.* maû karuṁk, mavâḷuṁk, maûsâruṁk. narmâvuṁk; meṁgo karuṁk, meṁgâvuṁk, aśaktâvuṁk. || *v. i.* maû jâvuṁk, mavâḷoṁk, maûsâroṁk, pokseṿuṁk; meṁgo-, aśakt jâvuṁk; dravuṁk, kaṇvâḷuṁk.

Amollecido, *a.* maû, mavâḷ, naram; kâruṇ, dayâḷ.

Amollecimento, *s. m.* maûpaṇ *n.*, mavâḷṇî, narmây; maṁḍây *f.*, meṁgepaṇ *n.*

Amollentar, *v. t.* maûso-, maûsâr karuṁk, maûsâvuṁk.

Amontar-se, *v. r.* ḍoṁgar-, rân ghevuṁk, ḍoṁgrâr-, rânâṁt vachuṁk.

Amontoação, *s. f.*, **amontoamento,** *s. m.* puṁjâvṇî *f.*; puṁjo, sâṁṭho *ou* sâṁṭh, choṁbo *m.*, râs, sâmagrî *f.*

Amontoador, *s. m.* puṁjâvṇâr, sâṁṭhauṇâr.

Amontoar, *v. t.* puṁjîkaruṁk. puṁjâvuṁk, râs-, ḍoṁgar karuṁk (*g. do o.*), sâṁṭhauṁk; chirmuṭâvuṁk. || *v. i.* joḍuṁk, meḷauṁk; ḍoṁgar kaso jâvuṁk. || *v. r.* puṁjîjâvuṁk, jamuṁk, râs jâvuṁk.

Amor, *s. m.* mog, moymog, moypâs *m.*, moyâ, mâyâ, prîti, maṁtrikây *f.*, prem, priya, sneha, moha *m.*, kâḷîj *n.*, bhakti; (*amores*) rati *f.*, śriṁgâr; kâmdev, kaman, madan. || *Por — de*, mogân, dharmân. — *proprio*, ahamkâr, ahambhâv *m.*, âplepan *n.*

Amora, *s. f.* tût, *mor *n.*

Amorado, *a.* tutâchyâ ramgâcho; gupit, gupto, adrisht.

Amoravel, *a.* mogâl, prîtivamt; sumdar, lavlavît, ramya; barem dekhto.

Amoravelmente, *adv.* pritîn, mogân, aprûbâyen.

Amordaçar, *v. t.* guddo mâruṁk *ou* muskem ghâluṁk *(d. do o.)*; *(fig.)* tomḍ bâmdhuṁk, tomḍâk châvî karuṁk (*g. do o.*; *litt.* FECHAR A BOCCA Á CHAVE).

Amoreira, *s. f.* tût. âmor *f.*

Amoricos, *s. m. pl.* ratî *f.*, hâvbhâv *m. pl.*, kâmukpan *n.*

Amornar, *v. t.* śeḷmoḍo-, ûbmoḍo karuṁk.

Amornecer, *v. t.* thoḍo thoḍo tâpauṁk. || *v. r.* ûbmoḍo-, śeḷmoḍo jâvuṁk, mâtso tâpuṁk.

Amoroso, *a.* mogâl, premal, premabharit, pritîcho; kâmârthî, kâmî; dulabh, sumdar.

Amorphia, *s. f.* nirâkâr *m.*

Amorpho, nirâkâr, beḍhab.

Amortalhar, *v. t.* khapaṇuṁk, khapan nesauṁk. || — *um cigarro*, sigâr-, viḍî karuṁk. || *v. r.* châltem nesuṁk, bomdrâm ghâluṁk.

Amortecer, *v. t.* melalyâ parîm-, hârpit karuṁk; *tornar menos activo:* memgo-, mamd karuṁk, memgâvuṁk, mamdâvuṁk; *entorpecer:* bahirâvuṁk, jaḍ karuṁk; *acalmar as paixões:* mâruṁk, nivḷâvuṁk; *diminuir:* demvauṁk, uṇâvuṁk. || *v. i. e r.* kâmtruṁk; narmuṁk; maruṁk. || — *a bala*, guḷî nivuṁk.

Amortecido, *a.* marṇâ pâvlalo, nirjîv; bahirelalo, dharlalo; bebaḷ, memgo; *sem viveza*, phiko, vivarṇ; *mortiço:* jhilmilît. || *Ficar —*, marûn paḍuṁk, lâṭh jâvuṁk.

Amortização, *s. f.* phârîk karṇem *n.*

Amortizar, *v. t.* thoḍem thoḍem phârîk karuṁk, soḍauṁk; dharmabamdutvek divuṁk (âstî).

Amortizavel, *a.* soḍauṁyeso, phârîk karuṁcho.

Amossar, **amossegar**, *v. t.* chepuṁk, dâḍâvuṁk.

Amostra, *s. f.* dâkhauṇem; namuno, mâslo *m.*, pratimân *n.*; sâmcho *m.*, âkriti *f.*

Amostrar, *v. t.* dâkhauṁk, mukhâr ghâluṁk.

Amota, *s. f.* bhar *f.*; bâmdh *m.*

Amotar, *v. t.* muḷâr mâtî sâruṁk *(g. do o.)*, bhar divuṁk *ou* ghâluṁk; bâmdh ghâluṁk.

Amotinação, *s. f.* khaḷbaḷ, haḷbaḷ, uṭhâv *m.*, bamḍ *n.*

Amotinado, *a.* khaḷbaḷlalo, kalpalalo, uchambaḷ

Amotinar, phirauṁk, uṭhauṁk, khaḷbaḷâvuṁk, chaḷvauṁk. || *v. r.* phiruṁk, châḷvuṁk, kalpuṁk.

Amoucado, *a.* bherḍo, bahiro.

Amouriscado, *a.* musalmânâmche gatîcho,- ritîcho.

Amover, *v. t.* sarkâvuṁk, kaḍsarâvuṁk, kâḍhuṁk.

Amovibilidade, *s. f.* kaḍsarâvṇî *f.*

Amovivel, *a.* kaḍsarâvûṁyeso.

Amparado, *a.* digî mârlalo; âḍosâk âslalo; *(fig.)* sambhâḷlalo, âdhâr meḷlalo.

Amparador, *s. m.* âdhârî, sârathî, sambhâḷṇâr.

Amparar, *v. t.* digî mâruṁk, temko divuṁk, temkauṁk; âsrâvuṁk, âsar divuṁk, âḍosâk davruṁk; *(fig.) sustentar:* posuṁk, sambhâḷuṁk, pratipâḷuṁk; *proteger:* âdhâr divuṁk, âdhâruṁk, râkhuṁk, samrakshuṁk, dhirâvuṁk. || *v. r.* temkoṁk; âsrâk-, âḍosâk râvuṁk; âpṇâk râkhuṁk, âplo jîv sambhâḷuṁk.

Amparo, *s. m.* temko, âsar, âḍos; âdhâr, dhîr, dâmḍo; sambhâḷ *m.*, sâsây, râkhaṇ *f.*, samrakshaṇ *n.*

Amphião, *s. m.* âphîn *m.*

Amphibio, *a. e s. m.* jaḷîmmaḷîm jiyetalo, ubhaychar, jalsthalchar.

Amphibologia, *s. f.* duvârth *m.*, duvârthpaṇ *n.*

Amphibologico, *a.* duvârtho *ou* duvârthî, ubhayârth.

Amphisbena, *s. f.* mâlûmḍ, mâmḍaḷ *n.*

Amphitheatral, *a.* ramgâcho.

Amphitheatro, *s. m.* ramg *m.*, ardhachamdrâkâr ramgśâlâ *f.*

Amphitrite, *s. f.* samudradevatâ *f.*; samdîr *m.*

Amphitryão, *s. m.* yajmân *m.*

Amplamente, *adv.* vistârîm, subâm.

Amplexo, *s. m.* galovemg, khem *f.*

Ampliação, *s. f.* chaḍhap *n.*, chaḍhauṇî, vistârṇî, phâmkauṇî *f.*

Ampliado, *a.* chaḍhailalo, vistârlalo.

Ampliador, *a. e s. m.* chaḍhauṇo, chaḍhauṇâr, lâmbâvṇâr.

Ampliar, amplificar, *v. t.* chaḍhauṁk, vâḍhauṁk, vistâruṁk, ruṁdâvuṁk, phâṁkauṁk; vivaruṁk, anuvâduṁk.

Ampliativo, *a.* chaḍhaito.

Ampliavel, amplificavel, *a.* chaḍhauṁcho, vistârdik.

Amplidão, *s. f.* ruṁdây *f.*, vistâr *m.*, akhaṁḍitpaṇ *n.*, aparimitây *f.*

Amplificação, *s. f.* atyukti *f. V.* AMPLIDÃO.

Amplitude, *s. f.* lâṁbây âni ruṁdây, viskaḷây *f.*, viskaḷpaṇ *n*, vistâr *m.*, aparimitây *f.*

Amplo, *a.* lâṁb ruṁd, viskaḷ, aṁtarâdik, visâḷ, aparamit, visṛit, vistârdik; subâm, jâyto, khûp.

Ampulheta, *s. f.* âṁpulyet *f.*, reṁvechem ghaḍyâl, vâlukayaṁtr *n.*

Amputação, *s. f.* kâpaṇ *ou* kâpṇî, soḍauṇî *f.*, âṁgchhed *m.*

Amuado, *a.* phuglalo, vâjelalo, perlûs, kurṭo, rusṇo, phuṇphuṇo, bejâr, jaḍ; vâdyo, âplyâ vâdyâcho, saḷî. ‖ *Fogo* —, dhumivartî âg. *Dinheiro* —, sâṁṭhailalo duḍû.

Amuar, *v. t.* vâj hâḍuṁk *ou* divuṁk, ubgauṁk, phugauṁk. ‖ — *dinheiro*, duḍû bâṁdhûn,- gâṁth mârûn davruṁk. ‖ *v. i. e r.* phuguṁk, ubgoṁk, vâjevuṁk, koṇem châḷvuṁk (*q. do s.*), rusuṁk, rusûn basuṁk, gâl phugauṁk (*litt.* INCHAR AS BOCHECHAS), phuṇphuṇuṁk, phurphuruṁk, kurmuruṁk. ‖ — *a fructa*, doḍevuṁk. — *o tumor*, rakshoṁk.

Amuleto, *s. m.* toṭko *m.*, kavach *n.*; utarchiṭṭ (*contra o veneno*) *f.*

Amumiado, *a.* sukûn kâṁṭîṁ *ou* kâṁṭo jâlalo, suklalyâ maḍyâ sârko.

Amuo, *s. m.* phugauṇî, phugṇî, rusṇî, châḷvaṇî, ubgaṇ, bejârây, perlusâṇ, raḍî *f.*, kurṭepaṇ *n.*

Amura, *s. f.* damân *f.*

Amurada, *s. f.* bâṇ (târvâchi) *f.*

Amurar, *v. t.* damân dharuṁk.

Amygdala, *s. f.* bin *n.*

Amygdalite, *s. f.* gâlguṁḍ *n.*

Amygdaloide, *s. m.* bâdâm kaso phâtar *m.*

Amylaceo, *a.* khârâcho, kâṁjîcho.

Anã, *s. f.* khujî.

Anaçar, *v. t.* davḷuṁk, ghoḷauṁk, khirauṁk, *chauḍhâḷuṁk. ‖ — *ovos*, tâṁtyâṁ baḍauṁk,- *viṭkaḷâvuṁk.

Anacardina, *s. f.* bibaṭâṁcho murâṁbo *m.*

Anacardino, *a.* bibyâcho; bibaṭâṁcho.

Anacardo, *s. m.* bibo (*arvore*) *m.*; bibaṭ (*fructo*) *n.*

Anacathartico, *a.* kaphnâśak.

Anacephaleuse, *s. f. V.* RECAPITULAÇÃO.

Anachoreta, *s. m. e f.* vâṇprasth, vaṇvâsî, araṇyavâsî, tapasvî (*f.* -ṇ).

Anachoretico, *a.* vaṇvâsyâcho, vâṇprasthâcho.

Anachoretismo, *s. m.* vaṇvâs, araṇyavâs *m.*, vâṇprasthya *n.*

Anachronismo, *s. m.* tarkechî chûk *f.*, **kâlagaṇanâvyatyaya, **kâlasaṁkhyâviparyaya *m.*; âdlyâ kâḷâchi vast, parṛî vast *f.*

Anafado, *a.* gulgulit, tuṭṭuḍit, dhâṭo moṭo.

Anafar, *v. t.* gulgulit karuṁk, gulgulâvuṁk, mâtauṁk.

Anafil, *s. m.* tuturî *f.*

Anagoa, *s. f.* dubjî *f.*, ghâgro *m.*

Anagogia, *s. f.*, **anagogismo** *s. m.* brahmânaṁd, paramânaṁd *m.*

Anagogico, *a.* brahmânaṁdâcho; saṁketâcho, lâkshaṇik.

Anagramma, *s. m.* nâmâksharaviparyâs siddhnâm *n.*

Anal, *a.* bhoṁkâcho, kuṇṭyâcho.

Analectos, *s. m. pl.* veṁche *m. pl.*, saṁgraha *m.*

Analepsia, *s. f.* pushṭi *f.*

Analeptica, *s. f.* pushṭividyâ *f.*

Analeptico, *a.* pushṭikar.

Analogia, *s. f.* upamâṇ, anumâṇ *m.*, sârkepaṇ *n.*

Analogico, *a.* upamâṇâcho, sârko.

Analogismo, *s. m.* upamâṇtark *m.*

Analogista, *s. m.* upamâṇtarki.

Analogo, *a.* sârko, sâmko.

Analphabeto, *a.* âbesî neṇo âslalo, anakshar, nirakshar; neṇâr, ajñânî.

Analysador, analysta, *s. m.* mûlatatvaśodhan karṇâr, vibhâgî; parîkshâ karṇâr.

Analysar, *v. t.* mûlatatvaśodhan karuṁk (*q. do o.*), vibhâguṁk, parîkshuṁk; teḷuṁk, nihâḷuṁk; (*gram.*) padbhaṁjan-, vyâkaraṇ karuṁk.

Analyse, *s. f.* mûlatatvaśodhan *n.*, vibhâg *m.*, parîkshâ *f.*; (*gram.*) padbhaṁjan *n.* ‖ *Em ultima* —, sakshepîṁ, śevṭîṁ.

Analytico, *a.* vibhâgâcho, mûlatatvaśodhanasaṁbaṁdhî.

Ananaz, *s. m.* ânanes (*planta*) *f.*, (*fructo*) *n.*

Ananicar, *v. t.* khujo-, ṭhengṇo-, buṭṇo karuṅk; *(fig.)* halkâvuṅk, hîṇ karuṅk.

Anantho, *a.* *(bot.)* nishpushp.

Anão, *a. e s. m.* khujo, ṭheṅgṇo, buṭṇo, ghiḍḍo, chilvaṇ *(todos adj.)*

Anarchia, *s. f.* rây nâslaleṅ râj *n.*, anâykî, nirnâykî; tirrâj (*litt.* REINADO DE TRES), tuplâu *n.*, goṅdhaḷ *m.*, baṅḍây, gaḍbaḍ *f.*

Anarchico, *a.* anâyak, nirnâyak, arâjak.

Anarchismo, *s. m.* anâykîmat *n.*

Anarchista, *s. m.* anâykîpakshî; baṅḍî.

Anarchizar, *v. t.* anâykî karuṅk *(g. do o.)*: tirrâjâk phirauṅk.

Anasarca, *s. f.* nâykût *n.*

Anasartico, *a.* nâykutî.

Anathema, *s. m.* **bahiskârâbhiśâp; śaputh, śâp *m.*: gâṅjṇî, hiṅḍsaṇî *f.* || *a.* śâplalo, śaputh ghâllalo.

Anathematismo, *s. m.* **bahishkâraśâpavidyâ *f.*

Anathematização, *s. f.* śâpṇî *f.*

Anathematizar, *v. t.* bahishkâraśâp karuṅk *ou* divuṅk; śâpuṅk, śâp ghâluṅk; hiṅḍsuṅk, gâṅjuṅk, niṅduṅk.

Anatocismo, *s. m.* kalâṅtarâcheṅ kalâṅtar *n*, jurâcho jûr *m.*

Anatomia, *s. f.* śârîr, śârîrak, piṅḍjñân; **śârîravyavachhedaśâstr, *n.*, gâtrasûdvidyâ *f.*; âṅgchhed, vyavachhed *m.* || *Fazer a —*, kâtruṅk, phâḷuṅk; *(fig.)* bârik parîkshâ karuṅk.

Anatomico, *a.* śârîrâcho, âṅgchhedasaṅbaṅdhî. || *s. m. V.* ANATOMISTA.

Anatomista, *s. m.* śârîravyavachhedajña; âṅgchhedak.

Anatomizar, *v. t.* kâtruṅk, phâḷuṅk, śârîravyavachhed-, âṅgchhed karuṅk; parikshuṅk, nihâḷuṅk.

Anavalhado, *a.* vâkrâ sârko, vâkrâche dhârîcho; vakrâylalo.

Anca, *s. f.* koḍ, kaṭi *f.*, peṅkaṭ, beṅḍ *n.*, beṅḍî *f.* || *Ir na —*, (ghoḍyâchyâ) peṅkṭâr basuṅk. *Dar —s*, peṅkṭâr basuṅk divuṅk (ghoḍo); *(fig.)* âpṇâk mâruṅk divuṅk, âplyâ ghoḍyâr basuṅk divuṅk.

Ancear, *v. t.* taḷmaḷâvuṅk, miḍmiḍâvuṅk usmaṭâvuṅk; kashṭâvuṅk, duḥkhauṅk, atrekuṅk, âṅvḍhevuṅk *(v. i., d. do o.)*, hurhuruṅk *(v. i.)*, khurkhuruṅk *(v. i.)*. || *v. i. e r.* taḷmaḷuṅk, miḍmiḍuṅk, usmaṭuṅk, ghuskusuṅk, aphekuṅk, vaylyâvayr jîv vachuṅk *(g. do s.)*. || *Estar nas ancias da morte*, marṇâchyo oḍhî suṭuṅk *(d. do s.)*, ghargharuṅk.

Anceio, *s. m.* taḷmaḷṇî, miḍmiḍṇî *f.*; atrek, âṅvḍhe *m. pl.*, aphek *m.*

Ancho, *a.* viskaḷ, saḍaḷ, vistârdik; moṭo, gulgulit; phullalo, baḍâykhor.

Anchura, *s. f.* viskaḷây *f.*, vistâr; pehrâvo *m*, baḍây *f.*

Ancia, *s. f.* taḷmaḷe *m. pl.*, miḍmiḍṇî, usmaṭṇî *f.*, chaṭko; *(fig.)* husko, saṅbhram *m.*, asvasthî *f.*, asvasthpaṇ, hairân *n.*; chiṅtâ, khaṅt *f.*; atrek *m. pl.*, aphek *m.*, hurhurî, khurkhurî, utkaṅṭhâ, umed, hurbhâ *f.*

Anciania, ancianidade, *s. f.* mhâtârpaṇ, mâlgaḍpaṇ *n.*

Ancião, *a.* mhâtâro, jâṇṭo, vhaḍlo, mâlgaḍo.

Anciedade, *s. f.* ḍubḍub, ṭepṭep, kalkalo, dhaḍdhaḍo; husko, saṅbhram, jaṅjâḷ *m.*, chiṅtâ, utkaṅṭhâ, ghor *f.*; utsav *m.*, hurhurî, khurkhurî *f.*, âṭeviṭe, atrek *m. pl.*

Ancilla, *s. f.* baṭkûr *n.*, baṭik, dâsî, parichârî *f.*

Ancinho, *s. m.* dâṅto, guṅṭho *m.*

Ancioso, *a.* huskyâcho, asvasthî, saṅbhramî, utsuk; atrekâṅcho, aphekâcho. || *Estar —*, huskyân âsuṅk, ḍubḍubuṅk.

Ancora, *s. f.* nâṅgar *m.*, roylî *ou* loylî *f.*; *(fig.)* dhîr, âlâśro *m.* || *Deitar —*, nâṅgar ghâluṅk,- soḍuṅk. *Levantar —*, nâṅgar ukluṅk,- kâḍhuṅk. — *da salvação*, nimâṇo ilâj.

Ancoradoiro, *s. m.* nâṅgarvâḍo *m.*

Ancoragem, *s. f.* nâṅgarṇî *f.*, nâṅgraṇ *n.*, orvo; nâṅgarvâḍo *m.*; nâṅgarṇechcheṅ śuṅk *n.*, khuṭvo *m.*

Ancorar, *v. t.* nâṅgruṅk. || *v. i.* nâṅgar ghâluṅk, nâṅgroṅk, orvo karuṅk; *(fig.)* tharuṅk, thiruṅk.

Ancoreta, *s. f.* roylî *ou* loylî *f.*; lahân borl *n.*

Ancudo, *a.* motyâ peṅkṭâcho.

Anda, *int.* chal, chal re.

Andaço, *s. m.* marî, jarimarî, dhâm *f.*, charcharit *n.*, vaso *m.*

Andada, *s. f.* châl *f.*, chalṇeṅ, chamkaṇ, yeṇeṅvachṇeṅ *n.*, pâuṭh.

Andadeiras, *s. f. pl.* burgyâṅk chaluṅk śikauṅchyo doryo *f. pl.*; *(fig.)* âdhâr, teṅko *m.*, kumak *f.*

Andadeiro, *a.* baro *ou* vegîṅ chaltalo, dhâṅvro, dhâṅvṇo; chaluṅk baro (vâṭ).

Andado, *a.* challalo, chamkalalo; gujarlalo, gelalo, pâṭhlo.

Andador, *a.* vegîm chaltalo, chaḍh bhomvtalo, chalṇâr; ukâḷyâk va khabar divumk bhomvṇâr, châmâdor.

Andadoria, *s. f.* châmâdorâchem kâm *n.*

Andadura, *s. f.* chalṇem, chamkaṇ *n.*, châl *f.*

Andaime, *s. m.* parâmch *(prancha) f.*, pahâḍ *m.*

Andaina, *s. f.* oḷ, hâr *f.* ‖ — *de artilheria,* marcho *m.* — *de fato,* âmgvastr *ou* âmgostr *n.* — *de panno,* sagḷim târvâchîm śiḍâm.

Andamento, *s. m.* châl *f.*, chamkaṇ *n.*; *(fig.)* chalauṇî, vahivâṭ *f.* ‖ *Dar* —, chalaumk.

Andança, *s. f.* chalṇem *n.*; pâuṭh *f.*; chaḍh chalṇem; adrishṭ, nasîb, daiv *n.*, lakṭo *m.* ‖ -s, *s. pl.* râjghaḍe *m. pl.*

Andante, *a.* chalto, bhomvto; phirto, himḍṇo.

Andar, *v. i.* chalumk, chamkumk, bhomvumk, jâvumk *(p. us.)*, + nighumk; *divagar:* phirumk, himḍumk; *decorrer:* gujrumk, jâvumk, balâmḍomk. ‖ *Fazer* —, chalaumk, chalumk lâvumk. — *a cavallo,* ghoḍyâr bhomvumk. — *ás apalpadelas,* sâmspûn bhomvumk. — *de gatinhas,* ḍhomprâmnîm-, dimbhkuryâm-, mâmḍkuryâm chalumk. — *de rastos,* sarpaṭyâm-, poṭyâm chalumk. — *de nadegas,* phudnyâmt chalumk. — *para traz,* pâṭhî sarumk, partumk, mâgso chalumk. — *na pista,* pâṭhâpâṭhî vachumk, pâldek âsumk. — *n'uma roda viva,* chuḷbuḷumk, ghusḷumk, gaḍbaḍumk. — *sobre brasas,* ḍhaḍḍhaḍumk, âkâmtumk, kalkalumk. *Pôr-se a* —, chalumk lâgumk, vâṭ dharumk. — *doente,* piḍemt âsumk. — *bem vestido,* baro nesumk. — *de mal a peor,* disândîs pâshṭ jâvumk. *Ir andando,* dîs kâḍhumk. — *á alfaiate,* darjîpaṇ śikumk. — *á chuva,* pâvsân bhomvumk. ‖ *v. t.* chalumk, bhomvumk. ‖ *s. m.* chalṇem *n.*, châl *f.*; mâḷoy, bhûmy *f.*; khaṇ *m.* ‖ *Com o* — *do tempo,* disîmmisîm. *Pôr no* — *da rua,* dârâ-, gharâ bhâyr ghâlumk.

Andarilho, *s. m.* ghoḍyâ va gâḍye barâbarî dhâmvto pâyk,- pedo; chalṇâr.

Andas, *s. f. pl.* ḍhâmgaṇâm *n. pl.*; doḷî, pâlkî *f.*, âmdal *m.*

Andeiro, andejo, *a.* bhav chaltalo; bhomvtalo; himḍṇo, phirto.

Andilhas, *s. f. pl.* haudo *m.*

Andor, *s. m.* âmdor, devpâṭ, âmdal *m.*; mâchîl, sukhâsan *n.*

Andorinha, *s. f.* kâtyâḷem *n.*, pâkoḷî, pâtâkurlî *f.*

Andrajo, *s. m.* bomdar, juner *n.*, phâḷî, vâvdorî, chimdhî *f.*, taḷko, potero *m.*

Andrajoso, *a.* bomdrâm neslalo, bomdro, junerḍo.

Androgynia, *s. f.* hijḍepaṇ *n.*

Androgyno, *a.* hijḍo.

Androide, *s. m.* manshyâparîm chaltem bâhulem *n.*

Androminas, *s. f. pl.* ḍhomgâm *n. pl.*, ghâḍvidyâ *f.*

Anecdota, *s. f.* kathâ *ou* kamthâ, goshṭ, kahâṇî, nakal *f.*, tardak *n.*

Anecdotico, *a.* goshṭîcho, kathecho.

Anecdotista, *s. m.* kamthî, nakalkâr, goshṭîkâr.

Anediar, *v. t.* tuḷtuḷît-, suḷsuḷît karumk.

Anel, *s. m.* vâḷo *m.*, vâḷî *f.*, kaḍem, vaḷem, komdhem *n.*, âṭo, veḍho *m.*; mudî, mudrikâ *f.* ‖ — *sem pedra,* joḍvem, vaḷem *n.* — *para sellar,* mudro *m.* — *do braço,* kaḍem *n.* — *do artelho,* vâḷo *m.*, pâmyjaṇ *n.* — *dos dedos do pé,* virodî, boṭoḍî *f.* — *da orelha,* vâḷî *f.* — *do nariz,* nath *f.* — *do pilão,* âṇas *f.* — *da cadeia,* âmkḍo *m.* — *do cabo da faca, etc.* śimblî *f.* — *de cabello,* kemsâmchî mudî *f.*, mudyâḷe kems *m. pl. Pedra do* —, thîk *n.*

Anelado, *a.* mudyâḷo.

Aneladura, *s. f.* mudyâḷṇî *f.*; mudyechem rûp *n.*

Anelar, *v. t.* mudyâḷumk. ‖ *v. r.* mudyâḷomk.

Anemia, *s. f.* raktanapûr *f.*; pâmḍhrog *m.*; aśaktây, bebaḷây *f.*

Anemico, *a.* raktanapurîcho. ‖ *s. m.* pâmḍhrogî.

Anemobata, *s. m.* nâḍekâr, nâḍebhorpî.

Anemographia, *s. f.* vâyuvarṇan, vâyuśâstr *n.*

Anemographo, *s. m.* vâyuvarṇanî. *V.* ANEMOMETRO.

Anemologia, *s. f.* vâyuśâstr *n.*

Anemometria, *s. f.* vâyumiti *f.*

Anemometro, *s. m.* vâyuyamtr *n.*

Anemoscopio, *s. m.* vâryâcho bâvṭo, vâyudhvaj *m.*

Anervia, *s. f.* tamtuśaktinâś *m.*

Anete, *s. m.* nâmgrâcho vâḷo *m.*

Aneurisma, *s. m.* dhamanîśoth *m.*

Aneurismal, aneurismatico, *a.* damaniśothâcho.

Anexim, *s. m.* opâr, mhaṇṇî *f.*, nyây *m.*, âhṇeṁ *n.*

Anfracto, *s. m.* vâṁkḍî vâṭ *f.*, (hâḍâṁĉheṁ) vaḷaṇ *n.*

Anfractuosidade, *s. f.* vâṁk *f.*, vâṁkaṇ, vaḷaṇ *n.*, moḍ *f.*

Anfractuoso, *a.* vâṁkyo, vâṁkḍo, tiṁkḍo, vâṁkḍo tiṁkḍo, vaḷṇâcho.

Angaria, *s. f.* veṭh *f.*

Angariar, *v. t.* veṭhîk vharuṁk; kâmâk lâvuṁk; phuslâvuṁk, bhulauṁk, phulauṁk, mathuṁk, koṁbo kâḍhuṁk.

Angarilha, *s. f.* jhâbḷî *f.*

Angelical, angelico, *a.* âṁjâcho, bhaḍvyâcho, devdutâcho. ‖ *Saudação* —, namo Marye. *Pão* —, Sâheb.

Angelicamente, *adv.* âṁjâ parîṁ; śuddhiṁ, nirmaḷâyen.

Angelolatria, *s. f.* devdutâṁchî pujâ *f.*

Angina, *s. f.* âgrûṁ *n.*

Angra, *s. f.* khâḍ, taḷî *f.*

Anguicida, *a.* sarpaghna.

Anguiforme, *a.* sarparûp, sarpâkâr.

Angular, anguloso, *a.* koṇsyâcho, koṇâcho. ‖ *Pedra* —, bunyâdîcho phâtar.

Angularidade, *s. f.* koṇpaṇ *n.*

Angularmente, *a.* koṇsyân.

Angulo, *s. m.* koṇ *ou* kaṇ, koṇso, koṁgro, kâtro *m.*, sâṁdh *f.* ‖ — *agudo,* laghukoṇ. — *obtuso,* viśâlkoṇ. — *recto,* samkoṇ.

Angurria, *s. f.* mutrrodh *m.*, asmarî *f.*, *baḷmutr *n.*

Angustia, *s. f.* aḍchaṇ, aśirây, arnây *f.;* kaḷvaḷo, chaṭko, aṭâs, âkâṁt, saṁtâp, upadravo, asaṁtosh *m.*, taḷmaḷe *m. pl.*, duḥkh, kargaṇî, vethâ, manashpiḍâ, yâtnâ *f.*, vedan *n.*

Angustiado, *a.* taḷmaḷit, kaḷvaḷlalo, duḥkhâbharit, asaṁtoshî.

Angustiar, *v. t.* taḷmaḷâvuṁk, kaḷvaḷâvuṁk, âkâṁtâvuṁk, saṁtâpauṁk, duḥkhauṁk, duḥkh divuṁk. ‖ *v. r.* taḷmaḷuṁk, kaḷvaḷuṁk, midmiḍuṁk; aṭṭâhsuṁk, saṁtâpuṁk, âkâṁtuṁk, duḥkh lâguṁk *(d. do s.)*

Angustioso, *a.* duḥkhest, saṁkîrṇ, udâs; upadravî *ou* upadravo.

Angusto, *a.* aḍchaṇîcho, aśir.

Anhelação, *s. f.* dhâp, kharas, beṁbevṇî *f.*

Anhelante, *a.* kharselalo, kharsetalo, dhâpetalo.

Anhelar, *v. i.* dhâpevuṁk, kharsevuṁk, beṁbevuṁk, dhâp-, kharas yevuṁk *(d. do s.),* vaylyâvayr jîv vachuṁk *(g. do s.).* ‖ *v. t. e i. (fig.)* âśevuṁk *(v. t.),* aphekuṁk *(v. t.)* âṁvḍhevuṁk, âṁvḍhe ghoṭuṁk, atrekuṁk, luslusuṁk, huḍhuḍuṁk, khurkhuruṁk, sujuṁk, miṭî maruṁk.

Anhelito, *s. m.* viśvâs, śvâs, dam *m.;* dhâp *f.*

Anhelo, *s. m.* atrek, aphek, lobh *m.*, âśâ, umed, miṭî, hurśi, utkaṁṭhâ *f.*, saṁbhram *m.*

Anho, *s. m.* meṁḍhrûṁ *n*, bakḍo *m.*

Aniagem, *s. f.* khaṇkî *f.*

Anichar, *v. t.* kurkuṭâṁt,- kaṁtrelâṁt ghâluṁk; *(fig.)* âḍâvâcheṁ kâm-, jâgo divuṁk. ‖ *v. r.* hât pâṁy kavḷûn basuṁk, thapkaṭoṁk; lipuṁk, gupuṁk; âḍâvâchyâ-, padvechyâ-, mânâchyâ jâgyâk pâvuṁk.

Anil, *s. m.* nîḷ *f.;* nîḷcho raṁg *m.*, nîḷsâṇ *f.*

Anil, *a.* mhâtârecho.

Anilado, *a.* nîḷo, nîḷ, nîḷvaṁt.

Anilar, *v. t.* nîḷ divuṁk *(d. do o.),* nîḷo karuṁk.

Anileira, *s. f.* nîḷ *f.*, nîḷcheṁ jhâḍ *n.*

Anilho, *s. m.* vâḷo, âṁkḍo *m.*

Animação, *s. f.* jîv,- prâṇ deṇeṁ *n.;* jîv, prâṇ, jivaṭ prâṇ; raṁg *m.*, tej *n.;* utsav, ullâs; ghaṇghaṇ *m.*, gaḍbaḍ, jâg *f.*

Animado, *a.* jîv-, prâṇ âslalo, sajîv.

Animador, *a. e s. m.* jîv-, prân ditalo, vâṁchaunâr; jâgauṇâr; ullâsî, utsavî.

Animadversão, *s. f.* gâṁjṇî, hiṁḍsaṇî, niṁdâ; duśmânkây *f.*, dvesh, viklab *m.*

Animal, *s. m.* jîv, jivojîv, prâṇî, prâṇyo, bhût *m.*, sattv *n.* ‖ — *racional,* manis, purush. — *irracional,* monjât *f.*, janâvar, paśrûṁ *n.*, *ou* paśu, mṛig *m.*, sattv *n.*

Animal, *a.* prâṇyâcho, sajîv saṁbaṁdhî; monjâtîcho, janâvarâcho; *carnal:* kuḍîcho, vishayî, dehadhâtûcho. ‖ *Alimentação* —, mâsâcheṁ khâṇ. *Reino* —, prâṇîjât, jîvjât *f.* ‖ *Funcções animaes,* prâṇîkriyâ *f.*

Animalaço, animalão, *s. m.* vhaḍ monjât *f.; (fig.)* mûrkh manîs.

Animalculo, *s. m.* lahân jîv, jîv *m.*

Animalejo, *s. m.* jivâṇeṁ, jivâḷ; *(fig.)* mûrkh, mûḍh.

Animalia, *s. f.* monjât *f.*, janâvar *n.*

Animalidade, *s. f.*, **animalismo,** *s. m.* prâṇîpaṇ, prâṇîtva; monjâtpaṇ, janâvarpaṇ *n.*

Animalização, *s. f.* âṁgâk lâvṇeṁ *ou* lâgṇeṁ *n.*, jirvaṇ *f.*, vipâk *m.*

Animalizar, *v. t.* âṁgâk lâvuṁk, jiraṁk, jiroso karuṁk, vipâk karuṁk. ‖ *v. r.* âṁgâk lâguṁk, jiruṁk.

Animante, *a.* jiv ditalo, sajiv kartalo; ullâsî.

Animar, *v. t.* atmo-, jiv-, prâṇ divuṁk,- bharuṁk, jivauṁk *(p. us.)*, chetauṁk, vâṁchauṁk; dhîr-, baḷ-, kâḷij divuṁk, dhirâvuṁk, nirvâṇuṁk, thirâvuṁk; jâgauṁk, vegîṁ karuṁk, vegsâruṁk, gaḍgaḍâvuṁk. ‖ *v. r.* baḷ-, dhîr ghevuṁk, thiruṁk; hiṁmat ghevuṁk, kâḷij karuṁk.

Animavel, *a.* sajiv karûṁyeso, jiv bharûṁyeso.

Anime, *s. f.* chaṁdras *m.*

Animicida, *a.* âtmaghâtkî.

Animico, *a.* atmyâcho.

Animismo, *s. m.* âtmaparamakâraṇamat *n.*

Animo, *s. m.* âtmo *ou* atmo, jiv, prâṇ *m.*; *indole:* svabhâv, *m.*, prakrit, baḍ, kâletrî *f.*, śil *n.*; *coragem:* kâḷij, dhairya *ou* dhair, dhiryeṁ *n.*, trâṇ, dhîr *m.*, kuvet, mardî, balkaṭî, hiṁmat, prabaḷây *f.*, nirvâṇ, tej, sattv *n.*, abhay, nirbhay *m.*; *intenção:* man *n.*, mat *f.*, bhâv, saṁkalp, irâd *m.*

Animosamente, *adv.* dhairyân, mardeṇ, balkaṭîṁ.

Animosidade, *s. f.* dvesh, râg, vairbhâv *m.*, kapaṭ; mâhâtmya, mahâman *n.*, balkaṭî *f.*; trâṇ *m.*, sattv, nirvâṇ *n.*

Animoso, *a.* kâḷjâdik, mardîvaṁt, trâṇî, nirvâṇî, dhairyavaṁt, dhirâdik, balkaṭ, tejvaṁt, daṁdâr, jivaṭ, prabaḷ, nirbhayî; mahâtmik, udâr; hiṁmatî, jabar.

Anina, *s. f.* lokhaṁḍâcho âṭo *m.*

Aninar, *v. t.* hallo karuṁk, hallo karûn nidâvuṁk; śamanâvuṁk, thâṁbauṁk.

Aninhar, *v. t.* ghaṁṭerâṁt ghâluṁk,- davruṁk; *(fig.)* âsar divuṁk, âśramuṁk; lipauṁk, gupuṁk. ‖ *v. i.* ghaṁṭer karuṁk. ‖ *v. r.* ghaṁṭerâṁt âsuṁk,- basuṁk; ghârâ-, âsrâk yevuṁk; *(fig.)* âṁthuḷnâr paḍuṁk.

Anis, *s. m.* **aniseira,** *s. f.* śepû; *(semente)* śep *f.*

Anisete, *s. f.* âṇijet *f.*, śepâṁcho soro *m.*

Anjo, *s. m.* âṁj, bhaḍvo, devdût, îśvardût; *creança:* âṁj burgeṁ *n.* ‖ — *mau,* saitân, devchâr.

Annaes, *s. m. pl.* darvarshâchî kathâ, bakhar *f.*, itihâs *m.*

Annal, *a.* *V.* ANNUAL.

Annalista, *s. m.* itihâs-, bakhar baraṇâr.

Anneiro, *s. m.* daivayogâcho, athîr, jâvûṁye nâ jâvûṁye taslo; hâlâyto, chaṁchaḷ.

Annejo, *a.* varshâcho.

Annexação, *s. f.* lâvṇî *f.*, jaḍap *n.*, saṁyog *m.*

Annexar, *v. t.* lâvuṁk, jaḍuṁk, ghaḍsuṁk, meḷauṁk, saṁyukt karuṁk; khâlto karuṁk.

Annexo, *a.* lâylalo, meḷailalo; lâglalo, lâgîṁ âslalo. ‖ *s. m. ou f.* upaskar *m.*, sâmagrî, mustâykî; dusryâk lâglalî vast *f.*

Anniquilação, *s. f.* nâkarṇî *f.*, satyanâś, vinâś *m.*, nirmûḷpaṇ, bhasmabhût *n.*, bhasm, paryâḷo *m.*

Anniquilado, *a.* vinashṭ, bhasmilalo, bhâṁjlalo.

Anniquilador, *a. e s. m.* vinâśî, vidhvaṁsî, bhasm kartalo.

Anniquilamento, *s. m.* vinâś, bhasm *m.*; meṁgepaṇ *n.*, kâḍâmaḍ *f.*, churo *m.*

Anniquilar, *v. t.* nâkaruṁk *ou* nâṁch karuṁk, nirasuṁk *ou* nirâsuṁk, bhasm-, vinâś karuṁk *(q. do o.)*, moḍuṁk, khaṁḍuṁk, bhâṁjuṁk; halkâvuṁk, lahânâvuṁk, moḍûn ghâluṁk. ‖ *v. r.* vinâśuṁk, bhasmoṁk; bhâṁjoṁk, moḍoṁk, moḍon paḍuṁk.

Anniversario, *a.* varshâcho. ‖ *s. m.* varshâcho dis *m.*, pureṁ varsh *n.*, varshâchî bhar *f.* ‖ — *natalicio,* varshâcho dis, vâḍhdis *m.* — *da morte,* marṇâcho dis, mṛitadivas *m.*

Anno, *s. m.* varas, varsh, sâl *n.* ‖ — *bissexto,* adhikdinvarsh, aglyâ disâcheṁ varsh. — *corrente,* aṁdûṁcheṁ varsh, heṁ varsh. ‖ *adv.* aṁdûṁ, hyâ varshâ. ‖ — *proximo futuro,* phuḍleṁ varsh. ‖ *adv.* phuḍlyâ varshâ, phuḍâṁ, mukhtîk. ‖ — *proximo passado,* parûṁcheṁ-, pâṭhleṁ varsh. ‖ *adv.* parûṁ, gelyâ varshâ. ‖ *Dia de — bom,* varshâcho pailo dis, varshapratipadâ. *Cada —,* varshâchyâ varshâ, varshâṁ varsh. *Por todo o —,* varshbhar. — *lunar,* chaṁdrvarsh. — *sideral,* arkshvarsh. *V.* EDADE.

Annonario, *a.* varavâcho, dhâṇyâcho, tâṁdûḷ goṭyacho.

Annoso, varshâmcho, varshî, jûn, junkaṭ, parâyecho, mâlmhâtâro *(homem)*.

Annotação, lihiṇem *n.*; ṭîko *m.*, vyâkhyâ *f.*, bhâshya *n.*

Annotador, *s. m.* ṭîkekâr, bhâshyakâr.

Annotar, *v. t.* ṭikumk, ṭîko-, bhâshya karumk *(d. do o.)*. ‖ — *bens*, âstechî jhaḍtî-, vittâcho ṭîp karumk.

Annual, annuo, *a.* varshâcho.

Annualidade, annuidade, *s. f.* varshâsan *n.*, vârshik deṇgî.

Annualmente, *adv.* varshâchyâ varshâ, varshân varsh.

Annuario, vârshik pustak *n.*

Annuencia, kablât *f.*

Annuente, kabûl.

Annuir, *v. i.* kabûl-, râjî jâvumk, kânâr hâḍumk, patkarumk *(v. t.)*

Annullação, nâkarṇî *f.*, nirasan *n.*, bhaṁg *m.*, moḍṇî, aṁtrâvṇî, mekhṇî, mahakubî *f.*, radd *n.*

Annullador, *a. e s. m.* nirasṇâr, moḍnâr, bhaṁgauṇâr.

Annullante, annullativo, annullatorio, *a.* bhaṁgauṇo, moḍcho, radd karcho.

Annullar, *v. t.* nâkarumk, moḍumk, bhaṁgaumk, mekhumk, aṁtrâvumk, partumk, radd-, mahakûb karumk.

Annullavel, *a.* maḍûṁyeso, bhaṁgaumyeso.

Annumerar, *v. t.* lekhâk-, gaṇanâk lâvumk,- chaḍhaumk.

Annunciação, *s. f.* khabar deṇem *n.*, vijbî *f.*

Annunciador, annunciante, *a. e s.* khabar deṇâr,- ditalo, kaḷauṇâr, jâṇauṇâr; bhâkṇâr.

Annunciar, *v. t.* khabar divumk, jâṇaumk, kaḷaumk, kaḷit-, dakhal-, praghaṭ karumk, praghaṭumk, kathumk, hâkâvumk; bhâkumk.

Annunciativo, *a.* khabrecho, vijbecho.

Annuncio, *s. m.* khabar, vijbî, jâṇauṇî, kaḷauṇî *f.*; ânums *m.*, praghaṭ-, prasiddh karṇem, ghoshaṇ *n.*, dâkhlo *m.*; khûṇ, chihnem, lakheṇ; śakun *n.*, praśn *m.*

Annuviar, *v. t.* (kupâm) mâmḍumk, maḷbhaṭ-, damaḷ karumk; *(fig.)* âṁdhârumk, kâḷok ghâlumk *(l. sup. do o.)*. ‖ *v. i.* kupâṁ mâṁḍoṁk, maḷbhaṭ-, damaḷ jâvumk, damaḷumk; *(fig.)* kâḷok paḍumk *(l. sup. do s.)*, toṁḍ vâṁkḍeṁ karumk, khaṁtîn bharomk.

Anodino, *a.* śamak, mavârîcho; viras, nistej, viḷviḷit.

Anoitecer, *v. i.* rât jâvumk, dîs paḍumk,- mavâḷumk. ‖ *v. t.* âṁdhârumk.

Anojadiço, *a.* sompepanîṁ kâṁṭâḷtalo,- viṭetalo.

Anojado, *a.* duḥkh ghetlalo,- mâkhlalo, duḥkhest.

Anojamento, *s. m.* duḥkh gheṇeṁ,- mâkhṇeṁ *n.*; khaṁt *f.*, jâḷ *m. pl.*; kâṁṭâḷo *m.*, vîṭ *f.*

Anojar, *v. t.* viṭâvumk, kâṁṭâḷâvumk; vâj hâḍumk, ubgaumk; duḥkh-, trâs divumk, duḥkhaumk, trâsumk. ‖ *v. r.* viṭevumk, kâṁṭâḷumk; vâjevumk, ubgomk; duḥkh-, khaṁt bhogomk *(d. do s.)*, duśchit, duḥkhest jâvumk; duḥkh ghevumk,- mâkhumk, duḥkâṁt âsumk, bomth ghevumk.

Anomalia, *s. f.* vyabhichâr, akram *m.*; *(astr.)* maṁḍaphal *n.*

Anomalo, *a.* vyabhichârî, avidhi, akramî.

Anonymo, *a.* nâṁv nâslalo, ninâvo, anâmik, nirnâmik.

Anóque, *s. m.* châmḍiṁ kamâvumchî svât *f.*

Anoréxia, *s. f.* arûch *f.*

Anormal, *a.* vâṁkḍo, uphrâṭo, avidhi, aśâstr, vikârî, vyabhichârî.

Anormalidade, *s. f.* vyabhichâr, avidhi, akram *m*, uphrâṭî vast *f.*

Anortear, *v. t.* uttarîk lâvumk,- vharumk. ‖ *v. i.* uttarîk vachumk.

Anósmia, *s. f.* aghrâṇ *n.*

Anovear, *v. t.* nav pâvṭhî adhik phârîk karumk lâvumk.

Anovellar, *v. t.* tânyer kâḍhumk.

Antagonico, *a.* viruddh, uphrâṭo.

Antagonismo, *s. m.* napaḍ *f.*, virodh *m*, vair *n.*

Antagonista, *s. m.* vâdî, pratipaksh, aparpaksh; virodhî, vairî, amitr. ‖ *a.* viruddh, parto, uphrâṭo.

Ante, *prep.* phuḍe, mukhâr, ṣamor, hujîr. ‖ *conj.* âdiṁ, pailem.

Ante-aurora, *s. f.* phâṁṭeṁ, jheṁjurṭeṁ *n.*

Antebraço, *s. m.* kompar to maṇkaṭ paryâṁt hât *m.*

Ante-camara, *s. f.* vasryâ âdlo kûḍ *m.*, ** sabhopagṛiha *n.*

Antecedencia, *s. f.* pûrvasiddhi *f.*, pûrvabhavan *n.*: pradhânkî. ‖ -s, *pl.* âdlî jîṇ,- châl *f.*

Antecedente, *a.* âdlo, pâṭhlo, âdiṁcho, mâglo, pûrv. ‖ *s. m. (gram.)* tatpadavâchya; *(logic.)* pratijñâvâkya;

(math.) pramâṇâṁtleṁ paileṁ pad *n.* ‖ -s, *pl.* âdlî jîṇ *f.*, pûrvcharit *n.*

Antecedentemente, *adv.* âdîṁ, âdîṁch, mukhâr.

Anteceder, *v. t. e i.* phuḍe-, âdîṁ âsuṁk,- jâvuṁk *(g. do o.)*, mukhâr âsuṁk,- vachuṁk *(g. do o.)*, mukhâsuṁk *(p. us)*; adhik-, varto jâvuṁk.

Antecessor, *s. m.* âdlo manîs, mâjî, pûrvâdhikârî. ‖ -es, *pl.* mâlgaḍe.

Antecipação, *s. f.* âdîṁ karṇeṁ *n.*, phuḍârṇî *f.*

Antecipadamente, *adv.* âdîṁch, paileṁch, phuḍe, phuḍârûn.

Antecipar, *v. t.* âdîṁch-, phuḍe karuṁk, phuḍâruṁk; chatrây karuṁk, chatrâvuṁk. ‖ *v. r.* phuḍâroṁk, phuḍe-, mukhâr yevuṁk,- jâvuṁk,- ghaḍuṁk.

Antedata, *s. f.* pâṭhlî-, âdlî târîkh.

Antedatar, *v. t.* pâṭhlî-, âdlî târîkh ghâluṁk *(d. ou l. do o.)*

Antediluviano, *a.* paryâḷyâ âdlo, pralayapûrvakâlik.

Antedizer, *v. t.* âdîṁ-, mukhâr sâṁguṁk, bhâkuṁk.

Antefosso, *s. m.* koṭṭâchî char *f.*, khoṁdak *m.*

Antegosar, *v. t.* âdîṁch khuśî-, ânaṁd bhoguṁk *(g. do o.)*

Antegoso, *s. m.* âdîṁch-, phuḍe bhogṇeṁ *n.*, adhibhog, pûrvabhog *m.*

Antegostar, *v. t.* âdîṁch-, mukhâr châkuṁk,- rûch ghevuṁk *(g. do o.)*, miṭî maruṁk *(d. do o.)*

Antegosto, *s. m.* âdîṁ châkṇeṁ *n.*, adhibhog *m.*, miṭî mârṇeṁ *n.*

Antehistorico, *a. V.* PREHISTORICO.

Antehontem, *adv.* pair.

Antelação, *s. f. V.* PREFERENCIA.

Anteloquio, *s. m.* paribhâsh *f.*

Antemanhã, *s. f.* ujvâḍteṁ, jheṁjurṭeṁ, phâṁteṁ *n.* ‖ *adv.* phâṁtyâṁ, ujvâḍtâṁ.

Antemão, *adv.* âdîṁch, paileṁch, mukhâr.

Antemeridiano, *a.* donpârâ âdlo.

Antemulha, *s. f.* khair *f.*

Antemural, antemuro, *s. m.* paḍbhiṁt *f.*; *(fig.)* âdhâr, âḍos *m.*

Antenna, *s. f.* parbâṇ, penâv *n.*; miśî *f.*

Antennado, antennifero, *a.* miśyo âslalo, miśyâḷo.

Antennula, *s. f.* lahân miśî.

Antenome, *s. m.* nâṁvâ âdleṁ bird *ou* barad *n.*

Antenupcial, *a.* kajârâ-, lagnâ âdlo.

Anteparar, *v. t.* âḍosâvuṁk, âḍâvuṁk, âsrâvuṁk, aḍuṁk; *(fig.)* saṁbhâḷuṁk, nivâruṁk, târuṁk; thâṁbauṁk, khaḷauṁk. ‖ *v. i.* thâṁbuṁk, khaḷuṁk, baṁd jâvuṁk. ‖ *v. r.* âpṇâk vâṭâvuṁk, âplo trâṇ karuṁk, âplo jîv râkhuṁk.

Anteparo, *s. m.* âṁtepâr, âḍos, âsar *m.*; *(fig.)* trâṇ *m. e n.*, râkhaṇ, nivârṇî *f.*

Antepassado, *a. e s. m.* pûrvilo, phuḍlo, pûrvaj, mâlgaḍo, pitṛi, vhaḍîl.

Antepassar, *v. t. e i.* phuḍe-, mukhâr karuṁk va vachuṁk, phuḍâruṁk, âdîṁ ghaḍuṁk.

Antepasto, *s. m.* pûrvâhâr *m.*

Antepenultimo, *a.* nimâṇyâ âdlo dusro.

Antepor, *v. t.* phuḍe-, mukhâr ghâluṁk.

Anteporta, *s. f.* pratidâr *n.*

Anteposição, *s. f.* mukhâr ghâlṇeṁ *n.*; agragati *f.*; agramân *m.*

Anteprojecto, *s. m.* pailo kharḍo *m.*

Anterior, *a.* âdlo, mâglo, pailo, pûrv; mukhâvelo, phuḍlo.

Anterioridade, *s. f.* âdlepaṇ, pailepaṇ *n.*

Anteriormente, *adv.* âdîṁ, paileṁ.

Antes, *adv.* âdîṁ, pitâm, phuḍe, mukhâr; *mais, melhor:* adhik, adhik bareṁ; *pelo contrario:* parteṁ, âḍ yevûn. ‖ — *de*, — *que*, âdîṁ, phuḍe (*com g., ex.:* — *de morrer*, marche âdîṁ). — *de tempo*, pâḷî yevuṁche-, veḷ pâvchyâ âdîṁ. *D'antes*, âdîṁ, âdlyâ samayâr.

Antesala, *s. f.* vasrî *f.*, pailo vasro *m.*, **sabhopagṛiha *n.*

Antesignano, *s. m.* agragâmî.

Antetempo, *adv.* veḷ-, kâḷ-, samay pâvchyâ âdîṁ, phuḍârûn.

Antever, *v. t.* âdîṁch paḷevuṁk, phuḍâvuṁk.

Antevespera, *s. f.* âdlyâ disâ âdlo dîs *m.*

Antevidencia, *s. f.* dîrghadrishṭi.

Anthelminthico, *a.* daṁt mârcho (okhat), krimighna.

Anthera, *s. f.* kesarâgr *n.*

Anthese, *s. f.* phulâṁ phulṇeṁ *n.*

Anthologia, *s. f.* puspavarṇan *n.*, puspavidyâ *f.*; veṁche *m. pl.*, saṁgraha *m.*

Anthologista, *s. m.* veṁche karṇâr; puspavidyâjña.

Anthraz, *s. m.* kâḷphoḍ *m.*, deṁṭpuḷî *f.*

Anthropographia, *s. f.* manushyavarṇan *n.*

Anthropologia, *s. f.* manushyaśâstr, manushyavarṇanaśâstr *n.*
Anthropomorphismo, *s. m.* devamanushyamat *n.*
Anthropomorphos, *s. m. pl.* vanmânush.
Anthropophagia, *s. f.* narabhojan, purushâdan *n.*
Anthropophago, *a. e s. m.* manshyâcheṁ mâs khâtalo, narabhojî, purushâd; râkshas.
Anthroposophia, *s. f.* manushyasvabhâvasâstr *n.*
Anti, *pref.* âḍ, parto, viruddh.
Antiaphrodisiaco, *a.* kâmanâśak.
Antibilioso, *a.* piṁt mârcho.
Antichristão, *a.* Krîstaviruddh.
Antichristianismo, *s. m.* Krîstaviruddhpaṇ *n.*
Antichristo, *s. m.* Krîstavirodhî.
Antichronismo, *s. m.* kâlagaṇanâvyatyaya *m.*, tarkechî chûk *f.*
Antichtones, *s. m. pl. V.* ANTIPODAS.
Anticonstitucional, *a.* râjyaritîr âḍ, râjyarîtiviruddh.
Antidoto, *s. m.* nirvikh *n.*, utâr *m.*; *(fig.)* okhat *n.*
Antifebril, *a.* jvaranâśak.
Antigalha, *s. f.* parṇî-, junî-, purâtan vast; parṇî rît *f.*
Antigamente, *adv.* âdlyâ kâlâr,-samayâr, pitâm, pûrvîṁ, mâgâṁ, phuḍe.
Antigo, *a.* âdlo, parṇo, juno, pûrv, purâtan, mâgâṁcho, pûrvîṁcho, pûrvilo, pûrvîl, purâṇ, *sampratikâḷîcho. ‖ -s, *s. m. pl.* âdle manîs, mâlgaḍe, pûrvaj, mhâtâre, kadamkâḷe.
Antiguidade, *s. f.* purâtanpaṇ, junepaṇ, mhâtârpaṇ *n.*; âdlo kâḷ, pâṭhḷo samay, kadamkâḷ *m.*; âdle-, phuḍle manîs *m. pl.*; parṇyo-, mâgâṁchyo vastû *f. pl.*
Antilogia, *s. f.* virodh *m.*
Antilope, *s. m.* haraṇ, chitaḷ *n.*, mrig *m.*
Antimonial, *a.* surmyâcho.
Antimonio, *s. m.* surmyâcho dhâtu, surmo, kâpot *m.*, kâjaḷ *n.*
Antinomia, *s. f.* kânûvirodh, vidhivirodh *m.*
Antipathia, *s. f.* sayaṁbhavirodh, sahajvirodh *m.*, napaḍ, nâkhuśî, aprîti *f.*, apriyapaṇ, dusaṁg *n.*, duśmânkây *f.*
Antipathico, *a.* virodhî, viruddh, sahajviruddh, napaḍît.
Antipathizar, *v. i.* virodh-, dusaṁg âsuṁk *(d. do s.)*
Antiphona, *s. f.* pratigân, sadgît *n.*
Antipoda, *a. e s.* pratilom.
Antiquado, *a.* purâtan, parṇo.
Antiquar, *v. t.* parṇo karuṁk. ‖ *v. i.* parṇo jâvuṁk.
Antiquario, *s. m.* purâtanvastuśâstrajña, âdlyo-, parṇyo vastû oḷkhaṇâr,- śodhṇâr,- puṁjîkarṇâr.
Antiseptico, *a.* pûtinâśak.
Antispasmodico, *a.* aṁgagrahanâśak.
Antistite, *s. m.* dharmâdhyaksh; bîsp.
Antithese, *s. f.* virodh *m.*, arthâṁtr *n.*
Antithetico, *a.* virodhî.
Antitypo, *s. m.* biṁb *m.*
Antojar, antolhar, *v. t.* ḍoḷyâṁ mukhâr ghâluṁk, ḍoḷyâṁr kâḍhuṁk; dâkhauṁk, dhyânâṁt hâḍuṁk; âsevuṁk, dohâḷuṁk. ‖ *v. r.* disuṁk, dhyânâṁt yevuṁk; rûch yevuṁk, dohâḷo jâvuṁk.
Antojo, antolho, *s. m.* drishṭâṁt *n.*, mâyâ *f.*; dohâḷo *ou* duvâḷo *m.* ‖ — *do enfermo*, gâṁṭh *f.*
Antolhos, *s. m. pl.* disṇeṁ *n.*; bhûl, mâyâ *f.*, bhram *m.*
Antonomasia, *s. f.* guṇaguṇyabhidhân *n.*
Antro, *s. m.* vivar, bhuṁyâr, rahâḷ *n.*
Anular, *a.* mudyâḷo. ‖ *Dedo* —, mudyecheṁ boṭ.
Annuloso, *a.* mudyâḷo, vâlyâṁ-, âṁkḍyâṁnîṁ bharlalo.
Anuria, *s. f. V.* ANGURIA.
Anus, *s. m.* bhoṁk, kuṇṭeṁ *n.*, nâḍî, koḍ, hâgṇî, phûd *(vulg.) f.*, *kadveṁ *n.*
Anverso, *a.* ârtî kûs *f.*, sâmkeṁ âṁg *n.*
Anzol, *s. m.* garî *f.*, goro *(— grande) m.*
Anzolado, *a.* garyâḷo.
Anzoleiro, *s. m.* garyâṁkâr.
Aonde, *adv.* kaiṁ, khaṁsar, jikaḍe.
Aoristo, *s. m.* aniyamitakâl *m.*
Aorta, *s. f.* raktaśayâchî moṭî dhamnî *f.*
Apa, *s. f.* bhâkrî, bhâkhar *(— assada)*; poḷî, roṭî *(p. us.) f.*; sâṁdaṇ *(— cozida, de farinha fermentada) n.*; goḍâ chunâcheṁ sâṁdaṇ *(se entra jagra e côco)*; phuṭeṁ sâṁdaṇ *(sem jagra e côco)*; lâtaḍ *(— cozida, sem fermento) n.*; kâyloḷî *(— frita, com jagra) f.*; poḷo *(— frita, sem jagra) m.*; chiṭyâb *(— frita, com sura) m.*; kailoḷî *(— assada, coberta com tampa)*.

Apadrinhador, *s. m.* âdhârî, âskârî, sârathi, pâḷak, kaivârî.

Apadrinhar, *v. t.* padan jâvuṁk *(g. do o.)*; *(fig.)* âdhâruṁk, sârathuṁk, prasâduṁk, pratipâḷuṁk, hât divuṁk.

Apagado, *a.* pâlavlalo; puslalo; khuḷo, ucnâr; phiskaṭlalo, bighaḍlalo.

Apagador, *s. m.* pâḷauṇâr; pâlauṇo.

Apagamento, *s. m.* pâlauṇî; pusṇî *f.*

Apagar, *v. t.* pâlauṁk, phuṁk mâruṁk *(d. do o.)*; *embaciar:* nistej-, phiko karuṁk; kâḷsâvuṁk; — *a escripta:* pusuṁk, bhâṁjuṁk, uckhuṁk; *desfazer:* bighḍâvuṁk, bhaṁgauṁk; *desbotar:* mâvḷâvuṁk, viṭkaḷâvuṁk. ‖ — *a sêde,* tân mâruṁk. — *a vela,* śîḍ kavḷuṁk. — *a luz dos olhos,* kurḍo karuṁk. — *uma familia,* nisaṁtan-, gharṭhâṇ karuṁk. ‖ *v. r.* pâlavuṁk; kâḷsevuṁk; pusoṁk, bhâṁjoṁk; bighḍuṁk, bhaṁguṁk; mâvḷuṁk, viṭkaḷuṁk.

Apage, *int.* chhî, chhîchhî, chhîthû, thûthû, śî, phûṁ, bhâyr, ûṁh, âha.

Apagear, *v. t.* lâṁbto jâvuṁk *(g. do o.)*

Apagma, *s. m.* hâḍ nikhaḷṇeṁ *n.*, saṁdhibhaṁg *m.*

Apainelamento, *s. m.* sâṭhyâṁnîṁ saṁjauṇeṁ *n.*

Apainelar, *v. t.* chitrâṁnîṁ-, sâṭhyâṁnîṁ saṁjauṁk.

Apaixonado, *a.* saṁtâpî, manastâpî, atirâg *ou* atirâgî, vyâkûḷ; âgyo; *colerico:* râgishṭ, krodhî, piṁtvegî; *exaltado:* phullalo, tâplalo, chadhlalo, murgaṭlalo; *parcial:* vallalo, ekâṁgî, pakshapâtî; *affeiçoado:* lâglalo, bhullalo, lobhdalalo; *possuido de amor:* kâmâdhishṭh, sriṁgârit; *consternado:* khaṁtîbharit, duḥkhâbharit. ‖ *s. m. V.* AMANTE.

Apaixonar, *v. t.* manastâpî-, atirâgî-, vyâkûḷ karuṁk, saṁtâpauṁk, tâpauṁk; phulauṁk, bhulauṁk, murgaṭâvuṁk; châḷvauṁk, tiḍauṁk; duḥkh divuṁk, vaḷvaḷâvuṁk, kaḷvaḷâvuṁk. ‖ *v. r.* lâguṁk, lobhduṁk, bhulṇuṁk; râgevuṁk, tiḍuṁk, châḷvuṁk, kopuṁk; duḥkh-, khaṁt bhogoṁk *(d. do s.)*; vaḷvaḷuṁk, chaḍphaḍuṁk.

Apalancar, *v. t.* dhâṁpuṁk; aḍuṁk, âḍo ghâluṁk *(d. do o.)*, târâṁgaṇ karuṁk *(d. do o.)*

Apalavrar, *v. t.* bhâsuṁk, boluṁk, bodhuṁk. ‖ *v. r.* bhâs-, uttar divuṁk, bolî karuṁk. ‖ — *para casar,* kâjârâcheṁ uttar divuṁk, *bolâbolî jâvuṁk *(d. do s.)*

Apaleamento, *s. m.* dâṁḍâvṇî, baḍauṇî *f.*

Apalear, *v. t.* dâṁḍâvuṁk, toṇkâvuṁk, baḍauṁk.

Apalpadeira, *s. f.* sâṁspaṇî.

Apalpadela, *s. f.*, apalpamento, *s. m.* sâṁspaṇî, pośevṇî, âphaḍ *f.*, *ou* âphaḍṇeṁ, sparśan *n.* ‖ *Ás apalpadelas,* sâṁspûn; *(fig.)* ḍoḷe dhâṁpûn; dubhâvân, pâṭhî phuḍe sarûn.

Apalpador, *s. m.* sâṁspaṇo.

Apalpar, *v. t.* pośevuṁk, âphḍuṁk *ou* âphuḍuṁk; sâṁspuṁk, sparśuṁk; *sondar:* ṭhâv ghevuṁk; *indagar, tentar:* tapâsuṁk, dhuṁḍuṁk *ou* dhuṁḍâḷuṁk, parikshuṁk, karûn paḷevuṁk. ‖ — *as algibeiras (fig.),* bolsâṁ sâṁspuṁk, bolsâṁtleṁ choruṁk. — *alguem (fig.),* dâd ghevuṁk *ou* man-, kâḷij-, bhâv paḷevuṁk *(g. do o.)*. — *as costellas,* dâḍâvuṁk, baḍauṁk, mâruṁk. — *as cordas, teclas,* madhurâyen vâjauṁk. — *o terreno (fig.),* chatrâym chaluṁk, phuṁkûn pâṁy, ghâluṁk, ṭhâvak ghevuṁk. — *o vau,* vâṭ śodhumk, upây chiṁtuṁk.

Apanagio, *s. m.* śer *m.*, chaṁdî; *(fig.)* gat, daśâ *f.*, lakheṇ *n.*

Apandilhar-se, *v. r.* ṭhakchyâk'kaṭ karuṁk,- ekṭhâṁy jâvuṁk.

Apanha, *s. f.* kâḍhṇî, viṁchṇî, luṁvṇî *f.*

Apanhadeira, *s. f.* luṁvpîṇ, viṁchpîṇ.

Apanhado, *a.* kâṁdhghetlalo, dharlalo. ‖ *Homem —,* luchcho-, himto manîs. *Logar —,* aśir svât. ‖ *s. m.* âṭâp, sasâr, veṁcho, saṁkshep *m.*; kavḷî *f.*, miryo *f. pl.*

Apanhador, *s. m.* kâḍhṇâr; luṁvpî, viṁchpî.

Apanhadura, *s. f.* dharṇî, sâṁpḍâvṇî, gaṁvsaṇî; dharbâṁdh; kâḍhṇî, viṁchṇî, kuṁṭhṇî *f.*, pâḍo *m.*

Apanhamento, *s. m. V.* APANHADURA e APANHADO *(s.)*

Apanhar, *v. t.* — *fructos pendentes:* kâḍhuṁk; — *côcos:* kâḍhuṁk, pâḍuṁk; — *varejando:* baḍauṁk; — *flores e fructos cahidos ou conchas:* viṁchuṁk; — *segando:* luṁvuṁk, kâpuṁk; — *flores:* kâḍhuṁk, kuṁṭhuṁk; *pegar na mão:* dharuṁk, hâtân dharuṁk; *aparar:* jhikuṁk, jhikûn dharuṁk; *levantar:* kâḍhuṁk, ukluṁk; *pescar:* mâruṁk, dharuṁk, pâgâvuṁk; *caçar com visco:* phârâvuṁk; pâṁkâvuṁk; *agarrar:* ghaṭṭ dharuṁk, pâṭh dharuṁk (*g. do o.*); *obter:* sâṁpḍâvuṁk, gaṁvsuṁk, hâtâsuṁk; *arregaçar:* kavḷuṁk, vayr kâḍhuṁk, uklûn dharuṁk; *surprehender:* sâṁpḍuṁk *ou* meḷuṁk (*d. do s., s. do o.*); *sobrevir:* jâvuṁk, yevuṁk; *soffrer:* sosuṁk, bhoguṁk; *colligir:* ekṭhâṁy karuṁk, puṁjîkaruṁk; *roubar:* luṭuṁk, sutlâvuṁk; *fisgar:* phârâvuṁk; *imitar:* ghevuṁk; *juntar em pregas:* doḍuṁk, moḍuṁk. || — *uma doença,* piḍâ jâvuṁk,- lâguṁk (*d. do s.*) — *em mentira,* phoṭ dharuṁk (*g. do o.*) *Apanhou uma boa lição,* to baro śeklo! || *v. r.* (*ant.*) maruṁk, saruṁk; *achar-se:* âsuṁk, uruṁk, sâṁpḍuṁk. || *Apanha!* ghe âtâṁ! khâ beṁ!

Apanho, *s. m.* kâḍhṇî, viṁchṇî *f.*

Apaniguado, *a.* posko; paḍarcho, pâṁgîcho, âdhârâcho, âśrit; pâṭhlâvkâr, pakshî, pakshegâr, anusârî.

Apaniguar, *v. t.* posuṁk, saṁbhâḷuṁk, pratipâḷuṁk.

Apara, *s. f.* kuṭho *m.*, kâp *n.*, kâpî, kâpṭî, kisûḷ *f.*, tâsṇeṁ, tâsap *n.*, sovlî *f.*

Aparador, *a.* jhiktalo, jhikṇâr; tâstalo. || *s. m.* âpârâdor *m.*, jevṇâchyo vastû davarcheṁ mej *f.*

Aparamentar, *v. t. V.* PARAMENTAR.

Aparar, *v. t.* jhikuṁk jhikûn ghevuṁk; kâpuṁk, kâtruṁk, tâsuṁk, kharvaḍuṁk, bheṁḍuṁk, chheduṁk; domsâḷo karuṁk, domsâvuṁk. || — *o golpe,* phâr âsrâvuṁk,- âḍâyuṁk,- sâṁvrâvuṁk.

Aparceirar, *v. t.* bhâgâk ghevuṁk. || *v. r.* bhâgelî jâvuṁk.

Aparcelamento, *s. m.* khaḍpâṁchî svât daryâṁt.

Aparcellamento, *s. m.* vâṁṭap *n.*, vâṁṭṇî, bhâṁjṇî *f.*

Aparcellar, *v. t.* vâṁṭuṁk, bhâṁjuṁk.

Aparentado, *a.* soyrîk âslalo, gotrî, saṁbaṁdhî; vhaḍle soyre âslalo.

Aparentar, *v. t.* soyro-, soyrîk karuṁk. || *v. r.* soyro jâvuṁk, soyrigat joḍuṁk.

Aparo, *s. m.* âpâr *m.*, ṭâṁkî *f.*, pensîl *n.*

Aparrado, thapkaṭo.

Apartadamente, *adv.* kuśîn kuśîn, vegḷeṁ vegḷeṁ; guptîṁ, choryâṁ; pais.

Apartado, *a.* kaḍsarlalo; paisilo, dûrcho; eksuro, ekvaḍo, asaṁg; gupit, gupt, gûḍh.

Apartador, *s. m.* kuśîn kâḍhṇâr, sarkâvṇâr.

Apartamento, *s. m.* kaḍsarâvṇî, kaḍsarṇî *f.*, kuśîn kâḍhṇeṁ,- sarṇeṁ *n.*; viskaḷâvṇî; pais sarṇeṁ *ou* vachṇeṁ; sâṁdh, âdsâṁdh *f.*; asaṁg *m.*, eksurây *f.*; pâgâr *m.*, durîg *n.* || — *dos casados,* ghovbâylecho vegḷâchâr.

Apartar, *v. t.* kaḍe *ou* kuśîn kâḍhuṁk *ou* ghâluṁk, kaḍsarâvuṁk, gavḷâvuṁk, sarkâvuṁk, *afastar:* viskaḷâvûṁk, uṭhauṁk, pelyân ghâluṁk, paisâvuṁk, durâvuṁk; *afugentar:* palauṁk, dhâṁvḍâvuṁk, jhurauṁk; *apaziguar:* (jhagaḍtalyâṁk) kuśîn kâḍhuṁk, śamanâ karuṁk, thaṁḍâvuṁk; *escolher:* śodhuṁk, viṁchûn kâḍhuṁk; *repartir:* vâṁṭuṁk; *dissuadir:* manâ-, baṁd karuṁk, moḍâvuṁk. || — *de si,* nirasuṁk, bhâyrâvuṁk, paro ghâluṁk. — *os olhos,* ḍoḷe-, disht partuṁk. — *o grão da palha* (*fig.*), bareṁ vâyṭ teṁ paḷevuṁk. || *v. r.* kuśîn-, pais-, pelyân-, paro saruṁk, kaḍsaruṁk, gavḷuṁk, viskaḷuṁk, kachruṁk; pais-, dûr vachuṁk,- râvuṁk, kûś mâruṁk; vegḷo saruṁk,- râvuṁk. || — *do mundo,* saṁsâr sâṁḍuṁk, saṁsârâk pâṭh karuṁk.

Aparte, *s. m.* kuśîn ulauṇeṁ, vegḷeṁ sâṁgṇeṁ *n.*

Aparvalhado, *a.* pisâṭ, khuḷo; ghâbro, kâkûḍ.

Aparvalhar, *v. t.* pisâvuṁk, khuḷâvuṁk; ghâbrâvuṁk, bhedrâvuṁk; ghuspâvuṁk, goṁdhḷâvuṁk.

Apascentador, *s. m.* râkhṇo, goṁvḷî.

Apascentamento, *s. m.* charauṇî *f.*

Apascentar, *v. t.* charauṁk, charvâk vharuṁk,- ghâluṁk, charav divuṁk (*d. do o.*); khâvauṁk, mâtauṁk. || *v. r.* charuṁk.

Apassamanar, *v. t.* jarpâṭyen saṁjauṁk, raśîm pâṁṭi khaṁchauṁk (*l. do o.*).

Apatetado, *a.* khuḷoso.

Apatetar, *v. t.* khuḷâvuṁk, piso karuṁk.

Apathia, *s. f.* udâspaṇ *n.*, nirichchhâ, nityaśâṁti; maṁdây, jaḍây *f.*, meṁgepaṇ, bebepaṇ *n.*

Apathico, *a.* udâs, udâsîn, nityaśâṁt; maṁd, meṁgo, jaḍ.

Apaulado, *a.* pachpachît, bâṁbrâcho, gaḍaḷ.

Apaular, *v. t.* mâyṇ-, gaḍaḷ karuṁk.

Apavonado, *a.* morâchyâ raṁgâcho, vichitr; (*fig.*) pehrâvlalo, phullalo, phuglalo.

Apavonar, *v. t.* vichitr karuṁk; jinnsâṁ râṁgâṁchiṁ vastrâṁ nesauṁk. ‖ *v. r.* pehrâvoṁk, gaṁje karuṁk; phurphuruṁk, phuluṁk.

Apavorar, *v. t.* tharthrâvuṁk, dhaḍdhaḍâvuṁk, kalkalâvuṁk.

Apaziguado, *a.* thaṁḍâylalo; thaṁḍ, śamanâ, svasth, śâṁt.

Apaziguador, *s. m.* thârâvṇâr, śâṁtauṇâr, susthâvṇâr.

Apaziguamento, *s. m.* thârâvṇî, susthâvṇî, thaṁḍâvṇî, śâṁtvaṇ *f.*, śamaṇ *n.*

Apaziguar, *v. t.* thârâvuṁk, susthâvuṁk, svasthâvuṁk, śâṁtauṁk, śamanâvuṁk, samjâvuṁk, thaṁḍâvuṁk, svasth-, thaṁḍ-, śamanâ karuṁk. ‖ *v. r.* śamanuṁk, śamanâ-, thaṁḍ jâvuṁk, thaṁḍâvoṁk, susthâvoṁk.

Apeadeira, *s. f.*, **apeadoiro**, *s. m.* deṁvaṇ, deṁvaṇeṁ *n.*

Apeado, *a.* deṁvlalo; bâbḍo, bâbat.

Apeanhar, *v. t.* peḍâr davruṁk.

Apear, *v. t.* deṁvauṁk, utruṁk; moḍuṁk, koṁsḷâvuṁk; *(fig.)* padvî-, adhikâr kâḍhuṁk *(g do o.)*. ‖ — *a sege*, ghoḍe soḍuṁk. ‖ *v. i. e r.* deṁvuṁk, utroṁk.

Apeçonhar, **apeçonhentar**, *v. t.* *V.* EMPEÇONHAR e EMPEÇONHENTAR.

Apedado, *a.* deṁṭ âslalo, deṁṭâḷo.

Apedrado, *a.* phâtrâṁnnîṁ bâṁdhlalo; phâtrâylalo; nibar phâtar, dâruṇ; mâṇkâṁ motyâṁnniṁ śṛiṁgârlalo; phâtrâchyâ raṁgâcho.

Apedramento, *s. m.* phâtrâvṇî *f.*; phâtrâṁnnîṁ bâṁdhṇeṁ *n.*

Apedrar, *v. t.* phâtrâvuṁk, phâtrâṁnnîṁ mâruṁk; phâtrâṁnniṁ bâṁdhuṁk; phâtar ghâḷuṁk,- ḍâḷuṁk *(l. do o.)*; vichitr karuṁk. ‖ *v. r.* nibar phâtar jâvuṁk; doḍevuṁk.

Apedrejador, *s. m.* phâtrâvṇâr; *(fig.)* lachâṁḍî, chahâḍyo.

Apedrejamento, *s. m.* phâtrâvṇî, guṁḍâvṇî *f.*

Apedrejar, *v. t.* phâtrâvuṁk, guṁḍâvuṁk; phâtrâṁnniṁ mâruṁk; *(fig.)* apamânuṁk, chahâḍuṁk, apavâduṁk.

Apegação, *s. f.* hât lâvṇeṁ *n.*: dharṇî *f.*

Apegadiço, *a.* chikaṭ, pâṁkîṭ, pâṁkâcho; vasyâcho.

Apegado, *a.* lâglalo, teṁklalo; lâgsilo, merecho. *V.* AFERRADO.

Apegamento, *s. m.* chikaṭây, pâṁkṇî, lâgṇî *f.*, chikaṭpaṇ *n.*, vaso *m.*

Apegar, *v. t.* chikaṭâvuṁk, pâṁkâvuṁk, teṁkauṁk, lâvuṁk, lâgauṁk; *affeiçoar:* mogâk lâvuṁk, vaṁḍâvuṁk; *communicar por contagio:* vaso lâvuṁk *(g. do o.)*. ‖ *v. r.* chikaṭuṁk, pâṁkuṁk, lâguṁk, ghâṁs ghevuṁk, dharoṁk, ḍaṁkuṁk; mogâk lâguṁk, lobhduṁk; saṁvay jâvuṁk *ou* paḍuṁk *(d. do s.)*, saṁvkuṁk, vaso lâguṁk *(g. do s.)*. ‖ —*se a alguma cousa*, teṁeh jharauṁk,- ghâṁsuṁk.

Apegar, *v. t.* buḍauṁk. ‖ *v. r.* buḍuṁk.

Apego, *s. m.* mog *m.*, vaṁdavṇî *f.*; thîrpaṇ *n.*, dṛiḍhây, bhâjaḍây; *(agric.)* ruṁbḍî *f.*

Apeiragem, *s. f.* gâḍyâchî-, jotâchî mustâykî *f. ou* sâmaṇ *n.*

Apeirar, *v. t.* gâḍyâk-, nâṁgrâk bâṁdhuṁk (bail).

Apeiro, *s. m.* nâṁgar guṁṭho *m.*; âuṭâṁ *n. pl.*, âspâv, sâj *m.*, sâmaṇ *n.* *V.* APEIRAGEM.

Apenar, *v. t.* daṁḍ ghâluṁk, maryâd bâṁdhuṁk, khâst lâvuṁk; durây ghâluṁk; veṭhîk dharuṁk.

Apenas, *adv.* kashṭân, saṁkashṭîṁ, puro jâvûn, jarûr; bhav tar, chaḍhach tar (*ex:* — *levava o dinheiro necessario para a jornada*, bhav tar vâṭek jâyse duḍû vhartâlo), mâtr. ‖ *conj.* phuḍe (*ex:* — *chegado morreu*, pâvanâ phuḍe melo), kî nâ (*ex: sae da casa,* — *nasce o sol*, dîs udetâ kî nâ gharâṁtlo bhâyr sartâ).

Apendoar, *v. t.* bâvṭyâṁnîṁ saṁjauṁk,- neṭauṁk.

Apepinado, *a.* tavśyâ sârko.

Apepinar, *v. t.* keṁḍuṁk, toṁḍuṁk.

Apepsia, *s. f.* ajîrṇ *n.*, maṁdagni *m.*

Aperceber, *v. t.* dekhuṁk, paḷevuṁk, oḷkhuṁk, saṁjuṁk; tayâr-, âyto karuṁk, samkaruṁk; kamâvuṁk, mâṁḍuṁk; purauṁk, saṁjauṁk. ‖ *v. i.* tayâr-, âyto jâvuṁk,- âsuṁk, mustâykî karuṁk; âyteman karuṁk; saṁjuṁk, purvaṇ karuṁk.

Apercebido, *a.* tayâr, âyto, rujû; chatur.

Apercebimento, *s. m.* tayârî, mustâykî *ou* mustâytî, purvaṇ, saṁjauṇî *f.*, sâj *m.*; âyteman *n.* ‖ — *de guerra*, jujâcheṁ sâmaṇ, dârû guḷo.

Apercepção, *s. f.* nihâḷ *m.*; aṁtashkarṇ, sairâṇ *n.*

Aperfeiçoador, *s. m.* sudhârṇâr, saṁpâdṇâr.

Aperfeiçoamento, *s. m.* sudhârṇî, ujkhurṇî, saṁskârṇî *f.;* saṁpâdan *n.*, nibhâvṇî *f.*

Aperfeiçoar, *v. t.* sudhâruṁk, ujkhuruṁk, saṁskâruṁk; saṁpâduṁk, nibhâvuṁk, saṁpurṇuṁk. ‖ *v. r.* sudhâroṁk, saṁpûrṇ-, saṁskṛit jâvuṁk.

Aperiente, aperitivo, *a.* rechak; rûch hâḍcho.

Aperolar, *v. t.* motyâṁ parîṁ karuṁk.

Aperreador, *s. m.* vaḷvaḷâvṇâr, piḷṇâr.

Aperreamento, *s. m.* vaḷvaḷâvṇî, piḷṇî *f.;* saṁtâp *m.*, dagdag *m. pl.*, ghâs huss *f.*

Aperrear, *v. t.* vaḷvaḷâvuṁk, piḷuṁk; saṁtâpuṁk, âkâṁtuṁk, dagdagâvuṁk.

Apertada, *s. f. V.* APERTO.

Apertadamente, *adv.* arnûn, âṁvḷûn, gachch, khachch; saṁkashṭîṁ.

Apertado, *a.* chiraṁgaṭlalo, aḍchalalo; gâḍh, ghaṭṭ; *estreito:* arn, aśir, saṁkaṭ, aruṁd, taḍtaḍit, aḍchaṁîcho; *avarento:* himto, châṭo, gâḍh; *rigoroso:* khar, nibar, kaṭhin, kharkas; *apoucado:* kâkûḍ, âṁkhûḍ.

Apertadoiro, *s. m.* paṭṭo *m.*, vâdî *f.*, tâṭo, bâṁd *m.*

Apertador, *s. m.* aḍchauṇâr, âṁvaḷṇâr, chepṇâr. *V.* APERTADOIRO.

Apertão, *s. m.* chiraṁgaṭ, kheṭ, kheṁch, cheṁch *f.*, kuchkucho, loṁḍho, ragḍo *m.*, gochchî; peṁch *f.*

Apertar, *v. t.* chiraṁgaṭuṁk, cheṁchuṁk; *segurar com força:* ghaṭṭ-, dâmûn dharuṁk; *comprimir:* dâmuṁk, chepuṁk, kheṁchuṁk, peṁchuṁk; *espremer:* piḷuṁk, murḍuṁk, chirḍuṁk; *estreitar:* aśirâvuṁk, arnuṁk, taḍtaḍâvuṁk; *ajustar:* ghaṭṭ-, nîṭ karuṁk, basauṁk; *encurtar:* thoḍâvuṁk, uṇâ vuṁk; *resumir:* âṭâpuṁk, saṁkshepuṁk; *adstringir:* âṁvḷuṁk, oḍhuṁk; *embaraçar:* aḍchaṇîk-, peṁchyâk ghâluṁk; *affligir:* kashṭâvuṁk, dagdagâvuṁk, ghâs huss divuṁk; *instar:* ghoḷauṁk, ghuṁvḷâvuṁk; *averiguar:* dhuṁdâḷuṁk, chaukasuṁk, tapâsuṁk. ‖ *v. i.* chiraṁgaṭoṁk, cheṁchoṁk, kuchkuchuṁk; dâmoṁk, chepoṁk; piḷoṁk, murḍoṁk, chirḍoṁk; arnoṁk, âṁvḷoṁk; aḍchoṁk; *augmentar de intensidade:* chaḍhuṁk (duḥkh, phoḍâphod), lâguṁk (pâus), paḍuṁk (hiṁv, ubâḷ); *insistir:* ghâṁsuṁk *(v. t.)*, bhâsuṁk *(v. t.)*, partûn partûn karuṁk; *instar o tempo:* ânîṁk veḷ nâsuṁk, veḷ pâvuṁk, kâḷ yevuṁk.

Aperto, *s. m.* chiraṁgaṭṇî, cheṁchṇî, dâmṇî, kheṁchṇî, peṁchṇî; chiraḍ, kheṭâkheṭ, chiraṁgaṭ; âṁvaḷṇî *f.*, âṁvḷap, arnaṇeṁ *n.; logar apertado:* aḍchaṇ *f.*, ghoreṁkâr *m. pl.*, saṁkaṭ, saṁkashṭ *n.*, târaṁbaḷ *f.; oppressão:* upadro. trâs *m.*, ijâ *f.; avareza:* hichimichî *f.*, himṭepaṇ, châṭepaṇ *n.; indigencia:* daḷdir *n.*, garaj *f.*, garîbpaṇ *n.*, hâlahvâl *m. pl.; rigidez:* kharây, kaṭhiṇây, kharkasây *f.; intensidade:* taḍâko, dhaḍâko *m.*, bhargato (*com subst. correspondente, ex.:* bhargato pâus,- veḷ); *urgencia:* tâkît, jarurî, aḍchaṇ *f.* ‖ *Ter — de peito*, harḍeṁ oḍhoṁk *(y. do s.)*.

Apertura, *s. f.* aḍchaṇ, âḍkhaḷ; tâkît, jarurî *f.;* peṁcho, goṁdhaḷ *m.*, khâṁch *f.;* taḷmaḷe *m. pl.*, kaḷvaḷo, chaṭko *m.*

Apesar, *prep.* âstanâ (*ex.: partiu — de ser tarde*, uśîr âylyâ âstânâ gelo), khuśe bhâyr *ou* âḍ (*ex.: casou — da opposição dos paes*, âvaybâpâyche khuśe bhâyr kâjâr jâlo). ‖ *— de que*, *V.* AINDA QUE.

Apessoado, *a.* lâṁb dîg; disto, âkârâcho. ‖ *Bem —*, baro disto, rupest, śobhit.

Apestar, *v. t. V.* EMPESTAR.

Apetalo, *a.* dalahîn.

Apetrechar, *v. t. V.* PETRECHAR.

Apezinhar, *v. t. V.* ESPEZINHAR.

Aphasia, *s. f.* vâṇîhîupaṇ *n.:* vikalp *m.*

Aphelio, *s. m.* uchch, uchchasthân *n.*

Apherese, *s. f.* agrâksharalop; âṁgchhed *m.*

Aphonia, *s. f.* vâṇîhînpaṇ *n.*

Aphonico, *a.* vâṇîhîn.

Aphorismo, *s. m.* sûtr, vâkya, uksham *n.*, opâr *f.*

Aphorista, *s. m.* sûtrakâr, ukshamî, opârî.

Aphoristico, *a.* sûtrâcho, vâkyâcho.

Aphrodisia, *s. f.* jananaśakti *f.;* vâjîkaraṇ *n.*

Aphrodisiaco, *a.* vâjîkar.

Aphta, *s. f.* ghaṁse *m. pl.*

Aphtoso, *a.* ghaṁse jâlalo.

Aphyllo, *a.* pânâṁ nâslalo, parṇhîn.

Apiario, *a.* mhoṁvâchyâṁ musâṁcho.

Apice, *s. m.* śikhar, kaḷas, agr *m.*, chûḍ *f.* ‖ *N'um —*, ekâ nimikhân.

Apiculo, *s. m.* lahân agr *m.*, kuṁs *n.*
Apicultor, *s. m.* mûs posṇâr.
Apicultura, *s. f.* mûs poschî vidyâ *f.*
Apiedar, *v. t.* mavâḷuṁk, chutchurâvuṁk. ‖ *v. r.* kaṇvâḷuṁk, chutchuruṁk, kâklût-, dayâ karuṁk, duḥkh sukh saṁjuṁk.
Apiforme, *a.* musâchyâ rupâcho,- âkârâcho.
Apimentado, *a.* miriṁ ghâlalo; tikso, tirbaṭ, âṁbaṭvâṇo; ruchik, svâdik.
Apimentar, *v. t.* miriṁ-, miryâṁ ghâluṁk *(l. in do o.)*; *(fig.)* châḷvauṁk, chetauṁk; churchurît-, mirmirît karuṁk.
Apinhado, *a.* charbaṭlalo, sâṁṭhailalo; kuchkuchit.
Apinhar, apinhoar, *v. t.* chiraṁgaṭuṁk, kheṭ karuṁk *(g. do o.)*, charbaṭâvuṁk, sâṁṭhauṁk; kheṁchûn-, upaṭ bharuṁk. ‖ *v. r.* chiraṁgaṭoṁk, charbaṭuṁk, kuchkuchuṁk.
Apisoador, *s. m.* *V.* PISOEIRO.
Apisoar, *v. t.* *V.* PISOAR.
Apisto, *s. m.* dâṭ kâld,- sûp *m.*; *(fig.)* âdhâr, dhîr *m.*
Apitar, *v. i.* pirlûk-, pipârî vâjauṁk; phivaṇ-, śivaṇ ghâluṁk; bob mâruṁk.
Apito, *s. m.* pirlûk, pipârî; śeḷoṇî *f.*
Aplacação, *s. f.* śâṁtvaṇ, thaṁḍâvṇî, thârâvṇî *f.*, prasâdan *n.*
Aplacador, *a. e s. m.* śâṁtvaṇo, śâṁtauṇâr, thaṁḍâvṇâr.
Aplacar, *v. t.* thârâvuṁk, śamanâvuṁk, thaṁḍâvuṁk, thâṁbauṁk, samjâvuṁk, śâṁtauṁk, bujauṁk; maṁdâvuṁk, mavâḷuṁk, narmâvuṁk, nivḷâvuṁk, nivauṁk. ‖ *v. i. e r.* thâruṁk, thaṁḍâvoṁk, thaṁḍ-, śâṁt jâvuṁk. ‖ — *o vento,* vâreṁ paḍuṁk. — *a tormenta,* moḍ thaṁḍ jâvuṁk.
Aplacavel, *a.* thârâvûṁyeso, śamanâ jâyso.
Aplainamento, *s. m.* kisaḷṇî, tâsṇî, nisaḷṇî. *V.* APLANAÇÃO.
Aplainar, *v. t.* kisḷuṁk, raṁdhuṁk, nisḷuṁk, tâsuṁk; mâṭh-, saṁthaḷ karuṁk, thapkaṭuṁk, thâpuṁk, peṭuṁk, peṭ kâḍhuṁk *(d. do o.)*; *(fig.)* soṁpo-, sasto karuṁk, âḍkhaḷ kâḍhuṁk *(g. do o.)*
Aplanação, *s. f.*, **aplanamento,** *s. m.* sapâṭṇî, saṁthaḷṇî *f.*, sapâṭ-, mâṭh-, sârko karṇeṁ *n.*; sapâṭî *f.*
Aplanado, *a.* mâṭh, saṁthaḷ, sapâṭ; suḷsuḷit, tuḷtuḷit; sârko, sâmko; *(fig.)* soṁpo, saraḷ, sâdho.

Aplanar, *v. t.* sapâṭ-, saṁthaḷ karuṁk, sapâṭuṁk, mâṭhuṁk; suḷsuḷit-, sârko karuṁk; *(fig.)* soṁpo-, saraḷ karuṁk, âḍkhaḷ kâḍhuṁk *(g. do o.)*
Aplebear-se, *v. r.* akulaj-, aḍâṇjâtîcho jâvuṁk; *(fig.)* hîṇ jâvuṁk.
Aplestia, *s. f.* asospaṇ *n.*
Aplumar, *v. t.* ṭhâv ghevuṁk *(g. do o.)* *V.* APRUMAR.
Apnea, *s. f.* aśvâs *m.*
Apocope, *s. f.* aṁtyâksharalop *m.*
Apocrypho, *a.* saṁdigdhapramâṇ, khoṭo, phoṭkiro.
Apodador, *s. m.* maskarekâr, toṁḍṇâr, keṁḍṇâr.
Apodar, *v. t.* toṁḍuṁk, keṁḍuṁk, kâpuṁk, maskaryo-, cheshṭâyo karuṁk *(g. do o.)*; *comparar:* sarî karuṁk; *avaliar:* ajmâsuṁk, gaṇuṁk.
Apode, *a.* pâṁy nâslalo, padahîn.
Apoderado, *a.* bhogavaḷîṁt âslalo, âple âdhîn aslalo; khâl-, vasyâṁt âslalo; padest.
Apoderamento, *s. m.* svâdhîn karṇeṁ *n.*, bhogṇî, bhogâvaḷ *f.*
Apoderar, *v. t.* bhogâvaḷ divuṁk *(d. do o.)*, âdhîn karuṁk *(g. do o.)*. ‖ *v. r.* svâdhîn-, âple âdhîn karuṁk, âpṇâk ghevuṁk, bhoguṁk, kâṁḍh ghevuṁk, dharuṁk *(vv. tt.)*.
Apodictico, *a.* pramaṇâcho, prasiddh.
Apodo, *s. m.* toṁḍṇî, keṁḍṇî, maskarî, cheshṭây; goshṭ *f.*, uksham, vâkya *n.*, upahâs *m.*
Apodrecer, *v. t.* kusauṁk, saḍauṁk; pâḍ karuṁk, doṁsauṁk. ‖ *v. r.* kusuṁk, saḍoṁk, kaṭevuṁk, uṁvâḷuṁk, kasmevuṁk, pâḍ jâvuṁk, doṁsuṁk.
Apodrecimento, *s. m.* kusap *n.*, kûs, uṁvâḷṇî *f.*, dûshaṇ *n.*
Apogeu, *s. m.* uchch *n.*, samo *m.*; uṁchasthân, mâtheṁ *n.*
Apogistico, *a.* uchchâcho.
Apographo, *s. m.* tarjumo *m.*, nakal *f.*, anukaraṇ *n.*
Apoiado, *a.* teṁklalo. ‖ *int.* śâbâs. ‖ *s. m.* śâbâskî *f.*
Apoiar, *v. t.* teṁkauṁk, teṁko mâruṁk *(d. do o.)*, davruṁk, dharuṁk, vâhuṁk; saṁbhâḷuṁk, thârâvuṁk; *fundar:* thirâvuṁk, sthâpuṁk, ṭhevuṁk; *patrocinar:* âdhâruṁk, prasâduṁk, sârathuṁk, prasann jâvuṁk *(g. do o.)*; *applaudir:* vâkhâṇuṁk, naṁdauṁk, samânuṁk. ‖ *v. r.* teṁkuṁk; tharuṁk; pâtyevuṁk.

Apoio, *s. m.* temko *m.*, dhâraṇ *n.*, digî, dhirî *f.*; âdhâr, dhîr, *m.*, sâsây; vâkhâṇṇî, naṁdauṇî; śâbâskî; patkarṇî *f.*, anumân *m.*; *prova:* purâv, dâkhlo *m.*, pramâṇ *n.*

Apojadura, *s. f.* pânho *m.*, dubhṇeṁ *n.*

Apojar-se, *v. r.* dubhoṁk, dudhân bharoṁk; pâṇyân phugumk.

Apolasar, *v. t.* suyen doḍumk.

Apolear, *v. t. V.* POLEAR.

Apolegadura, *s. f.*, **apolegamento**, *s. m.* kimchaṇeṁ *n.*, kuṁvalṇî *f.*

Apolegar, *v. t.* kimchuṁk, kuṁvḷuṁk.

Apolentar, *v. t.* poḷyo khâvauṁk (*d. do o.*); mâtauṁk.

Apolice, *s. f.* vimyâcho karârnâmâ *m.*

Apologal, *a.* kahâṇyecho.

Apologetico, *a.* saṁpâtṇecho, doshanivârak; stutîcho.

Apologia, *s. f.* saṁpâtṇî *f.*, doshanivârak bhâshaṇ; varṇan, stavan *n.*, stuti *f.*

Apologista, *s. m.* stutikâr.

Apologo, *s. m.* kahâṇî *f.*, âkhyân *n.*, upakathâ, nakal *f.*

Apontador, *s. m.* dâkhauṇâr; lâvṇâr; tipâvṇâr, mokṇâr. || — *do relogio*, ghaḍyâḷâcho kâṁṭo.

Apontamento, *s. m.* ṭiko, ṭibo, ṭip *m.*, ṭâṁchṇî, yâd, niśâṇî *f.*; kharḍo, nakśo *m.*

Apontar, *v. t.* dâkhauṁk; *suggerir:* suchauṁk, khuṇâvuṁk; *dirigir ao alvo:* jokhuṁk, tipâvuṁk, mokuṁk; *aguçar:* suḷâvuṁk, doṁsuṁk; *notar:* ṭâṁchuṁk, ṭipuṁk, ṭiko-, yâd karuṁk (*g. do o.*); *assignalar:* niśâṇî-, gurt karuṁk (*g. do o.*), khuṇâvuṁk, âṁkâvuṁk; *registar:* lâvuṁk, mâṁḍuṁk, barauṁk; *rascunhar:* kharḍo-, masudo karuṁk (*g. do o.*), nakśuṁk; *nomear:* nemuṁk, nâvâḍhuṁk; *repetir baixinho:* phutphutûn sâṁguṁk. || *v. i.* udevuṁk, ugavuṁk, uṁaṭuṁk, phuṭuṁk, phuluṁk, suṭuṁk.

Apontoado, *a.* phâre mârlalo. || *s. m.* śiṁkaḷ *f.*

Apontoar, *v. t.* śiṁkaḷ karuṁk (vastrâṁchî); phâre mâruṁk, dâgo bharuṁk; meḍ-, digî-, dhiro lâvuṁk *ou* mâruṁk (*d. do o.*)

Apophthegma, *s. m.* vhaḍâ manushyâchî mhaṇṇî *f.*, vâkya *n.*

Apopletico, *a.* sannyâsâcho, âricho; ârkâr.

Apoplexia, *s. f.* apopleśî, âr, âṁgvikriti *f.*, sannyâs *m.* || *Ter* —, apopleśî mâruṁk,- jâvuṁk, ragat chaḍhuṁk (*d. do s.*)

Apoquentação, *s. f.* duḥkh *f.*, trâs, saṁtâp; balâv *m.*, karkar *m. pl.*, piḍâpîḍ; ubgaṇ, bejârây, khaṁt *f.*

Apoquentador, *a. e s. m.* kichḍâvṇâr, khaṇpaṇo; duḥkh, piḍâpîḍ ditalo.

Apoquentar, *v. t.* duḥkh-, trâs-, piḍâpîḍ divuṁk, trâsuṁk; karkarâvuṁk, kichḍâvuṁk, khâvuṁk (*litt.* COMER), pâḷâṁk lâguṁk (*litt.* APEGAR-SE ÁS RAIZES; *g. do o.*), bejâruṁk. || *v. r.* bejâroṁk, ubgoṁk, khaṁtîṁt âsuṁk.

Aporisma, *s. m.* kiṇevṇî *f.*

Aporismar-se, *v. r.* kiṇevuṁk; dukhâṇeṁ jâvuṁk.

Aportada, *s. f.*, **aportamento**, *s. m.* baṁdrâṁt-, kheḍe pâvṇeṁ *n.*

Aportar, *v. t.* khâḍiṁt-, kheḍe vharuṁk *ou* hâḍuṁk. || *v. i.* baṁdrâṁt-, kheḍe yevuṁk *ou* pâvuṁk, lâguṁk.

Aportilhar, *v. t.* dârâṁ karuṁk (*d. do o.*)

Aportuguezado, *a.* phiraṁgulo.

Aportuguezar, *v. t.* phiraṁgî karuṁk.

Após, *prep.* uprâṁt, uprâṁteṁ, mâgîr, pâṭhî, pâṭhlyân, upar.

Aposentação, *s. f.* bihrâḍ deṇeṁ *ou* karṇeṁ; peṁsâṁv *n.*, baiṭhâpagâr *m.* (*p. us.*)

Aposentado, *a.* peṁsâṁv-, pensîl âslalo.

Aposentadoria, *s. f.* bihrâḍ *ou* biḍâr *n.*

Aposentamento, *s. m.* bihrâḍ karṇeṁ *n.*

Aposentar, *v. t.* bihrâḍ divuṁk, vastek râvauṁk, âpṇâger davruṁk, svât-, rîg divuṁk; peṁsâṁv-, basûn pâg divuṁk. || *v. r.* basûn pâg khâvuṁk; bihrâḍ-, ṭhâṇeṁ karuṁk, vastek-, bihrâḍâk âsuṁk, râvuṁk.

Aposento, *s. m.* ghar, ṭhikâṇ *n.*, thâro *m.*, bihrâḍ *ou* biḍâr, ṭhâṇeṁ *n.*; kûḍ *m. e f.*

Apossar, *v. t.* bhogâvaḷ divuṁk (*d. do o.*), âdhîn karuṁk (*g. do o.*). || *v. r.* svâdhîn-, âple âdhîn-, âplo karuṁk, âpṇâk ghevuṁk, bhoguṁk.

Aposta, *s. f.* âpost, vaḍhâ, vaḍhâvaḍh, bhâsh, paijâ *f.*, paṇ *m.* || *Correr* —, âpost-, vaḍhâ mâruṁk *ou* ghâluṁk. *Á — ou de —*, vaḍhâvaḍhîṁ, uḍâuḍîṁ; jây mhaṇ, baḷyâṁ.

Apostadamente, *adv.* chimtûn, niśchitîm, jâṇo jâvûn, baḷyâm.

Apostado, *a.* niśchit, nirdhârî, nichav-, samkalp kelalo.

Apostar, *v. t.* âpost-, vaḍhâ mârumk *ou* ghâlumk *(g. do o.)*; kharcmch sâmgumk, bhâsumk, nirvâḍumk; *(ant.)* tayâr karumk, mâmḍumk. ‖ *v. r.* niśchit jâvumk, nichav-, samkalp karumk, samkalpumk *(v. t.)*; *(ant.)* tayâr jâvumk, mustâykî karumk.

Apostasia, *s. f.* samurt sâmḍṇem *ou* soḍṇem *n.*, svadharmtyâg, dharmtyâg *m.*, nâstikî *f.*

Apostata, *a. e s.* samurt sâmḍlalo, bhâvârth soḍṇâr, dharmtyâgî, dharmbhrashṭ, nâstik, phitûr.

Apostatar, *v. i.* samurt sâmḍumk,-soḍumk, svadharmtyâg karumk.

Apostema, *s. f.* kustem, dukhâṇ, dukhâṇem *n.*

Apostemar, *v. t.* dukhâṇem karumk; *(fig.)* kusaumk, saḍaumk, pâḍ karumk. ‖ *v. r.* dukhâṇ jâvumk; *(fig.)* châḷvumk, tiḍumk.

Apostematico, *a.* dukhâṇyâcho, dukhâṇyâk upkartâ taslo.

Apostilla, *s. f.* bino *m.*, binî *f.*; tâjâkalam, kroḍpatr *n.*

Apostillar, *v. t.* bino-, kroḍpatr karumk.

Apostolado, *s m.* śisâdhikâr *m.*, śîspaṇ *n.*; śîsvarg *m.*; *(ant.)* dût *m.*

Apostolar, apostolizar, *v. t.* âpostalâm parim śikaumk; sabhemâjâr śikaumk, praghaṭumk. ‖ *v. i.* samurt praghaṭumk,- prakâśaumk.

Apostolicidade, *s. f.* śîspaṇ *n.*

Apostolico, *a.* âpostalâmcho, śisâcho.

Apostolo, *s. m.* âpostl, śîs (*litt.* DISCIPULO), **preshitamanushya.

Apostrophar, *v. t.* sambodhumk, haḍkumk.

Apostrophe, *s. f.* sambodhan *n.*, haḍkaṇ *f.*

Apostropho, *s. m.* aksharalopachihnem *n.*

Apotheose, *s. f.* dev karṇem, devpad deṇem *n.*

Apoucado, *a.* thoḍâylalo, thoḍo, uṇo; lîn, halko; kâkûḍ, bhikûṭ, bhemkro, namard, daḷdiro, garîb.

Apoucador, *s. m.* thoḍâvṇâr, uṇâvṇâr.

Apoucamento, *s. m.* thoḍâvṇî, uṇâvṇî *f.*; lînpaṇ, halkepaṇ *n.*; kâkuḍây, ghâbrây *f.*; garîbpaṇ, daḷdir *n.*

Apoucar, *v. t.* thoḍo karumk, thoḍâvumk, uṇâvumk, demvaumk; halkâvumk, lahânâvumk; kâkuḍâvumk, ghâbrâvumk, dâṭâvumk, dârâvumk. ‖ *v. r.* thoḍârumk, uṇo-, moṭvo-, lîn-, halko jâvumk; kâkuḍumk, ghâbrumk.

Apozema, *s. f.* kashây *f.*, kaḍho *ou* kâḍho *m.*

Apparatar, *v. t.* śṛimgârumk, śimgârumk, neṭaumk.

Apparato, *s. m.* dabâjo, ḍauḷ, âḍambar *m.*; tayârî *f.*, âytepaṇ, âyteman; sâmaṇ *n.*, mustâykî *f.*; sâj *m.*, yamtr *n.*

Apparatoso, *a.* dabâjyâcho, ḍauḷâcho, ḍauḷî, baḍâykhor, sâjro.

Apparecente, *a.* dishṭî paḍto.

Apparecer, *v. i.* dishṭî *ou* dishṭik paḍumk, disumk, nadrek paḍumk, umaṭumk, dekhumk *(us. Can.)*; *apontar:* udevumk, phuṭumk; *ser patente:* dekhto-, ṭhâvko jâvumk, dekhûn yevumk; *comparecer:* rujû jâvumk, hâjîr âsumk; *succeder:* jâvumk, ghaḍumk.

Apparecimento, *s. m.* dishṭî paḍṇem, disṇem; âsṇem, jâṇem *n.*; udev *m.*, ugavaṇ *f.*

Apparelhado, *a.* tayâr, rujû, hâjîr, yuktichâr; *preparado:* tayâr kelalo, kamâyishṭ; *apropriado:* barâbar, phâvo taslo, lâyk, yuktigat.

Apparelhador, *s. m.* tayâr karṇâr, samjauṇâr, sambhârkâr, sambhârî.

Apparelhamento, *s. m.* tayârî, kamây *f.*, âytepaṇ *n.*

Apparelhar, *v. t.* tayâr-, âyto karumk, uprâsumk, samjaumk, samkarumk, mâmḍumk, kamâvumk; *ornar:* śṛimgârumk, neṭaumk. ‖ *v. r.* tayâr-, âyto jâvumk; neṭumk.

Apparelho, *s. m.* tayârî *f.*, âytepaṇ, upakaraṇ *n.*; kamây, marâmat; mustâykî *f.*, sâj, sambhâr, saramjâm *m.*, sâmaṇ, yamtr *n.*; (— *de pesca*) râmpṇî *f.* ‖ *V.* APEIRO, ALFAIA.

Apparencia, *s. f.* disṇem, disap *n.*, dishṭ *f.*, darśan *n.*, drishṭâv *m.*; *exterioridade:* rûp *n.*, âkâr, ramg *m.*; *probabilidade:* sambhav *m.*, sambhâvanâ *f.*; *illusão:* bhûl, mâyâ *f.*, bhâs *m.*; *fingimento:* somg *n.*, lâg *m.*; *vestigio:* khûṇ, niśâṇem *n.*

Apparentar, *v. t.* bhâylyâṇ dâkhaumk, baḷyâm karumk. ‖ *v. i.* rûp-, âkâr ghevumk.

Apparente, *a.* disto, dekhto, dushṭ, drishṭ; *manifesto:* dakhal, dekhat, ughṭo, ughḍâpo; *provavel:* kharoso, jâytso, ghaḍatso; *fingido:* varkarṇî, darśanî.

Apparentemente, *adv.* bhâylyân, bhâylyâbhâyr, dekhatrupîṁ, vaylyâvayr.

Apparição, *s. f.* disneṁ dishṭî paḍṇeṁ *n.;* drishṭâv *m.*, drishṭây *f.*, bhâs, bhût *m.*

Appellação, *s. f.* âpelâsâṁv *n.; (fig.)* ilâj, upây *m.*

Appellar, *v. i.* âpelâsâṁv karuṁk; śâkshî karuṁk; ulo mâruṁk; ilâj mâguṁk.

Appellativo, *a.* jâtivâchak. ‖ *s. m.* jâtivâchakanâm *n.*

Appellidação, *s. f.* nâṁv deṇeṁ,- ghâlṇeṁ *n.*

Appellidar, *v. t.* âlkujñân-, âḍnâṁvân ulo karuṁk,- âpauṁk; nâṁv divuṁk; âpauṁk, ulo mâruṁk; nâvâḍhuṁk, prakâśuṁk. ‖ *v. r.* âlkûjñ-, âḍnâṁv âsuṁk *(d. do s.)*

Appellido, *s. m.* âlkûjñ, âḍnâṁv, upnâṁv, kulnâm, gharcheṁ nâṁv *m.*, paik *m.;* âpauṇeṁ *n.*

Appello, *s. m.* âpelâsâṁv; apauṇeṁ, ulo mârṇeṁ; prârthan *n.*

Appender, *v. t. V.* APPENSAR.

Appendice, appendix, *s. m.* purvaṇ *n.*, chaḍhauṇî *f.*, kroḍpatr; upâṁg *n.*, upaj *m.*

Appendicular, *a.* upâṁgâcho, purvaṇâcho.

Appendiculo, *s. m.* lahân upâṁg *n.*

Appensar, *v. t.* lâvuṁk, chaḍhauṁk, lâṁbauṁk.

Appenso, *a.* lâṁbto; lâylalo. ‖ *s. m.* dusryâk lâylaleṁ patr, upâṁg *n.*

Appetecedor, *s. m.* atrekṇâr, âṁvḍhevṇâr; ichchâvaṁt *(a.)*

Appetecer, *v. t.* rûch yevuṁk,- disuṁk,- lâguṁk *(d. do s., g. do o.)*, miṭyo mâruṁk *(d. do o.)*, âṁvḍhevuṁk *(d. do o.)*, âśevuṁk, âśâ dharuṁk *(g. do o.)*, atrekuṁk. ‖ — *muito o comer,* dâṁt pâjuṁk *(litt.* AGUÇAR OS DENTES). ‖ *v. i.* ruchuṁk, chaluṁk.

Appetecivel, *a.* âśevûṁyeso, ruchîcho.

Appetencia, *s. f.* khuśî; rûch, oḍh, âvaḍ *f.*, irâd *m.*

Appetite, *s. m.* âśâ, rûch, ichchâ, âvaḍ, tân, vâsanâ *f.; vontade de comer:* bhûk, jevuṁchî rûch, gâṁṭh *f.*, rakhrakho *(— intenso); sensualidade:* mad, kâm *m.*, dehadhâtûchî vâsanâ *f.* ‖ *Ter —*, rûch yevuṁk *ou* bhûk laguṁk *(d. do s.)*

Appetitar, *v. t.* rûch hâḍuṁk,- divuṁk.

Appetitivo, *a.* iṁdriyavaṁt, dehadhâtûcho, kuḍîcho; ichchâvaṁt, rûch âslalo.

Appetitoso, *a.* ruchîk, ruchîcho, svâdîk, svâdû, rasâḷ, surbaṭ; âśecho, âśâḷ, kâmuk; iṁdriyavaṁt, dehadhâtûcho; phuslâvṇo, bhulauṇo.

Applaudidor, *s. m.* ṭâḷyo peṭṇâr, naṁdauṇâr.

Applaudir, *v. t.* ṭâḷyo peṭuṁk *(d. do o.)*, naṁdauṁk, vâkhâṇuṁk, varṇuṁk, samanuṁk. ‖ *v. r.* kuśâlbharit jâvuṁk.

Applausivel, *a.* varṇan-, śâbâskî phâvo âslalo, naṁdauṁcho.

Applauso, *s. m.* ṭâḷyo peṭṇeṁ *n.*, śâbâskî *f.*, dhanyavâd, laukik *m.*, varṇan *n.*, naṁdauṇî, stuti *f.*, stavan *n.*

Applicação, *s. f.* lâvṇî, lâgṇî, jaḍṇî, âropṇî *f.*, yojan *n.*, prayog, udyog *m.*, prayojan *n.;* baṁd, phikîr *f.*, bhâr, *khep, *âkhep *m.;* bheṭauṇî *f.*

Applicado, *a.* lâylalo, jaḍlalo, yukt; lâgto; bhâr ghevûn śiktalo, sikpâk lâglalo; boṁdh âslalo, phikrîcho, sâvdhân, nishprachâr; udyamî, kâmî, yatnî.

Applicar, *v. t.* lâvuṁk, jaḍuṁk, ghaḍsuṁk, ghâluṁk, yojuṁk, âropuṁk, phâvo karuṁk, *nimittuṁk. ‖ — *o ouvido,* kân divuṁk. — *a vista,* ḍoḷe lâvuṁk, teḷuṁk. — *a oração, missa,* bheṭauṁk. ‖ *v. r.* lâguṁk, jaḍoṁk; jâvuṁk, sar jâvuṁk; saṁvkuṁk, man ghâluṁk, chitt-, kâḷij davruṁk, *khepuṁk; kâmâk yevuṁk,- paḍuṁk.

Applicativo, applicavel, *a.* lâgto, lâvûṁyeso.

Appor, *v. t.* lâvuṁk, jaḍuṁk, ghaḍsuṁk.

Apposição, *s. f.* lâvṇî, jaḍṇî, chaḍhauṇî *f.*, jaḍap *n.; (gram.)* abhedasaṁbaṁdh *m.*

Appositamente, *adv.* phâvo te parîṁ, phâvo taseṁ.

Apposito, *a.* phâvo taso, yukt, lâyk, yoge. ‖ *s. m.* bhâylyân lâvuṁcheṁ okhat *n.*

Apposto, *a.* lâglalo, jaḍlalo, teṁklalo.

Apprehendedor, *s. m.* dharṇâr.

Apprehender, *v. t.* dharûn ghevuṁk, ghaṭṭ dharuṁk; chiṁtuṁk, yojuṁk, umjuṁk, samjuṁk. ‖ *v. i.* dubhâv dharuṁk, dubhâvoṁk.

Apprehensão, *s. f.* gheṇeṁ *n.*, dharṇî *f.*, ghaṭṭ dharṇeṁ; kaid *n.*, dharbâṁdh *m.; percepção:* jñân *ou* gnyân *n.*, samjaṇî, umjaṇî; *imaginação:* vikalp *m.*, kalpanâ, bhâvanâ *f.*; *desassocego, receio:* śaṁkâ *f.*, ḍabḍabo, ḍubḍûb *m.*, kâḷjî *f.*

Apprehensibilidade, *s. f.* dharaṇśakti, kalpanâśakti *f.*

Apprehensivel, *a.* dharûṁyeso, umjûṁyeso.

Apprehensivo, *a.* dharto; kalpanik, kapâlâṁt dharto; bhyelalo, śaṁklalo, ḍubḍubît.

Apprehensor, *a. e s. m.* dharto, dharṇâr.

Apprender, *v. t.* śikuṁk.

Apprendiz, *s. m.* dhâṁdo śikṇâr, śikpî, kriyâkâr, vidyârthî.

Apprendizado, *s. m.*, **apprendizagem**, *s. f.* kâm-, dhâṁdo śikṇeṁ *n.*, śâgirdî *f.*

Approbatorio, approbativo, approvativo, *a.* anumat dâkhaito; mânapâcho.

Appropinquar, *v. t. V.* APPROXIMAR.

Approvação, *s. f.* manâ yeṇeṁ, mânap, anumat *n.*, anumân *m.*, patkarṇî *f.*

Approvado, *a.* mânlalo, pasaṁd, maṁjûr.

Approvador, *a. e s. m.* patkarṇâr, anumat, pasaṁd.

Approvar, *v. t.* mânavuṁk *ou* mâṁduṁk *(d. do s.)*, puṭvuṁk *(d. do s.)*, manâ yevuṁk *ou* bareṁ disuṁk *(d. do s.)*, patkaruṁk, anumânuṁk, samanuṁk, samânuṁk, kabûl-, maṁjûr-, pasaṁd karuṁk.

Approvavel, *a.* kabûl-, pasaṁd karûṁyeso.

Approximação, *s. f.* lâgîṁ hâḍneṁ,- yeṇeṁ,- pâvṇeṁ *n.*, teṁkauṇî, teṁkṇî *f.*, âgam; sumâr, ajmâs *m.*

Approximadamente, *adv.* sumâr, adhik uṇeṁ. ‖ *Calcular* —, sumâr karuṁk, ajmâs sâṁguṁk.

Approximar, *v. t.* lâgîṁ hâḍuṁk,- vharuṁk,- pâvauṁk, teṁkauṁk, lâgauṁk. ‖ *v. r.* lâgîṁ-, teṁkûn yevuṁk,- saruṁk,- pâvuṁk, lâguṁk, teṁkuṁk, teṁkûn teṁkûn yevuṁk.

Approximativo, *a.* lâgsârâcho; sumârâcho.

Aprazador, *s. m.* nemṇâr.

Aprazamento, *s. m.* nem *m.*, nimyârṇî *f.*, vâydo; saṁket *m.*

Aprazar, *v. t.* dîs-, svât nemuṁk,- nimyâruṁk, vâydo divuṁk; durây ghâluṁk, âpauṁk, ekṭhâvuṁk; phuḍe davruṁk. ‖ *v. r.* ekâmekâ bhitar bolî-, uttar karuṁk.

Aprazente, *a.* baro disto, goḍ, rokh.

Aprazer, *v. i.* baro lâguṁk,- disuṁk, mâṁduṁk, mânoṁk, manâ yevuṁk, puṭvuṁk, śobhuṁk. ‖ *v. r.* khuśî jâvuṁk, âvaḍuṁk.

Aprazimento, *s. m.* khuśî *f.*, saṁtosh *m.*, sukh *n.*, ânaṁd, harkh *m.*, anumat, mânap *n.*, patkarṇî, kablât, râjî *f.* ‖ *A* —, khuśe pramâṇeṁ.

Aprazivel, *a.* suṁdar, suṁdarat, śobhit, lâyk, dulabh, ramya, rokh, lavlavît.

Apre, *int.* chchî, chhîchhî, phûṁ, che, chal.

Apreçador, *s. m.* khaṁḍṇâr, molâvṇâr.

Apreçamento, *s. m.* khaṁḍṇî, molâvṇî *f.*

Apreçar, *v. t.* molâvuṁk, khaṁḍuṁk, dar karuṁk *(g. do o.)*, dar-, dhâraṇ bâṁdhuṁk *(g. do o.)* ‖ *V.* APRECIAR.

Apreciação, *s. f.* molâvṇî *f.*, khaṁḍap *n.*; bârṇî, tolṇî, jokhṇî *f.*; gaṇan *m.*; lekh *n.*

Apreciador, *s. m.* molâvṇâr; toldâr; gaṇṇâr, lekhṇâr, guṇajña.

Apreciar, *v. t.* lekhuṁk, gaṇuṁk, mol divuṁk *(d. do o.)*, samânuṁk, vichâruṁk *(comm. us. neg., ex:* tâkâ vichârṇâ, *não o aprecia)*, mejuṁk *(idem)*; bâruṁk, toluṁk; chiṁtûn paḷevuṁk.

Apreciativo, *a.* mol-, tol-, lekh oḷkhato,- dâkhaito.

Apreciavel, *a.* lekhûṁyeso, gaṇûṁyeso; mol-, âdar-, mân phâvoto, molâdîk.

Apreço, *s. m.* mol, gaṇan *n.*, gaṇtî *f.*, mân, âdar *m.*, aprubây *f.* ‖ *Dar* —, mol-, mân divuṁk.

Apregoador, *s. m.* pârpatî, ḍâṁgryo, sâd ghâlṇâr; praghaṭṇâr, nâvâḍhṇâr.

Apregoar, *v. t.* pergâṁv-, sâd ghâluṁk, ḍâṁgro phirauṁk, sâdâvuṁk, hâkâvuṁk; praghaṭ karuṁk, praghaṭuṁk, prakâśuṁk, nâvâḍhuṁk, ghoshaṇ karuṁk *(g. do o.)*, kathuṁk; kâjârâchyo chiṭṭî vâchuṁk. ‖ *v. r.* nâvâḍhoṁk, âpleṁ ghoshaṇ karuṁk.

Apresamento, *s. m.* dharṇî *f.*

Apresar, *v. t.* dharuṁk (târûṁ), ghaṭṭ dharuṁk; jhoṁpay mârûn dharuṁk.

Apresentação, *s. f.* dâkhauṇî; bheṭauṇî, bheṭ *f.*

Apresentador, apresentante, *s. m.* dâkhauṇâr, dâkhauṇo.

Apresentar, *v. t.* dâkhauṁk, dolyâṁ mukhâr ghâluṁk; bheṭauṁk;

nemuṁk, nimyâruṁk. || *v. r.* bheṭuṁk, dishṭî paḍuṁk, disuṁk; rujû-, hâjîr jâvuṁk.

Apresentavel, *a.* dâkhauṁyeso, dekhûṁyeso.

Apresilhar, *v. t.* phitâṁ karuṁk *ou* lâvuṁk *(d. do o.)*; phitâṁnîṁ bâṁdhuṁk.

Apressadamente, *adv.* gaḍgaḍît, gaḍgaḍyâṁ, jhapjhapâṁ, darvaḍyân, daḍâṁ, dhâṁvdhâvîṁ.

Apressado, *a.* gaḍgaḍâylalo; gaḍgaḍyo, utâvḷî, saṁbhramî; tâktîcho, turturît, tartarît, jhaḍjhaḍit.

Apressador, *a. e s. m.* gaḍgaḍâvṇâr, darvaḍâvṇâr, dhâṁvḍâvṇo.

Apressar, *v. t.* vegîṁ-, tâktin karuṁk, gaḍgaḍâvuṁk, jhaḍjhaḍâvuṁk, darvaḍâvuṁk, dhâṁvḍâvuṁk; kalkalâvuṁk. || *v. r.* darvaḍ karuṁk, darvaḍuṁk, jhaḍjhaḍuṁk; utâvḷuṁk; kalkaluṁk.

Apressuradamente, *adv.* vegîṁ vegîṁ, tâktîn.

Apressurado, *a.* gaḍgaḍâylalo; gaḍgaḍit, tartarît.

Apressuramento, *s. m.* darvaḍâvṇî *f.*, darvaḍo *m.*, tâkît; utâvḷây *f.*

Apressurar-se, *v. r.* darvaḍuṁk, utâvḷuṁk.

Aprestador, *s. m.* saṁjauṇâr, kamâvṇâr, purauṇâr.

Aprestamento, *s. m.* tayâr karṇeṁ *n.*, tayârî, kamây, saṁjauṇî *f.*, purvaṇ *n.*

Aprestar, *v. t.* tayâr-, âyto karuṁk, saṁjauṁk, kamâvuṁk, purauṁk. || *v. r.* tayâr-, âyto-, rujû jâvuṁk.

Apresto, *s. m.* tayârî *f.*, saṁbhâr, sâj *m.*, mustâykî *f.*, sâmaṇ *n.*, dârûguḷo *(— de guerra) m.*, yaṁtrâṁ *n. pl.*

Aprimorado, *a.* saṁskṛit, alaṁkṛit, nigût kelalo.

Aprimorar, *v. t.* saṁskṛit karuṁk, saṁskâruṁk, alaṁkâruṁk, neṭauṁk, nigutâvuṁk.

Apriscar, *v. t.* goṭhyâṁt ghâluṁk,- hâḍuṁk.

Aprisionado, *a.* prej kelalo, ghaṭṭ dharlalo; *(fig.)* khâlto, parâdhîn.

Aprisionamento, *s. m.* ghaṭṭ dharṇeṁ, prej-, kaid karṇeṁ *n.*

Aprisionar, *v. t.* prej-, kaid karuṁk, baṁdikhaṇîṁt ghâluṁk; ghaṭṭ dharuṁk, sâṁpḍâvuṁk.

Aproar, *v. t.* hâṁkâruṁk. || *v. i.* taḍîk lâguṁk,- pâvuṁk.

Aprofundar, *v. t. V.* PROFUNDAR.

Apromptar, *v. t.* tayâr-, âyto karuṁk, samkaruṁk. || *v. r.* tayâr-, âyto jâvuṁk.

Apropositado, *a.* arthâcho, kâmâk paḍcho, phâvoto, yukt, lâyk.

Apropositar, *v. t.* phâvo taseṁ karuṁk,- ulauṁk, lâvuṁk, sarî karuṁk. || *v. r.* niśchit-, chatur jâvuṁk, śiḍkuṁk.

Apropriação, *s. f.* âṁgîkaraṇ *n.*, nijâvṇî; lâvṇî, sâmarthî *f.*

Apropriadamente, *adv.* barâbar, phâvo te parîṁ, yuktgatîṁ, jûst.

Apropriado, *a.* barâbar, sârko, sâmko, nîṭ, jûst, phâvo taso, lâyk, yuktgat; saṁyogâcho, samayâcho.

Apropriador, *s. m.* âṁgîkarṇâr; lâvṇâr.

Apropriar, *v. t.* bhoguṁk divuṁk, âdhîn karuṁk; âṁgîkaruṁk, nijâvuṁk; *(fig.)* lâvuṁk, salvauṁk, yojuṁk. || *v. r.* âplo karuṁk, âpṇâk ghevuṁk,- davruṁk. || — *fraudulentamente,* hât mâruṁk, sutlâvuṁk. — *injustamente,* khâvuṁk. — *violentamente,* kâṁḍh ghevuṁk.

Aproveitado, *a.* kârasthânî, kasrî, phaḷ-, âdâv kâḍhtalo,- kâḍhuṁk jâṇo âslalo; upayogî, phaḷâdîk.

Aproveitador, *s. m.* âdâv kâḍhṇâr; kasrî, gharvasthî. || *a.* upkârî, bareṁ karto.

Aproveitamento, *s. m.* âdâv, phaḷ *m.*, naphâ, hâśil *f.*, upayog *m.*, utpann *n.*, prâpti, meḷaunî; gat *f.*, praveś, abhyâs *m.*, vṛiddhi, guṇavṛiddhi *f.*

Aproveitar, *v. t.* âdâv-, phaḷ-, naphâ kâḍhuṁk *(g. do o.)*, kâmâk-, upegâk lâvuṁk, meḷauṁk. || *v. i.* upkâruṁk, upeguṁk, lâbhuṁk, chaluṁk, ghaḍuṁk, śakuṁk, kâmâk-, sukḷâk-, guṇ paḍuṁk, prâpti-, vṛiddhi-, guṇ karuṁk. || *v. r.* âdâv-, lâbh âpṇâk kâḍhuṁk.

Aproveitavel, *a.* âdâvâcho, kâmâcho, upkârî.

Aprovisionamento, *s. m.* purvaṇ, saṁrakshaṇ *n.*

Aprovisionar, *v. t.* purauṁk, saṁrakshuṁk.

Aprumar, *v. t.* ubho-, khuṁṭ karuṁk, niṭâvuṁk; oḷaṁbuṁk. || *v. r.* khuṁṭ-, ubho râvuṁk.

Aprumo, *s. m.* khuṁṭpaṇ; *(fig.)* garv *n.*, ahaṁkâr *m.*

Apside, *s. f.* uchchnîch *n.*; gabhâro *m.* || *Linha das —s,* śigrochchamaṁdochch sûtr *n.*

Aptamente, *adv.* barâbar, phâvo te parîṁ.

Aptidão, *s. f.*, **aptitude**, *s. f.* kuvet, tâṁk, tâkat, sâmarthî *f.*, makdûr *m.; lâykpaṇ n.*, nigutây; kal, oḍh *f.*

Apto, *a.* samarth, śaktivaṁt, yogvaṁt, purto, jâyto, lâyk, sugaraṇ, huśâr.

Apuado, *a.* domas-, taḍas âslalo; domsâylalo.

Apunhalar, *v. t.* suryen-, khaṁjiryân mâruṁk.

Apunhar, *v. t.* muṭhîn dharuṁk; muṭhî mâruṁk.

Apupada, *s. f.* keṁḍṇî *f.*, keṁkḍâṁ khebaḍâṁ *n. pl.*, hurr *f.*, phakâṁḍ *n.*

Apupar, *v. t.* keṁḍuṁk, keṁkḍâṁ karuṁk *(g. do o.)*, huryo karuṁk *(d. do o.)*, huskâvuṁk.

Apupo, *s. m.* koṁgo (vâjauṁcho) *m.*, phetyo, śeṭyo *f. pl.*, teste *m. pl.*, hurlî *f.*

Apuração, *s. f.* nirmaḷây *f.*, nirmaḷpaṇ, nirmaḷatva; viṁchûn-, śodhûn kâḍhṇeṁ *n.;* toḍṇî, pheḍ, bâdbâkî, phaḍśâ *f.*

Apuradamente, *adv.* nigutâyen, bârkâyen, bhârîṁ.

Apurado, *a.* nirmaḷ, nitaḷ, śuddh; viṁchlalo, śodhûn kâḍhlalo; uttam, saṁgîn, akhoḍ; saṁkashṭ, kaṭhin.

Apurador, *s. m.* nirmaḷâvṇâr, nitḷâvṇâr.

Apuramento, *s. m.* nitḷâvṇî, nisâvṇî; sudhârṇî; viṁchṇî *f.* || *V.* APURAÇÃO.

Apurar, *v. t.* nitḷâvuṁk, nirmaḷâvuṁk, nivḷâvuṁk, nisâvuṁk; *aperfeiçoar:* sudhâruṁk, ujkhuruṁk, saṁpurṇuṁk, neṭauṁk; *escolher:* viṁchuṁk, viṁchûn-, śodhûn kâḍhuṁk, nivâḍuṁk; *averiguar:* chaukasuṁk, tapâsuṁk, ubheṁ karuṁk; *discutir:* vivâduṁk, tarkuṁk; *afinar:* puṭâ lâvuṁk, puṭâvuṁk, chakh karuṁk; *impacientar:* châḷvauṁk, tiḍauṁk. || *v. r.* nitḷuṁk; nirmaḷuṁk; sudhâroṁk; neṭuṁk; tiḍuṁk, châḷvuṁk.

Apurativo, *a.* nitaḷ karcho.

Apuridar-se, *v. r. (ant.)*, phutphutuṁk, phutphutûn ulauṁk.

Apuro, *s. m.* nirmaḷây, nitḷây; nigutây, bârkamây, bârkây, nâjukây, śuddhi *f.*, sujanatva *n.;* aṭâs, haḷhaḷe, dagdag, halahvâl ghoreṁkâr *m. pl.*, saṁkaṭ, daḷdîr *n.*, aḍchaṇ *f.*

Apurpurado, *a.* jâṁbḷyâ raṁgâcho; navsutî neslalo.

Aquadrilhamento, *s. m.* gaṇ karṇeṁ; nâṁvniśâṇ *n.*, paṭṭî *f.*

Aquadrilhar, *v. t.* gaṇ-, maṁḍaḷî karuṁk.

Aquario, *s. m.* mâsḷî poscheṁ taḷeṁ *n.; (astr.)* kuṁbh *m.* || *a.* udkâḷo.

Aquartelamento, *s. m.* chhâvṇî *f*, sipâyâṁcheṁ ṭhâṇeṁ *n.*

Aquartelar, *v. t.* ṭhâṇyâr-, peṇyâr davruṁk. || *v. i.* ṭhâṇeṁ karuṁk. || *v. r.* râvuṁk, ṭhikâṇ karuṁk.

Aquartilhar, *v. t.* śerâṁnîṁ-, kirkoḷ vikuṁk.

Aquatico, **aquatil**, *a.* udkâcho, udkâḷo, udkâṁtlo, jalaj.

Aquecer, *v. t.* tâpauṁk, unhâvuṁk, dhagauṁk, śekauṁk, trâsuṁk; chiḍauṁk, chetauṁk. || *v. i.* ûn jâvuṁk, tâpuṁk, dhaguṁk, taḷtaḷuṁk, śekuṁk; *(fig.)* tâpuṁk, kadhuṁk, jaḷuṁk; phuluṁk, hurbhevuṁk.

Aquecimento, *s. m.* tâpauṇî, tâpṇî, tâp *f.*, dhag, śek, taḷtaḷo *m.*

Aqueducto, *s. m.* naḷ, pâṭ *m.*, sârṇî *f.*

Aquella, *a. f.* tî. || — *que*, jî koṇ || *s. f.* bhiḍâ; mâṁj *f.*

Aquelle, *a.* to, aito. || — *que*, jo koṇ. *Todo — que*, jo koṇay. *Ó —*, aito. — *outro*, to dûsro.

Áquem, *adv.* âlîkaḍe, âltaḍî; sakal, khâlâ. || *D'áquem*, âlîkaḍîcho, âltaḍîcho, âylo.

Aquentamento, *s. m.* tâpauṇî *f.*, ûn karṇeṁ *n.*

Aquentar, *v. t.* tâpauṁk, ûn karuṁk, unhâvuṁk; śekauṁk.

Aqueo, *a.* udkâcho, udkâḷo.

Aqui, *adv.* hâṁgâ, hâṁgsar, haṁgâsar, hiṁgâ, ikḍe, âro *(decl.)*, ase *(decl.)*; âtâṁ, hyâ mhaṇasar. || *D'aqui* hâṁgâcho, hâṁgâsarlo, ikaḍcho, hâṁgâ thân. *D'aqui em deante*, hyâ phuḍe. *D'aqui a oito dias*, âṭhâṁ disâṁnîṁ *Por —*, hevśîn, hinyâṁ. *Eis —*, he âsâ, ho paḷe. — *d'el-rei*, pâv re.

Aquietação, *s. f.* thâṁbauṇî, thârâvṇî, śâṁtvaṇ samjâvṇî *f.*

Aquietado, *a.* śamanâ.

Aquietador, *s. m.* thârâuṇâr, susthâvṇâr.

Aquietar, *v. t.* thaṁḍâvuṁk, thâṁbauṁk, thârâvuṁk, śamanâvuṁk, susthâvuṁk. || *v. r.* thaṁḍâvoṁk, thâṁbuṁk, śamanuṁk, visavuṁk, samjoṁk.

Aquilão, *s. m.* uttar *f.*, uttrân *n.*

Aquilatador, *s. m.* kasṇâr; pârkhî, parîkshâ karṇâr.

Aquilatar, *v. t.* kasuṁk, kasâk lâvuṁk, kas paḷevuṁk *(g. do o.)*; *(fig.)* pârkhuṁk, parikshuṁk; bâruṁk, tol paḷevuṁk; ujkhuruṁk, nibhâvuṁk, sâṁpâduṁk. || *v. r.* uttam-, saṁpûrṇ jâvuṁk, sudhâroṁk.

Aquilino, *a.* garuḍâcho. || *Nariz* —, garuḍnâk. *Olhos* —*s*, gidhâchî dishṭ, kâvḷyâche ḍoḷe.

Aquillo, *pron.* teṁ. || *D'aquillo,* tâṁtlo.

Aquiloneo, *a.* uttar, uttarîcho.

Aquinhoador, *s. m.* vâṁṭṇâr.

Aquinhoamento, *s. m.* vâṁṭṇî.

Aquinhoar, *v. t.* vâṁṭuṁk, vâṁṭe karuṁk,- ghâluṁk *(g. do o.)* || *v. r.* âpṇâk vâṁṭo ghevuṁk.

Aquosidade, *s. f.* udkâḷepaṇ *n.*, luglugitây *f.*

Aquoso, *a.* udkâcho, udkâḷo; sarbarît, barbarît, pachpachît, luglugît, bachbachît.

Ar, *s. m.* vârem *n.*, vâv, vât, vây, havo *m.*, havâ *f.*, pâvan, mârut *m.*; *(fig.)* rûp *n.*, âkâr, raṁg *m.*, sayâ, śirî *f.* || *Os ares,* aṁtrâḷ *n.* *Ir aos ares,* aṁtrâḷîṁ vachuṁk; phuṭuṁk; râg chaḍhuṁk *(d. do s.)*, kopuṁk. *Ir pelos ares,* ubhûn vachuṁk; bighḍuṁk. *Pôr ao ar,* vâryâ divuṁk,- ghâluṁk. *Alimentar-se do* —, vâryâr dis kâḍhuṁk. *Toldarem-se os ares,* kupâṁ mâṁḍuṁk, damaḷ jâvuṁk. *Andar nos ares,* vâryâr bhoṁvuṁk, ekâ pâṁyân chaluṁk. *Andar com a cabeça no ar,* taklî vâryâr bhoṁvuṁk *(g. do s.)* *Fallar no* —, vâryâr-, ubhaṁtarîṁ ulauṁk. *Ir tomar ares,* vâryâk vachuṁk. *Estranhar os ares,* havo vâyṭ jâvuṁk *(d. do s.)* *Ares majestosos,* moṭo âkâr, ḍauḷ. *Dar ares,* disuṁk. *Dar-se ares,* rûp-, âkâr ghevuṁk. *Ar ou ramo de* —, âr. *Pau do* —, śiṁg. *Avistar no* —, pais thân dekhuṁk. *As potencias do* —, devchâr. — *vital,* prâṇ.

Ara, *s. f.* âltâr *m.* vedî *f.*

Arabe, *s. e a.* arab, arbasthânî.

Arabescos, *s. m. pl.* kirvaṇ *f.*

Arabia, *s. f.* Arbasthân *n.*

Arabico, arabigo, arabio, *a.* arabî, arbasthânî. || *s. m.* arabî bhâs *f.*

Arabismo, *s. m.* arabî śabd *m.*

Araca, *s. f.* urâk *n.*

Arada, *s. f.* nâṁgarlalî jamîn; nâṁgarṇî *f.*, tâs *n.*

Arado, *s. m.* nâṁgar *m.*

Arador, *s. m.* kasṇâr, kâsṇâr, kaso, kâso.

Aradura, *s. f.* nâṁgarṇî *f.*, tâs, kasap *n.*, kâsṇî, umaṇ *ou* uṁbaṇ, sâgavaḷ *f.*

Aragem, *s. f.* lahar *f.*, bârîk vârem *n.*

Aralha, *s. f.* doṁ varshâṁchem vâsrûṁ *n.*; lasṇîchî pâlvî *f.*

Arame, *s. m.* ârâm *f.*, târ *m.*, sarî, taṁtrî, tâṁtî *f.*

Arandela, *s. f.* vâtîchem tâṭ *n.*; paraj *m.*

Aranha, *s. f.* vâṇî, sâḷyo *m.*, mâvlî *f.* || *Teia de* —, vâṇyâchem sût *n.*, gairam *m.*, dâtpâkî *f.* *(us. Can.)*

Aranheiro, aranhol, *s. m.* vâṇyâchem ghar *n.*

Aranhento, *a.* vâṇyâṁnîṁ bharlalo.

Aranhiço, *s. m.* lahân-, supurlo vâṇî *m.*

Aranzel, *s. m.* paddhat, rîtimâlâ *f.*, vidhisaṁgraha *m.*; charpaṭ *n.*, jhâṁk *f.*, śâpatâṁ *n. pl.*

Arar, *v. t.* tâs ghâluṁk *(d. do o.)*, nâṁgruṁk, kasuṁk, kâsuṁk, kṛishuṁk, varkhaḍuṁk.

Arara, *s. f.* tâl, gap, tarḍak *n.*

Araruta, *s. f.* ârârût *n.*

Aratorio, *a.* nâṁgruṁcho, śetkâmâcho.

Arauto, *s. m.* râjdût; vaṁdî, baṁdî; agragâmî.

Araveça, *s. f.* ekâ jinnsâcho nâṁgar *m.*

Aravel, *a.* nâṁgrûṁyeso, vaṁpûṁyeso.

Aravia, *s. f.* tuṭkî bhâs *f.*

Arbitração, arbitragem, *s. f.*, **arbitramento,** *s. f.* paṁchât, madhesthây *f.*, karâr *m.*

Arbitrador, *s. m.* paṁchâtkâr, lavâd (*port.* LOUVADO); molâvṇâr, âkârî.

Arbitral, *a.* madhesthâṁcho.

Arbitralmente, *adv.* madhesthâṁ varvîṁ.

Arbitrar, *v. t.* madhesthâyen nivâḍuṁk, paṁchât karuṁk *(g. do o.)*; ṭharâvuṁk; molâvuṁk.

Arbitrariamente, *adv.* âpṇâk jây tasem, manâṁt yetâ tasem, âple buddhîn, nît nivâḍo nâstânâ.

Arbitrariedade, *s. f.* ṭoṇkepaṇ, dâṁḍgepaṇ *n.*, julûm *m.*

Arbitrario, *a.* khuśecho, khuśe purto, âpṇâk jây taso; mansubî-, nît nivâḍo nâslalo, svataṁtr.

Arbitrio, *s. m.* madhesthây, paṁchât, mansubî *f.*; *livre vontade:* khuśî, âpkhuśî, mukhtyârî *f.*, svataṁtrpan n., *priya m.; *expediente:* upây, ilâj m., vâṭ f. || *Ao — de,* khuśe pramâṇeṁ.

Arbitro, s. m. madhesth, paṁchâtkâr, lavâd; molâvṇâr, âkârî.

Arborio, a. jhâḍâcho, rukhâcho.

Arborescente, a. rukhâ edo,- sârko.

Arboricola, a. jhâḍâṁr râvtalo.

Arboricultor, arborista, a. e s. m. jhâḍâṁ lâvṇâr.

Arborização, s. f. jhâḍâṁ lâvṇeṁ n.

Arborizado, a. jhâḍâṁ âslalo, jhâḍâṁnîṁ bharlalo.

Arborizar, v. t. jhâḍâṁ lâvuṁk *(l. sup. ou in do o.)*

Arbusculo, s. m. jhâḍkûṭ n.

Arbustivo, a. jhoṁpḍâṁcho.

Arbusto, s. m. jhoṁpaḍ, jhâḍkûṭ n.

Arca, s. f. ârk n., peṭ f., peṭûl n. || *— de alliança,* ârkpeṭ. *— de Noé,* târûṁ n. *— do peito,* chhâtî f. *— da bomba,* ghâmtaro m.

Arcaboiço, s. m. ghaḍâvaḷ f., sâṁpḷo m.; chhâtî f., harḍeṁ n.; ghaḍvaṇ f.

Arcabuz, s. m. jurâṁṭî f., tubak, baṁdûk n.

Arcabuzada, s. f. jurâṁṭecho phâr m.

Arcabuzar, v. t. jurâṁṭen-, phârân mâruṁk.

Arcabuzeiro, s. f. jurâṁṭkâr.

Arcada, s. f. varâṁd, toraṇ; ghumaṭ n., maṁḍap m. || *— dentaria,* dâṁtâḷî. || -s, *pl.* kharas f.

Arcado, a. V. ARQUEADO.

Arcano, s. m. gûḍh, bhed m.

Arção, s. m. khoḍ m.

Arcar, v. t. dhanuvâvuṁk, bâgauṁk; âṭo-, vâḷo ghâluṁk *(d. do o.)* || v. i. jhoṁbuṁk, jhoṁbî mâruṁk; *(fig.)* aṭâs kâḍhuṁk, khâṁchik paḍuṁk.

Arcaria, s. f. kamâṇîṁchî hâr f., ârkâṁ n. pl.

Arcaz, s. m. vhaḍ peṭ f.

Arcebispado, s. m. ârsebispâd m., *śreshṭhyâcheṁ mirâs n.

Arcebispo, s. m. ârsebîsp, mukhyâdhyaksh *(p. us.)*, *śreshṭh.

Arcediago, s. m. ârsedyâg, *śreshṭhyâcho dharmishṭ.

Archa, s. f. kuhrâḍeṁ n.

Archaico, a. parṇo, purâtan, mâjî.

Archaismo, s. m. parṇî bhâs f., âdlo śabd m.

Archanjo, s. m. ârkâṁj, adhidevdût *(p. us.)*, îśvaradût *(p. us.)*

Archeiro, s. m. dhanvî, bhâlekâr.

Archeologia, s. f. purâṇavastuśâstr n.

Archeologico, a. purâṇavastuśâstrâcho.

Archeologo, s. m. puraṇâvastuśâstrajña.

Archetypo, s. m. mûḷ n., namuno m., prat f.

Archi, *pref.* sar.

Archibanco, s. m. khaṇâcho bâṁk m.

Archipelago, s. m. dvipasamuha m.

Architectar, v. t. bâṁdhuṁk, ghaḍuṁk; *(fig.)* yojuṁk, kalpuṁk.

Architecto, s. m. bâṁdhṇâr, bâṁdhpî, śilpî, śilpaśâstrî, gṛihaśilpî; yojaṇo, rachṇâr.

Architectonica, s. f. śilpaśâstr n., gṛihaśilpavidyâ f.

Architectonico, a. śilpaśâstrâcho.

Architectonographia, s. f. gṛihavarṇan n.

Architectonographo, s. m. gṛihavarṇankâr.

Architector, s. m. ghaḍpî, gṛihaśilpî.

Architectura, s. f. bâṁdhâvaḷ f., ghaḍap n.; bâṁdhchî vidyâ f., śilpaśâstr n., gṛihaśilpavidyâ, vastuvidyâ f.

Architrave, s. f. vhaḍlî kâtar f.

Archivar, v. t. daphtarkhâṇyâṁt-, kaḍâśek davruṁk; râkhuṁk, saṁbhâḷuṁk.

Archivista, s. m. daphtardâr.

Archivo, s. m. daphtarkhâṇo m., graṁtharakshâgâr n.

Archote, s. m. ujvâḍî, chuḍî; divṭî f.

Arco, s. m. *(geom.)* dhanu n., châp, kaṁgro m.; *(arma)* danu, ḍoṁḍû n., tirkâṁṭî f.; *(— de rabeca)* ârk, gaj m.; *(— triumphal)* toraṇ n.; *(archit.)* ârk n., kamâṇ f.; *(circulo)* âṭo, viḷkho m. || *— iris,* ḍoṁḍûbâl n.

Arcobotante, s. m. pustî f., teṁko, dhiro m.

Arctico, a. uttarîcho. || *Polo —,* uttardhruv m.

Arctos, s. m. dhruvanakshatr n.

Arcturo, s. m. svâtî f.

Arda, s. f. châṇî f.

Ardego, a. jivaṭ, jaḷsar; kaṭhin, saṁkashṭ.

Ardencia, s. f. jâḷ, ulap, jâḷulap m., jaḷap n., jaljaḷî, âg f., chaṭko m.; tikhaṭây, mirmirî f., michmiche m. pl. || V. ARDOR.

Ardente, a. jaḷto, jaljaḷit, ulpo; kaḍak, dhagdhagît; tikhaṭ, michmichît, mirmirit; nibar, jabar; utsuk, hurbhecho, umâḷyâcho. || *Sede —,* tânecho sarâṁṭo. *Côr —,* rasrasît raṁg.

Ardentemente, *adv.* jâḷîṁ, ulpîṁ; utsavân, hausîṁ.

Ardentoso, *a.* kuṁsâḷo.

Arder, *v. i.* ulpuṁk, lâsoṁk; jaḷuṁk, peṭuṁk; *picar:* churchuruṁk, mirmiruṁk, michmichuṁk, tîk lâguṁk *(d. do s.)* ‖ — *em febre,* jarâṁt kaḍhuṁk,- bhâjuṁk. — *olhos,* ḍoḷe kuskusuṁk. — *de raiva,* âbjâḷuṁk.

Ardideza, *s. f.*, **ardimento**, *s. m.* ulap, âbjâḷ *m.*, michmiche *m. pl.;* abhaypaṇ, kâybaḷ *n.*, kâḷjî, chhâtî *f.*

Ardido, *a.* ulpalalo, jaḷlalo; chhâtîdâr, kâḷjâvaṁt, dhirâdhik.

Ardil, *s. m.*, **ardileza**, *s. f.* ghâḍvidyâ, ghâḍâmoḍ *f.*, kaṁvṭâḷ, kalpaṇ *n.*, bârkây, bârkamây, hikmat *f.*

Ardilosamente, *adv.* ghâḍâmoḍîn, bârkâyen, kaṁvṭâḷîṁ.

Ardiloso, *a* .hikmatîcho, vidyânagarî, kaṁvṭâḷî, ghâḍî.

Ardor, *s. m.* unhsâṇ *f.*, jaḷap *n.*, jâḷ, ulap, jâlulap *m.*, âg *f.*, kaḍakpaṇ, dhag, chaṭko, âbjâḷ, trâs *m.; desejo, paixão:* utsav, umâḷo *m.*, hurmaṭây *f.*, aveś, haus *m.; queimor:* tikhaṭây, tiksâṇ, mirmirî *f.*

Ardosia, *s. f.* śeḷî, khaḍî, pâṭî *(us. Can.) f.*

Ardosieira, *s. f.* śeḷyâṁchî khaṇ *f.*

Arduamente, *adv.* saṁkashṭîṁ, avghaḍâyen.

Arduo, *a.* kaṭhin *ou* kaṭhîṇ, avghaḍ, saṁkaṭ, saṁkashṭ, jaḍ, duśchâr, duḥśak, mahârogh.

Area, *s. f.* garbhî *f.*, abhyaṁtar *m.* ‖ *V.* HALO.

Areação, *s. f.* tâplale reṁven śekṇeṁ *n.*

Areado, *a.* reṁv ghâlalo, reṁven bharlalo; reṁven ujaḷlalo.

Areal, *s. m.* reṁvtaḷ *f.*, reṁvaṭ, reṁvaḷ *n.*

Arear, *v. t.* reṁv ghâluṁk,- uḍauṁk *(l. do o.);* reṁven ujḷuṁk,- ghâṁsuṁk.

Areca, *s. f. (arvore)* mâḍî, phophḷî *f.; (fructo)* phophaḷ *n.*, supârî; torlî *(— tenro);* kherî *(— secco) f.*

Arecal, *s. m.* kuḷâgar, âgar *n.*

Areeira, *s. f.* reṁvṭho *m.*

Areeiro, *s. m.* reṁvṭho *m.; retdânî f.;* reṁvkâr *m.* ‖ *a.* reṁvaṭ.

Areento, *a.* reṁvaḷ, reṁvaṭ.

Areia, *s. f.* reṁv, retî, vâlûk *f.* ‖ **-s**, *pl.* mûr *f.*

Arejar, *v. t.* vârâvuṁk, vâryâk ghâluṁk, ubhaḷuṁk, jhaḍpuṁk. ‖ *v. i.* vâryâk vaehuṁk, vâreṁ khâvuṁk. ‖ — *a fructa,* doḍcvuṁk. ‖ *v. r.* vâreṁ ghevuṁk.

Arejo, *s. m.* vâryâk ghâlṇeṁ; vâreṁ gheṇeṁ *n.*

Arelhana, *s. f.* paṭṭo *m.*

Arena, *s. f.* raṁg *m.*, raṁgaṇ, âṁgaṇ, phaḍ *n.*

Arenaceo, *a.* reṁvecho, reṁv âslalo.

Arenga, *s. f.* sabhâvâd, prasaṁg *m.*, bhâshaṇ *n.; (fig.)* jhâṁk, jhâṁkṇî *f.*, charpaṭ, tarḍak *n.* ‖ **-s**, *pl.* jhagḍeṁ *n.*

Arengador, *s. m.* sabhâvâdî, prasaṁgâr; ulauṇo; jhagḍekâr, tuphânî.

Arengar, *v. t.* ulauṁk, prasaṁg karuṁk. ‖ *v. i.* sabhâvâd karuṁk; jhagḍuṁk, vivâduṁk.

Arengueiro, *s. m.* jhâṁkro, barbaro; tarḍakî; jhagḍekâr, vivâdî.

Arenifero, *a.* reṁv âslalo.

Areniforme, *a.* reṁve sârko.

Arenoso, **areoso**, reṁvaṭ, retîcho, reṁven bharlalo.

Areola, *s. f.* âyṇ; *(astr.)* khaḷeṁ, pâṇkoṁbḍeṁ *n.*

Arequeira, *s. f.* mâḍî, phophḷî, supârî *(p. us.) f.*

Aresta, *s. f.* kuskûṭ, kuspaṭ, kusaḷ, kuṁs, suṁk *n.*, raj *m.;* kaṇsâṁcheṁ tâḍ *n.;* koṇ, konso.

Aresto, *s. m.* nivâḍo, phaisâl, nirṇay *m.*

Arestoso, *s. m.* kuṁsâḷo, suṁkâṁcho; konsyâṁcho.

Arfada, **arfagem**, *s. f.* helkâvo *m.*

Arfar, *v. i.* helkâvuṁk, ulâṁḍuṁk; jeluṁk, hâluṁk; kharsevuṁk, ḍhâpevuṁk.

Arfante, *a.* kharsevṇo; helkâvṇo

Argamassa, *s. f.* ârgâmâs *n.*, gâro gilâvo, * gâjû *m.*

Argamassador, *s. m.* gilâvo karṇâr va kâḍhṇâr.

Argamassar, *v. t.* gilâvo-, gâro kâḍhuṁk,- mâruṁk *(d. do o.)*

Arganaz, *s. m.* kaḷiṁdîr, kolo uṁdîr *m.*

Arganel, **arganeo**, *s. m.* vâḷo, âṁkḍo *m.*

Argau, *s. m.* chogo *m.;* naḷî *f.*

Argel, *a.* meṁgo, jaḍ; nirbhâgî. ‖ *s. m.* gaḷbaḷ *m.*, gaḍbaḍ, karâṁḍây *f.*

Argentado, *a.* rupeṁ kâḍhlalo, mulâṁî, ruperî.

Argentador, *s. m.* opauṇâr, mulâm deṇâr.

Argentar, **argentear**, *v. t.* opauṁk, mulâm divuṁk *(d. do o.)*, ruperî-, mulâmî-, rupyâ sârko karuṁk.

Argentaria, *s. f.* rupyâchem-, bhâmgârâchem sâmaṇ *n.*

Argentario, *s. m.* rupyâchem sâmaṇ davarcho jâgo; daulatkâr, hajârkâr.

Argenteo, *a.* châmdyecho, rupyâcho, ruperî.

Argentifero, *a.* rupem âslalo.

Argentifolio, *a.* ruperyâm pânâmcho.

Argentino, *a.* rupyâcho, ruperî; rupyâchyâ nâdâcho.

Argento, *s. m.* rupem *n.*, châmdî *f.*

Argilla, *s. f.* kheḍ, kumbhârmâtî, mûrtikmâtî; mâtî *f.*

Argillaceo, argilloso, kheḍîcho, kheḍ âslalo; kumbhârmâtyecho.

Argilleira, *s. f.* kheḍîchî khaṇ *f.*

Argilloide, *a.* kheḍî sârko.

Argola, *s. f.* ârgol *n.*, mudî *f.*, vâḷo, âmkḍo *m.*, kaḍî *f.*, kaḍem; ṭhoknem *n.*

Argolada, *s. f.* ṭhoknyâcho phâr *m.*

Argolar, *v. t.* vâḷe ghâlumk *(d. do o.)*, âmkḍâvumk.

Argos, *s. m.* humgî. ‖ *Ter olhos de —*, bârîk dishṭ âsumk *(d. do s.)*

Argucia, *s. f.* bârkây, sukshmabuddhi; hujat *f.*, atark *m.*

Arguciar, *v. t.* hujat karumk *ou* kheḷumk.

Argucioso, *a.* bârîk, sukshmabuddhi; atark.

Argueiro, *s. m.* kâḍî *f.*, kums, sumk, kuskûṭ, kusaḷ, kemsar *n.* ‖ *Fazer de um — um cavalleiro,* redo gelyar, ghoḍo gelo mhaṇumk.

Arguente, *a. e s.* vâdî, vâdyo, vivâdî, parvâdî.

Arguição, *s. f.* himḍsaṇî, beshṭâvṇî, taṭkarṇî *f.*; takrâr, vâd, vivâd, parvâd *m.*; bolâbolî *f.*

Arguir, *v. t.* bobâṭ karumk, beshṭâvumk, himḍsumk, taṭkarumk. ‖ *v. i.* vâdumk, vivâdumk, virudhumk. ‖ *v. r.* âpṇâk gunyâmvkârî karumk.

Argumentação, *s. f.* vâd, vivâd, samvâd, anuvâd *m.*

Argumentador, *s. m.* vâdî, vivâdî, samvâdî, prativâdî.

Argumentar, *v. i.* vâdumk, vivâdumk, samvâdumk, prativâdumk.

Argumentativo, *a.* vivâdâcho.

Argumento, *s. m.* kâraṇ *ou* kârâṇ, hetu, sabab *m.*, mudây *f.*, pramâṇ *n.*; *summario:* sasâr, saṃâs *m.*, pûrvapîṭhikâ *f.*; *altercação:* jhagḍem *n.*, tamṭo *m.*

Argutamente, *adv.* bârkâyen.

Arguto, *a.* bârîk, sukshma, kâṭhû.

Aria, *s. f.* jhâmjhû *m.*, ekâchem gâyau.

Aridez, *s. f.* sukap *n.*, sukṇî, sukaṭ; nishphaḷây, bhurkamḍây; kharkharitây; *(fig.)* dâruṇây *f.*, viraspaṇ *n.*

Arido, *a.* suko, sukaṭyo, korḍo; rakhrakhît; *esteril:* bhurkamḍ, vâmjhoṭo, nishphaḷ *ou* nirphaḷ; *aspero:* kharkharît, kharbarît, haḍbaḍit; *(fig.)* viras, chappo.

Aries, *s. m.* mesh *m.*

Arietino, *a.* memḍhryâcho.

Arillado, *a.* sarl âslalo.

Arillo, *s. m.* sarl *n.*

Ariolo, *s. m.* *V.* ADIVINHO.

Arisco, *a.* remvaṭ; *(fig.)* ugr, pârpaḷ; kâkûḍ, ghâbro.

Aristado, *a.* kumsâḷo.

Aristocracia, *s. f.* baḍelokâmchem râj, mahâkulinâdhipatya *n.*; baḍelok *m. pl.*, mahâkulinalok *m.*

Aristocrata, *s. m.* kuljaṇ, mahâkul, sardâr, prabhû, parab.

Aristocratico, *a.* baḍelokâmcho, kuljaṇâcho.

Aristoso, *a.* kumsâḷo, sumkâḷo.

Arithmetica, *s. f.* gaṇit, âmkgaṇit, âmkvidyâ, âmkśâstr *n.*, hiśob *m.*

Arithmeticamente, *adv.* gaṇitîm, hiśob karûn.

Arithmetico, *s. m.* gaṇak, gaṇitî, âmkvidyâvamt *(a.)*, hiśobî. ‖ *a.* gaṇitâcho, âmkvidyecho, hiśobî.

Arlequim, *s. m.* bhâmḍ, bahurûpî, phakâmḍî, yamtrî.

Arliquinada, *s. f.* phakâmḍ, somg *n.*, maskarî *f.*

Arma, *s. f.* hatyâr, astr, sastr *n.*; bastâṇî *f.*; *espingarda:* ârm, bamdûk, tubak, agnyastr *n.*; *expediente:* upây, ilâj *m.*

Armação, *s. f.* ârmâsâmv *n.*, samjauṇî *f.*, sâj, mâmḍ *m.*; *adorno:* śimgâr, neṭ *m.*, bhûshaṇ *n.*; *esqueleto:* pâmjro, sâmpḷo, sâṭho. ‖ *— de pescaria,* pâgchem sâmaṇ.

Armada, *s. f.* ârmâd *n.*, târvâm *n. pl.*, nausamâj, naukasamuha, samudradalabhâr *m.*

Armadilha, *s. f.* pâs, phâs *m.*, phâsak *n.*, phâsṇî, mânas *f.*, sâmpḷo; *(fig.)* pemch, ghât *m.*, tamtr *n.*

Armado, *a.* hatyârbamd; samjailalo; tayâr, rujû. ‖ *Á mão —*, baḷân, julmân.

Armador, *s. m.* ârmâdor, samjauṇâr; târvâm samjauṇâr,- purvauṇâr.

Armadura, *s. f.* âṁgtrâṇ, kavach, kaṁchuk *n.* ‖ *V.* ARMAÇÃO.

Armamento, *s. m.* saṁjauṇî, ghaḍvaṇ *f.;* jujâcheṁ sâmaṇ *n.*, dârûguḷo *m.*

Armar, *v. t.* ârmârkaruṁk; saṁjauṁk, saṁjguṁk, hatyârbaṁd karuṁk; *engatilhar:* oḍhîr kâḍhuṁk; *sublevar:* phirauṁk, uṭhauṁk; *aprestar:* tayâr karuṁk, purauṁk, kamâvuṁk; *machinar:* karuṁk, ghâluṁk; *guarnecer:* neṭauṁk, śriṁgâruṁk; *preparar, dispor:* mâṁḍuṁk; *fabricar:* bâṁdhuṁk, ubhâruṁk, mâṁḍuṁk. ‖ — *a cauda,* śeṁpâḍo phulauṁk. ‖ *v. i.* jujâchî tayârî karuṁk; phâskâṁ mâṁḍuṁk; *convir:* purauṁk, sokuṁk, bareṁ lâguṁk. ‖ — *a alguem,* guṭhlâvuṁk, veṁṭuṁk. — *ao effeito,* tikṭîṁ mâṁḍuṁk, toṁḍâr poḷe bhâjuṁk. ‖ *v. r.* saṁjuṁk, sâj karuṁk, neṭuṁk.

Armaria, *s. f.* astrâgâr, sastrâgâr, *n.*

Armario, *s. m.* âlmâr *f.*, chauk *m.*

Armazem, *s. m.* kaṭhî *f.*, koṭhâr, ṭhevo, sâṁṭho, gudâṁv *m.*, bhâṁḍâr, dâstân, nidhân *n.*, nidhi, jiṁkhâṇo, kârkhâṇo *m.*

Armazenagem, *s. f.* ṭhevṇî, sâṁṭhauṇî *f.*

Armazenar, *v. t.* sâṁṭhauṁk, ṭhevuṁk.

Armeiro, *s. m.* astrkâr, sastrkâr, hatyârâṁ karṇâr va vikṇâr.

Armella, *s. f.* vâḷo *m.*

Armenio, *a. Bolo —,* multânî *ou* multân mâtî *f.*

Armental, *a.* hiṁḍâcho, kalapâcho.

Armentio, armento, *s. m.* hiṁḍ, kalap *m.;* gorvâṁ *n. pl.*

Armentoso, *a.* jâytîṁ gorvâṁ âslalo.

Armeo, **armo**, *s. m.* peḷî *f.*

Armifero, **armigero**, *a.* hatyârbaṁd; jujârî.

Armilheiro, *s. m.* lahân chirṇeṁ *n.*

Armilla, *s. f.* kaḍeṁ, kâkaṇ *n.*

Armillar, *a.* kaḍeṁ âslalo. ‖ *Esphera —,* khagol *m.*

Armipotente, *a.* jujuṁk huśâr, jujârî.

Armisticio, *s. m.* saṁdhi, saṁdh *f.*, sallo *m.*

Arneiro, **arnoso**, *s. m.* reṁvaḷ *n.*

Arnella, *s. f.* dâṁtâcheṁ mûḷ *n.*

Arnez, *s. m.* âṁgtrân, kavach *n.; (fig.)* âḍos, âsar *m.*

Aro, *s. m.* âṭo, tâṭo, viḷkho *m.*, âṭî *f.*, kaḍeṁ *n.*

Aroma, *s. m.* damdam, parmaḷ, suvâs, sugaṁdh *m.*

Aromatico, *a* damdamît, parmaḷît, sugaṁdh.

Aromatização, *s. f.* parmaḷâvṇi *f.*

Aromatizador, *s. m.* parmaḷâvṇâr.

Aromatizante, *a.* parmaḷîk, sugaṁdh.

Aromatizar, *v. t.* parmaḷâvuṁk, damdam ghâluṁk *(l. do o.)*

Arpão, *s. m.* goro *m.*, barchî *f.*

Arpar, *v. t.* phârâvuṁk. ‖ *v. i.* nâṁgar ghâluṁk.

Arpejar, *v. i.* kirkirâvuṁk.

Arpejo, *s. m.* kirkirâvṇî *f.*

Arpeo, *s. m.* goro *m.;* loḷî *f.; (fig.)* chapko *m.*

Arpoação, *s. f.* phârâvṇî *f.*

Arpoador, *s. m.* phârâvṇâr.

Arpoar, *v. t.* phârâvuṁk, barchyen mâruṁk; *(fig.)* ghaṭṭ dharuṁk, sâṁpḍâvuṁk.

Arpoeira, *s. f.* goryâchî dorî *f.*

Arqueação, *s. f.*, **arqueio**, *s. m.* dhanuvâvṇî, bâgâvṇî *f.;* garbhecheṁ mejap *n.*

Arqueadura, *s. f.*, **arqueamento**, *s. m.* bâg, vâṁk *f.*, vaḷaṇ *n.*

Arqueiro, *s. m.* dhanvî; peṭkâr.

Arquejante, *a.* kharsevṇo.

Arquejar, *v. i.* kharsevuṁk, dhâpevuṁk.

Arquejo, *s. m.* kharas, dhâp *f.*

Arquelha, *s. f. V.* MOSQUITEIRO.

Arqueta, *s. f.* peṭûl *n.*, dharmpeṭî *f.*

Arrabalde, *s. m.* upanagar, upapur; *(— da aldeia)* grâmâṁt; *(fig.)* lâgsâr, sejâr *m.*

Arrabil, *s. m.* tuṇtuṇeṁ *n.*

Arrabujar-se, *v. r.* kharaj jâvuṁk (suṇyâk; *d. do s.); (fig.)* châḷvuṁk, tiḍuṁk.

Arracimado, *a.* ghoṁsâḷo.

Arracimar-se, *v. r.* ghoṁs jâvuṁk *(d. do s.),* ghoṁs kaso jâvuṁk.

Arraçoar, *v. t.* bhâteṁ-, chaṁḍî divuṁk; jevuṁk ghâluṁk.

Arraia, *s. f.* vâgaḷeṁ *n.* ‖ — *miuda,* uṇo lok *m.* ‖ *V.* RAIA.

Arraial, *s. m.* paḍâv; tamâśo *m.*

Arraiano, *a.* sardecho, simevaylo.

Arraiar, *v. t. V.* RAIAR.

Arraigado, *a.* pâḷâṁ ghetlalo *(litt. e fig.);* jûn jâlalo.

Arraigar, *v. t.* roṁbuṁk; *(fig.)* khaṁchauṁk. ‖ *v. i.* pâḷâṁ ghevuṁk, pâḷâṁ phuṭuṁk *(d. do s.)* ‖ *v. r.* ṭhikâṇ karuṁk; roṁboṁk; jûn jâvuṁk.

Arrais, *s. m.* tâṁḍel; *(fig.)* nâyk, vastâd.

Arramalhar, *v. i. V.* RAMALHAR.

Arramar-se, *v. r.* pâlevuṁk, phâṁkâruṁk.

Arrancada, *s. f.* oḍhûn kâḍhṇeṁ *n.*, koṁchauṇî, umṭaṇî, unmûḷṇî; oḍh *f.* || *De* —, neṭân, avchitt.

Arrancadamente, *adv.* tavkyân, neṭân.

Arrancadura, *s. f.*, **arrancamento**, *s. m.* oḍhûn kâḍhṇeṁ *n.*, umṭaṇî; marṇâchî oḍh *f.*

Arrancar, *v. t.* oḍhûn-, baḷân kâḍhuṁk, kâṁḍh ghevuṁk, uchkaṭuṁk; burḍuṁk, pisḍuṁk; *desapegar:* koṁchauṁk, nikḷâvuṁk; *desarraigar:* umṭuṁk, unmûḷuṁk; *livrar:* nivrâvuṁk, vâṭâvuṁk; *extorquir:* piḷuṁk, piḷûn ghevuṁk, baḷkâvuṁk; *extirpar:* nâkaruṁk, nirasuṁk; *desembainhar:* uspuṁk, potyâṁtlo kâḍhuṁk. || *v. i.* tavkyân vachuṁk va bhâyr saruṁk; oḍhî suṭuṁk *(d. do s.)*, ghargharuṁk. || *v. r.* umṭoṁk, koṁchuṁk.

Arranchar, *v. t.* bisî karuṁk *(g. do o.)*, pujâd-, bihrâd divuṁk, âśramuṁk. || *v. r.* biśyek râvuṁk, ekpaṁktîk jevuṁk; kaṭ-, saṁgat karuṁk, saṁvgaḍo jâvuṁk.

Arranco, *s. m.* kâḍhṇî, koṁchauṇî, burḍaṇî *f.*; tavko, neṭ, jor *m.* || **-s**, *pl.* oḍhî *f. pl.*, gharghârî *f.*; oṁkâro *m.*; kharas *f.*

Arrançoar, *v. t.* daṁḍ-, soḍnâvaḷ phârîk karuṁk lâvuṁk. || *v. r.* khaṁḍ-, daṁḍ divuṁk.

Arrancorar-se, *v. r.* râg dharuṁk.

Arranhadela, arranhadura, *s. f.*, **arranhão**, *s. m.* urbaḍṇî, phâpsâvṇî, burḍaṇî; gâṁj *f.*, bhurko *m.*, nâkshî *f.*

Arranhador, *s. m.* nâkshâvṇâr, phâpsâvṇâr.

Arranhar, *v. t.* urbaḍuṁk, nâkshâvuṁk, phâpsâvuṁk, dâvlî mâruṁk, bhurkâvuṁk, chapkâvuṁk, burḍuṁk, varkhaḍuṁk, kharvaḍuṁk; *ferir as cordas:* tuṇtuṇuṁk, boṭâṁ mâruṁk *(l. sup. do o.)*; *tocar mal:* koṁkâvuṁk, ghoṁghâvuṁk, baḍauṁk; *saber pouco:* don gaṁṭâṁ śikuṁk, vaylyâvayr jâṇo jâvuṁk. || *v. r.* phâpsoṁk, burḍoṁk; *(fig.)* aḍchaṇek sâṁpḍuṁk.

Arranjado, *a.* mâṁḍlalo; kârasthâṇî. || *Estar* —, pâḷî-, bârâ, bresṭâr yevuṁk *(l. sup. do s.)*

Arranjamento, *s. m.* mâṁḍap *n.*, vyavasthâ, baṁdabast *f.*

Arranjar, *v. t.* mâṁḍuṁk, ḍâḷuṁk, yojuṁk, rachuṁk, sârko-, sâmko-, sam karuṁk; *obter:* meḷauṁk, joḍuṁk, hâtâsuṁk; *ajustar amigavelmente:* barepaṇîṁ toḍuṁk,- nikâl karuṁk *(g. do o.)* || *v. r.* mâṁḍoṁk; gharvasthî jâvuṁk.

Arranjo, *s. m.* mâṁḍâvaḷ, vyavasthâ, baṁdabast, ghaḍvaṇ, rachṇî *f.*, yojan *n.*; *economia domestica:* ghargâḍo *m.*, gharbejmî *f.*; *mobilia:* gharvaḍ, ghargutî, mustâykî *f.*

Arranque, *s. m.* kâḍhṇî, umṭaṇî, burḍaṇî *f.*

Arrapazado, *a.* burgyâ sârko.

Arrapozar-se, *v. r.* kolo jâvuṁk, kolyâcheṁ śiṁg âsuṁk (*al. de* kaḍe *ou* lâgîṁ *do s.*)

Arrasado, *a.* sapâṭ, mâṭh; upaṭ bharlalo.

Arrasador, *s. m.* moḍṇâr, nirdâḷṇâr, bhaṁgauṇâr, vidhvaṁsî *m.*; dâṁḍî (kâpchî) *f.*

Arrasadura, *s. f.* mâp kâpûn urtâ teṁ. || *V.* ARRASAMENTO.

Arrasamento, *s. m.* sapâṭṇî, sapâṭî, mâṭhṇî; moḍṇî, deśvâṭ, dhûḷdaśâ *ou* dhûḍdaśâ *f.*, gharṭhâṇ, khaṁḍan *n.*, *bhûṁytaṇ *f.*; mâp kâpṇeṁ; upaṭ bharṇeṁ *n.*

Arrasar, *v. t.* sârko-, barâbar karuṁk, sapâṭuṁk; *demolir:* moḍuṁk, nirdâḷuṁk, deśvâṭ-, ghârṭhâṇ karuṁk *(g. do o.)*, *bhûṁyṭaṇuṁk; *aplanar a medida:* mâp kâpuṁk; *encher até á borda:* upaṭ bharuṁk, kâṁṭh paryâṁt bharuṁk; *estragar:* pâḍ karuṁk; *fatigar:* kashṭâvuṁk. || *v. r.* sârko-, sapâṭ jâvuṁk; ḍoḷe ghâgrevuṁk,- duḥkhâṁnîṁ bharoṁk; *(fig.)*; *humilhar-se:* lahân-, uṇo jâvuṁk, bhaṁguṁk. || — *o mar,* daryâ thaṁḍ-, śamanâ jâvuṁk.

Arrastadamente, *adv.* barbarît, barbaryâṁ, sarpaṭyâṁ; oḍhûn, baḷân. || *Vender* —, savây phuṁkyâ vikuṁk.

Arrastadeiro, *a.* sarpaṭo, thapkaṭo.

Arrastadiço, *a.* âpṇâk oḍhûn vharuṁk ditâ taslo.

Arrastado, *a.* sarpaṭo, barbaryâṁ veto; bâbḍo, garîb. || *Andar* —, dîs kâḍhuṁk, varyâr dîs kâḍhuṁk. *Vida arrastada,* aṭâsâṁcheṁ jiṇeṁ.

Arrastadura, *s. f.*, **arrastamento**, *s. m.* oḍhṇî *f.*, oḍhap *n.*, sarpaṭ *ou* sarpaṭṇî *f.*

Arrastão, *s. m.* oḍh; oḍhṇî. || *Levar de* —, sarpaṭyâṁ vharuṁk.

Arrastar, *v. t.* oḍhuṁk, oḍhûn-sarpaṭyâṁ-, barbaryâṁ vharuṁk, loḷauṁk; *impellir:* loṭuṁk, baḷân vharuṁk, baḷ karuṁk *(d. do o.)*; *reduzir á miseria:* upadre-, ghoreṁkâr karuṁk *(g. do o.)* ‖ — *alguem pela rua da amargura,* prakâr-, vâvdoryo karuṁk *(g. do o.)* — *a aza,* lâg-, gamje karuṁk. — *os pés,* pâṁy oḍhuṁk. — *a voz,* bhâs oḍhuṁk, jîbh jaḍ jâvuṁk *(g. do s.)* — *uma vida miseravel,* dîs kâḍhuṁk, tâṁḍuṁk. ‖ *v. i.* sarpaṭuṁk, sarpaṭyâṁ vachuṁk *ou* chaluṁk; oḍhoṁk, loḷoṁk. ‖ *v. r.* sarpaṭuṁk; diṁbhkuryâṁ-, hâtâṁnîṁ chaluṁk; *(fig.)* moḍon paḍuṁk, bhaṁguṁk.

Arrasto, *s. m.* oḍhṇî, sarpaṭ *f.* ‖ *Vida de* —, aṭâsâṁcheṁ jiṇeṁ *n.*

Arratel, *s. m.* rât *m.*

Arratelar, *v. t.* rât karuṁk *(g. do o.)*, râtâṁnîṁ vikuṁk.

Arrazoação, *s. f.*, **arrazoamento,** *s. m.* tark, prastâv, vivâd *m.*

Arrazoadamente, *adv.* nitîn, ritîn, phâvo te parîṁ; purtîṁ.

Arrazoado, *a.* nîṭ, sâmko, yukt; *discreto:* samjik, vivekî, tarkjña; *proporcionado:* purto, sumâr. ‖ *s. m.* prasaṁg, tark, vâd *m.*

Arrazoador, *s. m.* prasaṁgî, tarkî, vâdî.

Arrazoar, *v. t.* tarkuṁk, vâduṁk, kâraṇ sâṁguṁk *(g. do o.)* ‖ — *alguem,* tahrâ dharuṁk *(d. do o.)* ‖ *v. i.* vivâduṁk, saṁvâduṁk; gajâl karuṁk.

Arre, *int.* hirirî! chal!

Arreamento, *s. m.* mustâykî *f.*, sâmaṇ *n.*, sâmagrî, jiṁdgî *f.*

Arrear, *v. t.* mustâykî-, saraṁjâm ghâlumk *(d. do o.)*, neṭauṁk, śiṁgâruṁk, śṛiṁgâruṁk, alaṁkâruṁk. ‖ — *a casa,* ghar mâṁḍuṁk, gharân mustâykî ghâluṁk. ‖ *v. r.* neṭuṁk, śiṁgâr ghâluṁk; *(fig.)* baḍâyk karuṁk, phuluṁk.

Arrear, *v. t. abater, amainar:* deṁvauṁk, khâlâvuṁk, saklâvuṁk, kavḷuṁk. ‖ — *bandeira,* bâvṭo deṁvauṁk; *(fig.)* beṁ mhaṇuṁk. ‖ *v. i.* moḍon paḍuṁk, hât pâṁy kavḷuṁk.

Arreata, *s. f.* dâveṁ *n.*, sâṁgaḍ *m.*

Arreatadura, *s. f.* dâveṁ ghâḷṇeṁ; bâṁdhap *n.*

Arreatar, *v. t.* dâveṁ ghâluṁk *(d. do o.)*, sâṁgaḍ karuṁk *(g. do o.)*

Arreaz, *s. m.* vâḷ *m.*

Arrebanhar, *v. t.* hiṁḍ karuṁk *(g. do o.)*, hiṁḍâṁt ghâluṁk; *(fig.)* puṁjâvuṁk, ekṭhâṁy karuṁk. ‖ *v. r.* puṁjâvoṁk, jamuṁk.

Arrebatadamente, *adv.* luṭîṁ *ou* luṭûn; baḷân; dâṁḍgâyen; kiṁvân; avchitt.

Arrebatado, *a. repentino:* avchitt, achaṁbit; *impetuoso:* tavkyâcho, vegâcho; *inconsiderado:* urmaṭ, utâvḷî, dhaḍbaḍyo, dâṁḍgo, utsuk; *colerico:* râgishṭ, piṁtvegî; *extasiado:* aṁtardhyânî, bhramishṭ.

Arrebatador, *s. m. e a.* jhoṁbṇâr; nâgauṇo, luṭṇâr; bhulauṇo.

Arrebatamento, *s. m.* kâṁḍh ghcṇeṁ *n.*, jhoṁbṇî; lûṭ, nâgauṇ; *(fig.)* urmaṭây, dâṁḍgây *f.*, mad, ullâs, alhâd, brahmânaṁd, paramânaṁd *m.*, aṁtardhyân *n.*

Arrebatar, *v. t.* jhoṁbûn-, kâṁḍh ghevuṁk; pisḍuṁk, jhoṁpay mâruṁk *(d. do o.)*; *arrastar:* oḍhûn-, loṭûn vharuṁk; *enlevar:* miraumk, hiraumk; *roubar:* luṭuṁk, nâgauṁk. ‖ *v. r.* bhramuṁk, dhyânuṁk, samâdhisth jâvuṁk; *enfurecer-se:* piṁḍaḷuṁk, kaḍhuṁk, tâpuṁk.

Arrebem, *s. m.* rebeṁ *n.*, âṁjo *m.*

Arrebentadiço, *a.* tuṭko, phuṭko.

Arrebentamento, *s. m.* toḍṇî, phoḍṇî; lûṭ *f.*, luṭṇeṁ *n.*

Arrebentão, *s. m. V.* REBENTÃO.

Arrebentar, *v. t.* toḍuṁk, tuṭaumk; phoḍuṁk, phâḍuṁk; kashṭâvuṁk, dagdagâvuṁk. ‖ *v. i.* phâr jâvuṁk *(g. do s.)*, phuṭuṁk, tuṭuṁk, tiskaṭuṁk.

Arrebicar, *v. t.* (toṁḍâk) raṁg lâvuṁk, kuṁkûṁ ghâluṁk, śeṁs mâruṁk; *(fig.)* śṛiṁgâruṁk, neṭauṁk.

Arrebique, *s. m.* kuṁkûṁ *n.*, śeṁs *f.*, pehrâvo *m.*

Arrebitado, *a.* vaylyân partalalo,-kavaḷḷalo; *(fig.)* masto, tavṇâs.

Arrebitar, *v. t.* vaylyân partuṁk, vayr kâḍhuṁk; kuṁs bâgâvuṁk *(g. do o.)* ‖ *v. r.* vaylyân partoṁk; *(fig.)* phurphuruṁk.

Arrebito, *s. m.* vaylyân partalale vastûcho âkâr *m.*, khilyâcheṁ kuṁs bâgâylaleṁ *n.*; *(fig.)* dâṁḍgây, mast *f.*

Arrebol, *s. m.* khar (maḷbhâchî) *f.*

Arrebolar, *v. t.* guḷo karuṁk *(g. do o.)*, vâṭkuḷo karuṁk.

Arreburrinho, *s. m.* hiṁduḷo *m.*

Arreoabe, *s. m.* pâgerâchî dorî *f.*

Arrecada, *s. f.* kâṇâṁtleṁ bhâṁgâr *n.*, alkî *f.*, kuṁḍal, ârgolîjñ *n.*

Arrecadação, *s. f.*, **arrecadamento,** *s. m.* saṁbhâḷ *m.*, saṁbhâḷṇî *f.*, sugûr karṇeṁ *n.*; ukâḷo *m.*, pat *ou* path *n.*, ugavaṇ *f.*

Arrecadado, *a.* kâṁḍh dávarlalo; ukâḷlalo; kârasthânî, kasrî, avech.

Arrecadador, *s. m.* saṁbhâḷṇâr, saṁrakshṇâr; patkâr, ukâḷekâr.

Arrecadar, *v. t.* saṁbhâḷuṁk, saṁrakshuṁk, kâṁḍh davruṁk, sugûr karuṁk; *cobrar:* ukâḷuṁk, vasûl karuṁk; *apanhar, prender:* ghaṭṭ dharuṁk,- karuṁk; *alcançar:* meḷaun ghevuṁk, sâṁpḍâvuṁk.

Arrecear, *v. t. V.* RECEAR.

Arreda, *int.* pelyân! chal! pais sar.

Arredamento, *s. m.* kaḍsarâvṇî, kaḍsarṇî, gavḷâvṇî, gavaḷṇî *f.*, kuśîn sarṇeṁ, pâṭhî sarṇeṁ *n.*

Arredar, *v. t.* kaḍsarâvuṁk, gavḷâvuṁk, kuśîn kâḍhuṁk, paisâvuṁk; pelyân ghâluṁk, bhâyrâvuṁk. ‖ *v. r.* kaḍsaruṁk, kuśîn saruṁk, gavḷuṁk, mârg soḍuṁk.

Arredio, *a.* eksuro, ekmuḷo. ‖ *Andar* —, sâṁgât-, hiṁḍ sâṁḍuṁk.

Arredondamento, *s. m.* vâṭâṁguḷây, vâṭkuḷây *f.*

Arredondar, *v. t.* vâṭkuḷo-, vâṭâṁguḷo karuṁk.

Arredores, *s. m. pl.* sarad *f.*, ghero *m.*, vâḍî *f.*

Arreeiro, *s. m. V.* ARRIEIRO.

Arrefecer, *v. t.* nivauṁk, śeḷâvuṁk, thaṁḍâvuṁk. ‖ *v. i.* nivuṁk, thaṁḍ jâvuṁk.

Arrefecimento, *s. m.* nivaṇ, thaṁḍây; *(fig.)* śeḷmoḍây, maṁḍây *f.*

Arregaçada, *s. f.* kavaḷṇî; kâs; oṁṭîbhar *f.*

Arregaçar, *v. t.* kavḷuṁk; kâs mâruṁk *ou* ghâluṁk *(g. do o.)* ‖ *v. r.* kavḷoṁk.

Arregalado, *a.* umaḷlalo (ḍoḷo), phullalo.

Arregalar, *v. t.* orkuṁk *ou* urkuṁk.

Arreganhar, kirluṁk, karkarâvuṁk, châbuṁk (dâṁt); *(fig.)* tiḍauṁk, châḷvauṁk, keṁḍuṁk. ‖ *v. r.* hâṁsuṁk, dâṁt dâkhauṁk.

Arreganho, *s. m.* dâṁt kirliṇeṁ,- dâkhauṇeṁ *n.*; karyâ *f.*, guidâr *n.*

Arregimentar, *v. t.* palṭaṇîṁt ghevuṁk,- ghâluṁk; *(fig.)* ekṭhâṁy karuṁk, puṁjâvuṁk.

Arregoar, *v. t.* tâs ghâluṁk, charyo mâruṁk *(d. do o.)* ‖ *v. r.* phuṭuṁk, betuṁk, ver vachuṁk *(d. do s.)*

Arreigar, *v. t. V.* ARRAIGAR.

Arreio, *s. m.* ghoḍyâchî mustâykî *f.*, taṁgtobro *(p. us.) m.*, aśvasâmagrî *f.*; *(fig.)* śiṁgâr, *m.*, neṭauṇî *f.*

Arreiteta, *s. f. V.* ALMOTOLIA.

Arrelhada, *s. f.* kharvaḍo *m.*

Arrelia, *s. f.* âchâr *m.*; châḷvauṇî, tiḍauṇî *f.*

Arreliar, *v. t.* châḷvauṁk, tiḍauṁk, kichḍâvuṁk. ‖ *v. r.* âchâroṁk; châḷvuṁk, tiḍuṁk.

Arrelvar-se, *v. r.* taṇ kirluṁk *(l. do s.)*

Arremangar, *v. t. e i.* hât-, mâṁgâṁ kavḷuṁk; hât ukluṁk (mârchyâk). ‖ *v. r.* tayâr-, hâjîr jâvuṁk, kâs mâruṁk.

Arrematação, *s. f.* ârremâtâsâṁv *n.*; pâvṇî *f.*

Arrematante, arrematador, *s. m.* pâvṇekâr, pâytalo; pâvûn vhartalo.

Arrematar, *v. t.* pâvuṁk, pâvṇer ghâluṁk, ârremâtâr karuṁk; pâvûn vharuṁk; sâ karuṁk. ‖ *v. r.* pâvoṁk, pâvṇer vachuṁk.

Arrematar, *v. t.* saṁpauṁk, saṁpâduṁk. ‖ — *as terras,* durâvuṁk. — *o cabello,* keṁs bâṁdhuṁk, keṁsâṁk gâṁṭh mâruṁk. ‖ *v. i. e r.* saṁpuṁk, saṁpâdoṁk.

Arremate, *s. m.* gâṁṭh mârṇeṁ *n.*

Arremedador, *s. m.* soṁgâḍî, nakalyo.

Arremedado, *a.* nakalî.

Arremedar, *v. t.* naklâṁ karuṁk *(g. do o.)* keldâvuṁk, keṁḍuṁk; kaso disuṁk (*ex.:* OS OLHOS ARREMEDAVAM BRAZAS, ḍoḷe iṁgḷe kase distâle).

Arremedo, *s. m.* nakal *f.*, soṁg *n.*, keldâvṇî *f.*

Arremessado, *a.* utâvḷo, avichârî, dhaḍbaḍyo, urmaṭ; neṭâcho, vegâcho, kaḍak, jhaḍjhaḍit.

Arremessador, *s. m.* mârṇâr, uḍauṇâr, loṭṇâr, soḍṇâr, pheṁkṇâr.

Arremessamento, *s. m.* mârṇî, soḍṇî, loṭṇî *f.*

Arremessão, *s. m.* soḍûn mârcheṁ hatyâr,- astr *n.*

Arremessar, *v. t.* mâruṁk (bhâldî, phâtar), soḍuṁk, uḍauṁk, vidhuṁk; usḷâvuṁk, koḷuṁk, ḍhakluṁk, loṭuṁk, pheṁkuṁk; *repellir:* pelyân ghâluṁk, paisâvuṁk, bhâyrâvuṁk. ‖ — *para baixo,* śevṭuṁk, âpṭuṁk. — *o cavallo,* ghoḍyâk dhâṁvḍâvuṁk. ‖ *v. r.* usḷuṁk, ghusuṁk, tuṭûn vachuṁk; *(fig.)* âṁgâr yevuṁk.

Arremesso, *s. m.* mârṇî, soḍṇî, uḍauṇî, âpaṭṇî, pheṁkṇî *f.*; âṁgâr yeṇeṁ *n.*, ghâlo; neṭ, tol *m.*, oḍh *f.*; soḍûn mârcheṁ hatyâr *n.* ‖ *De* —, neṭân, tavkyâu. ‖ **-s**, *pl.* âkâr, bhesh *m.* ‖ *Fazer* —, karyâ karuṁk.

Arremettedor, *s. m.* uprâḷṇâr, ghâlo ghâḷṇâr.

Arremettedura, arremettida, *s. f.*, **arremettimento,** *s. m.* âṁgâr yeṇeṁ *n.*, jhoṁbî, jhaḍjhaḍî *f.*, ghâlo, uprâḷo; parâkram *m.*

Arremettente, *a.* âṁgâr yetalo *ou* paḍtalo.

Arremetter, *v. t.* âṁgâr yevuṁk (*g. do o.*), paḍuṁk (*l. sup. do o.*), uprâḷuṁk, ghâlo ghâḷuṁk (*d. do o.*) jhoṁbuṁk (*ab.* kaḍe *do o.*), jhaḍjhaḍâvuṁk, jhoṁbî mâruṁk; huskâvuṁk. ‖ *v. i.* tuṭûn vachuṁk, tavkyân yevuṁk, jhoṁbuṁk.

Arreminar-se, *v. r.* kopuṁk, râgân pharpharuṁk.

Arrenda, *s. f.* mûḷ ustiṇeṁ, muḷâr mâtî sârṇeṁ *n.*

Arrendação, *s. f.*, **arrendamento,** *s. m.* bhâḍyâk-, reṁdâk deṇeṁ *n.*, lâvṇî, khotî, gheṇ (*us. Can.*), *ijarat *f.*; bhâḍyâk-, reṁdâk gheṇeṁ; bhâḍeṁ, reṁd *n.*; paṭṭo *m.*, lâvṇecheṁ-, reṁdâcheṁ kâgad,- patr *n.*

Arrendado, *a.* lâylalo, reṁdâk dilalo va ghetlalo; âstik; reṁd lâylalo, reṁd kaso; mûḷ ustilalo.

Arrendador, *s. m.* bhâḍekâr, lâvṇâr, *ijaratî.

Arrendar, *v. t.* bhâḍyâk divuṁk va ghevuṁk (— *casas e cousas moveis*); reṁdâk divuṁk va ghevuṁk (*esp. palmares e fructos de arvores*), lâvuṁk (*esp. campos*); kuṁḷyâk divuṁk va ghevuṁk,- karuṁk (— *a varzea com a retribuição de arroz*); khotî karuṁk,- ghevuṁk (*g. do o.*) va khotyek divuṁk (*applica-se esp. ao arrendamento ou monopolio publico*); *ijarat karuṁk.

Arrendar, *v. t.* reṁd-, jâḷî lâvuṁk (*d. do o.*); reṁdâ parîṁ karuṁk.

Arrendar, *v. t.* ghoḍyâk śikavuṁk (lagamâchîṁ khuṇâṁ samjuṁk).

Arrendar, *v. t.* mûḷ ustuṁk *ou* muḷâr mâtî sâruṁk (*g. do o.*)

Arrendatario, *s. m.* reṁdkâr, reṁder, bhâḍyâk gheṇâr, khot.

Arrendavel, *a.* lâvuṁcho, reṁdâk divuṁcho va ghevuṁcho.

Arrenegação, *s. f.* âpleṁ śâstr samurt sâṁḍṇeṁ *n.*, svadharmtyâg, dharmtyâg *m.* ‖ *V.* ARRENEGO.

Arrenegado, *a.* svadharmtyâgî, samurt sâṁḍlalo; râgishṭ, krodhî, koplalo.

Arrenegar, *v. t. e i.* sâṁḍuṁk, soḍuṁk (samurt, dharm); *blasphemar:* niṁduṁk (Devâk), devniṁdâ karuṁk; *detestar:* kâṁṭâḷuṁk, vîṭ disuṁk (*d. do s., g. do o.*), śrâpuṁk. ‖ *v. r.* krodhuṁk, kopuṁk, râgâr jâvuṁk, pesuṁk. ‖ *T'arrenego! int.* paḷe tûṁ! tukâ dâkhaiṁ!

Arrenego, *s. m.* samurt soḍṇeṁ, *n.*, devniṁdâ *f.*; kaṁṭâḷo *m.*, vîṭ *f.*; śrâp *ou* śirâp; krodh, kop *m.*, pesṇî *f.*

Arrentar, *v. i.* baḍâyk sâṁguṁk.

Arrepanhado, *a.* chirmuṭlalo; (*fig.*) himṭo, châṭo.

Arrepanhar, *v. t.* chirmuṭâvuṁk, miryo ghâḷuṁk (*d. do o.*); kâṁḍh ghevuṁk, nâgauṁk; himṭepaṇân jagauṁk.

Arrepellação, *s. f.* keṁs oḍhṇeṁ,- pisuḍṇeṁ *n.*

Arrepellada, *s. f.* keṁs oḍhṇeṁ; dhakalṇeṁ *n.*, dhako, dachko *m.*; jhagḍeṁ *n.*, laṭâguṭî *f.*

Arrepellão, *s. m. V.* REPELLÃO.

Arrepellar, *v. t.* burḍuṁk, pisḍuṁk, oḍhuṁk (keṁs, pâkhâṁ). ‖ *v. r.* âple keṁs-, khâḍ pisḍuṁk,- oḍhuṁk; chaḍphaḍuṁk.

Arrepender-se, *v. r.* duḥkh-, khaṁt dharuṁk; chaḍphaḍuṁk, anutâp-, pâpsaṁtâp karuṁk; man-, mat badluṁk; kâṁṭâḷuṁk, viṭevuṁk.

Arrependido, *a.* duḥkh-, khaṁt dharlalo, anutâpî, paśchâttâpî.

Arrependimento, *s. m.* duḥkh, khaṁt, chaḍphaḍṇî *f.*, chaḍphaḍo, anutâp, paśchâttâp, pâpsaṁtâp *m.*, manaḥpiḍâ *f.*; man badalṇeṁ *n.*

Arrepolhado, *a.* vâṭkuḷo, vâṭâṁguḷo.

Arrequentar, *v. t.* dusryân tâpauṁk.

Arrestar, *v. t.* nitîn ghaṭṭ karuṁk, **âsadh karuṁk (*g. do o.*); eṁbârg ghâḷuṁk (*d. do o.*)

Arresto, *s. m.* nitîn ghaṭṭ karṇeṁ,- dharṇeṁ *n.*, **âsadh; eṁbârg *m.*

Arrevessado, *s. m.* oṁklaleṁ *n.*

Arrevessar, *v. t. e i.* oṁkuṁk, udharuṁk.

Arrevesso, *a.* parto, uphrâṭo; avghaḍ, kaṭhîṇ.

Arrevezadamente, *adv.* parteṁ; vâṁkḍeṁ, tiṁkḍeṁ; parasparîṁ.

Arrevezado, *a.* parto, uphrâṭo; vâṁkḍo, tiṁkḍo; avghaḍ, gair.

Arrevezar, *v. t.* parteṁ karuṁk, uphrâṭuṁk; vâṁkḍeṁ ghevuṁk, parteṁ samjuṁk; paraspar-, parasparîṁ karuṁk; oṁkuṁk.

Arrhas, *s. f. pl.* sinâlpatr *n.*, sachkâr, isâro *m.*, deṇeṁ *n.* || *Dar — a alguem*, vaṭto jâvuṁk, vâjvaruṁk.
Arrhepsia, *s. f.* dubhâv, vikalp *m.*, śaṁkâ *f.*
Arriano, *s. m.* gîdh *m.*
Arriar, *v. t. V.* ARREAR.
Arriaria, *s. f.* kâbâḍî *f.*
Arriba, *adv.* vayr, vaylyân, uṁch. || *Agua —*, vâhvnye âḍ. *Negocio de —*, saṁkashṭ kâm. || *int.* vayr! mukhâr!
Arribação, *s. f.* khâḍik-, taḍik pâvṇeṁ *n.* || *Aves de —*, pardeśâchîṁ sukṇîṁ; *(fig.)* pardeśî.
Arribada, *s. f.* baṁdrâk pâvṇeṁ *n.*
Arribana, *s. f.* khoṁp *f.*; goṭho *m.*
Arribar, *v. t.* khâḍik-, taḍik-, baṁdrâk pâvuṁk,- vachuṁk, pargâṁvâcho yevuṁk, pâvuṁk; *(fig.)* baro jâvuṁk, utroṁk.
Arriçar, *v. t. (naut.)* doryâṁnîṁ bâṁdhuṁk; (keṁs) phulauṁk,- partuṁk. *V.* ARRIZAR. || *v. r.* phuluṁk, ubho jâvuṁk.
Arridas, *s. f. pl. (naut.)* doryo *f. pl.*
Arrieiro, *s. m.* kâbâḍî.
Arriel, *s. m.* nath *f.*, kuṁḍal *n.*; bhâṁgârâchî va rupyâchî pâtî *f.*
Arrifar, *v. i.* mastî karuṁk.
Arrife, *s. m. V.* RECIFE.
Arrijar, *v. i.* nibar-, ghaṭṭ jâvuṁk; utârâṁt paḍuṁk.
Arrimadiço, *a.* teṁkcho; lâṁbto.
Arrimar, *v. t.* teṁkauṁk, lâvuṁk. || *— esporas ao cavallo*, ghoḍyâk ârî topuṁk. *— os pés á parede (fig.)* âplyâ vâdyâcho jâvuṁk, âple takleṁtleṁ karuṁk. || *v. r.* teṁkuṁk, lâguṁk; *chegar:* lâgîṁ yevuṁk, pâvuṁk; *aggregar-se:* meḷuṁk, saṁvkuṁk; *adherir:* kabûl jâvuṁk, anusaruṁk. || *— a alguem*, koṇâchyâ âdhârâk yevuṁk, śaraṇâ vachuṁk, pâlaṁv dharuṁk. *— ao bordão*, baḍyer bhâr ghâluṁk, ṭoṇko teṁkûn chaluṁk. *— á parede*, vaḷaṁṭîk teṁkuṁk, vaḷaṁṭ dharûn chaluṁk. *— á terra*, taḍik pâvuṁk.
Arrimo, *s. m.* teṁko *m.*, dharṇî *f.*, dhâraṇ, dâṁḍo; *(fig.)* âdhâr, âlâśro, dhîr *m.*
Arrincoar-se, *v. r.* koṇsyâk basuṁk.
Arriosca, *s. f.* phâturlyâṁcho kheḷ; *(fig.)* phâs *m.*, khâvṭeṁ *n.*
Arriozes, *s. m. pl.* baṁdukâchyo guḷyo *f. pl.*
Arripia-cabello, *adv.* parto, uphrâṭo *(a.)*; khuśe bhâyr, nâkâ âstânâ.
Arripiadura, *s. f.* śirśirṇî *f.*, śirśirṇeṁ, phulṇeṁ *n.*
Arripiamento, *s. m.* keṁs partaneṁ,- phulneṁ *n.*; kaḍkaḍî *f.*, kulkulo, kuḍkuḍo, śirśiro *m.*, âṁkuḍây; kâṁp, tharkâṁp, tharthaṛṇî *f.*, tharthaṛo *m.*
Arripiar, *v. t.* ubho karuṁk, partuṁk (keṁs), phulauṁk (keṁs, laṁv); kaḍkaḍâvuṁk, kâṁpauṁk, tharthaṛâvuṁk, âṁkuḍâvuṁk, kalkalâvuṁk; *arregaçar:* kavḷuṁk, partuṁk. || *— a carreira*, pâṭhî partoṁk, parton yevuṁk. *— o peixe*, mâslyek mîṭh lâvuṁk. || *v. r.* ubho jâvuṁk, phuluṁk; kâṁpuṁk, âṁkuḍuṁk, kulkuluṁk, kaḍkaḍuṁk, kâkuḍuṁk, śirśiruṁk. || *— as carnes*, âṁg śirśiruṁk,- phuluṁk.
Arripio, *s. m.* kulkulo, huḍhuḍo *m.*, huḍhuḍî *f.* || *Andar ao —*, parto-, uphrâṭo chaluṁk.
Arriscado, *a.* riskâcho, bhayâcho, bhaykar, jokhmâcho, saṁdhevâcho; ḍagâcho; urmaṭ, dâṁḍgo, nirbhayî; avichârî.
Arriscar, *v. t.* riskâr-, kâḷâr-, saṁkaṭâṁt ghâluṁk. || *v. r.* riskâr-, kâḷâr âsuṁk, kâḷâk-, jokhmâk sâṁpḍuṁk.
Arrizar, *v. t.* śikyâṁnîṁ bâṁdhuṁk.
Arroba, *s. f.* maṇ *m.*
Arrobar, *v. t.* maṇâṁnîṁ mejuṁk va jokhuṁk; dishṭîn va hâtân toluṁk.
Arrochada, *s. f.* tâṁguḷâcho phâr; dhapko *ou* dhapâko, saḍko *m.*
Arrochar, *v. t.* tâṁguḷuṁk; arnuṁk.
Arrocheiro, *s. m.* kâbâḍî.
Arrocho, *s. m.* tâṁgûḷ *n.*; vaḷ *m.*; toṇo, toṇko *m.*
Arrodelado, *a.* ḍhalâît; ḍhâlâ sarko, aḍḍaṇ kaso.
Arrodelar, *v. t.* aḍḍaṇân ḍhâṁpuṁk, ḍhâlân saṁjauṁk.
Arrogação, *s. f.* âṁgîkaraṇ *n.*
Arrogador, *s. m.* âṁgîkarṇâr.
Arrogancia, *s. f.* garv *n.*, ahaṁkâr, mân, atimân, abhimân, durabhimân, daṁbh, mad *m.*, bharaṇ *n.*; mast, urmaṭây *f.*
Arrogante, *a.* garvî, ahaṁkârî, masto, mâtgo, urmaṭ, atimânî, abhimânî, durabhimânî; *corajoso:* mardikâr, damdâr.
Arrogantemente, *adv.* garvân, ahaṁkârân.
Arrogar. *v. t.* âṁgîkaruṁk, âpṇâk ghevuṁk, âplo kaso ghevuṁk. || *— injustamente*, aṇitîn-, phâvo nâstânâ ghevuṁk.
Arroio, *s. m.* vahâḷî, khaḷî *f.*

Arrojadamente, *adv.* marden, chhâtîn.

Arrojadiço, *a.* soḍûn mârûṁyeso, oḍhbhar uḍauṁyeso; urmaṭ, avichârî.

Arrojado, *a.* mardivaṁt, dhirâdhîk, dhiryâvaṁt, prabaḷ, kâḷjâvaṁt, nirbhay; *temerario:* urmaṭ, utâvḷî, avichârî, bechatur; *impetuoso:* neṭâcho, kaḍak, chiḍro. ‖ *V.* ARRISCADO.

Arrojador, *s. m.* soḍûn mârṇâr.

Arrojamento, arrojo, *s. m.* uḍauṇî *f.*, soḍûn mârṇeṁ *n.;* kâḷjî, mardî, chhâtî *f.*, kâybaḷ, nirvâṇ, abhaypaṇ *n.;* urmaṭây, utâvḷây, bechaturây *f.*

Arrojão, *s. m.* barbarît oḍhṇeṁ *n.*, oḍh *f.*, gachko *m.*

Arrojar, *v. t.* soḍûn mâruṁk, oḍhbhar mâruṁk; baḷân uḍauṁk, âpṭuṁk, phcṁkuṁk; barbarît-, sarpaṭyâṁ oḍhuṁk, lâṁbait-, oḍhûn vharuṁk. ‖ *v. r.* usḷuṁk, tuṭûn vachuṁk, uḍkî-, uḍkaṇâṁ mâruṁk; kâḷij karuṁk, baḷ ghevuṁk, phuḍe saruṁk; sarpaṭuṁk, sarpaṭyâṁ chaluṁk, oḍhon vachuṁk, ghaṁsṭoṁk; *(fig.)* pâṁyâṁ paḍuṁk, nâk ghâṁsuṁk,- ghaṁsṭuṁk,- jharauṁk.

Arrolador, *s. m.* paṭṭi-, śivḍî karṇâr.

Arrolamento, *s. m.* paṭṭî, śivḍî *f.;* prajâgaṇan *n.*

Arrolar, *v. t.* paṭṭî-, śivḍî karuṁk *(g. do o.)*, paṭṭyer ghâluṁk,- mâṁḍuṁk,- barauṁk; *enrolar:* kavḷuṁk, veṁṭuṁk. ‖ *v. i.* kavḷoṁk. ‖ — *o mar,* daryâ moḍoṁk. ‖ *V.* ARRULHAR.

Arrolhar, *v. t.* guḍḍî mâruṁk *(d. do o.)*

Arrolo, *s. m.* hâllo *m.*

Arromançar, *v. t.* kâdaṁbarî parîṁ barauṁk, kalpitkathâ kasî karuṁk.

Arromba, *s. f.* dhumśâṇâcheṁ saṁgît *n.* ‖ *Festa de* —, dhumśâṇ *n.*, jabar tamâśo *m. Coisa de* —, naval *n.*, ajâpâṁchî vast *f.*

Arrombada, *s. f.* khâvṭeṁ, khâṁḍ *n.* ‖ **-s,** âḍechî bâṇ *f.*

Arrombadela, *s. f.*, **arrombamento,** *s. m.* khâṁḍ karṇeṁ; khâvṭeṁ, kolveṁ *n.;* phoḍṇî, moḍṇî, niklâvṇî *f.*

Arrombador, *s. m.* phoḍṇâr, niklâvṇâr.

Arrombar, *v. t.* khâṁḍ-, khâvṭeṁ karuṁk *(d. do o.)*, khâṁḍuṁk, niklâvuṁk, baḷân ughḍuṁk; phoḍuṁk, moḍuṁk; gaḷgaḷâvuṁk, koṁsḷâvuṁk.

Arrosetado, *a.* karet-, chakr kaso.

Arrostar, *v. t. e i.* parvâ nâ karuṁk *(g. do o.)*, nâ bâḍguṁk *(d. do o.)*

Arrotador, *s. m.* ḍheṁkṇâr, ḍheṁkarṇâr; *(fig.)* mijâskâr.

Arrotar, *v. i.* ḍheṁkuṁk, ḍheṁkruṁk; *(fig.)* mijâs-, phaḍâ karuṁk, kavḍe pârve sâṁguṁk (*litt.* DIZER ROLAS E POMBOS).

Arrotêa, *s. f.* kâs kâḍhlali svât *f.*

Arroteador, *s. m.* kâs kâḍṇâr.

Arrotear, *v. t.* kâs kâḍhuṁk *(d. do o.)*, kâsuṁk; *(fig.)* śikauṁk.

Arroto, *s. m.* ḍheṁk, ḍheṁkar *m.*

Arroubamento, arroubo, *s. m.* dhyân *n.*, samâdhi *f.*, brahmânaṁd, âhlâd, ullâs *m.;* thaṭâkṇî *f.*

Arroubar, *v. t.* mirauṁk, hirauṁk. ‖ *v. r.* bramuṁk, lobhduṁk; thaṭâkuṁk.

Arroupar, *v. t.* nesauṁk, pâṁghruṁk.

Arroxado, *a.* jâṁbḷo.

Arroz, *s. m. planta e grão com casca:* bhât *n.*, sâḷ *f. (esp. — fino); dhân n. (p. us. em Gôa). — descascado:* tâṁḍû, taṁḍûḷ *m. — cozido com casca e depois descascado:* ukḍe tâṁḍû. — *descascado conservando a camisa:* karḍe tâṁḍû. — *sem camisa:* saḍik tâṁḍû. *Grãos de — partidos:* ardhkaṇ *m. pl. Migalhas de grãos de —:* kaṇyo *f. pl. Grança de —:* tus *n. — pouco cozido:* bhaḍchâṁbe, *m. pl. — cozido com pouca agua:* bhât *m. — cozido com muita agua, que é depois escoada:* śît *n.; não sendo a agua escoada:* tarṇśît. — *cozido com agua e sal e assim comido:* pej *f.; sendo este muito cozido:* khaḷ *f.; sendo este azedado:* kâṁjî *f. — doce:* khîr, goḍâchî pej *f.*, pâys *m. (us. Can.) — doce preparado com alforvas:* methyâṁchî pej; *sendo preparado com legumes:* khichḍî *f. — torrado com casca:* lâyo *f. pl. — levemente cozido e torrado e depois pisado:* phau *m. pl. — descascado e torrado:* chirmulyo *f. pl. — refugado:* ârroj phugâd, pulâv *m. Caldo de —:* tarṇ, niseṁ *n.*, nîs, nivaḷ *m. Lavadura de —:* tâṁduḷeṁ, ḍhoṇ *n. Agua em que se cozeu o «bhate»:* bhâtvaṇî *n.*, bhâtoḍo *m. Grão de —:* goṭo *m. Bocado ou punhado de — cozido:* uṁḍî *f. Comida de —:* bhâteṁ *n. Comer —:* śît-, pej jevuṁk. *Descascar o — com pilão:* kâṁḍuṁk. *Descascar o — no moinho:* bharḍuṁk, ghirḍuṁk. *Tirar a camisa de —:* saḍuṁk, phârâvuṁk. *Producção de — pela chuva:* śarad *ou* śardâcheṁ bhât. *Producção de — pela irrigação:* vâṁygaṇ *ou* vâṁyganeṁ bhât. — *de barba ou rabo:* kuṁsâṁcheṁ bhât. — *sem barba:* muṁḍheṁ bhât. — *do matto:* ḍoṁgreṁ bhât. ‖ *Principaes variedades de* —: âjgo, dâmgo, karaṁgûṭ, keṁdâḷ, kâḷgo *m.*, khoṁchrî, śirḍî, pâṭṇî, sâḷ, jiresâḷ *f.*

Arrosal, *s. m.* śet, śetbhâṭ, bhâṭśet *n.*

Arrozia, *s. f.* ḍoṁgreṁ bhât *n.*

Arruaça, *s. f.* mirvaṇ; vâṭechî karâṁdây *f.*

Arruador, *s. m.* miravṇâr; vâydeś.

Arruamento, *s. m.* mârag-, raste karṇeṁ *n.*; mârag *m.*

Arruar, *v. t.* mârag-, raste karuṁk (*l. do o.*); ekâ jinnsâchiṁ dukânâṁ ekâ mârgâr ghâluṁk. ‖ *v. i.* mirvuṁk, vâydeś jâvuṁk.

Arruda, *s. f.* satâp *m.*, satâpâcheṁ jhâḍ *n.*

Arruela, *s. f.* mohar nâslalo nâṇo *m.*

Arrufadiço, *a.* phaṇphaṇo, chiḍyo.

Arrufar, *v. t.* tiḍauṁk, châḷvauṁk. ‖ *v. r.* tiḍuṁk, châḷvuṁk, phaḍphaḍuṁk, phuṇphuṇuṁk, phurphuruṁk, siṇṇuṁk; toṁḍ vâṁkḍeṁ karuṁk; seṁpâḍo phulauṁk; vâryân udak hâluṁk.

Arrufo, *s. m.* châḷvaṇî, raḍî, phuṇphuṇî, phurphurî *f.*, śiṇ *m.* ‖ —*s de namorados são amores dobrados*, mog âsâ thaiṁ śiṇ âsâ.

Arrugado, *a.* miryo paḍlalo, chirmuṭlalo.

Arrugadura, *s. f.*, **arrugamento**, *s. m.* miryo ghâlṇeṁ,- paḍṇeṁ *n.*; chirmuṭṇî *f.*, miryo *f. pl.*

Arrugar, *v. t.* miryo ghâluṁk (*d. do o.*); chirmuṭâvuṁk. ‖ — *a fronte*, kapâlâk miryo ghâluṁk. ‖ *v. r.* miryo paḍuṁk (*d. do s.*); chirmuṭuṁk.

Arrugia, *s. f.* bhuṁyâr vahâḷî *f.*

Arruido, *s. m.* gaḍgaḍ, karkar *m.*, khaṭpaṭ *n.* e *f.*, bobâḷ *m.*, bob, karâṁdây *f.*; ghanghaṇ *m. pl.*, dabâjo *m.*

Arruinado, *a.* moḍlalo, gaḷgaḷlalo; pâḍ, pâḍaṁg, * hat.

Arruinamento, *s. m.* moḍṇî *f.*, moḍaṇ *n.*, vidhvaṁs, bhaṁg *m.*, gharṭhâṇ *n.*, nâsâḍi *f.*

Arruinar, *v. t.* moḍuṁk, moḍûn ghâluṁk *ou* uḍauṁk, koṁsḷâvuṁk, gaḷgaḷâvuṁk, pâḍ karuṁk, gharṭhâṇ karuṁk (*g. do o.*); vidhvaṁsuṁk, bhaṁgauṁk, nâśuṁk, ḍuṁbḍâvuṁk, bighḍâvuṁk. ‖ — *uma pessoa*, buḍauṁk (*litt.* SUBMERGIR), karṭî hâtân divuṁk (*litt.* DAR CHARETA NA MÃO, *como a trazem os mendigos na India*). — *os bens*, ghar vâṭek lâvuṁk. (*litt.* PÔR A CASA AO CAMINHO, Á RUA), ghar dhuvuṁk (*litt.* LAVAR A CASA), ghar dâr khâvuṁk (*litt.* COMER A CASA E A PORTA). ‖ *v. r.* moḍoṁk, moḍon paḍuṁk, pâḍ jâvuṁk, gharṭhâṇ-, satyanâś jâvuṁk (*g. do s.*), bhaṁguṁk, nâśoṁk, vinâśuṁk, vipluṁk (*p. us.*); *desbaratar a propria fazenda:* buḍuṁk, goḍâk vachuṁk (*litt.* IR PARA JAGRA).

Arruivado, *a.* piṁgḷoso.

Arrular, arrulhar, *v. i.* (— *a rola*) kuṭûr ghâluṁk; (— *o pombo*) ghughû karuṁk; (*fig.*) lâg karuṁk; hâllo karuṁk.

Arrulho, *s. m.* kuṭûr, ghughû *m.*; (*fig.*) hâllo karṇeṁ *n.*; lâg *m. pl.*, aprûbây *f.*

Arrumação, *s. f.*, **arrumo**, *s. m.* mârgâk-, vâṭek lâvṇeṁ *n.*; mâṁḍṇî, mâṁḍâvaḷ, ḍâḷṇî *f.*

Arrumaços, *s. m. pl.* mogâche śiṇ *m. pl.*

Arrumador, *s. m.* mâṁḍṇâr, ḍâḷṇâr.

Arrumar, *v. t.* vâṭek-, mârgâk lâvuṁk, mârgâr ghâluṁk *ou* kâḍhuṁk; mâṁḍuṁk, ḍâḷuṁk, yojuṁk; *pôr de banda:* kaḍâśek davruṁk. ‖ — *pancada*, mâr divuṁk. ‖ *v. r.* kâmâk lâguṁk, châkrî-, udarposhaṇ meḷuṁk (*d. do s.*)

Arrunhar, *v. t.* (mochyâṁchiṁ) solâṁ tâsuṁk.

Arsenal, *s. m.* ârsenâl *n.*, dârûkhâṇo, tophkhâṇo *m.*

Arseniado, *a.* somalkhâr âslalo.

Arsenical, *a.* somalkhârâcho, somalî.

Arsenico, arsenio, *s. m.* somalkhâr *m.*

Arte, *s. f.* vidyâ, kalâ *ou* kaḷâ, kruti, yukti, śilpavidyâ *f.*, kartab *ou* kartûb *n.*; *obra didactica:* śâstr *n.*, vidyâ *f.*; *habilidade:* vidyâ, mâṁḍṇî, hikmat, karâmat, nigutây *f.*; *profissão:* udyam, udyog *m.*; *modo, fórma:* prakâr, âkâr *m.*, parî *f.*; *artimanha:* ghâḍâmoḍ, kamây *f.*; *malicia:* kapaṭ, khoṭepaṇ *n.* ‖ -**s**, *pl.* jâḷâṁ *n. pl.* ‖ *D'esta* —, he bhâshen, he parîṁ. — *dramatica*, naṭasûtr. — *poetica*, kavitva *n.* — *de musica*, gaṁdharvavidyâ. *Artes liberaes*, budhisâdhya kalâ. — *mechanicas*, śramasâdhya kalâ *f. pl.* *Por* — *do diabo*, nâḍbudhîn. *Por* — *de berliques e berloques*, ghâḍvidyen.

Artefacto, *s. m.* hâtkâm *n.*, kriti, ghaḍvaṇ. ‖ *a.* *V.* ARTIFICIAL.

Arteiramente, *adv.* mâṁḍṇen, chorbuddhîn.

Arteirice, *s. f.* mâṁḍṇî, chorbuddh *f.*, aḍkâṁnâḍkâṁ *n. pl.*

Arteiro, *a.* mâṁḍṇekâr, vidyâvaṁt, kâṭhû.

Artelho, *s. m.* khubo *m.*, murṭî, khîḷ (pâṁyâchî) *f.*

Artemagico, *s. m.* *V.* MAGICO.

Arteria, *s. f.* nâḍ, nâḍî, dhamnî, śir *f.*

Arterial, arterioso, *a.* nâḍîcho, dhamnecho.

Arteriographia, *s. f.* nâḍîvarṇan *n.*

Arteriologia, *s. f.* nâḍîvidyâ *f.*

Arteriotomia, *s. f.* nâḍîchhedan *n.*

Arterite, *s. f.* śirechî-, nâḍîchî sûj *f.*

Artesano, *s. m.* *V.* ARTIFICE.

Artetico, arthritico, saṁdhivâyûcho.

Arteza, *s. f.* pîṭh maḷcho koṇpho *m.*, kâṭhvaṭ *f.*

Artezão, *s. m.* ghumṭâchî kirvaṇ *f.*

Arthralgia, *s. f.* sâṁdhyâṁchî duḥkh *f.*

Arthrite, *s. f.* vâtrog, saṁdhivâyu *m.*

Articulação, *s. f.* sâṁdho *m.*, saṁdh *ou* saṁdhi, khîḷ, ṭâṁko *ou* ṭâṁcho *m.*, per *(esp. — dos dedos)* *n.*, murṭî *(esp. — do pé)* *f.*, khubo *(esp. o artelho)* *m.*; *(bot.)*, per, kâṁḍ *n.*; *(gram.)* uchchâr *m.*, svarṇî *f.*

Articuladamente, *adv.* svaritpaṇîṁ; kalambaṁdîṁ.

Articulado, *a.* sâṁdhlalo, sâṁdhyâṁcho, perâṁcho; uchchârlalo, svarit, śabdâcho. ‖ *s. m. (for.)* kalambaṁdî. ‖ **-s,** *pl.* hâḍvaḷ nâslalyo moṇjâtî *f. pl.*

Articulante, *a.* sâṁdhto; uchchârto. ‖ *s. m.* kalambaṁdî karto.

Articular, *a.* sâṁdhyâṁcho, perâṁcho.

Articular, *v. t.* sâṁdhuṁk, jaḍuṁk *ou* jaḍauṁk, (sâṁdhe) basauṁk; *(gram.)* uchchâruṁk svaruṁk; *(for.)* kalambaṁdî karuṁk *(g. do o.)*

Articulo, *s. m.* (boṭâṁchem) per *n.*, khîḷ gâṁṭh *f.*, sâṁdho *m.*; *(bot.)* kâṁḍ *n.* ‖ *V.* ARTIGO.

Artifice, *s. m.* karṇâr, kartabî, karmakâr, kâmelî; *(fig.)* ghaḍṇâr, rachṇâr, yojano *(a.)*

Artificial, *a.* âḍecho, hâlâyto; karnecho, kritîcho, kalpanecho; kelalo, ghadlalo.

Artificialidade, *s. f.* âḍechem kâm, hâlâytepaṇ *n.*

Artificialmente, *adv.* yuktîn, hikmatîn, kritîn.

Artificiar, *v. t.* vidyen-, hikmatîn karuṁk, sudhâruṁk.

Artificio, *s. m.* vidyâ, bârkamây, hikmat, kasab; ghâḍâmoḍ *f.*, taṁtr, gauḍbeṁgâl *n.*, aḍkâṁnâḍkâṁ *n. pl.*

Artificiosamente, *adv.* vidyen, hikmatîn, bârkâyen.

Artificioso, *a.* vidyâvaṁt, gauḍbeṁgâlî.

Artigo, *s. m.* *ponto, periodo, clausula:* kalam, prakaraṇ *n.*, rakam, bâb *f.*; *conjunctura:* kâḷ *m.*, pâḷî *f.*; *objecto:* jinnas, nag, dâgiṇo, padârth *m.*, vast, bâbat *f.* ‖ — *de fé,* paik *m.* — *do jornal,* ârtîg *m.* ‖ *(gram.)* *V.* A.

Artilhar, *v. t.* nâḷîṁnîṁ saṁjauṁk, nâḷî ghâluṁk *(l. do o.)*

Artilheiro, *s. m.* nâḷîṁcho śipây, khalâsî, golaṁdâj.

Artilheria, *s. f.* nâḷî *f. pl.*, tophkhâṇo *m.*, golaṁdâjî; nâḷîṁchî phauj *f.*

Artimanha, *s. f.* mâṁḍṇî, bârkây, kamây, ṭhakvidyâ, ghâḍâmoḍ *f.*

Artimão, *s. m.* sukâṇyâeśilo kuṁvo *m.*; vhaḍleṁ śîḍ *n.*

Artista, *s. m.* kasabî, śilpî, karmakâr, kartabî. *V.* ARTIFICE.

Artisticamente, *adv.* vidyen, kasabîn, hikmatîn.

Artistico, *a.* vidyecho, kalecho, śilpâcho.

Artocarpo, *s. m.* nirpaṇas *n.*

Arurão, *s. m.* śisar *f.*

Arval, *s. m.* tâs ghâllaleṁ śet; vaṁpîaleṁ śet *n.* ‖ *a.* śetâcho, gâṁvṭî.

Arvense, *a.* śetâṁt kirlatâ va jâtâ taslo.

Arvicola, *a. e s.* śetâṁt jyeto va râvto.

Arvicultura, *s. f.* śetkâm *n.*, krishi *f.*

Arvoado, *a.* bhirmirlalo; khuḷo.

Arvoamento, *s. m.* ghuṁvaḷ, bhirmirî, mirmirî; khuḷây *f.*, khuḷepaṇ *n.*

Arvoar, *v. t.* ghuḍghuḍâvuṁk, ninḍâvuṁk, sansaṇâvuṁk, ghuṁvḷâvuṁk. ‖ *v. i. e r.* ghuṁvḷuṁk, mirmirî-, ghuṁvḷyo yevuṁk *ou* mâruṁk *(d. do s.)*, bhirmiruṁk, ninduṁk, ghuḍghuḍuṁk, saṇsaṇuṁk.

Arvorar, *v. t.* ubho karuṁk, ubhâruṁk, ukluṁk. ‖ — *navio,* târûṁ saṁjauṁk,- purauṁk,- hâṁkâruṁk. ‖ *v. r.* uprâsuṁk.

Arvore, *s. f.* jhâḍ *n.*, rukh *(esp. — grande)*, taruv *(p. us.)*, *m.*, ** vanaspati *f.*; *(naut.)* kuṁvo *m.*, śîḍkâṭhî *f.* ‖

— *genealogica*, vaṁśâvalî *f.* — *de pão*, nirpaṇas *n.* — *de paina*, śâṁvar *f.* — *triste*, pârijâtak *ou* pârdîk *m.*

Arvoredo, *s. m.* rân, van, isoḷeṁ *n.*, jhâḍâṁ *n. pl.*

Arvorejar-se, *v. r.* jhâḍâṁ jâvuṁk (*l. do s.*)

Arvorescente, *a. V.* ARBORESCENTE.

Arvorescer, *v. i.* rukh jâvuṁk.

Arvoreta, *s. f.* jhâḍkûṭ *n.*

Asaro, *s. m.* jaṭâmâṁsî *f.*

Asca, *s. f.* vîṭ *f.*, kâṁṭâḷo; virodh *m.*, napaḍ *f.*

Ascaridas, *s. f. pl.* daṁt *m. pl.*

Ascendencia, *s. f.* chaḍhvaḍh *f.*, chaḍhâv *m.*; pilgî; prabaḷây *f.*, prabaḷ, prâdhânya *n.*

Ascendente, *a.* chaḍhît, chaḍhto; (*astr.*) udit, udaygat. ‖ *s. m.* pûrvaj, vhaḍîl, mâlgaḍo *m.*; *predominio*: padvî, mukhyatâ, prabaḷây *f.*

Ascender, *v. i.* chaḍhuṁk, vaḷguṁk, uṁchâvoṁk.

Ascendimento, *s. m.*, **ascensão**, *s. f.* chaḍhṇî, vaḷgaṇî *f.*, chaḍhap *n.*, chaḍhâv *m.*; (*eccl.*) âseṁsâṁv *n.*

Ascensional, *a.* chaḍhît. ‖ *Differença* — (*astr.*) charkhaṁḍ *n.*

Ascenso, *s. m.* chaḍhṇî, chaḍhtî *f.*; (*astr.*) uchch *n.*

Ascensor, *s. m.* chaḍhcheṁ-, vayr vharcheṁ yaṁtr *n.*

Ascese, *s. f.* tapas, dhyân *n.*

Asceta, *s. m.* yogî *ou* jogî, vairâgî, sanyâsî, yatî, muni, gosây, tapasvî; phakîr (— *mahometano*).

Asceterio, *s. m.* tapasvan *n.*, maṭh *m.*

Ascetico, *a.* tapasvaṁt, paramishṭ; tapasâcho.

Ascetismo, *s. m.* tapas, sanyâspaṇ, vairâgpâṇ *n.*

Ascite, *s. f.* udar *n.*, jarḍî kavḷî *f.*

Ascitico, *a.* udarî.

Asco, *s. m.* vîṭ, aḷśik *f.*, kâṁṭâḷo *m.*; (*fig.*) nâkhuśî, apriti, abhakti *f.*, vair *n.*

Ascoroso, *a. V.* ASQUEROSO.

Ascua, *s. f.* iṁgḷo *m.*, kaltî *f.*, parso *m.*

Ascuma, *s. f.* bhâldî *f.*

Aseidade, *s. f.* svatva *n.*

Asiatico, *a.* âśiyâkhaṁḍâcho; (*fig.*) meṁgo, sust.

Asicia, *s. f.* upâs *m.*; arûch *f.*

Asinario, **asinino**, **asnal**, *a.* gâḍhvâcho, gardabhâcho.

Asinha, *adv.* vegîṁ, ghasâghas, rakḍo (*decl.*)

Asir, *v. t.* dharuṁk, ghaṭṭ dharuṁk.

Asmo, *a. V.* ASYMO.

Asna, *s. f.* bâîl gâḍhûṁ, gâḍhûṁ *n.*, gardabhî; kâtar *f.*

Asnada, *s. f.* gâḍhvâṁcho hiṁḍ *m.* ‖ *V.* ASNEIRA.

Asnamento, *s. m.* gharâchyo kâtrî *f. pl.*

Asnaria, *s. f. V.* ASNADA, ASNAMENTO. ‖ *Tecto de* —, kâtrîṁcheṁ ghar.

Asnaticamente, *adv.* gâḍhvâ parîṁ, reḍyâ bhâshen.

Asnatico, *a. V.* ASINARIO; (*fig.*) pisâṭ, khuḷo, âḍṇâḍî, pramâdî.

Asnear, *v. i.* pisâyo karuṁk,-ulauṁk.

Asneira, **asnice**, **asnidade**, *s. f.* pisây *f.*, pisepaṇ, âḍṇâḍpaṇ, toṇkepaṇ, tîḍpaṇ *n.*, pramâd *m.*

Asneirão, *s. m.* gaddhâ, reḍo (*litt.* BUFALO).

Asneiro, *s. m.* gâḍhvâṁkâr. ‖ *a. V.* ASINARIO.

Asno, *s. m.* gâḍhûṁ *ou* gâḍhav *n.*, gardabh (*p. us.*) *m.*; (*fig.*) gaddhâ *ou* gaddho, reḍo, bail (*litt.* BOI) *m.*

Aspa, *s. f.* chavo *m.*, ghigî *f.* ‖ **-s**, *pl.* pavanchakhîche pâkhoṭe *m. pl.*

Aspar, *v. t.* chavyâr jaḍuṁk,- mâruṁk; (*fig.*) piḍâpîḍ divuṁk, jîv khâvuṁk (*g. do o.*), sâṁḍsuṁk.

Aspecto, *s. m.* disṇeṁ, darśan; rûp *n.*, âkâr, raṁg *m.*, baḍ *f.*, toṁḍ, mukh *n.*

Asperamente, *adv.* kharâyen, nibrân, kaṭhinâyen.

Aspereza, **asperidade**, **asperidão**, *s. f.* kharkharitây, karkaritây; nibrây, nibrâsâṇ, kharây, ugrây, kharkasây, kaṭhinây; daṁḍaṇ *f.*

Aspergimento, *s. m. V.* ASPERSÃO.

Aspergir, *v. t.* śitoḍuṁk, śitoḍâvuṁk, śiṁvrâvuṁk, śiṁpuṁk; âlmet mâruṁk.

Aspero, *a.* khaḍkhaḍît, kharkharît, kharbarît, karkarît, haḍbaḍît, taṭho; nibar, tîk, khar, kaṭhin; kharkas, ugr.

Aspersão, *s. f.* śiṁvar, śitoḍo *m.*, śiṁpṇeṁ; âgbeṁt *ou* âlmet mârṇeṁ *n.*

Asperso, *a.* śiṁvar mârlalo.

Aspersorio, *s. m.* isop (*hyssope*) *f.*

Aspes, *s. m.* uschyâ ghâṇyâche rave, -âre *m. pl.*

Asphaltar, *v. t.* ḍâmar kâḍhuṁk (*d. do o.*)

Asphalte, *s. m.* ḍâṁbar *ou* ḍâmar *m.*

Asphyxia, *s. f.* ghuspaṭṇî, ghusmaṭṇî, miḍmiḍṇî *f.*

Asphyxiante, *a.* ghusmaṭâvuṁcho.

Asphyxiar, *v. t.* ghuspaṭâvuṁk, ghusmaṭâvuṁk, miḍmiḍâvuṁk. ‖ *v. i.* ghuspaṭuṁk, miḍmiḍuṁk. ‖ *v. r.* ghusmaṭûn maruṁk.

Aspide, *s. m.* raktamâṁḍaḷî *f.*

Aspiração, *s. f.* oḍhṇî *f.*; hâskâr *m.*; atrek *m. pl.*, âśâ, âṁvḍhevṇî *f.*; (*gram.*) mahâprâṇochchâr *m.*

Aspirado, *a.* oḍhlalo; atrekâṁcho; (*gram.*) mahâprâṇ.

Aspirador, *s. m.* udak oḍhcheṁ va vâreṁ karcheṁ yaṁtr *n.*

Aspirante, *s. m.* umedvâr, arthî; (*milit.*) âspirâṁt.

Aspirar, *v. t.* oḍhuṁk; hâskâruṁk (*v. i.*) ‖ *v. i.* âṁvḍhevuṁk, âśevuṁk, atrekuṁk (*v. t.*), sodhuṁk (*v. t.*)

Aspirativo, *a.* mahâprâṇâcho.

Asquerosidade, *s. f.* paḷitây *ou* paḷishṭây *f.*, aḷśikpaṇ *n.*; kâṁṭâḷyâchî vast *f.*; (*fig.*) pajaḍpaṇ, khoṭepaṇ *n.*

Asqueroso, aḷśikaṇo, kâṁṭâḷvâṇo, paḷit, paḷishṭ viṭâḷvaṁt, viṭâḷo; (*fig.*) pajḍo, khoṭo.

Assa, *a. e s.* ujaḷlalo (manîs).

Assaborar, *v. t.* rûch divuṁk (*d. do o.*)

Assacadilha, *s. f.* baglâṁṭ, lachâṁḍ *n.*

Assacador, *a. e s. m.* baglâṁṭî, lachâṁḍî.

Assacate, *s. m.* aṁtrpeśyechî-, poṭâṁtle jâḷyechî vas *f.*

Assacar, *v. t.* thâpuṁk (*com l. super*), ghâluṁk (baglâṁṭ, lachâṁḍ).

Assadeira, *s. f.* bhâjpîṇ.

Assadeiro, *a.* bhâjcho, bhâjuṁk upkârto.

Assado, *s. m.* âsâd *m.*, bhâjlaleṁ *n.*; (*fig.*) ghoreṁkâr, halâhal *m. pl.* ‖ *Nem assim nem —*, aseṁy nay taseṁy nay.

Assador, *s. m.* bhâjpî *m.*; bhâjcheṁ âydan; kail *n.*, kailî *f.*

Assadura, *s. f.* bhâjap *n.*

Assafetida, *s. f.* hiṁg *m.*

Assalariar, *v. t.* muśâro-, majurî divuṁk.

Assalariado, *a.* muśârkâr.

Assaloiado, *a.* keḍegâṁvâcho, jaṁglî, rânaṭ.

Assaltada, *s. f.* ghâlo *m.*, jhoṁpay *f.*

Assaltador, *s. m.* ghâlo ghâlṇâr, âṁgâr paḍṇâr.

Assaltar, assaltear, *v. t.* âṁgâr yevuṁk,- paḍuṁk (*g. do o.*), ghâlo ghâluṁk (*d. do o.*), toṁḍâr uḍuṁk (*g. do o.*), jhoṁbuṁk, jhoṁpay mâruṁk.

Assalto, *s. m.* ghâlo, mâro *m.*, dhâḍ jhoṁpay, jhoṁbî *f.*, jhoḍjhapâṭ *m.*

Assanhadiço, *a.* piṁtvegî, tiḍṇâr, râgishṭ chiḍro.

Assanhado, *a.* châḷvalalo, koplalo, râgân kaḍhlalo; huskalalo, jaḍ jâlalo.

Assanhamento, assanho, *s. m.* châḷvaṇî, chiḍṇî *f.*, kîṁv, piṁtveg, kop, krodh *m.*

Assanhar, *v. t.* châḷvauṁk, tiḍauṁk, chiḍauṁk, kiḍâvuṁk, thuklâvuṁk, râgâvuṁk; *aggravar:* jaḍâvuṁk, jaḍ karuṁk, huskâvuṁk. ‖ *v. r.* châḷvuṁk, tâpuṁk, jaḷuṁk, chiḍuṁk, kopuṁk, râg-, kîṁv yevuṁk (*d. do s.*); huskuṁk, jaḍâvoṁk; khubdaḷuṁk, uchaṁbaḷ jâvuṁk.

Assar, *v. t.* bhâjuṁk; ulpâvuṁk, tâpauṁk. ‖ *v. i.* bhâjoṁk; (*fig.*) tâpoṁk, kaḍhuṁk.

Assarapantar, *v. t.* ghâbrâvuṁk, goṁdhḷâvuṁk. ‖ *v. r.* ghâbruṁk, goṁdhḷuṁk.

Assassinador, assassino, *s. m.* mârekâr, martikâr, khunî, prâṇghâtkî, ghâtkî.

Assassinar, *v. t.* jivo-, jivîṁ mâruṁk, prâṇ kâḍhuṁk *ou* ghât ghevuṁk (*g. do o.*)

Assassinato, assassino, *s. m.* mort (*port. morte*), mârî *f.*, prâṇghât, ghât, khûn *m.*

Assaz, *adv.* puro, bâs; jâyto, purto (*decl.*)

Asseado, *a.* nitaḷ, nirmaḷ; mâṇkuḷo, chakk, śobhavṇo, âkârvaṁt, alaṁkârî.

Assear, *v. t.* nitḷâvuṁk, nirmaḷâvuṁk, nitaḷ-, nirmaḷ-, sâph karuṁk; śriṁgâruṁk, alaṁkâruṁk. ‖ *v. r.* neṭuṁk.

Assedadeira, *s. f.* piṁjârîṇ.

Assedadela, *s. f.* piṁjârṇî *f.*

Assedado, *a.* piṁjârlalo; tuḷtuḷit, liklikît.

Assedador, *s. m.* piṁjârî. ‖ *V.* SEDEIRO.

Assedar, *v. t.* piṁjâruṁk, ugauṁk; sed-, reśîṁ kaso karuṁk.

Assedentado, *a.* tânelalo, tâneshṭ.

Assediador, *s. m.* veḍho ghâlṇâr, aḍṇâr.

Assediar, *v. t.* veḍho ghâluṁk (*d. do o.*), veḍhuṁk, aḍuṁk.

Assedio, *s. m.* veḍho, saṁrodh *m.*

Asseguração, *s. f.* saṁbhâḷṇî, bâḷgaṇî *f.*, thirâsaṇ, avdhâraṇ *n.*

Assegurado, *a.* ghaṭṭ-, thîr kelalo.

Assegurador, *s. m.* saṁbhâḷṇâr, bâḷgaṇâr; thirâsṇî *ou* thirâsṇâr, bhâsṇâr, jâmîn.

Assegurar, *v. t.* saṁbhâḷuṁk, bâḷguṁk, râkhuṁk; thirâsuṁk, bhâsuṁk, khachît-, khaṁḍit sâṁguṁk. ‖ *v. r.* pâtyevuṁk, râvuṁk *(l. super da pessoa)*; thîr-, ghaṭṭ âsuṁk,- râvuṁk. ‖ *V.* CERTIFICAR-SE.

Asseio, *s. m.* nitḷây, nirmaḷây *f.*, nitaḷpaṇ, nirmaḷpaṇ *n.*; neṭ *m.*, neṭauṇî, neṭṇî; śriṁgârṇî, nigutây *f.*, alaṁkâr *m.*, bhûshaṇ *n.*

Assellar, *v. t.* śikko-, sopo-, mohar mâruṁk *(d. do o.)*; *(fig.)* thârâvuṁk, thirâvuṁk, patkaruṁk.

Asselvajar-se, *v. r.* jaṁgḷî-, rânaṭ jâvuṁk.

Assemblea, *s. f.* sabhâ, jamât *f.*, jamo, samâj *m.*, maṁḍaḷî, baiṭhak, parshad *f.*, vṛiṁd *n.*

Assemelhar, *v. t.* dusryâ sârko karuṁk, sarî karuṁk. ‖ *v. r.* dusryâ sârko disuṁk *ou* jâvuṁk.

Assenhorear-se, *v. r.* âple' âdhîn karuṁk, dhanî jâvuṁk, âple khâl karuṁk.

Assenso, *s. m. V.* ASSENTIMENTO.

Assentada, *s. f.* baskâ, basṇî. ‖ *De uma* —, ekâ phârâk, eke pâvṭîn.

Assentadamente, *adv.* thîrpaṇîṁ, niśchayîṁ, niśchit jâvûn; vivekîṁ.

Assentado, *a.* baslalo; basailalo; buddhivaṁt *ou* buddhvaṁt, mativaṁt, vivekî; nirdhârî; *cravado:* khaṁchailalo. ‖ *V.* ASSENTE.

Assentador, *s. m.* ṭipṇâr, lâvṇâr, barauṇâr; mâṁḍṇâr, saṁjauṇâr, basauṇâr; thâpaṭṇeṁ *n.*, śâṇ *f.*

Assentamento, *s. m.* basṇî, baskâ *f.*; ṭîp *m.*, ṭipaṇ *n.*; mâṁḍṇî *f.*; ṭharâv, ṭharâvo *m.*, nirdhâraṇ *n.*

Assentar, *v. t.* basauṁk, basuṁk lâvuṁk; *collocar:* basauṁk, ṭharâvuṁk, ṭhevuṁk; *inscrever, registar:* ṭipuṁk, mâṁḍuṁk, baraun-, mâṁḍûn davruṁk, dakhal karuṁk, ṭâṁk mâruṁk *(g. do o.)*; *assegurar, firmar:* thârâvuṁk, thirâvuṁk, thirâsuṁk; *entender, presumir:* samjuṁk, chiṁtuṁk, dharuṁk; *determinar, estipular:* khaṁḍuṁk, boluṁk, bolî karuṁk *(g. do o.)*; *resolver, decidir:* nichavuṁk, nemuṁk, thârâvuṁk, nirdhâruṁk, nivâḍuṁk; *applicar:* lâvuṁk, mâruṁk; *ajustar, adaptar:* lâvuṁk, basauṁk, salvauṁk; *armar:* mâṁḍuṁk, saṁjauṁk. ‖ — *as costuras,* śivṇek pherr mâruṁk; *(fig.)* saḍke divuṁk, baḍauṁk. — *o fio á navalha,* vâkhar pâjuṁk,- śâṇuṁk. — *a mão,* gavḷuṁk, kuṭuṁk. — *praça,* pâyk-, soldâd jâvuṁk. ‖ *v. i.* basuṁk; *quietar-se:* tharuṁk, thâruṁk, thiruṁk, śahâṇo jâvuṁk; *poisar:* nivḷuṁk, nitḷuṁk, nisevuṁk; *convir:* lâguṁk, paḍuṁk, salavuṁk; *ficar justo:* basuṁk; *estar fundado:* âsuṁk. ‖ *v. r.* basuṁk; thâruṁk; âpleṁ nâṁv divuṁk,- barauṁk lâvuṁk; bolî jâvuṁk.

Assente, *a.* baslalo; thîr, dṛiḍh, ghaṭṭ; śâṁt, śahâṇo, thaṁḍ; khaṁḍlalo, bolî kelalo; nivaḷ, nigaḷ, mûr baslalo.

Assentido, *a.* sammat, pasaṁd.

Assentimento, *s. m.* sammati, kablât *f.*, hoykâr *m.*

Assentir, *v. i.* hoy mhaṇuṁk, kabûl-, râjî-, sammat jâvuṁk, mânuṁk *(d. do s.)*, bodhuṁk.

Assento, *s. m.* basṇî, baskî, baskâ *f.*, baskar *m. e f.*, baskûr, âsan, piṭh *n.*; *base:* mûḷ, sthân *n.*; *sitio:* svât *f.*, jâgo *m.*; *fundo:* poṁd *n.*; *sedimento:* mûr, muretî, khor *f.*; *discrição:* śahâṇepaṇ *n.*, akhal *f.*, vivek *m.*; *tranquillidade:* thaṁḍây, śâṁti *f.*, śâṁtipaṇ, śirâsaṇ *n.*; *registo:* âseṁt *m.*, patrikâ *f.*; *resolução:* nem, saṁkalp, taha *m.*; *nadegas:* phudneṁ *n.*, kule *m. pl.* ‖ — *principal,* agrâsan. — *pensil,* jhoṁpâḷeṁ *n.* *Tomar* —, baskâ-, nem ghevuṁk.

Asserção, *s. f.* vachan, thirâsaṇ, avdhâraṇ, niśchit ulauṇeṁ *n.*, nirvâd *m.*; mat *n.*, pratijñâ *f.*

Asserenar, *v. t.* davâk ghâluṁk. ‖ *V.* SERENAR.

Assertivo, **assertorio**, *a.* hoypakshî, hoypakshâcho, avdhâraṇâcho.

Asserto, *s. m.* pûrvapaksh *m.*; bhâsṇî *f.*, thirâsaṇ *n.*, nirvâd *m.*

Assertor, *s. m.* hoypakshî, thirâsṇâr, bhâsṇâr; râkhṇâr, saṁbhâḷṇâr.

Assessor, *s. m. e a.* sâmîl, sahakârî; sabhâsad.

Assessorial, **assessorio**, *a.* sahakâryâcho, sabhâsadâcho.

Assestar, *v. t.* jokhuṁk, tipâvuṁk, mokuṁk.

Assesto, *s. m.* jokhṇî, tipâvṇî, mokṇî, mokî *f.*

Assetinar, *v. t.* reśiṁ kaseṁ karuṁk; tuḷtuḷît-, suḷsuḷît karuṁk.

Assettear, *v. t.* bhâlauṁk, bhâldyâṁnîṁ mâruṁk; *(fig.)* kichḍâvuṁk, piḍâpiḍ divuṁk.

Asseveração, *s. f.* bhâsṇî *f.*, vachan, avdhâraṇ, thirâsaṇ, satyavachan *n.*

Asseverador, *s. m. e a.* bhâsṇâr, thirâsṇâr.

Asseverar, *v. t.* bhâsuṁk, thirâsuṁk, nirvâduṁk, khachît-, khaṁḍit sâṁguṁk; kharâvuṁk, satyaṁkâr karuṁk *(g. do o.)*

Asseverativo, *a.* avdhâraṇâcho, thirasaṇâcho.

Assexuado, *a.* napuṁsak.

Assiduamente, *adv.* khaḷa nâstânâ, thâṁba nâstânâ, udyogîṁ.

Assiduidade, *s. f.* jâgṛitây *f.*, udyog, udyam *m.*; kâlpâlan, samaypâlan, vaktaśîrpaṇ *n.*

Assiduo, *a.* âplyâ kâmâk lâglalo, kâmî; jâgrit, udyamî, udyogî, abhyâsî, huśâr; kâlpâlak, vaktaśîr; khaḷa nâslalo, niraṁtar.

Assignação, *s. f.* yojan *n.*, âropṇî, nimyârṇî *f.*, saṁket *m.*

Assignado, *a.* saî-, dastakhat kelalo,- ghâlalo. ‖ *s. m.* saî kelaleṁ patr *n.*, dâkhlo *m.*

Assignador, *s. m. e a.* saî-, dastakhat kartalo; yojano, nemṇâr.

Assignalado, *a.* âṁklalo, khuṇâylalo; viśesh kelalo *ou* sâṁglalo, param, uttam, aprûb, nâvâḍhgo.

Assignalador, *s. m. e a.* âṁkṇâr, khuṇâvṇâr.

Assignalamento, *s. m.* âṁkṇî, khuṇâvṇî; khuṇâ, kurû *f.*, ehihneṁ, niśâṇ *n.*; nâvâḍhṇî *f.*; abhidhân *n.*

Assignalar, *v. t. marcar:* âṁkuṁk, khuṇâvuṁk, ehihneṁ-, khûṇ davruṁk *(g. do o.)*; kurû-, niśâṇî ghâluṁk *(d. do o.)*; *distinguir:* nâvâḍhuṁk, viśeshuṁk, uttam-, śreshṭh karuṁk; *especificar:* viśeshuṁk, abhidhân-, viśeshvarṇan karuṁk *(g. do o.)*; *prescrever:* nemuṁk, pharmâvuṁk. ‖ *v. r.* viśesh-, uttam-, śreshṭh jâvuṁk, nâvâḍhoṁk, nâṁv vasuṁk *(g. do s.)*; âplî dâd divuṁk, dishṭî paḍuṁk.

Assignante, *s. m. e f.* niśâṇkâr, nâṁv baraunâr, saî karṇâr; vargaṇîdâr, vaṁtekâr; paṭṭyer baraunâr.

Assignar, *v. t.* âsinâd-, saî-, dastakhat-, niśâṇ karuṁk *ou* ghâluṁk *(l. sup. do o.)*, nâṁv barauṁk *(idem)*, gurt ghâluṁk *(us. Can.)*; *aprazar:* (dis-, svât) nemuṁk, nimyâruṁk; *applicar:* lâvuṁk, lâbhauṁk, yojuṁk; *attribuir:* divuṁk, âropuṁk; *marcar:* ṭipuṁk, âṁkuṁk. ‖ — *em branco,* koryâ kâgdâr nâṁv barauṁk; *(fig.)* paḷe nâstânâ mânleṁ mhaṇuṁk. — *de cruz,* khurîs karuṁk *(l. sup. do o.)* — *um jornal, para um theatro,* vaṁtekâr-, vargaṇîdâr jâvuṁk *(g. do o.)* ‖ *v. r.* âpleṁ nâṁv barauṁk, âplî dastakhat-, saî ghâluṁk.

Assignatura, *s. f.* nâṁv barauṇeṁ, niśâṇ ghâlṇeṁ *n.*; âsinâd, saî, dastakhat *f.*; chaṁdo *m.*, vargaṇî *f.*

Assignavel, *a.* nâṁv barauṁyeso.

Assim, *adv.* aseṁ *(d'este modo)*, aiseṁ *(poet.)*, aso *(decl.)*, aiso *(poet.)*, aslo *ou* asalo *(a., tal, similhante)*; taseṁ *(d'aquelle modo)*, taiseṁ *(poet.)*, taso *(decl.)*, taiso *(poet.)*, taslo *ou* tasalo *(a.)*, tathâ *(p. us.)*; *yeṇeṁ, hyâ pramâṇeṁ, tyâ pramâṇeṁ. ‖ — *e* —, aso aso, sumâr. — *como,* jaseṁ, jaiseṁ, jaso, jaiso, *jeṇeṁ pramâṇeṁ. — *que (conj.)* phuḍe, kî nâ... rakdoch *(ex.: assim que chegou, foi-se embora,* yenâ phuḍe gelo; *assim que jantou, dormiu,* jevlo kî nâ, rakdoch nidlo). — *como* —, kaseṁy jâṁv, aseṁ jâṁv taseṁ. — *este, como aquelle,* ho hoy, to hoy. — *mesmo,* aseṁch, taseṁch. — *seja,* aseṁ jâṁv. *Como* —? kaseṁ, kaso? *É* —, aseṁ. *Não é* —, aseṁ nay. *Seja* —, jâṁv.

Assimilação, *s. f.* sârko karṇeṁ, samîkaraṇ; âṁgâk lâvṇeṁ *ou* lâgṇeṁ *n.*, jirvaṇ *f.*, vipâk *m.*

Assimilador, *a.* samîkârak.

Assimilar, *v. t.* sârko-, sâmko-, sam-, eksâṁgḍo karuṁk, samîkaruṁk; âṁgâk lâvuṁk *ou* lâgaso karuṁk, jirauṁk, pachauṁk, vipâk kṛruṁk *(g. do o.)* ‖ *v. r.* sârko-, sam jâvuṁk; âṁgâk lâguṁk, pachuṁk, jiruṁk.

Assimilativo, *a.* samîkaraṇâcho; pachauṁcho, jirauṁcho.

Assimilavel, *a.* samîkarûṁyeso; pachauṁyeso.

Assisado, *a.* okhlecho, budhîcho, mativaṁt, śahâṇo, vivekî.

Assistencia, *s. f.* thâro *m.*, ṭhikâṇ, âsan; hâjîr-, hujîr âsṇeṁ *n.*, hâjîrî; sahây, majat, kumak, pustî *f.*, âskâr, sahakâr *m.*, sâmîlpaṇ *n.*; mahino, stridharm *m.*, pushp *n.* ‖ — *divina,* devkurpâ *f.*

Assistente, *a. e s. m.* âsṇâr, râvṇâr; hujîr âstalo; pâvtalo, sahakârî, sahây, kumkî, majativaṁt, sâmîl. ‖ *Medico* —, sadâṁcho *ou* ghareho vaij.

Assistir, *v. i. estar presente:* âsuṁk *(com d.)*, hâjîr-, hujîr âsuṁk; *morar:* râvuṁk, ṭhikâṇ karuṁk; *auxiliar:* pâvuṁk, hât-, sahây-, majat-, âdhâr divuṁk. ‖ *v. t.* baglek-, sâṁgâtâ âsuṁk (*g. do o.*); vâyṭ kâḍhuṁk (*g. do o.*)

Assoado, *s. m.* nâk piḷṇeṁ *ou* pusṇeṁ *n.*

Assoalhado, *a.* vatâk-, vâḷgat ghâlalo; praghaṭ kelalo; pâṭlalo, taktpośî mârlalo. ‖ *s. m.* taktpośî *f.*

Assoalhador, *s. m.* pâṭṇâr, taktpośî mârṇâr, sobrâd karṇâr; praghaṭṇâr, toṁḍâḷṇâr.

Assoalhadura, *s. f.*, **assoalhamento**, *s. m.* pâṭṇî *f.*; taktpośî karṇeṁ, phaḷîṁ ghâlṇeṁ; vatâk ghâlṇeṁ *n.*, vâḷgauṇî; toṁḍâḷṇî *f.*, âvâḍâk karṇeṁ.

Assoalhar, *v. t.* *pôr solho:* (phaḷîṁ) mâruṁk *ou* basauṁk, pâṭuṁk, taktpośî karuṁk; *expor ao sol:* vatâk ghâluṁk,- sukauṁk, vâḷgauṁk; *divulgar:* praghaṭuṁk, âvâḍâk karuṁk, toṁḍâḷuṁk, ṭeṁkḍek lâvûn bhoṁvuṁk (*litt.* PASSEAR EXPONDO AO CAMBO). ‖ — *os dentes,* dâṁt dâkhauṁk. ‖ *v. r.* vâḷguṁk, jhaḷpuṁk, surevuṁk; (*fig.*) kaḍkaḍâvuṁk, phaḍâ karuṁk.

Assoar, *v. t.* (nâk) piḷuṁk, kâḍhuṁk, pusuṁk, sûṁ karuṁk.

Assoberbado, *a.* garvân bharlalo, garvî, alaṁkârî.

Assoberbador, *a. e s. m.* bemân-, beparvâ kartalo.

Assoberbar, *v. t.* garvân chalauṁk, bemân karuṁk; garvân bharuṁk, garvî karuṁk; dagdagâvuṁk, trâsuṁk, raḍauṁk. ‖ *v. i.* garvân chaluṁk,- bharoṁk, ahaṁkâruṁk.

Assobiada, *s. f.* phivṇyo; maskaryo, śeṭyo *f. pl.*

Assobiado, *a.* phivṇyo ghâlalo, hurlyo kelalo; bârik, kiḍkiḍît.

Assobiar, *v. i.* phivaṇ-, śivaṇ-, śeḷoṇî ghâluṁk, śivḷuṁk (*p. us.*), phuskâruṁk; śeṭyo-, hurlyo-, huryo huryo karuṁk, huskâruṁk. ‖ — *ás botas,* hâtâṁtlo saṁso soḍûn divuṁk (*litt.* LARGAR O COELHO DA MÃO). ‖ *v. t.* phivṇen vâjauṁk; phivṇen keṁḍuṁk, huskâruṁk.

Assobio, *s. m.* phivaṇ, śivaṇ, śeḷoṇî; pirlûk, piṁpârî, chimṇî, śiḷî *f.*

Assobradar, *v. t.* *V.* ASSOALHAR.

Associação, *s. f.* ekvaṭ, kaṭ *m.*, saṁgat, maṁḍaḷî, paṁkat *f.*, saṁyog, meḷ, sâṁgaḍ *m.*

Associado, *a. e s. m.* saṁgatî *ou* sâṁgâtî, śâmîl, bhâgelî, bhâgidâr.

Associar, *v. t.* ekvaṭuṁk, ekṭhâvuṁk, jamâvuṁk, saṁghaṭṭuṁk; saṁgatî-, bhâgelî karuṁk. ‖ *v. r.* barâbarî-, ekṭhâṁy jiyevuṁk, saṁghaṭṭoṁk, saṁgatî-, bhâgelî jâvuṁk; ekṭhâvoṁk, jamuṁk, meḷuṁk.

Assolação, *s. f.*, **assolamento**, *s. m.* gharṭhâṇ (*orig.* DESTRUIÇÃO DA CASA), nihsaṁtan *ou* nisaṁṭan (*orig.* DESTRUIÇÃO DA FAMILIA), khaṁḍan *n.*, nâś *ou* nâs *m.*, nâsâḍî, dhûḷdaśâ (*orig.* REDUCÇÃO Á POEIRA), deśvâṭ (*litt.* CAMINHO PUBLICO), dhâḍ, râjîk, puṁḍây, kattal *f.*, puṁḍâveṁ *n.*

Assolador, *a. e s. m.* nâsâḍyo, nâs-, gharṭhâṇ kartalo, puṁḍ.

Assolar, *v. t.* nâs-, gharṭhâṇ-, dhûḷdaśâ-, deśvâṭ karuṁk (*g. do o.*), nâśuṁk, ibâḍuṁk, nirdaḷuṁk, bhasmuṁk; kalkalâvuṁk, âkâṁtâvuṁk.

Assoldadado, *a.* muśâryâk ghetlalo; muśârkâr, majurkâr, majurekâr, kulkâr (*ss. mm.*)

Assoldadar, *v. t.* muśâro-, majurî divuṁk,- phârîk karuṁk; muśâryâk-, majurek ghevuṁk.

Assomada, *s. f.* mâtso va uṁch disṇeṁ *n.*; mâtho, śikhar *m.*, uṁchastaṇ *n.*; chîḍ *f.*, kiṁv *m.*

Assomado, *a.* uṁchâylalo, ubhrâylalo; chiḍyo, krodhivaṁt, perlûs. ‖ — *de vinho,* soro lâglalo.

Assomar, *v. i.* mâthyâr-, pâṭosâr chaḍhuṁk; uṁch-, vayr-, takśer disuṁk. ‖ *v. r.* kopuṁk, chiḍuṁk, tiḍuṁk; soro lâguṁk (*d. do s.*); dishṭîk paḍuṁk, ugavuṁk; uṁch râvuṁk,- chaḍhuṁk.

Assombradiço, *a.* bujaṭ; vismit.

Assombrado, *a.* sâvḷî âslalo, sâvaṭ; ghûm, kurṭâḷo; vismit, thaṭâklalo, ajâp jâlalo; thartharlalo, kalkallalo; guṁg jâlalo; soro lâglalo, kâtrîr âslalo. ‖ *Bem* —, hâṁstyâ mukhâcho.

Assombramento, *s. m.* sâvḷî, âṁdhârî *f.*, sâvaṭ; ajâp jâṇeṁ *n.*, thaṭâkṇî *f.*; tharthâro, kalkalo, âkâṁt *m.*; guṁgî, jhâṁp *f.*

Assombrar, *v. t.* sâvḷî karuṁk (*d. do o.*), -ghâluṁk (*l. super do o.*), âṁdhâruṁk; *maravilhar:* ajâpâvuṁk, ajâp karuṁk, thaṭâkâvuṁk; *aterrar:* thartharâvuṁk, kalkalâvuṁk, bheṁkḍâvuṁk; *paralysar:* guṁg karuṁk, bahirâvuṁk. ‖ *v. r.* sâvḷî jâvuṁk,- yevuṁk (*l. super do s.*), âṁdhâroṁk; âṁg kâḍhuṁk (*litt.* TIRAR O CORPO), kâḷîj uḍuṁk (*litt.* SALTAR O CORAÇÃO; *g. do s.*); ajâp-, vismit jâvuṁk, thaṭâkuṁk; tharthâruṁk, kalkaluṁk; bhejḍuṁk.

ghâbrumk; bujumk, gumg jâvumk, jhâmkḷumk.

Assombro, *s. m.* ajâp jâṇem *n.*, thaṭâkṇî *f.*; tharthâro, kâmpero, kalkalo, dhaḍḍhaḍo *m.*; ajâp, naval, adbhut *n*, chamatkâr *m.*

Assombroso, *a.* ajâpâmcho, navlâmcho, adbhut.

Assomo, *s. m.* disṇem, dishṭîk paḍṇem *n.*, ugavaṇ *f.*; *indicio:* khûṇ, chihnem, lakhcṇ *n.*; *suspeita:* dubhâv *m.*, śamkâ *f.*

Assonancia, *s. f.* samsvar *m.*

Assonarentado, *a. V.* SOMNOLENTO.

Assopradela, assopradura, *s. f.*, **assopramento**, *s. m.* phumkṇî; phumk *f.*

Assoprado, *a.* phumklalo; *(fig.)* moṭo, gulgulît, tuḍtuḍît; phuglalo, phugro, phullalo.

Assoprador, *s. f.* phumkṇâr; phulauṇâr, phuslâvṇâr.

Assoprar, *v. t. e i.* phumkumk, phumk mârumk; *(fig.) fallar ao ouvido:* kânâmt phumkumk, phutphutûn sâmgumk, phutphuṭumk; *inchar:* phugaumk, phulaumk; *exaggerar:* chaḍhaumk, vâḍhaumk; *instigar:* phuslâvumk, chetaumk.

Assopro, *s. m.* phumk *f.*; bârîk vârem *n.*, vâryâchî loy; phuslâvṇî, chetauṇî *f.*

Assovelado, *a.* ârîn toplalo; ârî sârko.

Assovelar, *v. t.* ârîn topumk; *(fig.)* kiḍaumk, tiḍaumk.

Assovinar, *v. t.* taḍsâvumk, taḍas mârumk *(d. do o.)*; kisrâvumk, tiḍaumk; ichimichî karumk, châṭumk. ‖ *v. r.* himṭo-, châṭo jâvumk.

Assuada, *s. f.* bamḍ *n.*, dhaḍo; gâḷbaḷ *m.*, gaḍbaḍ *f.*, jâgraṇ, dhumśâṇ *n.*

Assucar, *s. m.* sâkar *f.* ‖ — *areado*, piṭhî sâkar. — *candi*, khaḍî sâkar. — *pilé*, kaṇî sâkar.

Assucarado, *a.* sâkrâylalo, sâkar ghâlalo *ou* âslalo, sâkrîcho; *(fig.)* goḍ, goḍo.

Assucarar, *v. t.* sâkrâvumk, sâkar ghâlumk *(l. in do o.)*; *(fig.)* godâvumk, madhur karumk. ‖ *v. r.* sâkar jâvumk, sâkrîn bharomk; goḍ *ou* madhur jâvumk.

Assucareiro, *s. m.* sâkrîchem âydan. ‖ *a.* sâkrîcho, sâkar âslalo.

Assumir, *v. t.* ghevumk, âmgîkarumk, uchlumk.

Assumpção, *s. f.* gheṇem, âmgîkaraṇ; *(eccl.)* âsumsâmv *n.*

Assumptivel, *a.* ghevûmyeso, âmgîkarcho.

Assumptivo, *a.* âmgîkelalo.

Assumpto, *s. m.* prasamg, vishay, prastâv, padârth, arth, adhikâr, ṛitu *m.*, prakaraṇ *n.* ‖ *a.* kâmḍh ghetlalo, âmgîkelalo.

Assurgente, *a.* ubho, khumṭh.

Assustadiço, *a.* bujaṭ, bujro.

Assustado, *a.* bujro, bhejûḍ; kâmpro, kâkûḍ. ‖ *Agua assustada*, śeḷmoḍem udak.

Assustador, *s. m.* bujauṇâr. ‖ *a.* bhayamkar, akrâḷ; huskyâcho.

Assustar, *v. t.* huskâvumk, kalkalâvumk, bujaumk, bhedrâvumk, kâmpaumk. ‖ *v. r.* huskevumk, kalkalumk, âmg kâḍhumk; bhiyevumk, bhivumk, bhedrumk.

Asterisco, *s. m.* phulî *f.*

Asterismo, *s. m.* nakshatr, nakhetr *n.*

Asteroide, *s. m.* lahân graha, upagraha *m.* ‖ *a.* nakshatrâ sârko.

Asthenia, *s. f.* aśaktpaṇ *n.*, nirbaḷây, bebaḷây *f.*

Asthenio, *a.* bhav aśakt, nirbaḷî.

Asthma, *s. f.* los, ubaś *f.*, dhâp *f.*

Asthmatico, *a.* loskâr, losyo, ubaśî.

Asteral, astreo, nakshatrâcho, târâcho.

Astréa, *s. f.* dharm *m.*; *(astr.)* kanyâ *f.*

Astro, *s. m.* târâ *m.*, nekhetr, nakhetr, nakshatr *n.*; *(fig.)* tejpamj *n.* ‖ — *do dia*, sûrya. — *da noite*, chamdr, chamdrim.

Astringir, *v. t. V.* ADSTRINGIR.

Astrolabio, *s. m.* târâmâpanayamtr; sapâṭ khagolachitr *n.*

Astrolatria, *s. f.* târâpûjâ *f.*

Astrologia, *s. f.* praśnjyotish, jâtak *n.*, nakshatravidyâ *f.*

Astrologico, *a.* praśnajyotishâcho, nakshatravidyecho.

Astrologo, *s. m.* gaṇak, jaiśî, jyotishî, nakshatravidyâvamt *(a.)*

Astronomia, *s. f.* jyotish *n.*, nakshatravidyâ, khagolavidyâ *f.*

Astronomicamente, *adv.* jyotish śâstrâ pramâṇem.

Astronomico, *a.* jyotishâcho, nakshatravidyecho.

Astronomo, *s. m.* jyotishî, jaiśî, nakshatravidyâvamt *(a.)*

Astroscopia, *s. f.* târâvichâr *m.*

Astroscopio, *s. m.* târâvichârayamtr *n.*

Astucia, *s. f.* nâḍbuddhi, vidyâ, ghâḍvidyâ, kârkuṇây; chatrây *ou* chaturây, bârkây, bârkamây, * tagulây *f.*

Astuciar, *v. t.* nâḍbuddhîn-, bârkamâyen karumk. ‖ *v. i.* kârkuṇây-, ghâḍvidyâ karumk.

Astuciosamente, *adv.* nâḍbuddhîn, kapaṭim.

Astucioso, *a.* kapaṭî, yuktivamt, vidyânagarî.

Astutamente, *adv.* chatrâyen, bârkâyen, vidyen.

Astuto, *a.* kâṭhû, bârik, chatur, śahâṇo, kârkûṇ, * tagûl.

Asylado, *a.* dharmśâḷimt âslalo *ou* ghetlalo.

Asylar, *v. t.* âsar-, âdhâr divumk, dharmâcho ghevumk. ‖ *v. r.* âsar-, âśram śodhumk; dharmśâḷimt rigumk.

Asylo, *s. m.* âsar, âśram, ṭhâr, mahâlay *m.*, mâher; śaraṇ, trâṇ *n.*, âdhâr *m.*; dharmśâḷ, dharmpurî, devpurî *f.*

Asymetria, *s. f.* asamyog *m.*

Asymetrico, *a.* asamyogî.

Ata, *s. f.* ât *f. (planta), n. (fructo).*

Atabacado, *a.* oḍhchyâ pânâchyâ ramgâcho.

Atabafado, *a.* dhâmplalo; gupt davarlalo; dâmlalo.

Atabafador, *s. m.* dâmûn davarṇâr.

Atabafar, *v. t.* dhâmpumk; *(fig.)* lipaumk, gupumk, dâmûn davrumk, dapaṭumk; chorumk, sutlâvumk.

Atabale, *s. m.* murdamg, mâdaḷem, ḍumḍumem *n.*, dumdu *m.*

Atabaleiro, *s. m.* murdamgî.

Atabalhoadamente, *adv.* âkâr nâstânâ, ayuktim, dhaḍbaḍyâm.

Atabalhoado, *a.* darvaḍyân kelalo; dhaḍbaḍyo, avichârî, hurmaṭ, utâvḷî.

Atabalhoamento, *s. m.* ghuspaṇi, gomdhaḷṇî *f.*, gomdhaḷ *m.*

Atabalhoar, *v. t.* darvaḍyân-, avichârim karumk, darvaḍâvumk, burḍumk. ‖ *v. r.* ghuspumk, gomdhḷumk, ghâbrumk.

Ataca, *s. f.* vâdî *f.*, phimt *(port. fita) n.* ‖ *Não vale uma —*, damḍek puṇ nâkâ.

Atacado, *a.* viṇlalo; upaṭ bharlalo; uprâḷlalo. ‖ *s. m.* sâṭem *n.* ‖ *Vender por —*, sâṭyân vikumk. *Comprar por —*, sâṭyân ghevumk, sâṭumk.

Atacador, *s. m.* vâdî, nâḍî *f.*; gaj *m.* ‖ *a. e s. m.* ghâlo ghâlṇâr, uprâḷtalo.

Atacar, *v. t. prender com atacador:* vâdyen bâmdhumk; *apertar a carga:* khemchumk; *encher demasiado:* upat-, chemchûn bharumk; *aggredir:* âmgâr yevumk *ou* paḍumk *(g. do o.)*, paḍumk *(l. super do o.)*. gaḷo dharumk *ou* piḷumk *(litt.* AFOGAR O PESCOÇO), phugâr karumk, uprâḷumk, jhaḍjhaḍâvumk. ‖ — *uma doença*, (piḍâ) lâgumk *ou* mârumk. ‖ *v. r.* bharomk.

Atacoar, *v. t.* khoṭ ghâlumk (mochyâchî); *(fig.)* barbaṭumk.

Atado, *a.* bâmdhlalo; gomdhlalo; hât pâmy gaḷlalo; mûḍh. ‖ *s. m.* poṭḷî *f.*, peḷo *m.*

Atador, *s. m.* bâmdhṇâr, bâmdhpî.

Atadura, *s. f.* bâmdhap *n.*, bâmdhpâs, phâs *m.*

Atafal, *s. m.* dumchî, lemḍî *f.*

Atafera, *s. f.* vemṭo *m.*

Atafona, *s. f.* dâmtem *n.*, ghiraḍ *f.*

Atafoneiro, *s. m.* dâmtekâr.

Atafulhar, *v. t.* khemchumk, chemchûn bharumk. ‖ *v. r.* poṭbhar jevumk.

Ataimado, *a. V.* ASTUTO.

Atalaia, *s. f.* gopur *m.*, umchasthân *n.*; pahârekâr; bhedî *m.* ‖ *Estar ou ficar de —*, pâldek âsumk va râvumk.

Atalaiar, *v. t.* râkhumk, râkhûn râvumk; *(fig.)* teḷumk. ‖ *v. r.* râkhûn âsumk, chatrâyen chalumk.

Atalhada, *s. f. V.* ACEIRO.

Atalhador, *s. m.* nistarṇâr, thâmbauṇâr; samkshepî; bhedî.

Atalhamento, *s. m.* âḍâvṇî, manâvṇî, nistarṇi; ghuspâvṇî *f.*; khamdak *m.*

Atalhar, *v. t.* nistarumk, âḍâvumk, manâvumk; lumḍbumk, kâtrumk; ghuspâvumk, gomdhaumk; âṭâpumk, samkshapumk. ‖ *v. i.* âḍvâṭen vachumk; tomḍ ghâlumk. ‖ *v. r.* gomdhumk, gomdhḷumk, ghuspumk.

Atalho, *s. m.* âḍmârg *m.*, âḍvâṭ *f.*; vegim kâm karcho upây *m.*; gomdh, âḍkhaḷ, harkat *f.*

Atamancar, *v. t.* barbaṭûn sârko karumk,- tave mârumk.

Atamarado, *a.* khâjûr kaso.

Atamento, *s. m.* bâmdhap *n.*, bâmdhpâs *m.*; kâkuḍây, kâmkaṭṇî, bhîḍ *f.*

Atanado, *s. m.* râmp *m.*; kamâylalem châm *n.* ‖ *a.* kamâylalo.

Atanar, *v. t.* kamâvumk, râmpaumk, râmpat ghâlumk.

Atapetar, *v. t.* tivâsumk, satramgî ghâlumk *ou* âmthuḷumk.

Atapulhar, *v. t.* guḍḍo-, guḍḍî mârumk *(d. do o.)*

Ataque, *s. m.* ghâlo, mâro, uprâḷo *m.*, dhâḍ, jhaḍjhaḍî *f.*, darvaḍo; jhaṭko, jhapâṭo; bâr *m.*

Atar, *v. t.* bâṁdhuṁk, gâṁṭhâvuṁk, gâṁṭh mâruṁk, nânâvuṁk, khovuṁk; ekvaṭuṁk, sâṁgḍâvuṁk; âḍâvuṁk, manâvuṁk. ‖ *v. r.* âpṇâk bâṁdhuṁk; *(fig.)* dharoṁk, baṁd-, manâ jâvuṁk; lâguṁk, bheṭuṁk.

Atarantação, *s. f.* goṁdhaḷ *m.*, goṁdh, ghâbrây, târambaḷ, pisâvṇî *f.*

Atarantar, *v. t.* pisâvuṁk, taklî phirauṁk *(g. do s.)*; ghâbrâvuṁk, kalkalâvuṁk. ‖ *v. r.* pisavoṁk, ghâbruṁk, bobâḷuṁk, goṁdhuṁk.

Ataraxia, *s. f.* samâdhân *n.*, śâṁti *f.*

Atarefado, *a.* kâmî, kâmâr âslalo, vâvrân bharlalo.

Atarefar, *v. t.* kâm-, vâvar divuṁk; kashṭâvuṁk, yepârân puruṁk. ‖ *v. r.* kâmâr âsuṁk, vâvrân bharoṁk; kashṭâvoṁk.

Atarracado, *a.* arn, arnilalo.

Atarracador, *s. m.* arnûn bâṁdhṇâr.

Atarracar, *v. t.* arnuṁk, arnûn bâṁdhuṁk; cheṁchuṁk; *(fig.)* kichḍâvuṁk, jîv khâvuṁk *(g. do o.)*; goṁdhḷâvuṁk, guṭhlâvuṁk.

Atarrachar, *v. t.* bhoṁvarkhaṁḍîn basauṁk, maḷsuḍuṁk.

Atascadeiro, atasqueiro, *s. m.* *V.* ATOLEIRO.

Atascar, *v. t.* loḷauṁk, chiklâṁt buḍauṁk. ‖ *v. r.* loḷuṁk, bâṁbrâṁt bharoṁk,- puroṁk.

Atassalhador, *s. m.* kuṭke karṇâr, kâtarṇâr.

Atassalhadura, *s. f.* kuṭke karṇeṁ *n.*, kâtarṇî; piṁjṇî *f.*

Atassalhar, *v. t.* kuṭke-, kapelaṁbe karuṁk *(g. do o.)*, śiṁduṁk, kâtruṁk; piṁjuṁk; *(fig.)* vâvdoryâṁt vâvdoryo karuṁk, nâṁv ubhauṁk *(g. do o.)*

Ataúde, *s. m.* tirḍî, tiḍbiḍî *f.*

Atauxiar, *v. t.* *V.* TAUXIAR.

Atavernado, *a.* dukânâṁtlo, dukânâcho; kirkoḷ viklalo.

Atavernar, *v. t.* kirkoḷ dukânâṁt vikuṁk. ‖ *v. r.* dukân kaseṁ jâvuṁk; dukânâṁnîṁ bharoṁk.

Ataviado, *a.* alaṁkârî, śobhit.

Ataviar, *v. t.* śiṁgâruṁk, śriṁgâruṁk, neṭauṁk, alaṁkâruṁk. ‖ *v. r.* neṭumk, śiṁgâr ghâluṁk.

Atavio, *s. m.* śiṁgâr, śriṁgâr, alaṁkâr *m.*, neṭauṇî *f.*; bhûshaṇ *n.*; mustâykî, sâmagrî *f.*

Até, *prep.* paryâṁt, paryân, pâsûn, legûn, ver, verî, tâgâyt. ‖ *adv.* pasûn, paryâṁt, api. ‖ — *agora*, âjûn, âjûn ver, yeṇâṁdhar, * adyâp. — *aqui*, ethûn, ethûn paryâṁt. — *alli*, tethûn, tethûn pâsûn. — *então*, tethûn paryâṁt, tedoḷ. — *que (conj.)*, mhaṇasar, paryâṁt.

Atear, *v. t.* (ujo) phuṁkuṁk, peṭauṁk, perauṁk, sâṁdhuṁk; *(fig.)* chetauṁk, jaḷauṁk. ‖ *v. i. e r.* peṭuṁk, saṁdhakuṁk, peruṁk; *(fig.)* charcharuṁk, phaluṁk; tâpuṁk, jaḷuṁk.

Atediar, *v. t.* vâj hâḍuṁk *(d. do o.)*, kâṁṭâḷâvuṁk.

Ateimar, *v. i.* âpleṁ khareṁ karuṁk, bhâsuṁk *(v. a.)*

Atemorizado, *a.* kâṁplalo, bheyâbhît.

Atemorizador, *s. m. e a.* bheṁkḍâvṇâr; bhirâṁkûḷ, bhaykar.

Atemorizamento, *s. m.* dabâv *m.*, dabâvṇî, bheyâbhitây *f.*

Atemorizar, *v. t.* bheṁkḍâvuṁk, bhesuḍâvuṁk, dâṭâvuṁk, kâṁpauṁk, âkâṁtâvuṁk, kaḍkaḍâvuṁk. ‖ *v. r.* kâṁpuṁk, kâvjevuṁk, bhedruṁk, bhejḍuṁk.

Atempação, *s. f.* vâydo *m.*

Atempar, *v. t.* vâydo divuṁk *(d. do o.)*

Atenazar, *v. t.* sâṁḍsâvuṁk, chimṭâvuṁk, chimṭyâṁnîṁ khâvuṁk; duḥkh divuṁk, saṁtâpauṁk.

Atença, *s. f.* âdhâr, viśvâs *m.* ‖ *Estar ás atenças de*, pâtyevûn âsuṁk, viśvâs davruṁk.

Atermar, *v. t.* vâydo divuṁk,- ghâluṁk, dis nemuṁk.

Aterramento, *s. m.* kaḍkaḍo *m.*

Aterrar, *v. t.* bheṁkḍâvuṁk, kâṁpauṁk, thartharâvuṁk, dhaḍdhaḍâvuṁk, kalkalâvuṁk. ‖ *v. r.* bhyevuṁk, kâṁpuṁk, thartharuṁk, kaḍkaḍuṁk.

Aterrar, *v. t.* puruṁk, bhar divuṁk *(d. do o.)*, uṁchâvuṁk. ‖ *v. i.* *(naut.)* taḍîk pâvuṁk; dharṇîṁt riguṁk. ‖ *v. r.* puroṁk, nemoṁk.

Aterro, *s. m.* bhar, purṇî *f.*

Aterrorizar, *v. t.* thartharâvuṁk, kaḍkaḍâvuṁk.

Ater-se, *v. r.* sokuṁk, saṁvkuṁk, lâguṁk.

Atesar, *v. t.* tâṇuṁk, oḍhuṁk. ‖ *v. i.* tâṇoṁk.

Atestar, *v. t.* kâṁṭh paryâṁt-, upaṭ bharuṁk, ehoṁduṁk. ‖ *v. r.* ehoṁdoṁk; poṭbhar jevuṁk,- piyevuṁk.

Atheismo, *s. m.* nâstikî *f.*, anîśvarabhâv *m.*, nâstikamat *n.*

Atheista, atheu, *s. m.* nâstik, nirîśvar.

Atheistico, *a.* nâstikamatâcho.

Atheneu, *s. m.* vidyâlay *m.*, vidyasâḷ *f.*

Athleta, *s. m.* pahilvân *ou* pilvâṇ, mall.

Athletica, *s. f.* pahilvânkî, mallakrîḍâ *f.*

Athletico, *a.* pahilvânâcho, mallakrîḍâsaṁbaṁdhî; *(fig.)* ghaṭṭ, chhâtîdâr.

Atiçador, *s. m. e a.* kâhilâto *m.*; kâjḷyâchî kâtar *f.*; peṭauṇâr, perauṇâr; *(fig.)* phuslâvṇâr, chetauṇâr.

Atiçamento, *s. m.* peṭauṇî, perauṇî; sârṇî, sâṁdhṇî; chetauṇî, kiḍâvṇî *f.*

Atiçar, *v. t.* sâruṁk, sâṁdhuṁk; peṭauṁk, perauṁk, phuṁkuṁk; kâjvo *ou* kâjḷo kâtruṁk *(g. do o.)*; *(fig.)* chetauṁk, kiḍâvuṁk; phulauṁk, uṭhauṁk; (âg) lâvuṁk. ‖ *v. i.* baḍauṁk, mâruṁk. ‖ *v. r.* saṁdhakuṁk, peruṁk, peṭuṁk; tiḍuṁk, jaḷuṁk.

Atigrado, *a.* śirbo.

Atilado, *a. pontual:* nîṭ, sârko, sûkshma, vaktaśîr; *ajuizado:* huśâr, śahâṇo, śiḍûk, bârîk, chatur, chittvaṁt, vichhekhûn; *apurado, ornado:* nirmaḷ, saṁgîn, akhoḍ, saṁskṛit, alaṁkṛit.

Atilamento, *s. m.* sârkepaṇ *n.*, barâbarî; huśârkî, śiḍukây, bârkây, tajvît *f.*; neṭ, alaṁkâr *m.*, saṁgînpaṇ *n.*

Atilar, *v. t.* sudhâruṁk, ujkhuruṁk, saṁpûrṇuṁk; neṭauṁk, śṛiṁgâruṁk.

Atilho, *s. m.* sutlî *f.*, doro *m.*

Atinadamente, *adv.* achirkâyen.

Atinado, *a.* mativaṁt, śiḍûk, achirkâyecho, kâṭhû.

Atinar, *v. t.* pârkhuṁk, tarjuṁk, kalpuṁk, ajmâsuṁk. ‖ *v. i.* khareṁch-, sâṁkeṁch meḷuṁk *(d. do s.)*; siḍkuṁk.

Atincal, *s. m. V.* TINCAL.

Atino, *s. m. V.* TINO.

Atiradiço, *a.* uḍto, huḷhuḷo, bâṁkḍo.

Atirador, *s. m.* uḍauṇâr, pheṁkṇâr, mârṇâr.

Atirar, *v. t.* uḍauṁk, oḍhbhar mâruṁk, pheṁkuṁk, koluṁk; mâruṁk, soḍuṁk. ‖ — *para baixo algum objecto pesado,* śevṭuṁk. — *pedras aos fructos para os derrubar,* pâḍuṁk. ‖ *v. i.* (phâr) mâruṁk; (bhâlḍî) soḍuṁk; mokuṁk. ‖ — *comsigo,* uḍkî mâruṁk, śevṭoṁk. ‖ *v. r.* uḍuṁk *ou* paḍuṁk *(com l. super)*, tuṭûn vachuṁk.

Atitar, *v. t.* chiṁvchivuṁk, kilkiluṁk *(vv. ii.)*

Atito, *s. m.* chiṁvchivṇî, kilkilṇî *f.*

Atlante, *s. m. (archit.)* munshyâchyâ âkârâcho khâṁbo; *(fig.)* dâṁḍgo manîs; khâṁbo, teṁko *m.*

Atlas, *s. m.* deśalekhyamâlâ *f.*

Atmometro, *s. m.* bâph mejcheṁ yaṁtr *n.*

Atmosphera, *s. f.* âkâś *m.*, vâtâvaraṇ, vâyuchakr, aṁtrâḷ, gagan *n.*

Atmospherico, *a.* âkaśâcho, âkâśî, vâyuchakrâcho, gaganî.

Atoada, atoarda, *s. f.* phuṁkâro *m.*, phâṁphûṁ *n.*

Atoagem, *s. f. (marit.)* pâgyân oḍhṇeṁ *n.*

Atoalhado, *a.* tuvâlo kaso; tuvâlo ghâlalo.

Atoar, *v. t.* pâgyân oḍhuṁk,- vharuṁk; udkâchyâ neṭâr vharuṁk (lâṁkḍâṁ). ‖ *v. i.* lâguṁk (monjât). ‖ *v. r.* pâgyân bâṁdhoṁk. ‖ — *a alguem,* pâṁg dharuṁk.

Atochador, *s. m.* kheṁchṇâr, chepṇar. ‖ *V.* ATOCHO.

Atochar, *v. t.* pâchâryân-, dâṁḍyân arnuṁk; chepuṁk, kheṁchuṁk.

Atocho, *s. m.* pâchâreṁ, kel *n.*, kâṁbaṭ *f.*

Atoladiço, *a.* pachpachît, chiklâcho, bâṁbrâcho.

Atolado, atoleimado, *a.* pisâṭ, khuḷo.

Atolar, *v. t.* chiklâṁt ghâluṁk, bâṁbrâṁt loḷauṁk, bâṁbrân bharuṁk. ‖ *v. r.* bâṁbrâk lâguṁk, bâṁbrâṁt buḍuṁk, chiklâṁt loḷuṁk, chikluṁk; *(fig.)* khâṁchîk paḍuṁk, aḍchaṇek sâṁpḍuṁk.

Atoleimar-se, *v. r.* khuḷuṁk, piso jâvuṁk.

Atoleiro, *s. m.* chavaṇ, koṁḍ, khâtaṇ, mâyṇ *n.*; pachpacho, ubîr, bâṁbar, chîkal *m.*; *(fig.)* khâṁch, aḍchaṇ, goṁdh *f.*

Atomico, atomistico, *a.* aṇûcho, paramâṇûcho, paramâṇurûp, sûkshma.

Atomismo, *s. m.* aṇuvâd, paramâṇuvâd, sukshmavâd *m.*

Atomista, *s. m.* paramâṇuvâdî.

Atomo, *s. m.* aṇu, paramâṇu, sukshma, kaṇo, raj *m.*

Atonia, *s. f.* agninâś *m.*, **dhâtukshîṇatâ *f.*

Atonico, *a.* agninâśâcho, dhâtukshîṇ; *(gram.)* ‖ *V.* ATONO.

Atono, *a.* niśśabd.

Atontar, atontear, *v. t. V.* ESTONTEAR.

Atorar, *v. t.* kâṁḍâṁ karuṁk (*g. do o.*)

Atorçalar, *v. t.* makhtulân saṁjauṁk; reśmî ani sonî doro lâvuṁk (*d. do o.*)

Atordoado, *a.* bahiro, guṁg; nidsuro, bhramishṭ. || *Ficar —*, bahirevuṁk, kaṇkaṇuṁk, ninduṁk, guḍguduṁk, * gumaruṁk.

Atordoamento, *s. m.* bahirepaṇ *n.*, guṁgî, kaṇkaṇṇi, sâṁḍsaṇî; nindaṇî; ghuṁvaḷ, girgirî *f.*; (*fig.*) âḍṇâḍpaṇ *n.*, pramâd *m.*

Atordoar, *v. t.* bahirâvuṁk, kaṇkaṇâvuṁk, guḍguḍâvuṁk, nindâvuṁk; (*fig.*) thaṭâkâvuṁk, vismit karuṁk. || — *os ouvidos*, kân phoḍuṁk, kânpe usḷâvuṁk.

Atormentação, *s. f.*, **atormentamento,** *s. m. V.* TORMENTO.

Atormentado, *a.* duḥkh dilalo; duḥkhâbharit, duśchit.

Atormentador, *s. m. e a.* dagdagâvṇâr, trâsî; (*fig.*) upadravî, khaṇpaṇo.

Atormentar, *v. t.* jerbaṁd mâruṁk, duḥkh divuṁk, dagdagâvuṁk, vaḷvaḷâvuṁk, toṁchûn khâvuṁk, jîv khâvuṁk *ou* kâḍhuṁk (*litt.* COMER *ou* TIRAR A VIDA; *g. do o.*), âṁgmâs khâvuṁk (*litt.* COMER A CARNE DO CORPO; *g. do o.*); (*fig.*) duḥkhauṁk, trâsuṁk, saṁtâpauṁk, doshuṁk, jâḷuṁk, kursâr kâḍhuṁk (*litt.* TIRAR NA CRUZ: CRUCIFICAR), prakâr karuṁk (*g. do o.*). || *v. r.* duḥkhavuṁk, duḥkh-, khaṁt-, ghâs bhogoṁk (*d. do s.*), vaḷvaḷuṁk, saṁtâpuṁk, aṭâsuṁk.

Atormentativo, *a.* dagdagâṁcho, upadravî.

Atoucado, *a.* kânkulây kaso; kânkulây ghâlalo.

Atoucinhado, *a.* charbecho.

Atoxico, *a.* vikh nâslalo, nirvish.

Atrabiliario, atrabilioso, *a.* piṁtvegî, piṁt châḷvalalo; chiṁtest, udâs; râgishṭ, krodhî.

Atrabilis, *s. f.* piṁtveg; vishâd *m.*, chiṁtâ, manaḥpiḍâ; chîḍ *f.*, krodh *m.*

Atracação, *s. f.* âḍâvṇî, lâvṇî *f.*; dhako *m.*; (*fig.*) karâṁḍây, kalpiḍâ *f.*

Atracado, *a.* goṁdhlalo, peṁchlalo.

Atracador, *s. m.* dor, pâg *n.*, âṁjo *m.*

Atracão, *s. m.* dachko, dhako *m.*, âḍaḷṇî *f.*

Atracar, *v. t.* (*naut.*) bâṁdhuṁk, âḍâvuṁk, lâvuṁk, dharuṁk. || *v. r.* lâguṁk, teṁkuṁk. || — *com alguem*, avchitt-, japkan meḷuṁk; (*fig.*) jhoṁbuṁk, jhagḍuṁk.

Atrafegar-se, *v. r.* kâmân-, vâvrân bharoṁk; kashṭî jâvuṁk.

Atraiçoadamente, *adv.* apghâtân, ghâtkîṁ.

Atraiçoado, *a.* ghât ghetlalo; apghâtî, ghâtkî, gaḷekâpo.

Atraiçoar, *v. t.* ghât ghevuṁk *ou* karuṁk (*g. do o.*), vikuṁk (*litt.* VENDER), gaḷo kâpuṁk (*litt.* CORTAR O PESCOÇO; *g. do o.*); viśvâsghât karuṁk; *revelar o segredo:* gûḍh kaḷauṁk (*g. do o.*), toṁḍâḷuṁk. || *v. r.* âploch ghât ghevuṁk, âpṇâkach vikuṁk.

Atrancar, *v. t.* khaṁdak khaṇuṁk (*d. do o.*); aḍuṁk. || *v. r.* khaṁdak karûn râvuṁk.

Atrapalhação, *s. f.* goṁdhaḷ, halâhal *m.*, durdaśâ *f.*

Atrapalhadamente, *adv.* goṁdhḷân, goṁdhîṁ.

Atrapalhado, *a.* boṁdro, junerdo; barbaṭo, kachcho; goṁdhlalo, bhrâṁt.

Atrapalhador, *s. m. e a.* goṁdhḷâvṇâr, ghuspâytalo.

Atrapalhar, *v. t.* goṁdhauṁk, goṁdhḷâvuṁk, ghuspâvuṁk, visar ghâluṁk; vâṁkḍeṁ-, parteṁ ulauṁk,- karuṁk. || *v. r.* goṁdhuṁk, goṁdhḷuṁk, ghuspuṁk, ghâbruṁk. || *v. i.* goṁdhaḷ karuṁk. || — *o leite*, dûdh phuṭuṁk.

Atravancar, *v. t.* aḍuṁk, âḍâvuṁk, muṁdhuṁk, âḍkhaḷâvuṁk.

Atravessadiço, *a.* âḍ yetalo, âḍâṁgî; (*fig.*) parto, uphrâṭo, virodhî.

Atravessado, *a.* âḍvo; âḍâṁbo ghâlalo; vidhlalo; *vesgo:* tirvo, tirso; (*fig.*) tirsuvâd; *mestiço:* saṁkarjât, saṁkîrṇ; *maligno:* kubuddhî, kusḍo, âḍâvatî.

Atravessadeiro, *s. m.* śetâṁtlî-, parsâṁtlî vâṭ, âḍvâṭ *f.*, âḍmârg *m.*

Atravessador, *s. m.* maktedâr, guttekar, khot.

Atravessar, *v. t. pôr travessa:* âḍâṁbo-, âḍvo ghâluṁk (*d. do o.*); *pôr de travez:* âḍvo ghâluṁk,- ṭhevuṁk; *embaraçar:* âḍâvuṁk, aḍchuṁk; *passar:* baḷâṁḍuṁk, pâr jâvuṁk, utruṁk; *traspassar:* vidhuṁk, âspâs topuṁk; *cruzar:* jaḍuṁk; *açambarcar:* sâṭeṁ mâruṁk (*d. do o.*); sâṭyâchyâ sâṭyân ghevuṁk. || — *uma carta*, kârt kâtruṁk. — *um negocio*, kâmâk âḍkhaḷî ghâluṁk. || *v. i.* âspâs-, ârpâr vachuṁk; ulauṁk nâ divuṁk. || *v. r.* âḍ râvuṁk *ou* âsuṁk, âḍmârguṁk, âḍ yevuṁk. ||

— *uma espinha,* kâṁṭo lâguṁk,- śirkuṁk.

Atravez, *adv.* âḍvo *(a.),* âspâs. || *prep.* âḍ, pâr, madheṁ. || — *de,* -âṁtlyân *(posp. ex.:* lok -âṁtlyân, — *da multidão).*

Atraz, *adv. (logar)* pâṭhî, pâṭhlyân; *(tempo passado)* pâṭhî, âdiṁ; *(tempo futuro)* mâgîr, mâgîrsar. || *prep.* pâṭhî, pâṭhlyân; uprâṁt, mâglyân, mâgîr. || — *das costas,* pâṭhlyân. *Annos* —, jâytîṁ varshâṁ jâliṁ. — *do tempo tempo vem,* châr dîs mâṁyche, châr dîs suneche. — *de mim virá quem bom me fará,* maje paṭhî yet to majeṁ nâṁv vayr kâḍhît.

Atrazado, *a.* pâṭhî urlalo; pâṭhlo, mâgśî; âdlo, parṇo; devo âslalo. || *O anno* —, parûṁcheṁ varsh, parûṁ. || **-s,** *m. pl.* bâkî *f.*, deve âslale duḍû *m. pl.* || *V.* ANTEPASSADOS.

Atrazador, *s. m.* pâṭhî kâḍhṇâr va ghâlṇâr.

Atrazamento, atrazo, *s. m.* pâṭhî kâḍhṇeṁ,- davarṇeṁ,- sarṇeṁ, urṇeṁ; *(fig.)* utraṇ *n.*, avkaḷâ; bâkî *f.*

Atrazar, *v. t.* pâṭhî ghâluṁk,- kâḍhuṁk,- davruṁk. || *v. r.* pâṭhî saruṁk,- râvuṁk, uruṁk; kâṁkaṭuṁk.

Atreguar, *v. i.* sallo-, saṁdhi karuṁk.

Atreito, *a.* rahâṭlalo, kuṭlalo; lâglalo, vaṁdavlalo.

Atrelar, *v. t.* kaḍyâḷyân bâṁdhuṁk, gâḍyek bâṁdhuṁk, bâṁdhuṁk; *(fig.)* bhulauṁk, maṁtruṁk. || *v. r. (fig.)* pâṭhâpâṭhî-, pâṁgik bhoṁvuṁk.

Atrever-se, *v. r.* kâḷij-, baḷ jâvuṁk *(d. do s.),* dhair âsuṁk *(d. do s.),* phuḍe saruṁk. || *V.* FIAR-SE.

Atrevido, *a.* dhairyavaṁt, mardivaṁt, nirvâṇî, sâhasî, bâṁkḍo; masto, tavṇâs, amaryâdî, ugr. || *Ser* —, perî phuṭuṁk *(litt.* TER OVAS).

Atrevimento, *s. m.* dhair *ou* dhairya, nirvâṇ, sâhas *n.*, mardî, himmat; nirmaryâd *f.*, mastepaṇ, ugrapaṇ *n.*

Atribulação, *s. f.* dagdag, halâhal *m. pl.* || *V.* TRIBULAÇÃO.

Atribulado, *a.* dagdagî, duśchit; duḥkhâbharit, aṭâsâṁcho.

Atribulador, *s. m. e a.* dagdagâvṇâr, kashṭâvṇâr, duḥkh deṇâr ghâsivaṁt, saṁtâpî.

Atribular, *v. t.* dagdagâvuṁk, kashṭâvuṁk, duḥkh divuṁk,- lâvuṁk. || *v. r.* dagdaguṁk, saṁtâpuṁk, duḥkh-, jâḷ bhogoṁk *(d. do s.)*

Atrigado, *a.* goṁhâchyâ raṁgâcho; darvaḍyâcho, haḍbaḍyo.

Atrigar-se, *v. r.* darvaḍuṁk, haḍbaḍuṁk, bobâḷuṁk; kaḍkaḍuṁk, tharthäruṁk.

Atrio, *s. m.* âṁgaṇ *n.*, oṭî, devḍî *f.*

Atristar, *v. t.* *V.* ENTRISTAR.

Atro, *a.* kâḷo; *(fig.)* amaṁgaḷ, aprasann, nirdaivo, chutchuryâṁcho.

Atroada, *s. f.* bobâḷ *m.*, gaḍbaḍ, karâṁdây *f.*

Atroador, *a.* bobâṭyo, gaḍbaḍyo, ghuṁghumît, ghaṇghaṇît.

Atroamento, atrôo, *s. m.* gâjauṇî, gâjṇî, sâdâvṇî *f.*, sâd *m.*; kaṇkaṇî, guḍguḍṇî *f.*

Atroar, *v. t.* gâjauṁk, sâdâvuṁk, ghaṇghaṇâvuṁk, khaṭkhaṭâvuṁk; bahirâvuṁk, guḍguḍâvuṁk. || *v. i.* ghaṇghaṇuṁk, taṇtaṇuṁk, koṁkevuṁk, garojuṁk. || *v. r.* gâjuṁk, sâdvuṁk; guḍguḍuṁk.

Atrocidade, *s. f.* dâruṇây, nishṭurây *f.*, krûrpaṇ; dushkarm *n.*

Atropar, *v. t.* dalbhârâṁt jamauṁk; ekthâṁy karuṁk, puṁjâvuṁk.

Atropeladamente, *adv.* akramîṁ, darvaḍyân.

Atropelamento, atropelo, *s. m.* gudhḍâvṇî, mâḍauṇî, mâḍṇî; chiraṁgaṭ, cheṁch, gachchî; *precipitação:* hurmaṭây, utâvḷây; *desprezo:* beparvâ *f.*, bemân *m.*; *injustiça:* anyây *m.*, anit *f.*

Atropelar, *v. t.* gudhḍâvuṁk, mastuṁk, mâḍauṁk, masḷuṁk; chiraṁgaṭuṁk, cheṁchuṁk, peṁchuṁk; beparvâ karuṁk *(g. do o.),* nâ lekhuṁk. || *v. r.* gudhḍoṁk, mastoṁk; chiraṁgaṭoṁk, peṁchoṁk.

Atrophiado, *a.* reṁjlalo; khevâdkâr.

Atrophiar, *v. t.* hoḷauṁk; reṁjauṁk; vâḍhuṁk nâ divuṁk, ghuspâvuṁk. || *v. r.* hoḷuṁk, reṁjuṁk, saḍoṁk, sukaṭuṁk.

Atroz, *a.* dâruṇ, nishṭur, nishkaruṇ; kaḍak, chaṇchaṇît, saṇsaṇît; ghor, ugr, vikaṭ.

Atrozmente, *adv.* nishṭurpaṇîṁ, dâruṇâyen.

Attenção, *s. f.* chitt, avdhân, sâvadhpaṇ, gumân *n.*; achirkây, chatrây, jâgritây *f.*; mân *m.*, parvâ, bhîḍbhâḍ *f.* || *int.* âyk, chitt dî.

Attenciosamente, *adv.* mânân, vinayîṁ.

Attencioso, *a.* upachârî, maryâdîk, vinayî, bhiḍecho; chittân kelalo.

Attender, *v. t.* âykuṁk, chitt-, man divuṁk *(d. do o.)*, chitt divûn âykuṁk, kân divuṁk *(d. do o.)*, kânâr ghevuṁk (*litt.* TOMAR SOBRE A ORELHA). ‖ *v. i.* chatrâyen âsuṁk, jâgrit râvuṁk.

Attendivel, *a.* âykûṁyeso, kânâr ghevûṁyeso.

Attentadamente, *adv.* achirkâyen, phikrîn.

Attentado, *s. m.* vhaḍ aprâdh, moṭo anyây *m.*, behurmat *f.*; râjghât, râjdroha *m.*; kalpaṇî.

Attentamente, *adv.* chittân, chitt divûn, gumânîṁ.

Attentar, *v. t.* e *i.* teḷuṁk, paḷevuṁk, chavuṁk, chitt lâvuṁk; *apalpar:* sâṁspuṁk, hât oḍhuṁk *(l. sup. do o.)*; *reflectir:* nihâḷuṁk, kalpuṁk.

Attentar, *v. t.* âdaruṁk, âdâvuṁk; kalpuṁk, yojuṁk. ‖ *v. i.* râjghât karuṁk va karuṁk chiṁtuṁk; kalpuṁk.

Attentatorio, *a.* anîtivaṁt, anyâyî, nirdharmî.

Attento, *a.* chittvaṁt, sâvadh, sâvdhân, sâvchitt; *applicado:* phikrîcho, achirkâyecho, lâglalo; *considerado:* nihâḷlalo, kalpilalo. ‖ — *que (conj.)*, dekhûn, jâvûn, mhaṇ *(ex.:* to baro dekhûn *ou* mhaṇ, — *que elle é bom).* ‖ *V.* ATTENCIOSO.

Attenuação, *s. f.* uṇâvṇî, deṁvauṇî; aśaktây, askatây *f.*

Attenuado, *a.* deṁvailalo; pâtaḷ, bârîk; saḍlalo; vâṁyagaṇo.

Attenuante, *a.* pâtḷâvuṁcho, uṇâvuṁcho; gunyâṁv deṁvauṁcho. ‖ *s. f.* gunyâṁv-, aprâdh deṁvauchî gat,-daśâ *f.*

Attenuar, *v. t.* pâtaḷ-, bârîk-, virvirît karuṁk, pâtḷâvuṁk, bârkâvuṁk; *definhar:* bhâgauṁk, hoḷauṁk, aśaktâvuṁk; *diminuir:* deṁvauṁk, halkâvuṁk, uṇâvuṁk. ‖ *v. r.* reṁjuṁk, sukuṁk.

Attestação, *s. f.* dâkhlo deṇeṁ *n.*; dâkhlo *m.*; sâkshî *f.*

Attestado, *s. m.* âtestâd, dâkhlo, lekh *m.*, chiṭṭ *f.*

Attestante, *s. m.* dâkhlo-, chiṭṭ deṇâr.

Attestar, *v. t.* âtestâd-, dâkhlo-, chiṭṭ divuṁk *(g. do o.)*, dakhal karuṁk, dâkhauṁk; thirâvuṁk.

Atticismo, *s. m.* prauḍhî, śabdaprauḍhî *f.*

Attico, *a.* prauḍh, alaṁkârî. ‖ *Columna* —, chaukhaṇo khâṁbo. ‖ *s. m.* nimâṇî mâḷoy *f.*

Attinente, *a.* lâgto, paḍto, saṁbaṁdhî, vishay âslalo.

Attingir, *v. t.* teṁkuṁk, lâguṁk, pâvuṁk *(vv. ii., d. do o.)*, hât lâvuṁk *(d. do o.)*; *perceber:* âṭpuṁk, samjuṁk; *alcançar:* sâṁpḍâvuṁk, gaṁvsuṁk, meḷauṁk.

Attingivel, *a.* hât teṁkauṁyeso, pâvûṁyeso; sugam; ṭhâvko, âṭpuṁcho.

Attitude, *s. f.* sthiti *f.*, âsan, rûp *n.*, âkâr *m.*

Attonito, *a.* ajâp jâlalo, thaṭâklalo, chakk; tharthabarlalo, kâṁplalo.

Attracção, *s. f.* oḍhṇî *f.*, oḍhap, âkarshaṇ *n.*, âkshep *m.*, vaṁdavṇî *f.* ‖ — *de gravitação*, gurutvâkarshaṇ.

Attractivo, *a.* âkarshî, âkarshaṇâcho, oḍhcho. ‖ *s. m.* lobdhauṇî, lobhauṇî. ‖ -s, *pl.* ḍaul *m.*, kâṁti, dulabhây *f.*

Attrahente, *a.* âkarshaṇâcho, oḍh âslalo; kâṁtivaṁt, dulabh, bhulauṇo.

Attrahidor, *s. m.* âkarshî, oḍhṇâr; lobhdauṇâr.

Attrahimento, *s. m.* oḍhṇî *f.*, oḍhap; aṁtardhyân *n.*, paramânaṁd *m.*

Attrahir, *v. t.* oḍhûn vharuṁk *ou* hâḍuṁk, oḍhuṁk, âkarshuṁk, âkshepuṁk; vaṁdâvuṁk, phuslâvuṁk; lobhdauṁk, lobhauṁk, bhulauṁk.

Attribuição, *s. f.* lâvṇî, âropṇî *f.*; adhikâr, ilâkho *m.*; ghâlṇî, thâpṇî *f.*

Attribuidor, *s. m.* âropṇâr.

Attribuir, *v. t.* âropuṁk, lâvuṁk, lâbhauṁk; *conceder:* divuṁk, phâvo karuṁk; *imputar:* ghâluṁk, thâpuṁk, vâhuṁk *(todos com l. sup.)* ‖ *v. r.* âṁgîkaruṁk, âpṇâk ghevuṁk.

Attribuivel, *a.* âropuṁcho, lâvûṁyeso.

Attributivo, *a.* âroptalo; *(jur.)* adhikâr ditalo; *(gram.)* viśeshaṇ.

Attributo, *s. m.* guṇ *m.*; lakheṇ, lakshaṇ; *(gram.)* viśeshaṇ, vâchya *n.*

Attrição, *s. f.* jheṁjarṇî, ghâṁsṇî *f.*, ghâṁsap *n.*; duḥkh, khaṁt *f.*, jâḷ, saṁtâp *m.* ‖ *Acto de* —, Dev bhirâṁtîchî duḥkh.

Attrito, *s. m.* jheṁjarṇî, ghâṁsṇî *f.* ‖ -s, *pl. (fig.)* taṁṭo, dâvo, vâyṭâchâr *m.*, phâṁṭ *f.* ‖ *a.* duḥkh bhoglalo, saṁtâplalo.

Atuar, *v. t.* tûṁ mhaṇûn ulauṁk.

Atufar, *v. t.* choṁduṁk, bharuṁk. ‖ *v. r.* bharoṁk, buḍuṁk.

Atulhadamente, *adv.* upaṭ, kheṁchûn.

Atulhar, *v. t.* upaṭ-, khemchûn bharuṁk, chomduṁk; âḍâvuṁk. || *v. r.* upaṭ bharoṁk, chomdoṁk.

Atumultuador, *s. m.* phirauṇâr, khaḷbaḷṇâr.

Atumultuar, *v. t.* phirauṁk, uṭhauṁk, khaḷbaḷâvuṁk.

Aturado, *a.* kashṭâmcho, jâytem soslalo; abhyâsî, udyamî, udyogî.

Aturador, *s. m. e a.* tâḷṇâr, nistarṇâr, sosṇîk.

Aturamento, *s. m.* tâḷnî, sosṇî, tâmkṇî *f.*, takas *m.*

Aturar, *v. t.* tâḷuṁk, sosuṁk, tâmkuṁk, nistaruṁk, purem kâḍhuṁk *(g. do o.)*; tagauṁk, vâmchauṁk, bâḷguṁk. || *v. i.* takas kâḍhuṁk; uruṁk, taguṁk, jaguṁk.

Aturdir, *v. t. V.* ATORDOAR.

Auctor, *s. m.* karṇâr, kartabî, kartû, ghaḍpî, adhikârî; *escriptor:* gramthkâr, pustakkar; *(jur.)* vâdî, pûrvavâdî, parivâdî, phiryâdî, pûrvapakshak.

Auctoria, *s. f.* pûrvavâdyâchî gat,- daśâ *f.*

Auctoridade, *s. f.* adhikâr, padvî, sattyâ, tainâd *f*, havâlo, hakk *m.*; *arbitrio:* âpkhuśî *f.*, svatamtrpaṇ *n.*; *credito, importancia:* pramâṇ, prâmâṇya *n.*, padestây, âbrû *f.*, mân; *magistrado:* adhikârî; sarkâr *(— governamental) m.*, divâṇ *(— judicial) n.*

Auctoritario, *a.* adhikârâcho; padvekâr, padest.

Auctorização, *s. f.* adhikâr-, padvî-, sattâ deṇem *n.*

Auctorizado, *a.* padvecho, padvekâr; mânâcho, âbrûcho.

Auctorizador, *s. m.* padvî-, sattâ deṇâr,- ditalo.

Auctorizar, *v. t.* padvî-, sattyâ,- hukûm divuṁk; thirâvuṁk, satyakâr karuṁk.

Audacia, *s. f.* nirvâṇ, sâhas, dhair, abhaypaṇ *n.*, prabaḷây, mardî; nirmaryâd *f.*, mastepaṇ *n.*

Audaciosamente, **audazmente,** *adv.* marden, sâhasîṁ, abhaypaṇîṁ.

Audacioso, **audaz,** *a.* mardivaṁt, prabaḷ, sâhasî, dhairyavaṁt, bâṁkḍo; masto, tavṇâs, amaryâdî.

Audição, *s. f.* âykaṇî, śṛiti *f.*, śravaṇ *n.*

Audiencia, *s. f.* âykaṇî *f.*, kân deṇem *n.*; nyâyasabhâ *f.*, kacherî *f.*, divâṇ, âvdyems *n.* || *Dar —,* âykuṁk, dâd ghevuṁk.

Auditivo, *a.* âykuṁcho; kânâṁcho.

Auditor, *s. m.* âykaṇâr; âvditor, dharmâdhikârî.

Auditorio, *s. m.* âykatale *(a. pl.)*, âykaṇâr *m. pl.*, śrotṛimaṁḍal *(p. us.)*; kacherî, sabhâ, nyâyasabhâ *f.*

Audivel, âykûṁyeso.

Auferir, *v. t.* meḷauṁk, meḷaun ghevuṁk, joḍuṁk, utpann karuṁk, kâḍhuṁk (phaḷ).

Auge, *s. m.* uchch; mâthem *n.*, mâtho *m.*

Augmentação, *s. f.* vâḍhauṇî, vâḍhṇî chaḍhauṇî *f.*

Augmentador, *s. m. e a.* chaḍhauṇâr, vâḍhauṇâr.

Augmentar, *v. t.* chaḍhauṁk, vâḍhauṁk, agḷo karuṁk. || *v. i. e r.* chaḍhuṁk, vâḍhuṁk, agḷo jâvuṁk, thoruṁk.

Augmentativo, *a.* chaḍhaitalo, vâḍhaitalo; *(gram.)* âgam *(s. m.)*, âptoktî *(s. f.)*

Augmento, *s. m.* chaḍhap *n.*, chaḍhâv, vâḍhâv, upaj *m.*, vâḍhây, vâḍhî, ṛiddhi, vṛiddhi, abhivṛiddhi *f.* || *Ir em —s,* chaḍhûn vachuṁk.

Augur, *s. m.* śakunî, bolmegâr, nalbato.

Augural, *a.* śakunyâcho, praśnâcho.

Augurar, *v. t.* śakunuṁk, âchâruṁk, bolnem sâṁguṁk *(g. do o.)*; suchauṁk, bhâkuṁk.

Augurio, *s. m.* śakun, praśn, bolmem *(us. Can.) n.*, âchâr *m.*; bhâkṇî *f.*

Augusto, *a.* thor, saṁbhramî, pratâpâcho, mahimecho; dabâjyâcho, uttam, gaṁbhero.

Aula, *s. f.* sâḷ, vidyâśâlâ *f.*, vidyâlay *m.*; râjmaṁdir *n.*, râjsabhâ *f.*

Aulico, *a.* râjmaṁdrâcho. || *s. m.* râjmaṁḍalîk, sabhâsad.

Aulido, *s. m.* ghoṁkṇî, kuî *f.*

Aulista, *s. m.* śikpî, vidyârthî.

Aura, *s. f.* vâryâchî loy *f.*, maṁdavâyu; phuṁkâro *m.*, phâṁphûṁ *n.* || *— popular,* laukik *m. — vital,* prâṇ *m.*

Aureo, *a.* bhâṁgârâcho, sonî, sonyâcho; *(fig.)* chamatkâr, suṁdar.

Aureola, *s. f.* mukuṭ *m.*, tejomaṁḍal *f.*; *(fig.)* tej *m.*, kâṁti, śrî, prabhâ *f.*

Aureolar, *v. t.* tejomaṁḍal karuṁk *(d. do o.)*, mukuṭâṇ śriṁgâruṁk.

Auricula, *s. f.* bhâylo kân *m.*, pâḷî *f.*

Auricular, *a.* kânâṁcho. || *Dedo —,* kirâṁguḷî *f. Testimunha —,* âykalalo gvâhî *m. Confissão —,* kumsâr *n.*

Aurifero, *a.* bhâṁgâr piktalo,- âslalo.

Aurifice, *s. m.* sonâr.

Aurifico, *a.* bhâṁgâr âslalo, sonyâchyâ raṁgâcho.

Auriflamma, *s. f.* sûryapân *n.; (fig.)* bâvṭo *m.*, dhajâ *f.*

Aurifulgente, *a.* bhâṁgâr kaso jhigjhigît.

Auriga, *s. m.* sârathi. ‖ *V.* COCHEIRO.

Aurora, *s. f.* aruṇ, śukr *m.;* jheṁjhurṭeṁ, phâṁteṁ *n.; (fig.)* udev, araṁbh *m.; (bôt.)* madyânî *f.* ‖ — *boreal*, uttaradhruvârun.

Auscultação, *s. f.* hardyâk kân va naḷî lâvûn kiteṁ bhitar jâtâ tâcho ṭhâvak gheṇeṁ *n.*

Ausencia, *s. f.* gairhâjirî, âsvaḍî *f.*, abhâv *m.* ‖ *Na* —, âphrakîṁ. ‖ *É mais us. o adj.*

Ausentar-se, *v. r.* kaḍsaruṁk, pelyân saruṁk,- vachuṁk, pais-, gairhâjîr jâvuṁk.

Ausente, *a.* hujîr nâslalo, gairhâjîr; adṛishṭ. ‖ *Estar* —, nâsuṁk, nâ disuṁk.

Auspice, *s. m.* *V.* AUGUR.

Auspiciar, *v. t.* *V.* AUGURAR.

Auspicio, *s. m.* śakun, praśn *m.* ‖ *Bom* —, suchihneṁ *n.* *Mau* —, apśakun. ‖ **-s**, *pl.* prasâd *m.*

Auspicioso, *a.* maṁgaḷ, kalyâṇî, śubh, bhadr.

Austaga, *s. f.* śîḍ ukalcheṁ dor *n.*

Auste, *s. f. (naut.)* dorâṁchî gâṁṭh *n.* ‖ *V.* AHUSTE.

Austeramente, *adv.* jabar, kaṭhinâyen.

Austeridade, *s. f.* kharkasây, karḍây; kaṭhinây, kharây, nibrây, jabrây *f.;* tapas, dam, upastapas *m.*

Austero, *a.* kharkas, kardo; jabar, nibar, nirvâṇî; khar, kaṭhin; kaṭûr, tikhaṭ; tapasvaṁt.

Austral, austrino, *a.* dakhiṇ, dakshiṇâcho.

Austro, *s. m.* dakhiṇ *ou* dakshiṇ; dakhiṇ vâreṁ *n.*, dakshiṇavâyu *m.*

Authentica, *s. f.* asal chiṭṭ *f.*, pramâṇîk patr *n.*

Authenticamente, *adv.* pramân karûn, asalpaṇîṁ.

Authenticar, *v. t.* kharo-, pramâṇîk karuṁk.

Authenticidade, *s. f.* kharepaṇ, asalpaṇ, prâmâṇya *n.*

Authentico, *a.* kharo, asal, pramâṇîk.

Auto, *s. m. solemnidade:* parab *f.*, utsav *m.; comedia:* nâṭak *n.; (for.)* âut, vyavahâr, khaṭlo, pûrvavâd *m.* ‖ *Estar pelos autos*, hoy mhaṇuṁk, kabûl jâvuṁk.

Autochtone, *s. m.* mûḷvâsî, âdimavâsî. ‖ *a.* mulkî.

Autocracia, *s. f.* mukhtyârî, pâtśâykî *f.*, pâtśâypaṇ, samrâjya *n.*

Autocrata, *s. m.* mukhtyâr râjâ, samrâj, ekrâjâ, pâtśây.

Autocratico, *a.* samrâjâcho, svataṁtr.

Autographico, autographo, *a.* svahastalekhâcho.

Autographo, *s. m.* svahastalekh *m.*, prat *f.*

Automatico, *a.* yaṁtrî, svacheshṭ.

Automato, *s. m.* yaṁtr, svacheshṭ yaṁtr *n.; (fig.)* dusryâchech khuśe pramâṇeṁ chaltalo manîs.

Autonomia, *s. f.* âtmaśâsan, svataṁtrpaṇ *n.*

Autonomico, *a.* âtmaśâsanâcho.

Autonomo, *a.* svataṁtrî.

Autopsia, *s. f.* aṁtardhyân, âtmajñân; *(med.)* maḍeṁ phâḷûn paḷevṇeṁ *n.*, maḍyâchî pariksha *f.*

Autuação, *s. f.* âut karṇeṁ *n.*

Autuar, *v. t.* âut karuṁk *(l. super do o.);* âut barauṁk *(g. do o.)*

Autumnal, *a.* śardecho.

Auxiliador, *s. m. e a.* âdhârî, âskârî, sahây.

Auxiliante, auxiliar, auxiliario, *a.* kumkecho, majatvaṁt, upkârâdîk. ‖ *Verbo auxiliar*, sahâyadhâtu *m.*

Auxiliar, *v. t.* âdhâr-, kumak divuṁk *(d. do o.)*, majat karuṁk *(g. do o.)*, âdhâruṁk, dhirâvuṁk, hât boṭ lâvuṁk,- ghâluṁk.

Auxilio, *s. m.* âdhâr, âskâr, sâhro, dhîr *m.*, majat, sahây, sâsây, kumak, pushṭi *f.*, dhiryeṁ, śaraṇ *n.*

Avalanche, *s. f.* barphâcheṁ koṁsaḷḷale khaḍap *n.*

Avaliação, *s. f.*, **avaliamento**, *s. m.* molâvṇî, dhâraṇî, khaṁḍṇî *f.*, khaṁḍap; moḷ *n.*, ajmâs, sumâr, âkâr, lekho, âṁdâjo *m.*

Avaliador, *s. m. e a.* molâvṇâr, molâytalo, ajmâsî, toldâr, âkârî.

Avaliar, *v. t.* molâvuṁk, ajmâsuṁk, khaṁḍuṁk, bâruṁk, bâr bâṁdhuṁk *(d. do o.)*, dhâruṁk, toluṁk, dhâraṇî karuṁk *(g. do o.);* mânuṁk, samâṇuṁk.

Avaliavel, *a.* molâvuṁcho, sumârî.

Avalladar, *v. t.* bâṁdh ghâluṁk *(d. do o.)*

Avançada, *s. f.* ghâlo, mâro *m.*, dhâḍ *f.* || *As avançadas,* lohû lohû. || *V.* VANGUARDA.

Avançado, *a.* phuḍe sarlalo; phuḍlo, mukhâvelo. || — *em annos,* mhâtâro, jarḍo. *Edade avançada,* mhâtârî pirây *f.*

Avançar, *v. t.* phuḍe chalaumk,- vharumk, mukhâr kâḍhumk,- ghâlumk; phuḍârumk. || *v. i.* phuḍe sarumk, mukhâr chalumk, samor vachumk; *progredir:* phuḍâromk, vâdhumk, chaḍhumk; *investir (e v. r.)* tuṭûn vachumk, paḍumk *(com l. sup.)*

Avance, avanço, *s. m.* dhan gireskâyen vâḍhṇem *n.*, mâmḍṇî, thorṇî *f.;* âdâv, lâbh, phaidâ; vâṭâv *m.*

Avania, *s. f.* jabardastî *f.*, apmân *m.*

Avantajado, *a.* vhaḍ, vhaḍlo, varto.

Avantajar, *v. t.* varto-, aglo karumk, âdâv divumk, lâbhaumk. || *v. i. e r.* varto-, aglo jâvumk; taklî tâsumk (*litt.* RAPAR A CABEÇA), śemḍî kâpumk (*litt.* CORTAR O RABICHO); phuḍâromk, sudhâromk.

Avante, *adv.* phuḍe, phuḍyân, mukhâr. || *D'aqui* —, hyâ phuḍe. *Levar a sua* —, âplem kharem karumk. || *int.* mukhâr!

Avarento, avaro, *a.* sugrâtî, svârthî, âpsvârthî lobhî, abhilâshî, dhanârthî; himṭo, châṭo, lumcho.

Avareza, *s. f.* sugrât, svârth, âpsvârth, abhilâsh *ou* âbhlâkh, lobh, dhanlobh *m.*, dhanâśâ; lumchây *f.*, himṭepaṇ, châṭepaṇ *n.*

Avaria, *s. f.* nuksân *ou* nuskân *n.*, dhako; kuslalo-, pâḍ jâlalo mâl *m.* || — *de juizo,* piso, khuḷo, mûrkh.

Avariar, *v. t.* dhako basaumk *(d. do o.)*, nuskân divumk *(d. do o.)*, pâḍ karumk. || *v. i. e r.* dhako lâgumk,- basumk *(d. do s.)*, nuskân jâvumk *(d. do s.);* kusumk, nâśomk. || — *o peixe salgado,* kilsevumk.

Avassallar, *v. t.* rayt-, kûḷ karumk *(d. do o.);* âple khâl-, âdhîn karumk, jikumk. || *v. r.* rayt jâvumk; parâdhîn âsumk.

Ave, *s. f.* śukṇem, savṇem, pâkhrûm *n.*, pakhî, pakshin *m.* || *A rainha das aves, a* — *de Jupiter,* garuḍ *m.* — *de Minerva,* ghûg *f.* — *de Juno,* mor *m.* — *de Venus,* pârvo *m.*

Ave, *int.* namo, namonamo, svasti. || *s. f.* namo Marî *f.* || *Ave Marias,* âvemarî *f.*

Avejão, *s. m.* nâsâmv *n.*, bhâs *m.*, mâyâ *f.*

Avela, *s. f.* phau, phaḷ *m. pl.*

Avelhacado, *a.* labâḍ; ṭhakî.

Avelhentado, *a.* mhâtâroso, mhâtâro kaso.

Avelhentar, *v. t.* mhâtâro karumk.

Avellar, *v. t.* sukaumk, chirmuṭâvumk. || *v. i. e r.* sukumk, chirmuṭumk, chimbaṭumk.

Avelludar, *v. t.* makhmal kaso karumk.

Avena, *s. f.* pirlûk *f.*, veṇu *m.*

Avenca, *s. f.* ghoḍepâval *n.*

Avença, *s. f.* râjî, sammati *f.*, sâm, milâph *m.;* remd karṇem *n.*

Avençal, *s. m.* kûḷ *n.*

Avençar, *v. t.* remd karumk *(g. do o.);* baṭây divumchî karumk.

Avenida, *s. f.* praveśmârg *m.*, dvâr *n.;* jhâḍâmcho rasto *m.*

Avental, *s. m.* meḷ lâganâ jâvumk phuḍlyân neslalem vastr, melvastr *n.*

Aventar, *v. t.* vâryâk divumk, vârâvumk; *atirar:* pâḍumk, mârumk (phâtar, baḍî); *proferir:* sâmgumk, uchchârumk, dakhal karumk; *farejar:* humgûn śodhumk, humgumk; *perceber:* kaḷumk *ou* dhyânâmt yevumk *(d. do s.)* || — *alguem,* liplalyâk bhâyr kâḍhumk. — *uma sangria,* śir vâhvaumk. — *uma mina,* suramg pokhrumk.

Aventura, *s. f.* aḍrishṭ, dhârjaṇem, jokhîm; charitr *ou* charit *n.*

Aventurado, *a.* jokhmî, jokhmâcho. || *Bem* —, bhâgevamt, subhâgî. *Mal* —, nirbhâgî, daḷdiro.

Aventurar, *v. t.* riskâr ghâlumk (*litt.* PÔR NO RISCO), jokhmâmt-, samkaṭâmt ghâlumk,- davrumk; vâryâr-, arth ghe nâstânâ ulaumk va karumk. || *v. r.* phuḍe sarumk *(us. com outro verbo)*, âmgâr ghevumk (*litt.* TOMAR SOBRE O CORPO).

Aventureiro, *a.* khaṭpaṭyo, sâhasî, kachâṭî. || *s. m.* jokhîm śodhṇâr; daivâr pâtyeṇâr, ukâḷyâr dis kâḍhtalo.

Aventuroso, *a.* jokhmî, jokhmâcho.

Averbamento, *s. m.* śabdîm barauṇem *n.;* ṭâmchṇî *f.*, ṭîko *m.*, kroḍpatr *n.*

Averbar, *v. t.* uttrân uttar baraumk, śabdîm lihumk; ṭikumk, ṭîko karumk *(g. do o.)*, kalam baraumk. || — *de suspeito,* âpṇâk purainâ-, mâmḍanâ mhaṇ kaḷaumk.

Avergoar, *v. t.* loḷe phoḍumk *(d. do o.)*, dâg ghâlumk *(d. do o.)*

Averiguação, *s. f.* chaukaśî, vâjpuśî, kaḷâkaḷ, phaḍśâ, tapâsṇî *f.*, niśchit, nirdhâraṇ *n.*

Averiguado, *a.* niśchit, rujû kelalo.

Averiguador, *s. m. e a.* tapâsî, chaukasdâr.

Averiguar, *v. t.* tapâsuṁk, chaukaśî karuṁk *(g. do o.)*, ubheṁ karuṁk (*litt.* PÔR DE PÉ), khareṁ-, rujû karuṁk.

Avermelhado, *a.* tâṁbsâr, tâṁbso.

Avermelhar, *v. t.* tâṁbḍo karuṁk, tâṁbḍâvuṁk. ‖ *v. r.* tâṁbḍo jâvuṁk.

Avernal, *a.* narakâcho, narakî.

Averno, *s. m.* yamakaṁḍ *n.*, yamapurî (*litt.* CIDADE DE YAMA, PLUTÃO), narak *m.*

Aversamente, *adv.* khuśe bhâyr, khuśî nâstânâ.

Aversão, *s. f.* akhuśî, nâkhuśî, aprîti, apaprîti, vibhakti, anichchhâ; duśmânkây *f.*, vair *n.*, kâṁṭâḷo, viklab *m.*

Avessado, *a.* parto-, uphrâṭo kelalo.

Avessamente, *adv.* parteṁ, uphrâṭeṁ.

Avesso, *a.* uphrâṭo, parṭo; âḍ aslalo. ‖ *s. m.* partî kûs, dâvî vâṭ, pâṭh *f.*

Avezado, *a.* saṁvaycho.

Avezar, *v. t.* saṁvay karuṁk *(d. do o.)*, peṭauṁk. ‖ *v. r.* saṁvay jâvuṁk *(d. do s.)*

Aviado, *a.* tayâr, rujû, saṁpailalo. ‖ *Estás* —, tûṁ bhaṁglay.

Aviamento, *s. m.* tayâr karṇeṁ *n.*, saṁpauṇî, śâttî; chalauṇî *f.* ‖ -s, *pl.* mustâykî, sâmagrî *f.*

Aviar, *v. t.* tayâr-, âyto karuṁk, śâttî pâvauṁk, saṁpauṁk, saṁpâḍuṁk. ‖ — *promptamente,* gaḍgaḍâvuṁk. — *uma receita,* okhat karûn divuṁk. — *os seus negocios,* âpleṁ kâṁ karuṁk. — *alguem,* kâm karûn divuṁk; dhâḍuṁk; *(fig.)* jivîṁ maruṁk. ‖ *v. r.* tayâr-, âyto jâvuṁk.

Aviario, *s. m.* śikârkhâṇo *m.*, pâṁjreṁ *ou* pâṁdreṁ *n.*

Avidamente, *adv.* hurbhen, aphekân.

Avidez, *s. f.* hurbhâ, huḍhuḍî, khurî, khurkhurî, âśâ, utkaṁṭhâ *f.*, aphek, âbhlâkh, sos, lobh, chhaṁd; asoso *m.*, asospaṇ, âpâppaṇ *n.*, laṁpaṭây *f.*

Avido, *a.* âśâḷ, âśâdik, lobhî, sośî, abhilâshî, kâmuk, utsuk, lubdh; asośî, âpâpî, âśecho, laṁpaṭ, tâneshṭ. ‖ *V.* AVARO.

Avigorar, *v. t.* ghaṭṭâvuṁk, baḷ-, śakti divuṁk *(d. do o.)*; thirâvuṁk, thârâvuṁk.

Avillanado, *a.* arbaṭ, burso, rânvaṭ.

Avillanar-se, *v. r.* halko-, jaṁgḷî jâvuṁk.

Aviltação, *s. f.*, **aviltamento,** *s. m.* kirkoḷây *f.*, uṇepaṇ, dvâḍpaṇ, hîṇpaṇ *n.*

Aviltado, *a.* uṇo-, hîṇ jâlalo.

Aviltador, aviltante, *a.* kirkoḷ karcho, apmânâcho, apkirtîcho.

Aviltar, *v. t.* uṇo-, kirkoḷ karuṁk, khâlâvuṁk; apmânuṁk, âbrû kâḍhuṁk *(g. do o.)*, nâṁv ubhauṁk *(g. do o.)*

Avinagrado, *a.* śirkyâcho, śirko ghâllalo; âṁbaṭvâṇo, âṁbṭo; âṁvaḷ-lalo, chirmuṭlalo.

Avinagrar, *v. t.* vinâgr-, śirko ghâluṁk; âṁbṭâvuṁk; *(fig.)* tiḍauṁk, thuklâvuṁk. ‖ *v. r.* âṁbṭevuṁk, âṁbaṭ jâvuṁk.

Avindo, *a.* kabûl, râjî.

Avinhado, *a.* soryân misaḷlalo; soryâcho vâs âslalo; chaḍhît, gumer, cheṁḍ.

Avinhar, *v. t.* soro ghâluṁk *(l. in do o.)*; soryâṁt ghâluṁk; soryâcho vâs divuṁk. ‖ *v. r.* bebdo jâvuṁk, khurâvuṁk, sûr mâruṁk.

Aviolado, *a.* jâṁbḷo.

Avir, *v. t.* ekṭhâṁy karuṁk ekṭhâvuṁk, ekvaṭuṁk, lâgîṁ kâḍhuṁk. ‖ *v. r.* ekṭhâṁy jâvuṁk, lâgîṁ saruṁk, paḍuṁk *(d. do s.)* ‖ *Lá vos avinde,* tumcheṁ tumî paḷeyâ.

Avisadamente, *adv.* gumânân, achirkâyen.

Avisado, *a.* jâṇailalo, kaḷît, upadisht, upadeśî; śahâṇo, buddhîcho, akhlecho, chatur, gumânî, śâvchit; nîṭ, sârko, ujû. ‖ *Andar bem* —, chiṁtûn-, chatrâyen kâm karuṁk.

Avisador, *s. m. e a.* kaḷauṇâr, jâṇauṇâr, gamaitalo, suchak.

Avisar, *v. t.* kaḷauṁk, gamauṁk, jâṇauṁk, khabar divuṁk; upadeśuṁk, upśâmuṁk; chatrâvuṁk, śiḍkâvuṁk. ‖ *v. r.* śiḍkuṁk, chatrây ghevuṁk.

Aviso, *s. m.* kaḷauṇî, gamauṇî, jâṇauṇî; khabar, tâkîd, vijbî *f.*; *conselho:* upadeś *m.*, buddh; *cautela:* śiḍkâvṇî, chatrây; *opinião:* samjaṇî, chiṁtnâ *f.*; *discrição:* śahâṇepaṇ *n.*, achirkây, buddh *f.* ‖ *De — ou de sobre* —, chatrâyen, phikrîn. *A meu* —, maje pramâṇeṁ.

Avistar, *v. t.* dekhuṁk, disuṁk *(d. do o.)*; ḍolyâṁ mukhâr ghâluṁk. ‖ *v. r.* ekâmekâk paḷevuṁk, bheṭuṁk.

Avito, *a.* âjyâṁ paṇjyâṁcho, phuḍlyâṁcho.

Avitualhar, *v. t.* bejmî karumk *(g. do o.)*

Avivador, *s. m. e a.* chetaunâr, huśârtalo. || *s. m.* opnî *f.*

Avivamento, *s. m.* huśârnî, chetaunî *f.*

Avivar, *v. t.* jivâvumk, huśârumk, chetaumk; chodhaumk; jâgaumk; *aggravar:* huskaumk, jadâvumk; *apressar:* gadgadâvumk, vegîm karumk. || — *o passo,* pâmy uklumk. — *o lume,* ujo sârumk. || *v. r.* bal-, tej ghevumk, chetumk, tejvamt jâvumk; huskumk.

Aviventador, *s. m. e a.* jivâytalo, chetaitalo.

Aviventamento, *s. m.* jivâvnî *f.*, jîv bharnem *n.*

Aviventar, *v. t.* jivo karumk, jîv divumk *ou* bharumk *(d. do o.)*, jivâvumk; chetaumk, phulaumk. || *v. r.* jîv bharomk *(d. do s.)*, âmg-, bal ghevumk, ghatt jâvumk.

Avizinhar, *v. t.* lâgîm kâdhumk, temkûn davrumk, temkaumk. || *v. r.* temkumk, temkûn-, lâgsârâk yevumk, lâgîm pâvumk.

Avô, *s. m.* âjo, śâpây, âpây. || **-s**, *pl.* âje, pûrvaj.

Avó, *s. f.* âjî, śâmây, âmâmy.

Avo, *s. m.* vo *m.* (*ex: tres-doze avos,* tîn bârâve); sumto, amś *m.*

Avocação, avocatura, *s. f.* âpaunem, âplyâ mukhâr hâdnem *n.*

Avocar, *v. t.* âpaumk, âplyâ mukhâr hâdumk. || *V.* ARROGAR.

Avoengo, *a.* âjyâm panjyâmcho. || **-s**, *pl.* pûrvaj, mâlgade, pûrvile, phudle.

Avoengueiro, *a.* phudlyâmcho, mâlgadyâmcho.

Avolumar, *v. t.* chadhaumk, vâdhaumk, vistârumk. || *v. i.* vistaromk, pasromk. || *v. r.* moto jâvumk, vâdhumk, thorumk.

Avozear, *v. t.* sâdâvumk, gâjaumk.

Avulsão, *s. f.* kâdhnî, komchaunî *f.*

Avulso, *a.* odhûn kâdhlalo; sado, sutko, asamgat.

Avultado, avultoso, *a.* moto, dâto, ghamśân; jâyto, sabâr.

Avultar, *v. t.* tomd karumk *(d. do o.)*; vâdhaumk, chadhaumk. || *v. i.* varto jâvumk; vâdhumk, chadhumk; moto jâvumk, âmg ghevumk.

Axe, axis, *s. m.* chakrdâmdo, aksh, âmk *m.*

Axifugo, *a.* madhyetsârî, madhyatyâgî.

Axilla, *s. f.* kâkh, kâmkh *f.*

Axillar, *s. f.* kâkhîcho.

Axioma, *s. m.* pratyakshasiddhavachan, tattv *n.*, sidhâmt; nyây *m.*, sûtr, vachan *n.*

Axiomatico, *a.* pratyakshasiddh, tattvâcho; sutrâcho.

Axipeto, *s. m.* madhyâbhisârî, madyâbhigâmî.

Axoide, *a.* akshâkâr.

Axorca, *s. f.* kadem *n.*

Ayapana, *s. f.* âyâpân *f.*

Az, *s. m.* âj, eko *(— da carta)*; pan *(— do dado) m.* || *Dar sota e —,* śemdì kâpumk. — *de copas (fig.)* bhomk *n.*

Aza, *s. f.* pâkhoto *(— de ave) m.;* pâkûrl *(— de insecto, de peixe) n.;* kân *(— de utensilios) m.;* gharâchî kûs *f.*, grihapaksh *m. (— de edificio).* || *V.* PROTECÇÃO.

Azado, *a.* pâkhote-, kân âslalo, sapaksh; samyogâcho, samayâcho; upkârto, phâvoto, lâyk.

Azafama, *s. f.* tâkît *f.*, darvad, sambhram *m.*, utâvalpan *n.*, hadbadnî *f.*

Azafamado, *a.* darvadyâcho, sambhramî; kâmâmt bharlalo, yepârâmt budlalo.

Azafamar, *v. t.* darvadâvumk, gadgadâvumk, sadsadâvumk. || *v. r.* darvadumk, utâvlumk, hadbadumk, bobâlumk, ukal davar karumk, ghodyâr basumk (*litt.* MONTAR A CAVALLO).

Azagaia, *s. f.* khâmdem *n.*

Azagaiada, *s. f.* khâmdyâcho phâr *m.*

Azagaiar, *v. t.* khâmdyân topumk.

Azamboado, *a.* châchûr, chappo, viras; kharkharît, khadbarît; gumg, gudgudlalo.

Azamboar, *v. t.* gumg karumk, gudgudâvumk.

Azambujeiro, *s. m.* rân âjitîn *f.*

Azar, *s. m.* daiv, vâytbarem, adrisht *n.*, daivyog *m.;* vighn, durdaiv, durbhâgya *n.*, vîd *m.* || *Jogo de —,* panâcho-, jugâr khel *m.*

Azar, *v. a.* nipajâvumk, upjaumk. || *v. r.* kâmâk yevumk, upkârâk padumk.

Azedado, *a.* âmbtelalo, âmbat jâlalo; chadhlalo.

Azedamento, *s. m.* âmbtâvnî, âmbtân *f.*

Azedar, *v. t.* âmbat karumk, âmbtâvumk; *(fig.)* châlvaumk, tidaumk. || *v. i. e r.* âmbat jâvumk, âmbtevumk; śinsinumk; *(fig.)* chadhumk, châlvumk.

Azedete, *a.* âmbsâr, âmbatso.

Azedia, *s. f.*, **azedume**, *s. m.* âmbtân, âmbsân, âmbatsân; kharây, kaṭhinây, nibrây *f.*
Azedo, *a.* âmbaṭ, âml; phinphinlalo; khar, nibar, tîk; *(fig.)* châḷvalalo, chaḍhlalo. ‖ *s. m. V.* AZEDUME.
Azeitada, *s. f.* telâchî râs *f.*
Azeitado, *a.* telâylalo; telsânîcho.
Azeitar, *v. t.* telâvuṁk, tel lâvuṁk *(d. do o.)*, tel ghâluṁk *(l. in do o.)*
Azeite, *s. m.* tel, tail *n.* ‖ — *de peixe*, vas *f. Estar com os seus azeites*, ubgoṁk, vâjevuṁk. *Apagar o fogo com* —, uṁdrâchyâ râgân gharâk ujo lâvuṁk. *Deitar* — *no fogo*, ghâyâr niṁbû piḷuṁk.
Azeiteira, *s. f.* telâcheṁ âydan, kâṁsuleṁ *n.;* telkârn, telî, telîn.
Azeiteiro, *s. m.* telkâr, telyo, telî.
Azeitona, *s. f.* âjeton *n.*
Azelha, *s. f.* lahân pâkhoṭo,- kân *m.*
Azemel, *s. m.* kâbâḍî.
Azemola, *s. f.* pâṭhâḷ *m.*, ojhelî monjât *f.*, kachar; ghoḍkul *n.*
Azenha, *s. f.* pâṇrahâṭ *n.*
Azerar, *v. t. V.* ACERAR.
Azerve, *s. m.* âḍo *m.*
Azevichado, *a.* kârâchyâ raṁgâcho; kâḷo kaḷso.
Azeviche, *s. m.* kâr *m.* ‖ *Preto como* —, kâḷo kaḷso, kâḷo kîṭ *ou* bhiṁg.
Azevieiro, *s. m.* cheḍyâḷo *(a.)*, cheḍyckâr, sodo; chatur-, kâṭhû manîs.
Azevre, *s. m.* kalam; *(bot.)* kâṁṭekuṁvar *(planta) f.;* sabar (resina) *f.*
Azia, *s. f.* kâjñîṁ *n.*, kacharṇî, kachrâvṇî *f.*
Aziago, *a.* abhadr, amaṁgaḷ, aprasann.
Aziar, *s. m.* kâjo *m.*, kâjgî *f.*
Azimuth, *s. m.* samâṁś *m.*
Azimuthal, *a.* samâṁśî.
Azinhaga, *s. f.* bîdh *f.*
Azinhavre, *s. m. V.* AZEBRE.
Aziumar, *v. V.* AZEDAR.
Azo, *s. m.* saṁyog, avsar, samay *m.;* nîb *n.*
Azoar, *v. t.* karâṁdây karuṁk *(d. do o.)*, kânpe phoḍuṁk *(g. do o.)*, kaṇkaṇâvuṁk, kimâr karuṁk, thuklâvuṁk. ‖ *v. r.* kaṇkaṇuṁk, bahirevuṁk; kimâr jâvuṁk.
Azoinado, *a.* guṁg, bahiro.
Azoinar, *v. t.* gudguḍâvuṁk, sansaṇâvuṁk; vâj hâḍuṁk, ubgauṁk, kichḍâvuṁk. ‖ *v. i. e r.* gudguḍuṁk, kaṇkaṇuṁk, kân phuṭuṁk *(litt.* PARTIREM-SE AS ORELHAS, *g. do o.);* ubgoṁk, vâjevuṁk.
Azorragada, *s. f.* kardyâcho phâr, karḍo, phaṭko *m.*
Azorragar, *v. t.* phaṭkavuṁk, karḍe divuṁk, jerbaṁd divuṁk *ou* mâruṁk, sâṭh mâruṁk.
Azorrague, *s. m.* karḍo, jerbaṁd *m.*
Azougado, *a.* chaḷbaḷyo, huḷhuḷo, haḍbaḍyo.
Azougar, *v. t.* pâraj ghâluṁk *(l. in do o.); (fig.)* huśâr-, śitâb karuṁk.
Azougue, *s. m.* pâraj *m.*
Azul, *a.* âjûl, niḷo, nîlchyâ raṁgâcho, âsmânî. ‖ *s. m.* niḷo raṁg; âkâś *m.*
Azulado, *a.* niḷsâr, niḷso.
Azular, *v. t.* niḷo karuṁk, niḷsâruṁk. ‖ *v. r.* niḷo jâvuṁk.
Azulejo, *s. m.* niḷo iṭo *m.*
Azulino, *a.* niḷo, âsmânî.
Azumbrado, *a.* poṁgo.
Azymo, *a.* phugai nâslalo, bekhamîr.

B

B, *s. m.* dusreṁ akshar *n.*, (ba, bha).
Baba, *s. f.* lâḷ *f.*
Babado, *a.* lâḷîn bharlalo; mogâk lâglalo, bhullalo, kâmâṁdh.
Babadoiro, **babeiro**, *s. m.* lâḷ padcheṁ lugaṭ,- vastr *n.* ‖ *Usar* — *(fig.)* pâṁynyâṁt âsuṁk, doḷe nâ ughḍuṁk.
Babão, *s. m. e a.* lâḷyo; *(fig.)* bhullalo, kâmâṁdh.
Babar, *v. t.* lâḷîṁt bharuṁk *ou* bhijauṁk. ‖ *v. r.* lâḷevuṁk, lâḷ vâhvuṁk *(g. do s.)*, thiṁpevuṁk; bhuluṁk, lobhduṁk, murgaṭuṁk.
Babaré, *s. m.* bob *f.*
Babaréo, *s. m.* phakâṁḍ, khebaḍ *n.* ‖ *Levar um* —, maskaryo karuṁk *(g. do s.)*, keṁḍṇecho-, hâṁsyâcho mâl jâvuṁk.
Babau, *int.* kaṭâ, aho.
Babeira, *s. f.* mukhvoṭo, mukhtop *m.*
Babel, *s. m. ou f.* gaḷbaḷ *m.*, gaḍbaḍ *f.;* jâgraṇ, tirrâj, tuphân *n.*
Bablak, *s. m.* bâbhḷîchî sâl *f.*
Babosa, *s. f.* kâṁṭekuṁvar *f.*
Baboseira, **babosice**, *s. f.* pisâyo *f. pl.*

Baboso, *a.* lâḷyo, lâḷicho; *(fig.)* pisâṭ, gaḷyo; tuḍko.

Babugem, *s. f.* lâḷ *f.*, lâḷ vâhvneṁ *n.*; udkâvaylo pheṇo *m.*; udkâchî dhâr *f.*; *(fig.)* ushṭeṁ *n.*; thoḍî vast *f.*, naṁg, nirarth *m.*

Babujar, *v. t.* lâḷîn meḷauṁk, lâḷîṁt loḷauṁk.

Bacalhau, *s. m.* tâṭo *m.*

Bacalhoeiro, *s. m.* tâṭe viktalo.

Bacamarte, *s. m.* moṭveṁ tubak; parṇeṁ âni moṭeṁ pustak, khâṁḍvyâ cdeṁ pustak *n.*

Bacarija, *s. f.* (bot.) jatâmâṁsî *f.*

Baccalaureamento, *s. m. V.* BACHARELADO.

Bacchanal, *s. f.* pânotsav *m.*; dhumśâṇ *n.*

Bacchante, *s. f.* kalâvaṁt *n.*, cheḍî *f.*

Bacchico, *a.* soryâchyâ devâcho; *(fig.)* soryâcho. ‖ *Festa* —, dhumśâṇ. *Canção* —, soryâchem gâyan *n.* *Licor* —, soro *m.*, śeḷî pej (*litt.* CANJA FRIA) *f.*

Bacchista, *s.* sorekâr, pâṇrat *(a.)*

Baccho, *s. m.* soryâcho dev; *(fig.)* soro *m.*

Bacciano, bacciforme, *a.* dâkhe sârko, paṭkaḷ kaso.

Baceira, *s. f.* jarḍechî piḍâ *f.*

Baceiro, *a.* jarḍecho, plihâcho.

Bacellar, *v. t.* dâkheche phâṁṭe lâvuṁk *(l. in do o.)*

Bacello, *s. m.* dâkhecho phâṁṭo,-bel *m.*; lahân dâkh *f.*

Bachá, *s. m.* pâdśây *m.*

Bacharel, *s. m.* jâṇto; *(fig.)* śâpatâṁ sâṁgtalo.

Bacharelado, *s. m.* jâṇvâyecho pâṁvḍo *m.*

Bacharelar, *v. t.* bajbajuṁk, bât mâruṁk, jîbh mâḷâr ghâluṁk.

Bacharelice, *s. f.* châvḍî bajbajṇî, *f.*

Bacia, *s. f.* tast, kadeṁ *n.*; *bacio:* doṇ *m.*, mâltî *f.*; *salva:* tâṭ; — *de barbeiro:* guḷam; — *de balança:* tâṭ *n.*; — *entre collinas:* ghol *m.*, oṁḍan *n.*; — *do mar:* goḍ *f.*; — *das aguas vertentes:* ohaṇ *n.*

Baciada, *s. f.* tastbhar *n.*, doṇbhar *m.*; kadyâṁtleṁ *n.*

Bacillar, *a.* jhaṁp kaso.

Bacinete, *s. m.* śirastrâṇ *n.*

Bacio, *s. m.* doṇ *m.*, mâltî *f.*, *tâṭeṁ *n.*

Baço, *s. m.* bâs, pliha *(p. us.) m.*, jarḍî *f.* ‖ *a.* kâḷsâr, kâḷso, sâṁvḷo; ataj, nistej, phiko. ‖ *Ficar* —, aṁtarmâlâ partoṁk *(g. do s.)*

Bacorejar, *v. t.* pârkuṁk, kalpuṁk, yojuṁk. ‖ *v. i.* disuṁk, âṭhavuṁk, ḍubḍubuṁk.

Bacorejo, *s. m.* ḍubḍûb *m.*, bhâvanâ *f.*

Bacora, *s. f.* dhukurleṁ *n.*

Bacoro, *s. m.* dhukurlo *m.*

Baculo, *s. m.* koṁkeṁ, ṭheṁbeṁ *n.*

Badajo, *s. m.* hiṁḍṇo, pârpaḷ; *(fig.)* baḍbaḍyo, barbaro.

Badalada, *s. f.* ghâṁṭecho phâr *m.*, ghâṁṭ *f.*

Badalar, *v. i.* ghâṁṭ mâruṁk,-dhâṁvḍâvuṁk; *(fig.)* jîbh vâryâr-, mâḷâr ghâluṁk; chiṁti nâstânâ ulauṁk.

Badaleira, *s. f.* lolyâcho âṁkḍo *m.*

Badalejar, *v. i.* ghâṁṭ mâruṁk; *(fig.)* kaḍkaḍuṁk, thartharuṁk.

Badalo, *s. m.* loḷo, lâḷo *m.* ‖ *Dar ao* — *(fig.)* pharpharuṁk, baḍbaḍuṁk.

Badameco, *s. m.* jujḍâu *n.*, pothî *f.*; *(fig.)* lâpîṭ burgo *m.*

Badana, *s. f.* mhâtârî ani sukaṭyî bakḍî *f.*; bârîk châm *n.*; *(fig.)* kâtḍî *f.*; pâkûrl *n.*

Badanal, *s. m.* gaḍbaḍ *f.*, tirrâj *n.*, nikhel *m.*

Badulaque, *s. m.* sarpatel *n.* ‖ -s, *pl.* chillar vastû *f. pl.*

Baeta, *s. f.* laṁvecheṁ vastr, paṭṭû *n.*

Baetal, *a.* paṭṭûcho, paṭṭvâcho.

Baetão, *s. m.* kâṁbaḷ *f.*, kâṁbleṁ, moṭeṁ paṭṭû *n.*

Baetilha, baetinha, *s. f.* bârîk paṭṭu *n.*

Bafagem, *s. f.* bârîk vâreṁ *n.*, lahar *f.*

Bafejar, *v. t.* ûb divuṁk, uḷâḷuṁk; lohâu phuṁkuṁk, phuṁk mâruṁk; *(fig.)* aprûbây karuṁk *(g. do o.)*; hât-, sahây divuṁk; suchauṁk.

Bafejo, *s. m.* śvâs *m.*, phuṁk; lahar; majat *f.*, âdhâr *m.*

Bafio, *s. m.* bâtsâṇ *f.*, bâto *m.*, hiṁvsâṇ, bevsâṇ *f.*

Bafo, *s. m.* śvâs, suskâr, uḷâḷ; bâph *m.*, ûb; majat, kumak; suchaunî *f.*

Baforada, *s. f.* vhaḍlo suskâr; toṁḍâcho vâs *m.*; *(fig.)* mijâs, paijâ, dhaḍpaḍ *f.*

Baforeira, *s. f.* ruṁbaḍ *m.*

Baforeiro, *a.* ruṁbḍâcho.

Baga, *s. f.* lahân phaḷ, paṭkaḷ kaseṁ phaḷ *n.*; ghâmâcho theṁbo *m.*

Bagaceira, *s. f.* sopâchî svâṭ *f.*

Bagaceiro, *s. m.* sop kâḍhtalo. ‖ *a.* sop khâto (dhukar).
Bagaço, *s. m.* sop *m.*, sai *f.*, chimvaḍ *n.*
Bagada, *s. f.* supurlyâm phaḷâmchî râs *f.* ‖ — *de suor ou lagrimas,* ghâmâche va duḥkhâmche loṭ *m. pl.*
Bagageiro, *s. m.* ojhem vhartalo, ojhelî, helkârî.
Bagagem, *s. f.* khâṭḷî poṭḷî, mustâykî *f.*, sâmaṇ, ojhem *n.*; samjauṇî *f.*, sâj *m.*
Baganha, *s. f.* saṇboṭo *m.*; byechî kâṭ *f.*
Bagata, *s. f. V.* FEITIÇO.
Bagatela, *s. f.* namg, chilvaṇ, kavamṭ *n.*, potero, kirkuso, suvâs, anarth, nirarth *m.*, deḍ damḍechî vast *f.*
Bagateleiro, *s. m.* nirarthî; khaṇpaṇo.
Bago, *s. m.* kaṇo, âso, goṭo *m.*, boy *f.*; bârîk munisâmv; garo (*— de jaca*) *m.*; duḍû, paise *m. pl.* ‖ *V.* BACULO.
Bagre, *s. m.* sâmgaṭ, sâmgṭer *n.*; sâmgâḷo (*— grande*) *m.*
Bagulhado, *a.* bî âslalo.
Bagulhento, bagulhoso, *a.* byâmnîm bharlalo, chaḍhî byo âslalo.
Bagulho, *s. m.* bî *f.*; chimchro (*— de tamarindo*) *m.*
Bahar, *s. m.* bhâr *m.*
Bahia, *s. f.* koḷ *n.*, khaḷî *f.*
Bahú, *s. m.* bâû *m.*, peṭ *f.*
Bahuleiro, *s. m.* peṭkâr.
Baila, *s. f.* nâch *m.* ‖ *Vir á — ou balha,* upkârumk, kâmâk paḍumk *ou* yevumk. *Trazer á —*, pâṭhumk.
Bailadeira, *s. f.* nâchpîṇ, nâchtalî (*a.*), kaḷâvamt *ou* kalvamt *n.*
Bailado, *s. m.* naṭan *n.*, nâch *m.*
Bailador, *s. m.* nâchpî, nâchtalo (*a.*)
Bailão, *s. m.* nâchro (*a.*)
Bailar, *v. i.* nâchumk.
Bailarino, *s. m.* nâchpî.
Baile, *s. m.* nâch *m.*, naṭan *n.*
Baileo, *s. m.* parâmch (*port.* PRANCHA) *f.*; târâmgaṇ, umchastan *n.*, paḍvî *f.*
Bainha, *s. f.* poteṁ, meṇ, dâḷem *n.*, koś *m.*; meṭaṇ *f.*; puṭh *m.*, sâmg *f.*
Baio, *a.* telyo.
Baioneta, *s. f.* bâynet, samgîn *ou* sanîn *f.*
Baionetada, *s. f.* saninecho phâr *m.*
Bairrista, *s. m.* vâḍekâr.
Bairro, *s. m.* vâḍo, vaṭhâr *m.*, kheḍem *n.*
Baiuca, *s. f.* dukâṇ, gaḍamg *n.*
Baiuqueiro, *s. m.* dukâṇkâr.
Baixa, *s. f.* uṇâv, utâr; vaḷâcho taḷ *m.*, khorem *m.*; uthal svât, uthḷây; suktî *f.* ‖ *Dar —*, suṭkâ-, rajâ divumk.
Baixamar, *s. f.* suktî *f.*, bhâmg *m.*
Baixamente, *adv.* khâḷîm, lahâṇpaṇîm.
Baixão, *s. m.* bhombâro *m.*
Baixar, *v. t.* saklâvumk, khâlâvumk, demvaumk; vamdâvumk, umkaḷâvumk. ‖ — *a cabeça,* taklî moḍumk. — *os olhos,* ḍoḷe pomḍâk ghâlumk. — *a voz,* lohâṇ-, phutphutûn ulaumk. ‖ *v. i.* demvumk, uṇo-, thoḍo jâvumk. ‖ — *uma ordem,* hukûm yevumk. — *o sol,* dîs mâvḷumk. — *á sepultura,* purumk (*d. do s.*) ‖ *v. r.* oṇavumk, oṇav ghevumk; (*fig.*) khâlto jâvumk.
Baixel, *s. m.* târûm *n.*
Baixella, *s. f.* jevṇâchem sâmaṇ *n.*, mejâchî mustâykî *f.*
Baixete, *s. m.* bâg âslalo bâmk va pâṭ *m.*
Baixeza, baixura (*p. us.*), *s. f.* moṭvây *f.*; lahâṇpaṇ, uṇepaṇ, halkepaṇ *n.*, kirkoḷây, kanishṭhây *f.*, dvâḍpaṇ, hîṇpaṇ, chamḍâlpaṇ *n.*
Baixia, *s. f.* uthaḷ svât; suktî *f.*
Baixio, *s. m.* bhâṭ *f.*, khâmḍvo *m.*; (*fig.*) âḍkhaḷ, aḍchaṇ *f.*
Baixo, *a.* moṭvo, buṭṇo, buṭkuṇo, ṭhemṭo, chiko, giḍḍo; *vil:* halko, oṇkhaṭo, hîṇ, durjan, kanishṭh, kamâsîl, mâmgro, hiḍîs, itar, pâjî; *inferior:* dhâkṭo, khâylo, sakailo, khâlto, uṇo, uṇoduṇo, lahâṇ, kirkoḷ; *barato:* savây; *pouco profundo:* uthaḷ; (*mus.*) nich. ‖ *s. m.* pomd *n.*; bhâṭ *f.*; (*mus.*) nichasavan *n.* ‖ -s, *pl.* sakailî svât *f.*, pâlsaṇ *n.* ‖ *adv.* saklâ, khâlâ. ‖ *Fallar —*, lohâṇ ulaumk. *Em —*, sakal, saklâ, khâlâ. *Por —*, sakailyâṇ, khâylyâṇ. *Dar para —*, mâr mârumk, baḍaumk.
Baixote, *a.* lahâṇso, moṭvo, buṭṇo.
Bajar, bajear, *v. i.* sâmgo *ou* śemgo jâvumk (*d. do s.*)
Bajoujice, *s. f.* pisây *f.*, mûrkhpaṇ.
Bajoujo, *s. m.* bhullalo, mogâṇ pisâvlalo; piso, khuḷo, mûḍh.
Bajú, *s. m.* bâjû *f.*
Bajulação, *s. f.* lâg *m.*, khuśâmat *f.*
Bajulador, *s. m. e a.* lâg karṇâr, lâgâḷo.
Bajular, *v. t.* lâg-, khuśâmat karumk (*d. do o.*), tomḍâr poḷe bhâjumk (*g. do o.*)
Bajulo, *s. m.* ojhelî.

Bala, *s. f.* guḷo *m.*, guḷî *f.*
Balaço, *s. m.* guḷyecho phâr *m.*
Balado, *s. m. V.* BALIDO.
Balagate, *s. m.* ghâṭvaḷ lugaṭ va kâpaḍ *n.*
Balaio, *s. m.* pâṁṭeṁ *n.*
Balame, *s. m.* guḷyâṁchî râs *f.*
Balança, *s. f.* tâgḍî, tarvâjû *ou* tarâsû *f.*, tulo *ou* tûl; kâṁṭo *(esp. — pequena)*; *(astr.)* tulo; *(fig.)* sambhâr, samtol *m.*; jokh, vajan *n.* ‖ *Alavanca da* —, dâṁḍî *f. Cordas da* —, śiṁkeṁ *n. Fiel da* —, kâṁṭo *m. Prato da* —, tâṭ, parḍeṁ, dâleṁ *n.*
Balançar, balancear, *v. t.* jelauṁk, dolauṁk, hiṁḍḷuṁk, jhoṁpauṁk; samtoluṁk, toluṁk; tol paḷevuṁk *(g. do o.)*; *(comm.)* bâkî-, bâḍbâkî kâḍhuṁk *(g. do o.)* ‖ *v. i. e r.* hâluṁk, doluṁk, jeluṁk, hiṁḍḷoṁk, helkâvuṁk; kalkaṁḍuṁk; *(fig.)* pâṭhî phuḍe saruṁk.
Balanceamento, *s. m.* dolauṇî, hiṁdaḷṇî, jel, jelay *f.*, helkâvo *m.*
Balancete, *s. m.* bâḍbâkecho âtâp *m.*
Balancim, *s. m.* lolo, kâṁṭo *m.*
Balanço, *s. m.* hiṁdaḷṇî, dolṇî, jel, hâlṇî *f.*, hâlap *n.*; halkaṁḍṇî *f.*; hiṁḍḷo *m.*; *(comm.)* bâkî, bâḍbâkî *f.* ‖ *Dar* —, bâḍbâkî kâḍhuṁk,- paḷevuṁk; dhuṁḍâḷuṁk, tapâsuṁk.
Balandra, *s. f.* ekâ kuṁvyâcheṁ târûṁ; hoḍeṁ *n.*
Balandrau, *s. m.* jhubo *m.*
Balante, *a.* beṁbetalo.
Balão, *s. m.* balâṁv, saraṁgo *m.*; *(fig.)* gap, tâl *n.*
Balar, *v. i.* beṁbevuṁk.
Balata, *s. f.* jhâṁjhû *m.*
Balato, *s. m.* beṁbevṇî *f.*
Balausto, *s. m. V.* ROMÃ.
Balaustrada, *s. f.* kaṭhḍo *m.*, garâḍ (*port.* GRADE) *f.*
Balaustre, *s. m.* khâṁblî, phirkî *f.*
Balazio, *s. m.* moṭo guḷo; guḷyâcho phâr *m.*
Balbuciação, *s. f.* luḍbevṇî *f.*, luḍbepaṇ *n.*; guḷmuḷṇî *f.*
Balbuciante, balbuciente, *a.* luḍbo, totro.
Balbuciar, *v. t. e i.* luḍbevûn-, totreṁ ulauṁk, luḍbevuṁk *(v. i.)*, jîbh âḍvî paḍuṁk (*litt.* CAHIR A LINGUA DE TRAVÉS; *g. do s.*); guḷmuḷuṁk.
Balbucie, balbuciencia, *s. f.* luḍbepaṇ, totreṁ ulauṇeṁ *n.*
Balburdia, *s. f.* ghalbaḷ, khaḷkha *m.*, tirrâj, jâgraṇ; charbaṭ *n.*

Balcão, *s. m.* balkâṁv, târâṁgaṇ, varâṁḍ *n.*, paḍvî, osrî; chaukî *f.*, chauraṁg *m.*
Balda, *s. f.* khoḍ *f.*, avguṇ *m.*, hîṇ, chidr *n.*
Baldadamente, *adv.* beṭheṁ, sâbsubeṁ, phuṁkaṭcheṁ, ugîch.
Baldado, *a.* beṭho, sâbsubo, phuṁkaṭ, vyarth *ou* verth, akâraṇ, nishkâraṇ.
Baldão, *s. m.* gâḷ, jâstî *f.*; śive; ghoreṁkar *m. pl.*, bhaṁg *m.*, phiskaṭṇî *f.* ‖ *Andar aos baldões*, aṭâsâṁk sâṁpḍuṁk, ghoreṁkâṁrâr ghoreṁkâr javuṁk *(g. do s.)*
Baldaquino, *s. m.* mâṁḍvî, piṁjrî *f.*, sejo *m.*
Baldar, *v. t.* bigḍâvuṁk, phiskaṭâvuṁk, bhaṁgauṁk, verth karuṁk. ‖ *v. r.* bigḍuṁk, bhaṁguṁk, phiskaṭuṁk, udkâṁt paḍuṁk (*litt.* CAHIR NA AGUA), vâryâr vachuṁk (*litt.* IR PELOS ARES).
Balde, *s. m.* bâldî *f.*, śelṇeṁ, kaḷaṁbeṁ *n.*, doṇ *m.* ‖ *De, em* —, phuṁkaṭ, beṭheṁ, vâyâṁ.
Baldeação, *s. f.* pheḍṇî; utarṇî *f.*; târvâcheṁ dhuvap *n.*
Baldear, *v. t.* pheḍuṁk, dusryâ âydanâṁt otuṁk,- ghâluṁk; dusryâ târvâr utruṁk,- uspuṁk; *baloiçar:* jelauṁk, halkaṁḍâvuṁk; *atirar:* uḍauṁk. ‖ — *o navio*, târûṁ dhuvuṁk. ‖ *v. r.* hevśilo tevśîn vachuṁk,- phiruṁk.
Baldio, *a.* pâḍ, pâḍaṁg, paḍit. ‖ *s. m.* pâḍ *n.*, pâḍ jamîn *f.*
Baldo, *a.* nâslalo, mekhḷo, vikaṇ; nishphaḷ, beshṭo. ‖ *Estar — ao naipe*, damḍî nâsuṁk *(ab.* kaḍe *do s.)*
Baldoar, *v. t.* gâḷî saṁvuṁk, jâstyo mâruṁk *(d. do o.)*
Baldreo, *s. m.* bârîk châm *n.*
Baldroca, *s. f.* sadalbadal; labâḍî *f.*; nâḍgepaṇ, dagal *n.* ‖ *Trocas e baldrocas*, aḍkâṁnâḍkâṁ *n. pl.*, chornâḍ *f.*
Baldrocar, *v. t.* ṭhakuṁk, nâḍuṁk; kârtâṁ badluṁk.
Baleato, baleote, *s. m.* mâsyâcheṁ pîl *n.*
Baleia, *s. f.* mâso, tivmâso *m.*
Balela, *s. f.* gap, kavaṁṭ *n.*, chaṁvḷî *f.*, janvâḍ *m.*
Balemas, *s. f.* dorâṁ *n. pl.*
Balha, *s. f. V.* BAILA.
Balhar, *v. i. V.* BAILAR.
Balido, *s. m.* beṁbevṇî *f.*, beṁ *n.*
Balir, *v. i.* beṁbevuṁk.

Balisa, *s. f.* khuṁṭî, sîṁ, mer *f.*, nîs *m.; peṁv n.*

Balisador, *s. m.* mer pâlâytalo, nisâytalo.

Balisagem, *s. f.* nisâvnî, merâvnî *f.*

Balisar, *v. t.* merâvuṁk, pâlâvuṁk, nisâvuṁk; peṁv ghâluṁk *(d. do o.)*

Balista, *s. f.* dhanu, daṁḍû *n.*

Balistario, *s. m.* dhanu kartalo; daṁḍvân jujtalo.

Balistica, *s. f.* dhanuvidyâ *f.*

Ballada, *s. f.* jhâṁjhû *m.*, pad *n.*

Ballastragem, *s. f.* nilimo bharṇeṁ *n.*

Ballastro, *s. m.* nilimo *m.*

Balnear, *a.* nâhuṁcho.

Balneatorio, *a.* nâhâṇâcho.

Balneavel, *a.* nâhuṁk upkârto.

Balofo, *a.* pokso, phugro; balbalît, sujmaḍît, sujaṭ.

Baloiçamento, *s. m.* dolauṇî, hiṁdaḷṇî, jelay, chumkaḷ *f.*

Baloiçar, *v. t.* dolauṁk, jelauṁk, hiṁdḷuṁk; hâlauṁk, halkaṁḍâvuṁk. ‖ *v. r.* jeluṁk, doluṁk, hiṁdḷuṁk, chumkaḷuṁk; helkâvuṁk, ulâṁḍoṁk; hâluṁk, halkaṁḍuṁk.

Baloiço, *s. m.* hiṁdaḷṇî, jel, chumkaḷ, jhoṁpay *f.;* hiṁdḷo, dol *ou* doḷ *m.*

Balote, *s. m.* peṁḍî *f.*

Balroa, *s. f.* lolî *f.*

Balsa, *s. f. silvado:* jhîl *f.*, jhilkûṭ *n.; tapume:* âḍo; *dorna:* koṇpho; *jangada:* sâṁgaḍ, thâpo *m.; estandarte:* dhajâ; *funil:* lâṁkḍâchî turbaṇî *f.; capa de palha:* śiṁkeṁ *n.*

Balsameo, balsamico, *a.* parmaḷik, daṁdamît.

Balsamina, *s. f.* kâretî *f.;* kâreteṁ *(fructo) n.;* chirḍo *m.*

Balsamo, *s. m.* parmaḷîk ras va dîk; *(fig.)* parmaḷ, daṁdam; viśrâm *m.;* bujvaṇ *f.*

Balsão, *s. m.* bâvṭo *m.*

Balseira, *s. f.* ghol *m.*, kâṁṭyo *f. pl.*

Balseiro, *s. m.* jhilkûṭ, kâṁṭyâṁcheṁ rân *n.;* koṇpho; sâṁgaḍ chalaitalo *m.;* koṁḍ *f.*

Balteo, *s. m. V.* BOLDRIÉ.

Baluarte, *s. m.* burîṁj *m.;* koṭṭ *n.;* pushṭi *f.*, dhâraṇ *n.*

Bambaleadura, *s. f.* lavkaṇî, ḍauṁḍalṇî, dolṇî, jelṇî *f.*

Bambaleante, *a.* lavko, dolto, jelto.

Bambalear, bambolear, *v. i. e r.* lavkuṁk, ḍauṁḍaluṁk, jeluṁk.

Bambalhão, bambo, *a.* saḍil, dil, ghaḷghaḷît.

Bambar, *v. t.* dilâvuṁk, saḍîl karuṁk.

Bambinela, *s. f.* paḍdo *m.*

Bambochata, *s. f.* tamâśyâcheṁ chitr *n.; (fig.)* tamâśo, ṭhaṇṭhaṇ *m.*

Bambu, *s. m.*, **bambueira,** *s. f.* mân, koṁḍak (— *pequeno) f.*, koṁḍo, vâṁso *(p. us. n'esta accepção)*, veḷû (— *espinhoso)*; mâugo, ûdh (— *macho) m.* ‖ — *massiço*, bâbrî mân. — *oco*, sâbrî mân. — *tenro*, kirl, koṁb *m. Ramo de* —, śireṁ *n. Raiz de* —, muḷbo *m. Bengala ou vara de* —, dâṁḍo *m.*, dâṁḍî *f.*

Bambual, *s. m.* bet, koṁḍkîcheṁ beṭ *n.*, koṁḍak *f.*

Bamburral, *s. m.* mâyṇ *n.*

Bamburrio, *s. m.* daivyog *m.*, daiv; daivân jikṇeṁ *n.*

Banal, *a.* châlto, sadâṁcho, sâdhâraṇ, laḍgo, nemast, chilvaṇ, anarth.

Banalidade, *s. f.* anarth ulauṇeṁ *n.*, châltîṁ uttrâṁ *n. pl.;* anarthpaṇ, laḍgepaṇ *n.*, kirkoḷây *f.*, kachro *m.*

Banana, *s. f.* keḷeṁ, kekeṁ *(loc. infant.)*; *(fig.)* keḷeṁ *n.*, pej *f.* ‖ *Cacho, «ramo» de bananas*, ghaḍ, ghaḍâvo *m. Cacho pequeno ou tenro*, ghaḍâvleṁ, ghaḍuleṁ *n. Esgalho, «penca» de* —, phaṇo *m.* ‖ *Variedades de* —*:* maṁḍaḷcheṁ, rasbâḷeṁ *ou* raspâḷeṁ, mîṭhbâḷeṁ, polercheṁ, khâpreṁ, kaṇercheṁ, tâṁbḍeṁ.

Bananeira, *s. f.* keḷaṁbo *m.*, keḷ *f.* ‖ — *pequena*, keḷaṁbo. *Rebento de* —, mokho, nemo *m.* — *brava*, rânkeḷ, bankel. *Espatha de* —, boṁḍ *n. Pedunculo da espatha de* —, koṁko *m. Folha fresca*, śiḍorî *f. Folha secca*, senet *n.* *(pl.* senetâṁ *ou* sentâṁ). *Gommo da folha*, suî. *Filamento de* —, gâbho *m. Amago de* —, kâṁḍî *f.*

Banazola, *s. f.* pej, bhâjî *(fig.) f.*

Banca, *s. f.* mej *(port.* MESA) *n.*, chavraṁg; mâṁḍ *m.*

Bancada, *s. f.* bâṁkâṁchî hâr *f.*

Bancal, *s. m.* baṁkâl *n.*, tivâsî *f.*

Bancaria, *s. f.* bâṁkâṁchî râs *f.*

Bancario, *a.* sâvkârî, sâvkârâṁcho.

Bancarrota, *s. f.* bâṁkrûṭ *(ingl.* BANKRUPT), divâḷeṁ *n.* ‖ *Fazer* —, divâḷeṁ kâḍhuṁk.

Banco, *s. m.* bâṁk, pâṭ, maṁch *m.*, chaukî, *chavay *f.* ‖ — *de carpenteiro*, ghoḍo, mâṁḍ *m.* — *de areia*, bhâṭ, dâṁḍî *f.*, dâṁḍo *m.* — *de remeiro*, âḍî *f.* — *de peixe*, mâsḷecheṁ bireṁ *n.* — *de dinheiro*, bâṁk *m.*, koṭhî *f.*

Banda, *s. f.* kûś, kaḍ, bâjû, daḍ *f.*, bagal *n.*; *faixa:* bâṁd, kamarbaṁd *m.*; *fita larga:* śeḷo; *lista:* pâṭ *m.*, paṭṭî *f.*; *partido:* taraphdârî *f.*, paksh *m.* ‖ — *de artilharia*, śiḷkî *f.* — *de musica*, beṁḍ (*ingl.* BAND), vâditragaṇ (*p. us.*), gâyakagaṇ (*p. us.*) *n.* *De* —, *á* —, âspâs. *A* —, eke kuśin,- vâṭen. *Pôr de* —, kuśîn-, kaḍâsek davruṁk.

Bandada, *s. f.* bireṁ *n.*, urpaṁj *f.* ‖ *Em ou de bandadas*, biryâṁchyâṁ biryâṁnîṁ.

Bandalhice, *s. f.* boṁdrepaṇ, patepaṇ *n.*; amaryâd, nilâjrây *f.*

Bandalho, *a.* boṁdro, bhâṇśiro, pato; nilâjro, albelo, amaryâdî, gâṁḍû.

Bandar, *v. t.* paṭṭi lâvuṁk, pâṭ ghâluṁk (*d. do o.*)

Bandarilha, *s. f.* bailâṁk topcho aṁkuś va bhâlo *m.*

Bandarilhar, *v. t.* aṁkuśân topuṁk.

Bandarilheiro, *s. m.* bailâṁ kaḍe jujtalo, -kheḷtalo.

Bandarim, *s. m.* bhâṁḍârî.

Bandarra, *s. m.* bekâr-, niskâmî manîs, vâydes, pâṁprel.

Bandarrear, *v. i.* vâydes-, pâṁprel jâvuṁk.

Bandarrice, *s. f.* bekârpaṇ; pâṁprelpaṇ *n.*

Bandear, *v. t.* paksh karuṁk (*g. do o.*) ekvaṭâvuṁk, jamâvuṁk. ‖ *v. r.* pakshâṁt vachuṁk, ekṭhâṁy jâvuṁk, ekvaṭ karuṁk; âpleṁ mat-, âplo paksh sâṁḍuṁk. ‖ *V.* BALANCEAR.

Bandeira, *s. f.* baṁḍer *n.*, bâvṭo, dvaj *m.*, dhajâ, guḍî *f.* ‖ *Hastear* —, bâvṭo chaḍhauṁk. *Arrear* —, bâvṭo deṁvaṁik. *Rir ás bandeiras despregadas*, hâṁsyâṁcho khaḷkhaḷ karuṁk.

Bandeirinha, bandeirola, *s. f.* lahân bâvṭo *m.*, dhajâ *f.*

Bandeiro, *a.* chaṁchaḷ, athîr; ekâṁgî, pakshapâtî.

Bandeja, *s. f.* baṁdej *f.*, tâṭ, tabak *n.*, vâṭî, vâṭlî; dâlî (— *de bambú*) *f.*; sûp *n.*

Bandejar, *v. t.* âsḍuṁk, vâryâ divuṁk.

Bandido, *s. m.* puṁḍ, peṁḍhâro, baṁḍ, lutṇâr.

Bandim, *s. m.* bâṁdî *f.*

Bando, *s. m.* paksh, toḍ *m.*, taraphdârî, maṁḍaḷî; *multidão:* urpaṁj, tâṁḍî *f.*, bireṁ; *quadrilha:* peṁḍeṁ, baṁḍ *n.*; *pregão:* ḍâṁgoro, ḍâṁḍoro, sâd, ghoshaṇ *n.*

Bandó, *s. m.* ubho mâgo *m.*

Bandola, bandoleira, *s. f.* paḍḍaḷeṁ *ou* paḍḍâḷeṁ *n.*

Bandoleiro, *s. m.* puṁḍ, peṁḍhâro.

Bandolim, *s. m.* tuṁburo *m.*, tuṁburî *f.*, vîṇo *m.*

Bandoria, *s. f.* baṁḍ *n.*, baṁḍây *f.*

Bandulho, *s. m.* poṭ *n.*

Bandurra, *s. f.* chhatâr *m.*

Bandurrilha, *s. f.* lahân chhatâr *m.* ‖ *s. m.* chhatârî; lapîṭ manîs.

Bangaló, *s. m.* baṁglo *m.*

Bango, bangue, *s. m.* bhâṁg *m.*

Banha, *s. f.* charab, vas *f.*

Banhar, *v. t.* nâhṇauṁk; bhijauṁk; buḍauṁk; vâhvuṁk (*rad. ou ab. do o.*) ‖ *v. r.* nâhuṁk, ghusâ karuṁk (*loc. infant.*); buḍuṁk; bhijuṁk.

Banheira, *s. f.* koḷaṁbî, nâhânî; nâhṇaitalî *f.*

Banheiro, *s. m.* nâhnauṇâr; nâhâṇâcheṁ kâm paḷetalo.

Banhista, *s. m.* nâhnâr, nâhtalo (*a.*)

Banho, *s. m.* nâhâṇ *n.*; âṁgoḷî (*us. entre os hindús*) *f.*, ghusâ (*loc. infant.*) *m.* ‖ **-s**, *pl.* chiṭṭî, lagnachiṭṭî *f. pl.*

Banido, *a.* deśâṁtarî, vivâsî.

Banir, *v. t.* deśâṁtarî karuṁk, pardeśuṁk, nirvâsuṁk, nirâsuṁk; bhâyr ghâluṁk, bhâyro karuṁk, bhâyrâvuṁk, vagaḷuṁk.

Banivel, *a.* bhâyrâvûṁyeso, nirâsuṁcho.

Banqueiro, *s. m.* sâvkâr, sarâp, huṁḍîvâlo.

Banqueta, *s. f.* maṁch *m.*, maṇay *f.*

Banquete, *s. m.* bâṁket, paṁkat *ou* paṁgat *f.*, bhojan, jevaṇ *n.*

Banquetear, *v. t.* paṁkat-, bareṁ jevaṇ divuṁk (*d. do o.*) ‖ *v. r.* bareṁ bareṁ jevuṁk.

Bantim, *s. m.* hoḍeṁ *n.*

Bantineiro, *s. m.* hoḍekâr.

Banza, *s. f.* viṇo *m.*, satâr *n.*

Banzar, *v. i.* kaḍhuṁk, kaḍkaḍuṁk.

Banzé, *s. m.* dhumśâṇ, jâgraṇ *n.*, tamâśo; bobâḷ *m.*, gaḍbaḍ *f.*

Banzear, *v. t.* *V.* BALOIÇAR.

Banzeiro, *a.* osâḍ âslalo, lahân lahârâṁ moḍtât taslo (daryâ).

Banzo, *s. m.* âplo gâṁv paḷevuṁchî âsâ, svadeśadarśanapîḍâ *f.*

Baptismal, *a.* bâvtismâcho.

Baptismo, baptizamento, *s. m.* bâvtîsm *m.*, bâṭṇî, bâṭauṇî *f.*; (*fig.*) saṁskâr *m.*

Baptisterio, *s. m.* bâvtismâchî pî *f.*

Baptizado, *s. m.* bâvtismâchî rit *f.*; bâvtismâchem jevaṇ *n.*

Baptizar, *v. t.* bâvtism divuṁk, bâṭauṁk, saṁskâruṁk; nâṁv divuṁk.

Baque, *s. m.* paḍnî, śevṭaṇî *f.*; dhako, dachko *m.*; dhaḍḍhaḍî *f.*

Baquear, *v. i.* e *r.* paḍuṁk, śevṭoṁk, koṁsḷuṁk.

Baqueta, *s. f.* taṁbrâchî baḍî *f.*

Baraça, *s. f.* doro *m.*, dorî, sutlî *f.*

Baracinha, *s. f.* suṁb *n.*

Baraço, *s. m.* dorî *f.*; pâs, veṁṭo *m.* ‖ *Pôr o — na garganta*, gaḷo piḷuṁk, aḍchaṇek ghâluṁk.

Barafunda, *s. f.* charbaṭ *n.*; halâhal, goṁdhaḷ *m.*, goṁdh, durdaśâ *f.*; khaḷkhaḷ *m.*, jâgraṇ *n.*

Barafustar, *v. i.* dhaḍpaḍuṁk *ou* dhaḍbaḍuṁk, âpṭoṁk dapṭoṁk, khaḷbaḷuṁk, kuskusuṁk, khubdaḷuṁk.

Baralha, *s. f.* bârâl *f.*; ḍhavaḷ, châḷ; ghaḷbaḷ *m.*, laṭâguṭî *f.*, tuphân *n.*

Baralhador, *s. m.* e *a.* ghoḷauṇâr, châḷṇâr; ghuspâvṇo.

Baralhar, *v. t.* bârâlyâr karuṁk; ghoḷauṁk, châḷuṁk, ḍhavḷuṁk, ârtuṁk partuṁk, misḷuṁk. ‖ *v. r.* châḷoṁk, ḍhavḷoṁk.

Baralho, *s. m.* bârâl *f.*, gaṁjipho (*p. us.*) *m.*

Barão, *s. m.* vîr; desây, bârâṁv.

Barata, *s. f.* jorlo *m.*

Baratar, *v. t.* savây-, sasto karuṁk,- vikuṁk. ‖ *v. r.* savây jâvuṁk, sastâvoṁk. ‖ *V.* DESBARATAR, TROCAR.

Barataria, *s. f.* pratidân *n.*; yepâr *m.*

Barateamento, **barateio**, *s. m.* savây vikṇeṁ, mol deṁvauṇeṁ *n.*, sastâvṇî.

Barateza, *s. f.* savâykî, sastây, savragây *f.*

Barathro, *s. m.* hairî *f*, rahâḷ, nirvâṇ *n.*, khoṁḍ, vivar; samudr; pâtâḷ, narak *m.*

Barato, *a.* savây, sasto, savrag, svast, khoṁch. ‖ *adv.* savây, sasto, sakâr (*us. Can.*) ‖ *s. m.* khelgharâchyâ dhanyâk khelghoḍe inâm ditât teṁ. ‖ *Dar de —*, savây soḍuṁk, soṁpepaṇîṁ divuṁk.

Barba, *s. f.* khâḍ *n.*, dâḍhî; khâḍkî *f.* ‖ *A —*, hujrîṁ. — *á —*, toṁḍâtoṁḍîṁ. *Fazer a —*, khâḍ karuṁk. *Viver á custa da — longa*, ukâḷyâr dîs kâḍhuṁk. ‖ **-s**, *pl.* khâḍ *n.*, khâḍ misî *f.*; *arestas:* kuṁsâṁ, kusḷâṁ *n. pl.*, ghûs *f.*; *pêlos do focinho:* miśyo *f. pl.*; *radiculas:* mulâṁcho śeṁḍo *m.* ‖ *Dar nas — de alguem*, toṁḍâr mâruṁk. *Pôr as — de molho*, khâḍ bhijat ghâluṁk, chatrâyen chaluṁk. *Ter — para uma empresa*, chhâtî-, kuvet âsuṁk (*d. do s.*) ‖ *Barba cerrada*, sagḷeṁ khâḍ. — *á ingleza*, gâle *m. pl.* — *de baleia*, mâsyâchîṁ pâkhurlâṁ. — *de penna*, pâkhâṁchîṁ pâkhurlâṁ *n. pl.*

Barbacan, *s. f.* kâṁṭh *m.*

Barbaçana, **barbaças**, *s. m.* khâḍyo.

Barbaçudo, *a.* khâḍyo.

Barbado, *a.* khâḍ âslalo, khâḍyo, gâlero.

Barbalho, *s. m.* śeṁḍyâcheṁ pâḷ *n.*

Barbalhoste, *a.* pâthaḷ khâḍâcho; (*fig.*) bheṁkro.

Barbante, *s. m.* doro, saḍo *m.*, sutlî, vâvḷî, taṁtrî *f.*

Barbar, *v. i.* khâḍ phuṭuṁk *ou* yevuṁk (*d. do s.*)

Barbaresco, **barbarico**, *a.* râṇṭî, jaṁglî.

Barbaria, *s. f.* râṇaṭpaṇ, arbaṭpaṇ *n.*; nishṭurây, dâruṇây *f.*

Barbaridade, *s. f.* râṇaṭpaṇ; mhârûpaṇ, nishṭurpaṇ *n.*, nishṭurây, nirday, dâruṇây, ayukti *f.*, asaṁbhav *m.*

Barbarie, *s. f.* râṇaṭpaṇ, jaṁglipaṇ *f.*, anaksharṭâ *f.*

Barbarismo, *s. m.* apaśabd, apaprayog *m.*, upabhâshâ *f.*

Barbarizar, *v. t.* râṇaṭ-, jaṁglî karuṁk.

Barbaro, *a.* barbaro, jaṁglî, râṇâṁtlo, râṅgaṭ, arbaṭ, mlechchh (*s. m.*); nishṭur, dâruṇ, nirdayî, krur, mhârû, mârekâr, mâṁgro; tuṭko, târvaṭî.

Barbata, *s. f.* *V.* BRAVATA.

Barbatana, *s. f.* pâkhûrl.

Barbato, *a.* khâḍyo.

Barbear, *v. t.* khâḍ karuṁk (*g. do o.*)

Barbearia, *s. f.* kâḍh karcheṁ ghar; nhâvipaṇ *n.*

Barbechar, *v. t.* kâs kâḍhuṁk (*d. do o.*)

Barbecho, **barbeito**, *s. m.* kâs kâḍhṇeṁ *n.*

Barbeiro, *s. m.* bârber, nhâvi, mahâlo, kelsi (*us. Can.*), hajâm (*p. us.*)

Barbella, *s. f.* gardân, gâbaḷ *n.*; khâḍkî; kaḍî *f.*

Barbicacho, *s. m.* dâveṁ *n.*, kâḍhṇî; (*fig.*) naḍ, âḍkhaḷ *f.*

Barbilhão, *s. m.* pâkhûrl; śeṁkryâcheṁ khâḍ *n.*

Barbilho, *s. m.* muskeṁ *n.*, jhâbḷî *f.*

Barbiteso, *a.* tâṇ-, ubhyâ kâḍhâcho; *(fig.)* ghaṭṭ, nibar.

Barbote, *s. m.* hanutrâṇ *n.*

Barbudo, *a.* khâḍyo, gâlyo; *(bot.)* kuṁsâḷ, kuṁsâḷo.

Barca, *s. f.* hoḍeṁ *n.*, machvo *m.*; târ, pât *f.*; *(astr.)* saptarshi *m. pl.*

Barça, *s. f.* śiṁkeṁ *n.*, karaṁḍ *m.*

Barcaça, *s. f.* galbat, tarâṁḍeṁ *n.*

Barcada, *s. f.* haḍyâ,- pâtmârecho mâl *m.*

Barcagem, *s. f.* nor *m.*, bhâḍeṁ *n.*

Barco, *s. m.* hoḍeṁ *n.*, hoḍî, pât *f.*; târûṁ *n.*, nâv *f.*, nag *m.* ‖ *Deixar barcos e redes*, saṁsâr sâṁḍuṁk.

Barda, *s. f.* kâṁṭyâṁcho âḍo; meḍekâṭ, pâgâr; ḍoṁgar *m.*, râs *f.* ‖ *Em —*, râśiṁnîṁ, khâṁḍyâṁnîṁ.

Bardar, *v. t.* âḍo kâḍhuṁk *ou* ghâluṁk *(d. do o.)*, aḍuṁk.

Bardo, *s. m.* kâṁṭiyâṁcho aḍo; goṭho; vaṁdî gosây, maṁgalpâṭhak *m.*

Barga, *s. f.* *V.* PALHOÇA.

Barganha, *s. f.* sadalbadal *f.*

Barganhar, *v. t.* badluṁk.

Bargantaria, *s. f.* sodepaṇ, pâṁprelpaṇ, luchchepaṇ; pârpaḷpaṇ *n.*

Bargante, *a.* sodo, luchcho, pâṁprel; pârpaḷ.

Bargantear, *v. i.* sodo-, luchcho jâvuṁk.

Barlaventear, *v. i.* vâryâ veśîṁ târûṁ dharuṁk,- hâṁkâruṁk. ‖ *v. r.* vâryâchyâ toṁḍâk vachuṁk,- chaluṁk.

Barlaventejar, *v. i.* vâryâ pramâṇeṁ târûṁ chaluṁk divuṁk.

Barlavento, *s. m.* vâryâ kaḍchî bâṇ *f.*

Baroco, *a.* akramîk, âḍgât; ḍaulî, ḍaulâcho.

Barometrico, *a.* bhâramânâcho.

Barometro, *s. m.* bhâramân, vâyumâpakayaṁtr, âkâśatolanayaṁtr *n.*

Baronato, *s. m.*, **baronia**, *s. f.* desâykî *f.*

Baroneza, *s. f.* desâyṇ *f.*

Barqueiro, *s. m.* hoḍekâr, pâtmârkâr; târkâr, târî, târyo.

Barquejar, *v. i.* hoḍeṁ chalauṁk; târvâr bhoṁvuṁk.

Barqueta, **barquinha**, *s. f.* hoḍî, pât *f.*

Barra, *s. f.* lagaḍ *n.*, varkh *m.*, pâtî, bâlî *(— de ouro) f.*; baṁdar, mabar *n.*, dâṁḍo; pâṭ *m.*, paṭṭî *f.*; gaj *m.*, âḍvaṇ; pâchâreṁ; *canna de leme:* bâv *f.*

Barraca, *s. f.* mâṁgar, mâṭav, maṁḍap; taṁbû *m.*; khoṁpṭî *f.*

Barracão, *s. m.* mâṁgar, mahâl *m.*

Barral, *s. m.* kheḍjamîn, mâtîkhaṇ *f.*

Barranco, *s. m.* khoṁḍkûl *n.*; gachkî, ghaḷ, ḍegas; *(fig.)* âḍkhaḷ, naḍ; chûk *f.*, pramâd *m.* ‖ *A trancos e barrancos*, saṁkashṭîṁ, jharûn marûn.

Barrancoso, *a.* khoṁḍkuḷâṁcho.

Barrar, *v. t.* lagaḍ-, pâtî karuṁk *(g. do o.)*, paṭṭî-, pâṭ lâvuṁk *(d. do o.)*; mâtî-, kas-, kheḍ kâḍhuṁk,- lâvuṁk *(d. do o.)*; mâtyen puruṁk,- muṁduṁk; *(fig.)* loḷauṁk, lâvuṁk.

Barregan, *s. f.* dhagaḍî, kâmîṇ, saṁbhogî *(a.)*

Barregão, **barregueiro**, *s. m.* kâmîk dâdlo, dhagaḍ, saṁbhogî *(a.)*

Barregar, *v. i.* ârduṁk, kirḍuṁk, bob mâruṁk.

Barreguice, *s. f.* dhagaḍpaṇ *n.*, saṁbhogsaṁbaṁdh *m.*

Barreira, *s. f.* meḍekâṭ, khuṁṭyâṁvaḷ *f.*, âḍvaṇ *n.*; *alvo:* ṭipo *m.*, mokî *f.*; *arena:* raṁgaṇ *n.*; *limite:* mer, sîm; *entrada:* sopyâ-, jakhâtichî svât; *embaraço:* âḍkhaḷ, aḍchaṇ *f.* ‖ *Saltar as barreiras*, mîtmer nâsuṁk *(d. do s.)*

Barreira, *s. f.*, **barreiro**, *s. m.* mâtîkhaṇ.

Barreirar, *v. t.* âḍvaṇâṁ ghâluṁk *(d. do o.)*

Barrela, *s. f.* khâr *m.*, khârvaṇî *n.*, gûḍh *m.*; *(fig.)* nâḍ, ṭhakṇî *f.*

Barreleiro, *s. m.* khâr kâḍhlalo gobar, khârâcho sop *m.*; khâr gâḷneṁ *n.*

Barrenhão, *s. m.* kodeṁ *n.*, doṇ *m.*

Barrento, *a.* chikaṇmâtyecho, kheḍîcho.

Barretada, *s. f.* topî kâḍhṇeṁ (salâm karuṁk) *n.*

Barrete, *s. m.* topî *f.*, boneṁ *n.*; bârret *(— de clerigo)*.

Barreteiro, *s. m.* topyekâr.

Barretina, *s. f.* top *m.*

Barrica, *s. f.* borl *n.*, doṇ *m.*

Barricada, *s. f.* âḍvaṇ, âḍkûṭ *n.*, pâgâr *m.*; mârgbaṁdhan *n.*, nâkobaṁdî *f.*

Barricar, *v. t.* âḍvaṇâṁ ghâluṁk *(d. do o.)*, aḍuṁk.

Barriga, *s. f.* poṭ, poṭkûḷ, udar *n.*, kuchî. ‖ *— de perna*, poṭûr (*pl.* poṭro) *f.*

Barrigada, *s. f.* poṭbhar; bhâteṁ *n.* ‖ *Ter uma — de riso*, hâṁsûn harḍeṁ phuṭuṁk *(g. do s.)*

Barrigudo, *a.* poṭâro, poṭâḷ, dhanyo, damṇo, udarî.

Barril, *s. m.* borl, pîp (*port.* PIPA) *n.*; doṇ *m.*

Barrilada, *s. f.* borlbhar *n.*
Barro, *s. m.* mâtî, kuṁbhârmâtî, chikaṇmâtî, mûrtîkmâtî; kheḍ; *(fig.)* kirkoḷ vast, mâtî *f.* ‖ **-s,** *pl.* murmâṁ *n. pl.*
Barroca, *s. f.* kheḍîcho-, kaṁkrâcho ḍoṁgar *m.;* khoṁḍkûḷ *n.*, phoṁḍ *m.*
Barrocal, *s. m.* kaṁkarghâṭ *m.*, kheḍîchî ḍoṁgarsarî *f.*
Barroco, *s. m.* karḍeṁ motîṁ *n.*
Barroso, *a.* mâtyecho, kheḍîcho; murmâṁ âslalo.
Barrotar, *v. t.* âḍeṁ ghâluṁk.
Barrote, *s. m.* âḍeṁ, âḍbhareṁ *n.*, vâṁso *m.*
Barruntar, *v. t.* ḍubḍubuṁk *(d. do s.)*, âṭhavuṁk *(d. do s.)*
Barrunto, *s. m.* ḍubḍûb, âchâr *m.*
Bartidoiro, *s. m.* karleṁ *n.*, guḍvo *m.*
Barulhar, *v. t.* goṁdhḷâvuṁk, ghuspâvuṁk, charbaṭâvuṁk, kâlauṁk. ‖ *v. r.* goṁdhḷuṁk, ghuspuṁk, charbaṭuṁk.
Barulheiro, barulhento, *a.* bobâṭyo, bobyo.
Barulho, *s. m.* bobâḷ *m.*, karâṁḍây, bob, lâṭâguṭî *f.;* goṁdhaḷ *m.*, charbaṭ *n.*
Barymetria, *s. f.* bhârmân *n.*
Baryphonia, *s. f. V.* ROUQUIDÃO.
Basalto, *s. m.* kas *m.*
Basbaque, *s. m.* ajâpî; jaḷvây, abuddhi *(a.)*, mûḍh *(a.)*
Basbaquice, *s. f.* mûḍhây *f.*, mûrkhpaṇ *n.*
Basculhadela, *s. f.* jhâḍo mârṇeṁ *n.*
Basculhador, *s. m.* jhâḍpî.
Basculhar, *v. t.* jhâḍuṁk, jhâḍo mâruṁk *(d. do o.)*; *(fig.)* sûḍ-, ṭhâv ghevuṁk *(g. do o.)*, tapâsuṁk, vivekuṁk.
Basculho, *s. m.* jhâḍo *m.*
Base, *s. f.* mûḷ, mûḷasthân, muḍal, poṁd *n.*, taḷ, pâṁysar, thâr *m.*, bunyâd, baskâ; prakṛit *f.*, âṁg, ṭhâvṭhikâṇ *n.;* *(mus.)* nîch, nîchasavan *n.;* *(geom.)* bhûmi, murdhâ *f.*
Basear, *v. t.* ṭharâvuṁk, thârâvuṁk, thirâvuṁk, basauṁk. ‖ *v. r.* ṭharuṁk, thâruṁk, thiruṁk.
Basilar, *a.* muḷâcho, poṁdâcho.
Basilica, *s. f.* mahâmaṁdir *n.*
Basilisco, *s. m.* ek kalpit nâg *m.;* moṭî nâḷ *f.*
Basta, *int.* puro, aṁhaṁ, ûṁhûṁ, bas.
Basta, *s. f.* supetîcho doro *m.;* kulchâṁvâchî guḍḍî *f.*
Bastante, *a.* puro, purto, puroso. ‖ *adv.* puroseṁ; chaḍh, jabar, jâyto *(a.)*
Bastantemente, *adv.* puroseṁ, jây titleṁ.
Bastão, *s. m.* bâstâṁv, dâṁḍo, ṭoṇko, beto, koyṁḍo *m.*, rot, bet *n.*, kâṭhî, betkaṭhî, gadâ *f.*
Bastar, *v. i.* puro jâvuṁk, puroṁk; pâvuṁk.
Bastardear, *v. t. V.* ABASTARDAR.
Bastardia, *s. f.* jârajtâ, anijây *f.*, dâsîjpaṇ *n.*
Bastardo, *a.* anîj, poṭcho *ou* poṭâcho, dhagaḍîcho, jâraj, dâsîj, vivâhâjât; kamâsîl, khoṭo. ‖ *s. m.* poṭâcho-, baṭkîcho putr *m.*
Bastear, *v. t.* dore ghâluṁk va guḍdyo lâvuṁk *(d. do o.)*
Bastecer, *v. t. V.* ABASTECER.
Bastião, *s. m.* burîṁj, huḍo *m.* ‖ *pl.* kirvaṇ *f.*
Bastida, *s. f.* âḍo, meḍekâṭ *m.*, aḍap *n.*, khuṁtyâvaḷ *f.*
Bastidão, bastura, *s. f.* ghaṇây, dâṭây *f.*
Bastidor, *s. m.* chaukaṭ *f.*, sâṁcho; paḍdo *m.*, raṁgsajjâ *f.*
Bastilha, *s. f.* koṭṭ *n.*, killo *m.*
Basto, *a.* ghaṇ, dâṭ; pushkaḷ, jâyto, sabâr.
Bastonada, *s. f.* ṭoṇko, phaṭko *m.*, kuṭṇî *f.*
Bastonario, *s. m.* kâṭhîkâr, gadâkâr.
Batalha, *s. f.* juj, yuddh *n.*, saṁgrâm *m.*, laḍhây *f.*, raṇ *n.*
Batalhação, *s. f.* harḍephuṭṇî *f.*, ghaṁsṭo *m.*, jharauṇî *f.*
Batalhador, *s. m. e a.* jujṇâr, jujtalo, jujârî, yodhî.
Batalhão, *s. m.* palṭaṇ *f.*
Batalhar, *v. i.* jujuṁk, juj mâruṁk, yodhuṁk.
Batata, *s. f.* baṭâṭo *m.*, kaṇgî *f.*, kaṇaṁg *n.*
Batatada, *s. f.* kaṇgyâṁchî dos *f.*
Batatal, batateiral, *s. m.* kaṇgyâṁcho maḷo *m.*
Batateira, *s. f.* kaṇgî, kaṇaṁgvel *f.*
Batea, *s. f.* jhârekârâcheṁ âydan *n.*, jhârî *f.*
Batear, *v. t.* jhâruṁk.
Batecu, *s. m.* phudneṁ dâḍâvṇeṁ, phudnyâṁt paḍṇeṁ *n.*
Batedeira, *s. f.* loṇî karcheṁ âydan *n.*, dudhâṇî *f.*
Batedoiro, *s. m.* maḍhvaḷâchî phâtar *f.*
Batedor, *s. m.* badauṇâr, mârṇâr; *instrumento de bater:* bâtedor, badavno

m., baḍavṇeṁ, peṭṇeṁ *n.; explorador:* bhedî, śodhṇâr; *soldado que abre caminho:* hujrâtî savâr. ‖ — *de moeda,* ṭâṁkṇâr. — *de caça,* rânkâḍhyo.

Batedura, *s.f.* baḍauṇî *ou* baḍvaṇ, thâpaṭṇî, thopaṭṇî, dapaṭṇî, dâḍâvṇî, mârṇî, phâpâvṇî *f.*, peṭap *n.*, peṭ, phâr *m.*

Bate-estacas, *s. f.* khuṁṭâpaḷ *f.*, baḍavṇo *m.*

Batega, *s. f.* bâtk, tâṭ, vâṭeṁ *n.*, vâṭî, vâṭlî *f.* ‖ — *de agua,* dhaḍak *f.*

Bateira, *s. f.* hoḍî *f.*

Batel, *s. m.* paṁḍel *m.*, hoḍî, nâv *f.*

Batelada, *s. f.* hoḍeṁbhar; *(fig.)* uphâḷeṁ *n.*

Batelão, *s. m.* batelo *m.*

Bateleiro, *s. m.* hoḍekâr.

Batente, *s. m.* uṁbar, uṁbro *m.;* kavaḍ; ṭhokṇeṁ *n.*

Bater, *v. t.* thâpṭuṁk, thopṭuṁk, baḍauṁk, dâḍâvuṁk, mâruṁk, dapṭuṁk; *sovar, tosar:* baḍauṁk, mâruṁk, mâr-, phâr divuṁk, phâpâvuṁk, dhapkuṁk, dhopṭuṁk, saṭkâvuṁk, hâṇuṁk, laḍhâvuṁk, tâḍauṁk, muṁḍhuṁk. ‖ — *as azas,* pâkhoṭe baḍauṁk; *(fig.)* jhurî kâḍhuṁk. — *o campo,* bhed ghevuṁk *(g. do o.)* — *os dentes,* dâṁt kaḍkaḍâvuṁk *(melhor:* dâṁt kaḍkaḍuṁk, *g. do s.)* — *o matto,* rân kâḍhuṁk; *(fig.)* heneṁ teneṁ bhoṁvuṁk. — *pala,* pâṁy dharuṁk. — *palmas,* ṭâḷyo peṭuṁk. ‖ *v. i.* baḍauṁk *(v. t.),* mâruṁk *(v. t.); pulsar:* uḍuṁk; *tocar:* vâjuṁk; *incidir:* basuṁk. — *á porta,* derâr mâruṁk; *(fig.)* derâr yevuṁk. — *em retirada,* paḷuṁk, pâṭhî saruṁk. ‖ *v. r.* jujuṁk, jhagḍuṁk; âḍḷuṁk; âpṭoṁk, dapṭoṁk.

Bateria, *s. f.* bâterî *f.*, damdamo; morcho *m.*, morchebaṁdî *f.;* nâḷiṁche phâr *m. pl.; lucta:* juj *n.; estrondo:* âvâj, bobâḷ; *assalto:* ghâlo *m.* ‖ *Dar* — *a alguem,* pâḷâṁk lâguṁk. — *de cozinha,* maḍkî hâṁḍî *f.*

Batibarba, *s. f.* khâḍker mârṇeṁ *n.; (fig.)* jupâṭî *f.*

Batida, *s. f.* rân kâḍhṇeṁ *n.;* jhapâṭo *m.*, jupâṭî, paṭṭî. ‖ *Ir de* —, dhâṁvûn-, dhâṁvdhâvîṁ vachuṁk.

Batido, *a.* baḍailalo, hat; chalto, parṇo; mastilalo.

Batimento, *s. m.* baḍauṇî, mârṇî *f.*

Batina, *s. f.* lob *(port.* LOBA) *m.*

Batoca, *s. f.* suṁbo *m.*

Batocar, *v. t.* guḍḍo-, choṁbḍo mâruṁk *(d. do o.)*

Batoque, *s. m.* (borlâcheṁ) bhoṁk *n.*, -burâk; guḍḍo, choṁbḍo.

Batota, *s. f.* kheḷâr nâḍ, -labâḍî *f.;* âḍkheḷ, paṇkheḷ *m.;* ṭhakṇî, phasauṇî *f.*

Batotear, *v. i.* kheḷâr nâḍ-, labâḍî karuṁk; âḍvârlalo kheḷ kheḷuṁk.

Batoteiro, *s. m.* kheḷâr nâḍ karṇâr; jugârî.

Battologia, *s. f.* punarukti *f.*, anuvâd, anulâp *m.*

Batucar, *v. i.* ghumaṭ vâjauṁk, ghumṭâr nâchuṁk; bhoṁvûn bhoṁvûn baḍauṁk.

Batuque, *s. m.* ghumṭâcho nâch *m.;* ghumaṭ *n.;* karâṁḍây *f.*, gaḍgaḍ *m. e f.*

Batuta, *s. f.* kâṭhî *f.*

Bazar, *s. m.* bâjâr *m.*, âṁgaḍ, peṁṭh *f.*

Bazaruco, *s. m.* duḍû *m.*

Bazofia, *s. f.* ushṭyâcheṁ khâṇ *n.;* tâvdârkî, pachurḍân, phaḍâ, mijâs, baḍây, âptushṭî, *f.*, tarâṁṭh *m.*, gauḍbeṁgâl *n.*

Bazofiar, *v. i.* phaḍâ-, mijâs karuṁk, baḍâyk dâkhauṁk.

Bazofio, *s. m.* mijâskâr, baḍâykhor, abhimânî.

Bazulaque, *s. m.* moṭo manis.

Béabá, *s. m.* beâbâ *m.*

Beata, *s. f.* beât, beâtîn; bhâgevaṁt, bhaktîn.

Beatamente, *adv.* bhâgevaṁtpaṇîṁ.

Beateiro, *s. m.* beâtîṁcho ishṭ.

Beatice, *s. f.* sâṁtipaṇ *n.*

Beatificação, *s. f.* bhakt karṇeṁ *n.*, siddhi *f.*

Beatificado, *a.* bhakt.

Beatificador, *s. m. e a.* bhakt kartalo.

Beatificamente, *adv.* sukhakarîṁ, bhaktîṁ.

Beatificar, *v. t.* bhakt-, bhâgevaṁt karuṁk, mukti divuṁk *(d. do o.)* ‖ *v. r.* sukhî jâvuṁk; âpṇâkach mânavuṁk.

Beatifico, *a.* sukhî karcho, sukhakar, muktîcho.

Beatilha, *s. f.* boṁth *f.*

Beatitude, *s. f.* mukti, siddhi *f.*, moksh *m.*

Beato, *a.* muktivaṁt, bhaktivaṁt, bhâgevaṁt. ‖ *s. m.* beât.

Bebado, bebedo, *a. e s. m.* bebdo, daṁkṇo, kopîst, piṇâr, cheṁḍ, suṇḍo.

Bebedeira, *s. f.* bebdepaṇ *n.;* ghuṁvaḷ, bhirmirî *f.*

Bebedice, *s. f.* bebdikây, mastikây *f.*, cheṁḍaṇ *n.*

Bebedoiro, *s. m.* ghomṭeṁ *n.*, kaḷaṁbî *f.*
Bebedor, *s. m. e a.* piṇâr, pitalo; ḍaṁkṇâr.
Beber, *v. t.* piyuṁk, piyevuṁk. ‖ — *azeite (fig.)* husâr-, kâṭhû jâvuṁk. — *conhecimentos*, śikuṁk. ‖ *v. i.* piyevuṁk; kop mâruṁk, ḍaṁkuṁk. ‖ — *á saude*, sâvudîchem mâruṁk. — *do fino*, râjgûḍh jâṇo jâvuṁk. — *no mar*, daryâk teṁkuṁk.
Beberagem, *s. f.* piṇeṁ, pivaṇ *n.*
Beberes, *s. m. pl.* piyevuṁchyo vastû *f. pl.*
Beberete, *s. m.* saṁpiti *f.*
Beberrão, *a. e s. m.*, **beberraz**, *a.*, **beberrote**, *s. m.* ḍaṁkṇo, ḍaṁkṇâr, sorekâr, cheṁḍ.
Beberricador, *a. e s. m.*, **beberrico**, *s. m.* ḍaṁkṇo, ḍaṁkṇâr.
Beberricar, *v. t.* bhoṁvûn bhoṁvûn ileṁ ileṁ piyevuṁk,- mâruṁk, miśî buḍauṁk.
Bebes, *s. m. pl.* piṇâṁ *n. pl.* ‖ *Comes e* —, khâṇâṁ piṇâṁ.
Bebida, *s. f.* piṇeṁ, pivaṇ, pâṇ *n.*, pâṇo *m.* ‖ *Loja de bebidas*, dukân *n.*
Beca, *s. f.* chogo *m.*, âṁgleṁ *n.*
Beco, *s. m.* pâṁyḍ, bîḍ, gallî *f.*
Bedame, *s. m.* viṁdhṇeṁ *n.*
Bedel, *s. m.* pâyik, vetradhar.
Bedelho, *s. m.* khîḷ *f.*: cheḍko *m.* ‖ *Metter o* —, toṁḍ ghâluṁk.
Bedem, *s. m.* kaṇḍo *m.*
Beguino, *s. m.* maṭhvâsî.
Beiça, *s. f.* miṭî *f.*
Beiçada, **beiçana**, *s. f.* bâbre oṁṭh *m. pl.*
Beicinho, *s. m.* oṁṭhulî, miṭî *f.* ‖ *Fazer* —, miṭî karuṁk.
Beiço, *s. m.* oṁṭh; *(fig.)* kâṁṭh *m.* ‖ *Lamber os beiços*, miṭyo mâruṁk.
Beiçudo, *a.* oṁṭhyo, oṁṭhâḷ.
Beijamão, *s. m.* hastachuṁban *n.*
Beijapé, *s. m.* pâdachuṁban *n.*
Beijar, *v. t.* umo *ou* umâṁv divuṁk *(d. do o.)*, -ghevuṁk *(g. do o.)*, chuṁbuṁk; boṁchuṁk.
Beijo, *s. m.* bej, umo, umâṁv, chuṁb *m.*, chuṁban *n.*, boṁchî *f.*
Beijoca, *s. f.* umo; miṭyecho umâṁv *m.*
Beijocar, *v. t.* umâṁvâr umâṁv divuṁk; miṭî mârûn chuṁbuṁk.
Beira, *s. f.* ṭaḍ, dhaḍ, taṇ *f.* ‖ — *do estelhado*, ber *f.* *A* —, lâgîṁ, teṁkûn. *Estar á — da sepultura*, marṇâche taṇîr pâvuṁk.
Beirado, **beiral**, *s. m.* ber *f.*, galsar *m.*
Beiramar, *s. f.* daryâchî taḍ, veḷ *f.*, samudratîr *n.*, samudrakâṁṭh *m.* ‖ *A* —, veḷer, daryâkinârek.
Bel, *a.* surûp, suṁdar. ‖ *A — prazer*, jây taseṁ, khuśe pramâṇeṁ.
Beldade, *s. f.* suṁdarây, kâṁti; suṁdarî *f.*, strîratn *n.*
Beldroegas, *s. f. pl.* gaḷ, gaḷchî bhâjî *f.*
Beleguim, *s. m.* pâyik, śipây, laśkârî.
Belfo, *a.* oṁṭhâḷ.
Belho, *s. m.* khîḷ *f.*
Beliche, *s. m.* koṭhrî, doḷî.
Belida, *s. f.* phûl *n.*
Beliz, *a.* kâṭhû, śiḍûk, husâr, jivaṭ. ‖ *s. m.* pakho maṇîs. ‖ *Ser — de alguem*, kâḷjâcho goṁḍo jâvuṁk.
Bellamente, *adv.* rakh, beś; bare bhâshen.
Bellatriz, *s. f.* jujâriṇ.
Belleza, *s. f.* śobh, śobhitây, surûpây, suṁdarây, kâṁti *f.*, rûp, sauṁdarya *n.*, chakhoṭây, nâjukây *f.*, lâykpaṇ; *mulher bella*: strîratn *n.*, lakshmî *f.*
Bellico, *a.* jujâcho, jujârî.
Bellicoso, **belligero**, *a.* saṁgrâmî, jujârî; jujâcho, yodhâcho; virâcho.
Belligerante, *a.* juj kartalo, yuddhvaṁt, yodhî *(s. m.)*; *(fig.)* âḍ, virodhî.
Belliscadura, *s. f.* chiṁṭe kâḍhṇeṁ *n.*; chiṁṭo *m.*; jheṁjarṇî *f.*
Belliscão, *s. m.* chiṁṭo, gushṭo, kushṭo *m.*
Belliscar, *v. t.* chiṁṭo kâḍhuṁk, chiṁṭâvuṁk, gushṭâvuṁk, kushṭâvuṁk; chiṁṭî kâḍhuṁk *(g. do o.)*; jheṁjrâvuṁk; *(fig.)* tiḍauṁk, thuklâvuṁk.
Bellisco, *s. m.* chiṁṭo, gushṭo *m.*; chiṁṭî, chiṁṭîbhar *f.*
Bellisono, *a.* yuddhadhvani.
Bello, *a.* rûpvaṁt, rûpest, surûp, śobhit, śobhavṇo, śobhivaṁt, suṁdar, kâṁtivaṁt, surekh, phiraṁgulo, chimṇo; baro, baikaṭ, nâjûk, chakh, chakhoṭ *ou* chokhaṭ, chamatkâr. ‖ *int.* hâhâ, kây baro.
Belluino, *a.* janâvarâcho.
Belmaz, *a.*, *prego* —, bhâṁgârâ mâthyâcho khiḷo *m.*
Beltrão, *s. m.* bukâṁv, gomâjî, phulâṇo. ‖ *Quem ama —, ama o seu cão*, śunyâk mân kî śunyâchyâ gosâyâk mân?
Belveder, **belver**, *s. m.* gopur *m.*, târâṁgaṇ *n.*

Bem, *s. m.* bareṁ *n.; vantagem:* upkâr, phaidâ *m.*, hâśîl *f.*, hâśîlpaṇ *n.; virtude:* suguṇ *m.* ‖ *Pessoa de —*, mânâcho-, mâṇsugecho manîs. *O supremo —, o summo —*, paramârth, parameśvar. *Fazer —*, bareṁ karuṁk; bareṁ jâvuṁk, upkârâk paḍuṁk. *Querer —*, bareṁ dekhuṁk. *Levar a —*, mânuṁk *(d. do s.) Haver por —*, puṭvuṁk *ou* bareṁ disuṁk *(d. do s.)* ‖ **Bens**, *pl.* beṁs, dhan, vitt *n.*, âstî, vastî, jiṁdgî, gireskây, saṁpat, daulat, pat *f.*, padar, mâl, arth, ûrâbo *m.* ‖ *— moveis*, jiṁdgî, gharvaḍ *f. — immoveis*, gharbhâṭ, śetbhâṭ *n.*, sthâvar, sthâvarmâl *m. — semoventes*, jîvdhan *n. — de raiz*, mûḷdhan, gharbhâṭ. *— patrimoniaes*, pitṛidân *n.* ‖ *Em bem, a —, por —*, barepaṇîṁ, bare bhâshen, khuśen. ‖ *adv.* bareṁ, baro (*a., ex.: bem vestido*, baro neslalo), rakh, sârkeṁ; *muito:* chadh, jabar. ‖ *Bem! muito bem!* beś, âṁ, hâṁ, huṁ, jabar bareṁ. *— feito*, beś, bareṁ jâleṁ, śâbâs. *— haja*, bareṁ jâṁv *(d. do s.)*, dhanya. *Ainda —*, tarîy bareṁ, śâbâs. *Estar — com alguem*, bareṁ paḍuṁk (*d., ex.: elle está — com ella*, tâkâ âni tikâ bareṁ paḍtâ). *Não estar — do estomago, da cabeça*, poṭâṁt, takleṁt bareṁ nâsuṁk *(g. do s.) E — assim, — como*, taseṁch, tyâch pramâṇeṁ, yervîṁ. *— que, se — que*, tarî, jarî tar, jâlyâray *(posp.)*

Bem-afortunado, *a.* subhâgî.

Bem-afortunar, *v. t.* sukhî-, subhâgî karuṁk.

Bem-amado, *a.* mogâcho, aprûbâyecho.

Bemaventurado, *a.* sukhî, subhâgî, kalyâṇî, dhanya; bhâgevaṁt, muktivaṁt.

Bemaventurança, *s. f.* bhâg *f.*, bhâgyeṁ, bhâgevaṁtpaṇ, subhâgyepaṇ, amṛit *n.*, bhog, mahânaṁd *m.*, mukti *f.*, muktipad *n.* ‖ -s, *pl.* bhâgyâṁ *n. pl.*

Bemaventurar, *v. t.* sukhâvuṁk, subhâgî karuṁk.

Bem-creado, *a.* mânsugecho, ravisecho.

Bemdito, *a.* âśîrvachanbharit, sadaiv *ou* sadeṁv, dhanya, suphaḷ.

Bemditoso, *a.* sukhî, sukhvaṁt.

Bemdizente, *a.* bareṁ ulaito; pratinaṁdî.

Bemdizer, *v. t.* bareṁ ulauṁk *(g. do o.)*, vayr kâḍhuṁk (*litt.* TIRAR ACIMA), parkaṁduṁk, varṇuṁk, pratinaṁduṁk, beṁsâṁv ghâluṁk, takler hât davruṁk *(litt.* PÔR A MÃO SOBRE A CABEÇA; *g. do o.)*

Bem-estar, *s. m.* kuśâlî, svasthi, siddhi, satgati, bhuti *f.*, kuśâlpaṇ, naṁdan, svasthân, vṛidân, bhadr, hit, hitpaṇ *n.*, kheṁ *m. e n.*

Bem-fallante, *a.* suṁdarbhâshî, subhâshit.

Bemfazejo, *a.* bareṁ dekhto, upkârî, kurpevaṁt, hitakar.

Bemfazer, *v. t.* bareṁ karuṁk,- dekhuṁk. ‖ *s. m.* upkâr *m.*, dayâ, kurpâ *f.*

Bemfeitor, *s. m.* upkârî, paropkârî, dharmî, dharmishṭ.

Bemfeitoria, *s. f.* vṛiddhi *f.*, âdâykarm, phaḷâdîk kâm *n.*; upkâr *m.*

Bemfeitorizar, *v. t.* vṛiddhi karuṁk *(g. do o.)*, naṁdauṁk, bareṁ karuṁk *(d. do o.)*

Bem-intencionado, *a.* baryâ manâcho,- kâḷjâcho.

Bem-nado, **bem-nascido**, *a.* sujât, asaḷ, kuḷîvaṁt, mahâkul, ârya.

Bemol, *s. m.* bemol *n.*

Bem-parecido, *a.* baro disto, sudarśan, suḍhaḷ.

Bem-posto, *a.* śobhit, alaṁkârî.

Bemquerença, *s. f.* bareṁ dekhṇeṁ *n.*, dharmabuddhi, aprûbây *f.*, moymog *m.*

Bemquerer, *v. t.* bareṁ dekhuṁk, mog-, aprûbây karuṁk *(g. do o.)*

Bemquistar, *v. t.* mogâcho-, aprûbâyecho karuṁk, prîtîk pâvauṁk.

Bemquisto, *a.* aprûbâyecho, saglyâṁchyâ mogâcho, sarvpriya.

Bemsabido, *a.* satvidî, jânto.

Bemsoante, *a.* baryâ nâdâcho, sunâd.

Bemvindo, *a.* baro pâvlalo, svâgatâcho. ‖ *— seja*, baro pâvloy, svasti.

Bemvisto, *a.* bareṁ dekhlalo, mânlalo.

Bençâo, *s. f.* beṁsâṁv, âśîrvachan *n.*, âśîrvâd *m.*, duvâ, varadvâṇî *f.*, vardân *n.*

Beneficencia, *s. f.* paropkâr, janopkâr, dharm, guṇ *m.* ‖ *Instituto de —*, dharmśâḷ *f.*

Beneficente, *a.* upkârî, paropkârî, dharmishṭ.

Beneficiação, *s. f.*, beneficiamento, *s. m.* vṛiddhi karṇeṁ, kamâvṇeṁ *n.*, sudhârṇî *f.*

Beneficiado, *s. m.* upkârbhogî *m.*, upkârpâtr, dânpâtr, kṛipâpâtr *n.* ‖ *a.* upkâr ghetalo, upakṛit.

Beneficiador, *s. m. e a.* upkâr kartalo, upkârî, paropkârî.
Beneficial, *a.* dharmâdâyâcho.
Beneficiar, *v. t.* upkâr-, barem-, hit karumk *(d. do o.)*, prasâdumk, prasann jâvumk; kamâvumk, sudhârumk, ujkhurumk; dharmâdây divumk.
Beneficiavel, *a.* upkâr phâvo taslo.
Beneficio, *s. m.* upkâr *m.*, barem, uchit, dân *n.*, var, lâbh, upayog *m.*, phaidâ *f.*, hit, hitpaṇ *n.* ‖ — *ecclesiastico*, dharmâdây *m.*
Benefico, *a.* barem mâgto, upkârî, udâr; upkârâcho, hitkar, upayogî.
Benemerencia, *s. f.* bhalepaṇ, sukṛit *n.*, yogyatâ *f.*; śreshṭhpaṇ, uttampaṇ *n.*
Benemerito, *a.* bhalo, sukṛitî, yogya; śreshṭh, uttam, śrîmân, prasiddh.
Beneplacito, *s. m.* kablât *f.*, mânap, anumat *n.*
Benesse, *s. m.* dakshiṇâ; joḍ *f.*
Benevolamente, benevolentemente, *adv.* dayâmmayîm, bhalepaṇîm, dharmabuddhîn.
Benevolencia, *s. f.* upkârbuddhi, dharmabuddhi, dayâ, dayâmayâ, kurpâ *f.*, moypás *m.*, suman, bhalepaṇ *n.*
Benevolente, benevolo, *a.* barem dekhto,- mâgto, baryâ manâcho, bhalo, prasann, kurpevamt, sâtvik, dayâvamt, dayâḷ, dayâḷû, dayâdik.
Bengala, *s. f.* dâmdo, ṭonko *m.*, rot, bet *n.*, baḍî, kâṭhî, betkâṭhî *f.*
Bengaleiro, *s. m.* rotâm viktalo va sambhâḷtalo.
Benignamente, *adv.* dayen, bhalepaṇîm.
Benignidade, *s. f.* paropkâr *m.*, dayâ, kurpâ *f.*, bhalepaṇ, udârpaṇ, dhârjanem, suman, śâmtpaṇ *n.*
Benigno, *a.* paropkârî, upkârśil, barem dekhto, udâr, dayâḷû, kurpevamt, dhârjaṇo, śâmt, anukûl; prasann, hitkar, sâtvik.
Benjoim, *s. m.* ûd, lobhân, śilâras *m.*, śilâkusum *n.*
Bentinho, *s. m.* bemtîn *n.*, billo *m.*
Bento, *a.* bejñâr, pavitr, suddhav; sadaiv, âśîrvachanbharit, bhâgevamt.
Benzedeiro, *s. m.* mamtrî, mamtrvâdî.
Benzedor, *s. m.* bejñâr kartalo.
Benzedura, *s. f.* mamtr mhaṇṇem,- mârṇem *n.*
Benzer, *v. t.* bejñâr-, pavitr karumk; bemsâmv ghâlumk, âśîrvâd divumk. ‖ *v. i.* mamtr mhaṇumk,- ghâlumk,- mârumk. ‖ *v. r.* khurîs-, sâmtâ kursâche kâḍhumk; *(fig.)* ajâp jâvumk.
Benzimento, *s. m.* bemjimemt *m.*
Benzina, *s. f.* śilâras *m.*
Beque, *s. m.* târvâchem ṭomk *n.*
Berbequim, *s. m.* barmo *m.*
Berbigão, *s. m.* khubo *m.*
Berço, *s. m.* pâyṇem *n.*; svadeś *m.* ‖ *O que o — dá, a tumba o leva*, jâlalyâcho guṇ melyâ bagar khamḍanâ.
Bergantim, *s. m.* dukâṭhî galbat *n.*
Berimbau, *s. m.* dâmṭonî, phaṇî *f.*
Beringela, *s. f.* vâmygîṇ *f.*; vâmygem *(fructo)* *n.*
Berliques, berloques, *s. m. pl.* V. ARTE.
Bernarda, *s. f.* halkamḍ *m.*, gaḍbaḍ *f.*
Bernardice, *s. f.* ṭoṇkepaṇ, âḍnâḍpaṇ *n.*
Berra, *s. f.* mervâcho mad-, mât *m.*, mâmj *f.* ‖ *Andar em —*, mâtumk.
Berrar, *v. i.* âmbevumk *(boi)*: bembevumk *(cabra)*: ḍhemkumk. ḍhemkar ghâlumk *(bramir)*; *gritar:* kimvchumk, ârḍumk, kirḍumk; *roncar:* gâjumk, ghomgevumk.
Berregar, *v. i.* bob mârumk, kimvchumk, (burgem) raḍumk.
Berreiro, *s. m.* ârаḍ, kiraḍ *f.*, kiḷamchyo *f. pl.*
Berro, *s. m.* âmbevṇî, bembevṇî *f.*, ḍhemk, ḍhemkar, garoj; kukâro *m.*, kivamch, kiḷamch, kiraḍ *f.*
Beryllo, *s. m.* berojo *m.*
Besante, *s. m.* mohar nâslalo nâṇo *m.*
Besoiro, *s. m.* bhomvar; *(fig.)* reḍo, bail *m.*
Besta, *s. f.* monjât *f.*, janâvar, paśrûm *n.*, mṛig *m.* ‖ — *de carga*, pâṭhâḷ *m.*, ojhelî monjât. — *de tiro*, vâhîm *m.* — *de roda*, ghâṇyâchî monjât.
Bésta, *s. f.* ḍhanu *n.*, kamṭho *m.*
Bésteiro, *s. m.* dhanvî.
Bestiagem, *s. f.* gorûmvâsrûm *n.*
Bestial, *a.* manjâtîcho, janâvarâcho; nâkâ jâlalo, ayukt; bâḍgo, burso, avinayî.
Bestialidade, *s. f.* janâvarpaṇ, monjâtpaṇ, mṛigpaṇ; bursepaṇ *n.*, avinay *m.*; âṇâḍpaṇ *n.*
Bestialmente, *adv.* monjâtî parîm.
Bestiario, *a.* monjâtîcho.
Bestidade, *s. f.* janâvarpan, reḍepaṇ, âḍnâḍpaṇ *n.*
Bestificar, *v. t.* monjât kaso karumk.

Bestunto, *s. m.* jaḍ taklem̃ *n.*, belko *m.*

Besuntar, *v. t.* ragḍum̃k, lepum̃k, mâkhum̃k.

Beta, *s. f.* pâṭ; kâm̃ṭh; doro *m.*

Betar, *v. t.* pâṭ ghalum̃k *(d. do o.)* ‖ *v. r.* lâgum̃k, jamum̃k.

Betarraba, *s. f.* bîṭ (*ingl.* BEET) *n.*, pâlak *m. e f.*

Betel, betre, *s. m.* pânvel, nâgvel *f.*; khâvum̃chem̃ pan *(folha de —) n.*

Betesga, *s. f.* gallî, bîd. ‖ *Metter o Rocio na —*, maḷbhâk hât tem̃kaum̃k.

Betilho, *s. m.* muskem̃ *n.*, jhâbḷî *f.*

Beton, *s. m.* gilâvo *m.*

Betumar, *v. t.* kîl-, ḍâm̃bar kâḍhum̃k *(d. do o.)*

Betume, *s. m.* kîl, ḍâm̃bar *ou* dâmar; śilâjit *m.*

Betuminoso, *a.* ḍâmarâcho, śilâjitâcho.

Bexiga, *s. f.* paskaṭo *m.*, jarḍî *f.* ‖ *Fazer —*, khebaḍâm̃-, phetyo karum̃k. ‖ **-s**, *pl.* asukh, âm̃gchem̃ (*litt.* DO CORPO) *n.*, bahiṇîṇg, baḷṇîk, baḷaḷîk, devî (*litt.* DEUSA) *f.*; *(fig.)* askhâchyo mâvo *f. pl.*

Bexigoso, *a.* asukhâcho *ou* askhâcho, askhâḷo; askhâchyo mâvo âslalo.

Bexiguento, *a.* askhâcho; khebaḍî.

Bezerra, *s. f.* vâsrûm̃, pâḍkuḷem̃ *n.*

Bezerro, *s. m.* pâḍkuḷo *m.*, vâsrûm̃, hâm̃bulem̃ *n.*

Bezoar, *s. m.* govardhan, gorochan *n.*, mohro *m.*

Bi, *pref.* dvi, du.

Biangulado, *a.* dvikoṇ.

Biaristado, *a. (bot.)* dom̃ kum̃sâm̃cho, dukem̃sâḷ.

Bibe, *s. m.* khamśî *f.*

Biberon, *s. m.* ghom̃ṭem̃ *n.*

Biblia, *s. f.* pavitrpustak, dharmpustak, śâstr, purâṇ *n.*

Biblico, *a.* pavitrpustakâcho.

Bibliographia, *s. f.* pustakvidyâ *f.*

Bibliographico, *a.* pustakvidyecho.

Bibliographo, *s. m.* pustakvidyâjña.

Bibliomania, *s. f.* pustakonmâd *m.*

Bibliomaniaco, *a.* pustakonmâdvam̃t.

Bibliophilo, *s. m.* pustakpriya.

Bibliopola, *s. m.* pustakâr.

Bibliotheca, *s. f.* pustakâm̃cho bharṇo, pustaksam̃graha *m.*; pustaksâḷ *f.*, pustakâlay *n.* ‖ *— viva*, vidyâsâgar *m.*, vidyânagarî *f.*

Bibliothecario, *s. m.* pustakaśâlâdhikârî, pustakaśâlâdhipati.

Bibo, *s. m.* bibo *m.*

Bibulo, *a.* śoshak.

Bica, *s. f.* bîk, naḷ *m.*, naḷî; dhâr *f.* ‖ *Em —*, dhârîn. *Suar em —*, ghâmâchyo pâm̃vḷyo otom̃k *(g. do s.) Estar á —*, pâḷî yevum̃k *(g. do s.)*

Bicada, *s. f.* tom̃chṇî, bom̃ch; bom̃chbhar *f.*; kaḍo, kaḍso *m.* ‖ **-s**, *pl.* ṭahâḷyo *f. pl.*, vistâr *m.*

Bical, *a.* bom̃chyo, domsâḷo.

Bicapsular, *a.* dvibijakoś.

Bicar, *v. t.* tom̃chum̃k, chom̃chum̃k.

Bicephalo, *a.* dvimastak.

Bicha, *s. f.* jaḷû *f.*; dam̃t; sarap *m.* ‖ *Estar como uma —*, râgân phaḍphaḍum̃k, musmusum̃k. *— de sete cabeças*, gaspârgom̃dhaḷ *m.*, revadkom̃kem̃ *n.* *Deitar bichas*, jaḷvo ghâlum̃k. *— de rabear*, vâghoṇî *f.*

Bichanar, *v. i.* phutphutum̃k.

Bichancros, *s. m. pl.* moḍî, doḍṇyo *f. pl.*

Bichano, *s. m.* mâjar, bilû *n.*

Bicharia, *s. f.* buchbucho *m.*

Bicharoco, *s. m.* aḷśikaṇo jîv *m.*, bhesurvâṇem̃ jivaḷ *n.*

Bicheiro, *s. m.* jaḷvâm̃chem̃ âydan *n.*; śim̃târî *f.*; tâj *n.* ‖ *a.* kimchaṇo. ‖ *Ser — em alguma coisa*, kuṭum̃k, rahâṭum̃k.

Bichinho, *s. m.* lahân kiḍo *m.*, kûs *f.*

Bicho, *s. m.* kiḍo *m.*, kîḍ *f.*, krimi, jîv *m.*, jivâṇem̃, jivâḷ; janâvar *n.*, monjât *f.* ‖ *— de seda*, koḷisaro, kośkâr. *— de madeira*, rom̃ṭo *m.*; châṇî *f.* *— da consciencia*, am̃tashkarṇâcho kiḍo. *Mal do —*, dam̃tâm̃chî piḍâ. *— do matto*, sâvaj *n.*; *(fig.)* jam̃gḷî manîs. *— da cozinha*, râm̃dhpî. *Pancada de crear —*, saḍik mâr *m.* *Matar o —*, tiksem̃ mârum̃k. ‖ **-s**, *pl.* uvo *f. pl.*

Bichoca, *s. f.* kem̃soḷî *f.*

Bichoso, *a.* kiḍe âslalo, kûs paḍlalo; buchbuchît.

Bicipite, *a.* dutom̃ḍî, dvimastak.

Bico, *s. m.* bom̃ch, tom̃ch, chom̃ch *f.*; ṭom̃k *n.*, domas *m.*, sulkî *f.*; tom̃ḍ *n.* ‖ *Calar o —*, tom̃ḍ dhâm̃pum̃k. *Não abrir o —*, mitî nâ ughḍum̃k. *Metter no — de outrem*, kânâm̃t phum̃kum̃k. *— do peito*, bom̃ḍî, chîm̃v *f.*, bom̃b *m.* *— de penna*, ṭâm̃k *m.*, âṇî *f.* *— de gaz*, bîk *m.*, naḷî *f.* *— de obra*, avghaḍ kâm. *— do pé*, pâm̃yâchem̃ pom̃t *n.* *Andar nos bicos dos pés*, pâm̃val vâjaynâstânâ chalum̃k. *Chapeo de tres —*, tîm̃ koṇsyâm̃chem̃ chepem̃ *n.* ‖ *V.* BEBEDEIRA.

Bicolor, *a.* duram̃gî, dvivarṇ.

Bicorne, bicornigero, *a.* duśiṁgyo.
Bicudo, *a.* toṁchîcho, boṁchyo; domsâḷo, ṭoṁkyo. ‖ *Negocio —,* goṁdhḷâcheṁ kâm *n.*
Bidenteado, *a.* dudâṁtyo.
Bidente, *s. m. V.* ALVIÃO.
Biduo, *s. m.* aṁtro *m.*
Biennal, *a.* duvarshî.
Biennio, *s. m.* duvarsh *n.*
Bifar, *v. t.* choruṁk, sutlâvuṁk, biṭkî mâruṁk, bûṭ lâvuṁk *(d. do o.)*
Bife, *s. m.* bîph *f.*
Bifendido, bifido, *a.* dubhâg.
Bifero, *a.* dupikî.
Bifloro, dvipushp.
Bifoliado, *a.* dupânî.
Biforme, *a.* dvirûp.
Bifronte, *a.* dutoṁḍî, dvimukh; *(fig.)* ghâtkî.
Bifurcação, *s. f.* dukhâṁdo, duphâṁṭo *m.*, kel *n.*
Bifurcar, *v. t.* duphâṁṭo karuṁk. ‖ *v. r.* duphâṁṭo jâvuṁk.
Bigamia, *s. f.* dusaṁbaṁdh, dvipatnikaraṇ *n.*
Bigamo, *a. e s. m.* dusaṁbaṁdhî, dvipatnîk *(m.),* dvipatikâ *(f.)*
Bigemeo, *a.* jaṁvḷo.
Bigode, *s. m.* miśî *f.*
Bigodear, *v. t.* phoṭauṁk, ṭhakuṁk; keṁḍuṁk, beṁḍâvuṁk.
Bigodeira, *s. f.* kharâro *m.*
Bigorna, *s. f.* airaṇ *n.* ‖ *Estar entre a — e o martello,* khâṁchîk sâṁpḍuṁk.
Bigorrilha, *s. m.* bhâṇśiro, boṁdro, choṁbḍo *(aa.)*
Biguarim, *s. m.* mânây, vâvrâḍî.
Bigumeo, *a.* dudhârî.
Bijugado, *a.* dviyug.
Bijuteria, *s. f.* maner *m.*
Bilateral, *a.* dupaksh, dvipârśv.
Bilbode, *s m.* phârâr phâr *m.*
Bilha, *s. f.* kujo *ou* khujo *m.;* thâlî *(de cobre) f.,* chiṁbû *(de bronze),* tâṁbyo *(de cobre ou bronze);* buḍkulo, gâḍgo *m.;* biṁḍûl *n. (de barro);* kaḷso *m.,* ghâghar *(bilha grande) f.*
Bilhão, *s. m.* khurdo *m.*
Bilhar, *s. m.* goṭyâṁcho kheḷ *m.*
Bilharda, *s. f.* koṁyḍobâlâṁcho kheḷ *m.*
Bilhete, *s. m.* chiṭṭ *f.,* patr *n.,* rokho, lekh *m.;* chaktî, tikeṭ *(ingl.* TICKET*) f.*
Bilheteira, *s. f.* chiṭṭîṁcheṁ tâṭ *n.*
Bilheteiro, *s. m.* tikeṭkâr.
Bilhostre, *s. m.* pardeśî.
Biliano, *a.* piṁtâcho.
Bilimbi, *s. m.* biliṁbî, biṁblî *(arvore) f.;* biliṁbeṁ, biṁbleṁ *(fructo) n.*
Bilingue, *a.* dubhâshî; dujibhî; dutoṁḍî, dosko, doslo.
Bilioso, *a.* piṁtâcho, piṁtâḷo.
Bilis, *s. f.* piṁt *n.*
Bill, *s. m.* kâydyâcho khardo *m.*
Billião, *s. m.* mahâpadm, khark *m.*
Bilobado, *a.* dudâḷî.
Bilrar, *v. i.* kâṁḍyen reṁd karuṁk.
Bilro, *s. m.* kâṁḍî *f.; (fig.)* kirpaṁj manîs.
Biltre, *s. m.* durâtmo, demṇo, mahâr.
Bimano, *a.* duhâtî, dvihast.
Bimar, *a.* dvisamudrasth.
Bimarginado, *a.* dukâṁṭhî.
Bimbarra, *s. f.* uṭâḷeṁ, lavaṁg *n.*
Bimembre, *a.* duâṁgî.
Bimensal, *a.* dvimâs.
Bimestre, *s. m.* dvimâs *m.*
Bimo, *a.* duvarshî.
Binado, *a.* dupânî.
Binagem, *s. f.* duḷṇî *f.*
Binar, *v. t.* duḷuṁk, dupaḍ karuṁk.
Binario, *a.* dviguṇ.
Binervio, *a.* dvitaṁtu.
Binocular, doṁy ḍoḷyâṁk upkârto, dvinetr.
Binoculo, *s. m.* binokl *n.*
Binomino, *a.* dvinâm.
Binomio, *s. m.* dvipad *m.*
Bioco, *s. m.* boṁth *f.,* paḍdo *m.; (fig.)* ḍhoṁg *n.,* daṁbh *m.*
Biographar, *v. t.* charitlekhan karuṁk *(g. do o.)*
Biographia, *s. f.* charitvarṇan, charitlekhan *n.*
Biographico, *a.* charitvarṇanâcho.
Biographo, *s. m.* charitvarṇak.
Biologia, *s. f.* prâṇividyâ *f.*
Biologico, *a.* prâṇividyecho.
Biologista, *s. m.* prâṇividyâjña.
Biombo, *s. m.* âḍpaḍdo *m.,* âḍkûḍ *n.*
Bioquice, *s. f.* daṁbh *m.,* ḍhoṁg *n.*
Bipartido, *a.* dubhâg, dukhaṁḍ.
Bipatente, *a.* doṁ kuśîṁnîṁ ughṭo.
Bipede, *a.* dupâyî, dvipâd, dvicharaṇ.
Bipenne, *a.* doṁ pâkhâṁcho, doṁ pâkhoṭyâṁcho.
Biqueira, *s. f.* śiṁblî *f.;* poṁt *n.*
Birbante, *s. m.* baṭkîcho; vâydeś, pârpaḷ, lâpîṭ.
Birra, *s. f.* mastî *f.,* vâdo; kop *m.*
Birrar, *v. i.* mastî karuṁk, âplyâ vâdyâcho jâvuṁk.

Birrento, *a.* vâdyo, âplyâ vâdyâcho, haṭhî, saḷî; kopishṭ, pimṭvegî, jaḷsar.

Bis, *pref.* du, dvi. ‖ *int.* dusryân, navyân. ‖ *adv.* punar, dusre pâvṭhî.

Bisagra, *s. f.* bijâgr *n.*, joḍo *m.*

Bisalho, *s. m.* chirî *f.*, phoḍepirḍuko *f. pl.*

Bisannual, *a.* duvarshî.

Bisão, *s. m.* gavo *m.*

Bisar, *v. t.* dusârumk, duvârumk.

Bisarma, *s. f.* lâmb dâmḍyâcho kurhâḍo *m.*; *(fig.)* khaḍâghâmṭ, digambar manîs.

Bisavô, *s. m.* panjo.

Bisavó, *s. f.* panjî.

Bisbolhetar, *v. i.* lâmvḍây-, chahâḍî sâmgumk.

Bisbolheteiro, *s. m.* lâmvḍo, chahâḍyo, chaumchâḷ.

Bisbolhetice, *s. f.* lâmvḍây, chaumchâḷây *f.*

Bisborria, *s. m.* gâmḍû, bhikârḍo, mahâr.

Biscato, *s. m.* pilyâmk khâvaumk śukṇim vhartât tem *n.*; chirîmirî *f.* ‖ -s, *pl.* chûr *f.*, sumṭe *m. pl.*, kaṇyo *f. pl.*

Biscoitar, *v. t. V.* ABISCOITAR.

Biscoito, *s. m.* biskût, *surbûs *f.*, *(fig.)* thâpaṭ *n.*

Bisel, *s. m.* kamgro *m.*; khâmp *n.*

Bismutho, *s. m.* phûldhât *f.*

Bisnau, *a. Passaro* —, ghâḍvidyo, ghâḍî.

Bisneta, *s. f.* panṭî.

Bisneto, *s. m.* panṭû, panṭo.

Bisonharia, bisonhice, *s. f.* kachchepaṇ, doḍepaṇ *n.*, anabhyâs *m.*

Bisonho, *a.* kachcho, doḍo, pârko, anabhyâsî, navo, navśik, umedvâr, phok *(s. n.)* ‖ *s. m.* navo śipây.

Bispado, *s. m.* bispâd *m.*, bispâchem râj; bîsppaṇ *n.*

Bispal, *a.* bispâcho.

Bispar, *v. t.* dishṭî paḍumk *(s. do o., d. do s.)*, dekhumk; *śreshṭhumk.

Bispo, *s. m.* bîsp, *śreshṭh, dharmâdhyaksh *(p. us.)*; *uropygio:* bukâṇo; *esturro:* dâḍhsâṇ *f.*, karpaṇ *n.*

Bispote, *s. m.* doṇ *m.*, tast *n.*

Bissecção, *s. f.* dubhâgṇî *f.*, dubhed *m.*

Bissectriz, *s. f.* dubhâgchî rekhâ *f.*

Bissexto, *a.* odhikdinvarshâcho. ‖ *s. m.* aglyâ disâchem varsh, adhikdinvarsh *n.*

Bissexual, *a.* dvilimg.

Bistori, *s. m.* nastar *n.*

Bistre, *s. m.* mashî *f.*

Bitola, *s. f.* namuno *m.*, pratimân, jokh *n.* ‖ *Medir tudo pela mesma* —, ekâch jokhân saglem âṭâpumk.

Bivacar, *v. i.* ughṭyâr peṇem karumk, śeḷerâk nidumk.

Bivalve, *a.* bikoś.

Bivaque, *s. m.* ughṭyâ jâgyâr peṇem *n.*

Biviario, *a.* dvimârg.

Bizarraço, *a.* bhav surûp.

Bizarramente, *adv.* ḍaulân, suḍhaḷpaṇîm; udârpaṇîm.

Bizarrear, *v. i.* ḍaul karumk, baḍây dâkhaumk.

Bizarria, *s. f.* śobhitây, chokhaṭây, kalâ, dhajâ *f.*, sâjrepaṇ, sudhalpaṇ *n.*; *gala:* ḍaul, dabâjo *m.*, phaḍâ; *generosidade:* udârpaṇ mâhâtmya *n.*; *bravura:* mardî *f.*, dhairya *ou* dhair *n.*; *bazofia:* mijâs, baḍây *f.*

Bizarrice, *s. f.* mijâs, tâvdârkî *f.*

Bizarro, *a.* śobhit, śobhavṇo, surekh, sâjro, chokhaṭ, lavlavît; udâr, mahâtmik; dhairyavamt, mardikâr, tejvamt; ḍaulî, ḍaulâcho.

Blandicias, *s. f. pl.* aprûbây, bhoḷâvṇî *f.*, lâlan *n.*

Blandicioso, *a.* aprûbây kartalo, bhoḷâytalo.

Blasonador, *a. e s. m.* baḍâykhor, phiḍâlkor, mijâskâr, abhimânî.

Blasonar, *v. i.* mijâs karumk, baḍây dâkhaumk, mirvumk, abhimânumk, ahamkârumk.

Blasphemador, *a. e s. m.* devnimḍî, devnimḍak.

Blasphemar, *v. t. e i.* Devâcher âḍ ulaumk, devnimḍâ karumk, *drusanumk.

Blasphematorio, *a.* devnimḍecho.

Blasphemia, *s. f.* devnimḍâ, devnimḍ; ayukti *f.*

Blasphemo, *a.* devnimḍecho, Devâchyâ mânâr âḍ. ‖ *s. m.* devnimḍak.

Blau, *s. m.* niḷo ramg *m.*

Blindar, *v. t.* tikyâchem trâṇ ghâlumk (târvâk).

Bloquear, *v. t.* veḍhumk, veḍho ghâḷumk *(d. do o.)*

Bloqueio, *s. m.* veḍho, samrodh *m.*, vâṭbamḍî *f.*

Boa, *a. V.* BOM. ‖ *É boa!* jabar barem! ‖ *s. f.* âr, ghoṇes *m.*

Boamente, *adv.* barem, bare bhâshen, barepaṇîm.

Boana, *s. f.* mâsḷechem birem *n.*, âmdhâr *m.*

Boas-noites, *s. f. pl. (bot.)* meremd *(planta) f.; (flor) n. Do port.* MERENDA, *por ser á hora da merenda que desabrocham as flores.*

Boato, *s. m.* phumkâ *f.*, phumkâro *m.*, phâmphûm *n.*, vâd, lokvâd, pravâd *m.*, jankathâ *f.*

Boavinda, *s. f.* svâgat *n.* ‖ *Dar as boas vindas,* baro âylo mhanumk.

Bobagem, bobice, *s. f.* bhelepan, phîs, phiskan, yamtr *n.*, maskarî *f.*, bhâso *f. pl.*

Bobear, *v. i.* bhâso-, maskaryo-, yamtrâm karumk.

Bobeche, *s. m.* kâjchî vâṭî *f.*

Bobina, *s. f.* sutâchî gâḍî *f.*

Bobo, *s. m.* vidûshak, bahurûpî, bhamd, bhâmdo; nakalyo, bhâsâḷo, adnâḍî. ‖ *Servir de —,* kemḍnecho mâl vâvumk.

Boçal, *a.* doḍo, kachcho, mûḍh.

Boçalidade, *s. f.* doḍepaṇ, kachchepaṇ *n.*

Boçardas, *s. f. pl. (naut.)* âḍîm *n. pl.*

Bocca, *s. f.* tomḍ, mukh, vadan *(p. us.) n.;* jevṇî *(orgão de comer) f.;* bhak *(deprec.);* muskaṭ *(injur.) n.;* bomcho *(injur.) m.; pessoa:* khâtem tomḍ *n.; mossa:* ghâvṭo *m.; barra:* khâḍ *f.*, amdar *n.* ‖ *Fazer crescer a agua na —,* jîbh pâjevumk *(g. do s.),* miṭyo mârumk *(d. do s.) Fazer —,* tomḍâk lâvumk. *Ter boa —,* saglem ruchumk *(d. do s.) Ter má —,* tomḍ vâmkḍem karumk. *Fazer a — doce,* tomḍ goḍ karumk; phulâm mâḷumk *(litt.* ENFEITAR DE FLORES). *Ter amargos de —,* kajñîm yevumk *(d. do s.),* kachrâvumk *(v. imp., d. do s.); (fig.)* jîv âmbṭevumk *(litt.* AZEDAR-SE A VIDA; *g. do s.) Abrir —,* jâmbhâyo kâḍhumk. *Dizer á — cheia,* pâṭh phuḍo paḷe nâstânâ sâmgumk, tomḍbhar ulaumk. *De —,* tomḍâtomḍîm, tomḍâpâsim. *Pela — morre o peixe,* âplyâ tomḍân mâsḷî martâ. — *calada!* gapchip. — *do estomago,* śimpî — *da rua,* nâko *m.*, tomḍ *n.* — *de fogo,* nâḷ *f.* — *de navio,* târvâchempoṭ *n.*

Boccaça, bocarra, *s. f.* bhak *n.*

Boccadinho, *s. m.* sumṭo *m.*, phoḍ, apṭî *f.; um pouco de:* ilo, thoḍo *(aa.)* ‖ *Espere um —,* mâtso râv. *Ha —,* atâmch *(adv.)*

Boccado, *s. m.* ghâms kuṭko, kapo, kapṭo, tukḍo, grâs *m.*, kavaḷ *(us. Can.) m.; breve tempo:* mâtso *(a.),* khinbhar *n.*

Boccal, *s. m.* tomḍ, mukh *n.;* kâmṭh *n.;* pimpârî, jivhâḷî *f.* ‖ *V.* AÇAIMO.

Bocejador, *s. m.* jâmbhâvṇâr.

Bocejar, *v. i.* jâmbhâvumk, jâmbhâyo kâḍhumk, jâmbhâyo yevumk *(d. do s.)*

Bocejo, *s. m.* jâmbhây, jâmbh *f.*

Bocel, *s. m.* kamgro *m.*

Bocelar, *v. t.* kamgro karumk *(d. do o.)*

Boçeta, *s. f.* buset, peṭûl *n.*, ḍabo *m.*

Bochecha, *s. f.* gâl *m.*, gâlphûṭ, bhak *n.*, poldî *f.* ‖ *Dizer alguma cousa nas bochechas,* tomḍâr mârumk.

Bochechada, *s. f.* gâlbhar, ghoṭbhar *m.;* thâpaṭ *n.*

Bochechão, *s. m.* polyâr thâp *f.*, -thâpaṭ, poldyo phoḍṇem *n.*

Bochechar, *v. t. e i.* ghoṭ bharumk *(g. do o.),* kuchkuchâvumk.

Bochecho, *s. m.* ghoṭ *ou* ghomṭh, kuchkucho *m.*

Bochechudo, *a.* gâlyo, gâlero, gâlphugro.

Bichorno, *s. f.* gajgajṇî *f.*

Bocio, *s. m. V.* PAPEIRA.

Boda, *s. f.* lagn, varhâḍ, varâḍ *n.*, vârḍîk *f.*, vivâha *m.*

Bode, *s. m.* bakro, bakḍo, bakaḍ, eḍko *m.*, bakaḍmem, śeḷḍûm; *(fig.)* eḍo, eḍko. ‖ — *expiatorio (fig.)* bembryâchem kâpaḍ *n.*, lepechyâ mâthyâr.

Bodega, *s. f.* dukân, gaḍamg *n.*

Bodegueiro, *s. m.* dukânkâr, gaḍamgâr.

Bodo, *s. m.* bhikâryâmk jevaṇ; bhojan, mahâḷ *n.*

Bodoque, *s. m.* chimkhaḍo *m.*

Bodum, *s. m.* ghurṭâṇ *f.*

Bões, *s. m. pl.* nîs *m. pl.*

Bofar, *v. t.* popsâmtlo uḍaumk,- omkumk; *(fig.)* phugumk *(v. i.),* phurphurumk *(v. i.)* ‖ *v. i.* bambhâḷ jâvumk, bambhâḷumk, uphâḷumk.

Bofe, *s. m.* popîs *n.* ‖ *Homem de maus bofes,* kurṇâṭî-, nirdukhî manîs. *Deitar os — pela bocca fóra,* harḍephûṭ jâvumk.

Bofé, *int.* kharemch, bhâvârthân.

Bofetada, *s. f.* thâpaṭ *n.*, thâp *f.;* dhapko, phâpar *m.*

Bofetão, *s. m.* thâp *f.*, lâtaḍ *n.*

Bofete, *s. m.* lahân thâpaṭ *n.*

Bofetear, *v. t. V.* ESBOFETEAR.

Bogari, *s. m.* mogrî *(planta) f.;* mogrem *(flor) n.*

Boi, *s. m.* bail, pâḍo, gono, rishabh *(p. us.) m.* ‖ *Olho de —,* kalvem, dhârem *n.*, gavaksh *m. e n.* — *bento,* namdîbail. *Junta de bois,* bailâmchem jot *n. Andar o carro adeante dos* —, âgî phuḍe dhuṁvar khâvuṁk.

Boia, *s. f.* peṁv, *duṁḍûṁ *n.*, boyro *m.*; vâṁjh *n.* ‖ *Não ver* —, ḍoḷyâṁr kâḷok yevuṁk (*g. do s.*)

Boiada, *s. f.* bailâṁcho hiṁḍ *m.*, ḍhorâṁ *n. pl.*

Boiante, *a.* upheto.

Boião, *s. m.* buyâṁv *n.*, âchâṁv *m.*, barṇî *f.*

Boiar, *v. t.* peṁvâk bâṁdhuṁk. ‖ *v. i.* uphevuṁk, piyoṁk; (*fig.*) ḍauṁḍaḷuṁk.

Boeira, *a. Estrella* —, śukr *m.*

Boeiro, *s. m.* gopâḷ, bailâṁcho râkhṇo; bailâṁkâr.

Boiz, *s. f.* phâs *m.*, phâskâṁ *n. pl.*, mâuas *f.*

Bojante, *a.* phugro, phullalo.

Bojar, *v. t.* phugauṁk, phugo kâḍhuṁk (*d. do o.*); phulauṁk. ‖ *v. i.* phuguṁk, phugo yevuṁk (*d. do s.*); phuluṁk.

Bojo, *s. m.* phugo *m.*; poṭ, ḍholkeṁ *n.*

Bojudo, *a.* vhaḍlyâ poṭâcho; poṭyo.

Bola, *s. f.* guḷo *m.*, guḷî, goṭî, guṭhlî *f.*, cheṁḍû, teṁḍû, pel *m.*; kâṁchoṭî (— *de vidro*) *f.*; *cabeça:* boḍ *n.*, belko *m.* ‖ — *de sabão*, budbuḍo *m. Jogo da* —, pelâṁ-, cheṁḍvâṁcho kheḷ *m.* ‖ -**s**, *pl.* koḷsyâṁche loḷe *m. pl. É um* —, to phujâṁv,- bheṁkro.

Bolacha, *s. f.* biskûṭ *f.*; (*fig.*) thâpaṭ *n.*, poldîbhar *f.*

Bolada, *s. f.* cheṁḍvâcho phâr *m.*

Bolandas, *s. f. pl. Andar em* —, âpṭoṁk dhapṭoṁk, darvaḍuṁk.

Bolandeira, *s. f.* sâkar karcheṁ châk *n.*

Bolapé, *s. m.* pâr *m.*

Bolar, *a.* chikaṭ. ‖ *Terra* —, chikaṭ mâtî *f.*

Bolar, *v. i.* basuṁk (cheṁḍû).

Bolbifero, *a.* kâṁdlyo jâto.

Bolbilho, *s. m.* kâṁdlî *f.*

Bolbo, *s. m.* kâṁdo, kaṁd *m.*, muṁḍlî *f.*

Bolboso, *a.* kâṁdyâcho.

Boldrié, *s. m.* paṭṭo *m.*, paḍḍâleṁ; kamarbaṁd, kaṭibaṁd *m.*

Boleado, *a.* vâṭkuḷo, vâṭâṁguḷo.

Bolear, *v. t.* vâṭkuḷo-, vâṭâṁguḷo karuṁk.

Boleima, *s. f.* karḍî poḷî *f.*; (*fig.*) pato.

Boleio, *s. m.* vâṭâṁguḷây, vâṭkuḷây; (*fig.*) khâst, śikshâ *f.*

Boleo, *s. m.* paḍṇî, śevṭoṇî *f.*

Boleta, *s. f. V.* BOLOTA.

Boletim, *s. m.* boletîṁ *f.*, vartamânpatr, vârttâpatr *n.*; târ *m.*

Boleto, *s. m.* chiṭṭ *f.*, rokho *m.*; âyaṁbeṁ *n.*

Bolha, *s. f.* phoḍ, bako (*us. Can.*); budbuḍo *m.*; (*fig.*) mâṁj, hukkî *f.*

Bolhar, *v. i.* phoḍ yevuṁk (*d. do s.*); budbuḍuṁk.

Bolhoso, *a.* phoḍ âslalo; budbuḍît.

Bolide, *s. m.* ulkecho phâtar *m.*

Bolieiro, *s. m.* gaḍyekâr, gâḍîvâlo.

Bolina, *s. f.* ghoṁs *m.* ‖ *Vento á* —, âḍveṁ vâreṁ *n. Navegar ou ir á* —, ghoṁs vachuṁk. *Andar á* —, (*fig.*) vâṁkuṁk.

Bolinar, *v. t.* ghoṁs dharuṁk. ‖ *v. i.* ghoṁs vachuṁk,- râvuṁk.

Bolineiro, *a.* ghoṁs veto.

Bolinete, *s. m.* nâṁgar ukalcheṁ yaṁtr *n.* ‖ *V.* BATEA.

Bolo, *s. m.* bol, vaḍo *m.*, poḷî, loḷî, bhâkar roṭî *f.*, bhelo, bobo (*loc. infant.*); guḷo *m.*; gâḍeṁ *n.*, paṇ (— *de jogo*) *m.*; (*fig.*) kaḍyâḷeṁ, savan *n.* ‖ *Fazer alguma cousa num* —, guḷo karuṁk (*g. do o.*), maḷuṁk. — *armenio*, huṛmûj, multânî mâtî *f.* ‖ -**s**, *pl.* phaṭke, vaḍe (pâlmatorîche) *m. pl.*

Bolonio, *a.* gaḷyo, boṁtho, dagaḍyo, âjñânî.

Bolor, *s. m.* bâto *m.*, ubsâṇ *f.*

Boloreseer, *v. i.* bâtevuṁk.

Bolorento, *a.* bâtelalo, bâtyâcho, ubaṭ, pâno; (*fig.*) parṇo, kadamkâḷo.

Bolota, *s. f.* godphaḷ *n.*

Bolsa, *s. f.* chirî, peśvî, thailî; gâṁṭh; dhokṭî (— *do barbeiro*) *f.*; (*comm.*) chauk *m.* ‖ *Ter — commum*, ek gâṁṭh âsuṁk (*d. do s.*) *Alargar os cordões á* —, gâṁṭh soḍuṁk.

Bolsar, *v. t.* (lahân burgeṁ dûdh) oṁkuṁk, udharuṁk. ‖ *v. i.* phuguṁk (âṁgâvleṁ), phugo jâvuṁk (*d. do s.*); chirmuṭuṁk.

Bolseiro, *s. m.* chiryekâr; potkâr, khisekâr.

Bolsinho, *s. m.* lahân bolas *n.*, pothî, saṁbaḷî; gâṁṭh *f.*, padar *m.* ‖ *Dar do seu* —, âplyâ padarcho divuṁk.

Bolso, *s. m.* bolas *n.*, khiso *m.*, peśvî; gâṁṭh *f.*, padar; phugo, bachko *m.*, phûg; chirmuṭṇî *f.*

Bom, *a.* baro, barvo, baikaṭ, châṁgo, châṁglo, chokhaṭ; *clemente:* kanvâḷo, dulabh, dayâḷ; *benevolo:* bhalo, prasann, mogâḷ; *habil:* kapâj (*port.*

CAPAZ), khabardâr, lâyk; *são:* rokh, kuśâl, khabardâr; *agradavel:* chakh, nâjûk, lâyk; *garantido:* baryâ nâmvâcho, asal; *util:* âdâvâcho, upegâcho, phaḷâdîk, śubh. («Baro» *representa quasi todas as accepções de «bom»*). ‖ *Muito* —, kây baro. *Bons dias,* Dev baro dîs divûmv (*litt.* DEUS DÊ BONS DIAS). *Bom anno,* navem varas *n.* *As boas,* barepaṇim, ishṭagatim. ‖ *s. m.* barem *n.;* baro manîs *m.*

Bomba, *s. f.* bomb; kulpîguḷo; garnâl *ou* garnel; *(fig.)* kâḷ *m.* ‖ *Cahir como uma* —, ghas karn yevumk.

Bombarda, *s. f.* khajṇo, gubâro *m.,* nâḷ *f.*

Bombardada, *s. f.* khajṇyâcho phâr *m.*

Bombardeamento, *s. m.* kulpîguḷyâmcho bhaḍmâr *m.*

Bombardear, *v. t.* naḷî soḍumk *(l. sup. do o.),* kulpîguḷe mârumk *ou* ghâlumk *(l. sup. do o.)*

Bombardeira, *s. f.* jamgî *f.*

Bombardeiro, *a.* khajṇyâcho. ‖ *Polvora bombardeira,* komkṇî dârû *f.* ‖ *s. m.* golamdâj *m.*

Bombastico, *a.* tantanit, phaḍphaḍit, ḍaulî; motyâm śabdâmcho, polkyâm uttrâmcho.

Bombear, *v. t.* vaṭkuḷo karumk. ‖ *V.* BOMBARDEAR.

Bombeiro, *s. m.* golamdâj; bombkâr.

Bombo, *s. m.* ḍhol *m.*

Bombordo, *s. m. (marit.)* dâvî bâṇ *f.*

Bombyx, *s. m.* koḷisaro, kośkâr *m.*

Bonachão, bonacheirão, bonacho, *a. e s. m.* haḷbaḷo, bhoḷo, bâbḍo, rokh *(aa.)*

Bonacho, *s. m. V.* BISÃO.

Bonança, *s. f.* thamḍây, thamḍî, nivḷây *f.; (fig.)* svasthi, śâmti *f.,* śubh, bhâg *n.*

Bonançar, *v. i.* thamḍ jâvumk, thamḍâvomk, nivḷumk.

Bonançoso, *a.* thamḍ, nivaḷ; śâmt, svasth.

Bona-xira, *s. f.* barem jevaṇkhâṇ *n.*

Bond, *s. m.* khatem *n.,* rokho *m.*

Bonda, *int.* puro, bas.

Bondade, *s. f.* barepaṇ, chokhaṭây *f.,* satguṇ *m.,* bhalepaṇ *n.,* goḍî *f.* ‖ *Tenha a* —, upkâr kar.

Bondar, *v. i.* puro jâvumk.

Bondoso, *a.* baro, bhalo, kurpevamt, kṛipâḷû.

Boneca, *s. f.* bâhulî, putḷî; guṭhlî *f.*

Boneco, *s. m.* bâhulem, chitr *n.*

Bonicos, *s. m. pl.* lemḍyo *f. pl.*

Bonicar, *v. t. V.* BENEFICIAR.

Bonifrate, *s. m.* bouiphrât, sutrîbâhulî *f.,* sûtrbâhulem, yamtrbâhulem *n.*

Bonina, *s. f.* phûl, pushp *ou* pusv *n.*

Bonissimo, *a. sup.* jabar-, chaḍh baro.

Boniteza, *s. f.* śobhitây, chokhaṭây *f.*

Bonito, *a.* baro, baikaṭ, kây baro, chokhaṭ, kapâj, mâṇkuḷo, phiramguḷo; rupo, rûpvamt, śobhit. ‖ *int.* alalala. ‖ *s. m. V.* BRINQUEDO.

Bonnet, *s. m.* bonem *n.,* topî *f.*

Bonus, *s. m.* manotî *f.*

Bonzo, *s. m.* bauddhpujârî.

Bootes, *s. m. V.* BOEIRA.

Boquear, *v. i.* tomḍân śvâsumk; ghargharumk.

Boqueira, *s. f.* vâḷûchî phûṭ *f.*

Boqueirão, *s. m.* tomḍ (namhîchem, *etc.*); khâvṭem *n.*

Boqueadura, *s. f.* jâmbhâvṇî *f.,* tomḍ ughaḍṇem *n.*

Boquejar, *v. i.* jâmbhâvumk, jâmbhây kâḍhumk, jâmbh yevumk *(d. do o.):* vâyṭ ulaumk; phutphutumk.

Boquelho, *s. m.* bhâṭṭyechem dhârem *n.*

Boquiaberto, *a.* tomḍ ughṭem karto; ajâp jâlalo.

Boquiardente, *a.* jaḷtyâ tomḍâcho.

Boquiduro, *a.* nibrâ tomḍâcho.

Boquifranzido, *a.* âmvaḷḷalyâ tomḍâcho.

Boquilha, *s. f.* jivhâḷî, viḍî-, chirûṭ oḍhchî naḷî *f.*

Boquim, *s. m.* pimpârî, jivhâḷî *f.*

Boquinegro, *a.* kâḷyâ tomḍâcho.

Boquinha, *s. f.* tomḍulî *f.*

Boquiroto, *a.* vâhvlalyâ tomḍâcho.

Boracico, *a.* khârâcho.

Borax, *s. m.* khâr, ṭâmkaṇkhâr, kâmkaṇkhâr *m.*

Borboleta, *s. f.* pisoḷem *n.,* patamg *m.*

Borboletear, *v. i.* henem teṇem bhomvumk; *(fig.)* bhramumk.

Borborinho, *s. m.* jâg, guṇguṇî, govjî *f.,* gaḷbaḷ *m.*

Borborygmo, *s. m.* gaḷgaḷṇî *f.,* kuṭkuṭ *n.,* khaḷkhaḷ *m.* ‖ *Ter* —, poṭân khaḷkhaḷumk,- kuṭkuṭumk *(g. do s.)*

Borbotão, *s. m.* bambhâḷ, uphâḷo *m.,* uphâḷem *n.,* bhagbhag *m. e f.*

Borbotar, *v. i.* bambhâḷ jâvumk *(g. do s.),* bambhâḷumk, uphâḷumk, boṁb phuṭuṁk (— *agua)*; bhagbhaguṁk (— *chamma)*.

Borbulha, *s. f.* puḷî *f.*, phoḍ *m.*, ghâmoḷeṁ *n.*; *bolha:* buḍbuḍo; *(bot.)* kaḷo, taḍo; phâṁṭo *m.*; *(fig.)* khoḍ *f.*, aib, aguṇ *m.*

Borbulhar, *v. i.* phuṭuṁk (âṁg-, âṁgâk-), ghâmoḷeṁ phuṭuṁk; buḍbuḍuṁk, khatkhatuṁk; paghḷuṁk, pâṁvlyâṁnîṁ otoṁk; *(bot.)* phuṭuṁk (jhâḍ), kaḷevuṁk, taḍevuṁk; *(fig.)* loṭoṁk, choṁbyâṁnîṁ bhâyr saruṁk, buchbuchuṁk.

Borbulhoso, *a.* puḷyâṁnîṁ bharlalo, puḷero; buḍbuḍyâṁcho, buḍbuḍit.

Borco, *s. m. De* —, oṁto *(a.)* || *Virar de* —, oṁtuṁk.

Borda, *s. f.* deg, kaḍ, bhoṁvar, taṇ *f.*, kinâro; kâṁṭh, bhoṁvâr *m.*, bhoṁvṭaṇ *f.*: *orla:* bord *n.*, deg, kinârî, bâṇ *f.*, pâḷaṁv; *aba:* pâkhoṭo, padar *m.*: *praia:* taḍ, veḷ, kinârî *f.*, tîr *n.*; *terreno adjacente:* daḍ *ou* dhaḍ, taḍ, mer *f.*, kâṁṭh *m.* || *Estar á* — *do abysmo,* kâḷ yevuṁk *(l. sup. do s.)*

Bordada, *s. f.* śiḍ *n.*; ek bâṇîchyâṁ nâḷiṁche phâr *m. pl.*

Bordadeira, *s. f.* kasto kâḍhtali, bordâr kartalî.

Bordado, *s. m.* kasto *m.*, nakśî *f.*

Bordador, *s. m.* kasto kâḍhtalo, nakśî, śirgîr (*port.* SIRGUEIRO).

Bordadura, *s. f.* kasto-, nakśi kâḍhṇeṁ *n.*; kasto *m.*, kirvaṇ; deg *f.*

Bordagem, *s. f.* târvâchîṁ bhâylîṁ phaḷîṁ *n. pl.*

Bordalengo, *a.* bâbat, kachcho, kardo.

Bordalo, *s. m.* pirtaḷ *m.*

Bordão, *s. m.* ṭoṇko, dâṁḍo, saṭo, koṁyḍo *m.*, bet, vetr *n.*, betkâṭhî; *phrase habitual:* toṁḍâcheṁ uttar, ekach pad *n.*; *(fig.)* dâṁḍo, teṁko, âdhâr; *(mus.)* bordâṁv, gor *m.*; nichsavan *n.* || — *de S. João (bot.)* kanel *n.*

Bordar, *v. t.* bordâr karuṁk, naksuṁk, kasto kâḍhuṁk *(d. do o.)*, biranuṁk; bhoṁvtîṁ saṁjanuṁk.

Bordejar, *v. i. (naut.)* he âni te bâṇîr vachuṁk, hereṁ ghevuṁk.

Bordel, *s. m.* śiṁdaḷghar, veśyâgâr *n.*

Bordo, *s. m.* bâṇ, boḍad *n.* || *Ir a* —, târvâr chaḍhuṁk. *Estar a* —, târvâr âsuṁk. *Virar de* —, sukâṇeṁ partuṁk; *(fig.)* kûs mâruṁk. *Navio de alto* —, vhaḍleṁ târûṁ *n.* *Fazer bordos*, hereṁ ghevuṁk; *(fig.)* lavkuṁk.

Bordoada, *s. f.* baḍavṇî, ṭoṇkâvṇî *f.*, dhapko, phâr, mâr *m.*

Boreal, *a.* uttarîcho.

Boreas, *s. m. pl.* uttraṇ *n.*, uttar *f.*

Borjaca, *s. f.* kâṁsârācheṁ poteṁ *n.*; jhubo *m.*

Borla, *s. f.* borl *n.*, goṁḍo *m.* || *De* —, phuṁkyâ.

Bornal, *s. m.* bokseṁ *n.*

Bornear, *v. t.* jokhuṁk (nâḷ), lâvuṁk.

Borneio, *s. m.* bhoṁvḍâvṇeṁ, ghuṁvlâvṇeṁ *n.*

Borneira, *s. f.* pâkhaṇ *m.*

Borneiro, *a.* pâkhaṇî. || *Trigo* —, pâkhaṇyâ dâṁtyâr daḷlalo gahaṁ *m.*

Borra, *s. f.* joṁdhḷyâcho uṁḍo *m.*, -khâjeṁ *n.*

Borra, *s. f.* mûr *f.*, gâḷo *m.*, gadaḷ, borr (— *de vinho)*; *(fig.)* lokâcheṁ gadaḷ,- guḷeṁ *n.* || *V.* BAGATELLA.

Borra-botas, *s. m.* gomâjî, kamâśîl manîs.

Borraçal, *s. m. V.* LAMEIRO.

Borraceiro, *s. m.* dhaḍak *f.* || *a.* gadaḷ, murecho.

Borracha, *s. f.* lahân dâbo *m.*, burleṁ *n.*; burrâch *f.*, kât *m.*

Borrachão, *s. m.* bebdo, suṇḍo, sorekâr.

Borracheira, borrachice, *s. f.* bebdikây, kâtar *f.*, cheṁḍaṇ *n.*

Borracheiro, *s. m.* burlekâr, dâbekâr.

Borracho, *s. m.* pârvyâcho pilo *m.* || *a.* bebdo, cheṁḍ.

Borrachudo, *a.* phuglalo, phugro.

Borradela, *s. f. V.* BORRÃO.

Borrado, *a.* burâp, burâpî.

Borrador, *s. m.* kharḍo, masudo *m.* || *a. e s. m.* lepṇâr, lepḍâytalo.

Borradura, *s. f.* burâpṇî, kharaḍṇî; pusṇî; khoḍṇî; khatâvṇî, loḷauṇî *f.*

Borrainas, *s. f. pl.* khoḍâcho choṁdo *m.*

Borralheiro, *a.* parlân basto.

Borralho, *s. m.* murmuro *m.*, parl *n.*

Borrão, *s. m.* burrâṁv, ṭipko, dâg *m.*, khat *n.*; *rasemho:* kharaḍ *f.*, kharḍo, masudo *m.*, *desdoiro:* kaḷaṁk, khat *n.*

Borrar, *v. t.* burâruṁk, burâpuṁk, tîṁt-, śâi ghâluṁk *(l. sup. do o.)*; kharḍuṁk; *riscar:* pusuṁk, khoḍuṁk, kâṭruṁk; *sujar:* khatâvuṁk, loḷauṁk.

Borrasca, *s. f.* jhaḍpo *m.*, vâdaḷ, tuphân, moḍ *n.*; *(fig.)* jhapâṭo *m.*, jhaḍjhaḍî *f.*

Borrascoso, *a.* vâdaḷyo, jhaḍpyâcho.

Borrega, *s. f.* bakuḍleṁ *n.*

Borregada, *s. f.* bakuḍlyâṁcho hiṁḍ *m.*

Borrego, *s. m.* bakuḍlo, lahân meṁḍhro *m.*

Borrento, *a.* murecho, gadaḷ.

Borrifar, *v. t.* śitoḍuṁk, śitoḍâvuṁk, śiṁvrâvuṁk, pichpichâvuṁk, bharuṁk; davân śiṁpuṁk. ‖ *v. i.* pâus śiḍśiḍuṁk,- śitoḍoṁk.

Borrifo, *s. m.* śitoḍo, śiṁvar; śiḍśiḍo, vâvjhaḍ *m.*

Borriscada, *s. f. V.* BORRASCA.

Borrisco, *s. m.* nibar dhaḍak *f.*

Borro, *s. m.* ekâ doṁ varshâṁcho meṁḍhro *m.*

Borzeguim, *s. m.* naṭapâdukâ *f.*

Bosboque, *s. m. V.* BISÃO.

Boscagem, *s. f.* isoḷeṁ *n.*

Boscarejo, *a.* rânâṁtlo.

Bosear, *v. t.* âṁbḍuṁk, âṁṭauṁk.

Bosque, *s. m.* rân, isoḷeṁ, araṇeṁ, van, ban *n.*, ghol *m.*

Bosquejar, *v. t.* kharḍuṁk, âṁkuṁk, nakśo karuṁk *(g. do o.)*

Bosquejo, *s. m.* kharḍo, nakśo, sasâr *m.*, chitr *n.*

Bossa, *s. f.* phugo, bakûl *m.*, ṭuṁbar *(esp. — na cabeça); disposição:* vaṁdavṇî, baḍ, kuvet *f.; corcunda:* poṁg; *giba de animaes:* kohaḷ; *(anat.)* dhuṁk, khubaṭ *n.*

Bosta, *s. f.* śeṇ *n.*, thâpo *m.*

Bostar, *v. i.* thâpevuṁk, śeṇuṁk.

Bosteiro, *s. m.* depho *m.*

Bostela, *s. f.* phoḍ *m.*, puḷî; *(— de variola)* kâṁjṇî, kâṁjîṇ *f.*

Bostelento, bosteloso, *a.* puḷero, phoḍâṁnîṁ bharlalo.

Bota, *s. f.* (vhaḍlo) mocho *m.*

Bota-fogo, *s. m.* kâkaḍo; kâkaḍekâr; *(fig.)* lâṁvḍo, kuṁs lâvṇo.

Bota-fóra, *s. m.* târûṁ loṭṇeṁ,- ḍhakalṇeṁ; bhâyr vetalyâk pâvuṁk vachṇeṁ *n.*

Botanica, *s. f.* udbhidvidyâ, vanaspatividyâ.

Botanico, *a.* udbhidvidyecho, vanaspatividyecho. ‖ *s. m.* udbhidvidyâjña, vanaspatividyâjña.

Botão, *s. m.* butâṁv *m.*, guṁḍî, gubbî *(us. Can.) f.*; guḷo; *(bot.)* kaḷo, boṁgo; *(med.)* châmkûḷ *m.* ‖ *— de fogo*, bûṭ, dâgaṇ *n.*, lâs *m. Botões do seio*, chîṁv *f. Fallar com os seus —*, âpleṁ bhitar ulauṁk.

Botar, *v. t.* ghâluṁk, uḍauṁk; otuṁk *(— liquidos).* ‖ *— discurso*, sabhâvâd karuṁk. *— cavallo, trem*, ghoḍo, gâḍî davruṁk. ‖ *v. i.* bhâyr saruṁk; pasroṁk. ‖ *— a fugir*, dhâṁvuṁk lâguṁk. ‖ *v. r.* tuṭûn-, âṁgâr vachuṁk, phuḍe saruṁk, kâḷîj-, baḷ jâvuṁk.

Botareo, *s. m.* pustî *f.*, dhero *m.*

Bote, *s. m.* boṭ *(ingl.* BOAT*)*, hoḍî, nâv *f.*; *golpe:* phâr, phaṭko, dhako *m.*; *desfalque:* nuskâṇ *n.*, tûṭ *f.* ‖ *De um —*, ekâ phârân.

Botelha, *s. f.* maḍtel *n.*, botl *f.*

Botequim, *s. m.* dukân *n.*; kavâkhâṇo *(p. us.) m.*

Botequineiro, *s. m.* dukânkâr.

Botica, *s. m.* pasro, mâṁḍ *m.*, âṁgḍî *f.*, dukân; butîk *n.*, aushadhśâlâ *(p. us.) f.*

Boticario, botiqueiro, *s. m.* pasarkâr, âṁgaḍkâr, dukânkâr; butikâr, potekâr *(ingl.* APOTHECARY*).*

Botija, *s. f.* pot *(port.* POTE*) f.*, mâtyechem maḍtel *n.*; *(fig.)* tuṭṭuḍit manîs.

Botim, *s. m.*, **botina, botinha**, *s. f.* lahân-, burgyâcho mocho *m.*

Botirão, *s. m.* khaṇ *f.*

Boto, *a.* dhâr nâslalo *ou* moḍlalo, saḍo, dhamkaṭo; *(fig.)* ḍoḍo, jaḍ, maṁd. ‖ *Ter os dentes botos*, dâṁt śirśiruṁk,- âṁbṭevuṁk, -śiṇśiṇuṁk *(g. do s.)*

Botoeira, *s. f.* kâj *(port.* CASA*)*, birdeṁ *n.*, tukmo *(p. us.) m.*; butâṁv kartalî.

Botoeiro, *s. m.* butâṁvkâr.

Boubas, *s. f. pl.* phiraṁgî piḍâ *f.*

Bouça, *s. f.* baraḍ *n.*

Bouceira, *s. f.* saṇâcheṁ burkûl *n.*

Boucha, *s. f.* kuṁerî *f.*

Bouquet, *s. m.* jhelo, phulâṁcho ghoṁs *m.*

Bovino, *a.* gorvâṁcho.

Box, *s. m.* muṭhîṁcho kheḷ *m.*

Boya, *s. m.* bhoi *m.*

Braça, *s. f.* brâs, vâṁv *n.*, pursh *m.*

Braçada, *s. f.*, **braçado**, *s. m.* kavaḷ *n.*, veṁgbhar *f.*, âḍav *n.* ‖ *Ás braçadas*, pushkaḷâyen, loṭâṁnîṁ.

Braçadeira, *s. f.* paraj; âṁkḍo *m.*; vâḍî *f.*

Braçagem, *s. f.* hâtkâm *n.*

Braçal, *a.* hâtâcho, hâtâṁnîṁ kelalo. ‖ *Trabalho —*, hâtkâm *n. Serra —*, doghâṁnîṁ oḍhchî kharvaṁt *f.* ‖. *s. m.* barsâl *m.*; hastatrâṇ *n.*

Bracamarte, *s. m.* khaḍg *n.*

Braçaria, *s. f.* tâṇṇî; ṭâṁkṇâvaḷ *f.*

Bracear, *v. t. (naut.)* ghoṁs lâvuṁk (śîd). ‖ *v. i. V.* BRACEJAR.

Braceiro, *a.* ghaṭṭ daṁḍâṁ âslalo; hâtân uḍauṁcho,- mârcho. ‖ *s. m.* hâtkâmî; hât ditalo.

Bracejar, *v. t.* hât kase uḍauṁk,- pasruṁk. ‖ *v. i.* hât hâḷauṁk; pâṭhî phuḍe hâḷuṁk.

Bracejo, *s. m.* hât-, phuḍle pâṁy hâlauṇeṁ *n.*

Braceleira, *s. f. V.* BRAÇADEIRA *e* BRAÇAL *(s.)*

Bracelete, *s. f.* barsalot *f.*, kâṁkaṇ, kaḍeṁ *n.*, âṇas *f.*

Brachial, *a.* hâtâcho, bâvḷyâcho.

Braço, *s. m.* hât, bâvḷo *m.*, bhûj *(p. us. nesta accepção)*; daṁḍ, bhûjdaṁḍ *(— desde o hombro até ao cotovelo) n.*; monjâtîcho phuḍlo pâṁy; phâṁṭo *m.*, khâḍ *f.*; *(bot.)* phâṁṭo, khâṁdo *m.*, khâṁdî *f.* ‖ *De — dado*, hâtânhât. *— de ferro (fig.)* ghaṭṭ daṁḍ. *Braços arregaçados*, hât kavaḷḷale. *Cortar os — a alguem*, poṭâr mâruṁk; baḷ moḍuṁk. *Extender os — a alguem*, hât divuṁk; majat mâguṁk. *Ficar de — cruzados*, hât pâṁghrûn basuṁk. *Suspender os — de alguem*, hât dharuṁk. *Lançar-se nos —*, goḷoveṁg ghevuṁk; saraṇâ vachuṁk. *Arrancar alguem dos —*, vâṭâvuṁk, nivrâvuṁk. *Estar nos —*, saṁvkuṁk, âdhîn âsuṁk. *Estar ou vir a —*, sâṁpḍuṁk, karuṁk kashṭâvoṁk. *Ser o braço direito*, pradhân jâvuṁk.

Bractea, *s. f. (bot.)* pushpâvaraṇ *n.*

Braçudo, *a.* moṭîṁ âni ghaṭṭâṁ daṁḍâṁ âslalo; hâtâḷo; ghaṭṭ.

Bradar, *v. t.* ârḍûn-, hâkevûn sâṁguṁk,- mâguṁk,- praghaṭuṁk. ‖ *v. i.* ârḍuṁk, hâkevuṁk, bob mâruṁk, bobâṭuṁk, bobhâṇuṁk, gaḷbaḷuṁk, kirḍûn ulauṁk. ‖ *— por alguem*, ulo karuṁl . mâruṁk. *— por alguma cousa*, ârḍûn mâguṁk. ‖ *V.* BRAMIR.

Brado, *s. m.* bob, âraḍ, kiraḍ, hâk, kiḷaṁch, hardâs *f.* ‖ *Dar —*, nâvâḍhoṁk.

Brafoneira, *s. f.* daṁḍtrâṇ *n.*

Braga, *s. f.* khoḍîsâṁkaḷ, beḍî; dorî *f.*, veṁṭho *m.* ‖ *Dar o pé á —*, âplî śeṁḍî dusryâchyâ hâtân divuṁk. ‖ *V.* CABREA. ‖ **-s**, *pl.* choḷṇeṁ *n.*

Bragadas, *s. f. pl.* ghoḍyâchyâ jâṁghlâche bhitarle kusîchyo śiro *f. pl.*

Bragado, *a.* śirbyâṁ jâṁghlâṁcho.

Bragal, *s. m.* moṭyâ sutâcheṁ lugaṭ *n.*; khoḍîsâṁkaḷ *f.*

Bragante, *s. m.* nashṭo-, khoṭo manîs, chaṁḍâḷ.

Bragueiro, *s. m.* sukâṇyâchî dorî *f.*; dor *n.*; paṭṭî; âṁgoṭî *f.*

Brahmane, brahme, brahmine, *s. m.* bâmaṇ, brâhmaṇ, vipr.

Brahmanismo, *s. m.* brâhmaṇpaṇ *n.*

Brama, *s. f.* mât, mod *m.*, mastî, urlûk, mâṁj, musmusî *f.*

Bramador, bramante, bramidor, *a. e s. m.* garojṇâr, ḍheṁkṇâr, kiṁvchatalo.

Bramar, *v. i.* garoj-, ḍheṁk ghâluṁk, ḍheṁkuṁk, ârḍûn mâguṁk, hardâs karuṁk; mâtuṁk; mod-, mât châḷvuṁk *(d. do s.)* ‖ *— contra alguem*, hiṁḍsuṁk. ‖ *V.* BRAMIR.

Bramido, *s. m.* garoj, ḍheṁk, ḍheṁkar *m.*, kiḷaṁch *f.*

Bramir, *v. i.* garojuṁk, ḍheṁkuṁk, ḍheṁkaruṁk, kiṁvchuṁk; ṭhaṇṭhaṇuṁk, ghaṇghaṇuṁk, gâjuṁk.

Branca, *s. f.* dhavo keṁs; âdlo nâṇo *m.*

Brancacento, *s. m.* dhavsâr, dhavso.

Branchiado, *a.* śeṁkreṁ âslalo.

Branchial, *a.* śeṁkryâcho.

Branchias, *s. f. pl.* mâsḷecheṁ śeṁkreṁ, gâlphûṭ *n.*

Branco, *a.* dhavo, dhavlo, dhavelo, sapet *(p. us.)*; *(homem —)* goro, ujaḷ; *(papel —)* aprâp; *pallido:* pâṁḍhro, vivarṇ; *o que tem cans:* piko; *não premiado:* polko. ‖ *— como a neve*, dhavo phûl. *Rubro —*, rasrasit. *Verso —*, muktaprâs *m.* *Vinho —*, brâṁk *m.* *Assignar em —*, barauṁche âdîṁ âsinâd-, saî karuṁk *(l. sup. do o.)* *Estar em — (papel)*, ughṭo âsuṁk. *Deixar alguem em —*, ṭhakuṁk; sutlâvuṁk, bûṭ lâvuṁk. *Ficar em —*, samjanâ jâvuṁk, dâṁt nâ lâguṁk *(g. do s.)* *Passar a noite em —*, rât khaḷauṁk. *De ponto em —*, baro netlalo,- saṁjlalo. *Arma branca*, dhârî va domsâcheṁ hatyâr. *Carta —*, pûrṇâdhikârpatr, sarv padvecheṁ kâgad *n.* *Bebidas brancas*, tîk soro. ‖ *s. m.* dhavsâṇ *f.*; dhavo raṁg; goro manîs *m.*; dhavîṁ vastrâṁ *n. pl.* ‖ *O — do olho, — do ovo*, ḍoḷyâcho-; tâṁtyâcho baḷ *m.*

Brancura, branquidão, *s. f.* dhavsâṇ *f.*, dhavepaṇ *n.*; gorbâṇ, gorsâṇ *f.*

Brandamente, *adv.* mavâyen, madhurâyen.

Brandão, *s. m.* brâṁdâṁv *m.*

Brandiloquo, *a.* madhurvâdâcho, madhurvâdî.

Brandimento, *s. m.* ubhrâvṇî *f.*

Brandir, *v. t.* ubhrâvuṁk, koluṁk, parjuṁk; hâlauṁk, bhoṁvḍâvuṁk.

Brando, *a. molle, flexivel:* maû, mavâḷ, luglugît, naram, viḷviḷît; *fraco:* naram, bhalo, menâcho (*litt.* DE CERA), nistej; *meigo:* goḍvo, bhalo, śâṁt, saṁt; *suave, melodioso:* majûr, maṁjûḷ, madhur; *lento:* meṁgo, maṁd.

Brandura, *s. f.* maûpaṇ *n.*, mavây, mavâḷây, luglugitây; narmây *f.*, bhalepaṇ, nistejpaṇ *n.*; goḍvây, śâṁti, sâvkâśây; madhurây *f.*, maṁjûḷpaṇ; meṁgepaṇ *n.*, maṁdây *f.*

Branqueador, *s. m.* e *a.* dhavo kartalo, dhavsâvṇâr; mâs nitaḷ karṇâr.

Branqueadura, *s. f.*, **branqueamento,** *s. m.* dhavo karṇeṁ va jâṇeṁ *n.*, dhavsârṇî *f.*

Branquear, *v. t.* dhavo karuṁk, dhavsâvuṁk; (chuno) kâḍhuṁk; ujḷuṁk. || *v. i.* e *r.* dhavo-, ujaḷ jâvuṁk.

Branquearia, *s. f.* (vastrâṁ) opuṁcho jâgo *m.*

Branquejar, *v. i.* dhavsâr jâvuṁk, dhavsâruṁk.

Bravata, *s. f.* paijâ, mijâs, phaḍâ, uttrâṁchî baḍây *f.*, śâpatâṁ *n. pl.*, śive *m. pl.*

Bravatear, *v. i.* mijâs-, phaḍâ karuṁk, baḍây dâkhauṁk.

Bravateiro, *s. m.* mijâskâr, bhâṁḍo, paijâdâr.

Bravear, bravejar, *v. i. V.* ESBRAVEJAR.

Braveza, *s. f.* ugrây *f.*, ugrpaṇ, krûrpaṇ *n.*, dâruṇây; bujṇî; *vehemencia:* kharây, tikhaṭây *f.*, kaḍakpaṇ; *impetuosidade:* baḷ *n.*, jar, veg *m.* || *V.* BRAVURA.

Bravio, *a.* ugr, krûr, dâruṇ; jaṁgḷî, rânyo, rânâṁtlo, rânâcho; jâyto, sabar, nibar.

Bravo, *a. valente:* dhairyavaṁt, nirbhayi śaktivaṁt, mardivaṁt, mardecho; *bizarro:* mahâtmik, udâr; sâjro, ḍaulî; *selvatico:* rângaṭ, jaṁgḷî, ugr, uniṭ, bujaṭ *ou* bujro *(animal); inculto:* pâḍ, luṁdo, śûn *(terra)*; phuṭo, khuṁṭo *(fructo)*; *barbaro:* barbaro, arbaṭ, jaṁgḷî; *tempestuoso:* vâdaḷyo, moḍâcho. || *s. m.* vîr, śûr. || *int.* khabardâr, śâbâs, vâ, vâhvâ, dhanya, jayjay.

Bravosidade, *(p. us.)*, **braveza,** *s. f.* dhair *n.*, mardî, chhâtî *f.*, nirbhay *m.*, tej, nirvaṇ *n.*

Bravoso, *a. (p. us.)* mardikâr, nirvâṇî.

Braza, *s. f.* iṁgḷo *m.*, keṁḍ *n.*; *(fig.)* ujo, ulap *m.* || *Estar em* — *(fig.)* kaḍhuṁk, phaḍphaḍuṁk. *Estar sobre* —, huskyân âsuṁk, taḷmaḷuṁk. || -s, *pl.* koḷse *m. pl.*

Brazão, *s. m.* dhajâ *f.*, birad *ou* barad, kulachihnapatr *n.*; biradvidyâ *f.*

Brazeira, *s. f.* âgṭî, dhagṭî *f.*

Brazeiro, *s. m.* dhagṭeṁ *n.*, âgṭî, śekṭî *f.*, parso *m.*; iṁgḷyâṁchî âg *f.*

Brazido, *s. m.* iṁgḷe *m. pl.*

Breadura, *s. f.* kîl kâḍhṇeṁ *n.*

Brear, *v. t.* kîl kâḍhuṁk *(d. do o.)*

Breca, *s. f.* krodh, kîṁv; vât *m.*, muyeṇî *f.* || *Levado da* —, nashṭo, khoṭo, vâḷay lâglalo; tîḍ, huḷhuḷo. *Vae-te com a* —, balâv ghevûn vach. *Com a* —*!*, âbâ, bhâ; ahaha, ahây.

Brecha, *s. f.* khâṁch *f.*, bhagdaḷ, khâvṭeṁ; *(fig.)* nuskân *n.*, tûṭ *f.*; vhaḍ ghây *m.* || *V.* QUEBRADA.

Bredo, *s. m.* bhâjî *f.*

Bregma, *s. f.* ṭâḷî, ṭâḷû *f.*, mâtheṁ *n.*

Brejeirice, *s. f.* labâḍî, labâḍkî *f.*; luchchepaṇ, pâṁprelpaṇ *n.*

Brejeiro, *a.* châlto, sâdho, halko. || *s. m.* vâydes-, pâṁprel-, âḍjâî manîs; luchcho *(a.)*, pajḍo *(a.)*, sodo; durâtmo, ghâḍî, mârvâḍî.

Brejo, *s. m.* mâyṇ *n.*, châḷ, khâtoḍ *f.*, pachpacho *m.*

Brenha, *s. f.* ghol *m.*, isoḷeṁ, rân *n.*; *(fig.)* goṁdhaḷ *m.*, gûḍh *n.* || — *de cabello,* jaṁṭâṁ *n. pl.*

Brenhoso, *a.* isoḷyâcho, ghol jâlalo.

Brete, *s. m.* phâskî, pâṁkṭî, phâsak; *(fig.)* taṁtr *n.*, phâs *m.*

Breu, *s. m.* brev, kîl, ḍâṁbar, ḍâmar *m.* || *Escuro como* —, kâḷo kiṭ,- koḷso.

Breve, *a.* ilo, thoḍo, thoḍyâ kâḷâcho, doṁ disâṁcho, alpakâlik; *curto:* lahân, moṭvo, ṭhemṭo, dhâkṭo, alp; *conciso:* saṁkshepâcho, alpavistârâcho; *(gram.)* laghu. || *Ser* —, saṁkshepî jâvuṁk, thoḍyâṁ-, doṁ uttrâṁnîṁ sâṁguṁk. || *adv. V.* BREVEMENTE. || *s. m.* pâpâ sâhebâcheṁ-, *śreshṭhyâcheṁ patr *n.*; saṁkshep, sasâr *m.* || *s. f.* mâtrâ *f.*

Brevemente, *adv.* thoḍepaṇîṁ; âj phâlyâ, hyâṁ disâṁnîṁ, vegîṁ; saṁkshepîṁ. || *Dizer* —, mukhûḍ sâṁguṁk.

Breviario, *s. m.* brevyâr, barbyâl *(vulg.)*; saṁkshep, saṁgraha *m.*

Brevidade, *s. f.* thoḍepaṇ *n.*; thoḍo kâḷ; saṁkshep *m.*; moṭvây *f.*, lahânpaṇ *n.*

Brevipenne, *a.* lahân pâkhurlâṁcho.

Brial, *s. m.* âṁgarkho *m.*
Briche, *s. f.* kâṁbaḷ *f.*
Brida, *s. f.* lagam *n.*
Bridão, *s. m.* lagamâcho ghâṁs *m.*
Bridar, *v. t.* lagam ghâluṁk *(d. do o.) V.* REPRIMIR.
Briga, *s. f.* juj, saṁgrâm *n.*, yodh, mârâmâr *m.*, laḍhây, kustî, lâṭâguṭî, jhoṁbî *f.*, pheṭ (*ingl.* FIGHT); jhagḍeṁ, bhâṁḍaṇ *n.*, govjî *f.*
Brigada, *s. f.* sainyadal *n.*, sainyabhâg *m.*
Brigadeiro, *s. m.* sainyadalâdhipati.
Brigador, *a. e s. m.* jujârî, yodhî, jhagḍekâr.
Brigão, *s. m.* jhagḍekâr, taṁṭekâr, gaḷekâpo, pahilvân, phidâlkor (*port.* FIDALGO).
Brigar, *v. i.* jujuṁk, yodhuṁk, jhoṁbuṁk, laḍhuṁk *(p. us.)*; jhagḍuṁk, bhâṁḍuṁk.
Brigoso, briguento, *a.* jhagḍekâr, jujvaṇo.
Brigue, *s. m.* dukhâṭî galbat *n.*
Brilhante, *a.* jhagjhakît, jhigjhigît, laklakît, chakchakît, prajvaḷît, kâṁtivaṁt, tejvaṁt, ujaḷ; *illustre:* yaśasvî, kîrtivaṁt, nâvâḍhîk; *prospero:* kaḷyâṇî, śubh. ‖ *s. m.* tartaro *m.*
Brilhantemente, *adv.* prajvaḷiṁ, tejân.
Brilhantina, *s. f.* ujḷo *m.*
Brilhantismo, *s. m.* dîpti *f.*, prajvaḷ, laklako; ḍaul, dabâjo *m.*, tej, uttampaṇ *n.*
Brilhar, *v. i.* jhagjhakuṁk, jhigjhiguṁk, laklakuṁk, rasrasuṁk, prakâśuṁk, prajvaḷuṁk; *(fig.)* jhaḷkuṁk, mirvuṁk; uttam-, śreshṭh jâvuṁk.
Brilho, *s. m.* jhagjhakî, jhigjhigî, chakchakî dîpti, kâṁti, prabhâ, chamak, śuddhi *f.*, prajvaḷ *ou* prajaḷ, prakâś, laklak, jhaḷ *m.*, tej, ujaḷpaṇ *n.*; *(fig.)* śrî *f.*, yaś *n.*, ḍaul *m.*
Brim, *s. m.* brîṁ *f.*
Brincadeira, *s. f.* kheḷ, tamâśo *m.*; kautuk, ramaṇ *n.*, mauj; cheshṭây *ou* keshṭây, maskarî, keṁḍnî *f.*
Brincador, brincalhão, brincão, *s. m. e a.* kheḷṇâr, kheḷgaḍyo, kheḷgar, maujekâr; maskarekâr, keṁḍṇâr.
Brincar, *v. i.* kheḷuṁk, kheḷ-, krîḍâ karuṁk, ramuṁk; uḍuṁk, nâchuṁk; keṁḍuṁk, phetyo karuṁk.
Brinco, *s. m.* kheḷ, vinod *m.*, krîḍâ *f.*; ârgolijî (*port.* ARGOLINHA), kuṁḍal *n.*, karnâlaṁkâr *m.* ‖ *V.* BRINCADEIRA.
Brindar, *v. t. e i.* sâvûd karuṁk *(g. do o.)* ‖ *V.* OFFERECER.
Brinde, *s. m.* sâvûd *f.*; inâm, uchit, deneṁ *n.*
Brinquedo, *s. m.* burgyâṁcho kheḷ; kheḷ *m.*, ramaṇ, dhumśâṇ *n.*
Brio, *s. m.* iśîm, âbrû, mâṇsugî *f.*, abhimân; tej *m.*, dhair *n.*, mardî, prabaḷây, śiḍukây *f.*; dam, ḍaul *m.*
Briosamente, *adv.* mâṇsugen.
Brioso, *a.* mâṇsugecho, iśîm âslalo, abhimânî; tejvaṁt, dhirâdîk, dhairyavaṁt, mardivaṁt, śaktivaṁt, śiḍûk; ḍaulî, daṁdâr; udâr, dâṅśûr.
Brita, *s. f.* khaḍû *f.*
Britamento, *s. m. (ant.)* phoḍṇî, moḍṇî *f.*, moḍap *n.*
Brita-ossos, *s. m.* kurur *m.*
Britar, *v. t. (ant.)* phoḍuṁk, kuṭke karuṁk *(g. do o.)*; moḍuṁk; *(mod.)* (phâtar) phoḍuṁk, khaḍû karuṁk *(g. do o.)*
Briza, *s. f.* bârîk vareṁ *n.*, vâryâchî loy *f.*, maṁdavâyu *m.*
Broca, *s. f.* barmo *m.* ‖ *V.* FISTULA.
Brocadilho, *s. m.* moṭî jar *f.*
Brocado, *s. m.* jar *m. e f.*
Brocal, *s. m. (ant.)* ḍhâlâcho sâj *m.*
Brocar, *v. t.* bormyân topuṁk, vidhuṁk. ‖ — *o café*, kâphe soluṁk.
Brocatel, *s. m.* lokhaṁḍîjar *m. e f.*
Brocha, *s. f. pincel:* kuṁchî, pisuṁḍî *f.*; *fecho:* âṁkḍo, phâso; *prego:* gulmekh; *choveta:* châkâchî khîḷ; *correia:* kâṇî *f.*
Brochador, *s. m.* pustakâṁ śivtalo.
Brochar, *v. t.* (lîvr-, pustak) śivuṁk, chopḍî karuṁk *(g. do o.)*
Broche, *s. m.* âṁkḍo, phâso; uromaṇi *m.*
Brochura, *s. f.* pustakâṁ śivchî vidyâ; chopḍî *f.*; lahân graṁth *m.*
Brodio, *s. m.* mahâḷ; dhumśâṇ *n.* bhojanotsav *m.*
Broma, *a.* halko, uṇo; *(fig.)* boṁtho burso. ‖ *s. m.* chaṁḍâḷ.
Bromar, *v. t.* karpauṁk (sâkar); ibâḍuṁk. ‖ *V.* ROER.
Bronchial, bronchico, *a.* śvâsmârgâcho, gaḷyâcho.
Bronchio, *s. m.* narḍeṁ *n.*, śvâsmârg *m.*, saknaḷî *f.*
Bronchite, *s. f.* **śvâsmârgapâk *m.* ‖ *Ter* —, harḍeṁ bharon yevuṁk.
Bronchocele, *s. m.* vâḷûk, gâlguṁḍ *n.*
Bronchotomia, *s. f.* śvâsmargachhedan *n.*

Bronco, *a.* kardo, barbaṭo, khaḍbaḍit; ḍoḍo, mankuṭo, ânâḍî, halko.
Bronzagem, *s. f.* pitûḷ kaso karṇeṁ *n.*
Bronzeado, *a.* kâṁsyâchyâ raṁgâcho; sâvḷo.
Bronzear, *v. t.* pitûḷ kaso karuṁk, pitûḷcho raṁg divuṁk *(d. do o.)*
Bronzeo, *a.* kâṁsyâcho, pitûḷcho, pitḷî.
Bronzista, *s. m.* kâṁsâr.
Broque, *s. m.* bhâtyâchî naḷî *f.*
Broquar, *v. t. V.* BROCAR.
Broquel, *s. m.* ḍhâl *m.*
Broquelar, *v. t. V.* ABROQUELAR.
Broquento, *a.* kosmelalo, kuslalo.
Brossa, *s. f.* kuṁchî *f.*
Brotamento, *s. m.* phuṭṇî, âṁkrevṇî, taṁvrî *f.*
Brotar, *v. t.* yevuṁk (*litt.* VIR), jâvuṁk (*litt.* NASCER), (phâṁṭe) phuṭuṁk *(— rebentos)*, nipjuṁk *(vv. ii., d. do s., s. do o.)* ‖ *v. i.* phuṭuṁk *(— botões)*, phâṁṭevuṁk *(— rebentos, ramos)*, âṁkrevuṁk *(— gommos)*, pâlevuṁk *(— folhas)*, tavrevuṁk *(— flores; diz-se de certas arvores)*; kirluṁk *(nascer plantas)*; jâvuṁk, nipjuṁk. ‖ *— á luz*, dishṭî paḍuṁk. ‖ *V.* BORBOTAR.
Brotoeja, *s. f.* ghâmoḷeṁ *n.*, hurhuro *m.*
Bruaca, *s. f.* kamây nâslalyâ châmḍyâcheṁ poteṁ *n.*
Bruços, *s. m. pl. De —*, omto *(a.)*, sarpaṭyâṁ *(adv.)*
Bruega, *s. f.* śiḍśiḍo *m.*; bebdikây *f.*
Brulote, *s. m.* agninaukâ *f.*
Bruma, *s. f.* dhuṁvrî *f.*, muhreṁ *n.*; âṁdhâr *m.*
Brumal, **brumoso**, *a.* muhryâcho, dhuṁvrecho.
Brunal, *a.* *(ant.)* kâḷsâr, ghûm; daḷdiro; chiṁtesht.
Brunido, *a.* ujaḷ, nisaḷ, tiḷtiḷit.
Brunidor, *s. m.* ujaḷṇâr, nisaḷṇâr, opauṇâr; mohro *m.*, opṇî *f.*
Brunidura, *s. f.* ujaḷṇî, nisaḷṇî, op *f.*
Brunir, *v. t.* ujḷuṁk, nisḷuṁk, opauṁk, op divuṁk *(d. do o.)*
Bruscamente, *adv.* dâṁḍgâyen, ugrapaṇîṁ.
Brusco, *a.* kharkas, bâḍgo, dâṁḍgo, bhaskâpurî; ugr, gajgajît, ghûm; avchitt, akaḷît.
Brussa, *s. f.* kharâro *m.*
Brutal, *a.* janâvarâcho, monjâtîcho; nishṭur, krûr; burso, dhâṁgaḍ.
Brutalidade, *s. f.* monjâtpaṇ, janâvarpaṇ *n.*; nishṭurây *f.*, krûrpaṇ; bursepaṇ, âḍnâḍpaṇ *n.*
Brutalizar, *v. t.* monjât kaso karuṁk, khuḷâvuṁk, gaḷyo karuṁk.
Brutalmente, **brutamente**, *adv.* nishṭurâyen, bursepaṇîṁ.
Brutamontes, *s. m.* gaddo, gâdo.
Brutesco, *a. V.* GROTESCO.
Bruteza, **brutidão**, *s. f.* monjâtpaṇ; jaṁglîpaṇ; karḍepaṇ *n.*
Bruto, *s. m.* monjât *f.*, janâvar, paśûṁ *n.*, mrig *m.*; *(fig.)* brût, bâṁgar, dhoṁḍo; mâṁg. ‖ *a.* paśûcho, ajñânî, *inerte:* achetan, nirjîv; *tosco:* karḍo, asaḍîk; *estupido:* mûrkh, mûḍh, navyâṇṇay; *mal-creado:* avinayî, amaryâḍî; *feroz:* nishṭur, krûr; *total, sem desconto:* sagḷo, pher-, kharch kâḍhi nâstânâ. ‖ *Em —*, karḍo, nitaḷ kari nâslalo; tûṭ dî nâslalo. *Força bruta*, âṁgbaḷ *n.*
Bruxa, *s. f.* ghâḍîṇ, lâṁvsaṭ, kaṁvṭâḷî, jâdûkârṇ.
Bruxaria, *s. f.* ghâḍîpaṇ *n.*, ghâḍvidyâ, jâdû *f.*, kaṁvṭâḷ *n.*, abhichâr *m.*
Bruxear, *v. i.* abhichâruṁk, ghâḍâmoḍ-, jâdû karuṁk.
Bruxo, *s. m.* ghâḍî, abhichârî, kaṁvṭâḷi, jâdûkâr.
Bruxolear, *v. i.* jhiḷmiḷuṁk, liklikuṁk.
Buba, *s. f.* ṭuṁbar *n.*, bakûl *m.*
Bubalo, *s. m. V.* BUFALO.
Bubão, *s. m.* vaḷ *m.*
Buccal, *a.* toṁḍâcho, mukhâcho.
Bucephalo, *s. m.* chokhaḷ ghoḍo *m.*
Bucha, *s. f.* guḍḍî *f.*, choṁdo; ghâṁs, grâs *m.* ‖ *Aturar a —*, takas kâḍhuṁk.
Buchada, *s. f.* poṭâṁtleṁ *n.*; *(fig.)* karkar *m. pl.*, vâj *f.*
Buchela, *s. f.* chimṭo *m.*
Bucho, *s. m.* bûch *f.*, gâṁjo *m.*, bhâṁḍeṁ *n.*
Buco, *s. m.* târvâcheṁ poṭ *n.*
Buço, *s. m.* khâḍâchî laṁv *f.*, taḍe *m. pl.*
Bucolica, *s. f.* gopakâvya *n.*
Bucolico, *a.* goṁvḷyâcho; *(fig.)* sâdho, nenṭo.
Bucre, *s. m.* keṁsâṁchî muḍî *f.*, muḍyâḷe keṁs *m. pl.*
Bueiro, *s. m.* vâyumârg, naḷ *m.*; sârṇî *f.*
Buena-dicha, *s. f.* adrishṭ, dhârjaṇeṁ *n.* ‖ *Ler a —*, adrishṭ-, nasîb pârkhuṁk.

Bufa, *s. f.* phusko *m.*, phuskî *f.*

Bufalo, *s. m.* reḍo; gavo reḍo (— *silvestre*); reḍko (— *pequeno*); bâṁgar (— *furioso; us. mais fig.*) *m.*; mhas, mhasar, reḍî (*p. us.*) *f.*; mhasrûṁ, reḍûk (*deprec.*) *n.*

Bufão, *s. m.* bahurûpî, yaṁtrî, vidûshak, phakâṁḍî, bhâṁḍo.

Bufar, *v. i.* huskâruṁk; śûpatâṁ-, tâvdârkyo sâṁguṁk.

Bufarinha, *s. f.* maṇer *m.*

Bufarinheiro, *s. m.* maneri, vikrekâr.

Bufete, *s. m.* bophet *f.*, haḍpo; chauraṁg; jevaṇkhâṇo *m.*

Buffo, *a.* hâṁsyâṁcho, phakâṁḍî. ‖ *s. m.* nakalyo, bhaṁḍ, vidûshak.

Buffonear, *v. i.* phakâṁḍâṁ-, yaṁtrâṁ karuṁk, keldâvuṁk, beṁḍâvuṁk.

Buffoneria, *s. f.* phakâṁḍ, yaṁtr, phîs, phiskaṇ *n.*, lâg *m.*, keldâvṇî *f.*

Bufo, *s. m.* huskâr *m.*; ghûg *f.*; (*fig.*) châṭo; eksuro manîs *m.*

Bugalho, *s. m.* mâyphaḷ *n.* ‖ — *do olho*, bubûḷ. *Entender alhos por bugalhos*, hâr mhaṇlyâr, bûr saṇjuṁk.

Bugia, *s. f.* bujî, meṇâchî vât *f.*; keldeṁ *n.*

Bugiar, *v. i.* keldepaṇâṁ karuṁk; keldâvuṁk. ‖ *Mandar* —, balâv ghevûn vachuṁk lâvuṁk.

Bugiarias, *s. f. pl.* keldepaṇâṁ *n. pl.*; keldâvṇî *f.*, phetyo; bhikârbhâso *f. pl.*, kispuro, kiskuso *m.*, gaṭarpaṭar *n.*

Bugiganga, *s. f.* kuskuṭâṁ *n. pl.*

Buginico, *s. m.* huḷhuḷo burgo.

Bugio, *s. m.* vâṁdar, mâkaḍ, keldo *m.*, kheteṁ *n.*; (*fig.*) keldâvṇâr, keldâvṇo (*a.*)

Buido, *a.* ujaḷ, tuḷtuḷit; jhirjhirît.

Buir, *v. t.* ghâṁsuṁk, ujḷuṁk.

Bujarona, *s. f.* (*naut.*) jîbh *f.*

Bujões, *s. m. pl.* (*naut.*) guḍḍe, choṁḍe *m. pl.*

Bulcão, *s. m.* dhuṁvrî *f.*; loṭ, loṁḍho *m.*

Bule, *s. m.* bûl, chahâdânî (*p. us.*) *f.*

Bule-bule, *s. m.* huḷhuḷo (*a.*); pisoḷeṁ (*fig.*) *n.*

Bulha, *s. f.* bobâḷ *m.*, dhaḍbaḍ, govjî, dhâmdhûm *f.*; khaṭkhaṭ; khaṭpaṭ, jhagḍeṁ *n.*, vivâd *m.*, laḍhây. ‖ — *suja*, gâḷî śive. *Metter á* —, jhagḍuṁk lâvuṁk.

Bulhar, *v. i.* jhagḍuṁk, jujuṁk, khaṭpaṭuṁk, vivâduṁk.

Bulhento, *a.* jhagḍekâr, jujvaṇo, taṁṭekâr, vâdhaṁgyo, phiṭphiṭo.

Bulicio, *s. m.* jâg, jâgmâg, gaḍbaḍ *f.*, ghaṇghaṇ, bobâḷ, taḍâko *m.*, laṭpaṭ *n.*

Buliçoso, *a.* gaḍbaḍyo, gaḍbaḍo, chaḷbaḷo, khaṭpaṭyo, ghaḷbaḷît, nâchro, bhurkaṭ, aḍmaḍyo.

Bulir, *v. t.* hâlauṁk. ‖ *v. i. e r.* hâluṁk. ‖ — *com alguem*, thuklâvuṁk.

Bulla, *s. f.* bûl *n.* ‖ *Contar bullas*, gapâṁ ghâluṁk, tâvdârkyo sâṁguṁk.

Bumba, *int.* buṁbâ, ḍabâ.

Bumbum, *s. m.* ghaḷbaḷ *m.*

Bunda, *s. f.* moṭe kuḷe *m. pl.*

Buracar, *v. t.* *V.* ESBURACAR.

Buraco, *s. m.* burâk, ḍoṁpḷo *m.*, sâṁdh, saṁdhi *f.*, bhoṁk, ghar (*litt.* CASA) *n.*, ḍoḷo (*litt.* OLHO); piṁpḷo, bhoṁto *m.*, chîl *f.* (— *nos utensilios de barro e de metal*); chhed *m.*, chhidr (*esp.* — *na roupa*): dhâreṁ (— *no tecto*) *n.*; kâno *m.*, khâṁḍ (— *na parede*); *cova*: neṁ, khoṁḍkûḷ *n.*, khaṁdak *m.*; *toca*: biḷ, biḷûk, vivar *n.* ‖ *Arranjar um* —, rîg meḷuṁk (*d. do s.*) *Tapar buracos*, lep kâḍhuṁk.

Buraquinho, *s. m.* lahân burâk *m.*, chîl *f.*

Burel, *s. m.* khaṇkî *f.*

Burgalhão, *s. m.* śaṁkhâvalî *f.*

Burgo, *s. m.* (*ant.*) vâḍî *f.*, upanagar, upapur (— *da cidade*); âvâḍ *n.*, sejâr *m.*; (*mod.*) nagarî *f.*, kâsbe, vhaḍ gâṁv *m.*

Burguez, *s. m.* nagarjaṇ, purvâsî; madhlyâ lokâcho manîs; bhâṁgaḍ jaṇ. ‖ *a.* vâḍîcho, upanagarâcho; gâṁvṭo.

Burguezia, *s. f.* nagarjaṇpaṇ *n.*; madhlo lok *m.*, madhyajâti *f.*

Buril, *s. m.* chirṇeṁ *n.*, ṭâṁkî, korṇî *f.*

Burilada, *s. f.* korṇî *f.*

Burilador, *s. m.* nakśî, korṇâr.

Burilar, *v. t.* koruṁk, naksuṁk, birauṁk.

Burla, *s. f.* nâḍ *f.*, nâḍaṇ, phasaṇ, taṭḍhoṁg, kapaṭ *n.*, ṭhakbâjî; (*ant.*) phebaḍây, bhagal *f.*, phakâṁḍ *n.*

Burlado, *a.* phaslalo; keṁḍlalo. ‖ *Sahir* —, phiskaṭuṁk.

Burlador, **burlão**, *a. e s. m.* nâḍgo, taṭḍhoṁgî, phasauṇâr, kapaṭî; phakâṁḍî.

Burlar, *v. t.* nâḍuṁk, phasauṁk, guṁtuṁk (*fig.*); keṁḍuṁk, toṁḍuṁk. ‖ *v. i.* (*ant.*) phakâṁḍ-, bhagal karuṁk.

Burlaria, *s. f.* phasauṇî, nâḍ *f.*

Burlescamente, *adv.* nakalîṁ.

Burlesco, *a.* hâṁsyâcho, nakalî, vilakshaṇ, amaryâdî.

Burlesquear, *v. t.* bhâṁḍuṁk, nakal karuṁk *(g. do o.)*
Burletta, *s. f.* nakal *f.*
Burocracia, *s. f.* chiṭnisî *f.; chiṭ*nîslok *m.*
Burocrata, *s. m.* chiṭnîs.
Buracratico, *a.* chiṭnisî.
Burra, *s. f.* bâil gâḍhûṁ, gâḍhûṁ *n.*, gardabhî *(p. us.)*; *(fig.)* duḍvâṁchî peṭ *f.*
Burrada, burricada, *s. f.* gâḍhvâṁcho hiṁḍ *m.* ‖ *V.* ASNEIRA.
Burrão, *s. f.* phugṇî, rusṇî *f.*, kurṭepaṇ *n.*
Burrical, *a.* gâḍhvâcho; âḍṇâḍî, khuḷo.
Burrice, *s. f.* pisây *f.*, âḍṇâḍpaṇ, reḍepaṇ *n.*; saḷ *f.*, haṭh *m.*; phaṇphaṇî, ubgaṇ *f.*
Burrico, *s. m.* lahân gâḍhûṁ *n.*
Burriqueiro, *s. m.* gâḍhvâṁkâr.
Burro, *s. m.* gâḍhûṁ *ou* gâḍhav *n.*, gardabh *(p. us.)*; *(fig.)* bûrr, gaddho, reḍo, bail, bâṁgar *m.*; vâj, ubgaṇ *f.* ‖ *Cabeça de* —, belko *m.* *Trabalhar como um* —, reḍo kaso vâvruṁk. *Prender o* —, phuguṁk. ‖ *a.* piso, khuḷo; burso. ‖ *Tijolo* —, mop *n.*
Burundanga, *s. f.* tuṭkî bhâs *f.* ‖ -s, *pl.* gaṭarpaṭar *n.* ‖ *V.* NINHARIA.
Buruso, *s. m.* phaḷâṁcho sop *m.*
Burziguiada, *s. f.* dhaḍak *f.*
Busca, *s. f.* śodhṇî, śodh, sûd, suddî *f.*; jhâḍo *m.* ‖ *Dar* —, jhâḍo ghevuṁk.
Buscador, *a. e s. m.* śodhṇâr; jhâḍekâr.
Buscar, *v. t.* śodhuṁk, śodh karuṁk *ou* sûd ghevuṁk *(g. do o.)*, dhuṁḍuṁk, dhuṁḍâḷuṁk, paḷevuṁk; jhâḍo ghevuṁk *(g. do o.)* ‖ *Ir* —, vachûn-, paḷevûn hâḍuṁk. — *a vida*, udarposhaṇ śodhuṁk.
Busilhão, *s. m.* gâîr; melyâṁ vastrâṁchî râs *f.*; boṁdro manîs.
Busillis, *s. m.* ke, gâṁṭh *f.*
Bussola, *s. m.* charak, hoko; *(fig.)* sârathî *m.*
Busto, *s. m.* mukhvaṭo, śirobhâg *m.*
Bustuario, *s. m.* mukhvaṭe karṇâr.
Butio, *s. m.* ghiḍgeṁ *n.*; vâyumârg *m.*
Butua, *s. f. (bot.)* pâḍâvel, bhâṭvel *f.*
Butyraceo, butyroso, *a.* tupâcho, tupâḷ.
Buxo, *s. m.* muṭyo *m.*
Buz, *s. m.* *Sem fazer tuz nem* —, hûṁ kûṁ kari nâstânâ, ugî, gapchip. *Não dizer chuz nem* —, miṭî nâ ughḍuṁk.
Buzina, *s. f.* śiṁg *n.*, karṇo *m.*, tuturî *f.*
Buzio, *s. m.* kavḍî *f.*; koṁgo; buḍî *m.*
Bysso, *s. m.* śelo *m.*

C

C, *s. m.* tisreṁ akshar (ka, sa).
Cá, *adv.* hâṁgâ, hâṁgâsar, hiṁgâ, âro *(decl.)*, aso *(decl.)* ‖ — *e lá más fadas ha*, mahârvâḍo nâslyâr gâṁv nâ.
Cabaça, *s. f.*, **cabaço,** *s. m.* mahâro dudhî *m.*, dudhîṁ; dudhkeṁ, dudhyâḷeṁ *n.*
Cabaceira, *s. f.*, **cabaceiro,** *s. m.* mahârî dudhîn *f.*
Cabaia, *s. f.* kabây *f.*
Cabal, *a.* purto, pûrṇ, supûrṇ.
Cabala, *s. f.* kûṭ, mat *n.*; guptavidyâ, maṁtrvidyâ *f.*
Cabalar, *v. i.* kûṭ karuṁk, kalpuṁk.
Cabalista, *s. m.* guptavidyâjña, maṁtrî, ghâḍî.
Cabalistico, *a.* guptavidyecho, maṁtrâcho; gupto, gupit.
Cabalmente, *adv.* purteṁ, sapûrṇpaṇiṁ.
Cabana, *s. f.* khoṁp, khoṁpṭî *f.*, khoṁpaṭ *n.*, jhoṁpḍî *f.*
Cabaneiro, *s. m.* jhoṁpḍekâr.
Cabano, *a.* partyâṁ śiṁgâṁcho (bail); kân paḍlalo (ghoḍo).
Cabaz, *s. m.* salad, karaṁḍ, kurkulo *m.*, dâleṁ *n.*
Cabazada, *s. f.* saladbhar *m.*
Cabear, *v. i.* seṁpḍî hâlauṁk.
Cabeça, *s. f.* takli *f.*, takleṁ *n.*, taklo *(aug.)*, kharḍo *(aug.) m.*, mastak, śirsh *(ant.)*, śiṁs *(us. restrict.)*, muṁḍ *(p. us.)*, mûrdhân *(p. us.)*, śir *(ant.)*, śirkamaḷ *(poet.)*, boḍ *(deprec.) n.*, belko *(deprec.)*, śiṇâṇo *(chul.)*; taṁkro *(— de animaes grandes) m.*; badik *(dim.*, *— de animaes pequenos)*; mâtheṁ *(parte da — coberta de cabello) n.*; *juizo, memoria:* taklî *f.*; *chefe:* mastak *n.*, mukhelî, vhaḍil, râṇo, sar *m.*; *frente:* mukh, toṁḍ *n.*; *começo:* araṁbh *m.*,

âḍâvṇî *f.; homem ou animal numericamente:* boḍ; *logar principal:* mastak *n.* || *s. m.* mastak *n.*, mukhelî, gaṇṇâth *m.* || — *da egreja,* igarjechem mastak, śiromaṇi *m.* — *de alfinete, etc.* mâthem *n.* — *de arvore,* takśî *f.* — *de monte,* mâtho *m.*, takśî *f.* — *de aguas,* bhartî. — *de burro,* reḍo, gaddhâ. — *de casal,* mâlgaḍo. *Andar a — á roda,* taklî phirumk. *Andar com a — no ar,* takli vâryâr bhomvumk *(g. do s.) Dar, metter-se na — a alguem,* taklen yevumk. *Ir com a — abaixo,* taklî moḍomk *(g. do s.) Levantar a —,* taklî vayr kâḍhumk. *Perder a —,* taklî phirumk *(g. do s.) Quebrar a —,* taklî phoḍumk *(litt. e fig.) Ter dor de —,* taklî phoḍumk *(g. do s.)*

Cabeçada, *s. f.* taklî mârṇem,- moḍṇem *n.; (fig.)* pisây *f.*, pramâd *m.*

Cabeçal, *s. m.* uśem *n.*

Cabecear, *v. i.* taklî hâlaumk,- moḍumk; bakîm mârumk.

Cabeceira, *s. f.* uśem; uśâgat; mâthem *n.;* arambh, muhûrt.

Cabecilha, *s. m.* mastak *n.*, mukhelî, gaṇṇâth *m.*

Cabecinha, *s. f.* moṭem piṭh *n.*

Cabeço, *s. m.* murḍî, takśî, ḍokśî *f.*, mâtho, kaṇo, śikhar, ghâṭmâtho, dâmḍo *m.*

Cabeçorra, *s. f.* kharḍî *f.*

Cabeçudo, *a.* takalyo; âplyâ vâdyâcho, vâdyo, jâḷgo, haṭhî, bâmkḍo, abhimânî.

Cabedal, *s. m.* vitt, dhan *n.*, daulat, gharoṭî *f.*, arth *m.:* bhâmḍvel, mûḷdhan; kamâylalem châm. || *a. (ant.)* subhâm.

Cabedello, *s. m.* huḍo *m.*

Cabeiro, *s. m.* tharvâmkâr. || *a.* nimâṇo. âkherecho.

Cabelladura, *s. f.* kems *m. pl.*

Cabelleira, *s. f.* lâmb kems *m. pl.*, kemsṭyo *f. pl.:* chumvar *f.*, pûrṇ *n.*

Cabelleireiro, *s. m.* nhâvî; kems ugauṇâr.

Cabello, *s. m.* kems *m.*, kemsṭî *(— comprido: deprec.):* jhomṭ, karas *(— desengrenhado);* lamv *(pello) f.* || *Em —,* ughṭe-, mekḷe taklen. *Por um —,* kûmsbhar. *Levar coiro e —,* hâḍ mâs khâvumk.

Cabelludo, *a.* kemsâḷo, lamvkar.

Caber, *v. i.* jâvumk, sâmṭhumk; paḍumk; śobhumk.

Cabida, *s. f.*, **cabimento,** *s. m.* rîg, praveś; âdhâr *m.*, marjî, majat *f.*

Cabide, *s. m.* kâbîd *n.*, oṇ, dâmḍî, khumṭî *f.*

Cabidela, *s. f.* kâbidel, sarpatel *n.*

Cabido, *s. m.* kâbîd *m.;* kong *m. pl.*

Cabilda, *s. f.* varg, gaṇ, laśkar *n.*

Cabisbaixo, *a.* pomdâk taklî âsâlo.

Cabo, *s. m. chefe:* kâb, nâyk *m.; promontorio:* ṭomk *n.; extremidade de instrumento:* tharûm *n.*, mûṭh *f.*, hât, dâmḍo; muḍo *(— de vassoira) m.; corda:* dor *n.*, âmjo, âvjo, vâlo *m.*, pâg *n.; proa:* aṇî *f.; fim:* śevaṭ, amt *m.*, śâttî, âkher, itiśrî *f.; copos:* paraj *m.*, mop *n.* || *De — a —,* âspâs. *Dar —,* nâkarumk, saraumk, nâśumk. *Levar a —,* sampaumk, sampâdumk. *Levar as coisas ás do —,* nimâṇo ilâj karumk; kharây khâvaumk.

Caboelo, *a.* tâmbyâchyâ ramgâcho.

Cabo-la-mar, *int.* daryâ vâṭen.

Cabotagem, *s. f. (naut.)* taḍî lâgîm vachṇem *n.*

Cabouco, *s. m.* khankûl *n.;* phomḍ, khamdak *m.;* bunyâd *f.*

Cabouqueiro, *s. m.* khaṇṇâr; kamker, chirekâr, beldâr.

Caboz, *s. m.* kharchâmḍî, kharchî *f.*

Cabra, *s. f.* bakḍî, bakrî, śeḷî *f.*, bakaḍmem *(loc. infant.) n.* || — *cega,* âmdhârmay, âmdhrubayâ *m. Pé de —,* pâray *f.*

Cabrada, *s. f.* bakḍyâmcho himḍ *m.*

Cabramo, *s. m.* khoḍo *m.*

Cabrão, cabro *(p. us.) s. m.* bakḍo, bakaḍ *m.*

Cabrea, *s. f.* ojhîm ukalchem yamtr *n.*

Cabreiro, *s. m.* bakḍyo râkhṇo.

Cabrestante, *s. m.* nâmgar ukalchem yamtr *n.*

Cabresteiro, *s. m.* dâvim-, kâḍhṇyo kartalo.

Cabrestilho, *s. m.* kâṇî *f.*, lahân dâvem *n.*

Cabresto, *s. m.* dâvem *n.*, vâlâm *n. pl.*, kâḍhṇi *f.:* âmjo *m.*

Cabril, *s. m.* bakḍyâmcho goṭho *m.*

Cabrilha, *s. f.* yârî, gâḍî *f.*

Cabrim, *s. m.* bakḍechem châmḍem *n.*

Cabrinha, *s. f.* bakuḍlî *f.*

Cabrio, cabrum, *a.* bakḍyâmcho.

Cabriola, *s. f.* uḍṇî; tâḍimiḍî *f.;* nâchrepaṇ *n.*

Cabriolar, *v. i.* uḍumk, nâchumk.

Cabrita, *s. f.* phâtar mârchem yamtr *n.* || *Ás cabritas,* pâṭhîr, ghoḍyâr.

Cabrito, *s. m.* bakuḍlo, bakḍecho pilo *m.*
Cabuchão, *s. m.* ghoṁgḍi *f.*
Cabula, *s. f.* iskol khaḷauneṁ; āṁgrâkhṇeṁ *n.* ‖ *s. m.* iskol chukauṇo. ‖ *a.* āṁgrâkhyo.
Cabular, *v. i.* iskol khaḷauṁk; āṁgrâkhuṁk.
Caca, *s. f.* śiśi *f.*
Caça, *s. f.* kâs *n.*, pāradh, śikâri *f.* *Dar* —, pâṭhâpâṭhi lâguṁk.
Cacaborrada, *s. f.* khâtaṇ, châr-khaṁḍ *(fig.)* *n.*; chûk, bhûl *f.*
Caçada, *s. f.* pâradh, śikâri *f.*
Caçadeira, *s. f.* śikârecheṁ ârm *n.*
Caçadeiro, *a.* śikârecho.
Caçador, *s. m.* kâsâdor, pârdhî, śikhârekâr. ‖ *a.* śikârî.
Cação, *s. m.* morî (— *pequeno*) *f.*, moro (— *grande*) *m.*
Caçapo, *s. m.* saṁso *m.*
Caçar, *v. t.* mâruṁk, pâradh-, śikârî karuṁk (*q. do o.*), *kâṁḍuṁk; (*naut.*) kavḷuṁk. ‖ *v. i.* kaḍsaruṁk, sarkuṁk.
Cacaracá, *s. m.* *cousa de* —, potero *m.*
Cacarejador, *a.* e *s. m.* koṁkârtalo, koṁkârṇâr.
Cacarejar, *v. i.* kok kok karuṁk, koṁkâruṁk, koṁkevuṁk.
Cacarejo, *s. m.* koṁkârṇi, koṁkevṇî *f.*
Cacareos, *s. m. pl.* khaṭarpaṭar *n.*, chillar mustâykî *f.*
Caçarola, *s. f.* mâtiyechi kâhil *f.*, kail *n.*
Cacatú, *s. m.*, **cacatúa,** *s. f.* *(zool.)*, kâkâtû *m.*
Cacau, *s. m.* kâkâv *m.*
Cacea, *s. f.* sarkaṇi, kadsarṇi *f.*
Cacear, *v. i.* (*naut.*) sarkuṁk, kaḍsaruṁk.
Cacetada, *s. f.* bhetko, ṭoṇo *m.*
Cacete, *s. m.* soṭo, ṭoṇo, ṭoṇko, laṭiṁgo *m.*
Caceteiro, *s. m.* soṭekâr, ṭoṇkekâr.
Cacha, *s. f.* kapaṭ *n.*, daṁbh *m.*
Cachaça, *s. f.* murîcho soro *m.*: ushchî pheṇî *f.*; ushchyâ rasâcho pheṇo *m.*
Cachação, *s. m.* gachâṁḍi, gachchî *f.*, ardhchaṁdr *m.*
Cachaceira, *s. f.* gardân *n.*, goṁgṭho *m.*; gachchi, mân *f.*
Cachada, *s. f.* kumeri *f.*
Cachagens, *s. f. pl.* nâkâche pûḍ, burâk *m. pl.*
Cachamorra, *s. f.* soṭo, ṭoṇo *m.*
Cachamorrada, *s. f.* saḍko, bhetko, ṭoṇo *m.*
Cachão, *s. m.* buḍbuḍo, baṁbhâḷ, uphâḷo, bhagbhag *m.*
Cachar, *v. i.* kapaṭ karuṁk, nâḍuṁk, ghât ghevuṁk.
Cachear, *v. i.* ghoṁs jâvuṁk (*d. do s.*), ghoṁsâṁnîṁ lâguṁk.
Cacheira, *s. f.*, **cacheiro,** *s. m.* ṭoṇko, ṭoṇo *m.*, bet *n.*
Cacheirada, *s. f.* bhetko, saḍko *m.*
Cachemira, *s. f.* kâśmir *n.*
Cachenez, *s. m.* gaḷobâṁdh *m.*
Cachete, *s. m.* mâr *m.* ‖ *De* —, thâṁba nâstânâ.
Cachetico, *a.* dhâtuvikârâcho.
Cachexia, *s. f.* duḥsthitibhâvanâ *f.*, dhâtuvikâr *m.*
Cachia, *s. f.* (*bot.*) keṁsar *f.*
Cachimanha, *s. f.* nâḍ *f.*, kapaṭ *n.*
Cachimbada, *s. f.* chilmâcho ghoṭ *m.*
Cachimbar, *v. i.* chilîm oḍhuṁk.
Cachimbo, *s. m.* chilîm, pâip (*ingl.* PIPE) *n.*
Cachimonia, *s. f.* gnyân *n.*, buddh, bârkamây *f.*
Cachinada, *s. f.* kâkâd, khaḷkhaḷ *m.*
Cachinar, *v. i.* kâkâdâṁ mâruṁk, hâṁsyâṁcho khaḷkhaḷ karuṁk.
Cacho, *s. m.* ghoṁs; (— *de bananas*) ghaḍ *m.*; (— *de côcos*) śiṁpṭeṁ *n.*, peṁḍhi, *loṁgi *f.* ‖ *Estar como um* —, cheṁḍ jâvuṁk, baro pikuṁk.
Cachoeira, *s. f.* gaskaso, ojhro *m.*, dhodhâṇî *f.*
Cachola, *s. f.* belko, taklo *m.*, boḍ *n.*
Cacholeta, *s. f.* takler mârṇeṁ *n.*
Cachopa, *s. f.* cheḍûṁ *n.*
Cachopice, *s. f.* burgepaṇ *n.*
Cachopo, *s. m.* cheḍo, cheḍko *m.*
Cachopo, *s. m.* khaḍap (daryâṁtleṁ) *n.*; (*fig.*) aḍchaṇ *f.*, khâvṭeṁ *n.*
Cachorra, *s. f.* kolgeṁ *n.*
Cachorrada, *s. f.* peṭyâṁcho jamo *m.*; âḍjât *f.*; mahârpaṇ, khâparpaṇ *n.*
Cachorro, *s. m.* lahân śuṇeṁ *n.*, peṭo; (*fig.*) kâchor *m.*
Cachú, *s. m.* kâjîcho dik *m.*
Cacifo, *s. m.* peṭûl *n.*; khaṇ, chauk *m.*
Cacimba, *s. f.* muhreṁ *n.*, pâlvi *f.*
Cacique, *s. m.* kâjî.
Caco, *s. m.* kaṁvchi, kaili *f.*; (*fig.*) boḍ; gnyân *n.* ‖ **-s,** *pl.* hâṁḍimaḍkî *f.*, khaṭarpaṭar *n.*
Caço, *s. m.* lahân kâhil; davli *f.*
Caçoada, *s. f.* heṁḍâvṇi *ou* leṁḍâvṇi, keshṭây *ou* cheshṭây, maskari, śeṭi *f.*, khebaḍ *n.*

Caçoante, *a. e s. m.* kkebaḍî, keṁḍṇâr.

Caçoar, *v. t. e i.* beṁḍâvuṁk, leṁḍâvuṁk, keṁḍuṁk *(d. do o.)*; khebaḍâṁ-, śeṭyo-, phetyo-, phigrâṁ karuṁk *(g. do o.)*

Cacochymia, *s. f.* tridosh, doshvikâr *m.*

Cacochymo, *a.* tridoshî.

Cacoete, *s. m.* khoḍ, mâṁj *f.*

Cacographia, *s. f.* kuvarṇanyâs *m.*

Caçoila, *s. f.* kuṁḍlî *f.*; mâltulo *m.*

Caçoiro, *s. m.* bhoṁvrecheṁ peḍ *n.*

Caçoleta, *s. f.* kâṁsuleṁ *n.*: mûs *f.*, pûṭ *n.*

Cacophaton, *s. m.*, **cacophania**, *s. f.* ruksbochchâr *m.*, padvṛitti *f.*

Cacto, *s. m. (bot.)* nâgnival *f.*

Cacuminal, *a.* murdhanya.

Cada, *a.* ekek *ou* eck, dar, darek *ou* harek. ‖ — *um*, — *qual*, ekeklo, dareklo, janek, janprati, âpâpaṇ, samagr. — *dia*, disâdisâ, disâchedisâ, disâṁdîs. — *mez*, mahinyâchyâ mahinyâ. — *passo*, veḷeveḷiṁ, bhoṁvûn bhoṁvûn. — *vez*, pâvṭîche pâvṭî, * gaṇikeṁ. ‖ — *um por si, Deus por todos*, âpaṇ âpṇâk, Dev samestâṁk.

Cadafalso, *s. m.* gaḷ *m.*

Cadarço, *s. m.* guḍaḍ *m.*; guḍaḍâcheṁ-, guḷyâ reśmâcheṁ lugaṭ *n.*; nâḍo *m.*, phit *(port.) n.*

Cadaste, *s. m.* varâ *f.*

Cadastro, *s. m.* śivḍî, paṭṭî *f.*

Cadaver, *s. m.* maḍeṁ, pret; ḍhor *(— de animal) n.* ‖ — *ambulante*, jiteṁ maḍeṁ.

Cadaverico, **cadaveroso**, *a.* maḍyâcho; maḍeṁ kaseṁ.

Cadeado, *s. m.* kulap, tâleṁ *n.*

Cadeia, *s. f. corrente:* sarpaḷî, sarî, sâṁkaḷ; *algema:* beḍî, khoḍisâṁkaḷ; *carcere:* baṁdkhaṇ, baṁdî, baṁdaḍî *f.*, bâṁdhaṇ *n.*

Cadeira, *s. f.* kadel, khursî *(p. us.)*, basṇî *f.*, baskar, âsan; *(— de descanço)* sukhâsan *n.*; *solio:* sadar *f.* ‖ -**s**, *pl.* kule *m. pl.*, beṁḍ *n.*

Cadeirinha, *s. f.* lahân kadel *f.*; kâderîjṇ, mâchil *n.*, pâlkî *f.*

Cadeixo, *s. m.* parṇeṁ pustak *n.*

Cadella, *s. f.* kolgeṁ *n.*

Cadencia, *s. f.* svarmeḷ, tâḷ *m.*; *(mus.)* pad *n.*, utâr *m.*

Cadenciado, **cadencioso**, *a.* svarmeḷâcho, samsvar, samtâḷ.

Cadenciar, *v. t.* tâḷâṁ-, svarmeḷâṁ karuṁk.

Cadenilha, *s. f. V.* ESPIGUILHA.

Caderna, *s. f.* chapaḍeṁ *n.*

Caderneta, *s. f.* paṭṭî, chopḍî *f.*

Caderno, *s. m.* kâdern, paṁjo, dasto *m.*; śivḍî *f.*

Cadete, *s. m.* dhâkṭo putr, anuj; umedvâr śipây.

Cadi, *s. m.* kâjî.

Cadilhos, *s. m.* pâṁvḷî, bâdî, daśî *f.*; *(fig.)* aṭâs, jaṁjâḷ *m. pl.*

Cadimo, *a. (ant.)* kâṭhû, śiḍûk; châlto, sadâṁcho.

Cadinho, *s. m.* mûs *f.*, pûṭ *n.*, kavo *m.*

Cadivo, *a.* pikûn paḍto; *(fig.)* kadamkâḷo, jarḍo.

Cado, *s. m. (ant.)* bhâṁḍ *n.*

Cadoz, *s. m.* khaṇkûl *n.*; ḍhol *f.*

Caducante, *a.* naśvar, jakal.

Caducar, *v. i.* jarḍo-, ḍoṁkro-, barl jâvuṁk, barlusevuṁk, jakluṁk.

Caduceu, *s. m.* vetr *n.*

Caducidade, *s. f.* barḷpaṇ, jarḍepaṇ, ḍoṁkrepaṇ, khaṁgârpaṇ; naśvarpaṇ *n.*, aḍriḍhây *f.*

Caduco, *a.* khaṭâro, jarḍo, ḍoṁkro, khaṁgâr, jakhaḍ, jakal, barl, kadamkâḷo, khaṁkro, jarjaro; aḍriḍh, naśvar, nâśivaṁt, vinâśî; *(jur.)* paḍît, nishphaḷ. ‖ *Mal* —, marlûk *f. Cornos caducos*, gaḷtiṁ śiṁgâṁ.

Caes, *s. m.* dhako, utârghât, pâr *m.*, baṁdar *n.*, pâj *f.*

Café, *s. m.* buṁḍ *(p. us.)*, kâpho *m.*; kâphî *(pó, infusão de —) f.*; kavâkhâṇo *(p. us.) m.*

Cafeeiro, **cafezeiro**, *s. m.* kâphyâcheṁ jhâḍ *n.*

Cafeteira, *s. f.* kâphiyecheṁ âydan *n.*, kavâdânî *(p. us.) f.*

Cafila, *s. f.* sârth *m.*; *(fig.)* baṁḍ, peṁḍeṁ *n.*

Cafre, *s. m. e f.* khâprî *m.*; khâparleṁ *n.*

Cafua, **cafurna**, *s. f.* vivar, rahâḷ *n.*; jhoṁpḍî, khoṁpṭî *f.*

Cafuné, *s. m.* doṁs *f.*

Cágado, *s. m. V.* KÁGADO.

Cagaço, *s. m.* tharthâro, kâṁpero *m.*

Caga-lume, *s. m. V.* PYRILAMPO.

Cagancira, *s. f.* hâgvaṇ *f.*

Caganifancia, *s. f.* daṁḍcchî vast *f.*, kispuro, potero *m.*

Caganita, *s. f.* leṁḍî *f.*

Cagar, *v. i.* hâguṁk, bhâyr basuṁk, udkâḍe vachuṁk *ou* basuṁk.

Cagarolas, **caguinchas**, *s. m. e f.* hâgirḍo, hâgro, gâṁḍû *(aa.)*

Cahida, *s. f.* paḍṇî, gaḷṇi, jhaḍṇî *f.*

Cahideiro, cahidiço (*p. us.*), *a.* padto, galto.

Cahimento, *s. m.* paḍṇi; (*fig.*) galṇî *f.*, memgepaṇ *n.*

Cahir, cair, *v.* paḍumk, galumk; jhaḍumk (— *folhas, flores, fructos*); śevṭumk (— *impetuosamente*); *acontecer:* yevumk, paḍumk. ‖ — *da memoria*, visrumk. — *em graça*, majat melumk (*d. do s.*) — *em silencio*, ogo râvumk. — *em si*, śiḍkumk, chatrây jâvumk (*d. do s.*)

Caiadeira, *s. f.* chuno kâḍhtalî.

Caiadela, caiadura, *s. f.*, **caio,** *s. m.* kâyâr karṇem, chuno kâḍhṇem *n.*, lep *m.*; saphetî, dhavsârṇî *f.*

Caiador, *s. m.* kâyádor, chuno kâḍhtalo, gilâvo kartalo.

Caiar, *v. t.* kâyâr karumk. chuno kâḍhumk (*d. do o.*), lepumk; saphetî-, gilâvo karumk (*d. do o.*), dhavsârumk.

Cãibra, *s. f.* kaṇ (*esp.* — *no pescoço*) *f.*, vât, val, peṭko *m.*, vâḷak *n.*

Caibros, *s. m. pl.* vâṁse *m. pl.*: aḍhekaḍâṁ, vâṁkâṁ *n. pl.*

Caieiro, *s. m.* chunekâr.

Caimão, *s. m.* mângeṁ *n.*

Cainçalha, *s. f. V.* CANZOADA.

Cainhar, *v. i.* ghoṁkumk.

Cainheza, *s. f.* kanishṭhây, chirmoṭây, hichimichî *f.*

Cainho, *a.* suṇyâcho; (*fig.*) kanishṭh, himṭo, châṭo.

Caipora, *s. f.* mithyâgni *m.*, mithyâdîpti *f.* ‖ *a.* lakṭo phuṭlalo.

Cairel, *s. m.* phît (*port.* FITA) *n.*, nâḍo, pâṭ *m.*

Cairelar, *v. t.* phît-, nâḍo lâvumk.

Cairo, *s. m.* kâbḷo, kâtho *m.*

Caixa, *s. f.* peṭ *f.*, haḍpo (— *grande*) *m.*, peṭûl (— *pequena*) *n.* ‖ *V.* TAMBOR.

Caixão, *s. m.* haḍpo; kâyśâmv *m.*

Caixaria, *s. f.* peṭâmchî râs *f.*

Caixeiro, *s. m.* peṭûlkâr, jâmdâr, killîdâr.

Caixeta, *s. f.* peṭûl *n.*

Caixilho, *s. m.* chaukaṭ *f.*, sâmcho, sâmgâdo *m.*

Caixote, *s. m.* peṭ *f.*

Caixoteiro, *s. m.* peṭkâr.

Cajadada, *s. f.* betyâcho phâr *m.*

Cajado, *s. m.* beto *m.*, âmkḍî *f.*, *temḅem *n.*

Caju, *s. m.* kâjû, bomḍû (*us. Sav.*) *m.*, kâj *f.*

Cajueiro, *s. m.* kâj *f.*

Cal, *s. f.* chuno.

Cala, *s. f.* kapî; khaḷî *f.*

Calabaça, *s. f. V.* CABAÇA.

Calaboiço, *s. m.* aṁdhârkhâṇî, âṁdhârî; baṁdkhaṇ *f.*

Calabre, *s. m.* dor *n.*, âṁjo *m.*

Calabrear, *v. t.* barsumk; phasaumk, nâḍumk.

Calabrote, *s. m.* bârîk dor *n.*

Calaça, *s. f.* res (*litt.* REAL; reskâr. *o que cobrava a* —) *m.*

Calaçaria, *s. f.* pârpaḷpaṇ, bekârpaṇ *n.*, âṁgsustî *f.*

Calacear, *v. i.* pârpaḷ jâvumk, bekâr âsumk,- bhoṁvumk; vâryâr-, ukâḷyâr dîs kâḍhumk.

Calaceiro, *s. m.* bekâr-, pârpaḷ manîs; âḷśî.

Calada, *s. f.* ugepaṇ. mumkepaṇ *n.* ‖ *Pela* —, gapchip.

Caladamente, *adv.* ugi, gapchip.

Calado, *a.* ugo *ou* ogo, gupit *ou* gupt, mumko. ‖ *s. m.* kapî *f.*

Caladura, *s. f.* kapî kâḍhṇem *n.*: kapî *f.*

Calafate, *s. m.* gajpî, darajbaṁdi kartalo.

Calafetador, *s. m.* gajpo *m.*

Calafetagem, *s. f.* gaj bharṇem *n.*, darajbaṁdî *f.*

Calafetar, *v. t.* gaj lâvumk,- bharumk (*d. do o.*). darajbaṁdî karumk (*g. do o.*)

Calafeto, *s. m.* gaj, saṇḍâmar *m.* ‖ *V.* CALAFETAGEM.

Calafrio, *s. m.* kaḍkaḍi, huḍhuḍî, śirśirî. âṁkuḍây *f.*, kaḍkaḍo, kulkulo, śirśiro *m.*

Calaim, *s. f.* kalhay *f.*

Calamidade, *s. f.* apad, âpad, vipatti, dhâḍ, *âḍâvat *f.*, balâv, arishṭ, dagaḍ, avdhaṁḍo, kâḷ. hâl, anarth *m.*, saṁkaṭ, karm *n.*

Calamina, *s. f.* kalkhâprî *f.*

Calaminar, *a. pedra* —, kalkhâprî *f.*

Calamistrado, *a.* muḍyâḷe-, vaḷlale keṁs âslalo.

Calamistrar, *v. t.* vaḷumk, veṁṭâvumk, veṁṭumk.

Calamita, *s. f.* chumbak *m.*

Calamitoso, *a.* hâlâcho, arishṭâcho, dhâḍîcho; daḷdiro.

Calamo, *s. m.* kalam *n.*, lekhṇî *f.* — *aromatico*, vaikhaṁḍ *f.*

Calamocada, *s. f.* takler mârṇem *n.*; kûṭ *f.*

Calamocar, *v. t.* takler-, kûṭ mârumk; nuskân divumk.

Calandra, *s. f.* kuṁḍî *f.*, kuṁḍiyaṁtr *n.*

Calandrar, *v. t.* kuṁdi karuṁk, kuṁdluṁk, ghoṭuṁk.

Calandreiro, *s. m.* kuṁdikâr.

Calão, *s. m.* viśeshbhâs, śreṇibhashâ *f.*

Calão, *s. m.* (*indian.*) kaḷso *m.*, beṁdûl *n.*; śidî (— *pequeno*); ghâgar *f.*, man (— *grande*).

Calar, *v. t.* ugo râvauṁk; gupt davruṁk. ‖ *v. i. e r.* ugo-, muṁko râvuṁk, gapchip âsuṁk. ‖ *Quem cala, consente,* ugo râvtâ to hoy mhantâ.

Calar, *v. t.* kapî kâḍhuṁk (*g. do o.*); saṁjauṁk. ‖ *v. i.* riguṁk, jhomuṁk.

Calar, *v. t.* deṁvauṁk, khâlâvuṁk.

Calca, calcadura, *s. f.*, **calcamento,** *s. m.* gudhḍâvṇî, mastaṇî, mâḍauṇî; kheṁchṇî, chepṇî *f.*

Calça, *s. f.*, **calças,** *pl.* kâlsâṁv, ijâr *n.*, pâyjâmâ (*p. us.*) *m.*

Calçada, *s. f.* bâṁdhvâṭ, chirebaṁdi; pâj *f.*, deṁvaṇeṁ *n.*

Calçadeira, *s. f.*, **calçador,** *s. m.* kâlsâdor *m.*

Calçado, *a.* kâlsâd, moche ghâllalo; phâtrâṁniṁ bâṁdhlalo; pâchâreṁ mârlalo; bâhḷyâṁ pâṁyâṁcho. ‖ *s. m.* moche *m. pl.*, jutî *f.*

Calcadoiro, *s. m.* khaḷeṁ *n.*, maḷṇî *f.*

Calcador, *s. m.* chepṇeṁ *n.*, choṁdî *f.* ‖ *a. e s. m.* gudhḍâvṇâr, mâḍauṇâr.

Calçadura, *s. f.*, **calçamento,** *s. m.* moche ghâlṇeṁ *n.*

Calcaneo, *s. m.* khoṭecheṁ hâḍ *n.*

Calcanhar, *s. m.* khoṭ *ou* khoṁṭ, ṭâṁch, phûḷ (*us. Sal.*) *f.*, *khûḷ *m.* ‖ *Dar aos calcanhares,* jhuri kâḍhuṁk.

Calção, *s. m.* kâlsâṁv *ou* kalsâṁv, cholṇeṁ *n.*, pâyjâmâ *m.*

Calcar, *v. t.* gudhḍâvuṁk, masḷuṁk, mastuṁk, mâḍauṁk; maḷuṁk, murḍuṁk; kheṁchuṁk, chepuṁk, cheṁchuṁk, dâmuṁk.

Calçar, *v. t.* nesuṁk, ghâluṁk; *empedrar:* chirebaṁdi karuṁk (*g. do o.*), phâtrâṁniṁ bâṁdhuṁk; *pôr calço:* pâchâreṁ lâvuṁk,- mâruṁk (*d. do o.*); *revestir de aço:* pânvaḷ divuṁk (*d. do o.*)

Calcareo, *a.* chunyâcho, chuno âslalo, chûrṇmay.

Calce, calço, *s. m.* kâls, pâchâreṁ; pânvaḷ *n.*

Calcedonia, *s. f.* śivadhâtu *m.*

Calceta, *s. f.* beḍi *f.*, khoḍo *m.* ‖ *s. m.* beḍyekâr.

Calceteiro, *s. m.* chirebaṁdi kartalo.

Calcificação, *s. f.* chuno jâṇeṁ *n.*

Calcificar-se, *v. r.* chuno kaso-, chûrṇmay jâvuṁk.

Calcinado, *a.* bhasmilalo, bhasmikṛit, bhasmibhût.

Calcinar, *v. t.* bhasm-, jâraṇ karuṁk (*g. do o.*)

Calcio, *s. m.* bhasm *m.*

Calçudo, *a.* lâṁb kalsâṁv nestalo; pâṁyâṁk pâkhâṁ âslalo.

Calculação, *s. f.* (*p. us.*) gaṇṇî *f.*

Calculadamente, *adv.* gaṇûn, nihâḷûn, yojûn.

Calculador, *a. e s. m.* hiśobî, gaṇṇâr, gaṇak, ajmâsî; (*fig.*) chatur-, kâṭhû manis.

Calcular, *v. t.* gaṇuṁk. ajmâsuṁk, sumâr karuṁk (*g. do o.*)

Calculavel, *a.* gaṇûṁyeso.

Calculista, *s. m.* gaṇak, ajmâsi.

Calculo, *s. m.* gaṇan *n.*, gaṇanâ *f.*; hiśob, ajmâs, sumâr *m.*, saṁkhyâ *f.*; mûtkhaḍo *m.*

Calcurriada, *s. f.* vâṭ ṭâṁkṇeṁ *n.*; dhâṁv, dhâṁvaḍ *f.*

Calcurriar, *v. i.* vâṭ ṭâṁkuṁk; dhâṁvdhâviṁ chaluṁk,- vachuṁk.

Calda, *s. f.* sâkarvaṇî *n.*, râb *f.*; lokhaṁḍ tâpauṇeṁ,- kaḍhauṇeṁ *n.* ‖ -**s,** *pl.* unhâḷeṁ *n.*

Caldaça, caldivana, *s. f.* pachakvaṇî *n.*

Caldario, *a.* unhâḷyâcho.

Caldeação, *s. f.* bhijaṭ ghâlṇeṁ *n.*, timâvṇî; kaḍhauṇî.

Caldear, *v. t.* timâvuṁk, bhijaṭ ghâluṁk, bhijauṁk. ‖ — *o ferro,* lokhaṁḍ tâpauṁk,- kaḍhauṁk; pâṁsuṁk.

Caldeira, *s. f.* hâṁḍi, kaḍhaî, tâj, kâhil *f.*; *cova:* âḷeṁ *n.*; *enseada:* goḍ *f.*

Caldeirada, *s. f.* hâṁḍibhar *f.*; mâsḷecheṁ barbaṭ; (*fig.*) charbaṭ *n.*

Caldeirão, *s. m.* bâṁḍo *m.*, gaṁgaḷ *n.*

Caldeiraria, *s. f.* kâṁsârvâḍo *m.*

Caldeireiro, *s. m.* kâṁsâr, tâṁbaṭkâr, tâṁbaṭî.

Caldeirinha, *s. f.* kâlderijû, hâṁḍi. ‖ *Estar entre a cruz e a* —, kâḷ-, ghât yevuṁk (*l. sup. do s.*)

Caldeiro, *s. m.* bâṁḍo; kaḷso *m.*

Caldo, *s. m.* kâld, sûp (*p. us.*), polov *m.*, kaḍhaṇ; kâṭ (— *de mariscos*): taṛn (— *de canja*) *n.*

Caleça, *s. f.* śighrâṁn *m.*

Caleche, *s. m.* ardhi ughṭi gâḍi *f.*

Calefacção, *s. f.* tâpauṇî, unhâvṇi *f.*

Caleira, *s. f.*, **caleiro,** *s. m.* mohri *ou* mari *f.* ‖ *V.* CAIEIRO.

Calembur, *s. m.* ślesh *m.*, śleshokti *f.*

Calendario, *s. m.* pamchâṁg, pât ḍeṁ *n.*
Calendarista, *s. m.* pamchâṁgkâr.
Calendas, *s. f. pl.* mahinyâcho pailo dis *m.*, pratipadâ *f.* || *Para as — gregas*, kednâch, kadinch.
Calepino, koś, saṁgraha *m.*
Calha, *s. f.* charî *f.*, naḷ *m.*
Calhamaço, *s. m.* moṭeṁ sanvastr; parneṁ âni moṭeṁ pustak *n.*
Calhambola, *s. m.* paḷpaṭo gulam.
Calhandra, *s. f.* kuṁbhâr kukûṭ *m.*, bhâḍkî *f.*
Calhandro, *s. m.* kadeṁ *n.*, don *m.*
Calhar, *v. i.* jâvuṁk, riguṁk; *(fig.)* kâmâk pâḍuṁk, upkârâk yevuṁk, upkâruṁk; ghaḍuṁk, jâvuṁk.
Calhau, *s. m.* dhoṁḍo, guṁḍo *m.*; phâturlî *f.*
Calhe, *s. m.*, **calleja**, *s. f.* aśîr vâṭ, pâṁyd, pâṁyvâṭ *f.*
Calheta, *s. f.* lahân khâḍ *f.*
Calibrador, *s. m.* vyâs mejcheṁ yaṁtr *n.*
Calibrar, *v. t.* vyâs mejuṁk *(g. do o.)*; phâvo to vyâs divuṁk *(d. do o.)*
Calibre, *s. m.* (nâḷîcho, baṁdukâcho) vyâs *m.*, ruṁdî, bâr *f.*; poṭ *n.*
Caliça, *s. f.* nikaḷlalo chuno; kachro *m.*, kharîp *n.*
Calice, **calix**, *s. m.* kâls, *f.* pâtr, pivaṇpâtr *n.*; *(bot.)* kaṁchukî, vâṭî *f.*, turmaṇ *n.*, pushpakoś *m.* || *— da amargura*, aṭâs, vaḷvaḷe *m. pl.*
Calicinal, *a.* kaṁchukecho.
Calido, *a.* khar, garam.
Caligem, *s. f.* aṁdhak, aṁdhakâr, kâḷok *m.* || *V.* CATARACTA.
Caliginoso, *a.* kâḷokâcho, prakâśâbhedya.
Calleja, *s. f. (ant.).* pâṁyd *f.*
Callejado, *a.* khiṇâṁ paḍlalo; aḷsalalo, jûn.
Callejar, *v. t.* khiṇâvuṁk, khiṇâṁ ghâḷuṁk *(d. do o.)*: *(fig.)* aḷsauṁk, rabâṭauṁk. || *v. i.* khiṇevuṁk, khiṇâṁ paḍuṁk,- jâvuṁk *(d. do s.)*; aḷsoṁk.
Calligraphia, *s. f.* bareṁ barap *n.*, suṁdarlipî *f.*
Calligraphico, *a.* suṁdarlipecho.
Calligrapho, *s. m.* suṁdarlipijña.
Callista, *s. m.* khiṇâṁcho vaij.
Callisto, *s. m.* kapâlphuṭko manîs.
Callo, *s. m.* khîṇ *n.*, kirlî *f.*
Callosidade, *s. f.* vhaḍleṁ khîṇ *n.*
Calloso, *a.* khiṇâṁ âslalo,- paḍlalo.
Calma, *s. f.* ubâḷ *m.*, garmî; *(fig.)* thaṁḍây, śâṁti *f.*, ugepaṇ, śamaṇ *n.*
Calmante, *a.* thaṁḍ karcho, thaṁḍ, śamak.
Calmar, *s. m.* sadâmâṁḍkî *f.*
Calmar, *v. t.* V. ACALMAR.
Calmaria, *s. f.* nirvât, nivât *m.*, gajgajnî *f.*
Calmo, *a.* gajgajît, ghûm; thaṁḍ, śâṁt, thîr, ugo.
Calmoso, *a.* gajgajît, ghûm.
Caloiro, *s. m.* navśîk.
Calomelanos, *s. m.* pâradbhasm *m.*
Calor, *s. m.* kâlor *m.*, ûb, tâp, garmî *f.*, dhag, trâs *m.*, trâsaṇ, ushṇ *n.*: ubâḷ *(fig.)* taḍâko *m.*, umed, kharây *f.*
Calorico, *s. m.* ushṇatâ *f.*, ushṇatâbîj *n.*
Calorifero, *s. m.* ûb divuṁcheṁ yaṁtr *n.*
Calorificação, *s. f.* ushṇ jâṇeṁ *n.*
Calorifico, *a.* ushṇ, tâpjanak.
Calorimetria, *s. f.* ushṇamâpakavidyâ *f.*
Calorimetro, *s. m.* ushṇamân *n.*
Calorosamente, *adv.* tavkyân, umedîn, hurbhen.
Caloroso, *a.* ûn, khar, nibar; hurbhevaṁt, umedîcho.
Calote, *s. m.* riṇkâryâṁk phoṭauṇeṁ,- phasauṇeṁ *n.*
Calotear, *v. t. e i.* riṇkâryâṁk phoṭauṁk, phasauṁk; chakauṁk.
Caloteiro, *s. m.* phoṭauṇo, phasauṇo, bâshkaḷ.
Caluda, *int.* ugî râv, gapchip, chapp, chipp, chupp, gupp.
Calumba, *s. f.* kalam kâchrî *f.*
Calumnia, *s. f.* chahâḍî *f.*, baglâṁṭ, lachâṁḍ, tuphân, pakhâṁḍ *n.*, abjâḷ *m.*, birâmat *ou* bilâmat *f.*, apvâd, durvâd *m.*
Calumniador, *s. m.* baglâṁṭî, lachâṁḍî, chahâḍyo, tuphânkâr, tuphâṇî, apvâdî.
Calumniar, *v. t.* baglâṁṭ-, lachâṁḍ ghâluṁk *(l. sup. do o.)*, chahâḍî sâṁguṁk *(g. do o.)*, chahâḍuṁk *(p. us.)*, apvâduṁk.
Calumniosamente, *adv.*, baglâṁṭîṁ, chahâḍyen.
Calumnioso, *a.* chahâḍiyecho, tuphânî, apvâdâcho.
Calva, *s. f.* kharaḍ, kharḍeṁ; châḷ *n.*, oso *m.* || *Pôr a — á mostra*, aguṇ praghaṭuṁk,- ṭeṁkḍek lâvuṁk.
Calvejar, *v. t.* kharḍo karuṁk. || *v. i.* kharḍo-, boḍko jâvuṁk, kharaḍ paḍuṁk *(d. do s.)*
☞ **Calvicie**, *s. f.* kharḍepaṇ, boḍkepaṇ; kharḍeṁ *n.*

Calvo, *a.* khardo, bodko.
Cama, *s. f.* âṁthrûṇ *ou* âṁthuḷaṇ, âṁthrûṇ pâṁghrûṇ, bichhâṇeṁ *n.*, sej, supetî; *leito:* khâṭ, bâj *f.*, mâcho, palaṁg *m.* ‖ *Estar de —, cahir de —*, âṁthuḷṇâr âsuṁk,- paḍuṁk.
Camada, *s. f.* thar, lep; taḷ *(— de terra) m.*
Camafeu, *s. m.* duraṁgî tharâcho phâtar *m.*
Camal, *s. m. V.* CAPACETE.
Camalha, *s. f.* laṁvechî boṁth *f.*
Camalhão, *s. m.* kâṁḍeṁ *n.*, varo *m.*; mer *f.*
Camandulas, *s. f. pl.* moṭyâṁ phoḍyâṁcheṁ koṁt *n.*, mâlâ *f.*
Camara, *s. f.* kûḍ; châvḍî *f.*, kâmr *(— municipal) n.*; khajṇo *(— das armas de fogo) m.* ‖ -s, *pl.* hâgvaṇ *f.*, bâher *n.*, ḍhâḷ *m.*
Camarabando, *s. m.* kamarbaṁd *m.*
Camarada, *s. m.* kaṁbrâd, baṁdh, sâṁgâtî, saṁgaḍî, saṁvgaḍo; gaḍî.
Camaradagem, *s. f.* baṁdhpaṇ *n.*, vâṁgaḍ *m.*, salgî, sahây *f.*
Camarão, *s. m.* suṁkaṭ *n.*; vâgî *(— grande)*; ghâlmî *f.*, ghalmo *m.* *(— miudo)*: *gancho:* âṁkḍo *m.*
Camarario, *a.* kâmrâcho.
Camarata, *s. f.* nîdsâḷ, nidrâsâḷ *f.*
Camarção, *s. m.* isoḷeṁ *n.*
Camarço, *s. m.* kâpot *f.*: *(fig.)* dagdag, kashṭ *m. pl.*
Camareira, *s. f.* râṇyechî sevkîṇ.
Camareiro, *s. m.* râjsevak, râjpurush, khidmatgâr *(p. us.)*
Camarento, *a.* hâgvaṇo, hâgro.
Camarilha, *s. f.* râjmaṁḍaḷ *f.*
Camarim, *s. m.* koṭhrî *f.*
Camarista, *s. m.* kâmrîst *ou* kâṁbrîst; râjpurush.
Camaroeiro, *s. m.* suṁkṭâṁkâr *m.*: suṁkṭâṁcheṁ jâḷ *n.*
Camarote, *s. m.* kûḍ, koṭhrî *f.*
Camartello, *s. m.* ghaṇ *m.*
Camba, *s. f.* vâṁk, aḍhekaḍ *n.*; *nesga:* paṭṭî, kaḷî *f.*; *moinho:* dâṁteṁ *n.*
Cambada, *s. f.* kaṁbâd *(— de peixes) m.*, gâṁthaṇ, śiṁkaḷ *f.*; peṁḍeṁ, kûṭ *n.*; râs *f.*, loṁḍho *m.*
Cambadela, *s. f. V.* CAMBALHOTA *e* CAMBAPÉ.
Cambado, cambaio, *a.* pâṁgo, pâṁgḷo, vâṁkyo.
Cambal, *s. m.* dâṁtyâ bhoṁvticheṁ vâṁk *n.*
Cambalacho, *s. m.* chorbadal, nâḍbadal *f.*
Cambalear, *v. i.* lavkuṁk, lakuṁk; ghuṁvḷuṁk.
Cambaleio, *s. m.* lakṇî, lavkaṇî *f.*
Cambalhota, *s. f.* tâḍimiḍî; śevṭoṇî, âpṭoṇî *f.*
Cambão, *s. m.* âḍno, âḍâṇo *m.*
Cambapé, *s. m.* dusryâchyâ paṁyâṁmiṁ pâṁy ghâlṇeṁ (bhûṁy uḍaumchyâk) *n.*, âḍî *f.*; *(fig.)* phâs *m.*
Cambar, *v. t. (ant.)* vâṭâvuṁk, moḍuṁk. ‖ *v. i.* pâṁguṁk; lavkuṁk.
Cambeta, *s. m. V.* CAMBAIO.
Cambetear, *v. i.* pâṁgḷo chaluṁk, pâṁguṁk, vâṁkuṁk.
Cambiador, *(ant.)*, **cambista**, *s. m.* sarâp, chiṁvâr.
Cambial, *a.* vâṭâvâcho; huṁḍiyecho.
Cambiante, *a.* raṁg badalto; laharî, laharîdâr; bâhuraṁgî. ‖ *s. m.* raṁg badalṇeṁ *n.*; lahar; *(fig.)* lahân aṁtar, thoḍî taphârat *f.*
Cambiar, *v. t.* badluṁk; vâṭâvuṁk, moḍuṁk. ‖ *v. i.* raṁg badluṁk; laharî jâvuṁk.
Cambio, *s. m.* vaṭâv *ou* vâṭâv; khurdo *m.*, moḍ *f.*
Cambo, *s. m. (ant.)* vaṭâv *m.*; gâṁthaṇ; ṭeṁkḍî, gorâṁṭhî *f.*
Cambôa, *s. f.* mâsḷechî khaṇ (daryâ lâgîṁ), mânas *f.*
Cambolhada, *s. f.* gâṁthaṇ, śiṁkaḷ, moḷî *f.* ‖ *De —*, goṁdhḷân, mîṭmer nâstânâ.
Cambolim, *s. m.* kâṁbaḷ *f.*, kâṁbḷeṁ *n.*
Cambota, *s. f.* vâṁkîcheṁ lâṁkûḍ *n.*; ardhvṛittakṛiti sâṭho *m.*
Cambra, *s. f. V.* CAIBRA.
Cambraia, *s. f.* kâṁbrây *f.*
Camela, *s. f.* śâṁḍ, uṁṭîṇ *f.*
Camelão, *s. m.* moṭî saklâṭ *f.*
Cameleão, *s. m.* śirlo; topyo *(us. Sal.)*; sarḍo *(us. Sav. e Can.) m.*; *(fig.)* chaṁchaḷ manîs.
Cameleiro, *s. m.* uṁṭâṁ chalaitalo, sârvân.
Camelote, *s. m.* lahân uâḷ *f.*
Camelice, *s. f.* mûrkhpaṇ, reḍepaṇ *n.*
Camelino, *a.* uṁṭâcho.
Camelo, *s. m.* uṁṭ, kar *n.*; moṭî nâḷ *f.*; *(fig.)* bail, reḍo, gâdo.
Camelopardal, *s. m. V.* GIRAFA.
Camilha, *s. f.* khâṭlî *f.*; sukhâsan *n.*
Caminhada, *s. f.* chalṇî *f.*, chamkaṇ; vâṭ tâṁkṇeṁ *n.*
Caminhador, *s. m.* baro chalṇâr; bhoṁvṇâr.

Caminhante, *s. m. e f.* vâṭsûr, mârgî.
Caminhar, *v. i. e t.* chaluṁk; chamkuṁk (*us. Sal.*); nighuṁk; (*pur.*); vachuṁk.
Caminheiro, *a.* baro chalto. ‖ *s. m.* pâṁyvâṭkâr, pedo.
Caminho, *s. m.* vâṭ *f.*, mârag (*vul.* mârgâ), rasto, paṁth: âḍmârg (*atalho*) *m.*; pâṁyḍ (*— estreito*); chorvâṭ (*— privado, — occulto*) *f.*; jalmârg (*— maritimo*). ‖ *— de pé posto,* pâṁyvâṭ, śetâṁtlî vâṭ. *Abrir —,* vâṭ karuṁk. *Ir — de,* vachuṁk. *Levar —,* goḍâk vachuṁk, sâṁḍoṁk. *Tomar —,* vâṭ ghevuṁk; (*fig.*) gnyân yevuṁk (*d. do s.*) *De —,* vâṭeche vâṭe; vegîṁ vegiṁ. *Como quem vae de —,* pâṭh phuḍo paḷe nâstânâ.
Camisa, *s. f.* kamîs *ou* khamîs *n.*; sarpâchî kât *f.*; boṁḍâcheṁ poteṁ; kanśecheṁ pâteṁ. ‖ *Ficar sem —,* ghar dhuvuṁk (*litt.* LAVAR A CASA). *Metter-se em — de onze varas,* uṁdrâk lokhaṁḍâcho vâvr kityâk?
Camiseiro, *s. m.* khamsâṁ kartalo va viktalo, khamsâṁkâr.
Camisinha, *s. f.* khamśî *f.*
Camisola, *s. f.* bâṇyâṇ; kâmijol *n.* ‖ *— de forças, V.* COLLETE.
Camisote, *s. m.* sarvâṁgatrâṇ *n.*
Camoeca, *s. f.* soryâchî bhramît, guṁgî *f.*
Camouço, *s. m.* râs, tâṁḍî *f.* ‖ *Em —,* ekâmekâr; râśiṁnîṁ.
Campa, *s. f.* phoṁḍâcho phâtar; lahân ghâṁṭ, ṭâlghâṁṭ *f.*
Campainha, *s. f.* kâṁpîṇ, ghâṁṭlî; *uvula:* poṭjîbh *f.* ‖ *— electrica,* vidyutâchî ghâṁṭlî. *Andar com uma —,* khabaryo-, chahâḍyo jâvuṁk.
Campainhada, *s. f.* kâṁpîṇ-, ghâṁṭlî vâjauṇeṁ *n.*
Campainhão, campainheiro, *s. m.* kâṁpîṇ-, ghâṁṭlî vâjaun bhoṁvtalo, kâṁpîṇkâr.
Campal, *a.* raṇâcho. ‖ *Batalha —,* ughṭyâ jâgyâvayleṁ juj *n.*
Campana, *s. f.* (*p. us.*) ghâṁṭlî *f.*
Campanado, *a.* ghâṁṭ kasî.
Campanario, *s. m.* ghâṁṭîchî torr *f.*; gâṁv *m.*
Campanha, *s. f.* vaṇ *n.*; saṁgrâm *m.*, laḍhây *f.*
Campaniforme, campanulado, *a.* (*bot.*) ghâṁṭâkâr.
Campanil, *s. m.* (*p. us.*) kâṁseṁ *n.*
Campanudo, *a.* ghâṁṭ kasî: uṁch âslalo. ‖ *V.* BOMBASTICO.

Campão, *s. m.* bahuraṁgî saṁgmarvar *m.*
Campar, *v. t. V.* ACAMPAR *e* CAMPEAR. ‖ *v. i.* phaḍâ karuṁk, phiṭphiṭuṁk, phurphuruṁk; bhoguṁk, phaḷ-, âḍâv kâḍhuṁk; jhagjhaguṁk, śobhuṁk.
Campeador, campeão, *s. m.* vîr, mard, pahilvân, mohro, parâkramî; kaivârî.
Campear, *v. i. acampar:* paḍâv-, peṇeṁ karuṁk; *batalhar:* jujuṁk, juj mâruṁk; *mover-se com galhardia:* pehrâvyân chaluṁk, mirvuṁk, chamkuṁk; *ufanar-se:* phuluṁk, ahaṁkâruṁk, ṭhaṇṭhaṇuṁk. ‖ *v. t.* dâkhauṁk, ḍaul-, dabâjo karuṁk (*g. do o.*)
Campeiro, *a. e s. m.* śetkâmtâcho; śetkâmî, śetkâmtî.
Campestre, campezinho, campezino, *a.* śetâcho, śetâṁtlo, bhâṭâṁtlo, śetgaṇyâcho; gâṁvṭî, khedegâṁvcho.
Camphora, *s. f.* kâṁphr, kâphûr *m.* ‖ *Agua de —,* kâphûrvaṇî *n.* *Oleo ou pomada de —,* kâphûrtel, kâphrel *n.*
Camphorado, camphorico, *a.* kâphrâcho, kâphûr âslalo.
Camphorar, *v. t.* kâphûr ghâluṁk (*l. do o.*) *ou* lâvuṁk (*d. do o.*)
Camphoreiro, *s. m.* kâphrâcheṁ jhâḍ *n.*
Campina, *s. f.* ker *m.*, kuraṇ, maidân, maraḍ *n.*
Campino, *a.* śetâcho; khedyâcho. ‖ *s. m.* kuḷvâḍî, kuṇbî; bail râkhṇo; khedyâcho manîs.
Campo, *s. m.* śet, kshetr (*p. us.*), śetbhâṭ *n.*, śetgaṇo, ker *m.*, kuḷvâḍ, bhûṁy; *espaço, plano, terreiro:* bhûṁy *f.*, maidân, maḷ *n.*; *arena:* raṁg *m.*, âṁgaṇ *n.*; *fundo de quadro, tinta geral:* jamîn *f.*, kshetr *n.* ‖ *— de batalha,* raṇâṁgaṇ *n.*, raṇbhûmi *f.* *— de visão,* paḷevuṁcho âṭoko *m.* *Trazer a —,* ughḍâs karuṁk (*g. do o.*), nâṁv kâḍhuṁk (*g. do o.*) ‖ *V.* VARZEA.
Camponez, *a. e s. m.* śetâṁtlo, bhâṭâṁtlo, khedegâṁvcho; śetkâmî, śetkâmtî; gâṁvṭî.
Camponio, *s. m.* kuḷvâḍî.
Camurça, *s. f.* bheṁkreṁ *n.*
Can, *s. f.* dhavo-, piklalo keṁs *m.*
Canada, *s. f.* choṁ śerâṁcheṁ mâp *n.*; aśîr vâṭ, pâṁyvâṭ *f.*; aḍlalo pâr *m.*
Canal, *s. m.* char, khaḷî, sârṇî, mûs, *ghaḷ *f.*, pâṭ, khaṁdak *m.*; *leito de rio:* pâtr, bhâṁḍeṁ *n.*: *estreito:* khâḍ, mahâsâmudradhuni *f.*; (*anat.*) naḷ *m.*,

nalî *f.*, dvâr, * dâdal *n.*; *(archit.)* khâmchnî, balki *f.*; *(fig.)* upây *m.*, vâṭ *f.*
Canalha, *s. f.* luleṁ *n.*, âḍjât *f.* ‖ *s. m.* mhâr, châmâr, chaṁḍâl.
Canalicula, *s. m.* dvâr *n.*, naḷi *f.*
Canalização, *s. f.* khaḷyo-, pâṭ karṇeṁ; naḷ ghâlṇeṁ *n.*; naḷ *m. pl.*
Canalizar, *v. t.* khaḷyo-, sârṇyo karuṁk *(l. do o.)*; naḷâṁnîṁ-, pâṭâṁnîṁ vharuṁk.
Canalizavel, *a.* pâṭ-, sârṇyo karûṁyeso.
Canamo, *s. m.* *V.* CANHAMO.
Canana, *s. f.* tosdân *n.*
Canapé, *s. m.* kânâpo, maṁch *m.*
Canarim, *s. m.* kânḍî, kânârî.
Canario, *s. m.* kânâr *m.*
Canastra, *s. f.* pâṁṭeṁ *n.*, peṭâro *m.*, ṭoṁkri *f.*
Canastrada, *s. f.* pâṁṭeṁbhar *n.*
Canastreiro, *s. m.* pâṁṭiṁ-, peṭâre kartalo, mhâr.
Canastrel, *s. m.* salad, karaṁḍ *m.*
Canastro, *s. m.* pâṁṭî, pâṁṭlî *f.*, peṭâro *m.*
Cançaço, *s. m.* âṁgmoḍ, thakṇî *f.*, śram *m.*; kharas, dhâp *f.*
Cançadamente, *adv.* kashṭîṁ, âṁg moḍûn harḍephûṭ jâvûn.
Cançado, *a.* kashṭî, harḍephûṭ, hârpît, kharâb; bejâr, vâjelalo. ‖ *Vida cançada,* khashṭâṁchî-, ghâsichî jiṇ *f.*
Canção, *s. f.* gâyan, gît, pad *n.*
Cançar, *v. t.* kashṭâvuṁk, hârpit karuṁk, thakauṁk, bemâvuṁk; bejâr karuṁk, vâj divuṁk *(d. do o.)*, jîv khâvuṁk *(g. do o.)* ‖ *v. i. e r.* kashṭî-, hârpît-, harḍephûṭ jâvuṁk, śramuṁk, puro jâvuṁk *(d. do s.)*; kharsevuṁk.
Canceira, *s. f.* śram *m.*, kâḍâmaḍ *f.*, kashṭ *m. pl.*, ghâs *f.*
Cancella, *s. f.* garâḍîcheṁ dâr *n.*, kavḍî *f.*
Cancelladura, *s. f.*, **cancellamento,** *s. m.* khoḍṇî *f.*, radd karṇeṁ *n.*
Cancellar, *v. t.* khoḍuṁk, radd karuṁk, kâtruṁk, śikko mâruṁk *(d. do o.)*
Cancer, *s. m.* *(astr.)* kark *m.*, kurlî *f.*
Cancerar, *v. i. e r.* kâṁkr-, châḷaṇpuḷî jâvuṁk; kusuṁk.
Canceroso, *a.* châḷaṇpuḷiyecho.
Cancioneiro, *s. m.* padâṁcheṁ pustak *n.*, gîtagraṁth *m.*
Cancionista, *s. f.* paḍî.
Cancioneta, *s. f.* pad *n.*, jhoṭ *f.*
Cancro, *s. m.* kâṁkr *m.*, châḷ, châḷaṇpuḷî; mâṁḍpuḷî *(— nas costas)* *f.*; *(fig.)* roṁṭo *m.*, vâḷoy *f.*

Candado, cando, *s. m.* ghoḍyâcho taḷvo *m.*
Candeia, *s. f.* *(ant.)* vât *f.*; *(mod.)* lâṁbaṇḍivo *m.*, divṭî, paṇṭî *f.* ‖ *Estar de candeias ás avessas,* râgâr jâvuṁk.
Candeio, *s. m.* mâsḷî dipâvuṁchî ujvâḍî,- divṭî *f.*
Candelabro, *s. m.* divo; jhuṁbar *m.*, divyâcheṁ jhâḍ *n.*
Candelinha, *s. f.* supurlî vât; mutsaḷaî *f.*
Candencia, *s. f.* nikhârraṁg *m.*
Candente, *a.* âg kasî, nikhârraṁgî.
Candi, candil, *a.* *assucar —*, khaḍisâkar, kaṇisâkar *f.*
Candidamente, *adv.* bhâviṁ, manbhâviṁ,- ekbhâviṁ.
Candidato, *s. m.* umedvâr, padâbhilâshî.
Candidatura, *s. f.* umed *f.*, umedvârpaṇ *n.*, padâbhilâsh *m.*; jâgo-, mân śodhṇeṁ *n.*
Candidez, candura, *s. f.* dhavsâṇ *f.*, dhavepaṇ *n.*; manbhâv, ekbhâv *m.*, akapaṭ, nishkapaṭ, bhoḷepaṇ, saraḷpaṇ; sâdhepaṇ, bâbḍepaṇ *n.*
Candido, *a.* dhavo, dhavelo; akapaṭî, nishkapaṭî, bhoḷo, bhoḷyâ manâcho, ekbhâv, saraḷ, śuddh, satyavâdî; sâdho, bâbḍo.
Candieiro, *s. m.* divo, dîp *m.*, dîpak *n.*, paṇṭî *f.*
Candil, candim, *s. m.* khâṁḍî *f.*
Candilar, *v. t.* khaḍisâkar karuṁk *(g. do o.)*; khaḍisâkrîn-, kaṇisâkrîn lepḍâvuṁk.
Candonga, *s. f.* lâg *m. pl.*, toṁḍâr poḷe bhâjṇeṁ *n.*; jakâtchorî *f.*
Candongueiro, *s. m.* lâgâḷo manis, toṁḍâr poḷe bhâjtalo; jakât chukaitalo,- phoṭaitalo.
Candonguice, *s. f.* lâgâḷepaṇ; jakâtchori karṇeṁ *n.*
Candor, *s. m.* *V.* CANDIDEZ.
Caneca, *s. f.*, **caneco,** *s. m.* mogh *n.*, pelo *m.*
Caneiro, *s. m.* khaḷî *f.*; gaiṁḍo *m.*
Canejo, *a.* sunyâcho, sunyâ sârko.
Canequim, *s. m.* khaṇkî *f.*
Canga, *s. f.* jûṁ *n.*
Cangaço, canganho, cango, *s. m.* sop *m.*, chiṁvaḍ *n.*
Cangalhada, *s. f.* parṇî gharguṭî, junâpurânâ gharvaḍ *f.*
Cangalhas, *s. f. pl.* lagaḍ *n.*, ghoḍo *m.*; ulâṁḍî *f.*; châlîspatr *n.*
Cangalheiro, *a.* lagaḍâcho. ‖ *s. m.* lagaḍâchî monjât ghevûn bhoṁvtalo;

melalyâk purchî tayârî kartalo va puruṁk vhartalo.

Cangalho, *s. m.* dhurâṇî; jardî-, junerdî vast *f.*; khaṭâro manis.

Cangar, *v. t.* juṁvâk bâṁdhuṁk, jûṁ ghâluṁk *(d. do o.)*, juṁpuṁk; lavkuṁk.

Cangirão, *s. m.* kârbâ *m.*

Cangoeira, *s. f.* pirlûk *f.*

Cangosta, *s. f.* pâṁyvâṭ *f.*

Cangueiro, *a.* juṁvâcho, jotâcho.

Canha, *s. f.* dâvo hât *m.* || *As canhas*, dâveṁ, parto *(a.)*

Canhamaço, *s. m.* moṭeṁ sanvastr *n.*

Canhameiral, *s. m.* sanmaḷo *m.*

Canhamiça, *s. f.* sanâcheṁ tâḍ *n.*

Canhamiço, *a.* sanâcho, bhâṁgîcho.

Canhamo, *s. m.* bhâṁg *(cannabis sativa) f. e m.*; san, tâg *(crotalaria juncea) m.*; âṁbâḍî *(hibiscus cannabinus) f.*

Canhão, *s. m.* nâḷ *f.*, toph *m.* || — *do freio*, jerkaḍî *f.* — *das pennas*, dâṁḍo. — *da manga, da bota*, kâjñâṁv *m.*

Canhenho, *s. m.* ṭipaṇ *n.*, paṭṭî, śivḍî, vâd *f.*

Canho, *a. V.* CANHOTO.

Canhonaço, *s. m.* nâḷîcho phâr *m.*

Canhonada, *s. f.*, **canhoneio**, *s. m.* nâḷîṁche phârâr phâr, nâḷîṁcho mâro, -bhaḍmâr *m.*

Canhonear, *v. t.* nâḷî mâruṁk,- soḍuṁk *(l. do o.)*

Canhoneira, *s. f.* jaṁgî, bârî *f.*

Canhoto, *a.* dâvkuro. || *Mão canhota*, dâvo hât *m.* *As canhotas*, dâvkuro kaso. || *s. m.* karâṁḍî *f.*; *(fig.)* devchâr *m.*

Canicie, *s. f.* dhave-, piklale keṁs *m. pl.*; *(fig.)* mhâtârpaṇ, jardepaṇ.

Canicula, *s. f.* *(astr.)* lubdhak, lubdhaktârâ; kaḍh, rakhrakho *m.*

Canicular, *a.* lubdhakâcho; kaḍhâcho, rakhrakhît.

Canil, *s. m.* monjâtîcho naḷo *m.*; dhurâṇî *f.*

Canino, *a.* suṇero, suṇyâcho, kutryâcho. || *Dente* —, suḷo, suṇero dâṁt *m.* *Fome canina*, suṇyâchî bhûk *f.*, bhukecho rakhrakho *m.*

Canistrel, *s. m. V.* CANASTREL.

Canivete, *s. m.* kânvet, piśkâtî *f.*, châkû *(p. us.) m.*

Canja, *s. f.* pej, kâṁji *f.*

Canjar, *v. i.* phuḍe saruṁk, hâṁkâroṁk.

Canna, *s. f.* bet *n.*, chivo, uḍho; kabû *(us. Can.) m.*, ûs *ou* ûsh *(— de assucar)*; vaikhaṁḍ *(— cheirosa) f.*; poṁvo *(— do brejo, costus speciosus) m.*; rot, vet *(calamus rotang)*; *colmo:* tâḍ, tâṁṭ; naḷ *(— de arroz) n.*; *(anat.)* naḷ, naḷo; nâkâcho vâṁso,- dâṁḍo *m.*; *(naut.)* bâv; *(poet.)* pirlûk *f.* || — *de pescar*, śiṁtârî *f.*, śiṁteṁ. — *de palanquim, de «machila»*, kân, veḷû *m.*

Cannafistula, *s. f.* bâvo, bâḷo *m.*

Cannavial, *s. m.* uśel *n.*

Cannela, *s. f.* tikî *f.*; naḷo *m.*; sûtkâḍî *f.*

Cannelada, *s. f.* naḷyâr mâr *m.*

Cannelado, *a.* balkyâṁcho, khâṁchṇyo âslalo.

Canneladura, *s. f.* khâṁchṇyo-, balkyo karṇeṁ *n.*

Cannelão, *s. m.* sâkrîchî tikî *f.*; naḷyâr mâr *m.*; kâṇetî *f.*

Cannelar, *v. t.* *(archit.)* khâṁchṇyo-, balkyo karuṁk *(d. do o.)*

Canneleira, *s. f.* tikî *f.*, tikyecheṁ jhâḍ *n.*

Cannelo, *s. m.* ardho nâḷ (gorvâṁk); parṇo nâḷ *m.*

Cannelura, *s. f.* khâṁchṇî, balkî *f.*

Canneta, *s. f.* naḷî, penâchî baḍî *f.*, dâṁḍo *m.*

Cannibal, *s. m.* manushyâcheṁ mâs khâtalo, purushâd, narabhojî; râkhas.

Cannibalismo, *s. m.* narabhojan, purushâdan *n.*

Canniçada, *s. f.*, **canniçado**, *s. m.* chivyâṁcho aḍo; śiryâṁcho mâṭav *m.*; tâṭî *f.*

Canniçal, *s. m.* uśel; devnaḷâṁcheṁ beṭ *n.*

Canniço, *s. m.* devnaḷ *m.*, uryânaḷî; tâṭî *f.*; *jangada:* thâpo, sâṁgaḍ *m.* || — *de pesca*, śiṁtârî, garâṁṭhî *f.*

Cannicula, *s. f.* doṁkḷî *f.*

Cannilha, *s. f.* sûtkâḍî *f.*

Cannolla, *s. f.* joṁdhḷyâcheṁ tâḍ,- tâṁṭ *n.*

Cano, *s. m.* kân, naḷ, paṁdeḷ *m.*, naḷî, sârṇî *f.* || — *do ar*, nardeṁ *n.* — *da penna*, dâṁḍo *m.*

Canôa, *s. f.* paṁdeḷ, ḍoṇ *m.*, hoḍî, hoḍkulî, ḍoṇî *f.*

Canoira, *s. f.* vairṇeṁ *n.*

Canon, *s. m.* kâydo, kânû, prayog *m.*, prayojan *n.*; igarjecho nem,- vidhi *m.* || — *das Escripturas*, pavitrpustâkâchyâṁ graṁthâṁcho jamo *m.* — *dos santos*, saṁtâvaḷî *f.*

Canonical, *a.* kongâṁcho.

Canonicamente, *adv.* śâstrâ-, samurtî pramâṇeṁ, yathâvidhi.

Canonicato, *s. m.* kongâcho jâgo,-huddo *m.*

Canonicidade, *s. f.* vidhyanusârî guṇ *m.*

Canonico, *a.* śâstrâ-, vidhyâ sârko, smârt. ‖ *Direito* —. dharmśâstr *n.* *Livros canonicos*, pavitrpustak *n.*

Canonista, *s. m.* dharmśâstri, dharmśâstrjña.

Canonização, *s. f.* bhaktâṁniṁ lekhṇeṁ *n.*

Canonizador, *a. e s. m.* bhaktâṁniṁ lekhtalo: *(fig.)* vâkhâṇtalo.

Canonizar, *v. t.* bhaktâṁniṁ lekhuṁk, bhakt mhaṇ praghaṭuṁk; *(fig.)* jabar parkaṁduṁk,- vâkhâṇuṁk.

Canopeia, *s. f.*, **eanopus**, *s. m.* agasti *m.*

Canoro, *a.* gâtalo; susvar.

Canotilho, *s. m.* chuṇiyechî jarî, jariyechî sarî *f.*

Cantadeira, *s. f. e a.* gâtalî, gâṇâri *f.*: kalâvaṁt *ou* kalvaṁt *n.*

Cantadela, *s. f.* pad *n.*, jhot *f.*

Cantador, *a. e s. m.* gâṇâr, gâyak.

Cantante, *a.* gâvuṁcho; gâtalo.

Cantão, *s. m.* prâṁt, tâlûk, mahâl *m.*

Cantar, *v. i.* kâṁtâr karuṁk, gâvuṁk, gâyan karuṁk; raḍuṁk (— *aves*); sâdâvuṁk (— *gallo*). ‖ *v. t.* gâvuṁk; kaviten-, ślokâṁnîṁ varṇuṁk. ‖ — *a agua*, udak salsaḷuṁk. — *o moinho*. — *o vento*, ghâṇo-, vâreṁ ghoṁghevuṁk. — *sempre a mesma cantiga*, teṁch-, ekach vâjauṁk. — *a palinodia*, sâṁglaleṁ teṁ nahi mhaṇuṁk, ulailaleṁ khaṁḍuṁk. ‖ *s. m.* gâyan *n.*

Cantara, *s. f.* ghâgar *f.*, maṇ *m.*

Cantareira, *s. f.* kaṁtrel; vâyl *n.*

Cantarejar, cantarolar, *v. t. e i.* guṇguṇûn gâvuṁk; vâyṭ gâvuṁk, reṁkuṁk.

Cantarejo, *s. m.*, **cantarola**, *s. f.* guṇguṇit kâṁtâr,- gâyan *n.*: reṁkṇî *f.*

Cantaria, *s. f.* tâslalo chiro, ṭâṁko phâtar *m.*

Cantarina, *s. f.* kalvaṁt *n.*

Cantaro, *s. m.* kaḷso *m.*, śiḍî *f.*, buḍkulo *m.*

Cantata, *s. f.* gît *n.*, jhâṁjû *m.*

Cantatriz, *s. f.* *V.* CANTORA.

Cantavel, *a.* gâvûṁyeso.

Canteira, *s. f.* khaṇ, chirekhâṇ, ṭâṁk *f.*

Canteiro, *s. m.* ṭâṁkî, chirekâr, beldâr, kaṁker (*port.* CAVOUQUEIRO; *mais us.*); kuṅgo *m.*, khâṁḍoḷeṁ, phaḍ *n.* ‖ — *para pipas*, chaukoṇo ghoḍo *m.*

Cantico, *s. m.* sadgît, kîrtan, gâyatr *n.*, gâyatrî *f.*

Cantiga, *s. f.* pad, gît, gâyan *n.*, jhot *f.*; *(fig.)* soṁg *n.*

Cantil, *s. m.* tâsṇî *f.*

Cantilena, *s. f.* jhâṁjû *m.*, ḍay *f.*: śukṇyâcheṁ raḍṇeṁ *n.*

Cantimplora, *s. f.* tâṁbyâcheṁ gurgulet *n.*; turbâṇî: sârṇî *f.*: śiṁpṇo *m.*

Cantina, *s. f.* phaujicheṁ dukân, kâṁṭîn *n.* ‖ *V.* FRASQUEIRA.

Cantineiro, *s. m.* kâṁṭînkâr.

Cantinho, *s. m.* sâṁdh *f.*

Canto, *s. m.* koṇso, koṇ *m.*: sâṁdh *f.*: *pedra angular*: koṇâcho-, bunyâdîcho phâtar. ‖ — *da bocca*, vâḷû *f.* — *do olho*, ḍoḷyâcho koṇso. *Olhar com o* — *do olho*, poṁdchyâṁ ḍoḷyâṁnîṁ paḷevuṁk. *Estar a um* —, *ou posto num* —, koṇsyâk âsuṁk va paḍuṁk.

Canto, *s. m.* kâṁtâr *ou* kaṁtâr,- gâyan, gân, gît; sadgît (— *religioso*): śukṇyâṁcheṁ raḍṇeṁ, kiḷbiḷ (— *das aves*) *n.*; sâd (— *do gallo*): sarg, avasar (— *do poema*) *m.*

Cantoeira, *s. f.* lokhaṁḍâchî paṭṭî *f.*

Cantonal, *a.* prâṁtâcho, mahâlâcho, tâlukî.

Cantoneira, *s. f.* trikoṇ chauk *m.*

Cantoneiro, *s. m.* mârag paḷetalo va sâṁke kartalo.

Cantor, *s. m.* kâṁtor, gâṇâr, gâtalo, gâyak, gâyṇî; *(fig.)* kavi.

Cantora, *s. f.* gâtalî, gâṇâri.

Cantoria, *s. f.* gâṇeṁ, gâyan *n.*

Canudo, *s. m.* naḷî *f.*, nal *m.*; kavḷî; pâṁṭî, venî (— *do cabello*); viḍî (*cigarro indiano*) *f.* ‖ *Ver por um* —, pais thân paḷevûn dhâdasî jâvuṁk.

Canzarrão, *s. m.* śuṇo, kutro *m.*

Canzil, *s. m.* dhurâṇî *f.*

Canzoada, *s. f.* śuṇyâṁcho jamo-, puṁjo *m.* ‖ *V.* CANALHA.

Canzual, *a.* śuṇyâcho, śuṇero.

Cão, *s. m.* śuṇeṁ *ou* suṇeṁ, kutreṁ (*macho ou femea*) *n.*; peṭo (*tambem* CACHORRO), kutro (*macho*) *m.*; bîś *ou* biśû (*loc. infant.*) *n.*; ghoḍo (— *de espingarda*); (*astr.*) lubdhaktârâ *m.* ‖ *Entre o — e o lobo*, distâ nâ distâ. *Accordar o — que dorme*, vâṭechyâ vâghâ, mâkâ yevûn khâ gâ. — *que ladra, não morde*, ghoṁktâ teṁ śuṇeṁ châba nâ. ‖ *V.* CALOTE.

Capa, *s. f.* kâp *n.*, jhubo *m.*, ghoṁgḍî, pâsoḍî, boṁth, khoḷ *f.*; guṭhlâ vumchem, âvaran *n.*; lakhoṭo (*— de carta*) *m.*; (*fig.*) nîb, nimitt, rûp *n.*

Capacete, *s. m.* top *m.*, jhillim *f.*, komgal, śirastrâṇ *n.*

Capacho, *s. m.* pâmypusṇem *n.*, namdâ *m.*, chaṭây *f.*: (*fig.*) âbrû nâslalo manîs, chombḍo.

Capacidade, *s. f.* poṭî, garbhî *f.*, sâmṭh *m.*, ghar *n.*: *aptidão*: śakti, kuvet, tâmk, tâkat, mardî, sâmarthî *f.*, samarthpaṇ *n.*: *honradez*: âbrû, mânsugî: *faculdade legal*: padvî, sattâ *f.*, adhikâr *m.*; *summidade*: vidyânagarî *f.* ‖ *Medida de* —, mâp *n.*

Capacitar, *v. t.* padvî-, sattâ divumk (*d. do o.*), lâyk-, yogya karumk; samjâvumk, mathumk, mavâḷumk. ‖ *v. i.* samjumk, manâmt dharumk,- ghevumk; sat mânumk.

Capadeiro, capador, *s. m.* chemchṇâr, khamchrâvṇâr.

Capado, *a.* khamchro, kapâmv kelalo. ‖ *s. m.* chemchlalo bakḍo *m.*

Capadura, *s. f.* kapâmv karnem *n.*, chemchṇî, khamchrâvṇî *f.*

Capanga, *s. m.* pumḍ, pemḍhâro.

Capão, *s. m.* kapâmv; khamchro kombo,- ghoḍo *m.*

Capar, *v. t.* kapâmv karumk, chemchumk, khamchrâvumk, âmḍ kâḍhumk.

Caparazão, *s. m.* pâkhar *f.*, gâśo *m.*

Caparrosa, *s. f.* kâpâroj *n.*, hirâkas *m.*

Capataz, *s. m.* vastâd, pradhân, gaṇnâth.

Capaz, *a.* poṭî-, garbhî âslalo, viśâḷ, jâtâ tasalo (*litt.* AQUILLO EM QUE PODE CABER); *apto*: kapâj, śakt, śaktivamt, samarth, salav, lâyk, yuktivamt; *sufficiente para*: puro, jâyt (*ex.*: *esta pedra é — de matar um homem*, ho phâtar ekâ manushyâk mârumk puro,- jâyt); *honrado*: mânsugecho, maryâdîcho, âbrûvamt.

Capcioso, *a.* hujatîcho, takrârî, kapaṭî, nâḍîcho, atark, âbhâsâcho.

Capeadamente, *adv.* guptîm, gapchip, choryâm.

Capeado, *a.* gupit, gupto.

Capeador, *s. m.* bailâm kaḍe jujtalo,- kheḷtalo.

Capear, *v. t.* guṭhḷâvumk, khoḷ-, bomṭh ghâlumk (*d. do o.*); (*fig.*) gupumk, lipaumk; phoṭaumk, phasaumk. ‖ — *um toiro*, tâmbḍyâ vastrân bailâk phulaumk. ‖ *v. i.* bâvṭo-, lems hâlaumk.

Capeirão, *s. m.* jhubo *m.*, vhaḍlî bomṭh *f.*

Capeiro, *s. m.* op-, kâp ghâltalo.

Capella, *s. f.* kapel *n.*, irmît (*port* ERMIDA) *f.*; *corôa*: kapel, kamḍâḷem *n.*, jhelo *m.*, mâlâ *f.* ‖ — *do olho*, *v.* PALPEBRA. *Loja de* —, maṇerâcho mâmḍ *m.*

Capellania, *s. f.* kaplâmvcho jâgo *m.*, kaplâmvkî *f.*; haplâmvpaṇ *n.*

Capellão, *s. m.* kâpelâmv *ou* kaplâmv, purohit (*desus.*)

Capelliço, *s. m.* (*ant.*) ghugî *f.*

Capellina, *s. f.* (*ant.*) śirastrâṇ *n.*

Capellista, *s. m. e f.* maṇerî *m.*; maṇerîṇ *f.*

Capello, *s. m.* ghomgḍem *n.*, bomṭh, khoḷ; śemḍî *f.* ‖ — *de cobras*, phaḍâ *f.*, paḍak *n.* *Cobra de* —, pâmḍhro, nâg *m.*

Capelludo, *a.* bomṭh ghetlalo, khoḷ ghâlalo.

Capillaceo, *a.* (*bot.*) kesrâcho, kems kase.

Capillar, *a.* kemsâmcho, kemsâm sârko, keśmâtr.

Capillaria, *s. f.* (*bot.*) ghoḍepâval *n.*

Capillaridade, *s. f.* kesar *m.*, kemsar *n.*

Capillé, *s. m.* ghoḍepâvlâmchem śarbat *n.*

Capim, *s. m.* karaḍ *n.*

Capinar, *v. t.* karaḍ kâḍhumk (*l. ou g. do o.*)

Capineiro, *s. m.* karaḍ kâḍhtalo.

Capinha, *s. f.* lahân kâp *n.* ‖ *s. m.* bailâm kaḍe jujtalo.

Capirote, *s. m.* topî, kânkulây *f.*

Capitação, *s. f.* ḍoîpaṭṭî *f.*

Capital, *a.* taklecho, mastakâcho; marṇ phâvo âslalo; *principal*: asal, mukhya, mukhelî, mûḷasthânî; śreshṭh, uttam. ‖ *Pena* —, marṇâchem pharmaṇ *n.*: *Inimigo* —, mortîkâr duśmân. *Peccado* —, mahâpâtkâmchem mûḷ *n.* ‖ *s. f.* râjdhânî, râjpurî *f.*, samsthân *n.*; *lettra maiuscula*: moṭem akshar *n.* ‖ *s. m.* mudal, bhâmḍval, mûḷ, mûḷdhan, dhanmûḷ, mumd *n.*, pot, padargâmṭh, pumjî *f.*

Capitalista, *s. m.* bhâmḍvalî, potkâr, bharṇekâr; sâvkâr, damdâr.

Capitalização, *s. f.* bhâmḍval-, pot karṇem, duḍû pumjâvṇem *n.*

Capitalizar, *v. t.* mudlâk-, bhâmḍvalâk lâvumk,- chadhaumk. ‖ *v. i.* pot-, mumd karumk.

Capitalmente, *adv.* uttampaṇîm, śreshṭhpaṇîm.

Capitanea, *s. f.* mukhelî târûm *n.*

Capitanear, *v. t.* (sardâr kaso) chalaumk, vahivâṭumk.

Capitania, *s. f.* sardârkî *f.*
Capitão, *s. m.* kapît, sardâr, adhipati, nâyk. || — *de navios*, kapît, mâlîm, tâṁdel. — *de ladrões*, chorâṁcho mukhelî,- nâyk.
Capitato, *a.* taklem-, bodik kasem, mastakâkâr.
Capitel, *s. m.* kapśel, mâthem, uthâḷem, staṁbhaśîrsh *n.*
Capitiluvio, *s. m.* taklechem nâhân, mastakasnân *n.*
Capitoa, *s. f.* kaptîṇ.
Capitolio, *s. m.* mânpad, yaś *m.*
Capitoso, *a.* vâdyo, haṭhî; taklek chaḍhtâ tasalo.
Capitulação, *s. f.* kaulân soḍnem *n.*; kablât *f.*, karâr *m.*; *(fig.)* bem mhaṇṇem *n.*
Capitulante, *s. e a.* maṁḍaḷemt jâb âslalo; kaulân soḍtalo.
Capitular, *a.* kongâṁche-, maṭhvâsyâṁche maṁḍaḷecho.
Capitular, *v. i.* kaulân-, karârân suṭuṁk,- hâtân paḍuṁk; kalambaṁdî karuṁk; *(fig.)* bem mhaṇuṁk. || — *com a consciencia*, aṁtashkarṇâk pâṭh karuṁk. || *v. t.* khaṁḍ-, kablât karuṁk *(g. do o.)*, kaulân soḍuṁk; pâchâruṁk.
Capitulo, *s. m.* adhyâv, varg *m.*, prakaraṇ, kâṁḍ *n.*, âṁk, avasvar, avaspâr *m.*, bâb; kalambaṁdî *(— de accusação)*; kongâṁchî-, maṭhvâsyâṁchî maṁḍaḷî *f.*, va maṁḍaḷechem ghar *n.*
Capnofogo, *a.* dhûmanivârak.
Capnomancia, *s. f.* dhuṁvrân pârkhaṇem *n.*
Capoeira, *s. f.* pâṁj *f.*, gûḍh *m.*; rân, isoḷem *n.*
Capoeirão, *a.* moḍkar.
Capoeiro, *s. m.* kuṁkḍâṁcho chor. || *a.* gharâvo, poslalo.
Caporal, *s. m.* nâyk.
Capota, *s. f.* kânkulây *f.*
Capote, *s. m.* kâpot, pâsoḍî, ghoṁgḍî, kaphnî *f.*, jhubo *m.* || *Dar* —, kâp-, kâpot divuṁk.
Caprichar, *v. i.* hukkî yevuṁk *(d. do s.)*, ahaṁkâr-, abhimân karuṁk, jîv davruṁk.
Capricho, *s. m.* hukkî, hurlûk, khaspây *f.*, phaṁtajyo (*port.* PHANTASIAS) *f. pl.*; *inconstancia:* lahar, chaṁchaḷây *f.*; *timbre:* abhimân, ahaṁkâr, yaś *m.* || *A* —, lahariṁ; neṭân.
Caprichosamente, *adv.* khaspâyen; lahariṁ; ḍauḷân.
Caprichoso, *a.* hukkyo âslalo, phaṁtajkâr; saḷî, jaḷsar; laharî, chaṁchaḷ, phirto; ahaṁkârî, abhimânî, ḍauḷî.
Capricornio, *s. m.* makar *m.*
Caprino, *a.* hakḍecho, bakḍyâcho. || *Questão de lana caprina*, deḍ damḍechem jhagḍem, tus kâṁḍûn hâtâṁk phoḍ.
Capro, *s. m.* *(p. us.)* *V.* BODE.
Capsula, *s. f.* peṭulî *f.*; *(bot.)* boṁḍ *n.*, bîjkoś, puṭh *m.*; kaṁchukî *f.*
Capsular, *a.* boṁḍâcho, boṁḍ kasem.
Captação, *s. f.* bhûl, bhulvaṇ, phuslâvṇî *f.*
Captador, *a. e s. m.* bhulavṇo, phuslâvṇo.
Captar, *v. t.* bhulaun-, phuslâvûn ghevuṁk, vidyen-, nâḍin sâṁpḍâvuṁk.
Captivar, *v. t.* jujân dharuṁk, gulâm karuṁk; *(fig.)* bhulauṁk, bhûl ghâluṁk *(d. do o.)*; dharuṁk. || *v. r.* gulâm jâvuṁk: *(fig.)* bhuluṁk, lobhduṁk.
Captiveiro, *s. m* gulâmpaṇ *n.*, baṁdî, baṁdgî *f.*
Captiva, *s. f.* baṭkûr *n.*, baṭîk, dâsî *f.*
Captivo, *a.* gulâm jâlalo, parâdhîn; dharlalo, ghaṭṭ kelalo. || *s. m.* gulâm, kaidî, dâs.
Captor, *s. m.* dharṇâr.
Captura, *s. f.* dharṇî, dharbaṁdh *f.*, kaid *m.*
Capturar, *v. t.* dharuṁk, ghaṭṭ dharuṁk,- karuṁk.
Capucha, *s. f.* boṁth *f.* || *Á* —, châltepaṇiṁ, dabâjyâviṇem.
Capulho, *s. m.* boṁgo, kaḷo *m.*
Capuz, *s. m.* ghoṁgḍî, khoḷ *f.*
Caqueirada, *s. f.* phuṭkarâṁ *n. pl.*, kailyo *f. pl.*; phuṭkarâṁcho mâro *m.*
Caqueiro, *s. m.* phuṭkar *n.*
Cara, *s. f.* toṁḍ, mukh, mukhkamaḷ *(poet.)*; muskar, muskaṭ, soṁḍ *(deprec.)*; *aspecto:* rûp, mukh *n.*, sayâ *f.* || — *estanhada*, nâkkâtro (*litt.* DESNARIZADO), lajj nâslalo. — *de juiz*, kharkas sayâ. — *de paschoa*, hâṁstem mukh. — *de pau*, nirdulıkhî. — *de réo*, chorâchem toṁḍ. — *do elmo*, mukhvaṭo. — *á* —, toṁḍâtoṁḍîṁ; rûprûp, rûbrû. *Na* —, mukhâr, samor. *Dar de — com alguem*, bheṭuṁk *(d. do s.)*, toṁḍâk toṁḍ jâvuṁk *(g. de ambas as pessoas)*. *Fazer boa* —, barepaṇiṁ sosuṁk. *Fazer má* —, vâṁkḍem toṁḍ karuṁk. *Ficar com a — de asno*, sayâ partoṁk *(g. do s.)*, toṁḍ âṁvḷoṁk *(g. do o.)*

Carabe, *s. f.* haḷduvo tṛiṇamaṇi *m.*
Carabina, *s. f.* moṭveṁ tubak *n.*, karvalâchî jurâṁṭî *f.*
Carabineiro, *s. m.* karval.
Caraça, *s. f.* mayeṁ, rupḍeṁ *n.*: soṁdo *m.*
Caracol, *s. m.* koṁgo *m.*, gogalgây *f.*, pikûḷ *n.*: veṁṭâḷe-, mudyâḷe keṁs *m. pl.*; julpâṁ *n. pl.*, kuraḷ *m.* ‖ *Escada de* —, vaḷḷalî iskâḍ,- śiḍî *f.*
Caracolado, *a.* mudyâḷo.
Caracter, *s. m. marca, signal:* kurû *f.*, chihneṁ, lakheṇ *n.*, âṁk *m.*: *lettra:* akshar *ou* akher, varṇ: *titulo, dignidade:* bird *ou* barad *n.*, adhikâr *m.*: *propriedade distinctiva:* śîl, guṇlakshaṇ, svarûp *n.*, svabhâv, svadharm, viśeshguṇ *m.*; *genio, indole:* prakṛit, kâletrî, baḍ *f.*, śîl, naḍteṁ *n.*: *firmeza:* thirây, dṛiḍhây *f.* ‖ *A — ou em —*, phâvo te parîṁ,- bhâsheṇ, nîṭ.
Caracteristica, *s. f.*, **caracteristico,** *s. m.* lakshaṇ *ou* lakheṇ, asâdhâraṇpaṇ *n.*, viśesh *m.*
Caracteristicamente, *adv.* viśeshîṁ, asâdhâraṇpaṇîṁ.
Caracteristico, *a.* lâkshaṇik, viśeshak, asâdhâraṇ.
Caracterização, *s. f. (theatr.)* bhesh *m.*, rûp *n.*, bhûmikâ *f.*
Caracterizado, *a.* lakshaṇ-, viśesh âslalo; aṁkit, takshit: *(theatr.)* bhesh-, rûp ghetlalo, bheshâḷo.
Caracterizador, *a. e s. m.* lakshaṇ kartalo, guṇ varṇitalo; bhesh ditalo,- ghâltalo.
Caracterizante, *a.* viśeshak, lâkshaṇik.
Caracterizar, *v. t.* lakshaṇ-, guṇ dâkhaṁvk,- varṇuṁk *(q. do o.)*, aṁkit karuṁk; *(theatr.)* bhesh-, rûp divuṁk.
Caramanchão, caramanchel, *s. m.* maṁḍap, mâṭav *m.*
Caramba, *int.* âbâ, bhâ: chhî, ujo lâgûṁv! jaḷûṁv!
Carambano, *s. m.* himâcho-, barphâcho guḷo,- cheṁḍû *m.*
Carambina, *s. f.* umkaḷteṁ barph,- him *n.*
Carambola, *s. f. (bot.)* karmal *n.*: *(fig.)* nâḍ, dagal *f.*
Carambolar, *v. i.* ekâ phârâṁ tîn cheṁḍû mokuṁk; *(fig.)* aḍkâṁmâḍkâṁ-, dagal karuṁk.
Caramboleiro, *s. m. (bot.)* karmal *f.* ‖ *a. e s. m.* nâḍgo, ṭhakî.
Carambolice, *s. f.* aḍkâṁmâḍkâṁ *n. pl.*, nâḍ, ṭhakṇî *f.*
Caramello, *s. m.* barph, him *n.*, karve *m. pl.*; kaḍhailale sâkrîcho karvo *m.*: *(bot.)* kâreṭî *f.*
Caramilho, *s. m. (ant.)* dubhâv *m.*; jhagḍeṁ *n.*, vivâd *m.*: taṁtrâṁ, yaṁtrâṁ *n. pl.*
Caraminhola, *s. f.* śeṁḍo, chûḍo *m.* ‖ -s, *pl.* gapâṁ, tâlâṁ *n. pl.*
Caramunha, *s. f.* burgyâṁcheṁ raḍṇeṁ *n.*: raḍ *f.*: raḍkuḷeṁ toṁḍ *n.* ‖ *Fazer mal e* —, vâyṭ karûn mâgîr chutchuruṁk.
Caramunhar, *v. i.* raḍuṁk, raḍ karuṁk, vilâpuṁk.
Carango, *s. m.* chirû *f.*
Carangueja, *s. f.* parbâṇ *n.* ‖ V. CANCRO.
Caranguejar, *v. i.* muyeche châlin chaluṁk; pâṭhlyân chaluṁk: *(fig.)* pâṭhî phuḍe saruṁk.
Caranguejeiro, *s. m.* kurlyo dhartalo va viktalo.
Caranguejo, *s. m.* kurlî *f.*; kurlo *(— grande):* muṭhyo, dhamâḍo *(especies de —) m.* ‖ V. CANCER e CANCRO.
Caranguejola, *s. f.* kurlo *m.*: ghaṭṭây nâslalî mâṇas: *(fig.)* doṁ disâṁchî saṁgat *f.*: vâryâvayleṁ kâm *n.*
Carantonha, *s. f.* muskar, soṁḍ *n.*; beṁḍâvṇî *f.*; mayeṁ *n.*, soṁdo *m.*
Carão, *s. m.* âkâr, raṁg *m.*, vâṇ, sayâ *f.*; muskaṭ *n.*
Carapanta, *s. f.* bebdikây *f.*
Carapau, *s. m.* saṁvḍâlo.
Carapela, *s. f.* joṁdhlyâcho puṭh *m.*
Carapeta, *s. f.* girgireṁ: *(fig.)* gap, tâl *n.*
Carapetal, *s. m.* peṁḍoḷeṁ *n.*
Carapetão, *s. m.* moṭeṁ gap,- tâl *n.*
Carapeteiro, *s. m.* tâlyo, gapî.
Carapinha, *s. f.* khâpryâche-, vaḷlale keṁs *m. pl.*
Carapuça, *s. f.*, **carapuço,** *s. m.* kâṁkulây, topî *f.* ‖ *Talhar carapuças*, varmâṁnîṁ ulaṁk. *Servir a* —, botyâr basuṁk. *Qual* —! keteṁ sâṁgtây! kiteṁ ulaitây!
Carapuceiro, *s. m.* kâṁkulâyo kartalo va viktalo.
Carapulo, *s. m.* turmaṇ *n.*
Caravana, *s. f.* sârth *m.*, kârvân *n.*
Caravançará, *s. m.* dharmśâḷ *ou* dharamśâḷ, sarâî *f.*
Caravaneiro, *s. m.* sârthâcho mukhelî, sârthî.
Caravela, *s. f.* pâtmârî *f.*, galbat *n.*
Caraveleiro, *s. m.* pâtmârkâr.
Carbonado, *a.* bhasm âslalo.

Carbonatar, *v. t.* bhasmakshar karuṁk *(g. do o.)*; bhasmakshar misḷuṁk *(l. in do o.)* ‖ *v. r.* bhasmakshar jâvuṁk.

Carbonato, *s. m.* bhasmâcho khâr, bhasmakshar *m.*

Carbone, *s. m.* bhasm *m.*

Carbonico, *a.* bhasmâcho, bhasmayukt.

Carbonifero, *a.* koḷsyâṁcho, koḷse âslalo.

Carbonização, *s. f.* bhasm-, koḷse karṇeṁ *n.*

Carbonizar, *v. t.* bhasmuṁk, bhasm karuṁk *(g. do o.)* ‖ *v. r.* bhasmoṁk, bhasm jâvuṁk.

Carbonizavel, *a.* bhasmûṇyeso.

Carbunculo, *s. m.* mâṇik, kemp, lâl *n.*; *(med.)* kâḷphoḍ *m.*, deṁtpuḷî *f.*

Carbunculoso, *a. (med.)* kâḷphoḍâcho.

Carcão, *s. m.* bhâṁgârâche dore âslaleṁ khaḍap *n.*

Carcassa, *s. f.* sâṁgâḍo, khaṭâro, pâṁjro, sâṁpḷo *m.*; *(fig.)* khaṭârî-, moḍkar bâil *f.*

Carcava, *s. f.* khol khaṁdak *m.*

Carcaz, *s. m.* bhâto, tûṇ, tûṇîr *m.*

Carceragem, *s. f.* baṁdîkhaṇîṁt ghâlṇeṁ *n.*, baṁdî; baṁdikhaṇyâṁchî paṭṭî, *kadî *f.*

Carcere, *s. m.* baṁdîkhaṇ *ou* baṁdkhaṇ, baṁdaḍî *f.*

Carcereiro, *s. m.* kârserer, baṁdîkhaṇkâr, baṁdîpâl.

Carcinoma, *s. m.* *V.* CANCRO.

Carcoma, *s. f.* roṁṭo, baraḍ *m.*; kosam *f.*

Carcomer, *v. t.* (roṁṭo kaso) khâvuṁk; *(fig.)* pokhrûn khâvuṁk, ibâḍ karuṁk.

Carcomido, *a.* khelalo, kosmelalo, roṁṭo-, vâḷoy lâglalo. *Estar* —. kiḍevuṁk.

Carcunda, *s. f.* *V.* CORCUNDA.

Carda, *s. f.* piṁjṇî *(instrumento e acção de cardar) f.*; bârîk khiḷo *m.*

Cardadeira, *s. f.* piṁjârîṇ.

Cardador, *s. m.* piṁjârî.

Cardadura, *s. f.* piṁjṇî, piṁjârṇî *f.*

Cardal, *s. m.* kâṁṭe-, phiraṁgyâṁ dhutryâṁcheṁ rân *n.*

Cardamomo, *s. m.* eḷû *f.*, eḷûcheṁ jhâḍ *(planta) n.*; eḷû *ou* veḷû *m.*, lavaṁg *n.*, valbî *(fructo) f.*

Cardar, *v. t.* piṁjâruṁk, piṁjuṁk; kisauṁk; phulauṁk *(— com arco)*; *(fig.)* bûṭ lâvuṁk *(d. do o.)*

Cardeal, *s. m.* kârdyâl. ‖ *a.* pratham, mukhelî, śreshṭh.

Cardeiro, *s. m.* piṁjṇyo kartalo va viktalo.

Cardenilho, *s. m.* *V.* VERDETE.

Cardeno, **cardeo**, *a.* jâṁbḷoso.

Cardia, *s. f.* gâṁjyâcheṁ mukh-dvâr *n.*, śiṁpî *f.*

Cardiaco, *a.* kâḷjâcho, hṛidâcho. ‖ *Medicamento* —. hṛidrognivârak okhat *n.* *Orificio* —, *V.* CARDIA.

Cardialgia, *s. f.* śiṁpiyechi-, gâṁjyâchyâ mukhâchi duḥkh *f.*

Cardiço, *s. m.* lahân piṁjṇî *f.*

Cardina, *s. f.* chikal, meḷ *m.*; *(fig.)* bebdikây, mast *f.*

Cardinal, *a.* pratham, mukhya.

Cardinalicio, *a.* kârdyâlâcho.

Cardite, *s. f.* hṛidrog *m.*

Carditico, *a.* kâḷjâcho, goṁḍâcho; hṛidrogâcho.

Cardo, *s. m.* kâṁṭe-, phiraṁgî dhutro *m.* ‖ — *santo*, sâvo marâṁd *m.*

Carduça, *s. f.* moṭî piṁjṇî *f.*, piṁjṇo *m.*

Carduçar, *v. t.* moṭe piṁjṇyen kisauṁk.

Cardume, *s. m.* kaḷap, âṁdhâr *m.*, bireṁ *n.*; *(fig.)* chuṁbo, buchbucho *m.*

Careação, *s. f.* *V.* ACAREAÇÃO.

Carear, *v. t.* joḍuṁk, meḷauṁk, hâtâsuṁk, sâṁpḍâvuṁk. ‖ — *o gado*, âṁbḍuṁk, âṁṭauṁk. ‖ *V.* ACAREAR.

Careca, *a. e s. m.* khardo. ‖ *s. f.* kharaḍ, khardeṁ *n.*

Carecente, *a.* nâslalo, nâ jâlalo; garjevaṁt.

Carecer, *v. i.* garaj-, kâm âsuṁk *(d. do s.)*, nâsuṁk, nâ-, jây jâvuṁk, aṁtruṁk *(d. do s., s. do o.)*

Carecido, *a.* garjek paḍlalo, jây jâlalo.

Carecimento, *s. m.*, **carencia**, *s. f.* garaj, agat *f.*, darkâr *m.*; aṁtarṇî *f.*

Careio, *s. m.* joḍṇî, hâtâsṇî; rujvâṭ *f.*, toṁḍâtoṁḍ *n.*

Careiro, *a.* mahârghî.

Carepa, *s. f.* khavaḷ *f.*: khavaḷ *n.*

Carepento, **careposo**, *a.* khavaḷ âslalo.

Carestia, *s. f.* mahârghây *f.*: dukaḷ, toṭo *m.*

Carestioso, *a.* mahârghâyecho; dukḷâcho.

Careta, *s. f.* toṁḍ *(mais us. no pl.) n.*; beṁḍâvṇî *f.*; mayeṁ, rupḍeṁ *n.* ‖ *Viver de caretas*, uttrâṁṇîṁ dhâdasî jâvuṁk.

Caretear, *v. i.* tomḍâm karumk, bemḍâvumk.

Carga, *s. f.* ojhem; bhargat *n.; peso:* bhâr *m.: grande porção:* râs *f.*, bharo; *quantidade de polvora, de projectis:* bâr, peṭ; *descarga de artilharia:* bhaḍmâr, chharro; *ataque:* mâro *m.*, dhâḍ *f.* ‖ — *cerrada*, bhaḍmâr. *A — cerrada (fig.)* ekâ phârân; ḍoḷe dhâmpûn. — *de cavallaria*, mâmḍ *f.* — *de agua*, dhaḍak *f. Porque — de agua?* kityâ pâsûn? — *de ossos*, hâḍâmchî bharkuṭî. *Besta de —*, ojhelî monjât *f.*, pâṭhâḷ *m. Burro de — (fig.)* dusryâchem kâm âpaṇ kartalo. *Fazer-se — de alguma cousa*, âpṇâcher ghevumk. *Navio de —*, yepârâchem-, jinnasî târûm *n.* ‖ *V.* CARREGAMENTO e ENCARGO.

Cargo, *s. m.* kârg, jâgo, adhikâr, yepâr, darjo *(us. Can.) m.*, padvî *f.; encargo:* havâlo, kâydo *m.*, râkhaṇ *f.* ‖ *A — de*, hâtâkhâl, âdhîn, hâtân. *Ter a —*, yepâr-, kâm vartumk *(g. do s.)*

Cargueiro, *a.* e *s. m.* ojhelî, ojhyâcho; pâṭhâḷ; kâbâḍî *m.*

Carguejar, *v. i. (p. us.)* pâṭhâḷ chalaumk.

Cariado, *a.* kiḍelalo; kîḍ lâglalo *(litt. e fig.)*

Cariar, *v. i.* kiḍevumk, kîḍ lâgumk *(d. do s.)*, kosmevumk.

Caricato, *a.* nakalî, somgâcho; nâkâ jâlalo, śobh-, âkâr nâslalo.

Caricatura, *s. f.* nakal *f.*, somg, hâsyachitr *n.*

Caricaturar, *v. t.* hâsyachitr-, nakal karumk *(g. do o.)*

Caricaturista, *s. m.* nakalyo, somgâkâr.

Caricia, *s. f.* aprûbây, bhoḷâvṇî, pośevṇî, phuslâvṇî *f.*, lâlan *n.*

Cariciar, *v. t. V.* ACARICIAR.

Caricioso, *a.* aprûbâyecho.

Caridade, *s. f. amor de Deus:* Devâcho mog, devdharm *m.*, devprîti *f.; amor do proximo:* pelyâcho mog, paropkâr *m.*, dayâ, kurpâ *f.; liberalidade:* dayâdharm, dândharm; *esmola:* dharm *m.*, bhîk *f.*, anusatr *n.* ‖ *Por —*, dharmâk, dharmâcho karûn.

Caridosamente, *adv.* dayen, mogân, dharmân.

Caridoso, *a.* dayâvamt, dayâdîk, dayâḷ, dayâḷû; dharmâcho, dharmî.

Carie, *s. f.* kîḍ, kosam; *(fig.)* kîḍ, vâḷoy *(litt.* FORMIGA BRANCA) *f.*

Caril, *s. m.* kaḍhî *f.*, uman, âmb, nistem *n.* ‖ *Especies de —:* âgsâl, âmbṭem, harvem, kâldin, savrâk, śekśek. solâmtlem *n.*

Carimbar, *v. t.* śikko-, sopo mârumk *(d. do o.)*, chhâpumk.

Carimbo, *s. m.* śikko, sopo, mudro, chhâpo *m.*, chhâp *(port.* CHAPA), chihnem *n.*

Carinho, *s. m.* aprûbây, mâṇsugî *f.*, moypâs *m.*, bhalepaṇ *n.*

Carinhosamente, *adv.* aprûbâyen. mâṇsugen.

Carinhoso, *a.* mâyâḷ, premaḷ, bhalo, aprûbâyecho, moypâsâcho.

Carioso, *a.* kosmîcho, saḍo, kiḍelalo.

Caritativamente, *adv.* dayen, dharmân.

Caritativo, *a.* dayâḷ, dayâvamt, dharmvamt, dharmî, dânsûr, paropkârâcho.

Cariz, *s. m.* maḷbhâcho âkâr *m.;* tomḍ, mukh *n.*

Carlinga, *s. f.* kumvyâchem peḍ *n.*

Carme, *s. m.* kâvya, kavitva *n.*, kavitâ *f.*

Carmeadeira, *s. f.* lamv ugaitalî,- soḍaitalî.

Carmeador, *a.* e *s. m.* lamv ugaitalo,- soḍaitalo.

Carmear, *v. t.* (lamv) ugaumk,- soḍaumk.

Carmezim, *a.* kirmijî, gulâlî, rasraśît. ‖ *s. m.* kirmijî-, gulâlî ramg *m.*

Carmim, *s. m.* kirmijî ramg *m.*

Carminado, *a.* kirmijyâ ramgâcho, rasraśît.

Carminar, *v. t.* kirmijî ramg divumk *(d. do o.)*, gulâlî karumk.

Carminativo, *a. (med.)* vâtnâśak.

Carnaça, *s. f.* mâsâcho lambo *m.*

Carnação, *s. f.* mâsâcho ramg *m.*

Carnadura, *s. f.* mâsâḷpaṇ *n.;* âmglaṭ *f.*

Carnagem, *s. f.* mâsâchî bejmî; kattal, mârî *f.*

Carnal, *a.* mâsâcho; *sensual:* kuḍîcho, dehadhâtûcho, vishayî; madâcho, lampaṭ. ‖ *V.* CONSANGUINEO.

Carnalidade, *s. f.* vishayasukh *n.*, vishayavâsanâ, lampaṭây *f.*

Carnalmente, *adv.* vishayîm, lampaṭâyen.

Carnaval, *s. m.* imtrûd *(port.* ENTRUDO); śimgo *(— pagão) m.*

Carnavalesco, *a.* imtrudâcho, śimgyâcho.

Carnaz, *s. m.* châmḍyâchî bhitarlî kûs *f.*

Carne, *s. f.* mâs; mâskaṁd, mâskûṭ *(deprec.) n.*; mâsû *(loc. infant.) m.* ‖ *Em* —, nâgḍo *(a.) Em — e osso*, ashṭaṁgiṁ. *Não unha com* —, te prâṇnitr. ‖ *V.* CONCUPISCENCIA.

Carneira, *s. f.* bakḍyâchem châm *n.*

Carneirada, *s. f.* bakḍyâmcho hiṁḍ *m.*

Carneireiro, *s. m.* bakḍyâmcho râkhṇo.

Carneiro, *s. m.* meṁḍhro, bakḍo *m.*, śeḷḍûm *n.*; baraḍ *m.*: śavâlay *n.*: *(astr.)* mesh *m.*

Carniça, *s. f.* mâs, mâskaṁḍ *n.*, śâkutî; kattal, mârâmârî *f.*

Carniçal, *a.* mâs khâtalo.

Carnição, *s. m.* keṁsoḷechî bi *f.*

Carniceiro, *a.* mâs khâtalo, maṁsjîvî; *(fig.)* nishṭur, ugr. ‖ *s. m.* kasâb, kasây, mâskâr.

Carniceria, *s. f.* kasâbî *f.*; kasâbkhâṇo *m.* ‖ *V.* CARNIFICINA.

Carnificação, *s. f.* mâs kasem jâṇem *n.*

Carnificar-se, *v. i.* mâs kasem-, mâs jâvuṁk.

Carnifice, *s. m. V.* ALCOZ.

Carnificina, *s. f.* mârâmârî, kattal *f.*, saṁhâr *(p. us.) m.*

Carnivoro, *a.* mâs khâtalo, mâṁsâhârî.

Carnosidade, *s. f.* mâsâḷpaṇ; gâbaḷ *(mais us. no pl.) n.*

Carnoso, carnudo, *a.* mâsâcho, mâsâḷ, mâsâdik; gabgabît, dabdabît, gumgumît.

Caro, *a.* mahâragh, uṁchâ molâcho; *muito* —, âg ujo; *dispendioso:* kharchâcho; *querido:* mogâcho, priya, laḍivâl. ‖ *adv.* mahâragh. ‖ *Custar* —, *(fig.)* jabar puro jâvuṁk.

Caroavel, *a.* mogâḷ, premaḷ.

Carocha, *s. f.* apmânâcho top; *(zool.)* ḍepho *m.* ‖ -s, *pl.* ghâḍâmoḍî *f. pl.*, guṁgurnâṁ *n. pl.*

Carochinha, *s. f. Historias de* —, kahâṇyo *f. pl.*, guṁgurnâṁ *n. pl.*

Caroço, *s. m.* bî; pâr *f.*, pârḍo *(— de manga) m.*

Carola, *s. f.* taklem, boḍ *n.*; phestâṁkâr *(litt.* FESTEIRO). *Em* —, ughḍemekhḷe taklen.

Carolice, *s. f.* phestâṁkâr jâṇem *n.*

Carolim, *s. m.* (kanśechem) potem *n.*

Carolo, *s. m.* kûṭ *f.*; mekhḷem boṁḍ; moṭem piṭh *n.*

Caronada, *s. f.* moṭî âni moṭvi nâḷ *f.*

Carotico, *a.* jhâmpîcho.

Carotida, *s. f.* gaḷyâchi-, goṁgṭhechî dhamnî *f.*

Carpa, *s. f.* rohî *f.*

Carpear, *v. t. V.* CARMEAR.

Carpideira, *s. f.* bhâḍyâk raḍtali *f.*; raḍṇem *n.*

Carpido, *a.* raḍkuḷo, raḍuyâcho. ‖ *s. m.* raḍṇî *f.*, raḍṇem, rudan *n.*

Carpidor, *a. e s. m.* raḍkuḷo, raḍṇâr.

Carpimento, *s. m.* raḍṇem, rudan *n.*

Carpinteiro, *s. m.* vinhâṇî, sutâr, ṭhayî, ṭhavay.

Carpintejar, *v. i.* vinhâṇi kaso vâvruṁk.

Carpinteria, *s. f.* vinhâṇpaṇ, ṭhavaypaṇ, sutârpaṇ *n.*, sutârkî *f.*; sutârkâm *n.*

Carpir, *v. t.* (khâḍ, kems) oḍhuṁk, pisḍuṁk; raḍuṁk. ‖ *v. i. e r.* raḍuṁk, vilâpuṁk, chaḍphaḍuṁk.

Carpo, *s. m.* maṇkaṭ *n.*

Carquilha, *s. f.* mirî *f.*

Carraca, *s. f.* mâlâchem târûṁ *n.*, bajro, machvo *m.*

Carraça, *s. f.* kiṇṭi, kiraṁṭ *f.*, *(fig.)* luṁchak *n.*, lâṁbto *m.*

Carrada, *s. f.* gâḍo, gâḍobhar *m.*; *(fig.)* râs *f.*, ḍoṁgar *m.*

Carranca, *s. f.* vâṁkḍem-, âṁbaṭ-, kâḷem-, chirmuṭlalem-, âṁvaḷlalem toṁḍ, soṁḍ, muskar; rupḍem, mayem *n.* ‖ *Fazer* —, toṁḍ vâṁkḍem karuṁk, vâjevuṁk.

Carrancudo, *a.* kurṭo, kuṭâḷo, kurṭâḷo, ghûm, tirsuvâd, durmukhî.

Carrão, *s. m.* vhaḍ gâḍo *m.*

Carrapata, *s. f.* buskalalo ghây *m.*, bhagdaḷ *n.*

Carrapateiro, *s. m.* eraṁḍ *f.*

Carrapato, *s. m. (zool.)* kiṇṭî; châmâḷî *(us. Sal.)*; koḷû *(— pequeno)*; *(bot.)* eraṁḍ; eraṁḍi *f.* ‖ *Azeite de* —, eraṁḍel *n.*

Carrapicho, *s. m. (bot.)* tupkâṭo *m.* ‖ *V.* CARRAPITO.

Carrapito, *s. m.* śeṁḍi *(— dos homens) f.*; śeṁḍo *(— das mulheres) m.*

Carrascão, *a. e s. m.* nibar soro *m.*

Carrasco, *s. m.* phâśîdâr, mârekâr, mâṁg.

Carraspana, *s. f.* birlî, lâkḍî, śâpûs *f.*

Carrear, *v. t.* gâḍyân vharuṁk; oḍhûn vharuṁk.

Carregação, *s. f.* bhar, bhartî *f.*: bhargat *n.*: loṭ, loṁḍho *m.* ‖ *Coisa de* —, bâjârî vast *f.*, darvaḍyâchem kâm *n.*

Carregadeira, *s. f.* loṭ, lomḍho *m.; (naut.)* śîḍ kavaḷchî dorî *f.*

Carregado, bharlalo; kurṭo, ghûm.

Carregador, *s. m.* ojhekâr, ojhelî, bhâḍelî *(us. Sal.)*, helkârî *(p. us.)*

Carregamento, *s. m.* bhar, bhartî *f.*, bharap *n.;* bhâr *m.*

Carregar, *v. t.* bharuṁk, ojhem-, bhargat ghâluṁk *(l. do o.)*, bhar karuṁk *(g. do o.)*; *opprimir:* bharuṁk, pemchuṁk; *tornar sombrio:* ghûm-, kurṭo karuṁk; *acommetter:* paḍuṁk *(l. sup. do o.)*; *exagerar:* chaḍhauṁk, dâgûn divuṁk; *imputar:* ghâluṁk *(l. sup. do o.)* ‖ — *a mão*, hât lâmb karuṁk. — *a vela*, śîḍ kavḷuṁk. ‖ *v. i.* bhâr ghâluṁk; paḍuṁk *(com l. sup.)*; bhâr ghevuṁk, bharoṁk.

Carrego, *s. m. V.* CARGA *e* ENCARGO.

Carreira, *s. f. corrida:* dhâṁv, dhâṁvaḍ; *caminho:* mallalî vâṭ *f.; rasto:* mâg *m.; fileira:* karel, hâr, oḷ, âḷ, loy, âvali *f.; risca de cabello:* mâgo, bhâṁg *m.; curso:* gat *f.*, kram *n.; modo de vida:* châl, gat *f.*, âkâr, prakâr *m.*

Carreiro, *s. m.* gâḍekâr *m.;* gâḍevâṭ; pâṁyvâṭ; *(fig.)* vâṭ *f.*, upây. ‖ — *de formigas*, muyâṁcho mâg *m.*

Carrejão, *s. m.* ojhelî.

Carrejar, *v. t. V.* CARREAR.

Carreta, *s. f.* karet *n.*, gâḍo *m.*, yân *n.*

Carretagem, *s. f.*, **carreto**, *s. m.* ojheṁ vharṇeṁ, vâhṇeṁ; bhâḍeṁ *n.*, vâhṇâvaḷ *f.*

Carretão, *(ant.)*, **carreteiro**, *s. m.* gâḍekâr.

Carretar, *v. t. V.* ACARRETAR.

Carretel, *s. m.* (sutâchî) gâḍî *f.;* âḍîṁ *n. pl.*

Carretilha, *s. f.* karet *n.*

Carriagem, *s. f.* vâhṇeṁ *n.;* gâḍyâṁcho sâṁgaḍ *m.*

Carrião, *s. m.* phirkî *f.*

Carriça, *s. f.* kuhrâḍo *m.*

Carril, *s. m.* gâḍyâṁcho mâg ;- rasto *m.*, gâḍevâṭ *f.*

Carrilhão, *s. m.* samsvar ghâṁṭo *f. pl.*, ghaṁṭâmâlâ *(p. us.) f.*

Carrilho, *s. m.* joṁḍhlyâṁcheṁ mekhḷeṁ boṁḍ *n.*

Carrinho, *s. m.* lahân gâḍo *m.*, -gâḍî; hâtgâḍî, pâṁgûḷ gâḍî; sutâchî gâḍî, sûtgâḍî *f.*

Carro, *s. m.* gâḍî *f.*, gâḍo, rath *m.*, yân *n.* ‖ *Andar o — adeante dos bois*, âgî phuḍe dhuṁvar khâvuṁk. *Deixar passar carros e carretas*, âpṇâk toṁchûn khâvûn divuṁk; ḍoḷe dhâṁpuṁk.

Carroça, *s. f.* gâḍo, rath *m.*

Carroçada, *s. f.* gâḍobhar *m.*, gâḍyâcheṁ ojheṁ *n.*

Carroceiro, *s. m.* gâḍekâr.

Carruagem, *s. f.* gâḍî *f.*

Carta, *s. f.* chiṭṭ *f.*, kâgad, patr, patrîk *n.*, patrikâ, chaktî *f.*, likhit *n.*, lekh *m.* ‖ — *de jogar*, kârt, pân *n.*, gaṁjîph *(p. us.) f.* — *de lei*, râjsabhâpatr. — *patente*, sanad *m.* — *regia*, râjpatr, śâsanpatr. — *de seguro*, kaul *m.* — *sellada*, lâkhoṭo *m.* — *de alforria*, muktipatr. — *constitucional*, râjyarîtipatr. — *nautica*, samudrâcho nakśo *m. Ter — branca*, jây tasem karuṁk padvî âsuṁk *(d. do s.) Deitar cartas*, kârtâṁnîṁ pârkhuṁk. ‖ *V.* MAPPA.

Cartabuxa, *s. f.* kuṁchî *f.*

Cartalogia, *s. f.* nakśyâṁcho bharṇo,- saṁgraha *m.*

Cartão, *s. m.* dâṭ kâgad *n.;* chaktî *f.*

Cartapacio, *s. m.* karṭo, kharḍo *m.;* pustak *n.* ‖ *V.* CALHAMAÇO.

Cartapé, *s. m.* kâgdâchî kavḷî *f.*

Cartaz, *s. f.* chiṭṭ *f.;* ghoshaṇpatr, bîjak *n.;* kaul *m.*

Cartear, *v. i.* samudrâchyâ nakśyâr âṁkuṁk. ‖ *v. r.* ekmekâk chiṭṭî baraṁuk,- dhâḍuṁk.

Carteira, *s. f.* ṭipaṇ; jujdân *n.*

Carteiro, *s. m.* postâkâr (*do port.* POSTA), chiṭṭkâr, kâgdî.

Cartel, *s. m.* paijechî chiṭṭ *f.;* ghoshaṇpatr *n.*

Carthamo, *s. m.* kusuṁbkarḍî *f.*

Cartilagem, *s. f.* mau-, tarṇeṁ hâḍ, nalak *n.*, khûrcho *m.*

Cartilagineo, **cartilaginoso**, *a.* tarṇyâ hâḍâcho, nalakâcho.

Cartilha, *s. f.* kâḍṭil, paṭṭî, pothî *f.;* graṁth *m.* ‖ *Ler por outra — (fig.)*, dusreṁ karuṁk. *Não saber a — (fig.)*, toṁḍâṁt boṭ ghâlyâr châbuṁk neṇo jâvuṁk. *Isto não está na — (fig.)*, hâcho arth nâ.

Cartographia, *s. f.* deśachitravidyâ *f.*

Cartomancia, *s. f.* kârtâṁnîṁ pârkhaṇeṁ *n.*

Cartonagem, *s. f.* kâgdâcheṁ kâp, patrâvaraṇ *n.*

Cartonar, *v. t.* kâgdâcheṁ kâp,- patrâvaraṇ ghâluṁk *(d. do o.)*

Cartorario, **cartulario**, *s. m.* daphtar *n.;* daphtardâr *m.*

Cartorio, *s. m.* kârtor, kâgdâṁchî thevṇî patrasâḷ *f.*, daphtarkhâṇo *m.*, graṁthâgâr *n.*

Cartuchame, *s. m.* kârtuśo *f. pl.*
Cartucheira, *s. f.* tosdân *n.*
Cartucho, *s. m.* kârtûś *f.*, toṭo *m.*; kâgdâchî kavḷî *f.*
Carunchar, *v. i.* kosmevuṁk, roṁṭevuṁk, barḍevuṁk.
Caruncho, *s. m.* kosam *f.*, roṁṭo, baraḍ *m.* ‖ *Ter — (fig.)*, kîḍ lâguṁk *(d. do s.)*, bharṭanâ yevuṁk.
Carunchoso, *a.* kosmelalo, roṁṭo lâglalo, pokso; *(fig.)* moḍkar, kîḍ lâglalo, bharṭanâ âylalo.
Caruncula, *s. f.* mâṁsavṛiddhî *f.*
Carus, *s. m.* jhâṁp *f.*
Carvalhal, *s. m.* siṁdurâṁchem rân *n.*
Carvalho, *s. m.* siṁdûr *m.*
Carvão, *s. m.* koḷso *m.*, koḷse *m. pl.*
Carvoaria, *s. f.* koḷsyâṁchem ghar,- dukân *n.*
Carvoeira, *s. f.* koḷsyâṁchî khaṇ,- svât; koḷsekârṇ *f.*
Carvoeiro, *s. m.* koḷsekâr. ‖ *a.* koḷsyâṁcho; koḷsyâchyâ raṁgâcho.
Carvoejar, *v. i.* koḷse karuṁk,- vikuṁk.
Casa, *s. f.* ghar, vâstu *(p. us.)*; maṁdir *n.*, havelî *(— apalaçada) f.*; gharkûl *n.*, maṭhî *(— pequena) f.*: kûḍ *(divisão de um edificio) m.*; ṭhikâṇ *n.*, gharvâs *(domicilio)*; gharâbo *(familia) m.*; bihrâḍ *ou* biḍâr *(alojamento)*; ghargutî, gharvaḍ *(mobilia e pertences de —) f.*; sâḷ, kacherî, châvḍî *(repartição publica) f.*; gaṁṭ, ghar, phaḍ *(divisão do taboleiro, etc.) n.*; kâj, *n.*, tukmo *(p. us.) m.*, birḍeṁ *(— de botão) n.* ‖ *— de audiencia*, divâṇ. *— dos paes da mulher casada*, kuḷâr, mâher *n.* *— dos sogros do homem*, mâvâḍo. *— de campo*, baṁglo *m.* *— terrea*, bhûṁy ghar. *Dono de —*, gharkâr, gharvâsî. *Dona de —*, gharkârṇ, gharkârîṇ. *Governo de —*, gharkâm *n.*, ghargâḍo *m.* *Provisões de —*, gharbejmî *f.* *Costume da —*, gharâchâr, kuḷâchâr *m.* *Imposto de —*, gharpaṭṭî *f.* *— e quinta adjacente*, gharbhâṭ. *Ruinas de —*, gharṭhâṇ *n.* *Amigo da —*, gharvasthî *(a.)* *Inimigo da — (perdulario)*, gharmâro *(a.)* *Divindade tutelar da —*, ghardevatâ *f.*, kûḷdev *m.* *Em —*, gharâ. *— roubada, tranca á porta*, ghar chorûn vhartoeh dârâṁ ghaḍuṁk.
Casaca, *s. f.* kasâg *n.*, ḍaglo *m.*
Casacão, *s. m.* chogo, âṁgarkho *m.*
Casadeiro, *a.* kâjârâcho, lagnâcho, lagnâjogo.
Casado, *a.* kâjâr jâlalo, kâjârî, lagn jâlalo. ‖ *Homem —*, bâilkâr, âyâv. *Mulher casada*, âyâv, ghovkârṇ, svâśîṇ. ‖ **-s,** *s. m. pl.* ghovbâil, daṁpatî *m. e n.*
Casadoiro, *a.* kâjârâcho, lagnâcho, vivâhya; navro *(s. m.)*; hokal *(s. f.)*
Casal, *s. m.* joḍo *m.*, joḍeṁ *n.*, juṁvlî *f.*; gharâṁcheṁ, ghovbâil *n.*, varg *m.*, vavar *m. pl.*, ubhayvargâṁ *n. pl.*; vâḍî *f.*, kheḍeṁ, bhâṭghar. ‖ *— de cobras* jaṁvaḷ *n.*
Casalar, *v. t.* *V.* ACASALAR.
Casaleiro, *s. m.* muṁdkâr, muṁdkârî *ou* muṇkârî. ‖ *a.* kheḍyâcho.
Casalejo, *s. m.* lahân kheḍeṁ *n.*, vâḍî *f.*
Casamata, *s. f.* suraṁg; bhuṁyâr *n.*
Casamatado, *a.* suraṁgî.
Casamenteira, *s. f.* mâlîn, hovḷî.
Casamenteiro, *s. m.* mâlo, hovḷo, râybârî *(us. Sal.)*
Casamento, *s. m.* kâjâr, lagn, vahrâḍ *ou* varâḍ *n.*, vârḍik, hâtî *f.*, vavar, vivâha *m.*
Casão, *s. m.* vhaḍ ghar, maṁdir *n.*, havelî *f.*
Casaquinha, *s. f.* choḷî *f.*, kutâṁv *m.*
Casar, *v. t.* kâjâr-, lagn karuṁk, hâtî lâvuṁk *(g. do o.)*, vârḍik karuṁk *(g. do o.)*; jaḍuṁk, ghaḍsuṁk. ‖ *v. i. e r.* kâjâr-, lagn jâvuṁk, vahrâḍuṁk; jaḍoṁk, lâguṁk, paḍuṁk.
Casarão, *s. m.* havelî *f.*
Casaria, *s. f.* gharâṁchî hâr *f.*
Casca, *s. f.* sâl *f.*, sal, sarl, sol, karl *n.* ‖ *— de ovo, lagosta, etc.*, karl. *Dar á — (fig.)*, dhûḷdaśâ karuṁk. *Morrer na —*, gaḍâk vachuṁk, bighḍuṁk.
Cascabulhar, *v. i.* sâli ustuṁk.
Cascabulho, *s. m.* karl, sal *n.*
Cascalheira, *s. f.* saṁkraṭ *ou* śeṁkraṭ *f.*; *ruido:* sarsaro *m.*; *estertor:* khaḷsâṁ *n. pl.*, gharghârî *f.*
Cascalho, *s. m.* kaṁkar, kachro, saṁkâro *ou* śeṁkâro *m.*, kaṁkrî *(— miudo) f.* ‖ *— de ferro*, likîṭ *n.*
Cascalhudo, *a.* kaṁkrâcho, kachrâcho, saṁkraṭ.
Cascalvo, *a.* dhavyâṁ khurâṁcho (ghoḍo).
Cascão, *s. m.* khavaḷ; kavaṁch *n.*
Cascar, *v. t.* soluṁk, sarluṁk, karluṁk, sâl kâḍhuṁk *(g. do o.)*; baḍauṁk, dâḍâvuṁk.
Cascarra, *s. f.* morî *f.*
Cascata, *s. f.* gaskaso, ojhro, dhabdhabo, ghogh *(us. Ilh. e Sal.) m.*, dhodhâṇî *f.*

Cascavel, *s. m.* ghâgro *m.*, ghâgrî; *(fig.)* pisây *f.*, mûrkhpâṇ *n.*

Casco, *s. m.* karṭeṁ, kapâl; mâtheṁ; *(fig.)* gnyân *n.*, mat *f.*; *(naut.)* kaṇo; *unha de besta:* khûr, suṁb *m.*; geḷ *(— fendida) n.*; *centro:* mâj *m.*, mastak *n.*

Cascudo, *a.* moṭî sâl âslalo, dâṭâ sarlâcho. ‖ *s. m.* kûṭ *f.*

Caseação, *s. f.* dudhâcho kej jâṇeṁ *n.*

Caseadeira, *s. f.* kâjâṁ kartalî.

Casear, *v. t.* kâjâṁ karuṁk *(d. do o.)*

Casebeque, *s. m.* kâjâvek *n.*, choḷî *f.*

Casebre, *s. m.* gharkûl, khoṁpaḍ *n.*, khoṁp, jhoṁpḍî *f.*

Caseiro, *a.* gharcho gharâ kelalo, gâṁvṭo; gharâvo, gharâ poslalo; gharâ bastalo, gharâṁt râvtalo. ‖ *s. m.* rayt, kûḷ *n.*, muṁdkârî.

Caseoso, *a.* kej kaso, kejâ sârko.

Caserna, *s. f.* chhâvṇî *f.*

Caserneiro, *s. m.* chhâvṇî râkhtalo.

Casimira, *s. f.* kaśmîr *n.*

Casinha, *s. f.* gharkûl; śûṁk *n.*, jakât *f.*; kumâṁv *(do port.* COMMUA), pâykhiḷo *m.*

Casinhola, *s. f.*, **casinholo**, *s. m.* khoṁpṭî, jhoṁpḍî *f.*

Casino, *s. m.* maujeheṁ ghar *n.*

Casmurrice, *s. f.* saḷ *f.*, haṭh *m.*

Casmurro, *a.* saḷî, temelî, haṭhî.

Caso, *s. m.* gosht, vartani, ghaḍṇî; bâb *f.*, pratîk *n.*; gat, daśâ; *(for.)* prakaraṇ, bhût *n.*, hakikat; *apreço:* parvâ, chiṁtâ; *(gram.)* vibhaktî *f.*, kârak *n.* ‖ *— de consciencia*, âdkhaḷ *f.* *Dar-se o —*, jâvuṁk, ghaḍuṁk. *Dado o —, — que*, aseṁ jâlyâr *ou* jâvûn. *O — é*, khareṁch, dubhâvâvîṇ. *De — pensado*, jâṇo jâvûn, jây mhûṇ, muddam. *Em todo o —*, kiteṁy *ou* kaseṁy jâṁv. *Por — nenhum*, nâṁ kî nâṁ. *Estar no —*, jâvuṁk *ou* kuvet âsuṁk *(d. do s.)* *Estar no — de alguem*, svâter-, daśer âsuṁk. *Fazer, vir ao —*, kâmâk yevuṁk, upkârâk paḍuṁk. *Não fazer —*, parvâ nâ karuṁk, nâ lekhuṁk. ‖ *V.* ACASO.

Casorio, *s. m.* kâjâr *n.*; kâjro *m.*

Caspa, *s. f.* khavaḷ *f.*

Caspear-se, *v. r.* khavḷîṇ bharoṁk.

Caspento, **casposo**, *a.* khavḷîṇ bharlalo.

Caspite, *int.* âbâ, jabar mhûṁ re! śâbâs, khabardâr!

Casqueiro, *s. m.* lâṁkḍâṁ tâschî svât, bhaṁgsâḷ *f.*

Casquejar, *v. i.* navîṁ geḷâṁ yevuṁk *(d. do s.)*

Casquento, *a. V.* CASCUDO.

Casquete, *s. m.* śirastrâṇ, chepeṁ *n.*, topî, pagḍî *f.*

Casquilhar, *v. i.* neṭuṁk, pehrâvuṁk, phiṭphiṭuṁk, gamje-, kaṁgre karuṁk.

Casquilharia, **casquilhice**, *s. f.* neṭṇî *f.*, pehrâvo, gamjo *(mais us. no pl.)*, vastravilâs *(p. us.) m.*, miraunî, baḍây *ou* baḍâyk, ḍâṁḍî *f.*, polk *(port.* POLKA) *n.*

Casquilho, *a. e s. m.* neṭko, phaldarây, kâsphîs, polkîst *(de* POLKA), ḍâṁḍî *(ingl.* DANDY), phiṭphiṭo, miraunâr, baḍâykhor, lâpîṭ, vastravilâsî *(p. us.)*, koṁblo *(litt.* GALLINHO); śimlî *f.*

Casquinha, *s. f.* sarl *n.*, bârîk sal *f.*; bhâṁgârâ va rupyâcho varkh *m.*

Cassa, *s. f.* malmal *f.*, mâjlin *(ingl.* MUSLIN) *n.*

Cassação, *s. f.* nâkarṇî, moḍṇî *f.*, bhaṁg *m.*, radd *n.*

Cassar, *v. t.* nâkaruṁk, moḍuṁk, aṁtrâvuṁk, partuṁk, bhaṁgauṁk. ‖ *— a vela*, śîḍ kavḷuṁk.

Casse-tête, *s. m.* soṭo *m.*

Cassia, *s. f.* *(bot.)* bâvo, bâḷo *m.* ‖ *— aromatica*, *v.* CANNELA.

Cassim, *s. m.* guḷam *n.*

Cassiotico, *a.* *nó —*, soḍîk-, nisar gâṁṭh *f.*

Cassoilo, *s. m.* lâṁkḍâchî viṁdhlalî goṭî *f.*

Cassoleta, *s. f.* parmaḷâchî guḷṇî *f.* ‖ *V.* CAÇOLETA.

Casta, *s. f.* kâst *n.*, jât, jâtkuḷî *f.*, varṇ, vaṁś *n.*, biyâḷo *m.* ‖ *— baixa*, pakaḍjât, uṇî jât. *— differente*, parjât. *De — mixta*, saṁkîrṇ, saṁkar jâticho.

Castamente, *adv.* nishkaḷaṁkpaṇîṁ, nishkâmpaṇîṁ.

Castanha, *s. f.* bikaṇ *n.*; kâjchî bî *f.*; *atado de cabello:* śeṁḍo *m.*, seṁḍî; *excremento de cavallo, etc.*, lât *f.* ‖ *Estalar a — na bocca*, toṁḍaṁt dhoṁḍe, hâtâṁ pâḷâṁbo.

Castanheiro, *s. m.* phiraṁgyâṁ biknâṁcheṁ jhâḍ *n.*

Castanhetas, *s. f. pl.* ṭipryo *f. pl.*; chiṭki, chuṭkî *f.*

Castanho, *a.* kardo, telyo.

Castanholas, *s. f. pl.* ṭipryo *f. pl.*

Castão, *s. m.* mûṭh *f.*

Castellan, *s. f.* koṭṭkârṇ.

Castellania, *s. f.* koṭṭkârâcho adhikâr *m.*, killedârpaṇ *n.*

Castellão, *s. m.* koṭṭkâr, killedâr durgpâl.

Castello, *s. m.* kotṭ *n.*, killo, gaḍ *m.*, durîg *(p. us. nesta accepção) n.; (naut.)* târvâcho phuḍlo va pâṭhlo bhâg; *(fig.)* ḍomgar, mâch *m.* ‖ *Fabricar castellos no ar*, chaṇyâmchîm jhâḍâm uḍumk.

Castiçal, *s. m.* kâstisâl, vâtasthân *(p. us.) n.*, divo *m.*

Castiçar, *v. t.* bare jâtîcho karumk; phaḷaumk.

Castiço, *a.* bare jâtîcho,- kuḷiyecho, jâtivamt; chokh; biyâḷyâcho. ‖ *Linguagem castiça*, śuddhbhâs *f.*

Castidade, *s. f.* nishkaḷamkây *ou* nishkamkây *f.*, nishkaḷamkpaṇ *ou* nikḷamkpaṇ, nishkâmpaṇ, akâmpaṇ, brahmacharya *n.*, niyam *m.*

Castificar, *v. t.* nishkaḷamk-, nishkâmî karumk.

Castigado, *a.* khâst lâylalo, śuddh-, nîṭ kelalo.

Castigar, *v. t.* khâst-, śikshâ lâvumk *ou* divumk *(d. do o.)*, śikshumk, ḍamḍumk, tâḍaumk; *(fig.)* kân vaḷumk,- oḍhumk *(g. do o.)*, buddh śikaumk *(d. do o.)*; *corrigir:* śuddh-, nîṭ-, sârko karumk. ‖ *v. r.* âpṇâkach khâst-, -śikshâ lâvumk.

Castigavel, *v. i.* khâst phâvo taslo.

Castigo, *s. m.* khâst, śikshâ *ou* śikhyâ, damḍaṇ *ou* damḍvaṇ, * yâdal *f.*, damḍ *m.*, tâḍan, kharg *n.*

Casto, *a.* nishkaḷamk *ou* nikḷamk, nishkaḷamkî, nishkaṇo, nishkâmî, akâmî, kaṭibamd, niyamî; *(fig.)* nirmaḷ, śuddh, nirdosh.

Castor, *s. m.* kâstor *m.*

Castração, *s. f.* chemchṇî, khamchrâvṇî *f.*, âmḍ kâḍhṇem *n.*, amḍchhed *m.*

Castrado, *a. e s. m.* chemchlalo, khamchro, khojo, kapâmv.

Castrador, *s. m.* chemchṇâr, khamchrâvṇâr.

Castrametação, *s. f.* paḍavâchî vidyâ *f.*

Castrar, *v. t.* chemchumk, dâḍâvumk, khamchrâvumk, kapâmv karumk, âmḍ-, koyo kâḍhumk *(g. do o.)*, pâryo kâpumk *(g. do o.)*

Castrense, *a.* paḍâvâcho; laśkarâcho, phaujsambamdhî.

Casual, *a.* daivyogâcho, prasamgâcho, avchitt.

Casualidade, *s. f.* daiv *n.*, daivyog *m.* ‖ *V.* ACASO.

Casualmente, *adv.* daivîm, akasmât, avchitt.

Casuista, *s. m.* doshâdoshvivekî, vivechanvidyâvamt.

Casuistica, *s. f.* vivechanvidyâ, doshâdoshvivechanvidyâ *f.*

Casuistico, *a.* vivechanvidyecho.

Casula, *s. f.* kâjûl *n.*

Casulo, *s. m.* puṭh; ghomṭo *m.*

Casuloso, *a.* ghomṭyâcho.

Cata, *s. f.* sûd, śodh *f.* ‖ *A —*, sudík.

Catachrese, *s. f.* klishtârth *m.*

Cataclysmo, *s. m.* paryâḷo *m.*, buḍtakaḷ *f.*; *(fig.)* avdhamḍo *m.*, bhramaṇ *n.*

Catacumbas, *s. f. pl.* maḍîm purchem bhumyâr *n.*, ** śavavâpikâ *f.*

Catacustica, *s. f.* nâdâchem śâstr *n.*, pratidhvanividyâ *f.*

Catadioptrica, *s. f.* pratibimbavidyâ *f.*

Catadupa, *s. f.* dhodhâṇî *f.*, ojhro *m.* ‖ *V.* CASCATA.

Catadura, *s. f.* âkâr *m.*, mukh, rûp *n.*, sayâ *f.*

Catafalco, *s. m.* es (*port.* EÇA) *n.*

Catalectico, *a.* uṇyâ aksharâcho (ślok).

Catalecto, *s. m.* purâṇagramthakhamḍamâlâ *f.*

Catalò, *s. m.* khâṭlo *m.*, khâṭlem *n.*

Catalogar, *v. t.* patrak-, nagjhâḍo karumk *(g. do o.)*

Catalogo, *s. m.* patrak *n.*, nagjhâḍo, jamo, samgraha *m.*

Catana, *s. f.* moṭvî tarvâr *f.*, tego, khaḍg *m.*; koyto *m.*

Catanada, *s. f.* tegyâcho phâr; *(fig.)* ḍapâṭo *m.*, jupâṭî *f.*

Cataplasma, *s. f.* emprâs (*port.* EMPLASTO), lep, malam *m.* ‖ *— para chaga*, jakham paṭṭî *f.*

Catapucia, *s. f. (bot.) V.* CARRAPATEIRO.

Catar, *v. t.* śodhumk, sûd ghevumk *(g. do o.)*; (uvo-, ulko) mârumk; teḷumk. ‖ *v. r. (ant.)* chatrâyen chalumk, huśâr râvumk.

Cataracta, *s. f.* ḍolyâmtlem phûl, -motîm *n.*, sâî *f.* ‖ *— negra*, timir *n.* *Tirar as cataractas (fig.)* ḍoḷe ughḍumk, ḍoḷyâmtlî sâî kâḍhumk.

Catarrhal, *a.* bârkaṇecho. ‖ *s. m.* nibar bârkaṇ *f.*, hardem bharnem *n.*

Catarrheira, *s. f.* bârkaṇ *f.*, thamḍ *n.*

Catarrhento, catarrhoso, *a.* bârkaṇecho; bârkaṇ jâlalo; bârkaṇî.

Catarrho, *s. m.* bârkaṇ *f.*, hardyâmtlem thamḍ, sait *n.* ‖ *— pulmonar*, *v.* BRONCHITE.

Catasol, *s. m. (ant.)* labarî; saklât *f.*

Catastrophe, *s. f. (theat.)* upasaṁhâr; parimâṇ, avdhaṁḍo, utpât *m.*, âpad *f.*

Catatua, *s. f.* kâkâtû *f.*

Catavento, *s. m.* vâryâcho bâvṭo va koṁbo, vâyudhvaj *m.; (fig.)* phirto-, badalto manîs.

Catatraz, *int.* gab, ḍab!

Catechese, *s. m.* dotarn *ou* dotîn (*port.* DOUTRINA) *f.*, *upśâm *m.*

Catechista, *s. m.* dotarn śikaitalo, upadeśak, *upśâmî.

Catechização, *s. f.* dotarn śikauṇeṁ *n.*, *upśâm *m.*

Catechizar, *v. t.* dotarn *ou* dotîn śikauṁk, śâstr samurt sikauṁk, upadeśumk, *upśâmuṁk; phuslâvuṁk, koṁbo kâḍhuṁk.

Catechumenato, *s. m.* navśishyatâ *f.;* navśishyakâḷ *m.*

Catechumeno, *s. m.* bâvtîjm ghevuṁche âdiṁ dotarn śiktalo, navśishya.

Catecismo, *s. m.* dotarn, dotan *ou* dotîn (*port.* DOUTRINA) *f.*, *upśâm *m.;* dotarnîchî kâḍṭîl *f.;* praśnottar pustak *(p. us.) n.*

Categoria, *s. f.* padârth; varg *m.*

Categoricamente, *adv.* khaṁḍit, sâph, jarûr.

Categorico, *a.* niśchit, khaṁḍit, sâph, khachît.

Catenaria, *s. f.* sariye va doriyechî bhâg,- vâṁk *f.*

Caterva, *s. f. (ant.)* laśkar *n.*, phauj; *(deprec.)* urpaṁj, tâṁḍî *f.*, loṁḍho, chuṁbo *m.*

Cathartico, *a.* julâbâcho, rechak. ‖ *s. m.* julâb, rech *m.*

Cathedra, *s. f.* upadeśâsan, agrâsan *n.*, pîṭh *m.* ‖ *Ex-cathedra,* upadeśîṁ; mijâsen, phaḍâ karûn.

Cathedral, *s. f.* se *(port.) f.*, mukhyadevasthân *(p. us.)*, mahâmaṁdir *n.*

Cathedratico, *a.* pâṭhakâcho. ‖ *s. m.* pâṭhak, vastâd, guru.

Catheter, *s. m.* mûtsaḷaî *f.*, mûtrasrâviyaṁtr *n.*

Catheterismo, *s. m.* mûtsaḷaîchî parîkshâ *f.*

Catholicamente, *adv.* kâtolk samurtî pramâṇeṁ.

Catholicidade, *s. f.* **sarvalaukikatâ *f.;* kâtolkpaṇ *n.;* kâtolk lok *m.*

Catholicismo, *s. m.* kâtolk samurt *f.*, -dharm *m.;* kâtolkpaṇ *n.*

Catholico, *a.* saglyâṁcho, **sarvalaukik; kâtolk.

Catilinaria, *s. f.* niṁdâvâd *m.;* jupâṭî, paṭṭî *f.*

Catinga, *s. f.* ghâmâchî ghâṇ, ghurṭâṇ *f.* ‖ *s. m.* himṭo-, châṭo manîs.

Catingar, *v. i.* himṭepaṇ-, hichimichî karuṁk.

Catita, *a.* kâsphîs, phaldarây, lâpîṭ; nâjûk, chakk. ‖ *s. m.* polkist, dâṁḍî (*ingl.* DANDY).

Catitismo, *s. m.* pehrâvo *m.*, baḍây, dâṁḍî *f.*

Cato, *s. m.* kât *m.*

Cativar, *v. t. V.* CAPTIVAR.

Catonismo, *s. m.* kharkasây, khaḍkhaḍây *f.*

Catoptrica, *s. f.* paravṛittikiraṇavidyâ *f.*

Catoptrico, *a.* paravṛittikiraṇasaṁbaṁdhî.

Catrabucha, *s. f. V.* CARTABUXA.

Catraeiro, *s. m.* hoḍîkâr, ḍoṇkâr.

Catrafilar, *v. t.* ghaṭṭ dharuṁk.

Catraia, *s. f.*, **catraio**, *s. m.* hoḍî, ḍon, pât *f.*

Catrapoz, **catrapuz**, *int.* ghab ghab! ‖ *s. m.* pher, pheray *f.* ‖ *Ir de —*, pheray mâruṁk.

Catre, *s. m.* kâtr, pâlkî *f.*, mach *m.*

Catual, *s. m.* kotvâl.

Catur, *s. m.* jujâcheṁ hoḍeṁ *n.*

Caturra, *s. m. e f.* phakâṁḍî, âḍṇâḍî; vâdhaṁgyo, vivâdî.

Caturrar, *v. i.* âplemch vâjauṁk, vâdhaṁg karuṁk; phoḍṇâ divuṁk, kuṁs bharuṁk *ou* moḍuṁk.

Caturreira, **caturrice**, *s. f.* vâdhaṁg, âḍṇâḍpaṇ; phîs, phiskaṇ, phakâṁḍ *n.*

Caução, *s. f.* jâmînki, anâmat, khâtrî *f.*, aḍav *m.* ‖ *V.* CAUTELA.

Caucionante, *a. e s. m. e f.* jâmînkî ditalo.

Caucionar, *v. t.* jâmîn-, havâlo divuṁk *(d. do o.)*

Cauda, *s. f.* śeṁp, seṁpḍî *f.;* śeṁpḍo *ou* śeṁpâḍo *(aug.) m.* ‖ *— do cometa,* śeṁḍî *f. — da Ursa menor,* druvnakshatr *n.* ‖ *V.* RABICHO.

Caudal, *a.* śeṁpḍecho. ‖ *V.* CAUDALOSO.

Caudaloso, *a.* loṭâcho, loṁḍhyâcho.

Caudatario, *a.* śeṁpâḍo dhartalo va ukaltalo châkar, lâṁbto.

Caudato, **caudifero**, *a.* seṁpḍî-, śeṁpâḍo aslalo.

Caudex, *s. m.* kâṁḍ *n.*

Caudilhamento, *s. m.* sardârkî, vastâdkî *f.*

Caudilhar, *v. t.* sardâr-, vastâd jâvuṁk *(g. do o.)*

Caudilho, *s. m.* sardâr, vastâd, adhipati.

Caudino, *a.: forcas caudinas*, ijâ *f.*, badnâm *n.* || *Passar pelas —*, lajjek paḍuṁk, âpleṁ nâk kâtruṁk.

Caule, *s. m.* kâṁḍ *n.*; kâḍî, âsî *f.*

Caulescente, *a.* kâṁḍ-, kâḍî âslalo.

Caurim, *s. m.* kavḍî; *(fig.)* labâḍkî, phasauṇî *f.*

Caurinar, *v. t.* phasauṁk, sutlâvuṁk, bûṭ lâvuṁk.

Caurineiro, *s. m.* phasauṇo, labâḍ.

Causa, *s. f.* kâraṇ *n.*, *ou* kârâṇ, kartâ *ou* kartû, kârak, âdi *m.*, *motivo:* nimitt, prayojan *n.*, prastâv, thâv, arth, hetu, sabab *m.*; *origem:* mûḷ *n.*, varav, udev, yoni *m.*; *partido:* kaḍ, kûs *f.*, taraph, paksh; *(for.)* vyavahâr, khaṭlo *m.*, khaṭleṁ, prakaraṇ *n.* || *Por — de*, khâtîr, pâsvat, nimittîṁ, udeśîṁ, varvîṁ. *Sem —*, ugîch, sâbsubo *(a.)*, sahaj. — *efficiente*, kârakhetu. — *generativa*, prabhav *m.* — *instrumental*, nimittkâraṇ. — *primaria, remota*, âdikaraṇ, mûḷ, bîj, nidân *n.* — *proxima, immediata*, nimittkâraṇ, upadân *n.*

Causador, *a. e s. m.* karṇâr, kâraṇkâr, prayojak, nimittkâr.

Causal, *a. (gram.)* prayojya, vyaiṁt. || *s. f.* kâraṇ, nimitt *n.*, arth, udev *m.*

Causalidade, *s. f.* kâraṇpaṇ, kâraṇatva, nimittpaṇ *n.* || *Principio de —*, kâryakâraṇbhâv *m.*

Causar, *v. t.* karuṁk, utpann karuṁk, upjauṁk, nipjâvuṁk, varvuṁk, nirmuṁk.

Causativo, *a.* kâraṇik, prayojya; preraṇ *(verbo —)*.

Causidico, *s. m.* vakîl, letrâd *(port.)*

Causticação, *s. f.* lâsṇî, dâgṇî *f.*; *(fig.)* kichḍâvṇî *f.*, hâḍâm-, jîv khâṇeṁ *n.*, karkar *m. pl.*

Causticante, *a.* lâsṇo, ulpo; *(fig.)* kichḍâvṇo, khaṇpaṇo.

Causticar, *v. t. (p. us.)* kâsk ghâluṁk *(d. do o.)*, lâsuṁk; *(fig.)* kichḍâvuṁk, khâvuṁk, châḷvauṁk.

Causticidade, *s. f.* chaṭko *m.*, ulpepaṇ, lâsap *n.*; **mâṁsadâhanaśakti; *(fig.)* tikhaṭây, châbkarây *f.*

Caustico, *a.* ulpo, jaḷto, lâscho, **mâṁsadâhak; phoḍ kâḍhcho-, yevuṁcho; *(fig.)* tikhaṭ, chaḍchaḍît, varmî. || *s. m.* kâsk *m.*, lâscheṁ okhat *n.*; khaṇpaṇo-, kichḍâvṇo manîs.

Cautamente, cautelosamente, *adv.* huśârpaṇîṁ, chatrâyen.

Cautchu, *s. m.* kâṭ *m.*

Cautela, *s. f.* huśârkî, jâgritây, phikîr, chatrây, guptây *f.*, sâvadhpaṇ; târaṇ *n.*, târaṇchiṭṭ, khâtrî; sort *(port.* SORTE*)* *f.* || *A — ou por —*, sâvadhpaṇîṁ, phikrîn. || *int.* khabardâr!

Cautelar, *v. t. V.* ACAUTELAR.

Cauteleiro, *s. m.* sortî viktalo.

Cauteloso, *a.* huśâr, chatur, sâvadh, jâgrit, gupit *ou* gupto.

Cauterio, *s. m.* dâg *m.*, dâgaṇ, dâgṇî *f.*, bûṭ *n.*, lâs; kâsk *m.*, lâscheṁ okhat *n.*; *fonte:* phoṁt *(port.) f.*; *(fig.)* dâg *m.*, paṭṭî *f.*

Cauterização, *s. f.* dâgṇî *f.*, dâg deneṁ *n.*; dâg *m.*; lâsap *n.*

Cauterizado, *a.* dâglalo, dâg dilalo.

Cauterizar, *v. t.* dâg-, bûṭ divuṁk, dâguṁk, lâsuṁk; *(fig.)* khâvuṁk, vaḷvaḷâvuṁk, prakâr karuṁk *(g. do o.)*; dâg divuṁk, buddh śikauṁk. || *v. r.* dâgoṁk, lâsoṁk.

Cauto, *a.* huśâr, chatur, jâgrit, sâvchit, sâvdhân, gupit.

Cava, *s. f.* khaṇṇî *f.*, khaṇap *n.*, bheṁḍ *f.*; khaṇkûl *n.*, khoṁḍ, pokharṇ *f.* || *V.* FOSSO.

Cavaco, *s. f.* tâsṇeṁ, tâsap; saḷpeṁ *n.*, saḷpî, saḷpuṭî *f.*, saḷpo *m.*; gajâl mât, bât *f.*, gap *n.* || *Dar —*, ghâbruṁk, bâḍguṁk. *Não dar —*, nâ âtpoṁk, parvâ nâ karuṁk. *Dar o — por*, âṁvḍhevuṁk, mitî mâruṁk. *Estar ao —*, gajâlîr âsuṁk, gajâl-, bât mâruṁk.

Cavadela, *s. f.* khaṇṇî *f.*; khoreṁ *n.*

Cavadiço, *a.* khaṇûn kâḍhlalo.

Cavado, *a.* khaṇlalo; pokhar, pokhaḷ; khol, khankulâṁ paḍlalo. || *Mar —*, uchaṁbaḷ daryâ. || *s. m.* khaṇkûl *n.*, pokharṇ *f.*

Cavador, *s. m.* khaṇpî, khaṇṇâr, khaṇtalo.

Cavadura, *s. f.* khaṇṇî *f.*, khaṇap *n.*

Cavalgada, cavalgata, cavalhada, *s. f.* svârî *ou* savârî *f.*

Cavalgador, *s. m.* ghoḍekâr.

Cavalgadura, *s. f.* pâṭhâl, vâhîm *n.*

Cavalgante, *a.* ghoḍyâr bastalo.

Cavalgar, *v. i.* ghoḍyâr basuṁk va bhoṁvuṁk. || *v. t.* basuṁk *(l. sup. do o.)*

Cavalheiramente, *adv.* sujaṇ kaso, mâṇsugen.

Cavalheiresco, cavalheiroso, *a.* sujaṇâcho, grihasthî, mâṇsugecho.

Cavalheirismo, *s. m.* mâṇsugî, grihasthgirî *f.*, sujaṇpaṇ, grihasthpaṇ *n.*

Cavalheiro, *s. m.* sujaṇ, grihasth *ou* giresth, sâv, sâheb. ‖ — *de industria*, aṭṭal chor. ‖ *a.* mâṇsugecho, śishṭ.

Cavalla, *s. f.* bâṁgḍo *m.*

Cavallagem, *s. f.* ghoḍyâr bhoṁvṇeṁ *n.*; lâgṇî *f.*; lâgṇechcheṁ bhâḍeṁ *n.*

Cavallão, *s. m.* vhaḍlo ghoḍo; *(fig.)* bâṁgar.

Cavallar, *a.* ghoḍyâcho. ‖ *Gado* —, ghoḍe *m. pl.* *Raça* —, ghoḍejât *f.*, ghoḍejinnas *m.*

Cavallaria, *s. f.* ghoḍyâṁcho hiṁḍ *m.*; ghoḍesvârî, svârî *ou* savârî, aśvasenâ *(p. us.) f.*; parâkram *m.*, vîrya *n.* ‖ *Ordem de* —, sardârbahâdurî *f.* *Metter-se em cavallarias altas*, uṁdrâk lokhaṁḍâcho vâvar kityâk? ‖ *V.* EQUITAÇÃO.

Cavallariça, *s. f.* ghoḍvaḷ, ghoḍvaṇ, ghoḍesâḷ *f.*, taṁbulo *(p. us.) m.*, aśvaśâlâ *(p. us.) f.*

Cavallariço, *s. m.* ghoḍkyo, naphar, ghoḍevâlo.

Cavalleira, *s. f.* ghoḍekârṇ, ghoḍesvârîṇ.

Cavalleiramente, cavalleirosamente, *adv.* dabâjyân, damân, ahaṁkârîṁ, pratâpîṁ.

Cavalleiro, *s. m.* ghoḍekâr; ghoḍesvâr, svâr *ou* savâr; sardâr bahâdûr. ‖ *a.* vaylo, uparcho. ‖ *Ás cavalleiras*, *v.* CAVALLINHAS.

Cavalleiroso, *a.* svârâcho, sardârî; śûrâcho, pratâpâcho.

Cavallete, *s. m.* ghoḍo *m.*, ghoḍkûl. ‖ — *do telhado*, pâṭos *m.* *Nariz de* —, garuḍnâk *n.*

Cavallicoque, *s. m.* ghoḍkeṁ, ghoḍkûl, ghoḍkuleṁ *n.*

Cavallinhas, *s. f. pl.*: *ás* —, ghoḍyâr, khâṁdâr.

Cavallinho, *s. m.* âḍghoḍo, taṭû *m.*, ghoḍkeṁ *n.*

Cavallo, *s. m.* ghoḍo, aśv *(p. us.)*, turaṁg *(p. us.)*; svar *m.* ‖ *A* —, ghoḍyâr. *A unhas de* —, dhâṁvdhâvîṁ. *Passar de* — *a burro*, deṁvuṁk, utroṁk, taklî poṁdâk paḍuṁk *(g. do s.)*

Cavanijo, *s. m.* varlo *m.*

Cavão, *s. m.* khaṇpî; śetkâṁtî; vâvrâḍî, mâṇây.

Cavaqueador, *s. m.* gapî, bâtmâro, gajâlîṁcho dhagaḍ.

Cavaquear, *v. i.* gajâl-, bât karuṁk.

Cavaqueira, *s. f.* gajâl mât *f.*, gapâṁ *n. pl.*

Cavaquinho, *s. m.* tuṁburî *f.* ‖ *V.* CAVACO.

Cavar, *v. t.* khaṇuṁk; ustumk khaṇkulâṁ ghâluṁk.

Caveira, *s. f.* khardo, taṁkro *m.*, karṭeṁ; *(fig.)* sukaṭyeṁ toṁḍ *n.* ‖ *Ter* — *de burro*, kapâlphuṭko jâvuṁk, kapâlâṁt phâtar âsuṁk *(g. do s.)*

Caveiroso, *a.* hâḍyo, hâḍkuṭo.

Caverna, *s. f.* ghol *m.*, khoreṁ; bhuṁyâr *n.*, ḍhol *f.*; *(naut.)* âḍeṁ *n.*

Cavername, *s. m.* âḍîṁ *n. pl.*

Cavernoso, *a.* bhuṁyârâṁcho, ghol-, ḍholî âslalo. ‖ *Voz cavernosa*, gaṁbhero ṭâḷo.

Cavidade, *s. f.* ḍhol, pokhar, khâṁch *f.*, vivar, bîḷ *n.*

Cavilha, *s. f.* vâghî *f.*, taḍas, saḷo, mekh *m.*, khuṁṭî *f.*

Cavilhar, *v. t.* taḍsâvuṁk, khuṁṭâvuṁk, vâghî-, taḍas mâruṁk.

Cavillação, *s. f.* hujat *f.*, atark, kutark *m.*, kapaṭ, taṭḍhaṁg, kaḷvaṁchan *n.*; phoṭkirî bhâsṇî *f.*

Cavillador, *a. e s. m.* hujatkâr, atarkî, kapaṭî, taṭḍhaṁgî.

Cavillar, *v. t.* hujat karuṁk *(abl.* kaḍe *do o.)*; ṭhakuṁk.

Cavillosamente, *adv.* hujatîn, kutarkîṁ; kapaṭîṁ.

Cavilloso, *a.* hujaticho, atark; kapaṭî, nâḍbuddhicho, bâshkaḷ.

Cavo, *a.* pokhar, pokhaḷ, pokhḷo; khol.

Cear, *v. i. e t.* râtcheṁ jevuṁk.

Cebola, *s. f.* ûl *(planta) f.*; kâṁdo, piyâv *(bolbo) m.* ‖ *V.* ALBARRÃ.

Cebolada, *s. f.* kâṁdyâṁcheṁ khâṇ *n.*

Cebolal, *s. m.* ulîcho-, kâṁdyâṁcho maḷo *m.*

Cebolinho, *s. m.* ûl *f.*; ulîcheṁ bîṁ *n.*

Cebolo, *s. m.* ûl *f.*, kâṁdo *m.*

Cebolorio, *int.* kavaṁṭâṁ!

Cecem, *s. f.* kaṇeḷ *n.*

Cedencia, *s. f.* soḍṇî *f.*, soḍûn deṇeṁ *n.*, tyâg *m.*

Cedente, *a.* soḍto.

Ceder, *v. t.* soḍuṁk, soḍûn divuṁk, âdhîn karuṁk *(g. do o.)* ‖ *v. i.* ḍaguṁk, bâḍguṁk; kabûl-, râjî jâvuṁk.

Cedilha, *s. f.* ce-cheṁ kuṁs *n.*

Cedinho, *adv.* bhav sakâḷîṁ.

Cedivel, *a.* soḍûṁyeso.

Cedo, *adv.* sakâḷ *ou* sakâḷîṁ, âdîṁch, âdîṁmidîṁ, lavkar; vegîṁ, rokḍoch.

Cedrino, *a.* devdârâcho.

Cedro, *s. m.* devdâr *m.*

Cedula, *s. f.* rokho *m.*, chiṭṭ *f.*

Cega, *s. f.* kurḍî bâil.
Cegamente, *adv.* âṁdhḷcpaṇîṁ, ḍoḷe dhâṁpûn.
Cegar, *v. t.* kurḍo-, âṁdhḷo karuṁk; ḍipâvuṁk, bhulauṁk, pisâvuṁk; pusuṁk; choṁduṁk, puruṁk. ‖ *v. i.* kurḍo-, âṁdhḷo jâvuṁk. ‖ *v. r.* bhuluṁk, bhramuṁk.
Cego, *a.* kurḍo, âṁdhḷo, ḍoḷephuṭko, aṁdh *(p. us.)*; aṁdhakî, avichârî; puslalo; purlalo. ‖ — *de nascença,* janmâṁdh. — *de um olho,* kâṇo. *Nó* —, nibar gâṁṭh. *Na terra dos cegos, quem tem um olho é rei,* kurḍyâṁt kâṇo râjâ.
Cegonha, *s. f.* lâṭh *f.*; *(zool.)* keṁsâr *m.*
Cegueira, **ceguidade** *(p. us.)*, *f.* kurḍcpaṇ, âṁdhḷcpaṇ; aṁdhakpaṇ *n.*, aṁdhakâr, aṁdhak *m.*, âṁdhârî *f.*, dhâṁpaṇ *n.*
Ceia, *s. f.* sey *f.*, râtchcṁ jevaṇ *n.*
Ceifa, *s. f.* luṁvṇî *f.*; pîk *n.*; pikâvaḷ; *(fig.)* mârî *f.*
Ceifar, *v. t.* luṁvuṁk; *(fig.)* kâpuṁk, kâtruṁk, hâṇuṁk.
Ceifeira, *s. f.* luṁvpiṇ.
Ceifeiro, *s. m.* luṁvpî. ‖ *a.* luṁvcho.
Ceira, *s. f.* khaṭlo *m.*
Ceirão, *s. m.* vhaḍlo khaṭlo *m.*
Ceitil, *s. m.* ek duḍû *m.*; *(fig.)* damḍî, kavḍî *f.*
Ceivar, *v. t.* jotâcho soḍuṁk.
Celagem, *s. f.* maḷbhâchî khar *f.*
Celebração, *s. f.* ritîn-, vidhîn karṇeṁ *n.*, samâraṁbh *m.*; varṇan *n.*, nâvâḍhṇî *f.*; utsav *m.*
Celebrado, *a.* nâvâḍhlalo, nâvâḍhgo; varṇilalo.
Celebrador, *s. m.* nâvâḍhṇâr, kîrtitalo, varṇitalo.
Celebrante, *a. e s. m.* mîs sâṁgtalo (pâdrî).
Celebrar, *v. t.* ritîn-, vidhîn karuṁk; samâraṁbh-, utsav-, parab karuṁk *(y. do o.)*, samâraṁbhuṁk *(p. us.)*; nâvâḍhuṁk, kîrtuṁk, varṇuṁk, gâvuṁk; sâṁguṁk, mhaṇuṁk (— *missa*). ‖ *v. i.* mîs sâṁguṁk.
Celebravel, *a.* nâvâḍhît.
Celebre, *a.* nâvâḍhgo, nâvâḍhît, kîrtivaṁt, sukîrtivaṁt, yaśasvî, prasiddh.
Celebreira, *s. f.* naval, vilakshaṇpaṇ *n.*
Celebridade, *s. f.* nâṁv *n.*, nâvâḍhṇî, kîrti, prasiddhi *f.*, yaś, âvâj, laukik; prasthân *m.*
Celere, *a. (port.)* dhâṁvro, vegâcho, jalad.
Celeridade, *s. f.* veg *m.*, veggati, jaldî, jhaḍjhaḍî *f.*
Celeste, **celestial**, *a.* sorgâcho, sorgîṁcho, divya; gaganî, âkâśâcho, asmânî; *(fig.)* uttam, supûrṇ. ‖ *Azul* —, asmânî-, niḷo raṁg.
Celestino, *a.* asmânyâ raṁgâcho, niḷvaṁt. ‖ *Madre celestina,* lâṁvsaṭ.
Celeuma, *s. f.* târvaṭyâṁchî âraḍ *f.*; śivâḍo *m.*
Celha, *s. f.* kodeṁ *n.*, doṇ *m.* ‖ *V.* PESTANA *e* SOBRANCELHA.
Celiaco, *a.* âṁtkiḍyâṁcho.
Celibatario, *a. e s. m.* âṁkuvâr, brahmachârî.
Celibato, *s. m.* âṁkuvârpaṇ, brahmacharya *n.*
Celico, *a. (port.) V.* CELESTE.
Celicola, *s. m. e f.* svargavâsî *m.*; savargavâsiṇ *f.*
Celigeno, *a.* svargabîj.
Cella, *s. f.* maṭhî *f.*, maṭh *m.*; lahân kûḍ *f.* ‖ *V.* ALVEOLO.
Celleireiro, *s. m.* kaḍe râkhtalo.
Celleiro, *s. m.* kaḍo *m.*, pâleṁ, kaṭhâr *n.*, kaṭhî *f.*, mâḷo, jinnaskhâṇo *m.*
Cellula, *s. f.* kaṭhrî *f.*; gir *m.*
Cellular, **cellulifero**, *a.* girâṁcho, bârîk gharâṁcho.
Celso, *a.* uṁch, uttam.
Cem, *a. pl.* śeṁ, śeṁbhar, śiṁ *(us. no comp.)*, ekśeṁ *(us. antes de outro numeral)*, śat *(p. us.)* ‖ — *mil,* lâkh *ou* laksh.
Cementação, *s. f.* sâṁdhṇî, jaḍṇî *f.*
Cementar, *v. t.* sâṁdhuṁk, jaḍuṁk.
Cementario, *a.* sâṁdhṇecho.
Cemento, *s. m.* sâṁdhṇeche koḷse *m. pl.*
Cemiterio, *s. m.* simiter, nikhepuṁchî svât *f.*, purcho jâgo *m.*; masaṇ, masaṇṭi, gâṁvmhasaṇ, pretabhûmi, pretbhûmy *f.*
Cenaculo, *s. m.* jevuṁchî kûḍ *f.*
Cendrado, *a.* gobro.
Cenho, *s. m.* kurṭeṁ-, râgishṭ toṁḍ *n.*
Cenhoso, *a. V.* CARRANCUDO.
Cenismo, *s. m.* miśritabhashâ *f.*
Ceno, *s. m.* khâṭaṇ *n.*, chikal *m.*
Cenobio, *s. m.* maṭh *m.*
Cenobita, *s. m. e f.* maṭhvâsî *m.*; maṭhvâsiṇ *f.*
Cenoira, *s. f.* gâjar *n.*
Cenosidade, *s. f.* khâtaṇ; pojaḍ, pojaḍpaṇ *n.*
Cenoso, *a.* chiklâcho; pojḍo.
Cenotaphio, *s. m.* riteṁ dhupeṁ *n.*, gar *f.*

Cenrada, *s. f.* khâr *m.*, kâṁjî *f.*

Cenreira, *s. f.* napaḍ *f.*, virodh *m.*

Censo, *s. m.* prajâgaṇan *n.*, lokgaṇtî *f.*; vasûl *m.*, hâśîl, huṭâvaḷ *(us. Can.) f.*; dhâro, sâro *m.*

Censor, *s. m.* dharmâdhikârî; khoḍî kâḍhtalo, apavâdî.

Censorio, *a.* dharmâdhikâryâcho, dharmâdhikârîsaṁbaṁdhî.

Censual, censuario, *a.* vasulâcho, huṭâvaḷîcho.

Censualista, *s. m.* vasûl gheṇâr, ukâḷekâr.

Censura, *s. f.* dharmâdhikârîpaṇ; seṁsûr; dûshaṇ, garhaṇ *n.*, niṁdâ, tarjaṇî, beshṭâvṇî, jhâḍṇî *f.*, apavâd *m.*

Censurador, *a. e s. m.* dûshṇâr, apavâdî, niṁdâkâr, niṁdeshṭ.

Censurar, *s. f.* niṁduṁk, doshuṁk, tarjuṁk, gâṁjuṁk, beshṭâvuṁk, apavâduṁk, parivâduṁk, jhâḍuṁk, khoḍî kâḍhuṁk *(d. do o.)*, tahrâ dharuṁk *(d. do o.)*

Censuravel, *a.* doshî, dûshya, niṁdâ phâvoto.

Centafolho, *s. m.* śetphol *f.*

Centão, *s. m.* tavyâṁchem-, kuṭkyâṁchem pâṁghrûṇ *n.*

Centauro, *s. m.* *(astr.)* dhanûrâśî *m.*

Centeio, *s. m.* jav *m.*

Centelha, *s. f.* kiṭhaḷ *n.*, kîṭ *f.*

Centelhar, *v. i.* jhig jâvuṁk, jhigjhiguṁk.

Centena, *s. f.*, **centenar**, *s. m.* śekḍo *m.*, śatak *n.*

Centenario, *a.* śekḍyâcho. ‖ *s. m.* śekḍo *m.*, śatak *n.*; śatavârshik.

Centesimal, *a.* śatâṁśâcho, śatâṁś.

Centesimo, *a.* śeṁbharvo. ‖ *s. m.* śeṁbharvo, śatâṁś *m.*

Centifolio, *a.* śatapatr.

Centigrado, *a.* śeṁbharyâṁ pâuṁḍyâṁcho, śatâṁś.

Centimano, *a.* śatahast.

Centimo, *s. m.* phrâṁkâcho śeṁbharvo *m.*

Centipede, *a.* śatapad.

Cento, *a.* śeṁbhar. ‖ *s. m.* śekḍo *m.*, śatak *n.*

Centola, *s. f.* kurlo *m.*

Centopeia, *s. f.* vâghoṇî, ghoṇ *f.*

Central, *a.* madhem âslalo, madhemcho, madhlo, madhya, mâjvelo, madhyasth.

Centralização, *s. f.* madhyamây *f.*; mâjâr vharṇem *n.*

Centralizador, *a. e s. m.* madhem vhartalo.

Centralizar, *v. t.* madhem-, mâjâr vharuṁk.

Centralmente, *adv.* madhem, madhekat.

Centrifugo, *a.* madhyatyâgî, madhyotsârî.

Centripeto, *a.* madhyâbhisârî, madhyâbhigâmî.

Centro, *s. m.* *(geom.)* keṁdr *n.*, biṁdu, madhya; madhyam, mâj *m.*, garbhî, madhyamây *f.*

Centuplicadamente, *adv.* śeṁbharpaṭîṁ.

Centuplicado, *a.* śeṁbharpaṭ, śatguṇ.

Centuplicar, *v. t* śeṁbharpaṭ-, śatguṇ karuṁk.

Centuplo, *s. m.* śatguṇ *m.*

Centuria, *s. f.* śekḍo *m.*, śatak *n.*

Centurião, *s. m.* śatapati.

Cenzala, *s. f.* jhoṁpḍî, khoṁpṭî; *(fig.)* gaḍbaḍ, jâg *f.*

Céo, *s m.* âkâś *m.*, aṁṭrâḷ, gagan, asmân, târâṁgaṇ *n.*; svarg *ou* sorg, uttamsvarg *m.*, vaikuṁṭh *n.*; *palato:* khoṁpo *m.*, ṭâḷî *ou* ṭâḷû, maḷî *(us. Can.) f.*; *clima:* havo *m.*; *docel:* mâṁḍvî *f.* ‖ *Fogo do* —, vîj *m.* *Querer tomar os céos com as mãos*, maḷbhâk hât teṁkauṁk karuṁk. *Revolver céos e terra*, saglo saṁsâr partuṁk.

Cepa, cepeira, *s. f.* dâkhîchem kâṁḍ; mûḷ *n.*

Cephalagia, *s. f.* taklî phoḍṇem *n.*, taklechî duḥkh *f.*

Cephalico, *a.* takleche, mastakâcho. ‖ *Massa cephalica*, meṁdû *m.*

Cephalite, *s. f.* meṁdvâchî duḥkh *f.*

Cephaloide, *a.* taklî kasî.

Cepilhar, *v. t.* *V.* ACEPILHAR.

Cepilho, *s. m.* kisuḷî, beṭû *f.*

Cepo, *s. m.* karvo, maṇkuṭo *m.*, karâṁḍî *f.*, kâṁḍ; mûḷ *n.*, khuṁṭ, khuṁṭo *m.*; *armadilha:* mânas, phâskî *f.*; *trambolho:* khoḍo; *(fig.)* bebo (*litt.* SAPO). ‖ — *da bigorna*, maṇkuṭo, khuro. — *do patibulo*, sulo *m.*

Cera, *s. f.* meṇ *n.*; *(fig.)* pej (*litt.* CANJA), śeṇ (*litt.* BOSTA). ‖ — *bella*, meṇtel *n.* — *do ouvido*, kânulo *m.* *Fazer* —, âṁg râkhuṁk. *Gastar* — *com ruim defuncto.* tus kâṁḍûn hâtâṁk phoḍ.

Ceraceo, *a.* meṇ kasem.

Ceramica, *s. f.* kuṁbhârkî *f.*

Ceramico, *a.* kuṁbhârkecho.

Cerbero, *s. m.* kharkas râkhṇo.

Cerca, *s. f.* âḍo *m.*, aḍap; parsûṁ *n.* ‖ *adv.* bhoṁvtîṁ, lâgîṁ; sumâr, chaḍh uncṁ. ‖ — *de, prep.* lâgîṁ, teṁkûn, so (*decl.; ex.:* panâsse, — *de cincoenta*). *A* — *de*, ṭhâṁy, vishayiṁ.

Cercado, *s. m.* âvâḍ *n.*, vayvâḍ *f.*

Cercador, *a. e s. m.* veḍho ghâltalo, veḍhṇâr.

Cercadura, *s. f.* deg *f.*

Cercamentos, *s. m. pl.* (*ant.*) *V.* COLGADURA.

Cercanias, *s. f.* sarad *f.*, lâgsâr *m.*

Cercar, *v. t.* aḍuṁk, veṁṭuṁk; veḍho ghâluṁk (*d. do o.*), veḍhuṁk.

Cerce, *adv.* muḷiṁ, muḷân.

Cerceador, *a. e s. m.* kâptalo, kâpṇâr, tâstalo.

Cerceadura, *s. f.*, **cerceamento**, **cerceio**, *s. m.* kâpṇî, kâpaṇ *f.*

Cercear, *v. t.* muḷân-, bhoṁvṭaṇiṁ kâtruṁk,- tâsuṁk, kâpuṁk; thoḍâvuṁk, uṇâvuṁk.

Cerceo, *a.* muḷân kâtarlalo, kâplalo.

Cercilhar, *v. t.* kurov-, madheṁ kâpṇî karuṁk.

Cercilho, *s. m.* moṭo kurov *m.*

Cêrco, *s. m.* veḍho, saṁrodh; âṭo *m.*

Cerdas, *s. f. pl.* moṭe keṁs, ḍridhlom (*p. us.*) *m. pl.*

Cerdoso, *a.* moṭe-, ubhe keṁs âslalo.

Cereal, *a.* dhâṇyâcho. ‖ **-aes**, *s. m. pl.* dhâṇo, tâṁdûḷgaṭo *m.*, bhûs *n.*

Cerealifero, *a.* dhâṇo jâto va pikto.

Cerebello, *s. m.* meṁdvâ pâṭhlo bhâg *m.*

Cerebral, *a.* meṁdvâcho.

Cerebrino, *a.* meṁdvâcho; taklemtlo, manâṁtlo; viprît, ayukt.

Cerebro, *s. m.* meṁdû *m.*; (*fig.*) mat, buddh *f.*

Cereo, *a.* meṇâcho; meṇ kaseṁ.

Ceres, *s. f.* (*poet.*) dhâṇo *m.*; pîk; śetkâm *n.*

Cerica, *s. f.* menṭel *n.*

Cerieiro, *s. m.* meṇkâr.

Cerifero, *a.* meṇ jâto,- pikto.

Cerimonia, *s. f.* sermon, rît, kriyâ, parvaḍ *f.*, saṁskâr, âchâr *m.*, devâchâraṇ *n.*; upachâr, âdarmân, âdarsatkâr, śiristo *m.*, darbârrît *f.* ‖ *Sem* —, rît nâstânâ, bareṁ distâ taseṁ. *Mestre de cerimonias*, saṁskârî, saṁpâdak.

Cerimonial, *a.* ritîcho, saṁskârâcho, upachârâcho. ‖ *s. m.* prârthanmârg, karmavidhi *m.*, rîtimâlâ *f.*; upachâr, âchâr *m.*; saṁskârśâstr *n.*

Cerimoniar, *v. t.* (*p. us.*) rît chalauṁk (*g. do s.*); saṁskârân karuṁk; upachâr-, parâmaś karuṁk (*g. do o.*)

Cerimoniaticamente, **cerimoniosamente**, *adv.* saṁskârîṁ, upachârân, âdarsatkârân.

Cerimoniatico, **cerimonioso**, *a.* sermonîcho, kriyânishṭ, karmanishṭ, karmśil; upachârî, darbârî; ritîcho, saṁskârâcho, âdarsatkârâcho.

Cernar, *v. t.* sâr paryâṁt tâsuṁk, saḷpâvuṁk.

Cerne, *s. m.* sâr, nâr *m.*, bhemḍ *n.*

Cerneira, *s. f.* sârâcho vâṁso *m.*, sârâcheṁ phaḷeṁ *n.*

Cernoso, *a.* sârâcho, nârâcho.

Cernelha, *s. f.* kaṇyâcho kâṁdo *m.*

Cernir, *v. t.* (*ant.*) ghoḷauṁk, châḷuṁk.

Ceroferario, *s. m.* sîr vhartalo, maśâḷjî (*p. us.*)

Ceroilas, *s. f. pl.* serûl, ijâr *n.*

Cerol, *s. m.* menṭel *n.*

Ceromel, *s. m.* meṇâ âni mhoṁvâcho malam *m.*

Ceroplastica, *s. f.* meṇâchîṁ bâhulîṁ karchî vidyâ *f.*

Ceroto, *s. m.* menṭel *n.*

Cerqueiro, *a.* aḍtalo, bhoṁvtîṁ âslalo; parsûṁ lâytalo.

Cerquinho, *a.* seṁdurâcho.

Cerração, *s. f.* maḷbhaṭ, gajgajṇî *f.* ‖ — *da falla*, ṭâḷo paḍṇeṁ *n.*

Cerradamente, *adv.* maḷbhaṭîṁ; baḷyâṁ, bhâylyâbhâyr; temân, saḷîṁ; kacheh, gacheh.

Cerrado, *a.* dhâṁplalo; aḍlalo; *nublado:* ghûm, dhumaḷ, gajgajit; *compacto:* ghaṇ, dâṭ; gacheh, ghaṭṭ. ‖ *Falla cerrada*, tuṭkî bhâs. ‖ *s. m.* durîg *n.*

Cerradoiro, *a.* potiyecho-, potyâcho doro *m.*

Cerradura, *s. f.* âḍo, pâgâr *m.*, aḍap *n.*

Cerramento, *s. m.* dhâṁpṇî *f.*

Cerrar, *v. t. fechar:* dhâṁpuṁk; mituṁk (— *olhos, bocca*); *vedar:* aḍuṁk, baṁd karuṁk; *apertar:* ghaṇâvuṁk, gacheh karuṁk; aruṁk; *occultar:* lipauṁk, gupuṁk; *terminar:* saṁpuṁk, saṁpâduṁk. ‖ *v. i.* ghaṇ jâvuṁk, mâṁḍoṁk; jujuṁk, laḍhây karuṁk. ‖ *v. r.* dhâṁpoṁk; gajgajuṁk, ghûm jâvuṁk. ‖ — *a todo o tracto*, konsyâk basuṁk. — *a noite*, rât-, kâḷok jâvuṁk.

Cerro, *s. m.* murḍî *f.*, murḍo *m.*

Certame, *s. f.* jhuj, yuddh *n.*; vâd, vivâd, saṁvâd *m.*

Certamente, *adv.* khareṁ, suṭâveṁ, dubbhâvâvîṇ, bharebhâsheṁ, *pratyakh, albatt (*p. us.*); âṁ, vhay, kil.

Certeiro, *a.* sârko basto,- lâgto; nîṭ, barâbar; śiḍûk, chatur.

Certeza, *s. f.* kharepan, suṭâveṁ *n.; nirdhâr*, satyârth *m.*, khâtîr *ou* khâtrî *f.* || *Com* —, khareṁch.

Certidão, *s. f.* sertidâṁv *ou* sirḍâṁv *n.*, chiṭṭ *f.*, lekh, dâkhlo *m.*

Certificação, *s. f.* rujvâṭ, thirâvṇî *f.*, satyaṁkâr *m.*

Certificado, *a.* rujvâṭlalo, rujû kelalo va jâlalo. || *s. m.* dâkhlo, pramâṇlekh *m.*

Certificador, certificante, *a. e s. m.* rujvâṭî, rujvâṭkâr, thirâvṇâr.

Certificar, *v. t.* khareṁ-, rujû-, thîr-, ḍriḍh karuṁk, thirâvuṁk *ou* thiraunk, kharâvuṁk. || *v. r.* nirdhâr-, khâtrî âsuṁk *(d. do s.)*, sat mânuṁk.

Certificativo, *a.* rujvâṭîcho, thirâvuṁcho.

Certo, *a.* kharo, suṭâvo, sat, nîj, asal; *seguro:* dubhâvâviṇo, niśchayî, nirdhârî; *infallivel:* khachît, achûk; *fixado:* nemâcho, nemit, niśchit; *exacto:* nîṭ, sâmko, sârko, barâbar; *algum:* ek, koṇek. || *Um* —, amko, phalâṇo; ek, eklo. *Estou* —, mâkâ dubhâv nâ. || *s. m.* khareṁ, sat *n.* || *adv.* khareṁ, khareṁch. *Ao* —, barâbar, nîṭ, dubhâvâvîṇ. *De* —, *por* —, khareṁ, suṭâveṁ. || *V.* CERTEIRO.

Ceruleo, cerulo, *a.* asmânî, niḷo.

Cerume, *s. m.* kânulo *m.*

Ceruminoso, *a.* kânulyâcho.

Cerusa, *s. f.* sapheto *m.*

Cerva, *s. f.* bâil merûṁ *n.*

Cerval, *a.* mervâcho; *(fig.)* ugr, nishṭur. || *Lobo* —, *v.* LYNCE.

Cervato, *s. m.* lahân merûṁ *n.*

Cerveja, *s. f.* servej *f.*

Cervejeiro, *s. m.* servejkâr.

Cervical, *a.* mânîcho, gaḷyâcho, goṁgṭhyâcho.

Cervino, *a.* mervâcho.

Cerviz, *s. f.* mân *f.*, kâṁṭeṁ *n.; gaḷo*, goṁgṭho *m.;* taklî *f.*, mastak *n.; (fig.)* takśî *f.*, śikhar *m.* || *Dobrar a* — *(fig.)*, kâṁṭyâr basuṁk divuṁk, mân poṁdâk ghâluṁk.

Cervo, *s. m.* merûṁ *n.*

Cesariano, *a.* svataṁtr.

Cesarismo, *s. m.* svataṁtrpaṇ *n.*, mukhtyârî *f.*

Cespide, *s. m.* chhâp (*do port.* CHAPA) *f.*, peṁḍho *m.*

Cessação, *s. f.* thâṁbṇî *f.*, khaḷap, nivartan *n.*, soḍṇî *f.*, virâm *m.*

Cessante, *a.* thâṁbto, khaḷto; sarto.

Cessão, *s. f.* soḍ, soḍṇî *f.*, soḍûn deṇeṁ *n.*, tyâg *m.*

Cessar, *v. i.* thâṁbuṁk, khaḷuṁk, manâ-, thâk jâvuṁk, sthirâvoṁk. || *Fazer* —, thâṁbauṁk, khalauṁk, manâ karuṁk, sthirâvuṁk, soḍuṁk. || — *de existir*, saruṁk, nimuṁk. *Sem* —, thâṁba-, khaḷa nâstânâ, niraṁtarîṁ.

Cessionario, *s. m.* soḍûn dilaleṁ ghetalo.

Cessivel, *a.* soḍûṁyeso, soḍûn divuṁcho.

Cesta, *s. f.* pâṁṭeṁ *n.*, pâṁṭî, dâl, ardhdâl *ou* arḍâl *f.*

Cestada, *s. f.* pâṁṭeṁbhar *n.*

Cestão, *s. m.* pâṁṭeṁ *n.*

Cesteiro, *s. m.* pâṁṭlekâr.

Cesto, *s. m.* pâṁṭlî, ṭoṁkrî *f.*, muṭhyo *(us. Can.) m.*

Cesura, *s. f.* phâḍ, ghây *m.*, phâḷ, chîr; kâtarṇî *f.*

Cesurar, *v. t.* chiruṁk, phâḷuṁk, ghây karuṁk *(d. do o.)*

Cetaceo, *s. m.* mâso *m.*

Ceto, *s. m.* *V.* BALEIA.

Cetra, *s. f.* châṁḍyâcho ḍhâl *m.*

Cetras, *s. m. pl.* niśâṇ *n.*, khuris (*litt.* CRUZ) *m.*

Ceva, *s. f.* mât *m.*, mâtauṇî; mâtauṁcheṁ khâṇ *n.*, charav; *(fig.)* gubo *m.*, âṁs *n.*

Cevada, *s. f.* jav, sâtû *m.*

Cevadeira, *s. f.* tobro *m.; (ant.)* peṁḍoḷeṁ *n.*, bhutî *f.*

Cevadeiro, *s. m* khâvaṇ; koḷaṁbî *f.*, koṇpho *m.*

Cevadiço, *a.* poscho, posoṁk baro.

Cevadinha, *s. f.* kâṁḍlalo jav *m.*

Cevado, *a.* mâtlalo, poslalo, charvâcho; moṭo, tuṭṭuḍit, gulgulît; *(fig.)* bharlalo. || *s. m.* ḍhukar *m.*

Cevadoiro, *s. m.* charvâchî svât, khâvaṇ *f.*, phâskâṁ mâṁḍcho jâgo *m.*

Cevador, *s. m.* mâtauṇâr, posauṇâr.

Cevadura, *s. f.* mâtauṇî, posauṇî, bharauṇî *f.*

Cevandija, *s. f.* kiḍo, krimi *m.*, kîḍ; *parasita:* luṁchak *n.*, lâṁbto *m.; biltre:* nâkkâtro, bhâṇśiro, pojḍo· *(ua.)*, durâtmo, demṇo *m.*

Cevandijar-se, *v. r.* nâkkâtro-, bhâṇśiro-, pojḍo jâvuṁk, pojaḍpaṇâṁ karuṁk.

Cevão, *s. m.* poslalo ḍhukar *m.*

Cevar, *v. t.* mâtauṁk, posauṁk, bharauṁk, moṭâvuṁk, gulgulît-, pushṭ karuṁk; *(fig.)* ḍhâḍasî-, susth karuṁk. || *Pedra de* —, chuṁbak *m.* || *v. r.* posomk, mâtumk, mâmdomk, moṭo-, gulgulît jâvumk; *(fig.)* dhâdasî jâvumk. ‖ — *nos vicios*, aguṇâmnîm loḷumk. ‖ *V.* ENGODAR.

Cevo, *s. f.* charav *m.*, khâṇ; âms *n.*

Chá, *s. m.* châv, chahâ; kashây *f.*, kaḍho *m.* ‖ *Não ter tomado — em pequeno*, ravîs-, mâṇsugî nâsumk *(d. do s.)* *Dar — a alguem*, kheḷaumk, kemḍnecho mâl karumk.

Chã, *s. f.* *V.* CHAN.

Chabraque, *s. m.* pâkhar *m.*

Chaça, *s. f.* chemḍû bastâ va paḍtâ tî svât *f.*; *(fig. ant.)* dhako *m.* ‖ *Fazer —*, dom pâmyâmr ubho râvumk. *Estar ás chaças com alguem*, jhagḍumk, barem nâsumk *(d. do s.)*

Chacal, *s. m.* kolo, jambûk *m.*; kolî *f.*, bhâlgem *(— femea)* *n.*

Chaçar, *v. i.* *(ant.)* dhako divumk,- mârumk; *(fig.)* varto-, uttam jâvumk, vâjvarumk.

Chacara, *s. f.* bhâṭ; pad *n.*

Chacina, *s. f.* monjât kâtarṇem, mâs karṇem; sukailalem mâs *n.*, pâykuṭâm *n. pl.* ‖ *Fazer —*, ibâḍ-, dhûḷdaśâ karumk.

Chacinado, *a.* phoḍî kelalo; miṭhâk mârlalo; sukailalo; *(fig.)* sukaṭyo.

Chacinador, *a. e s. m.* mâs-, phoḍî kartalo.

Chacinar, *v. t.* phoḍi-, rave-, mâs karumk *(g. do o.)*, śimdumk; miṭhâk mârumk; dhumvrâk sukaumk; *(fig.)* jivîm mârumk; jiv kâḍhumk *(g. do o.)*, kattal karumk *(g. do o.)* ‖ *v. i.* khârem-, sukem mâs karumk.

Chaço, *s. m.* kachar *m.*, khumṭî *f.* ‖ *V.* CHAÇA.

Chacota, *s. f.* ḍay, jhot *f.*; khebaḍ, phakâmḍ *n.*, phetyo, śeṭyo *f. pl.* ‖ *Fazer — de alguem*, kheḷumk, phetyo karumk, kemḍumk.

Chacoteador, *a. e s. m.* kemḍṇâr, maskarekâr, phetyo-, śeṭyo kartalo.

Chacotear, *v. i.* ḍay ghâlumk, jhotî karumk va gâvumk; kheḷumk, khebaḍâm-, śeṭyo-, maskaryo karumk.

Chafalhão, *s. m.* laphâmgo, nâchro.

Chafarica, *s. f.* bhûtkhâṇo *m.*

Chafariz, *s. m.* bâmdhlalî jhar *f.*

Chafurda, komḍ, khâtaṇ; meḷem ghar *n.*, goṭho *m.*

Chafurdar, *v. i.* komḍâmt-, khâtaṇâmt loḷumk; *(fig.)* pâtkâmnîm-, pojaḍpaṇâmnîm loḷumk,- remjumk.

Chafurdeiro, *s. m.* komḍ, khâtaṇ *n.*; khâtaṇâmt-, pâtkâmnîm loḷtalo.

Chaga, *s. f.* ghây *ou* ghâvo *m.*, chavamḍ, rûm, vaṇ *n.*, jakham *f.*, kivaṇ *(esp. das bestas)* *n.*; mâu *f.*

Chagado, chaguento, *a.* ghây paḍlalo, ghâyâḷ, ghâyelo, * ghâyvaṭî, ruvâm jâlalo.

Chagar, *v. t.* ghây karumk,- ghâlumk *(d. do o.)*; *(fig.)* jerbamd divumk, samtâpaumk. ‖ *v. i.* ghây-, rûm jâvumk.

Chalaça, *s. f.* châlâs *n.*, krîḍâ *f.*, bhâso *f. pl.*, keshṭây, maskarî *f.*

Chalaçar, chalacear, *v. i.* bhâso-, yamtrâm-, keshṭâyo karumk, keldâvumk, tomḍumk.

Chalaceador, *a. e s. m.* yamtrî, bhâsâḷo, phakâmḍî.

Chalaza, *s. f.* *(med.)*, âmdullî *f.*

Chalcographia, *s. f.* tâmbyâr ṭâmkchî vidyâ *f.*

Chale, *s. f.* châl, śâl *f.*; âḍvol *n.*

Chalé, *s. m.* châl (?) *f.*

Cnaleira, *s. f.* kâlderîjñ *(port.)* *n.*, chahâdânî *(p. us.)* *f.*

Chalet, *s. m.* bamglo *m.*

Chalrar, chalrear, *v. i.* baḍbaḍumk, barbarumk, jhâmkumk, pachpachumk, tomḍ pharpharumk *(g. do s.)* ativâdumk. ‖ *V.* CHILREAR.

Chalreada, chalreadura, *s. f.*, chalreio, *s. m.* śivâḍo *m.*, ârad, bob *f.*, kivamchyo *f. pl.*

Chalupa, *s. f.* ekkâṭhî tarâmḍem *n.*

Chalybeado, *a.* lohaguṇ miśrit.

Chamada, *s. f.* âpauṇem *n.*, haḍkaṇ *f.*; *— em voz alta:* ulo, kulo *(us. Sal.)*, sâd *m.*, kukrâṭyo *f. pl.*; *signal:* niśâṇî *f.*, khûṇ *n.*

Chamado, *a.* âpailalo; mhaṇlalo. ‖ *s. m.* âpauṇem *n.*

Chamador, *s. m.* âpauṇâr, âpauṇo; châmâdor *(= andador)*.

Chamalote, *s. m.* saklât *f.*

Chamamento, *s. m.* âpauṇem, ulo mârṇem *n.*; hâk *f.*, kukâro *m.*

Chamar, *v. t.* âpaumk *(corresponde a quasi todas as accepções)*; ulo karumk,- mârumk, kulo-, hâk mârumk *(d. do o.)*; haḍkumk, kukârumk, * sambokhumk, * hâmkârumk; *appellidar:* nâmv divumk *(d. do o.)*, mhaṇumk, . . . mhaṇ pâchârumk,- âpaumk. ‖ — *Deus alguem a si*, Dev vharumk, marumk. ‖ *v. i.* âpaumk; *(fig.)* ulo mârumk, pâv mhaṇumk, majat mâgumk. ‖ *v. r.* nâmv âsumk va vartumk *(us. ger. sem verbo, ex.: como te chamas? chamo-me Pedro*, tujem nâmv kitem? majem nâmv Pedrû). ‖ *V.* ATTRAHIR.

Chamariz, *s. m.* âpaun vhartaleṁ śukneṁ; âṁs *n.*, khâû *m.*

Chambaçal, *s. m.* chimansâl *f.*

Chambão, *s. m.* hâḍâṁcheṁ-, kâtḍyâṁcheṁ mâs *n.; (fig.)* dhâṁgaḍ-, burso manîs.

Chambaril, *s. m.* dâṁḍo; garvâcho pâṁy *m.*

Chamboado, *a. V.* ACHAMBOADO.

Chambre, *s. m.* jhago, roklo *m.*

Chambrié, *s. m.* châbûk *m.*

Chamiça, *s. f.* lahvo *m.*

Chamiceiro, *s. m.* jaḷo kartalo va viktalo.

Chamiço, *s. m.* ardhîṁ ulpâylalîṁ kâṁṭiyâṁ *n. pl.; jaḷo m.;* śirpuṭâṁ *n. pl.* ‖ *Fogueira de* —, śirpuṭâṁchî-, karḍâchî âg *f.*

Chaminé, *s. f.* dhâreṁ, dhurâḷeṁ *n.; tubo:* naḷî, chimnî (*ingl.* CHIMNEY) *f.*

Chamma, *s. f.* jâḷ, dhag, ulap *m.*, keṁḍ *n.;* bhagbhag *m.;* âgṭeṁ *n.*

Chammejante, *a.* jaḷit, bhagbhagît; bikbikît, jhigjhigît, liklikît, rasraśît.

Chammejar, *v. i.* jâḷ jâvuṁk *(g. do s.)*, dhagdhaguṁk, bhagbhaguṁk; *(fig.)* jaḷuṁk, kaḍhuṁk; bikbikuṁk, jhigjâvuṁk, liklîkuṁk; rasrasuṁk, jhagjhakuṁk, laklakuṁk.

Chamorro, *a.* boḍkâylalo, boḍko.

Chamotim, *s. m. V.* CAFUNÉ.

Champa, *s. f. V.* PRANCHA.

Champana, *s. f.*, **champão**, *s. m.* hoḍeṁ *n.*, doṇ *f.*

Champil, *s. m.* phâs *m.*

Chamusca, chamuscadura, *s. f.* ulpâvṇî, huraḍṇî; vayṇâvṇî *f.*

Chamuscado, *a.* ulap lâglalo, huraḍlalo, dâḍho; *(fig.)* kâḷsâr, sâvḷo. ‖ *Ficar* —, ulap lâguṁk, dâḍhsevuṁk, vayṇevuṁk.

Chamuscar, *v. t.* mâtso bhâjuṁk, hurḍuṁk, ulpâvuṁk, dâḍhsâvuṁk, vayṇâvuṁk.

Chamusco, *s. m.* ulap *m.*, dâḍhsâṇ *f.* ‖ *Cheirar a* —, vayṇevuṁk, dâḍhsuṁk, vârduṁk; *(fig.)* ḍubḍubuṁk, ḍubḍub âsuṁk *(d. do s.)*

Chan, *s. f.* saḍo *m.*, sapâṭî *f.*, mâḷ, maidân *n.*

Chanca, *s. f.* ḍhâṁgo *m.;* moṭe moche *m. pl.*

Chança, *s. f.* varm, phakâṁḍ *n.*, toṁḍṇî, keṁḍṇî, phebaḍây; baḍây *f.*

Chancear, *v. t. e i.* toṁḍuṁk, keṁḍuṁk, khebaḍâṁ-, phetyo-, śeṭyo karuṁk *(g. do o.)*

Chanceiro, *s. m.* toṁḍṇâr, keṁḍṇâr, khebaḍî, phetyâṁkâr.

Chancella, *s. f.* śikko, sopo *m.*

Chancellar, *v. t.* śikko-, sopo mâruṁk *(d. do o.)*

Chancellaria, *s. f.* śikkekhâṇo *m.*

Chanceller, *s. m.* śikkekâr, sopo mârtalo.

Chaneza, *s. f.* sapâṭî *f.*, mâḷ; *(fig.)* sâdhepaṇ, châltepaṇ *n.*

Chanfalho, *s. m.* moḍkar tarvâr *f.*

Chanfana, *s. f.* sarpatel; barbaṭ, charbaṭ; dhukrâche taklecheṁ mâs *n.;* tarvâr *f.*

Chanfaneiro, *s. m.* sarpatel-, hâḍ boḍ kartalo va viktalo.

Chanfrador, *s. m.* khâṁpâvuṁcheṁ âut *n.*

Chanfradura, *s. f.*, **chanfro**, *s. m.* khâṁp *f.*, kaṁgro *m.*

Chanfrar, *v. t.* khâṁpâvuṁk, kaṁgre karuṁk *(d. do o.)*

Chanfretas, *s. f. pl.* keṁḍnechîṁ uttrâṁ *n. pl.*, toṁḍṇyo *f. pl.*

Chanmente, *adv.* sâdhepaṇiṁ, bhoḷepaṇiṁ, châltepaṇiṁ.

Chanqueta, *s. f.* mochyâṁchî khoṭ moḍṇeṁ *n.*

Chanta, *s. f.*, **chantão**, *s. m.* khuṁṭ, muḷbo *m.*

Chantadura, *s. f.* khuṁṭ-, muḷbe lâvṇeṁ *n.*

Chantar, *v. t. (ant.)* khuṁṭ-, muḷbe lâvuṁk *(l. do o.)*

Chantel, *s. m.* poṁḍâcheṁ nimâṇeṁ phaḷeṁ *n.*

Chantre, *s. m.* châṁtr.

Chão, *a.* sapâṭ, sârko, thapkaṭo, chepṭo; *simples:* châlto, sâdho, bhoḷo; *lizo:* saraḷ, ujû, ek don nâslalo; *desenfeitado:* luṁḍo, muṁḍho, boḍko. ‖ *Mar* —, taḷhât kaso daryâ. *Céo* —, nitaḷ-, nirmaḷ maḷabh. *Linguagem chan*, châltî bhâs. ‖ *s. m.* bhûṁy, jamîn, dharṇ, svât *f.* ‖ *Deitar no — ou ao* —, bhûṁy uḍauṁk; *(fig.)* bhaṁgauṁk, moḍuṁk, bighḍâvuṁk.

Chaos, *s. m.* saṁkar, bhûtsaṁkar *m.*, bhûtâvyavasthâ; *(fig.)* goṁdh *f.*, gaspârgoṁdhaḷ *m.*, revaḍkoṁkeṁ *n.*

Chaotico, *a.* saṁkarâcho, apaṁchîkrit; akram, goṁdhîcho.

Chapa, *s. f.* châp *ou* chhâp, patreṁ, tagaḍ, lagaḍ *n.*, pâṭî, chakṭî *f.;* mudro *m.;* chhâplaleṁ chitr *n.* ‖ *De* —, samor, mukhâr; bharûn. ‖ *V.* CHAPADA *e* CHELPA.

Chapada, *s. f.* mâḷ, maraḍ *n.*, mâṭh *f.*

Chapado, *a.* tagaḍ-, patreṁ lâylalo; *(fig.)* aṭṭal *ou* aṭṭiṁg, subhâm.

Chapar, *v. t.* châp-, tagaḍ-, pâtî lâvuṁk,- mâruṁk,- basauṁk; mudrâvuṁk, tâṁkuṁk.

Chaparia, *s. f.* pâtiyâṁcho jamo,- sâj *m.*

Chaparreiro, chaparro, *s. m.* thapkaṭeṁ jhâḍ *n.*

Chape, *int.* chap, pach.

Chapear, *v. t.* chhâpuṁk, pâti-, lagaḍ lâvuṁk; chepṭo karuṁk, peṭuṁk; pâti-, patreṁ karuṁk *(g. do o.)*

Chapeirada, *s. f.* chepeṁbhar *n.*

Chapelaria, *s. f.* chepyâṁcho dhâṁdo,- yepâr,- pasro *m.*

Chapeleira, *s. f.* chepyâchî peṭ *f.*

Chapeleiro, *s. m.* chepiṁ kartalo va viktalo, chepekâr, topivâlo.

Chapeleta, *s. f.* lahân chepeṁ, boneṁ *n.*; udkâche bhoṁvre (phâtar uḍaitoch) *m. pl.*; *ricochete:* bhâḍkî, kâkar; *carolo:* kûṭ *f.*

Chapelite, *s. m.* boneṁ *n.*

Chapéo, *s. m.* chepeṁ, boneṁ *(de* BONNET) *n.*, topî *(mais us. por* BARRETE). *f.*; *(bot.)* âḷaṁbeṁ *n.* ‖ *— de sol, — de chuva,* satrî *f.*

Chapim, *s. m.* uṁch mocho *m.*; *(fig.)* peḍ *n.* ‖ *V.* PATIM.

Chapinar, *v. i.* hâtâṁniṁ-, pâṁyâṁniṁ udak usḷâvuṁk, buskâvuṁk. ‖ *v. t.* udak lâvuṁk, bhijauṁk.

Chapotar, *v. t.* âḍos-, vistâr mâruṁk, bheṁḍuṁk, taḷsuṁk, boḍkâvuṁk.

Chapuz, *s. m.* châprûs, kachar *m.*; lâṁkḍâchi paṭṭî *f.*; sukâṇyâchiṁ vayliṁ pâchâriṁ *n. pl.* ‖ *De —,* tâḍimiḍî karûn; kach-, ghap karn.

Chapuzar, *v. t. (ant.)* taklî poṁdâk karûn udkâṁt uḍauṁk. ‖ *v. i.* tâḍimiḍi karuṁk; thapkaṭoṁk.

Char-à-bancs, *s. m.* reklo *m.*

Charada, *s. f.* aksharâṁcheṁ humâṇeṁ *n.*, chuṭko *m.*, aṁtarlâpika; apraśikhâ *f.*

Charadista, *s. m.* chuṭke ghaḍtalo va pârkhitalo.

Charamela, *s. f.* chermel *n.*, pirlûk, *nepherî *f.*

Charameleiro, *s. m.* chermel vâjaitalo, *nepherikâr.

Charanga, *s. f.* pituḷchyâṁ vâjaṁtrâṁcheṁ mûjg *n.*

Charão, *s. m.* Japâni rogaṇ *n.*

Charco, *s. m.* sâṁṭhvaṇi, sâṁchvaṇi, narakvaṇi, koṁḍ *ou* khoṁḍ, khâtaṇ *n.*, khâtoḍ *f.*, ḍev *m.*; *(fig.)* ohan, mâyṇ *n.*, oṁḍo *m.*

Chareta, *s. f.* karṭî *f.*; karṭo *(— grande m.*; karṭulî *(— pequena) f.*

Charisma, *s. m.* devkurpâ *f.*, sorgiṁcheṁ deneṁ *n.*

Charivari, *s. m.* châvḍî *f.*, gaḷbaḷ *m.*, govji *(us. Can.) f.*

Charlar, *v. t. V.* CHALRAR.

Charlatanear, *v. i.* ḍhoṁgîvaij kaso phoṭauṁk, -bhulauṁk, lâgâṁniṁ ṭhakuṁk. ‖ *v. i.* okhti jâvuṁk, ḍhoṁgivaijâcheṁ kâm karuṁk.

Charlataneria, *s. f.* okhtyâchî vidyâ *f.*, ḍhoṁgîvaijâche lâg *m. pl*; taṁtrâṁ, yaṁtrâṁ *n. pl.*

Charlatanismo, *s. m.* okhtipaṇ, ḍhoṁgîvaijipaṇ; pâṁḍityadarśan *n.*

Charlatão, *s. m.* okhtî, ḍhoṁgîvaij, vaidyamânî, kuvaidya, aśâstravaidya; pâṁḍityamânî, vidyâmiravṇâr; taṁtrakâr, ḍhoṁgî, ṭhakî, kolyâcheṁ śiṁg ghevûn bhoṁvtalo.

Charneca, *s. f.* suko saḍo *m.*, rân, maraḍ *n.*

Charneira, *s. f.* girgireṁ *n.*; phâsyâcho âṁkḍo; śiṁpiyecho sâṁdho *m.*

Charoado, *a.* Japânî rogaṇâcho.

Charola, *s. f.* charol *n.*, âṁdal, devpâṭ *m.*; kurkûṭ *n.*

Charpa, *s. f.* lugṭâcho bâṁd *(port.* BANDA), -paṭṭo *m.*

Charqueiro, *a.* sâṁṭhvaṇyâcho. ‖ *s. m. v.* CHARCO.

Charro, *a.* halko, uṇo; jaṁglî.

Charrua, *s. f.* moṭo nâṁgar *m.*; *(fig.)* jaḍ târûṁ *n.*

Charuteira, *s. f.* chiruṭâṁchi saṁbaḷi *f.*

Charuto, *s. m.* chirûṭ *n.*, viḍi *f.*

Chasco, *s. m.* toṁḍṇi, keṁḍṇi, phebaḍây, bhagaḷ *f.*, phetyo *f. pl.*

Chasqueador, *a. e s. m.* toṁḍṇâr, phetyâṁkâr.

Chasquear, *v. t. e i.* toṁḍuṁk, keṁḍuṁk *(d. do o.)*; phetyo-, śeṭyo karuṁk *(g. do o.)*

Chatamente, *adv.* thapkaṭyâṁ; śobh robh nâstânâ.

Chatim, *s. m.* śeṭ, yepârkâr, vehârî.

Chatinar, *v. i.* yepâr karuṁk; âḍveṁ tiḍveṁ joḍuṁk.

Chato, *a.* chepṭo, thapkaṭo; sârko, pâṭâṁgo, sapâṭ, mâṭh; *(fig.)* sâdho, boṁtho. ‖ *De —,* sarpaṭyâṁ.

Chaudel, *s. m.* chhadar *n.*

Chavão, *s. m.* vhadli-, moṭi châvî *f.*; *molde de pastellaria:* karet *(do port.*

CARRETA), chhâp (*port.* CHAPA) *n.*, mudro; *molde de marcar:* lâs *m.*, dâgaṇ *f.; bordão, estribilho:* ekach paḍ, teṁch dhrupad *n.* ‖ *Este homem é um* —, to vidyânagrî.

Chavaria, *s. f.* chaviyâṁcho ghoṁs,- puṁjo *m.*

Chavascado, *a. V.* ACHAVASCADO.

Chavascal, chavasqueiro, *s. m.* khâtaṇ, koṁḍ; huṁkeṁ maraḍ *n.*; ghol *m.*

Chavascar, *v. t.* barbaṭûn karuṁk, tave mâruṁk.

Chavasco, *a.* (*p. us.*), barbaṭo, karḍo, kachcho.

Chave, *s. f.* châvî, kilî, tâlî *f.* ‖ — *falsa,* partî châvî. — *da abobada,* ghumṭâcho nimâṇo phâtar *m.* — *da torneira, etc.,* murḍî *f.* — *do problema, etc.,* kalâ *ou* kaḷ *f.* ‖ *V.* CLAVE.

Chaveco, *s. m.* hoḍî *f.*, paṁḍeḷ *m.*

Chavega, *s. f.* bârik jâḷ *n.*

Chaveirão, *s. m.* vhaḍlî châvî *f.*

Chaveiro, *s. m.* châvyekâr, kilyekâr; baṁdîkhaṇkâr.

Chavelha, *s. f.*, **chavelhão**, *s. m.* kavḷî, khuṁṭî *f.*

Chavelho, *s. m.* śiṁg *n.*; miśî *f.*

Chavena, *s. f.* chikr (*port.* CHICARA) *n.*, pelo (*p. us.*) *m.*

Chaveta, *s. f.* châkâchî khîḷ *f.*

Chavetar, *v. t. e i.* khîḷ lâvuṁk,-mâruṁk (*d. do o.*)

Chazeiro, *a.* châv barî lâgto,-ruchto.

Chazeiros, *s. m. pl.*, **chedas**, *s. f. pl.* gâḍyâchyâṁ kuśiṁchî phaḷîṁ *n. pl.*

Chedeiro, *s. m.* gâḍyâchî sâṭî *f.*

Chefe, *s. m.* cheph, mukhelî, pradhân, sârdâr, nâyk, sar, śirmaṇi, adhikârî; munîm, râṇo, râjâ, gaṇṇâth.

Chefia, *s. f.* sardârkî, pradhânkî *f.*

Chegada, *s. f.* pâvṇeṁ *n.*

Chegadeira, *s. f.* koḷse sârchi sâṁdas *f.*, kahilâto *m.*

Chegadela, *s. f.* teṁkṇî, lâgṇî; (*fig.*) jupâṭî, paṭṭî *f.*, phaṭko, saḍko *m.*

Chegadiço, *a.* bhâylo, parko.

Chegado, *a.* pâvlalo, teṁklalo; lâgśîlo, saṁsargî: sannidhânî.

Chegador, *s. m.* (*ant.*) patkâr; kaḷse sârtalo.

Chegamento, *s. m.* pâvauṇî, teṁkauṇî *f.*

Chegar, *v. i.* pâvuṁk, yevuṁk, lâgîṁ yevuṁk,- saruṁk; lâgnuṁk, teṁkuṁk. ‖ *v. t.* pâvauṁk, teṁkauṁk, lâgîṁ hâḍuṁk. ‖ *v. r.* lâgîṁ yevuṁk, teṁkuṁk.

Chego, *s. m.* motyâṁcho kas *m.*

Cheia, *s. f.* aur *ou* âṁvr *n.*, uvâr *m.*; bhartî, âgorî *f.*, negûs (*us. Can.*) *m.*; pûrṇây, bhar, bharan *f.*

Cheio, *a.* bharlalo, bharit (*us. na comp., como* PLENUS *em latim e* FUL *em ingl.; ex.:* âṇaṁdbharit, *cheio de alegria*), bhar (*us. na comp., ex.:* disbhar, *inteiro dia, por todo o dia,* toṁḍbhar, *á bocca cheia*), bhargato, purto, pûrṇ, sapûrṇ *ou* saṁpûrṇ; ṭaḷṭaḷît (*empola, tumor*); gaṁbhero (*som, voz*); *gordo:* moṭo, tuṭṭuḍit, phugro. ‖ *Lua cheia,* punav *f. Cara de lua* —, guḷam toṁḍ *n. Maré* —, bhartî *f.*, subhâṇ pâṇî *n.*; (*fig.*) tâṁḍî *f. Em cheio,* bharûn, sapûrṇpaṇîṁ.

Cheirador, *s. m.* huṁgṇâr, huṁgî *m.*; huṁgchî śiṁslî *f.*

Cheirar, *v. t.* huṁguṁk, vâs-, parmaḷ ghevuṁk (*g. do o.*); oḍhuṁk (— *o rapé*). ‖ *v. i.* vâs âsuṁk (*d. do s.*), -yevuṁk (*g. do s.*) ‖ — *bem,* parmaḷ yevuṁk (*g. do s.*), parmaḷuṁk, damdamuṁk. — *mal,* vâs mâruṁk (*d. do s.*), vâs-, ghâṇ yevuṁk (*g. do s.*), ghâṇuṁk. *Fazer* — *bem,* parmaḷâvuṁk, damdamâvuṁk. *Fazer* — *mal,* ghâṇâvuṁk, ghâṇ karuṁk (*g. do o.*)

Cheiro, *s. m.* huṁg, huṁgṇî *f.*, huṁgṇeṁ *n.*; vâs; suvâs, parmaḷ, damdam, gaṁdh (*bom* —); vâs *m.*, ghâṇ, narkaṭâṇ (*mau* —) *f.*; *reputação:* nâṁv *n.*, mân *m.*, kîrti *f.* ‖ -s, *pl.* parmaḷ, sugaṁdh *m. pl.* ‖ Sâṇ e ṭâṇ, *como suffixos, indicam o cheiro em especial, ex.:* telsâṇ, telṭâṇ, *cheiro de azeite,* âṁbṭâṇ, âṁbsâṇ, *cheiro acido,* bâtsâṇ, *cheiro de mofo, bafio.*

Cheirete, *s. m.* vâs *m.*, ghâṇ *f.*

Cheiroso, *a.* vâsâḷ. parmaḷik, parmaḷâcho, damdamît, sugaṁdh.

Chela, *s. f.* chel *f.*

Chelpa, *s. f.* ṭhevo *m.*, duḍû *m. pl.*

Cheque, *s. f.* huṁḍî *f.*; śah (*no xadrez*) *m.*; mât (— *e mate*) *f.*; (*fig.*) dhako, gachko, śek *m.*

Chernite, *s. m.* dhavo saṁgmarvar *m.*

Cherubim, *s. m.* kerubîṁ, vhaḍlo devdût.

Cheta, *s. f.* damḍî *f.*

Chiada, chiadeira, *s. f.*, **chiado**, *s. m.* chiṁvchivṇî, kiṁvchaṇî, kirkirṇî *f.*, chûṁ *n.*, karkar *m.*; (*fig.*) phuṇphuṇṇî, guṇguṇṇî *f.*

Chiado, *a.* *(indian.)* chyâd, kâṭhû, śiḍûk.

Chiador, *a.* chiṁvchivṇo.

Chiar, *v. i.* chiṁvchivuṁk, chûṁ karuṁk, kiḷbiḷuṁk, kirkiruṁk, karkaruṁk; *(fig.)* phaṇphaṇuṁk, phuṇphuṇuṁk, guṇguṇuṁk.

Chiba, *s. f.* lahân bakḍî *f.*

Chibança, chibantaria, chibantice, *s. f.* phaḍâ, mijâs, baḍâyk *f.*, tarâṁṭh, ḍauḷ *m.*

Chibante, *a. e s. m.* mijâskâr, baḍâykhor, phidâlkhor (*do port.* FIDALGO); polkîst (*do port.* POLKA), kâsphîs, neṭko, dâṁḍî (*ingl.* DANDY).

Chibarrada, *s. f.* cheṁchlalyâṁ bakḍyâṁcho hiṁḍ *m.*

Chibarro, *s. m.* cheṁchlalo bakḍo *m.*

Chibata, *s. f.* korḍo *m.*, jhaṁp, bârîk rot *n.*

Chibatada, *s. f.* rot mârṇeṁ *n.*, jhaṁpâvṇî *f.*, korḍo *m.*

Chibatar, *v. t.* korḍo divuṁk *(d. do o.)*, jhaṁpâvuṁk, rotâvuṁk.

Chibato, *s. m.* varshâ uṇo bakḍo *m.*

Chibo, *s. m.* varshâcho bakḍo *m.*

Chic, *a.* chakk, phîṭ (*ingl.* FIT), phiraṁgulo, kây bâro.

Chicana, *s. f.* chikân, taṭḍhoṁg, gauḍbeṁgâl *n.*, aḍkâṁnâḍkâṁ *n. pl.*, chorvidyâ, chorbuddh, phasaṇ *f.*, daṁbh *m.*; hujat *f.*

Chicanar, *v. i.* chikânâṁ-, taṭḍhoṁgâṁ karuṁk, taṭḍhoṁgî-, gauḍbeṁgâlî jâvuṁk; hujat karuṁk.

Chicara, *s. f.* chikr *n.*, kâṁso, pelo *m.*

Chicha, *s. f.* *(infantil)*, mâsû; bobo, koko; dudhû; *sebenta:* karṭo (*do port.* CARTAPACIO), kharḍo *m.*

Chicharo, *s. m.* chaṇo, harbharo *m.*

Chichisbeo, *s. m.* âyâv va râṁḍe bâileк bhulaitalo.

Chicotar, chicotear, *v. t.* châbukâvuṁk, korḍe ghâluṁk *(d. do o.)*

Chicote, *s. m.* châbûk, korḍo, jerbaṁd *m.*

Chifarote, *s. m.* tego *m.*

Chifra, *s. f.* râṁpî, kisṇî *f.*

Chifrar, *v. t.* râṁpiyen tâsuṁk.

Chifre, *s. m.* śiṁg, śiṁgaṭ *n.*

Chiliada, *s. f.* ek hajâr *m.*; hajâr vastû *f. pl.*

Chilido, *s. m.* kiḷbîḷ, chûṁchûṁ *n.*

Chilique, *s. m.* jhiṁṭ, kâṁtarnî *f.*

Chilrada, chilreada, *s. f.* chiṁvchivṇî, chuṁvchuvṇî, kiḷbiḷṇî *f.*

Chilrão, *s. m.* suṁkṭâṁcheṁ jâḷ *n.*

Chilrar, chilrear, *v. i.* kiḷbiḷuṁk, chiṁvchivuṁk, chuṁvchuvuṁk, pîṁ pîṁ karuṁk; *(fig.)* baḍbaḍuṁk, barbaruṁk, jîbh vâryâr ghâluṁk.

Chilreador, *a. e s. m.* chiṁvchivtalo, kiḷbiḷṇo; *(fig.)* barbaro, baḍbaḍyo, jhâṁkro.

Chilreiro, *a.* chiṁvchivṇo.

Chilro, *s. m.* kiḷbiḷ *n.* ‖ *a.: agua chilra,* pachakvaṇî, mutvaṇî *n.*

Chim, *s. m.* chînkâr.

Chimera, *s. f.* asat monjât *f.*; asat padârth, apadârth *m.*, avastu *f.*; bhâs *m.*, mâyâ, kalpanâ, asaṁbhavatkalpanâ *f.*

Chimericamente, *adv.* apadârthpaṇiṁ; mâyen.

Chimerico, *a.* mâyârûpî, aprasiddh, asaṁbhût, kalpanecho.

Chimica, *s. f.* rasâyan *n.*, rasâyanvidyâ *f.*, dhâtuvâd *m.*

Chimicamente, *adv.* rasâyanâ pramâṇeṁ.

Chimico, *a.* rasayanâcho, rasâyanvidyecho. ‖ *s. m.* rasâyanî, rasâyanvidyâjña, dhâtuvâdî.

Chimpanzé, *s. m.* vanmânush *m.*

Chimpar, *v. t.* mâruṁk, vâjauṁk, divuṁk (thâpaṭ, lâtaḍ); buḍauṁk. ‖ *v. r.* lâguṁk, basuṁk.

Chincar, *v. t.* jibher ghâluṁk, châkuṁk; joḍuṁk, hâtâsuṁk, sâṁpḍâvuṁk, gaṁvsuṁk.

Chincha, *s. f.* bhikûṇ *m.* ‖ *V.* CHINCHORRO.

Chinchorro, *s. m.* râṁpaṇ, râṁpṇî *f.*; râṁpṇecheṁ hoḍeṁ *n.*; *(fig.)* jaḍ gâḍo *m.*; âḷśî manîs.

Chinchoso, *a.* bhikṇâṁnîṁ bharlalo.

Chinela, *s. f.* chinel *n.*, pâpûs *ou* pâypoś *m.*, juteṁ *n.*

Chinelada, *s. f.* chinel mârṇeṁ *n.*

Chineleiro, *s. m.* chinelâṁ kartalo, châṁhâr; chinelâṁ ghâltalo.

Chinelo, *s. m.* khoṭ moḍlalo parṇo mocho *m.* ‖ *Metter alguem num —,* śeṁḍî kâpuṁk *(fig.)*

Chinez, chino, *a.* chinî.

Chinfrim, *a.* châlto, sâdho, bâbat. ‖ *s. m.* ghaḷbaḷ *m.*, gaḍbaḍ *f.*, tirrâj, jâgraṇ *n.*

Chinguiço, *s. m.* nivṇeṁ *n.*, chuṁbaḷ *f.*

Chinó, *s. m.* âḍeche keṁs *m. pl.*, keṁsâḷî *f.*

Chio, *s. m.* chûṁ, kîṁ *n.*

Chipo, *s. m.* motyâṁcheṁ kâlûṁ *n.*

Chiqueiro, *s. m.* gûḍh *m.;* khâtaṇ, chavaṇ *n.*
Chiquel, *s. m.* masak *f.*
Chiragra, *s. f.* hâtâṁcho vâtrog *m.*
Chirinola, *s. f.* guḍḍelâsâṁv, revaḍkoṁkeṁ *n.*, gaspârgoṁdhaḷ *m.*
Chirographario, *a.* khâsgyâ patrâcho.
Chirographo, *s. m.* svahastalekh *m.;* śâsanpatr *n.*
Chirologia, *s. f.* karapallavîbhâshâ, karapallavî *f.*
Chirologico, *a.* karapallavîbhâshecho.
Chiromancia, *s. f.* hastarekhâvidyâ, hastalakshaṇavidyâ *f.*, sâmudrik *n.*
Chiromante, *s. m.* hastalakshaṇavidyâjña, hastalakshaṇavâdî.
Chiromantico, *a.* hastalakshaṇavidyecho.
Chirriante, *a.* kinnâro, kiṁvchaṇo.
Chirriar, *v. i.* ghûg raḍuṁk; kiṁvchuṁk, kikrâṁṭuṁk. ‖ *v. t.* kiṁvchâvuṁk. ‖ — *uma gargalhada*, kâkâd mâruṁk.
Chismo, *s. m.* bhikûṇ *m.*
Chispa, *s. f.* kiṭaḷ *n.*, kîṭ *f.*
Chispar, *v. i.* kiṭḷâṁ usḷuṁk *(g. do s.)* *ou* usḷâvuṁk.
Chispe, *s. m.* dhukrâcho pâṁy *m.*
Chiste, *s. m.* chaṭko *m.*, varm, marm *n.*, makhî, narmokti; sai, suṁdarây *f.*
Chistoso, *a.* chuṭkyâcho, rasâḷ, rasik, rasbharit, nakalî; suṁdar, suṁdarat.
Chita, *s. f.* chît *n.*
Chiton, *int.* chipp, chupp, chapp.
Chó, *int.* ho! ‖ *s. m. V.* ICHÓ.
Choca, *s. f.* cheṁḍû, pel *m.;* kobleṁ; kobleṁ âslalî gây. ‖ -s, *pl.* chiṭyo *f. pl.*
Choça, *s. f.* kolvâcheṁ ghar; khoṁpaṭ *n.*, khoṁp, jhoṁpḍî *f.*
Chocalhada, *s. f.* kachkachâvṇî, hâlauṇî *f.*, ḍhavaḷ *m.;* kobleṁ vâjauṇeṁ; *(fig.)* kâkâd *n.*, khaḷkhaḷ *m.*
Chocalhar, *v. t.* hâlauṁk, kachkachâvuṁk, ḍhavḷuṁk; praghaṭuṁk, âvâdâk karuṁk. ‖ *v. i.* kobleṁ-, ghâṁṭlyo vâjauṁk, khaḷkhaḷûn hâṁsuṁk; lâṁvḍây śâṁguṁk, ḍevsyâṁk lâvuṁk.
Chocalheiro, *a. e s. m.* kobleṁ âslalo; ḍhavḷo, lâṁvḍo, chauṁchâḷ, taṭḍhoṁgî.
Chocalhice, *s. f.* lâṁvḍây, chauṁchâḷây *f.*, taṭḍhoṁg *n.*
Chocalho, *s. m.* kobleṁ *n.*, ghâṁṭlî *f.* ‖ *Andar com um* —, jîbh paṁvuṁk *(litt.* PINGAR A LINGUA*)*, lâṁvḍâyo sâṁguṁk.
Chocar, *v. i.* âḍḷuṁk, âḍkaḷuṁk, âpṭoṁk. ‖ *Fazer* —, âḍḷâvuṁk, âḍkaḷâvuṁk, âpṭuṁk. ‖ *v. t.* vâyṭ disuṁk, bareṁ nâ lâguṁk.
Chocar, *v. t.* ravâvuṁk; *(fig.)* guptîṁ yojuṁk. ‖ *v. i.* ravâṇek basuṁk; kusuṁk.
Chocarrear, *v. i.* toṁḍâḷuṁk, keldâvuṁk, phigrâṁ *(do port.* FIGURAS*)*-, bhâso karuṁk.
Chocarreiramente, *adv.* phakâṁḍân, yaṁtrîṁ.
Chocarreiro, *a. e s. m.* toṁḍâḷ, phakâṁḍî, yaṁtrî, bhâsâḷo, khebaḍî, maskarekâr, âḍṇâḍî.
Chocarrice, *s. f.* phakâṁḍ, yaṁtr, phîs, phiskaṇ, âḍṇâḍpaṇ *n.*, bhâso, śeṭyo *f. pl.*
Chochinha, *s. m. e f.* chimṇo, ṭheṁgṇo; gomâjî.
Chocho, *a.* bâvlalo, guḍguḍo, polko, polo, pokhḷo, vâṁjho. ‖ *s. m.* miṭiyâṁcho umâṁv,- umo *m.*
Choco, *s. m.* sadâmâṁḍkî, mâṁḍkî; ravâṇî *f.* ‖ *a.* ravâṇecho; viṭkaḷlalo, guḍguḍlalo.
Chocolate, *s. m.* chukulât *f.*
Chofrada, *s. f.* avchitt phâr, gachko, ḍachko *m.*
Chofrado, *a.* gachko baslalo.
Chofrar, *v. t.* kach-, gach karn mâruṁk; -jabâb divuṁk. ‖ *v. i.* kach-, gach karn basuṁk,- lâguṁk.
Chofre, *s. m.* âdaḷṇî, âḍkaḷṇî *f.;* dhako *m.* ‖ *De* —, kach-, phaṭ-, saṭ karûn.
Chofreiro, *a. e s. m.*, **chofrudo**, *a.* phaṭ-, saṭ karn jabâb ditalo, hâjîrjabâbî, jâpsâḷî.
Choldaboga, choldraboldra, *s. f. V.* BALBURDIA.
Choldra, *s. f.* kispuro, kastaḷ; chârkuṭo *m.*, charbaṭ *n.*
Cholear, *v. t.* meṭuṁk.
Choleio, *s. m.* moṭî meṭṇî *f.*
Cholera, *s. m.* śirśirî, śirlî *(us. Sal.)*; mahâmârî, jarîmarî *(— epidemico, — morbus)*; moḍśî *(— esporadico) f.*
Cholerico, *a.* śirśirecho. ‖ *s. m.* śirśirî-, moḍśî jâlalo.
Cholerina, *s. f.* moḍśî, nirmaḷî *f.*
Choque, *s. m.* âḍkaṇ, âḍkaṇî, âḍkaḷṇî, âdaḷṇî, âpṭaṇî, dhaḍak *f.*, dhako, gachko, ḍachko, saṁghaṭṭ, kaḍkaḍ *m.*
Choqueiro, *s. m.* ravâṇî *f.*

Choquento, *a.* chiṭyâḷo, chitiyâṁnîṁ bharlalo; guḍguḍlalo, kuslalo; *(fig.)* rogyo, bebo jâlalo.
Choradeira, *s. f.* raḍṇeṁ *n.*, raḍṇî; phaṇphaṇṇî, murmurî *f.* ‖ *V.* CARPIDEIRA.
Chorador, *s. m. (p. us.)* raḍṇâr, raḍkuḷo-, raḍyo manîs.
Choramigar, choramingar, *v. i.* raḍuṁk, piraṁguṁk; murmuruṁk, phaṇphaṇuṁk.
Choramigas, *s. m. e f.* raḍyo, piraṁgaṇo; phaṇphaṇo, phuṇphuṇo *(aa.)*
Chorão, *a. e s. m.* raḍko, raḍkuḷo, raḍyo, rudit *(aa.)*; *(bot.)* iṁpḷî *f.*
Chorar, *v. i.* raḍuṁk, rudan karuṁk, duḥkhâṁ gâḷuṁk, vilâpuṁk. ‖ *v. t.* raḍuṁk. ‖ *v. r.* chaḍphaḍuṁk, vilâpuṁk. ‖ *s. m. V.* CHORO.
Chorea, *s. f.* nâch *m.*, nâṭak *n.*
Choregraphia, choreographia, *s. f.* nâṭakvidyâ *f.*, nâṭakvarṇan *n.*
Choreographico, *a.* nâṭakvidyecho.
Choreographo, *s. m.* nâṭakvarṇanî.
Chorina, *s. f.* âḍeche keṁs *m. pl.*, keṁsâṁchî topî, keṁsâḷî *f.*
Chorincas, *s. m. V.* CHORAMIGAS.
Chorion, *s. m.* garbhâcheṁ poteṁ *n.*, garbhakoś *m.*
Choro, *s. m.* raḍṇî *f.*, raḍṇeṁ, rudan *n.*, vilâp *m.*
Chorographia, *s. f.* viśeshasthânavarṇan *n.*
Chorographico, *a.* viśeshasthânavarṇanâcho.
Chorosamente, *adv.* raḍûn, rudan karûn, vilâpûn.
Choroso, *a.* raḍto, rudit, raḍkuḷo, duḥkhâbharit.
Chorrilho, *s. m.* gâṁthan, śiṁkaḷ *f.*; loṭ, loṁḍho. ‖ — *de pragas,* śiṁvâḍ *m.*
Chorudo, *a.* tuṭtuḍît, dhâtomoṭo; rasâl; giresth, dhanvaṁt.
Chorume, *s. m.* vasecho pigaḷ *m.*, vas *f.*; *(fig.)* sâr, ras *m.*; gireskây *f.*, dhan *n.*
Chorumento, *a.* vas pigaḷto (mâs), charbecho.
Chote, *int.* śok!
Choupa, *s. f.* âṇî; bâldî *f.*
Choupana, *s. f.* kolvâcheṁ ghar, khoṁpaṭ *n.*, khoṁpṭî *f.*
Choupo, *s. m.* hivar *m.*
Chouriça, *s. f.* chaurîs, liṁgîs, liṁgisâṁv (*do port.* LINGUIÇA) *n.*; reṁvechî lâṁb âni bârik potî *f.*; kharḍo *m.*
Chouriceiro, *s. m.* liṁgisâṁ kartalo va viktalo.
Chouriço, *s. m.* liṁgîs *n.*; chuṁvar *f.*, khoṁpo *m.*; nivṇeṁ *n.*, chuṁbaḷ *f.*
Chousa, *s. f.* aḍlaleṁ lahân parsûṁ *n.*
Choutador, choutão, chouteiro, *a.* kachkachṇo (ghoḍo).
Choutar, *v. i.* kachkachûn chaluṁk; kachkachûn chaltale monjâtir basuṁk.
Chouto, *s. m.* kachkachaṇ, devaḍchâl *f.*
Chovediço, *a.* pâvsâḷo, śiḍśiḍo.
Chover, *v. i.* pâus paḍuṁk, varshuṁk *(p. us.)*; pâḍuṁk, otoṁk. ‖ *v. t.* otuṁk, varshâvuṁk *(p. us.)* ‖ — *por longo tempo,* pâvsân dharuṁk.- dâṁteṁ mâṁḍuṁk, dhârîn pâus paḍuṁk.
Choviscar, *v. i. V.* CHUVISCAR.
Choz, *s. m.* phâs *m.*, phâsak *n.*
Chrestomathia, *s. f.* veṁche *m. pl.*
Chrisma, *s. m.* krijmâcheṁ pavitr tail *n.* ‖ *s. f.* krijm *m.*
Chrismar, *v. t.* krijmârkaruṁk.
Christandade, *s. f.* kristâṁvpaṇ *n.*; kristâṁv lok *m.*
Christanmente, *adv.* kristâṁvpaṇîṁ.
Christão, *a. e s. m.* kristâṁv.
Christianismo, *s. m.* kristâṁvâṁchî samurt *f.*; kristâṁvpaṇ *n.*
Christianizar, *v. t.* kristâṁv karuṁk. ‖ *v. r.* kristâṁv jâvuṁk.
Christipara, *s. f.* Svâm Jejû Kristâchî Mây *f.*
Christo, *s. m.* Svâm Krîst *m.*; tâchî imâj *f.* ‖ *Fazer alguem num* —, khursâr kâḍhuṁk.
Chromatica, *s. f.* varṇsaṁyogavidyâ *f.*
Chromatico, *a.* varṇsaṁboṁdhî, varṇvishayak; *(mus.)* grâmik, grâmîṇ.
Chronica, *s. f.* kâlkramakvṛittâṁt *m.*; kathâ *ou* kaṁthâ, gatkathâ *f.*, itihâs *m.*
Chronico, *a.* junâṭ, sadâṁcho (piḍâ), dîrghakâlik, bahukâlik.
Chroniqueiro, *(deprec.)*, **chronista,** *s. m.* kathâkâr, kaṁthî.
Chronographia, chronologia, *s. f.* kâlmânavidyâ, kâlgaṇanavidyâ *f.*, kâlnirûpaṇ *n.*
Chronographo, chronologista, chronologo, *s. m.* kâlmânavidyâjña, kâlnirûpî, kâlgaṇak.
Chronologicamente, *adv.* kâḷâṁpramâṇeṁ, kâlânukramâpramâṇeṁ.
Chronometro, chronoscopio, *s. m.* kâlmân *m.*, ghaṭîyaṁtr *n.*

Chrysallida, *s. f.* kośasth, kośvâsî *m.*

Chrysolitho, *s. m.* lasṇo, chaṁdrakâṁt *m.*

Chuca, *s. f.* kâvḷî *f.*

Chuça, *s. f. V.* CHUÇO.

Chuçada, *s. f.* bhâlyâcho mâr,- phâr *m.*, bhâlauṇî *f.*

Chuçar, *v. t.* bhâlyân topuṁk, bhâlauṁk.

Chuceiro, *s. m.* bhâlekâr.

Chucha, *s. f.* chiṁvṇeṁ, chiṁvap *n.*; chiṁv *m.* ‖ *Á — calada,* choryâṁ.

Chuchadeira, *s. f.* chiṁvap; *(fig.)* savan *n.*

Chuchado, *a.* chiṁvlalo, chiṁvaṭ.

Chuchar, *v. t.* chiṁvuṁk; *(fig.)* vharuṁk, khâvuṁk (laḍho, dhako).

Chuchurrear, *v. i.* châkatchâkat ghoṭuṁk, miṭyo mârûn piyevuṁk.

Chuço, *s. m.* bhâlo, sûḷ *m.*, *jâgây *f.*

Chuė, *a.* bhâgaṭyo, sukaṭyo, kiḍkiḍît; barbaṭo, gadaḷ, chappo.

Chufa, *s. f.* khebaḍ, phakâṁḍ *n.*, phebaḍây, maskarî *f.*, keṁkḍâṁ *n. pl.*

Chufar, *v. t. e i.* keṁkḍâṁ-, maskaryo karuṁk *(g. do o.)*, keḷdâvuṁk.

Chula, *s. f.* phugḍî *f.*

Chularia, chulice, *s. f.* kirkoḷây, uṇepaṇ, halkepaṇ *n.*, amaryâd *f.*

Chulė, *s. m.* pâṁyâṁche umcchî ghâṇ *f.*

Chulipa, *s. f.* khoṭ mârṇeṁ, phâpar *n.*

Chulo, *a.* kirkoḷ, uṇo, halko, onkhaṭo; amaryâdî, nilâjro.

Chumaçar, *v. t.* rû-, kâpûs bharuṁk *(l. in do o.)*, lepḍî ghâluṁk *(d. ou l. in do o.)*

Chumaceira, *s. f.* ghaṁsṭo *m.*, lepḍî *f.*

Chumacete, *s. m.* lahân lepḍî; ghaḍî *f.*

Chumaço, *s. m.* rû *m.*, lepḍî, peḷî; guḍḍî; ghaḍî *f.*; *(p. us.)* uśeṁ *n.*

Chumbada, *s. f.* pâgerâcheṁ śiṁseṁ *n.*; ekâ phârâche munisaṁv *m. pl.*; munisâṁvâṁcho phâr *m.*

Chumbado, *a.* śiṁsyân basailalo,- muṁdhlalo; phâr baslalo; śiṁsyâchyâ raṁgâcho. ‖ *Estar —,* soro lâguṁk,- chaḍhuṁk *(d. do s.)* *Ficar —,* ghoḍo paḍuṁk *(d. do s.)*; phasuṁk.

Chumbar, *v. t.* śiṁsyân jaḍuṁk,- basauṁk,- bharuṁk,- muṁdhuṁk; sopo lâvuṁk,- mâruṁk; *reprovar:* ghoḍo ghâluṁk.

Chumbeira, *s. f.* pâger *n.*

Chumbeiro, *s. m.* śiṁsyâcheṁ kâṁ kartalo *m.*; munisâṁvâṁcheṁ âydan *n.*

Chumbo, *s. m.* śiṁseṁ *n.*; munisâṁv (*do port.* MUNIÇÃO); ghoḍo *m.*

Chumear, *v. t.* pâchârîṁ mâruṁk.

Chumeas, *s. f. pl.* kuṁvyâchîṁ pâchârîṁ *n. pl.*

Chupadela, chupadura, *s. f.* chiṁvṇeṁ, chiṁvap *n.*, chiṁvṇî, luṁchṇî, châṭṇî *f.*

Chupado, *a.* bhâgaṭyo, sukaṭyo.

Chupadoiro, *s. m.* chiṁvṇeṁ *n.*, chîṁv *m.*

Chupador, *a. e s. m.* chiṁvṇâr, chiṁvṇo, chiṁvtalo.

Chupão, *a.* chiṁvṇo. ‖ *s. m.* chiṁvûn miṭî mârṇeṁ *n.*

Chupar, *v. t.* chiṁvuṁk, luṁchuṁk, châṭuṁk; *absorver:* oḍhuṁk, oḍhûn ghevuṁk; *(fig.)* toṁchûn-, burḍûn khâvuṁk.

Chupeta, *s. f.* naḷî *f.*

Chupista, *s. m. e f.* kopîst (*do port.* COPO), ḍaṁkṇâr, daṁkṇo; lâṁbto, luṁchak *(n.)*

Churdo, churro, *a.* khaḍbaḍît (laṁv); bhaskâpurî, daḷdiro.

Churrião, *s. m.* sarâṭo; janrath *m.*

Chusma, *s. f.* târvaṭîlok, nâvâḍîlok *m.*; urpaṁj *f.*, kalap, gol; loṁḍho *m.*, uphâḷeṁ *n.*

Chusmar, *v. t. (ant.),* târvaṭyâṁnîṁ puraumk *(d. do o.)*

Chuta, *int.* chipp, chupp.

Chuva, *s. f.* pâus paḍṇeṁ *n.*; pâus, varsh, megh *(p. us.)* *m.*, barsât *f.* ‖ *Estar de —,* pâus mâṁḍoṁk. *Apanhar —,* pâvsân bhijuṁk; bhijûn kâlo jâvuṁk *(ficar muito molhado).* *— de molha tolos,* śiḍśiḍo, śitoḍo *m.* *— do mar,* daryâṁtlo pâus. *— da terra,* taḍyo pâus. *Declarar-se a estação,* pâus bhâruṁk. *Querer sol na eira e — no nabal,* vat âni pâus śodhuṁk.

Chuveiro, *s. m.* moṭo pâus *m.*, dhaḍak, barsât *f.*; *(fig.)* śiṁvâḍ *m.*

Chuvinha, *s. f.* bârîk-, śiḍśiḍo pâus, śiḍśiḍo *m.*

Chuviscar, *v. i.* (pâus) śiḍśiḍuṁk, śitoḍoṁk, śeṇuṁk.

Chuvisco, *s. m.* śiḍśiḍo, śitoḍo *m.*, śen *f.*

Chuvoso, *a.* pâvsâḷo. ‖ *Tempo —,* pâvsâḷeṁ *n.*

Chuz, *s. m. V.* BUZ.

Chylifero, *a.* annrasâcho.

Chylificação, *s. f.* annras karṇeṁ,- jâṇeṁ *n.*

Chylificar, *v. t.* annras karuṁk. ‖ *v. r.* annras jâvuṁk.
Chylificativo, *a.* annras karto.
Chylo, *s. m.* annras, âhârsâr *m.*
Chymificação, *s. f.* âmras karṇeṁ,- jâṇeṁ *n.*
Chymificar, *v. t.* âmras karuṁk. ‖ *v. r.* âmras jâvuṁk.
Chymo, *s. m.* âmras *m.*
Ciar, *v. t. (ant.),* matsar âsuṁk *(d. do s., g. do o.)* ‖ *v. i.* pâṭhî partoṁk (hoḍeṁ); valâvûn bhoṁvḍâvuṁk.
Ciavoga, *s. f.* (hoḍyâchî) bhoṁvaḍ *f.*
Cibalho, cibato, *s. m.* śukṇyâṁcheṁ khâṇ *n.*
Cibo, *s. m. (ant.)* khâṇ, jevaṇ *n.*
Ciborio, *s. m.* sibor *m.*
Cicatricula, *s. f. (med.)* lahân mâu *f.; (zool.)* tâṁtyâche maṁḍaḷicho deṁṭ *m.; (bot.)* biycchî boṁblî *f.*
Cicatriz, *s. f.* mâu *ou* mâv *f.*, phâḍ, dâg *m.*, vâṇ *n.*
Cicatrização, *s. f.* mâu jâṇeṁ,- bharṇeṁ, pekṇeṁ *n.*
Cicatrizado, *a.* peklalo; mâvâṁnîṁ bharlalo.
Cicatrizante, *a.* pekauṁcho. ‖ *s. m.* pekauṁcheṁ okhat *n.*
Cicatrizar, *v. t.* mâu karuṁk *(g. do o.),* pekauṁk; mâvâṁnîṁ bharuṁk. ‖ *v. i.* mâu jâvuṁk, pekuṁk, mâs bharon yevuṁk *(l. do s.)*
Cicatrizavel, *a.* pekûṁyeso.
Cicerone, *s. m.* kautîk vastû dâkhauṇâr.
Ciciar, *v. i.* sursuruṁk, phusphusuṁk; phutphutuṁk. ‖ *v. t.* phutphutûn mhaṇuṁk,- sâṁguṁk.
Cicio, *s. m.* sursurṇî, phusphusṇî; phutphutṇî, phurphurṇî *f.*
Cicioso, *a.* sursurît, phusphuśît, pichpichît; phutphutṇo.
Cidadão, *s. m.* nagarvâsî, najarjaṇ, purvâsî, śaharâṁtḷo manîs.
Cidade, *s. f.* śahar, nagar, pur, paṭṭam *n.;* nagarî *(— pequena) f.*
Cidadella, *s. f.* purkoṭṭ *n.*
Cidra, *s. f.* mahâḷîṁg *n.*
Cidrada, *s. f.* mahâḷiṁgâchî dos *f.*
Cidrão, *s. m.* moṭe sâlîcheṁ mahâḷîṁg *n.*
Cidreira, *s. f.* mahâḷîṁg *f.*
Cieiro, *s. m.* kâtîchyo phutoḷyo *f. pl.* ‖ *Usa-se mais o verbo* phuṭuṁk.
Cifa, *s. f.* sonârâchî remv,- retî *f.; (ant.)* mâsḷeche charbecho va telâcho lep *m.; (indian.)* vas *f.*
Cifar, *v. t. (ant.),* (târvâk) mâslecheṁ tel mâkhuṁk,- kâḍhuṁk,- lâvuṁk.
Cifra, *s. f.* sîphr *m.*, pûj, śûnya *n.*, biṁdu; âṁk, âṁkḍo *m.;* gûḍhâkshar *n.; computo total:* jamo *m.*, ekaṁdarî *f.* ‖ -s, *pl.* âṁkḍe *m. pl.*, gaṇit *n.*
Cifrar, *v. t.* âṁkḍyâṁnîṁ-, gûḍhâksharâṁnîṁ barauṁk; âṭpuṁk, jamâvuṁk. ‖ *v. r.* âṭpoṁk, jamuṁk.
Cigalho, *s. m.* kuṭko, suṁṭo *m.*, chiṁṭîbhar *f.*
Ciganaria, ciganice, *s. f.* chorbuddh, chorvidyâ, nâḍbuddh *f.*, aḍkâṁnâḍkâṁ *n. pl.*
Cigano, *s. m.* chorbuddhyo, gauḍbeṁgâlî; roper *(do port.* ROUPA), maṇerî; * ejiptakâr.
Cigarra, *s. f.* kîḍ *f.*
Cigarrar, *v. i.* viḍî oḍhuṁk.
Cigarreira, *s. f.* saṁbaḷî; viḍiyekârṇ *f.*
Cigarreiro, *s. m.* viḍiyekâr.
Cigarrilha, *s. f.* lahân chirûṭ *n.;* huṁgchî naḷî *f.*, viḍo *m.*
Cigarro, *s. m.* sigâr *n.*, viḍî *f.*
Cilada, *s. f.* daḍo, dabo; ghât, phâs, peṁch *m.*, mânas *f.;* kapaṭ, kaṁvṭâl *n.*
Cilha, *s. f.* pâṭ, taṁg *m.*
Cilhado, *a.* pâṭ ghâlalo, taṁgbâr.
Cilhão, *s. m.* moṭo pâṭ *m.*
Cilhar, *v. t.* pâṭ ghâluṁk,- bâṁdhuṁk *(d. do o.); (fig.)* arnuṁk, arnûn bâṁdhuṁk.
Ciliar, *a.* âskiṭiyâṁcho.
Cilicio, *s. m.* kaṭdorî *f.*, kaṭ *m.*, * keṁsâṁcheṁ nevâḷeṁ *n.; (fig.)* daṁḍaṇ *ou* damḍvaṇ *f.*
Cilio, *s. f.* âskiṭî *f.*
Cima, *s. f.* takśî *f.*, śikhar, mâtho *m.* ‖ *Em —, por —, para —; (prep.)* vayr, uṁch, upar, * śirîṁ *(usa-se mais o locativo super).* ‖ *(adv.)* vayr; hyâ bhâyr, tyâ vâyr, âṇîṁkay. ‖ *Ficar por —,* varto jâvuṁk. *De —,* sorgîṁchò. *Voltar de — para baixo,* partuṁk, vayleṁ sakal karuṁk.
Cimacio, *s. m. (p. us.),* **cimalha,** *s. f.* simâl *f.*, kaṁgro *m.*, kaṁgṇî *f.*
Cimbre, *s. m. V.* CAMBOTA.
Cimeira, *s. f.* turo *m.*, śeṁkreṁ *n.*
Cimeiro, *a.* takśecho, mâthyâcho.
Cimentação, *s. f.* gâryân jaḍṇeṁ,- sâṁdhṇeṁ *n.*
Cimentar, *v. t.* gâryân-, gîlâvyâṁ jaḍuṁk,- sâṁdhuṁk; *(fig.)* thirâvuṁk tharâvuṁk.

Cimento, *s. m.* gâro, gilâvo, gâjû *m.*; *(fig.)* sâṁdhuem *n.*, thar, ṭhâv *m.*
Cimitarra, *s. f.* tego, khaḍg *m.*, tarvâr *f.*
Cimo, *s. m.* takśî, kaḷas *f.*, śikhar, mâṭho *m.*
Cinabre, cinabrio, *s. m.* raktpârad, śeṁdûr, hiṁguḷak; lâl raṁg *m.*
Cinabrino, *a.* śeṁdurâcho; lâl.
Cinca, *s. f.* cheṁḍvâchyâ kheḷân chûk,- phasṇî *f.* ‖ *Dar* —, *v.* CINCAR.
Cincar, *v. i.* pâṁch boṁd hogḍâvuṁk; *(fig.)* chukuṁk, vitharuṁk; nâkâ jâlalem ulauṁk,- karuṁk.
Cinchar, *v. t.* sâṁdaneṁt ghâluṁk.
Cincho, *s. m.* sâṁdaṇî *f.*, sâṁcho (kejâcho) *m.*
Cinco, *a. pl.* pâṁch; paṁch *(em composição)*. ‖ *s. m.* paṁjo *m.*
Cincoenta, *a. pl.* pannâs.
Cinematica, *s. f.* gatividyâ *f.*
Cineração, *s. f.* bhasmîkaraṇ *n.*
Cinerario, *a.* gobrâcho; chitâbhasm âslalo.
Cinereo, cinerico, *a.* gobro, bhasmraṁgî.
Cingel, *s. m.*, **cingelada**, *s. f.* jot *n.*
Cingeleiro, *s. m.* jotkâr.
Cingideiras, *s. f. pl.* vhadlyâṁ pâkhrûṁvâṁchîṁ madhliṁ dâvlâṁ *n. pl.*
Cingidoiro, *s. m.* kaṭibaṁdh, kamarbaṁd, kaṭḍoro *m.*, vâdî *f.*
Cingir, *v. t.* veḍhuṁk, aḍuṁk, revḍuṁk, veshṭuṁk, veṁṭâḷuṁk, guṁḍâḷuṁk; *pôr á cintura:* kamrek-, peṁktâk bâṁdhuṁk; *apertar:* arnuṁk, taḍtaḍâvuṁk; *reprimir:* dâmuṁk, âṭpuṁk. ‖ — *a coroa*, mukuṭ ghâluṁk; *(fig.)* pâtśây karuṁk. ‖ *v. r.* bâṁdhuṁk *(v. t.)*; *(fig.)* teṁkuṁk, lâguṁk; barâbar-, sutâr karuṁk *(v. t.)*
Cinife, *s. m.* jaḷâr *f.*, kimûs *m.*
Cinnamomo, *s. m.* tikî, dâlchinî *f.*
Cinta, *s. f.* śelo, kamarbaṁd; lâṭo *m.*, revaḍ *n.*, paṭṭî, peṭî *f.* ‖ *V.* CINTURA.
Cintar, *v. t.* śelo-, paṭṭo bâṁdhuṁk; revḍuṁk, paṭṭî ghâluṁk *(d. do o.)*; veṁṭuṁk, veṁṭo ghâluṁk.
Cinteiro, *s. m.* śele-, paṭṭe kartalo *m.*; kaṇvaṭî *f.*
Cintel, *s. m.* moṭo kaivâr *m.*; khaḷem *n.*; kejâcho sâṁcho *m.* ‖ *V.* CÂIBRO.
Cintilho, *s. m.* vâdî *f.*, kâṁcho *m.*
Cinto, *s. m.* kaṭibaṁdh, kamarbaṁd, paṭṭo *m.*, vâdî, kaṇvaṭî *ou* kaṇvaṭ, muṁj *f.*, nevâḷem, kâṁḍem *n.*, gop *ou* goph *m.*
Cintura, *s. f.* kamar *f.*, kaṭ, mâj *m.*, beṁḍ, peṁkaṭ *n.*, kâs, kaṭi *f.*
Cinturão, *s. m.* kamarbaṁd, paṭṭo *m.*; paḍḍâḷem *n.*
Cinza, *s. f.* gobar, bhasm *m.*, sârî *f.*; chitâbhasm *(— dos mortos) m.* ‖ *Quarta feira de* —, siṁjîcho budhvâr *m.*
Cinzeiro, *s. m.* gobrâcho gûḍh *m.*,- âydan *n.*, -râs *f.*
Cinzel, *s. m.* korṇî, ṭâṁkî, pâṭḷî *f.*
Cinzelado, *a.* korlalo, nakśî.
Cinzelador, *a. e s. m.* korṇâr, khodṇâr, nakśî.
Cinzeladura, *s. f.* khodkâm *n.*, nakśî, kirvaṇ *f.*
Cinzelar, *v. t.* koruṁk, khoduṁk, naksuṁk, kirvuṁk, ṭâṁkuṁk.
Cio, *s. m.* mât, mad *m.*, musmusî, mastî, hurlûk *f.*
Ciosamente, *adv.* matsarân.
Cioso, *a.* mâtgo, masto; matsarî, nirduḥkhî; aphekâcho, murgaṭlalo.
Cipó, *s. m.* śeṁḍvel *(— da India) f.*
Cippo, *s. m.* davarṇeṁ; dhupeṁ *n.*; nîs *m.*
Ciranda, *s. f.* châhîṇ, châḷṇî *f.*
Cirandagem, *s. f.* châhiṇî ghâlneṁ *n.*, *jâḷvaṇî *f.*; châḷlaleṁ; châḷneṁ *n.*
Cirandar, *v. t.* châḷuṁk, châhiṇî ghâluṁk, *jâḷvaṇî karuṁk *(g. do o.)* ‖ *v. i.* bhoṁvâḍe ghâluṁk.
Cirata, *s. f. (ant.)*, pâkhar *m.*
Circense, *a.* raṁgâṁgaṇâcho.
Circeu, *a.* ṭhakî, ḍhoṁgî.
Circo, *s. m.* raṁg *m.*, raṁgâṁgaṇ, phaḍ *n.*
Circuição, *s. f. (p. us.)*, phero, bhoṁvar *m.*
Circuitar, *v. t.* bhoṁvḍâvuṁk, pherauṁk. ‖ *v. i.* phero ghâluṁk,- mâruṁk.
Circuito, *s. m.* ghero, phero *m.*, pherî, bhoṁvâr, bhoṁvtaṇ *f.*; *volta:* bhoṁvar, bhoṁvâḍo; *cêrca:* âḍo, pâro. ‖ — *de palavras*, girkâṁḍo *m.*, vakrokti *f.*
Circulação, *s. f.* chakrgati *f.*, bhramaṇ, phirṇeṁ *n.*, bhoṁvḍî, bhoṁvḍâvṇî; *curso da moeda:* châl *f.*, chalneṁ *n.*
Circulado, *a.* bhoṁvtîṁ nakśî âslalo.
Circulante, *a.* bhoṁvto, phirto.
Circular, *a.* chakravat, vâṭkuḷo, vâṭâṁguḷo. ‖ *Loucura* —, luî *(do port.* LUA) *f.* ‖ *s. f.* prasiddhpatr *n.*; sarchiṭhṭhî *f.*
Circular, *v. t.* bhoṁvtîṁ naksuṁk,- kirvuṁk; phero-, bhoṁvar mâruṁk,- ghâluṁk *(d. do o.)* ‖ *v. i.* phiruṁk, bhoṁvuṁk, bhramuṁk; hâtâhât-, hâtâhâtîṁ bhoṁvuṁk.
Circularmente, *adv.* bhoṁvtaṇîṁ, bhoṁvtîṁ.

Circulatorio, *a.* chakrgatîcho.

Circulo, *s. m.* mamḍal, pherî *f.*, phero, mâmḍ, veḍho *m.*, komḍḷem *n.*; *aro, arco:* âṭo, tâṭo, vâḷo *m.*, mudî *f.*, kaḍem; *districto:* chakr *n.*, mamḍaḷ *f.* ‖ *V.* CIRCUMFERENCIA *e* GIRO.

Circum, *pref.* bhomvtîm.

Circumcidado, circumciso, *a.* sunat kelalo.

Circumcidar, *v. t.* sunat karumk (*g. do o.*)

Circumcisão, *s. f.* sunat; (*fig.*) kâtarṇî *f.*

Circumferencia, *s. f.* bhomvâr, bhomvtaṇ *f.*, bhomvâḍo; ghero, phero, veḍho *m.*, mamḍaḷ, garbhî *f.*

Circumflexão, *s. f.* bhomvtîm doḍṇem,- moḍṇem *n.*

Circumflexo, *a.* bhomvtîm doḍlalo. ‖ *Accento* —, svarit *m.*

Circumfluencia, *s. f.* bhomvtîm vâhvṇem *n.*

Circumfluente, *a.* bhomvtîm-, sabhavtîm vâhvto.

Circumfluir, *v. i.* bhomvtîm vâhvumk.

Circumfuso, *a.* bhomvtîm otlalo,- śimpaḍlalo; (*fig.*) veḍhlalo, aḍlalo.

Circumjacente, *a.* bhomvtîm âslalo, saradîcho.

Circumlocução, *s. f.*, **circumloquio**, *s. m.* girkâmḍo *m.*, charpaṭ, yamtr *n.*, vakrokti *f.*

Circummurado, *a.* durgân aḍlalo.

Circumnavegação, *s. f.* bhomvtîm târvân bhomvṇem *n.*

Circumnavegar, *v. t. e i.* bhomvtîm târvân bhomvumk (*g. do o.*)

Circumscrever, *v. t.* bhomvtîm rekhumk, ârekhumk; âṭpumk *ou* âṭâpumk.

Circumscripção, *s. f.* ârekhâ; âṭâpṇî; mamḍaḷ *f.*

Circumscripto, *a.* ârekhlalo, aḍlalo; âṭâplalo.

Circumsoante, *a.* bhomvtîm nâdto.

Circumspecção, *s. f.* śahâṇepaṇ *n.*, achirkây, tajvît, samjikây, chatrây, mansubî *f.*

Circumspecto, *a.* śahâṇo, samjîk, chatur, achirkâyecho, tajvitecho, * vichekhûn.

Circumstancia, *s. f.* asahajpaṇ *n.*, gat, daśâ, goshṭ, samgat (*us. Can.*) *f.*, prakâr; *requisito, motivo:* prastâv, varav *m.*, nimitt *n.* ‖ *Coisa de* —, bhârî-, jabar kâm. *Lei de* —, veḷecho kâydo. *Estar em boas circumstancias*, kuśâl-, susth âsumk. *Estar em más* —, durgatîk pâvumk, daḷdîr,- upadre yevumk (*l. sup. do s.*)

Circumstanciadamente, *adv.* bârkâyen, savistar, nigût karûn, * adhiktar.

Circumstancial, *a.* savistar, nigût; bharîcho.

Circumstanciar, *v. t.* nigût karûn-, bârkâyen sâmgumk,- dâkhaumk, savistar karumk.

Circumstante, *a.* bhomvtîm âslalo, sabhavto. ‖ **-s**, *s. m. pl.* âykaṇâr *m. pl.*, śrotṛimamḍaḷ *f.*

Circumvagante, circumvago, *a.* sabhavto, bhomvtîm bhomvto; phirto, himḍṇo.

Circumvagar, *v. t.* bhomvtîm bhomvumk (*g. do o.*) bhomvâḍo ghâlumk (*d. do o.*); phirumk, himḍumk.

Circumvallação, *s. f.* sabhavtî marchebamdî,- taṭbamdî *f.*

Circumvallar, *v. t.* sabhavtîm taṭbamdî karumk, -pâgâr kâḍhumk,- aḍumk.

Circumvizinhança, *s. f.* śejâr, lâgsâr *m.*, sarad *f.*

Circumvizinho, *a.* lâgsârâcho, saradîcho.

Circumvolução, *s. f.* bhomvar, bhomvâḍo *m.*

Cirial, *s. m.* vâtsthân *n.*

Cirio, *s. m.* sîr, vhaḍlî vât *f.*

Cirro, *s. m.* (*med.*), mamsagramthi *f.*; (*bot.*) jhâḍâchem pâkhûrl *n.*; (*zool.*) mâsḷeche bomchîchî miśî *f.*

Cirrosidade, *s. f.* mamsagramthiguṇ *m.*; mamsagramthi *f.*

Cirroso, *a.* mamsagramthîcho.

Cirurgia, *s. f.* śastravaidik, âsurî *f.*

Cirurgião, *s. m.* śastravaid.

Cirurgico, *a.* śastravaidikecho.

Cisa, *s. f.* sîj, * bâr *f.*

Cisalhas, *s. f. pl.* lagaḍâcho churo,- piṭho *m.*

Cisar, *v. t.* sîj ghâlumk (*d. do o.*); hiśobâr vâ vikrer nâḍ karumk.

Cisbordo, *s. m.* (*ant.*) *V.* ESTIBORDO *e* RESBORDO.

Ciscalhagem, *s. f.*, **ciscalho**, *s. m.* gobrâchî râs *f.*; kair *m.*

Ciscar, *v. t.* (nâmgarche âdîm jamîn) nitaḷ karumk. ‖ *v. r.* kûs mârumk, nâṭâk jâvumk.

Cisco, *s. m.* koḷsyâmchî pûḍ *f.*; gobar; kair, kastaḷ *m.*

Cisterna, *s. f.* bhumyâr *n.*, pokharṇ, ṭâmkî *f.*

Citação, *s. f.* sitâsaṁv *ou* sitsâṁv, (sattechem) âpaunem *n.*, durây, âṇ *f.*, âkâraṇ *n.*; upanyâs *m.*, avataraṇ; upanyast vachan *n.*, -lekh *m.*
Citado, *a.* sitârkelalo, durây-, âṇ ghâlalo.
Citador, *a. e s. m.* upanyâsî.
Citante, *a. e s.* sitârkartalo, âpaun vhartalo.
Citar, *v. t.* citârkaruṁk, satten âpauṁk, durây-, âṇ ghâluṁk *(d. do o.)*, âkâruṁk, *jâṇauṁk; dusryâcheṁ vachan-, lekh hâḍuṁk, paṭhuṁk, upanyâs-, avataraṇ karuṁk.
Citatorio, *a.* âkâraṇâcho, durâyecho, âṇîcho.
Citerior, *a.* âylo.
Cithara, *s. f.* vîṇo *ou* viṇo, tuṁburo *m.*, satâr *n.*
Citola, *s. f.* khaṭkhaṭeṁ *n.*
Citreo, *a.* liṁbyâcho, niṁbûcho, mahâḷiṁgâcho.
Citrico, *a.* âml, âṁbṭo.
Citrino, *a.* mahâḷiṁgâchyâ-, liṁbyâchyâ râṁgâcho.
Ciumaria, *s. f.* vhaḍ-, jabar premaśaṁsay *m.*
Ciume, *s. m.* mogâcho śaṁsay, premaśaṁsay; matsar *m.*, aśâṁti, *isaḷ *f.*
Ciumento, *a.* premaśaṁsayî; matsarî, nirduḥkhî.
Civel, *a.* divâṇî, divâṇvishayak. ‖ *s. m.* divâṇî adâlat *f.*
Civico, *a.* śaharâcho, nagarî, nagarsaṁbaṁdhî.
Civil, *a.* nagarjaṇâcho, purvâsyâcho; mulkî; divâṇî; maryâdîcho, upachârî, âdarî, âdarmânî, kriyâvaṁt, satkârî, sugram *(us. Can.)*
Civilidade, *s. f.* mâṇsugî, satkriyâ, sunîti *f.*, upachâr, âdarmân *m.*, sujanatva, sugrampaṇ *(us. Can.) n.*
Civilização, *s. f.* manushyâṁt hâḍṇeṁ; manushyâḷpaṇ *n.*, mâṇsugî *f.*
Civilizado, *a.* manushyâṁt âylalo, manushyâṁtlo, chaughâṁtlo; mâṇsugecho, maryâdîcho.
Civilizador, *a.* manushyâṁt kâḍhtalo,- hâḍtalo.
Civilizar, *v. t.* manîs-, manushyâḷo karuṁk, manushyâṁt kâḍhuṁk *ou* hâḍuṁk; sudhâruṁk. ‖ *v. r.* manîs-, manushyâḷo jâvuṁk, chaughâṁt bhoṁvuṁk; ujḷoṁk, sudhâroṁk.
Civilmente, *adv.* divâṇîṁ; upachârîṁ, mâṇsugen.
Civismo, *s. m.* svadeśabhakti *f.*, deśâbhimân *m.*

Cizania, *s. f.* âḍbîj; *(fig.)* dusaṁg *n.*, napaḍ *f.*
Clamador, clamante, *a.* bobâṭyo, ârḍatalo.
Clamar, *v. i.* ârḍuṁk, ârâṭuṁk, hâkevuṁk, bobhâṇuṁk, bob karuṁk,- mâruṁk, kirḍuṁk, vârkuṁk, govjî karuṁk *(us. Can.)* ‖ *v. t.* ârḍûn mâguṁk,- âpauṁk,- mhaṇuṁk.
Clamor, *s. m.* bob, vel, âraḍ *f.*, bobâḷ, gaḷbaḷ; śivâḍo *m.*, haridâs *f.*
Clamorosamente, *adv.* bob mârûn, ârḍûn, kirḍûn.
Clamoroso, *a.* bobyo, gaḷbaḷyo.
Clandestinamente, *adv.* âphrakîṁ, choryâṁ, chorye.
Clandestinidade, *s. f.* chorṭepaṇ, guptepaṇ.
Clandestino, *a.* lipaun-, choryâṁ kelalo, gupto, chorṭo.
Clangor, *s. m.* jhaṇjhaṇo, ghaṇghaṇ *m.*
Claque, *s. f. V.* CABALA.
Clara, *s. f.* tâṁtiyâcho bol *m.* ‖ *V.* CLAREIRA.
Claraboia, *s. f.* govaksh *m.*, dhâreṁ, kolveṁ *n.*
Claramente, *adv.* ughḍâpîṁ, sâph; soṁpepaṇîṁ.
Clarão, *s. f.* prajvaḷ *ou* prajaḷ, prakâś *m.*, chamak, prabhâ; *(fig.)* dhâḷ, khâṁch *f.*
Clarea, *s. f.* soryâ âni mhoṁvâcheṁ pivaṇ *n.*
Clarear, *v. t.* ujvâḍâvuṁk; nitḷâvuṁk. ‖ *V.* AREAR. ‖ *v. i.* ujvâḍuṁk; nitḷuṁk; *(fig.)* phâṁkuṁk; ughḍâpo jâvuṁk.
Clareira, *s. f.* rânâṁtleṁ âṁgaṇ,- maidân *n.*, araṇyâṁtlî bakhal *f.*; oso *m.* ‖ *V.* LACUNA.
Clarete, *s. m.* klâret *f.*
Clareza, *s. f.* ujvâḍ, prakâś *m.*; nitḷây, nivḷây, nirmaḷây *f.*, nirmaḷpaṇ, nirmaḷatva; saraḷpaṇ, sadrushṭpaṇ; patr, kâgad *n.*
Claridade, *s. f.* ujvâḍ, prakâś *m.*, dîpti; gorbâṇ, gorsâṇ *f.*
Clarificação, *s. f.* śodhṇeṁ *n.*, phoḍṇî, nitḷâvṇî; nitaḷṇî, suddhi *f.*
Clarificar, *v. t.* śodhuṁk, meḷ kâḍhuṁk *(g. do o.)*, phoḍuṁk, nitḷâvuṁk, nirmaḷuṁk, nivḷâvuṁk. ‖ *v. i.* nitḷuṁk, nirmaḷoṁk, nivḷuṁk, phuṭuṁk.
Clarificativo, *a.* nirmaḷ-, nitaḷ karcho.
Clarim, *s. m.* kâḷ *f.*
Clarineta, *s. f.* klârinet *f.*

Claro, *a.* ujvâḍik, ujvâḍâcho, ujaḷ; *limpido:* nitaḷ, nirmaḷ, śuddh, sâph, *nirlep, nigaḷ (*esp.* o OLEO); *sereno:* kupâṁ nâslalo, nitaḷ, nivaḷ, aghûm; *manifesto:* ughḍâpo, ughṭo, ughḍo, prasiddh, sasht, sadrusht, ânumânik *(pur.)*; *intelligivel:* ṭhâvo, ṭhâvko, soṁpo, saraḷ; *branco:* goro; dhavo, dhavsâr; *illustre:* prasiddh, tejvaṁt, uttam, śrîmân. ‖ *As claras*, ughḍâpîṁ, dekhtâṁ, dekhatrûpîṁ. ‖ *s. m.* ughṭo-, rito jâgo *m.*, mekhḷî svât *f.*; oso *m.* ‖ *Passar em —*, ughḍâs nâ karuṁk, chukauṁk, sâṁ-duṁk. *Saltar em —*, khaḷauṁk, varjuṁk. *Cortar em —*, muḷân kâtruṁk. *Passar a noite em —*, rât khaḷauṁk. *Pelo —*, ughḍâpîṁ, saraḷpaṇîṁ. ‖ *adv.* ughṭeṁ karûn, samjatâ taseṁ. ‖ *V.* CLARAMENTE.

Classe, *s. f.* jât *f.*, varg, jinnas *m.*, varṇ, prakaraṇ *n.*, parvaḍ; klâs, sâḷ *f.*, iskol (*do port.* ESCHOLA) *n.* ‖ — *baixa*, uno lok, âḍjât. — *nobre*, moṭo lok, uṁch jât.

Classico, *a.* pâṭhsâḷîcho, iskolâcho; prâchînkavîcho, âdikavîcho; saṁskrit, śuddh; parvaḍîcho, pâraṁparik. ‖ *s. m.* prâchînkavi *m.*

Classificação, *s. f.* jâtivâr karṇeṁ, vargîkaraṇ *n.*; vargâvargî, vihlevârî (*us. Can.*) *f.*

Classificador, *a. e s. m.* vargâvargî kartalo.

Classificar, *v. t.* varg-, vargâvargî-, jâtivâr karuṁk.

Claudicação, *s. f.* thoṁṭepaṇ, pâṁgḷepaṇ, kuṁṭhap *n.*; kâmâr chûk *f.*

Claudicante, *a.* thoṁṭo, pâṁgḷo, laṁgdo; kâydyâr chuktalo, kâm-, châkrî vâṁkḍî kartalo, vikaḷ; *(fig.)* ḍauṁḍaḷît, lavko, athîr, laharî.

Claudicar, *v. t.* kuṁṭhuṁk, laṁgduṁk, thoṁṭevuṁk, vâṁkuṁk; *(fig.)* vikaḷ-, kasrî jâvuṁk; kâydo khaḷauṁk, âplyâ kâmâr chukuṁk.

Claustral, *a.* maṭhâcho.

Claustro, *s. m.* maṭhâcheṁ râjâṁgaṇ, *devasthânâcheṁ maidân *n.*; maṭh; mâṭhvâs *m.*

Clausula, *s. f.* kalam, prakaraṇ *n.*

Clausular, *v. t.* *(p. us.)*, kalam lâvuṁk,- chaḍhauṁk *(d. do o.)*, prakaraṇ karuṁk *(g. do o.)*

Clausura, *s. f.* âvâḍ *n.*, vayvâḍ *f.*; maṭh, koṁveṁt *m.*

Clausurar, *v. t.* maṭhân ghâluṁk,- davruṁk. ‖ *v. r.* maṭhân riguṁk.

Clava, *s. f.* gadâ, khuṁṭâpaḷ *f.*, vetr *n.*

Clavario, claveiro, clavicularío, *s. m.* châvyekâr, kilyekâr.

Clave, *s. f.* ghar *n.*

Clavicula, *s. f.* sarî *f.*, jatru *(p. us.)* *n.*

Claviculado, clavicular, *a.* sariyecho, jatrûcho.

Claviforme, *a.* gadâ kaso, gadâkâr.

Clavigero, *a.* gadâdâr, vetrdhar, vetrdhârî *(ss.)*

Clavija, *s. f.* khîḷ, khuṁṭî *f.*

Clavina, *s. f.* baṁdûk, tubak *n.*

Clemencia, *s. f.* dayâ, kaṇvâḷây, karuṇây, dulabhây, śâṁti *f.*, śâṁtipaṇ, dayâḷpaṇ *n.*; śitaḷây, madhurây, maṁjuḷây, ramyatâ *f.*

Clemente, *a.* dayâḷ, dayâḷû, dayâvaṁt, dayâḍik, dulabh *ou* dulap, kaṇvâḷo, karuṇ, śâṁt, anukûl, kâkuticho, kâkulatvaṁt; *(fig.)* śitaḷ, madhur, maṁjûḷ, ramya.

Clementemente, *adv.* dayen, karuṇâyen, dulabhîṁ.

Cleresia, *s. f.* klerejî *f.*, pâdrîlok, dharmopadeśakgaṇ *(p. us.)* *m.*

Clerical, *a.* pâdrîcho, pâdrîlokâcho, gurûcho.

Clericalismo, *s. m.* pâdrîlok; pâdrîpaksh *m.*

Clericalmente, *adv.* pâdrîpaṇîṁ.

Clericato, *s. m.* pâdrîpaṇ, gurupaṇ *n.*

Clerigo, *s. m.* pâdrî, guru, dharmopadeśak *(p. us.)*, *pavitr śiromaṇi.

Clero, *s. m.* pâdrîlok, dharmopadeśakgaṇ *(p. us.)* *m.*

Cliché, *s. m.* *V.* ESTEREOTYPIA.

Cliente, *s. m.* kûḷ *n.*, asâmî *m.*

Clientela, *s. f.* kûḷlok *m.*, kuḷâṁ *n. pl.*, asâmî *m. pl.*

Clima, *s. m.* havo *m. ou* havâ, deśprakriti *f.*

Climacterico, *a.* dushparâyccho.

Climaterico, *a.* havyâcho, deśprakritîcho.

Climatologia, *s. f.* deśaprakṛitividyâ *f.*

Climax, *s. m.* *V.* GRADAÇÃO.

Clinica, *s. f.* vaidpaṇ *n.*, vaidyakî *f.*, upachâr *m.*; kuḷâṁ *n. pl.*

Clinico, *a.* upachârâcho, vaidpaṇâcho. ‖ *s. m.* vaidpaṇ chalaitalo, vaidyopachârî.

Clitoris, *s. m.* yoni *m.*

Cloaca, *s. f.* nalo *m.*, morî; gâir *f.*,- kâkûs *m.*

Clown, *s. m.* *V.* BOBO.

Club, *s. m.* klûb, kûḍ, samâj *m.*, peṁḍeṁ, phaḍ, jûg *n.*

Clubista, *s. m.* kûḍkâr, peṁḍyâcho manîs.

Clysorio, *s. m.* âjudâchî naḷî *f.*

Clyster, *s. m.* âjûd (*do port.* AJUDA) *n.*, vasti, pichkârî *f.*

Coa, *s. f.* (*p. us.*), gâḷṇî *f.*; âgoḷ *m.*

Coacção, *s. f.* baḷ *n.*, julûm *m.*

Coaccusado, *s. m. V.* CORRÉO.

Coacervar, *v. t.* (*p. us.*), puṁjâvuṁk, râs karuṁk (*y. do o.*)

Coactivo, *a.* baḷ karcho, baḷân karuṁk lâvuṁcho.

Coacto, *a.* baḷ kelalo; baḷâcho, julumâcho.

Coada, *s. f.* vârvyâcho gâḷlalo ras *m.* ‖ *V.* DECOADA.

Coadeira, *s. f.* gâḷṇeṁ *n.*

Coadjutor, *a. e s. m.* kumkî, sahakârî, sâmîl; kûr (*do port.* CURA, *m.*)

Coadjutoria, *s. f.* sahakârîpaṇ, sâmîlpaṇ *n.*

Coadjuvação, *s. f.* kumak, majat *f.*, sahakâr *m.*, sâmilpaṇ *n.*

Coadjuvante, *a.* majatvaṁt, kumak-, hât ditalo.

Coadjuvar, *v. t.* hât-, sahây-, kumak divuṁk (*d. do o.*)

Coado, *a.* gâḷlalo. ‖ *Barro* —, bârik-, nigaḷ mâtî. *Ferro* —, otlaleṁ lokhaṁḍ.

Coador, *a. e s. m.* gâḷtalo, gâḷṇâr *m.*; gâḷṇeṁ *n.*

Coadquirir, *v. t.* bhâgâ joḍuṁk,- prâpt karuṁk.

Coadunação, *s. f.* jamo, puṁjo, saṁchay *m.*

Coadunar, *v. t.* ekṭhâvuṁk, jamauṁk, puṁjîkaruṁk. ‖ *v. r.* ekṭhâvoṁk, lâguṁk, jaḍoṁk, sarî jâvuṁk.

Coadura, *s. f.* gâḷṇî, gaḷṇî, ghoḷṇî *f.*; gaḷvaṇî, tarṇ *n.*

Coagir, *v. t.* baḷ-, julûm karuṁk (*d. do o.*), lâvuṁk (*com outro verbo no infinito, ex.:* karuṁk lâvuṁk, *coagir a fazer*).

Coagmentação, *s. f.* meḷauṇî, jamauṇî *f.*; jamo *m.*

Coagmentar, *v. t.* (*p. us.*) meḷauṁk, jamauṁk.

Coagulação, *s. f.*, **coalhamento,** *s. m.* śiṁkevṇî, âṭṇî, âṁvaḷṇî *f.*, âṁvḷap *n.*

Coagulador, coagulante, *a.* âṭauṇo, âṭauṁk upkârto.

Coagular, *v. t.* âṭauṁk, dâṭâvuṁk, âṁvḷuṁk, sâṁṭhauṁk, jamauṁk, virjauṁk (*esp.* O LEITE). ‖ *v. r.* śiṁkevuṁk, âṭuṁk, dâṭuṁk, âṁvḷoṁk, sâṁṭhuṁk, mâṁḍoṁk, jamuṁk, virjuṁk; phuṭuṁk, mâṁḍkevuṁk (— *o leite*); ekṭhâṁy-, ghaṭṭ jâvuṁk.

Coagulavel, *a.* śiṁkevṇo, virjaṇo.

Coagulo, coalho, *s. m.* âṭṇî, śiṁkevṇî *f.*; virjaṇ, âṁbṭeṁ *n.*

Coalescencia, *s. f.* lâgṇî, chikaṭṇî; sâṁdhnî *f.*

Coalescente, *a.* lâgto, chikaṭ; sâṁdhuṁcho.

Coalhada, *s. f.* virjaṇ, dahîṁ *ou* daṁy *n.*, pedho *m.*

Coalhado, *a.* śiṁkelalo, sâṁso.

Coalhadura, *s. f.* śiṁkevṇî, âṭṇî, dâṭṇî *f.*; virjaṇ *n.*

Coalhar, *v. t. V.* COAGULAR; (*fig.*) bharuṁk, choṁḍuṁk.

Coalisão, *s. f.* ekvaṭ, samâgam, saṁyog *m.*

Coaptação, *s. f.* lâg, sabhav *m.*

Coar, *v. t.* gâḷuṁk, ghoḷauṁk, girauṁk, âgoḷuṁk; otuṁk (— *ferro*); rigauṁk. ‖ *v. i.* riguṁk, śiruṁk. ‖ *v. r.* ghoḷuṁk, âgoḷoṁk; riguṁk, jhomuṁk; kâvaḍ-, jhurî kâḍhuṁk.

Coarctação, *s. f.* parimiti, aḍchaṇ *f.*

Coarctada, *s. f.* dusryâ jâgîṁ mhaṇ pramâṇ *n.*; niśchit puvâv; nibar-, khar jâpsâl *m.*

Coarctar, *v. t.* aśirâvuṁk, âṭpuṁk, aḍchuṁk *ou* aḍchauṁk, parimiti karuṁk (*g. do o.*)

Coaxação, *s. f.* mâṁḍkyâṁcheṁ raḍṇeṁ *n.*, ḍarkaṇî *f.*

Coaxante, *a.* raḍto (mâṁḍûk).

Coaxar, *v. t.* (mâṁḍûk) raḍuṁk, ḍarkuṁk. ‖ *s. m. V.* COAXAÇÃO.

Cobarde, *a.* bhejûḍ, abaḷî, abaḷvaṁt, adhîr, ulkechyâ kâḷjâcho (*litt.* O QUE TEM CORAÇÃO DE PULGA), bheṁkro, gâṁḍû.

Cobardemente, *adv.* bhejuḍâyen, abaḷîṁ.

Cobardia, cobardice, *s. f.* bhejuḍây, bheyâbhitâv *f.*, bheṁkrepaṇ, abaḷ *n.*, adhîr *m.*

Coberta, *s. f.* kubert, olcheṁ, âṁthrûṇ, pâṁghrûṇ, kâṁbrûṇ, pâṁghurcheṁ *n.*, gavsaṇî *f.*, palaṁgpoś *m.* ‖ — *da mesa*, vâḍhap *n.* — *do navio*, majlo *m. Servir de* —, (*fig.*) âlâśro divuṁk, âple pâṁgîk davruṁk.

Cobertamente, *adv.* choryâṁ, lipaun, guptîṁ.

Coberteira, *s. f.* (*p. us.*), phâṁghrûṇ, pâṁghurcheṁ *n.*

Coberto, *a.* dhâṁplaló, pâṁgharlalo; *cheio:* bharlalo, pûrṇ; *occulto:* gupit, gupto. ‖ *Pôr a* —, âsrâvuṁk, âśramuṁk, âsrâk vharuṁk. *A — de,* âsrâk, âḍosâk.

Cobertor, *s. m.* dhâbḍî, goḍḍî *f.*, chhadar, kâṁbḷeṁ, dâṭ laṁvecheṁ pâṁghrûṇ *n.*; palaṁgpoś *m.*; *(ant.)* dhâṁpṇeṁ *n.*

Cobertura, *s. f.* dhâṁpṇeṁ; dhâṁpcheṁ *n.*, gavsaṇî *f.*

Cobiça, *s. f.* lobh, sos, asoso, abhilâsh *ou* âbhlâkh, svârth, âpsvârth *m.*, âpâppaṇ, asospaṇ *n.*, âśâ; dhanâśâ *f.*, dhanlobh, dhanârth *m.*

Cobiçante, *a.* asosî, âśâvaṁt, abhilâshî; dhanârthî.

Cobiçar, *v. t.* âśevuṁk, âśâ-, lobh dharuṁk *(g. do o.),* âṁvḍhevuṁk *ou* âṁvḍhe ghoṭuṁk *(d. do o.),* miṭî mâruṁk *(d. do o.),* abhilâshuṁk *ou* âbhlâkhuṁk, abhimânuṁk, svârthuṁk, ḍoḷe ghâluṁk *(l. sup. do o.)*

Cobiçavel, *a.* âśevûṁyeso; âśecho, ruchîcho.

Cobiçosamente, *adv.* âśen, lobhân, asospaṇîṁ.

Cobiçoso, *a.* âśecho, âśâḷ, âśâdîk, sosî, asosî, âpâpî, lobhî, svârthî, âpsvârthî, abhilâshî, âbhḷâkhî, kâmuk, lubdh; dhanârthî, dhanlobhî.

Cobra, *s. f.* sarap, sâp *(p. us.) m.*, hirḍû, kirḍû *f.*, crûṁ *(us. Sal.)*; jivâṇeṁ, jivâḷ, jivâḷeṁ *(litt.* ANIMALEJO); pâṁyâpoṁdcheṁ, pâṁyâkhâyleṁ *(litt.* O QUE ESTÁ DEBAIXO DOS PÉS, *subpedaneum) n.* ‖ *Dizer de alguem cobras e lagartos,* vâvdoryâṁt vâvdoryo karuṁk. ‖ *Especies de cobras venenosas:* pâṁḍhro, nâg *(— de capello) m.*, nâgîṇ *(— «cuspideira») f.*, khurśeṁ *ou* phurśeṁ *(vibora),* âgyeṁ khurśeṁ *(especie de vibora) f.*, âgyo *(— «alcatifa»),* kâṁḍel, kusḍo; ghaṇas *ou* ghoṇes *(especie de boa),* maṇer *(— «manilla») m.*; mâlûṁḍ. dutoṁḍeṁ *(amphisbena) n.*, raktmâṁḍaḷî *(aspide),* dhâmîṇ *f. Cobras não venenosas:* eṁvâḷeṁ *(— «de agua») n.*, haryâḷî *(— «verde» ou «de aves») f.*, divaḍ *(— «de ratos»),* nâneṭo. *(— «de casa»),* âr *(especie de giboia) m.* ‖ *Encantador de cobras,* gâroḍî, sarpamaṁtrî.

Cobrador, *s. m.* patkâr, ukâḷekâr, sâhîr *(us. Can.),* vasûldâr.

Cobrança, *s. f.* pat *ou* path *n.*, ukâḷo, vasûl *m.*, ugavaṇ, ugrâṇî *f.*

Cobrão, cobrelo, côbro, *s. m.* jânvây, sarpadât *(us. Can.) f.*

Cobrar, *v. t.* (âpṇâk phâvo-, deveṁ teṁ) ghevuṁk, path gevuṁk *(g. do o.),* ukâḷuṁk. ‖ *V.* RECUPERAR. ‖ *s. r.* âplyâ hâtân ghevuṁk.

Cobravel, *a.* ukâḷûṁyeso.

Cobre, *s. m.* tâṁbeṁ *n.* ‖ **-s,** *pl.* khurdo *m.*, moḍ *f.*; hâṁḍî tapleṁ *n.*

Cobricama, *s. f. (ant.)* khâṭlyâcheṁ âṁthrûṇ *n.*, palaṁgpoś *m.*

Cobrição, *s. f.* lâgṇî, uḍṇî, phaḷauṇî *f.*

Cobrimento, *s. m.* dhâṁpṇeṁ *n.*

Cobrir, *v. t.* dhâṁpuṁk, jhâṁkuṁk *ou* jhâṁkuḷuṁk *(pur.)*; paṁghrauṁk, kâṁbrauṁk *(— o corpo com cobertor, lençol)*; âṁthruṁk *ou* âṁthuḷuṁk *(— cama, chão)*; *encher:* bharuṁk, choṁduṁk; *vestir:* nesauṁk; *encobrir:* lipauṁk, gupuṁk; *fecundar:* lâguṁk *(d. do o.),* uḍuṁk *(l. sup. do o.),* phaḷauṁk. ‖ *v. r.* dhâṁpoṁk; pâṁghruṁk, kaṁbruṁk *(vv. tt. e ii.)*; phaḷuṁk, gâbhâ vachuṁk.

Cobro, *s. m. (ant.)* ukâḷo *m.*, ugavaṇ; ṭhevṇî *f.*, ṭhevo *m.* ‖ *Pôr em —, (ant.)* ṭhevuṁk, lipaun-, gâṁṭh mârûn davruṁk. *Pôr —,* kâṁḍh uḍauṁk, manâ-, baṁd karuṁk.

Coca, *s. f. (bot.)* kâkmârî *f.*, kaḍûphaḷ *n.* ‖ *Dar — a alguem,* poṭphugeṁ khâṇ divuṁk *(fig.),* ghulyo sâṁguṁk. *Estar á —, (fig.)* paldek âsuṁk.

Coca, *s. f.* boṁth *f.*, paddo; râjvâ-, dorâcho vaḷ; *(fig.)* ghoṁgo, âûlo *m.*

Coça, *s. f.* kharpaṇ *n.*; *(fig.)* mâr *m.*, badavṇî *f.*

Cocada, *s. f.* kokâd.

Coçado, *a.* ghâṁslalo, jharlalo.

Coçadura, *s. f.* kharpaṇ, kharpaṇeṁ *n.*

Cocanha, *s. f.* tuḷtuḷit-, suḷsuḷît khâṁbo, nâḍo *m.*

Cocar, *v. t.* pâldek âsuṁk,- râvuṁk *(g. do o.),* pâltuṁk.

Cocar, *s. m.* turo; gurt *m.*

Coçar, *v. t.* kharpuṁk, kâṁdruṁk; *(fig.)* mâr-, phaṭke divuṁk, lâvûn kâḍhuṁk.

Cocção, *s. f.* ukaḍṇî *f.*, śijap *n.*; *(fig.)* jirvaṇ *f.*

Coccineo, *a.* kirmijî, tâṁbḍo lâl.

Coccyx, *s. m.* mâkaḍhâḍ *n.*, maṇko *m.*

Cocegas, *s. f. pl.* kâtkutlyo, kutulyo *f. pl.*, chuḷchuḷṇî; *(fig.)* huḷhûḷ, oḍh, urlûk *f.* ‖ *Ter —,* kâtkutlyo jâvuṁk *(d. do s.),* chuḷchuḷuṁk. *Ter — na lingua.* jîbh kharjuṁk,- huḷhuḷuṁk.

Coceguento, *a.* kutulyo jâtât taslo, chuḷchuḷo.

Coceira, *s. f.* kharjaṇeṁ *n.*, kharaj, chuḷchuḷṇî; huḷhûḷ *f.*

Cocha, *s. f.* dorâcho tivḍo *m.*

Cochar, *v. t.* vaḷuṁk (dor, râjû); ḍâḷuṁk (miṭhâche târle).

Coche, *s. m.* gâḍî *f.*, rath *m.*

Cochecha, *s. f.* mâsḷecho polo *m.*

Cocheira, *s. f.* gâḍiyâṁcheṁ ghar *n.*, goṭho *m.*

Cocheiro, *s. m.* gâḍyekâr, gâḍîvâlo, sârthî.

Cochichada, *s. f.* chepyâr mârṇeṁ *n.*

Cochichar, *v. i.* kuchkuchuṁk, kujbujuṁk, phutphutuṁk, kuṇkuṇuṁk, guṇguṇuṁk, kânâk toṁḍ lâvuṁk.

Cochicho, *s. m.* bhâṭlo kavḍo *m.*; junerḍeṁ chepeṁ *n.*; guḍhulo *m.*

Cochicholo, *s. m.* khoṁpṭî, jhoṁpḍî *f.*, guḍhulo *m.*

Cochino, *s. m.* dukar *m.*

Cochlea, *s. f.* kânâcho gîr *m.*

Cochleado, cochlear, cochleiforme, *a.* maḷsudî kasî, śaṁkhâkâr.

Cochleariforme, *a.* davlî kasî.

Cochonilha, *s. f.* kirmij *n.*

Côco, *s. m.* nârl, nâl, nârel *m.*; śrîphaḷ, mahâphaḷ *(p. us.)* *n.*; śelâṇo *(— grande)* *m.*; nârlî *f.*, boṁḍo *(— mui tenro ou pequeno)* *m.*, boṁḍî *(dim.)* *f.*; âḍsar *(lanha)*; śahâḷeṁ *(us. Sav.)* *ou* śyâḷeṁ *(us. Can.)*, girpaḷeṁ *(lanha tenra)*; vâṁjh *(— vão)*; moḍak *(— do cacho quebrado na arvore)* *n.*; guḍguḍo *(— secco e de miolo destacado da chareta)* *m.* ‖ *— doce*, mhoṁvo nârl. *Metade de — com o miolo*, vaḷeṁ, âdûk *n.*, nârlî. *Miolo ou amendoa do —*, kâṁṭḷî, kâṁtî *f.*; khobreṁ *(— secco)* *n.*; chûr *(— em talhadas seccas)* *f.*; chûn *(— ralado;* kâṁtuṁk, *ralar —)* *n.* *Massa fungosa que se encontra dentro de cocos seccos*, marâṁḍo *ou* mṛiṁḍ *m.* *Metade do entrecasco ou chareta*, karṭî, nârlî *f.*, karṭo *(aug.)* *Colhér de chareta*, ḍavlo *m.*, ḍavlî, ḍoy *(aug.)* *f.* *Entrecasco inteiro*, belo, belko *m.*, belî *(dim.)* *f.* *Casca de —*, soḍṇ *ou* soṇ *n.* *Parte fibrosa de —*, kâtlo *m.*, cheṁchûḍ *n.* *Filamentos de — ou cairo*, kâblo *m.* *Corda de cairo*, suṁb *n.*, tivḍo, râjû *m.* *Cacho de cocos*, śiṁpṭeṁ, śeleṁ *ou* śevak *n.*, peṁḍhî *f.* *Oleo de côco* khobrel, nârlel, âvel *(— superior)* *n.* ‖ *Cabeça de — (fig.)* guḍguḍlaleṁ-, jaḍ takleṁ. ‖ *Cfr.* COQUEIRO.

Cocoras, *s. f. pl.* *De —*, ukaḍyâṁ, ukaḍvo *(a.)*

Cocuruto, *s. m.* mathyâcho bhoṁvro; kaḷas, śikhar *m.*

Coda, *s. f.* gîtasaṁpâdan. ‖ *— do navio*, vereṁ *n.*

Codão, *s. m.* *V.* CARAMELLO.

Codea, *s. f.* khavḷo *m.*; sâl *f.* ‖ *V.* CROSTA.

Codice, *s. m.* purân graṁth; saṁgraha *m.*

Codicillar, *a.* mṛityulekhaśeshâcho.

Codicillo, *s. m.* mṛitapatrâchî puraṇî *f.*, mṛityulekhaśesh *m.*, tâjkalam *n.*

Codificação, *s. f.* kânûjâbto karṇeṁ *n.*, rîtisaṁhitâ *f.*

Codificar, *v. t.* kânûjâbto-, kalambaṁdî karuṁk *(g. do o.)*

Codigo, *s. m.* kânûjâbto, vyavahârvidhi *m.*, kalambaṁdî, rîtisaṁhitâ *f.*; saṁgraha, vidhi *m.*, rît *f.*

Codorniz, *s. f.* lahvo *m.*

Coefficiente, *s. m.* varṇ *m.*

Coelha, *s. f.* bâil saṁso *m.*

Coelheira, *s. f.* saṁsyâṁcho gûḍh *m.*

Coelheiro, *s. m.* saṁse mârtalo,-dhartalo.

Coelho, *s. m.* saṁso *m.* ‖ *Matar de uma cajadada dois coelhos*, ekâ phârân don mâruṁk.

Coempção, *s. f.* ekâmekâk-, paraspar vikṇeṁ *n.*

Coentro, *s. m.* konphîr, kothiṁbîr *f.*

Coerção, *s. f.* baḷ karṇeṁ *n.*, julûm *m.*, jabarî *f.*

Coercitivo, coercivo, *a.* baḷâcho, julmâcho.

Coercivel, *a.* baḷ karûṁyeso.

Coetaneo, coevo, *a.* eke parâyecho, barâbarîcho, samakâlik, samavay.

Coessencia, *s. f.* samatattva *n.*, samatattvatâ *f.*

Coeterno, *a.* samanityasthâyî.

Coexistencia, *s. f.* saṁsarg *m.*, sahajivitva *n.*

Coexistente, *a.* ekâ samayâcho, ekakâlik, sahajivî.

Coexistir, *v. i.* saṁgâtâ-, barâbarî jiyevnuṁk, ekâ kâḷâr âsuṁk.

Cofiar, *v. t.* pośevuṁk, hât oḍhuṁk *(l. sup. do o.)* târâṁṭuṁk (keṁs, khâḍ).

Cofre, *s. m.* kophr, peṭ *f.*, peṭûl *n.*, haḍpo *m.*; bhâṁḍâr *n.*

Cogitabundo, cogitativo, *a.* chiṁtâbharit, chiṁteshṭ.

Cogitação, *s. f.* chiṁtâ, chiṁtṇî, kalpanâ *f.* *ou* kalpan *n.*

Cogitar, *v. t.* chiṁtuṁk, kalpuṁk, tarkuṁk.

Cognac, *s. m.* brâṁḍî (*ingl.* BRANDY) *f.*
Cognação, *s. f.* soyrîk, lagtî *ou* lagat *f.*, nâteṁ *n.*
Cognatico, *a.* nâtyâcho.
Cognato, *a. e s. m.* nâtedâr, âvay vâṭen soyro.
Cognição, *s. f.* jñân *ou* gnyân *n.*, oḷakh *f.*
Cognitivo, *a.* jñânâcho, oḷkhîcho.
Cognito, *a.* (*ant.*) oḷkhalalo, oḷkhîcho; jâṇo jâlalo.
Cognome, *s. m.* nâṁv, âḍnâṁv, upnâṁv, kulnâm *n.* ‖ *Conhecer alguem pelo nome e —*, (*fig.*) pâḷâṁ paryâṁt jâṇo jâvuṁk (*g. do o.*)
Cognominação, *s. f.* âḍnâṁv ghâlṇeṁ; âḍnâṁv *n.*
Cognominar, *v. t.* âḍnâṁv-, upnâṁv ghâluṁk,- divuṁk, mhaṇuṁk.
Cognoscibilidade, *s. f.* jñânsakti *f.*, jñânpaṇ *n.*, jâṇvây *f.*
Cognoscivel, *a.* oḷkhûṁyeso, jâṇûṁyeso.
Cogote, *s. m. V.* OCCIPUT.
Cogula, *s. f.* boṁth *f.*
Cogular, *v. t.* suyen bharuṁk, sui-, śîy kâḍhuṁk (*d. do o.*)
Cogulo, *s. m.* sui, śîy *f.*, sûḷ *m.*
Cogumelo, *s. m.* âḷaṁbeṁ *ou* âyaṁbeṁ *n.*
Cohabitação, *s. f.* sâṁgâtâ râvṇeṁ *n.*, sahavâs, ekatravâs *m.*
Cohabitar, *v. t. e i.* sâṁgâtâ jiyevuṁk,- râvuṁk, ekatravâs karuṁk.
Coherdar, *v. t.* dusryâ bari ghevuṁk,- meḷauṁk (dây).
Coherdeiro, *s. m.* dâybaṁdhu, vaṁṭekâr, vibhâgî, bhâgidâr, bhâgelî.
Coherencia, *s. f.* saṁyog, thâr *m.*, saṁsakti *f.*; saṁbaṁdh *m.*, saṁgat, samarthây *f.*
Coherente, *a.* saṁyogâcho, ekmekîṁ lâgto,- jamto, saṁsakt, saṁyukt; samarth, lâyk, barâbar.
Coherentemente, *adv.* saṁbaṁdhiṁ, samarthâyen, barâbar.
Cohesão, *s. f.* saṁyog *m.*, chikaṭây *f.*; (*fig.*) ekvaṭ *m.*
Cohesivo, *a.* jamaito, ekṭhâṁy karto; chikaṭ, pâṁkiṭ.
Cohibição, *s. f.* âḍvârṇî, manâvṇî, âṭpaṇî; damṇî, maryâd, âḍkhiḷ *f.*, niyam, dam, ârekh *m.*
Cohibir, *v. t.* âḍvâruṁk, manâvuṁk, manâ-, baṁd karuṁk, âṭpuṁk, damâvuṁk, ârekhuṁk. ‖ *v. r.* âṭpoṁk, damuṁk, bâḍguṁk; sâṁḍuṁk, soḍuṁk, davruṁk (*vv. tt.*)
Cohonestação, *s. f.* nîb sârṇeṁ. lep kâḍhṇeṁ; nimitt *n.*
Cohonestar, *v. t.* baro kaso dâkhauṁk, baro lep kâḍhuṁk (*d. do o.*), nîb sâruṁk (*g. do o.*)
Cohorte, *s. f.* pâṁydal *n.*; phauj; (*fig.*) urpaṁj *f.*
Coi, *s. f. V.* COITO.
Coice, *s. m.* khoṭ *ou* khoṁṭ, khoṭâḷî, lât *ou* lâṭ *f.*, phâpar; *recuo:* tol; *parte inferior da coronha:* dastyâcho pâṁy *m.* ‖ *Chapa do —*, dastyâchî pâṭî. — *do prestito*, svârechî-, diṁḍechî pâṭh *f.* ‖ *V.* COICEIRA.
Coicear, *v. i.* khoṭ-, lâṭ mâruṁk. lâṭâvuṁk.
Coiceira, *s. f.* vâto, dârâcho joḍo *m.*, vijâgr (*do port.* VISAGRA) *n.*; uṁbar, uṁbro, dârvaṁṭo *m.*
Coifa, *s. f.* bâylâṁchyâṁ keṁsâṁk ghâlchî jâḷî *f.*
Coima, *s. f.* daṁḍ *m.*, paṭṭî *f.*
Coimar, *v. t.* daṁḍ ghâluṁk,- bâṁdhuṁk (*d. do o.*)
Coimeiro, *a.* daṁḍâcho; âḍvârlalo. ‖ *s. m.* daṁḍ ghetalo, daṁḍkâr.
Coincidencia, *s. f.* saṁpât *m.*, saṁpâtṇî, sar *ou* sarî; (*fig.*) meḷ *m.*; barâbarî *f.*
Coincidente, *a.* saṁpâtâcho; barâbaricho.
Coincidir, *v. i.* saṁpâtuṁk, saṁpât jâvuṁk (*g. do o.*), sarî jâvuṁk; (*fig.*) barâbarî-, ekâ kâlâr jâvuṁk,- ghaḍuṁk; meḷuṁk, lâguṁk.
Coira, *s. f.* (*ant.*) châṁḍyâcho jhubo *m.*
Coiraça, *s. f.* urastrâṇ, udartrâṇ; nautrâṇ. ‖ *Defeito da —*, (*fig.*) chhidr *n.*, chil *f.*
Coiraçado, *a.* urastrâṇ-, nautrâṇ âslalo; (*fig.*) trâṇî, trâṇ âslalo. ‖ *s. m.* tikyâchyâ trâṇâcheṁ târûṁ *n.*
Coiraçar, *v. t.* trâṇ ghâluṁk (*d. do o.*) ‖ *v. r.* urastrâṇ âpṇâk ghâluṁk; (*fig.*) trâṇ ghevuṁk, parvâ nâ karuṁk.
Coiraceiro, *s. m.* urastrâṇî.
Coirama, *s. f.* châmâṁ *n. pl.*
Co-irmão, *s. m. V.* PRIMO.
Coiro, *s. m.* châm, châmḍeṁ, kâtḍeṁ. ‖ *— cabelludo*, mâtheṁ *n.* *Levar — e cabello*, hâḍ mâs khâvuṁk.
Coisa, *s. f.* vast *f.*, padârth, arth, vishay, bhût *m.* ‖ *Alguma —*, kâṁy; (*loc. adv.*) ileṁ, thoḍeṁ bhav. — *nenhuma*, kâṁych nâ. *E a mesma —*, ekach, parvâ nâ, chiṁta nâ. *Não fazer — com —*, kâṁych sâṁkeṁ nâ ka-

ruṁk. *Dizer alguma —*, kiteṁy sâṁguṁk, miṭî ughḍuṁk. *Correr a — bem*, kâm bareṁ chaluṁk. *Dar uma — em alguem*, jhîṁṭ mâruṁk. *E — de uma legua*, sumâr ek kosbhar. || -s, *pl.* âstî *f.*, vitt; kâm *n.*, yepâr, prapaṁch *m.* || *Coisas e loisas*, sabâr vastû *f. pl.*, âlopâlo *m.* — *do arco da velha*, navlâṁ, ajâpâṁ *n.*

Coita, *s. f. (ant.)* garaj *f.*, daḷdîr *n.*

Coitada, *s. f.* śikârîbaṁd jâgo; charvo *m.*, baraḍ *n.*; ramṇo *m.*

Coitado, *a.* bâbdo, bâpudo, agatî, bichâro, daḷdiro, akalyâṇî, dîn. || *int.* kaṭâ, kaṭâkaṭâ.

Coiteiro, *s. m.* śikârîbaṁd jâgo râkhṇâr; ramṇekâr.

Coito, *s. m.* saṁg, âṁgsaṁg, saṁyog, saṁbhog *m.*; gâṁṭh, lâgṇî *(— das bestas) f.*

Coke, *s. m.* phâtrâcho kolso *m.*

Cola, *s. f. (ant.)* śeṁpḍî; parṭî kûs *f.* || *Ir na — de alguem*, pâṭhâpâṭhî lâguṁk. *Andar na — de alguem*, teḷûn bhoṁvuṁk, râkhûn râvuṁk.

Colcha, *s. f.* dhâbḍî, gaḍḍî, rajay *f.*, burnûs *m.*

Colchão, *s. m.* kulchâṁv *m.*, sapeṭî, lepḍî *f.*, bichhâneṁ *n.*

Colcheia, *s. f.* kaṁpasvar *m.*

Colchete, *s. m.* kulchet, kaḍî *f.*, phâso, âṁkḍo *m.*, âṁkḍî; kuṁḍlî *f.*, beleṁ *n.*

Colchoeiro, *s. m.* kulchâṁv-, sapeṭî kartalo.

Coldre, *s. m.* jinâcho bhâto *m.*

Coleopteros, *s. m. pl.* ghuṁghurle *m. pl.*

Colera, *s. f.* râg, krodh, kop, piṁtveg; kaḍkaḍo, atirâg *(— intensa)*; kiṁv *m.*, chîḍ *(impeto de —) f.* || *V.* BILIS.

Colericamente, *adv.* râgân, krodhîṁ, kiṁvân.

Colerico, *a.* râgishṭ, krodhî, kopî, piṁtvegî, atirâg; râgâr, râgâbharit.

Colgadura, *s. f.* rajay, jhâlar *f.*

Colgar, *v. t.* uṁkaḷâvuṁk, lâṁbauṁk; *(ant.)* gaḷâr mâruṁk, phâśî divuṁk *(d. do o.)*; neṭauṁk, saṁjauṁk (vaḷaṁtî).

Colhedor, *a. e s. m.* kâḍhtalo, kâḍhpî; luṁvpî; pâḍâvî, pâḍekâr.

Colheita, *s. f.* kâḍhṇî; luṁvṇî; pâḍṇî; toḍṇî; pikâvaḷ *f.*, pîk, beleṁ *(us. Can.) n.*; *(fig.)* lâbh, âdây *m.*

Colher, *s. f.* kuler, kâṁsuleṁ, chipaṭ *(us. Can.) n.*, chamas *(p. us.)*; — *de chareta:* davlo *m.*, davlî, doy *f.*, chîp *(us. Sal. e Ilh.)*, chipaṭ *(us. Can.) n.*, paḍkî. || — *de pedreiro*, thâpî *f.* || *V.* COLHERADA.

Colher, *v. t.* kâḍhuṁk; toḍuṁk *(— com a mão)*; pâḍuṁk *(— cocos, derrubar a pedradas)*; baḍauṁk *(— varejando)*; burḍuṁk *(— atabalhoadamente)*; khuṁṭuṁk *(— flores)*; luṁvuṁk, kâpuṁk *(— segando)*; *acolher:* ghevuṁk, sanimân karuṁk *(d. do o.)*; *apanhar:* dharuṁk; *alcançar:* joḍuṁk, meḷauṁk; *apprender:* śikuṁk, jâṇo jâvuṁk; *attingir:* lâguṁk, basuṁk *(d. do o.)*; *inferir:* anumânuṁk, tarkuṁk. || — *as velas*, śiḍâṁ kavḷuṁk,- deṁvauṁk; *(fig.)* puro karuṁk, thâṁbauṁk. — *ás mãos*, ghaṭṭ dharuṁk. || *v. i.* saiddhâṁtik jâvuṁk.

Colherada, *s. f.* kulerbhar *n.*, doybhar *f.* || *Metter a sua —*, toṁḍ ghâluṁk (*litt.* PÔR A BOCCA).

Colhereiro, *s. m.* kulerâṁ-, doyo kartalo.

Colhimento, *s. m.* kâḍhṇî *f.*, kâḍhap *n.*; pâḍo *m.*

Colica, *s. f.* guḷo, sûḷ, poṭsûḷ, ghâṁs *m.* || *Ter —*, poṭân dukhuṁk,- ghâṁs ghevuṁk.

Colico, *a.* naḷâcho.

Colirica, *s. f.* piṁṭâchî oṁk *f.*

Colite, *s. f.* naḷvyâdhi *f.*

Colla, *s. f.* chikaṭvaṇ, chikṭî, kichkichî, khaḷ *f.*

Collaboração, *s. f.* barâbarî-, sâṁgâtâ vâvarṇeṁ *n.*, sahakâr *m.*

Collaborador, *a. e s. m.* barâbarî vâvartalo, sahakârî.

Collaborar, *v. i.* barâbarî-, sâṁgâtâ vâvruṁk, sahakâr karuṁk, hât boṭ ghâluṁk.

Collaça, *s. f.* dûdhbhaĥîṇ.

Collação, *s. f.* dharmâdây deṇeṁ; adhikâr-, padvî-, huddo deṇeṁ *n.*; phaḷâr, upâhâr *m.* || *Trazer á —*, sarî karuṁk. *Vir á —*, kâmâk paḍuṁk.

Collacia, *s. f.* dûdhbhâupaṇ; dûdhbhaĥîṇpaṇ *n.*

Collaccionar, *v. t.* sar karuṁk *(g. do o.)*, jaḍuṁk.

Collaço, collactaneo, *s. m.* dûdhbâu.

Collada, *s. f.* vhaḍ ghol *m.*, khoreṁ *n.*

Collador, *s. m.* dharmâdây ditalo; chikaṭâytalo.

Collagem, *s. f.* chikṭâvṇî, basauṇî; nitḷâvṇî *f.*

Collapso, *s. m.* śirâṁtarâṁ tuṭṇeṁ *n.*

Collar, *v. t.* dharmâḍây divuṁk; chiktâvuṁk, pâṁkâvuṁk, sâṁdhuṁk, khaḷîn basauṁk, mâruṁk (*— estampilhas*); (soro) nitḷâvuṁk, nirmaḷâvuṁk; (*fig.*) lâvuṁk, teṁkauṁk, jaḍuṁk. || *v. i.* basuṁk (nesaṇ). || *v. r.* pâṁkuṁk, sâṁdhoṁk; lâguṁk, teṁkuṁk.

Collar, *s. m.* hâr, gop *ou* goph *m.*, sarpaḷî, sarî, gaḷsarî, maṇisarî, malâ, ratnamâlâ (*— de pedras preciosas*), kaṁṭhmâḷ (*p. us. nesta accepção*); peṭî *f.*; kaṁṭh *m.* || *V.* COLLARINHO.

Collareja, *s. f.* vârvekârṇ.

Collarinho, *s. m.* kolâr, gaḷebaṁd, galobâṁdh *m.*

Collateral, *a.* kusîcho, bagḷecho, samâṁtar; âḍve soyrikecho, chulat (*— agnaticio*), phâgûr (*— affim*), śâkhâsaṁbaṁdhî. || *Linha —*, âḍvî vaṁśâvali, âḍvyâ nâtyâchî paraṁparâ *f.*

Collateralmente, *adv.* âḍve vaṁśâvaliṁ.

Collativo, *a.* dharmâḍâyâṁ divûṁyeso,- divuṁcho.

Collator, *s. m.* dharmâḍây ditalo.

Colleado, *a.* âḍvotiḍvo, vâṁkḍo.

Collear, *v. i.* taklî-, boḍîk hâlauṁk; âḍvotiḍvo vachuṁk, heṇeṁteṇeṁ-, hevśîntevśîn chaluṁk.

Collecção, *s. f.* jamo, puṁjo, âṭâp, saṁgraha, bharṇo *m.*, sûtr *n.*, sâmagrî, viṁchṇî, saṁhitâ *f.*

Colleccionador, *s. m.* puṁjâvṇâr, âṭâpṇâr, viṁchṇâr.

Colleccionar, *v. t.* puṁjâvuṁk, âṭâpuṁk, bharṇo-, jamo karuṁk.

Collecta, *s. f.* ḍoîpaṭṭî; vargaṇî *f.*, chaṁdo *m.*

Collectar, *v. t.* ḍoîpaṭṭî-, daṁḍ ghâluṁk,- bâṁdhuṁk (*d. do o.*)

Collectavel, *a.* daṁḍ ghâlûṁyeso.

Collecticio, *a.* (*ant.*) veṭhîk dharlalo,- velalo.

Collectivamente, *adv.* ekṭhâṁy, ekvaṭûn.

Collectividade, *s. f.* paṁkat, paṁgat, maṁḍaḷî *f.*

Collectivo, *a.* paṁktîcho, sâmâjik; (*gram.*) samudâyavâchak.

Collector, *s. m.* ukâḷekar, patkâr; jamauṇâr, puṁjâvṇâr.

Collega, *s. m.* gaḍo, saṁgaḍî, vâṁgaḍî, chaughulo, joḍo, sâṁgâtî, sâkhî, sakhây, sahây.

Collegiada, *s. f.* pâṭhsâḷîche burge *m. pl.*

Collegial, *a.* pâṭhsâḷîcho, vidyâlayâcho. || *s. m.* vidyârthî, chhâtr.

Collegio, *s. m.* kolej, pâṭhsâḷ, vidyâśâlâ *f.*, vidyâlay *n.*, maṭh, vidyâmaṭh *m.*; maṁḍaḷî, sabhâ *f.*

Colleira, *s. f.* kaḍyâḷeṁ *n.*, tok *m.*

Colleirado, *a.* kaḍyâḷeṁ âslalo; kaṁṭhâcho.

Collete, *s. m.* kulet *f.*, vâskûṭ (*do ingl.* WAIST-COAT) *n.*, ḍaglo, kâchvo *m.* || *— de forças*, khoḍyâchî nesaṇ *f.* || *V.* ESPARTILHO.

Collidir, *v.* âḍḷâvuṁk, âḍkhaḷâvuṁk. || *v. r.* âḍḷuṁk, âḍkhaḷuṁk; (*fig.*) âḍ yevuṁk, nâ paḍuṁk.

Colligação, *s. f.* ekvaṭ, ektâr, gûḍhmeḷ *m.*; kûṭ *n.*

Colligar, *v. t.* ekvaṭuṁk, ekṭuṁk. || *v. r.* ekvaṭoṁk, ekṭhâvoṁk.

Colligir, *v. t.* ekṭhâṁy karuṁk, ekṭhâvuṁk, puṁjikaruṁk, puṁjâvuṁk, jamauṁk, jamâkaruṁk, meḷauṁk, âṭâpuṁk, saṁsuṁk, viṁchuṁk; tâḍuṁk, anumânuṁk.

Collimação, *s. f.* (*astr.*) yaṁtrâṁ paḷevṇeṁ *n.*

Collimar, *v. t.* (*astr.*) yaṁtrâṁ paḷevuṁk.

Collina, *s. f.* ḍoṁgrî *f.*

Collinoso, *a.* ḍoṁgrî.

Colliquação, *s. f.* hoḷṇî, hoṁjaḷṇî *f.*

Colliquativo, *a.* hoṁjaḷṇecho.

Collisão, *s. f.* sâṁghaṭṭ *m.*, âḍaḷṇî, âḍkhaḷṇî *f.*

Collo, *s. m.* goṁgṭhî *f.*, goṁgṭho; gaḷo *m.*; oṁṭî *f.* || *Trazer ao —*, oṁṭiyeṇ ghâluṁk; (*fig.*) âyaṁḍî mâruṁk.

Collocação, *s. f.* davarṇeṁ *n.*, ṭhevṇî, ghâlṇî, sthâpṇî *f.*, peṇeṁ *n.*; jâgo, udyog, dhâṁdo *m.*

Collocar, *v. t.* davruṁk, ṭhevuṁk, ghâluṁk, sthâpuṁk, basauṁk; nemuṁk, kâmâk lâvuṁk, jâgo-, dhâṁdo divuṁk (*d. do o.*) || *v. r.* râvuṁk; (*fig.*) kâm-, châkrî meḷuṁk (*d. do s.*)

Colloquio, *s. m.* châlibolî *f.*, vâd, saṁvâd, jâpsâl, âlâp *m.*, saṁbhâshaṇ, saṁkathaṇ *n.*

Collusão, *s. f.* gûḍhmeḷ *m.*, kapaṭmaṁtr, saṁgmat, kûṭ *n.*

Collusivo, **collusorio**, *a.* gûḍhmeḷâcho, saṁgmatâcho.

Collyrio, *s. m.* kâjal, âṁjan *n.*

Colmado, *a.* kolvâcho. || *s. m.* khoṁpṭî, jhoṁpḍî *f.*

Colmar, *v. t.* kolvâṇ dhâṁpuṁk; upaṭ-, subhâṁ bharuṁk, saṁpauṁk, saṁpâduṁk.

Colmeal, *a.* poḷiyâṁcho jâgo *m.*; mâleṁ *n.*

Colmeia, *s. f.* pai, poḷî, mhoṁvâchî poḷî *f.*; mâleṁ *n.*; tâṁḍî *f.*, chomṁbo *ou* chuṁbo *m.*

Colmieiro, *s. m.* mhoṁvâchyo poḷyo paḷetalo va vikṭalo.

Colmilho, *s. m.* suḷo, suṇero dâṁt *m.*

Colmo, *s. m.* kolû, tâṁṭ *m.*, âsî *f.*; kolvâcheṁ ghar *n.*

Colonim, *s. m.* châkar.

Colon, *s. m.* nal *m.*

Colonia, *s. f.* deśâṁtar gelalyâ va âslalyâ lokâcho jamo *m.*, -maṁḍaḷî *f.*; âplyâ râjyâcho phâṁṭo va phâṁṭyâcho lok, deśâṁtar râjphâṁṭo *m.*

Colonial, *a.* deśâṁtarâ râjphâṁṭyâcho va phâṁtyâchya lokâcho.

Colonização, *s. f.* navîvastî karṇeṁ *n.*, vasauṇî *f.*

Colonizador, *a. e s. m.* vasauṇâr, vasaitalo.

Colonizar, *v. t.* vasauṁk, navîvastî karuṁk *(l. do o.)*; âplyâ deśâcho-, râjyâcho phâṁṭo vasauṁk.

Colonizavel, *a.* vasauṁyeso.

Colono, *s. m.* kûḷ *n.*, muṁdkâr; âplyâ deśâchyâ phâṁṭyâcho manîs,-râvṇâr.

Colophonia, *s. f.* râḷ *f.*

Coloquintida, *s. f.* kaḍvî tavśîṇ, kaṁvḍal *(planta) f.*; kaḍveṁ tavśeṁ, kaṁvḍal *(fructo) n.*

Color, *s. m. (ant.)* raṁg *m.* ‖ *Sob* —, nibân, âkârân.

Coloração, *s. f.* raṁgauṇî; raṁgṇî *f.*

Colorado, coloreado, *a.* raṁglalo, raṁgî.

Colorante, *a.* raṁgaito, raṁg dito.

Colorar, colorear, *v. t.* raṁgauṁk, râṁpauṁk; nibâvuṁk, nib sâruṁk.

Colorau, *s. m.* mirsâṁgâṁcho piṭho *m.*

Colorido, *a.* raṁgailalo, raṁgâṁcho, raṁgî; *(fig.)* alaṁkrit, śṛiṁgârlalo; nibâylalo, nibâcho. ‖ *s. m.* raṁgaṇ *n.*; *(fig.)* rasraśitây *f.*; alaṁkâr *m.*

Colorir, colorizar *(p. us.)*, *v. t.* raṁgauṁk, raṁg divuṁk *(d. do o.)*, raṁgî karuṁk; *(fig.)* nibâvuṁk, lep kâḍhuṁk; alaṁkâruṁk. ‖ *v. r.* raṁguṁk, raṁg yevuṁk *(d. do s.)*, tâṁbḍo jâvuṁk.

Colorista, *s. m.* raṁgauṇâr.

Colorização, *s. f.* raṁg badalṇeṁ *n.*

Colossal, *a.* bhav vhaḍ, dâṁḍgo, atikây, karâl; *(fig.)* viśâḷ, jabar visṛit.

Colosso, *s. m.* vhaḍ bâhuleṁ *n.*, moṭo putḷo *m.*; *(fig.)* khaḍâghâṁṭ *m.*

Colostro, *s. m.* paileṁ dûdh *n.*, dik *m.*

Colubrina, *s. f. (ant.)* lâṁb nâḷ *f.*

Colubrino, *a.* sarpâcho; sarap kaso.

Columbino, *a.* pârvyâcho; *(fig.)* bhoḷo, sâdho.

Columna, *s. f.* khâṁbo, staṁbh, manoro; gol *(— de tropas) m.*; moḍ *f.*, rakâno *(— de pagina) m.*

Columnar, *a.* khâṁbo kaso, staṁbhâkâr.

Columnata, *s. f.* khâṁbyâṁchî hâr, staṁbhâvali *f.*

Columnello, *s. m.* lahân khâṁbo *n.*; davarṇeṁ *n.*

Columneta, *s. f.* lahân âni bârîk khâṁbo *m.*

Coluro, *s. m.* yâmyottarvṛitt *n.*

Com, *prep.*: *de companhia:* barâbar, barobar, barâbarî, sâṁgâtâ, sâṁgâtîṁ, vâṁgḍâ *(us. entre os hindús)*; *de instrumento, modo, causa: exprime-se pelo caso instrumental, ex.: com espada,* tarvârîn; *com pressa,* darvaḍyâû; *de complemento restrictivo: exprime-se pelo genitivo, ex.: anel com diamante,* vajrâchî mudi; *prato com feijão,* aḷsâṁdyâṁchî basî; *de posse, proximidade, logar moral (lat.* APUD*)* kadc, lâgîṁ, ṭhâṁy, saveṁ, pâsiṁ, sarîṁ, javaḷ *(us. entre os hindús; posp.)*; *de inclusão, supprimento:* sahit, mcḷûn, lekhûn *(posp.)*

Coma, *s. f. cabelleira:* keṁstyo *f. pl.*; *juba:* śeṁdo *m.*, śeṁḍî; âyâḷ *(— de cavallo) f.*: śiṁhakeśar *(— de leão)*; *pennacho:* turo, chûḍo; *copa:* vistâr, âḍos *m.*; *lethargia:* jhâṁp, bhramît *f.* ‖ — *de cometa,* śeṁḍî.

Comado, *a.* lâṁb keṁs âslalo; śeṁḍyâcho; phâṁkarlalo.

Comadre, *s. f.* kumâr, pratimâtâ *(p. us.)*; vaijiṇ *f.*; tast *n.*

Comarca, *s. f.* prâṁt, mahâl, grâm *m.*

Comarcão, *a.* prâṁtâcho; *(ant.)* śejârâcho, śejârî.

Comatoso, *a.* jhâṁpîcho, jhâṁpâḷo, bhramishṭ.

Combalenga, *s. f.* kuṁvâḷo *m.*

Combalido, *a.* moḍon paḍlalo, hât pâṁy gaḷlalo, bebo jâlalo, bebaḷ.

Combalir, *v. t.* moḍûn ghâluṁk, boḍkâvuṁk, meṁgo karuṁk.

Combate, *s. m.* juj, saṁgrâm, yuddh *n.*, yodh *m.*, laḍhây; jhagḍeṁ *n.* ‖ *Dar* —, juj mâruṁk.

Combatente, *a. e s. m.* jujârî, saṁgrâmî, yodhî.

Combater, *v. t. e i.* jujuṁk, juj mâruṁk,- mâṁḍuṁk, yodhuṁk, laḍhuṁk; jhagḍuṁk *(vv. ii.)*

Combinação, *s. f.* jaḍṇî, meḷauṇî, ekṭhâvṇî, saṁdh, yukti *f.*, saṁyog, samâgam, meḷ; kaṭ, khaṁḍ *m.*; *(math.)* ekîkaraṇ *n.*

Combinadamente, *adv.* meḷûn, ekṭhâṁy jâvûn; khaṁḍân.

Combinador, *a. e s. m.* meḷauṇâr, ekṭhâvṇâr, jaḍtalo.

Combinar, *v. t.* meḷauṁk, jaḍuṁk, ekṭhâvuṁk, saṁdhuṁk, samsuṁk, saṁyog-, samâgam karuṁk; *comparar:* sarî karuṁk, lâvuṁk; *pactuar:* khaṁḍuṁk, boluṁk. ‖ *v. i. e r.* meḷuṁk, jamuṁk, ekṭhâvoṁk; lâguṁk, paḍuṁk *(d. do s.)*; ekṭhâṁy jâvuṁk, mathuṁk.

Combinavel, *a.* meḷauṁyeso, ekṭhâvûṁyeso.

Comboiar, *v. t.* râkhûn vharuṁk (bharaḍ), pâvauṁk (phaujîn).

Comboieiro, *a. e s. m.* pâvṇo. ‖ *s. m.* sârthi *m.*

Comboio, *s. m.* bharaḍ; pâvṇî *f.*, valâvo *m.*; âggâḍî *f.*

Combona, *s. f. V.* CAMBÔA.

Comborça, *s. f. (ant.)* kâjâryâchî dhagaḍî *f.*

Combro, *s. m. V.* COMORO.

Comburente, *a.* jaḷto, ulpo.

Combustão, *s. f.* jâḷ *m.*, jâḷṇî, jaḷṇî, ulpaṇî *f.*; *(fig.)* khaḷbaḷ *m.*, tuphân, tirrâj. ‖ — *espontanea*, sahaj jaḷṇeṁ *n.*

Combustibilidade, *s. f.* jaḷcho guṇ *m.*, dâhyatva *n.*

Combustivel, combustivo, *a.* jaḷto, âg-, ujo lâgto. ‖ *s. m.* jaḷo *m.*, jaḷuṁk upkârtî vast *f.*

Combusto, *a. (ant.)* jaḷlalo, ulpalalo.

Começador, *a. e s. m.* araṁbhṇâr, âḍâvṇâr.

Começar, *v. t.* araṁbhuṁk, araṁbh-, mudal ghâluṁk *(d. do o.)*, âḍâvuṁk, âdaruṁk, surû karuṁk, pâlaṇṿ divuṁk,- ghâluṁk *(d. do o.)*, lâguṁk *(com outro verbo no infinito, ex.: — a fazer,* karuṁk lâguṁk). ‖ *v. i.* araṁbhoṁk, lâguṁk, surû jâvuṁk.

Começo, *s. m.* araṁbh *m.*, mudal *n.*, âḍâvṇî *f.*, muhûrtt *ou* mrit, âdar, âdi *m.*, âdaraṇ *n.*, śrî *f.* ‖ *Dar* —, araṁbh-, mudal ghâluṁk.

Comedela, *s. f.* piḷûn khâṇeṁ, bûṭ lâvṇeṁ, bûṭ *n.*, sutlâvṇî *f.*

Comedia, *s. f.* komed, nâṭikâ, nakaḷ *f.*, jâgar *m.*; *(fig.)* ḍhoṁg *n.*

Comediante, *s. m. e f.* nâṭkî, nakalî, jâgrî.

Comedoiro, *s. m.* khâvuṁcheṁ âydan *n.*, khâvaṇ *f.* ‖ *a.* khâvuṁk upkârto, khâvuṁcho.

Comedor, *a.* khâto. ‖ *s. m.* khâvgo, khâṇâro *(aa.)*; *(fig.)* hogḍâvṇâr, piḷûn khâto. ‖ *Ser fraco* —, thoḍeṁ jevuṁk, kiṁchaṇo jâvuṁk.

Comedorias, *s. f. pl.* khâṇ jevaṇ, bhâteṁ *n.*

Comenos, *s. m.: neste* —, hyâ mhaṇasar, aseṁ âstâṁ, avasarîṁ, avsîṁ.

Comer, *v. t.* khâvuṁk *(exprime todas as accepções)*, jevuṁk *(— arroz, canja)*, bhakshuṁk *(p. us.)*, grâsuṁk *(p. us. nesta accepção)*, sevuṁk *(us. restrictamente)*, rakshuṁk *(— sofregamente)*, bhakâ mâruṁk *(— á pressa, sem mastigar)*; am-, mâm karuṁk *(loc. infant.)* ‖ — *com os olhos*, âṁvḍhevuṁk *(d. do o.)*, atrekuṁk *(d. do o.)* — *os olhos a alguem*, toṁchûn-, piḷûn khâvuṁk. — *o pão, que o demonio amassou*, aṭâsâṁnûṁ jiyevuṁk, saṁkashṭîṁ dis kâḍhuṁk. ‖ *v. i.* khâvuṁk, jevuṁk; *causar comichão:* khâvuṁk, kharjuṁk, kuskusuṁk. ‖ — *pela mão de alguem (fig.)*, dusryâchyâṁ gaṭyâṁk paḍuṁk. — *á tripa forra*, poṭbhar jevuṁk, poṭ tâṇuṁk. ‖ *Fazer* —, *dar de* —, khâvauṁk, bharauṁk. ‖ *s. m.* khâṇ, jevaṇ, bhûs, bhojan *n.*; am, mâm *(loc. infant.)* *m.* ‖ *Perder o* —, ann nâ vachuṁk *(d. do s.)*, jevaṇ nâ ruchuṁk *(d. do o.)* *Achar o* — *feito (fig.)*, âyteṁ meḷuṁk *(d. do s.)*

Comestivel, *a.* khâvuṁcho, khâṇâcho, khâvuṁk, upkârto. ‖ *-eis*, *s. m. pl.* jevaṇkhâṇ, bhûs *n.*, varav *m.*

Cometa, *s. m.* śeṁḍenakshatr *n.*, dhûmketu, agnyutpât *m.*

Cometario, *a.* dhûmketûcho.

Comezaina, *s. f.* mâḷâḷ *n.*, bhojanotsav *m.*

Comezinho, *a.* khâvuṁk sompo,- baro; *(fig.)* châlto, sadâṁcho.

Comicamente, *adv.* nakalîṁ, kautukîṁ.

Comichão, *s. f.* kharjuneṁ *n.*, kharaj, chuḷchuḷṇî, vaḷ *f.*; *(fig.)* hurlûk, hukkî *f.* ‖ *Ter comichões na lingua*, jîbh kharjuṁk *(g. do s.)* *Estar com — nas costas*, mârâṁk sujuṁk.

Comichar, *v. t.* kharaj karuṁk *(d. do o.)* ‖ *v. i.* kharjuṁk.

Comichoso, *a.* kharjuṇo, kharjuvâḷo, kharjuḷo.

Comicial, *a.* prajâsabhecho. ‖ *Doença* —, marlûk *f.*
Comicio, *s. m.* prajâsabhâ, maṁḍaḷî *f.*, samâj *m.*
Comico, *a.* kautîk, soṁgâcho; hâṁsyâcho, vilakshaṇ. ‖ *s. m.* soṁgâkâr, nâṭkî, nakalyo.
Comida, *s. f.* khâṇ, jevaṇ, pakvan, *pâkhuvaṇ, bhûs, bhâteṁ, bhojan, ann *n.*, mâm *(loc. infant.) m.; khâṇeṁ, jevṇeṁ *n.*
Comido, *a.* khelalo, jevlalo.
Comilão, *s. m.* poṭbharyo, poṭbharavṇo, poṭyo, bharṇo, khâvgo *(aa.)*, khâṇâr, râkhas *m.*
Comité, *s. m. V.* COMMISSÃO.
Cominho, *s. m.* jireṁ *n.*
Comitiva, *s. f.* savârî *f.*, parivâr, âḍaṁbar *m.*
Commandante, *s. m.* komâṁdâṁt, phaujdâr, sardâr, jamâdâr, nâyk, dalpati, adhipati. ‖ — *em chefe,* senâpati, senâdhipati. — *de navio,* mâlîm, târûṁkâr *ou* târvâkâr.
Commandar, *v. t.* chalauṁk, sardâr-, mâlîm jâvuṁk *(g. do o.); (fig.)* vayr âsuṁk *(g. do o.)*
Commando, *s. m.* tainâd, sardârkî, nâykî *f.*
Commedidamente, *adv.* maryâdîn.
Commedido, *a.* maryâdîcho, maryâdik, vinayî, nirahaṁkâr.
Commedimento, *s. m.* maryâḍ, bhiḍâ, mâṇsugî *f.*
Commedir, *v. t.* maryâdîn-, mâṇsugen karuṁk.
Commemoração, *s. f.* samaraṇ *n.*, utsav, ughḍâs, âṭhav *m.*, âṭhavaṇ *f.*
Commemorar, *v. t.* utsav-, samaraṇ-, âṭhav karuṁk *(g. do o.)*, samaruṁk, âṭhauṁk, guṇ âṭhauṁk *(g. do o.)*
Commemorativo, *a.* samaraṇâcho, âṭhavâcho.
Commemoravel, *a.* ughḍâsîk, âṭhav phâvo to.
Commenda, *s. f. (ant.)* dharmâdây *m.*; *(mod.)* sardârbahâdurî *f.*; sardârbahâdurecho billo *m.*
Commendação, *s. f. V.* RECOMMENDAÇÃO.
Commendadeira, *s. f.* dharmâdây âslalî maṭhvâsîṇ.
Commendador, *s. m.* sardârbahâdûr.
Commendadoria, *s. f.* dharmâdây; dharmâdâyâcho phaḷ *m.*
Commendatario, *a.* dharmâdây vasaitalo.
Commendaticio, commendatorio, *a.* śiphârasîcho, târiphecho.
Commensal, *a. e s. m.* ekpaṁktîcho, paṁktibhâu.
Commensalidade, *s. f.* ekpaṁgat *f.*, paṁktibhojan *n.*
Commensurabilidade, *s. f.* mejap *n.*; samparimâṇbhâv *m.*
Commensurar, *v. t.* mejuṁk; sarî karuṁk; samparimâṇ karuṁk *(g. do o.)*
Commensuravel, *a.* mejûṁyeso, gaṇyo; samparimâṇ, sanmâtr, sanmâṇ.
Commentador, commentista, *s. m.* bhâskâr, ṭikekâr, vyâkhyâkâr; *(fig.)* niṁdâkâr, gâṁjṇâr.
Commentar, *v. t.* ṭiko *(d. do o.)*-, vivaraṇ *(g. do o.)* karuṁk, vivekuṁk, arthuṁk, arth sâṁguṁk *(g. do o.)*, nirvachuṁk; *(fig.)* niṁduṁk, gâṁjuṁk, paribhâshaṇ karuṁk *(g. do o.)*
Commentario, *s. m.* ṭiko *m.*, vivaraṇ, bhâshya *n.*; niṁdârth *m.*, gâṁjṇî *f.*
Commenticio, *a.* bâshkaḷ, phoṭkiro, kalpanecho.
Commento, *s. m.* ṭiko, arth, vivek *m.*, vyâkhyâ *f.*, vivaraṇ *n.*
Commercial, *a.* yepârâcho, udemâcho, vyavahârî.
Commercialmente, *adv.* yepârâche ritîn.
Commerciante, *a. e s. m.* vyavahârî, udemâcho; yepârkâr, sâvkâr, vehârî.
Commerciar, *v. i.* yepâr-, udyam karuṁk, vyavahâruṁk; *(fig.)* châlîbolî âsuṁk *(d. do s.)*
Commercio, *s. m.* yepâr *ou* vyapâr, vyavahâr *ou* vehâr, udyam *ou* udem, devghev *m.*, gheṇeṁdeṇeṁ, deṇeṁgheṇeṁ *n.*; *(fig.)* châlîbolî, vahivâṭ *f.*; saṁsarg, lâgbhâg *m.*
Commettedor, *a. e s. m.* âdartalo, âdarṇâr, karṇâr.
Commetter, *v. t.* karuṁk, âdaruṁk; opuṁk, vopsûn divuṁk *(us. Can.)*, havâluṁk. ‖ *V.* ACOMMETTER. ‖ *v. r. V.* AVENTURAR-SE.
Commettimento, *s. m.* karṇî, âdarṇî *f.*, âdaraṇ *n.*; parâkram *m.*, kautuk *n.*
Commigo, *pron.* majekaḍe *ou* mâjekaḍe.
Comminação, *s. f.* bheṁ dâkhauṇeṁ, daṁḍsûchan *n.*
Comminador, *a. e s. m.* bheṁ dâkhaitalo, daṁḍsûchak.
Comminar, *v. t.* bheṁ-, bhay dâkhâuṁk, daṁḍsûchan karuṁk, daṁḍân pharmâvuṁk.

Comminatorio, *a.* bhaysûchak, damḍsûchak. ‖ *Pena comminatoria*, chukîk khâst pharmâylalî.

Comminuir, *v. t.* churo-, pûḍ karuṁk *(g. do o.)*

Commiseração, *s. f.* kâklat *ou* kâkût, dayâ *f.*, churchure *m. pl.*

Commiserador, *a.* e *s. m.* churchuryâṁcho, kâkutîcho kâklatchâr.

Commiserar, *v. t.* churchurâvuṁk. ‖ *v. r.* churchuruṁk, kâkût disuṁk *(d. do s.)*

Commissão, *s. f.* opṇî *f.*, havâlo, adhikâr, niyog *m.*; paṁchâyt, maṁḍaḷî *f.*; *emprego temporario:* hâlâyteṁ-, châlteṁ kâm *n.*, thoḍyâṁ disâṁchî châkrî; *(comm.)* pharmâs; dalâlî, dasturî *f.* ‖ — *central*, mâjpaṁchâyt. — *executiva*, sâdhanîpaṁchâyt. *Peccado de* —, karṇecheṁ pâtak.

Commissariado, *s. m.* niyog, havâlo. ‖ — *do exercito*, modîkhâṇo *m.*

Commissario, *s. m.* munîm; dalâl; modî.

Commissionado, *a.* niyog âslalo, adhikṛit; châltyâ-, hâlâytyâ kâmâcho. ‖ *s. m.* niyogî, adhikârî.

Commissionar, *v. t.* adhikâr-, havâlo divuṁk *(d. do o.)*, havâluṁk, niyoguṁk.

Commisso, *s. m.* daṁḍâk paḍṇeṁ; daṁḍ *m.*; kâydyâr chûk *f.*

Commissura, *s. f.* koṇso *m.*; geḷ (— *dos dedos*) *n.*; vâḷû (— *dos labios*) *f.*; apâṁg (— *das palpebras*) *m.*

Committente, *a.* e *s. m.* yojno, nemṇâr, havâlṇâr.

Commoção, *s. f.* hâlṇî, halkaṁḍṇî, uchaṁbaḷây *f.*; saṁtâp, manastâp; gaḷbaḷ *m.*, gaḍbaḍ *f.*; śirśiro *m.*

Commoda, *s. f.* komd *n.*, drâv (*do ingl.* DRAWER) *m.*, khaṇâṁchî peṭ *f.*

Commodamente, *adv.* bare bhâshen, sukhân, susth.

Commodante, *s. m.* ushṇo ditalo.

Commodatario, *s. m.* ushṇo ghetalo.

Commodato, *s. m.* ushṇo deṇeṁ,-gheneṁ *n.*

Commodidade, *s. f.* upayog *ou* upeg, âdây *ou* âdâv *m.*, upkârpaṇ; kuśâlpaṇ *n.*, kuśâlî, saṁsthâ, niśchiṁtî *f.*; avkâś, avsar, veḷ *m.*

Commodista, *a.* sukhâḷo.

Commodo, *a.* upayogî *ou* upegî, upkârâcho, âdâvâcho. ‖ *Preço* —, sasteṁ mol *n.* *Vida commoda*, susth-, sukhâcheṁ jiṇeṁ *n.*, saṁsthâ *f.* ‖ *s. m.* *V.* COMMODIDADE.

Commover, *v. t.* hâlauṁk, halkaṁḍâvuṁk, uchaṁbaḷâvuṁk; *(fig.)* mavâḷuṁk, kâḷij phoḍuṁk *(litt.* PARTIR O CORAÇÃO; *g. do o.)* ‖ *v. r.* uchaṁbaḷuṁk, halkaṁḍuṁk; mavâḷoṁk, churchuruṁk.

Commua, *s. f.* kumâṁv, pâykhiḷo, kâkûs *m.*, hâgrî *f.*

Commum, *a.* samastâṁcho, saglyâṁcho, sarvâṁcho *(pertencente a todos)*; sâdhâraṇ, sabârâṁcho *(pertencente a muitos)*; chaughâṁcho (*litt.* DE QUATRO), tcghâṁcho (*litt.* DE TRES), bhâgâcho *(pertencente a alguns)*; lokâcho, laukik, samâjîk *(publico)*; *normal:* sadâṁcho, châlto, chalto; *mediocre, vulgar:* sâdhâraṇ, gâṁvṭo, namast, halko, bâjârî (*litt.* DE FANCARIA), uṇâk, laḍgo; *(gram.)* sâmânya. ‖ — *de dois*, sâmânyaliṁg *m.* *Senso* —, akkal *f.* *Direito* —, deśâchâr, rivâj *m.* *Logares communs*, sadâṁcheṁ pad *n.*, jâṇo jâlalyo goshṭyo *f. pl.* *Em commum*, bhâgâ, râśik, savraśiṁ. *De* — *accordo*, sakaṭ meḷûn, sagḷe ekṭhâṁy jâvûn.

Commummente, *adv.* chadhâvat, adhik-, bhav karn, sabâr pâvṭhî; bhâgâ, râśik.

Communa, *s. f.* prâṁt *m.*

Communal, *a.* prâṁtâcho.

Commungante, *a.* e *s. m.* Sâheb ghetalo.

Commungar, *v. i.* kumgâr jâvuṁk, Sâheb- Dev-, komunyâṁv ghevuṁk,-sevuṁk; bhâg-, vâṁṭo ghevuṁk. ‖ *v. t.* Sâheb-, Dev divuṁk *(d. do o.)*

Commungatorio, *s. m.* Sâheb ghevuṁchî svât *f.*

Communhão, *s. f.* saṁbaṁdh, saṁsarg; dharmsaṁbaṁdh, ektâr; komunyâṁv, Sâheb, Dev *m.*

Communicabilidade, *s. f.* deṇyâyogepaṇ, deypaṇ *n.*

Communicação, *s. f.* samastâṁcho karṇeṁ *n.*, lâbhauṇî; kaḷauṇî, jâṇauṇî, gamauṇî *f.*; deṇeṁ, dân *n.*; *trato:* châlîbolî *f.*, saṁsarg, saṁbaṁdh *ou* samaṁdh *m.* ‖ *Vias de* —, vâṭo *f. pl.*, mârag *m. pl.* — *dos santos*, bhaktâṁcho ektâr *m.*

Communicado, *a.* kaḷailalo; dilalo. ‖ *s. m.* nirop, saṁdeś *m.*

Communicador, *a.* e *s. m.* kaḷaitalo, jâṇauṇâr; deṇâr.

Communicante, *a.* lâytalo, meḷaitalo. ‖ *V.* COMMUNGANTE.

Communicar, *v. t.* samastâṁcho-, sarvâṁcho karuṁk; kaḷauṁk, jâṇauṁk gamaumk, khabar divumk (*litt.* DAR NOTICIA); *ligar:* lâvumk, meḷaumk; *transmittir:* lâvumk, samchârumk; *dar:* divumk, vâmṭumk. ‖ *v. i.* lâgumk, meḷumk; ulaumk, châlîbolî âsumk (*d. do s.*) ‖ *v. r.* lâgumk, samchromk; meḷumk; ulaumk; vahivâṭ âsumk (*d. do s.*)

Communicativo, *a.* lâgto, lâgik; tomdbhar ulaito, hâmstyâ mukhâcho; sadsadît, pâṭh phuḍo nâslalo.

Communicavel, *a.* divûmyeso; lâgûmyeso; sugam.

Communidade, *s. f.* komnidâd, gâmvkârî *f.*, gâmvpaṇ, grâmasth (— *agricola da India*); eksârkepaṇ *n.*, ekbhâv, sambhav *m.*; jamât *f.*; maṭh *m.*

Communismo, *s. m.* sarvârthalaukikmat *n.*

Communista, *s. m.* sarvârthalaukikmatânusârî.

Commutação, *s. f.* badal *f.* ‖ — *de pena,* khâst haḷuvâvṇem *n.*

Commutador, *a. e s. m.* badaltalo, badalṇâr; haḷuvâytalo.

Commutar, *v. t.* badlumk; haḷuvâvumk.

Commutavel, *a.* badlûmyeso.

Comnosco, *pron.* âmchekaḍe.

Como, *adv.* kaso *ou* kaho (*decl.; us. com os nomes, ex.:* — *louco,* piso kaso; — *uma vibora,* khurśem kasem); taso (*decl.; us. com os verbos, ex.: faze* — *te digo,* tukâ sâmgtâm tasem kar); jaso (*decl.; correlativo, ex.:* — *fizeres assim acharás,* jasem karsî, tasem bhogsî); barî, parîm (*pospositivas, ex.:* — *rei,* pâtśâyâ barî; — *um morto,* melalyâ parîm); kitem karûn *ou* karn (*litt.* O QUE FAZENDO; *interrog.*); âm, hâm, hûm (*interrog. de explicação e admiração, ex.:* —? *Não ouvi,* hâm? Âykumk nâ); so (*suffixo decl.:* — *se,* — *que, ex.: estava* — *que pezaroso,* chimteshtso âslo; *parece* — *se fosse cavallo,* ghoḍoso distâ). ‖ *V.* QUANTO.

Comoro, *s. m.* domgrî, murḍî, takśî *f.*, temb *n.*, huḍo, kaṇo *m.*

Comoso, *a.* kemsâḷo.

Compacto, *a.* akhamḍ, âkho, ghaṭṭ, dridh, majbût, samgîn, ghaṇ, dâṭ. ‖ *Multidão compacta,* lokâchî tâmḍî.

Compadecedor, *a.* churchuryâmcho; churchurtalo, kaṇvâḷtalo.

Compadecer, *v. t.* churchurumk (*d. do o.*), kâklat disumk (*d. do s., g. do o.*); barem disumk,- lâgumk (*d. do s.*); sosumk. ‖ *v. r.* kaṇvâḷumk, churchurumk; (*fig.*) paḍumk (*d. do s.*), lâgumk.

Compadecido, *a.* churchure dislalo.

Compadecimento, *s. m. V.* COMPAIXÃO.

Compadrado, *a.* kumpâr jâlalo. ‖ *s. m.* kumpârkî *f.*

Compadrar, *v. t.* kumpâr karumk. ‖ *v. r.* kumpâr jâvumk; (*fig.*) ishṭ-, prâṇmitr jâvumk.

Compadre, *s. m.* kumpâr, pratipitâ (*p. us.*); (*fig.*) prâṇmitr. ‖ *Do pão do nosso* — *grande fatia ao afilhado,* kâmrâchyâ kustâr kalâvamtâm nâchtât. *Negocio de compadres,* upkârâchem-, taraphdârîchem kâm.

Compadrice, *s. f.*, **compadrio,** *s. m.* kumpârkî *f.*, pratipitâpaṇ (*p. us.*) *n.*; (*fig.*) ishṭagat, salgî; taraphdârî *f.*, prapamch *m.*

Compaginação, *s. f.* pâsîm-, pânâm karṇem *n.*

Compaginar, *v. t.* pâsîm-, pânâm karumk (*g. do o.*)

Compaixão, *s. f.* kâklat, kâklût, kâkût, karuṇây, dayâ *f.*, dayâdharm *m.*; churchure *m. pl.*

Companha, *s. f.* nâvâḍilok *m.*; (*ant.*) *v.* COMPANHIA.

Companheira, *s. f.* sâmgâtiṇ, barâbarchî, gaḍiṇ, vâmgaḍiṇ. ‖ *V.* ESPOSA.

Companheiro, *s. m.* sâmgâtî, sâmgâtâcho, barâbarcho, vâmgaḍî, sâkhî, gaḍo, chaughulo, samgaḍî, sahây.

Companhia, *s. f.* jamât, mamḍaḷî *f.*; samgât *ou* sâmgât, vâmgaḍ, samg *m.*, sahây; pamkaṭ *ou* pamgat *f.*, phaḍ *m.* ‖ *Ir de* — *ou em* —, sâmgâtâ-, vâmgḍâ vachumk.

Compar, *a.* (*p. us.*) eksârko, barâbarcho, sâmko.

Comparabilidade, *s. f.* sarîpaṇ *n.*

Comparação, *s. f.* sarî, sar, barâbarî, rujvâṭ *f.*, mukâbalo *m.*; upam *n.*, opâr *ou* vopâr *f.*

Comparado, *a.* sarî kelalo.

Comparar, *v. t.* sarî-, sar karumk, lâvumk, jaḍumk, jaḍûn paḷevumk, tolumk, jokhumk. ‖ *v. r.* âplî sar divumk, âpṇâk tolumk.

Comparativamente, comparavelmente, *adv.* sar karûn, sarîm.

Comparativo, comparavel, *a.* sarîcho, sâvdhik.

Comparecente, *a. e s.* hâjîr âslalo.

Comparecer, *v. i.* dishṭî paḍumk, hâjîr âsumk, rujû jâvumk.

Comparecimento, *s. m.*, **comparencia,** *s. f.* dishṭî paḍṇem *n.*, hâjirî *f.*

Comparsa, *s. m.* mumke somgâkâr.

Comparte, *a. e s. m.* bhâgelî, bhâgidâr, vâṁṭelî, vâṁṭekâr, samâṁś.

Compartilhar, *v. t.* bhâg-, vâṁṭo ghevuṁk *(l. in ou g. do o.)*

Compartimento, *s. m.* khaṇ; chorkhaṇ *(— secreto)*; kûḍ *m.*

Compartir, *v. t.* khaṇ karuṁk *(g. ou d. do o.)*; vâṁṭuṁk.

Compassadamente, *adv.* mejûn; veḷecheveḷiṁ, veḷeveḷiṁ; tâḷân.

Compassado, *a.* mejlalo, mejûn-, veḷeveḷiṁ kelalo; samâṁtar; tâḷbaddh.

Compassamento, *s. m.* kaivârân-, karkaṭân mejṇeṁ; *(fig.)* gamje-, kuṁpâs karṇeṁ *n.*

Compassar, *v. t.* kaivârân mejuṁk; ajmâsuṁk, sumâr karuṁk *(g. do o.)*; samâṁtar-, veḷeveḷiṁ karuṁk; niṭ-, maryâdin karuṁk; *(mus.)* kuṁpâs ghâluṁk *(d. do o.)* ‖ *v. r.* mejûn-, samâṁtariṁ hâluṁk,- chaluṁk.

Compassivamente, *adv.* kâkutîn, dayen.

Compassivel, *a.* mavâ kâḷjâcho, dâyâḷ, dayâvaṁt.

Compassivo, *a.* dayâḷ, dayâḷû, dayâvaṁt, kâklatvaṁt, kâkutîcho, kaṇvâḷo, karuṇ.

Compasso, *s. m.* kuṁpâs, kaivâr, karkaṭ *m.*; eksârkeṁ kram *n.*, barâbar châl, saṁgat *f.*; *(mus.)* kuṁpâs, tâl *ou* ṭaḷ *m.*, gat *f.*; dutâl *(— binario)*; titâl *(— ternario)*; chautâl *(— quaternario) m.* ‖ *Bater o —*, kuṁpâs mâruṁk, tâḷ dharuṁk. *Ir fóra do —*, kaḍsaruṁk; adhik jâvuṁk. *A — ou por —*, samâṁtarîṁ, mejûn; sâvkâśâyen; *(fig.)* sutrâr, sutrîṁ, kharkasâyen. *Fazer tudo por —*, sutrâr-, bârkâyen karuṁk. *Metter tudo a —*, nîṭ-, barâbar karuṁk, mârgâr kâḍhuṁk.

Compaternidade, *s. f. V.* COMPADRADO.

Compatibilidade, *s. f.* saṁbhav, milâph *m.*, saṁbhâvanâ *f.*

Compativel, *a.* saṁbhavâcho, milâphî, lâgto, paḍto, yogya.

Compatricio, compatriota, *a. e s. m.* gâṁvbhâu, ekdeśî, sadeś.

Compellação, *s. f.* divâṇâṁt vharṇeṁ *n.*, durây *f.*

Compellir, *v. t.* baḷ karuṁk *(d. do o.)*, aḍehuṁk.

Compendiar, *v. t.* sasâr-, saṁkshep karuṁk *(g. do o.)*, saṁgrahuṁk. âṭpuṁk.

Compendio, *s. m.* sasâr, saṁkshep, âṭap *ou* âṭâp, bâḍ, veṁcho; sârgraṁth, sârsaṁgraha *m.*

Compendiosamente, *adv.* saṁkshepiṁ, sasârîṁ, âṭâpûn, mukhsûd *(us. Can.)*

Compendioso, *a.* saṁkshepâcho, sasârâcho.

Compenetração, *s. f.* manâṁt rigṇeṁ *n.*, khâtir *ou* khâtrî *f.*

Compenetrar, *v. t.* khaṁchuṁk *ou* khaṁchauṁk, manâṁt rigauṁk *ou* ghâluṁk *(g. do o.)*; âṭâpuṁk, ṭhâv ghevuṁk; manâṁt riguṁk *(g. do s.)*, khâtir jâvuṁk *(d. do s.)*

Compensação, *s. f.* barâbarî, samtulatâ *f.*, samtol, sambhâr *m.*; bâd-, bharûn deṇeṁ, tushṭkar, pratiphaḷ *n.*

Compensador, *a.* bâd-, bharûn ditalo. ‖ *s. m.* hânipûrvakyaṁtr *n.*

Compensar, *v. t.* barâbar-, samtol karuṁk, samtoluṁk; bharuṁk, bharûn-, bâd divuṁk; purauṁk, purvaṇ karuṁk *(g. do o.)* ‖ *v. r.* barâbar-, samtol jâvuṁk.

Compensativo, compensatorio, *a.* bharîcho, bâd-, bhar divuṁcho, hânipûrvak.

Compensavel, *a.* bharûn-, bâd divûṁyeso, bharîcho.

Competencia, *s. f. jurisdicção:* adhikâr, hakk, ilâkho *m.*; *capacidade:* purtepaṇ *n.*, sâmarthî, lâykî, kuvet, târik; *confronto:* sar *f.*, mukâbalo; *opposição:* vâḍhâvaḍh *f.*, dusaṁg *n.*, virodh, *isâḷo *m.*

Competente, *a.* adhikâr-, hakk âslalo; kâydyâcho, phâvoto; purto, puroso, samarth, lâyk, sakt, yogya.

Competentemente, *adv.* phâvote pariṁ, purtepaṇiṁ; uḍâuḍiṁ.

Competidor, *a. e s. m.* ekârthâbhilâshî, pratiyogî, *isâḷû; virodhî, pratipaksh.

Competir, *v. i.* barâbarî-, uḍâuḍiṁ karuṁk *(v. t.)*, ekmekâr paḍuṁk; viruddhuṁk, dusaṁguṁk, saṁvâduṁk; phâvo-, purto jâvuṁk; lâguṁk *(d. do s.)*, paḍuṁk *(d. do s.)*

Compilação, *s. f.* âtap *ou* âṭâp, saṁgraha; saṁgrahagraṁth *m.*, saṁhitâ *f.*

Compilador, *a. e s. m.* saṁgraha-, âṭâp kartalo, bâṁdhṇâr, bhâṁdhpî.

Compilar, *v. t.* âṭpuṁk *ou* âṭâpuṁk, saṁhitâ-, saṁgraha karuṁk, saṁgrahuṁk, bâṁdhuṁk.

Complacencia, *s. f.* khuśâmat, bhiḍ *ou* bhiḍâ, mânvaṇ, vetsavṛitti *(p. us.) f.*, naṁdan *n.*; atrek *m. pl.*, saṁtosh, ânaṁd, anaṁd *ou* anad, utsav *m.*, murgaṭṇi, *goḍiv *f.*

Complacente, *a.* khuśâmatî, bhidest, bhiḍecho, vetsavṛitti *(p. us.)*; saṁtoshî, saṁtushṭ, ânaṁdbharit.

Complacentemente, *adv.* khuśâmatîn, bhiḍen.

Complainar, *v. t. V.* APLAINAR.

Complectivel, *a.* veṁgaṭûṁyeso, âṭâpûṁyeso.

Compleição, *s. f.* âṁglaṭ *f.*, aṁgvaṭo, *tanû *m.*, kâletrî, baḍ, prakṛit *f.*, svabhâv *m.*, sayaṁbh, naḍteṁ *n.*

Complementar, **complementario**, *a.* bharîcho, bhartecho, bharaṇecho, purvaṇecho.

Complemento, *s. m.* bhar, bhartî, bharaṇ, âptî, pûrṇây, purvaṇ, sapûrṇây *f.*, sapûrṇpaṇ *n.*, nishpatti, itiśrî; saṁpauṇî *f.*, saṁpâdan *n.*

Completamente, *adv.* nigût, agdîṁ, nibel.

Completamento, *s. m.* saṁpauṇî *f.*, saṁpâdan *n.*

Completar, *v. t.* saṁpauṁk, saṁpâduṁk, nibhâvuṁk, bhar-, bharaṇ karuṁk *(g. do o.)*, bharuṁk, puro-, purto karuṁk, puraumk. ‖ *v. r.* saṁpuṁk, bhar jâvuṁk *(g. do s.)*

Completas, *s. f. pl.*, **completorio**, *s. m.* koṁplet *n.*; *(fig.)* śevaṭ *m.*

Completivo, *a.* bharîcho.

Completo, *a.* puro, purto, pûrṇ, sapûrṇ, paripûrṇ, saglo, sarv; pakko, saṁgîn; bharlalo, bhar jâlalo.

Complexão, *s. f.* saṁyog *m.*, saṁdhi *ou* saṁdh *f.*

Complexidade, *s. f.* asaraḷpaṇ *n.*, ghoṁṭâḷo, khejo *m.*

Complexionado, **complexional**, *a.* âṁglaṭîcho, kâletrîcho.

Complexo, *a.* **anekavastumay, asaraḷ; goṁdhḷâcho, goṁdhîcho. ‖ *s. m.* jamo, puṁjo, kalâp *m.*

Complicação, *s. f.* ghoṁṭâḷo *m.*, guddelâsâṁv *n.*, tiḍây; ghuspâvṇî, goṁdh *f.*, goṁdhaḷ *m.*, toṁdre *(us. Can.) m. pl.*

Complicadamente, *adv.* ghuspâvûn, goṁdhîṁ.

Complicado, *a.* ghuspalalo, goṁdhḷâcho, ghoṁṭâḷyâcho.

Complicar, *v. t.* asaraḷ-, avghaḍ karuṁk, veṁṭuṁk; goṁdhauṁk, goṁdhḷâvuṁk, ghuspâvuṁk. ‖ *v. i.* nâ lâguṁk, nâ paḍuṁk *(d. do s.)* ‖ *v. r.* goṁdhuṁk, goṁdhḷuṁk, ghuspuṁk.

Componente, *a.* ghaḍvaṇecho, sâṁdhyâcho, aṁgbhût. ‖ *s. m.* sâṁdho *m.*, gâtr *n.*, aṁgbhûtpadârth *m.*

Compor, *v. t.* ghaḍuṁk, ghaḍsuṁk; meḷauṁk *(litt.* MISTURAR*)*; karuṁk *(litt.* FAZER*)*; rachuṁk *(litt.* INVENTAR*)*; graṁthuṁk, bâṁdhuṁk, barauṁk *(— livros)*; *dispor:* mâṁḍuṁk, ḍâḷuṁk; sâṁko karuṁk; *reconciliar:* ekṭhâvuṁk, saṁjâvuṁk; toḍuṁk *(— questão, disputa)*. ‖ *— o cabello*, keṁs ugauṁk. *— o rosto*, toṁḍ ujḷoṁk *(g. do s.)* ‖ *v. r.* âsuṁk *(d. do s.)*; śamaṇâ jâvuṁk; ekṭhâvoṁk.

Comporta, *s. f.* ughḍî, mânas *f.*

Comportado, *a.* châlîcho (bare-, vâyṭe-).

Comportamento, *s. m.* châl *f.*, charit, naḍteṁ, âcharaṇ *n.*, dharmâchâr, karmdharm *m.*

Comportar, *v. t.* ṭâḷuṁk, toluṁk, tâṁkuṁk; sosuṁk, niṁduṁk; jâvuṁk *(l. in do s., s. do o.)* riguṁk *(id.)* ‖ *v. r.* chaluṁk, jiyevuṁk *(litt.* VIVER*)*.

Comportavel, *a. V.* COMPATIVEL.

Composição, *s. f.* ghaḍṇî, ghaḍvaṇ, mâṁḍâvaḷ; meḷauṇî *(— de medicamentos) f.*; ṭhase mâṁḍṇeṁ *(— typographica)*; *(gram.)* samâs, samâhâr *m.*; bâṁdhâvaḷ *f.*, barap *n.*, graṁth *(— litteraria)*; kâvya *n.*, kavitâ *(— poetica)*; râjî, toḍ *(transacção) f.*

Compositivo, *a.* ghaḍvaṇecho; samâsâcho.

Compositor, *s. m.* ghaḍṇâr, karṇâr, meḷauṇâr; bâṁdhṇâr, bâṁdhpî; ṭhase mâṁḍṇâr; gân-, saṁgît rachṇâr; toḍṇâr, madhesth.

Compostamente, maryâdîn, akklen, ravisen.

Composto, *a.* ghaḍlalo, jaḍlalo; misaḷ, bhelicho; mâṁḍlalo, ḍâḷlalo; *(fig.)* maryâdîcho, akklecho. ‖ *s. m.* jamo, âṭâp; *(gram.)* samâs *m.*

Compostura, *s. f.* ghaḍvaṇ; mâṁḍâvaḷ; *falsificação:* bhel *f.*, mîs *n.*; *modestia:* maryâd, bhiḍâ, ravîs *f.* ‖ -s, *pl.* kâjaḷkuṁkûṁ *n.*

Compota, *s. f.* murâṁbo *m.*

Compoteira, *s. f.* âchâṁv *m.*

Compra, *s. f.* gheṇeṁ, vikto gheṇeṁ, *ṭhavṇeṁ; sâṭeṁ *n.*, khaṁiḍ *(— por atacado) m.*; uchâpat *(— a credito) f.*; *suborno:* loṁch *m.*

Compradiço, *a.* loṁch khâto.

Comprador, *s. m.* vikto gheṇâr, gilrâyk, *ṭhavṇâr.

Comprar, *v. t.* ghevuṁk, vikto-, molâk ghevuṁk, *ṭhavuṁk; sâṭuṁk *(— por atacado)*; *:* loṁch ghâluṁk.- khâvuṁk *(d. do o.)*

Compravel, *a.* vikto ghevuṁcho.

Comprazedor, *a. e s. m.* khuśî kartalo, vadanśîl; murgaṭṇâr.

Comprazer, *v. i.* khuśî karuṁk, mânoṁk, saṁtoshâvuṁk. ‖ *v. r.* mânvuṁk, murgaṭuṁk, tokhuṁk, vakevuṁk, atrekuṁk, saṁtoshuṁk.

Comprazimento, *s. m.* khuśî karṇeṁ *n.*, mânvaṇ; murgaṭṇî, vakeṇi *f.*, atrek *m. pl.*

Comprehender, *v. t.* âṭpuṁk, âṭâpuṁk, kavḷuṁk, dharuṁk, *vyâpuṁk; samjuṁk, umjuṁk, chiṁtûn sâruṁk, ṭhâv ghevuṁk *(g. do o.)*, ṭhâvuṁk, kavḷoṁk *(ab. de* kaḍe *do s., s. do o.)* ‖ *v. r.* âṭpoṁk, âṭâpoṁk, jâvuṁk, riguṁk; dhyânâṁt yevuṁk.

Comprehensão, *s. f.* âṭâpṇî *f.*, âṭâp; ṭhâvak *m.*, samjoṇî, umjaṇî *f.*

Comprehensibilidade, *s. f.* samajpaṇ *n.*, samajsakti *f.*

Comprehensiva, *s. f. (ant.)* samjoṇî, samaj *f.*

Comprehensivel, *a.* samjûṁyeso, ṭhâvkâcho.

Comprehensivo, *a.* âṭâpâcho; samjîk, umjîk.

Comprehensor, *s. m.* muktivaṁt *(a.)*, svargavâsî.

Compressa, *s. f.* ghaḍî, paṭṭî *f.*

Compressão, *s. f.* âṁvḷap *n.*, âṁvaḷṇî *f.*, upasaṁhâr *m.*; dâmṇî, chepṇî, cheṁchṇî, kheṁchṇî, kheṁchâkheṁch, chiraḍ, chiraḍṇî, murḍaṇî *f.*, murḍap *n.* ‖ *V.* REPRESSÃO.

Compressibilidade, *s. f.* âṁvḷoṁcho guṇ, upasaṁhârguṇ *m.*

Compressivel, *a.* dâmcho, chepcho, âṁvḷoṁyeso.

Compressivo, *a.* dâmcho, cheṁchcho. ‖ *V.* REPRESSIVO.

Compressor, *a.* dâmtalo, dâmûn dhartalo, cheṁchtalo. ‖ *s. m.* dâmûn dharcheṁ yaṁtr, châp *n.*

Compridez, *s. f.* lâṁbây, lâṁbî *f.*

Comprido, *a.* lâṁb, lâṁbodo, dîgh, vhaḍ. ‖ *Em — ou de —*, lâṁb. *Ao —*, lâṁbâyen.

Comprimente, *a. V.* COMPRESSOR.

Comprimento, *s. m.* lâṁbî, lâṁbây *f.* ‖ *V.* CUMPRIMENTO.

Comprimir, *v. t.* âṁvḷuṁk, dâmuṁk, chepuṁk, cheṁchuṁk, ~~peṁchuṁk~~, kheṁchuṁk *ou* kheṁchauṁk, chirḍuṁk, murḍuṁk *ou* murḍâvuṁk, piḷuṁk, chiraṁgaṭuṁk, chiṁkuṁk, arnuṁk. ‖ *V.* REPRIMIR. ‖ *v. r.* âṁvḷoṁk, dâmoṁk, cheṁchoṁk, chepoṁk.

Comprobatorio, *a. V.* COMPROVATIVO.

Comprometedor, *a.* ghâtkî, saṁkaṭâcho, aḍchaṇîcho.

Comprometter, *v. t.* karâr-, râjî karuṁk *(g. do o.)*, nem ghevuṁk *(g. do o.)*; bhâshâvuṁk, uttar divuṁk *(litt.* DAR A PALAVRA); *tornar responsavel:* jabâbdâr karuṁk. ‖ *V.* ARRISCAR. ‖ *v. r.* râjî jâvuṁk, bhâsh-, uttar divuṁk; aḍchaṇîk-, saṁkaṭâk paḍuṁk, kâḷâk sâmpḍuṁk, khâṁchîk paḍuṁk.

Compromettido, *a.* lajjek paḍlalo, ghâbro.

Compromettimento, *s. m.* bhâsh *f.*, uttar *n.*; nem *m.*

Compromissario, *a.* nemân kelalo. ‖ *Juiz —*, madhesth.

Compromisso, *s. m.* katbo; nem; karâr *m.*, râjî, toḍ *f.*

Compromissorio, *a.* katbyâcho; nemâcho.

Compromittente, *s. m.* nem ghetalo va ditalo.

Comprovação, *s. f.* thirâvṇî, thârâvṇî *f.*, satyakâr *m.*

Comprovador, comprovativo, *a.* thirâvṇo, satyakârâcho.

Comprovar, *v. t.* thârâvuṁk, thirâvuṁk, kharâvuṁk.

Compulsação, *s. f.* ustaṇî, partaṇî *f.*

Compulsador, *a. e s. m.* ustitalo, partilalo.

Compulsão, *s. f.* baḷ karṇeṁ *n.*, jabrî, jabardastî *f.*, julûm *m.*

Compulsar, *v. t.* ustuṁk, partuṁk; *(ant.)* baḷ karuṁk.

Compulsorio, *a.* baḷâcho, julmâcho.

Compuncção, *s. f.*, **compungimento**, *s. m.* duḥkh *f.*, jâḷ, manastâp *m.*, manaḥpiḍâ *f.*

Compungir, *v. t.* duḥkh divuṁk, churchurâvuṁk, kaḷvaḷâvuṁk. ‖ *v. r.* duḥkh dharuṁk, duḥkh bhogoṁk *ou* disuṁk *(d. do s.)*, churchuruṁk, kaḷvaḷuṁk, duśchit jâvuṁk.

Compungitivo, *a.* duḥkhîcho, jâḷâcho, kaḷvaḷyâcho.

Computação, *s. f.* gaṇan *n.*, lekh *m.*

Computador, *a. e s. m.* ajmâsî, hiśobî, gaṇṇâr.

Computar, *v. t.* ajmâsuṁk, gaṇuṁk, mejuṁk. ‖ *V.* CALCULAR.

Computavel, *a.* ajmâsâṁyeso.

Computo, *s. m.* ajmâs, hiśob *m.*, gaṇan *n.*, saṁkhyâ, gaṇtî *f.*

Comquanto, *conj.* jarîtar, âstânâ, jâvûn, jâlyâray.

Comsigo, *pron.* âpṇâ kaḍe,- lâgîṁ, âpḷe-, tâche kaḍe,- lâgîṁ.
Comtantoque, *conj.* jartar; jâlyâr, tarîch *(posp.)*
Comtigo, *pron.* tuje kaḍe,- lâgîṁ.
Comtudo, *adv. e conj.* aseṁ âstânâ, aseṁ jâvûn, pûṇ, paṇ, tarî.
Comvosco, *pron.* tumche kaḍe, tumche lâgîṁ.
Conca, *s. f.* phâturlî *f.*, boṭo *m.; kâ*nâchî ḍhol *f.; (ant.)* mâlto *m.*
Concameração, *s. f.* ghumaṭ *n.*
Concatenação, *s. f.* sâṁkaḷ, śiṁkaḷ, paraṁparâ *f.*
Concatenar, *v. t.* sâṁkaḷ-, śiṁkaḷ karuṁk *(g. do o.)*
Concavar, *v. t.* madheṁ kholâvuṁk, pokhar karuṁk, pokhḷâvuṁk.
Concavidade, *s. f.* pokhar, pokhḷây *f.*, pokhḷepaṇ *n.* ‖ *V.* CAVIDADE.
Concavo, *a.* pokhar, pokhaḷ, pokhḷo, modheṁ khol, golâṁtar. ‖ *s. m.* ḍhol *f.*
Conceber, *v. t.* (garbh) dharuṁk, saṁbhâḷuṁk; chiṁtuṁk, kalpuṁk, yojuṁk; samjuṁk, âṭpuṁk, dhyânâṁt yevuṁk *(g. do o., s. do o.)* ‖ *v. i.* garbhest jâvuṁk, garbh dharuṁk; phaḷuṁk, gâbhâ vachuṁk *(diz-se dos animaes).*
Concebimento, *s. m.* garbh *m.*
Concebivel, *a.* samjûṁyeso.
Conceder, *v. t.* divuṁk, soḍuṁk.
Concedido, *a.* dilalo; jâṁv, bareṁ mhaṇ, aseṁ dhar.
Concedivel, *a.* divûṁyeso.
Conceição, *s. f.* garbh, garbhsaṁbhav *m.*
Conceito, *s. m. ideia:* kalpanâ, bhâvanâ; *mente:* mat *f.*, man *n.; boa reputação:* mân, yaś *m.*, âbrû; *opinião:* saṁjoṇî *f.*, mat *n.*, arth *m.; dito agudo:* varm, marm *n.*, narmokti *f.; moralidade:* tâtparya *n.*
Conceituado, *a.* arth ghetlalo, jokhlalo. ‖ *Bem —,* baryâ nâṁvâcho, âbrûcho. *Mal —,* ijat nâslalo, nâṁv hogḍâylalo.
Conceituar, *v. t.* arth ghevuṁk *(g. do o.)*, jokhuṁk, toluṁk, mejuṁk.
Conceituosamente, *adv.* varmâṁnîṁ, bârkâyen.
Conceituoso, *a.* rasâḷ, rasik, varmâcho, mativaṁt.
Concelhio, *a.* prâṁtâcho.
Concelho, *s. m.* prâṁt, jihlo *m.*
Concentração, *s. f.* samkeṁdr karṇeṁ, madheṁ vharṇeṁ *n.;* ekṭhâvṇî *f.* ‖ *— de espirito,* dhyân, aṁtardhyân *n.*, samâdhi *m.*
Concentrado, *a.* nishprachâr, ekṭhâvlalo, jamlalo; gupit, gupto; *(fig.)* muṁko, ghûm. ‖ *— em si,* dhyânî, aṁtardhyânî.
Concentrar, *v. t.* madheṁ vharuṁk, ekkeṁdr-, saṁkeṁdr karuṁk; ekṭhâvuṁk, jamâvuṁk, puṁjâvuṁk; lipauṁk, gupit davruṁk. ‖ *v. r.* muṁko-, ghûm jâvuṁk, koṇsyâk basuṁk; dhyânuṁk, chitt-, man davruṁk.
Concentrico, *a.* saṁkeṁdr, ekkeṁdr.
Concepção, *s. f.* poṭâṁt dharṇeṁ *n.*, garbhsaṁbhav *m.*, garbhdhâraṇ; kalpaṇ *n.*, kalpanâ, bhâvanâ *f.*, âkâr, saṁbhav, tark *m.*
Conceptibilidade, *s. f.* saṁjoṇî *f.*
Conceptivel, *a.* samjûṁyeso.
Concernente, *a.* lâgto, paḍto; saveṁ, vishayîṁ, saṁbaṁdhîṁ *(posp.)*
Concernir, *v. i.* lâguṁk, paḍuṁk.
Concertado, *a.* thaṁḍ, śâṁt; lajjecho, maryâdîk.
Concertador, *a. e s. m.* sârko kartalo, navsartalo; *(fig.)* samjauṇâr.
Concertamento, *s. m. V.* CONCERTO.
Concertar, *v. t.* sârko-, nîṭ-, nigûṭ-, sarî karuṁk, sârkâvuṁk, niṭâvuṁk, navsaruṁk, sudhâruṁk; mâṁḍuṁk; nemuṁk, yojuṁk, khaṁḍuṁk. ‖ *V.* COTEJAR. ‖ *v. i.* samsvar jâvuṁk; meḷuṁk, kabûl-, sarî jâvuṁk. ‖ *v. r.* ekṭhâvoṁk, ekvaṭ karuṁk, nem ghevuṁk.
Concerto, *s. m.* sârko-, nîṭ karṇeṁ *n.*, navsarṇî, sudhârṇî, nigutây; mâṁḍâvaḷ *f.; (mus.)* saṁgît *n.; adorno:* śiṁgâr, neṭ; *pacto:* khaṁḍ, nem, kaṭ, vâyḍo, nikâl *m.*, bhâsh *f.; confronto:* sarî karṇeṁ *n.* ‖ *De —,* ekṭhâṁy jâvûn, meḷûn.
Concessão, *s. f.* deṇeṁ, soḍṇeṁ *n.;* adhikâr *m.*, sattâ; rajâ *f.*, nirop *m.*
Concessionario, *s. m.* adhikârî, sattâ-, rajâ âslalo.
Concessor, *s. m.* deṇâr, soḍṇâr.
Concha, *s. f.* śiṁpî *f.*, śiṁpo *(aug.)*, śaṁkh *(p. us.) m.;* karṭeṁ *(— de tartaruga, etc.);* khol kuḷer *n.*, -doy *f.*, kâṁsuḷeṁ *n.* ‖ *— do ouvido,* kânâchî ḍhol *f.* *— da balança,* tâṭ *n. Metter-se na —,* koṇsyâk-, ravânek basuṁk. *Sahir da —,* jibh-, pâḷâṁ phuṭuṁk *(d. do s.)*, baḷ ghevuṁk.
Conchado, concheado, *a.* śiṁpî-, karṭeṁ âslalo; śiṁpî kasî; śiṁpiyâṁcho, dâṭâṁ khavḷâṁcho.
Concharia, *s. f.* śaṁkhâvali, śiṁpiyâṁchî râs *f.*

Conchavar, *v. t.* jaduṁk, sâṁdhuṁk. ‖ *v. r.* ekṭhâṁy jâvuṁk, ekmekâk saṁvkuṁk.

Conchavo, *s. m.* kaṭ, meḷ, gûḍhmeḷ *m.*, kûṭ *n.*

Conchear, *v. t.* śiṁpyo lâvuṁk *(d. do o.)*, śiṁpiyâṁnîṁ neṭauṁk. ‖ *v. r.* karṭyâṁt lipuṁk.

Conchegado, *a.* teṁklalo, lâglalo; kuśâl, susth.

Conchegar, *v. t.* teṁkauṁk, lâvuṁk; sârko nesuṁk. ‖ — *a roupa ao corpo, (fig.)* lâvûn kâḍhuṁk. — *o estomago,* poṭâk lâvuṁk. ‖ *v. r.* ekmekâk teṁkuṁk.

Conchego, *s. m.* kuśâlî, susthâ *f.*, sukaḷ; âdhâr, dâṁdo *m.*

Conchifero, *a.* śiṁpyo âslalo.

Concho, *a.* phullalo, bharlalo. ‖ *Sapo —,* kâṁsav *m.*

Conchoidal, conchoide, *a.* śiṁpî kasî, śaṁkhâkâr.

Conchudo, *a.* śiṁpiyâḷo; *(fig.)* phuglalo, phullalo.

Conchyliologia, *s. f.* śaṁkhavidyâ *f.*, śaṁkhaśâstr *n.*

Conchyliologico, *a.* śaṁkhavidyecho, śaṁkhaśâstrâcho.

Conchyliologista, *s. m.* śaṁkhavidyâjña.

Concidadão, *s. m.* ekâ gâṁvcho, śaharâcho.

Conciliabulo, *s. m.* gûḍhmeḷ *m.*, kûṭ, vivar *n.*

Conciliação, *s. f.* samjâvṇî, râji, toḍ *f.*, meḷ, sâm *m.*; saṁdhi *ou* saṁdh *f.*

Conciliador, *a. e s. m.* râjî-, ekṭhâṁy kartalo, samjâvṇâr, sâm karṇâr; samjâvṇecho, saṁdhicho.

Conciliante, conciliativo, conciliatorio, *a.* râjî-, sâm karcho.

Conciliar, conciliario, *a.* sabhecho, parshadîcho.

Conciliar, *v. t.* ekṭhâṁy karuṁk, samjâvuṁk, râjî-, toḍ karuṁk *(g. do o.)*, pekauṁk; sarî karuṁk, saṁdhuṁk; joḍuṁk, meḷauṁk. ‖ — *o somno,* nîd paḍuṁk *(d. do s.)* ‖ *v. r.* ekṭhâṁy-, barâbar jâvuṁk, meḷuṁk.

Concilio, *s. m.* satsabhâ, maṁtrisabhâ, parshad *f.*, samâj *m.*

Concionar, *v. i.* sabhemâjâr ulauṁk.

Concisamente, *adv.* saṁkshepîṁ, alpavistârân.

Concisão, *s. f.* saṁkshep, alpavistâr *m.*

Conciso, *a.* saṁkshepâcho, thoḍyâṁ uttrâṁcho, moṭvo.

Concitação, *s. f.* châḷauṇî, kiḍâvṇî, huskauṇî, phiturî *f.*

Concitador, *a. e s. m.* châḷauṇâr, kiḍâvṇo, phituryo.

Concitar, *v. t.* châḷauṁk *ou* châḷvauṁk, huskauṁk, kiḍauṁk, uchaṁbaḷâvuṁk, chetauṁk, peṭauṁk, âg lâvuṁk *(d. do o.)*, phituruṁk.

Conclamação, *s. f.* ârad, bob *f.*

Conclamar, *v. t. e i.* ârḍuṁk, bob mâruṁk.

Conclave, *s. m.* sabhâ, parshad *f.*, samâj *m.*

Concludente, *a.* anumânâcho, saiddhâṁtik.

Concludentemente, *adv.* anumânân, tarkîṁ.

Concluido, *a.* saṁplalo, saṁpâdlalo, niśchit, puro.

Concluir, *v. t.* saṁpauṁk, saṁpâduṁk, âṭpuṁk, śâttî pâvauṁk; miṭuṁk, purauṁk; anumânuṁk, tarkân kâḍhuṁk; ṭharâvuṁk, niśchit karuṁk. ‖ *v. r.* saṁpuṁk, saṁpâdoṁk, âṭpoṁk; anumânân-, tarkân yevuṁk, anumân jâvuṁk *(g. do s.)*

Conclusão, *s. f.* saṁpṇi, saṁpâdṇî, âṭâpṇi *f.*, âṭâp, śevaṭ, aṁt *m.*, śâtti, âkher, nishpatti, phaḍśa, itiśrî *f.*, parimân; anumân, siddhâṁt, kṛitâṁt, niśchitârth *m.*

Conclusivo, *a.* saiddhâṁtik, siddhâṁtâcho.

Concluso, *a.* saṁpâdlalo, âkherîcho.

Concocção, *s. f.* pachṇî *f.*

Concomitancia, *s. f.* saṁsarg, samâgam *m.*, saṁgat *f.*

Concomitante, *a.* sâṁgâtâcho, saṁsargî, saṁgatî.

Concordancia, *s. f.* meḷ, milâph, ekbhâv *m.*, ekman *n.*, sabuddhi *f.*; *(gram.)* anvay; *(mus.)* svarâṁcho jamo, svarmeḷ *m.*

Concordante, *a.* milâphî, meḷâcho, kabûl; svarmeḷâcho.

Concordar, *v. t.* ekṭhâvuṁk, meḷauṁk, lâgiṁ kâḍhuṁk; *(gram.)* anvay karuṁk *(g. do o.)*, sarî karuṁk. ‖ *v. i.* kabûl jâvuṁk, ekṭhâvoṁk, meḷuṁk, samânuṁk; *(gram.)* anvay jâvuṁk *(g. do s.)*, sarî jâvuṁk; *(mus.)* meḷuṁk, jamuṁk, svarmeḷ jâvuṁk *(g. do s.)*

Concordata, *s. f.* karâr, milâph *m.*

Concordavel, *a.* milâphâcho, samânûṁyeso.

Concorde, *a.* milâphî, ekchittâcho, ekmanâcho, sammat.

Concordemente, *adv.* sammatîṁ, milâphân.

Concordia, *s. f.* ekehitt, ekman *n.*, ekbhâv, milâph, meḷ, sâm *m.*, sabuddhi, sammati *f.*, anumat, jaḍap *n.*

Concorrencia, *s. f.* saṁgam, samâgam *m.;* gâṁṭh *f.*

Concorrente, *a.* sahakârî, ekârthî. ‖ *s. m.* umedvâr, padâbhilâshî. ‖ *V.* COMPETIDOR.

Concorrer, *v. i.* barâbarî-, ekṭhâṁy vâvruṁk, hât boṭ lâvuṁk,- ghâluṁk; jamuṁk, meḷuṁk, ekṭhâṁy jâvuṁk. ‖ *V.* COMPETIR.

Concrear, *v. t.* barâbarî-, sâṁgâtâ rachuṁk,- ghaḍuṁk.

Concreção, *s. f.* âṭṇî, dâṭṇî, jamṇî; guṭhlî *f.*, guḷo *m.*

Concrescibilidade, *s. f.* âṭcho-, jamcho guṇ *m.*

Concrescivel, *a.* âṭûṁyeso, jamcho.

Concretizar, *v. t.* âṭauṁk, dâṭâvuṁk, jamauṁk; siddh-, sâkâr karuṁk.

Concreto, *a.* dâṭ, ghaṭṭ, ghaṇ, jamlalo, âṭlalo. ‖ *s. m.* sâkârpaṇ *n.*

Concubina, *s. f.* dhagaḍî, kâminî, davarlalî bâil, cheḍî, baṭik *f*, baṭkûr *n.*, upapatnî, kuṇbîṇ *f.*

Concubinario, *a. e s. m.* bâil davarlalo, dhagaḍ.

Concubinato, *s. m.* dhagaḍpaṇ, kâmînpaṇ *n.*, saṁbhogsaṁbaṁdh *m.*

Concubito, *s. m.* saṁg, âṁgsaṁg, saṁbhog *m.*

Conculcador, *a. e s. m.* mastitalo, gudhḍâvṇâr.

Conculcar, *v. t.* mastuṁk, gudhḍâvuṁk, mâḍauṁk.

Concunhada, *s. f.* jâv.

Concunhado, *s. m.* sâḍû.

Concupiscencia, *s. f.* mad *ou* mod, kâm, *dehadhâtu *m.*, âṁgsukh, vishaysukh *n.*

Concupiscente, *a.* kâmî, madâcho, dehadhâtûcho.

Concupiscivel, *a.* mad chaḷvauṁcho, kâmâcho.

Concurso, *s. m.* jamo, meḷ, samâgam *m.;* tâṁḍî, kheṭ, urpaṁj *f.;* sahakâr *m.*, sâmîlpaṇ *n.*, sâsây; vaḍhâvaḍh, paijâ *f.*

Concussão, *s. f.* piḷûn *ou* kâḍhûn gheṇeṁ *n.* ‖ *V.* CHOQUE.

Concussionario, *a.* piḷûn kâḍhtalo, nâḍûn ghetalo.

Condado, *s. m.* koṁḍâcho jâgo *m.*

Condão, *s. m.* taṁtr, yaṁtr *n.;* guṇ *m.* ‖ *Varinha de* —, kolyâcheṁ śiṁg *n.*

Conde, *s. m.* koṁd.

Condeça, *s. f.* salad *m.*, dâleṁ *n.*

Condecoração, *s. f.* billo *m.*

Condecorado, *a.* billo âslalo; śṛiṁgârlalo, alaṁkṛit. ‖ *s. m.* billekâr.

Condecorar, *v. t.* billo-, mânpad divuṁk *(d. do o.);* śṛiṁgâruṁk, neṭauṁk. ‖ *v. r.* mânpad ghevuṁk.

Condemnação, *s. f.*, **condemnamento,** *(p. us.), s. m.* śikshecheṁ pharmaṇ, daṁḍniyojan *n.;* dosh *m.*

Condemnado, *a.* śikshecheṁ pharmaṇ dilalo,- mârlalo, aprâdhî nitîn kelalo; *reprobo:* devtyâkt, yamkaṁḍâṁt paḍlalo. ‖ *s. m.* puṁḍ, peṁḍhâro. ‖ *Ter cara de* —, toṁḍ chorâcheṁ kaseṁ disuṁk *(g. do s.)*

Condemnar, *v. t.* śikshecheṁ pharmaṇ divuṁk *(d. do o.)*, daṁḍ ghâluṁk *(d. do o.)*, daṁḍuṁk, aprâdhî-, sadosh karuṁk, *aprâdhuṁk; khoḍî kâḍhuṁk, doshuṁk; radd-, nikâmî karuṁk. ‖ — *um doente*, vâyṭâkârâchî âśâ soḍuṁk. ‖ *v. r.* âpṇâk guṇyâṁvkârî karuṁk; âplyâ mâthyâr-, khâṁdâr ghevuṁk *(v. t.)*

Condemnatorio, *a.* śikshecho, daṁḍâcho, sadosh.

Condemnavel, *a.* śikshâ phâvoto, doshâcho.

Condensação, *s. f.* ghaṇ-, ghaṭṭ karṇeṁ,- jâṇeṁ *n.*, âṭṇî, dâṭṇî, jamṇî, aṁvaḷṇî *f.*, âṁvḷap *n.*

Condensador, *a. e s. m.* âṭaitato, jamaitalo; dâṭâvuṁcheṁ-, kaḍhauṁcheṁ yaṁtr,- âydan *n.*

Condensar, *v. t.* ghaṇ-, ghaṭṭ-, dâṭ karuṁk, âṭauṁk, dâṭâvuṁk, ghaṇâvuṁk, jamauṁk, jamâkaruṁk, âṁvḷuṁk, kaḍhauṁk. ‖ *V.* RESUMIR. ‖ *v. r.* âṭuṁk, dâṭuṁk, jamuṁk, âṁvḷoṁk, kavḷoṁk; kaḍhuṁk.

Condensavel, *a.* âṭcho, jamcho.

Condescendencia, *s. f.*, **condescendimento,** *s. m.* bhîḍ, bhiḍâ, bhiḍâbhâḍ, khuśâmat, patkarṇî, vetsavṛitti *f.*, vinay *m.*

Condescendente, *a.* bhiḍest, bhiḍecho, samjik, vinayî, vinayśîl, vaṁḍanśîl, meherbân, vetsavṛitti *f.*

Condescender, *v. i.* bhiḍevuṁk, bhiḍâ disuṁk *(d. do s.)*, kânâr ghevuṁk (*litt.* TOMAR SOBRE A ORELHA), khuśe pramâṇeṁ chaluṁk, patkaruṁk *(v. t.)*, vinayî jâvuṁk, vopuṁk *(us. Can.)*

Condessa, *s. f.* koṁḍâchî bâil.

Condestavel, *s. m.* senâpati.

Condição, *s. f.* jât *f.*, varg, gaṇ *m.;* gat, daśâ, taṇ, sthiti *f.*, *bhaus *m.;*

indole: prakṛit, baḍ *f.*, bhâv *m.*; *requisito:* garjechî vast *f.*, jây to gun; *clausula:* prastâv *ou* prastây, saṁket, kâydo *m.*, tar *f.*, kalam, śert *(us. Can.) n.* ‖ *Pessoa de* —, moṭo manîs, kuljan. — *sine qua non*, jarûr vast,- goshṭ. *Com* —, *exprime-se pelo futuro condicional; ex.: com a — de vir cedo*, sakâḷîṁ yet jâḷyâr.

Condicional, *a.* saṁketâcho, tarecho, śertâcho *(us. Can.)*; *(gram.)* saṁketârth.

Condicionalmente, *adv.* prastâvân, tarîṁ, śertân *(us. Can.)*

Condicionar, *v. t.* kâyde-, kalmâṁ ghâluṁk *(d. do o.)*

Condignamente, *adv.* phâvo te parîṁ,- tyâ mânân.

Condigno, *a.* phâvo tyâ mânâcho, lâyk, yogya.

Condimentar, *v. t.* saṁbhâr-, masâlo ghâluṁk *(l. in do o.)*, mirîṁ lâvuṁk *(d. do o.)*

Condimenticio, condimentoso, *a.* miryâcho, saṁbhârâcho.

Condimento, *s. m.* saṁbhâr, kordyâs, masâlo *m.*, mirîṁ, jireṁmireṁ, mîṭhmirsâṅg, nisteṁ *ou* nusteṁ *(p. us. nesta accepção) n.*

Condir, *v. t.* (okhtâṁ) kuṭuṁk, meḷauṁk.

Condiscipula, *s. f.* barâbarî śiktalî.

Condiscipulado, *s. m.* barâbarî-, sâṅgâtâ śikneṁ *n.*

Condiscipulo, *s. m.* barâbarî śiktalo, joḍo, saṁvgaḍo, gurubhâu, gurubaṁdhu.

Condizente, *a.* lâglalo, bareṁ paḍlalo, lâyk, sam, jûst (*do port.* JUSTO).

Condizer, *v. i.* lâguṁk, paḍuṁk, lâyk-, sam jâvuṁk.

Condoer, *v. t.* mavâḷâvuṁk, kaṇvâḷâvuṁk, churchurâvuṁk. ‖ *v. r.* kaṇvâḷuṁk, churchuruṁk, churchure disuṁk *(d. do s.)*, duḥkhsukh samjuṁk.

Condoido, *a.* churchure dislalo, mavâḷlalo.

Condoimento, *s. m.* mavâḷṇî *f.*, churchure *m. pl.*

Condolencia, *s. f.* duḥkhâṭo *m.*, sahaduḥkh *n.*, churchurṇî *f.*

Condolente, *a.* churchurṇo, kâkût disto; churchuryâṁcho.

Conducção, *s. f.* vâṭ dâkhauṇeṁ, vharap, vâhṇeṁ; yân *n.*

Conducente, *a.* upkârto, upkârâcho, upayogâcho, kâmâk paḍto, lâyk, milâphî.

Conducta, *s. f.* vharṇeṁ *n.*; châl *f.*, charit, naḍteṁ, vartan, âcharaṇ *n.*

Conductibilidade, *s. f.* ushṇatâvâhakguṇ *m.*

Conducticio, *a.* bhâḍyâcho, bhâḍelî, majurecho.

Conductivel, *a.* vharuṁk upkârto, vharcho; charto.

Conductivo, *a.* vharto.

Conducto, *a.* vhelalo, hâḍlalo. ‖ — *a soldo*, *v.* ASSALARIADO. ‖ *s. m.* vâṭ *f.*; naḷ, paṁdeḷ *m.*; *(fig.)* toṁḍâk lâvuṁcheṁ *(«toca-bocca»)*, bhâkrî bhijaucheṁ, nisteṁ, pakvan *n.*, kaḍhî *f.* ‖ — *auditivo*, kânâcho gîr *m.*

Conductor, *s. m.* harṇâr *ou* vharṇâr, hâḍṇar, ojhekâr, ojhelî; chalauṇâr, sârthî, bhoi; ushṇatâvâhak. ‖ *V.* PÁRA-RAIOS. ‖ *a.* vhartalo, chalaitalo.

Conduzir, *v. t.* haruṁk *ou* vharuṁk, vâhuṁk; vâṭ dâkhauṁk *(d. do o.)*, vâṭen vharuṁk, pâvauṁk; chalauṁk. ‖ *v. i.* vachuṁk pâvuṁk.

Condylo, *s. m.* khubaṭ *n.*

Cone, *s. m.* suḷko, śaṁku *m.*

Conego, *s. m.* kong.

Conezia, *s. f.* konejî *f.*, kongpaṇ *n.*

Confecção, *s. f.* saṁpauṇî, saṁpâdṇî; karṇî, ghaḍṇî *f.*

Confeccionar, *v. t.* (okhtâṁ) meḷauṁk. ‖ *V.* CONFEIÇOAR.

Confederação, *s. f.* ekvaṭ, kaṭ *m.*, kûṭ, jûg *n.*, milâph *m.*

Confederado, *a. e s. m.* kuṭâkâr, sâmîl, milâphî, kaṭ-, kûṭ kartalo.

Confederar, *v. t.* ekvaṭuṁk, meḷauṁk. ‖ *v. r.* kûṭ-, ekvaṭ karuṁk, meḷauṁk.

Confeição, *s. f.* okhṭâṁ kutṇeṁ,- meḷauṇeṁ *n.*; barsî *f.* ‖ *Tolo sem* —, aṭṭal piso.

Confeiçoar, *v. t.* sarî karuṁk, narmâvuṁk, barsuṁk.

Confeitar, *v. t.* sâkrâvuṁk, sâkrîn lepḍâvuṁk; *(fig.)* lep kâḍhuṁk, goḍâvuṁk, goḍsâvuṁk.

Confeitaria, *s. f.* dos-, miṭhây vikcheṁ ghar *n.*

Confeiteira, *s. f.* doskârṇ; dosîchî basî *f.*

Confeiteiro, *s. m.* doskâr (*do port.* DOCE), *sukḍekâr.

Confeito, *s. m.* koṁphet *f.*, korḍo murâṁbo *m.*, *sukḍî guḷî *f.*

Conferencia, *s. f.* sarî karṇeṁ *n.*, rujvâṭ; bolî, bolîchâlî *f.*, jâpsâl, vâd, saṁvâd *m.*, ulauṇeṁ, saṁbhâshaṇ, saṁkathan; pâṭhan, vyâkhyân *n.*

Conferenciar, *v. i.* ulaumk, vâdumk, samvâdumk, samvâd-, sambhâshaṇ-, bolîchâlî karumk.

Conferente, *a.* ulaitalo, samvâd kartalo, samvâdî; jâpsâl âslalo. || *s. m. e f.* pâṭhak.

Conferir, *v. t.* sarî karumk, rujvâṭumk; divumk, vopumk, samarpumk, abhyâsumk. || *v. i.* sarî jâvumk, barâbar âsumk; bolumk, samvâdumk.

Confessar, *v. t.* sâmgumk, uchchârumk, kabûl karumk, oḷkhumk, âmgîkarumk; kumsâr karumk *(d. do o.)* || *v. r.* kumsâr jâvumk; jâmpumk, kabûl jâvumk.

Confessionario, *s. m.* kumsador *f.*

Confesso, *a.* uchchârlalo, jâmplalo, âmgîkelalo.

Confessor, *s. m.* komphesor, kumsâr kartalo, **doshśrotṛiguru; âplem śâstrsamurt uchchârtalo, **svadharmârthaduḥkhabhogî.

Confessorio, *a.* uchchârlalo.

Confiadamente, *adv.* viśvâsân, viśvâs dharûn,- ṭhevûn.

Confiado, *a.* pâtyelalo, viśvâs âslalo, viśvâsâcho; ravîs-, maryâd nâslalo.

Confiança, *s. f. segurança de animo:* ûb, umed himmat *f.*, dam; *esperança firme:* viśvâs, bharvâmso, bhâvârth, bhâv, nirdhâr *m.*, khâtîr *ou* khâtrî; *bom conceito:* pâtyeṇî *f.*, pâtyeṇem *n.*, viśvâs, itbâr *m.*, bhâvanâ; *familiaridade:* lagtî, salgî *f.*, lâgbâg *m.*, haḷbaḷepaṇ *n.*; *atrevimento:* nirmaryâd *f.*, pâḷâm-, baḷ gheṇem *n.* || *Homem de —,* viśvâsâcho-, pâtyeṇecho manîs. *Dar —,* sattyâ divumk. *Tomar —,* baḷ ghevumk, bhiḍâ nâsumk *(d. do s.)* *Abuso de —,* viśvâsghât, viśvâsbhamg *m.*

Confiar, *v. i.* pâtyevumk, viśvâsumk, viśvâs-, śvâs davrumk,- ṭhevumk, âśâ dharumk. || *v. t.* pâtyevumk, viśvâsân sâmgumk. || *v. r.* pâtyevumk, viśvâs davrumk.

Confidencia, *s. f.* gûḍh sâmgṇem *n.*, guptkathâ *f.* || *Em —,* guḍhân.

Confidencial, *a.* guḍhâcho, guṭhâcho, gupto, gupit, guptest. || *s. f.* guḍhâchem patr *n.*, gupit hukûm *m.*

Confidencialmente, *adv.* guḍhân, guptim.

Confidenciar, *v. t.* guḍhân-, guptim sâmgumk.

Confidente, *a. e s. m. e f.* guḍhâcho-, viśvâsâcho isht *(s. m.)*,- ishṭiṇ *(s. f.)*

Configuração, *s. f.* âkâr *m.*, rûp, vaḷaṇ *n.*, vaḷṇî *f.*

Configurar, *v. t.* âkâr-, rûp divumk *(d. do o.)*

Confim, *a.* merecho, merlî; saradîcho. || -ns, *s. m. pl.* sarad *f.*, prâmtdeś, lagto *m.*

Confinante, *a.* merelî; saradîcho.

Confinar, *v. i.* lâgumk, temkumk, merek âsumk. || *V.* DESTERRAR. || *v. t.* âṭpumk, ârekhumk.

Confinidade, *s. f.* śejârpaṇ *n.*

Confirmação, *s. f.* kharâvṇî, thârâvṇî, thirâvṇî *f.*, satyakâr *m.*

Confirmador, *a. e s. m.* thirâytalo, thârâvṇâr.

Confirmar, *v. t.* baḷkaṭ-, khachît-, niśchit karumk, kharâvumk, thârâvumk, thirâvumk, thiraumk, satyakâr karumk *(g. do o.)* || *V.* APPROVAR. || *v. r.* ghaṭṭ-, thîr jâvumk.

Confirmativo, confirmatorio, *a.* thirâvṇo, satyakârâcho.

Confiscação, *s. f.,* **confisco,** *s. m.* japtkarṇem *n.*, japtî *f.*, damḍârthaharaṇ *n.*

Confiscar, *v. t.* sarkârân ghevumk, damḍâpâsvat vharumk, japtkarumk.

Confiscavel, *a.* japtkarûmyeso.

Confissão, *s. f.* kumsâr, uchchâraṇ, âmgîkaraṇ *n*, kabulârth *m.*

Confitente, *a.* uchchârtalo, kabûl jâtalo.

Confiteor, *s. m.* hâmv pâtkî *f.*

Conflagração, *s. f.* âgdhâḍ *f.*; *(fig.)* umâḷo *m.* || *V.* CATACLYSMO.

Conflagrar, *v. t.* âg lâvumk, ulpâvumk, lâsumk; *(fig.)* chetaumk, châḷvaumk; uṭhaumk.

Conflicto, *s. m.* jhombî, lâṭâguṭî *f.*, samgrâm *m.*; jhagḍem, tomḍâtomḍ, uttrâk uttar *n.*; *(fig.)* virodh, samghaṭṭ *m.*

Confluencia, *s. f.* samgam *m.*

Confluente, *a.* barâbar vâhvto, ekṭhâmy meḷto (nad), samgâmî. || *Variola —,* masuryâdevî *f.*

Conformação, *s. f.* âkâr *m.*, rûp *n.* || *Vicio de —,* sayambhâguṇ *m.*, janmâchî khoḍ *f.* || *V.* CONFORMIDADE.

Conformar, *v. t.* ghaḍumk, âkârumk; sâmko-, sârko karumk. || *v. r.* sârko-, sâmko-, sam jâvumk; eke buddhîcho-, ekâ matâcho jâvumk; anusarumk, râjî âsumk va jâvumk. || *v. i.* sarî jâvumk, lâgumk.

Conforme, *a.* sârko, sâmko, sâmgḍo, sarso, yathâvidhi, *chitmat. || *V.* RESIGNADO. || *adv. e conj.* pramâṇem, parîm, barâbar, sâmgḍe, *chitmatîm.

Conformemente, *adv.* parîṁ, pramâṇeṁ, barâbar.

Conformidade, *s. f.* sârkepaṇ *n.*, barâbarî *f.*, saṁbhav *m.*, lâykpaṇ; anusaraṇ *n.*, vetsavṛitti *f.* ‖ *Em* —, pramâṇeṁ, sâṁgḍe.

Confortador, *a. e s. m.* ghaṭṭâytalo, bujauṇâr.

Confortante, **confortativo**, *a.* ghaṭṭâyecho. ‖ *s. m.* gaṭṭâyecheṁ okhat *n.*

Confortar, *v. t.* ghaṭṭâvuṁk, dṛiḍhâvuṁk, jîv-, baḷ divuṁk *(d. do o.)*, ḍhirâvuṁk, dhîr divuṁk; *(fig.)* śâṁtauṁk, bujauṁk. ‖ *v. r.* jîv- baḷ ghevuṁk, ghaṭṭ jâvuṁk, dṛiḍhuṁk; bujvuṁk.

Confortavel, *a.* susth, savasth, kuśâl, sukhâcho.

Conforto, *s. m.* ghaṭṭây *f.*, dhîr *m.*; bujvaṇ, śâṁtvaṇ *f.* ‖ *V.* COMMODO.

Confrade, *s. m.* dharmbaṁdhu, dharmbhâu, sadharm; kâryabaṁdhu, saṁvgaḍî.

Confranger, *v. t.* kaḷvaḷâvuṁk, vaḷvaḷâvuṁk, âṁvḷuṁk, piḷuṁk; moḍuṁk, phoḍuṁk. ‖ *v. r.* kaḷvaḷuṁk, vaḷvaḷuṁk, taḷmaḷuṁk, aṭṭâhâsuṁk; âṁvḷoṁk, chirmuṭuṁk.

Confrangido, *a.* kaḷvaḷlalo, taḷmaḷlalo.

Confrangimento, *s. m.* vaḷ *m.*; âṁkhuḍây, âṁvaḷṇî *f.*, kaḷvaḷo *m.*

Confraria, *s. f.* koṁphr, dharmbaṁdhutvî *(p. us.) f.* ‖ *Ser da — de alguem (fig.)*, eksârke jâvuṁk. *Ser da — de S. Martinho*, soryâk peṭuṁk.

Confraternar, *v. t.* bhâu kase ekṭhâvuṁk.

Confraternidade, *s. f.* bhâupaṇ *n.*, bhâubaṁdhkî *f.*; baṁdhuvarg *m.*

Confraternização, *s. f.* bhâu kase chalṇeṁ *n.*; bhâubaṁdhkî *f.*

Confraternizar, *v. i.* bhâu kase chaluṁk,- jiyevuṁk; ekâ chittmanâche jâvuṁk.

Confrontação, *s. f.* toṁḍâtoṁḍ karṇeṁ *n.*, rujvâṭ *f.*, mukâbalo *m.* ‖ -ções, *pl.* lakheṇ, niśâṇ *n.*; mero *f. pl.*

Confrontar, *v. t.* toṁḍâtoṁḍ-, mukâbalo karuṁk *(g. do o.)*, rujvâṭuṁk; lâvuṁk, sarî karuṁk. ‖ *v. i.* merek âsuṁk, lâguṁk, teṁkuṁk.

Confronto, *s. m.* rujvâṭ; sar *f.*

Confugir, *v. i.* âsrâk-, pâṁgîk vachuṁk.

Confundido, *a.* halkaṁḍlalo, vyâkûḷ; ghâbarlalo, kâkûḍ.

Confundir, *v. t.* ekṭhâṁy karuṁk, misḷuṁk, meḷauṁk, barsuṁk, ḍhavḷuṁk, charbaṭâvuṁk, gadaḷâvuṁk, goṁdhauṁk; ek mhaṇ samjuṁk, goṁdhḷâvuṁk; ghâbrâvuṁk, lajjauṁk, lajjek ghâluṁk; halkaḷâvuṁk, halkaṁḍâvuṁk, bhramauṁk. ‖ *v. r.* ekṭhâṁy jâvuṁk, misḷuṁk, meḷuṁk, gadaḷuṁk, charbaṭuṁk; ekach-, sâṁke disuṁk; ghâbruṁk, goṁdhuṁk, goṁdhḷuṁk, gaḷbaḷuṁk, vipluṁk.

Confusamente, *adv.* goṁdhḷân, goṁdhîṁ; guṇguṇît, gair.

Confusão, *s. f.* meḷauṇî, barsî *f.*, misaḷ, ḍhavaḷ *m.*, meḷap, gadaḷ, charbaṭ *n.*, ḍhâṁdal, ghâṇ *f.*; goṁdhaḷ *m.*, goṁdh; gaḍbaḍ *f.*, gaḷbaḷ, khaḷbaḷ, halâhal *m.*; lajj, ghâbrây, kâkuḍây, târaṁbaḷ *f.*, hairâṇ *n.* ‖ — *de poderes*, tirrâj (*litt.* REINADO DE TRES) *n.* *Em* —, ḍhavḷûn, charbaṭân.

Confuso, *a.* barsilalo, ḍhavaḷlalo, gadaḷ, saṁkîrṇ, *miśrit, nirviśesh; ghâbro, vyâkûḷ, dubhâvî, *tashṭ; guṇguṇît, gair, apraghaṭ; gaḷbaḷyo, gaḍbaḍo.

Confutação, *s. f.* khaṁḍan *n.*, khaṁḍṇî, pâḍṇî, bhâṁjṇî *f.*

Confutar, *v. t.* khaṁḍuṁk, bhâṁjuṁk, pâḍuṁk.

Confutavel, *a.* khaṁḍcho, bhâṁjûṁyeso.

Congelação, *s. f.* śiṁkevṇî, jamṇî; bahirevṇî, dharṇî *f.*

Congelado, *a.* thaṁḍ gâr.

Congelar, *v. t.* gâr-, baraph karuṁk *(g. do o.)*; śiṁkâvuṁk, jamauṁk, âṭauṁk; thaṁḍ gâr karuṁk. ‖ *v. r.* śiṁkevuṁk, jamuṁk, âṭuṁk. ‖ — *a voz*, vâchâ nâ suṭuṁk.

Congelativo, **congelavel**, *a.* śiṁkevuṁcho.

Congenere, *a.* ekjâticho, saṁjâtîcho, sambîjak; sârko, sâmko.

Congenial, *a.* sayaṁbhâcho, anukûl, anuguṇ, svabhâvânusâr; ekbhâv, sambhâv, samśil.

Congenialidade, *s. f.* sambhâv *m.*, samśîl *n.*

Congenito, *a.* janmâcho *ou* jalmâcho, sayaṁbhâcho, sahaj, svâbhâvik.

Congerie, *s. f.* râs *f.*, puṁjo, mâch *m.*

Congestão, *s. f.* ragat chaḍhṇeṁ,- bharṇeṁ *n.*, raktsâṁkaḷ *f.*

Congestionar-se, *v. r.* ragat chaḍhuṁk,- bharoṁk, raktsâṁkaḷ jâvuṁk.

Congesto, *a.* ragat chaḍhlalo.

Conglobação, conglomeração, *s. f.* guḷo-, guṭhlo karṇeṁ,- jâṇeṁ *n.; ḍâḷ*, mâch *m.*

Conglobado, *a.* guḷo kaso, piṁḍîkṛit.

Conglobar, conglomerar, *v. t.* guḷo-, guṭhlo karuṁk *(g. do o.)*; puṁjâvuṁk, ḍâḷuṁk. ‖ *v. r.* guḷo-, guṭhlo jâvuṁk *(g. do s.)*

Conglutinação, *s. f.* chikṭâvṇî, pâṁkṇî *f.*

Conglutinante, conglutinativo, *a.* chikṭâvṇo, pâṁkcho.

Conglutinar, *v. t.* chikṭâvuṁk, pâṁkâvuṁk. ‖ *v. r.* chikṭuṁk, pâṁkuṁk, ghâṁs ghevuṁk.

Conglutinoso, *a.* chikaṭ, pâṁkîṭ.

Congosta, *s. f.* lâṁb bîdh,- pâyaṁḍ *f.*

Congoxa, *s. f. (p. us.)* piḍâpîḍ *f.*, saṁtâp *m.*

Congraçador, *a. e s. m.* samjâytalo, ekvaṭṇâr.

Congraçar, *v. t.* samjâvuṁk, ekvaṭuṁk, lâgîṁ kâḍhuṁk, lâgauṁk. ‖ *v. r.* ekṭhâṁy jâvuṁk, ekvaṭoṁk, meḷuṁk.

Congratulação, *s. f.* abhinaṁd, pratinaṁd *n.*, naṁdauṇî, mubârkî *f.*, dhanyavâd, dhinvâs *m.*

Congratulante, *a.* dhinvâsî, naṁdaitalo.

Congratular-se, *v. r.* parbeṁ (*port.* PARABEM) divuṁk, dhinvâsuṁk, naṁdauṁk, pratinaṁduṁk.

Congratulatorio, *a.* dhinvâsâcho, mubârkecho.

Congregação, *s. f.* sabhâ, jamât *f.*, jamo, samâj, meḷ, ekvaṭ *m.; dharmbaṁdhutvî *f.*

Congregado, *s. m.* maṭhvâsî.

Congregante, *a.* puṁjâytalo, jamaitalo.

Congregar, *v. t.* puṁjîkaruṁk, meḷauṁk, jamauṁk, ekṭhâvuṁk, ekvaṭuṁk. ‖ *v. r.* ekṭhâṁy jâvuṁk, meḷuṁk, jamuṁk.

Congressional, *a.* sabhecho, samâjâcho, samâjîk.

Congresso, *s. m.* sabhâ, maṁḍaḷî *f.*, samâj; saṁg, âṁgsaṁg, saṁgam *m.*

Congrua, *s. f.* koṁgr *n.*

Congruencia, congruidade, *s. f.* sar *f.*, jaḍap, yuktipaṇ *n.*, yuktichâr, milâph *m.*, lâykpaṇ *n.*

Congruente, congruo, *a.* phâvoto, mâphak, sarso, yukt, yogya, eksârko, lâyk, milâphî.

Congruentemente, *adv.* yuktpaṇîṁ, phâvote parîṁ.

Conha, *s. f.* muḷâcho khâṁdo *m.*

Conhecedor, *a. e s. m.* oḷkhaṇâr; jâṇvîk, jâṇto; parîkshâvaṁt, parîkshak, pârkhî, darśak.

Conhecença, *s. f. (ant.)* oḷakh; niśâṇî, khuṇâ *f.*

Conhecer, *v. t.* oḷkhuṁk, oḷakh âsuṁk *(d. do s., g. do o.)*; *saber:* jâṇuṁk, kaḷuṁk *(d. do s.)*, bodhuṁk; *apreciar:* samjuṁk. ‖ — *de nome*, nâṁvân oḷkhuṁk. — *de vista*, toṁḍ oḷkuṁk *(g. do o.)* *Fazer-se* —, âpṇâk oḷkhuṁk divuṁk. *Dar-se a* —, *idem; âplî kuvet dâkhauṁk. *Dar a* —, kaḷauṁk, dâkhaun divuṁk. *Não — Deus nem diabo*, Dev dharm nâsuṁk *(d. do s.)* — *mulher*, jâṇuṁk, saṁg âsuṁk,- jâvuṁk *(d. ou g. do s., ab.* kaḍe *do o.)* ‖ *v. i.* oḷakh ghevuṁk. ‖ *v. r.* âpṇâk oḷkhuṁk. ‖ *Não se* —, âple aguṇ nâ oḷkhuṁk.

Conhecido, *a.* oḷkhîcho, oḷakh âslalo; kaḷit, dakhal, ṭhâvo, ṭhâvko; nâvâḍhîk, prasiddh; parîkshâvaṁt, jâṇo âslalo. ‖ *s. m.* oḷkhîcho manîs.

Conhecimento, *s. m.* oḷakh, khabar, suddî; jâṇvây, jâṇvikây, vidyâ *f.*, vedan, pâṁḍitya *n.*, parichay *m.*; *(for.)* vâjpuśî, chaukaśî *f.*; *(comm.)* dâkhlo *m.*, chiṭṭ *f.*, bharitpatr *n.* ‖ *Tomar* —, khabar ghevuṁk, suddî karuṁk.

Conico, *a.* suḷkyâcho, nimuḷto, śaṁkvâkâr.

Coniforme, *a.* śaṁkvâkâr.

Conjectura, *s. f.* ajmâs, sumâr, tark, avâṁko, anumân *m.*, kalpanâ *f.*; pârkhaṇeṁ *n.*

Conjectural, *a.* ajmâsâcho, anumânâcho, anumânik.

Conjecturar, *v. t.* ajmâsuṁk, anumânuṁk, tarkuṁk, kalpuṁk, avâṁkuṁk, disuṁk *(d. do s.)*; pârkhuṁk.

Conjecturavel, *a.* ajmâsûṁyeso, tarkuṁcho.

Conjugação, *s. f.* jaḍap *n.*, jaḍṇî, gâṁṭhâvṇî, sâṁgḍâvṇî *f.*; *(gram.)* âkhyân, rûpâkhyân *n.*

Conjugado, *a.* sâṁgḍâylalo, sâṁgḍo, joḍo.

Conjugal, *a.* kâjârâcho, lagnâcho.

Conjugar, *v. t.* sâṁgḍâvuṁk, gâṁṭhâvuṁk, jaḍuṁk; *(gram.)* rupâṁ châḷauṁk, rûpâkhyân karuṁk *(g. do o.)*

Conjugavel, *a.* rupâkhyân karcho.

Conjuge, *s. m.* ghov, pati *m.*; patîṇ *f.*; vavar *(conjuges) m. pl.*

Conjuncção, *s. f.* jaḍṇî *f.*, saṁyog, saṁbaṁdh, samâgam, saṁyog *m.* ‖ *V.* ENSEJO.

Conjunctamente, *adv.* barâbarî, ekṭhâṁy.

Conjunctar, *v. t.* *(ant.)* *V.* AJUNTAR.

Conjunctiva, *s. f.* ḍoḷyâcho paḍdo *m.*

Conjunctivo, *a.* jaḍcho, saṁyogî.

Conjuncto, *a.* jaḍlalo, lâglalo, saṁyukt, anuyukt. ‖ *s. m.* jamo, jamâv *m.*

Conjunctura, *s. f.* prasaṁg, yog *m.*, saṁdhi *f.*; saṁkashṭ *n.*, kâḷ *m.*, aḍchaṇ, khâṁch *f.*

Conjuração, *s. f.* kûṭ, pâkhaṁḍ *n.*, kalpaṇî, maslat *f.*; śapûṭh ghâlṇeṁ *n.*, âṇ *f.*

Conjurado, *a.* kalpalalo. ‖ *s. m.* kuṭâkâr.

Conjurar, *v. t.* kuṭâk âpauṁk, uṭhauṁk, kalpauṁk; âṇ divuṁk *(d. do o.)*, śapûṭh ghâluṁk *(d. do o.)*; vâṭâvuṁk, nivâruṁk; prârthûn mâguṁk, vinati karuṁk. ‖ *v. i.* kalpuṁk, uṭhuṁk, kûṭ karuṁk.

Conjuro, *s. m.* śapûṭh, śâp *m.*, kumaṁtr *n.*

Conluiado, *a.* kûṭ kelalo.

Conluiar, *v. t.* kûṭ-, gûḍhmeḷ karuṁk *(g. do o.)*; kuṭân phasauṁk,- nâḍuṁk. ‖ *v. r.* kûṭ karuṁk.

Conluio, *s. m.* phasauṁcheṁ kûṭ,- sâmîlpaṇ *n.*, gûḍhmeḷ, saṁghaṭṭ *m.*

Connatural, *a.* *V.* CONGENITO.

Connectivo, *a.* jaḍtalo, sâṁgḍâytalo, sâṁdhtalo.

Connexão, connexidade, *s. f.* lagtî *f.*, saṁbaṁdh, saṁyog, doro *m.*, sannidhân *n.*, saṁdhi, saṁsakti *f.*

Connexo, *a.* lagtîcho, saṁbaṁdhî, doro âslalo.

Connivencia, *s. f.* ḍoḷe dhâṁpṇeṁ, dhâṁpaṇ *n.*

Connivente, *a.* phasauṁcho-, nâḍcho sâmîl; ḍoḷe dhâṁpṇo. ‖ *Ser* —, ḍoḷe dhâṁpuṁk.

Connotação, *s. f.* sarîchî lagtî *f.*

Connubial, *a.* *V.* CONJUGAL.

Connubio, *s. m.* *V.* CASAMENTO.

Conoide, *a.* śaṁkvâkâr.

Conquista, *s. f.* jikṇî *f.*, jay *m.*; jiklalî vast *f.*

Conquistador, *a. e s. m.* jikûn ghetalo, jikṇâr, jetṛi.

Conquistar, *v. t.* jikuṁk, jaytuṁk, jujûn-, jikûn ghevuṁk; *(fig.)* joḍuṁk, meḷauṁk.

Conquistavel, *a.* jikcho.

Consagração, *s. f.* saṁskâr *m.*, pratishṭhâ *f.*, pavitrpaṇ *n.*; abhishek *m.*

Consagrado, *a.* saṁskârâcho, saṁskṛit, pavitr.

Consagrador, consagrante, *a. e s. m.* saṁskârtalo, pratishṭhaṇâr.

Consagrar, *v. t.* koṁsâgrâr karuṁk, saṁskâruṁk, pratishṭhuṁk, *pavitruṁk; bheṭauṁk. ‖ *v. r.* âpṇâk bheṭauṁk.

Consanguineo, *a.* raktâcho,- ekâraktâcho, ekâraktâmasâcho, ekmâs, ekrakt. ‖ *Irmão* —, sâpalbhâu.

Consanguinidade, *s. f.* ekraktsaṁbaṁdh *m.*, ekraktsoyrîk *f.*

Consciencia, *s. f.* sairâṇ *n.*, saṁjñâ *f.*; aṁtashkarṇ *ou* aṁtashkaṇ, man *n.*, *sukṛiti *f.* ‖ *Voz da* —, aṁtashkarṇâcho sâd *m.* *Com a mão na* —, kâḷjâṁt-, aṁtashkarṇâṁt hâṭ ghâlûn. *Em boa* —, śuddhâ manân. *Fazer exame de* —, pâtkâṁcho ughḍâs karuṁk.

Conscienciosamente, *adv.* aṁtashkarṇâ pramâṇeṁ, śuddhamanîṁ.

Consciencioso, *a.* baryâ aṁtashkarṇâcho,- manâcho,- kâḷjâcho, devaspaṇâcho; aṁtashkarṇâ pramâṇeṁ chaltalo,- kelalo.

Consciente, conscio, *a.* sairâṇ âslalo, sâvadh, sâvdhân, chetan, kaḷît.

Conscripção, *s. f.* *V.* RECENCEAMENTO.

Consecratorio, *a.* saṁskârâcho.

Consecução, *s. f.*, **conseguimento,** *s. m.* meḷauṇî, meḷvaṇ, sâṁpḍâvṇî, sâṁpaḍṇî, gaṁvsaṇî, âpti *f.*, âgam *m.*

Consecutivamente, *adv.* ekâmekâ pâṭhî, pâraṁparîṁ, anukramân, lagat.

Consecutivo, *a.* ekpâṭhî, anukramâcho, anukramik, pâraṁparik; lâgîṁ pâṭhlo, pâṭhlyân yetalo.

Conseguinte, *a.* pâṭhlyân yetalo, anusârî, anuyâyî. ‖ *Por* —, dekhûn, mhaṇûn, prasaṁgîṁ, hyâ pâsûn.

Conseguintemente, *adv.* dekhûn, hyâ pâsûn.

Conseguir, *v. t.* meḷauṁk, sâṁpḍâvuṁk, gaṁvsuṁk, joḍuṁk, *hâtâsuṁk; pâvuṁk *(d. do o.)*, tâṁkuṁk *(d. do s.)*

Conselheiro, *s. m.* buddhivaṁt *ou* buddhvaṁt, upadeśak; samâjik, sabhâsad, saṁvâḍî. ‖ — *de estado,* maṁtrî, râjmaṁtrî, pradhân, sachiv.

Conselho, *s. m.* buddh, maslat *f.*, maṁtr *n.*, upadeś *m.*; baiṭhak, parshad, sachivsabhâ *f.*

Consensiente, *a.* kabûl, râjî.

Consenso, consentimento, *s. m.* hoykâr anumân *m.*, anumat *n.*, sammati, kablât, patkarṇî *f.*; ekchitt, ekmat *n.*

Consentaneo, *a.* mâphak, barâbar, anusârî, anukûl.

Consentido, *a.* sammat, pasaṁd, kabûl jâlalo.

Consentidor, *a. e s. m.* kabûl jâtalo, kablât ditalo, kabûl, râjî, anumat, sammat, patkarṇâr.

Consentir, *v. t.* anumânuṁk, samânuṁk, patkaruṁk, manâṁt hâḍuṁk. ‖ *v. i.* hoy mhaṇuṁk, kabûl-, râjî jâvuṁk.

Consequencia, *s. f.* kâryakâraṇsaṁbaṁdh; siddhâṁt, niśchitârth; *resultado:* phaḷ, arth, guṇ, udev, pariṇâm, prayog; *importancia:* bhâr *m.*, vajan *n.* ‖ *Por* —, *em* —, tyâ pâsvat; hyâ pasûn, dekhûn.

Consequente, *a.* saṁgatîcho, susaṁgat, samarth; anuyâyî, anusârî, anuyogî. ‖ *s. m.* siddhâṁt *m.*

Consequentemente, *adv.* dekhûn, mhaṇûn.

Conserva, *s. f.* murâṁbo (— *de calda) m.*; lonchem (— *de vinagre ou salmoira) n.* ‖ *Ter de* —, saṁbhâḷûn-, bâḷgûn davruṁk.

Conservação, *s. f.* jagauṇî, tagauṇî, tagṇî, bâḷgaṇ, marâmat *f.*, saṁbhâḷ *m.*

Conservado, *a.* taglalo. ‖ *Bem* —, baro âslalo,- taglalo.

Conservador, *a.* tagauṇâr, jagauṇâr, saṁbhâḷî; ekmargî. ‖ *s. m.* pustakâṁ-, patrâṁ râkhtalo, daphtardâr.

Conservar, *v. t.* jagauṁk, tagauṁk, saṁbhâḷuṁk, bâḷguṁk, davruṁk, râkhuṁk, saṁrakshuṁk. ‖ *v. r.* jaguṁk, taguṁk, uruṁk, *taruṁk.

Conservativo, *a.* saṁbhâḷcho, bâḷguṁcho.

Conservatoria, *s. f.* daphtarkhâṇo *m.*, patrarakshaṇaśâlâ *f.*

Conservatorio, *a.* saṁbhâḷcho. ‖ *s. m.* vidyâlay *n.*, vidyâśâlâ *f.*

Conserveiro, *s. m.* murâṁbekâr; lonchekâr.

Consideração, *s. f.* chiṁtṇî, chiṁtnâ *f.*, *chiṁtan *n.*, nihâḷ, vichâr, vivek, vitark *m.*, yojan, âlochan *(us. Can.) n.*; *valia:* parvâ, lekhâ *f.*, lekh, bhâr *m.*, vajan *n.*; *circumspecção:* achirkây, khâtîr *ou* khâtrî *f.*, gumân *n.*; *deferencia:* bhiḍâ, bhîḍ, bhîḍbhâḍ *f.*, mânbhâv, *hujar; *motivo:* prastâv *m.*, kâraṇ, nimitt *n.* ‖ *Tomar em* —, kânâr ghevuṁk (*litt.* TOMAR SOBRE A ORELHA), manâṁt dharuṁk.

Consideradamente, *adv.* nihâḷîṁ, vivekûn.

Considerado, *a.* nihâḷlalo; mânâdik, âbrûvaṁt.

Considerando, *s. m.* kâraṇ *n.*, *ou* kâraṇ, hetu *m.*, nimitt *n.*

Considerar, *v. t.* manâṁt hâḍuṁk, nihâḷuṁk, paḷevuṁk, chiṁtuṁk, kalpuṁk, yojuṁk, vichâruṁk, vitarkuṁk, vivekuṁk, gholauṁk; *reputar:* samjuṁk; mejuṁk, lekhuṁk; *estimar:* samânuṁk, parvâ karuṁk. ‖ *v. i.* dhyân-, vichâr-, nihâḷ karuṁk. ‖ *v. r.* samjuṁk, chiṁtuṁk *(vv. tt.)*

Consideravel, *a.* vichârcho, lekhâcho; bhârâdik, vajandâr; bhav vhaḍ, jâyto, sabâr, baroch.

Consideravelmente, *adv.* chaḍh, jabar, baroch *(decl.)*

Consignação, *s. f.* havâlo *m.*, vopṇî, âropṇî *f.*; *(fig.)* ṭîp *m.*; *(comm.)* aḍtyâk pâṭhauṇeṁ *n.*; aḍtyâcho mâl *m.* ‖ — *de rendimento,* riṇâpoṭîṁ bhogâvaḷ deṇeṁ *n.*

Consignante, *a.* mâl voptalo.

Consignar, *v. t.* nisânuṁk, khuṇâvuṁk; *(fig.)* dakhal-, kaḷit karuṁk, ṭipuṁk; *(comm.)* aḍtyâk pâṭhauṁk; havâluṁk, nyasuṁk, vopuṁk, âropuṁk.

Consignatorio, *s. m.* aḍtyo.

Consistencia, *s. f.* dâṭây, ghaṭṭây, ghaṇây *f.*, ḍhâl, jor; saṁbhav, thâr *m.* ‖ *V.* CONSTANCIA.

Consistente, *a.* âslalo; ghaṭṭ, dâṭ, âkho, akhaṁḍ, nibar, thîr.

Consistir, *v. i.* âsuṁk; ghaḍoṁk.

Consistorio, *s. m.* satsabhâ *f.*

Consoada, *s. f.* phaḷâhâr, alpâhâr; kuṁsvâr *m.*

Consoante, *a.* samsvar, samnâd. ‖ *conj.* pramâṇeṁ, sâṁgḍe. ‖ *s. f.* vyaṁjan *n.* ‖ — *dobrada ou composta,* saṁyog *m.*

Consoar, *v. t. e i.* phaḷâhâr khâvuṁk.

Consoeiar, *v. t. V.* ASSOCIAR.

Consocio, *s. m.* bhâgelî, vaṁtdâr; gaḍo.

Consogra, *s. f.* veheṇ.

Consogro, *s. m.* vey.

Consola, *s. f.* peḍ *n.*

Consolação, *s. f.* bujvaṇ, ghaṭṭây, śâṁtvan *f.*, śâṁtipaṇ *n.*, svasthâvṇî; duḥkhśâṁti *f.*, samâdhân *n.*

Consolado, *a.* bujavlalo; kuśâl, saṁtushṭ.

Consolador, *a.* bujauṇâr, bujavṇo, bujavṇecho.

Consolar, *v. t.* bujauṁk, śâṁtauṁk, ghaṭṭâvuṁk, samjâvuṁk, śamanâ karuṁk, susthâvuṁk, bujvaṇ divuṁk *(d. do o.)*; dhâdasî-, sukhî karuṁk, barc lâguṁk *(d. do s., s. do o.)* ‖ *v. r.* bujvuṁk, svasthuṁk, bujvaṇ ghevuṁk.

Consolatorio, *a.* bujvaṇecho, śâṁṭvaṇecho.

Consolidação, *s. f.* ghaṭṭ karṇeṁ va jâṇeṁ, dṛiḍhîkaraṇ *n.*, thirâvṇî *f.*

Consolidado, *a.* ghaṭṭ, nibar.

Consolidar, *v. t.* ghaṭṭ-, dṛiḍh-, nibar karuṁk, ghaṭṭâvuṁk, thirauṁk, dṛiḍhâvuṁk. ‖ *v. r.* ghaṭṭ-, nibar jâvuṁk, thiruṁk, dṛiḍhuṁk.

Consolidativo, *a.* dṛiḍhâvuṁcho, thirauṁcho.

Consolo, *s. m. V.* CONSOLAÇÃO.

Consonancia, *s. f.* ektâḷ, svarmeḷ *m.*, svarsâmya *n.*, samsvartâ *f.*

Consonante, *a.* samsvar, eksvar, samnâd.

Consonar, *v. i. (p. us.)* svarmeḷ karuṁk, samsvar jâvuṁk; bareṁ paḍuṁk, lâguṁk.

Consorciar, *v. t.* joḍuṁk, ekvaṭuṁk. ‖ *V.* CASAR.

Consorcio, *s. m.* lagn, vahrâd *n.*, vavar; *(fig.)* ekvaṭ, kaṭ *m.*

Consorte, *s. m.* sâṁgâtî, vâṁgaḍî; bhâgelî; dâdlo, pati, ghov *m.; patiṇ,* bâil *f.;* vavar *m. pl.*, ubhayvargâṁ *(consortes) n. pl.*

Conspicuidade, *s. f.* prasiddhi *f.*, prasiddhpaṇ, uttampaṇ *n.*

Conspicuo, *a.* prasiddh, jagpraghaṭṭ, varishṭ, uttam, tejvaṁt, śrîmân, nâvâḍhgo, narvar.

Conspiração, *s. f.* kûṭ *n.*, gûḍhmeḷ *m.*, maslat, phiturî *f.; (fig.)* meḷ *m.*, ekya *n.*

Conspirador, *a. e s. m.* kuṭâkâr, phituryo, kalpalalo, kalpaṇo.

Conspirante, *a.* meḷtalo, barâbarî upkârto.

Conspirar, *v. i.* kalpuṁk, uṭhuṁk *(com l. sup. da pessoa)*, kûṭ karuṁk; meḷuṁk, barâbarî upkâruṁk,- kâmâk yevuṁk.

Conspurcação, *s. f.* meḷauṇî *f.*, meḷ, mevaḷ *m.*

Conspurcar, *v. t.* meḷauṁk, meḷ lâvuṁk khâtoḍuṁk.

Constancia, *s. f.* ghaṭṭây, dṛiḍhây, achaṁchaḷây, thirây *f.*, dhairya *n.*, udyog, dhîr *m.;* nityatâ, niraṁtarây *f.*

Constante, *a.* ghaṭṭ, thîr, dṛiḍh, achaṁchaḷ, achal, dhairyavaṁt, udyogî; niraṁtar, sadâṁcho, nitya. ‖ *V.* UNANIME.

Constantemente, *adv.* dîsrât, disâchedisâ, sadâṁ, sarvkâḷ, sadâsarvadâ.

Constar, *v. i.* kaḷuṁk, gamuṁk; disûn yevuṁk, dishṭî *ou* dishṭîk paḍuṁk. ‖ *V.* CONSISTIR.

Constellação, *s. f.* nakshatr *ou* nakhetr *n.*, nakshatrgaṇ *m.*

Constellado, *a.* nakshatrâcho; nakshatrâṁnîṁ bharlalo; nakshatr kaseṁ, nakshatrâkâr.

Constellar, *v. t.* nakshatrâṁnîṁ neṭauṁk,- saṁjauṁk; nakshatrgaṇ kaso puṁjâvuṁk,- ekṭhâvuṁk; maḷbhâk teṁkauṁk.

Consternação, *s. f.* hâtpâṁy gaḷṇeṁ, hairâṇ *n.*, bheyâbhîtây, saṁkîrṇây, khaṁt *f.*, âkâṁt *m.*

Consternado, *a.* bheyâbhît, saṁkîrṇ, hairâṇî, duhkhâbharit, chiṁtesht, khaṁtîbharit.

Consternador, *a.* bheyâbhît karcho, saṁtâpauṁcho.

Consternar, *v. t.* saṁtâpauṁk, bodkâvuṁk, chiṁtesht-, hairâṇî-, khaṁtibharit karuṁk, kâḷjâk dhako mâruṁk *(g. do o.)* ‖ *v. r.* hâtpâṁy gaḷuṁk *(g. do s.)*, moḍon paḍuṁk, saṁkîrṇuṁk, virghuṁk, khaṁtibharit jâvuṁk.

Constipação, *s. f.* bârkaṇ *f.*, thaṁḍ *n.;* sâṁklo *m.*

Constipar, *v. t.* bârkaṇ-, thaṁḍ karuṁk *(d. do o.)*, thâṁḍâvuṁk. ‖ *v. r.* bârkaṇ jâvuṁk *(d. do s.)*, thaṁḍâvoṁk.

Constitucional, *a.* prakṛitîcho, svabhâvâcho, svabhâvik; râjyarîtîcho, râjyaniyamânusâr.

Constitucionalmente, *adv.* svabhâvîṁ; rajyarîtî pramâṇeṁ, râjyaniyamânusâr.

Constitucionalismo, *s. m.* râjyaniyamamat *n.*

Constituição, *s. f.* ghaḍṇî, ghaḍvaṇ; âropṇî, ṭharâvṇî, pratishṭhâ *f.; compleição:* svabhâv, âṁgvaṭo *m.*, âṁglaṭ, âṁgkâṭhî, prakṛit, kâletrî, baḍ *f.*, sayaṁbh, svarûp *n.*, *tanû; *estatuto:* nem, kâydo, jâbto, kânû *m.; fórma de governo:* râjyarîti *f.*, rajyavyavasthârûp *n.*

Constituinte, *a.* mûḷbhût, kâraṇbhût. ‖ *s. m.* nemṇâr, yojṇâr.

Constituir, *v. t.* mûḷbhût-, kâraṇbhût jâvuṁk *(g. do o.)*, ghaḍuṁk; ṭharâvuṁk, nemuṁk, yojuṁk, nimyâruṁk, âropuṁk; davruṁk, ghâluṁk. ‖ *v. r.* âsuṁk, jâvuṁk.

Constitutivo, *a.* mûḷbhût, kâraṇbhût, ghaḍvaṇecho.

Constranger, *v. t.* aḍchuṁk, aḍchauṁk; baḷ karuṁk *(d. do o.)*

Constrangidamente, *adv.* baḷân, khuśe bhâyr.

Constrangido, *a.* baḷ kelalo; baḷân kelalo; adcholalo.

Constrangimento, *s. m.* aḍchaṇ, âḍkhaḷ *f.;* baḷ karṇeṁ *n.*, julûm *m.*

Constricção, *s. f.* âṁvaḷṇî *f.*, âṁvḷap *n.*, âṭâp *m.*, âṁkhuḍây *f.*

Constrictivo, constringente, *a.* âṁvḷuṁcho, saṁkochî.

Constringir, *v. t.* âṁvḷuṁk, âṭpuṁk, âṁkhuḍâvuṁk.

Construcção, *s. f.* bhâṁdhṇî *f.*, bâṁdhap *n.;* ghaḍṇî; bâṁdhâvaḷ *f.; (gram.)* anvay, padânvay *m.*, padyojanâ, vâkyarachnâ *f.*

*Constructivo, *a.* bâṁdhcho; *(gram.)* anvayâcho.

Constructor, *s. m.* bhâṁdhṇâr, bâṁdhpî; ghaḍpî.

Constructura, *s. f.* bâṁdhâvaḷ *f.*

Construir, *v. t.* bâṁdhuṁk; ghaḍuṁk; *(gram.)* padânvay karuṁk *(g. do o.); arth sâṁguṁk.

Consubstanciação, *s. f.* dvitattvasaṁdhi *f.; (fig.)* majbût ekvaṭ *m.*, sammat *n.*, ekbhâv *m.*

Consubstancial, *a.* samtattva, ektattva.

Consubstancialidade, *s. f.* samtattvatâ *f.*, tattvasâmya *n.*

Consubstanciar, *v. t.* samtattva karuṁk; ekvaṭuṁk, majbût karuṁk. || *v. r.* ekach jâvuṁk.

Consuetudinario, *a.* saṁvayecho, sadâṁcho; châlîcho, rîticho, laukik.

Consul, *s. m.* koṁsûl, sarkârâcho parrâshṭrâṁt vakîl.

Consulado, *s. m.* vakîlpaṇ; vakîlâcheṁ ghar *n.*

Consular, *a.* vakîlâcho.

Consulente, *s. m.*, **consultador**, *a. e s. m.* buddh mâgtalo,- ghetalo-, vichârtalo, vichârî.

Consulta, *s. f.* buddh-, mat mâgṇeṁ *n.*, vichâr *m.*, maslat *f.;* buddh deṇeṁ *n.;* mat; saṁbhâshaṇ *n.*, saṁvâd *m.*

Consultante, *a. e s. m.* buddh mâgtalo; buddh ditalo.

Consultar, *v. t.* buddh mâguṁk,- ghevuṁk, vichâruṁk, vichâr-, mat ghevuṁk *(g. do o.)*, pusuṁk; buddh-, upadeś divuṁk *(g. do o.)* || — *o oraculo*, prasâd lâvuṁk. — *um livro*, pustakâr paḷevuṁk. — *o espelho*, ârsyâṁt paḷevuṁk. — *o travesseiro*, âṁthuḷṇâr nihâḷuṁk. || *v. r.* nihâḷuṁk, chiṁtûn paḷevuṁk.

Consultivo, *a.* buddhîcho, upadeśâcho. || *Junta consultiva*, maṁtrsabhâ *f.*

Consultor, *s. m.* buddh-, maslat deṇâr, upadeśak, saṁvâdî.

Consultorio, *s. m.* upadeśśâḷ *f.*, buddhkhâṇo *m.*

Consumição, *s. f.* khâṇeṁ *n.;* âṭâpṇî, sarauṇî; sarṇî, kharchaṇî; *(fig.)* ijâ *f.*, viklab, śok, saṁtâp *m.*, dagdag *m.*

Consumido, *a.* khelalo; sârlalo; jarjaro, jhejar, viḷviḷit.

Consumidor, *a.* khâto, grâstalo; saraitalo, vechîk. || *s. m.* gihrâyk.

Consumir, *v. t. comer:* khâvnuṁk, khâvûn uḍauṁk, grâsuṁk, giḷuṁk, rakshuṁk; *queimar:* lâsuṁk, ulpâvuṁk, jâḷuṁk, jaḷauṁk; *destruir:* nâs-, ibâḍ karuṁk, âṭpuṁk, hârpuṁk, korâvuṁk; *despender:* kharchuṁk, sâruṁk, vechuṁk, lâguṁk *(d. do s., s. do o.); esbanjar:* vâḷuṁk, âṭauṁk, vâṭ lâvuṁk *(g. do o.); gastar pelo uso:* khâvuṁk, sarauṁk, jharauṁk; *empregar o tempo:* gujrâvuṁk, kâḍhuṁk; *ralar:* trâs-, piḍâpîḍ divuṁk *(d. do o.)*, dagdagâvuṁk, saṁtâpauṁk. || *v. r.* saruṁk, âṭpoṁk, jiruṁk; jaḷuṁk, lâsoṁk; kharchoṁk, lâguṁk, khapuṁk; jharuṁk, jheṁjruṁk, viruṁk; gujruṁk; damuṁk, reṁjuṁk; *(fig.)* dagdaguṁk, saṁtâpuṁk, vaḷvaḷuṁk.

Consumivel, *a.* sarcho, khapcho.

Consummação, *s. f.* saṁpâdṇî, saṁpauṇî; saṁpûrṇây *f.*

Consummado, *a.* saṁpâdlalo, saṁpûrṇ. || *Homem* —, vidyânagarî. *Facto* —, ghaḍlaleṁ-, upây nâslaleṁ kâm.

Consummar, *v. t.* saṁpâduṁk, saṁpauṁk, pûrṇ-, saṁpûrṇ karuṁk. || *v. r.* saṁpâdoṁk, saṁpuṁk; saṁpûrṇ jâvuṁk, pikuṁk.

Consummo, *s. m.* khap *m.*, gihrâyk *n.*, halmaṇî, vikrî *f.*

Consumpção, *s. f.* khâṇeṁ *n.*, sarauṇî, sârṇî; reṁjṇî, khevâḍ *f.*, kirmepaṇ *(us. Can.) n.*

Consumptivo, *a.* saraumcho, nâś karcho; reṁjauṁcho, hoḷauṁcho.

Conta, *s. f.* koṁt *n.*, hiśob, lekh, lekho *m.*, bâbat, saṁkhyâ, gaṇtî *f.*, gaṇan *n.; debito, credito:* deṇeṁgheṇeṁ, gheṇeṁdeṇeṁ *n.; cautela:* chatrây, jâgritây; *apreço:* parvâ, biśât; *noticia:* khabar *f.; objecto globular:* phoḍo *m.* || — *corrente*, khateṁ *n.*, jamâkharch *m.* *Dar por* —, lekhâpoṭiṁ divuṁk. *Metter ou levar em* —, hiśobâr ghâluṁk; manâṁt dharuṁk, kânâr ghevuṁk. *Em*

—, savây, sasto *(aa.) Em — de,* kaso *(a.) Ter em —,* parvâ karuṁk, lekhuṁk. *Gastar sem —,* ganṭî nâstâuâ sâruṁk. *Dar — de,* koṁt-, lekh divuṁk; sâruṁk, saranuṁk, *hârpuṁk, nâśuṁk; mâruṁk. *Dar — de si,* âplî khabar divuṁk; âpleṁ nâṁv râkhuṁk. *Dar boa — de si,* baro-, mânsugen chaluṁk. *Tomar —,* khabar ghevuṁk; âpṇâcher ghevuṁk, râkhuṁk. *Lançar á — de alguem, (fig.)* ghâluṁk, thâpuṁk. *Estar na —,* upkâruṁk, puro jâvuṁk. *Fazer —,* kâmâk paḍuṁk, upkârâk yevuṁk. *Fazer — ou fazer de —,* chiṁtuṁk, samjuṁk. *Fazer — com,* koṁtâk dharuṁk, mejuṁk; râvuṁk. *Por — de,* koṁtâr, lekhâr. *Isso fica por minha —,* heṁ mâkâ pâvleṁ. *Por fim de contas,* śekiṁ, śevṭîṁ. *Deitar —,* ajmâs karuṁk. *Homem de boas —,* khaḍkhaḍît-, saḍsaḍît manis. *Pedir ou tomar — (fig.),* khabar-, jhâḍo ghevuṁk, vichâr karuṁk. *Ajuste de —.* deveṁgheveṁ toḍṇeṁ. ‖ -s, *pl.* koṁt *n.,* mâlâ, *koṁtmâḷâ, japmâlâ, samarṇî *f.;* pirḍukâṁche sar *m. pl.*

Contabilidade, *s. f.* hiśob *m.,* gaṇan; hiśob mâṁḍṇeṁ, lekh baranṇeṁ *n.;* chopḍyo mâṁḍchî vidyâ *f.*

Contacto, *s. m.* teṁkṇî, lâgṇî; lagat *f.,* saṁyog, saṁsarg, saṁghaṭṭ. ‖ *Ponto de —,* lagtîcho jâgo *m.: (fig.)* sârkepaṇ *n.,* soyrîgat *f.*

Contado, *a.* gaṇlalo, mejlalo. ‖ *A dinheiro de —,* nagad *(s., a. e adv.)*

Contador, *a.* mejtalo, gaṇtalo, hiśobî. ‖ *s. m.* gaṇṇâr, hiśobdâr, mutsaddî, nâḍkarṇî *m.;* khaṇâṁchî peṭ *f.;* (udak, *etc.*) mejcheṁ yaṁtr *n.*

Contadoria, *s. f.* koṁtâdorî *f.,* hiśobâcheṁ ghar; bhâṁḍâr *n.,* khajṇo *m.*

Contagem, *s. f.* mejap, gaṇan *n.*

Contagiar, *v. t.* vaso lâvuṁk *(d. do o.),* vasâvuṁk *(p. us.)*

Contagio, *s. m.* vaso *m.:* yasyâchî piḍâ *f.;* vasyâcho guṇ, dushṭsaṁsarg *m.*

Contagioso, *a.* vasyâcho, vasyâdik, lâgik.

Conta-gottas, *s. m.* theṁbe mejcheṁ yaṁtr *n.*

Contaminação, *s. f.* meḷaṇî, khaṭâvṇî *f.:* dûshaṇ *n.,* dosh; bâṭ, viṭâḷ *m.,* bhashṭâvṇî *f.,* bhashṭpaṇ, apavitrpaṇ *n.,* aśuddhi, bâṭaṇî; âphaḍ *f.,* âphaḍṇeṁ *(— por tacto, entre os hindús)* *n.* ‖ *V.* CONTAGIO.

Contaminado, *a.* khaṭâylalo; apavitr, doshî, viṭâḷvaṁt, oṁvḷo, ushṭo.

Contaminador, *a. e s. m.* bhashṭâvṇo, bhashṭâvṇâr.

Contaminar, *v. t.* meḷauṁk, khaṭâvuṁk, bursâvuṁk, doṁsuṁk; bhashṭâvuṁk, bâṭauṁk, viṭâḷuṁk, oṁvḷo-, apavitr karuṁk; âphḍuṁk *(— por tacto); ushṭâvuṁk (— comendo uma parte).* ‖ *v. r.* bâṭṭuṁk; âphḍoṁk, ushṭoṁk.

Conta-passos, *s. m. V.* PEDOMETRO.

Contar, *v. t.* mejuṁk, gaṇuṁk; *ter:* âsuṁk *(d. do s., s. do o.); considerar:* lekhuṁk, mejuṁk; *ter tenção de:* manâṁt âsuṁk *(g. do s., s. do o.),* chiṁtuṁk; *marear:* khuṇâvuṁk, niśâṇuṁk. ‖ *v. i.* gaṇan karuṁk; lekhâk dharuṁk; râvuṁk, bharvâṁso âsuṁk *(d. do s.)* ‖ *v. r.* mejoṁk, lekhâk yevuṁk.

Conteira, *s. f.* śimlî *f.*

Conteiro, *s. m.* koṁtâṁ kartalo va viktalo, japmâlâkâr.

Contemplação, *s. f.* paḷevṇî, teḷṇî *f.;* nihâḷ *m.,* samaraṇ, dhyân, aṁtardhyân *n.;* yog *m.,* samâdhi; bhîḍ *ou* bhiḍâ *f.,* mânbhâv *m.* ‖ *Por —,* bhiḍen.

Contemplador, *a. e s. m.* teḷṇâr; dhyânî, yogî.

Contemplar, *v. t.* doḷe lâvûn paḷevuṁk, teḷuṁk; thaṭâkûn paḷevuṁk, niranuṁk; samaruṁk; ughḍâs karuṁk *(g. do o.)* ‖ *v. i.* dhyân-, samaraṇ karuṁk, dhyânuṁk, nihâḷuṁk, yoguṁk. ‖ *v. r.* mirvuṁk.

Contemplativamente, *adv.* dhyânîṁ, samarûṁ.

Contemplativo, *a.* dhyânâcho; dhyânî, aṁtardhyânî, dhyânishṭh, âtmanishṭh, paranishṭh, samâdishṭh.

Contemporaneamente, *adv.* tyâch kâḷâr, ekâ sam yâr.

Comtemporaneidade, *s. f.* samkâḷ, ekkâḷ *m.*

Contemporaneo, *a.* ekkâḷâcho, samkâlik, barâbarcho.

Contemporização, *s. f.* veḷ kâḍhṇeṁ; samayâ pramâṇeṁ chalṇeṁ *n.*

Contemporizador, *a. e s. m.* veḷ kâḍhtalo; samayâ pramâṇeṁ chaltalo.

Contemporizar, *v. t.* veḷ kâḍhuṁk *(g. do o.)* ‖ *v. i.* samayâ-, saṁyogâ pramâṇeṁ chaluṁk.

Contemptivel, *a. V.* DESPREZIVEL.

Contenção, *s. f.* aṭâs *ou* aṭṭâhâs *m.,* prabaḷây *f.,* prabaḷ, yatn. ‖ *— de espirito,* aṁtardhyân *n.* ‖ *V.* CONTENDA.

Contenciosamente, *adv.* nyâyîṁ.

Contencioso, *a.* nyâyâcho, nyâyî, nâyelî *(us. Can.),* saṁvâdâcho. ‖ *Jurisdicção contenciosa,* nyâyâdhikâr *m.*

Contenda, *s. f.* jhagḍeṁ, dusaṁg *n.*, vivâd, saṁvâd, taṁṭo *m.*, kaḷ, paṁchât; jhoṁbî, jhoṁbâjhoṁbî, lâṭâguṭî, laḍhây, kusti *f.*, juj *n.*; udyog, neṭ *m.*

Contender, *v. i.* jhagḍuṁk, vivâduṁk, saṁvâduṁk; jujuṁk, laḍhuṁk, bhâṁḍuṁk; virudhuṁk, dusaṁguṁk, uḍâuḍîṁ karuṁk; toṁḍ ghâluṁk, toṁḍuṁk, châḷvauṁk.

Contentamento, *s. m.* khuśî, kuśâlî *f.*, kuśâlpaṇ, samâdhân *n.*, tushṭî; saṁtushṭây *f.*, saṁtosh, ânaṁd *m.*

Contentar, *v. t.* khuśî karuṁk, saṁtosh divuṁk *(d. do o.)*, saṁtoshâvuṁk, tarpuṁk, sukhâvuṁk; susthâvuṁk, śamanâvuṁk. ‖ *v. r.* khuśî-, saṁtoshî jâvuṁk, saṁtoshuṁk; susthavuṁk.

Contente, *a.* khuśî, kuśâl, saṁtoshî, saṁtushṭ, samâdhânî, ânaṁdbharit, mudit. ‖ — *de si mesmo*, âpṇâkach mânavtalo,- lobhdalalo.

Contentemente, *adv.* khuśen, saṁtoshân, tushṭîṁ.

Contento, *s. m.* saṁtosh *m.*, khuśî *f.* ‖ *A seu* —, âple khuśe praṇâṇeṁ. *Ser de bom* —, alpasaṁtoshî jâvuṁk.

Conter, *v. t.* jâvuṁk *(l. in do s., s. do o.)*, dharuṁk, âṭpuṁk *ou* âṭâpuṁk, sâṁṭhauṁk; *(fig.)* thârâvuṁk, damâvuṁk, daḍpâvuṁk. ‖ *v. r.* dharoṁk, âṭpoṁk, sâṁṭhuṁk, sâṁvroṁk; *(fig.)* maryâd saṁbhâḷuṁk, daḍpuṁk, aṇblioguṁk; râvuṁk, uruṁk.

Contermino, *a.* merecho, mereli, eksîm. ‖ *s. m.* sarad *f.*

Conterraneo, *a.* ekdeśî, sadeś.

Contestação, *s. f.* takrâr, vivâd, virodh; nâkâr *m.*, nay mhaṇṇeṁ *n.*; *(for.)* vâdvivâd *m.*, bhâshâbhâs *f.* ‖ *V.* CONTENDA.

Contestado, *a.* viruddhlalo, takrâr kelalo; dubhâvâcho.

Contestante, *a. e s. m.* virodhî, takrârî; vâdvivâdî.

Contestar, *v. t.* samsâkshî divuṁk *(g. do o.)*; bhâsuṁk. kharâvuṁk; âḍ yevuṁk *(d. do o.)*, viruddhuṁk, vivâduṁk; purâv divuṁk *(g. do o.)*, kâraṇ sâṁguṁk *(g. do o.)*: nay mhaṇuṁk, nâkâruṁk. ‖ *v. i. V.* ALTERCAR.

Contestavel, *a.* takrârâcho, vâdvivâdâcho; dubhâvâcho. aniśchit.

Conteste, *a.* samsâkshî, eksârko.

Contestemente, *adv.* eksârkeṁ, eksâmkeṁ, barâbar.

Conteúdo, *s. m.* âṭâplalo, bhitar âslalo. ‖ *s. m.* -âṁtleṁ (*flexão neutra do adjectivo locativo; ex.: o conteúdo de um frasco*, śiṁsyâṁtleṁ); *(fig.)* majkûr *n.*, matlab *m.* ‖ — *da carta*, chiṭṭîr barailaleṁ,- âslaleṁ *n.*

Contexto, *s. m.* vâkyasaṁbaṁdh, arthânvay; matlab, arth, bhâv *m.*

Contextura, *s. f.* viṇap, viṇṇeṁ *n.* ‖ *V.* CONTEXTO.

Contido, *a.* âṭpalalo; *(fig.)* damlalo.

Contiguamente, *adv.* lâgsârâk, teṁkûn, lâgûn.

Contiguidade, *s. f.* lâgsâr, saṁsarg *m.*, lâgṇî, lagat *f.*, niraṁtarpaṇ *n.*

Contiguo, *a.* lâglalo, teṁklalo, lâgśilo, sarśilo, niraṁtar, saṁsargî.

Continencia, *s. f.* nishkaḷaṁkây *ou* nishkaṇkây *f.*, nishkaḷaṁkpaṇ *ou* nikḷaṁkpaṇ, nishkâmpaṇ *n.*, niyam *m.*; maryâd, mâṇsugî *f.*; śipâyâṁcho salâm,- âdarmân *m.*

Continental, *a.* mahâdvipâcho.

Continente, *a.* niskaḷaṁk, nishkaḷaṁkî. nikḷaṁk, nishkaṇo, niskâmî, kaṭibaṁd, niyamî; maryâdîcho, mâṇsugecho. ‖ *V.* CONTINUO *e* CONTEÚDO. ‖ *s. m.* mahâdvip *m.*, kushkî *f.*, sthal *n.*

Contigencia, *s. f.* daivyog *m.* ‖ *Pôr em* —, *V.* ARRISCAR. *Segundo as contigencias*, ghaḍat taseṁ-, saṁyogâ pramâṇeṁ.

Contigente, *a.* jâyt nâ jâyt taslo, daivyogâcho, daivyogik. ‖ *s. m.* daivyogâchî goshṭ *f.*, daivkṛitya *n.*; vâṁṭo *m.*, vargaṇî *f.*

Contigentemente, *adv.* daivyogîṁ, akasmât.

Continua, *s. f. V.* MONOMANIA.

Continuação, *s. f.* thâṁba nâstânâ karṇeṁ *n.*, chalauṇî, châlauṇî; chalṇî; sthiti, ṭhikṇî, ṭharṇî, tagṇî *f.*

Continuadamente, continuamente, *adv.* thâṁba-, khaḷa nâstânâ, uṭhṭâṁbastâṁ, dîsrât. dispaṭîṁ, niraṁtarîṁ, akhaṁḍîṁ. akhaṁḍitpaṇîṁ, nitya *ou* *nite, *nitekâl, pâraṁparîṁ.

Continuado, *a.* niraṁtar, akhaṁḍit; pâraṁparik, vâraṁvârâcho, ekâmekâpâṭhlo: sabâr, jâyto.

Continuador, *a. e s. m.* chalaitalo, chalauṇâr.

Continuar, *v. t.* nâ thâṁbauṁk, nâ khaḷauṁk, chalauṁk, châlauṁk, mukhâr-, phuḍe vharuṁk, châlû-, niraṁtar-, akhaṁḍit karuṁk; *prolongar:* vâḍhauṁk, chaḍhauṁk. ‖ *v. i. e r.* chaluṁk, nâ thâṁbuṁk. nâ khaḷuṁk, mukhâr-, phuḍe vachuṁk; uruṁk, taguṁk, ṭharuṁk. ṭhikuṁk, jaguṁk; *prolongar-se:* vachuṁk. pâvuṁk.

Continuidade, *s. f.* akhaṁḍitây *f.*, akhaṁḍitpaṇ, niraṁtarpaṇ; pâraṁpar *n.*, vâraṁvâr *m.* ‖ *Solução de* —, *V.* INTERVALLO.

Continuo, *a.* khaḷa-, thâṁba nâslalo, niraṁtar, akhaṁḍit, nitya; pâraṁparik, vâraṁvârâcho. ‖ *De* — *ou em acto* —, tyâch veḷâr, tednâṁch.

Conto, *s. m. (ant.)* gaṇan *n.*, gaṇṭî *f.*; dâh lâkh (res) *m. pl.*; kathâ *ou* kaṁthâ, upakathâ, goshṭ, goshṭmât, sâṁguî, nakaḷ *f.*, âkhyân *n.*; kahâṇî *(fabula)*; kâdaṁbarî *(novella)*; tapśîl (— *da velha*) *f.*; suḷko *m.*, suḷkî, aṇî, śimlî *f.*

Contoada, *s. f.* suḷkyâcho phâr *m.*

Contorção, *s. f.* vaḷ, veṁṭ; vaḷvaḷo, kaskas *m. pl.*, âṁgvaḷ, aḍmaḍ *f.*

Contorcer, *v. t.* vaḷuṁk, vaḷ ghâluṁk *(d. do o.)*, veṁṭuṁk. ‖ *v. r.* peṁchoṁk, vaḷoṁk.

Contornar, contornear, *v. t.* rûprekhâ karuṁk *(g. do o.)*, âkâruṁk; veḍhuṁk, aḍuṁk, bhoṁvâḍuṁk. ‖ *V.* ARREDONDAR.

Contorno, *s. m.* rûprekhâ, âṁglaṭ *f.*, âṁgvaṭo, âkâr *m.* ‖ *V.* ARRABALDE.

Contra, *prep. de opposição:* âḍ (*com l. sup., ex.:* — *o vento*, vâryâr âḍ), -cher (*suff. do l. sup., ex.:* — *Deus*, Devâcher); viruddh *(p. us.)*, parto *(aa.)*; *defronte de:* mukhâr, samor; *junto de, de encontro a: exprime-se pelo dat. ou loc., ex.: arrumado* — *a parede*, bhiṁtiyek teṁkûn; *foi bater* — *uma pedra*, phâtrâr śevṭolo; *de obstaculo a: exprime-se pelo gen., ex.: remedio* — *a tosse:* khoṁklechem okhat. ‖ — *a vontade*, khuśe bhâyr. ‖ *adv.* âḍ. ‖ *pref.* prati, ulaṭ; parto *(a.)* ‖ *s. m.* aḍ, âḍkhaḷ; khoḍ *f.*

Contra-abertura, *s. f.* âḍphâḷṇeṁ *n.*, pratiphâḷṇî *f.*

Contrabaixo, *s. m.* sakailo ṭâḷo *m.*, bahunîchsavan *n.*

Contrabalançar, *v. t.* toluṁk, samtoluṁk, sambhâr-, samtol karuṁk; *(fig.)* bâd divuṁk *(d. do o.)*, barâbar-, sam karuṁk, ṭâḷuṁk.

Contrabandear, *v. i.* mâl charye vharuṁk va hâḍuṁk; choriyecho mâl vikuṁk.

Contrabandista, *s. m. e f.* jakâtchor; choriyecho mâl vikṇâr va vikṇâru.

Contrabando, *s. m.* jakâtchorî *f.*; choriyecho mâl *m.*; *(fig.)* chorpaṇ, chorṭepaṇ. ‖ *Homem de* —, vâyṭ kûḷ *n.*

Contracambiar, *v. t.* vâyṭ phârik karuṁk, (upkârâk) phâpar divuṁk; *(comm.)* (huṁḍî) partuṁk.

Contracção, *s. f.* aṁvḷap *n.*, âṁvaḷṇî, âṁkhuḍây, oḍhṇî *f.*, âṭâp *ou* âṭap *m.*; *(gram.)* saṁdhi *f.*

Contracta, *s. f.* vâvrâcho khaṁḍ *m.* ‖ *V.* CONTRACTO.

Contractação, *s. f. (ant.)* yepâr *m.* ‖ *V.* CONTRACTO.

Contractador, *s. m.* koṁtrâṭ-, khaṁḍ karṇâr, khaṁḍṇâr; maktekâr, maktedâr, guttekâr, khot.

Contractante, *a. e s. m.* khaṁḍ, karâr kartalo, karârî.

Contractar, *v. t.* khaṁḍuṁk, khaṁḍ-, karâr-, bolî karuṁk *(g. do o.)*; makto-, gutto-, khotî karuṁk *(g. do o.)* ‖ *v. i.* yepâr karuṁk. ‖ *v. r.* âpṇâk bhâḍyâk divuṁk, âpli châkrî khaṁḍuṁk.

Contractavel, *a.* khaṁḍûṁyeso, karârâcho.

Contractibilidade, *s. f.* saṁkochśîlatâ *f.*

Contractil, contractivel, *a.* âṁvḷoṁyeso, saṁkochî.

Contractivo, *a.* saṁkoch karcho.

Contracto, *a. V.* CONTRAHIDO. ‖ *s. m.* koṁtrâṭ, khaṁḍ, karâr *m.*, bolî, kablâṭ; khotî *f.*, gutto, makto *m.*

Contracunhar, *v. t.* navyân ṭâṁkuṁk.

Contracunho, *s. m.* navî ṭâṁkṇî *f.*

Contradança, *s. f.* koṁtrâdâṁs *n.* ‖ *Andar em* —, nâ ṭhikuṁk, huḷhuḷuṁk.

Contradição, *s. f.* âḍ-, parteṁ-, ulaṭ nlanneṁ *n.*, prativâd, nirâs, virodh, *bâdh *m.*; âḍvârṇî; pratikriyâ *f.*; viparyâs *m.* ‖ *Espirito de* —, kichḍâvṇo jaṇ. *Sem* —, ekchittân, sammatîn.

Contradicta, *s. f. (for.)* vâdvivâd, vachanvirodh; sâkshîvirodh *m.*

Contradictar, *v. t. (for.)* vâdvivâd karuṁk *(g. do o.)*, viruddhuṁk. ‖ *V.* IMPUGNAR.

Contradicto, *a.* viruddh, vivâd kelalo.

Contradictor, *a. s. m.* âḍvârṇâr, virodhî; vâdvivâdî.

Contradictoria, *s. f.* viruddhvâkya *n.*, pratijñâvirodh *m.* ‖ *V.* CONTRADICTA.

Contradictoriamente, *adv.* virodhîn, âḍ.

Contradictorio, *a.* âḍvo, ulṭo, parto, viruddh, viparît.

Contradizer, *v. t.* âḍ-, ulṭeṁ ulauṁk, ulṭuṁk, parteṁ sâṁguṁk, pâḍuṁk, viruddhuṁk, khaṁḍuṁk, pratîvâd karuṁk (d. do o.) || v. i. vâdvivâd karuṁk. || v. r. âplyâ ut-trâr âḍ yevuṁk, ulailaleṁ partuṁk, sâtpâṁch-, tînterâ sâṁguṁk.

Contra-escarpa, s. f. revṇî f.

Contrafacção, contrafeição, s. f. mîs, soṁg n., kapaṭî nakal f.; bhesh m., kapaṭrûp n.

Contrafactor, s. m. mis-, khoṭo kartalo, keldâvṇo.

Contrafazer, v. t. nakal-, soṁg karuṁk (g. do o.), keldâvuṁk; kapaṭânusâr-, mîs karuṁk (g. do o.), bhesh ghevuṁk (g. do o.); khoṭo-, phoṭkiro kavuṁk; badluṁk. || — *alguem*, baḷ karuṁk (d. do o.) || v. r. bhesh ghevuṁk; âpṇâk dâmûn dharuṁk, ugo râvuṁk.

Contra-fé, s. f. pramâṇik nakal f.

Contrafeito, a. nakalî, khoṭo; (*fig.*) baḷân kelalo, khuśe bhâylo.

Contraforte, s. m. pustî f., dhiro m., teṁkyâchî vaḷaṁt f.

Contrahente, a. e s. karârî, khaṁḍ kartalo; guttekâr; kâjâr jâtalo.

Contrahido, a. âṁvaḷlalo, aśîr, akhûḍ, saṁkaṭ, saṁkîrṇ.

Contrahir, v. t. âṁvḷuṁk, âṭpuṁk, odhuṁk, âṁkhuḍâvuṁk, aśirâvuṁk; *adquirir:* joḍuṁk, ghevuṁk, lâguṁk (d. do s., s. do o.); *celebrar:* karuṁk, khaṁḍuṁk. || — *matrimonio*, kâjâr jâvuṁk. — *divida*, rîṇ kâḍhuṁk. — *um emprestimo*, udhâr ghevuṁk. || v. r. âṁvḷoṁk, odhoṁk, âṭpoṁk, âṁkhuḍuṁk, chiṁvoṁk, arnoṁk.

Contra-indicação, s. f. paratdâkhauṇ f.

Contra-indicar, v. t. parat-, ulaṭ dâkhauṁk.

Contralto, s. m. koṁtrâlt, uṁchṭâḷo m., uchchsavan n.

Contramandar, v. t. partûn karuṁk lâvuṁk, radd karuṁk, hukûm badluṁk.

Contramandado, s. m. parat-, ulaṭ hukûm, pratividhi m.

Contramarca, s. f. paratkhuṇâ f., naveṁ niśâṇ n.

Contramarcar, v. t. navyân-, dusryân khuṇâvuṁk.

Contramarcha, s. f. paratkûch, ulaṭkûch n. ou m.

Contramarchar, v. i. parat chaluṁk, paratkûch karuṁk.

Contramaré, s. f. paratpâṇî f.

Contramestre, s. m. dusro tâṁdel; upanâyk.

Contramina, s. f. parat-, âḍ bhuṁyâr n.; (*fig.*) ghâtnivârakvidyâ f.

Contraminar, v. t. paratbhuṁyâr karuṁk (d. do o.); (*fig.*) ghât-, nâḍ moḍuṁk, partuṁk.

Contramolde, s. m. dusro-, parto sâṁcho m.

Contramurar, v. t. paḍbhiṁt karuṁk (d. do o.)

Contramuro, s. m. paḍbhiṁt f.

Contra-natural, a. sayṁbhââḍ, âḍecho, svabhâvviruddh, vilakshaṇ.

Contra-ordem, s. f. partî orḍ f., ulaṭ hukûm m.

Contra-parente, s. m. lagtîcho-, paisilo soyro.

Contra-passo, s. m. paratpâṁval; ardheṁpâṁval n.

Contra-peçonha, s. f. V. CONTRA-VENENO.

Contrapêlo, s. m. partî lâṁv f., pratilom m. || *A* —, parto, uphrâṭo (*aa.*) *Tratar alguem a* —, âḍ yevuṁk; toṁḍ vâṁkḍeṁ karuṁk.

Contrapesar, v. t. samtoluṁk, toluṁk; ulâṁḍî ghâluṁk (d. do o.) || V. COMPENSAR.

Contrapeso, s. m. sambhâr, samtol m., samtulatâ; ulâṁḍî; vajanâchî bhar f.; nâḍo m.

Contrapilastra, s. f. âḍkhâṁbo m.

Contraponto, s. m. saṁgitvidyâ f.

Contrapôr, v. t. samor-, âḍ ghâluṁk, toṁḍâtoṁḍ karuṁk; sar karuṁk, lâvuṁk.

Contraposição, s. f. âḍ ghâlṇî, âḍvârṇî; sar; samorî f. || *Em* —, âḍ.

Contraposto, a. âḍ, âḍvo, parto.

Contraproducente, a. paratpurâvâcho, viruddhtarkâcho.

Contraprova, s. f. âḍpurâv m.; dusrî nakal; âḍnakal f.

Contraprovar, v. t. âḍpurâv-, âḍnakal karuṁk (g. do o.)

Contra-reparo, s. m. paḍâḍos, paḍâsar m.

Contra-replica, s. f. paratjâp f.

Contrariador, a. e s. m. âḍ yetalo, virodhî.

Contrariamente, adv. âḍ, parteṁ.

Contrariante, a. âḍ yetalo; tahrâ dhartalo, moḍâvṇo.

Contrariar, v. t. âḍ yevuṁk (d. do o.), âḍâvuṁk, âḍ-, partûn karuṁk, âkshepuṁk. || v. r. âpṇâcher partoṁk, âḍ yevuṁk.

Contrariedade, s. f. âḍ, uapad, viparîtây f., virodh, * bâdh m.; aḍ, âḍkhiḷ, pratikriyâ; kanishṭây, vipatti f., jaḍjakhîm n.

Contrario, *a.* âḍvo, parto, uphrâṭo, viparît, viruddh, virodhî; *nocivo:* avkaṭ. ‖ *Vento* —, ubheṁ-, toṁḍâcheṁ vâreṁ. ‖ *s. m.* partepan *n.*; *inimigo:* duśmân, vairî, pratipaksh. ‖ *Ao* —, *pelo* —, *(adv.)* harśeṁ, parteṁ; *(prep.)* âḍ.

Contra-sellar, *v. t.* âḍmudro lâvuṁk *(d. do o.)*

Contra-sello, *s. m.* âḍmudro *m.*

Contra-senha, *s. f.*, **contra-signal**, *s. m.* guḍhâcho arth *m.*, niśâṇâchî kalâ *f.*

Contrasenso, *s. m.* anarth, nirarth; amârg, ayukti, anîti *f.*, nâkâ jâlaleṁ *n.*

Contrastar, *v. t.* *arrostar:* niṁduṁk, ṭâḷuṁk; *oppor-se a:* viruddhuṁk, âḍ yevuṁk *(d. do o.)*; *tocar contra a pedra:* kasuṁk, kasâ lâvuṁk; *examinar:* parîkshâ karuṁk *(g. do o.)*, parîkshuṁk, pârkhuṁk. ‖ *v. i.* jhoṁbuṁk, jhagḍuṁk; âḍ yevuṁk, viruddh-, uphrâṭo jâvuṁk, nâ lâguṁk.

Contrastaria, *s. f.* kaschî vidyâ; parikshâśâlâ *f.*

Contraste, *s. m.* virodh *m.*, âḍ, napâḍ; kasṇî, parîkshâ *f.*, pârkhaṇeṁ *n.*; parikshak, pârkhî, kasṇâr, kasâ lâytalo. ‖ *V.* CENSOR.

Contratempo, *s. m.* aḍchaṇ, âḍkhiḷ, kanishṭây, avdaśâ *ou* avdisâ, vaktâchî veḷ *f.*, jaḍjakhîṁ *n.*

Contravallação, *s. f.* morcho *m.*

Contravallar, *v. t.* morcho karuṁk, ghâluṁk *(d. do o.)*

Contravenção, *s. f.* moḍṇî *f.*, moḍap, âḍyeṇeṁ *n.*

Contraveneno, *s. m.* nirvikh, gârud, maṁtr *n.*

Contravento, *s. m.* âḍvâreṁ *n.*

Contraventor, *a. e s. m.* moḍtalo, moḍṇâr, âḍ yetalo.

Contraverter, *v. t.* partuṁk; uphrâṭuṁk. oṁtuṁk.

Contravir, *v. t.* moḍuṁk, âḍ yevuṁk *(d. do o.)* ‖ *v. i.* jâb divuṁk, pratipâḷ karuṁk.

Contribuição, *s. f.* âdhâr-, kumak deṇeṁ, vâṁṭo-, bhâg gheṇeṁ *n.*; vâṁṭo, chaṁdo, phâḷo *m.*, vargaṇî, bhar; paṭṭî, khaṁḍṇî *f.*, kânû *m.*

Contribuinte, *a. e s. m.* phâlo-, chaṁdo ditalo; paṭṭî pharik kartalo.

Contribuir, *v. t.* âdhâr-, kumak-, hât divuṁk, vâṁṭo-, bhâg ghevuṁk, bhar ghâluṁk; chaṁdo-, phâḷo-, paṭṭi divuṁk.

Contributario, *a. e s. m.* phâḷo ditalo, phâḷekâr.

Contrição, *s. f.* Devmogâchî duḥkh; duḥkh, khaṁt, manaḥpîḍâ *f.*, jâḷ, saṁtâp, trâs *m.*

Contristação, *s. f.* duḥkh *f.*, anutâp, jâḷ, saṁtâp *m.*

Contristar, *v. t.* duḥkh divuṁk *(d. do o.)*, khaṁtîbharit-, duśchit karuṁk, saṁtâpauṁk.

Contrito, *a.* duḥkh bhoglalo, duḥkhavaṁt, duḥkhâbharit, duśchit, khaṁtîbharit, anutâpî.

Controversia, *s. f.* vâd, vivâd, vâdvivâd, parvâd; virodh, takrâr *m.* ‖ *Sem* —, takrâr nâstânâ.

Controversista, *s. m.* vâdî, vivâdî, parvâdî.

Controverso, *a.* vivâdâcho, vâdvivâdâcho.

Controverter, *v. t.* vivâduṁk, vivâd-, tark karuṁk *(g. do o.)*

Controvertivel, *a.* vâdjogo, vivâdkarûṁyeso, takrârî.

Contubernio, *s. m. V.* CAMARADAGEM.

Contumacia, *s. f.* saḷ *f.*, haṭh, abhimân *m.*, jâḷgepaṇ *n.*

Contumaz, *a.* jâḷgo, saḷî, haṭhî, abhimânî.

Contumelia, *s. f.* apmân *ou* akmân bemân *m.*, niṁdâ, behurmat *f.*, dûshaṇ *n.*, jerbaṁd *m. pl.*

Contumelioso, *a.* apmânâcho, niṁdecho. ‖ *s. m.* bemânî, apmânî.

Contundente, *a.* dâḍâvuṁcho, peṁchcho.

Contundir, *v. t.* dâḍâvuṁk, peṁchuṁk. cheṁchuṁk, duḥkhauṁk. ‖ *v. r.* peṁchoṁk, cheṁchoṁk.

Conturbação, *s. f.* uchaṁbaḷây *f.*, hairâṇ *n.*; uṭhṇî *f.*, uṭhâv *m.*

Conturbar, *v. t.* uchaṁbaḷâvuṁk, kalkalâvuṁk; uṭhauṁk, châḷvauṁk.

Contusão, *s. f.* dâḍâvṇî, cheṁchṇî, peṁch, duḥkh; gâṁj *f.*, loḷo *m.*

Contuso, *a.* peṁchlalo.

Convalescença, *s. f.* utârâṁt paḍṇeṁ, gaṭ gheṇeṁ *n.*, utâr *m.*, sâṁvartîdaśâ; piḍechî aśaktây,- bebaḷây *f.*

Convalescente, *a.* utârâṁt paḍlalo, gat ghetalo; piḍecho aśakt,- bebaḷ.

Convalescer, *v. i.* piḍeṁtlo uṭhuṁk, utârâṁt paḍuṁk, jiv-, gat ghevuṁk, sâṁvroṁk.

Convenção, *s. f.* bhâsh, châliboli, khaṁḍṇî *f.*, nem, kaṭ, karâr, saṁket, saṁghaṭṭ, gutto *m.*

Convencer, *v. t.* manâṁt-, takleṁt ghâluṁk *(g. do o.)*, samjâvuṁk, samjaṇî-, khâtri divuṁk *(d. do o.)* ‖ *v. r.*

samjomk, manâmt-, taklemt rigumk (*g. do s.*), khâtrî jâvumk (*d. do s.*)

Convencido, *a.* samjolalo; niśchit, dhubhâv nâslalo.

Convencimento, *s. m. V.* CONVICÇÃO.

Convencional, *a.* bhâshecho, bolîcho, nemâcho.

Convencionar, *v. t.* bhâshâvumk, khamdumk, nemumk, bolumk, bolî karumk (*g. do o.*)

Conveniencia, *s. f.* sai *ou* soî, purtepaṇ, lâykpaṇ *n.*, lâykî, yukti *f.*, yuktipaṇ *n.*, yuktichâr, lâg *m.*; maryâd, mâṇsugî *f.*; upayog *ou* upeg, âdây *ou* âdâv. || -s, *pl.* lokâchâr, rivâj *m.*

Conveniente, *a.* phâvoto, jâyto, purto, saicho *ou* soîcho, mâphak, sâjto, salav, yukt, lâyk, sarî, uchit; kâmâk yeto, upkârâk padto, upayogî *ou* upegî; maryâdîcho, mâṇsugecho.

Convenientemente, *adv.* phavote parim,- bhâshen jây tasem; lâykpaṇîm, yuktipaṇîm.

Convenio, *s. m. V.* CONVENÇÃO.

Conventicular, *a.* gûḍhmeḷâcho.

Conventiculo, *s. m.* gûḍhmeḷ *m.*, vivar, kûṭ *n.*

Convento, *s. m.* komvemt, maṭh, âśram; strîmaṭh (— *de religiosas*); maṭhlok *m.*

Conventual, *a.* maṭhâcho, âśramâcho. || *Missa* —, prajechem mîs.

Conventualmente, *adv.* maṭhritin.

Convergencia, *s. f.* ekkemdrâk vaḷnem, ekkemdrâbhisaraṇ; meḷap *n.*

Convergente, *a.* ekkemdrâk vaḷto,-veto, ekkemdrâbhisârî ekpravaṇ; meḷto, jamto.

Convergir, *v. i.* ekkemdrâk vaḷumk,- vachumk, ekkemdrâbhisârî jâvumk; (*fig.*) ekâ jâgyâr-, ekasthânîm meḷumk,- jamumk.

Conversa, *s. f.* gajâl, gajâlmât *f.*, bolnem *n.*, phâmphâm *n. pl.*, jâpsâl *m.*

Conversação, *s. f.* gajâl *f.*, ulaunem, samkathan, sambhâshaṇ *n.*, âlâp, vâd, samvâd *m.*; châlîbolî, salgî *f.*

Conversado, *a.* gajâl kelalo. || *s. m.* dhagaḍ.

Conversador, *s. m.* gajâl kartalo, jâpsâlî; gajâlîmcho dhagaḍ.

Conversão, *s. f.* partan, vaḷaṇ; phirnem, badlap *n.*, pâlaṭ *m.*; rupâmtar *n.*; pariṇâm, rûpbhed; dharmbhed, matbhed *n.*, bâṭauṇî, bâṭṇî *f.*

Conversar, *v. i.* gajâl karumk, ulaumk, bolumk, phâmphâm mârumk, samvâdumk; châlîbolî-, salgî âsumk (*d. do s.*); bhulaumk, lâg karumk. || — *com os livros*, pustakâmk peṭumk. — *com o travesseiro*, savamdrât nihâḷumk. || *v. t.* mogân-, salgen chalaumk. || — *alguem*, ṭhâv ghevumk (*g. do o.*)

Conversavel, *a.* tomḍbhar ulaito, bholo, dulabh.

Conversivel, *a. V.* CONVERTIVEL.

Converso, *a.* badallalo, pâlaṭlalo, pâlaṭ. || *Proposição conversa*, ulaṭ-, parto paksh *m.* || *s. m.* mîs sâmga nâslalo phrâd. || *V.* LOCUTORIO.

Converter, *v. t.* karumk (*g. do o.*), partumk, pâlṭumk, phiraumk, badlumk, rupâmtar karumk (*g. do o.*); bâṭaumk, khare samurtîmt hâḍumk. || — *em cinzas*, bhasm karumk (*g. do o.*) || *v. r.* pâlṭomk, badlomk, phirumk; bâṭumk.

Convertido, *a.* badallalo; khare samurtîmt-, baryâ mârgâr âylalo.

Convertivel, *a.* badlûmyeso, pâlṭumcho.

Convexidade, *s. f.* phugo *m.*, bhâylyân vâṭkuḷepaṇ, ubhârpaṇ *n.*; bimbâkṛiti *f.*

Convexo, *a.* phugo âslalo, bhâylyâmt vâṭkuḷo, bimbâkâr, ubhâr.

Convez, *s. m.* vaylo maḷlo *m.*

Convicção, *s. f.* bhâvârth, satyârth, nirdhâr *m.*, khâtrî *ou* khâtîr *f.*; aprâdhasthâpaṇ *n.*

Convicio, *s. m.* gâḷ *f.*, śive *m. pl.*

Convicto, *a.* bhâvârth-, khâtrî âslalo, niśchit, dubhâvâviṇo; gunyâmvkârî kelalo.

Convidado, *a.* âpailalo. || *s. m.* soyro, atithi (*p. us.*); hovḷo, pâvṇo *ou* pâhuṇo (*esp.* — *para bodas*).

Convidador, *s. m.* âpauṇo.

Convidar, *v. t.* âpaumk, haḍkumk, *sambokhumk, *hâmkârumk; prârthûn mâgumk; phuslâvumk, chetaumk; rûch hâḍumk (*d. do s.*)

Convidativo, *a.* phuslâvṇo, bhuḷauṇo; ruchîcho, svâdik.

Convincente, *a.* samja sârko, khâtrîcho, sabaḷ.

Convinhavel, *a.* (*ant.*) *V.* CONVENIENTE.

Convir, *v. i*: *ficar bem*: puraumk, puṭvumk, mâmdumk, barem lâgumk; *condizer*: samjumk, śobhumk, barem paḍumk; *ser util*: upkârumk, kâmâk-, komtâk (*do port.* CONTA) yevumk; *ser necessario*: jâyjâvumk, garaj âsumk; *fazer bem* (*esp. á saude*): sokumk, sasumk, ghaḍumk; *ser merecido*: phâvo jâvuṁk, phâvuṁk *(mais us. na fórma* phâvo: *é merecido); ser justo:* ghaḍuṁk *(mais us. negativamente, ex.:* ulauṁk ghaḍanâ, *não convem fallar),* saruṁk *(us. na fórma* saro *com outro verbo, ex.:* karuṁk saro, *convem fazer); pactuar:* bolî-, bhâsh karuṁk; *estar de accordo:* kabûl-, râjî jâvuṁk.

Convite, *s. f.* âpauṇeṁ *n.*, hadkaṇî; hovḷik *(— para bodas);* paṁgat *f.*, bhojan *n.;* sâguvât *f.*

Conviva, *s. m.* ekpaṁktîcho, sampaṁktîcho; soyro.

Convival, convivial, *a.* jevṇâcho, bhojanâcho; âhârvihârâcho.

Convivencia, *s. f.* sâṁgâtâ jiyeṇeṁ *n.;* saṁgat *f.;* saṁsarg *m.*, salgî, lagtî *f.*

Convivente, *a.* sâṁgâtâ jiyeto, saṁsargî.

Conviver, *v. i.* sâṁgâtâ-, barâbarî jiyevuṁk; saṁgat-, saṁsarg-, lagtî âsuṁk *(d. do s.)*

Convivio, *s. m.* bhojan *n.*, âhârvihâr *m.* ‖ *V.* CONVIVENCIA.

Convizinhança, *s. f.* śejâr *m.*

Convizinhar, *v. i.* śejârâ âsuṁk; *(fig.)* sarî jâvuṁk.

Convizinho, *a. e s. m.* śejârî.

Convocação, *s. f.* âpauṇeṁ *n.;* ekṭhâvṇî, puṁjâvṇî *f.*

Convocador, *a. e s. m.* âpauṇo, âpauṇâr; ekṭhâvṇâr.

Convocar, *v. t.* âpauṁk; ekṭhâvuṁk, meḷ karuṁk *(g. do o.)*

Convocatorio, *a.* âpauṇyâcho.

Convolar, *v. i.* bhesh-, daśâ badluṁk,- aṁtrâvuṁk.

Convoluto, *a.* kavaḷlalo.

Convulsão, *s. f.* peṭko *m.*, oḍh, dhankuṭî; dhaḍpaḍ, phaḍphaḍṇî, lahar *f.;* râjyâcheṁ tirrâj,- tuphâu *n.*

Convulsar, *v. i.* oḍhoṁk.

Convulsibilidade, *s. f.* oḍhiṁchi kal,- vaṁdavṇî *f.*

Convulsionar, *v. t.* oḍhî hâḍuṁk,- karuṁk *(d. do o.);* khubhdaḷâvuṁk.

Convulsionario, *a.* oḍhî kâḍhtalo. ‖ *s. m.* khudlalo.

Convulsivo, *a.* oḍhiṁcho.

Convulso, *a.* oḍhiṁcho, peṭkyâcho; phaḍphaḍît, thartharît, dhaḍpaḍo. ‖ *Tosse convulsa,* śuṇeṁkhoṁklî *f.*

Cooperação, *s. f.* sâmîlpaṇ *n.*, sahakâr *m.*, sahây *ou* sâsây, majat *ou* madad, kumak *f.*

Cooperador, *s. m.*, **cooperante,** *a.* barâbarî vâvartalo, sâmil, sahakârî, majatdâr, *sâṁdhak.

Cooperar, *v. i.* barâbarî-, sâṁgâtâ vâvruṁk, majat-, kumak karuṁk, hât ghâluṁk, pâvuṁk.

Cooperativo, *a.* sâsâyecho, sahakârâcho, majatvaṁt.

Cooptação, *s. f.* bhitar gheṇeṁ *n.*, rigauṇî *f.*

Cooptar, *v. t.* bhitar ghevuṁk,- kâḍhuṁk, rigauṁk.

Coordenação, *s. f.* mâṁḍâvaḷ, mâṁḍṇî, ḍâḷṇî, vyavasthâ *f.*

Coordenar, *v. t.* mâṁḍuṁk, ḍâḷuṁk, bâṁdhuṁk.

Copa, *s. f.* haḍpo, bokhâro. ‖ *— de chapeo,* chepyâcho mâtho. *— de arvore,* jhâḍâcho mâtho, vistâr, âḍos *m.* ‖ -s, *pl.* kop *n.*, boṁblî *f.*

Copado, *a.* vistârâdik, phâṁkârlalo; phuglalo, phullalo.

Copal, *a. gomma —,* chaṁdras *m.*

Copar, *v. t.* vistâr mâruṁk *(g. do o.);* phugauṁk, phulauṁk. ‖ *v. i. e r.* vistâroṁk, phâṁkâruṁk, mâtuṁk.

Copazio, *s. m.* vhaḍleṁ kop *n.*

Copeiro, *s. m.* boṭler *(do ingl.* BUTLER), vâknis *(p. us.)*

Copejador, *s. m.* borchin mârtalo.

Copejar, *v. t.* borchin mâruṁk.

Copella, *s. f.* pûṭ *n.*, mûs *f.*

Copellação, *s. f.* puṭâ lâvṇeṁ *n.*

Copellar, *v. t.* puṭâk *ou* puṭâ lâvuṁk,- ghâluṁk.

Copia, *s. f.* nakal, prat, tâlik *f.*, utâro, namuno, tarjumo *m.;* anukaraṇ; nphâḷeṁ, sapûrṇpaṇ *n.*, sapûrṇây, pushkaḷây, tâṁḍî, râs *f.*, doṁgar, viśesh *m.*

Copiador, *s. m.* utarṇâr, nakal-, prat karṇâr; anusâsi; nakalyaṁtr; nakalpustak *n.*

Copiar, *v. t.* utruṁk, nakal-, prat karuṁk *(g. do o.);* anusaruṁk.

Copiar, *s. m. (brazil.)* paḍvî *f.*

Copio, *s. m.* bârik jâḷ *n.*

Copiosidade, *s. f.* pushkaḷây, adhikây, paripûrtti, paripûrṇây *f.*

Copiosamente, *adv.* jâyteṁ, raśiṁnîṁ, khâṁḍiyâṁnîṁ.

Copioso, *a.* jâyto, khûp, udaṁḍ, pushkaḷ, chaḍh, mast, subhâm, sabâr, sapûrṇ, paripûrṇ, nphâḷ, chuḷchuḷît, adhik.

Copista, *s. m.* utarṇâr, aksharaṇ. ‖ *V.* PLAGIARIO.

Copista, *s. m.* kopîst, sorekâr. ḍaṁkno, sundo.

Copla, *s. f.* dohro *m.*

Copo, *s. m.* kop *(— de vinho) n.;* vîdr *(— de vidro para agua) m.;* mogh

(— *de bronze)*; bhâmḍ, surâbhâmḍ, pâtr, pivaṇpâtr *n.*, kâmso, pelo *(pp. us. nesta accepção).* || — *de agua*, phaḷâr *m.* — *de algodão, etc.*, peḷî *f. Copos de espada*, paramj *m.*

Copula, *s. m.* ekvaṭ, samâgam *m.*, lagtî *f.*; samg, âmgsamg, âmgmeḷ, samgam, sambhog *m.*, rat *n.*

Copular, *v. t.* joḍumk, joḍo karumk *(g. do o.)*, ekvaṭumk, meḷaumk. || *v. i. e r.* lâgumk, ratumk, âmgsamg sambhog karumk.

Copulativo, *a.* ekvaṭumcho, joḍcho. || *Conjuncção copulativa*, ubhayânvay *m.*

Coque, *s. m.* kûṭ *f.*, ṭiṭis *m.*

Coqueiral, *s. m.* bhâṭ, bhâṭlem *n.*

Coqueiro, *s. m.* mâḍ, nârikeḷ *(p. us.) m.* || — *velho*, jarḍî *f.* — *tenro*, kâvâto, kâvato *ou* kavâto *m.* — *grelado para ser transplantado*, biyâḍak *n.*, sasi *(us. Can.) f.* — *de fructo*, nârl mâḍ. — *de sura*, surecho *ou* bhamḍâr mâḍ. *Palma ou ola*, chuḍet *n. Talo da* —, piḍo *m. Peciolo da* —, gâlphûṭ *n. Involucro do peciolo*, pistarî *ou* pisamḍarî *f. Foliolo da palma*, chuḍti. *Peciolo do foliolo*, hîr *ou* vhîr *m. Bordo de foliolo*, vâvḷî *f. Ola tecida*, kaḍṇ, marl *n. Palma mais tenra*, śivḍî *f. Palmito*, kumvâḷo *m. Espatha*, poy *f.* || *Cfr.* COCO *e* SURA.

Coqueluche, *s. f.* śuneṁkhomklî, kolekhomklî *f.*

Coquette, *s. f. e a.* pehrâvekârṇ, gamjekârṇ, châḷak, pâtaḷî.

Coquettismo, *s. m.* pehrâvo, vilâs *m.*, gamje *m. pl.*

Coquinho, *s. m.* bomḍo *m.*

Côr, *s. f.* ramg *m.*, varṇ *n.*, vâṇ *f.*, râmp *m.*; *pretexto:* nib, nimitt *n.*, vesh *m.* || *Mudar de* —, sayâ, amtarmâḷâ partomk *(g. do s.) Homem de* —, kâḷo manis, khâprî. || *V.* ARREBIQUE.

Cór, *s. m. De* —, dekor, tomḍpâṭh. *Saber de* —, tomḍpâṭh jâṇumk. *Apprender de* —, dekor-, pâṭh karumk. *Dizer de* —, tomḍim sâmgumk.

Córa, *s. m.* vâḷgauṇî *f.*

Coração, *s. m.* kâḷij (*popular, correspondente a quasi todas as accepções; propriamente:* FIGADO) *n.*, kâḷjâcho gomḍo, gomdo, umḍ *m.*; hriḍ *ou* hriḍay *(p. us.) n.*; amtargarbh (*litt.* AMAGO) *m.*; *peito:* hardem; *séde de sentimentos:* man, chitt, amtashkarṇ, poṭ *n.*, * abhyamtar *m.* || *Ter o* — *na bocca*, pâṭhphuḍo nâsumk *(d. do s.) Ter o* — *ao pé da bocca*, meṇâchem kâḷij âsumk *(d. do s.)*

Coraçudo, *a. V.* CORAJOSO.

Corado, *a.* ramglalo, ramgâcho, ramgî; tâmbḍo, rasraśit; *(fig.)* lep kâḍhlalo, pokḷo.

Coradoiro, *s. m.* vâḷgauṇî; vâḷgaumchî svât *f.*

Córagem, *s. f.* ramgauṇî; vâḷgauṇî; dhavsârṇî *f.*

Coragem, *s. f.* kâybaḷ, kâḷij *n.*, kâḷjî, chhâtî, mardî, himmat, kuvet *f.*, tej, nirbhay, dhîr *m.*, dharya, sattv *n.*

Corajosamente, *adv.* kâybaḷân, chhâtin, marden.

Corajoso, *a.* kâḷjî, kâḷjâvamt, kâḷjâdik, chhâtidâr, dhîrâdik, dhairyavamt.

Coral, *s. m.* pomvḷem *n.*; *(fig.)* tâmbḍo ramg *m.* || *Fino como um* —, kâṭhû, śiḍûk.

Coral, *a.* gâyakgaṇâcho.

Coraleiro, *a.* pomvḷyâmcho. || *s. m.* pomvḷimpâgî.

Corallino, *a.* pomvḷyâmcho; pomvḷyâmchyâ ramgâcho.

Corar, *v. t.* ramgaumk, ramg divumk *ou* kâḍhumk *(d. do o.)*; dhuvûn vatâk ghâlumk, vâḷgaumk; tâmbḍâvumk, tâmbḍo karumk; *(fig.)* lep kâḍhumk *(d. do o.)*, nibâvumk. || *v. i. e r.* ramgumk; tâmbḍo jâvumk, ragat chaḍhumk *(d. do s.)*; lajjumk.

Corbelha, *s. f.* dâlî *f.*, dâlem *n.*

Corça, *s. f.* bâil merûm *n.*

Corcel, *s. m.* raṇghoḍo *m.*

Corcha, *s. f. V.* CORTIÇA.

Corço, *s. m.* lahân merûm *n.*

Corcova, *s. f.* pomg, ḍhumg *n.*

Corcovado, *a.* pomgo, pomgaṭ.

Corcovar, *v. t.* pomgâvumk, pomg ghâlumk lâvumk *(d. do o.)*, vamḍâvumk. || *v. r.* pomgevumk, pomg ghâlumk, pomg paḍumk *(d. do s.)*; vamḍavumk, oṇavumk.

Corcovear, *v. i.* chaukumk.

Corcovo, *s. m.* chaukaṇî *f.*

Corcunda, *s. f.* pomg *n.* || *a. e s.* pomgo.

Corda, *s. f.* dorî, saḍak *f.*, sumb *n.*, râjû, tivḍo *m.*; — *de instrumentos:* târ, tâmtî *f.*, tamtu *m.*; *(geom.)* châpkarṇ *n.*, jyâ; *cordilheira:* domgarsarî; *enfiada:* simkaḷ *f.* || — *sensivel*, marm, chhidr *n.* — *bamba*, soḍik dorî, bâmbay *f.* — *de vento*, jhaḍpo *m. Cordas de agua*, pâvsâche vhâḷ. — *da alma ou do coração*, bhâv, râg *(p. us. nesta accepção) m. pl. Andar á corda*, lâmbto jâvumk. *Estar com a* — *na garganta*, gaḷâk paḍumk, adchaṇek sâmpḍumk. *Roer a* —, âpleṁ uttar moḍumk. *Dar* — *ao relogio*, kord divuṁk. *Dar — a alguem*, chiḍauṁk, tiḍauṁk. *Não dar pela —*, saṁjanâseṁ karuṁk. *Mosquitos por cordas*, ghoṁghurle, birmaṭe *(fig.) m. pl.;* navlâṁ, acharyâṁ *n. pl.*

Cordagem, *s. f.*, **cordame**, *s. m.* târvâchiṁ dorâṁ, vâlâṁ *n. pl.*

Cordão, *s. m.* kordâṁv, paḍ, doro *m.*, dorî, sutlî, sodak, rasmî *f.*, taṁtu; kaṁgro *m.*, kaṁgṇî *f.* ‖ *— umbilical*, nâḍeṁ *ou* nâḷeṁ *n.* *— sanitario*, saṁrodh *m.*

Cordato, *a.* śahâṇo, achirkâyecho, saṁjik, mativaṁt.

Cordeação, *s. f.* doriyeu mejṇeṁ *n.*

Cordear, *v. t.* doriyeu mejuṁk.

Cordeira, *s. f.* lahân meṁḍhrûṁ, keṁkrî, lâvhar *f.*

Cordeiro, *s. m.* lahân meṁḍhro, keṁkro, bakuḍlo; *(fig.)* bhoḷo-, bâbḍo manîs.

Cordel, *s. m.* dorî, sutlî, rasmî, vâvḷî, taṁtrî *f.*, saḍo, taṁtu *m.*, suṁb *n.* ‖ *Agarrado a —*, phâsâṁ dharlalo.

Cordial, *a.* kâḷjâcho, uṁḍâcho; mogâcho, prîtivaṁt; ghaṭṭâyecho, pushṭikârak. ‖ *s. m.* ghaṭṭâyecheṁ pivaṇ *n.*

Cordialidade, *s. f.* moypâs, moymog, prîtimog *m.*

Cordialmente, *adv.* moypâsâu, ughṭyâ kâḷjân.

Cordiforme, *a.* kâḷij kaseṁ, uṁḍâsârko, hriḍâkâr.

Cordilheira, *s. f.* ḍoṁgarsarî *f.*, ghâṭ *m.*

Cordoada, *s. f.* doriyâṁcho mâr *m.* ‖ *V.* CORDAME.

Cordoalha, *s. f.* doryo *f. pl.*, suṁbâṁ; vâlâṁ *n. pl.*

Cordoaria, *s. f.* suṁbâṁcho kârkhâṇo,- yepâr *m.*

Cordoeiro, *s. m.* suṁbâṁkâr, guṇeṁkâr.

Cordoveias, *s. f. pl.* gaḷyâchyo śiro *f. pl.*

Cordura, *s. f* śahâṇepaṇ *n.*, achirkây, buddh, mat, saṁjoṇî *f.*

Coreto, *s. m.* lahân kor *m.*

Coriaceo, *a.* châṁḍyâcho; châm kaseṁ, vâtaḍ, chikaṭ.

Coriandro, *s. m. V.* COENTRO.

Coriaria, *s. f.* râṁp *m.*

Coriscada, *s. f.* âgelâṁ *n. pl.*

Coriscar, *v. t.* chakchakâvuṁk, chakmakâvuṁk, laklakâvuṁk, jhigjhigâvuṁk; jhaglâvuṁk.

Corisco, *s. m.* vij *m.*, âgel *n.*

Corista, *s. m.* sahagâyak, kiunar.

Corja, *s. f.* luḷeṁ, guḷeṁ *n.*, âḍjât; *(indian.)* korj, kaḍî *f.*

Cornaca, *s. m.* pahilvân *ou* pilvân, mâhût.

Cornada, *s. f.* śiṁg mârṇeṁ *n.*

Cornadura, *s. f.* śiṁgâṁ *n. pl.*

Cornalina, *s. f.* akik *m.*

Corne, *s. m.* karṇo *m.*

Cornea, *s. f.* ḍoḷyâcho ârso, bâhulecho paḍdo *m.*

Corneira, *s. f.* śiṁgâṁ bâṁdhehî dorî *f.*

Corneo, *a.* śiṁgâṁcho; śiṁg kaseṁ nibar.

Corneta, *s. f.* kornet, kâḷ, turturî, *nepherî *f.*, turam, śiṁg *n.*, karṇo *m.* ‖ *s. m.* śiṁgâḍî, karṇekâr.

Cornetada, *s. f.* karṇo vâjauṇeṁ *n.*

Corneteiro, *s. m.* karṇo vâjaitalo, śiṁgâḍî, śiṁgî.

Cornetim, *s. m.* lahân turturî *f.*

Cornicho, *s. m.* lahân śiṁg, śiṁgûṭ; śiṁg *n.;* miśî *f.*

Cornifero, **cornigero**, *a.* śiṁgâṁ-, miśyo âslalo; śiṁgâḷo.

Corniforme, *a.* śriṁgâkâr.

Cornija, *s. f.* kaṁgro *m.*, kaṁgṇî *f.;* goṭh *m.*

Corninho, *s. m.* śiṁgûṭ *n.*, śiṁguṭî *f.* ‖ **-s**, *pl.* miśyo *m. pl.*

Corno, *s. m.* śiṁg, śiṁgaṭ *(deprec.) n.;* miśî *f.;* śriṁg, korâcheṁ agr *n.;* bhâḍyo. ‖ *Pôr alguem nos cornos da lua*, maḷbhâk teṁkauṁk. *Deitar os — de fóra*, dâṁt phuṭuṁk *(d. do s.)*, pâḷâṁ ghevuṁk.

Cornucopia, *s. f.* sukḷâcheṁ śiṁg; suphaḷśriṁg *n.*

Cornudo, **cornuto**, *a.* śiṁgâṁcho, śiṁgâḷo, śiṁgâḷyo, śiṁgaṭyo. ‖ *Argumento cornuto, V.* DILEMMA.

Coro, *s. m.* kor *m.*, gâyauasthân *(p. us.)*; gâyakgaṇ *n.* ‖ *Em —*, barâbarî, ekṭâḷyâu, chusmân (*do port.* CHUSMA). *Fazer — com alguem*, dhrupad dharuṁk *(fig.)* *Coros de anjos*, bhaḍvyâṁche dalbhâr *m. pl.*

Coroa, *s. f.* kurau, mukuṭ *ou* makuṭ *m.*, tâj *f.;* *— real:* râjmukuṭ; *— de flores:* jhelo *m.*, mâḷâ *f.; governo:* sarkâr; *remate:* kaḷas, śirobhâg *m.*, siddhi; *cimo:* takśî *f.*, mâtho, śikhar; *cercilho:* kurau *m.*, phrâd *(do port.* FRADE, *vulg.) f.; calvicie:* kharaḍ, kharḍeṁ *n.; galardão:* phaḷ *m.*, pratiphaḷ, karmphaḷ *n.* ‖ *— do sol, da lua*, mâṁḍ. *— de fructos*, śeṁḍo *m.* *— do rosario*, sât khaṇ *m. pl.*

Coroação, *s. f.* mukuṭ ghâlṇeṁ, mukuṭâvṇî *f.; abhishek m.*

Coroado, *a.* mukuṭâylalo; mukuṭ âslalo. ‖ *Testa coroada,* pâtśây, râjâ.

Coroamento, *s. m.* kaḷas, śikhar, śirobhâg *m.* ‖ *V.* COROAÇÃO.

Coroar, *v. t.* mukuṭ ghâluṁk *(d. do o.),* mukuṭâvuṁk; — *de flores:* mâḷuṁk; *acclamar rei:* abhishekuṁk, sadrer basauṁk; *recompensar:* phaḷ-, inâm divuṁk *(d. do o.); rematar:* siddhi karuṁk *(g. do o.),* saṁpâduṁk, śâttî pâvauṁk; *cingir:* bhoṁvtîṁ saṁjauṁk; *satisfazer:* bharuṁk, dhâdasî karuṁk. ‖ — *os copos,* kopâṁ upaṭ bharuṁk. ‖ *v. r.* âpṇâk mukuṭ ghâluṁk, mukuṭuṁk; saṁpâdoṁk, śâttî pâvuṁk; bharoṁk.

Coroça, *s. f.* kaṇḍo *m.*

Corolla, *s. f.* pâkḷyo, phakḍyo *f. pl.,* dal *(p. us.) m.*

Corollado, corollino, *a.* pâkḷyâṁcho, dalâcho.

Corollario, *s. m.* siddhâṁt, anumân *m.*

Coronal, *a.* mukuṭâcho; mâthyâcho, ṭâḷvecho. ‖ *s. m.* ṭâḷvecheṁ hâḍ *n.*

Coronario, *a.* mukuṭâkâr.

Coronel, *s. m.* kornel.

Coronha, *s. f.* dasto *m.*

Coronhada, *s. f.* dastyâcho phâr *m.*

Coronheiro, *s. m.* daste kartalo, dastekâr.

Corpanzil, *s. m.* gidâr *n.;* kaḍhâghâṁṭ *m.*

Corpete, corpinho, *s. m.* chogo, choḷo *m.,* bânyân *(— de homem) n.;* choḷî *f.,* kuṭâṁv *(— de mulher) m.*

Corpo, *s. m.* padârth *m.,* sattv, dravya; âṁg *ou* aṁg, âṁgmâs, ashṭâṁg *(litt.* OITO MEMBROS) *n,* kûḍ *f.,* kây *n. ou* kâyâ, mûrti *f.,* śarîr *n.,* *tanû; *deha, piṁḍ, pâṁjro *(litt.* ESQUELETO) *m.; cadaver:* maḍeṁ, pret *n.; pessoa:* jaṇ *m.,* baḍ *n.; vestuario:* choḷo *m.,* choḷî; *constituição physica:* âṁglaṭ, âṁgkâṭhî *f.,* âṁgvaṭo; *robustez:* jiv *m.,* tej, sattv; *parte central:* poṭ *n.,* madhyabhâg *m.; grossura:* dâṭay, ghaṇây; *collecção:* saṁhitâ *f.,* saṁgraha *m.; regimento:* paltaṇ *f.* ‖ *Meio* —, mukhvaṭo, śirobhâg *m.* — *de delicto,* anyâyâchî-, aprâdhâchî chaukaśî,- śodh *f.* — *da egreja (fig.),* bhâvârthyâṁcho jamo *m. Em — e alma,* ashṭaṁgîṁ. *Dar de* —, udkâḍe basuṁk. *Tomar* —, âṁg-, baḷ ghevuṁk. *Fazer — com alguem,* bhâg-, pârt *(do port.* PARTE) ghevuṁk. *Corpos celestes,* nakshatrâṁ *n. pl.* ‖ *V.* CORPORAÇÃO.

Corporação, *s. f.* maṁḍaḷ, maṁḍaḷî, paṁgat, paṁchât *f.,* meḷ *m.*

Corporal, *a.* âṁgâcho, kuḍîcho. ‖ *Pena* —, kuḍîcho khâst.

Corporalmente, *adv.* kuḍîn; ashṭaṁgîṁ, âṁgvatîṁ.

Corporatura, *s. f.* âṁgâkâr, âṁgvaṭo *m.*

Corporeidade, *s. f.* dehapaṇ *n.,* śarîritâ *f.*

Corporeo, *a.* kûḍ âslalo, âṁgî, dehadîk, mûrtivaṁt, śarîrî, anâtma *ou* anâtmîk, kuḍîcho.

Corporificação, corporização, *s. f.* śarîrî karṇeṁ *n.*

Corporificar, corporizar, *v. t.* śarîrî karuṁk. ‖ *v. r.* tharuṁk *ou* ṭharuṁk, mâṁḍuṁk.

Corpulencia, *s. f.* moṭây, dâṁḍgây *f.,* dâṁḍgepaṇ *n.*

Corpulento, *a.* moṭo, dâṭo, dâṁḍgo, udarî.

Corpuscular, *a.* aṇûcho, aṇurûp.

Corpusculo, *s. m.* aṇu, sukshma *m.*

Corra, *s. f.* veṁṭo *m.*

Correada, *s. f.* vâdiyen mârṇeṁ *n.*

Correame, *s. m.* vâdyo *f. pl.;* vâdyâṁcho sâj *m.*

Correão, *s. m.* moṭî vâdî *f.,* châmoṭo *m.*

Correaria, *s. f.* châmkâmâcho kârkhâṇo *m.*

Correcção, *s. f.* niṭâvṇî, sudhârṇî, śuddhauṇî, śuddhi, śodh *f.,* nîṭ-, śuddh karṇeṁ; sârkepaṇ, achûkpaṇ *n.;* khâst, śikshâ *f.*

Correccional, *a.* niṭ karcho, sudhârṇecho; lahân śikshecho.

Correctamente, *adv.* nîṭ, barâbar, chukîvâṁchûn, achûkpaṇîṁ.

Correctivo, *a.* nîṭ karcho, sudhârṇecho. ‖ *s. m.* śikshâ, paṭṭî; niṭâvṇî *f.,* sârko-, sâmko karṇeṁ *n.*

Correcto, *a.* barâbar, nîṭ, sârko, ṭhik, śuddh, achûk, durûst.

Corrector, *s. m.* sudhârṇâr, niṭâvṇâr; śuddhi kartalo, chukî kâḍhtalo; khâst lâytalo, śikshâkâr.

Correctorio, *a.* niṭ-, sârko karcho. ‖ *s. m.* śuddhgraṁth *m.,* śodhpatr *n.*

Corrediça, *s. f.* nisarṭî khâṁch *f.;* oḍhcho paḍḍo *m.*

Corrediço, corredio, *a.* dhâṁvto, dhâṁvro, châlû; nisarṭo, *nisaḷ; tuḷtuḷit, sulsuḷit. ‖ *Nó corredio,* nisargâṁṭh *f.,* phâs *m.*

Corredoira, *s. f.* vân, sakailem peḍ *n.* ‖ *V.* CORREDOIRO.

Corredoiro, *s. m.* śaraytieho jâgo *m.*, maidân *n.*

Corredor, *a.* dhâmvtalo, dhâmvro, châlû. ‖ *s. m.* kurredor *m.*, vâsrî, *pâṭhsâḷ *f.*, varâmd *n.*

Corredura, *s. f.* vâhvaṇ, vâhṇ *f.* ‖ *V.* CORRIDA.

Correento, *a.* châm kasem vâṭaḍ.

Corregedor, *s. m.* *(ant.)* mansubidâr, nîtidâr.

Correger, *v. t.* *(ant.)* sârko-, sâmko karmmk, phârikpaṇ divmmk *(g. do o.)* ‖ *V.* CORRIGIR. ‖ *v. i.* bhomvḍek vachumk. ‖ *v. r.* *(ant.)* purvaṇ karmmk.

Corrego, *s. m.* ḍomgrâm madhem vhâḷ *m.*

Correia, *s. f.* vâdî *f.*, châmoṭo *m.*; kaḍvâḷem *n.*, śimkâḷî *f.*

Correição, *s. f.* bhomvḍî *f.* ‖ *V.* CORRECÇÃO.

Correio, *s. f.* kâgdî, pâtmâr *(p. us.)*, pâyik *m.*; post *(do port.* POSTA*)*, ṭappâl *n.*, ḍâmk *(p. us.)*; *paquete:* pâtmârî *f.*; *carteiro:* postâkâr *(de* POSTA*)*, kâgdî; *portador de noticias:* khabaryo. ‖ *V.* PRECURSOR.

Correlação, *s. f.* paraspar sambamdh, anyonyasambamdh *m.*

Correlatar, *v. t.* paraspar sambamdhî karmmk. ‖ *v. r.* paraspar sambamdh âsumk *(d. do s.)*

Correlativo, *a.* paraspar sambamdhâcho,- sambamdhî.

Correligionario, *s. m.* dharmbhâu, dharmbamdhu.

Correntão, *a.* rahâṭlalo, kuṭlalo.

Corrente, *a.* dhâmvto; vâhvto *(diz-se só dos liquidos)*; chalto, châlto, châlû; sarto *(o que está a acabar: mez, anno)*; *fluente:* saraḷ, saḍsaḍit; *versado:* samjalalo, rahâṭlalo, kuṭlalo; *claro:* ughḍâpo, sasht; *popular:* prasiddh, châlû, laukik. ‖ *Estar ao —*, jâṇojâvumk, kaḷâkaḷ âsumk *(d. do s.)* *Estar — com alguem*, devemghevem toḍumk; *(fig.)* barem paḍumk *(d. do s.)* ‖ *s. f.* vâhṇ, vâhvaṇ, dhâr *f.*, ot, loṭ *(— impetuosa) m.*: *curso:* châl; *cadeia de metal:* sâmkaḷ; *grilhão:* sarpaḷî. ‖ *— de ar*, vâryâchî dhâr *f.* *Deixar-se ir na —*, vâryâ pramâṇem chalmmk *(fig.)* *Ir contra a —*, châlir âḍ yevumk, âplemch vâjaumk. ‖ *V.* CORRENTEZA. ‖ *adv.* *V.* CORRENTEMENTE.

Correntemente, *adv.* vegim, gaḍgaḍit, charâchar.

Correnteza, *s. f.* vâhṇ, vâhvaṇ; hâr, oḷ; sâmkaḷ, śimkaḷ; *(fig.)* aḷsoṇî, rahâṭṇî; śitâbî *f.*

Correntio, *a.* châlû, châlto.

Corréo, *s. m.* sadoshî.

Correr, *v. i.* dhâmvumk, dhâmv-, dhâmvaḍ mârumk, dhâmvûn vachumk; vegim-, daḍâm chalumk; vâhvumk, otomk, gaḷumk *(— liquidos)*; *prolongar-se:* pâvumk, vachumk; *decorrer:* chalumk, gujrumk, baḷâmḍomk; *ter seguimento:* chalumk, châlû âsumk; *divulgar-se:* praghaṭ jâvumk, khabar âsumk,- chalumk; *ter curso:* chalumk, châl âsumk *(d. do s.)*; gihrâyk âsumk *(d. do s.)* ‖ *— com*, paḍumk *(l. sup. do s., ex.: elle corre com as despezas*, tâcher kharch paḍlâ). *— por conta*, chalumk *(com l. sup.)*; hâtân-, âdhîn âsumk. *— a alguem*, pâvumk; paḍumk *(com l. sup.)* *— a foguetes (fig.)*, tus kâmḍûn hâtâmk phoḍ. *Corre-me a obrigação*, majo kâydo. *A —*, dhâmvtîm, dhâmvdhâvim. ‖ *v. t.* dhâmvumk, vegim bhomvumk; *fazer —:* dhâmvaumk, dhâmvḍâvumk; *passar ligeiramente:* odhumk; *examinar um por um:* ekân ek paḷevumk; *expulsar:* bhâyr ghâlumk. ‖ *— mundo*, samsâr bhomvumk; *(fig.)* âvâḍâk-, dakhal jâvumk. *— Seca e Meca*, sâmdhî gaimḍe bhomvumk. *— os dados*, phâse uḍaumk. *— a roupa*, pherr *(do port.* FERRO*)* mârumk. *— a roupa com agua*, udkâmt buḍaumk. *— o sino*, ghâmṭ oḍhumk,- mârumk. *— um nó*, gâmṭh armumk. *— a cortina*, paddo dhâmpumk,- sârmmk. *— o ferrolho*, khîḷ ghâlumk. *— banhos*, chiṭṭi vâchumk. *— parelhas*, eksâmko jâvumk. *— perigo*, kâḷ-, pâḷî yevumk *(l. sup. do s.)* *— contas*, devemghevem toḍumk. *— a posta*, postân vachumk. *— toiros*, bailâmkaḍe jujumk. *— campo*, dauḍ-, pumḍâvem karumk. *— com uma estocada*, ḍomsumk, topumk. ‖ *v. r.* lajjumk, lajjek paḍumk. ‖ *s. m.* dhâmv, dhâmvaḍ; châl *f.* ‖ *Ao — de*, śekânśek, lâmbvatîm. *Ao — da penna*, baraitânâ.

Correria, *s. f.* svârî, dauḍ; pumḍây *f.*, pumḍâvem *n.*

Correspondencia, *s. f.* paḍ, gâmṭh *f.*, lâg, meḷ, sambhav *m.*, sambhâvanâ; châliboli, chalaunî *f.*, pratipâḷ *m.*, pratipâḷaṇ *n.*; kâgdâm patrâmchî châl *f.*; kâgdâm, patrâm *n. pl.*, chiṭṭî *f. pl.* ‖ *— de ar*, vâryâchî dhâr *f.*

Correspondente, *a.* paḍto, lâgto, jokhto, sarî jâto, meḷto; sam, lâyk, yogya, eksârko, barâbar. ‖ *s. m.* châlìboli-, chiṭṭîṁchî valıivâṭ âslalo; pratipâḷì, pratipâḷak; *(comm.)* âḍtyo.

Correspondentemente, *adv.* saṁbhavân, lâykpaṇîṁ; saṁbaṁḍhîṁ.

Corresponder, *v. i.* paḍuṁk, lâguṁk, meḷuṁk, jamuṁk, saṁbhavuṁk, lâyk-, sam jâvuṁk; pratipâḷuṁk, pratipâḷ divuṁk; mukhâr-, samor âsuṁk. ‖ *v. r.* châlìbolì âsuṁk *(d. do s.)* ‖ *V.* CARTEAR-SE.

Corretagem, *s. f.* dalâlì, dalâlkî *f.*, dalâlpaṇ *n.*

Corretor, *s. m.* dalâl.

Corricas, *s. f. pl.* miryo *f. pl.*

Corricoche, *s. m. (ant.)* ṭappâḷgâḍì *f.*

Corrida, *s. f.* dhâṁv, dhâṁvaḍ, pher, pheray, turturî *(— rapida).* ‖ *— de cavallos,* śarayt *f. De —*, dhâṁvtîṁ, dhâṁvdhâvîṁ. ‖ *V.* CORRERIA.

Corrido, *a.* lajjlalo, lajjek paḍlalo; châlto, sâdâṁcho.

Corrieiro, *s. m.* châmhâr, jingâr.

Corrigir, *v. t.* nîṭ-, sârko-, śuddh karuṁk, niṭâvuṁk, sârkâvuṁk, sudhâruṁk, śuddhauṁk; chukî kâḍhuṁk, śodh karuṁk *(g. do o.)*; khâst-, śikshâ lâvuṁk *(d. do o.)*, śikshuṁk, buddh śikauṁk *(d. do o.)*, mârgâr kâḍhuṁk (*litt.* TIRAR Á ESTRADA), kân vaḷuṁk,-oḍhuṁk (*litt.* TORCER, PUXAR PELA ORELHA), *agrâvuṁk. ‖ *v. r.* nîṭ-, sârko jâvuṁk, sudhâroṁk.

Corrigivel, *a.* nîṭ-, sârko-, śuddh karûṁyeso, sudhârcho.

Corrilheiro, *a. e s. m.* vivarâcho, kuṭâkâr.

Corrilho, *s. m.* kûṭ, vivar *n.* ‖ *V.* CORRIDA.

Corrimaça, *s. f.* keṁḍṇî, hurlì *f.*, phakâṁḍ *n.*

Corrimão, *s. m.* korrimâṁv, kaṭhḍo *m.*

Corrimento, *s. m.* vâhvaṇ, vâhṇ; lajj, hurlì *f.*

Corriola, *s. f.* keṁḍṇî, phebaḍây; phasaṇ *f.*, phâs *m.*

Corriqueiro, *a.* sadâṁcho, châlto.

Corro, *s. m. (ant.)* raṁg *m.*, raṁgâṁgaṇ *n.*; maṁḍaḷ, paṁkat *f.*

Corroboração, *s. f.* baḷ deṇeṁ, pushṭikaraṇ *n.*; anuvâd, purâv *m.*, thirâvṇî *f.*

Corroborante, corroborativo, *a.* baḷ divuṁcho, ghaṭṭâvuṁcho; thirâvuṁcho.

Corroborar, *v. t.* baḷ divuṁk, ghaṭṭâvuṁk; thirâvuṁk, thirauṁk, thîr karuṁk, anuvâduṁk, samânuṁk. ‖ *v. r.* ghaṭṭ jâvuṁk, baḷ ghevuṁk.

Corroer, *v. t.* kâṁtaun khâvuṁk, kâṁtauṁk, khâvuṁk, charuṁk *(d. do o.)*; *(fig.)* doṁsauṁk, dûshaṇ karuṁk *(g. do o.)* ‖ *v. r.* kosmevuṁk, kuskusuṁk; *(fig.)* doṁsuṁk, dushṭ-, pâḍ jâvuṁk, ghâṇ jâvuṁk *(g. do s.)*

Corrompedor, *a. e s. m. V.* CORRUPTOR.

Corromper, *v. t.* kusauṁk, doṁsauṁk, viṭkaḷâvuṁk, beḷsâvuṁk *(— o comer)*; *depravar:* dushṭ-, pâḍ karuṁk, doshuṁk, bhashṭâvuṁk, nâśuṁk; *subornar:* loṁch ghâluṁk *ou* khâvauṁk *(d. do o.)* ‖ *v. r.* kusuṁk, doṁsuṁk, uṁvâḷuṁk, kaṭevuṁk, sadoṁk, viṭkaḷuṁk, beḷsevuṁk.

Corrompimento, *s. m. V.* CORRUPÇÃO.

Corrosão, *s. f.* khâṇeṁ *n.*, kâṁtauṇî, kosmevṇî, charṇî *f.*

Corrosibilidade, *s. f.* kâṁtaun khâvuṁcho guṇ *m.*, arushkaratâ *f.*

Corrosivel, *a.* khâvûṁyeto, kosmecho, kuskusît.

Corrosivo, *a.* khâvuṁcho, khâto, charto. ‖ *s. m.* charûn khâtî vast *f.*

Corrupção, *s. f.* kûs, kusḍây *f.*, kusap, kusḍepaṇ, *kusatrpaṇ *n.*, saḍṇî, viṭkaḷṇî, beḷsevṇî *f.*, *khev *m.*; bhashṭâvṇî, khuṭî *f.*, dûshaṇ, dushṭpaṇ *n.*, nâś *m.* ‖ *V.* SUBORNO.

Corrupio, *s. m.* girgireṁ *n.* ‖ *Andar num —*, phiruṁk, âpṭoṁk dhapṭoṁk. ‖ *V.* REDEMOINHO.

Corruptamente, *adv.* dushṭpaṇîṁ, nâśûn; apaśabdîṁ.

Corruptela, *s. f.* kûs *f.*; apaśabd, apabhraṁś *m.*

Corruptibilidade, *s. f.* dushṭpaṇ, pâḍpaṇ *n.*

Corruptivel, *a.* kuscho, kusûṁyeso, vinâśî, naśvar; loṁch khâto.

Corrupto, *a.* kuslalo, saḍo, saḍko; dushṭ, pâḍ, viguṇ.

Corruptor, *s. m.* doṁsauṇâr, dushṭ-, pâḍ kartalo, bhashṭâvṇâr.

Corsario, *s. m.* châṁchyâṁcheṁ târûṁ *n.*; châṁcho, samudrchor, daryâṁtlo chor; puṁḍ.

Corsear, *v. i.* châṁchepaṇ karuṁk.

Corselete, *s. m.* urastrâṇ *n.*

Corso, *s. m.* châṁchepaṇ, samudrparyaṭan *n.*; puṁḍây *f.*

Corta, *s. f.* kâtrap *n.*

Corta-bolsas, *s. m.* bhâṁṭo.

Cortadeira, *s. f.* kareṭ *n.*

Cortadela, *s. f.* kâtrap *n.;* ghây, phâḍ *m.*

Cortado, *a.* kâtarlalo; ghây ghâlalo; *(fig.)* saṁtâplalo, duschit.

Cortador, *a.* kâtartalo, kâtarcho. ‖ *s. m.* kâtrî.

Cortadura, *s. f.* kâtarṇî *f.*, kâtrap *n.;* saṁgrî *f.*

Cortagem, *s. m.* kâtrap *n.*, kâtarṇî, hâṇṇî *f.*

Cortamento, *s. m.* kâtarṇî *f.*, kâtrap *n.*, kâpṇî; *(fig.)* aśaktây, âṁgmoḍ *f.*

Cortante, *a.* baro kâtartalo, bârîk dhârîcho, lâgto.

Cortar, *v. t.* kâtruṁk, kâpuṁk, hâṇuṁk, chheduṁk, kuchûkaruṁk *(loc. infant.);* chiruṁk, phâḷuṁk, khâṁḍuṁk; *esculpir:* ṭâṁkuṁk, kâṁtauṁk; *gretar:* phuṭuṁk *ou* verevuṁk *(s. do o., inst. do s.); atravancar:* muṁduṁk, baṁd karuṁk. ‖ *v. i.* lâguṁk. ‖ *v. r.* kâtroṁk, kâpoṁk, chiroṁk. ‖ — *com alguma coisa (fig.),* hât mâruṁk.

Côrte, *s. m.* kâtarṇî *f.*, kâtrap, hâṇṇeṁ *n.;* kâtro, ghây *m.*, chirap, chhedaṇ, karvaṇ, khâṁp, khâṁḍap *n.; gume:* dhâr *f.* ‖ — *de arvores,* chabiṇo *m.* — *de pedras,* phâtar mârṇeṁ *n.* ‖ *V.* DESFALQUE.

Côrte, *s. f. paço:* râjvâḍo, rajmaṁdir, arman; *metropole:* saṁsthân *n.*, râjdhânî, râjnagarî; *sequito do rei:* rajmaṁḍaḷ, râjsabhâ *f.; governo:* sarkâr; *tribunal (ant.):* darbâr *m.*, râjkacherî *f.; homenagens:* upachâr, satkâr *m.* ‖ *Homem de* —, râjpurush. — *celeste,* svargavâsî, âṁjbhakt *m. pl. Fazer* — *a uma mulher,* bhulauṁk, lâguṁk *(d. do o.)* ‖ -S, *pl. V.* PARLAMENTO.

Côrte, *s. f.* gûḍh *m.;* âṁgaṇ *n.*

Cortejador, *a. e s. m.* lâgâḷo, lâg kartalo; bhulauṇo, gamjekâr.

Cortejar, *v. t.* namaskâr-, upachâr karuṁk *(d. do o.);* lâg karuṁk, koṁbo kâḍhuṁk *(d. do o.);* gamje karuṁk *(d. do o.),* bhulaumk.

Cortejo, *s. m.* âdarmân, upachâr, namaskâr; parivâr, âḍaṁbar, lok *m.*, varaṇ *n.* ‖ *V.* ACCESSORIO.

Cortelha, *s. f.*, **cortelho,** *s. m.* gûḍh *m.*

Cortez, *a.* upachârî, âdarî, vinayî, maryâdîk, kriyâvaṁt, vadanśîl, mâṇsugecho; upachârâcho, maryâdîcho.

Cortezan, *s. f.* kaḷvaṁt *n.*

Cortezania, *s. f.* âdarmân, satkâr *m.*

Cortezanice, *s. f.* lâg *m.*, gamje *m. pl.*, kasab *f.*

Cortezão, *a.* râjsabhecho, darbârâcho, darbârî; mâṇsugecho, vinayî. ‖ *s. m.* râjpurush, râjmaṁḍaḷik, sabhâsad; gamjekâr; gṛihasth *ou* girestl.

Cortezia, *s. f.* mâṇsugî, maryâd, sunîti *f.*, gṛihasthpaṇ, sujanatva *n.*, vinay; namaskâr, upachâr, âdarmân, satkâr *m.*, satkriyâ *f.*

Cortezmente, *adv.* mâṇsugen, vinayiṁ; âdarmânân.

Cortiça, *s. f.* (jhâḍâchî) sâl *f.*, soval *n.;* dâkhâṁchyâ rasâchî sâî *f.*

Cortical, corticio, *a.* sâlicho, sovlâcho.

Corticente, corticeo, *a.* sâl kasî; moṭe sâlîcho.

Cortiço, *s. m.* mhoṁvâchyâṁ musâṁcheṁ ghar *n.*, -ḍhol *f.; (fig.)* kuṭuṁbâḷeṁ ghar *n.*

Cortido, *a.* kamâylalo, râṁplalo, kamâyishṭ; *(fig.)* aḷsolalo, kuṭlalo.

Cortidor, *s. m.* kamâvṇâr, râṁpauṇâr, châmhâr.

Cortidura, cortimenta, *s. f.*, **cortimento,** *s. m.* kamây, râṁpṇî *f.*

Cortilha, *s. f.* karet *n.*

Cortim, *s. m.* râṁp *m.*

Cortina, *s. f.* kurtîn *n.*, paḍḍo, âḍpaḍḍo; pâgâr *m.* ‖ *Correr a* —, kurtîn-, paḍḍo oḍhuṁk. *Estar de traz da* —, paḍḍyâ âḍ âsuṁk, bhitarlyâbhitar kâmâṁ karuṁk.

Cortinado, *s. m.* paḍḍyâṁcho sâj *m.*

Cortinar, *v. t.* paḍḍe ghâluṁk *(d. do o.); (fig.)* lipauṁk, gupt davruṁk.

Cortir, *v. t.* kamâvuṁk, râṁpauṁk, râṁpat ghâluṁk; *(fig.)* aḷsauṁk, rabâṭauṁk; sosuṁk, kâḍhuṁk. ‖ — *azeitonas,* âjitonâṁ khaḷâṁt ghâluṁk. — *a pelle a alguem (fig.),* kuṭuṁk, dâḍâvuṁk. ‖ *v. r.* kuṭuṁk, aḷsoṁk.

Cortume, *s. m.* râṁpṇî *f.;* râṁp *m.*

Corucheo, *s. m.* manoro, śikhar, kaḷas *m.*, śruṁg *n.*

Coruja, *s. f.* nâtûk *n.*

Corujão, *s. m.* ghûg *f.*

Coruscação, *s. f.* chakk, lakk *n.*, jhaḷjhaḷ *f.*

Coruscante, *a.* chakchakît, laklakît, jhaḷjhaḷît.

Coruscar, *v. i.* chakchakuṁk, jhaḷjhaḷuṁk, laklakuṁk.

Corutilho, *s. m.* byâcheṁ kûṁs *n.*

Coruto, *s. m.* kaṇas; śevaḍ *n.;* kaḷas, śikhar *m.* ‖ *V.* COCURUTO.

Corvejar, *v. i.* koṁkâruṁk, kâṁvkâṁv karuṁk.

Corvéo, *s. m.* śevṭo *m.*, śevṭâḷî *f.*

Corveta, *s. f.* kurvet *f.*
Corvina, *s. f.* kacho, dhoḍyâro *m.*, dhoḍîṁ *n.*
Corvino, *a.* kâvḷyâcho.
Corvo, *s. m.* kâvḷo, ḍhorkâvḷo, kâṁv *(loc. infant.) m.*
Corymbifero, corymboso, *a.* ghoṁsâṁcho.
Corymbo, *s. m.* ghoṁs *m.*, śeṁkreṁ *n.*
Corypheu, *s. m.* mukhelî, mohro; *(ant.)* sûtradhâr.
Coryza, *s. m.* nâk vâhvṇeṁ *n.*
Cós, *s. m.* peṭî *f.*
Coscorão, *s. m.* kuskurâṁv, vaḍo *m.*
Coscoro, *s. m.* lugṭâchî kharkharitây; chirmuṭây *f.*
Coscorrão, *s. m.* gachâṁḍî; kûṭ *f.*
Coscorrinho, *s. m.*, **coscos**, *s. m. pl.* kirkoḷ dudvâṁcho sâṁtho; ṭhevo *m.*
Coscuvilheira, *s. f. V.* CUVILHEIRA.
Coscuzeiro, *a.* nimuḷto.
Cosedura, *s. f.* śivap *n.*, śivaṇ *f.*
Coser, *v. t.* śivuṁk. ‖ — *a facadas*, suriyen châṁchâvuṁk,- karvaṇâvuṁk. ‖ *v. r.* âplîṁ âṁgvastrâṁ śivuṁk. ‖ — *com (fig.)*, teṁkuṁk, ghoṁsṭoṁk.
Cosmetico, *a.* âṁgrâgâcho. ‖ -s, *m. pl.* âṁgrâg, sugaṁdh *m.*, śobhâjanan *n.*
Cosmico, *a.* jagâcho, jagatsaṁbaṁdhî.
Cosmogonia, *s. f.* jagatsṛishṭi, jagadutpatti, jagutpatti *f.*
Cosmogonico, *a.* jagatsṛishṭîcho.
Cosmographia, *s. f.* jagatvarṇan *n.*
Cosmographico, *a.* jagatvarṇanâcho.
Cosmographo, *s. m.* jagatvarṇanî, jagatvarṇanjña.
Cosmologia, *s. f.* bhûsṛishṭividyâ *f.*
Cosmologico, *a.* bhûsṛishṭividyecho.
Cosmologo, *s. m.* bhûsṛishṭividyâjña.
Cosmopolita, *s. m.* jagatdeśî, jagatmitr. ‖ *a.* jagatdeśâcho.
Cosmopolitismo, *s. m.* jagatdeśîpan *n.*
Cosmorama, *s. m.* jagatchitramâlâ *f.*
Cosmos, *s. m.* jagat, jag *m.*
Cossoleto, *s. m. V.* CORSOLETE.
Costa, *s. f.* *costella (ant.):* bor; *encosta:* pâlsaṇ, âḍvaṇ *n.*; *littoral:* veḷ, tad, deg *f.* ‖ *Dar á* —, taḍîk phuṭuṁk; *(fig.)* bhaṁguṁk. *Andar moiro na* —, vaḷaṁtîk kân âsuṁk. ‖ -s, *pl.* pâṭh *f.* ‖ *Ás* —, pâṭhîr, khâṁdâr. *Ir nas* — *(fig.)*, pâṭhâpâṭhî lâguṁk. *Dar ou voltar as* —, pâṭh partuṁk; *(fig.)* kûs mâruṁk. *Andar de* —, pâṭhlyân chaluṁk. *Ter as* — *quentes*, baro âdhâr âsuṁk *(d. do s.)* *Fallar pelas* —, âphrakîṁ-, pâṭhlyân ulauṁk. *Deitar para traz das* —, pâṭhî davruṁk, visruṁk. — *da mão*, pâltho hât.
Costado, *s. m.* pâṭh *f.*, kaṇo *m.*
Costal, *a.* pâṭhîcho; boriṁcho. ‖ *s. m.* gonṭo *m.*, ghoṁgḍeṁ, peṁḍoḷeṁ *n.*; goṇî *f.*
Costaneira, *s. f.* kuśîcheṁ phaḷeṁ *n.*; kuśîchî phol *f.*
Costaneiro, *a.* kuśîcho, bhâylo (phol, kâgad).
Costear, *v. i. e t.* taḍîk teṁkûn chaluṁk,- hâṁkâruṁk.
Costeiro, *a.* taḍîcho, veḷecho, taḍyo; taḍîk teṁkûn chalto.
Costella, *s. f.* bor, borkûl; borkuṭî *f.*, borkûṭ *(dim. e deprec.) n.*; *(bot.)* dâṁḍo, dâṁḍâro; hir *ou* vhir *(— de folha de coqueiro) m.*; *armadilha:* jâḷiyccheṁ phâsak *n.*
Costelleta, *s. f.* borkuṭî *f.*
Costo, *s. m. (bot.)* poṁvo *m.*
Costumado, *a.* saṁvayecho.
Costumagem, *s. f. (ant.)* saṁvayecheṁ kâṁ *n.*, rivâj, lokâchâr *m.*
Costumar, *v. t.* saṁvay-, chûl âsuṁk *(d. do s., g. do o.)*; saṁvay karuṁk *(d. do o.)* ‖ *v. r.* saṁvay jâvuṁk,- paḍuṁk *(d. do s.)*. saṁvkuṁk.
Costumario, *a.* saṁvayecho; châlîcho. dasturecho.
Costume, *s. m.* châl, rît, ravîs, vahivâṭ. dastûr, parvaḍ, rahâṭ, chak *f.*, śiristo. âchâr, rivâj, vyavahâr *m.*; saṁvay *f.*. vai. abhyâs; bhesh *m.* ‖ — *antigo*, vṛiddhâchâr. — *de familia*, kulâchâr. — *popular*, lokâchâr. — *nacional*, deśâchâr. — *bom*, sadâchâr. — *mau*, durâchâr. — *dos bons*, śishṭâchâr. *De ou por* —, saṁvaye-, ritî pramâṇeṁ. ‖ -s, *pl.* châl, ravîs *f.*, charit *n.*
Costumeira, *s. f.* śiristo, lokâchâr *m.*, saṁvay *f.*
Costura, *s. f.* śivṇeṁ, śivap *n.*, śivaṇ *f.*: suikâm *n.*
Costurar, *v. i.* śivuṁk, śivcheṁ kâm karuṁk.
Costureira, *s. f.* śivaṇkârṇ, śivaṇkârṇ.
Cota, *s. f.* ṭiko *m.*, niśâṇî; pâṭh *f.*
Cotação, *s. f.* ṭikṇî, niśâṇî; *(comm.)* dhâraṇ, dar *f.*

Cotamento, *s. m.* ṭikṇî *f.*
Cotão, *s. m.* laṁv *f.*, kâpûs *m.* ‖ *Não ter senão — nas algibeiras,* hâtân daṁḍî nâsuṁk *(g. do s.)*
Cotar, *v. t.* ṭipuṁk, khuṇâvuṁk; *(comm.)* dar-, dhâraṇ bâṁdhuṁk *(g. do o.)*
Cote, *s. m.* niśâṇo; *(naut.)* veṁṭ *m.* ‖ *De — ou a —*, dispaṭo *(a.)*
Cotejador, *a. e s. m.* sarî kartalo, rujvâṭṇâr.
Cotejar, *v. t.* sarî karuṁk, jaḍûn paḷevuṁk, rujvâṭuṁk.
Cotejo, *s. m.* sar, rujvâṭ, rujvâṭṇî *f.*, mukâbalo *m.*
Coterie, *s. f.* peṁḍeṁ, châkoḷeṁ *n.*
Coteto, *s. m.* ṭheṁgno, buṭno *(aa.)*
Cothurno, *s. m.* nâṭakpâdukâ *f.*; uṁch mocho *m.* ‖ *De alto — (fig.)*, vhaḍe kuḷiyecho.
Coticula, *s. f.* kas *m.*
Cotio, *a.* dispaṭo, sadâṁcho, châlto. ‖ *s. m.* dispaṭî vast *f.*
Cotização, *s. f.* vâṁṭo, chaṁdo *m.*
Cotizar, *v. t.* vâṁṭûn ghâluṁk. ‖ *v. r.* âplo vâṁṭo phârîk karuṁk.
Coto, *s. m.* (vatîcheṁ, kâkaḍyâcheṁ) poṁt *(do port.* PONTA) *n.*; luṁḍo-, muṁḍho hât *m.*
Cotonia, *s. f. (ant.)* kâpsâcheṁ-, sutî lugaṭ *n.*
Cotovellada, *s. f.* koṁpar mârṇeṁ *n.*, koṁprâvṇî *f.*
Cotovellar, *v. t. V.* ACOTOVELLAR.
Cotovello, *s. m.* koṁpar *ou* koṁphar *m.* ‖ *Fallar pelos cotovellos,* bachbachuṁk, baḍbaḍuṁk.
Cotovia, *s. f.* kukuḍkoṁbo, kuṁbhârkukûṭ *m.*
Cotta, *s. f.* chilkat, *jirkaṁgal; kot *n.*
Cotyledone, *s. m. (bot.)* dâḷ, dâḷiṁbî *f.*
Cotyledoneo, *a. (bot.)* dal-, dâḷiṁbî âslalo.
Cotylo, *s. m.* hâḍâchî khâṁch *f.*
Couce, *s. m. V.* COICE.
Coudel, *s. m.* vastâd.
Coudelaria, *s. f.* vastâdpaṇ *n.*, vastâdkî; aśvavidyâ *f.*
Couplet, *s. m.* dohro *m.*, ovî *f.*
Coupon, *s. m.* vâṁṭo, hisso *m.*
Couve, *s. m.* kob *f.*
Cova, *s. f.* khoṁḍkûl, nem, khoṁḍ *n.*, phoṁḍ, khoṁḍvo *m.*, khaṇ, pokhar, gachkî *f.*, ḍev, oṁḍo *m.*, oṁḍaṇ *n.*; *sepultura:* phoṁḍ. ‖ *Estar com os pés para a —*, marṇâche taṇîr pâvuṁk.
Covacho, *s. m.* khoṇkûl *n.*
Covado, *s. m.* kobd, deḍhât *m.*
Covagem, *s. f.*, **coval**, *s. m.* phoṁḍ kâḍhṇeṁ; phoṁḍâcheṁ mol *n.*
Covato, *s. m.* phoṁḍâṁchî svât *f.*; phoṁḍâcheṁ mol *n.*
Coveiro, *s. m.* phoṁḍ kâḍhtalo *ou* mârtalo, pedo, mahâr.
Covil, *s. m.* ḍhol *f.*, bîḷ, vivar *n.*; *(fig.)* khoṁp, jhoṁpḍî *f.*; śiṁḍalghar *n.*
Covilhete, *s. m.* kâjchî pîr *f.*
Covo, *a.* khol. ‖ *V.* CONCAVO. ‖ *s. m.* karaṁḍ *m.*
Coxa, *s. f.* jâṁgh, mâṁḍî *f.*; jaṁghaṭ *(deprec.)*, jâṁghal *(aug.) n.*; jâṁghlî *(dim.) f.*
Coxal, *a.* jâṁghecho.
Coxalgia, *s. f.* peṁkaṭ dharṇeṁ *n.*
Coxeadura, *s. f.* thoṁṭepaṇ, kuṁṭhap *n*, kuṁṭh, vâṁk *f.*
Coxear, *v. i.* kuṁṭhuṁk, vâṁkuṁk, thoṁṭevuṁk, laṁgḍuṁk; *(fig.)* ḍauṁḍaḷuṁk; luṁḍo-, muṁḍho jâvuṁk.
Coxia, *s. f.* doṁ vastûṁ bhitar aśîr vâṭ *f.*; tabelo *m.* ‖ *Correr a — (fig.)*, hâtâhât bhoṁvuṁk, hiṁḍuṁk.
Coxim, *s. m.* tivâśî; gâḍî, lepḍî *f.*, gâśo *m.*; gardî *f.*
Coxo, *a.* thoṁṭo, laṁgḍo, vâṁko.
Cozedura, *s. f.* śijauṇî *f.*, śijṇeṁ, śijap, râṁdhap *n.*, kaḍhauṇî; bhâjṇî *f.*
Cozer, *v. t.* śijauṁk, ukḍuṁk, râṁdhuṁk, bhâjuṁk; jirauṁk; (thaṁḍ) poluṁk *(v. i.; s. do o., inst. do s.)* ‖ *— a bebedeira*, soro jirauṁk niduṁk. ‖ *v. r.* śijuṁk, ukḍoṁk; bhâjoṁk.
Cozido, *a.* śijlalo, ukaḍlalo, ukḍo. ‖ *s. m.* kujîd *m.*
Cozimento, *s. m.* śijauṇî, ukaḍṇî *f.*, râṁdhap *n.*; kujumeṁt, kaḍo *ou* kâḍo *m.*, kashây; jirṇî *f.*
Cozinha, *s. f.* kujîn, râṁdhcheṁghar, svaipâkghar *(p. us.) n.*, oṁvro *m.*, pâksâḷ *(p. us.)*; râṁdhap, bhâṇeṁ *n.*
Cozinhado, *a.* râṁdhlalo. ‖ *s. m.* râṁdhlaleṁ khân *n.*, râṁdhay *f.*
Cozinhar, *v. t. e i.* râṁdhuṁk.
Cozinheira, *s. f.* râṁdhpîṇ.
Cozinheiro, *s. m.* kujner, râṁdhpî, svaipâkî *(p. us.)*, * bhâṁḍsî.
Crachá, *s. m.* billo *m.*
Craneano, *a.* karṭyâcho.
Craneo, *s. m.* karṭo *m.*, karṭeṁ, kapâl, takleṁ *n.*, taklo, śiṇâṇo *(deprec.) m.*
Craneographia, *s. f.* kapâlvarṇan *n.*
Craneolar, *a.* kapâlâkâr.
Craneolaria, *s. f.* karṭeṁ kaseṁ śiṁpo *m.*

Craneologia, *s. f.* kapâlvidyâ, *f.*, kapâlsâmudrik *n.*

Craneologico, *a.* kapâlvidyecho.

Craneologista, craneologo, *s. m.* kapâlvidyâjña, kapâlśâstrî.

Craneometro, *s. m.* kapâlmâpanyaṁtr *n.*

Craneoscopio, *s. m.* kapâlparîkshâyaṁtr *n.*

Crapula, *s. f.* khâṇâpiṇyâk lobhdaṇeṁ *n.; * poṭbharvaṇ; bebdikây *f.*, suṇḍepaṇ, atipân *n.*

Crapuloso, *a.* khâṇâpiṇyâk lobhdalalo; poṭbharyo; suṇḍo.

Crase, *s. f.* aksharsaṁdhi *f.*

Crassicie, crassidade, crassidão, *s. f.* dâṭây, ghaṇây *f.*

Crasso, *a.* dâṭ, ghaṇ, moṭo. || *Ignorancia crassa,* vhaḍ neṇârpaṇ *n.*

Crasta, *s. f. (ant.) V.* CLAUSTRO.

Crastino, *a.* phâlyâcho.

Cratera, *s. f.* jvâlâmukhîmukh; moṭeṁ mogh *n.*

Cravação, *s. f.* khomṇî; khaṁchauṇî; khiḷâvṇî *f.; * khiḷyâṁcho sâj *m.*

Cravador, *s. m.* khaṁchauṇâr; khiḷâvṇâr; pogar *m.*

Cravadura, *s. f.* khiḷe mârṇeṁ *n.*, khiḷâvṇi *f.*

Cravar, *v. t.* khomuṁk, topuṁk; *engastar:* khaṁchuṁk *ou* khaṁchauṁk, ḅasauṁk; *prender:* jaḍuṁk, phârâvuṁk; *pregar:* khiḷâvuṁk, khiḷe mâruṁk *(d. do o.); (fig.)* lâvuṁk. || *v. r.* khomoṁk, phâruṁk; *(fig.)* lâguṁk, ghâṁs ghevuṁk.

Craveira, *s. f.* parimân, jokh *n.; * sâṁcho *m.* || *Não chegar á —,* nâ pâvuṁk,- lâguṁk.

Craveiro, *s. m. (bot.)* krâv *m.*

Craveiro, *a.* jokh ghetlalo.

Cravejador, *s. m.* khiḷe kartalo va mârtalo; khaṁchauṇâr.

Cravejar, *v. t.* khiḷe mâruṁk *(d. do o.),* khiḷâvuṁk; khaṁchuṁk *ou* khaṁchauṁk.

Cravelha, *s. f.* ghoḍo *m.*

Cravete, *s. m.* âṁkḍo *m.*

Cravinho, *s. m.* kâlâphûl *n.*

Cravista, *s. m.* ḍamru vâjaitalo.

Cravo, *s. m.* khiḷo *m.; * muram *n.; * ḍamru; *(bot.)* krâv *m.* || *— da India,* kâlâphûl, lavaṁg *n.* — *de Tunis ou de defuncto,* roj *(planta) f., (flor) n.*

Cravoaria, *s. f.* kâlâphulâcheṁ jhâḍ *n.*

Cré, *s. f.* khed *ou* śeḍ *f.* || *— com —, lé com lé,* jaṇek âple sâṁgḍe.

Creação, *s. f.* rachṇî, nirmiti, utpatti, jagutpatti; rachṇâ, sṛishṭi; *formação, instituição:* karṇî, rachṇî, ghaḍṇî *f.*, upaj, nipaj *m.; lactação:* dûdh deṇeṁ *n.; sustentação:* posṇî, bâḷgaṇ, vâgauṇî *f.*, pratipâḷ, saṁbhâḷ *m.; educação:* vâḍhauṇî; śikauṇî, ravîs *f.; animaes domesticos:* jitrab *n.; * posṇî *(— de animaes);* kirlâvṇî, rovṇî *(— de vegetaes) f.*

Creada, *s. f.* râvailaleṁ, cheḍûṁ *n.*, châkarṇ *f.*

Creadagem, *s. f.* châkarlok *m.*

Creadeira, *a. e s. f.* phaḷvaṁt; dûdh ditalî, dudhkârṇ.

Creado, *a.* rachlalo; poslalo, posko. || *Bem —,* bare ravisecho, mâṇsugccho; moṭo, gulgulît. || *s. m.* râvailalo, cheḍo, châkar, naphar, kiṁkar, gaḍî.

Creadoiro, *a.* posuṁk ḅaro,- upkârto, poscho.

Creador, *s. m.* rachṇâr, viśvakartâ *(p. us.);* ghaḍṇâr; posṇâr; saṁbhâḷṇâr, bâḷgaṇâr. || *a.* rachtalo; postalo.

Creança, *s. f.* burgeṁ, bâḷ, burgeṁbâḷ, leṁkrûṁ *n.; * bâḷ, bâḷak *m.; * kachebache *m. pl.* || *Ser — (fig.),* burgo jâvuṁk, burgepaṇâṁ karuṁk.

Creancice, *s. f.* burgepaṇ *n.*

Creançola, *s. m.* burgo, cheḍko.

Crear, *v. t.* rachuṁk, nirmuṁk, utpann karuṁk; upjauṁk, nipjâvuṁk; *(fig.)* karuṁk, rachuṁk, ghaḍuṁk; *amamentar:* dûdh divuṁk *(d. do o.),* luṁchauṁk; *sustentar:* posuṁk, bâḷguṁk, vâgauṁk, pratipâḷuṁk, *gujruṁk; *educar:* lahân vhaḍ karuṁk, vâḍhauṁk; śikauṁk, barî ravîs śikauṁk *(d. do o.); começar a ter:* jâvuṁk *(d. do s., s. do o.)* || *— animaes,* posuṁk. *— vegetaes:* kirlâvuṁk, kirlâvûn kâḍhuṁk, rovuṁk. *— difficuldades,* âḍkhaḷî ghâluṁk. || *v. r.* posoṁk, mâṁḍoṁk.

Creatura, *s. f.* rachṇâ, sṛishṭi *f.*, bhût *n.*

Crebro, *a. V.* FREQUENTE.

Creche, *s. f.* bâḷdharmsâḷ *f.*

Credencia, *s. f.* âltârâkuśîcheṁ mej, kredeṁs *n.*

Credencial, *a.* viśvâsâcho, pâtyeṇecho. || *s. f.* viśvâspatr *n.*, sanad, jâbto, mukhtyârnâmâ, vakîlnâmâ *m.*

Credibilidade, *s. f.* viśvâsyatâ, satyatâ *f.*, prâmâṇya *n.* || *Razões de —,* viśvâsabhûmi *f.*

Creditar, *v. t.* riṇkârî-, gheṇekâr karuṁk. || *v. r.* riṇkârî jâvuṁk.

Credito, *s. m.* viśvâs, bhâvârth; *reputação:* mân, yaś *m.*, mânsugî, ijat, âbrû, hurmat *f.*, nâmvrûp *n.*, itbâr; *influencia:* pâṁysar, bhâr *m.*, bhârdastî; *(comm.)* pat *f.*, ghev *m.*, yeṇeṁ *n.* ‖ *Comprar a —*, udhâr ghevuṁk. *Dar —*, sat mânuṁk. *Carta de —*, huṁḍî *f.*

Credo, *s. m.* satmântâṁ *f.*; khîṇbhar *n.* ‖ *Com o — na bocca*, kalkalûn, âkâṁtûn. ‖ *int.* Sâhebâ, pâv!

Crédor, *s. m.* rîṇ ditalo, riṇkârî, gheṇekâr, dhanî (*litt.* DONO), vâṁdâr *(us. N. C.)*; phâvoto.

Credulidade, *s. f.* bhâvârthpaṇ, bhoḷepaṇ, kânpiseṁ *n.*

Credulo, *a.* bhâvârthî, bhajaṇî, viśvâsî, bhoḷo.

Cremação, *s. f.* pretadahan *n.*

Cremalheira, *s. f.* hâṁḍiyechî sâṁkaḷ *f.*

Crematorio, *s. m.* pretabhûmi *f.*

Creme, *s. m.* sây *f.*

Crenado, *a. (bot.)* kâtryâṁcho.

Crenas, *s. f. pl. (bot.)* pânâṁche kâtre *m. pl.*

Crença, *s. f.* bhâvârth; viśvâs *m.*, âlochan *(us. Can.) n.*

Crendeiro, *a.* âchârî; bhoḷo.

Crendice, *s. f.* âchâr *m.*, kânpiseṁ *n.*

Crente, *a. e s. m.* bhâvârthî, sat mântalo.

Crenulado, *a. (bot.)* lahân-, supûr kâtryâṁcho.

Crenulas, *s. f. pl. (bot.)* lahân kâtre,- kaṁgre *m. pl.*

Creophago, *a. V.* CARNIVORO.

Crepe, *s. m.* vâl; duḥkh *n.*

Crepitação, *s. f.* pharpharṇî, charcharṇî, kurkur *f.*

Crepitante, **crepitoso**, *a.* pharpharit, sarsarit, charcharît, kurkurît, chaḷchaḷît.

Crepitaculos, *s. m. pl. (ant.)* khiḷkhiḷî *f.*

Crepitar, *v. i.* pharpharuṁk, charcharuṁk, sarsaruṁk.

Crepuscular, **crepusculino**, *a.* tinsâṁcho, biḷbiḷit.

Crepusculo, *s. m.* tinsâṁj *ou* tinsân, sâṁj *f.*, biḷbiḷeṁ *n.*, aṁdhakâr; *(fig.)* prakâś *m.* ‖ *— da manhã*, jheṁjhurṭeṁ, phâṁtoḍeṁ *n.*

Crer, *v. t.* mânuṁk, sat mânuṁk *ou* mâṁduṁk, viśvâsuṁk, *bhâvuṁk. ‖ *v. i.* sat mânuṁk, bhâvârth âsuṁk *(d. do s.)* ‖ *— em si*, âpṇâcher pâtyevuṁk.

Crescença, *s. f.* vâḍh, vâḍhî; chaḍhây *f.*, chaḍhâv *m.*

Crescendo, *s. m. (mus.)* svaravṛiddhi *f.*; *(fig.)* chaḍhît kram *n.*

Crescente, *a.* chaḍhto, chaḍhît, vâḍhto. ‖ *Maré —*, bhartî *f.* *Quarto —*, ardhachaṁdr *m.* ‖ *s. m.* vâḍhto chaṁdr, ardhachaṁdr. ‖ *V.* CRESCENÇA. ‖ *s. f.* bhartî *f.*

Crescer, *v. i.* vâḍhuṁk, chaḍhuṁk, thoruṁk, upjuṁk; jaḍâvoṁk, jaḍ jâvuṁk; *inchar:* phuguṁk, phuluṁk; *sobejar:* adhik-, chaḍh jâvuṁk. ‖ *Fazer —*, *deixar —*, vâḍhauṁk, chaḍhauṁk.

Crescido, *a.* vâḍhlalo, chaḍhlalo; vhaḍ, chaḍh, thor; mhâtâro, piko; adhik, varchil.

Crescidos, *s. m. pl.* chaḍhlaleṁ, urlaleṁ, varchil *n.*

Crescimento, *s. m.* chaḍhṇî, vâḍhṇî, vâḍhây, vâḍh, vâḍhî, vâḍhâvaḷ *f.*, vâḍhâv, chaḍhâv *m.*, chaḍhap *n.*, abhivṛiddhi, riddhi *f.*

Crespidão, *s. f.* kharkharitây, kharbaritây, haḍbaḍitây *f.*

Crespir, *v. t.* kharkharît-, haḍbaḍît karuṁk; laharî-, chityâḷo karuṁk.

Crespo, *a.* kharkharît, kharbarît, haḍbaḍît; mudyâḷo, boṁdro, mulât; uchaṁbaḷ, khubhdaḷlalo. ‖ -*as*, *s. f. pl.* miryo *f. pl.*

Cresta, *s. f.* mhoṁv kâḍhṇeṁ; karpaṇ; *(fig.)* bûṭ *n.*, lûṭ *f.* ‖ *Dar uma —*, bûṭ lâvuṁk.

Crestadeira, *s. f.* mhoṁv kâḍhchî koytulî *f.*

Crestadura, *s. f.* ulap lâgṇeṁ, karpaṇ *n.*, vayṇevṇî *f.*

Crestamento, *s. m.* ulap lâgṇeṁ, karpaṇ *n.*; jaḷṇî, dâḍh *f.*; taḷtaḷo, taḷko, rakhrakho *m.*

Crestar, *v. t.* mâtso ulpâvuṁk, ulap lâvuṁk *(d. do o.)*, hurduṁk; karpauṁk, jaḷuṁk, bhâjuṁk; (mhoṁv) kâḍhuṁk; *(fig.)* luṭuṁk, bûṭ lâvuṁk *(d. do o.)* ‖ *v. r.* ulap lâguṁk *(d. do s.)*, hurḍoṁk, vayṇevuṁk; karpuṁk, jaḷuṁk, bhâjoṁk, dâḍhevuṁk; taḷtaḷuṁk, taḷkuṁk, rakhrakhuṁk, jhaḷpuṁk.

Cretaceo, *a.* kheṭîcho.

Cria, *s. f.* pilo, bako, bachcho, bachḍo *m.*, por, jitrab *n.*

Cricket, *s. m.* cheṁḍûphaḷîcho kheḷ *m.*

Cri-cri, *s. m.* kirkirî *f.*

Crido, *a.* sat mânlalo.

Crime, *s. m.* krîm *f.*, gunyâṁv, aprâdh, anyây *m.*, dushkarm, akarm, pâp, pâtak *n.*, takśîr *f.* ‖ *— capital*, maraṇdaṁḍak aprâdh. *— contra a na-*

tureza, sayaṁbhâ âḍ pâtak. ‖ *a. V.* CRIMINAL.

Criminação, *s. f.* gunyâṁvkârî karṇeṁ *n.*, doshârop *m.*

Criminador, *s. m.* gunyâṁvkârî kartalo, doshâropî.

Criminal, *a.* anyâymansubecho, phaujdârî.

Criminalidade, *s. f.* anyâyîpaṇ, aprâdhîpaṇ *n.*

Criminalista, *s. m.* anyâyaśâstrî, anyâypadârthjña.

Criminalmente, *adv.* anyâyîṁ, anyâymansubepramâṇeṁ.

Criminar, *v. t.* gunyâṁvkârî-, aprâdhî karuṁk, anyây ghâluṁk,- thâpuṁk (*l. sup. do o.*) ‖ *v. r.* âpṇâk gunyâṁvkârî karuṁk, âplo gunyâṁv-, aprâdh uchchâruṁk.

Criminavel, *a.* gunyâṁvâcho, anitîcho, sadosh.

Criminosamente, *adv.* aprâdhîṁ, anyâyîṁ, pâpîṁ.

Criminoso, *a.* gunyâṁvkârî, aprâdhî, anyâyî, pâtkî, doshî, ghor; aprâdhâcho, anyâyâcho. ‖ *s. m.* gunyâṁvkârî, aprâdhî.

Crina, *s. f.* ghoḍyâche keṁs *m. pl.*, ayâḷ, śeṁḍî *f.*

Crinal, *s. f.* śeṁḍiyecho.

Crinito, *a.* ayâḷ-, śeṁḍî âslalo.

Crioulo, *a. e s. m.* mestis; posko *m.*; tuṭkî bhâs *f.*

Cris, *a.* girâṇâcho. ‖ *Sol* —, sûryagrahaṇ. *Lua* —, chaṁdragrahaṇ *n.*

Crise, *s. f.* rogbhâvâṁtar *n.*, jaḍâvṇî *f.*; jakhmecho kâḷ; prasaṁg, kâḷ *m.*

Crisol, *s. m. V.* CADINHO; (*fig.*) kas *m.*

Crispação, **crispadura**, **crispatura**, *s. f.* miryo paḍṇeṁ *n.*, chirmuṭây, kharkharitây *f.*

Crispar, *v. i.* miryo paḍuṁk (*d. do s.*), chirmuṭuṁk, kharkharît jâvuṁk.

Crista, *s. f.* śeṁkreṁ *n.*, śeṁḍî *f.*, chûḍo; mâtho, kaṇo. ‖ — *de gallo* (*bot.*), velûd *m. Erguer a* —, takli vayr kâḍhuṁk, phurphuruṁk. *Jogar as cristas*, jhagḍuṁk, jujuṁk.

Cristel, *s. m. V.* CLYSTER.

Criterio, *s. m.* lakshaṇ, lakhen, chihneṁ; satasatlakshaṇ; gunâguṇlakshaṇ *n.*; gunâguṇdarśanaśakti *f.*

Critica, *s. f.* guṇdosh kâḍhṇeṁ,- dâkhauṇeṁ, gunâguṇvivechan *n.*; parîkshâśakti; krît *f.*, khoḍî kâḍhṇeṁ *n.*, apvâd, parivâd *m.*

Criticador, *s. m.* doshdarśî, khoḍî kâḍhtalo, apavâdî.

Criticar, *v. t.* guṇdosh kâḍhuṁk,- śodhuṁk (*g. do o.*), vâryâ divuṁk, vârâvuṁk; khoḍî kâḍhuṁk, tahrâ dharuṁk (*d. do o.*), apvâduṁk, parivâduṁk.

Criticavel, *a.* khoḍî kâḍhcho, apvâdâcho.

Critico, *a.* guṇdoshvivechanâcho, khoḍî kâḍhcho; parîkshak, rasik; doshdarśî, khoḍî kâḍhtalo; (*med.*) rogbhâvâṁtarâcho, jakhmecho; (*fig.*) kâḷâcho, prasaṁgâcho. ‖ *s. m.* guṇdoshparîkshak, śodhak; khoḍî kâḍhṇâr, parivâdî.

Crivação, *s. f.* vidhṇî; gholauṇî *f.*

Crivado, *a.* vidhlalo, pokhar.

Crivar, *v. t.* gholauṁk, châḷuṁk; vidhuṁk, sabârkaḍe topuṁk; (*fig.*) *V.* CRAVEJAR. ‖ *v. r.* vidhoṁk, topoṁk.

Crivel, *a.* satmâncho, viśvâsâcho.

Crivo, *s. m.* gâḷṇeṁ *n.*, châhîṇ *f.*

Croca, *s. f.* isâḍeṁ, isâḷeṁ *n.*

Croça, *s. f. V.* COROÇA.

Croceo, **crocino**, *a.* haḷdîcho; haḷduvo.

Crochet, *s. m.* jâḷiyecheṁ kâm *n.*

Crocitar, *v. i.* koṁkâruṁk, kâṁvkâṁv karuṁk.

Crocodilo, *s. m.* mângeṁ *n.*, makar *m.*; (*fig.*) ghâtkî, gaḷekâpo. ‖ *Lagrimas de* —, phoṭkirîṁ duḥkhâṁ.

Croque, *s. m.* tâj *n.*; âṁkḍo *m.*

Crosta, *s. f.* khavḷo *m.*; kavaṁch, khavaḷ *n.*

Crotalo, *s. m.* (*ant.*) ṭipryo *f. pl.*

Cru, *a.* harvo, kachcho, ukaḍ nâslalo, bhâja nâslalo; koro; *grosseiro:* kachcho, halko; *duro:* nibar, khar. ‖ *V.* CRUENTO.

Crucesignato, *a.* khursâchî kurû âslalo.

Crucial, *a.* khurîs kaso.

Cruciante, *a.* upadravî, vaḷvaḷît, chadchadit, phadphadit.

Cruciato, *s. m.* (*ant.*) vaḷvaḷo, kaḷvaḷo, upadravo *ou* upadro *m.*

Cruciferario, *s. m.* khurîs vhartalo.

Crucifero, *a.* khurîs âslalo.

Crucificação, *s. f.*, crucificamento, *s. m.*, crucifixão, *s. f.* khursâr mârṇeṁ,- jaḍṇeṁ *n.*

Crucificador, *s. m.* khursâr mârtalo.

Crucificar, *v. t.* khursâr mâruṁk,- jaḍuṁk; (*fig.*) khursâr kâḍhuṁk.

Crucifixo, *s. m.* Svâm Jejû Kristâchî imâj (*do port.* IMAGEM) *f.*

Cruciforme, *a.* khûrsâchyâ âkârâcho.

Crueira, *s. f.* moṭo meṁdâṁv *m.*

Cruel, *a.* nishṭur, dâruṇ, nirdayî, nishkaruṇ, krûr, nirvâṇî, mhârû.

Crueldade, *s. f.* dâruṇây, nishṭurây *f.*, nishṭurpaṇ, nirdaypaṇ, mhârûpaṇ *n.*

Cruelmente, *adv.* nishṭuriṁ, dâruṇâyen.

Cruentação, *s. f.* raktâvṇî *f.*

Cruentar, *v. t.* raktân bharuṁk, raktâvuṁk.

Cruento, *a.* raktbharit; raktân bharlalo; raktpriya, raktsrâvî, khunî; *(fig.)* *V.* PUNGENTE.

Crueza, *s. f.* harvây *f.*, harvepaṇ, kachchepaṇ; ajîrṇ *n.*; nishṭurây, dâruṇây, nishkaruṇây *f.*

Cruor, *s. m.* raktbaṁbhâḷ; raktraṁg *m.*

Crural, *a.* jâṁghecho, jâṁghlecho.

Crusta, *s. f.* khavaḷ, kavaṁch, karṭeṁ *n.* ‖ — *terrestre,* dharnîcho thar *m.*

Crustaceo, *a.* khavḷâcho, khavaḷ âslalo, kavaṁchâcho.

Cruz, *s. f.* khurîs, krûs *(p. us.) m.*; kristâṁvâṁchî samurt *f.*, kristâṁvpaṇ *n.*; *afflicção:* aṭâs *m. pl.*, khurîs. ‖ — *de Santo André,* chavo *m.* *Signal da* —, sâṁtâ khursâchî kurû *f.* *Estar entre a* — *e a agua benta,* khâṁchîk paḍuṁk. *Assignar de* —, khurîs karuṁk; *(fig.)* vâchi nâstânâ saî karuṁk. *Fazer cruzes a alguem,* devchâr kâḍhuṁk. *Fazer* — *na bocca,* upâsiṁ uruṁk; kâṁyek nâ saṁjuṁk. ‖ -es, *pl.* peṁkaṭ, beṁḍ *n.*

Cruzada, *s. f.* khursâcheṁ juj *n.*

Cruzado, *a.* jaḍlalo, doḍlalo. ‖ *Estar com as mãos cruzadas,* hât jaḍûn âsuṁk. ‖ *s. m.* khursâcho jujârî; chârsîṁ resâṁcho nâṇo *m.*

Cruzador, *s. m.* jaḍṇâr; krujâdor.

Cruzamento, *s. m.* jaḍṇî, doḍṇî *f.*; sût âḍveṁ ghâlṇeṁ *n.* ‖ — *de raças,* âḍjâṭ, saṁkarjât *f.*

Cruzar, *v. t.* khurîs kaso karuṁk, jaḍuṁk, doḍuṁk; *atravessar:* kâtruṁk. ‖ — *os braços (fig.),* hât pâṁghruṁk. — *as espadas (fig.),* jujuṁk. — *a porta a alguem,* dârâr bhoṁvâḍe ghâluṁk. — *as raças,* saṁkarjât karuṁk. ‖ *v. i.* khurîs karuṁk; daryâ phiruṁk, daryâṁt bhoṁvûn râkhuṁk: ‖ *v. r.* khurîs jâvuṁk *(g. do s.),* jaḍoṁk, doḍoṁk.

Cruzeiro, *s.m.* vhaḍlo khurîs; krujer *m.*; daryâ phirṇeṁ, samudraparyaṭan; phircheṁ târûṁ *n.* ‖ *a.* khurîs âslalo.

Cruzeta, *s. f.* lahân khurîs *m.*

Crypta, *s. f.* devasthânâcheṁ bhuṁyâr; śavâlay *n.*

Cryptographia, *s. f.* gûḍhârth barap,- lihiṇeṁ *n.*

Crystal, *s. m.* phaṭik, sphaṭik, kâchmaṇi, sûryakâṁt, ârso *m.*, kâj *f.*

Crystallino, *a.* phaṭikâcho; ârso kaso nitaḷ.

Crystallização, *s. f.* khaḍe karṇeṁ,- jâṇeṁ *n.*

Crystallizar, *v. t.* khaḍe-, kâṁḍyo karuṁk. ‖ *v. r.* khaḍe-, kâṁḍyo jâvuṁk.

Crystallizavel, *a.* khaḍe jâvuṁcho.

Crystallographia, *s. f.* sphaṭikavarṇan *n.*

Cu, *s. m.* kunṭeṁ *n.*, phûd, gâṁḍ *f.*; suyecheṁ birḍeṁ *n.*

Cuada, *s. f.* phudneṁ âpṭoṇeṁ *m.*

Cuba, *s. f.* kodeṁ; vhaḍleṁ pîp *n.*

Cubagem, *s. f.* ghan karṇeṁ *n.*

Cubar, **cubicar**, *v. t.* ghan karuṁk *(g. do o.)*

Cubata, *s. f.* khoṁp, khoṁpṭî *f.*

Cubeba, *s. f.* kumûk *m.*, kabâbchinî *f.*

Cubeiro, *a.* pipâṁtlo.

Cubiça, *s. f.* *V.* COBIÇA.

Cubico, *a.* ghanâcho. ‖ *Raiz cubica,* ghanmûḷ, ghanpad *n.*

Cubiculario, *s. m.* *(ant.)* kuḍîcho châkar.

Cubiculo, *s. m.* nidchî kûḍ; maṭhî *f.*; gharkûl *n.*

Cubito, *s. m.* kâṁbî dusreṁ hâḍ *n.*

Cubo, *s. m.* ghan *m.*

Cuboide, *a.* ghanâkâr.

Cuco, *s. m.* kagûḷ *f.*

Cucurbita, *s. f.* ḍamaruyaṁtr *n.* ‖ *V.* ABOBORA.

Cucurbitino, *a.* bhobḷo kaso.

Cuecas, *s. f. pl.* ijâr, choḷṇeṁ *n.*

Cueiro, *s. m.* âṁgoṭi *f.* ‖ *Desde os cueiros,* pâynyâthân. *Deixar os* —, burgepaṇâṁ soḍuṁk. *Ainda cheira aos* —, nâḷeṁ pekuṁk nâ, dudhâche dâṁt jhaḍuṁk nâṁt.

Cuia, *s. f.* kuî *f.*, khoṁpo *m.*

Cuidado, *a.* chiṁtlalo, nihâḷlalo: ‖ *s. m.* kuidâd *m.*, parvâ, phikîr, boṁdh, parâmaś, khâtrî *ou* khâtîr, âsthâ, laksh, jatan *ou* jatanây, bâḷgaṇ, vâgauṇî, jagâsaṇ, pujâ *f.*, saṁbhâḷ; *inquietação de espirito:* husko, chaṭko, jaṁjâḷ *m.*, chiṁtâ, kâḷjî *f.*; *incumbencia:* havâlo *m.*, opṇî *f.* ‖ *Estar em* —, huskyân âsuṁk. *Dar* —, husko-, chiṁtâ âsuṁk *(g. do s.)* *Doença de* —, jaḍ piḍâ. ‖ *int.* khabardâr!

Cuidador, *a. e s. m.* phikîrvaṁt; bâḷgaṇâr, saṁbhâḷṇâr.

Cuidadosamente, *adv.* phikrîn, jatnâye, gumânîṁ.

Cuidadoso, cuidoso, *a.* phikrîcho, phikîrvaṁt, parvâ-, boṁdh âslalo, sâvadh *ou* sâvdhân, âsthîk, gumânî; huskyâcho.

Cuidar, *v. t.* chiṁtuṁk, nihâḷuṁk; samjuṁk, disuṁk *(d. do s.)* ‖ *v. i.* phikîr-, parvâ âsuṁk *(d. do s.)*; saṁbhâḷuṁk, bâḷguṁk, vâgauṁk, jatâvuṁk, jâḷvuṁk, jagauṁk, *gujruṁk; keḷauṁk *(— muito)*; kâpsâṁt-, phulâṁnîṁ ghâluṁk *(— demasiado de alguem; litt.* PÔR EM ALGODÃO, EM FLORES; *vv. tt.)*; huskevuṁk.

Cujo, *pron. relat. e a.* jâcho (jicho *f.*), koṇâcho.

Culatra, *s. f.* (baṁdukâche) naḷiyecheṁ poṁd *n.*; kulo *m.*

Culinaria, *s. f.* râṁdhchî vidyâ *f.*

Culinario, *a.* kujnâcho; râṁdhpâcho, râṁdhcho.

Culminação, *s. f. (astr.)* uchch *n.*, kaḷas, samo *m.*

Culminante, *a.* samyâk pâvlalo; uṁchuṁch.

Culminar, *v. i.* samyâk-, kaḷasâk pâvuṁk.

Culpa, *s. f.* chûk *f.*, gunyâṁv, aprâdh, dosh, anyây, aguṇ, âjñâv *m.*, pâp, pâtak, akarm *n.*, takśîr, *khyâlî *f.* ‖ *Lançar culpas a alguem,* gunyâṁvkârî karuṁk. ‖ *V.* ACCUSAÇÃO.

Culpabilidade, *s. f.* gunyâṁvkârîpaṇ, aprâdhîpaṇ *n.*

Culpado, *a.* gunyâṁvkârî, aprâdhî, anyâyî, doshî, akarmî. ‖ *s. m.* gunyâṁvkârî, chukṇâr, pâtkî.

Culpar, *v. t.* gunyâṁvkârî-, aprâdhî karuṁk, gunyâṁv ghâluṁk *(l. sup. do o.)* ‖ *v. r.* gunyâṁvkârî jâvuṁk, âplo gunyâṁv kaḷauṁk.

Culpavel, *a.* gunyâṁvâcho, dûshya, doshî.

Culposamente, *adv.* aprâdhîṁ; chorṭepaṇân.

Culposo, *a.* gunyâṁvkârî, aprâdhî.

Cultamente, *adv.* alaṁkârân.

Cultismo, *s. m.* alaṁkârṇî, sudhârṇî *f.*, saṁskâr *m.*

Cultivação, *s. f. V.* CULTURA.

Cultivador, *s. m.* kuḷvâḍî, śetkâmî, śetkâmtî, kuṇbî, kṛishikâr, vasauṇâr; guṁṭhô *m.*

Cultivar, *v. t.* vaṁpuṁk, kṛishuṁk, vasauṁk, kâṁgat-, huṭâvaḷ karuṁk *(g. do o.)*; lâvuṁk *(— plantas, flores)*; kamâvuṁk, abhyâsuṁk *(— faculdades)*. ‖ *— a amisade,* ishṭagat chalauṁk,- vasauṁk. ‖ *v. r.* kamâvoṁk, abhyâsoṁk.

Cultivavel, *a.* vaṁpûṁyeso, kṛishuṁcho, vasauṁcho.

Cultivo, *s. m. V.* CULTURA.

Culto, *s. m.* pujâ, devpujâ, bhakti, devbhakti, sevâ *f.*, pûjan, bhajaṇ, devkârya, vaṁdan, naman, ârâdhan, samaraṇ *n.*, namaskâr, praṇipât; dharm *m.* ‖ *V.* VENERAÇÃO.

Culto, *a.* kamâylalo, alaṁkṛit; chaughâṁtlo, mâṇsugecho.

Cultor, *s. m.* vasauṇâr, chalauṇâr, kamâvṇâr; bhajṇâr, pujṇâr. ‖ *V.* CULTIVADOR.

Cultriforme, *a.* surî kasî.

Cultura, *s. f.* vaṁpṇî, sâgvaḷ, kṛishi, vasauṇî, huṭâvaḷ *(us. Can.) f.*, śetkâm, śetkâmat, kuḷvâḍpaṇ; lâvap *n.*, lâvṇî; posṇî *(— de abelhas, etc.)*; *(fig.)* kamây *f.*, abhyâs; alaṁkâr, saṁskâr *m.*

Cultural, *a.* kṛishîcho, sâgvaḷîcho.

Cume, *s. m.* takśî, ṭahâḷî *(us. Sal. nesta accep.)*, chûḍ *(us. Can.)*, doksî *(— de arvores)*; murḍî, mâth *f.*, mâtho, śikhar *(— de montes)*; pâṭos, kaḷas *(esp. — de casas) m.*

Cumiada, *s. f.* mâtho, ghâṭmâtho *m.*

Cumieira, *s. f.* ghâṭmâtho; pâṭos *m.*, âḍeṁ *n.*

Cuminho, *s. m.* jireṁ *n.* ‖ *Não vale um — (fig.)*, mahârâk nâkâ.

Cumplice, *a. e s. m.* milâphî, sâṁdhak, sâgyo, sâmîl.

Cumplicidade, *s. f.* milâph *m.*, sâgyepaṇ, sâmîlpaṇ *n.*

Cumprido, *a.* pâḷlalo; bhar, pûrṇ. ‖ *V.* COMPRIDO.

Cumpridor, *a. e s. m.* pâḷtalo, pâḷak, saṁbhâḷṇâr, saṁbhâḷî.

Cumprimentar, *v. t. e i.* vichâruṁk, hadkuṁk, pâchâruṁk; namaskaruṁk, abhivâduṁk, praṇâmuṁk.

Cumprimenteiro, *a.* upachârâṁcho, prapaṁchîk.

Cumprimento, *s. m.* pâḷṇî *f.*, pâḷap, pratipâḷan *n.*, pratipâḷ; kuṁprumeṁt *m.*, hadkaṇî *f.*, pâchârṇeṁ, pâchârap, abhivâdan *n.*, abhivâd, salâm; upachâr *m.*, naṁḍauṇî *f.*, satkriyâ *f.* ‖ *Dar —,* pâḷuṁk. *Por —,* toṁḍâpurteṁ.

Cumprir, *v. t.* pâḷuṁk, pratipâḷuṁk, pâvauṁk, saṁbhâḷuṁk, sâdhuṁk, pheḍuṁk. ‖ *v. i.* garaj âsuṁk, jây jâvuṁk, saruṁk *(mais us. na fórma* saro = *cumpre)*; paḍuṁk, kâydo âsuṁk. ‖ *— com,* pâḷuṁk *(v. t.)*, pâḷo divuṁk. ‖ *v. r.* jâvuṁk, ghaḍuṁk; bharoṁk.

Cum quibus, *s. m. pl.* paise, duḍû, nâṇe *m. pl.*

Cumular, *v. t. V.* ACCUMULAR.

Cumulativamente, *adv.* barâbarî, ekṭhâmy.

Cumulativo, *a.* barâbar.

Cumulo, *s. m.* peḷo, mâch, puṁjo, ḍoṁgar *m.*, râs; *(fig.)* takśî *f.*, pâṭos; chaḍhâv *m.*

Cuneiforme, *a.* pâchârem kasem.

Cunha, *s. f.* kûjñ *f. e n.*, pâchârem, kayâḍûṁ *n.* ‖ *Estar á —*, chemchoṁk, khemchoṁk.

Cunhada, *s. f. irmã do marido:* naṇamḍ; *irmã da mulher:* mehuṇî *ou* mevṇî; *mulher do irmão:* uṇî, vhaṇî *ou* vahinî, bhâvaj *ou* bhâvjay.

Cunhadio, *s. m.* kujñâdkî, mehuṇkî *f.*, mehuṇepaṇ *n.*

Cunhado, *s. m. marido da irmã:* kujñâd, mehuṇo *(p. us. entre os christãos); irmão do marido:* der, bhâvjî, bhâves *(us. Çan.)*, bhâvo *(us. entre os hindús); irmão da mulher:* mehuṇo *ou* mevṇo; *marido da irmã do marido:* naṇḍayo.

Cunhador, *a. e s. m.* ṭâṁkî, ṭâṁkṇâr, chhâpkâr.

Cunhal, *s. m. V.* ESQUINA.

Cunhar, *v. t.* ṭâṁkuṁk, pâḍuṁk, mohar-, ṭhaso mâruṁk *(d. do o.)*; *(fig.)* rachuṁk, ghaḍuṁk.

Cunho, *s. m.* mohar, ṭhaso, śikko, tephso, mudro *m.*, chhâp *n.*

Cuniculo, *s. m. (ant.)* bhuṁyâr *n.*

Cupido, *s. m.* kâmdev, madan, kaman, kâm.

Cúpido, *a. V.* COBIÇOSO.

Cuprico, *a.* tâṁbyâcho.

Cupula, *s. f.* ghumaṭ *n.*, kaḷas, ḍero, śikhar *m.*

Cuquiada, *s. f.* kukâro *m.*; bob *f.*

Cura, *s. f.* baro karṇem, piḍâ moḍṇem; piḍâgat *ou* pirâgat, ârogya *n.*, âram, uṭhâv *m.*, pekṇem; okhat *n.* ‖ *V.* CUIDADO.

Cura, *s. m.* kûr, guru, * bâpâsthânî.

Curabilidade, *s. f.* ârogyatâ *f.*

Curado, *s. m. V.* CURATO.

Curador, *s. m.* saṁbhâḷṇâr, saṁbhâḷî, vasauṇâr, pitṛisthân, * bâpâsthânîk.

Curadoria, curatela, *s. f.* saṁbhâḷîpaṇ *n.*, vasauṇî *f.*

Curandeiro, *s. m.* okhtî.

Curar, *v. t.* baro karuṁk, piḍâ moḍuṁk *(g. do o.)*, ârogya divuṁk *(d. do o.)*, pekauṁk *(chaga, ferida)*; dhuṁvrâk ghâluṁk,- davruṁk; vatâk sukauṁk, vâḷgauṁk. ‖ *A arte de —*, vaijipaṇ *n.* ‖ *v. i. V.* CUIDAR. ‖ *v. r.* baro jâvuṁk, uṭhuṁk *(— de doença grave)*.

Curativo, *a.* baro karcho, okhtî. ‖ *s. m.* kurâtîv *m.*, okhtâṁ *n. pl.*

Curato, *s. m.* kurkî *f.*; kurâchem ghar *n.*

Curavel, *a.* baro jâvûṁyeso.

Curcuma, *s. f.* kukum *n.*

Curia, *s. f.* châvḍî, kacherî; dharmsabhâ *f.*

Curial, *a.* châvḍecho; dharmsabhecho; *(fig.)* phâvoto, lâyk.

Curiosidade, *s. f.* tajvît, mehnat, bârkây *f.*; haus *m.*, śodhakpaṇ, chaukaspaṇ *n.*, âturây *f.*; kautuk, vichitr, naval *n.*

Curioso, *a.* kuryoj, tajvitecho, mehnatî; hausî, śodhak, chaukasdâr, âtur; kautik, vichitr, navlâcho, karâmatîcho. ‖ *s. m.* śodhak manîs, khaspâyechem kâm kartalo.

Curral, *s. m.* goṭho *m.*

Curralagem, *s. f.* dusryâchyâ goṭhyâchem bhâḍem *n.*

Curraleiro, *a.* goṭhyân nidtalo,- rât kâḍhtalo (gorûṁ).

Curro, *s. m.* goṭho *m.*

Cursar, *v. t.* bhoṁvuṁk; vachuṁk. ‖ *v. i.* bhoṁvuṁk; (vârem) suṭuṁk.

Cursivo, *a.* dhâṁvto (akshar). ‖ *s. m.* dhâṁvtem-, bârîk barap *n.*; moḍî *f.*

Curso, *s. m.*: *carreira:* dhâṁv, dhâṁvaḍ; *movimento dos astros, dos fluidos:* gat, sarṇî *f.*; *caminho, direcção:* mârg *m.*, vâṭ, âṁḍî, paddhati *f.*; *seguimento:* kram, anukram *n.*; kâlgat *(— do tempo) f.*; *serie de lições:* anushṭhân *n.*, paripâṭî; *diarrhea:* hâgvaṇ *f.*, ḍhâḷ *m.*; *circulação de moeda:* châl, chalṇî; *voga:* rahâṭ, prasiddhi *f.* ‖ *Dar — ás lagrimas*, duḥkhâṁ vâhvuṁk divuṁk. *Ter —*, chaluṁk.

Cursor, *s. m.* pedo; dût.

Curtamente, *adv.* âṁkhuḍâyen.

Curteza, *s. f.* moṭvây *f.*, lahânpaṇ *n.*; âṁkhuḍây, kâkuḍây *f.*

Curto, *a.* moṭvo, lahân; ilo; *(fig.)* âṁkhûḍ, kâkûḍ. ‖ *De —*, rokḍoch.

Curva, *s. f.* vakrareshâ *f.*, bhuj *m.*; vâṁk, bâg *f.* ‖ -s, *pl.* vâṁkâṁ *n. pl.*

Curvado, *a.* bâgâvlalo, bâgâḷ; oṇav ghâlalo, oṇavlalo.

Curvar, *v. t.* bâgâvuṁk, vâṁkâvuṁk, vaṁdâvuṁk. ‖ *— os joelhos*, diṁbhî moḍuṁk,- mâruṁk. ‖ *v. i. e r.* bâgâvoṁk, vâṁkuṁk, vaṁdavuṁk, oṇavuṁk, oṇav ghâluṁk; *(fig.)* khâlto jâvuṁk, bâḍguṁk.

Curvatura, curvidade, *s. f.* bâg, vâṁk, vaḷṇî *f.*, vaḷaṇ, vâṁkḍepaṇ *n.*
Curvejão, curvilhão, *s. m.* ghoḍyâcho khubo *m.*
Curveta, *s. f.* ghoḍyâcheṁ uḍkaṇ *n.*
Curvetear, *v. i.* uḍkaṇâṁ mâruṁk.
Curvigrapho, *s. m.* vakrareshâyaṁtr *n.*
Curvilineo, *a.* vakrareshâcho, vakrarekhârûp.
Curvo, *a.* vâṁkḍo, vâṁkyo, vakr, tiṁkḍo, tiḍko, bâgâḷ; oṇavlalo.
Cuscus, *s. m. pl.* piṭhâche kaṇe *m. pl.*, kaṇereṁ pîṭh *n.*
Cuspidato, *a.* domsâḷo.
Cuspide, *s. m.* domas *m.*
Cuspideira, *s. f.* kuspidor *m.*, thûkpâṭ *n.*, pikdâṇî *f.* ‖ *a.: cobra — (indian.)*, nâgîṇ *f.*
Cuspido, *a.* thiṁpiyen bharlalo; *(fig.)* khâtaṇo.
Cuspidor, cuspinhador, *s. m.* thiṁpyâḷo.
Cuspidura, *s. f.* thiṁpî ghâlṇeṁ *n.*, thukṇî *f.; thiṁpiyecheṁ koṁḍ n.*
Cuspinhadura, *s. f.* thiṁpevṇî *f.*
Cuspinhar, *v. i.* bhoṁvûn bhoṁvûn thukuṁk, thiṁpevuṁk, thiṁpî vâhvuṁk *(g. do s.)*
Cuspinheira, *s. f.* thiṁpiyecheṁ koṁḍ; thiṁpî vâhṇeṁ *n.*
Cuspinho, *s. m. V.* CUSPO.
Cuspir, *v. i.* thiṁpî-, nithû-, thûk yevuṁk *(d. do s.)*, -ghâluṁk,- uḍauṁk, thukuṁk. ‖ *— em alguma coisa (fig.)*, thuklâvuṁk, bhashṭâvuṁk. *— na cara de alguem (fig.)*, oṁvâḷâvuṁk, toṁḍuṁk. *— para o ar (fig.)*, phurphuruṁk, mijâs karuṁk. ‖ *v. t.* oṁkuṁk, toṁḍâṁtlyân vachuṁk *(g. do s.)*; *(fig.)* toṁḍâr mâruṁk; soḍuṁk. ‖ *— injurias*, kide oṁkuṁk (*litt.* VOMITAR BICHOS). *— calumnias, V.* CALUMNIAR.
Cuspo, *s. m.* thiṁpî, nithû, thûk *f.*
Custa, *s. f. (ant.)* kharch, vech *m.* ‖ *Á —*, kustâr; hogḍâvûn, vâṭek lâvûn. *Aprender á sua — (fig.)*, śekoṁk. ‖ -s, *pl.* nyâyâcho kharch. ‖ *Pagar as custas (fig.)*, śek lâguṁk *(d. do s.)*, dhako basuṁk *(d. do s.)*
Custar, *v. i.* kustârjâvuṁk, lâguṁk *(d. do s.)*, paḍuṁk *(d. do s.)*; *ser trabalhoso:* puro jâvuṁk, jivâr yevuṁk, kashṭ-, dagd bhogoṁk *(inst. do s.)*; *affligir:* duḥkh-, khaṁt divuṁk, jâḷ lâguṁk *(inst. do s.)* ‖ *— caro*, mahâragh jâvuṁk. *— a vida*, jîv kâḍhuṁk, jivâcho ghât ghevuṁk. *Custe o que —*, lâgtâ teṁ lâgûṁv, paḍtâ thaiṁ paḍûṁv, jâtâ teṁ jâṁv.
Custeamento, custeio, *s. m.* kharchaṇî, sârṇî *f.*, kharchvech *m.;* kharchâchî paṭṭî,- śivḍî *f.*
Custear, *v. t.* kharch karuṁk *(g. do o.)*, duḍû sâruṁk *(d. do o.)*
Custo, *s. m.* kharch, vech *m.*; *(fig.)* kashṭ *m. pl.*, dhâṁvdhûp, dhâṁvdupaṭ *f.* ‖ *Á —*, saṁkashṭîṁ, bhavachtar.
Custode, *s. m.* râkhṇâr.
Custodia, *s. f.* râchṇechî svât; râkhaṇ *f.*, saṁbhâḷ *m.*; kustod *f.* ‖ *Estar em —*, chaukaśek dharlalo âsuṁk.
Custodiar, *v. t.* dharûn davruṁk, ghaṭṭ karuṁk; râkhuṁk, saṁbhâḷuṁk.
Custodio, *a.* râkhtalo, saṁbhâḷtalo.
Custosamente, *adv.* bhav kharchân, uṁchâ molân; kashṭâṁnîṁ, saṁkashṭîṁ.
Custoso, *a.* molâdîk, kharchâdîk, vechâcho; jaḍ, bigaṭ, avghaḍ, saṁkashṭ, ghâsîcho.
Cutaneo, *a.* kâtîcho, kâtyo.
Cutello, *s. m.* koyto, tego *m.*; *(fig.)* śirâṁt *f.*
Cuticula, *s. f.* bârîk kât, bhâylî kât,- sâl *f.*, sarl *n.*
Cuticular, *a.* bhâyle kâtîcho.
Cutilada, *s. f.* phâḍ, ghây, ghâv *m.*
Cutilaria, *s. f.* suryâṁkâtrîṁcheṁ sâmaṇ,- kâm *n.*
Cutileiro, *s. m.* suryokâtrî kartalo, suryâṁkâr, kârajkar.
Cutim, *s. m.* kutnî *f.*
Cutis, *s. f.* kât, châmḍî *f.*
Cuvilheira, *s. f.* sevkî, sevkîṇ. ‖ *V.* ALCOVITEIRA.
Cyanose, *s. f.* ragat kiṇevṇeṁ,- kiṇṇeṁ *n.*
Cyatho, *s. m. (ant.)* mogho *m.*
Cyclico, *a.* kâḷchakrâcho.
Cyclo, *s. m.* kâḷchakr, chakr *n.*
Cyclone, *s. m.* vâryâcho maujo *m.*
Cyclopes, *s. m. pl.* bhâllochan.
Cyclopico, *a.* bhallochanâṁcho; *(fig.)* daityâṁcho; jabar vhaḍ.
Cylindragem, *s. f.* gol bhoṁvḍâvṇeṁ,- chalauṇeṁ *n.*
Cylindrar, *v. t.* gol bhoṁvḍâvuṁk,- chalauṁk *(l. sup. do o.)*
Cylindrico, *a.* golâkâr.
Cylindro, *s. m.* gol *m.*, lâṭṇî *f.*
Cymbalo, *s. m.* kâṁsâḷeṁ *n.*, tâḷ *m.*, jhâṁj *f.*
Cynico, *a.* śuṇero; nirduḥkhî, durmukhî, tirsaṭ, maṇushyadveshî; pojḍo; bhâṁḍśiro, nilâjro.

Cynismo, *s. m.* nirduḥkh *n.*, manushyadvesh *m.*; nilâjrepaṇ *n.*, nirmaryâd *f.*

Cynosura, *s. f.* druvnakshatr *n.*

Cypreste, *s. f.* sarû *m.*

Cysne, *s. m.* râjhâṁs *n.*; *(fig.)* uttam kavi, gaṁdharv.

Cystalgia, *s. f.* paskaṭyâchî duḥkh *f.*

Cystico, *a.* paskaṭyâcho.

Cystite, *s. f.* paskaṭyâchî sûj *f.*

Cystotomia, *s. f.* paskaṭo topṇeṁ *n.*

Cystotomo, *s. m.* paskaṭo topcheṁ yaṁtr *n.*

D

D, chauteṁ akshar *n.*, *(da)*.

Dação, *s. f.* deṇeṁ *n.*

Dactylogia, *s. f.* boṭâṁṇîṁ ulauṇeṁ *n.*, karapallavî *f.*

Dadiva, *s. f.* deṇeṁ, dân, inâm, uchit, vridân, vardân, samarpaṇ *n.*, bheṭ *f.*, dây, var, guṇ *m.*

Dadivoso, *a.* udâr, dhanad.

Dado, *a.* dilalo; saṁvkalalo, lâglalo, peṭlalo; *(fig.)* bholo, mogâḷ, dulabh. ‖ — *que*, jarî, jarîtar. ‖ *V.* DATADO. ‖ *s. m.* pâṁysar *m.*, mûḷ, bîj *n.*; *(fig.)* kaḷâkaḷ *f.*, sûchan *n.*; *peça de jogo:* dâd, phâso, aksh *m.* ‖ *Um lance de dados (fig.)*, daivyogâcheṁ kâm *n.* ‖ *V.* PLINTHO.

Dador, *s. m.* deṇâr, dâtâr, da *(suff. adj.; ex.: dhanad, dadivoso)*.

D'ahi, **d'alli**, *adv.* thaiṁthân, thaiṁcho *(a.)* tevsilo *(a.)*

Dala, *s. f.* naḷ *m.*

D'alem, *adv.* palikaḍcho *(a.)*, tevsilo *(a.)*

Dalmatica, *s. f.* dâlmâtk *n.*

Dama, *s. f.* bâî, bâi; narî, kulstrî; nâṭkî, nâṭî *(actriz)*; sot *(— de cartas; do port.* SOTA) *n.*; pradhân, vajîr *(— de xadrez) m.* ‖ — *de honor*, sevkîṇ, sahacharî. *Jogo de damas*, dâmâṁcho kheḷ, chausâr *m.*, chaupaṭ *f.*

Damasco, *s. m.* dâmâsk, damâsk *(estofo) n.*

Damasquino, *a.* kodlalyâ patryâcho, varkhâcho.

Damice, *s. f.* bâibolepaṇ, bâilâṁḍepaṇ *n.*

Damnação, *s. f.*, **damnamento**, *s. m.* pisâvṇeṁ *n.*, pisây *f.*; kîṁv, kaḍkaḍo *m.* ‖ *V.* CONDEMNAÇÃO.

Damnado, *a.* pisâvlalo, piseṁ lâglalo; durâchâr, devtyâkt.

Damnador, *a. e s. m.* duṁbaḍtalo, nâśṇâr; pisâytalo.

Damnar, *v. t.* nuskân divuṁk *(d. do o.)*, nâśuṁk; piseṁ lâvuṁk, pisâvuṁk; *(fig.)* châlvauṁk, chidauṁk. ‖ *v. r.* piseṁ lâguṁk *(d. do s.)*, pisâvoṁk; *(fig.)* châḷvuṁk, phaḍphaḍuṁk.

Damnificação, *s. f.* nuskân *ou* nuksân *n.*; nâś *ou* nâs *m.*, duṁbḍâvṇî, bighḍâvṇî *f.*, dûshaṇ *n.*

Damnificador, *a. e s. m.* nâśṇâr, duṁbḍâytalo.

Damnificar, *v. t.* nuskân divuṁk *(d. do o.)*; nâśuṁk, duṁbḍâvuṁk, bighḍâvuṁk, bâdhuṁk, vikruṁk. ‖ *v. r.* nâśoṁk, bighḍuṁk, vâyṭ-, pâḍ jâvuṁk.

Damnifico, *a.* nuskân divuṁcho, vâyṭ karcho.

Damninho, *a.* nâśivaṁt, nashṭâdik, vinâśî, naśvar; nashṭo, ghâtkî.

Damno, *s. m.* nuskân *ou* nuksân, nasht *n.*, nâś, apakâr *m.*, duṁbḍî, bighaḍṇî, hânî, khuṭî, ghas, ghasaṇ *f.*

Damnosamente, *adv.* nashṭân, nashṭ karûn.

Damnoso, *a.* nâśivaṁt, duṁbḍecho, apakârî, nashṭâdik, nashṭo.

Dança, *s. f.* nâch *m.*, nâchap *n.* ‖ *Metter na* —, nâchauṁk, goṁdhḷâk-, gaḷâk ghâluṁk.

Dançadeira, *s. f.* nâchpîṇ.

Dançador, *a. e s. m.* nâchtalo, nâchpî; nâchro.

Dançante, *a.* nâchro, nâchto.

Dançar, *v. i.* nâchuṁk; uḍuṁk. ‖ *Não saber em que pé — (fig.)*, keṇeṁ pâṁy ghâlcho teṁ neṇuṁk. — *na corda bamba*, dosko jâvuṁk, vâryâ pramâṇeṁ śeṁpâḍo bhoṁvḍâvuṁk. ‖ *s. m.* *V.* DANÇA.

Dançarina, *s. f.* kalvaṁt, kalâvaṁt *n.*

Dançarino, *s. m.* nâchûn poṭ bhartalo, nâchpî.

Dandy, *s. m.* ḍâṁḍî, phaldarây, polkist *(do port.* POLKA).

Dante, *a. (ant.)* târîkh ghâltalo; târîkh ghâlalo.

D'antes, *adv. V.* ANTES.

Dar, *v. t.* divuṁk; mâruṁk *(ambos os verbos exprimem quasi todas as ac-*

cepções activas); opuṁk *ou* vopuṁk *(entregar)*, pâvauṁk *(restituir)*, samarpuṁk *(offerecer)*; *produzir:* jâvuṁk *(d. ou l. do s.)*, pikuṁk *(d. ou l. do s.)*; *exhalar cheiro:* vâs yevuṁk *(g. do s.)* ‖ — *parte*, khabar divuṁk. — *a alma a Deus*, bhâyr paḍuṁk, saruṁk. — *o cadaver á sepultura*, mâtiyek lâvuṁk, puruṁk. — *á luz*, bâḷaṁt jâvuṁk; chhâpuṁk. — *de barato*, savây soḍuṁk. — *tempo ao tempo*, takas kâḍhuṁk. — *por ou como*, saṁjuṁk, kaso karuṁk (*ex.: deram-no por santo*, bhakt kaso kelo). — *a mão a alguem (fig.)*, kâjârjâvuṁk; hât divuṁk. — *a mão de alguem*, kâjârkaruṁk, hâtî lâvuṁk. ‖ *v. i.* mâruṁk, mâr mâruṁk,- divuṁk. ‖ — *com a porta na cara ou nos olhos*, dâr dhâṁpuṁk *(com dat.)* — *para traz*, âḍâvuṁk. — *por paus e por pedras*, âḍnâḍpaṇâṁ karuṁk. *Soar horas*, vâjuṁk. — *em terra*, śevṭuṁk; śevṭoṁk; paḍuṁk, gaḷgaḷuṁk. — *nos olhos ou na vista*, ḍoḷyâṁt vachuṁk. — *em ou sobre*, paḍuṁk *(com l. sup.)* — *em doido*, piso jâvuṁk. — *com*, bheṭuṁk *(d. do s.)*, meḷuṁk *(d. do s.)*; vharuṁk. — *com os olhos*, paḷevuṁk. — *de face*, toṁḍâtoṁḍ jâvuṁk *(g. do s.)* — *para*, pâvuṁk; âsuṁk. — *um mal*, piḍâ lâguṁk,- paḍuṁk. — *vontade*, khuśî yevuṁk. — *por*, gamuṁk *(d. do s.)*, kaḷuṁk *(d. do s.)* *Ir* —, pâvuṁk, vachuṁk. — *a*, hâlauṁk, bhoṁvḍâvuṁk. — *ás pernas, aos calcanhares*, vâṭek lâguṁk; dhâṁvuṁk. — *ás de Villa Diogo*, jhurî-, kâvaḍ kâḍhuṁk. *A — a —*, hâlûn dolûn. — *a correr*, dhâṁvuṁk lâguṁk. — *em estudar*, śikuṁk lâguṁk. *Dá-lhe que dá-lhe*, thâṁbanâ kî thâṁbanâ. *E elle a dar-lhe...*, âni to âpleṁch vâjaitâ. ‖ *v. r.* âpṇâk divuṁk; lâguṁk, saṁvkuṁk; paḍuṁk *(d. do s.)*; *acontecer:* jâvuṁk, ghaḍuṁk; *importar:* paḍuṁk, yeveṁ âsuṁk; *considerar-se:* ehiṁṭuṁk, samjoṁk. ‖ — *em*, jâvuṁk, âsuṁk.

Dardanario, *s. m.* guttekâr.

Dardejante, *a.* liklikît, bikbikît, rakhrakhît; *(fig.)* râgâbharit.

Dardejar, *v. t.* bâḷdyo mâruṁk *(d. do o.)*; mâruṁk, pheṁkuṁk; soḍuṁk, uḍauṁk. ‖ *v. i.* bhâldî-, śar mâruṁk,- soḍuṁk; *(fig.)* liklikuṁk, bikbikuṁk, chakchakuṁk.

Dardo, *s. m.* bhâlî, bhâldî *f.*, bhâlo, śar, bâṇ, *nej *m.*; kuṁs *n.*; sarpâchî jibh *f.*; *(fig.)* virmâr, varm *n.*

Dares, *s. m. pl.: ter — e tomares*, dusaṁg-, taṁṭo âsuṁk *(d. do s.)*

Dartro, *s. m.* dâd *f.*

Dartroso, *a.* dâdîcho.

Dasymetria, *s. f.* vâtâvaraṇmitividyâ *f.*, âkâśmitiśâstr *n.*

Dasymetro, *s. m.* vâtâvaraṇmitiyaṁtr *n.*

Data, *s. f.* târikh, tarak *f.*; deṇeṁ *n.*, var *m.*; râs *f.* ‖ *De nova ou fresca.* —, hâlîṁcho, kâlcho. *De velha* —, parṇo, âdlo.

Datar, *v. t.* târikh ghâluṁk *(d. ou l. do o.)* ‖ *v. i.* jâvuṁk, śurû jâvuṁk, araṁbhoṁk.

Datile, *s. m.* khâjûr *m.*

Datileira, *s. f.* khâjûrmâḍ *m.*

Dativo, *a.* dilalo. ‖ *s. m.* chaturthî *f.*, saṁpradân *n.*

Datura, *s. f.* dhutro *m.* ‖ *Oleo de* —, dhutrel *n.*

De, *prep.* -cho *(terminação declinavel do gen.; ex.:* Pedrûcho, *de Pedro)*; -âṁtlo *(terminação do adj. loc. in ou intra; ex.:* daryâṁtlo, *de dentro do mar = do mar)*; -vaylo *ou* -velo *(terminação do adj. loc. super; ex.:* doṁgrâvaylo, *de cima do monte = do monte)*; thân, saṭyâṁ *(posposições do logar* UNDE, *ingl.* FROM; *ex.:* Lijbovâthân âylâṁ, *venho de Lisboa)*. ‖ — *fóra*, bhâylo. — *dentro*, bhitarlo. — *cima*, vaylo. — *baixo*, sakailo *(aa.)* — *boamente*, bare khuśen. *Andar — carruagem*, gâḍiyen bhoṁvuṁk.

Dea, *s. f.* devî.

Dealbação, *s. f.* dhavsârṇî *f.*

Dealbar, dealvar, *v. t.* dhavo karuṁk, dhavsâvuṁk; nitḷâvuṁk.

Deambulação, *s. f.* bhoṁvḍî, hiṁḍṇî *f.*, hiṁḍan *n.*

Deambulatorio, *a. V.* AMBULATORIO.

Deante, *adv.* phuḍe, samor, rubrûb. ‖ *Em ou ao* —, rokḍeṁch; mukhâr. *Para* —, phuḍe, phuḍlyâṁt, samor. *Para o* —, mâgîr, uprâṁt. *Por* —, mâgîr, mukhâr, phuḍâṁ; phuḍlyân. *D'aqui em ou por* —, hyâ phuḍe,- uprâṁt. ‖ — *de, prep.* hujîr, mukhâr, phuḍyâṁt, samor. ‖ *Ter — si*, hâtâ lâgiṁ-, ḍoḷyâṁ mukhâr âsuṁk *(g. do s.)*

Deanteira, *s. f.* phuḍo *m.*, mukh *n.*, samorî, mohar *f.*, agr, agrbhâg *m*

Deanteiro, *a.* phuḍlo, mukhâvelo, mohrecho, samor, sâmko, sâmkilo.

Deão, *s. m.* dyâṁv.

Dearticulação, *s. f.* susvarṇî *f.*, sûchcharaṇ *n.*

Dearticular, *v. t.* nîṭ uchchâruṁk,-svaruṁk, sûchcharaṇ karuṁk *(g. do o.)*

Debacchar, *v. i.* khubhdaḷuṁk, jhâṁkuḷuṁk.

Debaixo, *adv.* sakal, saklâ, khâlâ, khâlîṁ, taḷâ, muḷîṁ; *(fig.)* khâlto, âdhîn, poṁdlo *(aa.)* *Ficar* —, saklâ-, khâlâ paḍuṁk. *Levar alguem* —, varto jâvuṁk. ‖ — *de, prep.* khâl, khâlîṁ, sakal, saklâ, taḷâ, *taḷîṁ, poṁḍâk, mûḷâ; poṁdlo, poṁdcho, sakailo, khâylo, taḷcho *(aa.)*; svâdhîn. ‖ — *de armas,* hatyârbaṁd. — *do braço,* kâkhek. — *das vistas,* ḍoḷyâṁ mukhâr. *Ter alguma palavra* — *da lingua,* jibher âsuṁk *(g. do s., s. do o.)*

Debalde, *adv.* phuṁkaṭ, vâyâṁ, beshṭeṁ.

Debandada, *s. f.* paḷâpaḷ, nâsâḍî *f.*

Debandar, *v. t.* paḷauṁk, paḷâpaḷ karuṁk *(g. do o.)* ‖ *v. r.* paḷâpaḷ ghevuṁk, jaḷîṁmaḷîṁ vachuṁk, nâsâḍî jâvuṁk *(g. do s.)*

Debate, *s. m.* gholṇî, ghâṁsṇî *f.*, vâd, vivâd, vâdvivâd *m.*

Debater, *v. t.* gholauṁk, ghâṁsuṁk, mathuṁk, vâduṁk, vivâduṁk, vâdvivâd karuṁk *(g. do o.)* ‖ *v. r.* taḷmaḷuṁk, taḷtaḷuṁk, dhaḍbaḍuṁk, phaḍphaḍuṁk, jhiṁjhḍoṁk, kaḷvaḷuṁk, kaṭuṁk, âpṭoṁk dapṭoṁk.

Debellação, *s. f.* jikṇî; bhâṁjṇî *f.*

Debellador, *a. e s. m.* jikṇâr, jaytvaṁt; bhâṁjṇâr.

Debellar, *v. t.* jikuṁk, jayt vharuṁk *(l. sup. do o.)*, nirasuṁk; *(fig.)* bhâṁjuṁk, moḍuṁk.

Debicar, *v. i.* toṁchuṁk, toṁchûn khâvuṁk; châkûn khâvuṁk *(vv. tt.)*, toṁḍ ushṭeṁ karuṁk, toṁḍâṁt ghâluṁk, âṁblâvuṁk. ‖ — *em ou com alguem,* châḷauṁk *ou* châḷvauṁk, kichḍâvuṁk, kuṁs lâvuṁk.

Debil, *a.* aśakt *ou* askat, nâśakat, abaḷî, *bebaḷ, durbaḷ *(p. us. nesta acepção)*, soṁvḷo, aḍriḍh, atej; meṁgo, śeṇâṁcṇâcho.

Debilidade, debilitação, *s. f.*, **debilitamento**, *s. m.* pharkatây (*do port.* FRAQUEZA), aśaktây *f.*, aśaktpaṇ, abaḷ, nirbaḷ, durbaḷpaṇ; meṁgepaṇ *n.*

Debilitador, debilitante, *a.* aśaktâvṇo, askat kartalo.

Debilitar, *v. t.* aśakt-, meṁgo karuṁk, aśaktâvuṁk, askatâvuṁk, meṁgâvuṁk, maṁdâvuṁk, moḍûn ghâluṁk. ‖ *v. r.* aśakt-, askat jâvuṁk, baḷ-, sakat moḍoṁk *(g. do s.)*

Debilmente, *adv.* aśaktâyen, meṁgepaṇân, nirbaḷîṁ.

Debique, *s. m.* toṁchṇî, châḷauṇî, kichḍâvṇî *f.*

Debitar, *v. t.* deṇeṁkâr-, riṇkârî karuṁk. ‖ *v. r.* riṇkârî jâvuṁk.

Debito, *s. m.* riṇ, deveṁ, deṇeṁ *n.*; kharchâcho bhâg; kâjârâcho kâydo *m.*

Debochado, *a. e s. m.* pâṁprel, pojḍo, laṁpaṭ, chaṁchaḷ, sodo.

Debochar, *v. t.* pâṁprel-, pojḍo karuṁk. ‖ *v. r.* pâṁprel-, chaṁchaḷ jâvuṁk, pojaḍpaṇâṁ karuṁk.

Deboche, *s. m.* pâṁprelpaṇ, pojaḍpaṇ *n.*, chaṁchaḷây, nirmaryâd *f.*

Debolar, *v. t.* kavaṁchâṁ kâḍhuṁk *(g. do o.)*, pulâvuṁk.

Deborcar, *v. t. V.* EMBORCAR.

Debrear, *v. t. V.* AÇOITAR.

Debruar, *v. t.* phîṭ-, deg lâvuṁk *(d. do o.)*, maḍhuṁk, meṭuṁk; *(fig.)* sâjuṁk, alaṁkâruṁk.

Debruçado, *a.* oṁto, sâshṭâṁg.

Debruçar, *v. t.* oṁto ghâluṁk; *(fig.)* vaṁdâvuṁk. ‖ *v. r.* oṁto-, sâshṭâṁgîṁ âsuṁk,- râvuṁk, sâshṭâṁguṁk; *(fig.)* oṇavuṁk, oṇav ghevuṁk.

Debrum, *s. m.* ḍeg, dhaḍ, loḍ *f.*, kâṁṭo, padar *m.*

Debulha, *s. f.* maḷṇî, baḍauṇî *f.*

Debulhador, *a. e s. m.* maḷtalo, maḷṇekâr; maḷcheṁ yaṁtr *n.*

Debulhar, *v. t.* maḷuṁk, baḍauṁk, pisuḍuṁk. ‖ *v. r.* phoḍ yevuṁk *(d. do s.)* ‖ — *em lagrimas,* duḥkhâṁnîṁ bharoṁk, duḥkhâṁ gâḷuṁk.

Debulho, *s. m.* guḷeṁ *n.*, tâḍ *f.*

Debuxador, *s. m.*, **debuxante**, *a.* âṁkṇâr, rekhṇâr, âkârî, chitârî.

Debuxar, *v. t.* âṁkuṁk, rekhuṁk, âkâruṁk, kharḍuṁk, chitruṁk; *(fig.)* yojuṁk, kalpuṁk.

Debuxo, *s. m.* âṁkṇî, rekhṇî *f.*, âkâr, kharḍo *m.*, chitr; yojan *n.*

Decada, *s. f.* dasak *m. e n.*; khaṁḍ *ou* khaṇ *(— do rosario) m.*

Decadencia, *s. f.* utraṇ *n.*, utâr *m.*, kal, *avkaḷâ *f.*; *(fig.)* dûshaṇ *n.*, dosh, nâś *ou* nâs *m.*

Decadente, *a.* utarto, utâr, naśvar, nâśivaṁt.

Decagonal, *a.* daśkonâcho.

Decagono, *s. m.* daskon *m.*

Decahimento, *s. m.* utraṇ *n.*, jirṇî; gaḷṇî, paḍṇî, moḍṇî *f.*

Decahir, *v. i.* utroṁk, kaluṁk, *avkaḷuṁk, jiruṁk, narmuṁk, kîḍ lâguṁk *(d. do s.)*; gaḷuṁk, paḍuṁk, moḍoṁk.

Decalogo, *s. m.* daśâjñâvali *(p. us.) f.;* âjñâdaśak *m.*, (Devâche samurtîche) dâh upadeś *m. pl.*

Decampamento, *s. m.* uṭhâv, kûch *m.*

Decampar, *v. i.* uṭhâv-, kûch karuṁk, uṭhuṁk.

Decania, *s. f.* mâlgaḍpaṇ *n.;* dâhṁjaṇâṁcho jamo, daśjan *m.*

Decano, *s. m.* mâlgaḍo.

Decantação, *s. f.* nisâvṇî, nerâvṇî *f.*

Decantar, *v. t.* nisâvuṁk, nerâvuṁk; kîrtuṁk, ślokuṁk; ukluṁk, chaḍhauṁk. ‖ *v. r.* nisevuṁk.

Decapitação, *s. f.* śiṁskâpṇî, gaḷokâpṇî *f.*, śirchhed *m.*

Decapitar, *v. t.* śiṁs mâruṁk, gaḷo kâpuṁk *(g. do o.); (fig.)* mastak kâḍhuṁk *(g. do o.)*

Deceinar, *v. i.* bob mâruṁk; jhagḍuṁk, jhoṁbuṁk.

Decemvirato, *s. m.* daśajanarâjya *n.*

Decemviro, *s. m.* daśajanarâjyapurush.

Decencia, *s. f.* maryâd, mâṇsugi; dastî, lâykî *f.*, lâykpaṇ *n.;* nitḷay, nirmaḷây *f.*, nirmaḷpaṇ *n.*

Decendio, *s. m.* daśdivas *m.*

Decennal, *a.* dâhṁ varshâṁcho, daśavârshik.

Decennario, *a.* dasakâcho.

Decennio, *s. m.* daśvarsh *n.*, dâh varshâṁ *n. pl.*

Decente, *a.* maryâdîk, maryâdîcho, lajjecho, mâṇsugecho; dastîk, lâyk, uchit, śishṭ; nitaḷ, nirmaḷ.

Decentemente, *adv.* mâṇsugen, maryâdîn, bare ravisen.

Decepado, *a.* muṁḍhlalo; muṁḍho.

Decepador, *a. e s. m.* kuṭâṁ kartalo, luṁḍtalo, mumḍhṇâr.

Decepamento, *s. m.* luṁḍṇî, muṁḍhây *f.*, muṁḍhepaṇ *n.*

Decepar, *v. t.* kâtrûn-, kâpûn uḍauṁk, luṁḍuṁk, muṁḍhuṁk, bheṁḍuṁk, chheduṁk, vikḷuṁk, kuṭâṁ karuṁk *(g. do o.);* moḍuṁk, âpṭuṁk, śevṭuṁk; toḍuṁk.

Decepção, *s. f.* phoṭ, mâyâ, nâḍ, phasauṇî; nirâśâ *f.*, âśâbhaṁg *m.*

Decertar, *v. t. (p. us.) V.* COMBATER.

Decididamente, *adv.* niśchit, khachît, khaṁḍit; phaṭ-, saṭ karûn.

Decidido, *a.* niśchit, thîr, dṛiḍh; *resoluto:* khaḍkhaḍît, saḍsaḍît, dhirâdîk, dhairyavaṁt.

Decidir, *v. t. deliberar:* man-, nichav karuṁk, karuṁk chiṁtuṁk, nirdhâruṁk; *explicar:* duvâḷuṁk, vivaruṁk, arthuṁk; *ser causa:* varav-, pâṁysar jâvuṁk *(g. do o.); julgar:* ṭharâvuṁk, ṭharâv-, nît karuṁk *(g. do o.)*, nivaḍuṁk *ou* nivâḍuṁk, nirvâduṁk; *terminar:* toḍuṁk, nikâl karuṁk *(g. do o.)* ‖ *v. i.* nivâḍo-, nirvâd karuṁk, mat sâṁguṁk. ‖ *v. r.* man-, chitt karuṁk; vaṁdavuṁk, vaḷoṁk.

Decifração, *s. f.* gûḍhbarpâcho arth *m.;* pârkhaṇeṁ *n.*

Decifrador, *s. m.* arth- ditalo,- sâṁgtalo; pârkhî.

Decifrar, *v. t.* (âṁkliḥiṇeṁ, gûḍhbarap) pârkhuṁk, arthuṁk, arth sâṁguṁk,- divuṁk *(g. do o.)* ‖ — *alguem (fig.)*, thâv ghevuṁk *(g. do o.)*, toluṁk.

Decima, *s. f.* daśâṁś *m.*

Decimal, *a.* daśâṁśâcho, daśâṁś; daśguṇak, daśguṇit. ‖ *Calculo —*, daśâṁś apûrṇâṁk *m.*

Decimar, *v. t. V.* DIZIMAR.

Decimo, *a. e s. m.* dâhvo.

Decisão, *s. f.* nirdhâraṇ *n.*, nichav, saṁkalp; dhîr *m.*, dhairya *n.;* ṭharâv, nivâḍo, nirvâd, nirṇay, phaisâlo *ou* phaisâl *(us. Can.) m.*, tîrp *(us. Can.) n.*

Decisivamente, *adv. V.* DECIDIDAMENTE.

Decisivo, *a.* nirṇayâcho, nirvâdî; niśchit, khachît, khaṁḍit, charcharît, sarsarît. ‖ *V.* DECIDIDO.

Decisorio, *a.* nirvâdâcho, nirvâdî.

Declamação, *s. f.* alaṁkârî bhâshaṇ,- ulauṇeṁ, subhâshaṇ *n.*, udgâr *m.;* phugreṁ ulauṇeṁ *n.*

Declamador, *s. m.* bareṁ ulaitalo, subhâshî, udgârî.

Declamar, *v. t.* alaṁkârân-, dabâjyân ulauṁk,- uchchâruṁk, udgâruṁk. ‖ *v. i.* subhâshaṇ karuṁk, kavḍe pârve sâṁguṁk; hiṁdsuṁk, niṁduṁk *(vv. tt.)*

Declamatoriamente, *adv.* alaṁkârîṁ, udgârân.

Declamatorio, *a.* alaṁkârâcho, alaṁkârî, udgârâcho.

Declaração, *s. f.* dakhal-, kaḷît karṇeṁ *n.*, sâṁgṇî *f.;* dâkhlo *m.*

Declaradamente, *adv.* dakhal-, ughḍâpo karûn.

Declarado, *a.* kaḷît kelalo; dakhal, ughḍâpo, praghaṭ.

Declarador, declarante, *a. e s. m.* kaḷît-, dakhal kartalo, sâṁgṇâr.

Declarar, *v. t.* sâph-, khachît sâṁguṁk, dakhal-, kaḷît-, praghaṭ karuṁk, kaḷauṁk, gamauṁk, praghaṭuṁk, arthuṁk; *designar:* nemuṁk, yojuṁk; *pronunciar:* uchchâruṁk, pâchâruṁk. || *v. r.* kaḷit-, dakhal jâvuṁk, kaḷuṁk, gamuṁk, gamauṁk divuṁk; âpleṁ man dâkhauṁk, kâḷij ughteṁ karuṁk (*litt.* FAZER ABERTO O CORAÇÃO); vaḷoṁk, kaluṁk.

Declarativo, declaratorio, *a.* kaḷauṁcho, gamauṁcho, vâchak.

Declinação, *s. f.* kal, kalṇî, bâg, vâṁk, lakṇî *f.*; *(fig.)* utâr *m.*, utraṇ *n.*, *avkaḷâ; *(astr.)* krâṁti; krâṁtijyâ; *(gram.)* vibhakti *f.*, rûp *n.* || — *da vida,* utârparây. — *do dia, de côr,* mâvaḷṇî *f.*

Declinante, *a.* bâgâvlalo, vâṁko; utarto, utâr, deṁvto.

Declinar, *v. i.* bâgâvoṁk, lakuṁk, vâṁkuṁk, kaluṁk; kaḍsaruṁk, pelyân saruṁk, phiruṁk; deṁvuṁk, utroṁk, jiruṁk, naṁmuṁk, *avkaḷuṁk. || *v. t.* nâkâruṁk, nâkâ mhaṇuṁk, varjuṁk, aṁtrâvuṁk, partuṁk, phirauṁk, iṁkâr vachuṁk *(us. Can.)*; *(gram.)* rûp châlauṁk *(g. do o.)*, vibhakti karuṁk *(g. do o.)* || — *a vista,* ḍoḷe partuṁk.

Declinatoria, *s. f.* nîtidâr varjaṇeṁ-, aṁtrâvṇeṁ *n.*

Declinatorio, *a.* nîtidâr varjuṁcho,- aṁtrâvuṁcho.

Declinavel, *a. (gram.)* vibhakti karcho, rûp châlauṁcho.

Declinio, *s. m. (p. us.) V.* DECADENCIA.

Declivar, *v. t. (p. us.)* pâlso jâvuṁk, deṁvûn vachuṁk.

Declive, *a.* pâlso, sarpaṭo, utarto, deṁvto. || *s. m.* pâlsaṇ, utraṇ, deṁvaṇeṁ *n.*, bâg *f.*; *(fig.) V.* PROPENSÃO.

Declividade, *s. f. (p. us.),* **declivio,** *s. m. V.* DECLIVE.

Declivoso, *a. (p. us.)* pâlsaṇâcho, deṁvaṇyâcho.

Decoada, *s. f.* khâr *m.*, kâṁjî; śijailalo gobar, ukâḍo *m.*

Decocção, *s. f.* ukaḍṇî, śijauṇî *f.* || *V.* DECOCTO.

Decocto, *a.* ukaḍlalo. || *s. m.* kâḍho *ou* kaḍho *m.*, kashây *f.*, kujumeṁt *(do port.* COZIMENTO) *m.*

Decomponivel, *a.* mûltattvâṁ soḍaṇuṁcho.

Decompor, *v. t.* mûltattvâṁ soḍauṁk *(g. do o.)*, vighaṭuṁk, viskaṭuṁk; *alterar:* badluṁk, vikruṁk; *corromper:* kusauṁk, kusaun uḍauṁk. || *v. r.* mûltattvâṁ kuśîn jâvuṁk *(g. do s.)*, viskaṭoṁk; kusuṁk, kûs lâguṁk-, paḍuṁk *(d. do s.*

Decomposição, *s. f.* mûltattvâṁ soḍauṇeṁ,- suṭṇeṁ *n.*, vighaṭṇî, viskaṭṇî; kûs *f.*, kusap *n.*

Decoração, *s. f.* saṁjauṇî, śṛiṁgârṇî, neṭauṇi *f.*; sâj, śiṁgâr, neṭ *m.*

Decorador, *s. m.* saṁjauṇâr, śṛiṁgârṇâr. || *a. e s. m.* dekor-, pâṭh kartalo; pâṭhśaktîcho.

Decorar, *v. t.* saṁjauṁk, śṛiṁgâruṁk, śiṁgâruṁk, neṭauṁk, alaṁkâruṁk, śobhauṁk; dekor-, pâṭh-, toṁḍpâṭh-, mukhpâṭh-, toṁḍpâśiṁ-, bâypâṭh *(us. Can.)* karuṁk,- śikuṁk.

Decoro, *s. m.* vinay, mân, âḍpaḍdo *m.*, maryâd, śishṭây, dastî, *kadar *f.*

Decorosamente, *adv.* mânân, maryâdîn, vinayîṁ.

Decoroso, *a.* maryâdîk, mânâdîk, śishṭ, uchit, vinayâcho.

Decorrente, *a.* chalto, gujarto.

Decorrer, *v. i.* chaluṁk, gujruṁk, jâvuṁk, saruṁk, baḷâṁḍoṁk; ghaḍuṁk, vartuṁk.

Decorticação, *s. f.* sâl kâḍhṇeṁ *n.*

Decotado, *a.* bheṁḍlalo; ughṭo (vestid).

Decotador, *a. e s. m.* bheṁḍṇâr.

Decotar, *v. t.* âḍos-, vistâr mâruṁk *(g. do o.)*, bheṁḍuṁk, bheṁḍsuṁk, boḍkâvuṁk, taḷsuṁk, chheduṁk; gaḷyâr ughṭo karuṁk.

Decote, *s. m.* âḍos-, vistâr mârṇem *n.*, bheṁḍṇî, taḷasṇî *f.*, kavaḷ; gaḷyâr ughṭo karṇeṁ *n.*

Decremento, *s. m. (p. us.) V.* DECRESCIMENTO.

Decrepidez, decrepitude, *s. f.* mhâtârpaṇ, jarḍepaṇ, ḍoṁkrepaṇ, khaṭârpaṇ, barḷpaṇ *n.*

Decrepitar, *v. i. (p. us.)* jarḍo-, khaṭâro jâvuṁk.

Decrepito, *a.* mhâtârḍo, jarḍo, ḍoṁkro, khaṭâro, jaraṁṭh, jakhaḍ, kadaṁkâḷo, kârgatîcho, khaṁkro, barḷ.

Decrescente, *a.* uṇo jâto, deṁvto, utarto.

Decrescer, *v. i.* uṇo jâvuṁk, uṇâvoṁk, deṁvuṁk.

Decrescimento, *s. m.* uṇo jâṇeṁ, deṁvṇeṁ *n.*, uṇâv *m.*

Decretação, *s. f.* pharmâvṇî, nemṇî, nimyârṇî *f.*

Decretal, *s. f.* śrîśâsanpatr *n.*

Decretalmente, *adv.* śâsanpatrâvarviṁ, śâsanân.

Decretar, *v. t.* śâsanpatrân pharmâvuṁk; *(fig.)* pharmâvuṁk, nemuṁk, nimyâruṁk.

Decreto, *s. m.* śâsan, śâsanpatr, râjpatr, pharmaṇ *n.*, hukûm, hukûmnâmâ, jâbto, nirṇay *m.*
Decretoriamente, *adv.* hukumân; khachît, khaḍkhaḍit.
Decretorio, *a.* hukumâcho, nirvâdi; khaṁḍit, sâph.
Decrua, *s. f.* pailem̐ tâs *n.*
Decruar, *v. t.* pailem̐ tâs ghâluṁk *(d. do o.)*; (korem̐ reśim) dhuvuṁk.
Decubito, *s. m.* âḍpaḍṇem̐, ghâṇgheṇem̐ *n.*
Decumano, *a. (p. us.)* dâhvo.
Decuplar, *v. t.* daśguṇ karuṁk, dâh pâvṭî chaḍhauṁk.
Decuplo, *a. e s. m.* daśguṇ.
Decuria, *s. f.* dâhṁcho joḍ, daśvarg; daśaśishyagaṇ *m.*
Decuriado, *s. m.* padserpaṇ *n.*
Decurião, *s. m.* padser.
Decurso, *a.* sarlalo, gujarlalo. ‖ *s. m.* kâlgati *f.* ‖ *V.* PERCURSO.
Dedada, *s. f.* boṭbhar *n.*; meḷlalyâ boṭâcho dâg *m.*
Dedal, *s. m.* didâl, aṁgushṭhâṇ *n.*
Dedaleo, *a.* taṁtrâṁcho, ghâḍâmoḍicho, gaspârgoṁdhḷâṁcho.
Dedalo, *s. m.* revaḍkoṁkem̐ *n.*, gaspârgoṁdhaḷ *m.*
Dedeira, *s. f.* boṭâchem̐ potem̐, aṁgushṭrâṇ *n.*
Dedicação, *s. f.* bhakti, saṁsakti *f.*, prîtimog *m.*; samarpaṇ *n.*, bheṭauṇî, pratishṭhâ *f.*
Dedicado, *a.* saṁsakt, bhaktipar, tatpar, anusârî, prîtivaṁt. ‖ *Amigo* —, prâṇmitr.
Dedicador, *s. m.* bheṭauṇâr, samarpiṇâr, pratishṭhak.
Dedicar, *v. t.* bheṭauṁk, samarpuṁk; pratishṭhuṁk, pratishṭhâ karuṁk *(g. do o.)* ‖ *v. r.* âpṇâk bheṭauṁk,- samarpuṁk; lâguṁk, peṭuṁk.
Dedicatoria, *s. f.* bheṭauṇechîṁ uttrâṁ *n. pl.*, bheṭauṇ *f.*
Dedignação, *s. f.* uṇo-, laḍgo jâṇem̐, bâḍgaṇem̐ *n.*
Dedignar-se, *v. r.* uṇo-, laḍgo jâvuṁk, sakal deṁvuṁk.
Dedilhar, *v. t.* boṭâṁ mâruṁk *(d. do o.)*, boṭâṁnîṁ vâjauṁk.
Dedo, *s. m.* boṭ *n.*, âṁgulî *f.*; âṁgaḷ *(medida) n.* ‖ — *pollegar*, âkaṁḍo. — *indicador*, mâjâkaṁḍo *m.*, dâkhauṁchem̐boṭ. — *medio*, madhlem̐boṭ *n.*, âṁgâḷî *f.* — *annular*, mudiyechem̐boṭ *n.* — *minimo*, kirâṁgulî *ou* kirâṁglî. *Cabeça do* —, tembî *f.* *Nó do* —, per *n.* *Ficar a chuchar no* — *(fig.)*, boṭ châbuṁk. *Dar estalos com os dedos*, boṭâṁ moḍuṁk. *Lamber os* —, miṭyo mâruṁk. ‖ *V.* DIGITO.
Deducção, *s. f.* bâd ḍeṇem̐, kâḍhṇem̐ *n.*, upâv; anumâṇ *m.*
Deductivo, *a.* kâḍhcho, anumânâcho, ânumânik.
Deduzir, *v. t.* bâd karuṁk-, ghâluṁk-, divuṁk, uṇâvuṁk, kâḍhuṁk; anumânuṁk. ‖ *v. r.* anumânân-, tarkân-, dekhûn yevuṁk.
Defecação, *v. t.* nisâvṇî, nerâvṇî *f.*; hâgṇem̐, bhâyr jâṇem̐ *n.*
Defecado, *a.* nisâylalo; nigaḷ; bâgaṭyo, sukaṭyo.
Defecar, *v. t.* nisâvuṁk, nerâvuṁk; *(fig.)* nirmaḷâvuṁk, nitḷâvuṁk. ‖ *v. r* hâguṁk, bhâyr jâvuṁk *(d. do s.)*
Defecatorio, *a.* nisâvuṁcho.
Defecção, *s. f.* paḷṇî; phiturî *f.*, pitvo; dharmtyâg *m.* ‖ *V.* FALTA.
Defectibilidade, *s. f.* vikaḷpaṇ, vikhaṇpaṇ, kamîpaṇ *n.*
Defectivel, *a.* nâ pâvûṁyeso, uṇo jâvuṁcho, kamî, vikaḷ.
Defectivo, *a.* uṇo, kamî, kamtî, vikhaṇ. ‖ *Verbo* —, gauṇakriyâpad *n.*
Defeito, *s. m.* aguṇ, avguṇ, nirguṇ, dosh, aib, biṁg *m.*, khoḍ, kasar, tîḍ, aṁtar, vibhakti *f.*, dûshaṇ, avlakheṇ *n.*, sukhvâṁ *n. pl.*; kamîpaṇ, uṇepaṇ *n.*, kamtî, apurtây, *napurvaṇ *f.*
Defeituosamente, *adv.* avguṇîṁ, khoḍîn, kasrîn.
Defeituoso, *a.* aguṇî, avguṇî, nirguṇî, khoḍyo, doshî; vikhaṇ, vikaḷ, *khiṇṇî.
Defendente, *s. m.* prativâdî, pratipakshî. ‖ *V.* DEFENSOR.
Defender, *v. t.* râkhuṁk, saṁbhâḷuṁk, pratipâḷuṁk, târuṁk, nivâruṁk, bachâvuṁk *(us. Can.)*; *resguardar:* âsrâvuṁk, âḍos karuṁk *(d. do o.)*; *prohibir:* âḍvâruṁk, manâvuṁk. ‖ *v. r.* âpṇâk râkhuṁk,- saṁbhâḷuṁk; prativâd-, pratipâḷ karuṁk.
Defendimento, *s. m.*, defensão, defensa, *s. f. V.* DEFESA.
Defensavel, defensivel, *a.* râkhûṁyeso, saṁbhâḷuṁcho, nivârcho.
Defensiva, *s. f.* trâṇbhâv, trâṇguṇ *m.*; râkhaṇ *f.*
Defensivo, *a.* râkhṇecho, saṁbhâḷâcho; nivârak.
Defensor, *s. m.* râkhṇâr, saṁbhâḷṇâr, saṁbhâḷî, kaṭhḍekâr, pâḷak, târak, nivârṇâr; kaivârî. ‖ *V.* ADVOGADO.

Defensorio, *a.* târuṁk baro, nivâruṁk upkârto.

Deferencia, *s. f.* bhîḍ, bhiḍâ, bhîḍbhâḍ, lakshâ *f.* ‖ *Ter* —, bhiḍevuṁk.

Deferente, *a.* bhiḍecho, bhiḍest.

Deferir, *v. t.* divuṁk, niropuṁk, kabûl karuṁk, mânoṁk *(d. do s., s. do o.)* ‖ *v. i.* bhiḍen-, bhiḍek paḍûn karuṁk; kânâr ghevuṁk.

Defesa, *s. f.* râkhaṇ *f.*, saṁbhâḷ, pratipâḷ *m.*, târaṇ *n.*, nivârṇî *f.*; nivâraṇopây; prativâd *m.*, pratijâp *f.*; âsar, âdos *m.*; âḍvârṇî, âḍâvṇî, manâvṇî *f.*; bhâyr sarlalo dâṁt *m.* ‖ *V.* ADVOGADO.

Defeso, *a.* âḍvârlalo, âḍâylalo; râkhlalo, saṁbhâḷlalo.

Deficiencia, *s. f.* uṇâv, toṭo *m.*, tûṭ, kaṁtî, kasar, apûr, napûr, apurtây, apûrṇây *f.*, apûrṇpaṇ, uṇepaṇ *n.*

Deficiente, *a.* uṇo, kaṁtî, kamî, vikhaṇ, vikaḷ.

Deficit, *s. m.* uṇâv, toṭo *m.*, tûṭ *f.*

Definhado, *a.* sukaṭyo, bâgaṭyo; hoḷlalo, reṁjlalo.

Definhamento, *s. m.* hoḷṇî, reṁjṇî, gaḷṇî *f.* ‖ *V.* DECADENCIA.

Definhar, *v. t.* bâgauṁk, hoḷauṁk, reṁjauṁk; jîv-, hâḍâṁ khâvuṁk *(g. do o.)* ‖ *v. i. e r.* bâgaṭyo-, sukaṭyo jâvuṁk, bâguṁk, sukaṭuṁk, reṁjuṁk, hoḷuṁk, gaḷuṁk, saḍoṁk, kiḍ lâguṁk *(d. do s.)*; sukuṁk, bâvuṁk.

Definição, *s. f.* lakshaṇ *ou* lakheṇ, nirvachaṇ *n.*, nirukti, vyâkhyâ *f.*; nirvâd, nivâḍo, phaisâl *m.*

Definido, *a.* niruktipâtr *n.* ‖ *a.* khaṁḍit, khachît, niyamâcho. ‖ *V.* EXACTO.

Definidor, *s. m.* nirvachṇâr; satmaṁtrî.

Definir, *v. t.* lakheṇ karuṁk,- sâṁguṁk *(g. do o.)*, nirvachuṁk, arth sâṁguṁk *(g. do o.)*, *savistâruṁk; ṭharâvuṁk, nemuṁk, nirdhâruṁk; nivâḍuṁk, nirvâduṁk.

Definitivamente, *adv.* nirdhârîṁ, khachît, niyamân.

Definitivo, *a.* khaṁḍit, khachît, saṁgîn. ‖ *V.* DECISIVO.

Definito, *a. V.* DEFINIDO.

Definitorio, *s. m.* satmaṁtrîgaṇ *m.*

Definivel, *a.* nirvachuṁcho.

Deflagração, *s. f.* parso *m.*

Deflagrar, *v. i.* parso-, bhagbhag jâvuṁk *(g. do s.)*

Deflexão, *s. f.* kaḍsarṇî, gholṇî *f.*

Defloração, *s. f.*, **defloramento,** *s. m.* phulâṁ gaḷṇeṁ *n.*; *(fig.)* hâtlâvṇî *f.*, kanyâdûshaṇ *n.*

Deflorador, *s. m.* hâtlâvṇâr, hâtlâvṇo, bhashṭâvṇo.

Deflorar, *v. t.* phulâṁ gaḷauṁk,- jhaḍauṁk *(g. do o.)*; *(fig.)* hât lâvuṁk *(d. do o.)*, aḷsauṁk; bhashṭâvuṁk.

Defluir, *v. i.* vâhvuṁk.

Defluvio, *s. m.* vâhvṇî *f.*

Defluxão, *s. f.*, **defluxo,** *s. m.* dephlusâṁv, dephlûs, thaṁḍ, kirmeṁ *n.*, bârkaṇ, sardî *(p. us.) f.*

Defluxeira, *s. f.* jabar thaṁḍ *n.*; bârkaṇ *f.*

Deforar, *v. t. V.* PROFANAR.

Deformação, *s. f.* vyaṁg, kurûp *n.*, aib *m.*, *vidrupây *f.*

Deformar, *v. t.* rûp-, âkâr. kâḍhuṁk,- pâḍ karuṁk *(g. do o.)*, apâṁg-, vikrâḷ karuṁk. ‖ *v. r.* apâṁg-, vikaṭ jâvuṁk.

Deformatorio, *a. (p. us.)* vidrûp-, nirâkâr karcho.

Deforme, *a.* apâṁg, kurûp, virûp, vidrûp, nirâkâr, vikrâḷ, vikaḷ, durmukhî; vikaṭ, paḷît *ou* paḷisht.

Deformidade, *s. f.* nirûp, kurûp *n.*, kurûpây, vidrupây *f.*, nirâkârpaṇ *n.*; vikaṭây, paḷitây, paḷishṭây *f.*

Defraudação, *s. f.*, **defraudamento,** **defraudo** *(p. us.)*, *s. m.* phasauṇî, ṭhakṇî, nâḍṇî, labâḍî *f.*

Defraudador, *s. m.* phausauṇâr, ṭhakṇâr, labâḍ.

Defraudar, *v. t.* phasauṁk, nâḍuṁk, ṭhakuṁk *ou* ṭhakauṁk, sutlâvuṁk, bûṭ lâvuṁk *(d. do o.)*

Defrontar, *v. i.* mukhâr-, phuḍesamor âsuṁk. ‖ *V.* ARROSTAR.

Defronte, *adv. e prep.* mukhâr, toṁḍâk, phuḍe, phuḍyâṁt, phuḍlyâṁt, samor, sâṁko *(decl.)*

Defumadoiro, *s. m.* agarbatti; dhuṁvrâvuṁchî svât *f.*, dhâreṁ *n.* ‖ *V.* DEFUMADOR.

Defumador, *s. m.* parmaḷ uḷpâvuṁcheṁ âydan *n.*, paṇṭî, vâṭî *f.*; dhuṁvrâvṇâr; parmaḷâvṇâr.

Defumadura, *s. f.* dhuṁvrâvṇî; parmaḷâvṇî *f.*

Defumar, *v. t.* dhuṁvrâk ghâluṁk,- uṁkaḷâvuṁk, dhuṁvrâvuṁk; dhuṁvrân parmaḷâvuṁk,- vâsâvuṁk, damdamâvuṁk. ‖ *v. r.* dhuṁvruṁk, vayṇevuṁk; parmaḷuṁk, damdamuṁk.

Defuncto, *a.* melalo, bhâyr paḍlalo; *(fig.)* ughḍâs nâslalo, visarlalo. ‖ *s. m.* melalo *m.*; maḍeṁ *n.*

Degelar, *v. t.* tevauṁk, virauṁk, pâghḷâvuṁk, pâjhrâvuṁk. ‖ *v. r.* tevuṁk, viruṁk, virghuṁk, kaḍhuṁk, pâghḷuṁk, pâjhruṁk.

Degelo, *s. m.* (barphâchî) virṇî, tevṇî, kaḍhṇî *f.*, pâghaḷ, pâjhar *m.*

Degeneração, *s. f.* mûḷguṇâṁcheṁ bhashṭpaṇ *n.*, utarṇî, bighaḍṇî, *avkaḷâ; kirkoḷây *f.*, kirkoḷpaṇ *n.*

Degenerado, *a.* utarlalo; bhrashṭ, viguṇ, kirkoḷ.

Degenerar, *v. i.* mûḷguṇ soḍuṁk, utroṁk, bighḍuṁk, *avkaḷuṁk; *(fig.)* bhashṭâvoṁk, pâḍ jâvuṁk.

Deglutição, *s. f.* giḷṇî *f.*

Deglutir, *v. t. e i.* giḷuṁk.

Degolla, degollação, degolladura, *s. f.* gaḷokâpṇî, śiṁskâpṇî *f.*, śirchhed *m.*, chhedan *n.*

Degolladoiro, *s. m.* goḷekâpchî svât *f.* ‖ *V.* MATADOIRO.

Degollador, *s. m.* gaḷekâpo.

Degollar, *v. t.* gaḷo-, śiṁs kâpuṁk, śiṁs mâruṁk *(g. do o.)*

Degradação, *s. f.* padvî kâḍhṇeṁ *n.*, bhâyrâvṇî *f.*, mânbhaṁg, mânnâś *m.;* kirkoḷây *f.*, kirkoḷpaṇ *n.* ‖ *V.* DEPRAVAÇÃO.

Degradar, *v. t.* padvî kâḍhuṁk, mân deṁvauṁk, mânbhaṁg karuṁk *(g. do o.)*, bhâyro karuṁk, bhâyrâvuṁk; *(fig.)* halko-, kirkoḷ karuṁk, khâlâvuṁk. ‖ *V.* GRADUAR. ‖ *v. r.* bhâyro-, kirkoḷ-, halko jâvuṁk, manushyâṁtlo uṭhuṁk.

Degrau, *s. m.* pâuṁḍo *ou* pâṁyḍo *m.*, sopan, meṭ *(us. Can.) n.*

Degredado, *a.* kâḷyâ pâṇyâk dhâḍlalo. ‖ *s. m.* nirvâsî, vivâsî.

Degredar, *v. t.* kâḷyâ pâṇyâk dhâḍuṁk (*litt.* MANDAR PARA A AGUA PRETA), gâṁvâbhâyr pâṭhauṁk; vivâsî karuṁk, pardeśuṁk.

Degredo, *s. m.* degred *m.*, kâḷyâ pâṇyâk-, bhâyr dhâḍṇeṁ; nirvâsaṇ *n.*, vivâs, pardeś *m.;* kâḷeṁpâṇî *n.*

Deicida, *a.* Devghâtak.

Deicidio, *s. m.* Devghât *m.*

Deicola, *s. m.* ek Devâk bhajtalo, ekdevatâbhakt.

Deidade, *s. f.* devatâ; *(fig.)* devkanyâ, suṁdarî *f.*, strîratna *n.*

Deificação, *s. f.* Dev karṇeṁ, devpad deneṁ *n.*

Deificador, *a. e s. m.* devpad ditalo.

Deificar, *v. t.* Dev karuṁk, devpad divuṁk. ‖ *v. r.* Dev kaso jâvuṁk.

Deifico, *a.* divya, îśvarî.

Deiforme, *a.* Devâsârko, Devrûp; îśvarî.

Deipara, *s. f.* Devmâtâ.

Deismo, *s. m.* kevaleśvaramat *n.*

Deista, *s. m.* kevaleśvaravâdî.

Deita, deitada, *s. f.* âḍpaḍṇeṁ, ghâṇgheṇeṁ *n.*

Deitar, *v. t.* ghâluṁk, âḍ-, bhûṁy ghâluṁk, uḍauṁk, bhûṁy-, bhâyr uḍauṁk; mâruṁk, soḍuṁk; *produzir:* jâvuṁk *(d. do s., s. do o.); exhalar:* yevuṁk *(g. do s., s. do o.); verter:* otuṁk, vâhvauṁk. ‖ — *de fóra*, dâkhauṁk. — *os braços ou as mãos de fóra (fig.)*, pâḷâṁ ghevuṁk, dâṁt phuṭuṁk (*d. do s.; litt.* APONTAR DENTES). — *em rosto*, toṁḍâr mâruṁk. — *a perder*, vâṭek lâvuṁk, ghât ghevuṁk *(g. do o.)* — *carruagem*, gâḍî davruṁk. ‖ *v. i.* âsuṁk; lâguṁk. ‖ *v. r.* âḍ paḍuṁk, ghâlûn *ou* ghâṇ ghevuṁk, niduṁk, pasroṁk; paḍuṁk, lâguṁk, uḍuṁk.

Deixa, *s. f.* martânâ davarlaleṁ, rikth; mṛityulekhadân *n.*

Deixação, *s. f. (p. us.)* davarṇî, soḍṇî, sâṁḍṇî *f.*

Deixar, *v. t.* davruṁk, soḍuṁk, sâṁḍuṁk. ‖ — *fazer*, karuṁk divuṁk. — *ver*, paḷevuṁk divuṁk, dâkhauṁk. — *á revelia (fig.)*, kaḍâsek davruṁk, khabar nâ karuṁk. *Deixa estar*, tukâ dâhhain. *Deixál-o*, âg lâgûṁv. ‖ *v. i.* davruṁk, soḍuṁk, râvuṁk. ‖ *v. r.* râvuṁk; âpṇâk . . . divuṁk (*ex.: deixou-se enganar*, âpṇâk phoṭauṁk dilo).

Dejarretar, *v. t.* poṭryo kâtruṁk,-karvaṇâvuṁk *(g. do o.)*

Dejecção, *s. f.* bhâyr, udkâḍe, parsâkaḍe; *(fig.)* meṁgepaṇ *n.*

Dejejuar, *v. i.* jinvâr moḍuṁk.

Dejurio, *s. m.* gaṁbhero śapûth *m.*

Delação, *s. f.* gârâṇeṁ *n.*, dosh, parivâd *m.*

Delamber-se, *v. r.* âpṇâk leṁvuṁk; *(fig.)* murgaṭuṁk; lâg karuṁk, doḍoṁk.

Delambido, *a.* lâgâḷo, gamjekâr, bhâsâḷo; phiko.

Delatar, *v. t.* lâvûn divuṁk, doshuṁk, parivâduṁk.

Delatavel, *a.* doshuṁcho.

Delator, *s. m.* gârâṇeṁkâr, parivâdî, mudây.

Delatorio, *a.* gârâṇyâcho.

Delegação, *s. f.* opṇî *f.*, niyog, havâlo mukhtyârnâmâ *m.*, vakîlpaṇ *n.;* soḍ, soḍṇî *f.*

Delegacia, *s. f.* vakîlpaṇ; vakilâcheṁ ghar *n.*

Delegado, *s. m.* vakîl, munîm, pratinidhi, mukhtyâr.

Delegante, *a. e s.* padvî-, adhikâr ditalo, opṇâr.

Delegar, *v. t.* (padvî-, adhikâr) divuṁk, opuṁk, âdhîn karuṁk, niyog divuṁk *(g. ou d. do o.)*; âple badlek dhâḍuṁk, vakîl karûn pâṭhauṁk.

Delegatorio, *a.* sattyâ divuṁcho, opṇecho, niyogâcho.

Deleitação, *s. f.*, **deleitamento,** *s. m.* goḍîv, âvaḍ, murgaṭṇî *f.*, âṁgsukh *n.*, saṁtosh *m.*

Deleitante, deleitavel, deleitoso, *a.* goḍ, dulabh, saṁtoshî, naṁdanîk, ramya.

Deleitar, *v. t.* saṁtosh-, ânaṁd-, harkh divuṁk *(d. do o.)*, saṁtoshâvuṁk, tarpuṁk, parkaṁduṁk, murgaṭâvuṁk. ‖ *v. r.* takhuṁk, vakevuṁk, murgaṭuṁk, mânvuṁk, parkaṁdoṁk, saṁvkuṁk, moduṁk, saṁtoshuṁk.

Deleitavelmente, deleitosamente, *adv.* harkhân, saṁtoshân.

Deleite, *s. m.* harkh, ânaṁd, ullâs, saṁtosh, iklo *m.*, tushṭi, marjî, âvaḍ, *tripti, naṁdî *f.*, naṁdan, *triptpaṇ *n.*

Deleixar, *v. t. V.* DESLEIXAR.

Deleterio, *a.* vâyṭ, dushṭ, nâśivaṁt, apkârî.

Deletrear, *v. t. (p. us.) V.* SOLETRAR.

Delevel, *a.* pusûṁyeso, puscho, bhâṁjuṁcho.

Delfim, *s. m. V.* GOLFINHO.

Delgadamente, *adv.* pâtḷâyen, bârîk karûn.

Delgadeza, *s. f.* pâtḷây, bârkây, supurây *f.*; chinkulepaṇ *n.*

Delgado, *a.* pâtaḷ, pâtâṁgo, bârîk, supûr, sukshma; biṭko, biṭiṁgo, chinkulo, mâṇkulo. ‖ *s. m. — da coronha,* dastyâcho gaḷo *m.*

Delibar, *v. t.* châkuṁk, jibher ghâluṁk; piyevuṁk.

Deliberação, *s. f.* vichâr *m.*, maslat, bolîchâlî, mansubî; saṁkhyâ *f.*, nirdhâraṇ, nirmaṇ *n.*, nichev, nikâl *m.*

Deliberadamente, *adv.* vichâr karûn, nihâḷûn.

Deliberado, *a.* vichârlalo; vichârî, buddhvaṁt. ‖ *De caso —,* jây mhaṇ, bare bhâshen paḷevûn.

Deliberante, *a.* vichâr kartalo, mathtalo.

Deliberar, *v. t.* vichârûn-, mathûn karuṁk,- nirmuṁk, nirdhâruṁk, mansuṁk. ‖ *v. i.* vichâr-, mathan karuṁk, chiṁtuṁk, nihâḷuṁk. ‖ *v. r.* man-, nichev karuṁk.

Deliberativo, *a.* vichârâcho, maslatîcho, vichârî.

Delicadamente, *adv.* nâjukâyen, majurâyen; bhiḍen.

Delicadeza, *s. f.* nâjukây, madhurây, majurây, maṁjuḷây *f.*, soṁvaḷpaṇ, komaḷpaṇ; maûpaṇ *n.*, luglugîtây; phusphusitây *f.*, phuṭkepaṇ *n.*; haḷuvây; bârkây; goḍvây, goḍsâṇ *f.*; uttampaṇ *n.*; śidukây, chatrây; avghaḍây; bhiḍâ, maryâd *f.*

Delicado, *a.* nâjûk, madhur, majûr, maṁjûḷ, soṁvaḷ, komaḷ; *debil:* maû, luglugît, meṇâcho (*litt.* CERRO); *fragil:* lohû, haḷû; *delgado:* bârîk, kichkaṭ, mâṇkulo; *delicioso:* goḍ, ruchîk, svâdîk; *primoroso:* nâjûk, uttam, saṁskrit; *susceptivel:* bârîk, madhur, komaḷ; *cuidadoso:* śiḍûk, chatur; *difficil:* bârîk, nâjûk, avghaḍ; *obsequioso:* bhiḍecho, bhiḍest, maryâdik.

Delicia, *s. f.* ânaṁd, saṁtosh, ullâs *m.*, sukh *n.*; rûch *f.*, svâd *m.* ‖ *Nadar em delicias,* sukhâṁt bharoṁk. *Ser as — de alguem,* kâḷjâcho goṁḍo jâvuṁk. ‖ *V.* DELEITE.

Deliciar, *v. t.* saṁtoshâvuṁk, ânaṁdbharit karuṁk, ullâs divuṁk *(d. do o.)* ‖ *v. i.* ullâsuṁk, ânaṁduṁk, saṁtoshuṁk.

Deliciosamente, *adv.* sukhân, saṁtoshân, ânaṁdîṁ.

Delicioso, *a.* sukhâcho, sukhvaṁt, sukhî, naṁdanîk, ânaṁdâcho; uttam, nâjûk, chakk; ruchîcho, ruchîk, svâdîk.

Delicto, *s. m.* aprâdh, gunyâṁv *m.*, chûk *f.*, dushkarm, akarm, pâp *n.* ‖ *Flagrante —,* aprâdhkâḷ *m.*

Delimitação, *s. f.* merâvṇî, pâlâvṇî, nisâvṇî *f.*

Delimitador, *a. e s. m.* pâlâytalo, merâvṇâr.

Delimitar, *v. t.* merâvuṁk, pâlâvuṁk, nisâvuṁk. ‖ *V.* CIRCUMSCREVER.

Delineação, *s. f.*, **delineamento,** *s. m.* âṁkṇî, rekhṇî *f.*; âkâr, kharḍo, nakso *m.*, chitr; nirûpaṇ, varṇan *n.*, vyâkhyâ *f.*

Delineador, *s. m.* rekhṇâr, âṁkṇâr, âkârî, chitârî.

Delinear, *v. t.* âṁkuṁk, rekhuṁk, âkâruṁk, chitruṁk; kharḍo-, nakso karuṁk,- kâḍhuṁk *(g. do o.)*; *(fig.)* mâṁḍuṁk, mâṁḍâvaḷ karuṁk *(g. do o.)*; sasârîṁ sâṁguṁk; nirupuṁk, varṇuṁk

Delinquente, *a. e s.* gunyâṁvkârî, aprâdhî, akarmî.
Delinquir, *v. i.* gunyâṁv-, aprâdh karuṁk, gunyâṁvuṁk, chukuṁk.
Deliquescencia, *s. f.* virghaṇî, virṇî, kaḍhṇî *f.*
Deliquescente, *a.* vâryân virto, virghato.
Deliquio, *s. m.* virghaṇî; jhîṁṭ *f.*
Delir, *v. t.* viraumk, khiraumk; pusuṁk, bhâṁjuṁk.
Delirante, *a.* jhâṁkro, jâṁpṇo, barḷ, mat phirlalo; uchaṁbaḷ.
Delirar, *v. i.* jâṁpuṁk, jhâṁkuṁk, jaḷpuṁk, barḷuṁk, mat phiruṁk *(g. do s.)*, siṁtîd *(do port.* SENTIDO) nâsuṁk *(d. do s.)*; bhuluṁk, murgaṭuṁk; uchaṁbaḷuṁk; *(ant.)* kaḍsaruṁk. || *V.* DESPARATAR.
Delirio, *s. m.* jâṁp, jhâṁk, jhâṁkṇî, jaḷpaṇî, barḷṇî *f.*, barḷ; bhram *m.*, khubdaḷṇî, uchaṁbaḷây *f.*
Delirium-tremens, *s. m.* sorekârâchî kâṁp *f.*
Delonga, *s. f.*, **delongamento**, *s. m.* lâṁbâvṇî, lâṁbî *f.*, lâṁban, dîrgh *n.*, sâvkâśî, sâkâśây *f.*, uśîr, kâḷâv, kâḍâv *(us. Sal.) m.*
Delongador, *s. m.* kâḷâv kartalo, dîrghâvṇâr, lâṁbâvṇo.
Delongar, *v. i.* lâṁbây-, kâḷâv karuṁk. || *v. t.* lâṁbâvuṁk, dîrghâvuṁk.
Delta, *s. m.* chiṁtyâkârâcho deś *m.*
Delusorio, *a. V.* FALLAZ.
Deluto, *s. m. V.* INFUSÃO.
Demagogia, *s. f.* prajârâjya *n.*
Demagogico, *a.* prajârâjyâcho.
Demagogo, *s. m.* lokâcho vastâd, prajânâyk, grâmaṇî.
Demais, *adv.* bhârîṁ, adhik, chaḍh, phâr; hyâbhâyr, yervîṁ. || — *a mais*, hyâvayr, tarîpaṇ. *Por* —, beshṭeṁ, beṭheṁ. || *a. pl.* er, dusre.
Demanda, *s. f.* demâṁd, khaṭleṁ *n.*, vyavahâr, nyây, dâvo, vâd *m.*, phiryâd, kaiphet, paṁchât *f.*, arthan *n.* || *Em* —, suddîk. || *V.* DISPUTA.
Demandante, *a.* mâgtalo, nyây kartalo.
Demandar, *v. t.* mâguṁk, śodhuṁk; arthuṁk, vyavahâruṁk; *precisar:* jây jâvuṁk *(d. do s., s. do o.)*, garaj âsuṁk, *(d. do s., g. do o.)*; *caminhar para:* vachuṁk, vâṭ ghevuṁk *(g. do o.)*, hâṁkâroṁk. || *v. i.* demâṁd karuṁk, vivâduṁk.
Demandista, *s. f.* demâṁdkâr, nyâyî, vâdelî, vivâdî, vyavahârî.
Demarcação, *s. f.* merâvṇî, nisâvṇî; mer *f.*, nîs *m.*; *(fig.)* vegḷepaṇ *n.*, vegḷâchâr *m.* || *Linha de* —, pâlâvuṁcheṁ sût *n.*
Demarcadamente, *adv.* nisâṁnîṁ.
Demarcador, *a. e s. m.* merâytalo, nisâvṇâr.
Demarcar, *v. t.* nisâvuṁk, merâvuṁk, pâlâvuṁk; *(fig.)* vegḷo-, vighaḍ karuṁk, vighaṭuṁk; nemuṁk, ârekhuṁk.
Demarcativo, *a.* merâvuṁcho.
Demasia, *s. f.* agḷepaṇ *n.*, adhikây, amaryâd, aparimitây *f.*, atirek, viśesh *m.*; urap *n.*; moḍ *f.* || *Em* —, agḷo, adhik. || *V.* DESCOMEDIMENTO.
Demasiadamente, *adv.* adhik, chaḍh, bhârîṁ.
Demasiado, *a.* agḷo, adhik, chaḍh, aparimit, amaryâdî, jâstî *(p. us.)*, atirekâcho, ati *(pref.; ex.:* atibhojan, *gula)*. || *adv.* adhik, chaḍh.
Demasiar, *v. i. e r.* agḷo-, adhik-, amaryâdî jâvuṁk, *agaḷtaruṁk.
Demencia, *s. f.* pisây, khuḷây *f.*, manasnâś *m.*
Dementado, **demente**, *a.* piso, khuḷo, pâgaḷ, vedjhaṁy.
Dementar, *v. t.* piso karuṁk, khuḷâvuṁk. || *v. r.* piso jâvuṁk, pisâvoṁk, taklî phiruṁk *(g. do s.)*, barḷâr paḍuṁk.
Demerito, *s. m.* aguṇ, apguṇ, dosh *m.*, pâp, apuṇyeṁ *n.*
Demissão, *s. f.* bhâyr ghâlṇeṁ, kâḍhṇeṁ; châkrî soḍṇeṁ *n.*; rajâ, bartarphî *(us. Can.) f.*
Demissionario, **demittente**, *a.* rajâ ghetalo, kâm soḍtalo.
Demisso, *a. V.* INCLINADO.
Demittir, *v. t.* (jâgyâvaylo) kâḍhuṁk, bhâyr ghâluṁk, vâṭek lâvuṁk, nikḷâvuṁk, rajâ divuṁk *(d. do o.)*, bartaraph karuṁk *(us. Can.)*; dhâḍuṁk; soḍuṁk. || *v. r.* châkrî-, kâm soḍuṁk,- sâṁḍuṁk, rajâ ghevuṁk.
Demo, *s. m.* devchâr, bhût, mhârû.
Democracia, *s. f.* lokâcheṁrâj, prajârâjya, prajâtaṁtr *n.*
Democrata, *s. m.* prajâtaṁtrapakshapâtî.
Democratico, *a.* prajârâjyâcho, prajâtaṁtrâcho; parjecho.
Democratizar, *v. t.* prajârâjyâcho-, parjecho karuṁk.
Demolhar, *v. t.* bhijat-, phugat ghâluṁk, timâvuṁk.
Demolição, *s. f.* moḍṇî, koṁsḷâvṇî, nirdâḷṇî, dhûḷdaśâ *f.*

Demolidor, *s. m.* moḍṇâr, komsḷâvṇâr; ibâḍyo.

Demolir, *v. t.* moḍumk, komsḷâvumk, gaḷgaḷâvumk, nirdâḷumk, nikḷâvumk; *(fig.)* vinâśumk, ibâḍumk, ibâḍ-, nâś karumk *(g. do o.)*

Demolitorio, *a.* moḍcho.

Demonete, demonico, *s. m.* devchârlo.

Demonetizar, *v. t.* (duḍû) chalanâso karumk.

Demoniaco, *a.* devchârâcho, bhutâcho, saitânâcho. ‖ *s. m.* devchâr lâglalo,- baslalo.

Demonio, *s. m.* demno, devchâr, bhût, saitân, mhârû *ou* mârû, asur, dânav, piśâch, râkhas *m.*, nâsâmv *n.*

Demonismo, *s. m.* bhûtmat *n.*

Demonographia, demonologia, *s. f.* bhûtvarṇan, bhûtśâstr *n.*

Demonographo, *s. m.* bhûtvarṇanî.

Demonolatria, *s. f.* bhûtbhakti *f.*, devchârpaṇ *n.*

Demonomania, *s. f.* devchâr âpler baslâ mhaṇ chimtchî pisây *f.*, bhûtmat *n.*

Demonstrabilidade, *s. f.* pratipadyatâ, siddhiśakti *f.*

Demonstração, *s. f.* dâkhauṇî, sâdhṇî, siddhi, rujvâṭ *f.*, pramâṇ, pratipâdan *n.*, tark *m.;* dâkhauṇ *f.*, gurt *m.*

Demonstrador, *a. e s. m.*, **demonstrante**, *a.* dâkhauṇo, dâkhauṇâr.

Demonstrar, *v. t.* dâkhaumk, dâkhaun divumk, siddh-, rujû karumk, sâdhumk, pratipâdumk, tarkumk.

Demonstrativo, *a.* dâkhaumcho, pramâṇâcho, sâdhak, pratipâdak.

Demonstravel, *a.* dâkhaun divûmyeso, pratipadya.

Demora, *s. f.* kâḷâv, kâḍâv *(us. Sal.)*, uśîr, taḍov *(us. Can.) m.*, sâvkâśây, lâmbây *f.*, lâmbaṇ *n.*, gujrî; râvṇî, urṇî *f.* ‖ *Sem* —, râva nâstânâ, rokḍoch.

Demorado, demoroso, *a.* uśîr-, kâḷâv kartalo, lâmbâyecho, lâmbâvṇo.

Demorar, *v. t.* râvaumk, davrumk; kâḷâvumk, lâmbâvumk. ‖ *v. i.* râvumk; âsumk; urumk. ‖ *v. r.* râvumk; pâṭhî urumk.

Demostração, *s. f.* dâkhauṇ, dâkhauṇî *f.*

Demostrar, *v. t.* dâkhaumk. ‖ *V.* DEMONSTRAR.

Demover, *v. t.* moḍâvumk, kaḍsarâvumk, kuśîn kâḍhumk. ‖ *v. r.* moḍâvomk, kaḍsarumk.

Demudamento, *s. m.* badlap *n.*

Demudar, *v. t.* badlumk, vegḷo karumk; vidrûp-, vyâkûḷ karumk. ‖ *v. r.* badlomk, sayâ partomk *(g. do s.)*, vyâkûḷ-, vidrûp jâvumk.

Dendrologia, *s. f.* vṛikshavarṇan *n.*

Denegação, *s. f.* negâr vachṇem,-jâṇem, nâ mhaṇṇem *n.*, nâkâr, imkâr *(us. Can.)*, nirâs *m.*, nirasan *n.*

Denegar, *v. t.* negârvachumk, negârjâvumk, nâ mhaṇumk, nâkârumk, nirasumk; hât phâphḍumk, kânâr nâ ghevumk.

Denegrir, *v. t.* kâḷo karumk, kâḷsâvumk; *(fig.)* nâmvâr ulaumk, mâṇ kâḍhumk *(g. do o.)*, akîrtumk. ‖ *v. r.* kâḷo jâvumk, kâḷevumk.

Dengoso, dengue, *a.* gamjekâr, lâgâḷo, phiṭphiṭo, hâḷavṇo; âlphulî, nevrî, pâtaḷî *(ss. ff.)*

Denguice, *s. f.* gamje, lâg *m. pl.*, moḍî, moḍâmoḍî *f. pl.*

Denodadamente, *adv.* bhiye nâstânâ, kâybaḷân.

Denodado, *a.* kâḷjâlik, kâḷjâvamt, baḷvamt, baḷî, dhirâdîk, dhairyavamt, mard, mardikâr, mardivamt, chhâtîdâr bhem nâslalo.

Denodo, *s. m.* nirbhay, abhay *m.*, abhaypaṇ, kâybaḷ *n.*, prabaḷây, chhâtî, mardî, himmat, kâḷjî *f.*

Denominação, *s. f.* nâmv, abhidhân *n.*, samjñâ *f.*

Denominador, *a. e s. m.* nâmv ditalo; *(arith.)* chhed, chhedak *m.*

Denominar, *v. t.* nâmv divumk *(d. do o.)*, mhaṇumk, pâchârumk, ulo karumk. ‖ *v. r.* âpuṇâk mhaṇumk, nâmv âsumk *(d. do s.)*

Denominativo, *a.* nâmv divumcho.

Denotação, *s. f.* dâkhauṇî; khuṇâ *f.*, sûchan, arthan *n.*

Denotador, *a. e s. m.* dâkhauṇo, dâkhauṇâr, sûchak.

Denotar, *v. t.* dâkhaumk; khuṇâvumk, arthumk, sûchan karumk *(g. do o.)*, suchaumk.

Densamente, *adv.* dâṭâyen, ghaṇâyen.

Densidade, densidão, *s. f.* ghaṇây, dâṭây, dâṭî, dâṭṇî, ghaṭṭây *f.*, âmvḷap *n.*

Denso, *a.* ghaṇ, dâṭ, ghaṭṭ; baḍbadît, sâmso *(diz-se só de liquidos)*; prakâśâbhedya.

Dentada, *s. f.* ghâms, dâms *m.*

Dentado, *a.* dâmtâylalo; dâmtre-, kâtre âslalo.

Dentadura, *s. f.* dâmtâḷî, battisî *f.*

Dental, *a.* dâmtyo, dâmtro, damtya.

Dentar, *v. t.* dâṁtâvuṁk, dâṁsâvuṁk dâṁt-, ghâṁs mâruṁk *(d. do o.)*; dâṁtrâvuṁk.

Dentario, *a.* dâṁtâṁcho.

Dente, *s. m.* dâṁt *m.* ‖ — *incisivo,* phudlo-, mukhâvaylo dâṁt. — *canino,* sunero dâṁt. — *molar ou queixal,* dâḍhî *f.* — *do leite,* dudhâcho dâṁt. — *do siso,* nimâṇî dâḍhî, akkaldâḍhî. — *novo,* dâṁtrî *f. Apanhar a* —, vaylyâvayr śikuṁk. *Dar ao* —, dâṁtâṁr odhuṁk, boṁcho hâlauṁk. *Não metter* — *(litt. e fig.),* dâṁt nâ laguṁk *(g. do s.) Não pôr* —, dâṁt nâ lâvuṁk, nâ châkuṁk. *Ter bom* —, jevaṇ bareṁ ruchuṁk *(d. do s.) Ter* — *de coelho,* saṁkashṭ kâm jâvuṁk. *Olho por olho,* — *por* —, ditâ mohro, ghetâ mohro. *Aguçar os dentes (litt. e fig.),* dâṁt pâjuṁk. *Dar com a lingua nos* —, jibh paṁvuṁk,- vâhvuṁk *(g. do s.) Fallar entre os* —, phutphutûn ulauṁk. *Mostrar os* —, dâṁt dâkhauṁk,- kirluṁk. *Ranger os* —, dâṁt kirluṁk,- châbuṁk. *Ter ou tomar alguem entre os* —, dâṁt kaḍkaḍâvuṁk. *Arrancar pedras com os* —, dâṁt jharauṁk. *Custar os* — *da bocca,* dâṁt gaḷuṁk,- usḷuṁk. *Ter dor de* —, dâṁt phoḍuṁk *(g. do s.),*- kiḍkiḍuṁk *(— dor picante),*- sansanuṁk *(— dor aguda). Ter* — *cariados,* dâṁt kiḍevuṁk, -kiḍîn khâvuṁk. *Esgaravatar os* —, dâṁt kisauṁk. *Armado até aos* —, mâthyâche keṁsparyâṁt hatyârâṁnîṁ bharlalo. *Dente de alho,* lasnîchî boy,- pâkhḷî *f.* — *da serra, etc.,* dâṁtro, kâtro *m.*

Dentear, dentelar, *v. t.* dâṁtrâvuṁk, kâtrâvuṁk, dâṁtre-, kâtre karuṁk,- ghâluṁk *(d. do o.)*

Dentição, *s. f.* dâṁt phuṭṇeṁ *n.,* daṁtodbhed *m.*

Denticulado, denticular, *a.* kâtryâṁcho, kaṁgryâṁcho, dâṁtro.

Denticulo, *s. m.* dâṁtrî *f.*; lahân kaṁgro *m.*

Dentiforme, *a.* dâṁt kaso, daṁtrûp.

Dentifricio, *a.* dâṁt ghâṁscho,- nitaḷ karcho. ‖ *s. m.* dâṁtvaṇ *n.*

Dentilhão, *s. m.* moṭo kaṁgro *m.*

Dentista, *s. m.* dâṁtâṁcho vaij, daṁtavaidya, daṁtaparîkshak.

Dentola, *s. f. V.* DENTUÇA.

Dentro, *adv.* bhitar. ‖ *De* —, bhitarthân, bhitarlo *(a.) Por* —, bhitarlyân. *De portas a* — *ou para* —, gharâṁt. *Cá* —, âṁtûṁ. *Lá* —, tâṁtûṁ. ‖ *prep.* bhitar; -ṁt *(flexão do loc. in; ex.:* peṭeṁt, *dentro da caixa;* gharâṁt, *dentro da casa). De* — *de,* -ṁtlo *(fórma adjectiva do loc. in; ex.:* peṭeṁtlo, *de dentro da caixa).*

Dentuça, *s. f.* bhâyr sarlale dâṁt *m. pl.,* dâṁtâḍî *f.* ‖ *s. m.* dâṁtyo.

Dentudo, *a.* dâṁtyo, dâṁtâḷ.

Denudação, *s. f.* nâgḍâvṇî *f.,* nâgḍepaṇ *n.;* pisuḍṇî, soḷṇî mekhḷâvṇî *f.*

Denudar, *v. t.* nâgḍo karuṁk, nâgḍâvuṁk; pisuḍuṁk, soluṁk, mekhḷâvuṁk, muṁḍhuṁk, luṁḍuṁk. ‖ *v. r.* nâgḍo-, mekhḷo jâvuṁk, mekhḷuṁk.

Denuncia, *s. f.* denûṁs *f.,* gupt gâraṇeṁ *n.;* dâkhlo *m.;* kâjârâchî chiṭṭ *f.*

Denunciação, *s. f.* kaḷauṇî, gamauṇî, praghaṭṇî *f.* ‖ *V.* DENUNCIA.

Denunciador, *a.* kaḷaitalo, gamaitalo. ‖ *s. m. V.* DENUNCIANTE.

Denunciante, *s. m. e f.* dâkhlo-, aprâdhâchî dâd deṇâr.

Denunciar, *v. t.* dâkho-, dâd divuṁk *(g. do o.),* gupt gârâṇeṁ karuṁk *(g. ou l. sup. do o.)*; kaḷauṁk, gamauṁk, khabar divuṁk, praghaṭuṁk. ‖ — *um tratado,* sallo puro mhaṇ kaḷauṁk. ‖ *v. r.* âpṇâk dâkhauṁk,- gamuṁk divuṁk, jâṁpuṁk.

Denunciativo, denunciatorio, *a.* dâkhlyâcho, sûchanâcho, sûchak.

Denunciavel, *a.* dâkhlo divuṁcho.

Deparador, *a. e s. m.* meḷaitalo, sâṁpḍâvṇâr.

Deparar, *v. t.* dishṭîpaḍaso karuṁk, ḍoḷyâṁmukhâr ghâluṁk, dâkhauṁk: meḷauṁk, sâṁpḍâvuṁk. ‖ *v. i.* meḷuṁk, bheṭuṁk, gaṁvsuṁk, sâṁpḍuṁk *(dd. dos ss.)* ‖ *v. r.* bheṭuṁk, meḷuṁk.

Departamental, *a.* prakaraṇâcho.

Departamento, *s. m.* prakaraṇ *n.;* mahâl *m.*

Departir, *v. t. V.* DIVIDIR.

Depascente, *a.* charto, khâto (ghây, kivaṇ).

Dependencia, *s. f.* lagtî, gâṁṭh, saṁdhi *f.,* saṁbaṁdh *n.; sujeição:* pâṁg *f.,* âdhînpaṇ, parâdhînpaṇ, partaṁtr, khâltepaṇ *n.; accessorio:* hâlâytî-, apradhân vast *f.,* upaskar *m.* ‖ *V.* DOMINIO.

Dependente, *a.* lagticho, saṁbaṁdhî; pâṁgî, âdhîn, parâdhîn, partaṁtr, khâlto; khâl-, hâtân âslalo. ‖ *V.* ANNEXO.

Dependentemente, *adv.* saṁbaṁdhîṁ; pâṁgîn.

Depender, *v. i.* lâguṁk, paḍuṁk; khâl-, hâtân-, âdhîn âsuṁk.

Dependura, *s. f.* umkaḷâvṇî, umkaḷ *f.* || *Estar á* —, aṭâsâmnîm dis kâḍhumk.

Dependurar, *v. t. V.* PENDURAR.

Depennador, *s. m.* pâkhâm kâḍhtalo; *(fig.)* bûṭ lâvṇâr, pisuḍṇâr.

Depennar, *v. t.* pâkhâm kâḍhumk *(g. do o.)*, suṭikarumk, pisuḍumk, burḍumk; *(fig.)* bûṭ lâvumk *(d. do o.)* soḷumk. || *v. r.* pâkhâm gaḷumk *(g. do s.)*

Depennicar, *v. t. e i.* thoḍem thoḍem khâvumk, châkûn châkûn khâvumk, châmchâvumk.

Deperecer, *v. i.* lohu lohu nâśomk,- hoḷumk, saḍomk.

Deperecimento, *s. m.* saḍṇî, hoḷṇî *f.*

Depilação, *s. f.* kems kâḍhṇem,- paḍṇem *n.*, keśnâś *m.*

Depilar, *v. t.* kems-, lamv kâḍhumk,- pisuḍumk.

Depilatorio, *a.* kems gaḷaumcho, keśnâśak.

Depleção, *s. f.* rito karṇem *n.*

Deploração, *s. f.* raḍṇem, rudan *n.*, vilâp *m.*

Deplorador, *s. m.* raḍṇâr, vilâpî.

Deplorando *(p. us.)*, **deploravel**, *a.* raḍcho, vilâpâcho, churchuryâmcho; amamgaḷ, aprasann; vâyṭ.

Deplorar, *v. t.* raḍumk, rudan-, vilâp karumk *(g. do o.)*, churchurumk *(d. do o.)* || *v. r.* raḍumk, vilâpumk, duḥkhâm gâḷumk, âskâr suskâr soḍumk, chaḍphaḍumk.

Deploravelmente, *adv.* jabar vâyṭ; duḥkâmnîm.

Depoente, **deponente**, *a.* gvâhî, sâkshî, sâkshîdâr.

Depoimento, *s. m.* gvâhî, gvâhikî, sâkshî *f.*

Depois, *adv. e prep.* mâgîr, mâgîrsar, uprâmt, uprâmtem, pâṭhî, pâṭhlyân, upar; mag *(só adv.)* || — *que*, uprâmt, mâgîr *(posp.)*

Depor, *v. t.* davrumk, ṭhevumk; sâmḍumk, soḍumk, nyasumk, sanyâsumk; gvâhikî-, sâkshî divumk *(g. do o.)* || *V.* DEMITTIR. || *v. i.* gvâhî-, sâkshî divumk. || *v. r.* basumk.

Deportação, *s. f.* nirvâsaṇ *n.*, pardeś, vivâs *m.*

Deportado, *a. e s. m.* nirvâsî.

Deportar, *v. t.* nirvâsumk, vivâsumk. || *V.* DESTERRAR.

Depós, *prep. V.* DEPOIS.

Deposição, *s. f.* davarṇî; sâmḍṇî, soḍṇî *f.*, tyâg *m.*, kâḍhṇî *f.*, bhâyr ghâlṇem *n.* || *V.* DEPOIMENTO.

Depositador, *s. m. (p. us.)*, **depositante**, *a. e s.* ṭhevṇo, thevṇâr, amânat davartalo.

Depositar, *v. t.* davrumk, ṭhevumk, nyasumk, amânat davrumk *(us. Can.)* || *v. r.* basumk.

Depositario, *s. m.* âpṇâkaḍe davarṇâr, amânatdâr; *(fig.)* viśvâspâtr *n.*

Deposito, *s. m.* davarṇî, ṭhevṇî *f.*, nyâs; ṭhevo *m.*, ṭhevṇûk, amânat *(us. Can.) f.*; depast, ṭhevṇem; *armazem:* bhâmḍâr, koṭhâr *n.*, koṭhî *f.*, sâmṭho, jinnaskhâṇo, nidhi *m.*, nidhân, dâstân *(us. Can.) n.*; *sedimento:* mûr, muretî, raḍ *f.*, gâḷo *m.*

Depravação, *s. f.* vâyṭpaṇ *n.*, paḷitây, dushṭây *f.*, dûshaṇ; khoṭepaṇ, nashṭepaṇ *n.*

Depravadamente, *adv.* khoṭepaṇîm, paḷitâyen.

Depravado, *a.* vâyṭ, khoṭo, nashṭo, paḷit, âḍgâṭ, dushṭ, durâchârî, hat.

Depravador, *a. e s. m.* vâyṭ-, khoṭo kartalo.

Depravar, *v. t.* vâyṭ-, khoṭo-, pâḍ karumk, domsaumk, kusaumk. || *v. r.* vâyṭ-, khoṭo-, paḷit jâvumk, domsumk, kusumk.

Deprecação, *s. f.* bogsaṇem mâgṇem, nivâranprârthan; gârâṇem *n.*, vinati *f.*, hardâs *m.*; prârthan *n.*

Deprecada, *s. f.* ekâ nîtidârâchem dusryâk mâgṇem *n.*

Deprecante, **deprecativo**, *a.* mâgtalo, prârthalo.

Deprecar, *v. t.* bogsaṇem-, nivâraṇ mâgumk *(g. do o.)*, vinati-, gârâṇem karumk; prârthumk.

Deprecativamente, *adv.* prârthûn.

Deprecatorio, *a.* vinatîcho, gârâṇyâcho.

Depreciação, *s. f.* mol-, dar demvṇem,- utarṇem *n.*

Depreciador, *a. e s. m.* mol demvaitalo; uṇâvṇâr.

Depreciar, *v. t.* mol-, dar demvaumk,- uṇâvumk *(g. do o.)*; *(fig.)* uṇo-, kirkoḷ karumk. || *v. r.* mol demvumk *(g. do s.)*

Depreciativo, *a.* uṇo-, kirkoḷ karcho, khâlâvumcho.

Depreciavel, *a.* uṇâvomyeso.

Depredação, *s. f.* nâgauṇ, lûṭ *f.*

Depredador, *s. m.* nâgauṇâr, luṭṇâr, pumḍ.

Depredar, *v. t.* luṭumk, nâgaumk; nâsâḍî karumk *(g. do o.)*

Depredatorio, *a.* luṭîcho.

Deprehender, *v. t.* disûn yevuṁk (*d. do s., s. do o.*), dharuṁk, umjuṁk, samjuṁk, anumânuṁk.

Deprehensão, *s. f.* (*p. us.*) *V.* APPREHENSÃO.

Depressa, *adv.* vegîṁ, gaḍgaḍît, gaḍgaḍyâṁ, rokḍo (*decl.*) chapp karn, ghasâghas, khaṭâkhaṭ, daḍâṁ (*us. Sal.*), vegsarîṁ, *sararâṁ, *tûrt, jaldî (*p. us.*)

Depressão, *s. f.* chepṇî, chep, nemṇî *f.*; nem, khoṁḍkûl; (*fig.*) meṁgepaṇ *n.*, maṁdây *f.*

Depressor, *a. e s. m.* nemtalo, chepṇâr; khâlâytalo.

Deprimido, *a.* cheplalo, chepṭo.

Deprimir, *v. t.* chepuṁk, nemuṁk, dâmuṁk; saklâvuṁk, khâlâvuṁk, deṁvauṁk; (*fig.*) uṇo-, kirkoḷ karuṁk, âḍlâvuṁk.

Depuração, *s. f.* nirmaḷây, śuddhi *f.*

Depurador, *a. e s. m.* nirmaḷṇâr.

Depurar, *v. t.* meḷ kâḍhuṁk (*g. do o.*), nirmaḷuṁk, nitḷâvuṁk, nerâvuṁk, saṁkaruṁk; phâṁsḷâvuṁk (*— o sangue*).

Depurativo, depuratorio, *a.* nitḷâvuṁk upkârto; phâṁsḷâvuṁcho. ‖ *s. m.* ragat phâṁslâvuṁcheṁ,- nitḷâvuṁcheṁ okhat *n.*

Deputação, *s. f.* padvî-, adhikâr deneṁ *n.*, niyog *m.*; vakîlpaṇ, dûtpaṇ *n.*; nemûn dhâḍlale manis *m. pl.*

Deputado, *a.* nemûn dhâḍlalo, padvî divûn pâṭhailalo. ‖ *s. m.* dût, vakîl, munîm, mutâlîk, nâyb, mukrâr (*us. Can.*); deputâd.

Deputar, *v. t.* dût-, vakîl karuṁk (*d. do o.*), padvi-, sattyâ divûn dhâḍuṁk, nemûn pâṭhauṁk, *nâvâḍuṁk.

Dequitar-se, *v. r.* prasûṭ-, bâḷaṁt jâvuṁk.

Derelicto, *a. V.* ABANDONADO.

Derisão, *s. f.* keṁḍṇî, toṁḍṇî *f.*, viṭaṁbaṇ *n.*; hâṁsyâṁcho mâl *m.*

Deriscar, *v. t. V.* DESARRISCAR.

Derisorio, *a.* hâṁsyâṁcho, viṭaṁbaṇâcho.

Derivação, *s. f.* âḍmârgân vharṇeṁ *n.*, kaḍsarâvṇî; saṁsarṇî *f.*, nipaj, upaj *m.*; (*gram.*) vyutpatti *f.* ‖ *V.* TROCADILHO.

Derivado, *s. m.* kṛidaṁt *n.*, sâdhitśabd *m.*

Derivante, *a.* âḍ vhartalo, kâḍhtalo; saṁsarto.

Derivar, *v. t.* âḍmârgân vharuṁk (udak), kaḍsarâvuṁk; *fazer provir:* kâḍhuṁk, hâḍuṁk, nipjâvuṁk; (*gram.*) ghaḍuṁk, kâḍhuṁk. ‖ *v. i.* kaḍsaruṁk; vâhvuṁk; (*gram.*) yevuṁk, jâvuṁk. ‖ *V.* RESULTAR. ‖ *v. r.* saṁsaruṁk, nipjuṁk, upjuṁk, yevuṁk.

Derivativo, *a.* (*gram.*) dhâtusâdhit.

Dermatologia, *s. f.* kâtîchyâṁ piḍâṁcheṁ vaijipaṇ *n.*

Dermatose, *s. f.* kâtîchî piḍâ *f.*

Derme, *s. f.* kât, kâtḍî *f.*

Dermico, *a.* kâtîcho.

Derogação, *s. f.*, **derogamento,** *s. m.* nirâs *m.*, kâḍhṇî, mahakubî.

Derogador, *a. e s. m.*, **derogante,** *a.* nirastalo, kâḍhtalo.

Derogar, *v. t.* (kâydyâcho bhâg) kâḍhuṁk, partuṁk, nirasuṁk, mahakûb karuṁk. ‖ *v. i.* kâydyâr-, ritîr âḍ yevuṁk,- jâvuṁk.

Derogatorio, *a.* nirâsâcho.

Derrabado, *a.* śeṁpḍî nâslalo, lâṁḍo.

Derrabar, *v. t.* lâṁḍo karuṁk, śeṁpḍî kâtruṁk (*g. do o.*)

Derradeiramente, *adv.* nimâṇeṁ, śevṭîṁ, śekîṁ, aṁtîṁ.

Derradeiro, *a.* nimâṇo, nimṇo, śevṭâcho, aṁtâcho, aṁtîm. ‖ *Por —*, śevṭîṁ, śekîṁ.

Derrama, *s. f.* paṭṭî, khaṁḍṇî; bheṁḍṇî *f.*

Derramação, *s. f.*, **derramamento,** *s. m.* otṇî, vârauṇî; vâhvaṇ, vâhaṇ; śiṁpaḍṇî, vikirṇî; praghaṭṇî *f.* ‖ *V.* DERRETIMENTO.

Derramado, *a.* pisâvlalo, piseṁ lâglalo.

Derramador, *a. e s. m.* ottalo, otṇâr, vârauṇâr.

Derramar, *v. t.* otuṁk, vârauṁk, vâhvauṁk; *espalhar:* śiṁpḍâvuṁk, vikiruṁk, vikrâvuṁk; *liberalizar:* otuṁk, doṁy hâtâṁnîṁ divuṁk; *soltar:* soḍuṁk; *debandar:* dispaṭâvuṁk, dhâṁvḍâvuṁk; *fazer enraivecer:* piseṁ lâvuṁk (*d. do o.*), pisâvuṁk. ‖ *V.* DESRAMAR. ‖ *v. r.* otoṁk, vâhvuṁk; śiṁpḍoṁk; pasroṁk; praghaṭ-, kaḷît jâvuṁk; pisâvoṁk. ‖ *V.* DERRETER-SE.

Derrancado, *a.* khuṁṭ, khuṁṭo, saḍo, saḍko, pâḍ jâlalo.

Derrancamento, derranco, *s. m.* khuṁṭepaṇ *n.*, khuṁṭsâṇ, beḷsâṇ, phiṇphiṇṇî *f.*, saḍepaṇ *n.*

Derrancar, *v. t.* khuṁṭ-, saḍo-, pâḍ karuṁk, beḷsâvuṁk; tiḍauṁk, chiḍauṁk; (*ant.*) umṭuṁk, unmûḷuṁk *ou* umḷuṁk. ‖ *V.* DEPRAVAR. ‖ *v. r.* khuṁṭevuṁk, beḷsevuṁk, phiṇphiṇuṁk, pâḍ jâvumk, sadomk; pisâvomk, pisem lâgumk (d. do s.)

Derreado, *a.* modon padlalo, bodkavlalo.

Derreador, *a. e s. m.* pet kâdhtalo, modûn ghâltalo.

Derreamento, *s. m.* kano-, bemd modnem, pet kâdhnem *n.*

Derrear, *v. t.* kano-, bemd modumk (*g. do o.*), pet-, bhâto kâdhumk (*g. do o.*), kutâvumk; modûn ghâlumk, bodkâvumk, tûs karumk (*g. do o.*) ‖ *V.* MENOSCABAR. ‖ *v. i.* onavumk, bâgâvomk, kando bhâyr yevumk (*g. do s.*); hardemphût-, hârpît jâvumk, pâkhâm-, hâtpâmy galaumk.

Derredor, *s. m.* (*ant.*) *V.* CIRCULO. *Em* —, bhomvtîm, bhomvtanîm.

Derregar, *v. t.* âdvyo charyo mârumk (*d. do o.*)

Derrengar, *v. t. V.* DERREAR.

Derretedura, *s. f.*, **derretimento**, *s. m.* kadhnî, tevnî *f.*, virap, drâvan *n.*, pigal, paghal *m.*; (*fig.*) lâg *m. pl.*, bhâso *f. pl.*

Derreter, *v. t.* kadhaumk, viraumk, virghaumk, piglâvumk, paghlâvumk, kargâvumk, tevaumk. ‖ — *dinheiro*, dudû khâvumk, -gilumk. ‖ *V.* RALAR. ‖ *v. r.* kadhumk, virumk, virghumk, piglumk, paghlumk, kargumk, dravumk, tevumk; lâg-, bhâso karumk. ‖ *V.* ENTERNECER-SE.

Derretido, *a.* kadhlalo. ‖ *V.* DENGUE.

Derribador, *a. e s. m.* pâdtalo, pâdnâr, padaunâr. ‖ — *de côcos*, pâdâvî, pâdekâr.

Derribamento, *s. m.* pâdnî, padaunî, galaunî, jhadaunî; galgalnî, padnî *f.*, modap *n.*

Derribar, *v. t.* padaumk, pâdumk, *pâdaumk, bhûmy udaumk, galaumk, jhadaumk, śevtumk; galgalâvumk, komslâvumk, modumk; (*fig.*) aśaktâvumk, bodkâvumk, bal modumk (*g. do o.*) ‖ *V.* DESTITUIR. ‖ *v. r.* padumk, jhadumk, galumk, śevtomk, modomk, galgalumk.

Derriça, *s. f.* ghâmsâvnî *f.* ‖ *V.* RIXA.

Derriçador, *s. m.* bhulaunâr; kemdnâr, maskarekâr.

Derriçar, *v. i.* dâmtâmnîm-, hâtâmnîm odhumk; ghâmsâvumk, dâmsâvumk, pisudumk (*vv. tt.*); prakâr karumk; (*fig.*) bhulaumk.

Derriço, *s. m.* kichdâvnî, pidâpid; bhulaunî, bhûl *f.*; phakâmd *n.*, maskarî *f.*, vitamban *n.*

Derrocada, *s. f.*, **derrocamento**, *s. m.* komsalnî, nâsâdî *f.*, gharthân nisamtan *n.*

Derrocador, *a. e s. m.* nâsâdyo komslâvnâr.

Derrocar, *v. t.* modumk, komslâvumk, galgalâvumk, nâsâdî-, gharthân karumk (*g. do o.*); halkâvumk. khâlâvumk. ‖ *v. r.* modomk, komslumk, galgalumk, gharthân jâvumk (*g. do s.*)

Derrota, *s. f.* daryâmtlî vât *f.*, jalmârg *m.*; pâmyvât; nâsâdî, dhûl, dhûldaśâ *f.*, târâmgan nirasan, apayaś *n.*, sainyabhamg; ibâd, satyanâś *m.*, gharthân *n.*

Derrotado, *a.* nâsâdî-, bhamg jâlalo; (*fig.*) modlalo, gallalo; hârpît-, kashtî jâlalo.

Derrotador, *a. e s. m.* nâsâdyo, udhalnâr.

Derrotar, *v. t.* modumk, udhalumk, nirasumk, ibâdumk, jikumk, bhamg-, nâsâdî-, kât karumk (*g. do o.*); (*fig.*) varto jâvumk (*d. do o.*), jayt vharumk (*l. sup. do o.*); kashtâvumk, hârpît-, kashtî karumk.

Derrubar, *v. t. V.* DERRIBAR.

Derruir, *v. t. V.* DERRIBAR.

Derviche, *s. m.* darveśî, phakîr.

Desabado, *a.* lâmbâm âni ubhyâm pâkhotyâmcho (chepem).

Desabafadamente, *adv.* kâlîj-, man ughdûn; satâsat, sadsadît.

Desabafado, *a.* ughto, sadal; mekhlo. ‖ *Logar* —, viskal svât *f. Espirito* —, thamd-, śital man *n.*

Desabafamento, **desabafo**, *s. m.* ughadnî, sadalnî, sadalây *f.*; ughdâpo karnem *n.*; śin *m.*

Desabafar, *v. t.* ughto-, sadal karumk, sadalâvumk; vâryâk davrumk, vâlgaumk; mekhlâvumk, mekhlo-, sût karumk; sâmgumk, uchchârumk, ughdâpo karumk. ‖ *v. i.* kâlîj-, man ughdumk; śin sâmgumk, śinumk. ‖ *v. r.* ughto-, mekhlo jâvumk, sadalumk; vâlgumk.

Desabalado, *a.* bhav chadh,- vhad, jabar, amaryâdî. ‖ *V.* ARREBATADO.

Desabalroar, *v. t. V.* DESATRACAR.

Desabamento, *s. m.* padnî, komsalnî, galnî *f.*

Desabar, *v. t.* pâkhoto demvaumk (*g. do o.*) ‖ *v. i.* padumk, komslumk, galumk.

Desabe, *s. m.* padlali valamt *f.*; gharthân *n.* ‖ *V.* DESABAMENTO.

Desabonadamente, *adv.* jâmînkî nâstânâ.

Desabonado, *a.* jâmînkî nâslalo; durbaḷ, bâbḍo; nâṁv hogḍâylalo.

Desabonador, *a. e s. m.* ijat kâḍhtalo, apmânî.

Desabonar, *v. t.* ijat-, mân kâḍhuṁk, apmânuṁk. ‖ *v. r.* nâṁv-, ijat hogḍâvuṁk,- ubhauṁk, chaughâṁtlo uṭhuṁk.

Desabono, *s. m.* mân kâḍhṇeṁ *n.;* apmân *ou* akmân, bemân *m.,* beâbrû *f.* ‖ *V.* DESCREDITO.

Desabordar, *v. t.* (târvâcheṁ târûṁ) soḍuṁk.

Desabotoadura, *s. f.,* **desabotoamento,** *s. m.* butâṁv kâḍhṇeṁ *n.;* phuḷṇî, ugaḷṇî *f.*

Desabotoar, *v. t.* butâṁv kâḍhuṁk (*g. do o.*); ughḍuṁk, ughṭo karuṁk. ‖ *v. i.* phuluṁk, ugḷuṁk, ugarmuṁk. ‖ *v. r.* buṭâṁvâṁtlo bhâyr saruṁk; ughṭo jâvuṁk; (*fig.*) saṭâsaṭ-, pâṭhphuḍo nâstânâ ulauṁk.

Desabraçar, *v. t.* veṁgeṁtlo soḍuṁk, -kâḍhuṁk.

Desabridamente, *adv.* kharkasâyen, mastepaṇîṁ.

Desabrido, *a.* khaskas, dâruṇ, ugr, masto, bâḍgo. ‖ *Tempo* —, vâyṭ-, vâdḷâcho veḷ *m.*

Desabrigado, *a.* âsar nâslalo, nirâsarî; nirâdhârî.

Desabrigar, *v. t.* âsar-, âḍos nâ divuṁk,- kâḍhuṁk, nirâsarî karuṁk; (*fig.*) nirâdhâruṁk, soḍuṁk.

Desabrigo, *s. m.* nirâsar; nirâdhâr *m.,* bâbḍepaṇ *n.*

Desabrimento, *s. m.* kharkasây, dâruṇây *f.,* ugrpaṇ *n.*

Desabrir, *v. t.* (*p. us.*) soḍuṁk, pâṭh karuṁk (*d. do o.*) ‖ *v. i.* kharkas-, ugr jâvuṁk, jaḷuṁk.

Desabrochar, *v. t.* âṁkḍo-, phâso kâḍhuṁk (*g. do o.*), ughḍuṁk, ughṭo karuṁk. ‖ *v. i. e r.* phuluṁk, ugarmuṁk: phâṁkâruṁk, mâtuṁk; ughṭo jâvuṁk, ughḍoṁk.

Desabrolhar, *v. i.* phuluṁk, ugḷuṁk. ‖ *V.* BROTAR.

Desabusado, *a.* lâpîṭ, nikḷeṭ; pâṭhphuḍo nâslalo.

Desabusar, *v. t.* bhulîṁtlo kâḍhuṁk, ḍoḷe ughṭe karuṁk (*g. do o.*), mârgâr kâḍhuṁk. ‖ *v. r.* bhul-, mâyâ soḍuṁk, śahâṇo jâvuṁk.

Desaçamar, *v. t.* muskeṁ kâḍhuṁk (*g. do o.*)

Desacanhado, *a.* kâkuḍây nâslalo; saḍsaḍît, satlîvr, sûṭ.

Desacanhar, *v. t.* kâkuḍây kâḍhuṁk (*g. do o.*), huśâr-, śitâb karuṁk. ‖ *v. r.* huśâr jâvuṁk.

Desacatamento, desacato, *s. m.* anâdar, bemân, apmân *m.;* bhashṭpaṇ *n.,* bâṭ *f.*

Desacatar, *v. t.* bemânuṁk, bemân karuṁk, apmânuṁk, anâdaruṁk; bhashṭâvuṁk, bâṭauṁk.

Desacaudilhado, *a.* vastâd nâslalo, anâyak, mastakhîṇ.

Desacautelado, *a.* achatur, bechatur, avichârî.

Desacautelar, *v. t.* beparvâ karuṁk (*g. do o.*), chatrây nâsuṁk (*d. do s., g. do o.*) ‖ *v. r.* achatur-, avichârî jâvuṁk.

Desacclimado, *a.* havyâchî saṁvay nâslalo.

Desacclimar, desacclimatar, *v. t.* havyâchî saṁvay moḍuṁk (*g. do o.*)

Desaccommodado, *a.* asvâdîṁt âslalo, mâṁḍi nâslalo; châkri-, kâm suṭlalo; ayukt, anuchit.

Desaccommodar, *v. t.* asvâdîṁt davruṁk, ukaldavar karuṁk, nikḷâvuṁk; kimârkaruṁk, thuklâvuṁk. ‖ *v. r.* kashṭî jâvuṁk; châkrî suṭuṁk (*g. do s.*); uchaṁbaḷuṁk.

Desaccordadamente, *adv.* bhedân, virodhîṁ; chatrâyeviṇeṁ.

Desaccordado, *a.* jhîṁṭ mârlalo, chitt nâslalo.

Desaccordante, *a. V.* DISCORDANTE.

Desaccordar, *v. t.* dusaṁgâvuṁk, aṁtrâvuṁk, vighaṭuṁk. ‖ *v. i.* nâ paḍuṁk, nâ lâguṁk; jhâṁkuṁk, jhâṁkuḷuṁk; vâchâ dharoṁk (*g. do s.*), jhîṁṭ mâruṁk (*d. do s.*) ‖ *V.* DESAFINAR. ‖ *v. r.* nâ paḍuṁk (*d. do s.*)

Desaccorde, *a. V.* DISCORDANTE. ‖ *s. m.* apsvar *m.*

Desaccordo, *s. m.* napaḍ, tiḍ, phâṭ, phâṁṭ *f.,* bhed, vighaḍ, virodh *m.,* khaṭleṁ; jhîṁṭ mârṇeṁ, vâchâ dharṇeṁ *n.;* kalkalṇî, kâṁkaṭṇî. ‖ *V.* DESAFINAÇÃO.

Desaccumular, *v. t.* râśîṁtlo-, kuśîn kâḍhuṁk, vighaḍ karuṁk.

Desacerbar, *v. t.* kharây-, tiksâṇ kâḍhuṁk (*g. do o.*), goḍ karuṁk; (*fig.*) mavâḷuṁk, narmâvuṁk.

Desacertadamente, *adv.* vâṁkḍeṁ, vegḷeṁch.

Desacertado, *a.* chuklalo; vâṁkdo, nâkâ jâlalo, ayukṭ; pramâdî.

Desacertar, *v. t.* chukuṁk; partem̃-, vâṁkḍem̃ karuṁk; moḍuṁk, viskaṭâvuṁk. ‖ *v. i.* nâkâ jâlalem̃ karuṁk, bhramuṁk, jhâṁkuḷuṁk; kadsaruṁk, pâṭhîphuḍe chaluṁk.

Desacerto, *s. m.* chûk *f.*, pramâd, matibhram *m.*

Desachegar, *v. t.* kuśîn kâḍhuṁk. ‖ *v. r.* kuśîn saruṁk.

Desacobardamento, *s. m.* baḷ-, dhîr gheṇem̃ *n.*, abhay, nirbhay *m.*

Desacobardar, *v. t.* baḷ-, ghaṭṭây divuṁk *(d. do o.)* ‖ *v. r.* baḷ-, dhîr ghevuṁk, kâḷîj karuṁk.

Desacoimar, *v. t.* daṁḍ kâḍhuṁk,-bogsuṁk *(g. do o.)*

Desacoitar, *v. t. V.* DESABRIGAR.

Desacolchetar, *v. t.* âṁkḍo kâḍhuṁk *(g. do o.)*; dilâvuṁk, soḍuṁk.

Desacolchoar, *v. t.* kâpûs-, rû kâḍhuṁk *(g. do o.)*

Desacolher, *v. t.* lâgîṁ nâ kâḍhuṁk, bare bhâsen nâ ghevuṁk.

Desacompanhado, *a.* saḍo, ekaḍo *ou* ekvaḍo, eksuro.

Desacompanhar, *v. t.* saṁgat-, sâṁgât soḍuṁk *(g. do o.)*; vâṭ soḍuṁk *(g. do o.)*, sâṁḍuṁk.

Desaconselhado, *a.* buddhîviṇo.

Desaconselhar, *v. t.* moḍâvuṁk, man phirauṁk,- partuṁk *(g. do o.)*

Desacoroçoado, *a.* bhaṁglalo; âśâ nâslalo, nirâśî.

Desacoroçoar, *v. t.* bheṁkḍâvuṁk, bhaṁgauṁk; âśâ kâḍhuṁk *(g. do o.)* ‖ *v. i.* bhaṁguṁk, jîv soḍuṁk; âśâ-, bharvâṁso vachuṁk *(g. do s.)*

Desacostumadamente, *adv.* saṁvayer âḍ yevûn.

Desacostumado, *a.* asaṁvayecho, âthvo. ‖ *V.* EXTRAORDINARIO.

Desacostumar, *v. t.* saṁvay moḍuṁk,- kâḍhuṁk *(g. do o.)* ‖ *v. r.* âplî saṁvay moḍuṁk,- sâṁḍuṁk.

Desacravar, *v. t. V.* DESENCRAVAR.

Desacreditado, *a.* iśîm-, âbrû nâslalo, beâbrû.

Desacreditador, *a. e s. m.* mân kâḍhtalo, apmânî.

Desacreditar, *v. t.* mân kâḍhuṁk, nâṁv ubhauṁk, ijat pâtaḷ karuṁk *(gg. do o.)*, akîrtuṁk, apmânuṁk; nâ satmânuṁk. ‖ *v. r.* âplem̃ nâṁv ubhauṁk, iśîm hogḍâvuṁk.

Desadoração, *s. f.* apujâ *f.*, nirbhajaṇ *n.* ‖ *V.* ABOMINAÇÃO.

Desadorar, *v. t.* nâ bhajuṁk, nâ pujuṁk. ‖ *V.* DETESTAR.

Desadormecer, desadormentar, *v. t.* jâgo karuṁk.

Desadornado, *a.* mekhḷo, muṁḍho, luṁḍo.

Desadornar, *v. t.* siṁgâr kâḍhuṁk *(g. do o.)* mekhḷâvuṁk, muṁḍhuṁk, luṁḍuṁk.

Desadorno, *s. m.* mekhḷepaṇ, muṁḍhepaṇ, luṁḍepaṇ *n.*

Desadvertido, *a. V.* INADVERTIDO.

Desafaimar, *v. t.* bhûk mâruṁk *(g. do o.)* ‖ *V.* SACIAR.

Desafamar, *v. t. V.* DESACREDITAR.

Desaferrar, *v. t.* soḍuṁk, nikḷâvuṁk; *(fig.)* moḍâvuṁk. ‖ *v. i.* nâṁgar ukluṁk, hâṁkâroṁk. ‖ *v. r.* suṭuṁk, nikḷuṁk; *(fig.)* man aṁtrâvuṁk.

Desaferrolhar, *v. t.* khiḷ kâḍhuṁk *(g. do o.)*; soḍuṁk. ‖ *v. r.* suṭuṁk.

Desafervorar, *v. t.* umed-, umâḷo deṁvauṁk *(g. do o.)*

Desaffabilidade, *s. f. V.* DESCORTEZIA.

Desaffazer, *v. t. V.* DESACOSTUMAR.

Desaffectação, *s. f.* sâdhepaṇ, saraḷpaṇ, sâbdepaṇ *n.*

Desaffectadamente, *adv.* sâdhepaṇîṁ, saraḷpaṇîṁ.

Desaffectado, *a.* sâdho, saraḷ, ujû, sâbdo, haḷbaḷo.

Desaffecto, *a.* mog nâslalo, man aṁtarlalo, virakt, uḍâḷ. ‖ *s. m. V.* DESAFFEIÇÃO.

Desaffeição, *s. f.*, desaffeiçoamento, *s. m.* nirmog *m.*, apriyapaṇ *n.*, aprîti, nâvaḍ *f.* ‖ *V.* OPPOSIÇÃO.

Desaffeiçoado, *a. V.* DESAFFECTO.

Desaffeiçoar, *v. t.* mog-, prîti kâḍhuṁk *(g. do o.)* ‖ *v. r.* mog sâṁḍuṁk,-davruṁk, man pais karuṁk.

Desaffeito, *a. V.* DESACOSTUMADO.

Desaffixar, *v. t.* nikḷâvuṁk.

Desaffrontadamente, *adv.* âḍkhaḷ nâstânâ, saḍsaḍît.

Desaffrontado, *a.* śitaḷ, thaṁḍ, âḍos-, asvâd nâslalo; viskaḷ, saḍaḷ; *(fig.)* sûḍ ghetalo.

Desaffrontador, *a. e s. m.* sûḍ ghetalo, phârîkpaṇ ditalo, pratikârak.

Desaffrontar, *v. t.* bharûn ghevuṁk, phârîkpaṇ divuṁk *(d. do o.)*; viskaḷâvuṁk, saḍaḷuṁk, lohu karuṁk. ‖ *v. r.* sûḍ ghevuṁk; sûṭ jâvuṁk. ‖ *V.* ALLIVIAR-SE.

Desafiador, desafiante, *a. e s.* jujuṁk âpaitalo, paijâḍâr; chiḍaitalo.

Desafiar, *v. t.* jâphî mâruṁk *(d. do o.)*, jhagḍuṁk-, jujuṁk âpauṁk, haḍkuṁk; chiḍauṁk, châḷvauṁk; âpauṁk, vaḍhâvaḍh ghâluṁk *(d. do o.)* ‖ *V.* ARROSTAR.

Desafiar, *v. t.* dhâr moḍuṁk *(g. do o.)* ‖ *v. r.* dhâr moḍoṁk *(g. do s.)*

Desafinação, *s. f.*, desafinamento, *s. m.* apsvar, besûr *m.*

Desafinado, *a.* apsvar, besûr, badsûr, pheṁklalo.

Desafinar, *v. t.* besûr karuṁk. ‖ *v. i. e r.* besûr jâvuṁk, pheṁkevuṁk; *(fig.)* vâjevuṁk, ubgoṁk, tiḍuṁk.

Desafio, *s. m.* jâphî *f.*, jujuṁk-, jhagḍuṁk âpauṇeṁ *n.*, haḍkanî; paijâ, bhâshâbhâsh, vaḍhâvaḍh *f.* ‖ *V.* DUELLO.

Desafivelar, *v. t.* âṁkḍyâṁtlo-, phâsyâṁtlo kâḍhuṁk.

Desafogadamente, *adv.* viskaḷâyen, susthâyen.

Desafogado, *a.* viskaḷ, dil, saḍaḷ. ‖ *Estar com o animo* —, susth âsuṁk.

Desafogar, *v. t.* viskaḷâvuṁk, dilâvuṁk, saḍaḷ-, lohu karuṁk; *(fig.)* mekhḷâvuṁk; ughḍuṁk, uchchâruṁk. ‖ *v. i.* śâṁt-, susth jâvuṁk. ‖ — *com alguem*, âpleṁ man-, kâḷîj ughṭeṁ karuṁk. ‖ *v. r.* viskaḷuṁk, diluṁk; susthavuṁk thaṁḍâvoṁk.

Desafogo, *s. m.* viskaḷây, saḍaḷây; susthây, śâṁti *f.*, śaman *n.*

Desafoguear, *v. t.* thaṁḍâvuṁk, śitaḷâvuṁk.

Desaforadamente, *adv.* nirmaryâdîn, mîtmer nâstânâ.

Desaforado, *a.* śidâv kâḍhlalo; tavṇâs, urmaṭ, nirmaryâdî, nirlajjî.

Desaforamento, *s. m.* phor soḍṇeṁ *n.* ‖ *V.* DESAFORO.

Desaforar, *v. t.* phor-, śidâv kâḍhuṁk. ‖ *v. r.* phor soḍuṁk; *(fig.)* tavṇâs-, amaryâdî jâvuṁk.

Desaforo, *s. m.* tavṇâspaṇ, belebâṇpaṇ *n.*, nirmaryâd, urmaṭây, belajj, nirlajj *f.*, ætimân *m.*

Desafortunado, *a.* kapâlphuṭko, karmphuṭko, avdaśî, nirdaivo, durdaivî.

Desafreguezado, *a.* gihrâyk nâslalo,- suṭlalo.

Desafreguezar, *v. t.* gihrâyk kâḍhuṁk *(g. do o.)* ‖ *v. r.* pasro-, mâṁḍ soḍuṁk.

Desagarrar, *v. t. V.* DESPEGAR.

Desagasalhado, *a.* bihrâḍ-, âsar nâslalo, nirâsarî; dâṭ nesuṁk,- pâṁghruṁk nâslalo.

Desagasalhar, *v. t.* bihrâḍ-, âsar nâ divuṁk,- kâḍhuṁk; ughḍuṁk, ughṭo karuṁk. ‖ *v. r.* bihrâḍ-, âsar nâsuṁk *(d. do s.)*; ubecheṁ nâ nesuṁk.

Desagasalho, *s. m.* bihrâḍ nâsṇeṁ *n.*, nirâsar *m.*; thoḍeṁ nesap *n.*

Desagastado, *a.* nirâg, śamanâ.

Desagastamento, *s. m. (p. us.)* śamanâ jâṇeṁ *n.*, suchittây *f.*

Desagastar, *v. t.* râg nivauṁk, śamanâ karuṁk. ‖ *v. r.* râg deṁvuṁk *(g. do s.)*, śamanâ jâvuṁk.

Desagglomerar, *v. t.* viskaḷâvuṁk, pâtḷâvuṁk.

Desaggravar, *v. t.* phârîkpaṇ-, pratiphaḷ divuṁk *(g. ou d. do o.)*; akmân kâḍhuṁk *(g. do o.)*; lohu-, uṇo karuṁk. ‖ *v. r.* sûḍ ghevuṁk.

Desaggravo, *s. m.* phârîkpaṇ, pratiphaḷ, pratikarm *n.*; sûḍ *m.*

Desaggregação, *s. f.* suṭṇî *f.*

Desaggregante, *a.* viskaṭṇo.

Desaggregar, *v. t.* viskaṭâvuṁk, soḍuṁk. ‖ *v. r.* viskaṭuṁk, suṭuṁk.

Desagradado, *a. V.* DESCONTENTE.

Desagradar, *v. i.* bareṁ nâ lâguṁk, vâyṭ disuṁk, manâ nâ yevuṁk, nâ mânoṁk. ‖ *v. r. V.* DESGOSTAR-SE.

Desagradavel, *a.* vâyṭ disto,- lâgto, nâpasaṁt, nâvaḍîcho, apriya.

Desagradavelmente, *adv.* nâvaḍîṁ, nasâyen.

Desagradecer, *v. t.* upkâr nâ mânuṁk,- âṭhauṁk *(g. do o.)*, anupkârî jâvuṁk *(d. do o.)*

Desagradecidamente, *adv.* anupkârîṁ.

Desagradecido, *a.* anupkârî.

Desagradecimento, *s. m.* anupkâr *m.*, anupkarpaṇ *n.*

Desagrado, *s. m.* nâvaḍ, nasây, atushṭi; aprasâd, kharkasây *f.*

Desagrilhoar, *v. t.* sâṁkḷîṁtlo soḍuṁk, -kâḍhuṁk.

Desaguadoiro, *s. m.* saṁgrî, khaḷî, sârṇî *f.*

Desaguador, *a. e s. m.* uspitalo.

Desaguamento, *s. m.* uspaṇî *f.*

Desaguar, *v. t.* uspuṁk, uḍak kâḍhuṁk *(g. ou l. in do o.)* ‖ *v. i.* vâhvuṁk, otoṁk.

Desaguisado, *s. m.* taṁṭo *m.*, dusaṁg *n.*, tiskaṭṇî *f.*

Desainado, *a.* bâglalo.

Desairar, *v. t. (p. us.)* śobh-, âkâr kâḍhuṁk *(g. do o.)*; phaḷ -puṇyeṁ kâḍhuṁk *(g. do o.)*

Desaire, *s. m.* śobh nâsṇeṁ, nirâkârpaṇ; kaḷaṁk *n.*, khoḍ *f.*, dosh *m.* ‖ *V.* DESGRAÇA.

Desairosamente, *adv.* śobh robh nâstânâ.

Desairoso, *a.* śobhrobh nâslalo, nirâkâr, kardo; purai nâslalo, amaryâdî, amaiṅgaḷ.

Desajoujar, *v. t.* kaḍyâḷyâṁtlo soḍuṁk. ‖ *v. r.* vighaṭoṁk, suṭuṁk.

Desajudado, *a.* âlâśro nâslalo, nirâdhârî.

Desajudar, *v. t.* âlâsro-, âdhâr nâ divuṁk *(d. do o.)*

Desajuizado, *a.* V. DESASSISADO.

Desajustar, *v. t.* kuśîn karuṁk, vighaṭuṁk, viskaṭuṁk. ‖ V. DESARRANJAR. ‖ *v. r.* khaṁḍ moḍuṁk; kuśîn jâvuṁk.

Desajuste, *s. m.* khaṁḍ-, bolî moḍneṁ *n.*, karârbhaṁg *m.*

Desalagar, *v. t.* uspuṁk, udkâṁtlo kâḍhuṁk.

Desalargar, *v. t.* ruṁdâvuṁk.

Desalastrar, *v. t.* nilimo uspuṁk,-kâḍhuṁk *(g. do o.)*

Desalbardar, *v. t.* mûṭh kâḍhuṁk,-soḍuṁk *(g. do o.)*

Desalegre, *a. (p. us.)* V. TRISTE.

Desalentado, *a.* thaklalo, boḍkavlalo, durman.

Desalentador, *a. e s. m.* kâkuḍâytalo, ghâbrâvṇâr.

Desalentar, *v. t.* aśaktâvuṁk, kâkuḍâvuṁk, ghâbrâvuṁk, bheṁkḍâvuṁk. ‖ *v. r.* hâtpâṁy moḍoṁk *(g. do s.)*, âṁg-, man soḍuṁk, saṁkîrṇuṁk, virghuṁk.

Desalento, *s. m.* aśaktây, saṁkîrṇây *f.*, durman *n.*; nirâśâ *f.*

Desalforjar, *v. t.* bogsyâṁtlo kâḍhuṁk; *(fig.)* uspuṁk, usṭuṁk.

Desalgemar, *v. t.* beḍî-, hâtkhoḍî kâḍhuṁk *(g. do o.)*

Desalhear, *v. t.* V. DESNORTEAR.

Desalijar, *v. t.* V. ALIJAR.

Desalinhadamente, *adv.* boṁdrepaṇîṁ, luṁḍepaṇîṁ.

Desalinhado, *a.* boṁdro, luṁḍo, muṁḍho; sâdho.

Desalinhar, *v. t.* hârîṁtlo-, oḷîṁtlo kâḍhuṁk; mekhḷâvuṁk, luṁḍo-, muṁḍho karuṁk. ‖ V. DESORDENAR.

Desalinho, *s. m.* sût-, sutârṇî nâsneṁ; *(fig.)* boṁdrepaṇ, luṁḍepaṇ *f.*, beśârmây *f.* ‖ V. PERTURBAÇÃO.

Desalistar, *v. t.* paṭṭiyeṁtlo kâḍhuṁk, nikḷâvuṁk.

Desalliança, *s. f.* saṁdhibhaṁg *m.*

Desalliar, *v. t.* (ekvaṭ) moḍuṁk, dusaṁgâvuṁk, dusaṁg karuṁk *(g. do o.)* ‖ *v. r.* kuśîn saruṁk, dusaṁguṁk.

Desalliviar, *v. t.* V. ALLIVIAR.

Desalmado, *a.* nirduḥkhî, nishṭur, dâruṇ, nibar, krûr; nashṭo, khoṭo.

Desalmamento, *s. m.* *(p. us.)* V. DESHUMANIDADE.

Desalojamento, *s. m.* ṭhikâṇâṁtlo kâḍhneṁ *n.*, uṭhâv *m.*; nikḷâvṇî *f.*

Desalojar, *v. t.* peṇyâṁtlo-, ṭhikâṇâṁtlo uṭhauṁk,- kâḍhuṁk; kaḍsarâvuṁk, nikḷâvuṁk. ‖ *v. i.* peṇeṁ ukluṁk; ṭhikâṇ soḍuṁk.

Desalterar, *v. t.* thaṁḍâvuṁk, śamanâvuṁk. ‖ *v. r.* thaṁḍ-, śamanâ jâvuṁk, susthavuṁk.

Desalumiado, *a.* ujvâḍ nâslalo. ‖ V. IGNORANTE.

Desamanhar, *v. t.* V. DESARRANJAR.

Desamar, *v. t.* mog soḍuṁk,- sâṁḍuṁk *(g. do o.)*; vîṭ disuṁk *(d. do s., g. do o.)*, kâṁṭâḷuṁk, dveshuṁk.

Desamarrar, *v. t.* soḍuṁk; *(fig.)* nikḷâvuṁk. ‖ *v. i.* nâṁgar ukluṁk. ‖ *v. r.* suṭuṁk; kuśîn saruṁk.

Desamarrotar, *v. t.* miryo kâḍhuṁk *(g. do o.)*

Desamassar, *v. t. e i.* (maḷaleṁ piṭh) viskaṭâvuṁk.

Desambição, *s. f.* nirâśâ *f.*, nirlobh *m.*, asospaṇ *n.*

Desambicioso, *a.* nirâśî, nirlobhî.

Desamigar, *v. t.* ishṭagat moḍuṁk *(g. do o.)* ‖ *v. r.* ishṭagat sâṁḍuṁk.

Desamodorrar, *v. t.* jhâṁpîṁtlo-, bhramitîṁtlo kâḍhuṁk; suḍsuḍît karuṁk. ‖ *v. r.* bhramît thâṁbuṁk *(g. do s.)*; *(fig.)* jâgo-, suḍsuḍît jâvuṁk.

Desamoedar, *v. t.* V. DEMONETIZAR.

Desamontoar, *v. t.* râs moḍuṁk,-nikḷâvuṁk *(g. do o.)*

Desamor, *s. m.* nirmog *m.*, apriti *f.*, apriyapaṇ *n.*; dvesh *m.*

Desamorado, desamoravel, desamoroso, *a.* mog-, dulabhây nâslalo. apriya; nishṭur, dâruṇ, khaḍchar.

Desamortalhar, *v. t.* khapaṇ kâḍhuṁk *(g. do o.)*

Desamortizar, *v. t.* dharmabaṁdhutvecheṁ (vîṭ) kâḍhuṁk.

Desamotinar, *v. t.* śamanâvuṁk. thaṁḍâvuṁk.

Desamparado, *a.* âdhâr-, âlâśro nâslalo, nirâdhârî, anâth, bâbḍo, osâḍsaḍo, ekvaḍo.

Desamparar, *v. t.* sâṁḍuṁk, soḍuṁk, tyâguṁk, nirâdhâruṁk.

Desamparo, *s. m.* nirâdhâr, nirâsar tyâg *m.*, anâthpaṇ, bâbḍepaṇ *n.*, osâḍ *f.* ‖ *Ao* —, âdhâr-, ilâj nâstânâ.

Desamuar, *v. t.* phûg kâḍhumk *(g. do o.)* konem demvaumk, samjâvumk. ‖ *v. r.* phûg demvumk *(g. do s.)*, khuśî jâvumk, samjomk.

Desancar, *v. t.* bemgḍem phoḍumk *(g. do o.)*, bhâto kâḍhumk *(g. do o.)* kuṭâvumk, toṇkâvumk.

Desancorar, *v. i.* nâmgar kâḍhumk,- uklumk, hâmkâromk.

Desanda, *s. f.* mâr, phaṭko, dhapko; dapâṭo *m.*, paṭṭî *f.*

Desandar, *v. t.* pâṭhlyân chalaumk, pâṭhî kâḍhumk,- vharumk; mârumk, soḍumk. ‖ *V.* DESATARRACHAR. ‖ *v. i.* pâṭhî sarumk; pâsht jâvumk. ‖ — *a roda,* lakṭo phuṭumk. — *a manteiga,* dudhâchem tûp nâ jâvumk. ‖ *V.* REDUNDAR.

Desanelar, *v. t. V.* DESENCARACOLAR.

Desanichar, *v. t.* kurkuṭâmtlo kâḍhumk; nikḷâvumk.

Desanimação, *s. f.* jîv-, tej nâsṇem *n.;* śeḷmoḍây *f.* ‖ *V.* DESANIMO.

Desanimado, *a.* kâḷîj-, dhair nâslalo, memgo, udâs, samkîrṇ.

Desanimar, *v. t.* aśaktâvumk, baḷ-, dhair kâḍhumk *(g. do o.)* kâkuḍâvumk, ghâbrâvumk, bhemkḍâvumk, boḍkâvumk. ‖ *v. i. e r.* kâḷîj-, jîv soḍumk, moḍon paḍumk, hâtpâmy gaḷumk *(g. do s.)*, ghâbrumk.

Desanimo, *s. m.* aśaktây, samkîrṇây *f.*, udâspaṇ, memgepaṇ *n.*

Desaninhar, *v. t.* ghamṭerâmtlo kâḍhumk; *(fig.)* (liplalyâk) bhâyr kâḍhumk.

Desannexação, *s. f.* vighaḍ karṇem *n.*, nikḷâvṇî *f.*

Desannexar, *v. t.* vighaḍ karumk, vighaṭumk, kuśîn kâḍhumk, nikḷâvumk, komchaumk.

Desannexo, *a.* vighaḍ *ou* vimghaḍ.

Desannuviar, *v. t.* kupâm kâḍhumk,- ubhaumk *(g. do o.)*; *(fig.)* hâmstô-, śamanâ karumk. ‖ *v. r.* nitḷumk; *(fig.)* ujḷomk, hâmstyâ mukhâcho jâvumk.

Desanojar, *v. t.* pâchârumk, bujaumk. ‖ *v. r. V.* DESENFADAR-SE.

Desapagar, *v. t. V.* APAGAR.

Desapaixonado, *a.* nirâg, śâmt, thamḍ, dulabh.

Desapaixonar, *v. t.* śâmt-, thamḍ karumk, samjâvumk; visrâvumk.

Desaparafusar, *v. t.* bhomvarkhamḍ gavḷâvumk *(g. do o.)*

Desapartar, *v. t.* kuśîn-, vimchûn kâḍhumk.

Desapear, *v. t. V.* APEAR.

Desapegado, *a.* komchlalo; *(fig.)* mog-, vamdavṇî nâslalo. ‖ — *de dinheiro,* udâr.

Desapegamento, desapego, *s. m.* nirmog *m.*, aprîti, nirichchâ *f.*, udâspaṇ *n.;* sanyâs *m.* ‖ *V.* DESINTERESSE.

Desapegar, *v. t.* komchaumk, nikḷâvumk. ‖ *v. r.* mog-, oḍh sâmḍumk.

Desaperceber, *v. t.* purvaṇ-, bejmî kâḍhumk *(g. do o.)* ‖ *v. r.* chatrây-, phikîr nâsumk *(d. do s.)*, beparvâ-, bephikîr karumk.

Desapercebido, *a.* chatrâyer nâslalo, bechatur; kaḷa-, gama nâslalo.

Desapercebimento, *s. f.* bechatrây, beparvâ, bephikîr *f.*

Desapertar, *v. t.* dilâvumk; *(fig.)* *V.* DESOPPRIMIR. ‖ *v. r.* dîl-, soḍîk jâvumk, dilumk.

Desapiedadamente, *adv.* nirdayîm, dâruṇâyen.

Desapiedado, *a.* nirdayî, nishkurpî, dâruṇ, nishṭur.

Desapiedar, *v. t.* dâruṇ karumk. ‖ *v. r.* nirdayî-, nirdukhî jâvumk.

Desapoderado, *a.* bhogâvaḷimtlo varjilalo; *(fig.)* dhaḍbaḍyo, uchambaḷ.

Desapoderar, *v. t. V.* DESAPOSSAR.

Desapoiar, *v. t.* temko kâḍhumk *(g. do o.)*; âdhâr nâ divumk; kabûl-, râjî nâ jâvumk *(d. do o.)*

Desapoio, *s. m.* temko-, âdhâr nâsṇem *n.*, nirâdhâr *m.*

Desapolvilhar, *v. t.* piṭho kâḍhumk,- jhâḍumk *(g. do o.)*

Desapontado, *a.* phaslalo, phoṭavlalo, bhamglalo.

Desapontamento, *s. m.* phasṇî, phoṭvaṇ, bhamgṇî *f.*

Desapontar, *v. t.* mokî chukaumk *(g. do o.)* tirâvaylo kâḍhumk; phasaumk, phoṭaumk.

Desapossar, *v. t.* bhogâvaḷ kâḍhumk *(g. do o.)*; nâgaumk; sâmḍumk lâvumk, amtrâvumk. ‖ *v. r.* bhogâvaḷ sâmḍumk, hâtâbhâyr ghâlumk.

Desapparecer, *v. i.* dishṭî nâ paḍumk, nâ-, nâmch jâvumk, napayt-, nâṭâk-, adrisht jâvumk, nasumk, saṭkumk, amtrumk, vigḷumk; pâr jâvumk, kâvaḍ kâḍhumk; mâvḷumk.

Desapparecimento, *s. m.,* **desapparição,** *s. f.* nâ jâṇem, naśaṇ, adarśan *n.*

Desapparelhar, *v. t.* musṭâykî-, sâmaṇ kâḍhumk *(g. do o.)* ‖ *V.* DESADORNAR.

Desapparelho, *s. m.* mustâyki nâsṇem,- kâḍhṇem *n.*

Desapplauso, *s. m. V.* DESAPPROVAÇÃO.

Desapplicação, *s. f.* kâḍhṇî, komchauṇî *f.* ‖ *V.* NEGLIGENCIA.

Desapplicar, *v. t.* kâḍhuṁk, komchauṁk; chitt-, man aṁtrâvuṁk. ‖ *v. r. V.* DISTRAHIR-SE.

Desapprender, *v. t.* (śiklaleṁ) visruṁk, chukuṁk.

Desapprovação, *s. f.* nâkâr, anaṁgîkâr *m.*, nâpasaṁt, vimat *f.*

Desapprovar, *v. t.* nâkâruṁk, nâpasaṁt karuṁk. ‖ *V.* CENSURAR.

Desapprovativo, *a.* nâkârâcho, nâpasaṁt.

Desaprazer, *v. i. V.* DESAGRADAR.

Desaprazivel, *a.* apriya, nâpasaṁt.

Desapreciar, *v. t. V.* DEPRECIAR.

Desapreço, *s. m.* bemân *m.*, beâbrû, beparvâ *f.*

Desapressado, *a.* darvaḍ nâslalo; âḷśî, sust, maṁd.

Desapressar-se, *v. r.* darvaḍ nâ karuṁk; sust-, maṁd jâvuṁk.

Desaproposito, *s. m. V.* INCONVENIENCIA.

Desapropriação, *s. f.*, **desapropriamento**, *s. m.* mâlkî-, dhanîpaṇ kâḍhṇeṁ,- soḍṇeṁ *n.*; *(fig.)* sanyâs *m.*, nirichchâ *f.*

Desapropriar, *v. t.* dhanîpaṇ-, mâlkî kâḍhuṁk *(g. do o.)*, kâḍhn ghevuṁk; *(fig.)* sanyâsuṁk. ‖ *V.* DESAPOSSAR. ‖ *v. r.* dhanîpaṇ soḍuṁk.

Desaproveitado, *a.* nishphaḷ, phuṁkaṭcho, anupayogî.

Desaproveitamento, *s. m.* anupayog *ou* anupeg *m.*, nishphaḷây; śikpâchî maṁdây *f.*

Desaproveitar, *v. t.* âdâv-, phaḷ nâ kâḍhuṁk *(g. do o.)*, ibâḍuṁk.

Desaprumar, *v. t.* âḍvo karuṁk; *(fig.) V.* ABATER. ‖ *v. i.* âḍvo jâvuṁk, kaluṁk.

Desaprumo, *s. m.* âḍvo jâṇeṁ *n.*, kalṇî, lakṇî *f.*

Desaquinhoar, *v. t.* vâṁṭo dinâ jâvuṁk, bhâgâcho varjuṁk.

Desar, *s. m.* nirbhâg *n.*, avdaśâ *f.*, mâro *m.*; pojaḍpaṇ, bursepaṇ; kaḷaṁk *n.*, khoḍ *f.*

Desaranhar, *v. t.* gairam kâḍhuṁk,- jhâḍuṁk *(g. do o.)*

Desarar, *v. i.* geḷ suṭuṁk *(g. do s.)*

Desarcar, *v. t.* âṭe kâḍhuṁk *(g. do o.)* ‖ *v. r. V.* DESCONJUNCTAR-SE.

Desarear, *v. t.* reṁv kâḍhuṁk *(g. ou l. do o.)*

Desarmação, *s. f.* nikḷâvṇî, mekhḷâvṇî *f.*, mekhḷepaṇ *n.*

Desarmador, *s. m.* nikḷâytalo, moḍtalo, mekhḷâvṇâr.

Desarmamento, *s. m.* hatyârâṁ kâḍhṇeṁ *n.*, phaujîchî soḍ *f.*

Desarmar, *v. t.* hatyârâṁ kâḍhn ghevuṁk *(g. do o.)*, sâj-, saṁjauṇî kâḍhuṁk *(g. do o.)*; nikḷâvuṁk, mekhḷâvuṁk, moḍuṁk; *aplacar:* nivḷâvuṁk, thaṁḍâvuṁk; *frustrar:* bighḍâvuṁk, phiskaṭâvuṁk. ‖ *v. r.* hatyârâṁ-, sâj soḍuṁk; *(fig.)* mavâḷoṁk.

Desarraigamento, *s. m.* unmûḷṇî, umṭaṇî *f.*, nirmûḷpaṇ *n.*

Desarraigar, *v. t.* umṭuṁk, unmûḷuṁk *ou* umḷuṁk. ‖ *V.* EXTIRPAR. ‖ *v. r.* umṭoṁk, unmûḷoṁk.

Desarrancar, *v. t.* oḍhûn kâḍhuṁk.

Desarranchar, *v. t.* biśî-, khânâvaḷ moḍuṁk *(g. do o.)*

Desarranjador, *a. e s. m.* goṁdhḷâytalo, bhaṁgauṇâr.

Desarranjar, *v. t.* goṁdhḷâvuṁk, ḍhavḷuṁk, huskauṁk, viskaṭâvuṁk, uskaṭuṁk; phaskaṭâvuṁk, bighḍâvuṁk, bhaṁgauṁk. ‖ — *o cerebro,* mat phirauṁk. ‖ *v. r.* goṁdhḷuṁk, viskaṭuṁk, huskuṁk, ghâṇ-, châr-khaṁḍ jâvuṁk *(g. do s.)*

Desarranjo, *s. m.* goṁdhaḷ, ḍhavaḷ, bhaṁg *m.*, bighaḍṇî, phaskaṭṇî *f.*, akram *n.*, gaḷbaḷ *m.* ‖ — *de cabeça,* hairâṇ, taklî phirṇeṁ *n.*

Desarrazoado, *a.* nâkâjâlalo, nishkâraṇ, atark, anîtivaṁt; sâbsubo, beshṭo, asaṁgat.

Desarrazoamento, *s. m.* nâkâjâlaleṁ, toṇkepaṇ, âḍṇâḍpaṇ, akâraṇ *n.*, ayukti, anîti *f.*

Desarrazoar, *v. i.* nâkâjâlaleṁ-, vâṁkḍeṁ karuṁk,- ulauṁk, barḷuṁk, baḍbaḍuṁk.

Desarregaçar, *v. t.* (kavaḷlaleṁ) soḍuṁk, deṁvauṁk.

Desarrenegar-se, *v. r.* râg deṁvuṁk,- nivuṁk *(g. do s.)*

Desarrimar, *v. t.* teṁko-, âdhâr kâḍhuṁk *(g. do o.)*; nirâdhârî karuṁk. ‖ *v. r.* teṁkyâcho suṭuṁk.

Desarrimo, *s. m.* nirâdhâr, nirâsar *m.*, nishpustî *f.*

Desarrisca, *v. t.* kumsâr lâvṇeṁ *n.*

Desarriscar, *v. t.* (barailaleṁ) kâtruṁk; kumsâr lâvuṁk *(g. do o.)*

Desarrochar, *v. t.* soḍuṁk.

Desarrufar, *v. t.* râg nivḷâvuṁk *(g. do o.)*, thaṁḍ-, śamanâ karuṁk. ‖ *v. r.*

khuśî jâvuṁk, toṁḍ ujḷoṁk *(g. ḍo s.)*, toṁḍâr ujvâḍ paḍuṁk *(g. do s.)*

Desarrufo, *s. m.* râg nivaḷṇeṁ, toṁḍ nitaḷṇeṁ *n.*

Desarrugar, *v. t. V.* DESENRUGAR.

Desarrumar, *v. t. V.* DESARRANJAR.

Desarvorar, *v. t.* deṁvauṁk, âḍ ghâluṁk; kuṁve kâḍhuṁk *(g. do o.)* ‖ *v. i.* kuṁve moḍoṁk *(g. do s.)*

Desassanhar, *v. t.* kaḍh-, krodh nivauṁk *(g. do o.)*, thâṁbauṁk. ‖ *v. r.* thâṁbuṁk.

Desassazonado, *a.* samayâbhâylo. ‖ *Fructo* —, tarṇeṁ phaḷ.

Desasseado, *a.* meḷo, onkhaṭo.

Desassear, *v. t.* meḷauṁk.

Desasseio, *s. m.* meḷ *m.*, maḷepaṇ *n.*

Desassestar, *v. t.* tipâvaylo kâḍhuṁk, deṁvauṁk.

Desassisado, *a.* laḍivâl, khuḷo, piso, mûrkh.

Desassisar, *v. t.* piso karuṁk, pisâvuṁk, khuḷâvuṁk.

Desassocegado, *a.* uchaṁbaḷ, asaṁtoshî, asukhî, asvasth; gaḍgaḍyo, tirtiro, hairâṇî.

Desassocegar, *v. t.* uchaṁbaḷâvuṁk, kalkalâvuṁk, thâr nâ divuṁk. ‖ *v. r.* uchaṁbaḷuṁk, bobâḷuṁk, kalkaluṁk, halkaṁḍuṁk.

Desassocego, *s. m.* uchaṁbaḷây, chaḷbaḷ *f.*, asvasthpaṇ, asukh, asamâdhân, hairâṇ *n.*, asaṁtosh, husko *m.*

Desassociar, *v. t.* vighaṭuṁk, kuśîn kâḍhuṁk. ‖ *v. r.* kuśîn saruṁk.

Desassombrado, *a.* sâvḷî nâslalo, ughṭo; bheṁ-, parvâ nâslalo, khaḍkhaḍît; *(fig.) V.* FRANCO.

Desassombramento, *s. m. (p. us.)*, **desassombro**, *s. m.* abhay, nirbhay *m.*; chhâtî, prabaḷây *f.*

Desassombrar, *v. t.* sâvḷî kâḍhuṁk *(g. ou l. sup. do o.)*, ughṭo-, nitaḷ karuṁk; *(fig.)* bheṁ-, husko kâḍhuṁk *(g. do o.)*; ghaṭṭâvuṁk, śamanâvuṁk. ‖ *v. r.* thaṁḍ-, śâṁt jâvuṁk; nitḷuṁk.

Desassustadamente, *adv.* huskyâvîṇ.

Desassustar, *v. t.* husko kâḍhuṁk,-lohu karuṁk *(g. do o.)* ‖ *v. r.* huskyâmekhḷo jâvuṁk.

Desastradamente, **desastrosamente**, *adv.* vighnân, avdaśîṁ; bechatrâyen.

Desastrado, *a. V.* DESASTROSO *e* DESATINADO.

Desastre, *s. m.* anarth, mâro, kâḷ, ghât *m.*, vighn, nashṭ, karm, abhâgyeṁ, jhâḍjhapaṭ *n.*, kanishṭây, gat, âdâvat *f.*

Desastroso, *a.* vighnâcho, anarthâcho, arishṭ, nirdaivo, abhadr.

Desatadamente, *adv.* âḍkhaḷ nâstânâ, saṭlivr; gâṁṭh-, saṁbaṁdh nâstânâ, asaṁbaṁdhîṁ.

Desatadura, *s. f.*, **desatamento**, *s. m.* soḍnî *f.*

Desatar, *v. t.* soḍuṁk, vighaṭuṁk; *(fig.) V.* RESOLVER. ‖ *v. i.* lâguṁk. ‖ *v. r.* suṭuṁk.

Desatarrachar, *v. t.* taḍas-, pâchâreṁ kâḍhuṁk *(g. do o.)*, gavḷâvuṁk.

Desatascar, *v. t.* khâtanâṁtlo kâḍhuṁk-, uṭhauṁk.

Desataviar, *v. t. V.* DESADORNAR.

Desatavio, *s. m. V.* DESADORNO.

Desatemorizar, *v. t.* bheṁ kâḍhuṁk *(g. do o.)*

Desaterrar, *v. t.* bhar-, purṇî kâḍhuṁk *(g. do o.)*, ustuṁk.

Desatestar, *v. t.* (choṁdlaleṁ) deṁvauṁk, haḷuvâvuṁk.

Desatilado, *a.* boṁdro, bhâṇśiro; kachcho, mûḍh.

Desatinação, *s. f.* pisâvṇî; gaḍbaḍ *f.*, goṁdhaḷ *m.* ‖ *V.* DESATINO.

Desatinado, *a.* laḍivâl *ou* laḍiyâl, avichârî, mûḍh, âḍâṁgî, âḍṇâḍî.

Desatinar, *v. t.* pisâvuṁk, khuḷâvuṁk. ‖ *v. i.* avicharuṁk, jhâṁkuḷuṁk, barḷuṁk, gnyân phiruṁk *(g. do s.)*

Desatino, *s. m.* avichâr *m.*, âḍâṁgpaṇ *n.*, âḍâṁgây, mûḍhây, barḷusâṇ, mast *f.*

Desatolar, *v. t.* koṁḍâṁtlo kâḍhuṁk,- uṭhauṁk. ‖ *v. r.* koṁḍâṁtlo bhâyr saruṁk.

Desatracar, *v. t.* (târûṁ) soḍuṁk. ‖ *v. r.* suṭuṁk.

Desatravancar, *v. t.* vâṭ karuṁk *(l. in do o.)*, mekhḷâvuṁk.

Desatravessar, *v. t.* âḍṇo-, âḍeṁ kâḍhuṁk *(g. do o.)* ‖ *v. r.* kuśîn-, pelyân saruṁk.

Desatrelar, *v. t.* vâḍî soḍuṁk *(g. do o.)* ‖ *v. r.* kaḍsaruṁk.

Desattenção, *s. f.* kânmâtreṁ, kânbhâyreṁ, achitt *n.*, avichâr, pramâd; avinay, ajñâv, anâdar *m.*, beparvâ *f.*

Desattencioso, *a.* beparvî, avinayî, bhaskâpurî.

Desattender, *v. t.* nâ âykuṁk, kânâr nâ ghevuṁk; beparvâ karuṁk *(g. do o.)*, pâṭh karuṁk,- vaḷuṁk *(d. do o.)*

Desattendivel, *a.* chitt-, phikîr phâvo nâslalo.

Desattentamente, *adv.* chittâvîṇ; beparvâ karûn.

Desattentar, *v. i.* chitt nâ divuṁk, beparvâ karuṁk.

Desattento, *a.* kânmâtro, kânbhâyro, achitt, pramâdî.

Desautoração, *s. f.* padvî-, mân kâḍhṇeṁ *n.*, mânbhaṁg, mânnâś *m.*

Desautorar, *v. t.* gunyâṁvâpasûn padvî-, mân kâḍhuṁk *(g. do o.)*

Desauctoridade, *s. f. (p. us.)* adhikârbhaṁg *m.*

Desauctorização, *s. f.* adhikâr-, sattyâ kâḍhṇeṁ *n.*

Desauctorizar, *v. t.* adhikâr-, mân kâḍhuṁk *(g. do o.)*; bemân karuṁk. ‖ *v. r.* bemân jâvuṁk.

Desavença, *s. f.* jhagḍeṁ, dusaṁg, khaṭleṁ *n.*, vâytâchâr, taṁṭo, virodh, tiḍo *m.*, tîḍ, napaḍ *f.*

Desaverbar, *v. t.* (kalam) kâtruṁk.

Desavergonhado, *a.* lajj-, akkal nâslalo, nilâjro, nirlajjî, belajjîshṭ, lajjbaṁd, śimro, bhâṇśiro, nisaṁgaḷ, lâpîṭ.

Desavergonhamento, *s. m.* nirlajj, belajj, nirbhîḍ, amaryâd *f.*, śimrepaṇ, bhâṇśirepaṇ *n.*

Desavergonhar, *v. t. (p. us.)* nilâjro karuṁk. ‖ *v. r.* nilâjro-, lâpîṭ-, belebâṇ jâvuṁk.

Desavezar, *v. t. V.* DESACOSTUMAR.

Desaviamento, *s. m. (p. us.)* mustâykî nâsṇeṁ *n.*

Desaviar, *v. t.* âḍâvuṁk, manâvuṁk; kâm karûn nâ divuṁk *(g. do o.)* ‖ *V.* FRUSTRAR.

Desavindo, *a.* dusaṁgî, napaḍît.

Desavir, *v. i.* napaḍuṁk, dusaṁguṁk, jhagḍuṁk. ‖ *v. r.* kabûl-, râjî nâ jâvuṁk; jhagḍuṁk, taṁṭe karuṁk.

Desavisadamente, *adv.* chatrâyevîṇ, avichârîṁ.

Desavisado, *a.* bechatur, avichârî, nirbuddhi, hurmaṭ.

Desavisar, *v. t.* dusreṁ-, parteṁ sâṁguṁk,- kaḷauṁk, kar nâkâ mhaṇuṁk, manâvuṁk.

Desaviso, *s. m.* partî-, dusrî sâṁgṇî, manâvṇî *f.*; avichâr *m.*, bechaturây, hurmaṭây *f.*

Desavistar, *v. t.* dishṭîbhâyr vachuṁk *(g. do s., s. do o.)*

Desazado, *a.* pâkhoṭe nâslalo; *(fig.)* bâbat, anâḍî, âḍṇâḍî.

Desazar, *v. t.* pâkhoṭe kâtruṁk *(g. do o.)*; *(fig.) V.* DESANCAR.

Desazo, *s. m.* avidyâ, ayukti *f.*, âḍṇâḍpaṇ *n.*, beparvâ, bechaturây *f.*

Desbabar, *v. t. (p. us.)* lâv pusuṁk *(g. do o.)*

Desbagoar, **desbagulhar**, *v. t.* byo-, kaṇe kâḍhuṁk *(g. do o.)*

Desbalisar, *v. t.* nîs kâḍhuṁk,- umṭuṁk *(g. do o.)*

Desbalsar, *v. t.* kâṁṭyo-, jhirkuṭâṁ bheṁḍuṁk,- mâruṁk *(g. do o.)*; koṇphyâṁtlo kâḍhuṁk.

Desbancar, *v. t.* poṁḍâk ghâluṁk, śeṁḍî kâpuṁk *(g. do o.; litt.* RAPAR O RABICHO), mâthyâr chaḍhuṁk *(g. do o.; litt.* SUBIR Á CABEÇA).

Desbaptizar, *v. t.* nâṁv kâḍhuṁk va badluṁk *(g. do o.)*

Desbaratador, *a. e s. m.* nâsâḍyó, vidhvaṁvsî; hogḍâvṇâr, vîdhlo.

Desbaratamento, **desbarate**, **desbarato**, *s. m.* nâsâḍî, dhûḷ, dhûḷdaśâ, mârâmârî *f.*, nirasan, apayaś *n.*; hogḍâvṇî, vîdh *f.*, ibâḍ *m.*

Desbaratar, *v. t.* hogḍâvuṁk, vâṭek lâvuṁk, udhḷuṁk, ibâḍ karuṁk *(g. do o.)*; tîn terâ-, nâsâḍî-, kâṭ karuṁk *(g. do o.)*, nirasuṁk, jikuṁk, jaytuṁk. ‖ *V.* ESTRAGAR.

Desbarbado, *a.* khâḍ nâslalo, nikhâḍyo.

Desbarbar, *v. t.* khâḍ kâḍhuṁk,- tâsuṁk *(g. do o.)*

Desbarrar, *v. t.* âḍṇo kâḍhuṁk *(g. do o.)*; (muṁdhlaleṁ) ughḍuṁk.

Desbarretar, *v. t. e r.* topî-, chepeṁ kâḍhuṁk.

Desbarrigado, *a.* poṭ nâslalo, poṭ pâṭhîk lâglalo.

Desbastador, *a. e s. m.* pâtaḷ kartalo, bheṁḍṇâr; moṭî kisuḷî *f.*

Desbastamento, **desbaste**, *s. m.* pâtaḷ karṇeṁ, dâṭây kâḍhṇeṁ *n.*, bârkâvṇî; bheṁḍṇî *f.*

Desbastar, **desbastecer**, *v. t.* pâtaḷ-, bârîk-, suḷsuḷîṭ-, tuḷtuḷît karuṁk, dâṭây kâḍhuṁk *(g. do o.)*; bheṁḍuṁk, bheṁdsuṁk, vistâr-, âḍos mâruṁk *(g. do o.)*, taḷsuṁk.

Desbastardar, *v. t.* âplo putr mhaṇ oḷkhuṁk; *(fig.)* nîj karuṁk.

Desbeiçar, *v. t.* oṁṭh kâtruṁk *(g. do o.)*; *(fig.)* kâṁṭh moḍuṁk *(g. do o.)*

Desboccadamente, *adv.* lagamâvîṇ; mîtmer nâstânâ.

Desboccado, *a.* lagamâk bâdga nâslalo; *(fig.)* toṁḍśiṁdaḷ, châbkar, soṁdyo.

Desboccar, *v. t.* (ghoḍyâcheṁ) toṁḍ nibar karuṁk,- âṁvḷuṁk. ‖ *V.* VASAR. ‖ *v. r.* lagamâk nâ âṭpuṁk; *(fig.)* pojaḍpaṇâṁ ulauṁk, kiḍe oṁkuṁk (*litt.* VOMITAR BICHOS), toṁḍśiṁḍaḷ jâvuṁk.

Desborcinar, *v. t.* kâṁṭh moḍuṁk (*g. do o.*); nirâkâr karuṁk.

Desbordar, *v. t.* (*p. us.*) *V.* TRASBORDAR.

Desboroar, *v. t. V.* ESBOROAR.

Desborrar, *v. t.* mûr-, gâḷo kâḍhuṁk (*g. do o.*)

Desbotado, *a.* raṁg gelalo,- uḍlalo, kurḍo, mâvaḷlalo; phiko, vivarṇ.

Desbotamento, *s. m.* raṁg uḍṇeṁ,- badalṇeṁ *n.*, mâvaḷṇî *f.*, varṇvikâr *m.*; phikepaṇ, ubhrepaṇ *n.*

Desbotar, *v. t.* raṁg kâḍhuṁk,- pusuṁk (*g. do o.*), mâvḷâvuṁk; phiko karuṁk. || *v. i.* raṁg uḍuṁk,- vachuṁk,- utroṁk (*g. do s.*), mâvḷuṁk, viṭkaḷuṁk; phiko-, pâṁḍhro jâvuṁk.

Desbragado, *a.* mâṁgro, tavṇâs, lâpîṭ, durmaryâdî, ugr, nirbhîḍ, *lâvko.

Desbragar, *v. t.* beḍî kâḍhuṁk (*g. do o.*); (*fig.*) bhiḍâ-, pâṭhphuḍo nâstânâ karuṁk.

Desbravar, *v. t.* gharâvo-, manushyâlo karuṁk; kâs kâḍhuṁk (*d. do o.*) || *v. r.* thaṁd jâvuṁk.

Desbridar, *v. t.* lagam-, ghâṁs soḍuṁk (*g. do o.*) || *v. r.* lagam suṭuṁk (*g. do s.*)

Descabeçar, *v. t.* (*p. us.*) śîṁs mâruṁk,- kâpuṁk (*g. do o.*); toṁk kâtruṁk (*g. do o.*) || *v. i.* pâṇî vaḷoṁk.

Descabellado, *a.* pâṭaḷ keṁs âslalo; keṁs mekhḷe ghâlalo; (*fig.*) ugr, chidro, kaḍak; amaryâdî, aparamit, mîtmer nâslalo, jabar.

Descabellar-se, *v. r.* keṁs mekhḷâvuṁk; keṁs oḍhuṁk,- pisuḍuṁk.

Descaber, *v. i.* nâ jâvuṁk, nâ âṭpoṁk; nâ upkâruṁk, kâmâk nâ yevuṁk,- paḍuṁk.

Descabido, *a.* nâkâ jâlalo, śobbrobh nâslalo, ayukt, nâlayk.

Descachar, *v. t.* (ushchyâ rasâcho) pheṇo kâḍhuṁk.

Descadeirar, *v. t. V.* DERREAR. || *v. r.* peṁkaṭ hâlauṁk,- moḍuṁk.

Descahida, *s. f.* kuṁkḍâchyâ poṭâṁtleṁ *n.*; chûk *f.*, pramâd *m.*

Descahimento, *s. m.* paḍṇî, gaḷṇî; maṁdây *f.*, meṁgepaṇ *n.* || *V.* DECADENCIA.

Descahir, *v. t.* paḍuṁk divuṁk, gaḷauṁk. || *v. i.* gaḷuṁk, paḍuṁk; deṁvuṁk, utroṁk; *desfallecer:* kânśiruṁk, kâṁtruṁk; *desviar-se:* kaḍsaruṁk; *ter mau exito:* phaskaṭuṁk, bighḍuṁk. || *v. r.* chiṁti nâstânâ sâṁguṁk, chukûn ulauṁk.

Descalçadeira, *s. f.*, **descalçador,** *s. m.* moche kâḍhcheṁ âut *n.*

Descalçar, *v. t.* moche-, mey-; pâchâreṁ kâḍhuṁk (*g. do o.*) || *v. r.* âple moche-, luvâṁ kâḍhuṁk. || *V.* DESPREVENIR-SE.

Descalço, *a.* moche nâslalo, aṇvâṇî; khaḍûvino, phâtrâṁvino. || *V.* DESPREVENIDO.

Descalvar, *v. t. V.* ESCALVAR.

Descambada, *s. f. V.* ENCOSTA.

Descambadela, *s. f.* nisrûn śevṭaṇeṁ; chukûn ulauṇeṁ *n.*

Descambar, *v. i.* eke kuśîn nisrûn paḍuṁk,- śevṭuṁk-, âpṭoṁk; gaḷuṁk. || *V.* DESCAHIR-SE.

Descaminhar, *v. t. V.* DESENCAMINHAR.

Descaminho, *s. m.* vâṭechî chûk, vigati *f.*, âḍmârg *m.*; sâṁḍṇî *f.*, naśaṇ; duḍvâṁk hâtmârṇeṁ *n.* || *V.* CONTRABANDO.

Descamisa, descamisada, *s. f.* pâtîṁ kâḍhṇeṁ *n.*

Descamisado, *a.* khamîs nâslalo; dubḷo, garîb.

Descamisar, *v. t.* (joṁdhḷyâchîṁ) pâtîṁ-, potiṁ kâḍhuṁk,- pisuḍuṁk.

Descampado, *s. m.* saḍo *m.*, maidân, jaḷmaḷ, *paḍyâṭ *n.*

Descançadamente, *adv.* sâvkâśâyen, sâvkâś.

Descançadeiro, *s. m.* oṭo, sopo *m.*

Descançado, *a.* baslalo, visavlalo; svasth, samâdhânî, niśchiṁtî; sâvkâśâyecho, maṁd, sust. || *Esteja ou fique* —, teṁ mâkâ pâvleṁ.

Descançar, *v. t.* svasthâvuṁk, viśrâmâvuṁk; teṁkuṁk, davruṁk; (*fig.*) susth-, samâdhânî karuṁk. || *v. i.* basuṁk, visavuṁk, viśrâmuṁk, gaṭevuṁk (*us. Sal.*), *vaṭaṁguṁk; *parar:* thâṁbuṁk, râvuṁk; *dormir:* niduṁk; *estar em poisio:* pâḍ-; paḍîṭ âsuṁk; *tranquillizar-se:* susthavuṁk, susth jâvuṁk; *estribar-se:* teṁkuṁk, dharoṁk. || — *em ou sobre alguem,* pâtyevuṁk. *Sem* —, thâṁba nâstânâ.

Descancellar, *v. t.* khîḷ kâḍhuṁk,- oḍhuṁk (*g. do o.*)

Descanço, *s. m.* thâr, visvo, viśrâm, avsar, *sarm *m.*; samâdhân *n.*, suchittây, niśchiṁtî; svasthây, svasthi; sâvkâśây, sâvkâśî, maṁdây; nîd *f.*; teṁko *m.*; thâro, ṭhikâṇ *n.*, vastî *f.* || *O eterno* —, marṇ *n.*

Descangar, *v. t.* jûṁ kâḍhuṁk *(g. do o.)*, juṁvâcho soḍuṁk.

Descantar, *v. t. e i.* saṁgît karuṁk.

Descante, *s. m.* saṁgît; vaḍhâvaḍhîcheṁ gâyan *n.*

Descaptivar, *v. t.* (gulâmpaṇâṁtlo) soḍauṁk.

Descaracterizar, *v. t.* svabhâv-, svarûp kâḍhuṁk *(g. do o.)*

Descaradamente, *adv.* lajj nâstânâ, maryâdîviṇeṁ.

Descarado, *a.* nilâjro, nirlajjî, lajjbaṁdo, amaryâdî, soṁḍyo, laṁpaṭ, lâpîṭ, urmaṭ, atimânî, bhâṇśiro, tavṇâs.

Descaramento, descaro, *s. m.* nirlajj, amaryâd, laṁpaṭây, urmaṭây *f.*, bhâṇśirepaṇ *n.*, atimân *m.*

Descarapuçar, *v. t. e r.* kânkulây kâḍhuṁk.

Descarar-se, *v. r.* lajj-, maryâd nâsuṁk *(g. do s.)*, lajj sâṁḍuṁk, lajjecho paḍdo piṁjuṁk, urmaṭuṁk.

Descarga, *s. f.* uspaṇî *f.*, khâlî-, rito karṇeṁ *n.*; śiḷkî *f.*, dhaḍâko *m.*; uttîrṇpaṇ *n.*

Descargo, *s. m.* nirop *m.*, bartarphî, rajâ *f.*; pâḷo, pratipâḷ *m.* || *Por — de consciencia*, aṁtashkarṇâpâsvat.

Descaridade, *s. f.* nirday, nishkurpâ, aprîti *f.*, nirdharm *m.*

Descaridoso, *a.* nirdayî, nishkurpî, dharmâviṇo.

Descarinhoso, *a.* aprubây nâslalo, kharkas, nibar.

Descarnado, *a.* mâs nâslalo; sukaṭyo, kiṭkiṭo.

Descarnadura, *s. f.* mâs kâḍhṇeṁ,-nâsṇeṁ; bhâgaṭyepaṇ *n.*

Descarnar, *v. t.* mâs kâḍhuṁk *(g. do o.)*; *(fig.)* bhâgauṁk, sukaṭyo karuṁk. || *v. r.* bhâguṁk, sukuṁk.

Descaroavel, *a. V.* DESCARIDOSO.

Descaroçar, *v. t.* byo kâḍhuṁk *(g. do o.)*, karlâvuṁk.

Descarregado, *a.* khâlî; uttîrṇ.

Descarregador, *s. m.* khâlî kartalo, utarṇâr, uspaṇâr.

Descarregadoiro, *s. m.* dhako, utârghâṭ *m.*, pâj *f.*

Descarregamento, *s. m.* uspaṇî, utarṇî *f.*, utrap *n.*

Descarregar, *v. t.* uspuṁk, utruṁk, khâlî-, rito karuṁk; ojheṁ-, bhâr kâḍhuṁk *(g. do o.)*; *desonerar:* kâḍhuṁk, soḍuṁk, rajâ divuṁk *(d. do o.)*; *libertar:* soḍauṁk, nivâruṁk; *transmittir:* ghâluṁk, thâpuṁk; *desobrigar:* sûṭ-, uttîrṇ karuṁk; *riscar:* kâtruṁk, bhâṁjuṁk; *despejar:* otuṁk, oṁkuṁk; *desparar, arremessar:* mâruṁk, soḍuṁk. || *V.* DESAFOGAR. || *v. i.* paḍuṁk, yevuṁk || *V.* DESAFOGAR. || *v. i.* paḍuṁk, yevuṁk *(com l. sup.)* || *v. r.* khâlî-, rito jâvuṁk; suṭuṁk, nivâroṁk. || *V.* DESCULPAR-SE.

Descarrego, *s. m. V.* DESCARGA *e* DESCARGO.

Descarreirar, *v. t.* oḷîṁtlo-, vâṭeṁtlo kâḍhuṁk.

Descarrilamento, *s. m.* mâgâṁtlo kaḍsarṇeṁ *n.*

Descarrilar, *v. t.* lokhaṁḍâchyâ mâgâṁtlo kaḍsarâvuṁk,- pelyân kâḍhuṁk. || *v. i.* kaḍsaruṁk.

Descartar, *v. t.* ekâ jinnsâcheṁ kârt kheḷuṁk lâvuṁk. || *v. r.* purainâṁt tîṁ kârtâṁ bhâyr uḍauṁk; *(fig.)* gaḷauṁk, pelyân ghâluṁk, nisrâvuṁk.

Descarte, *s. m.* kârtâṁ bhâyr uḍauṇeṁ *n.*; *(fig.)* gaḷauṇî, nisrâvṇî *f.*; nîb *n.*, sukyo poḷyo *f. pl.*

Descasamento, *s. m.* kâjâr moḍṇeṁ; vikhaṇ karṇeṁ *n.*

Descasar, *v. t.* kâjâr-, lagn moḍuṁk *(g. do o.)*; kuśin-, vighaḍ karuṁk; vikhaṇ karuṁk.

Descascador, *s. m.* solṇâr, karlâvṇâr; kâṁḍcheṁ-, bharḍuṁcheṁ âut: kâṁḍaṇ, musaḷ *n.*, lâṭ, ghiraḍ *f.*

Descascadura, *s. f.*, **descascamento, descasque**, *s. f.* solṇî, karlâvṇî, saḍṇî *f.*, saḍap *n.*

Descascar, *v. t.* sâl kâḍhuṁk *(g. do o.)*, soluṁk *(esp. — fructos, arvores)*; karlâvuṁk *(— caroços, mariscos)*; solpâvuṁk *(— arvores)*; kâṁḍuṁk, karḍuṁk, bharḍuṁk, ghirḍuṁk, saḍuṁk, phârâvuṁk *(— cereaes)*. || *v. r.* soloṁk, sâl vachuṁk *(g. do s.)*; geḷ gaḷuṁk *(g. do s.)*

Descaspar, *v. t.* khavaḷ kâḍhuṁk *(g. do o.)*

Descaudado, *a.* śeṁpḍî-, śeṁpâḍo nâslalo, lâṁḍo.

Descautela, *s. f.* beśârmây, bechaturây, bephikîr *f.*

Descavalgar, *v. t.* ghoḍyâvaylo deṁvauṁk. || *v. r.* deṁvuṁk.

Descendencia, *s. f.* saṁsat *f.*, saṁtân *n.*, utpatti, prajâ, avlâd *(p. us.)* *f.*, dhûvputr *ou* dhûpût *m. pl.*

Descendente, *a.* deṁvto. || *Linha —*, saṁstîchyo pîṁḍko *f. pl.* || *s. m. e f.* saṁstîcho, bijâcho, vaṁśî. || **-s**, *pl. V.* DESCENDENCIA.

Descender, *v. i.* jâvuṁk, jalm ghevuṁk, yevuṁk; *(p. us.)* deṁvuṁk, utroṁk.

Descendimento, *s. m.* demvṇî *f.*

Descensão, *s. f.*, **descenso**, *s. m.* demvṇî *f.;* demvaṇem *n.*

Descensional, *a.* demvto.

Descente, *a.* demvto. ‖ *s. f.* demvaṇem *n.;* suktî; vâhaṇ *f.*

Descentralização, *s. f.* madhlo kâḍhṇem, mâjpadvî vâmṭṇem *n.*

Descentralizar, *v. t.* madhlo kâḍhumk; (mâjpadvî) vâmṭumk.

Descer, *v. i.* demvumk, sakal sarumk *ou* yevumk; utromk. ‖ *v. t.* demvaumk. ‖ *v. r.* demvumk. ‖ — *da burra,* konem demvumk *(g. do s.)*

Descercar, *v. t.* âḍo-, veḍho kâḍhumk *(g. do o.)*

Descerrar, *v. t.* ughḍumk; ughṭo-, dakhal karumk.

Descida, *s. f.* demvṇî *f.;* demvaṇem, pâḷsaṇ *n.*

Descimbrar, *v. t.* (kamâṇecho) sâṭho kâḍhumk.

Descimentar, *v. t.* gâro-, gilâvo nikḷâvumk,- kâḍhumk *(g. do o.)*

Descimento, *s. m.* demvṇî *f.*

Descingido, *a.* soḍlalo, suṭo, soḍik.

Descingir, *v. t. e r.* soḍumk, kâḍhumk *(vv. tt.)*

Descoagulação, *s. f.* kaḍhṇî, virṇî, tevṇî *f.*

Descoagular, **descoalhar**, *v. t.* kaḍhaumk, viraumk. ‖ *v. r.* kaḍhumk, virumk, tevumk. ‖ *V.* DERRETER.

Descoberta, *s. f.* śodhûn kâḍhṇem *n.*, aḍhaḷ *m.*, aḍhaḷṇî, *prachîti *f.* ‖ *Estar á* —, pâldek âsumk,- râvumk.

Descobertamente, *adv.* dekhtem, dekhtâm.

Descoberto, *a.* ughṭo; ughḍâpo, dakhal; kaḷît-, praghaṭ kelalo; mekhḷe taklecho. ‖ *A* —, dekhatrûpîm.

Descobiçoso, *a.* âśâ nâslalo, nirâśî.

Descobridor, *a. e s. m.* śodhûn kâḍhtalo, yojano; dakhal kartalo.

Descobrimento, *s. m.* ughaḍṇî *f.* ‖ *V.* DESCOBERTA.

Descobrir, *v. t.* ughḍumk, ughṭo karumk; dâkhaumk, kaḷaumk; dakhal-, praghaṭ karumk, prakâśumk; *inventar:* yojumk, kalpumk, rachumk; *achar:* śodhûn kâḍhumk, pailem paḷevumk, aḍhaḷumk *(d. do s., s. do o.)*, meḷumk *(id.)*, *divisar:* dishṭî paḍumk *(id.)*, dekhumk; *revelar:* phoḍumk, tomḍâḷumk. ‖ — *terra (fig.)*, kaḷâkaḷ ghevumk. — *campo:* pâldek vachumk. ‖ *v. i.* dishṭî paḍumk; nitḷumk. ‖ *v. r.* ughḍomk; ughṭo jâvumk; mâthyâchem-, âmgâchem kâḍhumk; disumk, kaḷumk, ughḍâpo jâvumk.

Descoco, *s. m. V.* DESCARAMENTO.

Descodear, *v. t. (p. us.)* khavḷo kâḍhumk *(g. do o.)*

Descollar, *v. t.* nikḷâvumk.

Descoloração, *s. f.* ramg kâḍhṇem *n.;* ramgnâś *m.*

Descolorar, **descolorir**, *v. t. V.* DESCORAR.

Descomer, *v. i.* hâgumk, bhâyr jâvumk *(d. do s.)*, udkâḍe basumk.

Descommedimento, *s. m.* amaryâd, nirbhîḍ, urmaṭây, dâmḍgây *f.*

Descommedir-se, *v. r.* amaryâdi-, urmaṭ jâvumk, dâmḍgây karumk.

Descommodidade, *s. f.* asvasthpaṇ *n.*, ghâs *f.*

Descommodo, *s. m. (p. us.) V.* INCOMMODO.

Descommunal, *a.* asâdhâraṇ; atikây, jabar vhaḍ.

Descommunalmente, *adv.* asâdhâraṇpaṇîm.

Descompadrar, *v. t.* dusamgâvumk, amtrâvumk.

Descompassar, *v. t.* âkâr-, mîtmer nâstânâ karumk,- chaḍhaumk, *abamḍumk. ‖ *v. r.* kumpâs-, ṭâḷ sâmḍumk. *V.* DESCOMMEDIR-SE.

Descompasso, *s. m.* akram, apath, nirâkârpaṇ, *abamḍpaṇ *n.*

Descompor, *v. t.* ghoḷaumk, hepem teṇem ghâlumk, ârtumk partumk, ḍhavḷumk, charbaṭ karumk *(g. do o.)*; pisuḍumk, nesaṇ kâḍhumk; *(fig.) V.* INJURIAR. ‖ *v. r.* nikḷumk, bhamgumk; bobâḷumk, uchambaḷumk; âmg ughṭem ghâlumk. ‖ *V.* DESCOMMEDIR-SE.

Descomposição, *s. f.* charbaṭ, chârkhamḍ *n.*, ḍhavaḷ, bhamgasthaḷ *m.* ‖ *V.* DECOMPOSIÇÃO.

Descompostamente, *adv.* kramâviṇ; maryâd nâstânâ.

Descompostura, *s. f.* akram, charbaṭ *n.*, bhamg *m.;* nirmaryâd, nirlajj; paṭṭî, jupâṭî *f.*

Descomprazer, *v. t. e i.* khuśî nâ karumk *(g. do o.)*

Desconceituar, *v. t. V.* DESACREDITAR.

Desconcertado, *a. V.* DESREGRADO.

Desconcertador, *a. e s. m.* moḍtalo, bhashṭâvṇo.

Desconcertar, *v. t.* moḍumk, nikḷâvumk, bhamgaumk, dumbḍâvumk, vighaṭumk bhashṭâvumk; bighḍâvumk, phaskaṭâvumk; kalkalâvumk, halkamḍâvuṁk. ‖ *v. i. V.* DISCORDAR. ‖ *v. r.* moḍoṁk, nikḷuṁk, bhaṁguṁk, viskaṭuṁk, bighḍuṁk, phaskaṭuṁk, tiḍuṁk; kalkaluṁk, halkaṁḍuṁk; nâgḍo-, luṁḍo jâvuṁk. ‖ *V.* DESCONVIR.

Desconcerto, *s. m.* moḍap *n.*, moḍṇî, duṁbḍî, bighaḍṇî, phaskaṭṇî *f.*, bhaṁgasthaḷ, nikheḷ; virodh *m.*, napaḍ; nirmaryâd *f.*, boṁdrepaṇ *n.* ‖ *V.* DISSONANCIA *e* DISPARATE.

Desconchavar-se, *v. r.* napaḍuṁk, nâ lâguṁk, dusaṁguṁk; nâkâ jâlaleṁ ulauṁk, jhâṁkuḷuṁk.

Desconchavo, *s. m.* pisây, jhâṁkuḷṇî *f.*, nâkâ jâlaleṁ *n.*

Desconcordancia, *s. f.* napaḍ, nalag *f.*, virodh; *(mus.)* apsvar, svarbhed; *(gram.)* ananvay *m.*

Desconcordante, desconcorde, *a.* nalagto, napaḍto, viruddh; *(mus.)* besûr, karkaś.

Desconcordar, *v. t.* aṁtrâvuṁk, vighaṭuṁk. ‖ *v. i.* napaḍuṁk, nalaguṁk, aṁtar âsuṁk *(d. do s.)*; besûr jâvuṁk.

Desconcordia, *s. f.* napaḍ, aṁtar *f.*, virodh *m.*

Desconfiado, *a.* aviśvâsî, duḥśvâsî, abharvâṁsi; dubhâvî, kâkûḍ, pârko.

Desconfiança, *s. f.* aviśvâs, duḥśvâs, bebharvâṁso, abharvâṁso; dubhâv, saṁśay *m.*, kâkuḍây *f.*

Desconfiar, *v. t.* samjuṁk, dharuṁk. ‖ *v. i.* aviśvâsuṁk, duḥśvâsuṁk, viśvâs nâsuṁk *(d. do s.)*, nâ pâtyevuṁk, dubhâvuṁk; phuguṁk, ubgoṁk.

Desconformar, *v. i. (p. us.) V.* DISCORDAR.

Desconforme, *a.* vâṁkḍo, parto, âḍ.

Desconformidade, *s. f.* vâṁkḍeṁ, dusaṁg *n.*, napaḍ *f.*

Desconfortar, *v. t.* saṁkîrṇuṁk, bhejḍâvuṁk.

Desconforto, *s. m.* asvasthî *f.*, asamâdhân *n.*

Descongelação, *s. f.* kaḍhṇî, virṇî *f.*, virap *n.*

Descongelar, *v. t.* kaḍhauṁk, virauṁk. ‖ *v. i.* kaḍhuṁk, viruṁk.

Desconhecedor, *a. e s. m.* nolkhî, neṇâr. ‖ *V.* INGRATO.

Desconhecer, *v. t.* nâ oḷkhuṁk, nolkhuṁk, neṇo jâvuṁk; mukhîrvachuṁk.

Desconhecido, *a.* âtlvo, anoḷkhî, avyakt; nâṁv-, khabar nâslalo.

Desconhecimento, *s. m.* noḷakh *f.*, noḷkhaṇeṁ, neṇârpaṇ; anupkârpaṇ *n.*, anupkâr *m.*

Desconjunctamento, *s. m.*, **desconjunctura,** *s. f.* saṁdhibhaṁg, vighaḍ *m.*, koṁchṇî, usavṇî; dhâḷ, phuṭoḷî *f.*

Desconjunctar, *v. t.* koṁchauṁk, nikḷâvuṁk, vighaṭuṁk. ‖ *v. r.* koṁchuṁk, nklâṁbuṁk, usavuṁk.

Desconjuncto, *a.* koṁchlalo, vighaḍ, saḍo.

Desconnexão, *s. f.* nalag, asaṁgati *f.*, asaṁbaddh *m.*

Desconnexo, *a.* gâṁṭh nâslalo, asaṁbaddh.

Desconsagrar, *v. t. V.* PROFANAR.

Desconsentimento, *s. m. V.* DISSENSO.

Desconsentir, *v. i. (p. us.) V.* DISSENTIR.

Desconsideração, *s. f.* beparvâ *f.*, bemân, ajñâv, anâdar *m.*

Desconsiderar, *v. t.* nâ paḷevuṁk, nâ nihâḷuṁk; beparvâ karuṁk *(g. do o.)*, nâ lekhuṁk, anâdaruṁk, apmânuṁk. ‖ *v. r.* bemân jâvuṁk, mân-, âbrû hogḍâvuṁk.

Desconsolação, *s. f.* udâspaṇ, asamâdhân *n.*, saṁkîrṇây *f.*, duḥkh *n.*

Desconsoladamente, *adv.* duḥkhân, udâspaṇîṁ.

Desconsolado, *a.* duśchit, duḥkhit, udâs, saṁkîrṇ, asvasth.

Desconsolador, *a. e s. m.* duśchit karcho; duḥkh ditalo, saṁkîrṇâr.

Desconsolar, *v. t.* duśchit-, udâs kâruṁk, saṁkîrṇâvuṁk, duḥkhauṁk, saṁtâpauṁk. ‖ *v. r.* duśchit-, saṁkîrṇ jâvuṁk, saṁkîrṇuṁk, sukh-, samâdhân nâsuṁk *(d. do s.)*, saṁtâpuṁk.

Desconsolativo, *a.* duśchit karcho, saṁkirṇâyecho.

Desconsolo, *s. m. V.* DESCONSOLAÇÃO.

Descontar, *v. t.* koṁtâṁtlo-, lekhâṁtlo kâḍhuṁk, bâd divuṁk,- karuṁk,- ghâluṁk; lekhâk-, hiśobâk nâ dharuṁk, khaḷauṁk; *(fig.)* vâryâ divuṁk.

Descontentadiço, *a.* asaṁtoshî, vâṁkḍyâ mukhâcho.

Descontentamento, *s. m.* asaṁtosh, śiṇ *m.*, asamâdhân; duśchitpaṇ *n.*, atushṭi, chiṁtâ *f.*

Descontentar, *v. t.* khuśî kâḍhuṁk *(g. do o.)*, asaṁtoshî-, duśchit karuṁk, rusauṁk. ‖ *v. r.* rusuṁk, âṁbaṭ-, duśchit jâvuṁk, saṁtosh nâsuṁk *(d. do s.)*

Descontente, *a.* asaṁtoshî, asamâdhânî, atushṭ, duśchit; ruslalo, ubgalalo.

Descontinuação, *s. f.* khaḷṇî, thâmbṇî *f.*, khâvṭeṁ *n.*

Descontinuar, *v. t.* thâṁbauṁk, khaḷauṁk, asthirâvuṁk, soḍuṁk, tyâguṁk. ‖ *v. i.* soḍuṁk, davruṁk *(vv. tt.)* ‖ *v. r.* thâṁbuṁk, khaḷuṁk.

Descontinuo, *a.* khaḷḷalo, aniraṁtar, khaṁḍit.

Desconto, *s. m.* bâd deṇeṁ *n.*, soḍ, sûṭ *f.*; uṇâv *m.*; phârikpaṇ *n.* ‖ *Dar* —, vâryâ divuṁk *(fig.)*, âsḍuṁk *(fig.)*

Desconveniencia, *s. f.* napaḍ, nalag, aṁtar, taphârat *f.*

Desconveniente, *a.* lâga nâslalo, napaḍît; aṁtarâdîk. ‖ *V.* INCONVENIENTE.

Desconversavel, *a.* toṁḍbhar ulai nâslalo, muṁko, tirsuvâd; ekmuḷo.

Desconverter, *v. t.* pailo âslo taso karuṁk.

Desconvidar, *v. t.* (âpailalyâk) nâkâ mhaṇuṁk.

Desconvir, *v. i.* napaḍuṁk, nâ lâguṁk, aṁtar âsuṁk *(d. do s.)*; râjî-, kabûl nâ jâvuṁk.

Descorado, *a.* raṁg gelalo, vivarṇ, phiko; kurḍo, haḷduvoso.

Descoramento, *s. m.* raṁg uḍṇeṁ,- vachṇeṁ *n.*, varṇvikṛiti *f.* ‖ *V.* PALLIDEZ.

Descorar, *v. t.* raṁg kâḍhuṁk,- ubhauṁk *(g. do o.)*, vivarṇ karuṁk. ‖ *v. i.* raṁg uḍuṁk,- vachuṁk *(g. do s.)*, phiko jâvuṁk.

Descornar, *v. t.* śiṁgâṁ nikḷâvuṁk,- moḍuṁk *(g. do o.)*

Descoroar, *v. t.* mukuṭ-, tâj kâḍhuṁk *(g. do o.)*

Descoroçoar, *v. i.* jîv-, mar soḍuṁk, dhair sâṁḍuṁk, hâtpâṁy gaḷauṁk, virghuṁk, gâṁjoṁk, saṁkîrṇuṁk.

Descortejar, *v. t.* salâm-, namaskâr nâ karuṁk *(d. do o.)*, bemân karuṁk, nirâdaruṁk.

Descortez, *a.* avinayî, amaryâdî, beparvî, anitivaṁt.

Descortezia, *s. f.* anâdar, avinay *m.*, amaryâd, anîti, chorṭây *f.*

Descortezmente, *adv.* avinayîṁ.

Descorticamento, *s. m.* sâl kâḍhṇeṁ *n.*, solpâvṇî *f.*

Descortiçar, *v. t.* sâl kâḍhuṁk *(g. do o.)*, taḷsuṁk, solpâvuṁk.

Descortinar, *v. t.* paḍdo ughḍuṁk *(g. do o.)*; *(fig.)* ughṭo karuṁk; dekhuṁk, paḷevuṁk.

Descortino, *s. m.* ughṭo karṇeṁ *n.*; dekhṇî; vichhekheṇây *f.*, vichhekheṇ, śahâṇepaṇ *n.*

Descosedura, *s. f.* usauṇî, usvaṇ *f.*

Descoser, *v. t.* usauṁk; viskaṭâvuṁk; *(fig.)* toṁḍâḷuṁk, âvâḍâk karuṁk. ‖ *v. r.* usvuṁk; viskaṭuṁk, tiskaṭuṁk.

Descosido, *a.* usavlalo; nikaḷḷalo, koṁchlalo; *(fig.)* doro-, gâṁṭh nâslalo.

Descostume, *s. m.* saṁvayechî moḍ, asaṁvay, asthiti *f.*

Descravar, *v. t.* *V.* DESENCRAVAR.

Descravejar, *v. t.* khiḷe-, thikâm kâḍhuṁk *(g. do o.)*

Descredito, *s. m.* akîrti, apkîrti, dushkîrti, beâbrû *f.*, durnâṁv, badlâm, apayaś *n.*

Descrença, *s. f.* anbhâvârth *m.*, vedaniṁdâ *(us. entre os hindús)*; abhakti *f.*, abhaktipaṇ *n.*

Descrente, *a.* satmâni nâslalo, anbhâvârthî, koṁkṇo.

Descrer, *v. t. e i.* sat nâ mânuṁk. ‖ — *de alguem*, nâ pâtyevuṁk. ‖ *V.* APOSTATAR.

Descrever, *v. t.* varṇuṁk, nirupuṁk, nirvachuṁk, varṇaṇ karuṁk *(g. do o.)*; âṁkuṁk, rekhuṁk.

Descrido, *a.* sat mâni nâslalo; anbhâvârthî.

Descripção, *s. f.* varṇaṇ, nirûpaṇ, nirvachaṇ, kathan *n.*, nirukti, vyâkhyâ *f.*; âkâr, nakśo *m.*

Descriptivo, *a.* varṇanâcho, varṇanrûp; âkârvaṁt.

Descriptor, *a. e s. m.* varṇanî; âkârî.

Descruzar, *v. t.* joḍlalo soḍuṁk.

Descuidadamente, descuidosamente, *adv.* beparvîṁ, pramâdân.

Descuidado, descuidoso, *a.* phikîr nâslalo, beparvî, bechatur, niśchiṁtî, pramâdî, boṁdro; beśârmî, sust; husko nâslalo, susth.

Descuidar, *v. t.* beparvâ-, bephikîr karuṁk *(g. do o.)*; visrâvuṁk. ‖ *v. r.* beparvâ-, beśârmây karuṁk, laksh-, boṁdh nâsuṁk *(d. do s.)*; visruṁk, ughḍâs nâ jâvuṁk *(d. do s.)*, chitt nâ divuṁk.

Descuido, *s. m.* beparvâ, bephikîr, bechatrây; sustî, âḷsây *f.*

Desculpa, *s. f.* niraprâdh *m.*, bogsaṇeṁ *n.*, mâphî; soḍvaṇ, soḍvaṇûk *f.*; nimitt, nîb *n.* ‖ *Peço* —, tukâ vâyṭ disûṁ nâkâ, mâph kar.

Desculpador, *a. e s. m.* mâph kartalo, bogsitalo.

Desculpar, *v. t.* niraprâdhî-, mâph karuṁk, bogsuṁk, pâṭhî ghâluṁk; soḍuṁk, suṭkâ divuṁk *(d. do o.)*; nîb-, nimitt sâruṁk (*d. do o.*) ‖ *v. r.* niraprâdhî jâvuṁk, nîb sâruṁk.

Desculpavel, *a.* mâph karûṁyeso; niraprâdhâcho.

Desculpavelmente, *adv.* niraprâdhîṁ, gunyâmvâvîn.

Descurar, *v. t. V.* DESCUIDAR.

Descuriosidade, *s. f.* avichitrapaṇ *n.*; alaksh *f.*, pramâd *m.*

Descurioso, *a.* avichitr; tajvît-, mehnat nâslalo; parâmaś-, laksh nâslalo, pramâdî.

Descurvar, *v. t.* (*p. us.*) vâṁk kâḍhuṁk (*g. do o.*), nîṭ-, sârko karuṁk.

Desdar, *v. t.* partûn ghevuṁk; (gâṁṭh) soḍuṁk.

Desde, *prep.* thân, saṭyâṁ, legûn, lâgayt, *tâgâyt. ‖ — *que* (*conj.*), tethûn-, teḍnâṁ-, tedhvâṁ thân (*posp.*); âstânâ (*posp.*)

Desdem, *s. m.* anâdar, avichâr, tiraskâr *m.*, bephikîr, mijâs *f.*; châltepaṇ, sâdhepaṇ, boṁdrepaṇ *n.* ‖ *Ao* —, boṁdrepaṇîṁ.

Desdenhador, *a. e s. m.* keṁḍṇâr, mijâskâr.

Desdenhar, *v. t.* anâdaruṁk, varjuṁk, nâ lekhuṁk, beparvâ karuṁk (*g. do o.*), haḷuvâṭuṁk, keṁḍuṁk.

Desdenhosamente, *adv.* beparvâ karûn, anâdarîṁ, mijâsen.

Desdenhoso, *a.* anâdarî, mijâsî, âdâvatî, mâtgo.

Desdentado, *a. e s. m.* dâṁtviṇo, chaṁchro, boṁchro.

Desdentar, *v. t.* dâṁt pâḍuṁk (*g. do o.*), boṁchro karuṁk.

Desdita, *s. f.* nirdaiv, abhâgyeṁ, durbhâgya *n.*, nirbhâg, durdaśâ, kanishṭhây *f.*, hâl *m.*

Desditoso, *a.* nirdaivo, phuṭkyâ kapâlâcho, karmphuṭko, kanishṭh, akusâl, nâṭ, bhadro, apayaśî.

Desdizer, *v. t.* khaṁḍuṁk, bhâṁjuṁk, parteṁ saṁguṁk, negârvachuṁk. ‖ *v. i.* nâ lâguṁk, napaḍuṁk. ‖ *v. r.* negârvachuṁk, ulailaleṁ pâṭhî kâḍhuṁk.

Desdobramento, *s. m.* ghaḍî moḍṇeṁ *n.*, ughaḍṇî *f.*

Desdobrar, *v. t.* ghaḍî moḍuṁk,- usauṁk (*g. do o.*), ughḍuṁk, ukluṁk, viskaṭâvuṁk, ugauṁk. ‖ *v. r.* ughḍoṁk, viskaṭuṁk, ukloṁk; (*fig.*) pasroṁk, vistâroṁk.

Desdoiramento, *s. m.* bhâṁgâr kâḍhṇeṁ,- vachṇeṁ *n.*

Desdoirar, *v. t.* bhâṁgâr kâḍhuṁk (*g. do o.*); (*fig.*) meḷauṁk, khatâvuṁk, dâg lâvuṁk (*d. do o.*) ‖ *v. r.* bhâṁgâr vachuṁk (*g. do s.*); (*fig.*) meḷuṁk, khatâvoṁk.

Desdoiro, *s. m.* kaḷaṁk, khat *n.*, meḷ *m.*

Deseccação, *s. f.*, deseccamento, *s. m.* sukauṇî; sukṇî *f.*, dâḍhepaṇ *n.*

Deseccante, deseccativo, *a.* suko-, dâḍho karcho.

Deseccar, *v. t.* sukauṁk, âṭauṁk, dâḍho karuṁk; karpauṁk. ‖ *v. r.* sukuṁk, dâḍhevuṁk; sukaṭuṁk, hoḷuṁk.

Deseclypsar, *v. t.* âḍosâcho kâḍhuṁk, ughṭo karuṁk, dhâṁpṇeṁ kâḍhuṁk (*g. do o.*); (*fig.*) phâṁkauṁk, ujvâḍâvuṁk, prakâśauṁk. ‖ *v. r.* girâṇâṁtlo bhâyr saruṁk; disuṁk, dekhto jâvuṁk; (*fig.*) phâṁkuṁk, prakâśuṁk.

Desedificação, *s. f.* khoṭî dekh, vâyṭ buddh,- śikauṇ *f.*

Desedificar, *v. t.* vâyṭ-, khoṭî dekh,- śikauṇ divuṁk.

Desegual, *a.* sâmko-, sam nâslalo, asam, nasarî, aṁtarâdîk, aṁtarîk, vegḷo; uṁchsakal, uṁchkhâl, uṁchnîch. ‖ *V.* PARCIAL.

Desegualar, *v. t.* asam-, aṁtarâdîk karuṁk, aṁtrâvuṁk. ‖ *v. i. e r.* asam-, aṁtarâdîk jâvuṁk, aṁtruṁk, aṁtar âsuṁk (*d. do s.*)

Desegualdade, *s. f.* aṁtar *f.*, bhed, vegḷâchâr *m.*, vegḷepaṇ, asampaṇ *n.*

Desegualmente, *adv.* aṁtarîṁ.

Desejador, *a. e s. m.* âśetalo, atrekṇâr, śodhṇâr.

Desejar, *v. t.* âśevuṁk, ichchhuṁk, âśâ karuṁk,- dharuṁk (*g. do o.*), âśâ-, khuśî âsuṁk,- yevuṁk (*d. do s., g. do o.*), śodhuṁk; dekhuṁk (— *bem ou mal*); — *ardentemente:* atrekuṁk, lâḷevuṁk, khurkhuruṁk, luslusuṁk, hurhuruṁk, huḍhuḍuṁk, maruṁk, tânevuṁk (*vv. ii., d. do o.*), jîv davruṁk (*l. sup. do o.*) ‖ *v. i.* âśâ-, âvaḍ disuṁk,- âsuṁk (*d. do s.*)

Desejavel, *a.* âśevuṁcho, śodhcho, atrekâṁcho.

Desejo, *s. m.* âśâ, âs, khuśî, ichchhâ, manaśâ *f.*, chhaṁd, kâm, *het, manorath (*p. us.*) *m.*; — *ardente:* atrek, âṭeviṭe *m. pl.*, sos *m.*, khurkhurî, khurî, utkaṁṭhâ, oḍh, tân; *appetite:* rûch, âvaḍ *f.*; *intenção:* man, kâḷij *n.*, bhâv *m.* ‖ *V.* COBIÇA.

Desejosamente, *adv.* âśen, atrekâṁnîṁ.

Desejoso, *a.* âśâvamt, âśâdîk, âśecho, ichchhâvamt, kâmuk, utsuk, lubdh, rujû; atrekâmcho.

Desembaciar, *v. t.* sâî pusumk,- kâḍhumk *(g. do o.)*

Desembainhar, *v. t.* uspumk, potyâmtlo kâḍhumk; usaumk, soḍumk.

Desembalar, *v. t.* (guḷi) moḍumk, kâḍhumk; (muḍo) usaumk.

Desembandeirar, *v. t.* bâvṭe kâḍhumk-, demvaumk *(g. ou l. do o.)*

Desembaraçado, *a.* suṭo, mekhḷo, beṭho, âmgsûṭ, phakaḍ, nisûr, khaḍkhaḍît.

Desembaraçar, *v. t.* mekhḷâvumk, soḍumk, uklumk, ugaumk. ‖ *v. r.* mekhḷo-, sûṭ jâvumk, suṭumk.

Desembaraço, *s. m.* nikâl *m.*, nirvighn, mekhḷepaṇ *n.*, suḍsuḍây, saḍsaḍitây, śitâbî *f.* ‖ *V.* CORAGEM.

Desembaralhar, *v. t.* kuśîn karumk, vighaṭumk; mâmḍumk.

Desembarcação, *s. f. V.* DESEMBARQUE.

Desembarcadoiro, *s. m.* pâj *f.*, utârghâṭ *m.*, utraṇ, bamdar *n.*

Desembarcar, *v. t.* utrumk, demvaumk; uspumk. ‖ *v. r.* utromk, demvumk.

Desembargador, *s. m.* mansubîdâr, chaughulo.

Desembargar, *v. t.* nît-, mansubî karumk *(g. do o.)*; âḍkhaḷ-, naḍ kâḍhumk,- ṭâḷumk *(g. do o.)*; *(fig.) V.* DESEMBARAÇAR.

Desembargo, *s. m.* mansubî *f.*, nivâḍo; nikâl *m.* ‖ *V.* DESIMPEDIMENTO.

Desembarrancar, *v. t. V.* DESATOLAR.

Desembebedar, *v. t.* mastî-, bebdikây nivḷâvumk *(g. do o.)* ‖ *v. r.* soro nivḷumk *(g. do s.)*

Desembestar, *v. t.* soḍumk, mârumk. ‖ *v. i.* (bhâlo) suṭumk; *(fig.)* tuṭûn vachumk.

Desembezerrar, *v. t. V.* DESAMUAR.

Desembirrar, *v. t.* kop-, vâdo nivḷâvumk *(g. do o.)* ‖ *v. r.* krodh-, vâdo nivḷumk *(g. do s.)*

Desemboccadura, *s. f. V.* roz.

Desemboccar, *v. i.* aśîr svâtemtlo bhâyr sarumk; omkumk; temkumk, lâgumk.

Desembolar, *v. t.* chomḅḍî kâḍhumk *(g. do o.)*

Desembolsar, *v. t.* bolsâmtlo kâḍhumk; kharchumk, sârumk, vechumk.

Desembolso, *s. m.* kharch, vech *m.*

Desemborcar, *v. t.* udhâro ghâlumk,- davrumk.

Desemborrachar, *v. t. V.* DESEMBEBEDAR.

Desemboscar, *v. t.* daḍyâmtlo-, dabyâmtlo bhâyr kâḍhumk; ranâmtlo uṭhaumk. ‖ *v. i. e r.* daḍyâmtlo bhâyr sarumk.

Desembotar, *v. t.* pâjumk, dhâr kâḍhumk *(d. do o.)*; *(fig.)* suḍsuḍît-, śitâb karumk.

Desembraçar, *v. t.* bâvḷyâmtlo kâḍhumk,- soḍumk.

Desembravecer, *v. t.* damâvumk, peṭaumk. ‖ *v. r.* damumk, gharâvo jâvumk; *(fig.)* thamḍâvomk, thamḍ jâvumk.

Desembrear, *v. t.* kîl-, ḍâmar kâḍhumk *(g. do o.)*

Desembrenhar, *v. t.* gholâmtlo kâḍhumk. ‖ *v. r.* gholâmtlo bhâyr sarumk; *(fig.)* gomdhḷâmtlo suṭumk.

Desembriagar, *v. t.* soro jiraumk,- nivḷâvumk *(g. do o.)*

Desembridar, *v. t. V.* DESBRIDAR.

Desembrulhar, *v. t.* guṭhlî soḍumk *(g. do o.)* ughḍumk, pasrumk; *(fig.)* viskaṭâvumk, vivarumk, kisaumk. ‖ *v. r.* ughṭo-, nitaḷ jâvumk.

Desembrulho, *s. m.* guṭhlî soḍṇem; vivaraṇ *n.*, viskaṭnî, kisaunî *f.*

Desembruscar, *v. t.* nitḷâvumk.

Desembrutecer, *v. t.* manushyâḷo karumk.

Desembruxar, *v. t. V.* DESENFEITIÇAR.

Desembuçar, *v. t.* bomṭh kâḍhumk *(g. do o.)*, sayâ ughḍî karumk *(g. do o.)* ‖ *v. r.* tomḍ ḍâkhaumk.

Desembuchar, *v. t.* omkumk, * udarumk; (man, kâḷij) ughḍumk.

Desemburrar, *v. t.* śikaumk, sudhârumk, manushyâmt kâḍhumk.

Desemmalar, *v. t.* boksyâmtlo kâḍhumk.

Desemmaranhar, *v. t.* ugaumk, kisaumk, soḍaumk, sûṭ karumk; *(fig.)* arthumk, vivarumk.

Desemmassar, *v. t.* viskaṭâvumk, kuśîn kâḍhumk.

Desemmoinhar, *v. t.* kûṭ kâḍhumk *(g. do o.)*

Desemmudecer, *v. t.* ulaumk lâvumk. ‖ *v. r.* vâchâ suṭumk *(d. ou g. do s.)*, jibh phuṭumk *(d. do s.)*

Desempachar, *v. t.* mekhḷâvumk, soḍaumk; haḷuvâvumk, rito karumk. ‖ *v. r.* mekhḷo jâvumk.

Desempacho, *s. m.* mekhḷepaṇ *n.*, mekhḷây *f.*

Desempalhar, *v. t.* taṇâṁtlo kâḍhuṁk.

Desempannar, *v. t.* nitḷâvuṁk, tej divuṁk *(d. do o.)*

Desempapar, *v. t.* phugo moḍuṁk *(g. do o.)*

Desempapelar, *v. t.* kâgdâṁtlo kâḍhuṁk.

Desemparceirar, *v. t.* bhâgâṁtlo kâḍhuṁk, bhâg moḍuṁk *(g. do o.)*

Desemparelhar, *v. t.* vikhaṇ karuṁk.

Desempastar, *v. t.* ugauṁk, mekhḷâvuṁk, soḍauṁk.

Desempatar, *v. t.* asam karuṁk; toḍuṁk, nivaḍuṁk. ‖ — *cabedaes*, duḍû chalauṁk.

Desempate, *s. m.* asam karṇeṁ *n.*; nivâḍo, nikâl *m.*

Desempecer, *v. t. V.* DESEMBARAÇAR.

Desempedernir, *v. t.* maû karuṁk, mavâḷuṁk.

Desempedrar, *v. t.* guṁḍe-, phâtar kâḍhuṁk *(g. ou l. do o.)*

Desempenado, *a.* vaḷ nâslalo, nîṭ; śobhit, phiraṁgulo. ‖ *V.* AGIL.

Desempenar, *v. t.* vaḷ kâḍhuṁk *(g. do o.)*, niṭâvuṁk.

Desempenhar, *v. t.* soḍauṁk; pâḷuṁk, sâdhuṁk, âchâruṁk. ‖ *v. r.* suṭuṁk; pâḷo divuṁk.

Desempenho, *s. m.* soḍvaṇ, soḍṇî *f.*; pâḷo, pratipâḷ *m.*, âchâraṇ *n.*, nishkṛiti *f.*

Desempeno, *s. m.* vaḷ kâḍhṇeṁ,- nâsṇeṁ *n.*; *(fig.)* śobhitây *f.*, ḍauḷ *m.*

Desemperramento, desemperro, *s. m.* gavaḷṇî *f.*

Desemperrar, *v. t.* gavḷâvuṁk, nirgâḍh karuṁk; *(fig.)* tem-, saḷ moḍuṁk *(g. do o.)* ‖ *v. i. e r.* gavḷuṁk, nirgâḍh jâvuṁk; *(fig.)* vâdo soḍuṁk.

Desempestar, *v. t. V.* DESINFICCIONAR.

Desempilhar, *v. t.* ḍâḷ-, peḷo moḍuṁk *(g. do o.)*

Desemplumar, *v. t. V.* DEPENNAR.

Desempoar, *v. t. e r.* dhûḷ jhâḍuṁk *(g. do o.)*; piṭho kâḍhuṁk *(g. do o.)*

Desempobrecer, *v. t. V.* ENRIQUECER.

Desempoeirar, *v. t.* dhûḷ jhâḍuṁk,- phâphḍuṁk *(g. do o.)*; ḍoḷe ughṭe karuṁk *(g. do o.)*

Desempolgar, *v. t. V.* DESPEGAR.

Desempossar, *v. t.* bhogâvaḷ kâḍhuṁk *(g. do o.)*

Desempregar, *v. t.* châkrevaylo kâḍhuṁk, beshṭo karuṁk, nikḷâvuṁk.

Desempunhar, *v. t.* muṭhîṁtlo soḍuṁk.

Desencabar, *v. t.* mûṭh-, tharûṁ kâḍhuṁk *(g. do o.)* ‖ *v. r.* tharûṁ yevuṁk,- suṭuṁk *(g. do s.)*

Desencabeçar, *v. t.* taklemtleṁ kâḍhuṁk.

Desencabrestar, *v. t.* dâvyâcho soḍuṁk. ‖ *v. r.* dâvyâcho suṭuṁk; *(fig.)* maryâd-, mâṇsugî nâsuṁk *(d. do s.)*

Desencadear, *v. t.* sâṁkaḷ kâḍhuṁk *(g. do o.)*; soḍuṁk; *(fig.)* châḷvauṁk, chetauṁk. ‖ *v. r.* suṭuṁk; *(fig.)* chûḷvuṁk, tiḍuṁk.

Desencadernar, *v. t.* bâṁdhṇî soḍuṁk *(g. do o.)*, koṁchauṁk. ‖ *v. r.* bâṁdhṇecho suṭuṁk.

Desencaixamento, desencaixe, *s. m.* gavaḷṇî, koṁchṇî, nikaḷṇî *f.*

Desencaixar, *v. t.* kuśin kâḍhuṁk, gavḷâvuṁk, koṁchauṁk, nikḷâvuṁk. ‖ *v. r.* kuśin saruṁk, gavḷuṁk, nikḷuṁk.

Desencaixotar, *v. t.* peṭemtlo kâḍhuṁk.

Desencalacrar, *v. t.* aḍchaṇemtlo vâṭâvuṁk,- soḍauṁk.

Desencalhar, *v. t.* (târûṁ) soḍauṁk, śirkaṇecho kâḍhuṁk; mekhḷâvuṁk. ‖ *v. i.* suṭuṁk.

Desencalhe, *s. m.* târûṁ suṭṇeṁ *n.*

Desencalmar, *v. t.* thaṁḍâvuṁk, thaṁḍ-, śitaḷ karuṁk. ‖ *v. r.* thaṁḍ jâvuṁk; *(fig.)* susthavuṁk.

Desencaminhador, *a. e s. m.* phiraitalo, kaḍsarâvṇâr; vâṭ dekh ditalo.

Desencaminhamento, *s. m.* kaḍsarṇî, phirṇî *f.*; vâṁkḍo chalṇeṁ *n.*

Desencaminhar, *v. t.* kaḍsarâvuṁk, phirauṁk, sarkâvuṁk; *(fig.)* sâṁḍuṁk, nâṁ karuṁk; choruṁk, lâṭuṁk; jakât chukauṁk. ‖ *v. r.* kadsaruṁk, phiruṁk, vâṭ sâṁḍuṁk; *(fig.)* nasuṁk, nashṭo jâvuṁk.

Desencamisar, *v. t. V.* DESCAMISAR.

Desencampar, *v. t.* partûn divuṁk lâvuṁk.

Desencanar, *v. t.* naḷ kâḍhuṁk *(g. do o.)*, naḷâcho sarkâvuṁk. ‖ *v. i.* naḷâcho kaḍsaruṁk; *(fig.)* chukuṁk.

Desencantação, *s. f.* śodh, śodhṇî *f.*, śodhûn kâḍhṇeṁ *n.*

Desencantamento, desencanto, *s. m.* bhûl moḍṇeṁ, maṁtrmochan *n.*

Desencantar, *v. t.* bhûl moḍuṁk *(g. do o.)*, maṁtr kâḍhuṁk *(g. do o.)*: śodhuṁk, śodhûn kâḍhuṁk.

Desencantoar, *v. t.* koṇsyâṁtlo kâḍhuṁk,- uṭhauṁk.

Desencanudar, desencaracolar, *v. t.* vaḷ kâḍhuṁk (*g. do o.*)

Desencapellar, *v. t.* khoḷ kâḍhuṁk (*g. do o.*) ‖ *v. i.* thaṁḍ jâvuṁk (daryâ).

Desencarcerar, *v. t.* baṁdkhaṇîṁtlo soḍauṁk. ‖ *v. r.* sutuṁk.

Desencardir, *v. t.* dhuvuṁk, nitaḷ karuṁk.

Desencarecer, *v. t.* savây karuṁk; deṁvauṁk, uṇâvuṁk. ‖ *v. i.* savây jâvuṁk; deṁvuṁk.

Desencarquilhar, *v. t.* miryo kâḍhuṁk (*g. do o.*)

Desencarregar, *v. t.* suṭkâ divuṁk (*d. do o.*), sûṭ-, mekhḷo karuṁk.

Desencarreirar; *v. t. V.* DESCARREIRAR.

Desencarretar, *v. t.* gâḍyâvaylo kâḍhuṁk.

Desencarrilhar, *v. t. V.* DESCARRILAR.

Desencascar, *v. t.* ghâṁsûn dhuvuṁk.

Desencasquetar, *v. t.* takleṁtleṁ kâḍhuṁk.

Desencastellar, *v. t.* koṭṭâṁtlo bhâyrâvuṁk,- bhâyr ghâluṁk; ḍâḷ-, peḷo moḍuṁk (*g. do o.*)

Desencastoar, *v. t.* mûṭh nikḷâvuṁk (*g. do o.*)

Desencatarrhar, *v. t.* bârkaṇ barî karuṁk (*g. do o.*)

Desencavilhar, *v. t.* vâghî-, taḍas kâḍhuṁk (*g. do o.*)

Desencerar, *v. t.* meṇ-, meṇteḷ kâḍhuṁk (*g. do o.*)

Desencerramento, *s. m.* soḍṇî; ughaḍṇî *f.*

Desencerrar, *v. t.* soḍuṁk; (*fig.*) ughḍuṁk, ughṭo karuṁk. ‖ *v. r.* suṭuṁk, sûṭ jâvuṁk suṭkâ meḷuṁk (*d. do s.*); (*fig.*) dishṭî paḍuṁk.

Desencharcar, *v. t.* koṁḍâṁtlo,- khâtaṇâṁtlo kâḍhuṁk.

Desenclaustrar, *v. t.* maṭhâṁtlo kâḍhuṁk.

Desencobrir, *v. t. V.* DESCOBRIR.

Desencolerizar, *v. t.* râg nivḷâvuṁk (*g. do o.*), śamanâ karuṁk.

Desencolher, *v. t.* pâtḷâvuṁk, soḍuṁk. ‖ *v. r.* pâtḷuṁk, nîṭ-, sâṁko jâvuṁk; (*fig.*) huśâr-, suḍsuḍît jâvuṁk.

Desencolhimento, *s. m.* pâtaḷṇî; huśârkî *f.*

Desencommendar, *v. t.* karuṁk lâylaleṁ nâkâ mhaṇuṁk, phirauṁk, partuṁk.

Desenconchar, *v. t.* karlâvuṁk. ‖ *v. r.* karlâṁtlo bhâyr saruṁk.

Desencontrar, *v. t.* chukmukhî karuṁk (*g. do o.*) ‖ *v. i.* nâ lâguṁk, sarî nâ jâvuṁk. ‖ *v. r.* chukuṁk, chukmukhî jâvuṁk (*g. do s.*); (*fig.*) napaḍuṁk, parto jâvuṁk.

Desencontro, *s. m.* chukmukhî; (*fig.*) napaḍ, aṁtar *f.*

Desencordoar, *v. t.* târ kâḍhuṁk (*g. do o.*) ‖ *v. i.* ubgaṇ vachuṁk (*g. do s.*), toṁḍ nitaḷ jâvuṁk.

Desencorporação, *s. f.* vighaḍ *m.*, viskaṭṇî *f.*

Desencorporar, *v. t.* vighaṭuṁk, viskaṭâvuṁk.

Desencortiçar, *v. t. V.* DESENRUGAR.

Desencoscorar, *v. t.* khavḷo kâḍhuṁk (*g. do o.*)

Desencostar, *v. t.* teṁkyâcho kâḍhuṁk. ‖ *v. r.* sarkuṁk, ubho râvuṁk; kuśîn saruṁk.

Desencovar, *v. t.* ḍholîṁtlo-, biḷâṁtlo kâḍhuṁk.

Desencravar, *v. t.* nikḷâvuṁk, koṁchauṁk; uklâṁbauṁk.

Desencrespar, *v. t.* suḷsuḷît-, tuḷtuḷît karuṁk. ‖ *v. r.* sâṁko-, suḷsuḷît jâvuṁk. ‖ — *o mar*, daryâ thaṁḍ-, śamanâ jâvuṁk.

Desencurralar, *v. t.* goṭhyâṁtlo bhâyr kâḍhuṁk.

Desendeusar, *v. t.* dev mhaṇ nâ mânuṁk,- lekhuṁk.

Densendividar, *v. t.* riṇâṁtlo nivrâvuṁk. ‖ *v. r.* riṇâṁtlo suṭuṁk.

Desenfadamento, desenfado, *s. m.* śaman *n.*, śâṁti *f.*; visâvo *m.*, kuśâlî *f.* ‖ *Por desenfado*, kuśâlek.

Desenfadar, *v. t.* visâvuṁk, saṁtoshâvuṁk. ‖ *v. r.* visavuṁk, saṁtoshuṁk, kheḷuṁk.

Desenfaixar, *v. t.* âṁgoṭyo kâḍhuṁk (*g. do o.*) ‖ *v. r.* bâṁd soḍuṁk.

Desenfardar, *v. t.* muḍyâṁtlo soḍuṁk (*g. do o.*)

Desenfastiar, *v. t.* viṭ kâḍhuṁk (*g. do o.*), rûch hâḍuṁk (*d. do o.*); (*fig.*) hâṁsauṁk, kheḷauṁk.

Desenfeitar, *v. t.* muṁḍhuṁk, luṁḍuṁk, muṁḍho karuṁk.

Desenfeitiçar, *v. t. V.* DESENCANTAR.

Desenfeixar, *v. t.* bharo soḍuṁk (*g. do o.*), bharyâṁtlo kâḍhuṁk.

Desenferrujar, *v. t.* tâmb-, kalam kâḍhumk *(g. do o.)*; *(fig.)* śikaumk, rahâṭaumk; ujḷumk. ‖ *v. r.* tâmb vachumk *(g. do s.)*; *(fig.)* ujḷomk.

Desenfezar, *v. t.* mûr kâḍhumk *(g. do o.)*; *(fig.)* posaumk, mâtaumk. ‖ *v. r.* posomk, mâtumk.

Desfiar, *v. t.* dâgyâmtlo-, doryâmtlo kâḍhumk. ‖ *v. r.* dâgyâmtlo yevumk; pelyân sarumk.

Desenforcar, *v. t.* gaḷâcho soḍumk.

Desenfornar, *v. t.* bhâṭṭiyemtlo kâḍhumk.

Desenfreado, *a.* phaṭîmg, lâvko, pâmprel.

Desenfreamento, *s. m.* pâmprelpaṇ *n.*, lampaṭây, nirmaryâd *f.* ‖ *V.* DESCARAMENTO.

Desenfrear, *v. t.* lagam kâḍhumk *(g. do o.)* ‖ *v. r.* lagam suṭumk,- yevumk *(g. do s.)*; *(fig.)* tavkyân-, tuṭûn vachumk; chaḍhumk, phaḍphaḍumk; pâmprel-, nirmaryâdî jâvumk.

Desenfronhar, *v. t.* gavsaṇî kâḍhumk *(g. do o.)*

Desenfurecer, *v. t.* kaḍkaḍo-, kîmv demvaumk *(g. do o.)*, śamanâ karumk. ‖ *v. r.* kaḍh-, krodh demvumk *(g. do s.)*, thamḍ jâvumk.

Desenfuscar, *v. t.* ujḷumk, tejvamt karumk.

Desengaçador, *s. m.* kaḍsarî *f.*

Desengaçar, *v. t.* (dâkho) pisuḍumk, burḍumk; *(fig.)* raksumk.

Desengaço, *s. m.* (dâkhâmchî) pisuḍṇî, buraḍṇî *f.*

Desengaiolar, *v. t.* pâmjryâmtlo soḍumk. ‖ *v. r.* suṭumk.

Desengajar, *v. t.* khamḍ-, bolî moḍumk *(g. do o.)*

Desenganado, *a.* aṇbhoglalo, nirbhram. ‖ *V.* FRANCO.

Desenganador, *a.* aṇbhogâvṇo, bhûl kâḍhcho.

Desenganar, *v. t.* chukîmtlo-, bhulîmtlo-, bhramâmtlo kâḍhumk, nirbhram karumk, aṇbhogâvumk, ḍoḷe ughḍumk *(g. do o.)* ‖ *v. r.* aṇbhogumk, nirbhram jâvumk, śiḍkâvomk.

Desengachar, *v. t.* âmkḍo kâḍhumk *(g. do o.)*

Desengano, *s. m.* chukîmtlo kâḍhṇem *n.*; nirbhram *m.*, nirbhrâmti, jâṇvây *f.*; aṇbhog *m.*, śiḍkâvṇî *f.*

Desengarrafar, *v. t.* maḍtelâmtlo kâḍhumk,- otumk.

Desengasgar, *v. t.* śirkalalem kâḍhumk *(g. do o.)*

Desengastar, *v. t.* komchaumk, nikḷâvumk, gaḷgaḷâvumk.

Desengatar, *v. t.* soḍumk.

Desengatilhar, *v. t.* kâmv oḍhumk *(g. do o.)*, mârumk, soḍumk.

Desengenhoso, *a.* abhuddhi, mûḍh, mûrkh; hikmat nâslalo.

Desenglobar, *v. t.* vighaṭumk, soḍaumk.

Desengodar, *v. t.* bhûl kâḍhumk *(g. do o.)*

Desengolfar, *v. t.* khâḍîmtlo kâḍhumk; *(fig.)* mârgâr hâḍumk.

Desengommar, *v. t.* boḷ, -gom kâḍhumk *(g. do o.)*

Desengoçado, *a.* gavaḷlalo; khiḷkhiḷit.

Desengoçar, *v. t.* gavḷâvumk; (sâmdhe) nikḷâvumk. ‖ *v. r.* gavḷumk, pelyân sarumk, sarkumk; *(fig.)* âmg moḍumk, moḍî karumk.

Desengoço, *s. m.* gavaḷṇî *f.*

Desengordar, *v. t.* bhâgaumk. ‖ *v. i.* bhâgumk.

Desengordurar, *v. t.* vas-, charab kâḍhumk *(g. do o.)*

Desengraçado, *a.* śobhrobh-, daśâ nâslalo, karḍo, châṭo, nirâkâr amamgaḷ; *(fig.)* rûch nâslalo, châchûr.

Desengraçar, *v. t.* śobh-, daśâ kâḍhumk *(g. do o.)* ‖ *v. i.* barem nâ lâgumk,- nâ disumk *(d. do s.)*

Desengrandecer, *v. t.* lahân-, uṇo karumk, haḷuvaṭumk.

Desengrazar, *v. t.* gumthlalo nikḷâvumk.

Desengrenhar, *v. t.* (kems) mekḷâvumk, soḍumk.

Desengrinaldar, *v. t.* jhelo kâḍhumk *(g. do o.)*

Desengrossar, *v. t.* *V.* ADELGAÇAR.

Desengrumar, *v. t.* guṭhlyo viraumk,- phâmsḷâvumk.

Desenguiçar, *v. t.* dishṭ kâḍhumk *(g. do o.)* ‖ *v. r.* dishṭ vachumk *(g. do s.)*

Desengulhar, *v. t.* omkâro-, kâlavṇî thâmbaumk *(g. do o.)*

Desenhador, *s. m.* chitârî, âkârî, nakśo kâḍhtalo.

Desenhar, *v. t.* kâḍhumk, âmkumk, âkârumk, chitrumk *ou* chitârumk. ‖ *v. i.* nakśo-, âkâr kâḍhumk. ‖ *v. r.* âkâr baro disumk *(g. do s.)*; *(fig.)* nihâḷomk, âṭhavumk.

Desenho, *s. m.* kâḍhṇî, âmkṇî *f.*, âkâr, nakśo *m.*, chitr *n.* ‖ *V.* PROJECTO.

Desenjoar, *v. t.* vîṭ kâḍhumk *(g. do o.)* ‖ *V.* DESENFADAR.

Desenjoativo, *a.* vîṭ kâḍhcho, rûch hâḍcho. ‖ *s. m.* tomḍâklâvuṁchem *n.*

Desenlançamento, *s. m.* phâsâṁtlo soḍṇem,- suṭṇem *n.*

Desenlaçar, *v. t.* phâsâṁtlo soḍuṁk,- mekhḷâvuṁk; *(fig.)* ughḍâpo karuṁk, phoḍuṁk. ‖ *v. r.* suṭuṁk.

Desenlace, *s. f.* suṭṇî *f.*; *(fig.)* aṁtyamaṁgal *n.*

Desenlamear, *v. t.* chikal kâḍhuṁk,- pusuṁk *(g. do o.)*

Desenlear, *v. t.* soḍauṁk, soḍuṁk; *(fig.)* nivâruṁk, vâṭâvuṁk. ‖ *v. r.* suṭuṁk; vâṭâvoṁk.

Desenleio, *s. m.* soḍauṇî, suṭṇî *f.*

Desenlevar, *v. t.* ullâsâṁtlo kâḍhuṁk.

Desenlodar, *v. t.* bâṁbrâṁtlo kâḍhuṁk; bâṁbar pusuṁk *(g. do o.)*

Desenlouquecer, *v. t.* pisây barî karuṁk *(g. do o.)* ‖ *v. i.* pisây vachuṁk *(g. do s.)*

Desenlutar, *v. t.* bujauṁk, bujvaṇ divuṁk *(d. do o.)* ‖ *v. r.* kâḷeṁ kâḍhuṁk; *(fig.)* khuśî-, nitaḷ jâvuṁk.

Desennastrar, *v. t.* doro-, nâḍo soḍuṁk *(g. do o.)*

Desennatar, *v. t.* sâî kâḍhuṁk *(g. ou l. sup. do o.)*

Desennegrecer, *v. t.* kâḷsâṇ kâḍhuṁk *(g. do o.)*, dhavo karuṁk.

Desennevoar, *v. t.* kupâṁ kâḍhuṁk,- ubhauṁk *(g. do o.)*

Desennobrecer, *v. t.* kuḷiyeṁtlo deṁvauṁk; uṇo-, halkọ karuṁk.

Desennodoar, *v. t.* khaṭâṁ kâḍhuṁk *(g. do o.)*

Desennojar, *v. t.* vîṭ-, kâṁṭâṭo kâḍhuṁk *(g. do o.)*

Desennovellar, *v. t.* (guḷî) usauṁk, soḍuṁk.

Desennubiar, *v. t. V.* DESANNUVIAR.

Desenraiar, *v. t.* âḍeṁ-, pâchâreṁ kâḍhuṁk *(g. do o.)*

Desenraivecer, *v. t.* śamanâvuṁk, samjâvuṁk. ‖ *v. i. e r.* thaṁḍ-, śamanâ jâvuṁk, râg nivḷuṁk *(g. do s.)*

Desenraizar, *v. t. V.* DESARRAIGAR.

Desenramar, *v. t.* âḍos-, vistâr mâruṁk *(g. do o.)*

Desenrascar, *v. t. V.* DESEMBARAÇAR.

Desenredador, *s. m.* usauṇâr.

Desenredar, *v. t.* usauṁk, ugauṁk, soḍauṁk, mekhḷâvuṁk. ‖ *v. r.* suṭuṁk, mekhḷo jâvuṁk.

Desenredo, *s. m.* usauṇî, soḍauṇî *f.* ‖ *V.* DESENLACE.

Desenregelar, *v. t. V.* DESCONGELAR.

Desenriçar, *v. t.* ugauṁk, kisauṁk; suḷsuḷît karuṁk.

Desenrijar, *v. t.* maû karuṁk. ‖ *v. i. e r.* maû jâvuṁk.

Desenriquecer, *v. t.* dubḷo karuṁk. ‖ *v. i. e r.* dubḷo jâvuṁk.

Desenrodilhar, *v. t.* usauṁk, soḍuṁk.

Desenrolar, *v. t.* usauṁk, viskaṭâvuṁk, ughṭo karuṁk; *(fig.)* arthuṁk, vivaruṁk. ‖ *v. r.* usavuṁk, ughṭo jâvuṁk; *(fig.)*, vistâroṁk, pasroṁk.

Desenroscar, *v. t.* vaḷ kâḍhuṁk *(g. do o.)*, ubho-, nîṭ karuṁk. ‖ *v. r.* vaḷ vachuṁk,- suṭuṁk *(g. do s.)*

Desenroupar, *v. t.* âṁgvastrâṁ kâḍhuṁk *(g. do o.)*

Desenrouquecer, *v. t.* ṭâḷo soḍuṁk *(g. do o.)* ‖ *v. i.* ṭâḷo suṭuṁk *(g. do s.)*

Desenrugar, *v. t.* miryo kâḍhuṁk *(g. do o.)* ‖ *v. r.* miryo vachuṁk.

Desensaccar, *v. t.* goṇâṁtlo kâḍhuṁk.

Desensandecer, *v. t. V.* DESENLOUQUECER.

Desensanguentar, *v. t.* ragat dhuvuṁk,- pusuṁk *(g. do o.)*

Desensebar, *v. t.* charab-, vas kâḍhuṁk *(g. do o.)*

Desensinar, *v. t.* visar ghâluṁk *(d. do o.)*, visrâvuṁk; parteṁ śikauṁk.

Desensino, *s. m.* visrâvṇî, visar *f.*

Desensoberbecer, *v. t.* garv-, phaḍâ moḍuṁk *(g. do o.)* ‖ *v. r.* garv moḍoṁk *(g. do s.)*

Desensombrar, *v. t.* sâvḷecho-, sâvaṭâcho kâḍhuṁk.

Desensopar, *v. t.* sukauṁk, vâḷgauṁk vâḷgat ghâluṁk.

Desensurdecer, *v. t.* bherepaṇ bareṁ karuṁk *(g. do o.)*.

Desentabolar, *v. t.* (âḍâylaleṁ) soḍuṁk, baṁd karuṁk.

Desentalar, *v. t.* kâṁbaṭâṁtlo soḍauṁk; *(fig.)* goṁdhḷâṁtlo vâṭâvuṁk, aḍchaṇeṁtlo kâḍhuṁk. ‖ *v. r.* suṭuṁk, vâṭâvoṁk.

Desentender, *v. t.* nâ samjuṁk; saṁjanâseṁ karuṁk.

Desentendidamente, *adv.* chitt dî nâstânâ.

Desentendido, *a.* saṁjanâslalo. ‖ *Fazer-se* —, saṁjanâso karuṁk, ḍoḷe dhâṁpuṁk.

Desentendimento, *s. m. V.* ESTUPIDEZ.

Desenterramento, *s. m.* ustaṇî.

Desenterrar, *v. t.* ustuṁk; bhâyr kâḍhuṁk.

Desenterroar, *v. t.* pûḍ karuṁk *(g. do o.)*, kuṭuṁk.

Desentesar, *v. t.* dil karuṁk, dilâvuṁk, saḍaḷâvuṁk.

Desenthesoirar, *v. t.* ṭhevyâṁtlo kâḍhuṁk; *(fig.) V.* DESCOBRIR.

Desenthronizar, *v. t. V.* DESTHRONIZAR.

Desentoação, *s. f.*, **desentoamento,** *s. m.* apsvar *m.*

Desentoadamente, *adv.* apsvarîṁ.

Desentoado, *a.* besûr, badsûr.

Desentoar, *v. i.* apsvar karuṁk. ‖ *V.* DESPROPOSITAR.

Desentonar, *v. t.* garv moḍuṁk.

Desentorpecer, *v. t.* vaḷ kâḍhuṁk *(g. do o.)*, soḍuṁk; *(fig.)* suḍsuḍit-, husâr karuṁk. ‖ *v. r.* suṭuṁk: *(fig.)* suḍsuḍit jâvuṁk.

Desentorpecimento, *s. m.* suṭṇî *f.*

Desentrançar, *v. t.* soḍuṁk, mekhḷo karuṁk.

Desentranhar, *v. t.* âṁtâṁ kâḍhuṁk *(g. do o.)*; poṭâṁtlo kâḍhuṁk; *(fig.)* phoḍuṁk, ughḍâpo karuṁk.

Desentravar, *v. t.* soḍuṁk, mekhḷâvuṁk. ‖ *V.* DESTRAVAR.

Desentristecer, *v. t.* khuśî-, śamanâ karuṁk, śamanâvuṁk. ‖ *v. r.* śamanâ-, khuśî jâvuṁk.

Desentroixar, *v. t.* poṭliyeṁtlo kâḍhuṁk.

Desentulhar, *v. t.* purṇî-, bhar kâḍhuṁk *(g. do o.)*

Desentulho, *s. m.* purṇî-, bhar kâḍhṇeṁ *n.*

Desentupir, *v. t.* ughṭo karuṁk, ughḍuṁk.

Desenvasar, *v. t.* chiklâṁtlo kâḍhuṁk; ḍhakluṁk.

Desenvasilhar, *v. t.* âydanâṁtlo otuṁk.

Desenvenenar, *v. t.* vikh ṇivḷâvuṁk *(g. do o.)*

Desenvergar, *v. t.* kavḷuṁk; kâḍhuṁk.

Desenvernizar, *v. t.* rogaṇ kâḍhuṁk *(g. do o.)*

Desenviezar, *v. t.* ubho-, niṭ karuṁk, niṭâvuṁk.

Desenvincilhar, *v. t.* veṁṭo kâḍhuṁk *(g. do s.)*; *(fig.)* soḍuṁk. ‖ *v. i.* suṭuṁk.

Desenviscar, *v. t.* pâṁkâṁtlo kâḍhuṁk, soḍauṁk.

Desenvoltamente, *adv.* bhîḍ nâstânâ, nirmaryâdîṁ.

Desenvolto, *a.* saḍsaḍît, śitâḷ, pâṭhphuḍo nâslalo; huḷhuḷo, phiṭphiṭo; nirmaryâdî, bhîḍ nâslalo, pojḍo.

Desenvoltura, *s. f.* śitâḷî, saḍsaḍitây *f.*; huḷhuḷepaṇ *n.*; nirmaryâd, nirbhîḍ, laṁpaṭây *f.*

Desenvolução, *s. f. V.* DESENVOLVIMENTO.

Desenvolvente, *a.* vâḍhauṁcho, sudhârto.

Desenvolver, *v. t.* vâḍhauṁk, mâtauṁk, vistâruṁk; chaḍhauṁk, sudhâruṁk; viskaṭâvuṁk, vivaruṁk. ‖ *v. r.* vâḍhuṁk, vistâroṁk; chaḍhuṁk, sudhâroṁk; pasroṁk.

Desenvolvimento, *s. m.* vâḍhap *n.*, vâḍhâvaḷ *f.*; chaḍhap *n.*, pasar *m.*; sudhârṇî *f.*

Desenxabido, *a.* châchûr, niras, nisvâdik, chappo, pachpachît; *(fig.)* śobhrobh nâslalo.

Desenxofrar, *v. t.* gaṁdhak kâḍhuṁk *(g. do o.)*; *(fig.) V.* DESAGASTAR.

Desequilibrado, *a.* samtol nâslalo; *(fig.)* taklî sâṁkî nâslalo.

Desequilibrar, *v. t.* samtol moḍuṁk *(g. do o.)*

Desequilibrio, *s. m.* asamtol *m.*

Deserção, *s. f.* tyâg *m.*, sâṁḍṇî; phiturî *f.*, phitûrpaṇ *n.*

Desertar, *v. t.* pâḍ- nirjaṇ-, osâḍ karuṁk; sâṁḍuṁk, soḍuṁk, tyâguṁk. ‖ *v. i.* śipâykî sâṁḍuṁk, paḷûn vachuṁk, phituroṁk.

Deserto, *a.* nirjaṇ, pâḍ, osâḍ. ‖ *s. m.* rân, araṇeṁ, ayrâṇ, jaṁgaḷ, jaḷmaḷ *n.*

Desertor, *s. m.* paḷûn gelalo śipây, paḷpaṭo, phitûr.

Desesperação, *s. f.* abharvâṁso, bebharvâṁso *m.*, nirâśâ *f.*; kaḍh, krodh *m.* ‖ *V.* CONTRARIEDADE.

Desesperadamente, *adv.* mîtmer nâstânâ, mâṇsugevîṇ.

Desesperado, *a.* nirâśî, abharvaṁsî, âśâ nâslalo; kaḍak, jhaḍjhaḍît, saḍik. ‖ *V.* ARREBATADO.

Desesperança, *s. f.* abharvâṁso, duḥśvâs *m.*

Desesperançar, *v. t.* âs-, bharvâṁso kâḍhuṁk *(g. do o.)*

Desesperar, *v. t.* âśâ soḍuṁk lâvuṁk, nirâśî karuṁk; jiv khâvuṁk *(g. do o.)*, ragat kaḍhauṁk *(g. do o.)*, kimârkaruṁk. ‖ *v. i.* âśâ-, bharvâṁso sâṁḍuṁk,- soḍuṁk. ‖ *v. r.* kaḍhuṁk, phaḍphaḍuṁk, dhaḍbaḍuṁk.

Desespero, *s. m.* âśâbhaṁg, nirâśecho kaḍkaḍo *m.*, phaḍphaḍṇî, dhaḍbaḍṇî, dhaḍbaḍ *f.*

Desesteirar *v. t.* ḍâḷyo-, mâṁdryo kâḍhuṁk *(g. do o.)*

Desestima, desestimação, *s. f.* bemân *m.*, beparvâ *f.*

Desestimador, *a. e s. m.* bemânî, beparvî.

Desestimar, *v. t.* bemânuṁk, beparvâ karuṁk *(g. do o.)*

Desfabricar, *v. t.* moḍuṁk, koṁsḷâvuṁk.

Desfaçado, *a. V.* DESCARADO.

Desfaçatez, *s. f. V.* DESCARAMENTO.

Desfalcar, *v. t.* uṇâvuṁk, deṁvauṁk; nuskân divuṁk *(d. do o.)*, hât mâruṁk *(d. do o.)*

Desfallecer, *v. t.* meṁgâvuṁk, aśaktâvuṁk, jîv kâḍhuṁk *(g. do o.)* ‖ *v. i.* narmuṁk, moḍon paḍuṁk, kâṁtruṁk, kânśiruṁk, roguṁk; *(fig.)* maû, phiko jâvuṁk, mâvḷuṁk.

Desfallecido, *a.* meṁgo, aśakt, askat; phiko, nistej.

Desfallecimento, *s. m.* aśaktây, saṁkîrṇây, kâṁtarṇî *f.*, meṁgepaṇ *n.*

Desfalque, *s. m.* tûṭ *f.*, nuskân *n.*, uṇâv, toṭo *m.*

Desfarelar, *v. t.* kuṁḍo kâḍhuṁk *(g. do o.)*, âsḍuṁk.

Desfastio, *s. f.* vîṭ nâsneṁ *n.*, rûch; *(fig.)* kuśâlî, mauj *f.* ‖ *Por* —, maujek, veḷ kâḍhuṁk.

Desfavor, *s. m.* aprasâd, nishkurpâ *f.*, anupkâr *m.*

Desfavoravel, *a.* abhadr, aprasann; virodhî, âḍ, parto.

Desfavoravelmente, *adv.* virodhîṁ, âḍ.

Desfavorecedor, *a. e s. m.* nirâdhârtalo.

Desfavorecer, *v. t.* âdhâr-, majat nâ divuṁk *(d. do o.)*, nirâdhâruṁk, viruddhuṁk.

Desfazedor, *a.* moḍtalo, viskaṭṭalo. ‖ *s. m.* nirduḥkhî, kuṭâḷo.

Desfazer, *v. t.* usauṁk, viskaṭâvuṁk, nikḷâvuṁk; moḍuṁk, pheḍuṁk. ‖ *V.* DISSOLVER. ‖ *v. i.*. mân kâḍhuṁk, nâṁv ubhauṁk. ‖ *v. r.* usavuṁk, viskaṭuṁk, nikḷuṁk, bighḍuṁk; moḍoṁk; saruṁk. ‖ *V.* DESEMBARAÇAR-SE.

Desfear, *v. t. V.* AFEAR.

Desfechar, *v. t.* ughḍuṁk; soḍuṁk, mâruṁk. ‖ *v. i. e r.* suṭuṁk.

Desfecho, *s. m.* vastu, saṁvidhanak *n.*

Desfeita, *s. f.* akmân, anâdar *m.*, niṁdâ *f.*

Desfeiteador, *s. m.* akmânî, niṁdâkâr, anâḍarî.

Desfeitear, *v. t.* akmân karuṁk, apmânuṁk, niṁduṁk.

Desfeito, *a.* moḍlalo, nikaḷlalo. ‖ — *em pranto*, duḥkhâṁnîṁ bharlalo. ‖ *V.* DESFIGURADO.

Desferir, *v. t.* (śiḍâṁ) usauṁk, soḍuṁk; *brandir:* ubhrâvuṁk; *vibrar cordas:* vâjauṁk; *emittir:* soḍuṁk, mâruṁk; *abrir:* ughḍuṁk. ‖ *v. i.* hâṁkâroṁk.

Desferrar, *v. t.* nâl nikḷâvuṁk *(g. do o.)*; (śiḍâṁ) soḍuṁk. ‖ *v. r.* nâl gaḷuṁk *(g. do s.)*

Desferrolhar, *v. t. V.* DESAFERROLHAR.

Desfervoroso, *a.* umâḷo nâṣlalo.

Desfiadura, *s. f.* sutâṁ kâḍhneṁ *n.*, kisauṇî *f.*

Desfiar, *v. t.* sutâṁ kâḍhuṁk *(g. do o.)*, viskaṭâvuṁk, kisauṁk; bârkâyen sâṁguṁk. ‖ *v. i.* dhârîn vâhvuṁk. ‖ *v. r.* sutâṁ jâvuṁk *(g. do s.)*

Desfiguração, *s. f.* vikâr *m.*, vikṛiti *f.*; rûpbhaṁg *m.*

Desfigurado, *a.* vikârî, vikṛit.

Desfigurar, *v. t.* vikruṁk, âkâr badluṁk *(g. do o.)*; vidrûp-, kurûp karuṁk, rûp-, śobh kâḍhuṁk *(g. do o.)*; sâtpâṁch karuṁk *(g. do o.)*, ḍevśe lâvuṁk *(d. do o.)* ‖ *v. r.* sayâ partoṁk,-vachuṁk *(g. do s.)*, vikaṭ jâvuṁk.

Desfilada, *s. f.* hârîṁnîṁ chalṇeṁ *n.* ‖ *Correr á* —, pher-, pheray mâruṁk.

Desfiladeiro, *s. m.* daro, ghol *m.*, pâj *f.*

Desfilar, *v. i.* hârîṁnîṁ chaluṁk; pâṭhâpâṭhî vachuṁk.

Desfilhar, *v. t.* phâṁṭe moḍuṁk,-taḷsuṁk *(g. do o.)*

Desfitar, *v. t.* (ḍoḷe) partuṁk, dishṭ kâḍhuṁk *(l. sup. adj. do o.)*

Desflorar, *v. t.* *(e deriv.)* *V.* DEFLORAR.

Desflorecer, desflorir, *v. i.* phulâṁ gaḷuṁk,- jhaḍuṁk *(g. do s.)*; *(fig.)* bâvuṁk, nistej jâvuṁk.

Desflorecimento, *s. m.* jhaḍṇî, gaḷṇî *f.*; *(fig.)* nishkaḷaṁkpaṇâcho nâś *m.*

Desflorido, *a.* phulâṁ jhaḍlalo.

Desfolha, desfolhação, *s. f.* pânâṁ gaḷneṁ,- burḍineṁ *n.*

Desfolhada, *s. f.*, **desfolho**, *s. m.* *V.* DESCAMISADA.

Desfolhador, *a. e s. m.* burḍitalo, buraḍṇâr.

Desfolhadura, *s. f.* buraḍṇî, pisuḍṇî, taḷasṇî *f.*

Desfolhar, *v. t.* burḍuṁk, pisuḍuṁk, taḷsuṁk. ‖ *V.* DESCAMISAR. ‖ *v. r.* jhaḍoṁk, gaḷuṁk.

Desforçado, *a.* sûḍ ghetlalo; phârîkpaṇ dilalo; *(fig.) V.* ANIMOSO.

Desforçador, *s. m.* sûḍ ghetalo.

Desforçar, *v. i. e r.* sûḍ-, bharûn ghevuṁk, pratiphaḷ divuṁk.

Desforço, *s. m.* phârîkpaṇ, pratiphaḷ *n.*, sûḍ *m.*

Desforra, *s. f.* hâtâsṇî *f.*; pratikarm *n.*, sûḍ *m.*

Desforrar, *v. t.* phorr- astar kâḍhuṁk *(g. do o.)*; hâtâsuṁk, ubheṁ karuṁk; bharûn ghevuṁk, bâd karuṁk. ‖ *v. r.* sûḍ-, phârîkpaṇ ghevuṁk.

Desfortuna, *s. f. V.* INFELICIDADE.

Desfraldar, *v. t.* usauṁk, ughḍuṁk.

Desfranzir, *v. t.* (miryo) kâḍhuṁk.

Desfrechar, *v. t. e i.* bhâlî-, śar mâruṁk,- soḍuṁk.

Desfructador, *a. e s. m.* bhogtalo, bhogṇâr; lâṁbto; phakâṁḍâṁ kartalo, keṁḍtalo.

Desfructar, *v. t.* bhoguṁk; dusryâchyâ kustâr jiyevuṁk; keṁḍuṁk, thuklâvuṁk.

Desfructe, *s. m.* bhogâvaḷ; keṁḍṇî, thuklâvṇî *f.*

Desfundar, *v. t.* poṁd kâḍhuṁk-, nikḷâvuṁk *(g. do o.)*

Desgabar, *v. t. V.* DEPRECIAR.

Desgalante, *a. V.* DESCORTEZ.

Desgalgar, *v. t.* kadsyâvaylyân uḍauṁk. ‖ *v. r.* dhâṁvîm ḍeṁvuṁk.

Desgalhar, *v. t.* phâṁṭe kâtruṁk *(g. do o.)*, khâṁdyo koṁchauṁk *(g. do o.)*, boḍkâvuṁk.

Desgarrada, *s. f.* vâḍhâvaḍhîcheṁ gâyan *n.*

Desgarradamente, *adv.* . âkâr-, mîtmer nâstânâ.

Desgarrado, *a.* sâṁḍlalo; *(fig.)* suṭo, mekhḷo.

Desgarrão, *a.* kaḍsarâytalo.

Desgarrar, *v. t.* kaḍsarâvuṁk, pelyân kâḍhuṁk. ‖ *v. i. e r.* kaḍsaruṁk; hiṁḍâṁtlo pelyân saruṁk,- sâṁḍuṁk. ‖ — *de um porto,* hâṁkâroṁk.

Desgarre, *s. m.* suḍsuḍitây *f.*, suḍsuḍitpaṇ *n.*

Desgastar, *v. t.* jharauṁk. ‖ *v. r.* jharuṁk.

Desgasto, *s. m.* jharṇî *f.*

Desgostar, *v. t.* rûch-, khuśî kâḍhuṁk *(g. do o.)*, kâṁṭâḷâvuṁk, rusauṁk; ubgauṁk, vâj hâḍuṁk *(d. do o.)*; duḥkh-, khaṁt divuṁk *(d. do o.)*, trâsuṁk. ‖ *v. i.* vâyṭ-, baro nâ disuṁk,- lâguṁk *(d. do s.)*, nâ mânoṁk *(d. do s.)* ‖ *v. r.* rûch nâsuṁk *(d. do s.)*, vâyṭ disuṁk *(d. do s.)*, kâṁṭâḷuṁk, vîṭ disuṁk *(d. do s.)*; ubgoṁk; râgevuṁk; rusuṁk, khaṁt bhogoṁk *(d. do s.)*

Desgosto, *s. m.* disgost *m.*, duḥkh, khaṁt, nâkhuśî, atushṭi *f.*, śok, asaṁtosh, viklab *m.*, asamâdhân *n.*; kâṁṭâḷo *m.*, vîṭ, ubgaṇ, nasây, arûch *f.*, vipriya *n.* ‖ *A* —, khuśebhâyr.

Desgostosamente, *adv.* khuśebhâyr, jivâr yevûn; ubgon, vâjevûn.

Desgostoso, *a.* duḥkh bhoglalo, khaṁtîbharit, nâkhûs, atushṭ, niras; kâṁṭâḷlalo, vâjelalo.

Desgovernadamente, *adv.* âkâr nâstânâ, maryadîvîṇ.

Desgovernado, *a.* maryâd nâslalo; vîḍhḷo, vechîk.

Desgovernar, *v. t.* vâṁkḍo chalauṁk; vâṭek lâvuṁk, vechuṁk. ‖ *v. r.* vâṁkḍo chaluṁk, maryâd,- ravîs nâsuṁk *(d. do s.)*

Desgoverno, *s. m.* vâyṭ jâvoṇî *f.*, tirrâj *n.*; vîḍh *f.*

Desgraça, *s. f.* nashṭ, nirbhâg, abhâgyeṁ, akalyâṇ, asukh *n.*, avdaśâ, durgati, apad *f.*, hâl *m.* ‖ *V.* MISERIA.

Desgraçadamente, *adv.* avdaśîṁ, durgatîn.

Desgraçado, *a.* nirbhâgî, abhâgî, akalyâṇî, asukhî, kâpalphuṭko; dagdagî; kanishṭh, daḷdiro.

Desgraçar, *v. t.* nirbhâgî-, kanishṭh karuṁk, ghât ghevuṁk *(g. do o.)* ‖ *v. r.* daḷdiro jâvuṁk.

Desgracioso, *a. V.* DESENGRAÇADO.

Desengrenhado, *a.* mekhḷo (keṁs); jhoṁṭâḷo; *(fig.)* vâṁkḍo, akram.

Desengrenhar, *v. t.* mekhḷâvuṁk, jhoṁṭâṁ karuṁk *(g. do o.)*

Desgrudar, *v. t.* usauṁk, nikḷâvuṁk.

Desguarnecer, *v. t.* mekhḷâvuṁk, sâj kâḍhuṁk *(g. do o.)*

Desguedelhar, *v. t.* mekḷo ghâḷuṁk (keṁs), nâ ugauṁk.

Deshabitado, *a.* nirjaṇ, pâḍ.

Deshabitar, *v. t.* nâ râvuṁk *(g. do o.)*, soḍuṁk.

Deshabituar, *v. t.* saṁvay moḍuṁk *(g. do o.)*

Desharmonia, *s. f.* apsvar, besûr *m.; (fig.)* phâṁṭ *f.*, dusaṁg *n.*, vighaḍ *m.*

Desharmonico, *a.* besûr.

Desharmonizar, *v. t.* besûr karuṁk; *(fig.)* dusaṁgauṁk, kuṁs lâvuṁk *(d. do o.)*, aṁtrâvuṁk.

Desherdação, *s. f.* dây kâḍhṇeṁ *n.*, vṛittichhed *m.*

Desherdar, *v. t.* dây kâḍhuṁk *(g. do o.)*, dâyâcho varjuṁk.

Deshonestamente, *adv.* pojaḍpaṇîṁ, nirmaryâdîn.

Deshonestar, *v. t.* *V.* DESHONRAR.

Deshonestidade, *s. f.* pojaḍ, pojaḍpan, bursepaṇ *n.*, laṁpaṭây, bemaryâd, nirmaryâd *f.*

Deshonesto, *a.* pojḍo, laṁpaṭ, burso, bemaryâdî, pâḍ *(us. Can.)*

Deshonra, *s. f.* mânbhaṁg *m.*, akîrti, apkîrti, dushkîrti, beâbrû, phajat, behurmat *f.*, apayas, badlâm *n.;* apmân *ou* akmân *m.*

Deshonradamente, *adv.* beâbrûn, mânâvîṇ.

Deshonrador, *a. e s. m.* mân kâḍhtalo, bemâu kartalo.

Deshonrar, *v. t.* mân kâḍhuṁk *(g. do o.)*, nâṁv buḍauṁk,- ubhauṁk *(g. do o.)*, anâdaruṁk. ‖ — *uma mulher*, âṁgsaṁg karuṁk *(ab.* kaḍe *do o.)* ‖ *v. r.* nâṁv buḍuṁk *(g. do s.)*, ijat-, mân hogḍâvuṁk.

Deshonroso, *a.* akirtîcho, upakirtîcho, mân kâḍheho, apamânâeho.

Deshoras, *s. f. pl.* aveḷ *m.* ‖ *A ou por* —, veḷâbhâyr, akâḷîṁ.

Deshumanamente, *adv.* manushyapaṇ nâstânâ, nishṭurpaṇîṁ.

Deshumanar, *v. t. (p. us.)*, nishṭur-, nirduḥkhî karuṁk.

Deshumanidade, *s. f.* nirduḥkh, nishṭurpaṇ, mhârûpaṇ *n.*, nirday *f.*

Deshumano, *a.* nishṭur, nirduḥkhî, nirdayî, mhârû, krûr, mâṁgro, mârkar.

Desidia, *s. f.* âḷsây *f.*, bekârpaṇ *n.*

Designação, *s. f.* dâkhauṇî *f.*, nirdeś *m.*, nemṇî *f.*, yojan *n.*

Designadamente, *adv.* amko mhaṇûn, viśeshîṁ.

Designador, *a. e s. m.* dâkhauṇâr, yojano.

Designar, *v. t.* dâkhauṁk, kaḷît karuṁk, nirdeśuṁk, amko mhaṇuṁk; âṁkuṁk, khuṇâvuṁk; nemuṁk, yojuṁk; nâṁv âsuṁk *(g. do o.)*

Designativo, *a.* dâkhauṁcho, kaḷauṁeho; viśesh.

Designio, *s. m.* yojan, kalpaṇ *n.*, kalpanâ, maslat, tajvît *f.;* arth, abhiprây, het, matlab, irâd, saṁkalp, vishay *m.*, nimitt, tâtparya, âlochen *(us. Can.) n.*

Desimaginar, *v. t.* taklemtleṁ kâḍhuṁk *(g. do o.)* ‖ *v. r.* visruṁk, chitt soḍuṁk.

Desimpedimento, *s. m.* âḍkhaḷ kâḍhneṁ,- nâsneṁ, nirvighn *n.*

Desimpedir, *v. t.* âḍkhaḷ- goṁdh kâḍhuṁk *(g. do o.)*, sûṭ karuṁk, mekhḷâvuṁk.

Desimplicar, *v. t.* *V.* DESENREDAR.

Desimprensar, *v. t.* kapâṭâṁtlo kâḍhuṁk.

Desimpressionar, *v. t.* bhâs kâḍhuṁk *(g. do o.)*

Desinçar, *v. t.* mekhḷâvuṁk.

Desinchação, *s. f.* sûj deṁvṇeṁ *n.*

Desinchar, *v. t.* sûj-, phûg deṁvauṁk,- jirauṁk *(g. do o.); (fig.)* garv moḍuṁk *(g. do o.)* ‖ *v. r.* sûj jiruṁk *(g. do s.); (fig.)* khâlto jâvuṁk.

Desinclinar, *v. t.* nîṭ-, ubho karuṁk, niṭâvuṁk.

Desinencia, *s. f.* aṁt, pratyay *m.*

Desinfecção, *s. f.* vaso kâḍhṇeṁ; nitaḷ karṇeṁ *n.*

Desinfectante, *a.* nitaḷ karcho, durgaṁdhanâśak.

Desinfectar, desinficionar, *v. t.* vaso-, ghâṇ kâḍhuṁk *(g. do o.)*; nitaḷ karuṁk.

Desinfestar, *v. t.* puṁḍâyeṁtlo vâṭâvuṁk,- nivâruṁk.

Desinquietação, *s. f.* uchaṁbaḷây, ubgaṇ; hurhurî *f.*, âṭeviṭe *m. pl.* ‖ *V.* INQUIETAÇÃO.

Desinquietar, *v. t.* kimârkaruṁk, uchaṁbaḷâvuṁk; châḷauṁk, kiehḍâvuṁk, ubgauṁk.

Desinquieto, *a.* uchaṁbaḷ, tiḍlalo, châḷvalalo; tiḍ, chuḷbuḷo, huḷhuḷo.

Desintelligencia, *s. f.* taṁṭo, tiḍo, bhed, vegḷâchâr *m.*

Desinteressado, *a.* âdâv-, hâsîl nâslalo; nirâśî, nishkâmî, nirlobhî.

Desinteressar, *v. t.* âdâv kâḍhuṁk *(g. do o.)* ‖ *v. i.* hâsîl-, phaidâ nâsuṁk *(d. do s.)*

Desinteresse, *s. m.* nirâś *f.*, nishkâmpaṇ *n.*, nirlobh, tyâg *m.*

Desintumecer, *v. i. e r.* sûj jiruṁk *(g. do o.)* ‖ *v. t.* sûj deṁvauṁk.

Desinvestir, *v. t.* nikḷâvuṁk, padvî kâḍhuṁk *(g. do o.)*, gaḷauṁk.

Desirmanado, *a.* vikhaṇ.

Desirmanar, *v. t.* vikhaṇ karuṁk; aṁtrâvuṁk, kuśîn karuṁk. ‖ *v. r.* kuśîn saruṁk.

Desiscar, *v. t.* âṁs-, gubo kâḍhuṁk *(g do o.)*

Desistencia, *s. f.* soḍṇî sâṁḍṇî *f.*, nivartan *n.*

Desistente, *a.* soḍtalo, sâṁḍtalo.

Desistir, *v. i.* sâṁḍuṁk, soḍuṁk, râvuṁk, pâṭhî saruṁk.

Desjarretar, *v. t.* poṭro kâtruṁk *(g. do o.)*

Desjejua, *s. f.* jinvâr moḍṇeṁ *n.*

Desjejuar, *v. i.* jinvâr moḍuṁk.

Desjungir, *v. t.* juṁvâcho soḍuṁk.

Deslaçamento, *s. m.* soḍṇî, mekhḷâvṇî *f.*

Deslaçar, *v. t.* soḍuṁk, mekhḷâvuṁk, mekḷo karuṁk.

Deslacrar, *v. t.* lâkh kâḍhuṁk,- nikḷâvuṁk *(g. do o.)*

Desladrilhar, *v. t.* iṭe-, tijule kâḍhuṁk *(g. do o.)*

Deslagear, *v. t.* phâtrî kâḍhuṁk,- ukluṁk *(g. ou l. do o.)*

Deslastrar, *v. t.* nilimo uspuṁk,- kâḍhuṁk *(g. do o.)*

Deslavado, *a.* raṁg gelalo; châchûr, chappo. ‖ *Cara deslavada*, chorâcheṁ toṁḍ.

Deslavamento, *s. m.* raṁg uḍṇeṁ *n.*, mâvaḷṇî; *(fig.)* nirlajj amaryâd, laṁpaṭây *f.*

Deslavar, *v. t.* raṁg kâḍhuṁk *(g. do o.)*, mâvḷâvuṁk.

Deslavrar, *v. t.* durâvuṁk.

Desleal, *a.* phoṭkiro, apghâtî, abhakti, kusko, anayî.

Deslealmente, *adv.* apghâtîṁ.

Deslealdade, *s. f.* apghât *ou* âbghât anay *m.*, abhakti *f.*

Desleixação, *s. f.*, **desleixamento**, **desleixo**, *s. m.* beparvâ, bephikîr, beśârmây *f.*, pramâd *m.*; âḷsây *f.*

Desleixado, *a.* beśârmî; âḷsî, âṁgrâkhyo.

Desleixar-se, *v. r.* beparvâ karuṁk, phikîr nâsuṁk *(d. do s.)*

Deslembrar, *v. t. V.* ESQUECER.

Desligadura, *s. f.*, **desligamento**, *s. m.* soḍṇî.

Desligar, *v. t.* soḍuṁk, mekhḷâvuṁk. ‖ *v. r.* suṭuṁk, mekhḷo jâvuṁk.

Deslindador, *s. m.* merâvṇâr, kâṁtî.

Deslindamento, *s. m.* merâvṇî *f.*, mero pâlâvṇeṁ *n.*; mekhḷâvṇî; pheḍṇî *f.*, nikâl *m.*

Deslindar, *v. t.* merâvuṁk, nisâvuṁk, mero pâlâvuṁk; pheḍuṁk, arthuṁk; mekhḷâvuṁk, soḍuṁk.

Deslinguado, *a. V.* DESBOCCADO.

Deslinguar, *v. t.* jîbh kâtruṁk,- kâḍhuṁk *(g. do o.)*

Deslizamento, *s. m.* nisarṇî, sarkaṇî *f.*

Deslizar, *v. t.* lohu nisruṁk, sarkuṁk, kasruṁk.

Deslize, *s. m. (p. us.)*, nisarṇî; chûk *f.*, pramâd *m.*

Deslocação, *s. f.* kaḍsarṇî, sarkaṇî; koṁchṇî, ghaḷghaḷṇî *f.*, saṁdhibhaṁg *m.*

Deslocar, *v. t.* gavḷâvuṁk, ghaḷghaḷâvuṁk, kaḍsarâvuṁk, sarkâvuṁk; badluṁk, koluṁk; koṁchauṁk, nikḷâvuṁk, koṁsḷâvuṁk. ‖ *v. r.* gavḷuṁk, sarkuṁk; koṁchuṁk, nikḷuṁk.

Deslombar, *v. t.* beṁgḍeṁ phoḍuṁk,- moḍuṁk *(g. do o.)*

Deslouvar, *v. t. V.* DEPRECIAR.

Deslumbrador, *a. V.* DESLUMBRANTE.

Deslumbramento, *s. m.* dipâvṇî, dipṇî, chakṇî *f.*, jhak *m.*; bhirmirî, âṁdhârî *f.* ‖ *V.* FASCINAÇÃO.

Deslumbrante, **deslumbroso**, *a. (p. us.)*, dipâvṇo, jhagjhakît; laklakît, rasraśît, chakk, raṁjak.

Deslumbrar, *v. t.* dipâvuṁk, chakuṁk, chakmakâvuṁk; bhulauṁk, maṁtruṁk. ‖ *v. r.* dipuṁk, jhâṁkuḷuṁk, chakuṁk.

Deslustrador, *a.* nistej kartalo; *(fig.)* mân kâḍhcho.

Deslustrar, *v. t.* nistej karuṁk, op-, kâṁti kâḍhuṁk *(g. do o.)*; *(fig.)* bemânuṁk, apmânuṁk.

Deslustre, *s. m.* nistej karṇeṁ,- jâṇeṁ, op vachṇeṁ; *(fig.)* kaḷaṁk, khat *n.*

Deslustroso, *a.* nistej, kâṁti nâslalo; *(fig.)* apmânâcho, bemânî.

Desluzimento, *s. m.* nistejpaṇ *n.* *(fig.) V.* OPPROBRIO.

Desluzir, *v. t.* nistej karuṁk, ujvâḍ kâḍhuṁk *(g. do o.)*; *(fig.)* khatâvuṁk; halkâvuṁk.

Desmaiado, *a.* kâṁtarlalo, saṁkîrṇ; phiko, vivarṇ.

Desmaiar, *v. t.* phiko-, vivarṇ karuṁk, mâvḷâvuṁk. ‖ *v. i.* kâṁtruṁk, kânśiruṁk, khaṁguṁk, jîv vachuṁk *(g. do s.)*, jhiṁt maruṁk *(d. do s.)*; vivarṇ-, phiko jâvuṁk, mâvḷuṁk.

Desmaio, *s. m.* jhiṁt, kâṁtraṇî, saṁkîrṇây; mâvaḷṇî *f.*, phikepaṇ *n.*

Desmammar, *v. t.* dûdh kâḍhuṁk *(g. do o.)*

Desmanar, *v. t.* hiṁḍâṁtlo kâḍhuṁk. ‖ *v. r.* hiṁḍâṁtlo vachuṁk.

Desmanchadamente, *adv.* goṁdhḷân; âkârâvîṇ.

Desmanchadão, *s. m.* boṁdro, bhâṇśiro.

Desmanchadiço, *a.* nikḷuṁk baro.

Desmancha-prazeres, *s. m. e f.* saṁtosh bhaṁgauṇo, thuklâvṇo.

Desmanchar, *v. t.* nikḷâvuṁk; moḍuṁk, bhaṁgauṁk, pheḍuṁk. ‖ *v. r.* nikḷuṁk, moḍoṁk, bhaṁguṁk; *(fig.)* vâṁkḍo chaluṁk, mâṇsugi,- akkal nâsuṁk *(d. do s.)*

Desmancho, *s. m.* moḍap *n.*, moḍṇî *f.*, bhaṁgasthaḷ, ghât, halâhal *m.*, durdaśâ *f.*; potcheṁ *n.* ‖ *V.* DESCOMMEDIMENTO.

Desmandar, *v. t.* *(p. us.)*, parteṁ-, âḍ karuṁk lâvuṁk, dusreṁ sâṁguṁk. ‖ *v. r.* nâ pâḷuṁk; adhik-, ehaḍh karuṁk.

Desmando, *s. m.* apâḷo *m.*, belebâṇpaṇ *n.* ‖ *V.* DESREGRAMENTO.

Desmantelamento, *s. m.* moḍṇî, ghaḷghaḷṇî; deśvâṭ, gharṭhâṇ *n.*

Desmantelar, *v. t.* (koṭṭ) moḍuṁk, koṁsḷâvuṁk, ghaḷghaḷâvuṁk, nirdâḷuṁk. ‖ *V.* DESARRANJAR. ‖ *v. r.* moḍoṁk, koṁsḷuṁk; nikḷuṁk.

Desmaranhar, *v. t. V.* DESENMARANHAR.

Desmarcadamente, *adv.* jokhâvîṇ, mîtmer nâstânâ.

Desmarcado, *a.* mîtmer nâslalo; *(fig.) V.* DESMEDIDO.

Desmarcar, *v. t.* nîs-, khuṇâṁ kâḍhuṁk *(g. do o.)*

Desmascarar, *v. t.* mayeṁ kâḍhuṁk *(g. do o.)*; *(fig.)* ughḍâpo karuṁk. ‖ *v. r.* âpleṁ mayeṁ kâḍhuṁk; *(fig.)* âpṇâk oḷkhuṁk divuṁk.

Desmastreamento, *s. m.* kuṁve kâḍhṇeṁ,- nâsṇeṁ *n.*

Desmastrear, *v. t.* kuṁve kâḍhuṁk *(g. do o.)* ‖ *v. i. e pr.* kuṁve moḍoṁk,- gaḷuṁk *(g. do s.)*

Desmazelado, *a.* phikîr nâslalo, niśehiṁtî, boṁdro, âḷśî, âṁgrâkhyo.

Desmazelamento, desmazelo, *s. m.* beparvâ, bephikîr, âḷsây *f.*, boṁdrepaṇ *n.* ‖ *V.* DESALINHO.

Desmazelar-se, *v. r.* âpleṁ kâm nâ karuṁk, âḷśî jâvuṁk.

Desmedidamente, *adv.* ehaḍh, jabar.

Desmedido, *a.* mîtmer nâslalo; adhik, ehaḍh, jabar.

Desmedir-se, *v. r.* mîtmer nâsuṁk *(d. do o.)*; pâḷâṁ ghevuṁk, dâṁt phuṭuṁk *(d. do s.)*

Desmedrar, *v. i.* pâḷ nâ ghevuṁk; sukuṁk.

Desmembração, *s. f.*, **desmembramento,** *s. m.* sâṁdhe kâtarṇeṁ *n.*, gâtrebhed, âṁgchhed *m.*

Desmembrar, *v. t.* kuṭâvuṁk, sâṁdhe kâtruṁk *(g. do o.)*, âṁgchhed karuṁk *(g. do o.)*; *(fig.)* vâṁṭe karuṁk *(g. do o.)* ‖ *v. r.* sâṁdhe suṭuṁk *(g. do s.)*

Desmemoriado, *a.* ughḍâs nâslalo, visarto.

Desmemoriar, *v. t.* visrâvuṁk. ‖ *v. r.* visruṁk.

Desmentido, *s. m.* phoṭîehî dâkhauṇ *f.*, âḍ bhâsṇeṁ *n.*; iṁkâr *m.*

Desmentir, *v. t.* nâ mhaṇuṁk, phoṭ mhaṇ dâkhauṁk. ‖ *V.* DESDIZER.

Desmerecedor, *a.* phâvo nâslalo.

Desmerecer, *v. t. e i.* nâ phâvuṁk,- phâvo jâvuṁk *(d. do s.)*

Desmerecimento, *s. m.* apuṇyeṁ *n.*

Desmesurado, *a. V.* DESMEDIDO.

Desmesurar, *v. t.* jabar ehaḍhauṁk. ‖ *v. r. V.* DESCOMMEDIR-SE.

Desmiolar, *v. t.* meṁdû-, girabh kâḍhuṁk *(g. do o.)*; *(fig.)* piso karuṁk.

Desmoitar, *v. t.* bheṁḍuṁk.

Desmontada, *s. f.* ghoḍâvayleṁ deṁvṇeṁ *n.*

Desmontar, *v. t.* deṁvauṁk; nikḷâvuṁk. ‖ — *pedras preciosas,* mâṇkâṁ komehauṁk. ‖ *V.* TRANSTORNAR. ‖ *v. i. e r.* deṁvuṁk.

Desmoralização, *s. f.* durâehâr *m.*, bhashṭpaṇ *n.*

Desmoralizador, *a. e s. m.* dûshaṇ kartalo, bhashṭâvṇo.

Desmoralizar, *v. t.* bhashṭâvuṁk, dûshaṇ karuṁk *(g. do o.)* âḍmârgân vharuṁk.

Desmoronamento, *s. m.* koṁsaḷṇî, ghaḷghaḷṇî *f.*; gharṭhâṇ *n.*

Desmoronar, *v. t.* moḍuṁk, koṁsḷâvuṁk, ghaḷghaḷâvuṁk. ‖ *v. pr.* koṁsḷuṁk, ghaḷghaḷuṁk.

Desmouchar, *v. t.* śiṁgâṁ kâtruṁk. ‖ *V.* DECOTAR.

Desmurar, *v. t.* pâgâr-, durîg moḍuṁk *(g. do o.)*

Desnalgado, *a.* kule nâslalo; sukaṭyo, bhagaṭyo.

Desnarigado, *a.* nâk nâslalo, nâkkâtro.

Desnarigar, *v. t.* nâk kâtruṁk.

Desnatar, *v. t.* sâî *ou* sây kâḍhuṁk (*g. do o.*)

Desnaturado, *a.* sayaṁbhââḍ, svabhâvviruddh; nishṭur, dâruṇ.

Desnatural, *v. t.* sayaṁbhââḍ, vilakshaṇ; aḍecho, asaṁbhavî.

Desnaturalização, *s. f.* parko kaso jâṇeṁ *n.*

Desnaturalizar, *v. t.* parko kaso karuṁk. ‖ *V.* EXPATRIAR. ‖ *v. r.* parko jâvuṁk, svadeś sâṁḍuṁk.

Desnaturar, *v. t.* sayaṁbh badluṁk (*g. do o.*) ‖ *V.* DESNATURALIZAR.

Desnecessariamente, *adv.* garjeviṇ, vâyâṁ.

Desnecessario, *a.* garaj nâslalo, kâmâk yenâslalo, nishkâraṇ, anupayogî.

Desnecessidade, *s. f.* anupayog, anupeg *m.*

Desnervar, *v. t. V.* ENERVAR.

Desnevar, *v. t.* him kaḍhamṁk (*g. do o.*) ‖ *v. i.* him kaḍhuṁk (*g. do s.*)

Desninhar, *v. t. V.* DESANINHAR.

Desnortear, *v. t.* vâṁkḍo vharuṁk, kaḍsarâvuṁk, sarkâvuṁk. ‖ *V.* DESORIENTAR. ‖ *v. r.* sarkuṁk, kaḍsaruṁk.

Desnovellar, *v. t.* (guḷî, guṇeṁ) usauṁk.

Desnublar, *v. t.* kupâṁ ubhaṃuṁk (*g. do o.*) ‖ *V.* DESOBSCURECER. ‖ *v. r.* kupâṁ ubhuṁk (*g. do s.*)

Desnudar, *v. t.* nâgḍo karuṁk. ‖ *v. r.* nâgḍo jâvuṁk.

Desnudez, *s. f.* nâgḍepaṇ *n.*

Desobedecer, *v. i.* nâ paluṁk, nâ mânuṁk, nâ âykuṁk, apâḷuṁk, sâṁglaleṁ nâ karuṁk, uttrâk âḍ yevuṁk. ‖ — *á lei*, kâydo moḍuṁk.

Desobediencia, *s. f.* nâ mânṇeṁ, nâ âykaṇeṁ *n.*, apâḷo *m.*, beparvâ *f.*

Desobediente, *a.* apâḷak, beparvî, phaṭîṁg.

Desobriga, *s. f.* nishkriti *f.*; varshâcheṁ kumsâr *n.*

Desobrigação, *s. f.* kâydo kâḍhṇeṁ, uttîrṇpaṇ *n.*, suṭkâ *f.*

Desobrigado, *a.* sûṭ, mekhḷo.

Desobrigar, *v. t.* kâydo kâḍhuṁk (*g. do o.*), mâph karuṁk (*d. do o.*), uttîrṇ karuṁk, bâd karuṁk,- divuṁk. ‖ *v. r.* kâydo pâḷuṁk,- soḍuṁk; varshâcheṁ kumsâr jâvuṁk.

Desobrigatorio, *a.* suṭkecho, uttîrṇpâṇâcho.

Desobscurecer, *v. t.* kâḷok kâḍhuṁk (*g. ou l. do o.*), nitḷâvuṁk.

Desobstrucção, *s. f.* uspaṇî *f.*, nikâl *m.*, nirvighn *n.*

Desobstruir, *v. t.* uspuṁk, ustuṁk, mekhḷâvuṁk.

Desoccupação, *s. f.* bekârpaṇ, mekhḷepaṇ *n.*, nirudyog.

Desoccupado, *a.* bekâr, beshṭo, bheṭo, nishkâmî, akâmî, nirudyogî; mekhḷo, rikâmo.

Desoccupar, *v. t.* sâṁḍuṁk, soḍuṁk; mekhḷo-, rito-, rikâmo-, khâlî karuṁk. ‖ *v. r.* bheṭo-, mekhḷo jâvuṁk, mekhḷuṁk.

Desoffuscar, *v. t.* ujvâḍik karuṁk.

Desolação, *s. f.* osâḍî *f.*, hairâṇ; nisaṁṭaṇ *n.*, nâsâḍî *f.*, satyanâś; aṭṭâhâs, hâlahvâḷ *m.*

Desolador, *a.* hâlahvâlâṁcho.

Desolar, *v. t.* osâḍ-, pâḍ karuṁk; nâsâḍi-, deśvâṭ karuṁk (*g. do o.*); âṁtâṁpiṁtâṁ khâvuṁk (*g. do o.*), dagdagâvuṁk.

Desonerar, *v. t. V.* EXONERAR.

Desopilação, *s. f. V.* DESOBSTRUCÇÃO.

Desopilante, *a.* ustuṁcho, uspuṁcho; rechak.

Desopilar, *v. t. V.* DESOBSTRUIR.

Desoppressão, *s. f.* julûm nâsṇeṁ, nirupadrav *m.*

Desoppressar, desopprimir, *v. t.* upadryâṁtlo vâṭâvuṁk.

Desordeiro, *a. e s. m.* tirrâj kartalo, tuphânî, gaḍbaḍ, gaḷbalyo.

Desordem, *s. f.* goṁdhaḷ, akram *m.*, chavaṇ, chârkhaṁḍ *n.*; gaḍbaḍ, dhâṁdal *f.*, gaḷbaḷ, ghoḷ, nikḷeḷ *m.*, tuphân, râjik, tirrâj *n.*

Desordenadamente, *adv.* goṁdhḷân, gaḍbaḍin.

Desordenado, *a.* goṁdhḷâcho, gadaḷ; vyâkûḷ, saṁkîrṇ; rît-, âkâr nâslalo. ‖ *V.* EXCESSIVO.

Desordenar, *v. t.* goṁdhḷâvuṁk, goṁdhaḷ karuṁk (*g. do o.*), ârtuṁk partuṁk, uskaṭuṁk, huskauṁk. ‖ *v. r.* goṁdhḷuṁk, goṁdhaḷ jâvuṁk (*g. do s.*), huskuṁk.

Desorelhado, *a.* kânkâtro, kânluṁḍo.

Desorelhar, *v. t.* kân kâtruṁk-, kâpuṁk (*g. do o.*)

Desorganização, *s. f.* mâṁḍâvaḷ-, ghaḍvaṇ moḍṇeṁ *n.*, avyavasthâ *f.* ‖ *V.* DESORDEM.

Desorganizar, *v. t.* ghaḍvaṇ-, mâṁḍâvaḷ moduṁk (*g. do o.*), avyavasthâ karuṁk (*g. do o.*); vighaṭuṁk. ‖ *v. r.* moḍoṁk, vighaḍ jâvuṁk (*g. do o.*)

Desorientação, *s. f.* rânâṁt paḍṇeṁ *n.*, kalkalṇî *f.*

Desorientar, *v. t.* rânâṁt ghâluṁk; goṁdhḷâvuṁk, halkaṁḍâvuṁk, kalkalâvuṁk. ‖ *v. r.* rânâṁt paḍuṁk, khaiṁ âsâ to nenuṁk; kalkaluṁk, halkaṁḍuṁk, gâbhruṁk.

Desornado, *a.* luṁḍo, muṁḍho.

Desornar, *v. t.* luṁḍuṁk, muṁḍhuṁk, śiṁgâr kâḍhuṁk *(g. do o.)*

Desossado, *a.* hâḍâṁ nâslalo.

Desossamento, *s. m.* hâḍâṁ kâḍhṇeṁ *n.*, astivighaḍ *m.*

Desossar, *v. t.* hâḍâṁ kâḍhuṁk,-soḍauṁk *(g. do o.)*

Desova, *s. f.*, **desovamento,** *s. m.* tâṁtyâṁ ghâlṇeṁ *n.*

Desovar, *v. i.* tâṁtyâṁ ghâluṁk.

Desoxydar, *v. t.* kalam kâḍhuṁk-, pusuṁk *(g. do o.)*

Desoxygenar, *v. t.* prâṇvâyu kâḍhuṁk *(g. do o.)*

Despachado, *a.* husâr, śitâb, châlû. ‖ *V.* VALENTE.

Despachador, *a. e s. m.* khaḍkhaḍît, husâr manis.

Despachante, *s. m.* âlphâṁḍâcho-, śuṁkâcho dalâl.

Despachar, *v. t.* despâch ghâluṁk *(l. sup. do o.)*, -divuṁk *(d. do o.)*, despâchârkaruṁk, niropuṁk; *enviar:* pâṭhauṁk, dhâḍuṁk, dhâṇḍivuṁk; *aviar:* kâm karûn divuṁk *(g. do o.)*; *(fig.)* jiviṁ mâruṁk, godâk dhâḍuṁk. ‖ — *mercadorias*, âlphâṁḍ karuṁk *(g. do o.)* ‖ *V.* NOMEAR. ‖ *v. i.* despâch ghâluṁk. ‖ *v. r.* tayâr-, rujû jâvuṁk.

Despacho, *s. m.* despâch, nirop; jhapâṭo *m.*, saḍsaḍitây *f.* ‖ — *telegraphico*, târ *m.*

Despalhar, *v. t.* taṇ âṇi goṭe kuśîn karuṁk *(g. do o.)*

Despalmar, *v. t.* (ghoḍyâcho khûr) tâsuṁk.

Despampanar, *v. t.* bel kâtruṁk,-mâruṁk *(g. do o.)*

Desparafusar, *v. t.* bhoṁvarkhaṁḍ gavḷâvuṁk *(g. do o.)*

Desparamentar, *v. t.* vastrâṁ kâḍhuṁk *(g. do o.)*

Desparecer, *v. i. V.* DESAPPARECER.

Desparrar, *v. t.* pânâṁ kâḍhuṁk-, toḍuṁk *(g. do o.)*

Desparzir, *v. t. V.* ESPARZIR.

Despear, *v. t.* khoḍo-, pâṁybaṁd kâḍhuṁk *(g. do o.)*

Despedaçamento, *s. m.* kuṭke karṇeṁ,- jâṇeṁ *n.*, vidhvaṁs *m.*

Despedaçar, *v. t.* kuṭke-, kuṭâṁ karuṁk *(g. do o.)*, kuṭuṁk, śiṁduṁk.

Despedida, *s. f.* rajâ, ḍoḷebheṭ, phâṭ *f.*, nirop *n.*; *(fig.)* śevaṭ *m.* ‖ *Por* —, śekiṁ, śevṭiṁ.

Despedimento, *s. m.* niropṇeṁ rajâ deṇeṁ *n.*

Despedir, *v. t.* rajâ-, nirop divuṁk *(d. do o.)*, niropuṁk; soḍuṁk, vidhuṁk. ‖ *V.* EXPEDIR. ‖ *v. r.* rajâ-, nirop ghevuṁk, âdes (= *adeus*) karuṁk; suṭuṁk. ‖ — *em latim*, kâṁy mhaṇa nâstânâ-, kaḷai nâstânâ vachuṁk.

Despegar, *v. t.* ukluṁk, nikḷâvuṁk, soḍauṁk, mekhḷâvuṁk. ‖ *v. i. e r.* suṭuṁk, koṁchuṁk, nikḷuṁk, ukloṁk uklâṁbuṁk, usvuṁk; kuśin-, pelyân saruṁk, sarkuṁk. ‖ *V.* DESAFFEIÇOAR-SE. ‖ *Sem* —, thâṁba nâstânâ. — *do trabalho*, vâvar puro karuṁk.

Despego, *s m.* tyâg, sanyâs *m.*

Despeitar, *v. t.* tiḍauṁk, chiḍauṁk, râg hâḍuṁk *(d. do o.)* ‖ *v. r.* tiḍuṁk, râg yevuṁk *(d. do s.)*, ubgoṁk; râgâr jâvuṁk.

Despeito, *s. m.* phûg *f.*, rusvo; haṭh, dvesh *m.*, kapaṭ *n.*, âdâvat *f.* ‖ *A — de*, *V.* APESAR.

Despeitorar-se, *v. r.* harḍeṁ ughṭeṁ ghâluṁk; *(fig.)* âpleṁ kâḷij ughṭeṁ karuṁk.

Despeitoso, *a.* rusvyâcho; âdâvatî, kapaṭî.

Despejado, *a.* rito, khâlî, mekhḷo. ‖ *V.* DESCARADO.

Despejar, *v. t.* mekhḷâvuṁk, rito-, khâlî karuṁk; uspuṁk. otuṁk, vâraṁk, dhuṁḍuṁk; piyevuṁk, mâruṁk; lajj kâḍhuṁk *(g do o.)*, nilâjro karuṁk. ‖ *v. i.* gharâṁtlo ukîr kâḍhuṁk; bhâyr saruṁk. ‖ *v. r.* rito-, khâlî jâvuṁk; baḷ ghevuṁk; lajj sâṁḍuṁk, nâkkâtro jâvuṁk.

Despejo, *s. m.* mekhḷepaṇ; ritepaṇ *n.*; uspaṇî, otṇî, vârauṇî *f.*; svât-, ghar soḍṇeṁ; khât *n.*, ukîr, chikal *m.*; nirbhîḍ, belajj; urmaṭây *f.*, utâvaḷpaṇ *n.* ‖ *V.* DESEMBARAÇO.

Despella, *s. f.* solṇî *f.*

Despellar, *v. t.* kâṭ kâḍhuṁk *(g. do o.)* soluṁk.

Despenar, *v. t.* duḥkh haḷuvâvuṁk-, lohu karuṁk *(g. do o.)*

Despender, *v. t.* kharchuṁk, sâruṁk, moḍuṁk, vechuṁk, sarauṁk. ‖ *v. r.* kharchoṁk, vechoṁk, saruṁk.

Despendurar, *v. t.* (khaḷailaleṁ) kâḍhuṁk.

Despenhadeiro, *s. m.* kaḍo, kaḍso *m.*, ḍegas *f.*

Despenhamento, despenho, *s. m.* ḍhakalṇeṁ *n.*, śevṭoṇî *f.* || *V.* CATARACTA.

Despenhar, *v. t.* vayrthân uḍauṁk, śevṭuṁk, ḍhakluṁk; *(fig.)* khâṁchîk ghâluṁk. || *v. r.* vayrthân paḍuṁk, śevṭoṁk; *(fig.)* khâvṭyâk paḍuṁk.

Despenhoso, *a.* kaḍyâṁcho.

Despensa, *s. f.* dispeṁs, ugrâṇ *(us. Can.) n.*; khâṇâṁchî-, gujâryâchî kûḍ *f.*

Despenseiro, *s. m.* dispeṁser, khâṇâjevṇâcho kârbhârî, ugrâṇî *(us. Can.)*

Despentear, *v. t. e i.* (keṁs) pisuḍuṁk, mekhḷâvuṁk.

Desperceber, *v. t.* nâ samjuṁk, nâ âykuṁk, kânâr nâ ghevuṁk. || *v. r.* chatrây nâsuṁk *(d. do s.)*

Desperdiçador, *a. e s. m.* vechîk, udhḷo, ibâḍyo, divâḷkhor.

Desperdiçar, *v. t.* hogḍâvuṁk, ibâḍuṁk, udhḷuṁk, khâvuṁk (*litt.* COMER), buḍauṁk (*litt.* SUBMERGIR), ubhauṁk (*litt.* EXPÔR AO VENTO), vâṭer ghâluṁk (*litt.* PÔR NA ESTRADA). || — *tempo*, veḷ kâḍhuṁk.

Desperdicio, *s. m.* ibâḍ *m.*, hogḍâvṇî, divâḷkhorî, vîdh, udhaḷ, ghas, ghasaṇ *f.* || *V.* PERDA.

Despersuadir, *v. t.* takleṁtleṁ kâḍhuṁk *(g. do o.)*, man phirauṁk *(g. do o.)* || *v. r.* âplî chûk oḷkhuṁk, âpleṁ man badluṁk.

Despersuasão, *s. f.* takleṁtleṁ kâḍhṇeṁ, parteṁ saṁjaṇeṁ *n.*; chukîchî oḷakh *f.*

Despertador, *a. e s. m.* jâgaitalo, uṭhaitalo. || *s. m.* jâgaucheṁ yaṁtr *n.*

Despertar, *v. t.* jâgo karuṁk, jâgauṁk, uṭhauṁk; huskauṁk, châḷvauṁk, chetauṁk. || — *o appetite*, rûch hâḍuṁk. || *v. i. e r.* jâgo jâvuṁk, jâgavuṁk, uṭhuṁk.

Desperto, *a.* jâgo.

Despesa, *s. f.* despej *f.*, kharch, vech, kharchvech *m.*

Despicar, *v. t.* bharûn ghevuṁk, sûḍ ghevuṁk. || *v. r.* sûḍ ghevuṁk.

Despiedade, *s. f.* nirday, nishkurpâ, nishṭurây *f.*

Despiedado, despiedoso, *a.* nirdayî, nishkaruṇ, nishṭur.

Despintar, *v. t.* (chitrilaleṁ) pusuṁk, bhâṁjuṁk.

Despique, *s. f.* sûḍ, pratikâr *m.*

Despir, *v. t.* (âṁgâvlîṁ) kâḍhuṁk, taḷsuṁk. || — *as folhas*, pânâṁ jhaḍuṁk *(g. do s.)* — *a pelle*, kât soḍuṁk; *(fig.)* tarṇo jâvuṁk. || *v. r.* âṁgâvlîṁ kâḍhuṁk; soḍuṁk, sâṁḍuṁk.

Desplante, *s. m. V.* ARROJO.

Desplumar, *v. t.* pâkhâṁ kâḍhuṁk *(g. do o.)* || *V.* DEPENNAR.

Despojamento, *s. m.* lutnî, lûṭ, nâgauṇî, hirauṇî; luṁḍṇî, muṁḍhṇî *f.*

Despojar, *v. t.* kâḍhn ghevuṁk, luṭuṁk, lûṭ lâvuṁk *(d. do o.)*, nâgauṁk; luṁḍuṁk, muṁḍhuṁk. || *v. r.* âṁgâvlîṁ kâḍhuṁk, luṁḍo jâvuṁk.

Despojo, *s. m.* kâḍhlalî-, âylalî kât *f.*, pisuḍlalîṁ pâkhâṁ *n. pl.*, bhâto *m.*; lûṭ *f.*, luṭîcho mâl *m.* || *Despojos mortaes*, maḍeṁ *n.*

Despolir, *v. t.* op kâḍhuṁk *(g. do o.)* *V.* DESLUSTRAR.

Despontar, *v. t.* teṁbî-, domas moḍuṁk. || *v. i.* dishṭî paḍuṁk, ugavuṁk, udevuṁk, phuṭuṁk, yevuṁk, suṭuṁk. || *v. r.* domas moḍoṁk *(g. do s.)*

Desporto, *s. m. V.* DIVERTIMENTO.

Desposado, *a.* kâjârâcheṁ uttar dilalo, navro; kâjârî.

Desposar, *v. t. e r.* kâjârâcheṁ uttar divuṁk *(d. do o.)*; kâjâr jâvuṁk *(ab. kaḍe do o.)*

Desposorio, *s. m.* kâjârâcheṁ uttar; kâjâr, lagn *n.*

Despota, *s. m.* svataṁtrarâjâ, samrâj, nishṭur râjâ; julûmdâr.

Despoticamente, *adv.* nîtnivâḍo nâstânâ, mansubevîṇ.

Despotico, *a.* svatraṁtr; julmît.

Despotismo, *s. m.* svataṁtrpaṇ *n.*, svataṁtratâ *f.*, samrâjya; râjik, daṁḍvat *n.*, julûm *m.*

Despovoação, *s. f.*, **despovoamento**, *s. m.* nirjaṇpaṇ *n.*, osâḍî, nijâḍî *f.*

Despovoado, *a.* nijâḍ, nirjaṇ, pâḍ. || *s. m.* pâḍ jâgo *m.*, pâḍaṁg *n.*

Despovoador, *a. e s. m.* pâḍ-, osâḍ kartalo.

Despovoar, *v. t.* pâḍ-, osâḍ-, nirjaṇ karuṁk. || *v. r.* pâḍ-, osâḍ jâvuṁk.

Despratear, *v. t.* rupeṁ kâḍhuṁk,-bhâṁjuṁk *(g. do o.)*

Desprazer, *s. m.* duḥkh, atushṭi *f.*, asaṁtosh, viklab, śok, śîṇ *m.*, asamâdhân, vipriya *n.*, aprasâd *m.*

Desprecatar-se, *v. r. V.* DESACAUTELAR-SE.

Despregadura, *s. f.* nikḷâvṇî; soḍṇî, usauṇî *f.*

Despregar, *v. t.* nikḷâvuṁk; soḍuṁk, usauṁk. || — *os olhos*, ḍoḷe kâdhuṁk. — *a voz,* ulauṁk lâguṁk. || *v. r.* nikḷuṁk, suṭuṁk; usavuṁk.

Despremiar, *v. t.* prem-, inâm nâ divuṁk *(d. do o.)*

Desprender, *v. t.* soḍuṁk. || — *as azas,* uḍuṁk. || *v. r.* suṭuṁk.

Desprendimento, *s. m. V.* DESAPEGO.

Despreoccupação, *s. f.* apûrvakalpanâ, matiśâṁti *f.;* husko nâsṇeṁ *n.*

Despreoccupar, *v. t.* takliyeṁtlo guṁgurlo kâḍhuṁk *(g. do o.);* huskyâ mekhḷo karuṁk.

Desprestigiar, *v. t.* mân-, sattyâ deṁvauṁk *(g. do o.)*

Desprestigio, *s. m.* mânbhaṁg *m.*

Despretenção, *s. f.* saraḷpaṇ, sâdhepaṇ *n.;* nirâśâ *f.,* nirlobh *m.*

Despretenciosamente, *adv.* saraḷpaṇiṁ, nirâśiṁ, âśevîṇ.

Despretencioso, *a.* saraḷ, sâdho; nirâśî, nirlobhî.

Desprevenidamente, *adv.* kaḷa nâstânâ, chatrâyevîṇ.

Desprevenido, *a.* chatrây nâslalo, bechatur, avichârî; tayârevîṇo; udâsîn.

Desprevenir, *v. t. V.* DESAVISAR. || *v. r.* chatrây nâsuṁk *(d. do s.),* beparvâ karuṁk.

Desprezador, *a. e s. m.* beparvî, anâdarî.

Desprezar, *v. t.* beparvâ karuṁk *(g. do o.),* nâ lekhuṁk, haḷuvâṭuṁk, anâdaruṁk, kâṁy nay karuṁk, pâṭh divuṁk *(d. do o.),* tiraskâruṁk. || *v. r.* uṇo-, bemânî jâvuṁk.

Desprezivel, *a.* laḍgo, halko, pâjî, damḍecho.

Desprezo, *s. m.* beparvâ, behurmat *f.,* anâdar, tiraskâr, avmân *m.* || *Votar ao* —, nâ lekhuṁk, ujo lâvuṁk; sâṁḍuṁk.

Desprimor, *s. m.* karḍepaṇ, kachchepaṇ *n.*

Disprimorar, *v. t.* saṁskâr-, alaṁkâr kâḍhuṁk *(g. do o.),* kalko karuṁk, uṇâvuṁk.

Desprimoroso, *a.* karḍo, kachcho, burso, vikaḷ.

Despronuncia, *s. f.* niraprâdhî karṇeṁ, nirdoshîkaraṇ, soḍṇeṁ *n.*

Despronunciar, *v. t.* nirdoshî-, niraprâdhî karuṁk, nitîn soḍuṁk.

Desproporção, *s. f.* taphârat *f.,* pher *m.,* vijoḍpaṇ, asâmya *n.* || *V.* MONSTRUOSIDADE.

Desproporcionado, *a.* vijoḍ, asam, asamân.

Desproporcionar, *v. t.* vijoḍ-, asam karuṁk.

Despropositadamente, *adv.* beshṭeṁch, aseṁch.

Despropositado, *a.* nâkâjâlalo, nishkâraṇ, akâraṇ, sâbsubo; vâṁkḍo. || *V.* IMPRUDENTE.

Despropositar, *v. i.* nâkâjâlaleṁ ulauṁk,- karuṁk, anarthîṁ ulauṁk, toṇkepaṇâṁ karuṁk, baḍbaḍuṁk, phuṭlalî maḍkî vâjauṁk.

Desproposito, *s. m.* nirarth *m.,* akâraṇ; nâkâjâlaleṁ, toṇkepaṇ, laṭarphaṭar, agaḍbagaḍ *n.,* ayukti *f.*

Desprotecção, *s. f.* nirâdhâr, nirâsar, aprasâd *m.*

Desproteger, *v. t.* âdhâr nâ divuṁk *(d. do o.),* sâṁḍuṁk.

Desproveito, *s. m.* anupeg *m.,* nishphaḷây *f.*

Desprover, *v. t.* garaj teṁ tayâr nâ karuṁk *(d. do o.),* purvaṇ-, bejmî kâḍhuṁk *(g. do o.)*

Desprovido, *a.* nâslalo.

Desprovimento, *s. m.* apurvaṇ, bejmî nâsṇeṁ *n.*

Desqueixar, *v. t.* dâḍhyo phoḍuṁk, gaḷauṁk *(g. do o.)*

Desquerer, *v. t.* bareṁ nâ dekhuṁk,- lekhuṁk *(d. do o.)*

Desquiciar, *v. t.* vâtyâṁtlo kâḍhuṁk,- kaḍsarâvuṁk.

Desquitação, *s. f.,* **desquite,** *s. m.* ghovbâylecho vegḷâchâr *m.*

Desquitar, *v. t.* (kâjâryâṁk) kuśîn karuṁk, vegḷâchâr karuṁk *(g. do o.)* || *v. r.* kusîn saruṁk, dâdlyâk va bâylek sâṁḍuṁk; *(fig.)* soḍuṁk, davruṁk.

Desramar, *v. t.* bheṁḍsuṁk, taḷsuṁk, vistâr mâruṁk *(g. do o.)*

Desregrado, *a.* avidhi, akramîk; nirmaryâdî, baṁḍî. || *V.* DISSOLUTO.

Desregramento, *s. m.* akram *n.,* avidhi, amârg *m.;* amaryâd, luṁchây, śiṁdaḷkî *f.*

Desregrar, *v. t.* kramâṁtlo kâḍhuṁk, avidhi karuṁk. || *v. r.* maryâd nâsuṁk *(d. do s.),* amaryâdî jâvuṁk, lajjecho paḍdo piṁjuṁk.

Desrespeito, *s. m.* bemân, apmân, avmân, nirâdar *m.*

Desrevestir-se, *v. t.* pavitr vastrâṁ kâḍhuṁk.

Desriçar, *v. t.* vaḷ kâḍhuṁk *(g. do o.),* suḷsuḷît karuṁk.

Dessabor, *s. m.* svâd nâsṇeṁ *n.,* arûch, châchurây *f.* || *V.* DISSABOR.

Dessaborar, *v. t.* rûch-, svâd kâḍhuṁk *(g. do o.),* châchûr-, chappo karuṁk.

Dessaborido, *a.* châchûr, chappo, rûch nâslalo.

Dessagrar, *v. t.* pavitrây kâḍhuṁk *(g. do o.)*, bhashṭâvuṁk.

Dessalgado, *a.* miṭh nâslalo, aiṇî.

Dessalgar, *v. t.* mîṭh-, khârsâṇ kâḍhuṁk *(g. do o.)*

Dessangrar, *v. t.* ragat kâḍhuṁk *(g. do o.)*; *(fig.)* piḷuṁk, hâḍmâs khâvuṁk (*litt.* COMER O OSSO E A CARNE). ‖ *v. r.* ragat vâhvuṁk *(g. do s.)*; *(fig.)* phakir jâvuṁk (*litt.* TORNAR-SE FAKIR).

Dessatisfação *(p. us.)*, *s. f.* asaṁtosh *m.*, asamâdhân *n.*, atushṭi *f.*

Dessatisfeito, *a.* asaṁtoshî, nâkhuśî, atushṭ.

Dessedentar, *v. t.* tân mâruṁk,- bhâgauṁk *(g. do o.)*

Dessellar, *v. t.* jîn kâḍhuṁk *(g. do o.)*; sopo nikḷâvuṁk *(g. do o.)*

Dessentir, *v. t.* duḥkh nâsuṁk,- nâ disuṁk *(d. do s.)*

Dessepulto, *a. V.* INSEPULTO.

Desserviço, *s. m.* vâyṭ-, polko upkâr *m.* ‖ *V.* MALDADE.

Desservido, *a.* nâslalo.

Desservir, *v. t.* polko- phoṭkiro upkâr karuṁk. ‖ *v. i.* nâ upkâruṁk.

Dessoccorrer, *v. t.* nâ pâvuṁk *(d. do o.)*, nirâdhâvuṁk.

Dessocego, *s. m. V.* DESASSOCEGO.

Dessoldar, *v. t.* nikḷâvuṁk, koṁchauṁk. ‖ *v. r.* usavuṁk, koṁehuṁk.

Dessorar, *v. t.* tâk karuṁk *(g. do o.)*

Dessoterrar, *v. t. V.* DESENTERRAR.

Destacamento, *s. m.* destâkâmeṁt *m.*, tukḍî, ṭoḷî *f.*

Destacar, *v. t.* tukḍî dhâḍuṁk *(g. do o.)*; *(fig.)* soḍuṁk. ‖ *v. i.* tukḍeṁt vachuṁk; vayr saruṁk. ‖ *v. r.* koṁehuṁk, kuśîn saruṁk; uttam-, varto jâvuṁk.

Destampar, *v. t.* dhâṁpṇeṁ kâḍhuṁk,- ughḍuṁk *(g. do o.)* ‖ *v. i. V.* DESPROPOSITAR.

Destampatorio, *s. m.* toṇkepaṇ, âḍṇâḍpaṇ *n.* ‖ *V.* GRITARIA.

Destapamento, *s. m.* ughaḍṇî *f.*

Destapar, *v. t.* ughḍuṁk, ughṭo karuṁk.

Destecedura, *s. f.* usauṇî, usavṇ *f.*

Destecer, *v. t.* (viṇlaleṁ) usauṁk.

Destelhamento, *s. m.* naḷe kâḍhṇeṁ *n.*, usauṇî *f.*

Destelhar, *v. t.* usauṁk, naḷe kâḍhuṁk *(g. do o.)*

Destemer, *v. t.* nâ bhiyevuṁk, bheṁ nâsuṁk *(d. do s., g. do o.)*

Destemido, *a.* bheṁ nâslalo, nirbhayî, jabar.

Destemor, *s. m.* nirbhay, abhay *m.*

Destemperadamente, *adv.* âkâr-, maryâd nâstânâ.

Destemperado, *a.* mitmer nâslalo, amaryâdî, nirmaryâdî; moḍlalo, nikaḷlalo; pâṇvaḷ nâslalo *(ferro —)*; utarlalo *(liquido —)*; pâtaḷ *(tinta —)*. ‖ *V.* DESPROPOSITADO.

Destemperança, *s. f. V.* INTEMPERANÇA.

Destemperar, *v. t.* moḍuṁk, nikḷâvuṁk, uskaṭuṁk; *desafinar:* besûr karuṁk. ‖ *v. i.* âḍṇâḍpaṇâṁ karuṁk, nâkâjâlaleṁ ulauṁk, jhâṁkuḷuṁk. ‖ *v. r.* badloṁk; utroṁk; besûr jâvuṁk.

Destempero, *s. m.* moḍap, bighḍap *n.*; besûr jâṇeṁ *n.* ‖ *V.* DESPROPOSITO.

Desterrado, *a.* deśâṁtarî, nirvâsî, vivâsî, pardeśî.

Desterrar, *v. t.* gâṁvâbhâyr ghâluṁk, deśâṁtaruṁk, pardeśuṁk; *(fig.)* paḷauṁk, dhâṁvḍâvuṁk; ubhauṁk. ‖ *v. r.* pardeśâk vachuṁk, âplo gâṁv sâṁḍuṁk.

Desterro, *s. m.* deśâṁtar, pardeś, vivâs *m.*, nirvâsaṇ *n.*; saḍo *m.*, araṇeṁ, mâḷ *n.*

Destetar, *v. t.* dûdh-, chiṁv kâḍhuṁk *(g. do o.)*

Desthronamento, *s. m.* siṁhâsanâvaylo deṁvauṇeṁ, rajpadbhrashṭpaṇ *n.*

Desthronar, desthronizar, *v. t.* siṁhâsanâvaylo-, sadrevaylo deṁvauṁk,- kâḍhuṁk, râjpadbhrashṭ karuṁk; *(fig.)* *V.* DESPRESTIGIAR.

Destillação, *s. f.* kâḍhṇeṁ, bhâṭṭiyek lâvṇeṁ, madyasaṁdhân *(p. us.)* *n.*, lâvṇî *f.*; nijhar, pâjhar *m.*

Destillador, *a. e s. m.* soro kâḍhtalo. ‖ *s. m. V.* ALAMBIQUE.

Destillar, *v. t.* (soro, ark) kâḍhuṁk, bhâṭṭiyek lâvuṁk; theṁbyâṁnîṁ gaḷauṁk, pâjhrâvuṁk. ‖ *v. i.* nijhruṁk, pâjhruṁk, gaḷuṁk, paghḷuṁk.

Destinação, *s. f.* aṁt, śevaṭ *m.*; nirmaṇ *n.*

Destinador, *a. e s. m.* nirmitalo.

Destinar, *v. t.* nirmuṁk, pûrvnyog karuṁk *(g. do o.)*, nemuṁk. ‖ *v. r.* lâguṁk saṁvkuṁk.

Destinatario, *s. m.* nirmilalo manîs.

Destingir, *v. t. V.* DESBOTAR.

Destino, *s. m.* daiv, adrishṭ, nasîb, karm *n.*, kâḷ *m.*, daivgati, karmgati *f.*; *fatalidade:* nirmaṇ, nirmilaleṁ kâm;

sorte: kapâl *n.*, lakṭo; *fim:* śevaṭ *m.* || *Chegar ao —*, śâttî pâvuṁk. *Sem —*, beshṭo, vâryâr.

Destituição, *s. f.* nâsṇeṁ *n.*, abhâv *m.*, garaj, agat *f.* || *V.* DEMISSÃO.

Destituido, *a.* nâslalo, rito.

Destituir, *v. t.* aṁtrâvuṁk, varjuṁk. || *V.* DEMITTIR.

Destoar, *v. i.* besûr jâvuṁk; nâ lâguṁk, nâ paḍuṁk, baro nâ disuṁk.

Destocar, *v. t.* mulâṁ kâḍhuṁk *(l. in do o.)*

Destoldar, *v. t.* told kâḍhuṁk *(g. do o.)*; *(fig.)* nitaḷ-, nirmaḷ karuṁk. || *v. r.* nitaḷ-, nirmaḷ jâvuṁk.

Destopetear, *v. t.* kapâlâvayle keṁs-, śeṁḍî kâtruṁk *(g. do o.)*

Destorar, *v. t.* khâṁde mulâṁ kâtruṁk *(g. do o.)*

Destorcer, *v. t.* vaḷ kâḍhuṁk *(g. do o.)*, nîṭ-, ubho karuṁk; dusre vâṭen partuṁk. || *— caminho*, partoṁk. || *v. i.* parto vaḷoṁk.

Destorroador, *s. m.* diphḷo, guṁṭho *m.*

Destorroamento, *s. m.* diphḷâvṇî, guṁṭhâvṇî *f.*

Destorroar, *v. t.* diphḷâvuṁk, guṁṭhâvuṁk.

Destoucar, *v. t.* kâṅkulây kâḍhuṁk *(g. do o.)*

Destra, *s. f.* ujvo hât *m.*

Destramar, *v. t.* *V.* DESTECER.

Destramente, *adv.* saḍsaḍît, saṭâsaṭ; hikmatîn.

Destrancar, *v. t.* âḍâṁbo-, âḍo kâḍhuṁk *(g. do o.)*

Destrançar, *v. t.* *V.* DESENTRANÇAR.

Destravar, *v. t.* khoḍo-, pâchâṛeṁ kâḍhuṁk *(g. do o.)*

Destrelar, *v. t.* *V.* DESATRELAR.

Destrepar, *(p. us.)* *v. t.* chaḍhûn deṁvuṁk.

Destreza, *s. f.* saḍsaḍây, suḍsuḍây; hikmat, luḷî *f.*, kasab, sugraṇpaṇ *n.*

Destrinça, *s. f.* viśesh *m.*

Destrinçadamente, *adv.* viśeshîṁ, ekek, kisaun.

Destrinçar, *v. t.* viśeshîṁ-, bârkâyen sâṁguṁk, kisauṁk.

Destripar, *v. t.* âṁtkiḍî kâḍhuṁk *(g. do o.)*

Destripular, *v. t.* târvaṭî-, khalâśî kâḍhuṁk *(g. ou l. sup. do o.)*

Destro, *a.* ujvo; saḍsaḍît, suḍsuḍît, âṁgsûṭ; abhyâsî, hikmatkâr, kasbî, sugraṇ, nipuṇ.

Destroca, *s. f.* badal moḍneṁ *n.*

Destroçador, *a. e s. m.* ibâḍyo, vidhvaṁsî.

Destrocar, *v. t.* badal moḍuṁk, partuṁk *(g. do o.)*

Destroçar, *v. t.* paḷauṁk, dhâṁvḍâvuṁk; ibâḍuṁk, pâḍ karuṁk, khaṁḍuṁk, vidhvaṁsuṁk; tîn terâ-, nâsâḍî karuṁk *(g. do o.)*

Destroço, *s. m.* nâsâḍî, dhûḷdaśâ, dispaṭ, kattal *f.*; bhaṁg, viḍhvaṁs ibâḍ *m.*, vîdh, deśvâṭ, toḍphoḍ, toḍmoḍ, mâtî *f.*, khaṁḍaṇ *n.*, *kuṭî *f.*

Destroncar, *v. t.* luṁḍuṁk, muṁḍhuṁk, luṁḍ karuṁk *(g. do o.)*

Destructibilidade, *s. f.* vidhvaṁsaṇîyatâ *f.*

Destructivel, *a.* moḍûṁyeso, nâśivaṁt, moḍkar.

Destructivo, *a.* moḍeho, bhaṁgaṇeho.

Destructor, destruidor, *a. e s. m.* ibâḍyo, nâsâḍyo, vidhvaṁsî.

Destruição, *s. f.* moḍap *n.*, vidhvaṁs, saṁhâr; bhaṁg, bhasm, *khev *m.*, pâḍ, moḍap, nirasan *n.*

Destruir, *v. t.* moḍuṁk, koṁsḷâvuṁk, nirdâḷuṁk, nikḷâvuṁk, vidhvaṁsuṁk; nâṁeh karuṁk, bhaṁgaṇuṁk, bhasmuṁk, nâśuṁk, ibâḍuṁk, pheḍuṁk. || *V.* DERROTAR.

Destrunfar, *v. t.* trûṁph kheḷuṁk lâvuṁk *(d. do o.)*

Desudação, *s. f.* bhav ûm *f.*

Desultorio, *a.* udto.

Desunhar, *v. t.* nâkshyo kâḍhuṁk *(g. do o.)* || *v. r.* nâkshî-, geḷ gaḷuṁk, phuṭuṁk *(g. do s.)*; *(fig.)* hât jharauṁk.

Desunião, *s. f.* phâṭ, phûṭ, tûṭ *f.*, bhed, vighaḍ; nikheḷ, vegḷâchâr *m.*, vegḷepaṇ *n.*, veglik *f.*

Desunir, *v. t.* kuśîn-, vegḷo-, vighaḍ karuṁk, vighaṭuṁk, bheduṁk; *(fig.)* dośnî karuṁk, aṁtrâvuṁk.

Desusado, *a.* châlîbhâylo, apûṭ, amânat; âdlo, parṇo; âthvo, viraḷ.

Desusar, *v. t. e i.* saṁvay soḍuṁk, nâ châlauṁk.

Desuso, *s. m.* asaṁvay, asthiti *f.*, anabhyâs, avyavahâr *m.* || *Cahir em —*, parṇo jâvuṁk.

Desvairado, *a.* jinnasvâr, vevegḷo, nânârûp; khubhdaḷlalo, jhâṁkuḷlalo, phullalo.

Desvairamento, *s. m.* *V.* DELIRIO.

Desvairar, *v. t.* pisâvuṁk, khubhdaḷâvuṁk; phulauṁk, maṁtruṁk. || *v. i. e r.* takli phiruṁk *(g. do s.)*, khubhdaḷuṁk, jhâṁkuḷuṁk.

Desvaler, *v. t.* mol kâḍhuṁk *(g. do o.)* || *v. i.* nâ pâvuṁk.

Desvalia *s. f.*, **desvalimento**, *s. m.* nirâdhâr, nirâsar *m.*

Desvalido, *a.* nirâdhârî, anâth; garîb, dubḷo.

Desvalor, *s. m.* mol nâsṇeṁ *n.*; *(fig.) V.* COBARDIA.

Desvanecedor, *a.* nâṁch kartalo; phulaitalo.

Desvanecer, *v. t.* nâṁch karuṁk, pusuṁk, bhasmuṁk, nâśuṁk, bighḍâvuṁk; phulauṁk, phugauṁk. || *v. r.* nâṁch jâvuṁk, paskaṭyâṁt vachuṁk, phiskaṭuṁk, vigḷuṁk, viruṁk, aṁtruṁk, mâvḷuṁk; phuguṁk, phuluṁk, abhimânuṁk.

Desvanecimento, *s. m.* phugṇî, badây *f.*, pokhaḷpaṇ, pokhḷeṁbharaṇ *n.* || *V.* ESMORECIMENTO.

Desvantagem, *s. f.* nuksân *ou* nuskân *n.*, toṭo *m.*

Desvantajosamente, *adv.* toṭyân.

Desvantajoso, *a.* nuskânâcho.

Desvão, *s. m.* sâṁdh *f.*

Desvariar, *v. t. V.* DESVAIRAR.

Desvario, *s. m.* pisây, khuḷây, jhâṁp, mûḍhây *f.*, mûrkhpaṇ, bhramaṇ *n.*, pramâḍ *m.*

Desveladamente, *adv.* jatnâye, phikrîn.

Desvelado, *a.* jâgrit, sâvadh, sâvdhân, phikrîcho, gumânî, *hâṇvirdhîkar. || *V.* EXTREMOSO.

Desvelar, *v. t.* ughḍuṁk, ughṭo karuṁk; *(fig.)* kaḷauṁk, gamauṁk; nitaḷ karuṁk. || *v. r.* dakhal jâvuṁk, gamuṁk, kaḷuṁk.

Desvelar, *v. t.* jâgo davruṁk; nîd khaḷauṁk *(g. do o.)* || *v. r.* jâgo,- jâgrit râvuṁk; boṁdh-, jatnây karuṁk; huskevuṁk.

Desvelejar, *v. i.* śiḍâṁ kavḷuṁk.

Desvelo, *s. m.* parâmaś, boṁdh, jatnây, jagâsaṇ, *hâṇvirdhî *f.*; husko, chaṭko *m.*

Desvendar, *v. t.* ughḍuṁk; praghaṭ karuṁk.

Desventura, *s. f.* durdaśâ, avdaśâ, apad, vipatti *f.*, akalyâṇ, arishṭ *n.*

Desventurado, **desventuroso**, *a.* akalyâṇî, nirbhâgî.

Desventurar, *v. t. (p. us.)*, nirbhâgî karuṁk.

Desvergonha, *s. f.*, **desvergonhamento**, *s. m. V.* IMPUDENCIA.

Desvestir, *v. t. V.* DESPIR.

Desviado, *a.* vithar; paisilo.

Desviar, *v. t.* kaḍsarâvuṁk, sarkâvuṁk, pelyân kâḍhuṁk; choruṁk, sutlâvuṁk, hât mâruṁk *(d. do o.)*; vâṭâvuṁk, nivâruṁk. || *v. r.* kaḍsaruṁk, sarkuṁk, pelyân saruṁk; vitharuṁk, phiruṁk, chukuṁk, sâṁdoṁk, âḍvâṭuṁk, vâṭ chukuṁk, vâṁkḍo pâṁy paḍuṁk *(g. do s.)*

Desvio, *s. m.* kaḍsarṇî, sarkaṇî, vigati, gairhâjirî *n.*, phirṇeṁ *n.*; chorṇî, sutlâvṇî *f.* || *V.* RECANTO.

Desvirtuar, *v. t.* phaḷ-, mân kâḍhuṁk *(g. do o.)*, khâlâvuṁk, haḷuvâṭuṁk. || *V.* MALSINAR.

Detalhar, *v. t.* bârkâyen-, nigût sâṁguṁk, kisauṁk, vistârîṁ kathuṁk. || — *o serviço*, châkrî vâṁṭuṁk.

Detalhe, *s. m.* vistâr, ativistâr, tapsil, paripâṭh *m.*, bâbat *f.*, bayâṇo; phâṁṭo, ḍevso *m.*

Detença, *s. f. V.* DEMORA.

Detenção, *s. f.* âḍâvṇî, râvauṇî *f.*, baṁd karṇeṁ *n.*; davarṇî *f.* || *V.* CUSTODIA.

Detentor, *s. m.* âpṇâkaḍe davartalo.

Deter, *v. t.* ubho karuṁk, aḍuṁk, âḍâvuṁk, râvauṁk, ṭhikauṁk, ṭharâvuṁk, thâṁbauṁk; âpṇâkaḍe davruṁk; ghaṭṭ karuṁk. || *v. r.* ubho râvuṁk, ṭhikuṁk; uruṁk, râvuṁk. || *V.* CONTER-SE.

Detergente, *a.* nitaḷ karcho, nirmaḷcho, śodhak.

Deterioração, *s. f.*, **deterioramento**, *s. m.* pâshṭ jâṇeṁ *n.*, utarṇî, avakaḷâ, khutî *f.*

Deteriorar, *v. t.* pâshṭ-, pâḍ karuṁk, utruṁk, bighḍâvuṁk, viṭkaḷâvuṁk. || *v. r.* pâshṭ-, pâḍ jâvuṁk, utroṁk, viṭkaḷuṁk, avakaḷuṁk.

Determinação, *s. f.* lakshaṇ *ou* lakheṇ, nirvachaṇ, nirdhâraṇ *n.*; nichav, saṁkalp *m.*, nirmaṇ, pharmaṇ *n.*, hukûm; dhîr *m.*, dhairya *ou* dhair *n.* || *V.* DEMARCAÇÃO.

Determinadamente, *adv.* nemûn, amko mhaṇûn; niśchit, khachit.

Determinado, *a.* nirmilalo, nemlalo, niśchit; amko. || *V.* RESOLUTO.

Determinador, *a. e s. m.* nemṇâr, nirmitalo.

Determinante, *a.* nirdhârak.

Determinar, *v. t.* nîṭ-, barâbar dâkhauṁk, amko amko mhaṇ kaḷauṁk, nirvachuṁk, ṭharâvuṁk, nirdhâruṁk; *fazer tenção:* man karuṁk, saṁkalpuṁk, nichevuṁk; *ordenar:* nemuṁk nirmuṁk, nimyâruṁk, pharmâvuṁk, *mover:* mavâḷuṁk, lâvuṁk. ‖ *V.* DEMARCAR. ‖ *v. r.* man lâguṁk *(g. do s.)*, nichav-, saṁkalp karuṁk, manâṁt dharuṁk; nem ghevuṁk, ṭharâv karuṁk.

Determinativo, *a.* nirdhârak.

Determinavel, *a.* nirdhâruṁcho, ṭharâvûṁyeso.

Detersão, *s. f.* nirmaḷṇî, nitḷây *f.*

Detersivo, detersorio, *a.* nirmaḷ karcho.

Detestação, *s. f.* kâṁṭâḷo, oṁkâro, dvesh *m.*, vîṭ, abkeṇî *f.*

Detestando, detestavel, *a.* kâṁṭâḷyâcho, kâṁṭâḷvaṇo, onkhaṭo, amaṁgaḷ. ‖ *V.* PESSIMO.

Detestar, *v. t.* kâṁṭâḷuṁk *(d. do o.)*, abkevuṁk *(d. do o.)*, kâṁṭâḷo dharuṁk *(g. do o.)*, vîṭ disuṁk *(g. do s.)*, śrâpuṁk; sosûṁ najo jâvuṁk, jabar vâyṭ lâguṁk *(d. do s., s. do o.)*

Detidamente, *adv.* bârkâyen, vistârîṁ, pâtḷâvûn.

Detonação, *s. f.* phâr *m.*

Detonante, *a.* phâr jâvuṁcho.

Detonar, *v. i.* phâr jâvuṁk *(g. do s.)*

Detorar, *v. t. V.* DESTORAR.

Detracção, *s. f.* chahâḍî, niṁdâ, parniṁdâ, ubhauṇî *f.*, duivâd, parivâd, kuvâd *m.*, dûshaṇ *n.*

Detractivo, *a.* chahâḍiyecho.

Detractor, *s. m.* chahâḍyo, kuvâdî, niṁdâkâr.

Detrahir, *v. t.* nâṁvâr ulauṁk *(g. do o.)*, mân kâḍhuṁk *(g. do o.)*, nâṁv ubhauṁk *(g. do o.)*, chahâḍuṁk, niṁduṁk, akîrtuṁk. ‖ *v. r.* vâyṭ ulauṁk.

Detraz, *adv.* pâṭhî, pâṭhlyân.

Detrimento, *s. m.* nuksân *ou* nuskân *n.*, nasây, hâṇî, khutî *f.*, toṭo, nâś, apkâr *m.*

Detrito, *s. m.* śesh *m.*

Detruncar, *v. t. V.* TRUNCAR.

Deturbar, *v. t. V.* PERTURBAR.

Deturpação, *s. f.* meḷauṇî *f.*, bhashṭpaṇ, nirâkârpaṇ *n.*

Deturpar, *v. t.* meḷauṁk, bhashṭâvuṁk, pâḍ karuṁk. ‖ *V.* DESFIGURAR.

Deus, *s. m.* Dev, îsvar, parmeśvar, parmespar, bhagavan, pâv *(loc. infant.) m.* ‖ *Valha-me* —, Sâhebâ, pâv. *Valha-o* —. Devân tujî kâkût karchî.

Deusa, *s. f.* devî, bhagavatî *f.*

Deuteroses, *s. f. V.* TRADIÇÃO.

Devagar, *adv.* śâvkâś *ou* savkâs, lohân.

Devanear, *v. t.* kalpuṁk, manâṁt hâḍuṁk, sapṇevuṁk. ‖ *v. i.* jhâṁkuṁk, barḷuṁk.

Devaneio, *s. m.* kalpanâ, bhâvanâ, jhâṁk *f.*, baraḷ *m.*

Devassa, *s. f.* śodhṇî, śodh, jhaḍtî *f.*, vichâr *m.*

Devassador, *a. e s. m.* praghaṭṇâr, âvâḍâk kartalo.

Devassamento, *s. m.* dusryâchyâ jâgyâṁt rigṇeṁ,- telṇeṁ *n.*

Devassante, *a.* jhaḍtî kartalo.

Devassar, *v. t.* dîl karuṁk, dilâvuṁk; dusryâchyâ jâgyâṁt rajevîṇ bhitar saruṁk,- teḷuṁk; śodhûn kâḍhuṁk, dakhal-, âvâḍâk karuṁk, praghaṭuṁk; pojaḍpaṇâṁ karuṁk lâvuṁk *(d. do o.)* ‖ *v. i.* śodh karuṁk,- ghevuṁk, vichâruṁk, pusî-, vichâr karuṁk. ‖ *v. r.* dîl-, saḍaḷ jâvuṁk; pojaḍpaṇâṁ karuṁk, kâmchâr chalauṁk.

Devassidão, *s. f.* kâmchâr, vyabhichâr *m.*, kâmpan *n.*, amaryâd, nirmaryâd, chaṁchaḷây, luṁchây, śiṁdaḷkî *f.*

Devasso, *a.* amaryâdî, nirmaryâdî, kâmchârî, chaṁchaḷ, pâṁprel, luṁcho, laṁpaṭ, sodo, vyabhichârî, phaṭîṁg, betâḷ.

Devastação, *s. f.* dhûḷdaśâ karṇeṁ, khaṁḍaṇ; gharṭhâṇ, jhâḍjhapaṭ, puṁḍâveṁ râjik *n.*, puṁḍây, deśvâṭ *f.*

Devastador, *a. e s. m.* nâsâḍyo, puṁḍ.

Devastar, *v. t.* gharṭhâṇ-, nâsâḍî-, dhûḷdaśâ karuṁk *(g. do o.)*

Devedor, *s. m.* rinkârî, riṇî, deṇeṁkâr *m.*, kûḷ *n.*

Deventre, *s. m.* poṭâṁtleṁ *n.*

Dever, *v. t.* jây jâvuṁk,- âsuṁk *(inst. do s.; ex.: elle deve fazer,* tâṇeṁ karuṁk jây; *tu devias fazer,* tûveṁ karuṁk jây âsleṁ; *eu deverei fazer,* hâṁveṁ karuṁk jây jâtaleṁ), phâvuṁk *ou* phâvo jâvuṁk *(inst. do s.)*; devo jâvuṁk,- âsuṁk. ‖ — *os cabellos (fig.)*, riṇâṁt buḍuṁk. ‖ *v. r.* devo jâvuṁk; phâvuṁk. ‖ *s. m.* kâydo, dharm *m.*, karm, kartab *ou* kartûb *n.*

Deveras, *adv.* khareṁch, suṭâveṁ, majyân *(chulo)*.

Deveza, *s. f.* jhâḍâṁcho aḍlalo-, âḍâylalo jâgo *m.*

Devidamente, *adv.* phâvote parîṁ, kâydyâ pramâṇeṁ.

Devido, *a.* devo. ‖ *s. m.* deveṁ *n.*

Devio, *a.* vâṭ chuklalo, âḍmârgî. ‖ *V.* INTRANSITAVEL.

Devoção, *s. f.* devosâṁv devospaṇ *n.*, bhakti *f.*, bhaktibhâv *m.*, samarpaṇ, sâdhupaṇ *n.*

Devocionario, *s. m.* prârthanpustak *n.*, samarpangraṁth *m.*
Devolução, *s. f.* dusryâk deṇeṁ, parahastadân; pailyâ dhanyâk parat deṇeṁ *n.*
Devoluto, *a.* rito, rikâmo, śûn *(us. Can.)*; parahastadâṇân mellalo.
Devolver, *v. t.* dhanyâk partuṁk; dusryâk divuṁk; partuṁk, partûn dhâḍuṁk; pâṭḷâvuṁk peṁdruṁk. ‖ *v. r.* pasroṁk, vistâroṁk; parat yevuṁk, partoṁk.
Devoração, *s. f.* giḷṇî, grâsṇî *f.*
Devorador, *a.* *e s. m.* bharkitalo, giḷṇâr.
Devorante, *a.* giḷtalo; khâvgo, poṭyo; rakhrakhit.
Devorar, *v. t.* giḷuṁk, grâsuṁk *ou* girâsuṁk, bharkuṁk, bhakshuṁk, rakshuṁk; khâvuṁk.
Devotado, *a.* âṁgailalo, samarpilalo; bhakt, anusârî.
Devotamente, *adv.* bhaktîn, devospaṇîṁ.
Devoto, *a.* devospaṇâcho, bhaktivaṁt, bhaktipar, *bhaktivaṁchaḷ, bhaktîcho, bhajaṇî, karmanishṭ. ‖ *s. m.* devot, bhakt (bhaktîṇ *f.*)
Dez, *a.* dâh.
Dezembro, *s. m.* dejembr *m.*
Dezena, *s. f.* dasak *m.* *e* *n.*
Dezenove, *a.* ekuṇîs.
Dezeseis, *a.* soḷâ.
Dezesete, *a.* satrâ.
Dezoito, *a.* aṭhrâ.
Dia, *s. m.* dìs, divas, din *m.* ‖ — *de semana*, vâr. — *de festa*, parbecho dìs, saṇ. — *santo*, saṁt. — *de gala*, utsavdivas. — *auspicioso*, sudin, sudivas. — *aziago*, kâḷvâr, âḍvâr. — *de annos*. jalmâcho dìs, varshâṁcho dìs. — *do juizo*, jhḍtecho-, nimâṇo dìs. — *de finados*, âlmâṁcho (*port.* ALMAS) dìs. — *feriado*, suṭi *f.*, suṭiyecho dìs. — *util*, kâmâcho-, vâvrâcho dìs. — *lectivo*, iskolâcho (*port.* ESCHOLA)-, sâḷicho dìs. — *intercalar*, adhikdivas. *Nascer o* —, dìs udevuṁk. *Ao romper do* —, ujvâḍtâṁ. *De* —, disâcho, disâujvâḍe. *Viver* — *por* —, mâthyâr vat, pâṁyâṁtalâ sâvḷî. *De* — *em* —, disâṁdìs, disâdispaṭo (*a.*) *Hoje em* —, hyâ samayâr, sardyâ. *Estar de* —, (aṁkyâ disâ) châkrek âsuṁk. ‖ -s, *pl.* jiṇ, parây *f.*; kâḷ, samay *m.* ‖ *Serviço aos* —, rojkâm *n.*, disvâvar *m.*
Diabetes, *s. m.* goḍemmût, bahumût *n.*
Diabo, *s. m.* devchâr, mhârû, piśâch, asur, saitân, bhût, râkhas *m.*, nâsâṁv *n.*, lâṁvsaṭ *f.* ‖ *Vá para o* —, balâv ghevûn vach. *Que o leve o* —, tâkâ âg lâgûṁv. *Levado do* —, bhaykar, phadphadit. *Ter o* — *no corpo*, devchâr lâguṁk (*d. do s.*),- bâsuṁk (*l. sup. do s.*) *Dar ao* —, gâḷi savuṁk; vâṭ soḍuṁk.
Diabolicamente, *adv.* devchârpaṇîṁ; nâḍin.
Diabolico, *a.* devchârâcho, saitânâcho, bhutâcho, asurî; nâḍbuddhîcho; avghaḍ; tiḍ.
Diabrete, *s. m.* devchârlo, devchârâchyâ kâstâcho (*port.* CASTA).
Diabrura, *s. f.* devchârpaṇ *n.*; nâḍbuddhi, chorbuddhi; âḍâṁgây *f.*, tiḍpaṇ *n.* ‖ *V.* MALDADE.
Diacho, *s. m.* *V.* DIABO.
Diachylão, *s. m.* menṭeḷ *n.*
Diacono, *s. m.* dyâkn.
Diadema, *s. m.* mukuṭ *m.*, tâj *f.*
Diafa, *s. f.* chirimirî *f.*
Diagnose, *s. f.* rogbhâvanâ *f.*, paribhâs *m.*
Diagnosticar, *v. t.* rogbhâvanâ karuṁk (*g. do o.*)
Diagnostico, *s. m.* rogbhâvanâ *f.*; roglakshaṇ *n.* ‖ *a.* rogbhâvanecho.
Diagonal, *a.* karṇâcho, karṇâkṛiti. ‖ *s. f.* karṇ *m.*, karṇareshâ *f.*
Diagonalmente, *adv.* karṇareshîṁ.
Diagramma, *s. m.* âkṛiti *f.*, chakr, kshetr *n.*, nakśo *m.*
Dialectal, *a.* deśbhâshecho.
Dialectica, *s. f.* tarkvidyâ *f.*, nyâyśâstr *n.*
Dialectico, *a.* tarkvidyecho, nyayî. ‖ *s. m.* tarkvidyâjña, tarkśâstrî.
Dialecto, *s. m.* bhâshecho prakâr, bhâshâbhed *m.*, deśbhâs, lokbhâs *f.*
Dialogado, dialogal, dialogistico, *a.* saṁvâdâcho, saṁvâdrûp.
Dialogar, *v. t.* saṁvâdân baraumk,-lihuṁk. ‖ *v. i.* saṁvâduṁk, saṁbhâshaṇ karuṁk.
Dialogista, *s. m.* saṁvâdîṁ baraṇâr,- lihṇâr.
Dialogo, *s. m.* saṁbhâshaṇ *n.*, saṁvâd, jâpsâl *m.*
Diamante, *s. m.* dyâmâṁt *f.*, vâjr *n.*, hir. ‖ — *facetado*, tartaro *m.* *Ser de* —, nibar phâtar jâvuṁk.
Diamantino, *a.* vajrâṁcho.
Diamantista, *s. m.* vajrâṁkâr.
Diametral, *a.* vyâsâcho.
Diametralmente, *adv.* vyâsîṁ; (*fig.*) nigût, śekânśek.

Diametro, *s. m.* vyâs *m.*, madhyasûtr, udarsûtr, ardhsûtr *n.*
Diapasão, *s. m.* svargrâm *m.*
Diapedese, *s. f.* ragtâchî ûm *f.*
Diaphaneidade, *s. f.* prakâśabhedyatâ *f.*
Diaphano, *a.* prakâśabhedya; nitaḷ.
Diaphoress, *s. f.* ghâm *m.*, ûm *f.*
Diaphoretico, *a.* ghâmâcho, ûm yevuṁk upkârto. || *s. m.* svedan, ghâm yevuṁcheṁ okhat *n.*
Diaphragma, *s. m.* madhlo paḍdo *m.*
Diaria, *s. f.* roj, disvaḍo; disâcho lâbh *m.*; disâcheṁ jevaṇ *n.*, -paḍ *f.*
Diariamente, *adv.* disâchedisâ, disândis.
Diario, *a.* dispaṭo, disâdispaṭo. || *s. m.* dar disâchî kathâ *f.*; dinvṛittipatr *n.*, dispaṭyâ kâmâchî śivḍî *f.*, kharḍo; dispaṭo kharch *m.*
Diarrhea, *s. f.* hâgvaṇ, nirmaḷî *f.*, bhâyr *n.*
Diarthrose, *s. f.* chalsaṁdhi *f.*
Diastole, *s. f.* prasaraṇ *n.*
Diathermico, *a.* ushṇavâhak.
Diathese, *s. f.* piḍechî-, rogâchî kal,- vaṁdavṇî *f.*
Diatribe, *s. f.* jupâṭî, atiniṁdâ *f.*; niṁdâpatr, apvâdpatr *n.*
Dicacidade, *s. f.* toṁḍśiṁdaḷpaṇ *n.*; tîk,- kharkas niṁdâ *f.*
Dicaz, *a.* châbkar, marmî; toṁḍśiṁdaḷ, niṁdâvâdi, marmabhâshî.
Dicção, *s. f.* ulauṇyâchî rît, vakyarachnâ *f.*; uttar *n.*, śabd *m.*
Diccionario, *s. m.* koś, śabdakoś, śabdasaṁgraha *m.*
Diccionarista, *s. m.* kośkâr.
Dichote, *s. m.* *V.* DICTERIO.
Dictado, *s. m.* barauṁk sâṁglaleṁ *n.* || *V.* ADAGIO.
Dictador, *s. m.* ekâdhipati.
Dictadura, *s. f.* ekâdhipatipaṇ *n.*
Dictame, *s. m.* bolî, śikauṇ *f.*, upadeś, hukûm *m.*
Dictar, *v. t.* baruṁk sâṁguṁk, paṭhuṁk; pharmâvuṁk, upadeśuṁk.
Dictatorial, dictatorio, *a.* ekâdhipatîcho.
Dicterio, *s. m.* khebaḍ, phakâṁḍ *n.*, maskarî *f.*
Dictinho, *s. m.* lâṁvḍây *f.*
Dicto, *a.* âdîṁ-, pûrvîṁ sâṁglalo. || *O* —, —, sâṁgleṁ teṁ jâleṁ. || *s. m.* sâṁgṇî, mhaṇṇî, bol *f.*, ulauṇeṁ; vachan, vâchâ; bolî *f.*
Didactica, *s. f.* upadeśvidyâ *f.*
Didactico, *a.* upadeśvidyecho.

Dieta, *s. f.* path *n.*; sabhâ *f.*
Dietetica, *s. f.* pathvidyâ.
Dietetico, *a.* pathâcho.
Diffamação, *s. f.* chahâḍî *f.*, mân kâḍhṇeṁ, nâṁv ubhauṇeṁ *n.*, niṁdâ, pariniṁdâ *f.*, apavâd *m.*
Diffamador, *a.* e *s. m.* chahâḍyo, niṁdâkâr.
Diffamante, diffamatorio, *a.* chahâḍiyecho, mân kâḍhcho.
Diffamar, *v. t.* mân kâḍhuṁk (*g. do o.*), nâṁv ubhauṁk (*g. do o.*), ijat pâtaḷ karuṁk (*g. do o.*), mânâr-, nâṁvâr ulauṁk (*g. do o.*), kâtruṁk, akîrtuṁk. || *v. r.* nâṁv-, mân hogḍâvuṁk.
Differença, *s. f.* aṁtar, taphârat *f.*, pher, bhed, pharak, vegḷâchâr *m.*, vegḷepaṇ, itarpaṇ *n.*; bâkî *f.*, viśesh *m.* || *Fazer* — *a*, vâyṭ jâvuṁk, goṁdhaḷ karuṁk. || -s, *pl.* taṁṭe *m. pl.*, jhagḍîṁ *n. pl.*, tiḍo *m.*
Differençar, differenciar, *v. t.* aṁtrâvuṁk, aṁtar dâkhauṁk (*g. do o.*), vegḷo karuṁk; baro karn oḷkhuṁk. || *v. r.* aṁtar âsuṁk (*d. do s.*)
Differenciação, *s. f.* śûnyalabdhikaraṇ *n.*
Differencial, *a.* sûnyalabdhîcho. || *Calculo* —, śûnyalabdhi *f.*
Differente, *a.* vegḷo, dusro, itar, nirâḷo, aṁtarâdik, aṁtarik, par, parko. || *V.* DIVERSO.
Differentemente, *adv.* vegḷepaṇîṁ, dusryâ jinnsâṁ, dusre bhâshen.
Differir, *v. t.* phuḍe-, mukhâr davruṁk, lâṁbauṁk. || *v. i.* eksârke nay jâvuṁk, aṁtar,- pher âsuṁk (*d. do s.*) || *V.* DIVERGIR.
Difficil, *a.* avghaḍ, kaṭhin *ou* kaṭhîṇ, jaḍ, nibar, jabar, bigaṭ.
Difficilmente, *adv.* avghaḍâyen, jaḍâyeṁ, jabar.
Difficuldade, *s. f.* avghaḍây, kaṭhinây, jaḍây *f.*, saṁkashṭ *n.*; *impedimento:* âḍkhaḷ, gâṁṭh, harkat, askat; *aperto:* aḍchaṇ, goṁdh *f.*, kashṭ *m.*, lachâṁḍ *n.*; *objecção:* âḍ, śaṁkâ *f.* || *Sem* —, soṁpepaṇîṁ, harkat nâstânâ. || *V.* REPUGNANCIA.
Difficultar, *v. t.* avghaḍ-, saṁkashṭ karuṁk; aḍchuṁk *ou* aḍchauṁk, âḍkhaḷî ghâluṁk (*d. do o.*); goṁdhauṁk, goṁdhḷâvuṁk. || *v. r.* avghaḍ jâvuṁk; nâ âṭpoṁk, nâ bâḍguṁk.
Difficultosamente, *adv.* saṁkashṭîṁ, aḍchaṇen.
Difficultoso, *a.* avghaḍ, saṁkashṭ, mahâragh, duḥsak; aḍchaṇecho.

Diffidencia, *s. f.* duḥśvâs *m.*, bhejuḍây, śaṁkâ *f.*
Diffidente, *a.* duḥśvâsî, bhejûḍ, adhîr.
Diffluencia, *s. f.* vâhvṇî *f.*
Diffluente, *a.* vâhvto.
Diffluir, *v. i.* vâhvuṁk.
Diffundir, *v. t.* kaḍhauṁk, vârauṁk; pasruṁk *ou* prasaruṁk, vistâruṁk, saṁchâruṁk, vikrâvuṁk, phâṁsḷâvuṁk; phâṁkauṁk. ‖ *v. r.* pasroṁk, vistâroṁk, phâṁsḷuṁk; phâṁkuṁk; praghaṭ jâvuṁk.
Diffusamente, *adv.* vistârîṁ.
Diffusão, *s. f.* vâraṇṇî; phâṁsalṇî *f.*, prasâr, vistâr, ativistâr *m.*; phâṁkaṇṇî, praghaṭṇî *f.*; prapaṁch, arthvâd *m.*
Diffusivel, **diffusivo**, *a.* vyâpak, prasarcho.
Diffuso, *a.* vistârlalo, vistârâdik; ativistârâcho, prapaṁchik, ativâdi.
Digerir, *v. t.* jirauṁk, pachauṁk. ‖ *v. r.* jiruṁk, pachuṁk.
Digerivel, **digestivel**, *a.* jirûṁyeso, jirvaṇecho, pachya.
Digestão, *s. f.* jirṇî, jirvaṇ, pachṇî *f.*, pachap, anupachaṇ *n.*
Digestivo, **digestor**, *a.* jirvaṇek upkârto,- baro, pâchak.
Digesto, *s. m.* smṛitisaṁhitâ; kalambaṁdi *f.*, sârgraṁth *m.*
Digitação, *s. f.* boṭâṁcho âkâr *m.*
Digitado, **digitiforme**, *a.* boṭ kaso.
Digital, *a.* boṭâṁcho.
Digito, *s. m.* kalâ, chaṁdrkalâ (*— da lua*) *f.*; arkâṁś *m.*
Digladiar, *v. t.* *V.* ESGRIMIR.
Dignação, *s. f.* prasâd *m.*, mehrbâṇî *f.*
Dignamente, *adv.* phâvote parîṁ, barâbar.
Dignar-se, *v. r.* puṭvuṁk (*d. do s.*), kurpâ-, prasâd karuṁk.
Dignidade, *s. f.* vhaḍvî *f.*, mân *m.*, mânatva, thorpaṇ *n.*, prauḍhi, yukti; uṁchpadvî, *tainâd *f.*, huddo, darjo, *martabâ *m.*
Dignificação, *s. f.* uṁchpadvî deṇeṁ; thor karṇeṁ *n.*
Dignificar, *v. t.* uṁchpadvî divuṁk (*d. do o.*); thor-, prauḍh karuṁk.
Dignitario, *s. m.* moṭe padvecho manîs, thor jaṇ.
Digno, *a.* phâvoto, purto, lâyk, yogya *ou* yoge; mâṇsugecho, âbrucho, uttam, bhalo.
Digono, *a.* dvikoṇ.
Digressão, *s. f.* vigati *f.*; pelyân vachṇeṁ *n.*; bhoṁvḍî; (*fig.*) phâkṇî, âḍkathâ *f.* ‖ *V.* SUBTERFUGIO.
Digressivo, *a.* âḍkathecho, phâktalo.
Digresso, *s. m.* *V.* DESVIO.
Dilação, *s. f.* lâṁbâvṇî, âvjâv *f.*, kâḷâv, toḍav (*us. Can.*); vâydo *m.*
Dilaceração, *s. f.* vidârṇî, phâḍṇî *f.*
Dilacerante, *a.* vidârto; (*fig.*) *V.* AFFLICTIVO.
Dilacerar, *v. t.* vidâruṁk, phâḍuṁk, kuṭke karuṁk (*g. do o.*); (*fig.*) vaḷvaḷâvuṁk, vedan divuṁk (*d. do o.*)
Dilapidação, *s. f.* moḍṇî; hogḍâvṇî *f.*, vikshepaṇ *n.*
Dilapidador, *s. m.* hogḍâvṇo, vikshepî, vechik.
Dilapidar, *v. t.* moḍuṁk, koṁsḷâvuṁk; hogḍâvuṁk, vâṭ lâvuṁk (*g. do s.*), vikshepuṁk.
Dilatabilidade, *s. f.* prasârguṇ *m.*
Dilatação, *s. f.* prasâr *ou* pasar, vistâr *m.*: chaḍhṇî, vâḍhṇî *f.* ‖ *V.* PROROGAÇÃO.
Dilatado, *a.* vistârâdik, viskaḷ, ruṁdlâṁb.
Dilatar, *v. t.* pasruṁk, vistâruṁk, phâṁsḷâvuṁk; vâḍhauṁk, chaḍhauṁk, ruṁdâvuṁk; *retardar:* lâṁbâvuṁk, kâḷâvuṁk, davruṁk; *fazer durar:* tagauṁk. ‖ *v. r.* pasroṁk, vistâroṁk; vâḍhuṁk, chaḍhuṁk; taguṁk, uruṁk.
Dilatavel, *a.* pasarcho.
Dilatorio, *a.* dirghsûtr; lâṁbâvṇecho, lâṁbâvṇo.
Dilecção, *s. f.* adhik mog, priya *m.*
Dilecto, *a.* adhik mog kelalo; chaḍhâ mogâcho, aprûbâyecho, priya.
Dilemma, *s. m.* ubhaysaṁbhav; peṁch *m.*, kachâṭî *f.*, lachâṁḍ *n.*
Diligencia, *s. f.* jâgritây, huśârkî, phikîr, âsthâ, laksh, vâgauṇî, suḍsuḍây, dhâṁdalây, mehnat, jatan, jatṇây, *hâṇvirdhî, śakti *f.*, udyog *m.* ‖ *Fazer —*, hâtân âsâ teṁ karuṁk, mehnat ghevuṁk. *Official de —*, nâyk.
Diligente, *a.* udyogî, udyamî, huśâr, chyâd, mehnatî, yatnî, jâgṛit, suḍsuḍît, karmishṭh, abhyâsî, śitâb, *hâṇvirdhîkâr.
Diligentemente, *adv.* udyogân, mehnatîn.
Dilogia, *s. f.* *V.* DIALOGIA.
Dilucidar, *v. t.* *V.* ELUCIDAR.
Dilucido, *a.* ujvâḍik, laklakît.
Diluculo, *s. m.* jheṁjurṭeṁ *n.*

Diluente, *a.* viraumcho, khiraumcho; pâtal karcho.
Diluição, *s. f.* khirauṇî, khirṇî *f.*, virap *n.*
Diluir, *v. t.* khiraumk, viraumk, virghaumk, gholaumk. || *v. r.* virumk, khirumk, gholumk.
Diluvial, diluviano, diluvioso, *a.* paryâlyâcho.
Diluvio, *s. m.* paryâlo *m.*, buḍtî, buḍatkal *f.*, negûs *(us. Can.) m.*
Dimanação, *s. f.* upaj, nipaj *m.*
Dimanante, *a.* upjato, utpann.
Dimanar, *v. i.* lohu vâhvumk; *(fig.)* upjumk, utpann jâvumk, yevumk, jâvumk, nisrumk.
Dimensão, *s. f.* jokh, mâp; parimâṇ *n.*, lâmbîrumdî, vhaḍây *f.*
Dimensorio, *a.* parimâṇâcho.
Dimidiar, *v. t.* dośîm karumk.
Diminuendo, *s. m.* bâd karcho âmk, śodhak, riṇ *m.*
Diminuente, *a.* demvaito.
Diminuição, *s. f.* uṇâv *m.*, uṇepaṇ, demvap *n.*, utâr *m.*, tûṭ, hâṇî, jirṇî; *(arith.)* bâd, vajâ *f.*
Diminuidor, *a.* uṇâytalo, demvaitalo. || *s. m.* bâd-, vajâ kartalo.
Diminuir, *v. t.* uṇâvumk, thoḍâvumk, demvaumk, uṇo-, thoḍo-, lahân karumk; halkâvumk, utrumk; bâd-, vajâ karumk,- ghâlumk. || *v. i. e r.* uṇâvomk, uṇo-, thoḍo jâvumk, demvumk, jirumk, halkumk.
Diminutamente, *adv.* thoḍem, thoḍepaṇîm.
Diminutivo, *a.* uṇâyto, demvaito.
Diminuto, *a.* thoḍo, ilo; lahân.
Dimittir, *v. t. V.* DEMITTIR.
Dinheirama, *s. f.* kevo, khejo *m.*
Dinheiro, *s. m.* duḍû, âḍko, hâṭko, paiko, ruko, lekho, arth *m.*, dravya, vitt, dhan *n.*
Dinheiroso, *a.* duḍvâmkâr.
Diocese, *s. f.* bispâchem râj *n.*, *mirâs *f.*
Dipetalo, *a.* dom pâkhḷiyâmcho.
Diphthongal, *a.* dvisvarâcho.
Diphthongo, *s. m.* dvisvar, samdhisvar *m.*
Diploma, *s. m.* sanad *m.*, patr, patrak, patrik *n.*
Diplomacia, *s. f.* râjdûtkarm; râjgûḍh *n.*, râjvidyâ *f.*
Diplomata, *s. m.* râjdût, râjmamtrî; *(fig.)* kâṭhû manis.
Diplomatico, *a.* râjdutâcho, râjmamtrîcho, darbârî.
Diplomatista, *s. m.* râjdûtkarmajña.
Dique, *s. m.* bâmdh *m.*, dhan *n.*; god, ḍhakśî *f.*; *(fig.) V.* OBSTACULO.
Direcção, *s. f.* chalauṇî *f.*, nayan *n.*; vasauṇî, jâvoṇî *f.*, kârbhâr *m.*; *norma:* sâmgṇî, tâkîd *f.*, vidhi, nirdeś *m.*; *lado, rumo:* kaḍ, âmḍî *f.*, taraph *m.* || — *de carta*, nâmvgâmvâchem barap *n.*, nâmvâcho patto *m.*
Directamente, *adv.* nîṭ, sidhâ; thamba nâstânâ; saral, saṭâsaṭ; tomḍâtomḍîm, samor; śekânśek.
Directivo, *a.* chalaitalo.
Directo, *a.* nîṭ, sâmko, sârko, ujû; sâph, ughḍo.
Director, *s. m.* chalauṇâr, vasauṇâr, vhaḍil, nâyk, adhikârî, sârathi, muṇîm.
Directoria, *s. f.* chalauṇî *f.*; chalauṇârâchem kâm *n.*
Directorio, *a.* chalaitalo. || *s. m.* paddhat, rîtimâlâ *f.*, vidhisamgraha *m.*
Directriz, *s. f.* vidhireshâ *f.*
Direita, *s. f.* ujvo hât *m.*
Direitamente, *adv. V.* DIRECTAMENTE.
Direiteza, *s. f.* niṭây *f.*, sâmkepaṇ; saralpaṇ, dharmpaṇ *n.*
Direito, *a.* nîṭ, ujû; *plano:* sulsulît, tultulît; *vertical:* khumṭ, ubho; *justo:* sârko, saral, ṭhâkṭhîk, ṭhikṭhâk; *opposto a esquerdo:* ujvo. || *adv.* nîṭ, barâbar. || *Á direita*, ujvyâ hâtâ. *Ás direitas*, barâbar, phâvo te parîm.
Direito, *s. m.* diret *m.*, sattâ *ou* sattyâ *f.*, adhikâr, ilâkho, hakk, dâvo; *lei:* dharm, nyây *m.*; *lado principal:* ârtî kûs *f.*; *imposto:* śulk *ou* śumk, masûl *n.* || *Doutor em* —, dharmaśâstrî, dharmajña. — *do mais forte*, balâchî padvî, balî to kân valî (*litt.* O FORTE TORCE A ORELHA). *Em* —, *de* —, nitîn. *A torto e a* —, âḍvotiḍvo, âḍvoubho.
Direitura, *s. f.* niṭây *f.*, sârkepaṇ *n.* || *Em* —, sarsem, lâgîm.
Dirigir, *v. t.* chalaumk, vasaumk, vahivâṭumk, *kâmâvumk; *encaminhar:* vharumk, mârgâk-, vâṭek lâvumk; *enviar:* dhâḍumk, pâṭhaumk. || *v. r.* vachumk, vâṭ ghevumk.
Dirimente, *a.* bhâmjṇo, radd karcho, moḍcho.
Dirimir, *v. t.* khamḍumk, bhâmjumk, radd karumk; toḍomk.
Diro, *a. V.* CRUEL.
Diruir, *v. t.* moḍumk, komsḷâvumk.
Disceptação, *s. f. V.* DISCUSSÃO.
Discernente, *a.* vivekî.

Discernimento, *s. m.* vivek *m.*, darśan; jñân *ou* gnyân *n.*, jñânmati, akkal, buddh, samaj, tajvît *f.* ‖ *Sem* —, vây-lyâvayr, nihâḷi nâstânâ.

Discernir, *v. t.* barem̃ karn oḷkhum̃k, vivekum̃k, hum̃gum̃k.

Disciplina, *s. f.* śikauṇ, śikshâ *f.*, vinayan *n.*; abhyâs *m.*, abhyâsan *n.*, ugâḷṇî; bam̃dobast, vyavasthâ *f.*; śâstr *n.*; siplîn *(us. Sal.)*, sait *(port.* AÇOITE), *bastanî *f.*, jerbam̃d *m.*

Disciplinador, *s. m.* śikauṇâr.

Disciplinamento, *s. m.* śikauṇî *f.*

Disciplinante, *a.* śikauṇo. ‖ *s. m.* âpṇâk jerbam̃d mârtalo.

Disciplinar, *v. t.* śikaum̃k, abhyâsum̃k, ugâḷum̃k; saitî pâṭhîr marum̃k. ‖ *a.* śikshecho, abhyâsâcho.

Disciplinavel, *a.* śikaum̃yeso, śikto.

Discipula, *s. f.* chelî *(p. us.)*, śikṇârṇ, śikṇârin.

Discipulado, *s. m.* śâgirdî *f.*, vidyârthîpaṇ *n.*; vidyârthyâm̃cho jamo *m.*

Discipulo, *s. m.* śikṇâr, śîs, vidyârthî, chelo *(p. us.)*

Disco, *s. m.* mam̃ḍaḷ *f.*, mâm̃ḍ, bim̃b *m.*; chakr *n.*

Discoide, *a.* bem̃bâkâr.

Discordancia, *s. f.* am̃tar, napaḍ, nalag *f.*, virodh *m.*

Discordante, *a.* nirâḷo, virodhî.

Discordar, *v. i.* nâ paḍum̃k, nâ lâgum̃k; dusam̃gum̃k, nâm̃ mhaṇum̃k; *(mus.)* besûr jâvum̃k.

Discorde, *a.* nâ lâgto, am̃tarâdîk; âḍ, parto; apsvar.

Discordemente, *adv.* am̃tarîm̃.

Discordia, *s. f.* dusam̃g, jhagḍem̃ *n.*, khaṭlo *m.* ‖ *V.* CONTRADICÇÃO.

Discorrer, *v. i. e t.* bhom̃vum̃k, hiṁḍum̃k; sam̃vâdum̃k, tarkum̃k, sam̃bhâshaṇ karum̃k; chim̃tum̃k, nihâḷum̃k. ‖ *V.* DECORRER.

Discorrimento, *s. m. V.* RACIOCINIO.

Discreção, discrição, *s. f.* vivek *m.*, samjikây, achirkây, gnyânmat *f.*, śahâṇepaṇ *n.*, akkal, maryâd, mâṇsâgi *f.* ‖ *A* —, khuśepramâṇem̃, jây tit-lem̃.

Discrecionario, *a.* khuśer davar-lalo, jây taso karcho.

Discrepancia, *s. f.* am̃tar, taphârat *f.*, pher, pharak, asam̃baddh *m.*; napaḍ *f.*, dusam̃g *n.*, virodh *m.* ‖ *Sem* —, ek-chittân, ekbhâvîm̃.

Discrepante, *a.* vegḷo, am̃tarâdik, asam̃baddh.

Discrepar, *v. i.* vegḷo jâvum̃k, am̃tar âsum̃k *(d. do s.)*; napaḍum̃k, dusam̃gum̃k.

Discretear, *v. i.* sam̃vâdum̃k.

Discretivo, *a.* am̃trâytalo, vivekî.

Discreto, *a.* samjik, vivekî, śahâṇo, *vichhekhûṇ; akklecho, maryâdik; gupit, gupto.

Discrime, *s. m.* am̃tar *f.*, pharak, viśesh *m.*; aḍchaṇ *f.*, sam̃kashṭ *n.*

Discriminação, *s. f.* vivechan *n.*, parichchhed *m.*, vibhâvanâ *f.*

Discriminar, *v. t.* am̃tar,- pher paḷevum̃k *(g. do o.)*, vivekum̃k, parichchhed karum̃k *(g. do o.)* ‖ *V.* DISCERNIR.

Discursar, *v. t.* sabhâvâd karum̃k *(d. do o.)*, sam̃vâdum̃k. ‖ *v. i.* chim̃tum̃k, nihâḷum̃k; sam̃vâd-, sam̃bhâshaṇ karum̃k.

Discursivo, *a.* vichârâcho, tarkî.

Discurso, *s. m.* ulauṇem̃, bhâshaṇ, pravachan *n.*, sabhâvâd; tark, vichâr *m.*

Discussão, *s. f.* gholṇî, ghâm̃sṇî, mathṇî *f.*, tark, prastâv, vivek; vâd, vivâd, parvâd *m.*

Discutidor, *s. m.* tarkî, vivekî.

Discutir, *v. t.* ghâm̃sum̃k, gholaum̃k, mathum̃k, tarkum̃k; vivâdum̃k. ‖ *v. i.* vivâd karum̃k.

Discutivel, *a.* śam̃kaniya, vivâdâcho, tarkum̃cho.

Diserto, *a.* ughḍâpo, dakhal. ‖ *V.* ELOQUENTE.

Disfarçadamente, *adv.* gapchip, gupchup, choryâm̃, kapaṭrûpîm̃.

Disfarçado, *a.* bhesh badallalo, kapaṭrûpî, nirâkâr; gupto, kapaṭî.

Disfarçar, *v. t.* bhesh-, mayem̃ ghâlum̃k *(d. do o.)*, veshum̃k, kapaṭrûpî karum̃k; lipaum̃k, gupit davrum̃k, veshṭum̃k; badlum̃k, dusro kaso karum̃k; dâmûn dharum̃k. ‖ *v. r.* bhesh ghevum̃k, âkâr badlum̃k; kapaṭi jâvum̃k.

Disfarce, *s. m.* veshṇî, veshṭaṇî *f.*, nirâkârpaṇ *n.*; vesh *ou* bhesh *m.*, sam̃g, kapaṭrûp *n.*

Disforme, *a.* nirâkâr, nirûpî, aparûp, vikaṭ; atikây.

Disjuncção, *s. f.* dośim̃ karṇem̃, kuśîn kâḍhṇem̃ *n.*; tuṭṇî, kom̃chṇî *f.*

Disjunctivo, *a.* kuśîn karto, pelyân kâḍhto; *(gram.)* pakshâm̃tar bodhak.

Disjungir, *v. t.* jum̃vâcho soḍum̃k; *(fig.)* vegḷo karum̃k, kuśîn kâḍhum̃k.

Dislate, *s. m. V.* DISPARATE.

Disparar, *v. t.* mârum̃k, soḍûn mârum̃k, soḍum̃k, soḍûn divum̃k. ‖ *v. r.* phâr suṭum̃k *(g. do s.)*

Disparatadamente, *adv.* akkal-, sairân nâstânâ.

Disparatado, *a.* âḍnâḍî, jaḷvây, barḷ; nâkâ jâlalo, nishkâraṇ, ayukt.

Disparatar, *v. t.* nâkâ jâlaleṁ ulauṁk,- karuṁk, barḷuṁk, barḷâr paḍuṁk, jhâṁkuḷuṁk.

Disparate, *s. m.* nâkâ jâlaleṁ, kâmâk yenâsleṁ, upkârâk paḍanâslaleṁ, âḍnâḍpaṇ *n.*, pisây *f.*

Disparidade, *s. f.* aṁtar *f.*, pher *m.*, vegḷepaṇ *n.*

Dispartir, *v. t.* kuṭke-, vâṁṭe karuṁk *(g. do o.)*, vâṁṭuṁk. ‖ *v. r.* phâṁṭâphâṁṭîṁ vachuṁk.

Dispauterio, *s. m.* V. DESPROPOSITO.

Dispendio, *s. m.* kharch, vech; *(fig.)* nâs *m.*, nuskân *m.*

Dispendiosamente, *adv.* chaḍhâ kharchân.

Dispendioso, *a.* kharchâdik, vechâcho, mahâragh.

Dispensa, *s. f.* dispeṁs *n.*, mâphî, vidhimukti *f.*

Dispensação, *s. f.* mâphî, soḍ *f.*

Dispensador, *s. m.* dispeṁs ditalo, soḍpâr; dâtâr.

Dispensar, *v. t.* dispeṁs divuṁk *(d. ou g. do o.)*, mâph karuṁk, soḍuṁk; *prescindir:* nâkâ jâvuṁk, varjuṁk; *distribuir:* vâṁṭuṁk; *emprestar:* mâtso-, ushṇo divuṁk.

Dispensativo, *a* mâphecho.

Dispensatorio, *s. m.* aushadhśâlâ *f.*

Dispensavel, *a.* mâph karûṁyeso; garaj nâslalo.

Dispermo, *a.* dvibîj.

Dispersamente, *adv.* śiṁpḍâvûn.

Dispersão, *s. f.* śiṁpaḍṇî, vikirṇî, uḍauṇî *f.*, prasâr *m.* ‖ *V.* DEBANDADA.

Dispersar, *v. t.* śiṁpḍâvuṁk, vikiruṁk, uḍauṁk, vaṁpuṁk; paḷauṁk, dispaṭâvuṁk, tîn terâ karuṁk *(g. do o.)* ‖ *v. i. e r.* śiṁpḍuṁk; phâṁṭâphâṁṭîṁ vachuṁk.

Disperso, *a.* śiṁpaḍlalo; dispaṭlalo.

Displicencia, *s. f.* V. DESPRAZER.

Disponente, *s. m.* dân patrâr davartalo.

Disponibilidade, *s. f.* hâtân-, âdhîn âsṇeṁ *n.*, divuṁchî śakti *f.*; bekârpaṇ *n.*

Disponivel, *a.* divûṁyeso, hâtân âslalo; mokḷo, kâm nâslalo.

Dispor, *v. t.* mâṁḍuṁk, ḍâḷuṁk, rachuṁk, yojuṁk, ṭharâvuṁk; *agrupar:* puṁjâvuṁk, puṁje karuṁk *(g. do o.)*; *preparar:* tayâr karuṁk; *empregar:* ghâluṁk; *facilitar:* soṁpo karuṁk; *inclinar:* man vaḷuṁk *(g. do o.)*, vaṁdâvuṁk; *encaminhar:* chalauṁk, vharuṁk; *persuadir:* samjâvuṁk; *acostumar:* saṁvay karuṁk *(d. do o.)*; lâvuṁk; *prescrever:* pharmâvuṁk, karuṁk lâvuṁk; *administrar:* vasauṁk, jâḷvuṁk. ‖ — *o caminho*, vâṭ karuṁk. — *em pilhas*, râśî karuṁk *(g. do o.)* *O homem põe e Deus dispõe*, Dev ditâ bukâd, devchâr mârtâ paṁkâd. ‖ *v. i.* maraṇpatrâr davruṁk; *possuir:* âsuṁk *(d. do s.)*, bhoguṁk; *contar em seu serviço:* khâl-, âdhîn âsuṁk *(g. do s.)*; *utilizar-se:* âplyâ kâmâk-, upkârâk lâvuṁk; *dar:* divuṁk; *aceitar:* ghevuṁk; *emprestar:* ushṇo divuṁk; *dar applicação:* kâmâk lâvuṁk; *decidir:* nivâḍuṁk, nît karuṁk *(g. do o.)*; *dar em casamento:* kajâr karuṁk. ‖ — *de si*, mokḷo-, sûṭ âsuṁk. ‖ *v. r.* tayâr jâvuṁk, man karuṁk; *applicar-se:* lâguṁk, peṭuṁk. ‖ *s. m.* V. DISPOSIÇÃO.

Disposição, *s. f.* mâṁḍṇî, mâṁḍâvaḷ *f.*, mâṁḍap *n.*, ḍâḷṇî, rachṇî, ghaḍvaṇ, ghaḍaṇ paripâṭî, vyavasthâ, baṁdobast *f.*, yojan; *tendencia:* âyteman, śîl *n.*, prakrit, kadar, marjî, vâsanâ *f.*, svabhâv, guṇ *m.*; *ordem:* pharmaṇ *n.*, kâydo *m.*; *determinação:* nirmaṇ; *methodo:* kram, anukram *n.*; *estado de saude:* balâykî *f.* ‖ *A* —, âdhîn, hâtân, khâl.

Dispositivo, *a.* pharmaṇâcho, kâydyâcho.

Dispositor, *a. e s. m.* mâṁḍṇâr, ḍâḷtalo, yojak.

Disposto, *a.* mâṁḍlalo, rachlalo; tayâr, rujû, hâjîr; *propenso:* vaṁdavlalo, âyto; *apessoado:* âṁglaṭîcho. ‖ *Estar bem* —, baryâ manân âsuṁk.

Disputa, *s. f.* dispûṭ *n.*, vâd, vivâd, parvâd *m.*, bhâshâbhâsh *f.*; jhagḍeṁ, dusaṁg, khaṭleṁ *n.*, taṁṭo *m.*, jhoṁbâjhombî *f.*

Disputador, *s. m.* jhagḍekâr, taṁṭekâr.

Disputante, *a. e s. m.* vâdî, vivâdî, parvâdî.

Disputar, *v. t.* virudhuṁk, vivâduṁk, vâduṁk; jhoṁbuṁk; pratipaksh karuṁk. ‖ — *o terreno (fig.)*, âpleṁ khareṁ karuṁk, luṁchak kaseṁ lâguṁk. ‖ *v. i.* jhagḍuṁk, toṁḍâk toṁḍ jâvuṁk *(g. do s.)*

Disputavel, *a.* vivâdâcho, takrârî.

Disquisição, *s. f.* V. INDAGAÇÃO.

Dissabor, *s. m.* asaṁtosh, viklab *m.*, asamâdhân, hairâṇ *n.*, saṁkirṇây *f*

Dissaboroso, *a.* asaṁtoshî, asamâdhânî, saṁkîrṇ.

Disseccação, dissecção, *s. f.* phâḷṇî, phâḍṇî; *(fig.)* bârîk parîkshâ *f.*

Disseccar, *v. t.* kâtruṁk, kâpuṁk, phâḷuṁk. ‖ *V.* ANALYSAR.

Dissector, *s. m.* phâlṇâr *m.;* phâḷcheṁ yaṁtr *n.*

Dissemelhança, *s. f.* aṁtar, taphârat *f.*, bhed *m.*

Dissemelhante, *a.* aṁtarîk, aṁtarâdik, veglo, asam.

Dissemelhar, *v. t.* veglo-, aṁtarâdîk karuṁk.

Disseminação, *s. f.* śiṁpṇeṁ *n.*, śiṁpḍâvnî; praghaṭṇî, phâṁkṇî *f.*

Disseminar, *v. t.* vaṁpuṁk, śiṁpuṁk, śiṁpḍâvuṁk; *(fig.)* praghaṭuṁk, prakâśuṁk, phâṁkauṁk. ‖ *v. r.* pasroṁk, phâṁkuṁk.

Dissensão, *s. f.* veglâchâr, vâyṭâchâr, bhed, vighaḍ *m.*, dusaṁg *n.*

Dissentimento, *s. m.* virodh *m.*, napaḍ *f.*, matbhed *m.*

Dissentir, *v. i.* nâṁ mhaṇuṁk, parteṁ dharuṁk, pâṭh vaḷuṁk, kâṇâr nâ ghevuṁk, kabûl nâ jâvuṁk; aṁtruṁk, nâ lâguṁk.

Dissertação, *s. f.* pâṭh *m.*, pâṭhan, vyâkhyân *n.*

Dissertador, *s. m.* pâṭhak.

Dissertar, *v. t.* pâṭhan karuṁk.

Dissidencia, *s. f.* matbhed anaṁgîkâr; veglâchâr, mârgbhed *m.*

Dissidente, *a.* nâkabûl, asam; veglo sartalo, pelyân vetalo.

Dissimil, *a. V.* DISSEMELHANTE.

Dissimilar, *a.* durse jâtîcho.

Dissimulação, *s. f.* lipaun davaṇeṁ; kânmâtreṁ, kapaṭ *n.*

Dissimuladamente, *adv.* choryâṁ, chorbuddhîn.

Dissimulado, *a.* chorṭo, kapaṭî, gupto, vâṁkḍo.

Dissimulador, *a. e s. m.* lipauṇâr; chyâd, kânmâtro.

Dissimular, *v. t.* lipauṁk, lipaun-, dâmûn davruṁk, veshṭuṁk. ‖ *v. i.* gupto jâvuṁk, soṁg ghevuṁk; kânmâtreṁ karuṁk.

Dissipação, *s. f.* nâṁ karṇeṁ *n.*, ubhauṇî *f.*, bhaṁg *m.;* hogḍâvṇî *f.*, vyarthkharch *m.*, vikshepaṇ, arthdûshaṇ *n.* ‖ *V.* DEVASSIDÃO.

Dissipador, *a. e s. m.* hogḍâvṇâr, hogḍâvṇo, udhlo, vikshepî.

Dissipar, *v. t.* uḍauṁk, ubhauṁk; nâṁ karuṁk, sarauṁk, khaṁgauṁk, bhasmuṁk; khâvuṁk, lâṭuṁk, hogḍâvuṁk, udhḷuṁk, vikshepuṁk. ‖ *v. r.* ubhuṁk, uḍuṁk, nâṁ jâvuṁk, saruṁk, bhâṁjoṁk.

Dissociabilidade, *s. f.* vighaḍ jâvuṁcho guṇ; manushyadvesh *m.*

Dissociação, *s. f.* vighaḍ *m.*

Dissociar, *v. t.* kuśîn karuṁk, vighaṭuṁk.

Dissociavel, *a.* vighaḍ *ou* viṁghaḍ; ekmuḷo.

Dissolubilidade, *s. f.* drâvyatva *n.*

Dissolução, *s. f.* khirap, virap, drâvaṇ; moḍap *n.*, bhaṁg, vighaḍ *m.*, nirvâṇ *n.;* duṁbḍî *f.*, * khev *m.* ‖ *V.* DEVASSIDÃO.

Dissolutivo, *a.* vighaḍ karcho.

Dissoluto, *a.* kâmchârî, chaṁchaḷ, laṁpaṭ, sodo, vyabhichârî, śiṁdaḷ.

Dissoluvel, *a.* khirûṁyeso, drâvya: moḍcho.

Dissolvente, *a.* khirauṁcho, drâvak; *(fig.) V.* CORRUPTOR.

Dissolver, *v. t.* khirauṁk, ghoḷauṁk, virghauṁk; vighaṭuṁk, kuśîn karuṁk; *resolver (abcesso):* jirauṁk; *desatar:* soḍuṁk, toḍuṁk; *annullar:* moḍuṁk, mekhuṁk, bhaṁgauṁk; *desfazer (assembléa):* moḍuṁk, goḷauṁk. ‖ *V.* ESTRAGAR. ‖ *v. i.* khiruṁk, ghoḷuṁk, virghuṁk; moḍoṁk, radd jâvuṁk, bhaṁguṁk.

Dissonancia, *s. f.* apsvar, svarbhed *m.*

Dissonante, dissono, dissonoro, *a.* besûr, badsûr, apsvar, ḍabḍabit, phusko.

Dissonar, *v. i.* apsvar jâvuṁk, pheṁkuṁk.

Dissuadir, *v. t.* moḍâvuṁk, man-. chitt phirauṁk *(g. do o.)*, mat partuṁk *(g. do o.)*

Dissuasão, *s. f.* moḍâvṇî *f.*, man phirauṇeṁ *n.*

Dissuasivo, *a.* moḍâvuṁcho.

Dissuasor, *a. e s. m. (p. us.)*, moḍâvṇo, moḍâvṇâr.

Dissyllabico, *a.* dvyakshar.

Dissyllabo, *a.* dvyakshar. ‖ *s. m.* dvyakshar *n.*

Distancia, *s. f.* pallo, pharak, aṁtro *m.*, aṁtar, taphârat; lâṁbây, lâṁbî, paisây *(p. us.) f.* ‖ *A — ou em —*, pais. *Guardar as distancias*, mân râkhuṁk,- saṁbhâḷuṁk.

Distanciar, *v. t.* pais ghâluṁk,- davruṁk, paisâvuṁk. ‖ *v. r.* pais saruṁk, paisevuṁk; aṁtruṁk.

Distante, *a.* paisilo, dûr, dûrcho, pelo, lâṁb.

Distantemente, *adv.* pais pais.

Distar, *v. i.* pais âsuṁk; *(fig.)* *V.* DIVERGIR.

Distender, *v. t.* tâṇuṁk, taḍtaḍâvuṁk. ‖ *v. r.* taḍtaḍuṁk, tâṇoṁk; phuguṁk, phuluṁk.

Distensão, *s. f.* tâṇṇî, tâṇap *n.*, taḍtaḍitây; phugṇî, phulṇî *f.*

Distenso, *a.* tâṇ, taḍtaḍît.

Distico, *s. m.* dohro, ślok *m.* ‖ *V.* LETTREIRO.

Distincção, *s. f.* vegḷâvṇî *f.*, vivechan, vibhâvan; vegḷepaṇ *n.*, vegḷikây, aṁtar *f.*, bhed, pher, pharak; *signal:* viśesh *m.*, lakhaṇ *n.*, dhajâ; *eminencia:* vhaḍvikây *f.*, vhaḍpaṇ, śreshṭhpaṇ *n.* ‖ *Fazer* —, guṇ aguṇ paḷevuṁk. *Homem de* —, uṁch manîs. *Sem* —, aṁtar nâstânâ.

Distinctamente, *adv.* ekânek, veveḷîṁ, sâph; dhajen, bârkâyen.

Distinctivo, *a.* aṁtrâytalo, vegḷâytalo, bhedsûchak. ‖ *s. m.* viśeshlakshaṇ, lakhaṇ, chihnem *n.*

Distincto, *a.* vegḷo, kherît, nirâḷo; ṭhâvko, saraḷ, sâph; *preeminente:* uttam, śreshṭh, nâvâḍhgo; *elegante:* alaṁkârî, śobhit. ‖ *V.* NOBRE.

Distinguir, *v. t.* vegḷo-, nirâḷo karuṁk, vegḷâvuṁk, aṁtrâvuṁk, bheduṁk; vivechan-, viśesh karuṁk *(g. do o.)*; *ouvir:* âykuṁk; *avistar:* paḷevuṁk, dekhuṁk; *preferir:* varto karuṁk; *condecorar:* billo-, inâm divuṁk *(d. do o.)* ‖ *v. i.* aṁtar karuṁk. ‖ *v. r.* vegḷo jâvuṁk; nâvâḍhoṁk, varto jâvuṁk, nâṁv hâḍuṁk.

Distinguivel, *a.* aṁtarîk, bhedya; âykûṁyeso, paḷevûṁyeso.

Distracção, *s. f.* visar *f.*, buddhibhram, pramâd *m.*, kânbhâyrem *n.*, dhâṁdal; âḍchiṁtnâ, bhâyli chiṁtnâ *f.*; vighaḍ *m.*, viskaṭṇî *f.* ‖ *V.* RECREAÇÃO.

Distractar, *v. t.* (bolî) moḍuṁk, mekhuṁk.

Distracto, distrato, *s. m.* khaṁḍ-, bolî moḍṇeṁ *n.*, mekhṇî, mahakubî *f.*

Distractivo, *a.* ullâsâcho.

Distrahidamente, *adv.* chitt dî nâstânâ, nâkâ âstânâ.

Distrahido, *a.* kânbhâyro, pramâdî, ughḍâs-, chatrây nâslalo; dhâṁdalî, kâmâr âslalo.

Distrahir, *v. t.* sarkâvuṁk, pelyân kâḍhuṁk; visrâvuṁk, phirauṁk; kâḍhuṁk, dusyâ kâmâk lâvuṁk. ‖ *V.* RECREAR. ‖ *v. r.* mat phiruṁk,- bhoṁvuṁk *(g. do s.)*, chitt nâ divuṁk; visruṁk, chukuṁk. ‖ *V.* DIVERTIR-SE.

Distribuição, *s. f.* vâṁṭṇî, vâṁṭap, vâṁṭûn deṇeṁ; vâḍhap *(— do comer)*; vargîkaraṇ *n.*, vargâvargî *f.*

Distribuidor, *a.* vâṁṭtalo. ‖ *s. m.* vâṁṭpî; vâḍhpî.

Distribuir, *v. t.* vâṁṭuṁk, vâṁṭûn divuṁk, vibhâguṁk; vâḍhuṁk. ‖ *V.* CLASSIFICAR.

Distributivamente, *adv.* vâṁṭûn; ekânek.

Distributivo, *a.* vâṁṭtalo; vâṁṭcho.

Districtal, *a.* prâṁtâcho, mahâlâcho, jihlyâcho.

Districto, *s. m.* mahâl, prâṁt, tâlûk, pargaṇâ, taraph, khaṁḍ, jihlo *m.*

Disturbar, *v. t.* halkaṁḍâvuṁk, kalkalâvuṁk, goṁdhauṁk; uchaṁbaḷâvuṁk.

Disturbio, *s. m.* ghoḷ, bobâḷ *m.*, dhâṁdal *f.*; tuphân, tirrâj *n.*

Dita, *s. f.* sukh, dârjaṇeṁ, saubhâg, kalyâṇ, bhadr, maṁgaḷ *n.*, daivdaśâ *f.*

Ditado, *s. m.* *V.* DICTADO.

Dithyrambo, *s. m.* utsavakâvya *n.*

Dito, *a.* *V.* DICTO.

Ditongo, *s. m.* *V.* DIPHTHONGO.

Ditoso, *a.* sukhî, adrishṭvaṁt, kalyâṇî, daivvaṁt, lakshmîvaṁt, śrîmân, saubhâgî, subhâgî, sabhâgî, dârjaṇo, sadaiv, svasth, śast, saṁpann.

Diurese, *s. f.* bahumût *n.*

Diuretico, *a.* mutâḷ. ‖ *s. m.* mûtraḍhâḷ *m.*

Diurnal, diurno, *a.* disâcho, dispaṭo.

Diuturnidade, *s. f.* lâṁb tagṇeṁ *n.*, chirasthâyitâ *f.*

Diuturno, *a.* tagṇâr, tagṇo, chirasthâyî.

Diva, *s. f.* devî; suṁdarî.

Divagação, *s. f.* hiṁḍaṇ, bhramaṇ *n.* ‖ *V.* DIGRESSÃO.

Divagador, *s. m.* âḍkathâ sâṁgtalo.

Divagante, *a.* hiṁḍṇo.

Divagar, *v. i.* hiṁḍuṁk, bhramuṁk; *(fig.)* âḍkathâ sâṁguṁk, upakathuṁk. ‖ *V.* PHANTASIAR.

Divan, *s. m.* divâṇ *m.*

Divergencia, *s. f.* phâṁkṇî, phâṁṭ, vigati *f.* ‖ *V.* DESACCORDO.

Divergente, *a.* phâṁṭṇo, phâṁktalo; âḍ, parto, viruddh.

Divergir, *v. i.* phâṁṭuṁk, phâṁkuṁk, vigati javuṁk *(g. do s.)* ‖ *V.* DISCORDAR.

Diversamente, *adv.* vegḷe bhâshen, nânâparîṁ.

Diversão, *s. f.* kheḷ *m.*, gamat, kriḍâ *f.*, kautuk *n.* ‖ *V.* DESVIO.

Diversidade, *s. f.* itarpan, vegḷepaṇ *n.*, vegḷâchâr, bhed, viśesh *m.*, aṁtar *f.*; virodh *m.*, napaḍ *f.*

Diversificar, *v. t.* veglo karuṁk, pâlṭuṁk. ‖ *v. i.* veglo jâvuṁk, aṁtar âsuṁk *(d. do s.)*

Diversificavel, *a.* veglo jâvûṁyeso.

Diverso, *a.* veglo, aṁtarik, aṁtarâdik, kherît, itar; nânâ, nânârûp, nânâpariṁcho, parâṁpariṁcho, vividh, *parikar; sabâr, jâyto.

Divertidamente, *adv.* kheḷûn.

Divertido, *a.* gamtî, maujecho, vinodi, nakalî. ‖ *V.* DISTRAHIDO.

Divertimento, *s. m.* divertimeṁt, kheḷ, vinod, tamâśo *m.*, gamat, mauj, khaspây *f.*, kautik *n.* ‖ *V.* DESVIO.

Divertir, *v. t.* sarkâvuṁk, pelyân kâḍhuṁk, dusryâ kâmâk lâvuṁk; moḍâvuṁk, visrâvuṁk; kheḷauṁk, ramauṁk, raṁjauṁk. ‖ *v. r.* kheḷuṁk, kriḍuṁk, ramuṁk.

Divida, *s. f.* riṇ, deṇeṁ, gheṇeṁ *n.* ‖ *Estar em* —, riṇâṁt âsuṁk.

Dividendo, *s. m.* *(arith.)* bhâjya *n.*, bhâjyâṁk; *(comm.)* vâṁṭo, hisso *m.*

Dividir, *v. t.* dośiṁ karuṁk, dubhâguṁk; kâtruṁk, kâpuṁk, bheduṁk, vighaṭuṁk; vâṁṭuṁk; *(arith.)* bhâguṁk, bhâṁjuṁk.

Dividuo, *a.* *V.* DIVISIVEL.

Divinação, *s. f.* pârkhaṇeṁ *n.*

Divinal, *a.* *V.* DIVINO.

Divinalmente, divinamente, *adv.* devpaṇîṁ; uttampaṇîṁ.

Divinatorio, *a.* pârkhaṇyâcho.

Divindade, *s. f.* devpaṇ, devatva, îśvaratva *n.*; Dev *m.*, devatâ.

Divinizante, *a.* dev kaso kartalo.

Divinizar, *v. t.* dev karuṁk *(d. do o.)*, devpad divuṁk *(d. do o.)*; *(fig.)* ukluṁk, uklûn dharuṁk. ‖ *v. r.* âpṇâk dev karuṁk; *(fig.)* uṁch-, thor jâvuṁk; moṭeṁ jâvuṁk *(g. do s.)*

Divino, *a.* devâcho, devâgelo, iśvarî, divya; *(fig.)* uttam, śreshṭh.

Divisa, *s. f.* mudrâlekh *m.*, vâkya; khûṇ, bird *n.*, dhajâ *f.*

Divisão, *s. f.* dośiṁ karpeṁ, chhedân *n.*, kâpṇî; vâṁṭṇî *f.*, vâṁṭap *n.*; phâṁṭ *f.*, bhed, phâṁṭo, vibhâg; bhâg, vâṁṭo; *compartimento:* khaṁḍ, khaṇ *m.*, phaḍ, ghar; *(arith.)* bhâjan, haraṇ *n.* ‖ *V.* DISSENSÃO.

Divisar, *v. t.* dishṭî paḍuṁk *(d. do s., s. do o.)*, jhaḷkuṁk *(id.)*

Divisibilidade, *s. f.* bhedyaguṇ.

Divisional, *a.* bhedâcho.

Divisivel, *a.* dośiṁ karûṁyeso, bhedya, bhedaniya.

Divisor, *a.* vâṁṭṭalo, bhedak. ‖ *s. m.* bhâjak, hârak *m.*

Divisoria, *s. f.* dubhâgcheṁ sût *n.*; paḍdo *m.*, bhedsâdhan *n.*

Divisorio, *a.* dośiṁ karto, dubhâgî, bhedak.

Divo, *a.* *V.* DIVINO. ‖ *s. m.* Dev.

Divorciar, *v. t.* kâjâr moḍuṁk *(g. do o.)*, vivâhasaṁbaṁdh toḍuṁk *(g. do o.)* ‖ *v. r.* âpleṁ kâjâr (*port.* CASAMENTO) moḍuṁk, kuśin saruṁk. ‖ *V.* DESAVIR-SE.

Divorcio, *s. m.* kâjâr moḍṇeṁ *n.*, vivâhasaṁbaṁdhamukti *f.* ‖ *V.* DESUNIÃO.

Divulgação, *s. f.* praghaṭṇî, ujâgarî *f.*, pasar *m.*

Divulgador, *a. e s. m.* praghaṭṇâr.

Divulgar, *v. t.* praghaṭuṁk, pasruṁk, phâṁkauṁk, sabhemâjâr kaḷauṁk; âvâḍâk karuṁk, ṭeṁkḍek lâvûn bhoṁvuṁk, toṁḍâḷuṁk. ‖ *v. r.* praghaṭoṁk, ujâgarî yevuṁk.

Divulsão, *s. f.* oḍhûn-, toḍûn kâḍhṇeṁ *n.*

Dixe, *s. m.* goph, gaḷyâṁtlo phoḍo; śiṁgâr *m.*

Dizedor, *a. e s. m.* teṁch vâjaitalo, ekach mhaṇṭalo; keṁḍṇâr, maskarekâr, phakâṁḍî.

Dizer, *v. t.* ulauṁk, mhaṇuṁk, boluṁk; sâṁguṁk, vâduṁk; *indicar:* dâkhauṁk, kaḷauṁk; *reprehender:* bobâṭ karuṁk. ‖ — *comsigo*, âple bhitar ulauṁk. *Por assim* —, aseṁ mhaṇlyâr; eke bhâshen. *Não tem que lhe* —, tâkâ khoḍ nâ. ‖ *v. i.* paḍuṁk, lâguṁk, sâjuṁk, śobhuṁk. ‖ — *de sua justiça*, âplo nyây dâkhauṁk. ‖ *v. r.* âpṇâk mhaṇuṁk. ‖ *s. m.* mhaṇṇî, ulauṇî *f.*

Dizima, *s. f.* daśâṁs *m.* ‖ *V.* DECIMA.

Dizimação, *s. f.* dâhâṁk ek mârṇeṁ *n.*; mârâmârî *f.*

Dizimar, *v. t.* dâhâṁk ek mâruṁk; jâytyâṁk mâruṁk.

Dizimeiro, *s. m.* dejmâkâr.

Dizimo, *s. m.* dejm, dâhâṁk ek *n.*

Dizivel, *a.* mhaṇûṁyeso.

Dó, *s. m.* kâklût, kâkût, dayâ, karuṇây *f.*, churchure, chaḍphaḍe *m. pl.*; duḥkh, kâḷeṁ *n.*

Dó, *s. m.* *(mus.)* doṁ, shaḍj *n.*

Doação, *s. f.* dân, deṇeṁ *n.*, deṇgî *f.*

Doador, *s. m.* deṇâr, ditalo, dâtâr.

Doar, *v. t.* divuṁk, dân divuṁk.
Dobadeira, *s. f.* sût kâṁtalî.
Dobadoira, *s. f.* sutâchem rahâṭ *n.* ‖ *Andar numa* —, âpṭoṁk dapṭoṁk.
Dobar, *v. t.* (sût) kâṁtuṁk, vaḷuṁk.
Doble, *a.* ḍoḍo, duṇo; ḍhoṁgî, kapaṭî, ghâtkî.
Doblez, *s. f.* kapaṭ, ḍhoṁg *n.*
Dobra, *s. f.* doḍî, moḍ, ghaḍî, kavḷî, mirî *f.*, padar *m.*
Dobrada, *s. f.* gâyechem poṭâṁtlem, bhâṁḍem *n.*
Dobradamente, *a.* doḍem, duṇem.
Dobradeira, *s. f.* kâgdâṁ doḍchî surî; kâgdâṁ doḍtalî.
Dobradiça, *s. f.* joḍo *m.*
Dobradiço, *a.* doḍto, lavko, lâvchîk, moḍkaḷ, vâṁkyo.
Dobrado, *a.* dobrâd, duṇo, doḍo, doḍto, dupeṭ, dughaḍî.
Dobradura, *s. f.* vâṁkauṇî, vâṁk; moḍṇî *f.*, moḍap *n.*
Dobrão, *s. m.* dobrâṁv *m.*
Dobrar, *v. t.* dobrâd-, dupeṭ karuṁk; doḍuṁk, moḍuṁk, duṇâvuṁk *ou* duṇuṁk, ghaḍî karuṁk *(g. do o.)*, kavḷuṁk; vaṁdâvuṁk; baḷâṁḍuṁk. ‖ — *o passo*, pâṁy ukluṁk, daḍâṁ chaluṁk *(us. Sal.)* — *a lingua*, mânân ulauṁk. — *o sino*, ghâṁṭ oḍhuṁk. — *a cerviz*, mân bhâgâvuṁk. ‖ *v. i.* dupeṭ jâvuṁk; chaḍhuṁk; vaṁdavuṁk, oṇav ghevuṁk; (ghâṁṭ) oḍhoṁk. ‖ *v. r.* doḍoṁk, vaṁdavuṁk, bhâgâvoṁk.
Dobre, *a.* *V.* DOBLE. ‖ *s. m.* ghâṁt oḍhṇem *n.*
Dobrez, dobreza, *s. f.* *V.* DOBLEZA.
Dobro, *s. m.* dupaṭ *f.*, duṇem *n.*
Doca, *s. f.* god *f.*
Doçaria, *s. f.* doschî râs *f.* ‖ *V.* CONFEITARIA.
Doce, *a.* goḍ, goḍvo, miṭho, mhoṁvo; sâvo; *terno:* dulabh, madhur; *mellifluo:* madhusrâvî. ‖ *V.* APRAZIVEL. ‖ *s. m.* dos, miṭhây *f.*, goḍsem *n.*
Doceiro, *s. m.* doskâr (doskârṇ *f.*)
Docel, *s. m.* dosei *n.*, mâṁḍvî *f.*, chaṁdrâvo, śejo *m.*
Docemente, *adv.* goḍsâṇin, goḍâyen, madhurâyen.
Docil, *a.* śikuṁk baro, baro śikto, subodh, śishṭ, saṁjik lobh taklecho; khâlto, pâḷtalo.
Docilidade, *s. f.* śikcho guṇ *m.*, śishṭây, saṁjikây; dulabhây, madhurây *f.*; khâltepaṇ *n.*
Docilmente, *adv.* khâltepaṇîn; dulabhâyen.
Documental, *a.* lekhâcho, dâkhlyâcho, patrikâcho.
Documentar, *v. t.* lekh divuṁk *(g. do o.)* dâkhlo lâvuṁk *(d. do o.)*
Documento, *s. m.* dâkhlo, lekh *m.*, lekhpatr, patrik *n.*
Doçura, *s. f.* goḍsâṇ, goḍây, goḍvây, *goḍîv, goḍî *f.*, amṛit *n.*; *(fig.)* madhurây, maṁjuḷây, dulabhây *f.*
Dodecagono, *s. m.* dvâdaśâsra *n.*
Doença, *s. f.* piḍâ, baḷaḷîk, vyâdhi *f.*, vâyṭ *n.*, rog, vikâr *(p. us. nesta accep.)*, bubû *(loc. infant.)* *m.*; *(fig.)* khoḍ *f.*, aguṇ *m.*
Doente, *a.* piḍevaṁt, vâyṭâkâr, baḷaḷîk, vikârî, piḍeshṭ *(super.)*, vyâdhishṭ *(super.)*
Doentio, *a.* rogyo, piḍevaṁt, âbgûl, jakhmî, guḷâṁkâr, baḷmîṭ.
Doer, *v. t.* duḥkhauṁk, duḥkh divuṁk *(d. do o.)* ‖ *v. i.* duḥkhuṁk, phoduṁk, usḷuṁk. ‖ *v. r.* duḥkh lâguṁk, bhogoṁk *(d. do s.)*; churchuruṁk, chaḍphaḍuṁk.
Doestar, *v. t.* apmânuṁk, gâḷî saṁvuṁk *(d. do o.)*
Doesto, *s. m* gâḷ, jâstî *f.*, śive *m. pl.*, apmân *m.*
Dogma, *s. m.* tattva, mattattva, matbîj *n.*, vidhi *m.*, samurt *f.*
Dogmatico, *a.* tattvâcho, vidhîcho; matvâdî.
Dogmatismo, *s. m.* matvâd *m.*
Dogmatista, dogmatizador, dogmatizante, *s. m.* matvâdî.
Dogmatizar, *v.* satten-, abhimânân śikauṁk. ‖ *v. i.* mattattvâṁ śikauṁk.
Doidamente, *adv.* pisepaṇîn.
Doidejar, *v. i.* pisâyo karuṁk, jhâṁkuṁk; kheḷuṁk.
Doidice, *s. f.* pisây, mûḍhây *f.*, mûrkhepaṇ; âḍṇâḍpaṇ *n.*; urmaṭây *f.*
Doidivanas, *s. m.* âḍṇâḍî, jaḷvây.
Doido, *a.* piso, khuḷo, veḍo, mûrkh, mûḍh; âḍṇâḍî; urmaṭ; bhav mogâḷ. ‖ *A doida*, chiṁti nâstânâ, vâryâr.
Doido, *a.* duḥkhavlalo, duḥkh lâglalo,- bhoglalo.
Doirada, *s. f.* dâyṇ *n.*
Doiradilho, *a.* bhâṁgârâchyâ raṁgâcho, haḷduvoso.
Doirado, *a.* mulâmî; bhâṁgârâchyâ raṁgâcho.
Doirador, *s. m.* bhâṁgâr kâḍhtalo, mulâm ditalo.
Doiradura, *s. f.*, **doiramento**, *s. m.* bhâṁgâr kâḍhṇem *n.*, op *f.*, mulâm *m.*

Doirar, *v. t.* bhâṁgâr kâḍhuṁk *(d. do o.)*, mulâm divuṁk *(d. do o.)*, soṇeṁ chaḍhauṁk *(d. do o.)*, opuṁk, bhâṁgâruṁk; bhâṁgâr kaseṁ karuṁk, bhâṁgârâcho raṁg divuṁk *(d. do o.)*; *abrilhantar:* śobhauṁk, śṛiṁgâruṁk, alaṁkâruṁk; *disfarçar:* raṁgauṁk, lep kâḍhûn phoṭauṁk. || — *a pilula a alguem*, phuṁk mârûn pulâvuṁk.

Dois, *a. pl.* don; dogh *(diz-se só de pessoas)*; dvi *(em comp.)* || *A — e —*, dodogh.

Dolente, *a.* duḥkhâbhârit; churchuryâṁcho.

Dolo, *s. m.* nâḍ, labâḍî, ghâḍâmoḍ *f.*, kapaṭ, kaḷvaṁcban *n.*, asatyavâd *m.*, aḍkâṁnâḍkâṁ *n. pl.*

Dolorido, *a. V.* DORIDO.

Dolorosamente, *adv.* duḥkhîn.

Doloroso, *a.* duḥkh divuṁcho, duḥkhauṁcho; duśchit, khaṁtibharit.

Doloso, *a.* asatyavâdî, kapaṭî, kuṭâḷo, nâḍgo, laṭîk, nâḍicho.

Dom, *s. m.* deṇeṁ, uchit, inâm, vardân, *vṛidan, devdân *(— de Deus)* *n.*, var *m.*, sâguvât *f.*; guṇ, satguṇ; ârya *m.*

Domador, *a. e s. m.* damâvṇâr, dâmṇâr, vastâd.

Domar, *v. t.* damâvuṁk, dâmuṁk; jikuṁk, dâṁt poṭâṁt ghâluṁk *(g. do o.)*, jayt vharuṁk *(l. sup. do o.)*; dâmûn dharuṁk, daṁḍuṁk. || *v. r.* damuṁk, âtpoṁk.

Domavel, *a.* damâvûṁyeso.

Domesticação, *s. f.* gharâvo-, manushyâḷo karṇeṁ *n.*, mâṇsaḷâvṇî *f.*

Domesticador, *a. e s. m.* mâṇsaḷâvṇâr, gharâvo kartalo.

Domesticar, *v. t.* gharâvo-, manushyâḷo karuṁk, damâvuṁk, gharâchî saṁvay karuṁk *(d. do o.)*; *(fig.)* manushyâṁt kâḍhuṁk. || *v. r.* damuṁk, gharâvo jâvuṁk, mâṇsaḷuṁk.

Domesticavel, *a.* damâvûṁyeso, damcho.

Domesticidade, *s. f.* gharâvepaṇ; châkarpaṇ *n.*; ekpaṁgat *f.*

Domestico, *a.* gharâcho; gharcho. || *s. m.* ekâgharcho; râvailalo.

Domiciliado, *a.* ṭhikâṇ kelalo.

Domiciliar, *v. t.* râvauṁk, ṭhikâṇ-, bihrâḍ divuṁk *(d. do o.)* || *v. r.* râvuṁk, ṭhikâṇ karuṁk, ṭhikuṁk.

Domiciliario, *a.* gharâcho, ṭhikâṇâcho, thâryâcho.

Domicilio, *s. m.* ghar *n.*, gharvâs *m.*, ṭhikâṇ, makâṇ *n.*, thâro *m.*

Dominação, *s. f.* râj, adhipatipaṇ *n.*, sahebikî; sattyâ, padvî *f.* || — *estrangeira*, parchakr *n.* || *V.* CONQUISTA.

Dominador, *a. e s. m.* adhikârî, padvedâr, vastâd; adhirâj, svataṁtrarâjâ.

Dominante, *a.* padvedâr, sattecho, baḷkaṭ, prabaḷ; pradân, mukhelî.

Dominar, *v. t.* sattyâ-, padvî chalauṁk *(l. sup. do s.)*, adhikâr âsuṁk *(d. do s., l. sup. do o.)*, taruṁk; damâvuṁk, vâsan ghâluṁk *(d. do o.)*; takler basuṁk *(g. do o.)*, mâthyâr chaḍhuṁk *(g. do o.)*; *occupar:* bharuṁk, aḍuṁk; *sobresahir:* varto-, uṁch jâvuṁk *(d. do o.)*; *estar sobranceiro:* vayr-, mâthyâr âsuṁk *(g. do o.)* || *v. i.* padvî-, sattyâ chalauṁk. || *v. r.* âṭpoṁk, damuṁk.

Dominga, *s. f.*, **domingo**, *s. m.* âytâr *m.*

Domingueiro, *a.* âytârâcho, âytârâ ghâlcho (nesaṇ).

Dominical, *a.* âytârâcho; dhanyâcho. || *Oração —*, Âmchyâ Bâpâ.

Dominio, *s. m.* dhanîpaṇ, svâmîpaṇ, svâmîtva *n.*; jamindârî, jahgîr; padvî, sattyâ, padestây, sâhebikî *f.* || *Ser do — do publico (fig.)*, sabhemâjâr-, praghaṭ jâvuṁk. || *V.* ATTRIBUIÇÃO.

Dominó, *s. m.* domino *m.*

Dona, *s. f.* dhanîṇ, patîṇ, gharkârṇ.

Donaire, *s. m.* alaṁkâr, âkâr, ḍaul *m.*, dhajâ, phaḍâ, śobh, mirvaṇ *n.*, suḍhalpaṇ, sâjrepaṇ *n.* || *V.* ADORNO.

Donairoso, *a.* alaṁkârî, âkârvaṁt, śobhvaṁt, suḍhaḷ, sâjro, sulakhîṇ.

Donatario, *s. m.* dânâdhikârî.

Donativo, *s. m.* dân, deṇeṁ, vṛidân *n.*, deṇgî *f.*

D'onde, *prep.* khaiṁcho *(decl.)*, khaiṁsarlo *(decl.)*, khaiṁthân, khaiṁsûn *(interr.)*; thaiṁsarlo, thaiṁthân.

Doninha, *s. f.* muṁgas, muṁgûs *n.*

Donoso, *a. V.* DONAIROSO.

Donzel, *a.* âṁkuvâr, nishkaḷaṁk; nigaḷ, nirmaḷ. || *s. m.* kuḷiyecho burgo, kuṁvar, kumâr.

Donzella, *s. f.* âṁkuvâr, kanyâ, kumârî, kuṁvar, bâî.

Donzellona, *s. f.* ghoḍî *(fig.)*

Dor, *s. f.* duḥkh, phoḍâphoḍ, vethâ, piḍâ *f.*, vedan *n.*, sûḷ *m.*; khaṁt *f.*, śok, viklab, manastâp *m.*; churchure, chaḍphaḍe *m. pl.*

Doridamente, *adv.* duḥkhîn.

Dorido, *a.* duḥkhavlalo, duḥkhvaṁt; *(fig.)* khaṁtî, khaṁtibharit, chiṁtesht.

Dormente, *a.* nider âslalo, nidsuro; dharlalo, bharlalo.
Dormida, *s. f.* nîd; nîdsâḷ *f.* ‖ *Dar* —, vastek davruṁk.
Dormideira, *s. f.* khaskhas *f.*
Dormidor, dorminhoco, *s. m.* nidro, jemo, nideshṭ.
Dormir, *v. i.* niduṁk *ou* nidevuṁk, nîd paḍuṁk,- yevuṁk *(d. do s.)*, jhoṁp ghevuṁk, jemevuṁk, jem yevuṁk *(d. do s.)*; maruṁk, saruṁk; thaṁḍ-, maṁd jâvuṁk.
Dormitar, *v. t.* jemevuṁk, âbaḷ yevuṁk *(d. do s.)*, bakîṁ mâruṁk (*litt.* MATAR GARÇAS).
Dormitivo, *a.* nidrâkârak.
Dormitorio, *s. m.* (vidyâmaṭhâchî) nîdsâḷ, nidrâsâl *f.*
Dorna, *s. f.* doṇ *m.*, râṁjaṇ *n.*
Dorneira, *s. f.* vairṇeṁ *n.*
Dorsal, *a.* pâṭhîcho.
Dorso, *s. m.* pâṭh *f.*
Dosar, dosear, *v. t.* (okhtâṁ) meḷauṁk,- misḷuṁk.
Dose, *s. f.* doj, matrâ *f.*, mâp, aushadhparimâṇ *(p. us.) n.* ‖ *V.* PORÇÃO.
Dotação, *s. f.* dot deṇeṁ *n.*; saraṁjâm *m.*, nemṇûk *f.*
Dotado, *a.* dot-, nemṇûk dilalo,- âslalo; *(fig.)* âslalo, bharlalo, saṁpann *(em comp.)*
Dotal, dotalicio, *a.* dotîcho, kanyâdhanâcho.
Dotar, *v. t.* dot-, kanyâdhan divuṁk *(d. do o.)*; nemṇûk-, vṛitti divuṁk; guṇ divuṁk.
Dote, *s. m.* dot *f.*, aṁdaṇ, kanyâdhan, strîdhan, strîdây *n.*; *(fig.)* guṇ, satguṇ, sugurvo *m.*, vṛidân *n.*
Doutamente, *adv.* jâṇvâyen.
Douto, *a.* śiklalo, vidyâvaṁt, suvidyo, jâṇâr, pravîṇ, satvidî. ‖ *s. m.* paṁḍit, vâchpîbarpî.
Doutor, *s. m.* dotor, śâstrî, paṁḍit, âchârya, *śâstrpravîṇ *(— da egreja)*.
Doutora, *s. f.* śâstrîṇ.
Doutorado, *s. m.* śâstripaṇ, paṁḍitpaṇ *n.*, paṁḍitây *f.*
Doutoral, *a.* śâstryâcho.
Doutoramento, *s. m.* śâstrîpad ghcṇeṁ, dotor jâṇeṁ *n.*
Doutorando, *s. m.* śâstrîumedvâr.
Doutorar, *v. t.* śâstrî karuṁk. ‖ *v. r.* śâstrîpad ghevuṁk.
Doutrina, *s. f.* upadeś *m.*, śâstr, pâṁḍitya, taṁtr, dakśaṇ *n.*; śikauṇ; dotan, dotîn *(— christã) f.*
Doutrinado, *a.* upadeśî.
Doutrinador, doutrinante, doutrineiro, *s. m.* śikauṇâr, upadeśak.
Doutrinal, *a.* upadeśâcho, śikauṇecho.
Doutrinamento, *s. m.* śikauṇeṁ *n.*, śikauṇî, śikauṇ *f.*
Doutrinar, *v. t.* śikauṁk, upadeśuṁk; dotan śikauṁk *(d. do o.)*
Doutrinario, *s. m.* *V.* SYSTEMATICO.
Doutrinavel, *a.* *V.* DOCIL.
Doze, *a.* bârâ.
Dozeno, *a.* bârâvo.
Draconiano, *a.* khadchar, dâruṇ.
Draga, *s. f.* uspuṁchî lâṭh *f.*
Dragão, *s. m.* âr, nâg *m.*
Dragar, *v. t.* lâṭhîn uspuṁk.
Dragomano, *s. m.* tarjumân.
Dragona, *s. f.* drâgon, skaṁdhâbharaṇ *n.*
Drama, *s. m.* nâṭak *n.*
Dramatico, *a.* nâṭkâcho, nâṭkî. ‖ *V.* PATHETICO.
Dramaturgo, *s. m.* nâṭakkavi.
Drastico, *a.* nibar, jabar, kaḍak.
Drenagem, *s. f.* jamîn sukauṇeṁ *n.*
Drenar, *v. t.* (jamîn) sukauṁk.
Driça, *s. f.* dor *n.*
Droga, *s. f.* okhat *n.*, davâ *(us. N. C.) f.*; masâlo *m.*; kâmâk yenâslalî vast *f.* ‖ *Dar em* —, udkâṁt vachuṁk.
Drogaria, *s. f.* masâḷyâcho pasro *m.*; okhtâṁcheṁ ghar *n.*
Drogomano, *s. m.* *V.* DRAGOMANO.
Droguista, *s. m.* gâṁdhî.
Dromedario, *s. m.* ekmadârî ûṁṭ, kar, kareṁ *n.*
Dual, *s. m.* dvivachan *n.*
Dualidade, *s. f.* dvitva *n.*
Dualismo, *s. m.* bhedvâd *m.*, dvait, dvaitmat *n.*
Dualista, *s. m.* bhedvâdî.
Dualistico, *a.* bhedvâdâcho.
Dubiamente, *adv.* dubhâvân.
Dubiedade, *s. f.* dubhâv, saṁdhev *m.*, śaṁkâ *f.*
Dubio, *a.* dubhâvâcho, dubhâvî.
Dubitação, *s. f.* *V.* DUVIDA.
Dubitativo, *a.* śaṁkecho.
Dubitavel, *a.* *V.* INCERTO.
Ducado, *s. m.* dukâcheṁ râj *n.*
Ducal, *a.* dukâcho.
Ductil, *a.* lavchîk, lavko; prasâraṇîya *(fig.)* *V.* DOCIL.
Ductilidade, *s. f.* lavchîkpaṇ *n.*
Ducto, *s. m.* naḷ *m.*, naḷi *f.*
Duellista, *s. m.* dvaṁdvayuddhî.
Duello, *s. m.* dvaṁdvayuddh *n.*, doghâṁchî laḍhây *f.*

Duende, *s. m.* nâsâmv *n.*, niśâchar *m.*, lâmv *f.*
Dueto, *s. m.* dvaṁdvagân, doghâṁcheṁ gâṇeṁ *n.*
Dulcificação, *s. f.* goḍâvṇî, goḍsâvṇî, sâkrâvṇî *f.*
Dulcificante, *a.* goḍ karcho.
Dulcificar, *v. t.* goḍâvuṁk, goḍsâvuṁk, sâkrâvuṁk; *(fig.) V.* SUAVIZAR.
Dulcifico, *a.* goḍ, sâkrîcho.
Dulcifluo, *a. V.* MELLIFLUO.
Dulciloquo, *a.* madhurbhâshî.
Dulcisono, *a.* madhurdhvani.
Dulia, *s. f.* bhaktâṁchî pujâ *f.*
Duna, *s. f.* huḍo *m.*, teṁb *n.*
Duo, *s. m. V.* DUETO.
Duodecimal, *a.* dvâdaśâṁś.
Duodecimo, duodenario *(p. us.), a.* bârâro.
Duodecuplo, *a.* dvâdaśaguṇ.
Duplamente, duplicadamente, *adv.* dupaṭîṁ.
Duplicação, *s. f.* duṇâvṇî *f.*
Duplicado, *a.* dupeṭ, duṇo, dûṇ. || *s. m. V.* DUPLICATA.
Duplicador, *a. e s. m.* duṇâytalo, duṇṇâr.
Duplicar, *v. t.* duṇâvuṁk, duṇuṁk; chaḍhaṁuṁk.
Duplicata, *s. f.* nakal, prat *f.*, tarjumo *m.*
Duplicativo, *a.* duṇâyto.
Duplicatura, *s. f.* duṇepaṇ *n.*, duṇî, ghaḍi *f.*
Duplicavel, *a.* duṇûṁyeso.
Duplice, *a. V.* DOBLE.
Duplicidade, *s. f. V.* DOBLEZ.
Duplo, *a.* duṇo, dûṇ, dupeṭ, joḍ.
Duque, *s. m.* dûk.
Dura, *s. f.* tagṇeṁ, bhav tagṇeṁ *n.*
Durabilidade, *s. f.* tagcho guṇ *m.*, ṭhikṇepaṇ *n.*
Duração, *s. f.* tagṇeṁ *n.*, tagṇî, śâśvatî, sthiti *f.*
Duradoiro, *a.* tagṇâr. thîr, ajar, achal, śâśvat, śâśvatik.
Duramente, *adv.* nibrâyen; nishṭurpaṇîṁ.
Durante, *prep.* tagver. veḷâr, paryâṁt; bhar (*em comp., ex.:* — *o dia,* dîsbhar); âstâṇâ (*ex.:* — *a febre,* jar âstâṇâ).
Duraque, *s. m.* durâk *f.*
Durar, *v. t.* taguṁk, jaguṁk, uruṁk, ṭhikuṁk; *viver:* vâṁchuṁk.
Duravel, *a.* tagṇâr, tagto, jagto.
Durazio, *a.* nibre sâlîcho, mukâṇo; khaḍkhaḍît.
Dureza, *s. f.* nibrây, nibarsâṇ, kaṭhiṇây, bhâjaḍây; nishṭurây *f.*, nishṭurpaṇ, ugrpaṇ *n.*
Durindana, *s. f.* tarvâr *f.*, khaḍg *m.*
Duro, *a.* nibar, ghaṭṭ, kaṭhin *ou* kaṭhîṇ, dridh, saṁgîn, bhâjaḍ, vâtaḍ, lokhaṁḍî (*litt.* FERRO); kachkachît, khuḍkhuḍît, saḍsaḍît *(diz-se esp. de arroz mal cozido); arduo:* avghaḍ, saṁkashṭ; *severo:* kaḍkaḍît, karkarît, nishṭur, ugr; *funesto:* amaṁgaḷ, abhadr; *incommodo:* kashṭâṁcho, ghâsîcho. || — *de cabeça,* jaḍe takleclio. — *de ouvido,* bherḍo. — *de roer,* dâṁt usḷâvuṁcho. *As duras,* kashṭâṁnîṁ, harḍeṁphûṭ jâvûn.
Duvida, *s. f.* dubhâv, saṁdeha *ou* saṁdhev, saṁśay, vikalp *m.*, śaṁkâ *f.*, gumân *n.* || *Estar em* —, dubhâvâr âsuṁk. *Sem* —, dubhâvâvîṇ, khareṁch.
Duvidador, *s. m.* dubhâvṇâr.
Duvidar, *v. t.* dubhâvuṁk, dubhâv âsuṁk,- disuṁk *(d. do s., g. do o.);* nâ mânuṁk; pâṭhîphuḍe saruṁk. || *v. i.* dubhâvoṁk, dubhâv dharuṁk.
Duvidosamente, *adv.* dubhâvîṁ.
Duvidoso, *a.* dubhâvâcho, saṁdhevâcho; dubhâvî, śaṁkî. || *V.* ARRISCADO.
Duzentos, *a. pl.* donśîṁ.
Duzia, *s. f.* dûj *f.*, bârâ *(a. pl.)*
Dynamica, *s. f.* chalatapadârthaśâstr *n.*
Dynamico, *a.* chalatapadârthâcho.
Dynamite, *s. f.* dinâmît *f.*
Dynasta, *s. m.* râjâ; uparâjâ.
Dynastia, *s. f.* râjâvali, râjâvaṁśâvali *f.;* vaṁs, gharâṇeṁ *n.*
Dynastico, *a.* râjâvaṁśâvalîcho.
Dyscolo, *a.* nashṭo, chaṁchaḷ, pârpaḷ, phaṭiṁg, belbân.
Dyscrasia, *s. f.* kuprakṛiti *f.*, asadbhâv *m.*
Dyscrasico, *a.* kuprakṛitîcho.
Dysenteria, *s. f.* ragatbhâyr, âṁvrakt *n.;* hâgvaṇ, nirnaḷî *f.*
Dysenterico, *a.* ragatbhâyrâcho. *s. m.* ragatbhâyr lâglalo.
Dyspepsia, *s. f.* ajîrṇ *n.*, maṁdpâk *m.*, agnimâṁdya *n.*
Dyspeptico, *a.* ajîrṇâcho. || *s. m.* ajîrṇrogî.
Dyspnea, *s. f.* dhâp, kharas, ubas *f.*
Dysuria, *s. f.* aśmarî *f.*, mûtrarodh *m.*

E

E, pâṁchveṁ akshar *(e)*.
E, *conj.* âni *ou* ânî, * âṇi.
Ebanista, *s. m.* sutâr, khodkâmî.
Ebanizar, *v. t.* âbnûs kaso karuṁk.
Ebano, *s. m.* âbnûs, teṁṭû *m.*
Ebriatico, ebriativo, *a.* bebdo-, masto karcho.
Ebriedade, *s. f.* bebdepaṇ *n.*, bebdikây, mastî *f.*, amal *(us. Can.) m.*
Ebrio, *a.* bebdo (*port.* BEBADO), masto, ḍaṁkṇo, cheṁḍ; *(fig.)* phullalo, murgaṭlalo. ‖ *V.* SEDENTO.
Ebrioso, *a.* kopîst (*port.* COPISTA), saryâk lâglalo,- peṭlalo.
Ebullição, *s. f.* khatkhato, saḷsaḷo, kaḍh, âdhan *(p. us. nesta accep.)*; *(fig.)* umâḷo *m.*
Eburneo, *a.* hattyâchyâ dâṁtâcho; dhavo phûl.
Eça, *s. f.* es; riteṁ dhupeṁ *n.*, gar *f.*
Ecchymosar-se, *v. r.* kiṇevuṁk.
Ecchymose, *s. f.* dâdaḍ *n.*, kiṇṇî *f.*
Ecclesiastico, *a.* igarjecho, devâgelo; pâdrîlokâcho. ‖ *s. m.* pâdri, dharmopadeśak, guru.
Echo, *s. m.* gâj *f.*, nâd, pratinâd, pratiśabd, pratidhvani *m.*
Echoar, *v. i.* gâjuṁk, nâduṁk. ‖ *v. t.* pratidhvani karuṁk *(g. do o)*, gâjauṁk, nâdauṁk.
Echoico, *a.* gâjîcho, pratinâdâcho.
Ecletico, *a.* viṁchûn kâḍhcho. ‖ *s. m.* viṁchûn kâḍhtalo.
Ecletismo, *s. m.* bareṁ teṁ viṁchûn kâḍhchî parvaḍ *f.*, pariganaṇamat *n.*
Eclipsar, *v. t.* (girâṇân) dhâṁpuṁk, grâsuṁk; *(fig.)* lipauṁk; kâḷok ghâluṁk *(l. sup. do o.)*, varto jâvuṁk *(d. do o.)* ‖ *v. r.* girâṇ lâguṁk *(d. do s.)*, girâṇuṁk; *(fig.)* lipuṁk, pâr jâvuṁk.
Eclipse, *s. m.* girâṇ, grahaṇ *n.*, grâs, uparâg *m.*; sûryagrahaṇ *(— do sol)*; chaṁdragrahaṇ *(— da lua)*; milan *(— total) n.*
Ecliptica, *s. f.* krâṁtimaṁḍaḷ *f.*, bhavalay *n.*
Ecliptico, *a.* girâṇâcho, grahaṇâcho; bhavalayâcho.
Ecloga, *s. f.* gopakâvya *n.*
Eclusa, *s. f.* mâṇas *f.*
Economia, *s. f.* kârasthân, saṁrakshaṇ *n.*, saṁjog *m.*, vyavasthâ; jagauṇî, jagâsaṇ, kasar, ṭhevṇî *f.*, sugrât, alpavyay *m.* ‖ *V.* COMPLEIÇÃO. ‖ — *politica*, arthaśâstr *n.* — *domestica*, ghargâḍo *m.*, gharkâm *n.* ‖ -s, *pl.* sâṁṭho *m.*, kâṭkasar *f.*
Economicamente, *adv.* kasrîn.
Economico, *a.* kârasthânâcho, kasrîcho; kârasthânî, kasrî, gharvasthî, alpavyayî, avech.
Economista, *s. m.* kârasthânpravîṇ.
Economizador, *a. e s. m.* jagauṁṇâr, saṁrakshṇâr.
Economizar, *v. t.* jagauṁk, saṁrakshuṁk, ṭhevuṁk.
Economo, *s. m.* mukdam, ukâḷekâr.
Ecumenico, *a.* sarvaṁtrik, sarvsâdhâraṇ; sagḷe igarjecho.
Eczema, *s. f.* hurhuro *m.*
Edacidade, *s. f.* poṭârpaṇ *n.*, laṁpaṭây *f.*
Edade, *s. f.* parây *ou* pirây, umar *(us. N. C.) f.*, varshâṁ *(litt.* ANNOS) *n. pl.*; âukh, * âyush; *epocha:* śatak *n.*, samay, kâḷ *m.*; *velhice:* kârgat *f.*, mhâtârpaṇ. ‖ — *do mundo*, yug (kṛit, tretâ, dvâpar, kali). — *do ouro*, satyayug *n.*
Edaz, *a.* poṭâr, laṁpaṭ, khâṇâro, khâṇâr.
Edema, *s. m.* bukaḍ *n.*
Eden, *s. m.* bhûvaikûṁṭh *n.*
Edição, *s. f.* chhâpṇî, âvṛitti *f.*
Edicto, *s. m.* pharmaṇ, râjśâsan *n.*
Edicula, *s. f.* devmâḷî *f.*, kurkûṭ *n.*
Edificação, *s. f.*, **edificamento**, *s. m* baṁdhṇî *f.*, bâṁdhap *n.*; barî dekh, satvṛiddhi, jñânvṛiddhi *f.*
Edificador, *a. e s. m.* bâṁdhṇâr, bâṁdhpî; barî dekh,- śikauṇ ditalo.
Edificante, edificativo, *a.* bare dekhîcho, upadeśpar.
Edificar, *v. t.* bâṁdhuṁk, ghaḍuṁk; barî dekh divuṁk *(d. do o.)*, vṛiddhi karuṁk *(g. do o.)* ‖ *v. r.* (atmyâk) bareṁ lâguṁk *(g. do s.)*
Edificio, *s. m.* ghar *n.*
Edital, *a.* dakhal. ‖ *s. m.* ghoshaṇpatr *n.*, dâkhlo *m.*
Editar, *v. t.* chhâpuṁk *ou* śâpuṁk.
Edito, *s. m. V.* EDITAL.
Editor, *s. m.* graṁthprakâśak, chhâpṇâr, châptalo.
Edoso, *a.* pirâyecho, kârgatîcho, mhâtâro, varshî, jarḍo, vhaḍ. vṛiddh.
Educação, *s. f.* vâḍhauṇî, upadeśṇî, śikauṇî *f.*; vinayaṇ *n.*, ravîs, mâṇ-

sugî, maryâd *f.* || *Casa de —*, burgyâmk śikaumchem ghar.

Educador, *a. e s. m.* śikaitalo, śikauṇâr, upadeśak.

Educanda, *s. f.* śikpiṇ.

Educando, *s. m.* śikpî.

Educar, *v. t.* śikaumk; vâḍhaumk, lahân vhaḍ karumk, vâgaumk, upadeśumk. || *v. r.* śikumk, vhaḍ jâvumk.

Edulcorar, *v. t.* goḍ karumk.

Edulo, *a.* khâvumcho, khâvumk baro,- upkârto.

Effectivamente, *adv.* kharemch, pratyakh, bhâvim.

Effectivel, *a.* karûmyeso.

Effectividade, *s. f.* kâryaśakti *f.*, upayogîpaṇ.

Effectivo, *a.* kharoch, suṭâvo, arthâcho, sâdhanî; upayogî, kâmâcho, kâîm. || *Empregado —*, sadâmcho châkar. *Homem —*, uttrâcho manîs. *Prova —*, sutî pramâṇ.

Effectuação, *s. f.* sâdhṇî, sampâdṇî *f.*, sâdhan *n.*

Effectuador, *a. e s. m.* sampâdtalo, sâdhṇâr.

Effectuar, effeituar, *v. t.* sâdhumk, sampâdumk, uprâsumk, nirmumk.

Effectuoso, *a. V.* EFFICAZ.

Effeito, *s. m.* guṇ, phaḷ, arth, nipaj *m.*, kârya *ou* kâryem, karm, âcharaṇ *n.*, rachṇâ *f.* || *Com —*, *V.* EFFECTIVAMENTE. *Sem —*, nishphaḷ. *Ter —*, guṇâk paḍumk, phaḷumk. *Armar ao —*, tikṭîm mâmḍumk.

Effeituavel, *a.* sâdhûmyeso.

Effeminação, *s. f.* bâilepaṇ; bâibolpaṇ *n.*

Effeminado, *a.* bâibolo, bâilâmḍo, nâmard.

Effeminar, *v. t.* bâil kasî karumk; narmâvumk. || *v. r.* bâilâmḍo-, bâibolo jâvumk.

Effervescencia, *s. f.* umâḷo; khatkhato, kaḍh; *(fig.)* umâḷo *m.*

Effervescente, *a.* umâḷyâcho; khatkhatyâcho.

Effervescer, *v. i.* pheṇo yevumk *(d. do s.)*, umâḷumk.

Efficacia, *s. f.* guṇ *m.*, tej, sattv *n.*, sâsây *f.*

Efficaz, *a.* guṇâcho, guṇvamt, arthâcho, phaḷâcho, suphaḷ, sâdhaṇî.

Efficazmente, *adv.* guṇân, phaḷân *ou* phoḷân.

Efficiencia, *s. f.* kartûb, sâdhnîpaṇ *n.* || *V.* EFFICACIA.

Efficiente, *a.* kârak, sâdhak.

Effigiar, *v. t.* pratikây-, pratimâ karumk *(g. do o.)*

Effigie, *s. f.* bâhulem, pratirûp *n.*, putḷo, pratikây *m.*, pratimâ *f.*

Efflorescencia, *s. f.* phuḷṇî, tamvrî *f.*, tamvar *n.*; *(chim.)* chitî *f.*; *(med.)* hurhur *m.*, ghâmoḷem *n.*

Efflorescer, *v. i.* chitî jâvumk *(d. do s.)*

Effluencia, *s. f.* bhâyr yeṇem *n.*, pasar, srâv *m.*

Effluente, *a.* pasarto, srâvî.

Effluvio, *s. m.* gamdhpramaṇu *m.*; vâs *m.*, ghâṇ *f.*; damdam *m.*

Effugio, *s. m. V.* SUBTERFUGIO.

Effundir, *v. t. V.* DERRAMAR.

Effusão, *s. f.* otṇî, vâraṇṇî; *(fig.)* hurbhâ *f.*, umâḷo, ullâs *m.*

Effusivo, *a.* hurbhevamt, ullâsî, umâḷyâcho.

Egide, *s. f. V.* ESCUDO.

Egoismo, *s. m.* hâmvpaṇ, âplepaṇ, mîpaṇ *n.*, ahamkâr, âtmasamtosh, svârth, âpsvârth, âplo mog *m.*

Egoista, *a. e s. m. e f.* ahamkârî, âtmasamtoshî, âpsvârthî, svârthî, matlabi, udarambhar.

Egregiamente, *adv.* uttampaṇîm.

Egregio, *a.* uttam, śreshṭh, mahimecho, aprûb, râjmânya, kîrtivamt, prasiddh, yaśasvî.

Egreja, *s. f.* igraj *f.*, devmamdir, dharmmamdir, devasthân, devûḷ *n.*; samest kristâmvâmcho jamo *m.*, bhaktvrimd *n.*

Egrejinha, egrejola, *s. f.* lahân igraj *f.*; *(fig.)* vivar, kûṭ; pâmkâchem maḷabh *n.*

Egressão, *s. f.* bhâyr sarṇem, nirgaman *n.*

Egresso, *s. m.* maṭhâmtlo gelalo. || *s. m.* komvemt sâmḍlalo phrâd *m.*; bhâyr sarṇem,- vachṇem *n.*

Egua, *s. f.* ghoḍî *f.*

Egual, *a.* sârko, eksârko, sâmko, sarso, sâmgḍo, barâbarîcho, sarî, sam, samân, purto.

Egualação, *s. f.*, **egualamento**, *s. m.* sârkâvṇî, sâmkâvṇî *f.*

Egualador, *a. e s. m.* sârkâytalo, sâmkâvṇâr.

Egualar, *v. t.* sarîkarumk, sârkâvumk, sâmkâvumk, sârko-, sâmko karumk. || *v. i. e r.* sârko-, sâmko âsumk, sarîjâvumk.

Egualha, *s. f.* sam daśâ *f.*

Egualmente, *adv.* tasemch, tyâch jinnsân, sarâsarîm, barî.

Eguarico, *a. e s. m.* ghoḍyâṁk râkhtalo.

Eia, *interj.* âṁ, hâṁ; khabardâr.

Eido, *s. m. V.* QUINTAL.

Ei-lo, aito, ho âsâ.

Eira, *s. f.* khaḷeṁ, khaḷ *n.*, maḷṇî *f.*

Eirado, *s. m.* devḍî *f.*

Eis, **eis-aqui**, *interj.* hâṁgâ âsâ, ho âsâ, ho paḷe.

Eito, *s. m.* oḷ, hâr, paraṁparâ *f.* ‖ *A —*, ekdaḷ, dhârîn.

Eiva, *s. f.* ver, chîl *f.*, ḍoṁpḷo *m.*; lâseṁ *n.*; *(fig.)* khoḍ *f.*, aguṇ, avguṇ, aib *m.*, avdasâ *f.*, jakham *n.*

Eivado, *a.* avguṇî, avdaśî, jakhmî.

Eivar, *v. t.* ver-, chîl karuṁk *(d. do o.)*; pâḍ-, aibî karuṁk. ‖ *v. r.* verevuṁk, pâṁtevuṁk, poṁvṭevuṁk *(diz-se só de peixe)*, kusuṁk lâguṁk; khoḍ-, aib lâguṁk *(d. do s.)*, avdaśî jâvuṁk.

Eixo, *s. m.* châkḍâṁḍo, âṁkh, aksh, kâṁṭo, guṇo *m.*; ghâgreṁ *(— de nora) n.*; *(fig.) V.* CENTRO. ‖ *Fóra dos eixos*, sutâ bhâyr, âḍmârgîṁ.

Ejaculação, *s. f.* kharṇî, kharây; phâṁkṇî; pheṁkṇî; *(fig.)* baḍbaḍṇî *f.*

Ejaculador, *a. e s. m.* pheṁkṇâr.

Ejacular, *v. t.* kharuṁk; pheṁkuṁk, baḷâu-, neṭân vârauṁk; *(fig.)* uchchâruṁk; baḍbaḍuṁk.

Ejaculatorio, *a.* pheṁkuṁk upkârto, srâvî.

Ejecção, *s. f.* nirâs, utsarg *m.*

Elaboração, *s. f.* kamâvṇî, kamây, marâmat *f.*, saṁskâr, parishkâr *m.*; jirvaṇ, jirṇî *f.*

Elaborar, *v. t.* bârkâyen karuṁk, kamâvuṁk, saṁskâr karuṁk *(g. do o.)*; ghaḍuṁk. ‖ *v. r.* ghaḍoṁk, jâvuṁk.

Elação, *s. f. V.* ALTIVEZ.

Elanguecer, *v. t. e r.* meṁgo-, maṁd jâvuṁk, âṁg tuṭuṁk *(g. do s.)*

Elar-se, *v. r.* śeṁkryân revḍoṁk.

Elasticidade, *s. f.* lavchikpaṇ *n.*, vetasavṛitti *f.*

Elastico, *a.* lavchîk, lavko, vetasavṛitti, pûrvasthitigâmî. ‖ *s. m.* burrâch *(port.* BORRACHA*) f.*

Eldorado, *s. m.* savan *n.*

Electivo, *a.* viṁchncho, nivaḍlalo.

Electricidade, *s. f.* vij *m.*, vidyut *f.*

Electricismo, *s. m.* vidyuttaṁtr *n.*

Electrico, *a.* vijâcho, vidyutecho.

Electriz, *s. f.* viṁchpîṇ.

Electrização, *s. f.* vijâcho dhako deṇeṁ *n.*

Electrizar, *v. t.* vijâcho dhako divuṁk *(d. do o.)*; vîj bharuṁk,- ghâluṁk *(l. in do o.)* ‖ *V.* ENTHUSIASMAR. ‖ *v. r.* vij bharoṁk *(d. do s.)*; *(fig.)* phuluṁk, murgaṭuṁk.

Electrometro, *s. m.* vidyutmâpan *n.*

Electrophoro, *s. m.* vîdyutyaṁtr *n.*

Electroscopio, *s. m.* vidyutdârśakyaṁtr *n.*

Electuario, *s. m.* châṭaṇ *n.*, leha, avaleha *m.*

Elegancia, *s. f.* śobh, sobhitây *f.*, âkâr *m.*; surekhpaṇ *n.*, surûpây, kâṁti; prauḍhî *f.*, alaṁkâr *m.*

Elegante, *a.* śobhavṇo, śobhitvaṁt, mâṇkuḷo, âkârvaṁt; rupest, surekh, kâṁtivaṁt; alaṁkârâcho, alaṁkârî, prauḍh, subhâshî.

Elegantemente, *adv.* śobhen, kâṁtîn; prauḍhîṁ.

Elegendo, *s. m.* viṁchûn kâḍhcho.

Eleger, *v. t.* viṁchuṁk, viṁchûn kâḍhuṁk, nivaḍuṁk.

Elegia, *s. f.* śokgît *n.*

Elegiaco, *a.* śokgitâcho; raḍkuḷo.

Elegiada, *s. f.* śokkâvya *n.*

Elegibilidade, *s. f.* viṁchûṁyesârkepaṇ *n.*, varaṇiyatâ *f.*

Elegivel, *a.* viṁchûṁyesârko, viṁchûn kâḍhûṁyeso, varaṇîya.

Eleição, *s. f.* elesâṁv, viṁchap *n.*, viṁchṇî, nivaḍṇî *f.*, viṁchûn kâḍhṇeṁ *n.* ‖ *Coisa de —*, nâjûk-, uttam vast.

Eleito, *a.* viṁchlalo.

Eleitor, *s. m.* viṁchtalo, viṁchûn kâḍhtalo.

Eleitoral, *a.* elesâṁvâcho, viṁchṇecho.

Elementar, **elementario**, *a.* bhûtâcho, dhâtûcho, tattvâcho; muḷâcho, mûḷtattvâcho. ‖ *V.* SIMPLES.

Elemento, *s. m.* bhût, mahâbhût; dhâtu *m.*, tattva, mûḷtattva, mûḷ, bîj *n.*; mûḷgraṁth *m.*, mûḷpîṭhikâ *f.*

Elencho, *s. m. V.* CATALOGO.

Elephancia, **elephantiase**, *s. f.* raktpiṁtî, piṁtvel *f.*

Elephanta, *s. f.* hattîṇ.

Elephante, *s. m.* hattî, hastî.

Elephantiaco, *a.* raktpiṁtyâḷo.

Elephantico, **elephantino**, *a.* hattyâcho.

Elevação, *s. f.* ubhârṇî, uṁchâvṇî, uṁchauṇî; uṁchây, uṁchî *f.*, ukal *m.*, *uṁchastan; vhaḍpaṇ *n.*, vhaḍvikây *f.*; chaḍhap *n.*

Elevado, *a.* uṁch, ubhâr, uṁchlo; vhaḍ, moṭo; chaḍh, jabar.

Elevador, *a. e s. m.* ubhârtalo. ‖ *s. m.* ubhârcheṁ yaṁtr *n.*

Elevar, *v. t.* ubhârumk, uklumk, umchâvumk, umchaumk, vayr kâḍhumk, * uchlumk; vhaḍ karumk, mânâk-, padvek pâvaumk; chaḍhaumk, chaḍh karumk. || *v. r.* umch-, vayr âsumk, umchâvomk, ubhâromk; vayr sarumk, vhaḍ jâvumk; chaḍhumk.

Elfa, *s. f.* khankûl *n.*

Elidir, *v. t.* lop karumk *(g. do o.)* || *V.* ELIMINAR.

Eliminação, *s. f.* bhâyr ghâlṇem *n.*, bhâyrâvṇi; kâḍhṇi *f.*; *(alg.)* chhekṇem *n.*

Eliminar, *v. t.* bhâyr ghâlumk, bhâyrâvumk; kâḍhûn uḍaumk, kâḍhumk; *(alg.)* chhekumk. || *v. r.* nâm jâvumk, daḍpumk.

Elisão, *s. f.* lop *m.*, adarśan *n.*

Elite, *s. f.* nivaḍ *f.*

Elixir, *s. m.* rasâyan *n.*; *(fig.)* pheṇî *(fig.) f.* || *V.* PHILTRO.

Ella, *pron. f.* tî, hî *f.*, tem, hem *n.*

Elle, *pron. m.* to, ho.

Ellipse, *s. f.* padâpekshâ *f.*, padalop; *(geom.)* amḍâkâr *m.*, amḍâkriti *f.*

Elliptico, *a.* padâpekshecho; amḍâkâr.

Elmo, *s. m.* śirastrâṇ *n.*, jillîm *f.*

Elo, *s. m.* sâmkḷicho âmkḍo; *(bot.)* tâṇo *m.*, śemkrem *n.*, amârî *f.*; *(fig.)* phâs *m.*, gâmṭh *f.*

Elocução, *s. f.* vâṇî, vâchâ *f.*; śabdachâturya *n.*

Eloendro, *s. m. V.* LOENDRO.

Elogiaco, *a.* stuticho, varṇanâcho.

Elogiador, *a. e s. m.* varṇanî, vâkhâṇtalo, stutikâr.

Elogiar, *v. t.* uklûn dharumk, varṇumk, mânaumk, nâvâḍhumk, kîrtumk, vâkhâṇumk, guṇ âṭhaumk *(g. do o.)*

Elogio, *s. m.* varṇan *n.*, vâkhâṇṇî, stuti *f.*, stutivâd, pavâḍo, mât *m.*

Eloquencia, *s. f.* vâchâśakti, vâchâyukti, śabdapravachanavidyâ, sumdarbhâshâ *f.*, supralâp *m.*, suvachan, śabdachâturya *n.*

Eloquente, *a.* ulaumk baro, vâchâśaktivamt, sumdarbhâshî, supralâpî, śabdachâturyâcho, ativâdî. || *V.* EXPRESSIVO.

Eloquentemente, *adv.* supralâpim.

Elucidação, *s. f.* samjâvṇî *f.*, prakâś, drishṭâmt *m.*, vivaraṇ.

Elucidar, *v. t.* ughḍâpo karumk, samjâvumk, samjoṇî divumk *(g. do o.)*, arthumk, vivarumk.

Elucidario, *s. m.* bhâshyagramth *m.*, vivaraṇpustak *n.*

Elucidativo, *a.* samjoṇecho, vivaraṇâcho, arthâdik.

Elocubração, *s. f. V.* LOCUBRAÇÃO.

Elutriação, *s. f.* nerâvṇî *f.*

Elutriar, *v. t.* nerâvumk.

Em, *prep.* -imt *(flex. do l. in; ex.: em casa,* gharâmt; *em cofre,* peṭemt), -r *(flex. do l. sup.; ex.: em publico,* sabhemâjâr; *em tempo de guerra,* jujâchyâ samayâr), -n, -nîm *(flex. do inst.; ex.: em uma palavra,* ekâ uttrân; *em seis dias,* som disâmnim). *Exprime-se ás vezes pela fórma basica; ex.: estou em casa,* gharâ âsâm; *neste anno,* hyâ varshâ; *naquelle dia,* tyâ disâ.

Ema, *s. f.* śahâmrig *m.*

Emaciação, *s. f.* holṇî, jhimjṇî *f.*

Emaciado, *a.* hoḷḷalo, viṭko, hâḍyo. || *V.* MACILENTO.

Emanação, *s. f.* bhâyr yeṇem *n.*, suṭṇî, nisarṇî, ubhṇi; utpatti *f.*, sambhav *m.*

Emanante, *a.* ubhto, bhâyr sarto.

Emanar, *v. i.* jâvumk, utpann jâvumk, nipjumk, sambhavumk; yevumk, nisrumk, ubhumk, suṭumk.

Emancipação, *s. f.* svatamtr-, âple buddhîcho jâṇem, svatamtrpaṇ *n.*; soḍvaṇ, suṭkâ, sûṭ, mukti *f.*, uddharaṇ *n.*

Emancipado, *a.* svatamtr jâlalo, âple âdhin âslalo; sûḍ, mukt.

Emancipar, *v. t.* svatamtr-, âple buddhîcho karumk; *(fig.)* suṭkâ divumk *(d. do o.)*, soḍaumk, soḍumk. || *v. r.* âple âdhîncho-, svatamtr jâvumk; suṭumk, sûḍ jâvumk.

Embaçadela, *s. f.* ḍhomg *n.*, nâḍ, ṭhakṇî *f.*

Embaçado, *a.* phiko, pâmḍhro, nistej, vivarṇ; thaṭâklalo, gumg; phoṭavlalo, phaslalo.

Embaçador, *a. e s. m* gomdhḷâytalo, ghumvḷâvṇâr, ṭhakî.

Embaçamento, *s. m.* phikepaṇ, pamḍhrepaṇ *n.*, mâvaḷṇî; thaṭakṇî; ṭhakṇî, nâḍ *f.*

Embaçar, *v. t.* phiko-, pâmḍhro karumk, mâvḷâvumk; ulaumk nâ divumk *(d. do o.)*, tomḍ dhâmpumk *(g. do o.)*, gomdhḷâvumk, ghumvḷâvumk; ṭhakumk, nâḍumk. || *v. r.* thakumk, gumg jâvumk, gâbhrumk; thaṭâkumk, ajâp jâvumk.

Embacelar, *v. t. V.* ABACELLAR.

Embaciado, *a.* phiko, nistej; sâmvḷo, kâḷsâr.

Embaciar, *v. t.* phiko-, nistej karumk, mâvḷâvumk; kâḷsâvumk. || *v. i.*

phiko jâvumk, mâvḷumk; kâḷsevumk, sâmvḷo jâvumk.

Embahidor, *a. e s. m.* nâḍgo, ṭhakṇâr, bhulauṇo.

Embahimento, *s. m.* nâḍ, phasauṇî, ṭhakṇî *f.*

Embahir, *v. t.* nâḍumk, ṭhakumk, ṭhakaumk, phasaumk, phoṭaumk, bhûl ghâlumk *(d. do o.)*, ḍoḷe bâmdhumk *(g. do o.)*

Embahular, *v. t.* bâhûmt-, peṭemt ghâlumk.

Embainhar, *v. t.* potyâmt-, menâmt ghâlumk; meṭumk, deg moḍumk,- mârumk *(g. do o.)*

Embaixada, *s. f.* vakîlpaṇ, dûtpaṇ, dûtkarm *n.*, dûtkriyâ *f.*; nirop, saṁdeś *m.*, vâjbî; vakilâchî kacherî *f.*

Embaixador, *s. m.* vakîl, dût, râjdût, râybârî, mukhtyâr, *hajîb.

Embaixatriz, *s. f.* râjdutâchî gharkârṇ, dûtî.

Embalador, *a. e s. m.* dolaitalo, hâlaitalo; phoṭauṇo.

Embalagem, *s. f.* pemḍhyo-, muḍe bâmdhṇem *n.*

Embalançar, *v. t.* jelaumk, himdḷumk. || *v. r.* hâlumk, himdḷomk, jelumk, helkâvumk.

Embalançoso, *a.* jelto, hâlto.

Embalar, *v. t.* dolaumk, hâlaumk, hâllo karumk *(d. do o.)*; pemḍhyo bâmdhumk *(g. do o.)*; *(fig.)* phoṭaumk, phasaumk. || — *com promessas*, tomḍâr poḷe bhâjumk *(g. do o.)*

Embalo, *s. m.* hâllo karṇem *n.*, dolauṇî; jel, hâlṇî *f.*, helkâvo *m.*

Embalsamação, *s. f.*, **embalsamamento**, *s. m.* parmaḷâvṇi *f.*; parmaḷ bharṇem *n.*

Embalsamador, *s. m.* parmaḷ-, parmaḷîk teḷ bhartalo.

Embalsamar, *v. t.* parmaḷâvumk, damdamâvumk; (maḍyâmt) parmaḷ bharumk, parmaḷîk teḷ ghâlumk *(l. in. do o.)*

Embalsamento, *s. m.* doṇâmt ghâlṇem; jhilîmt lipṇem *n.*

Embalsar, *v. t.* doṇâmt ghâlumk; jhilkuṭâmnîm lipaumk. || *v. r.* jhilîmnîm lipumk.

Embandar, *v. t.* pâṭâmnîm mâmḍumk. || *v. i. e r.* pâṭâmnîm mâmḍomk.

Embandeirar, *v. t.* bâvṭyâmnîm saṁjaumk, bâvṭe lâvumk *(d. ou l. do o.)* || *v. r.* bâvṭo chaḍhaumk.

Embaraçadamente, *adv.* gomdhîn, âḍkhaḷîn.

Embaraçado, *a.* gomdhḷalo; âḍkhaḷîcho; *(fig.)* *V.* COMPLICADO.

Embaraçador, *a. e s. m.* aḍchitalo, gomdhḷâvṇâr.

Embaraçar, *v. t.* aḍchumk, aḍchaumk, gomdhaumk, gomdhḷâvumk, ghuspâvumk, âḍkhaḷ ghâlumk *(d. do o.)*; *(fig.)* gâbhrâvumk, gâmṭhâvumk, guṭhḷâvumk. || *v. r.* gomdhumk, gomdhḷumk, ghuspumk, gomdhîmt paḍumk, âḍkhaḷumk, aḍchomk; gâbhrumk.

Embaraço, *s. m.* âḍkhaḷ, aḍ, aḍchaṇ, âḍkaṇ, askat, âḍâvṇî, gomdh, harkat, târambaḷ *f.*, gomdhaḷ, jamjâḷ, pemcho *m.*, lachâmḍ *n.* || *Ter — gastrico*, poṭ ghaṭṭ jâvumk *(g. do s.)*

Embaraçoso, *a.* âḍkhaḷîcho, aḍchaṇecho, gomdhîcho.

Embaralhar, *v. t.* *V.* BARALHAR.

Embarbascar, *v. t.* (mâsḷî) nindâvumk. || *v. r.* bâmbrâk śirkumk (nâmgar); *(fig.)* gomdhḷumk, gâbhrumk.

Embarbear, *v. i.* khâḍ phuṭumk,- taḍevumk *(d. do s.)*

Embarcação, *s. f.* târûm, tarâmḍem, galbat, jumgaṭ *n.*, pâtmârî *f.*, savdo, bajro, baglo *m.*

Embarcadiço, *a. e s. m.* daryâmt bhomvtalo, târvaṭî.

Embarcadoiro, *s. m.* bamdar *ou* bamdir, mabar *n.*, pâj *f.*, ghâṭ *m.*

Embarcamento, *s. m.* *V.* EMBARQUE.

Embarcar, *v. t.* târvâr-, galbatâr chaḍhaumk. || *v. i. e r.* târvâr chaḍhumk,- vachumk,- basumk.

Embargado, *a.* âḍkhaḷîk paḍlalo, âḍâylalo. || — *de falla*, luḍbo, gâgyo. — *dos membros*, ârkâr.

Embargamento, *s. m.* âḍkhaḷ ghâlṇem *n.*, âḍâvṇî *f.* || *V.* EMBARGO.

Embargante, *a. e s.* âḍâvṇâr, âḍkaitalo; vâdî, pûrvvâdî.

Embargar, *v. t.* âḍâvumk, âḍkaumk, âḍkhaḷ ghâlumk *(d. do o.)*; *(fig.)* bamd karumk; basaumk.

Embargavel, *a.* âḍâvûmyeso.

Embargo, *s. m.* âḍâvṇî, âḍkhaḷ, aḍ *f.*; embârg *m.* || *Sem —*, taripaṇ. *Sem — de*, *V.* APESAR.

Embarrador, *s. m.* kas kâḍhtalo.

Embarrancar, *v. i.* khomḍkulâmt paḍumk. || *v. r.* bâmbrâmt bharomk, chiklâk lâgumk. || *v. t.* *V.* ATRAVANCAR.

Embarrar, *v. t.* kas kâḍhumk *(d. do o.)*; chiklân loḷaumk; âḍâvumk. || *v. r.* kaṭṭâmt rigumk.

Embarreirar, *v. t.* medekâṭîmt-, khumṭyâmvaḷîmt ghâlumk. || *v. r.* meḍekâṭîṁt riguṁk; ḍegser chaḍhuṁk,-lipuṁk.

Embarrelar, *v. t.* khârâṁt ghâluṁk, guḍhâk lâvuṁk.

Embarricar, *v. t.* borlâṁt-, doṇâṁt ghâluṁk,- bharuṁk; âḍvaṇâṁ-, mârg-baṁdhaṇâṁ karuṁk *(d. ou l. do o.)*; aḍuṁk. || *v. r.* âḍvaṇâṁnîṁ riguṁk.

Embarrilar, *v. t.* borlâṁt bharuṁk; *(fig.)* ghulyo sâṁguṁk *(d. do o.)*, toṁḍâk pâṇâṁ pusuṁk *(g. do o.)*

Embasamento, *s. m.* bunyâd *f.*; peḍ *n.*

Embasbacar, *v. i.* thaṭâkuṁk, ajâp jâvuṁk; dubhâvuṁk, pâṭhîphuḍe saruṁk. || *v. t.* ajâpâvuṁk.

Embastar, *v. t. V.* BASTEAR.

Embastecer, *v. t.* moṭo-, dâṭ karuṁk, moṭâvuṁk.

Embate, *s. m.* âdaḷṇî, âḍkhaḷṇî, âḍkaṇî, âḍkaṇ *f.*, saṁghaṭṭ, gachko *m.*; *(fig.) V.* RESISTENCIA.

Embater, *v. i. e r.* âdḷuṁk, âḍkhaḷuṁk, basuṁk.

Embatocar, embatucar, *v. t.* guḍdo-, choṁbḍo mâruṁk *(d. do o.)*; *(fig.)* toṁḍ dhâṁpuṁk *(d. do o.)*, ugo râvauṁk; kalkalâvuṁk, âkâṁtâvuṁk. || *v. i.* ustaı yâṁvachuṁk *(d. do s.)*

Embaucador, *a. e s. m.* nâḍgo, bhulauṇo.

Embaucar, *v. t.* nâḍuṁk, bhulauṁk, maṁtruṁk. || *V.* ENGAJAR.

Embebedado, *a.* bebdo, cheṁḍ, sunḍo.

Embebedar, *v. t.* bebdo-, masto karuṁk, bareṁ piyevuṁk divuṁk; *(fig.)* nindâvuṁk, bahirâvuṁk. || *v. r.* bebdo-, masto jâvuṁk, khurâvuṁk, tâpauṁk, mast piyevuṁk, ḍaṁkuṁk; sîmâjâvuṁk, gull jâvuṁk *(— muito)*; *(fig.)* piso-, mûrkh jâvuṁk.

Embeber, *v. t.* bhijauṁk, bhijatghâluṁk, timâvuṁk, phugauṁk, phugatghâluṁk, śoshuṁk, oḍhûn ghevuṁk,-kâḍhuṁk; bharuṁk, khaṁchauṁk, basauṁk. || *V.* CRAVAR. || *v. r.* bhijuṁk, jiruṁk; riguṁk, khomoṁk; bhramuṁk, lobhduṁk.

Embeberar, *v. t.* udak dâkhauṁk *(d. do o.)*, udkâk vharuṁk, piyevuṁk divuṁk; bhijauṁk.

Embebição, *s. f.* timâvṇî *f.*, bhijap; bhramaṇ *n.*

Embeiçar, *v. t.* bhulauṁk, murgaṭâvuṁk, * hirauṁk.

Embelicador, *a. e s. m.* ṭhakṇâr, nâḍgo, bhulauṇo.

Embelicar, *v. t.* ṭhakuṁk, nâḍuṁk, bhulauṁk, ḍoḷe bâṁdhuṁk *(g. do o.)*, lâgâṁnîṁ phoṭauṁk.

Embelico, *s. m.* ṭhakṇî, nâḍ, bhûl *f.*

Embellecer, embellezar, *v. t.* śobhauṁk, neṭauṁk, śṛiṁgâruṁk. || *v. r.* śobhuṁk, neṭuṁk, śobhit jâvuṁk.

Embellezamento, *s. m.* śobhauṇî, śṛiṁgârṇî, neṭauṇî *f.*, neṭ *m.*

Embespinhar, *v. t. V.* ABESPINHAR.

Embestado, *a.* hatyârbaṁd.

Embetesgar, *v. t.* bidîṁt ghâluṁk. || *v. r.* bidîṁt riguṁk; koṇsyâk basuṁk.

Embevecer, *v. i. e r.* ânaṁduṁk, ullâsuṁk, ânaṁdbharit jâvuṁk, murgaṭuṁk, lobhduṁk.

Embevecimento, *s. m.* ullâs, ânaṁd, âhlâd *m.*, lobhdaṇî *f.*

Embezerrar, *v. i. e r.* phuguṁk, rusuṁk, vâjevuṁk, toṁḍ vâṁkḍeṁ karuṁk. || *V.* EMBIRRAR.

Embicadeiro, embicador, *a.* nisarto.

Embicar, *v. t.* ṭoṁk-, suḷkî karuṁk *(d. do o.)* || *v. i.* nisruṁk; âdḷuṁk, âḍkhaḷuṁk; goṁdhuṁk, goṁdhîk sâṁpḍuṁk. || *V.* EMBIRRAR.

Embigo, *s. m.* boṁblî *f.*; boṁb *(us. Can.) m.*; pok *(— crescido) n.*

Embiocado, *a.* boṁth ghetlalo; liplalo, gupto.

Embiocar, *v. t.* boṁth karuṁk *(g. do o.)* || *v. r.* boṁth ghevuṁk; *(fig.)* ḍhoṁg karuṁk.

Embirra, embirração, *s. f.* jaḷṇî, tiḍṇî *f.*, dvesh *m.* || *V.* AVERSÃO.

Embirrante, *a.* jaḷsar, chiḍyo, piṁtvegî, kopîshṭ; vâdyo, haṭhî, saḷî.

Embirrar, *v. i.* takleṁt vachuṁk *(g. do s.)*, vâdyâṁt riguṁk; jaḷuṁk, tiḍuṁk, dveshuṁk; kichḍâvuṁk.

Embirrativo, embirrento, *a.* chiḍîcho, tiḍîcho. || *V.* EMBIRRANTE.

Emblema, *s. m.* chihneṁ, lakheṇ, khûṇ *n.*, niśâṇî, kurû, dhajâ *f.*, dhvaj, liṁg *m.*

Emblemar, *v. t.* khuṇâvuṁk, chihnyân dâkhauṁk.

Emblematico, *a.* chihnyâcho, liṁgâcho, sâṁketik, sûchak.

Emboçador, *s. m.* kas kâḍhtalo.

Emboçamento, *s. m.* kas kâḍhṇeṁ *n.*; kasâcho lep *m.*

Emboçar, *v. t.* kas-, lep kâḍhuṁk *(d. do o.)*, lepḍâvuṁk, lepuṁk.

Emboccadura, *s. f.* lagamâcho ghâṁs *m.*; jihvâḷî piṁpârî *f.*, peṁprem; namhîchem mukh *n.*, khâḍ *f.*; tomd *n.*, nâko *m.* ‖ *V.* BOSSA.

Emboccar, *v. t.* tomḍâk lâvumk,- temkaumk; lagam ghâlumk *(d. do o.)*; girâmt ghâlumk. ‖ — *a rua,* nâkyâr dishṭîpaḍumk. — *a barra,* khâḍîmt hâḍumk. — *a ave,* śuknyâk khâvaumk,- bharaumk.

Emboço, *s. m.* kas, kaschuno, lep *m.*

Embodegar, *v. t.* meḷaumk.

Embofia, *s. f.* baḍây, phaḍâ, dhajâ *f.* ‖ *V.* PATRANHA. ‖ *s. m.* baḍâykhor, phidâlkor (*port.* FIDALGO), abhimânî.

Embolar, *v. t.* śimgâmk gulo ghâlumk *(g. do o.)*

Emboldriar, *v. t. V.* SUJAR.

Embolismal, embolismico, *a.* adhik, dhomḍ. ‖ *Mez —,* dhomdo *m.*

Embolismo, *s. m.* adhik dîs,- mahino dharṇem *n.*

Embolo, *s. m.* gaj, chikandar *m.*

Embolsar, *v. t.* bolsâmt ghâlumk; phârîk karumk. ‖ *v. r.* phârîk karûn ghevumk.

Embolso, *s. m.* phârîk karṇem; rîṇ ghenem *n.*

Embonecar, *v. t.* neṭaumk, śṛimgârumk, alamkârumk. ‖ *v. r.* neṭumk, śimgâr ghâlumk.

Embonar, *v. t.* târvâchyâ kaṇyâk phaḷîm chaḍhaumk.

Embora, *adv.* baryâ veḷâr, barepanîm. ‖ *int.* jâmv, parvâ nâ. ‖ *conj.* jarî, jarîtar. ‖ *Muito —,* jây tasem, bare khuśen. ‖ *s. m. pl.* parbem (*port.* PARABEM) *n.*, dhinvâs *m.*, mubârkî *f.*

Emborcação, *s. f.* omtaṇî; otṇî *f.*

Emborcar, *v. t.* omtumk, omto ghâlumk; otumk. ‖ — *um copo ou uma garrafa,* vâḷumk.

Embornal, *s. m.* tobro *m.*

Emborrachar, *v. t. V.* EMBEBEDAR.

Emborralhar, *v. t.* murmuryâk purumk; parlâchyâ gobrân bharumk. ‖ *v. r.* parlâchyâ gobrân bharomk; parlâmt basumk.

Emborrar, *v. t.* (lamv) pimjârumk.

Emboscada, *s. f.* dabo, daḍo; phâs, ghât; dabyâcho jâgo *m.*, lipṇem *n.*

Emboscar, *v. t.* daḍyâk davrumk. ‖ *v. r.* daḍyâk-, pâldek râvumk.

Embostar, *v. t.* śeṇ kâḍhumk *(d. do o.)*; śeṇân bharumk.

Embostelar, *v. t.* phoḍâmnîm bharumk. ‖ *v. r.* phoḍ yevumk,- jâvumk *(d. do s.)* ‖ *V.* SUJAR-SE.

Embotado, *a.* dhamkaṭo, saḍo.

Embotador, *a.* dhâr moḍcho.

Embotadura, *s. f.*, **embotamento,** *s. m.* dhâr moḍṇem *n.*; dâṭây *f.*

Embotar, *v. t.* dhâr moḍumk *(g. do o.)*, saḍo karumk; *(fig.)* memgâvumk, mamdâvumk. ‖ — *os dentes,* dâmt âmbṭâvumk, śinśiṇâvumk. — *a vista,* dishṭ aśaktâvumk. ‖ *v. r.* dhâr moḍomk,- moṭî jâvumk *(g. do s.)*; *(fig.)* memgo-, bebaḷ jâvumk, memgevumk.

Embotelhar, embotejar, *v. t.* maḍtelâmnîm bharumk.

Embraçadeira, *s. f.*, **embrace,** *s. m. V.* BRAÇADEIRA.

Embraçadura, *s. f.*, **embraçamento,** *s. m.* hâtâmt ghâlnem *n.*

Embraçar, *v. t.* paraj hâtâmt ghâlumk *(g. do o.)*

Embrancar, embranquear, *v. t.* dhavo karumk, dhavsâvumk. ‖ *v. r.* dhavo jâvumk.

Embrandecer, *v. t.* maû karumk, maûsâvumk; *(fig.)* mavâḷumk. ‖ *v. i.* maû jâvumk.

Embravear, embravecer, *v. t.* bujaumk, ugr karumk; phulaumk. ‖ *v. i. e r.* bujumk, ugr jâvumk; phulumk.

Embravecido, *a. V.* BRAVO.

Embravecimento, *s. m.* ugrpaṇ *n.*, ugrây, dâruṇây *f.* ‖ *V.* FURIA.

Embrear, *v. t.* kîl-, ḍâmar kâḍhumk *(d. do o.)*

Embrechado, *s. m.* śimpiyâmcho-, pâturlyâmcho sâj *m.*

Embrechar, *v. t.* phâturlyâmnîm-, śimpiyâmnîm samjaumk.

Embrenhar, *v. t.* rânâmt-, isoḷyâmt ghâlumk,- lipaumk. ‖ *v. r.* rân ghevumk, gholâmt rigumk.

Embriagado, *a. e s. m.* bebdo, suṇḍo, tân jâlalo.

Embriagante, *a.* bebdo karcho, lâgro, taklek chaḍhto.

Embriagar, *v. t.* bebdo karumk; *(fig.)* bhulaumk, murgaṭâvumk, miraumk. ‖ *v. r.* bebdo jâvumk, khurâvumk; *(fig.)* bhulumk, murgaṭumk.

Embriaguez, *s. f.* bebdikây *f.*, bebdepaṇ, sunḍepaṇ *n.*, mast *f.*, amal, mad *m.* ‖ *V.* INEBRIAMENTO.

Embridar, *v. t.* lagam ghâlumk *(d. do o.)* ‖ *v. i.* taklî uklumk (ghoḍo); *(fig.)* garvân bharomk, ahamkârumk, abhimânumk.

Embrulhada, *s. f.* gaspârgomdhaḷ *m.*, revaḍkomkem, guḍḍelâsâmv *n.*, gomdh, guṭhlî *f.*

Embrulhadamente, *adv.* gomdhḷân, gomdhîn.

Embrulhado, *a.* gomdhḷâcho; gâbhro; avghaḍ, kaṭhin.

Embrulhador, *a. e s. m.* gomdhḷâvṇâr, nâḍgo, śirkâvṇâr.

Embrulhamento, *s. m.* gomdhḷâvṇî, ghuspâvṇî *f.* ‖ *V.* EMBRULHADA. ‖ — *de estomago*, poṭâmt châbṇem-, murḍaṇem *n.*, kâlavṇî *f.*, anndvesh *m.*

Embrulhar, *v. t.* guṭhḷâvumk, veshṭumk, revḍumk, lugṭâvumk; *(fig.)* gomdhaumk, gomdhḷâvumk, ghuspâvumk. ‖ — *o estomago*, omkâro-, vîṭ hâḍumk *(litt. e fig.)* ‖ *v. r.* guṭhlumk, revḍomk; ghuspumk, ghomdhumk; damaḷ jâvumk. ‖ — *o estomago*, poṭâmt kâlavumk,- murḍumk.

Embrulho, *s. m.* guṭhlî, chombḍî, kavḷî, poṭḷî *f.*, guṭhlo, chombḍo *m.* ‖ *V.* EMBRULHADA.

Embruscar, *v. t.* ugr karumk, kâḷokâvumk. ‖ *v. i. e r.* ghûm jâvumk, maḷbhâvumk. ‖ *V.* AGASTAR-SE.

Embrutar, **embrutecer**, *v. t.* monjât kasî karumk, mat phiraumk *(g. do o.)* ‖ *v. r.* janâvar-, dhâmgaḍ-, reḍo jâvumk.

Embrutecimento, *s. m.* reḍepaṇ, doḍepaṇ *n.*

Embruxar, *v. t.* mamtrumk, dishṭ bâmdhumk *(g. do o.)*

Embryão, *s. m.* pimḍ, garbh, gâbh *m.*; *(bot.)* amkurbîj *n.*, mog *m.*; *(fig.)* mûḷ *n.*, arambh *m.*

Embryogenia, *s. f.* pimḍposhaṇ *n.*

Embryographia, *s. f.* garbhvarṇan *n.*

Embryologia, *s. f.* garbhvidyâ *f.*

Embryonar, *v. t.* phaḷaumk; mudal ghâlumk *(d. do o.)*

Embryonario, *a.* garbhâcho, pimḍâcho; *(fig.)* mudlâcho.

Embryotomia, *s. f.* pimḍ katarṇem, garbhchhedan *n.*

Embuçar, *v. t.* (tomḍ) dhâmpumk, (tomḍâr) pâlamv oḍhumk. ‖ *V.* DISFARÇAR. ‖ *v. r.* bomth ghevumk, âplem tomḍ dhâmpumk.

Embuchar, *v. t.* poṭâmt ghâlumk. ‖ *v. i.* ustaryâmvachumk *(d. do s.)*; *(fig.)* kurmurumk, phugumk, tomḍ vâmkḍem karumk.

Embuço, *s. m.* pâlamv *m.*, bomth; *(fig.)* chorbhâs *f.*, guḍhâchem ulauṇem *n.* ‖ *V.* DISSIMULAÇÃO.

Embude, *s. m.* turbâṇî *f.*; mâsḷi ninḍâvumchî vast *f.*

Embuizar, *v. t.* damḍû kaso karumk.

Emburrar, *v. t.* khumṭ râvumk, nâ chalumk. ‖ *V.* AMUAR-SE.

Emburricar, *v. t.* mogâchem okhat divumk, vaśikaraṇ aushaḍh divumk. ‖ *V.* LOGRAR.

Embuste, *s. m.*, **embusteria**, **embustice**, *s. f.* nâḍvidyâ, ghâḍvidyâ, dagal, phasauṇî, phoṭvan, ṭhakṇî *f.*, nâḍgepaṇ, ṭhakpaṇ *n.*

Embustear, *v. t.* ṭhakumk, phasaumk, revḍumk.

Embusteiro, *a. e s. m.* nâḍgo, ṭhakî, ghâḍî, dagalbâjî, ḍhomgî.

Embutideira, *s. f.* butidor *m.*

Embutido, *a.* khamchailalo. ‖ *s. m.* jaḍaṇkâm *n.*

Embutidor, *a. e s. m.* khamchṇâr, jadtalo.

Embutidura, *s. f.* khamchauṇî, khamchṇî, jaḍṇî *f.*, jaḍaṇ *n.*

Embutir, *v. t.* khamchumk, khamchaumk, jaḍumk, śirkâvumk.

Embuziar, *v. i. e r.* *V.* ENFADAR-SE.

Emenda, *s. f.* sudhârnî, niṭâvṇî, niṭây, śuddhi *f.*, śodh; aṇbhog *m.*, baro jâṇem *n.*

Emendador, *a. e s. m.* sudhârṇâr, niṭâytalo.

Emendar, *v. t.* nîṭ-, durûst-, sârko-, śuddh karumk, niṭâvumk, śudhaumk, sudhârumk, sârkâvumk, chukî kâdhumk *(g. do o.)*; baro karumk, buddh śikaumk *(d. do o.)*, aṇbhogâvumk, mârgâr kâḍhumk; chaḍhaumk. ‖ — *a mão (fig.)*, dusrî châl -vâṭ ghevumk. ‖ *v. r.* aṇbhogumk, sudhâromk, sârko-, baro jâvumk.

Emendavel, *a.* sudhârcho, nîṭ jâvumcho.

Ementa, *s. f.* yâd, śivḍî *f.*, ṭîp, ṭibo, ughḍâs; ṭîko, samkshep *m.*

Ementar, *v. t.* yâd-, śivḍî karumk *(g. do o.)*, ṭipumk, ṭâmchumk.

Ementario, *s. m.* ughḍâsâchem pustak *n.*, śivḍî, ṭipaṇvahî *f.*

Emergencia, *s. f.* udkâmtlo vayr sarṇem; bhâyr yeṇem *n.*; udev; *(fig.)* prasamg *m.*; garaj, jarûrî, ghaḍṇî *f.*

Emergente, *a.* bhâyr sarto,- yeto; jarurecho.

Emergir, *v. i.* udkâmtlo vayr yevumk; *(fig.)* udevumk; bhâyr sarumk; dishṭî paḍumk, disumk.

Emerito, *a.* kuṭlalo, rahâṭlalo.

Emersão, *s. f.* udkâmtlo bhayr yeṇem; dishṭî paḍṇem *n.*; udev *m.*

Emetico, *a.* omkcho. ‖ *s. m.* omkchem okhat *n.*

Emetizar, *v. t.* omkchem mislumk.
Emfim, *adv.* nimâṇem *ou* nimṇem, śekîm, śevṭîm.
Emigração, *s. f.* deśtyâg *m.*, videśvachan *n.*
Emigrado, emigrante, *a.* âplo gâmv soḍlalo. ‖ *s. m.* deśtyâgî, gayâḷ.
Emigrar, *v. i.* âplo gâmv soḍûn vachumk, pargâmvâmt vachumk, deśâmtar karumk.
Eminencia, *s. f.* thorpaṇ, umchpaṇ, vartepaṇ, śresthpaṇ, uttampaṇ, *umchastan *n.*; *(fig.)* umchây, umchî *f.*, umchâḍ, *umchâsthân *n.*
Eminente, *a.* vhaḍ, thor, moṭo, varto, śreshṭh, varishṭh, prasiddh, yaśasvî, umch, râjmânya, narvar; vaylo, umchastanâcho.
Eminentemente, *adv.* thorpaṇîm.
Emir, *s. m.* amîr.
Emissão, *s. f.* soḍṇî, phemkṇî, pâḍṇî *f.*; bhâyr kâḍhṇem *n.*
Emissario, *a.* dhâḍlalo, pâṭhailalo. ‖ *s. m.* dût, guptdût, gûḍhchâr.
Emittir, *v. t.* soḍumk, phemkumk, pâḍumk, vidhumk, bhâyr uḍaumk,-kâḍhumk. ‖ *V.* EXPRIMIR.
Emmaçar, *v. t.* puḍo-, pelo karumk *(g. do o.)*
Emmadeirar, *v. t.* mader ghâlumk *(g. do o.)*, vâmsâvumk.
Emmadeixar, *v. t.* peḷyo-, pâmtyo karumk *(g. do o.)*
Emmagrecer, emmagrentar, *v. t.* bhâgaumk. ‖ *v. i.* bhâgumk, sukumk, jhimjumk, âmg soḍumk.
Emmagrecimento, *s. m.* bhâgaṭây, jhimjṇî *f.*
Emmalar, *v. t.* poṭḷî-, pemḍhî bâmdhumk *(g. do o)*; pemḍoḷyâmt ghâlumk,- ḍâḷumk.
Emmalhar, *v. t.* jâḷî karumk *(g. do o.)* ‖ *v. i. e r.* jâḷîycche ḍoḷe kase jâvumk; revḍomk.
Emmalhetamento, *s. m.* jaḍṇî, ghaḍsaṇî *f.*
Emmalhetar, *v. t.* jaḍumk, ghaḍsumk, khamchumk.
Emmanquecer, *v. t.* thomṭo karumk, pâmy moḍumk *(g. do o.)* ‖ *v. r.* thomṭo jâvumk, thomṭevumk.
Emmaranhamento, *s. m.* gomḍh *f.*, gomḍhaḷ *m.*, ghusap, guddelâsâmv *m.*
Emmaranhar, *v. t.* gomḍhaumk, gomḍhḷâvumk, guṭhḷâvumk. ‖ *v. r.* guṭhlomk, tiḍumk, ghuspumk, doḍomk, revḍomk.
Emmarellecer, *v. i. V.* AMARELLECER.
Emmassar, *v. t.* guḷo karumk *(g. do o.)* ‖ *V.* EMPASTAR.
Emmastrear, *v. t.* kumvo ubhârumk *(g. ou d. do o.)*
Emmedar, *v. t.* kuḍem-, pâlem karumk *(g. do o.)*
Emmelar, *v. t.* mel-, mhomv ghâlumk *(l. in do o.)*; *(fig.)* goḍâvumk, goḍ karumk.
Emmeninecer, *v. i.* burgo jâvumk.
Emmoldar, *v. t. V.* AMOLDAR.
Emmoldurar, *v. t.* chaukaṭ ghâlumk *(d. do o.)*
Emmordaçar, *v. t. V.* AMORDAÇAR.
Emmostar, *v. t.* (dâkhâmcho ras) goḍâvumk, dâṭâvumk; dâkhâmchyâ rasâmt buḍaumk. ‖ *v. i. e r.* chaḍh pikumk (dâkho).
Emmouquecer, *v. t.* bahirâvumk. ‖ *v. i.* bahirevumk.
Emmudecer, *v. t.* mono karumk, ugo râvaumk. ‖ *v. i.* mono jâvumk; mumko-, ugo râvumk.
Emmurchecer, *v. t. V.* MURCHAR.
Emoção, *s. f.* halkamḍṇî *f.*, dhako, manastâp *m.*
Emolliente, *a.* mavârîcho, śamak. ‖ *s. m.* upaśaman *n.*
Emollir, *v. t.* maû karumk, maûsâvumk, mavâḷumk.
Emolumento, *s. m.* lâbh, âdây *ou* âdâv, upkâr *m.*, phaidâ, prâpti; chipṭî, dasturî *f.*, inâm *n.*
Empa, *s. f.* meḍî lâvṇem *n.*
Empacar, *v. t. V.* EMPACOTAR.
Empachado, *a.* chomḍlalo; *(fig.)* gâbhro, bhejûḍ; âkâmtlalo, kalkallalo; poṭ tâṇlalo.
Empachamento, empacho, *s. m.* chomḍṇî, tustusṇî *f.*, poṭ tâṇṇem,-phugṇem *n.* ‖ *V.* EMBARAÇO.
Empachar, *v. t.* chomḍumk, upaṭ bharumk, tâṇumk. ‖ *v. r.* chomḍomk, bharomk, phugumk.
Empachoso, *a.* chomḍnecho; aḍchaṇecho, âḍkhaḷîcho; gâbhro, lajjishṭ.
Empacotamento, *s. m.* poṭaḷṇî *f.*, pemḍhyo bâmḍhṇem *n.*
Empacotar, *v. t.* poṭḷumk, poṭḷyo-, pemḍhyo bâmdhumk *(g. do o.)*
Empada, *s. f.* empâd *n.*
Empadroar, *v. t.* paṭṭiyer baraumk; dâkhlo baraumk *(g. do o.)* ‖ *v. r.* âplem nâmv divumk.
Empafia, *s. f. V.* EMBOFIA.
Empalação, *s. f.* suḷâr chaḍhauṇem *n.*, suḷâvṇî *f.*, śûlârop *m.*

Empalar, *v. t.* suḷâr chaḍhauṁk, suḷâvuṁk.

Empalhação, *s. f.*, **empalhamento,** *s. m.* taṇân guṭhlâvṇeṁ *n.*

Empalhar, *v. t.* taṇân guṭhlâvuṁk, taṇâṁt ḍâḷuṁk; *(fig.)* ghulyo phoṭauṁk *(d. do o.)*, toṁḍâk pânâṁ pusuṁk *(g. do o.)* || *V.* EMPALHEIRAR.

Empalheirar, *v. t.* kuḍeṁ karuṁk *(g. do o.)*; rotâṁ kâḍhuṁk *(d. do o.)*

Empallidecer, *v. i.* raṁg badloṁk *(g. do s.)*, pâṁḍhro-, haḷduvo jâvuṁk.

Empalmação, *s. f.* sutlâvṇî *f.*, lûṭ lâvṇeṁ *n.*

Empalmador, *a. e s. m.* sutlâvṇo, hât mârtalo.

Empalmar, *v. t.* taḷhâtâr lipauṁk; *(fig.)* sutlâvuṁk, giḷuṁk, jirauṁk, khâvuṁk, hât mâruṁk *(d. do o.)*, bûṭ lâvuṁk *(d. do o.)*

Empanada, *s. f.* eṁpâd *n.*

Empandeiramento, *s. m.* tustusṇî, tâṇṇî, taḍtaḍṇî, phûg *f.*

Empandeirar, *v. t.* (śiḍâṁ) phulauṁk; phugauṁk, choṁduṁk, taḍtaḍâvuṁk; *(fig.)* khuṁṭo hâtân divuṁk *(g. do o.)*, topî ghâluṁk *(d. do o.)* || *V.* ESBANJAR. || *v. r.* taḍtaḍuṁk, phuguṁk.

Empandilhar, *v. t.* (dusryâk meḷûn) kheḷâr phoṭauṁk; sutlâvuṁk, bûṭ lâvuṁk *(d. do o.)* || *v. r.* kheḷâr phoṭauṁk meḷuṁk.

Empandinar, *v. t.* phulauṁk, phugauṁk. || *v. r.* phuluṁk, phuguṁk.

Empannamento, *s. m.* lugṭâvṇî *f.*; phikepaṇ *n.*; *(fig.)* meḷauṇî; dâgṇî, khatâvṇî *f.*

Empannar, *v. t.* lugṭâvuṁk, kâpḍâṁ ghâluṁk,- mâruṁk *(d. do o.)*; *(fig.)* meḷauṁk, khatâvuṁk, dâguṁk; nistej karuṁk; lipauṁk. || *v. r.* meḷuṁk, khatâvoṁk, dâgoṁk.

Empantanar, *v. t.* buḍauṁk; chiklâṁt loḷauṁk. || *v. r.* koṁḍ jâvuṁk *(g. do s.)*; buḍuṁk. || *V.* ATOLAR-SE.

Empantufar-se, *v. r.* bordârkelalîṁ chinclâṁ ghâluṁk; *(fig.)* phuluṁk, phaḍâ-, baḍây karuṁk.

Empanturrado, *a.* poṭ bharlalo, taḍtaḍit.

Empanturrar, empanzinar, *v. t.* bharuṁk, taḍtaḍâvuṁk. || *v. r.* gaḷobhar-, poṭ hâlaun jevuṁk, ragḍuṁk, taḍtaḍuṁk; *(fig.)* phuguṁk.

Empapar, *v. t.* bhijatghâluṁk, timâvuṁk. || *v. r.* bhijuṁk, timuṁk.

Empapelar, *v. t.* kâgdâṁt guṭhlâvuṁk,- kavḷuṁk.

Empapelo, *s. m.* guṭhlâvuṁcheṁ kâgad *f.*

Empapuçar-se, *v. r.* phuluṁk, bharûn yevuṁk.

Empar, *v. t.* meḍî lâvuṁk *(d. do o.)*

Emparceirar, *v. t.* bhâgelî-, bhagidâr karuṁk.

Emparedamento, *s. m.* vaḷaṁtiṁt ghâlṇeṁ, baṁd karṇeṁ *n.*

Emparedar, *v. t.* vaḷaṁtîṁ bhitar ghâluṁk, baṁd karuṁk; maṭhâṁt davruṁk,- ghâluṁk.

Emparelhamento, *s. m.* joḍ karṇeṁ *n.*, joḍṇî *f.*; phâḍeṁ *n.*

Emparelhar, *v. t.* joḍ karuṁk *(g. do o.)*, joḍuṁk, sâṁgḍâvuṁk; phâḍiṁ karuṁk *(g. do o.)* || *v. i.* joḍ-, joḍo jâvuṁk; barâbarî âsuṁk,- chaluṁk. || *v. r.* sarîjâvuṁk, barâbar lâguṁk.

Emparrar-se, *v. r.* kholyâṁnîṁ bharoṁk (dâkh).

Emparvoecer, *v. i.* piso-, khuḷo-, gaḷyo jâvuṁk.

Empastação, *s. f.*, **empastamento, empaste,** *s. m.* chikṭâvṇî; chikṭây *f.*; pâstâṁnîṁ ḍâḷṇeṁ *n.*

Empastar, *v. t.* chikṭâvuṁk, chikaṭvaṇân basauṁk; pâpḍî karuṁk *(g. do o.)* || *v. r.* chikṭuṁk, basuṁk, pâpḍî jâvuṁk *(g. do s.)*

Empata, *s. f.* japtî; âḍâvṇî, âḍvârṇî, manây *f.*

Empatar, *v. t.* manâ karuṁk, manâvuṁk, thâṁbauṁk; âḍâvuṁk, âḍvâruṁk; bâd-, bâdâbâd karuṁk; *(fig.)* âḍkhaḷî ghâluṁk *(d. do o.)*, aḍchuṁk. || *v. i.* âḍluṁk, âḍkhaḷuṁk.

Empate, *s. m.* manâ-, baṁd karṇeṁ *n.*; âḍâvṇî, âḍvârṇî, âḍkhaḷ *f.*; bâdâbâd jâṇeṁ *n.*; âḍâvâvîṇ duḍû *m. pl.* || *V.* IRRESOLUÇÃO.

Empavezar, *v. t.* (târûṁ) śṛiṁgâruṁk, neṭauṁk.

Empavonar, *v. t.* phulauṁk. || *v. r.* phuluṁk, baḍây dâkhauṁk, mijâs-, phaḍâ karuṁk.

Empear, *v. t.* maḷṇek (bail) bâṁdhuṁk.

Empeçar, *v. t.* goṁdhḷâvuṁk, revduṁk, aḍchuṁk. || *v. i.* aḍchoṁk; âḍluṁk, âḍkhaḷuṁk; śirkuṁk, goṁdhuṁk. || *v. r.* *V.* EMMARANHAR-SE.

Empecer, *v. t.* nâsuṁk, bighḍâvuṁk, bhaṁgauṁk. || *v. i.* âḍ yevuṁk, âḍkhaḷ ghâluṁk.

Empecilho, empeço, *s. m.* aḍ, aḍkaṇ, âḍkhaḷ, naḍ *f.*, jaṁjâḷ, khoḍo, pratibaṁdh, virodh *m.*, âḍmeḷeṁ *n.*

Empecimento, *s. m. (p. us.)* nasây *f.*, vighn. ‖ *V.* DAMNO.

Empecivel, empecivo, *a.* âḍkhaḷîcho, vighnâcho.

Empeçonhar, empeçonhentar, *v. t.* vikhâvumk, vikh ghâlumk *(l. in do o.)* ‖ *V.* CORROMPER.

Empedernecer, empedernir, *v. t.* phâtar karumk *(g. do o.)*; phâtar kaso karumk; *(fig.)* kâḷij nibrâvumk *(g. do o.)* ‖ *v. i. e r.* dâruṇ-, nishṭur jâvumk.

Empedrado, *a.* phâtrâmcho.

Empedrador, *s. m. (p. us.)* chirebamdî kartalo.

Empedradura, *s. f.*, **empedramento**, *s. m.* chirebamdî *f.*

Empedrar, *v. t.* chirebamdî karumk *(g. ou l. do o.)*, phâtrâmnîm bâmdhumk; uibar phâtar karumk. ‖ *v. r.* phâtar kaso jâvumk.

Empegar, *v. t.* bhomvryâmt ghâlumk. ‖ *v. r.* bhomvryâk sâmpḍumk; bhâylyâ daryâk vachumk.

Empellamar, *v. t.* (châm) kamâvumk, râmpaumk.

Empellicar, *v. t.* (bakḍyâchem châm) kamâvumk, kamâyishṭ karumk; châmḍen dhâmpumk.

Empelo, *s. m.* guḷo *m.*, guḷi, guṭhlî *f.*; muṭhḷem *n.*

Empelota, *s. f.* śimslî *f.*

Empena, *s. f.* pen *n.*

Empenamento, *s. m.* lâmkḍâcho vaḷ *m.*, vaḷṇî *f.*

Empenar, *v. i.* vaḷomk.

Empenhadamente, *adv.* mehnatîn, bhâr ghevûn.

Empenhador, *a. e s. m.* gâhâṇ-, aḍav davartalo.

Empenhamento, *s. m.* pijñor-, gâhâṇ davarṇem; rîṇ kâḍhlalem *n.* ‖ *V.* EMPENHO.

Empenhar, *v. t.* pijñor-, gâhâṇ-, aḍav davrumk; *obrigar:* karumk lâvumk; *empregar com diligencia:* ghâlumk, lâvumk. ‖ — *a palavra ou a fé*, uttar divumk. — *alguem (fig.)*, upkârâmt davrumk. ‖ *V.* ARRISCAR. ‖ *v. r.* riṇâmt buḍumk; vâvrumk, kashṭ-, mehnat ghevumk; upkâr karumk vâvrumk,- kashṭâvomk.

Empenho, *s. m.* gâhâṇ-, aḍav davarṇem; uttar deṇem *n.*, bhâshâvṇî; mehnat *f.*, bhâr *m.*

Empenhoramento, *s. m.* pijñor-, aḍav deṇem *n.*

Empenhorar, *v. t.* pijñor divumk,- davrumk.

Empennar, *v. t.* pâkhâm mâḷumk. ‖ *v. i.* pâkhâm phuṭumk *(d. do s.)* ‖ *v. r.* pâkhâm nesumk; *(fig.)* *V.* ATAVIAR-SE.

Empeno, *s. m.* *V.* EMPENAMENTO.

Empeorar, *v. t.* pâshṭ karumk, jaḍâvumk. ‖ *v. i. e r.* pâshṭ-, adhik vâyṭ jâvumk.

Empepinado, *a.* tavśem kasem.

Emperlar, *v. t.* motyâmnîm saṃjaumk. ‖ *v. i. e r.* motyâmnîm neṭumk.

Emperrado, *a.* gâḍh, jaḍ; *(fig.)* *V.* OBSTINADO.

Emperramento, emperro, *s. m.* gâḍh jâṇem *n.*, gâḍhây *f.*

Emperrar, *v. i.* gâḍh jâvumk, nâ chalumk, nâ bhomvumk. ‖ *v. t.* ghâḍ-, temelî karumk; tiḍaumk, châḷvaumk. ‖ *v. r.* vâdyo jâvumk, tem karumk. ‖ *V.* ENRAIVECER-SE.

Empertigar, *v. t.* nîṭ-, khumṭ karumk. ‖ *v. r.* khumṭ-, ubho râvumk; taklî mânîr nâ dharomk *(g. do s.)*, phiṭphiṭumk.

Empesgadura, *s. f.* râḷ kâḍhṇem *n.*

Empesgar, *v. t.* râḷ kâḍhumk,- lâvumk *(d. do o.)*

Empessoar, *v. t.* *V.* EMPOSSAR.

Empestado, *a.* marîk-, piḍâ lâglalo; *(fig.)* ghâṇero.

Empestar, *v. t.* marîk-, piḍâ lâvumk; vaso lâvumk *(d. do o.)*; *(fig.)* *V.* CONTAMINAR.

Empezar, *v. t.* râḷ-, kîl lâvumk,- kâḍhumk *(d. do o.)*

Empezinhar, *v. t.* râḷîn meḷaumk,- bharumk.

Emphase, *s. f.* svaras, uchchâraṇâcho neṭ *m.*, avdhâraṇ *n.*

Emphatico, *a.* svarasâcho, neṭâcho, avdhâraṇâcho.

Emphyteuse, *s. f.* sâsaṇ *n.*, khaḍgutko, kaul *m.*

Emphyteuta, *s. m. e f.* sâsaṇ âslalo, kaulî.

Emphyteuticar, *v. t.* śiḍâvâk divumk, sâsaṇ divumk *(g. do s.)*

Emphyteuticario, emphyteutico, *a.* sâsaṇâcho, kaulâcho.

Empicotamento, *s. m.* suḷâk bâmdhṇem *n.*

Empicotar, *v. t.* suḷâk-, mânkhoḍyâk bâmdhumk.

Empigem, *s. f.* dâd *f.*

Empilhamento, *s. m.* ḍâḷ, mâch *m.*

Empilhar, *v. t.* ḍâḷumk, mâch-, râs karumk *(g. do o.)*

Empinado, *a.* ubho, khumṭ; sûḷkaḍsyâcho *(fig.)* *V.* ALTIVO.

Empinar, *v. t.* ubho-, khunṭ davruṁk,- karuṁk, ukluṁk, ubhâruṁk; mâthyâr-, kaḷasâr davruṁk; vâhuṁk, partuṁk. || *v. r.* khuṇṭ-, ubho râvuṁk; mâthyâr chaḍhuṁk; *(fig.)* kuṁṭhûn vhaḍlo jâvuṁk.

Empino, *s. m.* khunṭ âsṇeṁ, ubho karṇeṁ *n.*; *(fig.)* *V.* SOBERBA.

Empirico, *a.* anubhâvâcho, prayogsiddh. || *s. m.* okhtî, aśâstrvaidya.

Empirismo, *s. m.* prayog *m.*, prayojan *n.*; aśâstrvaidik *f.*

Emplastagem, *s. f.*, **emplastamento**, *s. m.* lepṇî, mâkhṇî *f.*

Emplastar, **emplastrar**, *v. t.* eṁprâs ghâluṁk *(d. ou l. do o.)*, lepuṁk, mâkhuṁk.

Emplastico, *a.* malamâcho.

Emplasto, **emplastro**, *s. m.* eṁprâs, malam, lep *m.*; karḍeṁ kâm, lepḍâvṇeṁ *n.*

Emplumação, *s. f.* pâkhâṁ mâḷṇeṁ; pâkhâṁ phuṭṇeṁ *n.*

Emplumar, *v. t.* *V.* EMPENNAR.

Empoar, *v. t.* piṭho lâvuṁk,- mâruṁk,- ghâluṁk *(d. do o.)*

Empobrecer, *v. i. e r.* dubḷo-, durbaḷ jâvuṁk. || *v. t.* dubḷo karuṁk.

Empobrecimento, *s. m.* dubḷo jâṇeṁ *n.*, durbaḷây *f.*

Empoçar, *v. t.* bâyâṁt-, khoṁḍkulâṁt ghâluṁk,- loṭuṁk. || *v. r.* koṁḍâmt loḷuṁk.

Empoeirar, *v. t.* dhuḷîṁt bharuṁk. || *v. r.* dhuḷîṁt bharoṁk.

Empola, *s. f.* buḍbuḍo; phoḍ, phugo, bako *(us. Can.)* *m.*

Empolado, *a.* phoḍâṁnîṁ bharlalo; uchaṁbaḷ, khubhdaḷlalo; uṁchsakal; *(fig.)* bhav alaṁkârî.

Empolar, *v. t.* phoḍ kâḍhuṁk *(d. do o.)*; buḍbuḍâvuṁk. || *v. i. e r.* phoḍ yevuṁk,- udevuṁk *(d. do s.)*; khubhdaḷuṁk, uchaṁbaḷuṁk; *(fig.)* phuguṁk.

Empoleirar, *v. t.* aḍvâr basauṁk; *(fig.)* uṁch jâgo divuṁk *(d. do s.)* || *v. r.* aḍvâr basuṁk; *(fig.)* vhaḍ paḍvî-, moṭo jâgo meḷuṁk *(d. do s.)*

Empolgadeira, **empolgueira**, *s. f.* daṁḍvâcho gîr *m.*

Empolgadura, *s. f.* tâṇṇî, oḍhṇî. || *V.* EMPOLGADEIRA.

Empolgar, *v. t.* tâṇuṁk, (bhâldî) oḍhuṁk; phârâvuṁk; dâvliyâṁnîṁ dharuṁk; hât-, biṭkî mâruṁk *(d. do o.)*, lûṭ lâvuṁk *(d. do o.)*, pâgâruṁk.

Empolhar, *v. i.* pilo mâṁḍoṁk *(l. in do s.)* || *v. t.* ravâvuṁk.

Empolmar, *v. t.* dabdabît karuṁk. || *v. r.* dabdabît jâvuṁk.

Emporio, *s. m.* utârpeṁṭh *f.*

Empossar, *v. t. e r.* *V.* APOSSAR.

Empossilgar, *v. t.* guḍhâṁt ghâluṁk.

Emprazador, *a. e s. m.* durây ghâltalo; dusryâcho veḷ kâḍhtalo.

Emprazamento, *s. m.* durây *f.* || *Carta de —*, *V.* EMPHYTEUSE.

Emprazar, *v. t.* durây ghâluṁk *(d. do o.)*, sitâr (*port.* CITAR) karuṁk; vâydo nemuṁk *(d. do o.)*; veḷ kâḍhuṁk *(g. do o.)* || *V.* EMPHYTEUTICAR e INTIMAR. || *v. r.* dîs nemuṁk, vâydo-, nem ghevuṁk.

Empregado, *a.* kâmâcho, kâmâk lâylalo, udyamî, udyogî. || *s. m.* eṁpregâd, châkrecho manîs, rojgârî. || *— do estado*, sarkârî manîs.

Empregar, *v. t.* kâṁ-, châkrî divuṁk *(d. do o.)*, kâmâk-, annâk-, poṭâk lâvuṁk; *gastar:* sâruṁk, kâḍhuṁk, ghâluṁk; *usar:* lâvuṁk, upeg karuṁk *(g. do o.)*, vyavahâruṁk, sevuṁk. || *V.* APROVEITAR. || *v. r.* kâm-, dhâṁdo karuṁk, kâmâk lâguṁk, vâvruṁk.

Emprego, *s. m.* kâmâk lâvṇeṁ, châkrî deṇeṁ *n.*; empreg *m.*, châkrî *f.*, kâm, kasab *n.*, yepâr, dhâṁdo, udyam, udyog, rojgâr, huddo *(us. Can.)*; prayog, upayog *ou* upeg *m.*, yojan *n.*, sevâ *f.*

Empreguiçar, *v. t.* âḷśî karuṁk, âḷsây hâḍuṁk *(d. do o.)*

Emprehendedor, *a. e s. m.* âḍâvṇâr, yatnî, kachâṭî, kriyâkâr.

Emprehender, *v. t.* âḍâvuṁk, tâṁkuṁk, âdaruṁk, yatn karuṁk, hâtâṇ dharuṁk; yojuṁk, manâṁt hâḍuṁk. *v. i.* teṁch chiṁtuṁk,- manâṁt ghoḷauṁk. || *V.* APPREHENDER.

Emprehendimento, *s. m.* *V.* EMPRESA.

Empreita, *s. f.* veḷ *n.*

Empreitada, *s. f.* khaṁḍkâm *n.*, makto *m.* || *De —*, khaṁḍûn; *(fig.)* darvaḍyân; karḍepaṇîṁ.

Empreitado, *a.* khaṁḍkâmâcho.

Empreiteiro, *s. m.* khaṁḍkâmî, maktedâr.

Emprenhar, *v. t.* phaḷauṁk. || *v. i.* phaḷuṁk, gâbhâ vachuṁk, garbh saṁbhâḷuṁk.

Empresa, *s. f.* âdarṇî, tâṁkṇî *f.*; jaḍ kâm, jokhim, kachâṭ *n.*; maṁḍaḷî, paṁgat *f.*

Empresar, *v. t.* *V.* REPRESAR.

Empresario, *s. m.* âḍâvṇâr, maktedâr; vastâd.
Emprestado, *a.* ushṇo.
Emprestador, *s. m.* ushṇo ditalo.
Emprestar, *v. t.* ushṇo-, udhâr-, mâtso divuṁk.
Emprestimo, *s. m.* udhâr deṇeṁ; ushṇeṁ *n.* || *De —*, mâtso, doṁ tîṁ disâṁk.
Emproar, *v. i.* *(mar.)* nâḷ-, toṁk partoṁk *(g. do s.)*; nâḷîṁt âḍḷuṁk. || *v. t.* nâḷ partuṁk *(g. do o.)* || *v. r. V.* ENSOBERBECER-SE.
Emprosthotono, *s. m.* dhaṇkî *f.*
Empubescer, *v. i.* laṁv phuṭuṁk *(d. do s.)*; umedîk pâvuṁk, varshâṁ jâvuṁk *(d. do s.)*, bharoṁk; *(fig.)* vâḍhuṁk, mâtuṁk.
Empulhar, *v. t.* phoṭauṁk, tâlâṁ sâṁguṁk *(d. do o.)*
Empunhadura, *s. f.* paraj *m.*, mûṭh *f.*
Empunhar, *v. t.* muṭhîn dharuṁk; hâtân dharuṁk,- ghevuṁk; paraj-, mûṭh ghâluṁk *(d. do o.)*
Empurração, *s. f.* loṭṇî *f.*; ḍhakalṇeṁ, duskaṇ *n.*
Empurrão, *s. m.* ḍhakalṇeṁ *n.*, dhako, gachko *m.*, gachâṁḍî *f.*, duskaṇ *n.* || *Aos empurrões*, dhaḍbaḍyâṁ.
Empurrar, *v. t.* loṭuṁk, ḍhakḷuṁk, dhakuṁk *ou* dhakauṁk, lakauṁk. || *V.* IMPINGIR.
Empuxão, *s. m.* oḍhṇî, oḍh *f.*; dhako gachko *m.*
Empuxar, *v. t.* oḍhuṁk, oḍhûn hâḍuṁk. || *V.* EMPURRAR.
Empyreo, *s. m.* vaikuṁṭh *n.*, uttamsvarg *m.* || *a.* vaikuṁṭhâcho.
Empyreuma, *s. m.* dâḍhsâṇ, orḍhâṇ *f.*
Empyreumatico, *a.* orḍhâṇîcho.
Emquanto, *conj.* mhaṇasar, âstânâ. || *Por —*, sardyâ, âjûn paryâṁt.
Emtanto, *adv.* hyâmhaṇasar, itlyâ mhaṇasar. || *No —*, sardyâ, aseṁ âstânâ.
Emulação, *s. f.* isâḷo *m.*, sarî, dekhodekhî *f.*; virodh *m.*
Emulador, **emulo**, *a. e s. m.* isâḷû, spardhî; virodhî, pratipaksh, duśmân.
Emular, *v. t. e i.* uḍâuḍîṁ karuṁk, ekmekâchî dekh ghevûn chaluṁk; sarîjâvuṁk, tuḷuṁk.
Emulsão, *s. f.* dûdh kaseṁ ras *m.*
Emulsionar, *v. t.* dudhâḷ ras kâḍhuṁk *(g. do o.)*
Emulsivo, *a.* rasâḷ, rasâcho.
Emundação, *s. f. V.* EXPURGAÇÃO.
Enaltecer, *v. t.* ukluṁk, uṁchâvuṁk, ubhâruṁk, mirauṁk.
Enamorado, *a.* bhullalo, kâmâdisht, kâmâṁdh.
Enamorar, *v. t.* bhulauṁk, murgaṭâvuṁk. || *v. r.* bhuluṁk, murgaṭuṁk, lobhḍuṁk.
Enarrar, *v. t. V.* NARRAR.
Enarthrose, *s. f.* khîḷ *f.*
Encabar, *v. t.* meḍyâṁt dâṁḍo ghâluṁk *(g. do o.)*
Encabeçado, *a.* gheṇ âslalo, kumḷyâk vasaitalo; dusryâ khâl âslalo, parâdhîn. || *Monte —*, mâthyâr gharâṁ âslalo ḍoṁgar.
Encabeçamento, *s. m.* ḍoîpaṭṭî bâṁdhṇeṁ *n.*; *(fig.)* patrâcho araṁbh *m.*
Encabeçar, *v. t.* ḍoîpaṭṭî bâṁdhuṁk *(d. do o.)*; takleṁt bharuṁk; jaḍuṁk; kumḷyâk divuṁk. || *v. r.* ḍoîpaṭṭiyek râjî jâvuṁk.
Encabellar, *v. i.* keṁs phuṭuṁk,- yevuṁk *(d. do s.)*
Encabrestamento, *s. m.* dâveṁ ghâlṇeṁ *n.*
Encabrestar, *v. t.* dâveṁ ghâluṁk *(d. do o.)*; *(fig.) V.* SUBJUGAR.
Encabritar-se, *v. r.* ubho râvuṁk, pâṁy vayr kâḍhuṁk.
Encabruado, *a. V.* TEIMOSO.
Encachar, *v. t.* dhotîr ghâluṁk,- nesauṁk *(d. do o.)* || *v. r.* dhotîr-, toḍap nesuṁk.
Encacho, *s. m.* dhotîr *n.*, toḍap *f.*
Encadeação, *s. f.*, **encadeamento**, *s. m.* sâṁkḷâvṇî, sâṁgdâvṇî, sâṁgaḍṇî, saṁdhi; paraṁparâ, devaḍ *f.* || *V.* CONNEXÃO.
Encadear, *v. t.* sâṁkḷâvuṁk, sâṁgḍâvuṁk, saṁdhuṁk. || *V.* CAPTIVAR. || *v. r.* sâṁgḍoṁk, ekmekâk lâguṁk.
Encadeirar, *v. t.* kadelîr basauṁk; kadelî ghâluṁk *(l. in do o.)*
Encadernação, *s. f.* bâṁdhṇî *f.*, châṁḍeṁ ghâlṇeṁ; pushṭipatr *(p. us.)*, âvaraṇ *n.*
Encadernador, *s. m.* pushṭipatr ghâltalo, jildagâr.
Encadernar, *v. t.* bâṁdhuṁk, châṁḍeṁ-, pushṭipatr ghâluṁk *(d. do o.)*; naveṁ nesauṁk *(d. do o.)*
Encafuar, **encafurnar**, *v. t.* rahâḷâṁt ghâḷuṁk, sâṁdhîṁt lipauṁk. || *v. r.* lipuṁk; ḍholîṁt riguṁk.
Encaibrar, *v. t.* vâṁsâvuṁk.
Encaixamento, *s. m.* peṭaṁṇîṁ ghâlṇeṁ,- mâṁḍṇeṁ *n.* || *V.* ENCAIXE.

Encaixar, *v. t.* peṭemt ghâlumk,- mâmdumk; jaḍumk, khamchaumk, śirkâvumk, khovumk. ‖ *V.* ENCASQUETAR. ‖ *v. i.* kaḷâsemt jâvumk,- vachumk; kâmâk paḍumk, upkârâk yevumk. ‖ *v. r.* peṭemt jâvnumk; kaḷâsemt vachumk; gharâmt basumk. ‖ *V.* INTROMETTER-SE.

Encaixe, *s. m.* khamchaunî, jaḍṇi, śirkâvṇî; kaḷâsî, vimdhî *f.*, khâmp *n.*

Encaixilhar, *v. t.* chaukaṭ ghâlumk *(d. do o.)*

Encaixotar, *v. t.* peṭemt ghâlumk.

Encalacração, *s. f.* khâmchîk ghâlṇem,- paḍṇem *n.*; aḍchaṇ, âḍkhaḷ *f.*

Encalacrar, *v. t.* khâmchîk-, khâvtyâk ghâlumk. ‖ *v. r.* aḍchaṇek paḍumk, âḍkhaḷîk sâmpḍumk.

Encalamoucar, *v. t.* khamḍâr-, karârâr phoṭaumk, nâḍumk.

Encalçar, *v. t.* pâldek âsumk,- bhomvumk *(g. do o.)*, pâṭhâpâṭhî lâgumk *(g. do o.)*

Encalço, *s. m.* pâṭhâpâṭhî lâgṇem *n.*, pâlat *ou* pâlad *f.* ‖ *Ir no —*, pâṭhâpâṭhî lâgumk. ‖ *V.* PEGADA.

Encaldeirar, *v. t.* âḷem kâḍhumk,- mârumk *(d. do o.)*

Encalgar, *v. t.* chaḍhumk *(l. sup. do o.)*

Encalhação, *s. f.*, **encalhamento**, *s. m.* śirkaṇem *n.*, lâgṇî *f.*

Encalhar, *v. t.* taḍik âḍḷâvumk,- śirkâvumk, śivâvumk. ‖ *v. i.* śirkumk, lâgumk, âḍḷumk (târûm); *(fig.)* gomdhik sâmpḍumk, âḍkhaḷîmt paḍumk, pemchomk.

Encalhe, *s. m. V.* ENCALHAÇÃO; *(fig.)* pemcho *m.*, aḍ, aḍchaṇ *f.*, khâvṭem *n.*

Encalho, *s. m.* târûm lâgchî svât *f.* ‖ *V.* ENCALHAÇÃO.

Encalistar, *v. t.* hoḷaumk. ‖ *V.* AGOIRAR. ‖ *v. i. V.* EMBIRRAR.

Encallecer, *v. i.* khiṇâm jâvumk *(d. do s.)*, khiṇevumk.

Encalmadiço, *a.* ubâlân somperaṇîm tâptalo, rakhrakhît.

Encalmamento, *s. m.* ukaḍṇî, ubâḷṇî *f.*, rakhrakho *m.*

Encalmar, *v. t.* ubâḷ karumk *(d. do o.)*, tâpaumk; nirvât karumk, vârem thâmbaumk *(g. do o.)*; *(fig.)* tiḍaumk, chiḍaumk. ‖ *v. i. e r.* garmi karumk *(d. do s.)*, tâpumk, rakhrakhumk, ukḍomk.

Encalvecer, *v. t.* khardo jâvumk.

Encamar, *v. t. V.* ACAMAR.

Encambar, *v. t.* gâmthaṇ-, moḷi karumk *(g. do o.)*

Encambulhada, *s. f. V.* CAMBOLHADA.

Encambulhar, *v. t.* gumthumk, gâmthaṇ-, śimkaḷ karumk *(g. do o.)* ‖ *v. r.* gumthomk, śirkumk.

Encaminhador, *a. e s. m.* vâṭ dâkhaitalo; *(fig.)* mârgâk lâytalo, upây śikaitalo.

Encaminhamento, *s. m.* vâṭ dâkhauṇem *n.*; śikauṇ *f.*, nayan *n.*

Encaminhar, *v. t.* vâṭ-, mârag dâkhaumk,- śikaumk, vâṭek-, mârgâk lâvumk, vharumk, pâvaumk; *(fig.)* chalaumk, barî śikauṇ-, buddh divumk *(d. do o.)* ‖ *v. r.* vâṭek lâgumk, mârag ghevumk, chalumk, vachumk.

Encamisada, *s. f.* dhumśâṇ *n.*, mauj *f.*, utsav *m.*

Emcampação, *s. f.* lâvṇecho khamḍ moḍṇem *n.* ‖ *V.* FRAUDE.

Encampador, *s. m.* lâvṇî moḍtalo.

Encampanado, *a.* ghâmṭ kasî.

Encampar, *v. t.* (lâvṇî-, khoti) moḍumk; *(fig.)* pelyân ghâlumk, âmbḍumk. ‖ *V.* IMPINGIR.

Encanamento, *s. m.* naḷâmnîm vharṇem *n.*; naḷ *m. pl.*

Encanar, *v. t.* naḷâmnîm vharumk; naḷ ghâlumk *(d. ou l. do o.)*

Encanastrar, *v. t.* peṭâryamt-, saldâmt ghâlumk.

Encancerar, *v. i. e r. V.* CANCERAR.

Encandear, *v. t.* (mâsḷi) dipâvumk. ‖ *v. r.* dipâvomk

Encandecer, *v. t.* âg kasî karumk, tâpaumk. ‖ *v. i. e r.* nikharramgî jâvumk, tâpumk, kaḍhumk.

Encandilar, *v. t.* khaḍisâkar karumk *(g. do o.)*; khaḍisâkrîn lepḍâvumk,- bharumk. ‖ *v. r.* khaḍisâkar jâvumk *(g. do s.)*

Encanecer, *v. t.* dhavo-, piko karumk. ‖ *v. i. e r.* dhavo-, piko jâvumk, pikumk; *(fig.)* mhâtâro-, jâṇto jâvumk.

Encanecido, *a.* piko; mhâtâro, jardo, domkro; âḍlo, bhav kâḷâcho; *(fig.)* kuṭlalo, rahâṭlalo.

Encangalhar, *v. t.* bâmdhumk, sâmgḍâvumk. ‖ *v. r.* ekmekâk (târvâm) temkumk; ekmekâk bâmdhlale âsumk.

Encangar, *v. t. V.* CANGAR.

Encannelar, *v. t.* sûtkâḍi-, kâmḍhî karumk *(g. do o.)*; halkyâ-, karḍyâ sutân vaḷumk.

Encanniçar, *v. t.* devnaḷâmnîm aḍumk.

Encantação, *s. f.*, **encantamento**, **encanto**, *s. m.* bhûl, bhulvaṇ, mâv *f.*, mamtr, tamtr, *kamvṭâl, imdrajâḷ *n.*, toṭko; *(fig.)* moh *m.*, mohan, raṁjan, manoharaṇ *n.*

Encantador, *a. e s. m.* maṁtrî, maṁtrvâdî, taṁtrkâr, kaṁvṭâlî; gâroḍî (— *de cobras)*; bhulauṇo, raṁjak, bhav śobhit, kâmrûp.

Encantar, *v. t.* maṁtruṁk, bhûl ghâluṁk *(d. do o.)*, bhâruṁk; *(fig.)* bhulauṁk, murgaṭâvuṁk, mutauṁk. ‖ *v. r.* bhuluṁk, murgaṭuṁk, lobhduṁk.

Encanteirar, *v. t.* chaukoṇyâ ghoḍyâr davruṁk; kuṇge karuṁk *(g. do o.)* ‖ — *as plantas*, jhâḍâṁ khâṁḍoḷyâṁnîṁ lâvuṁk.

Encantoar, encantonar, *v. t.* koṇsyâk ghâluṁk,- basauṁk. ‖ *v. r.* koṇsyâk basuṁk.

Encanudar, *v. t.* viḍî kasî karuṁk.

Encazinar-se, *v. r.* tem-, saḷ karuṁk, vâdyo-, hathî jâvuṁk. ‖ *V.* ENRAIVECER-SE.

Encapar, *v. t.* kâp ghâluṁk *(d. do o.)*, guṭhlâvuṁk, revḍâvuṁk.

Encapelladura, *s. f.* lahârâṁ moḍṇeṁ, daryâ phulṇeṁ *n.*

Encapellar, *v. t.* (lahârâṁ) ukluṁk. ‖ *v. i. e r.* (lahârâṁ) moḍoṁk; (daryâ) phuluṁk.

Encapoeirar, *v. t.* guḍhâṁt-, pâṁjiṁt ghâluṁk.

Encapotar, *v. t.* pâsoḍî ghâluṁk *(d. do o.)*; *(fig.)* gupto-, dâṁûn davruṁk, lipauṁk. ‖ *v. i. e r.* damaḷ-, ghûm jâvuṁk.

Encaprichar-se, *v. r.* âplech takleṁtleṁ karuṁk, hujat kheḷuṁk, dâṁteṁ mâṁḍuṁk *(fig.)*

Encapuzar, *v. t.* khoḷ ghâluṁk *(d. do o.)* ‖ *v. r.* khoḷ ghevuṁk.

Encaracolado, *a.* koṁgo kaso, tiṁkḍo, mudyâḷo.

Encaracolar, *v. t.* koṁgo kaso karuṁk, vaḷuṁk, veṁṭuṁk. ‖ *v. i. e r.* vaḷoṁk, koṁḍḷeṁ jâvuṁk *(g. do s.)*, mudyâḷo jâvuṁk.

Encarado, *a.* âkârâcho. ‖ *Bem* —, hâṁstyâ mukhâcho, dulabh, bholo. *Mal* —, vâṁkḍyâ toṁḍâcho, durmukhî.

Encaramelar, *v. t. V.* CONGELAR.

Encaramonar, *v. t.* chiṁtesht-, duśchit karuṁk. ‖ *v. r.* duśchit jâvuṁk, toṁḍ kâḷeṁ karuṁk.

Encarangar, *v. t.* sâṁdhe dharoṁk *(g. do s.)*, vât yevuṁk *(d. do s.)*

Encarapelar, *v. t. i. e r. V.* ENCAPELLAR *e* ENCARAPINHAR.

Encarapinhado, *a.* veṁṭâḷo, mudyâḷo, mulât.

Encarapinhar, *v. t.* vaḷuṁk, veṁṭâḷuṁk; *(fig.)* śiṁkâvuṁk, jamauṁk. ‖ *v. r.* vaḷoṁk, mudyâḷo-, veṁṭâḷo jâvuṁk *(fig.)* śiṁkevuṁk, âṭuṁk, jamuṁk, âṁvḷoṁk.

Encarapuçar, *v. t. e r.* kânkulây ghâluṁk *(d. do o.)*

Encarar, *v. t.* teḷuṁk, ḍoḷe lâvuṁk *(d. do o.)*; *(fig.)* paḷevuṁk, nihâḷuṁk. ‖ *V.* AFFRONTAR. ‖ *v. i.* ḍoḷe lâvuṁk; toṁḍâtoṁḍ jâvuṁk *(g. do s.)* ‖ *v. r. V.* ARROSTAR.

Encarcerado, *a. e s. m.* baṁdîkhaṇo, kaidî *(us. Sav.)*

Encarceramento, *s. m.* baṁdî *f.*

Encarcerar, *v. t.* prej (*port.* PRESO) karuṁk, baṁdkhaṇîṁt ghâluṁk.

Encardir, *v. t.* meḷauṁk, meḷ nâ kâḍhuṁk *(g. do o.)* ‖ *v. r.* meḷuṁk, chikaḷ lâguṁk,- uruṁk *(d. do s.)*

Encarecedor, *a. e s. m.* mahârghâytalo, mahârghî; chaḍhauṇâr.

Encarecer, *v. t.* mahâragh karuṁk, mahârghâvuṁk; *exaggerar:* chaḍhauṁk, vâḍhauṁk; *exaltar:* ukluṁk, uṁchâvuṁk, maḷbhâk teṁkauṁk; *recommendar:* prârthûn sâṁguṁk,- mâguṁk. ‖ *v. i.* mahâragh jâvuṁk, chaḍhuṁk. ‖ *v. r.* moṭeṁ dharuṁk, nâ bâḍguṁk.

Encarecidamente, *adv.* chaḍhaun; prârthûn.

Encarecimento, *s. m.* mahârghâvṇî; mahârghây; umed, tâkît *f.*, bhâr *m.*

Encargo, *s. m.* âropṇî *f.*, havâlo; kâydo *m.*; paṭṭî *f.*; jâgo, adhikâr *m.*

Encarna, *s. f.* kaḷâsî *f.*, khâṁp. ‖ -s, *pl.* thikâṁchîṁ gharâṁ *n. pl.*

Encarnação, *s. f.* mâs jâṇeṁ; manushyepaṇ gheṇeṁ *n.*; avatâr *(us. entre os hindús)*; *m.*; murtîcheṁ raṁgaṇ *n.* ‖ *V.* CICATRIZAÇÃO.

Encarnado, *a.* manîs jâlalo, âṁgî; pekuṁk âylalo; tâmbḍo, tâmbe, lâl; *(fig.) V.* ENTRANHADO. ‖ *s. m.* tambḍo-, lâl raṁg *m.*

Encarnador, *s. m.* mûrtî raṁgaitalo, mâsâcho raṁg ditalo.

Encarnar, *v. i. e r.* mâs jâvuṁk, bharoṁk; manushyepaṇ ghevuṁk, manîs jâvuṁk; *(fig.)* jhomuṁk, khomoṁk. ‖ *v. t.* mâsâcho raṁg-, kuḍîcho âkâr divuṁk *(d. do o.)* ‖ *V.* ENCARNIÇAR.

Encarne, *s. m.* mâs jâṇeṁ,- bharṇeṁ; sâvjâṁcheṁ ragat âni poṭâṁtleṁ *n.* ‖ *V.* ENCARNA.

Encarneirar, *v. i. e r.* osâḍ mâruṁk *(d. do s.)*

Encarniçado, *a.* mâs khâvailalo; mâs śodhtalo; *(fig.)* phullalo, tâplalo, châḷvalalo, jâḷgo; tâṁbḍoso, tâṁbsâr.

Encarniçamento, *s. m.* poṭâṁtleṁ khâvauṇeṁ *n.*; kaḍkaḍo, kîṁv *m.*, chîḍ *f.*; haṭh *m.*, saḷ *f.* ‖ *V.* CRUELDADE.

Encarniçar, *v. t.* (śuṇyâṁk) sâvjâchyâ poṭâṁtleṁ khâvauṁk; huskâvuṁk; châḷvauṁk, kîṁv hâḍuṁk *(d. do o.)* ‖ *v. r.* mâs khâvuṁk; pâṭhâpâṭhî-, pâḷâṁk lâguṁk; tâpuṁk, kaḍhuṁk, kaḍkaḍuṁk, chiḍuṁk.

Encarochar, *v. t. V.* EMBRUXAR.

Encarquilhar, *V.* ENRUGAR.

Encarrancar, *v. t., i. e r.* beṁḍâvuṁk, toṁḍâṁ karuṁk; maḷbhâvuṁk.

Encarrapitar, *v. t.* śeṁḍo bâṁdhuṁk *(g. do o.)* ‖ *v. r.* murḍer basuṁk, mâthyâr chaḍhuṁk.

Encarrascar-se, *v. r. V.* EMBEBEDAR-SE.

Encarregado, *a.* kâm-, havâlo âslalo. ‖ *s. m.* vahivâṭkâr; kâm paḷetalo, vâvrâḍyâṁk râkhtalo.

Encarregar, *v. t.* kâm-, yepâr-, havâlo divuṁk *(d. do o.)*, *havâluṁk, opuṁk, gaḷyâk ghâluṁk *(g. do o.)* khâṁdâr-, hâtâṁt divuṁk *(g. do o.)*; kâydo ghâluṁk *(d. do o.)*, paṭṭî bâṁdhuṁk *(d. do o.)*; jâpsâlî-, jabâbdâr karuṁk. ‖ *v. r.* hâtâṁt-, âṁgâr-, mâthyâr ghevuṁk.

Encarrego, *s. m.* havâlo *m.*, opṇî, râkhaṇ *f.*; kâydo *m.*

Encarretar, *v. t.* gâḍyâr ghâluṁk.

Encarrilar, encarrilhar, *v. t.* vâṭer-, rastyâr ghâluṁk; *(fig.)* mârgâk lâvuṁk. ‖ *v. i.* sâmke vâṭen chaluṁk, nîṭ vachuṁk; pâṭhphuḍo nâstânâ ulauṁk, khareṁ teṁ sâṁguṁk; śiḍkâvoṁk, chatrâvoṁk.

Encartação, *s. f.*, **encartamento**, *s. m.* sanad deṇeṁ,- gheṇeṁ *n.*

Encartado, *a.* sanad âslalo; aṭṭal *ou* aṭṭîṁg, kuṭlalo.

Encartalhar, *v. t.* jaḍuṁk, ghaḍsuṁk, bharuṁk.

Encartar, *v. t.* sanadân jâgo divuṁk. ‖ *v. r.* kârt (*port.* CARTA) kâḍhuṁk, sanad ghevuṁk.

Encarte, *s. m.* kârt kâḍhṇeṁ, sanad gheṇeṁ *n.*

Encartuchar, *v. t.* toṭo karuṁk *(g. do o.)*; kavḷen ghâluṁk.

Encarvoar, encarvoiçar, *v. t.* koḷsyâṁnîṁ meḷauṁk; koḷso karuṁk *(g. do o.)* ‖ *v. r.* koḷsyâṁnîṁ meḷuṁk; koḷso jâvuṁk *(g. do s.)*

Encasamento, *s. m.* kaḷâsî, khâṁch *f.*, khâṁp *n.*

Encasar, *v. t.* gharâṁt ghâluṁk; khaṁchauṁk, khovuṁk. ‖ *v. i.* ghar-, kaḷâsî karuṁk; kuṭuṁk, saṁvay jâvuṁk *(d. do s.)* ‖ *v. r.* riguṁk, bhitar saruṁk; khaṁchoṁk, khovoṁk; bareṁ paḍuṁk *(d. do s.)* ‖ *V.* HABITUAR-SE.

Encascar, *v. t.* kas kâḍhuṁk. ‖ *v. i.* geḷ yevuṁk *(d. do s.)* sâl-, sarl mâṁḍoṁk *(d. do s.)*

Encasque, *s. m.* kas kâḍhṇeṁ *n.*

Encasquetar, *v. t.* takleṁt ghâluṁk; *(fig.)* kânâṁt bharuṁk. ‖ *v. r.* taklî dhâṁpuṁk; takleṁt vachuṁk *(g. do s.)* ‖ *V.* OBSTINAR-SE.

Encasquilhar-se, *v. t.* pchrâvuṁk, neṭuṁk, mirvuṁk.

Encastellamento, *s. m.* koṭṭâṁ karṇeṁ *n.*; puṁjâvṇî; râs *f.*, mâch *m.*

Encastellar, *v. t.* koṭṭâṁ karuṁk,- bâṁdhuṁk *(d. ou l. do o.)*; *(fig.)* puṁjâvuṁk, ḍoṁgar-, râs karuṁk *(g. do o.)* ‖ *v. r.* koṭṭâṁt riguṁk; *(fig.)* baḷ-, dhair ghevuṁk, teṁko-, âlâsro meḷuṁk *(d. do s.)*

Encastoar, *v. t.* mûṭh ghâluṁk *(d. do o.)* ‖ *V.* ENGASTAR.

Encatarrhoar, *v. t.* bârkaṇ karuṁk. ‖ *v. r.* bârkaṇ jâvuṁk *(d. do s.)*

Encaustico, encausto, *s. m.* meṇtel; meṇâr chitr *n.*

Encavacar, *v. i.* lajjuṁk, gâbhruṁk; châḷvuṁk, tiḍuṁk, chaḍhuṁk.

Encavalgar, *V.* CAVALGAR.

Encavallar, *v. t.* ghoḍyâr basauṁk. ‖ *V.* ACAVALLAR.

Encavar, *v. t.* khaṇuṁk, khaṇkûl mâruṁk *(l. do o.)*; khaṇkulâṁt ghâluṁk,- ḍhakluṁk.

Encavilhar, *v. t.* vâghiyâṁnîṁ jaḍuṁk,- saṁbhâḷuṁk.

Encavo, *s. m. V.* ENCAIXE.

Enceirar, *v. t.* khaṭlyâṁt ghâluṁk.

Encellar, *v. t.* maṭhîṁt davruṁk.

Encelleirar, *v. t.* kaḍyâṁt ghâluṁk, kaḍo karuṁk *(g. do o.)* *(fig.)* *V.* ACCUMULAR.

Encendrar, *v. t. V.* ACENDRAR.

Encensoriar, *v. t. V.* RECENSEAR.

Encentrar, *v. t.* madheṁ davruṁk, mâjâr ghâluṁk.

Encepar, *v. t.* maṇkuṭyâr davruṁk.

Encephalico, *a.* mastishkâcho.

Encephalite, *s. f.* mastishkavedan *n.*

Encephalo, *s. m.* mastishk *n.*, meṁdû *m.*

Encerado, *a.* meṇ kâḍhlalo; meṇâchyâ ramgâcho. ‖ *s. m.* meṇkâpaḍ *n.*
Enceradura, *s. f.* meṇ kâḍhṇem *n.*
Encerar, *v. t.* meṇ kâḍhumk *(d. do o.)* ‖ *v. r.* meṇâcho ramg ghevumk.
Encerrador, *a. e s. m.* dhâmptalo, miṭṇâr.
Encerramento, *s. m.* dhâmpṇî, miṭṇî *f.*, bamd karṇem *n.*; âṭâp *m.*
Encerrar, *v. t.* dhâmpumk, miṭumk, bamd karumk; âṭpumk, âṭâpumk, *vyâpumk; sampâdumk. ‖ *v. r.* bamd jâvumk, dhâmpomk, dhâmpûn âsumk; konsyâk basumk; âṭpomk, âṭâpomk.
Encerro, *s. m.* ekâmt jâgo, maṭh *m.* ‖ *V.* ENCERRAMENTO.
Encetadura, *s. f.* âḍâvṇî *f.*, śurû karṇem *n.*, arambh *m.* ‖ *V.* CALA.
Encetar, *v. t.* âḍâvumk, arambhumk, śurû karumk; saglyâm pailem-, âdîm karumk; kapî kâḍhumk *(g. do o.)*; ushṭâvumk. ‖ *v. r.* pailemch-, saglyâm âdîm karumk lâgumk.
Enchafardar, *V.* CHAFURDAR.
Enchamel, *s. m.* vaḷamtîmcho lâmkḍî sâṭho *m.*
Enchafinado, *a.* kharbarit.
Encharcadiço, *a.* khâtoḍo, pachpaehît, gadaḷ.
Encharcar, *v. t.* komḍ-, khâtaṇ karumk *(g. do o.)* ‖ — *o estomago de bebidas*, bûchbhar mârumk. ‖ *v. r.* komḍ-, mâyṇ jâvumk *(g. do s.)*; chiklâmt loḷumk,- buḍumk.
Enche-mão, *de* —, *V.* PERFEITO.
Enchente, *s. f.* bhartî, âgorî *f.*; uvâr *(— do rio) m.*; uphâḷem *n.*, khâtoḍ *f.* ‖ *a.* bharto.
Encher, *v. t.* bharumk; chomḍumk. ‖ *v. i. e r.* bharomk; chomḍomk.
Enchido, *a.* bharlalo, bharit. ‖ *s. m.* *V.* CHUMAÇO.
Enchimento, *s. m.* bharap *n.*, bhartî *f.*, bhartîpaṇ, puraṇ; bharchem *n.*, rû *m.*; potî *f.* ‖ *V.* ABUNDANCIA.
Enchiqueirar, *v. t.* mânsemt ghâḷumk. ‖ *v. r.* mânsek sâmpḍumk (mâsḷî).
Enchoçar-se, *v. r.* jhompḍemt-, khompṭeṇ rigumk.
Enchouriçar, *v. t.* limgîs kasem karumk. ‖ *v. r.* kumsâm phulaumk. ‖ *V.* AMUAR-SE.
Enchumaçar, *v. t. V.* CHUMAÇAR.
Enchymose, *s. f. V.* ECCHYMOSE.
Encilhar, *v. t.* pâṭ arnumk *(g. do o.)*; tamg ghâlumk *(d. do o.)*
Encima, *adv.* umch, upar, vayr. ‖ — *de*, vayr, varto *(decl.)*
Encimado, *a.* vayr ghâlalo-, davarlalo; umch, ubhâr. ‖ *s. m.* kaḷas *m.*
Encimar, *v. t.* uklumk, ubhârumk; sampâdumk; mâthyâr ghâlumk.
Encintar, *v. t. V.* CINGIR.
Encinzar, *v. t.* gobrân bharumk.
Enclaustrar, **enclausurar**, *v. t.* komvemtâmt-, maṭhâmt ghâlumk.
Enclavinhar, *v. t.* (boṭâmnîm boṭâm) ghâlumk.
Encoberta, *s. f.* chorkhaṇ *m.*, sâmdh; *(fig.)* veshṭaṇî *f.*, nîb, kapaṭ *n.* ‖ *V.* CILADA.
Encobertamente, *adv.* choryâm.
Encobertar, *v. t. V.* ACOBERTAR.
Encoberto, *a.* lipl̥alo, gupto, gûḍh.
Encobridor, *a. e s. m.* lipaitalo.
Encobrimento, *s. m.* lipauṇî, veshṭaṇî *f.*
Encobrir, *v. t.* lipaumk, gupumk, dhâmpumk, jhâmkumk *(p. us.)*; veshṭumk, dâmûn davrumk. ‖ *v. i. e r.* lipumk, gupomk, gupit râvumk; maḷbhaṭ jâvumk.
Encodeamento, *s. m.* khavaḷ jâṇem,- mâmḍṇem *n.*
Encodear, *v. t.* khavḷyân dhâmpumk. ‖ *v. i. e r.* khavaḷ-, sâl mâmḍomk,- jâvumk *(d. do s.)*
Encoifar, *v. t.* kemsâmche jâḷiyemt ghâlumk.
Encoimar, *v. t. V.* ACOIMAR.
Encoiraçar, *v. t.* urastrâṇ-, nautrâṇ ghâlumk *(d. do o.)* ‖ *v. r.* urastrâṇ nesumk; *(fig.)* trâṇ ghevumk.
Encoirar, *v. t.* châmḍem mârumk,- ghâlumk *(d. do o.)* ‖ *v. i. e r.* navî kâṭ yevumk *(d. do s.)*, pekumk.
Encoitar, *v. t.* (âḍvârlalem) kâḍhn ghevumk; ḍamḍ phârik karumk lâvumk. ‖ — *as testemunhas*, bamd-, manâ karumk.
Encoiteiro, *s. m.* âḍvârlalyâm vastûmcho ḍamḍ ghetalo.
Encoito, *s. m.* âḍvârlalyâm vastûmcho ḍamḍ *m.*
Encolerizar, *v. t.* râg hâḍumk *(d. do o.)*, râgâvumk, krodhâvumk, tâpaumk. ‖ *v. r.* râg yevumk,- chaḍhumk *(d. do s.)*, krodhumk, kopumk, tâpumk, peṭumk, tiḍumk, chiḍumk, samtâpumk.
Encolha, *s. f.* âmvḷap *n.* ‖ *Metter-se nas encolhas*, tomḍ dhâmpumk, gapchip râvumk.
Encolher, *v. t.* âmvḷumk, kavḷumk. ‖ — *a mão (fig.)*, hâṭ moṭvo karumk. — *os hombros*, bhujâm vayr kâḍhumk. ‖ *v. i.* kavḷomk, âmvḷomk, tuṭumk, guṭh-

lomk. ‖ v. r. sosumk; gâbhrumk, kâkudumk; revḍomk.

Encolhido, a. âmvaḷlalo; (fig.) âmkhûḍ, kâkûḍ, gâbhro, bhiḍest.

Encolhimento, s. m. âmvaḷṇî f., âmvḷap n., kavaḷṇî, tuṭṇî, aḍchaṇ; (fig.) âmkhuḍây, kâkuḍây, gâbhrây f.

Encollar, v. t. chikṭî-, khaḷ kâḍhumk (d. do o.)

Encolleirar, v. kaḍyâḷem ghâlumk (d. do o.)

Encomiar, v. t. varṇumk, vâkhâṇumk, kîrtumk, *mânaumk, guṇ âṭhaumk (g. do o.)

Encomiasta, s. m. bamdî, varṇanâr.

Encomiastico, a. stutîcho, varṇânâcho, varṇanîk.

Encomio, s. m. varṇan, stavan n., stuti, târîph, vâkhâṇṇî, miraunî f., pavâḍo, mât m.

Encommenda, s. f. karumk-, ghevumk lâylalî vast f.; pharmâs m. ‖ V. ENCOMMENDAÇÃO. ‖ Obra de —, jokhân kelali vast. Molestia de —, upkârâchî-, phoṭkirî piḍâ.

Encommendação, s. f. karumk-, dhâḍumk lâvṇem n.; śipâras f.

Encommendar, v. t. karumk-, dhâḍumk lâvumk; opumk, havâlumk, hâtâmt ghâlumk; dusryâ pâsvat mâgumk, śipâras karumk (g. do o.) ‖ — a alma, atmyâ pâsûn mâgumk. — á memoria, pâṭh karumk. ‖ v. r. âdhâr-, pâmg śodhumk, śaraṇâ vachumk.

Encommendeiro, s. m. munîm, dalâl, karoḍo.

Encommissar, v. i. e r. daṁḍâk paḍumk.

Encompridar, v. t. lâmb karumk, lâmbâvumk.

Enconçar, v. t. naḷo kaso karumk. ‖ v. i. e r. naḷo kaso jâvumk, doślyân vaḷomk,- partomk.

Enconchar, v. t. śimpiyemt ghâlumk, śimpiyâmnim dhâmpumk. ‖ v. r. śimpiyemt-, karṭyâmt rigumk; (fig.) koṇsyâk basumk, ekâmt jiyevumk.

Encontrada, s. f., encontrão, s. m. âdaḷṇi, âḍkhaḷṇî f., dachko m.

Encontradiço, a. avchitt; vârâmvârîm bheṭṭalo.

Encontrado, a. meḷlalo; âḍ, parto; temklalo, lâglalo.

Encontrar, v. t. e i. meḷumk, gâvumk, bheṭumk (vv. ii., d. do s., s. do o.) ‖ v. r. âdḷumk, âḍkhaḷumk ekmekâk basumk; âḍ-, viruddh âsumk; jhombumk, jhagḍumk, jujumk.

Encontro, s. m. bheṭ, bheṭâbheṭ, meḷvaṇ f., meḷap n.; âdaḷṇî, âḍkhaḷṇî f., samghaṭṭ m. ‖ Ir ao —, meḷumk vachumk. Ir de —, âḍ yevumk. — de dividas, riṇâm bâd deṇem.

Encontroar, v. t. dachko divumk (d. do o.) ‖ v. r. âdḷumk.

Encopar, V. COPAR.

Encoquinhar, v. t. kujnâmt ghâlumk,- lipaumk.

Encordio, s. m. ghoḍo m., kurmet n.

Encordoamento, s. m. dorâm-, târ ghâlṇem n.; châḷvaṇî f.

Encordoar, v. t. dorâm-, doryo-, târ ghâlumk (d. do o.) ‖ v. i. (fig.) châḷvumk, kimârjâvumk.

Encoronhado, a. khurâk piḍâ âslalo (ghoḍo).

Encoronhar, v. t. dasto ghâlumk (d. do o.); dastyâr basaumk.

Encorpado, a. dâṭ; dâṭo, moṭo, gulgulit, tuṭṭuḍit.

Encorpadura, s. f., encorpamento, s. m. dâṭây, dâṭî; moṭây f.

Encorpar, v. t. dâṭ-, moṭo karumk. ‖ v. i. e r. moṭo-, gulgulît-, tuṭṭuḍit jâvumk, âmg ghevumk.

Encorreado, a. châm kasem, vâtaḍ; chirmuṭlalo.

Encorreadura, s. f. châmâchem trâṇ n.; vâdiyâmcho sâj m.

Encorreamento, s. m. châm kasem jâṇem n.; chirmuṭṇî f.

Encorrear, v. t. vâdiyen bâmdhumk. ‖ v. i. chirmuṭumk; vaḷomk. ‖ v. r. châm kasem-, vâtaḍ jâvumk.

Encorrilhar, v. t. vivarâmt ghâlumk. ‖ v. r. kuṭâmt bhitar sarumk.

Encorrilhar, V. ENCORREAR.

Encortilhar, v. t. guḍhâmt ghâlumk.

Encortiçar, v. t. ḍholîmt ghâlumk (musâmk); jhâḍâchî sâl revḍâvumk. ‖ v. i. e r. sâl kasî jâvumk; sâl mâmḍomk (d. do s.)

Encoscorar, v. t. kharkharît-, khaḍbaḍit karumk, chirmuṭâvumk. ‖ v. i. e r. kharkharît jâvumk, chirmuṭumk, miryo paḍumk (d. do s.); khavḷo mâmḍomk (d. do s.)

Encosta, s. f. âḍvaṇ, pâlsaṇ n., chaḍhtî f., kaḍo m.

Encostadela, s. f. bhulîn-, lâgân duḍû sâmpḍâvṇem n.

Encostalar, v. t. goṇiyemt-, ghomgḍyâmt ghâlumk.

Encostamento, s. m. temkṇî; temko m., pusti f.

Encostar, *v. t.* temkaumk; lâgâmnîm ushnem mâgumk. || *v. r.* temkumk; âḍ paḍumk. || — *a alguem*, pâmg dharumk, pâmgîk râvumk.

Encostes, *s. m. pl.* *(fig.)* temko, âdhâr *m.*

Encosto, *s. m.* temko *m.*, pâṭh *f.*; *(fig.)* âdhâr, âlâśro *m.*

Encouchar, *v. t.* bhâgâvumk, vamdâvumk; khâlâvumk, halkâvumk. || *v. r.* thapkaṭumk, thapkaṭyâm basumk; bhâgâvomk; khâlto-, lin jâvumk.

Encovar, *v. t.* phomḍâmt ghâlumk; bamdkhanîmt ghâlumk; *(fig.)* kân vaḷumk *(fig.)*, śemḍî kâpumk. || *v. i.* śempḍî kavḷumk *(fig.)*, bem mhaṇumk. || *v. r.* paḷumk, jhurî-, kâvaḍ kâḍhumk; phomḍâmt rigumk; (ḍoḷe) puromk.

Encravação, *s. f.*, **encravamento**, *s. m.* khiḷâvṇî *f.*, khiḷe mârṇem *n.*; *(fig.)* phâs *m.*, phâsak *n.*

Encravadura, *s. f.* nâlâche khiḷe *m. pl.*; khiḷyâcho ghây *m.*

Encravar, *v. t.* khiḷâvumk, khiḷe mârumk *(d. do o.)*; purumk; topumk; khamchumk, ba aumk; *(fig.)* *V.* ENGANAR. || *v. r.* khomomk, phârumk, topomk; khamchomk; dusryâmt rigumk, pemchomk; aḍchaṇek,- upadryâmk paḍumk, riṇâk sâmpḍumk; *(fig.)* âplyâ tomḍân marumk.

Encravilhar, *v. t.* gomdhḷâk-, khâvtyâk ghâlumk, bârâ birestâr karumk *(g. do o.)* || *v. r.* khâvtyâk paḍumk, mâmḍkek sâmpḍumk; divâḷem yevumk *(l. sup. do s.)*

Encravo, *s. m.* nâlâchyâ khiḷyâcho ghây *m.*

Encrespador, *s. m.* kems vaḷchem ânt,- yamtr *n.*

Encrespadura, *s. f.*, **encrespamento**, *s. m.* vaḷap, vaḷ ghâlṇem *n.*

Encrespar, *v. t.* vaḷumk, vaḷ ghâlumk *(d. do o.)*, mudyâḷo karumk; miryo ghâlumk; laharî karumk. || *v. r.* miryo paḍumk *(d. do s.)*; vaḷomk; phulumk; *(fig.)* *V.* IRRITAR-SE.

Encristar-se, *v. r.* śemkrem uklumk,- phulaumk; *(fig.)* *V.* ENCRESPAR-SE.

Encrostar, *v. i.* *e r.* khavaḷ-, kavamch mâmḍomk *(d. do s.)*

Encruamento, *s. m.* dâruṇây, nishṭurây *f.*; ajîrṇ, napachaṇ *n.*, kachrây *f.* || *V.* RECRUDESCENCIA.

Encruar, *v. t.* nibar karumk, nibrâvumk. || — *o estomago*, poṭ dâṭ karumk. || *V.* ENCARNIÇAR. || *v. i.* kachcho-, koro jâvumk, virjumk. || *v. r.* tâpumk, chaḍhumk; dâruṇ-, nishṭur jâvumk.

Encrudelecer, **encruelecer**, *v. i.* *e r.* dâruṇ-, nishṭur jâvumk. || *V.* ASSANHAR-SE.

Encruecer, *v. i.* *e r.* *V.* ENCRUAR *e* ENCRUDELECER.

Encruzamento, *s. m.* jaḍap *n.*

Encruzar, **encruzilhar**, *v. t.* jaḍumk, doḍumk.

Encruzilhada, *s. f.* timṭo, doḍomâṛag, nâko, samgam *m.*

Encubar, *v. t.* vhaḍlyâm pipâmnîm bharumk.

Encumear, *v. t.* mâthyâr-, takler ghâlumk,- basaumk.

Encurralar, *v. t.* goṭhyâmt ghâlumk; *(fig.)* khâmchîk ghâlumk, veḍhumk. || *v. i.* goṭhyâmt rigumk; khâmchîk paḍumk.

Encurtador, *a.* *e s. m.* moṭvâvṇâr, samkshepî.

Encurtamento, *s. m.* moṭvo karṇem *n.*, moṭvâvṇî, kavaḷṇî *f.*, samkshep *m.*

Encurtar, *v. t.* moṭvo karumk, moṭvâvumk, lahânâvumk, aśirâvumk, thoḍâvumk, kavḷumk, samkshepumk. || *v. r.* moṭvo jâvumk, kavḷomk.

Encurvadura, *s. f.*, **encurvamento**, *s. m.* bhâgâvṇî, vamdâvṇî; bhâg *f.* || *V.* CURVATURA.

Encurvar, *V.* CURVAR.

Encyclica, *s. f.* prasiddhpatr *n.*, sarchiṭhṭhî *f.*

Encyclopedia, *s. f.* vidyâsamgraha, vidyâsâgar *m.*, vidyâchakr *n.*, sarvvidyâ *f.*

Encyclopedico, *a.* sarvvidyecho. || *s. m.* sarvvidyâjña.

Encyclopedista, *s. m.* vidyâsamgrahî.

Endefluxar-se, *v. r.* thamḍ jâvumk *(d. do s.)*

Endeixa, *s. f.* śokgît, vilâpgân *n.*

Endeixar, *v. i.* śokgît gâvumk.

Endemia, *s. f.* deśî piḍâ,- marîk *f.*, jâgyâcho vaso *m.*

Endemico, *a.* deśâcho, deśî.

Endemoninhar, *v. t.* pisem lâvumk *(d. do o.)*, devchâr karumk *(d. do o.)* || *v. r.* devchâr basumk *(l. sup. do s.)*, devchâr-, pisem lâgumk *(d. do s.)*

Endentação, *s. f.* dâmtrâvṇî *f.*

Endentar, *v. t.* dâmtryâmnîm dâmtre ghâlumk *(g. do o.)*, dâmtrâvumk.

Endentecer, *v. i.* dâmt phuṭumk *(d. do s.)*

Endereçamento, *s. m.* chalauṇî *f.*, vâṭ dâkhauṇeṁ, nayan *n.*

Endereçar, *v. t.* chalauṁk, vâṭ dâkhauṁk *(d. do o.)*, mârgâk lâvuṁk; nâṁvgâṁv-, patto barauṁk *(l. sup. do o.)* ‖ *v. r.* nîṭ vachuṁk; meḷuṁk vachuṁk, haḍkuṁk.

Endereço, *s. m.* nâṁvghar *n.*, nâṁvgâṁv, patto *m.*

Endeusamento, *s. m.* dev karṇeṁ *n.*

Endeusar, *v. t.* dev karuṁk.

Endez, *s. m.* ravâṇî karchyâk davarleṁ tâṁtiṁ *n.*

Endiabradamente, *adv.* devchârpaṇiṁ.

Endiabrado, *a.* piseṁ lâglalo, devchâr baslalo; *(fig.)* âḍâṁgî, bhaykar.

Endinheirado, *a.* duḍvâṁkâr, nâṇekâr, vittkâr, lakshmîvaṁt, damdâr, poṭḷekâr.

Endireita, *s. m.* śikap nâstânâ hâḍâṁ basaitalo.

Endireitar, *v. t.* nîṭ-, sârko karuṁk, niṭâvuṁk, sârkâvuṁk. ‖ *v. i.* nîṭ vachuṁk. ‖ *v. r.* nîṭ-, sârko jâvuṁk, niṭâvoṁk; mârgâr yevuṁk.

Endividar, *v. t.* riṇâṁt ghâluṁk,- davruṁk. ‖ *v. r.* rîṇ kâḍhuṁk; riṇâṁt paḍuṁk.

Endoenças, *s. f. pl.: quinta feira de —*, nimâṇo birestâr *m.*

Endoidecer, *v. i.* piso jâvuṁk, pisâvoṁk. ‖ *v. t.* piso karuṁk; *(fig.)* taklî ghuṁvḷâvuṁk.

Endossador, endossante, *s. m.* huṁḍiye pâṭhîr saî kartalo,- nâṁv bâraitalo.

Endossamento, endosse, endosso, *s. m.* pâṭhîr saî karṇeṁ,- nâṁv barauṇeṁ *n.*

Endossar, *v. t.* pâṭhîr nâṁv barauṁk *(g. do o.)*, huṁḍiyer saî karûn divuṁk.

Endro, *s. m.* śepû *f.*

Endromina, *s. f. V.* PETA.

Endurar, endurecer, endurentar, *v. t.* nibar karuṁk, nibrâvuṁk; ghaṭṭâvûṁk. ‖ *v. i. e r.* nibar-, kaṭhin-, ghaṭṭ jâvuṁk, lâṁkûḍ jâvuṁk (*litt.* SER LENHO); kuṭuṁk, khiṇevuṁk.

Endurecimento, *s. m.* nibrây, vâtaḍây; *(fig.)* dâruṇây; saḷ *f.*

Eneo, *a.* piṭûḷcho; tâṁbyâcho.

Energia, *s. f.* baḷ, tej *n.*, jîv, tarâṇ *ou* trâṇ, dam, utsâha, neṭ, tavko *m.*, ghaṭṭây; kuvet, suḍsuḍitây *f.*

Energicamente, *adv.* baḷân, tavkyân.

Energico, *a.* tejvaṁt, jivaṭ, trâṇî, damdâr, utsâhî, kaḍak, ghaṭṭ, suḍsuḍit.

Energumeno, *s. m.* devchâr lâglalo,- baslalo.

Enervação, *s. f.*, **enervamento**, *s. m.* aśaktây *f.*, aśaktpaṇ *n.*, phorkatây (*do port.* FRAQUEZA) *f.*

Enervante, *a.* baḷ moḍcho, śaktihârak; *(fig.)* vishay uchaṁbaḷâvumcho, iṁdriyasukhâcho.

Enervar, *v. t.* baḷ moḍuṁk *(g. do o.)*, aśakt karuṁk, aśaktâvuṁk; meṁgo-, maṁd karuṁk. ‖ *v. r.* baḷ tuṭuṁk *(g. do s.)*, phorkatây mâruṁk *(d. do s.)*, aśakt-, nirbaḷî jâvuṁk.

Enfadadiço, *a.* râgishṭ, tiḍṇâr, perlûs, ubgaṇo.

Enfadamento, enfado, *s. m.* ubgaṇ, vâj, bejârây, perlusâṇ, châḷvaṇî, karâṁḍây *f.*

Enfadar, *v. t.* vâj divuṁk,- hâḍuṁk *(d. do o.)*, ubgauṁk, bejâruṁk, châḷvauṁk. ‖ *v. r.* ubgoṁk, vâjevuṁk, vâj yevuṁk *(d. do s.)*, gâṁjoṁk, bejâr jâvuṁk, pesuṁk, châḷvuṁk.

Enfadonho, enfadoso, *a.* ubgaṇecho, karkarâṁcho, karâṁḍâyecho, bejârî, vâj divuṁcho.

Enfaixar, *v. t.* âṁgoṭiyâṁniṁ guṭhlâvuṁk. ‖ *v. r.* bâṁd bâṁdhuṁk.

Enfanicar-se, *v. r.* jhîṁṭ mâruṁk *(d. do s.)*, jîv vachuṁk *(g. do s.)*

Enfarar, enfaroar, *v. t. e i.* vîṭ disuṁk,- yevuṁk *(d. do s., g. do o.)*

Enfardador, *a. e s. m.* muḍe,- peṁḍhyo bâṁdhtalo.

Enfardamento, *s. m.* muḍo-, peṁḍhî karṇeṁ *n.*

Enfardar, *v. t.* muḍe-, peṁḍhyo bâṁdhuṁk *(g. do o.)*

Enfardelar, *v. t.* peṁḍolyâṁt-, boksyâṁt ghâluṁk.

Enfarelar, *v. t.* kuṁḍyân bharuṁk,- kuṁḍo ghâluṁk *(l. in do o.)*

Enfarinhar, *v. t.* pîṭh lâvuṁk,- mâruṁk *(d. do o.)*, piṭhân bharuṁk,- loḷauṁk.

Enfaro, *s. m.* vîṭ, arûch *f.*

Enfarpelar, *v. t.* naveṁ vastr nesauṁk *(d. do o.)* ‖ *v. r.* naveṁ nesuṁk.

Enfarrapado, *a.* boṁdrâṁnîṁ guṭhlâylalo.

Enfarruscar, *v. t.* ghaṁs kâḍhuṁk *(d. do o.)*, ghaṁsîn meḷauṁk. ‖ *v. r.* ghaṁsîn meḷuṁk.

Enfartamento, enfarte, *s. m.* poṭ tâṇṇeṁ *n.*, dhusdhusṇî, tustusṇî; choṁdṇî, purṇî *f.*

Enfartar, *v. t.* tâṇuṁk, poṭ bharuṁk *(g. do o.); (fig.)* choṁduṁk, puruṁk. ‖ *v. r.* gaḷobhar jevuṁk, poṭ tâṇuṁk, bareṁ ragḍuṁk.

Enfastiar, *v. t.* vâj hâḍuṁk *(d. do o.)*, bejâr karuṁk, bejâruṁk, kâṁṭâḷâvuṁk. ‖ *v. i.* vîṭ disuṁk *(d. do s.)*, viṭevuṁk, bejâr jâvuṁk.

Enfastioso, *a. V.* FASTIDIOSO.

Enfatuar, *v. t.* garvân-, ahaṁkârân bharuṁk, phulauṁk. ‖ *v. i.* ahaṁkâruṁk, abhimânuṁk, mânîr taklî nâ dharoṁk *(g. do s.)*, polkî baḍây karuṁk, phiṭphiṭuṁk.

Enfeirar, *v. t. e i.* pherîṁt-, sâṁtîṁt ghevuṁk.

Enfeitador, *a. e s. m.* śiṁgârtalo, śriṁgârṇâr.

Enfeitar, *v. t.* śiṁgâruṁk, śriṁgâruṁk, neṭauṁk, alaṁkâruṁk. ‖ *v. r.* neṭuṁk, śriṁgâroṁk,- neṭ-, śiṁgâr ghâluṁk.

Enfeite, *s. m.* śiṁgâr, śriṁgâr, neṭ, alaṁkâr *m.*, bhûshaṇ, âbharaṇ *n.*

Enfeitiçar, *v. t.* dishṭ-, nadar bâṁdhuṁk *(g. do o.)*, bhûl ghâluṁk *(d. do o.)*, maṁtruṁk, abhichâruṁk; *(fig)* bhulauṁk, murgaṭâvuṁk.

Enfeixar, *v. t.* bharî-, bharo bâṁdhuṁk *(g. do o.)*; puṁjâvuṁk, râs karuṁk *(g. do o.)*

Enfermar, *v. i.* vâyṭâṁt paḍuṁk, piḍeṁt âsuṁk, roguṁk, *balṇikuṁk. ‖ *v. t.* vâyṭ karuṁk *(d. do o.)*, vâyṭâṁt ghâluṁk.

Enfermaria, *s. f.* vâyṭâkârâṁcheṁ ghar *n.*, rogîśâlâ, vyâdhisâḷ *f.*

Enfermeira, *s. f.* vâyṭ kâḍhtalî.

Enfermeiro, *s. m.* vâyṭâkârâṁk paḷetalo,- saṁbhâḷtalo, rogîrakshak.

Enfermiço, *a.* rogyo, piḍeshṭ, âbgûl.

Enfermidade, *s. f.* vâyṭ *n.*, piḍâ, iḍâpiḍâ, bahiṇîk, balṇîk, baḷaḷik, vyâdhi *f.*, rog *m.*; aśakti *f.*, nirbaḷ *n.*

Enfermo, *a. e s. m.* vâyṭâkâr, piḍevaṁt, baḷaḷik, vikârî; aśakt, askat.

Enferrujar, *v. i. e r.* kalmevuṁk, kalam yevuṁk *(d. do s.)* ‖ *v. t.* kalam karuṁk *(d. do o.)*

Enfesta, *s. f. V.* CUME.

Enfestar, *v. t.* lâmbâyen modheṁ (lugaṭ) doḍuṁk âni revḍuṁk.

Enfesto, *a. V.* ESCARPADO.

Enfeudação, *s. f.* mokâso karṇeṁ *n.*

Enfeudar, *v. t.* mokâso karuṁk *(g. do o.); (fig.) V.* AVASSALLAR.

Enfezado, *a.* kirpaṁj, sukaṭyo, khujo, vâṁygaṇo.

Enfezar, *v. t.* sukaṭyo-, khujo karuṁk, jhiḷmiḷâvuṁk. ‖ *V.* ENFADAR.

Enfiação, *s. f.*, **enfiamento**, *s. m.* guṁtṇî; hâr, oḷ *f.; (fig.) V.* SUSTO.

Enfiada, *s. f.* pad, sar, jhelo *m.*, gâṁthaṇ, śiṁkaḷ *f.* ‖ *De* —, ekâpâṭhî ek.

Enfiadura, *s. f.* dâgo *m.;* birḍeṁ *n.*

Enfiar, *v. t.* birdyâṁt ghâluṁk, guṁtuṁk, gâṁthuṁk, śiṁkḷâvuṁk; *vestir:* nesuṁk, ghâluṁk, oḍhuṁk; *percorrer:* bhoṁvuṁk; *traspassar:* vidhuṁk, âspâs topuṁk; *continuar o discurso:* jaduṁk, ghadsuṁk; *contar:* ekâr ek sâṁguṁk; *enfileirar:* hâr-, oḷ karuṁk *(g. do o.); entrar:* bhitar saruṁk *(l. in do o.)* ‖ — *copos de vinho*, kopâr kopâṁ partuṁk. ‖ *v. i.* bhitar saruṁk, chalûn-, nîṭ vachuṁk; raṁg-, âkâr badloṁk *(g. do s.)*, aṁtarmâḷâ partoṁk *(g. do s.)* ‖ *v. r.* riguṁk, vâṭ ghevuṁk. ‖ *V.* SEGUIR-SE.

Enfileirar, *v. t.* hârîn mâṁḍuṁk, oḷi-, hârî karuṁk *(g. do o.)* ‖ *v. r.* hârîr râvuṁk.

Enfistular, *v. i. e r.* bhagaṁdar-, varaṇ jâvuṁk *(g. do s.)*

Enfitar, *v. t.* phitâṁnîṁ *(port.* FITA) saṁjauṁk.

Enflorar, *v. t.* phulauṁk. ‖ *v. i. e r.* phuluṁk.

Enfogar, *v. t. V.* ABRAZAR.

Enfolhar, *v. i. e r.* pâlevuṁk.

Enforcado, *a. e s. m.* gaḷâr mârlalo, phâśî dilalo.

Enforcar, *v. t.* gaḷâr mâruṁk, phâśî divuṁk *(d. do o.)*, gaḷyâk phâs ghâluṁk *(g. do o.)*

Enformar, *v. t.* phormâr-, phormâṁt *(port.* FÔRMA) ghâluṁk.

Enfornar, *v. t.* kharnâṁt-, bhâṭṭiyeṁt ghâluṁk.

Enforro, *s. m. V.* FORRO.

Enfortir, *v. t.* dâṭ âni ghaṭṭ karuṁk (lugaṭ).

Enfraquecer, enfraquentar, *v. t.* baḷ moḍuṁk *(g. do o.)*, aśaktâvuṁk. ‖ *v. i. e r.* aśakt, nirbaḷî jâvuṁk, khaṁguṁk, baḷ-, tej deṁvuṁk *(g. do s.)*

Enfraquecimento, *s. m. V.* FRAQUEZA.

Enfrascar, *v. t.* śiṁsyâṁnîṁ ghâluṁk. ‖ *v. r.* damdamuṁk; khurâvuṁk, ḍaṁkuṁk; *(fig.) V.* ENREDAR-SE.

Enfreamento, *s. m.* lagam ghâlṇeṁ *n.*

Enfrear, *v. t.* lagam ghâluṁk *(d. do o.)*, lagamân chalauṁk; *(fig.) V.* REFREAR.

Enfrenesiar, *V.* FRENESIAR.
Enfriar, *v. t.* nivaumk.
Enfronhar, *v. t.* gaṁvsaṇī ghâlumk (*d. do o.*); darvaḍyân nesumk; (*fig.*) śikaumk. || *V.* DISFARÇAR. || *v. r.* śikumk.
Enfueirada, *s. f.* gâḍobhar *m.*
Enfueirar, *v. t.* (gâḍyák) meḍî ghâlumk; (gâḍo) upaṭ bharumk.
Enfunar, *v. t.* phulaumk; (*fig.*) phugaumk. || *v. i.* phulumk; (*fig.*) phugumk, gâl phugaumk, phaḍâ karumk, ḅaḍâyk dâkhaumk.
Enfunilar, *v. t.* phunelân bharumk,- otumk; (*fig.*) phunel-, gaḷti kasî karumk.
Enfurecer, *v. t.* châḷvaumk, chiḍaumk, jâḷumk, tâpaumk. || *v. i. e r.* châḷvumk. chiḍumk, tâpumk, jaḷumk, piṁḍaḷumk, phulumk; (*fig.*) uchaṁbaḷumk.
Enfuriar, *v. t. e r.* *V.* ENFURECER.
Enfurnar, *v. t.* *V.* ENCAFUAR.
Enfuscar, *v. t.* kâḷsâr-, gair karumk. || *v. i. e r.* kâḷso-, aṁdhak jâvumk, kâḷsevumk.
Enga, *s. f.* charav, châro *m.*
Engaçar, *v. t.* diplḷâvumk.
Engaço, *s. m.* sop *m.* || *V.* ANCINHO.
Engadanhado, *a.* boṭâṁ thaṁḍân dharlalo. || *V.* PERPLEXO.
Engafecer, *v. i.* koḍ phuṭumk (*d. do s.*), kodyâḷo jâvumk.
Engaiolar, *v. t.* pâṁjryâṁt ghâlumk; (*fig.*) baṁdkhaṇîṁt ghâlumk. || *v. r.* gharâṁt basumk.
Engajado, *a. e s. m.* kâmâk guṁtlalo-, bâṁdhlalo.
Engajador, *s. m.* kâmâk-, châkrek khaṁḍtalo, guttekâr; bhulaun pardeśâk vhartalo.
Engajamento, *s. m.* châkrecho khaṁḍ,- gutto *m.*, vâvrâchî bolî *f.*
Engajar, *v. t.* châkrek-, vâvrâk guṁtumk,- khaṁḍûṁ ghevumk. || *v. r.* vâvrâk guṁtomk.
Engalanar, *v. t.* alaṁkârumk, neṭaumk. || *v. r.* neṭumk, pehrâvumk.
Engalfinhar-se, *v. r.* jhoṁbumk, jhoṁbî ghâlumk.
Engalhardetar, *v. t.* *V.* EMBANDEIRAR.
Engallar, *v. i.* taklî vayr kâḍhumk (ghoḍo).
Enganadiço, *a.* soṁpepaṇîṁ phoṭavtalo.
Enganador, *a. e s. m.* phoṭkiro, bâshkaḷ, ṭhak.
Enganar, *v. t.* phoṭaumk, chakaumk; phasaumk, ṭhakumk, nâḍumk. || *V.* SEDUZIR. || *v. r.* phoṭavumk; phasumk, nâḍomk.
Engana-vista, *s. m.* dishṭ bhulaumchî vast *f.*
Enganchar, *v. t.* âṁkḍâvumk. || *v. r.* âṁkdyâk umkaḷumk.
Enganido, *a.* âṁkhuḍlalo, kâkuḍlalo, vâtaḍlalo.
Engano, *s. m.* phoṭvaṇ, phoṭ *f.*, bâshkaḷpaṇ *n.*, asatyavâd *m.*; phasauṇî, nâḍ *f.*, nâḍaṇ, kapaṭ *n.*; bhûl, mâyâ *f.*, bhed *m.*
Enganosamente, *adv.* phoṭiṁnîṁ, nâḍîn.
Enganoso, *a.* phoṭkiro; nâḍîcho; nâḍgo, kapaṭî, ṭhakî.
Engar, *v. t. e i.* rûch-, svâd ghevumk (*g. do o.*)
Engarapar, *v. t.* madhuvaṇî divumk (*d. do o.*); (*fig.*) toṁḍ goḍ karumk (*g. do o.*) || *V.* EMBAHIR.
Engaravitado, *a.* *V.* ENGANIDO.
Engargantar, *v. t.* bhakâṁt ghâlumk, bharaumk khâvaumk. || *v. r.* gaḷyâk dharomk.
Engarrafagem, *s. f.*, **engarrafamento**, *s. m.* maḍtelâṁnîṁ bharṇeṁ,- ghâlṇeṁ *n.*
Engarrafar, *v. t.* maḍtelâṁnîṁ bharumk,- ghâlumk.
Engarupar-se, *v. r.* ghoḍyâchyâṁ kulyâṁr basumk.
Engasgado, *a.* ṭâḷyâk śirkalalo. || *Ficar* — (*fig.*), vâchâ dharomk (*g. do o.*), uttar nâ suṭumk (*g. do s.*)
Engasgalhar-se, *v. r.* śirkumk, dhoromk, revḍomk. || *V.* ENGASGAR-SE.
Engasgamento, **engasgo**, *s. m.* ustaryâṁvachṇeṁ, ṭâḷyâk śirkaṇeṁ,- lâgṇeṁ *n.*
Engasgar, *v. t.* ṭâḷyâk śirkâvumk. || *v. r.* ustaryâṁvachumk (*d. do s.*), ṭâḷyâk śirkumk,- lâgumk (*d. do s.*); gaḷo bharûn yevumk (*g. do s.*); (*fig.*) khâṁchik-, peṁchyâk paḍumk, aḍchomk; vâchâ dharomk, ulaitânâ goṁdhumk.
Engastador, *a. e s. m.* khaṁchauṇâr, jaḍtalo.
Engastar, *v. t.* khaṁchaumk, jaḍumk, basaumk.
Engaste, *s. m.* khaṁchauṇî, basauṇî *f.*, jaḍaṇ *n.*
Engatar, *v. t.* sâṁgḍâvumk, sâṁkḷâvumk.
Engate, *s. m.* gâḍyo sâṁgḍâvumcheṁ âut *n.*; âṁkḍo *m.*

Engatilhar, *v. t.* oḍhîr kâḍhuṁk; *(fig.)* tayâr karuṁk, mâṁḍuṁk.

Engatinhar, *v. i.* diṁbhiyâṁnîṁ-, diṁbhkuryâṁ-, mâṁḍkuryâṁ chaluṁk; *(fig.)* ṭhâvak ghevuṁk.

Engavelar, *v. t.* chuḍyo bâṁdhuṁk *(g. do o.)*

Engazupar, *v. t. V.* EMBAÇAR.

Engelhar, *v. t.* chirmuṭâvuṁk, oḍhuṁk; sukauṁk, bâvauṁk. ‖ *v. i. e r.* chirmuṭuṁk, âṁvḷoṁk, oḍhoṁk, chiṁvoṁk, chiṁbaṭuṁk, âṁkhuḍuṁk; bâvuṁk, sukuṁk.

Engendrar, *v. t.* upjauṁk, utpann karuṁk; jalm divuṁk *(d. do o.)*

Engenhador, *a. e s. m.* yojano, rachṇâr; mâṁḍṇekâr.

Engenhar, *v. t.* yojuṁk, rachuṁk, kalpuṁk; *(fig.)* ghaḍuṁk, mâṁḍuṁk.

Engenharia, *s. f.* yaṁtraśâstr; yaṁtrâṁchem kâm *n.*

Engenheiro, *s. m.* yaṁtrakâr.

Engenho, *s. m.* buddh, jñânmati, chaturây, akkal *f.*, matiprakârsh *m.; * kalpanâśakti, tajvit, yukti; vidyâ, hikmat, bârkamây, mâṁḍṇî *f.; * ghâṇo *m.*, yaṁtr; jâṇto manîs.

Engenhoca, *s. f.* mânas *f.; * pâṁkâchem maḷabh (*litt.* FIRMAMENTO DE VISCO) *n.* ‖ *V.* ARTIMANHA.

Engenhoso, *a.* vidyo, vidyâvaṁt, mâṁḍṇekâr, hikmatkâr, karâmatî, yuktivaṁt, bârîk, chatur, chittvaṁt, karasthânî, upâyî, upâyvaṁt, tajvitecho; *(fig.)* rachlalo, ghaḍlalo.

Engerir-se, *v. r.* âṁvḷoṁk, âṁkhuḍuṁk, kâkuḍuṁk.

Engessador, *s. m.* kheṭ kâḍhtalo.

Engessadura, *s. f.* kheṭ kâḍhṇem *n.*

Engessar, *v. t.* kheṭ-, śeḍ kâḍhuṁk *(d. do o.)*

Englobar, *v. t. V.* CONGLOBAR.

Engodador, *a. e s. m.* bhulauṇo, lâgâḷo, lâgyo.

Engodar, *v. t.* bhulauṁk, ghulâvuṁk, lâg karuṁk *(d. do o.)*, phulâṁ mâḷuṁk (*d. do o.; litt.* ADORNAR COM FLORES), toṁḍ goḍ karuṁk (*g. do o.; litt.* ADOÇAR A BOCCA).

Engodativo, *a.* toṁḍ goḍ karcho.

Engodilhar, *v. t.* guṭhlyo karuṁk *(g. do o.)*; guṭhlâvuṁk, revḍâvuṁk.

Engodo, *s. m.* âṁs *n.; * bhûl, phusḷâvṇî, ghulâvṇî *f.*, lâg *m. pl.*

Engoiar-se, *v. r. V.* ENCOLHER-SE.

Engolfar, *v. t.* upasâgrâṁt-, rahâḷâṁt ghâluṁk,- buḍauṁk. ‖ *v. r.* upasâgrâṁt paḍuṁk; bhoṁvryâk sâṁpḍuṁk; bhâylyâ daryâk-, samdirâk vachuṁk; *(fig.)* buḍuṁk, puroṁk; lobhḍuṁk, lubdh jâvuṁk.

Engommadeira, *s. f.* gomâr kartalî.

Engommadela, engommadura, engommagem, *s. f.* gom-, khaḷ ghâlṇeṁ, gomâr karṇeṁ *n.*

Engommado, *a.* gomâr kelalo; *(fig.)* mijâskâr, baḍâykhor. ‖ *s. m.* gomâr kelaleṁ vastr *n.; (fig.)* baḍâykhor manîs.

Engommar, *v. t.* gomâṁt-, boḷâṁt ghâluṁk; gomâr karuṁk, khaḷ-, pej ghâluṁk,- lâvuṁk *(d. do o.)*; pherr (*port.* FERRO) mâruṁk *(d. do o.)*; *(fig.)* dâṭâvuṁk, moṭâvuṁk.

Engonçar, *v. t.* narmâden basauṁk,- ghaṭṭ karuṁk.

Engonço, *s. m.* narmâdî *f.* ‖ *Bonecos de engonços,* sutrâṁchîṁ bâhulîṁ.

Engorda, *s. f.* posaṇ *n.*

Engordar, *v. t.* moṭo karuṁk, mâtauṁk. ‖ *v. i.* moṭo-, gulgulît jâvuṁk, posoṁk, bharoṁk, charbevuṁk.

Engordurar, *v. t.* vasen-, charben bharuṁk,- loḷauṁk. ‖ *v. r.* vasen-, charben bharoṁk.

Engorgitar, *v. t. V.* INGURGITAR.

Engra, *s. f.* konso, koṇ *m.*

Engraçado, *a.* âkârvaṁt, rupest, majûr, maṁjûḷ, suṁdar, châṁglo, neṭko; rasâl, rasik, nakalî.

Engraçar, *v. t.* śobhauṁk, suṁdar-, neṭko karuṁk. ‖ *V.* CONGRAÇAR. ‖ *v. i.* murgaṭuṁk, mânavuṁk. ‖ *v. r.* pâṁg dharuṁk, marjî meḷuṁk *(d. do s.)*

Engradar, *v. t.* garâd karuṁk *(g. do o.)*; garâd ghâluṁk *(d. do o.)*

Engradecer, *v. t.* moṭo-, thor jâvuṁk, thoruṁk.

Engraecer, *v. i.* goṭo mâṁḍoṁk,- bharoṁk *(d. do s.)*

Engraixadela, *s. f.*, **engraixamento,** *s. m.* grâś mârṇeṁ *n.*

Engraixador, *s. m.* grâś mârtalo.

Engraixar, engraxar, *v. t.* grâś mâruṁk *(d. do o.)*, nitaḷ-, liklikît karuṁk; kâḷo karuṁk.

Engramponar-se, *v. r.* phuluṁk, phiṭphiṭuṁk, phaḍâ,- mijâs karuṁk, ahaṁkâruṁk.

Engrandecer, *v. t.* vhaḍlo karuṁk, vâḍhauṁk, chaḍhauṁk; uṁchâvuṁk, thorâvuṁk, vâkhâṇuṁk. ‖ *v. i. e r.* vhaḍ-, thor jâvuṁk, thoruṁk.

Engrandecimento, *s. m.* vâḍhṇî, chaḍhṇî; vâkhâṇṇî; uṁchâvṇî *f.*

Engranzador, *a. e s. m.* guṁtṇâr

Engranzar, engrazar, *v. t.* (phode) gumtumk, gâmthumk *(us. Sal.)*; gâmṭhâvumk; dâmtrâvumk; âmkḍâvumk; *(fig.)* V. ENGANAR.

Engravecer, *v. i. e r.* V. AGGRAVAR-SE.

Engravitar-se, *v. r.* vaylyân vaḷomk; *(fig.)* V. RESPINGAR.

Engrelar, *v. i. e r.* ubho dharomk, nîṭ jâvumk.

Engrenagem, *s. f.*, **engrenar**, *v. t.* V. ENDENTAÇÃO, ENDENTAR.

Engrenhar, *v. t.* (jhomṭâm-, kems) ugaumk, oḷevumk.

Engrifamento, *s. m.*, **engrifar-se**, *v. r.* V. ASSANHAMENTO, ASSANHAR-SE.

Engrillar, *v. t.* ubho-, nîṭ karumk. ‖ *v. r.* ubho jâvumk; phaḍphaḍumk, dhaḍbaḍumk, tâḷmaḷumk. ‖ *v. i.* teḷumk, ḍoḷe lâvumk.

Engrimanço, *s. m.* charpaṭ, charbaṭ *n.*, tuṭkî bhâs *f.*

Engrimpar-se, engrimponar-se, *v. r.* pâṭosâr murḍer-, takśer-, chaḍhumk; chaṇyâmchî jhâḍâm uḍumk.

Engrinaldar, *v. t.* mâḷumk; *(fig.)* V. ENFEITAR.

Engrolador, *a. e s. m.* ardhkuro râmdhtalo; vâyṭ râmdhpî; gaḍgaḍâytalo, burḍitalo.

Engrolar, *v. t.* ardhkuro ukḍumk,- bhâjumk; *(fig.)* gaḍgaḍâvumk, burḍumk, karaḍ kâḍhumk *(g. do o.)*; ardhkurem taklemt dharumk,- karumk. ‖ *v. i. e r.* baro nâ ukḍomk,- bhâjomk.

Engrossamento, *s. m.* moṭo karṇem *n.*; moṭây *f.*

Engrossar, *v. t.* moṭo-, dâṭ karumk, moṭâvumk, dâṭâvumk, thorâvumk. ‖ V. ADUBAR. ‖ *v. i. e r.* moṭo-, dâṭ jâvumk, tartarumk; vâḍhumk; *(fig.)* thorumk, mâmḍomk.

Engrotar, *v. i.* gîr puromk *(g. do s.)*

Engrouvinhado, *a.* V. ESGROUVINHADO.

Engrumar, V. GRUMAR.

Engrumecer, *v. i.* V. GRUMAR.

Engrunhido, *a.* vâtaḍlalo, âmkhuḍlalo, âmvaḷlalo.

Enguia, *s. f.* chavây *f.*

Enguiçado, *a.* dishṭ jâlalo; sukaṭyo, vâmygaṇo, chimbaṭ.

Enguiçador, *a. e s. m.* dishṭ kartalo.

Enguiçar, *v. t.* dishṭ karumk *(d. do o.)*; gâmḍ ghâlumk; sukaṭyo karumk.

Enguiço, *s. m.* dishṭ *f.*

Engulhar, *v. t.* omkâro hâḍumk, kâmṭâḷâvumk. ‖ *v. i. e r.* omkâre yevumk *(d. do s.)* omkârumk, lahar-, abaḷ yevumk *(d. do s.)*, khadḷumk *(v. imp., us. com* poṭâmt), kâlavumk *(id.)*

Engulho, *s. m.* omkâro, abko *m. ou* abkây *(us. Sal.)*, laharî, abaḷ *f.*; anndvesh, kâmṭâḷo *m.*; *(fig.)* oḍh, khurî *f.*

Engulhoso, *a.* kâmṭâḷyâcho, kâmṭâḷvâṇo, aḷśikaṇo.

Engulidor, *a. e s. m.* gilṇâr.

Engulipar, *v. t.* V. ENGULIR.

Engulir, *v. t.* gilumk; ghoṭumk; khâvumk. ‖ — *a pilula (fig.)*, sat mânumk; kâmy mhaṇa nâstânâ sosumk. — *em secco*, âmvḍhe ghoṭumk; jîbh dâmûn dharumk.

Engulosinar, *v. t.* ruchîchem khâvaumk. ‖ *v. r.* barem barem khâvumk samvkumk.

Engunhar, *v. i.* chirmuṭumk.

Enho, *s. m.* varshâ uṇem merûm *n.*

Enigma, *s. m.* humâṇem, gûḍh, âhṇem *n.*, chuṭko *m.* ‖ *Chave do* —, guḍhâcho arth.

Enigmar, *v. t.* gûḍh karumk.

Enigmaticamente, *adv.* humâṇyâmnîm.

Enigmatico, *a.* gûḍh, guḍhâcho.

Enigmatista, *s. m.* humâṇyâkâr.

Enjangar, *v. t.* sâmgḍâvumk, sâmgaḍ-, thâpo karumk *(g. do o.)*

Enjaular, *v. t.* pâmjryâmt ghâlumk.

Enjeitado, *a.* soḍlalo. ‖ *s. m.* âvaybâpâyn sâmḍlalem burgem *n.*, apavidh *m.*; *(fig.)* nirâdhârî.

Enjeitador, *a. e s. m.* soḍtalo, sâmḍtalo, bhâyrâvṇâr.

Enjeitamento, *s. m.* soḍṇî, sâmḍṇî; bhâyrâvṇî.

Enjeitar, *v. t.* nâkâ mhaṇumk, nâ ghevumk; soḍumk, sâmḍumk, bhâyrâvumk, bhâyro karumk.

Enjoamento, *s. m.* V. ENJÔO.

Enjoar, *v. t.* vîṭ disumk,- yevumk *(d. do s., g. do o.)*, viṭevumk *(d. do o.)*, kâmṭâḷumk *(d. do o.)* ‖ *v. i.* viṭevumk, omkârumk; ghâṇ yevumk *(d. do s.)* ‖ *v. r.* vâjevumk, ubgomk, bejâr jâvumk.

Enjoativo, *a.* viṭecho, kâmṭâḷvâṇo.

Enjoiar, *v. t.* śimgârumk. ‖ *v. r.* śimgâromk, śimgâr ghâlumk.

Enjôo, *s. m.* vîṭ, kaḷmaḷ, umaḷ *f.*, kâmṭâḷo, omkâro, abko *(us. Sal.)*, anndvesh *m.* ‖ *Ter — do mar*, daryâ lâgumk. ‖ V. ENFADO.

Enlaçadura, *s. f.*, phâsâvṇî, gâmṭhâvṇî, sâmgaḍṇî, phârṇî *f.*

Enlaçar, *v. t.* gâmṭhâvumk, phâsâvumk, sâmgḍâvumk, phârâvumk, nânâvuṁk, veṁṭuṁk; bâṁdhuṁk. ‖ *v. i.* lâguṁk, gâṁṭh âsuṁk *(d. do s.)* ‖ *v. r.* gâṁṭh paḍuṁk *(d. do s.)*, gâṁṭhâvoṁk, phâruṁk.

Enlace, *s. m.* gâṁṭhâvṇî, phâsâvṇî; gâṁṭh *f.*, phâs *m.*; lagn, saṁbaṁdh *n.*

Enladeirado, *a.* kaḍsyâcho.

Enlaivar, *v. t.* khatâvuṁk. ‖ *v. r.* khatâvoṁk.

Enlambujar, *v. i.* taḍîk teṁkûn bhoṁvuṁk (mâsḷî). ‖ *v. t.* *V.* ENLAMBUSAR.

Enlambusadela, *s. f.* ragaḍṇî, lepḍâvṇî *f.*; *(fig.)* châr gaṁtâṁ *n. pl.*, śikpâcho lep *m.*

Enlambusar, *v. t.* ragḍuṁk, lepḍâvuṁk. ‖ *v. r.* ragḍoṁk; meḷuṁk; *(fig.)* vaylyâvayr śikuṁk.

Enlameadura, *s. f.* chiklâvṇî, bâṁbrâvṇî, loḷauṇî *f.*

Enlamear, *v. t.* chiklâvuṁk, bâṁbrâvuṁk, khâtoḍâvuṁk, chikal lâvuṁk *(d. do s.)*; bharuṁk, loḷauṁk; *(fig.)* meḷauṁk, khatâvuṁk. ‖ *v. r.* chikluṁk, khâtoḍuṁk, chikal lâguṁk *(d. do s.)*; *(fig.)* iśim-, ijat hogḍâvuṁk, âpleṁ nâk kâtruṁk.

Enlaminar, *v. t.* lagaḍ-, tagaḍ mâruṁk *(d. do o.)*

Enlanguecer, *v. i.* *V.* LANGUESCER.

Enlapar, *v. t.* ḍholîṁt lipauṁk. ‖ *v. r.* ḍholîṁt lipuṁk; *(fig.)* riguṁk, âsrâk vachuṁk.

Enlatar, *v. t.* tâṭî-, mâṭav karuṁk *(d. do o.)*

Enleado, *a.* bâṁdhlalo; goṁdhlalo, tiḍo, revaḍlalo; *(fig.)* gâbhro, kâkûḍ. ‖ *V.* ASSUSTADO. ‖ *Alma enleada*, bhejûḍ aṁtashkarṇ.

Enlear, *v. t.* phâsâvuṁk, gâṁṭhâvuṁk, phârâvuṁk; goṁdhauṁk, goṁdhḷâvuṁk, ghuspâvuṁk; guṭhlâvuṁk, revḍuṁk. ‖ *V.* ENLEVAR. ‖ *v. r.* phâruṁk, śirkuṁk; gâbhruṁk, kâkuḍuṁk, ghoṁdhḷuṁk, ghuspuṁk.

Enleio, *s. m.* bâṁdhap *n.*, bâṁdhpâs; goṁdhaḷ ghoṁṭâḷo *m.*, goṁdh, ghuspaṇî; gâbhrây, kâkuḍây *f.* ‖ *V.* EXTASIS.

Enlerdar, *v. t.* meṁgo-, maṁd karuṁk. ‖ *v. r.* meṁgo-, jaḍ jâvuṁk.

Enlevação, *s. f.*, enlevamento, enlevo, *s. m.* âhlâd, ullâs, bhramânaṁd, paramânaṁd *m.*, samâdhi *f.*

Enlevar, *v. t.* ânâṁdbharit karuṁk, hirauṁk, mirauṁk. ‖ *v. r.* lobhduṁk, bhramuṁk, murgaṭuṁk.

Enliçar, *v. t.* viṇuṁk; *(fig.)* nâḍuṁk, ṭhakhuṁk.

Enliço, *s. m.* karḍeṁ viṇap *n.*; *(fig.)* *V.* BURLA.

Enlodar, *v. t.* *V.* ENLAMEAR.

Enloirar, *v. t.* *V.* ENLOIRECER.

Enloirecer, *v. t.* haḷduvo-, piṁgḷo karuṁk. ‖ *v. i.* haḷduvo-, piṁgḷo-, bhâṁgâr kaseṁ jâvuṁk.

Enloisar, *v. t.* phâtrîn dhâṁpuṁk; phâsâk sâṁpḍâvuṁk.

Enlouquecer, *v. t.* piso karuṁk, pisâvuṁk. ‖ *v. i.* piso jâvuṁk, pisâvoṁk.

Enlouquecimento, *s. m.* pisâvṇî; pisây *f.*

Enlutar, *v. t.* duḥkh mâkhauṁk *(d. do o.)*; kâḷeṁ nesauṁk *(d. do o.)* ‖ *v. r.* duḥkh mâkhuṁk. ‖ *V.* ANNUVIAR-SE.

Ennastrar, *v. t.* phît-, dâl lâvuṁk *(d. do o.)*; veṁṭuṁk, pâṁtî ghâluṁk *(d. do o.)* ‖ *V.* ENFEITAR.

Ennatar, *v. t.* gadaḷân bharuṁk; sâî ghâluṁk *(l. in do o.)* ‖ *v. i. e r.* sâî mâṁḍoṁk *(d. do s.)*; gadaḷân bharoṁk.

Enneagono, *s. m.* navakoṇâkriti *f.*

Ennegrecer, *v. t.* kâḷo karuṁk, kaḷsâvuṁk; *(fig.)* *V.* DIFFAMAR. ‖ *v. i. e r.* kâḷo jâvuṁk, kâḷsevuṁk, kâḷevuṁk.

Ennegrecimento, *s. m.* kâḷsâṇ *f.*

Ennervar, *v. t.* koreṁ châṁḍeṁ ghâluṁk *(d. do o.)*

Ennesgar, *v. t.* kaḷî karuṁk *(g. do o.)*; kaḷî kasî karuṁk. ‖ *v. i.* kaḷî kasî-, tirkas jâvuṁk.

Ennevoar, *v. t.* dhuṁvrî ghâluṁk *(l. sup. do o.)*; kupâvuṁk, maḷbhâvuṁk; *(fig.)* sâvaṭ karuṁk. ‖ *v. r.* dhuṁvren bharoṁk; *(fig.)* kalkaluṁk, âkâṁtuṁk.

Ennobrecer, *v. t.* kuḷîvaṁt karuṁk, uṁchâvuṁk, *uchluṁk; *(fig.)* neṭauṁk, saṁjauṁk. ‖ *v. r.* thor-, uṁch jâvuṁk.

Ennobrecimento, *s. m.* uṁchâvṇî; thorây *f.*, thorpaṇ *n.*

Ennodar, *v. t.* gâṁṭh mâruṁk,- ghâluṁk *(d. do o.)*, gâṁṭhâvuṁk; gâṁṭhîṁnîṁ bharuṁk.

Ennodoar, *v. t.* khatâvuṁk, loḷauṁk. ‖ *v. r.* khatâvoṁk, khatâṁ paḍuṁk *(d. do s.)*

Ennogado, *a.* gâṁṭhîṁnîṁ bharlalo; sâṁdhe dharlalo.

Ennoitar, *v. t.* *V.* ENNOITECER.

Ennoitecer, *v. t.* kâḷok karuṁk *(d. ou l. do o.)*; duśchit-, chiṁteshṭ karuṁk. ‖ *v. i.* *V.* ANOITECER.

Ennovelar, *v. t.* guḷî karuṁk *(g. do o.)*, revḍuṁk; *(fig.)* goṁdauṁk, goṁdhḷâvuṁk. ‖ *v. r.* revḍoṁk, guḷî jâvuṁk *(g. do s.)*

Ennublar, *v. t. V.* ENNUVIAR.

Ennuviar, *v. t.* kupâṁ mâṁḍuṁk. ‖ *v. r.* kupâṁ mâṁḍoṁk *(d. do s.)*, maḷbhâvuṁk *(v. imp.)*

Enojadiço, *a.* soṁpepaṇiṁ viṭetalo.

Enojador, *a. e s. m.* viṭâytalo, kâṁṭâlâvṇâr.

Enojamento, enojo, *s. m.* vîṭ *f.*, oṁkâro, kâṁṭâḷo *m.*; vâj, bejârây *f.*

Enojar, *v. t.* viṭâvuṁk, kâṁṭâḷâvuṁk; vâj hâḍuṁk *(d. do o.)*, ubgauṁk. ‖ *v. r.* viṭevuṁk, oṁkâruṁk; vâjevuṁk, ubgoṁk. ‖ *V.* ANOJAR-SE.

Enojoso, *a.* kâṁṭâḷvâṇo, viṭâḷo; ubgaṇo. ‖ *V.* IMPORTUNO.

Enora, *s. f.* kuṁvo ghâlcheṁ bhoṁk *n.*

Enorme, *a.* bhav-, jabar vhaḍ, variṣhṭ, digaṁbar, atikây; vidrûp; *(fig.)* khoṭo, vikaṭ.

Enormidade, *s. f.* bhav vhaḍây,-moṭây; vidrûpây; vikaṭây, khoṭây *f.*, khoṭepaṇ *n.*

Enouriçar, *v. t. V.* OURIÇAR.

Enqueijado, *a.* kej jâlalo.

Enquilhar, *v. t.* kaṇo-, pâṭhaṇ ghâluṁk *(d. do o.)*

Enrabichar, *v. t.* śeṁḍî bâṁdhuṁk *(d. do o.)*; khâvṭyâk-, mâṁḍkek ghâluṁk. ‖ *v. i.* phasuṁk.

Enraiar, *v. t.* (châkâk) rave-, khâṁblyo ghâluṁk; (châk) âḍâvuṁk.

Enraivar, enraivecer, *v. t.* krodh-, kiṁv hâḍuṁk *(d. do o.)* ‖ *v. i. e r.* peṭuṁk, tâpuṁk, râgevuṁk.

Enraizar, *v. i. e r.* pâḷâṁ phuṭuṁk *(d. do s.)*, pâḷâṁ ghevuṁk.

Enramada, *s. f.* mâṭav *m.*

Enramamento, *s. m.* tahâḷyâṁnîṁ saṁjauṇeṁ *n.*; pâlevṇî *f.*

Enramar, *v. t.* tahâḷyâṁnîṁ saṁjauṁk, khâṁdyo lâvuṁk,- mâṁḍuṁk *(d. do o.)*; ghoṁs karuṁk *(g. do o.)* ‖ *v. i. e r.* pâlevuṁk; vistâroṁk.

Enrançar, *v. t.* khuṁṭ karuṁk. ‖ *v. i. e r.* khuṁṭevuṁk.

Enranchar, *v. t. e r. V.* ARRANCHAR.

Enrarecer, *v. t.* pâtaḷ karuṁk. ‖ *v. i.* pâtaḷ jâvuṁk.

Enrascadela, *s. f.* phâs *m.*; nâḍ *f.*

Enrascar, *v. t.* jâḷâṁt dharuṁk; *(fig.)* ghât ghevuṁk *(g. do o.)*, phâsâk ghâluṁk. ‖ *v. r.* (dorâṁ, śiḍâṁ) śirkuṁk. ‖ *V.* ENCALACRAR-SE.

Enredado, *a.* jâḷ kaseṁ; goṁdhlalo, tiḍo.

Enredador, *a. e s. m.* śirkâvṇâr; taṁtrkâr, taṭḍhoṁgî.

Enredar, *v. t.* jâḷâṁt dharuṁk, jâḷ mâṁḍuṁk *(d. do o.)*; peṁchuṁk, phâskâṁ mâṁḍuṁk *(d. do o.)*, pâṁkâvuṁk; goṁdhḷâvuṁk, ghuspâvuṁk, śirkâvuṁk; phârâvuṁk, bâṁdhuṁk; *(fig.)* ghaḍuṁk, ghaḍsuṁk. ‖ *v. r.* goṁdhḷuṁk, ghuspuṁk, śirkuṁk, tiḍuṁk, guṭhloṁk, aḍchoṁk.

Enredo, *s. m.* goṁdhaḷ, ghoṁṭâḷo *m.*, chârkhaṁḍ, revaḍkoṁkeṁ, guḍdelâsâṁv, taṁtr, taṭḍhoṁg *n.*, peṁcho *m.*; lâṁvḍây, nâḍ; ghaḍvaṇ *f.*, vastu *n.*; *(fig.)* gûḍh *m.* ‖ *V.* MACHINAÇÃO.

Enredoiçar, *v. t.* hiṁdḷuṁk. ‖ *v. r.* hiṁdḷoṁk.

Enredoso, *a.* goṁdhḷâcho, taṁtrâṁcho, kaṭhin.

Enregelamento, *s. m.* âṁkhuḍây; śiṁkevṇî, śeḷevṇî *f.*

Enregelar, *v. t.* thaṁḍ gâr karuṁk, śeḷâvuṁk, śiṁkâvuṁk; âṁkhuḍâvuṁk, kâkuḍâvuṁk; *(fig.)* thaṁḍâvuṁk; tharthârâvuṁk, hâlvo kâṁpauṁk,- sukauṁk *(g. do o.)* ‖ *v. i.* śeḷevuṁk, śiṁkevuṁk. ‖ *v. r.* âṁkhuḍuṁk, kâkuḍuṁk; *(fig.)* hurbhâ-, umed vachuṁk *(g. do s.)*

Enresinar, *v. t.* rejîn-, râḷ lâvuṁk. ‖ *v. i. e r.* râḷ lâguṁk *(d. do s.)*; vâtaḍ jâvuṁk, vâtaḍuṁk.

Enricar, *v. t. e i. V.* ENRIQUECER.

Enriçar, *v. t. V.* RIÇAR.

Enrijar, *v. t.* ghaṭṭ-, nibar karuṁk, driḍhâvuṁk. ‖ *v. i. V.* ENRIJECER.

Enrijecer, *v. i.* ghaṭṭ-, nibar, driḍh jâvuṁk, baḷ ghevuṁk, driḍhoṁk.

Enrilhar, *v. i.* vâtaḍ-, nibar jâvuṁk, vâtaḍuṁk.

Enriquecer, *v. t.* giresth karuṁk, gireskây divuṁk *(d. do o.)*; *(fig.)* vâḍhauṁk, vhaḍ karuṁk; śobhauṁk. ‖ *v. i. e r.* giresth jâvuṁk, râṁpuṁk, ghar bharuṁk.

Enristar, *v. t.* lâgâr-, ghoḍyâr ghâluṁk. ‖ *v. i. V.* INVESTIR.

Enrizamento, *s. m.* śikiyâṁnîṁ ghâlṇeṁ *n.*

Enrizar, *v. t.* śikiyâṁnîṁ ghâluṁk,- bâṁdhuṁk.

Enrocado, *a.* bhoṁvrî kasî; khaḍpâṁcho.

Enrocamentos, *s. m. pl.* moṭiṁ rabrâṁ *n. pl.*

Enrocar, *v. t.* bhoṁvrek lâvuṁk. ‖ *v. r.* (jâḷ, garî) śirkuṁk, phâruṁk.

Enrodilhar, *v. t.* chuṁbaḷ karuṁk *(g. do o.)*; revḍuṁk, guṭhlâvuṁk; goṁdhauṁk, ghuspâvuṁk.

Enroladoiro, *s. m.* bhomvrechem ped *n.*

Enrolar, *v. t.* kavḷumk; revḍumk; *(fig.)* lipaumk, dhâmpûn davrumk. || *v. r.* kavḷomk; revḍomk.

Enroscadura, *s. f.*, **enroscamento**, *s. m.* revaḍ; kavaṇem *n.*

Enroscar, *v. t.* revḍumk, vemṭâḷumk. || *v. r.* revḍomk, kavaṇem karumk; âmg kavḷumk.

Enroupar, *v. t.* dâṭ nesaumk, pâmghraumk. || *v. r.* ubechem nesumk, pâmghrumk.

Enrouquecer, *v. t.* ṭâḷo paḍaumk *(g. do o.)* || *v. i. e r.* ṭâḷo paḍumk,- basumk *(g. do s.)*

Enrouquecimento, *s. m. V.* ROUQUIDÃO.

Enroxar-se, *v. r.* jâmbhḷo jâvumk.

Enrubescer, *v. t.* tâmbḍo karumk. || *v. i. e r.* tâmbḍo jâvumk; ramgumk; *(fig.) V.* PERTURBAR-SE.

Enruçar, *v. i. e r.* bâḷo jâvumk.

Enrudecer, *v. t.* burso-, arbaṭ karumk. || *v. i.* dhâmgaḍ-, burso jâvumk.

Enrufar-se, *v. r. V.* ARRUFAR-SE.

Enrugar, *v. t.* miryo ghâlumk *(d. do o.)* chirmuṭâvumk. || *v. r.* miryo paḍumk *(d. do s.)*, chirmuṭumk.

Ensaboadela, *s. f.* sâbuvân dhuṇem *n.*; *(fig.)* paṭṭî, jupâṭî *f.*, dapâṭo *m.* || *V.* RUDIMENTOS.

Ensaboadura, *s. f.* sâbuvâchem udak *n.* || *V.* ENSABOAMENTO.

Ensaboamento, *s. m.* sâbuvân dhuṇem, sâbû lâvṇem *n.*

Ensaboar, *v. t.* sâbuvân dhuvumk, sâbû lâvumk *(d. do o.)*

Ensaburrar, *v. t.* phâtrâm va remvecho nilimo ghâlumk,- bharumk *(l. in do o.)* || *v. r.* buro mâmḍomk *(d. do s.)*

Ensaccar, *v. t.* potyâmt ghâlumk; poṭḷî bâmdhumk; âmṭkiṭen bharumk.

Ensaiador, *a. e s. m.* yatnî, udyogî, parikshak. || *V.* CONTRASTE.

Ensaiamento, *s. m. V.* ENSAIO.

Ensaiar, *v. t.* yatn-, udyog karûn paḷevumk, parîkshumk; pârkhumk; abhyâsumk, abhyâs karumk *(g. do o.)*, ghoḷaumk. || *v. i.* rahâṭumk, kuṭumk; tayâr jâvumk, tayârî karumk.

Ensáiar, *v. t. e r.* kâs ghâlumk,- mârumk *(g. do o.)*

Ensaio, *s. m.* yatn *n.*, udyog *m.*, parîkshâ; rahâṭṇî, kuṭṇî; ghoḷauṇî *f.*, abhyâs *m.*, tayârî karṇem *n.*; nirbamdh, supûr gramth *m.*

Ensalada, *s. f. V.* SALADA.

Ensalmador, ensalmeiro, *a. e s. m.* mamtrî, mamtrvâdî; okhtî.

Ensalmar, *v. t.* mamtrân baro karumk; mamtrumk. || *v. i.* mamtr mhaṇumk,- mârumk.

Ensalmo, *s. m.* mamtr mhaṇem,- mârṇem; piḍechem mamtr *n.*; okhtyâchî śâpatâm *n. pl.* || *V.* BRUXARIA.

Ensalmoirar, *v. t.* miṭhâk lâvumk,- mârumk.

Ensalsada, *s. f. V.* SALSADA.

Ensamblador, *a. e s. m.* jaḍṇâr, jaḍpî, khamchṇâr.

Ensambladura, ensamblagem, *s. f.*, **ensamblamento**, *s. m.* jaḍaṇ *f.*, jaḍap, jaḍkâm *n.*

Ensamblar, *v. t.* jaḍumk, khamchumk, jaḍaṇ karumk *(g. do o.)*

Ensancha, *s. f.* śivṇebhitar davarlalem lugaṭ *n.* || *Dar ensanchas*, bhav sattyâ divumk. *Deitar* —, chaḍhaumk; dîl jâvumk.

Ensanchar, *v. t.* soḍumk, dilâvumk, rumdâvumk.

Ensandecer, *v. i. e r.* khuḷo-, mûrkho jâvumk, pisâvomk. || *v. t.* piso-, mûḍh karumk.

Ensanguentar, *v. t.* raktâvumk, raktân bharumk; *(fig.)* meḷaumk, loḷaumk. || *v. r.* raktân bharomk, raktbharit jâvumk; *(fig.)* nishṭurpaṇâm-, mhârûpaṇâm karumk.

Ensanguinhar, *v. t.* raktân bharumk. || *v. i.* raktân bharomk.

Ensaque, *s. m.* âmṭkiṭen bharṇem,- ghâlṇem *n.*

Ensarilhar, *v. t.* rahâṭâr (sûṭ) kâmṭumk,- vaḷumk; revḍumk. || — *as armas*, bamdukâm jaḍumk.

Ensarnecer, *v. i.* kharaj jâvumk *(d. do s.)*, kharjîn bharomk.

Ensartar, *v. t.* gumtumk (phoḍe, motyâm).

Enseada, *s. f.* khaḷî *f.*, koḷ *n.*, upasâgar *m.*

Ensebar, *v. t.* charab lâvumk,- kâḍhumk *(d. do o.)*; khatâvumk.

Ensecar, *v. t. (ant.)* pâḷâmk lâgumk *(g. do o.)* || *V.* INDAGAR.

Enseccar, *v. i.* sukaṭer urumk (târûm); sukumk.

Enseio, *s. m. V.* SEIO.

Ensejar, *v. t.* sayog-, samay paḷevumk *(g. do o.)*, pâldek râvumk, ḍolyâmnîm tel ghâlûn âsumk. || *V.* TENTAR.

Ensejo, *s. m.* sayog, samay, avasar, upây *m.*

Ensifero, *a.* khaḍgadhar.

Ensiforme, *a.* tarvâr kasî, khaḍgâkâr.

Ensinação, *s. f.*, **ensinamento**, *s. m.*, **ensinança**, *s. f.*, **ensino**, *s. m.* śikauṇî, śikauṇ *f.*, pâṭhan *n.*, upadeś *m.*

Ensinadela, *s. f.* khâst, śikshâ; paṭṭî *f.*, kân vaḷṇeṁ *n.*

Ensinado, *a.* śiklalo. ‖ *Homem bem* —, ravisecho-, mâṇsugecho manîs.

Ensinador, *a. e s. m.* śikaitalo, śikauṇâr.

Ensinar, *v. t.* śikauṁk, śikauṇ divuṁk *(d. do o.)*, upaśâmuṁk, pâṭhuṁk. ‖ *V.* CASTIGAR.

Ensoamento, *s. m.* vatân bâvṇeṁ *n.*, chiṁbṇî *f.* ‖ *V.* INSOLAÇÃO.

Ensoar, *v. i. e r.* vatân bâvuṁk, chiṁbuṁk.

Ensoberbecer, *v. t.* garvî karuṁk ‖ *v. r.* garvân bharoṁk, garvî jâvuṁk, ahaṁkâruṁk; *(fig.)* uchaṁbaḷuṁk, khubhdaḷuṁk.

Ensobradar, *v. t.* mâḷoyer davruṁk; mâḷoy karuṁk *(d. do o.)*

Ensofregar, *v. t.* asosî karuṁk; jîbh pâjuṁk *(g. do o.)* ‖ *v. r.* asosî-, sośî jâvuṁk; âṁvḍhe ghoṭuṁk.

Ensombrar, *v. t.* sâvḷî karuṁk *(d. do o.)*, sâvaṭ karuṁk; *(fig.)* chiṁtesht karuṁk. ‖ *v. r.* sâvḷî jâvuṁk *(d. ou l. do o.)*; *(fig.)* kâḷok paḍuṁk,- jâvuṁk *(l. sup. do s.)*

Ensombro, *s. m.* sâvaṭ *n.*; *(fig.)* âsar, âḍos *m.*

Ensopado, *s. m. V.* GUISADO.

Ensopar, *v. t.* bhijauṁk, bhijaṭ ghâluṁk, timâvuṁk. ‖ *V.* GUISAR. ‖ *v. r.* bhijuṁk.

Ensossar, *v. t.* aiṇî karuṁk.

Ensosso, *a.* aiṇî, châṭo.

Ensurdecencia, *s. f.*, **ensurdecimento**, *s. m. V.* SURDEZ.

Ensurdecer, *v. i.* bhero jâvuṁk, bherevuṁk, bahirevuṁk, kân-, kânpe basuṁk *(g. do s.)*; *(fig.)* kâṇ nâ divuṁk, kânmâtreṁ karuṁk. ‖ *v. t.* bhero-, bahiro karuṁk, bahirâvuṁk.

Entablamento, **entabolamento**, *s. m.* berîche vayle phâtar *m. pl.*

Entaboamento, *s. m.* phaḷîṁ mârṇeṁ *n.*, taktpośî *f.*

Entaboar, *v. t.* phaḷîṁ mâruṁk *(d. do o.)*, taktpośî karuṁk *(d. ou g. do o.)* ‖ *v. r.* phaḷeṁ kaseṁ jâvuṁk.

Entabolar, *v. t.* tayâr karuṁk; âḍâvuṁk, araṁbh divuṁk,- ghâluṁk *(d. do o.)* ‖ *V.* ENTABOAR. ‖ — *alguem*, mârgâk lâvuṁk.

Entaipar, *v. t.* (bhiṁtîchî mâtî) phaḷyâṁ madheṁ dâmuṁk,- baḍauṁk. ‖ *V.* EMPAREDAR.

Entalação, **entaladura**, *s. f.* kâṁbaṭâṁnîṁ arniṇeṁ,- arnaṇeṁ; *(fig.) V.* APERTO.

Entalado, *a.* arnalalo. ‖ *Estar* —, ḍauṁḍaḷuṁk; goṁdhḷâk sâṁpḍuṁk, khâvṭyâk paḍuṁk. *Ficar* —, phasuṁk, bhaṁguṁk.

Entalar, *v. t.* kâṁbaṭâṁnîṁ arnuṁk,- taḍtaḍâvuṁk; aḍchuṁk, aḍchauṁk, khâṁchîk ghâluṁk; *(fig.)* goṁdhḷâk-, mâṁḍkek ghâluṁk; phasauṁk. ‖ *v. r.* aḍchoṁk; *(fig.)* goṁdhḷâk-, âḍkhaḷîk sâṁpḍuṁk.

Entalecer, *v. i.* deṁṭ phuṭuṁk,- jâvuṁk *(d. do s.)*

Entaleigar, *v. t.* boksyâṁt ghâluṁk,- bharuṁk. ‖ *v. r.* poṭ tâṇuṁk, bareṁ ragḍuṁk *(fig.)*

Entalha, *s. f.* khâṁp *n.*, toḍ *f.*

Entalhador, *s. m.* korṇâr, khoḍṇâr, kâṁtârî, ṭâṁkî, tâṁkekâr.

Entalhadura, *s. f.*, **entalhamento**, *s. m.* korṇî, khoḍṇî, birvaṇ, tâṁkṇî, kâṁtauṇî *f.*, kâṁtap *n.*

Entalhar, *v. t.* koruṁk, khoḍuṁk, kâṁtauṁk, birauṁk, naksuṁk. ‖ *v. i.* khoḍkâm karuṁk.

Entalhe, **entalho**, *s. m.* khoḍkâm *n.*, nakśî, kaḷâsî; toḍ *f.*, khâṁp; jaḍap, jaḍaṇ *n.*

Entaliscar-se, *v. r.* dhâḷîṁt-, khâṁchîk paḍuṁk.

Entanguecer, *v. i.* âṁkhuḍuṁk, vâtaḍuṁk, vâtaḍ jâvuṁk.

Entanguido, *a.* hiṁvân dharlalo, âṁkhuḍlalo, vâtaḍlalo.

Então, *adv.* tednâṁ, tedhvâṁ, tâvaḷ, *tovaḷ, tâṁv, *tedḷâṁ; tar, mhaṇge *ou* mhaṇje, ekûn; uprâṁt *ou* uprâṁteṁ, mag, upar. ‖ *Desde* —, tethûn-, tednâṁ thân, *tâgâyt. *Até* —, tethûn paryâṁt, tedoḷ. *Para* —, tyâveḷîṁ.

Entaramelar, *v. t.* luḍbâvuṁk. ‖ *V.* ENREDAR. ‖ *v. i.* luḍbevuṁk, jibh âḍvî paḍuṁk *(g. do s.)*

Entardecer, *v. i.* sâṁj jâvuṁk.

Ente, *s. m.* vast *f.*, bhût, satbhâv *m.*, sattv *n.* ‖ — *supremo*, parameśvar. — *humano*, manîs.

Enteada, *s. f.* dhuvḍî, sâvtar dhûv, âytî.

Enteado, *s. m.* putṇayo, sâvtar putr, âyto. ‖ — *da fortuna*, kapâlphuṭko.

Entear, *v. t.* viṇuṁk; *(fig.) V.* ENREDAR.

Enteçer, *v. t. e r. V.* ENTRETECER.
Entediar, *v. t. V.* ENOJAR.
Entejo, *s. m. (p. us.)* vîṭ, aḷśik *f.*
Entelechia, *s. f.* gûḍhbhâs *f.*
Entendedor, *s. m.* samjatalo, samjîk. || *a.* gnyânâcho; oḷakh âslalo.
Entender, *v. t.* samjuṁk *(ás vezes com d. do s. e s. do o.),* umjuṁk *(id.),* jâṇuṁk, bodhuṁk; oḷkhuṁk, kaḷâkaḷ âsuṁk *(d. do s.); ouvir:* âykuṁk; *intentar:* karuṁk chiṁtuṁk, yojuṁk; *interpretar:* arthuṁk. || *v. i.* oḷakh-, rahâṭ âsuṁk *(d. do s.);* jâḷoṇî karuṁk; dhyânuṁk; khabar ghevuṁk. || — *da poda (fig.),* âpleṁch kâm samjuṁk. || *v. r.* âpâpleṁ jâṇuṁk; âpṇâk oḷkhuṁk; *dizer respeito:* lâguṁk; *combinar-se:* meḷuṁk. || — *com alguem,* bareṁ paḍuṁk *(d. do s.)* || *s. m.* saṁjoṇî *f.*
Entendidamente, *adv.* samjûn, oḷakh ghevûn.
Entendido, *a.* samjalalo; samjîk, jñânî *ou* gnyânî, matîcho; oḷakh-, kaḷâkaḷ âslalo. || *Dar-se por* —, ṭhâv ghevuṁk. *Não se dar por* —, samjanâsem karuṁk. *Bem* —, bare bhâshen, dubhâvâviṇ. *Bem — que,* jarachtar, jâḷyârach; khareṁch.
Entendimento, *s. m.* jñân *ou* gnyân *n.,* buddh, jñânbuddh, mat, akkal, manîshikâ, prajñâ *(p. us.) f.,* takleṁ *(litt.* CABEÇA) *n.;* samjoṇî, oḷakh, umjaṇî *f.* || *V.* INTERPRETAÇÃO.
Entenebrecer, *v. t.* kâḷokâvuṁk, kâḷok-, aṁdhakâr ghâluṁk *(l. sup. do o.)* || *v. i. e r.* kâḷok jâvuṁk; kâḷok paḍuṁk *(l. sup. do o.)*
Entenrecer, *v. t.* komaḷ-, maû karuṁk. || *v. i.* maû jâvuṁk.
Enterico, *a.* âṁtkiṭiyâṁcho.
Enternecer, *v. t.* maû-, soṁvḷo karuṁk, maûsâvuṁk; *(fig.)* mavâḷuṁk, churchurâvuṁk. || *v. r.* kaṇvâḷuṁk, churchuruṁk, mavâḷoṁk, dravuṁk, kâḷij ulpuṁk,- lâsuṁk *(litt.* ARDER O CORAÇÃO; *g. do s.)*
Enternecimento, *s. m.* mavâḷây, kaṇvâḷây *f.,* churchure *m. pl.*
Enterocele, *s. m.* naḷâṁchî piḍâ *f.*
Enterose, *s. f.* âṁtkiṭyâṁchî-, aṁtarmâḷechî piḍâ *f.*
Enterração, *s. f.,* enterramento, *s. m.* nikhipiṇeṁ, purap, puraṇ, mâtiyek lâvṇeṁ *n.,* purṇî *f.*
Enterrador, *a. e s. m.* purtalo, purpî.
Enterrar, *v. t.* puruṁk, mâtiyek lâvuṁk, nikhipuṁk. || *v. r.* puroṁk, nemoṁk; sanyâsuṁk.
Enterreirar, *v. t.* (dharṇ) peṭuṁk.
Enterrio, enterro, *s. m.* iṁter *m.,* marṇ *n.* || *V.* ENTERRAMENTO.
Entesadura, *s. f.* tâṇṇî *f.,* tâṇap *n.*
Entesar, *v. t.* tâṇuṁk, târâṁṭuṁk, taḍtaḍâvuṁk; niṭ-, ubho karuṁk; ghaṭṭâvuṁk, nibrâvuṁk. || *v. r.* tâṇoṁk, taṇtaṇuṁk; ghaṭṭ-, nibar jâvuṁk. || *V.* ENCRESPAR-SE.
Entestar, *v. i.* lâguṁk, teṁkuṁk, merck-, samor âsuṁk.
Enthesoirizador, *a. e s. m.* thevṇi kartalo.
Enthesoirizar, *v. t.* ṭhevuṁk, ṭhevo karuṁk *(g. do o.); (fig.)* puṁjâvuṁk, jamâvuṁk, puṁjo-, râs-, ḍoṁgar karuṁk *(g. do o.)*
Enthronização, *s. f.* siṁhâsanâr basauṇeṁ,- basṇeṁ *n.,* abhishek *m.*
Enthronizar, *v. t.* gâdiyer-, siṁhâsanâr basauṁk, abhishekuṁk; *(fig.)* uṁch jâgo-, padvî divuṁk *(d. do o.)* || *v. r.* gâdiyer-, sadrer basuṁk; adhikâr chalauṁk.
Enthusiasmar, *v. t.* murgaṭâvuṁk, ullâsauṁk, phulauṁk, saṁtoshân uchaṁbaḷâvuṁk. || *v. r.* murgaṭuṁk, utsavuṁk, âhlâduṁk, umâḷuṁk, phuluṁk, phurphuruṁk, hurbhen uchaṁbaḷuṁk,- taḷmaḷuṁk.
Enthusiasmo, *s. m.* devvâreṁ, devpiseṁ *n.;* umâḷo, âhlâd, utsav, anurâg, mad *m.,* hurbhâ, murgaṭṇî, uchaṁbaḷây, śitâbî, phulṇî *f.,* phulap *n.*
Enthusiasta, *a.* hurbhevaṁt, śitâb, utsavbharit, âveśî. || *s. m.* anurâgî, murgaṭṇâr, phulṇâr.
Enthusiastico, *a.* hurbhecho, umâḷyâcho.
Enthymema, *s. m.* luptaikâvayav nyây *m.*
Entibiamento, *s. m. V.* TIBIEZA.
Entibiar, *v. t.* śeḷmoḍo-, ûbmoḍo karuṁk; saḍaḷâvuṁk. || *v. i. e r.* ûbmoḍo-, saḍaḷ jâvuṁk; thaṁḍâvoṁk.
Entidade, *s. f.* sattv *n.,* satbhâv; arth *m.,* vast *f.; (fig.)* bhâr *m.,* vajan, mol *n.*
Entijolar, *v. t.* iṭe ghâluṁk *(d. do o.)* || *v. r.* iṭo kaso jâvuṁk.
Entisicar, *v. t.* khevâdkâr karuṁk; *(fig.) V.* APOQUENTAR. || *v. i. e r.* khevâd jâvuṁk *(d. do s.)*
Entoação, *s. f.* iṁtuvâsâṁv *n.,* svarṇî *f.,* svarbhed *m.* || *V.* SOLFEJO.
Entoado, *a.* svarlalo; susvar.
Entoador, *a. e s. m.* svartalo, svar ditalo.

Entoar, *v. t.* intuvârkaruṁk, svaruṁk, svarâr-, châlir gâvuṁk,- vâjauṁk; svar-, sûr divuṁk *(d. do o.)* || *V.* PROPORCIONAR.

Entocar, *v. t.* ḍholiṁt-, vivarâṁt ghâluṁk. || *v. r.* ḍholiṁt riguṁk.

Entomico, *a.* kiḍyâṁcho.

Entomologia, *s. f.* vibhakṭâṁgakîṭakavidyâ *f.*

Entonar, *v. t.* (taklî) ukluṁk, vayr kâḍhuṁk. || *v. r.* taklî mânîr nâ dharoṁk *(g. do s.)*, gâl phugauṁk, phuluṁk, ahaṁkâruṁk.

Entono, *s. m.* phaḍâ, dhajâ, moḍâmoḍ, baḍây *f.*; ahaṁkâr *m.*, mijâs *f.*

Entontecer, *v. t.* ghuṁvḷâvuṁk, nindâvuṁk; gaḷyo-, khuḷo karuṁk. || *v. i. e r.* ninduṁk; bhirmiruṁk, ghuṁvḷî yevuṁk *(d. do s.)*; taklî moḍuṁk, bakîṁ mâruṁk (*litt.* CAÇAR GARÇAS); gaḷyo-, sairbair jâvuṁk, barḷâr paḍuṁk.

Entornadura, *s. f.* otṇî, omtaṇî, vâraunî *f.*

Entornar, *v. t.* otuṁk, omtuṁk; vârauṁk; uphrâṭuṁk, ulâṁḍuṁk; vâhuṁk, ṭâḷyâr ghâluṁk; *(fig.)* udhḷuṁk, ibâḍuṁk. || *V.* DIFFUNDIR. || *v. r.* otoṁk, omtoṁk; uphrâṭoṁk, ulâṁḍoṁk. || — *o caldo,* kâm bighḍuṁk,- phiskaṭuṁk.

Entorpecido, *a.* bahiro.

Entorpecer, *v. t.* bahirâvuṁk; *(fig.)* meṁgâvuṁk, maṁdâvuṁk. || *v. i. e r.* bahirevuṁk, bharoṁk, dharoṁk, bhâruṁk, thaṁḍâvoṁk; *(fig.)* meṁgo-, maṁd jâvuṁk.

Entorpecimento, *s. m.* bahirepaṇ *n.*, vaḷ *m.*, dharṇî, bharṇî; *(fig.)* âṁgsustî *f.*, meṁgepaṇ *n.*

Entorroar, *v. t.* tephâṁ karuṁk *(g. do o.)* || *v. r.* khaḍe jâvuṁk *(g. do o.)*

Entorse, *s. m.* sâṁdho vaḷṇeṁ,- partaṇeṁ *n.*

Entortadura, *s. f.* vâṁkḍo karṇeṁ,- jâṇeṁ, vâṁkḍepaṇ *n.*, tîḍ *f.*

Entortar, *v. t.* vâṁkḍo karuṁk, tiḍauṁk. || — *os olhos,* ḍoḷe partuṁk, tirso jâvuṁk. — *as pernas,* pâṁgḷo jâvuṁk. || *v. i.* vâṁkḍo chaluṁk. || *v. r.* vâṁkḍo jâvuṁk, tiḍuṁk; soro mâtso chaḍhuṁk *(d. do s.)*

Entoxicar, *v. t. V.* ENVENENAR.

Entrada, *s. f.* bhitar sarṇeṁ, rigṇeṁ; dâr, dvâr *n.*, praveś, rîg *m.*, toṁḍ; *começo:* mudal *n.*, araṁbh; *familiaridade:* lâgbhâg *m.*, yeṇeṁvachṇeṁ; *o dinheiro com que se entra:* mudal, mûldhan *n.* || *V.* CORRERIA.

Entrajado, *a. V.* TRAJADO.

Entralhar, *v. t.* (jâḷ) vaḷuṁk; jâḷân dharuṁk. || *v. i.* ghaṭṭ dharoṁk, śirkuṁk; *(fig.)* aḍchoṁk, goṁdhḷâk-, aḍchaṇek paḍuṁk.

Entrança, *s. f.* araṁbh, muhurtt *m.*, mudal *n.*

Entrançado, *a.* viṇlalo. || *s. m.* pâṁtî, veṇî *f.*

Entrançador, *a. e s. m.* viṇtalo.

Entrançadura, *s. f.* viṇap *n.*, viṇṇî; veṁṭî *f.*

Entrançar *v. t.* pâṁtî ghâluṁk *(d. do o.)*, veṁṭuṁk; viṇuṁk, vaḷuṁk.

Entrancia, *s. f.* adhikârâcho araṁbh *m.*

Entranha, *s. f.* âṁt, poṭâṁtleṁ *n.*, âṁtâṁpiṁtâṁ *n. pl.*, aṁtarmâḷâ *f.*; kusvo *m.*, udar; aṁtashkarṇ *n.*; *(fig.)* aprûbây *f.*, pritimog *m.*; poṭ *n.*

Entranhado, *a.* poṭâṁt ghâlalo; pâḷâṁ ghetlalo *(fig.)*, jûṇ, âḍlo; khol, kâḷjâcho; bhakt.

Entranhar, *v. t.* poṭâṁt-, kâḷjâṁt-, aṁtashkarṇâṁt ghâluṁk,- davruṁk. || *v. r.* poṭâṁt-, kâḷjâṁt riguṁk; bhav bhitar vachuṁk.

Entranhavel, *a.* kâḷjâcho, aṁtashkarṇâcho.

Entranqueirar, *v. t.* âḍe-, pâgâr ghâluṁk *(d. do o.)* || *v. r.* âḍyâṁchyâ âḍosâk râvuṁk.

Entrapar, *v. t.* âṁgoṭyâṁnîṁ guṭhlâvuṁk. || *V.* EMPLASTAR. || *v. r.* âṁgoṭyo-, chiṁdhyo nesuṁk.

Entrar, *v. i.* bhitar saruṁk, riguṁk, śiruṁk, praveśuṁk, ghusuṁk, *saṁchroṁk; doṁko ghâluṁk, pâṁy davruṁk (*litt.* PÔR O PÉ); *filiar-se:* eṁtrâr jâvuṁk, bhitar saruṁk; *encetar:* mudal ghâluṁk, lâguṁk. || — *em edade,* mhâtâro jâvuṁk. — *em duvida,* dubhâv riguṁk *(d. do s.)* — *em si,* śidkâvoṁk. — *em campo,* jujuṁk tayâr jâvuṁk. — *em conta,* lekhâk yevuṁk. — *em moda,* châlîr-, rivâjâr paḍuṁk. — *em scena,* nâṭkî jâvuṁk. — *na posse,* bhogâvaḷ ghevuṁk. — *por alguma coisa,* samjuṁk, kaḷâkaḷ âsuṁk. — *pelas bebidas,* soryâk saṁvkuṁk,- peṭuṁk. — *com o pé direito,* kalyâṇî jâvuṁk, sagḷeṁ bareṁ chaluṁk *(g. do s.)*. — *de serviço,* pâḷî pâḷuṁk,- karuṁk. — *de semana,* âpleṁ sumân karuṁk. — *de semana com alguem,* keṁduṁk, thuklâvuṁk; pâḷâṁk-, pâṭhâpâṭhî lâguṁk. || *V.* CONTRIBUIR *e* INVADIR. || *v. t.* bhitar saruṁk, riguṁk *(vv. ii.)* || *v. r.* bharoṁk, lâguṁk *(d. do s.)*

Entravar, *v. t.* phârâvuṁk, śirkâvuṁk; âḍâvuṁk, aḍuṁk.

Entrave, *s. m.* peṁch, peṁcho, khoḍo *m.*; nasây *f.*, vighn *n.*, pratibaṁdh *m.*

Entre, *prep.* bhitar, madheṁ.

Entreabrir, *v. t.* mâtso-, lohu ughḍuṁk. || *v. i. e r.* phuluṁk lâguṁk.

Entre-acto, *s. m.* aṁkâṁtar *f.*

Entre-bater-se, *v. r. V.* DEBATER-SE.

Entre-branco, *a.* dhavso, dhavsâr.

Entrecambado, *a.* śirkalalo, revaḍlalo, goṁdhlalo.

Entre-casca, *s. f.*, **entre-casco**, *s. m.* bhitarlî sâl *f.*

Entrecho, *s. m.* vastu, saṁvidhânak *n.*

Entre-chocar-se, *v. r.* ekmekâk âdḷuṁk,- basuṁk.

Entrecolumnio, *s. m. V.* INTERCOLUMNIO.

Entreconhecer, *v. t.* vaylyâvayr oḷkhuṁk, oḷkhatâso disuṁk. || *v. r.* ekmekâk oḷkhuṁk, ekmekâchyo khoḍî jâṇuṁk.

Entre-correr, *v. i.* doṁbhitar dhâṁvuṁk. || *V.* DECORRER.

Entrecortar, *v. t.* jaḍûn kâtruṁk; phugârkaruṁk. || *v. r.* paraspar-, ekmekâk kâtruṁk.

Entrecosto, *s. m.* borîṁcheṁ mâs *n.*

Entre-dizer, *v. t.* âplebhitar mhaṇuṁk, guṇguṇuṁk.

Entre-dormido, *a.* nidsuro.

Entre-escolher, *v. t.* hâtâk meḷtâ teṁ viṁchuṁk.

Entrefino, *a.* sumârâcho, madhlo.

Entrefôlho, *s. m.* chorkhaṇ *m.*

Entreforro, *s. m.* eṁtrephorr *m.*, madhleṁ astar *n.*

Entrega, *s. f.* deṇeṁ, samarpaṇ *n.*, opṇî *f.* || *V.* TRAIÇÃO. || *Tomar* —, âplyâ hâtân-, âple âdhîn ghevuṁk. *Fazer* —, *V.* ENTREGAR.

Entregadoiro, *a.* divuṁcho, opcho.

Entregador, *s. m.* ditalo, deṇâr, opṇâr; vâṁṭpî; ghâtkî.

Entregar, *v. t.* divuṁk, hâtân-, âdhîn divuṁk, opuṁk *ou* vopuṁk, samarpuṁk, âdhîn-, parâdhîn karuṁk, pâvauṁk. || *V.* TRAHIR. || — *a alma a Deus*, maruṁk, bhâyr paḍuṁk. — *ao esquecimento*, visruṁk. || *v. r.* âpṇâk divuṁk,- samarpuṁk; lâguṁk, peṭuṁk.

Entrelaçamento, *s. m.* vaḷap *n.*, veṁṭṇî, veṁṭî *f.*, veṁṭo *m.*

Entrelaçar, *v. t.* vaḷuṁk, veṁṭuṁk.

Entrelinha, *s. f.* aṁtaroḷ *f.*, aṁtaroḷîṁt barailaleṁ *n.*

Entrelinhar, *v. t.* aṁtaroḷîṁt-, oḷîṁmodheṁ barauṁk.

Entreluzir, *v. i.* bikbikuṁk, jhiḷmiḷuṁk; âḍosân disuṁk.

Entre-maduro, *a.* aṁburko, aṁburpiko, ardhpiko.

Entremear, *v. t.* madheṁ ghâluṁk,- ṭhevuṁk, misḷuṁk. || *v. r.* madheṁ âsuṁk,- râvuṁk.

Entremeio, *a.* madhlo, madhekatcho. || *s. m.* madhleṁ *n.* || *Neste* —, *V.* ENTREMENTES.

Entrementes, *adv.* itlyâ mhaṇasar, sardyâ, avasarîṁ.

Entremesa, *s. f.* mejâr baslalo veḷ *m.*

Entremetter, *v. t.* madheṁ ghâluṁk. || *v. r.* madheṁ riguṁk, âḍ râvuṁk; luḍbuḍuṁk, ghusuṁk, ghusḷuṁk, ḍhavḷoṁk, toṁḍ ghâluṁk.

Entremettido, *a.* luḍbuḍyo, ḍhavḷo, jaṁjâlo, nâchro, choṁbḍo.

Entremettimento, *s. m.* madheṁ,- mâjâr ghâlṇeṁ,- rigṇeṁ *n.*; ghusṇî, ghusaḷṇî *f.*

Entremez, *s. m.* prahasan *n.*, nâṭikâ *f.*

Entremezada, *s. f.* kautâṁ *n. pl.*, nakal *f.*

Entremontano, *a.* ḍoṁgrâm-, parvatâṁ madhlo.

Entre-mostrar, *v. t.* thoḍo-, ardho dâkhauṁk. || *v. r.* mâtso dishṭî paḍuṁk.

Entre-nó, *s. m.* kâṁḍ, per *n.*

Entre-ouvir, *v. t.* guṇguṇît âykuṁk.

Entre-panno, *s. m.* khaṇâcheṁ phaḷeṁ *n.*

Entre-passar, *v. i.* madhlyân vachuṁk.

Entre-pausa, *s. f.* madhlo virâm *m.*

Entre-pilastras, *s. m.* khâṁbyâṁ madhlî svât *f.*

Entre-ponte, *s. m.* târvâcho madhlo bhâg *m.*

Entre-portas, *adv.* uṁbrâr; dârâbhitar.

Entreposto, *s. m.* utârpeṁṭh; bhaṁgsâḷ *f.*

Entreprender, *v. t. V.* INTERPRENDER.

Entre-sachar, *v. t.* madheṁ (dusreṁ) ghâluṁk, aṁtrâvuṁk. || *V.* ENTRELAÇAR. || *v. r.* misḷoṁk, jaḍoṁk.

Entre-seio, *s. f.* khâṁch, pokhar *f.*

Entre-semear, *v. t.* madheṁ vaṁpuṁk; (*fig.*) *V.* INTERCALAR.

Entre-sola, *s. f.* madhleṁ sol *n.*

Entre-solho, *s. m. V.* SOBRELOJA.

Entre-sonhar, *v. t.* ardhkuro sapṇevuṁk. || *v. i. V.* DEVANEAR.

Entre-talhadura, *s. f.*, **entre-talho,** *s. m.* nakśî, birvaṇ, kirvaṇ *f.*

Entre-talhar, *v. t.* naksuṁk, birauṁk, kirvaṇ-, nakśi karuṁk *(d. ou l. sup. do o.)*

Entretanto, *adv.* itlyâ mhaṇasar, sardyâ, avasarîṁ; aseṁ âstânâ, tarîpaṇ. || — *que, V.* EMQUANTO. || *s. m.* avasar *m.*, aṁtar *f.*

Entretecedor, *a. e s. m.* vaḷtalo, viṇtalo, viṇpî.

Entretecedura, *s. f.*, **entretecimento,** *s. m.* vaḷṇî, viṇṇî *f.*, viṇap *n.* || *V.* INSERÇÃO.

Entretecer, *v. t.* viṇuṁk, vaḷuṁk; madheṁ ghâluṁk,- chaḍhauṁk. || *v. r.* vaḷoṁk, revḍoṁk, guṭhḷoṁk.

Entretelà, *s. f.* madhlo phorr *m.*

Entretelar, *v. t.* madheṁ phorr-, astar ghâluṁk *(g. do o.)*

Entretenimento., **entretimento,** *s. m.* mauj, gamat *f.*, ramaṇ *n.*

Entreter, *v. t.* ghulyo sâṁguṁk *(d. do o.)*, lâgâṁnnîṁ phoṭauṁk, sukyo poḷyo poṭâk bâṁdhuṁk *(g. do o.)*, baryâṁ uttrâṁnîṁ vel kâḍhuṁk *(g. do o.)*; kheḷauṁk, ramauṁk, kuśâl karuṁk; saṁbhâḷuṁk, râkhuṁk, chalauṁk, davruṁk. || *v. i.* toṁḍâk pânâṁ pusuṁk, toṁḍâr poḷe bhâjuṁk. || *v. r.* kheḷuṁk, ramuṁk, krîḍuṁk; râvuṁk, ṭhikuṁk.

Entretesta, *s. m.* pâlaṁv, padar *m.*

Entretinho, *s. m.* śukṇyâcheṁ khâṇ *n.*

Entre-turbar, *v. t.* mâtso uchaṁbaḷâvuṁk.

Entrevação, *s. f.*, **entrevamento,** **entrevecimento,** *s. m.* dharṇî *f.*

Entrevado, *a. e s. m.* ârkâr, guḷâṁkâr, âbgûl.

Entrevar, *v. t.* guḷâṁkâr-, âbgûl karuṁk. || *v. i. e r.* âr jâvuṁk *(d. do s.)*, guḷâṁkâr jâvuṁk, dharoṁk.

Entrevar, *v. t.* kâḷokâṁt ghâḷuṁk; kâḷok karuṁk *(d. ou l. do o.)* || *v. r.* kâḷok jâvuṁk.

Entrevecer, *v. i. e r.* ârkâr-, guḷâṁkâr jâvuṁk.

Entrever, *v. t.* jhaḷkuṁk *(d. do s., s. do o.)*, gair disuṁk *(id.)*; *(fig.)* ṭhâv-, ṭhâvak meḷuṁk *(d. do s., g. do o.)*, kaḷâkaḷ âsuṁk *(id.)* || *v. r.* bheṭuṁk.

Entrevinda, *s. f.* avchitt pâvṇeṁ *n.*

Entrevista, *s. f.* bheṭ *f.*, meḷap, saṁkathan *n.*

Entrezar, *v. t. V.* ENTRELAÇAR.

Entrezilhado, *a. (ant.)*, sukaṭyo, bhâgaṭyo.

Entrincheiramento, *s. m.* khaṁdak *m.*; *(fig.)* nib, nimitt *n.*

Entrincheirar, *v. t.* khaṁdak khaṇuṁk,- karuṁk *(d. do o.)* || *v. r.* âpṇâk râkhuṁk khaṁdak khaṇuṁk,- morche bâṁdhuṁk; *(fig.)* sagḷe upây ghevuṁk; ghaṭṭ râvuṁk.

Entristecer, *v. t.* khaṁtî-, duśchit karuṁk. || *v. i. e r.* khaṁtibharit-, udâs jâvuṁk, toṁḍ chiṁvoṁk,- âṁbaṭ jâvuṁk *(g. do s.)*

Entrita, *s. f. V.* MIGAS.

Entroncamento, *s. m.* sâṁdho; nâko, saṁgam *m.*

Entroncar, *v. i.* khâṁdo jâvuṁk *(d. do s.)*; meḷuṁk (vâṭo). || *v. t.* meḷauṁk, saṁdhuṁk.

Entronchar, *v. i.* moṭyâṁ deṁṭâṁcho jâvuṁk.

Entronquecer, *v. i.* kâṁḍ-, khâṁdo jâvuṁk *(d. do s.)*

Entropeço, *s. m. V.* TROPEÇO.

Entrosa, *s. f.* dâṁtryâṁcheṁ rahâṭ *n.*; dâṁtrâvṇî *f.*

Entrosar, *v. t.* (rahâṭâṁ) ghâṁsâvuṁk, dâṁtryâṁnnîṁ bharuṁk,- phârâvuṁk; *(fig.)* mâṁḍâvaḷ karuṁk *(g. do o.)* || *v. i.* dâṁtryâṁnnîṁ phâruṁk,- ghâṁs ghevuṁk.

Entrouxar, *v. t.* poṭlî-, bokseṁ bâṁdhuṁk,- karuṁk *(g. do o.)*, poṭḷuṁk. || *V.* ACCUMULAR.

Entroviscar-se, *v. r.* kupâṁ mâṁḍoṁk, ghûm jâvuṁk.

Entroz, *s. f. V.* ENTROSA.

Entrudada, *s. f.* iṁtrudâcho kheḷ *m.*

Entrudar, *v. i.* iṁtrûd kheḷuṁk. || *v. t.* (keshṭâyen) phoṭauṁk, yaṁtrâṁ karuṁk *(g. do s.)*

Entrudo, *s. m.* iṁtrûd *m.*

Entufar, *v. i. V.* TUFAR.

Entulhar, *v. t.* râs karuṁk *(g. do o.)*, puruṁk, choṁduṁk; *(fig.) V.* ACCUMULAR. || *v. r.* puroṁk, choṁdoṁk.

Entulho, *s. m.* bhar, bharvaṇ, purṇî *f.*, purap *n.*; *(fig.)* kachro *m.*

Entupimento, *s. m.* choṁdṇî, purṇî, muṁdhṇî *f.*

Entupir, *v. t.* choṁduṁk, muṁdhuṁk, puruṁk, bharuṁk. || *v. r.* choṁdoṁk, puroṁk, bharoṁk; *(fig.)* doḍo-, boṭo jâvuṁk.

Enturbar, *v. t. V.* TURBAR.

Enturvar, *v. t. V.* TURVAR.

Entuviada, *s. f.: de* —, darvaḍyân, gadbaḍîn.

Enucleação, *s. f.* biyo kâḍhṇeṁ *n.*
Enuclear, *v. t.* biyo kâḍhuṁk *(g. do o.) V.* ELUCIDAR.
Enumeração, *s. f.* gaṇtî *f.*, gaṇan *n.*, saṁkhyâ; vyâkhyâ *f.*
Enumerador, *a. e s. m.* gaṇṇâr, mejtalo.
Enumerar, *v. t.* gaṇuṁk, lekhuṁk, mejuṁk, gaṇtî karuṁk *(g. do o.)*; ekânek sâmguṁk.
Enumeravel, *a.* gaṇûṁyeso, gaṇanîyâ mejcho.
Enunciação, *s. f.* mhaṇṇî, uchchârṇî *f.*, uchchâr, udgâr *m.* ‖ *V.* PROPOSIÇÃO.
Enunciado, *a.* mhaṇlalo, uchchârlalo. ‖ *s. m.* vâkya *n.*
Enunciador, *a. e s. m.* uchchârtalo.
Enunciar, *v. t.* uchchâruṁk, mhaṇuṁk, sâṁguṁk, ulauṁk. ‖ *v. r.* uchchâroṁk.
Enunciativo, *a.* uchchârâcho.
Enuresia, *s. f.* kaḷa-, gama nâstânâ muṭṇeṁ *n.*
Envaidar, *v. t.* abhimânân bharuṁk, beshṭo phulauṁk. ‖ *v. r.* sukî baḍây karuṁk, polkî phaḍâ karuṁk, abhimâṇuṁk, phiṭphiṭuṁk.
Envallar, *v. t. e r. V.* ENTRINCHEIRAR.
Envasadura, *s. f.* bâṁdhchyâ tarvâche teṁke *m. pl.*
Envasamento, *s. m.* koṇâcheṁ-, konsyâcheṁ peḍ *n.*
Envasar, *v. t.* âydanâṁnîṁ bharuṁk; bâṁbrâṁt-, chiklâṁt ghâluṁk. ‖ *v. r.* bâṁbrâṁt loḷuṁk,- bharoṁk.
Envasilhar, *v. t.* âydaṇâṁnîṁ bharuṁk,- ghâluṁk.
Envelhacar, *v. t.* ṭhakî-, luṁcho karuṁk. ‖ *v. r.* labâḍ-, âḍjâî jâvuṁk.
Envelhecer, envelhentar, *v. i.* mhâtâro-, parṇo jâvuṁk; pusoṁk. ‖ *v. t.* mhâtâro karuṁk.
Envelоppe, *s. m.* lakhoṭo *ou* lâkhoṭo *m.*, kâp *(port.* CAPA) *n.*
Envenenamento, *s. m.* vikh ghâlṇeṁ,- lâgṇeṁ *n.*; vikhâr *m.*
Envenenar, *v. t.* vikh ghâluṁk, vikhâvuṁk; *(fig.) V.* DETURPAR. ‖ *v. r.* vikh piyevuṁk,- ghevuṁk; vikh lâguṁk,- chaḍhuṁk *(d. do s.)*
Enverdecer, *v. i.* pâlevuṁk *(— arvores)*; taṇ kirluṁk *(l. in do s.)*; *(fig.)* tarṇo jâvuṁk. ‖ *v. t.* pânâṁnîṁ-, oletin bharuṁk; *(fig.)* tarṇo-, burgo karuṁk.
Enverdejar, *v. i. V.* ENVERDECER.
Envergadura, *s. f.*, **envergamento,** *s. m.* śîḍ bâṁdhṇeṁ *n.*; śiḍâchyâṁ birḍyâṁchyo doryo *f. pl.*; oṇav *m.*, bhâg. ‖ — *das aves,* ughṭyâṁ pâkhoṭyâṁchyâ śukṇyâchî ruṁdî *f.*
Envergar, *v. t.* (śiḍâṁ) kavḷûn bâṁdhuṁk; parbâṇâṁk bâṁdhuṁk; oḍhuṁk, chaḍhauṁk (âṁgvastr); bhâgâvuṁk, vaṁdâvuṁk; jhaṁpâṁ ghâluṁk *(d. do o.)* ‖ *v. i.* oṇavuṁk, bhâgâvoṁk.
Envergonhado, *a.* lajjîshṭ; kâkûḍ, gâbbro.
Envergonhar, *v. t.* lajjauṁk, lajjek ghâluṁk, lajj karuṁk *(d. do o.)* ‖ *v. r.* lajjuṁk, śarmevuṁk, lajj bhogoṁk *(d. do s.)*, lajjek paḍuṁk; doḍoṁk, bhiḍevuṁk, taklî poṁdâk ghâluṁk.
Envergues, *s. m. pl.* śiḍâṁ kavḷûn bâṁdhchyo doryo *f. pl.*
Envermelhar, *v. t.* tâṁbḍo-, tâṁbo karuṁk. ‖ *v. i. e r.* tâṁbḍo jâvuṁk, tâṁbḍevuṁk; âg kasî jâvuṁk.
Envermelhecer, *v. i. V.* ENVERMELHAR.
Envernizar, *v. t.* vernîj mâruṁk *(d. do o.)*, rogan lâvuṁk,- kâḍhuṁk *(d. do o.)*, telâvuṁk.
Enverrugar, *v. t.* murḍuṁk, maḷuṁk, chirmuṭâvuṁk. ‖ *v. i. e r.* miryo paḍuṁk *(d. do s.)*, chirmuṭuṁk; kiḍe paḍuṁk *(d. do s.)*
Envesgar, *v. t.* tirso karuṁk, (ḍoḷe) moḍuṁk.
Envessadamente, *adv.* parteṁ, uphrâṭeṁ.
Envessado, *a.* parto.
Envessar, *v. t.* partuṁk, parto doḍuṁk.
Envez, *s. m.* partî kûs, pâṭh; *(fig.)* vâyṭ kûs *f.* ‖ *De — ou ao —*, kapaṭîṁ, nâḍîn.
Enviado, *a.* dhâḍlalo. ‖ *s. m.* dût, vakîl.
Enviamento, *s. m.* dhâḍṇî, pâṭhauṇî *f.*, dhâṇḍeṇeṁ *n.*
Enviar, *v. t.* dhâḍuṁk, dhâṇḍivuṁk, pâṭhauṁk.
Enviatura, *s. f.* dûtpaṇ, vakîlpaṇ *n.*, vakilî *f.*
Envidar, *v. t.* dupcṭ (paṇ, paij) karuṁk, kheḷuṁk âpauṁk,- phuslâvuṁk. ‖ — *de falso,* toṁḍâpurtî bheṭ karuṁk. — *esforços,* hâtân âsâ teṁ karuṁk, sagḷe upây ghâluṁk.
Envide, *s. m.* vâr *f.*
Envidilha, *s. f.* meḍ *f.*
Envidraçar, *v. t.* ârse ghâluṁk *(d. do o.)* ‖ *v. r.* (ḍoḷe) vâṭâroṁk.
Enviez, *s. m.* âḍvepaṇ, tiḍvepaṇ, vâṁkḍepaṇ *n.*, tiḍây *f.*

Enviezadamente, *adv.* tirkas, tiḍvo *(decl.)*

Enviezado, *a.* âḍvo, vâṁkḍo, tiḍko, tiḍvo, tirkas kelalo.

Enviezar, *v. t.* âḍvo-, tiḍvo ghâluṁk,- kâtruṁk; tiḍâvuṁk. || — *os olhos,* ḍoḷe partuṁk. || *v. r.* eke kuśîn bhâgavûn chaluṁk; *(fig.)* tiḍuṁk.

Envilecer, *v. t.* halko-, uṇo karuṁk, mân kâḍhuṁk *(g. do o.)* || *v. i. e r.* hîṇ-, dvâḍ jâvuṁk; *(fig.)* mol-, mân deṁvuṁk *(g. do s.)*

Envilecimento, *s. m. V.* AVILTAMENTO.

Envinagrar, *v. t.* vinâgr-, śirko ghâluṁk; âṁbṭâvuṁk; *(fig.)* chiḍauṁk, kâṁdo piḷuṁk *(fig.)* || *v. r.* śirko jâvuṁk; âṁbṭevuṁk; *(fig.)* tiḍuṁk, tâpuṁk; duḥkhâṁ gaḷauṁk, ḍoḷe ghâgrevuṁk *(g. do s.)*

Envincilhar, *v. t.* veṁṭâvuṁk. || *v. r.* veṁṭoṁk, revḍoṁk.

Enviperar-se, *v. r.* jaḷuṁk, kaḍkaḍuṁk, phaḍphaḍuṁk.

Enviscar, *v. t.* pâṁk lâvuṁk,- mâṁḍuṁk *(d. do o.)* || *v. r.* pâṁkâk lâguṁk,- phâruṁk; *(fig.)* bhuluṁk, mhoṁvâk lâguṁk *(fig.)*

Envite, *s. f.* kheḷuṁk âpauṇeṁ; dupeṭ paṇ *n.;* toṁḍâpurtî bheṭ *f.*, toṁḍâche kuṁprumeṁt *m. pl.* || *De* —, vaḍhâvaḍhîṁ, paijen.

Enviuvar, *v.* râṁḍ-, vidhav jâvuṁk. || *v. t.* râṁḍ karuṁk.

Enviveirar, *v. t.* posche svâter davruṁk; âyṇâṁt ghâluṁk.

Envolta, *s. f.* gaḍbaḍ *f.* || *De* —, urpaṁjîn, ekṭhâṁy jâvûn; gaḍbaḍîn; misḷûn.

Envolto, *a.* guṭhlâylalo. || *Agua envolta,* khadaḷ udak. — *em esquecimento,* visarlalo; pâṭh kelalo.

Envoltorio, *s. m.* guṭhlâvuṁcheṁ, veshṭan, âvaraṇ *n.*, kaṁchuk *m.* || *V.* EMBRULHO.

Envoltura, *s. f.* burgyâchî âṁgoṭî *f.* || *V.* ENVOLVIMENTO.

Envolvidoiro, *s. m.* pâṭh *m.*

Envolvedor, *a. e s. m.* guṭhlâytalo. || *s. m.* guṭhlâvuṁcheṁ lugaṭ *n.* || *V.* INTRIGANTE.

Envolver, *v. t.* guṭhlâvuṁk, kavḷuṁk, veshṭuṁk, veḍhuṁk, revḍuṁk, lugṭâvuṁk, guṁḍâḷuṁk; *abranger:* âṭpuṁk; *misturar:* meḷauṁk, barsuṁk; *comprometter:* bharîk ghâluṁk, gâṁṭhâvuṁk. || *V.* EMBARAÇAR. || *v. r.* guṭhloṁk, kavḷoṁk, revḍoṁk; âṭpoṁk.

Envolvimento, *s. m.* guṭhlâvṇî, revaḍṇî, veḍhṇî; guṭhlî, kavḷî *f.*, veshṭan *n.*

Enxacoco, *a. e s. m. (ant.)* ardhkurî parkî bhâs ulaitalo. || *Falar* —, bhâso misḷuṁk.

Enxada, *s. f.* khoreṁ, phoreṁ *(us. Sal.); (fig.)* udarposhaṇ *n.*, udyog *m.*

Enxadada, *s. f.* khoryâcho phâr *m.;* khoreṁbhar *n.* || *A primeira* —, pailyâ phârâk, kashṭâṁvîṇ.

Enxadão, *s. m.* pânkudaḷ *f.*

Enxadrezar, *v. t.* chaturaṁg kaseṁ karuṁk.

Enxaguadura, *s. f.* umaḷṇî; buchbuchâvṇî *f.*

Enxaguar, *v. t.* partûn partûn dhuvuṁk, umḷuṁk; udkâṁt kâḍhuṁk, buchbuchâvuṁk, kachkachâvuṁk, jhaḷjhaḷâvuṁk.

Enxalmar, *v. t.* khogîr ghâluṁk *(d. ou l. sup. do o.)*

Enxalmo, *s. m.* khogîr; mûṭh *m.*

Enxambrar, *v. t.* vâḷgauṁk, vâḷgatghâluṁk. || *v. i. e r.* vâḷguṁk.

Enxame, *s. m.* mâleṁ *n.; (fig.)* buchbucho, chuṁbo *m.*

Enxamear, *v. t.* mâlyâṁt ghâluṁk; mâlyaṁt bharuṁk. || *v. i.* mâleṁ jâvuṁk *(g. do s.); (fig.)* buchbuchuṁk, kuchkuchuṁk.

Enxaqueca, *s. f.* ardhî taklî phoḍṇeṁ *n.*, ardhaśîrsh *m.*

Enxara, *s f. (ant.) V.* CHARNECA.

Enxarcear, *v. t.* dorâṁ ghâluṁk,- bâṁdhuṁk *(d. do o.)*

Enxarcia, *s. f.* kuṁvyâṁchîṁ dorâṁ *n. pl.*

Enxaropar, *v. t.* paṁk-, gharchîṁ okhtâṁ piyevuṁk divuṁk *(d. do o.)*

Enxeco, *s. m. (ant.)* nuskân *n.*, nâś; daṁḍ *m.* || *V.* EMPECILHO.

Enxerca, *s. f. (ant.)* mâs sukauṇeṁ *n.*

Enxercar, *v. t. e i.* mâs kâtrûn sukauṁk.

Enxerga, *s. f.* taṇâchî lepḍî,- supeṭî *f.*

Enxergão, *s. m.* taṇâcheṁ-, tâḍâcheṁ bichhâṇeṁ *n.*

Enxergar, *v. t.* jhaḷkuṁk *(d. do s., s. do o.),* dishṭî paḍuṁk *(id.);* paḷevuṁk; dhyânâṁt yevuṁk; pârkhuṁk.

Enxerir, *v. t. V.* INSERIR.

Enxerqueira, *s. f. (ant.)* sukeṁ mâs viktalî.

Enxertadeira, *s. f.* gârph karchî surî *f.*

Enxertador, *s. m.* gârph-, paivaṁd kartalo.

Enxertadura, enxertia, *s. f.* gârph-, paivaṁd karṇeṁ, kalaṁ lâvṇeṁ *n.*

Enxertar, *v. t.* gârph (*port.* GARFO)-, paivaṁd karuṁk *(d. do o.)*, kalam lâvuṁk *(d. do o.)*; *(fig.)* *V.* INSERIR.

Enxerto, *s. m.* kalam lâvṇeṁ; kalam, gârph; *arvore enxertada:* iseḍ, gârph *n.*

Enxiar, *v. t. (mar.)* bâṁdhuṁk.

Enxó, *s. f.* tâsṇî *f.*

Enxofrador, *a. e s. m.* gaṁdhak mârtalo. || *s. m.* gaṁdhak mârcheṁ âut *n.*

Enxoframento, *s. m.* gaṁdhak mârṇeṁ,- misaḷṇeṁ *n.*

Enxofrar, *v. t.* gaṁdhak mâruṁk,- lâvuṁk,- misḷuṁk; *(fig.)* châḷvauṁk, tiḍauṁk. || *v. r.* châḷvuṁk, tiḍuṁk.

Enxofre, *s. m.* gaṁdhak *ou* gaṁdhaph *m.*

Enxofrento, *a.* gaṁdhakâcho.

Enxota-cães, *s. m.* igarjeṁtlîṁ śuṇîṁ âṁbuḍtalo.

Enxota-diabos, *s. m.* devchâr kâḍhtalo.

Enxotador, *a. e s. m.* âṁbuḍtalo, dispaṭṇâr.

Enxotadura, *s. f.* âṁbuḍṇî, huskâvṇî, dispaṭ *f.*

Enxotar, *v. t.* âṁbḍuṁk *ou* âṁbuḍuṁk, dispaṭuṁk *ou* dispaṭâvuṁk, dhâṁvḍâvuṁk, phâphḍuṁk, huskâvuṁk.

Enxoval, *s. m.* hokleeheṁ deṇeṁ *n.*; lahânâ burgyâchî saglî nesaṇ *f.*

Enxovalhamento, *s. m.* meḷauṇî, loḷauṇî *f.*; meḷ *m.*

Enxovalhar, *v. t.* meḷauṁk, loḷauṁk, bharuṁk; murḍuṁk, maḷuṁk; *(fig.)* akmân karuṁk *(d. do o.)*, apmânuṁk, gâḷî savuṁk *(d. do o.)*, kâtruṁk *(fig.)* || *v. r.* meḷoṁk, loḷoṁk; *(fig.)* lajj sâṁḍuṁk, iśîm hogḍâvuṁk, nâṁv ubhauṁk, nâk kâtruṁk.

Enxovalho, *s. m.* meḷ; apmân, bemân *m.*, gâḷ *f.*, śive *m. pl.*

Enxovedo, *a.* pato, khuḷo.

Enxovia, *s. f.* bhuṁyârâchî baṁdkhaṇ, âṁdhârî *f.*

Enxugadoiro, *s. m.* sukatghâlchî svât *f.*

Enxugador, *a. e s. m.* sukaitalo; sukauṁcheṁ ûn ghar *n.*

Enxugar, *v. t.* sukauṁk; pusuṁk; *(fig.)* vâḷuṁk *(fig.)* || *v. i. e r.* sukuṁk.

Enxugo, *s. m.* sukauṇî; pusṇî *f.*

Enxulha, enxundia, *s. f.* pâkhruvâṁchî charab *f.*

Enxurdar-se, *v. r.* *V.* ATOLAR-SE.

Enxurdeiro, *s. m.* khâtoḍ *f.*, khâtaṇ, koṁḍ *n.*

Enxurrada, *s. f.* loṭ, maujo *m.*, aur *ou* âṁvar *n.*

Enxurrar, *v. t.* loṭân,- aurân, buḍauṁk. || *v. i.* aur-, loṭ yevuṁk *(l. do s.)*

Enxurro, *s. m.* loṭ, maujo; khâtaṇâcho vahâḷ *m.*; *(fig.)* *V.* ESCORIA.

Enxuto, *a.* suklalo, suko. || — *de carnes,* sukaṭyo, bhâgaṭyo.

Enzinha, *s. f.* *V.* AZINHA.

Enzona, *s. f.* duśmânkây *f.*, dvesh *m.*; lâṁvḍây, chahâḍî *f.*

Enzonar, *v. t.* lâṁvḍâyo sâṁguṁk *(g. do o.)*, chahâḍî karuṁk *(g. do o.)* kûṁs kâvuṁk *(d. do o.)*

Eolio, *a.* vâryâcho.

Epacta, *s. f.* epâkt, saurachâṁdrâbdâṁtar *n.*

Epenthese, *s. f.* madhyâkshar chaḍhauṇeṁ *n.*

Ephemerides, *s. f. pl.* *V.* DIARIO.

Ephemero, *a.* ekâdivasâcho, ekâdisâcho; doṁdisâṁcho, athîr, adṛiḍh, naśvar, phusko, utpannvinâśî.

Ephialta, *s. f.* lahar *f.*, âbaḷ *n.*

Epicarpico, *a.* sâlîcho.

Epicarpo, *s. m.* phaḷâchî sâl,- kât *f.*

Epicedio, *s. m.* śokgît, vilâpkavan *n.*

Epiceno, *a.* ubhayaliṁg.

Epico, *a.* vîracharitrâcho, mahâkâvyâcho. || *s. m.* vîrachiritrakavi.

Epicureo, epicurista, *a. e s. m.* potyo poṭârthî; vishayî, vilâsî, bhogî.

Epicurismo, *s. m.* poṭârth *m.*, poṭârthpaṇ; vishayipaṇ, kâmîpaṇ *n.*

Epicyclo, *s. m.* prâkchakr *n.*

Epidemia, *s. f.* marî, mârî, jarîmarî, dhâm, mahâmarî *f.*, charcharît, vâreṁ *(litt.* VENTO) *n.*

Epidemico, *a.* dhâmîcho, marîcho; vasyâcho, vasyâdik.

Epidemologia, *s. f.* marîvarṇan *n.*

Epiderme, *s. f.* bhâylî kât *f.*

Epidermico, *a.* kâtîcho.

Epidictico, *a.* *V.* DEMONSTRATIVO.

Epigastrico, *a.* pûrvvastîcho.

Epigastro, *s. m.* purvvasti *f.*, vayleṁ poṭ *n.*

Epiglotte, *s. f.* kaṁṭhadvârpâl *m.*

Epigramma, *s. m.* chuṭko *m.*

Epigrammatico, *a.* chuṭkyâcho.

Epigrammatizar, *v. t. e i.* chuṭke karuṁk *(g. do o.)*

Epigraphe, *s. f.* śironâm, sadar *n.*
Epigraphia, *s. f.* śilâlekhavidyâ *f.*
Epigraphico, *a.* śironâmâcho; śilâlekhâcho.
Epilação, *s. f.* keṁs kâḍhṇeṁ,- koṁchauṇeṁ *n.*
Epilatorio, *a.* keṁs gaḷauṁcho. ‖ *s. m.* keṁs gaḷauṁcheṁ okhat *n.*
Epilepsia, *s. f.* marlûk *f.*, pheṁpreṁ *n.*
Epileptico, *a.* marlukecho. ‖ *s. m.* marlukâr.
Epilogação, *s. m.* upasaṁhâr karṇeṁ *n.*
Epilogador, *s. m.* upasaṁhârî.
Epilogar, *v. t.* upasaṁhâr karuṁk (*g. do o.*), âṭâpûn sâṁguṁk; (*fig.*) saṁgrahuṁk.
Epilogo, *s. m.* upasaṁhâr *m.*, saṁpâdṇî *f.*
Epinicio, *s. m.* jayagît *n.*, jayaghosh *m.*
Epiphania, *s. f.* roycho (*do port.* REIS) dîs *m.*, roy *f.*
Episcopado, *s. m.* bispâchî padvî *f.*; bispâcheṁ râj *n.*; bispâṁcho varg *m.*
Episcopal, *a.* bispâcho.
Episodiar, *v. t.* âḍkathâṁnîṁ saṁjauṁk, upakathuṁk.
Episodico, *a.* âḍkathecho.
Episodio, *s. m.* âḍkathâ, upakathâ; âḍ gosht *f.*
Episperma, *s. m.* biyechî sâl *f.*
Epistação, *s. f.* kuṭṇî *f.*
Epistar, *v. t.* kuṭuṁk.
Epistaxis, *s. f.* âmalpiṁt.
Epistola, *s. f.* chiṭṭ *f.*, patr, likhît *n.*, lekh *m.*
Epistolar, *a.* chiṭṭicho, patrâcho.
Epistolario, epistoleiro, *s. m.* chiṭṭiṁcho jamo, patrasaṁgraha *m.*
Epistylio, *s m. V.* ARCHITRAVE.
Epitaphio, *s. m.* phoṁḍâvayleṁ barap *n.*, mrityulekh *m.*
Epithalamico, *a.* lagnagîtâcho.
Epithalamio, *s. m.* lagnagît *n.*, lagnâcho poṁvâḍo *m.*
Epitheto, *s. m.* guṇṇâm, viśeshaṇ; bird *ou* barad, saṁbodhan *n.*, vâkhâṇṇî *f.* ‖ *V.* ALCUNHA.
Epitomador, *s. m.* sârsaṁgraha kartalo, âṭâpî.
Epitomar, *v. t.* sârsaṁgraha karuṁk (*g. do o.*), âṭâpuṁk, saṁgrahuṁk.
Epitome, *s. m.* sârsaṁgraha, sârâṁśagraṁth; saṁgraha, saṁkshep, âṭâp, veṁcho *m.*
Epizootia, *s. f.* monjâtîṁchî marî *f.*

Epocha, *s. f.* śakâraṁbh, śakâdi *m.*; san, yug *n.*; samay, kâḷ *m.* ‖ *Fazer* —, varto-, nâvâḍhik jâvuṁk, gâjauṁk.
Epopêa, *s. f.* vîracharitr, mahakâvya *n.*, poṁvâḍo *m.*
Epulida, *s. f.* poṭîk *m.*
Equação, *s. f.* samîkaraṇ.
Equador, *s. m.* bhûchakr, vishuvachakr *n.*, vishuvamaṁḍal, madhyareshâ *f.* ‖ — *celeste,* nâḍimaṁḍal.
Equanime, *a.* samchitt, samvṛitti, samras; śâṁt; nîṭ, śuddh.
Equanimidade, *s. f.* samchitt, samman *n.*; śâṁti *f.*; sadâchâr *m.*
Equatorial, *a.* bhuchakrâcho.
Equavel, *a.* (*p. us.*) *V.* UNIFORME.
Equestre, *a.* ghoḍyâcho; turaṁgî; savâricho.
Equevo, *a.* eke parâyecho *ou* pirâyecho, barâbarcho.
Equiangulo, *a.* samkoṇ.
Equidade, *s. f.* nît *f.*, nyây, dharmnyây *m.*
Equideo, *a.* ghoḍyâcho.
Equidifferença, *s. f.* sambhed *m.*, aṁtarsâmya *n.*
Equidifferente, *a.* aṁtarsâmyâcho.
Equidistancia, *s. f.* sârkî aṁtar *f.*, samâṁtar *f. ou n.*
Equidistante, *a.* samâṁtar.
Equidistar, *v. i.* samâṁtar âsuṁk.
Erquilateral, *a.* sambhuj.
Equilatero, *a.* samtribhuj.
Equilibração, *s. f.* samtolṇî, samtulatâ *f.*
Equilibrante, *a.* samtolcho.
Equilibrar, *v. t.* samtoluṁk, sambhâr-, barâbar karuṁk. ‖ *v. r.* barâbar-, sârko râvuṁk; (*fig.*) thîruṁk.
Equilibrio, *s. m.* samtol *m.*, samtulatâ *f.*, sambhâr *m.*
Equilibrista, *s. m.* nâḍekâr.
Equimultiplo, *a.* samguṇâkâr.
Equino, *a.* ghoḍyâcho; aśvasaṁbaṁdhî.
Equinoxial, *a.* vishuvâcho. ‖ *Linha* —, *V.* EQUADOR. *Pontos equinoxiaes,* krâṁtipât *m.*
Equinoxio, *s. m.* vishuv. ‖ — *do outomno,* vishuvpad, jalvishuv. — *da primavera,* haripad, mahâvishuv. *Dia do* —, vishuvdin *n.* *Intervallo entre os equinoxios,* ayanakâl *m.*
Equipagem, *s. f.* târvaṭî *m. pl.*; phaujicheṁ sâmaṇ *n.*, yuddhsâmagrî *f.*; sâj *m.*, yaṁtrâṁ *n. pl.*; savârî *f.*, ârâbo *m.*
Equipamento, *s. m.* śipâyâcho sâj *m.*

Equipar, *v. t.* târvaṭî chaḍhauṁk (*l. sup. do o.*); (târûṁ) purauṁk; yuddhsâmagrî karuṁk (*g. do o.*)
Equiparação, *s. f.* sarî karṇeṁ, samkaraṇ *n.*
Equiparar, *v. t.* sarî karuṁk, lâvuṁk. || *v. r.* sarî-, barâbar jâvuṁk.
Equiparavel, *a.* sari karûṁyeso.
Equipendente, *a.* *V.* EQUIPONDERANTE.
Equipollencia, *s. f.* samârth *m.*, arthsâmya *n.*
Equipollente, *a.* samârth, samârthâcho.
Equiponderancia, *s. f.* sambhâr, samtol *m.*, samtulatâ *f.*
Equiponderante, *a.* samtolâcho, sambhâr.
Equiponderar, *v. i. e r.* sambhâr âsuṁk. || *v. t.* sambhâr karuṁk.
Equisonancia, *s. f.* samdhvani *m.*
Equitação, *s. f.* aśvavidyâ *f.*; ghoḍyâr basṇeṁ,- bhoṁvṇeṁ *n.*
Equitativo, *a.* nitîcho, ujû.
Equivalencia, *s. f.* ekmol, sammûḷya *n.*, samtol *m.*, barâbarî *f.*
Equivalente, *a.* ekâ molâcho, samtolâcho, eksârko, sâṁgḍo, barâbarîcho.
Equivaler, *v. i.* ekâ molâcho jâvuṁk, molân sârko âsuṁk; purto jâvuṁk,- âsuṁk.
Equivocação, *s. f.* dusreṁ dharṇeṁ *n.*, chûk *f.* || *V.* EQUIVOCO.
Equivocadamente, **equivocamente**, *adv.* dvârthîṁ.
Equivocar, *v. t.* chukauṁk, dusreṁ sâṁguṁk (*d. do o.*) || *v. r.* chukuṁk, dusreṁ dharuṁk,- ulauṁk.
Equivoco, *a.* doṁ arthâṁcho, duvârth, duvârthâcho ubhayârth. || *s. m.* chûk *f.*; duvârthpaṇ *n.*; ślesh *m.*, vakrokti *f.*
Equoreo, *a.* daryâcho, samudrâcho *ou* samdirâcho.
Equuleo, *a.* *V.* ECULEO.
Era, *s. f.* śak, śâkh *m.*, san *n.*, isvî *f.*
Erario, *s. m.* râjkoś, khajno, jâmdârkhâṇo *m.*
Erebo, *s. m.* narak *m.*
Erecção, *s. f.* ubho karṇeṁ,- jâṇeṁ *n.*, ubhârṇî *f.*; (*fig.*) *V.* INSTITUIÇÃO.
Erectil, *a.* ubho jâtalo, phultalo.
Erectilidade, *s. f.* ubho-, sûḷ jâvuṁcho guṇ *m.*
Erecto, *a.* ubho, ubhâr, nîṭ, saraḷ.
Erector, *a.* ubho karcho.
Eremicola, **eremita**, *s. m.* araṇyavâsî, vanvâsî, vânprasth.
Eremiterio, *s. m.* guṁpho, araṇyavâs, vanvâs, âśram, math *m.*, maṭhî *f.*, vânprasthya *n.*
Eremitico, *a.* vanvâsâcho, vânprasthâcho. || *V.* CONTEMPLATIVO.
Ereo, *a.* pitûḷcho, kâṁsyâcho.
Erethismo, *s. m.* *V.* ORGASMO.
Ergastulo, *s. m.* baṁdkhaṇ *f.*
Ergo, *conj.* mhaṇûn, dekhûn, tar.
Erguer, *v. t.* ukluṁk, ubhâruṁk; bâṁdhuṁk; uṭhauṁk. || *v. r.* uṭhuṁk; uklоṁk.
Eriçar, *v. t.* (keṁs) phulauṁk. || *v. r.* phuluṁk.
Erigir, *v. t.* ukluṁk, ubhâruṁk. || *V.* FUNDAR.
Eril, *a.* *V.* EREO.
Erinaceo, *a.* mâṁḍoḷî kasî.
Ermar, *v. t.* araṇeṁ-, mâḷ karuṁk. || *v. i.* araṇyâṁt jiyevuṁk.
Ermida, *s. f.* âśram *m.*, maṭhî; irmît *f.*, devasthân *n.*
Ermita, *s. m.* *V.* EREMITA.
Ermitania, *s. f.* vânprasthya *n.*; irmîtîchî jâḷoṇî *f.*
Ermitão, *s. m.* irmitîchî-, maṭhîchî jâḷoṇî kartalo.
Ermiterio, *s. m.* *V.* EREMITERIO.
Ermitôa, *s. f.* irmitîcho saṁbhâḷ kartalî.
Ermo, *s. m.* araṇeṁ, rân, mâḷ, vânprasthya *n.*, sado. || *adv.* araṇyâcho, saḍo; nirâdhârî.
Erodente, **erosivo**, *a.* *V.* CORROSIVO.
Erosão, *s. f.* *V.* CORROSÃO.
Erotico, *a.* śṛiṁgârî, kâmuk.
Erotismo, *s. m.* kâmâchâr *m.*
Erotomania, *s. f.* kâmpiseṁ *n.*
Errada, *s. f.* (*ant.*) chukîchî-, goṁdhḷâchî vâṭ *f.* || *V.* ERRATA.
Erradamente, *adv.* chukûn.
Erradicação, *s. f.* unmuḷṇî *f.*, nirmûḷpaṇ *n.*
Erradicar, *v. t.* unmuḷuṁk *ou* umḷuṁk.
Erradicativo, *a.* unmuḷtalo.
Erradio, *a.* hiṁḍno; (*fig.*) âḍmârgî.
Errado, *a.* chuklalo, aśuddh. || *V.* CULPADO. || *Mulher errada*, śiṁdaḷ bâil.
Errante, *a.* chukto; neṇâr; vâṭ visarto; hiṁḍno, bhramî, bhramishṭ; asthitivâs. || *V.* VACILLANTE.
Errar, *v. t.* chukuṁk, chukûn karuṁk. || *v. i.* chukuṁk, chûk jâvuṁk (*g. do s.*), chakuṁk, vitharuṁk; gunyâṁv jâvuṁk (*g. do s.*), vâṁkḍo pâṁy paḍuṁk (*litt.* CAHIR O PÉ EM FALSO; *g.*

do s.); himḍuṁk, bhramuṁk, pârpaḷ jâvuṁk.

Errata, *s. f.* chhâpnechi chûk *f.*, chûkśodh *m.* || *Pagina das erratas*, śuddhipatr *n.*

Erratico, *a.* himḍṇo, pârpaḷ; athir, akram.

Errhino, *a.* śiṁko yevuṁcho, śiṁkâṁcho.

Erriçar, *v. t. V.* ERIÇAR.

Erro, *s. m.* chûk *f.*, bhram, pramâd, matibhram, saṁbhram *m.*, avidyâ; taphârat, tiḍ, kasar, khoṭi *f.*, aśuddh; khoṭepaṇ, duśkarm *n.*; gunyâṁv *m.*

Erroneamente, *adv.* chukûn, bhramân, aśuddhiṁ.

Erroneo, *a.* chukicho, aśuddh, bhramâcho, kuḍo.

Error, *s. m.* chûk *f.*; gunyâṁv *m.*

Erubescencia, *s. f.* tâmbḍo jâṇeṁ *n.*

Erubescente, *a.* tâmbḍo jâtalo, raṁgtalo.

Erubescer, *v. i.* tâmbḍo jâvuṁk, raṁguṁk, polyâṁk ragat chaḍhuṁk *(g. do s.)*; lajjuṁk.

Eructação, *s. f.* ḍheṁk, ḍheṁkar *m.*

Erudição, *s. f.* vidyâ, jâṇvây *f.*, paṁḍitpaṇ, pâṁḍitya *n.*

Erudito, *a.* vidyâvaṁt, suvidyo, pravîṇ. || *s. m.* vâchpibarpi, śâstrî *m.*, vidyânagarî *f.*

Eruginoso, *a.* kalmicho; kalmîchyâ raṁgâcho.

Erupção, *s. f.* phuṭṇi *f.*, baḷân-, neṭân bhâyr yeṇeṁ *n.*; hurhûr, hurhuro, puraḷ *m.*

Eruptivo, *a.* hurhuryâcho.

Erva, *s. f.* taṇ, triṇ *n.* || *Em —*, lahân-, tarno âstânâ. || -s, *pl.* bhâji, tarkârî *f.*, vârveṁ *n.*

Ervaçal, *s. m.* charvo *m.*; vâyṭ taṇ *n.*

Ervagem, *s. f.* parsâcheṁ-, lâylaleṁ taṇ; vârveṁ *n.*

Ervanario, *s. m.* okhtâchiṁ jhâḍâṁ viktalo; jhâḍpâlyâcho vaij, okhtî.

Ervanço, *s. m.* chaṇo, gholâṇochaṇo *m.*; chaṇyâṁcheṁ jhâḍ *n.*

Ervar, *v. t.* jhâḍâchyâ vikhân bharuṁk,- loḷauṁk.

Ervecer, *v. i.* taṇ kirluṁk,- jâvuṁk *(l. in do s.)*

Ervilha, *s. f.* vâṭaṇochaṇo, *aḷsâṁdo *m.*

Ervoso, *a.* taṇân bharlalo.

Erysipela, *s. f.* dhâṁvreṁ *n.*

Erysipelar, *v. t.* dhâṁvreṁ karuṁk *(d. do o.)* || *v. i. e r.* dhâṁvreṁ jâvuṁk *(d. do s.)*

Erysipelatoso, erysipeloso, *a.* dhâṁvryâcho.

Erythema, *s. m.* isap, visarp *m.*

Esbaforir-se, *v. r.* dhâpevuṁk, kharsevuṁk.

Esbaganhar, *v. t.* saṇboṭe kâḍhuṁk *(g. do o.)*

Esbagoar, *v. t.* biyo kâḍhuṁk *(g. do o.)* || *v. i. e r.* biyo vachuṁk,- bhâyr saruṁk *(g. do s.)*

Esbagulhar, *v. t.* biyo-, chiṁchre kâḍhuṁk *(g. do o.)*, karlâvuṁk.

Esbandalhar, *v. t.* dispaṭâvuṁk, dhâṁvḍâvuṁk; phâḷe-, vâvḍoryâṁt vâvdoryo karuṁk *(g. do o.)* || *V.* DISTRUIR. || *v. r.* dispoṭoṁk, phâṁṭâphâṁṭiṁ vachuṁk; khoṭo-, nashṭo jâvuṁk.

Esbanjador, *a. e s. m.* hogḍâvṇo, ibâḍyo, udhḷo, vikshepî.

Esbanjar, *v. t.* hogḍâvuṁk, ibâḍuṁk, udhḷuṁk, vikshepuṁk, lâṭuṁk, vâṭ lâvuṁk *(g. do o.)*

Esbarbar, *v. t.* kharkharitây kâḍhuṁk *(g. do o.)*

Esbarrar, *v. i.* âḍḷuṁk, âḍkhaḷuṁk.

Esbarrocamento, esbarrondamento, *s. m.* koṁsaḷṇi, gaḷgaḷṇi *f.*

Esbarrocar, *v. i. e r.* koṁsḷuṁk, gaḷgaḷuṁk, gaḷuṁk.

Esbarrondadeiro, *s. m. V.* DESPENHADEIRO.

Esbarrondar, *v. t.* koṁsḷâvuṁk, gaḷauṁk, gaḷgaḷâvuṁk. || *v. i.* śevṭoṁk, âpṭoṁk. || *v. r. V.* ESBARROCAR-SE.

Esbater, *v. t.* birauṁk.

Esbatimento, *s. m.* birvaṇ *f.*

Esbeltar, *v. t.* mâṇkulo-, śobhivaṁt karuṁk.

Esbelteza, *s. f.* mâṇkulây, śobhitây, śobh *f.*

Esbelto, *a.* mâṇkulo, śobhivaṁt, phiraṁgulo, âkârvaṁt.

Esbirro, *s. m. V.* BELEGUIM.

Esboçar, *v. t.* âṁkuṁk, âkâruṁk, kharḍuṁk.

Esboceto, *s. m.* lahân nakso *m.*

Esboço, *s. m.* âkâr, kharḍo, masuḍo, nakso *m.*

Esbofar, *v. t.* kharsâvuṁk. || *v. r.* kharsevuṁk, harḍeṁphûṭ jâvuṁk.

Esbofetear, *v. t.* thâpṭâṁ mâruṁk *(d. do o.)* thâpṭâvuṁk. || *v. r.* âple pole phoḍuṁk.

Esbombardear, *v. t. V.* BOMBARDEAR.

Esborcellar, esborcinar, *v. t.* kâṁṭh-, teṁbi kâtruṁk *(g. do o.)*

Esbordar, *v. t. V.* TRASBORDAR.

Esboroamento, **esborôo**, *s. m.* tephâṁ phoḍneṁ *n.;* kuṭṇî *f.*, kuṭaṇ *n.;* pûḍ *f.*

Esboroar, *v. t.* (tephâṁ) phoḍuṁk; kuṭuṁk, pûḍ karuṁk. || *v. r.* phusphusuṁk, churo jâvuṁk *(g. do s.);* gaḷuṁk.

Esborrachar, *v. t.* chirḍuṁk, dâmûn phoḍuṁk; mastuṁk.

Esborralhada, *s. f. V.* DESTROÇO.

Esborralhadoiro, *s. m.* parlâchî sâran *f.*

Esborralhador, *s. m.* murmuro ustuṁcho dâṁḍo, kâbilâto *m.*

Esborralhar, *v. t.* murmuro ustuṁk *(g. do o.);* śiṁpḍâvuṁk. || *v. r.* koṁsḷuṁk, moḍon paḍuṁk.

Esborrar, *v. t.* mûr kâḍhuṁk *(g. do o.)*, phoḍuṁk.

Esbracejar, *v. i. V.* BRACEJAR.

Esbranquiçado, *a.* dhavso, dhavsâr, pâṁḍhro.

Esbranquiçar, *v. t.* dhavso karuṁk.

Esbravear, **esbravecer**, **esbravejar**, *v. i.* tiḍkuṁk, krodhuṁk, kopuṁk, phaḍphaḍuṁk, vâdaḷuṁk.

Esbrazear, *v. t.* iṁgḷo karuṁk *(g. do o.)* || *V.* CORAR.

Esbrugar, *v. t.* soluṁk; mâs kâḍhuṁk *(g. do o.); (fig.) V.* POLIR.

Esbugalhado, *a.* umaḷḷalo (doḷo).

Esbugalhar, *v. t.* mâyphaḷâṁ kâḍhuṁk *(g. do o.);* orkuṁk.

Esbulhador, *a. e s. m.* luṭṇâr, nâgauṇâr, nâgauṇo.

Esbulhar, *v. t.* luṭuṁk, lûṭ lâvuṁk *(d. do o.)*, *hirauṁk, nâgḍâvuṁk; bhogâvaḷ kâḍhuṁk *(g. do o.)*

Esbulho, *s. m.* lûṭ, hirauṇî; luṭîcho mâl *m.;* bhogâvaḷ kâḍhṇeṁ *n.*

Esburacar, *v. t.* burâk-, doṁpḷo karuṁk *(d. do o.)* || *v. r.* burâk-, ḍoḷe-, chilî jâvuṁk *(d. do s.);* piṁjuṁk.

Esbuxar, *v. t. V.* DESLOCAR.

Escabecear, *v. i. V.* CABECEAR.

Escabeche, *s. m.* pârâ *m.*, mol *f.*

Escabella, *s. f.* châṁâche keṁs kâḍhṇeṁ *n.*

Escabellar, *v. t.* (keṁs) soḍuṁk, mekhḷâvuṁk. || *v. r.* keṁs mekhḷe ghâluṁk, jhoṁṭâṁ karuṁk.

Escabello, *s. m.* maṇay, baskâ, chavay, chaukî *f.;* pâṁysar *m.*, padâsaṇ *n.*

Escabichador, *a. e s. m.* kisauṇo, khaṇpaṇo, jaṁjâḷo.

Escabichar, *v. t.* bârkâyen khabar ghevuṁk *(g. do o.)*, (kuskuṭâṁ) kisauṁk; ṭhâv ghevuṁk *(g. do o.)*

Escabioso, *a.* kharjuvâḷo. kharjuḷo.

Escabreação, *s. f. V.* ZANGA.

Escabrear, *v. t.* dispaṭâvuṁk, dhâṁvḍâvuṁk. || *V.* IRRITAR. || *v. r.* dispaṭoṁk, biṁduṁk. || *V.* AGASTAR-SE.

Escabrosidade, *s. f.* khaḍkhaḍitây, kharkharitây *f.*

Escabroso, *a.* kharkharît, khaḍkhaḍît, kharbarît. || *Caminho* —, guṁḍyâṁphâtrâṁchî vâṭ. *Negocio* —, mahâragh kâm *n.*

Escabujar, *v. i.* hâtpâṁy baḍauṁk, dhaḍbaḍuṁk, taḷmaḷuṁk.

Escabulhar, *v. t.* soluṁk, kharḍuṁk, karluṁk.

Escabulho, *s. m.* sâl *f.*, karl *n.*

Escachar, *v. t.* dośiṁ karuṁk, phoḍuṁk, luṁḍuṁk.

Escaço, *s. m.* mâsḷecheṁ sâreṁ *n.*

Escacholar, *v. t.* boḍik phoḍuṁk,- dâḍâvuṁk.

Escada, *s. f.* iskâd, śiḍî *f.*, sopaṇ *n.;* nisaṇ *f.*

Escadaria, *s. f.* ekmekâk teṁkûn iskâdo *f. pl.*

Escadea, *s. f.* ghoṁsâcho sâṁdho, phaṇo *m.*

Escadeirar, *v. t. V.* DESANCAR.

Escadelecer, *v. i.* jemen paḍuṁk, jemeche loṭ yevuṁk *(d. do s.)*

Escadorio, *s. m. V.* ESCADARIA.

Escafeder-se, *v. r.* kûs mâruṁk, saṭkuṁk.

Escaiola, *s. f. V.* ESTUQUE.

Escair, *v. i.* phârik karcho dîs pâvuṁk,- yevuṁk.

Escala, *s. f.* śiḍî, nisaṇ; lûṭ; paripâṭî, mâṁḍâvaḷ *f.*, chaḍhteṁ va utarteṁ kram *n.; (mus.)* grâm, saptasvar *m.; (mar.)* khâḍîk târûṁ teṁkṇeṁ,- lâgṇeṁ *n.* || — *social*, jâtîṁcho jamo. *Por* —, pâḷiyen. *Em grande* —, phushkal, jâyteṁ. || *V.* ESCALADA.

Escalada, *s. f.*, **escalamento**, *s. m.* nisṇîṁnîṁ koṭṭâr chaḍhṇeṁ *n.*

Escalador, *a. e s. m.* koṭṭâr chaḍhtalo; suṭikartalo.

Escalafrio, *s. m. V.* ARREPIAMENTO.

Escalamocar, *v. t. V.* ESCALAVRAR.

Escalão, *s. m.* pâṁyḍo *m.*, sopaṇ *n.*, pâyrî *f.*

Escalar, *v. t.* nisṇîṁ lâvûn chaḍhuṁk, *nisaṇuṁk; nâgauṁk, luṭuṁk. || — *o peixe*, mâsḷi suṭikaruṁk,- ujrâvuṁk. — *o serviço*, pâḷyo vâṁṭuṁk. || *V.* ASSOLAR.

Escalavradura, *s. f.*, **escalavramento**, **escalavro**, *s. m.* gâṁj, phâpsaṇî *f.*, jheṁjrap *n.*

Escalavrar, *v. t.* phâpsâvuṁk, burḍuṁk, jheṁjrâvuṁk. ‖ *V.* ESBORCINAR.

Escalda, *s. f.* tik kaḍhî *f.*

Escaldadela, escaldadura, *s. f.*, **escaldão,** *s. m.* unhvaṇyân ulpâvṇeṁ *n.*; unhâvnî; *(fig.)* jupâṭî, paṭṭî *f.*, dapâṭo *m.*

Escaldar, *v. t.* unhvaṇî ghâluṁk *(d. do o.)*, unhvaṇyân ulpâvuṁk; lâsuṁk; unhvaṇyân dhuvuṁk; tâpauṁk, rakhrakhâvuṁk, karpauṁk; *(fig.)* iskol (*port.* ESCHOLA)-, buddh śikauṁk. ‖ *v. r.* ulpuṁk, lâsoṁk.

Escalda-rabo, *s. m. V.* DESCOMPOSTURA.

Escaleira, *s. f. (p. us.) V.* ESCADA.

Escaleno, *a.* vishamtribhuj.

Escaler, *s. m.* skâler *f.*, paḍâv *m.*

Escalfador, *s. m.* hâṁḍî *f.*, kâldeṛijũ (*port.* CALDEIRINHA); vâyl *n.*

Escalfar, *v. t.* hâṁḍiyeṁt tâpauṁk; kharâ udkâṁt ghâluṁk.

Escalfeta, *s. f.* dhagṭî *f.*

Escalpar, *v. t.* mâthyâchî kât-, kâtḍî kâḍhuṁk *(g. do o.)*

Escalrachar, *v. i.* ner kâḍhuṁk.

Escalracho, *s. m. (bot.)* ner *m.*

Escalvado, *a.* kharḍo; *(fig.)* muṁḍho, luṁḍo.

Escalvar, *v. t.* kharḍo karuṁk; muṁḍhâvuṁk.

Escama, *s. f.* khavaḷ *n.*

Escamação, escamadura, *s. f.* khavḷâṁ kâḍhṇeṁ *n.*

Escamadeira, *s. f.* suṭîkartalî.

Escamador, *s. m.* suṭîkartalo.

Escamalhoar, *v. i.* mero karuṁk.

Escamar, *v. t.* khavḷâṁ kâḍhuṁk *(g. do o.)*, khavḷâvuṁk, suṭîkaruṁk, ujrâvuṁk; *(fig.)* tiḍauṁk, tiḍkâvuṁk. ‖ *v. r.* paḷuṁk; phuguṁk, kurmuruṁk, kapâḷâk miryo ghâluṁk (*litt.* ENRUGAR A TESTA).

Escambar, *v. t. (ant.) V.* CAMBIAR.

Escameado, escamento, escamoso, escamigero, *a.* khavḷâṁ âslalo, khavḷâṁcho.

Escamiforme, *a.* khavaḷ kaseṁ.

Escamisar, *v. t. V.* DESCAMISAR.

Escamotação, escamotagem, escamoteação, *s. f.* ghâḍvidyâ, nâḍvidyâ *f.*, gauḍbeṁgâl *n.*; *(fig.)* sutlâvṇî *f.*, bûṭ lâvṇeṁ *n.*

Escamotador, escamoteador, *s. m.* ghâḍî, nâḍvidyo, gauḍbeṁgâlî; *(fig.)* sutlâvṇâr, hât mârtalo, nâḍgo.

Escamotar, escamotear, *v. i.* ghâḍvidyâ-, nâḍvidyâ karuṁk, ḍoḷe bâṁdhuṁk. ‖ *v. t.* nâḍuṁk, sutlâvuṁk bûṭ lâvuṁk *(d. do o.)*

Escampado, escampo, *a.* ughḍo vâryâchyâ toṁḍâk âslalo. ‖ *s. m. V.* DESCAMPADO.

Escampar, *v. i.* pâus âsruṁk, akâḷeṁ jâvuṁk.

Escamula, *s. f.* lahân khavaḷ *n.*, khavḷî *f.*

Escanado, *a.* pâkhâṁche dâṁḍe râgtâviṇ âslalo; *(fig.) V.* ASTUTO.

Escanção, *s. m.* saro vâṁṭalo.

Escancara, *s. f.: á — ou ás escancaras,* ughḍâpeṁ, saḍsaḍit.

Escancarar, *v. t.* sagḷo ughḍuṁk.

Escanchar, *v. t.* soḍuṁk; madheṁ uglâvuṁk. ‖ *v. r.* peṁdroṁk.

Escandalizador, *a. e s. m.* khoṭî dekh ditalo; duḥkaitalo; kâṁṭâḷâvṇâr, trâsî.

Escandalizar, *v. t.* khoṭî dekh divuṁk *(d. do o.)*; duḥkhauṁk, vâyṭ disoseṁ karuṁk *(d. do o.)*, kâṁṭâḷâvuṁk, trâsuṁk. ‖ — *uma ferida,* ghây jaḍâvuṁk. ‖ *v. r.* vâyṭ disuṁk *(d. do s.)*, duḥkh bhogoṁk *(d. do s.)*, kâṁṭâḷuṁk, chetuṁk.

Escandalo, *s. m.* skâṁd *m.*, khoṭî-, pâḍ dekh,- śikauṇ; pâtkâk chetauṇî *f.*; kâṁṭâḷo *m.*, aḷśik *f.*

Escandalosamente, *adv.* vâyṭe dekhîu; *(fig.)* bhav chaḍhaun.

Escandaloso, *a.* pâtkâk phulaitalo,- chetauṁcho, vâyṭe dekhîcho; kâṁṭaḷvâṇo, aḷśikaṇo.

Escandir, *v. t. (ant.)* mejuṁk. ‖ *V.* CALCULAR.

Escangalhar, *v. t.* moḍuṁk, nikḷâvuṁk, bighḍâvuṁk, bhaṁgauṁk. ‖ *v. r.* moḍoṁk, nikḷoṁk, bhaṁguṁk. ‖ — *com riso,* hâṁsyâṁcho khaḷkhaḷ karuṁk.

Escanganheira, *s. f.* dâkhâṁchî châḷîṇ *f.*

Escanganhar, *v. t.* deṁṭ-, śiṁkeṁ kâḍhuṁk *(g. do o.)*

Escanganho, *s. m.* deṁṭ kâḍhṇeṁ *n.*

Escanho, escano, *s. m. (ant.) V.* ESCABELLO.

Escanhoar, *v. t. e r.* bare bhâshen khâḍ karuṁk *(g. do o.)*

Escanhotar, *v. t.* khâṁde kâtruṁk *(g. do o.)* ‖ *v. i.* jaḷo karuṁk.

Escanifrado, *a.* hâḍyo, kâtaḍyo.

Escaninho, *s. m.* chorkhaṇ *m.*; sâṁdh *f.*

Escannelado, *a.* bârîk pâṁyâṁche naḷe âslalo.

Escantilhão, *s. m.* mejeho dâṁḍo *m.;* philsâṁvâcheṁ (*port.* AFERIÇÃO) mâp *n.*

Escanzelado, *a.* śuṇeṁ kaseṁ bhâglalo.

Escapada, escapadela, *s. f.* palṇî, kâvaḍ *f.*, nistar *m.;* kâydyâk chukṇeṁ, kâm khaḷauneṁ *n.*

Escapadiço, *a.* paḷpaṭo.

Escapar, *v. i.* vâṭâvoṁk, taruṁk, suṭuṁk, chukuṁk, aṁtruṁk; *fugir:* paḷuṁk, hâtâṁtlo suṭuṁk; *sobreviver:* vâṁchuṁk, vâṭâvoṁk; *passar sem reparo:* chaluṁk, jâvuṁk; *(fig.)* ṭhâvak nâsuṁk *(d. do s.)*

Escaparete, *s. m.* chauk *m.*, kaṁtrel; uśyâ lâgcheṁ mej *n.* ‖ *V.* ESCAPATORIO.

Escapatoria, *s. f.*, **escapatorio**, *s. m.* nîb, nimitt *n.;* nistarâcho upây *m.* ‖ *V.* ESCAPADELA.

Escape, *s. m.* palṇî *f.;* nistar *m.*, târaṇ, śaraṇ *n.*

Escapellada, *s. f. V.* DESCAMISADA.

Escapellar, *v. t. V.* DESCAMISAR.

Escapo, *a.* vâṭâvlalo, suṭo. ‖ *s.* gaḍyâl sâṁkeṁ chalauṁcho kâṁṭo *m.*

Escápula, *s. f.* mâthyâr partalalo khiḷo *m.*, tâṇchî âṁkḍî *f.*

Escapúla, *s. f.* vâṭâvṇî *f.*, nistar *m.;* chhidr *n.*, khiḍkî *(fig.) f.*

Escapular, *a.* bhujâcho, bâvsâcho, khâṁdâcho.

Escapulario, *s. m.* beṁtîn (*port.* BENTINHO) *n.*, *pavitr daso *m.*

Escapulir, *v. t.* paḷauṁk, vâṭâvuṁk, soḍuṁk. ‖ *v. r.* paḷuṁk, jhurî kâḍhuṁk, vâṭâvoṁk.

Escaque, *s. m.* gaṁṭ *n.*

Escaquear, *v. t.* gaṁṭâṁnîṁ vâṁṭuṁk, gâṁṭâṁ karuṁk *(d. do o.)*

Escaqueirar, *v. t.* kailyo-, koṁvchyo karuṁk *(g. do o.)*

Escara, *s. f.* kavaṁch *n.*

Escarabeo, *s. m. V.* ESCARAVELHO.

Escarabocho, *s. m.* kharḍo *m.*

Escarafunchador, *a. e s. m.* ustitalo, ḍhavḷo.

Escarafunchar, *v. t.* ustuṁk, ḍhavḷuṁk, ârtuṁk partuṁk.

Escaramuça, *s. f.* phaṭkâphaṭkî, jhaḍpâjhaḍpî, nokanok *f.;* saṁgrâm *m.*, jhagḍeṁ *n.*

Escaramuçar, *v. i.* phaṭkâphaṭkî karuṁk. ‖ *v. t.* (ghoḍyâk) bhoṁvḍâvuṁk, phirauṁk.

Escarapela, *s. f.* jhoṁbî, phâpsâvṇî, bhurkâvṇî *f.*

Escarapelar, *v. t.* burḍuṁk nâksâsuṁk, phâpsâvuṁk, bhurkâvuṁk. ‖ *v. r.* âple keṁs oḍhuṁk,- pisḍuṁk; jhoṁbuṁk, jhagḍuṁk.

Escaravalho, *s. m. V.* ESCARVALHO.

Escaravelhar, *v. i.* depho kaso chaluṁk.

Escaravelho, *s. m.* depho, ghoṁghurlo *m.*

Escarça, *s. f.* monjâtîchyâ khurâcho ghây *m.* ‖ *V.* ESCARÇO.

Escarçar, *v. t.* (paiyecheṁ) meṇ kâḍhuṁk.

Escaravellar, *v. t.* (pîp) phoḍuṁk, nikḷâvuṁk.

Escarcella, *s. f.* chirî, peśvî *f.*

Escarceo, *s. m.* vhaḍ lahâr *n.*, maujo *m.; (fig.)* sâdâvṇî, gâjauṇî *f.*

Escarcha, *s. f.* śiṁkelalo dav, tushâr *m.*, him *n.;* khaḍkhaḍît karve *m. pl.;* reśmî lugṭân jariyecho dâgo *m.*

Escarchado, *a. V.* CRESPO.

Escarchar, *v. t.* śiṁkelalyâ davân bharuṁk; pâlven karpauṁk; kharkharît-, khaḍkhaḍît karuṁk.

Escarço, *s. m.* meṇ kâḍhṇeṁ *n.*

Escardear, *v. t.* naḍuṁk; *(fig.) V.* LIMPAR.

Escardilho, *s. m.* naḍcheṁ âut *n.*

Escarduçada, *s. f. V.* AGUACEIRO.

Escarduçar, *v. t. V.* CARDAR.

Escariador, *s. m.* châvî (*port.* CHAVE) *f.*, kuhrâḍo *m.*

Escariar, *v. t.* (bhoṁvarkhaṁḍ) basauṁk; gîr moṭo karuṁk *(g. do o.)*

Escarificação, *s. f.* phâsaṇî *f.;* phâsaṇ *n.*

Escarificador, *s. m.* phâsṇo; dâṁto *m.*

Escarificar, *v. t.* phâsuṁk, phâsaṇ mâruṁk *(d. do o.);* dâṁto ghâluṁk,- mâruṁk *(d. do o.)*

Escarlate, *s. m.* kirmijî raṁg *m.;* saklât *f.* ‖ *a.* kirmijî, lâl.

Escarlatim, *s. m.* moṭî saklât *f.*

Escarlatina, *s. f.* udarddh *m. ou n.*

Escarmenta, *s. f.*, **escarmento**, *s. m.* aṇbhog, śek, dâg *m.;* dekh *f.*

Escarmentar, *v. t.* aṇbhogâvuṁk, dâguṁk, dâg divuṁk *(d. do o.);* kân vaḷuṁk, daḍpâvuṁk. ‖ *v. i. e r.* aṇbhoguṁk, śekoṁk, dâg lâguṁk,- basuṁk *(d. do s.)*

Escarna, *s. f.* châm nitaḷ karṇeṁ *n.*

Escarnação, *s. f.* mâs kâḍhṇeṁ,- soḍauṇeṁ *n.*

Escarnador, *s. m.* mâs soḍauṁcheṁ âut *n.;* mâs soḍaitalo.

Escarnar, *v. t.* (hâdâṁcheṁ mâs) kâḍhuṁk,- soḍauṁk,- nikḷâvuṁk; *(fig.)* *V.* INVESTIGAR.

Escarnecedor, *a. e s. m.* escarnicadeiro, escarnicador, *a.* phakâṁḍî, khebaḍî, phetyâṁkâr, cheshṭâykâr, cheshṭâvṇo.

Escarnecer, escarnicar, escarnir, *v. t.* keṁḍuṁk, cheshṭâvuṁk, toṁḍuṁk. ‖ *v. i.* cheshṭâyo-, maskaryo-, phakâṁḍâṁ karuṁk.

Escarnecimento, escarneo, *s. m.* keṁḍṇî, toṁḍṇî, cheshṭây *ou* keshṭây, maskarî, śeṭî, bâgḍây, tarjaṇî *f.*, khebaḍ, phakâṁḍ *n.*, teste *m. pl.*

Escarnecivel, *a.* keṁḍṇecho.

Escarninho, *s. m.* supurleṁ khebaḍ *n.* ‖ *a. V.* ESCARNECEDOR.

Escarolar, *v. t.* (boṁḍ) pisḍuṁk; khardo karuṁk. ‖ *V.* DESEMBOLSAR. ‖ *v. r.* chepeṁ-, topî kâḍhuṁk.

Escarpa, *s. f.* kaḍso, sûḷ, ḍhâḷ *m.*, ḍegas *f.*

Escarpado, *a.* kaḍsyâcho, suḷâcho, sûḷ, uṁchâṭ.

Escarpadura, *s. f.*, **escarpamento**, *s. m.* kaḍso karṇeṁ *n.*; kaḍso *m.*

Escarpar, *v. t.* kaḍso-, ḍhâḷ karuṁk (*d. ou l. do o.*)

Escarpear, *v. t. V.* CARMEAR.

Escarpellar, *v. t.* ugḷâvuṁk, chiruṁk; bhurkâvuṁk, nâksâvuṁk. ‖ *V.* DESCAMISAR.

Escarpes, *s. m. pl.* lokhaṁḍâche-, lokhâṁḍî moche *m. pl.*

Escarpim, *s. m.* khoṭer ughṭo mocho *m.*

Escarradeira, *s. f.* thûkpâṭ *n.*, pikdaṇî *f.*, kuspidor *m.*

Escarrador, *s. m.* khâṁkro. ‖ *V.* ESCARRADEIRA.

Escarradura, *s. f.* dharkal ghâlṇeṁ,- yeṇeṁ *n.*, khâṁknî *f.*

Escarranchar, *v. t.* peṁdron basuṁk lâvuṁk; (jâṁghlâṁ) ughḍuṁk. ‖ *v. r.* peṁdroṁk.

Escarrapiçar, *v. t.* (keṁs) ugauṁk, oḷevuṁk.

Escarrar, *v. i.* khâṁkruṁk, dharkal yevuṁk (*d. do s.*),- ghâluṁk, thukuṁk. ‖ *v. t.* oṁkuṁk.

Escarro, *s. m.* dharkal *n.*, barko *m.*; khâṁknî *f.*

Escarva, *s. f.* kaḷâsî *f.*

Escarvador, *a. e s. m.* pokhartalo; ṭâṁchâylalo. ‖ *s. m.* pokharcheṁ âut *n.*

Escarvalho, *s. m.* nâḷibhitarleṁ nem *n.*

Escarvar, *v. t.* (dharṇ) ṭâṁchâvuṁk; pâṁyâṁnîṁ ustuṁk; pokhruṁk; kaḷâsî karuṁk. ‖ *V.* CORROER.

Escarvoar, *v. t.* kolsyân âkâruṁk.

Escascar, *v. t. V.* DESCASCAR.

Escasquear, *v. t.* (taklî) dhuvuṁk; nitaḷ karuṁk, khatâṁ kâḍhuṁk (*g. do o.*) ‖ *v. r. V.* LAVAR-SE.

Escassamente, *adv.* thoḍepaṇîṁ; bhavachtar; saṁkashṭîṁ.

Escassear, *v. t.* thoḍo-, uṇo karuṁk, thoḍâvuṁk; hichîṁichî karûn divuṁk. ‖ *v. i.* thoḍâruṁk, thoḍo-, uṇo-, kaṁî jâvuṁk.

Escassez, *s. f.* thoḍepaṇ, uṇepaṇ *n.*, toṭo, dukaḷ *m.*, kamtî *f.*

Escassilho, *s. m.* kavaṁchî, kailî *f.*, suṁṭo *m.*

Escasso, *a.* thoḍo, uṇo, kamtî, pâtaḷ, uthalpâtaḷ, ilo, alp, viraḷ, chilvaṇ; sugrâṭî, moṭvyâ hâtâcho. ‖ — *de entendimento*, jaḍe taklecho. — *de vida*, jîv râkhtalo. *Tempos escassos*, kaṭhiṇ dis.

Escatel, *s. m.* (*naut.*) gîr, kâtro *m.*

Escatima, *s. f.* (*ant.*) toṭo, dukal *m.*; duḥkh *f.*, śok *m.*; labâḍî, nâḍ *f.*

Escatimar, *v. t.* (*ant.*) thoḍâvuṁk; nâḍuṁk; barsuṁk; gâḷî savuṁk (*d. do o.*); kuśin karuṁk; huṁguṁk, huṁgûn śodhuṁk.

Escatula, *s. f.* (*ant.*) *V.* BOCETA.

Escavacado, *a.* saḷpâylalo; (*fig.*) boḍkavlo, tuṭlalo, kaṇḍo bhâyr âylalo, el jâlalo.

Escavacar, *v. t.* saḷpe- kuṭke karuṁk (*g. do o.*), saḷpâvuṁk.

Escaveirado, *a.* toṁḍ chiṁvlalo, boḍ suklalo, Pyerneche̊ṁ âlm (*litt.* ALMA DE PILERNE).

Escaveirar, *v. t.* taṁkro karuṁk.

Eschara, *s. f.* kavaṁch *n.*

Eschola, *s. f.* iskol *n.*, sâḷ, pâṭhsâḷ, vidyâsâḷ *f.*, vidyâlay *n.*

Escholar, *a.* iskolâcho, sâḷicho. ‖ *s. m. e f.* iskolâcho burgo, śikpî, vidyârthî (śikpîṇ, vidyârthîṇ *f.*)

Escholiaste, *s. m. V.* COMMENTADOR.

Escholastico, *a.* iskolâcho, sâḷicho. ‖ *V.* ESTUDANTE.

Escholio, *s. m. V.* COMMENTARIO.

Esclarecer, *v. t.* ujvâḍâvuṁk, prakâśaṁk; (*fig.*) samjâvuṁk, upsâmuṁk, mârgâr kâḍhuṁk, vâṭ dâkhauṁk (*d. do o.*), vivaruṁk. ‖ *V.* NOBILITAR. ‖ *v. i.* ujvâḍuṁk, prakâśuṁk, nitaḷ jâvuṁk. ‖ *v. r. V.* ENNOBRECER-SE.

Esclarecido, *a.* ujvâḍik, dîptivaṁt; nâvâḍhik, prasiddh, yaśasvî.

Esclarecimento, *s. m.* samjâvṇi, samjoṇî *f.*, vivar *m.*, khabar, dâd *f.* ‖ *V.* ANNOTAÇÃO.

Esclerotica, *s. f.* ḍoḷyâcho boḷ *m.*

Escoadoiro, *s. m.* saṁgrî (*do port.* SANGRIA), sârṇî *f.*, parvo *m.*

Escoadura, *s. f.*, **escoamento**, *s. m.* nisâvṇi, gaḷauṇî, vâhvaṇ *f.*, pâghaḷ, paghaḷ *m.*

Escoar, *v. t.* vâhvauṁk, nisâvuṁk, gaḷauṁk, pâghḷauṁk. ‖ *v. r.* vâhvûn vachuṁk, nisevuṁk, gaḷuṁk, pâghḷuṁk, paghḷuṁk, nisruṁk; gujruṁk, saruṁk; suṭûn vachuṁk, baryâṁtlo vâṭâvoṁk.

Escoda, *s. f.* ṭâṁkî *f.*

Escodar, *v. t.* ṭâṁkiyen tâsuṁk; (châm) suḷsuḷît karuṁk.

Escodear, *v. t.* khavḷo kâḍhuṁk (*g. do o.*), soluṁk; (*fig.*) tâsuṁk.

Escoicear, **escoicinhar**, *v. t. V.* COICEAR.

Escoicinhativo, *a.* lâṭâylalo; (*fig.*) kichḍâvṇo, châbkar.

Escoimar, *v. t.* daṁḍâcho soḍuṁk,- nivâruṁk.

Escol, *s. m.* nivaḍ *f.*

Escola, *s. f. V.* ESCHOLA.

Escolha, *s. f.*, **escolhimento**, *s. m.* viṁchap *n.*, viṁchṇî, nivaḍṇî; viṁchûn kâḍhchî sattyâ *f.* ‖ *A* —, jâyto. *Sem* —, hâtâk meḷtâ to.

Escolhedor, *a. e s. m.* viṁchtalo, viṁchpî.

Escolher, *v. t.* viṁchuṁk, viṁchûn-, śodhun kâḍhuṁk, nivaḍuṁk; âsḍuṁk, vâryâ divuṁk. ‖ *v. i.* viṁchûn kâḍhuṁk.

Escolhidamente, *adv.* viṁchûn, baro to śodhûn.

Escolho, *s. m.* udkâtaḷcheṁ khaḍap; (*fig.*) khâvṭeṁ (*fig.*) *n.*, âḍkhḷaḷ *f.*

Escolmar, *v. t.* kolû-, tâṁṭ kâḍhuṁk (*g. do o.*)

Escolopendra, *s. f.* vâghoṇî *f.*

Escolta, *s. f.* skolt *n.*, vaḷâvo, boḷâvo *m.*

Escoltar, *v. t.* vaḷâvuṁk, boḷâvuṁk.

Escommunal, *a. V.* DESCOMMUNAL.

Escondedoiro, *s. m. V.* ESCONDRIJO.

Escondedor, *s. m.* lipauṇo, lipauṇâr.

Escondedura, *s. f.*, **escondimento**, *s. m.* lipauṇî, lipṇî, guptây *f.*

Esconder, *v. t.* lipauṁk, gupuṁk; dhâṁpuṁk *ou* dhâṁkuṁk, jhâṁkuṁk. ‖ *v. r.* lipuṁk, daḍpuṁk.

Esconderelo, **escondrijo**, *s. m.* lipaṇ, lipṇeṁ *n.*

Escondidamente, *adv.* guptîṁ, choryâṁ.

Escondido, *a.* liplalo, gupit. ‖ *Ás escondidas*, choryâṁ.

Esconjunctar, *v. t. V.* DESCONJUNCTAR.

Esconjuração, *s. f.*, **esconjuro**, *s. m.* śapûth *m.*, âṇ *f.* ‖ *V.* EXORCISMO.

Esconjurador, *a. e s. m. V.* EXORCISTA.

Esconjurar, *v. t.* śapûth ghâluṁk (*d. do o.*); śâpuṁk; devchâr kâḍhuṁk. ‖ *v. r.* (*fig.*) churchuruṁk, chaḍphaḍuṁk, vilâpuṁk.

Esconso, *a.* (*ant.*) liplalo, gupit; (*fig.*) *V.* PARCIAL. ‖ *A esconsa*, choryâṁ. ‖ *s. m.* pâlsaṇ *n.*; pâṭosâtaḷcho kûḍ *m.*

Escopeiro, *s. m.* kîl kâḍhchî kuṁchî,- pisuṁḍî *f.*

Escopelismo, *s. m.* dusryâchyâ śetân phâtar ghâlṇeṁ *n.*

Escopeta, *s. f.* (*ant.*) moṭveṁ tubak, karvalî baṁdûk *n.*

Escopeteiro, *s. m.* karval.

Escopo, *s. m.* mokî *f.*, ṭîp, ṭipo; vishay, abhiprây, irâḍ, arth *m.*; tâtparya, kâraṇ *n.*

Escopro, *s. m.* chirṇeṁ, viṁdhṇeṁ *n.*

Escora, *s. f.* meḍ, ḍigî, dhirî *f.*; (*fig.*) *V.* ARRIMO.

Escoramento, *s. m.* ḍigî mârṇeṁ *n.*

Escorar, *v. t.* meḍ-, ḍigî mâruṁk,- lâvuṁk (*d. do o.*) ‖ *v. r.* ḍigiyer âsuṁk; (*fig.*) pâṁgik-, âdhârâk râvuṁk.

Escorbuto, *s. m.* nâvikaraktapitt *n.*

Escorçar, *v. t.* (chitr) lahân karuṁk.

Escorchador, *a. e s. m.* soltalo; mhoṁv kâḍhtalo.

Escorchamento, *s. m.* solṇî *f.*, solap; mhoṁv kâḍhṇeṁ *n.*

Escorchar, *v. t.* soluṁk, sâl-, kât kâḍhuṁk (*g. do o.*); mhoṁv kâḍhuṁk (*g. do o.*); (*fig.*) burḍuṁk, khâvuṁk (*fig.*); luṭuṁk, lâṭuṁk.

Escorço, *s. m.* chitr lahân karṇeṁ, chitrâlpîkaraṇ; (*fig.*) sayaṁbhâuṇeṁ chitr *n.* ‖ *V.* RESUMO.

Escoria, *s. f.* kiṭ, likîṭ *n.*; (*fig.*) kharvaḍ *f.*, gâḷ *m.*

Escoriar, *v. t. V.* EXCORIAR.

Escoriar, **escorificar**, *v. t.* likîṭ kâḍhuṁk (*g. do o.*)

Escorificação, *s. f.* likiṭ kâḍhṇeṁ *n.*

Escorificatorio, *s. m.* kiṭ kâḍhcheṁ âydan *n.*

Escorjar, *v. t.* (*ant.*) vaḷuṁk, peṁchuṁk. ‖ *v. i. e r.* taḷmaḷuṁk, dhaḍbaḍuṁk; atrekuṁk, âṁvḍhe ghoṭuṁk.

Escornada, *s. f. V.* CORNADA.

Escornar, *v. t. (ant.)* śiṁg topuṁk,- mâruṁk *(d. do o.)*, siṁgaṭuṁk; *(fig.) V.* DESPREZAR. || *v. i.* karyâ karuṁk.

Escorneador, *a.* śiṁgaṭyo.

Escornear, escornichar, *v. t.* bhav śiṁgaṭuṁk.

Escoroar, *v. t. V.* DESCOROAR.

Escorpião, *s. m.* vichû *ou* viṁchû; *(astr.)* vṛiśchik, makar *m.*

Escorraçar, *v. t.* dhâṁvḍâvuṁk, âṁbḍuṁk, bhâyro karuṁk.

Escorralhas, *s. f. pl.*, **escorralho**, *s. m.*, **escorredura**, *s. f.* paghaḷ *m.*

Escorregadela, escorregadura, *s. f.* nisarṇi, ghasarṇî; *(fig.)* chûk, bechatrây *f.*, pramâd *m.*

Escorregadiço, *a.* nisarto, ḍauṁḍaḷit; *(fig.)* aguṇâche saṁvayecho.

Escorregadio, *a.* nisarto, suḷsuḷît, tuḷtuḷît.

Escorregadoiro, *s. m.* nisraṭ *f.*

Escorregamento, *s. m.* nisarṇî *f.*

Escorregar, *v. i.* nisruṁk, nisaṭuṁk, ghasruṁk, sarkuṁk; buḷbuḷuṁk, suḷsuḷuṁk; *(fig.)* âḍvo pâṁy paḍuṁk *(g. do s.)*, vâṁkḍo chaluṁk. || — *a lingua*, jibh vâṁkḍî paḍuṁk. *Fazer* —, nisrâvuṁk.

Escorregavel, *a.* nisarto; nisarto.

Escorreito, *a.* khabardâr, mâṇkulo.

Escorrer, *v. t.* nisâvuṁk, pighlâvuṁk, gaḷauṁk, vâhvauṁk, vâhvuṁk divuṁk. || *v. i.* theṁbevuṁk, pighḷuṁk, gaḷuṁk; piḷoṁk vâḷguṁk, sukuṁk. || *V.* DESCAHIR. || — *em suor*, ghâmâche loṭ vachuṁk *(g. do s.)*

Escorrido, *a.* pighaḷlalo, piḷlalo; boḍkavlalo, gaḷlalo; *(fig.)* hâtân daṁḍî nâslalo.

Escorrimento, *s. m.* nisâvṇî, nisevṇî *f.*, pighaḷ *m.*; piḷṇî, vâḷgaṇî *f.*

Escorripichadela, *s. f.* paghaḷ piṇeṁ *n.*; paghaḷ *m.*

Escorripicha-galhetas, *s. m.* sâkristâṁv.

Escorripichar, *v. t.* paghlâvûn piyevuṁk; paghaḷ piyevuṁk *(g. do o.)*

Escortinar, *v. t. (ant.)* pâgâr ghâluṁk *(d. do o.)*

Escorva, *s f.* raṁjak *f.*; kâno *m.*; ispulet *f.*

Escorvador, *s. m.* raṁjakyaṁtr *n.*

Escorvar, *v. t.* raṁjak bharuṁk *(l. in do o.)*, kâno kharuṁk *(g. do o.)*; *(fig.)* tayâr karuṁk.

Escota, *s. f.* damân, vâṁsrûṁ *n.*

Escote, *s. m.* kharchâcho vâṁṭo *m.*

Escoteira, *s. f.* damân bâṁdhcho khuṁṭo *m.* || *Á* —, lohupaṇiṁ, haḷuvâyen.

Escoteiro, *a.* bhutiyevîṇ vâṭ tâṁktalo,- chaltalo.

Escotilha, *s. f.* tarvâchyâṁ majlyâṁcheṁ dâr,- bhoṁk *n.*

Escotilhão, *s. m.* majlyâṁcheṁ lahân dâr *n.*

Escotomia, *s. f.* bhirmirî *f.*

Escova, *s. f.* skov, burûs *(ingl.* BRUSH) *m.*, kuṁchî, *sârṇî *f.*

Escovadela, *s. f.* kuṁchî mârṇeṁ *n.*; *(fig.)* dapâṭo; dhapko *m.*

Escovalho, *s. m.* jhâḍo *m.*

Escovar, *v. t.* skov-, kuṁchî mâruṁk *(d. do o.)*; *(fig.) V.* ESPANCAR.

Escoveiro, *s. m.* kuṁchyo kartalo.

Escovilha, *s. f.* sonârâchyâ mâṁḍâcho kair.- gobar *m.*

Escovilhão, *s. m.* nâḷîcho jhâḍo *m.*

Escovilhar, *v. t.* jhâruṁk.

Escovilheiro, *s. m.* jhârekâr.

Escovinha, *s. f.* supurli kuṁchî *f.* || *Cabello á* —, muḷân kâtarlale keṁs.

Escrava, *s. f.* baṭkûr *n.*, baṭîk, dâsî, kuṇbîṇ.

Escravagem, escravaria, *s. f.* gulâmâṁchî urpaṁj *f.*

Escravatura, *s. f.* gulâmâṁcho yepâr *m.* || *V.* ESCRAVIDÃO.

Escravidão, *s. f.* gulâmpaṇ, dâspaṇ *n.*, dâsdaśâ, baṁdgî *f.*

Escravizar, *v. t.* gulâm-, dâs karuṁk; *(fig.) V.* CAPTIVAR.

Escravo, *s. m.* gulâm, dâs, baṁdo; *(fig.)* sevak, châkar.

Escravoneta, *s. f. V.* RUBI.

Escreyedor, *a. e s. m.* barailalo; vâyṭ barpî.

Escrevedura, *s. f.* barap *n.*

Escrevente, *s. m.* barpî, lekhṇâr, aksharaṇ, chitnîs, gamast.

Escrever, *v. t.* barauṁk, lihuṁk, lekhuṁk; graṁthuṁk. || *V.* ARROLAR. || *v. r.* âple nâṁv divuṁk,- paṭṭiyer baraṇuṁk lâvuṁk.

Escrevinhador, *a. e s. m.* kharḍyo, kalamkasaî.

Escrevinhar, *v. t.* kharḍuṁk; (halke graṁth) barauṁk.

Escriba, *s. m. (ant.)* lekhṇâr.

Escrinio, *s. m. (ant.) V.* ESCRIVANINHA.

Escripta, *s. f.* barailaleṁ, barap, lihiṇeṁ *n.*

Escriptinho, *s. m.* chiṭṭîcho kuṭko, rokho *m.*

Escripto, *a.* barailalo. || *s. m.* chiṭṭ *f.*, kâgad, rokho; paṭṭo, lekh *m.; patr*, lekhpatr *n.*, graṁth *m.* || -s, *pl.* bhâḍyâchyâ gharâk kâgdâche kuṭke mârlale. || *Pôr — em alguma coisa (fig.)*, soḍuṁk chiṁtuṁk.

Escriptor, *s. m.* barpî, graṁthkâr.

Escriptora, *s. f.* barpîṇ.

Escriptorinho, *s. m. V.* ESCRIVANINHA.

Escriptorio, *s. m.* vâchpâbarpâcheṁ ghar *n.;* daphtarkhâṇo *m.*, kacherî *f.;* barauṁcheṁ mej *n.*

Escriptura, *s. f.* kâgad, patr, patrîk, kâgadpatr *n.*, lekh, paṭṭo *m.; (ant.) V.* ESCRIPTO. || *— sagrada,* pavitr pustak *n.*

Escripturação, *s. f.* barauṇeṁ, barap; jamâkharch lihiṇeṁ *n.*

Escripturar, *v. t.* (jamâkharch) barauṁk, mâṁḍuṁk; patrân khaṁḍuṁk,- bâṁdhuṁk. || *v. r.* patrân bâṁdhoṁk.

Escripturario, *a.* pavitr pustakâcho. || *s. m. V.* ESCREVENTE.

Escrivania, *s. f.* iskrivâṁvcheṁ kâm, śeṇaypaṇ *n.*

Escrivaninha, *s. f.* kalamdân; barauṁcheṁ mej *n.* || *V.* ESCREVANIA. || *— de fazenda,* vasûlkacherî *f.*

Escrivão, *s. m.* iskrivâṁv, sikirâṁv, śeṇay, kârkûn, śrîkarṇî, chitnîs, munśî, gamast. || *V.* TABELLIÃO.

Escrofula, *s. f.* kaṁṭhmâḷ, gaṁḍmâḷ *f.*, gâlguṁḍ *n.*

Escrofuloso, *a.* kaṁṭhmâḷkâr, kaṁṭhmâḷyo.

Escropulo, *s. m. (ant.)* chovîs grâṁvâṁcho bhâr *m.*

Escroto, *s. m.* aṁḍkoś, âṁḍ, koś *m.*

Escrupulizar, *v. i.* âḍkhaḷ mâruṁk,- lâguṁk,- disuṁk *(d. do s.);* śaṁkuṁk, dubhâvoṁk. || *v. t.* âḍhhaḷî ghâluṁk; dubhâvuṁk.

Escrupulo, *s. m.* harkat, śaṁkâ *f.*, dubhâv, vikalp *m.;* bârkây, tajvît; aṁtashkarṇâchî âḍkhaḷ. pâtkâchî bhrâṁti *ou* bhirâṁt *f.* || *V.* REMORSO.

Escrupulosamente, *adv.* bârkâyen.

Escrupolosidade, *s. f.* bârkây *f.*, khoḍyepaṇ *n.*

Escrupuloso, *a.* pâtkâche bhrâṁtîcho, âḍkhâlyo; dubhâvî, śaṁkî; khoḍyo, kharkas.

Escrutar, *v. t. V.* INVESTIGAR.

Escrutinador, *s. m.* chaukasdâr, tapâsṇâr.

Escrutinar, *v. i.* sammatichî chaukaśî karuṁk.

Escrutinio, *s. m.* sammatîchî chaukaśî; sammatidaśâ *f.*

Escudar, *v. t.* aḍḍaṇân ḍhâṁpuṁk; râkhuṁk, saṁbhâḷuṁk. || *v. r.* ḍhâlan ḍhâṁpoṁk; âḍosâk âsuṁk,- râvuṁk.

Escudeirar, *v. t.* ḍhâldhar-, lâṁbto kâso barâbarî bhoṁvuṁk *(g. do o.)*

Escudeiro, *s. m.* ḍhâldhar; lâṁbto; moṭo châkar.

Escudella, *s. f.* lâṁkḍâcho mâlto *m.*, karleṁ *n.*, vâṭlî *f.*

Escudellada, *s. f.* mâltobhar *m.*

Escudellar, *v. t.* mâltyâṁnîṁ-, karlyâṁnîṁ vâṁṭuṁk.

Escudo, *s. m.* ḍhâl *m.*, aḍḍaṇ; kulichihnapatr *n.; (fig.)* âlâśro, âdhâr *m.* || *Escudos da balança,* tâgḍechîṁ tâṭâṁ.

Esculca, *s. f. (ant.)* râtcho pahârkâr,- chaukîdâr.

Esculento, *a.* khâvuṁk baro.

Esculpidor, *(p. us.)*, **esculptor**, *s. m.* nakśî, mûrtikâr, khodkâṁî.

Esculpir, *v. t.* koruṁk, khoduṁk, naksuṁk.

Esculptura, *s. f.* khodkâm *n.*, nakśî, birvaṇ *f.*

Esculptural, *a.* nakśecho; khodcho.

Escuma, *s. f.* pheṇo, pheṇ *m.;* pheṇî *f.; (fig.) V.* BALÉ.

Escumadeira, *s. f.* pheṇo kâḍhchî dây,- doy *f.*

Escumador, *a.* pheṇyâcho.

Escumalho, *s. m. V.* ESCORIA.

Escumar, *v. i.* pheṇevuṁk, pheṇo yevuṁk *(d. do s.)* || *v. t.* pheṇo kâḍhuṁk *(g. do o.)*

Escumilha, *s. f.* bârîk munisâṁv *(do port.* MUNIÇÃO*) m. pl.*, chharro *m.*

Escumoso, *a.* pheṇyâcho.

Escuna, *s. f.* dukâṭhî galbat *n.*

Escurecedor, *a.* e *s. m.* kâḷok kartalo, kâḷokâvṇâr.

Escurecer, *v. i.* e *r.* kâḷokâcho jâvuṁk; kâḷok yevuṁk *(l. sup. do o.)* âṁdhâroṁk; kâḷo jâvuṁk; râṭ jâvuṁk. *v. t.* kâḷokâvuṁk, âṁdhâruṁk; kâḷok ghâluṁk *(l. sup. do o.)*; kâḷo karuṁk: *(fig.)* avghaḍ-, samjaṇâ taso karuṁk; khatâvuṁk, dâguṁk. || *s. m.* tinsâṇ *f.* *Ao —,* tinsâṇâṁ.

Escurentar, *v. t.* kâḷo karuṁk.

Escureza *(p. us.)*, **escuridade**, *s. f.* kâḷok, aṁdhakâr, aṁdhak, âṁdhâr *m.;* avghaḍây, guḍhây *f.*

Escuridão, *s. f. V.* ESCURIDADE; *(fig.)* karḍepaṇ; aṁdhakpaṇ *n.;* âṁdhârî.

Escuro, *a.* kâḷokâcho, aṁdhak; kâḷso. kâḷsâr gair; *pouco intelligivel:* âvghaḍ, gâḍh; *occulto:* gûḍh, gupit; *empannado:* phiko, mâvaḷlalo; *confuso:* guṇguṇît, dabdabît. ‖ *Ser de — nascimento,* khâltyâ âvaybâpâycho jâvuṁk. *Noite escura,* kâḷkî *(us. Sal.),* kâḷokâchî rât *f.* ‖ *s. m.* kâḷok *m.;* sâṁdh *f.* ‖ *Ás escuras,* kâḷokâṁt; *(fig.)* kâṁy oḷakh nâstânâ, neṇârpaṇîṁ.

Escusamente, *adv.* guḍhân, guptîṁ, gupitrupîṁ.

Escuso, *a.* gupit, gupto, gûḍh.

Escuta, *s. f.* âykaṇî *f.; (ant.)* duśmânâk teḷtalo śipây; baṁdkhaṇîcho dhvanivâhak *m.;* duśmân kiteṁ kartâ teṁ âykuṁchyâk bhuṁyâr *n.* ‖ *V.* ESPIÃO. ‖ *s. m. V.* ESCULCA. ‖ *Á —,* kân phulaun, chitt divûn.

Escutador, *a. e s. m.* âykatalo, âykaṇâr.

Escutar, *v. t.* âykuṁk, kân divuṁk *(d. do o.),* kân divûn âykuṁk, âykûn ghevuṁk. ‖ *V.* ESPIONAR. ‖ *v. i.* kân-, chitt divuṁk. ‖ *v. r. (fig.)* âpleṁ aṁtashkarṇ pâḷevuṁk, âpṇâk bareṁ distâ teṁ dharuṁk.

Esdruxulo, *a.* upâṁtyapûrvasthitasvarâcho. ‖ *V.* EXTRAVAGANTE.

Esfaimado, *a.* bhukelalo, bhukest, upâsî.

Esfaimar, *v. t.* upâsî davruṁk, poṭâr mâruṁk.

Esfalfado, *a. V.* CANÇADO.

Esfalfamento, *s. m.* hârpît jâṇeṁ *n.,* thakṇî, ghâs, âṁgmoḍ, kâḍâmaḍ *f.,* śram *m.* ‖ *V.* ANEMIA.

Esfalfar, *v. t.* kashṭâvuṁk, hârpît karuṁk, thakauṁk, kharsâvuṁk. ‖ *v. r.* kashṭâvoṁk, harḍeṁphûṭ-, hârpît jâvuṁk, thakuṁk, jîv tuṭuṁk *(g. do s.)* ‖ *V.* DEBILITAR-SE.

Esfanicado, *a.* suṁṭe kelalo; bârik, kiḍkiḍit.

Esfanicar, *v. t.* suṁṭe-, kuḷpuṭî karuṁk *(g. do o.)*

Esfaquear, *v. t.* suryo mâruṁk *(d. do o.),* suriyen topuṁk.

Esfarelar, *v. t.* kuṁḍo karuṁk *(g. do o.);* kuṭuṁk, pûḍ karuṁk *(g. do o.); (fig.) V.* ESPHACELAR. ‖ *v. r.* pûḍ-, tus jâvuṁk *(g. do s.)*

Esfarpar, *v. t.* phâḷe karuṁk *(g. do o.);* usauṁk.

Esfarrapado, *a.* piṁjkar; boṁdro; vidârlalo; tuṭko, asaṁbaṁdh.

Esfarrapamento, *s. m.* phâḷe karṇeṁ *n.,* piṁjṇî *f.*

Esfarrapar, *v. t.* piṁjuṁk, phâluṁk, phâḷe-, chiṁdhyo karuṁk *(g. do o.);* vidâruṁk, phâḍuṁk. ‖ *— os ouvidos (fig.),* kânpe usḷâvuṁk.

Esfatiar, *v. t.* phâtyo-, kâpâṁ-, pes karuṁk *(g. do o.)*

Esfervelho, *s. m.* huḷhuḷo, nâchro.

Esfervilhar, *v. i.* huḷhuḷuṁk, taḷmaḷuṁk, dhaḍbaḍuṁk.

Esfola, esfoladela, esfoladura, *s. f.,* **esfolamento,** *s. m.* kât kâḍhṇeṁ *n.;* solṇî *f.*

Esfolador, *a. e s. m.* kât-, châṁḍeṁ kâḍhtalo.

Esfola-gatos, *s. m.* jupâṭî *f.;* vâṁkḍo arth *m.*

Esfolar, *v. t.* kât kâḍhuṁk *(g. do o.),* jheṁjrâvuṁk; bhâto-, châṁḍeṁ kâḍhuṁk *(g. do o.); (fig.)* tâsuṁk, soluṁk. ‖ *— os ouvidos (fig.),* kân phoḍuṁk. ‖ *v. r.* jheṁjruṁk, kât vachuṁk,-yevuṁk *(g. do s.)*

Esfolegar, *v. i.* dam khâvuṁk, viśvâs soduṁk.

Esfolhada, *s. f. V.* DESCAMISADA.

Esfolhador, *a. e s. m.* burḍitalo.

Esfolhar, *v. t.* pânâṁ burḍuṁk *(g. do o.)* ‖ *V.* DESCAMISAR. ‖ *v. r.* pânâṁ gaḷuṁk,- jhaḍuṁk *(g. do s.)*

Esfolhoso, *a.* pânâṁ jhaḍlalo.

Esfolinhadoiro, *s. m.* jhâḍo *m.*

Esfolinhador, *s. m.* jhâḍpî.

Esfolinhar, *v. t.* jhâḍo mâruṁk *(d. do o.),* jhâḍuṁk.

Esfomear, *v. t. V.* ESFAIMAR.

Esforçadamente, *adv.* trâṇân, dhairân.

Esforçado, *a.* ghaṭṭ, baḷâcho, baḷî, baḷvaṁt, baḷishṭ, sabaḷ, baḷkaṭ, prabaḷ, śaktivaṁt, khadpo; jabar, trâṇî, dhairyavaṁt, kâḷjâdik.

Esforçador, *a. e s. m.* baḷ-, yatn ditalo.

Esforçar, *v. t.* baḷ-, ghaṭṭây-, dhair divuṁk *(d. do o.),* baḷvaṁt-, kâḷjâdîk karuṁk; chaḍhauṁk, dâṭâvuṁk. ‖ *V.* CORROBORAR. ‖ *v. i.* baḷ-, trâṇ ghevuṁk. ‖ *v. r.* ghaṭṭ-, nibar-, chhâtîdâr jâvuṁk; vâvruṁk, neṭuṁk, kaṭuṁk, taruṁk; baḷ karuṁk.

Esforço, *s. m.* neṭ, trâṇ *ou* tarâṇ, udyam, udyog, âdar *m.,* yatn, prayatn *n.,* baḷkaṭî, prabâḷây, pelî; chhâtî *f.,* kâybaḷ, dhair *n.*

Esfrangalhar, *v. t. V.* ESFARRAPAR.

Esfrega, *s. f. V.* ESFREGAÇÃO; *(fig.)* khâst, śikshâ, paṭṭî *f.;* mâr, dhapko; aṭâs, hâlahvâl *m.*

Esfregação, esfregadura, *s. f.,* **esfregamento,** *s. m.* posevṇî, ghâṁsṇî *f.*, ghâṁsap, ragḍap, mardan *n.*, ghaṁsṭo *m.*, jheṁjarṇî *f.*

Esfregadela, *s. f. V.* ESFREGAÇÃO *e* ESFREGA.

Esfregador, *s. m.* ghâṁspî; ghaṁsṭo *m.*, ghâṁsṇeṁ *n.*

Esfregalho, esfregão, *s. m.* ghâṁsṇeṁ, ghâṁscheṁ *n.*, ghaṁsṭo.

Esfregar, *v. t.* pośevuṁk, ghâṁsuṁk, ghaṁsṭuṁk, ragḍuṁk, *murḍuṁk, *mriduṁk, jheṁjrâvuṁk; kâṁḍruṁk, kharpuṁk. ‖ *Emquanto o démo esfrega um olho*, khiṇâbhitar, thû mhaṇtâ mhaṇasar. ‖ *v. r.* ghâṁsoṁk, jharkâṭuṁk, ragḍoṁk.

Esfriado, *a.* thaṁḍâvlalo; thaṁḍ.

Esfriadoiro, *s. m.* thaṁḍâvuṁcheṁ âydan *n.*

Esfriador, *a.* thaṁḍâytalo. ‖ *s. m. V.* ESFRIADOIRO.

Esfriamento, *s. m.* thaṁḍâvṇî, nivṇî, śeḷevṇî *f.*

Esfriar, *v. t.* thoṁḍâvuṁk, nivauṁk, seḷâvuṁk, thaṁḍ-, śeḷo karuṁk. ‖ *V.* AFROUXAR. ‖ *v. i. e r.* thaṁḍ jâvuṁk, nivuṁk, śeḷevuṁk; *(fig.)* maû-, meṁgo jâvuṁk, ûb-, hurbhâ vachuṁk *(g. do s.)* ‖ *V.* CICATRIZAR-SE.

Esfumação, *s. f.* rekhṇî-, âkâr ghaṁsaṭṇeṁ *n.*

Esfumador, *s. m.* ghaṁsaṭchî kuṁchî,- pilî *f.*

Esfumar, *v. t.* (koḷsyâcho âkâr) ghaṁsṭuṁk. ‖ *v. r.* dhuṁvar jâvuṁk *(g. do s.)*

Esfumear, *v. i. V.* FUMEGAR.

Esfuminho, *s. m.* chitrkârâcho ghaṁsṭo *m.*

Esfuracar, *v. t.* girâvuṁk, vidhuṁk.

Esfuziada, *s. f. (ant.)* phârârphâr *m. pl.*, bhaḍmâr *m.*

Esfuziar, *v. i. (ant.)* ḍhaṇḍhaṇuṁk, jhaṇjhaṇuṁk.

Esfuzilar, *v. i. (ant.) V.* FUZILAR.

Esfuziote, *s. m.* śiṁvâḍ *m.*; jupâṭî *f.* ‖ *De* —, phaṭ-, saṭ karûn.

Esgadanhar, *v. t. V.* ARRANHAR.

Esgalgado, *a.* sukatyo, hâḍyo.

Esgalha, *s. f.* ghoṁsâcho phâṁṭo *m.*

Esgalhar, *v. t.* phâṁṭe kâtruṁk *(g. do o.)*, khâṁḍyo mâruṁk *(g. do o.)* boḍkâvuṁk; (ghoṁsâche phâṁṭe) kâḍhuṁk. ‖ *v. i. e r.* phâṁṭe phuṭuṁk *(d. do s.)*, phâṁkâruṁk.

Esgalho, *s. m.* mervâchyâ śiṁgâcho phâṁṭo; phâṁṭo, koṁb *m.* ‖ *V.* ESGALHA.

Esgana, *s. f.* gaḷo muraḍṇeṁ *n.*; śuṇeṁkhoṁklî *f.* ‖ *V.* GANA.

Esganação, *s. f. V.* ESGANADURA; *(fig.)* gaḷo dharṇeṁ *n.*; atrek *m. pl.*

Esganado, *a. e s. m.* atrekî, âṁvḍhe ghoṭṭalo, mityo mârtalo; *(fig.) V.* AVARENTO. ‖ — *com fome*, bhukest. — *com sede*, tâneshṭ.

Esganadura, *s. f.* gaḷo muraḍṇeṁ, goṁghṭî pilṇeṁ *n.*

Esganar, *v. t.* gaḷo murḍuṁk *(g. do o.)*, goṁgthî piḷuṁk *(g. do o.)*, phâśî divuṁk *(d. do o.)* ‖ *v. r.* phâśî ghevuṁk, âplyâ gaḷyâk phâs ghâluṁk; *(fig.)* duḍvâṁk lobhduṁk,- jiv divuṁk; nirduḥkhî jâvuṁk.

Esganiçar, *v. t.* (ṭâḷo) bârkâvuṁk; kiṁvchâvuṁk. ‖ *v. r.* kiṁvchuṁk, kiḷaṁchuṁk, kikrâṁṭuṁk; *(fig.)* ṭâḷo oḍhûn-, piḷûn gâvuṁk.

Esgar, *s. m.* beṁḍâvṇî, leṁḍâvṇî *f.*, toṁḍâṁ *n. pl.*

Esgarabulhão, *s. m.* uḍto bhoṁvro; *(fig.)* aḍmaḍyo, haḍbaḍyo, huḷhuḷo, gaḍbaḍo, dhaḍbaḍyo, phiṭphiṭo.

Esgarabulhar, *v. i.* haḍbaḍuṁk, taḷmaḷuṁk, ghusḷuṁk, huḷhuḷuṁk, kuskusuṁk, ukal davar karuṁk.

Esgarafunhar, esgaravatar, *v. t.* ustuṁk, udḷuṁk. ‖ — *os dentes*, dâṁt kisaṇṁk. — *os ouvidos*, kânulo kâḍhuṁk.

Esgaratujar, *v. t.* kharḍuṁk, oḍhuṁk. ‖ *v. i.* peṇâṁ *(do port.* PENNA*)* mâruṁk, koṁge karuṁk.

Esgaravatador, *a. e s. m.* ustitalo; kâylâto *m.*, kânuleṁ *n.*

Esgaravatil, *s. m. V.* GANZEPE.

Esgarçar, *v. t.* viskaṭâvuṁk, kisauṁk, sutâṁ kâḍhuṁk *(g. do o.)* (phaḷ) phoḍuṁk, phâḷuṁk. ‖ *v. i.* viskaṭuṁk, sutâṁ yevuṁk *(g. do s.)*

Esgardunhar, *v. t. V.* AGATANHAR.

Esgargalar, *v. t.* (gaḷo) ugbṭo ghâluṁk.

Esgarrado, *a. V.* DESGARRADO.

Esgarrão, *a.* parto, toṁḍâcho mukhâvelo (vâreṁ).

Esgarrar, *v. i. e r.* (târûṁ) vâṭeṁtlo kadsaruṁk,- sarkuṁk; vâṭ visruṁk,- chukuṁk; sâṁgât sâṁḍuṁk; phasuṁk. ‖ *v. t.* peḷyâṇ kâḍhuṁk, sarkâvuṁk; (mat) phirauṁk.

Esgatanhar, *v. t. V.* AGATANHAR.

Esgazear, *v. t.* (ḍoḷe) orkuṁk; (raṁg) mâvḷâvuṁk.

Esgorjar, *v. t.* (gaḷo) ughṭo ghâlunk. || *v. i.* (*fig.*) âmvḍhe ghoṭunk, lâḷevunk.
Esgotar, *v. t. V.* EXGOTTAR.
Esgrima, *s. f.* âḍâv, dâmḍpuṭṭo, śastrâbhyâs *m.*, śastrakrîḍâ *f.*
Esgrimidor, *a. e s. m.* dâmḍpuṭṭo kheḷṇâr, âḍâv kartalo; pahilvân.
Esgrimidura, *s. f.* dâmḍpuṭṭo kheḷṇem *n.*, śastrakrîḍâ, *avdaḷṇî *f.*
Esgrimir, *v. t.* (tarvâr, śastr) kheḷaunk; oḍhun divunk, soḍûn mârunk; ubhrâvunk, hâlaun-, bhomvḍâvûn mârunk. || *v. i.* dâmḍpuṭṭo kheḷunk, âḍâv-, śastrâbhyâs karunk, *avdaḷunk; (*fig.*) jhagḍunk, vivâḍunk. || — *em vão*, tus kâmḍûn hâṭâmk phoḍ yevunk. — *em sêcco*, polkî dâṭâvṇî karunk.
Esgrimista, *s. m. e f.* śastrâbhyâsî.
Esgrouviado, *a.* ṭemkḍî kasî, lâmboḍo, lâmbû.
Esgrovinhado, *a.* bhâgaṭyo, kiḍkiḍît; jhomṭâḷo.
Esguardar, *v. t.* teḷunk, ḍoḷe lâvunk (*d. do o.*) || *v. r. V.* ACAUTELAR-SE.
Esguedelhar, *v. t.* (kems) soḍunk, mekhḷo ghâlunk. || *v. t.* âple kems mekhḷâvunk.
Esgueirar, *v. t.* mâmḍṇen sutlâvunk, jiraunk; choryâm karunk. || *v. r.* kuś mârunk, jhurunk.
Esguelha, *s. f.* vâmkḍepaṇ, âḍvepaṇ *n.*, vâmk *f.*, tirsepaṇ *n.*; tiḍko-, tirso kuṭko *m.* || *De* —, âḍvem, tirsem. *Ver de* —, ḍoḷe moḍunk (*d. do o.*) *Olhos de* —, tirve-, tirse ḍoḷe; (*fig.*) kuṭâḷî dishṭ. *Andar de* — *com alguem*, pais bhomvunk.
Esguelhão, *s. m.* (*ant.*) *V.* ILHARGA.
Esguelhar, *v. t.* âḍvo-, tiḍvo ghâlunk,- kâtrunk.
Esguião, *s. m.* bârik saṇî lugaṭ *n.*
Esguichada, **esguichadela**, *s. f.* pichpichṇî, śiḷkî, chirkâmḍî *f.*, pachpacho, umâḍo *m.*
Esguichar, *v. t.* pichpichâvunk, pachpachâvunk, śiḷkî mârunk (*g. do o.*) || *v. i.* pichpichunk, pachpachunk, śiḷkî suṭunk (*d. do s.*)
Esguicho, *s. m.* chikṇaḷî *f.* || *V.* ESGUICHADELA.
Esguio, *a.* lâmboḍo, ṭemkḍî kasî, mâḍ kaso.
Esguncho, *s. m.* karlem *n.*
Esipo, *s. m.* lamvecho buro *m.*
Eslabão, *s. m.* divyâcho âmkḍo *m.*
Esladroar, *v. t.* nâkâ jâlale phâmṭe kâḍhunk (*g. do o.*)
Eslagartar, *v. t.* kiḍî kâḍhunk,- mârunk (*g. do o.*)
Eslinga, *s. f.* (*mar.*) ojhîm ukalchem dor *n.*
Eslingar, *v. t.* (ojhem) uklunk.
Esmadrigar, *v. t.* himḍâmtlo dispaṭâvunk,- sarkâvunk. || *v. r.* himḍâmtlo kaḍsarunk.
Esmaecer, *v. i.* munko râvunk; khamgunk. || *v. r. V.* DESMAIAR.
Esmaecimento, *s. m. V.* DESMAIO.
Esmagachar, *v. t. V.* ESMAGAR.
Esmagador, *a. e s. m.* chemchtalo, pemchṇo; (*fig.*) khar, nibar.
Esmagadura, *s. f.*, **esmagamento**, *s. m.* chemchṇî, chiraḍṇî *f.*, pemch *m.*; mastaṇî, mâḍauṇî *f.*
Esmagar, *v. t.* chemchunk, chirḍunk, pemchunk; mâḍaunk, mastunk; (*fig.*) moḍûn ghâlunk, boḍkâvunk; khâvunk, kâmtaunk.
Esmaiar, *v. i. e r.* ramg baḍlomk (*g. do s.*), mâvḷunk.
Esmaio, *s. m.* (*ant.*) *V.* DESMAIO.
Esmalhar, *v. t.* (*ant.*) âmkḍe moḍunk (*g. do o.*)
Esmaimado, *a. V.* INDOLENTE.
Esmaltador, *a. e s. m.* mino lâytalo.
Esmaltar, *v. t.* mino lâvunk,- chaḍhaunk (*d. do o.*); (*fig.*) nânâparîm ramgaunk; śobhaunk, śrimgârunk. || *v. r.* (*fig.*) śrimgâronk, neṭunk.
Esmalte, *s. m.* minâ *ou* mino; rasraśît ramg; niḷo ramg *m.*; dâmtâmchem lukaṇ *n.*; (*fig.*) tuḷtuḷitây, tiḷtiḷitây; śobh *f.*, śimgâr, alamkâr *m.*
Esmaniar, *v. i.* pisâvomk, pisem lâgunk (*d. do s.*),- châḷvunk (*g. do s.*)
Esmar, *v. t.* ajmâsunk, gaṇunk; kalpunk, avâmkunk.
Esmarcar, *v. t.* gaṇunk, mejunk.
Esmarellido, *a.* (*ant.*) *V.* AMARELLADO.
Esmarrido, *a.* kâḷij soḍlalo, chhâtî nâslalo; suko, karpalalo.
Esmechada, **esmechadura**, *s. f.* takler mârṇem *n.*
Esmechar, *v. t.* takler mârunk (*g. ou d. do o.*), taklem phoḍunk (*g. do o.*)
Esmeradamente, *adv.* uttampaṇim, nigutâyen.
Esmerado, *a.* uttam, śreshṭh, paripûrṇ, nâjûk.
Esmeralda, *s. f.* pâch, markat *m.*, râjnil *n.*; pâchvo ramg *m.*
Esmeraldino, *a.* pâchvo.
Esmerar, *v. t.* sudhârunk, śodhunk, hikmaṭin-, bârkâyen karunk; uttam-,

śreshṭh karuṁk. || *v. r.* sudhâroṁk, nâjûk jâvuṁk; âple sagḷe kuvetîn-, hikmatîṇ vâvruṁk.

Esmeril, *s. m.* kuruṁdâchî chûr *f.*

Esmerilar, *v. t.* kuruṁḍâche churîn ghâṁsuṁk.

Esmerilhação, *s. f.* kuruṁdân ghâṁsṇeṁ *n.*; *(fig.)* kisauṇî *f.*

Esmerilhador, *a. e s. m.* kuruṁdân ujaḷlalo; *(fig.)* kisauṇo.

Esmerilhar, *v. t.* kuruṁdân ujḷuṁk,- ghâṁsuṁk; *(fig.)* bhav sudhâruṁk; bârkâyen khabar ghevuṁk, kisauṁk; bârik kâṁtuṁk. || *v. r.* hikmatîn-, bârkâyen karuṁk; pehrâvuṁk.

Esmero, *s. m.* hikmat, mâṁḍṇî, bârkây; sudhârṇî *f.*, alaṁkâr, śiṁgâr, neṭ *m.* || *V.* ENCARECIMENTO.

Esmigalhadura, *s. f.* churo-, pûḍ karṇeṁ *n.*

Esmigalhar, *v. t.* churo-, pûḍ karuṁk *(g. do o.)*, kuṭkyân kuṭke karuṁk *(g. do o.)* || *v. r.* churo-, suṁṭe jâvuṁk *(g. do s.)*

Esmiolado, *a.* meṁdû-, girabh nâslalo; *(fig.)* piso, khuḷo.

Esmiolar, *v. t.* meṁdû-, girabh kâḍhuṁk *(g. do o.)*

Esmirrar-se, *v. r. V.* MIRRAR-SE.

Esmiuçadamente, *adv. V.* MIUDAMENTE.

Esmiuçador, *a. e s. m.* chatrâyen-, bârkâyen paḷelalo; vibhâgî.

Esmiuçar, esmiunçar, *v. t.* suṁṭe-, rave karuṁk *(g. do o.)*; kuṭuṁk, pûḍ karuṁk *(g. do o.)*; *(fig.)* chatrâyen paḷevuṁk, bârik parîkshâ karuṁk *(g. do o.)*, gâḷuṁk; kisauṁk, vistâruṁk, bârîk kâṁtuṁk.

Esmo, *s. m.* ajmâs, sumâr *m.* || *A —*, sumâr, sarâsarîn; chiṁti nâstânâ. *Falar a —*, beshtemch ulauṁk.

Esmochar, *v. t.* śiṁgâṁ moḍuṁk *(g. do o.)*, boḍko karuṁk; *(fig.)* udarposhaṇ-, ann kâḍhuṁk *(g. do o.)*, poṭâr mâruṁk.

Esmoer, *v. t.* rovaṁthuṁk. || *V.* DIGERIR.

Esmoitar, *v. t.* jhâḍkuṭâṁ kâtruṁk, rân mâruṁk *(g. do o.)*

Esmola, *s. f.* ijmol *n.*, bhîk, bhikshâ *f.*, dharm, dândharm *m.*, dân, dharmdân, dat, aunsatr *n.*; dharmdây *f.*; *(fig.) V.* TUNDA.

Esmolador, *a. e s. m. (ant.) V.* ESMOLER.

Esmolar, *v. t.* dharmâk-, bhikek divuṁk; (bhîk) mâguṁk. || *v. i.* ijmol divuṁk, dharm karuṁk, bhîk-, bhikshâ ghâluṁk.

Esmolaria, *s. f.* dânâdhikârîpaṇ; bhikechem ghar, dharmagṛiha *n.*, dânśâlâ *f.*

Esmoleira, *s. f.* bhikechî potî,- varlî, jhoḷî *f.*

Esmoleiro, *a. e s. m.* bhikârî, bhikshu.

Esmolento, *a. V.* ESMOLER.

Esmoler, *s. m.* dânâdhikârî, dharmâdhikârî. || *a.* dharmî, dharmvaṁt, dânsûr.

Esmoncar, *v. t.* bemhro pusuṁk,- kâḍhuṁk *(g. do o.)*, (nâk) piḷuṁk. || *v. t.* âpleṁ nâk piḷuṁk.

Esmondar, *v. t. V.* MONDAR.

Esmordaçar, esmordicar, *v. t. e i.* châbḍâvuṁk; châbuṁk.

Esmorecer, *v. t.* aśaktâvuṁk, baḷ-, dhîr kâḍhuṁk *(g. do o.)*, boḍkâvuṁk. || *V.* AFROUXAR. || *v. i.* kâḷîj-, jîv-, âṁg soḍuṁk, hâtpâṁy gaḷuṁk *(g. do s.)*; aśakt-, bebaḷ jâvuṁk; thoḍâvoṁk, maṁd jâvuṁk. || *— por alguma coisa*, jîv sâṁḍuṁk.

Esmorecidamente, *adv.* baḷ-, ghaṭṭây nâstânâ.

Esmorecido, *a.* udâs, saṁkîrṇ, bheyâbhît, aśakt; meṁgo, maṁd.

Esmorecimento, *s. m.* udâspaṇ *n.*, saṁkîrṇây, bheyâbhitây; aśaktây *f.*

Esmorraçar, *v. t. V.* ESPEVITAR.

Esmorrar, esmurraçar, esmurrar, *v. t.* muṭhâvuṁk, dhumkâvuṁk, muṭhî-, dhumke mâruṁk *(d. ou l. do o.)*

Esmoucar, *v. t.* dhapkâvuṁk, baḍauṁk; *(fig.) V.* ESTRAGAR.

Esnocar, *v. t.* moḍuṁk, koṁchauṁk (khâṁḍî).

Esophago, *s. m.* ghaṁso, ṭâḷo, annmârg *m.*

Esophagotomia, *s. f.* annmârgchhedan *n.*

Espaçadamente, *adv.* aṁtarîṁ.

Espaçamento, *s. m.* aṁtrâvṇî; lâṁbâvṇî *f.*, kâḷâv *m.*; phuḍe-, mukhâr davarṇeṁ *n.*

Espaçar, espacear, *v. t.* sâṁko jâgo davrûn mâṁḍuṁk,- puruṁk, barâbar aṁtrâvuṁk,- iskaḷâvuṁk; chaḍhauṁk, vâḍhauṁk; *(fig.)* phuḍe-, mukhâr davruṁk; lâṁbâvuṁk, kâḷâvuṁk. || *v. i. (ant.)* bhoṁvuṁk.

Espacejamento, *s. m.* iskaḷâvṇî *f.*; aṁtaroḷ davarṇeṁ *n.*

Espacejar, *v. t.* iskaḷâvuṁk, aṁtaroḷ davruṁk *(abl. com* bhitar *do o.)*

Espaço, *s. m.* âkâś *m.*, śûnya; abhyaṁtar *n.*, garbhî; *extensão, intervallo do tempo:* kâḷgati, kâḷâṁtar; *logar:* svât *f.*, jâgo, avkâś rîg; *demora:* veḷ, kâḷâv; *termo:* vâydo *m.*, phursat; *intervallo:* aṁtar, aṁtaroḷ *f.*; aṁtaroḷîcho ṭaso *m.* || *Espaços celestes*, svarg. *Divagar nos espaços imaginarios*, chaṇyâṁchîṁ jhâḍâṁ uḍuṁk. *De —*, sâvkâśâyen, khursatîn. *De — a —*, pais pais. *A espaços*, aṁtarîṁ.

Espaçosamente, *adv.* iskaḷâyen.

Espaçoso, *a.* viskaḷ *ou* iskaḷ, savistar, visṛit, ruṁd, lâṁbruṁd, aispais, aṁtarâdîk.

Espada, *s. f.* ispâd, tarvâr *f.*, khaḍg *m.*, kharg *n.* || *Ganhar á ponta da —*, jujûn meḷauṁk,- ghevuṁk. *Estar entre a — e a parede*, khâṁchîk-, peṁchyâk paḍuṁk. *Entregar a —*, beṁ mhaṇuṁk. *Peixe —*, bâḷo *m.* || -s, *pl.* ispâdo *f. pl.*

Espadachim, *s. m.* pahilvân, phidâlkor; jhagḍekâr.

Espadagão, *s. m.* moṭî tarvâr *f.*

Espadana, *s. f.* tarvâr kasî vast *f.*; baṁbhâḷ *m.*; *barbatana:* pâkhûrl *n.*; *cauda do cometa:* śeṁḍi *f.* || *— de fogo*, *V.* LABAREDA. *Ponto de —*, dor kaso sâkrîcho poṁt.

Espadanada, *s. f.* baṁbhâḷ *m.*

Espadanar, *v. t.* baṁbhâḷ karuṁk (*g. do o.*), pichpichâvuṁk. || *v. i.* baṁbhâḷuṁk, baṁbhâḷ jâvuṁk (*g. do s.*)

Espadaneo, *a.* *V.* ENSIFORME.

Espadar, *v. t.* *V.* ESPADELAR.

Espadarte, *s. m.* tivmâsyâchî jât *f.*

Espadaúdo, *a.* moṭyâṁ bâvasâṁcho. || *V.* MEMBRUDO.

Espadeirada, *s. f.* tarvârîcho phâr.

Espadeiro, *s. m.* tarvârî kartalo va viktalo, tarvârikâr; dhârkarî.

Espadela, *s. f.* saṇbaḍavṇo; moṭo valo *m.*

Espadelar, *v. t.* (saṇ) baḍauṁk.

Espadeleiro, *s. m.* saṇ baḍaitalo.

Espadilha, *s. f.* ispâḍiṁcho âj,- eko; (*fig.*) vastâd, mukhelî *m.*

Espadim, *s. m.* lahân ispâd, supurlî tarvâr *f.*

Espadua, *s. f.* khâṁd *m.*, bâvas *n.*

Espaduar, *v. t.* bâvas-, khâṁd moḍuṁk (*g. do o.*) || *v. i. e r.* bâvas moḍoṁk (*g. do s.*)

Espairecer, *v. i.* vâreṁ ghevuṁk, bhoṁvḍek vachuṁk, visavuṁk. || *v. t.* *V.* DISTRAHIR.

Espairecimento, *s. m.* vâreṁ gheṇeṁ *n.*, bhoṁvḍî; khaspây *f.*, vinod *m.*

Espalda, *s. f.* (*ant.*) khâṁd *m.*; kadelîchî pâṭh *f.*

Espaldão, *s. m.* morcho *m.*

Espaldar, *s. m.* kadelîchî pâṭh *f.*, teṁko *m.*

Espaldear, *v. t.* pâṭhî vharuṁk,- oḍhuṁk.

Espaldeira, *s. f.* baskeche pâṭhîcheṁ lugaṭ *f.*; (*ant.*) prishṭhatrâṇ *n.*

Espalha, *s. m.* chaḷbaḷo, nâchro; baḍbaḍyo, barbaro.

Espalhada, *s. f.* śiṁpḍâvṇî; gaḍbaḍ *f.*, bobâḷ *m.*; baḍbaḍṇî, pachpachṇî; baḍâyk, mijâs *f.* || *V.* ESPALHAFATO.

Espalhadamente, *adv.* śiṁpḍâvûn, vikirûn.

Espalhadeira, espalhadoira, *s. f.* moḍkûḷ *n.*

Espalhado, *a.* vikîrṇ. || *s. m.* *V.* ESPALHAFATO.

Espalhador, *a. e s. m.* maḷpî; śiṁpḍâytalo.

Espalhafato, *s. m.* dhâmdhûm, dhaḍpaḍ gaḍbaḍ *f.*, bobâḷ *m.*, ghaṇghaṇ *m. pl.* || *V.* CONFUSÃO.

Espalhagar, *v. t.* maḷuṁk, baḍauṁk.

Espalhamento, *s. m.* taṇ kâḍhṇeṁ *n.*, maḷṇî; vikirṇî, śiṁpḍâvṇî, śiṁpaḍṇî; pâṭḷâvṇi *f.*

Espalhar, *v. t.* taṇ kâḍhuṁk (*g. do o.*), maḷuṁk, baḍauṁk; vikiruṁk *ou* vikrâvuṁk, śiṁpḍâvuṁk, uḍauṁk, vaṁpuṁk, pasruṁk saṁchâruṁk, peruṁk, phâṁkauṁk; *rarefazer:* pâṭḷâvuṁk, ubhauṁk; *derramar:* otuṁk, ratauṁk; *divulgar:* âvâḍâk karuṁk, praghaṭuṁk; *apregoar:* ghoshaṇ karuṁk (*g. do o.*), nâvâḍhuṁk; *distribuir:* vâṁṭuṁk; *soltar:* soḍuṁk. || *— o bofe*, *V.* DESAFOGAR. || *v. i.* visavuṁk; ubhuṁk; thoḍâruṁk; gaḍbaḍ-, bobâḷ karuṁk; baḍbaḍuṁk. || *v. r.* śiṁpḍoṁk, posroṁk, vistâroṁk; lâguṁk; pâṭḷoṁk, saglyâṁchyâ toṁḍâṁt jâvuṁk.

Espalmado, *a.* taḷhât kaso, peṭlalo, chepṭo.

Espalmar, *v. t.* peṭuṁk, saṁthaḷ karuṁk, thapkaṭuṁk; (pîṭh) lâṭuṁk; kisḷuṁk. || *v. r.* saṁthaḷ jâvuṁk, peṭoṁk, chepṭoṁk.

Espalto, *s. m.* kâḷo raṁg *m.*

Espanascar, *v. t.* taṇ kâḍhuṁk (*g. do o.*); (*fig.*) luḷyâcho nirmaḷuṁk.

Espancador, *a. e s. m.* jujârî, jhagḍekâr.

Espancar, *v. t.* baḍauṁk, mâruṁk, mâr divuṁk, saṭkâvuṁk, phaṭkâvuṁk, daptuṁk, dhapkuṁk, dhoptuṁk, laḍhâvuṁk, tâḍauṁk, phaphâvuṁk, phâpâvuṁk; nirâsuṁk, âṁbḍuṁk.

Espanefico, *a.* gamjekâr.

Espannação *s. f.* jhâḍṇî *f.*

Espannador, *s. m.* jhâḍo; châmar *m.*

Espannar, *v. t.* (sâmagrî) jhâḍuṁk.

Espantadiço, *a.* bujaṭ, bhejûḍ.

Espantador, *a. e s. m.* bhedrâytalo, bheṁkḍâvṇâr.

Espantalho, *s. m.* bujavṇeṁ *n.*, toḍgo; âû, ghoṁgo *m.*

Espantar, *v. t.* bheṁkḍâvuṁk, bhedrâvuṁk, bujauṁk, dachkâvuṁk, gâbhrâvuṁk; ajâp karuṁk, ajâpâvuṁk, thaṭâkâvuṁk; âṁbḍuṁk, dispaṭâvuṁk. || — *o somno*, nîd visrâvuṁk, nîd kâḍhuṁk. || *v. r.* bujuṁk, bhedruṁk, gâbhruṁk, kâṁkaṭuṁk, ghâṁgruṁk; ajâp jâvuṁk, thaṭâkuṁk, ajâp disuṁk *(d. do s.)*

Espanta-ratos, *s. m.* *V.* BRAVATEIRO.

Espantavel, *a.* *V.* ESPANTOSO.

Espanto, *s. m.* bujṇî *f*, bhedro, bhay, dachko *m.*, kâṁkaṭṇî; thaṭâkṇî *f.*; ajâp, acharyeṁ *n.* || *Fazer espantos*, ajâpâṁ sâṁguṁk, navlâṁ karuṁk.

Espantosamente, *adv.* ajâpâṁnuṁ, navlân.

Espantoso, *a.* bhesurvâṇo, bhaykar, akrâḷ; ajâpâṁcho, acharyavaṁt; asâdhâraṇ, aprûb, apûrv; bhav chaḍh,-vhaḍ.

Espapaçar, *v. t.* peṭuṁk, lâṭuṁk. || *v. r.* luglugit-, sarbarit jâvuṁk; śobh-, rûp nâsuṁk *(d. do s.)*

Espapar, *v. i. e r.* taklî bhav ukluṁk (ghoḍo).

Esparadrapo, *s. m.* okhtâchî ghaḍî,- lepḍî *f.*

Esparavel, *s. m.* pâger *n.*, sejo *m.*, mâṁḍvî; *(ant.)* bâdî, pâṁvḷî *f.*

Esparcellado, *a.* khaḍpâṁ âslalo (daryâ).

Espargimento, *s. m.* otṇî, śiṁpṇî; vikirṇî, śiṁpḍâvṇî *f.*

Espargir, *v. t.* otuṁk, śiṁpuṁk, śiṁvrâvuṁk; vikiruṁk, śiṁpḍâvuṁk. vaṁpuṁk, pasruṁk, peruṁk; phâṁkauṁk. || *v. r.* otoṁk: śiṁpḍoṁk; phâṁkuṁk.

Esparralhar-se, *v. r.* sarpaṭuṁk; pasroṁk.

Esparrar, *v. t. e i.* dâkhechiṁ pânâṁ kâḍhuṁk.

Esparregado, *s. m.* bhâjî *f.*

Esparregar, *v. r.* bhâjî-. phoḍ karuṁk *(a. do o.)*

Esparrela, *s. f.* phâsak *n.*, phâskî, mânas *f.*; *(fig.)* phâs *m.*, mâṁḍkî *f.*

Esparrinhar, *v. i. e r.* śiṁvruṁk.

Esparso, *a.* śiṁpaḍlalo; phâṁklalo, vistârâdik; suṭo.

Espartano, *a.* *(fig.)* *V.* AUSTERO.

Espartaria, *s. f.* lahvyâṁcheṁ kâm *n.*

Esparteiro, *s. m.* lahvyâṁcheṁ kâm kartalo.

Espartenhas, *s. f. pl.* lahvyâṁchîṁ cheplâṁ *n. pl.*

Espartilhar, *v. t.* kaṁchukî ghâluṁk *(d. do o.)* || *v. r.* kaṁchukî nesuṁk.

Espartilheiro, *s. m.* kaṁchukyo kartalo.

Espartilho, *s. m.* spârtîl *m.*, kaṁchukî, kâṁchoḷî *f.*

Esparto, *s. m.* *(bot.)* lahvo *m.*

Esparzir, *v. t. e r.* *V.* ESPARGIR.

Espasmar, *v. t.* peṭko-, dhankuṭî karuṁk *(d. do o.)*, vaḷ hâḍuṁk *(d. do o.)* || *v. i. e r.* kaṇuṁk, dhankuṭî jâvuṁk *(d. do s)*, vaḷ yevuṁk *(d. do s.)*

Espasmo, *s. m.* kaṇ, kaṇṇî, dhankuṭî, lahar *f.*, peṭko, vaḷ, vât, saṁkoch *m.*; *(fig.)* *V.* ARROUBAMENTO.

Espasmodico, *a.* peṭkyâcho, oḍhîṁcho, laharî.

Espatha, *s. f.* pâtî; poy *f.*, poyeṁ (— *de palmeira*) *n.*; koṁko (— *de bananeira*) *m.*

Espatifar, *v. t.* kuṭke-, vâvdoryo karuṁk *(g. do o.)*, vidâruṁk; *(fig.)* hogḍâvuṁk, ibâḍuṁk, vâṭ lâvuṁk *(g. do o.)*

Espatula, *s. f.* thâpî, dây *f.*

Espaventar, *v. t.* *V.* ESPANTAR. || *v. r.* bujuṁk, bhedruṁk; *(fig.)* baḍâyk dâkhauṁk, phaḍâ.- gaṁje karuṁk, pehrâvuṁk, mirvuṁk.

Espavento, *s. m.* *V.* ESPANTO; *(fig.)* pehrâvo *m.*, gaṁje *m. pl.*, baḍâyk, phaḍâ *f.*, dabâjo *m.*

Espaventoso, *a.* dabâjyâcho, ḍaulî, baḍâykhor.

Espavorir, *v. t.* kalkalâvuṁk, âkâṁtâvuṁk, bheṁkḍâvuṁk. || *v. r.* kalkaluṁk, âkâṁtuṁk.

Espavorizar, *v. t.* *V.* ESPAVORIR.

Especar, *v. t.* digî-, dhiro mâruṁk,-lâvuṁk *(d. do o.)*, khuṁṭâvuṁk, teṁkauṁk *(d. do o.)* || *v. i. e r.* meḍik-, digiyek teṁkuṁk.

Especial, *a.* jâticho, jâtisaṁbaṁdhi; asâdhâraṇ, viśesh, aṁkoch; muddam, tâtpurcho, kherît; chakhoṭ *ou* chokhaṭ, nâjûk, aprûb. || *Em* —, viśeshîṁ; adhik karn:

Especialidade, *s. f.* jâtitva; asâdhâranpaṇ *n.*, viśesh *m.*

Especialista, *a. e s. m.* viśesh kâm chalaitalo, viśeshî.

Especialização, *s. f.* amko mhaṇṇeṁ *n.*; nâvâḍhṇî *f.*, viśeshvarṇan, abhidhân *n.*

Especializar, *v. t.* amko mhaṇuṁk, nâṁv ghevuṁk *(g. do o.)*; nâvâḍhuṁk, varto karuṁk.

Especialmente, *adv.* bhav-, chaḍh-, adhik karn, chaḍhâvat; muddam.

Especiaria, *s. f.* masâlo, garam masâlo, saṁbhâr *m.*, jirem̃mireṁ *n.*

Especie, *s. f.* jât *f.*, prakâr, jinnas, thar *m.*, tahrâ *ou* tahryâ *f.*; *apparencia:* rûp *n.*, âkâr *m.*; *conhecimento:* oḷakh *f.*, arth *m.*; *caso especial:* viśeshgosht *f.* || *Pagar em* —, varavân phârîk karuṁk. || *V.* ESPECIARIA. || -S, *pl.* nagad *n.*, nagad duḍû *m. pl.*

Especieiro, *s. m.* saṁbhârkâr (saṁbhârkârṇ *f.*)

Especificação, *s. f.* jât-, âkâr kaḷauṇeṁ, uddeśan, abhidhân *n.*, bhed; navo âkâr *m.*

Especificadamente, *adv.* ekânek, nigût karûn, savistar.

Especificador, *a. e s. m.* viśeshṇâr, bhedak, uddeśak.

Especificamente, *adv.* viśeshîṁ, jâtisaṁbaṁdhîṁ.

Especificar, *v. t.* jât-, âkâr kaḷauṁk *(g. do o.)*, viśeshîṁ sâṁguṁk, viśeshuṁk, viśeshvarṇan-, abhidhân karuṁk *(g. do o.)*, bârkâyen varṇuṁk.

Especificativo, *a.* viśeshak.

Especificidade, *s. f.* jâtitva *n.*, viśeshjâti *f.*

Especifico, *a.* viśeshjâticho, viśesh, asâdhâraṇ, pratyek. || *s. m.* guṇâcheṁ okhat *n.*, râmbâṇ *m.*

Especillo, *s. m.* saḷaî *f.*

Especiosamente, *adv.* bhâylyân lep kâḍhûn.

Especiosidade, *s. f.* surûpây, suṁdarây, kâṁti; majurây, maṁjuḷây *f.*; arthâbhâs, satyâbhâs, phoṭkiro lep *m.*, nâḍrûp *n.*

Especioso, *a.* rûpvaṁt, śobhit, suṁdar, darśanî; majûr, maṁjûḷ; phoṭkiro, polko, asâr, lâgyo.

Espectaculo, *s. m.* dâkhauṇ *f.*, drishṭivishay; kheḷ, tamâśo, chamatkâr *m.*, kautuk *n.*, mauj *f.* || *Servir de* —, keṁḍnecho mâl jâvuṁk.

Espectaculoso, *a.* dabâjyâcho, ḍaulî.

Espectador, *a. e s. m.* paḷevṇâr, dekhtalo; kautuk-, mauj paḷetalo.

Espectavel, *a.* paḷevuṁk phâvo taslo. || *V.* NOTAVEL.

Espectro, *s. m.* pret, nâsâṁv *n.*, bhût, bhâs, drishṭâv, râtrichar; piśâch *m.*, chhâyâ *f.*; *(fig.)* gihro, sâṁpḷo *m.*

Especulação, *s. f.* tark, vitark *m.*, kalpanâ *f.*, dakśaṇ; ḍhavaṁḍhâḷ, uleṁḍhâleṁ *n.*; chorkarâr *m.*, nâḍbolî *f.*

Especular, *a.* ârsyâcho.

Especular, *v. t.* tarkuṁk, vitarkuṁk, tark-, vitark karuṁk *(g. do o.)* kalpuṁk. || *V.* EXPLORAR. || *v. i.* yepâr-, udyam karuṁk, vahivâṭuṁk; phaḷ-, âdâv kâḍhuṁk, upkârâk ghâluṁk.

Especulária, *s. f.* pratikiraṇavidyâ *f.*

Especulativamente, *adv.* kalpaṇîṁ, tarkîṁ.

Especulativo, *a.* kalpanecho, kâlpanik, mânsik; dhavaṁḍhâḷâcho.

Especulo, *s. m.* ârso *m.*

Espedaçar, *v. t. e r. V.* DESPEDAÇAR.

Espedregar, *v. t.* phâtarguṁḍe kâḍhuṁk *(g. ou l. do o.)*

Espeitar, *v. t. (ant.) V.* ESPREITAR.

Espelhado, *a.* ârso kaso.

Espelhar, *v. t.* nisḷuṁk, tuḷtuḷît karuṁk, ujḷuṁk; *(fig.)* phâṁkauṁk, prajvaḷâvuṁk. || *v. r.* ârsyâṁt paḷevuṁk; *(fig.)* phâṁkuṁk, prajvaḷuṁk; âpṇâk dâkhauṁk, dishṭî paḍuṁk; mirvuṁk, murgaṭuṁk.

Espelharia, *s. f.* ârsyâṁcho kârkhâṇo *m.*

Espelheiro, *s. m.* ârsyâṁkâr.

Espelhento, *a.* prajvaḷît, laklakît.

Espelho, *s. m.* ârso *m.*, ârsî *f.*; *modelo:* namuno, sâṁcho *m.*

Espelunca, *s. f. V.* CAVERNA.

Espennejador, *s. m.* (pâkhâṁchî) sâraṇ *f.*, jhâḍo *m.*

Espennejar, *v. t.* jhâḍuṁk. || *v. i.* âpṇâk jhâḍuṁk (śukṇeṁ); *(fig.)* ṇeṭuṁk.

Espeque, *s. m.* meḍ, digî, khuṁṭî, teṁkî, dhirî *f.*, teṁko, dhiro *m.*; *(fig.) V.* ARRIMO.

Espera, *s. f.* râvṇî *f.*, râbṇeṁ *n.*; kâḷâv, uśir; daḍo, dabo; vâydo *m.* || *Estar á* —, râvuṁk *(d. da pessoa ou da coisa)*. *Fazer* —, pâldek âsuṁk.

Esperadamente, *adv.* viśvâsân.

Esperado, *a.* âśelalo; phuḍe davarlalo. || *Ficar* —, pâṭhî uruṁk, nâ utroṁk. *Não* —, *V.* IMPREVISTO.

Esperadoiro, *s. m.* râvumchî svât *f.*; dabo *m.*

Esperador, *a. e s. m.* râvṇâr.

Esperança, *s. f.* bharvâṁso, viśvâs *m.*, âśâ *f.* || *Pessoa de esperanças*, phuḍâr âslalo manîs. *Andar ou estar de* —, gurhvâr âsuṁk.

Esperançar, *v. t.* âśâ divuṁk *(d. do o.)* || *v. r.* âśevuṁk, viśvâs dharuṁk; pâtyevuṁk.

Esperançoso, *a.* âśâvaṁt, bharvâṁsî, bharvâṁsyâcho; maṁgaḷ, bhadr.

Esperar, *v. t.* râvuṁk *ou* râbuṁk *(d. do o.)*, vâṭ paḷevuṁk *(litt.* VER O CAMINHO; *g. do o.)*; âśevuṁk, viśvâsuṁk, âśen-, bharvâṁsyân râvuṁk, viśvâs dharuṁk *(l. sup. do o.)*; *receiar:* bhyevûn râvuṁk; *suppor:* samjuṁk, chiṁtuṁk. || — *de ou em*, pâtyevuṁk. || *v. i.* râvuṁk, râkhuṁk; sabar karuṁk, dam khâvuṁk. || *Fazer* —, râvauṁk. *Espera!* paḷe tûṁ! tukâ dâkain!

Esperavel, *a.* âśecho; jâytso, ghaḍatso.

Esperdiçar *(e deriv.)*, *V.* DESPERDIÇAR.

Esperma, *s. m.* dhâtu *ou* dhât, jîṇ *f.*, boḷ, kâmras *m.*, bîj *n.*

Espermatico, *a.* dhâtîcho. || *Liquido ou licor* —, dhât *f.*

Espermatizar, *v. t.* phaḷauṁk.

Espermatocele, *s. m.* bhelgo, bhergo *m.*

Espermatographia, *s. f.* bîjvarṇan, dhâtuvarṇan *n.*

Espermatologia, *s. f.* dhâtuvidyâ *f.*

Espermatorrhea, *s. f.* dhâtusrâv *m.*

Espermatose, *s. f.* dhâtuposhaṇ *n.*

Espernear, *v. i.* doṁke baḍauṁk,-âpṭuṁk; âṁg moḍuṁk; *(fig.)* saḷ karuṁk, sâṁglaleṁ nâ âykuṁk.

Espernegar-se, *v. r.* pâṁy soḍûn paḍuṁk, sarpaṭuṁk.

Espescoçar, *v. t.* svât davrûn âḷeṁ khaṇuṁk *(d. do o.)*

Espessamente, *adv.* dâṭâyen, ghaṇâyen.

Espessar, *v. t.* dâṭâvuṁk, âṭauṁk; ghaṇâvuṁk. || *v. i.* dâṭ jâvuṁk, âṭuṁk; ghaṇ jâvuṁk.

Espessidão, *s. f.* dâṭṇî, âṭṇî; ghaṇây, dâṭây *f.*

Espesso, *a.* dâṭ, sâṁso, baḍbaḍît, thar; *consistente:* ghaṭṭ, laṇṇo, bâbro; *basto:* ghaṇ, dâṭ; *opaco:* prakâśâbhedya. || *V.* FRONDOSO.

Espessura, *s. f.* dâṭây, dâṭî; moṭây; prakâśâbhedyatâ; ghaṇây; ghaṭṭây *f.*; ḍoṁgar, puṁjo *m.* || *V.* FLORESTA.

Espetada, *s. f.* śigiyecho phâr *m.*

Espetadela, *s. f.* *V.* PICADA.

Espetanço, *s. m.* nâś *m.*, nuskân *n.* || *V.* DESAPONTAMENTO.

Espetão, *s. m.* lokhaṁḍâchî ṭeṁkḍî *f.*, garo *m.*

Espetar, *v. t.* śigiyen topuṁk, śigiyek-, saḷyâk guṁtuṁk; *(fig.)* âspâs topuṁk, vidhuṁk; phasauṁk, nâḍuṁk; goṁdhḷâk ghâluṁk; bharûn-, oḍhûn divuṁk. || *v. r.* âspâs topoṁk; *(fig.)* phasuṁk, bhaṁguṁk; goṁdhḷâk sâṁpḍuṁk, lajjek paḍuṁk.

Espeto, *s. m.* śigî *f.*, saḷo, suḷo *m.*

Espevitadamente, *adv.* bârkâyen, kisaun.

Espevitadeira, *s. f.*, **espevitador**, *s. m.* kâjḷyâchî kâtar *f.*

Espevitar, *v. t.* kâjḷo *ou* kâjvo kâtruṁk-, kâḍhuṁk *(g. do o.)* || — *as palavras*, uttrâṁ kisauṁk,- pâṭḷâvuṁk. || *v. r.* pâṭḷâvûn ulauṁk, bârîk kâṁtuṁk. || *V.* AGASTAR-SE.

Espezinhar, *v. t.* gudhḍâvuṁk, mastuṁk, masḷuṁk; *(fig.)* raḍauṁk, dagdagâvuṁk.

Esphacelar, *v. t.* bhagdaḷ karuṁk *(d. do o.)*; *(fig.)* *V.* ARRUINAR. || *v. r.* bhagdaḷ-, mâṁsnâś jâvuṁk *(d. do s.)*; *(fig.)* kaṭevuṁk, bighḍuṁk, nikḷuṁk.

Esphacelo, *s. m.* bhagdaḷ *n.*, mâṁsnâś *m.*

Esphera, *s. f.* gol, guḷo, biṁb *m.*, maṁḍaḷ *f.*; ilâkho *m.*, prakaraṇ *n.*; guḷî *f.* || — *terrestre*, jagmaṁḍaḷ. — *celeste*, âkâśmaṁḍaḷ, gaganmaṁḍaḷ. — *armillar*, khagol.

Esphericidade, *s. f.* golatva, vâṭkuḷepaṇ *n.*, vâṭkuḷây *f.*

Espherico, *a.* gol, golâkâr, vâṭkuḷo.

Espheroidal, **espheroideo**, *a.* gol kaso, galsadriś, aṁḍâkâr.

Espheroide, *s. m.* aṁḍâkâr *m.*, aṁḍâkriti *f.*, guḷoso *m.*

Espherometro, *s. m.* golmân *m.*

Esphinge, *s. f.* siṁhamasṭakapurushamûrti *f.*

Espia, *s. m. e f.* bhedî, huṁgî, gûḍhpurush, gûḍhchâr; pâḷtî, râkhṇo, pahârekâr. || *s. f.* târûṁ bâṁdhcheṁ dor *n.*

Espiador, *a. e s. m. (p. us.)* ṭeḷṇâr. || *V.* ESPIA.

Espiagem, *s. f.* bhedîpaṇ *n.*, pâlat *ou* pâlad *f.*

Espião, *s. m.* bhedî, hmingî.
Espiar, *v. t.* ṭelumk, pâltumk, pâlat karumk, nirekhumk; râkhûn râvumk.
Espiar, *v. t.* (târûn) dorân bâmdhumk; bhomvribhar (saṇ) kâmtumk.
Espicaçar, *v. t.* tomchumk, chomchumk; châmchâvumk, *khupumk; (*fig.*) V. MAGOAR.
Espicha, *s. f.* gâmthaṇ, śimkaḷ; dâmḍi *f.*
Espichar, *v. t.* gâmthaṇ karumk (*g. do o.*), gâmthumk (*us. Sal.*) ‖ — *um barril*, burâk-, bhomk karumk. — *a cannela*, hâtpâmy tâṇumk. ‖ *v. i. e r.* marumk.
Espicho, *s. m.* taḍas *m.*; khumṭî; (*fig.*) kiḍkiḍît manîs, mâḍ (*fig.*) *m.*, ṭemkḍî (*fig.*) *f.*
Espiciforme, **espicilado**, kaṇśî kasî.
Espicilegio, *s. m.* lekhasamgraha *m.*
Espicular, *v. t.* domas kâḍhumk (*d. do o.*), pâjumk.
Espiculo, *s. m.* kûms *n.*
Espiga, *s. f.* kaṇśî *f.*, kaṇas, bomḍ *n.*: paṭûr, pasav (— *tenra*) *m.*; ombî (— *de trigo*) *f.*; taḍas *m.*; nâkshechyâ muḷâchem kûms *n.*; (*fig.*) karâmḍây *f.*; karkar *m. pl.*; phasauṇî, nâḍ *f.*; gomdhaḷ *m.*, aḍchaṇ *f.*
Espigame, *s. m.* kaṇśyâmchî râs *f.*; sâmḍlalyo-, urlalyo kaṇśyo *f. pl.*
Espigão, *s. m.* moṭî kaṇśî; khumṭî *f.*, khumṭo; kaḷas, śikhar; ispigâmv; domas *m.*; nâkshechem kûms *n.* ‖ V. BOTAREO.
Espigar, *v. i.* pasavumk, kaṇśî jâvumk,- yevumk (*d. do s.*); kirlumk, phâmṭevumk; (*fig.*) vâḍhumk, thorumk. ‖ *v. t.* nuskân divumk (*d. do o.*) *v. r.* (*fig.*) phasumk.
Espigoso, *a.* kaṇśyo âslalo, kaṇśyâmcho.
Espigueiro, *s. m.* peṭ *f.*, haḍpo *m.*; (*fig.*) V. VIVEIRO.
Espiguilha, *s. f.* kâmṭyâmchem aśir remd *m.*
Espiguilhar, *v. t.* kâmṭyâmchem remd lâvumk (*d. do o.*)
Espim, *a.* V. ESPINHOSO.
Espinal, *a.* kaṇyâcho.
Espinça, *s. f.* chimṭo *m.*
Espinçar, *v. t.* chimṭyân sutâm-, gâmṭhî kâḍhumk (*g. do o.*)
Espinel, *s. m.*, **espinela**, *s. f.* V. RUBI.
Espineta, *s. f.* (*mus.*) ḍamru *m.*
Espingarda, *s. f.* bamdûk, tubak, ârm (*port.* ARMA) agnyastr (*p. us.*) *n.* ‖ — *de dois canos*, dubârî bamdûk.
Espingardada, *s. f.* phâr *m.*
Espingardão, *s. m.* moṭem ârm *n.*, jurâmṭî *f.*
Espingardaria, *s. f.* bamdukâmchî râs,- śiḷkî *f.*
Espingardear, *v. t.* phârân mârumk, phâr mârumk (*d. do o.*)
Espingardeira, *s. f.* chormâr *m.*
Espingardeiro, *s. m.* bamdukâmcho lohâr, bamdûkvâlo; (*ant.*) tubakî.
Espinha, *s. f.* kaṇo; mâsḷecho kâmṭo *m.*; muram *n.*; (*fig.*) V. EMBARAÇO. ‖ *Ter — com alguem*, tamṭo âsumk (*d. do s.*) *Não ter — nem osso* (*fig.*), âḍkhaḷ nâsumk (*d. do s.*) *Estar na —*, sukûn kâmṭo jâvumk.
Espinhaço, *s. m.* kaṇo, pâṭhîcho dâmḍo *m.*; (*fig.*) ḍomgarsarî *f.* ‖ *Estar no —*, kâmṭo jâvumk, pâmjro lâgîm yevumk (*g. do s.*); (*fig.*) phakîr jâvumk, upadryâmk paḍumk.
Espinhal, *a.* kaṇyâcho. ‖ *s. m.* kâmṭiyâmchem rân *n.*
Espinhar, *v. t.* kâmṭyân topumk, kâmṭo lâvumk (*d. do o.*); (*fig.*) kichḍâvumk, tiḍkâvumk. ‖ *v. r.* tiḍkumk, tiḍumk, pimḍaḷumk.
Espinheira, *s. f.*, **espinheiro**, *s. m.* kâmṭî *f.*
Espinhela, *s. f.* urdâmḍyâchem mâû hâḍ *n.* ‖ *Ter a — cahida*, urdâmḍo duḥkhumk. *Levantar a —* (*fig.*), V. ALENTAR.
Espinho, *s. m.* kâmṭo *m.*; (*fig.*) V. DIFFICULDADE. ‖ *Estar sobre espinhos* (*fig.*) huḍhuḍumk, taḷmaḷumk.
Espinhoso, *a.* kâmṭyâmcho; (*fig.*) V. ARDUO e DOLOROSO.
Espinifrar, *v. t.* V. ESPENNICAR.
Espinotear, *v. t.* V. PINOTEAR.
Espiolhar, *v. t.* uvo kâḍhumk (*g. do o.*); (*fig.*) V. PESQUIZAR.
Espionagem, *s. f.* bhedîpaṇ *n.*
Espionar, *v. t.* V. ESPIAR.
Espipar, *v. i.* phaṭ karn bhâyr sarumk,- pimjumk; ṭhoho jâvumk.
Espique, *s. m.* sûḷ kâmḍ *n.*
Espiqueado, *a.* sûḷ kâmḍâcho.
Espira, *s. f.* ek vaḷ *m.*
Espiraculo, *s. m.* uchchhvâs *ou* usâs, vâyumârg *m.*
Espiral, *a.* nâgmoḍîcho, nâgmoḍî. ‖ *s. m.* nâgmoḍ *f.*, komḍḷem *n.*
Espirante, *a.* phumkto; śvâsî, jito; damdamît; (*fig.*) jivo kaso.

Espirar, *v. t. e i.* phuṁkuṁk; śvâsuṁk, uchchhvâsuṁk; damdamâvuṁk, damdamuṁk, parmaḷâvuṁk.

Espiritar, *v. t. V.* ENDEMONINHAR.

Espiritismo, *s. m.* pretasaṁsargavâd *m.*

Espiritista, *a.* pretasaṁsargâcho. ‖ *s. m.* pretasaṁsargavâdî.

Espirito, *s. m.* âtmo *ou* atmo *m.*, aṁtashkaraṇ; *dom divino:* devdân; *duende:* nâsâṁv *n*, chhâyâ, lâṁv *f.*; *halito:* śvâs, dam, prâṇ; *vigor:* jîv, trân, dhîr *m.*, tej, dhair; *intelligencia:* gnyân *n.*, buddh, mat; *imaginação:* bhâvanâ, kalpanâśakti; *inclinação, caracter:* prakrit *f.*, svabhâv; *idéa dominante:* sâr, bhâv; *sentido:* arth *m.*, tâtparya *n.*; *extracto:* ark, kâḍho; *alcool:* madyasâr, saro *m.*, dârû *f.* ‖ *O — supremo,* paramâtmâ. *O — Santo,* Sprîtsâṁt. *Espiritos celestes,* devdût, bhaḍve. *— malignos,* devchâr. *Dar ou exhalar o espirito,* prâṇ soḍuṁk. *Dar —,* baḷ-, tej divuṁk. *Ser o — de,* vastâd-, mukhelî jâvuṁk. *Homem de —,* śitâb-, rasik manîs. *Levantar os espiritos,* phulauṁk, chetauṁk. *Em espirito,* manân, chiṁtnen. *Ver em —,* yojuṁk, phuḍâr paḷevuṁk. ‖ -s, *pl.* jîvâṇu; sare *m. pl.*

Espiritoso, *a. (ant.) V.* ESPIRITUOSO.

Espiritual, *a.* atmyâcho, âtmik, * âtmadhâtûcho, videhî, nirâkâr, amûrtt; dharmâcho, dharmprakaraṇâcho; *relativo á salvação:* paramârthâcho, sâsṇâchyâ sukhâcho. ‖ *V.* ALLEGORICO. ‖ *O reino —,* svarg. *Governo —,* dharmâdhikâr. *Director —,* dharmâdhikârî. *Parentesco —,* igarjechî soyrîk.

Espiritualidade, *s. f.* amûrtti *f.*; paramârth *m.*, bhaktipaṇ *n.*

Espiritualismo, *s. m.* jñanamârg, nirâkârvâd, brahmavâd *m.*

Espiritualista, *s. m.* jñânamârgî, brahmavâdî, nirâkârvâdî. ‖ *a.* jñânamârgâcho.

Espiritualização, *s. f.* paramârthik karṇeṁ; ark kâḍhṇeṁ *n.*

Espiritualizar, *v. t.* paramârthik karuṁk; ark-, madyasâr kâḍhuṁk *(g. do o.)*; *(fig.)* saryân phulauṁk,- chaḍhauṁk. ‖ *v. r.* paramârthî jâvuṁk; *(fig.)* chaḍhuṁk, phuluṁk.

Espiritualmente, *adv.* dhyanîṁmanîṁ, aṁtashkarṇân.

Espirituosamente, *adv.* jivitvîṁ, tejân; rasân, svâdân.

Espirituoso, *a.* nibar saryâcho, pheṇiyecho; *(fig.)* tejvaṁt, damdâr, jivaṭ, trâṇî; raṁgdâr, matvâlo, rasâḷ, rasik, nakalî.

Espirra-canivetes, *s. m. e f.* jâḷgo, jaḷsar.

Espirrador, *a. e s. m.* śiṁktalo.

Espirrar, *v. i.* śiṁkuṁk, śiṁk yevuṁk *(d. do s.)*, śiṁk kâḍhuṁk; *crepitar:* pharpharuṁk, charcharuṁk; *esguichar:* pichpichuṁk; *resingar:* jhagḍuṁk, âṁgâr yevuṁk. ‖ *V.* AGASTAR-SE. ‖ *v. t.* soḍuṁk, oḍhûn divuṁk.

Espirro, *s. m.* śiṁkṇî; śiṁk *f.*

Esplanchico, *a.* poṭâṁtlyâcho.

Esplandecer, esplendecer, esplender, *v. i. V.* RESPLANDECER.

Esplenalgia, *s. f.* plîkâvedan *n.*

Esplendecencia, *s. f.*, **esplendente,** *a. V.* RESPLANDECENCIA, RESPLANDECENTE.

Esplendidamente, *adv.* kâṁtin, dabâjyân; *(fig.)* nâjukâyen, nigutâyen.

Esplendidez, esplendideza, *s. f.* dabâjo *m.*, mahimâ *f.*

Esplendido, *a.* jhagjhakît, prajvaḷit, kâṁtivaṁt, tejvaṁt, laklakît; chakk, chamak, chokhaṭ, nâjûk, kautik, śobhivaṁt, suṁdar, uttam, apûrv, anvo, ghamśân, dabâjyâcho, mahimecho. ‖ *int.* dhanya! śâbâś!

Esplendor, *s. m.* jhagjhakî, dîpti, kâṁti, prabhâ *f.*, tej *n.*, prakâś, prajvaḷ; *(fig.)* dabâjo *m.*, mahimâ, chamak, śobh *f.*, uttampaṇ *n.*

Esplendoroso, *a.* laklakît, kâṁtivaṁt, dîptivaṁt, kautik.

Esplenetico, *a. e s. m.* jaraṁḍî jâlalo, jarḍikavḷî.

Esplenico, *a.* jarḍecho, plîhâcho.

Esplenite, *s. f.* jaraṁḍî *f.*

Esplenocele, *s. f.* bâs *(port.* BAÇO) vâḍhṇeṁ *n.*, kaulû, jarḍikavḷî.

Esplenographia, *s. f.* plihâvarṇan *n.*

Esplenologia, *s. f.* plihâvidyâ *f.*

Esplenoncia, *s. f.* bâs vâḍhṇeṁ *n.*

Esplenotomia, *s. f.* phihâchhedan *n.*

Espoar, *v. t.* duvârîṁ câhiṇî divuṁk,- ghâluṁk.

Espojadoiro, espojeiro, *s. m.* koṁḍ, khâtaṇ *n.*

Espojadura, *s. f.* loḷṇî *f.*

Espojar, *v. t.* bhûṁy uḍauṁk, paḍauṁk, śevṭuṁk. ‖ *v. i.* bhûṁy loḷuṁk; sarpaṭuṁk. ‖ *— com riso (fig.),* hâṁsûn hardeṁphûṭ jâvuṁk.

Espoleta, *s. f.* ispulet, toṭî *f.*

Espoletar, *v. t.* toṭî ghâluṁk,- lâvuṁk *(d. do o.)*

Espoliação, *s. f.* bhogâvaḷ kâḍhṇeṁ *n.*, hirauṇî, aṁtrâvṇî; nâgauṇ, lûṭ *f.*

Espoliador, espoliante, *a. e s. m.* aṁtrâvṇâr, hiraitalo, luṭṇâr.

Espoliar, *v. t.* bhogâvaḷ kâḍhuṁk *(g. do o.)*, kâḍhu-, jhoṁbûn ghevuṁk *(g. do o.)*, aṁtrâvuṁk, *hirauṁk; nâgauṁk, luṭuṁk.

Espoliativo, *a.* kâḍhu-, jhoṁbûn ghetlalo.

Espolinhar-se, *v. r. V.* ESPOJAR-SE.

Espolio, *s. m.* melalyâcheṁ vitt *n.*; luṭîcho mâl *m.* ‖ *V.* ESBULHO.

Espondaico, *a.* gagâcho.

Espondeu, *s. m.* gag *m.*, garvâksharadvay *n.*

Espondylo, *s. m. V.* VERTEBRA.

Esponja, *s. f.* espoṁj; daryâṁtleṁ âḷaṁbeṁ; *(bot.)* keṁsar; *(fig.)* luṁchak *n.* ‖ *V.* BEBERRÃO.

Esponjeira, *s. f.* keṁsar *f.*

Esponjoso, *a.* espoṁj kaseṁ.

Esponsaes, *s. m. pl.*, **esponsalias**, *s. f. pl.* ulauṇeṁ *n.*

Esponsal, *a.* navryâhoklecho; ghovâbâylecho.

Esponsalicio, *a.* ulauṇyâcho.

Espontaneamente, *adv.* khuśen, jây jâvûn; âpśiṁ *ou* âpsyâṁ, âpâp; soṁpepaṇîṁ.

Espontaneidade, *s. f.* khuśî, âpkhuśî, dilkhuśî *f.*, svasaṁtosh *m.*, svataṁtrpaṇ; soṁpepaṇ, nirvighn *n.* ‖ *V.* NATURALIDADE.

Espontaneo, *a.* khuśecho, âpkhuśecho, svataṁtr; sayaṁbhâcho, svabhâvik, âkaraṇ; âpâp, âpśiṁ jâlalo,- ghaḍlalo.

Espontão, *s. m.* lâṁb bhâlo *m.*

Espontar, *v. t.* poṁtâṁ (*port.* PONTA)-, suṁkâṁ kâtruṁk *(g. do o.)*

Espora, *v. t.* spor *n.*, kâṁṭo *m.*, âr, arî, *tumṇî *f.*; *(fig.) V.* ESTIMULO. ‖ *Á — feita*, dhâṁvdhâvîṁ. *Acudir á — (fig.)*, khâlto jâvuṁk. *Estar com as esporas calçadas (fig.)*, tayâr-, âjîr âsuṁk.

Esporada, *s. f.* ârîcho phâr *m.*, kâṁṭo lâvṇeṁ *n.*; *(fig.)* gâṁjṇî *f.* ‖ *V.* ESTIMULO.

Esporadico, *a.* avchitt, pâtaḷ (piḍâ).

Esporão, *s. m.* ârî, âr, nakhî *f.*; târvâcheṁ ṭoṁk *n.* ‖ *V.* CONTRAFORTE.

Esporear, *v. t.* kâṁṭo topuṁk *(d. do o.)* âr mâruṁk *(d. do o.)*, *tumṇuṁk; *(fig.) V.* ESTIMULAR.

Esporim, *s. m.* lahân ârî *f.*

Esporta, *s. f. (ant.) V.* ALCOFA.

Esportula, *s. m.* chipṭî, chirîmirî, dasturî *f.*, inâm *n.*

Esportular, *v. t.* chirîmirî divuṁk *(d. do o.)* ‖ *v. r.* chipṭyâṁnîṁ sâruṁk; duḍû divuṁk.

Esposa, *s. f.* hokal, navrî; patîṇ, gharkârṇ, bâil bâykû, kâṁtâ, mâgârîṇ *(us. entre os hindús)*.

Esposado, *a. e s. m.* navro; kâjârî.

Esposar, *v. t.* kâjâr karuṁk; kâjâr jâvuṁk *(abl.* kaḍe *do o.)*; *(fig.)* (kâm) hâtân dharuṁk. ‖ *v. r.* kâjâr jâvuṁk, vivâhuṁk.

Esposo, *s. m.* navro, var; ghov, dâdlo, gharkâr, pati, varg, varet *ou* horet *(us. Sal.)*, kâṁt.

Esposorio, *s. m.* lagn, saṁbaṁdh, varhâḍ *n.*

Espostejar, *v. t.* postâṁ-, kape karuṁk *(g. do.o.)*

Espraiado, *a.* taḍîr uḍailalo; vistârâdik. ‖ *s. m.* taḍîchî sukeḍ *f.*

Espraiamento, *s. m.* bharon vâhvṇeṁ *n.*; *(fig.) V.* PROLIXIDADE.

Espraiar, *v. t.* taḍîr uḍauṁk, (daryâ) oṁkuṁk; *(fig.)* pasruṁk, vistâruṁk. ‖ *— raios, V.* IRRADIAR. ‖ *v. i.* sukter ughṭo jâvuṁk. ‖ *v. r.* bharon vâhvuṁk (nhaṁy); *(fig.)* pasroṁk, vistâroṁk; charuṁk.

Espreguiçadeira, *s. f.*, **espreguiçador, espreguiceiro**, *s. m.* maṁch *m.*, sukhâsan *n.*

Espreguiçamento, *s. m.* peṁdarṇî, pasarṇî *f.*

Espreguiçar, *v. t.* (âṁgâchî vaḷ) kâḍhuṁk, (âṁg) vaḷuṁk. ‖ *v. r.* peṁdroṁk, pasroṁk.

Espreita, espreitança *(ant.)*, *s. f.* teḷṇî, pâlat *ou* pâlad *f.*, bhedîpaṇ *n.* ‖ *Á —*, teḷûn, vâṭ paḷevûṇ. *Trazer em —*, râkhûn râvuṁk.

Espreitador, *a. e s. m.* teḷṇâr, teḷṇo, bhedî.

Espreitante, *a.* pâldek âslalo.

Espreitar, *v. t.* teḷuṁk, pâltuṁk, nirekhuṁk, vâṭ paḷevuṁk *(g. do o.)*, pâlad karuṁk *(d. do o.)*

Espulgar, *v. t. e i.* ulko mâruṁk *(g. do o.)*

Espuma, *s. f. (e deriv.) V.* ESCUMA.

Espurcicia, *s. f. V.* IMMUNDICIE.

Espurio, *a.* poṭâcho *ou* poṭcho dhagaḍîcho, vivâhâjâṭ; khoṭo, anîj, barsilalo.

Esputação, *s. f.* theṁpevṇî *f.*

Esputo, *s. m. V.* CUSPO.

Esquadra, *s. f.* palṭaṇ; chaukî *f.*; naukâsamuha *m.* || *V.* ESQUADRO.

Esquadrão, *s. f.* svârî, ghoḍesvârî *f.*; dalbhâr *m.*; *(fig.)* urpaṁj *f.*, choṁbo, puṁjo *m.*

Esquadrar, *v. t.* saṁkoṇ karuṁk,- kâtruṁk, guṇyân tâsuṁk,- chiruṁk; ghaḍesvârî karuṁk *(g. do o.)*

Esquadrejamento, *s. m.* chaurâs chirṇeṁ *n.*, chaupâṭṇî *f.*

Esquadrejar, *v. t.* chaurâs chiruṁk, chaupâṭuṁk, chaupâṭ karuṁk.

Esquadria, *s. f.* saṁkoṇ; chaukoṇ *m.*; chaupâṭṇî *f.*; chiro phâtar *m.*; *(fig.)* mâṁḍâvaḷ, ḍâḷṇî *f.* || *Pôr em* — saṁkoṇ karuṁk. || *V.* ESQUADRO.

Esquadriar, *v. t.* *V.* ESQUADRAR.

Esquadrilha, *s. f.* lahân naukâsamuha *m.*

Esquadrilhar, *v. t.* peṁḍyâṁtlo-, gaṇâṁtlo bhâyr ghâluṁk; beṁḍ moḍuṁk *(g. do o.)*, beṁgḍeṁ phoḍuṁk *(g. do o.)*

Esquadrinhador, *a. e s. m.* śodhṇâr, śodh ghetalo, chaukasdâr.

Esquadrinhadura, *s. f.*, **esquadrinhamento**, *s. f.* śodhṇî, śodh, chaukaśî, tapâsṇî *f.*, dhuṁḍâḷo *m.*

Esquadrinhar, *v. t.* śodhuṁk, śodh karuṁk,- ghevuṁk *(g. do o.)*, dhuṁḍâḷuṁk, tapâsuṁk.

Esquadro, *s. m.* iskâdar, guṇo, kâṭkono *m.*

Esqualidez, *s. f.*, **esqualor**, *s. m.* meḷepaṇ; boṁdrepan.

Esqualido, *a.* meḷo, burso, aḷśikaṇo, hiḍîs; boṁdro, bhâṅsiro.

Esquarroso, *a.* kharkharît.

Esquartejamento, *s. m.* kuṭâṁ karṇeṁ *n.*; kuṭâvṇî *f.*

Esquartejar, *v. t.* châr kuṭke karuṁk *(g. do o)*; kuṭâṁ karuṁk *(g. do o.)*, kuṭâvuṁk; *(fig.)* *V.* DESBARATAR.

Esquarteladura, *s. f.* chârbhâg karṇeṁ *n.*

Esquartelar, *v. t.* chârbhâg-, chârvâṁṭe karuṁk *(g. do o.)*

Esquecediço, *a.* visrâḷû, visarto, chukto, sâṁdro.

Esquecedor, *a. e s. m.* visarṇâr, chukṇâr.

Esquecer, *v. t.* visruṁk, ughḍâs nâsuṁk *(d. do s., g. do o.)*, chukuṁk; sâṁḍuṁk, pâṭh karuṁk *(d. do o.)* || *Fazer* —, visrâvuṁk, chukauṁk. || *v. i.* visar paḍuṁk *(g. do s.)*; chukuṁk; sâṁḍoṁk; dharoṁk. || *v. r.* visruṁk, chukuṁk *(vv. tt.)*

Esquecido, *a.* visarlalo, visrâḷû; osâḍ; dharlalo. || *Estar* —, visruṁk, visar paḍuṁk *(d. do s.)* *Fazer-se* —, ughḍâs nâṁso karuṁk. *Horas esquecidas*, bhav veḷ,- kâḷ.

Esquecimento, *s. m.* visar *f.*, vismaraṇ *n.*; chûk; dharṇî *f.* || *Votado ao* —, osâḍ paḍlalo.

Esqueletico, *a.* pâṁjryâcho.

Esqueleto, *s. m.* ghaḍâvaḷ *f.*, pâṁjro, sâṁpḷo, sâṁgâḍo, kaṁkâḷ, khâṭâro *m.*; *(fig.)* âlm *(port.* ALMA*)* *n.*

Esquentação, *s. f.* tâpauṇî, tâpṇî, unhâvṇî *f.*, śek, dhag *m.*

Esquentador, *s. m.* dhagteṁ *n.*

Esquentamento, *s. m.* *(p. us.)* parmeṁ *n.* || *V.* ESQUENTAÇÃO.

Esquentar, *v. t.* tâpauṁk, unhâvuṁk, ûn karuṁk, śekuṁk; *(fig.)* tiḍkâvuṁk, râg-, kîṁv hâḍuṁk *(d. do o.)* || *v. r.* ûn jâvuṁk, unhevuṁk, tâpuṁk, nbevuṁk; *(fig.)* jaḷuṁk, kaḍhuṁk; chaḍhuṁk.

Esquerda, *s. f.* dâvo hât *m.*, dâvî kûs *f.* || *Á* —, dâvyâ hâtâ. *Deitar tudo á mão* —, parteṁ,- âḍveṁ ghevuṁk.

Esquerdear, *v. t.* dâvo karuṁk,- parṭuṁk. || *v. i.* dâvo vachuṁk; *(fig.)* vâṭ soḍuṁk, âḍmârgî jâvuṁk.

Esquerdo, *a.* dâvo; dâvkuro; tiḍvo, tiḍko; *(fig.)* achatur, akuśâl. || *V.* SINISTRO. || *Pessoa esquerda de um olho*, *V.* VESGO. *Fazer-se* —, kânmâtrem karuṁk, kânâr nâ ghevuṁk.

Esquifado, *a.* tiḍbiḍî kasî.

Esquife, *s. m.* tuṁb *(port.* TUMBA*)* *m.*, tiḍbiḍî, kirḍî, tirḍî; *(ant.)* hoḍî *f.*, paṁḍeḷ *m.*; khâṭlî *f.*

Esquillo, *s. m.* châṇî *f.*

Esquina, *s. f.* koṇso, koṇ *m.*; pâṁyḍ, gallî *f.* || *Quebrar as esquinas (fig.)*, hiṁḍuṁk, pârpaḷ jâvuṁk.

Esquinado, *a.* koṇsyâṁcho; *(fig.)* chaḍhît, kâtrîr âslalo.

Esquinar, *v. t.* koṇsâvuṁk; pailû karuṁk. || *v. r.* *(fig.)* saryân tâpuṁk, chaḍhît âsuṁk.

Esquinencia, *s. f.* gâlguṁḍ *n.*

Esquipação, *s. f.* saṁjauṇî *f.*, purvaṇ *n.*; sâj *m.*; saglî nesaṇ *f.*; *(fig.)* naval *n.*, nakal; hukkî *f.* || *Homem de esquipações*, vegḷochso manîs.

Esquipado, *a.* saṁjailḷalo; neṭko; dhâṁvro; *(fig.)* âṁgâk basto (vastr).

Esquipamento, *s. m.* (târvâcheṁ) sâmaṇ *n.*, sâj *m.*

Esquipar, *v. t.* (târûṁ) saṁjauṁk, purauṁk; tayâr karuṁk, kamâvuṁk;

neṣaṇ-, śiṁgâr divuṁk,- ghâluṁk *(d. do o.)* ‖ *v. i.* dhâṁvuṁk, baro chaluṁk.

Esquipatico, *a. V.* EXTRAVAGANTE.

Esquirola, *s. f.* hâḍâcho suṁṭo *m.*

Esquissa, *s. f.*, **esquisso,** *s. m. V.* ESBOÇO.

Esquissar, *v. t. V.* ESBOÇAR.

Esquitar, *v. t. (ant.) V.* DESCONTAR.

Esquivamente, *adv.* anâdariṁ, kharkasâyen.

Esquivança, esquivez, *s. f.* avichâr, anâdar, tiraskâr *m.*, kharkasây, aprîti *f.*; ekmuḷepaṇ, pârkepaṇ *n.*

Esquivar, *v. t.* vâṭâvuṁk, chukauṁk; toṁḍ vâṁkḍeṁ karuṁk *(d. do o.)*, bemân karuṁk; vâṭ sâṁḍuṁk *(g. do o.)*, soḍuṁk. ‖ *v. r.* vâṭâvoṁk, suṭuṁk; kûs mâruṁk, pâṭh vaḷuṁk; nâ karuṁk. nâ âykuṁk; chukauṁk *(v. t.)*

Esquivo, *a.* pârko, pârpaḷ, ekmuḷo; kharkas, avichârî; bhiḍest, lajjishṭ.

Essa, *a.* aitî *f.*, aiteṁ *n.* ‖ *Ora —!* âbbâ! — *é boa!* bareṁ âsâ mhûṁ re! *Mais —*, heṁ âni urlaleṁ!

Esse, *a.* aito, hoto. ‖ *É por essas e por outras,* hyâ âni erâ pâsûn.

Essencia, *s f.* tattv, tattvpaṇ, sattv, *âsepaṇ, sayaṁbh *n.*, svabhâv *m.*, vastuśakti *f.*; mûḷtattv *(— prima)*; sâr, sasâr; attar, ark, nis *m.*, kashây. ‖ *Quinta —*, kaḍak phenî *f.*; *(fig.)* sâr *m.* — *da alma,* *âtmadhâtu *f.*

Essencial, *a.* tattvâcho, sattvâcho, sayaṁbhâcho, mûḷbhût, avinâbhût; khûd, jarûricho, chaḍhe garjecho. ‖ *s. m.* garjechî vast *f.*, khûd kâm *n.*

Essencialidade, *s. f.* tattvpaṇ; jarûripaṇ *n.*

Essencialmente, *adv.* tattviṁ, svabhâviṁ, sayaṁbhân; jarûriṁ. ‖ *V.* PRINCIPALMENTE.

Ess'outro, *a.* hodusro.

Esta, *a. f. V.* ESTE.

Estabelecedor, *a. e s. m.* uprâstalo, sthâpṇâr, ṭharâytalo.

Estabelecer, *v. t.* thîr karuṁk, thirâvuṁk, ṭharâvuṁk, thârâvuṁk, ṭhikauṁk; *instituir:* sthâpuṁk, uprâsuṁk, ubhâruṁk, mâṁḍuṁk, ghaḍuṁk, anumânuṁk; *fixar, assentar:* tharâvuṁk, nirdhâruṁk, sthâpuṁk, sthirâvuṁk; *pôr em vigor:* ghaḍuṁk, rachuṁk, yojuṁk. ‖ *V.* PROVAR. ‖ *v. r.* ṭharuṁk, tharuṁk, thiruṁk, jaḍoṁk; râvuṁk, ṭhikuṁk, ṭhikâṇ-, thâro karuṁk; uprâsoṁk.

Estabelecimento, *s. m.* thârâvṇî, sthâpnî; ghaḍṇî, uprâsṇî, pratishṭhâ *f.*, anumân; ṭharâvo; kârkhâṇo, mâṁḍ *m.*, sâḷ *ou* śâlâ *f.*; thâro *m.*, ṭhikâṇ, ṭhâvṭhikâṇ *n.*

Estabilidade, *s. f.* ghaṭṭây, dridhây, achaṁchaḷây *f.*, ṭharâvo *m.*, majbûtpaṇ; thîrpaṇ, thîrsaṇ, *achalpaṇ *n.*

Estabulação, *s. f.* goṭhyâṁt posneṁ,- mâtauṇeṁ *n.*

Estabular, *a.* goṭhyâcho. ‖ *v. t.* goṭhyâṁt posuṁk,- mâtauṁk.

Estabulo, *s. m.* goṭho *m.*

Estaca, *s. f.* khuṁṭo *m.*, khuṁṭî, meḍ, dhirî, mekh *f.*, suḷko; phâṁṭo *m.*, khâṁdî *f.*

Estacada, *s. f.*, **estacado,** *s. m.* âḍo *m.*, aḍap *n.*, khuṁṭyâṁvaḷ *f.*; meḍekâṭ; goṭho *m.*

Estação, *s. f.* sthân, ṭhâṇ, peṇeṁ, makham, ṭhikâṇ, âsṇeṁ. ‖ — *de comboios,* estâsâṁv, ṭhâṇ, ṭhâṇeṁ. — *de navios,* peṇeṁ, ṭhikâṇ. — *de policia,* ṭhâṇeṁ *n.*, chaukî *f.* — *ecclesiastica,* estâsâṁv *n.* — *do anno,* ṛitu *m.* (*os indios dividem o anno em seis estações:* vasaṁt, grîshm, varshâ, sarat, hemaṁt, śiśir); *sazão:* samay; *temporada:* kâḷ *m.*; *periodo da vida:* parây *f.*

Estacar, *v. i.* ubho râvuṁk, thop jâvuṁk, thâṁbuṁk; *(fig.)* ḍauṁḍaḷuṁk, ghuspuṁk, goṁdhuṁk. ‖ *v. t.* ubho karuṁk, thopauṁk.

Estacar, *v. t.* meḍî lâvuṁk,- mâruṁk *(d. do o.)*; khuṁṭyo puruṁk *(l. in do o.)*

Estacaria, *s. f.* khuṁṭyâṁvaḷ; meḍiyâṁchî râs *f.*

Estacional, *a.* peṇyâcho; estâsâṁvâcho; ṛitûcho. ‖ *V.* ESTACIONARIO.

Estacionamento, *s. m.* peṇeṁ-, makham karṇeṁ; phuḍe-, mukhâr nâ sarṇeṁ *n.*

Estacionar, *v. i.* râvuṁk, peṇeṁ-, makham karuṁk; phuḍe nâ saruṁk, nâvâḍhyo jâvuṁk.

Estacionario, *a.* ekâch jâgyâr râvlalo, pâṭhîphuḍe sara nâslalo; achal, achar, sthir.

Estada, *s. f.* âsṇeṁ, ṭhikṇeṁ, râvṇeṁ, vartan *n.*, sthiti *f.*

Estadão, *s. m.* dabâjo, ḍaul *m.*

Estadeador, *s. m.* ḍaulî, mijâskâr, baḍâykhor.

Estadear, *v. i. e r.* dabâjo-, ḍaul karuṁk, garvân bharoṁk. ‖ *v. t.* baḍâyken dâkhauṁk, baḍây-, phaḍâ karuṁk *(g. do o.)*

Estadeiro, *s. m.* kirâcheṁ pâṁjreṁ *n.*

Estadio, *s. m.* raṁgaṇ, phaḍ *n.*; samay *m.*, kâlchakr *n.*, parây *f.*; *(fig.)* jâvoṇî, rahâṭ *f.* || *Correr o — (fig.)*, uḍâuḍiṁ karuṁk.

Estadista, *s. f.* râjnîtijña, râjkâraṇî; râjmaṁtrî, râjpurush.

Estadistica, *s. f.* râjnîtiśâstr *n.*

Estadistico, *a.* râjnîtiśâstrâcho.

Estado, *s. m.* gat, daśâ, sthiti, avasthâ, taṇ *f.*, bhesh, bhâv, *bhaus. || — *prospero*, sukaḷ *m.*, sugati *f.* — *humilde*, durgati, durdaśâ *f.*; *profissão, carreira:* udyog, bhesh *m.*, jiṇ *f.*; *sociedade civil:* râj, râshṭr *n.*; *governo:* sarkâr, hujûr; *fausto:* estâd, dabâjo, ḍaul *m.*, daulat *f.* || *Homem de —*, *V.* ESTADISTA. *Sciencia de —*, *V.* ESTADISTICA. *Segredo de —*, râjgûḍh. *Estar em — de*, hâtân âsuṁk *(g. do s.)*, ghaḍuṁk *(abl. kaḍe do s.)* *Estar no seu — interessante*, gurhvâr âsuṁk. *Dar — a alguem*, udarposhaṇ divuṁk. *Tomar —*, kâjâr jâvuṁk; bhesh ghevuṁk; ghar karuṁk. *Vir a —*, mâṁḍoṁk, thoruṁk.

Estadulho, *s. m.* ṭoṇko, toṇo, beto *m.*

Estae, *s. m.* âṁjo, oḍho *m.*

Estafa, **estafadeira**, *s. f.* maśâgat, âmgmoḍ, kâḍâmaḍ, bemevṇî *f.*, aṭâs *m.*; *(fig.) V.* LOGRO. || *Dar uma —*, bhav chaluṁk lâvuṁk; *(fig.)* saṁkashṭ kâm divuṁk.

Estafado, *a.* maśâgatî, harḍeṁphûṭ, thaklalo; parṇo, âdlo, juṇo; jharlalo, piṁjkar.

Estafador, *a. e s. m.* harḍeṁphûṭ kartalo, thakauṇâr, kichḍâvṇo; *(fig.)* gauḍbeṁgâlî, chorvidyo.

Estafamento, *s. m.* thakṇî *f.*, śram *m.*

Estafar, *v. t.* kashṭâvuṁk, thakauṁk, bemâvuṁk, hârpît-, harḍeṁphûṭ karuṁk, vâj haḍuṁk *(d. do o.)*, bejâr karuṁk, jîv khâvuṁk *(g. do o.)*; *(fig.)* burḍuṁk, pisḍuṁk; ghâḍvidyen-, nâḍîn choruṁk. || — *de pancadas*, *V.* ESPANCAR. || *v. r.* thakuṁk, bemevuṁk, harḍeṁphûṭ-, hârpît jâvuṁk, maruṁk.

Estafeiro, *s. m. (ant.)* pedo.

Estafermo, *s. m. e a.* thâṭâkûn ubho râvlalo; dusryâk aḍchitalo,- âḍâylalo. || *V.* ESPANTALHO.

Estafeta, **estafeteiro** *(ant.)*, *s. m.* svârpostâkâr.

Estafim, *s. m. (ant.) V.* AZORRAGUE.

Estagio, *s. m. (ant.)* śâgirdî *f.*, abhyâs *m.*

Estagnação, *s. f.* sâṁṭhṇî; *(fig.)* maṁdây *f.*

Estagnado, *a.* sâṁṭhlalo. || *Agua estagnada*, sâṁṭhavṇî *n.*

Estagnar, *v. t.* sâṁṭhauṁk, bâṁdhûn-, aḍûn ḍavruṁk (udak); *(fig.)* baṁd karuṁk. || *v. r.* sâṁṭhuṁk, sâṁsevuṁk, nâ vâhvuṁk; śiṁkevuṁk; *(fig.)* maṁd jâvuṁk, nâ chaluṁk, beḷsevuṁk *(fig.)*

Estalada, *s. f.* phâr *m.*; *(fig.)* bob *f.*, bobâḷ *m.* jhagḍeṁ, tuphân *n.* || *V.* PANCADARIA.

Estalado, *a.* phuṭlalo, phuṭkar.

Estalagem, *s. f.* bihrâḍ *ou* biḍâr, jevaṇghar, pujâḍ (*port.* POISADA) *n.*, khâṇâvaḷ, sarâî *f.*

Estalajadeira, *s. f.* bihrâḍkârṇ, pujâḍkârṇ.

Estalajadeiro, *s. m.* bihrâḍkâr, pujâḍkâr.

Estalante, *a.* charcharît, sarsarît, phaḍphaḍît.

Estalão, *s. m.* jokh *n.*; purush *m.*

Estalar, *v. i.* verevuṁk, usḷuṁk; tuṭṭuṭuṁk, charcharuṁk, pharpharuṁk, sarsaruṁk; phâr jâvuṁk *(g. do s.)*, ṭhoho jâvuṁk, phaṭphaṭuṁk; phaṭ karn-, avchitt jâvuṁk; *(fig.)* phuṭuṁk; maruṁk. || — *a castanha na bocca*, taḍîk pâvûn buḍuṁk. — *por alguma coisa*, âṁvḍhe ghoṭuṁk. *Ás horas de —*, nimâṇyâ veḷâr. || *v. t.* phoḍuṁk, moḍuṁk, phâr karuṁk *(g. do o.)*

Estaleiro, *s. m.* goḍ *f.*

Estalejadura, *s. f.* phaṭphaṭṇî, tuṭtuṭṇî, charcharṇî *f.*

Estalejar, *v. i.* khaḍkhaḍuṁk, jhaṇjhaṇuṁk, charcharuṁk; *(fig.)* kaḍkaḍuṁk, kulkuluṁk.

Estalido, *s. m.* phâr; charcharo, sarsaro *m.*, phaṭ phaṭ *n.*

Estalla, *s. f.* goṭho *m.*

Estalo, *s. m.* phâr, phaṭâko, taḍâko *m.*; usaḷṇî, charcharṇî pharpharṇî; miṭî (— *de lingua*) *f.*; phaṭko (— *de chicote*) *m.* || *Dar estalos com os dedos*, boṭâṁ moḍuṁk. *De —*, avchitt, phaṭkarn.

Estambrar, *v. t.* (laṁv) vaḷuṁk, vaḷ ghâluṁk *(d. do o.)*, dhâgo karuṁk *(g. do o.)*

Estambre, *s. m.* laṁvecho dhâgo *m.*, vaḷlalî laṁv *f.*

Estambreiro, *s. m.* laṁv vaḷtalo.

Estame, *s. m.* vaḷcheṁ sûṭ *n.*; *(bot.)* kesar *m.*, śeṁkreṁ *n.*

Estamenha, *s. f.* laṁvecheṁ karḍeṁ âni viḷviḷit lugaṭ *n.*

Estamento, *s. m.* âsṇeṁ *n.*, gat *f.* || *V.* CONGRESSO.

Estaminaceo, estaminado, estaminifero, estaminoso, *a.* kesrâcho, kesrî.

Estaminula, *s. m.* lahân kesar *m.*

Estampa, *s. f.* chitr, chihnem̐, chhâp *n.*, chhâpo, ṭhaso mudro; *(fig.)* mâg, dâg, âkâr *m.* ‖ *Dar á —*, chhâpum̐k *ou* śâpum̐k.

Estampado, *a.* chhâpî.

Estampador, *a. e s. m.* chhâpkâr, chhâpârî.

Estampagem, *s. f.* chhâpṇî *f.*

Estampar, *v. t.* chhâpum̐k, chhâp-, śikko mârum̐k *(d. do o.)*; kâm̐tum̐k; ṭâm̐kum̐k; chihnem̐-, mâg ghâlum̐k,-davrum̐k *(g. do o.)*; *(fig.)* dâkhaum̐k. ‖ *V.* MODELAR. ‖ *v. r.* chhâpom̐k, dâg lâgum̐k *(g. do s.)*, mâg urum̐k *(g. do s.)*; dishṭîpaḍum̐k.

Estamparia, *s. f.* châpkhâṇ *n.*, chhâpkhâṇo *m.*

Estampeiro, *s. m.* chhâpṇâr; chitrâm̐ viktalo.

Estampido, *s. m.* gaḍgâḍo, ghaṇghaṇ, ṭhaṇṭhaṇ *m.*

Estampilha, *s. f.* mudro, śikko *m.*; chhâp *n.*; ṭikeṭ *(do ingl.* TICKET*) f.*

Estampilhar, *v. t.* chhâp-, ṭikeṭ mârum̐k *(d. do o.)*

Estança, *s. f.* âsṇem̐, râvṇem̐; peṇem̐, bihrâḍ *n.*

Estancação, *s. f.* sâm̐vrâvṇî, thâm̐bauṇî, sâm̐ṭhauṇî, sam̐ṭhṇî, *f.*, bam̐d jâṇem̐ *n.*

Estancar, *v. t.* sâm̐vrum̐k, sâm̐vrâvum̐k, thâm̐baum̐k, sâm̐ṭhaum̐k, bam̐d karum̐k; sâṭem̐ mârum̐k *(d. do o.)*, makto karum̐k *(g. do o.)*; *(fig.)* piḷum̐k; sarâum̐k, nâm̐ karum̐k. ‖ *— as lagrimas,* duḥkâm̐ pusum̐k. *— a sêde,* tân mârum̐k. *— a vontade,* rûch kâḍhum̐k. ‖ *v. i. e r.* sâm̐vrom̐k, bam̐d-, thâp jâvum̐k, thâm̐bum̐k, thârum̐k, visavum̐k; *(fig.)* sukum̐k; sarum̐k.

Estancar, *v. i.* puro jâvum̐k *(d. do s.)*, kashṭâvom̐k, śramum̐k. ‖ *v. t.* kashṭâvum̐k, kashṭî karum̐k, bemâvum̐k.

Estanca-rios, *s. m.* udkâchem̐ rahâṭ *n.*

Estanceiro, estancieiro, *s. m.* bham̐gsâḷkâr.

Estancia, *s. f.* sthân, ṭhikâṇ *n.*, vastî, râvṇî, *kheḍ, pem̐ṭh *f.*; bihrâḍ, peṇem̐, makham̐, makâṇ *n.*, aśram; *ancoradoiro:* nâm̐garvâḍo; *fortim:* gaḍ, killo *m.*; *deposito de madeira, etc.:* bham̐gsâḷ *f.*, sâm̐ṭho *m.*; *taboa de cal:* chunyâchî phaḷî *f.*; *(poet.)* ślok *m.*, kaḍvem̐ *n.*

Estanciar, *v. i.* râvum̐k, ṭhikum̐k, vastî-, ṭhikâṇ karum̐k; peṇem̐-, makham karum̐k.

Estanco, *a.* sarlalo, uspalalo. ‖ *s. m.* *V.* ESTANQUE.

Estandarte, *s. m.* bâvṭo, ḍhâl, dhvaj *m.*, dhajâ, patâk, guḍî *f.* ‖ *Levantar o — da revolta,* phiturum̐k.

Estanguido, *a.* *(ant.)* thaklalo, aśakt, bebaḷ.

Estanhação, estanhadura, *s. m.* kalhay kâḍhṇem̐ *n.*

Estanhado, *a.* kalhay kâḍhlalo; *(fig.)* suḷsuḷît, tuḷtuḷît. ‖ *Ter a cara estanhada,* lajj nâsum̐k *(d. do s.)* *Ter a guela estanhada,* tâḷo nâ ulpum̐k.

Estanhador, *s. m.* kalhaykâr.

Estanhar, *v. t.* kalhay-, tom̐vrem̐ kâḍhum̐k *(d. do o.)*

Estanho, *s. m.* kalhay *f.*, tom̐vrem̐, śim̐sem̐ *n.*

Estanque, *a.* bam̐d kelalo, sâm̐varlalo; sâm̐ṭhlalo. ‖ *Agua —*, sâm̐ṭhavṇî *n.* ‖ *s. m.* sâm̐varṇî, thârṇî *f.*; gutto, makto; guttyâcho mâm̐d; pânâcho pasro *m.* ‖ *Fazer —*, sagḷyâm̐chem̐ âpṇâk oḍhum̐k.

Estanqueiro, *s. m.* guttekâr, maktedâr, *kirnâkâr; pânkâr (guttekârṇ, pânkârṇ *f.*)

Estante, *a.* âslalo, râvlalo. ‖ *s. f.* estâm̐t *f.*, chauk *m.*

Estapafurdio, *a.* pisâṭ, jaḷvây. ‖ *V.* ESTRAVAGANTE.

Estaquear, *v. t.* (châm) tâṇûn bâm̐dhum̐k.

Estar, *v. i.* âsum̐k, *hovum̐k; râvum̐k; *convir:* śobhum̐k, lâgum̐k, (barem̐, vâyṭ) disum̐k. ‖ *— de volta,* pâvum̐k, partom̐k. *— em pé,* ubho râvum̐k. *— sentado,* basum̐k. *— por tudo,* sagḷyâk kabûl âsum̐k. *— com Deus,* marum̐k, bhâyr paḍum̐k. ‖ *s. m.* udyam udyog, yepâr *m.*

Estardalhaço, *s. m.* ṭhaṇṭhaṇ ghaṇghaṇ *m.*; *(fig.)* *V.* OSTENTAÇÃO.

Estarrecer, *v. t.* kâm̐paum̐k, tharthârâvum̐k, kalkalâvum̐k. ‖ *v. i. e r* thartharum̐k, kalkalum̐k; jhîm̐t mârum̐k *(d. do s.)*, jiv vachum̐k *(g. do s.)*

Estase, *s. m.* sâm̐varṇî *f.*; *(fig.)* PARALYZAÇÃO.

Estatelar, *v. t.* śevṭum̐k. ‖ *v. r.* śevṭom̐k, âpṭom̐k.

Estatica, *s. f.* samtulatâśâstr, sthitiśâstr *n.*

Estatico, *a.* khuṁṭ, ubho, achal, achar.

Estatistica, *s. f.* deśâvasthâ *f.*; lokaganaṇ *n.*

Estatistico, *a.* deśâvasthecho, lokganaṇâcho.

Estatua, *s. f.* mûrti *f.*, bâhuleṁ *n.*, pratikây, putḷo *m.*

Estatuaria, *s. f.* mûrtividyâ *f.*, mûrtikaraṇ *n.*

Estatuario, *s. m.* mûrtikâr. ‖ *a.* mûrtîcho, bâhulyâcho.

Estatueta, *s. f.* bâhulî, putḷî *f.*

Estatuir, *v. t.* nemuṁk, upadeśuṁk, anumânuṁk.

Estatura, *s. f.* uṁchî, uṁchây *f.*

Estatuto, *s. m.* nem, kânû, kâydo *m.*, sthiti *f.*

Estau, *s. m.* dharmsâḷ, sarâî *f.*

Estavanado, *a. V.* BULIÇOSO.

Estavel, *a.* majbût, driḍh, ghaṭṭ, kâîm, achaṁchaḷ; thîr, ṭhikâvo, aḍhaḷ, achal, niśchal.

Estazador, *a. e s. m.* kashṭâylalo, bemâvṇâr.

Estazamento, *s. m.* kashṭâvṇî, bemâvṇî *f.*

Estazar, *v. t.* (monjâtîk) kashṭâvuṁk, bemâvuṁk, kharsâvuṁk, dagdagâvuṁk.

Este, *s. m.* udeṁtî, ugavtî, pûrv *f.*

Este, *a.* ho, o (*f.* hî, *n.* heṁ).

Estear, *v. t.* dharṇî-, teṁko mâruṁk,- lâvuṁk *(d. do o.)*; *(fig.)* âlâśro-, âdhâr, divuṁk *(d. do o.)*

Estearina, *s. f.* charab *f.* ‖ *Vela de* —, charbechî vât.

Esteganographia, *s. f.* gûḍhâksharvidyâ *f.*

Esteganographo, *s. m.* gûḍhâksharvidyâjña.

Esteio, *s. m.* meḍ, dhirî, digî, dharṇî *f.*, dhâraṇ *n.*, teṁko, khâṁbo; *(fig.)* âdhâr, âlâśro *m.*

Esteira, *s. f.* ḍâḷî, mâṁdrî, śeṁdrî, chaṭây, âtharî *f.*; târvâcho mâg *m.*; *(fig.)* nisâṇî *f.*, chihneṁ *n.* ‖ *Ir na* —, pâṭhâpâṭhî vachuṁk.

Esteirão, *s. m.* âthar *f.*, saḷyeṁ, khâṁḍveṁ *n.*; kanḍo *m.*

Esteirar, *v. t.* ḍâḷî-, mâṁdrî ghâluṁk,- pâtḷâvuṁk *(d. do o.)* ‖ *v. i.* (târûṁ) vâṭ ghevuṁk.

Esteireiro, *s. m.* ḍâḷyâṁkâr, mâṁdryâṁkâr.

Esteiro, *s. m.* naṁhîcho phâṁṭo, koḷ *m.*, âḷveṁ *(us. Can.) n.*

Estellante, *a.* nakhetrâṁchyâ prakâśâcho.

Estellar, estellifero, *a.* nakhetrâṁcho.

Estellionato, *s. m.* tîch vast dusryâk deṇeṁ va vikṇeṁ *n.*; nâḍkhaṁḍ *m.*

Estemma, *s. m.* jhelo *m.* mâlâ; vaṁśâvali *f.*

Estenographar, *v. t.* saṁkshiptâksharâṁnîṁ barauṁk.

Estenographia, *s. f.* saṁkshiptâksharalekhanavidyâ *f.*

Estenographo, *s. m.* saṁkshiptâksharavidyâjña.

Estentor, *s. m.* gaṁbhîryâ-, moṭyâ ṭâḷyâcho manîs.

Estercada, estercadura, *s. f.* sâreṁ ghâlṇeṁ *n.*

Estercar, *v. t.* sâreṁ ghâluṁk,- puruṁk *(d. do o.)*

Esterco, *s. m.* gû *m.* pojaḍ; leṁḍ (*— de porco*); śeṇ (*— de gado vaccum*) *n.*; leṁḍî (*— de gado miudo*); lât, lîḍ (*— de cavallo, burro*) *f.*; sâreṁ, khât, khat *(us. Sav.) n.*

Estercoral, *a.* guvâcho.

Estercoreiro, *s. m.* depho *m.*

Estereotypagem, *s. f.* thîrṭhasyâṁnîṁ chhâpcheṁ kâm *n.* ‖ *V.* ESTEREOTYPIA.

Estereotypar, *v. t.* thîrṭhasyâṁnîṁ chhâpuṁk.

Estereotypia, *s. f.* thîrṭhasyâṁnîṁ chhâpchî vidyâ *f.*

Estereotypico, *a.* thîrṭhasyâṁnîṁ chhâplalo.

Estereotypo, *s. m.* thîrṭhaso *m.*

Esteril, *a.* vâṁjh (*mulher ou animal* —); niputrî, niputrîk, nisukh *(us. Can.)*, asût (*mulher* —); vâṁjhḍo, vâṁjhṭo, vâṁjhoṭo *(deprec.)*; vâṁjhaṭ *(dim.)*; vâṁjho, nishphâḷ, baṁḍyo (*arvore* —); bhurkaṁḍ, baraḍ, nâpikî rânaṭ (*terra* —); *(fig.)* nishphaḷ *ou* nirphaḷ. ‖ *Anno* —, dukḷâcheṁ varas. *Dia* —, sukodîs. *Louvor* —, polko mân, sukyo polyo.

Esterilecer, *V.* ESTERILIZAR.

Esterilidade, *s. f.* vâṁjhpaṇ, vâṁjhḍepaṇ *n.*; asûti, niputrikây, nisukhây *(us. Can.)*; nishphaḷây *f.*; bhurkaṁḍpaṇ *n.*; dukaḷ *m.*, durbhikshâ *f.*

Esterilização, *s. f.* vâṁjh-, nishphaḷ karneṁ; vâṁjhpaṇ *n.*

Esterilizador, *a.* vâṁjh-, nishphaḷ karcho.

Esterilizar, *v. t.* vâṁjh-, nishphaḷ karuṁk; *(fig.)* bhaṁgauṁk, bighḍâvuṁk, phaskaṭâvuṁk. || *v. r.* vâṁjh-, vâṁjho jâvuṁk.

Esterilmente, *adv.* nishphaḷâyen.

Esterno, *s. m.* urdâṁdo *m.*

Esternutação, *s. f.* śiṁkṇî; śiṁk *f.*

Esternutatorio, *a.* śiṁkâṁcho.

Esterqueira, *s. f.*, **esterquilinio,** *s. m.* gâir *f.*; *(fig.)* ukar, ukîr, narak *m.*

Esterroador, *s. m.* diphḷo *m.*

Esterroar, *v. t.* diphḷâvuṁk.

Estertor, *s. m.* ghor, gharghari, ghurghurî *f.*

Estethoscopio, *s. m.* harḍyâk lâvuṁchî naḷî *f.*

Esteva, *s. f.* ruṁbḍî *f.*

Estevar, *v. i.* ruṁḍî dharuṁk.

Esthetica, *s. f.* sauṁdaryatatvânuśâsanavidyâ *f.*

Estiada, estiagem, *s. f.* akâḷeṁ *n.*, ughaḍ; dhâḍ *f.*

Estiar, *v. i.* akâḷeṁ jâvuṁk, nitḷuṁk; (pâus) âsruṁk, kâḍhoṁk.

Estibordo, *s. m.* ujveṁ boḍad *n.*

Esticar, *v. t.* oḍhuṁk, tâṇuṁk. || — *muito a corda (fig.)*, bhav oḍhûn dharuṁk. — *a cannela,* hâtpâiṁy tâṇuṁk. || *v. i.* goḍâk vachuṁk.

Estigma, *s. m.* khûṇ, chihneṁ *n.*; dâg *m.*; *(fig.)* birmat *f.*, kaḷaṁk, *lâṁchhan *n.* || *V.* CICATRIZ.

Estigmatizar, *v. t.* dâguṁk, dâg divuṁk,- lâvuṁk *(d. do o.)*; *(fig.)* gâṁjuṁk, niṁduṁk.

Estilha, *s. f.* saḷpî, saḷpuṭî *f.*

Estilhaço, *s. m.* sovlî *f.*, saḷpo, sarâṁṭo *m.*; kavaṁchî *f.*

Estilhar, *v. t.* kavaṁchyo,- churo karuṁk *(g. do o.)*; piṁjuṁk. || *v. r.* kavaṁchyo jâvuṁk *(g. do s.)*; piṁjoṁk, phâṁṭuṁk.

Estillação, *s. f.*, **estillamento,** *s. m.* nijhar, pâjhar, pâghaḷ *m.*; *(ant.) V.* DESTILLAÇÃO.

Estillar, *v. t.* pâjhruṁk, pâghḷuṁk *(g. do s., s. do o.)*; *(ant.) V.* DESTILLAR. || *v. i.* nijhruṁk, pâjhruṁk.

Estillicidio, *s. m.* pâṁvḷî *f.*; pigaḷ *m.*

Estima, estimação, *s. f.* parvâ, gaṇtî, aprûbây, prîti *f.*, mog, moypâs, priya; mân, âdar; ajmâs, âṁdâjo *m.*, gaṇan *n.*

Estimadamente, *adv.* aprûbâyen.

Estimador, *a. e s. m.* molâvṇâr, ajmâsî, âkârî; mog-, priti kartalo.

Estimar, *v. t.* gaṇuṁk, toluṁk, jokhuṁk, molâvuṁk, mol karuṁk *(g. do o.)*, ajmâsuṁk, âkâruṁk; lekhuṁk, samânuṁk, âdaruṁk; parvâ-, aprûbây-, mog karuṁk *(g. do o.)*, bareṁ dekhuṁk *(d. do o.)*; *regosijar-se:* khuśî jâvuṁk, saṁtosh bhogoṁk *(d. do s.)* || — *em pouco,* nâ vichâruṁk, nâ lekhuṁk. || *v. r.* sukhân jiyevuṁk; âpṇâk mânavuṁk,- lobhduṁk.

Estimativa, *s. f.* ajmâs *ou* admâs, âkâr, lekh, sumâr *m.*, majkûr *n.*

Estimativo, estimatorio, *a.* ajmâsî, âkârî. || *Valor* —, aprûbâyecheṁ mol *n.*

Estimavel, *a.* aprûbâyecho, *tushṭivaṁt, mânya, yogya.

Estimulação, *s. f.* chetauṇî, kiḍâvṇî, huskauṇî, uchaṁbaḷây *f.* || *V.* DESCONTENTAMENTO.

Estimulador, *a. e s. m.* kiḍâvṇo, chetauṇâr.

Estimulante, estimuloso, *a.* chetauṁcho, huskauṁcho; *(fig.)* tiḍauṁcho, râg hâḍcho. || *s. m.* chetauṁcheṁ-, huskauṁcheṁ okhat *n.* || *V.* ESTIMULO.

Estimular, *v. t.* chetauṁk, huskauṁk, huśâruṁk, uṭhauṁk, kiḍâvuṁk, uchaṁbaḷâvuṁk, châḷvauṁk; phuslâvuṁk, hurbhâ divuṁk *(d. do o.)*; *(fig.)* tiḍkâvuṁk, râg hâḍuṁk *(d. do o.)* || *V.* AGUILHOAR. || — *o appetite,* rûch hâḍuṁk. || *v. r.* tiḍkuṁk, tâpuṁk, chaḍhuṁk.

Estimulo, *s. m.* aṁkuś, taḍas *m.*, kuṁs; *(fig.)* uttejan, chetan *n.*, hurbhâ, hurlûk, uchaṁbaḷây *f.*, umâḷo *m.* || *V.* BRIO. || — *da consciencia,* aṁtashkarṇâcho kiḍo.

Estingar, *s. f.* śikiyen kavḷuṁk.

Estingue, *s. m.* śikî *f.*

Estinhar, *v. t.* dusryân mhoṁv kâḍhuṁk *(g. do o.)*

Estio, *s. m.* unhâḷ, ushṇakâl, gîm *m.*

Estiolado, *a.* jhiḷmiḷit, viḷviḷit; nistej.

Estiolamento, *s. m.* jhiḷmiḷî, viḷviḷitây *f.*; nistejpaṇ *n.*

Estiolar, *v. t.* jhiḷmiḷit karuṁk. || *v. i. e r.* jhiḷmiḷuṁk, viḷviḷuṁk; *(fig.)* nistej jâvuṁk, kaṭevuṁk.

Estiomenar, *v. t.* kâṁtauṁk, khâvuṁk, kâṁtaun khavuṁk.

Estiomeno, *s. m.* bhagdaḷ *n.* || *a. V.* CORROSIVO.

Estipe, *s. m. (bot.) V.* ESTIPITE.

Estipendiar, *v. t.* muśâro divuṁk *(d. do o.)*: majurek ghevuṁk.

Estipendiario, *a.* muśârkâr, majurekâr, vetanî.

Estipendio, *s. m.* majurî, kulî *f.*, rojmaro, muśâro, saṁbhâḷ *(us. Can.) m.*

Estipite, *s. m.* kâṁḍ *n.; (fig.)* vaṁśâvali *f.;* pûrvaj, mûḷpurush *m.*

Estipulação, *s. f.* bolî *f.*, karâr; kâydo, saṁket *m.*

Estipulador, estipulante, *a. e s.* karârî, bolî kartalo.

Estipular, *v. t.* bolî-, karâr karuṁk *(g. do o.)*; kâydo ghâluṁk *(d. do o.)*

Estiraçar, *v. t.* tâṇuṁk, peṁdruṁk || *v. r.* peṁdroṁk.

Estirado, *a.* tâṇ, śekâṅśek âslalo; taḍtaḍît, taṇtaṇît; viśṛit; vyâpak. || *V.* PROLIXO.

Estiramento, *s. m.* tâṇap *n.*, tâṇṇî, oḍhṇî; peṁdarṇî *f.*

Estirão, *s. m.* tâṇṇî, oḍh; lâṁb vâṭ *f.* || *V.* ESTOPADA.

Estirar, *v. t.* tâṇuṁk, târâṁṭuṁk, oḍhuṁk, taḍtaḍâvuṁk; pâṭḷâvuṁk, peṁdruṁk, âṁthruṁk *ou* âṁthḷuṁk; sevṭuṁk, śekâṅśek ghâluṁk; *(fig.)* lâṁbâvuṁk, vistâruṁk. || *v. r.* tâṇoṁk, taḍtaḍuṁk, taṇtaṇuṁk; pâṭḷuṁk, peṁdroṁk. || *V.* ABATER-SE.

Estirpe, *s. f.* mûḷ *n.*, jhâḍâcho śeṁḍo; *(fig.)* pûrvaj, mûḷpurush *m.;* bîj, vaṁś *n.*

Estitico, *a. V.* ADSTRINGENTE.

Estiva, *s. f.* târvâchî garbhî *f.;* poṁdâcheṁ va pailem sâmaṇ *n.;* ulâṁḍî *f.;* sâṭho *m.;* pâṁphaḷeṁ; dar-, dhâraṇ bâṁdhṇeṁ *n.*

Estivação, *s. f.* târûṁ bharṇeṁ; ulâṁḍî-, saṭho ghâlṇeṁ; *(bot.)* boṁgo ugaḷṇeṁ *n.*

Estivador, *a. e s. m.* târûṁ bhartalo.

Estivagem, *s. f.* târûṁ bharcheṁ kâm *n.*

Estival, estivo, *a.* unhâḷyâcho, gimâcho.

Estivar, *v. t.* ulâṁḍî ghâluṁk *(d. do o.)*, sambhâr karuṁk; sâṭho-, pâṁphaḷeṁ ghâluṁk *(d. do o.)*; jakâtek dâkhauṁk; *(fig.) V.* ESTICAR.

Esto, *s. m.* unhâḷ, kadh, rakhrakho *m.;* subâm bhartî *f.*

Estocada, *s. f.* hûḷ, śikî; *(fig.)* nâḍbuddh, chorvidyâ *f.;* dachko *m.*

Estofa, *s. f.* lugaṭ, kâpaḍ *n.; (fig.)* jâṭ, tahrâ *f.* || *Homem de boa —*, baryâṁ guṇâṁcho manîs.

Estofador, *s. m.* rû-, khâpûs bhartalo; rajaycheṁ sâmaṇ viktalo.

Estofar, *v. t.* supetuṁk, kâpûs ghâluṁk *(l. in do o.)*, rû bharuṁk *(id.)*

Estofo, *s. m.* lugaṭ, kâpaḍ; kâpûs, rû *m.* || *a.* adhik uṇo jây nâslalo. || *Agua estofa*, sâṁṭhlaleṁ udak.

Estoicamente, *adv.* udâspaṇîṁ.

Estoicidade, *s. f.* udâspaṇ, *n.*, thîr śâṁti *f.*, iṁdriyaśam *m.*

Estoicismo, *s. m.* iṁdriyaśammat; *(fig.)* udâspaṇ *n.*

Estoico, *a.* udâs, udâsîn, nityaśâṁt. || *V.* AUSTERO. || *s. m.* iṁdriyaśamvâdî.

Estoirada, *s. f.* ṭhoṭhoho *m.*, phârâphâr; *(fig.)* gâḷîśirâp *m. pl.;* mârâmârî *f.*

Estoirar, *v. i.* phâr jâvuṁk *(g. do s.)*, ṭhoho jâvuṁk; ṭhaṇṭhaṇuṁk, ghaṇghaṇuṁk; phaṭphaṭuṁk, tuṭṭuṭuṁk; usḷuṁk, phuṭuṁk. || *v. t.* phâr karuṁk *(g. do o.)*; usḷâvuṁk, phoḍuṁk.

Estoira-vergas, *s. m.* huḷhuḷo, nâchro; uchaṁbaḷ, gadbaḍo; jâḷgo, puṁḍ.

Estoirar, *a.* phâr jâtâ taslo, phaṭphaṭo; *(fig.)* gadgadyo, ghaṇghaṇît.

Estoiro, *s. m.* phâr, ṭholio, bâr *m.; (fig.)* gaḍbaḍ *f.*, ghaṇghaṇ, ṭhaṇṭhaṇ *m.*, tirrâj *n.;* phaṭko, dhapko *m.*

Estojo, *s. m.* gaṁj *m.*, *kurkuṭî, peṭârî. || *— de agulhas*, chaṁehî. *— de navalhas*, dhokṭî. *— de pennas*, kalamdânî *f.*

Estola, *s. f.* stol *n.*

Estolho, *s. m.* muḷâcho-, muḷâṁtlo phâṁṭo *m.*

Estolidez, *s. f.* khuḷây *f.*, khuḷepaṇ, doḍepaṇ *n.*

Estolido, *a.* khuḷo, doḍo, nirbuddhî, abudhî.

Estomachal, estomachico, *a.* gâṁjyâcho; ruchak, pâchak.

Estomagar, *v. t.* râg hâḍuṁk *(d. do o.)*, châḷvauṁk. || *v. r.* râgâr jâvuṁk, tiḍkuṁk, châḷvuṁk.

Estomago, *s. m.* gâṁjo *m.*, poṭ, udar, bhâṁḍeṁ, mayteṁ *n.*, gâṁṭh; *(fig.)* oḍh, kal; kuvet, tâṁk *f.* || *Ter bom — (fig.)*, soṁpepaṇîṁ akmân sosuṁk, kâṭ dâṭ âsuṁk *(d. do s.)* *Fazer bom — (fig.)*, mânoṁk, bareṁ lâguṁk. *Fazer — a alguma coisa*, tayârî karuṁk.

Estomentar, *v. t.* burkûl kâḍhuṁk *(g. do o.)*

Estonadura, *s. f.*, **estonamento**, *s. m.* sâl kâḍhṇeṁ *n.*, salpâvṇî *f.*

Estonar, *v. t.* sâl kâḍhuṁk *(g. do o.)*, salpâvuṁk, soluṁk.

Estonteamento, *s. m.* gudgudṇî, bahirevṇî, nindaṇî *f.*

Estontear, *v. t.* guḍguḍâvuṁk, nindâvuṁk, bahirâvuṁk, halkaṁḍâvuṁk. || *v. r.* ninduṁk, guḍguḍuṁk, halkaṁḍuṁk.

Estopa, *s. f.* burkûl *n.;* kâblo *m.*

Estopada, *s. f.* burkulâchî peḷî,-guṭhlî *f.*; *(fig.) V.* MAÇADA.
Estopar, *v. t.* burkûl bharuṁk *(l. in do o.)*; burkulân muṁduṁk.
Estopento, *a.* kâthâḷo; vâtaḍ.
Estopetar, *v. t. V.* DESPENTEAR.
Estopim, *s. m.* sutar, sutûr *n.*
Estopinha, *s. f.* bârîk saṇ *m.*
Estoque, *s. f.* domsâchî tarvâr *f.*, khaṁḍo *m.* || *Bengala de —*, khaṁḍyâcheṁ bet *n.*
Estoqueadura, *s. f. V.* ESTOCADA.
Estoquear, *v. t.* khaṁḍyân topuṁk.
Estoraque, *s. m.* śilâras *m.*, śilâkusum *n.*
Estorcegão, *s. m. V.* ESTORTEGADURA.
Estorcegar, *v. t. V.* ESTORTEGAR.
Estorço, *s. m.* âḍ baskâ *f.*
Estornar, *v. t.* chukîk bâd divuṁk.
Estorno, *s. m.* hiśobâche chukîk bâd deṇeṁ *n.*
Estorricar, *v. t.* dâḍhsâvuṁk, dâḍhel karuṁk *(g. do o.)* || *v. r.* sukûn ḍaḍhel jâvuṁk, dâḍhsuṁk.
Estorroar, *v. t. V.* ESTERROAR.
Estortegada, **estortegadela**, **estortegadura**, *s. f.* vaḷ; chimṭo *m.* || *V.* DESLOCAÇÃO.
Estortegar, *v. t.* vaḷuṁk; chimṭâvuṁk, chiṁṭo kâḍhuṁk *(d. do o.)*
Estorva, *s. f.*, **estorvamento**, **estorvo**, *s. m.* aḍ, aḍchaṇ, askat, âḍkaṇ, âḍkhaḷ, âḍâvṇî, nasây *f.*, vighn *n.*, virodh, jaṁjâḷ *m.*
Estorvador, *a. e s. m.* âḍâvṇâr, jaṁjâḷo, virodhî.
Estorvar, *v. t.* âḍâvuṁk, âḍkauṁk, aḍî-, âḍkhaḷî ghâluṁk *(d. do o.)*, aḍchuṁk. || *v. r.* aḍchoṁk, goṁdhuṁk, ghuspuṁk.
Est'outro, *a.* hodusro.
Estouvado, *a.* pisâṭ, âḍṇâḍî, pramâdî, avichârî, divanâ, nirbuddhî; nâchro, khelgaḍyo.
Estrabada, *s. f.*, **estrabo**, *s. m.* monjâtiṁcho gû *m.*
Estrabar, *v. t.* hâguṁk (monjât).
Estrabico, *a.* tirvo, tirso.
Estrabismo, *s. m.* tirvepaṇ *n.*, vakradrishṭi *f.*
Estracinhar, **estraçoar**, *v. t. V.* ESPEDAÇAR.
Estrada, *s. f.* mârag, rasto, *paṁth *m.*, vâṭ *f.* || *— real*, râjmârg. || *— de S. Tiago*, *V.* VIA LACTEA.
Estradar, *v. t.* mârag karuṁk *(l. in do o.)*; maṁch-, gâdî ghâluṁk *(id.)* *(fig.) V.* ENCAMINHAR.
Estrado, *s. m.* strâd, maṁch *m.*, gâdî *f.*
Estraga-albardas, *s. m. V.* DOIDIVANAS.
Estragado, *a.* moḍlalo; pâḍ, dushṭ, bâshkaḷ. || *V.* ESTRAGADOR.
Estragador, *a. e s. m.* ibâḍyo, nâśâḍyo; udhḷo, hogḍâvṇo.
Estragamento, **estrago**, *s. m.* ibâḍ, nâś, bhaṁg *m.*, bâshkalpaṇ *n.*, vidh, ghas moḍṇî, bighaḍṇî; toḍphoḍ, toḍmoḍ; *(fig.)* hogḍâvṇî *f.*, udhaḷ *m.*; mârâmârî, kattal *f.* || *V.* DEPRAVAÇÃO.
Estragar, *v. t.* moḍuṁk, phoḍuṁk, nikḷâvuṁk, bhaṁgauṁk bighḍâvuṁk; ibâḍuṁk, doṁsauṁk; pâḍ-, dushṭ karuṁk, kusauṁk; *(fig.)* hogḍâvuṁk, vâṭ lâvuṁk *(g. do o.)* || *— o gosto*, rûch kâḍhuṁk. || *v. r.* pirderjâvuṁk *(port.* PERDER-SE), doṁsuṁk, vâyṭ-, dushṭ-, pâḍ jâvuṁk, nâśoṁk, kusuṁk, kilsevuṁk, poṁvṭevuṁk, beḷsevuṁk, utroṁk; *(fig.) V.* CORROMPER-SE.
Estragoso, *a. (p. us.) V* ESTRAGADOR.
Estralar, *v. t. e i. V.* ESTALAR.
Estralejar, *v. i.* ṭhoṭhoho-, phârâphâr jâvuṁk *(g. do o.)*, ṭhanṭhaṇuṁk.
Estrambotico, *a.* âḍgâṭ, phaṁtajkâr, khoḍyo; navlâṁcho, âthvo, vegḷyâch prakârâcho.
Estramboto, *s. m.* kâmkâvya *n.*
Estrame, *s. m.* mâṁdrî *f.*
Estramento, *s. m. (ant.)* âṁthrûnpâṁghrûn, bichhâṇeṁ *n.*
Estramonio, *s. m.* dhutro *m.*
Estrangulação, *s. f.* **estrangulamento**, *s. m.* gaḷphâs deṇeṁ, gaḷo murḍiṇeṁ *n.*; arnaṇî *f.*
Estrangular, *v. t.* gaḷphâsuṁk, gaḷo murḍuṁk *(g. do o.)*, goṁgṭî piḷuṁk *(g. do o.)*; arnuṁk, taḍtaḍâvuṁk. || *v. r.* gaḷphâs ghevuṁk, gaḷyâk koṁyḍî ghâluṁk; arnoṁk, taḍtaḍuṁk.
Estranguria, *s. f.* aśmarî *f.*, mûtrarodh *m.*
Estranho, *a. V.* EXTRANHO.
Estratagema, *s. m.* kavâit, karâmat *f.*, upây, ilâj *m.*, kasab *n.*; chorbuddh, chorvidyâ, ghâḍvidyâ, nâḍ, mâv *f.*, mâvbhed *m.*, nâḍgepaṇ, iṁdrajâḷ *n.*
Estrategia, *s. f.* sainyarachnâvidyâ *f.*, kapaṭyuddh *n.*; *(fig.) V.* ESTRATAGEMA.
Estrategico, *a.* sainyarachnâvidyecho; *(fig.) V.* ASTUCIOSO.
Estrategista, *s. m.* sainyarachnâvidyâjña.

Estratificação, *s. f.* tharâṁṇîṁ mâṁḍṇeṁ,- âsṇeṁ *n.*

Estratificar, *v. t.* tharâṁnîṁ mâṁḍuṁk; ḍâḷuṁk. || *v. r.* tharâṁnîṁ basuṁk,- mâṁḍoṁk.

Estratigraphia, *s. f.* bhûmitharvarṇan *n.*

Estrato, *s. m.* thar *m.*

Estratooracia, *s. f.* sainyarâj *n.*

Estratographia, *s. f.* sainyavarṇan, senâvarṇan *n.*

Estrear, *v. t.* âḍâvuṁk, śurû karuṁk, mudal ghâluṁk (*d. do o.*), paileṁ karuṁk,- ghâluṁk. || *v. r.* paile pâvṭhî karuṁk, arambh ghâluṁk,- divuṁk; bohṇî karuṁk.

Estrebaria, *s. f.* goṭho *m.* || *V.* CAVALLARIÇA.

Estrebuchamento, *s. m.* dhaḍbaḍ, jhaḍpaḍ, chaḍphaḍṇî, phaḍphaḍṇî, lahar *f.*, chaḍphaḍo *m.*, taḷmaḷe *m. pl.*

Estrebuchar, *v. i. e r.* dhaḍbaḍuṁk, taḷmaḷuṁk, jhaḍpaḍuṁk, phaḍphaḍuṁk, taḷtaḷuṁk, chaḍchaḍuṁk, kaḷvaḷuṁk, hâtpâṁy baḍauṁk || *v. t.* phaḍphaḍâvuṁk, dhaḍbaḍâvuṁk.

Estrecer-se, *v. r. V.* DIMINUIR.

Estreia, *s. f.* mudal *n.*, âḍâvṇî *f.*; naveṁ ghâlṇeṁ, paile pâvṭhî karṇeṁ *n.*; bohṇî; (*ant.*) navyâ varshâchî sâguvât *f.*

Estreita, *s. f.* (*ant.*) *V.* APERTO.

Estreitador, *a. e s. m.* arnitalo, aśirâvṇâr.

Estreitamente, *adv.* aśirâyen; saṁkashṭîṁ; kharâyen, bârkâyen; arnûn; jâgritâyen.

Estreitamento, *s. m.* aśirâvṇî, âsrây, arnaṇî, âṁvaḷṇî; (*fig.*) deṁvauṇî, thoḍâvṇî *f.*

Estreitar, *v. t.* aśirâvuṁk, aśîr-, bârîk-, saṁkaṭ karuṁk, bârkâvuṁk; âṁvḷuṁk, arnuṁk, alaṁgulâvuṁk (*us. Can.*), âṁkhuḍâvuṁk; *encurtar:* moṭvâvuṁk, supurâvuṁk, moṭvo-, supûr karuṁk; *abraçar:* veṁgaṭuṁk; *unir:* ekṭhâṁy karuṁk, bâṁdhuṁk; *restringir:* deṁvauṁk, thoḍâvuṁk; *tornar mais rigoroso:* nibar-, ghaṭṭ-, khar karuṁk. || *v. i. e r.* aśîr-, bârîk jâvuṁk; arnoṁk, âṁvḷoṁk; nibar-, uṇo jâvuṁk. || — *em razões,* thoḍeṁ ulauṁk. — *em juizos,* khareṁ teṁ maktâ sâṁguṁk.

Estreiteza, estreitura, *s. f.* aśirây, bârkây, aḍchaṇ *f.*, saṁkoch; *escassez:* uṇâv toṭo *m.*, thoḍepaṇ *n.*; *rigor:* kharây kharkasây; *intimidade:* lagtî, salgî; *parcimonia:* kasar *f.*, kârasthân *n.*; *afflicção, penuria:* kashṭ, upadre *m. pl.* || — *dos tempos,* dukaḷ *m.* || -s, *pl.* aṭâs, dagdag, halâhal *m. pl.*

Estreito, *a.* aśîr, bârîk, saṁkaṭ, *alaṁgulo, aruṁd, âṁkhûḍ, aḍchaṇecho; arn; moṭvo; sugrâtî, châṭo. || *V.* ESTRICTO. || *s. m.* khâḍ, samudradhunî; khâṁch *f.*, khâvṭeṁ *n.* || *V.* DESFILADEIRO.

Estrella, *s. f.* nakshatr, nakhetr *ou* nekhetr *n.*, târâ. || — *d'alva,* śukr *m.* — *polar,* druvnakshatr. — *cadente,* ulkâ *f.* *Levar ás estrellas,* maḷbhâk teṁkauṁk. *Pôr entre as* —, dev karuṁk. *Ir ás* —, tâpuṁk, kaḍhuṁk. *Ver as* — *ao meio dia,* dachko-, dhako basuṁk (*d. do s.*) *Asterisco:* phulî *f*; *mancha branca:* châṁdeṁ *n.*

Estrellado, *a.* nakhetrâṁcho; châṁdyo (bail). || *Ovos estrellados,* bhâjlalîṁ tâṁtyâṁ.

Estrellante, *a.* nakhetrâṁnîṁ śriṁgârlalo; prajvaḷît, prakâśvaṁt.

Estrellar, *v. t.* nakhetrâṁnîṁ śriṁgâruṁk,- neṭauṁk. || — *frangos,* pilâṁ taḷuṁk. — *ovos,* tâṁtyâṁ bhâjuṁk. || *v. i.* prajvaḷuṁk, jhagjhakuṁk. || *v. r.* nakhetrâṁnîṁ bharoṁk,- neṭoṁk.

Estrellario, *a.* nakshatrâkâr.

Estrellejar, *v. i. V.* ESTRELLAR.

Estrellinha, *s. f.* phulî *f.*

Estrem, *s. m.* dor *n.*, âṁjo *m.*

Estremecer, *v. t.* tharthárâvuṁk, kaḍkaḍâvuṁk, kâṁpauṁk; bheṁkḍâvuṁk; prîtimog-, aprûbây karuṁk (*g. do o.*), kâḷîj divuṁk (*d. do o.*) || *v. i.* âṁg kâḍhuṁk, tharthármuṁk, kâṁpuṁk, kaḍkaḍuṁk, huḍhuḍuṁk, kulkuluṁk, śirśiruṁk.

Estremecido, *a.* kâṁplalo, śirśirlalo; aprûbâyecho, kâḷjâcho; bhejûḍ, bujaṭ. || *V.* AGITADO.

Estremecimento, *s. m.* tharthaṛnî, kâṁp, tharkâṁp, kaḍkaḍî, huḍhuḍî *f.*, tharthâro, śirśiro, kulkulo, dhaḍdhaḍo; (*fig.*) prîtimog, vhaḍ-, khar mog, moypâs *m.*, aprûbây *f.*

Estremunhado, *a.* nîḍmoḍo, nidsuro.

Estremunhar, *v. t.* nîd moḍuṁk,- khaḷauṁk (*g. do o.*) || *v. i. e r.* niden-, âkâṁtûn uṭhuṁk.

Estrenamente, *adv.* ghaṭṭâyen, trâṇân, dhairân.

Estremo, *a.* trâṇî, tejvaṁt, ghaṭṭ, nibar, dhairyavaṁt, chhâtîdâr.

Estrepada, *s. f.* kâṁṭo topṇeṁ *n.*

Estrepar, *v. t.* kâṁṭe-, ḍevse ghâluṁk,- lâvuṁk *(l. do o.)* ‖ *v. r.* kâṁṭo topoṁk *(d. do s.)*
Estrepe, *s. m.* kâṁṭo, ḍevso; khuṁṭo *m.; (fig.)* lâpîṭ manîs.
Estrepitante, estrepitoso, *a.* ṭhanṭhaṇît, ghaṇghaṇît, kaḍkaḍît.
Estrepitar, *v. t.* khaṭkhaṭuṁk, gaḍgaḍuṁk, ghaṇghaṇuṁk, ṭhanṭhaṇuṁk, phaṭphaṭuṁk, khaḷkhaḷuṁk.
Estrepito, *s. m.* ṭhanṭhaṇ, ghaṇghaṇ, kaṭkaṭ, kaḍkaḍ, kâhner *m.*, bob, âraḍ *f.*
Estrepitosamente, *adv.* ghaṇghaṇîm, bobâḷân; *(fig.)* dabâjyân, ḍaulân.
Estrezir, *v. t.* âkârâchî nakal gobrân kâḍhuṁk; *(fig.) V.* COPIAR.
Estria, *s. f.* śîr *f.*, doro *m.*; bolkî, khâṁchṇî *f.* ‖ *V.* VAMPIRO.
Estriar, *v. t.* khâṁchṇyo-, bolkyo karuṁk *(d. do o.)*
Estribamento, *s. m. (p. us.)* tharṇî, basṇî *f.*
Estribar, *v. t.* tharâvuṁk, basauṁk, ṭhikauṁk. ‖ *v. i.* tharuṁk, basuṁk. ‖ *v. r.* rikâbyâṁr ghaṭṭ lâvuṁk. ‖ *V.* APOIAR-SE.
Estribeira, *s. f.* rikâbî *f.*; pâṁyḍo *m.* ‖ *Moço de —*, rikâbî dhartalo châkar. *Perder as estribeiras,* pisâvoṁk khubhdaḷuṁk. *Ir nas — de alguem,* pâṭhâpâṭhî vachuṁk.
Estribeiro, *s. m.* ghoḍkyo. ‖ *— mór,* râyghoḍegâḍyo paḷetalo.
Estribilho, *s. m.* dhrupad; *(fig.)* sadâṁcheṁ pad *n.*
Estribo, *s. m.* rikâbî *ou* rikâb *f.*; pâṁyḍo; *(fig.)* teṁko, âdhâr *m.* ‖ *V.* BOTAREO. ‖ *Pé de —*, dâvo pâṁy. *Perder os estribos (fig.),* phiruṁk, rânâṁt paḍuṁk. *Estar com um pé no estribo (fig.),* kâs mâruṁk, vâṭek lâguṁk âsuṁk.
Estricote, *s. m.: ao —*, misḷûn, barsûn; beparvâ karûn.
Estrictamente, *adv.* barâbar, sutrâr, khachît.
Estricto, *a.* khar, nirvâṇî, sutrî, kaḍkaḍît, khaḍtar, khaḍchar, khachît, kachkachît; khâśâ.
Estridente, *a.* khiṇkhiṇîṭ, tiṇtiṇît, jhiṇjhiṇît, jhaṇjhaṇît, kinnâro.
Estridor, *s. m.* jhaṇjhaṇo, saṇsaṇo, saḷsaḷo, ṭhanṭhaṇ, khaḷkhaḷ *m.*
Estridulação, *s. f.* kirkirṇî *f.*
Estridulante, *a.* kirkirît.
Estridular, *v. t.* kirkiruṁk, phirphiruṁk. ‖ *v. t.* kirkirûn sâṁguṁk,- gâvuṁk.
Estridulo, estriduloso, *a. V.* ESTRIDENTE.
Estriga, *s. f.* saṇachî-, aḷśîchî peḷî *f.*; piko keṁs *m.*
Estrigado, *a.* peḷî-, kâḍî kelalo (saṇ); kisailalo saṇ kaso. ‖ *Cabello —*, pâtaḷ keṁs.
Estrigar, *v. t.* peḷyo,- kâḍyo karuṁk *(g. do o.)*
Estrige, *s. f. V.* CORUJA.
Estrincar, *v. i.* vaḷuṁk, vaḷ ghâluṁk *(d. do o.)* ‖ *— os dedos,* boṭâṁ moḍuṁk.
Estrinchar, *v. t.* uḍuṁk, nâchuṁk.
Estrinque, *s. f.* dor *n.*
Estrinqueiro, *s. m. (ant.) V.* CORDOEIRO.
Estripação, *s. f.* âṁtkiḍyo-, jhaḷyo kâḍhṇeṁ *n.*
Estripar, *v. t.* âṁtkiḍyo-, jhaḷyo-, âṁtâṁpiṁtâṁ kâḍhuṁk *(g. do o.)*, poṭ phâḷuṁk *(g. do o.)*
Estro, *s. m.* śakti, huṛbhâ, umed *f.*, phulap *n.*
Estrobilo, *s. m. (bot.)* boṁḍ *n.*
Estroina, *a. e s.* laphâṁgo, lâpîṭ, tavṇâs; vîdhlo, divâḷkhor.
Estroinar, *v. i.* laphâṁgo-, phaldarây jâvuṁk, dhumśâṇ karuṁk.
Estroinice, *s. f.* tavṇâspaṇ, âḍṇâḍpaṇ, anâḍîpâṇ *n.*
Estroi-tudo, *s. m.* gaḍbaḍo, dhaḍbaḍyo.
Estrombo, *s. m.* koṁgo *m.*
Estrompar, *v. t. e i. V.* ESTRAGAR *e* CANÇAR.
Estrompido, *s. m. V.* ESTREPITO.
Estronca, *s. f.* teṁko *m.*, dhâraṇ *n.*
Estroncamento, *s. m.* muṁḍhṇî, luṁḍṇî *f.*
Estroncar, *v. t.* muṁḍhuṁk, luṁḍuṁk; khâṁde kâtruṁk,- moḍuṁk *(g. do o.)*; phaṭ karn moḍuṁk. ‖ *V.* ESTROPEAR. ‖ *v. i.* khaḍkhaḍâvuṁk, khaṇkhaṇâvuṁk.
Estrondear, *v. i.* bobâḷ karuṁk, gaḍgaḍuṁk, gaḍbaḍuṁk, ghaṇghaṇuṁk, phaṭphaṭuṁk, khaṭkhaṭuṁk: *(fig.)* gâjuṁk, nâḍuṁk.
Estrondo, *s. m.* karâṁḍây, gaḍgaḍ, govjî *f*, bobâḷ, khaṭkhaṭo, kâhner; *(fig.)* ghaṇghaṇ, ṭhanṭhaṇ, taḍâko; tamâśo *m.*, dhâṁdhûm *f.*
Estrondosamente, *adv.* bobâḷân. ghaṇghaṇân.
Estrondoso, *a.* ghaṇghaṇîṭ, ṭhanṭhaṇît, khaṇkhaṇît; *(fig.)* laukik, prasiddh; laklakît, kautîk.

Estropalho, *s. m.* basyo puschem lugaṭ, pusṇem *n.; (fig.)* âṁgoṭî *f.*, tavko *m.*, bhâṇśirem.

Estropeada, *s. f.* urpaṁj *f.*

Estropeado, *a.* pâṁgḷo, laṁgḍo, thoṁṭo, luṁḍo, vyaṁg; *(fig.)* avidhi, aśâstr, akramik.

Estropeamento, *s. m.* pâṁgḷo-, thoṁṭo karṇem; pâṁgḷepaṇ, *m.; (fig.)* avidhi, amârg, akram *m.*

Estropear, *v. t.* luṁḍuṁk, muṁḍhuṁk, thoṁṭo-, laṁgḍo karuṁk; *(fig.)* vikaḷuṁk, burḍuṁk, pisuḍuṁk. ‖ *v. r.* thoṁṭo-, pâṁgḷo jâvuṁk, thoṁṭevuṁk.

Estrophe, *s. f.* śłok *m.*, kaḍvem *n.*

Estropicio, *s. m.* nâś, bhaṁg *m.*, dûshaṇ *n.*, naḍ *f.*

Estropo, *s. m.* valyâchem kaḍem, chulet *n.*

Estroso, *a. (ant.) V.* PARVO.

Estrotejar, *v. i.* pher mâruṁk

Estrovinhado, *a. V.* ESTREMUNHADO.

Estructura, *s. f.* bâṁdhâvaḷ, ghaḍvaṇ; bâṁdhṇî *f.*, ghaḍap *n.;* âṁgkâṭhî *f.;* prayog *m.*

Estrugido, *s. m.* karkar *m.*, chûṁ; *(fig.)* phoḍṇ *n.*

Estrugidor, *a.* taṇtaṇît, ḍhaṇḍhaṇît, saṇsaṇît.

Estrugimento, *s. m.* gâjauṇî sâdâvṇî *f.* ‖ *V.* ATORDOAMENTO.

Estrugir, *v. t.* gâjauṁk, sâdâvuṁk, khaṭkhâṭâvuṁk; guḍguḍâvuṁk. ‖ *v. i.* chaṇchaṇuṁk, ḍhaṇḍhaṇuṁk, jhaṇjhaṇuṁk, taṇtaṇuṁk.

Estruir, *v. t. V.* DESTRUIR *e* ESTRAGAR.

Estrumação, *s. f.* sârem ghâlṇem *n.*, kârâvṇî *f.*

Estrumar, *v. t.* sârem ghâluṁk,- puruṁk *(d. do o.)*, kârâvuṁk.

Estrumas, *s. f. pl. V.* ESCROFULAS.

Estrume, *s. m.* sârem, khat *ou* khât *(us. Sav.) n.*, kâr, sop *m.*

Estrumeira, *s. f.* gâir *f.; (fig.)* narak *m.*

Estrumoso, *a.* sârem ghâlalo, kârâylalo. ‖ *V.* ESCROFULOSO.

Estrupada, *s. f.* jhaḍpo, vâvjhaḍ *m.* ‖ *V.* ASSALTO.

Estrupida, *s. f.*, **estrupido**, *s. m.* bobâḷ, ghaṇghaṇ *m.*

Estrychnina, *s. f.* kâjryâcho ark *m.*

Estuação, *s. f.* unhâḷ *m.*, ukaḍṇî *f.;* umâḷo *m.* ‖ — *febril*, dhagṭî. — *do estomago*, umaḷṇî *f.*

Estuante, *a.* ûn, khar; khadaḷ, uchaṁbaḷ.

Estuar, *v. i.* khar jâvuṁk, tâpuṁk, kaḍhuṁk; khatkhatuṁk, umâḷuṁk, umḷoṁk.

Estuario, *s. m.* khâḍ *f.*

Estucador, *a. e s. m.* gilâvekâr.

Estucar, *v. t.* gilâvo-, saṁdlo kâḍhuṁk *(d. do o.)*

Estucha, *s. f.*, **estuche**, *s. m.* taḍas; *(fig.)* teṁko *m.*

Estuchar, *v. t.* taḍas mâruṁk *(d. do o.)*, taḍsauṁk; *(fig.)* âdhâr,- marjî śodhuṁk *(g. do o.)*

Estudadamente, *adv.* śikûn; *(fig.)* kapaṭîn, ḍhoṁg karûn.

Estudado, *a.* śiklalo, abhyast, adhît; *(fig.)* dâkkauṇo, lâgâḷo, ḍhoṁgî.

Estudantaço, **estudantão**, *s. m.* baro śikpî.

Estudantada, *s. f.* śikpyâṁcho ghaṇ-, varg *m.;* śikpyâṁchem tiḍpaṇ *n.*

Estudante, *s. m.* iskolcho burgo, śikpî, śiktalo, śikṇâr, vidyârthî.

Estudantina, *s. f.* śikpyâṁchem gâyan, vidyârthîsaṁgît *n.*

Estudar, *v. t.* śikuṁk, paṭhuṁk, *parsuṁk, vâchuṁk; *decorar:* pâṭh-, toṁḍpâṭh karuṁk; abhyâsuṁk, abhyâs karuṁk *(g. do o.); compor:* ghaḍuṁk; *preparar:* tayâr karuṁk; *examinar:* vichâr-, dhyân karuṁk *(g. do o.)*, nihâḷuṁk. ‖ *V.* APPARENTAR. ‖ — *alguem*, ṭhâv ghevuṁk *(g. do o.)* ‖ *v. i.* śikuṁk; śikpâk-, sâḷik vachuṁk. ‖ *v. r.* âplî oḷakh ghevuṁk.

Estudaria, *s. f. (ant.)* śikpâchem ghar *n.*, pâṭhsâḷ *f.*

Estudiosamente, *adv.* bhâr ghevûn, mehnatîn.

Estudiosidade, *s. f.* śikpâcho bhâr-, udyog *m.*

Estudioso, *a.* bhâr ghevûn śiktalo, śikpâk lâglalo, abhyâsî.

Estudo, *s. m.* śikap *n.*, abhyâs, vidyârth, pâṭh, âgam *m.*, vâchap *n.; trabalho litterario*, lahân graṁth, nibaṁdh; *aula:* jñânmaṭh *m.*, śikpâchem ghar *n.; (fig.)* boṁdh, phikîr *f.;* ḍhoṁg *n.*, lâg *m.*

Estufa, *s. f.* ûn karchem-, tâpauṁchem ghar,- âydan *n.;* bhâṭṭî *f.*

Estufadeira, *s. f.* bhâṭṭiyen mâs bhâjchem âydan *n.*

Estufado, *s. m.* ûn gharâṁt ghâlalo,- tâpailalo. ‖ *s. m.* baṁd âydanâṁt âni maû âgîn râṁdhlalem mâs *n.*

Estufagem, *s. f.* ûn gharâṁt ghâlṇem,- sukauṇem, baṁd âydanâṁt tâpauṇem *n.*

Estufar, *v. t.* ûn gharâṁt ghâluṁk, baṁd âydanâṁt tâpauṁk,- râṁdhuṁk,- bhâjuṁk.

Estugar, *v. t.* *(ant.)* *V.* APRESSAR.

Estultamente, *adv.* pisepaṇîṁ.

Estulticia, *s. f.* pisepaṇ, veḍpaṇ, gaḷyepaṇ *n.*

Estultificação, *s. f.* piso-, gaḷyo karṇeṁ,- jâṇeṁ *n.*

Estultificar, *v. t.* piso,- veḍjhaṁy karuṁk. ‖ *v. r.* gaḷyo-, pato jâvuṁk.

Estultiloquio, *s. f.* piśâyo ulauṇeṁ, mûḍhavachan *n.*

Estulto, *a.* piso, khuḷo, mûḍh, gaḷyo, pato.

Estuoso, *a. V.* ESTUANTE.

Estupefacção, *s. f.* dharṇî, bahirevṇî; *(fig.)* viparîtây, ghâbrây, thaṭâkṇî *f.*, chamatkâr *m.*

Estupefaciente, estupefactivo, *a.* bahirâvuṁcho; *(fig.)* ajâpâṁcho.

Estupefacto, *a.* bahirelalo, dharlalo; *(fig.)* ajâp jâlalo, thaṭâklalo, viśmit; ghâbro.

Estupeficar, *v. t.* bahiro karuṁk, bahirâvuṁk; *(fig.)* thaṭâkâvuṁk, ajâp karuṁk, ghâbrâvuṁk.

Estupendo, *a.* âjâṁpâṁcho, navlâṁcho, vismit, adbhut. ‖ *V.* EXTRAORDINARIO.

Estupidamente, *adv.* mûrkhepaṇîṁ

Estupidez, *s. f.* nirbuddh, jaḍmat, maṁdmat, durmat, mûḍhây, bekubî *f.*, mûrkhepaṇ, doḍepaṇ, ajñân, ajñânpaṇ; *(med.)* mâdan *n.*, guṁgî *f.*

Estupidificar, *v. t.* mûrkho-, mûḍh karuṁk. ‖ *v. r.* doḍo-, abuddh jâvuṁk.

Estupido, *a.* jaḍ, maṁd, abuddh, achitt, mûrkho, mûḍh, doḍo, buddhivîṇo, boṁtho, maṇkuṭo, navyaṇṇay, durmat, bekûb, ajñân, ajñânî; *(med.)* bahiro, dharlalo; guṁg. ‖ *s. m.* reḍo (*litt.* BUFALO), bail (*litt.* BOI).

Estupor, *s. m.* guṁgî, jhâṁp, jhâṁk, jhâṁkṇî, bhûl, beśuddhi; âr *f.*, sannyâs *m.*; *(fig.)* thaṭâkṇî, niṁdaṇî *f.* ‖ *Ramo de* —, âr mârṇeṁ. — *dos dentes*, dâṁt âṁbṭevṇeṁ *n.*

Estuporado, *a.* guṁg; *(fig.)* dushṭ-, pâḍ jâlalo.

Estuporar-se, *v. r. V.* ESTRAGAR-SE.

Estuprador, *a. e s. m.* baḷân saṁbhogî,- dapaṭṇâr.

Estuprar, *v. t.* baḷân bhashṭâvuṁk,- saṁbhoguṁk, dapṭuṁk, rapâṭuṁk.

Estupro, *s. m.* baḷân bhashṭâvṇeṁ,- dapaṭṇeṁ, dûshaṇ, dharshaṇ *n.*

Estuque, *s. m.* gilâvo, saṁdlo *m.*

Esturdia, *s. f.* âḍṇâḍpaṇ, anâḍîpaṇ, ṭoṇkepaṇ, tîḍpaṇ *n.*

Esturdiar, *v. i.* âḍṇâḍpaṇâṁ-, tîḍpaṇâṁ karuṁk.

Esturdio, *a.* anâḍî, âḍṇâḍî âvjâḷî, tîḍ, titâḷî *ou* titâḷyo.

Esturjão, *s. m.* bhuṁyârî *f.*

Esturrado, *a.* karpalo, dâḍhsalalo; *(fig.)* kaḍak, âgyo, tikhaṭ; vâḍyo, saḷî, bathḷî. ‖ *V.* RETROGRADO. *Cabeça esturrada*, mâṇsugî nâslalo. ‖ *s. m.* pâṁkîṭ-, driḍh taraphdâr.

Esturrar, *v. t.* karpauṁk, dâḍhsâvuṁk. ‖ *v. r.* karpuṁk, dâḍhsevuṁk, dâḍhsuṁk; *(fig.)* tâpuṁk, jaḷuṁk.

Esturrinho, *s. m.* karpalalî ḍumṭî *ou* dhumṭî *f.*

Esturro, *s. m.* karpaṇ *n.*, dâḍhsâṇ *f.* ‖ *V.* ESTURRINHO. *Cheirar a* — *(fig.)* saṁkashṭ kâm.

Esturvinhado, *a.* nindalalo, gair.

Estylete, *s. m.* jaṁbyo *m.*

Estylismo, *s. m.* śabdarachneeho ḍaul *m.*

Estylista, *s. m. e a.* śabdarachanâḍaulî.

Estylo, *s. m.* kalam *n.*, lekhṇî *f.*; śaṁku *m.*; *(fig.)* śabdarachnechî vâṇ,- rît; *praxe:* rît, dastî, châl *f.*, rivâj, âkâr *m.*

Estyptico, *a. V.* ADSTRINGENTE.

Esurino, *a.* rûch hâḍcho, ruchikâr.

Esvaecer, *v. t.* nâṁch karuṁk, bighḍâvuṁk, bhasmuṁk; phulauṁk, phugauṁk. ‖ *v. r.* nâṁch jâvuṁk, phiskaṭuṁk; thoḍâruṁk, uṇâvoṁk; *(fig.)* *V.* ESMORECER. ‖ *v. i.* hâtpâṁy gaḷuṁk; jhiṁṭ mâruṁk *(d. do s.)*; kaṭevuṁk, kosmevuṁk.

Esvaecimento, *s. m.* nâṁch jâṇeṁ *n.*, virṇî, vigaḷṇî; baḍây, phugṇî; jhiṁt, bhirmirî, kâṁtarṇî *f.* ‖ *V.* DESALENTO.

Esvahimento, *s. m.* taṁg jâṇeṁ, hâtpâṁy gaḷṇeṁ, udâspaṇ *n.*, saṁkîrṇây *f.* ‖ *V.* ESVAECIMENTO. ‖ — *de cabeça*, ghuṁvaḷ *f.* — *de sangue*, *V.* HEMORRHAGIA.

Esvahir, *v. t. V.* ESVAECER. ‖ *v. r.* nâṁch jâvuṁk, vachuṁk, ubhuṁk; ghuṁvaḷ yevuṁk *(d. do s.)*, kâṁtruṁk, kâṇśiruṁk, khaṁguṁk, taṁg jâvuṁk; raṁg uḍuṁk,- vachuṁk *(g. do s.)* ‖ — *em sangue*, ragtâcho baṁbhâḷ jâvuṁk *(g. do s.)* — *em suor*, ghâmâṁt buḍuṁk. — *a cabeça*, taklî ghuṁvḷuṁk. — *o entendimento*, mat phiruṁk.

Esvalteiros, *s. m. pl.* khuṁṭyo *f. pl.*

Esvanecer, *V.* ESVAECER.
Esvão, *s. m.* dhol, pokhar; pâṭosâchî mâḷoy *f.* ‖ *V.* CRYPTA.
Esvasiamento, *s. m.* rito karṇeṁ *n.*, uspaṇî, otṇî *f.*
Esvasiar, *v. t.* rito karuṁk, otuṁk, uspuṁk.
Esventar, *v. t.* dârû ulpâvûn (nâḷ) sukauṁk.
Esverdeado, **esverdinhado**, *a.* pâchvoso, harvaṭ.
Esverdear, **esverdinhar**, *v. t.* harvaṭ karuṁk. ‖ *v. i. e r.* pâchvoso jâvuṁk,- disuṁk.
Esverrumar, *v. t.* (phoḍ) piḷuṁk.
Esvidigar, *v. t.* (dâkh) taḷsuṁk.
Esviscerar, *v. t.* âṁtâṁ kâḍhuṁk (*g. do o.*); (*fig.*) dâruṇ-, nishṭur karuṁk.
Esvoaçar, *v. i. e r.* pâkhoṭe baḍauṁk,- hâlauṁk; lâgîṁlâgîṁ uḍuṁk; (*fig.*) ubhuṁk, hâluṁk.
Etape, *s. f.* utsavâcheṁ bhâteṁ *n.*, sanchaṁḍî *f.*
Et cetera, âdî, ityâdî. *Exprime-se geralmente por reduplicação, mudando a consoante inicial em b; ex.:* ghorâṁ bharâṁ, *casas, etc.*
Eternal, *a. V.* ETERNO.
Eternalmente, **eternamente**, *adv.* niraṁtar, anâdsiddhpaṇîṁ; anaṁtpaṇîṁ; sarvatâḥ, sadâṁkâḷîṁ.
Eternar, *v. t.* niraṁtar-, akhaṁḍit karuṁk; (*fig.*) amar-, śâśvat karuṁk.
Eternidade, *s. f.* ânâdisiddhi *f.*, anâdsiddhpaṇ; anaṁtpaṇ, sâsaṇ *n.*, śaśvatî; akhaṁḍit jîṇ *f.*; bhav veḷ, chaḍh kâḷ *n.*; ajarâvarpaṇ, ajar-, amar yaś *n.* ‖ *Estar na* —, dusryâ saṁsârâṁt âsuṁk.
Eternizar, *v. t. V.* ETERNAR. ‖ *v. r.* anaṁt jâvuṁk; ajar yaś joḍuṁk; (*fig.*) śevaṭṇâṁso disuṁk (*d. do s.*)
Eterno, *a.* araṁbh âni śevaṭ nâslalo, anâdi, anâdsiddh, sadâtan, nityasiddh, sarvkâḷîn, ajanma; anaṁt, śâśvat, śâśvatik, sâsṇâcho, niraṁtar, amar, ajar; (*fig.*) akhaṁḍit, agaṇit. ‖ *Padre* —, Dev Bâp. ‖ *s. m.* Dev.
Ether, *s. m.* âkâś; ekâ jinnsâcho ark *m.*
Ethereo, *a.* âkâśâcho, âkâśî; (*fig.*) nigaḷ, nirmaḷ. ‖ *V.* CELESTE.
Etherificação, *s. f.* ark karṇeṁ *n.*
Etherificar, *v. t.* ark karuṁk (*g. do o.*) ‖ *v. r.* ark jâvuṁk (*g. do s.*)
Etherização, *s. f.* arkâcho misaḷ *m.*; ark huṁgṇeṁ *n.*
Etherizar, *v. t.* arkân misḷuṁk; arkân guṁg karuṁk.
Ethica, *s. f.* nît *f.*, nîtiśâstr *n.*, nay *m.*, nayvidyâ *f.*
Ethico, *a.* nîtîcho, nîtiśâstrâcho.
Ethnicismo, *s. m. V.* PAGANISMO.
Ethnico, *a.* deśî lokâcho; (*ant.*) *V.* PAGÃO.
Ethnographia, *s. f.* nṛijâtivarṇan *n.*
Ethnographico, *a.* nṛijâtivarṇanasaṁbaṁdhî.
Ethnographo, *s. m.* nṛijâtivarṇânî.
Ethnologia, *s. f.* nṛijâtividyâ *f.*
Ethnologista, **ethnologo**, *s. m.* nṛijâtividyâjña.
Ethographia, **ethopéa**, vahivâṭvarṇan *n.*
Ethologia, *s. f.* vahivâṭvidyâ *f.*
Etica, *s. f. V.* HECTICA.
Etiologia, *s. f.* kâraṇśâstr *n.*
Etiqueta, *s. f.* râjopachâr *m.*, râjrît, sabhyâchârpaddhat *f.*; upachâr *m.* dastûr; chaktî *f.*, lâkhoṭo *m.*
Etymologia, *s. f.* padbhaṁjan *n.*, vyutpatti, śabdasâdhanavidyâ, śabdavidyâ *f.*, śabdaśâstr *n.*
Etymologico, *a.* śabdaśâstrâcho, śabdasâdhanavidyecho.
Etymologista, **etymologo**, *s. m.* śabdasâdhanavidyâvaṁt.
Eu, *pron.* hâṁv, ahaṁ, mî (*us. N. C.*) ‖ *s. m. V.* ENTIDADE *e* EGOISMO.
Etymon, *s. m.* śabdbij *n.*, mûḷśabd *m.*
Eucharistia, *s. f.* Sâheb (*litt.* SENHOR), Dev (*litt.* DEUS) *n.*, prabhubhojan (*p. us.*) *n.*
Eucharistico, *a.* Sâhebâcho. ‖ *Discurso* —, stutivâd *m.*
Euchologia, *s. f.* prârthanpustak *n.*
Euchromo, *a.* suṁdar raṁgâcho.
Eucrasia, *s. f.* dhâtusâmya *n.*
Eunucho, *s m.* khojo, khaṁchro, napuṁsak, saṁḍ.
Eupepsia, *s. f.* barî jirvaṇ *f.*
Euphemico, *a.* maṁgalbhâshitâcho.
Euphemismo, maṁgalbhâshit *n.*
Euphonia, *s. f.* susvar; susvarochchâr, madhurochchâr *m.*
Euphonico, *a.* susvar; karṇamadhur.
Euphono, *a.* baryâ ṭâḷyâcho.
Euphorbio, *s. m.* (*bot.*) nival, pâḍ nival *f.*, nival kâṁṭeṁ *n.*
Eurema, *s. m.* karârkalam *n.*
Eurhythmia, *s. f.* sarvaṁgaśobh *f.*
Euripo, *s. m. V.* AGITAÇÃO.
Euro, *s. m.* taḍyeṁ vâreṁ *n*, pûrvvâyu *m.*

Eutaxia, *s. f.* sarvgâtrakâmti *f.*
Euthanasia, *s. f.* sumaraṇ *n.*
Evacuação, *s. f.* rito karṇeṁ *n.*, uspaṇî *f.* utsarg, nirâs, tyâg *m.;* bhâyr, varshaṭeṁ *n.*
Evacuante, evacuativo, evacuatorio, *a.* bhâyrâk upkârto,- baro.
Evacuar, *v. t.* rito-, khâlî karuṁk, uspuṁk, vâhvauṁk, rakauṁk; bhâyr kâḍhuṁk. ‖ *v. i.* bhâyr jâvuṁk *(d. do s.)* ‖ *v. r.* rito jâvuṁk, bhâyr saruṁk,- vâhvuṁk.
Evadir, *v. t.* vâṭâvuṁk, nivâruṁk; *(fig.)* phoṭauṁk. ‖ *v. r.* vâṭâvoṁk; paḷuṁk, paḷûn vachuṁk; *(fig.)* V. DESAPPARECER.
Evagação, *s. f.* V. DISTRACÇÃO.
Evanescente, *a.* naśvar, phusko, athir.
Evangelho, *s. m.* vâṁjel *m.*, suvârttâ *(p. us.) f.*, śubhavarttamân *(p. us.) n.; (fig.)* viśvâsâchî vast *f.*
Evangeliario, *s. m.* vâṁjelâṁcheṁ pustak *n.*
Evangelico, *a.* vâṁjelâcho, suvârttecho.
Evangelista, *s. m.* vâṁjelîst, suvârttâlekhak.
Evangelização, *s. f.* vâṁjelkaṁthâ śikauṇeṁ *n.*
Evangelizador, *a. e s. m.* vaṁjelkaṁthâ śikaitalo. ‖ V. APOSTOLO.
Evangelizar, *v. t.* vaṁjelkaṁthâ-, kristâṁvâṁchî samurt śikauṁk *(d. do o.); praghaṭuṁk.*
Evaporação, *s. f.* bâph jâṇeṁ *n.*, ubhṇî, uḍṇî *f.*
Evaporar, *v. t.* bâph karuṁk *(g. do o.)*, ubhauṁk; soḍuṁk; *(fig.)* V. CONSUMIR. ‖ *v. r.* bâph jâvuṁk *(g. do s.)*, ûbh yevuṁk,- bhâyr saruṁk *(g. do s.)*, ubhuṁk, uḍuṁk, uḍûn vachuṁk, viruṁk; *(fig.)* phiskaṭuṁk, vâryâr vachuṁk; nivuṁk, nivḷuṁk.
Evaporativo, evaporatorio, *a.* bâph karcho, ubhauṁcho.
Evaporavel, *a.* bâph jâvuṁcho, uḍûn vachcho.
Evasão, *s. f.* paḷṇî; suṭṇî, chukṇî *f.* ‖ V. EVASIVA.
Evasiva, *s. f.* nîb, chhidr *n.*, upây *m.*, hujat, nâḍbuddh *f.*
Evasivamente, *adv.* hujatın.
Evasivo, *a.* paḷauṁcho, vâṭâvuṁcho; hujatîcho, nibâcho.
Evecção, *s. f.* ubhârṇî, ukaḷṇî *f.*
Evencer, *v. t.* nîtîn bhogâvaḷ kâḍhuṁk *(g. do o.)*

Evento, *s. m.* gosht, vârttâ, hakikat *f.*, mât *m.*, varttamân *n.*
Eventual, *a.* V. CASUAL.
Eventualidade, *s. f.* daiv *n.*, daivyog; saṁbhav *m.*, saṁbhâvanâ *f.*
Eversão, *s. f.* moḍap *n.*, vidhvaṁs, bhaṁg *m.*
Eversivo, *a.* V. SUBVERSIVO.
Eversor, *s. m. (p. us.)* V. DESTRUIDOR.
Evicção, *s. f.* nîtîn bhogâvaḷ kâḍhneṁ, âplî vast dusryân parâdhîn keḷalî paraṭ gheṇeṁ *n.*
Evidencia, *s. f.* ughṭepaṇ, *sadrushṭpaṇ *n.*, sâphî, vyakti *f.*, nirdhâr *m.* ‖ *Pôr em —*, dakhal-, praghaṭ karuṁk. *Estar em —*, sabhemâjâr âsuṁk. ‖ -s, *pl.* prâmâṇâṁ *n. pl.*
Evidenciar, *v. t.* ughḍâpo-, ṭhâvko karuṁk, dâkhaun divuṁk. ‖ *v. r.* ughḍâpo-, dakhal jâvuṁk.
Evidente, *a.* ughḍâpo, ughḍo, ughṭo, ṭhâvko, ṭhâvo, sâph, prasiddh, sasht, praghaṭ, nirdhârî, *sadrusht.
Evidentemente, *adv.* ughḍâpîṁ, dakhal jâvûn, sâph.
Evitação, *s. f.*, evitamento, *s. m.* varjaṇeṁ *n.*, vâṭâvṇî, chukauṇî *f.*
Evitar, *v. t.* varjuṁk, vâṭâvuṁk, chukauṁk, ṭâḷuṁk. ‖ V. POUPAR.
Evitavel, *a.* vâṭâvûṁyeso, ṭâḷuṁcho, varjuṁcho.
Eviternidade, *s. f.* anaṁtpaṇ, sâsaṇ *n.*, śâśvatî *f.*
Eviterno, *a.* sâsṇâcho, anaṁt, niraṁtar.
Evo, *s. m.* yug, bhav kâḷ *m.*
Evocação, *s. f.* bhût-, pret âpauṇeṁ, rahâṇ *n.*, khudṇî *f.;* nyâysabhâ badalṇeṁ *n.; (ant.)* V. INVOCAÇÃO.
Evocar, *v. t.* âpauṁk, âpauṇ vharuṁk; (bhût-, pret) âpauṁk, khuduṁk *(v. i.); (fig.)* dhyânâṁt hâḍuṁk. ‖ — *uma causa*, khaṭlyâchî sabhâ badluṁk.
Evocatorio, *a.* bhût âpauṁcho; nyâysabhâ badalcho.
Evolar-se, *v. r.* uḍuṁk; *(fig.)* ubhuṁk, ubhûn-, uḍûn vachuṁk; daṁdamuṁk.
Evolução, *s. f.* vâḍhâvaḷ *f.*, pasar, vistâr *m.;* sudhârṇî; moḍ, moḍâmoḍ *f.*
Evolucionar-se, *v. r.* kavâytîchyo moḍî karuṁk.
Evolutivo, *a* pasarto, pasarâcho.
Evolver-se, *v. r.* vâḍhûn-, sudhârûn vachuṁk.
Evulsão, *s. f.* umṭaṇî; kâḍhṇî *f.*
Ex-abrupto, *adv.* avchitt.
Exabundante, *a.* bhav phushkaḷ.

Exacção, *s. f.* kachkachît ukâḷo *m.*, khar ugavaṇ, lekhâchî bârkây; nigutây, bârkamây, mâṁḍṇî, hikmat, phikîr *f.* || *V.* EXACTIDÃO.

Exacerbação, *s. f.* jaḍâvṇî, bhârṇî, chaḍhṇî, chaḍchaḍṇî *f.*

Exacerbador, *a.* jaḍâytalo, chiḍâvṇo, chaḍchaḍît.

Exacerbar, *v. t.* jaḍâvuṁk, bhârâvuṁk, chaḍhauṁk, chiḍauṁk, uchaṁbaḷâvuṁk. || *v. r.* jaḍâvoṁk, bhâruṁk, jaḍ jâvuṁk, chaḍchaḍuṁk.

Exactamente, *adv.* barâbar, sârkeṁ, sutrâr.

Exactidão, *s. f.* niṭây, barâbarî *f.*, sârkepaṇ, achûkpaṇ; kharepaṇ, sutîpaṇ *n*; kharây, bârkây *f.*

Exacto, *a.* barâbar, sârko, nîṭ, durûst, sam, achûk; kharo, sutî; khaḍkhaḍît, saḍsaḍît.

Exactor, *s. m. V.* COBRADOR.

Ex-aequo, *adv.* nyâyâpramâṇeṁ.

Exaggeração, *s. f.* chaḍhap *n.*, chaḍhauṇî, vâḍhauṇî, phulauṇî, uṁchauṇi; atyukti *f.*, arthavâd *m.*; phoṭkirî dâkhauṇ *f.*, polko ḍaul *m. V.* ABUSO.

Exaggeradamente, *adv.* chaḍhaun, vâḍhaun.

Exaggerado, *a.* bhav chaḍh, chaḍhît, adhik, ati *(em comp.)*

Exaggerador, *a. e s. m.* chaḍhaitalo vâḍhauṇâr.

Exaggerar, *v. t.* chaḍhauṁk, vâḍhauṁk, phugauṁk, phulauṁk, uṁchauṁk, hâtpâṁy-, phâṁṭedevse lâvuṁk *(d. do o.)*; chaḍhaun-, vâḍhaun sâṁguṁk.

Exaggerativo, *a.* balyâṁ-, beshṭeṁ chaḍhailalo.

Exaggero, *s. m. V.* EXAGGERAÇÃO.

Exagitar-se, *v. r.* uchaṁbaḷuṁk, chaḷbaḷuṁk, dhaḍbaḍuṁk.

Exalçador, **exaltador**, *a. e s. m.* ukaltalo, uṁchâvṇâr.

Exalçamento, *s. m.*, **exaltação**, *s. f.*, **exaltamento**, *s. m. (p. us.)* ukal *m.*, ukalṇî, uṁchâvṇî *ou* uṁchauṇî, ubhârṇî; vâkhâṇṇî stuti, târîph *f.*, varṇan *n.*; *irritação:* kaḍh, krodh *m.*; *excitação:* uchaṁbaḷây *f.*, taḷmaḷe *m. p.*; *enthusiasmo,* umâḷo *m*, hurbhâ *f.* || *V.* ENTHRONIZAÇÃO.

Exalçar, **exaltar**, *v. t.* ukluṁk uchluṁk, ubhâruṁk, uṁchâvuṁk *ou* uṁchauṁk; *elogiar:* parkaṁduṁk, vâkhâṇuṁk, mirauṁk, varṇuṁk, kîrtuṁk; *engrandecer:* chaḍhauṁk, vâḍhauṁk, uklûn dharuṁk, maḷbhâk teṁkauṁk; *irritar:* châḷvauṁk, tiḍauṁk. || *V.* ENTHUSIASMAR. || *v. r.* chaḍhuṁk, nibar jâvuṁk; tâpuṁk, phuluṁk; *(fig.) V.* GABAR-SE.

Exaltado, *a.* ubhâr; chaḍhchaḍh, amaryâdî; *(fig.)* râgishṭ, jaḷsar; hurbhevaṁt, khar.

Exalviçado, *a. V.* ALVACENTO.

Exame, *s. m.* nihâḷ, vichâr dhuṁḍâḷo *m.*, vichâraṇ *n.*, paḷevṇî, teḷṇi, mathṇî, śodh; parîkshâ *ou* parîkhyâ, jhaḍtî; chaukaśî, tapâsṇî *f.* || — *da consciencia,* pâtkâṁcho ughḍâs.

Examina, *s. f.* dotâru vichârṇeṁ *n.*

Examinação, *s. f. V.* EXAME. || *Obra de* —, kautik vast.

Examinador, *a. e s. m.* paḷetalo, śodhṇâr; parîkshâ-, jhaḍtî ghetalo, parîkshâvaṁt, parîkshak.

Examinando, *s. m.* parîkshâ ditalo.

Examinar, *v. t.* parîkshâ-, tapâs karuṁk *(g. do o.)*, nihâḷuṁk, tapâsuṁk, parîkshuṁk, chaukasuṁk, dhuṁḍâḷuṁk, vichâruṁk, paḷevuṁk, mathuṁk, śodhuṁk, śodh karuṁk,- ghevuṁk *(g. do o.)*, vârâvuṁk, vâryâk divuṁk. || — *o candidato,* parîkshâ-, jhaḍtî ghevuṁk *(g. do o.)*, ejâm karuṁk *(g. do o.)* — *testemunhas,* vichâr karuṁk *(g. do o.)* — *a consciencia,* pâtkâṁcho ughḍâs karuṁk. || *v. r.* âpleṁ aṁtashkarṇ paḷevuṁk.

Exangue, *a.* ragtâviṇo, nirakt.

Exanimação, *s. f.* jiv vachṇeṁ *n.*, jhîṁṭ *f.*

Exanime, *a* jhîṁṭ mârlalo, jiv ghelalo; nirjivo, nishprâṇî.

Exanthema, *s. m.* piṭûḷ *f.* || *Ter* —, piṭûḷ phuṭuṁk *(d. do s.)*

Exanthematico, **exanthematoso**, *a.* piṭûḷ phuṭlalo.

Exarar, *v. t.* kâṁṭauṁk, khoduṁk; *(fig.)* barauṁk, lihuṁk.

Exasperação, *s. f.*, **exaspero**, *s. m.* châḷauṇî, tiḍauṇî; uchaṁbaḷây *f.*, kaḍkaḍo, saṁtâp; *(med.)* taḷtalo *m.*, jaḍâvṇi *f.*

Exasperador, *a. e s. m.* châḷvauṇo, tiḍauṇâr.

Exasperar, *v. t.* tiḍauṁk, châḷvauṁk, huskauṁk, uchaṁbaḷâvuṁk, saṁtâpauṁk. || *v. r.* tiḍkuṁk, châḷvuṁk, saṁtâpuṁk, musmusuṁk, kaḍkaḍuṁk; chaḍchaḍuṁk, jaḍâvoṁk.

Exautoração, *s. f.* paḍvî kâḍhṇeṁ *n.*, mânbhaṁg *m.*

Exautorar, *v. t.* padvî-, adhikâr kâḍhuṁk *(g. do o.)*, mânbhaṁg karuṁk *(g. do o.)*

Excandescencia, *s. f.*, **excandescimento**, *s. m.* nikhârraṁg; taḷtaḷo, rakhrakho *m.; (fig.)* tâp, tâpṇî; uchaṁbaḷây *f.*, umâḷo *m.*

Excandescente, *a.* âg kasî, nikhârraṁgî; rakhrakhît.

Excandescer, *v. t.* âg kasî-, nikhârraṁgî karuṁk; *(fig.)* taḷtaḷâvuṁk, rakhrâkhâvuṁk. ‖ *V.* IRRITAR. ‖ *v. i. e r.* âg kasî jâvuṁk; rakhrakhuṁk, taḷtaḷuṁk; ragat chaḍhuṁk *(d. do s.)*, tâpuṁk. ‖ *V.* ENTHUSIASMAR-SE.

Excarceração, *s. f.* baṁdkhaṇîṁtlo soḍauṇeṁ *n.*

Excarcerar, *v. t.* baṁdkhaṇîṁtlo soḍauṁk,- soḍuṁk.

Excarnificação, *s. f.* mâs-, kûḍ vidârṇeṁ *n.*

Excarnificar, *v. t.* mâs-, âṁg vidâruṁk *(g. do o.)*

Excavação, *s. f.* khaṇṇî, ustaṇî, pokharṇî; pokhar, pokharṇ *f.*, khaṇkûl *n.*, phoṁḍ *m.*

Excavador, *a. e s. m.* khaṇpî, khaṇṇâr; pokhartalo.

Excavar, *v. t.* khaṇuṁk, khaṇûn kâḍhuṁk, ustuṁk; pokhruṁk; *(fig.) V.* INVESTIGAR. ‖ *v. r.* pokhroṁk, khaṇkûl paḍuṁk *(d. ou l. do s.)*

Excedente, *a.* agḷo, adhik, chaḍh.

Exceder, *v. t. e i.* agḷo-, adhik-, varto jâvuṁk, chaḍhuṁk; vâjvaruṁk, aṁtruṁk *(ev. ii.)*, kaluṁk. ‖ *v. r.* bhârîṁ-, hiśobâbhâyr karuṁk.

Excellencia, *s. f.* uttampaṇ *n.*, guṇprakarsh *m.*, guṇsaṁpad, mahimâ, chakhoṭây, aprûbây, thorây *f.*, sulakhîṇ, satv; mânâcheṁ barad *n.*

Excellente, *a.* jabar baro, uttam, aprûb, chakhoṭ, nâjûk, anvo, sattam, prakrishṭ; varishṭ, śreshṭh; râjmânya, narvar.

Excellentemente, *adv.* uttampaṇîṁ, bare bhâshen.

Excelsamente, *adv.* uṁchpaṇîṁ, mahimen.

Excelsitude, *s. f.* uṁchpaṇ, thorpaṇ, vhaḍpaṇ; uttampaṇ, śreshṭhpaṇ *n.*, mahimâ *f.*

Excelso, *a.* uṁch, uṁchlo, ubhâr; *(fig.)* thor, uttam, bhav vhaḍ, tejvaṁt, mahimecho.

Excentricamente, *adv.* madhlo kaḍsarûn, keṁdrachyûtîṁ; *(fig.)* vegḷech bhâshen, laharîṁ.

Excentricidade, *s. f.* keṁdrachyûti, madhyatyâgitâ *f.*, madhlo kaḍsarṇeṁ; ṭoṇkepaṇ *n.*, khoḍ, lahar *f.;* kautâṁ *n. pl.*, phaṁtajyo *(port.* PHANTASIAS) *f. pl.*

Excentrico, *a.* madhlo kaḍsartalo, madhyatyâgî; *(fig.)* âḍgât, khoḍyo, phaṁtajkâr, laharî, vigḷyâch jinnsâcho,- prakârâcho.

Excepção, *s. f.* varjaṇeṁ, varjan *n.;* vyavṛitti *f.*, vidhisaṁkoch; apvâd, vipaksh *(for.)* takrâr *m.*, phâṁṭ *f.* ‖ *A — de, V.* EXCEPTO.

Excepcional, *a.* apvâdâcho; châlibhâylo, âthvo, aprûb. ‖ *V.* EXCENTRICO.

Excepcionalmente, *adv.* apvâdîṁ, âthvepaṇîṁ, kherit jâvûn.

Excepcionar, *v. t. (for.)* takrâr karuṁk *(d. do o.)*

Exceptivo, *a.* apvâdâcho, kherît.

Excepto, *prep.* kherît, bhâyr, vâchûn *ou* vâṁchûn, śivây, bagar, vîṇ, soḍûn, vegḷo karûn, kâḍhûn.

Exceptuar, *v. t.* kherit-, vegḷo karuṁk, varjuṁk, soḍuṁk, bhâyrâvuṁk. ‖ *v. i.* takrâr-, phâṁṭ karuṁk. ‖ *v. r.* âpṇâk soḍuṁk,- kuśîn davruṁk.

Excerpto, *s. m.* veṁcho, goshvâro *m.*

Excessivamente, *adv.* chaḍh, bhârîṁ, ati *(em comp.)*

Excessivo, *a.* chaḍh, adhik, agḷo, bhârî, amaryâdî, aparimit, atirekâcho, atimân. ‖ *V.* EXTREMOSO.

Excesso, *s. m.* agḷepaṇ, vartepaṇ *n.*, adhikây, aparimitây, sîmâ *f.*, viśesh, chaḍhâv atrek *m.* ‖ *V.* DESCOMMEDIMENTO. ‖ *Em —, V.* EXCESSIVAMENTE. ‖ **-s**, *pl.* aprûbây *f.*, upachâr; guṇyâṁv, aprâdh *m.* ‖ *Fazer — por alguem,* poṭḷuṁk. *— mentaes,* âhlâd, ullâs *m.*

Excetra, *s. f. V.* HYDRA.

Excidio, *s. f. V.* ESTRAGO.

Excisão, *s. f.* kâtarṇî *f.*, kâtrap; uchchhed *m.*

Excisar, *v. t.* kâtruṁk, kâtrûn kâḍhuṁk.

Excitabilidade, *s. f.* châḷvuṁcho guṇ *n.;* saṁtâpyatâ *f.*

Excitação, *s. f.*, **excitamento**, *s. m.* uṭhauṇî, chetauṇî, huskauṇî, uchalṇî, uchaṁbaḷâvṇî; uṭhṇî huskaṇî, uchaṁbaḷây *f.*, âveś *m.;* châḷauṇî, chiḍauṇî, tiḍauṇî, tâpauṇî: châḷvaṇî, tâpṇî, chiḍ, tiḍak *f.*, saṁtâp, tâḷtaḷo *m.*

Excitador, *a. e s. m.* uṭhauṇâr, chetauṇâr; châḷauṇo, saṁtâpaitalo.

Excitante, *a.* huskaumcho, châḷaumcho; tik, tirbaṭ. ‖ *s. m.* huskaumchem-, khar okhat *n.*

Excitar, *v. t.* chetaumk, uṭhaumk, uchlumk, huskaumk; (rûch, khuśî) hâḍumk; châḷvaumk, tiḍaumk, samtâpaumk, uchambaḷâvumk; phulaumk. ‖ *v. r.* uṭhumk, huskumk; châḷvumk, (rûch, râg) yevumk *(d. do s.)*; tâpumk, samtâpumk, uchambaḷumk, tiḍkumk; phulumk.

Excitativo, excitatorio *(p. us.)*, *a.* chetaumcho, samtâpak.

Excitavel, *a.* jaḷsar, jâḷgo, tikhaṭ.

Exclamação, *s. f.* âraḍ, ârâṭ *f.*; udgâr *m.*

Exclamador, *a. e s. m.* bobâṭyo; udgârî.

Exclamar, *v. i.* ârḍumk, ârâṭumk, kirḍumk; ârḍûn sâmgumk, udgârumk.

Exclamativo, exclamatorio, *a.* udgârâcho.

Excluir, *v. t.* varjumk, amtrâvumk, soḍumk, nâ dharumk, bhitar nâ ghevumk; bhâyr ghâlumk, bhâyro karumk, bhâyrâvumk; pelyân-, paro ghâlumk. ‖ *v. r.* âpṇâk bhâyr davrumk, kuśîn sarumk, amtrumk.

Exclusão, exclusiva, *s. f.* varjaṇem *n.*, amtrâvṇî; bhâyrâvṇî *f.*, bhâyr ghâlṇem,- sarṇem,- râvṇem *n* ‖ *V.* EXCEPÇÃO.

Exclusivamente, exclusivé, *adv.* varjûn, soḍûn, bhâyr davrûn, bhâyr, kherit, śivây.

Exclusivismo, *s. m.* amtrâvumcho guṇ, bahishkaraṇaguṇ *m.*

Exclusivo, *a.* varjumcho, kherît, anyavyavṛitt; khâśâ, asâdhâraṇ; varto, mukhelî.

Excluso, *a.* varjilalo, bhâyro.

Excogitação, *s. f.* yojan, kalpaṇ *n.*

Excogitador, *a. e s. m.* yojano, kalpitalo.

Excogitar, *v. t.* yojumk, kalpumk, chimtumk, śodhûn kâḍhumk.

Excogitavel, *a.* kalpûmyeso, yojumcho.

Excommungado, *a.* śirâp paḍlalo, śâplalo. ‖ *s. m.* eskomumgâḍ, bahishkṛit, vâḷît, vâmchak.

Excommungar, *v. t.* eskomumgârkarumk, dharmâ-, igarje bhâyr ghâlumk, vâḷit-, apâmkt karumk.

Excommunhão, *s. f.* eskomunyâmv *n.*, dharmbahishkâr *m*, vâḷit *n.*

Excoriação, *s. f.* kât kâḍhṇem,- vachṇem *n*, jhemjarṇî *f.*

Excoriar, *v. t.* kât kaḍhumk *(g. do o.)* ‖ *v. r.* kât vachumk,- yevumk *(g. do s.)*, jhemjrumk.

Excorticação, *s. f.* sâl kâḍhṇem *n.*

Excorticar, *v. t.* sâl-, saḷpem kâḍhumk *(g. do o.)*

Excreção, *s. f.* utsarg, tyâg *m.*, maḷ *n.*

Excrementicio, excrementoso, *a.* maḷâcho, dehatyakt.

Excremento, *s. m.* maḷ, parish, pojaḍ *n.*; gû *m.*, lâṭ *f.*

Excrescencia, *s. f.* khaḍûm, ḍhumg; bukaḍ, ṭumbar, gâbaḷ *n.*

Excrescente, *a.* bukaḍ jâto.

Excrescer, *v. i.* bukaḍ-, ḍhumg jâvumk *(g. ou d. do s.)*

Excretar, *v. t.* (hâgumk, mutumk) jâvumk *(d. do s.)*; yevumk, suṭumk *(d. do s., s. do o.)* ‖ *v. r.* bhâyr sarumk.

Excreto, *a.* (maḷ) bhâyr âylalo. ‖ **-s,** *pl.* maḷ, bhâyr *n.*

Excretor, excretorio, *a.* maḷâcho, utsargâcho.

Excruciante, *a. V.* CRUCIANTE.

Excruciar, *v. t. V.* ATORMENTAR.

Exculpação, *s. f. V.* DESCULPA.

Excursão, *s. f* bhomvḍî *f.*, phero *m.*; *(fig.) V.* DIGRESSÃO e CORRERIA.

Excursionista, *s. m* bhomvḍekâr.

Excurso, *s. m.* phâkṇî, âḍkathâ *f.*

Excurvar, *v. t.* bhâylyân bhâgâvumk.

Excusa, *s. f.* nimitt *n.*, soḍvaṇ; hujat *f.*, nîb *n.*, tapsîl *m.*; suṭkâ *f.*

Excusação, *s. f.* soḍvaṇ, suṭkâ, mâphî *f.*

Excusadamente, *adv.* garjevîṇ, beshṭem.

Excusado, *a.* garaj nâslalo, beshṭo *ou* beṭho, nishphaḷ *ou* nirphaḷ; suṭkâ dilalo, soḍlalo

Excusador, *a. e s. m.* soḍtalo, suṭkâ ditalo; nimittkâr.

Excusar, *v. t.* bogsumk, soḍumk, mâph karumk; nîb-, nimitt sârumk *(g. do o.)*, nibâvumk; *não precisar:* garaj nâsumk *(d. do s., g. do o.)*; *isentar:* soḍumk, suṭkâ divumk *(d. do o.)* ‖ *v. i.* garaj nâsumk *(d. do s.)* ‖ *v. r.* nîb sârumk, nimitt sâmgumk; suṭumk, vâṭâvomk.

Excusavel, *a.* bogsaṇem phâvoto, mâph karûmyeso.

Excuso, *a.* soḍlalo, mâph kelalo.

Excussão, *s. f. (for.)* jhaḍtî; sâmḍsaṇî *f.*

Excutir, *v. t.* jhaḍtî karumk,- ghevumk *(g. do o.)*

Execração, *s. f.* kâṁṭâḷo *m.*, aḷśîk, paḷitây *f.;* śirâp *m.*, śâp; bhashṭpaṇ *n.* || *Votar á — do publico,* aḷśikaṇo mhaṇ praghaṭuṁk.

Execrador, *a. e s. m.* kâṁṭâḷṇâr; śrâpṇâr.

Execrando, execravel, *a.* kâṁṭâḷvâṇo, aḷśikaṇo, onkhaṭo, amaṁgaḷ, paḷît *ou* paḷîshṭ; ghor, atidushṭ.

Execrar, *v. t.* kâṁṭâḷuṁk *(d. do o.)*, viṭevuṁk *(d. do o.)*, kâṁṭâḷo-, aḷśîk disuṁk *(d. do s., g. do o.)*; śâpuṁk, śrâpuṁk, śâp ghâluṁk *(d. do o.)* || *v. r.* âpṇâkach kâṁṭâḷuṁk.

Execratorio, *a.* śirâpâcho, śâpâcho; apavitr-, bhrashṭ karcho.

Execravelmente, *adv.* paḷitâyen.

Execução, *s. f.* karaṇ, sâdhan *n.*, sâdhṇî, saṁpâdṇî; pâḷo; marṇâchyâ pharmaṇâcho pâḷo *m.* || *Pôr em —, dar á —, V.* EXECUTAR. — *de um devedor,* riṇkâryâchî âstî vikṇeṁ *n.*

Executante, *a. e s. m.* kartalo, sâdhak; *(for.)* riṇkâryâk phârîk karuṁk lâytalo; vâjaṁtrî.

Executar, *v. t.* karuṁk, karûn uḍauṁk, sâdhuṁk, saṁpâduṁk, *saṁcharuṁk; *cumprir:* pâḷuṁk, pâḷo divuṁk *(d. do o.)*; *justiçar:* marandaṁḍ karuṁk *(g. do o.)*, jivîṁ mâruṁk, jîv kâḍhuṁk *(g. do o.)*; *(mus.)* vâjâuṁk, gâvuṁk; *(for.)* jukshâṁv *(port.* EXECUÇÃO) karuṁk *(g. do o.)*, (riṇkâryâchî âstî) pâvṇer ghâluṁk, rîṇ phârîk karuṁk lâvuṁk.

Executavel, *a.* karûṁyeso.

Executivamente, *adv.* pâḷûn, sâdhûn; jukshâṁv karûn.

Executivo, *a.* kartalo, kârak, sâdhanî; nibar, khar, guṇvaṁt, phaḷâcho, phaḷâdik. || *Poder —,* râjyaniyamâdhikârî. *Mandado —,* jukshâṁvâcheṁ pharmaṇ.

Executor, *a. e s. m.* kartalo, karṇâr, kârak, sâdhak, saṁpâdak; pâḷtalo, pâḷṇâr. || — *testamentario,* mrityulekh pâḷtalo. || *V.* ALGOZ.

Executoria, *s. f.* riṇâṁchî kacherî *f.*

Executorio, *a.* pâḷyâcho, pâḷcho, saṁpâduṁcho.

Exegese, *s. f.* vivaraṇ, arthavivaraṇ, bhâshya *n.*

Exegeta, *s. m.* bhâskâr, ṭikekâr.

Exegetica, *s. f.* vivaraṇvidyâ *f.*

Exegetico, *a.* arthvivaraṇâcho.

Exempção, *s. f. V.* ISENÇÃO.

Exemplador, *a. e s. m. (p. us.)* buddh śikaitalo.

Exemplar, *a.* dekhîcho, drishṭâṁtâcho, uttam, bhalo; aṇbhogâcho, śekâcho. || *s. m.* namuno *m.*, pratimân *n.*; *(fig.)* bare dekhîcho manîs. || *V.* COPIA.

Exemplaridade, *s. f.* barî dekh, satvriddhi *f.*

Exemplario, *s. m.* nidarśansaṁgraha, nidarśangraṁth *m.*; *(fig.) V.* EXEMPLAR.

Exemplarmente, *adv.* śek lâvûn, kharâyen; barepaṇîṁ, mâṇsugen.

Exemplificação, *s. f.* dâkhlo deṇeṁ *n.*, upaśâmṇî *f.*

Exemplificar, *v. t.* dâkhlo-, drishṭâṁt divuṁk *(g. do o.)*, dâkhlyâṁnîṁ dâkhauṁk, upaśâmuṁk.

Exemplificativo, *a.* dâkhlyâcho.

Exemplo, *s. m.* dekh, dâkhauṇ *f.*, dâkhlo *m.*, drishṭâṁt, pramâṇ; nidarśan, upaśâm *n.*, vopâr *f.*; namuno *m.* || *Por —,* mhaṇge. *Sem —,* dekhîvîṇ. *A — de,* pramâṇeṁ.

Exemptar, *v. t. V.* ISENTAR.

Exequatur, *s. m.* sâdhanaśâsan *n.*, sanad *m.*

Exequente, *a. e s. m.* nirṇay sâdhtalo.

Exequial, *a.* pretakarmâcho.

Exequias, *s. f. pl.* kriyâ, uttarkriyâ *f.*, pretakârya, pretakarm *n.*

Exequibilidade, *s. f.* sâdhyatâ, saṁpâdyatâ *f.*

Exequivel, *a* karûṁyeso, sâdhya, saṁpâdya, sulabh. || *É —,* karûṁye. *Não é —,* karûṁnajo.

Exercer, *v. t.* kâm-, abhyâs karuṁk *(g. do o.)*, chalauṁk, châlauṁk, abhyâsuṁk, âchâruṁk. || — *acção, V.* INFLUIR.

Exercicio, *s. m.* châlauṇî, chalauṇî, kriyâ, kasrat, luḷî *f.*, vyavahâr, abhyâs *m.*, abhyâsan, âcharaṇ *n.*; dhaḍo *m.*, tâlîm *f.* || *Estar no —,* kâmâr âsuṁk. *Fazer —,* âṁg hâlauṁk, bhoṁvuṁk. — *de Marte,* juj *n.*, laḍhây. *Exercicios espirituaes,* bhaktichâl *f.*

Exercitação, *s. f.*, **exercitamento**, *s. m.* châlauṇî, gavḷâvṇî; rahâṭ *f.* || *V.* DISSERTAÇÃO.

Exercitador, *a. e s. m.* chalauṇâr, abhyâsî; śikauṇâr, rahâṭauṇâr.

Exercitante, *s. m.* bhaktichâl kartalo, dhyânâbhyâsî.

Exercitar, *v. t.* gavḷâvuṁk, rahâṭauṁk, abhyâsuṁk, tâṁb kâḍhuṁk *(litt.* DESENFERRUJAR; *g. do o.)* || *V.* EXERCER. || *v. r.* gavḷuṁk, rahâṭuṁk, abhyâs karuṁk.

Exercito, *s. m.* phauj *f.*, laśkar, sainya *n.*, senâ *f.*, dal *ou* daḷ, dalbhâr *m.*

Exfoliação, *s. f.* sovlâṁnîṁ gaḷṇeṁ *n.*

Exfoliar, *v. t.* sovlâṁ kâḍhuṁk *(g. do o.)* ‖ *v. r.* sovlâṁ-, khavḷâṁ vachuṁk,- yevuṁk *(g. do s.)*

Exgottadoiro, *s. m.* naḷ *m.*, sârṇî *f.*

Exgottador, *a. e s. m.* kharvaḍṇâr, uspitalo, ottalo.

Exgottadura, *s. f.*, **exgottamento**, **exgotte**, *s. m.* uspaṇî, kharvaḍṇî; kharvaḍ, vâhvṇî; sukṇî, âṭṇî, jirṇî *f.*

Exgottante, *a.* baḷ moḍcho, aśaktâvuṁcho.

Exgottar, *v. t.* (sagḷeṁ) otuṁk, partuṁk, vâḷuṁk, vârauṁk, omtuṁk; uspuṁk, kharvaḍuṁk, nithaḷuṁk; sarauṁk, saṁpauṁk. ‖ — *as forças*, baḷ moḍuṁk,- kâḍhuṁk, aśaktâvuṁk. — *o assumpto*, sâṁgcheṁ âsâ titleṁy sâṁguṁk, pusûn uḍauṁk. ‖ *v. r.* baḷ moḍoṁk,- tuṭuṁk *(g. do s.)*, moḍon paḍuṁk, galgaḷuṁk; bâbḍo jâvuṁk, hât motve jâvuṁk *(g. do s.)*, saruṁk, saṁpuṁk. ‖ *v. i.* vâhvuṁk, âṭuṁk, jiruṁk.

Exgottavel, *a.* uspûṁyesârko, sarûṁyeso.

Exgotto, *s. m.* uspaṇî; vâhvṇî; sukṇî; sârṇî *f.*, naḷ, pâṭ *m.*

Exhalação, *s. f.* bâph yeṇeṁ,- bhâyr sarṇeṁ *n.*; bâph *m.*, ûb *f.*; vâs, damdam, parmaḷ *m.*

Exhalante, *a.* bâphâcho; damdamît, parmaḷît.

Exhalar, *v. t.* soḍuṁk. ‖ — *o ultimo suspiro (fig.)*, jîv vachuṁk *(g. do s.)* ‖ *v. r.* (vâs, ûb) yevuṁk, mâruṁk, ubhuṁk; dhagdhaguṁk (— *calor do corpo)*; damdamuṁk (— *o aroma)*. ‖ *V.* DISSIPAR-SE.

Exhaurir, *v. t.* (sagḷeṁ) otuṁk, uspuṁk, kharvaḍuṁk; sukauṁk, âṭauṁk; *(fig.)* sarauṁk, kharchuṁk, vâṭ lâvuṁk *(g. do o.)* ‖ *v. r.* âṭuṁk, sukuṁk, vâhvuṁk; saruṁk, saṁpuṁk, khapuṁk; damuṁk thakuṁk, śramuṁk, bemevuṁk.

Exhaustação *(p. us.)*, **exhaustão**, *s. f.* kharvaḍṇî, âṭṇî, jirṇî *f.*

Exhaustar, *v. t. (ant.) V.* EXHAURIR.

Exhaustivo, *a.* kharvaḍcho, sarauṁcho.

Exhausto, *a.* sarlalo, khaplalo.

Exherdar, *v. t. (e deriv.) V.* DESHERDAR.

Exhibição, *s. f.* dâkhauṇeṁ *n.*, dâkhauṇ *f.*

Exhibir, *v. t.* dâkhauṁk, dakhal karuṁk. ‖ *v. r.* âpṇâk dâkhauṁk.

Exhibitorio, *a.* dâkhauṁcho, dakhal karcho.

Exhortação, *s. f.* phuslâvṇî, bholâvṇî; jâṇauṇî *f.*, buddh deṇeṁ *n.*, buddhivâd, upadeś *m.*; upśâm *n.*

Exhortador, *s. m.* phuslâvṇâr, upadeśak.

Exhortar, *v. t.* phuslâvuṁk, bholâvuṁk, phulauṁk; *(fig.)* jâṇauṁk, upadeśuṁk, buddh divuṁk,- śikauṁk *(d. do o.)*, upśâmuṁk; baḷ-, dhîr divuṁk *(d. do o.)*

Exhortativo, **exhortatorio**, *a.* upadeśâcho, bodhanâcho.

Exhumação, *s. f.* ustaṇî *f.*

Exhumar, *v. t.* (maḍeṁ) ustuṁk, dharṇiṁtlo kâḍhuṁk.

Exicial, *a.* prâṇghâtak. ‖ *V.* NOCIVO.

Exicio, *s. m.* satyanâś *n.*, gharṭhâṇ, nisaṁṭaṇ *n.*, nâsâḍi *f.*; marṇ *n.*

Exigencia, *s. f.* satten mâgṇeṁ *n.*; garaj, târaṁbaḷ; jarûrî *f.*; karkar *m. pl.*

Exigente, *a.* satten-, karkarâṁnîṁ mâgtalo; dhâdasî jâynâslalo; *(fig.) V.* URGENTE.

Exigibilidade, *s. f.* mâgcho hakk *m.*, mâgchî padvî,- sattyâ *f.*

Exigir, *v. t.* satten-, hakkân mâguṁk; karuṁk lâvuṁk; garaj âsuṁk *(d. do s.. g. do o.)*

Exigivel, *a.* satten mâgûṁyeso.

Exiguidade, *s f.* lahânpaṇ, dhâkṭepaṇ; thoḍepaṇ, uṇepaṇ; anarthpaṇ *n.*, apûr *f.*

Exiguo, *a.* lahân, supurlo, dhâkṭo; thoḍo, alp; uṇo, apurto.

Exilado, *s. m.* deśâṁtarî, nirvâsî, pardeśî.

Exilar, *v. t.* gâṁvâbhâyr ghâluṁk, deśâṁtaruṁk; *(fig.)* gharâbhâyro karuṁk. ‖ *v. r.* pardeśâk vachuṁk, deśâṁtarî jâvuṁk.

Exilio, *s. m.* pardeś, deśâṁtar, videś, vivâs *m.*, nirvâsaṇ *n.*

Eximiamente, *adv.* uttampaṇîṁ, śreshṭhpaṇîṁ.

Eximição, *s. f. (p. us.) V.* ISENÇÃO.

Eximio, *a.* uttam, śreshṭh param, prasiddh, mahimecho, narvar, aprûb, râjmânya.

Eximir, *v. t. e i. V.* ISENTAR.

Exinanição, *s. f.* rito karṇeṁ, ritepaṇ *n.*; kâṁtarṇî, kânśirṇî *f.*

Exinanir, *v. t.* rito-, khâlî karuṁk, kharvaḍuṁk; nirâsuṁk, bhasmuṁk. ‖ *v. r.* kâṁtruṁk, kânśiruṁk.

Existencia, *s. f.* âstepaṇ, âspeṁ, vartan *n.*, bhâv, satbhâv *m.*; jîvit *n.* || *V.* ENTE.

Existente, *a.* âsto, âslalo, sâtvik; jito, jivo.

Existir, *v. i.* âsuṁk, vartuṁk, saṁbhavuṁk; jiyevuṁk.

Exito, *s. m.* bhâyr sarṇeṁ *n.*; phaḷ, puṭh, prayog, pariṇâm *m.*; siddhi, barkat *f.*, yaś *n.*

Ex-officio, *adv.* adhikârân, satten kâydyân.

Exomologese, *s. f.* lankik uechâraṇ,- prâśchit *n.*

Exoneração, *s. f.* mekhḷâvṇî, suṭkâ *f.*, uttîrṇpaṇ *n.* || *V.* DEMISSÃO.

Exonerar, *v. t.* nukhḷâvṁuṁk, sûṭ-, uttîrṇ karuṁk, kâydyâṁtlo soḍuṁk. || *V.* DEMITTIR. || *v. r.* mekhḷo-, sûṭ jâvuṁk, suṭuṁk.

Exorar, *v. t.* prârthuṁk, prârthûn mâguṁk, vinauṁk, vinati *ou* vinaṁtî karuṁk (*d. do o.*)

Exoravel, *a.* kaṇvâḷo, dayâḷ, dayâḷû, karuṇ.

Exorbitancia, *s. f.* pherîtyâg; (*fig.*) atirek *m.*, amaryâd, aparimitây *f.*; chaḍh mol *n.*

Exorbitante, *a.* pherîtyâgî, pherî sâṁḍtalo; (*fig.*) amaryâdî, aparimit, atimân, nissîm, jabar, bhav chaḍh, bhârî; pushkaḷ, khûp, mast.

Exorbitantemente, *adv.* amaryâdîṇ, mîtmer nâstânâ.

Exorbitar, *v. i.* pherî sâṁḍuṁk,- soḍuṁk; (*fig.*) amaryâdî jâvuṁk, nîtîbhâyr saruṁk. || *V.* EXCEDER.

Exorcismar, exorcizar, *v. t.* devchâr-, piseṁ kâḍhuṁk (*g. do o.*), devchâr soḍauṁk (*g. do o.*), jhâḍuṁk; (*fig.*)ârḍuṁk, bob mâruṁk.

Exorcismo, *s. m.* jhâḍṇî *f.*, jhâḍap, bhût kâḍhṇeṁ,- soḍauṇeṁ, devrushîpaṇ, bhûtprasâraṇ *n.*

Exorcista, *s. m.* jhâḍpî, devrushi.

Exorcistado, *s. m.* devrushîpaṇ *n.*

Exordial, *a.* upanyâsâcho.

Exordiar, *v. t.* upanyâs karuṁk (*g. do o.*), âḍâvuṁk, araṁbhuṁk.

Exordio, *s. m.* upanyâs; (*fig.*) araṁbh, muhurtt, âdar *m.*, âḍâvṇî *f.*, mudal *n.*

Exornação, *s. f.* śiṁgâr; alaṁkâr *m.*

Exornar, *v. t.* śṛiṁgâruṁk, śiṁgâruṁk; alaṁkâruṁk.

Exornativo, *a.* śṛiṁgârcho, neṭauṁcho; alaṁkârâcho.

Exoterico, *a.* prasiddh, sâdhâraṇ.

Exoticamente, *adv.* âthveṁchseṁ, âḍṇâḍpaṇîṁ, khaspâyen.

Exotico, *a.* bhâylo, dusryâ gâṁvâcho, parko, videśî, videśaj, pardeśaj; (*fig.*) âthvoch, vegḷochso, âḍgât; barbaṭo, kachcho.

Expandir, *v. t.* phulauṁk, peṁdruṁk, ukluṁk; pasruṁk, vistâruṁk, phâṁsḷâvuṁk, saṁchâruṁk, phâṁkauṁk, thâpuṁk, ruṁdâvuṁk. || *v. r.* phuluṁk, charuṁk, ugḷuṁk, peṁdroṁk, ukloṁk; pasroṁk, phâṁkuṁk, phâṁsḷuṁk.

Expansão, *s. f.* phulṇî, ugaḷṇî, charṇî, phâṁsaḷṇî *f.*, ukal, pasar, vistâr, prapaṁch *m.*; (*fig.*) murgaṭṇî, phurphurî *f.*

Expansibilidade, *s. f.* pasarcho-, phulcho guṇ, prasârguṇ *m.*; (*fig.*) *V.* FRANQUEZA.

Expansivel, *a.* pasarcho, vistârcho prasaraṇîya.

Expansivo, *a.* pasarcho, ugaḷcho; (*fig.*) ughṭo, saraḷ, saḍsaḍit, toṁḍbhar ulaito.

Expatriação, *s. f.* videś *m.*

Expatriado, *a. e s. m.* videśî.

Expatriar, *v. t.* videśî karuṁk. || *V.* DESTERRAR. || *v. r.* videśî jâvuṁk.

Expectação, expectativa, *s. f.* vâṭ paḷevṇeṁ *n.*, râvṇî; âśâ, apekshâ *f.*; sumâr, saṁbhav *m.*; (*fig.*) *V.* ESPERANÇA.

Expectante, *a.* vâṭ paḷetalo, râkhûn râvtalo, teḷtalo, apekshî.

Expectavel, *a.* âśâ dharcho, apekshecho.

Expectoração, *s. f.* khâṁkârṇî *f.*; kaphaharaṇ; (*fig.*) dharkal *n.*

Expectorante, *a.* dharkalâṁ kâḍhcho, kaphnâśak, kaphahârak.

Expectorar, *v. t.* khoṁkûn-, khâṁkârûn uḍauṁk; (*fig.*) oṁkuṁk. || *v. i.* khâṁkâruṁk.

Expedição, *s f.* dhâḍṇî, pâṭhauṇî; *desembaraço:* śitâbî, suḍsuḍitây, huśârkî; *empresa militar:* dauḍ, mohîm, senâyâtrâ *f.* || *Homem de —*, huśâr-, suḍsuḍit manîs.

Expedicionario, *a.* dauḍîcho. || *s. m.* dauḍî; (*comm.*) dalâl.

Expedicioneiro, *s. m.* Româk kâgdâṁ chalaitalo dalâl,- vakil.

Expedida, *s. f.* vachuṁk rajâ *f.*, nirop *m.*

Expedidor, *a. e s. m.* dhâḍtalo, pâṭhauṇâr.

Expediencia, *s. f.* nirop, despâch *m.*; huśârkî, sitâbî *f.*

Expediente, *a.* sudsudît, huśâr. ‖ *s. m.* upây, ilâj, nistar *m.*, gat, vâṭ, karâmat, buddh, yukti *f.; kacherecheṁ* châlteṁ kâm *n.;* châvdî, kacherî *f.* ‖ *Homem de* —, sudsudît-, śitâb munîs. *Viver de expedientes,* ukâḷyâr dîs kâḍhuṁk. *Ser fertil em* —, mâṁḍnekâr-, karâmatkâr jâvuṁk, buddhîn bharoṁk.

Expedir, *v. t.* dhâḍuṁk, dhâṇḍivuṁk, pâṭhauṁk; sadsaḍâvuṁk, gaḍgaḍâvuṁk, vegîṁ saṁpauṁk; *promulgar:* praghaṭuṁk; *expellir:* bhâyr ghâluṁk; *proferir:* soḍuṁk; *livrar:* nivâruṁk; *(ant.) arredar:* pelyân davruṁk, pais ghâluṁk. ‖ *V.* DESPEDIR. ‖ — *ordem,* hukûm divuṁk, pharmâvuṁk. ‖ *v. r.* sudsudît-, sadsaḍit jâvuṁk; suṭuṁk, vâṭâvoṁk.

Expeditamente, *adv.* suḍsuḍâyen, jhopkan; sadsaḍît.

Expedito, *a.* sudsudît, huśâr, śitâb, sadsaḍît, khaḍkhaḍît, karkarît, tâktîcho. ‖ *Mão expedita,* baro chalto hât. *Lingua expedita,* luslusît jîbh.

Expellir, *v. t.* bhâyr ghâluṁk,- uḍauṁk,- soḍuṁk, pheṁkuṁk, davḍuṁk; *(fig.)* bhâyrâvuṁk, nirasuṁk.

Expender, *v. t.* vivaruṁk, duvâḷuṁk, arthuṁk. ‖ *V.* DESPENDER.

Expensas, *s. f. pl.* kharch, vech *m.* ‖ *As* —, kustâr (*do port.* CUSTA).

Experiencia, *s. f.* parîkshâ *ou* parikhyâ *f.*, aṇbhog, anubhav, bhog; drishṭâv, drishṭâṁt, pratyay *ou* pratev *m.*, prachîti, pratît *f.* ‖ *Homem de* —, jâṇto manîs. *Tomar* —, aṇbhoguṁk.

Experiente, experimentado, *a.* parîkshâvaṁt, jâṇto, pakko, śeklalo.

Experimenta, experimentação, *s. f.* parîkshâ, pârakh *f.*, ajmâs, prayog *m.*, prayojan *n.*

Experimentador, *a. e s. m.* parîkshâvaṁt, parikshak, parîkshâ kartalo; bhogî, aṇbhogî.

Experimental, *a.* parîkshecho, parîkshâsaṁbaṁdhî; prayogsiddh, anubhavâcho.

Experimentalmente, *adv.* parîkshen, anubhavân.

Experimentar, *v. t.* parîkshâ-, prayog karuṁk (*g. do o.*), parîkshuṁk, parîkshâ karûn paḷevuṁk, chaukasuṁk, ajmâsuṁk; aṇbhog âsuṁk,- meḷuṁk (*d. do s., g. do o.*), anubhavuṁk, aṇbhogûn jâṇuṁk; *soffrer:* bhoguṁk, sosuṁk. ‖ *v. r.* âplî parîkshâ karuṁk; rahâṭuṁk, kuṭuṁk.

Experimentavel, *a.* parîkshûṁyeso, parîkshecho.

Experimento, *s. m. V.* EXPERIMENTAÇÃO.

Expertador, *a. e s. m. V.* DESPERTADOR.

Expertalhão, *s. m. e a.* kâṭhû, chatur, mâṁḍnekâr, kârkûṇ.

Expertamente, *adv.* śiḍukâyen, huśârken, susârîṁ.

Expertamento, *s. m.* jâgauṇî; *(fig.)* huskauṇî, huśârṇî *f.*

Expertar, *v. t.* huśâruṁk, huskauṁk, phuslâvuṁk; tâṇuṁk, oḍhuṁk. ‖ *V.* DESPERTAR.

Experteza, *s. f.* huśârkî, śiḍukây, chaturây, kasab, bârkây; mâṁḍṇî, vidyâ, kârkuṇây *f.*

Expertina, *s. f.* nîḍmoḍ *f.*

Expertinado, *a.* nîḍmoḍo.

Expertinar, *v. t.* nîḍ moḍuṁk,- kâḍhuṁk (*g. do o.*)

Experto, *a. e s. m.* parîkshâvaṁt, parikshak, jâṇto, jâṇâr; madhesth, paṁchâtkâr.

Experto, *a.* jâgo, jâgrit; *(fig.)* huśâr, śiḍûk, chatur, bârîk, kasbî, susâr, âṁgsûṭ, karkarît, khabarḍâr, phiṭphiṭo; nibar, khar, kaḍak.

Expiação, *s. f.* prâjît karṇeṁ, phârîkpaṇ deṇeṁ *n.*, nishkriti, pâpnishkriti *f.;* prâśchit, prâjît *ou* pirâjît *n.*, birmat *f.*

Expiar, *v. t.* prâśchit karuṁk (*g. do o.*), phârikpaṇ divuṁk (*g. do o.*), nistaruṁk, śâṁtauṁk; birmat phuṭuṁk (*d. do s., g. do o.*) ‖ *v. r.* prâjît karuṁk, śuddh-, nirmaḷ jâvuṁk.

Expiatorio, *a.* prâjitâcho, pâpnâśî, pâpnishkritikar, śâṁtik.

Expiavel, *a.* phârîkpaṇ divûṁyeso.

Expilação, *s. f.* dây *ou* dâyj chorṇeṁ *n.*

Expilar, *v. t.* (dây) choruṁk; nâgauṁk, luṭuṁk.

Expiração, *s. f.* niśvâs *ou* nisâs, huskâr; *(fig.)* vâydyâcho śevaṭ *m.*

Expirador, *a.* niśvâsî.

Expirante, *a.* marto; *(fig.)* sarto.

Expirar, *v. t.* (śvâs) soḍuṁk, huskâruṁk. ‖ *V.* RESPIRAR. ‖ *v. i.* maruṁk, prâṇ soḍuṁk, jîv sâṁḍuṁk, hâṁkâroṁk; *(fig.)* saruṁk, saṁpuṁk, saṁpâḍoṁk; damdamuṁk.

Explainada, explanada, *s. f.* mâṭ *f.*, mâḷ; koṭṭâlâgcheṁ maidân *n.*

Explanação, *s. f.* vivaraṇ *n.*, vyâkhyâ *f.*, arth, drishṭâṁt, anuvâd, prakâś, ṭîko *m.*, prabhâshaṇ *n.*

Explanador, *a. e s. m. V.* EXPLICADOR.

Explanar, *v. t.* soṁpo-, ughḍâpo karuṁk; vivaruṁk, vivaraṇ-, vyâkhyâ karuṁk *(g. do o.)*, anuvâduṁk, prakâśauṁk, nirvachuṁk.

Explanatorio, *a.* vivaraṇâcho, arthsûchak.

Expletivo, *a.* agḷo, adhik; *(gram.)* alaṁkârâcho. || *s. m.* vâkyâlaṁkâr *m.*, pâdpûraṇ *n.*

Explicação, *s. f.* samjâvṇî, samjoṇî *f.*, arth, prakâś *m.*, vivaraṇ *n.*

Explicadamente, *adv.* arthûn, samjoṇî divûn.

Explicador, *s. m. e a.* vivaraṇkâr, anuvâdî, arth-, samjoṇî ditalo.

Explicar, *v. t.* samjâvuṁk, samjoṇî-, arth divuṁk *(g. do o.)*, arthuṁk, duvâḷuṁk, prakâśauṁk, vivaruṁk, nirvachuṁk; dâkhauṁk, kaḷauṁk, śikauṁk. || *v. r.* âpleṁ man gamauṁk,- sâṁgûn divuṁk; kaḷît-, dakhal jâvuṁk.

Explicativamente, *adv.* duvâḷûn, bârîk gaṇûn,- kâṁtûn.

Explicativo, *a.* arthâcho, vivaraṇâcho, ṭîkyâcho.

Explicavel, *a.* samjoṇî divûṁyeso, arthjogo.

Explicitamente, *adv.* ughḍâpeṁ-, dakhal karûn, sâph, khaṁḍit.

Explicito, *a.* ughḍâpo, dakhal, sâph, nîṭ, agûḍh, sashṭ *(us. Can.)*

Explodir, *v. i.* phâr jâvuṁk,- suṭuṁk *(g. do s.)*, phaṭ jâvûn phuṭuṁk,- usḷuṁk; *(fig.)* ghangaṇuṁk, ṭhaṇṭhaṇuṁk, saṇsaṇuṁk.

Exploração, *s. f.* śodh, śodhṇî; deśśodhṇî *(— de terras) f.*; bhedîpaṇ *(— do inimigo) n.*; vâjpuśî *f.*, dhuṁḍâḷo, tapâs *m.*; phaḷ-, huṭâvaḷ kâḍṇeṁ *n.*; *(fig.)* phasauṇî, piḷṇî *f.*

Explorador, *a.* śodhtalo; śodh-, ṭhâv ghevuṁcho. || *s. m.* śodhṇâr; deśśodhṇâr; bhedî; *(fig.)* phasauṇâr, bûṭ lâvṇâr.

Explorar, *v. t.* śodhuṁk, śodhûn kâḍhuṁk, sûd ghevuṁk *(g. do o.)*; châḷuṁk, chaukasuṁk, tapâsuṁk, dhuṁḍâḷuṁk, vâjpuśî karuṁk *(g. do o.)*; phaḷ-, âḍây kâḍhuṁk *(g. do o.)*, âḍâvâk lâvuṁk; ṭhâv ghevuṁk *(g. do o.)*; *(fig.)* phasauṁk, bûṭ lâvuṁk *(d. do o.)*, phoṭaun poṭ bharuṁk.

Exploratorio, *a.* śodhcho-, ṭhâv ghevuṁcho. || *s. m.* mutsaḷaî *f.*

Exploravel, *a.* śodhûṁyeso.

Explosão, *s. f.* phâr, bâr, dhaḍâko *m.*; phuṭṇî, usaḷṇî, suṭṇî *f.*; *(fig.)* loṭ, umâḷo; khaḷkhaḷ, śivâḍo *m.*

Explosivel, *a.* phâr jâvuṁcho.

Explosivo, *a.* phârâcho, bârâcho; usaḷcho.

Expoente, exponente, *s. m.* arjîdâr; ghâtaprakâśak *m.*

Expolição, *s. f. V.* AMPLIFICAÇÃO.

Exponencial, *a.* ghâtaprakâśakâcho.

Expor, *v. t.* ughṭo-, mukhâr ghâluṁk, phuḍyâṁt-, bhâyr davruṁk, dâkhauṁk, mâṁḍuṁk; *narrar:* sâṁguṁk, kathuṁk; *fazer conhecer:* kaḷauṁk, gamauṁk; *explicar:* vivaruṁk, arthuṁk; *revelar:* praghaṭuṁk, dakhal karuṁk; *arriscar:* ghâluṁk; *engeitar:* (burgyâk) soḍuṁk. || *— ao sol,* vatâk ghâluṁk. || *v. r.* âpṇâk dâkhauṁk, dekhto jâvuṁk; lâguṁk, paḍuṁk, sâṁpḍuṁk.

Exportação, *s. f.* pargâṁvâk mâl dhâḍṇeṁ *n.*; pardeśâk vhelalo mâl *m.*

Exportador, *a. e s. m.* pardeśâk dhâḍtalo,- vhartalo.

Exportar, *v. t.* pargâṁvâk-, bhâylyâ gâṁvâk (mâl) dhâḍuṁk,- dhâṇdivuṁk,- vharuṁk.

Exportavel, *a.* pardeśâk vikuṁk vharcho.

Exposição, *s. f.* dâkhauṇ, dâkhauṇî *f.*, pradarśan *n.*, avishkâr; mâṁḍ *m.*; burgeṁ soḍṇeṁ; *narrativa:* kathan *n.*, kathâ, sâṁgṇî *f.*; *allegação:* kârâṇ, upanyâs; *prologo:* prastâv *m.* || *V.* EXPLANAÇÃO.

Expositivo, *a.* vivaraṇâcho, arthâcho, arthvaṁt.

Expositor, *s. m.* dâkhauṇ kartalo, mâṁḍâr davartalo, pradarśak; vivaraṇkâr, vyâkhyâkâr, anuvâdî; *(fig.)* vyâkhyâgraṁth *m.*

Exposto, *a.* dâkhailalo. || *s. m.* soḍlaleṁ burgeṁ *n.*, apavidh *m.* || *V.* EXPOSIÇÃO.

Expostulação, *s. f.* śîṇ karṇeṁ; prârthan *n.*

Expremedor, *a. e s. m.* piḷtalo.

Expremedura, *s. f.* piḷṇî *f.*, piḷap *n.*, muraḍṇî, chiraḍṇî, chiraḍ *f.*

Expremer, *v. t.* piḷuṁk *(litt. e fig.)*, piḷûn kâḍhuṁk, kâḍhuṁk, murḍuṁk, chirḍuṁk; gaḷauṁk. || *v. r.* piḷoṁk, chirḍoṁk; *(fig.)* pâṭḷâvûn-, lâṁbâvûn-, oḍhûn ulauṁk.

Expremivel, *a.* piḷûṁyeso.

Expressadamente, **expressamente**, *adv.* sâph, ughṭeṁ, sashṭ, khaṁḍit, khachît; muddam, muddam karûn, haṭkûn.

Expressão, *s. f.* kâḍhṇî, pilṇî *f; ras; (fig.)* uchchâr *m.*, uchchâraṇ, vachan; *aspecto:* rûp *n.*, âkâr, raṁg *m.*, mudrâ *f.; accentuação:* svaroehchâr *m.; phrase:* uttar *n.*, śabd; *(mus.)* neṭ *m.*, hurbhâ *f.*

Expressar, *v. t. V.* EXPRIMIR.

Expressiva, *s. f.* alaṁkârî bhâshaṇ, âṁgbhaṁgân ulauṇeṁ *n.*

Expressivo, *a.* baryâ uchchârâcho, vâchak; âkârvaṁt sûchak; arthâdik, arthvaṁt.

Expresso, *a.* sâph, sashṭ, khachît; ughḍâpo, dakhal, vâchanik. ‖ *s. m.* muddam pâṭhailalo manîs.

Exprimir, *v. t.* uchchâruṁk, udgâruṁk, mhaṇuṁk, vâduṁk, ulauṁk; dâkhauṁk, suchauṁk. ‖ *v. r.* ulauṁk; dishṭî paḍuṁk.

Exprimivel, *a.* uchchârûṁyeso, vâchanîya.

Exprobração, *s. f.* dabâv *m.*, dabâvṇî, beshṭâvṇî, jupâṭî, *taṭkarṇî *f.*, bhâṁḍaṇ *n.*

Exprobrador, *a. e s. m.* dabâvṇo, dâṭâvṇâr.

Exprobrar, *v. t.* dabâvuṁk, dâṭâvuṁk, beshṭâvuṁk, tâḍauṁk, jupâṭî divuṁk *(d. do o.)*, *taṭkaruṁk.

Exprobratorio, *a.* dabâvâcho, bhâṁḍaṇâcho.

Ex-professo, *adv.* mestîr kaso; LIgutâyen, saṁpûrṇâyen.

Expropriação, *s. f.* dhanîpaṇ-, mâlkî kâḍhṇeṁ *n.*

Expropriador, *a. e s. m.* dhanîpaṇ kâḍhtalo.

Expropriar, *v. t.* dhanîpaṇ-, mâlkî kâḍhuṁk *(g. do o.)*; (śetbhâṭ) satten vharuṁk,- kâḍhuṁk.

Expugnação, *s. f.* jujûn-, jhoṁbûn gheṇeṁ *n.*

Expugnador, *a. e s. m.* jhoṁbûn ghetalo.

Expugnar, *v. t.* jujûn-, jhoṁbûn ghevuṁk,- vharuṁk; *(fig.)* jayt vharuṁk *(l. sup. do o.)*, damâvuṁk.

Expugnavel, *a.* jujûn ghevûṁsârko.

Expulsão, *s. f.* bhâyr ghâlṇeṁ *n.*, bhâyrâvṇî, uḍauṇi *f.*, vivâs; nirâs *m.*, nirasan *n.*

Expulsar, *v. t.* bhâyr ghâluṁk,- uḍauṁk, bhâyrâvuṁk, bhâyro karuṁk, vagaḷuṁk, davaḍuṁk; soḍuṁk, uḍauṁk, nirasuṁk.

Expulsivo, *a.* bhâyr soḍuṁk upkârto, nirâsâcho.

Expulso, *a.* bhâyrâylalo, bhâyro.

Expulsor, *s. m.* bhâyrâvṇâr.

Expulsorio, *a.* bhâyr ghâlcho, bhâyrâvuṁcho.

Expungir, *v. t.* (barailaleṁ) pusuṁk, kâḍhuṁk.

Expurgação, *s. f.* nitaḷ-, nirmaḷ karṇeṁ *n.*, nirmaḷṇî; *(fig.)* sudhârṇî, niṭâvṇî, śuddhi *f.* ‖ *V.* EVACUAÇÃO.

Expurgador, *a. e s. m.* sudhârṇâr, niṭâytalo.

Expurgar, *v. t.* nitaḷ-, nirmaḷ karuṁk, nirmaḷuṁk, dhuvuṁk; *(fig.)* nîṭ-, sârko karuṁk, sudhâruṁk, chukî kâḍhuṁk *(g. do o.)*; nitḷâvuṁk. ‖ *v. r.* nitaḷ-, śuddh jâvuṁk, sudhâroṁk.

Expurgatorio, *a.* nitaḷ-, śuddh kartalo, sudhârtalo. ‖ *Indice* —, âḍvârlalyâṁ pustakâṁehî paṭṭî,- śivḍî *f.*

Exquisa, *s. f. (ant.) V.* INQUIRIÇÃO.

Exquisitamente, *adv.* uttampaṇîṁ, nâjukâyen.

Exquisitice, *s. f.* âthvî-, aprûb vast; khoḍ *f.*, naval *n.*

Exquisito, *a.* nâjûk, maṁjûḷ, soṁvaḷ, ruchîcho, svâdîk; uttam, param, saṁskṛit; aprûb, apûrv, âthvo; *(fig.)* vegḷochso, ekâch jinnsâcho, âḍṇâḍî.

Exsiccação, *s. f.* sukaṭây, saḍṇi, holṇî; dâḍh *f.*

Exsiccar, *v. t. (p. us.) V.* SECCAR.

Exsiccativo, *a.* sukauṁk upkârto.

Exsuar, **exsudar**, *v. i.* nijhruṁk, pâjhruṁk, gaḷuṁk, vâhvuṁk.

Exsuccação, *s. f. V.* ECCHYMOSE.

Exsudação, *s. f.* nijhar, pâjhar, srâv *m.; ûm f.*

Extase, **extasis**, *s. m.* âhlâd, paramânaṁd, bhramânaṁd *m.*, dhyân *n.*, samâdhi *f.*

Extasiar, *v. t.* lobhdauṁk, ânaṁdbharit karuṁk, miraumk, murgaṭâvuṁk; thaṭâkâvuṁk. ‖ *v. r.* lobhduṁk, murgaṭuṁk, bhramuṁk; dhyânuṁk, dhyânishṭh jâvuṁk.

Extaticamente, *adv.* dhyânûn; thaṭâkûn.

Extatico, *a.* dhyânî, dhyânishṭh, samâdhisth; thaṭâklalo, ajâp jâlalo.

Extemporaneamente, *adv.* tayârevineṁ, avehitt; veḷâbhâyr, akâḷîṁ.

Extemporaneidade, *s. f.* avehittây *f.;* akâḷ *m.*

Extemporaneo, *a.* tayârevinọ, avchitt, samaykalpit; veḷâbhâylo, akâḷ.

Extendal, *s. m.* sukatghâlalyo vastû *f. pl.; (fig.)* mâl *n.*, saḍo *m.; charpaṭ n.* ‖ *V.* EXTENDEDOIRO.

Extendedoiro, *s. m.* sukatghâlchî svât *f.*, khaḷeṁ, âṁgaṇ *n.*

Extendedor, *a. e s. m.* pâtḷâytalo, pasartalo, tâṇṇâr.

Extender, *v. t.* soḍuṁk, vistâruṁk, pasruṁk, pâtḷâvuṁk; âṁthruṁk, âṁthḷuṁk *(— tapete, coberta)*; ruṁdâvuṁk (*litt.* ALARGAR); *alongar:* lâṁb karuṁk, lâṁbâvuṁk, uḍauṁk, soduṁk; *offerecer extendendo o braço:* kâḍhûn-, soḍûn divuṁk; *alastrar:* pâtḷâvuṁk, thâpuṁk; lâṭuṁk *(— a massa)*; *expor ao ar, ao sol:* vâḷgat-, sukat ghâluṁk; *esticar:* tâṇuṁk, oḍhuṁk, târâṁṭuṁk; *fazer chegar:* pâvauṁk, vharuṁk; *augmentar:* chaḍhauṁk, vâḍhauṁk; *propagar:* phâṁkauṁk, pasruṁk; *divulgar:* praghaṭuṁk; *derribar:* śevṭuṁk, âpṭuṁk. ‖ — *os olhos, a vista,* ḍoḷe-, dishṭ lâvuṁk. — *o pensamento,* phuḍâr paḷevuṁk. — *a penna,* charcharît barauṁk. — *a perna ou o pernil,* hâtpâṁy tâṇuṁk, kâṭhâkay karuṁk. ‖ *v. i.* oḍhoṁk, chaḍhuṁk, suṭuṁk. ‖ *v. r.* suṭuṁk, vistâroṁk, pasroṁk; pâtḷoṁk, thâpoṁk, charuṁk; tâṇoṁk, tâṇ paḍuṁk; pâvuṁk; *expandir-se:* phuluṁk; *durar:* taguṁk, uruṁk; *grassar:* lâguṁk, charuṁk.

Extendidamente, extensamente, *adv.* pâtḷâvûn, lâṁbâyen, pasrûn, vistârîṁ.

Extensão, *s. f.* lâṁbî, lâṁbây; lâṁbîruṁdî *f.*, vistâr, prasâr *ou* pasar *m.; (fig.)* vâḍhây, chaḍhây, thorây *f.*, chaḍhap *n.*

Extensibilidade, *s. f.* oḍhchî-, tâṇchî śakti, tâṇṇî *f.*, tâṇap, viśâḷpaṇ *n.*, vistîrṇatâ *f.*

Extensivamente, *adv.* vistârîṁ, pasrîṁ; oḍhûn, tâṇûn.

Extensivel, *a.* oḍhûṁyeso, tâṇcho, vistârâdik.

Extensivo, *a.* pâtḷâvuṁcho, pasruṁcho, vistâruṁcho; *(fig.)* lâgcho, lâgasârko. ‖ *V.* LATO.

Extenso, *a.* viskaḷ, viśâḷ, vistârâdik, visṛit, vistîrṇ, pasraṭ, lâṁbruṁd; lâṁb, dîgh. ‖ *Por —,* lâṁbâyen; sagḷeṁ, kâtri nâstânâ.

Entensor, *a.* soḍuṁk upkârto.

Extenuação, *s. f.* askatây, phorkaṭây, narmây *f.*, nirbaḷ *n.*

Extenuador, *a. e s. m.*, **extenuante, extenuativo**, *a.* aśaktâvuṁcho (âṁg) moḍcho, toḍcho.

Extenuar, *v. t.* aśakt karuṁk, baḷ moḍuṁk *(g. do o.)*, moḍûn ghâluṁk, aśaktâvuṁk; *(fig.)* uṇâvuṁk, deṁvauṁk; sâruṁk, kharchuṁk. ‖ *s. r.* aśakt jâvuṁk, phorkatây mâruṁk *(d. do s.)*, âṁg tuṭuṁk *(g. do s.)*, moḍon paḍuṁk, boḍkâvoṁk; saruṁk.

Exterior, *a.* bhâylo, *bâhij. ‖ *s. m.* bhâyleṁ âṁg; rûp *n.*, âkâr; bhâylo gâṁv, pargâṁv, pardeś *m.* ‖ *V.* EXTERIORIDADE.

Exterioridade, *s. f.* bhâylepaṇ, *bâhîjpaṇ, bhâyleṁ âṁg *n.*, disto bhâg *m.; (fig.)* toṁḍâpurteṁ kâm *n.*, phoṭkire lâg, gamje *m. pl.*

Exteriormente, *adv.* bhâylyân, bhâylyâbhâyr.

Exterminação, *s. f.* bhâyrâvṇi *f.*, bhâyr ghâlṇeṁ *n.* ‖ *V.* DESTRUIÇÃO.

Exterminador, *a. e s. m.* bhâyr ghâltalo. ‖ *V.* DESTRUIDOR.

Exterminar, *v. t.* gâṁvâ-, śaharâ bhâyr ghâluṁk, bhâyrâvuṁk; *(fig.) V.* DESTRUIR.

Exterminio, *s. m.* bhâyrâvṇî *f.*; śatyanâś, vinâś, bhasm *m.*, dhûḷdaśâ *f.* ‖ *V.* DESTERRO.

Externamente, *adv.* bhâylyân.

Externo, *a.* bhâylo, bhâyro; varkarṇî, toṁḍâpurto. ‖ *s. m.* bhâyr râvûn śiktalo.

Extincção, *s. f.* pâlauṇî *f.*, pâlap *n.*; moḍṇî, nâkarṇî bhâṁjṇî, pheḍṇî *f.*, nirvâṇ *n.*; vinâś, satyanâś *m.*

Extincto, *a.* pâlavlalo; moḍlalo, kâḍhlalo; nâṁ jâlalo, vinashṭ; melalo, sarlalo, nirvâṇo.

Extinctor, *a.* pâlauṁcho.

Extinguir, *v. t.* pâlauṁk; moḍuṁk, mekhuṁk, kâḍhuṁk; nâkaruṁk, pheḍuṁk, nirasuṁk. ‖ *V.* AMORTECER. ‖ *v. r.* pâlovuṁk; saruṁk, nâṁ jâvuṁk, saṁpuṁk, saṁpâḍoṁk, nâśoṁk, vinâśuṁk; maruṁk, bhâyr paḍuṁk.

Extinguivel, *a.* pâlovûṁyeso, pâlovuṁcho; moḍcho.

Extirpação, *s. f.*, **extirpamento**, *s. m.* uṁṭaṇî, unmûḷṇî *f.*, nirmûlaṇ; *(fig.)* nirasaṇ *n.*, nâkarṇî *f.*, bhasm *m.*

Extirpador, *a. e s. m.* uṁṭitalo; bhasm kartalo.

Extirpar, *v. t.* muḷân kâḍhuṁk, uṁṭuṁk, unmuḷuṁk *ou* umḷuṁk; pâḷâṁ sahit kâḍhuṁk; *(fig.)* nâkaruṁk, nirasuṁk, bhasmuṁk, khaṁḍuṁk.

Extorção, *s. f.* piḷap, baḷân-, julmân kâḍhṇeṁ; kâṁḍh gheṇeṁ *n.*; julûm *m.*, jabardastî; nâgauṇ *f.*

Extorcer, *v. t.* baḷân vaḷuṁk; ḍhavḷuṁk, dhavaḷ mâruṁk *(d. do o.)* ‖ *v. i.* dusrî vâṭ ghevuṁk, âḍvo saruṁk. ‖ *v. r.* vaḷvaḷuṁk, dhaḍbaḍuṁk, taḷmaḷuṁk.

Extorcimento, *s. m.* vaḷvaḷe, taḷmaḷe *m. pl.*, dhaḍpaḍ *f.*

Extorcionario, extorsivo, extortor, *a.* piḷcho, julmâcho, jabardastecho.

Extorquir, *v. t.* bheṁkḍâvûn-, baḷân ghevuṁk, kâṁḍh ghevuṁk, piḷûn-, murḍûn kâḍhuṁk, piḷuṁk.

Extra-alcance, *adv.* hâtâpelyân, lâgsârâbhâyr.

Extracção, *s. f.* kâḍhṇî *f.*, kâḍhap; gihrâyk *n.*, khap *m.*, halmaṇî *f.*

Extractar, *v. t.* veṁcho karuṁk *(g. do o.)*; (ark, kashây) kâḍhuṁk.

Extractivo, *a.* kashâyecho.

Extracto, *s. m.* kashây *f.*, ark kâḍho *ou* kaḍho, nîs; *(fig.)* veṁcho, goshvâro *m.*

Extractor, *a. e s. m.* kâḍhtalo, veṁche kartalo.

Extradição, *s. f.* pargâṁvâchyâ gunyâṁvkârâk tâchyâ sarkârâchyâ hâtâṁt deṇeṁ *n.*

Extradictar, *v. t.* pargâṁvâchyâ gunyâṁvkârâk svadeśâk dhâḍuṁk.

Extrafino, *a.* bhav uttam,- chokhaṭ.

Extrafolhaceo, extrafoliaceo, extrafolio, *a.* pânâṁbhâylo.

Extrahir, *v. t.* kâḍhuṁk; bhâyr kâḍhuṁk; veṁche karuṁk *(g. do o.)* ‖ — *a raiz (arith.)*, mûḷ kâḍhuṁk.

Extrahivel, *a.* kâḍhcho.

Extrajudicial, extrajudiciario, *a.* vyavahârâbhâylo, avyavahâr.

Extrajudicialmente, *adv.* vyavahârâvineṁ.

Extramontado, *a.* chiḍro, jâḷgo.

Extramundano, *a.* *(p. us.)* saṁsârâbhâylo; sanyâsâcho; *(fig.)* ubhaṁtarî, nikleṭ. ‖ *V.* CENOBITICO.

Extramural, *a.* koṭṭâbhâylo.

Extra-muros, *adv.* koṭṭâbhâyr; saraḍik.

Extranatural, *a.* sayaṁbhâvarto.

Extrangeirado, *a.* pardeśâk lobhdalalo.

Extrangeirice, *s. f.* pardeśâcho bhesh,- mog *m.*

Extrangeirinha, *s. f.* nâḍvidyâ, ghâḍvidyâ *f.*

Extrangeirismo, *s. m.* pardeśîpaṇ *n.*; pardeśî śabd *m.*

Extrangeiro, *a.* bhâylo, bhâylyâ gâṁvcho, parko, vilâytî. ‖ *Ser — em sua casa,* âplyâ gharâchî kaḷâkaḷ nâsuṁk *(d. do s.)* ‖ *s. m.* pardeśî, videśî, deśâṁtarî, mlechch; pardeś, pargâṁv *m.*

Extranhamente, *adv.* âthvepaṇîṁ, viparîtâyen, viśeshîṁ; jabar, bhârîṁ, hiśpâbhâyr.

Extranhamento, *s. m.* âthvo-, viparît disṇeṁ; âthvepaṇ, viparîtây *f.*; *(ant.)* *V.* EXPROBRAÇÃO.

Extranhão, *a. e s. m.* pârko, kâkûḍ, ghâbro.

Extranhar, *v. t.* âthvo-, vegḷo disuṁk,- lâguṁk *(d. do s., s. do o.)*; nâ pachuṁk, bareṁ nâ lâguṁk *(id.)*; ajâp-, viparît disuṁk. ‖ *V.* CENSURAR.

Extranhavel, *a.* doshî, niṁdecho.

Extranhez, extranheza, *s. f.* viparîtây *f.*, âthvepaṇ, vilakshaṇpaṇ, navalpaṇ, ekprakârpaṇ, parkepaṇ; ajâp, naval, adbhut; pârkepaṇ *n.*, kâkuḍây *f.*

Extranho, *a.* âthvo, vegḷochso, viparît, parîcho, ekprakâr, vilakshaṇ, vijât; adbhut, abhinav, vichitr, viśeshak, asâdhâraṇ, ajâpâṁcho; *desconhecido:* apûrv *ou* aprûb, parko, navo; *esquivo:* pârko, kâkûḍ; *improprio:* purainâslalo, apurto, ayukt; *livre de influencias:* saṁg-, lagtî nâslalo, suṭo; *extrangeiro:* bhâylo, parasth, pelo, vâṭecho. ‖ *V.* EXTRANHAVEL.

Extranumeral, extranumerario, *a.* gaṇte-, gaṇâ bhâylo.

Extraordinariamente, *adv.* châlîbhâyr, saṁvayeâḍ, asâdhâraṇpaṇîṁ; bhârîṁ, jabar, bhav chaḍh.

Extraordinario, *a.* châlîbhâylo, saṁvayebhâylo, asâdhâraṇ, akramik, viśesh, vilakshaṇ; âthvo, navo, aprûb, viraḷ, anupam; *muito abundante:* jâyto, khûp, phuskaḷ, bhav chaḍh; *admiravel:* acharyâṁcho, ajâpâṁcho, adbhut; *insigne:* uttam, param, śreshṭh; *imprevisto:* akaḷît, avchitt; *addicional:* adhik, chaḍhît, âḍecho. ‖ *V.* ESPECIAL.

Extrapassar, *v. t.* *(p. us.)* *V.* ULTRAPASSAR.

Extra-secular, *a.* śekḍyâ adhik.

Extravagancia, *s. f.* amaryâd, nirmaryâd *f.*, anarth, akram *m.*; ṭoṅkepaṇ, âḍṇâḍpaṇ, anâḍîpaṇ, pisepaṇ *n.*, phaṁtajyo (*do port.* PHANTASIA) *f. pl.*, kautâṁ *n. pl.*; khaspây, chaṁchaḷây, mast, divâḷkhorî *f.* ‖ *Dizer extravagancias, V.* DISPARATAR.

Extravaganciar, *v. i.* pisâyo ulauṁk, âḍṇâḍpaṇâṁ karuṁk. ‖ *V.* ESTROINAR. ‖ *v. t. V.* ESBANJAR.

Extravagante, *a.* lekhâ-, saṁkhye bhâylo, suṭo; amaryâdî, nirmaryâdî, châlîbhâylo, akrâmik, vilakshaṇ; piso, nikleṭ, âḍṇâḍî, phaṁtajkâr, jaḷvây, chaṁchaḷ; âḍgâṭ, ekâch jinnsâcho, vegḷochso; hogḍâvṇo, ibâḍyo, udhḷo.

Extravagantemente, *adv.* amaryâdîn, âḍṇâḍpaṇîṁ; khaspâyen; vegḷyâch jinnsân.

Extravagar, *v. i.* gaṇṭebhâyr âsuṁk, suṭo jâvuṁk. ‖ *V.* DIVAGAR.

Extravazação, *s. f.*, **extravazamento,** *s. m.*, **extravazão,** *s. f.* otṇî, vârauṇî *f.*

Extravâzar, *v. t.* bharûn otuṁk, ratauṁk, vâraumk. ‖ *v. i. e r.* bharon otoṁk,- vâhvuṁk.

Extraviadamente, *adv.* vâṭ visrûn,- chukûn, âḍmârgîṁ.

Extraviador, *a. e s. m.* vâṁkḍo vhartalo,- chalaitalo, âḍmârgâytalo, kaḍsarâvṇâr; phiraitalo, nâḍgo; hât mârtalo, sutlâytalo.

Extraviar, *v. t.* vâṭ chukauṁk *(d. do o.)*, âḍmârgâvuṁk, âḍmârgân vharuṁk; nâḍuṁk, bhûl ghâluṁk *(d. do o.)*, phoṭauṁk; hât mâruṁk *(d. do o.)*, sutlâvuṁk; *(fig.)* phirauṁk, vâyṭ-, khoṭo karuṁk. ‖ — *fazendas na alfandega,* jakâtîk mâl chukauṁk. ‖ *v. r.* vâṭ chukuṁk,- visruṁk, sarkuṁk, kaḍsaruṁk; sâṁḍoṁk; *(fig.)* vâyṭ-, khoṭo jâvuṁk.

Extravio, *s. m.* vâṭ chukṇeṁ,- visarṇeṁ *n.*, kaḍsarṇî; chukṇî, sâṁḍṇî; sutlâvṇî, chorî *f.*, hât mârṇeṁ *n.* ‖ *V.* PERVERSÃO.

Extrema, *s. f.* nîs *m.*; *(fig.)* marṇâchî taṇ *f.*

Extremadamente, *adv.* vighaṭûn, kuśîn kâḍhûn; bhav, chaḍh; saṁskârîṁ; chhâtîn.

Extremadela, *s. f.* kuśîn kâḍhṇeṁ *n.*, vighaṭṇî *f.*

Extremado, *a.* nisâylalo, pâlâylalo; viṁchûn kâḍhlalo; uṁch, ubhâr; *(fig.)* uttam, prasiddh, śreshṭh. ‖ *V.* ESFORÇADO.

Extremadura, *s. f.* sarad *f.*

Extremamente, *adv.* bhav chaḍh, bhârîṁ; amaryâdîm.

Extremança, *s. f. (ant.) V.* DEMARCAÇÃO.

Extremar, *v. t.* nisâvuṁk, nîs ghâluṁk *(d. do o.)*; *separar:* kuśîn kâḍhuṁk, vegḷo karuṁk; *escolher:* viṁchûn-, śodhûn kâḍhuṁk; *resumir:* âṭpuṁk, âṭâpuṁk; *abalisar:* uṁch-, uttam karuṁk, nâvâḍhuṁk. ‖ *v. r.* kuśîn-, viṁghaḍ jâvuṁk; kaḍsaruṁk; uttam-, prasiddh jâvuṁk, nâvâḍhoṁk. ‖ *V.* DIFFERENÇAR-SE.

Extrema-uncção, *s. f.* stremuṁksâṁv *n.*

Extremavel, *a. V.* DISTINGUIVEL.

Extreme, *a.* nigaḷ, nirbhel, chokh, keval.

Extremenho, *a. e s. m. V.* ARRAIANO.

Extremidade, *s. f.* ṭoṁk, poṁkh, poṁt *(port.) n.*, sevaṭ, sarśevaṭ, agr, agrabhâg, aṁt, prâṁt, paryaṁt *m.*, âkher; dhaḍ, deg *f.*; kâṁṭh *(borda)*; pâlaṁv, bhoṁvar *(— de roupa)*; śikhar *m.*, takśî *(topo)*; *(fig.)* taṇ, durgati *f.*, upadre *m. pl.*

Extremo, *a.* nimâṇo, śevṭâcho, âkherîcho; aṁtâcho, niḍâṇâcho; *(fig.)* bhav chaḍh-, vhaḍ, param, prachaṁḍ. ‖ *Hora extrema,* marṇâchî taṇ *f.*, nidâṇ *n.* ‖ *V.* EXTREMADO *e* EXTREMOSO. ‖ *s. m. V.* EXTREMIDADE; *termo:* śevaṭ, âṭâp, aṁt *m.*; *ultimo grau:* sîmâ, chaḍhchaḍh, parammaryâd *f.*, kaḷas *m.*; *(fig.) V.* APURO; *(math.)* âdidhan, âdipad *(primeiro —)*; aṁtyadhan, aṁtpad *(segundo —) n.* ‖ *Em —,* jabar, bhârîṁ, hiśobâbhây *ou* hispâbhâyr. *Extremos de amizade, de amor,* bhav aprûbây, parkaṁdṇî *f.* — *do rosario,* koṁtâche moṭe phoḍe *m. pl.*

Extremosamente, *adv.* aprûbâyen, moypâsân.

Extremoso, *a.* chaḍhâ mogâcho, aprûbâyecho, moypâsâcho.

Extrinsecamente, *adv.* bhâylyân, bhâylyâbhâyr, vaylyâvayr.

Extrinseco, *a.* bhâylo, hâlâyto.

Extrophia, extroversão, *s. f. (anat.)* nikaḷṇî, kaḍsarṇî *f.*

Extrusão, *s. f. (p. us.)* bhâyr sarṇeṁ,- sutṇeṁ *n.*

Exuberancia, *s. f.* mât *m.*, vâḍhîchî bhar, bharvâḍhî, ativṛiddhi; *(fig.)* pushkaḷây, sîmâ, adhikây, sapûrṇây, samṛiddhi *f.*, lot, pûr *m.*, uphâḷeṁ *n.*

Exuberante, *a.* mâtlalo bharvâḍhîcho; *(fig.)* pushkaḷ *ou* phushkaḷ, sapûrṇ, samṛiddh, udaṁḍ, adhik.

Exuberantemente, *adv.* pushkaḷâyen, loṭâṁṇîṁ.

Exuberar, *v.* mâtuṁk; pushkaḷ jâvuṁk, uphevuṁk, uphâḷeṁ jâvuṁk *(g. do s.)* bharoṁk, bharon otoṁk.

Exubere, *a.* dûdh kâḍhlalo.

Exul, *a. V.* DESTERRADO.

Exular, *v. i.* âplo gâṁv soḍuṁk, pardeśâk vachuṁk.
Exulceração, *s. m.* ghây *m.*, rûṁ *n.*
Exulcerante, **exulcerativo**, *a.* ghây karcho.
Exulcerar, *v. t.* ghây karuṁk,- ghâluṁk *(d. do o.)*; *(fig.)* duḥkhauṁk, trâs divuṁk *(d. do o.)* ‖ *v. r.* ghây jâvuṁk *(d. do s.)*; *(fig.)* duḥkhavuṁk.
Exultação, *s. f.* uḍṇî, murgaṭṇî *f.*, ullâs, utsav *m.*, ullâsaṇ *n.*, mad *m.*, atrek *m. pl.*
Exultante, *a.* uḍto, ullâsî, murgaṭtalo, ânaṁdbharit.
Exultar, *v. i.* khuśen uḍuṁk,- nâchuṁk, murgaṭuṁk, ullâsuṁk, ânaṁduṁk, atrekuṁk, saṁtosh-, ânaṁd bhogoṁk *(d. do s.)*
Exutorio, *s. m.* vâhvuṁk kelalo ghây *m.*
Exuvialidade, *s. f.* kât soḍcho guṇ *m.*
Ex-voto, *s. m.* âṁgvaṇîchî vast *f.*, -ughḍâs *m.*

F

F, soveṁ akshar *(ph).*
Fá, madhyam *m.*
Fabordão, *s. m.* guṇguṇit gâyan *n.*; *(fig.)* *V.* DESENTOAÇÃO. ‖ *Cantar por — (fig.)*, baḍbaḍuṁk, pharpharuṁk.
Fabrica, *s. f.* bâṁdhap *n.*, bâṁdhâvaḷ; imârat *f.*, maṁdir; ghaḍap *n.*, ghaḍvaṇ; *officina:* sâḷ, śilpaśâlâ *f.*, kârkhâṇo *m.*, karmasthân; *rendas de uma egreja:* phâbrîk *n.*
Fabricação, *s. f.* bâṁdhṇî *f.*, bâṁdhap *n.*
Fabricador, *a. e s. m.* bâṁdhṇâr, bâṁdhpî; ghaḍpî.
Fabricante, *s. m.* śilpî, ghaḍpî.
Fabricar, *v. t.* bâṁdhuṁk, ubhâruṁk; ghaḍuṁk, rachuṁk; *amanhar:* kamâvuṁk, kârâvuṁk; *cunhar:* ṭâṁkuṁk, peṭuṁk; *effectuar:* karuṁk, sâdhuṁk; *(fig.)* yojuṁk, kalpuṁk. ‖ *— pão*, uṁḍo karuṁk.
Fabricario, **fabriqueiro**, *s. m.* phâbriker.
Fabrico, *s. m.* ghaḍap *n.*, kamây, rachṇî *(mar.)* navsarṇî *f.*, sârko karṇeṁ *n.* ‖ *V.* AMANHO.
Fabril, *a.* śilpî, śilpkâmâcho.
Fabro, *s. m. V.* ARTIFICE.
Fabula, *s. f.* kahâṇî, kathâ *ou* kaṁthâ, upakathâ, goshṭ, kâdaṁbarî *f.*, âkhyân; gap, tâl *n.*; *(fig.)* keṁḍṇecho mâl *m.* ‖ *V.* ALLEGORIA.
Fabulação, *s. f.* kalpit kathâ *f.*; tâtparya; gap, tâl *n.*
Fabulador, *a. e s. m.* kathârachak, kâdaṁbaryo; gapî, tâlyo.
Fabular, *v. t.* ghaḍûn sâṁguṁk, upakathuṁk. ‖ *v. i.* kahâṇyo rachuṁk; chaṁvlyo sâṁguṁk.
Fabulista, *s. f.* kaṁthâkâr, kaṁthî, upakathî; *(fig.)* gapî, tâlyo.
Fabulizar, *v. t.* kahâṇî-, kathâ karuṁk *(g. do o.)*; kalpûn,- rachûn-, ghaḍûn sâṁguṁk.
Fabulosamente, *adv.* kahâṇiyechyâ prakârân, kathârûpîṁ.
Fabuloso, *a.* kathecho, kahâṇiyecho; kalpit, ghaḍlalo, rachlalo; ajâpâṁcho, vismit; kharî khabar-, kaḷâkaḷ nâslalo.
Faca, *s. f.* surî, piśkâtî; kâtî *(— dos lavradores de palmeiras) f.*; koyto, bobdo *(— de matto, — de rasto)*; *cavallo pequeno:* taṭû *m.*, ghoḍkeṁ *n.* ‖ *Pôr — aos peitos*, gaḷo phugâr karuṁk (*do port.* AFOGAR). *Metter a — (fig.)*, kâtar mâruṁk. *Ter a — e o queijo na mão*, âdhîn saṁsâr âsuṁk *(g. do s.)* *Á —*, kapî kâḍhûn; sumârân. *Á faca-sola*, pâṁy jharaun,- dâḍâvûn.
Facada, *s. f.* suriyccho ghây,- phâḍ *m.* ‖ *Matar ás facadas*, suriyen, mâruṁk. *Coser ás —*, *V.* ESFAQUEAR.
Facalhão, **facão**, *s. m.* suro *m.*
Facanéa, *s. f. V.* HACANEA.
Façanha, *s. f.* mât, parâkram *m.*, karm, mahâkârya, charit; kautuk, naval; mahâpâp, mahâpâtak *n.*
Façanheiro, *a.* tâvdârkâr, baḍâykhor, phidâlkor.
Façanhoso, *a.* vismit, kautîk, ajâpâṁcho, navlâṁcho.
Façanhudo, *a.* kautîk; parâkramî, mâtyo; puṁḍ, peṁḍhâro.
Facção, *s. f.* mohîm, dauḍ *f.*; peṁḍeṁ, baṁḍ, kûṭ, mat *n.*; kaṭ, taḍ, paksh, pakshapât *m.*, taraphdârî *f.*
Faccionar, *v. t.* paksh-, peṁḍeṁ karuṁk *(g. do o.)* ‖ *V.* ALVOROTAR.
Faccionario, *a. e s. m.* kuṭâcho, pakshâcho, pakshapâtî, taraphdâr.
Facciosidade, *s. f.* ekâṁgîpaṇ *n.*

Faccioso, *a.* bamḍî, kuṭâkâr; *(fig.)* ekâmgî, pakshapâtî.

Face, *s. f.* tomḍ, mukh; vadan, mukhkamaḷ *n.*, mukhchamdr *(poet.) m.*; muskar, muskaṭ *(deprec.) n.*; polo, gâl *m.*, gâldî *(dim.) f.*, gâlphûṭ *(deprec.)*; *presença:* mukh *n.*, hujîr *f.*, *superficie:* âmg *n.*, kûs *f.*, taḷ; *aspecto:* âkâr *m.*, rûp *n.* || *Fazer* —, samor-, mukhâr âsumk; nâ bâḍgûmk, parvâ nâ karumk; *(fig.)* pâvumk. *A* —, mukhâr, hujîr. *A — do mundo,* sabhemâjâr. *Em* —, phuḍe, phuḍyân. *Lançar em* —, tomḍâr mârumk. — *a* —, tomḍâtomḍîm, rubrub.

Faceado, *a.* kusî âslalo, chaurâs.

Facear, *v. t.* kûs-, koṇ karumk *(d. do o.)*; chaurâs karumk.

Facecia, *s. f.* gamat *f.*, vinod, upahâs *m.*, phakâmḍ *n.*

Facecioso, *a. V.* FACETO.

Faceira, *s. f.* bailâchyâ dâḍhmaṇâmchem mâs *n.*; phugre pole *m. pl.*

Faceiramente, *adv.* bhoḷepaṇîm.

Faceiro, *a.* halbaḷo, bhoḷo; phoṭkiryâ śimgârân neṭlalo.

Facejar, *v. t. V.* FACEAR.

Faceta, *s. f.* koṇ, pailû *m.*

Facetado, *a.* koṇâcho, pailûdâr.

Facetamente, *adv.* vinodîm, phakâmḍân.

Facetar, *v. t.* koṇ-, pailû karumk *(d. do o.)*

Facetear, *v. i.* gamat-, phakâmḍâm-, bhâso karumk.

Faceto, *a.* kheḷgar, gamtî vinodî bhâsâḷo, phakâmḍî, laphâmgo; rasik, vinodâcho, baḷyâmcho.

Facha, *s. f. V.* FACHO *e* CARA.

Fachada, *s. f.* phuḍo, mukhbhâg, agrabhâg *m.*, mukh *n.*

Facheiro, *s. m.* kâkaḍekâr, divṭekâr, maśâlji.

Fachina, *s. f.* bharî *f.*, śirpuṭâm *n. pl.* || *V.* ESTRAGO.

Fachinar, *v. t.* bhariyâmnîm mumdhumk,- bharumk; bharyo bâmdhumk *(g. do o.)* || *V.* DESTROÇAR.

Fachineiro, *s. m.* bharyo kartalo; bharyâmnîm mumdhtalo.

Facho, *s. m.* dhagṭo; kâkaḍo *m.*, ujvâḍî divṭî, chûḍ, maśâl *f.*, hilâl *m.* || *V.* PHAROL.

Facial, *a.* polyâmcho, gâlâmcho; tomḍâcho.

Facies, *s. m.* âkâr *m.*, rûp *n.*

Facil, *a.* sompo, susâr, sulabh, haḷû, halko, saraḷ, ujû. || *Ser — de,* sompepaṇîm karûmyeso. *Isso é — de dizer,* sâmgtale jâyte âsât.

Facilidade, *s. f.* sompepaṇ, susârpaṇ, saraḷpaṇ *n.*; tâmk, kuvet *f.* || *V.* DESTREZA *e* LEVIANDADE. || -S, *pl.* sompo upây *m.*, sâdhan *n.*; bhav sattyâ, chaḍh salgî *f.*

Facilitação, *s. f.* sompo karṇem; sompepaṇ *n.*

Facilitador, *a. e s. m.* sompo kartalo, sompauṇâr.

Facilitar, *v. t.* sompo karumk, sompaumk; âdhîn karumk. || *v. r.* sompo jâvumk,- paḍumk; luḷî-, kuvet jâvumk *(d. do s.)*

Facilmente, *adv.* sompepaṇîm.

Facinora, facinoroso, *a.* mahâpâpî, mahâpâtkî, anyâyî adharmishṭ, dushkarmî, ghor. || *s. m.* chamḍâḷ

Facistol, *s. m.* pustakâdhâr *m.* || *V.* FALDISTORIO.

Façoila, *s. f.* moṭem tomḍ *n.*

Fac-simile, *s. m.* nîṭ prat, sârkî-, barâbar nakal *f.*

Facticio, *a.* âḍecho, hâlâyto; samvay kelalo. || *V.* CONVENCIONAL.

Factivel, *a.* karcho, ghaḍcho, jâvûmyeso, salav, sulabh.

Facto, *s. m.* jâlalem kâm *n.*, ghaḍlalî vast, ghaḍṇî, goshṭ, vârttâ, kriyâ *f.*, kartûb, karm *n.* || *Estar ao* —, khabar âsumk *(d. do s.)*, jâṇo jâvumk. *Pôr ao* —, kaḷaumk, gamaumk. *Vias de* —, mâr *m.*, badaunî *f. Questão de* —, bhût *n. De* —, kharemch, dubhâvâvîṇ.

Factor, *s. m.* karṇâr, pâḷṇâr; kârbhârî, aḍtyo *m.*; *(math.)* pad, guṇakpad *n.*

Factoria, *s. f. V.* FEITORIA.

Factotum, *s. m.* sarvkârbhârî, harkâmî. || *V.* CONFIDENTE.

Factura, *s. f.* karṇî *f.*, kartûb; kâm *n.*; kriti *f.*; bîjak *n.*, vikpâchî paṭṭî,- śivḍî *f.*, parvâṇo *m.*

Facturar, *v. t.* bîjak karumk *(g. do o.)*, paṭṭiyer mâmḍumk.

Façudo, *a.* moṭyâ-, phugryâ tomḍâcho, tomḍâḷ.

Faculdade, *s. f. potencia:* śakti *ou* sakat *f.*, guṇ *m.*; *aptidão:* kuvet, tâmk, tâkat, sâmarthi *f.*, hât, makhdûr *m.*; *direito:* padvi, sattâ *ou* sattyâ *f.*, adhikâr *m.*; *licença:* rajâ *f.*, parvâṇo *m.*; *sciencia:* śâstr *n.* || *V.* ENSEJO. || -S, *pl. V.* BENS.

Facultar, *v. t.* padvî-, rajâ divumk *(d. do o.)*, niropumk, nirmumk; âdhîn karumk, hâtân ghâlumk.

Facultativo, *a.* padvecho, sattecho; âpkhuśecho, svatamtrâcho. ‖ *s. m. V.* MEDICO.
Facultoso, *a. V.* RICO.
Facundia, facundidade, *s. f.* vâchâśakti, vâchâyukti *f.*, tomḍbaḷ, suvachan *n.*
Facundo, *a.* ulaumk baro, vâchâśaktivamt, sumdarbhâshî, ativâdî.
Fada, *s. f.* parî; *(fig.)* sumdarî, kâminî.
Fadado, *a.* daivân nirmilalo. ‖ *Bem* —, daivvamt, adṛishṭvamt. *Mal* —, kapâlphuṭko, lakṭo phuṭlalo.
Fadar, *v. t.* nirmumk, pûrvniyog karumk *(g. do o.)*; âchârumk, âdim suchaumk. ‖ *V.* DOTAR. ‖ *Deus te fade bem*, Dev tukâ prasann jâmv, ajarâvar jâ.
Fadario, *s. m.* daivâdhînpaṇ *n.*, daivyog, lakṭo *m.*, kapâl *n.*; dagdag, upadre, halahvâl; aṭâs *m. pl.*, ghâs *f.*
Fadejar, *v. i.* âplo lakṭo pâḷumk, kapâlâmt barailalem karumk.
Fadiga, *s. f.* kashṭ, śram, kaṭâs *m.*, âmgmoḍ, ghâs, thakṇî, maśâgat, kasrat, dhâmvdhûp, dhâmvdhupaṭ, ghâm ûm *f.*, dagdag *m. pl.*
Fadigador, *a. e s. m. V.* AFADIGADOR.
Fadigar, *v. i. V.* FATIGAR.
Fadigoso, *a.* kashṭâmcho, dagdagâmcho, ghâsîcho; avghaḍ, samkashṭ.
Fadista, *s. m.* lâpîṭ, pâmprel; bâmṭo.
Fadistagem, *s. f.* pâmprelpaṇ; bâmṭepaṇ *n.*
Fado, *s. m.* daiv, karm, adṛishṭ, nasîb *n.*, lakṭo, kâḷ, kṛitâmt *m.*; nirmaṇ, śakun; pad *n.*
Fagote, *s. m.* phâgot *f.*
Fagueiro, *a.* mogâḷ, prîtivamt, premaḷ; dulabh, lavlavît, chokhaṭ.
Fagulha, *s. f.* kîṭ *f.*, kiṭaḷ *n.* ‖ *s. m.* dhaḍbaḍyo-, huḷhuḷo manis, jamjâḷo.
Faianca, *s. f. (ant.) V.* FANCARIA.
Faiante, *s. m.* himḍṇo, pâmprel.
Faim, *s. m. V.* ESPADIM.
Faina, *s. f.* tarvâvaylem kâm *n.*; *(fig.)* kasrat, maśâgat, ghâs *f.*
Faisca, *s. f.* kiṭaḷ *n.*, kîṭ; jhagal *(— electrica) f.*
Faiscador, faisqueiro, *s. m.* jhârekâr.
Faiscante, *a.* kiṭâḷo; jhigjhigît.
Faiscar, *v. t.* (kiṭḷâm) usḷâvumk, chakchakâvumk. ‖ *v. i.* kiṭî-, kiṭḷâm usḷumk *(g. do s.)*, chakchakumk, jhigjhigumk, liklikumk; bhâmgârâchî pûḍ śodhumk.
Faisqueira, *s. f.* bhâmgârâche puḍichî svât; sonyâchî lahân khaṇ *f.*
Faixa, *s. f.* bâmd, śelo, paṭṭo, kamarbamd; bâmdh *m.*, bâmdhap *n.*; peṭî *f.*, tîr (*port.* TIRA) *m.*; loy *f.* ‖ **-s**, *pl.* âmgoṭyo *f. pl.*
Faixar, *v. t.* paṭṭyân bâmdhumk, bâmd ghâlumk *(d. do o.)*
Faixeiro, *s. f.* burgyâk bâmdhchî âmgoṭî *f.*
Fakir, *s. m.* phakîr.
Fala, *s. f.* vâchâ, vâṇî, ukti, bol, bolî, bolṇem, ulauṇem, vachan *n.*, vâd; *discurso:* sabhâvâd *m.*, bhâshaṇ, pravachan; *phrase:* uttar *n.*, śabd *m.*; *dicto:* sâmgṇî, mhaṇṇî *f.* ‖ *V.* ESTYLO. ‖ *Perder a* —, vâchâ dharomk *(g. do s.)* *Sem* —, ulai nâstânâ. *Vir á* — *(fig.)*, bolî jâvumk *(g. do s.)*
Falacia, *s. f.* bob, vel, âraḍ, govjî *(us. Can.) f.*
Falada, *s. f.* gajâl, gajâlmât, bât *f.*; lokvâdâchem kâm. *n.* ‖ *Fazer* —, lokâk tomḍ divumk.
Faladeira, *s. f.* bhav ulaitalî, jîbh mâḷâr ghâltalî.
Falado, *a.* nâvâḍhlalo, nâvâḍhgo; ulailalo, sâmglalo; bolî kelalo.
Falador, *s. m.* ulauṇo, bâtyo, bolṇo, bolṇâr, pachpacho.
Falamento, *s. m. (p. us.)* ulauṇem *n.*, gajâl *f.* ‖ *V.* DISCURSO.
Falante, *a.* ulaito. ‖ *Bem* —, tomḍbhar ulaitalo.
Falar, *v. t.* ulaumk, mhaṇumk, uchchârumk, sâmgumk, vâdumk, bolumk. ‖ — *grego ou em latim (fig.)*, tuṭkem-, samjanâsem ulaumk. ‖ *v. i.* ulaumk, bolumk, vâdumk; gajâl karumk,- mârumk. ‖ — *alto*, vhaḍlyân ulaumk. — *baixo*, lohuvân ulaumk. — *bem*, baro-, bare bhâshen ulaumk. — *mal (fig.)*, pojaḍpaṇâm ulaumk, kiḍe omkumk (*litt.* VOMITAR BICHOS). — *por* —, tomḍâk yetâ mhaṇ ulaumk; saḍsaḍit-, saḍâsaḍ ulaumk. — *de cadeira*, gaṇûn ulaumk. — *do coração*, kâḷjâmtthân ulaumk. — *á tôa*, vâryâr ulaumk. — *por alguem*, dusryâpâsvat mâgumk. *Dar que* —, sagḷyâmchyâ tomḍâmt jâvumk.
Falatorio, *s. m.* bob, vel; gajâl, bât *f.*; *locutorio:* âlâpasthân *n.* ‖ *V.* MURMURAÇÃO.
Falbalás, *s. m. pl.* sakailî deg *f.*
Falca, *s. f.* chaurâs taḍas *m.*
Falcão, *s. m.* sâvḷo pakhsâḷo, kâkaṇsâvḷo, kâkûṇ *m.*, ghiḍgem *n.*
Falcato, falciforme, *a.* koytî kasî.

Falcatrua, *s. f.* nâḍ *f.*, nâḍgepaṇ, taṭdhoṁg *n.*

Falcatruar, *v. t.* nâḍuṁk, phasauṁk ṭhakuṁk.

Falcoeiro, *s. m.* ghiḍgîṁ postalo.

Falda, *s. f. V.* FRALDA.

Faldistorio, *s. m.* bispâchî kadel *f.*

Falha, *s. f.* ver, chîl, dhâḷ; *defeito:* khoḍ *f.*, aib; *falta:* toṭo *m.*, *aṁtaratva *n.*; chûk, beśuddh *(us. Can.)*; *quebra:* tûṭ *f.*, uṇâv *m.* || *V.* RUPTURA. || *Sem* —, chuka nâstânâ. *Dar falhas,* chukuṁk, chukî karuṁk.

Falhar, *v. t.* verâvuṁk, ver ghâluṁk *(d. do o.)*, chîl-, ḍoṁplo karuṁk *(d. do o.)* || *v. i.* verevuṁk, ver vachuṁk *(d. do s.)*; tuṭuṁk, tûṭ jâvuṁk,- âsuṁk *(d. do s.)*; chukuṁk, khaḷuṁk, aṁtruṁk, vipluṁk; nâ jâvuṁk, nâ ghaḍuṁk, bighḍuṁk; chukî karuṁk, vitharuṁk.

Falho, *a.* ver-, tûṭ âslalo; bighaḍlalo. || *Estar* —, nâsuṁk *(d. do s.)*

Falinha, *s. f.* phutphutnî, guṇguṇî *f.*

Fallacia, *s. f.* nâḍ *f.*, phasaṇ, kapaṭ *n.*, bhûl, mâyâ *f.*; âbhâs, atark, kutark *m.*

Fallar, *V.* FALAR.

Fallaz, *a.* phoṭkiro, bâshkaḷ, nâḍgo, ṭhak, mâyârûpî, mâv, lâgyo; âbhâsâcho, atark.

Fallecer, *v. i.* nâsuṁk, nâṁ jâvuṁk, saruṁk; nâ pavuṁk; *morrer:* maruṁk, saruṁk, bhâyr paḍuṁk, gat jâvuṁk. || — *de, V.* CARECER.

Fallecimento, *s. m.* toṭo, uṇâv *m.*; garaj *f.*; marṇ *n.*

Fallencia, *s. f.* chûk, beśuddh, visar; khaḷṇî, vagaḷṇî *f.*; divâḷeṁ, bâṁkrûṭ *(do ingl.* BANKRUPT*) n.*

Fallibilidade, *s. f.* chukcho guṇ *m.*, bhramayogyatâ *f.*

Fallido, *a.* divâḷeṁ kâḍhlalo, divâḷo; uṇâk. || *Massa fallida,* divâḷyâchî âstî *f.*

Fallimento, *s. m.* chûk; khaḷṇî; tûṭ; bighaḍṇî *f.*; *(ant.)* marṇ *n.*

Fallir, *v. i.* divâḷeṁ kâḍhuṁk. || *V.* FALTAR.

Fallivel, *a.* chuka sârko, chukûṁyeso, bhrâṁya; jâyt nâ jâyt taslo.

Fallivelmente, *adv.* chukûn, ghaḍanâyet jâvûn; athîrpaṇîṁ.

Falqueador, falquejador, *s. m.* saḷpâvṇâr, tâspî.

Falquear, falquejar, *v. t.* saḷpâvuṁk, tâsuṁk; pâchârîṁ mâruṁk,- bharuṁk *(d. do o.)*

Falquejadura, *s. f.* saḷpâvṇî *f.*; pâchârîṁ mârṇeṁ *n.*

Falripas, *s. f. pl.* moṭve âni pâtaḷ keṁs *m. pl.*

Falsa, *s. f. V.* DISSONANCIA.

Falsa-braga, *s. f.* pâgâr *m.*

Falsador, *s. m. V.* FALSARIO *e* FALSIFICADOR.

Falsamente, *adv.* satâvîṇ, laṭîkpaṇîṁ, phoṭaun, baḷyâṁ, bâshkaḷpaṇîṁ.

Falsar, *v. t.* jokhâr va mepâr phoṭauṁk,- nâḍuṁk; moḍuṁk. || *V.* BALDAR. || *v. i.* phoṭauṁk, phoṭî mâruṁk; verevuṁk, phuṭoḷyo vachuṁk *(d. do s.)*; chukuṁk, na basuṁk, nâ lâguṁk. || *V.* FALSIFICAR *e* DESAFINAR.

Falsario, *s. m.* khoṭî âṇ ditalo, âplo śapûth pâḷi nâslalo; khoṭe nâṇe-, phoṭkirîṁ patrâṁ kartalo.

Falsear, *v. t.* moḍuṁk; bhaṁg karuṁk *(g. do o.)*; nâḍuṁk, ghât ghevuṁk *(g. do o.)*; dushṭ-, laṭîk karuṁk. || *V.* BALDAR. || *v. i.* besûr jâvuṁk.

Falsete, *s. m.* nakalî gaḷî *f.*; *(fig.)* kinnro ṭâḷo *m.*

Falsetear, *v. t.* kinnryâ ṭâḷyân gâvuṁk,- ulauṁk.

Falsia, *s. f. V.* FALSIDADE.

Falsidade, *s. f.* asat, *asate, laṭîk, laṭîkpaṇ, kuḍepaṇ *n.*, khoṭî; phoṭ, labâḍî *f.*, bâshkaḷpaṇ *n.*

Falsidico, *a.* phoṭkiro, tâlyo, gapî.

Falsificação, *s. f.* phoṭkiro-, khoṭo karṇeṁ *n.*; bhel *f.*

Falsificador, *a. e s. m.* khoṭo kartalo; barsitalo.

Falsificar, *v. t.* phoṭkiro-, khoṭo karuṁk, *laṭikâvuṁk; barsuṁk.

Falsifico, *a. (p. us.)* labâḍ, ḍhoṁgî, ṭhakî.

Falso, *a.* phâls, laṭîk, asat, phoṭkiro, khoṭo, kuḍo; *fingido:* phoṭkiro, kapaṭî, mâv; *perfido:* labâḍ, ghâtkî, gaḷekâpo, vâṁkḍo; *errado:* chuklalo, aśuddh; *falsificado:* khoṭo, nakalî, barsilalo. || *adv.* phâls, phoṭîn. || *Em* —, beshṭeṁ, vâyâṁ. *Pancada em* —, basa nâslalo phâr. *Pôr um pé em* —, âḍvo pâṁy paḍuṁk *(g. do s.)* *Trucar de* — *(fig.)*, lâgâṁnîṁ phoṭauṁk; chukûn ulauṁk.

Falta, *s. f.* phâlt, nâsṇeṁ *n.*, abhâv, toṭo, dukaḷ, uṇâv *m.*, uṇepaṇ, kamîpaṇ *n.*, kamtî, garaj, napurvaṇ, apûrṇay *f.*; *culpa leve:* lahân guṇyâṁv, aguṇ apaguṇ, biṁg, aib, âjṅâv *m.*, dûshaṇ, *avalakhen *n.*, *khyâlî; *erro:* chûk, kasar, taphârat *f.*, pramâd *m.*; *omissão:* akarm *m.*, vagaḷṇî, khaḷṇî; *morte:* marṇ *n.* || *V.*

AUSENCIA. || *Fazer* —, garaj âsumk,- paḍumk *(g. do s.)*; nâ dishṭîpaḍumk. *A — de ou na — de*, nâslyâr, nâ jâyt tar. *Sem* —, khaḷa-, chuka nâstânâ.

Faltar, *v. i.* nâsumk, nâm jâvumk, uṇo-, kamî jâvumk,- paḍumk, garaj âsumk,- jâvumk,- paḍumk *(g. do s.)*; tuṭumk, khaḷumk; *não comparecer:* hâjîr nâsumk, dishṭî nâ paḍumk, nâ yevumk; *não soccorrer:* nâ pâvumk, âdhâr nâ divumk; *falhar:* chukumk, nâ lâgumk, nâ temkumk; *não cumprir:* nâ pâḷumk; *morrer:* marumk. || — *ao respeito*, mân nâ divumk. — *com alguma coisa*, dî nâstânâ râvumk.

Falto, *a.* phâlt, nâsıalo, uṇo, apûrṇ, vikhaṇ, apurto; lumdo, mumḍho.

Falua, *s. f.* machvo, bajro *m.*

Falueiro, *s. m.* machvekâr.

Fama, *s. f.* phâm *n.*, ḍâg, avây *f.*, lokvâd *m.*; *noticia:* khabar, vârttâ *f.*; *reputação:* nâmv, nâmvrûp *n.*, âbrû, kîrti, sukîrti; dushkîrti, apakîrti *(má —)*; *renome:* prasiddhi *f.*, yaś *n.*, laukik *m.* || *Ter* —, nâvâḍhomk, nâvâḍhgo-, prasiddh jâvumk.

Famelico, *a. V.* FAMINTO.

Famigerado, *a.* nâvâḍhgo, prasiddh, kîrtivamt, yaśasvî.

Famigerador, *a. e s. m.* nâmv praghaṭṭalo, nâvâḍhnâr.

Famigero, *a.* kîrtivamt.

Familia, *s. f.* phâmîl *f.*, gharchîm *n. pl.*, kuṭumb *m. e n.*, bâilburgîm, burgîmbâḷâm *n. pl.*, gharcho lok, gharâbo *m.*, ghardâr, ghar *n.*, dhûvputr *ou* dhûpût *m. pl.*, jitrab *n.*; *descendencia:* samsat, samchat, utpatti, kuḷî, avlâd *(p. us.) f.*, soyn, samtân; *raça:* kûḷ, gharâṇem, gatr *n.*, vamś *m.*, jât *f.*; *classe:* varg *m.*, jât *f.* || *Pae de* —, gharkâr. *Mãe de* —, gharkârṇ. *Carregado de* —, kuṭumbâḷo. — *real*, râjgotr. *A sagrada* —, pavitr gharâbo. *Em* —, gharchyâmbhitar. *Receber em* —, gharcho kaso ghevumk. *Usança de* —, kuḷâchâr. *Filho-familias*, bâpâykhâl âslalo burgo.

Familiar, *a.* gharcho, gharâbyâcho; gharâvo; *affeito:* rahâṭlalo, kuṭlalo; *intimo:* salgecho, samsargî, *sannidhânî. || *Deuses familiares*, kuḷdevatâ. || *s. m.* râvailalo; gharcho manîs, samsargî, salgî.

Familiaridade, *s. f.* yenemvachnem *n.*, salgî, lagtî, vahivâṭ *f.*, lâgbhâg, sâmgât, parîchay *m.*, sannidhân *n.*

Familiarizar, *v. t.* gharcho-, châlto karumk. || *V.* ACOSTUMAR. || *v. r.* gharcho-, gharâvo jâvumk; samvay jâvumk *(d. do s.)*; rahâṭumk, kuṭumk.

Familiarmente, *adv.* salgen, gharcho kaso.

Faminto, *a.* bhukecho, bhukest, upâsî. || *V.* AVIDO.

Famosamente, *adv.* kîrten, prasiddhîm; uttampaṇîm.

Famoso, *a.* kîrtivamt, yaśasvî, nâvâḍhik, nâvâḍhgo, nâmdâr, prasiddh. || *V.* EXCELLENTE. || *int.* śâbâs!

Famula, *s. f.* râvailalem *n.*

Famulado, *s. m. (ant.)* châkrî, sevâ *f.*, pâṭhlâv *m.*

Famulatorio, *a.* châkrâcho, râvailalyâcho; sevecho.

Famulento, *a. V.* FAMINTO.

Famulo, *s. m.* râvailalo, châkar, gaḍî, sevak, kâmâṭî.

Fanado, *a.* bâvko, viṭko, mlân; sunat kelalo.

Fanal, *s. m.* manoro, dîpastambh *m.*; divṭî *f.*

Fanar, *v. t.* lumḍumk, mumḍhumk; bâvaumk. || *v. i.* bâvumk, jhaḍumk.

Fanatico, *a.* dharmpiso, devpiso, dharmkhuḷo; atibhaktîcho.

Fanatismo, *s. m.* devpisây *f.*, dharmpisem *n.*; atibhakti *f.*

Fanatizador, *a. e s. m.* dharmpiso kartalo,- karcho.

Fanatizar, *v. t.* devpiso-, dharmkhuḷo-, atibhakt karumk. || *v. r.* dharmkhuḷo jâvumk.

Fancaria, *s. f.* vâṇyâmchî âmgaḍ *f.* || *Obra de* —, karḍem-, bâjârî kâm.

Fandango, *s. m.* mâmḍo *m.*

Fandangueiro, *s. m.* mâmḍo nâchtalo; phestâmkâr *(do port.* FESTA*)*.

Faneco, *a. V.* ESCASSO. || *s. m.* kuṭko, ghâmś *m.*

Fanfarra, *s. f.* chermelâmchem *(do port.* CHARAMELA*)* vâjap,- mûjg *n.*

Fanfarrão, *a. e s. m.* tâvdârkâr, baḍâykhor, mijâskâr, phidâlkor *(do port.* FIDALGO*)*, bhâmdo, gaudbemgâlî; chaumchâḷ, damvdâḷ; tomḍyo, ativâdî.

Fanfarrear, *v. i.* baḍâyk-, tâvdârkyo dâkhaumk, mijâs-, phaḍâ karumk.

Fanfarrice, fanfarronice, *s. f.* mijâs, phaḍâ, baḍây, pachurḍâṇ, tâvdârkî, âtmatushṭî; jhâmkṇî *f.*, ativâd *m.*

Fanfarronada, fanfurria, *s. f.* uttrâmchî baḍây, jhâmk, jhâmkṇî *f.*, gaudbemgâl *n.*, śâpatâm *n. pl.*

Fangina, *s. f. (ant.) V.* FACHINA.

Fangueiro, *s. m. V.* ESTADULHO.

Fanhoso, *a.* śimro.

Fanico, *s. m.* kuṭko, sumṭo, roj *m.*, kuḷpuṭî chûr *f.*, tus *n.* ‖ *V.* DESMAIO.

Fanqueiro, *s. m.* vâṇî, kâpaḍyo, roper (*do port.* ROUPA).

Fantasia, *s. f. V.* PHANTASIA.

Faqueiro, *s. m.* suriyâmchem potem *n.*, phâker *m.*

Faquino, *s. m.* igraj jhâḍtalo.

Faquir, *s. m.* phakir.

Farandula, *s. f.* bhorpyâmchem-, bhikârḍyâmchem pemḍem *n.*

Farandulagem, *s. f.* bomdrâm *n. pl.*, phâḷyo *f. pl.* ‖ *V.* FARANDULA.

Farante, *s. f.* dubhâshî; mukhelî; sagḷyâmt tomḍ ghâltalo. ‖ *V.* ARAUTO.

Farça, *s. f.* somg, prahasan *n.*, nâṭikâ, gamat, nakal *f.*, kautâm *n. pl.*; yamtr, phîs, phiskaṇ, naval *n.*

Farçada, *s. f.* yamtr, naval; gauḍbemgâl *n.*

Farçante, *s. m. e f.* somgâkâr somgâḍî (somgâkârṇ, somgâḍiṇ *f.*), somgâm-, kautâm kartalo; *(fig.)* yamtrî, phakâmḍî; gauḍbemgâlî, ḍhomgî.

Farçantear, *v. i.* yamtrâm-, gauḍbemgâlâm karumk.

Farcista, *s. m.* yamtrî, phakâmḍî, kautâmkâr; gauḍbemgâlî. ‖ *a.* kautukî, nakalî, prahâsî.

Farçola, *s. m.* bhâsâḷo, yamtrî, khebaḍî. ‖ *V.* FANFARRÃO. ‖ *s. f.* phakâmḍ, khebaḍ *n.*

Farçolice, *s. f.* phakâmḍ *n.*, bhâso *f. pl.* ‖ *V.* FANFARRONICE.

Farda, *s. f.* phârd *n.*, śipâyvesh; pehrâvo, śrimgâr *m.*

Fardagem, fardelagem, *s. f.* pemḍhiyâmchî râs; mustâykî *f.*, sâmaṇ *n.*

Fardamento, *s. m.* phârdâmemt, śrimgâr, sâj *m.*

Fardar, *v. t.* phârd nesaumk *(d. do o.)*

Fardel, *s. f.* khâṭlipoṭlî *f.*, pemḍoḷem, boksem *n.*

Fardeta, *s. f.* solḍâḍâchî jâket *f.*

Fardete, *s. m.* muḍî *f.*

Fardo, *s. m.* ojhem, ghomgḍem *n.*, pemḍhî *f.*, pemḍho, muḍo, goṇ, bharo *m.*, bharî *f.*

Farejar, *v. t.* humgûn śodhumk; humgumk, vâs ghevumk *(g. do o.)*; *(fig.)* sûd ghevumk *(g. do o.)*, sudîk lâgumk *(g. do o.)*; pârkhumk, śodhûn kâḍhumk. ‖ *v. i.* humgumk.

Farelaceo, *a.* kumḍo âslalo.

Farelagem, *s. f.* kumḍyâchî râs *f.* ‖ *V.* FARELORIO.

Farelento, *a.* kumḍyâcho, kumḍyân bharlalo.

Farelhão, *s. m.* umch jumvo *m.*, -ṭomk *n.*

Farelo, *s. m.* kumḍo *m.*, bhûs, tus *n.*

Farelorio, *s. m.* gaṭarphaṭar *n.*, potero, kirkuso *m.*

Faretrado, *a.* bhâto-, tuṇ âslalo; bhâldiyen toplalo.

Farfalha, *s. f. V.* FARFALHEIRA. ‖ -s, *pl.* saḷpuṭyo, kavamchyo *f. pl.*, churo; *(fig.)* potero *m.*, kuskuṭâm *n. pl.*

Farfalhada, farfalharia, *s. f.* sarsaro, charcharo, karkar; bobâḷ *m.*, gaḍbaḍ; *(fig.)* jhâmk, pharpharṇî, baḍbaḍṇî, bât; sukî baḍâyk,- mijâs *f.*, tâvdârkyo *f. pl.*

Farfalhador, *s. m.* bobâḷ kartalo, gaḍbaḍo, gaḍgaḍyo; baḍbaḍyo, barbaro, bâtmâro, bâtyo, pharpharo. ‖ *V.* EXAGGERADOR.

Farfalhão, *s. m.* jhâmkro, pharpharo, tomḍyo, pachpacho.

Farfalhar, *v. i.* bobâḷ-, karâmḍây karumk; baḍbaḍumk, jhâmkumk, barbarumk, pharpharumk, pachpachumk.

Farfalheira, *s. f. V.* FARFALHADA *e* CASCALHEIRA.

Farfalheiro, *a.* sarsarît, karkarît, charcharît, pharpharît.

Farfalhento, *a.* pharpharo, pachpacho, pachpachît.

Farfalhice, *s. f.* jhâmk, jhâmkṇî, baḍbaḍṇî *f.*

Farfalhudo, *a.* moṭyâm uttrâmcho, lâmbâm śabdâmcho.

Farfancia, *s. f.* mijâs, baḍâyk, phâḍâ, dhajâ *f.*

Farfante, *a.* mijâskâr, baḍâykhor, tâvdârkâr; dabâjyâcho, ḍaulî, śobhit.

Farilhão, *s. f.* udkâvayr distem sûḷ khaḍap *n.*

Farinaceo, farinhento, farinhoso, *a.* piṭhâcho, piṭho, piṭhâḷ; pîṭh kasem.

Farinha, *s. f.* pîṭh *n.*; piṭho *m.*; *(fig.)* jât, tahrâ *f.* ‖ *Flor de —*, bârîk âṇi nitaḷ pîṭh. *Fazer — (fig.)*, barem paḍumk *(d. do s.)*, puraumk.

Farinheiro, *s. m.* pîṭh viktalo.

Fariscar, *v. t.* humgumk, humgûn kâḍhumk.

Farnel, *s. m. V.* FARDEL.

Far-niente, *s. m.* bekârpaṇ *n.*, beṭhelî *f.*

Faro, *s. m.* humgṇî *f.*; vâs *m.*

Farofia, *s. f.* tâmṭyâmchyâ boḷâchî dos; *(fig.)* ḍeḍ damḍechî vast *f.* ‖ *V.* BAZOFIA.

Farpa, *s. f.* kûṁs *n.*, âṁkdo, ulaṭkâṁṭo, kâṁṭo; phâḷo *m.*, phâḷî, chiṁdhî *f.*; tirkas lugaṭ *n.*

Farpado, *a.* kûṁs-, kâṁṭo âslalo, kuṁsâḷo; piṁjkar, piṁjar. || *Lingua farpada,* chirlalî jîbh.

Farpante, *a.* piṁjtalo, piṁjkar.

Farpão, *s. m.* moṭeṁ kûṁs, kusaḷ *n.*; moṭo tîr,- śar *m.*; âṁdullî *f.*; *(fig.)* dâg *m.* || *V.* ARPÉO *e* FATEIXA.

Farpar, *v. t.* kûṁs-, kâṁṭo lâvuṁk *(d. do o.)*, âṁkḍâvuṁk; tirkas kâtruṁk; piṁjuṁk, phâḷyo karuṁk *(g. do o.)* || *v. i. e r.* piṁjuṁk, tîr (*port.* TIRA)-, phâḷyo jâvuṁk *(g. do s.)*

Farpear, *v. t.* kûṁs lâvuṁk *(d. do o.)*, âṁkḍo topuṁk *(d. do o.)*

Farpella, *s. f.* âṁgvastr *n.*

Farragem, *s. f.* charbaṭ, chârkhaṁḍ *n.*, khichḍî *f.*

Farrancho, *s. m.* lamaṇ, baṁḍ *n.*

Farrapada, farraparia, *s. f.* boṁdrâṁ, junerâṁ *n. pl.*

Farrapão, *s. m.* boṁdro, junerḍo.

Farrapar, *v. t. V.* ESFARRAPAR.

Farrapo, *s. m.* phâḷo *m.*, phâḷî, chiṁdhî, vâvdorî, âṁgoṭî *f.*; boṁdar, juner, bhâṇśireṁ *n.*, tavko *m.*

Farreo, *a.* piṭhâcho. || *s. m. V.* FARRO.

Farricôco, *s. m.* khâṁd mârtalo, khâṁdkâr, tiḍbiḍyo.

Farripas, *s. f. pl.* keṁsṭyo *f. pl.*

Farro, *s. m.* bol *m.*, lâtaḍ, sâṁdaṇ *n.*; âṁbîl *f.*

Farronca, *s. f.* moṭo ṭâḷo *m.*, gaṁbherîṁ uttrâṁ *n. pl.*, baḍâyecheṁ ulauṇeṁ *n.*, mijâs *f.*

Farroupilha, *s. m.* boṁdro, junerḍo; *(fig.)* bhâṇśiro, gâṁḍû, choṁbḍo.

Farroupo, *s. m.* varshâuṇo dhukar *m.*

Farrumpeo, *s. m.*, **farrusca,** *s. f.* koḷsyâcheṁ-, gobrâcheṁ khat *n.* || *V.* CHANFALHO.

Farrusco, *a.* gobro, kâḷso; gobrân bharlalo.

Farsilhão, *s. m.* vâḷo *m.*

Fartação, *s. f.* bharap *n.*, bhar *f.*

Fartadela, *s. f.* poṭbhar, bhâteṁ; poṭâk pâvaseṁ; *grande quantidade:* poṭbhar *n.*

Fartamente, *adv.* poṭbhar; jâyteṁ, bharûn.

Fartar, *v. t.* dhâdasî karuṁk, poṭ bharuṁk *(g. do o.)*, poṭbhar jevuṁk va piyevuṁk divuṁk *(d. do o.)*; *(fig.)* bhâgauṁk, purauṁk, bharuṁk. || *A —,* poṭbhar, poṭ ragḍûn. || *v. i.* purojâvuṁk, pâvuṁk. || *Que farte,* jâyteṁ, bharûn. || *v. r.* poṭ bharuṁk,- tâṇuṁk, poṭbhar jevuṁk, dhâdasî jâvuṁk; bhâguṁk. || *V.* CANÇAR-SE.

Fartavel, *a.* bhâgûṁyeso, dhâdasî jâvuṁcho.

Farteza, *s. f. (p. us.) V.* FARTURA.

Farto, *a.* poṭ bharlalo, poṭbhar jevlalo, dhâdasî; mast, jâyto, paripûrṇ; *gordo:* moṭo, gulgulît, tuṭtuḍît; *fertil:* pikâvo, suphaḷ. || *V.* CANÇADO *e* CHEIO. || *A farta,* bharûn, bhar karûn, âs bhâgaparyâṁt; mast, jâyteṁ.

Fartum, *s. m.* ghurṭâṇ; orḍhâṇ, orashṭâṇ; ghâṇ, ghâṇnarak *f.*

Fartura, *s. f.* kuṁṭh *f.*, dhâdaspâṇ, tarpaṇ; uphâḷeṁ *n.*, sukaḷ *m.*, purav, paripûrtti, paripûrṇây *f.*

Fas, *por — ou por nefas,* âḍveṁubheṁ, nyâyîṁanyâyîṁ.

Fascal, *s. m.* kutal *n.*

Fasciculado, *a.* moḷyo kelalo.

Fascicular, *a.* moḷî kasî.

Fasciculo, *s. m.* moḷî *f.*, peḷo *m.*, peṁḍkûl *n.*; chopḍî *f.*; *ramalhete:* jhelo; *(bot.)* śeṁkryâṁcho ghoṁs *m.* || *Folhas em fasciculos,* chuṁbyâṁnîṁ pânâṁ.

Fascinação, *s. f.* bhârṇî, bhûl, bhulvaṇ, drishṭibaṁdh *f.*, maṁtr *n.*; *enlevo:* samâdhi *f.*, âhlâd, paramânaṁd *m.*; *deslumbramento:* mâyâ *f.*, bhram, *jakh *m.* || *V.* ATTRACÇÃO.

Fascinador, *a. e s. m.* bhûl ghâltalo, nadar bâṁdhtalo; bhulauṇo, phuslâvṇo; maṁtrî, ghâḍî.

Fascinante, *a.* bhulîcho, bhulauṇo, raṁjak.

Fascinar, *v. t.* bhûl ghâluṁk, bhâruṁk, maṁtruṁk; dipâvuṁk, chakauṁk, pisâvuṁk. || *V.* ATTRAHIR.

Fasquia, *s. f.* kâṁb *f.*

Fasquiar, *v. t.* kâṁbî chiruṁk,- karuṁk *(g. do o.)*; kâṁbî ghâluṁk,- mâruṁk *(d. do o.)*

Fastidiosamente, *adv.* ubgaṇeṇ, vâjîn, kâṁṭâḷyân.

Fastidioso, *a. V.* ENFADONHO.

Fastiento, *a.* rûch nâslalo, viṭecho, toṁḍâr bastalo; viṭetalo, vâjelî.

Fastigio, *s. m.* mâtho, śikhar, kaḷas, śeṁḍo *m.*, chûḍ *f.*

Fastio, *s. m.* vîṭ, arûch *f.*, kâṁṭâḷo *m.*; vâj, ubgaṇ, bejârây *f.*

Fasto, *a. V.* FAUSTO *s. m.* || -s, *pl. V.* ANNAES.

Fastoso, fastuoso, *a. V.* FAUSTOSO

Fataça, *s. f.* śevṭo *m.*, śevaḷ *n.*

Fatacaz, *s. m.* laṁbo, kapo *m.*

Fatagear, *v. i.* âṁgâvlîṁ ḍhavḷuṁk,- ustuṁk.

Fatagem, *s. f.* âṁgâvlîṁ ḍhavaḷṇeṁ,- partiṇeṁ *n.*

Fatal, *a.* daivâcho, daivyogâcho, adṛishṭâcho; *decisivo:* thîr, niśchit, khachît; *improrogavel:* khaṁḍit, nirmît. ‖ *V.* FUNESTO.

Fatalidade, *s. f.* daivâcho vaso-, guṇ *m.;* adṛishṭ, nasîb; vighn, karm *n.*, kâḷ, ghât *m.*

Fatalismo, *s. m.* daivvâd *m.*, daivkartṛimat *n.*

Fatalista, *s. m.* daivvâdî, adṛishṭvâdî, daivpar.

Fatalmente, *adv.* chuka-, aṁtra nâstânâ. ‖ *V.* FUNESTAMENTE.

Fateixa, *s. f.* lahân nâṁgar *m*, roylî *f.*, gaḷ *m.*

Fateusim, *s. m. V.* EMPHYTEUSE.

Fatia, *s. f.* phâtî *f.*, kâp, śeḍ *n.*, pes, śîr, phoḍ *f.*

Fatiar, *v. t.* phâtyo-, śiro *(g. do o.)*-, pes karuṁk.

Fatidico, *a.* adṛishṭ gamaitalo, âchârî; pârkhî. ‖ *V.* FUNESTO.

Fatigador, fatigante, *a.* kashṭâytalo, kashṭâṁcho; ghâsîcho, karkarâṁcho. ‖ *V.* PENOSO.

Fatigar, *v. t.* kashṭî karuṁk, kashṭâvuṁk; kharsâvuṁk. ‖ *V.* APOQUENTAR. ‖ *v. r.* puro jâvuṁk *(d. do s.)*, kashṭ bhogoṁk *(d. do s.)*, kashṭî jâvuṁk.

Fatiloquente, fatiloquo, *a.* adṛishṭ sâṁgtalo, bhavishyavâdî.

Fatiota, *s. f.* âṁgâvlîṁ *n. pl.*, neschî muskâykî *f.*

Fato, *s. m.* âṁgvastr *ou* âṁgostr, âṁgâvleṁ *n.; moveis:* phât *m.*, gharguṭî *f.*, gharsâmaṇ *n.; rebanho:* hiṁḍ, kalap *m.* ‖ *V.* BENS.

Fatuamente, *adv.* khuḷepaṇîṁ; ahaṁkârân.

Fatuidade, *s. f.* ahaṁkâr, abhimân *m.*, baḍây; achaturây, avidyâ *f.*, ajñân, ajñânpaṇ; khuḷepaṇ, doḍepaṇ *n.*, mûḍhây, durbuddh *f.*

Fatuo, *a.* doḍo, khuḷo, pisâṭ, mûḍh, durbuddh, achatur, ajñânî; ahaṁkârî, abhimânî.

Fauces, *s. f. pl.* gaḷo, ṭâḷo, ghaṁso *m.*

Faúla, *s. f. V.* FAISCA.

Faúlar, *v. t.* kiṭḷâṁ kasîṁ usḷâvuṁk. ‖ *v. i. V.* FAISCAR.

Faúlha, *s. f.* piṭhâchî ghûs *f.* ‖ *V.* FAISCA. ‖ **-s,** *pl. V.* BAGATELLAS.

Faúlhento, *a.* kiṭyâḷo; ghusîcho; *(fig.) V.* FUTIL.

Fauna, *s. f.* ekdeśaprâṇî *m. pl.*

Fauno, *s. m.* vandevatâ *f.*

Fausto, *a.* subhâgî, kalyâṇî, dhârjaṇo. ‖ *s. m.* âḍaṁbar, dabâjo, ḍaul, ghaṇghaṇ *m.;* vhaḍvîk, vhaḍvikây, phâḍâ *f.*

Faustoso, faustuoso, *a.* dabâjyâcho, ḍaulî, ghaṇghaṇît, ṭhaṇṭhaṇît.

Fauteuil, *s. m.* sukhâsan *n.*

Fautor, *s. m.* hât-, majat ditalo, majatdâr, pakshegâr.

Fautoria, *s. f.* majat, sahây, sâsây, kumak *f.*

Fautorizar, *v. t.* majat-, hât divuṁk *(d. do o.)*

Fava, *s. f.* ghevḍo *m.* ‖ *Vá á* —, balâv ghevûn vach.

Favo, *s. m.* mhoṁvâcho śiṁso; śiṁsyâcho gîr *m.* ‖ **-s,** *pl.* vichvî *f.*

Favonear, *v. t. V.* FAVORECER.

Favonio, *s. m. V.* ZEPHYRO.

Favor, *s. m.* upkâr, âbhâr *m.*, vardân *(poet.) n.;* kurpâ, dayâ, marjî, majat, pustî, dostî, pâṁg *f.*, prasâd *m.; (fig.)* chiṭṭ *f.* ‖ *V.* PARTIDO. ‖ *A — ou em* —, khâtîr, upkârâk. *Ser ou estar a* —, phâvorâr-, bhâgâ âsuṁk. *Por* —, udeśiṁ; dharmâk.

Favoravel, *a.* upkârâcho, upkârâk paḍto, upkârî, bareṁmâgto, bareṁdekhto; prasann, dhârjaṇo, śubh, lâbhto.

Favoravelmente, *adv.* upkârîṁ, prasann jâvûn, kurpen.

Favorecedor, *a. e s. m.* âdhârî, prasannâr, majatvaṁt.

Favorecer, *v. t.* upkâruṁk, âdhâruṁk, prasâduṁk, lâbhuṁk *(d. do o.)*, âdhâr-, kumak divuṁk *(d. do o.)*, majat-, upkâr karuṁk *(d. do o.)* pâvuṁk *(d. do o.)* ‖ *V.* DOTAR. ‖ *v. r.* pâṁg dharuṁk, paiṅgîk râvuṁk, âdhâr śodhuṁk.

Favorita, *s. f.* chaḍh mogâchî, priyâ *f.*, prîtipâtr *n.*

Favorito, *a.* chaḍhâ mogâcho, âvaḍîcho. ‖ *s. m.* aprûbâyecho manîś *m.*, prîtipâtr *n.*

Favoso, *a.* lahânâṁ khoṁḍkulâṁcho. ‖ *Tinha favosa,* vichvî *f.*

Fazedor, *s. m.* karṇâr, kartalo, ghaḍṇâr. ‖ *V.* FEITOR.

Fazedura, *s. f.* karṇeṁ, karaṇ *n.*

Fazenda, *s. f.* dhan, vitt *n.*, gireskây, daulat, âstî, jiṁdgî *f.;* phajeṁd, seṭbhâṭ *n.*, sthâvar, mâl, yepâr *m.*, sâmaṇ. ‖ — *publica,* bhâṁḍâr *n.*, khajno *m.*, koṭhî *f.*

Fazendario, *a.* phajeṁdâcho, khajnyâcho.

Fazendeiro, *a. e s. m.* phajeṁdâr, mâldâr, damdâr. ‖ *V.* FEITOR.

Fazer, *v. t.* karuṁk *(corresponde a quasi todas as accepções)*; ghaḍuṁk, rachuṁk; sâdhuṁk, saṁpâduṁk; mâruṁk. ‖ *V.* DERRAMAR. ‖ — *amor,* lâg karuṁk. — *arraial,* tamâśo-, dhumśâṇ karuṁk. — *arranjo,* upkâruṁk, lâbhuṁk. — *ausencia,* dishṭî nâ paḍuṁk. — *bom,* âp karuṁk, mânoṁk *(d. do s., s. do o.)* — *bom e barato,* kaḍâśek davruṁk. *Não* — *bom cabello,* nâ puraumk, nâ puṭvuṁk. — *cabedal,* lekhuṁk, koṁtâk *(port.* CONTA) dharuṁk. — *cachaço,* âṁg kâḍhuṁk, bhiyevuṁk. — *dizer (fig.),* ulauṁk lâvuṁk, toṁdâṁt ghâluṁk. — *effeito,* upkârâk-, sukḷâk paḍuṁk; baro lâguṁk. — *fé,* pramâṇîk jâvuṁk. — *pé,* mûr davruṁk. — *saber,* khabar divuṁk, kaḷauṁk, gamauṁk. — *sciente,* khabar-, kaḷâkaḷ divuṁk. — *silencio,* ugo râvuṁk. — *sombra (fig.),* kâḷok ghâluṁk. — *suar (fig.),* harḍeṁphûṭ-, kashṭî karuṁk. *Não ter que* —, beshṭo-, bekâr âsuṁk. — *vasa (fig.),* vâjvaruṁk. — *ver,* paḷevuṁk lâvuṁk, dâkhauṁk. — *as vezes,* svâter-, badlek âsuṁk. *Que lhe hei de* —? kiteṁ karûṁyetâ? kiteṁ kartaloy? *Quem m'as fizer, paga-m'as,* mâkâ karît taseṁ ghet. ‖ *v. i.* karuṁk, chaluṁk; upkâruṁk, kâmâk yevuṁk; *estar, existir:* âsuṁk, jâvuṁk, karuṁk; khâvuṁk (— *frio); mâruṁk (— sol); ajustar-se:* lâguṁk, jâvuṁk. ‖ — *de,* kâm karuṁk; rûp-, bhesh ghevuṁk. — *por,* vâvruṁk, mehnat ghevuṁk. — *em si,* âpleṁch paḷevuṁk, âplîch khabar karuṁk. — *a bem,* kâmâk paḍuṁk, prasann jâvuṁk. — *á vela,* hâṁkâroṁk. *Por bem* — *mal haver,* bareṁ kelalyâk kal nâ, upkârâk phâpar. *Faz agora vinte annos,* vîs varshâṁ jâlîṁ. ‖ *v. r.* jâvuṁk. ‖ — *amarello,* sayâ partoṁk *(g. do s.)* — *de fel e vinagre,* jîv âṁbaṭ jâvuṁk *(g. do s.)* — *fino,* kâṭhû-, chyâd jâvuṁk. — *de furta-côres ou de mil côres,* rûp-, raṁg badloṁk *(g. do s.)* — *ao mar,* baṁdrâṁtlo bhâyr saruṁk. — *ouvir,* âykaseṁ ulauṁk. — *rogar,* âpṇâk prârthuṁk lâvuṁk. — *á terra,* taḍîk vachuṁk. — *esperar,* veḷ kâḍhuṁk, kâḷâv-, uśîr karuṁk.

Fazimento, *s. m.* karṇeṁ *n.*

Fazivel, *a. V.* FACTIVEL.

Faz-tudo, *s. m.* sagḷîṁ kâmâṁ kartalo, sagḷyâk upkârtalo.

Fé, *s. f. convicção:* nirdhâr, satyârth *m.,* khâtrî *ou* khâtîr *f.; crença religiosa:* bhâvârth, phebhâvârth *(redup.) m.,* devśraddhâ *(p. us.) f.; systema religioso:* śâstr, śâstrsamurt *n.,* dharm *(p. us. nesta accep.); confiança:* bharvâṁso, viśvâs, nichav *m.; testemunho authentico:* pramâṇ; *promessa:* uttar *n.,* bhâsh, bhâshâvṇî *f.* ‖ *A* — *de Christo,* kristâṁvâṁchî samurt. — *divina,* devpramâṇ. — *humana,* purushpramâṇ. — *punica,* phoṭkirî bhâs. *Vá na* — *dos padrinhos,* dusre sâṁgtât mhaṇ, jâṁv. *Dar* — *a,* satmânuṁk. *Dar sua* —, *V.* ATTESTAR. *Dar* — *de,* paḷevuṁk. *Ter* — *em,* viśvâs-, bharvâṁso âsuṁk *(d. do s.) Á* —, khareṁch, dubhâvâvîṇ. *Á* — *de quem sou,* majyâ nâṁvâr. *Á falsa* —, âbghâtân. *De boa* —, bhâvârthân, kharepaṇîṁ, śuddhamaṇîṁ. *De má* —, kapaṭîṁ, âbghâtân. *Em* — *de,* pramâṇâk. *Com* — *formada,* nirdhârân, khâtrîn. *Á* — *de christão,* kristâṁvâchyâ uttrâr. *Fazer* —, pramâṇ divuṁk; pramâṇâk upkâruṁk,- yevuṁk, purâv jâvuṁk *(g. do s.)*

Fealdade, *s. f.* nirûp, kurûp, nirâkârpaṇ *n.,* vidrupây; vikaṭây, paḷiṭây, paḷishṭây *f.*

Feanchão, *a. e s. m.* vikaṭ, bhesurvâṇo.

Febra, *s. f.* sût *n.,* taṁtu *ou* taṁt, nâr *m.;* sutâcheṁ mâs *m.; (bot.)* śîr *f.,* vîr, doro *m.;* muḷî *f.,* lahân pâḷ; *(fig.)* kâybaḷ *n.,* chhâtî *f.* ‖ *V.* VEIO.

Febrão, *s. m.* jabar jar *m.*

Febre, *s. f.* jar, tâp *m.* ‖ — *intermittente,* kâḍhto-, nisarto jar. — *quotidiana,* dispaṭo jar. — *terçan,* pairo jar. — *quartan,* chauturo jar. — *remittente,* visham jar. — *não intermittente,* kâḍha nâslalo jar. — *biliosa,* piṁtjar. — *perniciosa, typho,* kâḷjar. — *miasmatica ou paludosa,* vâryâcho jar. — *epidemica,* jarî *f. Ter* —, jar-, tâp yevuṁk *(d. do s.),* jarân paḍuṁk. *Ter* — *ligeira,* âṁg tâpuṁk,- ûn jâvuṁk. *Ter sensação febril,* kurmuruṁk, âṁg moḍoṁk. *Arder em* —, jarân bhâjoṁk,- kaḍhuṁk,- phaḍphaḍuṁk. *Tirar-se a* —, jar vachuṁk,- kâḍhoṁk. *Declinar a* —, jar nisruṁk,- deṁvuṁk. *Desejo ardente,* oḍh, âvaḍ; *agitação:* gaḍbaḍ *f.,* taḷmaḷe *m. pl.*

Febricitante, *a.* jarân âslalo, jarkâr; *(fig.)* tâplalo, kaḍhlalo.

Febricitar, *v. i.* jar-, tâp yevuṁk *(d. do s.)*

Febricula, febrinha, *s. f.* lahân jar, murmuro jar, kurmuro *m.*, dhagdhagî, gasgasṇî *f.*

Febriculoso, *a.* jarâcho isht.

Febrifugo, *a.* jar kâḍhcho, jvarnâśak. ‖ *s. m.* jarâcheṁ okhat *n.*

Febril, *a.* jarâcho, tâpâcho; *(fig.)* *V.* IMPETUOSO.

Febriologia, *s. f.* jvaravidyâ *f.*

Fecal, *a.* maḷâcho.

Fecha, *s. f.* chiṭṭîchî târîkh *f.* ‖ *V.* FECHO.

Fechado, *a.* dhâṁplalo; gupit; ekâṁt; ghaṇ. ‖ *Ter alguem — na mão,* hâtân âsuṁk.

Fechadura, *s. f.* kulap, tâleṁ, dhâṁpṇeṁ *n.*

Fechamento, *s. m. (archit.)* nimâṇo phâtar *m.*

Fechar, *v. t.* dhâṁpuṁk, miṭuṁk, jhâṁkuṁk *(p. us.)*; *impedir:* muṁdhuṁk, puruṁk, baṁd karuṁk; *cercar:* aḍuṁk, veḍhuṁk; *concluir:* saṁpauṁk, saṁpâḍuṁk; *rematar:* śâttîpâvauṁk, nimâṇo phâtar-, khoḷ ghâluṁk. ‖ — *o guarda-sol,* satrî pâlauṁk,- kavḷuṁk,- dhâṁpuṁk. — *a porta,* dâr dhâṁpuṁk,- âḍ karuṁk. — *a porta a alguem,* dârâbhâyro karuṁk. — *os olhos,* maruṁk; ḍoḷe dhâṁpuṁk; nadar bâṁdhuṁk; martalyâk pâvuṁk. — *a sete chaves,* sât gâṁṭhî mârûn davruṁk. ‖ *v. i.* dhâṁpoṁk; saruṁk. ‖ *V.* CICATRIZAR. ‖ *v. r.* dhâṁpoṁk; baṁd jâvuṁk. ‖ — *com alguma coisa,* gupit davruṁk, lipauṁk.

Fecho, *s. m.* dhâpṇeṁ, kûṁs *n.*, khîḷ *f.*; châp *n.*; phichârṇecho nimâṇo phâtar *m.* ‖ *V.* REMATE.

Fecula, *s. f.* piṭhâchî roḍ *f.*, pîṭh; gadaḷ *n.*, mûr *f.*

Feculencia, *s. f.* piṭhâḷpaṇ *n.*; mûr *f.*

Feculento, feculoso, *a.* pîṭhâḷ; gadaḷ, murîcho.

Fecundação, *s. f.* phaḷauṇî *f.*, garbhâdhân *n.*; vṛiddhi *f.*

Fecundador, fecundante, *a.* phaḷauṁcho, garbhakar.

Fecundar, fecundizar, *v. t.* phaḷauṁk, garbhvaṁt,- phaḷvaṁt karuṁk. ‖ *V.* FERTILIZAR. ‖ *v. i.* gharbh saṁbhâḷuṁk; gâbhâvachuṁk, phaḷuṁk.

Fecundez, fecundidade, *s. f.* phaḷpaṇ, saphaḷpaṇ, prasavan; pikâvepaṇ *n.*

Fecundo, *a.* phaḷvaṁt, saphaḷ, jâtivitî *(us. Can.)*; pikâvo, supikî; phaḷauṁcho, phaḷâdîk; yuktivaṁt, vidyo, upâyî.

Fedegosa, *s. f.* ghâṇereṁ *n.*

Fedegoso, *a.* ghâṇero. ‖ *s. m.* tâykiḷo *m.*

Fedelho, *s. m.* nâḷeṁ nâ peklalo; porṭo, chedko.

Fedentina, *s. f.* ghâṇnarak *f.*

Feder, *v. i.* ghâṇ yevuṁk *(g. do s.)*, ghâṇuṁk.

Federação, *s. f.*, **federado,** *a. V.* CONFEDERAÇÃO e CONFEDERADO.

Federal, federativo, *a.* karârâcho, kaṭâcho, sâṁketik.

Federalismo, *s. m.* svataṁtrarâshṭrarâjya *n.*

Federalista, *a.* svataṁtrarâshṭrarâjyâcho. ‖ *s. m.* svataṁtrarâshṭrarâjyavâdî.

Federar, *v. t. V.* CONFEDERAR.

Fedifrago, *a.* kaṭ moḍtalo.

Fedor, *s. m.* ghâṇ, ashṭaghâṇ, narkaṭâṇ *f.*, narkaṭo *m.*

Fedorentina, *s. f.* narkaṭâṇ, orḍhâṇ, orashṭâṇ *f.*

Fedorento, *a.* ghâṇero, ghâṇerḍo, hâgirḍo, guvârḍo.

Feição, *s. f.* âkâr *m.*, âkriti, moḍ, ghaḍaṇ *f.*; rûp *n.*, rûpkâr, mukhvaṭo *m.*, sayâ, baḍ *f.*, toṁḍvaḷaṇ *n.*; *modo:* bhesh *m.*, parî; *indole:* prakṛit *f.*, śîl *n.*, svabhâv *m.* ‖ *De — que,* hye bhâsen, hye parîṁ. *Á —,* âkârâk, rûpâk. *Fallar á — de alguem,* dusryâk bareṁ lâgtâ taseṁ ulauṁk. *Ser de —,* bholo-, dulabh jâvuṁk. *Ser da — de alguem,* ekâ manâ-, chittâcho jâvuṁk.

Feijão, feijoeiro, *s. m.* phejâṁv, aḷsâṁdo *m.*, chaṁvḷî *f.*

Feio, *a.* vâyṭâ rûpâcho, vidrûp, kurûp, nirûpî, nirâkâr, durmukhî, aparûp, vikrâḷ; vâyṭ, khoṭo, amaṁgaḷ, vikaṭ, paḷiṭ. ‖ *V.* TORPE.

Feira, *s. f.* pher, sâṁt, peṁṭh, âṁgaḍ *f.*, bâjâr, meḷo; vâr *m.*; *(fig.) V.* BALBURDIA.

Feirante, *s. m.* peṁṭhkâr, âṁgaḍkâr. ‖ *a.* sâṁtîcho.

Feirar, *v. t. e i.* pherîk vachuṁk, pherîṁt-, sâṁtîṁt ghevuṁk.

Feita, *s. f.* karṇî *f.*, kartûb *n.* ‖ *D'esta —,* hye pâvṭhî, hyâ phârâk.

Feitiar, *v. i.* âkâr- rûp divuṁk *(d. do o.)* ‖ *V.* AGEITAR.

Feitiçaria, *s. f.* phitserpaṇ, ghâḍîpaṇ *n.*, ghâḍvidyâ, kuvidyâ, asurîvidyâ, jâdû, mâv *f.*, mâvbhed, abhichâr *m.*, devchârpaṇ *n.*; *(fig.) V.* FASCINAÇÃO.

Feiticeira, *s. f.* ghâḍiṇ, jâdûkârṇ, kaṁvṭâḷiṇ, lâṁvsaṭ.

Feiticeiro, *s. m.* phitser, ghâḍî, jâdûkâr, kaṁvṭâlî, maṁtrî, abhichârî, gauḍbeṁgâlî, moḍikâr.

Feitiço, *a.* phoṭkiro, âḍecho. ‖ *s. m.* phitis, kaṁvṭâl, iṁdrajâḷ, gauḍbeṁgâl, mâṁtr *ou* maṁtar, taṁtr *n.*, bhâruṇî, jâdû *f.* ‖ *V.* FASCINAÇÃO.

Feitio, *s. m.* phetî, kriti, ghaḍṇî, ghaḍvaṇ, *kârgirî kasab *f.*, karṇeṁ *n.*; *custo:* phetî, ghaḍṇâvaḷ, kuḷî *f.*, karcheṁ mol *n.*; *fórma:* âkâr *m.*, ghaḍaṇ *f.*, rûp *n.*; *especie:* prakâr, jinnas, bhesh *m.* ‖ *V.* GENIO. ‖ *Perder o tempo e o* —, ḍoḍo pho jâvuṁk.

Feito, *a.* kelalo, siddh, krit; *affeito:* rabâṭlalo, kuṭlalo; *maduro:* piko; *completo:* pûrṇ, pakko; *resolvido:* nemlalo, nirdhârlalo. ‖ *Homem* —, *V.* ADULTO. *Mal* —, ardhakuro. *É bem* —, bareṁ jâleṁ. *Dito e* —, kharemch; mhaṇaṇâ phuḍe. *Meu dito meu* —, hâṁveṁ sâṁglaleṁ taseṁ jâleṁ. *De* —, khareṁch, dubhâvâvîṇ. *De tenção feita*, ehiṁtûn, bare bhâsen.

Feito, *s. m.* karṇî *f.*, kartûb, kâm, karm, kâryeṁ; vhaḍ kâm, mahâkarm, charit, kautuk *n.*, mât, parâkram *m.* ‖ *V.* FITO. ‖ **-s**, *pl.* *V.* AUTOS.

Feitor, *s. m.* kârbhârî, gamast, kârkûṇ, munîm, aḍtyo. ‖ *V.* CASEIRO. ‖ *a.* kartalo, karṇâr.

Feitoria, *s. f.* gamastpaṇ kârbhârpaṇ *n.*; kârbhâr *m.*, vasauṇî; śetâbhâṭâchî jâvoṇî; mâṁḍvî, koṭhî *f.*

Feitorizar, *v. t.* vasauṁk, jâvoṇî karuṁk (*g. do o.*), jâḷvuṁk.

Feitura, *s. f.* karṇeṁ, karaṇ, ghaḍap; kâm, karm, kartub, kâj *n.* ‖ *V.* FEITIO *e* EFFEITO.

Feixe, *s. m.* moḷî, bharî, peṁḍhî *f.*, bharo, peṁḍho, peṁḍko *m.*, peṁḍkûl *n.* ‖ *V.* PUNHADO. ‖ *Fazer num* —, kuṭuṁk, ras kâḍhuṁk (*g. do o.*)

Fel, *s. m.* piṁt; (*fig.*) kusḍepaṇ *n.*, kusḍây *f.* ‖ *V.* AMARGOR. ‖ *Pomba sem* —, bhoḷo manîs. *Fazer alguem de — e vinagre*, jiv âṁbaṭ karuṁk (*g. do o.*), âṁtâṁpiṁtâṁ khâvuṁk (*g. do o.*)

Felga, *s. f.* phoḍlaleṁ teph *n.* ‖ *Estar, ficar tudo em* —, charbaṭ-, chârkuṭo jâvuṁk (*g. do s.*)

Felicidade, *s. f.* sukh, kuśâlpaṇ, svasthpaṇ, kshem *ou* khem, subhâgyepaṇ *n.*, ânaṁd, saṁtosh *m.*, bhâg, barkat, satgati *f.* ‖ *V.* DITA. ‖ — *eterna*, sâsṇâcheṁ sukh.

Felicitação, *s. f.* *V.* CONGRATULAÇÃO.

Felicitar, *v. t.* sukh divuṁk (*d. do o.*), subhâgî-, kuśâl karuṁk; parbeṁ (*port.* PARABEM) divuṁk (*d. do o.*), naṁdauṁk, pratinaṁduṁk, dhinvâsuṁk. ‖ *v. r.* sukh bhogoṁk,- jâvuṁk (*d. do s.*), naṁduṁk.

Felino, *a.* mâjrâcho; (*fig.*) kapaṭî, phoṭkiro.

Feliz, *a.* sukhvaṁt, sukhî, sukhest (*muito* —), sabhâgî, subhâgî, bhâgevaṁt; kuśâl, saṁtoshî, ânaṁdî, ullâsî, śast, mudit, saṁpann; *bemdito:* sadaiv *ou* sadeṁv, dhanya, suphaḷ; *afortunado:* adrishṭvaṁt, dhârjaṇo, kalyâṇî, daivvaṁt; *auspicioso:* śubh, maṁgaḷ, bhadr.

Felizmente, *adv.* sudaivîṁ, dhârjaṇyân.

Felico, *a.* piṁtâcho.

Felonia, *s. f.* râjdroha *m.*, phiturî; dagal *f.*, apghât, viśvâsghât *m.* ‖ *V.* CRUELDADE.

Felpa, *s. f.* laṁv *f.*

Felpudo, *a.* laṁvecho, laṁvero.

Feltrado, *a.* laṁvero; burṇusî.

Feltragem, *s. f.* burṇûs-, namdâ karṇeṁ *n.*

Feltrar, *v. i.* namdâ-, burṇûs karuṁk. ‖ *v. t.* supetuṁk, rû-, kâpûs bharuṁk (*l. in do o.*)

Feltro, *s. m.* burṇûs, namdâ *m.*, jîn *n.*; rû, rudâr *m.*, lepḍî *f.*

Femea, *s. f.* bâil, strî *ou* astarî, narî, bâil manîs *f.*, manush, manus, manîs *f. e n.*; *dobradiça negativa:* mâdî *f.* ‖ — *de animaes ou plantas*, bâil. ‖ *V.* BARREGAN.

Femeaço, *s. m.* bâylâṁchî urpaṁj *f.*; kalâvaṁtâṁ *n. pl.*

Femeal, *a.* bâylecho.

Fementido, *a.* kapaṭî, labâḍ, nirâkâr, kubuddhi; dagalbâjî, phituryo.

Femeo, *a.* bâil (*em comp.*; *ex.:* bâilhâṁs, *pata*), strîjâtîcho.

Femieiro, *a. e s. m.* bâilâṁḍo, bâibolo, bâylâṁk lâglalo,- peṭlalo.

Feminal, femineo, feminil, *a.* bâylecho, strîcho.

Feminidade, feminilidade, *s. f.* bâilpaṇ *n.*, strîdharm, strîbhâv *m.*

Feminino, *a.* bâylâṁcho, strîjâtîcho, strîsaṁbaṁdhî, janânî. ‖ *Nome* —, strînâm *n.* *Genero* —, strîliṁg *m.*

Femoral, *a.* mâṁḍîyecho.

Femur, *s. m.* mâṁḍîyecheṁ hâḍ *n.*; mâṁḍî *f.*, jâṁghaṭ *n.*

Fenda, *s. f.* dhâḷ, ver, phûṭ, phuṭoḷî, chîl, chîr, khâṁch, sâṁdh *f.*, betâv *m.*

Fendedor, *a. e s. m.* uglâvṇâr, verâytalo, chirtalo.

Fendedeira, *s. f.* uglâvumchem kayâḍûṁ,- pâchârem *n.*

Fendente, *a.* uglâvumcho, chircho. ‖ *s. m.* uglâvumcho phâr *m.*

Fender, *v. t.* verâvumk, chirumk, uglâvumk, phoḍumk. ‖ *V.* SULCAR *e* ABALAR. ‖ *v. r.* dhâḷ vachumk *(d. do s.)*, verevumk, ugloṁk, chiroṁk, betumk, phuṭumk, pâṁtevumk.

Fendimento, *s. m.* uglâvṇî, verâvṇî; ugalṇî, verevṇî *f.*

Fenecer, *v. i.* sarumk, sampumk; marumk, gat jâvumk.

Fenecimento, *s. m.* sarṇî, sampṇî *f.; marṇ n.*

Fenestrado, *a.* girâmcho.

Fenestral, *a.* janelâcho, khiḍkecho.

Fenigeno, *a.* taṇâcho.

Feno, *s. m.* taṇ, karaḍ *n.*, karas, karpîl *f.*

Feno-grego, *s. m.* methî *f.*

Fera, *s. f.* sâvaj, śvâpad *n.*, mṛig *m.; (fig.)* dâruṇ-, nishṭur manîs.

Feracidade, *s. f.*, **feraz,** *a. V.* FERTILIDADE *e* FERTIL.

Feral, *a. V.* FUNEBRE.

Ferculo, *s. m. (ant.) V.* ANDOR.

Ferefolha, *s. m.* huḷhuḷo, jamjâḷo, ghusaḷṇo.

Feretro, *s. m. V.* ESQUIFE.

Fereza, *s. f. V.* FEROCIDADE *e* BARBARIDADE.

Feria, *s. f.* sumânâcho (*port.* SEMANA)-, vâvrâcho dîs; disvaḍo *m.*, diskulî *f.* ‖ -s, *pl.* beṭhîdîs, suṭîdîs *m.*, suṭî, *beṭoḷî *m.;* visâvo, avkâś *m.*

Feriado, *a.* visâvyâcho, suṭîcho. ‖ *s. m.* pheryâd, suṭîdîs *m.*, suṭî *f.*

Ferial, *a.* vârâcho; vâvrâchyâ disâcho. ‖ *Dia —*, vâvrâcho-, kâmâcho dîs.

Feriar, *v. i. e r.* vâvar nâ karumk, visavumk, visâvo-, avkâś bhogumk, beṭho râvumk,- âsumk.

Ferida, *s. f.* ghây, ghâv,. ghâvo, ghâvṭo, kâtro, phâḍ *m.*, koṁk, jakham, duḥkh *f.*, vaṇ, rûṁ, chavaṁḍ *n.; (fig.) V.* DOR. ‖ *Pensar a —*, ghây bâṁdhumk. *Tocar na — (fig.)*, ghây huskaumk.

Feridade, *s. f. V.* FEROCIDADE.

Ferido, *a.* ghây âslalo,- jâlalo, ghâyâḷ, jakhmî. ‖ *— de aza ou em uma aza (fig.)*, kâtrîr âslalo, kâṭhâṁdûr dharlalo; boḍkavlalo, taklî poṁdâk paḍlalo.

Feridor, *a. e s. m.* ghây kartalo,- ghâltalo, toptalo.

Ferimento, *s. m.* ghây-, phâḍ karṇeṁ *n.*, topṇî *f.* ‖ *V.* FERIDA.

Ferino, *a. V.* FEROZ.

Ferir, *v. t.* topumk, ghây karumk,- ghâlumk *(d. do o.)*, khomumk, hâṇumk; baḍaumk, mârumk, tâḍaumk, laḍhâvumk; kâtrumk, phâḍumk, phâḷumk; *magoar:* duḥkhaumk, duḥkh karumk,- divumk; saṁtâpaumk, kaḷvaḷâvumk; *tanger:* vâjaumk, hât-, boṭâṁ mârumk *(d. do o.); causar damno:* nuksân-, nuskân divumk *(d. do o.); attingir:* lâgumk *(d. do o.)*, basumk *(d. ou l. sup. do o.); castigar:* khâst divumk *(d. do o.)*, śikshâ lâvumk *(d. do o.); articular:* uchchârumk. ‖ *V.* TRAVAR. ‖ *— fogo ou lume*, ujo pâḍumk. *— lume (fig.)*, dhâmvdhâvîṁ vachumk, darvaḍyân dhâmvumk, darvaḍumk. ‖ *V.* EXASPERAR-SE. ‖ *— o céo com os gritos*, saṁsâr gâjaumk,- sâdâvumk. ‖ *v. i.* mârumk, phâr divumk,- mârumk; lâgumk, basumk. ‖ *v. r.* topoṁk, kâtroṁk, ghây,- kâtro jâvumk,- paḍumk *(d. do s.)* ‖ *V.* MAGOAR-SE.

Fermença, *s. f. (ant.) V.* CREDITO.

Fermentação, *s. f.* phûg, phugṇî, phiṇphiṇṇî, umaḷṇî *f.*, umâḷo *m.;* khamîr *m. e n.; (fig.) V.* AGITAÇÃO.

Fermentaceo, *a.* phiṇphiṇît, dardarît.

Fermentante, *a. V.* FERMENTACEO *e* FERMENTATIVO.

Fermentar, *v. t.* âṁbṭâvumk, âṁbṭeṁ-, phûg ghâlumk *(l. in do o.); (fig.) V.* EXCITAR. ‖ *v. i.* phugumk, uṭhumk, umḷoṁk, umâḷoṁk, âṁbṭevumk, phenevumk, phiṇphiṇumk; *(fig.) V.* AGITAR-SE.

Fermentativo, *a.* phugîcho, âṁbṭyâcho.

Fermentavel, *a.* phugumcho, dardarcho.

Fermentescente, *a.* âṁbṭevumk-, dardarumk lâglalo.

Fermentescibilidade, *s. f.* phugcho-, âṁbṭevumcho guṇ *m.*

Fermento, *s. m.* âṁbṭeṁ *n.*, khamîr *m.*, phûg, phugaumchî vast *f.;* phuglaleṁ pîṭh *n.; (fig.)* chetaumcho-, uṭhaumcho upây,- arambh *m.*

Fero, *a.* dâruṇ, ugr; *selvagem:* jaṁgḷî, râuaṭ; *furioso:* chaṇchaṇît, saṇsaṇît, jhaṇjhaṇît; *robusto:* ghaṭṭ, rokh, khabardâr; *duro:* nibaṛ, khar. ‖ *V.* CARRANCUDO. ‖ -s, *pl.* ḍarkâvṇî, dhamkâvṇî *f.;* tâvdârkyo *f. pl.*, śâpatâṁ *n. pl.*, śive *m. pl.*

Ferocia, ferocidade, *s. f.* ugrây, dâruṇây, niskṭurây *f.*, nishṭurpaṇ, krûrpaṇ, ugrapaṇ, chaṁḍâḷpaṇ *n.* ‖ *V.* ARROGANCIA.

Feroz, *a.* ugr, krûr; dâruṇ, nishṭur, unit, mârekâr, bujaṭ, mhârû, hiṁsaḷ.

Ferra, *s. f.* kâhilâto *m.*; nâl bâṁdhṇeṁ *n.*, nâlbaṁdî *f.*

Ferrabraz, *s. m. V.* FANFARRÃO *e* VALENTÃO.

Ferrado, *a.* dâg dilalo; nâl bâṁdhlalo; *(fig.) V.* AFERRADO. ‖ *Pau* —, vaylyân kûṁs âslalo beto. *Agua ferrada,* lokhaṁḍ tâpaum ghâlaleṁ udak. ‖ *s. m.* sadâmâṁḍkecheṁ kâḷeṁ udak; anneṁ; udak kâḍhcheṁ âydan *n.*, kaḷso *m.*, śidî *f.*

Ferrador, *s. m.* nâl bâṁdhtalo.

Ferradura, *s. f.* lokhaṁḍâcho nâl *m.* ‖ *Mostrar as ferraduras (fig.),* jhurî-, kâvaḍ kâḍhuṁk.

Ferrageiro, *s. m.* lokhaṁḍâcho yepârkâr.

Ferragem, *s. f.* pherrâj, lokhaṁḍî mustâykî *f.*, -kâm *n.*; nâl *m. pl.*; nâl bâṁdhṇeṁ *n.*

Ferragoilo, *s. m.* guṁgrupe *m.*

Ferral, *a.* lokhaṁḍâchyâ raṁgâcho.

Ferramenta, *s. f.* âut, hatyâr, sâṁdhan, sâmaṇ *n.*

Ferran, *s. f.* oletî *f.*

Ferrão, *s. m.* kûṁs, sûṁk *n.*

Ferrar, *v. t.* lokhaṁḍ-, chhâpâṁ mâruṁk *(d. do o.)*, chhâpuṁk; nâl bâṁdhuṁk *(d. do o.)*; oḍhûn-, bharûn divuṁk *(d. do o.)*; *(naut.)* kavḷuṁk, bâṁdhuṁk; *cravar:* topuṁk, lâvuṁk, mâruṁk. ‖ *V.* FERRETEAR. ‖ — *a agua,* udkâmt tâplaleṁ lokhaṁḍ ghâluṁk. — *calotes,* riṇkâryâṁk phoṭauṁk. — *a embarcação:* taḍîk lâvuṁk,- teṁkauṁk. — *o mono,* phasauṁk. — *vm logro,* ghulyo sâṁguṁk,- phoṭauṁk. — *uma peta,* phoṭ mâruṁk. ‖ *v. i.* âpṭuṁk, śevṭuṁk; loṭuṁk, loṭûn ghâluṁk *(vv. tt.)*; *investir:* jhoṁbuṁk; *agarrar:* ghaṭṭ dharuṁk. ‖ — *o navio,* târûṁ nâṁgar ghâluṁk,- uḍauṁk. ‖ *v. r.* jhomuṁk, bharoṁk, lâguṁk, khomoṁk.

Ferraria, *s. f.* lohârâchî sâḷ *f.*; lohârvâḍo *m.*

Ferreiro, *s. m.* pherrer, lohâr, sâḷikâr, kâmâr *(us. Sal.)*

Ferrenho, *a.* lokhaṁḍâsârko; *(fig.)* nibar, dṛiḍh, dâruṇ; bhâjaḍ, pâṁkîṭ, vâtaḍ, karârî.

Ferreo, *a.* lokhaṁḍâcho, lokhaṁḍî. ‖ *V.* DURO.

Ferrete, *s. m.* dâgṇî, dâgaṇ, dâṇî *f.*, bûṭ *n.*, lâs *m.*; *(fig.)* khat, kaḷaṁk *n.* ‖ *Azul* —, bhav niḷo.

Ferretear, *v. t.* dâguṁk, dâg divuṁk *(d. do o.)*, bûṭ lâvuṁk *(d. do o.)*, lâsuṁk.

Ferretoada, *s. f.* kûṁs lâvṇeṁ *n.*

Ferretoar, *v. t.* kûṁs lâvuṁk,- topuṁk,- moḍuṁk *(d. do o.) V.* AGUILHOAR.

Ferrifero, *a.* lokhaṁḍ âslalo.

Ferrificação, *s. f.* lokhaṁḍ jâṇeṁ,- mâṁḍṇeṁ *n.*

Ferro, *s. m.* lokhaṁḍ, loha *(p. us.)*; bîḍ *(— bruto)*; pherr *(— de engommar)*; *arma:* hatyâr; *instrumento:* âut *m.*; *marca de ferrete:* dâg *m.* ‖ — *batido,* peṭlaleṁ lokhaṁḍ. — *branco,* kaḍak lokhaṁḍ. *Ter* —, *estar com* — *(fig.),* poṭâṁt châbuṁk *(fig.)*, âdâvat bhogoṁk *(d. do s.) Metter — a alguem,* châḷvauṁk, thuklâvuṁk. *A — e fogo,* sagḷyâṁ prakârâṁnîṁ,- upâyâṁnîṁ. *Lançar* —, nâṁgar ghâluṁk. *Levantar* —, hâṁkâroṁk, vâṭek lâguṁk. *Malhar em — frio,* vâyâṁ vâvruṁk. *Caminho de* —, âggâḍî *f.* *Ferro-velho,* parṇyo vastû viktalo. ‖ -s, *pl.* nâṁgar *m.*, roylî; beḍî *f.*, khoḍo *m.* ‖ *V.* TENAZES. ‖ — *d'el-rei,* baṁdkhaṇ *f.*

Ferroada, *s. f. V.* FERRETOADA.

Ferrolhar, *v. t.* khîḷ ghâluṁk *(d. do o.)*, khiḷîn dhâṁpuṁk.

Ferrolho, *s. m.* khîḷ, âḍkhîḷ *f.*

Ferropear, *v. t.* khoḍo ghâluṁk *(d. do o.)*, khoḍâvuṁk.

Ferropeias, *s. f. pl.* khoḍo *m.*

Ferrugem, *s. f.* tâṁb, kalam *f.*, maṁḍûr *n.* ‖ *Ter* —, tâṁbevuṁk, kalmevuṁk. — *da chaminé, V.* FULIGEM.

Ferrugento, *a.* tâṁbelalo; *(fig.)* parṇo, âdlo, juno.

Ferrugineo, *a.* lokhaṁḍâchyâ raṁgâcho.

Ferruginoso, *a.* lokhaṁḍ âslalo, lokhaṁḍî.

Fertil, *a.* pikâcho, pikâvo, baryâ-, chaḍhâ pikâcho, supikî, suphaḷ.

Fertilidade, *s. f.* pikâvepaṇ, supikpaṇ *n.*, suphaḷây *f.*; sukaḷ *m.*

Fertilização, *s. f.* pikâvo karṇeṁ,- jâṇeṁ *n.*, suphaḷṇî *f.*

Fertilizador, *a.* pikâvo-, supikî karcho.

Fertilizar, *v. t.* pikâvo-, supikî karuṁk, suphaḷuṁk.

Ferula, *s. f. V.* PALMATORIA. ‖ *Ter a* —, kharây khâvauṁk.

Fervedoiro, *s. m.* umâḷo, khatkhato; buchbucho, kâchâbucho, kuchkucho *m.; balkamdṇî*, uchambaḷây *f.*

Fervedura, *s. f. V.* FERVURA.

Fervença, *s. f. V.* EFFERVESCENCIA.

Fervente, *a.* khatkhatlalo, umâḷyâcho, saḷsaḷit; khar, kaḍhat, ûnûn. || *V.* FERVOROSO *e* ARDENTE.

Ferver, *v. i.* khatkhatumk, umâḷumk, khatkhato-, umâḷo yevumk *(d. do s.)*, saḷsaḷumk, kaḍhumk, śijumk; *(fig.)* chaḷbaḷumk, khadaḷumk, uchambaḷumk; *amontoar-se:* pumjo-, râs jâvumk *(g. do s.)* || *V.* FERMENTAR. || *— o sangue,* ragat śimvśivumk,- musmusumk,- kaḍhumk. *— em pouca agua (fig.),* beshṭoch tâpumk. *— em pulgas,* huḷhuḷumk,. chuḷbuḷumk. || *v. t.* khatkhatâvumk, khatkhato-, umâḷo kâḍhumk *(d. do o.)*, saḷsaḷâvumk, kaḍhaumk, kharâvumk, ukḍumk, śijaumk.

Fervescente, *a. V.* EFFERVESCENTE.

Fervido, *a.* khatkhatlalo, umâḷyâcho; ukaḍlalo, śijlalo.

Férvido, *a.* ûnûn, khar kîl, kaḍhat; *(fig.)* tâplalo, uchambaḷ; chaḷchaḷit, saḷsaḷit; tavkyâcho, vegâcho; *apaixonado:* samtâpî, atirâgî. || *V.* FERVOROSO *e* FOGOSO.

Fervilhar, *v. i.* bhomvûn bhomvûn khatkhatumk,- saḷsaḷumk; *(fig.)* kuchkuchumk, charbaṭumk; buchbuchumk.

Fervor, *s. m.* khatkhato; *calor vehemente:* kaḍh, unhâḷ; *ardor:* umâḷo, haus, aveś *m.*, umed, hurbhâ; *desejo vehemente:* oḍh *f.*, âṭevite *m. pl.; impeto:* neṭ, tavko *m.* || *V.* ACTIVIDADE. || *— da mocidade,* burgepaṇâchî musmusî *f.*

Fervorar, *v. t. V.* AFERVORAR.

Fervoroso, *a.* umâḷyâcho, hurbhecho, umedîcho; utsuk, utsâhî. || *V.* VEHEMENTE.

Fervura, *s. f.* khatkhato, saḷsaḷo, umâḷo *m.* || *Deitar agua na — (fig.),* śamanâkarumk, thâmbaumk.

Festa, *s. f.* phest *n.*, parab *f.*, *parvaṇ *n.*, saṇ; utsav, ullâs, ânamd *m.*, kautuk *n.*, mauj *f.* || *V.* FESTIM. || *— de guarda,* samt *m.* *— rija,* ghaṇghaṇ, ṭhaṇṭhaṇ *m. pl.* || -s, *pl. V.* CARICIAS.

Festança, *s. f.* mahotsav *m.*, ghaṇghaṇît parab *f.*, ṭhaṇṭhaṇît phest *n.*

Festão, *s. m.* jhelo *m.*, toraṇ *n.*, mâlâ *(archit.)* belbuṭî *f.*

Festeiro, *s. m.* phest kartalo, pirjemt (*do port.* PRESIDENTE). || *a.* phestâkâr; phestâm-, aprûbây kartalo, bâbâputâ mhaṇtalo.

Festejador, *a. e s. m.* parab-, utsav kartalo; utsavâcho, saṇâcho; sanimânî, keḷauṇâr.

Festejar, *v. t.* phest-, parab karumk *(g. do o.)*; keḷaumk, parkamdumk, sanimânumk; namdaumk, varṇumk, vâkhâṇumk.

Festejo, *s. m.* keḷauṇî, parkamdṇî *f.*, sanimân *m.* || *V.* FESTIVIDADE.

Festim, *s. m.* phest, bhojan *n.*, pamkat *ou* pamgat *f.*, bhojanotsav *m.*

Festival, festivo, festo, *a.* phestâcho, parbecho, utsavâcho; ânamdbharit, kuśâl, ullâsî, harkhvamt. || *Dia —*, parbecho-, ullâsâcho dîs *m.*

Festivalmente, festivamente, *adv.* utsavân, ullâsîm, parkamdûn.

Festividade, *s. f.* parab *f.*, parvaṇ *n.;* utsav, ullâs, ânamd *m.*

Festo, *s. m.* lugṭâchî rumdî,- madhlî doḍî *f.*

Festonadas, *s. f. pl.* moṭyo belbuṭyo *f. pl.*

Fetação, *s. f.* garbhsambhav *m.*, garbhdharaṇ *n.*

Fetal, *a.* garbhâcho, pimḍâcho, garbhsambamdhî.

Fetão, *s. m.* nechrî *f.*

Fetichismo, *s. m.* srishṭipûjâ *f.*

Feticida, *s. m. e f.* garbhghâtak.

Feticidio, *s. m.* garbhghât *m.*

Fetido, *a.* ghâṇîcho, ghâṇero, ghâṇerḍo, vâsâḷ, narakî.

Feto, *s. m.* garbh, gâbh, pimḍ *m.; (bot.)* nechrî *f.*

Feudal, *a.* mokâsyâcho.

Feudalidade, *s. f.*, **feudalismo**, *s. m.* mokâsepaṇ *n.*

Feudalista, *s. m.* mokâsyâcho pâṭhlâvkâr.

Feudatario, *a. e s. m.* mokâsî, mokâsdâr.

Feudista, *s. m.* mokâsyâmchî oḷakh,- kaḷâkaḷ âslalo.

Feudo, *s. m.* mokâso, kuṇbâvo *m.*

Fevera, fevra, *s. f. V.* FEBRA.

Fevereiro, *s. f.* phebrer *m.*

Fevroso, *a. V.* FIBROSO.

Fez, *s. f. (mais us. no pl.)* mûr, roḍ *f.*, gadaḷ *n.*, gâḷo, chikal *m.;* maḷ *n.* || *V.* ESCORIA. || *As fezes sociaes,* kharvaḍjât *f.*, lokâchem gulem *n.*

Fiação, *s. f.* kâmtap *n.;* sût kâmtcho kârkhâṇo *m.*

Fiada, *s. f.* thar *m.*, regh *f.* || *V.* ENFIADA.

Fiadeira, *s. f.*, **fiadeiro**, *s. m. V.* FIANDEIRA *e* FIANDEIRO.

Fiadilho, *s. m.* guḷyâ reśmâcheṁ sût *n.*

Fiado, *s. m.* kâṁtlaleṁ-, vaḷḷaleṁ sût *n.;* sûtâchî kâḍî,- guḷî *f.* ‖ *a.* pâtyelalo; udhâr. ‖ *adv.* udhâr.

Fiador, *s. m.* phyâdor, jâmîn, jâmîndâr; doro *m.*

Fiadoria, *s. f.* jâmînkî *f.*

Fiadura, *s. f.* kâṁtap *n.;* kâṁtcho khaṁḍ *m.* ‖ *V.* FIANÇA.

Fiambre, *s. m.* perjûṁt *m.*

Fiança, *s. f.* phyâṁs *n.*, jâmînkî, khâtrî *f*, aḍav, havâlo *m.*

Fiandeira, *s. f.* sûtkâṁtpîṇ.

Fiandeiro, *s. m.* sûtkâṁtpî.

Fiar, *v. t.* kâṁtumk, vaḷuṁk; jaṁtrân oḍhuṁk; *(mar.)* (dor) hâtân soḍûn divuṁk; *(fig.) V.* TRAMAR. ‖ *v. i.* kâṁtuṁk. ‖ — *fino*, bârîk kâṁtuṁk; girvaḍîcheṁ kâm jâvuṁk.

Fiar, *v. t.* pâtyevuṁk; udhâr vikuṁk. ‖ *v. i. e r.* pâtyevuṁk, man-, viśvâs davruṁk, viśvâsuṁk.

Fiasco, *s. m.* bighaḍṇî, phiskaṭṇî *f.* ‖ *Fazer* —, bighḍuṁk, bhaṁguṁk, phiskaṭuṁk, paskaṭyâṁt vachuṁk.

Fiat, jâṁv, ghaḍûṁv.

Fiavel, *a.* kâṁtcho.

Fibra, *s. f.* sût *n.*, taṁtu, tâṁt, tâṁtû, nâr *(us. Can.)*; *(bot.)* kâtho *m.*, cheṁchûḍ *n.;* śir *f.*, vîr *m.*

Fibrilhas, *s. f. pl.* bârîk sutâṁ *n. pl.*, sukshmataṁtu *m. pl.;* muḷyo *f. pl.*

Fibrillar, *a.* bârîk śiro âslalo.

Fibrillifero, fibrilloso, *a.* śirâṁnîṁ-, taṁtûṁnîṁ bharlalo.

Fibrino, *a.* taṁtusaṁbaṁdhî.

Fibroide, *a.* taṁtu kaso.

Fibroso, *a.* taṁtûṁcho, taṁtumay; kâthyâcho, kâthâḷo.

Ficada, *s. f.* râvṇî *f.*, urap *n.*

Ficar, *v. i.* râvuṁk, ṭhikuṁk, âsuṁk, visaṁbuṁk, *pratishṭhuṁk; uruṁk; *assentar ao corpo:* basuṁk; *morrer:* maruṁk, saruṁk; *durar, sobejar:* uruṁk. ‖ — *na sua*, âplemch jharuṁk. — *fresco (fig.)*, daḷdiro jâvuṁk, bârâ birestâr yevuṁk *(l. sup. do s.)* — *a ver navios*, phasuṁk, bhaṁguṁk. ‖ *v. r.* uruṁk; râvuṁk. ‖ — *com Deus*, Devâcher pâtyevuṁk.

Ficção, *s. f.* kapaṭ, ḍhoṁg; kalpaṇ *n.*, lâg *m.;* kalpanâsṛishṭi *f.* ‖ *V.* FABULA.

Fichu, *s. m.* gaḷyâk bâṁdhcho leṁs *m.*

Ficiforme, *a.* ruṁbaḍâsârko, âṁjîr kaseṁ.

Ficticiamente, fictamente, *adv.* ḍhoṁgân, baḷyâṁ; kalpûn, rachûn.

Ficticio, *a.* phoṭkiro, ḍhoṁgâcho. ‖ *V.* FABULOSO.

Ficto, *a.* toṁḍâcho, toṁḍâpurto, ḍhoṁgâcho, kapaṭî, varkarṇî, korḍo, khoṭo, darbârî.

Fidalgal, *a.* phidâlgâcho, amirâcho, mahâtmik.

Fidalgamente, *adv.* udârpaṇîṁ, mâhâtmyân.

Fidalgarrão, *s. m.* phidâlkor.

Fidalgo, *s. m.* phidâlg, amîr, kulîn, kuḷjaṇ, mahâkul, râjbiḍo, sardâr, râv.

Fidalgote, *s. m.* polko phidâlg; amîrkuḷiyecho.

Fidalgueiro, *a.* phidâlgâṁbarâbarî bhoṁvtalo.

Fidalguesco, *a.* phidâlgâcho.

Fidalguia, *s. f.* amirî, râvkî *f.; (fig.)* mâhâtmya *n.*, ḍaul, dabâjo *m.*

Fidalguice, *s. f.* sukî râvkî, polkî amirî *f.*

Fidedigno, *a.* pâtyeṇecho, viśvâsâcho, viśvâsî, kharo.

Fideicommissario, *s. m.* melalyâche âstîcho havâlo âslalo. ‖ *V.* FIDECOMMISSARIO.

Fideicommisso, *s. m.* maraṇpatrâvarvîṁ âstîcho havâlo *m.*

Fideicommissorio, *a.* maraṇpatrâchyâ havâlyâcho.

Fidejussorio, *a.* jâmînkecho.

Fidelidade, *s. f.* kharepaṇ, *n.*, bhâv; viśvâs *m.*, bhakti; *homenagem:* svâmibhakti, prabhubhakti; *exactidão:* niṭây, barâbarî *f.*, sârkepaṇ. ‖ — *ao marido*, pâtivratya *n.*

Fidelissimo, *a.* bhav bhaktivaṁt.

Fideos, *s. m. pl.* śirvaḷyo *f. pl.*

Fido, *a. V.* FIEL.

Fiducia, *s. f.* viśvâs, nirdhâr *m.* ‖ *V.* AUDACIA.

Fiducial, *a.* viśvâsâcho.

Fiduciario, *a.* havâlyâcho. ‖ *s. m.* *V.* DEPOSITARIO.

Fieira, *s. f.* jaṁtar *ou* jaṁtîr *n.*, jaṁtarpâṭî; ol, hâr *f.;* bhoṁvryâcho doro *m.; (fig.)* pariksha *f.* ‖ *V.* FILÃO. ‖ *Passar pela* — *(fig.)*, bârkâyen karuṁk.

Fiel, *a.* kharo, pramâṇîk, bhâvîk, karârî, viśvâsî; bhaktivaṁt, *bhaktivaṁchaḷ. ‖ *V.* EXACTO. ‖ *s. m.* jâṁdâr, potnîs; viśvâsâcho adhikârî; bhâvârthî. ‖ — *da balança*, tâgḍecho kâṁṭo *m.*

Fieldade, *s. f.* FIDELIDADE.

Fieza, *s. f. V.* CONFIANÇA.

Fifia, *s. f.* phiphî *n.*

Figa, *s. f.* toṭko *m.*, kavach *n.* || *Fazer figas*, kuṁkrûṁ divuṁk, beṁḍâvuṁk. *Pessoa de uma* —, bhikârḍo, bhânśiro. *Coisa de uma* —, deḍ daṁḍechî vast.

Figadal, *a.* kâḷjâcho; *(fig.)* khar, nibar.

Figadeira, *s. f.* pâśî *f.*

Figado, *s. m.* kâḷij (*tambem* CORAÇÃO) *n.*, yakṛit *(p. us.) m. e n.*; *(fig.)* kal, prakṛit *f.* || *V.* CORAGEM.

Figo, *s. m.* âṁjîr; ruṁbaḍ *n.*

Figueira, *s. f.* âṁjîr; ruṁbaḍ *(— glomerata)*; vaḍ *(— Indica)*; piṁpaḷ *(— religiosa) m.* || — *de Adão, V.* BANANEIRA. — *do inferno, V.* ESTRAMONIO.

Figueiral, figueiredo, *s. m.* âṁjirâṁcheṁ rân *n.*

Figura, *s. f.* âkâr *m.*, âkṛiti *f.*, rûp, vaḷaṇ; *individuo:* kûḷ, boḍ; *rosto:* mukh *n.*, rûpkâr *m.*, rupṇeṁ; *estatua:* phigûr, bâhuleṁ *n.*, bâhulî, putḷî; *pintura:* pratimâ *f.*, chitr; *emblema:* chihneṁ, khûṇ, lakheṇ; *(geom.)* kshetr *n.*, âkṛiti *f.*; *(mus.)* svar, sûr *m.*; *(gram.)* rûpak *n.*, upachâr, alaṁkâr, śabdâlaṁkâr *m.*; *(theatr.)* soṁg *n.* || *Fazer* —, phigûr karuṁk, ḍolyâṁnîṁ vachuṁk. *Fazer figuras*, phigrâṁ-, kautâṁ-, yaṁtrâṁ karuṁk. *Fazer triste* —, nâṁv hogḍâvuṁk, lajj ubhauṁk. *Fraca* —, laḍgo manîs.

Figuração, *s. f.* târâkâr; âkâr *m.*

Figurado, *a.* âkârvaṁt, âkârâcho, sâkâr; *allegorico:* drishṭâṁtâcho, upaṁ, lakheṇâcho; *supposto:* dharlalo, kalpilalo, bhâvaneho. || *Sentido* —, upachârâcho, lâkshaṇik. *Estylo* —, alaṁkârî, sâlaṁkâr. *Falla figurada*, upachâr *m.*

Figural, *a.* lakheṇâcho, sâṁketik.

Figuralidade, *s. f.* rûp-, âkâr ghevuṁcho guṇ *m.*

Figurante, *s. m.* muṁko soṁgâḍî.

Figurão, *s. m.* vhaḍ manîs. || *Fazer um* —, naval karuṁk.

Figurar, *v. t.* âkâruṁk, chitruṁk, chitâruṁk; upachârân saṁjauṁk, alaṁkâruṁk; *symbolizar:* lakheṇân arthuṁk, khûṇ divuṁk *(g. do o.)*; *ter a fórma de:* kaso disuṁk; *imaginar:* dharuṁk, samjuṁk, chiṁtuṁk, kalpuṁk. || *v. i.* phigûr karuṁk, nâvâḍhgo jâvuṁk, râjuṁk; *apparecer:* dishṭi paḍuṁk; *representar um papel:* soṁg karuṁk; *ter parte:* bhâg âsuṁk *(d. do s.)*; *entrar na lista, na conta:* paṭṭiyer âsuṁk, lekhâk yevuṁk; *parecer:* disuṁk. || *v. r.* takleṁt yevuṁk, manâṁt-, dhyânâṁt riguṁk.

Figurarias, *s. f. pl.* phigrâṁ, yaṁtrâṁ *n. pl.*, nakal *f.*

Figurativo, *a.* lakheṇâcho, khuṇâcho, upaṁ.

Figuravel, *a.* khuṇân arthuṁcho.

Figurilha, *s. f.* moṭvo manîs.

Figurinha, *s. f.* bâhulî, putḷî *f.* || *Fazer figurinhas*, yaṁtrâṁ-, soṁgâṁ karuṁk.

Figurino, *s. m.* nesaṇecheṁ chitr *n.*; pehrâvṇâr, gaṁjekâr.

Figurista, *s. m.* lakheṇâṁnîṁ arthitalo.

Fila, *s. f.* ghaṭṭ-, dâṁtâṁnîṁ dharṇeṁ *n.* || *V.* FILEIRA.

Filaça, *s. f.* guḷeṁ sût *n.*; kâbḷo *m.*

Filamento, *s. m.* sût, keṁsar *n.*, dor; gâbho *(— de bananeira) m.* || *V.* FIBRA.

Filamentoso, *a.* sutâṁcho, keṁsrâṁcho.

Filandras, *s. f. pl.* lâṁb âni bârîk dore; śukṇyâṁche daṁt *m. pl.*

Filandroso, *a. V.* FIBROSO.

Filante, *a.* dâṭ (saro).

Filão, *s. m.* doro *m.*, śîr *f.*

Filar, *v. t.* ghaṭṭ dharuṁk, gaṁvsuṁk; vâryâchyâ toṁḍâk lâvuṁk (târûṁ). || *V.* AÇULAR. || *v. i.* dâṁtâṁnîṁ dharuṁk. || *v. r.* ghaṭṭ lâguṁk.

Filastica, *s. f.* usavlalyâṁ dorâṁcho kâbḷo *m.*

Filatorio, *s. m.* kâṁtcheṁ yaṁtr *n.*

Filé, *s. m. V.* EMPENHO.

Fileira, *s. f.* hâr, oḷ, pâṁt, pâḷî, regh, karel, diṁḍî *f.*

Filete, *s. m.* bârîk doro *m.*, -paṭṭî, -regh *f.*; veḍho *m.*, bhoṁvar, nâgmoḍ *f.*; mâsḷecho kapo *m.* || *Filetes nervosos*, bârîk sutâṁ *n. pl.*

Filha, *s. f.* dhûv, chalî, kanyâ, leṁkî *f.*, cheḍûṁ, burgeṁ *n.*; dutâ, naṁdanî *(port.) f.* || *As filhas de Eva*, strîjât *f.*, bâillok *m.*

Filhação, *s. f. V.* FILIAÇÃO.

Filhamento, *s. m.* dharmputrpaṇ, poskepaṇ *n.*

Filhar, *v. t.* putr-, posko karûn ghevuṁk, posuṁk ghevuṁk; mânâk-, padvek ghevuṁk. || *v. i. (bot.) V.* BROTAR

Filharada, *s. f.* burgyâṁchî ras *f.*, kuṭuṁb *m.*

Filharasco, filhastro, *s. m. V.* ENTEADO.

Filheiro, filhento, *a.* biyâḷ, biyâḷyâcho.

Filhinha, *s. f.* dhâkṭeṁ, por, putuleṁ, leṁkrûṁ *n.*

Filhinho, *s. m.* dhâkṭo, bâḷ, bâḷak, putulo *m*, por, leṁkrûṁ *n.*

Filho, *s. m.* putr, pût, chalo, cheḍo, burgo; leṁk *(p. us.)*; * tanâ; sut, naṁdan *(poet.) m.*; pâḷ *(deprec.; litt.* RAIZ); *oriundo:* mulkî, deśâcho, deśî *(exprime-se tambem pelo genetivo; ex.: Goṁycho, filho de Gôa); rebento:* phâṁṭo, koṁb *m.* ‖ *V.* DESCENDENTE e EFFEITO ‖ — *adoptivo,* posko. — *adulterino,* pardvârâcho. — *bastardo,* poṭcho *ou* poṭâcho, âḍbijâcho. — *espurio,* anîj, dhagaḍîcho. — *incestuoso,* gotrgamanâcho. — *legitimo,* khâśâ, nîj. — *posthumo,* bâpûy martoch jâlalo, bâpmâro. — *sacrilego,* vrataviruddh. — *familias,* bâpâykhâl âslalo burgo. — *de Deus,* Svâm Jejû Krîst; Devrachṇâ. — *de Marte,* yodhî. — *obediente,* suputr. — *mau,* dupût. *Filhos e filhas,* burgiṁ *n. pl.*, dhûvputr *ou* dhûpût *m. pl.*

Filhó, *s. m.* philyos *m. pl.*, vaḍo *m.*

Filhote, *s. m.* mulkî, deśî.

Filiação, *s. f.* putratva, putrpaṇ; dhûvpaṇ *n.* ‖ *V.* ADOPÇÃO e CONNEXÃO.

Filial, *a.* putrâcho, burgvâcho, burgyâṁ saṁbaṁdhî. ‖ *Piedade* —, pitribhakti, mâṭribhakti *f.* *Deveres filiaes,* putrdharm *m.*

Filialmente, *adv.* putrdharmîṁ.

Filiar, *v. t.* âplo putr karuṁk; lâvuṁk, teṁkauṁk. ‖ *v. r.* jâvuṁk, yevuṁk, upjuṁk; bhitar saruṁk, âpleṁ nâṁv divuṁk.

Filicida, *s. m. e f.* putrghâtak.

Filicidio, *s. m.* putrghât *m.*

Filifero, *a. (bot.)* sutâṁ-, dor âslalo.

Filifolha, *s. f. (bot.) V.* FETO.

Filigrana, *s. f.* bhâṁgârâ va rupyâchî jâḷî *f.*

Filirostro, *a.* bârîk boṁchîcho.

Filistria, *s. f.* âḍṇâḍpaṇ, tîḍpaṇ *n.* ‖ *Metter-se em filistrias,* bâṁbrâk śirkuṁk *(fig.)*, kheḷ kheḷ nikheḷ.

Filó, *s. m.* philo *m.*, jâḷî *f.*

Filtração, *s. f.* gaḷṇî, gâḷṇî, pâghaḷṇî *f.*, paghaḷ, pâghaḷ, pigaḷ, pâjhar, nijhar, âgoḷ *m.*

Filtrador, *s. m.*, **filtreira,** *s. f.*, **filtreiro,** *s. m.* gaḷtî *f.*

Filtrar, *v. t.* gâḷuṁk, ghoḷauṁk, nisâvuṁk, girauṁk, âgoḷuṁk; *(fig.)* manâṁt rigauṁk, takleṁt ghâluṁk,- saṁchruṁk. ‖ *v. i. e r.* gaḷuṁk, pâjhruṁk, nijhruṁk, pâghḷuṁk, nisevuṁk, vigḷuṁk; *(fig.)* riguṁk, saṁchroṁk.

Filtro, *s. m.* gaḷtî *f.*, gâḷṇeṁ; vaśîkaraṇ aushadh,- maṁtr *n.*

Fim, *s. m.* śevaṭ, aṁt *m.*, śâttî, saṁpâḍṇî, âkher, itiśrî *f.*, prâṁt, pâr, aṁtpâr, agr, agrbhâg; *motivo:* kârâṇ, prastâv *m.*, nimitt *n.*; *intento, alvo:* arth, irâd, abhiprây, âśay *m.*, yojaṇ, kalpaṇ *n.*, matlab; *ultimo estado:* taḍ, taṇ, gat *f.*, pariṇâm, prâṁt *m.* ‖ — *ultimo,* sarśevaṭ. *Dar* —, *fazer* —, *pôr* —, saṁpâḍuṁk, śâttî pâvauṁk. *Pôr — á vida,* âplo jîv kâḍhuṁk. *A — de,* pâsûn, pâsvat *(ex.: a — de dizer,* sâṁgchyâ pâsvat). *Em* —, *por* —, śekîṁ, śevṭîṁ, nimâṇeṁ. — *do mundo (fig.),* hâlahvâl, ghoreṁkâr *m. pl.* *Estar no — do mundo,* jabar pais âsuṁk.

Fimbrado, *a.* pâṁvḷî âslalo.

Fimbria, *s. f.* pâṁvḷî, bâḍî; sakailî deg, bâṇî, dhaḍ *f.*

Fimicola, *a.* gâyrîṁt jiyetalo.

Finado, *a. e s. m.* melalo, gat, nishprâṇî. ‖ *Dia de* —, âlmâṁcho *(do port.* ALMAS) dîs.

Final, *a.* śevṭâcho, aṁtâcho, * aṁtîcho, aṁtiṁ, nimṇo, nimâṇo. ‖ *A* —, śekîṁ, śevṭîṁ. ‖ *s. m.* śevaṭ, aṁt *m.*; udyâpan *n.*

Finalidade, *s. f.* aṁtmat *n.*

Finalização, *s. f.* saṁpâdṇî, saṁpauṇî, saṁpṇî *f.*

Finalizar, *v. t.* âṭpuṁk *ou* âṭâpuṁk, saṁpâduṁk, saṁpauṁk, śâttî pâvauṁk. ‖ *v. i. e r.* saṁpuṁk, saṁpâdoṁk, saruṁk, âṭpoṁk, nimuṁk.

Finalmente, *adv.* śekîṁ, śevṭîṁ, aṁtîṁ, nimâṇeṁ.

Finamente, *adv.* bârkâyen; bare śobhen, kâṁtîṁ.

Finamento, *s. m.* saṁpṇî *f.*; sarṇî, marṇ *n.*

Finanças, *s. f. pl.* râjvasûl, jamâvasûl *m.* ‖ *V.* ERARIO.

Financeiro, *a.* râjvasulâcho. ‖ *s. m.* vasulâcheṁ kâm chalaitalo,- oḷkhatalo.

Financial, *a.* râjvasulâcho.

Finar-se, *v. r.* holuṁk, reṁjuṁk; maruṁk, saruṁk, bhâyr paḍuṁk, gat jâvuṁk, nimuṁk.

Finca, *s. f. V.* ESCORA.

Fincão, *s. m.* khuṁṭî *f.*

Finca-pé, *s. m.* pâṁy teṁkauṇeṁ,- ghaṭṭ dharṇeṁ *n.*; *(fig.) V.* APOIO. ‖ *Fazer* —, dâṁteṁ mâṁḍuṁk *(litt.* ARMAR O MOINHO).

Fincar, *v. t.* topuṁk, khomuṁk, roṁbuṁk, * rompuṁk, nemauṁk, khuṁṭâvuṁk, tharâvuṁk. ‖ *V.* ARRAI-

GAR. || *v. r.* dharoṁk, tharuṁk, khuṁṭ râvuṁk, pâṁkuṁk; *(fig.)* âpleṁch vâjauṁk, ekach jharauṁk.

Finco, *s. m. (ant.)* karârpatr *n.*

Finda, *s. f. (ant.) V.* CONCLUSÃO.

Findar, *v. t.* saṁpauṁk, saṁpâduṁk, âṭpuṁk, purauṁk. || *v. i.* saṁpuṁk, saṁpâdoṁk, jâvuṁk, śevaṭâk pâvuṁk, pekuṁk *(fig.)*

Findo, *a.* saṁpłalo, sarlalo.

Fineza, *s. f.* bârkây; *pureza:* nigaḷây, nirmaḷây; *delicadeza:* nâjukây, chokhaṭây; maṁjuḷây *f.; obsequio:* upkâr, śiristo, sanimân *m.; extremo:* thorây *f.*, vhaḍpaṇ, śreshṭhpaṇ *n.* || *V.* CARINHO.

Fingido, *a. V.* FICTO.

Fingimento, *s. m.* phoṭkîrpaṇ, kapaṭ *n.*, lâg *m.*

Fingir, *v. t.* kalpuṁk, rachuṁk, ghaḍuṁk; baḷyâṁ karuṁk, bhâylyân dâkhauṁk. || *v. i.* lâg-, baḷyâṁ karuṁk. || *v. r.* rûp-, âkâr ghevuṁk.

Finitimo, *a.* śejârî, merelî.

Finito, *a.* aṁt-, śevaṭ âslalo, khaṁḍit, gaṇit, ganyo.

Fino, *a.* bârîk, sukshm, sukûm; gaṁdh; *delicado:* nâjûk, soṁvaḷ, majûr; *puro:* nigaḷ, chokh, nirmaḷ; *apurado:* śuddh, saṁgîn, akhoḍ; *aprazivel:* lavlavît, suṁdar, lâyk; *sagaz:* kâṭhû, chatur. || *A fina força,* baḷ karûn, sagḷyâṁ bhâsâṁnîṁ.

Finorio, *a. e s. m.* kâṭhû; kârkûṇ, buddhîcho śiṁso (*litt.* FRASCO DE JUIZO).

Finta, *s. f.* paṭṭî *f.*, kânû, daṁḍ, *phâḷo *m.*

Fintar, *v. t.* paṭṭî bâṁdhuṁk *(d. do o.)*, *phâḷo ghâluṁk *(d. do o.)* || *v. r.* paṭṭî ghevuṁk,- âp karuṁk.

Finura, *s. f.* bârkây, sukumây; bârkamây, śiḍukây, chaturây; nâjukây, chokhaṭây *f.*

Fio, *s. m.* sût, keṁsar, dor, kâtho; dhâgo, doro, saḍo *m.*, sutlî; *metal tirado á fieira:* sarî, taṁtrî, tâṁtî *f.*, târ; *enfiada:* paḍ, sar *m.*, sarî; — *de liquido:* dhâr; *gume:* dhâr *f.*, domas *m.; continuidade:* pâraṁpar, niraṁtarpaṇ *n.*, doro *m.* || — *da vida,* jiṇîcho dhâgo. *Perder o — ao discurso,* ghuspuṁk, goṁdhuṁk. *Estar no — (a roupa),* vilviḷit jâvuṁk. *Estar por um —,* mâtso uruṁk, kâṁṭyâr âsuṁk. *A — ou — a —,* dhârin, niraṁtarîṁ. *Oiro e —,* barâbar, kâṁṭyâr. *De — a pavio,* śekânśek.

Fiolho, *s. m. V.* FUNCHO.

Fiorita, *s. f.* lâl śivadhâtu *m.*

Firma, *s. f.* nâṁv barauṇeṁ *n.*, saî, dastakhat *f.;* śikko, sopo; teṁko, âdhâr *m.* || — *commercial,* ghar *n.*, maṁḍaḷî *f. Boa —,* bareṁ kûḷ *n.*

Firmação, *s. f.* khaṁḍ-, karâr ghaṭṭ karṇeṁ *n.*

Firmal, *s. m.* âṁkḍo *m.*

Firmamento, *s. m.* maḷabh, aṁtrâḷ, gaṁgan, *n.*, âkâś, âkâśmaṁḍaḷ, nakshatrmaṁḍaḷ *f.*, virâḷ, âbhâḷ *ou* âybaḷ; brahmâṁḍ *(us. Can.) n.* || *V.* BASE e CÉO.

Firmar, *v. t.* ghaṭṭ karuṁk,- dharuṁk, ghaṭṭâvuṁk, tharâvuṁk, thirâvuṁk, dṛiḍhâvuṁk; nâṁv barauṁk *(l. sup. do o.)*, saî-, dastakhat karuṁk *(id.)* || *V.* CONTRACTAR. || *v. r.* âpleṁ nâṁv baruṁk; ghaṭṭ-, thîr râvuṁk, thiruṁk, tharuṁk, dṛiḍhuṁk; chitt divuṁk, manâṁt dharuṁk.

Firme, *a.* ghaṭṭ, thîr, dṛiḍh, aḍhaḷ, achaḷ, niśchaḷ, achaṁchaḷ; majbût, baḷkaṭ, saṁgîn; *perseverante:* dhairyavaṁt, dhirâdik, udyogî,- yatnî; *resoluto:* niśchit, khachît, khaṁḍit. || *V.* FORTE. || *Memoria —,* bhâjaḍ yâd. *Terra —,* sthal *n.*, mahâdvip *m. Mão —,* kâṁpa nâslalo-, ghaṭṭ hât. *A pé —,* baḷân, neṭân, trâṇân.

Firmemente, *adv.* ghaṭṭ, thirâyen, dṛiḍhâyen; niśchit, khâtrîn || *V.* DECIDIDAMENTE.

Firmeza, *s. f.* ghaṭṭây, thirây, dṛiḍhây, baḷkaṭî *f.*, thîrpaṇ, niśchalpaṇ *n.*, achaṁchaḷây *f.; segurança:* thâr, abhay; *resolução:* nichav, saṁkalp, jor *m.* || *V.* FORÇA.

Firmidão, *s. f.* ghaṭṭây, dṛiḍhây *f.*

Fisberta, *s. f.* tarvâr *f.*, khaḍg *m.*

Fiscal, *a.* vasulâcho; râjbhâṁḍârâcho. || *s. m.* vasûldâr, mâmledâr, jâmdâr; dekhrekhî; *(fig.) V.* CENSOR.

Fiscalização, *s. f.* paḷevṇî, teḷṇî, dekhrekh *f.;* vasûldârpaṇ *n.*

Fiscalizador, *a. e s. m.* paḷetalo, dekhrekhî, nâyk.

Fiscalizar, *v. t.* paḷevuṁk, teḷuṁk, dekhrekh-, chaukaśî karuṁk *(g. do o.)* || *V.* CENSURAR.

Fiscella, *s. f.* muskeṁ *n.*, jhâbḷî *f.*

Fisco, *s. m* râjkoś, jâmdârkhâṇo *m.*, divâṇ; vasûlkâm *n.*

Fisga, *s. f.* garî *f.*, garo *m.;* keḷ *n.* || *V.* FENDA.

Fisgador, *a. e s. m.* phârâvṇâr.

Fisgar, *v. t.* phârâruṁk, barchiyen mâruṁk; ghaṭṭ dharuṁk, sâṁpḍâvuṁk, gaṁvsuṁk.

Fissil, *a.* chiromyeso, bhedya.

Fissipede, *a.* gelâmcho, dviśaph.

Fissipenne, *a.* kâtryâmche pâkhoṭe âslalo.

Fissirostros, *s. m. pl.* chirlale bomchîchîm śukṇîm *n. pl.*

Fissura, *s. f. V.* FENDA.

Fissuração, *s. f.* verevṇî, phâmṭṇî *f.*

Fistula, *s. f.* bhagamdar *m.*, vraṇ, rûm *n.*; pirlûk *f.* ‖ — *lacrimal*, nâsûr. — *estercoral*, nâḍîvraṇ *n.*

Fistulado, fistular, *a.* śekânśek gîr âslalo.

Fistular, *v. i.* bhagamdar jâvuṁk.

Fistuloso, *a.* bhagamdar-, ruvâm âslalo; pokhaḷ.

Fita, *s. f.* phît *ou* phîmt *n.*, dâl, rakṭo, nâḍo; *(fig.)* billo, takṭo *m.* ‖ *V.* FAIXA.

Fitar, *v. t.* orkûn paḷevuṁk, teḷuṁk; (doḷe) lâvuṁk; (chitt) divuṁk. ‖ — *as orelhas*, kân phulauṁk. ‖ *v. i.* mokuṁk. ‖ *v. r.* (doḷe) lâguṁk.

Fitilho, *s. m.* makhmalâcho doro *m.*

Fito, *s. m. V.* ALVO. ‖ *a.* purlalo, khuṁṭâyalalo; lâylalo, orkilalo; ubho, khuṁṭ; *(fig.) V.* ATTENTO. ‖ *A* —, doḷe lâvûn, chitt divûn. *De* —, orkûn; khuṁṭ.

Fivela, *s. f.* phivel *n.*, âṁkḍo, phâso *m.*

Fivelar, *v. t. V.* AFIVELAR.

Fiveleta, *s. f.* lahân phâso *m.*, âṁkḍî *f.* ‖ *A* —, âṁgâk lâgûn,- basûn.

Fixa, *s. f.* kûṁs *n.*; śetkâṁtyâchî khuṁṭî *f.*

Fixação, *s. f.* lâvṇî, tharâvṇî, nemṇî *f.*, nem *m.*

Fixamente, *adv.* ghaṭṭ; thîr; chittân, bârkâyen.

Fixante, *a. V.* FIXO.

Fixar, *v. t.* ghaṭṭ karuṁk,- basauṁk, tharâvuṁk, dṛiḍhâvuṁk; *cravar:* nemuṁk, puruṁk, khaṁchauṁk; *pregar:* lâvuṁk, mâruṁk, basauṁk, sâṁdhuṁk, jaḍuṁk; *determinar:* nemuṁk, bâṁdhuṁk, sthâpuṁk, tharâvuṁk; *estabelecer:* ṭhikauṁk, thârâvuṁk, sthirâvuṁk, râvauṁk. ‖ — *o dia, V.* APRAZAR. — *os olhos, V.* FITAR. — *na memoria*, taklemt-, manâṁt khaṁchauṁk,- dharuṁk. — *a attenção*, chitt divuṁk. ‖ *v. r.* ghaṭṭ-, dṛiḍh jâvuṁk, lâguṁk, basuṁk, jaḍoṁk; tharuṁk, dṛiḍhoṁk; ṭhikuṁk, râvuṁk, thâruṁk.

Fixativo, *a.* nemcho, bâṁdhcho.

Fixidade, fixidez, fixura, *s. f.* acharaṇ, aḍhalpan *n.*, thirây, dṛiḍhây *f.*

Fixo, *a.* lâylalo, mârlalo, basaiḷalo; achal, achar, niśchal, aḍhaḷ, ghaṭṭ, thîr, dṛiḍh; kâîm, khaṁḍit, khachît, nirdhârî. ‖ *V.* FITO.

Flabellação, *s. f.* âyṇyân vârem ghâlṇem *n.*

Flabellado, flabellar, *a.* *(bot.)* âyṇo kaso.

Flabellar, *v. i.* âyṇyân-, pâṁkhyân vârem ghâluṁk.

Flaccidez, *s. f.* maûpaṇ *n.*, luklukî, luglugî *f.*

Flaccido, *a.* maû, mavâḷ luklukît, luglugît, barko, phasphasît, viḷviḷît.

Flagellação, *s. f.* korḍo-, jerbaṁḍ mârṇem *n.*, châbkâvṇî *f.*; *(fig.) V.* AFFLICÇÃO.

Flagellador, *a. e s. m.* châbkâytalo.

Flagellar, *v. t. V.* AÇOITAR *e* ATORMENTAR.

Flagellativo, *a.* châbkâvuṁcho; *(fig.) V.* ENFADONHO.

Flagello, *s. m.* korḍo, châbûk, jerbaṁḍ *m.*, sait (*do port.* AÇOITE); śirâṁṭ *f.*, kharg *n.* ‖ *V.* CALAMIDADE.

Flagicio, *s. m.* vhaḍ gunyâṁv, mahâprâdh *m.*, mahâpâp, mahâpâtak *n.*

Flagicioso, *a.* mahâpâtkî, mahâpâpî, ghor, khoṭo. ‖ *V.* CRIMINOSO.

Flagrancia, *s. f.* rakhrakho *m.*, jaḷjaḷî *f.*

Flagrante, *a.* rakhrakhît, jaḷjaḷît, ulpo; tâṁbḍo lâl. ‖ *V.* EVIDENTE. ‖ — *delicto*, dharchyâ vagtâr kelalo gunyâṁv *m.* *Em* —, kartânâ, âdartânâ.

Flame, *s. m.* ghoḍyâchem ragat kâḍhchem âut *n.*

Flamingo, *s. m.* haṁsak *m.*, râjhâṁs *n.*

Flamma, *s. f. V.* CHAMMA.

Flammancia, *s. f. V.* LABAREDA; *(fig.)* dabâjo, laklak, ghaṇghaṇ *m.*

Flammante, *a.* ujyâcho, bhagbhagît; jhaḷjhaḷît, laklakît, rasraśît liklikît; *(fig.)* dabâjyâcho, śobhit, suṁdar.

Flammear, flammejar, *v. i.* bhagbhaguṁk, dhagdhaguṁk; *(fig.)* laklakhuṁk, rasrasuṁk, jhaḷjhaḷuṁk.

Flammejante, flammeo, *a. V.* CHAMMEJANTE.

Flammifero, flammigero, *a.* âg karcho, ujyâcho, agni *(em comp.)*

Flammipotente, *a.* agniśakt.

Flammispirante, *a.* agniśvâsak.

Flammivomo, *a.* agnivaman.

Flammula, *s. f.* bâvṭo *m.*, dhajâ *f.*

Flanco, *s. m.* kaḍ, kaṭi, âyaṁḍ; kûs, bagal, dhaḍ *f.*; *(fig.)* kusvo *m.*, udar;

chhidr *n.; (milit.)* kûs, bâjû *f.*, pârśvâṁg *n.; (mar.)* kaṇo *m.*

Flanela, *s. f.* phalânel *n.*

Flanquear, *v. t.* kûs-, bagal râkhuṁk,- târuṁk *(g. do o.)*; (duśmânâche) kuśîr paḍuṁk, pârśvâṁg uprâḷuṁk *(g. do o.)*; barâbar-, eke hârîn mârgâu chaluṁk.

Flato, *s. m.* phlât, vây *m.; (fig.) V.* CAPRICHO.

Flatoso, flatulento, *a.* vâykar, vâtûḷ.

Flatulencia, flatuosidade, *s. f.* vây, vâyu, vâtrog *m.*

Flatuloso, *a.* vây jâlalo, vâyâcho (manis).

Flauta, *s. f.* phâvt *n.*, veṇu, poṁvo *m.*, pirlûk *f.*

Flautado, *a. V.* AFLAUTADO *e* MAVIOSO.

Flautar, *v. i.* veṇu kaso vâjauṁk; kisaun ulauṁk.

Flautear, *v. t.* (veṇu) vâjauṁk. || *V.* TERGIVERSAR.

Flautista, *s. m.* veṇu-, poṁvo vâjaitalo, pirlukkâr.

Flavescente, *a.* piṁgḷo jâvûn yeto, piṁgḷoso.

Flavescer, *v. i.* piṁgḷo jâvuṁk.

Flavo, *a.* piṁgḷo.

Flebil, *a.* raḍkuḷo, rudit, duḥkhâbharit, duḥkhest.

Flecha, *s. f. V.* FRECHA.

Fleimão, *s. m. V.* PHEGMÃO.

Fleuma, *s. f. V.* PHEUGMA.

Flexão, *s. f.* bâg, vâṁk *f.*, vaḷaṇ; *(gram.)* rûpâṁtar *n.*, vibhakti *f.* || *V.* CONJUGAÇÃO *e* DECLINAÇÃO.

Flexibilidade, *s. f.* lavchîkpaṇ, lavkepaṇ *n.*, vetasavṛitti; *(fig.)* kal, kuvet, sâmarthî *f.* || *V.* SERVILISMO.

Flexil, flexivel, *a.* lavko, lâvko, lavchîk, vâṁkyo, meṇâcho (*litt.* CEREO), vetasavṛitti. || *V.* CONDESCENDENTE.

Flexiloquo, *a. V.* AMBIGUO.

Flexipede, *a.* pâṁgo, vâṁkyo.

Flexor, *a.* bâgâvuṁk-, doḍuṁk upkârto.

Flexuosidade, *s. f.* vâṁk, moḍ *f.*, vaḷaṇ *n.*

Flexuoso, *a.* vâṁkyo, vâṁkîcho, vâṁkḍo, vaḷḷalo, nâgmoḍîcho.

Flexura, *s. f.* sâṁdho *m.*, khîḷ; *(fig.)* naramây *f.*, mâupaṇ *n.*

Flibusteiro, *a. e s. m.* châṁcho; puṁḍ *m.*

Floccado, *a.* buchke kelalo; buchkyâṁcho.

Flocco, *s. m.* ubhto kâpûs; buchko; śeṁpḍecho goṁḍo *m.* || — *de neve*, himâcho kâpûs.

Flocçoso, *a.* himâchyâ kâpsâcho; buchkyâṁcho.

Flor, *s. f.* phûl, chamaḷ, pushp *ou* pusv, kusum *(p. us.) n.*; nivaḍ, uttamâṁś *m.*; châṁḍyâchî bhâyli kûs *f.*; saryâcho bâto *m.* || *A* —, dhârîṛ. || -es, *pl.* phulyo *f. pl.* — *de rhetorica*, śabdâlaṁkâr *m.* — *brancas*, *V.* LEUCORRHÉA.

Flora, *s. f.* ekâ mulkâchiṁ jhâḍâṁ *n. pl.*, deśavanaspati; deśavanaspatividyâ *f.*; deśavanaspatisaṁgraha *m.*

Florada, *s. f.* nâriṁgiṇîchyâṁ phulâṁchî dos *f.*

Floral, *a.* phulâṁcho, pushpasaṁbaṁdhî.

Florão, *s. m.* phulâṁcho ghoṁs,- goṁḍo; buṭo *m.*, phulî, kirvaṇ *f.*

Florear, *v. t.* phulauṁk; *(fig.)* neṭauṁk, saṁjauṁk, mâḷuṁk *(d. do o.)*; (hatyâr) hikmatîn kheḷauṁk, parjuṁk, chamkâvuṁk. || *V.* FLOREJAR. || — *o estylo*, alaṁkâruṁk, arthavâd karuṁk *(g. do o.)* — *a lettra*, kirvaṇîchî aksharâṁ-, bharkaḍe karuṁk. || *v. i.* phuluṁk, phulâṁ jâvuṁk *(d. do s.)*; *(fig.)* nâvâḍhoṁk; phuluṁk, neṭuṁk; chaḷbaḷuṁk.

Florecer, *V.* FLORESCER.

Floreio, *s. m.* phulauṇî *f.*; alaṁkâr, arthavâd *m.*; tarvâr kheḷauṇî *f.*

Floreira, *s. f.* phulkârṇ.

Floreiro, *s. m.* phulkâr.

Florejante, *a.* phulâṁnîṁ bharlalo.

Florejar, *v. t.* phulâṁ mâḷuṁk *(d. do o.)*, phulâṁnîṁ neṭauṁk; alaṁkâruṁk. || *v. i. V.* FLORESCER.

Florente, florescente, *a.* phullalo, phulâr âslalo; *(fig.)* vasto, kalyâṇî, śrîmân, samṛiddh, vṛiddh, saṁpann, saṁpattivaṁt; ṭhaṇṭhaṇît. || *V.* VIÇOSO.

Floreo, *a.* phulâṁcho phulâṁnîṁ bharlalo; phulâṁ mâḷlalo.

Florescencia, *s. f.* phulṇî *f.*, phulap, taṁvar *n.*, taṁvrî, phuṭṇî; *(fig.)* vasṇî, thorṇî, sâṁṛiddhi *f.*, naṁdan *n.*; neṭ, loṭ, jor *m.*

Florescer, *v. t.* phulauṁk; phulâṁnîṁ bharuṁk. || *v. i.* phuluṁk, phulâṁ jâvuṁk, phûl yevuṁk,- disuṁk *(d. do s.)*, phuṭuṁk, lâguṁk, taṁvruṁk; *(fig.)* naṁduṁk, vasuṁk; ṭhaṇṭhaṇuṁk, nâvâḍhoṁk. || *V.* EXISTIR.

Floresta, *s. f.* rân, araṇeṁ, jaṁgaḷ, van *n.*, ghol *m.*

Florestal, *a.* rânâcho, jaṁgḷî.

Floreta, *s. f.* phulî *f.*

Florete, *s. m.* khaṁḍo *m.*

Floretear, *v. t.* phulâṁ mâḷuṁk (*d. do o.*) ‖ *v. i. V.* ESGRIMIR.

Floricultura, *s. f.* phulâṁ lâvṇeṁ *n.*; pushpavidyâ *f.*

Florido, *a.* phullalo, phulâṁnîṁ bharlalo; phulâṁnîṁ śṛiṁgârlalo; ṭakṭakît, luklukît, tartarît, lavlavît; alaṁkârî.

Flórido, *a.* phullalo, luslusît; (*fig.*) âkârvaṁt, raṁgdâr, sâmṛiddh.

Florifero, florigero, *a.* phulâṁcho, phulâṁ âslalo, pushpaprada.

Floriforme, *a.* phûl kaseṁ, phulâkâr.

Florilegio, *s. m.* phulâṁcho jamo,-puṁjo *m.*; (*fig.*) *V.* ANTHOLOGIA.

Floriphago, *a.* phulâṁ khâvûn jiyetalo.

Florir, *v. i.* phuluṁk, ugarmuṁk.

Florista, *s. m. e f.* phulkâr (phulkârṇ *f.*), mâlî (mâlîṇ *f.*)

Floromania, *s. f.* phûlpiseṁ *n.*, pushpabhram *m.*

Floromaniaco, *a. e s. m.* phûlpiso, phulâṁk lobhdalalo.

Florula, *s. f.* alpagramavanaspati *f.*

Flosculo, *s. m.* kesrâcho-, ghoṁsâcho phâṁṭo *m.*

Flosculoso, *a.* kesarî, goṁḍyâcho, ghoṁsâcho.

Flos-sanctorum, *s. m.* bhaktamâlâ *f.*, bhâgevaṁtâṁcheṁ charitr *n.*

Flotilha, *s. f.* lahân nausamâj *m.*

Flucticola, *a.* daryâṁt jiyetalo, samudravâsî.

Fluctigena, *a.* daryâṁt jâlalo, samudraj.

Fluctisonante, fluctisono, *s. m.* lahârâṁchyâ nâdâcho, laharîdhvani.

Fluctivago, *a.* lahârî, laharî.

Fluctuação, *s. f.* helkâvo, lahar *f.*, udkâr kheḷṇeṁ,- uphevṇeṁ *n.*; ubhṇî *f.*; chaḍha-utâr *m.*, asthiratâ *f.* ‖ *V.* VOLUBILIDADE.

Fluctuante, *a.* helkâvtalo, laharî, udkâr hâltalo, piyotalo; ubhto; (*fig.*) athîr, adhîr, chaṁchaḷ.

Fluctuar, *v. i.* helkâvuṁk, udkâr kheḷuṁk,- hâluṁk, piyoṁk, uphevuṁk; vâryân ubhuṁk; *agitar-se:* hâluṁk, doluṁk; *turbar-se:* uchaṁbaḷuṁk, khaḷbaḷuṁk; *vacillar:* ḍauṁḍaḷuṁk, dubhâvoṁk, pâṭhîphuḍe saruṁk.

Fluctuavel, *a.* helkâvuṁcho, ubhûṁyeso.

Fluctuosidade, *s. f.* laharîpaṇ *n.*; (*fig.*) *V.* HESITAÇÃO.

Fluctuoso, *a.* lahârî, laharî; (*fig.*) *V.* AGITADO.

Fluencia, fluidez, *s. f.* vâhvpaṇ *n.*, vâhṇ, dravatâ; (*fig.*) jibhechî haḷuvây,- luslusitây, saḍsaḍitây *f.*; uttrâṁcho loṭ *m.*; saraḷpaṇ *n.*

Fluente, *a.* vâhvto, vâhvro; (*fig.*) bolko, jâpsâlî, lâyâr (*do ingl.* 'LAWYER), saḍsaḍît; saraḷ, charcharit, sarsarît.

Fluentemente, *adv.* saḍsaḍît, charcharît, sarsarît.

Fluidificação, *s. f.* vâhvto-, pâtaḷ karṇeṁ,- jâṇeṁ *n.*

Fluidificar, *v. t.* vâhvto karuṁk, pâtḷâvuṁk. ‖ *v. i. e r.* vâhvto-, pâtaḷ jâvuṁk, viruṁk.

Fluido, *a.* vâhvto, vâhvro, drav; (*fig.*) ṭhâvko, saraḷ, ughṭo, ughḍâpo. ‖ *V.* FLACCIDO. ‖ *s. m.* vâhvtî vast *f.*, dravpadârth *m.*

Fluir, *v. i.* vâhvuṁk; (*fig.*) yevuṁk, upjuṁk, utpann jâvuṁk.

Flumen, *s. m.* (*poet.*) *V.* RIO.

Fluminense, flumineo, fluvial, fluviatil, *a.* naṁhîcho, nadîcho.

Fluor, *s. m.* dravatâ *f.* ‖ *V.* FLUXÃO.

Flux, *s. m.* *V.* FLUXO. ‖ *A* —, baṁbhâḷân; uphâḷyân, bharon. *Levar tudo a* —, sagḷeṁ kharvaḍuṁk.

Fluxão, *s. f.* rogvaṇî *n.*, dhâtunâś *m.* ‖ *V.* FLUXO.

Fluxibilidade, *s. f.* athîrpaṇ, naśvarpaṇ *n.*

Fluxionario, *a.* rogvaṇî jâtalo.

Fluxivel, *a.* athîr, naśvar, doṁdisâṁcho, adṛiḍh.

Fluxo, *s. m.* vâhvaṇ, vâhṇ *f.*, pâṇî *n.*; bhartî (*enchente*), âgorî (*enchente do rio*); suktî (*vazante*) *f.*; (*fig.*) loṭ, loṁḍho *m.*, uphâḷeṁ *f.* ‖ — *de ventre*, nirmaḷî, hâgvaṇ *f.* — *de sangue*, raktbhâyr, âṁvrakt *n.* — *de bocca*, lâḷ *f.* — *de riso*, kâkâd. — *branco*, pâṁḍharvaṇî. ‖ -s, *pl.* nâk vâhvṇeṁ *n.* ‖ *a. V.* FLUXIVEL.

Focal, *a.* agrakarâcho, keṁdrâcho.

Focinhada, *s. f.* soṁḍ mârṇeṁ; nâk âpaṭṇeṁ *n.*

Focinhar, *v. t. V.* AFOCINHAR.

Focinheira, *s. f.* dhukrâcheṁ soṁḍ; lagam; vâṁkḍeṁ-, kuṭâḷeṁ toṁḍ *n.*

Focinho, *s. m.* muskaṭ, muskar, soṁḍ *n.*, soṁḍî (*dim.*) *f.*, soṁḍo (*aug.*) *m.*; (*fig.*) *V.* ROSTO. ‖ *Ter mau* —, kuṭâḷo jâvuṁk. *Torcer o* —, toṁḍ vâṁkḍeṁ karuṁk. *Metter o — em alguma coisa,* tomd ghâlumk. *Cahir de focinhos,* omto padumk.

Focinhudo, *a.* somdâl, somdyo; *(fig.)* V. CARRANCUDO.

Foco, *s. m.* âgar, agrakar, agrâmśu; tejassamkarshadeś *m.; (geom.)* kemdr *n.,* nâbhi *m.;* âvyâchî-, bhattiyechî chulan; chilimâchem pot *n.;* khunâcho dhagto *m.; (fig.)* mûl *n,* arambh; mâj *m.;* châvdî *f.* ‖ — *de infecção, de doença,* vasyâcho-, pidecho biyâlo *m.*

Fofa, *s. f.* phugdî *f.* ‖ *Metter-se em fofas,* adchanek padumk, mâmdkek sâmpdumk.

Fofice, *s. f.* phugrepan *n.,* luglugitây *f.; (fig.)* V. BAZOFIA.

Fofo, *a.* phuglalo, phusphusît, phasphasît, luglugît, balbalît, pokso; *(fig.)* phullalo, badâykhor. ‖ -s, *pl.* madhem phuglalim phitâm *n. pl.,* omche *m. pl.*

Fogaça, *s. f.* polî *f.,* mâmdas *n.*

Fogacho, *s. m.* âgtî, dhagtî; *(fig.)* tidak *f.,* kîmv *m.*

Fogagem, *s. f.* dhâmvrem *n.;* hurhuro, pulero *m.; (fig.)* chîd, tidak *f.*

Fogaleira, *s. f.* kâhilâto *m.*

Fogão, *s. m.* râmdhan, chûl *f.,* chulo *m.,* chuldân, parl *n.;* kân, kano *m.*

Fogareiro, *s. m.* hâlâytî-, âdechî chûl; śektî *f.*

Fogareo, *s. f.* divtî, maśâl *f.* ‖ V. FOGUEIRA.

Fogo, *s. m.* âg *f.,* agni, ujo, jâl, * pâvak; phû, phuphû *(loc. infant.); lar:* gharâbo *m.,* ghar, gharânem *n.; vehemencia:* musmusî, umed *f.,* umâlo; *tiro:* phâr, mâro *m.; combate:* juj *n.; paixão:* ujo, jâl. ‖ V. FOGÃO, FOGAGEM, FOGUEIRA. ‖ — *de vistas,* — *de artificio,* phog *m.,* dârûsâman *n.* — *do ar,* bân *m. pl.* — *de Bengala,* ramgâmcho phog. *Tomar* —, tâpumk. *Atiçar o* —, âg lâvumk,- petaumk. *Fazer* —, phâr mârumk,- sodumk. *Estar em* —, ulpumk, jalumk. *A* — *lento,* lohu lohu. *Brincar com o* —, vâghâche miśiyer khelumk. *Crime de* — *posto,* âg ghâlcho-, lâycho gunyâmv.

Fogosamente, *adv.* umâlyân, tavkyân, kadhân.

Fogosidade, *s. f.* tâpnî, tâp *f.,* rakhrakho *m.* ‖ V. ARDOR.

Fogoso, *a.* ujyâcho, âgyo, jalto, ulpo; *vivo:* jivat, hurbhevamt, umâlyâcho, utsuk; *impetuoso:* taykyâcho, jorâcho, kadak; *impaciente:* urmat, uchambal, jalsar. ‖ V. COLERICO.

Foguear, *v. t.* V. AFOGUEAR.

Fogueira, *s. f.* âgtem, dhagtem *n.,* dhagtî *f.,* dhagto, parso *m.; (fig.)* V. ARDENCIA.

Fogueiro, *s. m.* ujo-, âg sârtalo, sâmdhnâr.

Foguetada, *s. f.,* **foguetorio,** *s. m.* bânâmche phâr *m. pl.;* bânâmchî śimkal *f.; (fig.)* V. DESCOMPOSTURA.

Foguete, *s. m.* bân, âkâśbân, agnibân *m.,* sursurî; *(fig.)* pattî, jupâtî *f.,* sal *n.* ‖ *De* —, tavkyân, kimvân.

Fogueteiro, *s. m.* bân kartalo; phoger (*do port.* FOGO).

Foiçada, *s. f.* koytecho phâr *m.*

Foiçar, *v. t.* koyten kâtrumk,- kâpumk; lumvumk.

Foice, *s. f.* koytî *f.,* vilo *m.,* * komgal *n.* ‖ *Metter a* — *na seara alheia,* âpnâk yevem nâ thaim ghuslumk.

Foiciforme, *a.* koytî kasî.

Foicinha, *s. f.,* **foicinho,** *s. m.* koytûl, koytulem *n.*

Foiteza, *s. f.* V. AFOITEZA.

Fojo, *s. m.* chorkhalî *f.;* khomdkul *n.;* bomb *m.*

Folar, *s. m.* polî *f.;* bejimemtâchem phârîkpan; ojhem *n.,* kâjârâchî sâguvât *f.*

Folego, *s. m.* śvâs, uchchhvâs, **usâs,** viśvâs, dam; visâvo, viśrâm, *m.,* phursat, savkâśây *f.* ‖ *Fazer de um* —, ekdam karumk. *Tomar o* —, dam khâvumk; *(fig.)* jîv bharomk *(d. do s.) Obra de largo* —, motem pustak. *Ter sete folegos,* sât jîv âsumk.

Folga, *s. f.* avkâś, avsar, visâvo, thâr, bascho vel *m.,* phursat *f.,* khel, vinod, vilâs *m.; (fig.)* viskalây, dilây *f.*

Folgadamente, *adv.* phursatîn; viskalâyen.

Folgado, *a.* baslalo, visavlalo, kasht nâslalo; bekâr, beshto, nishkâmî; *largo:* dil, sadîl, sadik, viskal. ‖ V. ALEGRE.

Folgança, *s. f.* khel, tamâśo *m.,* dhumśân *n.*

Folgar, *v. t.* visâvumk, avkâś-, thâr divumk *(d. do o.);* dilâvumk, dîl-, sadîk karumk. ‖ — *folguedos,* mauj-, tamâśo karumk. ‖ *v. i.* visavumk viśrâmumk, basumk; khelumk, mirvumk, udumk, nâchumk, ramumk. ‖ V. ALEGRAR-SE. ‖ *s. m.* V. FOLGUEDO.

Folgazão, *a.* khelgadyo, nâchro, vinodî sukhâlo, sukhvamt; maujekâr, kuśâl, ullâsî, ânamdî, mudit; bekâr, beshto, nishkâmî.

Folgazar, *v. i.* khelumk, ramumk.

Folgo, *s. m.* V. FOLEGO.

Folguedo, *s. m.* khel̤, vinod, tamâśo, utsav *m.*, ramaṇ, ramal̤ *n.*, mauj *f.*

Folha, *s. f.* kholo *m.*, pân patr *n.*; kholî (*— sêcca*) *f.*; *petala:* dal *n.*, pâkl̤î; *lamina:* pâtî *f.*, pâteṁ; *chapa:* patreṁ, tagaḍ *n.*, varakh *m.*; *livro de apontamentos:* paṭṭî, śivḍî; *jornal:* phol, bolet (*do port.* BOLETIM) *f.*, vartamânpatr *n.* ‖ *— de papel,* phol *f.*, duṭṭo *m.*, duṭeṁ, pân. *— dobrada em duas partes,* dubaṁḍîpân. *— em quatro partes,* chaubaṁḍîpân. *— em oito partes,* âṭhbaṁḍîpân. *Metade de —,* pân, pânaṭ. *— do livro,* pân, patr *n.*, varakh *m.* *— de Flandres,* pholîjũ, kathîl *n.* *— de madeira,* phâl, pâtî. *— de vestido,* phâl *f.* *— de rocha,* thar *m.* *— de terra,* paḍitbhûṁy, paḍ. *Tabaco em —,* pânâchî pâkl̤î *f.* *Em —,* tâjo, apûṭ. *Virar a — (fig.),* pân partuṁk, dusrî khabar karuṁk. *A folhas tantas,* hyâ sumârâr.

Folhada, *s. f.* kholyo *f. pl.*, patro, patero *m.*

Folhado, *a.* pânâṁcho, khol̤yâṁnîṁ bharlalo. ‖ *Massa folhada,* lâṭlaleṁ pîṭh. ‖ *s. m.* piṭhâcheṁ pâteṁ *n.*; *(fig.)* potero, kispuro *m.*

Folhagem, *s. f.*, **folhame,** *s. m.*, **folharia,** *s. f.* pâlo *m.*, pânâṁ; biraila1îṁ pânâṁ *n. pl.*

Folhão, *s. m.* uchambal̤ ghoḍo *m.*

Folhar, *v. t.* pânâvuṁk, pâlâvuṁk; pânâṁ-, pâkl̤yo karuṁk *(g. do o.)* ‖ *v. r.* pâlevuṁk, pânâṁ jâvuṁk,- phuṭuṁk,- yevuṁk *(d. do s.)*

Folheaceo, *a. V.* FOLIACEO.

Folheado, *a.* pâlelalo; pâtî-, patreṁ lâylalo. ‖ *s. m.* lâṁkḍâchî bârîk phâl; pâtî *f.*, patreṁ *n.*

Folhear, *v. t.* usauṁk, partuṁk, pânâṁ-, pâjnâṁ partuṁk *(g. do o.)* ‖ *a. (bot.)* pânâṁr jâlalo,- âslalo; pânâṁch-, pâkl̤yoch âslalo.

Folheatura, *s. f.* pâlevuṁcho vel̤,- samay *m.*; pâlevṇî *f.*

Folheca, *s. f.* kâpûs kaseṁ him *n.*, himâcho kâpûs *m.*

Folhelho, *s. m.* pâteṁ *n.*, puṭh *m.*

Folhento, *a.* pânâṁ âslalo, kholyâṁnîṁ bharlalo. ‖ *V.* FRONDOSO.

Folhepe, *s. m. V.* FOLHECA.

Folheta, *s. f.* pâtî; begaṭ *f.*

Folhetaria, *s. f.* pânâṁchî birvaṇ *f.*

Folhetear, *v. t.* (thikâṁ) pâtiyen basauṁk,- khaṁchauṁk; bârkâṁ phâlîṁnîṁ chiruṁk.

Folhetim, *s. m.* pholyetîṁ *f.*

Folhetista, *s. m.* chopḍyo baraitalo.

Folheto, *s. m.* lahân pustak *n.*, chopḍî, pothî, paṭṭî *f.*

Folhinha, *s. f.* pholiyîjũ *n.* ‖ *V.* ALMANACH.

Folho, *s. m.* monjâtîṁchyâ khurâcheṁ ḍhuṁg; pregâṁcheṁ phît *n.* ‖ *V.* FOLHOSO.

Folhoso, *a.* pâlelalo, pânâṁṇîṁ bharlalo, phâṁkârlalo. ‖ *s. m.* monjâtîṁcho tisro gâṁjo *m.*

Folhudo, *a. V.* FOLHOSO.

Folia, *s. f.* phugḍî *f.*, mâṁḍo, jhamjhamâṭ; tamâśo, khel, utsav, ṭhanṭhaṇ *m.*, dhumśâṇ, kautuk *n.*, mauj *f.*; *(fig.) V.* BRIGA.

Foliação, *s. f. V.* FOLHEATURA.

Foliaceo, *a.* parṇajâtî, parṇâkâr; pânâṁcho.

Foliado, *a.* kholyâṁcho, pânâṁcho; parṇâkâr.

Foliagudo, *a.* bârîk pânâṁcho.

Folião, *s. m.* nâchro, uḍkaṇâṁ ghâltalo. ‖ *V.* BOBO.

Foliar, *v. i.* nâchuṁk, uḍuṁk, uḍkaṇâṁ ghâluṁk; dhumśâṇ-, tamâśo karuṁk, khel̤uṁk.

Foliculario, *s. m.* phol baraitalo,- chhâptalo. ‖ *V.* FOLHETISTA.

Folifero, *a.* khole âslalo va jâtalo.

Foliforme, *a.* pân kaseṁ, parṇâkûr, parṇâkṛiti.

Folio, *s. m.* dubaṁḍî kâgad; ḍuṁḍyâcheṁ pustak *n.*

Foliolo, *s. m. (bot.)* deṁṭâcheṁ pân; phulâcheṁ poteṁ, pushpâvaraṇ *n.*

Foliparo, *a. (bot.)* pâloch jâtalo.

Foliphago, *a.* pânâṁ khâtalo.

Folla, *s. f.* lahârâṁche kavl̤e *m. pl.*

Folle, *s. m.* bhâto *m.*, bhâtḍî *(dim.) f.*; phugo *m.* ‖ *Gaita de folles,* poṁpereṁ *n.* *Dar aos —,* poṁpereṁ vâjauṁk; *(fig.)* toṁḍâl̤uṁk, gûḍh sâṁguṁk,- praghaṭuṁk.

Folleiro, *s. m.* poṁperîṁ kartalo va viktalo.

Folliculo, *s. m.* pul̤î *f.*, phoḍ *m.*; bhâtḍî *f.*

Folliculoso, *a.* phoḍâṁcho.

Folliforme, *a.* bhâto-, phoḍ kaso.

Follipo, *s. m.* pul̤î *f.*; buḍbuḍo *m.* ‖ *V.* FOLHECA.

Fome, *s. f.* bhûk *f.*, upâs *m.*, *khudhâ *f.*; dukal̤ *m.*, durbhikshâ; *(fig.)* tân *(litt.* SÊDE*) f.* ‖ *— canina,* bhukecho rakhrakho. *Cara de —,* chiṁvlaleṁ-, oḍhlaleṁ toṁḍ. *— de rabo,* aśospaṇ. *Morrer de —,* bhuken-, upâsîṁ maruṁk. *Ter —,* bhûk lâguṁk *(d. do s.),* bhukevuṁk.

Fomentação, *s. f.* chetauṇî, phuṁkṇî; śekṇî *f.*, śek; sekḍo *(aug.) m.* ‖ *V.* FRICÇÃO.

Fomentar, *v. t.* chetauṁk, phuṁkuṁk, śijauṁk, huskauṁk; śekuṁk. ‖ *V.* PROMOVER.

Fomento, *s. m.* śek *m.*, kavaḷ *n.* ‖ *V.* ALLIVIO *e* ESTIMULO.

Fona, *s. m. e f.* kâṁjûs, châṭo, luṁcho, sugrâtî, bhikârḍo, avech *(aa.)* ‖ *s. f.* kiṭlâṁcho gobar *m.* ‖ *Andar numa* —, phuṁdneṁ nâ ṭeṁkauṁk.

Fontainha, fontasinha, fontinha, *s. f.* lahân jhar *f.*, jharkûṭ *n.*

Fontal, fontanal, *a.* jharîcho. ‖ *Principio* —, mûḷ *n.*, araṁbh *m.*

Fontanario, *a.* jharîcho. ‖ *Marco* —, jharîcheṁ davarṇeṁ *n.*, -khâṁbo *m.*

Fontanella, *s. f.* phoṁt; ṭâḷû *f.*

Fonte, *s. f.* jhar; phoṁt *f.*; *(anat.)* kânsûl *n.*; *texto original:* mûḷgraṁth; *(fig.)* araṁbh *m.*, mûḷ, ghar. ‖ — *limpa*, nîj mûḷ, mudal *n.* *Ir á* — *limpa*, balâv ghevûn vachuṁk.

Fóra, *adv.* bhâyr; bhâylyâ gâṁvâṁt, pargâṁvâṁt. ‖ *Cá* —, hâṁgâ, hiṁgâ. *De* —, bhâylo *(a.)* *Deixar de* —, bhâyr davruṁk, nâ dharuṁk. *Ficar de* —, bhâyr uruṁk. *Portas a* —, gharâ-, śaharâ bhâyr. *Jogar de* —, pais râvuṁk,- hoḍeṁ dharuṁk *(fig.)* *Deitar-se de* —, âple hât phâphḍuṁk. *Por* —, bhâylyân, bhâylyâbhâyr. *Conhecer por dentro e por* —, pâḷâṁ paryâṁt oḷkhuṁk. *Deitar por* —, otuṁk. *De foz em* —, *barra* —, *mar em* —, bhâylyâ-, vhaḍlyâ daryâk,- daryâṁt. ‖ *prep. V.* EXCEPTO. ‖ — *de*, pais, paro, pelyân; bhâyr, śivây. — *de horas*, uśrâṁ; veḷâ bhâyr. — *da razão*, ginyânâ-, buddhî âḍ. ‖ -s, *s. m. pl.* bhâylî kûś *f.* ‖ *int.* pais, paro; thû, thuthu, chhîthû.

Foragem, *s. f.* lahân śidâv *m.*

Foragido, *a.* gharder nâslalo, hiṁḍṇo, vâydeś, bhramishṭ; pârpaḷ, paḷpaṭo; bhâyr ghâlalo.

Foral, *s. m.* śidâvâcheṁ-, gheṇîcheṁ patr *n.*

Forame, *s. m. V.* BURACO.

Foramentoso, *a.* burâk-, ḍoṁpḷe paḍlalo,- âslalo.

Foranco, *a. V.* FORASTEIRO.

Forasteiro, *a.* bhâylo, bhâylyâ gâṁvcho, parko, vilâytî, deśâṁtarî. ‖ *s. m. V.* EXTRANGEIRO.

Forca, *s. f.* gaḷ, gaḷrûkh, phaśiyecho khâṁbo *m.* ‖ *Armar* — *a alguem*, phâskâṁ maṁḍuṁk.

Força, *s. f.* phors *m.*, baḷ, tej, sattv, samarthpaṇ *n.*, jîv, jor, trâṇ, dam *m.*, śakti *ou* sakat, ghaṭṭây, dâṁḍgây, baḷkaṭî, tâkît, tâkat, tâṁk, gat, kuvet *f.*; *violencia:* baḷ *n.*, jor, julûm *m.*, jabardastî *f.*; *vehemencia:* neṭ, tavko, tol *m.*, prabaḷây; *necessidade:* garaj, jarûrî *f.*; *obrigação:* kâydo *m.*; *auctoridade:* padvî, sattâ *ou* sattyâ *f.*; *causa:* kâraṇ, kartû; *auge:* bhâr *m.*, bhargat *f.*; *grande quantidade:* loṭ *m.*, uphâḷeṁ; *exercito:* sainya *n.*, senâ *f.*, dalbhâr *m.* ‖ — *de animo, V.* ENERGIA. *Por* —, khuśen vâ khuśe bhâyr, jây jâvuṁ nâ jây jâvûṁ; chuka nâstânâ, ilâjâvîṇ. *A* — *publica, V.* EXERCITO. *Em* —, loṭân, chuṁbyân. — *maior*, chiṁti-, ilâj nâslaleṁ kâm. *Á* — *ou á viva* —, baḷân, julûm karûn. *Á* — *de*, bhârân, toḷân, neṭân.

Forcada, *s. f.* gâṁḍ *f.*

Forcado, forcão, *s. m.* moḍkûl *n.*

Forçado, *a.* baḷ kelalo; baḷ-, julûm kartalo; *necessario:* garjecho, chuka nâslalo; *fingido:* baḷyâṁ dâkhailalo, polko, phoṭkiro. ‖ *Trabalhos forçados*, veṭh, bigâr *(p. us.) f.* ‖ *s. m.* sarkârî vâvrâcho baṁdîkhaṇo. ‖ — *de galés*, kaîdî valekâr.

Forcadura, *s. f.* kelâchî khâṁch *f.*

Forçamento, *s. m.* baḷ *n.*, julûm *m.*, jabardastî *f.*

Forçante, *a.* baḷ kartalo.

Forcar, *v. t.* moḍkulân ustuṁk.

Forçar, *v. t.* baḷ karuṁk *(d. do o.)*, baḷân karuṁk lâvuṁk; kâṁḍh-, jhoṁbûn ghevuṁk; baḷân bhitar saruṁk; loṭuṁk, ḍhakluṁk, dhakuṁk; vâṁkḍo arth divuṁk *(d. do o.)*, oḍhuṁk. ‖ *V.* ESTUPRAR. ‖ — *a voz*, ṭâḷo oḍhuṁk, sarâṁṭûn ulauṁk,- gâvuṁk. — *o remo*, baḷân tâṁḍuṁk. ‖ *v. i.* baḷ-, neṭ karuṁk. ‖ *v. r.* baḷân karuṁk.

Forcejar, *v. i.* aṭâsuṁk *ou* aṭṭâhâsuṁk, kaṭuṁk, neṭuṁk, âpṭoṁk dhopṭoṁk. ‖ *v. r.* baḷ-, neṭ karuṁk.

Forcejo, *s. m. V.* ESFORÇO.

Forceps, *s. m.* chimṭo *m.*, sâṁḍas *f.*

Forçosamente, *adv.* baḷân, baḷishṭîṁ; jarûr.

Forçoso, *a.* baḷâcho, boḷî, baḷvaṁt, baḷishṭh *(sup.)*, ghaṭṭ, jorâvar; garjecho, jarûrîcho; neṭâcho, jorâcho.

Foreira, *s. f.* śidâvkârṇ, gheṇikârṇ, muṁdkârṇ.

Foreiro, *a.* śidâvî, śidâvâcho. ‖ *V.* SUJEITO. ‖ *s. m.* śidâvkâr, gheṇikâr, muṁdkâr *ou* muṇkârî, khot *m.*, rayt *n.*

Forense, *a.* nyâyasabhecho, divâṇî.
Forfex, *s. m.* phâḷchî kâtar *f.*
Forja, *s. f.* sâḷ *f.*, kâmârâcho kârkhâṇo *m.; âgṭeṁ n.* ‖ *Estar na — (fig.)* tayâr jâvuṁk âsuṁk. *Isto não é — de ferreiro*, kânpe usḷâvûṁ nâkâ.
Forjador, *a. e s. m.* ghaḍṇâr, lohâr, kâmâr; *(fig.)* rachûn-, ghaḍûn sâṁgtalo, yojano.
Forjadura, *s. f.* ghaḍṇî *f.*, lokhaṁḍ peṭṇeṁ *n.*
Forjar, *v. t.* peṭuṁk, peṭûn karuṁk, ghaḍuṁk; *(fig.)* rachuṁk, kalpuṁk, yojuṁk. ‖ *V.* FALSIFICAR.
Fórma, *s. f.* âkâr *m.*, âkṛiti, ghaḍaṇ, ghaḍvaṇ, moḍ *f.*, rûp, vaḷaṇ *n.; modo:* prakâr, bhesh *m.*, parî *f.; modelo:* namuno *m.*, pratimân *n.; norma:* kram, vidhi *m.*, rît *f.; modo particular de ser:* rûpâṁtar *n.*, vikâr *m.; (gram.)* rûp *n.* ‖ *V.* FORMATURA. ‖ *Em — ou em devida —*, ritîn, phâvote parîṁ, barâbar. *Publica —*, pramâṇîk nakal. *Em — de*, parîṁ, bhâshen. ‖ -s, *pl. V.* CONTORNO.
Fôrma, *s. f.* phorm *n.*, sâṁcho, sâṭho, ṭhaso *m.*, mûs, âytî, otṇî; avṭî *(— do ourives) f.;* châk *n.*, belî *(— de assucar) f.* ‖ *— de sapatos*, phorm, kalbût *n.*, śiṁgoṭi *f. Lettra de —*, phormî letr,-akshar *n.*
Formação, *s. f.* ghaḍṇî, ghaḍvaṇ, rachṇî, nirmiti *f.*, karaṇ *n.; (gram.)* vyutpatti *f.*
Formado, *a.* ghaḍlalo; pûrṇ jâlalo.
Formador, *a. e s. m.* kartalo, ghaḍṇâr, ghaḍpî; sâṁche-, namune kartalo.
Formadura, *s. f.* âkâr *m.*, rûp *n.* ‖ *V.* FORMAÇÃO.
Formal, *a.* âkârvaṁt, rûpâcho; khachît, khaṁḍit; asal. ‖ *V.* EFFECTIVO.
Formalidade, *s. f.* rît *f.*, vidhi, kram, saṁskâr *m.*, paddhat, paripâṭî *f.;* upachâr *m.*, dastûr *f.* ‖ *Por —*, châlîpramâṇeṁ; toṁḍâpurteṁ. ‖ *V.* FÓRMA.
Formalismo, *s. m.* âdaropachâr-bhakti, âdaropachârsevâ *f.*
Formalista, *a. e s. m.* âdaropachârâcho; upachârî, âdarsatkârî, karmanishṭ, kriyâvaṁt.
Formalizar, *v. t.* âkâruṁk, ghaḍuṁk. ‖ *v. r.* râgârjâvuṁk, vâyṭ disuṁk *(d. do s.)*
Formalmente, *adv.* ritîn, barâbar; sâph, khachît, ekâ uttrân.
Formão, *s. m.* chirṇeṁ, viṁdhṇeṁ *n.*, uḷî *f.*
Formar, *v. t.* âkâruṁk, rûp-, vaḷaṇ divuṁk *(d. do o.);* karuṁk, ghaḍuṁk, rachuṁk; *conceber:* kalpuṁk, yojuṁk; *dispor:* mâṁḍuṁk, ḍâḷuṁk; *educar:* śikauṁk, vâḍhauṁk. ‖ *v. i.* senârachnâ karuṁk. ‖ *v. r.* jâvuṁk, ghaḍoṁk; mâṁḍoṁk; vidyârth saṁpâduṁk.
Formativo, *a.* âkâr-, rûp ditalo.
Formato, *s. m.* âkâr, prakâr *m.;* pustakâchyâṁ pâṇâṁchî lâṁbîruṁdî,-vhaḍây *f.*
Formatura, *s. f.* vidyârthâchî saṁpâdṇî; *(milit.)* phaujîchî mâṁḍâvaḷ, senârachnâ *f.*
Formeiro, *s. m.* sâṁche-, kalbutâṁ kartalo.
Formica, *s. f. V.* COBRELO.
Formicação, *s. f. V.* FORMIGUEIRO.
Formicante, *a.* phiṭphiṭo (nâḍ).
Formicario, *a.* mûy kasî.
Formicivoro, *a.* muyo khâtalo.
Formicular, *a.* muyccho.
Formidando, formidavel, *a.* bhaykar, bhirâṁkûḷ, bhesurvâṇo, vikrâḷ, akrâḷ, karâl, ghor.
Formidavelmente, *adv.* bhirâṁkuḷâyen, akrâḷpaṇîṁ.
Formidoloso, *a.* bhejûḍ, bhivkuṭo. ‖ *V.* FORMIDAVEL.
Formiga, *s. f.* mûy, muṁgî *(p. us.)* ‖ *— branca*, vâḷoy, vâḷtî *f. Especies de formigas:* uṁblo, vaḷaṁb, ḍomḷo, dhâṁvro *m.*, dhâṁvrî mûy, kâṁṭmûy *f.*, huraṇ *n.* ‖ *A —*, lohu lohu; ekâpâṭhîek.
Formigamento, *s. m.* muyeṇî *f.*
Formigão, *s. m.* moṭî mûy *f.;* śeṁkâryâ, reṁve âni chunyâcho kâlo. ‖ *— hydraulico*, gilâvo *m. — de polvora, V.* RASTILHO.
Formigar, *v. i.* muyevuṁk; buchbuchuṁk, kuchkuchuṁk, chuṁbo jâvuṁk *(g. do s.);* udarposhaṇ śodhuṁk.
Formigueiro, *s. m.* muyâṁcheṁ bhuṁyâr, mâleṁ *n.*, ghoṁṭo; rohîn *(— de formigas brancas);* muyeṇî *f.; (fig.)* buchbucho, kuchkucho, chuṁbo *m.;* hudhuḍî, khurî *f.* ‖ *a.: ladrão —*, lahânâṁ vastûṁcho chor *m.*
Formosear, *v. t. V.* AFORMOSEAR.
Formoso, *a.* śobhit, śobhavṇo, śobhivaṁt, suṁdar, rupo, rûpvaṁt, surûp, surekh, sâjro, kâṁtivaṁt; nâjûk, chokh; madhur, maṁjûḷ.
Formosura, *s. f.* rûp, surûp *n.*, surûpây, śobh, śobhitây, kâṁti, suṁdarây *f.*, suṁdarpaṇ, sauṁdarya *n.;* chokhaṭây, nâjukây *f.*
Formula, *s. f.* rît, paddhat *f.*, vidhi *m.*, vidhân *n.;* namuno *m.*, dastûr *f.* ‖ *V.* RECEITA.

Formulação, *s. f.* paddhat-, vidhi deṇeṁ *n.*

Formular, *v. t.* vidhî-, paddhat divuṁk *(g. do o.)*; ritî-, namunyâ pramâṇeṁ karuṁk; barâbar sâṁguṁk. ‖ *V.* RECEITAR.

Formulario, *s. m.* paddhat, vidhânmâlâ *f.*; jappustak *n.*, prârthangraṁth *m.* ‖ *V.* PHARMACOPÉA.

Formulista, *s. m.* paddhatîcho manîs, vidhîshṭ.

Fornaça, *s. f. V.* FORNALHA.

Fornaceiro, *s. m. V.* FORNALHEIRO.

Fornada, *s. f.* kharnbhar *n.*, bhâṭṭîbhar; *(fig.)* râs *f.*, ḍoṁgar *m.*

Fornalha, *s. f.* âgṭeṁ, âgel *n.*, *agniṭhâvo *m.*; bhâṭṭî *f.*, kharn *n.*; *(fig.)* khar ubâḷ *m.*, ubḷeṁ *n.*

Fornalheiro, *s. m.* âgṭeṁ paḷetalo,- sâṁdhtalo.

Fornear, *v. i.* kharnâcheṁ-, bhâṭṭiyecheṁ kâm karuṁk.

Fornecedor, *s. m.* puraunâr, saṁjognâr.

Fornecer, *v. t.* puraunk, saṁjoguṁk, saṁjauṁk. ‖ *v. r.* sarbharâ-, bejmî karuṁk.

Fornecimento, *s. m.* purvaṇ *n.*, purâv *m.*, saṁjauṇî, sarbharâ *f.*

Forneiro, *s. m.* kharnâkâr (kharnâkârṇ *f.*)

Fornejar, *v. i. V.* FORNEAR.

Fornice, *s. f.* derâchî kamâṇ *f.* ‖ *V.* ABÓBADA.

Fornido, *a.* purailalo. ‖ — *de carnes*, moṭo, dâṁḍgo.

Fornilho, *s. m.* kharn; âgṭeṁ; chilîm, pâip (*ingl.* PIPE) *n.*

Fornimento, *s. m.* purâv. *m.* ‖ *V.* CORPULENCIA.

Fornir, *v. t.* dâṭ-, moṭo karuṁk. ‖ *V.* FORNECER.

Forno, *s. m.* kharn *n.*, bhâṭṭî *f.*, chulâṇ *n.*, chulo; âvo; taṁdûr *m.*

Foro, *s. m.* phor, śidâv *m.*, pat, masûl; divâṇ *n.*, nyâysabhâ, dharmsabhâ, adâlat; *dominio util:* bhogâvaḷ; *privilegio:* sattyâ *f.*, adhikâr, hakk *(us. Can.) m.*; *patente de nobreza:* kuḷîpatr *n.* ‖ — *intimo*, *V.* CONSCIENCIA.

Forqueadura, *s. f.* kel *n.*, duphâṁṭo *m.*

Forquear, *v. t. V.* BIFURCAR.

Forqueta, *s. f.* kel, moḍkûḷ *n.*

Forquilha, *s. f.* moḍkûḷ *n.*; meḍ, digî *f.*, teṁko, dhâraṇ *m.* ‖ *V.* CABIDE.

Forquilhar, *v. t.* duphâṁṭo karuṁk, kel karuṁk *(d. do o.)*

Forquilhoso, *a.* duphâṁṭyâcho.

Forra, *s. f.* lâṁkḍâchî phâḷ; śiḍâvâchî paṭṭî *f.* ‖ *V.* ENTRETELA.

Forrador, *s. m.* phorr ghâltalo,- mârtalo. ‖ *V.* FORRETA.

Forragaitas, *s. m. V.* FORRETA.

Forrageador, **forrageiro**, *s. m.* charav śodhtalo chârekâr. ‖ *V.* PLAGIARIO.

Forrageal, *s. m.* charvâchî svât *f.*, taṇâkarḍâcho jâgo *m.*

Forragear, *v.* taṇ-, châro kâtruṁk,- luṁvuṁk *(g. ou l. do o.)*; *(fig.)* dhuṁḍâḷuṁk, ḍhavḷuṁk; nâgauṁk, luṭuṁk. ‖ *v. i.* châro śodhuṁk,- puṁjâvuṁk; *(fig.)* dusryâṁchyâṁ pustakâṁcheṁ kâṁḍh ghevuṁk.

Forragem, *s. f.* châro, charav *m.*

Forramento, *s. m. V.* FORRO *e* ALFORRIA.

Forrar, *v. t.* phorr ghâluṁk,- mâruṁk *(d. do o.)*, astar-, gavsaṇî ghâluṁk *(d. do o.)*, madhuṁk; taktpośî mâruṁk; suṭkâ divuṁk *(d. do o.)*, soḍuṁk. ‖ *V.* POUPAR. ‖ *v. r.* dâṭ-, ubecheṁ nesuṁk. ‖ *V.* DESFORRAR-SE.

Forrejar, *v. t. V.* FORRAGEAR.

Forreta, *s. m.* châṭo, hiṁṭo, kâṁjûs, sugrâtî, kirpaṇo, abhilâshî.

Forro, *s. m.* bharcheṁ *n.*, rû *m.*, leṇḍî, peḷî *f.*; *estofo interior:* phorr *m.*, astar *n.*, madh; *estofo exterior:* gavsaṇî *f.*; *madeira:* phorr *m.*, taktpośî *(p. us.)*; lâṁkḍâchî phâḷ,- pâṭî. ‖ *a.* svâdhîn, svataṁtr; sûṭ, mekhḷo; śiḍâvâviṇo, patâmekhḷo.

Fortalecedor, *a. e s. m.* ghaṭṭâytalo, śaktikâr.

Fortalecer, *v. t.* ghaṭṭ karuṁk, ghaṭṭâvuṁk, dṛiḍhâvuṁk, dhirâvuṁk, thirâvuṁk. ‖ *V.* CORROBORAR. ‖ *v. r.* ghaṭṭ-, nibar jâvuṁk, baḷ ghevuṁk, prabaḷuṁk.

Fortalecimento, *s. m.* ghaṭṭâvṇî; dṛiḍhâvṇî *f.* ‖ *V.* FORTIFICAÇÃO.

Fortalegar, *v. t. (ant.) V.* FORTALECER *e* CONFIRMAR.

Fortaleza, *s. f.* baḷ, tej, trâṇ *n.*, śakti; ghaṭṭây, dṛiḍhây, thirây *f.*, ḍhâl *m.*; chhâtî *f.*, dhîr *m.*, dhiryeṁ *n.* ‖ *V.* FORTE.

Fortalezar, *v. t. (p. us.) V.* FORTIFICAR.

Forte, *s. m.* baḷâcho, baḷî, baḷvaṁt, baḷkaṭ, sabaḷ, prabaḷ, baḷishṭh, śaktîcho, śaktivaṁt, śakt, ghaṭṭ, samarth, jabar, jorâvar, jorâcho, tâktîcho, kuvetîcho; *corpulento:* moṭo, dâṁḍgo, tân, dâṭo; *rijo:* ghaṭṭ, nibar, kaṭhîṇ, dṛiḍh, saṁgîṇ, majbût, dhaṁkaṭo, khaḍaṁg, lokhaṁḍî, saṇsaṇît; *animoso:* trâṇ, nirvâṇî, tejvaṁt, jîvaṭ; *intenso:* nibar, jabar, tâṭho, kaḍak, khar; *entendido:* saṁjik, jâṇâr, jâṇto; *poderoso:* padvecho, padvedâr, jorâvar, parâkramî; *penoso:* kashṭâṁcho, saṁkashṭ; *violento:* tavkyâcho, jorâcho, jhaṇjhaṇît, saṇsaṇît. || *Fazer-se* —, baḷ-, pâḷâṇ ghevuṁk; nâ bâḍguṁk, nâ âṭpoṁk. *Vinho* —, tîk-, nibar saro. || *s. m.* koṭṭ *n.*, killo, durg *m.*, *ou* durîg *(p. us. nesta accep.) n.*; *ponto importante:* gâṁṭh *(fig.) f.*; *coisa mais conhecida:* râj *(fig.) n.* || *adv.* ghaṭṭ, nibar, baḷân.

Fortidão, *s. f.* ghaṭṭây, dṛiḍhây, kaṭhiṇây; *acrimonia:* tiksâṇ, tikhaṭây, tirbaṭâṇ, nibrây; *(fig.)* kharkasây *f.*, tâṭhepaṇ *n.*

Fortificação, *s. f.* koṭṭbaṁdî, taṭbaṁdî *f.*; koṭṭ *n.*, killo *m.*; durgaprâkârâdirachanâvidyâ *f.*

Fortificador, *a. e s. m.* ghaṭṭâyecho; ghaṭṭâytalo, ghaṭṭây ditalo. || *s. m.* taṭbaṁdî kartalo.

Fortificante, *a.* ghaṭṭâyecho. || *s. m.* ghaṭṭâyecheṁ *n.*

Fortificar, *v. t.* ghaṭṭâvuṁk, ghaṭṭ-, dṛiḍh karuṁk; koṭṭbaṁdî-, taṭbaṁdî karuṁk *(d. do o.)* || *V.* CORROBORAR *e* AUXILIAR. || *v. r. V.* FORTALECER-SE.

Fortim, *s. m.* lahân killo, gaḍ *m.*

Fortuitamente, *adv.* akasmât, daivîṁ, daivyogîṁ.

Fortuito, *a.* adṛishṭâcho, daivyogâcho, avchitt, sâbsubo.

Fortuna, *s. f.* phurtûn, daiv *n.*, daivdaśâ *f.*, adṛishṭ, nasîb, kapâl, karm *n.*; *acaso:* daivyog *m.*, daivgat *f.*; *successo:* sukh duḥkh, vâyṭ bareṁ, yaś apayaś; *ventura:* sudaiv, sukh, yaś, bhâgyeṁ, dhârjaṇeṁ *n.*, bhâg *f.*; *adversidade:* durdaiv *n.*, avdaśâ, durgati *f.*, lakṭo *m.*; *riqueza:* dhan, vitt *n.*, daulat, gircskây, saṁpatti; *divindade:* lakshmî, śrî *f.* || *A roda da* —, râjghaḍe *m. pl.*, daivchakr, kâlchakr *n.* *Fazer* —, ghar karuṁk,- bharuṁk, mâṁdoṁk, thoruṁk.

Fortunado, fortunoso, *a. V.* AFORTUNADO.

Fortunar, *v. t. V.* AFORTUNAR.

Forum, *s. m.* châvḍî *f.*

Fosca, *s. f.* bheṁkḍâvṇî, dâṭâvṇî; dâkhauṇ, polkî baḍây *f.*; yaṁtrâṁ *n. pl.*, kuṁpâs *m. pl.*

Fosco, *a.* nistej, kâḷsâr; *(fig.)* bhejûḍ, abaḷî, adhîr. || *Oiro* —, ujaḷnâslaleṁ bhâṁgâr.

Fosquinha, *s. f.* jhigjâṇeṁ, bikjâṇeṁ; soṁg *n.*, bhesh *m.*

Fossa, *s. f. V.* COVA. || **-s,** *pl.* pûḍ, gîr *m. pl.*

Fossada, *s. f.* soṁḍân-, soṁḍiyen ustilalo jâgo *m.*

Fossado, *a.* ustilalo. || *s. m. V.* FOSSO.

Fossão, *a. e s. m.* soṁḍân ustitalo.

Fossar, *v. t.* soṁḍân ustuṁk. || *v. i.* jaḍ-, karḍe kâm karuṁk; *(fig.)* toṁḍ ghâluṁk, ghusḷuṁk.

Fossario, *s. m. (ant.) V.* CEMITERIO.

Fossil, *s. m.* dhâtu *m.*, dhât *f.* || *a.* khaṇûn kâḍhlalo; *(fig.) V.* ANTIQUADO.

Fossilismo, *s. m.* akram *m.*; akrammat *n.*, prâchînkâḷâcho mog *m.*

Fossilização, *s. f.* phâtar-, pâkhaṇ kaso jâṇeṁ *n.*

Fossilizar, *v. t.* phâtar kaso karuṁk. || *v. r. (fig.)* âdlyânach âsuṁk, âdlî-, parṇî châl ghevuṁk.

Fosso, *s. m.* khoṁḍkûl *n.*, khoṁḍvo, phoṁḍ; khaṁdak *m.*, char; gaḷî, saṁgrî *(do port.* SANGRIA*) f.*

Fota, *s. f.* phot *n.*; muḍâso *m.*

Fouce, *s. f. V.* FOICE.

Fouveiro, *a.* bâhlo (ghoḍo).

Fovente, *a.* âdhâr-, majat ditalo.

Foz, *s. f.* naṁhîcheṁ toṁḍ,- mukh *n.*, khâḍ *f.*; daro, ghol *m.* || *De — em fóra,* khâḍi-, baṁdrâ bhâyr; *(fig.) V.* EXCESSIVAMENTE.

Fracalhão, *a. e s. m.* bhejûḍ, bhivkûṭ, gâṁḍû.

Fraca-roupa, *s. m. V.* FARROUPILHA.

Fracasso, *s. m.* paḍtalyâcho âvâj, dhaḍâko, ṭhaṇṭhaṇ *m.*, khaṭkhaṭ *n.*; *(fig.) V.* DESASTRE.

Fracção, *s f.* moḍṇî *f.*, bhaṁg; bhâg, vâṁṭo; *(math.)* apûrṇâṁk, aṁś, bhâg, râśibhâg. || — *decimal,* daśâṁś apûrṇâṁk. *Termos da* —, chheḍ âni aṁś *m.* || *V.* FACÇÃO.

Fraccionamento, *s. m.* kuṭke-, aṁś karṇeṁ *n.*

Fraccionar, *v. t.* kuṭke-, aṁś karuṁk *(g. do o.)*, phâṁṭauṁk.

Fraccionario, *a.* aṁśâcho, apûrṇâṁkâcho, bhâgik.

Fraco, *a.* phrâk, aśakt, askat, nâsakat, abaḷî, nirbaḷî, bebaḷ, abaḷvaṁt, durbaḷ *ou* durbaḷo *(p. us. nesta accep.)*; kirpaṁj, kharâb, kholyâṁcho *(litt.* FOLIACEO*)*, śenâmeṇâcho *(litt.* DE BOSTA E CERA*)*, **atej, baḷ-,** sakat nâslalo; *pouco* *solido:* ghaṭṭây nâslalo, adriḍh, athir; *pouco espesso:* pâtaḷ, viḷviḷît, virvirît; *pouco intelligente:* jaḍe taklecho, halke matîcho, bâbat, ḍoḍo; *falto de importancia:* bâbḍo, halko, uṇo; *insignificante:* kirkoḷ, anarth, nirartho. ‖ *V.* COBARDE. ‖ *Lado —*, khoḍ *f.*, chhidr, hiṇ *n.* *Bebida fraca*, pachakvaṇî *n.* ‖ *s. m. V.* FRAQUEZA; *(fig.)* khoḍ, kal, oḍh, âvaḍ *f.*

Fractura, *s. f.* hâḍ moḍuṇeṁ *n.*, asthibhaṁg; bhaṁg, vidhvaṁs *m.*, moḍap *n.*

Fracturar, *v. t.* moḍuṁk, vidhvaṁsuṁk. ‖ *v. r.* moḍoṁk.

Fradalhada, *s. f.* maṭhvâsîgaṇ *m.*

Fradalhão, *s. m.* moṭo phrâd.

Fradaria, *s. f.* maṭhvâsîgaṇ; maṭhvâsîbhâv; maṭh *m.*

Frade, *s. m.* phrâd, maṭhvâsî, sanyâsî, tapasvî *m.*; dhavarṇeṁ *n.*

Fradeiro, *a.* phrâdîṁcho ishṭ.

Fradejar, *v. i. V.* EXREDAR.

Fradesco, *a.* phrâdîṁcho, maṭhvâsyâṁcho. ‖ *V.* FRADEIRO.

Fradice, *s. f.* phrâdîṁcheṁ kartûb,- ulauṇeṁ *n.*

Fraga, *s. f.* sûḷ khaḍap *n.*, suḷko *m.*; khaḍap *n.*

Fragalhotear, *v. i. V.* FOLGAZAR.

Fragata, *s. f.* phargât; hoḍeṁ *n.*

Fragatear, *v. i. V.* PATUSCAR.

Fragateiro, *s. m.* hoḍekâr.

Fragil, *a.* phuṭkar, phuṭak, phuṭcho, moḍkar, moḍcho, soṁvḷo, kuskusît, phusphusît, śeṇâmcṇâcho, pâṁkâcho; naśvar, phusko, asâr; *(fig.)* chukto, bhramśîl, adhir, athir.

Fragilidade, *s. f.* phuṭkarpaṇ, phuṭakpaṇ *n.*, phusphusitây, kuskusitây *f.*; *(fig.)* chuktepaṇ, athirpaṇ *n.*, bhraṁsîlatâ *f.*, sukhvâṇ *n. pl.*

Fragmentar, *v. t.* kuṭke-, suṁṭe karuṁk *(g. do o.)*, vidâruṁk.

Fragmento, *s. m.* kapṭo, kapọ, kuṭko, tukḍo, sâlpo, suṁṭo, sarâṁṭo, khaṁḍ *m.* ‖ -s, chûr *f.*, churo *m.*

Frago, *s. m. V.* ESTRABO.

Fragoa, *s. f.* âgṭeṁ *n.*; *(fig.) V.* FOGUEIRA e AFFLICÇÃO.

Fragoar, *v. t.* âgṭyâṇ ghâluṁk.

Fragor, *s. m.* ghaṇghaṇ, ṭhaṇṭhaṇ, ḍhaṇḍhaṇ *m.*

Fragoroso, *a.* ghaṇghaṇît, ṭhaṇṭhaṇît, ḍhaṇḍhaṇît.

Fragosidade, *s. f.* khaḍbaḍitây *f.*, suḷkepaṇ *n.*; khaḍpâṁchî vâṭ *f.*

Fragoso, *a.* khaḍpâṁcho, suḷkyâṁcho, guṁḍyâṁphâtrâṁcho, khaḍbaḍît, uṁchsakaḷ; *(fig.)* durlabh, durgam.

Fragrancia, *s. f.* parmaḷ, ḍamḍam, suvâs, svâd, sugaṁdh *m.*, gaṁdh *n.*

Fragrante, *a.* parmaḷâcho, parmaḷîk *ou* parmaḷît, ḍamḍamît, sugaṁdh, surabhi, suvâsik.

Fraguedo, *s. m.* suḷko *m.*; suḷkyâṁchî sâṁkaḷ *f.*

Fragueirice, *s. f.* aṭâs, halahvâl *m. pl.*, târaṁbaḷ *f.*

Fragueiro, *a.* hât dâḍâytalo, kashṭî, kashṭâṁcho; *infatigavel:* puro jây-, thaka nâslalo, mehnatî; *desembaraçado:* sûṭ, mekhḷo; *endurecido:* nibar, dâruṇ, sukhduḥkh nâslalo; *rude:* arbaṭ, bâḍgo. ‖ *V.* AGRESTE. ‖ *s. m.* phâtar-, râṇ mârtalo.

Fragura, *s. f.* kaḍso, kaḍo; gaḍgyâṁ-, khoṁḍkulâṁcho jâgo *m.* ‖ *V.* FRAGOSIDADE.

Fralda, *s. f.* âṁgvastrâcho ghero,- phero, sakailo pâlaṁv,- padar, pâkhoṭo *m.* ‖ *V.* SAIA. ‖ *— do monte*, ḍoṁgrâcheṁ mûḷ *n.* *— do mar*, *V.* PRAIA.

Fraldado, fraldido, *a.* pâlaṁv-, pâkhoṭe âslalo.

Fraldão, *s. m.* âṁgtrâṇâcheṁ sakaileṁ dhaḍ *n.*

Fraldar, *v. t.* pâlaṁv-, pâkhoṭo lâvuṁk *(d. do o.)*

Fraldeiro, *a.* padrâcho, pâkhoṭyâcho. ‖ *Cão —*, oṁṭiyeṁtleṁ śuṇeṁ. *Homem —*, bâylâṁ pâṭhî bhoṁvtalo manîs; bâilâṁḍo.

Fraldejar, *v. i.* ḍoṁgrâmuḷîṁ bhoṁvuṁk; âṁgvastr uklûṇ chaluṁk.

Fraldelim, *s. m. V.* SAIOTE.

Fraldicurto, *a.* moṭvyâ pâlaṁvâcho,- pâkhoṭyâcho.

Fraldilha, *s. f.* châmâcheṁ meḷvastr *n.*

Fraldiqueiro, fraldisqueiro, *a. V.* FRALDEIRO.

Fraldoso, *a.* lâṁbṭyâ pâkhoṭyâcho, śeṁpâḍyâcho. ‖ *V.* DIFFUSO.

Framea, *s. f.* bhâlo *m.*

Francamente, *adv.* bhâvârthâṇ, kharepaṇîṁ; akapaṭîṁ, ughḍâpeṁ.

Franças, *s. f. pl.* uṁch ṭahâḷyo *f. pl.*, jhâḍâchî takśî *f.*

Francear, *v. t.* takśî-, chûḍ kâtruṁk *(g. do o.)*, uṁch ṭahâḷyo mâruṁk *(g. do o.)* ‖ *v. i.* takśer-, ṭahâḷiyâṁr bhoṁvuṁk.

Francelho, *s. m. (fig.) V.* TAGARELA.

Francez, *s. m. e a. (fig.)* phoṭkiro, ḍhoṁgî. ‖ *Roupa de francezes,* beiṁbryâcheṁ kâpaḍ.

Francezia, *s. f.* phrâṁsejâṁchî châl,- rît *f.* ‖ *V.* FRANCEZISMO.

Francezismo, *s. m.* ḍhoṁg, kapaṭ *n.*, sukyo poḷyo *f. pl.*, phoṭkire lâg *m. pl.* ‖ *V.* GALLICISMO.

Franchado, *a.* âḍvo dubhâglalo.

Franchinote, *s. m.* cheḍko, por; baḍâykhor, phitphiṭo. ‖ *V.* ATREVIDO.

Franciscanada, *s. f. (fig.) V.* PATUSCADA.

Franco, *a.* aḍ-, âḍkhaḷ nâslalo, ughṭo, mekhḷo, sûṭ; *sincero:* haḷbaḷo, sâḷobhoḷo, saraḷ, śuddhamati, akapaṭî, nishkapaṭî, kaḍkaḍît, khaḍkhaḍît, khaṇkhaṇît, aghûm, nirmaḷ-, nivaḷ manâcho; *independente:* svâdhîn, svataṁtr; *livre de direitos:* śuṁkâviṇo, suṭo; *expedito:* sarsarit, karkarît; *espontaneo:* âpâp, âpkhuśecho; *liberal:* udâr, mahâtmik. ‖ *V.* FACIL. ‖ — *de porte,* vharuṁk kâṁy phârîk karuṁk nâkâ âslalo. *Porto* —, suṭeṁ-, mekhḷeṁ baṁdar. *Mesa franca,* phuṁkyâcheṁ jevaṇ. ‖ *s. m.* ek nâṇo, phrâṁk *m.*

Francolim, *s. m.* kapiṁjal *n.*

Franc-maçâo, *s. m.* bhûtkhâṇevâlo.

Franc-maçonaria, *s. f.* bhûtkhâṇo *m.*

Franduleiro, *a. V.* EXTRANGEIRO.

Frandulagem, *s. f. V.* FARANDULAGEM.

Franduno, *s. m.* pargâṁvâchî châl gheṇâr. ‖ *a.* ḍhoṁgâcho, hâlâyto. ‖ *V.* EXTRANHO.

Franga, *s. f.* talag *n.*

Frangainha, *s. f.,* **frangainho, franganito, franganote,** *s. m.* pîl *n.*, bachḍo *m.*

Frangalheiro, *a.* boṁdro, junerḍo.

Frangalho, *s. m.* phâḷî, vâvḍorî, chiṁdhî *f.*, boṁdar, piṁjkar *n.* ‖ *Fazer em frangalhos,* vâvḍoryâṁt vâvḍoryo karuṁk.

Frangalhona, *a. e s. f.* piṁjkar, piṁjkaṭ; boṁdrî-, junerḍî bâil.

Frangâo, *s. m. V.* FRANGO.

Frangibilidade, *s. f.* phuṭcho guṇ *m.*, phuṭakpaṇ *n.*

Frangivel, *a.* phuṭkar, moḍkar.

Frango, *s. m.* koṁblo *m.*, koṁbyâpîl; pîl *n.*

Frangolho, *s. m.* gahâṁcheṁ lâtaḍ *n.*

Franja, *s. f.* pâṁvḷî, bâḍî, jhâlar *f.*

Franjar, *v. t.* pâṁvḷî-, jhâlar lâvuṁk,- davruṁk *(d. do o.)* ‖ *V.* RENDILHAR.

Franquear, *v. t.* mekhḷo karuṁk, mekhḷâvuṁk, ughṭo ghâluṁk,- davruṁk; *isentar:* suṭo-, mâph karuṁk, soḍuṁk; *pôr á disposição:* âdhîn karuṁk, hâtân divuṁk; *permittir:* sattyâ-, rajâ divuṁk *(g. do o.)*; *revelar:* ughḍâpo karuṁk, dâkhauṁk; *sellar:* ṭikeṭ mâruṁk *(d. do o.)* ‖ — *o campo (fig.),* vâṭ mekhḷî-, nitaḷ karuṁk. — *as difficuldades,* âḍkhaḷî-, vighnâṁ kâḍhuṁk. ‖ *v. r.* dusryâche âdhîn jâvuṁk; âple gûḍh sâṁguṁk, man ughḍuṁk.

Franqueza, *s. f.* ughṭeṁ-, sâdheṁ man, haḷbaḷepaṇ, saraḷpaṇ, akapaṭ *n.*, manbhâv *m.*, śuddhi *f.* ‖ *V.* FRANQUIA e LIBERALIDADE.

Franquia, *s. f.* soḍ, sûṭ, mâphî, mukti; śulkamukti; sattyâ *f.*, adhikâr; ṭikeṭîcho kharch *m.* ‖ *V.* ASYLO.

Franquir, *v. t. V.* ARROTEAR.

Franzido, *a.* miryo ghâlalo. ‖ *s. m.* miryâṁchî vast *f.*

Franzimento, *s. m.* miryo, chuṇyo ghâlṇeṁ *n.*, chuṇṇî *f.*

Franzino, *a.* chinkulo, piṭkulo, mâṇkulo, buṭkuṇo, biṭko, biṭiṁgio; virvirît, phirphirît, viḷviḷît *(panno —)*, bârîk, kichkaṭ *(voz —)*.

Franzir, *v. t.* miryo ghâluṁk *(d. do o.)*, bârîk doḍuṁk, chuṇuṁk. ‖ — *a testa,* kapâlâk miryo ghâluṁk. — *o sobrolho,* doḷe moḍuṁk. ‖ *v. r.* doḍoṁk.

Fraquear, fraquejar, *v. i.* aśakt-, bebaḷ jâvuṁk, baḷ-, âṁg tuṭuṁk *(g. do s.)*, meṁgevuṁk.

Fraqueira, *s. f.* phorkajây *ou* phorkaṭây *(do port.* FRAQUEZA*) f.*

Fraqueiro, *a.* phusphusît, kuskusît, tustusît.

Fraqueza, *s. f.* phorkajây; aśaktây, askatây *f.*, aśaktpaṇ, abaḷ, nirbaḷ, durbaḷpaṇ *n.*, durbaḷây *(p. us. nesta accep.)*; *pusillanimidade:* namardî *f.*, adhîr *m.*, nirjîvpaṇ; *desalento:* durman *n.*, saṁkîrṇây, maṁdây *f.* ‖ *V.* FRAGILIDADE e DEFEITO. ‖ *Ter o estomago em* —, upâsîṁ âsuṁk.

Frasca, *s. f.* vâṭlyo basyo; hâṁḍyo maḍkyo *f. pl.* ‖ *V.* MANTIMENTOS.

Frascagem, *s. f.* śiṁsyâṁchî-, kupyâṁchi râs *f.*

Frascaria, *s. f.* śiṁsyâṁchî râs; laṁpaṭây *f.*, kâmîpaṇ, sodepaṇ *n.*

Frascario, frasqueiro, *a.* kâmî, kâmuk, laṁpaṭ, sodo, cheḍyâḷo.

Frasco, *s. m.* śiṁso, kupo *m.*; śiṁslî, kupî, bul *f.* ‖ — *de polvora*, *V.* POLVORINHO.

Frasqueira, *s. f.* phrâsker, śyṁsyâṁchî peṭ *f.*; chauk *m.*

Fraterna, *s. f.* mogâchî śikshâ,- niṁdâ *f.*

Fraternal, *a. V.* FRATERNO *e* CORDEAL.

Fraternalmente, *adv.* bhâupaṇîṁ, bhâubaṁdhkîṁ.

Fraternidade, *s. f.* bhâupaṇ *f.*, bhâubaṁdhkî *f.*, baṁdhubhâv *m.*

Fraternização, *s. f.* mogâcho ekvaṭ *m.*, bhâupaṇâchî châl *f.*

Fraternizar, *v. i.* bhâu kaso jâvuṁk, bhâupaṇîṁ chaluṁk; mogân vaṁdavuṁk.

Fraterno, *a.* bhâvâṁcho, bhâupaṇâcho.

Fratricida, *s. m. e f.* bhâvâk mârtalo, bhrâtṛighâtî (bhrâtṛighâtîṇ *f.*) ‖ *a.* bhrâtṛighâtâcho.

Fratricidio, *s. m.* bhâvâk mârṇeṁ *n.*, bhrâtṛighât *m.*

Fraudador, *a. e s. m.* labâḍ, ṭhakṇâr. ‖ *V.* CONTRABANDISTA.

Fraudar, *v. t.* aṁtrâvuṁk, varjuṁk; bighḍâvuṁk, bhaṁgauṁk. ‖ *V.* DEFRAUDAR.

Fraudatorio, *a.* labâḍecho, kapaṭâcho, laṭîk.

Fraudavel, *a.* phasauṁcho, bighḍâvuṁcho.

Fraude, *s. f.* labâḍî *ou* labâḍkî, nâḍ, dagal, ṭhakbâjî *f.*, kapaṭ, laṭîk, bâshkaḷpaṇ *n.*, prapaṁch, daṁbh, asatyavâd, mâvbhed *m.*, mâv *f.*, aḍkâṁnâḍkâṁ *n. pl.* ‖ *V.* CONTRABANDO. ‖ *Pia* —, dharmkapaṭ.

Fraudulencia, *s. f.* phasauṇî, ṭhakṇî, labâḍî *f.*

Fraudulento, *a.* kapaṭâcho, labâḍecho, nâḍîcho; kapaṭî, labâḍ, dagalbâjî, chorṭo, nâḍgo, bâshkaḷ, kuṭâḷo, vâṁkḍo, vakr.

Frauduloso, *a.* aḍkâṁnâḍkâṁcho, prapaṁchâṁcho.

Frauta, *s. f. V.* FLAUTA.

Frecha, *s. f.* bâṇ, śar, tîr *m.*, bhâlî *f.* ‖ *De* —, nîṭ ubho, sâṁko sutrâr.

Frechada, *s. f.* bâṇâchî oḍh *f.*,- ghây *m.*

Frechal, *s. m.* phitśel, pâṭsaḷeṁ *n.*

Frechar, *v. t.* bâṇ mâruṁk (*d. do o.*), śarân topuṁk. ‖ *V.* MOLESTAR. ‖ — *o arco*, śar oḍhîr kâḍhuṁk. ‖ *v. i.* bâṇ-, tîr soḍuṁk,- mâruṁk.

Frecharia, *s. f.* bâṇâṁcho choṁbo,- chuṁbo *m.*

Frecheira, *s. f. V.* SETTEIRA.

Frecheiro, *s. m.* dhanvî, dhanudhârî, tîrkâmṭyo.

Fregona, *s. f.* kujnâṁtleṁ râvailaleṁ *n.*

Freguez, *s. m.* gihrâyk *m.*, kûḷ *n.*; phirgej, grâmvâsî (*p. us.*)

Fregueza, *s. f.* kûḷ *n.*; phirgej *n. e f.*

Freguezia, *s. f.* gihrâykî *f.*, gihrâyk *n.*; kuḷâṁ *n. pl.*; phirgaj, pâṁḍhrî *f.*, gâṁv, *paurohatyades *m.*, *paurohatyabhûmi *f.* ‖ — *casual*, âḍgihrâyk *n.*

Frei, *s. m.* phre.

Freima, *s. m.* darvaḍo *m.*, huḍhuḍî *f.* ‖ *Ter* —, darvaḍuṁk, huḍhuḍuṁk. ‖ *V.* APPREHENSÃO.

Freimão, *s. m. V.* FLEGMÃO.

Freio, *s. m.* lagam *n.*; (*fig.*) dabâv, dam *m.*, vâsan; jûṁ *n.* ‖ *V.* OBSTACULO. ‖ — *da lingua*, jihvâbaṁdh *m.* *Não ter — na lingua* (*fig.*), jibhek hâḍ nâsuṁk (*g. do s.*), jibh paṁvuṁk. *Tomar o — nos dentes*, lagamâk nâ âṭpoṁk,- bâḍguṁk; (*fig.*) *V.* DESCOMMEDIR-SE. *Soltar o — a alguem*, sattyâ divuṁk.

Freira, *s. f.* mâdr (*do port.* MADRE), maṭhvâsîṇ, jogîṇ, bairâgîṇ.

Freirar, *v. t.* sainik jogî karuṁk. ‖ *v. r.* phrâd-, mâdr jâvuṁk.

Freiratico, *a.* mâdrîcho, jogiṇîcho.

Freire, *s. m.* sainik jogî.

Freiria, *s. f.* mâdrîṁcho, koṁveṁt,- maṭh *m.*

Freirice, *s. f.* mâdrpaṇ *n.*

Fremebundo, fremente, *a.* kaḍkaḍît, uchaṁbaḷ, huḷhuḷo, taḷmaḷît; gâjtalo, garajtalo, sansaṇît.

Fremir, *v. i.* gâjuṁk, ṭhanṭhanuṁk, sansanuṁk, garojuṁk; kaḍkaḍuṁk, śirśiruṁk, kâṁpuṁk; uchaṁbaḷuṁk, taḷmaḷuṁk.

Fremito, *a.* gâj *f.*, ṭhanṭhan, sansano *m.*; uchaṁbaḷây, halkaṁḍî; kâṁp, kaḍkaḍî *f.*, śirśiro, huḍhuḍo *m.* ‖ *V.* SUSSURRO.

Frenesi, *s. f.* mâdan *n.*, jâṁp, jhâṁk; dhaḍpaḍ *f.*, unmâd *m.*; (*fig.*) karâṁdây, ubgaṇ *f.* ‖ *V.* CAPRICHO *e* EXCITAÇÃO.

Frenesiar, *v. t.* mâdan karuṁk,- hâḍuṁk (*d. do o.*), jhâṁkuḷâvuṁk. ‖ *v. i. e r.* mâdan mâruṁk,- lâguṁk (*d. do s.*), jhâṁkuṁk, jhâṁkuḷuṁk, khubhdaḷuṁk. ‖ *V.* IRRITAR-SE.

Freneticamente, *adv.* mâdanân; dhaḍpaḍûn; kaḍhân, tiḍkûn.

Frenetico, *a.* mâḍanâcho, mâḍan mârlalo, jhâṁkuḷḷalo; taḷmaḷḷalo, dhaḍbaḍyo, kubhdaḷḷalo.

Frente, *s. f.* phuḍo, muro, agrbhâg *m.*, mukh, toṁḍ *n.*; mohr, samorî; *(milit.)* aghaḍî *f.*, phaujîcheṁ toṁḍ *n.* ‖ *Estar á — (fig.)*, toṁḍâk-, mastakâk âsuṁk; vasauṁk. *Ir á — (fig.)*, mukhâr-, mohrek vachuṁk; chalauṁk. *Para a —*, phuḍe, mukhâr. *Fazer —*, samor âsuṁk, muro karuṁk; pâṭhî nâ saruṁk. *De —*, toṁḍâtoṁḍîṁ; *(fig.)* parvâ kari nâstânâ.

Frequencia, *s. f.* vâraṁvârîṁ karneṁ,- jâṇeṁ *n.*, vâraṁvâr *m.* ‖ *V.* CONVIVENCIA. ‖ *— de pulso*, nâḍ phiḍphiḍneṁ. *Com —*, *V.* FREQUENTEMENTE.

Frequentação, *s. f.* yeṇeṁvachṇeṁ *n.*, châlîbolî *f.* ‖ *V.* FAMILIARIDADE.

Frequentador, *a. e s. m.* vâraṁvârîṁ vetalo,- bheṭṭalo, kheṭyo, yerjârî.

Frequentar, *v.* vâraṁvârîṁ vachuṁk,- bheṭuṁk; bhoṁvûn bhoṁvûn-, sabâr pâvṭhî karuṁk; (iskol) śikuṁk. ‖ *V.* CONVIVER.

Frequente, *a.* vâraṁvârâcho, ghaḍiyeghaḍiyecho, bhav pâvṭhî jâtalo,- ghaḍtalo; bhoṁvûn bhomvûn vetalo. ‖ *V.* ASSIDUO.

Frequentemente, *adv.* vâraṁvârîṁ, ghaḍiyeghaḍiye, bhoṁvûn bhoṁvûn, sabâr pâvṭhî.

Fresca, *s. f.* śeḷvat *n.*, âdhanveḷ *m.* ‖ *Pela —*, âdhanveḷâ.

Frescal, *a.* thoḍo khâro; tâjo, jivo; *(fig.)* dâṁḍgo, tarṇo, burgo.

Frescata, *s. f.* mahâḷ *m.*, pânotsav *m.* ‖ *s. m.* phaldarây, nikleṭ.

Fresco, *a.* thaṁḍ, thaṁḍso, śitaḷ; *viçoso:* tâjo, lavlavît, taktakît; *corado:* rasraśît, raṁgdâr; *vigoroso:* huśâr, jivaṭ; *novo:* navo, koro; *não salgado, não alterado:* jivo, tâjo, goḍo, nikhâr, ansûṭ; *recente:* jivo, tâjo, hâlîṁcho; *aprazivel:* suṁdarat, lavlavît, dulabh. ‖ *V.* LICENCIOSO. ‖ *Ficar —*, kâṁy nâṁseṁ karuṁk, nâ hâluṁk; phasuṁk. *Pôr-se á fresca*, bârîk,- thoḍeṁ nesuṁk. *De —*, hâlîṁ. ‖ *s. m.* śitaḷây, śitaḷkây *f.*; olyâvâyleṁ chitr *n.* ‖ *Tomar o —*, vâreṁ ghevuṁk. *Pôr-se a — (fig.)*, paḷuṁk, kûs mâruṁk.

Frescor, *s. m.* śitaḷây *f.*; śitaḷ-, thaṁḍ vâreṁ *n.*; lavlavitây, taktakitây, rasraśitây *f.* ‖ *V.* LENITIVO e VERDOR.

Frescura, *s. f.* śitaḷây, śitaḷkây, thaṁḍây *f.*; tâjepaṇ, jivaṭpaṇ *n.* ‖ *V.* DESCOMMEDIMENTO.

Fresquidão, *s. f. V.* FRESCOR.

Fressura, *s. f.* poṭâṁtleṁ *n.*

Fressureiro, *s. m.* poṭâṁtleṁ-, âṁtâṁpiṁtâṁ viktalo.

Fresta, *s. f.* lahân khiḍkî *f.*, dhâreṁ *n.*, gavâksh *m.*, * daḍoḷî *f.* ‖ *V.* FISGA.

Frestado, *a.* dhârîṁ-, dhâḷî âslalo.

Fretador, *s. m.* norâk ditalo; norâcho dalâl.

Fretagem, *s. f.* norâk ghevuṁcheṁ kâm,- dalâlpaṇ *n.*

Fretamento, *s. m.* bhâḍyâk gheṇeṁ *n.*, bhâḍyâcho khaṁḍ; nor *m.*, bhâḍeṁ. ‖ *Carta de —*, bhâḍyâcheṁ kâgad, norpatr *n.*

Fretar, *v. t.* norâk-, bhâḍyâk ghevuṁk; bhâḍyâk-, norâk (târûṁ) bharuṁk; bhâḍeṁ karuṁk *(g. do o.)* ‖ *V.* EQUIPAR.

Frete, *s. m.* nor *m.*, bhâḍeṁ; bârdân *n.*, bhargat *f.* ‖ *Fazer um —*, bhâḍyâk kâm karuṁk.

Fretejador, *s. m.* bhâḍekâr, bhâḍelî *(us. Sal.)*

Fretejar, *v. i.* bhâḍyâk bhoṁvuṁk,- vâvruṁk.

Friabilidade, *s. f.* kuskusitây, phusphusitây *f.*, piṭhepaṇ *n.*

Friacho, *a.* thaṁḍso; *(fig.) V.* FROUXO. ‖ *s. m.* thaṁḍâysî *f.*

Friagem, *s. f.* thaṁḍây, śitaḷây *f.* ‖ *V.* INVERNIA.

Frialdade, *s. f.* thaṁḍî, thaṁḍây *f.*; thaṁḍ, hiṁv; meṁgepaṇ *n.*, maṁdây *f.* ‖ *V.* FRIEZA.

Friamente, *adv.* hurbhevîṇ, thaṁḍpaṇîṁ, śitaḷâyen.

Friavel, *a.* kuskusît, phusphuśît, tustusît, phusko, piṭho, khaḍkhaḍît, saḍsaḍît.

Fricassé, *s. m.* śâkuṭî, kuḷpuṭî *f.*

Fricção, *s. f.* ghâṁsṇî *f.*, ghaṁsṭo *m.*; ragaḍṇî *f.*; ragḍap *n.*; *attrito:* jheṁjarṇî, ghâṁsṇî *f.* ‖ *V.* FOMENTAÇÃO.

Friccionar, *v. t.* ghâṁsuṁk, ghaṁsṭuṁk, ragḍuṁk.

Frieira, *s. f.* jâḷvâṭ *m.*

Frieza, *s. f.* jaḍây, maṁdây *f.*, meṁgepaṇ, udâspaṇ, chappepaṇ *(us. Can.)* *n.*, virâg *m.*; châchurây, śeḷmoḍây *f.*, thaṁḍpaṇ; phikepaṇ *n.* ‖ *— de animo*, *V.* INTREPIDEZ.

Frigideira, *s. f.* kâhil; taḷpîṇ, taḷtalî, bhâjpîṇ.

Frigido, *a.* gâr, thaṁḍgâr.

Frigir, *v. t.* bhâjuṁk, taḷuṁk. ‖ *v. i.* mirvuṁk, pehrâvuṁk.

Frigorifico, *a.* thaṁḍâvuṁcho, thaṁḍ karcho, śitguṇ. ‖ *s. m.* thaṁḍâvuṁchem yaṁtr *n.*

Frincha, *s. f. V.* GRETA.

Frio, *a.* thaṁḍ, śeḷo; *gelido:* gâr, thaṁḍgâr, kâlo kaso; *que causa* —: thaṁḍ, śitaḷ, sarad; *semsabor:* rûch nâslalo, chappo, chûchûr; *languido:* maû, meṁgo, jaḍ; *falto de expressão:* śeḷo, sadaḷ; daśâ nâslalo, nirâkâr, bâvko; *indifferente:* udâs, virâg, thaṁḍ, śeḷo; *inexoravel:* nirduḥkhî, nirdayî, nishkaruṇ. ‖ *V.* IMPOTENTE. ‖ *Sangue* —, thaṁḍ-, ghaṭṭ kâḷîj; dhair *n.* *A sangue* —, bhiye nâstânâ; chiṁtûn, jây mhaṇ. *Malhar em ferro* —, omtyâ kaḷsyâr udak. *Humores, tumores frios, V.* ALPORCAS. — *de pedra*, thaṁḍ gâr. — *de espanto*, kâṁtarlalo, tharthaṛlalo. *A* —, tâpai nâstânâ. ‖ *s. m.* him *ou* hiṁv, śiṁ, thaṁḍ *n.*, thaṁḍî, thaṁḍây *f.* ‖ *V.* FRIEZA. ‖ *Fazer* —, thaṁḍ mâruṁk,- paḍuṁk. *Ter* —, thaṁḍ khâvuṁk (*litt.* COMER O FRIO; *d. do s.*) — *de rachar*, hâḍâṁ phoḍchem thaṁḍ *n.*, kâkḍî *f.*, hiṁvâḷo *m.* *Não fazer* — *nem calor*, nâ lâbhuṁk, hâśîl nâsuṁk.

Frioleira, *s. f. V.* FRIVOLIDADE.

Friorento, *a.* hiṁv khâtalo, kâkuḍtalo, âṁkhuḍtalo.

Frisa, *s. f.* lugṭâchî vaḷlalî laṁv; nâṭakśâlechî koṭhrî *f.*

Frisado, *a.* vaḷlalo; vaḷlalî laṁv âslalo. ‖ *s. m.* kemsâṁcho vaḷ *m.*

Frisador, *s. m.* laṁv-, keṁs vaḷtalo *m.*; vaḷchem yaṁtr *n.*

Frisagem, *s. f.* vaḷṇî *f.*, vaḷap *n.*

Frisante, *a.* lâgto, basto, jaḍto, sârko, barâbar, ṭhîk, lâyk; khachit, khaṁḍit, niśchit.

Frisão, *s. m.* moṭo âni ghaṭṭ ghoḍo, tâtho ghoḍo *m.*

Frisar, *v. t.* vaḷuṁk, vaḷ ghâluṁk (*d. do o.*) ‖ *v. i. e r.* vaḷoṁk, vaḷ paḍuṁk (*d. do s.*); (daryâ) phuluṁk, kubhḍaḷuṁk; (*fig.*) lâguṁk, basuṁk, ṭhîk jâvuṁk; barâbar-, sârko âsuṁk.

Friso, *s. m.* kaṁgṇevaylo bhâg *m.* ‖ -s, kaṁgre *m. pl.*

Frita, *s. f.* kâj bhâjṇem *n.*

Fritada, *s. f.* ek kâhil, kâhilbhar *f.*

Fritar, *v. t. V.* FRIGIR.

Frito, *a.* bhâjlalo, taḷlalo.

Fritura, *s. f.* taḷaṇ, taḷap, bhâjap; bhâjlalem, taḷlalem *n.*

Friura, *s. f. V.* FRIALDADE.

Frivolamente, *adv.* beshṭem, vâyâṁ; nirarthîṁ.

Frivolidade, *s. f.* anarth, nirarth *m.*, pokḷây, kirkoḷây *f.*, kirkoḷpaṇ, kuskûṭ, kuspaṭ *n.*

Frivolo, *a.* beshṭo, beṭho, nishphaḷ; kirkoḷ, halko, pokḷo, phusko.

Frocado, *s. m.* pâṁvḷiyen saṁjailalo. ‖ *s. m. V.* FROCADURA.

Frocadura, *s. f.* pâṁvḷiyecho-, bâdiyecho sâj *m.*

Froco, *s. m. V.* FLOCCO.

Fronde, *s. f.* chuḍtâṁ *n. pl.*; khole *m. pl.*; pâṇâṁchyo ṭahâḷyo *f. pl.*

Frondear, **frondejar**, *v. t.* pâlâvuṁk, vistâruṁk, phâṁkrâvuṁk. ‖ *v. i.* pâlevuṁk, phâṁkâruṁk, vistâroṁk, mâtuṁk.

Frondejante, **frondente**, **frondeo**, **frondescente**, *a. V.* FRONDOSO.

Frondescencia, *s. f.* pâlevṇî, phâṁkârṇî *f.*, vistâr *m.*

Frondescer, *v. i.* pâlevuṁk, phâṁkâruṁk, mâtuṁk.

Frondicola, *a.* parṇavâsî.

Frondifero, *a.* pâṇâṁ-, khole âslalo, pâlelalo.

Frondosidade, *s. f.* vistâr, mât *m.*, phâṁkârṇî *f.*

Frondoso, *a.* vistârâdîk, pâṇâṁnîṁ-, kholyâṁnîṁ bharlalo, phâṁkârlalo, mâtlalo.

Fronha, *s. f.* gavsaṇî *f.*; (*fig.*) dhâṁpṇem, âvaraṇ *n.*

Fronta, *s. f.* dâkhlo *m.*

Front'aberto, *a.* taklek ubhem châṁdem âslalo (ghoḍo).

Frontal, *a.* kapâlâcho. ‖ *s. m.* phroṁtal *n.* ‖ *V.* TESTEIRA.

Frontaleira, *s. f.* phroṁtalâchî bâdî *f.*, phroṁtalâcho pâṭ *m.*

Frontaria, *s. f.* phuḍo, muro, agr, agrabhâg *m.*, samorî *f.*

Fronte, *s. f.* kapâl, lalâṭ; toṁḍ, mukh *n.* ‖ *V.* FRONTARIA. ‖ *Curvar a* —, taklî bâgâvuṁk. *De* —, mukhâr, samor. — *a* —, toṁḍâtoṁḍîṁ.

Fronteira, *s. f.* sarad, sîm *f.*, prâṁtbhâg *m.* ‖ *V.* BALISA.

Fronteiro, *a.* saradîcho, sîmecho; mukhâvelo, phuḍlo, sâmko, sâmkilo, samorcho.

Frontino, *a.* châṁdo *ou* châṁdyo (ghoḍo). ‖ *Burro* — (*fig.*), nâkkâtro, śiṁro.

Frontispicio, *s. m.* pustakâchyâ nâṁvâchempân, mukhpatr *n.* ‖ *V.* FRONTARIA.

Frota, *s. f.* armâr (*do port.* ARMADA) *n.*, nausamâj, naukasamuha *m.*

Frouxamente, *adv.* dilâyeṁ, meṁgepaṇîṁ.

Frouxel, *s. m.* kâpûspâkhâṁ *n. pl.;* kaṁṭh *m.*

Frouxelado, *a.* kâpsâḷo.

Frouxeza, frouxidade, frouxidão, *s. f.* dilây, sadilây *f.;* maûpaṇ, meṁgepaṇ *n.*, maṁdây, jaḍay *f.*

Frouxo, *a.* dil, soḍik, saḍîl, ghaḷghaḷît; maû, meṁgo, maṁd, jaḍ, sust. ‖ *A* —, ekchittîṁ, ekmanîṁ. ‖ *s. m. V.* FLUXO. ‖ — *de riso,* hâṁsyâṁcho khaḷkhaḷ *m.*, kâkâd *n.* — *de sangue, V.* HEMORRHAGIA.

Fructa, *s. f.* phrût, khâvuṁcheṁ phaḷ *n.* ‖ — *de pão,* phiraṁgî paṇas *m.* — *do conde,* ât, sîtâphaḷ *n.*

Fructeira, *s. f.* phaḷâṁcheṁ jhâḍ, phaḷjhâḍ; phaḷâṁcheṁ tâṭ *n.;* phaḷâṁ viktalî.

Fructeiro, *s. m.* phaḷâṁ viktalo *m.;* phalâṁcheṁ âydan *n.*

Fructescencia, *s. f.* phaḷâṁcho samay *m.;* pikap *n.*

Fructescente, fructicoso, *a.* jhâḍkûṭ kaseṁ.

Fructice, *s. m.* jhâḍkûṭ *n.*

Fructifero, *a.* phaḷâcho, phaḷvaṁt, phaḷâdîk, saphaḷ, *phalasthan.

Fructificação, *s. f.* phaḷâṁ jâṇeṁ,-yeṇeṁ *n*, lâgṇî *f.;* phaḷâṁcho samay *m.;* phaḷauṇî *f.*

Fructificar, *v. i.* phaḷ divuṁk, phaḷâṁ jâvuṁk *(d. do s.)*, lâguṁk; *(fig.)* phaḷuṁk, phaḷ yevuṁk *(g. do s.)*

Fructificativo, *a.* saphaḷ-, phaḷâdîk karcho; phaḷâdîk.

Fructiforme, *a.* phaḷ kaseṁ, phaḷâkâr, phalâkriti.

Fructivoro, *a.* phaḷâṁ khâtalo, phalbhojî.

Fructo, *s. m.* phaḷ *n.*, puṭh, puṭhphaḷ; *resultado:* phaḷ *ou* phoḷ, arth, pariṇâm, prasav; *proveito:* âdâv, prayog *m.*, utpann *n.* ‖ *V.* RENDIMENTO.

Fructuosamente, *adv.* phaḷân, suphaḷîṁ âdâvân.

Fructuoso, *a.* phaḷâdîk, saphaḷ, suphaḷ, *phaḷîst. ‖ *V.* FECUNDANTE.

Frugal, *a.* phaḷâṁ khâtalo; thoḍyâ khâṇâcho, alpabhojî, mitabhojî, svalpâhâr; kârasthânî, kasrî.

Frugalidade, *s. f.* thoḍeṁ khâṇ,-jevaṇ, alpabhojan *n.*, alpâhâr *m.*

Frugalmente, *adv.* alpâhârîṁ, thoḍyâ khâṇân.

Frugifero, *a. V.* FRUCTIFERO.

Frugivoro, *a. V.* FRUCTIVORO.

Fruição, *s. f.* bhog *m.*, bhogṇî, bhogâvaḷ *f.*

Fruir, *v. t. e i.* bhoguṁk *(v. t.)*

Fruitivo, *a.* bhogtalo, bhogâcho. ‖ *V.* APRAZIVEL.

Frumentaceo, frumenticio, *a.* gahâṁcho; dhâṇyâcho.

Frumento, *s. m.* gahaṁ *m.*

Frumentoso, *a.* gahâṁnîṁ bharlalo, gahâṁcho.

Frustração, *s. f.* phasauṇî; bighḍâvṇî, bhaṁgauṇî *f.;* phasaṇ *n.;* bighaḍṇî, phiskaṭṇî *f.*, bhaṁg *m.*

Frustradamente, *adv.* beshṭeṁ, phuṁkaṭ, âdâvâvîṇ.

Frustrado, *a.* bighaḍlalo, phuṁkaṭcho; viṭkaḷlalo, jirlalo.

Frustrador, *a. e s. m.* bighḍâytalo, bhaṁgaunâr; phasauṇo.

Frustraneamente, *adv.* vâyâṁ, nishphaḷîṁ.

Frustraneo, *a.* beshṭo, beṭho, vyarth, verth, nishphaḷ.

Frustrar, *v. t.* phaṭauṁk, phasauṁk; bighḍâvuṁk, phiskaṭâvuṁk, phaskaṭâvuṁk, bhaṁgauṁk, nishphaḷ-, vyarth karuṁk. ‖ *v. r.* bighḍuṁk, phiskaṭuṁk, bhaṁguṁk, vâyâṁ-, phuṁkaṭ-, paskaṭyâṁt vachuṁk, tiḍuṁk.

Frustratorio, *a.* beshṭo, beṭho; veḷ kâḍhcho.

Fu, *int.* phû, phûṁ, hûṁ.

Fuão, *s. m. V.* FULANO.

Fuco, *s. m.* kuṁkûṁ *n.*, śeṁs *m.;* *(fig.) V.* DISFARCE.

Fueiro, *s. m.* gâḍyâchî khuṁṭî *f.*

Fufia, *s. f.* doḍtalî-, moḍtalî bâîl.

Fuga, *s. f.* paḷṇî, paḷ, paḷâpaḷ *(redup.)*, jhurî, kâvaḍ *f.;* yaṁtrâcho-, lâvnecho gîr *m.* ‖ *V.* ESCAPATORIA.

Fugacidade, *s. f.* paḷâpaḷ *f.* ‖ *V.* VELOCIDADE.

Fugalaça, *s. f.* phârâvuṁcheṁ der *n.;* *(fig.)* vâydo *m.*

Fugaz, *a.* paḷtalo, paḷpaṭo; dhâṁvro; ubhto.

Fugente, *a.* paḷchî karyâ kar..lo.

Fugião, *s. m.* phujâṁv, paḷpaṭo gulâm,- dâs.

Fugida, *s. f.* paḷṇî, jhurî, kâvaḍ *f.* ‖ *V.* EXCUSA. ‖ *De* —, dhâṁvdhâvîṁ, darvaḍyân; vaylyâvayr. *Pôr em* —, paḷauṁk, paḷâpaḷ karuṁk *(g. do o.)*, dispaṭâvuṁk, daḍpâvuṁk.

Fugidiço, fugidio, *a.* paḷpaṭo; dhâṁvro, naśvar. ‖ *V.* ARISCO.

Fugir, *v. i.* paḷuṁk, paḷûn vachuṁk, jhuruṁk, jhurî-, kâvaḍ kâḍhuṁk; *re-*

tirar-se furtivamente: kûs mâruṁk, dadpuṁk, saṭkuṁk; *sumir-se:* nâṁch-, nâṭâk jâvuṁk; *correr:* dhâṁvuṁk, dhâṁvûn vachuṁk; *escapar-se:* suṭuṁk,- vâṭâvoṁk. ‖ *V.* AFASTAR-SE. ‖ — *com o corpo,* âṁg râkhuṁk. — *do mundo,* saṁsâr sâṁḍuṁk; *(fig.) V.* MORRER. — *a luz dos olhos,* ḍoḷvâṁr kâḷok yevuṁk. ‖ *v. t.* vâṭâvuṁk, soḍuṁk, sâṁḍuṁk, pâṭh karuṁk *(d. do o.)*

Fugitivo, *a.* paḷlalo; paḷtalo, paḷpaṭo, pârpaḷ; athir, achir; dhâṁvro, dhâṁvto. ‖ *s. m.* paḷpaṭo.

Fuinha, *s. f.* kâṭhâṁdûr *m.* ‖ *Cara de* —, châṭo, himṭo.

Fula, *s. f.* darvaḍ, darvaḍo *m.,* tâkît, sudsuḍây; kheṭ, urpaṁj *f.,* chuṁbo; gâḷ *m.* ‖ *V.* CALANDRA *e* EMPOLA. ‖ *A fula-fula,* darvaḍyân, tâktîn; goṁdhḷân, gaḍbaḍîn.

Fulano, *s. m.* phalâṇo, amko *(aa.),* gomâjî.

Fulcro, *s. m.* âdhâr; ṭeṁkû *m.*

Fulgencia, *s. f. V.* FULGOR.

Fulgente, fulgido, *a.* prajvaḷît, laklakît, dîptivaṁt, kâṁtivaṁt.

Fulgir, *v. i.* prakâśuṁk, prajvaḷuṁk, jhagjhakuṁk, laklakuṁk, rasrasuṁk.

Fulgor, *s. m.* prajvaḷ, prakâś, laklak *m.:* kâṁti, dîpti, prabhâ *f.*

Fulguração, *s. f.* jhaḷ *m.,* jhaglâvṇeṁ *n.:* jhagjhakî, jhigjhigî, chakchakî, liklikî *f.*

Fulgural, *a.* vijâcho.

Fulgurante, fulguroso, *a.* jhagjhakît, jhigjhigît, chakchakît, likhkit, laklakît.

Fulgurar, *v. i.* jhaglâvuṁk; jhaḷjhaḷuṁk, chakchakuṁk, jhigjhiguṁk.

Fulheiro, *a. e s. m.* kheḷâr phoṭaitalo,- nâḍtalo.

Fulheria, *s. f.* kheḷâr nâḍ *f.*

Fuligem, *s. f.* ghaṁs, mas *f.*

Fuliginosidade, *s. f.* ghaṁsichî gat,- daśâ *f.*

Fuliginoso, *a.* ghaṁsîcho, ghaṁsin bharlalo.

Fulminação, *s. f.* vîj ghâlṇeṁ,- paḍṇeṁ,- lâgṇeṁ; śâp ghâlṇeṁ *n.*

Fulminado, *a.* vîj lâglalo; saṭkan-, phaṭkan paḍlalo,- melalo.

Fulminador, *a. e s. m.* bhasmitalo, dhûḷdaśâ kartalo.

Fulminante, *a.* vîj soḍtalo; vijâcho, vidyutecho; jhaglâytalo, kiṭlâṁ usḷâytalo; vijâparîṁ śevṭilalo,- bhasmitalo; *(fig.) V.* ATROZ. ‖ *s. m.* ispulet; dârvechî naḷî *f.*

Fulminar, *v. t.* (vîj) mâruṁk, ghâluṁk, soḍuṁk, (jhaglâṁ) usḷâvuṁk; (vîj) paḍuṁk *(l. sup. do o.)*; bhasmuṁk, dhûḷdaśâ karuṁk *(g. do o.)* ‖ *V.* COMMINAR. ‖ — *censurar,* dharmdaṁḍ, ghâluṁk. ‖ *v. i.* vîj soḍuṁk, jhaglâṁ usḷâvuṁk; phâr jâvuṁk *(g. do s.)* ‖ *V.* FULGURAR.

Fulminatorio, *a.* vîj ghâltalo, vijâcho; bhasmitalo.

Fulmineo, fulminoso, *a.* vijâcho, vidyutecho; vîj kaso.

Fulminifero, *a.* vidyutkar.

Fulminivomo, *a.* jhaglâṁ oṁktalo.

Fulo, *a.* pâṁḍhro, pikûṭ, haḷduvoso; *(fig.)* raṁg badallalo, vikarlalo.

Fulvo, *a.* piṁglo, piṁgaḷ, kapil.

Fumaça, *s. f.* dhuṁvar, dhuṁvro; vidiyecho ghoṭ *m.*

Fumada, *s. f.* khuṇâchî dhuṁvrî *f.*

Fumador, *a. V.* FUMANTE. ‖ *s. m. V.* FUMISTA.

Fumagem, *s. f.* dhuṁvrâvṇî *f.,* dhuṁvrâk ghâlṇeṁ,- davarṇeṁ *n.;* phoṭkirî sonî op *f.*

Fumante, *a.* dhuṁvarto, dhuṁvrecho. ‖ *V.* ESPUMANTE. ‖ *s. m. V.* FUMISTA.

Fumar, *v. i.* dhuṁvruṁk, dhuṁkḷuṁk *(us. Can.),* dhuṁvar yevuṁk *(g. do s.)*; pân oḍhuṁk. ‖ *V.* ENCOLERIZAR-SE. ‖ *v. t.* oḍhuṁk; dhuṁvrâvuṁk, dhuṁvrâk ghâluṁk,- sukauṁk.

Fumarada, *s. f.* dhuṁvro *m.; (fig.) V* VANGLORIA.

Fumear, fumegar, *v. i.* dhuṁvruṁk; dhuṁvar yevuṁk *(g. do s.)*; jaḷuṁk, ulpuṁk, tâpuṁk.

Fumegante, *a. V.* FUMANTE.

Fumeiro, *s. m.* dhâreṁ *n.,* gavâksh *m.* ‖ *Carnes de* —, dhuṁvrâcheṁ mâs.

Fumeo, *a. V.* FUMOSO.

Fumifero, *a.* dhuṁvarto, dhuṁvro.

Fumifico, *a.* dhuṁvrecho, dhuṁvrî kartalo.

Fumiflammante, *a.* dhuṁvrûn jaḷtalo,- lâstalo.

Fumifugo, *a.* dhuṁvar ubhaito. ‖ *s. m.* dhuṁvar ubhauṁcheṁ yaṁtr *n.*

Fumigação, *s. f.* dhuṁvar deṇeṁ *n.,* dhuṁvrâvṇî; dhuṁvrî *f.,* vâsan *n.*

Fumigar, *v. t.* dhuṁvar divuṁk *(d. do o.),* dhuṁvrâvuṁk.

Fumigatorio, *a.* dhuṁvrâvuṁk upkârto,- baro. ‖ *V.* FUMIGAÇÃO.

Fumista, *s. m.* pân oḍhtalo,- oḍhṇâr.

Fumivomo, *a.* dhuṁvar oṁktalo.

Fumivoro, *a.* dhuṁvar khâtalo. ‖ *s. m.* dhûmnâśak yaṁtr *n.*

Fumo, *s. m.* dhumvar, dhûm, dhumkaṭ *m.;* dhumvrî *f.;* odhchem pân; *crepe:* duḥkâchem kâḷem, vâl *n.; (fig.)* vâs, parmaḷ; ahamkâr, abhimân *m.*, phaḍâ *f.* ‖ *Negro de* —, kâjaḷ. *Carne de* —, dhumvrâchem mâs *n. Cheiro de* —, dhumvartâṇ *f.*

Fumosidade, *s. f.* dhumvro *m.*, dhumvrî; *(fig.)* mijâs, baḍâyk *f.*

Fumoso, *a.* dhumvrâcho, dhumvrecho, dhumvarto, dhumvro.

Fun, *s. m.* phûm *n.*

Funambulismo, *s. m.* nâḍepen *n.*

Funambulo, *s. m.* nâḍekâr, nâḍebhorpî.

Funçanata, *s. f.* mauj *f.*, tamâśo *m.*

Funçanista, *a. e s. m.* maujekâr, phestâkâr (*do port.* FESTA).

Funcção, *s. f.* chalauṇî, chalnî *f.*, karm, kâryem *n.*, abhyâs, vyavahâr; yepâr, dhâmdo, kâydo *m.*, kâm *n.;* śakti *ou* sakat *f.*, guṇ *m.;* phumksâmv *n.*, pamkat *f.* ‖ *V.* FESTIVIDADE.

Funccional, *a.* kâmâcho, chalnecho.

Funccionalismo, *s. m.* kâmdârvarg *m.*

Funccionar, *v. i.* chalumk, chalat-, châlû âsumk.

Funccionario, *s. m.* kâmdâr, adhikârî, sarkârî manîs.

Funchal, *s. m.* omvyâchem âyṇ *n.*

Funcho, *s. m.* phûmch, baḍîśeph *f.*, omvo *m.*

Funda, *s. f.* gophîṇ *f.;* paṭṭo, dâb; lâbh, phaḷ, âdâv *m.* ‖ *V.* INVOLUCRO.

Fundação, *s. f.* ghaḍṇî, sthâpṇî *f.;* arambh *m.*

Fundado, *a.* thîr, driḍh; vâjbî, lâyk.

Fundador, *a. e s. m.* arambh ditalo, arambhik, sthâpṇâr, rachṇâr, ghaḍṇâr, prayojak.

Fundagem, *s. f.* sop *m.*, sai *f.* ‖ *V.* BORRA.

Fundamental, *a.* bunyâdîcho; muḷâcho, mûḷasthânî, mûḷbhût, âdhârbhût; tattvâcho, mûḷtattvâcho.

Fundamentar, *v. t.* bunyâd ghâlumk *(d. do o.);* thirâvumk, tharâvumk, basaumk. ‖ *V.* DOCUMENTAR. ‖ *v. r. V.* FUNDAR-SE.

Fundamente, *adv.* khol, kholâyen; kârâṇân; jabar, bhav chaḍh.

Fundamento, *s. m.* bunyâd *f.*, taḷ, thâr, pâmysar *m.*, mûḷ, mûḷasthân; mudal *n.*, muhûrtt; *motivo:* kârâṇ *m.*, nimitt *n.* ‖ *V.* APOIO.

Fundar, *v. t.* bunyâd ghâlumk,- basaumk, *bunyâdumk, sthâpumk, bâmdhumk; *instituir:* ghaḍumk, rachumk, ubhârumk, uprâsumk; *firmar:* thirâvumk, tharâvumk; *apoiar:* dharumk, davrumk, ghâlumk; *profundar:* khol karumk, kholâvumk. ‖ *v. i.* dharomk, thârumk, thârvumk. ‖ *v. r.* basumk, thirumk, tharumk.

Fundear, *v. i.* nâmgar ghâlumk, nâmgromk; pomdâk lâgumk,- vachumk. ‖ *v. t.* nâmgrumk.

Fundeiro, *a.* pomdâcho, pomdcho, khâylo, kharîcho; khol, ghaṇ. ‖ *s. m.* gophîṇkâr.

Fundente, *a.* kaḍhto; kaḍhlalo; kaḍhumk upkârto. ‖ *s. m.* kaḍhaumchem *n.*

Fundibulario, *s. m.* gophîṇkâr.

Fundição, *s. f.* kaḍhṇî, otṇî; otchî vidyâ *f.*, otkâm *n.;* otârîśâḷ *f.;* kaḍhailalo dhâtu *m.*

Fundido, *a.* kaḍhailalo, otlalo, otîmv; meḷailalo, jamâylalo; *(fig.) V.* ARRUINADO.

Fundidor, *s. m.* otârî, otkâmî.

Fundilho, *s. m.* kalsâmvâchem-, cholṇyâchem phudnem *n.*

Fundir, *v. t.* otumk, kaḍhaumk; viraumk, khiraumk; *juntar:* ekṭhâvumk, jamâvumk; *consumir:* jiraumk, âṭaumk. ‖ *v. i.* chaḍh lâgumk,- pikumk; phaḷumk, lâbhumk, upkârumk. ‖ *v. r.* kaḍhumk, virumk, tevumk; jamumk, ekṭhâmy jâvumk. ‖ *V.* AFUNDIR.

Fundivel, *a.* kaḍhcho, kaḍhûmyeso.

Fundo, *a.* khol, ned *(us. Ilh.)* ‖ *V.* DENSO. ‖ *s. m.* pomd *n.*, taḷ, bumdhâro *m.*, baskâ; khar *f.*, ṭhâv, pâr *m.*, ṭhâvṭhikâṇ *(— do poço, do mar) n.; o sitio mais distante:* tal, pâmy; nâko *(— da rua) m.: comprimento:* lâmbî *f.*, poṭ *n.; profundidade:* kholây, koḍî; *sedimento:* mûr *f.*, gâḷo; *lastro:* nilimo, thar *m.; o interior:* pomd *n.*, khar *f.; o principal:* sâr, ras; *capital:* phûmd, kevo *m.*, pot *f.*, bhâmdval, mûḷdhan, asal *n.; base:* thâr, pâmysar, thar *m.; (pint.)* jamîn, bhûmy *f.* ‖ *V.* LEITO. ‖ — *da cadeira,* kadelîchî baskâ *f.* — *de agulha,* birdem *n. Dar* —, nâmgar ghâlumk,- uḍaumk. *Ir ao* —, pomdâk-, kharîk vachumk. *A* —, pâḷâm paryâmt, muḷân; bharûn. *No* —, sasârim; taḷâk. *Ver o* — *á canastra (fig.),* ṭhâv ghevumk. ‖ -s, *pl.* dhan *n.*, mâl. ‖ *adv.* khol; bhitar.

Fundura, *s. f. V.* PROFUNDIDADE e INTENSIDADE.

Fune, *s. m.* hoḍî *f.*

Funebre, *a.* marṇâcho, pretkarmâcho. ‖ *V.* TRISTE. ‖ *Oração* —, śokvâd, kriyâvâd *m.* *Honras funebres,* pretsaṁskâr *m.*

Funeral, *a.* marṇâcho, nikhipuṁcho. || *s. m.* maraṇ; pretkarm, pretkârya *n.*, kriyâ *f.* || *Em* —, duḥkhân.

Funerario, funereo, *a.* marṇâcho, nikhipiṇyâcho, kriyâsaṁbaṁdhî. || *Coroa funeraria,* pretamâlâ *f.* *Columna funeraria,* pretastaṁbh *m.* *Urna funeraria,* pretabhâṁḍ *n.*

Funestação, *s. f.* daḷdiro-, abhadr karṇeṁ *n.*; bhashṭâvṇî *f.* || *V.* LUTO.

Funestador, *a. e s. m.* daḷdiro karcho,- kartalo.

Funestamente, *adv.* daḷdîrpaṇîṁ, nirbhâgîṁ.

Funestar, *v. t.* daḷdiro-, abhadr-, nirbhâgî karuṁk; bhashṭâvuṁk, bâṭauṁk; mân-, âbrû kâḍhuṁk (*g. do o.*) || *V.* ESTIGMATIZAR. || *v. i.* abhadr-, amaṁgaḷ jâvuṁk.

Funesto, *a.* jîvgheṇo, prâṇkâḍhcho, ghâtkî, marṇâcho; abhadr, amaṁgaḷ, aprasann; *infeliz:* daḷdiro, nirbhâgî. || *V.* DAMNOSO *e* DESASTROSO.

Fungão, *s. m.* vikhâḷeṁ âḷaṁbeṁ; vâḷûk *n.* || *a. e s. m.* bhoṁvûn bhoṁvûn dhumṭî oḍhtalo; phûṁphûṁ kartalo.

Fungar, *v. t.* nâkân oḍhuṁk. || *v. i.* phûṁphûṁ karuṁk, nâk vâjauṁk. || *V.* RESMUNGAR.

Fungiforme, *a.* âḷaṁbeṁ kaseṁ.

Fungivel, *a.* khâvuṁcho, grâscho; bhogcho.

Fungo, *s. m.* vâḷûk *n.*

Fungosidade, *s. f.* âḷaṁbyâparî *f.*; vâḍhlaleṁ mâs, vâḷûk *n.*

Fungoso, *a.* âḷaṁbyâsârko; vâḷukâcho; luglugît, dabdabît.

Funicular, *a.* râjvâcho, dorâcho; dorâṁnîṁ chalauṁcho.

Funiculo, *s. m.* nâḷeṁ, nâḍeṁ *n.*

Funifero, *a.* (*bot.*) pâḷâṁbyâṁcho.

Funiforme, *a.* (*bot.*) vaḷlalyâṁ pâḷâṁcho.

Funil, *s. m.* phunel *n.*, turbâṇî, gaḷṇî, *khorâṇî *f.* || *Moral de* —, oḍhtî-, doṁ jokhâṁchî nît.

Funileiro, *s. m.* phuṇelâṁ kartalo; kathîlkâm kartalo.

Fura-bolos, *s. m.* dâkhauṁcheṁ boṭ *n.*

Furacão, *s. m.* vâdaḷ, tuphân *n.*, jhaḍpo *m.*, vâvṭaḷ *f.*

Furacar, *v. t.* *V.* ESBURACAR.

Furado, *a.* toplalo, viṁdhlalo. || *Negocio* —, bighaḍlaleṁ kâm.

Furador, *s. m.* topaṇ *n.*, barmo *m.*

Furão, *s. m.* muṁgasjât *f.*; (*fig.*) ḍhavḷo, ghusaḷṇo.

Fura-paredes, *s. m. e f.* mâṁḍṇekâr (mâṁḍṇekârṇ *f.*), hikmatkâr.

Furar, *v. t.* topuṁk, koṁkuṁk, viṁdhuṁk, chheduṁk; (*fig.*) bighḍâvuṁk, phiskaṭâvuṁk. || — *paredes,* chyâd-, kâṭhû jâvuṁk, kolyâcheṁ śiṁg âsuṁk (*abl.* kaḍe *do s.*) || *v. i.* riguṁk, ghusuṁk, ghusḷuṁk.

Furavel, *a.* koṁkcho, viṁdhûṁyeso.

Fura-vidas, *s. m. e f.* âplîṁ kâmâṁ karuṁk huśâr, jîvsaṁbhâḷṇâr; tajvitvaṁt, vidyo.

Furente, *a.* *V.* FURIOSO.

Furfuraceo, *a.* piṭhâsârko, kuṁḍo kaso, tusâḷ.

Furia, *s. f.* khurî, dhaḍpaḍ *f.*, koneṁ *n.*, kaḍkaḍo, kaḍh, jâḷ *m.*, jaḷap *n.*, râg, kop *m.*; vâdaḷ, tuphân *n.*; *impeto:* taḍâko, tavko, neṭ, dhaḍâko *m.*; *pessoa endiabrada:* lâṁv, lâṁvsaṭ *f.* || *V.* ESTRO.

Furial, *a.* *V.* FURIOSO.

Furibundo, *a.* râgâbharit, râgîshṭ, tâplalo.

Furiosamente, *adv.* kaḍhân, jâḷân; tavkyân.

Furiosidade, *s. f.* kaḍkaḍo, taḷmaḷo *m.*, sâhas *n.*; taḍâko, dhaḍâko *m.*

Furioso, *a.* khurî lâglalo, koneṁ châḷvalalo, sâhasî, taḷmaḷît, dhaḍpaḍît; râgâbharit, jâḷgo, piṁtvegî; *impetuoso:* kaḍak, taḍâkyâcho, tavkyâcho, prachaṁḍ; *apaixonado:* phullalo, tâplalo, chaḍhlalo. || *V.* ENTHUSIASTA.

Furna, *s. f.* vivar, bhuṁyâr *n.*

Furo, *s. m.* burâk (*port.*), ḍoṁpḷo, piṁpḷo, bhoṁto, gîr *m.*, topṇeṁ, bîḷ *n.*; *expediente:* upây, ilâj *m.* || *V.* GRAU. || -s, *pl.* girâṁcheṁ phaḷeṁ *n.*

Furor, *s. m.* taḷmaḷo, kaḍkaḍo, kîṁv *m.*, dhaḍpaḍ; *grande excitação:* uchaṁbaḷây, châḷvaṇî; *affeição desmedida:* murgaṭṇî, lobhdaṇî *f.*, atrek *m. pl.* || *V.* DELIRIO *e* DEMENCIA. || *Fazer* —, murgaṭâvuṁk, phulauṁk, mutauṁk.

Furta-capa, *s. m.* *V.* CAPINHA.

Furta-côr, *a.* raṁg badalto, laharî. || *s. m.* lahar *f.*

Furtadamente, *adv.* *V.* ÁS FURTADELAS.

Furtadela, *s. f.* kûs mârṇeṁ, âṁg chorṇeṁ *n.* || *Ás furtadelas,* choryâṁ.

Furtado, *a.* gupit, gupto, gûḍh. || *V.* ESQUIVO.

Furta-fogo, *s. m.* gupit ujvâḍî,- divṭî *f.*, guptadip *m.*

Furtar, *v. t.* choruṁk, chorûn vharuṁk,- kâḍhuṁk, sutlâvuṁk, hât mâruṁk *(d. do o.)*, bûṭ lâvuṁk *(d. do o.)*; nâgauṁk, luṭuṁk. ‖ *V.* DESVIAR *e* FALSIFICAR. ‖ — *o corpo,* âṁg kâḍhuṁk,- râkhuṁk,- saṁbhâḷuṁk. — *os olhos,* ḍoḷe partuṁk. ‖ *v. r.* âḍ-, pelyân saruṁk, kûs mâruṁk; lipuṁk, jhuruṁk, paḷuṁk. ‖ *V.* DESAPPARECER. ‖ — *ao trabalho,* âṁg râkhuṁk. — *com o corpo,* âḍvo saruṁk, sarkuṁk.

Furtivamente, *adv.* choryâṁ, guptîṁ, guḍhân.

Furtivo, *a.* choryâṁ kelalo, gûpto.

Furto, *s. m.* chorî *f.*; choriyccho mâl *m.* ‖ *A* —, choryâṁ.

Furuncular, *a.* keṁsoḷiyecho.

Furunculo, *s. m.* keṁsoḷî *f.*

Furunculoso, *a.* keṁsoḷyo jâlalo; keṁsoḷiyâṁcho.

Fusa, *s. f.* phûj *n.*

Fusada, *s. f.* bhoṁvrecho phâr *m.*; bhoṁvrîbhar sût *n.*

Fusão, *s. f.* kaḍhṇî, âṭṇî *f.*, drâvan *n.*; drav, drâv *m.*; *(fig.)* ekṭhâvṇî *f.*, ekvaṭ *m.* ‖ *V.* LIGA.

Fusco, *a.* sâṁvḷo, kâḷso, kâḷsâr, gair, aṁdhak, *ataj; *(fig.)* *V.* TRISTE.

Fuseira, *s. f.* moṭî bhoṁvrî *f.*

Fuseiro, *s. m.* bhoṁvryo kartalo.

Fuselado, *a.* bhoṁvrî kasî.

Fuselo, *s. m.* dâṁḍî *f.*

Fusibilidade, *s. f.* drâvyatâ *f.*

Fusiforme, *a.* bhoṁvresârko.

Fusil, *s. m.* sâṁkḷecho âṁkḍo *m.*; *(fig.)* *V.* NEXO. ‖ *a.* otîṁv. ‖ *V.* FUSIVEL.

Fusionista, *a. e s. m. e f.* ekvaṭâcho, ekvaṭâṁt riglalo.

Fusivel, *a.* kaḍhûṁyeso, sadrav, drâvya.

Fuso, *s. m.* bhoṁvrî *f.*, phan *n.* ‖ *Direito como um* —, khuṁṭ. *Ir direito como um* —, nîṭ-, sâṁko vachuṁk.

Fusorio, *a.* drâvaṇâcho. ‖ *Arte fusoria,* dravîkaraṇavidyâ *f.*

Fusta, *s. f.* savdo *m.*, *gurâb *f.*

Fustão, *s. m.* phustâṁv *m.*

Fuste, *s. m.* khâṁbo, khuṁṭo; dâṁḍo *m.* ‖ — *de columna,* khâṁbyâcheṁ kâṁḍ *n.*

Fustigação, *s. f.* baḍauṇî, dâḍâvṇî, ṭoṇkâvṇî *f.* ‖ *V.* ESTIMULO.

Fustigar, *v. t.* baḍauṁk, dâḍâvuṁk, ṭoṇkâvuṁk, châbkâvuṁk; mâruṁk, saṭâvuṁk, lâvûn kâḍhuṁk; duḥkhauṁk, sol divuṁk *(d. do o.)*

Futil, *a.* phusko, polko, halko, anarth, nirarthî, chillar *(us. Can.)*

Futilidade, *s. f.* anarth, nirarth *m.* ‖ *V.* BAGATELA.

Futilizar, *v. i.* bhikârbhâso sâṁguṁk,- karuṁk.

Futrica, *s. f.* dukân, gaḍaṁg *n.*; potero, kispuro. ‖ *s. m.* pedo.

Futura, *s. f.* hokal, navrî.

Futurar, *v. t.* (jâtalcṁ teṁ) kaḷauṁk, sâṁguṁk.

Futurição, *s. f.* *(p. us.)* bhavishya *n.*, phuḍâr *m.*; phuḍlî jiṇ *f.*

Futuridade, *s. f.* phuḍâr; phuḍlo kâḷ, bhavishyakâl *m.*

Futuro, *s. m.* phuḍlo kâḷ, udark *m.*, âytî *f.*; phuḍâr *m.*, bhavishya *n.*; *(gram.)* bhavishyakâl; *noivo:* navro *m.* ‖ *V.* DESTINO. ‖ *a.* phuḍlo, jâtalo, yetalo, ghaḍtalo, bhavishya, anâgat, bhâvik. ‖ *De — ou para o* —, phuḍe, hyâ mukhâr. *Ter* —, baro phuḍâr âsuṁk *(d. do s.)*

Fuzil, *s. m.* chakmak; gâlphûṭ *n.* ‖ *V.* RELAMPAGO.

Fuzilação, *s. f.* chakchakâvṇî; chamak *f.* ‖ *V.* FUZILAMENTO.

Fuzilada, *s. f.* ujo pâḍṇeṁ *n.*, chakmakâvṇî *f.*; baṁdukâcho phâr *m.*; jhaglâvṇeṁ *n.*

Fuzilador, *a. e s. m.* phârân mârtalo va mâruṁk lâytalo.

Fuzilamento, *s. m.* phârân-, baṁdukân mârṇeṁ *n.*

Fuzilante, *a.* chakchakît, jhagjhakît, laklakît.

Fuzilar, *v. t.* chakchakâvuṁk, jhigjhigâvuṁk, jhaglâvuṁk; phârân mâruṁk. ‖ *v. i.* jhaglâvuṁk, jhaglevuṁk; laklakuṁk, jhigjhiguṁk.

Fuzilaria, *s. f.* baṁdukâṁchî śiḷkî *f.*, phârârphâr *m. pl.*

Fuzileiro, *s. m.* tubakî.

Fuzilhão, *s. m.* phâsyâcho kâṁṭo *m.*

G

G, sâtveṁ akshar *(g, j)*.

Gabação, gabadela, *s. f.* varṇaṇî, vâkhâṇṇî *f.*

Gabadinho, *a.* nâvâḍhgo, laukik.

Gabado, *a.* vâkhâṇlalo, saglyâṁchyâ toṁḍâṁt âslalo, prasiddh.

Gabador, *a. e s. m.* vâkhâṇtalo, stutikâr; lâgâḷo.

Gabamento, *s. m.* vâkhâṇṇî, stuti *f.*, varṇan *n.*

Gabão, *s. m.* jhubo *m.*

Gabar, *v. t.* varṇuṁk, vâkhâṇuṁk, mânauṁk, kîrtuṁk, stuti karuṁk *(g. do o.)* ‖ *v. r.* âpṇâk vâkhâṇuṁk, mânavuṁk; baḍâyk dâkhauṁk.

Gabarola, gabazola, *s. m.* baḍâykhor, daṁvḍâḷ, abhimânî.

Gabarra, *s. f.* gurab *f.*; vhaḍ jâḷ *n.*

Gabella, *s. f. (ant.) V.* IMPOSTO.

Gabião, *s. m.* pâṁṭeṁ *n.*, pâṁṭlî *f.*

Gabinarda, *s. f.*, **gabinardo,** *s. m.* lâṁbâṁ hâtâṁcheṁ bânyân *n.*

Gabinete, *s. m.* kâmâcho-, vâchpâcho kûḍ *m.*; kherît-, khâsgî kûḍ; maṁtrîśâlâ, maṁtrîsabhâ, sachivsabhâ, kârbhârîmaṁḍaḷ *f.* ‖ *Homem de —,* śikpâcho maṇîs.

Gabionar, *v. t.* mâtiyechyâṁ pâṁṭlyâṁnîṁ saṁjauṁk.

Gabo, *s. m.* varṇan, stavan *n.*, stuti, vâkhâṇṇî, târîph *(us. Can.) f.*, stutivâd, arthvâd *m.*; tâvdârkî, pachurḍân, âptushṭi *f.*

Gabolas, *s. m. V.* GABAROLA.

Gabrito, *s. m.* pâgchî jâḷî *f.*

Gacho, *s. m.* bailâcho khâṁd *m.*

Gadanha, *s. f.* koytî; doy *f.*

Gadanho, *s m.* dâvaḷ *n.*, chapkulyo *f. pl.*; doy *f.*; âṁkḍo *m.* ‖ *V.* DEDOS.

Gado, *s. m.* gorûṁvâsrûṁ *n.*, gorvâṁdhorâṁ, gorvâṁ *n. pl.*, goṁvḷo; hiṁḍ, kalap *m.* ‖ *Guardar —,* gorvâṁ râkhuṁk.

Gafa, *s. f. (ant.)* tirkâṁṭecho âṁkḍo *m.* ‖ *V.* GAFEIRA.

Gafanhão, *s. m.* toḷî *f.*

Gafanhoto, *s. m.* ṭoḷ *m.*; devchârâcheṁ ghoḍkeṁ *(especie de —) n.*

Gafar, *v. t.* koḍ phoḍuṁk *(fig.) V.* CONTAMINAR. ‖ *v. i. e r.* koḍ phuṭuṁk *(d. do s.)* ‖ *V.* CORROMPER-SE.

Gafaria, *s. f. (ant.) V.* LEPROSARIA.

Gafeira, *s. f. (ant.)* koḍ; kharbeṁ *n.*

Gafeirento, gafeiroso, gafento, *a.* koḍkâr, koḍyâḷo.

Gafio, *s. m. V.* MANDIOCA.

Gafo, *a.* koḍyâḷo; kharbyâcho, kharbyâḷo; *(fig.)* kuslalo, saḍo, saḍko.

Gaforina, *s. f.* phullale-, ukallale keṁs *m. pl.*; śeṁḍî *f.*

Gage, *s. m. (ant.) V.* PENHOR. ‖ *s. f. V.* GANHO.

Gageiro, *s. m.* kuṁvyâcho pahârkâr. ‖ *a.* soṁpepaṇîṁ chaḍhtalo, chaḍhuṁk baro. ‖ *Vinho —,* chaḍhto-, lâgto saro.

Gago, *a.* gâgyo, luḍbo, totro, choṁchro. ‖ *Ver-se —,* âkâṁtuṁk, âkâṁtâk sâṁpḍuṁk.

Gagueira, gaguez, *s. f.* gâg, choṁchrây *f.*, luḍbepaṇ *n.*

Gaguejar, *v. i.* gâgevuṁk, gâg yevuṁk *(d. do s.)*, luḍbevuṁk, totreṁ ulauṁk, * tâvlâvuṁk.

Gaiatada, gaiatice, *s. f. V.* GAROTADA *e* GAROTICE.

Gaiatar, *v. i. V.* GAROTAR.

Gaiato, *s. m.* vâydeś *ou* vâḍes burgo, porṭo. ‖ *a.* tîḍ, âvjâḷî, âḍâṁgî.

Gaifonar, *v. i.* toṁḍâṁ karuṁk.

Gaifonas, *s. f. pl.* toṁḍâṁ *n. pl.*

Gaio, *s. f. (p. us.)* kuśâl, ullâsî; kheḷgaḍyo, vinodî. ‖ *V.* EXPERTO. ‖ *Verde —,* pâchvoso.

Gaiola, *s. f.* pâṁjreṁ, pâṁdreṁ, piṁjreṁ; gharkûl *n.* ‖ *Estar de —,* baṁdkhaṇîṁt paḍuṁk,- âsuṁk.

Gaioleiro, *s. m.* pâṁjrekâr.

Gaipa, *s. f.* dâkhâṁchyâ ghoṁsâcho phâṁṭo *m.*

Gaipeiro, *a.* dâkho chortalo; dâkho ruchtalo.

Gaipo, *s. m. V.* GAIPA *e* CHIFRE.

Gaita, *s. f.* pirlûk, kâv, kâḷ *f.* ‖ *— de folles,* poṁpreṁ *n.* *— de capador,* phaṇî *f.* *Saber como gaitas,* bhav ruchik lâgṇuṁk.

Gaitada, *s. f.* pirlukecheṁ vâjap *n.*; *(fig.) V.* RABECADA.

Gaitear, *v. t.* pirlûk-, poṁpreṁ vâjauṁk; *(fig.)* phestâṁ *(port.* FESTA)-, mauj karuṁk.

Gaiteiro, *s. m.* poṁprekâr; pirlûk vâjaitalo, kâḷî. ‖ *a.* kuśâḷ, maujekâr, nâchro, phestâṁkâr. ‖ *V.* GARRIDO.

Gaivagem, *s. f.* khaḷî *f.*

Gaivota, *s. f.* kireṁ *n.*

Gajé, *s. m.* mirvaṇ *f.*, chamkaṇ *n.* ‖ *V.* GENTILEZA.

Gajo, *a. e s. m.* luchcho, sodo, bhâḍyo.

Gala, *s. f.* pehrâvo, neṭ, sâj, śiṁgâr; ḍaul, dabâjo *f.*, daulat *f.*; ullâs, utsav *m.*, parab *f.* ‖ *V.* GARBO. ‖ *Dia de —,* râjutsavdin. *Fazer —,* dâkhauṇeṁ-, baḍây karuṁk; sukh vharuṁk.

Galactometro, *s. m.* dugdhaparîkshâyaṁtr *n.*

Galan, *s. m.* kâṁtarûpnâṭkî. ‖ *V.* GALANTE.

Galanga, *s. f.* kuḷiṁjan *n.*

Galanice, *s. f.* dabâjo *m.*, gamje *m. pl.* ‖ *V.* GALANTERIA.

Galante, *a.* śobhavṇo, śobhit, mâṇkulo, âkârvaṁt, alaṁkârî; *espirituoso:*

matvâlo, ramgdâr, rasik, rasâḷ; *divertido:* gamtî, maujecho. || *V.* BONITO. || *s. m.* polkîst (*do port.* POLKA), ḍâmḍî (*do ingl.* DANDY); dhagaḍ, kâmt, ramaṇ, dost, *sajan, jâr, upapati, mîmḍ.

Galanteador, *a. e s. m.* miravṇâr, gamjekâr, lâgyo, bhulauṇo, bhâsâḷo, bâylâmk lobhdalalo, strîpremî.

Galantear, *v. t.* (bâylâmk) bhulaumk, gamje-, lâg karumk *(d. do o.)*, śṛimgârumk *(p. us. nesta accep.)* || *V.* ENFEITAR. || *v. i.* pehrâvumk, mirvumk, bhâso karumk.

Galanteio, *s. m.* lâg, gamje *m. pl.*, bhâso *f. pl.*, dostî *f.*

Galantemente, *adv.* śobhen, kâmtîn; ruchîn, varmân.

Galanteria, *s. f.* bhulauṇî, miravṇî *f.*, śṛimgâr, pehrâvo, dhagaḍpaṇ; phakâmḍ *n.*, keshṭây *f.* || *V.* DELICADEZA.

Galão, *s. m.* gâlâmv *n.*, jarpâṭî *f.*, kalâbtû *(— de prata ou oiro)*; dâl, nâḍo *m.*, phîmt *(— de lã, etc.) n.*; pâṭ; ghoṭ *m.* || *V.* CORCOVO.

Galapago, *s. m.* ghoḍyâ va kachryâchyâ khurâchem rûm *n.*

Galapo, *s. m.* khagîr *n.*, gâdî *f.*

Galardão, *s. m.* phoḷ *m.*, pratikâr *m.*, puṇyem, inâm, karmphaḷ, pratiphaḷ, puṇyaphaḷ, pratidân *n.*

Galardoador, *a. e s. m.* phoḷ-, inâm ditalo.

Galardoar, *v. t.* phoḷ *ou* phaḷ-, inâm divumk, pratidivumk.

Galarim, *s. m.* mâtho, śikhar *m.*, takśî *f.*; dabâjo, âḍambar, ḍaul *m.* || *Estar no —*, sukhân bharomk, savaṇ pikumk *(g. do s.)*

Galé, *s. f. (ant.)* tarâmḍem, galbat *n.* || -s, *pl.* vaḷe tâmḍcho damḍ *m.*

Galeão, *s. m.* târûm *n.*

Galear, *v. i.* pehrâvumk, neṭumk. || *V.* ARFAR.

Galeota, *s. f.* hoḍem *n.*

Galeote, *s. m.* hoḍem *n.*; tâmḍelî; valâvumk pharmaṇ paḍlalo.

Galera, *s. f.* pâtmârî *f.*, savdo, tirkat *m.*

Galeria, *s. f.* gâlerî *f.*, sajjo *m.*, târâmgaṇ varâmḍ, osrî *f.*; lâmb bhumyâr *n.*; *(fig.)* chitrâm-, bâhulyâmcho jamo,-sâmtho *m.*

Galeriano, *s. m.* vale tâmḍcho gulâm,- dâs.

Galerno, pûrottarîcho (vârem), sâtrasâcho; bârîk, śâmt (vârem). || *s. m.* sâtras *m.*

Galezia, *s. f.* kheḷâr nâḍ *f.*

Galfarro, *s. m.* âpâpî, âpsvârthî. || *V.* BELEGUIM.

Galga, *s. f.* kolgem; peḍ; tâl, gap *n.* || *V.* FOME.

Galgar, *v. t.* dhâmvûn vachumk,-chaḍhumk *(l. do o.)*; vaḷ kâḍhumk *(g. do o.)*, nîṭ-, sâmko karumk; *rolar:* gaḍgaḍumk *(l. do o.)* || *v. i.* dhâmvûn chalumk; vegîmvegîm chaḍhumk; uḍumk, uḍkaṇ mârumk.

Galgaz, *a.* ḍhâmgâḷo; bhâgaṭyo.

Galgo, *s. m.* śikârechem śuṇem *n.*, kutro *m.*

Galgueira, *s. f.* omḍo *m.*

Galha, *s. f.* mâyphaḷ *(noz de —) n.*

Galhada, *s. f.* śimgâm *n. pl.*

Galhardamente, *adv.* śobhen, mânsugen; udârpaṇîm.

Galhardear, *v. i.* śobhumk, rasrasumk, mirvumk. || *v. t.* ḍaul-, dabâjo karumk *(g. do o.)*, mirvûn dâkhaumk.

Galhardete, *s. m.* chirlalo-, pâkhoṭyâmcho bâvṭo *m.*

Galhardia, *s. f.* śobhitây, mânkulây, chokhaṭây *f.*, sudhaḷpaṇ *n.*, âkâr, ḍaul *m.*; udârpaṇ, mâhâtmya *m.* || *V.* BRAVURA.

Galhardo, *a.* mânkulo, phiramgulo, âkârvamt, sudhaḷ, chokhaṭ; udâr, vechîk. || *V.* ESFORÇADO *e* FOLGASÃO.

Galheta, *s. f.* śimslî, kupî *f.* || *Par de galhetas (fig.)*, sadâmch barâbarî bhomvtale.

Galheteiro, *s. m.* gâlyeter, sâler *m.*

Galho, *s. m.* khâmdo, ṭahâḷo *m.*, ṭahâḷî, khâmdî *f.* || *V.* GAIPO.

Galhofa, *s. f.* hâmsnemkheḷṇem, nâchrepaṇ *n.*, mauj, *rasâḷ parab *f.* || *Fazer — de*, maskaryo karumk, tomḍumk.

Galhofada, *s. f.* tamâśo *m.*, dhumśâṇ *n.*, mauj *f.*

Galhofaria, *s. f. V.* FESTANÇA.

Galhofear, *v. i.* hâmsumk kheḷumk, nâchumk uḍumk, hâmsûn dis kâḍhumk, mauj-, dhumśâṇ karumk; kemḍumk, tomḍumk.

Galhofeiro, *a. e s. m.* nâchro, maujekâr, laphâmgo, bhâsâḷo, sukhâḷo, bhogvamt, *parbekâr.

Galhudo, *a.* khâmde-, śimgâm âslalo, śimgâḷo.

Galimatias, *s. f. pl.* tuṭkem ulauṇem, uttrâmchem charbaṭ *n.*

Galipodio, galipote, *s. m.* devdârâcho karḍo dîk *m.*

Gallado, *a.* kombyân phaḷailalo.

Galladura, *s. f.* phaḷauṇî; tâmtyâchî dhât *f.*

Gallão, *s. m.* gâlâmv *m.*
Gallar, *v. t.* (kombo) basumk *(l. sup. do o.)*, lâgumk *(d. do o.)*, phalaumk.
Gallegada, *s. f.* bhâḍelyâmcho jamo *m.; (fig.)* *V.* GROSSERIA.
Gallego, *s. m.* bhâḍelî, helkârî; pâṇkyo; dhâmgaḍ-, bomtho manîs.
Gallicanto, gallicidio, *s. m.* kombo radṇem *n*, kombyâcho sâd *m.*
Gallicismo, *s. m.* phrâmsej bhâshecho śabd *m.*
Gallinaceo, *a.* kumkḍâcho. ‖ **-eas**, *f. pl.*, kumkḍâmkâmsâmchî jât *f.*
Gallinha, *s. f.* kombî, kombḍî *f.*, kumkaḍ *n.* ‖ *Deitar-se com as gallinhas*, rât jâynâphuḍe nidumk. — *choca*, ravâṇechî kombî; *(fig.)* boḍkâvlalo-, galgaḷlalo manîs.
Gallinhaça, *s. f.*, **gallinhaço**, *s. m.* kombiyecho gû *m.*
Gallinheiro, *s. m.* kumkḍâmcho gûḍh *m.*, pâmj *f.; kumkḍâmkâr.*
Gallinhola, *s f.* komkârî, kovâkombî *f.*
Gallispo, *s. m.* komblo *m.*
Gallo, *s. m.* kombo *m.;* ṭumbar *n.*, bakûl *m.* ‖ *Peixe* —, kombo. *Missa do* —, natâlâchem mîs. *Cabeça de* —, taklî phirlalo.
Gallucho, *s. m.* navo śipây.
Galocha, *s. f.* lâmkḍâcho-, kâtâcho mocho; gârphâcho phâmṭo *m.*
Galonar, *v. t.* *V.* AGALOAR.
Galopada, *s. f.* pher, pheray *f.*
Galopador, *a. e s. m* barî pheray mârtalo.
Galopante, *a.* vegîm hâmkârtalo, vhaḍlî uḍkaṇâm ghâltalo.
Galopar, *v. i.* pher-, pheray mârumk, chaupâmyîm-, chaupher vachumk; dhâmvdhâvîm vachumk. ‖ *v. t.* pheraumk, phiraumk, phemkumk, davḍumk, hâmkârumk; davḍûn-, pher mârûn kâḍhumk.
Galope, *s. m.* pher, pheray, chaukchâl, davaḍchâl; *(fig.)* bhardhâmv, dhâmvaḍ *f.*, khadam *(us. Can.) n.* ‖ *A* —, vegîmvegîm, gaḍgaḍyâm; *(fig.)* chitt dî nâstânâ. *A todo* —, dhamvdhâvîm.
Galopim, *s. m.* aḍkâmmâḍkâm-, gauḍbemgâlâm kartalo, ṭhakî, ghâḍî. ‖ *V.* GAIATO *e* BELEGUIM. ‖ — *eleitoral*, elesâmvâmcho vastâd.
Galopinar, *v. i.* vot mâgumk bhomvumk. ‖ *V.* GAROTAR.
Galra, *s. f.* *V.* FALA.
Galrão, galreador, galrejador, *a. e s. m.* baḍbaḍyo, jhâmkro, jibhaṭ.
Galrar, galrejar, *v. i.* baḍbaḍumk, pachpachumk, jhâmkumk; beṭhemch ulaumk. ‖ *V.* BLASONAR.
Galrear, *v. i.* (burgem) ulaumk lâgumk,- śikumk, jîbh phuṭumk *(d. do s.)* ‖ *V.* GALRAR.
Galricho, galrito, *s. m.* mâsḷechî jâḷî *f.*
Galvanico, *a.* vidyutecho, vijâcho.
Galvanismo, *s. m.* vidyutkaraṇ; vidyutchetan *n.*
Galvanização, *s. f.* vîj bharṇem,- ghâlṇem *n.*, vijâcho dhako *m.;* jastâcho lep lâvṇem *n.*
Galvanizar, *v. t.* vijâcho dhako divumk *(d. do o.)*, vîj bharumk *(l. in do o.);* vijân op divumk *(d. do o.)*
Galveta, *s. f.* galbat *n.*
Gama, *s. f.* bâil haraṇ *n.*, śeḷamdri *f.*
Gamão, *s. m.* gâmâmv *m.*, hâr *f.*
Gamarra, *s. f.* jerbamd *m.*
Gambadonas, *s. f. pl.* kumvyâchem śimkem *n.*
Gamberria, *s. f.* *V.* CAMBAPÉ *e* LOGRO.
Gambia, *s. f.* *V.* PERNA. ‖ *Dar ás gambias*, *V.* FUGIR.
Gambito, *s. m.* *V.* CAMBAPÉ. ‖ *Dar o* —, chorvidyen jikumk.
Gamboa, *s. f.* belphaḷ, śrîphaḷ *n.*
Gamboeiro, *s. m.* bel *m.*
Gamboina, *s. f.* kheḷâr nâḍ *f.*
Gamella, *s. f.* gamel, parḍem, karlem *n ;* koḷambî *f.* ‖ *Comer da mesma* —, ekṭhâmy jâvumk.
Gamellada, *s. f.* parḍembhar; bhâmḍbhar *n.*
Gamello, *s. m.* koḷambî, koṭambî *f.*
Gamellote, *s. m.* lahân śeḷṇem *n.*, mâlto, doṇ *m.*
Gamenho, *a.* *V.* CASQUILHO.
Gamma, *s. f.* grâm, svargrâm *m.; (fig.)* *V.* ESCALA.
Gamo, *s. m.* śeḷamdr *m.*, haraṇ *n.*
Gamopetalo, *a.* *(bot.)* pâklyo lâgûn âslalo.
Gamophyllo, *a.* *(bot.)* pânâm temkûn âslalo.
Gamote, *s. f.* śeḷṇem, karlem *n.*
Gana, *s. f.* jabar rûch, oḍh; nâkhuśî, aprîti *f.*, dvesh, drishṭâv *m.*
Ganacha, *s. f.* ghoḍyâchem sakailem dâḍhmaṇ *n.*
Ganancia, *s. f.* joḍ, jâḍjoḍ *f.*, âdâv, lâbh *m.;* naphâ *f.;* kalâmtar *n.*
Ganancioso, *a.* lâbhâcho, âdâvâcho; bhav naphâ karcho.

Ganchar, *v. t. V.* ENGANCHAR.

Gancheado, *a.* âṁkḍyâsârko.

Gancho, *s. m.* gâṁch, âṁkḍo, phâso, gaḷ *m.*, kel, koṁkeṁ *n.*, âṁkḍî *f.*

Ganchorra, *s. f.* moṭî barchî *f.*, tâj *n.*

Ganchoso, *a.* âṁkḍyâḷo.

Ganço, *s. m.* hâṁs, râjhâṁs *n.*

Ganda, *s. f.* gaṁḍ *m.*, gaṁḍmerûṁ *n.*

Gandaeiro, *s. m.* kairâṁt śodhtalo, kair ustitalo; *(fig.) V.* OCIOSO.

Gandaia, *s. f.* kair ustiṇeṁ *n.* ‖ *V.* VADIAGEM. ‖ *Andar á* —, kairâṁt śodhuṁk; *(fig.)* vâryâr dîs kâḍhuṁk.

Gandaiar, *v. i.* kair ustuṁk, kairâṁt śodhuṁk.

Gandara, *s. f.* reṁvaḷ; mâḷ *n.*

Gandares, *s. m.* gaṁḍrî lugaṭ *n.*

Gandarez, *a.* reṁvaḷâcho.

Ganga, *s. f.* gâṁg, kâṁg *n.*

Gangão, *s. m.: de* —, ekdaḷ, gaḍgaḍît, thâṁba nâstânâ.

Ganglio, *s. m.* snâyusphoṭak *m.*, supurleṁ bîn *n.*

Ganglionar, *a.* binâcho.

Gangoso, *a.* śimro. ‖ *Á gangosa,* ulauṁchî garaj nâstânâ, kashṭâṁvîṇ.

Gangrena, *s. f.* gâṁgren, saḍepaṇ, bhagdaḷ *n.*, mâṁsnâś *m.*; *(fig.) V.* DESMORALIZAÇÃO.

Gangrenar, *v. t.* saḍauṁk, saḍo karuṁk, bhagdaḷ karuṁk *(d. do o.)*; *(fig.) V.* CORROMPER. ‖ *v. i. e r.* (mâs) maruṁk, saḍoṁk, bhagdaḷ-, mâṁsnâś-, jîvitvanâś jâvuṁk *(d. do s.)*

Gangrenoso, *a.* mâṁsnâśâcho; bhagdaḷ jâlalo, saḍlalo.

Ganhadeiro, *a. e s. m.* joḍto; joḍuṁk vâvarto. ‖ *Filho do* —, âdâvâvîṇ kâm kari nâslalo.

Ganha-dinheiro, *s. m.* vâvrâḍî.

Ganhador, *a. e s. m.* joḍtalo, joḍkâr, lâbhî.

Ganhança, *s. f. V.* GANHO.

Ganhão, *s. m.* vâvrâḍî, mânây, kâmelî, majurkâr, kulî.

Ganha-pão, *s. m.* poṭâcho upây *m.*, udarposhaṇ *n.*; joḍkâr.

Ganhar, *v. t.* gâjñârkaruṁk, joḍuṁk, meḷauṁk, sâṁpḍâvuṁk, *hâruṁk, *taruṁk, meḷuṁk *(d. do s., s. do o.)*; *vencer batalha, demanda:* gâjñârjâvuṁk, jikuṁk; *vencer grosso ordenado:* khâvuṁk; *dar como proveito:* lâbhauṁk; *contrahir, tomar:* ghevuṁk, lâguṁk *(d. do s., s. do o.)*; *conquistar:* jikuṁk, kâṁḍh ghevuṁk; *recuperar:* parat ghevuṁk, *hâtâsuṁk; *chegar:* pâvuṁk. ‖ — *animo,* jîv-, baḷ ghevuṁk. — *caminho,* vâṭ tâṁkuṁk. — *aposta,* vaḍhâ jikuṁk. — *a deanteira,* phuḍe saruṁk. — *juizo,* gnyân ghevuṁk. — *pé,* pâṁy teṁkuṁk,- lâguṁk *(d. do s.)* — *tempo, V.* DELONGAR. — *terra, V.* ARRIBAR. — *terreno,* mukhâr vachuṁk; *(fig.)* pasroṁk. — *a vida,* vâvrûn poṭ bharuṁk. ‖ *v. i.* phaḷ-, âdâv kâḍhuṁk; vâjvaruṁk. *Não* — *para sustos,* baryâṁtlo vâṭâvoṁk.

Ganhavel, *a.* joḍcho, meḷauṁyeso.

Ganho, *a.* joḍlalo. ‖ *s. m.* gâjñ *m.*, joḍ, naphâ, prâpti, chipṭi *f.*, âdâv, lâbh, upaj, nipaj, phaḷ, dhanprayog *m.*, utpann *n.*; *usura:* gâjñ *m.*, vâḍh *f.*, vyâj, kalâṁtar *n.*

Ganhoso, *a.* joḍîk lâgalo, âdâvâk peṭlalo, svârthî.

Ganhuça, *s. f.* joḍ, naphâ *f.*

Ganizes, *s. m. pl.* phâse *m. pl.*

Ganja, *s. f.* gâṁjo *m.*

Gannido, *s. m.* śuṇeṁ raḍṇeṁ *n.*; *(fig.) V.* CHIADEIRA.

Gannir, *v. i.* (śuṇeṁ) raḍuṁk; kiṁvchuṁk; *(fig.)* hurhuruṁk, piraṁguṁk, chiṁvchivuṁk.

Ganso, *s. m. V.* GANÇO.

Ganta, *s. f. V.* GANDA.

Ganzepe, *s. m.* vaylyân aśîr khâṁch *f.*

Garabulha, *s. f.* gaspârgoṁdhaḷ *m.*, guddelâsâṁv, revaḍkoṁkeṁ, charbaṭ, chârkhaṁḍ *n.* ‖ *V.* GARATUJA. ‖ *s. m. V.* ENREDADOR.

Garabulhento, *a.* kharkarît, kharbarît, khaḍkhaḍît.

Garabulho, *s. m.* kharkaritây, khaḍkhaḍitây *f.* ‖ *V.* GARABULHA.

Garafunho, *s. m. V.* GATAFUNHO.

Garança, *s. f.* maṁjishṭh *m. ou n.*; maṁjishṭhâcho raṁg *m.*

Garançar, *v. t.* maṁjishṭhâchyâ raṁgân raṁgauṁk; tâṁbḍo karuṁk.

Garanhão, *s. m.* biyâḷyâcho,- âṁḍel ghoḍo, vaḷûghoḍo *m.*; *(fig.)* bâilâṁḍo, kâmchârî, soḍo, cheḍyâḷo.

Garanjão, *s. m.* lâṁbḍigh manîs, khaḍâghâṁṭ.

Garante, *s. m. e f.* jâmîn.

Garantia, *s. f.* jâmînkî, khâtrî *f.*, aḍav, thâr. ‖ *Garantias constitucionaes,* nagarjaṇâdhikâr *m.*

Garantido, *a.* khâtrecho; nîj mhaṇ bhâslalo.

Garantir, *v. t.* jâmîn-, havâlo divuṁk *(d. do o.)*, khâtrî karuṁk *(g. do o.)*; nivrâvuṁk, âsrâvuṁk. ‖ *V.* INDE-

MNIZAR. ‖ — *uma divida,* riṇâk jâmîn râvuṁk. — *um objecto vendido,* nij mhaṇ bhâsuṁk, khoḍ âslyâr parat ghevuṁk kabûl jâvuṁk. — *a veracidade,* bhâshâvuṁk, bhâsuṁk.

Garatuja, *s. f.* khardo, varkhaḍo *m.* ‖ *V.* MOMICE.

Garatujar, *v. i.* toṁḍâṁ-, koṁke karuṁk, beṁḍâvuṁk. ‖ *v. t.* kharḍuṁk, varkhaḍuṁk.

Garatusa, *s. f. V.* FRAUDE.

Garavanço, *s. m.* moḍkûḷ *f.*

Garavato, *s. m.* ṭeṁkḍî, garâṁṭî *f.* ‖ *V.* GANCHO *e* GARAVETO.

Garavetar, *v. i.* śirpuṭâṁ-, śirkuṭâṁ puṁjâvuṁk.

Garaveto, *s. m.* śirkûṭ *ou* śirpûṭ *n.*

Garbo, *s. m.* âkâr, alaṁkâr, ḍaul *m.*, śobh, dhajâ, phaḍâ, mirvaṇ *f.*, suḍhaḷpaṇ, sâjrepaṇ *n.;* isim, âbrû, mardı; chokhaṭây, nâjukây *f.*

Garbosamente, *adv.* suḍhaḷpaṇîṁ, ḍaulân, śobhen.

Garboso, *a.* âkârvaṁt, alaṁkârî, ḍaulî, suḍhaḷ, sâjro, miravṇâr, chokhaṭ; mard, mardikâr.

Garça, *s. f.* bakeṁ, doṁk *n.;* kâmurḍham (— *grande*) *m.* ‖ — *real,* baḷâr *f.* — *bastarda, V.* GARÇOTA. *Olhos de* —, gârse-, niḷe ḍoḷe. *Collo de* —, lâṁb śobhit goṁgṭhî. *Tomar a — no ar (fig.),* mâṁḍṇeṁ kâm karuṁk.

Garceiro, *a.* bakîṁ-, doṁkâṁ mârtalo (giḍgeṁ).

Garço, *a.* gârso, gârsulo, niḷo, niḷsâr.

Garçota, *s. f.* supurleṁ bakeṁ; kurḍeṁ bakeṁ *n.* ‖ **-s,** *pl.* bakyâchî dhavîṁphûl pâkhâṁ *n. pl.* ‖ *V.* PENNACHO.

Gardunho, *s. f. V.* FUINHA.

Gare, *s. f.* ṭhâṇ, ṭhâṇeṁ *n.*

Garfada, *s. f.* kâṁṭobhar *m.*

Garfado, *s. m.* moḍkûḷbhar *n.*

Garfar, *v. t.* moḍkuḷân ustuṁk; kâṁṭyân vidâruṁk.

Garfo, *s. m.* kâṁṭo *m.; enxerto:* gârph, kalam *n.; forquilha:* moḍkuḷ *f.; (fig.) V.* FRACÇÃO.

Gargalaçar, *v. t.* maḍtel toṁḍâk lâvûn ghoṭuṁk.

Gargaleira, *s. f.* pipâcheṁ bhoṁk *n.*

Gargalhada, *s. f.* hâṁsyâcho khaḷkhaḷ, vhaḍlo hâṁso *m.*, kâkâḍ *n.*

Gargalhar, *v. i.* hâṁso-, kâkâḍ mâruṁk, hâṁsyân khaḷkhaḷuṁk.

Gargalheira, *s. f.* gaḷyâchî sâṁkaḷ *f.;* kaḍyâḷeṁ *n.; (fig.) V.* ALGEMAS.

Gargalho, *s. m.* dharkal, dharkalâcheṁ kâlûṁ *n.*

Gargalo, *s. m.* gaḷo, kâṁṭh *m.* ‖ *V.* GARGANTA.

Garganta, *s. f.* śaknaḷî, *saṁkî *f.*, saṁkeṁ *n.*, gaḷo, ṭâḷo, ghaṁso; daro, voḷ *m.* ‖ *Ter boa* —, baro ṭâḷo âsuṁk (*d. do s.*) *Voz de* —, sarâṁṭlalo ṭâḷo. *Ter um nó na* —, saṁkeṁ dharoṁk (*g. do s.*), ṭâḷo basuṁk (*g. do s.*) ‖ **-s,** *pl. V.* FAUCES.

Gargantão, *a.* khâvgo, poṭâro, poṭbharyo, bharṇo.

Garganteado, *a.* kirkirâylalo. ‖ *s. m. V.* GARGANTEIO.

Garganteador, *a. e s. m.* ṭâḷo kâṁpaun gâtalo, phirkî ghetalo, kirkirâvṇâr, sarâṁṭṇâr.

Gargantear, *v. i.* kâṁpsvar karuṁk, phirki ghevuṁk, kirkirûn-, sarâṁṭûn gâvuṁk, ṭâḷo kâṁpauṁk, sarâṁṭuṁk.

Garganteio, *s. m.* kâṁpsvar, svarbhaṁg, sarâṁṭo *m.*, phirkî, gat *f.*

Gargantilha, *s. f.* gaḷesarî, gaḷsarî *f.*, hâr, gop *m.*

Gargarejamento, gargarejo, *s. m.* gaḷgaḷo *m.*

Gargarejar, *v. i.* gaḷgaḷo karuṁk. ‖ *v. t.* gaḷgaḷâvuṁk.

Gargueiro, *s. m. V.* GARGANTA.

Gargula, *s. f.* naḷ *m.*

Garimpeiro, *s. m. (p. us.)* vajrâṁ śodhtalo.

Garlindeu, *s. m.* kuṁvyâchyâ mâthyâcho vâḷo *m.*

Garlopa, *s. f.* raṁdho *m.*

Garna, *s. f. (brazil.)* śiḍśiḍo *m.*

Garnacha, *s. f.* âṁgleṁ *n.*

Garnacho, *s. m.* jhubo *m.*

Garnar, *v. i. (brazil.)* śiḍśiḍuṁk.

Garniar, *v. t.* (châm) suḷsuḷît-, tuḷtuḷît karuṁk.

Garotada, *s. f.* vâydeś cheḍyâṁcho jamo *m.* ‖ *V.* GAROTICE.

Garotar, *v. i.* vâṭer tiḍpaṇâṁ-, pâṁprelpaṇâṁ karuṁk, âḍjâî-, phaṭîṁg jâvuṁk, mirvuṁk.

Garotear, *(brazil.) v. t.* (châm) baḍaun maû karuṁk.

Garotice, *s. f.* lâpîṭpaṇ, cheḍkepaṇ, porṭepaṇ; âḍjâîpaṇ, phaṭîṁgpaṇ, luchchepaṇ, pâṁprelpaṇ *n.*

Garoto, *s. m.* tiḍ-, vâydeś burgo, lâpîṭ, cheḍko, porṭo; âḍjâî, pâṁprel, phaṭîṁg.

Garoupa, *s. f.* gobro *m.*

Garra, *s. f.* dâval *n.;* dâvlî, bachkulî *(dim.) f.*, nâkhûṭ *n.*, chapko, bhurko *m.*, chapkulyo *f. pl.* ‖ *V.* GAVINHA. ‖

Ir-se á —, V. DESGARRAR-SE; *(fig.)* sâṁdoṁk, hâtâbhâyr paḍuṁk.

Garrafa, *s. f.* botl *f.*, maḍtel *n.*, kupo, śiṁso *m.*, budhleṁ *n.*

Garrafada, *s. f.* maḍtelbhar *n.*

Garrafal, *a.* maḍtel kaseṁ. ‖ *Lettra —*, moṭiṁ aksharâṁ.

Garrafão, *s. m.* vhaḍlo śiṁso, budhlo, kârbâ *m.*

Garrafeira, *s. f.* maḍtelâṁcho chauk *m.*

Garraio, *s. m.* pâḍko *m.*; *(fig.)* kachcho-, navo manîs.

Garrana, *s. f.* lahân ghoḍî *f.*

Garrancho, *s. m.* monjâtîṁchyâṁ khurâṁchî piḍâ; jhîl *f.* ‖ *V.* GARAVATO.

Garranchoso, *a.* âṁkḍo kaso, koṁkyâsârko.

Garrano, *s. m.* taṭû *m.*

Garrar, *v. i.* (târûṁ) suṭûn vachuṁk. ‖ *v. t.* (dorâṁ) soḍuṁk.

Garraz, *s. m.* korî elephâṁt *f.*

Garrento, *s. m.* śevṭo *m.*

Garrida, *s. f.* ghâṁṭlî *f.*

Garridamente, *adv.* pehrâvyân, mirvûn.

Garridice, *s. f.* ḍaul, dabâjo, alaṁkâr; pehrâvo, gamjo *m.*, mirvaṇ *f.*

Garrido, *a.* mâṇkulo, âkârvaṁt, alaṁkârî, śobhavṇo, dabâjyâcho, ḍaulî; phîṭ, phaldarây, kâsphîs, neṭko, miravṇâr; rasraśit, laklakît.

Garrir, *v. i.* kiḷbiḷuṁk, chiṁvchivuṁk; pharpharuṁk, badbaḍuṁk; kheḷuṁk, nâchuṁk, uḍuṁk; gamjc karuṁk, mirvuṁk. ‖ *v. r.* phehrâvuṁk, neṭuṁk.

Garro, *a. (p. us.) V.* LEPROSO. ‖ *s. m. V.* SARRO.

Garrocha, *s. f.* bailâcho aṁkuś *m.*

Garrochão, *s. m.* moṭo aṁkuś *m.*

Garrochar, *v. t.* aṁkuśân topuṁk.

Garrocho, *s. m. V.* GARRANCHO.

Garrotar, *v. t.* gaḷphâsuṁk, gaḷyâk koyaṁḍî ghâluṁk *(g. do o.)*

Garrote, *s. m.* gaḷphâs *m.*, phâśî, koyaṁḍî *f.*

Garroteia, *s. f. V.* JARRATEIRA.

Garrotilho, *s. m.* gaḷo bharon yeṇeṁ *n.*, ghaṭsarp *m.*

Garrucha, *s. f.* manko *m.*

Garrulice, *s. f.* pharphârṇî, baḍbaḍṇî, pachpachṇî *f.*

Garrulo, *a. e s. m.* pharpharo, pachpacho, baḍbaḍyo, gaḍbaḍo, vâchâḷ, bahubhâshî. ‖ *V.* CHILREADOR.

Garruncho, *s. m. (mar.)* dorâcho vâḷo *m.*

Garupa, *s. f.* ghoḍyâche kule *m. pl.*, beṁḍ, ḍhûṁg *n.* ‖ *Dar a —*, kulyâṁr basuṁk divuṁk; *(fig.)* mâthyâr basuṁk divuṁk.

Garupada, *s. f.* beṁḍ ukalṇeṁ *n.*

Gasalhado, *s. m. V.* AGASALHADO *e* ALBERGUE.

Gasalhamento, gasalho, *s. m. V.* AGASALHO.

Gasalhoso, *a.* bihrâḍ-, âsar ditalo, sanimâṇî, parkaṁḍṇâr.

Gasganete, gasnate, gasnete, *s. m. V.* GARGANTA.

Gaspea, *s. f.* kaplâḍ (*do port.* CAPELLADA) *f.*

Gaspeadeira, *s. f.* kaplâḍ śivtalî.

Gaspear, *v. t.* kaplâḍ ghâluṁk,- lâvuṁk *(d. do o.)*

Gastador, *a. e s. m.* kharchitalo; kharchîk, vechîk, ibâḍyo. ‖ *V.* SAPADOR.

Gastalho, *s. m.* khâṁch *f.*

Gastão, *s. m. V.* CASTÃO.

Gastar, *v. t.: consumir:* khâvuṁk, giḷuṁk, âṭpuṁk, korâvuṁk, *hârpuṁk; *despender:* sâruṁk, kharchuṁk, vechuṁk; *malbaratar:* vâṭek lâvuṁk, hogḍâvuṁk, ibâḍuṁk; *safar:* jharauṁk, ghâṁsuṁk, jheṁjrâvuṁk; *acabar pelo uso:* khâvuṁk, âṭpuṁk jirauṁk, âṭauṁk, virauṁk, sarauṁk; *digerir:* jirauṁk, pachauṁk; *estragar:* moḍuṁk, phoḍuṁk, bhaṁgauṁk; *inutilizar:* moḍûn ghâluṁk, boḍkâvuṁk; *passar o tempo:* kâḍhuṁk, gujrâvuṁk; lâguṁk *(d. do s., s. do o.)*; *passar a vida:* dîs kâḍhuṁk. ‖ — *bem*, keḷaun khâvuṁk. — *largo*, bhav kharchuṁk. ‖ *v. r.* lâguṁk, saruṁk, âṭpoṁk, kharchoṁk, vachuṁk; moḍon paḍuṁk, boḍkâvoṁk; jharuṁk, kâtroṁk; jiruṁk, viruṁk; gujruṁk.

Gastavel, *a.* sarcho, kharchâcho, vechâcho.

Gaster, *s. m. V.* GASTRO.

Gasteropodes, *s. m. pl.* ghaṁsṭon chaltalyo monjâtî *f. pl.*

Gasto, *s. m.* kharchilalo, kharchalalo, sârlalo, sarlalo; jhirjhiriṭ, jhejro, piṁjkar, jarjaro, chirchirît, piṁjkar; parṇo, juṇo. ‖ *V.* FRACO. ‖ *s. m.* kharch, vech, kharchvech, karj *m.*; moḍṇî, jharṇî, sarṇî, gujarṇî *f.*

Gastralgia, *s. f.* poṭsûḷ *m.*, gâṁjyâchî duḥkh *f.*

Gastralgico, *a.* poṭsuḷâcho.

Gastrico, *a.* gâṁjyâcho.

Gastrite, *s. f.* gâṁjyâchi sûj *f.*

Gastro, *s. m.* gâṁjo *m.*, bhâṁḍeṁ *n*

Gastronomia, *s. f.* udaraṁbharavidyâ *f.*
Gastronomico, *a.* udaraṁbharavidyecho.
Gastronomo, *s. m.* udaraṁbhar.
Gastrotomia, *s. f.* gâṁjo phâḷṇeṁ *n.*, jaṭharchhed *m.*
Gata, *s. f.* mâjrî *f.*, mâjar *n.* ‖ — *borralheira,* parlân bastalî-, âpleṁ ghar râkhtali bâil. ‖ *Andar de gatas, V.* GATINHAS.
Gatafunhos, *s. m. pl.* varkhaḍlaliṁ aksharâṁ *n. pl.*, koṁge *m. pl.*
Gataria, *s. f.* mâjrâṁcho puṁjo,-chuṁbo *m.*
Gatarrão, *s. m.* moṭo bakûl *m.*
Gatazio, *s. m.* mâjrâchyo dâvlyo *f. pl.;* bhurko *m.*
Gatear, *v. t.* paṭṭî mâruṁk *(d. do o.)* ‖ *V.* ARRANHAR. ‖ *v. i. V.* GATINHAS.
Gateira, *s. f.* mâjar bhitar sarcheṁ dâr; dhâreṁ *n.*
Gateiro, *a. e s. m.* mâjrâṁ postalo; mâjrâṁkaḍe kheḷtalo.
Gatesco, *a.* mâjrâcho.
Gatilho, *s. m.* kaḷ, sariphî *f.*, kâṁv *(do port.* cão) *m.* ‖ *Estar com o dedo no* —, karyâ karuṁk.
Gatimanhos, *s. m. pl.* boṭâṁchîṁ khuṇâṁ; toṁḍaṁ *n. pl.*, moḍî *f. pl.*
Gatinha, *s. f.* lahân mâjar, mâjurleṁ *n.* ‖ *Andar de gatinhas,* diṁbhkuryâṁ-, sarpaṭyâṁ chaluṁk.
Gato, *s. m.* mâjar *(— em geral),* bil, bilû *(loc. infant.) n.;* bakul *m.* ‖ — *montez,* rânmâjar, aḍâṁjar. — *de algalia,* javâdî *f.* — *pingado,* maḍyâbarâbarî vât ghevûn chaltalo; *gancho:* âṁkḍo *m.*, âṁkḍî; *vergalhão:* âṁkḍyâchî kâṁb, paṭṭî *f.; arame revirado:* taḍo *m.; pau curvo:* koṁkeṁ *n.* ‖ *Comer ou engolir — por lebre,* âḷûṁ mhaṇ tereṁ khâvuṁk. — *sapato,* âpâlipâcho kheḷ *m. Fazer de alguem — sapato,* prakâr karuṁk.
Gatum, *a.* mâjrâcho.
Gatunagem, *s. f.* chorâṁcheṁ peṁḍeṁ; chorṭepaṇ, bhâmṭepaṇ; hiṁḍan, pâṁprelpaṇ *n.*
Gatunar, *v. i.* choruṁk bhoṁvuṁk, bhâmṭo jâvuṁk. ‖ *V.* VADIAR.
Gatunice, *s. f.* chorbuddh *f.*, chorṭepaṇ, bhâmṭepaṇ *n.*
Gatuno, *s. m. e a.* chor, bhâmṭo, nâgauṇo, chorṭo. ‖ *V.* VADIO.
Gau, *s. m. V.* PIOLHO.
Gaudio, *s. m.* khuśî *f.*, ânaṁd, harkh, saṁtosh *m.* ‖ *V.* FOLIA.
Gavarro, *s. f.* monjâtiche khoṭecheṁ kivaṇ *n.*
Gavea, *s. f. (naut.)* kuṁvyâcheṁ pâṁjreṁ *n.*, -ḍhol, *aḷâs *m.*
Gavela, *s. f.* mûṭh, chuḍî *f.*, chuḍo *m.*
Gaveta, *s. f.* gavet *n.*, khaṇ, drâv *(do ingl.* DRAWER) *m.*
Gavial, *s. m.* śisar *f.*, makar *m.*
Gavião, *s. f.* sâvḷo, *m.* ‖ *V.* GAVINHA.
Gavinha, *s. f. (bot.)* tâṇo *m.*, amârî *f.*
Gavinhoso, *a. (bot.)* tâṇyâṁcho.
Gaxeta, *s. f. (naut.)* guṇeṁ *n.;* śiḍ kavaḷḷaleṁ bâṁdheṁ dorî *f.*
Gaz, *s. m.* gâj, vâyuprakâr, bâph. ‖ -es, *pl.* vây *m.;* ḍheṁk *m. pl.*
Gaze, *s. m.* kapardhûl, dhûrkapûr *m.*
Gazeador, *a. e s. m.* śikpâcho paḷtalo, pârpaḷ, unâḍ; kheḷgaḍyo kheḷgar.
Gazear, *v. i.* iskolâcho-, śikpâcho-, kâmâcho paḷuṁk, âplo kâydo sâṁḍûn mirvuṁk, unâḍuṁk; bakeṁ raḍuṁk.
Gazeificação, *s. f.* bâph jâṇeṁ *n.*
Gazeificar, *v. t.* bâph karuṁk *(g. do o.)* ‖ *v. r.* bâph jâvuṁk.
Gazeiforme, *a. V.* GAZOSO.
Gazeio, *s. m.* bakeṁ raḍṇeṁ; śikap-, kâm sâṁḍûn mirvaṇeṁ, pârpaḷpaṇ *n.*, unâḍkî *f.*
Gazela, *s. f.* chitaḷ *n.*
Gazeo, *a. V.* GARÇO.
Gazeta, *s. f.* gâjet, varttamânpatr, vârttâpatr; iskol-, kâm khaḷauṇeṁ *n.*, unâḍkî *f.* ‖ *Fazer —, V.* GAZEAR.
Gazeteiro, *s. m.* varttamânpatrakâr *(fig.)* khabaryo, gapî, tâlyo. ‖ *a. V.* GAZEADOR.
Gazetilha, *s. f.* rasik-, kautik-, svâdik barap *n.*
Gazia, gaziva, *s. f.* arbasthâṇî daud *f.*
Gazometro, *s. m.* bâph mejcheṁ yaṁtr, vâyumâpanayaṁtr; gâjâcheṁ ghar *n.*
Gazophylaceo, *s. m.* dharmpeṭî *f.*
Gazosa, *s. f.* pheṇyâchî limanâd *f.*
Gazoso, *a.* vâryâsârko, vâyurûp.
Gazua, *s. f.* paratchâvî, chorchâvî *f.; (ant.) V.* GAZIA.
Geada, *s. f.* śiṁkelalo dav, tushâr *m.*, pâlvî *f.*
Gear, *v. i.* dav śiṁkêvuṁk; pâlvî paḍuṁk. ‖ *v. t. V.* GELAR.
Geba, *s. f. V.* CORCUNDA.
Gebada, *s. f. V.* COCHICHADA.
Gebar, *v. t.* chepṭuṁk, chepuṁk.
Gebo, *a.* poṁgo; *(fig.)* boṁdro. ‖ *s. m.* boṁdro-, junerḍo manîs.
Geboso, *a. V.* CORCUNDA.

Gehenna, *s. f. V.* INFERNO.

Geira, *s. f.* khmuṭ *m.; ekâ jotân dis*bhar nâṁgarlalî bhûṁy *f.; (ant.)* kṛishidaṁḍ *m.*, kṛishiveṭh *f.*

Geito, *s. m.; feição:* âkâr *m.*, ghaḍan, gat; *habito:* saṁvay, luḷî *f.*, vaj *m.; aptidão:* kuvet, tâṁk, yukti; *meneio:* moḍ *f.*, hâlap *n.; torcedura:* vaḷ *m.*, vaḷṇî, tirpaṇî; *modo:* parî *f.*, prakâr *m.* ‖ *V.* DESTREZA. ‖ *A* —, phâvote parîṁ, yuktîṁ. *Fazer* —, kâmâk yevuṁk, puraumk. *Não ter alguma coisa* —, nâ upkâruṁk, bareṁ nâ disuṁk.

Geitosamente, *adv.* yuktîn, hikmatîn. ‖ *V.* DECENTEMENTE.

Geitoso, *a.* kuvet âslalo, mâṁḍṇekâr, hikmatkâr.

Gelado, śiṁkelalo; thaṁḍgâr; barphân bharlalo; *(fig.)* dharlalo. ‖ *s. m.* barphân âṭailalî miṭhây *f.*

Gelador, *a.* śiṁkâytalo.

Geladura, *s. f. (bot.)* pâlven karpaṇeṁ,- jaḷṇeṁ *n.*

Gelar, *v. i. e r.* śiṁkevuṁk, barph jâvuṁk; thaṁḍâvoṁk, thaṁḍ jâvuṁk; *paralyzar-se:* bahirevuṁk, dharoṁk, bhâroṁk; *ficar attonito:* thaṭâkuṁk, thartharuṁk, kalkaluṁk; *requeimar-se:* karpuṁk, jaḷuṁk. ‖ *v. t.* thaṁḍ karuṁk, thaṁḍâvuṁk; *(fig.)* thartharâvuṁk, kalkalâvuṁk; bahirâvuṁk. ‖ *V.* CONGELAR.

Gelatinoso, *a.* murâṁbyâcho, jeliyesârko. ‖ *V.* GLUTINOSO.

Geléa, *s. f.* jelî, *f.*, murâṁbo *m.*

Geleira, *s. f.* barphâchî râs *f.;* barphâcheṁ yaṁtr *n.*

Gelha, *s. f.* chiṁb, chimnuṭlaleṁ phaḷ *n.;* mirî *f.*

Gelido, *a.* gârâcho, gâr, thaṁḍgâr; *(fig.)* dharlalo, bhârlalo.

Gelo, *s. m.* jel *m.*, baraph *n.; (fig.)* jabar thaṁḍî *f.* ‖ *V.* INSENSIBILIDADE.

Gelosia, *s. f.* kaṭsarî, tâṭî *f.* ‖ *V.* CUIDADO.

Gemea, *s. f.* jaṁvḷî *f.*, jaṁvḷeṁ *n.*

Gemebundo, *a.*, **gemedor**, *a. e s. m.*, **gemente**, *a.* piraṁgatalo, parvatalo, hurhurtalo.

Gemeo, *a. e s. m.* jaṁvḷo, juṁvḷo. ‖ **-s**, *pl. V.* GEMINI.

Gemer, *v. i.* hâskâr suskâr soḍuṁk, hâyhûy karuṁk, piraṁguṁk, parvuṁk, hurhuruṁk; vilâpuṁk, vaḷvaḷuṁk, chaḍphaḍuṁk; *vergar:* bâgâvoṁk; *ranger:* karkaruṁk, phaṭphaṭuṁk; gaḷgaḷuṁk; *zunir:* ghoṁghevuṁk, jhanjhaṇuṁk. ‖ *V.* SUSSURRAR. ‖ — *a rola*, kuṭûr ghâluṁk. — *a pomba*, ghughû karuṁk. *Fazer — os prelos*, jâyteṁ chhâpuṁk. ‖ *v. t.* raḍuṁk; raḍûn uchchâruṁk. ‖ — *a cepa*, bel vaḷuṁk.

Gemido, *s. m.* hâskâr suskâr *m.*, hâṁhûṁ *n.*, hâyhûy, hurhurî, piraṁgaṇî, parvaṇî *f.;* rudan, raḍṇeṁ *n.*, vilâp; kuṭûr *(— da rola);* ghughû *(— da pomba) m.*

Geminado, **gemino**, *a. V.* DOBRADO.

Gemini, *s. m.* mithun, dvaṁdv *n.*

Gemma, *s. m. (bot.)* lâvuṁcho phâṁṭo,- bel; kâṁḍo *m.*, muṁḍlî; *(zool.)* lâkh; maṁḍaḷ *f.; pedra preciosa:* mâṇîk, ratn, thîk, *îḍ *n.*, maṇi *(fig.)* sâr, girabh; mâj, madhyam *m.* ‖ *Ser de* —, asal jâvuṁk.

Gemmação, *s. f.* taḍevṇî, koṁbevṇî *f.;* taḍe, koṁb *m. pl.*

Gemmada, *s. f.* mâsâk *n.*

Gemmado, *a.* taḍelalo, taḍe phuṭlalo; maṁḍaḷîchyâ raṁgâcho, haḷduvo.

Gemmante, *a.* laklakît, jhagjhakît, chakchakît.

Gemmar, *v. i.* taḍevuṁk, koṁbevuṁk, phuṭuṁk, taḍe-, koṁb phuṭuṁk *(d. do s.)* ‖ *v. t.* taḍyâcheṁ gârph karuṁk *(d. do o.);* maṁḍaḷîn misḷuṁk.

Gemmifero, *a.* ratnakârak; mâṇkâṁnîṁ bharlalo, ratnabharit; taḍe-, koṁb phuṭlalo.

Gemmiparo, *a. (bot.)* taḍyân-, phâṁṭyân jâtalo.

Gemmula, *s. f. (bot.)* biyecho deṁṭ *m.*

Genal, *a.* polyâṁcho.

Genciana, *s. f. (bot.):* — *chirayta*, kirâyteṁ *n.*

Genealogia, *s. f.* vaṁśacharitr, vaṁśâvalivarṇan *n.;* vaṁśâvali *ou* vaṁśâvaḷ, pilgî *f.*, kulkram, jatanâṁâ *m.* ‖ *V.* ESTIRPE.

Genealogicamente, *adv.* vaṁśâvaḷîn, pilgen.

Genealogico, *a.* vaṁśâvaḷîcho; vaṁśacharitrâcho.

Genealogista, *s. m.* kuḷâchârya.

Genearcha, *s. m.* pûrvaj.

Genebra, *s. f.* jenebr, jîṇ *(do ingl.* GIN*) n.*

General, *s. m.* jenerâl, senâpati, dalpati, phaujâdhipati. ‖ — *em chefe*, mukhyasenâpati.

Generalato, *s. m.* senâpatîcho adhikâr *m.*, senâpatitva *n.*

Generalidade, *s. f.* sâdhâraṇpaṇ, sâdhâraṇya, sâmânya, sarvsâdhâraṇpaṇ *n.;* tamâmî, adhik saṁkhyâ *f.*, vhaḍlo vâṁṭo *m.;* savrasây, sarâsarî *f.* ‖ *Na* —, tamâm; sâdhâraṇpaṇîṁ. ‖ -s, *pl.* mûḷ, bîj, mûḷtattv *n.*

Generalissimo, *s. m.* mukhyasenâpati.

Generalização, *s. f.* sâdhâraṇ karṇeṁ,- jâṇeṁ *n.*

Generalizar, *v. t.* sâdhâraṇ karuṁk, samestâṁk lâbhauṁk, saglyâṁk vistâruṁk,- pasruṁk. ‖ *v. r.* sâdhâraṇ-, sâmânya jâvuṁk; vistâroṁk, pasroṁk; *(med.)* charuṁk.

Generante, *a.* janmaitalo, jalm ditalo, utpann kartalo.

Generativo, *a.* jananaśaktik; jananavishayak.

Generatriz, *a. e s. f. V.* GERATRIZ.

Genericamente, *adv.* sâdhâraṇpaṇîṁ, savrasâyen; bhâylyâbhâyr, vayḷyâvayr.

Generico, *a.* jâtîcho, jâtisaṁbaṁdhî; sâdhâraṇ, sâmânya.

Genero, *s. m.* jât *f.*, varg, gaṇ; *especie:* prakâr, jinnas *m.*, tahryâ; *objecto:* vast *f.*, padârth; *(gram.)* liṁg; nâmliṁg *(— dos nomes)*; pulliṁg *(— masculino)*; strîliṁg *(— feminino)*; napuṁsakliṁg *(— neutro) m.* ‖ — *humano,* manushyakûḷ, purushsaṁtân *n.* — *de vida,* jiṇîcho prakâr, udyam, udyog. ‖ -s, *pl.* yepâr, mâl; varav, dhâṇo *m.*

Generosamente, *adv.* vhaḍlyâ manân; udârpaṇîṁ.

Generosidade, *s. f.* mahâman, mâhâtmya *n.*, baḷkaṭî *f.;* udârpaṇ, *audarya *n.*

Generoso, *a.* vhaḍlyâ manâcho, mahâmanâcho, mahâtmik, mahâtmâ, baḷkaṭ, dhairyavaṁt; udâr, vechîk, lâṁbâ hâtâcho. ‖ *V.* NOBRE *e* EXCELLENTE. ‖ *Vinhos generosos,* nibar âni parṇo saro.

Genesiaco, *a.* prasavâcho, janaṇâcho, utpattisaṁbaṁdhî.

Genesis, *s. f.* janan *n.*, utpatti *f.*, prasav *m.* ‖ *s. m.* jagatsṛishṭipustak *n.;* jagatsṛishṭi *f.*

Genethliaco, *a.* janmâcho.

Genetriz, *s. f. (poet.) V.* MÃE.

Gengibre, *s. m.* âleṁ *n.;* suṁṭh *(— secco) f.*

Gengiva, *s. f. V.* GINGIVA.

Genial, *a.* prakṛitik mâncho, âvaḍîcho, anukûl; mahârthî, pakko. ‖ *V.* FESTIVO.

Genio, *s. m.* devatâ *f.*, mâhâtmya *n.; talento:* kalpanâśakti, prajñâ, sudhî *f.; indole:* guṇ, svabhâv, bhâv *m.*, prakṛit, baḍ *f.*, śîl, svarûp *n.* ‖ *Homem de* —, mahârthî, mohro, birbal.

Genital, *a.* jananavishayak, jananasaṁbaṁdhî. ‖ *Orgãos genitaes,* jananâṁg *n.*

Genitivo, *s. m.* shashṭhî *f.*, saṁbaṁdhakârak *n.*

Genito, *a.* utpann.

Genitor, *s. m. V.* PAE.

Genitura, *s. f. (ant.)* janm; araṁbh *m.* ‖ *V.* GERAÇÃO.

Genro, *s. m.* jâṁvay.

Gentaça, gentalha, *s. f.* uṇo lok *m.*, luḷeṁ *n.*, kharvaḍ, âḍjât, âḍaṇjât *f.*

Gente, *s. f.* lok; deślok *m.;* jât *f.;* manushyakûḷ *n.;* âmîṁ *pron. pl.* ‖ *V.* FAMILIA *e* EXERCITO. ‖ — *de cavallo,* ghoḍdal. — *de pé,* pâṁydal. — *de bordo,* târvaṭî. *Fraca* —, gomâjî. — *branca,* gori jât. — *de côr,* kâḷo lok. *Ser* —, mânây jâvuṁk; thoruṁk, baḷ ghevuṁk.

Gentil, *a.* kuḷîvaṁt, jâtivaṁt, abhijât, ârya; *garboso:* âkârvaṁt, śobhit, mâṇkulo; *delicado:* śâṁt, bhalo, dulabh; *agradavel:* majûr, maṁjûḷ, madhûr. ‖ *V.* FORMOSO.

Gentileza, *s. f.* âkâr, ḍaul *m.*, kâṁti, śobh; śâṁti *f.*, bhalepaṇ; *acção briosa:* mahâkârya, kautuk *n.*, parâkram *m.; acção reprehensivel:* naval *n.*, kautâṁ *n. pl.* ‖ *V.* NOBREZA *e* CORTEZIA. ‖ -s, *pl.* dabâjo; alaṁkâr *m.*, prauḍhî *f.* ‖ *V.* GALANTEIOS.

Gentilhomem, *s. m.* kuḷjaṇ, âmîr, mahâkul; mânâcho-, mâṇsugecho manîs, sujaṇ, sâv.

Gentilicamente, *adv.* koṁkaṇpaṇîṁ, anbhâvârthîṁ.

Gentilicio, gentilico, *a.* koṁkṇyâṁcho, koṁkṇo, anbhâvârthî; *(gram.)* jâtivâchak.

Gentilidade, *s. f.* koṁkṇo lok *m.* ‖ *V.* GENTILISMO.

Gentilismo, *s. m.* koṁkaṇpaṇ, anbhâvârthpaṇ *n.*, mûrttipûjâ *f.*

Gentilizar, *v. t.* koṁkṇo karuṁk, koṁkaṇpaṇâṁ ghâluṁk *(l. in do o.)*,- lâvuṁk *(d. do o.)* ‖ *v. i.* koṁkaṇpaṇâṁ karuṁk, koṁkṇyâṁchî rît ghevuṁk,- chalauṁk.

Gentilmente, *adv.* âkârân, ḍaulân.

Gentinha, *s. f.* uṇo-, kirkoḷ lok *m.*

Gentio, *s. m.* jiṁtû *(p. us.)*, koṁkṇo *(litt.* HABITANTE DO CONCÃO), anbhâvârthî *(litt.* INFIEL), mûrttipûjak. ‖ *V.* BARBARO. ‖ *s. m.* lokâcho puṁjo,- loṭ *m.*

Genuflexão, *s. f.* ḍiṁbhî ghâlṇeṁ,- modneṁ *n.*

Genuflexorio, *s. m.* dimbhî ghâlcho mamch *m.*

Genuinamente, *adv.* kharepaṇîm, asalpaṇîm.

Genuinidade, *s. f.* kharepaṇ, asalpaṇ, chokhpaṇ *n.*

Genuino, *a.* kharo, asal, nîj, khâśâ, chokh, nigaḷ, apûṭ.

Geodesia, *s. f.* bhûmânvidyâ *f.*

Geodesico, *a.* bhûmânvidyecho.

Geogenia, *s. f.* bhûtpattividyâ *f.*

Geognosia, *s. f.* bhûghaḍaṇvidyâ *f.*

Geognostico, *a.* bhûghaḍaṇvidyecho, bhûghaḍaṇsaṁbaṁdhî.

Geographia, *s. f.* bhugolvidyâ *f.*, bhûgolvarṇan *n.*

Geographicamente, *adv.* bhûgolvarṇanîm.

Geographico, *a.* bhûgolvidyecho.

Geographo, *s. m.* bhûgolvidyâjña, bhûgolvidyo.

Geologia, *s. f.* bhûrachanâśâstr, bhûgarbhaśâstr *n.*

Geologico, *a.* bhûrachanâśâstrâcho.

Geologo, *s. m.* bhûrachanâśâstrajña.

Geomancia, *s. f.* ramal *m.*

Geomantico, *s. m.* ramalî.

Geometra, *s. m.* rekhâgaṇiti, rekhâgaṇak; gaṇitî.

Geometria, *s. f.* rekhâgaṇit, gaṇit *n.*; bhûmiti *f.*

Geometricamente, *adv.* rekhagaṇitîm.

Geometrico, *a.* rekhâgaṇitâcho.

Geophagia, *s. f.* mâtî khâṇem *n.*

Geophago, *s. m.* mâtî khâtalo.

Georama, *s. m.* bhûkavachâcho nakśo *m.*

Geoso, *a.* barphân bharlalo, barphî; pâlvecho.

Geração, *s. f.* utpann karṇem, janan *n.*, upjauṇi, utpatti *f.*, prasav *m.*; *descendencia:* saṁsat *f.*, soyn, saṁtân, purushâṁtar *n.*; *cada grau de descendencia:* pîṁḍkâ *f.*, vaṁśavarg *m.*; *ascendencia:* pilgî, kuḷî *f.*, vaṁś, gotr, bîj *n.*; *conjuncto de homens de uma epocha:* eka samayâcho lok *m.*; *(fig.)* *V.* PRODUCÇÃO.

Gerador, *a. e s. m.* janm *ou* jalm ditalo, utpann kartalo, upjauṇâr; rachṇâr, ghaḍṇâr, karṇâr *m.*; *(fig.)* bîj, mûḷ *n.* ‖ *V.* PAE.

Geral, *a.* jâtîcho, jâtisaṁbaṁdhî; sâdhâraṇ, sâmânya; sarvsâdhâraṇ, sarvâṁcho, saglyâṁcho, samestâṁcho, laukik. ‖ *Em* —, *V.* GERALMENTE. *Em termos geraes,* vaylyâvayr. ‖ *s. m.* adhik-, chaḍh lok *m.*; maṭhvâsyâṁchem mastak *n.*

Geralmente, *adv.* sâdhâraṇpaṇîm, savrâsîm; adhik karn, chaḍhâvat.

Gerar, *v. t.* utpann karuṁk, janm *ou* jalm divuṁk *(d. do o.)*, janmauṁk, prasavuṁk, upjauṁk; rachuṁk, ghaḍuṁk. ‖ *V.* FECUNDAR. ‖ *v. i. e r.* jâvuṁk, jalmuṁk, upjuṁk.

Geratriz, *a. e s. f.* utpann kartalî, rachtalî, ghaḍtalî.

Gerebita, *s. f.* *(brasil.)* *V.* CACHAÇA.

Gerencia, *s. f.* kârbhâr, adhikâr *m.*, jâḷoṇî, chalauṇî, vasauṇî *f.*

Gerente, *a. e s. m.* jâḷoṇî kartalo, vasaitalo; adhikârî, kârbhârî.

Gergelim, *s. f.* tîḷ, dhavo tîḷ, kharo tîḷ. ‖ — *bastardo,* damḷo tîḷ, rântîḷ, kârletîḷ *m.* *Oleo de* —, tiḷel. ‖ *V.* GERGILADA.

Gergilada, *s. f.* tiḷâṁcho lâḍû *m.*, tiḷâṁchem khâjem *n.*

Geringonça, *s. f.* chorbhâs, âḍbolî, vakrokti; tuṭkîbhâs *f.*; pâṁkâchem maḷabh *(fig.)*, ḍauṁḍaḷit kâm,- yaṁtr *n.*

Germanar, *v. t.* ekṭhâṁy karuṁk, ekvaṭuṁk, sâṁgḍâvuṁk. ‖ *v. r.* ekṭhâṁy-, ek jâvuṁk.

Germania, *s. f.* *V.* GIRIA.

Germanidade, *s. f.* *V.* IRMANDADE.

Germanismo, *s. m.* âlemâṁvbhâsecho śabd *m.*

Germano, *a. e s. m.* khâśâbhâu; *(fig.)* khâśâ, nîj. ‖ *Primo* —, bâpalbhâu.

Germen, *s. m.* piṁḍ, garbh *m.*, bîj *n.*; *(bot.)* koṁb *m.*, âṁkrî, âṁkar *f.*; *(zool.)* tâṁtyâcho deṁṭ; *(fig.)* araṁbh *m.*, mûl *n.*

Germinação, *s. f.* kirlap, koṁb phuṭṇem *n.*, koṁbevṇî, phuṭṇî *f.*; *(fig.)* *V.* DESENVOLVIMENTO.

Germinador, germinativo, *a.* kirlâyṭalo, koṁb phoḍtalo, upjaitalo.

Germinal, *a.* bijâcho; biyâḷo.

Germinante, *s. m.* kirlalo, koṁbelalo; biyâcho.

Germinar, *v. i.* kirluṁk, koṁbevuṁk, koṁb phuṭuṁk *(d. do s.)*, phuṭuṁk, âṁkrevuṁk, rujuṁk; *(fig.)* jâvuṁk, upjuṁk; vâḍhuṁk, pasroṁk. ‖ *v. t.* utpann karuṁk, upjauṁk.

Geroglyfo, *s. m.* *V.* HIEROGLYPHO.

Geropiga, *s. f.* sâkrâylalo soro *m.*

Gerundio, *s. m.* dhâtusâdhitakriḍaṁtanâm *n.*

Gessal, *s. m.*, **gesseira**, *s. f.* kheḍîchi khaṇ,- jamîn *f.*

Gessar, *v. t.* kheḍ kâḍhuṁk,- lâvuṁk *(d. do o.)*

Gesseiro, *s. f.* khedîchem kâm kartalo, khedkâr.
Gessete, *s. f.* khedîchî badî *f.*
Gesso, *s. m.* khed, śed, khadî; khedîchî mûrtti *f.*
Gestação, *s. f.* garhvâchâr *m.*, gurhvârpan, garbhdhâran *n.*; *(fig.) V.* ELABORAÇÃO.
Gestante, *a.* garhvâr *ou* gurhvâr; gâbhâgelalo.
Gestão, *s. f.* chalaunî, vasaunî, jâlonî *f.*, kârbhâr *m.*
Gestatorio, *a.* vharumk upkârto. ‖ *Cadeira gestatoria*, pâlkî *f.* *Periodo —*, garhvârpanâcho kâl *m.*
Gesticulação, *s. f.* âmg modnem *n.*, modâmod *f.*, âmgbhamg, âmgvikshep *m.*; modon ulaunem; tamtr *(— do prestidigitador) n.*
Gesticulado, *a.* âmgvikshepâcho. ‖ *s. m. V.* GESTICULAÇÃO.
Gesticulador, *a. e s. m.* modtalo, modî-, modâmodî kartalo, âmgvikshepî; modon ulaitalo.
Gesticular, *v. i.* modî-, modâmodî-, âmgbhamg karumk, modomk, âmgvikshepumk, bhâv dâkhaumk; modon-, hâlûn ulaumk.
Gesto, *s. m.* mod, iśârat, hâlaunî *f.*, âmgbhamg, âmgvikshep *m.*, hâvbhâv *m. pl.* ‖ *V.* ASPECTO. ‖ *Fazer gestos, V.* GESTICULAR. *Fazer — de*, dâkhaumk, suchaumk.
Gestor, *s. m.* kârbhârî, chalaunâr, jâvonâr.
Gibanete, *s. m.* jirkomgal, kavach *n.*
Gibão, *s. m.* jhubo, daglo *m.*
Gibba, *s. f.* pomg *n.*
Gibbosidade, *s. f.* phugo *m.*, dhumg; pomg; kohal *n.*
Gibboso, *a.* pomgo, pomgat; phugo-, kohal âslalo.
Giboia, *s. f.* âr *m.*
Giga, *s. f.* pâmtem *n.*
Gigajoga, *s. f.* âpâlipâcho khel *m.*; *(fig.)* daumdalît kâm, pâmkâchem malabh *n.* ‖ *V.* LUDIBRIO.
Giganta, *s. f.* bhav umch-, arisht bâil, atikâyastrî.
Gigante, *s. m.* arisht, khadâghâmt; daitya, dânav, râvan. ‖ *a. V.* GIGANTESCO *e* PRODIGIOSO.
Giganteo, gigantesco, *a.* bhav umch, umch mâd, mahâkây, atikây, khadâghâmt; bhav vhad,- vistârâdik; *(fig.)* vismitvamt, ajâpâmcho, kautik.
Gigo, *s. m.* varli *f.*, varlo *m.*; phalâmchî khâmdi *f.*
Gigote, *s. m.* śâkutî *f.*
Gilvaz, *s. m.* tomdâcho ghây *m.*; tomdâchyâ ghâyâchî mâv *f.*
Gineta, *s. f.* pâmy uklûn ghodyâr basnem *n.*; *(ant.)* betkâthî *f.*; *(zool.)* mumgas *n.*
Ginete, *s. m.* huśâr ghodo *m.*
Gingação, *s. f.* dolnî, jelay *f.*
Gingante, *a.* dolto.
Gingão, *a. e s. m.* dolno, jelno.
Gingar, *v. i.* dolumk, jelumk; modomk, modî karumk.
Gingelim, *s. m. V.* GERGELIM.
Gingiva, *s. f.* malâ *f.*
Ginsão, *s. m.* jimśemg *n.*
Giolho, *s. m. (ant.) V.* JOELHO.
Giraçal, *s. m.* jiresâl *m.*
Giração, *s. f.* bhomvâdo, bhomvar *m.*, âvritti *f.*
Girador, *a. e s. m.* bhomvdâytalo; bhomvtalo.
Girafa, *s. f.* jirâph *n.*
Girandola, *s. f.* bânâmchî mâdî *f.*, girgirem *n.*
Girante, *a.* bhomvto, girgirto.
Girão, *s. m.* âdechî deg, petî *f.*; mâch *m.*; *(fig.)* omtî *f.*; *(ant.)* lugtâcho kudko, tavo *m.*
Girar, *v. i.* bhomvumk, phirumk, girgirumk, bhramumk; bhomvar mârumk, bhomvâde ghâlumk; himdumk, henemtenem bhomvumk,- phirumk; *retirar-se:* vâtek lâgumk; *negociar:* yepâr karumk. ‖ *— o sangue*, ragat śimvśivumk. *— a moeda*, dudû chalumk. ‖ *v. t.* bhomvdâvumk, phiraumk; bhomvâdumk, pheraumk, vedhumk.
Girasol, *s. m. (bot.)* sûryakamal *n.*
Giratorio, *a.* bhomvto, phirto, chakrgatîcho.
Girau, *s. m. (brasil.)* sâmgadâr bascho mamch *m.*
Girgilim, *s. m. V.* GERGELIM.
Giria, *s. f.* chorbhâs, âdbolî, vakrokti; viśeshbhâs *f.*, girkâmdo *m.* ‖ *V.* ASTUCIA.
Giribanda, *s. f.* jerbamd *m.*; jupâtî, pattî *f.*
Girigote, *a. V.* TRAPACEIRO.
Girio, *a.* chorbhâs ulaitalo, âdbolto; *(fig.) V.* ASTUCIOSO.
Giro, *s. m.* bhomvâdo, bhomvar, phero, vedho, mâmd, *valso *m.*, âvritti; ghumvâlî *f.*, girgirem *n.*; *turno:* pâlî, pâmth *f.* ‖ *V.* CIRCUMLOCUÇÃO. ‖ *Dar um —*, bhomvdek-, pâreyek (*port.* PASSEIO) vachumk, bhâyr vachûn yevumk.
Gitano, *s. m. V.* CIGANO.

Gito, *s. m.* kaḍhlalo dhâtu vâhvuṁchî naḷî *f.*

Giz, *s. m.* jes *m.*, khaḍî *f.* || *Comprar a* —, udhâr ghevuṁk.

Gizar, *v. t.* khaḍiyen rekhuṁk; *(fig.)* *V.* DELINEAR.

Glacial, *a.* barphâcho, barphî, gârâcho; taṁḍgâr; *(fig.)* hurbhâ nâslalo, nistej. || *V.* INSENSIVEL.

Glaciario, *a.* barphî.

Gladiador, *s. m.* pahilvân, pilvaṇ.

Gladiar-se, *v. r.* *V.* ESGRIMIR.

Gladiatorio, *a.* pahilvânâcho.

Gladio, *s. m.* tarvâr; *(fig.)* śirâṁṭ *f.*

Glande, *s. f.* goḍphaḷ *n.*

Glandifero, *a.* goḍphaḷâṁ jâtalo.

Glandiforme, *a.* goḍphaḷkaseṁ.

Glandula, *s. f.* bîn *n.*, mâsâchî gâṁṭh *f.*

Glandular, *a.* bînkaseṁ.

Glanduliforme, *a.* bînâkârâcho.

Glanduloso, *a.* binâṁcho.

Glauco, *a.* pâchvoso.

Gleba, *s. f.* śet *n.*, bhûṁy, jamîn *f.* || *V.* TORRÃO. || *Servo de* —, muṁdkâr, muṁdkârî.

Glena, *s. f.* hâḍâchî khâṁch *f.*

Globifero, *a.* vâṭkulyâṁ phaḷâṁcho.

Globo, *s. f.* gulo, gol, biṁb *m.*, maṁḍaḷ *f.*; glob *(— de vidro).* || *— celeste,* khagol *m.*, âkâśmaṁḍaḷ. *— terrestre ou terraqueo,* bhû, bhûmaṁḍaḷ *f.*, bhûgol *m.* *— do olho,* bubûḷ *n.* *Em* —, sagḷeṁ ekṭhâṁy, ekpuṁjyân.

Globosidade, *s. f.* vâṭkuḷây *f.*, vâṭkuḷepaṇ *n.*

Globoso, globular, *a.* vâṭkuḷo, vâṭâṁguḷo, golâkâr.

Globulo, *s. m.* guḷî, kaṇî *f.*, kano, ravo *m.*

Globuloso, *a.* guḷiyâṁcho, kaṇcro.

Glomerar, *v. t.* *V.* AGGLOMERAR.

Glonglon, *s. m.* gaṭgaṭ *m.*

Gloria, *s. f.* nâṁvrûp, yaś, tej *n.*, pratâp *m.*, śrî, pratishṭhâ, ijat; jayaśrî, vîraśrî; *ornamento:* śobh, kâṁti *f.*, śiṁgâr; *magnificencia:* dabâjo, ḍaul *m.*, mahimâ *f.*; *satisfação:* saṁtosh *m.*, sukh, dhâdaspaṇ; *bemaventurança:* sâsnâcheṁ bhâg,- sukh, muktipad *n.*, mukti *f.*; *homenagem:* ânaṁd *ou* anaṁd, namo; *a conta mais grossa do rosario:* koṁtâcho moṭo phoḍo *m.*; *(pint.)* aṁśumâlâ *f.* || *— Patri,* anaṁd Bâpâ. *Estar em* —, sorgâr vachuṁk. *Fazer — de alguma coisa,* baḍây dâkhauṁk.

Gloriar, *v. t.* yaś hâḍuṁk *(d. do o.)*, mahimâ-, saṁtosh divuṁk *(d. do o.)* || *v. r.* ânaṁduṁk, saṁtoshuṁk, phuśâruṁk, ahaṁkâr karuṁk, baḍây dâkhauṁk, mirvuṁk.

Glorificação, *s. f.* yaś deṇeṁ,- hâḍṇeṁ; muktipad ḍeṇeṁ *n.*

Glorificador, *a. e s. m.*, glorificante, *a.* yaś-, mahimâ ditalo; muktidâr.

Glorificar, *v. t.* mânauṁk, mirauṁk; mukti-, muktipad divuṁk *(d. do o.)* || *v. r.* yaś hâḍuṁk, mirvuṁk.

Gloriosamente, *adv.* yaśân, tejân, pratâpîṁ.

Glorioso, *a.* tejvaṁt, yaśasvî, pratâpî, ânaṁdbharit; jayî, mahimecho; bhâgevaṁt, muktivaṁt, muktibharit. || *V.* ILLUSTRE. || *Corpo* —, muktivaṁt kûḍ *f.*, divyadeha *m.*

Glosa, *s. f.* ṭîko *m.*, vivaraṇ *n.*, vyâkhyâ *f.* || *V.* CENSURA.

Glosador, *s. m.* ṭîkekâr, bhâshyakâr, vivarṇâr.

Glosar, *v. t.* ṭîko karuṁk *(d. do o.)*, vivaruṁk. || *V.* CENSURAR e SUPPRIMIR.

Glossalgia, *s. f.* *(med.)* jibhechî duḥkh,- piḍâ *f.*

Glossario, *s. m.* gûḍhśabdârthakoś; koś, śabdakoś *m.*

Glossite, *s. f.* *(med.)* jihvâvedan *n.*

Glossographia, *s. f.* gûḍhârthavivaraṇavidyâ *f.*

Glossographo, *s. m.* gûḍhśabdakośkâr.

Glossologia, glottologia, *s. f.* bhâshâvidyâ *f.*, śabdaśâstr *n.*

Glossologico, glottologico, *a.* bhâshâvidyecho.

Glossotomia, *s. f.* *(med.)* jihvâchhedan *n.*

Glotte, *s. f.* śvâsmârg, ṭâḷo *m.*, pratijîbh; saknaḷî *f.*

Glottica, *s. f.* bhâs; bhâshâviḍyâ *f.*

Glu-glu, *s. m.* gluglû *m.* || *V.* GLONGLON.

Glutão, *a. e s. m.* khâṇâr, khâvgo, poṭâro, poṭyo, udaraṁbhar.

Gluten, *s. m.* chîk, balak *m.*

Glutinar, *v. t.* *V.* CONGLUTINAR.

Glutinativo, *a.* *V.* AGGLUTINATIVO.

Glutinoso, *a.* chikâcho, chikaṭ, boḷâcho, chikchikît, kichkichît.

Glutona, *s. f. e a.* khâṇâriṇ, khâṇârṇ, khâvgî.

Glutoneria, *s. f.* poṭârpaṇ *n.*, poṭpûjâ *f.*

Glutonico, *a.* poṭâryâcho.

Glycosuria, *s. f.* *V.* DIABETES.

Gnoma, *s. f.* nyây *m.*, sûtr *n.*

Gnomico, *a.* nyâyâcho, sûtrî.

Gnomon, *s. m.* śaṁku, kâṁṭo *m.*
Gnomica, *s. f.* śaṁkuvidyâ *f.*
Gnomonico, *a.* śaṁkûcho; śaṁkuvidyecho.
Gobo, *s. m.* khaḍû, guṁḍo *m.*
Godilhão, *s. m.* kâpsâ va laṁvechî ghoṁṭî; piṭhâchî guḷî *f.*
Godrim, **goldrim**, *s. m.* goḍḍî *f.*
Gofrar, *v. t.* (pânâṁchyo-, pâkḷyâṁchyo śiro) karuṁk.
Gogo, *s. m. V.* GOSMA.
Goiaba, *s. f.* per *n.*
Goiabada, *s. f.* perâd *n.*
Goiabeira, *s. f.* per *f.*
Goiva, *s. f.* chirṇeṁ, viṁdhṇeṁ *n.*
Gole, *s. m.* ghoṭ *ou* ghoṁṭ *m.*
Golelha, *s. f. V.* ESOPHAGO.
Golelhar, *v. i.* pharparuṁk, baḍbaḍuṁk, jîbh mâḷâr ghâluṁk.
Goleta, *s. f.* pâtmârî *f.*
Golfada, *s. f.* baṁbhâḷ, uphâḷo; oṁkâro *m.*
Golfão, *s. m. (bot.)* śâḷak *(planta) f.; (flor) n.*, kamaḷ *n.; (ant.) V.* GOLFO.
Golfar, *v. t.* baṁbhâḷâvuṁk; oṁkuṁk; soḍuṁk, udauṁk, pheṁkuṁk. || *v. i.* baṁbhâḷuṁk, uphâḷuṁk; suṭuṁk, usḷuṁk.
Golfejar, *v. i.* pichpichuṁk.
Golfinho, *s. m.* gâdo *m.*
Golfo, *s. m.* âkhât *n.*, samudravâṁk *f.*, upasâgar *m.*
Goliardo, *a.* dukânâṁnîṁ bhoṁvtalo, dukânâṁk saṁvkalalo.
Golla, *s. f.* gol *n.*, gaḷo *m.*
Gollilha, *s. f. (ant.)* gomârkelaleṁ gol; suḷâcheṁ dâveṁ *n.*
Golo, *s. m. V.* GOLE.
Golpada, *s. f.* moṭo phâr; vhaḍ ghây *m.*
Golpe, *s. m.* phâr, phaṭko, saṭko, korḍo, dhako *m.*, dhaḍak, gussû *f.;* ghây, ghâvṭo, ghât *m.*, karvaṇ, khâṁp, khâṁdap *n.;* kâtro, phâḷo; *infortunio:* dhako, phâr. || *V.* GOLE *e* MULTIDÃO. || — *de estado,* râjdroha. — *de vento,* jhaḍpo *m.* *Errar o* —, phâr chukuṁk; *(fig.)* bighḍuṁk. *De* —, phaṭ-, saṭ karn, avchitt, akasmâṭ.
Golpear, *v. t.* ghây ghâluṁk *(d. do o.)*, phâsṇâṁ mâruṁk *(d. do o.)*, karvaṇâvuṁk, khâṁduṁk, khâṁpâvuṁk, châṁchâvuṁk, dâḍâvuṁk; kâtre mâruṁk *(d. do o.)*, phâḷuṁk; *(fig.) V.* ANGUSTIAR.
Golpelha, *s. f.* pâṁṭeṁ *n.*, dâl *f.; (ant.) V.* RAPOSA.
Gomarra, *s. f. V.* GALLINHA.
Gomia, *s. f.* koytî *f.*
Gomiada, *s. f.* koytecho phâr *m.*
·**Gomil**, *s. m.* chiṁbû, buḍkulo *m.*
Gomma, *s. f.* dîk, goṁd, chîk, boḷ *m.* || — *arabica,* gom *n.*, bâbhḷîcho dîk. — *copal,* chaṁdras *m.* *Agua gommada,* chikaṭvaṇ *n.*
Gommado, *a.* goṁd âslalo; gomâṁt ghâlalo.
Gommar, *v. i.* phuṭuṁk, taḍevuṁk, âṁkrevuṁk, pâlevuṁk. || *v. t.* gom-, goṁd ghâluṁk *(l. in do o.);* gomârkaruṁk.
Gommeleira, *s. f. (bot.)* muḷâcho phâṁṭo *m.*
Gommo, *s. m.* taḍo, koṁb, phâṁṭo, *ḍîr *m.*, kirl *n.*, âṁkar, âṁkrî; śir *f.*, peṁdo *m.;* per *n.*
Gommosidade, *s. f.* chikaṭây, pâṁkiṭây *f.*
Gommoso, *a.* goṁdâcho, dikâḷo, chikaṭ, pâṁkîṭ.
Gondola, *s. f.* hoḍeṁ *n.*
Gonete, *s. m.* girbo *m.*
Gongorismo, *s. m.* atiśabdâlaṁkâr *m.*, atiśabdaprauḍhî *f.*
Goniometria, *s. f.* koṇamâpanavidyâ *f.*
Goniometro, *s. m.* koṇamâpanayaṁtr *n.*
Gonocelo, *s. m. (med.)* diṁbhiyâṁchî sûj *f.*
Gonorrhea, *s. f.* parmeṁ *n.*
Gonzo, *s. m.* joḍo *m.*, narmâdî, mâchphem *(port.) f.*
Gorar, *v. i.* viṭkaḷuṁk, gudguḍuṁk, virjuṁk; *(fig.)* bighḍuṁk, vâyâṁ vachuṁk. || *v. t. V.* FRUSTRAR.
Goraz, *s. m. (zool.)* pâlû *m.*
Gordaço, **gordalhudo**, **gordanchudo**, *a.* bhav moṭo,- phugro.
Gordan, *s. f. V.* GORDURA.
Gordo, *a.* charbecho, vasecho; mâsâdîk, moṭo, tutîṁ, dhâṭomoṭo, gulgulît, tuṭtuḍît, luklukît, pushṭ, mast, mâtlalo; dhanyo, poṭyo; *sujo de gordura:* charben bharlalo. || *V.* AVULTADO. || *Ser* —, charbevuṁk, mâtuṁk, mât yevuṁk *(d. do s.)* *Dia de* —, mâs·khâvuṁcho dîs. *Terra gorda,* kârâchî bhûṁy. *Argilla gorda,* pâṁkîṭ-, chikaṭ mâtî. *Lettras gordas,* moṭîṁ-, dhamkaṭîṁ aksharâṁ. || *s. m. V.* BANHA.
Gordote, **gorducho**, *a.* gulgulît, mâsâḷ.
Gordura, *s. f.* charab, vas *f.*, mâdeṁ, gâbaḷ *n.*, moṭây, gat, pushṭi *f.* || — *da terra,* kâr *m.*

Gordurento, *a.* bulbulît, charben bharlalo; vasechyâṁ khatâṁcho. ‖ *V.* GORDUROSO.

Gorduroso, *a.* charbecho, vasecho; vasâḷ.

Gorgeador, *a. e s. m. V.* CHILREADOR.

Gorgear, *v. i.* chiṁvchivuṁk, kiḷbiḷuṁk. ‖ *V.* GARGANTEAR.

Gorgeio, *s. m.* chiṁvchivṇî *f.*, kiḷbiḷ *n.*; kâṁpsvar *m.*

Gorgeira, *s. f.* gaḷobâṁdh *m.*

Gorgeta, *s. f.* kopâk (*litt.* PARA O COPO) *n.*; chirîmirî, chipṭî, dasturî, tasrîb, bakhśîs, âḷvîs (*do port.* ALVIÇARAS) *f.*, post *n.*

Gorgolão, *s. m.* baṁbhâḷ, boṁb; oṁkâro; ghoṭ *m.*

Gorgolejar, *v. i.* gaṭâgaṭ-, ghoṭûn piyevuṁk.

Gorgoleta, *s. f.* gurgulet *n.*, kujo *m.*

Gorgoli, *s. m.* guḍguḍî *f.*

Gorgomillos, *s. m.* saknaḷî *f.*, ghaṁso *m.*, saṁkeṁ *n.*

Gorgueira, *s. f. V.* GORGEIRA.

Gorgulho, *s. m.* baraḍ, ṭoṁko *m.*

Gorilha, *s. m.* vanmânush *m.*

Gorja, *s. f. (ant.)* saknaḷî *f.*

Gorjal, *s. m. (ant.)* gaḷotrâṇ *n.*

Gorne, *s. m.* gâḍî, phirkî *f.*

Gornir, *v. t.* (dor) gâḍiyer bhoṁvḍâvuṁk. ‖ *v. i.* gâḍiyer bhoṁvuṁk.

Goro, *a.* guḍguḍo, viṭko; *(fig.)* bighaḍlalo.

Gorotil, *s. m. (naut.)* śiḍâchî vaylî kûs *f.*

Gorovinhas, *s. f. pl.* miryo *f. pl.*

Gorra, *s. f.* kânkulây, ghoṁgḍî *f.*

Gorro, *s. m.* topî *f.*

Gosar, *v. t.* bhoguṁk; phaḷ-, upeg kâḍhuṁk. ‖ — *saude,* bhalâyken âsuṁk. ‖ *v. i.* saṁtoshân jiyevuṁk, naṁduṁk. ‖ *v. r.* sukh-, harkh bhogoṁk,- jâvuṁk.

Gosma, *s. f.* mokeṁ *n.*, rog *m.* ‖ *V.* ESCARRO.

Gosmar, *v. i. V.* ESCARRAR.

Gosmento, *a.* rog-, mokeṁ jâlalo; rogyo.

Goso, *s. m.* bhog, harkh, ânaṁd *ou* anaṁd, saṁtosh, ullâs *m.*, ullâsan, sukh, naṁdan, triptpaṇ *n.*, tripti; bhogṇî, bhogâvaḷ. ‖ *a. e s. m.* pâryâ-, bâjârî śuṇeṁ *n.*

Gososo, *a.* harkhvaṁt, ânaṁdbharit; saṁtoshâcho, bhogâcho, harkhâcho.

Gostar, *v. i.* ruchîk-, svâdîk-, baro-, goḍ lâguṁk *(d. do s., s. do o.)*, ruchuṁk *(id.)*, âvaḍuṁk; baro disuṁk *(id.)* ‖ *v. t.* svâduṁk; bhoguṁk, châkuṁk, jîbher ghâluṁk; khâvuṁk.

Gostavel, *a.* svâdîk, ruchîk.

Gosto, *s. m.* châkṇeṁ *n.*, rûch, jîbh (*litt.* LINGUA) *f.*, toṁḍ (*litt.* BOCCA) *n.*; gost, svâd *m.*, rûch, sai, goḍî *f.*; *appetite:* gost *m.*, rûch, âvaḍ; *prazer:* khuśî *f.*, saṁtosh, ânaṁd; *propensão:* chhaṁd *m.*, oḍh; *graça:* śobh *f.*, âkâr *m.* ‖ *V.* DISCERNIMENTO. ‖ *Fazer — em ou por alguma coisa,* ruchîn karuṁk. *Fazer ou dar —,* bareṁ disuṁk. *Ser de bom —,* śobhuṁk. *Coisa de —,* śobhit vast. *A — de alguem,* khuśepramâṇeṁ. *De — ou por —,* khuśen, jây mhaṇ.

Gostosamente, *adv.* bare khuśen,-bhâsen, saṁtoshân.

Gostoso, *a.* ruchîcho, ruchîk, *ruchikâr, svâdîk, svâdû, svâdâcho, saiyecho; sukhâcho, saṁtoshâcho, saṁtoshbharit. ‖ *V.* ALEGRE.

Gotta, *s. f.* theṁbo, ṭipo, ṭhipko, biṁdu; vaṭhaṁbo *(— grossa) m.*; chiṭî *(— miuda) f.*; vâtrog, saṁdhivâyu *m.*, sâṁdhyâṁchî sûj,- duḥkh. ‖ — *coral,* marlûk *f.* — *serena,* timir *n.*, kâch *m.* — *por —,* theṁbyâṁnîṁ.

Gottear, *v. i. V.* GOTTEJAR.

Gotteira, *s. f.* pâṁvḷî *f.*, paṁdeḷ *(— grossa) m.*

Gottejamento, *s. m.* theṁbevṇî, paghaḷṇî, pigaḷṇî *f.*, paghaḷ, pigaḷ *m.*

Gottejante, *a.* theṁbyâṁnîṁ gaḷtalo, theṁbetalo.

Gottejar, *v. i.* theṁbyâṁnîṁ gaḷuṁk, theṁbevuṁk, paghḷuṁk, pâghḷuṁk, pigḷuṁk; paṁvuṁk *(— o tecto, a panella).* ‖ *v. t.* pâghḷâvuṁk, paghḷâvuṁk, pigḷâvuṁk.

Gotto, *s. m. V.* GLOTTE. ‖ *Dar no —,* ṭâḷyâk śirkuṁk,- lâguṁk, ustaryâṁvachuṁk; *(fig.)* ḍoḷyâṁnîṁ vachuṁk (*litt.* ENTRAR NOS OLHOS).

Gottoso, *a.* sâṁdhe dharlalo, vâtrogî; marlukâr.

Governação, *s. f.* kârbhâr *m.*, jâḷoṇi, vyavasthâ, rahâṭ *f.* ‖ *V.* GOVERNO.

Governadeira, *a. e s. f.* gharvasthî, gharâcheṁ kâm samjatalî, annpûrṇî.

Governado, *a.* chalailalo; vasailalo; kârasthânî, gharvasthî.

Governador, *a. e s. m.* chalaitalo, vasaitalo, jâḷoṇî kartalo. ‖ *s. m.* adhikârî, kârbhârî, adhipati, pâḷak; râjâ, râjedhâr, râjkâmî; mâmledâr, subhedâr, tâsildâr, purâdhipati, maṁdaleś.

Governadora, *a. e s. m.* râjkâmîṇ; râjâchî gharkârṇ. ‖ *V.* GOVERNADEIRA.

Governamental, *a.* sarkârî, sarkârâcho.

Governamento, *s. m. V.* GOVERNAÇÃO.

Governança, *s. f. V.* GOVERNO.

Governanta, *s. f.* ghar chalaitalî, gharkârn, gharkâmîn, yajmân. || *V.* AIA.

Governante, *a. e s. m. e f.* râjvaḍ chalaitalo, kârbhârî (kârbhârîn *f.*)

Governar, *v. t.* chalaumk; vasaumk, kamâvumk, jâḷvumk, vahivâṭumk, jâvonî karumk *(g. do o.)*; râj karumk,- chalaumk *(g. do o.)*, râjvaṭumk. || — *bem o seu barco (fig.)*, âplim kâmâm mâmḍnen karumk. — *a vida*, udarposhaṇ śodhumk. || *v. i.* vâṭ ghevumk; nîṭ chalumk. || *v. r.* chalumk.

Governativo, *a.* sarkârâcho, râjvaṭâcho.

Governatriz, *s. f.* chalaitalî.

Governo, *s. m.* chalaunî, vasaunî, jâvonî, jâḷvaṇî, kamâvis, bamdobast *f.*; kârbhâr, niyam, nay; râjkârbhâr, râjvaḍo *m.*, râjvaḍkî *f.*, râjvaṭ, râjkâm *n.*; *corpo governativo:* sarkâr *m.*, râjmamḍaḷ *f.*; *jurisdicção de governador:* adhikâr *m.*, râjpaṇ *n.*; *duração da auctoridade de governador:* râjpaṇâcho kâḷ; *territorio de governador:* râjâcho deś,- prâmt *m.*; *freio:* lagam; *leme:* sukâṇem *n.* || — *de casa*, gharâchî rahâṭ *f.*, ghargâḍo *m.*

Gozo, *s. m. V.* GOSO.

Graça, *s. f.* kurpâ, marjî *f.*, prasâd, upkâr *m.*; *dom sobrenatural:* kurpâ, devkurpâ *f.*, devdeṇem *n.*, devguṇ; *mercê:* var *m.*, vardân, uchitdân; *perdão:* bogsaṇem *n.*, mâphi; *attractivos:* kâmti, dhajâ, dulabhây *f.*, ḍaul; *airosidade:* âkâr *m.*, śobh, kalâ, śrî *f.*; *prenda:* sulakhîn, bhûshaṇ *n.*; *elegancia no dizer:* alamkâr *m.*, praudhi *f.*, surmîṭh; *nome:* nâmv *n.* || *V.* GRACEJO e BELIDA. || *De* —, phumkyâ, phumkaṭ. *Em* —, khâtir, pâsvat. *Estar na — de alguem*, pâmg meḷumk *(d. do s.)* bheṭumk. *Por — de Deus*, Devâche kurpen. || **-s**, *pl.* ârghâm *n. pl.*, upkâr âṭhauṇem,- manṇem *n.* || *V.* INDULGENCIAS. || — *a*, udeśim, varvîm. *Dar* —, ârghâm divumk, upkâr âṭhaumk,- mânumk. *Não ser para* —, nâ âṭpomk, nâ bâdgumk.

Gracejador, *a. e s. m.* bhâsâḷo, yamtrî, maskarekâr, cheshṭâykâr, khebaḍî.

Gracejar, *v. i.* grâsâm-, keshṭâyo karumk, kheḷumk, bhâmḍumk, cheshṭâvumk, * phakâmḍumk.

Gracejo, *s. m.* grâs, phakâmḍ, khebaḍ *n.*; cheshṭây *ou* keshṭây, kriḍâ, maskarî *f.*, bhâso *f. pl.*, chakaṭâm *n. pl.*

Gracil, *a. V.* DELGADO.

Graciosamente, *adv.* dhajen, daulim, kâmtin; dulabhâyen, prasâdân; phumkyâ, phumkaṭ.

Graciosidade, *s. f.* kâmti, dhajâ, śobhitây; dulabhây, mâṇsugî *f.* || *V.* GRATUITIDADE.

Gracioso, *a.* śobhit, mâṇkulo, kâmtivamt, kautik; keshṭâyâmcho, vinodî, nakalî, bhâsâḷo; *gratuito:* phumkyâcho, phumkaṭcho. || *s. m. V.* BUFÃO.

Graçola, *s. f.* aiṇî phakâmḍ, âḍnâḍpaṇ. || *s. m. V.* CHOCARREIRO.

Gradação, *s. m.* kram, anukram *m.*, mâmḍâvaḷ, vargâvargî; pâyrî *f.*

Gradador, *a. e s. m.* gumṭhâylalo, dâmto ghâltalo,- mârtalo.

Gradar, *v. t.* tephâm phoḍumk *(g. do o.)*, gumṭhâvumk, diphḷâvumk, dâmto ghâlumk,- mârumk *(d. do o.)* || *v. i.* vhaḍlo-, moṭo jâvumk, vâḍhumk.

Gradaria, *s. f.* grâdârî *f.*, kaṭhḍo *m.*

Grade, *s. f.* garâd *f.*, kaṭhḍo *m.*; sâṭ *ou* sâṭî, tâṭi, kaḍsarî *f.*; *locutorio:* âlâpasthân *n.*; *instrumento agricola:* gumṭho, dâmto; *molde de telha ou tijolo:* sâṭho; *instrumento para a limpeza dos cavallos:* kharâro *m.*

Gradear, *v. t.* garâd-, kaṭhḍo ghâlumk,- karumk *(d. do o.)*; gumṭhâvumk, diphḷâvumk.

Gradecer, *v. i.* vhaḍ-, moṭo jâvumk.

Gradeza, *s. f.* moṭây, vâḍhây *f.*

Grado, *a.* moṭo; thor, vhaḍ, vhaḍlo. || *s. m.*: *de bom* —, bhare khuśen. *Mau* —, khuśebhâyr.

Graduação, *s. f.* kramân âmkṇem,- mâmḍṇem, bhâg karṇem *n.*; pâmvḍo, thar, varg *m.*

Graduadamente, *adv.* pâmvḍyâmnîm, tharâmnîm, kramkramim.

Graduado, *a.* pâmvḍe-, amś kelalo, âmklalo; umch, thor; jâṇto, jâṇâr.

Graduador, *a. e s. m.* kramân mâmḍtalo,- âmktalo.

Gradual, *a.* kramik, anukramâcho, thoḍothoḍo.

Gradualmente, *adv.* kramân, pâmvḍyâmnîm, thoḍemthoḍem.

Graduamento, *s. m. V.* GRADAÇÃO.

Graduar, *v. t.* amś-, bhâg mâmḍumk *(g. do o.)*, kramân âmkumk,- karumk,- chalaumk; vidyâlayâmtli paḍvî divumk *(d. do o.)* || *v. r.* vidyârthâcho paṭṭo ghevumk.

Graeiro, *s. m.* goṭo, âso; munisâṁv (*do port.* MUNIÇÃO) *m.*
Grageia, *s. f. V.* GRANGEIA.
Grainha, *s. f.* dâkhechi bî *f.*
Gral, *s. m. V.* ALMOFARIZ.
Gralha, *s.* kâvḷo, kâk, kâṁv (*loc. infant.*) *m.*, kâvḷî *f.*; (*fig.*) barbarî bâil.
Gralhada, *s. f.* kâṁvkâṁv *m.*; keṁvkeṁv *n.*; (*fig.*) bobâḷ *m.*, bob, gaḍbaḍ, govjî *f.*
Gralhador, *a. e s. m.* barbaro, pharpharo, baḍbaḍyo.
Gralhar, *v. i.* (kâvḷo) raḍuṁk, kâṁvkâṁv karuṁk; baḍbaḍuṁk.
Gralho, *s. m.* tâṁbḍe boṁchîcho kâvḷo *m.*
Grama, *s. f.* haryâḷî *f.*
Gramadeira, *s. f.* saṇbaḍavṇo *m.*
Gramar, *v. t.* (saṇ) baḍauṁk; bharkuṁk, lepḍâvuṁk, giḷuṁk, vâḷuṁk. ‖ — *sóva*, mâr khâvuṁk. — *espiga*, phasuṁk, bhaṁguṁk.
Gramineo, *a.* taṇâcho, gavatâcho, triṇajâtîya.
Graminheira, *s. f.*, **graminho**, *s. m.* (*bot.*) tâṁṭ *m.*
Graminho, *s. m.* vinhâṇyâcheṁ ek âut *n.*
Graminoso, *a.* taṇân bharlalo.
Gramma, *s. f. e m.* grâm *n.*
Grammatica, *s. f.* vyâkaraṇ, śabdaśâstr *n.*, śabdavidyâ *f.*
Grammatical, *a.* vyâkaraṇâcho, śabdaśâstrâcho; vyâkaraṇânusârî.
Grammaticalmente, *adv.* vyâkaraṇâpramâṇeṁ, vyâkaraṇânusâr.
Grammaticão, *s. m.* moṭo-, pakko vyâkaraṇî.
Grammatico, *s. m.* vyâkaraṇâcho. ‖ *s. m.* vyâkaraṇî, śabdaśâstrî.
Grammatiquice, *s. f.* vyâkaraṇâchî kharây *f.*
Grampo, *s. m.* âṁkḍyâṁchî kâṁb *f.*; kel *n.*
Gran, *a.* vhaḍlo, moṭo, thor. ‖ *s. f.* saklât *f.*
Granada, *s. f.* garnâl, garnel, anâr *m.*
Granadeiro, *s. m.* (*ant.*) garnâlî śipây; paile koṁpajñîcho soldâd; (*fig.*) digaṁbar-, khaḍâghâṁṭ manîs.
Granadina, *s. f.* gulyâ reśmâcheṁ vallaleṁ sût *f.*
Granadino, *a.* dâḷiṁbâchyâ raṁgâcho,- varṇâcho.
Granal, *a.* goṭyâcho, kaṇero.
Granalha, *s. f. V.* GRANULAÇÃO.
Granar, *v. t. V.* GRANULAR.
Granate, *s. m.* yâkût *m.*
Grança, *s. f.* guḷeṁ, tus *n.*, tâḍ *f.*, ubhaḷ *m.*
Grandalhão, *a.* bhav uṁch, mâḍ kaso (*litt.* COMO A PALMEIRA), vhaḍlo, ghamśân, ghoḍo (*litt.* CAVALLO).
Grande, *a.* vhaḍ, vhaḍlo, moṭo, moṭelo, thor, thorlo, mahâ (*em comp.*), *mahaṁt; *alto:* uṁch, lâṁb; *comprido:* lâṁb, dîgh; *pesado:* jaḍ, bhârî, bhârâdîk; *intenso:* jabar, nibar, khar; *insigne:* thor, śrîmân, tejvaṁt, narvar. ‖ *A* —, vhaḍvikâyen. *Em* —, moṭâyen, vistârîṁ. *De* —, vhaḍpaṇîṁ, dabâjyân; khûp, mast. *Quão* —, kedo. *Tão* —, edo, tedo. ‖ *s. m.* vhaḍ manîs, sardâr, râv, âmîr.
Grandeira, *s. f.* maṇkuṭo *m.*
Grandemente, *adv.* vhaḍpaṇîṁ, thorpaṇîṁ; chaḍh, bhav.
Grandevo, *a.* mhâtâro, thorlo, âukhvaṁt, jaito.
Grandeza, *s. f.* vhaḍây *f.*, vhaḍpaṇ, thorpaṇ *n.*, thorây, *thorîv-, moṭây *f.*; sârdârpaṇ, âmîrpaṇ *n.*, râvkî; vhaḍvî, vhaḍvîk, vhaḍvikây *f.*, *vhaḍlûṭ, uttampaṇ *n.*, mahimâ, bhûti *f.*, pratâp, saṁbram, hujûr, âkâr, ḍaul, martabâ *n.*, *mânatva, *mânmânatva. ‖ -s, *pl.*, saṁsârâcheṁ sukh,- vhaḍpaṇ *n.*
Grandiloquencia, *s. f.* śabdaprauḍhî *f.*, śabdâlaṁkâr *m.*
Grandiloquo, *a.* śabdaprauḍyecho.
Grandiosamente, *adv.* mahimen, dabâjyân.
Grandiosidade, *s. f.* vhaḍvikây, vhaḍvî, thorây, mahimâ *f.*, uttampaṇ *n.*, dabâjo, martabâ *m.*
Grandioso, *a.* uttam, śreshṭh, thor, mahimecho; ghamśân, karâl, ghaṇgaṇît, kautîk.
Grandura, *s. f.* vhaḍây, moṭây *f.*
Granel, *s. m.* kaḍo *m.*, pâleṁ *n.* ‖ *A* —, suṭo, râśîn; jokhmâp nâstânâ.
Grangeador, *a. e s. m.* sâgvaḷ kartalo, vasaunâr, śetkâmî, śetkâmtî, kuḷvâḍî, krishikâr.
Grangear, *v. t.* sâgvaḷ-, śetkâm-, kâṁgat karuṁk (*y. do o.*), vasauṁk, kamâvuṁk, krishuṁk; joḍuṁk, meḷauṁk, âṭpuṁk, *hâtâsuṁk.
Grangearia, *s. f.* (*ant.*) kâmtîpaṇ, kuḷvâḍpaṇ *n.*, krishî; joḍ *f.*, âdâv *m.*
Grangeia, *s. f.* raṁgailalo sâkrîcho kaṇo *m.*
Grangeio, *s. m.* vasaunî, kamây, kâṁgat, luṭâvaḷ (*us. N. C.*) *f.*
Grangeiro, *s. m.* kuḷvâḍî, muṁḍkâr *m.*, kûḷ *n.*, mukdaṁ *m.*

Granifero, *a.* goṭe jâlalo; goṭyâṁnîṁ bharlalo.
Graniforme, *a.* goṭo kaso.
Granita, *s. f.* guḷî; leṁḍî *f.*
Granitar, *v. t.* guḷyo-, kaṇe karuṁk *(g. do o.)*
Granitico, granitoso, *a.* pâkhaṇî.
Granito, *s. m.* kaṇo *m.*, kaṇî *f.; pâ*khaṇ, pâkhaṇî phâtar *m.*
Granivoro, *a. e s. m.* goṭe khâvûn jiyetalo.
Granizada, *s. f.* karyâṁchî râs *f.*
Granizar, *v. i.* kare paḍuṁk.
Granizo, *s. m.* karo, karvo *m.*, gâr *f. (fig.)* pâus *m.*
Granja, *s. f.* bhâṭ, śet *n.*, bhûṁy *f.*
Granoso, *a.* goṭe-, âse âslalo, goṭyâṁcho.
Granulação, *s. f.* kaṇe karṇeṁ; kaṇerepaṇ *n.; (med.)* aṁgûr *m.*, kirl *n.*
Granulado, kaṇe kelalo, kaṇero; aṁgûr âslalo.
Granulagem, *s. f.* supurlyo guḷyo karṇeṁ *n.*
Granular, *a.* kaṇero. ‖ *v. t.* kaṇe karuṁk *(g. do o.)* ‖ *v. r.* kaṇe jâvuṁk *(g. do s.)*, kaṇevuṁk.
Granuliforme, *a.* kaṇyâṁsârko.
Granulo, *s. m.* kaṇî *f.*, kaṇo *m.;* khaḍûṁ *n.*, khaḍî; *(med.)* guḷî, guṭî *f.*
Granulosidade, *s. f.* kaṇerepaṇ *n.;* khaḍkhaḍitây, kharbaritây *f.*
Granuloso, *a.* kaṇero, kaṇyâṁcho; khaḍkhaḍît, kharbarît; *(med.)* aṁgûr-, kirl âslalo.
Granza, *s. f. (bot.) V.* RUIVA.
Grão, *s. m.* goṭo, âso *m.*, âsî, kaṇî *f.*, kaṇo, kaṇ; phoḍo, maṇi *m.*, guṭî, guḷî *f.;* grâṁv (jokh), *m.*, guṁj, guṁjî *f.* ‖ *— de bico,* chaṇo, ghoḷâṇochaṇo, harbharo *(us. Sav.) m.;* chaṇyâcheṁ jhâḍ *n.* ‖ *a. V.* GRANDE.
Graphicamente, *adv.* âkârûn, chitrûn; sagḷyâṁ aksharâṁnîṁ.
Graphico, *a.* âkârlalo, chitârlalo, aṁkit; aksharâṁcho, barpâcho.
Graphite, *s. f.* chîm, chitrak *m.*
Graphitico, *a.* chimâcho.
Grasnada, grasnadela, *s. f.*, **grasnido, grasno**, *s. m.* kâvḷo raḍṇeṁ, kâṁvkâṁv, keṁvkeṁv *n.*, koṁkârṇî *f.; (fig.)* karâṁḍây, gaḍbaḍ *f.*
Grasnador, *a. e s. m.*, **grasnante**, *a.* kâṁvkâṁv-, keṁvkeṁv kartalo.
Grasnar, *v. i.* raḍuṁk *(litt.* CHORAR), kâṁvkâṁv-, keṁvkeṁv karuṁk, koṁkâruṁk; *(fig.)* ârḍuṁk, kirḍuṁk, bobâḷ karuṁk. ‖ *s. m. V.* GRASNIDO.
Grassar, *v. i.* (piḍâ) paḍuṁk, charcharuṁk, charuṁk, *udmuṁk; saṁchroṁk, riguṁk.
Gratamente, *adv.* upkârpaṇîṁ, upkâr âṭhaun,- mânûn. ‖ *V.* AGRADAVELMENTE.
Gratidão, *s. f.* upkârpaṇ, upkâr mânṇeṁ *n.*, dhinvâs *m.*
Gratificação, *s. f.* upkârpaṇ dâkhauṇeṁ, dhinvâs *m.;* inâm, pratiphaḷ; bhâteṁ *n.* ‖ *V.* GORGETA.
Gratificador, *a. e s. m.* inâm-, chirîmirî ditalo.
Gratificar, *v. t.* upkâr mânuṁk,-âṭhauṁk,- *bhâvaḍuṁk *(g. do o.)*, dhinvâsuṁk; inâm-, bhâteṁ-, chirîmirî divuṁk *(d. do o.)*
Gratifico, *a.* upkâr mâncho, upkârpaṇâcho.
Gratis, *adv.* phuṁkyâ, phuṁkaṭ.
Grato, *a.* upkârî, âbhârî, dhinvâsî. ‖ *V.* AGRADAVEL *e* GOSTOSO.
Gratuidade, gratuitidade, *s. f.* phuṁkaṭî *f.*, phuṁkaṭpaṇ, âytepaṇ *n.*
Gratuitamente, *adv. V.* GRATIS.
Gratuito, *a.* phuṁkyâcho, phuṁkaṭcho, beṭho.
Gratulação, *s. f.* upkâr mânṇeṁ *n.* ‖ *V.* CONGRATULAÇÃO.
Gratular, *v. t.* upkâr mânuṁk,-âṭhauṁk *(g. do o.)* ‖ *V.* CONGRATULAR-SE.
Gratulatorio, *a.* upkârpaṇâcho; dhinvâsâcho, naṁdanâcho.
Grau, *s. m.* grâv, pâuṁḍo *ou* pâṁyḍo *m.*, pâyrî; *posição, dignidade:* padvî *f.*, darjo *m.*, pad; *classe:* prakaraṇ *n.*, varg, thar *m.; titulo universitario:* vidyârthapaḍ *n.*, vidyâlayâcho pâṁyḍo; *(geom.)* aṁś, bhâg; *(geogr.)* akshâṁś *(— de latitude);* rekhâṁś *(— de longitude).* ‖ *— de parentesco,* grâv *m.*, purushâṁtar *(p. us.) n. Por graus,* thoḍem thoḍeṁ, kramân, tharâṁnîṁ. *Em subido —*, ṭhav chaḍh,- uṁch.
Graúdo, *a.* moṭo; bhârî, padvedâr.
Graúlho, *s. m. V.* GRAINHA.
Gravação, gravadura, *s. f. V.* GRAVURA.
Gravador, *a. e s. m.* kâṁtauṇâr, khodṇâr, ṭâṁkî, ṭâṁkckâr.
Gravame, *s. m.* bhâr *m.*, ojheṁ *n.*, jaḍây; gâṁjṇî *f.*, julûm *m.*
Gravanço, *s. m. V.* ERVANÇO.
Gravar, *v. t.* kâṁtauṁk, koruṁk, khoduṁk, ṭâṁkuṁk, naksuṁk, biraumk; ṭhasauṁk, khaṁchuṁk; bhâr ghâluṁk *(l. sup. do o.)*, bhârâvuṁk; julmuṁk. ‖ *v. r.* ṭhasuṁk, khaṁchoṁk.

Gravata, *s. f.* garvât *n.*, gaḷbaṁd *m.*

Grave, *a.* jaḍ, bhârâdîk, saṁgîn; vajandâr, bhârî; *intenso:* jabar, khar; *penoso:* kashṭâṁcho, saṁkashṭ; *serio:* bharkam, gaṁbhero, kharo; *(mus.)* gaṁbhero, dabdabît.

Gravela, *s. f.* dâkhâṁcho suko sop *m.*; soryâchî mûr *f.*

Gravelado, *a.* sukyâ sopâcho (gobar).

Gravemente, *adv.* gaṁbherepâṇân, kharepaṇîṁ; bhârîṁ, jabar.

Graveolencia, *s. f.* narak *m.*, narkaṭâṇ; maḍyâchî ghâṇ *f.*

Graveza, *s. f. V.* GRAVIDADE *e* GRAVAME.

Gravidade, *s. f.* bhâr, dhaḍo *m.*, vajan *n.*, jaḍây *f.*, gaṁbherepaṇ, bharkampaṇ *n.*; avghaḍây, saṁkashṭây; kharây, nibrây; dabdabitây *f.* ‖ *V.* GRAVITAÇÃO.

Gravidez, *s. f.* garhvâchâr *m.*, garbhesthpaṇ, poṭ, garbhîṇpaṇ; gâmṇepaṇ *(— dos animaes)*.

Gravido, *a.* jaḍ, bhârâdîk; bharlalo; garhvâr, garbhesth, doṁjivâṁcho (*litt.* DE DUAS VIDAS); gâmṇo, gâbhâgelalo *(animal —)*.

Gravitação, *s. f.* gurutvâkarshaṇ *n.*

Gravitar, *v. i.* gurutvâkarshaṇâ pâvuṁk,- vachuṁk.

Gravito, *a.* ubhyâṁ-, sûḷ śiṁgâṁcho (bail).

Gravoso, *a.* bhârâdîk, jaḍ, kashṭâṁcho; julmâcho.

Gravura, *s. f.* kâṁtap *n.*, kâṁtauṇî, korṇî, khodṇî, ṭâṁkṇî; nakśî, birvaṇ *f.*, khodkâm *n.*

Graxa, *s. f.* grâś *f.*

Graxo, *a.* vasecho, telkaṭ.

Grazina, *a. e s. m. e f.* phorpharo, phaṇphaṇo, bobâṭyo.

Grazinada, *s. f.* bobâḷ *m.*, bob, karâṁdây *f.*

Grazinador, *a. e s. m. V.* GRAZINA.

Grazinar, *v. i.* bob mâruṁk, ârḍûn ulauṁk, bobâḷ-, karâṁdây karuṁk; pharpharuṁk, phaṇphaṇuṁk.

Greda, *s. f.* kheḍ, śeḍ, khaḍî *f.*

Gredelem, **gredelim**, *a.* gobroso.

Gredoso, *a.* kheḍîcho.

Gregal, **gregario**, *a.* hiṁḍâcho, hiṁḍâṁtlo.

Grego, *a.* *(fig.)* guḍhâcho, gair. ‖ *Ver-se —*, goṁdhḷâk-, goṁdhîk sâṁpḍuṁk, ghuspuṁk.

Gregotins, *s. m. pl. V.* GARATUJAS.

Grei, *s. f.* hiṁḍ, kalap *m.*, dhan *n.*; *(fig.)* jamât *f.*, dharmbaṁdhutva *n.*; *(ant.)* prajâ *f.*

Grelar, *v. i.* koṁbevuṁk, taḍevuṁk, phuṭuṁk, koṁb-, taḍo phuṭuṁk *(d. do s.)*, kirluṁk.

Grelha, *s. f.* râṁdhṇîchî tâṭî *f.* ‖ *Estar em ou sobre grelhas (fig.)*, âkâṁtuṁk, taḷmaḷuṁk, bobâḷuṁk.

Grelhar, *v. t.* tâṭiyer bhâjuṁk.

Grelo, *s. m.* koṁb, taḍo, ḍoḷo *m.*, koṁbrî *f.*, kirl *n.*

Gremial, *a.* oṁṭiyecho; jamâtîcho.

Gremio, *s. m.* oṁṭî *ou* uṁṭî; jamât, maṁḍaḷî *f.*

Grenha, *s. f.* jaṁṭ *n.*, jhoṁṭ *f.*, bishṭâṁ *n. pl.*; *(fig.)* jhîl *f.*

Greta, **gretadura**, *s. f.* phûṭ, phuṭoḷî, dhâḷ, ver, khâṁch, sâṁdh *f.*, beṭâv; kâtro *(— de pelle) m.*

Gretar, *v. t.* phoḍuṁk, verâvuṁk, chiruṁk. ‖ *v. i. e r.* phuṭuṁk, verevuṁk, chiroṁk; *(fig.)* koṁchuṁk, viskaṭuṁk.

Grilhão, *s. m.* grilyâṁv *m.*, sarî; sâṁkaḷ; khoḍîsâṁkaḷ *f.*; khoḍo *m.*

Grilheta, *s. f.* beḍî, khoḍîsâṁkaḷ *f.*

Grillo, *s. m.* bhirmaṭî *f.*, ghoṁghurlo *m.*

Grimpa, *s. f.* vâryâcho koṁbo, vâyudhvaj; mâtho, śikhar, kaḷas, burûṁj *m.* ‖ *Ser uma —*, vâryâpramâṇeṁ bhoṁvuṁk. *Levantar a —*, perî phuṭuṁk *(d. do s.)*, prabaḷuṁk.

Grimpar, *v. i.* jhoṁbuṁk, jhoṁbî mâruṁk; *(fig.)* âṁgâr yevuṁk. ‖ *v. t.* mâthyâr davruṁk.

Grinalda, *s. f.* jhelo, sar *m.*, mâlâ *(p. us.)*; *(fig.)* kâvyamâlâ *f.*

Grippe, *s. f.* bârkanîchî marî *f.*

Gris, *a.* gobro.

Grisalho, *a.* gobroso, dhavsâr.

Griseu, *a.* gobro.

Grita, *s. f.* *(ant.)* *V.* GRITARIA. ‖ *Voz em —*, ârḍûn, bob mârûn.

Gritada, *s. f. V.* GRITARIA.

Gritadeira, *s. f.* bobyî bâil.

Gritador, *a. e s. m.* bob mârtalo, bobyo, bobâṭyo.

Gritar, *v. i.* bob-, vel mâruṁk, ârḍuṁk, kirḍuṁk, bobâṭuṁk, bobhâṇuṁk, vârkuṁk, kiṁvchuṁk, gaḷbaḷuṁk; vhaḍlyân ulauṁk; bobâṭ karuṁk. ‖ *v. t.* kukâruṁk, hâkevûn mhaṇuṁk.

Gritaria, *s. f.* bob, vel, âraḍ, kiraḍ, bobâṭ, govjî *f.*, śivâḍo, gaḷbaḷ *m.*, kukrâṭyo *f. pl.*

Grito, *s. m.* kiḷamch *ou* kimvach, kikrâmṭ, bob; hâk, kuî *f.*, ulo, kulo, sâd *m.* ‖ *Vóz em* —, ârḍûn, bob mârûn.

Grosa, *s. f.* moṭî kânas *f.*; bârâ dujî (*port.* DUZIA) *f. pl.*

Grosar, *v. t.* kânsumk.

Grossaria, *s. f.* moṭeṁ lugaṭ *n.*

Grosseiramente, *adv.* bursepaṇîm, avinayîm; barbaṭûn, karḍepaṇîm.

Grosseirão, *a. e s. m.* bhaskâpurî, jabar arbaṭ.

Grosseiro, *a.* moṭo, lanno, dhamkaṭo, dhangaṭ; karḍo, kachcho, koro, barbaṭo, jharjharit; *incivil:* avinayî, anîtivamt, arbaṭ, bomtho, durmukhî, burso; *inculto:* jamglî, rânaṭ, dhâmgaḍ, khedegâmvâcho; *sordido:* bâḍgo, dâmḍgo, pojḍo, bâmgḍo.

Grosseria, *s. f.* karḍepaṇ, korepaṇ, kachchepaṇ; arbaṭpaṇ, bursepaṇ *n.*; avinay *m.*, anît *f.*; rânaṭpaṇ, dhâmgaḍpaṇ; dâmḍgepaṇ *n.*, dâmḍgây *f.*, pojaḍpaṇ, khâparpaṇ *n.*

Grossidão, *s. f.* (*ant.*) *V.* GROSSURA e GROSSERIA.

Grosso, *a.* moṭo, dhamkaṭo, lanno, dâṭ, *thar, śeḷâṇo, bâbro; baḍbaḍit, sâmso. ‖ *V.* GROSSEIRO e GRANDE. ‖ *Gado* —, dhorâm *n. pl.* *Mar* —, phullalo daryâ *m.* *Tempo* —, moḍ *n.* *Erro* —, moṭî chûk *f.* *Fazer a vista grossa,* ḍoḷe dhâmpumk. *Por* —, sâṭyân. ‖ *s. m.* vhaḍlo vâmṭo *m.* ‖ *V.* GROSSURA.

Grossura, *s. f.* moṭây, dâṭây, dâṭî, *tharây *f.*; (*fig.*) mât *m.*, tuṭṭuḍitây *f.*

Grotescamente, *adv.* vegḷyâch jinnsân,- prakârân.

Grotesco, *a.* vegḷochso, nirartho, âḍgât, vilakshaṇ, vidrûp.

Grou, *s. m.* sâras, karkocho *m.*

Grua, *s. f.* kopî, gâḍî *f.*

Grudador, *a. e s. m.* chikṭâylalo; chikṭâvumcho.

Grudadura, *s. f.* chikṭâvṇî, pâmkâvṇî *f.*

Grudar, *v. t.* chikṭâvumk, pâmkâvumk, khaḷîn-, sarasân sâmdhumk,- basaumk; (*fig.*) jaḍumk, sâmdhumk. ‖ *v. i. e r.* pâmkumk, khaḷîn lâgumk; jaḍomk, basumk.

Grude, *s. m.* gurûḍ, pâmk, saras *m.*, chikaṭvaṇ *n.*, khaḷ *f.*

Grulha, *s. m. e f.* pharpharo, barbaro, baḍbaḍyo, gaḷbaḷyo.

Grulhada, *s. f.* garuḍâmchem raḍṇem *n.*; gaḷbaḷ, śivâḍo *m.*, dhâmdhûp *f.*

Grulhar, *v. i.* pharpharumk, barbarumk, baḍbaḍumk, gaḷbaḷumk.

Grumar, grumecer, *v. t.* chayobayo karumk (*g. do o.*) ‖ *v. i. e r.* chayobayo-, guṭhḷyo jâvumk (*g. do s.*)

Grumescencia, *s. f.* chayobayo-, guṭhḷyo jâṇem *n.*

Grumete, *s. m.* târvâcho châkar.

Grumo, *s. m.* guṭhlî, ghomṭî *f.*, chayobayo *f. pl.*

Grumoso, *a.* guṭhḷyâmcho.

Grumulo, *s. m.* supurlî guṭhlî *f.*

Grunhido, *s. m.* dhukrâchem raḍṇem *n.*, ghurghurî *f.*

Grunhir, *v. i.* (dhukar) raḍumk, ghurghurumk.

Grupamento, *s. m.* pumje karṇem *n.*, jamâvṇî *f.* ‖ *V.* GRUPO.

Grupar, *v. t.* *V.* AGRUPAR.

Grupo, *s. m.* chumbo, chombo, pumjo, jamo *m.* ‖ *Em* —, ekṭhâmy, sagaṭ meḷûn, pumjyân.

Gruta, *s. f.* ḍhol, pokharṇ *f.*, bhumyâr gahvar *n.*

Grypho, *s. m.* garuḍ, garuḍpakhî *m.*

Gualdir, *v. t.* khâvumk, rakshumk, giḷumk; hogḍâvumk, ibâḍumk.

Gualdo, *a.* *V.* AMARELLO.

Gualdra, *s. f.* khaṇâcho vâḷo *m.*

Gualdrapa, *s. f.* (*ant.*) pâkhar *m.*

Gualdripar, *v. t.* luṭumk, sutlâvumk, biṭkî mârumk (*d. do o.*)

Gualdropes, *s. m. pl.* (*mar.*) sukâṇyâchyo doryo *f. pl.*

Guano, *s. m.* sukṇyâmcho gû *m.*; monjâtichem sârem *n.*

Guante, *s. f.* hastatrâṇ *n.*

Guapamente, *adv.* śobhen, ḍaulân.

Guapice, *s. f.* mardî, chhâtî, samarthây; śobh, sobhitây *f.*; ḍaul, âkâr *m.*

Guapo, *a.* mardîvamt, tejvamt, trâṇî; śobhavṇo, ḍaulî, hâlavṇo, sâjro.

Guarapa, *s. f.* ushîcho ras *m.*

Guarda, *s. f.* râkhaṇ, bâḷgaṇ *f.*, sambhâḷ, pratipâḷ *m.*, pratipâḷan, gopaṇ *n.*; khobḷo (— *de espada*) *m.*; *sentinella:* gârd *ou* gvârd *n.*, pahâro *m.*, chaukî *f.*; *vara de videira:* dâkhecho lâmb bel. ‖ *V.* OBSERVANCIA. ‖ *Anjo da* —, bhaḍvo râkhṇo. *Dia de* —, samt *m.* *Em* —, chatrâyen, ḍolyâmt tel ghâlûn. ‖ *s. m.* gârdî, pahârekâr, chaukîdâr; râkhṇo, râkhṇâr, sambhâḷṇâr, pâḷak.

Guarda-barreira, *s. f.* sarad râkhtalo.

Guarda-chaves, *s. m.* châvyekâr.

Guarda-chuva, *s. f.* satrî, sâtlî *f.*; sâtem (— *grande*) *n.*

Guarda-costas, *s. m.* taḍ râkhchem târûm *n.*

Guardador, *s. m.* râkhṇâr, saṁbhâḷṇâr, râkhṇo. ‖ *a.* râkhtalo; *(fig.)* saṁbhâḷtalo; pâḷtalo.

Guarda-fatos, *s. m.* nesaṇîcho chauk *m.*

Guarda-fogo, *s. m.* agninivârak *m.*

Guarda-joias, *s. f.* bhâṁgârâchem-, śiṁgârâchem peṭûl *n.*

Guarda-lama, *s. m.* gâḍiyechyâ châkâvaylem patrem *n.*; tarvârîchyâ potyâchî śimlî *f.* ‖ *V.* GUARDA-PISA.

Guarda-livros, *s. m.* jamâkharchâcho hiśob mâṁḍtalo.

Guarda-loiça, *s. m.* hadpo *m.*, bhaṁḍârî *f.*

Guarda-mão, *s. m.* tarvârîche muṭhîcho âṭo *m.*

Guarda-matto, *s. m.* baṁdukâche kaḷichem trâṇ; châṁḍyâchem pâṁghrûṇ,- phaṭem *n.*

Guardamento, *s. m.* râkhaṇ *f.*, saṁbhâḷ *m.*

Guardanapo, *s. m.* gvârḍânâp *m.*

Guarda-pisa, *s. f.* vestidâchî sakailî paṭṭî *f.*

Guarda-pó, *s. m.* âṁgarkho *m.*

Guarda-porta, *s. m.* pratidâr *n.*, paḍdo *m.*

Guarda-portão, *s. m. V.* PORTEIRO.

Guarda-quedas, *s. m. V.* PÁRA-QUEDAS.

Guardar, *v. t.*: *vigiar, preservar:* râkhuṁk, saṁrakshuṁk, saṁbhâḷuṁk, râkhaṇ-, saṁbhâḷ karuṁk *(g. do o.)*; *tomar cuidado em:* bâḷguṁk, vâgauṁk; *arrecadar:* davruṁk, ṭhevuṁk; *cumprir:* saṁbhâḷuṁk, pâḷuṁk, pratipâḷuṁk, châlauṁk; *conservar:* saṁbhâḷuṁk, bâḷguṁk; *fazer durar:* tagauṁk, jagauṁk. ‖ — *silencio*, ugo râvuṁk. — *verdade*, sat ulauṁk. *Guarda de baixo*, khabardâr! paḷe! ‖ *v. r.* saṁbhâḷuṁk, âpṇâk râkhuṁk; *esperar:* râvuṁk; *evitar:* vâṭâvuṁk *(v. t.)* ‖ *V.* ABSTER-SE.

Guarda-raios, *s. m. V.* PÁRA-RAIOS.

Guarda-roupa, *s. m.* âṁgâvlîṁkâr. ‖ *s. f.* âṁgâvlîṁkârṇ; âṁgâvlyâṁchî kûḍ,- peṭ *f.*

Guarda-sellos, *s. m.* śikkekâr.

Guarda-sol, *s. m. V.* GUARDA-CHUVA.

Guarda-vento, *s. m.* pratidâr *n.*

Guarda-vista, *s. m.* netratrâṇ *n.*

Guardião, *s. m.* maṭhâdhipatî; râkhṇo, râkhṇâr.

Guardins, *s. m. pl. (naut.)* ukalchîṁ dorâṁ *n. pl.*, * âlaṁg *m. pl.*

Guardonho, *a.* sugrâtî, himṭo.

Guarecer, *v. t., i. e r. (ant.) V.* CURAR.

Guarida, *s. f.* ḍhol *f.*, bîḷ, vivar *n.*; *(fig.)* âsar, âśram *m.* ‖ *V.* GUARITA.

Guarita, *s. f.* meṭ *n.*

Guarnecedor, *a. e s. m.* saṁjaitalo, śṛiṁgârṇâr.

Guarnecer, *v. t.* saṁjauṁk, purauṁk, purvaṇ karuṁk *(g. do o.)*, * âytomanuṁk; *(fig.)* śṛiṁgâruṁk, śiṁgâruṁk, neṭauṁk.

Guarnecimento, *s. m.* saṁjag, śṛiṁgâr, śiṁgâr *m.*

Guarnição, *s. f.* killerâkhaṇ *f.*; ṭhâṇyâṁche śipây *m. pl.*; târvâcho lok *m.*; saṁjauṇî *f.*, sâj, śiṁgâr, śṛiṁgâr, alaṁkâr *m.*

Guar-te, chatrâyen! khabarḍâr!

Gudão, *s. m.* gudâṁv *m.*

Guedelha, *s. f.* keṁstî *f.*, julpâṁ, bishṭâṁ *n. pl.*

Guedelhudo, *a.* bishṭâṁ-, keṁsṭyo âslalo. ‖ *V.* CABELLUDO.

Guela, *s. f.* saknaḷî, saṁkî *f.*, gaḷo, ṭâḷo *m.* ‖ *Ter — de pato*, moṭe kuṭke giḷuṁk.

Guelra, *s. f.* mâsḷechem śeṁkrem, gâḷphûṭ *n.* ‖ *Ter o sangue na —*, phiṭphiṭuṁk, phaḍphaḍuṁk.

Guerra, *s. f.* juj *n.*, laḍhây *f.*, saṁgrâm, raṇ, yuddh *n.*, yodh *m.*; jhagḍem, dusaṁg *n.*

Guerreador, *a. e s. m.* jujârî, saṁgrâmî.

Guerrear, *v. t. e i.* jujuṁk, juj karuṁk, laḍhây mâruṁk; jhagḍuṁk, jhomuṁk; âḍ yevuṁk, dusaṁguṁk.

Guerreiro, *a.* jujâcho, jujârî, yuddh. ‖ *s. m.* jujârî yodhî, vîr, śûr, khatri, khetri.

Guerrilha, *s. f.* puṁḍâvem *n.*

Guerrilheiro, *s. m.* puṁḍ.

Guia, *s. f.* vâṭ dâkhauṇem *n.*, pâvauṇî, chalauṇî, mohar *f.*, nayan *n.*; châlauṇî, vahivâṭ *f.*; *pessoa que dirige:* chalauṇo, pâvṇo, vâṭ dâkhaitalo; *carta de apresentação:* kaul *m.*; *relação de documentos:* śivḍî, paṭṭî; *directorio:* paddhat *f.*, nayanpustak *n.*, vidhisaṁgraha *m.*; *correia de cavallo:* ghoḍyâchî vâdî; *parelha da frente:* phudlî mâṁṭ *f.*; *vara de vinha:* dâkhecho ubho bel *m.*; *penna de asa:* pâkhoṭyâchem lâṁb pâkh *n.* ‖ *s. m.* vâṭ dâkhauṇo, nâyk, sârathi; mohro *m.*, mohrechî monjât *f.*

Guiador, *a. e s. m.* chalauṇâr, vâṭ dâkhauṇo; mohrecho.

Guiagem, *s. f.* jakât *f.*

Guiamento, *s. f.* chalauṇî *f.*

Guião, *s. m.* giyâṁv, dharmbâvṭo *m.*
Guiar, *v. t.* vâṭ-, mârag dâkhauṁk (*d. do o.*), vâṭck-, mârgâk lâvuṁk, vharuṁk, chalauṁk, pâvauṁk; (*fig.*) buddh divuṁk (*d. do o.*), śikauṁk. ‖ *v. i.* vachuṁk, pâvuṁk, lâguṁk. ‖ *v. r.* sâṁko chaluṁk, nîṭ vachuṁk.
Guieiro, *a. e s. m.* mohrecho, moliro.
Guilha, *s. f.* *V.* SEARA.
Guilhotina, *s. f.* gaḷ *m.*
Guina, *s. f.* *V.* GANA.
Guinada, *s. f.* hereṁ gheṇeṁ, ulâṁḍe vachueṁ *n.*; *dor repentina:* tiḍak *f.*; *appetite violento:* rakhrakho. ‖ *Guinadas de riso,* hâṁsyâṁcho khaḷkhaḷ *m.* *Dar guinadas, V.* GUINAR.
Guinar, *v. i.* (*naut.*) hereṁ ghevuṁk, ulâṁḍûn vachuṁk.
Guinchado, *s. m.* kiḷaṁchyo, kikrâṁṭyo *f. pl.*
Guinchar, *v. i.* kiḷaṁchuṁk *ou* kivaṁchuṁk, kikrâṁṭuṁk, kikrâṁṭyo ghâluṁk.
Guincho, *s. m.* kiḷaṁch *ou* kivaṁch, kikrâṁṭ; lahân kopî *f.*
Guinda, *s. f.* vayr ukalcheṁ dor,- śiṁkeṁ *n.*
Guindagem, *s. f.* vayr ukalṇeṁ,- kâḍhṇeṁ *n.*
Guindalete, *s. m.*, **guindareza**, *s. f.* kopiyecheṁ dor *n.*
Guindamaina, *s. f.* (*ant.*) bâvṭyâcho upachâr *m.*
Guindar, *v. t.* ukluṁk, ubhâruṁk, vayr kâḍhuṁk. ‖ *v. r.* ukloṁk, vayr vachuṁk.
Guindaste, *s. m.* kopî, gâḍî *f.*
Guindola, *s. f.* âḍecheṁ śiḍ *n.*
Guines, *s. m. pl.* duḍû, paise *m. pl.*
Guingão, *s. m.* reśmâcheṁ guḷeṁ *n.*
Guirlanda, *s. f.* (*mar.*) dorâcho vâḷo,- veḍho *m.*
Guisa, *s. f.* âkâr, prakâr, jinnas *m.*, parî, moḍ *f.*
Guisado, *a.* râṁdhlalo, jiryâmiryâcho. ‖ *s. m.* pakvan, pâkhuvaṇ, râṁdhlaleṁ mâs *n.*
Guisamento, *s. m.* misâchî mustâykî,- sâmagrî *f.*; (*ant.*) ghoḍesavârâcheṁ purvaṇ *n.*
Guisar, *v. t.* tayâr-, âyto karuṁk; râṁdhuṁk, jireṁmireṁ ghâluṁk (*l. ou d. do o.*), phoḍṇâghâluṁk; (*ant.*) pâvuṁk (*d. do o.*)
Guita, *s. f.* sutlî *f.*, saḍo, doro *m.*, taṁtrî *f.*
Guitarra, *s. f.* gitâr *n.*, vîṇo, taṁburo, ḍamru *m.*, satâr *n.*
Guitarreiro, guitarrista, *s. m.* vîṇekâr, satârî.
Guizo, *s. m.* khiḷkuḷo, ghâgro *m.*, ghâgrî *f.*, pâṁyjaṇ *n.*
Gula, *s. f.* poṭârth *m.*, atibhojan *n.*; (*ant.*) *V.* GUELA.
Guleima, *s. m.* *V.* COMILÃO.
Gulodice, guloseima, gulosice, gulosina, *s. f.* poṭârthpaṇ; ruchîcheṁ khâṇ, svâdik pakvan, gûḷ *n.*
Gulosar, *v. i.* bareṁ bareṁ khâvuṁk, viṁchun-, śoḍhun khâvuṁk.
Guloso, *a.* poṭârthî, poṭbharyo, poṭyo, poṭṇo, poṭâro, bharṇo, udaraṁbar; ruchîchyâṁ khâṇâṁcho.
Gume, *s. m.* dhâr *f.*; (*fig.*) *V.* AGUDEZA.
Gumena, *s. f.* (*mar.*) âṁjo *m.*, moṭeṁ dor *n.*
Gundia, gundra, *s. f.* hoḍeṁ *n.*, machvo *m.*
Gune, *s. f.* goṇî *f.*, goṇ *m.*
Gurupés, *s. m.* (*naut.*) nâḷdâṁdo *m.*, nâḷkâṭhî *f.*
Gusa, *s. f.* kaḍhailaleṁ lokhaṁḍ *n.*
Gusano, *s. m.* ghoṁghurlo *m.*
Gustação, *s. f.* châkṇeṁ *n.*
Gustativo, *s. f.* ruchîcho.
Guttural, *a.* sakṇaḷecho, goṁgṭhecho; kaṁṭhya, kaṁṭhasth.
Gutturalmente, *adv.* kaṁṭhiṁ.
Gymnasio, *s. m.* âkhâḍo, raṁg, tâlîmkhâṇo *m.*, mallâṁgaṇ, raṁgâṁgaṇ *n.*, raṁgbhûṁi *f.*
Gymnasta, *s. m.* mall, pahilvân; âkhâḍekâr.
Gymnastica, *s. f.* mallkrîḍâ *f.*, vyâyâm *m.*
Gymnastico, *a.* vyâyâmâcho.
Gyniceu, *s. m.* (*ant.*) aṁtaḥpur *n.*, stryagâr *m.*
Gypseo, *a.* kheḍîcho.

H

H, âṭhveṁ akshar.
Ha, *int.* hâ, hâhâ.
Habena, *s. f.* (*poet.*) *V.* RÉDEA.
Habil, *a.* śaktivaṁt, śakt, samarth, sâmarthvaṁt, trâṇ-, tâṁk âslalo, mardecho, mard, mardivaṁt, mardikâr;

hikmatkâr, mâṁḍṇekâr, jâṇto, sugaraṇ, lâyk, *vajecho, *lakhîk. || V. CONVENIENTE.

Habilidade, s. f. śaktî ou sakat, tâṁk, tâkat, mardî, kuvet f., samarthpaṇ n., guṇ m.; lâykpaṇ, sugaraṇpaṇ n., mâṁḍṇî, hikmat, yukti, bârkamây f., *vaj m.; vidyâ, ghâḍvidyâ f. || -s, pl. V. PELOTICAS.

Habilidosamente, adv. kikmatîn, vidyen.

Habilidoso, a. kikmatvaṁt, yuktivaṁt, kâṭhû; vidyâvaṁt, ghâḍî.

Habilitação, s. f. kuvet, sâmarthî, lâykî, yukti; padvî f., adhikâr; dâkhlo m., lekhpatr n.

Habilitado, a. jây tyo vastû âslalo; purto, lâyk, yogya.

Habilitador, a. e s. m. purto kartalo, rahâṭaitalo.

Habilitando, a. e s. m. śikuṁk âslalo, umedvâr; âplo hakk-, adhikâr dâkhaitalo.

Habilitar, v. t. samarth-, purto-, sugaraṇ karuṁk, kâmâk rahâṭauṁk, huśâruṁk; tayâr karuṁk, purauṁk. || v. r. tayâr-, âyto jâvuṁk; vâvruṁk, upây ghevuṁk. || — na loteria, sort (do port. SORTE) kâḍhuṁk.

Habilmente, adv. mâṁḍṇen, huśârken, tajviten.

Habitação, s. f. ghar, ṭhikâṇ, ṭhâṇeṁ, bihrâḍ, râvṇeṁ, vasan, adhishṭân n., vastî f., thâro, vâs, gharvâs, vasi, rahivâs m.

Habitaculo, s. m. gharkûl n., khoṁp, jhoṁpḍî f.

Habitado, a. lok âslalo.

Habitador, a. e s. m., **habitante,** a. e s. m. e f. râvṇâr, vâsî, gharvâsî, vastîkâr.

Habitar, v. t. e i. râvuṁk, âsuṁk, ṭhikâṇ, bihrâḍ karuṁk (vv. ii.; l. do o.) || — com, ekṭhâṁy âsuṁk.

Habitat, s. m. ṭhikâṇ n., jâgo m.

Habitavel, a. râvuṁk upkârto,-baro, râvûṁyeso, vâsya.

Habito, s. m. saṁvay, châl, luḷî, chak f., vaj, abhyâs, paripâṭh m., vâsan; âṁgleṁ n., bhesh, vesh m. || Mau —, khoḍ f., chavṇo m. Tomar o —, maṭhvâsî jâvuṁk.

Habitual, a. saṁvayecho, châlîcho; sadâṁcho.

Habitualmente, adv. saṁvayen, saṁvayepramâṇeṁ; chaḍh karn.

Habituar, v. t. saṁvay karuṁk (d. do o.), aḷsauṁk, rahâṭauṁk. || v. r. saṁvay-, luḷî jâvuṁk,- paḍuṁk,- lâguṁk (d. do s.), saṁvkuṁk, peṭuṁk, aḷsoṁk.

Hacanea, s. f. taṭû m.

Hade-haver, s. m. (comm.) yeveṁ, gheṇeṁ n.

Halicutica, s. f. pâgchî vidyâ f.

Halicutico, a. mâsḷî mârcho.

Halito, s. m. śvâs, viśvâs, uḷâl; bâph, vâs m. || V. ARAGEM.

Halo, s. m. khaḷeṁ n., aṁśumâlâ f.

Harda, s. f. châṇî f.

Harem, s. m. V. SERRALHO.

Harenque, s. m. hâḍî (mâsḷî) f.

Hariolo, s. m. V. ADVINHO.

Harmonia, s. f. svarmeḷ, ektâḷ, svarâṁcho jamo m., samasvaratâ, sâm n.; svarmeḷvidyâ; majurây, maṁjuḷây f.; concordancia: meḷ, milâph, saṁbaṁdh; saṁvâd m., ekchitt n., sabuddhi; conformidade: jaḍap n., barâbarî, lagtî, sar f. || Viver em boa —, bhâupaṇîṁ-, moymogân jiyevuṁk.

Harmonica, s. f. (mus.) jaltaraṁg m.

Harmonicamente, harmoniosamente, adv. svarmeḷân; maṁjuḷâyen.

Harmonico, harmonioso, a. svarmeḷâcho, samtâḷ, ektâḷ; majûr, maṁjûl; barâbar, sârko, milâphâcho.

Harmonista, s. m. svarmeḷ oḷkhatalo,- kaḷtalo.

Harmonium, s. m. ârmon n.

Harmonizar, v. t. svarmeḷ karuṁk (g. do o.); ekvaṭuṁk, ekṭhâṁy karuṁk; jamâvuṁk, mâṁḍuṁk. || v. i. e r. sarîjâvuṁk, lâguṁk, basuṁk; bareṁ paḍuṁk (d. do s.)

Harpa, s. f. ârp n., kinnarî f., morchâṁg m.

Harpia, s. f. kalpitapakshî, garuḍ; (fig.) râkhas m., lâṁvsaṭ f.

Harto, a. moṭo; gulgulît, dâṁḍgo. || adv. V. BASTANTE.

Hasta, s. f. bhâlo, sûḷ m., barchî; pâvṇî f. || Pôr em —, pâvṇer ghâluṁk.

Haste, hastea, s. f. dâṁḍo m., ṭeṁkḍî f.; deṁṭ, dâṁḍâro m.; âsî (— dos cereaes) f. || — da cruz, khursâcho ubho dâṁḍo.

Hastear, v. t. ubhâruṁk, ukluṁk. || v. r. ubhâroṁk.

Hastil, s. m. dâṁḍo; deṁṭ m.

Hastilha, s. f. dâṁḍo, khuṁṭo m. || V. FARPA.

Hastim, s. m. bâṁbû m.; jamnîchî śîr, loy f.

Haurir, v. t. uspuṁk; piyevuṁk, ghoṭuṁk.

Haurivel, a. uspuṁcho.

Hausto, *s. m.* ghoṭ *m.;* ghoṭṇî.
Haver, *v. t.* âsuṁk *(d. ou ab.* kaḍe *ou* lâgîṁ *do s., s. do o.); alcançar:* sâṁpḍâvuṁk, gaṁvsuṁk, meḷuṁk *(d. do s., s. do o.); entender:* disuṁk *(id.),* saṁjuṁk. ‖ — *por,* dharuṁk, lekhuṁk. — *por bem,* bareṁ disuṁk *(d. do s.),* mânoṁk *(d. do s.)* — *mister,* garaj âsuṁk,-paḍuṁk *(d. do s.)* — *á mão,* ghaṭṭ dharuṁk, hât ghâluṁk *(l. sup. do o.)* ‖ *v. i. e imp.* âsuṁk; *acontecer:* ghaḍuṁk; *decorrer:* jâvuṁk, gujruṁk. ‖ *v. r.* chaluṁk, jâvuṁk. ‖ *s. m.* dhan *n.,* âstî, gireskây *f.* ‖ *V.* HADE-HAVER.
Hebdomada, *s. f.* sât dîs *m. pl.;* sât sâtoḷîṁ; sât varshâṁ *n. pl.*
Hebdomadariamente, *adv. V.* SEMANALMENTE.
Hebdomadario, *a.* sâtoḷyâcho; sâtvoḍîk. ‖ *s. m. V.* SEMANARIO.
Hebdomatico, *a.* sâtvo.
Hebetação, *s. f.* vishayâṁchî jaḍây,-maṁdây *f.*
Hebetante, *a.* jaḍ-, meṁgo karcho.
Hebetar, *v. t.* jaḍ-, meṁgo karuṁk, meṁgâvuṁk; (mat, takli) jaḍ karuṁk, guḍguḍâvuṁk. ‖ *v. r.* dâṭ-, jaḍ jâvuṁk; barḷâr paḍuṁk, sairbair jâvuṁk.
Hebetismo, *s. m.* gaḷyepaṇ, doḍepaṇ *n.,* jaḍmat *f.;* barḷâr paḍṇeṁ, sairbair jâṇeṁ *n.*
Hecatombe, *s. f.* śeṁbhar bailâṁcho yajña *m.,* śatabalidân *n.; (fig.) V.* CARNIFICINA.
Hectica, *s. f.* khevâd *f.,* jîrṇajvar *m.*
Hectico, *a.* khevâdkâr.
Hediondamente, *adv.* vikaṭâyen.
Hediondez, hediondeza, *s. f.* vikrâḷpaṇ, akrâḷpaṇ *n.;* vikaṭây, paḷiṭây *f.*
Hediondo, *a.* akrâḷ, vikrâḷ, bhesurvâṇo, digaṁbar, durmukhî; vikaṭ, paḷît, aḷśikaṇo, ghâṇero, ghâṇerḍo.
Hegemonia, *s. f.* prajâdhikâr *m.;* lokâcheṁ vastâdpaṇ *n.*
Hegira, *s. f.* hijrî *f.*
Heido, *s. m. V.* CURRAL.
Hein, *int.* hâṁ, hûṁ.
Helcose, *s. f. V.* ULCERAÇÃO.
Heliaco, *a.* sûryâbarâbarî udetalo va astaṁtalo (nakshatr).
Helice, *s. m. e f.* peṁch, vaḷ *m.*
Helicutho, *s. m. V.* GIRASOL.
Heliographia, *s. f.* sûryavarṇan *n.;* kiraṇachitravidyâ *f.*
Heliometro, *s. m.* târâmânyaṁtr *n.*
Helioscopia, *s. f.* sûryadurbiṇen paḷevṇeṁ *n.*
Helioscopio, *s. m.* sûryadurbîṇ *f.*
Heliotropia, *s. f.,* **heliotropismo,** *s. m. (bot.)* sûryabarâbarî bhoṁvuṁcho guṇ *m.*
Heliotropio, *s. m.* âjerû *(— indiano) m.* ‖ *V.* GIRASOL.
Helix, *s. m. (anat.)* kânâchî pâṁvḷî *f.*
Helleboro, *s. m. (bot.)* kuṭkî, kâḷîkuṭkî *(— negro) f.*
Helminthiase, *s. f. (med.)* daṁtâṁchî piḍâ *f.*
Helminthico, *a.* daṁtâṁcho.
Helminthoide, *a.* daṁtâsârko.
Helminthos, *s. m. pl.* daṁt *m. pl.*
Hematocele, *s. f.* ragtâcheṁ bîn *n.*
Hematocephalo, *s. m.* ragtâcheṁ ṭuṁbar *n.*
Hematographia, *s. f.* raktavarṇan *n.*
Hematologia, *s. f.* raktaśâstr *n.*
Hematose, *s. f.* ragat jâṇeṁ *n.*
Hematuria, *s. f.* ragatmût *n.*
Hemialgia, hemicranea, *s. f.* ardhe taklechî duḥkh *f.,* ardhaśîrsh *m.*
Hemicyclo, *s. m.* vṛittârdhasthân *n.*
Hemifacial, *a.* ekâ polyâcho.
Hemiplegia, *s. f.* ardhâṁg *n.,* ardhâṁgvâyu *m.*
Hemispherico, *a.* ardhagol, nimgol.
Hemispherio, *s. m.* ardhagol, nimgol *m.*
Hemispheroide, *a.* ardhagolâkâr.
Hemistichio, *s. m.* ardhaślok *m.,* ślokârdh *n.*
Hemo, *pref.* rakt.
Hemopathia, *s. f.* raktpîḍâ *f.*
Hemoptise, *s. f.* raktpitt *n.*
Hemorrhagia, *s. f.* ragat vâhvṇeṁ *n.,* raktpât, raktsrâv *m.;* âmalpiṁṭ *(— nasal) n.*
Hemorrhagico, *a.* raktpâtâcho.
Hemorrhoidal, hemorrhoidario, *a.* raktecho.
Hemorrhoidas, *s. f. pl.* raktî, mûḷvyâdhi *f.,* arśarog, âlmirâṁv *(do port.* ALMORREIMAS) *m.*
Hemorrhoidoso, *a.* raktî jâlalo, arśarogî.
Hemostose, *s. f.* ragat sâṁṭhṇeṁ *n.,* sâṁkḷo *m.*
Hendecagono, *s. m.* ekadaśakoṇ *m.*
Hepatalgia, *s. f.* yakṛitsûḷ *m.*
Hepatico, *a.* kâḷjâcho, yakṛitâcho.
Hepatite, *s. f.* jaraṁḍî *f.,* yakṛit *n.*
Hepatocele, *s. m.* ḍabo *m.*
Heptacordio, *a.* saptataṁtu. ‖ *s. m.* saptataṁtu vîṇo *m.*
Heptagono, *a. e s. m.* saptakoṇ *m.*
Heptarchia, *s. f.* saptajanarâjya *n.*

Heraldica, *s. f.* kulachihnavîdyâ *f.*
Heraldico, *a.* kulachihnâṁcho.
Heraldo, *s. m.* *(ant.)* *V.* ARAUTO.
Herança, *s. f.* erâṁs, dây, dâyj, vârîs, vatan, rikth, rikthdân *n.*, mirâs, pitrâstî *f.*
Herbaceo, herbatico, *a.* taṇâcho, aushadhisaṁbaṁdhî.
Herbario, *s. m.* śuskaushadhisaṁgraha *m.*
Herbifero, *a.* taṇ jâtalo.
Herbivoro, *a.* jhâḍpâlo khâtalo, triṇachar.
Herbolario, herborista, *s. m.* okhtâchîṁ jhâḍâṁ viktalo; okhtî.
Herboreo, *a.* *V.* HERBACEO.
Herborização, *s. f.* jhâḍâṁ puṁjâvṇeṁ,- ekṭhâvṇeṁ *n.*, okhtyâṁ jhâḍâṁcho jamo *m.*
Herborizador, *a. e s. m.* jhâḍâṁ puṁjâytalo.
Herborizar, *v. t.* (jhâḍâṁ), puṁjâvuṁk,- ekṭhâvuṁk; (baryâ jhâḍâṁcho) jamo karuṁk.
Herboso, *s. m.* taṇân bharlalo.
Herculeo, *a.* baḷishṭh, pilvâṇ kaso.
Hercules, *s. m.* *(fig.)* pahilvân, pilvâṇ, khaḍâgâṁṭh.
Herdade, *s. f.* bhâṭ, kuḷâgar, śetbhâṭ *n.* || *V.* HERANÇA.
Herdamento, *s. m.*, **herdança**, *s. f.* *(ant.)* *V.* HERANÇA.
Herdar, *v.* dâyj paḍuṁk,- meḷuṁk *(d. do s., g. do o.)*
Herdeiro, *s. m.* erder, dâyjî, dhanâdhikâr, rikthî.
Hereditariamente, *adv.* dâyjân; vaṁśâvarvîṁ.
Hereditariedade, *s. f.* dâyjpaṇ *n.;* dâyâdhikâr; vâṁśguṇ *m.*, vaslât *f.* || *V.* SUCCESSÃO.
Hereditario, *a.* dâyjâcho, vatanâcho, vaṁśîk, mirâsî; baḍîcho, sayaṁbhâcho, âdlyâṁcho.
Herege, *s. m.* erej, pâkhaṁḍî, śâstrvirodhî, kumârgî, durmârgî, apathchârî.
Heresia, *s. f.* erejî *f.*, pâkhaṁḍ *n.*, śâstrvirodh, vidharm, apath, kumârg, durmârg *m.*, vedaniṁdâ *f.*
Heresiarcha, *s. m.* pâkhaṁḍ kartalo,- ghaḍtalo *m.*, apathmastak *n.*
Hereticamente, *adv.* pâkhaṁḍîṁ, śâstrvirodhân.
Heretico, *a.* bhâvârthâr âḍ, pâkhaṁḍâcho, pâkhaṁḍî, aśâstr, vidharmî, śâstrdruha.
Heril, *a.* dhanyâcho.

Hermaphrodismo, hermaphroditismo, *s. m.* hijḍepaṇ *n.*
Hermaphrodita, *a.* ubhayliṁg. || *s. m.* hijḍo *m.*, hijḍî *f.*, hijḍeṁ, napuṁsak *n.*
Hermaphrodito, *s. m.* hijḍo.
Hermeneutica, *s. f.* arthavivaraṇ, vivaraṇ *n.*
Hermeneutico, *a.* arthvivaraṇâcho.
Hermeta, *s. f.* mastakastaṁbh *m.*
Hermeticamente, *adv.* gachch. || — *fechado*, vâreṁ vachanâso dhâṁplalo.
Hermetico, *a.* taklî âslalo (khâṁbo); gachch dhâṁplalo.
Hernia, *s. f.* aṁtargaḷ, naḷ *m.*, naḷâṁchî piḍâ *f.;* bûr *(— do escroto)* *n.* || *V.* QUEBRADURA.
Hernial, herniario, *a.* aṁtargaḷâcho, naḷâṁcho.
Hernioso, *a. e s. m.* naḷ jâlalo; buryo, bûr vâḍhlalo.
Heroe, *s. m.* vîr, śûr, mard, raṇsiṁv, bahâdar, mahârath; śreshth-, uttam-, yaśasvî manis; *protagonista:* nâyk.
Heroicamente, *adv.* marden, bahâdarîṁ, vîryân.
Heroicidade, *s. f.* *V.* HEROISMO.
Heroico, *a.* vîrâcho, śûrâcho; vîryavaṁt, mardivaṁt, tejvaṁt. || *Remedio* —, khar okhat. *Resolução heroica*, nimâṇo ilâj.
Heroificar, *v. t.* maḷbhâk teṁkauṁk, uklûn dharuṁk.
Heroina, *s. f.* vîrâ, bahâdarstrî, bahâdariṇ; nâykîṇ.
Heroismo, *s. m.* vîrya *n.*, vikram *m.*, mardî, bahâdarî *f.*
Herpes, *s. m. pl.* visarp *m.*, vichvî, sarpadâd *f.*
Herpetico, *a.* vichvî jâlalo.
Herpetographia, *s. f.* sarpavarṇan, urogavarṇan *n.*
Herpetologia, *s. f.* urogavidyâ *f.*
Herva, *s. f.* *V.* ERVA.
Hesitação, *s. f.* ḍauṁḍaḷṇî, kâṁkaṭṇî, śaṁkâ *f.*, dubhâv, vikalp *m.*, athîrpaṇ *n.;* luḍbevṇî, gâgevṇî *f.*
Hesitante, *a.* pâṭhîphuḍe sartalo, ḍauṁḍaḷît, dubhâvî; gâgyo, luḍbo.
Hesitar, *v. i.* pâṭhîphuḍe saruṁk, ḍauṁḍaḷuṁk, kâṁkaṭuṁk, ḍubḍubuṁk; ghuspuṁk, goṁdhuṁk; dubhâvoṁk, dubhâv paḍuṁk,- lâguṁk *(d. do s.)*, śaṁkuṁk. || *V.* GAGUEJAR.
Hesterno, *a.* *(poet.)* kâlcho.
Heteroclito, *a.* *(gram.)* vidhibhaṁjak. || *V.* EXTRAVAGANTE.
Heterodoxia, *s. f.* *V.* HERESIA.

Heterodoxo, *a. V.* HERETICO.
Heterogeneidade, *s. f.* viguṇpaṇ, vivarṇpaṇ *n.*, vijâtîyatâ *f.*, virodh *m.*
Heterogeneo, *a.* dusre jâtîcho,- tahrecho, vijâtîya, viguṇ, vivarṇ, vidharm.
Heteromorpho, *a.* vichitrâkâr.
Heteronomia, *s. f.* vividhi *m.*
Heteropetalo, *a. (bot.)* vichitradal.
Hexacorde, *s. m. (mus.)* grâm *m.*
Hexaedro, *s. m. e a.* shaṭpailu *m. e a.*
Hexagonal, *a.* shaṭkoṇ.
Hexagono, *s. m.* shaṭkoṇâkriti *f.*
Hexametro, *s. m.* shaṭpadî charaṇ *n.*
Hexapetalo, *a. (bot.)* shaḍdal.
Hexaphyllo, *a. (bot.)* shaṭparṇ.
Hexapode, *a. (zool.)* shaṭpad.
Hexaptero, *a.* shaṭpaksh.
Hi, *adv. V.* AHI.
Hiante, *a.* tomḍ ughḍûn âslalo, bhak ughaḍtalo.
Hiato, *s. m.* kusvar, bhaṁg *m.*, padvṛitti; *(fig.)* dhâḷ, phûṭ, sâṁdh *f.*, khâvṭeṁ *n.* || *V.* INTERRUPÇÃO.
Hibernação, *s. f. (zool.)* bhramît *f.*
Hibernal, *a.* pâvsâcho, pâvsâḷo.
Hibernar, *v. i. (zool.)* bhramît jâvuṁk *(d. do s.)*
Hiberno, *a. (poet.)* pâvsâḷyâcho.
Hidroitico, *a. V.* SUDORIFICO.
Hiemal, *a.* pâvsâcho.
Hieranose, *s. f. V.* EPILEPSIA.
Hierarcha, *s. m.* mukhya dharmâdhyaksh,- âchârya.
Hierarchia, *s. f.* mukhya dharmâdhyakshâchî padvî; âchâryamaṁḍaḷî *f.*; adhikârkram *m.*
Hierarchicamente, *adv.* adhikârkramiṁ.
Hierarchico, *a.* mukhya âchâryâcho; adhikârkramâcho, kramik.
Hieratico, *a.* dharmâdhikâryâṁcho; pavitr vastûṁcho.
Hieroglyphico, *a.* sâṁketik, saṁjñîk, gûḍhbarpâcho.
Hieroglypho, *s. m.* sâṁketik chitr.- akshar, guḍhâcheṁ barap; *(fig.)* gûḍh *n.*
Hierographia, *s. f.* pavitravastuvarṇan; dharmavarṇan *n.*
Hierologia, *s. f.* dharmajñân *n.*
Hilare, *a. (poet.) V.* ALEGRE.
Hilariante, *a.* kuśâlcho, sukhkar.
Hilaridade, *s. f.* hâṁschî khuśî *f.*; hâṁso *m.*
Himpar, *v. i. V.* IMPAR.
Hippiatria, hippiatrica, *s. f.* aśvavaidik *f.*
Hippiatrico, *a.* aśvavaidikecho.
Hippico, *a.* ghoḍyâcho.
Hippocampo, *s. m. (zool.)* gâdo *m.*
Hippodromo, *s. m.* aśvâṁgaṇ, ghoḍyâṁcheṁ maidân *n.*
Hippopotamo, *s. m.* udkâṁtlo ghoḍo, vidu *m.*
Hirsuto, *a.* keṁsâḷo, laṁvero; phullalo (keṁs).
Hirto, *a.* tâṇ, vâtaḍlalo; phullalo, ubho; khuṁṭ; *(fig.) V.* RISPIDO.
Hispidez, *s. f.* laṁverepaṇ *n.*
Hispido, *a.* laṁvero; phullalo.
Historia, *s. f.* istor *f.*, itihâs, vrittâṁt *m.*, charitr *n.*, kathâ *ou* kaṁthâ, bakhar, vârttâ, goshṭ *f.* || *V.* ANECDOTA *e* FABULA. || — *antiga*, purâṇ *n. Passar á —*, parṇo jâvuṁk.
Historiador, *a. e s. m.* **historiographo**, *s. m.* kaṁthâkâr, kaṁthî, itihâs-, bakhar baraitalo.
Historiar, *v. t.* kathuṁk, sâṁguṁk, kathâ sâṁguṁk *(g. do o.)*
Historicamente, *adv.* itihâsîṁ.
Historico, *a.* itihâsâcho, aitihâsik, kathecho.
Historieta, historiola, *s. f.* kathâ, goshṭ; kahâṇî *f.*
Historiographia, *s. f.* itihâsvidyâ *f.*
Histrião, *s. m.* nâṭkî, soṁgâḍî, nakalyo, bahurûpî *ou* bhorpî; *(fig.)* bhikârḍo, bhâṇsiro.
Hodierno, *a.* âycho; hâlîṁcho, âtâṁcho, hyâ samayâcho.
Hoje, *adv.* âj, âychyâ disâ; âtâṁ, hyâ samayâr. || — *em dia*, âtâṁ, sardyâ. *De —*, âycho *(a.) De — em deante*, hyâ phuḍe, hyâ mukhâr. || *s. m.* âycho dis,- divas *m.*
Holocausto, *s. m.* hom; yajña *m.*, samarpaṇ *n.*
Hombrear, *v. i.* bhujâk bhûj teṁkauṁk; *(fig.)* pâvuṁk, lâguṁk, sarîjâvuṁk.
Hombridade, *s. f.* guidâr *n.*, âṁgvaṭo *m.*; vaḍhâvadh, uḍâuḍî *f.*; *(fig.)* mânbhâv, udâsinbhâv *m.*; vartepaṇ, mâhâtmya *n.*
Hombro, *s. m.* khâṁd *m.*, bhûj, bâvas *n.* || *Metter ou pôr hombros*, khâṁd mâruṁk. *Encolher os hombros*, bhujâṁ vayr kâḍhuṁk. — *com —*, barâbarî, khâṁdâk khâṁd lâvûn.
Homem, *s. m.* manis, manus, manush jaṇ *m.*, *f. e n.*; *humanidade:* manushyakûḷ *n.*, manushyajât *f.*, purush, jaṇ, dvipad (*litt.* BIPEDE), prâṇî, *prâṇyo (*litt.* CREATURA VIVENTE); *macho:* dâdlo, manîs, purush, manu, nar *(poet.)*; *adulto:*

manîs, mânây, mânav; *marido:* dâdlo, ghov. || *V.* SOLDADO. || — *eminente,* mard *ou* marad. — *de serviço, de trabalho,* mânây, gaḍî, âḷ *(us. Can.)*

Homenagem, *s. f.* râjvaṁdan *n.*, râjbhakti; sevâ, pujâ *f.*, namaskâr, satkâr, âdar, praṇâm, abhivâd *m.*, abhivâdan, vaṁdan *n.*

Homenzarrâo, *s. m.* khaḍâgâṁṭ, khaḍpo, digaṁbar.

Homenzinho, *s. m.* pilkaṇ *n.*; *(fig.)* bâbḍo-, garîb manîs *m.*, boḍ, kûḷ *n.*

Homicida, *s. m. e f.* mârckâr, mortîkâr (*do port.* MORTE), ghâtkî, prâṇghâtkî, khunî. || *a.* ghâtkî, *hâtyâḷ.

Homicidio, *s. m.* mort (*port.* MORTE), mârî *f.*, ghât, parghât, prâṇghât *m.*, khûn, manushyamâraṇ, hatya *n.*

Homilia, *s. f.* upaśâm, dharmkathan, dharmbhâṇ *n.*

Homiliar, *v. i.* upaśâm karuṁk,-barauṁk.

Homiziado, *a. e s. m.* nitîk paḷtalo.

Homiziar, *v. t.* dusaṁgauṁk, lâṁvdây sâṁguṁk *(g. do o.)*; *(fig.)* nitîk lipauṁk, (gunyâṁvkârâk) âsar divuṁk. || *v. r.* nitîk paḷuṁk, mansubî chukauṁk; lipûn râvuṁk, lipuṁk.

Homizio, *s. m.* lipṇî *f.*, lipṇeṁ, nitîk paḷneṁ; lipaṇ *n.*; *(ant.) V.* HOMICIDIO.

Homocentrico, *a. V.* CONCENTRICO.

Homocentro, *s. m.* samkeṁdr *n.*

Homoethnia, *s. f.* samjâti *f.*

Homogeneidade, *s. f.* eksârkepaṇ, savarṇ, nirbhelpaṇ *n.*, saṁbhâv *m.*

Homogeneizar, *v. t.* eksârko-, nirbhel karuṁk. || *v. r.* eksârko-, samjâtîya jâvuṁk.

Homogeneo, *a.* eksârko, ek jâtîcho,- takrecho, savarṇ, nirbhel, samjâtiya, sadharm.

Homographo, *a.* samâkshar.

Homologação, *s. f. (for.)* nivâḍo thirâvṇeṁ *n.*, satyakâr *m.*

Homologar, *v. t. (for.)* thirâvuṁk, satyakâr karuṁk *(g. do o.)*; *(geom.)* samparimâṇ karuṁk.

Homologo, *a. (geom.)* samparimâṇ, tulyaparimâṇ.

Homonymia, *s. f.* nâṇârth, bhinnârth *m.*

Homonymo, *a.* bhinnârth; ekâ nâṁvâcho, samnâm.

Homopetalo, *a. (bot.)* samdal.

Homophago, *a.* harveṁ-, jiveṁ mâs khâtalo.

Homophonia, *s. f.* samsvar *m.*

Homophono, *a.* samsvar.

Homunculo, *s. m.* moṭvo manîs, giḍḍo, buṭṇo.

Honestador, *a. e s. m.* nîb sârtalo; śriṁgârtalo.

Honestamente, *adv.* maryâdîn, mâṇsugeṇ.

Honestar, *v. t.* baro lep kâḍhuṁk *(d. do o.)*, nîb sâruṁk *(d. do o.)*; neṭauṁk, śriṁgâruṁk. || *v. r.* mâṇsugen chaluṁk, âbrû saṁbhâḷuṁk.

Honestidade, *s. f.* mâṇsugî, mansubî, âbrû *f.*, bhalepaṇ, sâvpaṇ *n.*; maryâd *f.*, âḍpadar *m.*, nishkâmpaṇ *n.*

Honesto, *a.* mâṇsugecho, âbrûvaṁt, bhalo, sâv, pramâṇik satcharî; maryâdîcho maryâdik, bhiḍest. || *V.* CORTEZ.

Honor, *s. m.*: *dama de* —, râṇiyechi sevkîṇ.

Honorariamente, honorificamente, *adv.* mânân, satkârân.

Honorario, *a.* polkyâ-, sukyâ mânâcho, phakat mânâcho. || *s. m.* inâm, samarpaṇ *n.*

Honorificar, *v. t. V.* HONRAR.

Honorificencia, *s. f.* mân *m.*, âbrû *f.*

Honorifico, *a.* mânâcho, âbrûcho, âbrûvaṁt. || *V.* HONORARIO.

Honoris causa, mânâpâsûn, âbrûkhâtîr.

Honra, *s. f.* oṁr *n.*, mân, âdar, satkâr, saṁbhram *m.*, *mânatva, *mânmânatva *n.*; *brio:* abhimân *m.*, mâṇsugî, iśîm; *reputação:* âbrû, ijat *f.*, nâṁv; *gloria:* yaś, nâṁvrûp *n.*, śrî *f.*; *mercê, attenção:* mân, upkâr *m.*, bhiḍbhâḍ *f.* || *V.* PUDOR. || *Pendencia de* —, *V.* DUELLO. *Ponto de* —, *V.* PUNDONOR. *Fazer* —, mân divuṁk, yaś hâḍuṁk, ukḷûn dharuṁk. *Pagar por* — *da firma,* mânâpâsvat phârîk karuṁk. *Em* — *de,* mânâk, bhiḍek. || -s, *pl. V.* CARGO. || — *funebres, V.* EXEQUIAS. *Fazer as* — *da casa,* upachârân ghevuṁk.

Honradamente, *adv.* mâṇsugeṇ, iśimen, âbrû râkhûn.

Honrado, *a.* mânâcho, mânâdik, âbrûcho, âbrûvaṁt, mâṇsugecho, ijatîcho, pramâṇîk, nâṁv âstik. || *V.* HONROSO *e* CASTO.

Honrador, *s. m.* mân ditalo, yaś hâḍṇâr.

Honrar, *v. t.* thor-, vhaḍ karuṁk, mân divuṁk-, dâkhauṁk *(d. do o.)*, yaś hâḍuṁk *(d. do o.)*, mânuṁk, mânauṁk, samânuṁk, manâ pâvauṁk; satkâruṁk, âdaruṁk, sanmânuṁk; *(comm.)* puṭavuṁk *(d. do s., s. do o.)*, sakâruṁk. || — *a memoria de alguem.*

samaraṇ karuṁk. || *v. r.* (âpleṁ) nâṁv-, mân râkhuṁk, mân bhoguṁk; thor-, vhaḍ jâvuṁk, thorpaṇâk-, vhaḍpaṇâk pâvuṁk.

Honraria, *s. f.* vhaḍvî, prauḍhî, *tainâd *f.*, darjo *m.*; mânḍâkhauṇ *f.*, mânâcho dabâjo *m.*

Honrosamente, *adv.* mânân, âdarân, satkârân.

Honroso, *a.* mânâcho, mânâdîk, *mâmnânatvâcho.

Hontem, *adv.* kâl. || *Ante-hontem ou antes de* —, pair. || *s. m.* kâlcho dîs *m.*

Hora, *s. f.* or *n.*, ghaḍî, ghâṁṭ, horâ *(p. us.) f.*, tâs *(us. Sav. e Can.) n.*; *tempo proprio, occasião:* veḷ, vagaṭ *m.* || *Dar a* —, veḷ jâvuṁk. *Estar por horas,* jâvuṁk âsuṁk. *Cada* —, veḷâveḷîṁ, sadâṁkâl. *Não ter uma — de seu,* ilîpaṇ phursat nâsuṁk *(d. do s.) Chegar á sua — a alguem,* marṇâchî ghaḍî-, pâḷî yevuṁk. *Nas horas de estalar,* nimâṇyâ veḷâr. *De — á* —, veḷâveḷe, ghaḍiye ghaḍiye. *A toda a* —, khaiṁchyây veḷâr, kednây; sadâṁkâl, niraṁtarîṁ. *A* —, vagtâr, veḷâr. || -s, *pl.* veḷ, vagaṭ, kâḷ *m.* || — *e* —, — *inteiras,* — *infinitas,* — *esquecidas,* sabâr veḷ-, kâḷ. *Darem* —, orâṁ vâjuṁk. *Dar a barriga* —, piyâṁmaruṁk, poṭ pâṭhîk lâguṁk. *Fazer* —, veḷ kâḍhuṁk. — *mortas,* madhyâhn, vhaḍ rât *f. Fora de* —, veḷâbhâyr, bhav râtîr. *A* —, baryâ vagtâr. *As* —, veḷâpramâṇeṁ, orâpoṭîṁ.

Horario, *a.* orâcho, ghaḍiyecho. || *s. m.* veḷâchî paṭṭî *f.*

Horda, *s. f.* lamaṇ *n.*; peṁḍhâryâṁchî urpaṁj *f.*

Horizontal, *a.* dhârîbarâbar; âḍ, âḍvo.

Horizontalmente, *adv.* dhârîbarâbar; âḍ.

Horizonte, *s. m.* dhâr, kâḷî dhâr, maṁḍaḷ, maḷbhâchî deg *f.*, chakr; digaṁt, aṁbrâṁt (— *real, racional); (fig.)* taḷ, thar; phuḍâr *m.*

Horoscopio, horoscopo, *s. m.* jalmâchî ghaḍî, janmakuṁḍalî *f.*; janmapatr *(papel do —) n.*

Horrendamente, horrificamente, *adv.* vikaṭâyen, kâṁṭâḷpaṇîṁ.

Horrendo, horrido, horrifico, horrivel, *a.* akrâḷ, vikrâḷ, aḷśikaṇo, kâṁṭâḷyâcho, ghor, gair; vikaṭ, paḷît, paḷîshṭ; bhirâṁkûḷ, bhesurvâṇo.

Horreo, *s. m. V.* CELLEIRO.

Horribilidade, *s. f.* akrâḷpaṇ *n.*, vikaṭây *f.*

Horripilação, *s. f. V.* ARRIPIAMENTO.

Horripilante, *a.* śirśirâytalo, kaḍkaḍâytalo; *(fig.)* aḷśikaṇo, kâṁṭâḷyâcho, bhesurvâṇo.

Horripilar, *v. t. e r. V.* ARRIPIAR.

Horrisono, *a.* bhirâṁkûḷâ nâdâcho, ghordhvani.

Horrivel, *a.* bhav vâyṭ,- khoṭo. || *V.* HORRENDO.

Horrivelmente, *adv.* akrâḷpaṇîṁ, paḷiṭâyen; udaṁḍ, bhav chaḍh, jabar.

Horror, *s. m.* kâṁṭâḷo *m.*, aḷśîk, vîṭ; kaḍkaḍî *f.*, kaḍkaḍo, śirśiro *m.*; paḷiṭây, vikaṭây *f.*, akrâḷpaṇ, ghorpaṇ *n.*, bhirâṁkuḷây *f.*; *pavor:* bhedro, tharatharo, dhaḍdhaḍo, kalkalo; *odio:* dvesh, viklab, *m.*, nâkhuśî; *grande quantidade:* râs *f.*, loṭ, ḍoṁgar *m.* || *Santo* —, devbhirâṁt *f.*

Horrorizar, *v. t.* kâṁṭâḷâvuṁk, viṭâvuṁk; kalkalâvuṁk, bhedrâvuṁk, thartharâvuṁk. || *v. r.* thartharuṁk, kalkaluṁk, bhedruṁk; kaḍkaḍuṁk, śirśiruṁk.

Horrorosamente, *adv.* aḷśiken, kâṁṭâḷpaṇîṁ.

Horroroso, *a.* aḷśikaṇo, kâṁṭâḷvâṇo, kâṁṭâḷyâcho; bhesurvâṇo, bhirâṁkûḷ, bhaykar.

Horta, *s. f.* ort, parsûṁ, kuḷâgar *n.*, maḷo *m.*, bâg, vâṭî *(p. us.)*, hitâl *(us. Can.) n.*

Hortaliça, *s. f.* verdûr *(port.)*, vârveṁ *n.*, jhâḍpâlo *m.*, śâk, bhâjî, tarkârî, râṁdhay *(us. Can.) f.*

Hortar, *v.* parsûṁ karuṁk *(g. do o.)*; lâvuṁk.

Hortelan, *s. f.* ortelâṁv *m.*

Hortelão, *s. m.* parsûṁ lâytalo, parsâkâr, maḷekâr, mâlî.

Hortelôa, *s. f.* parsâkârṇ, maḷekârṇ, mâlîṇ.

Hortense, *a.* parsâṁtlo.

Horticola. *a.* parsâcho, maḷyâcho, bâgkâmâcho.

Horticultor, *s. m.* bâgkâm kartalo,-kaḷtalo.

Horticultura, *s. f.* bâgkâm *n.*, udyânvidyâ *f.*

Horto, *s. m.* maḷo *m.*

Hosanna, *s. f.* jayjay *m.*

Hospeda, *s. f.* bihrâḍiṇ, soyrî. || *V.* HOSPEDEIRA.

Hospedador, *a. e s. m.* bihrâḍkâr, yajmân.

Hospedagem, *s. f.*, **hospedamento**, *s. m.* bihrâḍ deneṁ *n.*, parkaṁd *m.*, parâmaś, keḷauṇî, keḷauṇ *f.*

Hospedal, *a. V.* HOSPEDEIRO.

Hospedar, *v. t.* bihrâḍ divuṁk *(d. do o.)*, keḷauṁk, parkaṁduṁk, sanimân karuṁk *(g. do o.)*, saṁbhâvuṁk, *bhojan divuṁk *(d. do o.)* || *v. r.* bihrâḍ karuṁk, *bhojan ghevuṁk.

Hospedaria, *s. f.* bihrâḍ *ou* biḍâr, jevaṇghar, pujâd (*port.* POISADA).

Hospedavel, *a.* bihrâḍ divuṁcho; bihrâḍâk ghevuṁcho.

Hospedavelmente, *adv.* parâmaśîn, sanimânân.

Hospede, *s. m.* bihrâḍî, pâvṇo, soyro, atithi. || *V.* HOSPEDEIRO. || *a. (fig.)* âthvo, parko; neṇâr, nakḷo âslalo.

Hospedeira, *s. f.* bihrâḍ ditalî, yajmânîṇ, gharkârṇ.

Hospedeiro, *a.* bihrâḍyâcho, soyryâcho; bihrâḍ divuṁcho; *(fig.)* sanimânî, parkaṁdtalo. || *s. m.* bihrâḍkâr, bihrâḍ ditalo, pujâdkâr (*do port.* POISADA), yajmân, mejmân.

Hospicio, *s. m.* dharmśâḷ dharmpurî, devpurî *f.*

Hospital, *s. m.* ospitâl *m.*, ispaṭal *n.*, rogîśâlâ, âspatrî *(us. Can.) f.*, rogyâlay *n.* || *a.* dharmîk, dharmvaṁt.

Hospitalar, **hospitalario**, *a.* dharmśâḷîcho; rogîśâlecho.

Hospitaleira, *s. f.* dharmastrî.

Hospitaleiro, *a.* dharmâk bihrâḍ ditalo,- jagâsaṇ kartalo, dharmśâḷyo; parkaṁdtalo, sanimânî.

Hospitalidade, *s. f.* parâmaś, atithisevâ, pujâ, satkriti *f.*, annsatr *n.*

Hostal, **hostau**, *s. m. (ant.) V.* ESTAU.

Hoste, *s. f.* dalbhâr, senâbhâr *m.*, chakr; parchakr; gaḷim *m.; (fig.) V.* BANDO.

Hostia, *s. f.* ost; chakti *f.* || *V.* VICTIMA.

Hostiario, *s. m.* ostûṁcheṁ peṭûl *n.*

Hostil, *a.* vairî, duśmânîk, dveshî, pratipakshî; *(fig.)* karyâ kartalo, bheṁkḍâytalo.

Hostilidade, *s. f.* duśmânkây *f.*, vair, pratikarm *n.;* laḍhây; karyâ *f.*, virodh *m.*

Hostilizar, *v. t.* doshuṁk, dusaṁgauṁk, viruddhuṁk; juj karuṁk *(d. ou ab.* kade *do o.)*, laḍhuṁk; *(fig.)* vâyṭ karuṁk *(d. do o.)*, nâśuṁk.

Hostilmente, *adv.* duśmânkâyen, vairîṁ; karyâ karûn, bheṁkḍâvûn.

Hotel, *s. m.* oṭel *n.* || *V.* HOSPEDARIA.

Hucha, *s. f.* varvâcho-, bejmecho haḍpo *m.*, khâṇâchî peṭ *f.*

Huchão, *s. m.* khâṇâjevṇâcho kârbhârî, ugrâṇî *(us. Can.)*

Hucharia, *s. f.* kaḍo *m.*, kaṇaṁg; gujâryâchî kûḍ *f.*, ugrâṇ *(us. Can.) n.*

Hulha, *s. f.* phâtrâche koḷse *m. pl.*

Hum, *int.* hûṁ, hâṁ.

Humanal, *a. V.* HUMANO.

Humanamente, *adv.* manushyepaṇîṁ; dayen, karuṇâyen.

Humanar, *v. t.* manîs-, manushyâḷo, karuṁk *(d. do o.)* || *v. r.* manîs jâvuṁk, manushyepaṇ ghevuṁk, manushyâḷo-, dayâḷ jâvuṁk.

Humanidade, *s. f.* manushyepaṇ, manuspaṇ, *manusatva; manushyakûḷ *f.*, manushyajât *f.*, manushyagaṇ *(p. us.) n.*, jaṇpad *m.;* dayâ, karuṇây *f.*

Humanista, *s. m.* paṁdit, śâstrî.

Humanitario, *a.* manushyâḷo, karuṇ, dayâḷû.

Humanização, *s. f.* manîs karṇeṁ,-jâṇeṁ *n.*

Humanizar, *v. t. e r. V.* HUMANAR.

Humano, *a.* manushyâcho, purushâcho, manushyepaṇâcho; *(fig.) V.* COMPASSIVO. || *O genero —*, manushyakûḷ *n.*, manushyajât *f.*

Humbral, *s. m.* uṁbar, uṁbro *m.* || *V.* PORTA.

Humbreira, *s. f.* bhujâcheṁ âṁgvastr *n.;* uṁbrâcho phâtar *m.*

Hume, *a.: pedra hume*, phaṭkî *f.*

Humectação, *s. f.* olâvṇî, bhijauṇî, timauṇî; śeḷ *f.*

Humectante, **humectativo**, *a.* olâvuṁcho, bhijauṁcho.

Humectar, **humedecer**, *v. t.* olâvuṁk, bhijauṁk, timauṁk. || *v. i. e r.* olevuṁk, bhijuṁk, timuṁk, śeḷevuṁk, pachpachuṁk.

Humente, *a. (poet.)* olo, bhijlalo; olo karcho.

Humeral, *a.* khâṁdâcho, bhujâcho.

Humero, *s. m.* bhujâcheṁ hâḍ *n.*

Humidade, *s. f.* olsâṇ, śeḷ, śeḷvat, thaṁḍây *f.;* śeḷer *m.*

Humido, *a.* oḷo, śeḷo, śeḷ âslalo, thaṁḍ, pachpachît, bachbachît.

Humil, *a. (poet.) V.* HUMILDE.

Humildação, *s. f. V.* HUMILHAÇÃO.

Humildade, *s. f.* khâḷtepaṇ, lahânpaṇ *n.*, lahânvikây, lînṭuvây *f.*, lînpaṇ, neṇṭepaṇ *n.*, neṇṭuvây *f.* || *V.* MODESTIA.

Humildar, *v. t. e r. V.* HUMILHAR.

Humilde, *a.* khâlto, lîn, neṇto, lahân, lahânvîk, nigarvî, nirahaṁkâr; dîn, garîb, bâbdo, vynayî; khâltepaṇâcho, garîbpaṇâcho

Humildemente, **humildosamente**, *adv.* khâltepaṇîṁ, lîṇṭuvâyen, garvâvâṁchûn, ahaṁkârâvîṇ.
Humildoso, **humile**, *a.* *(poet.)* V. HUMILDE.
Humilhação, **humiliação**, *s. f.* khâlto karṇeṁ,- jâṇeṁ khâltepaṇ *n.*, lahânvikây *f.*; hînpaṇ, halkepaṇ *n.*
Humilhante, **humiliante**, *a.* khâlto-, uṇo-, hîn karcho.
Humilhar, *v. t.* khâlto-, lîn karuṁk, khâlâvuṁk, lahânâvuṁk, namauṁk; uṇo-, halko karuṁk; moḍûn ghâluṁk, deṁvauṁk. ‖ *v. r.* lahân-, khâlto jâvuṁk, namoṁk, deṁvuṁk, thaṁḍâvoṁk; taklî poṁdâk ghâluṁk, pâṁyâṁlâgiṁ yevuṁk, pâṁy dharuṁk. ‖ V. CEVANDIJAR-SE.
Humilimo, *a. sup.* bhav khâlto.
Humor, *s. m.* umor, dosh, ras, dhâtu *m.*, dhât *m. e f.*; pû *m.*, maḷ *n.*; *(fig.)* bhâv *m.*, vaḷaṇ *n.*, vṛitti *f.* ‖ V. LIQUIDO.
Humorado, *a.* dosh âslalo; baryâ va vâyṭâ vaḷṇâcho,- maṇâcho.
Humoral, *a.* dhâtûṁcho, doshâṁcho.
Humorismo, *s. m.* rasâḷpaṇ *n.*, vinodvṛitti *f.*
Humorista, *s. m.* rasâḷ barpî.
Humoristico, *a.* rasâḷ, rasik, vinodî, marjecho, cheshṭâyecho.
Humoroso, *a.* doshâṁnîṁ bharlalo, dhâtumay.
Humoso, *a.* kâḷe mâtiyecho.
Humus, *s. m.* kâḷî-, kârâchî mâtî *f.*
Huri, *s. f.* apsarâ; *(fig.)* suṁdarî *f.*, strîratn *n.*
Hurrah, *int.* hurre.
Hyalino, *a.* ârsyâsârko.
Hybridação, **hybridez**, *s. f.* saṁkarjât, miśrajât *f.* ‖ V. ANOMALIA.
Hybridismo, *s. m.* *(gram.)* dvibhâshâśabd *m.* ‖ V. HYBRIDEZ.
Hybrido, *a.* saṁkarâcho, saṁkarjât, doglo; *(gram.)* doṁ bhâsâṁcho, dvibhâshâ. ‖ V. IRREGULAR.
Hydra, *s. f.* eṁvâḷeṁ *n.*, jalvyâl *m.*
Hydrargyrio, *s. m.* V. MERCURIO.
Hydraulica, *s. f.* chalajalavidyâ *f.*
Hydraulico, *a.* chalajalavidyecho.
Hydrocele, *s. m.* bûr *n.*, aṁtargaḷ *m.*
Hydrocephalia, *s. f.*, **hydrocephalo**, *s. m.* jalmastak *n.*
Hydro-dynamica, *s. f.* jalagatisthitiśâstr *n.*
Hydrogenio, *s. m.* udakajanakavâyu *m.*
Hydrographia, *s. f.* samudravelâdivarṇan *n.*
Hydrographo, *s. m.* samudravelâdivarṇanajña.
Hydrologia, *s. f.* udakavidyâ *f.*
Hydromel, *s. m.* madhuvaṇî *n.*
Hydrometria, *s. f.* udakamâpanavidyâ *f.*
Hydrometro, *s. m.* udakamâpanayaṁtr *n.*
Hydropathia, *s. f.* jalopachâr *m.*
Hydrophobia, *s. f.* pisâvlalyâ śuṇyâṁcho vikhâr, alark *m.*
Hydrophobo, *a. e s. m.* pisâvlalo (śuṇeṁ), alarkî.
Hydropico, *a. e s. m.* nâḷkutkâr *ou* nâykutkâr, udarî, udarrogî, *mahodrî.
Hydropisia, *s. f.* nâḷkût *ou* nâykût, udar *n.*, udarrog *m.*
Hydrostatica, *s. f.* udakasthitiśâstr *n.*
Hydrostatico, *a.* udakasthitiśâstrâcho, udakasthitisaṁbaṁdhî.
Hydrotechnia, **hydrotechnica**, *s. f.* udakavâhanavidyâ *f.*
Hydrotherapeutica, **hydrotherapia**, *s. f.* jalopachâr *m.*
Hyena, *s. f.* bâhûl *n.*, taras, cval *m.*, śuṇeṁ vâghaṭ *n.*
Hygiene, *s. f.* arogsaṁrakshaṇaśâstr *n.*; *(fig.)* bâḷgaṇ, vâgauṇî *f.*
Hygienico, *a.* bhalâykî saṁbhâḷcho, aragsaṁrakshaṇâcho; bhalâykecho, pathâcho, pathya, hitkar.
Hygrologia, *s. f.* doshavidyâ *f.*
Hygrometria, *s. f.* kledamâpan *n.*
Hygrometro, **hygroscopio**, *s. m.* kledamâpak *m.*
Hymeneu, *s. m.* vivâhadevatâ *f.*; *(fig.)* V. CASAMENTO.
Hymenographia, *s. f.* aṁtastvagvarṇan *n.*
Hymnario, *s. m.* sadgîtgraṁth *m.*
Hymnista, *s. m.* sadgit karṇâr; gâyatrî.
Hymno, *s. m.* sadgît, stotr *n.*, abhaṁg *m.*; kîrtan, stutigît *n.*
Hymnographo, *a. e s. m.* sadgît rachtalo,- ghaḍtalo.
Hymnologia, *s. f.* abhaṁgarachanavidyâ *f.* ‖ V. HYMNARIO.
Hymnologo, *a. e s. m.* sadgît gâtalo, gâyatrî.
Hyperbaton, *s. m.* V. TRANSPOSIÇÃO.
Hyperbole, *s. f.* atyukti *f.*, adhik *n.*
Hyperbolico, *a.* atyuktiehc.
Hyperboreo, *a.* uttarîcho, uttar.
Hypercritico, *a.* khar śodhak, dikatî.
Hyphen, *s. m.* saṁdhirekhâ *f.*

Hypnologia, *s. f.* nidrâvidyâ *f.*
Hypnotico, *a.* nîd hâḍcho, nidrâkârak, nidrâkârî.
Hypnotismo, *s. m.* nidrâkârakvedyâ *f.*
Hypocondria, *s. f.* vishâd *m.* ‖ *V.* MELANCHOLIA.
Hypocondriaco, *a. e s. m.* vishâdî.
Hypocondrio, *s. m.* âyaṁd, kaḍ *f.*
Hypocrisia, *s. f.* ḍhoṁg, kapaṭ *n.*, daṁbh *m.*, bhagal; phoṭkirî bhakti, kubhakti, *phaṇîbhakti *f.*, baṁḍ *n.*, dharmadhvaj *m.*
Hypocrita, *a. e s. m. e f.* ḍhoṁgî, daṁbhî, kapaṭî; phoṭkiro bhakt, polkyâ devaspaṇâcho, kubhaktîcho, *phaṇbhakt, dharmadhvajî.
Hypocritamente, *adv.* ḍhoṁgân, daṁbhîṁ.
Hypogastrico, *a.* bâṁdnâcho, vastecho.
Hypogastrio, *s. m.* bâṁdan, khâlcheṁ poṭ *n.*, oṁṭî, vasti *f.*
Hypogeu, *s. m.* bhuṁyâr, taḷghar *n.*
Hypostase, *s. m.* sattva *n.*, jaṇ *m.*; *(med.)* mutâchî mûr *f.*
Hypostatico, *a.* jaṇâcho, sattvâcho; murecho.
Hypotenusa, *s. f.* karṇ *m.*, śravaṇ *n.*
Hypotheca, *s. f.* ipotek, gâhâṇ *n.*, aḍav *(us. Can)* ‖ *Papel de* —, gâhâṇpatr *n.*
Hypothecar, *v. t.* gâhâṇ davruṁk,-divuṁk.
Hypothecario, *a.* gâhâṇâcho.
Hypothese, *s. f.* kalpanâ, ishṭakalpanâ, bhâvanâ *f.*, anubhav, upanyâs *m.* ‖ *V.* CASO.
Hypotheticamente, *adv.* bhâvanen, anubhavân.
Hypothetico, *a.* kalpanecho, bhâvanecho, upanyâst.
Hyssopada, *s. f.* âlmet mârṇeṁ *n.*, âlmetâcko śiṁvar *m.*
Hyssopar, *v. t.* śiṁvrâvuṁk, âlmet mâruṁk *(d. do o.)*
Hyssope, *s. m.* isop *f.*, *śitoḍeṁ *n.*
Hysteria, *s. f.*, **hysterismo**, *s. m.* lût *f.*, vâyugoḷo *m.*
Hysterico, *a.* lutîcho; lût jâlalo,-châvaḷlalo.

I

I, *s. m.* pâṁcheṁ akshar; i, î *f.*
Iamologia, *s. f.* aushadhagraṁth *m.*
Iamotechnia, *s. f.* aushadhavidyâ *f.*
Iatraliptica, *s. f.* śekchoragaḍcho upachâr *m.*
Ibidem, *adv.* thaiṁ, thaiṁch.
Içar, *v. t.* chaḍhauṁk, ukluṁk, ubhâruṁk; tâṇuṁk.
Ichneumon, *s. m. (zool.)* muṁgas *n.*
Ichnographia, *s. f.* gharâcho nakso,- âkâr *m.*
Ichó, *s. m. ou f.* mânas *f.*
Ichor, *s. m.* ragatpû *m.*, las *f.*
Ichoroso, *a.* ragatpuvâcho.
Ichthyographia, *s. f.* matsyavarṇan *n.*
Ichthyographo, *s. m.* matsyavarṇanî.
Ichthyologia, *s. f.* matsyaśâstr *n.*
Ichthyologico, *a.* matsyaśâstrâcho.
Ichthyophago, *a.* mâsḷî khâtalo, matsyabhojî.
Iconico, *a.* sayaṁbhâsârko (chitr).
Iconoclasta, *a. e s. m.* mûrtibhaṁgî.
Iconographia, *s. f.* mûrtivarṇan, chitravarṇan, pratimâlikhaṇ *n.*
Iconographo, *s. m.* mûrtivarṇanî.
Iconologia, *s. f.* pratimâvidyâ.
Ictericia, *s. f.* kâykay, kâmiṇ *f.*, pâṁḍhrog *m.*
Icterico, *a.* kâykay jâlalo; kâykaycho.
Ida, *s. f.* vachṇeṁ *n.*, vachṇî *f.* ‖ *V.* JORNADA. ‖ — *por vinda*, pâṭhlyâṁ doṁkyâṁnîṁ partaṇeṁ.
Idade, *s. f. V.* EDADE.
Idéa, *s. f.* kalpanâ *f. ou* kalpaṇ *n.*, âkâr, arth, bhâv, bhâs; *pensamento:* tark *m.*, chiṁtnâ *f.*, bhâvaṇ *n.*; *modelo:* namuno, nakso, sâṁcho; *esboço:* âkâr, khardo *m.*; *engenho:* tajvît, vidyâ, barkamây *f.*; *mente:* chitt, man, dhyân *n.*, taklî *f.*; *intenção:* man *n.*, arth, abhiprây *m.*; *intelligencia:* mat, buddh *f.*; *opinião:* yojan *n.*, lekh, arth *m.*; *conhecimento:* oḷakh, khabar *f.*; *expediente:* upây, ilâj; *lembrança:* âṭhav, ughḍâs *m.* ‖ — *abstracta*, bhâv. — *innata*, janmâkâr. — *fixa*, ekavishayabhram *m.*; *(fig.)* sadâṁchî chiṁtnâ, ishṭakalpanâ *f.* — *nova*, naveṁ mat. *Afastar ou tirar da* —, manâṁtleṁ kâḍhuṁk, visruṁk. *Dar a* —, arth-, samjoṇî divuṁk. *Dar* —, disuṁk. *Fazer* —, samjuṁk, dhyâ-

nân riguṁk *(g. do s.) Ter —*, oḷakh-, âṭhav âsuṁk *(d. do s.) Ter boas idéas,* mâṁḍṇî-, hikmat âsuṁk *(d. do s.)*

Ideação, *s. f.* chiṁtṇeṁ, yojan, kalpaṇ *n.*

Ideal, *a.* kalpaṇâcho, kalpit, kâlpanik, manâṁtlo, yojilalo, mâyârûpî. || *s. m.* kalpanâsṛishṭi, mânasasṛihṭi; chiṁtneṁtlî surûpây *f.; kalpitsukh n.;* dhyânâṁtlo namuno *m.*

Idealidade, *s. f.* kâlpanikpaṇ, mânsikpaṇ *n.; (fig.) V.* PHANTASIA. || **-s**, chiṁtnyo *f. pl.*, kalpaṇâṁ *n. pl.*

Idealismo, *s. m.* mâyâ, yogamâyâ, avidyâ *f.; (fig.)* kalpanâśîl *n.* || *V.* DEVANEIO.

Idealista, *a.* mâyecho; mâyârûpî. || *s. m.* mâyâvâdî, avidyâvâdî; kalpanâsakt, chiṁtnek lobhdalalo.

Idealização, *s. f.* kalpit karṇeṁ *n.;* kalpanâsṛishṭi *f.*

Idealizar, *v. t.* kalpit-, mâyârûpî karuṁk. || *v. r.* kalpit jâvuṁk.

Idealmente, *adv.* kalpâṇân, dhyânîṁmanîṁ.

Idear, *v. t.* kalpuṁk, dhyânuṁk, chiṁtuṁk; yojuṁk, âkâruṁk.

Ideavel, *a.* kalpûṁyeso, chiṁtcho, dhyânuṁcho.

Idem, *a.* toch.

Identicamente, *adv.* taseṁch, eksârkepaṇîṁ.

Identico, *a.* toch, ekach; sârko, eksârko, sam, sambhâv, abhed, aṁtar nâslalo, *avegaḷvat.

Identidade, *s. f.* sârkepaṇ, eksârkepaṇ, ekya *n.*, sambhâv, ekbhâv, abhed *m.* || *— pessoal,* âtmaupamya *n. Verificar a —,* toch jâlyâr paḷevuṁk.

Identificação, *s. f.* ek karṇeṁ,- jâṇeṁ; toch mhaṇ paḷevṇeṁ *n.*

Identificar, *v. t.* eksârko-, ekach karuṁk, ek karûn dâkhauṁk; tochto mhaṇ dâkhauṁk, toch jâlyâr paḷevuṁk. || *v. r.* ekach-, sambhâv jâvuṁk, meḷuṁk; sarijâvuṁk, lâguṁk.

Ideogenia, *s. f.* kalpanârâṁbhaśâstr *n.*

Ideographia, *s. f.* kalpanâsâṁketik chihneṁ *n.*

Ideologia, *s. f.* kalpanâvidyâ *f.*

Ideologo, *s. m.* kalpanavidyajña.

Idiolatra, *s. m.* âtmapûjak.

Idiolatria, *s. f.* âtmapûjâ *f.*

Idioma, *s. m.* bhâs; lokbhâs; bhâsechî rît,- châl *f.*, saṁpradây *m.*

Idiomatico, *a.* bhâsecho; saṁpradâyâcho.

Idiopathia, *s. f.* ekâgâtrâchî piḍâ; mûlpiḍâ; ekvastûchî oḍh *f.*

Idiosyncrasia, *s. f.* prakṛitiviśesh, âtmabhâv *m.*

Idiosyncrasico, *a.* âtmabhâvâcho.

Idiota, *a. e s. m.* pato, gaḷyo, khuḷo, mûrkho.

Idiotico, *a.* patyâcho, gaḷyâcho.

Idiotismo, *s. m.* gaḷyepaṇ, khuḷepaṇ *n.; (gram.)* saṁpradây *m.*, lokbhâs *f.*

Idolatra, *a. e s. m. e f.* koṁkṇo (*litt.* HABITANTE DO CONCÃO), anbhâvârthî (*litt.* INFIEL), mûrtipûjak, pratimâpûjak; *(fig.)* lobhdalalo.

Idolatradamente, *adv.* mûrtipûjen; lobhdûn, atiprîtîn.

Idolatrar, *v. t.* (kuḍyâ devâk) vaṁduṁk, bhajuṁk; pujâ karuṁk *(g. do o.); (fig.)* lobhduṁk, lâlevuṁk, atiprîti karuṁk *(g. do o.)*

Idolatria, *s. f.* mûrtipûjâ, mûrtibhakti, mûrtisevâ *f.*, kuḍepaṇ, koṁkaṇpaṇ, pratimâvaṁdan *n.; (fig.)* chaḍh-, khar mog *m.*, atiprîti *f.*

Idolatrico, *a.* koṁkaṇpaṇâcho, mûrtipûjecho. || *V.* IDOLATRA.

Idolo, *s. m.* kuḍo dev *m.*, mûrti, pratimâ *f.*, *paṭam *n.; (fig.)* putḷo, kaṁṭhmaṇi *m.*

Idoneamente, *adv.* purtepaṇîṁ, lâykpaṇîṁ.

Idoneidade, *s. f.* purtepaṇ, lâykpaṇ, yogyatâ, yuktî *f.*

Idoneo, *a.* purṭo, yukt, yogya, yogvaṁt, lâyk, sâṁdhno, jâṇto.

Idyllio, *s. m.* goṁvḷyâṁcho ślok *m.*, gopakâvya *m.; (fig.)* dulabh mog *m.*

Ignaciana, *s. f. (bot.)* kâjro *m.*

Ignaro, *a.* neṇâr, noḷkhato, ajñan, ajñânî, avidyâvaṁt; abuddhî, kaechcho, doḍo, mûḍh.

Ignavia, *s. f.* âḷsây; bhejuḍây *f.*

Ignavo, *a. V.* PREGUIÇOSO *e* COBARDE.

Igneo, *a.* ujyâcho, âgîcho, âgyo; ujyâchyâ raṁgâcho.

Ignescencia, *s. f.* ulap, jâḷ *m.*

Ignescente, *a.* ulpo, jaḷto.

Ignição, ignificação, *s. f.* ulpaṇeṁ, jâḷṇeṁ *n.*

Ignicola, *a. e s. m.* agnipûjak.

Ignifero, *a.* agnivâhak.

Ignivomo, *a.* âg-, ujo oṁktalo, agnivâmak.

Ignivoro, *a.* ujo-, âg khâtalo, agnikhâdak.

Ignizar-se, *v. r. V.* INFLAMMAR-SE.

Ignobil, *a.* halko, kirkoḷ, uno, unoduṇo, lahân, laḍgo; kamâśil, hîṇ, ka-

nishṭh, dvâḍ, bhikârḍo; sâṁdhîcho, sâṁdhîṁtlo.
Ignobilidade, *s. f.* halkepaṇ, unepaṇ, laḍgepaṇ *n.*, kirkoḷây; kanishṭhây *f.*, hîṇpaṇ, dvâḍpaṇ *n.*
Ignobilmente, *adv.* kanishṭhâyen, hîṇpaṇîṁ.
Ignominia, *s. f.* apmân *ou* akmân, bemân *m.*, bcâbrû, behurmat, akîrti, apkîrti, dushkîrti, kukîrti *f.*, badlâm *n.*
Ignominiar, *v. t.* akmân karuṁk *(d. do o.)*, lajj kâḍhuṁk *(g. do o.)*, nâṁv ubhauṁk *(g. do o.)*
Ignominiosamente, *adv.* akmânân, apkîrtîn.
Ignominioso, *a.* akmânâcho, apkîrtecho, akîrtecho, lajjecho.
Ignorado, *a.* nakaḷlalo, nakaḷ; khabar nâslalo, noḷkhato. || *V.* OBSCURO.
Ignorancia, *s. f.* neṇârpaṇ, neṇṭepaṇ, ajñân, ajñânpaṇ *n.*, avidyâ, abuddh, neṇârbuddh, durmat *f.*; oḷakh-, khabar nâsneṁ *n.*, nakaḷepaṇ *n.*, noḷakh *f.*
Ignorantão, *a. e s. m.* bhav doḍo, anakshar manîs.
Ignorante, *a.* neṇâr, neṇṭo, nakḷo, ajñân, ajñânî, avidyâvaṁt, abuddhî.
Ignorantemente, *adv.* neṇârpaṇîṁ, nakḷo âstânâ.
Ignorar, *v. t.* nakḷuṁk, neṇuṁk, nakḷo-, neṇo jâvuṁk, ajñânuṁk; nâ oḷkhuṁk, noḷkhuṁk.
Ignoto, *a.* olakh nâslalo, anolkhî, nolkhato. || *V.* OBSCURO.
Igreja, *s. f. V.* EGREJA.
Igual, *a. V.* EGUAL.
Iguana, *s. f. (zool.)* gâr *n.*, nakr *m.*
Iguaria, *s. f.* ruchîcheṁ khâṇ, pakvan, pâkhuvaṇ *n.*
Ileo, ileus, *s. m. V.* VOLVOLO.
Ileon, *s. m.* sakailî bârîk jhaḷî *f.*
Ilha, *s. f.* beṭ *n.*, dîp, dvîp; juṁvo *m.*, juṁveṁ *(— no rio) n.*; *(fig.)* havelî, bhaṁgsâḷ *f.*
Ilhal, *s. m.* monjâtîcheṁ bâṁdan *n.*
Ilhar, *v. t. V.* INSULAR.
Ilharga, *s. f.* kûś *ou* kûs, kaṭi, bagal, kaḍ *f.*, kaḍvaḷ *n.* || *De mão na —*, hât peṁkṭâr davrûn; hât kavḷûn; garvân. *De —*, âḍveṁ, tirseṁ. || -s, *pl.* bâṁdnâṁ *n.*; *(fig.)* teṁko *m.*, pâṁg *f.* || *Rir até apertar as —*, harḍeṁphûṭ jâvûn hâṁsuṁk.
Ilhéo, *a. e s. m.* juṁvekâr, dvîpavâsî. || *s. m. V.* ILHOTA *e* FARILHÃO.
Ilheta, *s. f. V.* ILHOTA.
Ilhó, *s. f.* ḍolo *m.*, neḍeṁ *n.*; ilo *m.*
Ilhoa, *a. e s. f.* juṁvekârṇ.
Ilhota, *s. f.*, **ilhote**, *s. m.* juṁvlî *f.*, juṁvo *m.*
Iliaco, *a.* phudnyâcho. || *Osso —*, phudnyâcheṁ hâḍ *n.* *Colica iliaca*, *V.* VOLVOLO.
Illação, *s. f. V.* INFERENCIA.
Illacerado, *a.* dhoḍ, âkho, nâ phâṁṭlalo.
Illaceravel, *a.* phâṁṭûṁ-, piṁjo nâslalo.
Illacrimavel, *a. V.* INEXORAVEL.
Illapso, *s. m.* devvaso *m.*
Illaquear, *v. t.* phâsâvuṁk, phârâvuṁk, bâṁdhuṁk, gâṁṭhâvuṁk; guṭhlâvuṁk. || *v. i. e r.* phâsâk paḍuṁk,-sâṁpḍuṁk, phâruṁk.
Illativo, *a. V.* CONCLUSIVO.
Illecebras, *s. f. pl. (p. us.)* lâg *m. pl.*, bhûl *f.*
Illegal, *a.* kâydyâbhâylo, samurtîâḍ, aśâstr, nirdharmî, vidhiviruddh.
Illegalidade, *s. f.* nirdharm, smṛitivirodh, vidhivirodh *m.*, kâydyâbhâyleṁ *f.*, aśâstratâ *f.*
Illegalmente, *adv.* kâydyââḍ, samurtîparteṁ.
Illegitimamente, *adv.* anyâyîṁ, anitîṁ.
Illegitimidade, *s. f.* anyây *m.*, anît *f.*; anijây, jârajatâ *f.*
Illegitimo, *a.* anîtivaṁt, anyâyî; anîj, poṭâcho, jâraj, vivâhâjât. || *V.* DESARRAZOADO.
Illegivel, *a.* vâchûṁ najo âslalo, apaṭhanîya.
Illeso, *a.* nashṭâviṇo, mâṇkulo, rokh; amânat.
Illettrado, *a. V.* ILLITTERATO.
Illibado, *a.* nirmaḷ, amaḷ, akaḷaṁk, nirlep, nirdushṭ, abhaṁg, pâvan, pavitr; nirdoshî, niraprâdhî.
Illibar, *v. t.* nirmaḷ-, niraprâdhî karuṁk, nirmaḷuṁk.
Illiberal, *a.* anudâr, sugrâtî, himṭo, nirdharmî. || *V.* DESPOTICO.
Illiberalidade, *s. f.* anudârpaṇ, himṭepaṇ *n.*, nirdharm *m.*
Illiberalmente, *adv.* himṭepaṇân.
Illicitamente, *adv.* kâydyââḍ, sâśtrvirodhîṁ.
Illicito, *a.* samurtîâḍ, aśâstr, śâstrviruddh; na salvato.
Illidimo, *a. (ant.) V.* ILLEGITIMO.
Illidir, *v. t. V.* EMBATER *e* DESTRUIR.
Illimitado, *a.* mîtmer nâslalo, aparaṁpâr, aparimit, akhaṁḍit, duraṁt, anâṁt.

Illiquido, *a.* gâmṭhâḷo, ghoṁṭâḷyâcho, goṁdhḷâcho.

Illitterato, *a.* vachapbarap neṇo âslalo, avidyâvaṁt, apaṁḍit; anakshar, nirakshar.

Illocavel, *a.* svât âḍâynâslalo; jâgo nâslalo.

Illogico, *a.* ayukt, yuktiviruddh, anyâyî.

Illogismo, *s. m.* ayukti *f.*, yuktivirodh, anyây *m.*

Illudente, *a.* phoṭavṇo.

Illudir, *v. t.* phoṭauṁk, phasauṁk, chakauṁk; bhulauṁk, nâḍuṁk. ‖ *V.* FRUSTRAR. ‖ *v. r.* phoṭvuṁk, phasuṁk.

Illuminação, *s. f.* ujvâḍâvṇî, ujvâḍṇî *f.;* ujvâḍ, prakâś, laklak *m.;* luminâd (*do port.* LUMINARIAS), dîpavali *f.*, dîpotsav *m.*, divṭyo *f. pl.*, agnikrîḍâ *f.;* devprakâś; matiprakâś *m.*

Illuminador, *a. e s. m.*, illuminante, *a.* ujvâḍâvṇâr, prakâśak, kâṁtikar.

Illuminar, *v. t.* ujvâḍâvuṁk, ujvâḍ ghâluṁk,- phâṁkauṁk *(l. sup. do o.)*, prakâśauṁk; divṭyo peṭauṁk,- lâvuṁk *(l. ou d. do o.)*; *(fig.)* phâṁkauṁk; laklakâvuṁk, rasrasâvuṁk; *(pint.)* patraraṁjan karuṁk *(d. do o.)* ‖ *V.* ILLUSTRAR. ‖ *v. r.* ujvâḍuṁk, ujvâḍân bharoṁk, prakâśuṁk, phâṁkuṁk.

Illuminativo, *a.* ujvâḍîk, prakâśak.

Illuminura, *s. f.* patraraṁjan *n.*

Illusão, *s. f.* mâyâ, bhûl, avidyâ *f.*, *mâvḷan *n.*, matibhram, bhed, bhâs, apadârth *m.* ‖ *V.* ESCARNEO *e* MOFA.

Illusivo, *a.*, **illusor**, *a. e s. m.*, **illusorio**, *a.* phoṭkiro, phoṭavṇo, mâyârûpî, mâv, bhulavṇo.

Illuso, *a.* phoṭavlalo, phaslalo.

Illusoriamente, *adv.* phoṭavṇen. ‖ *V.* IRRISORIAMENTE.

Illustração, *s. f.* nâvâḍhṇî *f.*, prasiddh-, varto karṇeṁ; vivaraṇ *n.*, prakâś, dâkhlo, drishṭâṁt; jâṇvây, jâṇtikây, mâṇsugî *f.;* jâṇto manîs, vidyânagarî (*litt.* CIDADE DE SABEDORIA); chitrilaleṁ patr; pustakâcheṁ chitr *n.* ‖ *V.* RENOME *e* INSPIRAÇÃO.

Illustrado, *a.* śiklalo, vâchuṁkbarauṁk jâṇo âslalo, jâṇto, jâṇâr; vivarlalo; chitrilalo.

Illustrador, *a. e s. m.* śikauṇecho, jâṇvikâyecho; śikauṇâr, prakâśauṇâr; chitraraṁjan kartalo.

Illustrar, *v. t.* varto-, prasiddh karuṁk, nâvâḍhuṁk, mân-, yaś hâḍuṁk *(d. do o.)*; *elucidar:* vivaruṁk, prakâśauṁk, prakâś karuṁk *(g. do o.)*; *instruir:* śikauṁk, sudhâruṁk; *(pint.)* chitrâṁṇîṁ saṁjauṁk,- alaṁkâruṁk.

Illustrativo, *a.* prakâśâcho, vivaraṇâcho.

Illustre, *a.* uttam, nâvâḍhgo, tejvaṁt, prasiddh, śrîmân, narvar, vhaḍ, varto, moṭo, bhagvaṁt. ‖ *V.* NOBRE.

Imagem, *s. f.* rûpkâr *m.*, rûpṇeṁ, rûpak, pratirûp, sârkeṁ *n.*, pratimâ *f.*, pratikây, pratibiṁb *m.; estampa:* chitr, piṁtâr *ou* piṁtûr *(port.) n.*, regîst *(port.)* sâṁt *(port.) m.; estatua:* mûrti, bâhulî, putḷî *f.*, putḷo, biṁb *m.*, bâhuleṁ *n.;* imâj *(— religiosa)* sarûpây *f.*, sarûp, sârkeṁ *n.; copia:* nâkal, prat; *ideia:* kalpanâ *f.*, âkâr *n.; symbolo:* chihneṁ, khûṇ *n.;* kalpanâsṛishṭi *f.*

Imaginação, *s. f.* kalpanâśakti, kalpanâ; chiṁtnâ, bhâvanâ *f.*, kalpaṇ *n.;* kalpanâsṛishṭi, mânasasṛishṭi *f.*, abhimân *m.* ‖ *V.* APPREHENSÃO. ‖ *Em —*, chiṁtnen.

Imaginador, *a. e s. m.* kalpitalo, kâlpanik, yojano.

Imaginante, *a. V.* IMAGINATIVO.

Imaginar, *v. t.* kalpuṁk, chiṁtuṁk, manâṁt hâḍuṁk,- dharuṁk; rachuṁk, yojuṁk; saṁjuṁk, dharuṁk. ‖ *v. i.* nihâḷuṁk, dhyânuṁk. ‖ *v. r.* saṁjuṁk, chiṁtuṁk, abhimânuṁk *(vv. tt.)*

Imaginaria, *s. f. (ant.) V.* ESTATUARIA.

Imaginario, *a.* kalpaṇâcho, chiṁtṇecho, kalpit, mânsik, aprasiddh, asat, mâyârûpî. ‖ *Regiões ou espaços imaginarios (fig.)*, aṁtrâḷ *n.* ‖ *s. m. (ant.) V.* ESTATUARIO.

Imaginativa, *s. f.* kalpanâśakti *f.*

Imaginativo, *a.* kalpaṇî, kalpak, kâlpanik, dhyâṇî, yojano. ‖ *V.* APPREHENSIVO.

Imaginavel, *a.* kalpûṁyeso, kalpanîya bhâvanîya.

Imaginoso, *a.* kalpaṇâcho, kalpit; manâṁtlo, phoṭkiro, asat.

Iman, *s. m.* chuṁbak, lohachuṁbak, lohakâṁt *m.; (fig.) V.* ATTRACÇÃO.

Imbecil, *a.* aśakt *ou* askat, bebaḷ, durbaḷ, meṁgo, naram; pato, khuḷo, galyo, vedjhaṁy. ‖ *V.* COBARDE.

Imbecilidade, *s. f.* aśaktây *f.*, aśaktpaṇ, atej, durbaḷpaṇ, meṁgepaṇ *n.*, naramây, śâṭhî, khuḷây *f.*, galyepaṇ *n.*

Imbecilmente, *adv.* meṁgepanîṁ; gaḷyepaṇîṁ.

Imbelle, *a.* jujâk upkârnâslalo; *(fig.)* nirbaḷî, nirjîv, kâkûḍ, bhejûḍ.

Imberbe, *a. e s. m.* khâḍ phuṭuṁk nâslalo, nikhâḍyo, nirkhâḍyo.

Imbrifero, *a. (poet.) V.* PLUVIOSO.
Imbuir, *v. t.* bhijaumk, timâvumk, phugaumk; khomchaumk, rigaumk, khomumk; *(fig.)* taklemt-, manâmt ghâlumk, śikaumk.
Imigo, *a. (poet.) V.* INIMIGO.
Imitação, *s. f.* dekh gheṇem, anusaraṇ, anukaraṇ *n.*, pâṭhlâv; utâro *m.*, nakal *f.* ‖ *A — de*, dekhîn, pramâṇem, sâmgḍe.
Imitador, *a. e s. m.* dekh ghetalo, anusârî; nakal kartalo,- kâḍhtalo, nakalyo.
Imitar, *v. t.* dekh ghevumk *(g. do o.)*, pâṭhlâv karumk *(g. do o.)*, anusarumk; nakal kâḍhumk *(g. do o.)*, pramâṇem karumk *(g. ou rad. do o.)*, utrumk; sarîjâvumk *(d. do o.)*, lâgumk *(d. do o.)* ‖ *V.* FALSIFICAR.
Imitativo, *a.* dekh ghetalo, paṭhlâvâcho, nakalyo.
Imitavel, *a.* dekh ghevûmsârko, anusaraṇâcho, anukârya.
Immaculabilidade, *s. f.* nishkaḷamkây *f.*, nirdoshguṇ *m.*
Immaculado, *a.* niskaḷamk, akaḷamk, nirmaḷ, amaḷ, nitaḷ, pavitr, śuddh, suddhav, nishpâpî, nirlep, pâpkhat nâslalo.
Immaculavel, *a.* meḷaum-, khatâvûm najo âslalo, nirdoshya.
Immaculidade, *s. f.* nirdosh *m.*, pavitrpaṇ *n.*, niskaḷamkây, nirlepây *f.*
Immalleavel, *a.* peṭûm najo âslalo.
Immane, *a.* bhav vhaḍ, arishṭ, digambar; *(fig.) V.* CRUEL.
Immanencia, *s. f.* sthiti, samsthâ *f.*, amtarvartan *n.*
Immanente, *a.* sthit, samsth, amtarasth; lâgûn âslalo, thîr.
Immanidade, *s. f.* chaḍh vhaḍây, arishṭpaṇ; *(fig.) V.* CRUELDADE.
Immarcescivel, *a.* bâva nâslalo, nirmlân.
Immaterial, *a.* anamg, amûrt, aśarîrî, videhî, nirâkâr.
Immaterialidade, *s. f.* amûrti, aśarîratâ *f.*, nirâkârpaṇ *n.*
Immaturidade, *s. f.* tarṇepaṇ, kachchepaṇ *n.*
Immaturo, *a.* pika nâslalo, tarṇo, harvo, kachcho. ‖ *V.* PREMATURO.
Immediação, *s. f.* lâgsâr, samsarg *m.*, niramtarpaṇ *n.* ‖ **-ções**, *pl.* śejâr *m.*, sarad *f.*
Immediatamente, *adv.* lâgûn, temkûn, niramtarîm, samsargîm; madhesthâvîṇ, dusryâvîṇ; rokḍoch *(decl.)*, tasoch *(decl.)*, asoch *(decl.)*, tyâch phârâk, ubhyâubhîm.
Immediato, *a.* temklalo, temkûn âslalo, lâgśilo, sarśîlo, samsargî, niramtar; tasoch, rokḍoch, tyâch veḷâcho; temkûn âdlo va dusro, tyâ pelo. ‖ *s. m.* dusro mukhelî,- vhaḍîl.
Immedicavel, *a.* okhat nâslalo, avokhat, asâdhya.
Immemorado, *a.* meji nâslalo; ughḍâs nâslalo.
Immemoravel, *a.* ughḍâs âsûm najo âslalo,- âsumk phâvo nâslalo.
Immemore, *a. (poet.) V.* ESQUECIDO.
Immemorial, immemoriavel, *a.* ughḍâs-, khabar nâslalo; atiprâchîn, *anâdsiddh.
Immensamente, *adv.* bhav chaḍh, mitmer nâstânâ, agaṇitpaṇim, khâmḍiyâmnîm.
Immensidade, immensidão, *s. f.* aparimitây, akhamḍitây, amaryâd *f.*, anamtpaṇ *n.*; chaḍh vhaḍây *f.*, bhav vistâr; loṭ *m.*, uphâḷem *n.*; *o espaço ethereo:* mahâkâś *m.*
Immenso, *a.* mîtmer nâslalo, aparimit, nissîm, amaryâd, amit, aparampâr, duramt, anamt, akhamḍit, agaṇit; bhav vhaḍ,- chaḍh, varishṭ, avjaḍ.
Immensuravel, *a.* mejûm najo âslalo, amit.
Immerecido, immerito, *a.* phâvo nâslalo, phumkaṭcho.
Immergente, *a.* buḍaitalo; samchartalo.
Immergir, *v. t.* buḍaumk, buchkaḷâvumk. ‖ *v. i.* samchromk, śirumk; *(astr.)* mûḍh jâvumk. ‖ *v. r.* buḍumk, udkâpomḍâk vachumk.
Immeritamente, *adv.* phâvõ nâstânâ, puṇyâviṇem.
Immersão, *s. f.* buḍauṇî, buḍṇî, buchkaḷ *f.*; *(astr.)* ast *m.*
Immersivamente, *adv.* buḍaun.
Immerso, *a.* buḍlalo; *(fig.)* bharlalo, purlalo, gumg.
Immersor, *a. e s. m.* buḍaitalo, buḍauṇâr.
Immigração, *s. f.* pargâmvâcho yeṇem; pardeśyâmchem ṭhikâṇ *n.*
Immigrante, *a. e s. m.* dusryâ gâmvân râvtalo, pardeśî, parko.
Immigrar, *v. i.* pargâmvâmt vachumk,- râvumk.
Imminencia, *s. f.* lâgsâr; uprâḷo *m.*
Imminente, *a.* lâgîm-, lâgsârâk âslalo, ghaḍumk âslalo,- pâvlalo, ukallalo, uprâslalo.

Immiscivel, *a.* mislûṁ najo âslalo.
Immisericordioso, *a.* kâkût nâslalo, nishkaruṇ.
Immobiliario, *a.* sthâvar, niśchal.
Immobilidade, *s. f.* aḍhalpaṇ niścharaṇ *n.*, achaṁchaḷây; thaṁḍây, śitaḷây; dharṇî, bharṇî *f.*
Immobilismo, *s. m.* nirvṛiddhi *f.*, nirabhyâs *m.*
Immobilização, *s. f.* hâlanâstânâ davarṇeṁ,- râvṇeṁ, niścharaṇ *n.*
Immobilizar, *v. t.* hâluṁk-, chaluṁk nâ divuṁk, thîr-, ghaṭṭ davruṁk, thâṁbauṁk, râvauṁk. || *v. r.* nâ chaluṁk, nâ hâluṁk, thâṁbuṁk, ubho uruṁk,- râvuṁk.
Immoderação, *s. f.* amaryâd, nirmaryâd, adhikây *f.*, atirek *m.*; utâvḷây, urmaṭây, dâṁḍgây *f.*
Immoderadamente, *adv.* mîtmer nâstânâ, amaryâdîṁ.
Immoderado, *a.* chaḍhît, mîtmer nâslalo, amaryâdî, aparimit; utâvḷo, urmaṭ, âkâr nâslalo.
Immodestamente, *adv.* lajjevîṇ, maryâdîvîṇ.
Immodestia, *s. f.* amaryâd, bemaryâd, durmaryâd; nirlajj *f.*, nilâjrepaṇ, bâḷepaṇ *n.*, laṁpaṭây *f.*, beśarm *m.* || *V.* ORGULHO.
Immodesto, *a.* lajj-, bhiḍâ-, âkâr nâslalo, nilâjro, bâḷo, laṁpaṭ, beśarmî; amaryâdî, durmaryâdî. || *V.* ARROGANTE.
Immodicidade, *s. f.* agḷepaṇ *n.*, adhikây, sîmâ *f.*; chaḍh mol *n.*
Immodico, *a.* adhik, agḷo, bhav chaḍh, aparimit; bhav mahâragh, mahâragh ujo.
Immodificavel, *a.* badlûṁ-, pâlṭûṁ najo âslalo.
Immolação, *s. f.* hom *m.*; balidân, samarpaṇ bheṭauṇî *f.* || *V.* CARNIFICINA.
Immolador, *a. e s. m.* hom kartalo, bheṭaitalo.
Immolar, *v. t.* mârûn bheṭauṁk, hom karuṁk *(g. do o.)*; samarpuṁk, bheṭauṁk, samarpaṇ karuṁk *(g. do o.)*
Immoral, *a.* anîtivaṁt, anayî, adharmî, durâchârî, durmârgî, vâyṭe châlîcho, khoṭo, nilakheṇî; pojḍo, kâṁchârî, amaryâdî, chaṁchaḷ, sodo.
Immoralidade, *s. f.* anît *f.*, anay, adharm, durâchâr *m.*, dushkarm; pojḍepaṇ, sodepaṇ *n.*, kâṁchâr *m.*, chaṁchaḷây *f.*
Immorredoiro, *a.* kadîṁ maranâslalo,- saranâslalo, sadâṁkâl urtalo,- tagtalo.
Immortal, *a.* marṇ nâslalo, marṇâviṇo, amar, ajar, nirjar, ajarâvar; śevaṭ nâslalo, anaṁt. || *V.* DURADOIRO.
Immortalidade, *s. f.* amaraṇ, amṛit *f.*, amaratâ, nirjarây *f.*, ajarâvarpaṇ *n.*
Immortalização, *s. f.* śâśvat karṇeṁ,- jâṇeṁ *n.*
Immortalizador, *a. e s. m.* śaśvat-, ajar kartalo.
Immortalizar, *v. t.* amar-, marṇâviṇo karuṁk; *(fig.)* (nâṁv, kîrti) śâśvat karuṁk. || *v. r.* âpleṁ nâṁv-, yaś śâśvat karuṁk, ajarâvar jâvuṁk.
Immoto, immovel, *a.* hâla-, chala nâslalo, achal, achar, aḍhaḷ, achaṁchaḷ. || *Bens immoveis,* sthâvar *n.*, sthâvarmâl *m.*
Immovelmente, *adv.* hâla nâstânâ.
Immudavel, *a.* badla nâslalo, thîr, nirvikâr, avikâr, achaṁchaḷ.
Immundicia, immundicie, *s. f.* meḷ, ukar *ou* ukîr, chikal, kâṁṭâḷo, phoṁtlo *m.*, kâk *(loc. infant.)* aḷśîk, paḷiṭây *f.*, onkhaṭeṁ, pojaḍ, pojaḍpaṇ *n.*; kair, kalû *m.*
Immundo, *a.* meḷo, chikalvâṇo, kâṁṭâḷvâṇo, aḷśikaṇo, paḷît, paḷîshṭ, onkhaṭo, burso, pojḍo, boṁdro, hâgirḍo hiḍîs. || *V.* IMPURO. || *Espirito —,* devchâr.
Immune, *a.* sûṭ, suṭo, mekhḷo, mâph.
Immunidade, *s. f.* soḍ, sûṭ, mâphî *f.*, mekhḷepaṇ *n.*
Immutabilidade, *s. f.* nirvikâr, avikâr *m.*, achaṁchaḷây *f.*
Immutação, *s. f.* badalṇî, badal *f.*, vikâr *m.*
Immutar, *v. t. e r. (p. us.) V.* MUDAR.
Immutavel, *a. V.* IMMUDAVEL.
Imo, *a.* bhitarlo, poṁdcho, abhyaṁtar, âṁtcho.
Impaciencia, *s. f.* sosṇikây-, takas nâsṇeṁ *n.*, aśosṇikây, asosaṇ, âturây, *f.*, adhîr; darvaḍ *m.*, utâvḷây, chaḷbaḷ, utkaṁṭhâ, huḍhuḍî; uchaṁbaḷây, dhaḍbaḍ *f.*, taḷmaḷe *m. pl.* || *V.* AGASTAMENTO *e* DESESPERO.
Impacientar, *v. t.* kimârkaruṁk, ubgauṁk; châḷvauṁk, tiḍauṁk. || *v. r.* kimârjâvuṁk, takas-, usarpat nâsuṁk *(d. do s.)*; ubgoṁk châḷvuṁk, chaḍbuṁk, tiḍuṁk; utâvḷuṁk.
Impaciente, *a.* śosṇîkây-, usarpat nâslalo, asosṇîk, âtur, adhîr; asosî, utâvḷo, hulhuḷo, utsuk, chaḷbaḷyo; uchaṁbaḷ, dhaḍbaḍyo. || *V.* RABUGENTO.
Impacientemente, *adv.* sosṇikâyevîṇ; utâvḷâyen.

Impacto, *a.* baḷân ghâlalo.

Impagavel, *a.* phârîk, karûṁ najo âslalo, phârîkpaṇ nâslalo, amûlya; aprûb, apûrv, vichitr; navlâṁcho. || *V.* PRECIOSO.

Impalpabilidade, *s. f.* aspriśyatâ *f.*

Impalpavel, *a.* hât lâvûṁ-, âphḍûṁ najo âslalo, aspriśya, duḥsparś.

Impar, *a.* vikhaṇ asam, ayug, asarî. || *Numero* —, geḍeṁ *n.*

Impar, *v. i.* bâkyo yevuṁk *(d. do s.)*; bharon yevuṁk *(d. do s.)*; (poṭ) taḍtaḍuṁk taḍsuṁk, kuchkuchuṁk; *(fig.)* bharoṁk, phuguṁk.

Imparcial, *a.* nishpakshapâtî, madhesth, sambuddhi, samdrishṭi, ubhaysâdhâraṇ, toṁḍ paḷe nâslalo, śâṁt, khaḍâkhaḍ; udâs, udâsîn, parasth.

Imparcialidade, *s. f.* nishpakshapât *m.*, madhesthây, sambuddhi, samdrishṭi *f.*, dharmanyây, udâsînbhâv *m.*

Imparcialmente, *adv.* madhesthâyen, sambuddhîn.

Imparidade, *s. f.* vikhaṇây *f.*, vikhaṇpaṇ, asampaṇ *n.*

Impartivel, *a. V.* INDIVISIVEL.

Impassibilidade, *s. f.* nirduḥkh *n.*, duḥkhâsaṁg *m.*; udâspaṇ *n.*, śâṁti *f.*

Impassivel, *a.* duḥkhâmekhlo, duḥkha nâslalo, duḥkhâsaṁgî; udâsîn, śâṁt, thaṁḍ.

Impassivelmente, *adv.* duḥkhâvîṇeṁ; udâspaṇîṁ.

Impavidamente, *adv.* bhiye nâstânâ, kâḷîj ghaṭṭ dharûn.

Impavidez, *s. f.* nirbhay, abhay *m.*, kâybaḷ *n.*, prabaḷây *f.*

Impavido, *a.* bheṁ nâslalo, nirbhayî, dhirâdhik, dhairyavaṁt.

Impeccabilidade, *s. f.* pâpâsaṁbhav, pâpâsaṁg *m.*

Impeccavel, *a.* pâp karûṁ najo âslalo, pâpâsaṁbhavî, pâpâsaṁgî.

Impeccavelmente, *adv.* pâpâsaṁbhavîṁ; pâpâvîṇ.

Impedição, *s. f.* âḍâvṇî, âḍvârṇi, manâvṇî *f.*

Impedido, *a.* âḍâylalo; aḍlalo; baṁd kelalo. || *V.* INERTE. || *s. m.* âḍkhâsge châkrecho śipây.

Impedidor, *a. e s. m.* âḍâytalo, manâvṇâr.

Impediente, **impeditivo**, *a.* âḍâvuṁcho, manâkarcho.

Impedimento, *s. m.* âḍkhaḷ, aḍ, aḍkaṇ, naḍ, moḍ *f.*, vighn, âḍmeḷeṁ *n.*, pratibaṁdh, saṁroḍh *m.* || **-s**, *pl.* phaujîcheṁ saṁrakshaṇ *n.*

Impedir, *v. t.* âḍâvuṁk, manâvuṁk, manâkaruṁk, âḍvâruṁk, âḍkhaḷî ghâluṁk *(d. do o.)*; aḍuṁk, baṁd karuṁk.

Impellente, *a.* loṭcho, ḍhakalcho, sârcho.

Impellir, *v. t.* ḍhakluṁk, dhakuṁk *ou* dhakauṁk, loṭuṁk, toluṁk, sâruṁk. || *V.* ESTIMULAR *e* OBRIGAR.

Impendente, *a. V.* IMMINENTE.

Impender, *v. i.* lâgîṁ pâvuṁk,- yevuṁk, jâvuṁk-, ghaḍuṁk âsuṁk, teṁkûn yevuṁk, ukloṁk, uprâsuṁk.

Impenetrabilidade, *s. f.* abhedyatâ, nirbhedyatâ *f.*

Impenetravel, *a.* rigûṁ najo âslalo, riganâsârko, abhedya, nirbhedya; ghûm, ghaṇ. || *V.* INCOMPREHENSIVEL *e* INSENSIVEL.

Impenitencia, *s. f.* aprâśchitt, nishprâśchitt; dâruṇây *f.*

Impenitente, *a.* prâjît kari nâslalo, aprâśchitt, ananutâpî.

Impensadamente, *adv.* chiṁti nâstânâ, chatrâyeviṇeṁ.

Impensado, *a.* chiṁti nâslalo, akaḷît, avchitt. || *De* —, avchitt, saṭkaṇ.

Imperador, *s. m.* mahârâj, adhirâj, chakravartti, chakravat, râjrâj.

Imperante, *a.* râjvaṭ chalaitalo. || *s. m. V.* SOBERANO.

Imperar, *v. t.* râj-, râjvaṭ karuṁk,- chalauṁk *(q. do o.)*; satten-, padven pharmâvuṁk. || *v. i.* râj chalauṁk; varto jâvuṁk.

Imperativamente, *adv.* padven, satten.

Imperativo, *a.* padvecho, sattecho; *(gram.)* âjñâvâchak.

Imperatorio, *a.* mahârâjâcho; padvecho, pharmaṇâcho. || *V.* DESPOTICO.

Imperatriz, *s. f.* mahârâṇî, chakravarttîṇ.

Imperceptibilidade, *s. f.* avyakti *f.*

Imperceptivel, *a.* dishṭî paḍa nâslalo, kaḷa-, gama nâslalo, durdarś, avyakt, achetan.

Imperceptivelmente, *adv.* gamanâstânâ, kaḷanâstânâ.

Imperdoavel, *a.* bogsûṁ-, mâph karûṁ najo âslalo.

Imperecedoiro, **imperecivel**, *a.* sara nâslalo, avinâśî, ajar, nirjar, ajarâvar, akshay.

Imperfectivel, *a.* sudhâroṁ najo âslalo.

Imperfeição, *s. f.* ardhakurepaṇ *n.*, apurtây, napurvaṇ, aprâpti, kasar, phâṁṭ; aguṇ, aib, dosh *m.*, khoḍ *f.*

Imperfeiçoar, *v. t.* apurto-, aibî-, agunî karumk.

Imperfeitamente, *adv.* apurtâyen, kasrîn.

Imperfeito, *a.* ardhakuro, apurto, asampûrṇ, apûrṇ, vikhaṇ, vikaḷ; agunî, aibî, doshî, kharâb; *(gram.)* adyatanabhût.

Imperial, *a.* adhirâjâcho, mahârâjâcho.

Impericia, *s. f.* asamarthpaṇ *n.*, ayukti, nâlâykî *f.*, kachchepaṇ *n.*

Imperio, *a.* râjpadvî, râjvadkî *f.*, râj, adhirâj; *estado:* chakr, râj; *dominio:* dhanîpaṇ, svâmîpan; *ordem:* śâsan, pharmaṇ; *predominio:* baḷ, prabaḷ *n.*, baḷkaṭî *f.*; *arrogancia:* ahamkâr, abhimân *m.*

Imperiosamente, *adv.* satten, kadaren; jarûr, ilâjâvîṇ.

Imperiosidade, *s. f.* motî sattyâ, khar padvî, kadar *f.*

Imperioso, *a.* sattecho, padvecho, kaḍak; baḷâcho, neṭâcho; chuka nâslalo, vâṭâvûm najo âslalo, ilâjâvino, jarûrîcho. || *V.* ARROGANTE.

Imperitamente, *adv.* yuktivinem, kachchepanîm.

Imperito, *a.* mardî-, yukti nâslalo, kachcho, asamarth, achatur, akuśâl, ayogya, nâlâyk.

Impermanencia, *s. f.* asthiti, chamchaḷây *f.*

Impermanente, *adv.* athîr, chamchaḷ, hâlâyto, vâryâvaylo.

Impermeabilidade, *s. f.* dravâbhedyatâ *f.*

Impermeavel, *a.* udak riga nâslalo, jalâbhedya, dravâbhedya.

Impermixto, *a.* misḷi nâslalo.

Impermutavel, *a.* badlûm najo âslalo.

Imperscrutavel, *a.* ṭhâv ghevûm najo âslalo.

Impersistente, *a.* hâlâyto, athîr.

Impersonalidade, *s. f.* avyakti *f.*

Imperterrito, *a. V.* DESTEMIDO.

Impertinencia, *s. f.* nâkâjâlaḷem, kâmâk yenâslalem; khaṇpaṇ, khaṇpaṭ, kemvkemv *n.*, karkar *m. pl.*, kashây, karâmdây *f.*

Impertinente, *a.* nâkâjâlalo, kâmâk yenâslalo, bhâylo; ubgaṇo, bejâr; bhar jây nâslalo, lomchaṭ. || *V.* IMPORTUNO.

Impertinentemente, *adv.* khaṇpaṇân, karkarâmnîm.

Imperturbabilidade, *s. f.* thamḍây, nityaśâmti *f.*, thîrpaṇ *n.*

Imperturbado, imperturbavel, *a.* thamḍ śâmt, nityaśâmt, śamanâ, thîr. || *V.* ANIMOSO.

Imperturbavelmente, *adv.* śâmtîn, hâla nâstânâ.

Impervio, *a.* vâṭ-, pravcś nâslalo, agam, abhedya, durbhedya, ghaṇ.

Impessoal, *a.* jaṇ nâslalo, ajan; *(gram.)* akartṛik.

Impetiginoso, *a.* kharbyâcho.

Impetigo, *s. m.* kharbem *n.*

Impeto, *s. m.* neṭ, tol, tavko *m.*, jhaḍjhaḍî *f.*; kaḍh, kîmv *m.*, oḍh, chîḍ, hurśî; *(fig.)* uchambaḷây, asvasthi *f.* || *V.* IMPETUOSIDADE e EMPUXÃO. || *De um* —, ekâ phârân, saṭkan.

Impetra, *s. f.* arjî *f.*

Impetração, *s. f.* mâgṇem, prârthan, samaraṇ *n.*

Impetrante, *a.* e *s. m.* mâgtalo, prârthalo.

Impetrar, *v. t.* mâgumk, prârthumk, samarumk; mâgûn-, prârthûn ghevumk.

Impetrativo, impetratorio, *a.* mâgṇyâcho, prârthanâcho.

Impetravel, *a.* prârthûmyeso.

Impetuosamente, *adv.* neṭân, vegân; taḍâkyân; kaḍhân.

Impetuosidade, *s. f.* jhapâṭo, taḍâko, vcg *m.*; utâvḷây, urmaṭây, dhaḍbaḍ *f.*; jâḷgepaṇ *n.*, pimtveg *m.* || *V.* ESPALHAFATO.

Impetuoso, *a.* taḍâkyâcho, jhapâṭyâcho, vcgâcho, neṭâcho, jhaḍjhaḍît; kaḍak, oḍhîcho; urmaṭ, utâvḷo; jâḷgo, pimtvegî.

Impiamente, *adv.* adharmîm, abhaktîn.

Impidoso, *a. (ant.) V.* EMBARAÇADO e MELINDROSO.

Impiedade, *s. f.* adharm, nirdharm, vidharm *m.*, devnimdâ, abhakti *f.*; *(fig.)* nirdayâ, nishṭurây *f.*

Impiedoso, *a.* nishkaruṇ, nirdayî, nishṭur, ḍoḷe phuṭlalo.

Impigem, *s. f. V.* EMPIGEM.

Impingidela, *s. f.* oḍhûn-, bharûn deṇem *n.* || *V.* LOGRO.

Impingir, *v. t.* oḍhûn-, bharûn-, dâṭûn divumk; giḷumk lâvumk; gaḷyâk ghâlumk.

Impio, *a.* devdharm nâslalo, adharmî, nirdharmî, vidharmî, devnimdak, abhakt; nishṭur, khoṭo. || *s. m.* adev, dharmnimdak. || *V.* HEREGE.

Implacabilidade, *s. f.* aśâmyepaṇ *n.*, aśâmyatâ *f.*

Implacavel, *a.* aśâmya, śamanâ jây nâslalo, thâṁba nâslalo; dâruṇ, krûr; bogsi-, soḍi nâslalo.

Implacavelmente, *adv.* śamanâ jây nâstânâ.

Implacidez, *s. f.* uchaṁbaḷây *f.*, asamâdhân *n.*

Implantação, *s. f.* lâvṇeṁ *n.*; khaṁchauṇî; sthâpṇî *f.*

Implantar, *v. t.* lâvuṁk, rovuṁk, roṁpuṁk; khaṁchuṁk *ou* khaṁchauṁk; *(fig.)* sthâpuṁk, mâṁḍuṁk; ubhâruṁk. || *v. r.* lâguṁk, tharuṁk. || *V.* ESTABELECER-SE.

Implante, *s. m. V.* IMPLANTAÇÃO.

Implemento, *s. m.* âut, hatyâr, yaṁtr *n.* || *V.* CUMPRIMENTO.

Implexo, *a.* vaḷlalo; goṁdhlalo, goṁdhîcho.

Implicação, implicancia, *s. f.* ghoṁṭâḷo *m.*, goṁdh *f.*, ghusap, revaḍkoṁkeṁ *n.*; *(fig.)* âḍkhaḷ, tîḍ *f.*, virodh *m.* || *V.* RIXA.

Implicado, *a.* goṁdhlalo; goṁdhḷâk sâṁpaḍlalo, guṭhlolalo; *(fig.)* âḍkhaḷîcho, tîḍ âslalo.

Implicador, *a. e s. m.* guṭhlâytalo, ghuspâvṇo; châḷvauṇâr, tiḍaitalo.

Implicante, *a.* âḍkhaḷî ghâltalo, goṁdhḷâytalo; kûṁs lâvṇo, thuklâvṇo. || *s. m. e f. V.* IMPLICADOR.

Implicar, *v. t.* guṭhlâvuṁk, ghuspâvuṁk, goṁdhauṁk, ghoṁdhḷâvuṁk; âḍkhaḷîk ghâluṁk, gâṁṭhâvuṁk, peṁchuṁk, śirkâvuṁk; dâkhaun divuṁk, suchauṁk, jây mhaṇ kaḷauṁk,- gamauṁk. || *v. i.* nâ paḍuṁk, nâ lâguṁk; thuklâvuṁk, kûṁs lâvuṁk, tiḍauṁk. || *v. r.* goṁdhḷuṁk, guṭhloṁk, ghuspuṁk, ghusḷuṁk; âḍ yevuṁk, tîḍ âsuṁk *(d. do s.)*; dusaṁguṁk, toṁḍ ghâluṁk, châḷvauṁk *(v. t.)*

Implicativo, implicatorio, *a.* goṁdhîcho, goṁdhḷâcho, âḍkhaḷîcho.

Implicitamente, *adv.* guptiṁ.

Implicito, *a.* nâ uchchârlalo, gupto, gupit, phalit, arthsiddh.

Imploração, *s. f.* prârthûn mâgṇeṁ, prârthan *n.*, vinati *ou* vinaṁtî *f.*

Implorador, implorante, *a. e s. m.* prârthî, prârthak, śaraṇâgat, mâgṇekâr, vinati kartalo.

Implorar, *v. t.* prârthûn-, hâtpâṁy dharûn-, pâṁyâṁ paḍûn mâguṁk, prârthuṁk, vinauṁk, vinati karuṁk, samaruṁk, bhâkuṁk.

Implume, *a.* pâkhâṁ nâslalo,- phuṭuṁk nâslalo.

Impolidamente, *adv.* karḍepaṇiṁ; mâṇsugeviṇeṁ.

Impolido, *a.* karḍo; arbaṭ, rânaṭ, jaṁgḷî. || *V.* DESCORTEZ.

Impolitica, *s. f.* phoṭkirî-, khoṭî râjnît, anît *f.* || *V.* INCIVILIDADE.

Impoliticamente, *adv.* râjnitîr âḍ.

Impolitico, *a.* râjnitîk parto, râjkârbhârviruddh, anîtivaṁt; *(fig.)* || *V.* INCIVIL.

Impolluto, *a.* khatâviṇo, nirmaḷ, nitaḷ. || *V.* VIRTUOSO.

Imponderabilidade, *s. f.* atolanîyatâ, tolanâśakyatâ *f.*

Imponderado, *a.* nihâḷi nâslalo.

Imponderavel, *a.* bhâr nâslalo, jokhûṁ najo âslalo; *(fig.)* gaṇûṁ-, lekhûṁ najo âslalo.

Imponencia, *s. f.* thorây, mahimâ *f.*, pratâp, saṁbhram, dabâjo *m.* || *V.* ALTIVEZ.

Imponente, *a.* thor, bhârâdîk, vajandâr, damdâr, mahimecho. || *V.* ARROGANTE *e* GRANDIOSO.

Impopular, *a.* lokâk mâna nâslalo. alaukik, lokâpriya.

Impopularidade, *s. f.* lokâpriyatâ, janâpriyatâ *f.*

Impor, *v. t.* ghâluṁk, ṭhevuṁk, davruṁk, basauṁk, thâpuṁk; *mandar observar:* karuṁk lâvuṁk, pharmâvuṁk; *fazer soffrer:* (khâst, śikshâ) lâvuṁk, divuṁk; *inculcar:* phasauṁk, ṭhakuṁk. || *V.* IMPUTAR *e* INFUNDIR. || — *silencio,* ugo râvauṁk. || *v. i.* phoṭauṁk, nâḍuṁk; bhâylyâṇ dâkhauṁk, âkâr ghevuṁk. || *v. r.* baḷân riguṁk, âpṇâk ghevuṁk-, mânuṁk lâvuṁk; ḍhoṁg ghevuṁk.

Importação, *s. f.* bhâyleṁ hâḍṇeṁ *n.*; baṁdrî mâl, târvaṭî jinnas *m.*

Importado, *a.* bhâylo-, pargâṁvcho hâḍlalo, târvaṭî.

Importador, *a. e s. m.* pargâṁvâṁtlo mâl hâḍtalo.

Importancia, *s. f.* moḷ *n.*, kimat *f.*; bhâr *m.*, vajan *n.*, parvâ, biśât *f.*; *quantia:* jamo, jamlâ *m.*, pâḍ, rakam *f.* || *V.* INFLUENCIA.

Importante, *a.* molâcho, molâdik; bhârî, bhârâdîk, vajandâr, arthâcho arthvaṁt, arthâdîk, mâlvaṁt. || *s. m.* bhârâchî-, garjechî vast *f.*, pradhân kâm, mukhyakarm *n.*

Importantemente, *adv.* bhâriṁ.

Importar, *v. t.* bhâylo-, pargâṁvcho hâḍuṁk; karuṁk, hâḍuṁk. || *v. i.* pâvuṁk, chaḍhuṁk; lâguṁk; paḍuṁk *(d. do s.)* || *v. i. e unipess.* upkâruṁk, kâmâk yevuṁk; paḍuṁk, lâguṁk, yeveṁ,- parvâ âsuṁk; garaj jâvuṁk,- âsuṁk. || *Que me importa?* mâkâ kiteṁ paḍlâṁ? *Pouco importa,* parvânâ, chiṁtanâ. || *v. r.* lekhuṁk, parvâ karuṁk, vichâruṁk.

Importavel, *a.* bhâylo hâḍcho.

Importe, *s. m.* jamo *m.*, rakam, pâḍ *f.*; mol *n.*

Importunação, *s. f.* karâṁdây, piḍâpîḍ, kalpiḍâ *f.*, keṁvkeṁv, khaṇpaṇ, khaṇpaṭ *n.*, karkar, kaṭkaṭ, balâv, upadravo, upadro *m.*

Importunador, *a. e s. m.* kichḍâvṇâr, khaṇpaṇo, ubgauṇo.

Importunamente, *adv.* khaṇpaṇân; karâṁdâyen.

Importunar, *v. t.* vâj hâḍuṁk *(d. do o.)*, ubgauṁk, kichḍâvuṁk, karkarâvuṁk, khâvuṁk, gâṁjuṁk, grâsuṁk, kân phoḍuṁk *(g. do o.)*, pâṭhî lâguṁk *(g. do o.)*, pâṭh ghevuṁk *(g. do o.)* || *V.* ESTORVAR.

Importunidade, *s. f.* khaṇpaṇ *n.*, kashây, chikaṭây *f.*

Importuno, *a.* khaṇpaṇo, kichḍâvṇo, ubgauṇo, upadravi, vâjecho, bejârî. || *V.* INOPPORTUNO.

Imposição, *s. f.* ghâlṇî, ṭhevṇî, davarṇî, basauṇî, thâpṇî; pharmâvṇî, lâvṇî *f.* || *V.* IMPOSTO.

Impossibilidade, *s. f.* asaṁbhav *m.*, asaṁbhâvanâ, aśaktây, nâśakti *f.*

Impossibilitar, *v. t.* jâynâso-, ghaḍanâso karuṁk; sakat-, tâṁk kâḍhuṁk *(g. do o.)* || *v. r.* kuvet-, tâṁk nâsuṁk *(d. do s.)*,- moḍoṁk *(g. do s.)*

Impossivel, *a.* jây-, ghaḍa nâslalo, aghaḍit, asaṁbhavî, asâdhya; chhaṭ *(int.)*; *intoleravel:* sosûṁ najo âslalo. || *V.* DIFFICIL *e* ESTRAMBOTICO. || *Ser —*, nâ jâvuṁk, nâ ghaḍuṁk, najo jâvuṁk. *Parece —*, ajâp distâ.

Imposta, *s. f.* âḍbhareṁ *n.* || *V.* COLLINA.

Imposto, *a.* ghâlalo, thâplalo. || *s. m.* paṭṭî *f.*, sâro, kânû, kar, karbhâr, daṁḍ *m.*, śulk *ou* śuṁk *n.*

Impostor, *a. e s. m.* ḍhoṁgî, daṁbhî, kapaṭî, tarkaṭî, phoṭiṁg, ṭhak, dagalbâjî; mijâskâr, tâvdârkâr, soṁgâḍî.

Impostura, *s. f.* ḍhoṁg, kapaṭ *n.*, dagal, ṭhakṇî, phoṭvaṇ *f.*; daṁbh, lâg *m.*; gamje *m. pl.*, mijâs, phaḍâ, baḍâyk *f.* || *V.* CALUMNIA.

Imposturar, *v. i.* baḍâyk dâkhauṁk, mijâs karuṁk.

Impotavel, *a.* piyevûṁ najo âslalo.

Impotencia, *s. f.* aśaktpaṇ *n.*, aśaktây *ou* askatây *f.*, nirbaḷ; meṁgepaṇ, buḷepaṇ *n.*, nâmardî *f.*

Impotente, *a.* baḷ-, sakat nâslalo, aśakt, nâsakat, nirbaḷî, asamarth; meṁgo, buḷo, napuṁsak, saṁḍ nâmard, nirdhât.

Impotentemente, *adv.* sakat-, baḷ nâstânâ.

Impractibilidade, *s. f.* asâdhyatâ, aśakyatâ *f.*

Impraticado, *a.* châlîbhâylo.

Impraticavel, *a.* karûṁ najo âslalo, asâdhya, aśakya, duśchâr. || *V.* IMPOSSIVEL *e* INTRANSITAVEL.

Imprecação, *s. f.* śirâp, śâp, śapûth, savo *m.*, gâḷ *f.*

Imprecar, *v. t.* śirâpuṁk, śâpuṁk, savuṁk. || *V.* IMPLORAR. || *v. i.* śirâp ghâluṁk, gâḷî savuṁk.

Imprecatado, *a.* achatur, bechatur.

Imprecativo, imprecatorio, *a.* śirâpâcho, śâpâcho.

Imprecaução, *s. f.* beparvâ, bephikîr, bechatrây *f.*

Impreganação, *s. f.* bhijaṇṇî *f.*, bhijap; bharap *n.* || *V.* FECUNDAÇÃO.

Impregnar, *v. t.* bhijauṁk, timâvuṁk; bharuṁk. || *V.* FECUNDAR. || *v. r.* bhijuṁk, timuṁk; bharoṁk.

Impremeditação, *s. f.* apûrvakalpanâ *f.*, apûrvachiṁtan *n.*

Impremeditadamente, *adv.* chiṁti-, nihâḷi nâstânâ.

Impremeditado, *a.* chiṁti nâslalo, nihâḷâviṇo.

Imprensa, *s. f.* chhâpcheṁ yaṁtr, chhâp *ou* śâp; chhâpkhâṇ *n.*, chhâpkhâṇo *m.*; chhâpchî vidyâ *f.* || *— periodica,* vartamânpatrâṁ *n. pl.*

Imprensador, *a. e s. m.* yaṁtrân dâmtalo; chhâpṇâr.

Imprensadura, *s. f.* yaṁtrân dâmṇeṁ,- chepṇeṁ *n.*

Imprensar, *v. t.* yaṁtrân dâmuṁk,- chepuṁk; chhâp mâruṁk *(d. do o.)* chhâpuṁk; arnuṁk.

Imprescriptibilidade, *s. f.* junîvahivâṭicho niradhikâr *m.*

Imprescriptivel, *a.* junîvahivaṭîn-, lâṁbbhogân joḍûṁ najo âslalo.

Impressão, *s. f.* chhâp-, śikko mârṇeṁ; chhâp *n.*, âkâr, ṭhaso, mudro; ḍhako, dachko *m.*, kaḷnâ *f.*, vedan *n.*; chhâpṇî, chhâpchî vidyâ *f.*; chhâpkhâṇo *m.* || *V.* IDÉA *e* COMMOÇÃO. || *Fazer —*, gâjauṁk.

Impressionabilidade, *s. f.* uchaṁbaḷuṁcho-, halkaṁḍuṁcho guṇ *m.*, chetanâśakti *f.*

Impressionar, *v. t.* lâguṁk, jhomuṁk, bhogoṁk *(vv. ii., d. do o.)* || *V.* COMMOVER. || *v. r.* dachko-, dhako basuṁk *(d. do s.)*, kâḷjâk lâguṁk *(g. do s.)*; uchaṁbaḷuṁk, halkaṁḍuṁk.

Impressionavel, impressivel, *a.* soṁpepaṇîṁ uchaṁbaltalo,- halkaṁḍtalo, mavâḷ; komaḷ. || *V.* APPREHENSIVO.

Impressivo, *a.* lâgcho, jhomcho, manâṁt-, kâḷjâṁt rigcho.

Impresso, *a.* chhâplalo, chhâpî. || *s. m.* chhâpî kâgad,- pustak *n.*

Impressor, *a.* chhâpcho. || *s. m.* chhâpṇâr, chhâpkâr, chhâpkârî; graṁthprakâśak.

Impreterivel, *a.* balâṁḍûṁ najo âslalo; khaḷaum-, aṁtrâvûṁ najo âslalo, durnivâr.

Impreterivelmente, *adv.* khaḷa-, chuka nâstânâ.

Imprevidencia, imprevisão, *s. f.* adûrdrishṭi, adîrghadrishṭi; bechatrây, bephikîr *f.*

Imprevidente, *a.* phuḍâr paḷe nâslalo, adîrghadrishṭi. || *V.* DESCUIDADO.

Imprevidentemente, *adv.* phuḍâr paḷe nâstânâ, chatrâyevîṇ.

Imprevistamente, *adv.* kaḷa-, ḍâg nâstânâ, avchitt.

Imprevisto, *a.* chiṁti nâslalo, akaḷit, achaṁbit. || *V.* DESACAUTELADO.

Imprimação, imprimadura, *s. f.* pailo lep,- raṁg *m.*

Imprimar, *v. t.* pailo lep divuṁk *(d. do o.)*

Imprimir, *v. t.* (śikko, chhâp) mâruṁk, âṁkuṁk, ṭhasauṁk; chhâpuṁk *ou* śâpuṁk; bharuṁk, khaṁchuṁk; *transmittir:* divuṁk, lâvuṁk. || *V.* INFUNDIR. || *v. r.* lâguṁk, basuṁk, ṭhasuṁk; bharoṁk, bheduṁk.

Improbabilidade, *s. f.* asaṁbhav *m.*, asaṁgati *f.* || *V.* INCERTEZA.

Improbidade, *s. f.* khoṭepaṇ, vâṁkḍepaṇ, nashṭepaṇ *n.*, labâḍî *f.*

Improbo, *a.* khoṭo, nashṭo, vâṁkḍo, bâshkaḷ. || *V.* ARDUO.

Improcedencia, *s. f.* nâ chaluem *n.*

Improcedente, *a.* chala nâslalo.

Improductibilidade, *s. f.* nishphaḷây *f.*, nishphaḷpaṇ *n.*

Improductivamente, *adv.* phaḷâvîṇ, nishphaḷ.

Improductivel, *a.* jâvûṁ-, upjûṁ najo âslalo.

Improductividade, *s. f.* nishphaḷpaṇ, vâṁjpaṇ *n.* || *V.* INUTILIDADE.

Improductivo, *a.* nishphaḷ *ou* nirphaḷ, nâpikî, vâṁjh. || *V.* IMPROFICUO.

Improficiente, *a.* hikmat-, tajvît nâslalo, kachcho, doḍo.

Improficuo, *a.* upkârâk ye nâslalo, beshṭo, âdâvâviṇo.

Improgressivo, *a.* sudhâro nâslalo.

Improlifico, *a.* bîj nâslalo, vâṁjh, vâṁjhaṭ, asût.

Improperar, *v. t.* gâṁjuṁk, hiṁḍsuṁk, tâṁb kâḍhuṁk *(g. do o.)*, sal divuṁk *(d. do o.)*, apmânuṁk.

Improperio, *s. m.* gâṁjṇi, jâstî, durvâchâ, gâḷ, paṭṭî *f.*, sal *n.*, apmân *m.*

Improporção, improporcionalidade, *s. f.* taphârat *f.*, pher, pharak *m.*, vijoḍpaṇ *n.*

Improporcionado, improporcional, *a.* vijoḍ, asam.

Improporcionar, *v. t.* sam-, lâyk nâ karuṁk, asam-, vijoḍ karuṁk.

Improporcionavel, *a.* sam-, barâbar jây nâslalo.

Impropriamente, *adv.* ayuktîṁ, niṭâyevîṇ, apurtâyen.

Impropriar, *v. t.* ayukt-, nâlâyk karuṁk; vâṁkḍo ghevuṁk,- dharuṁk.

Impropriedade, *s. f.* ayukti, nâlâykî *f.*; nâkâjâlaleṁ, akâryeṁ *n.* || *V.* INCOHERENCIA.

Improprio, *a.* ayukt, ayogya, anupayogî, sârko-, barâbar nâslalo, nâlâyk; nâkâjâlalo, nay jâlalo, vâyṭvâṁkḍo, anuchit; *que fica mal:* śobha-, purai nâslalo. || *V.* INOPPORTUNO.

Improrogavel, *a.* erâ disâ davrûṁ-, phuḍe vharûṁ najo âslalo.

Improspero, *a.* daḷdiro, akalyâṇî. || *V.* INFAUSTO.

Improvação, *s. f. V.* DESAPPROVAÇÃO.

Improvar, *v. t. V.* DESAPPROVAR *e* ANNULLAR.

Improvavel, *a.* nâ jâytso, asaṁbhavî, asaṁgat, aghaḍît, avghaḍ, kaṭhîṇ, dûr.

Improvidamente, *adv.* boṁdh-, chatrây nâstânâ.

Improvidencia, *s. f.* boṁdh-, phikîr nâsneṁ *n.*, adîrghadrishṭi, beparvâ, bechatrây *f.*

Improvidente, improvido, *a.* phuḍârâchî boṁdh-, phikîr nâslalo, adîrghadrisṭi, beparvî, niśchiṁtî. || *V.* ESBANJADOR.

Improvisação, *s. f.* tayârevineṁ-, avchitt karueṁ *n.* || *V.* IMPROVISO.

Improvisado, *a.* avchitt kelalo; gaḍgaḍâylalo, hâlâyto kelalo; *(fig.)* V. FICTICIO.

Improvisador, *a. e s. m.* saṭkan-, avchitt kartalo,- ghaḍtalo; *(fig.)* V. EMBUSTEIRO.

Improvisamente, *adv.* kaḷa-, gama nâstânâ, avchitt, akasmât.

Improvisar, *v. t.* avchitt-, tyâch phârâk karuṁk, saṭkan-, phaṭkan ghaḍuṁk,- rachuṁk; saḍsaḍâvuṁk, gaḍgaḍâvuṁk, vegîṁvegîṁ-, gaḍgaḍît karuṁk. || V. FALSEAR. || *v. i.* gapâṁ ghâluṁk, tâlâṁ mâruṁk. || *v. r.* âkâr-, soṁg ghevuṁk.

Improvisata, *s. f.* V. IMPROVISO.

Improviso, *a.* avchitt, achaṁbit, akaḷît. || *De* —, avchitt, saṭkan, phaṭkan. || *s. m.* śîghra kavitâ *f.*, avchitt prasaṁg *m.*, tayârevineṁ bhâshaṇ *n.*

Imprudencia, *s. f.* avichâr, avivek, pramâd *m.*, bechatrây, urmaṭây *f.*, pisepaṇ, bâshkaḷpaṇ, mûrkhepaṇ *n.*

Imprudente, *a.* śahâṇepaṇ-, chatrây nâslalo, avichârî, avivekî, bechatur, achatur, pramâdî, urmaṭ, huḷhuḷo; avichârâcho, avivekâcho.

Imprudentemente, *adv.* śahâṇepaṇ-, chatrây nâstânâ, avichârîṁ.

Impuberdade, impubescencia, *s. f.* burgepaṇ *n.*, beumed *f.*

Impubere, impubescente, *a. e s. m.* umedik-, bharpirâyek pâva nâslalo, burgo, tarṇo phok, aprâptayauvan.

Impudencia, *s. f.*, **impudor**, *s. m.* nirbhîḍ, nirlajj, belajj, durmaryâd *f.*, bhâṇśirpaṇ *n.*

Impudente, *a.* lajj-, maryâd nâslalo, nilâjro, belajjîshṭ, nirbhîḍ, lâpîṭ, tavṇâs, durmaryâdî, divâḷkhor, bhâṇśiro, durmaryâdî.

Impudentemente, *adv.* lajjeviṇeṁ, bhîḍ nâstânâ.

Impudicamente, *adv.* pojaḍpaṇîṁ, kâmchârân.

Impudicicia, *s. f.* kâmchâr, beśarm *m.*, śiṁdaḷkî bemaryâd, nirmaryâḍ; laṁpaṭây *f.*; pojaḍ, pojaḍpaṇ *n.*

Impudico, *a.* kâmchârî, pojḍo, laṁpaṭ, bâḷo, bemaryâdî, pâḍ *(us. Can.)*

Impudor, *s. m.* V. DESCARAMENTO.

Impugnação, *s. f.* virodh, prativâd *m.*, pratikriyâ, jidd *(us. Can.) f.*

Impugnador, *a. e s. m.* virodhi, prativâdî.

Impugnar, *v. t.* âḍ-, parteṁ ulauṁk *(l. sup. do o.)*, âḍvâruṁk, viriddhuṁk, prativâduṁk.

Impugnativo, *a.* virodhâcho prativâdâcho.

Impugnavel, *a.* âḍvârûṁyeso.

Impulsão, *s. f.* V. IMPULSO.

Impulsar, *v. t.* neṭ-, dhako divuṁk *(d. do o.)*, dhakuṁk, loṭuṁk, sâruṁk. || V. IMPULSIONAR.

Impulsionar, *v. t.* phuslâvuṁk, huskauṁk, uṭhauṁk, chetauṁk.

Impulsivo, *a.* neṭâcho, vegâcho, oḍhîṁcho, sârak; chetauṁcho, huskauṁcho.

Impulso, *s. m.* loṭ, tol, dhako, neṭ, veg *m.*, oḍh; *(fig.)* hurśi, hurbhâ, khurî *f.*, baḷ *n.*

Impulsor, *a. e s. m.* loṭṇâr, tolṇâr; *(fig.)* phuslâvṇo, chetauṇo.

Impune, *a.* śikshemekhḷo, khâstîviṇo, adaṁḍit.

Impunemente, *adv.* khâstîvîn, adaṁḍîṁ.

Impunidade, *s. f.* adaṁḍ *m.*, adaṁḍan, atâḍan *n.*

Impunido, *a.* khâst lây nâslalo, adaṁḍit.

Impunivel, *a.* śikshâ divûṁ najo âslalo, adaṁḍanîya.

Impuramente, *adv.* meḷân; pojaḍpaṇîṁ, aḷśiken.

Impureza, impuridade, *s. f.* meḷepaṇ *n.*, meḷ *ou* mevaḷ *m.*; bursepaṇ, gadaḷ; apavitrpaṇ *n.*, dosh, *viṭâḷ *m.*, aśuddhi *f.* || V. IMPUDICICIA. || **-s**, *pl.* meḷ, chikal *m.* || V. FEZES.

Impurificar, *v. t.* meḷo-, dushṭ karuṁk. || *v. r.* meḷo-, aśuddh jâvuṁk.

Impuro, *a.* meḷo, meḷkuṭo, khadaḷ; burso, gadaḷ; apavitr, aśuddh, paḷît, amaṁgaḷ; viṭâḷvaṁt, doshî, oṁvḷo. || V. OBSCENO. || *Espirito* —, devchâr *m.* *Olhar* —, pâpî-, kâmî dishṭ. *Lingua impura*, pojḍî jîbh. *Linguagem impura*, aśuddhi *f.*

Imputabilidade, *s. f.* âropyatâ *f.*

Imputação, *s. f.* ghâlṇî, thâpṇî, âropṇî *f.*; lachâṁḍ, kalam *n.*, apvâd *m.*

Imputador, *a. e s. m.* âroptalo, ghâltalo, thâptalo.

Imputar, *v. t.* ghâluṁk, thâpuṁk, vâhuṁk *(com l. sup. da pessoa)*, âropuṁk; apvâduṁk, aprâdhî karuṁk.

Imputavel, *a.* thâpcho, ghâlcho, âropya.

Imputrescivel, *a.* kusa-, saḍo najo âslalo.

Inabalavel, *a.* hâlauṁ najo âslalo, hâla nâslalo, ghaṭṭ, thîr, aḍhaḷ, achaṁchaḷ. || V. CORAJOSO E INEXORAVEL.

Inabalavelmente, *adv.* hâla nâstânâ, thîrpaṇîṁ.
Inabdicavel, *a.* soḍûṁ-, tyâgûṁ najo âslalo.
Inabordavel, *a.* teṁkûṁ-, lâgûṁ najo âslalo. ‖ *V.* INTRATAVEL.
Inacabavel, *a.* sara nâslalo, akhaṁḍit, aparimit.
Inacção, *s. f.* nirudyog, anudyog, avyapâr *m.*; bekârpaṇ, mekhḷepaṇ *n.*
Inacceitavel, *a.* mâna-, purai nâslalo, nâpasaṁt, nâmaṁjûr.
Inaccessibilidade, *s. f.* durgampaṇ, agampaṇ *n.*
Inaccessivel, *a.* pâvûṁ-, teṁkûṁ najo âslalo, agam, durgam, durlabh; sukhduḥkh nâslalo, nirduḥkhî. ‖ *V.* INCOMPREHENSIVEL e INTRATAVEL.
Inaccusavel, *a.* nirdoshî.
Inacreditavel, *a.* satmânûṁ najo âslalo.
Inactivamente, *adv.* akâmîṁ, nirudyogîṁ; baṁd âsûn.
Inactividade, *s. f.* beṭhelî *f.*, bekârpaṇ, rikâmpaṇ *n.*, nirudyog *m.* ‖ *V.* PREGUIÇA.
Inactivo, *a.* beṭho, beshṭo, rikâmo; akâmî, vâvra nâslalo, hâtpâṁy hâlai nâslalo.
Inadequado, *a.* apurto, ayukt, apûrṇ, asamarth.
Inadherente, *a.* ghâṁs ghe nâslalo, lâga-, basa nâslalo.
Inadiavel, *a.* phuḍe vharûṁ-, mâgîr davrûṁ najo âslalo, jarûr.
Inadmissão, *s. f.* bhitar nâ gheṇeṁ *n.*, bhâyrâvṇî *f.*
Inadmissibilidade, *s. f.* anaṁgîkâryatâ *f.*
Inadmissivel, *a.* ghevûṁ-, âṁgîkarûṁ najo âslalo, anaṁgîkârya; sosûṁ-, satmânûṁ najo âslalo.
Inadquirivel, *a.* joḍûṁ-, meḷauṁ najo âslalo.
Inadvertencia, *s. f.* avichâr, pramâd *m.*, achatrây, bechatrây, chûk *f.* ‖ *V.* DISTRACÇÃO.
Inadvertidamente, *adv.* avichârîṁ, pramâdân, chukûn mâkûn, chitt dî nâstânâ.
Inadvertido, *a.* chiṁti nâstânâ-, chukûn kelalo; kaḷa-, gama nâslalo, achaṁbit; avichârî, pramâdî, chatrây nâslalo.
Inalado, *a.* pâkhoṭe-, pâkhurlâṁ nâslalo.
In-albis, *adv.* kaḷâkaḷ-, samjoṇî nâstânâ.
Inalienabilidade, *s. f.* adeyatâ, pârâdeyatâ *f.*
Inalienação, *s. f.* parâdhîn nâkaraṇ *n.*
Inalienado, *a.* parâdhîn nâ kelalo.
Inalienavel, *a.* parâdhîn karûṁ-, dusryâk divûṁk-, soḍûṁ najo âslalo.
Inalliavel, *a.* saṁghaṭṭûṁ-, ekvaṭûṁ najo âslalo.
Inalterabilidade, *s. f.* avikâr, nirvikâr *m.*, achaṁchaḷây; śâṁti *f.*; samâdhân *n.* ‖ *V.* CONSTANCIA.
Inalteradamente, *adv.* badlo-, phira nâstânâ.
Inalterado, *a.* badlo-, phira nâslalo, tosech âslalo.
Inalteravel, *a.* badlo najo âslalo, phira nâslalo, avikâr, nirvikâr, achaṁchaḷ, thîr; śâṁt, samâdhânî, thaṁḍ.
Inalteravelmente, *adv.* hâla nâstânâ, śâṁtîn, thâṁḍâyen.
Inamavel, *a.* mog karûṁ najo âslalo, apriya, asuṁdar.
Inamissibilidade, *s. f.* anyâs, atyâg *m.*
Inamissivel, *a.* sâṁḍûṁ najo âslalo, atyâgî.
Inamolgavel, *a.* chepûṁ najo âslalo. ‖ *V.* INEXORAVEL.
Inamovibilidade, *s. f.* achaṁchaḷây *f.*, thîrpaṇ *n.*
Inamovivel, *a.* kadsarâvûṁ-, sarkâvûṁ-, najo âslalo; kâḍhûṁ-, nikḷâvûṁ najo âslalo, achaṁchaḷ, thîr.
Inane, *a.* rito, rikâmo, pokhḷo, polko; anarth, nirartho, beṭho.
Inanias, *s. f. pl.* *V.* NINHARIAS.
Inanição, *s. f.* ritepaṇ, polkepaṇ *n.*; kâṁtarṇî, kânśirṇî; hoḷṇî *f.*
Inanido, *a.* kâṁtarlalo, baḷ-, gat nâslalo, bebaḷ.
Inanidade, *s. f.* pokḷepaṇ; anarthpaṇ *n.* ‖ *V.* VAIDADE.
Inanimado, inanime, *a.* jîv nâslalo, nirjîv; melalo; maruṁk âslalo.
Inanir, *v. t. (p. us.)* kâṁtrâvuṁk, aśaktâvuṁk, baḷ moḍuṁk *(g. do o.)* ‖ *v. r.* âṁg tuṭuṁk *(g. do s.)*, kâṁtruṁk, kânśiruṁk.
Inappellavel, *a.* âpelâsâṁv nâslalo.
Inappetencia, *s. f.* arûch, jevaṇâchî vîṭ *f.*
Inapplicabilidade, *s. f.* ayukti, ayogyatâ *f.*
Inapplicação, *s. f.* anudyog, nirudyog, pramâd *m.*
Inapplicado, *a.* ayukt; chitt dînâslalo, praṁâdî.

Inapplicavel, *a.* lâga nâslalo, ayogya; anupayogî *ou* anupegî.

Inapreciavel, *a.* mol karûṁ najo âslalo, amûlya; phârîkpaṇ nâslalo; uṁchâ molâcho, bhav molâdîk, uttam.

Inaptidão, *s. f.* aprâpti, nâlâykî *f.*, nirupayog *m.*: aśakti *f.*, asamarthpaṇ *n.*

Inapto, *a.* upkâra nâslalo, nâlâyk, doḍo, kachcho. || *V.* INHABIL.

Inarrecadavel, *a. V.* INCOBRAVEL.

Inarticulado, *a.* guṇguṇit, guḷmuḷit, avyakt; sâṁdhe nâslalo.

Inarticulavel, *a.* uchchârûṁ-, svarûṁ najo âslalo.

In articulo mortis, *adv.* marṇâche taṇîr, prâṇ soḍchyâ veḷâr.

Inartificial, **inartificioso**, *a.* sayaṁbhâcho, akalpit; sâdho, sâdhâraṇ, châlto.

Inassignavel, *a.* âṁkûṁ-, khuṇâvûṁ najo âslalo.

Inassimilavel, *a.* jira-, pacha najo âslalo.

Inatacavel, *a.* uprâḷûṁ-, hât lâvûṁ najo âslalo.

Inattendivel, *a.* kânâr ghevûṁ nay âslalo; biśât nâslalo.

Inattingivel, *a.* durlabh, durgam; *(fig.) V.* INCOMPREHENSIVEL.

Inaturavel, *a.* sośûṁ-, nistarûṁ najo âslalo. || *V.* IMPORTUNO.

Inaudito, *a.* âyka nâslalo, apûrv. || *V.* ESPANTOSO.

Inaudivel, *a.* âykûṁ najo âslalo, aśrâvya.

Inauferivel, *a.* kâḍhûṁ najo âslalo.

Inauguração, *s. f.* pratishṭhâ, sthâpṇî *f.*, abhishek *m.* || *V.* IMPLANTAÇÃO.

Inaugurador, *a. e s. m.* pratishṭhitalo, sthâpṇâr.

Inaugural, *a.* pratishṭhecho, śurû karcho.

Inaugurar, *v. t.* pratishṭhuṁk, abhishekuṁk, sthâpuṁk, śurû karuṁk. || *V.* ENCETAR.

Inauthenticidade, *s. f.* khoṭepaṇ *n.*, pramâṇâbhâv *m.*

Inauthentico, *a.* khoṭo, laṭik.

Inaveriguavel, *a.* chaukaśî-, tapâs nâslalo.

Incalculavel, *a.* gaṇtî-, lekh nâslalo, agaṇit amit, aparamit; *(fig.)* chaḍh, jâyto, sabâr.

Incalculavelmente, *adv.* gaṇteviṇeṁ, lekh nâstânâ.

Incandescencia, *s. f.* âg kasi jâṇeṁ *n.*, nikhârraṁg *m.*; *(fig.) V.* EFFERVESCENCIA.

Incandescente, *a.* ujo kaso, iṁgḷo kaso, nikhârraṁgî; *(fig.) V.* FOGOSO.

Incansavel, *a.* puro jây-, thaka nâslalo, pariśramî, mehnatî; suḍsuḍît, udyogî, śitâb.

Incansavelmente, *adv.* puro jây-, thaka nâstânâ.

Incapacidade, *s. f.* aśaktpaṇ, *n.*, aśaktây *ou* askatây *f.*, asamarthpaṇ *n.*, nâlâykî, nâmardî *f.*

Incapacitar, *v. t.* nâsakat-, asamarth karuṁk, kuvet-, mardî kâḍhuṁk *(g. do o.)* || *v. r.* tâṁk-, kuveṭ nâsuṁk *(d. do s.)*, askat-, asamarth jâvuṁk.

Incapacitavel, *a.* sanjo-, âyka nâslalo, âplyâ vâdyâcho.

Incapaz, *a.* tâṁk-, kuvet nâslalo, aśakt, askat, nâsakat, asamarth; bâbat, apurto, nâlâyk, ayogya; *(fig.) V.* ESTUPIDO.

Inçar, *v. t.* jitrabân bharuṁk; buchbuchâvuṁk, kuchkuchâvuṁk; *(fig.)* bharuṁk. || *V.* GRASSAR.

Incasto, *a. V.* IMPUDICO.

Incautamente, *adv.* chatrâyeviṇeṁ, pramâdân.

Incauto, *a.* chatrây-, śiḍukây nâslalo, bechatur, pramâdî. || *V.* IMPRUDENTE.

Incender, *v. t.* lâsuṁk, jaḷauṁk, ulpâvuṁk; *(fig.) V.* EXCITAR. || *v. r.* jaḷuṁk, ulpuṁk; *(fig.)* tâpuṁk, kaḍhuṁk. || *V.* ATEAR-SE.

Incendiado, *a.* âg lâglalo, ulpalalo. || *s. m.* ghar ulpalalo manîs.

Incendiar, *v. t.* âg-, ujo lâvuṁk,- ghâluṁk *(d. do o.)*, jaḷauṁk; *(fig.)* umâḷâvuṁk, khatkhatâvuṁk. || *v. r.* âg-, ujo lâguṁk *(d. do s.)*, jaḷuṁk, ulpuṁk; *(fig.) V.* EXCITAR-SE.

Incendiario, *a.* ujo lâvuṁcho; *(fig.)* uchaṁbaḷâvuṁcho, uṭhauṁcho. || *s. m.* âg ghâltalo ujo lâvṇâr; *(fig.)* uchaṁbaḷâvṇâr, phituryo.

Incendidamente, *adv.* umâḷyân.

Incendido, *a.* jaḷto, ulpo, jaḷlalo; ujyâchyâ raṁgâcho, nikhârraṁgî; *(fig.)* phullalo, umâḷlalo. || *V.* CORUSCANTE.

Incendimento, *s. m.* jaḷauṇî, jaḷṇî, lâsṇî *f.*; *(fig.)* rakhrakho, kaḍh *m.* || *V.* ENTHUSIASMO.

Incendio, *s. m.* âg lâvṇeṁ, ujo ghâlṇeṁ *n.*; âg, âgdhâḍ *f.* ujo lâglalo; *(fig.)* umâḷo *m.*, hurbhâ *f.*: avdhaṁḍo *m.*, bhramaṇ *n.*

Incensação, **incensadela**, *s. f.* dhuṁpâvṇî *f.*, vâsan *n.*; *(fig.) V.* ADULAÇÃO.

Incensador, *a.* dhuṁpâvuṁcho. ‖ *s. m.* dhuṁpâvṇâr; *(fig.) V.* BAJULADOR. ‖ *V.* INCENSARIO.

Incensar, *v. t.* dhuṁpâvuṁk, dhûṁp ghâluṁk *(d. do o.)*; damdamâvuṁk, damdam ghâluṁk *(d. do o.)*; ghâṇ ghâluṁk. ‖ *V.* ADULAR.

Incensario, incensorio, *s. m.* dhuṁpâvṇeṁ, dhuṁpâṭṇeṁ *n.*

Incenso, *s. m.* dhûṁp *m.*; *(fig.)* kuśâmat *f.*, lâg *m. pl.*

Incentivo, *a.* chetauṁcho, châḷvauṁcho. ‖ *s. m.* hurbhâ, hurlûk *f.*, chetan *n.*, umâḷo *m.*, *utkaṁṭhâ *f.*

Incentor, *s. m.* chetauṇâr, kiḍâvṇo.

Inceração, *s. f.* meṇ misaḷṇeṁ; *(fig.)* meṇ kaseṁ karṇeṁ *n.*

Incerimonioso, *a.* bhîḍbhâḍ-, pâṭhphudo nâslalo.

Incertamente, *adv.* kharepaṇ nâstânâ, athîrpaṇîṁ. ‖ *V.* VAGAMENTE.

Incerteza, *s. f.* dubhâv, saṁdeha *ou* saṁdhev, saṁśay; aniśchay, vikalp *m.*, athîrpaṇ *n.*; *(fig.) V.* PERPLEXIDADE.

Incerto, *a.* kharo nay âslalo, kharepaṇ nâslalo, dubhâvâcho; athîr, aniśchit; *vago:* pulpulît, gair; *vacillante:* dauṁḍaḷît; *movediço:* thira nâslalo. ‖ *V.* ARRISCADO.

Incessante, incessavel, *a.* thâṁba-, khaḷa nâslalo. ‖ *V.* ASSIDUO.

Incessantemente, *adv.* niraṁtarîṁ, thâṁba nâstânâ.

Incessivel, *a.* soḍûṁ najo âslalo.

Incestar, *v. t.* gotrgaman-, vyabhichâr karuṁk *(ab.* kaḍe *do o.)* ‖ *v. i.* gotrgaman âdaruṁk.

Incesto, *s. m.* soyryâṁbhitar pardvâr *m.*, gotragaman, agamyâgaman *n.*, vyabhichâr *m.* ‖ *a. V.* INCESTUOSO.

Incestuosamente, *adv.* gotragamanîṁ, vyabhichârân.

Incestuoso, *a.* gotragamanâcho; gotragamanî, vyabhichârî.

Incha, *s. f. V.* AVERSÃO.

Inchação, *s. f.*, **inchaço, inchamento,** *s. m.* sujṇî, phugṇî; sûj *f.*, phugrepaṇ *n.* ‖ *V.* TUMOR *e* ORGULHO.

Inchadamente, *adv.* sujîn, sujûn; *(fig.)* garvân, ahaṁkârân.

Inchado, *a.* sujlalo, sujat, phugro; *(fig.)* garvî, abhimânî, phullalo; bhav alaṁkârî.

Inchar, *v. t.* sujauṁk; phugauṁk; phulauṁk; *(fig.)* garvân bharuṁk. ‖ *v. i. e r.* sujuṁk; phuguṁk; *(fig.) V.* ENSOBERBECER-SE.

Inchoação, *s. f. V.* COMEÇO.

Inchoativo, *a. V.* INICIAL.

Incidencia, *s. f.* paḍṇî *f.*, patan; ekmekâk teṁkṇeṁ *n.*

Incidentado, *a.* âḍkathâṁnîṁ bharlalo.

Incidental, *a.* âḍecho; âḍkathecho.

Incidente, *a.* âḍecho, prasaṁgit; daivyogâcho; paḍto. ‖ *s. m.* âḍechî gosht *f.*, âḍkâm *n.*, ghaḍṇî; âḍkathâ *f.*; daivyog *m.*

Incidentemente, *adv.* prasaṁgîṁ.

Incidir, *v. i.* dusryâvayr paḍuṁk; jâvuṁk, ghaḍuṁk. ‖ *V.* REFLECTIR-SE.

Incineração, *s. f.* gobar karṇeṁ; ulpâvṇî *f.*; lâsâṇ, vâsan *n.*

Incinerar, *v. t.* gobar karuṁk *(g. do o.)*, ulpâvuṁk, lâsuṁk.

Incipiente, *a. V.* PRINCIPIANTE.

Incipit, *s. m. V.* PRINCIPIO.

Incircumciso, *a.* sunatîvino.

Incircumscriptivel, *a.* âṭpûṁ najo âslalo.

Incircumscripto, *a.* ârckhâviṇo. ‖ *V.* ILLIMITADO.

Incisão, *s. f.* kâtro, ghây, ghâv, phâḍ, chhed *m.*, phâḷî *f.*

Incisivamente, *adv.* charcharît, dâgûn.

Incisivo, *a.* kâtarcho, kâtruṁk baro, chhedak; *(fig.)* bhedak, kisrâḷ; châbkar. ‖ *V.* EFFICAZ. ‖ *s. m.* phuḍlo-, chaukaḍecho dâṁt *m.*

Inciso, *a.* kâtarlalo, kâplalo. ‖ *s. m.* âḍecho śabd *m.*

Incisor, *a. e s. m.*, **incisorio,** *a.* kâtartalo, kâtarcho, chhedak; kâpṇâr, phâḷṇâr.

Incisura, *s. f. V.* INCISÃO.

Incitabilidade, *s. f.* chaḍhcho-, huskacho guṇ *m.*

Incitação, *s. f.*, **incitamento,** *s. m.* uchaḷṇî, uṭhauṇî, chiḍauṇî, kiḍauṇî, phuslâvṇî, phulauṇî *f.*

Incitador, *a. e s. m.* chetauṇâr, phulauṇâr, uchalṇâr, kiḍâvṇo.

Incitante, incitativo, incitavel, *a.* huskauṁcho, chetauṁcho, uttejak.

Incitar, *v. t.* chaḍhauṁk, uchhuṁk, chetauṁk, chiḍauṁk, kiḍauṁk, huskauṁk, uṭhauṁk, phuslâvuṁk, phulauṁk, śikauṁk; huskâvuṁk, hâkâvuṁk, huryo karuṁk *(d. do o.)* ‖ *V.* PROVOCAR. ‖ *v. i.* huskuṁk, chaḍhuṁk, chiḍuṁk; tâpuṁk, châḷvuṁk.

Incivil, *a.* mâṇsugî nâslalo, avinayî, amaryâdî, anîtivaṁt.

Incivilidade, *s. f.* avinay *m.*, amaryâd, anît, *chortây *f.*

Incivilizado, *a.* V. RUSTICO.

Inclassificavel, *a.* jâtivâr karûṁ najo âslalo. || V. INQUALIFICAVEL.

Inclemencia, *s. f.* nirday, dâruṇây *f.*, nishṭurpaṇ; ugrpaṇ *n.*, kaṭhiṇây.

Inclemente, *a.* nirdayi, nishṭur, dâruṇ; *(fig.)* kaṭhîṇ, ugr.

Inclementemente, *adv.* dâruṇâyen, nirdayîṁ.

Inclinação, *s. f.* bâgâvṇî, lakauṇî, vâṁkauṇî; lakṇî, bâg, kal *f.*, pâlsepaṇ *n.*; vaḍav, oṇav; *(astr.)* paramâpam *m.*; *propensão:* oḍh, kal, vaṁdavṇî, luḷî, vâsanâ, vaḷṇî *f.*, vaḷaṇ, śîl, man, avdhân *n.* || V. AFFEIÇÃO.

Inclinadamente, *adv.* bâgîn.

Inclinado, *a.* bâgâḷ, pâlso, laklalo; *(fig.)* V. PROPENSO.

Inclinar, *v. t.* bâgâvuṁk, vaṁdâvuṁk, vâṁkauṁk, lakauṁk, kalauṁk, toluṁk, vaḷuṁk; *tornar propenso:* vaḷauṁk, vaṁdâvuṁk; *tornar affeiçoado:* mogâk lâvuṁk, manâṁt hâḍuṁk. || V. SUBMETTER. || *v. i.* sakal saruṁk, deṁvuṁk; *(fig.)* vaṁdavuṁk, vaḷoṁk. || *v. r.* bâgâvoṁk, kaluṁk, lakuṁk, vâṁkuṁk, toloṁk, vaḷoṁk; *curvar-se:* oṇavuṁk, oṇav-, vaḍav ghâluṁk; *(fig.)* taklî moḍuṁk, vaṁdan karuṁk; *ter propensão:* vaṁdavuṁk, vaḷoṁk; *submetter-se:* khâl âsuṁk, khâlto jâvuṁk; *concordar:* kabûl-, râjî jâvuṁk. || V. AFFEIÇOAR-SE.

Inclinavel, *a.* bâgâḷ, vaṁdavto, lavko.

Inclitamente, *adv.* uttampaṇîṁ.

Inclito, *a.* uttam, kîrtivaṁt, yaśasvî, prasiddh.

Incluir, *v. t.* bhitar ghâluṁk; dharuṁk, âṭpuṁk, âṭâpuṁk. || *v. r.* bhitar saruṁk,- vachuṁk, âṭpoṁk.

Inclusão, *s. f.* bhitar ghâlṇeṁ,- sarṇeṁ *n.*, dharṇî *f.*, âṭâp *m.*

Inclusivamente, **inclusivè**, *adv.* dharûn, âṭpûn, sahit; paryâṁt.

Inclusivo, *a.* âṭpitalo.

Incluso, *a.* âṭpalalo; bhitar ghâlalo.

Incoagulavel, *a.* âṁvḷo nâslalo.

Incobravel, *a.* ukâḷûṁ najo âslalo.

Incoercivel, *a.* bâḍga nâslalo.

Incogitado, *a.* chiṁti nâslalo.

Incogitavel, *a.* chiṁtûṁ najo âslalo, achiṁtya, akalpanîya.

Incognitamente, *adv.* kaḷa-, oḷakh nâstânâ.

Incognito, *a.* oḷakh-, khabar nâslalo, noḷkhato, aṇoḷkhî, akaḷît; gupto, gupit, guptavesh, guptarûp.

Incognoscivel, *a.* oḷkhûṁ-, kaḷa najo âslalo, akaḷ.

Incoherencia, *s. f.* asaṁyog *m.*, asaṁsakti; *(fig.)* asaṁgati, ayukti, aṁtar, taphârat *f.*, pher, asaṁbaddh *m.*

Incoherente, *a.* lâga nâslalo, tuṭko; *(fig.)* asaṁgat, asaṁbaddh, ayukt, virodhî, viruddh.

Incoherentemente, *adv.* asaṁbaddhîṁ, vâṁkḍeṁtiṁkḍeṁ.

Incohesão, *s. f.* asaṁyog *m.*

Incola, *s. m.* *(poet.)* vâsî, râvṇâr.

Incolor, *a.* raṁg nâslalo, vivarṇ.

Incolume, *a.* rokh, animân, nirbhayî.

Incolumidade, *s. f.* animânpaṇ, nirvighn *n.* || V. BEM-ESTAR.

Incombinavel, *a.* meḷauṁ-, jamauṁ najo âslalo.

Incombustibilidade, *s. f.* adahanîyatâ *f.*

Incombustivel, *a.* ulpa-, lâsa najo âslalo.

Incombusto, *a.* ujo lâga nâslalo.

Incommensurabilidade, *s. f.* agaṇitpaṇ; asamânatva *n.*

Incommensuravel, *a.* mejûṁ najo âslalo, mîtmer nâslalo, agaṇit; asamân.

Incommensuravelmente, *adv.* agaṇitpaṇîṁ, gaṇtî nâstânâ.

Incommodado, *a.* kashṭî-, puro-, bejâr jâlalo; bareṁseṁ disa nâslalo.

Incommodador, *a. e s. m.* kashṭî kartalo, kashṭâvṇâr.

Incommodamente, *adv.* kashṭâṁnîṁ, ghâsîn.

Incommodante, *a.* kashṭâytalo; vâj-, ubgaṇ hâḍtalo.

Incommodar, *v. t.* kashṭâvuṁk, kashṭî karuṁk, kashṭ divuṁk *(d. do o.)*; râg hâḍuṁk *(d. do o.)* bejâr karuṁk, nâchauṁk. || *v. r.* kashṭî jâvuṁk, kashṭâvoṁk, puro jâvuṁk *(d. do s.)*, jivâr yevuṁk *(d. do s.)*, bemevuṁk; *(fig.)* ubgoṁk, vâjevuṁk, râg yevuṁk *(d. do s.)*

Incommodidade, *s. f.* asvasthi *f.*, asvasthpaṇ *n.* || V. INCOMMODO.

Incommodo, *a.* kashṭâṁcho, ghâsîcho, ghâsivaṁt; baro lâgo-, disa nâslalo; bejârâyecho, vâjecho; aḍchaṇecho, askaṭ. || *s. m.* kashṭ, dagdag *m. pl.*, ghâs *f.*, asukh, hairâṇ *n.*; nâḍ, aḍchaṇ *f.*; jivâk bareṁ disa nâsṇeṁ, asamâdhân, asvasthpaṇ *n.* || V. INQUIETAÇÃO E MENSTRUAÇÃO.

Incommunicabilidade, *s. f.* nâ lâbhauṇî *f.*, nalag *m.*; châlîbolîchî manây *f.*

Incommunicavel, *a.* sâṁgûṁ-, kaḷauṁ najo âslalo, aprakâśya; divûṁ-, lâbhauṁ najo âslalo, anyâdeya; lâga-, teṁka nâslalo; ulauṁcho bâṁd kelalo, châlîbolîcho manâylalo; *(fig.) V.* INSOCIAVEL.

Incommutabilidade, *s. f.* badlechî aśakti *f.*

Incommutavel, *a.* badlûṁ najo âslalo, badleviṇo.

Incomparavel, *a.* sarî karûṁ-, sar divûṁ najo âslalo, sar nâslalo, anupam, nirupam, apratim; aprûb, apûrv, vichitr.

Incomparavelmente, *adv.* sarîviṇeṁ, sar nâstânâ.

Incompassivel, incompassivo, *a.* nirdayî, dâruṇ, nibrâ kâḷjâcho.

Incompatibilidade, *s. f.* asaṁbhav, virodh *m.*, vijoḍpaṇ *n.*, napaḍ *f.*

Incompativel, *a.* meḷa-, lâga nâslalo, asaṁg, vijoḍ, viruddh, asaṁbhavi, viparît, âḍ.

Incompativelmente, *adv.* paḍa nâstânâ, asaṁbhavîṁ.

Incompensado, *a.* bharîk-, bâd dilo nâslalo.

Incompensavel, *a.* bâd-, bharûn divûṁ najo âslalo.

Incompetencia, *s. f.* adhikâr nâsṇeṁ; asamarthpaṇ *n.*, ayukti, nâlâykî, apurtây *f.*

Incompetente, *a.* phâvo to-, khâśâ nay âslalo; asamarth, ayogya, ayukt, apurto, nâlâyk.

Incompetentemente, *adv.* phâvonâte parîṁ, apurteṁ.

Incomplacencia, *s. f.* bhiḍâ nâsṇeṁ *n.*, dâruṇây, kharây kharkasây *f.*

Incomplacente, *a.* bhîḍbhâḍ, nâslalo, nibar, dâruṇ, kharkas.

Incompletamente, *adv.* ardhakureṁ, vikhaṇ.

Incompleto, *a.* ardhakuro apurto, apûrṇ, asaṁpûrṇ, vikhaṇ, vikaḷ, tuṭko.

Incomplexidade, *s. f.* saraḷpaṇ *n.*

Incomplexo, *a.* saraḷ, sâdho, sudo.

Incomportavel, *a.* sosûṁ-, târûṁ najo âslalo. || *V.* INCOMPATIVEL.

Incomprehendido, *a.* samjo nâslalo.

Incomprehensibilidade, *s. f.* akaḷpaṇ, agampaṇ *n.*, durbodhatâ *f.*

Incomprehensivel, *a.* samjûṁye nâslalo âṭâpûṁ najo âslalo, anâṭâpî, akaḷ, akaḷît, asamjîk, agam, durbodh; âthvochso, vegḷochso. || *V.* MYSTERIOSO.

Incomprehensivelmente, *adv.* samjûṁye nâstânâ.

Incompressivel, *a.* dâmûṁ-, chepûṁ najo âslalo, asaṁkochanîya; bâḍga-, âṭpo nâslalo.

Incompto, *a.* luṁḍo, muṁḍho, sâdho.

Inconcebivel, *a.* chiṁtûṁ-, kalpûṁ najo âslalo, asamjîk, akaḷ; ajâpâṁcho, navlâṁcho. || *V.* INCRIVEL.

Inconcebivelmente, *adv.* chiṁtûṁye nâstânâ.

Inconcepto, *a.* manâṁt âylo nâslalo.

Inconcessivel, *a.* divûṁye nâslalo.

Inconcesso, *a.* dî-, soḍi nâslalo, manâ kelalo.

Inconciliabilidade, *s. f.* napaḍ *f.*, nalag, virodh *m.*

Inconciliação, *s. f.* nâsaṁdhi, tîḍ *f.*

Inconciliavel, *a.* sâṁdhûṁ-, joḍûṁ najo âslalo, lâga-, paḍa nâslalo, viruddh, âḍ.

Inconcludente, *a.* aniśchayakârî, asiddhâṁtakârî, ayukt.

Inconcordavel, *a.* sarî jâynâslalo.

Inconcussamente, *adv.* thîrpaṇîṁ.

Inconcusso, *a.* thîr, ghaṭṭ, achaṁchaḷ, *(fig.)* khar, kaṭhîṇ, nibar.

Incondicional, *a.* tar-, saṁket nâslalo, prastâvâviṇo.

Incondicionalidade, *s. f.* aprastâv *m.*, tar nâsṇeṁ *n.*

Incondicionalmente, *adv.* prastâvâviṇeṁ.

Inconfesso, *a.* nâ uchchârlalo, nâ jâṁplalo.

Inconfidencia, *s. f.* aviśvâs, abhakti *f.*; râjdroha *m.*

Inconfidente, *a.* aviśvâsî, gûḍh sâṁgtalo; râjdrohî.

Incongruamente, *adv.* asaṁbhavîṁ, virodhîṁ.

Incongruencia, incongruidade, *s. f.* asaṁbhav, asaṁbaṁdh, asaṁbaddh, virodh *m.*, vijoḍpaṇ, bâshkaḷpaṇ *n.*, nâlâykî, aṁtar *f.*; vâyṭvâṁkḍeṁ *n.*

Incongruente, incongruo, *a.* asaṁbhavî, vijoḍ, asaṁbaddh, virodhî, vâyṭvâṁkḍo, anuchit, niryukti, nâlâyk.

Inconho, *a.* jaṁvḷo (phaḷ).

Inconjugavel, *a.* rûpâkhyân karûṁ najo âslalo.

Inconnexamente, *adv.* tuṭkeṁ, lagtî nâstânâ.

Inconnexão, *s. f.* lagtî-, doro nâsṇeṁ *n.*, asaṁbaṁdh *m.*, asaṁgati *f.*

Inconnexo, *a.* tuṭko, doro-, saṁgat nâslalo, asaṁgat.

Inconquistado, *a.* nâ jiklalo, ajit.

Inconquistavel, *a.* jikûṁ najo âslalo, ajik. || *V.* INDOMAVEL.

Inconsciencia, *s. f.* sairâṇ-, chetanâ nâsṇeṁ, sairbair jâṇeṁ *n.*, dhuṁdî *f.*

Inconscienciosamente, *adv.* sairâṇâvîṇ; aṁtashkarṇâr âḍ.

Inconsciencioso, *a.* vâyṭâ aṁtashkarṇâcho, aṁtashkarṇâr âḍ yetalo.

Inconsciente, *a.* sairâṇ nâslalo, sairbair, achetan, dhuṁd; sairâṇâvîṇ kelalo.

Inconscientemente, *adv.* sairâṇâvîṇeṁ.

Inconsequencia, *s. f.* asiddhâṁt, asaṁbaddh *m.* || *V.* INCOHERENCIA *e* CONTRADICÇÃO.

Inconsequente, *a.* siddhâṁt nâslalo, asaṁbaddh; viruddh, viparît, parto. || *V.* INCOHERENTE.

Inconsequentemente, *adv.* asaṁbaddhîṁ, lagtî-, doro nâstânâ.

Inconsideração, *s. f.* avichâr, avivek, atark *m.*; *(fig.)* utâvḷây, urmaṭây, bechatrây, nirbuddh *f.*, pisepaṇ *n.*

Inconsideradamente, *adv.* avichârîṁ, utâvḷâyen, bhulûn.

Inconsiderado, *a.* avichârî, avivekî, utâvḷî *ou* utâvḷo, urmaṭ, uḍto, laḍivâl *ou* laḍyâl, achitt, chatrây nâslalo, bechatur; chatrâyeviṇeṁ kelalo, avichârâcho.

Inconsistencia, *s. f.* ghaṭṭây nâsṇeṁ *n.*, ḍauṁḍaḷitây; chaṁchaḷây *f.*, athîrpaṇ *n.*, adhîr *m.* || *V.* INCOHERENCIA.

Inconsistente, *a.* ghaṭṭây nâslalo, hâlâyto, phusphusît, ḍauṁḍaḷit, meṇâcho (*litt.* CEREO), pâṁkâcho (*litt.* VISCOSO); athîr adhîr; lâga-, ṭhika nâslalo. || *V.* INCOHERENTE *e* INCERTO.

Inconsolado, *a.* bujvaṇeviṇo.

Inconsolavel, *a.* bujva nâslalo, asamâdhânî.

Inconsolavelmente, *adv.* bujvaṇeviṇeṁ, asamâdhânîṁ.

Inconsonancia, *s. f.* *V.* DISSONANCIA.

Inconstancia, *s. f.* chaṁchaḷây *f.*, athîrpaṇ, phirtepaṇ *n.*, adhîr *m.*

Inconstante, *a.* athîr, adhîr, chaṁchaḷ, uḍto, vâryâvaylo, tirtiro, phirto, badalto.

Inconstantemente, *adv.* thîrpaṇ nâstânâ.

Inconstitucional, *a.* râjyarîtiviruddh.

Inconstitucionalidade, *s. f.* râjyarîtivirodh *m.*

Inconsulto, *a.* vichâr kelo nâslalo.

Inconsumivel, inconsumptivel, *a.* sara nâslalo, ajar, ajarâvar.

Inconsutil, *a.* śivaṇ nâslalo; *(fig.)* dhoḍ, âkho.

Incontaminado, *a.* khat-, meḷ nâslalo, nitaḷ, nirmaḷ, śuddh.

Incontestabilidade, *s. f.* nirvivâdpaṇ *n.*

Incontestado, *a.* takrâr nâslalo.

Incontestavel, *a.* takrâr-, vivâd nâslalo, nirvivâd; dubhâvâviṇo.

Incontestavelmente, *adv.* vivâdâ-, dubhâvâ viṇeṁ.

Incontinencia, *s. f.* atirek *m.*, amaryâd *f.*; vyabhichâr *m.*, śiṁdaḷpaṇ *n.* || — *de urina*, mût dharo nâsṇeṁ. — *de lingua*, jîbh paṁvṇeṁ *n.*

Incontinente, *a.* amaryâdî; nishkaḷaṁkpaṇ nâslalo, śiṁdaḷ, vyabhichârî, *abaṁd.

Incontinentemente, *adv.* amaryâdîṁ, *abaṁdîṁ. || *V.* IN-CONTINENTI.

In-continenti, *adv.* rokḍo *(decl.)*, gaḍgaḍît, ubhyâubhîṁ.

Incontingencia, *s. f.* adaivyog *m.*

Incontingente, *a.* adaivkṛit.

Incontinuidade, *s. f.* khaṁḍitây *f.*, aṁtarpaṇ *n.*

Incontinuo, *a.* khaṁḍit, suṭo, tuṭko.

Incontrastavel, *a.* *V.* IRREFUTAVEL.

Incontroverso, *a.* vivâd-, dubhâv nâslalo; ṭhâvko, kharo.

Incontrovertivel, *a.* *V.* INCONTESTAVEL.

Inconveniencia, *s. f.* phâvo-, purai nâslaleṁ, bâshkaḷpaṇ *n.*, ayukti, nâlâykî *f.*, anupayog *m.*; nayjâlaleṁ, nâkâjâlaleṁ, akâryeṁ *n.* || *V.* GROSSERIA.

Inconveniente, *a.* upkâra-, purai-, phâvo nâslalo, kâmâk yenâslalo, anupayogî, ayukt, anuchit, nâlâyk, bâshkaḷ; vâyṭvâṁkḍo, nâkâjâlalo, nâ śobhto, nâ puṭavto, amaryâdî. || *s. m.* nashṭ, nuskân *n.*; aḍchaṇ, aḍ, âḍkhaḷ *f.* || *V.* INCOMMODO.

Inconvenientemente, *adv.* purai-, phâvo nâstânâ, amaryâdîṁ.

Inconversavel, *a.* *V.* DESCONVERSAVEL.

Inconvertivel, *a.* badlûṁ-, pâlṭûṁ najo âslalo.

Inconvicto, *a.* samjo-, âyka nâslalo, aniśchit.

Incordio, *s. m.* *(ant.)* jâṁghecho vaḷ *m.*

Incorporação, *s. f.* âkâr deṇeṁ, dehî karneṁ; âṁg gheṇeṁ *n.*; meḷ, jamo, ekvaṭ *m.*; misaḷṇî *f.*

Incorporar, *v. t.* âkâr-, kûḍ divuṁk,

gulît karuṁk, mâtauṁk; *encaixar:* jaḍuṁk, khovuṁk; *incluir:* bhitar ghevuṁk,- ghâluṁk, rigauṁk, saṁghaṭṭuṁk. ‖ *v. i.* moṭo jâvuṁk, âṁg ghevuṁk, âṁgâr gat yevuṁk (*g. do s.*) ‖ *v. r.* meḷuṁk, ekjâvuṁk, jamuṁk; riguṁk, praveśuṁk.

Incorporeidade, *s. f.* aśarîratâ *f.*, dehâbhâv *m.*, nirâkârpaṇ *n.*

Incorporeo, *a.* kûḍ nâslalo, anaṁg, videhî, aśarîrî, niraṁgî, nirâkâr, amûrt.

Incorrecção, *s. f.* chûk, kasar, aśuddhi *f.*

Incorrectamente, *adv.* aśuddhîṁ.

Incorrecto, *a.* aśuddh, beśuddh, chukîcho, doshî.

Incorrer, *v. i.* paḍuṁk. ‖ *v. t.* âpṇâcher hâḍuṁk,- ghevuṁk.

Incorrigibilidade, *s. f.* anâvarpaṇ, belebâṇpaṇ *n.*

Incorrigivel, *a.* baro jây nâslalo, belebâṇ, anâvar.

Incorrupção, *s. f.* nâ kusap *n.*, avikâr *m.*, avikṛiti *f.*

Incorruptamente, incorruptivamente, *adv.* kusa nâstânâ.

Incorruptibilidade, *s. f.* adushṭpaṇ, ajarâvarpaṇ *n.*, avinâśitâ, nirjarây *f.*

Incorruptivel, incorruptivo, *a.* kusa najo âslalo, avinâśî, avikârî, nirjar, anaśvar.

Incorrupto, *a.* kusa nâslalo, adushṭ, śuddh, pavitr.

Increado, *a.* rachi nâslalo, ajanma.

Incredibilidade, *s. f.* aviśvâspaṇ *n.*

Incredulamente, *adv.* aviśvâsîṁ.

Incredulidade, *s. f.* aviśvâs *m.*, abhakti aśraddhâ *f.*; anbhâvârth *m.*

Incredulo, *a.* aviśvâsî, abhakt, abhâvik; anbhâvârthî.

Incremento, *s. m.* vâḍhṇî, vâḍhây, vâḍhî, vṛiddhi *f.*

Increpação, *s. f.* gâṁjṇî, dhamkâvṇî, dhamkî, dâṭâvṇî, beshṭâvṇî, paṭṭî, niṁdâ *f.*, dapâṭo, nirvâd *m.*, bhâṁḍaṇ, garhaṇ *n.*

Increpador, *a. e s. m.* beshṭâvṇo, niṁdeshṭ, dâṭâvṇâr.

Increpar, *v. t.* gâṁjuṁk, dâṭâvuṁk, dhamkâvuṁk, beshṭâvuṁk, darkâvuṁk, niṁduṁk, bhâṁḍuṁk, tâḍauṁk, toṁḍâr pâḍuṁk.

Incriminação, *s. f.* gârâṇeṁ, aprâdhî karṇeṁ *n.*, doshârop *m.*

Incriminar, *v. t.* gunyâṁvkârî-, aprâdhî karuṁk, gunyâṁv ghâluṁk (*l. sup. do o.*), doshuṁk.

Incrivel, *v. t.* satmânûṁ najo âslalo, duḥśvâsâcho, aviśvâsâcho; jabar, bhârî; (*fig.*) *V.* INCOMPREHENSIVEL.

Incrivelmente, *adv.* aviśvâsîṁ.

Incruentamente, *adv.* ragat vâvai nâstânâ.

Incruento, *a.* ragtâṇ bhijlo nâslalo, ragat vâra nâslalo.

Incrustação, *s. f.* pûṭ deṇeṁ, kavaṁch ghâlṇeṁ; jaḍaṇkâm; pûṭ, kavaṁch *n.*

Incrustador, *a.* kavaṁch,- khavḷo mâṁḍtalo. ‖ *s. m.* pûṭ ditalo, jaḍtalo, khaṁchṇâr.

Incrustar, *v. t.* pûṭ divuṁk (*d. do o.*), kavaṁch ghâluṁk (*d. do o.*); op divuṁk (*d. do o.*), opauṁk. ‖ *V.* EMBUTIR. ‖ *v. r.* khavaḷ-, kavaṁch mâṁḍoṁk (*d. do s.*); (*fig.*) khaṁchoṁk.

Incubação, *s. f.* ravâvṇî *f.*; (*fig.*) *V.* ELABORAÇÃO.

Incubador, *a. e s. m.* ravâytalo, ravâvuṁcho.

Incubar, *v. i.* tâṁtyâṁ ravâvuṁk, ravâṇek basuṁk. ‖ *v. t.* ravâvuṁk; (*fig.*) *V.* PREPARAR.

Incubo, *a.* vaylyâṇ paḍtalo. ‖ *Ave incuba,* ravâṇechcheṁ pâkhrûṁ *n.* ‖ *s. m.* lahar *f.*

Incude, *s. f. V.* BIGORNA.

Inculca, *s. f.* târîph sâṁgṇeṁ, barî khabar deṇeṁ *n.*; târîph, śipâras *f.*, guṇvarṇan *n.*; ugâḷṇî; (*fig.*) *V.* SUGGESTÃO. ‖ *s. m. V.* INCULCADOR.

Inculcadeira, *s. f.* barî khabar ditalî. ‖ *V.* ALCOVITEIRA.

Inculcador, *a. e s. m.* târîph sâṁgtalo, śipâras kartalo, baro-, upkârto mhaṇ kaḷaitalo.

Inculcar, *v. t.* baro mhaṇ sâṁguṁk,- kaḷauṁk, târîph-, śipâras karuṁk (*g. do o.*), barî khabar divuṁk (*g. do o.*); *apregoar:* uklûn dharuṁk, vâkhâṇuṁk, praghaṭuṁk; *revelar:* kaḷauṁk, gamauṁk; *repetir:* ugâḷuṁk, duvâruṁk, khaṁchuṁk. ‖ *V.* ACONSELHAR. ‖ *v. r.* moṭeṁ dharuṁk, âplyo tâvdârkyo sâṁguṁk; sâdâvuṁk, gâjauṁk.

Inculpabilidade, *s. f.* nirdosh, niraparâdh *m.*

Inculpação, *s. f.* aprâdhî karṇeṁ *n.*, doshârop *m.*

Inculpadamente, inculpavelmente, *adv.* gunyâṁvâvîṇ.

Inculpado, *a.* niraparâdhî; gunyâṁvkârî kelalo.

Inculpar, *v. t.* gunyâṁvkârî-, aprâdhî karuṁk, doshuṁk.

Inculpavel, *a.* niraparâdhî, nirdoshî.

Inculto, *a.* pâḍ, pâḍaṁg, paḍît, śûn; luṁḍo, muṁḍho; *(fig.)* *V.* RUDE.

Incumbencia, *s. f.* opṇî *f.*, havâlo *m.*, kâm, ojheṁ *n.*

Incumbir, *v. t.* opuṁk, hâtân ghâluṁk; kâm divuṁk *(d. do o.)*, karuṁk lâvuṁk *(d. do o.)* ‖ *v. i.* paḍuṁk *(d. do s.)*, karcheṁ jâvuṁk *(i. do s.)* ‖ *v. r.* âpṇâcher-, hâtân-, mâthyâr ghevuṁk.

Incurabilidade, *s. f.* baro jây nâsṇeṁ *n.*, asâdhyatâ *f.*, nirupây *m.*

Incuravel, *a.* baro jây-, okhat nâslalo, asâdhya nirupâyi; *(fig.)* *V* INCORRIGIVEL.

Incuravelmente, *adv.* okhtâ-, ilâjâ viṇeṁ.

Incuria, *s. f.* beparvâ; bephikîr, besârmây *f.*; bekârpaṇ *n.*

Incurial, *a.* upachârâr âḍ, rîtiviruddh, akramik.

Incurialidade, *s. f.* akram *m.*

Incuriosamente, *adv.* tajvite-, phikire viṇeṁ.

Incuriosidade, *s. f.* tajvît-, bârkây nâsṇeṁ *n.* ‖ *V.* INCURIA.

Incurioso, *a.* tajvit-, bârkây nâslalo, akautuk. ‖ *V.* DESCUIDOSO.

Incursão, *s. f.* svârî, dauḍ, dhâḍ, puṁḍây *f.*, puṁḍâveṁ *n.*

Incurso, *s. m.* gunyâṁvâk sâṁpaḍṇeṁ, aprâdhî jâṇeṁ, doshîpaṇ *n.*; *(ant.)* *V.* INCURSÃO. ‖ *a.* paḍlalo, gunyâṁvâk sâṁpaḍlalo, doshî.

Incusa, *s. f.* eke kuśîṁt ṭâṁklalo nâṇo *m.*

Incutir, *v. t.* manâṁt ghâluṁk,- rigauṁk, ṭhasauṁk, bhedauṁk.

Inda, *adv.* *V.* AINDA.

Indagação, *s. f.* chaukaśî, tapâsṇî, śodh, vâjpuśî, vâjpûś *f.*, dhuṁḍâḷo *m.* ‖ *V.* DEVASSA.

Indagador, *a. e s. m.* tapâsî, chaukasdâr, śodh kartalo.

Indagar, *v. t.* śodh-, vâjpuśî karuṁk *(g. do o.)*, tapâsuṁk, chaukasuṁk, dhuṁḍâḷuṁk. ‖ *v. i.* kaḷâkaḷ-, khabar ghevuṁk.

Indebito, *a.* *V.* INDEVIDO.

Indecencia, *s. f.* nirlajj, amaryâd, nirmaryâd *f.*, nilâjrepaṇ *n.*, beśarm *m.*; pojaḍ, pojaḍpaṇ *n.*, aḷśîk *f.*

Indecente, *a.* nilâjro, nirlajjî, nirmaryâdî, amaryâdî, beśarmî, mâṇsugî nâslalo; pojḍo, aḷśikaṇo, laṁpaṭ.

Indecentemente, *adv.* mâṇsugî-, lajj nâstânâ, amaryâdîṁ.

Indecifravel, *a.* arthûṁ-, pârkhûṁ-, arth sâṁgûṁ najo âslalo.

Indecisamente, *adv.* pâṭhîphuḍe sarûn, dubhâvân.

Indecisão, *s. f.* nivâḍo nâsṇeṁ *n.*, anirṇay; dubhâv, vikalp, adhîr, asaṁkalp *m.*

Indeciso, *a.* ṭharâv-, nivâḍo kari nâslalo, anirṇît; aniśchit, adhîr, athîr, dubhâvî, ḍauṁḍaḷît; gair, jhiḷmiḷît.

Indeclaravel, *a.* sâṁgûṁ-, kaḷauṁ najo âslalo.

Indeclinavel, *a.* chukauṁ-, vâṭâvûṁ najo aslalo; *(gram.)* avyay, avibhaktik.

Indeclinavelmente, *adv.* chukai-, khaḷai nâstânâ.

Indecomponivel, *adv.* viskaṭo nâsârko.

Indecomposto, *a.* *V.* INTEIRO.

Indecoro, *s. m.* śobhanâslaleṁ *n.*, avinay, anyây *m.*, amaryâd *f.* ‖ *a.* *V.* INDECOROSO.

Indecorosamente, *adv.* mânmâṇsugeviṇeṁ, âkârâvîṇ.

Indecoroso, *a.* mânmâṇsugî-, âkâr nâslalo, śobha-, purai nâslalo, avinayî, anyâyî, aśishṭ; akmânâcho, bemân. ‖ *V.* OBSCENO.

Indefectibilidade, *s. f.* achûkpaṇ; ajarâvarpaṇ *n.*, avinâśitâ *f.*

Indefectivel, *a.* chuka nâslalo, achûk, *achukîr; ajar, avinâśî, akshay, ekâṁt. ‖ *V.* INCONTESTAVEL.

Indefensavel, indefensivel, *a.* râkhûṁ-, saṁbhâḷûṁ najo âslalo, arakshya.

Indefenso, *a.* râkha nâslalo. ‖ *V.* INERME.

Indeferido, *a.* nâkârlalo; partilalo.

Indeferimento, *s. m.* nâkârṇeṁ *n.*, nâkâr *m.*; arjî-, mâgṇeṁ partiṇeṁ *n.*

Indeferir, *v. t.* nâkâruṁk, nâ âykuṁk; (arjî) partuṁk, (mâglaleṁ) nâ divuṁk.

Indefeso, *a.* *V.* INDEFENSO.

Indefessamente, *adv.* puro jây-, thaka nâstânâ.

Indefesso, *a.* puro jây nâslalo, thaka nâslalo.

Indeficiente, *a.* uṇo jây nâslalo. ‖ *V.* INDEFECTIVEL.

Indefinidamente, *adv.* aniśchitpaṇîṁ; akhaṁḍitpaṇîṁ.

Indefinido, indefinito, *a.* jokh-, mîtmer nâslalo, aniśchit; akhaṁḍit, agaṇit, aparaṁpâr, duraṁt; aḷmaḷît, alakshaṇ.

Indefinivel, *a.* nirvachûṁ-, arthûṁ najo âslalo, anirvâchya.

Indelevel, *a.* pusûṁ najo âslalo, akshar.

Indelevelmente, *adv.* puso nâstânâ.

Indeliberação, *s. f. V.* IRRESOLUÇÃO.

Indeliberado, *a.* chiṁti-, nihâḷi nâstânâ kelalo. ‖ *V.* IRRESOLUTO.

Indelicadamente, *adv.* avinayîṁ.

Indelicadeza, *s. f.* nirbhîḍ, amaryâd *f.*, avinay *m.*, arbaṭpaṇ *n.*

Indelicado, *a.* avinayî, nirbhîḍ, arbaṭ, asaṁkoch.

Indemne, *a. V.* INCOLUME.

Indemnidade, *s. f.* mâṇkulây *f.*, nirdosh *m.* ‖ *V.* INDEMNIZAÇÃO.

Indemnização, *s. f.* bharûn deṇeṁ, nuskân bharṇeṁ, hânipûraṇ, phârîkpaṇ *n.*

Indemnizador, *a. e s. m.* bharûn-, phârîkpaṇ ditalo.

Indemnizar, *v. t.* bharûn divuṁk, nuskâṅ bharuṁk *(g. do o.)*, phârîkpaṇ divuṁk *(g. ou d. do o.)*

Indemnizavel, *a.* bharûn divuṁcho.

Indemonstravel, *a.* dâkhaun divûṁ najo âslalo, asâdhya.

Independencia, *s. f.* svâdhînpaṇ, svataṁtrpaṇ, svataṁtr, svataṁtrya, âp âdhînpaṇ *n.*, aplî sattâ *ou* sattyâ; gharchî saṁpatti,- daulat *f.*

Independente, *a.* svâdhîn, svataṁtr, koṇâkhâl nâslalo; âple sattecho, phakaḍ.

Independentemente, *adv.* svataṁtrân, âple satten,- khuśen.

Indesatavel, *a.* soḍûṁ najo âslalo.

Indescriptivel, *a.* varṇûṁ-, nirupûṁ najo âslalo, avâchya.

Indesculpavel, *a.* bogsûṁ najo âslalo; *(fig.) V.* ESCANDALOSO.

Indesthronavel, indesthronizavel, *a.* siṁhâsanâvaylo devauṁ najo âslalo.

Indestructibilidade, *s. f.* avinâśîpaṇ *n.*, akshay *m.*

Indestructivel, *a.* moḍûṁ najo âslalo, avinâśî, akshay, anaśvar.

Indeterminabilidade, *s. f.* aniśchitpaṇ *n.*

Indeterminação, *s. f.* aniśchay, anirdhâr *m.*

Indeterminadamente, *adv.* aniśchayîṁ, aḷmaḷît, ubhaṁtarîṁ.

Indeterminado, *a.* aniśchit, anirdhârit, alakshaṇ; pulpuḷît, aḷmaḷit.

Indeterminavel, *a.* aniśchey, anirṇey, apramey.

Indevidamente, *adv.* phâvo nâstânâ; ayuktîṁ.

Indevido, *a.* phâvo nâslalo, phâvo nay to; ayukt, nâlâyk, nâkâjâlalo.

Indevoção, *s. f.* abhakti *f.*

Indevotamente, *adv.* devaspaṇâvineṁ, abhaktîṁ.

Indevoto, *a.* devaspaṇ nâslalo, abhakt.

Index, *s. m. V.* INDECE e ENDEZ. ‖ *a.: dedo* —, dâkhauṁcheṁ boṭ *n.*

India, *s. f.* Iṁdî *f.*, Hiṁdusthân, Bhârat, Bharatvarsh *n.*

Indiano, *a.* iṁdiyecho, hiṁdusthânî.

Indicação, *s. f.* dâkhauṇî, dâhkauṇ *f.*, bodhan, sûchan; gurt, khûṇ, chihneṁ *n.*, kurû *f.*

Indicador, *a.* dâkhauṁcho, dâkhauṇecho, sûchak, bodhak. ‖ *Dedo* —, dâkhauṁcheṁ boṭ *n.* ‖ *s. m.* dâkhauṇâr, dâkhaitalo, darśak; sûchakgraṁth *m.*, bodhakpatr *n.* ‖ *V.* PONTEIRO.

Indicante, *a. V.* INDICATIVO.

Indicar, *v. t.* boṭân-, hâtân dâkhauṁk, boṭ-, hât dâkhauṁk *(d. do o.)*, iśârat karuṁk *(d. do o.)*, dâkhauṁk, suchauṁk, paḷevuṁk divuṁk; kaḷauṁk, gamauṁk, chihneṁ-, khûṇ divuṁk *(g. do o.)* ‖ *V.* ENUNCIAR.

Indicativo, *a.* dâkhauṁcho, darśak, bodhak, sûchak; *(gram.)* svârth. ‖ *s. m. V.* INDICIO.

Indicção, *s. f.* satsabhâ jamauṇeṁ; kâydo ghâlṇeṁ; paṁdhrâ varshâṁcheṁ chakr *n.*

Indice, *s. f.* jaṁtrî, sûchî *f.*, sûchîpatr; dâkhauṁcheṁ boṭ *n.*, tarjanî *f.*; *(alg.)* ghâtaprakâśak. ‖ — *horario*, ghaḍyâḷâcho kâṁṭo *m.*

Indiciado, *a.* khuṇâṁnîṁ dâkhailalo. ‖ *s. m.* gunyâṁvkârî kelalo.

Indiciador, *a. e s. m.* khuṇâṁnîṁ dâkhaitalo, sûchak, bodhak; gunyâṁvkârî kartalo.

Indiciar, *v. t.* khuṇâṁnîṁ dâkhauṁk, chihnîṁ divuṁk *(g. do o.)*, *âvâṁkuṁk. ‖ *V.* DENUNCIAR e PRONUNCIAR.

Indicio, *s. m.* khûṇ, khâṇkhûṇ, chihneṁ, lakheṇ *n.*, khuṇâ, iśârat, dâkhauṇ *f.*, dâkhlo, gurt *m.*

Indifferença, *s. f.* beparvâ, bephikîr, sambuddhi *f.*, sambhâv *m.*, udâspaṇ *n.*; anichchhâ, nirichchhâ, śitaḷây *f.*, thaṁḍman, chappepaṇ *(us. Can.)*; *(fig.) V.* ANTIPATHIA.

Indifferente, *a.* udâsîn, udâs, beparvî, sambuddhi, madhesth; thaṁḍ, śital, nirâś, anichchh; *sem preferencia:* sârko, barâbar, sam; *nem bom nem mau:* asotaso, ckach *ou* cehûk. || *Estar — com alguem,* baroso nâsumk (*com ab.* kaḍe), pais bhomvumk (*litt.* ANDAR LONGE). || *s. m. pl.* bhâyle, parasth.

Indifferentemente, *adv.* udâspaṇîm; amtar kari nâstânâ; âdâvâviṇem.

Indifferentismo, *s. m.* udâsinbhâv *m.*, sambuddhi *f.*; karmâbhedamat; dharmâbhedamat (*— religioso*) *n.*

Indifferentista, *a. e s. m.* karmâbhedamat anusârî.

Indigena, *s. m. e a.* mulkî, deśî, gâmvcho.

Indigenato, *s. m.* deśîpaṇ *n.*

Indigencia, *s. f.* durbaḷây *f.*, durbaḷpaṇ, daḷîdr *ou* daḷdîr, garîbpaṇ, nirdhan, anâthpaṇ *n.*, anarth, dukaḷ *m.*, durgati, asvasthi *f.* || *V.* CARENCIA.

Indigente, *a.* daḷdiro, daḷidro, durbaḷ, durbaḷo, dubḷo, garîb, garjevamt, nirdhanî, anarthî, anâth.

Indigentemente, *adv.* durbaḷâyen.

Indigerivel, *a.* jira nâslalo.

Indigestão, *s. f.* ajîrṇ *n.*, apâk *m.*, modśî *f.*

Indigesto, *a.* jira-, pacha nâslalo, poṭphugo, poṭphugro, apachan; (*fig.*) barbaṭo, gadaḷ.

Indigete, *s. m.* upadev, divyamânush *m.*

Indigitar, *v. t.* (boṭân, hâtân) dâkhaumk; kaḷaumk, dakhal karumk, khabar divumk (*g. do o.*); âmkumk, khuṇâvumk. || *V.* PROPOR.

Indignação, *s. f.* vâyṭ disṇem *n.*, kâmṭâḷo *m.*, vîṭ, aḷśik *f.*; râg, krodh, kop *m.*

Indignadamente, *adv.* râgân.

Indignado, *a.* kâmṭâḷlalo, vîṭ dislalo; râgârjâlalo, koplalo; râgâbharît, râgishṭ.

Indignamente, *adv.* phâvonâte parîm, ayuktîm.

Indignar, *v. t.* kamṭâḷâvumk, viṭâvumk; râg hâḍumk (*d. do o.*); krodhâvumk. || *v. r.* kâmṭâḷo-, vîṭ disumk (*d. do s.*), kâmṭâḷumk; râgârjâvumk, râgevumk, kopumk.

Indignidade, *s. f.* ayukti *f.*, ayogyepaṇ, aguṇîpaṇ *n.*, nâlâykî *f.*, mânbhamg *m.*; phâvonâslalem, nâkâjâlalem *n.* || *V.* AFFRONTA.

Indigno, *a.* ayogya, ayukt, nâlâyk, aguṇi, nirguṇi; anuchit, phâvo-, puraiputav nâslalo; kirkoḷ, kamâśil, ankhaṭo. || *V.* INHABIL *e* TORPE.

Indigo, *s. m.* nîḷ *f.*

Indigueiro, *s. m.* nîḷchem jhâḍ *n.*, nîḷ *f.*

Indiligencia, *s. f.* beparvâ, beśârmây, sustî, âḷsây *f.*

Indiligente, *a.* anudyogî, beparvî, sust, âḷso, jaḍ.

Indiligentemente, *adv.* suḍsuḍâye-, jâgṛitâye viṇem.

Indiminuto, *a.* uṇâv-, tûṭ nâslalo, bhar.

Indio, *s. m.* himdû.

Indirectamente, *adv.* âḍvem, vâmkḍem, âḍ.

Indirecto, *a.* âḍvo, vâmkḍo, vakr, asaraḷ.

Indiscernivel, *a.* viśesh karûm najo âslalo; alakshya.

Indisciplina, *s. f.* aśikshâ *f.*, aśâman, aśikshaṇ *n.*

Indisciplinado, *a.* śikauṇ-, ravîs nâslalo; kâydo-, niyam sambhâli nâslalo, phaṭîmg, phaṭlîmg, belebâṇ.

Indisciplinar, *v. t.* belebâṇ karumk, kâydyâr mamtrumk; phiraumk, uṭhaumk; (*fig.*) *V.* RELAXAR. || *v. r.* belebâṇ-, phaṭîmg jâvumk; phirumk, kalpomk, partomk.

Indisciplinavel, *a.* śikaum-, abhyâsûm najo âslalo, aśikshya. || *V.* INCORRIGIVEL.

Indiscreção, *s. f.* utâvḷây, haḷuvây, bechaturây *f.*, avichâr, avivek *m.*, piscepaṇ *n.* || *V.* BISBOLHETICE.

Indiscretamente, *adv.* avichârîm, akkleviṇem.

Indiscreto, *a.* utâvḷî, utâvḷo, bechatur, avichârî, avivekî, bhaskâpurî; jîbh pamvlalo, jibhek hâḍ nâslalo.

Indiscriminadamente, *adv.* amtareviṇem, avivekîm.

Indiscriminado, *a.* kuśîn-, vegḷo nâslalo, misaḷlalo, nirviśesh.

Indiscriminavel, *a.* vegḷo-, kuśîn karûm najo âslalo, nirviśesh.

Indiscutivel, *a.* tarkûm-, vivâdûm najo âslalo; tark phâvo nâslalo. || *V.* INDUBITAVEL.

Indiscutivelmente, *adv.* vivâḍâvîṇ, takrârâviṇem.

Indispensabilidade, *s. f.* agat. jarûrî *f.*

Indispensavel, *a.* bhav garjecho chuka-, suṭa nâslalo, jarûr, jarûricho agatî, durnivâr; soḍûm najo âslalo. *V.* CONSTANTE. || *s. m.* garjechi vast *f.*

Indispensavelmente, *adv.* chukakhaḷa nâstânâ, jarûr.

Indisponivel, *a.* mekhḷo-, sûṭ nâslalo; divûṁ najo âslalo.

Indispor, *v. t.* moḍuṁk, bhaṁgauṁk, bighḍâvuṁk, vâyṭ-, asvasth karuṁk; *irritar:* râg hâḍuṁk *(d. do o.)*, man aṁtrâvuṁk *(g. do o.)*; *malquistar:* aṁtrâvuṁk, kûṁs bharuṁk,-moḍuṁk *(d. do o.)*, duśmân karuṁk. ‖ *v. r.* râgârjâvuṁk, ubgoṁk, aṁtruṁk, phituruṁk.

Indisposição, *s. f.* bhaṁg, bhaṁgasthaḷ *n.*; asvasthi *f.* asvasthpaṇ, asamâdhân, jivâk bareṁ nâsṇeṁ *n.*, nâ bhalâykî; *(fig.)* nâkhuśî, aprîti, vibhakti *f.*; râg *m.*, dusaṁg *n.*

Indisposto, *a.* moḍlalo; râgârjâlalo. ‖ *Estar* —, jivâk bareṁ nâsuṁk, bareṁseṁ nâ disuṁk.

Indisputado, *a. V.* INCONTROVERSO.

Indisputavel, *a.* vivâdûṁ najo âslalo, nirvivâd, betakrâr.

Indisputavelmente, *adv.* nirvivâdîṁ, takrârâviṇeṁ.

Indissolubilidade, *s. f.* abhedyatâ *f.*, sudṛiḍhpaṇ *f.*; adravpaṇ *n.*

Indissoluvel, *a.* soḍûṁ-, moḍûṁ najo âslalo, abhedya, sudṛiḍh; kaḍha-, vira nâslalo, adrav.

Indissoluvelmente, *adv.* sudṛiḍhpaṇîṁ, suṭa nâstânâ.

Indistincção, *s. f.* nirbhed *m.*, niraṁtar *f.* ‖ *V.* CONFUSÃO.

Indistinctamente, *adv.* aṁtar-, vegḷikây nâstânâ; gunguṇît, gair.

Indistincto, *a.* vegḷo-, kherît nay âslalo; avyakt, nirviśesh, nirliṁg; disto nâ disto, gair; gunguṇît, âykato nâ âykato. ‖ *V.* CONFUSO.

Indistinguivel, *a.* aviśesh, nirviśesh; baro âykûṁ-, paḷevûṁ najo âslalo.

Individuação, *s. f.* viśeshvarṇan, abhidhân *n.*; svabhâv, viśeshguṇ *n.*

Individuador, *a. e s. m.* viśeshîṁ sâṁgtalo; viśeshṇâr, bhedak.

Individual, *a.* eklyâcho, ekjaṇâcho; âplo, khâsgî; kherît, viśesh.

Individualidade, *s. f.* svabhâv, viśesh *m.*, svatva, ashṭâṁg (*litt.* OITO MEMBROS) *n.*; vyakti *f.* ‖ *V.* INDIVIDUO.

Individualização, *s. f.* viśesh karṇeṁ *n.*, viśeshṇî *f.*

Individualizar, *v. t.* viśeshuṁk; viśeshîṁ sâṁguṁk, viśeshvarṇan kâruṁk *(g. do o.)*

Individualmente, *adv.* âpâpîṁ, ashṭaṁgîṁ; vyaktîṁ, viśeshîṁ.

Individuante, *a.* viśeshak.

Individuar, *v. t.* bârkâyen-, viśeshîṁ sâṁguṁk.

Individuo, *a.* vyaktîcho, abhed. ‖ *s. m.* jaṇ, ekjaṇ, asâmî *m.*, boḍ; kûḷ *n.*

Indivisamente, *adv.* dośîṁ kari nâstânâ, abhedîṁ.

Indivisão, *s. f.* abhed, nirbhed; *(fig.)* ektâr *m.*

Indivisibilidade, *s. f.* abhedyatâ *f.*

Indivisivel, *a.* dośîṁ-, kuśîn karûṁ najo âslalo, abhedya, durbhedya.

Indiviso, *a.* dośîṁ nâ kelalo, ekṭhâṁy âslalo, abhed; vâṁṭi nâslalo, bhâgâcho.

Indizivel, *a.* sâṁgûṁ-, arthûṁ najo âslalo, avâchya.

Indocil, *a.* śikauṁk najo âslalo, śikuṁk upkâra nâslalo, aśikshya; chaṁchaḷ. ‖ *V.* INDOMAVEL.

Indocilidade, *s. f.* aśikshyepaṇ *n.*, aśishṭây *f.*

Indocilizar, *v. t.* chaṁchaḷ-, aśishṭ karuṁk.

Indole, *s. f.* svabhâv *m.*, prakṛit, kâletrî, baḍ *f.*, svarûp, śîl *n.*

Indolencia, *s. f.* nirduḥkh *f.*; *(fig.)* nirichchhâ *f.*, udâspaṇ; meṁgepaṇ *n.*, maṁdây, jaḍây, mhasâgat; âḷsây, sustî *f.* ‖ *V.* OCIO.

Indolente, *a.* duḥkha nâslalo, nirduḥkhî; *(fig.)* udâs, udâsîn, anichchh; jaḍ, meṁgo, âṁgrâkhyo, anudyogî, maṁd; sust, âḷsî. ‖ *V.* DESLEIXADO *e* EXTATICO.

Indolentemente, *adv.* mhosâgatîn, âḷsâyen.

Indomado, *a. V.* INDOMITO.

Indomavel, *a.* damâvûṁ najo âslalo, adamya, anâvar, durdhar; *(fig.)* âṭpo nâslalo. ‖ *V.* INVENCIVEL.

Indomavelmente, *adv.* dama-, âṭpo nâstânâ.

Indomesticavel, *a.* gharâvo-, manushyâḷo jây nâslalo.

Indomestico, *a.* rânaṭ, jaṁgḷî.

Indomito, *a.* rânyo, jaṁgḷî, ugr, bujaṭ; *(fig.)* abhimânî, unit.

Indoutamente, *adv.* neṇârpaṇîṁ.

Indouto, *a.* śikap-, jânvây nâslalo, apaṁḍit; neṇâr, durbuddh.

Indubitado, *a.* dubhâv nâslalo.

Indubitavel, *a.* dubhâvâviṇo, khachît, kharo, suṭâvo.

Indubitavelmente, *adv.* dubhâvâviṇeṁ, suṭâveṁ.

Inducção, *s. f.* mathṇî, phuslâvṇî *f.*; anumân, siddhâṁt; ** viśeshaparikshâpûrvak sâdhâraṇânumân *m.*

Inductil, *a.* aprasâraṇîya.
Inductilidade, *s. f.* aprasâraṇiyatâ *f.*
Inductivo, *a.* phuslâvṇo; viśeshaparîkshâpûrvak sâdhâraṇânumânâcho.
Inductor, *a.* phuslâvṇo. ‖ *s. m.* phuslâvṇâr, mathṇâr.
Indulgencia, *s. f.* dulabhây, mavâḷây, kaṇvâḷây, karuṇây, samjikây *f.*; duljeṁs, pâtkâṁcheṁ bogsaṇeṁ *n.* ‖ *V.* PERDÃO.
Indulgente, *a.* dulabh, mavâḷ, kaṇvâḷo, dayâḷ, karuṇ, anukûl, samjîk, kṛipâḷû, *khem.
Indulgentemente, *adv.* samjikâyen, dulabhâyen.
Indultar, *v. t.* bogsaṇeṁ-, mâphî divuṁk (*d. do o.*), bogsuṁk.
Indultario, *a.* bogsaṇeṁ-, vidhimukti meḷḷalo.
Indulto, *s. m.* bogsaṇeṁ, kheṁ *n.*, mâphî, mukti; vidhimukti, sattyâ *f.*, adhikâr *m.*
Indumento, *s. m.* nesaṇ *f.*, âṁgvastr, pâṁghrûṇ *n.*
Induração, *s. f.* nibar jâṇeṁ *n.* ‖ *V.* OBDURAÇÃO.
Indurado, *a.* nibar jâlalo; (*fig.*) *V.* OBSTINADO.
Industria, *s. f.* hikmat, mehnat, kasab *f.*, sugaraṇpaṇ *n.*; hâtkâm, śilpakâm *n.*, vyavahâr, yepâr, dhâṁdo, udyam, udyog *m*; (*fig.*) *V.* ARTIMANHA. ‖ *De* —, baḷyâṁ, jây mhaṇ.
Industriador, *a. e s. m.* śikaitalo, rahâṭauṇâr.
Industrial, *a.* śilpakâmâcho, yepârâcho, dhâṁdyâcho. ‖ *s. m.* śilpî, śilpakâr, yepârkâr.
Industrialmente, *adv.* kasabîn, udyogîṁ.
Industriar, *v. t.* śikauṁk, rahâṭauṁk, upśâmuṁk; hikmatîn-, maṁdṇen karuṁk. ‖ *v. r.* śikuṁk, rahâṭuṁk, kuṭuṁk, gavḷuṁk, kîr jâvuṁk (*litt.* SER PAPAGAIO); udyoguṁk, dhâṁdâl karuṁk, vâvruṁk.
Industriosamente, *adv.* mehnatîn, mâṁdṇen, bârkâyen.
Industrioso, *a.* kâmî, kashṭî, udyogî, kasbî, mehnatî; hikmatîcho, bârkâyccho, mâṁdṇecho; hikmatkâr, mâṁdṇekâr, kâṭhû, chyâd.
Indutar, *v. t.* kâḍhuṁk (*d. do o.*), neṭauṁk, saṁjauṁk.
Induto, *s. m.* neṭ, saṁjag; lep *m.*
Induzidor, *a. e s. m.* phuslâvṇo, samjâvṇâr.
Induzimento, *s. m.* phuslâvṇî, mathṇî, samjâvṇi; bhulauṇî phulauṇî *f.*
Induzir, *v. t.* phuslâvuṁk, mathuṁk, samjâvuṁk, koṁbo kâḍhuṁk (*d. do o.*); bhulauṁk, phulauṁk, maṁtruṁk. ‖ — *em erro*, chukauṁk, chukîk ghâluṁk. — *em tentação*, ṭaḷneṁṭ ghâluṁk. ‖ *V.* INFERIR.
Inebriante, *a.* *V.* EMBRIAGANTE.
Inebriar, *v. t. e i.* *V.* EMBRIAGAR.
Inedia, *s. f.* nirhâr *ou* niḷâr *m.*, niraśan *n.*
Inedito, *a.* śâpi nâslalo. ‖ *s. m.* śâpi nâslaleṁ pustak *m.*
Ineffabilidade, *s. f.* avâchyatâ *f.*, avâchyepaṇ; vichitrapaṇ, kautuk *n.*
Ineffavel, *a.* sâmgûṁ-, uchchârûṁ ṇajo âslalo, avâchya, akathya; (*fig.*) kautîk, chahk, nâjûk.
Ineffavelmente, *adv.* kautukîṁ.
Inefficacia, *s. f.* guṇ nâsṇeṁ, nirbaḷ, nishphalpaṇ, apûrṇpaṇ *n.*
Inefficaz, *a.* guṇ-, baḷ nâslalo, nirbaḷî, nishphaḷ *ou* nirphaḷ, vyarth *ou* verth, aguṇak, apûrṇ. ‖ *V.* IMPROPRIO.
Inefficazmente, *adv.* guṇ-, phaḷ nâstânâ.
Inelegancia, *s. f.* śobh nâsṇeṁ *n.*, aśobh *f.*, nirâkâr *m.*
Inelegante, *a.* śobh-, âkâr nâslalo, aśobhit.
Inelegivel, *a.* viṁchûn kâḍhûṁ ṇajo âslalo.
Ineluctavel, *a.* *V.* INVENCIVEL *e* IRRESPONDIVEL.
Inenarravel, *a.* *V.* INEFFAVEL.
Inepcia, *s. f.* avidyâ, abuddh *f.*, ajñâṇ, ajñânpaṇ *n.*, ayukti *f.*; nâkâjâlaleṁ, âḍmeḷeṁ *n.*
Ineptamente, *adv.* buddhîviṇeṁ, pisepaṇîṁ.
Ineptidão, *s. f.* *V.* INAPTIDÃO *e* INEPCIA.
Inepto, *a.* upkâra-, kâmâk ye nâslalo, asamarth, ayukt, nâlâyk; gnyân-, buddh nâslalo, bâbat, avidyâvaṁt, achatur, dagaḍyo, pato; nâkâjâlalo.
Inequivoco, *a.* dubhâv nâslalo, dakhal, suṭâvo.
Inercia, *s. f.* jaḍây, acheshṭâ *f.*, anudyog *m.*; mhasâgat, sustî, âṁgsustî, âḷsây *f.*, bebepaṇ, meṁgepaṇ *n.* ‖ *V.* INCAPACIDADE.
Inerme, *a.* hatyârâmekhḷo, aśastr, sâvo.
Inerrancia, *s. f.* achûkpaṇ *n.*
Inerrante, *a.* chuka naslalo; achûk, niśchal.

Inerte, *a.* hâla nâslalo, jaḍ, achetan, acheshṭ, niśchal; memgo, sust, âḷśî, beśârmî, akâmî; mhosâgatîcho, beśârmâyecho.

Inescrutavel, *a.* ṭhâvak nâslalo, akaḷ, guḍhâcho.

Inescurecivel, *a.* dakhal, prasiddh.

Inesperadamente, *adv.* avchitt, akasmât.

Inesperado, *a.* râva-, chiṁti nâslalo, akaḷit, akalpit, achaṁbit.

Inestimavel, *a.* amolîk, amol, amûlya; mol nâslalo, molâvarto, apûrv.

Inevidencia, *s. f.* avyakti *f.*, anirdhâr *m.*

Inevitavel, *a.* vâṭâvûṁ-, chukauṁ najo âslalo, anivâr, durnivâr.

Inevitavelmente, *adv.* chuka-, suṭa nâstânâ.

Inexacção, inexactidão, *s. f.* aṁtar, taphârat, chûk, aśuddhi *f.*

Inexactamente, *adv.* chûk âsûn, aṁtarîṁ.

Inexacto, *a.* chûk âslalo, chukîcho, taphâratîcho, aśuddh, sadosh.

Inexaminavel, *a.* parîkshûṁ najo âslalo. || *V.* OBSCURO.

Inexcitavel, *a.* châḷva nâslalo. || *V.* APATHICO.

Inexcusavel, *a.* *V.* INDISPENSAVEL *e* INDISCULPAVEL.

Inexecutavel, inexequivel, *a.* karûṁ-, saṁpâdûṁ najo âslalo, asâdhya, duśchâr.

Inexgottavel, inexhaurivel, *a.* uspûṁ najo âslalo; sara nâslalo, akshay, anaṁt, apâr.

Inexhausto, *a.* nâ sarlalo. || *V.* INEXHAURIVEL.

Inexistencia, *s.f.* abhâv *m.*, asatv *n.*

Inexistente, *a.* nâslalo, asiddh, asat.

Inexorabilidade, *s. f.* nirday, kharkasây, dâruṇây, kaṭhiṇây; kharây, nibrây *f.*, dhair *n.*

Inexoravel, *a.* âyka-, kânâr ghe nâslalo, aśâmya, nirdayî, nishkaruṇ, kaṭhîṇ, kharkas; dhairyavaṁt, khaḍkhaḍît, saḍsaḍît. || *V.* CRUEL.

Inexoravelmente, *adv.* nirdayîṁ, kharkasâyen.

Inexperiencia, *s. f.* anabhyâs *m.*, ajñânpaṇ, kachchepaṇ, neṇârpaṇ *n.*

Inexperiente, *a.* aṇbhog nâslalo, anabhyâsî, kachcho, ajñânî, âḍṇâḍî.

Inexperto, *a.* doḍo, kachcho, boṁtho; saṁsârâchî oḷakh nâslalo.

Inexpiavel, *a.* phârîkpaṇ nâslalo. || *V.* IMPERDOAVEL.

Inexplicabilidade, *s. f.* avivaraṇpaṇ, avivaraṇatva *n.*

Inexplicavel, *a.* arthûṁ-, samjoṇî divûṁ najo âslalo, avivaraṇ. || *V.* INEXPRIMIVEL.

Inexplicavelmente, *adv.* samjoṇcvâṁchûn.

Inexplorado, *a.* śodh nâ kelalo. || *V.* DESCONHECIDO.

Inexploravel, *a.* śodhûṁ-, sûd ghevûṁ najo âslalo.

Inexplosivel, *a.* phâr jây nâslalo.

Inexpressivo, *a.* avâchak; aḷṇî *ou* aiṇî, phiko, châchûr.

Inexprimivel, *a.* uchchârûṁ najo âslalo, avâchya, akathya; *(fig.)* *V.* DELICIOSO.

Inexprimivelmente, *adv.* anuchchârîṁ.

Inexpugnavel, *a.* jikûṁ najo âslalo, durjay; *(fig.)* âṭpo-, bâḍga nâslalo. || *V.* VALOROSO.

Inextendivel, inextensivel, *a.* vistârûṁ-, pasrûṁ najo âslalo, tâṇo-, pasro nâslâlo.

In extenso, *adv.* śekânśek, vistârân.

Inextenso, *a.* nâ tâṇlalo.

Inexterminavel, *a.* nâṁ karûṁ-, bhasmûṁ najo âslalo.

Inextincto, *a.* nâ sarlalo, avinashṭ.

Inextinguivel, *a.* pâlova nâslalo; *(fig.)* sara nâslalo, avinâśî; śamanâjây-, thâṁba nâslalo, aśâmya.

Inextirpavel, *a.* unmuḷûṁ-, khaṁḍûṁ najo âslalo.

In extremis, *adv.* nimâṇe taṇîr, marṇâchyâ veḷâr.

Inextricabilidade, *s. f.* ghoṁṭâḷepaṇ, guḍdelâsâṁv *n.*

Inextricavel, *a.* suṭa nâslalo, gâṁṭhâḷ, goṁdhḷâcho.

Infactivel, *a.* karûṁ najo âslalo, asâdhya; ghaḍa nâslalo.

Infallibilidade, *s. f.* achûkpaṇ *n.*

Infallivel, *a.* chuka nâslalo, achûk, achukîr. || *V.* INEVITAVEL.

Infallivelmente, *adv.* chuka nâstânâ; dubhâvâviṇeṁ.

Infamação, *s. f.* nâṁv ubhauṇeṁ, mân kâḍhṇeṁ *n.*, apavâd *m.*, chahâḍî *f.*

Infamador, *a. e s. m.* mân kâḍhtalo, chahâḍyo, niṁdâkâr, nirvâdî.

Infamante, infamatorio, *a.* mân kâḍhcho, niṁdak; akmânâcho, bemânâcho, apakîrtîcho.

Infamar, *v. t. e r.* *V.* DIFFAMAR.

Infame, *a.* mân-, âbrû nâslalo, badnâm, badlâm, badlâmî. || *V.* IGNOMINIOSO.

Infamemente, *adv.* beâbrûn, apayaśîṁ, akîrtîṁ.

Infamia, *s. f.* akîrti, apakîrti, dushkîrtî, kukîrti, beâbrû *f.*, apayaś, durnâṁv, badnâm, badlâm *n.;* nirvâd, parivâd *m.*, parniṁdâ *f.*

Infancia, *s. f.* burgepaṇ, bâḷpaṇ *n.*, bâḷbhâv *m.*, bâḷdaśâ *f.* || *Segunda* —, *V.* DECREPITUDE.

Infando, *a.* khabar karuṁk phâvo nâslalo. || *V.* ABOMINAVEL.

Infanta, *s. f.* kuṁvar, kumârî, râjkumârî.

Infantado, *s. m.* kuṁvrâcheṁ mirâs; kuṁvarpaṇ *n.*

Infante, *s. m. e f.* bâl, bâḷ, bâḷak, lahân burgeṁ, bâḷseṁ *(us. Can.) n.;* kuṁvar, kumâr, râjkumâr *m.* || *V.* INFANTA. || *s. m.* pâyik, pedo. || *a. V.* INFANTIL.

Infanteria, *s. f.* pâṁydaḷ *n.*, pâṁybhâr *m.*

Infanticida, *a. e s. m. e f.* bâlghâtkî (bâlghâtkîṇ *f.*), bâlhiṁsak.

Infanticidio, *s. m.* bâlghât *m.*

Infantil, *a.* bâḷâcho, burgyâcho, burgepaṇâcho.

Infatigabilidade, *s. f.* puro jây nâsṇeṁ, aśrampaṇ *n.*

Infatigavel, *a.* puro-, kashṭî jây nâslalo; mehnatî, suḍsuḍît.

Infatigavelmente, *adv.* thaka nâstânâ, pariśramân.

Infausto, *a.* nirdaivo, aprasann. || *V.* AZIAGO.

Infecção, *s. f.* vaso lâvṇeṁ *n.*, bhashṭâvṇî *f.;* piḍecho vaso *m.*, las *f.*, bhashṭpaṇ *n.* || *V.* CORRUPÇÃO. || *Foco de* —, rogâcho biyâḷo.

Infectante, infectuoso, *a.* piḍechyâ vasyâcho, vaso lâvuṁcho, bhashṭâvṇo.

Infectar, *v. t. e r. V.* INFICIONAR.

Infecto, *a.* dushṭ, bhashṭalalo; vasyâcho, lâgcho.

Infecundidade, *s. f.* vâṁjhpaṇ *n.*, asûti; nishphaḷây *f.*

Infecundo, *a.* asût, vâṁjh *(mulher* —*);* vâṁjho, nishphaḷ, aphaḷ.

Infelicidade, *s. f.* asukh, duḥkh, nirbhâg, nirbhâgya, abhâgya, akaḷyâṇ *n.*, avdaśâ, durgati, kanishṭhây *f.*

Infelicitado, *a. V.* DESGRAÇADO.

Infelicitador, *a. e s. m.* nirbhâgî kartalo.

Infelicitar, *v. t.* nirbhâgî-, avdaśî karuṁk. || *v. r.* kapâlphuṭko-, nirbhâgî jâvuṁk.

Infeliz, *a.* duḥkhî, asukhî, nirbhâgî, abhâgî, avdaśî, akaḷyâṇî, akuśâl, kanishṭh, kapâlphuṭko, karmphuṭko.

Infelizmente, *adv.* nirbhâgîṁ, avdaśen, asukhîṁ.

Infenso, *a. V.* ADVERSO.

Inferencia, *s. f.* anumân, tark, tarksiddhâṁt *m.*

Inferior, *a.* sakailo, khâylo, khâlcho, khâlâ âslalo, taḷcho, poṁdcho, poṁdlo; *subordinado:* sakailo, khâlto, pâṭhlo, amukhya; *somenos:* uṇo, uṇâkh, halko, utâr, kamî, kamtî.

Inferioridade, *s. f.* khâltepaṇ, uṇepaṇ, kalkepaṇ, kamîpaṇ *n.*

Inferiormente, *adv.* sakailyân, khâylyân; uṇepaṇîṁ, khâltepaṇîṁ.

Inferir, *v. t.* anumân-, tark karuṁk *(g. do o.)*, anumânuṁk, tarkuṁk.

Infernal, *a.* iṁphernâcho, yamkaṁḍâcho, narakâcho, narakî; *(fig.) V.* HORRIVEL *e* TUMULTUOSO.

Infernalidade, *s. f.* narkaṭây; vikaṭây *f.*, akrâḷpaṇ *n.*

Infernalmente, *adv.* akrâḷpaṇîṁ; devchârpaṇîṁ.

Infernar, *v. t.* yamkaṁḍâṁt ghâluṁk; *(fig.) V.* ATORMENTAR. || *v. r.* iṁphernâṁt paduṁk.

Inferneira, *s. f.* khaḷkhaḷ, śivâḍo *m.*, dhumśâṇ *n.*, gaḍbaḍ *f.*

Inferno, *s. m.* iṁphern, yamkaṁḍ, pâtâḷ, agnikaṁḍ *n.*, yampurî *f.*, narak *m.; (fig.)* iṁphern *n.*

Infero, *a.* sakailo, khâylo, poṁdlo. || *s. m. V.* INFERNO.

Infertil, *a.* pik-, phaḷ nâslalo, nâpîk, aphaḷ, vâṁjho.

Infertilidade, *s. f.* nâpîkpaṇ, vâṁjhpaṇ *n.;* dukaḷ *m.*

Infertilizar, *v. t.* nâpîk-, vâṁjho karuṁk. || *v. r.* vâṁjho-, nishphaḷ jâvuṁk, nishphaḷuṁk.

Infestação, *s. f.* puṁḍây, dhâḍ, ijâ *f.*, upadro *m.*

Infestador, *a. e s. m.* puṁḍây kartalo; puṁḍ.

Infestar, *v. t.* piḍâpiḍ-, upadre divuṁk *(d. do o.)*, puṁḍây karuṁk *(d. ou l. do o.);* dhûḷdaśâ-, desvâṭ karuṁk *(g. do o.)*

Infesto, *a. V.* INIMIGO *e* NOCIVO.

Infibular, *v. t.* âṁkḍâvuṁk, phâso ghâluṁk *(g. do o.)*

Inficionação, *s. f.* vaso lâvṇeṁ *n.*, bhashṭâvṇî *f.*

Inficionador, *a. e s. m.* vaso lâytalo, bhashṭâvṇo.

Inficionar, *v. t.* dushṭ-, rogî karuṁk, bhashṭâvuṁk. || *v. r.* vaso lâguṁk *(d. do s.)*, bhashṭ jâvuṁk.

Infidelidade, *s. f.* aviśvâs, apghât *ou* âbghât *m.*; khoṭepaṇ, phoṭkirepaṇ *n.*; chaṁchaḷây *f.*; anbhâvârth *m.*, koṁkanpaṇ *n.*, nâstikî *(— religiosa) f*; koṁkṇo lok *(gente infiel)*; vyabhichâr *(— conjugal) m.*

Infido, *a.* *(poet.)* bâshkaḷ, khoṭo.

Infiel, *a.* phoṭkiro, bâshkaḷ, khoṭo; kusko, âbghâtî, aviśvâsî, abhakt; anbhâvârthî, nâstik, *noḷkhato, *abhâvik. || *s. m.* anbhâvârthî, koṁkṇo.

Infielmente, *adv.* aviśvâsîṁ, âbghâtân, abhaktîn.

Infiltração, *s. f.* bhedṇî, saṁcharṇî, rigṇî *f.*, saṁchâr *m.*

Infiltrar, *v. t.* saṁchruṁk, bheduṁk *(d. ou l. do o.)*; *(fig.)* thodo thodo ghâluṁk,- bharuṁk. || *v. r.* bheduṁk, saṁchroṁk, riguṁk. || *V.* IMPREGNAR-SE.

Infiltravel, *a.* bhedcho.

Infimo, *a.* saglyâṁ poṁdcho-, sakailo; bhav khâlto. || *Ao —*, kharîkparyâṁt.

Infindamente, *adv.* śevaṭâviṇeṁ.

Infindo, *a.* sara-, śevaṭ nâslalo; bhav chaḍh, sabâr. || *V.* INFINITO.

Infinidade, *s. f.* anaṁtpaṇ, aparaṁpârpaṇ, akhaṁḍitpaṇ; agaṇitpaṇ *n.*, aparimitây; *(fig.)* râs *f.*, ḍoṁgar *m.*

Infinitamente, *adv.* agaṇitpaṇîṁ, mîtmer nâstânâ.

Infinitesima, *s. f.* alpishṭh bhâg *m.*

Infinitesimal, **infinitesimo**, *a.* bhârîṁ supûr, alpishṭh, atisûkshma.

Infinitivo, *s. m.* sâdhâraṇrûp, bhâvvachan *n.* || *a.* bhâvvachanâcho.

Infinito, *a.* aparaṁpâr, apâr, anaṁt, nâṁt; duraṁt, agaṇit, aparimit, akhaṁḍit. || *V.* INFINITIVO. || *adv.* *V.* INFINITAMENTE.

Infirmar, *v. t.* *V.* ENFRAQUECER *e* INVALIDAR.

Infixidez, *s. f.* ḍauṁḍaḷṇeṁ *n.*, chaṁchaḷây *f.*

Inflação, *s. f.* *V.* INCHAÇÃO.

Inflammabilidade, *s. f.* jaḷcho guṇ *n.*, jvalanaśîlatâ *f.*

Inflammação, *s. f.* peṭṇî, jaḷṇî, lâsṇî, ulpaṇî *f.*; jâḷ, ulap, jâḷ ulap, saṁtâp *m.*; iṁphlâmâsâṁv *n.*, duḥkh *f.*

Inflammador, *a. e s. m.* peṭaitalo, ulpâvṇâr; jaḷauṁcho, ulpo.

Inflammar, *v. t.* peṭauṁk, jaḷauṁk, lâsuṁk, ulpâvuṁk; saṁtâpauṁk, tâpauṁk; *(med.)* sujauṁk, jâḷuṁk. || *V.* ESTIMULAR. || *v. r.* âg lâguṁk *(d. do s.)*, peṭuṁk, jaḷuṁk, ulpuṁk, lâsoṁk, saṁdhakuṁk, dhagdhaguṁk; saṁtâpuṁk, tâpuṁk, abjâḷuṁk; *(med.)* sujuṁk, bharon yevuṁk, phaphevuṁk.

Inflammativo, **inflammatorio**, *a.* jaḷauṁcho, ulpâvuṁcho, dâhak. || *Febre inflammatoria*, duḥkhîcho jar *m.*

Inflammavel, *a.* soṁpepaṇîṁ ulpatalo, jaḷuṁk baro, jvalanaśîl; *(fig.)* chaḍhît, jaḷsar.

Inflar, *v. t.* phuṁkûn phulauṁk,- phugauṁk; sujauṁk; *(fig.)* phugauṁk, phulauṁk. || *v. i. e r.* phuguṁk, phuluṁk; *(fig.)* *V.* ENSOBERBECER-SE.

Inflatorio, *a.* phugauṁcho, phulauṁcho.

Inflexão, *s. f.* bâgâvṇî, vaṁdâvṇî, vâṁkauṇî; bâg *f.*; *(fig.)* svarbhed *m.*; *(gram.)* vibhakti *f.*, rûpâṁtar *n.*

Inflexibilidade, *s. f.* niṭây *f.*, tâṭho *m.*; *(fig.)* kaṭhiṇây, bhâjaḍây, chikaṭây *f.*, dhair *n.*

Inflexivel, *a.* bâgâvo nâslalo, tâṭho, nîṭ, sûḷ; *(fig.)* kaṭhîṇ, bhâjaḍ, chikaṭ, nibar, aśâmya. || *V.* IMPASSIVEL.

Inflexivelmente, *adv.* bâgâvo-, bâḍga nâstânâ.

Inflexivo, *a.* *(gram.)* rûpâṁtar nâslalo, rûpâṁtaraśûnya.

Inflexo, *a.* bâgâvlalo, ḍodlalo; bhitarlyân vaṁdavlalo.

Inflicção, *s. f.* lâvṇeṁ, deṇeṁ *n.*

Infligir, *v. t.* (khâst, daṁḍ) lâvuṁk, divuṁk, ghâluṁk.

Inflorescencia, *s. f.* phulṇî, phuṭṇî *f.*, taṁvar *n.*

Influencia, *s. f.* śakti *ou* sakat *f.*, baḷ *n.*, vaso, pâṁysar *m.*, pâṁg; *(fig.)* oḍh *f.*, bhâr, tol *m.*, vajan *n.*

Influenciar, *v. t.* vaḷuṁk, vaḷauṁk, oḍhuṁk.

Influente, *a.* śaktivaṁt, baḷvaṁt, baḷî, bhiḍecho. || *s. m.* vajandâr, toldâr, daṁdâr.

Influição, *s. f.* *V.* INFLUXO.

Influidor, *a. e s. m.* vaḷtalo, oḍhṇâr.

Influir, *v. t.* bhitar vâhvauṁk,- ratauṁk; *(fig.)* divuṁk, saṁchâruṁk, lâbhauṁk; baḷ karuṁk *(d. do o.)*, oḍhuṁk, vaḷuṁk, vaḷauṁk. || *V.* EXCITAR. || *v. i.* guṇ-, tol divuṁk, lâguṁk, jhomuṁk. || *v. r.* oḍh ghevuṁk, phuluṁk, vaso lâguṁk *(d. do s.)*

Influxo, *s. m.* vaso, tol *m.*, bhardastî; bhartî *f.*; *(fig.)* *V.* AFFLUENCIA.

In-folio, *a.* lâṁbâṁ pânâṁcho. || *s. m.* lâṁbâṁ pânâṁcheṁ pustak *n.*

Informação, *s. f.* jâṇauṇî, kaḷauṇî, bodhauṇî; khabar, dâd, suddî, sûchanâ; kaḷâkaḷ, chaukaśî *f.*, vichâr *m.* ‖ *Tirar ou tomar informações*, khabar-, kaḷâkaḷ ghevuṁk. *Curar por informações*, kânâr gelâṁ tyâpramâṇeṁ chaluṁk,- dhàruṁk.

Informador, informante, *a. e s. m.* khabar-, dâd ditalo, kaḷauṇâr, gamauṇâr, sûchak, bodhak.

Informar, *v. t.* khabar divuṁk (*d. do o.*), jâṇauṁk, kaḷauṁk, gamauṁk, bodhauṁk, suchauṁk, sâṁguṁk; *dar informe:* dâd divuṁk (*g. do o.*); *dar forma:* âkâr-, rûp divuṁk (*d. do o.*); *animar:* jîv divuṁk,- bharuṁk (*d. do o.*) ‖ *v. i.* âkâr-, rûp ghevuṁk; âṁg-, gat ghevuṁk. ‖ *v. r.* khabar-, dâd ghevuṁk, vichâr karuṁk; âkâr-, vaḷaṇ ghevuṁk.

Informe, *s. m.* dâd *f.*, vichâr *m.* ‖ *V.* PARECER. ‖ *a.* nirâkâr, arûp, vikaḷ; kaṛdo. ‖ *V.* AGIGANTADO.

Informemente, *adv.* âkâr nâstânâ.

Informidade, *s. f.* nirâkârpaṇ *n.*

Infortuna, *s. f.* abhadranakshtr *n.* ‖ *V.* INFORTUNIO.

Infortunado, infortunoso, *a.* *V.* DESAFORTUNADO.

Infortunar, *v. t.* *V.* INFELICITAR.

Infortunio, *s. m.* avdaśâ *ou* avdisâ, âdâvat, durgati *f.*, durdaiv, nirdaiv, abhâgya, durbhâgya; nashṭ, nâṭ, jhoḍjhapâṭ *n.*, balây *f.*, arishṭ *m.*, halahvâl, dagd *m. pl.*

Infra, *adv.* saklâ, khâlâ.

Infracção, *s. f.* moḍṇî, mâḍauṇî *f.*, moḍap *n.*, bhaṁg *m.*

Infracto, *a.* moḍlalo, moḍon paḍlalo, bhaṁglalo.

Infractor, *s. m.* moḍṇâr, khaṁḍṇâr, bhaṁg kartalo, bhaṁjak.

Infrangivel, *a.* moḍûṁ najo âslalo, abhaṁg, abhedya.

Infrascripto, *a.* sakal-, khâlâ barailalo.

Infrene, *a.* *V.* DESENFREADO.

Infrequencia, *s. f.* viraḷpaṇ, *n.*, avaraṁvâr *m.*, kednây ghaḍneṁ *n.*

Infrequentado, *a.* lokâṁ sâṁḍlalo, osâḍ.

Infrequente, *a.* kednây ghaḍtalo, viraḷ, pâtaḷ.

Infrequentemente, *adv.* kednây.

Infringir, *v. t.* moḍuṁk, mâḍauṁk, toḍuṁk, bhaṁg karuṁk (*g. do o.*)

Infringivel, *a.* moḍûṁ-, mâḍauṁ najo âslalo.

Infructifero, infructuoso, *a.* nishphaḷ *ou* nirphaḷ, vâṁjho, baṁdyo; (*fig.*) nirphaḷ, beṭho, phuṁkaṭcho, verth.

Infructuosamente, *adv.* phaḷâvîṇ, âdâvâvîṇ.

Infructuosidade, *s. f.* nishphaḷây *f.*, nishphaḷpaṇ *n.*

Infumavel, *a.* oḍhûṁ najo âslalo (pân, viḍî).

Infundado, *a.* mûḷ-, pâṁysar nâslalo; (*fig.*) kâraṇâviṇo, nimittâviṇo.

Infundibulo, *s. m.* *V.* FUNIL.

Infundiça, infundice, *s. f.* mutâcheṁ khârvaṇî *n.*

Infundir, *v. t.* âyḍanâṁt otuṁk; rakauṁk; ekevastûr (udak, tel) ghâluṁk; bhijatghâluṁk, kashây karuṁk (*g. do o*); (*fig.*) bharauṁk, saṁchruṁk. ‖ *v. r.* riguṁk, saṁchroṁk, bheduṁk.

Infunicar, *v. t.* *V.* DESFIGURAR.

Infusa, *s. f.* kaḷsulo, gâḍgo *m.*

Infusão, *s. f.* otṇî, ghâlṇî; kashây *f.*, *kâṭ *n.*, kâḍho *ou* kaḍho *m.*; (*fig.*) bharauṇî, rigauṇî *f.*, nyâs *m.*

Infusivel, *a.* kaḍha naslalo, adrâvya, adrâvaṇîya.

Infuso, *a.* otlalo; bhijatghâlalo; (*fig.*) bharailalo. ‖ *s. m.* kaḍho *m.*

Infustamento, *s. m.* soryâchyâ maḍtelâchi ghân *f.*

Ingenito, *a.* jalmâcho, bhâvîk.

Ingente, *a.* bhav vhaḍ, varishṭ, thor, *mahaṁt, digaṁbar, atikây.

Ingenuamente, *adv.* bhoḷyâ manân, kapaṭâvîneṁ.

Ingenuidade, *s. f.* nishkapaṭ, akapaṭ, sâdhepaṇ, bhoḷepaṇ, saraḷpaṇ, bâbḍepaṇ *n.*, neṇtuvây *f.*, ekbhâv *m.*; bhâvârthpaṇ *n.*

Ingenuo, *a.* bhoḷyâ manâcho, bhoḷo, sâdho, bâbḍo, neṇto, ekbhâvâcho, saraḷ, akapaṭî, nishkapaṭî; bhâvârthî.

Ingerencia, *s. f.* ghâlṇî, khomṇî; gilṇî; ghusṇî, ghusaḷṇî *f.*

Ingerir, *v. t.* khomuṁk, khovuṁk, saṁchruṁk, ghâluṁk, bharuṁk, ṭhasauṁk, ghusauṁk; poṭâṁt ghâluṁk, giḷuṁk. ‖ *v. r.* ghusuṁk, ghusḷuṁk.

Ingestão, *s. f.* poṭân ghâlneṁ *n.*

Ingloriamente, ingloriosamente, *adv.* kîrtî-, yaśâ viṇeṁ.

Inglorio, inglorioso, *a.* yaś-, kîrti nâslalo, akîrtîcho.

Ingovernavel, *a.* chalauṁ-, râjvaṭûṁ najo âslalo; anâvar, aśâmya.

Ingranzeu, *s. m.* *V.* ALARIDO.

Ingratamente, *adv.* anupkârpanîṁ; khuśebhâyr.

Ingratidão, *s. f.* anupkârpaṇ *n.*, anupkâr, nirupkâr *m.*

Ingrato, *a.* anupkârî, nirupkârî, upkâr mâni nâslalo; *(fig.)* nishphaḷ; ghâsîcho, kashṭâṁcho, avghaḍ. ‖ *V.* DESAGRADAVEL.

Ingrediente, *s. m.* upakaraṇ *n.*, upachâr, dhâtu, jinnas, prakâr; sâṁbhâr, masâlo *(todos os ingredientes) m.*

Ingreme, *a.* kaḍsyâcho, sûḷ; *(fig.) V.* ARDUO.

Ingremidade, *s. f.* suḷây *f.*

Ingresso, *s. m.* rîg, praveś, niveś, saṁchâr *m.*

Ingrezia, *s. f.* gaḍbaḍ *f.*, dhumśâṇ, tuphân *n.*

Ingua, *s. f.* vaḷ *m.*

Inguinal, *a.* mâṁḍîchyâ sâṁdhyâcho, ûrusaṁdhîcho.

Ingurgitação, *s. f.*, **ingurgitamento**, *s. m.* bharkaṇî, rakshaṇî; *(med.)* purṇî, choṁdṇî; phugṇî, sujṇî *f.* ‖ *V.* IMPEDIMENTO.

Ingurgitar, *v. t.* bharkuṁk, rakshuṁk; upaṭ-, vâhvaparyâṁt bharuṁk. ‖ *V.* OBSTRUIR. ‖ *v. i.* puroṁk, choṁdoṁk. ‖ *v. r.* choṁdoṁk, muṁdhoṁk, phuguṁk; *(fig.)* poṭ tâṇuṁk,- ragḍûn bharuṁk. ‖ *V.* ATOLAR-SE.

Inhabil, *a.* aśakt, asamarth, bebaḷ; bâbat, ayukt, ayogya, avidyâvaṁt, bechatur, nâlâyk.

Inhabilidade, *s. f.* asamarthpaṇ, aśaktpaṇ *n.*, aśakti, bebaḷây; avidyâ, achaturây, nâlâykî *f.*

Inhabilitar, *v. t.* asamarth-, ayukt karuṁk. ‖ *v. r.* kuvet-, tâṁk nâsuṁk *(d. do s.)*, aśakt-, bâbat jâvuṁk.

Inhabilmente, *adv.* śaktî-, tâṁkî vineṁ, kuvet nâstânâ.

Inhabitado, *a. V:* DESHABITADO.

Inhabitavel, *a.* râvûṁ-, ṭhikâṇ karûṁ najo âslalo, avâsya.

Inhalação, *s. f.* huṁgṇî, oḍhṇî *f.*

Inhalador, *a.* oḍhchò, huṁgcho. ‖ *s. m.* oḍhṇo *m.*

Inhalante, *a.* huṁgtalo, oḍhtalo.

Inhalar, *v. t.* śvâsân oḍhuṁk, huṁguṁk, huṁgûn ghevuṁk.

Inhame, *s. m.* *(bot.)* kâṭâkaṇgî *f.*, chineṁ *n.*

Inharmonia, *s. f. V.* DESHARMONIA.

Inharmonico, *a. V.* DISCORDANTE.

Inherencia, *s. f.* sthiti, saṁsthâ *f.*, adhishṭhân *n.*

Inherente, *a.* lâgûn-, jhomûn âslalo, sthit, aṁtarasth, bhitarlo; sahaj, svabhâvik.

Inherir, *v. i.* lâgûn-, teṁkûn âsuṁk, jhomuṁk.

Inhibição, *s. f. V.* PROHIBIÇÃO.

Inhibir, *v. t.* âḍvâruṁk, manâkaruṁk; *(fig.)* âḍâyuṁk, manâvuṁk.

Inhibitivo, **inhibitorio**, *a. V.* PROHIBITIVO.

Inhospito, *a.* bihrâḍ dî nâslalo, atithidveshî; bihrâḍâk upkâra nâslalo, râvuṁk vâyṭ.

Inhumação, *s. f.* nikhipiṇeṁ, purap, mâtiyek lâvṇeṁ *n.*

Inhumanamente, *adv.* nishṭurâyen.

Inhumanidade, *s. f.* nirday, nishṭurây *f.*, nishṭurpaṇ, krûrpaṇ *n.*

Inhumano, *a.* nirdayî, nishṭur, krûr.

Inhumar, *v. t.* puruṁk, mâtiyek lâvuṁk, nikhipuṁk.

Iniciação, *s. f.* saṁskâr, upadeś, maṁtropadeś *m.*, dîkshâ; pailî śikauṇ, mûḷ oḷakh *f.*, vidyâpraveś *m.*; araṁbhṇî, âḍâvṇî *f.*

Iniciado, *a.* saṁskârit, saṁskṛit, upadishṭ; âḍâylalo, araṁbh dilalo.

Iniciador, *a. e s. m.* dîkshâ ditalo, sâṁskârî, maṁtropadeśak; âḍâytalo, araṁbhṇâr.

Inicial, *a.* pailo, pratham, araṁbhâchò, muhûrttâcho, śurû karcho. ‖ *s. f.* śabdâcheṁ paileṁ akshar *n.* ‖ *As iniciaes de um nome,* nâṁvâchîṁ pailî aksharâṁ *n. pl.*, nâmâdyâkshar *n.*

Inicialmente, *adv.* araṁbhîṁ; muḷâk, mudlâk.

Iniciar, *v. t.* saṁskâruṁk, saṁskṛit karuṁk, dîkshâ divuṁk *(d. do o)*; *instruir:* pailî śikauṇ divuṁk *(d. do o.)*, upadeśuṁk, aḷsauṁk, mârgâk lâvuṁk; *começar:* âḍâvuṁk, araṁbhuṁk, araṁbh divuṁk *(d. do o.)*, mudal ghâluṁk *(d. do o.)* ‖ *v. r.* saṁskârit-, saṁskṛit jâvuṁk, dîkshâ ghevuṁk; arth-, oḷakh ghevuṁk.

Iniciativa, *s. f.* paileṁ yojan,- kalpaṇ *n.*, upakram *m.* ‖ *Ter —,* yojano jâvuṁk, peruṁk.

Iniciativo, *a.* yojano, mudal ghâlcho; tajvitecho.

Inicio, *s. m.* araṁbh, muhûrtt *m.*, mudal *n.* ‖ *V.* ESTREIA.

Inimaginavel, *a.* chiṁtûṁ-, kalpûṁ najo âslalo, achiṁtya.

Inimicicia, *s. f. (p. us.) V.* INIMIZADE.

Inimigo, *a.* duśmânîk, dveshî, amitr; viruddh, âḍ, parto. ‖ *s. m.* duśmân, vairî, amitr, dâvedâr; galîṁ, śatru *(— publico).* ‖ *V.* DIABO.

Inimistar, *v. t. V.* INIMIZAR.

Inimitavel, *a.* sâṁgḍo karûṁ najo âslalo, apratim, anupamey.

Inimitavelmente, *adv.* anusaraṇâ-, anukaraṇâ viṇeṁ.

Inimizade, *s. f.* duśmânkây, âdâvat *f.*, vair *n.*, vâyṭâchâr, dâvo, dvesh, virodh, *vairâchâr *m.*

Inimizar, *v. t.* duśmân karuṁk, aṁtrâvuṁk, dusaṁgâvuṁk, keṁsṭyo gâṁṭhâvuṁk (*g. do o.*) ‖ *v. r.* duśmân jâvuṁk, aṁtruṁk, dusaṁguṁk.

In-integrum, *adv.* sakaṭ meḷûṇ, kâṁy uṇeṁ kari nâstânâ.

Inintelligivel, *a.* samjo nâslalo, asamjîk, akaḷ.

Inintelligivelmente, *adv.* samjo-, kaḷa nâstânâ.

Ininterrupção, *s. f.* akhaṁḍitây *f.*, niraṁtarpaṇ *n.*

Ininterrupto, *a.* thâṁba-, khaḷa nâslalo, niraṁtar, akhaṁḍit, nitya.

Ininvestigavel, *a.* chaukasûṁ-, tapâsûṁ najo âslalo, avichârya.

Iniquamente, *adv.* anyâyîṁ khoṭepaṇîṁ.

Iniquicia, (*ant.*), **iniquidade**, *s. f.* anît *f.*, anyây, anay, adharm durmârg, pâpâchâr *m.*, dushkarm, pâp, khoṭepaṇ, onkhaṭeṁ, kusḍepaṇ *n.*

Iniquo, *a.* anyâyî, adharmî, anayî, anîtivaṁt, akarmî, dushkarmî, durmârgî, pâpâchârî, khoṭo, ankhaṭo; anîticho, adharmâcho.

Injecção, *s. f.* bhitar ghâlṇeṁ-, bharṇeṁ *n.*; vasti *f.*

Injectar, *v. t.* bhitar ghâluṁk,- bharuṁk. ‖ *v. r.* bharoṁk, bharon yevuṁk.

Injucundo, *a.* *V.* DESAGRADAVEL.

Injuncção, *s. f.* hukûm *m.*, tâkîd *f.*; kâydo *m.*

Injungir, *v. t.* pharmâvuṁk, kâydo ghâluṁk (*g. do o.*)

Injuria, *s. f.* âpmân *ou* akmân, pachmân, apkâr, jerbaṁd, âjñâv *m.*, behurmat, birâmat, niṁdâ, jâstî *f.*; vâyṭ, nashṭ, nuksân *ou* nuskân *n.*, nâś, dhako *m.* ‖ *V.* INJUSTIÇA.

Injuriador, *a. e s. m.* akmânî, apkârî, niṁdâkâr.

Injuriante, *a.* *V.* INJURIOSO.

Injuriar, *v. t.* akmân-, aprâdh karuṁk (*d. do o.*), apmânuṁk, akmânuṁk, pachmânuṁk, aprâdhuṁk, viṭaṁbuṁk, bharsuṁk, tarjuṁk, niṁduṁk, khupuṁk; nashṭ-, vâyṭ karuṁk (*d. do o.*), nâśuṁk. ‖ *V.* DESHONRAR. ‖ *v. r.* vâyṭ disuṁk (*d. do s.*), akmân jâvuṁk-, bhogoṁk (*d. do s.*)

Injuriosamente, *adv.* akmânân, behurmatîn.

Injurioso, *a.* akmânâcho, niṁdecho.

Injustamente, *adv.* nîtiviṇeṁ, anîtîṁ, anyâyîṁ.

Injustiça, *s. f.* anît *f.*, anyây, anay, smṛitivirodh; aprâdh, julûm *m.*

Injustiçoso, *a.* mansubî nâslalo.

Injustificavel, *a.* nirdoshî karûṁ najo âslalo.

Injusto, *a.* anîtivaṁt, anîticho, nît nâslalo, anyâyî, anayî, adharmî.

In-limine, *adv.* muḷân, mudlân.

In-mente, *adv.* matîn, chiṁtnen.

Innascivel, *a.* jâvûṁ najo âslalo, ajanm.

Innato, *a.* jâticho, jalmâcho, sayaṁbhâcho, baḍicho, bhâvîk, sahaj; aṁtarasth.

Innavegavel, *a.* târûṁ chala nâslalo, anâvya; chaluṁk upkâra nâslalo (târûṁ).

Innegavel, *a.* nâṁ mhaṇa najo âslalo, nirvivâd, dubhâv nâslalo.

Innegavelmente, *adv.* dubhâvâ-, iṁkârâ viṇeṁ.

Innocencia, *s. f.* avikâr, anapakâr *m.*, sâvepaṇ, sâtvikpaṇ *n.*; anaparâdh, niraparâdh, nirdosh *m.*, nirdushṭ; nirmaḷpaṇ, nishkaḷaṁkpaṇ; neṇṭepaṇ *n.*, neṇṭuvây, neṇṭî buddh *f.*, lahânpaṇ; bâbḍepaṇ, garîbpaṇ, bhoḷepaṇ *n.* ‖ *Edade de* —, neṇṭî pirây *f.*, burgepaṇ *n.*

Innocente, *a.* vâyṭ-, nashṭ kari nâslalo, sâvo, avikârî, adushṭ, sâtvik; *não culpado:* gunyâṁv-, aprâdh nâslalo, anapârâdhî, niraparâdhî, nirdushṭ; *isento de malicia:* nirmaḷ, nishkaḷaṁk, nishpâpî; neṇṭo, neṇṭe buddhicho,- pirâyecho; *candido:* bhoḷo, bâbḍo *ou* bâpuḍo, garîb. ‖ *V.* IDIOTA. ‖ *s. m.* niraparâdhî manîs; neṇṭo-, hâṁstokhelto burgo *m.*, lahân burgeṁ *n.*

Innocentemente, *adv.* gunyâṁvâviṇeṁ; neṇṭuvâyen; akapaṭîṁ.

Innocuidade, *s. f.* avikârpaṇ *n.*, avikâr, nirvikâr *m.*

Innocuo, *a.* avikârî, sâvo.

Innodado, *a.* (*p. us.*) gâṁṭh mârlalo, gâṁṭhâylalo. ‖ *V.* PRESO.

Innominado, *a.* nâṁv nâslalo, nâṁvâviṇo, anâmik.

Innominavel, *a.* nâṁv divûṁ najo âslalo.

In-nomine, *adv.* phakat nâṁvîṁ.

Innovação, *s. f.* naveṁ karṇeṁ, phiraupeṁ *n.*, pâlaṭ *m.*; navî vast,- rît,- châl; navsarṇî *f.*

Innovador, *a. e s. m.* naveṁ-, navyân kartalo.

Innovar, *v. t.* naveṁ-, navyân karuṁk,- rachuṁk, pâlṭuṁk, phirauṁk; *(ant.) V.* CONCERTAR.

Innoxio, *a.* vâyṭ kari nâslalo, sâvo; niraparâdhî; bâbdo. ‖ *V.* INTACTO.

Innubil, *a.* kâjârâcho nay âslalo.

Innumerabilidade, *s. f.* agaṇitpaṇ *n.*, agaṇitây, aparimitây *f.*

Innumeravel, innumero, innumeroso, *a.* gaṇtî-, lekh nâslalo, agaṇit, aparamit, asaṁkhya. ‖ *V.* COPIOSO.

Innumeravelmente, *adv.* gaṇtî-, lekh nâstânâ.

Innupto, *a.* âṁkuvâr, anûḍh.

Inobediencia, *s. f.* apâḷo *m.*

Inobediente, *a. V.* DESOBEDIENTE.

Inobservado, *a.* saṁbhâḷi nâslalo; paḷe nâslalo.

Inobservancia, *s. f.* apâḷo, asaṁbhâḷ *m.*, beparvâ, bephikîr *f.*

Inobservante, *a.* pâḷi-, saṁbhâḷi nâslalo, beparvî.

Inobservavel, *a.* saṁbhâḷûṁ-, paḷevûṁ najo âslalo, alakshya.

Inoculação, *s. f.* toṭko, śikko *m.* ‖ *V.* ENXERTO.

Inoculador, *a. e s. m.* toṭko kartalo; toṭkyâcho.

Inocular, *v. t.* toṭko karuṁk *(d. ou g. do o.)*, śikko-, dâg divuṁk *(id.)* ‖ *V.* ENXERTAR *e* PROPAGAR.

Inoculavel, *a.* toṭkyâk upkârto.

Inodoro, *a.* vâs nâslalo, nirgaṁdh.

Inoffensivamente, *adv.* nashṭâ-, vâyṭâ vinem.

Inoffensivo, *a.* vâyṭ-, nashṭ kari nâslalo, bapuḍo *ou* bâbḍo, garîb, niraparâdhî.

Inofficioso, *a.* akṛipâḷû, anupakârî.

Inopia, *s. f.* durbaḷây *f.*, daḷdir *n.*, dukaḷ *m.*; *(fig.) V.* FALTA.

Inopinadamente, *adv.* avchitt, akasmât.

Inopinado, inopino, *a.* chiṁti nâslalo, avchitt, akaḷit, akalpit.

Inopinavel, *a.* chiṁtûṁye-, râvûṁye nâslalo.

Inopportunamente, *adv.* asamayîṁ, akâḷîṁ, aveḷîṁ.

Inopportunidade, *s. f.* asamay, anavasar, aveḷ, akâḷ *m.*

Inopportuno, *a.* veḷâ-, samayâ bhâylo, akâḷ, aveḷâcho.

Inorganico, *a.* sâṁdhe-, jîv nâslalo, nirjîv.

Inoxidavel, *a.* kalme nâslalo.

Inqualificavel, *a.* nâṁv-, âkâr nâslalo; bhav vâyṭ,- khoṭo.

Inquebrantavel, *a.* akhaṁḍ, ghaṭṭ, nibar, bhâjaḍ.

Inquerideira, *s. f.* arnuṁchî dorî *f.*, pâṭ, veṁṭo *m.*

Inquerir, *v. t.* (ojheṁ) arnuṁk. ‖ *Corda de* —, dorî *f.*, veṁṭo *m.*

Inquerito, *s. m. V.* INQUIRIÇÃO.

Inquestionavel, *a. V.* INDUBITAVEL.

Inquietação, *s. f.*, **inquietamento,** *s. m.* kimâsâṁv, asamâdhân, asvasthpaṇ, hairâṇ *n.*, piḍâpîḍ, karâṁdây, âvjâḷây, aśâṁti, uchaṁbaḷây.

Inquietador, *a. e s. m.* uchaṁbaḷâytalo, kalkalâvṇâr.

Inquietamente, *adv.* thâra nâstânâ, uchaṁbaḷâyen.

Inquietar, *v. t.* kimârkaruṁk, thâr nâ divuṁk *(d. do o.)*, uchaṁbaḷâvuṁk, kalkalâvuṁk, jîv khâvuṁk *(litt.* COMER A VIDA; *g. do o.)*, piḍâpîḍ divuṁk *(d. do o.)* ‖ *V.* AMOTINAR. ‖ *v. r.* kimârjâvuṁk, uchaṁbaḷuṁk, kalkaluṁk, chaḷbaḷuṁk, kuskusuṁk.

Inquieto, *a.* uchaṁbaḷ, asvasth, aśâṁt, asamâdhânî, asukhî; huḷhuḷo, âvjâḷî, aḍmaḍyo, uḍyo, gaḍbaḍo, dhaḍbaḍyo, chuḷbuḷo, chaḷbaḷyo, anâḍî. ‖ *Somno* —, nidmoḍ *f. Noite inquieta,* huskyâchî-, thâr nâslalî rât.

Inquilinato, *s. m.* bhâḍyâcheṁ ghar *n.*, bhâḍyâcho thâro *m.*

Inquilino, *s. m.* bhâḍekâr (bhâḍekârṇ *f.*)

Inquinação, *s. f.*, **inquinamento,** *s. m.* meḷauṇî khatâvṇî; bâṭ, bâṭauṇî *f.* bhashṭpaṇ *n.* ‖ *V.* MANCHA.

Inquinar, *v. t.* meḷauṁk, khatâvuṁk; bhashṭâvuṁk, bâṭauṁk. ‖ *v. r.* meḷuṁk; bhashṭâvoṁk, bâṭoṁk.

Inquirição, *s. f.*, **inquirimento,** *s. m.* kaḷâkaḷ-, khabar gheṇeṁ *n.*, śodh, pusî, vâjpusî, vâjpûs, chaukaśî, tapâsṇî *f.*, tapâs; gvâhyâṁcho vichâr, savâl *m.*, phaḍpûs, jhaḍtî; jinîchî śodh *f.*

Inquiridor, *a. e s. m.* śodh ghetalo, vichâr kartalo, tapâsî, chaukasdâr.

Inquiridoria, *s. f.* *(ant.)* gvâhyâṁcho vichâr, savâl; vichâr kartalyâcho adhikâr *m.*

Inquirir, *v. t.* khabar-, kaḷâkaḷ ghevuṁk *(g. do o.)*, śodh-, chaukaśî karuṁk *(g. do o.)*, chaukasuṁk, śodhuṁk, tapâsuṁk; vichâr-, savâl karuṁk *(g. do o.)*, vichâruṁk, *pusuṁk. ‖ *v. i.* khabar ghevuṁk, tapâs-, chaukaśî karuṁk. ‖ *V.* ESPREITAR.

Inquisição, *s. f.* chaukaśî, vâjpuśî; dharmasamikshaṇasabhâ *f.*

Inquisitorial, *a.* dharmasamîkshaṇasabhecho; *(fig.) V.* RIGOROSO *e* ARROGANTE.

Insaciabilidade, *s. f.* asoso *m.*, aśospaṇ, hâvrepaṇ *n.*, savratây *(us. Can.) f.*

Insaciado, *a.* bhar-, kuṁṭh nâslalo, nâ dhâdasî.

Insaciavel, *a.* asosî, hâvro, dhâdasî jây nâslalo, savrat *(us. Can.)*; âs bhâga nâslalo; *(fig.) V.* SOFFREGO.

Insaciavelmente, *adv.* dhâdasî jây nâstânâ, asosyân.

Insalubre, insalutifero, *a.* bhalâykek-, jîvâk vâyṭ, rogî.

Insalubridade, *s. f.* rogîpaṇ *n.*

Insanabilidade, *s. f.* asâdhyatâ *f.*; nirupây *m.*

Insanamente, *adv.* pisâyen, pisepaṇîṁ.

Insanavel, *a.* baro jây nâslalo, okhat nâslalo, asâdhya; *(fig.)* ilâjâviṇo, nirupâyî.

Insanavelmente, *adv.* okhtâ-, upâyâ viṇeṁ.

Insania, *s. f.* pisây, mûḍhây *f.*, pisepaṇ, veḍepaṇ *n.*, nirbuddh *f.*

Insano, *a.* piso, mûrkh, mûḍh, veḍjhaṁy; *(fig.) V.* IMPROBO.

Insaturavel, *a. V.* INSACIAVEL.

Inscicia, insciencia, *s. f.* neṇârpaṇ *n.* ‖ *V.* IMPERICIA.

Insciente, inscio, *a.* oḷakh-, khabar nâslalo, neṇâr, akaḷit, ajñân, nakḷo. ‖ *V.* INHABIL.

Inscientemente, *adv.* nakḷo âstânâ, neṇârpaṇîṁ.

Inscrever, *v. t.* baraumk, korumk, khodumk; śivḍer-, paṭṭiyer ghâlumk,-mâṁḍumk. ‖ *v. r.* âpleṁ nâṁv divumk,-baraumk lâvumk.

Inscripção, *s. f.* barap, lekhaṇ, pâkhaṇbarap *n.*, aṁkitlekh; nâmlekh; sarkârî rokho *m.*, khateṁ *n.*

Insculpir, *v. t. (e deriv.) V.* GRAVAR.

Insecticida, *a.* kiḍe mârcho. ‖ *s. m. e f.* kiḍe-, kiḍî mârtalo, kîṭaghâtak.

Insecticidio, *s. m.* kiḍo-, kîḍ mârṇen *n.*, kîṭaghât *m.*

Insectil, *a. V.* INDIVISIVEL.

Insectivoro, *a. e s. m.* kiḍî khâtalo, kîṭabhojî.

Insecto, *s. m.* kîḍ, kîṭ *f.*, kiḍo, krimi *m.*

Insectologia, *s. f.* kîṭavidyâ, vibhaktâṁgakîṭakavidyâ *f.*

Insectologico, *a.* kîṭavidyecho.

Insectologista, *s. m.* kîṭavidyâjña.

Inseduzivel, *a.* bhulauṁ najo âslalo, bhula nâslalo.

Inseguridade, *s. f.* bhaysaṁśay; bhay, dhako *m.*

Insensatez, *s. f.* pisepaṇ *n.*, pisây, khuḷây *f.* ‖ *V.* INCONVENIENCIA.

Insensato, *a.* piso, khuḷo, nirbuddhî, buddh-, gnyân nâslalo.

Insensibilidade, *s. f.* bahirepaṇ *n.*, supti; dhuṁḍî *f.*, achetanpaṇ; nirduḥkh *n.* ‖ *V.* APATHIA.

Insensivel, *a.* vishaye nâslalo, bahiro, supt; achetan, dhuṁd, guṁg; nirduḥkî, udâsîn, sukhduḥkh nâslalo. ‖ *V.* IMPERCEPTIVEL *e* IMPASSIVEL.

Insensivelmente, *adv.* gama-, kaḷa nâstânâ; łohu lohu.

Inseparabilidade, *s. f.* abhedyatâ *f.*, nityasaṁbaṁdh *m.*

Inseparavelmente, *adv.* kuśîn-, viṁghaḍ karûṁ najo âslalo, abhedya, nityasaṁbhaṁdhî.

Inseparavelmente, *adv.* kuśîn jây nâstânâ.

Insepulto, *a.* mâtiyek lây nâslalo, nâ purlalo.

Inserção, *s. f.* khaṁchṇî, khovṇî, khomṇî, roṁbṇî; ghâlṇî, śirauṇî, śirkâvṇî, saṁchârṇî *f.*

Inserir, *v. t.* khaṁchuṁk, khovuṁk, khomuṁk, roṁbuṁk; maḍheṁ va bhitar ghâluṁk, śirauṁk, śirkâvuṁk, saṁchâruṁk. ‖ *v. r.* khaṁchoṁk, roṁboṁk; śiruṁk, saṁchroṁk.

Inserto, *a.* khaṁchlalo, śirlalo.

Insidia, *s. f.* ghât, phâs, peṁch *m.*; kapaṭ, kaṁvṭâl *n.*

Insidiador, *a. e s. m.* ghât ghetalo, ghâtkî, kapaṭî.

Insidiar, *v. t.* ghât ghevuṁk *(g. do o.)*, phâskâṁ-, kaṁvṭâlâṁ mâṁḍuṁk *(d. do o.)*, kapaṭ karuṁk *(d. do o.)*

Insidiosamente, *adv.* ghâtkîṁ, kapaṭîṁ.

Insidioso, *a.* kapaṭâcho, kapaṭî, kuḍo, ghâtkî.

Insigne, *a.* uttam, param, śreshṭh, aprûb, chakhoṭ, prasiddh, kîrtivaṁt, yaśasvî.

Insignemente, *adv.* uttampaṇîṁ, śreshṭhpaṇîṁ, yaśân.

Insignia, *s. f.* chihneṁ lakshaṇ *ou* lakheṇ, bird *ou* barad, niśâṇ *n.*, dhvaj *m. ou* dhajâ *f.* ‖ *V.* BANDEIRA. ‖ *Insignias reaes*, râjchihneṁ.

Insignificancia, *s. f.* nirarth, anarth *m.*; *(fig.)* kirkoḷây *f.*, halkepaṇ, uṇepaṇ. ‖ *V.* BAGATELA.

Insignificante, *a.* arth nâslalo, nirarthî, nirartho, anarth; kirkoḷ, nirlakshaṇ; vyarth *ou* verth, chilvaṁt, damḍecho, kuskuṭâcho,

Insignificativo, *a.* arth nâslalo, anarth.

Insimular, *v. t.* lachâṁḍ ghâluṁk *(l. sup. do o.)* ‖ *V.* ACCUSAR.

Insinceramente, *adv.* labâḍen, kapaṭîṁ, bâshkaḷpaṇîṁ.

Insinceridade, *s. f.* phoṭkirepaṇ, khoṭepaṇ, kuṭâḷepaṇ, kapaṭ *n.*, labâḍî *f.*

Insincero, *a.* phoṭkiro, khoṭo, duraṁgî, toṁḍâpurto, labâḍ, kuṭâḷo, kapaṭî, bâshkaḷ.

Insinuação, *s. f.* manâṁt ghâlṇeṁ, kâḷjâṁt khaṁchauṇeṁ *n.*, śikauṇî, samjâvṇî; jhomṇî *f.*, kâḷjâṁt rigṇeṁ; sûchaṇ, varm, kalam *n.*, iśâro *m.*, iśârat *f.*; *(jur.)* paṭṭo-, patr karṇeṁ *n.* ‖ *V.* ADMOESTAÇÃO.

Insinuador, *a. e s. m.* kâḷjâṁt ghâltalo,- rigtalo, śikauṇâr, phuslâvṇo.

Insinuante, insinuativo, *a.* kâḷjâṁt rigto, jhomto, goḍvo, manohârî, lâgâḷo. ‖ *V.* SYMPATHICO.

Insinuar, *v. t.* manâṁt ghâluṁk, kâḷjâṁt khaṁchauṁk, kânâṁt phuṁkuṁk, jhomauṁk, śirauṁk, khomuṁk, khovuṁk; *dar a entender:* suchauṁk, khuṇâvuṁk, samjoṁk divuṁk; *ensinar:* śikauṁk, samjâvuṁk; *(jur.)* paṭṭyâr barauṁk, patrân driḍhâvuṁk,- thirâvuṁk. ‖ *V.* INDUZIR. ‖ *v. r.* jhomuṁk, śiruṁk; *(fig.)* kâḷjâṁt riguṁk, ghusuṁk, marjî joḍuṁk.

Insinuativa, *s. f.* kâḷjâṁt rigchî yukti, marjî joḍchî mâṁḍṇî *f.*, lâgâḷepaṇ *n.*, vasîkaraṇ guṇ *m.*

Insipidamente, *adv.* rûchîviṇeṁ, svâd nâstânâ.

Insipidez, *s. f.* châchurây, sarbaritây *f.*, viraspaṇ, chappepaṇ *n.*; *(fig.)* *V.* SENSABORIA.

Insipido, *a.* rûch-, svâd nâslalo, châchûr, viras, nîras, nisvâdîk, aḷṇî, sarbarît, pachpachît, chaḷchaḷît, chappo *(us. Can.)*, sapak; *(fig.)* śobh nâslalo, phiko, melo.

Insipiencia, *s. f.* *V.* IGNORANCIA *e* INSENSATEZ.

Insipiente, *a.* neṇâr, nakḷo; abuddhî, piso, mûrkh, mûḍh.

Insistencia, *s. f.* ghâṁsṇî, jharauṇî, bhâsṇî *f.*

Insistente, *a.* ghâṁsṇo, jharauṇo, vâdyo, saḷî, haṭhî.

Insistir, *v. i.* ghâṁsuṁk, jharauṁk, bhâsuṁk *(vv. tt.)*, vâvruṁk, pâḷâṁk lâguṁk, dâṁteṁ mâṁḍuṁk, partûn partûn sâṁguṁk,- karuṁk. ‖ *V.* TEIMAR.

Insito, *a.* *V.* INNATO.

Insobriedade, *s. f.* poṭârth *m.*, atibhojan, atipân *n.*

Insobrio, *a.* poṭârthî, poṭâro, poṭ tântalo, bûchbhar mârtalo.

Insociabilidade, *s. f.* ekmuḷepan *n.*

Insocial, *a.* ekmuḷo, asaṁg.

Insociavel, *a.* koṇsyâṁtlo, gâṁḍû, choṁbḍo kuṭâḷo.

Insoffridamente, *adv.* sosṇikâyeviṇeṁ.

Insoffrido, *a.* sosṇikây nâslalo, asosṇîk; hulbuḷo, utâvḷo.

Insoffrimento, *s. m.* asosṇikây *f.*, takas-, usarpat nâsṇeṁ *n.*

Insoffrivel, *a.* sosûṁ-, ṭâḷûṁ najo âslalo, asahya.

Insolação, *s. f.* vatâk ghâlṇeṁ, sûryapûṭ *n.*; tirmirî, jhaḷ *f.*

Insolar, *v. t.* vatâk ghâluṁk.

Insolencia, *s. f.* mad, saḷ, unmâd *m.*, dâṁḍgây, urmaṭây, mast *f.*, mastepaṇ, ugrpaṇ *n.*, nirmaryâd *f.*; ahaṁkâr, atimân, abhimân *m.* ‖ *V.* GROSSERIA.

Insolente, *a.* châlîbhâylo, apûṭ; *(fig.)* masto, bâḍgo, saḷî, ugr, dâṁḍgo, urmaṭ, avinayî, amaryâdî, tavṇâs; garvî, ahaṁkârî atimânî, abhimânî.

Insolentemente, *adv.* mastepaṇîṁ, dâṁḍgâyen.

In solidum, *adv.* kâṁy uṇeṁ kari nâstânâ, sagaṭ meḷûn.

Insolitamente, *adv.* châlîbhâyr, rîtîâḍ, asâdhâraṇpaṇîṁ.

Insolito, *a.* châlîbhâylo, asâdhâraṇ, âthvo, viparît, viraḷ, viśeshak, apûrv.

Insolubilidade, *s. f.* avghaḍây, kaṭhiṇây; *(chim.)* adrâvyatâ *f.*

Insoluvel, *a.* soḍûṁ najo âslalo, suṭanâslalo, avghaḍ, kaṭhîṇ; phârîk karûṁ najo âslalo; *(fig.)* vira-, khira nâslalo, adrâvya.

Insoluvelmente, *adv.* suṭa-, khira nâstânâ.

Insolvencia, *s. f.* nâdâr *m.*

Insolvente, *a.* nâdârî, thaklalo.

Insolvivel, *a.* phârîk karûṁ najo âslalo.

Insomne, *a.* nida nâslalo; nîḍ paḍa nâslalo.

Insomnia, insomnolencia, *s. f.* nîdmoḍ, jâgritây *f.*, jâgraṇ *n.*

Insondaco, *a.* ṭhâv ge nâslalo; *(fig.)* ṭhâvak nâslalo.

Insondavel, *a.* ṭhâv-, ṭhâvak ghevûṁ najo âslalo, duraṁt. ‖ *V.* INCOMPREHENSIVEL.

Insonoro, *a.* nâdâviṇo; baro vâja nâslalo.

Insonte, *a.* *(poet.)* *V.* INNOCENTE.

Inspecção, *s. f.* paḷevṇî, teḷṇî; dekhrekh, chaukaśî *f.*, kâryadarśan *n.*, adhikâr, kârbhâr *m.*

Inspeccionar, *v. t.* teḷuṁk, paḷevuṁk, nirekhuṁk, sûd ghevuṁk *(g. do o.)* ‖ *V.* EXAMINAR.

Inspectar, *v. t.* tarjûn paḷevuṁk.

Inspector, *s. m.* teḷṇâr, paḷevṇâr; adhikârî, kârbhârî.

Inspiração, *s. f.* śvâs gheṇeṁ *n.*, śvâs, hâskâr *m.*; phuṁkṇî, phuslâvṇî, phulauṇî; phulṇî, vâreṁ bharṇeṁ; devgnyân *n.*, devprakâś *m.*, devsuchṇî *(— divina) f.*; avasar *m.*, vâreṁ *(— sobrenatural, diabolica)*; kâvya *(— poetica)*.

Inspirador, *a. e s. m.* hâskârâcho; phuṁktalo, phulauṇâr, sûchak.

Inspirar, *v. t.* śvâsâbarâbar ghevuṁk, hâskârûn oḍhuṁk; phuṁkuṁk, phulauṁk, bharaṁk, phuslâvuṁk, suchauṁk, maṇâṁt ghâluṁk, gnyân ughḍuṁk *(g. do o.)* ‖ *V.* INCUTIR. ‖ *v. r.* phuḷuṁk, bharoṁk, gnyân ughḍoṁk *(g. do s.)*; vâreṁ lâguṁk *(d. do s.)*

Inspirativo, inspiratorio, *a.* phulauṁcho, phuṁkcho.

Inspissação, *s. f.* dâṭâvṇî, âṁvaḷṇî *f.*

Inspissar, *v. t.* dâṭ karuṁk, dâṭâvuṁk, âṁvḷuṁk.

Instabilidade, *s. f.* athîrpaṇ *n.*, athirây, asthiti, chaṁchaḷây *f.*

Installação, *s. f.* pos *(do port.* POSSE) deṇeṁ *n.*, pratishṭhâ; âḍâvṇî *f.*, mudal ghâlṇeṁ; mâṁḍap *n.*, mâṁḍâvaḷ *f.*

Installador, *a. e s. m.* pratishṭhâ kartalo; mudal ghâltalo.

Installar, *v. t.* pos divuṁk *(d. do o.)*, rîtîn-, saṁskârân jâgyâr ṭharâvuṁk, pratishṭhuṁk; sadrer basauṁk abhishekuṁk; sthâpuṁk, mudal ghâluṁk *(d. do o.)*; *dispor:* mâṁḍuṁk, tayâr karuṁk. ‖ *V.* ALOJAR. ‖ *v. r.* pos ghevuṁk, jâgyâr basuṁk; ghar-, ṭhikâṇ karuṁk.

Instancia, *s. f.* prârthûn-, bhoṁvûn bhoṁvûn mâgṇeṁ, prârthan *n.*, vinati *ou* vinaṁtî *f.*; prârthanâcho kâraṇ *m.*; mâgcheṁ khaṇpaṇ *ou* khaṇpaṭ; navyân sâṁgṇeṁ-, pharmâvṇeṁ *n.*; *(jur.)* iṁstâṁs, nyâysabhâ *f.* ‖ *V.* OBJECÇÃO. ‖ *Em ultima* —, nimâṇyâ ilâjâk.

Instantaneamente, *adv.* khiṇâbhitar, ekâ khiṇâṇ, eke ghaḍiyen. ‖ *V.* REPENTINAMENTE.

Instantaneo, *a.* ghaḍiyecho, eke ghaḍiyecho, khiṇâcho, ekâ khiṇâbhitarlo. ‖ *V.* EPHEMERO.

Instante, *a.* khaṇpaṇo, khaṇpaṇît, khar, jabar; *urgente:* garjecho, jarûrîcho. ‖ *V.* IMMINENTE. ‖ *s. m.* khiṇ *n.*, palak, paḷ, nimish, veḷ *m.*, ghaḍî, mâtrâ *f.* ‖ *Em um* —, khiṇâbhitar, thû mhaṇtâ mhaṇasar. *No mesmo* —, tech ghaḍiyek. *A cada* —, ghaḍiye ghaḍiye, bhoṁvûn bhoṁvûn, veḷâveḷîṁ.

Instantemente, *adv.* khaṇpaṇân, pâḷâṁk lâgûn; prârthûn. ‖ *V.* URGENTEMENTE.

Instar, *v. i.* jâvuṁk-, ghaḍuṁk âsuṁk, lâgîṁ yevuṁk,- pâvuṁk, pâḷî-, kâḷ yevuṁk *(g. do s.)*; *urgir:* garaj jâvuṁk,- paḍuṁk; *treplicar:* dusryân jabâb divuṁk, navyân takrâr-, virodh karuṁk; *rogar porfiadamente:* bhoṁvûn bhoṁvûn-, prârthûn mâguṁk, dâṁteṁ mâṁḍuṁk, pâḷâṁk lâguṁk. ‖ *v. t.* prârthuṁk, vinati *ou* vinaṁtî karuṁk *(d. do o.)*

Instauração, *s. f.* mudal ghâlṇeṁ *n.*, araṁbhṇî; thârâvṇî, sthâpṇî, ghaḍṇî, pratishṭhâ, uprâsṇî *f.*

Instaurador, *a. e s. m.* thârâvṇâr, uprâsṇâr, araṁbh ditalo.

Instaurar, *v. t.* mudal ghâluṁk *(d. do o.)*, araṁbh divuṁk *(d. do o.)*, araṁbhuṁk, śurû karuṁk; thârâvuṁk, ghaḍuṁk, uprâsuṁk, sthâpuṁk; vyavahâruṁk.

Instavel, *a.* thîr-, ghaṭṭ nâslalo, ḍauṁḍaḷît, athîr; badalto, phirto, chaṁchaḷ. ‖ *V.* MOVEDIÇO.

Instigação, *s. f.* śikauṇ, chaḍhauṇi, uṭhauṇi, uchaḷṇî, suchṇî *f.*

Instigador, *a. e s. m.* śikauṇâr, phulaitalo.

Instigar, *v. t.* śikauṁk, phulauṁk, uṭhauṁk, chaḍhauṁk, ubhâruṁk, uchḷuṁk, phuslâvuṁk, kiḍâvuṁk.

Instillação, *s. f.* theṁbyâṁnîṁ ghâlṇeṁ *n.*, theṁbâvṇî *f.*; saṁchâr *m.*

Instillar, *v. t.* theṁbyâṁnîṁ ghâluṁk, theṁbyân theṁbo otuṁk, theṁbâvuṁk, piglâvuṁk; *(fig.)* khaṁchauṁk, saṁchruṁk, ghusauṁk.

Instinctivamente, *adv.* sayaṁbhâṇ, âṁgâche buddhîn.

Instinctivo, *a.* âmgâche buddhîcho, sayambhâcho, svabhâvik, prakṛitisiddh.

Instincto, *s. m.* sayambhâcho-, jalmâcho guṇ *m.*, sayambhâluḷî, âmgâchî-, svabhâvik buddh *f.*, sayambhâchem gnyân *n.* ‖ *V.* INSPIRAÇÃO.

Instituição, *s. f.* ghaḍṇî, bhâmdhṇî, ṭharâvṇî, sthâpṇî, rachṇî, nemṇî; sâḷ *f.*, kârkhâṇo *m.* ‖ *V.* ESCHOLA. ‖ — *de herdeiro,* dâyjî nemṇem,- nimyârṇem *n.* ‖ **-ções,** *pl.* râjkârbhârâchî ghaḍvaṇ, râjyarîti *f.*, râjnem *m.*, śikpâchem pustak *n.*, vidhimâlâ *f.*

Instituidor, *a. e s. m.* ghaḍṇâr, sthâpṇâr, rachtalo, arambhik.

Instituir, *v. t.* ghaḍumk, rachumk, sthâpumk, bâmdhumk, ṭharâvumk uprâsumk, ubhârumk, mâmḍumk, anumânumk; *(for.)* nemumk, nimyârumk; *doutrinar:* śikaumk, upadeśumk. ‖ *V.* APRAZAR.

Instituto, *s. m.* nem, vidhi, kânû; kârkhâṇo *m.*, sâḷ; dharmsâḷ *(— religioso) f.; vidyâlay *n.*, vidyâmaṭh *(— de instrucção) m.* ‖ *V.* ORDEM.

Instrucção, *s. f.* śikauṇ, śikshâ *f.*, vinayaṇ, bodhaṇ; *saber:* śikap *n.*, jâṇvây, jâṇtikây; *esclarecimento:* samjoṇî, dâd, khabar *f.*; *ordem:* upadeś, hukûm *m.*; *(jur.)* vyavahârâchî tayârî *f.*

Instructivo, *a.* śikauṇecho, śikpâcho, upadeśâcho.

Instructo, *a. (ant.)* śiklalo, jâṇto.

Instructor, instruidor, *a. e s. m.* śikauṇâr, śikaitalo, upadeśak, śikshak, sâmgṇâr.

Instructura, *s. f. V.* ESTRUCTURA.

Instruir, *v. t.* śikaumk, upadeśumk, upśâmumk, bodhaumk; dâd-, samjoṇî divumk *(d. do o.)* ‖ *v. r.* śikumk.

Instrumentação, *s. f.* vâdyarachaṇâ *f.*

Instrumental, *a.* sâdhak, kâryasâdhak, upkârî, kumkî; *(mus.)* vâjpâcho, vâjamtrâmcho. ‖ *Caso* —, karaṇ *n.*, tritîyâ *f.* *Prova* —, lekhâchem pramâṇ *n.* ‖ *s. m.* âvtâm; *(mus.)* vâjamtrâm *n. pl.*; *(gram.)* karaṇ *n.*

Instrumentalista, *s. m. e f.* vâjpî (vâjpiṇ *f.*), vâjamtrî.

Instrumentalmente, *adv.* upakaraṇân, âvtân; vâjamtrân.

Instrumentar, *v. t. e i.* vâjamtryâmchim kâgdâm baraumk.

Instrumento, *s. m.* âspâv *m.*, âut, hatyâr, śastr, yamtr, sâdhan, karaṇ, upakaraṇ *n.*, bastanî *f.*; *(fig.)* kârâṇ, upây *m.*, nimitt *n.*; *(ant.)* *V.* ALFAIA; *(mus.)* imstrument *m.*, vâjamtr, vâdya; *documento:* patr, patrîk *n.*; paṭṭo, dâkhlo, lekh *m.*

Insua, *s. f.* jumvo *m.*, jumvem *n.*, jumvlî *f.*

Insuave, *a.* goḍvo-, madhur nay âslalo, aruchîk, nâpasamt, apriya.

Insuavidade, *s. f.* madhurây-, dulabhây nâsnem *n.*, asvâd *m.*, arûch, châchurây *f.*

Insubmergivel, insubmersivel, *a.* buḍa nâslalo.

Insubordinação, *s. f.* kalpaṇem, anâvarpaṇ *n.*, avinay, phitvo *m.*, bamḍây, phiturî *f.*

Insubordinadamente, *adv.* khâlto râva nâstânâ, kalpûn, uṭhûn.

Insubordinado, *a.* khâlto nâslalo, kalpalalo, anâvar, bamḍî, avinayî.

Insubordinar, *v. t.* phiturumk, uṭhaumk, partumk. ‖ *v. r.* kalpumk, partomk, uṭhumk, phituromk.

Insubordinavel, *a.* dama-, âṭpo nâslalo, anâvar, belebâṇ.

Insubornavel, *a.* lomch khây nâslalo, lomchâk âṭpo nâslalo.

Insubsistencia, *s. f.* athîrpaṇ *n.*, phusphusitây *f.*

Insubsistente, *a.* taga nâslalo, athîr, ḍamḍaḷît, phusphusit.

Insubstancial, *a.* avastûcho.

Insubstancialidade, *s. f.* avastu *f.*

Insuccessivel, *a.* dâyjî jâvûm najo âslalo.

Insueto, *a. V.* INSOLITO.

Insufficiencia, *s. f.* napûr, apûr, apurtây, kamtî, napurvaṇ *f.* ‖ *V.* INCOMPETENCIA.

Insufficiente, *a.* pâva nâslalo, apurto, apûrṇ, uṇo, kamî; *(fig.)* *V.* INHABIL.

Insufficientemente, *adv.* pâva nâstânâ, uṇem paḍûn.

Insufflação, *s. f.* phumkṇî *f.*; phumkûn ghâlṇem *n.*

Insufflador, *a.* phumktalo, phumkcho. ‖ *s. m.* phumkṇem *n.*

Insufflar, *v. t.* phumkumk; phumkîn bharumk, phumkûn ghâlumk.

Insula, *s. f. (poet.) V.* ILHA.

Insulação, *s. f. V.* ISOLAÇÃO.

Insulano, insular, *a.* jumvyâcho, beṭâcho; jumvyâvaylo. ‖ *s. m.* jumvekâr, dvîpavâsî.

Insular, *v. t.* beṭ kasem karumk; ekvaḍo-, suṭo karumk.

Insulcado, *a.* nâmgri nâslalo; *(fig.)* târvâm chala nâslalo.

Insulsamente, *adv.* aḷṇî; châchurâyen, ruchîviṇeṁ.

Insulso, *a.* aḷṇî *ou* aiṇî, sapak, chappo *(us. Can.)*; châchûr, nîras, nisvâdîk.

Insultador, *a. e s. m.* akmân kartalo, apamâni, niṁdak.

Insultante, *a.* akmânâcho, niṁdecho. || *s. m. V.* INSULTADOR.

Insultar, *v. t.* iṁsultârkaruṁk, mân kâḍhuṁk *(g. do o.)*, apmân-, bemân karuṁk *(d. do o.)*, apmânuṁk, kâtruṁk, niṁduṁk, viṭaṁbuṁk, parivâduṁk, soluṁk, vîdhvâvḷî karuṁk *(g. do o.)*, gâḷî savuṁk *(d. do o.)*

Insulto, *s. m.* apmân *ou* akmân, bemân, anâdar *m.*, niṁdâ, gâḷ *f.*; jhaṭko, jhapâṭo *m.*

Insultuosamente, *adv.* akmânân, gâḷî savûn.

Insultuoso, *a.* akmânâcho, bemânâcho, niṁdecho.

Insuperavel, *a. V.* INVENCIVEL.

Insupportavel, *a.* sosûṁ-, ṭâḷûṁ najo âslalo; bhav khar, chaḍchaḍît.

Insupprivel, *a.* puraum-, bharûṁ najo âslalo; ilâj-, upây nâslalo.

Insurdescencia, *s. f. V.* SURDEZ.

Insurgente, *a.* baṁḍî, phituryo. || *s. m.* baṁd.

Insurgir, *v. t.* uṭhauṁk, ubhâruṁk, phituruṁk, phirauṁk. || *v. r.* ukloṁk, uṭhuṁk, uprâsuṁk, kalpuṁk, partoṁk, phiruṁk.

Insurreccionado, *a.* kalpalalo, uprâslalo. || *s. m.* bâṁḍ.

Insurreccional, *a.* baṁḍâcho, baṁḍî.

Insurreccionar, *v. t. e r. V.* INSURGIR.

Insurrecto, *a.* kalpalalo, partalalo, uprâslalo.

Insurreição, *s. f.* baṁḍ *n.*, phitvo, daṁgo, râjbhaṁg, khaḷbaḷ *m.*

Insuspeito, *a.* dubhâv-, śaṁkâ nâslalo, viśvâsâcho. || *V.* IMPARCIAL.

Insustentavel, *a.* saṁbhâḷûṁ-, ṭârûṁ najo âslalo.

Intactil, intangivel, *a.* hât lâvûṁ-, âphḍûṁ najo âslalo, aspriśya.

Intactibilidade, intangibilidade, *s. f.* spriśyatâ *f.*

Intacto, *a.* hât lâguṁk nâsḷalo, aspriṣhṭ; amânat, apûṭ, ansûṭ. || *V.* INCOLUME *e* ILLIBADO.

Integerrimo, *a.* bhav pramâṇîk.

Integra, *s. f.* saglyâ barpâchî-, sutrî nakal, matlab *f.* || *V.* TOTALIDADE. || *Na* —, kâṁy chukai nâstânâ, ek uttar uṇeṁ kari nâstânâ.

Integral, *a.* saglo, saṁpûrṇ, akhaṁḍ.

Integralmente, *adv.* sagḷeṁ dharûn, kâṁy uṇeṁ kari nâstânâ.

Integramente, *adv.* pramâṇîkpaṇîṁ, kharepaṇîṁ.

Integrante, *a.* bhartecho, bharîcho; *(fig.) V.* NECESSARIO.

Integrar, *v. t.* pûrṇ-, saṁpûrṇ karuṁk, bhar karuṁk *(g. do o.)*

Integridade, *s. f.* sagḷepaṇ, purepaṇ, saṁpûrṇpaṇ *n.*, saṁpûrṇây, pûrṇây; satvaṭî *f.*, pramâṇîkpaṇ, kharepaṇ, dharmpaṇ, sattv *n.*, sadâchâr *m.* || *V.* VIRGINDADE *e* PUREZA.

Integro, *a.* pramâṇîk, kharo, nyâyîk, sadâchârî, dharmvaṁṭ, ujû, saraḷ.

Inteiramente, *adv.* sarvataḥ, sarvathâ, tamâm, agdîṁ, jhâḍûn, pusûn; saṁpûrṇâyen, bare bhâsheṅ.

Inteirar, *v. t.* saglo-, pûrṇ-, bhar karuṁk; samjoṇî-, kaḷâkaḷ divuṁk *(d. do o.)*, samjâvuṁk. || *v. r.* saglo jâvuṁk, bharoṁk, bhar jâvuṁk *(g. do s.)*; pakkî oḷakh-, khabar-, samjoṇî ghevuṁk; âpleṁ rîṇ bharûn ghevuṁk.

Inteireza, *s. f. V.* INTEGRIDADE.

Inteiriçar, *v. t.* âkho-, akhaṁḍ karuṁk; vâtaḍâvuṁk. || *v. r.* vâtaḍuṁk, vâtaḍ jâvuṁk.

Inteiriço, *a.* âkho, akhaṁḍ; dhoḍ, dhoḍso; *(fig.) V.* INFLEXIVEL.

Inteiro, *a.* saglo, puro, sâro, sâropuro, samast, samagr; *completo:* bhar, pûrṇ, saṁpûrṇ; *inteiriço:* âkho, akhaṁḍ; *não quebrado:* dhoḍ; *(arith.)* baṁdo, pûrṇ, abhinn. || *V.* INTEGRO *e* ILLESO. || *Cavallo* —, âṁḍyo ghoḍo, vaḷû. *Por* —, sagḷeṁ, sarvathâ.

Intellecção, *s. f.* jñân *ou* gnyân *n.*, bodh *m.*

Intellectivamente, *adv.* gnyânân, buddhîn.

Intellectivel, intellectivo, *a.* gnyân-, buddh âslalo, jñânśaktik. || *V.* INTELLECTUAL.

Intellecto, *s. m. V.* ENTENDIMENTO.

Intellectual, *a.* buddhîcho, manâcho, matîcho, gnyânâcho.

Intellectualidade, *s. f.* jñânbhâv, buddhiguṇ *m.* || *V.* ENTENDIMENTO.

Intellectualmente, *adv.* gnyânân, matîn, manân.

Intelligencia, *s. f.* buddh *f.*, jñân *ou* gnyân *n.*, jñânbuddhi, mat, akkal, manîshikâ *f.*, chitt *n.*; *comprehensão:*

olakh, samjoṇî, samjikây, umjaṇî, *f.* ‖ *V.* HARMONIA, CONLUIO e HABILIDADE.

Intelligente, *a.* buddh-, mat âslalo, jñânî, gnyânî, buddhisampann, sagnyân; gnyânâcho, akkleeho, matîcho, jâṇto, śahâṇo samjîk, pakko, huśâr.

Intelligentemente, *adv.* gnyânân, huśârkâyen.

Intelligibilidade, *s. f.* samjikây *f.*, samjikpaṇ *n.*

Intelligivel, *a.* samjûmyeso, samjosârko, samjûmcho, ṭhâvo, ṭhâvko; subodh, bâḷbodh.

Intelligivelmente, *adv.* samjûmyeseṁ, samjikâyen.

Intemente, *a.* bhiye nâslalo, nirbhayî.

Intemerato, *a.* nirmaḷ, śuddh, nitaḷ, nirdoshî.

Intemperadamente, *adv.* poṭârthpaṇîṁ; aniyamân.

Intemperado, intemperante, *a.* khâṇâpiṇyâk peṭlalo, poṭârthî; atibhojanî (— *no comer*); atipânî (— *no beber*); aniyamî, amaryâdî, nirmaryâdî.

Intemperança, *s. f.* poṭârth *m.*, atibhojan, atipân *n.*; atibhog, aniyam *m.*; amaryâd, dâṁḍgây. ‖ *V.* INTEMPERIE.

Intemperie, *s. f.* vâyṭ veḷ-, kâḷ, kâḷvikâr *m.*, kâḷvikriti *f.*

Intempestivamente, *adv.* veḷâbhâyr, akâḷîṁ.

Intempestividade, *s. f.* aveḷpaṇ *n.*, aveḷ, akâḷ, anavasar *m.*

Intempestivo, *a.* veḷâbhâylo, aveḷâcho, akâḷ, anavasar.

Intenção, *s. f.* iṁteṁsâṁv, teṁsâṁv, man, yojan *n.*, abhiprây, matlab, irâd, saṁkalp, arth, bhâv, âvâṁko *m.*, mat, kalpanâ *f.*, nimitt, tâtparya, âlochan *n.* ‖ *Fazer com segunda* —, dusreṁ manâṁt dharûn karuṁk. *Por — de*, teṁsâṁvân, puṇyaphaḷâk.

Intencionado, *a.* man kelalo, saṁkalpâcho. ‖ *Bem* —, baryâ manâcho.

Intencional, intencionavel, *a.* saṁkalpâcho, irâdâcho, arthvaṁt; manân-, chiṁtnen âslalo.

Intencionalmente, *adv.* man karûn, yojûn, jâṇo jâvûn.

Intendencia, *s. f.* kârbhâr, adhikâr *m.*, vahivâṭ *f.*; kârbhârpaṇ *n.*

Intendente, *s. m.* kârbhârî, adhikârî, vastâd.

Intender, *v. t.* manâṁt âsuṁk (*g. do s., s. do o.*), manâṁt dharuṁk,- yojuṁk. ‖ *V.* INTENSAR. ‖ *v. i. V.* SUPERINTENDER.

Intensamente, intensivamente, *adv.* neṭân, taḍâkyân, bhârîṁ.

Intensão, *s. f.* tâṇṇî; (*fig.*) chaḍhauṇî, vâḍhauṇî *f.* ‖ *V.* INTENSIDADE.

Intensar, *v. t.* tâṇuṁk, tâṇ karuṁk; chaḍhauṁk, vâḍhauṁk, chaḍchaḍâvuṁk, jaḍâvuṁk. ‖ *v. r.* adhik-, bhârî jâvuṁk, jaḍâvoṁk, chaḍchaḍuṁk, bhâruṁk.

Intensidade, *s. f.* tâṇap, tâṭhepaṇ *n.*, tâṭho *m.*, taḍtaḍitây, taṇtaṇitây *f.*; taḍâko, dhaḍâko, neṭ *m.*, baḷ; kaḍakpaṇ, tikhaṭpaṇ *n.*, bhâr; chaḍchaḍo, chaṇchaṇo (— *de dor*) *m.*

Intensivo, *a.* (*gram.*) prakarshakârak. ‖ *V.* INTENSO.

Intenso, *a.* kaḍak, bhârî, tikhaṭ; taḍtaḍît, chaḍchaḍît, chaṇchaṇît, saṇsaṇît, phaḍphaḍît.

Intentar, *v. t.* manâṁt hâḍuṁk,- dharuṁk, manâṁt âsuṁk (*g. do s., s. do o.*), chiṁtuṁk, yojuṁk, kalpuṁk, saṁkalpuṁk, karuṁk (*com outro verbo; ex.: intenta ir*, vachuṁk kartâ), âvâṁkuṁk; (*jur.*) nîtîn ghâluṁk, mansubeṁt vharuṁk. ‖ *V.* EMPREHENDER.

Intento, *s. m.* chitt, man, gumân *n.* ‖ *V.* INTENÇÃO e FIM.

Intentona, *s. f.* khuḷo abhiprây *m.*, pisâyecheṁ yojan *n.*

Intercadencia, *s. f.* khâvṭeṁ *n.*, tûṭ *f.*, khaṁḍ *n.*; (*med.*) nâḍ badalṇeṁ,- phirṇeṁ *n.*

Intercadente, *a.* tuṭlalo, khaḷḷalo, khaṁḍit; badalto, phirto, phiṭphiṭo. ‖ *Saude* —, ekdaḷ barî nâslalî-, phirtî bhalâykî.

Intercalação, *s. f.* madheṁ-, madhekat ghâlṇeṁ; adhikdivas-, dhoṁḍmahino dharṇeṁ *n.*

Intercalar, *a.* madheṁ ghâlalo, śirailalo; adhik, dhoṁḍ. ‖ *Mez* —, dhoṁḍo, dhoṁḍmahino. *Dia* —, adhikdivas, dhoṁḍdîs *m.*

Intercalar, *v. t.* madheṁ ghâluṁk, śirauṁk; adhik ghevuṁk,- dharuṁk. ‖ *v. r.* madheṁ riguṁk, śiruṁk.

Interceder, *v. i.* dusryâkhâtîr mâguṁk,- vinaṁti karuṁk, majat-, madhesthây karuṁk, sârathuṁk.

Intercepção, *s. f.* vâṭer dharṇeṁ *n.*, vâṭmâro, rodh *m.*, âḍâvṇî *f.*; madheṁ kâtarṇeṁ *n.*

Interceptar, *v. t.* vâṭer dharuṁk,- râvauṁk; âḍâvuṁk, baṁd karuṁk, vâṭ mâruṁk (*g. do o.*), vâṭmâro-, rodh karuṁk (*g. do o.*); madheṁ-, vâṭer kâtruṁk, khâvṭeṁ ghâḷuṁk (*d. ou l. do o.*)

Intercepto, *a.* âḍâylalo, vâṭer dharlalo,- baṁd kelalo.

Intercessão, *s. f.* majat *f.*, sârathipaṇ, dusryâpâsûn mâgṇeṁ *n.*, viṇati *ou* vinaṁtî *f.*, pêlyâkhâtîr prârthan *n.*; madhesthây *f.*

Intercessor, *a. e s. m.* majatdâr, śekây, sârathi; madhyasth *ou* madhesth.

Interciso, *a.* madheṁ kâtarlalo; kuṭâylalo, kuṭkyân kuṭke kelalo.

Intercolumnal, *a.* gastâcho.

Intercolumnio, *s. m.* gast *n.*

Intercontinental, *a.* kushkyâṁmadhlo.

Intercorrencia, *s. f.* madheṁ-, vayr yeṇeṁ *n.*

Intercorrente, *a.* dusryâ vayr-, madheṁ yetalo.

Intercostal, *a.* borîṁmadhlo.

Intercurso, *s. m.* yeṇeṁvachṇeṁ *n.*, châlîbolî, vahivâṭ, ghasraṭ *f.*, saṁsarg, parichay *m.*

Intercutaneo, *a.* kâtîbhitarlo.

Interdicção, *s. f.* manâkarṇeṁ *n.*, manây, âḍvârṇî *f.*; *(jur.)* padvî-, hakk kâḍhṇeṁ, khuṁṭyâr davarṇeṁ *n.*; durây *(— feita em nome do soberano) f.*

Interdicto, *a.* âḍvârlalo, manâ, durây ghâlalo; sattyâ-, padvî kâḍhlalo. || *s. m.* âḍvârṇî *f.*, nivâraṇ *n.*, nishedh; iṁterdikt *m.*

Interdizer, *v. t.* âḍvâruṁk, manâkaruṁk, manâvuṁk.

Interessadamente, *adv.* âdâvân, lâbh śodhûn, mehnatîn, bhâr ghevûn.

Interessado, *a.* âdâv-, naphâ âslalo; bhâr ghetalo, vâvartalo. || *s. m.* bhâgelî, bhâgidâr, vâṁṭelî, vâṁṭekâr, aṁśî, saṁbaṁdhî.

Interessante, *a.* baro lâgto, ruchîk, svâdîk, kautîk, nâjûk, chitt-, man oḍhûn vharcho; śobhit, kâṁtivaṁt, dulabh. || *V.* IMPORTANTE. || *Estado —, V.* GRAVIDEZ.

Interessar, *v. t.*: *dar interesse:* âdâv-, phaḷ divuṁk *(d. do o.)*; *lucrar:* joḍuṁk, meḷauṁk; *excitar a curiosidade:* baro-, ruchîk lâguṁk *(d. do o.)*, man-, chitt oḍhuṁk *(g. do o.)*, kautîk-, vichitr disuṁk *(d. do o.)* || *Captar o favor de —*, pâṁg dharuṁk *(g. do o.)*, marjî sâṁpḍâvuṁk *(g. do o.)* || *V. ferir.* || *v. i.* âdâv-, hâsîl âsuṁk *(d. do s.)*; lâbhuṁk, lâguṁk, yeveṁ âsuṁk, paḍuṁk. || *v. r.* bhâg-, vâṁṭo ghevuṁk, bhâgelî jâvuṁk; vâvruṁk, mehnat-, bhâr ghevuṁk.

Interesse, *s. m.* âdây *ou* âdâv, lâbh *m.*, naphâ, phaidâ, hâsîl *f.*, yeveṁ; âpâppaṇ *n.*, svârth, âpsvârth, lobh, lâbhlobh; bhâg, vâṁṭo, aṁś; *importancia:* parvâ, phikîr, biśât, âsthâ *f.*; *attenção curiosa:* chitt *n.*, rûch, oḍh; *empenho:* mehnat *f.*, bhâr; *juro:* jûr *m.*, kalâṁtar, vyâj *n.*, vâḍh *f.*

Interesseiro, *a.* svârthî, âpsvârthî, âpâpî, lobhî, lâbhlobhî, matlabî; âpsvârthâcho, âplyâ âdâvâcho.

Interferencia, *s. f.* madheṁ yeṇeṁ,- paḍṇeṁ *n.*, madhesthây; ghusaḷṇî, ghusṇî *f.*

Interferir, *v. i.* madheṁ-, bhitar yevuṁk,- paḍuṁk; hât-, toṁḍ ghâluṁk, ghusuṁk, ghusḷuṁk.

Interiçar, *v. t. V.* INTEIRIÇAR.

Interim, *s. m. V.* INTERINIDADE.

Interinado, *s. m.* amânî kâm *n.*, vârâchî-, badlechî châkrî *f.*

Interinamente, *adv.* châltepaṇîṁ, amânîpaṇîṁ.

Interinidade, *s. f.* châltepaṇ, hâlâytepaṇ, amânîpaṇ; châlteṁ kâm *n.*, hâlâytî châkrî *f.*; madhlo kâḷ, madhyakâl, aṁtarkâl *m.*

Interino, *a.* amânî, châltyâ-, sardyâchyâ kâmâcho, badlecho, vârâcho; hâlâyto, sardyâcho, thoḍyâṁ-, doṁ disâṁcho.

Interior, *a.* bhitarlo; âṁtcho, âṁtlo *(us. N. C.)* || *s. m.* bhitarlo bhâg,- vâṁṭo *m.*, bhitarleṁ âṁg, abhyaṁtar, poṭ *n.*, garbh *m.*, garbhî *f.*; âṁtâṁpîṁtâṁ *n. pl.*, poṭâṁtleṁ *(— da barriga)*; mâjghar *(— da casa) n.*; madhyadeś *(— do paiz) m.*; *(fig.) V.* ANIMO.

Interioridade, *s. f.* abhyaṁtarpaṇ *n.*

Interiormente, *adv.* bhitarlyân, bhitarlyâbhitar; *(fig.)* kâḷjân, manân.

Interjacente, *a.* madhekat âslalo, madhyavartî.

Interjeccional, interjectivo, *a.* udgârâcho.

Interjectivamente, *adv.* udgârân.

Interjeição, *s. f. (gram.)* udgâr *m.*

Interlinea, *s. f. V.* ENTRELINHA.

Interlinear, *a.* oḷîṁbhitarlo, aṁtaroḷîcho.

Interlocução, *s. f.* saṁvâd *m.*, saṁbhâshaṇ *n.*; âḍkathâ *f.*; *(jur.) V.* INTERLOCUTORIA.

Interlocutor, *s. m.* saṁvâdî; erâṁchyâṁ nâṁvân ulaitalo.

Interlocutoria, *s. f.* âḍ khaṭlyâcho nirṇay, upanirṇay *m.*

Interlocutorio, *a.* upanirṇayâcho. || *s. m. V.* INTERLOCUTORIA.

Interlunar, *a.* âmâsecho, âmâsesaṁbaṁdhî.

Interlunio, *s. m.* kṛishṇapaksh, vadyapaksh *m.*

Intermediar, *v. i.* madheṁ-, bhitar âsuṁk,- jâvuṁk.

Intermediariamente, *adv.* dusryâvarvîṁ; madheṁ âsûn,- râvûn.

Intermediario, intermedio, *a.* madhlo, madhekatcho. || *s. m.* madhesth, râybârî. || *V.* INTERVENÇÃO e VIA.

Interminavel, intermino, *(poet.)*, *a.* sara-, sevaṭ nâslalo, aparaṁpâr, anaṁt, nissîm.

Interminavelmente, *adv.* sara nâstânâ, śevaṭâ-, âṁtâ vineṁ.

Intermissão, *s. f.* khavaḷṇî; thâṁbṇî, mahakubî *f.*, khaṁḍ, virâm, aṁtro, tyâg *m.*, khâvṭeṁ; piḍâ deṁvṇeṁ,- kâḍhṇeṁ *n.*

Intermittencia, *s. f.* mâtseṁ-, ileṁ thâṁbṇeṁ,- khaḷṇeṁ; kâḍhtepaṇ, aṁtaritpaṇ *n.*

Intermittente, *a.* mâtso thâṁbto,- khaḷto; *(med.)* kâḍhto, aṁtarit, yetoveto; pairyâcho *(febre —)*.

Intermittir, *v. i.* thâṁbuṁk, khaḷuṁk, kâḍhoṁk.

Intermundio, *s. m.* aṁtrâḷ; *(fig.)* araṇeṁ *n.*

Intermural, *a.* koṭṭâṁ-, pâgârâṁ bhitarlo.

Internação, *s. f. V.* INTERNAMENTO.

Internacional, *a.* parasparâdeśâcho, parasparadeśî, deśaparaspar.

Internacionalidade, *s. f.* parasparadeśîpaṇ *n.*

Internacionalmente, *adv.* parasparadeśiṁ.

Internado, *a.* bhitar ghâlalo; ekâ gâṁvâbhitar davarlalo. || *s. m.* bhitar râvtalo, abhyaṁtarvâsî. || *V.* INTERNATO.

Internamente, *adv.* bhitarlyân, abhyaṁtarîṁ; manâṁt.

Internamento, *s. m.* bhitar ghâlṇeṁ,- baṁd karṇeṁ; bhitar rigṇeṁ *n.*

Internar, *v. t.* bhitar ghâluṁk,- davruṁk; gâṁvâbhitar baṁd karuṁk. || *v. r.* bhitar riguṁk,- vachuṁk. || *V.* ENGOLFAR-SE.

Internato, *s. m.* abhyaṁtarvâs, pâṭhśâlâvâs, maṭhvâs *m.*

Interno, *a.* bhitarlo, *abhyaṁtar, aṁtarasth, âṁtcho *(us. N. C.)* || *V.* INTIMO. || *s. m.* iskolâṁt-, sâḷîṁt râvlalo.

Internuncio, *s. m. V.* MENSAGEIRO.

Interoceanico, *a.* samudrâbhyaṁtarasth, samdirâṁmadhlo.

Interosseo, *a.* hâḍâṁbhitarlo.

Interpellação, *s. f.* haḍkaṇ *f.*; vichâr *m.*; *(jur.)* *V.* INTIMAÇÃO.

Interpellador, interpellante, *a.* e *s. m.* haḍkitalo; vichâr kartalo.

Interpellar, *v. t.* haḍkuṁk; vichâr karuṁk *(d. do o.)*; *(jur.)* *V.* INTIMAR.

Interpolação, *s. f.* khaḷauṇî, thâṁbauṇî *f.*; khaṁḍ, virâm *m.*; khupasṇî, ghusaḍṇî *f.*

Interpoladamente, *adv.* khaḷaun.

Interpolador, *a.* e *s. m.* khaḷauṇâr; khupasṇâr.

Interpolar, *v. t.* khaḷauṁk. thâṁbauṁk; *intercalar:* khupsuṁk, ghusḍuṁk, barsuṁk.

Interpor, *v. t.* madheṁ ghâluṁk, ghusauṁk, khupsuṁk. || *V.* OPPOR. || *v. i.* e *r.* madheṁ yevuṁk,- paḍuṁk, ghusuṁk, ghusḷuṁk; madhesth jâvuṁk; âḍ yevuṁk.

Interposição, *s. f.* madheṁ ghâlṇeṁ,- yeṇeṁ; madheṁ âsṇeṁ *n.*; âḍkhaḷ, aḍchaṇ *f.* || *V.* INTERVENÇÃO.

Interposto, *a.* madhlo, madhekatcho; madhesth. || *Por interposta pessoa,* dusryâvarvîṁ.

Interprender, *v. t. V.* EMPREHENDER e ASSALTAR.

Interpresa, *s. f. V.* EMPRESA.

Interpretação, *s. f.* arthaṇî *f.*, vivaraṇ, arthvivaraṇ, prabhâshaṇ *n.*; arth *m.*, vyâkhyâ *f.*, vyâkhyân *n.* || *V.* TRADUCÇÃO.

Interpretador, *a.* e *s. m.* arth sâṁgtalo,- ditalo, arthilalo.

Interpretar, *v. t.* arth sâṁguṁk,- divuṁk *(g. do o.)*, arthuṁk, vivaruṁk, vivaraṇ-, vyâkhyâ karuṁk *(g. do o.)* || — *á má parte,* âḍveṁ ghevuṁk.

Interpretativamente, *adv.* arthûn, vivaraṇân.

Interpretativo, *a.* vivaraṇâcho, arthkaraṇâcho.

Interprete, *s. m.* dubhâshî, bhâshâṁtar kartalo.

Interregnum, *s. m.* râjâṁtar, arâjak *n.*, anâykî *f.*

Interrogação, *s. f.* vichârṇeṁ, nimgaṇeṁ *n.*, pusî *f.*, savâl *m.* || *Ponto de* —, praśnachihneṁ *n.*

Interrogador, interrogante, *a.* e *s. m.* vichârtalo, vichârṇâr, vichârî.

Interrogar, *v. t.* vichâruṁk, nimguṁk *(us. Sal.)*, *pusuṁk; vichâr karuṁk *(g. do o.)*

Interrogativo, *a.* vichârâcho, nimguṁcho, praśnâcho; *(gram.)* praśnârthak, praśnarûp.

Interrogatorio, *s. m.* vichâr, savâl, praśn *m.* ‖ *a.* *V.* INTERROGATORIO.

Interrompedor, *a. e s. m.* moḍṇâr, toḍṇâr, thâṁbaitalo, khaḷaitalo.

Interromper, *v. t.* moḍuṁk, toḍuṁk, khaṁḍ-, bhaṁg karuṁk *(g. do o.)*, sâṁḍuṁk, tyâguṁk; thâṁbauṁk, khaḷauṁk, râvauṁk, baṁd-, manâ karuṁk; ugo râvauṁk, goṁdhauṁk. ‖ *v. r.* moḍoṁk, tuṭuṁk; thâṁbuṁk, khaḷuṁk; ugo râvuṁk.

Interrompidamente, interruptamente, *adv.* khaḷaun, thâṁbaun.

Interrupção, *s. f.* moḍṇî, toḍṇî *f.*; moḍap *n.*, tûṭ, khaḷṇî, thâṁbṇî *f.*, khaṁḍ, bhaṁg *m.*, khâvṭeṁ *n.*; aḍ, âḍkhaḷ *f.*

Interrupto, *a.* khaḷlalo, thâṁblalo.

Interruptor, *a. e s. m.* *V.* INTERROMPEDOR.

Intersecção, *s. f.* madhem kâtarṇeṁ *n.*, dubhâgṇî *f.*; *(geom.)* chhedanabiṁdu *m.*

Interserir, *v. t.* *V.* INSERIR.

Intersticial, *a.* phuṭîcho, sâṁdhîcho, suṭo.

Intersticio, *a.* phûṭ, sâṁdh, aṁtar *f.*, avkâś *m.*

Intervaladamente, *adv.* iskaḷâvûn, aṁtariṁ; aṁtryâ pairyân.

Intervallar, *v. t.* madheṁ svât-, veḷ davrûn karuṁk, aṁtrâvuṁk, iskaḷâvuṁk. ‖ *v. r.* pelyân pelyân-, kuśîn kuśîn âsuṁk, aṁtruṁk, iskaḷuṁk; madheṁ âsuṁk,- riguṁk, ghusuṁk.

Intervallo, *s. m.* iskaḷây aṁtar, taphârat *f.*, avkâś, pharak *m.*, aṁtrâḷ, khâvṭeṁ *n.*; *espaço de tempo:* aṁtro, avkâś, veḷ, madhyâvasar, aṁtarâvasar; *tempo por decorrer:* veḷ, uśîr *m.*, phursat, avadh *f.* ‖ *Neste —*, itlyâbhitar, hyâ mhaṇasar. *Por intervallos,* iskaḷâyen, jâgo-, svât soḍûn,- davrûn, pais pais, pelyân pelyân; aṁtryâ pairyân, âmâse puṇve.

Intervenção, *s. f.* madheṁ-, âḍ yeṇeṁ,- râvṇeṁ *n.*; madhesthây *f.*, sârathipaṇ *n.*

Intervenideira, *s. f.* *V.* ALCOVITEIRA.

Interveniente, *a.* madheṁ yetalo, aṁtargat.

Interventor, *a. e s. m.* madheṁ yetalo,- âstalo; doslo, dosko, madhesth.

Interversão, *s. f.* *V.* INVERSÃO.

Interverter, *v. t.* *V.* INVERTER.

Intervir, *v. i.* madheṁ-, âḍ-, vayr yevuṁk; madhesth-, dosko jâvuṁk, madhesthuṁk; toṁḍ-, hât ghâluṁk, ghusuṁk. ‖ *V.* ASSISTIR.

Intestado, *a.* testâmeṁt-, mṛityulekh nâ kelalo, akṛitamṛityulekh.

Intestavel, *a.* mṛityulekh karuṁk sattyâ nâslalo.

Intestinal, *a.* âṁtkiḍyâṁcho, âṁtâṁcho.

Intestino, *a.* kuḍîbhitarlo, poṭâṁtlo, aṁtarasth; deśâcho, deśî.

Intestino, *s. m.* âṁtkiḍî, jhaḷî, aṁtarmâḷâ *f.*, âṁt *n.*

Intimação, *s. f.* jâṇauṇî, kaḷauṇî, sûchanâ *f.* ‖ *V.* CITAÇÃO.

Intimador, *a. e s. m.* khabar ditalo, kaḷauṇâr, jâṇauṇâr.

Intimamente, *adv.* bhitarlyân, bhitarsudâ; kâḷjâṁt, maṇâṁt; salgen, bhav ishṭagatîn; ghaṭṭ, jabar, nibar, dṛiḍh.

Intimar, *v. t.* khabar divuṁk *(d. do o.)*, jâṇauṁk, kaḷauṁk, kaḷît-, dakhal karuṁk. ‖ *V.* CITAR ‖ *v. i.* satten-, padven ulauṁk.

Intimativa, *s. f.* sattecheṁ-, bhârâdîk ulauṇeṁ *n.*; bhâsṇî *f.*

Intimativo, *a.* bhâsṇecho, avdhâraṇâcho.

Intimidação, *s. f.* bheṁkḍâvṇî, bhejḍâvṇî, ḍagauṇ *f.*, dabâv *m.*; bhiyeṇî *f.*, bhiṇeṁ *n.*

Intimidade, *s. f.* yeṇeṁvachṇeṁ *n.*, salgî, lagtî, dostî, saṁgat, saṁsakti *f.*, parichay *m.*, sannidhân; abhyaṁtar, aṁtashkaṛṇ *n.*

Intimidador, *a. e s. m.* bheṁkḍâytalo; bheṁkḍâvṇecho.

Intimidar, *v. t.* bheṁkḍâvuṁk, bhejḍâvuṁk, tarjuṁk, ḍagauṁk, kâkuḍâvuṁk, kalkalâvuṁk. ‖ *v. r.* bhiyevuṁk, bheṁ disuṁk,- lâguṁk *(d. do s.)*, kalkaluṁk.

Intimo, *a.* bhitarlo, abhyaṁtar, âṁtlo, aṁtarasth; *estreitamente ligado:* arn, ghaṭṭ, dṛiḍh, bârîk; *entranhavel:* kâḷjâcho, kâḷjâṁtlo; *familiar:* salgecho, saṁsargî; gharcho. ‖ *s. m.* abhyaṁtar, bhitarleṁ *n.*; prâṇmitr, jîvprâṇ *m.*

Intitulação, *s. f.*, **intitulamento,** *s. m.* nâṁv deṇeṁ; nâṁv, khateṁ *n.*

Intitular, *v. t.* nâṁv divuṁk *(d. do o.)*; mhaṇuṁk. ‖ *v. r.* nâṁv ghevuṁk, nâṁv âsuṁk *(d. do s.)*

Intolerancia, *s. f.* aśosnikây, akshamâ, aśâṁtî *f.*; paramatâsahan *n.*

Intolerante, *a.* sosṇikây nâslalo, asosṇik, akshamî; dusryâcheṁ śâstr-, mat virodhtalo, paramatâsaha.
Intoleravel, *a.* sosûṁ najo âslalo, asahya.
Intoleravelmente, *adv.* sosṇikâyeviṇeṁ.
Intonação, *s. f. V.* ENTOAÇÃO.
Intonso, *a.* kâtri-, kâpi nâslalo.
Intoxicação, *s. f.* vikhâr *m.*
Intoxicar, *v. t.* vikhâvuṁk. ‖ *v. r.* vikhâruṁk.
Intraduzivel, *a.* bhâshâṁtar karûṁ najo âslalo.
Intra-muros, *adv.* koṭṭâ-, śaharâ bhitar.
Intrancia, *s. f. V.* ENTRANCIA.
Intransferivel, *a.* soḍûṁ-, parâdhîn karûṁ najo âslalo.
Intransigencia, *s. f.* nâ âṭpaṇeṁ, nâ bâḍgaṇeṁ *n.*, bhâjaḍây, kharkasây, kaṭhiṇay *f.*
Intransigente, *a.* âṭpo-, bâḍga nâslalo, bhâjaḍ, kharkas; *(fig.) V.* AUSTERO.
Intransitavel, *a.* chala-, vacha najo âslalo (mârag, vâṭ); bhav aśîr.
Intransitivo, *a. (gram.)* akarmak.
Intransmissivel, *a.* dusryâk divûṁ, parâdhîn karûṁ najo âslalo.
Intransportavel, *a.* vharûṁ-, vâhûṁ najo âslalo.
Intratado, *a.* châlîbolî nâslalo; parîkshâ nâ kelalo.
Intratavel, *a.* vahivâṭûṁ-, chalauṁ najo âslalo; manushyâḷo nay âslalo, kuṭâḷo, kaḍvo, choṁbḍo. ‖ *V.* INTRANSITAVEL.
Intra-uterino, *a.* poṭâṁtlo, kusvyâṁtlo, udarâcho.
Intremulo, *a.* kâṁpa nâslalo; ghaṭṭ, thîr; *(fig.) V.* INTREPIDO.
Intrepidamente, *adv.* bhiyenâstânâ, nirbhayîṁ.
Intrepidez, intrepideza *(ant.)*, *s. f.* abhay, nirbhay *m.*, chhâtî, kâḷjî, hiṁmat *f.*, kâḷij, kâybal dhair, nirvâṇ, mâhâtmya *n.*
Intrepido, *a.* abhay, nirbhayî, kâḷjî, kâḷjâvaṁt, chhâtîdâr, dhairyavaṁt, nirvâṇî, mahâtmik, mahâtmâ.
Intricadamente, *adv.* goṁdhḷân, goṁdhîn.
Intricado, intrincado, *a.* goṁdhḷâcho, goṁdhîcho, aḍchaṇecho, nâḍîcho; avghaḍ, saṁkaṭ.
Intricar, intrincar, *v. t.* goṁdhauṁk, goṁdhḷâvuṁk, ghuspâvuṁk, veṁṭuṁk. ‖ *v. r.* goṁdhuṁk, goṁdhḷuṁk, ghuspuṁk, veṁṭoṁk; avghaḍgair jâvuṁk.
Intriga, *s. f.* iṁtrîg *n.*, moḍ, nâḍ *f.*, kachâṭ, guḍḍclâsâṁv, kârasthân *n.*, ghoṁṭâḷo *m.*; chahâḍî, lâṁvḍây; ghaḍmoḍ *ou* ghâḍâmoḍ *f.* ‖ *V.* CILADA.
Intrigante, intriguista, *a. e s. m. e f.* ḍhavḷo, lâṁvḍo, kûṁslâvṇo; nâḍyo, nâḍîcho, kuṭâḷo, kurṭo.
Intrigar, *v. t.* aṁtrâvuṁk, lâṁvḍây sâṁguṁk *(g. do o.)*, kûṁs lâvuṁk *(d. do o.)*; ghuspâvuṁk, ḍhavḷuṁk; huskauṁk. ‖ *v. i.* lâṁvḍâyo sâṁguṁk, kusḍepaṇ karuṁk.
Intrinsecamente, *adv.* bhitarlyân; svabhâvân.
Intrinseco, *a.* bhitarlo, abhyaṁtar aṁtarasth; jâtîcho, baḍîcho, prakṛitîcho, svabhâvik.
Introducção, *s. f.* bhitar ghâlṇeṁ,- kâḍhṇeṁ, rigauṇî; rîg, praveś *m.*, śirṇî, ghusṇî, khomṇî *f.*, bhitar vachṇeṁsarṇeṁ *n.*; *prefacio:* prastâvanâ *f.*, paribhâs *m.*, pûrvâṁg *n.* ‖ *Carta de —* bheṭechî chiṭṭ, bhalâvaṇ *f.* ‖ *V.* IMPORTAÇÃO.
Introductivo, introductorio, *a.* praveśâcho, prastâvanecho.
Introductor, *a. e s. m.* bhitar ghetalo,- kâḍhtalo; paileṁ uprâstalo.
Introduzir, *v. t.* bhitar ghâluṁk,- loṭuṁk, śirauṁk, khomuṁk, ghusauṁk; bhitar ghevuṁk,- kâḍhuṁk, rigauṁk; *(fig.)* châlû karuṁk, kâḍhuṁk, sthâpuṁk, uprâsuṁk. ‖ *V.* IMPORTAR. ‖ *v. r.* bhitar saruṁk,- vachuṁk, riguṁk, ghusuṁk, khomoṁk, doṁko ghâluṁk *(litt.* PÔR O PÉ*)*; *(fig.) V.* ARRAIGAR-SE.
Introito, *s. m. V.* ENTRADA.
Intrometter, *v. t.* bhitar-, madheṁ ghâluṁk, śirauṁk, śirkâvuṁk. ‖ *v. r.* ghusuṁk, ghusḷuṁk, toṁḍ ghâluṁk, vâṭek vachuṁk.
Intromettido, *a.* bhitar ghâlalo; ghusalṇo, ghusṇo, ḍhavḷo, chaḷbaḷyo. ‖ *V.* ATREVIDO.
Intromissão, *s. f.* śirauṇî, khomṇî *f.*, bhitar bharṇeṁ *n.*
Introspecção, *s. f.* bhitarlî sûd,- parîkshâ, aṁtardṛishṭi *f.*
Introspectivo, *a.* bhitar paḷetalo, aṁtardṛishṭîcho.
Introversão, *s. f.* bhitarlyân vaḷṇeṁ; *(fig.)* aṁtardhyân *n.*
Intrugir, *v. t. V.* PERCEBER.
Intrujão, *a. e s. m.* nâḍgo, ṭhakî, ḍhoṁgî, gauḍbeṁgâlî.

Intrujar, *v. t.* nâḍuṁk, ṭhakuṁk, phasauṁk, kolyâchem śiṁg lâvuṁk *(d. do o.)*, disht-, nadar bâṁdhuṁk *(g. do o.)* || *V.* ENTENDER.

Intrujice, *s. f.* ṭhakṇî, nâḍ, chorbuddh *f.*, gauḍbeṁgâl *n.*

Intrusamente, *adv.* sattyâ nâstânâ, anadhikârîṁ.

Intrusão, *s. f.* adhikârâvâṁchûn rigṇeṁ, sattevinem ghusṇeṁ *n.*

Intruso, *a.* sattevinem-, baḷân riglalo,- ghuslalo, ghusṇo, anadhikârî, âgaṁtuk.

Intuição, *s. f.* sahaj oḷakh *f.*, aṁtarjñân, *sadrushṭpaṇ *n.*

Intuitivamente, *adv.* aṁtarjñânîṁ.

Intuitivo, *a.* aṁtarjñânâcho, sahaj kaḷlalo, *sadrushṭ.

Intuito, *s. m.* kâraṇ, arth, matlab *m.*, yojan *n.*

Intumescencia, *s. f.* sujṇî, phugṇî; sûj, phûg *f.*, phugrepaṇ *n.*

Intumescente, *a.* sujlalo, phuglalo, sujaṭ, tartarît.

Intumescer, *v. i. e r.* sujuṁk, phuguṁk, phuluṁk, tartaruṁk; *(fig.) V.* ENSOBERBECER-SE. || *v. t.* sujauṁk, phugauṁk, phulauṁk.

Inturgescencia, *s. f. V.* TURGESCENCIA.

Inulto, *a.* sûḍ ghe nâslalo, suḍâviṇo. || *V.* IMPUNE.

Inundação, *s. f.* buḍti *f.*, aur *ou* âṁvar *n.*, uvâr, paryâḷo, negûs *(us. Can.)*; *(fig.)* loṭ, loṁḍho, chuṁbo *m.*

Inundado, *a.* buḍlalo. || *s. m.* ghar-, âstî buḍlalo.

Inundante, *a.* aurâcho, buḍtecho, buḍauṁcho.

Inundar, *v. t.* buḍauṁk, *uvâruṁk; bhijauṁk; *(fig.)* bharuṁk, uphâḷâvuṁk. || *V.* INVADIR. || *v. r.* buḍuṁk.

Inurbanidade, *s. f. V.* INCIVILIDADE.

Inurbano, *a.* avinayî, amaryâdî.

Inusitado, *a. V.* DESUSADO.

Inutil, *a.* upkâra nâslalo, kâmâk ye-, paḍa nâslalo, nishphaḷ *ou* nirphaḷ, beshṭo *ou* beṭho, akâmî, nikâmî, sâbsubo, laṭîk, phuṁkaṭcho, akâraṇ, nishkâraṇ, anupayogî, nirupayogî, vyarth *ou* verth, niras, nâkârî, aprayojak.

Inutilidade, *s. f.* anupayog *ou* anupeg, nishprayog *m.*, anupkârpaṇ, verthpaṇ *n.*, nirphaḷây *f.*

Inutilizar, *v. t.* upkâranâso-, kâmâkkyenâso karuṁk, bhaṁgauṁk, bighḍâvuṁk. || *v. r.* nikâmî-, anupayogî jâvuṁk, nâ upkâruṁk, bhaṁguṁk.

Inutilmente, *adv.* upkârâ-, phaḷâ vinem, beshṭeṁ, vâyâṁ.

Invadiavel, *a.* utrûṁ-, pâr jâvûṁ najo âslalo.

Invadir, *v. t.* dhâḍ ghâluṁk *(l. sup. do o.)*, ghâlo ghâluṁk *(d. do o.)*, paḍuṁk *(l. sup. do o.)*, uprâḷuṁk, dauḍ karuṁk *(l. sup. do o.)*; *(fig.)* baḷân ghevuṁk,- jikuṁk; lâguṁk *(d. do o.)*, paḍuṁk *(d. do o.)*

Invalescer, *v. i. (p. us.) V.* FORTALECER-SE.

Invalidação, *s. f. V.* ANNULLAÇÃO.

Invalidade, *s. f.* verthpaṇ, pokḷepaṇ *n.*, mahakubî *f.*

Invalidar, *v. t.* nâkaruṁk, mekhuṁk, moḍuṁk, radd-, mahakûb karuṁk. || *V.* INUTILIZAR.

Invalido, *a.* aśakt *ou* askat, bebaḷ, nirjiv; *(fig.)* vyarth *ou* verth, pokḷo, nishphaḷ. || *s. m.* châkrek upkâra nâslalo manîs.

Invariabilidade, *s. f.* thîrpaṇ, eksârkepaṇ *n.*, avikâr, nirvikâr *m.*

Invariavel, *a.* badla nâslalo, thîr, eksârko, achal, achaṁchaḷ, nirâḷo, ekâṁt, nirvikâr, nityaśâṁt.

Invariavelmente, *adv.* badla nâstânâ, eksârko *(decl.)*

Invasão, *s. f.* dhâḍ ghâlṇeṁ, dauḍ karṇeṁ *n.*; dhâḍ *f.*, râjik, parchakr *n.*, ghâlo; *(fig.)* mâro *m.*, dhâḍ *f.*; piḍâ paḍṇeṁ, charcharṇeṁ *n.*

Invasivo, *a.* dhâḍîcho.

Invasor, *a. e s. m.* dhâḍ ghâltalo, dauḍ kartalo, galîm.

Invectiva, *s f.* niṁdâ, paṭṭî, jupâṭî, gâḷ *f.*, sol *n.*

Invectivador, *a. e s. m.* niṁdâkâr, gâḷî saṁvtalo.

Invectivar, *v. t.* niṁḍuṁk, soluṁk, sol-, paṭṭî divuṁk, saṁvuṁk *(d. do o.)* || *v. i.* śiṁvâḍ ghâluṁk, gâḷî saṁvuṁk.

Invectivo, *a.* niṁdecho, gâḷiṁcho; uprâḷyâcho.

Inveja, *s. f.* iṁvej, nedkuchây *f.*, nedkuchâr, nichkuebâr, vâyṭâchâr, matsar *m.*, âdâvat, kurṇâṭikây, aśâṁti, piṁḍaḷnî *f.*, nirduḥkh *n.*, jâḷ *m.* || *Ter* —, âdâvat disuṁk,- bhogoṁk *(d. do s.)*, poṭâṁt châbuṁk *(litt.* TER DOR DE BARRIGA; *g. do s.) Não ter — a (fig.)*, nâ kâḍhoṁk, pâṭhî nâ râvuṁk.

Invejar, *v. t.* âdâvat-, matsar disuṁk,- bhogoṁk *(d. do s., g. do o.)*; parvastûchî âśâ karuṁk,- dharuṁk, âśevuṁk. || *Não ter que —*, uṇo-, kalko nay jâvuṁk.

Invejavel, *a.* âśevuṁcho, âvaḍîcho, âśecho.

Invejosamente, *adv.* âdâvatîn, nichkuchârân.

Invejoso, *a.* nedkuchârî, nichkuchârî, âdâvatî, matsarî, nirduḥkhî, dekhduḥkhî, kurṇâṭî; âdâvatîcho, matsarâcho.

Invenção, *s. f.* yojan, ghaḍap *n.*, kâḍhṇî, rachṇî, kalpanâ.; *engenho:* yukti, kalpanâśakti; *descoberta:* aḍhaḷṇî, meḷṇî, *prachîti *f.*; *ficção:* kalpaṇ, ḍhoṁg *n.*, kalpanâsṛishṭi *f.* ‖ *V.* INVENTO *e* ARTE.

Invencibilidade, *s. f.* ajîkpaṇ durjaypaṇ; durnivârpaṇ *n.*

Invencionar, *v. t.* mâṁḍṇen śṛiṁgâruṁk,- neṭauṁk.

Invencioneiro, *a.* phaṁtajkâr, gamjekâr, lâgâḷo; *(fig.)* *V.* EMBUSTEIRO.

Invencionice, *s. f.* gamje, lâg *m. pl.*; nâḍvidyâ, dagal *f.*, gauḍbeṁgâl, ḍhoṁg *n.*

Invencivel, *a.* jikûṁ najo âslalo, ajik, durjay, ajey; ṭâḷûṁ-, nistarûṁ najo âslalo, durnivâr, *anivârî.

Invencivelmente, *adv.* jikûṁ-, ṭâḷûṁ najo âstânâ.

Invendivel, *a.* khap nâslalo.

Inventar, *v. t.* yojuṁk, kalpuṁk, kâḍhuṁk; rachuṁk, ghaḍuṁk, uprâsuṁk; śodhûn kâḍhuṁk, aḍhaḷuṁk.

Inventariação, *s. f.* jhaḍtî-, yâd karneṁ *n.*

Inventariante, *a.* jhaḍtî kartalo. ‖ *s. m. e f.* jhaḍtek lâvûn ditalo.

Inventariar, *v. t.* jhaḍtî-, yâd karuṁk *(g. do o.)*; *(fig.)* bârkâyen lâvuṁk,- sâṁguṁk.

Inventario, *s. m.* iṁveṁtâr, jâbto, ṭîp *m.*, jhaḍtî, yâd; paṭṭî, śivḍî *f.*

Inventiva, *s. f.* kalpanâśakti, yukti, tajvît *f.* ‖ *V.* INVENTO.

Inventivo, *a.* karâmatî, mâṁḍnekâr, yuktivaṁt, tajvîtvaṁt; tajvitecho, mâṁḍnecho.

Invento, *s. m.* ghaḍap, navî yukti, rachṇâ *f.*

Inventor, *s. m.* ghaḍpî, rachṇâr, kâḍhṇâr, yojanâr. ‖ *a.* *V.* INVENTIVO.

Inverificavel, *a.* chaukasûṁ-, tapâsûṁ najo âslalo.

Inverisimil, *a.* *V.* INVEROSIMIL.

Invernada, *s. f.* bhargateṁ pâvsâḷeṁ *n.*; pâvsâjhaḍpyâcho kâḷ *m.*

Invernadoiro, *s. m.* pâvsâcho âsar, âsryâcho jâgo *m.*

Invernal, *a.* pâvsâḷyâcho, pâusâḷo.

Invernar, *v. i.* pâus kâḍhuṁk; pâus lâguṁk,- bhâroṁk.

Inverneira, invernia, *s. f.* bhârlalo pâus *m.*, bhargateṁ pâvsâḷeṁ *n.*

Inverno, *s. m.* pâus, pâuskâḷ *m.*, pâvsâḷeṁ *n.*; hiṁvâḷo *m.*, hiṁvâḷî *(estação fria) f.* ‖ *O — da vida,* utartî-, deṁvtî pirây *f.*

Invernoso, *a.* pâusâḷo *ou* pâvsâḷo, pâvsâcho.

Inverosimil, *a.* sat-, kharo disa nâslalo, asaṁbhavî.

Inverosimilhança, *s. f.* asaṁbhav *m.*, asatrûp *n.*

Inverosimilmente, *adv.* kharepaṇ nâstânâ, asaṁbhavîṁ.

Inversamente, *adv.* uphrâṭeṁ, parteṁ, âḍveṁ.

Inversão, *s. f.* uphrâṭṇî, ulaṭṇî *f.*, partan, ulṭepaṇ *n.*

Inversivo, *a.*, **inversor,** *a. e s. m.* partitalo, uphrâṭṭalo.

Inverso, *a.* parto, uphrâṭo, ulṭo.

Inverter, *v. t.* partuṁk, uphrâṭuṁk, ulṭuṁk, parto-, uphrâṭo karuṁk. ‖ *V.* MUDAR. ‖ *v. r.* partoṁk, uphrâṭoṁk, parto jâvuṁk.

Invertido, *a.* *V.* INVERSO.

Invertivel, *v. t.* partûṁ-, ulṭûṁ najo âslalo.

Investida, *s. f.* jhoṁbî, jhaḍjhaḍî, jhoṁpay *f.*, ghâlo, uprâḷo, mâro *m.*, jhaḍjhapâṭ *n.* ‖ *V.* ENSAIO.

Investidura, *s. f.* bhogâvaḷ deṇeṁ; jâgyâr basauṇeṁ, padasthâpan *n.*, pratishṭhâ *f.* ‖ *V.* POSSE.

Investigação, *s. f.* śodh, vâjpusî *ou* vâjpûś, chaukaśî, parîkshâ, tapâsṇî *f.*, tapâs, vivek; vichâr *m.*, mansubî *f.*

Investigador, *a. e s. m*, **investigante,** *a.* śodhṇâr, śodhak, chaukasdâr, tapâsî, parîkshâvaṁt.

Investigar, *v. t.* śodhuṁk, śodh-, chaukaśî karuṁk *(g. do o.)*, śodh-, ṭhâv ghevuṁk *(g. do o.)*, chaukasuṁk, tapâsuṁk, vichâruṁk, vivekuṁk, châḷuṁk, parîkshuṁk.

Investigavel, *a.* śodh ghevuṁcho, vichâr karcho, vichârya.

Investimento, *s. m.* *V.* INVESTIDA.

Investir, *v. t.* bhogâvaḷ divuṁk *(d. do o.)*, jâgyâr basauṁk, vastr divuṁk *(d. do o.)*, pratishṭhuṁk; âṁgâr paḍuṁk,- yevuṁk *(g. do o.)*, uprâḷuṁk, jhaḍjhaḍâvuṁk, ghâlo ghâluṁk *(d. do o.)*; veḍho ghâluṁk *(d. do o.)*, veḍhuṁk, veshṭuṁk. ‖ *v. i.* paḍuṁk *(com l. sup.)*, jhoṁbuṁk, jhoṁbî mâruṁk. ‖ *v. r.* pos (*port.* POSSE)-, bhogâvaḷ ghevuṁk; jâgyâr basuṁk.

Inveteração, *s. f.* parṇo jâṇeṁ, parṇepaṇ *n.*

Inveterado, *a.* parṇo, juno, jûn, junâṭ, sabârkâḷâcho; pâḷâṁ ghetlalo, dṛiḍhmûḷ.

Inveterar, *v. t.* juno-, bhav kâḷâcho karuṁk. ‖ *v. i.* parṇo-, jûn jâvuṁk, junâvuṁk; pâḷâṁ ghevuṁk.

Invicto, *a.* jika nâslalo, ajit; *(fig.) V.* INVENCIVEL.

Invido, *a. (poet.) V.* INVEJOSO.

Invigilancia, *s. f.* jâgritây nâsṇeṁ, anavadhân *n.*, beparvâ *f.*

Invigilante, *a.* jâgrit nay âslalo, râkhi nâslalo, anavadhânî, beparvî.

Invio, *a. V.* IMPERVIO.

Inviolabilidade, *s. f.* hât lâvûṁ-, moḍûṁ najo âsṇeṁ, abhaṁgpaṇ *n.*, abhaṁgatâ *f.*

Inviolado, *a.* hât lâynâslalo, adushṭ, abhaṁg. ‖ *V.* ILLESO.

Inviolavel, *a.* hât lâvûṁ-, moḍûṁ-, âḍ yevûṁ najo âslalo, abhaṁg, abhedya, alaṁghya.

Inviolavelmente, *adv.* hât lây-, moḍî nâstânâ.

Inviolentado, *a.* baḷ nâ kelalo.

Inviscerar, *v. t.* poṭâṁt ghâluṁk; *(fig.) V.* ARRAIGAR.

Invisibilidade, *s. f.* adarśan, adṛishṭpaṇ *n.*

Invisivel, *a.* dishṭîpaḍa nâslalo, adṛishṭ, durdarś, napayt.

Invisivelmente, *adv.* dishṭîpaḍa nâstânâ.

Inviso, *a. (poet.)* dekha nâslalo.

Invitatorio, *a.* âpauṇyâcho.

Invocação, *s. f.* ulo mârṇeṁ, âpauṇeṁ, nâṁv gheṇeṁ, pâchârṇeṁ *n.;* ulo, uchchâr, nâmochchâr *m.*, samaraṇ; prârthan, mâgṇeṁ; bhaktâcheṁ nâṁv, śrînâm *n.* ‖ *V.* ALLEGAÇÃO.

Invocador, *a. e s. m.* ulo mârtalo, nâṁv ghetalo,- pâchârtalo.

Invocar, *v. t.* âpauṁk, ulo karuṁk,- mâruṁk *(d. do o.)*, nâṁv ghevuṁk,- pâchâruṁk *(g. do o.)*, samaruṁk, pâchâruṁk, uchchâruṁk; *supplicar:* mâguṁk, prârthuṁk. ‖ *V.* EVOCAR.

Invocativamente, *adv.* nâṁv ghevûn, nâmochchârân.

Invocativo, invocatorio, *a.* nâṁv pâchârcho, samaraṇâcho.

Invocatoria, *s. f. V.* INVOCAÇÃO.

Invocavel, *a.* pâchârcho, samarcho, nâmochchârâcho.

Involucro, *s. m.* guṭhlâvuṁcheṁ, veshṭan, âvaraṇ *n.*; kaṁchuk *m.; pushṭipatr (— de papel) n.*

Involuntariamente, *adv.* khuśebhâyr, khuśî nâstânâ; sahaj, aseṁch.

Involuntario, *a.* khuśebhâylo, khuśeviṇo, khuśer âḍ, ichchhâviruddh, sâbsubo.

Invulnerabilidade, *s. f.* abhedyatâ, achhedyatâ *f.*

Invulnerado, *a.* ghâyâviṇo; *(fig.) V.* INTACTO.

Invulneravel, *a.* topûṁ-, ghây karûṁ najo âslalo, vajrâṁgî, abhedya, achhedya; *(fig.)* chhidr-, chîl nâslalo, akhaṁḍ.

Ipsis-verbis, *adv.* tyâṁch śabdâṁnîṁ, uttrân uttar.

Ipso-facto, *adv.* te prasaṁgîṁ, tyâch pâsvat.

Ir, *v. i.* vachuṁk; jâvuṁk *(us. N. C.); caminhar:* chaluṁk, chamkuṁk; *decorrer:* jâvuṁk, gujruṁk; *succeder:* jâvuṁk, ghaḍuṁk; *passar de saude:* âsuṁk (baro, vâyṭân-); *existir (differença):* âsuṁk; *morrer:* saruṁk, goḍâk vachuṁk. ‖ — *abaixo,* paḍuṁk, gaḷuṁk. — *de abalada,* kaḍsaruṁk; paḷuṁk. — *após,* pâṭhî lâguṁk. — *bugiar,* balâv ghevûn vachuṁk. — *dar a,* pâvuṁk. — *debaixo,* sakal paḍuṁk, bâḍguṁk. *O que lá vai, lá vai,* jâleṁ teṁ jâleṁ. *Vá!* jâṁv; khabardâr. *Vá lá!* bareṁ tar. *Vá com Deus,* Dev tukâ prasann jâṁv. ‖ *v. r.* vachuṁk; *(fig.) V.* MORRER. ‖ — *embora,* vâṭek lâguṁk, vâṭ ghevuṁk. — *com o tempo, V.* CONTEMPORIZAR.

Ira, *s. f.* râg, krodh, kop, saṁtâp, piṁtveg *m.*, piṁḍaḷṇî *f.* ‖ *Encher-se de* —, râg-, kop bharoṁk *(d. do s.)*, piṁḍaḷuṁk.

Iracundamente, *adv.* râgân, krodhân, kiṁvân.

Iracundia, *s. f.* jaḷsarây *f.*, piṁtveg; kadh, kîṁv *m.*

Iracundo, *a.* jaḷsar, piṁtvegî, krodhivaṁt, kopishṭ.

Iradamente, *adv.* râgân, tâpûn, kaḍhûn.

Irado, *a.* râg âylalo, tâplalo, kaḍhlalo, kopî, râgâbharit, saṁtâpî. ‖ *V.* REVOLTO.

Irar, *v. t.* râg hâḍuṁk *(d. do o.)*, krodhâvuṁk. ‖ *v. r.* râgâr jâvuṁk, râg yevuṁk *(d. do s.)*, râgevuṁk, krodhuṁk, kopuṁk, kaḍhuṁk, tâpuṁk, châḷvuṁk, jaḷuṁk.

Irascibilidade, *s. f.* jaḷsarây, jaḷsarkây, tiḍây *f.*, chiḍrepaṇ, jâḷgepaṇ *n.*

Irascivel, *a.* jaḷsar, jâḷgo, chiḍro, perlûs, piṁtvegî, kopishṭ, râgî, krodhivaṁt, saṁtâpî, atirâg.

Iriante, *a.* nânâvarṇ, nânârûp; laklakît, rasraśît.

Iriar, *v. t.* nânâvarṇ karuṁk. ‖ *v. r.* nânârûp jâvuṁk, rasrasuṁk.

Iris, *s. m. e f.* dhanubâl *ou* daṁḍubâl, iṁdradhanu *n.*

Irizar, *v. t.* nânâvarṇ karuṁk; *(fig.)* rasrasâvuṁk, laklakâvuṁk, laklak ghâluṁk *(l. sup. do o.)*

Irmã, irman, *s. f.* bahîṇ; mânâ *(do port.* MANA, *us. entre os christãos)*, bâî *ou* bâi *(— mais velha; us. esp. em tratamento).* ‖ *— da caridade,* dharmastrî. ‖ *V.* IRMÃO.

Irmãmente, *adv.* bhâupaṇîṁ; eksârkeṁ; sârkyâṁ vâṁṭyâṁnîṁ.

Irmanar, *v. t.* joḍuṁk, joḍ karuṁk *(g. do o.)*; ekvaṭuṁk.

Irmandade, *s. f.* bhâupaṇ *n.*, bhâubaṁdhkî *f.*, baṁdhubhâv *m.*; *confraria:* irmâṁdâd, coṁphr, dharmbaṁdhutvî *(p. us.) f.* ‖ *V.* CONFEDERAÇÃO.

Irmão, *s. m.* bhâu *ou* bhâv; baṁdhu, baṁdh *ou* baṁdhav *(significa tambem:* PARENTE PROXIMO), baṁdhbhâu *(redup.)*; irmâṁv, dâdâ, bâb *(— mais velho, us. esp. em tratamento)*; bhrâtâ *(p. us.)* ‖ *— mais velho,* vhaḍlo bhâu. *— mais novo,* dhâkṭo bhâu. *— legitimo,* nîj bhâu. *— germano,* khâśâ bhâu. *— de pae ou consanguineo,* savtîbhâu, sâpatnbhâu *ou* sâpalbhâu. *— de mãe ou uterino,* bâpalbhâu, ekodarbhâu, sodarbhâu. *— de leite ou collaço,* dûdhbhâu. *Irmãos e irmãs collectivamente,* bhâubahiṇî; *amigo intimo:* baṁdhu, prâṇmitr; *correligionario:* dharmbaṁdhu; baṁdhujan, baṁdhuvarg *(collecção de —) m. pl.* ‖ *a.* joḍo, eksârko, sarîcho, sâṁgḍo.

Ironia, *s. f.* âkshep, uprodh *m.*, varm *n.*, vakrokti *f.*; *(fig.)* vighn *n.*

Ironicamente, *adv.* uprodhîṁ, varmân, vakroktîṁ.

Ironico, *a.* uprodhâcho, uprodhî, varmâcho.

Irosamente, *adv.* râgân, kaḍhûn, tâpûn.

Iroso, *a.* râgâbharit, krodhî, râgishṭ, kopishṭ.

Irra, *int.* ehhî, ehhe.

Irracional, *a.* ajâṇ, ajñân, ajñânî, gnyân-, buddh nâslalo; pisepaṇâcho, ayukt, asaṁbaddh. ‖ *Quantidade —,* karṇî *f.*, karṇîpad *n.*

Irracionalidade, *s. f.* ajñân *ou* agnyân, ajñânpaṇ *n.*

Irracionalmente, *adv.* ajñânpaṇîṁ.

Irracionavel, *a.* gnyânââd, nâkâjâlalo, ayukt.

Irracionavelmente, *adv.* ayuktîṁ, pisepaṇîṁ.

Irradiação, *s. f.* phâṁkauṇî, phâṁkṇî *f.*, prakâś; ehakchak, laklak *m.*, jhaḷ, jhagjhakî *f.* ‖ *V.* DIFFUSÃO.

Irradiador, *a.* prakâśî.

Irradiar, *v. t.* phâṁkauṁk, prakâśauṁk. ‖ *v. i.* prakâśuṁk, phâṁkuṁk. ‖ *v. r.* phâṁkuṁk; *(fig.)* pasroṁk, eharuṁk, phâṁsḷuṁk.

Irradioso, *a.* prakâśa nâslalo.

Irrealizavel, *a.* ghaḍa-, jây nâslalo, asâdhya.

Irreclamavel, *a.* satten mâgûṁ-, śodhûṁ najo âslalo.

Irreconciliavel, *a.* ekṭhâṁy jây-, samjo nâslalo, samâdhânâviṇo, asamjîk; asaṁgat, asaṁbhavî.

Irreconciliavelmente, *adv.* ekṭhâṁy jây-, lâgîṁ ye nâstânâ; asaṁbhavîṁ.

Irrecuperavel, *a.* partûn-, navyân meḷa nâslalo, hâtâbhâyr paḍlalo, gat jâlalo, hâtâṁtlo suṭlalo.

Irrecuperavelmente, *adv.* partûn meḷchî âśâ nâstânâ.

Irrecusavel, *a.* nâkâ mhaṇûṁ-, partûṁ-, nirasûṁ najo âslalo. ‖ *V.* INCONTESTAVEL.

Irrecusavelmente, *adv.* iṁkârâ-, virodhâ viṇeṁ.

Irredimivel, *a.* târaṇ nâslalo.

Irreductivel, irreduzivel, *a.* uṇo jây-, deṁva nâslalo; âdle daśer-, gatîr parto nâslalo. ‖ *V.* INDOMAVEL *e* INDECOMPONIVEL.

Irreflectidamente, *adv.* chiṁti-, nihâḷi nâstânâ, avichârîṁ.

Irreflectido, irreflexivo, *a.* avichârî, avivekî, urmaṭ, utâvḷî; chiṁti nâstânâ kelalo, avichârâcho.

Irreflexão, *s. f.* avichâr, avivek *m.*, utâvḷây, urmaṭây *f.* ‖ *V.* DESCUIDO.

Irreflexo, *a.* parâvarttan nâslalo. ‖ *V.* IRREFLECTIDO.

Irreformavel, *a.* sâṁko karûṁ-, navsarûṁ najo âslalo.

Irrefragavel, *a.* irrefutavel, khaṁḍûṁ-, jâb divûṁ najo âslalo, virodh-, pratipâḷ nâslalo, vajrapramâṇ, akhaṁḍanîya.

Irrefragavelmente, irrefutavelmente, *adv.* iṁkârâ-, takrârâ vinem̃.

Irrefreavel, *a.* dama-, âṭpo nâslalo, anâvar.

Irrefutabilidade, *s. f.* akhaṁḍanîyatâ *f.*, vajrapramâṇ *n.*

Irrefutado, *a.* nâ khaṁḍlalo, nâ bhâṁjlalo.

Irregenerado, *a.* baro jâlo-, sudhârlo nâslalo.

Irregeneravel, *a.* baro karûṁ-, sudhârûṁ najo âslalo, anâvar.

Irregular, *a.* vâṁkḍo, kâydyâ-, rîtî âḍ, avidhi, aśâstr; *immoral:* anîtivaṁt, adharmî, khoṭo, âḍmârgî, apathchârî, *abaṁd; *desegual:* uṁchsakal, asam; *falto de methodo:* kram nâslalo, akramik; *(gram.)* vyabhichârî. ‖ *Tropas irregulares,* âḍechî phauj.

Irregularidade, *s. f.* vâṁkḍepaṇ, aśâstrpaṇ *n.*, avidhi, vyabhichâr; âḍmârg, apath, anâchâr; akram *m.*, avyavasthâ *f.* ‖ *V.* FALTA.

Irregularmente, *adv.* vâṁkḍem̃, âḍ, avidhîṁ, akramîṁ, *abaṁdîṁ.

Irreligião, *s. f.* devdharm nâsnem̃, anbhâvârthpaṇ *n.*, nâstikî *f.*; adharm, anâchâr *m.*, abhakti *f.*

Irreligiosamente, *adv.* devdharm nâstânâ, bhaktîvinem̃.

Irreligiosidade, *s. f.* abhaktipaṇ, adharmpaṇ *n.*, devniṁdâ, îśvaraniṁdâ *f.* ‖ *V.* IRRELIGIÃO.

Irreligioso, *a.* devdharm-, śâstrsaṁmurt nâslalo, anbhâvârthî, adev; adharmî, abhakt, devniṁdak, anâchârî; śâstrâ-, dharmâ âḍ.

Irremeavel, *a.* partûn yevûṁ-, pâr jâvûṁ najo âslalo.

Irremediavel, *a.* okhat-, upây nâslalo, ilâjâviṇo, anupâyî, nirupâyî; *(fig.) V.* FATAL.

Irremediavelmente, *adv.* upâyâ-, ilâjâ vinem̃.

Irremissibilidade, *s. f.* bogsaṇyâchî aśakti *f.*

Irremissivel, *a.* bogsaṇem̃ nâslalo. ‖ *V.* IRREMEDIAVEL.

Irremissivelmente, *adv.* bogsaṇyâvinem̃; chuka-, aṁtra nâstânâ, ilâjâvîṇ, upây nâstânâ.

Irremittente, *a.* dila-, uṇâvo-, deṁva nâslalo.

Irremivel, *a. V.* IRREDIMIVEL.

Irremovivel, *a.* kaḍsarâvûṁ-, vâṭâvûṁ najo âslalo, achaḷ, thîr.

Irremunerado, *a.* phârîk kari-, phârîkpaṇ nâslalo.

Irremuneravel, *a.* phârîk karûṁ najo âslalo, molâviṇo, amûlya.

Irreparabilidade, *s. f.* nirupây *m.*

Irreparavel, *a.* navsarûṁ-, sudhârûṁ najo âslalo; nirupâyî, gat jâlalo.

Irreparavelmente, *adv.* upâyâviṇem̃, ilâj nâstânâ.

Irrepartivel, *a.* vâṁṭûṁ-, dośiṁ karûṁ najo âslalo.

Irreplicavel, *a. V.* IRRESPONDIVEL.

Irreplicavelmente, *adv.* pratipâḷâvinem̃.

Irreprehensibilidade, *s. f.* nirdosh *m.*, nirleppaṇ, nirmaḷpaṇ *n.*

Irreprehensivel, *a.* dosh-, gunyâṁv nâslalo, nirdoshî, nirlep, śuddh, nirmaḷ.

Irreprehensivelmente, *adv.* gunyâṁvâ-, doshâ vinem̃.

Irreprimivel, *a.* dama-, bâḍga nâslalo, anâvar.

Irrequieto, *a.* hulhuḷo, chuḷbuḷo, chaḷbaḷyo, nâchro, uḍyo, dhaḍbaḍyo. ‖ *V.* AGITADO.

Irresignavel, *a.* râjî-, sosṇikây nâslalo; soḍûṁ najo âslalo.

Irresistencia, *s. f.* anivâraṇ *n.*, apratîkâr *m.*

Irresistente, *a.* aḍi-, nistari nâslalo, pratibaḷ kari nâslalo.

Irresistibilidade, *s. f.* anivârpaṇ, durnivârpaṇ *n.*

Irresistivel, *a.* âḍ yevûṁ-, baḷ karûṁ najo âslalo, anivâr, durnivâr, durvâr; vâṭâvûṁ-, târûṁ najo âslalo.

Irresistivelmente, *adv.* anivârpaṇîṁ pratibâḷâvinem̃.

Irresolução, *s. f.* chaṁchaḷ buddh *f.*, athîr man, athîrpaṇ, vâdhaṁg *n.*, ghoḷ, dubhâv *m.*

Irresolutamente, *adv.* niśchavâ-, saṁkalpâ vinem̃.

Irresoluto, *a.* chaṁchaḷ manâcho, athîr, adhîr, ḍauṁḍaḷît, dubhâvî, bhrâṁt.

Irresoluvel, *a.* soḍûṁ-, pheḍûṁ najo âslalo, avghaḍ, kaṭhîṇ. ‖ *V.* INDECOMPONIVEL.

Irrespiravel, *a.* śvâsûṁ najo âslalo.

Irrespondivel, *a.* jabâb divûṁ-, pratipâḷ karûṁ najo âslalo, prativâd nâslalo.

Irresponsabilidade, *s. f.* jabâbdârî nâsnem̃ *n.*

Irresponsavel, *a.* jabâbdâr nay âslalo, jabâbdâremekhḷo.

Irresponsavelmente, *adv.* jabâbdârevinem̃.

Irrestricto, *a.* mîtmer nâslalo, akhaṁḍit, aparamit.

Irrestringivel, *a.* âṁvḷûṁ-, âṭpûṁ najo âslalo.

Irretractavel, *a.* badlûṁ-, phirauṁ najo âslalo.

Irreverencia, *s. f.* akmân, bemân, anâdar *m.*, behurmat *f.*

Irreverenciosamente, irreverentemente, *adv.* bemânân, âdarâviṇeṁ, behurmatîn.

Irreverencioso, irreverente, *a.* bemânî, anâdarî; akmânâcho, behurmatîcho.

Irrevocabilidade, irrevogabilidade, *s. f.* akhaṁḍyepaṇ *n.*

Irrevocavel, irrevogavel, *a.* partûṁ-, phirauṁ najo âslalo, akhaṁḍya.

Irrevogavelmente, *adv.* parto-, phira nâstânâ.

Irrigação, *s. f.* śiṁpṇeṁ, pâṭân bhijauṇeṁ; *(med.)* chiknaḷen mârṇeṁ; ajûd (*do port.* AJUDA) *n.*

Irrigador, *a.* śiṁptalo; śiṁpcho. ‖ *s. m.* śiṁpṇo *m.*, śiṁpcheṁ yaṁtr *n.; (med.)* chiknaḷî, pichkârî *f.*

Irrigar, *v. t.* śiṁpuṁk, śiṁvrâvuṁk, udak ghâluṁk *(d. do o.)*; pâṭân śiṁpuṁk,- bhijauṁk; *(med.)* chiknaḷen mâruṁk,- ghâluṁk.

Irrigatorio, *a.* pâṭân śiṁpcho, śiṁpṇyâcho.

Irrigavel, *a.* śiṁpûṁyeso.

Irrisão, *s. f.* keṁḍṇî, toṁḍṇî, śeṭî, maskarî *f.; (fig.)* keṁḍṇecho mâl *m.*, beṁbryâcheṁ kâpaḍ *n.*

Irrisor, *a. e s. m.* khebaḍî, keṁḍṇâr, toṁḍṇâr, maskarekâr.

Irrisoriamente, *adv.* toṁḍûn, keṁḍṇen, maskaren.

Irrisorio, *a.* keṁḍṇecho, khebaḍâcho, śeṭiyâṁcho.

Irritabilidade, *s. f.* râgishṭpaṇ *n.*, jaḷsarây, tiksâṇ, chiraḍ, chîḍ *f.*

Irritação, *s. f.* châḷauṇî, tiḍauṇî; châḷvaṇî, tiḍak, chîḍ *f.*, kîṁv, saṁtâp *m.;* chaḍchaḍṇî, jaḷṇî *f.*

Irritador, *a. e s. m.* châḷaitalo, chiḍauṇâr.

Irritamente, *adv.* bhaṁgûn, nishphaḷpaṇîṁ, radd jâvûn.

Irritamento, *s. m. V.* IRRITAÇÃO.

Irritante, irritativo, *a.* châḷaumcho, huskauṁcho; tîk, tirbaṭ. ‖ *Questão —*, jhagḍyâcho-, duśmânkâyecho taṁṭo *m.* ‖ *s. m. V.* EXCITANTE.

Irritar, *v. t.* châḷvauṁk, chiḍauṁk, tiḍauṁk, tiḍkâvuṁk, thuklâvuṁk, kimârkaruṁk, *kimauṁk; chaḍhauṁk, jaḍâvuṁk, huskauṁk. ‖ *v. r.* châḷvuṁk, tiḍuṁk, tiḍkuṁk, chiḍuṁk, pesuṁk, tâpuṁk, chaḍhuṁk; chaḍchaḍuṁk, jaḷuṁk, luvluvuṁk.

Irritavel, *a.* jaḷsar, chiḍro, râgishṭ, krodhivaṁt, saṁtâpî.

Irrito, *a.* nishphaḷ, nirbaḷ, radd.

Irrogação, *s. f.* khâst-, śikshâ lâvṇeṁ,- deṇeṁ *n.*

Irrogar, *v. t.* lâvuṁk, divuṁk, ghâluṁk, thâpuṁk.

Irromper, *v. i.* baḷân-, neṭan bhitar saruṁk; darvaḍ-, dauḍ karuṁk; saṭ-, phaṭ kan jâvuṁk,- dishṭîpaḍuṁk.

Irroração, *s. f.* śiṁvar mârṇeṁ *n.*, śiṁvrâvṇî *f.;* śiṁvar *m.*

Irrorar, *v. t.* dav ghâluṁk *(l. sup. do o.)*; śiṁvrâvuṁk, śiṁvar mâruṁk *(d. do o.)*

Irrupção, *s. f.* dhâḍ, dauḍ, puṁḍây *f.*, puṁḍâveṁ; *(fig.)* phaṭâphaṭ-, saṭâsaṭ yeṇeṁ,- jâṇeṁ *n.*

Isagoge, *s. f.* prastâvanâ *f.*, paribhâs; mûḷgraṁth *m.*, mûḷpiṭhikâ *f.*

Isagogico, *a.* prastâvanecho; mûḷâcho, mûḷtattvâcho.

Isca, *s. f.* âṁs *n.*, ghâṁs; gubo, buko, kap *m.;* kâḷjâchî śîr bhâjlalî *f.; (fig.) V.* ENGODO. ‖ *— de sola*, jhâḍâcheṁ âḷaṁbeṁ. *Morder a —*, âṁs ghevuṁk; *(fig.)* maṁtroṁk, phâsâk paḍuṁk.

Iscar, *v. t.* âṁs lâvuṁk *(d. do o.)*; *untar:* lep kâḍhuṁk *(d. do o.)* ‖ *V.* CONTAMINAR. ‖ *v. r.* kusuṁk, saḍoṁk, kûs paḍuṁk *(d. do s.)*

Ischemia, *s. f.* ragat nâ bhoṁvṇeṁ *n.*, ragtâcho sâṁkḷo *m.*

Ischiatico, *a.* peṁkṭâcho.

Ischion, *s. m.* phuḍnyâcheṁ hâḍ; peṁkaṭ *n.*

Ischuretico, *a.* mût soḍauṁcho (okhat), mûtrâvarodhnâśak.

Ischuria, *s. f.* mûtrâvarodh, mûtrâvashṭaṁbh *m.*

Isenção, *s. f.* soḍṇî, soḍ, suṭkâ, mukti, mâphî *f.*, mekhḷepaṇ *n.;* satvaṭî nirâs *f.*, nirlobh *m.*

Isentamente, *adv.* âśe-, âdâvâ viṇeṁ, nirlobhîṁ.

Isentar, *v. t.* soḍuṁk, suṭkâ-, mâphî dîvuṁk *(d. do o.)*, mâph karuṁk, mekhḷâvuṁk, bhâyrâvuṁk; *(fig.)* sûṭ-, svataṁtr karuṁk. ‖ *v. r.* suṭuṁk, suṭkâ-, mâphî meḷuṁk *(d. do s.)*, sûṭ-, mekhḷo jâvuṁk.

Isento, *a.* sûṭ, suṭo, mekhḷo, mâph, muktîcho; âple âdhîncho, svataṁtr;

peṁeh nâslalo, toṁḍ paḷevûn ulai nâslalo, kaḍkaḍit, saḍsaḍit. || V. ESQUIVO.

Islamismo, *s. m.* musalmânî śâstr *n.*, mahamadî dharm *m.*

Islamita, *s. m. e f.* musalmânî, mahamadî.

Islenho, *a. e s. m. (ant.)* V. ILHÉO.

Isochromatico, *a.* eksârkyâ raṁgâeho, samaraṁg.

Isochromismo, *s. m.* samakâlîngun *m.*

Isochrono, *a.* samakâlik, samakâlîn, samasaṁkhyakâl.

Isoclino, *a.* samavaṁdan.

Isogonico, isogono, *a.* samakoṇ.

Isographia, *s. f.* sutrî-, barâbar nakal *f.*

Isolação, *s. f.* sûṭo-, vegḷo karṇeṁ *n.*, mekhḷâvṇî *f.* || V. ISOLAMENTO.

Isoladamente, *adv.* vegḷo karûn, kuśîn kâḍhûn, kuśîn.

Isolado, *a.* ekvaḍo, ekâṁt, eksûr, saḍo, suṭo, asaṁg, nalag.

Isolador, *a. e s. m.* suṭo-, mekhḷo kartalo, vegḷâvṇâr.

Isolamento, *s. m.* ekvaḍepaṇ, mekhḷepaṇ, *n.* || V. SOLEDADE.

Isolar, *v. t.* viṁghaḍ-, vegḷo karuṁk, viṁghaḍuṁk, vegḷâvuṁk, mekhḷâvuṁk, kuśîn kâḍhuṁk. || *v. r.* kuśîn-, pelyân saruṁk, suṭo-, asaṁg jâvuṁk; ekâṁt râvuṁk, eksûr jâvuṁk, saṁsâr sâṁḍuṁk.

Isosceles, *a.* dvisamatribhuj, samadvibhuj.

Isso, *pron.* heṁ. || — *mesmo*, heṁeh. — *é ou lá* — *é*, heṁ khareṁ, heṁ suṭâveṁ. — *sim!* heṁ maje taklen vachanâ, heṁ mâkâ mânonâ. *Por* —, hyâpâsûn, hyâpâsvat. *Por* — *que*, dekhûn. *Nem por* —, titleṁ nay teṁ, titlyâk pâvanâ.

Isthmo, *s. m.* samyogabhûmi, lag *f.*

Isto, *pron.* heṁ, eṁ. || *Nisto*, aseṁ âstânâ, hyânmhaṇasar. — *é*, mhaṇge, mhaṇje.

Item, *a.* âniṁk, yerveṁ, yervîṁ. || *s. m.* kalam *n.*; rakam, bâb *f.*, prakaraṇ *n.* || *Estar aos itens*, taṁṭo âsuṁk *(d. do s.)*

Iteração, *s. f.* V. REPETIÇÃO.

Iterar, *v. t.* dusryân-, partûn mhaṇuṁk,- ulauṁk, duvâruṁk, dusâruṁk.

Iterativamente, *adv.* duvârûn, dusârûn, partûn partûn.

Iterativo, *a.* dusârlalo.

Iteravel, *a.* duvârcho, dusârcho.

Itinerario, *a.* vâṭâṁcho, mârgâṁcho. || *s. m.* vâṭechî dâkhauṇ *f.*; mârgakramanalekh; mârag, rasto *m.*

J

J, *s. m.* dâhveṁ akshar *(j)*.

Já, *adv.* âtâṁ, âtâṁch, âtâṁy, âttâṁ; âdiṁeh; *logo:* rokḍo *(decl.)*, vegîṁ. || *Já, já*, rokḍoch *(decl.)* âtâṁeho âtâṁ, âttâṁch. *Para* —, âtâṁ, sardyâ. — *agora*, âtâṁ tar. *Desde* —, âtâṁ thûn, âtâṁch. — *que*, dekhûn, mhûṇ, mhaṇtoch.

Jabre, *s. m.* V. JAVRE.

Jaca, *s. f.* paṇas *m.*

Jaça, *s. f.* kîṭ *n.* || V. PRISÃO.

Jacaré, *s. m.* śisar *f.*, makar *m.*, mângeṁ *n.*

Jacente, *a.* âslalo; paḍît. || **-s**, *s. m.* bhâṭî *f. pl.*

Jactancia, *s. f.* baḍây, mijâs, phaḍâ, pachurḍân, âptushṭi, âtmatushṭi *f.*, tarâṁṭh, abhimân, durabhimân *m.*

Jactanciosamente, *adv.* pachurḍâneṁ, phuśârkeṁ.

Jactanciosidade, *s. f.* phuśârkî, phuśârî, vhaḍvî, vhaḍvîk *f.*

Jactancioso, *a.* baḍâykhor, mijâskâr, laphâṁgo, daṁvḍâḷ, abhimânî, durabhimânî.

Jactar-se, *v. r.* baḍây dâkhauṁk, mijâs karuṁk, mirvuṁk, phuśâruṁk, ahaṁkâruṁk.

Jacto, *s. m.* mârṇî, sodṇî, uḍauṇî *f.*; mâr, phâr *m.*, odh *f.*; loṭ, boṁb *m.*; *dejecção:* bhâyr, uḍkâḍe *n.* || — *de luz*, ujvâḍâcho laklak *m.*, jhaḷ *f.* *De um* —, eke pâvṭhîṁ, ekâ phârân. *De* —, pailyâch phârâk, ekâch phârâk.

Jactura, *s. f. (p. us.)* nâś *m.*, nashṭ *n.*

Jaculação, *s. f.* sodûn mârṇeṁ *n.*, mârṇî, sodṇî, uḍauṇî *f.*

Jaculador, *a. e s. m.* soḍṇâr, mârṇâr, soḍûn mârtalo.

Jacular, *v. t.* soḍuṁk, soḍûn mâruṁk, usḷâvuṁk, mâruṁk, uḍauṁk; topuṁk, vidhuṁk.

Jaculatoria, *s. f.* udgâr *m.*, vinati *ou* vinaṁtî *f.*

Jaculatorio, *a.* soḍûn mârtalo, soḍtalo, usḷâytalo. || *Oração jaculatoria*, udgârâcheṁ prârthan *n.*

Jaez, *s. m.* ghoḍyâchî mustâykî, aśvasâmagrî *f.*, pâkhar, taṁgtobro *(p. us.) m.* || *V.* ESPECIE.

Jaezar, *v. t. V.* AJAEZAR.

Jagodes, *s. m.* gaḷyo, navyâṇṇay.

Jagra, *s. f.* goḍ, gûḷ *n.*

Jalapa, *s. f.* julâb *m.*

Jalde, jalne, *a.* bhâṁgârâchyâ raṁgâcho, haḷduvo.

Jaldinino, *a.* haḷduvo.

Jaleca, *s. f.*, **jaleco**, *s. m.* jelek, kuḍteṁ *n.*, ḍaglo *m.*

Jalofo, *a.* dhâṁgaḍ, arbaṭ, jaṁgḷî, rânaṭ, kachcho, doḍo.

Jámais, *adv.* kaddîṁ; kednâch, ekaṁdar, janmân, kadâchit; adhikkarn, bhavkarn.

Jambeiro, jambo, *s. m.* jâṁb *m.*

Jambolão, *s. m.* jâṁbaḷ, jâṁbûḷ *n.*

Jamboleiro, *s. m.* jâṁbaḷ, jâṁbûḷ *f.*

Janeiras, *s. f. pl.* nayâ varshâcheṁ gâyan-, ojheṁ,- inâm *n.*

Janeireiro, *s. m.* navyâ varshâk gâtalo; nayâ varshâcho ughḍâs ditalo.

Janeirinho, *a.* jânerâchyâ mahinyâcho.

Janeiro, *s. m.* jâner, paushmâgh *m.* || **-s**, *pl.* varshâṁ *n. pl.*, parây *f.*

Janella, *s. f.* janel *n.*, khiḍkî *f.*, dâḍoḷeṁ *n.*, gavaksh *m.*

Janelleira, *s. f. V.* NAMORADEIRA.

Janelleiro, *a.* janelâkadśeṁ veḷ kâḍhtalo.

Jangada, *s. f.* sâṁgaḍ, thâpo *m.* || *V.* CARANGUEJOLA. || *De —*, gâṁthaṇ-, charbaṭ karûn. || *s. m. V.* JANGAZ.

Jangadeiro, *s. m.* thâpekâr, sâṁgaḍkâr.

Jangaz, *s. m.* arishṭ, mâḍ *(fig.) m.*, ṭeṁkḍî *(fig.) f.*

Janota, *a.* neṭko, kâsphîs, phaldarây, phîṭ (*do ingl.* FIT). || *s. m.* polkîst (*de* POLKA), ḍâṁḍî (*do ingl.* DANDY).

Janotada, janotaria, *s. f.* polkistâṁcho jamo,- meḷ *m.* || *V.* JANOTICE.

Janotar, *v. t.* mirvuṁk, neṭuṁk, pehrâvuṁk.

Janotice, *s. f.*, **janotismo**, *s. m.* mirvaṇ *f.*, pehrâvo *m.*, gamje *m. pl.*

Jantado, *a.* jevlalo.

Jantar, *s. m.* jevaṇ, bhojaṇ, bhâteṁ *n.*, jevo *m.* || *Papa-jantares*, jevṇâṁk bhoṁvtalo. || *v. t. e i.* jevuṁk.

Japona, *s. f. V.* JAQUETÃO.

Jaqueira, *s. f.* paṇas *m.*

Jaqueiral, *s. m.* paṇsâṁcheṁ rân *n.*

Jaqueta, *s. f.* jâket, kuḍtî *f.*, choḷo, kaṁchuk *m.*, *jirkaṁgal *n.*

Jaquetão, *s. m.* ḍaglo *m.*, ḍagleṁ *n.*

Jarda, *s. f.* jârd *n.*

Jardim, *s. m.* ort (*do port.* HORTA), parsûṁ *n.*, maḷo *m.*, bâg *f.*, udyân *n.*

Jardinagem, *s. f.* bâgkâm *n.*, udyânvidyâ *f.*

Jardinar, *v. i.* parsûṁ-, maḷo lâvuṁk, bâgkâm karuṁk; hiṁḍuṁk.

Jardineira, *s. f.* parsâkârṇ, maḷckârṇ, mâlîṇ *f.*; phulâṁ davarcheṁ mej *n.*

Jardineiro, *s. m.* parsûṁ-, maḷo lâytalo, parsâkâr, maḷckâr, mâlî.

Jardo, *a. V.* JALDE.

Jarra, *s. f.* jâr *n.*, barṇî, kuṁḍî *f.*, bhâṁḍ, tast, sâṁṭhvaṇ *n.* || *V.* JARRO.

Jarreta, *a. e s. m. e f.* boṁdro, bhânśiro.

Jarretar, *v. t.* poṭryo kâtruṁk,- luṁḍuṁk *(g. do o.)*, *śiro toḍuṁk *(g. do o.)*; kâtruṁk, kâpuṁk, luṁḍuṁk; *(fig.) V.* INHABILITAR.

Jarrete, *s. m.* poṭrî *f.*

Jarreteira, *s. f. (ant.)* meyâṁcheṁ bâṁdhap *n.*

Jarro, *s. m.* giṁḍî *f.*, chiṁbû *m.*

Jasmim, *s. m.* jây, jûy, jâyjûy, sanjûy *(planta e flor)*, mogrî, chamaḷî *ou* chaṁbelî *(planta) f.*, chamaḷ, mogreṁ *(flor) n.*

Jasmineiro, *s. m. V.* JASMIM.

Jaspe, *s. m.* gomed *m.*

Jaspeado, *a.* gomedâchyâ raṁgâcho, gomedraṁgî.

Jaspear, *v. t.* gomedâcho raṁg divuṁk *(d. do o.)*

Jaula, *s. f.* vhaḍlyâṁ monjâtîṁcheṁ pâṁjreṁ *n.*, mânas *f.*

Javali, *s. m.* râṁdhukar *m.*

Javardo, *s. m.* râṁdhukar; *(fig.)* dhâṁgaḍ-, boṁtho manîs.

Javradeira, *s. f.* khâṁchno *m.*

Javrar, *v. t.* kaḷâsî-, khâṁchṇî karuṁk *(d. do o.)*

Javre, *s. m.* barlâchyâṁ poṁḍâṁchî khâṁchṇî,- kaḷâsî *f.*

Jazer, *v. i.* ghâlûn *ou* ghâṇ ghevuṁk, âḍ paḍuṁk, âṁthuḷnâr-, dharṇîr, âsuṁk,- paḍuṁk, paḍûn âsuṁk, paḍuṁk, niduṁk, pasroṁk, gaṭcvuṁk *(us. Sal.)*; *estar morto:* marûn âsuṁk; *estar immovel:* hâla nâstânâ-, khuṁṭ âsuṁk; *estar prostrado:* sarpaṭûn âsuṁk, ghâṇ ghevuṁk; *estar sepultado:* purlalo-, nikhipilalo âsuṁk;

estar quieto: thaṁḍ-, maṁd âsuṁk; *permanecer:* âsuṁk, râvuṁk; *estar situado:* âsuṁk, uruṁk. ‖ — *a herança,* dây paḍît âsuṁk. ‖ *s. m. V.* JAZIDA.

Jazerão, *s. m. (ant.),* **jazerina,** *s. f. (ant.)* chilkat *n.*

Jazida, *s. f.* ghâṇ gheṇeṁ, âḍ paḍṇeṁ *n.*, paḍûu-, pasron âsṇeṁ *n.*, paḍṇî, pasarṇî, gaṭevṇî; ghâṇ ghevuṁchî-, âḍ paḍchî svât *f.*

Jazigo, *s. m.* phoṁḍ *m.*, masaṇ *f.*, dhupeṁ *n.*, *kabar; khaṇ *f.*; *(fig.) V.* REPOSITORIO.

Jecoral, jecorario, *a.* kâḷjâcho, yakṛitâcho.

Jejuadeiro, jejuador, *a. e s. m.* jinvâr kartalo, upâsî, upâskâr, nirhâr *ou* niḷâr.

Jejuar, *v. i.* jinvâr-, ekbhakt dharuṁk,- karuṁk; upâsîṁ-, annâvâṁchûn-, khây nâstânâ râvuṁk, upâsuṁk; *(fig.)* kari nâstânâ davruṁk; nâsuṁk *(d. do s.)*; neno-, nakḷo jâvuṁk.

Jejum, *s. m.* jinvâr *m.*, ekbhakt, ekvakt (— *ecclesiastico*) *n.*; upâs, upavâs, nirâhâr, nirhâr *ou* niḷâr (— *natural*) *m.*; *(fig.) V.* PRIVAÇÃO. ‖ *Deixar em* —, upâsîṁ davruṁk; *(fig.)* kâṁy khabar-, kaḷâkaḷ nâ divuṁk. *Estar em* —, upâsîṁ-, niḷâr âsuṁk; *(fig.)* khabar-, dâd nâsuṁk *(d. do s.) Ficar em* —, kâṁy nâ samjuṁk, oḷakh-, kaḷâkaḷ nâsuṁk *(d. do s.) Quebrar o* —, jinvâr moḍuṁk.

Jejuno, *a.* nirhâr, niḷâr, upâsî.

Jenolim, *s. m.* haḷduvoso raṁg *m.*

Jeremiada, *s. f.* raḍkuḷepaṇ, raḍkepaṇ, rudan *n.*

Jesuita, *s. m.* jejuît.

Jesuitico, *a.* jejuitâcho.

Joalharia, *s. f.* johârîkâm *n.*, maṇeryâcho yepâr; maṇeryâcho pasro, johârîmâṁḍ *m.*, ratnaśâlâ *f.*

Joalheiro, *s. m.* johârî, maṇerî, maṇikâr, chiṁvâr, jaḍyo.

Joanete, *s. m.* vhaḍlyâ kuṁvyâvaylo lahân kuṁvo *m.*; tâcheṁ śîḍ; ghoḍyâchyâ pâṁyâcheṁ ḍhuṁg *n.*

João-Fernandes, *s. m.* gomâjî. ‖ *Ou Cesar ou* —, jâḷyâr vhaḍlo jâvuṁcho.

João-ninguem, *s. m.* garîb-, bâbat maṇîs, gomâjî.

Jockey, *s. m.* châbûksvâr, aśvaśikshak.

Jocko, *s. m.* vanmânush.

Jocosamente, *adv.* maujen, vinodân kheḷûn.

Jocoserio, *a.* vinodmiśrit

Jocosidade, *s. f.* keshṭây, *ou* cheshṭây, gamat, mauj, ṭhaṭhṭhâ *f.*, bhâso *f. pl.*, vinod *m.*

Jocoso, *a.* kheḷgar, gamtî, nakalî, laphâṁgo, bhâsâḷo, vinodî; kheḷâcho, keshṭâyâṁcho, maujecho, baḷyâṁcho.

Joeira, *s. f.* châhîṇ *f.*

Joeirar, *v. t.* châhiṇî ghâluṁk,- divuṁk, châḷuṁk, ghoḷauṁk; âsḍuṁk, nerâvuṁk; *(fig.)* vâryâ divuṁk,- ghâluṁk, vârâvuṁk.

Joeireiro, *s. m.* châhiṇî ghâltalo, châḷṇâr; châhiṇyo kartalo,- viktalo châhiṇyâṁkâr.

Joelhada, *s. f.* ḍhoṁprâṁ mârṇeṁ *n.*

Joelheira, *s. f.* ḍhoṁprâcheṁ trâṇ,- dhâṁpṇeṁ,- khîṇ *n.*

Joelheiro, *a.* ḍhoṁprâṁparyâṁt pâvtalo.

Joelho, *s. m.* ḍhoṁpar *ou* ḍhiṁpar *n.*, diṁbhî *f.* ‖ *Dobrar o* — *ou os joelhos, V.* AJOELHAR; *(fig.)* pâṁyâṁ paḍuṁk, charaṇâṁ vachuṁk. *De joelhos,* diṁbbî ghâlûn, diṁbhiyer.

Jogada, *s. f.* kheḷâcho hât *m.*

Jogador, *s. m.* kheḷṇâr, kheḷtalo, kheḷgar; jugâdor, jugârî; tarvâr kheḷaitalo. ‖ *a.* kheḷâk bhullalo, kheḷgaḍyo.

Jogar, *v. t.* kheḷuṁk *(v. i., inst. do o)*; *arriscar:* riskâr-, saṁkaṭâṁt ghâluṁk; *manejar:* hikmatîn kheḷauṁk, parjuṁk; *dar:* mâruṁk, soḍuṁk. ‖ — *as cristas,* taklî phoḍûn ghevuṁk. — *o entrudo,* iṁtrûḍ kheḷuṁk,- karuṁk. — *o jogo,* rîtipramâṇeṁ kheḷuṁk. — *a ultima carta (fig.),* nimâṇo upây ghâluṁk,- ilâj karuṁk. ‖ *v. i.* kheḷuṁk, ramuṁk, nâchuṁk uḍuṁk; hâluṁk, ulâṁḍoṁk, helkâvuṁk; *arremessar:* mâruṁk, soḍuṁk *(vv. tt.)*; *mover-se:* chaluṁk, bhoṁvuṁk.

Jogata, jogatana, jogatina, *s. f.* kheḷ; paṇâcho kheḷ, jugârkheḷ *m.*

Jogo, *s. m.* kheḷ, vinod, tamâśo, vilâs *m.*, mauj, krîḍâ *f.* ‖ — *de azar,* paṇâcho kheḷ, paṇkheḷ, jugârkheḷ *(us. Can. e Sav.)*; *collecção de coisas emparelhadas:* joḍ, dâḷ, varg *m.*; *manejo de armas:* kheḷauṇî, parjaṇî; *escarneo:* cheshṭây *f.*, khebaḍ, phakâṁḍ *n.*; *ludibrio:* kheḷ *m.*; *manha:* karâmat, barkamây *f.*; *designio:* yojan, kalpaṇ *n.*; *exercicio:* chalṇî *f.*, abhyâs *m.* ‖ *V.* APOSTA. ‖ — *da bolsa, V.* AGIOTAGEM. *Jogos de espirito,* hujat *f.*, chuṭko *m.* — *da fortuna,* saṁsârâche râjghaḍe *m. pl.* — *de mãos,* ghâḍvidyâ *f.*, taṁtrâṁ *n. pl.* — *de palavras, V.* CALEMBUR. *Jogo de sortes,* sortî *f. pl. Acudir* —, khel yevuṁk,- lâguṁk; *(fig.)* dhârjaṇeṁ âsuṁk. *Entrar em* —, kâmâk lâguṁk, hât ghâluṁk. *Esconder o* —, gapchip râvuṁk, dâd nâ divuṁk. *Estar fóra do* —, baryâṁtlo suṭuṁk, taḍik pâvuṁk. *Estar o — mal parado (fig.),* kâm bighḍuṁk,- phiskaṭuṁk. *Fazer* —, kheḷuṁk; khel jikuṁk; *(fig.)* phaḷ-, âdâv kâḍhuṁk. *Fazer o* —, rîtîpramâṇeṁ kheḷuṁk. *Fazer o seu* —, âpliṁ kâmâṁ barîṁ karuṁk.

Jogral, *s. m.* bahurûpî *ou* bhorpî, yaṁtrî, bhaṁḍ.

Jogralidade, *s. f.* bhelepaṇ, yaṁtr, phiskaṇ *n.,* bhâso *f. pl.*

Joguete, *s. m.* kheḷ, vaḷso; keṁḍnecho mâl *m.*

Joguetear, *v. i.* keṁḍuṁk, toṁḍuṁk, prakâr karuṁk.

Joia, *s. f.* ḍâgiṇo, maṇi, nag *m.,* ratn, îḍ, *jâṁveṁ *n.;* śiṁgâr, alaṁkâr *m.,* âbhâraṇ; inâm, uchit *n.* ‖ *As joias da coroa,* râjratnâṁ.

Joio, *s. m.* ner *m.* ‖ *Trigo sem* — *(fig.),* nirmaḷ-, nigaḷ vast.

Jono, *s. m.* jaṇ *m.*

Jorgelim, *s. m. V.* GERGELIM.

Jorna, *s. m. V.* JORNAL.

Jornada, *s. f.* dîsvâṭ; pâṁyvâṭ, saphar *f.,* paryaṭaṇ *n.;* khep *(ida e volta) f.* ‖ *V.* EXPEDIÇÃO. ‖ *Ultima* —, marṇ *n.*

Jornadear, *v. i.* vâṭ ṭâṁkumk, mârag ghevuṁk; khepo ghâluṁk.

Jornal, *s. m.* disvaḍo, roj, rojvaḍo, rojmaro *m.,* dîskulî, kulî, kûl, majurî *f.;* dinvṛittipatr *n.,* rojnâmâ *m.;* vartamânpatr, vârttâpatr *n.,* phol (*do port.* FOLHA) *f.* ‖ *Trabalhar de — ou a* —, disvaḍyâk-, dismajurek vâvruṁk.

Jornaleiro, *s. m.* disvaḍkâr, diskulkâr, kulkâr, kulî, roḍdâr, vâvrâḍî, kâmelî, majurkâr, kashṭâṁkâr, mâṇây, bigârî *(p. us.),* âḷ *(us. Can.)*

Jornalismo, *s. m.* vartamânpatrâṁcheṁ kâm *n.;* vartamânpatrâṁ *n. pl.*

Jornalista, *s. m.* vartamânpatrakâr.

Jorra, *s. f.* likhiṭ *n.;* ḍâmar *m.*

Jorramento, *s. m.* khoḷ *f.* ‖ *V.* JORRO.

Jorrão, *s. m.* sarpaṭeṁ *n.*

Jorrar, *v. t.* ḍâmar *ou* ḍâṁbar kâḍhuṁk *(d. do o.)*

Jorrar, *v. i.* baṁbhâḷuṁk, uphâḷuṁk, phaḷphaḷuṁk, ubhaḍuṁk; phuguṁk, phugo yevuṁk *(d. do s.)* ‖ *v. t.* baṁbhâḷâṇ soḍuṁk, phaḷphaḷâvuṁk.

Jorro, *s. m.* baṁbhâḷ, uphâḷo, umâḍo *m.;* śiḷkî; khoḷ *f.*

Josésinho, *s. m. (ant.)* âṁgleṁ *n,* chogo *m.*

Jota, *s. m. j* akshar.

Joven, *a.* tarṇo, burgo, dhâkṭo, dhâklo, lahân. ‖ *s. m.* burgo, tarṇo dhâkṭo.

Jovial, *a.* ullâsî, ânaṁdî, saṁtoshî, sukhâḷo, vinodî, kuśâl; manjecho, saṁtoshâcho. ‖ *V.* ENGRAÇADO.

Jovialidade, *s. f.* kuśâlî, mauj *f.,* utsav, ullâs, vilâs, mad *m.*

Jovializar, *v. t.* kuśâl karuṁk, ânaṁdâvuṁk, ullâsauṁk; murgaṭâvuṁk. ‖ *v. r.* kuśâl-, saṁtoshbharit jâvuṁk, murgaṭuṁk, ânaṁduṁk.

Jovialmente, *adv.* kuśâlen, ullâsân, murgaṭûn.

Juba, *s. m.* śeṁḍî *f.,* śeṁḍo; siṁhakeśar *m.*

Jubado, *a.* keśar âslalo.

Jubeteiro, *s. m. V.* ALGIBEBE.

Jubilação, *s. f.* vṛitti *f.,* baiṭhâpagâr *m.* ‖ *V.* JUBILO.

Jubilar, *v. i.* ânaṁdbharit-, saṁtoshbharit jâvuṁk, atrekuṁk, ânaṁduṁk, murgaṭuṁk. ‖ *v. t.* ullâsauṁk, saṁtoshâvuṁk; (paṁtojyâk) vṛitti-, peṁsâṁv divuṁk. ‖ *v. r.* ullâsuṁk, murgaṭuṁk; peṁsâṁv ghevuṁk. ‖ *a.* jublevâcho.

Jubileu, *s. m.* jubilev, *parihâr; mahotsav *m.*

Jubilo, *s. m.* atrek, utsav, ullâs, harkh, ânaṁd, âhlâd *m.,* murgaṭṇî *f.*

Jubiloso, *a.* ânaṁdbharit *ou* anadbharit, harkhit, ullâsî, saṁtoshî, tushṭ; harkhâcho, ânaṁdâcho.

Jucundamente, *adv.* madhurâyen, goḍâyen.

Jucundidade, *s. f.* goḍây, madhurây, dulabhây, ramyatâ *f.*

Jucundo, *a.* goḍ, madhur, dulabh, ramya; ullâsî ânaṁdbharit, saṁtushṭ.

Judas, *s. m.* Jûd; *(fig.) V.* TRAHIDOR.

Judiar, *v. i.* judevâṁchî samurt chalauṁk; *(fig.)* prakâr karuṁk; jîv khâvuṁk, trâs divuṁk.

Judiaria, *s. f.* judevâṁcho vâḍo *m.;* *(fig.)* phakâṁḍ, khebaḍ, toṁḍṇî; piḍâpîḍ *f.,* trâs, saṁtâp *m.*

Judicativo, *a.* nît kartalo. ‖ *V.* SENTENCIOSO.

Judicatorio, *a.* nîticho, mansubecho, nyây karcho.

Judicatura, *s. f.* nyâyâdhikâr *m.,* nît karchî padvî *f.;* mansubidârâcheṁ kâm *n.;* dharmsabhâ, nyâysabhâ *f.* ‖ *V.* JURISDICÇÃO.

Judicial, *a.* mansubecho, nîtîcho, nyâyprakaraṇâcho; nyâysabhecho; vyavahârî.

Judicialmente, *adv.* mansuben, nyâyrîtîn, nîtîpramâṇeṁ; mansubîdârâchyâ pharmaṇân.

Judiciar, *v. i.* nît-, mansubî karuṁk.

Judiciario, *a.* nyâyprakaraṇâcho, nîtisabhecho. ‖ *Poder —*, nyâyâdhîkâr *m.* *Ordem judiciaria,* nîtîchî vahivâṭ *f.*, vyavahâr *m.*

Judiciosamente, *adv.* samjikâyen, vivekîṁ, buddhîn.

Judicioso, *a.* samjik, samjadâr, vivekî, buddhivaṁt, mativaṁt, gnyânâcho; tajvitecho, vivekâcho, yukt; *(fig.)* *V.* SENTENCIOSO.

Jugada, *s. f.* ekâ jotân dîsbhar nâṁgrûṁ yeti jamîn *f.; (ant.)* nâṁgarlale jamnîcho śidâv *m.*

Jugadeiro, *a.* jotâṁpramâṇeṁ śidâv phârîk kartalo.

Jugal, *a. V.* CONJUGAL.

Jugo, *s. m.* jûṁ, jukaḍ, yug; bailâṁcheṁ jot; ojheṁ, vajan *n.*, bhâr *m.;* parâdhînpaṇ *n.*

Jugueiro, *a. V.* JUGADEIRO.

Jugular, *a.* gaḷyâcho, goṁgṭhecho. ‖ *s. f.* gaḷyâchî śir *f.*

Juiz, *s. m.* juîj, mansubîdâr, mansûb, nîtidar, *nîtikartâ, dharmâdhikârî, dharmasth, nyâyâdhîś; kâjî *(entre os mahometanos).* ‖ *V.* ARBITRO.

Juiza, *s. f.* mansubîdârîṇ; nîtidârâchi gharkârṇ.

Juizo, *s. m.: tribunal:* divâṇ *n.*, nyâysabhâ, dharmsabhâ, adâlat; *faculdade de julgar:* buddh, mat *f.*, jñân *ou* gnyân *n.*, vivek, tark, vichâr *m.*, samjoṇî, achirkây, tajvît; *parecer:* samjoṇî *f.*, abhiprây, âvaṁko *m.*, mat, âlochan *(us. Can.); siso:* śahâṇepaṇ, takleṁ *n.*, buddh *f.*, *śarm; *decisão:* nivâḍo, phaisâlo *(us. Can.) m.*, jhaḍtî, nît, mansubî; *(log.)* kalpanâ *f. ou* kalpaṇ, âlochan *n.* ‖ *V.* PROGNOSTICO. ‖ *— das armas,* hatyârâṁcho nivâḍo. *— de Deus,* Devâcheṁ nirmaṇ *n.;* koś *m.*, divya *n.*, parîkshâ *f.* *— final,* nimâṇî jhaḍtî. *Dar volta ao —*, piso karuṁk, pisâvuṁk. *Dar volta o — a alguem,* piso jâvuṁk, taklî phiruṁk. *Estar em — com alguem,* jhagḍuṁk, taṁṭo âsuṁk *(d. do s.)* *Estar em seu —*, sairâṇ âsuṁk *(d. do s.)*, taklî sâṁkî âsuṁk *(g. do s.)* *Perder o —*, mat phiruṁk *(g. do s.)*, piso jâvuṁk. *Vir a —*, nîtîṁt vachuṁk.

Jujuba, *s. f.* bor *n.*

Jujubeira, *s. f.* bor *f.*

Julgado, *a.* nît kelalo, nivâḍlalo; chiṁtlalo, samjolalo. ‖ *s. m.* nyâysabhâ, nyâymaṁḍaḷ *f.*

Julgador, *a. e s. m.* vivekî, gaṇṇâr, lekhṇâr.

Julgamento, *s. m.* julgâmeṁt *m.*, nyây-, nît kârṇeṁ *n.;* nivâḍo, ṭharâvo, nirṇay, phaisâlo *(us. Can.) m.* ‖ *V.* EXAME. ‖ *— do oiro,* kasâk lâvṇeṁ *n.*

Julgar, *v. t.* mansubî-, nît-, nyây karuṁk *(g. do o.)*, nivâḍuṁk, ṭharâvuṁk; pharmaṇ divuṁk *(d. do o.); apreciar:* gaṇuṁk, lekhuṁk; *suppor:* samjuṁk, chiṁtuṁk, kalpuṁk, yojuṁk; disuṁk *(d. do s., s. do o.); (ant.)* *V.* ADJUDICAR. ‖ *v. i.* tarkuṁk, chaukasuṁk, kalpuṁk *(vv. tt.);* ṭharâvo-, nirṇay karuṁk. ‖ *v. r.* âplo vichâr karuṁk.

Julho, *s. m.* jûl; âshâḍh śrâvaṇ *m.*

Jumenta, *s. f. V.* BURRA.

Jumento, *s. m. V.* ASNO.

Junça, *s. f.* lahvî *f.*

Juncada, *s. f.* lahve *m. pl.*

Juncal, *s. m.* lahvyâṁchî jamîn *f.*

Juncar, *v. t.* lahve-, purḍî śiṁpḍâvuṁk,- ghâluṁk *(l. do o.);* pânâṁphulâṁnîṁ dhâṁpuṁk,- saṁjauṁk; *(fig.)* bharuṁk, śiṁpḍâvuṁk.

Juncção, *s. f.* jaḍṇî, sâṁgaḍṇî, ghaḍsaṇî, sâṁdhṇî *f.;* sâṁdhap, jaḍap, meḷap *n.*, saṁg, milâph, saṁyog *m.;* saṁdhi, saṁdh, sâṁdh *f.*

Junco, *s. m.* lahvo *m.*, *purḍî *f.;* hodeṁ *n.*

Juncoso, *a.* lahvyâṁcho, lahvyâṁnîṁ bharlalo.

Jungir, *v. t.* juṁvâk bâṁdhuṁk, juṁpuṁk; sâṁgḍâvuṁk, bâṁdhuṁk; *(fig.)* jaḍuṁk, meḷauṁk, saṁghaṭṭuṁk, sâṁdhuṁk.

Junho, *s. m.* jûn, jyeshṭh âshâḍh *m.*

Junior, *a.* dhâkṭo, dhâklo, lahân.

Junqueira, *s. f. V.* JUNCAL.

Junta, *s. f.* sâṁdho *m.*, saṁdh, saṁdhi, khîl, gâṁṭh *f.*, per; jaḍap, sâṁdhap *n.*, ghaḍsaṇ *f.; parelha de bois:* jot *n.*, sâṁgaḍ *m.; assembléa:* jûṁt *n.*, jamo, meḷ *m.*, baiṭhak, sabhâ parshad; *commissão:* paṁchât, maṁḍaḷî *f.*

Juntamente, *adv.* barâbarî, ekṭhâṁy; tyâch vagtâr; sâṁgâtâ, vâṁgḍâ *(us. N. C.)*

Juntar, *v. t.* ekṭhâṁy karuṁk, ekvaṭuṁk, jamâvuṁk, puṁjâvuṁk; sâṁdhuṁk, ghaḍsuṁk. ‖ *v. r.* ekṭhâṁy jâvuṁk, jamuṁk, meḷuṁk; barabârî-, ekâ veḷâr yevuṁk.

Junto, *a.* ekṭhâylalo, jaḍlalo, ghaḍsilalo; lâglalo, teṁklalo, sarśîlo, lâgśîlo. ‖ *Por* —, sagaṭ meḷûn; eke pâvṭhîn; sâṭyâṁnîṁ. — *de ou* — *a,* kaḍe, lâgîṁ, sarśeṁ, sarśîṁ, savcṁ, sarîṁ, pâsîṁ baglek, baglen, javaḷ *(us. entre os hiundús)*; muḷîṁ *(ao pé de)*; phuḍyâṁt, muryâṁt *(deante)*. ‖ *adv.* barâbar, barâbarî sâṁgâtâ, ekṭhâṁy, vâṁgḍâ *(us. N. C.)*

Juntoira, *s. f.,* **juntoiro,** *s. m.* vaḷaṁtîbhâyr davarlalo phâtar *m.*

Juntura, *s. f.* sâṁdho *m.,* per *n.,* khîḷ; sâṁdhṇî *f.,* sâṁdhap *n.*

Jupiter, *s. m. (astr.)* bṛihaspati, guru *m.*

Jura, *s. m. V.* JURAMENTO *e* PRAGA.

Jurado, *a.* śapûth dilalo, śâpit. ‖ *Inimigo* —, śaputhâcho-, dakhal duśmân. ‖ *s. m.* paṁchâtdâr.

Jurador, *a. e s. m.* jurârjâtalo, âṇ ghâltalo; gâḷî savtalo.

Juramentar, *v. t. e r. V.* AJURAMENTAR.

Juramento, *s. m.* jurâmeṁt, śapûth *m.,* âṇ *f.,* pramâṇ; pramâṇ-, śapûth deṇeṁ *n.* ‖ *Dar ou prestar* —, śapûth-, pramâṇ divuṁk. *Deferir* —, śapûth ghevuṁk, pramâṇ karuṁk lâvuṁk. *Sob* —, jurâmeṁtâ-, pramâṇâ khâl, śaputhâṇ.

Jurar, *v. t.* jurârjâvûn-, pramâṇâkhâl sâṁguṁk; bhâsuṁk, thirâsuṁk; pramâṇâkhâl oḷkhuṁk. ‖ *v. i.* âṇ-, śapûth divuṁk, pramâṇ karuṁk.

Juridicamente, *adv.* nyâyîṁ, nîtipramâṇeṁ.

Juridico, *a.* nyâyî, dharmâcho; dharmśâstrâcho.

Jurisconsulto, *s. m.* dharmśâstrî, dharmśâstrjña. ‖ *V.* ADVOGADO.

Jurisdicção, *s. f.* adhikâr, hukûm *m.,* padvî *f.; (fig.) V.* PODER.

Jurisdiccional, *a.* adhikârâcho.

Jurisperito, *s. m. V.* JURISCONSULTO.

Jurisprudencia, *s. f.* dharmśâstr, smṛitiśâstr, nyâyśâstr, vyavahârśâstr *n.*

Jurista, *s. m.* dharmśâstrî; dharmśâstr śiktalo. ‖ *V.* USURARIO.

Juro, *s. m.* jûr *m.,* jurî *(us. Can.) f.,* kalâṁtar, vyâj *n.,* vâḍh *f.,* lâbh, kâḍho, dhanprayog *m.; (fig.) V.* RECOMPENSA; *(ant.) V.* DIREITO.

Jury, *s. m.* jurî, paṁchât *f.*

Jus, *s. m.* sattâ *ou* sattyâ *f.,* hakk, dâvo *m.* ‖ *Fazer* — *a alguma coisa,* âpṇâk phâvo karuṁk.

Jusante, *s. f. V.* BAIXAMAR.

Justa, *s. f.* bhâlâytî, karvalî; laḍhây *f.,* juj; *(fig.)* jhagḍeṁ *n.*

Justador, *a. e s. m.* bhâlâytî kartalo; *(fig.) V.* RIVAL.

Justamente, *adv.* nîtîn, nyâyîṁ; nîṭ, bareṁ; jûst, barâbar, sârkeṁ.

Justar, *v. i.* karvalî karuṁk; jhagḍuṁk, ekâmekâr paḍuṁk. ‖ *v. t. V.* ESGRIMIR *e* AJUSTAR.

Justeza, *s. f.* niṭây, barâbarî *f.,* sârkepaṇ, saraḷpaṇ *n.*

Justiça, *s. f.* nît *f.,* nyây, dharm, dharmnyây *m.; direito:* sattyâ, padvî *f.; jurisdicção:* adhikâr *m.; tribunal:* justîs, mansubî *f.,* divâṇ *n.; rectidão da alma:* paramârth *m.* ‖ *Executor de alta* —, *V.* CARRASCO. *Dizer de sua* —, âplo dâvo-, hakk dâkhauṁk. — *de moiro,* dâruṇ nît. *Acto de* —, nîticheṁ kâm. *Por* —, divaṇân.

Justiçado, *s. m.* phâśî dilalo, śîṁs kâplalo; âṁgdaṁḍâk paḍlalo.

Justiçar, *v. t.* âṁgdaṁḍ-, dehadaṁḍ ghâluṁk,- divuṁk *(d. do o.)*; phâśî divuṁk *(d. do o.)*, śîṁs kâpuṁk *(g. do o.)*; divâṇâṁt ghâluṁk.

Justiceiro, justiçoso, *a.* nîtivaṁt, nyâyî.

Justificação, *s. f.* niraparâdhî-, nirdoshî karṇeṁ,- jâṇeṁ; *desculpa:* nîb, nimitt; *prova judicial:* justiphikâsâṁv *n.,* rujvâṭ; *santificação:* saṁskâr, pâpnâś *m.,* bhaktipaṇ *n.* ‖ *V.* PROVA *e* REHABILITAÇÃO.

Justificadamente, *adv.* phâvote parîṁ, nîtipramâṇeṁ.

Justificador, *a.* nirdoshî karchọ,- kartalo.

Justificante, *a.* niraparâdhî karcho; saṁskârâcho, śuddhauṁcho. ‖ *s. m.* rujvâṭ mâgṇâr.

Justificar, *v. t.* niraparâdhî-, nirdoshî karuṁk,- mhaṇ oḷkhuṁk; rujvâṭ karuṁk *(g. do o.)*; saṁskâruṁk, śuddhauṁk. ‖ *V.* FUNDAMENTAR. ‖ *v. r.* âpṇâk gunyâṁv nâṁ-, âpaṇ niraparâdhî mhaṇ dâkhauṁk.

Justificativo, *a.* niraparâdhî-, nirdoshî karcho, gunyâṁvâviṇo mhaṇ dâkhauṁcho.

Justificavel, *a.* nirdoshî jâysârko, vâjbî, yogya.

Justilho, *s. m.* chogo, choḷo *m.,* choḷî *f.*

Justo, *a.* nîtîcho, nyâyâcho, nyâyîk, nîṭ, pramâṇik, ṭhîk, ujû, vâjbî, sam, samân, râstî *(us. Can.)*; *recto (homem):* nîtivaṁt, nyâyî, dharmvaṁt, nîṭ, baro, kharo, châṁgo, sâm; *virtuoso:* guṇcst, puṇyavaṁt, satcharî, bhâgevaṁt; *exacto:* jûst, barâbar, sârko, ṭhâkṭhîk, ṭhîkṭhâk; *razoavel:* kharo, baro, lâyk, yukt, yogya; *ajustado:* khan-, bolî kelalo; *que ajusta bem:* baro basto, sarî, durûst; *estreito:* aśîr, arn. ‖ *V.* LEGITIMO. ‖ *A justa*, barâbar, nîṭ, ṭhîk. ‖ *s. m.* bhâgevaṁt, dharmâchârî, bhakt, sâṁt.

Justura, *s. f.* sarîjâṇeṁ *n.*, lâykî, yuktî *f.*

Juta, *s. f. (bot.)* jûṭ *n.*

Juvenco, *s. m. (poet.) V.* BEZERRO.

Juvenil, *a.* tarṇepaṇâcho, tarṇo.

Juvenilidade, *s. f.* tarṇepaṇ *n.*; tarṇî parây *f.*, yauvan *n.*

Juvenilmente, *adv.* tarṇepaṇîṁ, burgepaṇîṁ.

Juventude, *s. f.* tarṇepaṇ, burgepaṇ *n.*; tarṇo lok *m.*, burge *m. pl.*

Juxtalinear, *a.* olîsâṁgḍo.

Juxtapor, *v. t.* teṁkauṁk, lâvuṁk, jaḍuṁk, sarîkaruṁk. ‖ *v. r.* teṁkûn âsuṁk, lâguṁk, jaḍoṁk.

Juxtaposição, *s. f.* sarîkarṇeṁ *n.*, jaḍṇî; lâgṇî, lagtî, sarî, barâbarî *f.*

K

K, *s. m.* ikrâveṁ akshar *(k)*.

Kágado, *s. m.* kâṁsav *m.*, kâṁsay *(— grande) f.*, kâṁsuleṁ *(— pequeno) n.*

Kermes, *s. m.* kṛimi *m.*

Kilo, kilogramma, *s. m.* doṁ râtâṁcho bhâr *m.*

Kleptomanía, *s. f.* chorchî pisây, khoḍ *f.*

Koran, *s. m. V.* ALCORÃO.

L

L, *s. m.* bârâveṁ akshar *(l)*.

Lá, *s. m. (mus.)* lâ, dhaivat *m.*

Lá, *adv.* thaiṁ, thaiṁsar, tiṁgâ, thâṁgâ. ‖ *De —*, thaiṁcho *(decl.)*, thaiṁ thân,- saṭyâṁ.

Lã, *s. f. V.* LAN.

Labareda, *s. f.* bhagbhag *f.*, âgel *n.*, parso, dhag *damâṭo *m.*; *(fig.) V.* INTENSIDADE.

Labaro, *s. m.* bâvṭo, dhvaj *m.*, dhajâ *f.*

Labdano, *s. m.* lâdan *n.*

Labéo, *s. m.* kaḷaṁk, khat *n.*, birmat *f.*, biṁg, aib *m.*

Labia, *s. f.* uttrâṁnûṁ phoṭauṁchî-, bhoḷâvuṁchî vidyâ, chorṭi bhâs *f.*, koḷyâcheṁ śiṁg *(litt.* CHIFRE DO CHACAL*)*, gauḍbeṁgâl *n.* ‖ *Ter muita —*, toṁḍâr poḷe-, bole bhâjuṁk.

Labiado, *a. (bot.)* oṁṭh kaso.

Labial, *a.* oṁṭhâṁcho, oṁṭhyo; oshṭhya. ‖ *s. f.* oshṭhyâkshar *n.*

Labil, *a. (poet.)* nisarto, gaḷto.

Labio, *s. m.* oṁṭh *m.* ‖ *V.* BOCCA.

Labor, *s. m.*, **laboração**, *s. m.* **vâvar, kashṭ, śram, aṭâs, aṭṭahâs, yejâr, kaṭ, udyog** *m.*, **maśâgat, mehnat, kasrat, ghâs** *f.*, **dagdag** *m. pl.*

Laborar, *v. i.* vâvruṁk, vâvar-, kashṭ karuṁk, kashṭ-, ghâs ghevuṁk, dagdag kâḍhuṁk.

Laboratorio, *s. m.* kârkhâṇo.

Laboriosamente, *adv.* kashṭâṁnîṁ, mehnatîn, kashṭ ghevûn.

Laboriosidade, *s. f.* udyog, udyam *m.*

Laborioso, *a.* kashṭî, kashṭâṁcho, maśâgatî, mehnatî, udyogî, dagdagî *ou* dagdî, ghâsivaṁt; *trabalhoso:* kashṭâṁcho, ghâsîcho, dagdagâṁcho, saṁkashṭ, kaṭhîṇ.

Labrego, *a.* kheḍegâṁvâcho, jaṁglî, râṇaṭ; arbaṭ, boṁtho, dhâṁgaḍ, bhaskâpurî.

Labrosta, labroste, *a. e s. m. V.* LABREGO.

Labrusco, *a.* ḍoṁgrî, râṇaṭ, râṇyo, jaṁglî.

Labuta, labutação, *s. f.* ghâs, ghâs hûs, maśâgat, ghâm ûm *f.*, aṭâs, dagdag *m. pl.*

Labutar, *v. i.* kashṭâvoṁk, kaṭuṁk, aṭâsuṁk, śramuṁk, ghâs ghevuṁk, hâtpâṁy dâḍâvuṁk, harḍeṁphûṭ jâvuṁk; *(fig.) V.* ESFORÇAR-SE.

Labuzar, *v. t. V.* LAMBUZAR.

Labyrintho, *s. m.* nâgmodîcho jâgo, gomṭhâḷo; *(fig.)* gaspârgomdhaḷ *m.*, revaḍkomkem *n.*

Laçada, *s. f.* sodik-, nisar gâmṭh *f.*, phâs, sarakphâs, kaṭ; bamd, bâmdh, rakṭo *m.*, peṭî *f.*

Lacaia, *s. f. (ant.)* napharî, sevkîṇ.

Lacaiada, *s. f.* napharâmchî mhaṇṇî,- karṇî *f.*; pedyâmcho pumjo *m.*

Lacaio, *s. m.* pedo, naphar, lâmbto, khidmatgâr *m.*

Lacão, *s. m. V.* PRESUNTO.

Laçar, *v. t.* phâs ghâlumk *(d. do o.)*, gâmṭh mârumk *(d. do o.)*, gâmṭhâvumk; phâsân dharumk phâsâvumk, phârâvumk. ‖ *v. r.* phâs paḍumk *(d. do s.)*, gâmth basumk *(d. do s.)*, gâmṭhâvomk. ‖ *V.* ENFORCAR-SE.

Laçaria, *s. f.* nakśî, kirvaṇ, birvaṇ *f.*, kamgre *m. pl.*; kamaḷ *n.*, rakṭo *m.*

Lacca, *s. f.* lâkh *f.*

Laceração, *s. f.* vidârṇî, phâḍṇî *f.*

Lacerante, *a. V.* DILACERANTE.

Lacerar, *v. t.* phâḍumk, vidârumk, pimjumk, śimdumk. ‖ *V.* AFFLIGIR.

Laço, *s. m.* pâs, phâs, sarakphâs, kaṭ *m.*, nisargâmṭh, koyamḍî *f.*, bâmdhap *n.*, *goph; *armadilha:* phâs *m.*, phâskî *f.*, phâsak; phasaṇ *n.*; *cilada:* phâs, goḷ, ghât *m.*, tamtr, jâḷ, virmâr *n.*, pemch; *vinculo:* gâmṭh *f.*, kaṭ *m.* ‖ *V.* LIGA. ‖ *Cahir no —*, phâsâk paḍumk. *Soltar o —*, baryâmtlo vâṭâvomk. *— do leite*, dudhâchî sâî *f.*

Laconicamente, *adv.* thoḍyâm uttrâmnîm, samkshepîm.

Laconico, *a.* thoḍyâm uttrâmcho, samkshepâcho, alpaśabdak; mitabhâshî, samkshiptabhâshî *(homem —)*.

Laconismo, *s. m.* samkshepokti *f.*, samkshep *m.*

Lacra, *s. f. V.* LACCA.

Lacrar, *v. t.* lâkhin dhâmpumk, lâkh lâvumk,- ghâlumk *(d. do o.)*

Lacrau, *s. m.* vichû, vimchû *m.*

Lacre, *s. m.* lâkh *f.*

Lacreada, *s. f.* lâkhâḷem, lâkhîkâm *m.*

Lacreado, *a.* lâkhî, rognî.

Lacrear, *v. t.* lâkhumk, lâkhaṭumk, lâkh-, rogaṇ lâvumk *(d. do o.)*

Lacrimação, *s. f.* duḥkhâm gaḷṇem *n.* ‖ *V.* CHORO.

Lacrimal, lacrimatorio, *a.* duḥkhâmcho. ‖ *Humor —, V.* LAGRIMA.

Lacrimante, lacrimoso, *a.* duḥkhâmcho, duḥkhâbharit, raḍto; duḥkâm gaḷaumcho. ‖ *V.* LASTIMOSO.

Lacrimavel, *a. V.* LAMENTAVEL.

Lacrimejar, *v. t. e i. V.* LAGRIMEJAR.

Lactação, *s. f.* dûdh deṇem *f.*, lumchauṇî *f.*; dûdh jâṇem *n.*

Lactante, *a.* dûdh jevto, dudhâcho, lumchto; dûdh jâto, dudhâcho.

Lactar, *v. t.* dûdh divumk, lumchaumk; dûdh jevumk, lumchumk.

Lacteo, *a.* dudhâcho, dudhâḷ; dûdh kasem, dudhâsârko. ‖ *Dieta lactea*, dudhâchem path *n.* *Via lactea*, âkâśgamgâ, âkâśnadî *f.*

Lactescencia, *s. f.* dikâḷepaṇ *n.*

Lactescente, *a.* dikâḷo, dudhyo; dhavo phûl.

Lacticinio, *s. m.* dudhâchem, duptem *ou* dubhtem *n.*

Lacticinoso, *a.* dudhâcho; dikâḷo.

Lactifero, *a.* dûdh jâtalo, dugdhavâhî.

Lactiphago, *a.* dûdh jevtalo.

Lactometro, *s. m.* dugdhaparîkshâyamtr *n.*

Lacuna, *s. f.* amtar, tûṭ *f.*, khamd, khâḍo *m.*; khâvṭem *n.*; khaṃch, sâmdh *f.* ‖ *V.* OMISSÃO.

Lacunar, lacunoso, *a.* khâmchî âslalo, sâmdhîmcho.

Lacustre, *a.* taḷyâcho; taḷyâmtlo; taḷyâsarśilo.

Ladainha, *s. f.* lâdâijñ, ladîn *f.*; *(fig.)* charpaṭ *n.*

Ladano, *s. m. V.* LABDANO.

Ladeamento, *s. m.* nâḷîchem pâlsepaṇ *n.*

Ladear, *v. t.* kuśik âsumk,- vachumk *(g. do o.)* ‖ *V.* FLANQUEAR. ‖ *— a peça*, nâḷ pâlsâvumk. ‖ *v. i.* (ghoḍo) kuśin chalumk.

Ladeira, *s. f.* ghâṭî, chaḍhtî *f.*, pâlsaṇ *n.*, kaḍso, khaḍâghâmṭ *m.*

Ladeirento, *a.* kaḍsyâmcho, pâlsaṇâmcho.

Ladeiro, *a.* kuśik âslalo. ‖ *s. m. V.* LADEIRA.

Ladino, *a.* mâmḍnekâr, hikmatkâr, hikmatîcho, kâṭhû, chatur, bârîk, chyâd, karâmatî, karâmatkâr, yuktivamt; *(ant.) V.* PURO.

Lado, *s. m.* kûś *ou* kûs, bagal, kaḍ, kaṭi, bâjû *f.*, kaḍvaḷ, dhaḍ, âmg, ardhâmg *n.*, paksh; *a parte que fica ao —:* hât, taraph *m.*, kûs, bâjû *f.*, âmg *n.*, bagal *n. e f.*; *qualquer das superficies:* âmg, dhaḍ *n.*, kûs, bâjû; *direcção:* vâṭ *f.*, mârag; *partido:* paksh, taraph *m.*, taḍ; *borda:* kinârî *f.*, kâmṭh *m.* ‖ *— fraco*, chhidr *n.*; *(fig.) V.* BALDA. ***Ficar***

com a cara ao —, toṁḍ vâṁkḍeṁ jâvuṁk *(g. do s.) Olhar de —*, âḍveṁ-, tirseṁ paḷevuṁk; bemân karuṁk. *Pôr de —*, kuśîn-, kaḍâsek davruṁk. *Ao — de*, kuśîk, baglek, sâṁgâtâ. *De —*, âḍvo, pâlso *(aa.)*; kuśîk, hâtâ; kuśîn. *De — a —*, âspâs. *De ou por um —*, eke vâṭen. *De um e outro —*, doslyân, doṁy vâṭâṁnîṁ. *De um para o outro —*, heṇeṁteṇeṁ, hevśîntevśîn.

Ladra, *a.* chorṭî, nâgauṇî. ‖ *s. f.* chor-, choryâṁḍî bâil; ṭeṁkḍî *f.*

Ladrado, *s. m.* ghoṁkṇî *f.*; *(fig.) V.* MALEDICENCIA.

Ladrador, *a. e s. m.*, **ladrante**, *a.* ghoṁktalo.

Ladrão, *s. m.* chor, nâgauṇâr, luṭṇâr, chorṭo-, nâgauṇo manîs, bhâṁṭo, taskar *(p. us.)*; *(fig.) V.* MAROTO. ‖ *— da arvore*, upkâra nâslalo muḷâcho phâṁṭo. *— de estrada, V.* SALTEADOR.

Ladrar, *v. i.* ghoṁkuṁk, bhoṁkuṁk; *(fig.)* kiṁvchuṁk, kiḷaṁchyo mâruṁk. ‖ *— á lua*, beshṭî bob mâruṁk.

Ladravaz, *s. m.* aṭṭal chor.

Ladriço, *s. m.* ghoḍyâchyâ khoḍyâchî dorî *f.*

Ladrido, *s. m. V.* LATIDO.

Ladrilhador, *a. e s. m.* iṭe mâṁḍtalo,- ḍâḷtalo.

Ladrilhar, *v. t.* iṭe ghâluṁk-, mâṁḍuṁk *(d. ou l. do o.)*

Ladrilheiro, *s. m.* iṭe-, tijule kartalo, iṭekâr.

Ladrilho, *s. m.* îṭ, iṭo, tijulo *(port.* TIJOLO*) m.*, mop *n.*

Ladro, *a.* chorṭo, nâgauṇo; *(fig.)* bhulauṇo. ‖ *s. m. V.* LATIDO.

Ladroeira, *s. f.* chorî, nâgauṇ, lûṭ *f.*; chorâṁcheṁ vivar,- rahâḷ *n.*

Ladroice, *s. f.* chorpaṇ, chorṭepaṇ *n.* ‖ *V.* LADROEIRA.

Ladrona, *a. e s. f.* chorṭî, nâgauṇî.

Lagalhé, *s. m.* boṁdro, bhâṇśiro; gomâjî.

Lagamar, *s. m.* khâḍ; taḷî *f.*

Lagar, *s. m.* ghâṇo *(— de azeite) m.*; bhâṭṭî *(— de vinho)*.

Lagarada, *s. f.* ghâṇobhar *m.*, bhâṭṭîbhar *f.*

Lagaragem, *s. f.* maḷcheṁ moḷ *n.*; maḷchî âutâṁ *n.*

Lagareiro, *s. m.* ghâṇekâr; *(fig.)* bhâṇśiro.

Lagariça, *s. f.* bhâṭṭî *f.*; *(fig.)* koṁḍ *n.*

Lagariço, *a.* ghâṇyâcho.

Lagarta, *s. f.* kîḍ *f.*

Lagarteiro, *a. V.* ARDILOSO.

Lagartixa, *s. f.* śirlî, pâl *f.*

Lagarto, *s. m.* śirlo, sarḍo *(us. Sav. e Can.)*, sâp *m.*, śekuṇî *(us. Sal. e Can.) f.*, gâr *n.*

Lage, **lagea**, *s. f.* phâtar, śiḷâ *f.* ‖ *A — fria, V.* SEPULTURA.

Lageado, **lagedo**, *s. m.* chirebaṁdî, phâtrîṁchî dharṇ *f.*

Lageador, *s. m.* chirebaṁdî kartalo, phâtrî ghâltalo.

Lageamento, *s. m.* chirebaṁdî karṇeṁ *n.* ‖ *V.* LAGEADO.

Lagear, *v. t.* phâtrî-, chire ghâluṁk,- mâṁḍuṁk *(d. do o.)*, chirebaṁdî karuṁk *(d. ou l. do o.)*

Lagem, *s. f. V.* LAGE.

Lago, *s. m.* taḷeṁ, pokharṇ *f.*; *(fig.)* koṁḍ *n.* ‖ *V.* TANQUE. ‖ *Estar em um — de agua*, udkâṁt-, ghâmâṁt buḍuṁk.

Lagoa, *s. f.* taḷeṁ *n.*, taḷî, khaṇ *f.*

Lagoeiro, *s. m.* koṁḍ *n.*

Lagosta, *s. f.* śivoḍ, chiṁgûḷ *(us. Can.) m.*

Lagostim, *s. m.* vâgî *f.*

Lagrima, *s. f.* duḥkh, * aśû *n.*; *pingo:* theṁbo *m.* ‖ -s, *pl. V.* CHORO. ‖ *— da aurora, V.* ORVALHO.

Lagrimação, *s. f. V.* LACRIMAÇÃO.

Lagrimal, **lagrimatorio**, *a. V.* LACRIMAL.

Lagrimante, *a. V.* LACRIMANTE.

Lagrimejar, *v. i.* duḥkhâṁ gaḷauṁk,- gâḷuṁk; piraṁguṁk, raḍuṁk.

Lagueiro, *s. m.* saṇâchyo chuḍyo,- moḷyo *f. pl.*

Laguna, *s. f.* khâr *f.*

Laia, *s. f.* jât, parî *f.*, jinnas, prakâr *m.*; *(ant.) V.* LAN. ‖ *A — de*, parîṁ, jinnsân.

Laical, *a. V.* LEIGO.

Lais, *s. m. (mar.)* parbâṇâcheṁ ṭoṁk *n.*

Laivo, *s. m.* khat *n.*, dâg *m.*; kîṭ, lov *f.* ‖ *V.* VEIO.

Lama, *s. f.* chikaḷ, bâṁbar *m.*, khâtaṇ *n.* ‖ *Arrastar pela — (fig.), V.* DIFFAMAR. *Salpicar de — (fig.)*, bemân karuṁk. *Tirar da — (fig.)*, seṇâṁtlo-, kairâṁtlo kâḍhuṁk. *Viver na —*, upadryâṁk paḍuṁk. ‖ *s. m.* pej *(fig.) f.*

Lamaçal, *s. m.* khâtoḍ *f.*, khâtaṇ chavaṇ, mâyṇ *n.*, ubîr, pachpacho *m.* ‖ *Tirar do — (fig.)*, hât divuṁk *(fig.)*; manîs karuṁk.

Lamação, **lamarão**, *s. m.* chavaṇ *n.*, bâṁbrâchî svât *f.*

Lamacento, *a.* chiklâcho, bâṁbrâcho, chikalvâṇo, khadaḷ, gadaḷ, ḍhoṇ, bachbachît.

Lamaroso, *a.* chiklân-, bâṁbrân bharlalo.

Lambada, *s. f.* phaṭko, laḍho, saḍko, dhapko *m.*; *(fig.)* *V.* DESCOMPOSTURA.

Lambão, *s. m.* *V.* GLUTÃO.

Lambaraz, *s. m.* bharṇo, poṭyo, poṭno, poṭbharyo, poṭârthî; ruchîchyâṁ khâṇâṁcho.

Lambareiro, *a. e s. m.* *V.* LAMBARAZ *e* CHOCALHEIRO.

Lambaz, *a.* *V.* GLUTÃO. ‖ *s. m.* pusṇeṁ; mop *n.*

Lambear, *v. t.* bharkuṁk, rakshuṁk, lepḍâvuṁk.

Lambedela, **lambedura**, *s. f.* leṁvṇî, châṭṇî *f.*, leṁvap *n.*; *(fig.)* *V.* ADULAÇÃO *e* PECHINCHA.

Lambedor, *a.* leṁvtalo, leṁvṇo. ‖ *s. m.* leṁvṇâr; leha *m.*, châṭaṇ *n.*

Lambeiro, *a.* leṁvtalo, leṁvṇo; poṭyo, poṭbharyo.

Lamber, *v. t.* leṁvuṁk, châṭuṁk; *(fig.)* giḷuṁk, bharkuṁk, vâḷuṁk. ‖ *V.* POLIR *e* DESGASTAR. ‖ — *os beiços a alguma coisa*, miṭî mâruṁk; *(fig.)* paḷevûn dhâdasî jâvuṁk. — *os pés a alguem (fig.)*, pâṁy dharuṁk, uklûn dharuṁk. — *a poeira (fig.)*, dharṇîr śevṭoṁk. ‖ *v. r.* murgaṭuṁk, âṇaṁduṁk.

Lambida, *s. f.* *V.* LAMBEDURA.

Lambiscar, *v. t.* châkuṁk, âṁblâvuṁk, poṭâk lâvuṁk.

Lambisco, *s. m.* suṁṭo, goṭo *m.*, nâkshîbhar *f.* ‖ *Andar ao* —, gharâṁṇîṁ khâvuṁchyâk bhoṁvuṁk. *Num* —, eke ghaḍiyen. *Por um* —, mâtso *(a.)*

Lambisgola, *s. f.* pâtaḷî *(fig.)*, nevrî *(fig.)*, bârîk kâṁtalî.

Lambisqueiro, *a. e s. m.* *V.* GULOSO.

Lambuça, **lambuçadela**, *s. f.* *V.* LAMBUSADELA.

Lambuçar, *v. t.* *V.* LAMBUSAR.

Lambujar, *v. i.* bareṁbareṁ-, ruchîcheṁ khâvuṁk, khâṇâk maruṁk, poṭâr ikhlo davruṁk; (mâsḷî) taḍîr khâvuṁk bhoṁvuṁk.

Lambujeiro, *a. e s. m.* poṭârthî, poṭâr ikhlo âslalo, khâṇâk lobhdalalo, bharṇo; khâvuṁk bhoṁvtalo.

Lambugem, *s. f.* ruchîcheṁ-, gûḷ khâṇeṁ; ruchîcheṁ khâṇ, gûḷ, paṁchâmrit; ushṭeṁ *n.* ‖ *Andar á* —, taḍîr khâvuṁk bhoṁvuṁk.

Lambusada, *s. f.* meḷauṁchî vast *f.* ‖ *V.* LAMBEDELA.

Lambusadela, *s. f.* loḷauṇî *f.*; khâṇâcheṁ-, ushṭyâcheṁ khat *n.*; *(fig.)* vaylyâvaylî oḷakh *f.*, châr gaṁṭâṁ *n. pl.* ‖ *V.* LAMBEDELA.

Lambusar, *v. t.* meḷauṁk, loḷauṁk. ‖ *v. r.* vasen loḷuṁk.

Lamecha, *a. e s. m.* bâilâṁḍo.

Lameira, *s. f.* *V.* LAMAÇAL.

Lameiro, *s. m.* chavaṇ, mâyṇ *n.* ‖ *V.* LODAÇAL.

Lamella, *s. f.* pâtî, patrî *f.*

Lamellação, *s. f.* varakh karṇeṁ,-jâṇeṁ *n.*

Lamellado, *a.* pâtyo-, tagḍâṁ âslalo; *(bot.)* pâtiyâṁcho.

Lamellar, *v. t.* chhâpâṁ-, patrîṁ karuṁk *(g. do o.)* ‖ *v. r.* pâtyo-, pâtîṁ jâvuṁk *(g. do s.)* ‖ *a.* *V.* LAMELLOSO.

Lamellifero, *a.* khavḷâṁcho, khavḷyâṁcho.

Lamelliforme, *a.* pâteṁ kaseṁ, khavḷâsârko.

Lamelloso, *a.* khavḷyâṁcho, pâtyo âslalo.

Lamentação, *s. f.* raḍṇeṁ *n.*, raḍṇî, churchurṇî, chaḍphaḍṇî, hurhurî *f.*, vilâp *m.*; śokgît *n.*

Lamentador, *a. e s. m.* churchurtalo, raḍtalo; chaḍphaḍṇâr, vilâpî.

Lamentar, *v. t.* raḍuṁk, churchuruṁk *(d. do o.)*, churchure disuṁk *(d. do s., g. do o.)*; raḍûn mhaṇuṁk. ‖ *v. r.* raḍuṁk, rudan-, hâyhûy-, hâyhây karuṁk, vilâpuṁk, chaḍphaḍuṁk, piraṁguṁk, parvuṁk, hurhuruṁk, hâskâr suskâr soḍuṁk.

Lamentavel, *a.* raḍcho, churchurcho, churchuryâṁcho; duḥkhâbharit, khaṁtîbharit.

Lamentavelmente, *adv.* raḍûn, vilâpûn, śokân.

Lamento, *s. m.* raḍṇeṁ, rudan *n.*, piraṁgaṇî, parvaṇî *f.*, vilâp, śok *m.*, chaḍphaḍe *m. pl.*

Lamentoso, *a.* raḍṇyâcho, śokâcho. ‖ *V.* LAMENTAVEL.

Lamina, *s. f.* chhâp (*port.* CHAPA), tagaḍ, lagaḍ, patreṁ, patr *n.*, pâtî *f.*, varakh, paḍdo *m.*; *escama:* khavaḷ *n.*; *lasca:* khavḷo *m.*; *folha:* pâtî *f.*, pâteṁ; *gravura de santo:* lâmn; *(bot.)* pâteṁ *n.*; *(fig.)* doḍo-, boṁtho manîs; kachcho śikpî.

Laminação, **laminagem**, *s. f.* pâtyo-, patrîṁ karṇeṁ *n.*

Laminado, *a.* *V.* LAMELLADO.

Laminar, *a.* pâtî kasî; khavḷyâṁcho. ‖ *v. t.* pâtyo-, patrîṁ karuṁk *(g.*

do o.); chhâpâṁ pâtyo-, tagḍâṁ mârumk *(d. do o.)*

Laminoso, *a. V.* LAMINAR.

Lamiré, *s. m.* svargrâm *m.* ‖ *Dar o — (fig.)*, karuṁk khûṇ divuṁk.

Lampa, *s. f.* chinî reśim; pailem phaḷ-, mâlphaḷ *n.* ‖ *V.* LAMPADA. ‖ *Levar as lampas*, varto jâvuṁk, vâjvaruṁk *(us. Sal.)*, kân vaḷuṁk *(litt.* TORCER A ORELHA).

Lampada, *s. f.* lâṁpt, lâṁbaṇḍivo *m.* ‖ *Não ter azeite na —*, hoḷuṁk, remjuṁk, jhiḷmiḷuṁk.

Lampadario, *s. m.* jhuṁbar *m.*, jhâḍ *n.*

Lampadejar, *v. i.* bikbikṇṁk, jhiḷmiḷuṁk; jhigjâvuṁk, jhaḷkuṁk.

Lampadeiro, *s. m.* lâṁbaṇḍive kartalo; lâṁptâcho khâṁbo,- maseb (*do port.* MANCEBO) *m.*

Lampana, *s. f. V.* PETA.

Lamparina, *s. f.* paṇṭî; divṭî *f.* ‖ *V.* LUMINARIA.

Lampeiro, *a.* vegîṁ jâlalo; pailo-, sakâḷîṁ piklalo; *(fig.)* gaḍgaḍît, tatarît; jibhaṭ.

Lampejante, *a.* jhagjhakît, chakchakît, laklakît.

Lampejar, *v. i.* chakchakuṁk, jhagjhakuṁk, jhigjhiguṁk.

Lampejo, *s. m.* prajvaḷ, prakâś *m.*, chamak; *(fig.)* jhaḷ, jhaḷkâ *f.*

Lampião, *s. m.* lâṁpyâṁv *m.*, divṭî *f.*, phâṇas *(us. Sav. e Can.) m. e n.*

Lampinho, *a. e s. m.* nirkhâḍyo, nikhâḍyo.

Lampo, *a. V.* LAMPEIRO.

Lampreia, *s. f.* vâḷerûṁ *n.*, vâḷey *(us. Can.) f.*

Lamuria, *s. f.* murmuṛṇî, phaṇphaṇṇî, piraṁgaṇî, raḍṇî *f.*

Lamuriante, *a.* raḍko, raḍkuḷo; phaṇphaṇo.

Lamuriar, *v. i.* raḍuṁk, piraṁguṁk, phaṇphaṇuṁk, murmuruṁk.

Lan, *s. f.* laṁv *f.*, keṁs *m. pl.*; lâṁ *f.* ‖ *Algodão em —*, kisailalo kâpûs *m.* — *de preto*, vaḷḷale keṁs. *Em ou com pés de —*, lohuvân, kaḷa nâstânâ. *Tirar a — a alguem*, kât kâḍhuṁk.

Lanada, *s. f.* suṁbo *m.*

Lança, *s. f.* bhâlo, nej, sar *m.*, barchî, sâṁg *f.*; bhâlekâr, sâṁgvalo. ‖ — *de carro*, dhûr *f.*

Lançada, *s. f.* bhâlyâcho phâr,- ghây *m.*

Lançadeira, *s. f.* ragaḍṇî, birkâṁḍi *f.*

Lançadiço, *a.* bhâyr uḍauṁcho.

Lançado, *s. m.* oṁklalem *n.*

Lançador, *a.* uḍaitalo. ‖ *s. m.* lâṁs ghâltalo. ‖ — *de demonios*, devchâr kâḍhtalo.

Lançadura, *s. f.* uḍauṇî, pheṁkṇî, kolṇî; oṁkṇî *f.*

Lançamento, *s. m. V.* LANÇADURA; *rebento:* âṁkrî *f.*, phâṁṭo *m.*; *cobrição:* lâgṇî, phaḷauṇî; *(archit.)* bunyâd *f.*; *(comm.)* paṭṭiyer mâṁḍṇem,- lâvnem *n.*, śivḍî *f.* ‖ — *de contribuições*, daṁḍâṁchi mâṁḍâvaḷ. *Cavallo de —*, biyâḷyâcho-, bîjâcho ghoḍo.

Lançante, *a.* uḍaito. ‖ *Ao —*, kaḍsyân, suḷîṁ.

Lançar, *v. t.* uḍauṁk, mâruṁk, soḍuṁk, soḍûn uḍauṁk,- mâruṁk, pheṁkuṁk, ghâluṁk, koluṁk; *deitar por terra:* śevṭuṁk, âpṭuṁk; *fazer cahir:* pâḍuṁk, paḍauṁk; *expulsar:* bhâyr ghâluṁk,- uḍauṁk, nirasuṁk; *semear:* vaṁpuṁk; *espalhar:* śiṁpḍâvuṁk; *verter:* otuṁk; *entornar:* otuṁk, omtuṁk; *fazer brotar:* phâṁṭe phuṭuṁk *(d. do s.)*, âṁkrî yevuṁk *(d. do s.)*; *imputar:* ghâluṁk *(l. sup. do o.)*, thâpuṁk *(id.)*; *offerecer lanço:* jâṁvuṁk, lâṁs-, jâṁvo ghâluṁk *(d. do o.)*; *declarar:* dakhal karuṁk, kâgdâr ghâluṁk; *vomitar:* oṁkuṁk, uḍauṁk, partuṁk; *enterrar:* phoṁḍâṁt ghâluṁk, nikhipuṁk; *exhalar:* (daṁdam, parmaḷ) ghâluṁk; *emittir:* (ujvâḍ, kirṇâṁ) ghâluṁk, phâṁkauṁk; *extender:* (hât) ghâluṁk, soḍuṁk; *(comm.)* mâṁḍuṁk, barauṁk. ‖ — *alicerces*, bunyâd ghâluṁk; *(fig.)* ṭharâvuṁk. — *á margem ou a monte, V.* ABANDONAR. — *bando*, bâṁd ghâluṁk, ḍâṁgoro phirauṁk. — *suas contas*, gaṇuṁk, lekh karuṁk. — *inculcas*, khabar-, kaḷâkaḷ ghevuṁk. — *as primeiras linhas*, âṁkuṁk, rekhuṁk. — *mão da palavra*, uttar ghevuṁk,- dharuṁk. — *uma mordaça (fig.)*, toṁḍ dhâṁpuṁk. — *uma ponte*, pâṭo bâṁdhuṁk. — *raizes (litt. e fig.)*, pâḷâṁ phuṭuṁk *(d. do s.)* — *em rosto ou em face*, toṁḍâr mâruṁk,- pâḍuṁk. — *a rede*, jâḷ mâruṁk,- uḍauṁk. — *de si*, pelyân ghâluṁk, soḍuṁk. — *em terra*, utruṁk. ‖ *v. i.* oṁkuṁk, ann partoṁk *(g. do s.)* ‖ *v. r.* ghâlûn *ou* ghâṇ ghevuṁk; tuṭûn vachuṁk, paḍuṁk, ghusuṁk; *(fig.)* phuḍe saruṁk, kâḷij karûn vachuṁk; *inscrever-se:* nâṁv divuṁk,- barauṁk lâvuṁk; *deitar-se:* âpṭoṁk, śevṭoṁk, bhûmy paḍumk; *desaguar:* vâhvumk, otomk. || — *nos braços,* veṁg mârumk; *(fig.)* śaraṇâ vachumk. — *de fóra,* âpṇâcher nâ ghevumk, âpṇâvaylem nisrâvumk. — *o mar,* daryâ thamḍ-, śamanâ jâvumk. — *a monte,* paḷumk, paḷâpaḷ ghevumk. — *a nado,* piyevumk lâgumk. — *aos pés,* pâmyâm paḍumk, ghâṇ ghevumk. — *nos perigos,* kâḷâk-, śamkek sâmpḍumk, gaḷâk-, phâsâk paḍumk.

Lance, *s. m.* kâḷ-, jokh, prasamg, bhay *m.*, bhem; *vicissitude:* kâḷchakr *n.*, râjghaḍe *m. pl.*; *acto notavel:* charitr *n.*, parâkram *m.*; *acontecimento:* ghaḍṇî, gosht, vârttâ; *aventura:* adrisht, jokhîm; *aperto:* samkaṭ *n.*, aḍchaṇ *f.*, ghoremkâr *m. pl.*; *impetuosidade:* neṭ, tavko *m.*

Lancear, *v. t.* bhâlyân topumk, bhâlâvumk. || *V.* LANCINAR.

Lanceiro, *s. m.* hatyârâmchî oṇ; dâmḍî *f.*, kâbîd *(port.) n.*: bhâlekâr.

Lanceolado, lanceolar, *a. (bot.)* bhâlo kaso.

Lanceta, *s. f.* lâmset, nastar, śastr *n.*

Lancetada, *s. f.* nastarâcho phâḍ *m.*

Lancetar, *v. t.* lâmset lâvumk,- topumk *(d. do o.)*

Lanceteira, *s. f.* kâṇas *f.*

Lancha, *s. f.* hoḍem *n.*

Lanchada, *s. f.* hoḍembhar *n.*

Lanchar, *v. t. e i.* pharâḷ khâvumk.

Lanche, *s. m.* pharâḷ, phaḷâr, chabino *m.*

Lancil, *s. m.* phâtar *f.*

Lancinante, *a.* chaṇchaṇît, chaḍchaḍît, churchurît, saṇsaṇît; *(fig.) V.* CRUCIANTE.

Lancinar, *v. t.* ghây ghâlumk, phâḍumk, chirumk. || *V.* AFFLIGIR.

Lanço, *s. m.* uḍauṇî, mârṇî, soḍṇî, kolṇî; oḍh *f.*, phâr, mâr; lâms, jâmvo *(— em leilão)*; vaḍo *(— de peixe) m.*; *(archit.)* vaḷamtichî lâmbîrumdî; châḷ *f.*; ḍâv *(— de dedos) m.*; *(fig.) V.* FORTUNA. || — *de escadas,* śiḍî. — *de olhos,* ḍoḷe ghâlṇem,- paḍṇem *n.*, drishṭivikshep *m.*; *(fig.)* jhaḷkâ *ou* jhaḷak *f.*, dekhvo *m.* *A —,* phâvote parîm, barâbar, jûst *(port.* JUSTO). *Errar o —, V.* FALHAR. *Pôr a —,* pâvṇer ghâlumk. *Em —,* adhik dit tâkâ. *A poucos lanços,* lâgîmch. temkûn.

Lançol, *s. m. V.* LENÇOL.

Langor, *s. m. V.* LANGUIDEZ.

Langorosamente, languidamente, *adv.* sûst, memgepaṇîm.

Langoroso, *a. V.* LANGUIDO.

Langotim, *s. m.* lamgoṭî, kâshṭî *f.*, rumâl *ou* urmâl *m.*

Languecer, languescer, languir, *v. i.* maû-, memgo jâvumk, gaḷumk, lamghumk, boḍkavumk, gaḷûn paḍumk; *(fig.)* dîl jâvumk, dilâvomk. || *V.* ADOECER.

Languento, *a.* rogyo, piḍesht, âbgûl, gâmṭhîk piḍâ âslalo.

Languidez, *s. f.* maûpaṇ, memgepaṇ *n.*, mamdây, sustî, âmgsustî, vaḷ, jaḍây; *(fig.)* aśaktây *ou* askatây, boḍkavṇî, gaḷṇî *f.*

Languido, *a.* maû, memgo, mamd, jaḍ, sûst, mlân, dîl, bâvaṭ, boḍkavlalo, hoḷḷalo, moḍon paḍlalo.

Languinhento, *a.* bebaḷ, aśakt, askat. || *V.* PEGAJOSO.

Languor, *s. m. V.* LANGUIDEZ.

Lanha, *s. f.* âḍsar,. śyâḷem *(us. Can.) n.*

Lanhar, *v. t.* ghây ghâḷumk *(d. do o.)*, karvaṇâvumk, dâḍâvumk, châmchâvumk; duhkh divumk *(d. do o.)*, dagdagâvumk, kashṭâvumk; *(fig.) V.* DETURPAR.

Lanho, *s. m.* ghây, kâtro, phâḍ *m.*

Lanifero, *a.* lamvecho, lamvero, lomajanak.

Lanificio, *s. m.* lamvechem kâm *n.*

Lanigero, lanoso, *a.* lamv âslalo, lamvero.

Lanosidade, *s. f.* lamverepaṇ *n.*

Lanterna, *s. f.* lâmtern *n.*, phâṇas *(us. Can. e Sar.) m. e n.*, kamdîl, *îlâl *m.*; dhârem, kolvem *n.*, gavâksh *m.* || *V.* PHAROL.

Lanterneiro, *s. m.* lâmternâm kartalo,- vhartalo, *ilâlî; divc-, divṭyo peṭaitalo. || *V.* PHAROLEIRO.

Lanudo, *a.* lamven bharlalo, lamvero, lamvkaṭ.

Lanugem, *s. f.* lamv *f.*

Lanuginoso, *a.* lamvero, lamvkaṭ; kâpsâḷo.

Lanzinha, *s. f.* virvirît lamvechem lugaṭ *n.*

Lanzudo, *a. V.* LANUDO. || *a. e s. m. V.* GROSSEIRO.

Lapa, *s. f.* ḍhol, pokhar *f.*, vivar, bhumyâr *n.*

Lapão, *a. e s. m. V.* LAPUZ.

Laparão, *s. m.* gâlgumḍ *n.*

Laparo, *s. m.* supurlo samso *m.*, ḍholimchî-, bhumyârâmchî svâṭ *f.*

Lapida, lapide, *s. f.* barpâchî śiḷâ *f.*, śilâlekh *m.*; phomḍâchî phâtar *f.*

Lapidação, *s. f.* maṇî-, ratnakâṁ karṇeṁ; phâtrâṁnîṁ mârṇeṁ *n.*, phâtrâvṇî *f.*; *(fig.)* *V.* EDUCAÇÃO.

Lapidar, *a.* phâtrîcho; phâtrîr barailalo. ‖ *v. t.* phâtrâvuṁk, phâtrâṁnîṁ mâruṁk; (maṇî) tâsuṁk, betuṁk, ujḷuṁk, (maṇerîkâṁ) karuṁk; *(fig.)* baro-, sârko karuṁk, sudhâruṁk. ‖ *V.* DESBASTAR.

Lapidaria, *s. f.* śilâlekhavidyâ *f.*

Lapidario, *a.* śilâlekhâcho. ‖ *s. m.* maṇikâr, maṇerî, johârî, *khoḍî.

Lapideo, *a.* phâtrâcho, dagaḍî, pâkhaṇî; phâtar kaso.

Lapidicola, *a.* phâtrâṁnîṁ-, khaḍpâṁnîṁ jiyetalo.

Lapidificação, *s. f.* phâtar-, pâkhaṇî karṇeṁ,- jâṇeṁ; pâshâṇabhûy *n.*

Lapidificar, *v. t.* phâtar-, dagaḍ karuṁk *(g. do o.)* ‖ *v. r.* phâtar-, pâkhaṇî jâvuṁk.

Lapidoso, *a.* *V.* LAPIDEO.

Lapijar, *v. i.* chîm odhuṁk.

Lapis, *s. m.* lâps, chîm *m.*, dagaḍî lekhṇî *f.*

Lapiseira, *s. f.*, **lapiseiro,** *s. m.* chimâchî naḷî *f.*

Lapis-lazuli, *s. m.* *V.* LAZULITE.

Laponio, lapuz, *a. e s. m.* dhâṁgaḍ, arbaṭ, doḍo, kachcho.

Lapso, *s. m.* kâḷgati *f.*; -bhar (*ex.: lapso de um anno,* varasbhar); chûk, ghasarṇî *f.*, pramâd, chaḷ, ḍhaḷ *m.*

Laqueação, *s. f.* śîr bâṁdhṇeṁ *n.*

Laquear, *s. m.* khâṭlyâchî nakśi *f.*, bâjecho śejo,- chaṁdrâvo *m.* ‖ *v. t.* (śîr) bâṁdhuṁk.

Lar, *s. m.* parl *n.*, chûl, râṁdhaṇ *f.*; *(fig.)* *V.* CASA *e* PATRIA. ‖ — *domestico,* âpleṁ ghar. *Patrios lares,* âplo gâṁv.

Laracha, *s. f.* *V.* GRACEJO.

Larada, *s. f.* parl *n.*, parlâcho gobar, murmuro *m.*

Laranja, *s. f.* lârâṁj, nârîṁg, sanârîṁg *n*, sâkarniṁbû *m.* ‖ *Pôr a pão e* —, upâsîṁ-, poṭâr mâruṁk; *(fig.)* upadryâṁk ghâluṁk, dagdagâvuṁk. ;

Laranjada, *s. f.* nâriṁgâṁcheṁ śarbat *n.*; lârâṁjâṁchî râs *f.*

Laranjado, *a.* nâraṁgî, nâraṁjî.

Laranjal, *s. m.* nâriṁgiṇâṁcho maḷo *m.*

Laranjeira, *s. f.* nâriṁgî, nâriṁgîṇ, sâkarniṁbî *f.*

Larapiar, *v. t.* choruṁk, sutlâvuṁk, bûṭ lâvuṁk *(d. do o.)*, hât-, biṭkî mâruṁk *(d. do o.)*

Larapio, *s. m.* chor, nâgauṇo.

Lardeadeira, *s. f.* charab bharcheṁ dâbaṇ *n.*

Lardear, *v. t.* (mâsâṁt) charab-, tusîn bharuṁk; *(fig.)* *V.* ENTREMEAR.

Lardiforme, *a.* dhukrâchî charab kasî.

Lardo, *s. m.* dhukrâchî charab *f.*, tusîn *(port.)* *n.*

Laré, *s. m.*: *andar ao* —, ukâḷyâr-, vâryâr dîs kâḍhuṁk, mirvuṁk; vâṁkḍo vachuṁk.

Larear, *v. i.* hiṁḍuṁk, mirvuṁk, pholge (*do port.* FOLGA) mâruṁk.

Lareira, *s. f.* parlâchî dharṇ *f.*, parl *n.*, chûl *f.* ‖ *Estar á* —, parlâṁt basuṁk.

Lareiro, *a.* parlâcho.

Larga, *s. f.* soḍṇî; *(fig.)* soḍ, suṭî *f.*

Largamente, *adv.* masṭ, khûp, râśîṁnîṁ, khâṁḍiyâṁnîṁ; *generosamente:* hât soḍûn,- lâṁb karûn; *minuciosamente:* bârkâyen, kisaun, viskaṭâvûn; *extensamente:* bhav chaḍh, vistârîṁ, lâṁbdîgh.

Largar, *v. t.* soḍuṁk; sâṁḍuṁk *ou* sâṁḍauṁk, davruṁk, varjuṁk, tyâguṁk, nyasuṁk, sanyâsuṁk, pâṭh karuṁk *(d. do o.)*, vâṭer-, paro ghâluṁk, khuṁṭîyer davruṁk, khuṁṭiyek lâvuṁk, *hârpuṁk; *alargar:* soḍuṁk, dilâvuṁk, dîl karuṁk; *ceder:* soḍûn divuṁk, hâtâṁtlo soḍuṁk; *conceder:* soḍuṁk, divuṁk; *impellir para:* huskâvuṁk, âṁbḍuṁk; *emittir:* soḍuṁk, mâruṁk; *gastar:* sâruṁk, kharchuṁk. ‖ — *mão,* hât soḍuṁk. — *terra para favas,* *V.* FUGIR. — *as velas,* śiḍâṁ soḍuṁk,- phulauṁk. ‖ *v. i.* baṁdrâṁtlo bhâyr saruṁk, hâṁkâroṁk. ‖ *v. r.* suṭuṁk; paḍuṁk, uruṁk.

Largo, *a.* ruṁd, ruṁdelo; ruṁdâḷ *(muito —)*; ruṁdaṭ *(pouco —)*; *extenso:* vistârâdîk, moṭo, vhaḍ, thor; *demorado:* lâṁb, dîgh; *não apertado:* dîl, soḍik, saḍaḷ; *copioso:* jâyto, khûp, pushkaḷ; *importante:* bhârî, bhârâdik; *generoso:* udâr. ‖ *V.* LASSO. ‖ *Mar* —, bhâylo daryâ. *Largos annos,* chaḍhâṁ varshâṁ. *Lançar o coração ao* —, dâṭ kâḷîj âsuṁk *(d. do s.)* *Com mãos largas,* hât soḍûn. *Á redea larga,* bhardauḍîn, bhardhâṁv; *(fig.)* dhâṁvdhâvîṁ. *De — ou em* —, ruṁdâyen. *Passar de* —, paisilyân-, bhâylyân vachuṁk; uḍûn vachuṁk. *De* —, pais thân. *Á larga,* jâytaseṁ, khuśepramâṇeṁ. *Estar á larga,* susth âsuṁk. *Ao — de,* pais, dûr. *Ao — ou pelo* —, vistârîṁ, bârkâyen. *A passos largos,* vegîṁvegîṁ, daḍâṁ *(us. Sal.)* ‖ *s. m.* chauk *m.*, chaupeṭ *f.* ‖ *adv.* vegîṁvegîṁ, pâṁy uklûn; udârpaṇîṁ.

Largueador, *a. e s. m.* chaḍh kharchitalo, vechîk.

Larguear, *v. t.* chaḍh kharchuṁk, vechuṁk. ‖ *V.* ALARGAR.

Largueirão, *a.* bhav ruṁd, ruṁdâḷ.

Largueza, *s. f.* ruṁdî, ruṁdây *f.*; *(fig.) V.* LIBERALIDADE e DISSIPAÇÃO.

Largura, *s. f.* ruṁdî, ruṁdây, moṭây *f.*; vechîkpaṇ *n.*

Larica, *s. f.* ner *m.* ‖ *V.* RAFA.

Laroz, *s. m.* pâkhâḷeṁ *n.*

Larva, *s. f.* kiḍ, kîṭ *f.*; *(archit.) V.* LAROZ.

Larval, *a.* kiḍîcho.

Larynge, *a.* saṁkeṁ, narḍeṁ *n.*, ghâṁṭ *f.*, maṇko *m.*

Laryngeo, *a.* narḍyâcho.

Laryngite, *s. f.* narḍyâchî duḥkh *f.*

Lasca, *s. f. V.* ESTILHAÇO e FATIA.

Lascar, *v. t.* sovlyo-, kavaṁchyo karuṁk *(g. do o.)*, saḷpâvuṁk. ‖ *v. r.* khavḷe yevuṁk *(g. do s.)*, saḷpe usḷuṁk-, nikḷuṁk *(g. do s.)*

Lascivamente, *adv.* kâmchârîṁ, kâmbhâvîṁ.

Lascivia, *s. f.* kâmchâr, kâmbhâv *m.*, vishayasukh, sodepaṇ *n.*

Lascivo, *a.* kâmî, kâmchârî, kâmârthî, mâṁgro, masto, vishayî, pojḍo, âṁḍel; kâmâcho, kâmbhâvâcho.

Lassidão, *s. f.* purojâṇeṁ *n.*, kâḍâmaḍ, âṁgmoḍ *f.*, âṁgbhaṁg, śram *m.* ‖ *V.* TEDIO.

Lasso, *a.* puro-, kashṭî jâlalo, moḍoṇ paḍlalo, hâtpâṁy gaḷḷalo, kashṭî, hârpît; *gasto:* jharlalo; *relaxado:* gaḷgaḷḷalo; *lambo:* dil, saḍîḷ; *frouxo:* meṁgo, maṁd. ‖ *V.* DEVASSO.

Lastima, *s. f.* duḥkh *f.*, churchure, chaḍphaḍe *m.*, kaḷvaḷo *m.*; churchuryâṁchî vast *f.*, kaḷvaḷyâcheṁ kâm *m.*; *miseria:* kashṭ, dagdag, upadre *m. pl.* ‖ *V.* LAMENTAÇÃO.

Lastimador, *a. e s. m.* churchurtalo, kaḷvaḷṇâr.

Lastimar, *v. t.* raduṁk, rudan karuṁk *(g. do o.)*; duḥkh-, churchure disuṁk *(d. do s., g. do o.)*, churchuruṁk *(d. do s.)* ‖ *V.* AFFLIGIR. ‖ *v. r.* raduṁk, parvuṁk, kaḷvaḷuṁk, chaḍphaḍuṁk.

Lastimavel, *a.* churchuryâṁcho, kaḷvaḷyâcho.

Lastimavelmente, lastimosamente, *adv.* churchuryâṁnîṁ, chaḍphaḍyâṁnîṁ, kaḷvaḷyân.

Lastimeiro, *a.* raḍkuḷo, raḍko, rudanbhârit.

Lastimoso, *a.* kâkulatvâṇo, churchuryâṁcho, chaḍphaḍyâṁcho; raḍyo, chaḍphaḍtalo; raḍkuḷo, raḍko.

Lastração, *s. f.* nilimo bharṇeṁ *n.*

Lastrador, *a. e s. m.* nilimo bhartalo,- ghâltalo.

Lastrar, *v. t.* nilimo bharuṁk,- ghâluṁk *(l. in do o.)*; *(fig.)* bhar divuṁk *(d. do o.)*, bharîk ghâluṁk.

Lastro, *s. m.* nilimo, nilîm; *(fig.)* thar *m.*

Lata, *s. f.* pholîjñ (*do port.* FOLHA), kathîl *n.*; kathilâcho ḍabo *m.*, pholîjñ; âḍbhareṁ *n.*; loḷyo, loḷyo vâṁso *m.* ‖ *V.* LATADA.

Latada, *s. f.* mâṭav *m.* ‖ *V.* PARREIRA.

Latagão, *s. m.* arishṭ, jayrâṁṭ, khaḍpo, mâḍ *(fig.)*

Latamente, *adv.* dîl dharûn, soḍûn divûn, vistârîṁ.

Latão, *s. m.* pitûḷ *f.*, kâṁseṁ *n.*

Late, *s. m.* lâṭh *f.*

Latear, *v. t.* pituḷîn-, kathilân saṁjauṁk,- neṭauṁk.

Lategada, *s. f.* châbkâcho phâr, korḍo, phaṭko *m.*

Latego, *s. m.* châbûk, jerbaṁd *m.*, *bastaṇî *f.*; *(fig.) V.* FLAGELLO.

Latejar, *v. i.* phiṭphiṭuṁk, uḍuṁk, dhusdhusuṁk; chaḍchaḍuṁk, sanṣaṇuṁk. ‖ *V.* ARQUEJAR.

Latejo, *s. m.* phiṭphiṭṇî, dhusdhusṇî; chaḍchaḍṇî *f.*, sansaṇo *m.*

Latente, *a.* gupit, gupto. ‖ *V.* DISSIMULADO.

Lateral, *a.* kuśîcho, baglâcho, kaḍîcho; teṁkûn âslalo, baglecho; âḍvo, âḍ. ‖ *Porta —,* âḍ dâr.

Lateralmente, *adv.* kuśîn, baglân; eke kuśîn; aḍveṁ.

Latex, *s. m.* dik *m.*

Latibulo, *s. m. V.* ESCONDRIJO.

Laticifero, *a.* dikâḷo.

Latido, *s. m.* ghoṁkṇî, bhoṁkṇî *f.*; *(fig.) V.* ESTIMULO.

Latim, *s. m.* lâtîṁ, lâtîṁbhâs *f.* ‖ *Perder o seu — (fig.),* oṁtyâ kaḷsyâr udak. *Ser — (fig.),* nâ saṁjoṁk, dhyânâṁt nâ yevuṁk.

Latinamente, *adv.* lâtîṁbhâshen.

Latinar, *v. i.* lâtîṁbhâshen ulauṁk va barauṁk.

Latinismo, *s. m.* lâtîṁśabd *m.*; lâtîṁbhâshechî rît *f.*

Latinista, *s. m.* lâtîṁ jâṇo âslalo.

Latinizar, *v. t.* lâtîṁ kasî karuṁk, lâtîṁcho âkâr divuṁk *(d. do o.)* ‖ *v. i.* lâtîṁ ulauṁk.

Latino, *a.* lâtîn lokâcho; lâtîṁbhâshecho. ‖ *s. m.* lâtîn. ‖ *V.* LATINISTA.

Latir, *v. i.* ghoṁkuṁk, bhoṁkuṁk; *(fig.) V.* GRITAR.

Latitude, *s. f.* śar, aksh; *(fig.)* vistâr *m.*; ruṁdî *f.* ‖ *V.* CLIMA. ‖ *Grau de —,* akshâṁś *m.*

Latitudinario, *a.* ruṁd, viskaḷ, vistârâdîk.

Lato, *a.* lâṁb ruṁd, viskaḷ, aṁtarâdîk, vistârâdîk, viśâḷ; *(fig.)* soḍîk, dîl (arth).

Latoeiro, *s. m.* kâṁsâr.

Latrante, *a. (poet.)* ghoṁktalo.

Latria, *s. f.* devpûjâ, îśvarapûjâ; *(fig.)* pujâ *f.*

Latrina, *s. f.* hâgrî *f.*, pâykhiḷo, kâkûs, kumâṁv (*do port.* COMMUA) *m.*

Latrinario, *a.* pâykhiḷyâṁtlo; *(fig.)* hâgirḍo, aḷśikaṇo.

Latrineiro, *s. m.* pâykhiḷo nitaḷ kartalo,- râkhtalo.

Latrocinio, *s. m.* nâgauṇ, puṁḍây, lûṭ *f.*

Lauda, *s. f. V.* PAGINA.

Laudano, *s. m.* aphûcho ark *m.*

Laudaticio, laudativo, laudatorio, *a.* stutîcho, varṇanâcho.

Laudavel, *a.* varṇuṁcho, mânauṁcho, nâvâḍhuṁcho.

Laudo, *s. m.* paṁchât *f.*, paṁchmat *n.*

Laurea, *s. f. (ant.)* parṇamâlâ *f.* ‖ *V.* PREMIO.

Laurear, *v. t.* pânâṁcho jhelo-, parṇamâlâ ghâluṁk,- mâḷuṁk *(d. do o.)*; uchit-, inâm divuṁk *(d. do o.)*; *(fig.) V.* ENFEITAR e FESTEJAR. ‖ *v. i. V.* LAREAR.

Laurel, *s. m.* parṇamâlâ *f.* ‖ *V.* GALARDÃO.

Laureola, *s. f. V.* AUREOLA.

Lauro, *a. (poet.) V.* LOIRO.

Lautamente, *adv.* pushkaḷâyen, ragâḍyân; dabâjyân, ḍaulân.

Lauto, *a.* pushkaḷ *ou* phushkaḷ, khûp; dabâjyâcho, ḍaulâcho.

Lava, *s. f.* jvâlâmukhecho pâjhar, âgneyoḍgâr; *(fig.)* loṭ; bhagbhag *m.*

Lavação, *s. f. V.* LAVAGEM.

Lavada, *s. f.* jâḷ, pâger *n.*

Lavadeira, *s. f.* maḍhvaṇ, dhobîṇ.

Lavadeiro, *s. m.* maḍhvaḷ, dhobî; pâṁṭulo *m.*

Lavadela, *s. f.* udkân kâḍhṇeṁ; dhuṇeṁ *n.*

Lava-dente, *s. m.* ṭâḷyâr ghâlcheṁ *n.*, soryâcho theṁbo *m.*

Lavado, *a.* dhulalo; dhaṇâcho *(roupa)*; *encharcado:* buḍlalo; *(fig.) V.* FRANCO. ‖ *— de ares,* vâreṁ baslalo. *— em lagrimas,* duḥkhâṁnuîṁ bharlalo. *Ser de bofes lavados (fig.)*, kusḍây nâsuṁk *(d. do s.)* *Ás mãos lavadas,* kashṭâṁviṇeṁ, phuṁkaṭ. *De mão lavada,* phuṁkyâ. ‖ *s. m.* soryâcho śer *m.*

Lavadoiro, *s. m.* dhuvuṁchî svât, koḷaṁbî, koṭaṁbi, âthaṇ *f.*; oṁḍo *m.*

Lavadura, *s. f.* dhaṇ; tâṁduḷeṁ (*— de arroz*) *n.* ‖ *V.* LAVAGEM.

Lavagem, *s. f.* dhuṇeṁ, dhuvap, dhaṇ, *prakhyâḷan *n.*, dhoṇî; umaḷṇî *(diz-se só da roupa)*; *preço de lavadura:* dhuṇâvaḷ *f.*; *(fig.)* pachakvaṇî *n.*

Lavamento, *s. m. V.* LAVADURA.

Lavandeira, *s. f. V.* LAVADEIRA.

Lavanderia, *s. f.* dhuvuṁcho kârkhâṇo *m.*, maḍhvaḷâṁchî sâḷ *f.*

Lavapés, *s. m. pl.* pâṁydhuṇeṁ *n.*

Lavar, *v. t.* dhuvuṁk; umaḷuṁk (*— roupa*); nâhṇauṁk, *prakhyâḷuṁk; *regar:* śiṁpuṁk; *enxugar:* sukauṁk. ‖ *— as mãos,* âplevaylcṁ kâḍhuṁk,- nisrâvuṁk. ‖ *v. r.* âṁg dhuvuṁk, âṁgoḷî karuṁk, nâhuṁk; *(fig.)* nitaḷ-, śuddh jâvuṁk.

Lavatico, lavativo, *a.* vastîk-, âjudâk upkârtalo.

Lavatorio, *s. m.* tast; nâhâṇ, *prakhyâḷan *n.*; *(fig.) V.* LOÇÃO.

Laverca, *s. f. V.* CALHANDRA.

Lavoira, *s. f.* śetkâm, śetkâmat *n.*, sâgavaḷ, kṛishi, śetibhâtî, kamây, kâsṇî *f.*, kâsap, kasap *n.*; kamâylalî-, vaṁplalî jamîn *f.* ‖ *V.* LAVRA.

Lavor, *s. m.* vâvar, kashṭ, udyog, śram; kasto *m.*, birvaṇ, nakśi, buṭî *f.*

Lavoso, *a.* jvâlâmukhechyâ pâjhrâcho,- nijhrâcho.

Lavra, *s. f.* śetkâm-, sâgavaḷ karṇeṁ, karshaṇeṁ *n.*, kṛishi, kâsṇî; kamây, marâmat *f.*; *(fig.) V.* TRABALHO. ‖ *— de palmeiras,* mâḍ kâḍhṇeṁ *n.* ‖ -s, *pl. V.* LEIRAS.

Lavrada, *s. f.* tâs *n.*, kṛishi *f.*

Lavradeira, *s. f.* śetkârṇ, śetkâmṭîṇ; kasto kâḍhtalî, nakśecheṁ kâm kartalî.

Lavradeiro, *a.* śetkâmâcho, jotâcho (monjât).

Lavradio, *a.* nâṁgarcho, vaṁpcho. ‖ *s. m. V.* LAVOIRA.

Lavrado, *s. m.* nakśî-, kirvaṇ âslalo. ‖ *s. m. V.* LAVOR.

Lavrador, *a. e s. m.* śetkâr, śetkâmî, śetkâmtî, krishikâr, kâso; âgrî.

Lavragem, *s. f.*, **lavramento**, *s. m.* tâs ghâlneṁ *n.*, nâṁgarṇî; sâgavaḷ, kamây *f.*

Lavrança, *s. f. (ant.) V.* LAVRA.

Lavrante, *a. e s. m.* krishî kartalo. ‖ *s. m.* sonyârupyâcheṁ kâm kartalo, sonâr.

Lavrar, *v. t.* nâṁgruṁk, tâs ghâluṁk *(d. do o.)*, kasuṁk *ou* kâsuṁk, krishuṁk; *cultivar:* kâmgat-, sâgavaḷ karuṁk *(g. do o.)*, vaṁpuṁk, vasauṁk, kamâvuṁk; *cinzelar:* naksuṁk, koruṁk, khoduṁk; *bordar:* kasto kâḍhuṁk *(d. do o.)*, biraumk; *aplainar:* tâsuṁk; *explorar (minas):* śodhuṁk, kâḍhuṁk; *construir:* chiryâṁnîṁ bâṁdhuṁk; *gastar:* jharauṁk, ghâṁsuṁk; *exarar:* kâgdâr ghâluṁk,- mâṁḍuṁk, barauṁk. ‖ *V.* CUNHAR. ‖ *v. i.* charuṁk pasroṁk; birvaṇ-, kirvaṇ karuṁk.

Laxação, *s. f.* dilâvṇî, soḍṇî; jaḍây, maṁdây, mhasâgat *f.*, meṁgepaṇ *n.*; *(fig.) V.* ATTENUAÇÃO.

Laxamente, *adv. V.* FROUXAMENTE.

Laxante, *a.* dîl-, soḍîk karcho; bhâyrecho. ‖ *s. m.* bhâyrî *f.*, rech, julâp *m.*, pûrg *(port.) n.*

Laxar, *v. t.* dîl-, soḍîk karuṁk, dilâvuṁk, soḍuṁk; maû-, meṁgo karuṁk, maṁdâvuṁk; bhâyrâk upkâruṁk; *(fig.) V.* ALLIVIAR.

Laxativo, *a. e s. m. (med.) V.* LAXANTE.

Laxidão, *s. f. V.* LASSIDÃO.

Laxo, *a.* jaḍ, meṁgo, maṁd; dîl, soḍîk, saḍîl, viskaḷ, ghaḷghaḷît.

Lazão, *a. V.* ALAZÃO.

Lazarento, *a. e s. m.* ghây paḍlalo, ghâyâḷ, ruvâṁ jâlalo. ‖ *V.* LEPROSO.

Lazareto, *s. m.* vasyâcheṁ ghar *n.*

Lazaro, *s. m.* koḍkâr, koḍyo, koḍyâḷo. ‖ *V.* LAZARENTO. ‖ *Mal de S. Lazaro, V.* LEPRA.

Lazeira, *s. f.* avdaśâ, durgati *f.*, vighn *n.*, avdhaṁḍo, balâv *m.*; upadre, dagdag *m. pl.*, daḷdîr, durbaḷpaṇ *n.*, durbaḷkây, kanishṭhây; *(fig.)* bhûk *f.* ‖ *V.* LEPRA.

Lazeirento, *a. e s. m. V.* LAZARENTO.

Lazer, *s. m.* usarpat, phursat, sâvkâśây *f.*, avkâs, thâr *m.*

Lazuli, lazulete, *s. m.* vaydurya *n*, nîlopal *m.*

Lé: *lé com lé e cré com cré*, jaṇ ek âple sâṁgḍe.

Leal, *a.* mâṇsugecho, mâṇmaryâdîcho; nishkapaṭî, viśvâsâcho, viśvâsî, kharo, bhâvîk, pramâṇîk.

Lealdação, *s. f.*, **lealdamento**, *s. m.* dâkhlo karṇeṁ,- deṇeṁ *n.*

Lealdade, *s. f.* kharepaṇ, viśvâsîpaṇ, nishkapaṭ *n.*, bhakti, mâṇmâṇsugî, mâṇmaryâd *f.*

Lealdador, *a. e s. m.* chaûkasdâr, tapâsî.

Lealdar, *v. t.* dâkhlo karuṁk *(g. do o.)*, dâkhlyâk divuṁk, jakâtîk dâkhauṁk.

Lealdoso, *a. V.* LEAL.

Lealmente, *adv.* mâṇsugen, mâṇmaryâdîn; viśvâsân, kharepaṇîṁ.

Leão, *s. m.* siṁv, siṁha *m.*

Lebracho, *s. m.* lahân saṁso *m.*

Lebrada, *s. f.* saṁsyâcheṁ mâs *n.*

Lebrão, *s. m.* dâdlo saṁso *m.*

Lebre, *s. f.* saṁso *m.* ‖ *Andar á —*, gharâṁnîṁ jevṇâk bhoṁvuṁk.

Lebreiro, *a.* saṁse mârtalo,- dhartalo, saṁsekâr.

Lebréo, *s. m.* saṁse mârcheṁ-, dharcheṁ śuṇeṁ *n.*

Leccionando, *a. e s. m.* śiktalo, śikpî.

Leccionar, *v. t.* śikauṁk.

Leccionario, *s. m.* satcharitragraṁth *m.*

Leccionista, *s. m.* śikauṇâr, paṁtojî, paṁḍit.

Lectivo, *a.* śikpâcho. ‖ *Anno —*, śikpâcheṁ varas *n.*

Lectorato, *s. m. V.* LEITORADO.

Ledamente, *adv. V.* ALEGREMENTE.

Ledice, *s. f.* saṁtosh, ullâs *m.*, ullâsaṇ *n.*, kuśâlî *f.* ‖ *V.* GRACEJO.

Ledo, *a.* kuśâl, ullâsî, saṁtoshî, saṁtushṭ, tushṭ.

Ledor, *a. e s. m. V.* LEITOR.

Legação, *s. f.* vakilâchî kâcherî *f.*; vakîlpaṇ, dûtkarm *n.*; vakîlpaṇâcho kâḷ; vakîlkacherecho lok *m.*

Legacia, *s. f.* dûtkriyâ *f.*, dûtkarm *n.*

Legado, *s. m.* vakîl, dût, *hâjib *m.*; martâṇâ davarlaleṁ, mrityulekhadân *n.*

Legal, *a.* kâydyâcho, samurtîcho, vyavahârî, dharmaj, vidhîcho; yathâvidhi, śâstrânusârî.

Legalidade, *s. f.* yathâvidhitâ, nyâyatâ *f.*, śâstrânusâr *m.*; kâyde, upachâr *m. pl.*

Legalização, *s. f.* samurtîpramâṇeṁ karṇeṁ *n.*

Legalizar, *v. t.* samurtî-, kâydyâ pramâṇeṁ karuṁk. ‖ *V.* AUTHENTICAR.

Legalmente, *adv.* samurtî-, kâydyâ pramâṇeṁ.

Legar, *v. t.* dhâḍuṁk, pâṭhauṁk; martânâ davruṁk.

Legatario, *s. m.* mṛityulekhadânâdhikârî.

Legenda, *s. f.* lekh *m.*, lipi, âṁkpaṭṭî *f.*, charitr, mâhâtmya, kathâ *ou* kaṁthâ, gatkathâ, purâṇkathâ *f.*, purâṇ *n.*; lokkathâ, jaṇkathâ *f.*

Legendario, *a.* purâṇî, hardâsî, lokkathecho. ‖ *V.* TRADICIONAL. ‖ *s. m.* kaṁthî, gosâvî, haridâs; charitrgraṁth *m.*

Legião, *s. f.* senâ *f.*, senâbhâr, senâbhâg *m.*; *(fig.)* urpaṁj *f.*, lamaṇ *n.*

Legionario, *a.* senâbhâgâcho.

Legislação, *s. f.* kânûbaṁdî, kâydebaṁdî *f.*, vidhisaṁgraha *m.*

Legislador, *s. m.* kâyde ghâltalo, samurtikâr, śâstradâr.

Legislar, *v. i.* kâyde ghâluṁk,- bâṁdhuṁk, kânû karuṁk,- rachuṁk.

Legislativamente, *adv.* kânû karche rîtîn.

Legislativo, *a.* kâyde rachcho,- ghaḍcho, vidhisthâpak; kânûbaṁdîcho; kâydyâcho, kânûcho. ‖ *Corpo* —, kânûrachak mâṁḍaḷî *f.*

Legislatorio, *a.* samurtîcho, kâydyâcho.

Legislatura, *s. f.* vidhirachaksabhâ; kânû kartalyâṁchî maṁḍaḷî *f.*, sarkâr *m.*

Legisperito, legista, *s. m.* dharmśâstrî.

Legitima, *s. f.* kâydyâcheṁ dây,- dâyj *n.*

Legitimação, *s. f.* kharo-, asal karṇeṁ; kharepaṇ, asalpaṇ; nîj karṇeṁ, auraspaṇ *n.*

Legitimado, *a. e s. m.* nîj-, auras kelalo,- jâlalo.

Legitimador, *a. e s. m.* asal kartalo, auraspaṇ ditalo.

Legitimamente, *adv.* samurtî-, kâydyâ pramâṇeṁ.

Legitimar, *v. t.* kharo-, asal-, kâydyâpramâṇeṁ karuṁk; auraspaṇ divuṁk *(d. do o.)*, nîj karuṁk. ‖ *V.* JUSTIFICAR. ‖ *v. r.* kharo-, nîj jâvuṁk; *(fig.)* niraparâdhî-, nirdoshî jâvuṁk.

Legitimidade, *s. f.* asalpaṇ, kharepaṇ, upayogîpaṇ *n.*; yathâvidhitâ *f.*; auraspaṇ *n.*

Legitimo, *a.* kâydyâcho, samurtîcho, śâstrânusârî, yathâvidhi, dharmaj; nîtîcho, nayâcho; asal, kharo, khâśâ, nîj, uchit, upayogî, vâjbî. ‖ *V.* LOGICO. ‖ *Legitima defesa,* âplî nîj râkhaṇ *f.*, jîvsaṁbhâḷ *m.*

Legivel, *a.* vâchûṁyeso, pâṭhya.

Legivelmente, *adv.* vâchûṁyeseṁ.

Legua, *s. f.* deḍ kos *m.*

Legume, *s. m.* dâḷichî śaṁg *ou* śeṁg; dâḷ *f.*, dâḷdhâṇo *m.*, kaḍdaṇ, kâḍ, dviḍaḷ *ou* dudâḷ *n.*

Legumeiro, *a.* dâḷichyâṁ jhâḍâṁcho (jamîn).

Legumina, *s. f.* daḷîcho ark *m.*

Leguminosas, *s. f. pl.* dâḷîchîṁ jhâḍâṁ *n. pl.*

Leguminoso, *a.* dâḷîcho, kaḍdaṇâcho, dâḷdhâṇyâcho.

Legumista, *s. m.* dâḷîchîṁ jhâḍâṁ lâytalo,- vaṁptalo.

Lei, *s. f.* nyây, niyam, utsarg; *prescripção:* kâydo, kânû, jâbto, niyam, vidhi *m.*, vidhân, śâsan *n.*, samurt, chak *f.*; *norma de vida:* nem, niyam, vidhi, śero, nirbaṁdh *m.*, sûtr *n.*; *conformidade com a* —: dharm, nyây *m.*, nit *f.*; *religião:* śâstr *n.*, samurt *f.*, śâstrsamurt *n.*, dharm. ‖ — *civil,* mulkî vidhi, pauraśâsan. — *criminal,* daṁḍavidhi, daṁḍanîti. — *divina,* Devâchî samurt. — *fundamental,* mûḷaniyam. — *da guerra,* saṁgramavidhi. — *marcial,* senânîti. — *natural,* janmadharm. *Homem de* —, dharmaśâstrî. *Dar as leis,* kâyde ghâluṁk; *(fig.)* pharmâvuṁk, padvî chalaṁk.

Leicenço, *s. m.* keṁsoḷî *f.*

Leigal, *a.* gṛihasthyâṁcho.

Leigar, *v. t.* *(p. us.)* gṛihasthî karuṁk. ‖ *v. r.* gṛihasthî jâvuṁk.

Leigo, *a. e s. m.* gṛihasth, gṛihasthî; *(fig.)* *V.* IGNORANTE.

Leilão, *s. m.* leylâṁv *n.*, pâvṇî *f.*

Leira, *s. f.* charî *f.*; varo *m.* ‖ *V.* ALFORBE.

Leitado, *a. V.* AMOJADO.

Leitão, *s. m.* leytâṁv *n.*, dhukurlo *m.*

Leitar, *a.* dudhâchyâ raṁgâcho, dhavo phûl. ‖ *v. i.* dik jâvuṁk,- mâṁḍoṁk *(d. do s.)*

Leite, *s. m.* dûdh *n.*; dudhû *(loc. infant.)*; dik *m.*; *(bot.)* nivaḷ *f.* ‖ — *aguado,* dudhvaṇî *n.*

Leiteira, *s. f.* dudhkârṇ, dudhkârîṇ, goṁvḷîṇ *f.*; dudhâcheṁ âydan *n.*

Leiteiro, *a.* dudhâcho. ‖ *Erva leiteira,* nivaḷ *f.* ‖ *s. m.* dudhkâr, goṁvḷî.

Leitento, *a. V.* LACTEO.

Leito, *s. m.* khâṭ *f.*, khâṭleṁ *n.*, bâj *f.*, palaṁg, mâcho, sej *(poet.)* *m.*; âṁthuḷṇ, âṁthrûn *n.*, supetî. ‖ — *do carro,* gâḍyâchî sâṭî *f.* — *do rio,* poṭ, bhâṁḍeṁ *n.* — *do barco,* varâmâcho majlo *m.* ‖ *V.* MATRIMONIO.

Leitoa, *s. f.* leytâṁv, dhukurleṁ *n.*

Leitoada, *s. f.* ekâpoṭâchîṁ dhukurlîṁ *n. pl.;* leytâṁvâcheṁ jevaṇ *n.*

Leitoado, *a. V.* GORDO.

Leitor, *s. m.* vâchtalo, vâchak, vâchpî; doṁ grâvâṁcho pâdrî.

Leitorado, *s. m.* vâchpyâcheṁ kâm, vâchap *n.;* durso grâv *m.*

Leitoso, *a.* dudhâcho, dudhâḷ; dudhâsârko; dikâḷo.

Leituado, *a.* dûdh âslalo,- mâṁḍlalo, dudhâḷ.

Leitura, *s. f.* vâchap, vâchneṁ, pâṭhan *n.*, pâṭh *m.;* vâchchî vidyâ *f.*

Leiva, *s. f.* varo *m.*, varaḷ *f.*, khâvḍeṁ *n.;* chhâp *f.*

Lembradiço, *a.* baro ughḍâs-, âṭhav âslalo.

Lembrado, *a.* ughḍâs âslalo; ughḍâsâcho.

Lembrador, *a. e s. m.* ughḍâs karcho, ughḍâsâcho; ughḍâs kartalo, âṭhavṇâr.

Lembrança, *s. f.* ughḍâs, âṭhav *m.*, âṭhvaṇ, yâd, say *f.*, samaraṇ, dhyân, avdhâraṇ *n.*, smṛiti *f.; presente:* ughḍâs *m.*, inâm *n.* ‖ *V.* ADMOESTAÇÃO.

Lembrar, *v. t.* ughḍâs karuṁk *(g. do o.),* âṭhauṁk, samaruṁk; ughḍâs hâḍuṁk *(g. do o.)* ‖ *V.* ADVERTIR. ‖ *v. i.* ughḍâs yevuṁk,- jâvuṁk,- âsuṁk *(g. do s.),* âṭhav âsuṁk *(g. do s.)* ‖ *v. r.* ughḍâs âsuṁk,- yevuṁk *(d. do s.),* manâṁt dharuṁk.

Lembrete, *s. m.* yâd *f.*, ṭipaṇ *n.* ‖ *V.* REPREHENSÃO e CASTIGO.

Leme, *s. m.* sukâṇeṁ, vereṁ, karṇ *(p. us.) n.; (fig.) V.* GOVERNO. ‖ *Homem do —, V.* TIMONEIRO. *Perder o — (fig.),* rânâṁt paḍuṁk *(fig.)*

Lemiste, *s. m.* bârîk kâḷî saklât *f.*

Lemma, *s. m.* pûrvagṛihît siddhâṁt *m.; (fig.)* dhajâ *f.*, chihneṁ *n.*

Lençaria, *s. f.* rumâlâṁcho kârkhâṇo,- pasro *m.;* lugaṭ, vastr *n.*

Lenço, *s. m.* leṁs, rumâl *ou* urmâl *m.*, pusṇeṁ *n.*

Lençol, *s. m.* oḷ *f.*, olcheṁ, chhâdar *ou* chhadar *n.*, dupâṭo *ou* dupṭo *m.* ‖ *V.* MORTALHA.

Lenda, *s. f.* lokkathâ, jaṇkathâ, purâṇkathâ, gatkathâ, gosht *f.;* tâl, gap *n.*, chaṁvḷî *f.*

Lendea, *s. f.* likh *f.*

Lendeaço, *s. m.* likhâṁcho choṁbo *m.*, likhâṁcheṁ mâleṁ *n.*

Lendeoso, *a.* likho âslalo; likhâṁnîṁ bharlalo.

Lenga-lenga, *s. f.* charpaṭ *n.*, jhâṁk *f.*

Lenha, *s. f.* jaḷo *m.*, kâṁṭyâṁ, lâṁkḍâṁ; śirpuṭâṁ *(— miuda) n. pl.*

Lenhador, *a. e s. m.*, **lenheiro,** *s. m.* jaḷo kartalo-, puṁjâytalo, kâṁṭyâṁ phoḍtalo.

Lenhar, *v. i.* jaḷo karuṁk,- puṁjâvuṁk; kâṁṭyâṁ phoḍuṁk.

Lenhificar-se, *v. r. V.* LIGNIFICAR-SE.

Lenho, *s. m.* lâṁkûḍ *n.* ‖ *V.* BARCO. ‖ — *da cruz,* khurîs *m.*

Lenhoso, *a.* lâṁkḍâcho, lâṁkḍî.

Lenidade, *s. f.* narmây *f.*, bhalepaṇ *n.*, mavâḷây, dulabhây *f.*

Leniente, *a. e s. m. V.* LENITIVO.

Lenificar, lenir, *v. t.* lohu-, maû karuṁk, mavâḷuṁk.

Lenimento, *s. m.* upaśaman, lohu karcheṁ-, mavârîcheṁ okhat *n.*

Lenitivo, *a.* mavârîcho, naram karcho, śamak, upaśamak. ‖ *s. m. V.* LENIMENTO; *(fig.)* haḷuvây, lohusâṇ; bujvaṇ, svasthâvṇî *f.* ‖ *V.* LENIMENTO.

Lenocinio, *s. m.* kuṁṭaṇpaṇ, bhaḍvepaṇ *n.*

Lentamente, *adv.* sâvkâś, lohu lohu, ilo ilo *(decl.),* thoḍo thoḍo *(decl.),* mâtso mâtso *(decl.)*

Lentar, *v. t.* olo-, śeḷo karuṁk, olâvuṁk. ‖ *v. i.* olo-, śeḷo jâvuṁk; mâtsîṁ yevuṁk *(d. do s.),* âṁg oleṁ jâvuṁk *(g. do s.)*

Lente, *a.* vâchtalo. ‖ *s. m.* guru, pâṭhak, vastâd. ‖ *s. f.* kâch, kâṁch *f.*, ârsyâcho ḍoḷo *m.*

Lenteiro, *s. m. V.* LODAÇAL.

Lentejar, lentescer, *v. t. e i. V.* LENTAR.

Lentejoila, *s. f.* chamkî, tiklî, kâṁchoṭî *f.*

Lentescente, *a. V.* PEGAJOSO.

Lenteza, lentidão, *s. f.* sâvkâśây, lâṁbây, maṁdây; jaḍây, âḷsây, sustî, narmây; śeḷ, olsâṇ *f.*

Lenticula, *s. f.* ârsyâcho lahân ḍoḷo *m.*

Lenticular, *a. e s. m.* ârsyâchyâ ḍoḷyâsârko.

Lentigem, *s. f.* tîḷ *m. pl.*, lâsîṁ, śibâṁ *n. pl.*

Lentiginoso, *a. V.* SARDENTO.

Lentilha, *s. f.* masûr *f.*

Lentilhoso, *a.* masurîcho.

Lento, *a.* sâvkâśâyecho, lohu châlîcho, mamd gatîcho, mamd; jaḍ, memgo, sust; lohu lohu, thoḍo thoḍo, mâtso mâtso; *prolongado:* lâmb, lâmbâyecho, bhav veḷâcho; *brando:* lohu, thamḍ; *frouxo:* dîl, soḍik, maû; *humido:* śelo, olo, śeḷ âslalo. ‖ *Pulso* —, jaḍ nâḍ. *Febre lenta*, nâḍik jar dharlalo. *Á fogo* —, murmuryâche âgir. — —, lohu lohu, thoḍo thoḍo.

Lentor, *s. m. V.* LENTIDÃO.

Lentura, *s. f.* śeḷ, olsâṇ; ûm *f.*

Léo, *s. m.* phursat, usarpat, tâmk *f.* ‖ *Ao* —, susth, kuśâl. *Andar com a cabeça ao* —, taklî ughṭî ghâlumk.

Lèò, *s. m. (astr.)* simha, simv *m.*

Leoa, *s. f.* simhîṇ, simvîṇ *f.*; *(fig.)* râkshîṇ *(fig.)*; gamjyâmchî bâil.

Leoneira, *s. f.* simvâchî ḍhol,- mânas *f.*

Leonino, *a.* simvâcho, simhâcho; *(fig.) V.* DESLEAL.

Leopardo, *s. m.* chitto, bibṭovâgh *m.*, vâghaṭ *n.*

Lepidamente, *adv.* nâchûn, uḍûn, murgaṭûn.

Lepido, *a.* nâchro, laphâmgo, bhâsâḷo, sumdar, sumdarat, kuśâl. ‖ *V.* LIGEIRO *e* GRACEJADOR.

Lepidoideo, *a.* khavḷâsârko.

Lepra, *s. f.* koḍ *n.*, kushṭhrog *m.*, mahâvyâdhi *f.*; *(fig.)* vasyâcho avguṇ *m.*

Leprosaria, *s. f.* koḍkârâmcheṁ ghar *n.*, kushṭhrogîśâlâ *f.*

Leproso, *a. e s. m.* koḍyo, koḍkâr, kushṭhyo; koḍâcho; alśikaṇo, kâmṭâḷvâṇo; *(fig.)* saḍlalo, marîk paḍlalo.

Leque, *s. m.* âyṇo, pâmkho *m.*

Ler, *v. t.* vâchumk, paḍhumk, *parsumk; śikaumk, paḍhaumk, upadeśumk. ‖ — *a buena-dicha*, nasîb sâmgumk. — *de cadeira (fig.)*, pâḷâm paryân jâṇumk. ‖ *v. i.* vâchumk *(v. t.)*; samjumk, kaḷumk *(d. do s.)*

Lerca, *s. f.* bhâgaṭyî gây *f.*

Lerdaço, *a. V.* ESTUPIDO.

Lerdo, *a.* jaḍ, mamd, memgo; ḍoḍo, kachcho, kardo.

Leria, *s. f.* girkâmḍo *m.*, chakaṭ *n.*, śâpaṭâm, gumgurnâm, phâmphâm *n. pl.*, kumpâs *m. pl.*

Lesão, *s. f.* nuksâṇ *ou* nuskân *n.*, dhako, nâś *m.*, *hânî; *contusão:* dâḍâvṇî, pemch, gâmj *f.*, loḷo; *(med.)* ghây *m.*, duḥkh *f.*; *(jurid.)* anyây, apkâr, aprâdh *m.*, vâyṭ; *(fig.)* mânâr ulauṇem, mân-, dhimḍ kâḍhṇem *n.*, mânnâś *m.*

Lesar, *v. t.* duḥkhaumk, duḥkh karumk *(d. do o.)*, dâḍâvumk, pemchumk; mân kâḍhumk *(g. do o.)*, nâmv ubhaumk *(g. do o.)*; *(jurid.)* anyây-, apkâr karumk *(d. do o.)*, aprâdhumk; *prejudicar:* dhako divumk *(d. do o.)*, nâś karumk *(d. do o.)*, nâśumk.

Lesma, *s. f.* komgo *m.*, pipûḷ *n.*, gogalgây; *(fig.)* pej, bhâjî *(fig.)*

Les-nordeste, *s. m.* îśânîcheṁ vâreṁ *n.*

Leso, *a.* dâḍâvlalo, duḥkhavlalo; âbgûl, guḷâmkâr, dharlalo. ‖ *Crime de lesa-majestade*, râjdroha *m. Crime de lesa-majestade divina, V.* SACRILEGIO.

Les-sueste, *s. m.* âgneyîcheṁ-, dakshiṇpûrvecheṁ vâreṁ *n.*

Leste, *s. m.* udemtî, pûrv *f.*; taḍyeṁ vâreṁ *n.*, pûrvvâyu *m.*

Lestes, lesto, *a.* saḍsaḍit, suḍsuḍît, kaḍkaḍît, khaḍkhaḍît tartarît, âmgsûṭ, husâr, śitâb.

Lethal, *a.* mârekâr, marṇâḍîk, prâṇanâśak. ‖ *V.* FUNEBRE.

Lethalidade, *s. f.* marṇâḍîkpaṇ *n.*

Lethalmente, *adv. V.* MORTALMENTE.

Lethargia, *s. f.* jhâmp, jhâmk, bhramît, kumbhakarṇî nîd *f.*

Lethargicamente, *adv.* jhâmpîn, bhramitîn; *(fig.)* udâspaṇîm, jaḍâyen.

Lethargico, *a.* jhâmpîcho, bhramitîcho; jhâmpâḷo, jhâmp lâglalo, bhramitîn paḍlalo; jaḍ, mamd, memgo.

Lethargo, *s. m.* jhâmp, bhramît, gâḍh nîd *f.*, jhomp; memgepaṇ, udâspaṇ *n.*, jaḍây, mamdây. *f.*

Lethifero, lethifico, *a.* mârekâr, prâṇanâśak.

Letificante, letifico, *a.* ânamdâcho, kuśâlecho, sukhkar.

Letificar, *v. t.* samtoshâvumk, ânamdâvumk, khuśî karumk, ullâsâvumk, murgaṭâvumk.

Letria, *s. f.* letrî, śirvaḷî, śevay *f.*

Lettra, *s. f.* letr, akshar *ou* akher, varṇ *n.*, mâtrikâ *f.*; *(fig.)* nîj arth, śabdârth, padârth *m.*; barap *n.* ‖ *V.* LETTREIRO *e* TYPO. ‖ — *composta*, joḍâkshar *n.* — *aspirada*, mahâprâṇ. — *inaspirada*, alpaprâṇ *m.* — *de cambio*, humḍî *f. Á* — *ou ao pé da* —, mûḷśabdâpramâṇeṁ, mûlârthâpramâṇeṁ; *(fig.)* sûtrîm, barâbar. ‖ -s, *pl. V.* CARTA *e* LITTERATURA. *Homem de* —, śâstrî, pamḍit. *Com todas as* —, aksharâm kâtri nâstânâ, saglyâm aksharâmnîm; *(fig.)* bârkâyen, nigutâyen. *As sagradas* —, pavitr pustak *n.*

Lettradice, *s. f.* vakîlpaṇ *n.; jâṇvây*, jâṇtikây *f.*

Lettrado, *a. e s. m.* jâṇâr, jâṇto, śiklalo, vâchpîbarpî, paṁḍit; letrâḍ, vakîl.

Lettreiro, *s. m.* âṁkpaṭṭî, chiṭṭ, lipi *f.*, lekh *m.*, lihiṇeṁ *n.*

Lettrudo, *a. e s. m. V.* SABICHÃO.

Leucorrhea, *s. f.* pâṁdharvaṇî *n.*, śvetapradar *m.*

Leva, *s. f.* nâṁgar ukalṇeṁ *n.; jamâbaṁdî f.*, laśkarâcheṁ peṁḍeṁ *n.* ‖ *V.* ANDADURA. ‖ *Tocar á* —, nâṁgar uklumk,- vayr kâḍhumk.

Levação, *s. f. (ant.) V.* TUMOR.

Levada, *s. f.* harap, vharap *n.*, harṇî, vharṇî; vâhvaṇ, vâhṇ *f.*; vedho-, saṁrodh kâḍhṇeṁ *n.* ‖ *Ir de* —, phâṁṭâphâṁṭîṁ paḷumk.

Levadia, *s. f. V.* MARETA.

Levadiça, *s. f.* ukalcho sâṁkaḷ *m.*

Levadiço, *a.* uklûṁyeso, kâḍhûṁghâlûṁyeso; uklûn vharcho.

Levadio, *a.: telhado* —, gharâche suṭe naḷe *m. pl.*

Levador, *a. e s. m.* vhartalo, vharṇâr; ojhelî, bhoî.

Levamento, *s. m. (p. us.)* vharṇî *f.*, vharap *n.; (ant.)* chorî, nâgauṇ *f.*

Levantada, *s. f.* uṭhṇeṁ *n.*, uṭhṇî *f.*

Levantadiço, *a.* phituryo, baṁḍî; âḍâṁgî, aḍmaḍyo, urmaṭ, taklî phirlalo. ‖ *V.* BULIÇOSO.

Levantado, *a.* uṭhlalo, ubho; uṁch, ubhâr. ‖ *V.* LEVANTADIÇO. ‖ *Mar* —, khubhdaḷlalo daryâ.

Levantador, *a. e s. m.* ukaltalo, ubhârṇâr; phiturṇâr, uṭhauṇâr.

Levantadura, *s. f.*, **levantamento**, *s. m.* ukalṇî, ubhârṇî, uṁchâvṇî, uṭhauṇî *f.*; uṭhṇeṁ, ubho râvṇeṁ *n.* ‖ *V.* INSURREIÇÃO.

Levantante, *a.* ubho.

Levantar, *v. t.* ubho karumk, ubhârumk, uṁchâvumk, uklumk, *uchlumk, uṁch karumk, vayr kâḍhumk; uṭhaumk; *engrandecer:* uklumk, uklûn dharumk, nâvâḍhumk; *augmentar:* uklumk, chaḍhaumk; *sublevar:* uṭhaumk, phiraumk, phiturumk; *arrecadar:* kâḍhumk, ukâḷumk; *fazer cessar:* kâḍhumk, kâḍhûn uḍaumk; *encerrar:* dhâṁpumk, baṁd karumk; *furtar:* chorumk, nâgaumk, luṭumk; *remover:* kâḍhumk, sarkâvumk; *edificar:* ubhârumk, bâṁdhumk; *imputar:* ghâlumk *(com l. sup. da pessoa)*, thâpumk *(id.)* ‖ — *auto*, âut karumk. — *á altura de*, barâbar karumk. — *ás alturas*, uklûn dharumk, maḷbhâk teṁkaumk. — *o animo*, phulaumk, hurbhâ divumk. — *difficuldades*, âḍkhaḷî ghâlumk. — *fervura*, khatkhatumk, umâḷumk. — *a lebre (fig.)*, phoḍṇâ divumk. — *poeira (fig.)*, bobâḷ karumk. — *vôo*, uḍumk; *(fig.)* kâvaḍ kâḍhumk. ‖ *v. i.* uklomk, vayr sarumk; phugumk, phulumk; chaḍhumk. ‖ — *o tempo*, nitḷumk, akâḷeṁ jâvumk. ‖ *v. r.* uṭhumk, ubho râvumk,- jâvumk; uklomk, uprâsumk; *sahir da cama:* uṭhumk. ‖ — *da doença*, utârâṁt paḍumk. — *da mesa*, mejâvaylo uṭhumk. — *vento*, vâreṁ suṭumk. ‖ *s. m. V.* LEVANTADURA.

Levante, *s. m.* udeṁtî, ugavtî, pûrv *f.*; taḍyeṁ vâreṁ *n.* ‖ *V.* REBELLIÃO. ‖ *Andar de* —, vâryâr-, ubhaṁtarîṁ bhoṁvumk, pâṁy dharṇîr nâ teṁkumk *(g. do s.)* *Estar de* —, kâs mârumk *(fig.)*, vâṭek lâgumk; takleṁt rahâṭâṁ bhoṁvumk *(g. do s.)* *De* —, chiṁti nâstânâ, ubhaṁtarîṁ.

Levantico, **levantino**, *a.* udeṁtecho, pûrvecho.

Levanto, *s. m.* sâvaj uṭhṇeṁ *n.*, sâvjâchî oḍh *f.*

Levar, *v. t.* harumk, vharumk; *tomar, tragar:* ghevumk; *vestir:* ghâlumk, nesumk; *ter em mente:* manâṁt âsumk *(g. do s., s. do o.)*; *repellir:* âṁbdumk, loṭûn ghâlumk; *precisar:* jây jâvumk *(d. do s., s. do o.)*, garaj âsumk *(id.)*; *comportar:* jâvumk *(l. in do s., s. do o.)*; *gastar:* lâgumk *(d. do s., s. do o.)*; *passar a vida:* dîs kâḍhumk; *levantar:* uklumk, vayr kâḍhumk. ‖ — *pelos ares*, udkâṁt ghâlumk, ubhaumk. — *de assalto*, baḷân-, jhapkan ghevumk, uprâḷumk. — *a cabo*, śâttî pâvaumk. — *o caminho*, vâṭen vachumk. — *deanteira*, phuḍe vachumk,- sarumk. — *destino*, vachumk chiṁtumk, pâvumk. — *da espada*, tarvârîk hât ghâlumk. — *má vida*, hâtpâṁy dâḍâvumk. — *a mal*, vâyṭ disumk *(d. do s., s. do o.)* — *de mangação*, kheḷumk. — *a melhor*, varto jâvumk. — *a noite de véla*, savaṁd râtr jâgo râvumk. — *á paciencia*, sosumk. — *a salvamento*, salâmatî pâvaumk. — *a sua avante*, âpleṁ kharceṁ karumk. *Pessoa de — e trazer*, dosko, doslo, madhlo. *Leva rumor!* gapchip. *Leve o diabo*, ujo lâgûṁv, marîk paḍûṁv. ‖ *v. i.* vachumk, pâvumk. ‖ *Leva arriba!* ubho! ûṭh! ‖ *v. r.* vachumk, vâṭ ghevumk, mârgâk lâgumk; hâṁkâromk; âpṇâk vharumk divumk. ‖ — *o navio*, hâṁkâroṁk. — *do diabo, da breca,* piṁḍaḷuṁk, khubhdaḷuṁk.

Leve, *a.* lohu, haḷû, halko; sûkshma *(p. us.)*; agûr *(us. Can.)*; lohu pâkh *ou* pîk *(muito —)*; *pequeno:* lahân, supûr, supurlo, chilvaṇ, chilvaṁt, chillar, ilo, iloso; *tenue:* pâtaḷ, bârîk; *vago:* gair, puḷpuḷît, albelo; *agil:* sudsudît, śitâb, châlû; *alliviado:* lohu, haḷû; *de facil digestão:* halko, vegîṁ jircho, thoḍyâ baḷâcho; *facil:* soṁpo, phulâsârkho. ‖ *Cabeça* —, jaḷvây, nikleṭ. *Vento* —, bârîk vâreṁ. *Somno* —, lahân nîd. *Ter as mãos leves,* hât ukallaloch âsuṁk *(g. do s.)* *Que a terra lhe seja* —, Devân tâkâ svargîṁcheṁ sukh divuṁcheṁ. *De — ou ao de* —, *V.* LEVEMENTE. ‖ *adv. V.* LEVEMENTE.

Levedação, *s. f.* phugṇî, dardarṇî *f.*

Levedar, *v. t.* phugauṁk, âṁbṭâvuṁk, âṁbauṁk. ‖ *v. i. e r.* phuguṁk, dardaruṁk.

Levedo, *a.* phuglalo, dardarît.

Levedura, *s. f. V.* FERMENTO.

Levemente, *adv.* lohu, lohvân, haḷû, lohu lohu; vaylyâvayr, bhâylyâbhâyr, ubhaṁtarîṁ.

Leves, *s. m. pl. V.* BOFES.

Leveza, levidade, levidão, *s. f.* lohusâṇ, haḷuvây *f.*, halkepaṇ *n.*; *(fig.) V.* LEVIANDADE.

Leviandade, *s. f.* utâvḷây, urmaṭây, haḷuvây *f.*, avivek, avichâr *m.*; athîrpaṇ, chaṁchaḷây *f.*

Leviano, *a.* urmaṭ, utâvḷî, halko, lohu manâcho, bhaskâpurî, avivekî, avichârî, pramâdî, pisâṭ; uḍyo, uḍto, athîr, hâlâyto, tirtiro, huḷhuḷo, chaṁchaḷ, vâryâvaylo.

Levigação, *s. f.* vâṭap *n.*

Levigar, *v. t.* vâṭuṁk, pûḍ karuṁk *(g. do o.)*

Levipede, *a. (poet.)* lohvâṁ pâṁyâṁcho, laghucharaṇ.

Levita, *s. m. V.* DIACONO *e* ECCLESIASTICO.

Lexicographia, *s. f.* śabdakośarachanâ *f.*, kośkaraṇ *n.*

Lexicographico, *a.* kośkaraṇâcho.

Lexicographo, *s. m.* kośkâr.

Lexicologia, *s. f.* śabdaśâstr *n.*, śabdavidyâ *f.* ‖ *V.* LEXICOGRAPHIA.

Lexicologico, *a.* śabdaśâstrâcho.

Lexicologo, *s. m.* śabdaśâstrî; kośkâr, kośkartâ.

Lexicon, *s. m. V.* DICCIONARIO.

Lexiologia, *s. f. V.* LEXICOLOGIA.

Lez, *s. m.: de — em* —, âspâs, ârpâr.

Lezira, leziria, *s. f.* khâjan *n.*

Lhanamente, *adv.* sâdhepaṇîṁ, ekbhâvîṁ.

Lhaneza, *s. f.* sâdhepaṇ, bhoḷepaṇ, akapaṭ, nishkapaṭ *n.*, ekbhâv *m.*, śitaḷây *ou* śitaḷkây *f.*

Lhano, *a.* sâdho, bhoḷo, saraḷ haḷbaḷo, sâdhobhâvo, ekbhâvî, akapaṭî, nishkapaṭî, śitaḷ, śuddhamati, sâbdo. ‖ *V.* AFFAVEL.

Lhanura, *s. f. (p. us.) V.* PLANURA *e* LHANEZA.

Lia, *s. f.* mûr, murctî *f.*, gâḷo *m.*, gadaḷ, maḷ *n.*

Liaça, *s. f.* taṇâcheṁ poteṁ,- śiṁkeṁ *n.* ‖ *V.* FEIXE.

Liação, *s. f.* bâṁdhap, bâṁdhan *n.* ‖ *V.* LIAME.

Liadoiro, *s. m.* vaḷaṁtibhâyr davarlalo phâtar *m.*

Liame, *s. m.* bâṁdhap *n.*, bâṁdh, nâḍo, rakṭo; kâṁḍlalo chuno *m.*

Liança, *s. f. V.* LIGADURA *e* ALLIANÇA.

Liar, *v. t.* bâṁdhuṁk, sutrâvuṁk, gâṁṭhâvuṁk. ‖ *V.* CONCILIAR.

Libação, *s. f.* piṇeṁ, pivaṇ, châkṇeṁ; tarpaṇ *n.*

Libar, *v. t.* tarpaṇ karuṁk *(g. do o.)*; piyevuṁk; châkuṁk, ṭâḷyâr ghâluṁk; chiṁvuṁk. ‖ *V.* GOZAR.

Libello, *s. m.* libel *m.*, barailalî phiryâd *f.*, lihitapûrvvâd; parivâd *m.*, niṁdâpatr; lahân pustak *n.*, pothî *f.*

Liberação, *s. f.* sûṭ, mâphî *f.*

Liberal, *a.* udâr, dânsûr, dhanad, vechik, lâṁbâ hatâcho; udârmatâcho, mahâmanâcho. ‖ *V.* LIVRE. ‖ *s. m.* udârmatî.

Liberalidade, *s. f.* udârpaṇ, vechikpaṇ, *audârya; pradân *n.*

Liberalismo, *s. m.* udârmat *n.*

Liberalizar, *v. t.* udârpaṇîṁ-, doṁy hâtâṁnîṁ divuṁk, vechuṁk.

Liberalmente, *adv.* udârpaṇîṁ; udârmatân.

Liberar, *v. t.* sûṭ-, mekhḷo karuṁk.

Liberativo, *a.* suṭ karcho.

Liberatorio, *a.* suṭkecho, suṭîcho; svataṁtrâcho.

Liberdade, *s. f.* sattâ *ou* sattyâ, âpkhuśî, mukhtyârî *f.*; svataṁtrpaṇ, svâdhînpaṇ, âp âdhînpaṇ, mekhḷepaṇ *n.*, mukti, suṭî, suṭkâ; *permissão:* rajâ, suṭî *f.*, parvâṇo *m.* ‖ *Dar a* —, *V.* LIBERTAR. *Em* —, jây taseṁ, âpkhuśen, khuśepramâṇeṁ. ‖ -**s**, *pl.* soḍ, sûṭ, mâphî; sattyâ *f.*

Libertação, *s. f.* soḍvaṇ, soḍvaṇî, soḍṇî; suṭkâ, sûṭ, mukti *f.*, nistar, moksh, uddhâr *m.*, uddharaṇ *n.*

Libertador, *a. e s. m.* soḍtalo, saḍavṇâr, muktidâr, târak, uddhârî.

Libertar, *v. t.* soḍuṁk, soḍauṁk, târuṁk, uddharuṁk. ‖ *v. r.* suṭuṁk, sûṭ jâvuṁk.

Libertinagem, *s. f.* kâmchâr, vyabhichâr *m.*, luṁchây *f.*, luchchepaṇ, sodepaṇ *n.*, nirmaryâd *f.*

Libertinamente, *adv.* kâmchârân.

Libertino, *a. e s. m.* kâmchârî, sodo, luṁcho *ou* luchcho, pâṁprel, phaṭiṁg, amaryâdî, bâshkaḷ. ‖ *V.* IRRELIGIOSO.

Liberto, *a.* svâdhîn, svataṁtr; sûṭ, mekhḷo.

Libidinosamente, *adv.* kâmân, laṁpaṭâyen.

Libidinoso, *a.* kâmî, kâmîk, kâmchârî, laṁpaṭ; mastîcho, kâmâcho.

Libitina, *s. f. (poet.) V.* MORTE.

Libra, *s. f.* rât *m.;* śer *m.;* libr *n.; (astr.)* tulo *m.*

Libração, *s. f. V.* EQUILIBRAÇÃO.

Librar, *v. t.* saṁtolauṁk, saṁbhâr karuṁk; *suspender:* uṁkaḷâvuṁk, lâṁbauṁk; *fazer depender:* davruṁk, ṭhevuṁk, ghâluṁk. ‖ *v. r.* uṁkaḷûn râvuṁk. ‖ *V.* CONSISTIR.

Libré, librea, *s. f.* pehrâvo, vesh *m.; (fig.) V.* APPARENCIA.

Liça, *s. f.* âkhâḍo *m.*, raṁgâṁgaṇ, raṁgaṇ *n.* ‖ *V.* BRIGA.

Lição, *s. f.* lisâṁv *n.*, dhaḍâ, pâṭh; upadeś *m.*, śikshâ *f.;* vâchap *n.* ‖ *V.* ESCARMENTO e CASTIGO.

Liçaroes, *s. m. pl.* tâṇyâche palvaṭ *m. pl.*

Licença, *s. f.* liseṁs *n.*, sattyâ, rajâ, âjñâ *ou* âgnyâ *f.*, hukûm, parvâṇo *m.; isenção de serviço:* liseṁs *n.*, rajâ, suṭî, suṭkâ *f.*, nirop *m.*, niropṇeṁ *n.; (fig.)* kâmchâr, vyabhichâr *m.*, pâṁprelpaṇ, bebaṁdpaṇ *n.* ‖ *V.* CONSENTIMENTO.

Licenciado, *a.* rajâ-, suṭkâ dilalo; sanadî. ‖ *V.* ISENTO.

Licenciamento, *s. m.* rajâ-, suṭî deṇeṁ, niropṇeṁ *n.*, nirop *m.*

Licenciar, *v. t.* liseṁs-, parvâṇo divuṁk; rajâ-, nirop divuṁk *(d. do o.)*, niropuṁk; bhâyr ghâluṁk. ‖ *v. r.* liseṁs kâḍhuṁk, parvâṇo ghevuṁk.

Licenciatura, *s. f.* liseṁs-, rajâ deṇeṁ,- gheṇeṁ *n.;* vidyâlayâcho pâuṁḍo *m.*

Licenciosamente, *adv.* amaryâdîṁ, dâṁḍgâyen, durâchârîṁ.

Licenciosidade, *s. f.* amaryâd, nirmaryâd, dâṁḍgây *f.*, durâchâr, vyabhichâr *m.*, bebaṁdpaṇ *n.;* kâmâchâr *m.*, mast, laṁpaṭây, luṁchây *f.*

Licencioso, *a.* amaryâdî, nirmaryâdî, durmaryâdî, bebaṁd, bâshkaḷ, dâṁḍgo, phaṭiṁg, durâchârî, vyabhichârî; kâmchârî, luṁcho, bâḷo, pâṁprel, masto.

Lichen, *s. m. (bot.)* śeḷo *m.*

Lichino, *s. m.* ghâyâṁt ghâlchîṁ sutâṁ *n. pl.*

Liciatorio, *s. m.* viṇpyâchî dâṁtoṇî *f.*

Licitação, *s. f.* pâvṇer ghâlṇeṁ *n.*, pâvṇî *f.*

Licitador, *a. e s. m.* pâvṇer ghâltalo, pâvṇekâr.

Licitamente, *adv.* kâydyâpramâṇeṁ, phâvote parîṁ, nirdoshîṁ.

Licitante, *a. e s. m.* jâṁvo kartalo,- ghâltalo, pâvaun vhartalo.

Licitar, *v. i.* jâṁvo karuṁk, lâṁs *(do port.* LANÇO*)* ghâluṁk, chaḍhauṁk, chaḍh karuṁk. ‖ *v. t.* pâvṇer ghâluṁk; pâvaun-, chaḍhaun vharuṁk; lâṁs ghâluṁk *(l. sup. do o.)*

Licito, *a.* kâydyâr-, samurtîr âḍ yenâslalo, samurtîsârko, kâydyâbarâbar, puṭavto; sattecho, nirdosh, yogya, yuktisâr.

Licor, *s. m.* likor, goḍ soro; tîk-, nibar soro *m.*, dârû *(us. N. C.);* ark *m.* ‖ *V.* LIQUIDO.

Licorista, *s. m.* goḍ-, tîk soro kartalo,- viktalo, sorekâr.

Licorne, *s. m. V.* UNICORNE.

Licos, *s. m. pl.* mâgâchîṁ-, tâṇyâchîṁ ubhîṁ sutâṁ *n. pl.*

Licranço, *s. m. V.* LACRAU.

Lictor, *s. m.* pâyik.

Lida, *s. f.* kashṭ, aṭṭâhâs *ou* aṭâs, dagdag *ou* dagd *m. pl.*, kaṭ, śram, *yerjâr *m.*, maśâgat, ghâs, kasrat *f.*

Lidado, *a.* kashṭî jâlalo, dagdagî; kashṭâṁcho dagdagâṁcho.

Lidador, *a. e s. m.* jujtalo, jujârî, yodhî, saṁgrâmî; kashṭî, kashṭâmkâr, vâvrâḍî, *yerjârî.

Lidar, *v. i.* jujuṁk, jhagḍuṁk, jhoṁbuṁk; kashṭî jâvuṁk, kashṭâvoṁk, kashṭ-, taḍ kâḍhuṁk, aṭâsuṁk, kaṭuṁk, śramuṁk, dagdaguṁk, hâtpâṁy dâḍâvuṁk, âpṭoṁk dapṭoṁk, harḍeṁphûṭ jâvuṁk. ‖ *v. t. (p. us.)* jujuṁk *(ab.* kaḍe *do o.)*, jhagḍuṁk âpauṁk. ‖ — *alguem,* kashṭî karuṁk, kashṭâvuṁk, dagdagâvuṁk. — *a vida,* hâtpâmy jharaumk, aṭâsâmnim dis kâdhumk. — *um toiro,* bailâkaḍe jhomḃumk,- jujumk.

Lide, *s. f.* juj, yuddh, samgrâm *n.,* laḍhây, mârâmârî *f.;* dâvo, nyây, vâd; vivâd *m.* ‖ *V.* LIDA.

Lido, *a.* vâchlalo, jâṇto, jâṇar.

Liga, *s. f.* bâmdhap *n.; confederação:* samdhi *f.,* kaṭ, milâph; *união:* ekvaṭ, meḷ, samg, samyog; *mistura:* misaḷ *m.,* barsi, bhel *f.;* hîṇ, kaḷamk, kiṭ *n.,* *pâtî *(— de metaes) f.; fita:* lîg, meyâmchem bâmdhap; *apertadoiro:* bâmdhap *n.,* bâmdhpâs, bâmdh *m.* ‖ *Não fazer boa —,* nâ paḍumk, nâ lâgumk, nâ jamumk.

Ligação, *s. f.* bâmdhṇî, bâmdhap *n.;* gâmṭh *f.,* doro *m.*

Ligadura, *s. f.,* **ligamento,** *s. m.* bâmdhṇî *f.;* bâmdhap *n.,* bâmdhpâs; doro *m.*

Ligamen, *s. m.* lag *m.,* nâtem *n.*

Ligamentoso, *a. V.* FIBROSO.

Ligar, *v. t.* bâmdhumk, bâmdhpâs ghâlumk *(d. do o.);* jaḍumk, samdhumk, sâmdhumk, pâmsumk; misḷumk, barsumk; hîṇ-, pâtî ghâlumk *(l. in do o.)* ‖ *V.* ENCADEAR. ‖ *— importancia,* mol divumk, parvâ karumk. *Não — duas idéas,* ek paṇ sâmkem nâ ulaumk. ‖ *v. i.* lâgumk, basumk, jaḍomk, sâmdhomk. ‖ *v. r.* bâmdhpâs paḍumk *(d. do s.),* phârumk, revḍomk; jaḍomk, meḷomk; *(fig.)* ekṭhâmy jâvumk, ekvaṭ karumk. ‖ *V.* COMPROMETTER-SE.

Ligeiramente, *adv.* lohu; vegîm; vâylyâvayr; *(fig.) V.* LEVIANAMENTE.

Ligeireza, *s. f.* halkepaṇ *n.,* haḷuvây, agurây *(us. Can.);* śitâbî, suḍsuḍây, saḍsaḍitây *f.;* mekhḷepaṇ *n.; (fig.) V.* LEVIANDADE. ‖ **-s,** *pl. V.* PELOTICAS.

Ligeiro, *a.: agil:* âmgsûṭ, suḍsuḍit, saḍsaḍit, śitâb; *veloz:* dhâmvro, châlû, vegâcho, *vegâsî; *leve:* lohu, haḷû, halko, agûr *(us. Can.); delgado:* bârik, pâtaḷ; *vaporoso:* ubhto, ubhaṭ; *pouco encorpado:* viḷviḷit, virvirît; *pouco carregado (côr):* bâvaṭ, phiko, pâmdhro; *repentino:* avchitt, achambit; *airoso:* śobhit, âkârvamt. ‖ *V.* LEVIANO *e* BULIÇOSO. ‖ *De —, V.* DE LEVE. *Pôr-se á ligeira,* bârîk-, thoḍem nesumk. ‖ *adv.* vegîm, dhâmvûn.

Ligneo, *a. V.* LENHOSO.

Lignificar-se, *v. r.* lâmkûḍ jâvumk.

Lignivoro, *a.* lâmkûḍ romvthilalo.

Liliputiano, *a. e s. m. V.* ANÃO.

Lima, *s. f.* kânas *f.; (bot.)* îḍ *n.*

Limadamente, *adv.* ghâmsûn; *(fig.)* nîṭ-, śuddh karûn.

Limador, *s. m.* kânsitalo; ghâmstalo, ghâmsṇâr.

Limadura, *s. f.* kânsap; ghâmsap *n.; (fig.) V.* APERFEIÇOAMENTO.

Limagem, *s. f.* kânsap *f.;* ghâmsṇî, ujaḷṇî *f.* ‖ *V.* LIMALHA.

Limalha, *s. f.* kânsîcho piṭho *m.,* mâḷpî *(us. Can.) f.*

Limão, *s. m.* limbo, nimbo, nimbû *m.* ‖ *V.* LIMOEIRO.

Limar, *v. t.* kânsumk, kânsîn ghâmsumk; *(fig.)* nîṭ-, sâmko karumk, sudhârumk; jharaumk, khâvumk.

Limatão, *s. m.* moṭi kânas *f.*

Limbo, *s. m.* limb *m.,* *limbasthân, pâtâḷ *n.;* kâmṭh *m.,* deg *f.; (fig.)* narak *m.* ‖ *Pôr no —,* visrumk.

Limiar, liminar, *s. m.* umbar, umbro; *(fig.)* dârvamṭo *m.*

Limitação, *s. f.* merâvṇî, nisâvṇî; maryâd, parimiti *f.,* âḷo, âṭâp *m.;* thoḍepaṇ, uṇepaṇ *n.* ‖ *V.* EXCEPÇÃO.

Limitadamente, *adv.* parimitîn, âṭâpûn. ‖ *V.* ESCASSAMENTE.

Limitar, *v. t.* sîm-, mer ghâlumk *(d. do o.),* merâvumk, nisâvumk; *restringir:* âmvḷumk, âṭâpumk, maryâd-, bâmdh ghâlumk *(d. do o.); diminuir:* uṇâvumk, demvaumk, thoḍâvumk; *marcar:* nemumk, nimyârumk; *servir de limite:* simer âsumk *(g. do o.)* ‖ *V.* EXCEPTUAR. ‖ *v. i. V.* CONFINAR. ‖ *v. r.* âṭpomk, âṭâpomk; maryâdin chalumk.

Limitativo, *a.* sîm ghâlcho, âṭâpâcho, maryâdîcho.

Limite, *s. m.* nîs *m.,* mer, sîm; *(fig.)* mît, mîtmer, maryâd *f.,* pâr *m.* ‖ *V.* RAIA.

Limitrophe, *a.* merelî, śejârî.

Limo, *s. m.* śeḷo; *(fig.)* chikal, bâmbar, meḷ *m.;* pojaḍ, aḷsîk *n.*

Limoeiro, *s. m.* limbî, nimbî; bamdîkhaṇ *ou* bamdkhaṇ *f.*

Limonada, *s. f.* limonâd, limbyâchem śarbat *n.*

Limonadeiro, *s. m.* limonâd kartalo va viktalo.

Limoso, *a.* śeḷyâcho, śeḷyân bharlalo.

Limpa, *s. f.* bhemḍṇî; naḍṇî *f.*

Limpa-candieiros, *s. m.* dive nitaḷ kartalo.

Limpa-chaminés, *s. m.* dhurâḷem nitaḷ kartalo *m.;* pusṇem *n.*

Limpadela, *s. f.,* **limpamento,** *s. m.* nitḷâvṇî *f.,* nitaḷ karṇem *n.*

Limpador, *a. e s. m.* nitaḷ kartalo, nitḷâvnâr, pusṇâr.

Limpadura, *s. f.* nitḷâvṇî, pusṇî *f.* ‖ **-s,** *pl.* ushṭeṁ, sâṁḍlaleṁ; kharpaṇ, kharpaṇeṁ *n.*

Limpamente, *adv.* nitḷâyen, nirmaḷîṁ.

Limpar, *v. t.* nitaḷ-, nirmaḷ karuṁk, nitḷâvuṁk, nirmaḷuṁk, pusuṁk, dhuvuṁk; *desenferrujar:* ujḷuṁk; *varrer:* jhâḍuṁk; *escovar:* burûs mâruṁk *(d. do o)*, phâphḍuṁk; *enxugar:* pusuṁk; *joeirar:* châhiṇî ghâluṁk, vâryâ divuṁk, âsuḍuṁk; *esvaziar:* rito karuṁk, uspusk; *comer o conteudo:* pusuṁk, dhuvuṁk; *furtar:* lâṭuṁk, luṭuṁk. ‖ — *arvores,* vistâr mâruṁk *(g. do o.)*, bheṁḍuṁk. ‖ *v. i.* laṁv gaḷuṁk *(g. do s.)*; nitḷuṁk, nitaḷ jâvuṁk; baro jâvuṁk. ‖ *v. r.* nitaḷ-, sâph jâvuṁk, nitḷuṁk; ujḷoṁk; sukuṁk; pusoṁk.

Limpeza, *s. f.* nitaḷpaṇ *n.*, nitḷây, nirmaḷây *f.*, nirmaḷpaṇ, *nirmaḷatva, nishkaḷaṁkpaṇ *n.*, śuddhi, nirlepây *f.*; *(fig.)* *V.* CASTIDADE.

Limpidez, *s. f.* nitḷây, nirmaḷây *f.* ‖ *V.* BRILHO e PUREZA.

Limpido, *a.* nitaḷ, nirmaḷ, nivaḷ, ujaḷ; prajvaḷît.

Limpo, *a.* nitaḷ, nirmaḷ, dhavo, sâph, pâk, nirlep; nigaḷ, nibel; *(fig.)* śuddh, nishkaḷaṁk, pâvan. ‖ — *de mãos,* mâṇsugecho, âbrûcho; dusryâchî daṁḍî khây nâślalo. — *de vista,* bârik dishṭ âslalo. *Gente limpa,* bare kuḷiyecho lok. *Papel —,* aprâp kâgad. *Porto —,* piḍâ nâslaleṁ baṁdar. *Não ter a lingua limpa (fig.),* pojaḍpaṇâṁ ulauṁk, kiḍe oṁkuṁk. *Pôr ou tirar a —,* bareṁkan barauṁk,- utruṁk; dhuṁḍâḷuṁk, ubheṁ karuṁk. *Pôr tudo em pratos limpos,* sagḷeṁ dakhal karuṁk, sagḷyo âḍkhaḷî kâḍhuṁk. ‖ *adv.* *V.* LIMPAMENTE.

Linda, *s. f.* nîs *m.*, khuṁṭî, mer *f.*

Lindamente, *adv.* śobhen, nâjukâyen.

Lindar, *v. t.* khuṁṭyo puruṁk *(d. do o.)*, pâlâvuṁk, merâvuṁk. ‖ *v. i.* *V.* CONFINAR.

Lindeza, *s. f.* śobhitây, suṁdarây, surûpây *f.*, rûp *n.*; nâjukây, chokhaṭây, *sukumây *f.*

Lindo, *a.* śobhit, śobhavṇo, śobhivaṁt, rûpest, rûpvaṁt, suṁdar, suṁdarat, surûp, surekh, phiraṁgulo. chimṇo, mâṇkulo, kây baro, sudhaḷ; nâjûk, chokh, chamak, chamatkâr, *sukûm.

Lineal, linear, *a.* reghâṁcho, rekhâṁcho, oḷîṁcho; paraṁparecho, kramâgat.

Lineamentos, *s. m. pl.* âkâr, kharḍo, masudo *m.*; toṁḍrûp, rûpchihneṁ, rûp *n.*, rûprekhâ; âṁglaṭ *f.*, âṁgvaṭo *m.*, valaṇ *n.* ‖ — *da mão,* hâtâchyo reghî,- oḷî.

Lineo, *a. (poet.)* saṇâcho, saṇî.

Linga, *s. f. (naut.)* śiṁkeṁ *n.*, jhoḷî, naughaṇ *f.*

Lingar, *v. t.* śiṁkeṁ ghâluṁk *(d. do o.)*, naughaṇîn ukluṁk.

Lingua, *s. f.* jîbh; jibhlî *(dim.)*; *(fig.)*, bhâs, bhâshâ, bolî *f.*; *fiel da balança:* kâṁṭo *m.* ‖ — *de fogo,* âgel *n.*, jhagal *f.* — *materna,* janmabhâshâ. — *vulgar,* lokbhâs. *Com — de palmo,* jivâr yevûn, khuśebhâyr. — *de terra,* *V.* ISTHMO. — *de trapos,* tuṭkî bhâs. *Dar á —,* baḍbaḍuṁk, pharpharuṁk. *Não ter papas na —,* jîbh paṁvuṁk,- luslusuṁk *(g. do s.)* *Pela — morre o peixe,* âplyâ toṁḍân mâsḷî martâ. *Ter a — grossa,* jîbh jaḍ jâvuṁk. *Solto de —,* jibhaṭ, jibhek hâḍ nâslalo. *Ter debaixo da —,* toṁḍâk nâ yevuṁk. *Ter na ponta da —,* jibher âsuṁk. *Tirar ou puxar pela — a alguem,* ulauṁk lâvuṁk, toṁḍâṁtleṁ kâḍhuṁk. ‖ *s. m.* dubhâshî.

Linguado, *s. m.* moṭî jîbh *f.*; kâgdâcho tîr *(do port.* TIRA*)* *m.*; *(zool.)* lep *f.*

Linguagem, *s. f.* ulauṇeṁ, bolṇeṁ *(us. N. C.)* *n.*, ukti; bhâs, bhâshâ, bolî *f.*; *(fig.)* *V.* ESTYLO. ‖ **-ens,** *pl.* rûpâkhyânâṁ *n. pl.*

Lingual, *a.* jibhecho, jihvâsaṁbaṁdhî.

Linguaraz, *a. e s. m. e f.*, **linguareiro,** *a. e s. m.*, **linguarudo,** *a.* jibhaṭ, bajbajo, pachpacho, pharpharo, vâchâḷ, toṁḍâḷ.

Lingueirão, *s. m.* moṭî jîbh *f.*

Lingueta, *s. f.* jibhlî *f.*; tâgḍecho kâṁṭo; uttârghâṭ *m.*, pâj; khîḷ *f.*

Linguete, *s. m. (naut.)* pâchâreṁ *n.*

Linguiça, *s. f.* liṁgîs, liṁgisâṁv *n.*

Linguista, *s. m.* jâytyo bhâso jâṇo âslalo, bahubhâshyo; śabdaśâstrî.

Linguistica, *s. f.* śabdaśâstr *n.*

Linguistico, *a.* bhâshecho; śabdaśâstrâcho.

Linha, *s. f.* sût, sûtr, taṁtr *n.*, dhâgo, taṁtu; târ, doro *m.*, dorî, sutlî *f.*, saḍo; saraḍ *(— de pescar)* *m.*; *extremidade:* saraḍ; dhâr; sîm; *fileira:* oḷ, âḷ, âḷî, hâr, pâṁt, karel, âvali, pâḷî, âṁḍî *f.*; *categoria:* varg, kram *m.*; *nor-*

ma: sûtr, taṁtr *n.*, niyam, vidhi *m.*, rît, moḍ; *regra:* oḷ, regh, rekhâ, paṁkat *ou* paṁgat, gîṭ *(us. Can.)*; *(geom.)* rekhâ, reshâ, dhârṇî *f.*; *(arith.)* âkaṁdyâcho bârâvo vâṁṭo *m.*; *barrote:* âḍbharem *n.*; *(mil.)* pharo *m.*, râṁg *f.* ‖ *V.* LINEAMENTOS *e* LINHOTE. ‖ — *de defesa,* khaṁdakmarcho *m.* — *de tiro,* mokî *f.* — *de parentesco,* vaṁś *m.*, vaṁśâvali, paraṁparâ *m.* — *telegraphica,* târ *m.* *Primeiras linhas, V.* ESBOÇO. *Deitar ou lançar as suas linhas,* ṭhâv ghevuṁk, mâṁḍâvaḷ karuṁk. *Cada um sabe as linhas com que se cose,* âplîṁ kâmâṁ âpaṇ jâṇo. *Em* —, hârîn; sûtrâr. *Por uma* —, ckâ dhâgyâk. ‖ -s, *pl.* chiṭṭ *f.*, oḷî *f. pl.*

Linhaça, *s. f.* saṇbiyâṁ *n. pl.*

Linhagem, *s. f.* saṇî moṭeṁ lugaṭ *n.*; vaṁś, gotr *m.*, ghar, gharâṇeṁ *n.*, pilgî, kuḷî *f.*

Linhagista, *s. m. V.* GENEALOGISTA.

Linhal, linhar, *s. m.* saṇâcheṁ śet *n.*

Linheira, *s. f.* saṇâcheṁ kâm kartalî; sutkârṇ.

Linheiro, *s. m.* saṇkâr; sutkâr.

Linho, *s. m.* saṇ *m.*, aḷsî *f.*

Linhol, *s. m.* mochyâṁchî sutlî *f.*

Linhoso, *a.* saṇâcho, saṇî.

Linhote, *s. m.* vaḷaṁtî thirâvuṁchî pâṭî *f.*

Linificio, *s. m.* saṇâcheṁ kâm *n.*

Linimento, *s. m.* malam, mâkhaṇ, lep *m.*

Lio, *s. m. V.* LIAME *e* PACOTE.

Lioz, *a.: pedra* —, dhavo phâtar,-chiro *m.*

Lipes, *a.: pedra* —, morchût *m.*

Lipoma, *s. m.* vâḷûk *n.*

Lipothymia, *s. f.* jhiṁṭ, kâṁtarṇî *f.*

Liquefacção, *s. f.* pâghaḷ, pigaḷ, drâv *m.*, drâvaṇ *n.*

Liquefazer, *v. t.* kaḍhauṁk, dravauṁk, pâghḷauṁk. ‖ *v. r. V.* LIQUESCER.

Liquescer, *v. i.* kaḍhuṁk, dravuṁk, pâghḷuṁk, pigḷuṁk, karguṁk.

Liquidação, *s. f.* rujvâṭ, tapâsṇî; toḍṇî, pheḍṇî, pheḍ, jhaḍtî, bâḍbâkî, phaḍśâ *(us. Can.) f.*, phaisâl *(us. Can.)*, mukâbalo, jhâḍo *m.*

Liquidador, liquidatario, *a. e s. m.* toḍṇâr, pheḍṇâr.

Liquidamente, *adv.* olo jâvûn, kaḍhûn; *(fig.)* ughḍâpeṁ, sâph.

Liquidar, *v. t.* chaukasuṁk, tapâsuṁk, rujvâṭuṁk, chaukaśî karuṁk *(g. do o.)*; chukauṁk, toḍuṁk, pheḍuṁk, jhâḍo-, phaḍśâ karuṁk *(g. do o.)*

Liquidez, *s. f.* olepaṇ *n.*, olsâṇ *f.*, drâvaṇ *n.*

Liquidificação, *s. f. V.* LIQUEFACÇÃO.

Liquidificante, *a.* kaḍhauṁcho, virauṁcho, olo karcho.

Liquidificar, *v. t. e r. V.* LIQUEFAZER.

Liquidificavel, *a.* kaḍhcho, sadrav.

Liquido, *a.* olo, udkâḷo, drav, sadrav, vâhvto, vâhvro; *(fig.)* rujû keḷalo, ughḍâpo; nivaḷ, niko.

Lirio, *s. m.* kanel *(planta) f.*, *(flor) n.*

Lisim, *s. m. (p. us.)* phâtrâchî ver *f.*, doro *m.*

Liso, *a. V.* LIZO.

Lisonja, *s. f.* toṁḍâpurteṁ ulauṇeṁ *n.*, lâg *m. pl.*, khuśâmat, phuslâvṇî, phulauṇî, dhuṁpâvṇî *f.*, gûḷkhobreṁ *n.*; *(fig.) V.* AFAGO.

Lisonjeador, *a. e s. m.* lâgâḷo, khuśâmatî, phuslâvṇâr, dhuṁpâvṇâr.

Lisonjear, *v. t.* lâg karuṁk *(d. do o.)*, phulâṁ mâḷuṁk *(d. do o.)*, kombo kâḍhuṁk *(d. do o.)*, khuśâmat karuṁk *(g. do o.)*, toṁḍâr poḷe bhâjuṁk *(g. do o.)*, phulauṁk, phuslâvuṁk, dhuṁpâvuṁk, bhulauṁk; saṁtoshâvuṁk, khuśî karuṁk, mutauṁk *(chul.)* ‖ *v. r.* phuluṁk, bhuluṁk; khuśî jâvuṁk, murgaṭuṁk.

Lisonjearia, *s. f.* toṁḍâpurteṁ ulauṇeṁ *n.*, lâgâṁchîṁ uttrâṁ *n. pl.*, stutivâd *m.*

Lisonjeiramente, *adv.* lâgâṁnîṁ, lâg karûn, bhulaun.

Lisonjeiro, *a. e s. m.* lâgâḷo, phuslâvṇo, bhulauṇâr; khuśâmatîcho, lâgâṁcho, bhulvaṇeccho.

Lista, *s. f.* phâḷî, chiṁdhî, paṭṭî *f.*, phâḷo *m.*; *rol:* paṭṭî, śivḍî, yâd *f.*, patrak *n.*, ṭîp, nagjhâḍo, khardo *m.*; *bilhete:* chiṭṭ *f.* ‖ *V.* LISTRA.

Listão, *s. m.* pâṭ, dâl *m.*; bârîk kâm *f.* ‖ *V.* FAIXA.

Listra, *s. f.* pâṭ *m.*, regh, rekhâ, *vuḷâvarî *f.*

Listrado, *a.* pâṭâṁcho, pâṭ-, regho âslalo.

Listrão, *s. m. V.* LISTÃO.

Listrar, *v. t.* pâṭ ghâluṁk,- lâvuṁk *(d. do o.)*; regho-, risko mâruṁk,-oḍhuṁk *(d. do o.)*

Litania, *s. f. V.* LADAINHA.

Litchi, *s. m. (bot.)* lichî *f.*

Liteira, *s. f.* mâchîl *n.*, doḷî, pâlkî *f.*

Liteireiro, *s. m.* bhoî, bâvḍî.

Lithargyrio, *s. m.* sonyâcheṁ-, bhâṁgârâcheṁ kîṭ *n.*

Lithia, *s. f.* muḍḍârśeṁg *f.*

Lithiasis, *s. f.* mûtkhaḍo *m.*

Lithogenesia, *s. f.* pâshâṇarachanavidyâ *f.*

Lithographar, *v. t.* śilâlekhanân karuṁk.

Lithographia, *s. f.* śilâlekhanavidyâ *f.*

Lithographico, *a.* śilâlekhanâcho.

Lithographo, *s. m.* śilâlekhak.

Lithoide, *a.* phâtar kaso, dagaḍî.

Lithologia, *s. f.* pâshâṇavidyâ *f.*, śilâśâstr *n.*

Lithontriptico, *a.* mûtkhaḍo viraunicho.

Lithophago, *a.* khaḍpâk lâgûn jiyetalo.

Lithotomia, *s. f.* mûtkhaḍo kâḍhṇeṁ,- soḍauṇeṁ *n.*

Litigante, *a.* dâvyâcho, vyavahârî. || *s. m.* vyavahârî, vâdî, khaṭlekâr.

Litigar, *v. i.* dâvo-, khaṭlo karuṁk, vyavahâruṁk, vivâduṁk.

Litigio, *s. m.* dâvo, vyavahâr, khaṭlo, nyây, vivâd *m.*, kaiphet, paṁchât *f.*; *(fig.)* jhagḍeṁ *n.*, taṁṭo *m.*

Litigiosamente, *adv.* dâvyân; taṁṭyâṁnîṁ.

Litigioso, *a.* dâvyâcho, nyâyâcho; nyâyî, vâdelî, vivâdî.

Litispendencia, *s. f.* vyavahârâcho kâḷ,- samay *m.*

Litteral, *a.* aksharâṁcho, aksharî; muḷâcho, mûlârthak; mûlśabdânusârî; khachît, khaṁḍit.

Litteralmente, *adv.* mûlśabdâpramâṇeṁ, mûlârthâpramâṇeṁ.

Litterariamente, *adv.* vidyepramâṇeṁ.

Litterario, *a.* vidyecho, vidyâsaṁbaṁdhî, śikpâcho.

Litterato, *a. e s. m.* vidyâvaṁt, vidyâkâr, paṁḍit, vâchpîbarpî, pravîṇ.

Litteratura, *s. f.* vidyâ *f.*, akshar, śikap *n.*; pustakâṁ *n. pl.*; paṁḍitamaṁḍaḷî *f.*

Littoral, *a.* taḍîcho. || *s. m.* taḍ, taḍîchî jamîn *f.*

Litura, *s. f.* puslaleṁ, ghâṁslaleṁ, kâtarlaleṁ *n.*

Liturgia, *s. f.* rît, parvaḍ *f.*, prârthanamârg, karmavidhi, sevâdharm *m.*

Liturgicamente, *adv.* rîtîpramâṇeṁ, parvaḍîn.

Liturgico, *a.* rîtîcho, prârthanamârgâcho.

Liturgista, *s. f.* rît jâṇo âslalo, prârthanamârgajña.

Livel, *s. m.* *(e deriv.)* *V.* NIVEL.

Lividez, *s. f.*, **livor**, *s. m.* kâḷvaṭî *f.*, niḷsârpaṇ *n.*

Livido, *a.* śimsyâchyâ raṁgâcho, kâḷo niḷo, kâḷvaṭîcho, niḷsâr.

Livrador, *a. e s. m.* vâṭâytalo, nivârṇâr, soḍauṇâr.

Livramento, *s. m.*, **livrança**, *s. f.* nivârṇî, vâṭâvṇî *f.*, nistarṇeṁ *n.*, bachâv *m.*; soḍṇî, sutṇî *f.*

Livrar, *v. t.* nivâruṁk, vâṭâvuṁk, soḍuṁk, soḍauṁk, pâlṭuṁk, bachâvuṁk; râkhuṁk, saṁbhâḷuṁk. || *v. r.* vâṭâvoṁk, suṭuṁk.

Livraria, *s. f.* livrârî *f.*, pustakâṁcho bharṇo *m.*; pustakaśâlâ *f.*, pustakâlay *n.*

Livre, *a.* svâdhîn, âp âdhîn, svataṁtr, mekhḷo, âpḷe khuśecho,- sattecho; *solto:* sûṭ, suṭo, sûḍ, saḍo; *absolvido:* suṭlalo, niraparâdhî, uttîrṇ, mukt; *não prohibido:* âḍkhaḷîmekhḷo, nirbaṁdh ughṭo; *desembaraçado:* sûṭ, phakaḍ; *desoccupado:* beṭho, beshṭo, mekhḷo, sûṭ, rikâmo; *espontaneo:* khuśecho, âpkhuśecho, svabhâvik; *não casado:* âṁkuvâr; *licencioso:* nirmaryâdî, nirbhîḍ; *aberto:* ughṭo, mekhḷo, nirbaṁdh; *desprendido:* suṭlalo, suṭo, saḍo. || *Ao ar* —, ughṭyâr. *Campo* —, maidân; *(fig.)* mekhḷî vâṭ *f.*, nirvighn *n.* *Estar* — *de*, suṭuṁk, mekhḷo âsuṁk. *Ter a mão* —, hât baro chaluṁk. *Ter o seu tempo* —, beshṭo âsuṁk. *Ser* — *com alguem*, bhîḍ nâsuṁk *(d. do o.)* *Ver-se* — *de alguem*, hâtâṁtlo sutuṁk. || *adv.* *V.* LIVREMENTE.

Livreco, *s. m.* halkeṁ pustak *n.*

Livreiro, *s. m.* livrer, pustakâr.

Livremente, *adv.* saṭlîvr, âpkhuśen, jây mhaṇ; mekhḷepaṇîṁ, âḍkhaḷ nâstânâ; mânsuge-, maryadî viṇeṁ.

Livrete, *s. m.* supurleṁ pustak *n.*, pothî, chopḍî *f.*

Livro, *s. m.* lîvr, graṁth *m.*, pustak *n.*, pothî *f.* || *Isso é dos livros*, heṁ śâstrâcheṁ. *Fallar como um* —, vhaḍle bhâshen ulauṁk.

Livruxada, *s. f.* pustakâṁchî râs *f.*

Lixa, *s. f.* morî *f.*, moro *(— grande)* *m.*; khareṁ *n.*

Lixar, *v. t.* kharyân ghâṁsuṁk.

Lixivia, *s. f.* khâr *m.*, khârvaṇî *ou* khâroṇî *n.*

Lixiviação, *s. f.* khârâvṇî *f.*; jhâro *m.*

Lixiviar, *v. t.* khârâvuṁk, khârvaṇyân dhuvuṁk; jhâro karuṁk *(g. do o.)*

Lixivioso, *a.* khârvaṇyâcho.

Lixo, *s. m.* kair, kachro, kalû, kastav, kastaḷ *m.*, khât *n.* ‖ *V.* EXCREMENTO *e* RALÉ. ‖ *Barril do —,* kairâcheṁ âydan; *(fig.)* kiteṁy ghetalo manîs.

Lixoso, *a.* kairâcho. ‖ *V.* IMMUNDO.

Liz, *s. m. V.* LIRIO.

Lizamente, *adv.* suḷsuḷît, tuḷtuḷît; âbrûn, mâṇsugen.

Lizo, *a.* suḷsuḷît, tuḷtuḷît, tiḷtiḷît, sâph, *nisaḷ; sapâṭ, sârko, *mâṭh; *(fig.)* kharo, nîj, saraḷ, sâdho, sâdhobhâvo, śuddh, ekbhâv.

Lizura, *s. f.* suḷsuḷitây, tuḷtuḷitây, tiḷtiḷî, *nisaḷây; sapâṭî *f.*; *(fig.)* kharepaṇ, sâdhepaṇ *n.*, śitaḷây *ou* śitaḷkây *f.*, ekbhâv *m.*

Ló, *s. m. (ant.)* saklât; *(naut.)* bâṇ *f.* ‖ *Pão de —,* pâṁdelo, goḍ'uṁḍo *m.* *Virar de —, V.* ORÇAR.

Loa, *s. f. (ant.)* prastâvanâ *f.*, pûrvâṁg *n.*; *(fig.)* stutivâd *m.* ‖ **-s,** *pl.* sadgît *n.*; ovî, jhot *f.*; *(fig.) V.* ELOGIOS. ‖ *Cantar —,* tel lâvuṁk *(fig.)*, koṁbo kâḍhuṁk.

Loba, *s. f.* bâil eval, lâṁḍgî *f.*; lob *m.*, âṁgleṁ *n.*

Lobacho, *s. f.* lahân lâṁḍgo *m.*

Lobado, *a.* śiro-, bukaḍâṁ âslalo, ḍhuṁgâṁcho.

Lobal, *a.* lâṁḍgyâcho; *(fig.) V.* CRUEL.

Lobão, *s. m.* ḍhuṁg *n.*

Lobato, *s. m. V.* LOBACHO.

Lobaz, *s. m.* moṭo lâṁḍgo *m.*

Lobecão, *s. m.* lâṁḍgyâchyâ bijâcheṁ śuṇeṁ *n.*

Lobeiro, *a. e s. m.* lâṁḍge mârtalo.

Lobinho, *s. m.* supurlo lâṁḍgo *m.*; vâḷûk, bukaḍ, gâlguṁḍ *n.*

Lobis-homem, *s. m.* râkhas, gihro; âû, âûlo *m.*

Lobo, *s. m.* lâṁḍgo, eval *m.* ‖ *— gato ou cerval, V.* LYNCE. *— do mar (fig.),* mhâtâro târvaṭî. *— tigre, V.* HYENA. *Entre o — e o cão,* tinsânâ. *Cahir na guela do —,* vâghâchyâ toṁḍâṁt paḍuṁk.

Lóbo, *s. m. (anat.)* bukaḍ, gâlguṁḍ *n.*

Lobrego, *a. V.* LUGUBRE *e* ESCURO.

Lobrigador, *a. e s. m.* pais thân dekhtalo. ‖ *V.* EXPLORADOR.

Lobrigar, *v. t. V.* ENXERGAR.

Lobulado, *a. V.* LOBADO.

Lobular, *a. (anat.)* bukaḍâṁcho, bukyâṁcho.

Lobulo, *s. m.* bukaḍ *n.*, buko; popsâcho bhâg *(— do pulmão) m.*; pâḷî *f.*, châpeṁ *(— da orelha) n.*; teṁbî *(— do nariz)*; *(bot.)* śîr *f.*

Lobuloso, *a.* bukyâṁcho; śirâṁcho, śirâḷ.

Locação, *s. f.* bhâḍyâk deṇeṁ; hâḍ basauṇeṁ *n.*

Locador, *s. m.* bhâḍyâk ditalo.

Locafa, *s. f. (ant.)* urpaṁj *f.*, lamaṇ *n.*

Local, *a.* jâgyâcho; deśâcho; ekdeśî. ‖ *s. m.* jâgo *m.*, svât *f.* ‖ *s. f.* vartamânpatrâvaylî khabar *f.*

Localidade, *s. f.* jâgo *m.*, ṭhâṇ *n.*, svât *f.*, *ṭhây; deśbhâv, deśsaṁbaṁdh *m.*

Localização, *s. f.* ekdeśî karṇeṁ,-jâṇeṁ; mâṁḍap *n.*, mâṁḍâvaḷ *f.*; ekâ jâgyâr piḍâ oḍhṇeṁ *n.*

Localizar, *v. t.* ekâ jâgyâr-, sthânâr davruṁk, ekdeśî karuṁk; mâṁḍuṁk, ḍâḷuṁk. ‖ *v. r.* ṭhikuṁk, thâruṁk; ekdeśî jâvuṁk.

Localmente, *adv.* ekâ jâgyâr, deśâvishayîṁ.

Locanda, *s. f.* dukân *n.*

Locandeiro, *s. m.* dukânkâr.

Loção, *s. f.* dhuṇeṁ *n.*, dhoṇî *f.*; dhuvaṇî *n.* ‖ *V.* ABLUÇÃO.

Locar, *v. t.* bhâḍyâk divuṁk; (hâḍ) basauṁk.

Locatario, *s. m.* bhâḍyâk ghetalo, bhâḍekâr.

Locativo, *a.* bhâḍyâcho. ‖ *Caso —,* adhikaraṇ *n.*, saptamî *f.*

Locomobilidade, *s. f.* kaḍsarcho guṇ, gatibhâv *m.*

Locomoção, *s. f.* dusre svâter vachṇeṁ, sthânâṁtar, sthalâṁtar *n.*

Locomotiva, *s. f.* âggâḍiyecheṁ yaṁtr *n.*; âggâḍî *f.*

Locomotividade, *s. f.* chalanaśakti, gamanaśakti *f.*

Locomotivo, *a.* sthânâṁtarâcho; chalanaśîl, jaṁgam.

Locomotor, *a.* chalaitalo. ‖ *Apparelho —,* chalche sâṁdhe *m. pl.*

Locomotriz, *a. f.* chalaitalî.

Locomovel, *a.* chalanaśîl, jaṁgam. ‖ *s. f.* âggâḍî *f.*

Locução, *s. f.* ulauṇeṁ, bolṇeṁ *n.*, vâchâ *f.*; uttar *n.*, śabd *m.*

Loculado, locular, *a.* girâṁcho.

Loculo, *s. m.* gîr *m.*, pokhar *f.*

Loculoso, *a.* pokhaḷ, pokhḷo, gîr âslalo, girâṁcho.

Locupletar, *v. t. V.* ENRIQUECER. ‖ *v. pr.* gireśth jâvuṁk, mâṁḍoṁk; bharoṁk, choṁḍoṁk.

Locusta, *s. f.* toḷ *m.*

Locutorio, *s. m* âlâpasthân *n.*

Lodaçal, *s. m.* khâtaṇ, koṁḍ, chavaṇ, mâyṇ *n.*, khâtoḍ *f.*, ubîr *m.*

Lodão, *s. m. (bot.)* śâḷak *(planta) f.; (flor) n.*, kamaḷ *n.*

Lodo, *s. m.* chikal, bâṁbar *m.; (fig.) V.* BAIXEZA *e* DEGRADAÇÃO.

Lodoso, *a.* chiklâcho, bâṁbrâcho, gadaḷ, bachbachît, chikalvaṇo.

Loendro, *s. m.* kaṇerî *f.*

Logar, *s. m.* svât *f.*, jâgo, deś, pradeś, prâṁt *m.*, ṭhikâṇ, thâṇ, sthân, sthal *n.*, *ṭhây; *povoado:* vâḍo *m.*, vâḍî *f.*, gâṁv; *residencia:* thâro *m.*, ghar, ṭhikâṇ *n.; cargo:* jâgo, adhikâr *m.; vagar:* phursat *ou* khursaṭ, usarpat *f.* ‖ *Fazer* —, svât karuṁk; vâṭ divuṁk. *Ter seu* —, kâmâk yevuṁk, upkârâk paḍuṁk. *Em* — *de*, svâter.

Logarejo, *s. m.* kheḍeṁ *n.*, lahân gâṁv *m.*

Logarithmo, *s. m.* saṁvargamân *n.*

Logea, *s. f. V.* LOJA.

Logica, *s. f.* tark, nyây *m.*, tarkvidyâ *f.*, nyâyśâstr; tarkpustak *n.;* nyâyśâlâ *f.*

Logicamente, *adv.* tarkśâstrâpramâṇeṁ, nyâyîṁ.

Logico, *a.* tarkâcho, nyâyâcho, nyâyî; tarkśâstrasiddh, nyâyśâstrasiddh. ‖ *s. m.* tarkî, tarkśâstrî, nyâyśâstrî.

Logo, *adv.* rokḍo *(decl.)*, vegîṁ, gaḍgaḍit, gaḍgaḍyâṁ, khaṭâkhaṭ, jaldî, *turt; *em seguida:* rokḍo, lâgûn, teṁkûu, uprâṁt. ‖ *Para* —, rakḍoch, tyâch phârâk. *Mais* —, mâtso râvûn. *Desde* —, âttâṁch, tednâṁch. *Logo logo*, vegîṁ vegîṁ, daḍâṁ *(us. Sal.)* — *que*, nâ phuḍe, -ch (*ex.: logo que me avistou*, mâkâ dekhanâ phuḍe, mâkâ dekhtochach). ‖ *conj.* dekhûn, hyâpâsûn, hyâpâsvat.

Logographia, *s. f.* sabhâvâdapûrṇalekh *m.*

Logographo, *s. m.* gûḍhśabdakośkâr.

Logogripho, *s. m.* aksharâṁcheṁ humâṇeṁ; *(fig.)* gûḍhâchî bhâs *f.*

Logomachia, *s. f.* śabdavâd, śabdavivâd *m.*

Logomachico, *a.* śabdavâdâcho.

Logração, *s. f.* bhog *m.*, bhogâvaḷ; nâḍ *f.*, phasaṇ *n.*, âśâbhaṁg *m.*

Logradeira, *a. e s. f.* nâḍgî, ṭhakî, chorṭî.

Logradoiro, *s. m.* bhogchî vast, bhogâvaḷ *f.;* samestâṁcho charvo *m.*, saglyâṁcheṁ charvaṇ; âṁgaṇ, khaḷeṁ *n.;* gâir *f.*

Lograador, *a. e s. m.*, **logrão**, *s. m.* ṭhakî, nâḍgo, labâḍ, bâshkaḷ, chorṭo.

Logramento, *s. m.* bhogṇî *f.*

Lograr, *v. t.* bhoguṁk, anubhavuṁk; âdâv-, phaḷ kâḍhuṁk *(g. do o.)*, sukḷâk ghâluṁk; ṭhakuṁk *ou* ṭhakauṁk, nâḍuṁk, phasauṁk, ḍoḷe bâṁdhuṁk *(g. do o.)*, topî ghâluṁk *(d. do o.)*, kânâṁk vâṁygîṁ bâṁdhuṁk *(g. do o.)* ‖ *V.* ALCANÇAR. ‖ — *boa saude*, bare bhalâyken âsuṁk. ‖ *v. r.* sukh bhoguṁk; phaḷ kâḍhuṁk; *(fig.)* mâṁḍoṁk, râṁpuṁk.

Logrativo, *a.* phoṭauṇo, phasauṇo, nâḍgo, chorṭo.

Logreiro, *s. m. (ant.) V.* USUREIRO.

Logro, *s. m.* bhogṇî, bhogâvaḷ *f.*, bhog *m.;* nâḍ, phasauṇî, chorvidyâ, chorbuddh *f.*, kaṁvṭâl *n.; (ant.)* joḍ, naphâ *f.;* kalâṁtar *n.*

Loiça, *s. f.* lais, khâṇâjevṇâcheṁ mâṭiyecheṁ sâmaṇ, kuṁbhârkâm *n.*, bâsaṇâṁ *n. pl.* kuṁbh *m.;* kuṁbhârmâtî *f.;* âydaṇâṁ *n. pl.* ‖ *V.* CHOCALHO.

Loiceira, *s. f.* bâsaṇâṁ viktalî, kuṁbhârṇ. ‖ *V.* GUARDA-LOIÇA.

Loiceiro, *s. m.* mâṭiyecheṁ sâmaṇ kartalo,- viktalo, kuṁbhâr.

Loira, *s. f.* piṁgḷî bâil. ‖ *s. m. (fig.) V.* BONACHEIRÃO.

Loira, *s. f. V.* LURA.

Loiraça, *s. m. e f.* kachcho-, doḍo manîs.

Loirar, *v. t. e i. V.* LOUREJAR.

Loiro, *a.* piṁgḷo. ‖ *O* — *metal*, bhâṁgârâcho nâṇo.

Loisa, *s. f.* phâtar, śiḷâ *f.* ‖ *V.* TOCA.

Loja, *s. f.* loj *n.*, koṭhî *f.*, koṭhâr, gudâṁv *m.;* bhûṁyghar; loj *n.*, mâṁḍ, pasro *ou* pasâro *m.*, âṁgaḍî, âṁgaḍ *f.*, dukân, śâp (*do ingl.* SHOP) *n.* ‖ — *maçonica*, bhûtkhâṇo *m.*

Lojista, *s. m.* lojkâr, pasârkâr, mâṁḍkâr, âṁgaḍkâr, dukânkâr.

Lomba, *s. f.* mâṭh *f.*

Lombada, *s. f.* vhaḍlî mâṭh *f.*, saḍo *m.;* bailâchî pâṭh; pustakâchî pâṭh *f.*

Lombar, *a.* kaṭîcho, peṁkṭâcho. ‖ *Região* —, mâjâḍ *n.*, kaṭideś *m.*

Lombeiro, *a. V.* LOMBAR. ‖ *s. m.* peṁkṭâchî kâṭ,- châṁdî *f.*

Lombelo, **lombinho**, *s. m.* aṁtrakoś *m.*

Lombo, *s. m.* peṁkaṭ *n.*, kaṭi, kamar, kâs *f.*, mâjâḍ *n.;* pâṭh; *(fig.)* uṁchî, uṁchây *f.*

Lombrical, *a.* daṁtâcho.
Lombricoide, *a. V.* LOMBRICAL. || *s. m. V.* LOMBRIGA.
Lombriga, *s. f.* daṁt *n.*
Lombudo, *a.* moṭyâ peṁkṭâcho.
Lona, *s. f.* khaṇkî *f.*, taraṁt *n.*, chivṭo *m.*
Longal, *a.* lâṁbodo.
Longamente, *adv.* lâṁb, vistârîṁ; jâyto vel, bhav kâḷ.
Longanimidade, *s. f.* dhîr *m.*, baḷkaṭî, chhâtî *f.*, dhair, mahâman, mâhâtmya *n.*
Longanimo, *a.* dhirâdîk, dhairyavaṁt, chhâtîdâr, baḷkaṭ, vhaḍlyâ manâcho, mahâmati, mahâtmâ, mahâtmik.
Longe, *adv.* pais, paro, pelyân, dûr, *dûrîṁ, lâṁb. || *De* —, pais thân,- saṭyâṁ, paisilo *(decl.) De — em — ou de — a —,* kednây, aṁtryâ pairyân; pais pais, pâtaḷ. *Não — de,* chaḍh pais nay, lâgîṁch, teṁkûn. || *s. m.* chaḍh vâṭ,- lâṁbî *f.;* bhav kâḷ; âdlo kâḷ; *(fig.)* âkâr *m.*, rûp *n.*, jhaḷkâ. || *V.* SUSPEITA. || *a. V.* DISTANTE.
Longevidade, *s. f.* mhâtârî pirây *f.*, chiraṁjîvit *n.*
Longevo, *a.* mhâtâro, jarḍo, jaito, khaṭâro, chiraṁjîvî. || *V.* DURADOIRO.
Longimano, *a.* lâṁbâṁ hâtâṁcho, laṁbahast.
Longimetria, *s. f.* dûratvamiti *f.*
Longinquo, *a.* paisilo, dûrcho.
Longipede, *a.* dhâṁgâḷo laṁbapad.
Longitude, *s. f.* lâṁbî *f.;* deśâṁtar, rekhâgaṇ *m.*, rekhâṁs *m. pl.*
Longitudinal, *a.* lâṁbiyecho.
Longitudinalmente, *adv.* lâṁbiyen.
Longo, *a.* lâṁb, lâṁbodo lâṁbelo *(us. Can.),* dîgh; lâṁbaṭ, lâṁbso *(dim.); demorado:* lâṁb, lâṁbâyecho; *(gram.)* guru, dîrgh. || *Ao — de,* lâṁbâyeṇ, sarśeṁ. *De — ao —,* śekânśek. *A barba longa,* kashṭâṁ-, kharchâ vineṁ.
Longueiro, *a. (ant.)* lâṁb, lâṁbodo.
Longueza, *(p. us.),* **longura,** *s. f.* lâṁbî, lâṁbây *f.; (fig.) V.* DELONGA.
Lontra, *s. f.* ûd *n.*
Loquacidade, *s. f.* vâchâḷpaṇ, jhâṁk, jhâṁkṇî, pharpharṇî, baḍbaḍṇî *f.*, ativâd *m.*
Loquaz, *a.* vâchâḷ, jhâṁkro, pharpharo, baḍbaḍyo, bâtmâro, jibhaṭ, pachpacho, toṁḍyo, ativâdî, bahubhâshî. || *V.* ELOQUENTE.
Loquela, *s. f.* vâchâ, vâṇî, ukti *f.*, ulauṇeṁ, bolṇeṁ *n.* || *V.* LOQUACIDADE.
Loquete, *s. m. V.* CADEADO.
Lorcha, *s. f.* hoḍeṁ *n.*
Lorga, *s. f. V.* LURA.
Loriga, *s. f.* kavach *n.*
Loro, *s. m.* rikâbvâdî *f.*, rikâbdâl *m.;* vâdî, châmoṭî, śiṁkâḷî *f.*, śiṁkeṁ *n.* || *Em loros ou aos loros,* vaḷâṁnîṁ, nâgmaḍîn, bhoṁvâḍyâṁnîṁ.
Lorpa, *a. e s. m.* pisâṭ, khuḷo, pato, gaḷyo.
Losna, *s. f. (bot.)* mâṁḍpatrî *f.*
Lota, *s. f.* mâsḷeṁ śuṁk phârik karchî svât *f.* || *A* —, râśîn, sâṭyân. *Fazer —, V.* LOTAR.
Lotação, *s. f.* ajmâs, sumâr *m.*, gaṇṭî *f.;* baryâ âni vâyṭâ soṛyâcho misaḷ *m.; (naut.)* dâstân *n.*
Lotador, *s. m.* ajmâsî, gaṇṇâr; *(naut.)* dâstân ajmâstalo.
Lotar, *v. t.* ajmâsuṁk, ajmâs-, sumâr karuṁk *(g. do o.);* misḷuṁk, barsuṁk, bheluṁk; dâstân ajmâsuṁk *(g. do o.)* || *V.* SORTEAR.
Lote, *s. m.* gaṇ, kaḷap, chuṁbo, puṁjo; prakâr, jinnas *m.*, jât *f.;* sortîn kâḍhlalo vâṁṭo; pâvṇer ghâlalo vâṁṭo *m.*, lot *f.; (naut.)* dâstân *n.* || *Por lotes,* vâṁṭyâṁnîṁ.
Loteria, *s. f.* loterî, sort (*do port.* SORTE) *f.*
Louçainha, *s. f.* pehrâvo *m.*, alaṁkârâchî-, darbârî nesaṇ *f.*, laklakît śiṁgâr *m.*
Louçainho, *a.* pehrâvekâr, śiṁgârân bharlalo, śriṁgârlalo.
Loucamente, *adv.* pisâyen, pisepaṇîṁ; avichârîṁ, pramâdân.
Louçania, *s. f.* neṭkepaṇ *n.*, gamje *m. pl.*, mirvaṇ *f.;* śriṁgâr, śiṁgâr, neṭ *m.* || *V.* GARBO.
Louçanmente, *adv.* gamjyâṁnîṁ, mirvûn; pehrâvyân.
Loução, *a.* neṭko, śriṁgârlalo, śiṁgârlalo, kâsphîs, phaldarây; alaṁkârî, ḍaulî, sâjro, lavlavît, rasraśit, kây baro. || *V.* FORMOSO.
Louco, *a. e s. m.* piso, khuḷo, mûrkh, mûḍh; urmaṭ, âḍṇâḍî *ou* anâḍî, pramâḍî. || *V.* GALHOFEIRO.
Loucura, *s. f.* pisây, piseṁ, mûrkhepaṇ, veḍpaṇ *n.*, manasnâś; pramâd *m.*, pisepaṇ *n.*, urmaṭây; murgaṭṇî, phulṇî, khubhdaḷṇî *f.*
Louquejar, *v. i.* pisâyo karuṁk, khubhdaḷuṁk, jhâṁkuḷuṁk.
Louquice, *s. f. V.* LOUCURA.
Lourecer, lourejar, *v. i.* piṁgḷo-, haḷduvo jâvuṁk. || *v. t.* piṁvḷo-, haḷduvo karuṁk.

Loureira, *s. f.* chedî, baṭîk *f.*, baṭkûr, kalvaṁt *n.*

Lourejo, *s. m.* haḷduvo raṁg *m.*

Louvação, *s. f.*, **louvamento**, *s. m.* varṇan *n.*, parkaṁdṇî, stuti; paṁchât, madhesthây *f.*

Louvadamente, *adv.* varṇûn, vâkhâṇûn, stutîn.

Louvado, *s. m.* lovâd, madhesth, paṁchâtkâr, âkârî.

Louvador, *a. e s. m.* varṇitalo, parkaṁdṇâr, stutikâr.

Louvaminhar, *v. t.* lâg karuṁk *(d. do o.)*, koṁbo kâḍhuṁk *(d. do o.)*, phulâṁ mâḷuṁk *(d. do o.)*

Louvaminhas, *s. f. pl.* khuśâmat *f.*, lâg *m. pl.*

Louvaminheiro, *a. e s. m.* lâgâḷo, phuslâvṇo.

Louvar, *v. t.* varṇuṁk, vâkhâṇuṁk, parkaṁduṁk, kîrtuṁk, stuti karuṁk *(g. do o.)*, uklûn dharuṁk, mânâ pâvuṁk; śâbâskî divuṁk *(d. do o.)*, ṭâḷyo peṭuṁk *(d. do o.)* ‖ *V.* BEMDIZER *e* ARBITRAR. ‖ *v. r.* âpṇâk mânavuṁk, parkaṁḍoṁk. ‖ — *em alguem,* kabûl jâvuṁk, âp karuṁk.

Louvavel, *a.* varṇuṁcho, vâkhâṇuṁcho, *tushṭivaṁt, târîphdâr.

Louvavelmente, *adv.* stutîn, târîph-, kîrti phâvo jâvûn.

Louvor, *s. m.* varṇan *n.*, stuti, parkaṁdṇî, vâkhâṇṇî, târîph, śâbâskî *f.*, stavan, kîrtan *n.*; stutivâd, stutiprakâś *m.*

Lua, *s. m.* chaṁdr, chaṁd, châṁd, chaṁdrîm, som, iṁdu; *(fig.)* mahino *m.* ‖ *Phase da* —, disṇeṁ, darśan. *Eclipse da* —, chaṁdragrahaṇ *n.* — *nova*, âmâs. — *cheia*, punav *f. Meia* —, ardhachaṁdr *n. Digito da* —, chaṁdrakalâ *f. Disco da* —, chaṁdramaṁḍal *f.*, chaṁdrabiṁb *m.* — *de mel*, kâjârâche paile dîs *m. pl.* — *de agua (bot.)*, dhaveṁ śâḷak. *Ter* —, lûv-, lûî âsuṁk *(d. do s.)*, taklî phiruṁk *(g. do s.) Estar com a* —, lûv-, piseṁ châḷvuṁk,-chaḍhuṁk *(g. do s.)*

Luar, *s. m.* châṁdneṁ *n.*, iṁdupракâś *m.*

Lubricamente, *adv.* buḷbuḷitâyen; kâmâchârân.

Lubricar, *v. t. V.* LUBRIFICAR.

Lubricidade, *s. f.* buḷbuḷitây, tuḷtuḷitây, nisraṭ *f.*; *(fig.) V.* LUXURIA.

Lubrico, *a.* buḷbuḷit, gulguḷit, tuḷtuḷît, sulsuḷit, nisarṭo. ‖ *V.* HUMIDO *e* LUXURIOSO.

Lubrificação, *s. f.* buḷbuḷâvṇî; buḷbuḷṇî *f.* ‖ *V.* HUMIDADE.

Lubrificar, *v. t.* buḷbuḷâvuṁk, buḷbuḷît-, gulguḷit-, tuḷtuḷît karuṁk; olo karuṁk, olâvuṁk, olsâvuṁk. ‖ *v. r.* buḷbuḷuṁk, buḷbuḷît-, gulguḷît jâvuṁk; olevuṁk, śeḷ yevuṁk *(d. do s.)*

Lução, *s. m.* pâgcheṁ jâḷ *n.*

Lucerna, *s. f. V.* LANTERNA.

Lucidamente, *adv.* ujvâḍân, prakâśân. ‖ *V.* CLARAMENTE.

Lucidar, *v. t. (pint.)* tuḷtuḷît-, liklikît karuṁk.

Lucidez, *s. f.* ujvâḍ, prakâś, prajvaḷ *ou* prajaḷ, laklak *m.*

Lucido, *s. f.* ujvâḍik, prajvaḷît, laklakît, jhagjhakît; tuḷtuḷît, tiḷtiḷît, sulsuḷît; nitaḷ, nirmaḷ, śuddh; dakhal, ughḍâpo, subodh, sukhbodh.

Luciferario, *s. m.* divṭekâr, maśâljî.

Lucifer, *s. m.* lusupher, saitân; *(astr.)* śukr *m.*

Lucifero, *a. (poet.)* ujvâḍ kartalo,-ditalo, prakâśjanak.

Lucifugo, *a.* ujvâḍâsarśîlo paḷtalo, kâḷokâṁt bhoṁvtalo.

Lucimetro, *s. m.* prakâśmâpanayaṁtr *n.*

Lucina, *s. f. V.* LUA.

Lucrar, *v. t.* joḍuṁk, meḷauṁk, *hâruṁk. ‖ *v. i.* meḷuṁk *(d. do s.)*, naphâ-, âdâv âsuṁk *(d. do s.)*

Lucrativamente, *adv.* naphen, âdâvân, lâbhân.

Lucrativo, lucroso, *a.* naphecho, âdâvâcho, bhav joḍicho.

Lucro, *s. m.* joḍ, naphâ, jâḍjoḍ *(redup.)*, phaidâ *f.*, lâbh, âdây *ou* âdâv *m.*, hâśil *f.*, hâśîlpaṇ, yeṇeṁ *n.*; chipṭî *f.*

Lucta, *s. f.* jhoṁbî, jhoṁbâjhoṁbî *(redup.)*, laṭâgûṭî, kustî *f.*, mârâmâr *(redup.) m.*; juj, yuddh *n.*, laḍhây *f.*; *(fig.)* jhagḍeṁ *n.*, toṁḍâtoṁḍ *(redup.) n.*, vivâd *m.* ‖ *V.* LIDA *e* RESISTENCIA.

Luctador, *a. e s. m.* jujârî, pahilvân *ou* pilvân.

Luctar, *v. i.* jhoṁbuṁk, jhoṁbî mâruṁk; jujuṁk, juj-, laḍhây mâruṁk; kashṭâvoṁk, kashṭî jâvuṁk, hâtpâṁy jharauṁk; *(fig.)* jhagḍuṁk, vivâduṁk. ‖ *V.* RESISTIR.

Lucto, *s. m.* duḥkh *n.*; khaṁt *f.*, jâḷ, saṁtâp *m.*; kâḷeṁ *n.*; *(fig.) V.* MORTE. ‖ *Estar de* —, duḥkhâṁt âsuṁk. *Deitar ou tomar* —, duḥkh mâkhuṁk, duḥkh ghevuṁk, kâḷeṁ nesuṁk.

Luctuosa, *s. f. (ant.)* marṇâcho kharch *m.*

Luctuoso, *a.* duḥkhâcho, duḥkhest; *(fig.) V.* LUGUBRE.

Lucubração, *s. f.* divyâchyâ ujvâḍâk kelalem kâm,- pustak; râtchem vâchap,- śikap; kasht ghevûn-, nihâḷûn kelalem pustak *m.*

Lucubrar, *v. i.* divyâchyâ-, panṭechyâ ujvâḍâk karumk,- vâchumk,- śikumk; mehnatin karumk.

Ludibriar, *v. t.* kemḍumk, tomḍumk, bemḍâvumk. ‖ *v. i.* khebaḍâm-, maskaryo karumk.

Ludibrio, *s. m.* tomḍnî, kemḍnî, bâgaḍây, himḍsaṇî, ṭhaṭhṭhâ *f.;* kemḍnecho mâl *m.*

Ludibrioso, *a.* tomḍṇecho, kemḍṇecho.

Ludro, ludroso, *a. V.* CHURDO.

Lufa, *s. f. V.* LUFADA; *(fig.) V.* PRESSA.

Lufada, *s. f.* jhaḍ, jhaḍpo, vâvjhaḍ *(redup.) m.*

Lufa-lufa, *s. f.* darvaḍ *ou* darvaḍo, sambhram *m.* ‖ *Andar numa —,* âpṭomk dapṭomk, hâtpâmy dâḍâvumk,- jharaumk. *A —,* vegim vegim, darvaḍyân; burḍûn.

Lugar, *s. m. V.* LOGAR.

Lugre, *s. m.* pâtmâr *f.,* machvo *m.*

Lugubre, *a.* duḥkhâcho; *pavoroso:* bhesurvâṇo, bhirâmkûḷ; *triste:* duḥkhâbharit, chimtesht, khamtibharit, raḍkuḷo. ‖ *V.* FUNEREO *e* SOMBRIO.

Lugubremente, *adv.* bhirâmkuḷâyen; raḍkepaṇîm.

Lugubridade, *s. f.* bhirâmkuḷây, dhâstî; raḍkuḷây *f.,* raḍkepaṇ *n.* ‖ *V.* SOTURNIDADE.

Lula, *s. f.* sadâmâmḍkî, mâmḍkî *f.*

Lumaréo, *s. m. V.* FOGUEIRA.

Lumbago, *s. m.* pemkaṭ dharnem, pemkṭâmt yenem *n.,* karak *f.,* pâṭhnaḷ *m. pl.,* kaṭivât *m.*

Lume, *s. m.* âg *f.,* ujo, *pâvak; phû, phuphû *(loc. infant.); luz:* ujvâḍ, prakâś *m.; véla:* vât, divṭî, panṭî *f.; (fig.)* buddhiprakâś, gnyânâcho ujvâḍ *m.;* kirṇ *n.* ‖ *— de agua,* udkâchî dhâr *f. Ir-se o — dos olhos,* dipâvomk, ḍoḷe phuṭumk. *Pôr ao —,* râmdhṇîr-, chulîr davrumk. *Ter — de alguma coisa,* kânâr vachumk *(g. do s.),* jhaḷkâ meḷumk *(d. do s.) Tirar a —,* śâpumk. *Trazer a —,* kaḷaumk, gamaumk. *Vir a —,* praghaṭṭ-, dakhal jâvumk.

Lumieira, *s. f.* vâtasthân, divyâchem jhâḍ; *claraboia:* dhârem, kolvem *n.; pyrilampo:* kâjulo *m.; archote:* taṇâchî ujvâḍî *f.; (ant.) V.* FOGARÉO.

Lumieiro, *s. m.* dârâ va janelâ vaylem dhârem *n.;* kâjulo *m.; (ant.) V.* ASTRO.

Luminar, *a.* ujvâḍik, prajvaḷit. ‖ *s. m. V.* ASTRO; *(fig.)* divo, tejpumj *m.*

Luminaria, *s. f.* divṭî, panṭî *f.;* divo, dîp; *(fig.)* tejpumj *m.,* vidyânagarî. ‖ -s, *pl.* luminâd, dîpâvali *f.,* dîpotsav *m.* ‖ *Pateta das —,* thaṭâktalo manîs; gaḷyo, pato.

Luminosamente, *adv.* ujvâḍân, prakâśân.

Luminosidade, *s. f.* prakâś, prajvaḷ *ou* prajaḷ *m.,* kâmti *f.*

Luminoso, *a.* ujvâḍik, prajvaḷit, kâmtivamt, dîptivamt. ‖ *V.* EVIDENTE *e* ILLUSTRE.

Luna, *s. f.* ardhachamdrâkṛiti *f.*

Lunação, *s. f.* chamdrabhagaṇ *n.,* bhagaṇbhog *m.*

Lunar, *a.* chamdrâcho. ‖ *Dia —,* tithi *ou* tîth. *Mez —,* châmdramâs *m. Anno —,* châmdravarsh. *Cyclo —,* chamdrachakr. *Mansão —,* nakshatr *n. Dynastia —,* chamdravamś, somavamś *m.* ‖ *s. m.* lâsem *n.*

Lunario, *s. m.* chamdraparivarttanapamchâmg *n.*

Lunatico, *a. e s. m.* luvo âslalo; piso, veḍo.

Lunch, *s. m.* phaḷâr, pharâḷ *m.*

Luneta, *s. f.* lunet *f.,* châḷîspatr *n.;* gavâksh *m.*

Lunicola, *a. e s. m.* chamdravâsî.

Luniforme, *a.* chamdrâkâr, chamdrâkṛiti.

Lunula, *s. f.* ardhachamdrâkṛiti *f.*

Lunulado, lunular, *a.* ardhachamdrâkṛiti.

Lupanar, *s. m. V.* BORDEL.

Lupia, *s. f. V.* LOBINHO.

Lupino, *a.* lâmḍgyâcho.

Lura, *s. f.* vhaḍlî ḍhol *f.,* vivar *n.*

Lurido, *a.* pâmḍhro, sâmvḷo, kâḷsâr, kâḷso.

Lusco, *a. V.* VESGO.

Lusco-fusco, *s. m.* tinsân *f.,* jhiḷmiḷem *n.* ‖ *Ao —,* tinsânâ, jhiḷmiḷyâr.

Lusorio, *a.* kheḷâcho.

Lustração, *s. f.* ghâmsnî ujaḷṇî *f.; (ant.)* śuddhikaraṇ, śuchikaraṇ *n.,* śuddhi *f.*

Lustradela, *s. f.* nitaḷ karṇem *n.,* ghâmsnî *f.*

Lustrador, *a. e s. m.* nitaḷ kartalo, ghâmsṇâr.

Lustral, *a. (ant.)* śuddhîcho, śuddhikar.

Lustrar, *v. t.* nitaḷ-, sâph karuṁk, nitḷâvuṁk, ghâṁsuṁk, ujḷuṁk; grâś mâruṁk *(d. do o.); (fig.) V.* ILLUSTRAR. ‖ *v. i.* laklakuṁk jhagjhakuṁk, ṭakṭakuṁk, jhaḷjhaḷuṁk.

Lustrar, *v. t.* śuddh karuṁk, śuddhauṁk; bhoṁvuṁk; paḷevuṁk.

Lustre, *s. m.* lûstr *m.*, op, tiḷtiḷî, ṭakṭakî, rasraśitây, śuddhi; chakchakî, kâṁti, dîpti, prabhâ *f.*, tej *n.*; *lampadario:* jhuṁbar *m.*; *(fig.) V.* HONRA.

Lustrilho, lustrino, *a.* rasraśît, laklakît, liklikît.

Lustrina, *s. f.* rasraśit lugaṭ *n.*

Lustro, *s. m.* varshapaṁchak, pâṁchsâl *n.* ‖ *V.* LUSTRE.

Lustrosamente, *adv.* tiḷtiḷen, laklakân, kâṁtîn.

Lustroso, *a.* ujaḷ, tiḷtiḷit, ṭakṭakît, rasraśît, taḷtaḷît. ‖ *V.* ESPLENDIDO.

Luta, *s. f. V.* LUCTA.

Luto, *s. m. V.* LUCTO.

Lutulencia, *s. f.* chikalây *f.*, gadaḷ *n.*

Lutulento, *a. V.* LODOSO.

Luva, *s. f.* lûv *n.*, paṁjo, chapko, *hâtâḷo *m.*, hâtṇî *(— grossa) f.* ‖ *Atirar ou lançar a — (fig.),* taṁṭo karuṁk. *Escrever com — branca (fig.),* mâṇsugen-, maryâdîn barauṁk. *Lançar a — a alguem,* jhagḍuṁk-, jujuṁk âpauṁk. *Levantar a —,* jhagḍuṁk vachuṁk; sûḍ ghevuṁk. ‖ **-s,** *pl.* dasturî, chipṭî *f.*

Luveiro, *s. m.* luvâṁ kartalo,- viktalo, luvâṁkâr.

Luxação, *s. f.* hâḍ nikaḷṇeṁ,- ghoḷṇeṁ,- koṁchṇeṁ *n.*

Luxar, *v. t.* (hâḍ) koṁchauṁk, nikḷâvuṁk. ‖ *v. i.* ḍaul karuṁk, dabâjo dâkhauṁk.

Luxo, *s. m.* dabâjo, ḍaul, âḍaṁbar, neṭ, śriṁgâr *m.* ‖ *V.* VICIO *e* SUPERFLUIDADE. ‖ *— oriental,* vhaḍ dabâjo. *Fazer — em,* baḍây dâkhauṁk. ‖ **-s,** *pl.* pehrâvo, śiṁgâr *m.*

Luxuoso, *a.* dabâjyâcho, śriṁgârâcho, ḍaulî; bhârî, jâyto, pushkaḷ.

Luxuria, *s. f.* mât *m.*, ṭakṭakî, lavlavitây *f.*; kâm, kâmchâr *m.*, kâmpaṇ, soḍepaṇ *n.*, mad, mod, madan, vishaybhog *m.*, laṁpaṭây, chaṁchaḷây *f.*

Luxuriante, *a.* ṭakṭakît, lavlavît, mâtlalo; *(fig.) V.* EXUBERANTE.

Luxuriar, *v. i.* pojaḍpaṇâṁ karuṁk, madevuṁk; *(fig.)* mâtuṁk, ṭakṭakuṁk.

Luxuriosamente, *adv.* kâmân, madân, kâmchârîṁ.

Luxurioso, *a.* kâmî, kâmîk, kâmuk, kâmchârî, laṁpaṭ, chaṁchaḷ, soḍo.

Luz, *s. f.* ujvâḍ, prakâś *m.*, tej *n.*, kâṁti, dîpti, prabhâ, jot *f.*; vat *(— do sol) n.*; dîp, divo *m.*, paṇṭî, vât, divṭî *f.*; *brilho:* prajvaḷ, laklak; *(pint.)* prakâśitachitrâṁś *m.* ‖ *Raio de —,* kirṇ *n.* *Abrir os olhos á —,* jâvuṁk, jalmuṁk; jâgo jâvuṁk, ḍoḷe ughḍuṁk; *(fig.)* kaluṁk *(d. do s.),* gamuṁk *(d. do s.)* *Cerrar os olhos á —,* ḍoḷe dhâṁpuṁk, maruṁk; kaḷaileṁ sat nâ mânuṁk. *Dar á — um filho,* prasûṭ jâvuṁk. *Dar á — uma obra,* chhâpuṁk *ou* śâpuṁk. *Derramar a —,* ujvâḍ phâṁkauṁk. *Lançar a — sobre alguma coisa,* prakâśauṁk, ujvâḍâvuṁk. *Perder a —,* ḍoḷe phuṭuṁk *(g. do s.),* kurḍo jâvuṁk. *Perder a — da razão,* piso jâvuṁk, mat phiruṁk *(g. do s.)* *Pôr em —,* ughḍâpo karuṁk. *Sahir ou vir á —,* dishṭî paḍuṁk. *Sentir fugir a — dos olhos,* jhîṁt mâruṁk. *Tornar á —,* jivo jâvuṁk. *Em toda a —,* ughḍâpeṁ, ḍakhal. ‖ **-es,** *pl.* oḷakh, jâṇvây *f.*, śikap *n.*, vidyâ *f.*

Luzeiro, *s. m.* dîp, dîpak, divo, ujvâḍ; *(fig.)* divo, tejpuṁj *m.* ‖ *V.* ASTRO. ‖ **-s,** *pl. V.* OLHOS.

Luze-luze, *s. m.* kâjulo *m.*

Luzente, *a.* prajvaḷît, laklakît, dîptivaṁt, kâṁtivaṁt, prakâśvamt, ujvâḍîk, chakk, tuḷtuḷît.

Luzerna, *s. f.* prakâś, prajvaḷ *m.*

Luzidamente, *adv.* ujvâḍân, kâṁtîn; dabâjyân ḍaulân.

Luzidio, *a.* tuḷtuḷît, tiḷtiḷit, laklakît.

Luzido, *a.* ujvâḍîk, ujaḷ, jhagjhakit, dîptivaṁt; ṭhanṭhaṇît, ḍhanḍhaṇît, ghanghaṇît, dabâjyâcho.

Luzimento, *s. m.* jhagjhakṇî, laklakṇî *f.* ‖ *V.* ESPLENDOR *e* FAUSTO.

Luzio, *s. m. V.* OLHO.

Luzir, *v. i.* ujvâḍ pâḍuṁk,- ghâluṁk, ujvâḍ paḍuṁk *(g. do s.),* prakâśuṁk; prajvaḷuṁk, laklakuṁk, jhagjhakuṁk, jhigjhiguṁk, rasrasuṁk; pachuṁk, âṁgâk lâguṁk. ‖ *— o buraco,* ujvâḍuṁk, dîs uḍevuṁk, phâleṁ jâvuṁk. *Nem tudo que luz é oiro,* jhigjhigtâ itleṁy bhâṁgâr nay.

Lyceu, *s. m.* lisev, maṭh *m.*, vidyâlay *n.*, pâṭhśâḷ *f.*

Lympha, *s. f.* udakdhâtu *m.*, pâṇî; udak *n.*

Lymphatico, *a.* udakdhâtûcho.

Lynce, *s. m.* koḷsuṁdo *m.* ‖ *Vista de —,* kâvḷyâchî dishṭ.

Lyra, *s. f.* vîṇo *ou* vino *m.*

Lyrica, *s. f.* kâvyamâlâ *f.*

Lyrico, *a.* kâvyâcho; vaiṇik.
Lyriforme, *a.* vîṇâkṛiti.
Lyrismo, *s. m.* kâvyasâr *m.* ‖ *V.* SENTIMENTALISMO.

M

M, *s. m.* terâveṁ akshar (*m*, ṁ) *f.*
Má, *a. f. V.* MAU. ‖ *Estar ás más*, aṁtruṁk, baro nâsuṁk (*com abl.* kaḍe). *Essa não é má!* âllâ! bareṁ âsâ!
Má, *s. f. V.* CANHAMO.
Maca, *s. f.* jhoṁpâḷo, dol *m.*; doḷî *f.*; choṁ khurâṁcheṁ ghaseṁ *n.*
Maça, *s. f.* gadâ, khuṁṭâpaḷ; kâṭhî *f.*, vetr *n.*; *martello:* kuḍṭî *f.* ‖ — *de calceteiro*, mogro *m.*
Maçã, *s. f. V.* MAÇAN.
Macaca, *s. f.* bâil vâṁdar *m.*, keldeṁ *n.* ‖ *V.* INFORTUNIO.
Macaco, *s. m.* vâṁdar *m.*, mâkaḍ *m. en.*, keldo *m.*, keldeṁ, kheteṁ, pheteṁ, phetkeṁ *n.* ‖ *V.* BATE-ESTACAS. ‖ *a.* kâṭhû, śiḍûk; vikaṭ, vikhaṇ. ‖ *Morte macaca*, ḍaḷdireṁ marṇ.
Macacôa, *s. f.* piḍâ, baḷaḷik *f.*
Maçacroco, *s. m. V.* MAÇAROCO.
Maçada, *s. f.* gadecho phâr; mâr, phaṭko, laḍho; gûḍhṇeḷ *m.*; taṭḍhoṁg; *(fig.)* taṭḍak *n.*, vâjichî gajâl *f.* ‖ *V.* CAMBÔA.
Maçador, *s. m.* baḍauṇâr; *(fig.)* gajâḷiṁcho dhagaḍ, bâtmâro; taṭḍakî.
Maçadura, *s. f.* loḷo *m.*, gâṁj *f.*; âṁg malṇeṁ,- dâṁṇeṁ *n.*
Maçal, *s. m.* tâk *n.*
Macambuzio, *a.* muṁko, kuṭâḷo. ‖ *V.* MELANCHOLICO.
Maçame, *s. m.* (târvâchîṁ) dorâṁ *n. pl.*, âṁje *m. pl.*
Maçan, *s. f.* âpal (*do ingl.* APPLE); bor *n.* ‖ — *do rosto*, śaṁkh *m.* — *do escaravelho*, *V.* EXCREMENTO.
Maçaneta, *s. f.* guḷo *m.*, boṁḍ *n.*
Macanjo, *a. V.* VELHACO.
Maçāo, *s. m.* baḍavṇo; gaṁvḍo; bhûtkhâṇekâr.
Macaqueador, *a. e s. m.* keldâvṇo.
Macaquear, *v. a.* keldâvuṁk; bhesh ghevuṁk *(g. do o.)*
Macaquices, *s. f. pl.* keldâvṇî *f.* ‖ *V.* AFAGOS.
Maçar, *v. t.* baḍauṁk; dâḍâvuṁk, kuṭâvuṁk; *(fig.)* vâj hâḍuṁk *(d. do o.)*, bejâr karuṁk.
Macaréo, *s. m.* loṭ, loṁḍho *m.*
Maçarico, *s. m.* kuḍav, teṁṭo *(us. Sal. e Can.) m.*; naḷi *f.*
Maçaroca, *s. f.* sûtkâḍî *f.*; joṁdhḷyâcheṁ boṁḍ *n.*; keṁsâṁchî pâṁtî *f.* ‖ *V.* FEIXE.
Maçaroco, *s. m.* keṁsâṁchî pâṁtî,- muḍî *f.*
Macarrão, *s. m.* śirvaḷyo *f. pl.*
Macarronea, *s. f.* śabdâṁcheṁ eharbaṭ,- chârkhaṁḍ *n.*
Macarroneo, **macarronico**, *a.* śabdâṁchyâ charbaṭâcho.
Macarronete, *s. m.* bârik śirvaḷyo,- śevayo *f. pl.*
Macea, *s. f.* dhukrâṁchî koḷaṁbî *f.*
Macedonia, *s. f.* chârkuṭo *m.*
Maceira, *s. f.* bor *f.*
Maceiro, *s. m.* vetradhar, gadâdhâr, daṁḍadhar.
Maceração, *s. f.*, **maceramento**, *s. m.* maû karṇeṁ; bhijatghâlṇeṁ, bhijauṇeṁ, bhijaṇ *n.*; *(fig.)* daṁḍaṇ *ou* daṁḍvaṇ *f.*
Macerado, *a.* khaṁglalo, jirlalo; bhijatghâlalo.
Macerar, *v. t.* maû karuṁk, mavsâvuṁk; bhijatghâluṁk, phugatghâluṁk, bhijauṁk, phugauṁk, râṁpauṁk; dâdâvuṁk, chirḍuṁk; *(fig.)* daṁḍuṁk daṁḍvuṁk, khaṁgauṁk, jirauṁk, hoḷauṁk. ‖ *v. r.* bhijuṁk, phuguṁk.
Maceria, *s. f.* suṭo pâgâr *m.*
Maceta, *s. f.* tutyo; ragḍo *m.* ‖ *V.* ESCARRADOR.
Macete, *s. m.* kuḍṭî *f.*
Machacaz, *s. m.* ghaṁśâṇ, ghoḍo (*litt.* CAVALLO).
Machada, *s. f.* kuhrâḍeṁ *n.*
Machadada, *s. f.* kuhrâḍecho phâr *m.*
Machadar, *v. i.* kuhrâḍen kâtruṁk,- vâvruṁk.
Machadinha, *s. f.* lahân kuhrâḍ *f.*
Machado, *s. m.* kuhrâḍ *f.*, parśu *m.* ‖ *Obra feita a* —, karḍeṁ-, barbaṭeṁ kâṁ *n.*
Macha-femea, *s. f.* mâchpheṁ, kaḷâsî *f.* ‖ *V.* HERMAPHRODITA.
Machão, *s. m.* dâdlyâsârkî bâil, phâṁiṁdî *f.*
Macheado, *s. m.* kaṁgre *m. pl.* ‖ *a.* kaṁgryâṁcho.

Machear, *v. t.* kaṁgre karuṁk,-lâvuṁk *(d. do o.)*, kaṁgrâvuṁk.

Machete, *s. m.* dudhârî tego; koyto *m.*; lahân vyol *n.*

Machial, *s. m.* charvâcheṁ rân *n.*

Machiar, *v. i.* vâṁjhaṭ-, nishphaḷ jâvuṁk.

Machiavellico, *a.* gauḍbeṁgâlâṁcho, chorbuddhî.

Machiavellismo, *s. m.* gauḍbeṁgâl *n.*, chorbuddh *f.*

Machiavellista, *s. m.* gauḍbeṁgâlî, kapaṭprabaṁdhî.

Machila, *s. f.* mâchîl *n.*

Machina, *s. f.* mâkn, yaṁtr, jaṁtar, *jaṁg; âut *n.*, âspâv *m.*

Machinação, *s. f.* yojan *n.*, rachṇî, mâṁḍâvaḷ *f.* ‖ *V.* CILADA.

Machinador, *a.* e *s. m.* yojano, rachnâr; kubuddhî, pâkhaṁḍî, tarkaṭî, lachâṁḍî.

Machinal, *a.* yaṁtrâṁcho, yaṁtrî; *(fig.)* asoch, svacheshṭ.

Machinalmente, *adv.* yaṁtrâparîṁ; chiṁti nâstânâ, sahaj, sahajach.

Machinar, *v. t.* yojuṁk, rachuṁk, mâṁḍâvaḷ karuṁk *(g. do o.)*

Machineta, *s. f.* mâkinet *f.*

Machinho, *s. m.* lahân vyol *n.* *Carregar os machinhos*, kâṭhâṁdîr dharuṁk *(fig.)*, kâtrir âsuṁk *(fig.)* *Ir nos machinhos*, chalûn vachuṁk. *Prender o —*, *V.* AMUAR-SE.

Machinismo, *s. m.* yaṁtravidyâ *f.*; kaḷsutr *n.*; yaṁtrâṁ, rahâṭâṁ *n. pl.*

Machinista, *s. f.* yaṁtrâṁ kartalo,-chalaitalo, yaṁtrakâr.

Machio, *a.* polo, polko. ‖ *s. m.* chiṁb *n.*

Macho, *s. m.* dâdlo, purush, nar, mard; koṁbo *(— gallinaceo)*: kaṁgro; *rosca:* nar *m.* ‖ *V.* MULO *e* CAMALHÃO. ‖ *a.* purushjâticho, dâdlo, purush *(em comp.)* *V.* ROBUSTO.

Machôa, *s. f.* *V.* MACHÃO.

Machorra, *s. f.* vâṁjh, vâṁjhaṭ.

Machuca, *s. f.* maḷṇî *f.* ‖ *V.* MACHUCAÇÃO.

Machucação, machucadura, *s. f.* chiraḍṇî, muraḍṇî, cheṁchṇî; mastaṇî, mâḍauṇî, guḍhḍâvṇî; peṁch, dâḍâvṇî *f.*

Machucador, *a.* e *s. m.* mastitalo, muraḍṇâr, mâḍauṇâr.

Machucar, *v. t.* chirḍuṁk *ou* chirḍâvuṁk, murḍuṁk, maḷuṁk; cheṁchuṁk, peṁchuṁk; mastuṁk, masḷuṁk, mâḍauṁk, guḍhḍâvuṁk.

Machucho, *a.* vhaḍ, thor, moṭo, damdâr.

Macieira, *s. f.* bor *f.*

Maciez, macieza, *s. f.* maûpaṇ *n.*, luglugitây, dabdabitây, suḷsuḷitây, tuḷtuḷitây *f.*

Macilencia, *s. f.* bhâgaṭây, sukaṭây, kiḍkiḍitây *f.*

Macilento, *a.* rogyo, pâṁḍhro; hâḍgaḷ, bhâgaṭyo, sukaṭyo, kiḍkiḍit.

Macio, *a.* maû, mavâḷ, naram, luglugît; suḷsuḷit, tuḷtuḷit; dulabh, goḍ, madhur. ‖ *V.* AMENO.

Macis, *s. m.* jâyphaḷâcheṁ sarl *n.*

Mackintosh, *s. m.* nigaḷtî pâsoḍî, meṇkâpḍâchî kâpat *f.*

Maço, *s. m.* kuḍṭî, kuḷchî *(us. Sal.)* *f.*; baḍavṇo *m.*, peṭṇeṁ *n.*; peḷo, puḍo *m.* ‖ *V.* MAÇA.

Maçon, *s. m.* *V.* MAÇÃO.

Maçonaria, *s. f.* bhûtkhâṇo *m.*

Maçonico, *a.* bhûtkhâṇyâcho. ‖ *Loja —*, bhûtkhâṇo *m.*

Maçorral, *a.* arbaṭ, karḍo, bhâṇsiro.

Má-creação, *s. f.* avinay, durâchâr *m.*, amaryâd *f.*

Macrobio, *s. m.* e *a.* śekḍyâvayr vâṁchlalo, mhâtâro ḍoṁkro.

Macula, *s. f.* khaṭ, kaḷaṁk *n.*, bâṭ *f.* ‖ *V.* LABÉO.

Macular, *v. t.* *V.* MANCHAR.

Maculoso, *a.* khaṭâḷo.

Madama, *s. f.* bâi *ou* bâî, nârî, ârya. ‖ *V.* ESPOSA.

Madefacção, *s. f.* olâvṇî *f.*

Madefacto, *a.* olo, bhijlalo.

Madefazer, *v. t.* olo karuṁk, olâvuṁk, bhijauṁk.

Madeira, *s. f.* mader, lâṁkûḍ, rukhâḍ *(us. Can.)*, mop *(us. Can.)* *n.*

Madeirada, *s. f.* maderâchî râs *f.*

Madeiramento, *s. m.* vâṁsâvṇî *f.*; mader, mop *n.*

Madeirar, *v. t.* mader ghâluṁk *(d. do o.)*, vâṁsâvuṁk. ‖ *v. i.* lâṁkḍî kâm karuṁk.

Madeiro, *s. m.* karâṁḍî, kâṁḍî *f.*, kâṁḍ *n.*; *(fig.)* khaḍpo.

Madeixa, *s. f.* guṁḍeṁ *n.*, chuḍo *m.*: *(fig.)* bishṭâṁ *n. pl.*

Madido, *a.* *V.* HUMIDO.

Madona, *s. f.* Sâhebîṇ; *(fig.)* *V.* DAMA.

Madorna, madorra, *s. f.* *V.* MODORRA.

Madraçal, *s. m.* pâṭhśâḷ *f.*

Madraçaria, madracice, *s. f.* bekârpaṇ, nikâmîpaṇ; âḷsây, sustî *f.*

Madraceador, madraço, *a. e s. m.* âḷśî, sust; bekâr, beṭho, nikâmî, akâmî.

Madracear, *v. i. V.* MANDRIAR.

Madraceirão, *a. e s. m.* sâtâḷśî, âḷśyâiicho râjâ.

Madrasta, *s. f.* mâvśî.

Madre, *s. f. (ant.)* mâiiy, mây, mâtâ, âvay; *freira:* mâdr, maṭhvâsiṇ *f.*; *utero:* udar, poṭ *n.*, kusvo, garbhaśây *m.* ‖ — *do rio, V.* ALVEO. — *do vinagre ou do vinho,* mûr *f.*

Madreperola, *s. f.* motyâchî śiṁpî *f.*. muktâsphoṭ *m.*

Madria, *s. f.* daryâ phuḷṇeṁ *n.*

Madrigal, *s. m.* strîgoshaṇakâvya *n.*; ḍay *f.*; *(fig.) V.* REQUEBRO.

Madrigaz, *s. m.* sukaṭyo mauṡ.

Madrigueira, madrilheira, *s. f.* ḍhol *f.*: *(fig.) V.* ESCONDERIJO.

Madrinha, *s. f.* madon, madîn, dharmmây, upamâtâ, * dhâkṭimâiiy; dhedî; *(fig.) V.* PROTECTORA.

Madrugada, *s. f.* jheṁjhurṭeṁ, bhiṁbirṭeṁ, phâṁṭeṁ, prabhaṁteṁ *n.*, sakâḷ *m.* ‖ *De —,* ujvâḍtâṁ, bhav sakâḷîṁ.

Madrugador, *a. e s. m.* bhav sakâḷîṁ uḍtalo.

Madrugar, *v. i.* jheṁjhurṭyâr-, ujvâḍtâṁ uṭhuṁk; âdîṁ karuṁk,-dishṭî paḍuṁk.

Maduração, *s. f.* pikṇeṁ *n.*

Madurador, *a.* pikauṁk upkârto, pikauṁcho.

Maduramente, *adv.* bare bhâshen chiṁtûn, nihâḷûn.

Madurar, *v. t.* pikauṁk. ‖ *v. i.* pikuṁk; *(fig.)* vhaḍlo-, jâṇto jâvuṁk, buddhin pikuṁk.

Madurecer, *v. t. e i. V.* AMADURECER.

Madureiro, *s. m.* pikauṁchî svât *f.*

Madureza, *s. f.* pikṇeṁ, pikap; *(fig.)* śahâṇepaṇ *n.*, barkamây, achirkây, prauḍhî *f.*

Maduro, *a.* piko, pikâḷo; pakho, śahâṇo, jâṇto, buddhicho, śiṁso (*litt.* FRASCO DE JUIZO); pirâyecho, jaito.

Mãe, *s. f.* mây, mâiiy, mâtâ, âvay, auśî *âmây; bay *(loc. infant.)*; âî, akkâ, bâ *(us. entre os hindús)*: mâvlî *(loc. resp.)*: pratimây *(— adoptiva) f.*: *(fig.)* araṁbh, biyâḷo *m.* ‖ *V.* BORRA. — *de familia,* burgyâṁkârṇ, putravatî. — *de agua,* jhar *f.*

Maestro, *s. m.* vhaḍleṁ gâyan ghaḍtalo; saṁgîtâcho mukhelî.

Mafarrico, *s. m. V.* DIABO.

Maga, *s. f. V.* FEITICEIRA.

Magana, *s. f.* bhâsâḷî-, kheḷgaḍyî,-nâchrî bâil.

Maganagem, *s. f.* kâmelyâṁchî-, luṁchyâṁchî urpaṁj *f.*; pû *m.*

Maganão, *a. e s. m.* ṭhakî, ghâḍî, âḍâṁgî, vâydeś ou vâdeś.

Maganear, *v. i.* ṭhakî-, vâyḍeś-, pâṁprel jâvuṁk.

Maganeira, maganice, *s. f.* ṭhakṇî, nâḍṇî, labâḍî, luṁchây *f.*, âḍṇâḍpaṇ; sodepaṇ *n.*, laṁpaṭây *f.*

Magano, *a. e s. m.* kâmelî, kulî, bhâḍelî *(us. Sal.)*; ṭhaki, ṭhakṇâr, nâḍgo, âḍṇâḍî, labâḍ; luṁcho, laṁpaṭ, sodo. ‖ *V.* FOLGAZÃO e EXPERTO.

Magarefe, *s. m.* kasâb.

Magia, *s. f.* devchârpaṇ, cheṭ ou cheṭaṇ, maṁtr *n.*, ghâḍvidyâ, maṁtravidyâ, asurîvidyâ, kuvidyâ, mâyâ, abhichârvidyâ *f.*, abhichâr, jâdû *m.* ‖ *V.* FASCINAÇÃO.

Magica, *s. f.* ghâḍiṇ, abhichâriṇ. ‖ *V.* MAGIA.

Magico, *a.* ghâḍvidyecho, jâdûcho; *(fig.) V.* MARAVILHOSO. ‖ *s. m.* ghâḍî, jâdûkâr, abhichârî, * pâṁcherî.

Magisterio, *s. m.* gurupaṇ *n.*, vastâdkî *f.*: pâṭhakagaṇ *m.*

Magistrado, *s. m.* dharmâdhikârî. dharmâdhyaksh, mansubidâr, nitidâr, nyâydhîś; adhikârî, adhipatî; phaujdâr.

Magistral, *a.* gurûcho, paṁtojîcho; *(fig.) V.* PERFEITO.

Magistralidade, *s. f.* adhikârîpaṇ, dharmâdhikârîpaṇ *n.* ‖ *V.* PEDANTISMO.

Magistralmente, *adv.* guru kaso, vastâden, vastâdken; satten, adhikârân, padven.

Magistrando, *s. m.* guru jâvuṁk umedvâr.

Magistratura, *s. f.* dharmâdhikâr *m.*, phaujdârî *f.*; dharmâdhikârîgaṇ *m.*

Magma, *s. f.* sai *f.*, sop *m.*; chikaṭvaṇ *n.*; dâṭ lep *m.*

Magnanimamente, *adv.* mahâmanân, thorpaṇân.

Magnanimidade, *s. f.* manâcheṁ thorpaṇ, mahâman, vhaḍleṁ man, mâhâtmya, audârya, dhair *n.*, baḷkaṭî *f.*; udârpaṇ *n.*

Magnanimo, *a.* vhaḍlyâ manâcho, mahâmanâcho, mahâtmik, mahâtmâ, mahâmati, śûr, dhairyavaṁt, baḷkaṭ: udâr, vechik.

Magnate, *s. m.* sattâpurush, râjbiḍo, sardâr, mahâjan.

Magnesia, *s. f.* mâgnej *f.*

Magnesiano, magnesico, *a.* mâgnejîcho.

Magnete, *s. m. V.* IMAN.

Magnetico, *a.* chuṁbakâcho, lohachuṁbakasaṁbaṁdhî; *(fig.) V.* ATTRAHENTE.

Magnetismo, *s. m.* lohachuṁbakaguṇ *m.;* âkarshaṇaśakti *f.*

Magnetização, *s. f.* lohachuṁbanaśakti deṇeṁ,- gheṇeṁ *n.*

Magnetizador, *a. e s. m.* lohachuṁbanaśakti ditalo; âkarshaṇ kartalo.

Magnetizar, *v. t.* lohachuṁbanaśakti divuṁk *(d. do o.);* âkarshaṇ karuṁk *(g. do o.); (fig.)* vaso-, bhâr âsuṁk *(d. do s., l. sup. do o.)*

Magnificação, *s. f.* uṁchâvṇî, thorâvṇî, vâkhâṇṇî, miraunî *f.*

Magnificador, *a. e s. m.* uṁchâytalo, miraitalo, thorâvṇâr, vâkhâṇṇâr.

Magnificamente, *adv.* uttampaṇîṁ, ḍaulân, chokhaṭâyen.

Magnificar, *v. t.* moṭo karuṁk,- karûn dâkhauṁk, vâḍhauṁk, chaḍhauṁk; thorâvuṁk, uṁchâvuṁk, ukluṁk, uklûn-, mâthyâr dharuṁk; parkaṁduṇk, vâkhâṇuṁk, miranuk, varṇuṁk, kirtuṁk, nâvâḍhuṁk.

Magnificatorio, *a.* chaḍhauṁcho, ukalcho.

Magnificencia, *s. f.* vhaḍvi, vhaḍvîk, vhaḍvikây, sapuṇikây, thorây *f.*, ḍaul, dabâjo *m.*, uttampaṇ, tej *n.*, chokhaṭây, mahimâ, śobh, śrî *f.* ‖ *V.* GENEROSIDADE.

Magnificente, *a.* śobhivaṁt, ṭhanṭhaṇît, ḍhaṇḍhaṇît, ghaṇghaṇît; udâr, vechik.

Magnifico, *a.* thor, uttam, śreshṭh, chakk, chamak, chamatkâr, kautik, dabâjyâcho, vhaḍvikâyecho, mahimecho, tejvaṁt, śrîmân, ghamśân, anavo, suṁdar. ‖ *int.* śâbâs, dhanya, hâhâ, alalala.

Magniloquo, *a.* prauḍhvâch, suṁdarbhâshî.

Magnitude, *s. f.* vhaḍpaṇ, parimâṇ, âkârmân *n.;* thorây, *thorîv *f.*, martabâ *m.*

Magno, *a.* vhaḍ, thor, *mahaṁt, mahâ *(em comp.)*

Mago, *s. m. e a. V.* MAGICO.

Magorim, *s. m.* mogrî *(planta) f.;* mogreṁ *(flor) n.*

Magote, *s. m.* urpaṁj *f.*, chuṁbo, choṁbo *m.*

Magreira, magreza, *s. f.* bhâgneṁ *n.*, bhâgaṭây, kiḍkiḍitây, jhiṁjnî *f.*

Magrete, *a.* bhâgaṭ, śirpuṭo.

Magrizela, *s. m. e f.* kirpaṁj, rogyo (rogyî *f.*)

Magro, *a.* bhâglalo, bhâgaṭyo, kiḍkiḍît, hâḍgaḷ sukaṭyo, kâtivâḷ; charab-, vas nâslalo. ‖ *Jantar de —*, mâs nâslaleṁ jevaṇ.

Magua, *s. f.* dâg, loḷo *m.*, gâṁj; duḥkh, khaṁt *f.*, jâḷ, saṁtâp; manastâp, kaḷvaḷo, śokh *m.*, duśchitây *f.*

Maguado, *a.* duśchit, khaṁtibharit.

Maguar, *v. t.* duḥkhauṁk, dâḍâvuṁk, khupuṁk, laḍhâvuṁk; duḥkh-, saṁtâp divuṁk *(d. do o.)*, kaḷvaḷâvuṁk, duśchit karuṁk, thuklâvuṁk, khichḍî khâvauṁk *(d. do o.)* ‖ *v. r.* duḥkhavuṁk, loḷo paḍuṁk *(d. do s.)*, dâg basuṁk *(d. do s.)*, gâṁj oḍhoṁk *(d. do s.);* duḥkh-, khaṁt bhogoṁk *(d. do s.)*, duḥkhest jâvuṁk, kaḷvaḷuṁk, kâḷjâk lâguṁk *(d. ou g. do s.)*

Magusto, *s. m.* bikṇâṁ bhâjcho dhakṭo *m.;* bhâjlalim bikṇâṁ *n. pl.*

Mahometano, *s. m.* musalmân. ‖ *a.* musalmânî.

Mahometico, *a.* musalmânî.

Mahometismo, *s. m.* musalmânâṁcheṁ śâstr *n.*, musalmânî dharm *m.*

Mãi, *s. f. V.* MÃE.

Maia, *s. f.* śiṁgârân bharlalî bâil.

Mainata, *s. f.* maḍhvaṇ *f.*

Mainça, *s. f.* hâtbhar *m.*, śîrbhar *f.*

Mainel, *s. m.* mâynel *n.*, kaṭhḍo *m.*

Maio, *s. m.* mây, vaiśâkh jyeshṭh *m.* ‖ *a.* mâyân phultalo.

Maior, *a.* vhaḍ, vhaḍlo, agḷo, adhik; jânto, thorlo, prâptavyavahâr. ‖ *— de vinte annos*, visâṁ varshâṁvayr âslalo. *Proposição —*, pratijñâ *f. De —*, chaḍh vhaḍ,- jaḍ. *Por —*, vaylyâvayr. *A — parte dos homens*, adhik-, sabâr lok. ‖ **-es,** vhaḍil, mâlgaḍe, pûrvaj *m. pl.*

Maioral, *s. m.* vhaḍil, mukheli, mâlgaḍo, buddhvaṁt.

Maioria, *s. f.* agḷepaṇ, adhikpaṇ *n.;* vhaḍlo-, ardho adhik vâṁṭo, adhikpaksh, agḷo lok *m.;* chaḍh jaṇ,- vot (*do port.* VOTO) *m. pl.* ‖ *Por — de razão*, adhik-, bhav karûn.

Maioridade, *s. f.* vhaḍhpaṇ, mânâypaṇ *n.*, jântî pirây *f.*

Maiosinho, *a.* mâyâchyâ mahinyâṁt jâtalo,- phultalo.

Mais, *adv.* adhik, chaḍh, jâstî: aniṁk, punar, punaḥ. ‖ *— e —*, adhik adhik. *A —*, adhik, agḷo *(decl.) O —*, adhikach tar. *De —, por de —*, chaḍh, bhav. *Sem — nem menos*, aseṁch, beshṭeṁch. *— hoje — ámanhan, dia — dia* *menos*, âj phâlyâ. — *por aqui*, — *por alli*, saysumâr. *Nem* — *nem menos*, barâbar, jûst (*do port.* JUSTO). — *ou menos*, adhik unem̃, saysumâr. *Tanto* —, tîtlem̃ adhik. *A de* — *de*, bhâyr, kâḍhûn. — *que ou do que*, paras, pâsî, pâsh (*us. Sal.*), kay (*ex.*: *a virtude é* — *estimavel que o oiro*, bhâm̃gârâ kay sugun molâdik). ‖ *s. m.* yer, varchil, adhik; ânîm̃k. ‖ *Os* — *dos homens*, chaḍhjâṇ, sabâr manis. ‖ *a.* adhik, aglo, chaḍh, jâstî.

Maiscula, *s. f.* vhaḍlem̃ akshar,- letr (*port.*) *n.*

Maisculo, *a.* vhaḍlo, moṭo (akshar).

Maisquerer, *v. t. V.* PREFERIR.

Majarrona, *s. f. V.* BUJARRONA.

Majestade, *s. f.* thorây, mahimâ, bhûti, phaḍâ *f*, tej *n.*, pratâp, sam̃bhram, dabâjo *m.*; gam̃bherepaṇ, bharkampaṇ *n.*; *titulo*: râjśrî *f.*, mahârâj *m.* ‖ *Vossa* —, hujûr, mahârâj. *Crime de lesa-majestade*, râjdroha *m.*

Majestatico, *a.* râjsattecho, râjtejâcho, pâdśâyî.

Majestosamente, *adv.* pratâpân, mahimen, dabâjân.

Majestoso, *a.* thor, sam̃bhramî, pratâpâcho; gam̃bhero, dabâjyâcho; kautik, ghamśân.

Major, *s. m.* mâjor.

Majoria, *s. f.* mâjorpaṇ *n.*

Mal, *s. m.* vâyṭ, nashṭ; *doença*: vâyṭ *n.*, piḍâ *f.*; *desgraça*: nashṭ, nirbhâg; *damno*: nuskân, nashṭ *n.*; *punição*: khâst, śikshâ *f.* ‖ — *do veado*, *V.* TETANO. *Deitar para* —, âḍvem̃-, partem̃ ghevum̃k. *De* — *a peor*, disândis pâshṭ. *Por meu* —, majyâ lakṭyân. *Querer* — *a alguem*, vâyṭ dekhum̃k. ‖ *adv.* vâyṭ; *difficultosamente*: sam̃kashṭîṇ; *pouco*: mâtso (*decl.*) ‖ *Dizer* —, vâyṭ ulaum̃k (*com l. sup.*) *Estar* —, vâyṭân âsum̃k; sam̃sâr baro nâ chalum̃k (*g. do s.*) — *haja!* kusûm̃v, marik paḍûm̃v! *Ir* —, baro nâsum̃k; vâm̃kḍo chalum̃k. *A* —, khuśebhâyr, baḷân. *Ainda* —; bharyâvayr bharkuṭî. *Em* —, nirbhâgîṇ. — *por* —, vâyṭâm̃tlem̃ unem̃ vâyṭ. *Por bem ou por* —, baryân va vâyṭân.

Mala, *s. f.* potem̃, boksem̃ *n.*, sâk (*do port.* SACCO) *m.*; ṭappâl *n.*

Malacia, *s. f.* nirvât *ou* nivât *m.*, gajgajṇî *f.*; (*med.*) dohâḷo *m.*; (*fig.*) *V.* INERCIA.

Malafortunado, *a. V.* DESAFORTUNADO.

Malagma, *s. m.* malam *m.*

Malagueta, *s. f.* purtugâlî mirsâm̃g, tîk mirsâm̃g *f.*

Malandante, *a. V.* INFELIZ.

Malandragem, *s. f.* pârpaḷâm̃chem̃ kûṭ *n.* ‖ *V.* MALANDRICE.

Malandrice, *s. f.* him̃ḍṇî *f.*, pârpaḷpaṇ; phaṭim̃gpaṇ, soḍepaṇ *n.*

Malandrim, **malandro**, *s. m.* him̃ḍno, vâydeś, pârpaḷ; phaṭîm̃g *ou* phaṭlîm̃g, luchcho, sodo, bhâḍyo.

Malandrino, *a.* pârpaḷ; phaṭlim̃gâcho. ‖ *s. m. V.* MALANDRIM.

Mala-posta, *s. f.* ṭappâl gâḍî *f.*

Malar, *s. m.* gâlâchem̃ hâḍ *n.* ‖ *a.* gâlâchyâ hâḍâcho.

Malarranjado, *a.* bom̃dro.

Malassada, *s. f.* tâm̃tyâm̃chi kâyloḷî *f.*

Malaventura, *s. f.* (*p. us.*) *V.* DESVENTURA.

Malaventurado, *a.* daḷdiro, nirbhâgî, abhâgî, akuśâl, durdaivî.

Malavindo, *a. V.* DESAVINDO.

Malavinhado, *a.* soro âm̃bṭâytalo,- vâyṭ kartalo; soryân khubhdaḷtalo,- mastî kartalo; (*fig.*) vâm̃kḍem̃ ghetalo, partem̃ dhartalo.

Malaxar, *v. t.* (okhat) maḷum̃k.

Malbaratador, *a. e s. m.* ibâḍyo, hogḍâvṇo, vîdhḷo.

Malbaratar, *v. t.* unyâmolâk-, nuskânân vikum̃k; ibâḍum̃k, hogḍâvum̃k, vâṭ lâvum̃k (*g. do o.*), vâṭek lâvum̃k.

Malbarato, *s. m.* savây phum̃kyâ vikṇem̃ *n.*, nuskânâchî vikrî; hogḍâvṇî, vidh *f.*, ibâḍ *m.*

Malbarbado, *a.* pâtaḷ khâḍ âslalo.

Malcasado, *a.* barem̃ paḍa nâslalo kâjârî.

Malcheirante, **malcheiroso**, *a.* ghâṇero, ghâṇerḍo.

Malcomido, *a.* barem̃ jevum̃k nâslalo. ‖ *V.* MAGRO.

Malcontentadiço, *a.* khuśî-, dhâdasî jây nâslalo.

Malcontente, *a. V.* DESCONTENTE.

Malcorrente, *a.* kâkûḍ, kachcho; ubgolalo, vâjelalo.

Malcozer, *v. t.* sâmko-, baro nâ ukḍum̃k,- bhâjum̃k. ‖ *v. i.* baro nâ ukḍom̃k, harvo âsum̃k.

Malcozinhado, *s. m.* barbaṭî khâṇâvaḷ *f.* ‖ *a.* baro-, sâmko nâ râm̃dhlalo, barbaṭo.

Malcreado, *a.* vâyṭ, amaryâdî, durâchârî, ravis nâslalo.

Maldade, *s. f.* vâyṭpaṇ, nashṭepaṇ, khoṭepaṇ, *n.*, khoṭây, dushṭây *f.*, kubuddhipaṇ, bâshkaḷpaṇ, dvâḍpaṇ; kapaṭ, akâryeṁ, onkhaṭeṁ, pâp *n.*, vikaṭây *f.*; nishṭurây, dâruṇây *f.*; âḍâṁgpaṇ, âdjâîpaṇ *n.*

Maldição, *s. f.* mâldisâṁv *n.*; śirâp, śâp, marak *m.*, birmat *f.* ‖ *V.* PRAGA.

Maldicta, *s. f.* peka nâslalî dâd *f.*; chavaṁd *n.*

Maldicto, *a.* śirâp paḍlalo, śâplalo; vâyṭ, nashṭo, khoṭo.

Maldizente, *a. e s. m. e f.* vâyṭ ulaitalo, chahâḍyo, lâṁvḍo.

Maldizer, *v. t.* śirâpuṁk, śâpuṁk; apavâduṁk, chahâḍuṁk, kâtruṁk. ‖ *v. i.* śirâp ghâluṁk; gâḷî savuṁk; vâyṭ ulauṁk. ‖ *s m. V.* MALEDICENCIA.

Maldoso, *a.* vâyṭoḷo, khoṭo, kubuddhi, kapaṭî; (*fig.*) *V.* BULIÇOSO.

Maledicencia, *s. f.* vâyṭ ulauṇeṁ *n.*, chahâḍî *ou* châḍî *f.*, apavâd *m.*

Maledicente, *V.* MALDIZENTE.

Maledico, *a.* vâyṭ ulaitalo, chahâḍyo; gâḷî savtalo.

Maleficamente, *adv.* vâyṭpaṇîṁ, kubuddhipaṇîṁ.

Maleficencia, *s. f.* vâyṭpaṇ, kubuddhipaṇ *n.*, matsar *m.* ‖ *V.* MALDADE.

Maleficiar, *v. t.* vâyṭ-, nashṭ karuṁk (*d. do o.*), nuskân-, toṭo divuṁk (*d. do o.*) ‖ *V.* ENFEITIÇAR.

Maleficio, *s. m.* nashṭ, nuskân *ou* nuksân *n*, phajat; bhârṇî, nâḍbhuddhi *f.*, nâṭ, atharvaṇ, kaṁvṭâl *n.*, abhichâr *m.* ‖ *V.* MALDADE.

Malefico, *a.* kurṭo, kaḍvo, kubuddhi, pâpśîl; atharvaṇo, kaṁvṭâlî, nâṭ. ‖ *V.* DAMNOSO.

Maleita, *s. f.* pairyâcho jar *m.*; jarî *f.*

Maleitoso, *a.* jarkâr; jariyecho.

Malencarado, *a.* kuṭâḷo, kurṭo, soṁḍyo.

Malensinado, *a. V.* MALCREADO.

Malentendido, *a.* bareṁ samja nâslalo; baro samjo nâslalo. ‖ *s. m.* âḍveṁ samjaṇeṁ; duvârthpaṇ *n.*

Malestreiado, *a.* vâyṭ aḷsolalo; (*fig.*) *V.* FEIO.

Maleta, *s. f.* bokseṁ *n.*, poṭlî *f.*

Malevolamente, *adv.* nedkuchâyen, kubuddhipaṇîṁ.

Malevolencia, *s. f.* nedkuchây, duśmânkây, kubuddhi *f.*, kubuddhipaṇ, kapaṭ, vâyṭpaṇ *n.*, matsar, dveshbhâv *m.*, nishkurpâ *f.*

Malevolente, malevolo, *a.* kaḍvo, kurṭo, kuṭâḷo, kurṇâṭî, kubuddhi, vâyṭâ manâcho, vikhâḷo, kusḍo, vâyṭoḷo, nedkuchârî, matsarî, kapaṭî, tarkâṭî, nishkurpî, durâtmo.

Malfadadamente, *adv.* durdaivîṁ, nirbhâgîṁ.

Malfadado, *a.* kapâlphuṭko durdaivî, nirdaivo, nirbhâgî, abhâgî, avdaśî.

Malfadar, *v. t.* abhâgyeṁ sâṁguṁk,- bhâkuṁk (*d. ou g. do o.*); nirdaivî-, nirbhâgî karuṁk.

Malfalante, *a. V.* MALDIZENTE.

Malfazejo, *a. V.* MALEFICO.

Malfazer, *v. t.* vâyṭ-, nashṭ karuṁk (*d. do o.*), nâśuṁk.

Malfeito, *a.* vâyṭ kelalo; vâyṭ, vâyṭoḷo. ‖ *V.* DEFORME.

Malfeitor, *s. m.* anyâyî, dushkarmî, pâpî. ‖ *a.* khoṭo, nashṭo,

Malfeitoria, *s. f.* anyây *m.*, dushkarm, khoṭepaṇ *n.*, gnyâṁv, aprâdh; nâś *m.*, nuskân *n.*

Malferido, *a.* jakhmî jâlalo, ghâyâṁnîṁ bharlalo.

Malferir, *v. t.* jakhmî karuṁk, moḍûn ghâluṁk.

Malga, *s. f.* mâltî *f.*, mâlto *m.*

Malha, *s. f.* jâḷiyecho ḍoḷo *m.*, âniyaśeṁ *n.*; târâchî jâḷî; *nó corredio:* nisar-, soḍik gâṁṭh; *mancha:* chiṭî *f.*, lâseṁ, śib *n.*; *choça:* khoṁp, jhoṁpḍî; *acção de malhar:* baḍauṇî; *sova:* dâḍâvṇî *f.*, mâr, phâr *m.*; (*fig.*) *V.* ENREDO. ‖ *Escapar pela* — (*fig.*), kûs mâruṁk, nâṭâk jâvuṁk. *Passar pela* —, chukuṁk; vâhvûn vachuṁk.

Malhada, *s. f.* kuḍtyâcho phâr *m.*; baḍauṇî *f.*; khaḷeṁ, âṁgaṇ *n.*; *choça:* khoṁp, khoṁpṭî *f.*; *curral:* goṭho *m.*; *toca:* ḍhol *f*; ghaṁṭer; (*fig.*) śeḷiyâṁcho hiṁḍ *m.* ‖ *V.* TRAMA.

Malhadeiro, *s. m.* baḍauṇo *m.*, peṭṇeṁ *n.*; hâmandasto; mârkhâû; keṁḍṇecho mâl *m.* ‖ *a. V.* GROSSEIRO.

Malhadiço, *a.* mâr khâtalo, mârkhâû, mârâṁk sujlalo; mârâchî parvâ kari-, mârâṁk bhiye nâslalo.

Malhado, *a.* baḍailalo; chiṭyâṁcho, chiṭyâḷo, śirbo, bâṁḷo, rupo, bibṭo.

Malhadoiro, *s. m.* khaḷeṁ, khaḷ, âṁgaṇ *n.*

Malhador, *s. m.* baḍauṇâr; peṭṇâr. ‖ *V.* MAÇADOR. ‖ *a.* mârkâr.

Malhão, *s. m.* cheṁḍû *m.*; cheṁḍû mârṇeṁ *n.* ‖ *V.* BALISA. ‖ *De* —, julûm karûn, nîtnivâḍo nâstânâ.

Malhar, *v. t.* khaḷyâr baḍauṁk; peṭuṁk, * tâṁbeṭuṁk; (*fig.*) prakâr-, tînterâ karuṁk (*g. do o.*) ‖ *V.* ESPANCAR. *v. i.* baḍauṁk, dapṭuṁk, dâḍâvuṁk (*vr.*

tt.) || — *em ferro frio (fig.)*, omtyâ kaḷsyâr udak.

Malhetar, *v. t.* jaḍuṁk, ghaḍsuṁk, khamchauṁk.

Malhete, *s. m.* khâṁch, sâṁdh *f.*

Malho, *s. m.* ghaṇ, tâṁbeṭ, * châṁbîṭ; kuḍṭo, mogro; baḍauṇo *m.*

Malhoada, *s. f. V.* TRAMOIA.

Mal-humorado, *a.* rogyo; kharjuvâḷo; *(fig.)* vâṁkḍyâ toṁḍâcho, âṁbaṭ, ugr, kharkas.

Malicia, *s. f.* mâlis, vikaṭây, khoṭây *f.*, khoṭepaṇ, vâyṭpaṇ *n.*, kusḍây, durbuddh, kubuddhi *f.*; kapaṭ, kaḷvaṁchan; âḍveṁ gheṇeṁ, parteṁ dharṇeṁ *n.* || *V.* EXPERTEZA.

Maliciar, *v. t.* vâyṭ chiṁtuṁk,- dharuṁk *(g. do o.)*; vâyṭâchârân-, kurṇâṭikâyen chaluṁk *(ab.* kaḍe *do o.)*; śiḍvâvuṁk, chatrâvuṁk. || *v. i.* mâlisen-. kapaṭân chaluṁk.

Maliciosamente, *adv.* khoṭepaṇiṁ, kapaṭân.

Malicioso, *a.* mâlisyoj, vâyṭâ manâcho, khoṭo, durbuddh, kuṭâḷo; kapaṭî, kusḍo, kusko, kurṇâṭi, tirsnvâd; kâṭhû, śiḍûk. || *V.* MORDAZ.

Maligna, *s. f.* kâḷjar *m.*

Malignamente, *adv.* kusḍâyen, kubuddhiṁ.

Malignante, *a. (p. us.) V.* MALDOSO.

Malignar, *v. t.* vâyṭ-, nashṭo-, khoṭo karuṁk. || *v. i.* jaḍ jâvuṁk, jaḍâvoṁk.

Malignidade, *s. f.* dushṭây, kusḍây *f.*, kusḍepaṇ, vâyṭpaṇ, vikh, kubuddhipaṇ *n.*, kubuddhi, durbuddh *f.*

Maligno, *a.* kusḍo, kuḍo, kubuddhi, durbuddh, vâyṭoḷo, vikhâḷo, kurṇâṭî; nashṭo, khoṭo; *(med.)* jaḍâvlalo; vegîṁ peka-, baro jây nâslalo. || *Espirito* —, *V.* DEMONIO.

Malina, *s. f.* jorgat *f.* | *V.* MALIGNA.

Malintencionado, *a.* vâyṭâ manâcho, kuslalyâ kâḷjâcho, kusḍo.

Malleabilidade, *s. f.* ghaṇavardhishṇutâ *f.*: lavchikpaṇ *n.*

Mallcador, *a. e s. m.* peṭṭalo, peṭṇâr.

Mallear, *v. t.* peṭuṁk.

Malleavel, *a.* peṭcho, peṭûṁyeso, ghaṇarvardishṇu; lavchik.

Malleolar, *a.* khubyâcho.

Mallcolo, *s. m.* khubo *m.*

Mallogradamente, *adv.* vâyâṁ, beshṭeṁ.

Mallogrado, *a.* tiḍlalo, bighaḍlalo; nirdaivî.

Mallograr, *v. t.* bighḍâvuṁk, phiskaṭâvuṁk, phaskaṭâvuṁk. || *v. r.* bighḍuṁk, phiskaṭuṁk, phaskaṭuṁk, tiḍuṁk, paskaṭyâṁt vachuṁk, vâhvûṇ vachuṁk; goḍâk vâchuṁk.

Mallogro, *s. m.* bighaḍṇî, phiskaṭṇî *f.*, bhaṁg *m.*, phasaṇ *n.* || *V.* DAMNO.

Malnascido, *a.* kapâlphuṭko; âḍjâtîcho; avinayî.

Maloio, *s. m.* gâṁvṭî, jaṁglî.

Malotão, *s. m.* ghoṁgḍeṁ *n.*, peṁdho; poṭlo *m.*

Malote, *s. m.* bokseṁ *n.*, poṭlî *f.*

Malparado, *a.* aṭâsâṁk sâṁpaḍlalo, upaḍryâṁk paḍlalo.

Mal-peccado, *adv. (ant.) V.* INFELIZMENTE.

Mal-propicio, *a.* prasann nâslalo, abhadr.

Malquerença, *s. f.* vâyṭâchâr, dvesh, dveshbhâv, matsar *m.*, kurṇâṭikây, duśmânkây, kubuddhi *f.*

Malquerente, *a. V.* MALEVOLO.

Malquerer, *v. t.* vâyṭ dekhuṁk *(d. do o.)*, dveshuṁk, jaḷuṁk *(d. do o.)*, kâṁṭâḷuṁk *(d. do o.)*

Malquistar, *v. t.* aṁtrâvuṁk, phituruṁk, kûṁs moḍuṁk *(d. do o.)* || *v. r.* duśmân jâvuṁk, aṁtruṁk, phituroṁk; nâṁv-, âbrû kogḍâvuṁk, iśîm ubhauṁk.

Malquisto, *a.* koṇâkaḍe baro nâslalo, ghâṇlalo, kâṁṭâḷvâṇo.

Mal-roupido, *a. e s. m.* vâyṭ neslalo, boṁdro.

Malsão, *a.* rogyo.

Malsim, *s. m.* huṁgî; nâyk. || *a.* lâṁvḍo, lâṁvḍâyo sâṁgtalo.

Malsinação, *s. f.* lâṁvḍâyo-, chahâḍyo sâṁgṇeṁ; lâvûn deṇeṁ *n.*

Malsinar, *v. t.* lâvûn divuṁk, huṁgûn kâḍhuṁk; lâṁvḍâyo-, chahâḍyo sâṁguṁk *(g. do o.)*; parteṁ samjuṁk, âḍveṁ ghevuṁk. || *V.* CALUMNIAR.

Malsoante, *a.* besûr, apsvar; *(fig.* âykûṁ najo âslalo.

Malsoffrido, *a. V.* IMPACIENTE.

Malta, *s. f.* baṁḍ, kûṭ *n.*, sodemaṁḍaḷ; urpaṁj *f.*, laśkar, peṁḍeṁ; vâvrâḍyâṁcheṁ lamaṇ *n.* || *Fazer-se á* —, phârik kari nâ jâvuṁk paḷuṁk; kûs mâruṁk, vâṭek lâguṁk. *Andar á* —, paḷûn bhoṁvuṁk.

Maltez, *s. m.* hiṁḍṇo vâvrâḍî, lamaṇâcho manis. || *a.*: *gato* —, gobreṁ mâjar *n.*

Maltezia, *s. f.* vâvrâḍyâṁcheṁ lamaṇ,- peṁḍeṁ *n.*

Maltrapido, maltrapilho, *a. e s. m.* boṁdro, bhâṇśiro, junerḍo.

Maltratar, *v. t.* vâyṭ chalaunk, trâs divunk *(d. do o.)*, jiv khâvunk *(g. do o.)*, akmân-, julûm karunk *(d. do o.)*; vâyṭ-, nashṭ karunk *(d. do o.)*; mârunk, baḍaunk; *(fig.)* *V.* ESTRAGAR.

Malucar, *v. i.* khuḷepaṇâṁ-, pisâyo karunk, khuḷunk, khuḷevunk.

Maluco, *a.* khuḷo, gaḷyo, mûrkh. ‖ *V.* ESTROINA.

Maluqueira, maluquice, *s. f.* khuḷepaṇ, gaḷyepaṇ *n.*; *(fig.)* *V.* EXTRAVAGANCIA.

Malva, *s. f.* peṭârî.

Malvaceo, *a.* peṭârecho.

Malvadamente, *adv.* khoṭepanîṁ.

Malvadez, *s. f.* khoṭepaṇ, nashṭepaṇ, akarm *n.*, adharm *m.*

Malvado, *a.* khoṭo, nashṭo, vâyṭ, vâyṭoḷo, dvâḍ, durjan, pâpâchârî, durâchârî, durmat, kubuddhi, akarmî, adharmî, onkhaṭo.

Malventuroso, *a.* *V.* MALAVENTURADO.

Malversado, *a.* durâchârî, pâpâchârî, vâyṭe raviseho.

Malversador, *s. m.* gairvahivâṭ kartalo; ibâḍyo.

Malversão, *s. f.* vâyṭ jâḷoṇî, gairvahivâṭ *f.* ‖ *V.* DILAPIDAÇÃO.

Malversar, *v. t.* sâmkeṁ nâ vasaunk, vâyṭ jâḷoṇî-, gairvahivâṭ karunk *(g. do o.)*; hogḍâvunk, ibâḍunk.

Malvisto, *a.* kaṇâk baro lâga-, disa nâslalo, ghâṇlalo.

Mamã, maman, *s. f.* mâmâ, may, bay, mâṁy, âî, bâ.

Mamelão, *s. m.* suṭo doṁgar *m.*

Mamillar, *a.* thânâcho, stanî, stanâcho.

Mamillo, *s. m.* chîṁv, boṁḍi *f.*, boṁb *m.*; jaḷû *f.*

Mamilloso, *a.* boṁb kaso, stanâkriti; jaḷvo âslalo.

Mamma, *s. f.* thân, stan *(p. us.)*; hardeṁ *(litt.* PEITO) *n.*; pâhno *(— cheia de leite)*; momo, dudhû, mâm *(loc. infant.) m.*

Mammadeira, *s. f.* ghoṁṭeṁ *n.*

Mammadura, *s. f.* chiṁvṇeṁ *n.*, luṁchṇî *f.*; luṁcheho kâḷ *m.*

Mammal, *a.* stanî.

Mammão, *a.* dudhâcho, dûdhjevto, dudhâvaylo; luṁchto. ‖ *s. m.* dudhâcheṁ burgeṁ; luṁchteṁ por *n.*

Mammar, *v. t.* (dûdh) jevunk, luṁchunk; khâvunk, bharkunk; *(fig.)* sâṁpḍâvunk, biṭkî mârunk *(d. do o.)* ‖ *V.* LOGRAR.

Mammifero, *a.* stanî, thânâṁ-, boṁb âslalo. ‖ **-s**, *m. pl.* stanî prâṇî *m. pl.*

Mammiforme, *a.* boṁb kaso, stanâkriti.

Mamminha, *s. f.* dudhû *m.*

Mammôa, *s. f.* moṭeṁ thân *n.*; *(bot.)* papây *f.*

Mammoeiro, *s. m.* *(bot.)* papây *f.*

Mammudo, *a.* thânâḷo.

Mamona, *s. f.* eraṁḍî *f.* ‖ *Oleo de —*, eraṁḍel *n.*

Mamoneira, *s. f.*, **mamoneiro**, *s. m.* eraṁḍ *f.*

Mana, *s. f.* mânâ, bahîṇ.

Manada, *s. f.* hiṁḍ, kaḷap *m.*; mûṭhbhar *f.*

Manadeiro, *s. m.* *V.* MANANCIAL.

Manageiro, *s. m.* luṁvpyâṁcho vastâd,- mukleli.

Manancial, *s. m.* udkâcho ḍoḷo *m.*, jhar *f.*; *(fig.)* nidhi *m.*, nidhân, ghar *n.* ‖ *a.* sadâṁch vâhvto.

Manancialmente, *adv.* sadâṁkâl, niraṁtarîṁ.

Manante, *a.* vâhvto.

Manar, *v. t.* vâhvaunk, otunk; *(fig.)* *V.* PRODUZIR. ‖ *v. i.* vâhvunk, otoṁk; *(fig.)* *V.* PROVIR.

Mancal, *s. m.* śimlecho dâṁḍo; lokhaṁḍâchyâ vâḷyâcho vâto *m.*

Mancar, *v. t.* laṁgḍâvunk, muṁdhunk, luṁḍunk, luṁḍo-, muṁḍho karunk. ‖ *V.* FALTAR.

Manceba, *s. f.* tarṇî-, burgî bâil *f.*, cheḍûṁ *n.*; dhagaḍî, kuṇbîṇ, kâminî, upapatnî.

Mancebia, *s. f.* tarṇepaṇ, burgepaṇ, dhâkṭepaṇ *n.*, tarṇî pirây *f.*; dhagaḍpaṇ, kâminpaṇ *n.*

Mancebo, *s. m.* burgo, tarṇo burgo, tarṇo dhâkṭo; mâṁseb *m.* ‖ *a.* tarṇo, dhâkṭo.

Mancha, *s. f.* khat, kaḷaṁk, *lâṁchhan *n.*, meḷ *ou* mevaḷ *m.*; lâseṁ *n.*, chiṭî *f.*: *(fig.)* aib, biṁg *m.*

Manchado, *a.* khatâḷo; chiṭyâḷo, śirbo; *(fig.)* nâṁv ubhailalo, aibî.

Manchar, *v. t.* khatâvunk, meḷaunk, chiklâvunk; *(fig.)* nâṁv-, mân kâḍhunk. ‖ *v. r.* khatâvoṁk, meḷunk.

Mancheia, *s. f.* mûṭhbhar *f.*

Manchil, *s. m.* koyto *m.*

Manchua, *s. f.* machvo *m.*

Mancipio, *s. m.* *(ant.)* *V.* ESCRAVO.

Manco, *a.* thoṁṭo, laṁgḍo; vikhaṇ, uṇo; boṁṭho, doḍo.

Mancommunação, *s. f.* kûṭ *n.*, gûḍhmeḷ, saṁghaṭṭ *m.*

Mancommunadamente, *adv.* saṁghaṭṭ-, gûḍhmeḷ karûn.

Mancommunar, *v. t.* ekṭhâṁy, karuṁk, ekvaṭuṁk. ‖ *v. r.* ekṭhâṁy jâvuṁk, ekvaṭoṁk, kûṭ karuṁk.

Manda, *s. f.* yâd *f.; (ant.) V.* LEGADO.

Mandaçarres, *s. m. pl.* budi *m. pl.*

Mandadeiro, *s. m.* kâmeli; bhâḍeli *(us. Sal.)*

Mandado, *s. m.* pharmaṇ, śâsan *n.*, hukûm, sanad, saṁdeś, nirop *m.*, ajñâ *f.*; mâṁdâd *(— de casamento); (ant.) V.* LEGADO. ‖ *V.* RECADO. ‖ *a.: bem —*, khâlto.

Mandador, *a. e s. m.* dhâḍṇâr; pharmâvṇâr, hukûm ditalo.

Mandamento, *s. m.* mâṁdâmeṁt, upadeś *m.* ‖ *V.* MANDADO.

Mandante, *s. m.* vastâd; *(for.)* adhikâr-, padvi ditalo. ‖ *a.* pharmâytalo.

Mandão, *s. m.* hukûmdâr, padvedâr.

Mandar, *v. t.* hukûm divuṁk, karuṁk lâvuṁk, pharmâvuṁk; *enviar:* dhâḍuṁk, pâṭhauṁk; *arremessar:* soḍuṁk, mâruṁk. ‖ *V.* GOVERNAR *e* COMMANDAR. ‖ *— um cavallo,* ghoḍo chalauṁk. *— ao diabo, V.* AMALDIÇOAR. *— á estampa, V.* IMPRIMIR. *— á memoria, V.* DECORAR. *— para a outra vida, V.* MATAR. *— á tabua, á fava,* bhâyr ghâluṁk, ujo lâvuṁk *(fig.) — bugiar,* âṁbḍuṁk dhâṁvḍâuṁk. ‖ *v. i.* râj-, padvi chalauṁk. ‖ *v. r.* sâṁko-, niṭ chaluṁk.

Mandarim, *s. m.* maṁtri; *(fig.) V.* MANDÃO.

Mandatario, *s. m.* vakil, mukhtyâr, pratinidhi; hukûm pâḷtalo.

Mandato, *s. m.* mukhtyârpatr *n.*, vakilnâmâ *m.* ‖ *V.* MANDADO.

Mandibula, *s. f.* ḍâḍhmaṇ *n.*

Mandibular, *a.* ḍâḍhmaṇâcho.

Mandil, *s. m.* pusṇeṁ; juner *n.*

Mandinga, *s. f. V.* FEITICERIA.

Mandingar, *v. t. V.* ENFEITIÇAR.

Mandingueiro, *s. m. V.* FEITICEIRO.

Mandioca, *s. f. (bot.)* meṁdâṁv *m.*

Mando, *s. m.* padvi, sattyâ, sâhebiki *f.* ‖ *V.* MANDADO *e* COMMANDO. *Ter o seu —*, âple khâl-, âdhin âsuṁk *(s. do o.)*

Mandraço, *s. m. V.* MADRAÇO.

Mandranice, *s. f. V.* MANDRIICE.

Mandria, *s. f.* âḷsây, susti, âṁgsusti *f.*

Mandrião, *a. e s. m.* âḷśi, sust, bekâr, nishkâmi.

Mandriar, *v. i* bekâr bhoṁvuṁk, hât pâṁghrûn basuṁk, âpleṁ kâm nâ karuṁk, gâṁvâr dis kâḍhuṁk.

Mandriice, *s. f.* bekârpaṇ, âḷśipaṇ *n.*, susti *f.*

Mandubi, *s. m. (bot.) V.* AMENDOIM.

Manducação, *s. f.* khâṇ *n.*

Manduca, *s. f.* mânas *f.*

Manducar, *v. t.* khâvuṁk.

Manear, *v. t. V.* MANEJAR.

Maneavel, *a.* hâtân karûṁyeso,-ghoḷauṁyeso, vahivâṭuṁcho.

Maneio, *s. m. V.* MANEJO.

Maneira, *s. f.* âkâr, prakâr, jinnas *m.*, ravis, pari, tahrâ, dasti; *moda:* rit, châl, moḍ, parvaḍ, paddhati, kriyâ; *habilidade:* mâṁḍṇi, karâmat *f.; ensejo:* saṁyog, avsar; *meio:* upây, ilâj; *configuração:* âkâr *m.*, kriyâ, kṛiti *f.* ‖ *V.* CIRCUMSTANCIA. ‖ *— de pensar,* maticheṁ vaḷaṇ. *Segundo a minha — de pensar,* maje chiṁtnepramâṇeṁ. *Gente da nossa —*, âmche tahrecho lok. *Sobre —*, bhav-, jabar chaḍh. *Em tanta —*, itlo chaḍh,- adhik. *De — que,* heparim ki, hebhâshen ki. ‖ *-s, pl.* bari ritravis, mâṇsugi, maryâd *f.*, manushyâḷepaṇ, śishṭpaṇ *n.*

Maneiro, *a.* hâtân vharûṁyeso,-ghoḷauṁyeso, lohu pâkh,- pik, supûr, supurlo; hâtâkaḍśeṁ yetalo, hâtâṁtleṁ khâtalo (moṇjât).

Manejar, *v. t.* hâtâṁt ghevuṁk,-dharuṁk; hâtân chalauṁk,- ghoḷauṁk; *(fig.)* chalauṁk, vahivâṭuṁk, jâḷvuṁk, jâḷoṇi karuṁk *(g. do o.)*, ûṭâpuṁk, kamâvuṁk. ‖ *V.* BRANDIR. ‖ *— a agulha,* suyecheṁ kâm karuṁk. *— a penna,* barpâcho udyam karuṁk.

Manejo, *s. m.* hâtân karṇeṁ,- ghoḷauṇeṁ, hâtkâm *n.*; chalauṇi, vasauṇi, jâḷvaṇi *ou* jâvoṇi, baṁdobast *f.*, kârbhâr *m.*; ghoḍyâk śikauṇeṁ,- peṭṇeṁ *n.*, tâlim, aśvavidyâ *f.* ‖ *V.* PICADEIRO. ‖ *-s, pl. V.* MANOBRAS *e* ARTIMANHAS.

Manelo, *s. m.* mûṭhbhar, chimṭibhar *f.*, *nagvalo *m.*

Manente, *a. V.* PERMANENTE.

Manequim, *s. m.* jâmûn, mâṇav; manushyâchi mûrti *f.*; *(fig.)* dusryâche khuśepramâṇeṁ chaltalo manis. ‖ *V.* PERALVILHO.

Manes, *s. m. pl.* pret *m. e n.*

Maneta, *a. e s. m. e f.* hât nâslalo,-dharlalo,- moḍlalo, hâtkâtro, hâtâcho thoṁṭo.

Manfarrico, *s. m. V.* DEMONIO.

Manga, *s. f.* mâṁg *n.*, hât *m.*, astaṇ; *(fig.)* urpaṁj *f.*, chumbo, puṁjo *m.* ‖ *V.* MANGUEIRA. ‖ *— perdida,* vhaḍlyâ toṁḍâcho hât. *— de agua, V.* TROM-

BA. — *de vidro*, mâmg. *Cão de* —, supurle jâtîchem śupem. *Ter alguem de* —. âdhîn âsumk. *Dar mangas (fig.)*, upây divumk. *Não ter panno para mangas*, tûṭ paḍumk.

Manga, *s. f. (bot.)* âmbo *m.; a*mblî, âmbâḍî *(dim.) f.* ‖ *V.* MANGUEIRA.

Mangação, *s. f.* mâmgâsâmv, khebaḍ *n.*, cheshṭây *ou* keshṭây, maskarî, bemḍâvṇî *f.*, śeṭyo, phetyo *f. pl.*

Mangador, *a. e s. m.* bemḍâvṇâr, khebaḍî, phakâmḍî, thuklâvṇo.

Mangalaça, *s. f.* vâydeśpaṇ, pâmprelpaṇ *n.* ‖ *V.* MANCEBIA.

Manganilha, *s. f.* chorvidyâ, ghâḍvidyâ *f.*, gaṇḍbemgâl *n.*

Mangão, *s. m. V.* MANGADOR.

Mangar, *v. i.* maskaryo-, khebaḍâm karumk, bemḍâvumk, lemḍâvumk, keldâvumk thuklâvumk.

Mangaz, *a.* moṭo, vhaḍlo.

Mangedoira, *s. f.* khâvaṇ, dâvaṇ; koḷambî, koṭambî *f.*

Mangelim, *s. m.* mâṇikâ *f.*

Mangericão, mangerico, *s. m.* mijirikâmv, mamjishṭh *m.*

Mangerona, *s. f.* marvo *ou* murvo *m.*

Mangil, *s. m. V.* MANCHIL.

Mango, *s. m.* peṭṇyâcho dâmḍo *m.*

Mangona, *s. f.* âḷsây, sustî. ‖ *s. m.* âḷsî, sust, bekâr.

Mangonar, *v. i.* âḷsây karumk, bekâr bhomvumk, beṭho âsumk.

Mangra, *s. f.* pâlvî, dhumvrî *f.*

Mangrado, *a.* pâlvî paḍlalo; virjalalo, bighaḍlalo.

Mangrar, *v. t.* pâlven karpaumk,- polâvumk. ‖ *v. i. e r.* pâlvî paḍumk *(d. do s.)*, bâmbevumk, polumk; virjumk, bighḍumk, phiskaṭumk.

Mangual, *s. m.* mumgîl, baḍavṇo *m.*, peṭṇem *n.*

Manguço, *s. m. V.* MANGUSTO.

Mangue, *s. m. (bot.) V.* MANGA *e* MANGUEIRA.

Mangueira, *s. f. (bot.)* âmbo; pamdeḷ, naḷ *m.*

Mangueiral, *s. m.* âmbyâmchem bhâṭ,- rân *n.*

Mangusto, *s. m.* mumgas *n.*

Manha, *s. f.* mâmḍṇî, hikmat, vidyâ, barkamây; bârkây, chatrây śiḍukây; *balda:* khoḍ, mâmj *f.*, avguṇ *m.*, hiṇ *n.* ‖ *V.* ARDIL.

Manhan, *s. f.* sakâḷ *m.;* prabhamtem, phâmtem, phâlem *n.; (fig.) V.* COMEÇO. ‖ *Alta* —, uśrâm. *De — ou pela* —, sakâḷîm. *De — cedo*, bhav sakâḷîm. *Esta* —, âj sakâḷîm. *De — e de tarde*, sakâḷîm sâmje. —, *meio-dia e tarde*, trikâḷ (*litt.* TRES TEMPOS) *m.*

Manhanzinha, *s. f.* prabhamtem, phâmtem *n.* ‖ *De* —, ujvâḍtâm.

Manhosamente, *adv.* mâmḍṇeu, vidyen, hikmatin.

Manhoso, *a.* mâmḍṇekâr, hikmatkâr, bârik; chatur, kâṭhû, vidyo; mâmjkâr, khoḍyo, âplyâ vâdyâcho.

Mania, *s. f.* pisem *n.*, pisây *f.*, *veḍpaṇ; *(fig.)* pisepaṇ *n.*, khoḍ, mâmj; hukkî, hurlûk *f.*

Maniaco, *a. e s. m.* piso, pisâvlalo, veḍo; hukkyo âslalo, phamtajkâr; mâmjkâr, khoḍyo.

Maniatar, *v. t.* hât bâmdhumk *(g. do o.):* bâmdhûn dharumk; *(fig.) V.* CONSTRANGER.

Manica, manicula, *s. f.* châmḍyâchem hâtâḷem *n.*

Manicordio, *s. m.* sarmamḍaḷ *f.*

Manicurto, *a.* moṭvyâm hâtâmcho; *(fig.) V.* MISERAVEL.

Manietar, *v. t. V.* MANIATAR.

Manifestação, *s. f.* ughḍâpo-, dakhal karṇem,- jâṇem *n.*, kaḷauṇî, praghaṭṇî; prasiddhi *f.*, prakâś *m.*, *sabishṭây *f.*

Manifestador, *a. e s. m.*, **manifestante**, *a. e s. m. e f.* dakhal kartalo, dâkhlo ditalo, praghaṭṇâr, prakâśak.

Manifestamente, *adv.* dekhtem, dekhat, dekhatrûpîm.

Manifestar, *v. t.* dakhal-, ughḍâpo karumk, praghaṭumk, prakâśaumk, kaḷaumk, gamaumk, phoḍumk, *sabishṭumk; dâkhaumk, ḍoḷyâm mukhâr ghâlumk; lâvûn divumk, dâkhlo karumk *(g. do o.)* ‖ *v. r.* dakhal-, kaḷit jâvumk, kaḷumk, gamumk, praghaṭomk, prakâśumk; dishṭipaḍumk, disûn yevumk.

Manifesto, *s. m.* dâkhlo *m.*, prasiddhipatr *n.* ‖ *Dar ao* —, lâvûn divumk, dâkhlo karumk; *(fig.) V.* DECLARAR. ‖ *a.* ughḍâpo, ughḍo, ṭhâvo, ṭhâvko dakhal, kaḷit, prasiddh, praghaṭ. sadrushṭ, sashṭ *(us. Can.)*

Maniforme, *a.* hâtâsârko, hastâkriti, hastâkâr.

Manilha, *s. f.* kâmkaṇ, kaḍem *n.;* beḍî *f.;* âmkḍo *m.;* mânil. ‖ — *do dedo pollegar*, chimṭibhâr *f.*

Manilhar, *v. t.* kâmkṇâm ghâlumk,- suvumk *(d. do o.)*

Manilheiro, *s. m.* kâmkaṇkâr, kâmkṇâmkâr, vaḷâr.

Maniluvio, *s. m.* hât kharâ udkâṁt dharṇeṁ *n.*

Maninelo, *a. e s. m.* pisâṭ, jaḷvây, khuḷo; bâilâṁḍo, bâibolo, choṁbḍo. ‖ *V.* BOBO.

Maninhado, *a.* pâḍ davarlalo, paḍît. ‖ *s. m.* paḍît jamîn *f.*, pâḍaṁg *n.*

Maninhar, *v. t.* pâḍ-, pâḍaṁg davruṁk, paḍît karuṁk.

Maninhez, *s. f.* vâṁjhpaṇ, nishphaḷpaṇ *n.*, nirphaḷây *f.*

Maninho, *a.* vâṁjh, vâṁjhḍo, vâṁjhaṭ, nishphaḷ; rângaṭ, jaṁgḷî rânyo; pâḍ, pâḍaṁg, paḍît, bhurkaṁḍ, duṁḍo, sûn *(us. Can.)* ‖ *s. m.* baraḍ *n. ou f.*

Manino, *a.* sânulo, chiko.

Maniota, *s. f.* khoḍo *m.*

Manipanço, *s. m.* khâpryâṁcho kuḍo dev *m.*; *(fig.)* dhanyo, poṭyo.

Manipresto, *a.* gaḍgaḍît hâtâcho, suḍsuḍît, śitâb.

Manipulação, *s. f.* hâtâṁnîṁ karṇeṁ; hâtkâm *n.*; kamây *f.*

Manipulador, *s. m.* hâtkâmî; kamâvṇâr.

Manipular, *v. t.* hâtâṁnîṁ karuṁk, hâtâvuṁk; kamâvuṁk.

Manipulo, *s. m.* mûṭhbhar *f.*; mânîpl *m.*

Maniquete, *s. m.* jâḷiyecho-, reṁdâcho hât *m.*

Manirrôto, *a.* hât paṁvlalo, vîdhḷo, vechîk, vîdh lâglalo.

Manistergio, *s. m.* mânusterj *m.*, hâtpusṇeṁ *n.*

Manita, *a. e s. m. e f.* hât moḍlalo,- dharlalo.

Maniva, *s. f. V.* MANDIOCA.

Manivella, *s. f.* mûṭh *f.*, chât *n.*, hât, dâṁḍo, khuṁṭo *m.*

Maniversia, *s. f.* nâḍvidyâ, dagal *f.*, taṭḍhoṁg *n.*

Manjadoira, *s. f. V.* MANGEDOIRA.

Manjar, *s. m.* khâṇ, bhûs; pakvan, pâkhuvaṇ, paṁchâmṛit *n.*, goḍghâṁs *m.*

Manná, *s. m.* mânâ *m.*; *(fig.)* svargâmṛit, paṁchâmṛit *n.*

Mano, *s. m.* irmâṁv, bâb, dâdâ *m.* ‖ *s. f.* hât. ‖ — *a* —, hâtâhâtîṁ.

Manobra. *s. f.* kavâît *f.*, śastrâbhyâs, abhyâs *m.*; *destreza:* yukti, hikmat, karâmat *f.*; *(fig.) V.* ARTIFICIO. ‖ **-s**, *pl.* śiḍâṁchîṁ dorâṁ *n. pl.*; târvâcheṁ kâṁ *n.*

Manobrar, *v. t.* yuktîn-, hikmatîn chalauṁk, mâṁḍṇen-, bârkâyen karuṁk, abhyâsuṁk; (târûṁ) hâṁkâruṁk, chalauṁk; *(fig.)* vidyen-, chorbuddhîn karuṁk. ‖ *v. i.* kavâît karuṁk,- kheḷuṁk; chaluṁk, bhoṁvuṁk.

Manobreiro, *s. m.* hikmatkâr, abhyâsî; kavâîtkâr.

Manobrista, *s. m.* huśâr tâṁḍel.

Manojo, *s. m.* moḷî *ou* mavḷî *f.*

Manolho, *s. m.* chuḍî; moḷî *f.*

Manopla, *s. f.* hâtṇî *f.*, *hâtâḷo; châbûk; moṭo hât *m.*

Manquecer, *v. i.* thoṁṭo jâvuṁk, thoṁṭevuṁk.

Manqueira, *s. f.* thoṁṭepaṇ, laṁgḍepaṇ, pâṁgḷepaṇ *n.*; kuṁṭhṇî; *(fig.)* khoḍ *f.*, aib *m.*

Manquejar, *v. i.* kuṁṭhuṁk, laṁgḍuṁk, vâṁkuṁk; *(fig.)* khoḍ âsuṁk *(d. do s.)* ‖ — *de um olho*, tirvo jâvuṁk.

Mansamente, *adv.* śâṁtipaṇîṁ, lînpaṇîṁ; lohu, lohuvân *ou* lohvân.

Mansão, *s. f.* ghar, ṭhikâṇ *n.*, gharvâs, âśram, *rahivâs *m.*, peṁṭh, *kheḍ; havelî *f.*, maṁdir *n.*; *(fig.) V.* ESTADO. ‖ *A etherea* —, *a* — *celeste*, muktipad, muktisthân *n.*

Mansarda, *s. f.* poṭmâḷoy *f.*, mâḷo *m.*

Mansarrão, *a.* bhav thaṁḍ,- śitaḷ.

Mansidão, mansuetude, *s. f.* śâṁti *f.*, śâṁtipaṇ, bhoḷepaṇ, lînpaṇ *n.*, lînṭuvây, thaṁḍây, śitaḷây *f.*, vinay *m.*; lohupaṇ *n.*, haḷuvây *f.*

Mansinho, *a.* bhoḷoso, thaṁḍso. ‖ *De* —, lohvân, lohu.

Manso, *a.* śâṁt, *saṁt, lîn, bhoḷo; śitaḷ, thaṁḍ; *leve:* lohu, haḷû; *domesticado:* gharâvo; *cultivado:* gharâvo. ‖ *adv.* lohvân, bobâḷ kari-, pâṁval vâjai nâstânâ. ‖ — *e* —, lohu lohu, haḷû haḷû. *De* —, lohvân; sâvkâśâyen.

Manta, *s. f.* olcheṁ, pâṁghrûṇ, pâṁghurcheṁ, kâṁbḷeṁ *n.*, kâṁbaḷ *f.*; gaḷobâṁdh, śelo; mâthyâcho leṁs *m.*; *rego:* chorî *f.*

Mantalote, *s. m.* maṁch *m.*

Mantar, *v. t.* charyo mâruṁk *(d. ou l. do o.)*

Manteação, *s. f.* kâṁbḷyân uḍauṇeṁ,- kheḷauṇeṁ *n.*

Manteador, *a. e s. m.* kâṁbḷyân uḍaitalo,- nâchaitalo.

Mantear, *v. t.* kâṁbḷyân uḍaun jikûn ghevuṁk, olchyân dhaḍbaḍâvuṁk,- nâchauṁk.

Manteiga, *s. f.* loṇî *(— crua) n.*, masko *(p. us.) m.*; tûp *(— clarificada) n.*, ghî *(p. us.)*; mavârî *f.*, mâkhaṇ *n.* ‖ — *fresca*, miṭhâvineṁ loṇî. — *de porco*, dhukrâchî vas *f.* *Dar* — *a alguem*, bhulauṁk, kolyâcheṁ śiṁg lâvuṁk.

Manteigoso, manteiguento, *a.* loṇyâcho, tupâḷ. || *V.* GORDUROSO.

Manteigueira, *s. f.* tupâcheṁ âydan *n.*

Manteigueiro, *s. m.* loṇî kartalo,- viktalo, tupkâr.

Manteiguilha, *s. f.* parmaḷît vas *f.*

Manteiro, *s. m.* olchîṁ-, kâṁbḷîṁ kartalo,- viktalo.

Mantel, *s. m.* âltârâcho va mejâcho tuvâlo *m.* || **eis,** *pl. (ant.)* jevṇâchyâ mejâchîṁ vastrâṁ *n. pl.*

Mantelete, *s. m.* lahân pâsoḍî *f.*

Mantença, *s. f.* posaṇ, udarposhaṇ, ann *n.* || *V.* MANUTENÇÃO.

Mantenedor, *a. e s. m.* pratipâḷak, pratipâḷî, saṁbhâḷṇâr, saṁbhâḷî. || *V.* PROTECTOR.

Mantens, *s. m. pl.* mejâche tuvâle *m. pl.*, mejâchîṁ vastrâṁ *n. pl.*

Manteo, *s. m.* pâsoḍî; sây (*do port.* SAIA) *f.*, ghâgro *m.*

Manter, *v. t.* posuṁk, pratipâḷuṁk, udarposhaṇ divuṁk *(d. do o.)*, bâḷguṁk, lahân vhaḍ karuṁk; *conservar:* saṁbhâḷuṁk, râkhuṁk, bâḷguṁk; *assegurar:* dharuṁk, bhâsuṁk, thirâsuṁk; *proseguir:* chalauṁk, phuḍe vharuṁk; *cumprir:* pâḷuṁk, pâḷo divuṁk *(d. do o.)* || *v. r.* jiyevuṁk, udarposhaṇ karuṁk; bejmî-, ghar karuṁk; *permanecer:* uruṁk, râvuṁk, taguṁk, nâ kâḍhoṁk.

Manteudo, *a.* saṁbhâḷlalo, poslalo, posko. || *Ter mulher teúda e manteúda,* bâil davruṁk.

Mantica, *s. f. V.* ALFORGE.

Mantilha, *s. f.* bârîk pâsoḍî, vev (*do port.* VÉO); burgyâṁchî âṁgoṭi *ou* âṁgṭî; dhâṁpṇeṁ, pâṁghrûṇ *n.*

Mantimento, *s. m.* mâṁtimeṁt, varav, tâṁdûḷgoṭo *m.*, annpâṇî, annodak, khâṇeṁpiṇeṁ, annâdi *n.*, âhâr, dhâṇo *m.*, gharbejmî *f.* || *V.* MANUTENÇÃO.

Manto, mantol, *s. m.* mâṁt *m.*, ol, kaphṇî *f.*; *(fig.)* dhâṁpṇeṁ *ou* dhâṁkṇeṁ, âvaraṇ *n.* || *V.* PRETEXTO.

Mantó, *s. m.* pâsoḍî, ghoṁgḍî *f.*

Manual, *s. m.* paddhati *f.*, sârgrâṁth *m.*, hâtpustak; jappatr *n.*, prârthanâ-paddhati *f.* || *a.* hâtâcho, hâtân kelalo; hâtkâmâcho; hâtân ghoḷauṁcho,- chalauṁcho.

Manubrio, *s. m. (ant.)* mûṭh *f.*, dâṁḍo, hât *m.*

Manuducção, *s. f.* hâtân vharṇeṁ,- chalauṇeṁ *n.*

Manufacto, *s. m. V.* ARTEFACTO.

Manufactor, *s. m.* ghaḍpî, śilpî, śilpakâr. || *a.* śilpakâmâcho, śilpakṛit.

Manufactura, *s. f.* kârkhâṇo *m.*, śilpaśâlâ *n.*; kasbecheṁ-, śilpâcheṁ kâm, śilp *n.*, hâtân-, yaṁtrân kelalî vast *f.*

Manufacturado, *a.* vidyen-, kasben kelalo, śilpakṛit.

Manufacturar, *v. t.* śilpân-, kasben karuṁk, saṁkaruṁk.

Manumissão, *s. f.* suṭkâ, dâsyamukti *f.*

Manumissor, *s. m.* suṭkâ ditalo.

Manumittir, *v. t.* (gulâmâk) suṭkâ divuṁk, soḍuṁk.

Manuscripto, *s. m.* hâtân barailaleṁ kâgad,- pustak *n.*, hastalekh *m.* || *a.* hâtân barailalo, hâtbarpâcho.

Manusear, *v. t.* hâtân dharuṁk,- ghoḷauṁk,- partuṁk,- ustuṁk. || *V.* AMARROTAR.

Manutenção, manutenencia, *s. f.* saṁbhâḷṇî *f.*, saṁbhâḷ, pratipâḷ *m.*, pratipâḷan *n.*, râkhaṇ, bâḷgaṇ *f.*; posaṇ, piṁḍposhaṇ, pâḷaṇ, anndân, upajîvan *n.*, jiṁdgî, jatan, jatanây *f.*; poscho kharch, jevṇâkhâṇâcho bhâr *m.* || *V.* GERENCIA.

Manzari, *s. m.* nârlâṁcheṁ śeleṁ,- śiṁpṭeṁ *n.*

Mão, *s. f.* hât, *hast, kar *(p. us.)*; chavḍo *m.*, dây *(medida: desde o cotovello até á extremidade dos dedos) f.*: monjâtîcho pâṁy,- phuḍlo pâṁy; dasto, hâmândasto *(— de gral)*; *garra:* chapko *m.*, dâval *n.*, *gavinha:* tâṇo *m.*, amârî *f.*; *influencia:* vaso; *o que se póde abarcar com a —,* hâtbhar *m.*, mûṭhbhar *f.* || *Mãos atadas,* châṭo; gâbhro. *Mãos limpas, V.* INTEGRIDADE. *— de obra,* hâtkâm *n.*; *V.* FEITIO. *— de papel,* pâṁch paṁjc,- daste *m. pl.* *Mãos postas,* jaḍlale hât. *— do relogio, V.* PONTEIRO. *Mãos rotas,* vîdhḷo, ibâḍyo. *Coisa em primeira —,* tâjî-, ansûṭ vast. *Coisa em segunda —,* parṇî-, junî vast *f.* *Acceitar com ambas as mãos,* hât uḍaun ghevuṁk. *Dar de —,* hâtâṁtlo soḍuṁk, pâṭh karuṁk. *Deitar a — a alguem,* ghaṭṭ dharuṁk. *Deitar a — a alguma coisa,* hât mâruṁk, bûṭ lâvuṁk. *Estar com as mãos debaixo dos braços,* hât pâṁghrûn âsuṁk. *Extender a — a alguem,* hât divuṁk; bhîk mâguṁk. *Falar á —,* chukauṁk. *Metter os pés pelas mãos,* gâbhruṁk, kalkaluṁk. *Não ter mãos a medir,* kâmâṁt buḍuṁk. *Nunca as mãos te doam,* tujyâṁ hâtâṁk bhalâykî jâṁv. *Passar a — por cima de,* pośevuṁk; *V.* BATER. *Passar pelas mãos,* hâtâṁt ghevuṁk,- dharuṁk. *Pedir a — de alguem,* kâjârâk-, lagnâk mâguṁk. *Ter alguem de sua —,* posuṁk; saṁbhâḷuṁk. *Ter —,* râvuṁk, puro karuṁk. *Ter — em alguem,* âḍâvuṁk. *Ter uma — de ferro,* julûm karuṁk. *Tomar a — (ant.),* pailo ulauṁk; *(fig.)* phuḍc saruṁk. *Untar as mãos a alguem,* hât bhijauṁk. *Vir ás mãos, V.* BRIGAR. *Vir alguma coisa á — ou ás mãos (fig.),* hâtâṁt paḍuṁk; kânâr vachuṁk. *Vir com as mãos á cara,* ḍoḷyâṁt boṭâṁ ghâluṁk. *Vir com sete pedras na —,* khâvuṁk yevuṁk. *A —,* hâtâlâgîṁ, teṁkûn, baglek. *Com — armada,* vairîṁ, jujûn. *Com — larga,* hât soḍûn. *De boa —,* baryâ manushyâchî (khabar). *De — á —,* hâtâhâtîṁ. *De — commum ou de mãos dadas,* ekâmekâk hât divûn. *De — posta,* garjek upkâruṁk. *Da — á bocca,* eke ghaḍiyen; bhav soṁpepaṇîṁ. *Debaixo da —,* hât lipaun, guptîṁ. *— por —,* ekâr ek; ek eklo. *Mãos á obra!* chal! kâmâk-, vâvrâk lâg!

Mão-cheia, *s. f.* hâtbhar *m.*, mûṭhbhar *f.* ‖ *Pessoa de —,* chyâd-, jabar baro manîs.

Mão-pendente, *s. f.* loṁchâchî bheṭ *f.*

Mão-posta, *s. f.* gâuṁṭhîchî-, garjek davarlalî vast *f.*; ekchitt, ekman *n.*

Mão-tenente, mão-tente, *s. f.: á —,* teṁkûn, lâgûn.

Mãozinha, *s. f.* hâtkulî *f.*

Mãozudo, *a.* hâtâḷ.

Mappa, *s. m.* mâp, deśchitr *n.*, nakśo *m.*; paṭṭî, śivḍî *f.*

Mappa-mundi, *s. m.* pṛithvîchitr. ‖ *— celeste,* âkâśchitr *n.*

Maqueta, *s. f.* mûrtîcho âkâr *m.*

Maquia, *s. f. (ant.)* kuḍav *m.*; ghâṇâvaḷ *f.*; *(fig.)* kevo *m.*, gâṁṭh *f.*

Maquiador, *a. e s. m.* mejpî; ghâṇâvaḷ ghetalo.

Maquiar, *v. t.* kuḍvâṁnîṁ mejuṁk; *(fig.)* bûṭ lâvuṁk *(d. do o.)* ‖ *v. i.* ghâṇâvaḷ ghevuṁk.

Mar, *s. m.* daryâ *ou* daryo, sâgar, samudr, samudîr *ou* samdîr, siṁdhu; *(fig.)* ḍoṁgar *m.*, râs *f.* ‖ *— alto,* vhaḍlo-, bhâylo daryâ. *— de leite, — chão.* thaṁḍ daryâ. *Homem do —,* târvaṭî. *De — a —,* śekâśek.

Maracha, *s. f.* lahân bâṁdh *m.*, bâṁdhoḷî *f.*

Marachão, *s. m.* bâṁdh, huḍo *m.*; mâṇas *f.*

Maranha, *s. f.* sutâcho ghoṁṭâḷo *m.*, jhoṁṭ *n.*; *(fig.)* goṁdh *f.*, goṁdhaḷ *m.*; chorbuddh, ṭhakvidyâ *f.*, aḍkâṁnâḍkâṁ *n. pl.*

Maranhão, *s. m.* gap, tâl *n.*

Maranhar, *v. t. e r. V.* EMMARANHAR.

Maranhoso, *a. V.* EMBUSTEIRO.

Marasmar, *v. t.* saḍauṁk, hoḷauṁk. ‖ *v. r.* saḍoṁk, jhiṁjuṁk, hoḷuṁk, reṁjuṁk.

Marasmo, *s. m.* saḍî, jhiṁjṇî, hoḷṇî; khevâḍ *f.*; *(fig.) V.* APATHIA.

Marasmodico, *a.* khevâḍîcho.

Marau, *s. m. V.* MARIOLA *e* EXPERTALHÃO.

Maravalha, *s. f.* sovlî; kisûḷ; *fita:* mârvâl *f.*; *(fig.)* kispuro, kiskuso *m.*, kuskuṭâṁ *n. pl.*

Maravilha, *s. f.* ajâpâṁchî vast,-gosht *f.*; ajâp. acharyeṁ, naval, adbhut, kautuk, vismit *n.*, chamatkâr *m.* ‖ *A — ou ás mil maravilhas,* jabar bareṁ; kautukîṁ. *De — ou por —, V.* RARAMENTE.

Maravilhado, *a.* ajâp jâlalo, ajâp, vismit, tatâst.

Maravilhador, *a. e s. m.* ajâp kartalo. ajâpâṁcho.

Maravilhar, *v. t.* ajâp karuṁk, ajâpâvuṁk. ‖ *v. i.* ajâp jâvuṁk, ajâpuṁk, thaṭâkuṁk.

Maravilhosamente, *adv.* ajâpâṁnîṁ; acharyâṁnîṁ; kautukîṁ, chamatkârîṁ.

Maravilhoso, *a.* ajâpâṁcho, navlâcho, acharyavaṁt, kautîk, adbhut, vichitr. vismit, vismitvaṁt, aprûb, divya. ‖ *s. m.* ajâpâṁchî vast *f.*

Marca, *s. f.* âṁkṇî, khuṇâvṇî *f.*; chihneṁ, niśâṇeṁ, khûṇ, lakhen *n.*, khuṇâ *f.*, âṁk, ṭiko, gurt *(us. Can.) m.*; chiṭṭ *f.*, bijak *n.*; sopo, śikko *m.*; *craveira:* parimâṇ, jokh *n.*; *jaez:* jinnas, prakâr; *nodoa de paneada:* dâg, loḷo *m.*; *vestigio de doença:* mâu *f.*; *estigma:* dâg; *lembrete:* ughḍâs *m.*, yâd *f.* ‖ *V.* LIMITE *e* TEXTO DE JOGO. ‖ *— de quadrilha,* mârk *n.* *Coisa ou pessoa de — ou de — maior,* bhav vhaḍ, aṭṭal; naval. *Ir fóra das marcas,* maryâd sâṁḍuṁk, lajj bhâjûn khâvuṁk.

Marcação, *s. f.* âṁkṇî, khuṇâvṇî *f.*

Marcado, *a.* khûṇ-, niśâṇeṁ âslalo; uttam. śreshṭh.

Marcador, *a. e s. m.* âiṁkṇâr, khuṇâytalo; sopekâr, śikkekâr.

Marçano, *s. m.* vikuṁk śiktalo.

Marcante, *a.* khuṇâytalo, âṁktalo.

Marcar, *v. t.* âiṁkuṁk, khuṇâvuṁk, khûṇ-, niśâṇeṁ ghâluṁk *(d. do o.)*, ṭipuṁk, gurt kaṙuṁk *(d. do o.)*; sopo-, śikko mâruṁk *(d. do o.)*; *assentar:* mâiṁḍuṁk, lâvuṁk; *contar:* mejuṁk; *destinar:* nirmuṁk.

Marcenaria, *s. f.* jaḍkâm, sâṁdhkâm *n.*, sutârkî *f.*

Marceneiro, *s. m.* mârsiner, jaḍpî, sâṁdhpî; vihnâṇî, sutâr, ṭhavay, ṭhavî.

Marcescencia, *s. f.* bâvkepaṇ *n.*

Marcescente, *a.* bâvko, bâvaṭ.

Marcescivel, *a.* bâvcho, mlân.

Marcha, *s. f.* chalṇî *f.*, chamkaṇ *(us. Sal.) n.*; ḍaulâchî châl, gajagatî *f.* ‖ *V.* CURSO. ‖ — *militar,* mârch *m.*, kûch, sainikagaman *(p. us.)*, paiṇ *(us. Can.) n.* *A marchas forçadas,* dhâṁvdhâvîṁ.

Marchante, *s. m.* mârchyâṁ ḍhorâṁcho yepârkâr.

Marchanteria, *s. f.* mârchyâṁ gorvâṁcho yepâr *m.*

Marchar, *v. i.* chaluṁk, chamkuṁk *(us. Sal.)*; pâṁvlâṁ uḍauṁk, ḍaulân-, mirvûn chaluṁk. ‖ *V.* PROGREDIR.

Marcheta, *s. f.*, **marchete,** *s. m.* khaṁchṇo *m.*

Marchetar, *v. t.* khaṁchuṁk *ou* khaṁchauṁk, jaḍuṁk, sâṁdhuṁk; *(fig.)* *V.* MATIZAR.

Marchetaria, *s. f.* jaḍkâm *n.*; jaḍanvidyâ *f.*

Marcheteiro, *s. m.* jaḍṇâr, jaḍyo.

Marcial, marcio, *(poet.) a.* jujâcho, jujârî.

Marcido, *a.* maû, meṁgo; bâvko, phiko, mlân.

Marco, *s. m.* bhâiṁgârâ va rupyâcho ardho rât; nîs *m.*, sîm *f.*

Março, *s. m.* mârs, phâlguna chaitr *m.*

Maré, *s. f.* mâre *f.*, pâṇî *n.*, bhartîsuktî *f.* ‖ *Encher a —,* bhartî yevuṁk. *Vazar a —,* suktî oḍhoṁk. *Estar de —,* kuśâl-, baryâ dhyânân âsuṁk; phursat âsuṁk *(d. do s.)*

Mareação, *s. f.* târûṁ chalauṇeṁ *n.*, hâṁkârṇî *f.* ‖ *Gente de —,* târvaṭî, khalâśî *m. pl.*

Mareagem, *s. f.* târûṁ chalcho yepâr *m.* ‖ *V.* MAREAÇÃO.

Mareante, *a.* târûṁ chalauṁk samjatalo. ‖ *s. m.* târvaṭî, khalâśî, tâṁḍel.

Marear, *v. t.* (târûṁ) chalauṁk, hâṁkâruṁk; *fazer enjoar:* oṁkâro-, umaḷ hâḍuṁk; *oxydar:* kalmâvuṁk; *(fig.)* *V.* DESLUSTRAR. ‖ *v. i.* târvâr-, daryâṁt bhoṁvuṁk; daryâ lâguṁk *(d. do s.)*; *perder o brilho:* bâso jâvuṁk. ‖ *v. r.* daryâṁt chaluṁk,- vâṭ ghevuṁk; kalmevuṁk, kalam yevuṁk *(d. do s.)*

Marechal, *s. m.* senâpati, mukhyasenâpati.

Mareiro, *a.* daryâṁtlo, bhâylo (vâreṁ); târûṁ chaluṁk baro.

Marejada, *s. f.* *V.* MARULHADA.

Marejar, *v. i.* laṁveṁtlyâṁ vâhvuṁk; pâghḷuṁg, pigḷuṁk; *(fig.)* *V.* BORBULHAR.

Marel, *a.* biyâḷyâcho (moṇjâṭ).

Mare-magnum, *s. m.* uphâḷeṁ *n.*, loṭ, loṁḍho; gaspârgoṁdhaḷ *m.*, guḷḷdclâsâṁv *n.*

Maremoto, *s. m.* samudrakâṁp *f.*

Maresia, *s. f.* daryâcho vâs *m.*, suktechî ghâṇ *f.* ‖ *V.* MARULHADA.

Mareta, *s. f.* vhaḍleṁ lahâr *n.*, maujo *m.*

Marfar, *v. t.* tiḍauṁk, thuklâvuṁk, ubgauṁk, vâj hâḍuṁk *(d. do o.)* ‖ *v. r.* ubgoṁk, bejâr jâvuṁk, vâjevuṁk.

Marfim, *s. m.* mârphîṁ *f.*, hattyâcho dâṁt, hastidaṁt *m.* ‖ *Deixar correr o —,* parvâ nâ karuṁk, jâtâ taseṁ jâvuṁk divuṁk.

Marga, *s. f.* kheḍ, śeḍ *f.*

Margar, *v. t.* kheḍ ghâluṁk *(d. do o.)*,- misḷuṁk *(l. in do o.)*

Margarida, margarita, *s. f.* motîṁ; motyâcheṁ kâlûṁ *n.*

Margear, *v. t.* taḍik âsuṁk *(g. do o.)*, kuśik vachuṁk *(g. do o.)*

Margem, *s. f.* pâṁvḷî, bâdî, bâṇî, dhaḍ, deg; *riba:* taḍ, deg, kaḍ *f.*; kâṁṭh *m.*; mârj *f.*, samâs *(— do livro)*; *(fig.)* avkâś *m.*, phursat *f.* ‖ — *de sementeira,* varo *m.* *Abrir ou dar —,* avkâś-, saṁyog divuṁk, vâṭ karuṁk. *Deitar á —,* kaḍâsek davruṁk.

Marginado, *a.* deg âslalo; deger barailalo.

Marginal, *a.* degecho, kaḍecho. ‖ *Nota —,* samâsṭiko *m.*

Marginar, *v. t.* deger-, samâsâr ṭipuṁk. ‖ *V.* MARGEAR.

Margoso, *a.* śeḍîcho, kheḍîcho.

Margueira, *s. f.* kheḍîchî jamîn *f.*

Mariano, *a.* Âiṁkuvâr Mariyecho.

Maricão, maricas, maricola, *s. m.* bâibolo, bâilâṁḍo, nâmard.

Maridança, *s. f.* kâjâr, lagn; kâjârîpaṇ, kâjâryâṁchem jiṇeṁ *n.; (fig.) V.* CONFORMIDADE.

Maridar, *v. t.* (bâylek) kâjâr-, lagn karuṁk; *(fig.)* ekṭhâṁy karuṁk; jaḍuṁk. ‖ *v. r.* kâjârjâvuṁk. ‖ *V.* ENLAÇAR-SE.

Marido, *s. m.* ghov, pati, dâdlo, gharkâr, bhrâtâr, var, varet, yajmân, kâṁt, âmcho (*litt.* NOSSO, *subentendido:* HOMEM).

Marimacho, *s. m. V.* VIRAGO.

Marimba, *s. f.* ḍholkeṁ *n.*

Marimbar, *v. t.* phoṭauṁk, phasauṁk, ṭhakuṁk.

Marinha, *s. f.* veḷ, taḍ *f.; âgar*, miṭhâgar *m.;* daryâṁtleṁ laśkar *n.;* jujâ va yepârâchiṁ târvâṁ *n. pl.*

Marinhagem, *s. f.* târvaṭî *m. pl.;* târvaṭîkâmâchî oḷakh *f.*, khalâśipaṇ *n.*

Marinhar, *v. t.* khalâśî puraurṁk (*d. do o.*)*;* chalauṁk, hâṁkâruṁk. ‖ *v. i.* naukâvidyâ samjuṁk.

Marinharia, *s. f.* khalâśî, târvaṭî *m. pl.;* naukâvidyâ *f.*

Marinhatico, marinhesco, *a.* khalâśyâṁcho.

Marinheiro, *s. m.* mârinher, târvaṭî, khalâśî, galbatî, koḷî. ‖ *a.* khalâśyâṁcho, târvaṭyâṁcho.

Marinho, marisco, *a.* daryâcho, daryâṁtlo.

Mariola, *s. m.* vâvrâḍî, kâmelî, bhâḍeli (*us. Sal.*), bigârî (*p. us.*), helkârî, kulî; soḍo, luchcho *ou* luṁcho, bhâḍyo, durâtmo, kâphar.

Mariposa, *s. f.* pisoḷeṁ *n.*

Mariscar, *v. t.* (khube, tisryo) kâḍhuṁk. ‖ *v. i.* kurlyo-, suṁkṭâṁ taḍîr dharuṁk; taḍîr khâvuṁk bhoṁvuṁk.

Marisco, *s. m.* śiṁpiye-, karṭyâchî mâsḷî *f.*

Marisqueiro, *a. e s. m.* śiṁpiye-, karṭyâchî mâsḷî dhartalo,- khâtalo.

Marital, *a.* ghovâcho, patîcho; lagnâcho, saṁbaṁdhâcho.

Maritimo, *a.* daryâcho, samudrâṁtlo; daryâlâgśilo; târvâṁ chalaitalo. ‖ *V.* NAVAL. ‖ *Correio* —, pâtmâr *m.* ‖ *s. m. V.* MARINHEIRO.

Marlota, *s. f.* pâsoḍî *f.*

Marlotar, *v. t.* maḷuṁk. murḍuṁk, chirmuṭâvuṁk.

Marmanjo, *s. m.* bhaskâpurî, navyâṇṇay. ‖ *V.* BREJEIRO.

Marmelada, *s. f.* mârmelâd *n.*, belphaḷâchî miṭhây *f.;* (*fig.*) *V.* PECHINCHA.

Marmeleiro, *s. m.* bel; belâcho dâṁḍo,- beto *m.*

Marmelo, *s. m.* belphaḷ *n.*

Marmita, *s. f.* tapleṁ *n.*, hâṁḍî *f.;* guḷam *n.*

Marmore, *s. m.* saṁgmarmar, pâkhaṇ *m.*

Marmoreo, *a.* saṁgmarmarâcho.

Marmorização, *s. f.* saṁgmarmar jâṇeṁ *n.*

Marna, *s. f.*, **marno**, *s. m.* kheḍ śeḍ *f.*

Marnel, *s. m.* bhâṭ *f.*

Marnoso, *a.* kheḍîcho.

Marnota, *s. f.* khâjaṇ; âgrâcheṁ phaḍ *n.*

Marnoteiro, marnoto, *s. m.* âgrî.

Maroiços, *s. m. pl.* mauje *m. pl.*

Maroma, *s. f.* dor *n.*, âṁjo, vâlo; nâḍo *m.* ‖ *Andar na* —, âpṭoṁk dapṭoṁk, ukal davar karuṁk.

Maromba, *s. f.* nâḍekârâcho dâṁḍo,- ṭoṇko *m.*

Marosca, *s. f. V.* TRAPAÇA.

Marotagem, *s. f.* dhâṁgaḍpaṇ; luchchepaṇ *n.;* luchchyâṁchî urpaṁj,- tâṁḍî *f.*

Marotear, *v. i.* luchcho-, sodo jâvuṁk, labâḍî karuṁk.

Maroteira, *s. f.* luchchepaṇ, sodepaṇ *n.*, labâḍî *f.*

Maroto, *s. m.* dhâṁgaḍ, bhaskâpurî; luchcho, soḍo, phaṭiṁg *ou* phaṭliṁg, âḍjâî, bhâḍyo, durâtmo, dagalbâjî. ‖ *a. V.* LASCIVO.

Marquez, *s. m.* mârkej.

Marqueza, *s. f.* mârkej *f.;* maṁch *m.*

Marquezinha, *s. f.* dâṁḍo doḍchî satrî *f*, âsrâcho taṁbû *m.*

Marra, *s. f.* supurlî kudaḷ; saṁgrî *f.;* oso; âphuḍcho kheḷ *m.*

Marraco, *s. m.* khareṁ *n.*

Marrada, *s. f.* taklî-, śiṁg mârṇeṁ *n.;* dirî *f.*

Marrafa, *s. f.* mârâph *f.*, polk (*do port.* POLKA) *n.*, pâkhâḍî *f.*

Marralhar, *v. i.* guṁgurnâṁ sâṁguṁk, kânâṁt bharuṁk.

Marralheiro, *a.* lâgâḷo, bhulauṇo. ‖ *V.* MADRAÇO.

Marralhice, *s. f.* lâg *m. pl.*, chorṭî bhâs *f.*, gauḍbeṁgâl *n.* ‖ *V.* MADRACICE.

Marran, *s. f.* dhukurleṁ *n.*

Marrano, *a. V.* IMMUNDO *e* MALDICTO.

Marrão, *s. m.* dûdh sâṁḍlalo dhukar; ghaṇ *m.*

Marrar, *v. i.* taklî mâruṁk; śiṁgaṭuṁk; dirî ghevuṁk; ghaṇ mâruṁk. || *V.* DEPARAR.
Marraxo, *s. m.* nakrarâj. || *a.* kâṭhû, chyâd, chatur.
Marreca, *s. f.* âḍ *f.; poṁg n.* || *s. m. e f.* poṁgo *m.*, poṁgî *f.*
Marreco, *s. m.* âḍ *f.* || *a.* poṁgo.
Marreta, *s. f.* lahân ghaṇ *m.*
Marroada, *s. f.* ghaṇâcho phâr *m.*
Marroquim, *s. m.* bakḍechem kamâylalem châmḍem *n.*
Marroteiro, *s. m.* âgryâṁcho mukhelî.
Marroxo, *s. m.* urlem, ushṭem *n.*, śesh *m.* || — *da vela,* vâticho kuṭko.
Marruaz, *a. V.* TEIMOSO.
Marte, *s. m. (astr.)* maṁgal; *deus da guerra:* kârttikey. || *V.* GUERRA.
Martellada, *s. f.* tutyâcho phâr; ṭhaṇṭhaṇ, saṇsaṇo *m.*
Martellador, *s. m.* tutyân thâpṭitalo; *(fig.) V.* IMPORTUNADOR.
Martellagem, *s. f.* thâpaṭṇem, peṭṇem *n*, dapaṭṇî *f.*
Martellar, *v. i.* tutyo mâruṁk; tutyân-, hâtâḷyân vâvruṁk; *(fig.) V.* INSISTIR. || *v. t.* tutyân thâpṭuṁk; *(fig.) V.* APOQUENTAR. || — *os ouvidos,* kânpe phoḍuṁk,- usḷâvuṁk.
Martellete, *s. m.* supurlo tutyo *m.*
Martello, *s. m.* marṭel *(us. Sal. e Can.),* tutyo, hâtâḷo, hâtoḍo *m.* || — *de pena,* ghaṇ. *A* —, baḷân, kashṭâṁnim.
Martinete, *s. m.* vhaḍlo tutyo; *(zool.)* sâvḷo *m.; śukṇyâchî* śemḍî *f.;* turo, chûḍo *m.*
Martyr, *s. m.* mârtîr, samurtîpâsûn melalo, dharmârthamṛit, dharmârthatyaktaprâṇ; *(fig.) V.* VICTIMA.
Martyrio, *s. m.* mârtîrpaṇ, dharmârthamaraṇ *n.; (fig.)* kashṭ, dagdag, vaḷvaḷe, aṭâs *m. pl.*
Martyrizar, *v. t.* samurtipâsûn mâruṁk; *(fig.)* khursâr kâḍhuṁk, duḥkh-, piḍâpîḍ divuṁk *(d. do o.),* vaḷvaḷâvuṁk.
Martyrologio, *s. m.* mârtirâṁchem pustak *n.*, dharmârthamṛitalekh *m.*
Marufo, *s. m. V.* VINHO.
Maruja, marujada, *s. f.* târvaṭî, khalâśî *m. pl.*
Marujo, *s. m.* târvaṭî, khalâśî, galbatî, tâṁḍeli.
Marulhada, *s. f.* lahârâṁche kavḷe,- mauje *m. pl.*, khadaḷ daryâ *m.*, khar jorgat *f.; (fig.) V.* BALBURDIA.
Marulhar, *v. i. e r.* (daryâ) khadḷuṁk, khubhdaḷuṁk.
Marulheiro, *a.* lahârâṁ ukalcho (vâro), osâḍicho.
Marulho, *s. m.* osâḍ *f.*, khadoḷ *m.;* daryâ lâgṇem *n.; (fig.)* gaḷbaḷ, khaḷbaḷ; bobâḷ *m.*, gaḍbaḍ *f.*
Marulhoso, *a.* osâḍîcho, khadaḷ; *(fig.)* uchaṁbaḷ, gaḷbaḷyo, ghaḷbaḷît.
Marzoco, *a.* phakâṁḍî, laphâṁgo.
Mas, *conj.* paṇ, pûṇ, paraṁtu. || *s. m.* aḍ, âḍkhaḷ *f.* || *V.* DEFEITO.
Mascabar, *v. t. V.* MENOSCABAR.
Mascabo, *s. m. V.* MENOSCABO.
Mascador, *s. m.* châbḍâvno, châṭno.
Mascar, *v. t.* châbḍâvuṁk, châṭuṁk; *(fig.) V.* PLANEAR. || — *as palavras,* uttrâṁ khâvuṁk,- ravaṁthuṁk. || *v. i.* guṇguṇuṁk, phuṇphuṇuṁk.
Mascara, *s. f.* mayem, rûpṇem, rûpḍem *n.*, mukhvaṭo *m.; (fig.)* kapaṭrûp, soṁg *n.* || *s. m. e f.* mayeṁkâr.
Mascarada, *s. f.* mayeṁkârâṁcho chombo,- tamâso *m.*
Mascarado, *a.* mayem ghâlalo. *s. m.* mayeṁkâr.
Mascarar, *v. t.* mayem ghâluṁk *(d. do o.);* bhesh badluṁk *(g. do o.); (fig.)* lipauṁk, gupt davruṁk. || *v. r.* mayem ghâluṁk, bhesh ghevuṁk; *(fig.)* rûp-, soṁg ghevuṁk.
Mascarilha, *s. f.* ardhem mayem *n.*
Mascarino, *a.* mayem kasem.
Mascarra, *s. f.* kâḷem khat, lâsem *n.*
Mascarrado, *a.* ghaṁsîn bharlalo, lâsem paḍlalo.
Mascarrar, *v. t.* ghaṁsîn bharuṁk, lâsîṁ ghâluṁk *(d. do o.);* varkhaḍuṁk, kharḍuṁk.
Mascavado, *a.* kardo. tâṁbḍo (sâkar); *(fig.)* bhel âslalo; khoṭo. || *Lingua mascavada,* barbaṭî bhâs.
Mascavar, *v. t. e i.* barî âni vâyṭ sâkar kuśîn karuṁk-, kâḍhuṁk; *(fig.) V.* ADULTERAR.
Mascotar, *v. t.* piṭho-, tus karuṁk *(g. do o.)*
Mascoto, *s. m.* moṭo tutyo *m.*
Masculinidade, *s. f.* dâdlepaṇ, purushpaṇ, purushatva *n.*, purushasvabhâv *m.*
Masculinizar, *v. t.* dâdlo-, mardikâr karuṁk; *(fig.)* dâdlyâchem rûp divuṁk *(d. do o.)* || *v. r.* dâdlo-, mardivaṁt jâvuṁk; dâdlyâcho bhesh-, âkâr ghevuṁk.
Masculino, *a.* purushjâtîcho. dâdlo; *(fig.)* purushâcho. mardikâr, mardivaṁt. || *Genero* —, pulliṁg *m.*

Masculo, *a.* purushâcho, mardivaṁt, śûr; tâṇ, ghaṭṭ.

Masmarro, *s. m. V.* MARMANJO.

Masmorra, *s. f.* âṁdhârî, âṁdhârkhaṇ, baṁdkhaṇ *f.*

Massa, *s. f.* maḷḷaleṁ pîṭh *n.*, piṭhâcho guḷo, lugdo; jamo, puṁjo; lok *m.*, prajâ *f.*; duḍû *m. pl.*, paiso *m.* ‖ — *de sapateiro,* mochyâchî chikṭî. *Fazer boa* —, baro jamuṁk; bareṁ paḍuṁk *(d. do s.) Em* —, sagaṭ meḷûn; râśîn. *Estar com a mão na* —, hât ghâluṁk. *Metter as mãos na* —, toṁḍ ghâluṁk.

Massacrar, *v. t.* nishṭurâyen-, dâruṇâyen mâruṁk.

Massacre, *s. m. V.* CARNIFICINA.

Massagada, *s. f.* charbaṭ *n.*, chârkuṭo *m.*

Massal, *s. m.* dûdhvaṇî, dudhoṇî *n.*

Massame, *s. m.* târvâchîṁ-, taṁbvâchîṁ dorâṁ *n. pl.*; gilâvyâcho thar *m.*

Massamarda, *s. f.* tus *n.*

Massaroco, *s. m.* piṭhâchyâ guḷyâcho kuṭko *m.*

Masseira, *s. f.* pîṭh maḷcheṁ tâṭ *n.*, koḷaṁbî *f.*

Massiço, *a.* akhaṁḍ, âkho, dhaḍ, ekâṁgî; saṁgin, bâbro, majbût, bhârî. ‖ *V.* VALIOSO. ‖ *s. m.* peḍ *n.*; jamo, chuṁbo, puṁjo *m.*

Massuca, *s. f.* karḍyâ lakhaṁḍâcho kuṭko *m.*

Massudo, *a.* piṭhâcho guḷo kaso, luglugît, dabdabît; moṭo, dâṭ.

Mastaréo, *s. m.* ghaḍsîlalo-, chaḍhailalo kuṁvo *m.*

Mastigação, *s. f.* châbṇî *f.*

Mastigador, *a. e s. m.* châbtalo, châbṇâr.

Mastigar, *v. t.* châbuṁk, châbḍâvuṁk, charchuṁk; *(fig.)* rovaṁthuṁk; châbḍâvuṁk.

Mastigatorio, *s. m.* ghâṁs *m.*, châbcheṁ okhat *n.*

Mastim, *s. m.* śuṇo, kutro *m.*; *(fig.)* jhagḍekâr, taṁṭekâr, puṁḍ, peṁḍhâro. ‖ *V.* MALSIM.

Mastique, *s. m.* rumamastakî *f.*

Mastoquino, *s. m.* supurlo vâkhar *m.*

Mastreação, *s. f.* kuṁve ghâlṇeṁ,- ubhârṇeṁ *n.*; kuṁve *m. pl.*

Mastrear, *v. t.* kuṁve ghâluṁk,- basauṁk,- ubhâruṁk *(d. ou l. do o.)*

Mastro, *s. m.* kuṁvo *m.*, śîḍkaṭhî, kâṭhî *f.*

Mata-borrão, *s. m.* mâtâburrâṁv *m.*, ṭipâvuṁcheṁ kâgad *n.*

Matacão, *s. m.* hâtân ghevûṁyeso phâtar, guṁḍo; *(fig.)* laṁbo *m.*

Matação, *s. f. (ant.)* bhâḍeṁ *n.*; *(fig.)* trâs *m.*, piḍâpîḍ *f.*, aṭâs *m. pl.*

Matadoiro, *s. m.* gorvâṁbakḍyo mârcho jâgo *m.*; mârâmârî, kattal *f.* ‖ *Ir para o* —, goḍâk vachuṁk.

Matador, *s. m.* mârṇâr, mârekâr, mortikâr (*do port.* MORTE), khunî. ‖ *a. V.* MORTIFERO.

Matadura, *s. f.* jheṁjarlalo ghây *m.*, jheṁjarṇî; *(fig.)* khoḍ *f.*, avguṇ *m.* ‖ *Tocar na* — *(fig.)*; ghây huskauṁk.

Matalotado, *a.* bejmî kelalo.

Matalotagem, *s. f.* târvâchî bejmî,- purvaṇ *f.*; *(fig.)* charbaṭ *n.*

Matalote, *s. m.* târvaṭî, khalâśî, tâṁḍelî; sâṁgâtî, vâṁgaḍî.

Mata-moiros, *s. m.* vâghmâro.

Matança, *s. f.* monjâtî-, sâvjâṁ mârṇeṁ; mâraṇ *n.*, mârî, mârâmârî *(redup.)*, kattal *f.*, saṁhâr *m.*; *(fig.)* kashṭ, âṭeviṭe, dagdag *m. pl.*, ghâshûs, dhâṁdal *f.*

Matar, *v. t.* mâruṁk, jîvîṁ-, jîvaśîṁ-, jivo mâruṁk, jîv-, prâṇ kâḍhuṁk,- ghevuṁk *(g. do o.)*, hâṇuṁk, mort mâruṁk *(g. do o.)*; *saciar:* mâruṁk, bhâgauṁk; *affligir:* jîv-, âṁtâṁpiṁtâṁ khâvuṁk *(g. do o.)*; *estafar:* hârpît karuṁk; *arruïnar:* mâruṁk, moḍuṁk. ‖ — *de amores,* mogân vaḷvaḷâvuṁk. — *de inveja,* poṭâṁt dukh ghâluṁk *(fig.; g. do o.)* — *o somno,* nid kâḍhuṁk. — *o tempo,* veḷ kâḍhuṁk. *Fazer alguma coisa a* —, jabar chaḍh-, hiśpâbhâyr karuṁk, ragḍûn divuṁk. *Isto não vai a* —, heṁ ekdam karâṁ najo, jîv vâṭek lâvûṁ najo. ‖ *v. r.* jîv divuṁk, âplo jîv kâḍhuṁk; hârpît jâvuṁk, hâtpâṁy dâḍâvuṁk, âṭeviṭe kâḍhuṁk, jîv vâṭek lâvuṁk. ‖ — *por alguma coisa,* âṁvḍhe ghoṭuṁk. — *por suas mãos,* âplyâ toṁḍân maruṁk.

Mata-ratos, *a.* uṁdrâṁk mârcho. ‖ *s. m.* uṁdrâṁk mârcheṁ okhat *n.*

Mata-sanos, *s. m.* neṇâr vaij.

Mata-sete, *s. m.* vâghmâro, vâghrâkhas.

Matassa, *s. f.* guḷeṁ reśîm *n.*

Mate, *s. m.* mât *f.* ‖ *a.* karḍo; phiko, bâso.

Mateotechnia, *s. f.* mithyaśâstr *n.*

Materia, *s. f.* vast, mûrti *f.*, dravya *n.*, anâtmo *m.*: sâdhan, upâdân *n.*, prakṛit; *treslado caligraphico:* maṁter, barpâchî vahî *f.*; *pus:* pû *m.*, reṁd, roḍ *f.*; *objecto:* vishay, arth, padârth *m.*, prakaraṇ; *motivo:* nimitt *n.*, kâraṇ; *(for.)* vâdvishay *m.*

Material, *a.* anâtma, anâtmîk, âkârvaṁt, dehadîk, âṁgî, âṁgâcho, mûrtivaṁt; prakṛitîcho, vastûcho; doḍo, boṁtho, ‖ *Trabalho* —, âṁg hâlauṁcheṁ kâm *n.* ‖ *s. m.* sâmaṇ, mop *n.*, mustâykî, sâmagrî *f.* ‖ — *de guerra*, jujâcheṁ sâmaṇ *n.*, dârûguḷo *m.*

Materialidade, *s. f.* dravyabhâv *m.*, mûrtipaṇ; doḍepaṇ, kachchepaṇ *n.*

Materialismo, *s. m.* dehâtmavâd *m.*, anâtmamat *n.*

Materialista, *s. m. e f.* dehâtmavâdî, vishayî. ‖ *a.* dehâtmavâdâcho.

Materialização, *s. f.* dehadîk-, âkârvaṁt karṇeṁ *n.*

Materializar, *v. t.* âkârvaṁt-, âṁgî karuṁk, mûrti divuṁk *(d. do o.)*; *(fig.)* doḍo-, boṁtho karuṁk. ‖ *v. r.* dehadîk-, âkârvaṁt jâvuṁk, kûḍ ghevuṁk; *(fig.)* *V.* EMBRUTECER-SE.

Materialmente, *adv.* prakṛitîṁ; chukûn, barî oḷakh nâstânâ; sahaj.

Maternal, materno, *a.* âvaycho, âvaylo, mâyecho. ‖ *Lingua materna*, janmabhâs *f.*

Maternalmente, *adv.* mâypaṇîṁ, âvay kasî.

Maternidade, *s. f.* mâypaṇ, avaypaṇ, mâtṛitva *n.*

Mathematica, *s. f.* gaṇit, gaṇitśâstr *n.*, saṁkhyâparimâṇvidyâ, parimâṇvidyâ *f.*

Mathematicamente, *adv.* gaṇitîṁ; *(fig.)* sutrîṁ, barâbar.

Mathematico, *a.* gaṇitâcho; *(fig.)* sutrî, jabar nîṭ. ‖ *s. m.* gaṇtî, saṁkhyâparimâṇvidyâjña.

Mathusalem, *s. m.* jardo, ḍoṁkro.

Matilha, *s. f.* śikâriśuṇyâṁcho puṁjo *m.*; *(fig.)* peṁḍeṁ, kûṭ *n.*

Matinal, *a.* sakâḷcho.

Matinar, *v. t.* jâgo karuṁk,- davruṁk; *(fig.)* kîr karuṁk (*litt.* FAZER PAPAGAIO), taklen bharuṁk,- kheṁchuṁk. ‖ *v. i.* bhav sakâḷîṁ-, ujvâḍtâṁ uṭhuṁk.

Matinas, *s. f. pl.* mâtîn *f.*

Matiz, *s. m.* vichitr raṁg *m.*, *taktake *m. pl.*; *(fig.)* raṁg *m.*; rûp *n.*

Matizar, *v. t.* vichitr raṁgauṁk, mâṁḍnen raṁg badluṁk *(g. do o.)*; *(fig.)* *V.* ENFEITAR. ‖ *v. r.* vichitr-, bahuraṁgî jâvuṁk.

Matraca, *s. f.* mâtrâk, phaṭphaṭeṁ, khaṭkhaṭeṁ *n.*; *(fig.)* *V.* CHACOTA. ‖ *Dar* —, *V.* APUPAR.

Matraqueador, *s. m.* cheshṭâykâr, maskarekâr, phakâṁḍî.

Matraquear, *v. t.* maskaryo-, khebaḍâṁ-, keṁkḍâṁ karuṁk *(g. do o.)*, keṁḍuṁk, toṁḍuṁk; rahâṭauṁk, aḷsauṁk; *(fig.)* kûṁs lâvuṁk *(d. do o.)*, thuklâvuṁk.

Matreiro, *a.* kâṭhû, chyâḍ, mâṁḍṇekâr, bârîk, karâmatî.

Matricida, *a. e s. m. e f.* mâtṛighâtkî.

Matricidio, *s. m.* mâtṛighât *m.*

Matricula, *s. f.* nâṁvâṁchî paṭṭî,- śivḍî *f.*, mâtrîkl; nâṁv barauṇeṁ *n.*; mâtrikulâche duḍû *m. pl.*

Matriculado, *a.* nâṁv barailalo; *(fig.)* rahâṭlalo, kuṭlalo.

Matricular, *v. i.* paṭṭiyer nâṁv barauṁk,- ghevuṁk *(g. do o.)*; mâtrîkl karuṁk *(g. do o.)* ‖ *v. r.* âpleṁ nâṁv barauṁk lâvuṁk, mâtrîkl karuṁk.

Matrimonial, *a.* kâjârâcho, lagnâcho, lagnasaṁbaṁdhî.

Matrimonialmente, *adv.* kâjâryâṁche rîtîpramâṇeṁ.

Matrimoniar, *v. t.* kâjâr-, lagn karuṁk. ‖ *v. r.* kâjâr-, lagn jâvuṁk, vahrâḍuṁk.

Matrimonio, *s. m.* *V.* CASAMENTO.

Matriz, *s. f.* kusvo *m.*, kûś *f.*, poṭ *n.*, koś, garbhaśay; *madre:* koś, niḍhi; sâṁṭho *m.*, jhar *f.*; *molde:* sâṁcho *m.*, mûs. ‖ — *predial*, gharbhâṭâchî śivḍî. — *industrial*, yepârkârâṁchî paṭṭî *f.* ‖ *a.* pratham, mukhelî, mukya *(em comp.)* ‖ *Egreja* —, mâḷgaḍî-, mukhelî igraj. *Lingua* —, âraṁbhabhâshâ. *Cidade* —, *V.* METROPOLE.

Matroca, *s. f.*: *andar ou ir á* —, asoch-, beshṭoch-, vâryâr bhoṁvuṁk; kaseṁy jâvuṁk divuṁk.

Matrona, *s. f.* bâi *ou* bâî, gartî, morîṁhâtârî, patiputravatî, âryâ; dâṁḍgî bâil.

Matronaça, *s. f.* kutal bâil.

Matronal, *a.* gartecho.

Matta, *s. f.* rân, van, jaṁgaḷ, isoḷeṁ; *(fig.)* rân *n.*, ḍoṁgar *m.*, râs *f.*

Mattagal, *s. m.* rân, araṇeṁ, isoḷeṁ *n.*, ghol *m.*

Mattagoso, *a.* jaṁgḷî, jaṁgḷyâṁ jhâḍâṁnîṁ bharlalo.

Matteiro, *a.* rân râkhtalo,- mârtalo.

Mattejar, *v. i.* rânâṁt vachuṁk; rânâṁtlîṁ jhâḍâṁ kâtruṁk.

Matto, *s. m.* rân, isoḷeṁ *n.*; jhâḍkuṭâṁ *n. pl.*

Matula, *s. f.* mâltî *f.*, mâlto, mâltulo *m.*, vâṭeṁ; chaṁḍâḷâṁcheṁ peṁḍeṁ, muṭhâṇ *n.*

Matulagem, *s. f.* kût, muṭhâṇ *n.*, âḍjât *f.*

Matulão, *s. m.* dhâṁgaḍ manîs; dâṁdgo burgo.

Maturação, *s. f.* pikap; duḥkhâṇ pikṇeṁ *n.*

Maturado, *a.* piklalo, piko.

Maturar, *v. t.* pikaṁvuṁk. ‖ *v. r.* pikuṁk, piko jâvuṁk.

Maturativo, *a.* pikauṁcho, pikauṁk baro,- upkârto.

Maturescencia, *s. f.* pikap *n.*

Maturidade, *s. f.* pikap; *(fig.)* jûṇ-, bhar jâṇeṁ *n.*, bhargati *f.*

Matutar, *v. i.* chiṁtuṁk, nihâḷuṁk, manâṁt ghoḷauṁk.

Matutice, *s. f.* jaṁgḷîpaṇ *n.*: khuḷây, pisây *f.*

Matutinal, matutino, *a.* sakâḷcho, prâtarkâḷâcho.

Matuto, *a.* jaṁgḷî, rânaṭ; *(fig.)* khuḷo, eke chiṁtnek lâglalo. ‖ *V.* MATREIRO.

Mau, *a.* vâyṭ, vâyṭoḷo, *vâyṭiv, khoṭo, akhaṭo, nashṭo, dushṭ, kharâb *(p. us.)*: akarmî, adharmî, apagmî, durjan, âḍjâî. ‖ *O espirito* —. devchâr. *Fazer ou mostrar má cara.* vâṁkdeṁ toṁḍ karuṁk. *Ser* — *de contentar.* kuṁṭh jâynâslalo. *De* — *grado.* khuśeviṇeṁ. *Em má hora.* akâḷiṁ, vâyṭâ veḷâr. *As más.* baḷân; vâyṭân. ‖ *s. m.* vâyṭ *n.*: vâyṭoḷo manîs. ‖ *int.* chhî, chhichhî, chhithû, śî.

Maujo, *s. m.* kâtî *f.*

Maunça, *s. f.* mûṭhbhar, mûṭh *f.*, hâtbhar *m.*: chuḍî *f.*

Mauro, *a.* musalmânî.

Mausoléo, *s. m.* dhupeṁ *n.*, chhatrî, samâdhi *f.*

Maviosamente, *adv.* dulabhâyen; majurâyen.

Maviosidade, *s. f.* dulabhây, dayâ; majurây *ou* maṁjuḷây, madhurây *f.*

Mavioso, *a.* kâkulatchâr, dayâḷû, dayâdik, dulabh, śâṁt, mogâḷ, madhur, majûr, maṁjûḷ, madhusrâvî; nâjûk, chokh.

Mavorcio, *a.* jujâcho, yuddhâcho.

Maxilla, *s. f.* dâḍhman *n.*

Maxillar, *a.* dâḍhmaṇâcho.

Maxilloso, *a.* moṭiṁ dâḍhmaṇâṁ âslalo.

Maxima, *s. f.* tattv, mûḷ, mûḷtattv, bîj; sûtr, vâkya, vachan, uksham *n.*, nyây *m.*, nîti, mhaṇṇî *f.*

Maximamente, maximè, *adv.* adhikkarn, bhavkarn, chaḍhkarn.

Maximo, *a.* samestâṁparas vhaḍ, varto, uttam. ‖ *s. m.* thorây, vhaḍây *f.*; jâyt titleṁ chaḍh.

Mazella, *s. f.* ghây *ou* ghâv *m.*, kivaṇ *n.*; aṭṭâs, dagdag, kashṭ, upadre *m. pl.*; khat, kaḷaṁk *n.*, dâg *m.*

Mazellado, *a.* ghây-, kivṇâṁ paḍlalo, ghâyvaṭî, ghâyâḷ.

Mazellar, *v. t.* ghây karuṁk,- ghâluṁk *(d. do o.)*; *(fig.)* dagd-, kashṭ divuṁk *(d. do o.)*; khâvuṁk, piḷuṁk. ‖ *V.* MANCHAR.

Mazombo, *s. m.* *V.* MACAMBUZIO.

Mazorral, *a.* *V.* INCIVIL.

Mazorro, *a. e s. m.* bhaskâpurî, bâṁgḍo, dhâṁgaḍ.

Mazurka, *s. f.* mâjûrk *n.*

Me, *pron.* mâkâ.

Meação, *s. f.* ardh *n.*, ardho vâṁṭo,- aṁś *m.*

Meada, *s. f.* kâṁḍî *ou* kâṇî *f.*, pâshṭ *n.*, muṭho *m.*; *(fig.)* *V.* ENREDO.

Meado, *a.* ardhyâk pâvlalo, ardho. ‖ *s. m.* ardh *n.*

Mealha, *s. f.* damḍî *f.*

Mealheiro, *s. m.* miler *m.*, ḍabî; gâṁṭh *f.*, padar *m.* ‖ *a.* kirkoḷ duḍvâṁcho; thoḍyâ lâbhâcho.

Meandrico, *a.* *(p. us.)* vâṁkḍo, vâṁkyo; *(fig.)* *V.* ENIGMATICO.

Meandro, *s. m.* vâṁk, moḍ; vâṁkḍî vâṭ; *(fig.)* goṁdh *f.*, goṁdhaḷ *m.*, revaḍkoṁkeṁ *n.*

Meanmente, *adv.* *V.* MEDIANAMENTE.

Meão, *a.* madhlo, madhyasth; mâjoḷo. ‖ *s. m.* meyâṁv *m.*

Mear, *v. t.* modheṁ kâtruṁk, dośiṁ-, dubhâgî karuṁk, ardhâṁ karuṁk *(g. do o.)* ‖ — *o trabalho,* ardhakuro karuṁk. ‖ *v. i. e r.* ardho jâvuṁk, ardhyâk pâvuṁk.

Meato, *s. m.* gîr *m.*

Meças, *s. f. pl.* *V.* MEDIÇÃO. ‖ *Pedir* —, mej mhaṇ mâguṁk; *(fig.)* khabar ghevuṁk, vichâr karuṁk; varto jâvuṁk, nâ bâdguṁk.

Mecha, *s. f.* gaṁdhkâḍî, saṇkâḍî, kâḍi; vât, dasîr *f.*; sutar *n.*, battî *f.*; mech *m.* ‖ *V.* LARDO e IMPORTUNAÇÃO.

Mechado, *a.* gaṁdhkâḍiyen dhuṁvrâvlalo; jaḍlalo.

Mechagem, *s. f.* gaṁdhkâḍiyen dhuṁvrâvṇeṁ *n.*

Mechanica, *s. f.* yaṁtraśâstr, śilpaśâstr *n.*, śilpavidyâ *f.*: yaṁtrâṁ, rahâṭâṁ *n. pl.*

Mechanicamente, *adv.* yaṁtraśâstrâpramâṇeṁ; *(fig.)* sahaj, nihâḷi-, chiṁti nâstânâ.

Mechanico, *a.* śilpaśâstrâcho; yaṁtrâcho, yaṁtrî; hâtkâmâcho, abhyâsâcho. ‖ *s. m.* śilpaśâstrajña; śilpî, śilpakâr, karmakâr; uṇo-, halko manîs.

Mechanismo, *s. m.* yaṁtrâchî rachṇî, yukti *f.*; yaṁtravyâpâr *m.*; ghaḍvaṇ, ghaḍâvaḷ *f.*

Mechar, *v. t.* gaṁdhkâḍiyen dhuṁvrâvuṁk; jaḍuṁk, ghaḍsuṁk.

Mecheiro, *s. m.* divyâcheṁ mukh, mâṭhleṁ *n.*

Meco, *s. m.* kûḷ *n.*, jaṇ; bâḷo, laṁpaṭ, sodo.

Meconio, *s. m.* *V.* FERRADO.

Meda, *s. f.* kutal, kuḍeṁ, pâleṁ *n.*; *(fig.)* doṁgar *m.*

Medalha, *s. f.* ârlûk *f.*, mudro *m.*; medâl *f.*, bird *n.*, birdmudro, billo; takṭo *m.*, chhâp *n.* ‖ *O reverso da —*, partî kûs *f.*; *(fig.)* chhidr *n.* *Não ha — sem reverso,* kiṭâvîṇ bhâṁgâr nâṁ.

Medalhão, *s. m.* moṭo mudro *m.*; ḍabî *f.*, peṭûl *n.*

Medalhar, *v. t.* ârluker ṭâṁkuṁk; billo divuṁk *(d. do o.)*

Medalhario, *s. m.* ârlukâṁcho-, mudryâṁcho sâṁṭho *m.*

Medalheiro, *s. m.* ârluko kartalo, ârlûkkâr. ‖ *V.* MEDALHARIO.

Medalhista, *s. m.* ârlukâṁcheṁ kâm samjatalo, mudrâpârkhî.

Media, *s. f.* sarâsarî *f.*, śero *m.*

Mediação, *s. f.* madheṁ yeṇeṁ *n.*, madhesthây *f.*, râybâr *m.*

Mediador, *a. e s. m. V.* MEDIANEIRO.

Medial, *a.* madhlo (akshar).

Medianamente, *adv.* sumârâcho, saysumâr, titlyâpurteṁ.

Medianeira, *s. f.* madhesthîṇ; *(fig.) V.* ALCOVITEIRA.

Medianeiro, *a. e s. m* madheṁ yetalo-, âstalo, madhesth, râybârî. ‖ *V.* INTERCESSOR.

Mediania, *s. f.* sarâsarî *f.*, śero *m.*; mâjoḷepaṇ *n.*, madhyamaprat; madhyajâti *f.*, madhlo lok *m.*: gireskâye âni durbaḷâyebhitarlî daśâ, saṁsthâ *f.*; *(fig.) V.* MODERAÇÃO.

Mediano, *a.* madhlo, madhekatcho; sumârâcho, mâjoḷo, madhyam, nemast. ‖ *V.* MODERADO.

Mediante, *a.* madhlo; âdhârî. ‖ *prep.* udeśîṁ, varvîṁ.

Mediar, *v. t.* dośîṁ vâṁṭuṁk, ardhâṁ karuṁk *(g. do o.)*: madheṁ sarûn karuṁk. ‖ *v. i.* madheṁ-, madhekat âsuṁk; madhestuṁk, madhesthây karuṁk,- chalauṁk.

Mediatamente, *adv.* dusryâvarvîṁ, parasthîṁ; âḍveṁ, tiḍveṁ.

Mediatario, *a. e s. m. V.* MEDIANEIRO.

Mediato, *a.* madhlo, madhekatcho; aṁtarîk, aṁtarâdîk.

Medica, *s. f.* vaijîṇ.

Medicação, medicamentação, *s. f.* okhat karṇeṁ *n.*

Medicamentar, *v. t. e r. V.* MEDICAR.

Medicamente, *adv.* vaijipaṇîṁ.

Medicamento, *s. m.* okhat, aushadh *n.*, davâ *(us. N. C.) f.*

Medicamentoso, *a.* okhtâcho, okhtî.

Medição, *s. f.* mejṇî, mâpṇî, jokhṇî *f.*, mejap, mâp *n.*

Medicar, *v. t.* okhat divuṁk *(d. do o.)*, kurârkaruṁk. ‖ *v. r.* okhat karuṁk,- ghevuṁk.

Medicastro, *s. m.* okhtî, ḍhoṁgîvaij, kuvaidya.

Medicatriz, *a.* okhtî.

Medicavel, *a.* okhat âslalo, baro jâvuṁcho, upâysâdhya.

Medicina, *s. f.* vaijipaṇ, vaidpaṇ *n.*, vaidvidyâ *f.* ‖ *V.* MEDICAMENTO.

Medicinal, *a.* okhtâcho, okhtî; vaijipaṇâcho.

Medicinalmente, *adv.* vaijipaṇîṁ.

Medicinar, *v. t. e r. V.* MEDICAR.

Medico, *s. m.* vaij, vaid, okhtî, hâkîm *(p. us.)* ‖ *— espiritual,* atmyâcho vaij. *Visita de — (fig.),* ḍoḷebheṭ. ‖ *a.* vaijipaṇâcho.

Medida, *s. f.* mâp, mejap, jokh, parimâṇ; kâṁḍeṁ *(só de extensão) n.*; mejchî kâm *f.*, jokhâcheṁ phîṁt; *vaso de capacidade:* mâp *n.*, paḍ; *limite:* sîm, mît, maryâd *f.*; *calculo:* ajmâs, sumâr *m.*; *norma:* parimâṇ, pramâṇ *n.*; *meio, disposição:* upây, ilâj *m.*, vâṭ; *proporção:* mît, parimiti *f.*, mâp, parimâṇ; *projecto:* yojan, man, kalpaṇ; *commedimento:* śahâṇepaṇ *n.*, maryâd, chaturây *f.*; *compasso:* ṭâḷ *m.*, mâtrâ *f.*; *metro:* chhaṁd *m.*, pad *n.* ‖ *V.* MEDIÇÃO. ‖ *— legislativa,* śâsan *n.* *Dar boa —*, bareṁ karn mejûn divuṁk. *A — de,* pramâṇeṁ. *Sem —*, mitîner nâstânâ.

Medidagem, *s. f.* mejtalyâcho vâṁṭo *m.*, mejṇâvaḷ *f.*

Medidamente, *adv.* mejûn, mitîn, maryâdîn.

Medidor, *a. e s. m.* mejtalo, mejpî, mâpî, mâpelî.

Midieval, midievo, *a.* madhyakâḷâcho.

Medio, *a.* madhlo, madheṁcho, madhekatcho, mâjâvelo, madhyam. ‖ *Termo —,* madhyâvayav *m.; (fig.)* madhlî vâṭ *f.*, madhlo ilâj *m.*

Mediocre, *a.* sumârâcho, mâjoḷo, nemast, madhyam, supûr.

Mediocrimente, *adv.* titlyâpurteṁ, saysumârîṁ.

Mediocridade, *s. f.* mâjoḷepaṇ, supûrpaṇ *n.*, madhyamây, madhyamaprat *f.*, saysumâr *m.;* uṇepaṇ, halkepaṇ *n.*

Medir, *v. t.* mejuṁk ; mâpuṁk *(diz-se só de medidas de capacidade);* jokhuṁk *(medidas de peso);* jokh-, mâp ghevuṁk,- kâḍhuṁk *(g. do o.),* mejap ghevuṁk *(medidas de extensão; g. do o.); moderar:* âṭpuṁk, thârâvuṁk, dâmûn dharuṁk. ‖ *— armas com alguem,* jujuṁk. *— o chão com o corpo,* sarpaṭ paḍuṁk. *— as costellas,* hâḍâṁ moḍuṁk, mâr ghâluṁk. *— com os olhos,* dishṭîn sumâr karuṁk ; *(fig.)* ḍoḷe orkuṁk. *— as palavras,* mejûn ulauṁk. *— o tempo,* beṭho nâ râvuṁk. *— terra,* vâṭ ṭâṁkuṁk, pâṁy dâḍâvuṁk. ‖ *v. r.* barâbar-, sarî jâvuṁk ; jhoṁbuṁk, jhagḍuṁk.

Meditabundo, *a.* dhyânî, dhyanishṭh, aṁtardhyânî, âtmanishṭh, samâdhisth, chiṁteshṭ, chiṁtâbharit. ‖ *V.* MELANCHOLICO.

Meditação, *s. f.* kalpaṇ, yojan *n.;* chiṁtnî, chiṁtnâ *f.*, chiṁtan, dhyân, aṁtardhyân, samaraṇ *n.*, samâdhi *f.*, prastâv *m.* ‖ **-ões,** *pl.* nihâḷ *m. pl.*, samaraṇâṁ *n. pl.*

Meditador, *a. e s. m.* nihâḷtalo, dhyânî.

Meditar, *v. t.* manâṁt ghoḷauṁk, chiṁtuṁk, nihâḷuṁk, samaruṁk, vitarkuṁk ; kalpuṁk, yojuṁk. ‖ *v. i.* dhyânuṁk, nihâḷ karuṁk. ‖ *s. m. V.* MEDITAÇÃO.

Meditativo, *a.* dhyânî, dhyânpar ; nihâḷâcho, samaraṇâcho.

Meditavel, *a.* nihâḷâcho, samaraṇâcho.

Mediterraneo, *a.* bhûmadhyasth.

Medivel, *a.* mejûṁyeso, mejcho.

Medo, *s. m.* bhay *m.*, bheṁ *n.*, bhrâṁti *ou* bhirâṁt, śaṁkâ *f.*, dhaḍdhaḍo, kalkalo, ḍabḍab, ḍabḍabo *m.* ‖ *Metter —,* bheṁkḍâvuṁk, kalkalâvuṁk, dhaḍdhaḍâvuṁk. *Morrer de —,* thartharuṁk, kalkaluṁk. *Ter muito — e pouca vergonha,* bheṁ âsâ, paṇ lajj nâ. *A —,* bhiyevûn, pâṭhîphuḍe sarûn. ‖ **-s,** *pl.* toṁḍâṁ *n. pl.*

Medonhamente, *adv.* bhirâṁkuḷâyen ; vikaṭâyen.

Medonho, *a.* bhirâṁkûḷ, bhesurvâṇo, akrâḷ, vikrâḷ, gair ; vikaṭ, aḷśikaṇo, durmukhî. ‖ *V.* FUNESTO.

Medra, medrança, *s. f.* mât, sâr, kâr *m.*, pushṭi, luklukî, ṭakṭakî ; mâṁdṇî, samṛidhi ; vâḍhauṇî, mâtauṇî ; vâḍhṇî, mâtṇî *f.*

Medrar, *v. t.* vâḍhauṁk, mâtauṁk ; baro karuṁk, sudhâruṁk ; ghardâr vâḍhauṁk *(g. do o.),* kalyâṇî karuṁk. ‖ *v. i.* baro jâvuṁk (jhâḍ), vâḍhuṁk, mâtuṁk, posoṁk, rujuṁk, ṭakṭakuṁk, *taruṁk ; *prosperar:* mâṁḍoṁk, vasuṁk, pâḷâṁ ghevuṁk. ‖ *V.* PROGREDIR.

Medrio, *s. m.* mâtṇî, posṇî *f.*

Medroso, *a.* bhikût, bhivkuṭo, bhejûḍ, bhesar ; bhiyelalo, kâṁplalo. ‖ *V.* ASSUSTADIÇO.

Medulla, *s. f.* meṁdû, med, hâḍâcho sâr *m.*, vas *f.;* garbh, girabh, aṁtargarbh, gar, sâr ; *(fig.)* sâr, girabh *m.*

Medullar, *a.* meṁdvâcho, medâcho ; girbhâcho.

Medulloso, *a.* meṁdû-, girabh âslalo, girbhân bharlalo.

Medusa, *s. f.* jharam *n.*, jâr *m. e f.*

Meeiro, *s. m.* ardhalî. ‖ *a.* ardhalecho.

Meeting, *s. m.* miṭîṁg *m.*, jamât, sabhâ *f.*

Meia, *s. f.* mey, *pâṁyâḷo *m.*

Meia-edade, *s. f.* bharpirây *f.;* madhyakâḷ *m.*

Meia-laranja, *s. f.* vâṭkuḷî svât,- baskâ *f.*, ardhagol *m.*

Meia-lua, *s. f.* ardhachaṁdr *m.*, chaṁdrimâchî kâtî *f.;* ardhagol *m.*

Meia-noite, *s. f.* ardhî rât, madhyâhn *f.*

Meias, *s. f. pl.* ardhal *f.*

Meigamente, *adv.* bhalepaṇiṁ, mogâḷpaṇîṁ.

Meigengro, *a.* lâseṁ paḍlalo, chiṁbaṭ (phaḷ).

Meigo, *a.* bhalo, dulabh *ou* dulap, mogâḷ, śâṁt.

Meiguice, *s. f.* bhalepaṇ, mogâḷpaṇ *n.*, dulabhây, dayâmayâ, śâṁti *f.* ‖ **-s,** *pl.* aprûbây *f.*, mogâchîṁ-, goḍâṁ uttrâṁ *n. pl.*, lâlan *n.*

Meiminho, *a. V.* MIMINHO.

Meio, *a.* ardho, ad *(em comp.);* madhlo, madhekatcho, mâjvelo, madhya. ‖ *Meias palavras ou razões,* sukyo polyo. — *termo*, madhyâvayav *m.; (fig.)* madhlî vâṭ *(fig.) Paredes meias*, bhâgâchyo vaḷamtî. *A meia voz*, lahânâ ṭâḷyân, lokuvân. *Um e* —, deḍ. *Dois e* —, aḍej. *Tres e — (e para deante)*, sâḍe tîn. || *s. m.* mâj, madhya, madhyam, madhyabhâg, garbh *m.*, garbhî *f.;* ardh, ad *n.; expediente:* upây, ilâj *m.*, vâṭ, taḍ *f.; intervenção:* varav, udev *m.* || *Meios extremos*, nîmâṇe ilâj. — *social*, samgatîcho vaso. — *por* —, titlyâk titlo. *Deixar em* —, vâṭer davrumk. *Ficar em* —, ardhakuro jâvumk. *Ganhar — por* —, śyâk śem joḍumk. *Ao* —, madhem, madhekat. *De — a* —, śekânśek, nipaṭ. *Em — de*, madhem, bhitar. *Por — de*, varvîm, udeśîm. || -s, *pl.* udarposhaṇ, annpâṇî *n*, duḍûhâṭko *m.* || *Alcançado em* —, durbaḷkâyemt paḍlalo, phakîr jâlalo. || *adv.* ardho; thoḍo, sumârâcho *(aa.)*

Meio-busto, *s. m.* mastakamûrti *f.*

Meio-corpo, *s. m.* vaylem dhaḍ *n.*

Meio-dia, *s. m.* donpâr, donpârâchovel; âdes *m.* || *V.* SUL.

Meio-relevo, *s. m.* ardhâkâr *m.*

Meirinhar, *v. i.* mirnyâchem kâm karumk.

Meirinho, *s. m.* mirnî.

Mel, *s. m.* momh, mhomv *n.*, madhu, madh *m.;* mel; *(fig.)* amrit *n.* || *Cahir a sopa no* —, barem kâmâk yevumk. *Dez réis de — coado*, deḍ damḍî. *Palavras de* —, goḍâm uttrâm.

Mela, *s. f.* poḷâvumchî piḍâ; barailalyâ kâgdâchî ughṭî svâṭ *f.*, ḍoḷo *m.; (fig.)* vâḷoy *(fig.) f.*

Melaço, *s. m.* kâkai *f.*

Melado, *a.* mhomvâylalo, mhomv ghâlalo; mhomvâchyâ ramgâcho; umdrîcho; *(fig.)* mhomvo.

Meladura, *s. f.* tâjbhar ushcho ras *m.*

Melancholia, *s. f.* khamt, chimtâ, duśchitây *f.*, duśchitpaṇ, durman *n.*, manahpîḍâ *f.;* vishâd *m.*, udâspaṇ *n.*

Melancholicamente, *adv.* khamtîn, duśchitpaṇîm.

Melancholico, *a.* khamtîbharit, chimtesht, duhkhest, duśchit; udâs, vishâdî.

Melancholizar, *v. t.* duhkhest karumk, khamt divumk *(d. do o.)* || *v. r.* duśchit-, khamtîbharit jâvumk.

Melancia, *s. f.* kaḷimgîṇ *f.;* kaḷimg *n.*

Melancial, *s. m.* kâḷimgâmcho maḷo *m.*

Melancieira, *s. f.* kâḷimgîṇ *f.*

Melão, *s. m.* chibûḍ *n.;* chibḍiṇ *f.*

Melar, *v. t.* mhomvâvumk, goḍâvumk; mhomvân ragḍumk; chimbaṭâvumk. || *v. i.* chimbaṭ jâvumk, chimbaṭumk.

Meleiro, *s. m.* mhomv viktalo.

Melena, *s. f.* kemshṭî *f.*, julpâm, bishṭâm; jhomṭâm *n. pl.; ghoḍyâchî* śemḍî *f.* || *V.* MOLHELHA.

Melez, *s. m. V.* MOLHELHA.

Melga, *s. f.* moṭî jaḷâr *f.*

Melgueira, *s. f.* mhomvâcho śimso; *(fig.)* ṭhevo, khejo, poṭlo *m.*, gâmṭh *f.;* savan *n.*

Melhor, *a.* adhik baro *(exprime-se tambem pelo positivo, antecedido de* haun *ou* hon; *ex.:* hâchehaun to baro: *este é melhor do que aquelle).* || *No — da festa*, baryâ veḷâr. *Ir a — ou para* —, tharumk, mâmḍomk. *De — vontade*, bare khuśen,- bhâshen. || *adv.* adhik barem.

Melhora, *s. f.* barepaṇ *n.*, gunvriddhi *f.;* guṇ, utâr *m.* || -s, *pl.* chaḍh phaḷ,- âdâv *m.;* barî bhalâykî *f.*

Melhoradamente, *adv.* guṇân, adhik phaḷân.

Melhorado, *a.* adhik baro jâlalo, sudhârlalo; utârân paḍlalo.

Melhorador, *a. e s. m.* adhik baro kartalo, sudhârṇâr.

Melhoramento, *s. m.* baro karṇem, guṇ vâḍhauṇem *n.*, sudhârṇî *f.;* barem *n.*, guṇ *m.*, guṇvriddhi; vriddhi *f.*, phaḷâdik kâm, âdâykarm *n.*, âdâv *m.* || *V.* AUGMENTO.

Melhorar, *v. t.* adhik baro-, varto karumk, guṇ vâḍhaumk *(g. do o.)*, sudhârumk, *uttamumk. || *V.* CURAR. || *v. i.* sudhâromk, namdumk, thorumk; barem disumk *(d. do s.)*, baro jâvumk. || *v. r.* adhik baro jâvumk.

Melhoria, *s. f.* barem, barepaṇ *n.;* thorṇî, namḍṇî *f.;* utâr *m.*, piḍâ kâḍhṇem; vartepaṇ, uttampaṇ; âdâykarm *n.*, vriddhi *f.* || — *de vencimentos*, pâg (*port.* PAGA) chaḍhṇem *n.*

Melhormente, *adv.* adhik barem.

Meliante, *s. m.* bhâḍyo, sodo, lâpîṭ, nâkkâtro.

Mélico, *a. (poet.)* goḍ mhomv, mhomvo, mamjûḷ.

Melido, *s. m. V.* MOLHELHA.

Melindrar, *v. t.* rusaumk, nâk kâmḍrumk *(g. do o.)*, vâyṭ disosem karumk *(d. do o.)* || *V.* OFFENDER. || *v. r.* rusumk, kurmurumk, vâyṭ disumk *(d. do s.)*

Melindre, *s. m.* bhîḍ, bhiḍâ, maryâd; aprûbây *f.*, komaḷpaṇ *n.*; *(bot.)* chirḍo *m.* ‖ *V.* ESCRUPULO.

Melindrosamente, *adv.* bhiḍen.

Melindroso, *a.* bhiḍecho, maryâdîcho; komaḷ, saṁvaḷ, madhur; aprûbâyecho; khoḍyâḷo. ‖ *V.* DIFFICIL.

Melleo, *a.* *(poet.)* goḍ mhoṁv.

Mellifero, *a.* mhoṁv kartalo, madhuprada.

Mellificação, *s. f.* mhoṁv karṇeṁ *n.*, mhoṁvâvṇî *f.*; mhoṁv jâṇeṁ *n.*

Mellificador, *s. m.* mhoṁv kaḍhauṁcheṁ âydan *n.*

Mellificar, *v. t.* mhoṁv karuṁk *(g. do o.)*, mhoṁvâvuṁk; goḍâvuṁk, goḍsâvuṁk. ‖ *v. i.* mhoṁv karuṁk.

Mellifico, *a.* mhoṁvâcho; mhoṁv âslalo; *(fig.)* *V.* DOCE.

Mellifluidade, *s. f.* madhusrâv *m.*; goḍây, madhurây *f.*

Mellifluo, *a.* madhusrâvî, mhoṁv vâhvtalo; *(fig.)* goḍ goḍ mhoṁv, mhoṁvâcho, madhur.

Melloso, *a.* mel kaseṁ, sâkrîcho.

Meloa, *s. f.* vhaḍleṁ chibûḍ *n.*

Meloal, *s. m.* chibḍâṁcho maḷo *m.*

Melodia, *s. f.* susvarânukram, susvar *m.*; madhurây, majurây, maṁjuḷây, goḍây, goḍvây *f.*

Melodiar, *v. t.* susvar karuṁk; madhurâyen gâvuṁk.

Melodico, melodioso, *a.* susvarâcho, susvar, madhur, majûr, maṁjûḷ, goḍ.

Melodiosamente, *adv.* madhurâyen, susvarîṁ.

Melodrama, *s. m.* parâkramanâṭak; saṁgîtanâṭak *n.*

Meloeiro, *s. m.* chibḍiṇ *f.*

Melographia, *s. f.* *(p. us.)* gaṁdharvavidyâ.

Melomania, *s. f.* saṁgîtaprîti *f.*

Melomano, *a.* gâyanâk-, saṁgîtâk lobhdalalo, saṁgîtapriya.

Melopéa, *s. f.* subhâshaṇâcheṁ saṁgît *n.*; susvar uchchâr *m.*

Melote, *s. m.* meṁḍhryâcheṁ laṁvesahit châmḍeṁ *n.*

Meluria, *s. f.* sadâṁchî piraṁgaṇî, phoṭkirî parvaṇî *f.*

Membrana, *s. f.* kât *f.*

Membranoso, *a.* kâtîcho, kât âslalo, kâtyâḷo.

Membro, *s. m.* âṁg, gâtr *ou* gât *n.*, sâṁdho; meṁbr, sabhâsad, sâmâjik; *inciso:* khaṁḍ *m.*, prakaraṇ *n.*; *parte:* aṁś, vâṁṭo *m.*

Membrudo, *a.* vhaḍâṁ gâtrâṁcho; *(fig.)* tâṇ, khaḍpo.

Meminho, *a.* *V.* MINIMO.

Memorando, *a.* *V.* MEMORAVEL.

Memorandum, *s. m.* *V.* MEMORIAL.

Memorar, *v. t.* ughḍâs karuṁk,-hâḍuṁk-, kâḍhuṁk *(g. do o.)*; âṭhauṁk, samaruṁk.

Memorativo, *a.* ughḍâsâcho, ughḍâsî, yâdîcho.

Memoravel, *a.* ughḍâsâcho, âṭhvâcho, ughḍâs karcho; nâvâḍhîk, prasiddh, yaśasvî.

Memoria, *s. f.* yâd, dhârṇâ, mat, smṛiti, smaraṇaśakti *f.*; ughḍâs, âṭhav *m.*, âṭhvaṇ, say *f.*, smaraṇ *ou* samaraṇ; *fama:* nâṁv, yaś *n.*; *monumento:* âṭhvanûk; *memorial:* arjî; *rol:* śivḍî, paṭṭî *f.*; *dissertação:* nibaṁdh *m.* ‖ *V.* VESTIGIO. ‖ — *de gallo*, visartî mat. *Fazer* —, ughḍâs karuṁk. *Ter de* —, taklen âsuṁk *(g. do s., s. do o.)* *Varrer de* —, takleṁtleṁ vâhvuṁk *(id.)* *De* —, *V.* DE CÓR. ‖ -S, *pl.* charitr *n.*, bakhar *f.*

Memorial, *s. m.* ṭipaṇ *n.*, paṭṭî, śivḍî *f.*; ughḍâs *m.*, samaraṇ *n.*; arjî, yâdî *f.* ‖ *a.* âṭhvaṇecho, samaraṇâcho.

Memorião, *s. m.* ghaṭṭ-, nibar dhârṇâ, jabar yâd *f.*

Memorista, *s. m.* nibaṁdh baraitalo,- ghaḍtalo.

Menagem, *s. f.* baṁdkhaṇîbhâyr baṁd karṇeṁ-, davarṇeṁ *n.*; *(ant.)* *V.* HOMENAGEM.

Menção, *s. f.* âṭhav, ughḍâs *m.*, sûchan *n.*, śûchanâ *f.*, majkûr *m.*

Mencionar, *v. t.* ughḍâs karuṁk *(g. do o.)*, khuṇâvuṁk, paṭhuṁk, mhaṇuṁk, sâṁguṁk; nâṁv kâḍhuṁk-, ghevuṁk *(g. do o.)*

Mendacidade, *s. f.* phoṭkirepaṇ *n.*, labâḍî *ou* labâḍkî *f.*

Mendaz, *a.* *V.* MENTIROSO.

Mendicancia, *s. f.* bhikârpaṇ *n.*

Mendicante, *a.* e *s. m.* bhîk mâgtalo, bhikârî.

Mendicidade, *s. f.* bhîk mâgṇeṁ; bhikârpaṇ, annângat *n.*; bhikârî *m. pl.* ‖ *V.* POBREZA.

Mendigação, *s. f.* bhîk mâgṇeṁ, bhikek bhoṁvṇeṁ *n.*

Mendigar, *v. t.* bhikek mâguṁk, bhîk mâguṁk *(g. do o.)* ‖ *v. i.* bhîk mâguṁk, bhikek bhoṁvuṁk,- paḍuṁk, bhîk lâguṁk *(d. do s.)*

Mendigaria, *s. f.* *V.* MENDICIDADE.

Mendigo, *s. m.* bhikârî; bhikârḍo *(deprec.)*

Mendobi, mendobim, *s. m. V.* AMENDOIM.

Mendinho, *a. V.* DEFEITUOSO. ‖ *Dedo —,* kirâṁgaḷî *f.*

Meneador, *a. e s. m.* bhoṁvḍâytalo, ghoḷaitalo.

Meneamento, *s. m.* hâlauṇî, bhoṁvḍâvṇî, ghoḷauṇî *f.*

Menear, *v. t.* hevśîntevśîn hâlauṁk,- bhoṁvḍâvuṁk; hâtân chalauṁk,- gholauṁk. ‖ *v. r.* hâluṁk, doluṁk; peṁkaṭ moḍuṁk.

Meneavel, *a.* bhoṁvḍâvûṁyeso; *(fig.)* chalaisârko, bâḍgavtalo.

Meneio, *s. m.* hâlṇî, moḍ, moḍâmoḍ; ghoḷauṇî, chalauṇî; tayârî, kamây *f.* ‖ *V.* ACENO *e* ARDIL.

Menestrel, *s. m.* vâjaun gâtalo, vaitâlik.

Menina, *s. f.* burgeṁ, cheḍûṁ *n.*, chalî, bâḷî, bâî *ou* bâi. ‖ *— do olho,* bâhulî. *— de cinco olhos,* pâlmator (*port.* PALMATORIA) *f. Pregal-a na — do olho a alguem,* ḍoḷyâṁtleṁ kâjaḷ choruṁk. *Querer a alguem como ás meninas dos olhos,* jîvâ itleṁ karuṁk.

Menineiro, *a.* burgo kaso, bâḷrûpî; burgepaṇâṁ kartalo.

Meninez, *s. f.* burgepaṇ, neṇṭepaṇ *n.*, bâḷbhâv *m.*

Meninice, *s. f.* burgepaṇ *n.* ‖ *V.* MENINEZ.

Menino, *s. m.* bâl, bâḷ, bâḷak, burgo; chalo, cheḍo; bâ, bâb, bâbulo; *(fig.)* neṇṭo, neṇâr.

Meninó, *s. m.* kâṭhû, chyâd.

Menor, *a.* adhik lahân,- supurlo; dhâkṭo *ou* dhâklo, lahân (*com a particula* haun *ou* hon); neṇṭo, uṇyâṁ-, thoḍyâṁ varshâṁcho ‖ *s. m.* bharpirây nâslalo manis, burgo, aprâptakâl, aprâptavyavahâr.

Menoridade, *s. f.* burgepaṇ *n.*, bâḷdaśâ *f.* ‖ *V.* MINORIA.

Menorista, *s. m.* menorîst, baṁḍyo pâdrî.

Menorrhagia, *s. f.* asukh *n.*, upaḷ *m.*

Menorrhéa, *s. f.* mahino *m.*, pushp *n.*, ṛitu, strîdharm *m.*

Menos, *a.* uṇo, kamî. ‖ *adv.* uṇo *(decl.) Mais ou —,* adhik uṇeṁ. *A — que,* bagar, śivây. *Ao —, pelo —,* paṇ, pûṇ. *Pelo —,* uṇeṁch dharûn, thoḍeṁch jâlyâr. *— mal,* sumârâcho. *Agora — que nunca,* âtâṁ adhik karn nâṁ. ‖ *prep.* kâḍhûn, soḍûn.

Menoscabador, *a e s. m.* mân kâḍhtalo, chahâḍyo.

Menoscabar, *v. t.* uṇo-, halko karuṁk, ardhakuro davruṁk; *(fig.)* mân kâḍhuṁk *(g. do o.),* nâṁv-, ijat ubhauṁk *(g. do o.),* apmânuṁk. ‖ *V.* MENOSPREZAR.

Menoscabo, *s. m. V.* MENOSPREZO.

Menosprezador, *a. e s. m.* bemân-, beparvâ kartalo, bemânî.

Menosprezar, *v. t.* bemân karuṁk. bemânuṁk, beparvâ karuṁk *(g. do o.),* haḷuvâṭuṁk, anâdaruṁk, nâ lekhuṁk, nâ vichâruṁk.

Menosprezivel, *a.* bemân-, beparvâ phâvo âslalo.

Menesprezo, *s. m.* bemân, anâdar, ajñâv, avichâr *m,* beparvâ, bephikîr *f.*

Mensageira, *s. f.* portâdor *(port.) n.*, dûtî, niropîṇ.

Mensageiro, *a. e s. m.* khabar vhartalo, portâdor *(port.),* sâṁgṇâr, pâtmâr, dût, châr, niropî, kâgdî, *bâṁdijan; kaḷauṇar, jâṇauṇâr, khabaryo. ‖ *— de más novas,* nalbato.

Mensagem, *s. f.* rekâd (*port.* RECADO), nirop, saṁdeś *m.*, sâṁgṇî, vijbî *f.*

Mensal, *a.* mahinyâcho; darmahinyâcho; mahinobhar tagtalo.

Mensalidade, *s. f.* mahinevârî *f.; mâhevâr n.*

Mensalmente, *adv.* mahinyâk ek pâuṭh; darmahinyâṁt, mahinyâchyâ mahinyâ.

Menstruação, *s. f.*, **menstruo,** *s. m.* mahino, viṭâḷ, strîdharm *m.*, pusph *n.*

Menstruada, *a.* mahinyâr âslalî, vasartî, âphuḍtî.

Menstrual, *a.* viṭâlâcho, strîdharmâcho, pushpasaṁbaṁdhî.

Mensura, *s. f. (p. us.) V.* MEDIDA.

Mensurabilidade, *s. f.* mejûṁyepaṇ *n.*

Mensuração, *s. f.* mâpṇî; mejṇî *f.*, mejap *n.*

Mensuravel, *a.* mâpûṁyeso, mejcho, parimey.

Mentagra, *s. f.* khâḍkechî dâd *f.*

Mental, *a.* manâcho, manâṁtlo, matîcho. ‖ *Alienação —, V.* LOUCURA.

Mentalmente, *adv.* manîṁ, dhyânîṁmanîṁ.

Mente, *s. f.* man, aṁtashkarṇ, chitt *n.*, mat, buddh, taklî (*litt.* CABEÇA); *vontade:* khuśî *f.*, man, kâḷîj (*litt.* CORAÇÃO) *n.*, marjî *f.; intuição:* man, yojan, âlochan *(us. Can.) n.*, bhâv, saṁkalp *m.* ‖ *V.* PENSAMENTO. ‖ *Ter na —,* manâṁt-, takleṁt âsuṁk. *De boa —,* vhaḍe khuśen, bare bhâshen. *De má —,* jîvâr yevûn, khuśebhâyr. *Em —,* manîṁ.

Mentecapto, *a.* mat phirlalo, pato, khuḷo, gaḷyo, navyâṇṇay, ajñânî.

Mentido, *a.* phoṭkiro, phoṭavṇo.

Mentir, *v. i.* phoṭî mârumk,- ulaumk, gapâm ghâlumk; phoṭavumk, chukumk; phoṭaumk.

Mentira, *s. f.* phoṭ, labâḍî, labâḍkî, chamvḷî *f.*, tâl, gap, laṭikpaṇ, bâshkaḷpaṇ, asat *n.*, asatyavâd *m.*

Mentirola, *s. f.* lahân phoṭ *f.*, tâl *n.*

Mentirosamente, *adv.* phoṭîn, phoṭaun, phoṭ mârûn.

Mentiroso, *a.* phoṭyo, phoṭkiro, bâshkaḷ, labâḍ, tâlyo, ḍhomgî, laṭîk, asatyavâdî.

Mento, *s. m.* khâḍkî *f.*

Mentor, *s. m.* upadeśak, âchârî, mamtri, yajmân.

Mephitico, *a.* ghâṇîcho, ghâṇero.

Mephitismo, *s. m.* narkaṭâṇ *f.*

Meramente, *adv.* phakat, maktâ, mâtr *ou* mât.

Merca, *s. f.* *V.* COMPRA.

Mercadejar, *v. i.* yepârkâr jâvumk, yepâr karumk; luṭumk.

Mercado, *s. m.* pemṭh, âmgaḍ, sâmt *f.*, bâjâr, timṭo *m.* ‖ *a.* vikto ghetlalo.

Mercador, *s. m.* yepârkâr, yepârî, âmgaḍkâr, yerjârî, vehârî, sâvkâr, mâlkâr, śeṭkâr; vâṇî, roper (*do port.* ROUPA), kâpaḍyo. ‖ *Fazer ouvidos de —*, kânmâtrem karumk.

Mercadoria, *s. f.* yepâr, mâl, yerjâr, vehâr, saudo *m.*

Mercancear, *v. i.* *V.* MERCADEJAR.

Mercancia, *s. f.* udyam *ou* udîm, vyavahâr, yepâr *m.* ‖ *V.* MERCADORIA.

Mercante, *a.* yepârâcho, mâlâcho. ‖ *s. m.* *V.* MERCADOR.

Mercantil, *a.* yepârâcho, saudyâcho, udimâcho, sâvkârî, vyavahârî; (*fig.*) *V.* INTERESSEIRO.

Mercantilismo, *s. m.* âdâybhâv *m.*

Mercantilmente, *adv.* yepârân; âdâvân, naphepâsûn.

Mercar, *v. t.* vikto ghevumk, *ṭhavumk; vikumk ghevumk.

Mercatorio, *n.*, yepârâcho, saudyâcho, mâlâcho.

Merca-tudo, *a.* saglem viktalo.

Mercavel, *a.* vikrecho; vikumk baro, khap âslalo.

Merce, *s. f.* *V.* MERCADORIA.

Mercê, *s. f.* *paga:* pâg, phârîkpaṇ *n.*, muśâro *m.*, majurî *f.*; *galardão:* inâm, punyaphaḷ, pratidân; *graça:* barem, uchitdân *n.*, upkâr *m.*; *perdão:* bogsaṇem *n.*, mâphî; *arbitrio:* khuśî, âpkhuśî *f.* ‖ *— de*, upkârân, dharmân. *Pôr-se á —*, khâl râvumk, dusryâchyâ hâtân âpṇâk divumk. *Ter em —*, upkâr âṭhaumk,- mânumk.

Mercearia, *s. f.* khâvumchyâm vastûmcho pasro,- mâmḍ *m.*, âmgaḍ (*us. Can.*) *f.*, (*ant.*) kirkoḷ yepâr,- mâmḍ *m.*

Mercenario, *a.* *e s. m.* vâvrâḍî, muśârekâr, kulkâr. ‖ *V.* INTERESSEIRO.

Mercia, *s. f.* choryepâr *m.*, chorkâm *n.*

Mercieiro, *s. m.* sambhârkâr, pasârkâr, âmgaḍkâr; âdâvâpâsvat Devâlâgîm mâgtalo.

Mercurial, *a.* pârajâcho. ‖ *s. m.* pârajâchem okhat *n.*; (*fig.*) *V.* INVECTIVA.

Mercurialismo, *s. m.* pâraj phaphevṇem *n.*

Mercurio, *s. m.* pâraj, rasdhâtu; (*astr.*) budh *m.*

Merda, *s. f.* gû *m.* ‖ *V.* PORCARIA.

Merecedor, *a.* phâvo âslalo,- jâlalo, punyavamt.

Merecer, *v. t.* phâvumk (*d. do s.*, *s. do o.*), phâvo jâvumk (*id.*) ‖ *v. i.* vhaḍle upkâr karumk.

Merecidamente, *adv.* phâvo mhaṇ,- jâvûn, punyanimittim.

Merecimento, *s. m.* guṇ *m.*, samchit; punyem, sukṛit *n.*, suguṇ *m.*, lâykî *f.* ‖ *V.* APTIDÃO.

Merencorio, *a.* *V.* MELANCHOLICO.

Merenda, *s. f.* meremd, âḍkhâṇ *n.*

Merendar, *v. t.* meremdâk khâvumk, meremd karumk (*g. do o.*)

Merendeira, *s. f.* meremdâcho umḍo *m.*

Merendeiro, *s. m.* meremd khâtalo, âḍkhâṇo. ‖ *V.* MERENDEIRA.

Meretricio, *a.* cheḍiyecho, kalâvamtâcho.

Meretriz, *s. f.* cheḍi *f.*, kalâvamt *ou* kalvamt *n.*, veśyâ *f.*

Mergulhador, *a.* *e s. m.* buḍtalo; buḍî.

Mergulhão, *s. m.* mergulhâmv; (*zool.*) virjuḷo *m.*

Mergulhar, *v. t.* buḍaumk, buchkaḷâvumk; pâḷâm phuṭchyâk khâmdî purumk. ‖ *v. i.* *e r.* buḍumk; (*fig.*) buḍumk, loḷumk; bharomk.

Mergulhia, *s. f.* khâmdiyek mâtî lâvṇem va mâtiyen purṇem *n.* ‖ *V.* MERGULHO.

Mergulho, *s. m.* buḍṇî; pâḷâm phuṭchyâk purlalî-, mâtî lâylalî khâmdî *f.*

Meridiana, *s. f.* madhyâhnareshâ *f.*

Meridiano, *s. m.* madhyâhnareshâ *f.*, khamadhya, simo, madhyadeś *m.* ‖ *a.* madhyareshecho; dakhinâcho.

Meridio *a.* donpârâcho. ‖ *V.* MERIDIONAL.

Meridional, *a.* dakshinâcho, dakhîn. ‖ *s. m.* dakhinî, sulkâr (*do port.* SUL).

Merino, *s. m.* mirino *m.*

Merito, *s. m.* gun *m.*, punyem, sukrit *n.*, lâykî, pâd *f.*, phal *m.*

Meritoriamente, *adv.* punyân.

Meritorio, *a.* gunâmcho, gunî, gunâdik, gunvamt, punyâcho, sukrit, punyakrit, lâyk, yogya.

Merlim *s. m. (naut.)* revadchî dorî *f.*; *(fig.)* ghan-, chyâd manîs.

Mero, *a.* nirbhel, nigal, keval.

Merologia, *s. f.* mûltattvaśâstr *n.*

Mesa, *s. f.* mej, chavramg *n.*; *superficie plana:* sapâtî *f.*, samthal *m.*; *comida:* ann, jevan, khân, annpânî *n.* ‖ — *de associação*, pamchât *f.* *Dar — a alguem*, posumk. *Ir para a —*, jevumk vachumk,- basumk. *A —*, jevnâchyâ vagtâr; mejâr.

Mesario, *s. m.* mejâr, pamchâtkâr.

Mescla, *s.* melaunî, barsî, bhel *f.*, misal *m.*; chârkhamd, charbat *n.*, ghân *f.*; phaphliyâmchem lugat *n.*; *(fig.)* *V.* CONJUNCTO.

Mesclado, *a.* misallalo, miśrit. ‖ *V.* MESTIÇO. ‖ *Panno —*, phaphlyâmchem lugat *n.*

Mesclar, *v. t.* melaumk, mislumk, barsumk, bhel ghâlumk (*d. on l. in do o.*) ‖ — *o sangue*, samkar karumk. ‖ *v. r.* melumk, mislomk, bharomk.

Mesenterico, *a.* amtrapeśîcho.

Mesenterio, *s. m.* amtrapeśî *f.*

Mesenterite, *s. f.* amtrapeśîchî duhkh-, sûj *f.*

Mesmamente, *adv.* tasemch, tech bhâsheu,- parîm.

Mesmissimamente, *adv.* barâbar, sutrîm.

Mesmissimo, *a. sup.* toch to.

Mesmo, *a.* toch, ekach, -ch (*ex.: hâmvach, eu —; toch, elle —*); sârko, eksârko, barâbar, *aveglavamt. ‖ *Um —*, ekach. *Isso —*, hemch. ‖ *s. m.* temch *n.* ‖ *adv.* barâbar, jûst (*port.* JUSTO); paryân, paryâmt, api. ‖ *Aqui —*, hâmgâch. *Assim —*, asemch; asem âstânâ,- jâvûn.

Mesnada, *s. m. (ant.)*, muśâryâcho jujârî lok *m.*

Mesnadeiro, *s. m.* muśâryâcho jujârî.

Mesocarpo, *s. m.* girabh *m.*

Mesquinhamente, *adv.* bhikârpanîm, hichimichî karûn.

Mesquinhar, *v. t.* hichimichî karûn divumk, khanpan karumk (*g. do o.*) ‖ *v. r.* châto-, bhikârdo jâvumk, hichimichî karumk.

Mesquinharia, **mesquinhez**, *s. f.* hichimichî *f.*, bhikârpan, himtepan, châtepan *n.*, sugrât *m.*, lumchây; kamtî *f.*, unepan *n.*

Mesquinho, *a.*: *indigente:* durbal *ou* dublo, garîb, daldiro *ou* dalidro, lâchâr, bâbdo, anarthî; *desditoso:* kapâlphutko, nirbhâgî, kanishth; *avaro:* himto, châto, sugrâtî, lumcho, bhâjad, arn, alp, *chirmutî; *apoucado:* kirkol, kalko, uno; *mediocre:* châlto, ladgo, kamâsîl.

Mesquita, *s. f.* maśîd *n.*

Messe, *s. f.* lumvnî; pikâval *f.* *thamb; pîk *n.*; *(fig.)* lâbh, phal *m.*

Messias, *s. m.* abhishikt.

Mesteiral, *s. m. (ant.)* *V.* ARTIFICE.

Mester, *s. m.* dhâmdo, udyog *m.*, kâm; hâtkâm, śilpakâm *n.*, hâtvâvar *m.*; vâvrâdî, karmkâr, hâtkâmî, śilpî.

Mestiço, *a.* e *s. m.* mestîs, samkarjât, samkîrn.

Mesto, *a. (poet.)* *V.* TRISTE.

Mestra, *s. f.* mestîrn. ‖ *a.* śikaitalî; mukhelî.

Mestraço, *s. m.* thor mestîr,- pamtojî, moto guru.

Mestrado, *s. m.* mestîrpan, gurupan, pamtojîpan *n.*

Mestral, *a.* mestirîcho, śenaycho.

Mestrança, *s. f.* bhamgsâl *f.*, hatyârâmcho,- dorâmcho kârkhâno; gurugan *m.*

Mestre, *s. m.* mestîr, guru, śikaunâr, śenay, pamtojî, pamdit, âchârî; *sabedor:* jânto, vastâd; *chefe:* vastâd, nâyk, mukhelî; *artista ou artifice:* mest; *commandante de navio:* tâmdel, mâlîm. ‖ *a.* mukhelî, pratham, mukhya (*em comp.*)

Mestre-eschola, *s. m.* mestîr, pamtojî, śenay.

Mestre-sala, *s. m.* râjvidhyâchârî: mestsâl.

Mestria, *s. f.* pakkî olakh, marâmat, kamây, hikmat *f.*

Mestrona, *s. f.* jântî bâil.

Mesura, *s. f.* naman *n.*, namaskâr, onav *ou* vadav *m.*

Mesuradamente, *adv.* maryâdin.

Mesurado, *a.* mejlalo, mâpâcho; śahâno, achirkâyecho; maryâdîk, maryâdîcho. || *V.* CORTEZ.

Mesurar, *v. i.* namau karumk.

Mesureiro, *a.* taklî modtalo, upachârâmcho, prapamchik; khâlto; *(fig.) V.* ADULADOR.

Mesurice, *s. f. V.* LISONJA.

Méta, *s. f.* khuṇâchî khumṭî *f.*, niśâṇ *n.*, gurt *m.*; mer, mît, sîm *f.*; *alvo:* padârth, vishay, kârâṇ *m.*; *(fig.) V.* ARENA.

Metabole, *s. f.* samânârthaśabdasaṁgraha *m.*

Metacarpo, *s. m.* taḷhât *ou* taḷât; chavḍo *(p. us. nesta accepção) m.*

Metachronismo, *s. m.* nyunakâlanirûpaṇ *n.*

Metade, *s. f.* ardh, ad, nimeṁ, ardhâṁg *n.* || *Fazer as coisas por —*, ardhakureṁ karumk.

Metal, *s. m.* dhâtu *ou* dhât *m. ou f.*; duḍûhâṭko *m.* || *— amarello, V.* LATÃO. *— sonante*, nagad duḍû *m. pl.* *— virgem*, nirbhel *ou* nibhel dhâtu. *— de voz, V.* TIMBRE.

Metallico, *a.* dhâtûcho. || *s. m.* nagad-, khaṇkhaṇît duḍû *m. pl.*

Metallifero, *a.* dhâtujanak.

Metallificação, *s. f.* dhâtu karṇeṁ, jâṇeṁ *n.*

Metalliforme, *a.* dhâtûsârko.

Metallização, *s. f.* dhâtuśodhan karṇeṁ *n.*

Metallizar, *v. t.* (dhâtu) śodhumk, kâḍhumk.

Metallographia, *s. f.* dhâtuvarṇan *n.*, dhâtuvidyâ *f.*

Metallographico, *a.* dhâtuvarṇanâcho.

Metallurgia, *s. f.* dhâtuvidyâ, dhâtuśodhanavidyâ *f.*, dhâtuśodhan *n.*

Metallurgico, *a.* dhâtuśodhanâcho.

Metamorphico, *a.* rûpâṁtarâcho.

Metamorphismo, *s. m.* rûpâṁtarguṇ *m.*

Metamorphose, *s. f.* rupâṁtar, dehâṁtar *n.*, rûpbhed; pariṇâm, vikâr *m.*, vikṛiti *f.*

Metamorphosear, *v. t.* rûp badlumk *(g. do o.)*, rûpâṁtar karumk *(g. do o.)* || *v. r.* svarûp badlumk, dusro âkâr ghevumk.

Metaphora, *s. f.* rûpak, upam *n.*, rûpaśabd, rûpâlaṁkâr, upachâr, ârop *m.*

Metaphoricamente, *adv.* rûpakâṇ, upachârîṁ.

Metaphorico, *a.* rûpakâcho, upachârâcho upam, sarûpak.

Metaphorista, *s. m.* upamâṁnîṁ ulaitalo, upachârî.

Metaphrase, *s. f.* yathâśabd bhâshâṁtar *n.*

Metaphrastico, *a.* uttrân uttar partilalo.

Metaphysica, *s. f.* anvîkshikî *f.*, arthatattvaśâstr, âtmatattvaśâstr *n.*, âtmavidyâ, mânasavidyâ; *(fig.)* bârkây, barkamây *f.*

Metaphysicamente, *adv.* arthatattvaśâstrâpramâṇeṁ.

Metaphysico, *a.* ânvîkshikecho, arthatattvaśâstrâcho; *(fig.)* avghaḍ, gâḍh, agam. || *s. m.* ânvîkshikîjña, arthtattvaśâstrajña; *(fig.)* ghaṇ yojanâcho-, barkamâyecho manîs.

Metaplasmo, *s. m.* aksharalop *m.*

Metaplastico, *a.* aksharalopâcho.

Metastase, *s. f. (med.)* rogasthalâṁtar *n.*

Metatarso, *s. m* pâṁyâcho chavḍo *m.*, prapad *n.*

Metatarsico, *a.* pâṁyâchyâ chavḍyâcho.

Metathese, *s. f.* aksharavyatyâs, varṇaviparyay *m.*

Metempsychose, *s. f.* janmâṁtar *n.*, punarjanm *m.*

Meteorico, *a.* ulkecho, ulkâsaṁbaṁdhî.

Meteorismo, *s. m.* poṭ phugṇeṁ, tâṇṇeṁ *n.*, guḷo *m.*

Meteoro, *s. m.* ulkâ, jhaḷ *f.*, agneyutpât *m.*; adbhut.

Meteorographia, *s. f.* ulkâvarṇan; vâyuchakravarṇan *n.*

Meteorographo, *s. m.* vâyuchakraparîkshâyaṁtr *n.*; vâyuchakraparîkshak *m.*

Meteorolitho, *s. m.* ulkâśilâ *f.*

Meteorologia, *s. f.* vâyuchakraśâstr, ulkâdiśâstr *n.*

Meteorologico, *a.* vâyuchakraśâstrâcho, vâyuchakrâcho.

Meteorologista, *s. m.* vâyuchakraśâstrajña.

Methodicamente, *adv.* kramân, anukramân.

Methodico, *a.* kramâcho, anukramâcho; rîticho, paraṁparecho; kramâṇ kartalo, niyamî.

Methodista, *s. m. e f.* kramânukârî, niyamî. || *V.* ROTINEIRO.

Methodo, *s. m.* kram, anukram, bet *m.*, vyavasthâ, paraṁparâ; rît, paddhati, parvaḍ, paripâṭi, tahrâ *f.*, mârg *m.*

Methodizar, *v. t.* anukramâr hâḍumk *ou* ghâlumk, sudhârumk.
Meticuloso, *a.* bhejûḍ, bhikûṭ, adhîr, nâmard.
Metonymia, *s. f.* ajahallakshaṇâ *f.*, nâmvbadlap *n.*
Metonymico, *a.* ajahallakshaṇecho.
Metralgia, *s. f.* garbhakośdukh *f.*
Metralha, *s. f.* kulpîgnlo; *(fig.)* ḍomgar *m.*, râś *f.*; sagle upây,- *m. pl.*
Metralhada, *s. f.* kulpîgulyâcho phâr *m.*
Metralhador, *a. e s. m.* kulpîgulyâmche phâr mârtalo.
Metralhadora, *s. f.* kulpîgulyâmchem yamtr *n.*
Metralhar, *v. t.* kulpîgnle mârumk,- sodumk *(l. sup. do o.)*
Metricamente, *adv.* chhamdâpramâṇem.
Metrico, *a.* chhamdâcho, tâlâcho, chhamdobaddh, chhamdorûp. ‖ *Arte metrica,* chhamdovidyâ *f.*
Metrificação, *s. f.* ślok karṇem *n.*, padrachnâ, padyojanâ; padâchî rît *f.*
Metrificador, *a. e s. m.* ślok-, pad kartalo, chhamdovidyâ olkhatalo.
Metrificar, *v. t.* padâmt utrumk, ślok karumk *(g. do o.)* ‖ *v. i.* ślok-, padâm karumk,- ghaḍumk.
Metrite, *s. f.* garbhakosâchî sûj *f.*
Metro, *s. m.* chhamd, tâl *m.*, pad, mâp *n.*; metr *m.*
Metrologia, *s. f.* parimâṇvarnan *n.*
Metrologista, *s. m.* parimâṇvarṇanî.
Metromania, *s. f.* padamad *m.*
Metropole, *s. f.* râjdhânî, râjnagarî, râjpurî *f.*, samsthân *n.*
Metropolita, *s. m.* ârsebisp *(port.)*
Metropolitano, *a.* râjdhânecho. ‖ *s. m.* ârsebîsp, *śahârâcho śreshṭh.
Mettediço, *a.* jamjâlo, ghusalno, ḍhavlo, hulhulo. ‖ *Ser* —, ghuslumk, hulhulumk, luḍbuḍumk.
Metter, *v. t.* ghâlumk; rigaumk, ghusaumk. ‖ — *alguem em boa,* khâmchîk ghâlumk. — *a caminho,* vâṭ dâkhaumk, upây śikaumk. — *a ferro e fogo,* dhûlḍaśâ karumk. — *no inferno,* jîv khâvumk,- hârpît karumk. — *medo,* bhem dâkhaumk. — *debaixo dos pés,* mastumk, maslumk. — *pernas ao caminho,* vâṭek lâgumk. — *a pique,* poimdâk ghâlumk, buḍaumk. — *de posse ou na posse,* bhogâval divumk. — *a saco ou a saque,* luṭumk. — *a tormento,* trâs divumk, jerbamd mârumk. ‖ *v. i. (naut.)* udkâmt chaḍh rigumk (târûm) ‖ *v. r.* bhitar sarumk, rigumk, ghusumk. — *a caminho,* vâṭ ghevumk. — *a fazer alguma coisa,* âplyâ mâthyâr ghevumk. — *comsigo,* âploch samsâr palevumk. — *de restea,* âplem boṭ ghâlumk. *Não saber onde se ha de metter,* âkâmtumk, kalkalumk.
Mettido, *a.* hulhulo, jamjâlo; gharcho jâlalo. ‖ *V.* APERTADO.
Metuendo, *a. V.* TERRIVEL.
Meu, *pron.* majo, mâjo; magelo *(us. Sal.)* ‖ *Muito* —, chaḍh majo ishṭ. *Os meus,* âmchîm, gharchîm *n. pl.*
Meul, *s. m. V.* RODA.
Mexediço, *a.* hâlavno, dolno.
Mexedor, *a. e s. m.* châltalo; châlno; *(fig.) V.* INTRIGANTE.
Mexedura, *s. f.* châlṇî, ḍhavalṇî, hâlauṇî; hâlṇî *f.*
Mexer, *v. t.* hâlaumk, dolaumk; châlumk, ḍhavlumk, dhumḍumk *ou* dhumḍâvumk; *deslocar:* gavlâvumk, kâḍsarâvumk. ‖ *Não poder* — *os pés ou as pernas,* hâtpâmy galumk *(g. do s.)*, moḍon paḍumk. ‖ *v. i.* hât lâvumk; hâlumk, galgalumk. ‖ *v. r.* hâlumk, dolumk; gavlumk, galgalumk; sarkumk, kaḍsarumk, niklumk. ‖ *V.* APRESSAR-SE.
Mexericada, *s. f. V.* MEXERICO.
Mexericar, *v. t. e i.* lâmvdây, sâmgumk *(g. do o.)*, phoḍṇâ ghâlumk. ‖ *v. r.* dishṭîpaḍumk.
Mexerico, *s. m.* lâmvḍepan, kusḍepan *n.*, kusḍây, lâmvḍây, chahâḍi *f.*, taṭḍhomg, lachâmḍ *n.*
Mexeriqueiro, *a. e s. m.* lâmvḍo, kusḍo, kuṭâlo, chahâḍyo, ḍhavlo, moḍyo, taṭḍhomgî, atharvaṇo, lachâmḍî.
Mexerucar, *v. t.* bhomvûn bhomvûn châlumk,- ḍhavlumk.
Mexerufada, *s. f.* dhukrâmchem khâṇ, ḍhoṇ *n.*; chârkuṭo, khejo *m.*
Mexida, *s. f.* chavchav, chârkhamd *n.*; gaḍbaḍ *f.*, bobâl *m.*, tuphân *n.* ‖ *V.* DESAVENÇA.
Mexido, *a.* ḍhavallalo, châllalo. ‖ -s, *s. m. pl. V.* INTRIGAS.
Mexilhão, *s. m.* śiṇâṇî *f.*; *(fig.)* hulhulo-, nâchro manîs, ḍhavlo.
Mexerilhar, *v. t. V.* MEXERUCAR.
Mexilhona, *s. f.* ḍhavlî-, luḍbuḍyî bâil.
Mexoalho, *s. m.* sâryâk purchyo kurlyo *f. pl.*
Mez, *s. m.* mahino, mâs *(p. us.) m.* ‖ — *lunar,* châmdramâs. — *intercalar,* adhikmahino, dhomḍo *m.*

Mezada, *s. f.* mahino *m.*, mâhevâr *f.*
Mezinha, *s. f.* okhat, vaidik *n.* || *V.* CLYSTER.
Mezinhar, *v.* okhat divuṁk,- lâvuṁk *(d. do o.)* || *v. r.* okhat ghevuṁk,- karuṁk.
Mezinheiro, *s. m.* okhat ditalo, okhtî; sadâṁch okhtâṁ ghetalo.
Mezinhice, *s. f.* gharcheṁ okhat *n.*; okhtyâchîṁ śâpatâṁ *n. pl.*
Mi, *s. m. (mus.)* miṁ *n.*, gâṁdhâr *m.*
Miada, *s. f.* myau myau *m.*
Miadela, *s. f.*, **miado,** *s. m.* myau *m.*
Miador, *a. e s. m.* myau myau kartalo.
Miadura, *s. f.* myau myau karṇeṁ *n.*
Mialhar, *s. m.* dor; saḍo *m.*, sutlî *f.*
Miar, *v. i.* (mâjar) raḍuṁk, myau myau karuṁk.
Miasma, *s. m.* kujṭâṇ, saḍghâṇ *f.*; vasyâche piḍecho bâph *m.*
Miasmatico, *a.* kujṭaṇecho.
Miau, *s. m.* myau *m.*; bîl *n.*
Mica, *s. f.* uṁḍyâcho suṁṭo *m.*: abhrak *n.*
Micado, *a.* abhrakâcho.
Micante, *a. (poet.) V.* BRILHANTE.
Micha, *s. f.*, **micho,** *s. m.* uṁḍyâcho kuṭko,- suṁṭo *m.*
Michela, *s. f. V.* MERETRIZ.
Microcephalo, *a.* sûkshmamastak. || *V.* IDIOTA.
Microcosmico, *a.* sûkshmajagatsaṁbaṁdhî.
Microcosmo, *s. m.* sûkshmajagat *n.*
Microdonte, *a.* laghudaṁt.
Micrographia, *s. f.* sûkshmapadârthavarṇan *n.*
Micrologia, *s. f.* sûkshmapadârthavidyâ *f.*
Micrometria, *s. f.* alpâṁtarmâpan *n.*
Micrometro, *s. m.* alpâṁtarmâpakayaṁtr *n.*
Microscopia, *s. f.* sûkshmapadârthaparîkshâ *f.*
Microscopico, *a.* sûkshmadarśakayaṁtrâcho.
Microscopio, *s. m.* sûkshmadarśakayaṁtr *n.*
Migalha, *s. f.* kaṇî, chûr, kulpuṭî *f.*; kuṭko, suṁṭo, raj, rajmâtr *m.*, naṁg. || **-s,** *pl.* urlaleṁ, varchil *n.*
Migalhar, *v. t. V.* ESMIGALHAR.
Migar, *v. t.* kuṭke-, suṁṭe karuṁk *(g. do o.)*, śiṁduṁk.
Migas, *s. f. pl.* uṁḍyâche kuṭke (telâylale) *m. pl.*

Migração, *s. f.* deśâṁtar *m.*, deśabhramaṇ *n.*
Migrante, *a.* deśâṁtar kartalo, deśâṁtarî.
Migratorio, *a.* deśâṁtarâcho.
Mija, *s. f.* mût; mutṇeṁ *n.*
Mijada, *s. f.* mutṇeṁ *n.* || *V.* MIJADELA.
Mijadeiro, *s. m.* mutchî svât *f.*
Mijadela, *s. f.* eke pâvṭhîcheṁ mût; mutâcheṁ khat *n.*
Mija-mansinho, *a. e s. m.* chorbuddhyo, kapaṭî.
Mijão, *a. e s. m.* mutro.
Mijar, *v. t.* mutuṁk.
Mijarete, *s. m.* mutreṁ *n.* || *V.* MIJADEIRO.
Mija-vinagre, *s. m.* daryâṁtleṁ jharam *n.*
Mijo, *s. m.* mût, mutvaṇî *ou* mutoṇî, vâṭoṇî *n.*
Mil, *a.* hajâr, sahasra *(p. us.)*
Milagre, *s. m.* milâgr *f.*, acharyeṁ, naval, adbhut *n.*, chamatkâr *m.*; ajâp, vismit *n.* || *Fazer milagres,* ajâpâṁ-, navlâṁ karuṁk. *Por* —, ajâpâṁnîṁ.
Milagreiro, *a. e s. m.* kiteṁy acharyeṁ mhaṇ saṁjatalo; navlâṁ kartalo, ajâpâṁ karûn dâkhaitalo.
Milagrento, *a.* chamatkâr kartalo; navlâṁkâr, ajâpâṁkâr.
Milagrosamente, *adv.* acharyâṁnîṁ; ajâpâṁnîṁ.
Milagroso, *a.* acharyâṁ-, adbhutâṁ kartalo; acharyâṁcho, chamatkârâṁcho; ajâpâṁcho, vismitvaṁt.
Mil-flores, *s. m.* phulel *n.*
Milfurado, *a.* jâyte ḍoṁpḷe-, bhoṁte padlalo.
Milha, *s. f.* kos *m.*, davarṇeṁ *n.*
Milhafre, milhano, *s. m.* ghoṇghâr *f.*; *(fig.) V.* LADRÃO.
Milhaneiro, *a.* ghoṇî mârtalo.
Milhão, *s. m.* dahâlâkh, daśalaksha; moṭo joṁdhḷo *m.* || *Dez milhões,* koṭî *ou* koṭ *f. Cem milhões,* arbud *m.*
Milhar, *s. m.* ek hajâr *m.* || *A milhares, aos milhares ou por milhares,* hajârâṁnîṁ, koṭîṁnîṁ.
Milharada, *s. f.* joṁdhḷyâṁchî râs *f.* || *V.* MILHARAL.
Milharal, *s. m.* joṁdhḷyâṁcheṁ śet *n.*
Milharas, *s. f. pl.* kaṇyo *f. pl.*
Milhear, *a. V.* MILIAR.
Milheiro, *s. m.* ek hajâr *m.*; joṁdhḷyâcheṁ ek jhâḍ *n.*; joṁdhḷyâchî âsî *f.*
Milhete, *s. m.* dhâkṭo joṁdhḷo *m.*

Milho, *s. m.* jomdhḷo *m.*

Miliar, miliario, *a.* jomdhḷyâsârko.

Milicia, *s. f.* kavâît, sainyarachnâ; phauj *f.*, śipâylok, dalbhâr *m.*; *profissão militar:* śipâygirî, śipâykî; *tropa auxiliar:* śibamdî *f.* ‖ — *celeste,* âṁjyâṁbhadvyâṁcho dalbhâr.

Miliciano, *a.* śibaṁdecho. ‖ *s. m.* śibaṁdecho śipây *m.*

Militança, *s. f.* śipâykî, śipâygirî *f.*, śipâypaṇ *n.*; śipây *m. pl.*

Militante, *a. e s. m.* jujârî.

Militar, *a.* śipâyâṁcho, laśkarî, sainik; jujâcho, saṁgrâmâcho. ‖ *Arte* —, kavâît, sainyarachnâ. ‖ *s. m.* militâr, śipây, laśkarî; pâklo (— *européo*).

Militar, *v. i.* śipây jâvuṁk, śipâykî chalauṁk; jujuṁk, laḍhây mâruṁk; jhagḍuṁk, âḍ yevuṁk.

Militarismo, *s. m.* śipâyâṁcheṁ râj *n.* ‖ *V.* MILICIA *e* MILITANÇA.

Militarmente, *adv.* śipâyâṁche rîtîn, śipâypaṇîṁ.

Millefolio, *s. m.* (*bot.*) rojmârî *f.*

Millenario, *a.* hajârî, sahasrî; hajârâṁ varshâṁcho.

Millenio, *s. m.* hajâr varshâṁ *n. pl.*, dahâ śekḍe *m. pl.*

Millesima, *s. f.* hajârvo vâṁṭo,- bhâg, sahasrâṁś *m.*

Millesimo, *a.* hajârvo, sahasrâṁśâcho.

Milliario, *a.* kosâcho. ‖ *Marco* —, davarṇeṁ *n.*

Millionario, *a. e s. m.* hajârkâr, lâkhâṁcho manîs,- dhanî.

Millionesima, *s. f.* daśalakshâṁś *m.*

Millionesimo, *a.* daśalakshâṁśâcho.

Milococo, *s. m.* (*bot.*) sâṁvo *m.*

Mimalho, mimanco, *a. e s. m.* aprûbâyecho poṭlo *m.*

Mimar, *v.* moḍîṁnîṁ dâkhauṁk,- ulaumk.

Mimica, *s. f.* âṁgvikshepavidyâ *f.*

Mimicamente, *adv.* âṁgvikshepîṁ.

Mimico, *a.* âṁgvikshepâcho. ‖ *s. m.* modîṁnîṁ ulaitalo, âṁgvikshepî.

Miminho, *a.*: *dedo* —, kirâṁgaḷî *f.*

Mimo, *s. m.* deṇeṁ, dân, vardân, uchit, darśan, samarpaṇ *n.*, bheṭ; aprûbây, pośevnî *f.*, moypâs *m.*; *delicadeza:* madhurây, majurây, godvây; *commodidade:* kuśâlî, saṁsthâ *f.*, sukh *n.*

Mimographia, *s. f.* âṁgvikshepavidyâ *f.*

Mimologia, *s. f.* nakalvidyâ; âṁgvikshepavidyâ *f.* ‖ *V.* ONOMATOPÉA.

Mimologico, *a.* nakalecho, nakalî.

Mimologismo, *s. m.* anukaraṇaśabd *m.*

Mimosamente, *adv.* aprûbâyen; nâjukâyen; madhurâyen.

Mimosear, *v. t.* divuṁk (*d. do o.*), samarpuṁk, bheṭ karuṁk (*d. do o.*); pośevuṁk, aprûbây karuṁk (*g. do o.*)

Mimoso, *a.* aprûbâyecho, aprûbâyen vâḍhailalo; *delicado:* madhur, majûr, komaḷ soṁvḷo; *debil:* maû, luglugît; *ameno:* lavlavît, rasraśît; *meigo:* dulabh, śâṁt; *excellente:* nâjûk, chakk. ‖ *V.* FAVORITO.

Mina, *s. f.* khaṇ; *nascente de agua:* jhar *f.*; *caminho subterraneo:* bhuṁyâr; — *de polvora:* suraṁg; (*fig.*) bhâṁḍâr; nidhâṇ *n.*, nidhi *m.* ‖ — *de saber,* vidyânagarî.

Minar, *v. t.* khaṇ mâruṁk (*l. in do o.*); bhuṁyâr karuṁk (*d. ou l. in do o.*); khaṇuṁk (*fig.*) galgaḷâvuṁk; khâvuṁk, rovaṁthuṁk. ‖ *v. i.* charuṁk, pasroṁk.

Minarete, *s. m.* minâr, śikhar *m.*

Minaz, *a.* (*poet.*) *V.* AMEAÇADOR.

Mindinho, *a. e s. m.* kirâṁgaḷî *f.*

Mineira, *s. f.* dhâtûchî jamîn,- khaṇ *f.*

Mineiro, *a.* khaṇîcho; dhâtûcho. ‖ *s. m.* khaṇikâr; (*ant.*) *V.* MINEIRA.

Mineração, *s. f.* dhâtukâm *n.*

Mineral, *a.* dhâtu, dhât *m. e f.*, upadhâtu; phâtar *m.* ‖ *a.* phâtrâcho, dagaḍî; dhâtûcho; khaṇîṁtlo, khaṇûn kâḍhlalo.

Mineralização, *s. f.* phâtar-, dhâtuguṇak karṇeṁ,- jâṇeṁ *n.*

Mineralizador, mineralizante, *a. e s. m.* phâtar kartalo.

Mineralizar, *v. t.* phâtar-, dagaḍ karuṁk (*g. do o.*)

Mineralogia, *s. f.* dhâtuvidyâ *f.*, dhâtuvâd *m.*

Mineralogicamente, *adv.* dhâtuvâdâpramâṇeṁ.

Mineralogico, *a.* dhâtuvâdâcho.

Mineralogista, *s. m.* dhâtuvâdî.

Mineralurgia, *s. f.* dhâtukriyâ *f.*

Minerar, *v. t.* khaṇûn-, khaṇîṁtlo kâḍhuṁk. ‖ *v. i.* khaṇichem-, khaṇûn kâḍhcheṁ kâm karuṁk.

Minerio, *s. m.* mâtiyen bharlalo dhâtu *m.*; dhâtûchî mâtî *f.*

Minerographia, *s. f.* dhâtuvarṇan *n.*

Minerval, *s. m.* śikpî phârîk kartale duḍû *m. pl.*

Mingar, *v. i. V.* MINGUAR.

Mingua, *s. f.* thoḍepaṇ, uṇepaṇ *n.*, tûṭ, kasar *f.; falta:* toṭo, dukaḷ *m.*, garaj, agat *f.* ‖ *Á—*, garjek-, upadryâṁk paḍûn. *Á — de,* nâstânâ, nâsûn. *Morrer á — ou de —*, upâsiṁ maruṁk. *Não fazer —*, garaj nâsuṁk.

Minguadamente, *adv.* uṇepaṇiṁ, dukaḷân.

Minguado, *a.* nâslalo; garjek paḍlalo, garjedâr, agatî; *curto:* moṭvo, supurlo, lahân. ‖ *V.* FATAL. ‖ *Homem —*, jaḍe taklecho, pato.

Minguante, *a.* deṁvto, utarto. ‖ *Quarto —*, utartîkalâ; *(fig.)* utartîdaśâ *f. Estar em —*, deṁvuṁk, uṇo jâvuṁk, sakal paḍuṁk. ‖ *s. m.* utartîkalâ *f.* ‖ *V.* DECADENCIA. ‖ *— da maré,* suktî *f.*

Minguar, *v. i.* uṇo-, thoḍo jâvuṁk, deṁvuṁk; garaj jâvuṁk,- paḍuṁk.

Minha, *pron. f. V.* MEU.

Minhoca, *s. f.* gâṁḍev *m.* ‖ -s, *pl.* mâyâ *f.* pisâyo *f. pl.*

Minhoteira, *s. f.* pâṁphaḷeṁ *n.*

Miniatura, *s. f.* sûkshmâkârachitr, lahân chitr, *n.;* nâjûk rûpkâr *m.* ‖ *V.* RESUMO.

Minima, *s. f. (mus.)* dîrghasvar *m.*

Minimo, *a.* saglyâṁbhitar supurlo,- lahân, alpishṭh, kanishṭh; ilo, mâtso. ‖ *s. m. V.* MINIMUM.

Minimum, *s. m.* kanishṭhmân *n.*, avarasaṁkhyâ *f.;* uṇeṁch, uṇeṁ uṇeṁ *n.*

Minio, *s. m.* śeṁdûr *m.*

Ministerial, *a.* maṁtraṇsabhecho, maṁtryâṁcho.

Ministerialmente, *adv.* maṁtraṇsabhen, pradhânâvarviṁ.

Ministerio, *s. m.* hâtkâm *n.;* châkrî, sevâ *f.;* châkrî karṇeṁ *n.*, chalauṇî; maṁtrîsabhâ, maṁtraṇsabhâ, pradhânmaṁḍaḷî *f.:* maṁtrîsabhecho kârbhâr *m.;* râjkârbhârsâḷ *f.* ‖ *O — do altar, o santo —*, *V.* SACERDOCIO.

Ministra, *s. f.* sevkîṇ, pâṭhlâvkârṇ.

Ministrador, *a. e s. m.* ditalo, deṇâr; majatdâr, âskârî.

Ministrante, *a. e s. m.* badlek vâvartalo; badlecho châkar.

Ministrar, *v. t.* divuṁk, puraumk, saṁjaṇuṁk; vopuṁk, samarpuṁk; sevuṁk, châkrî karuṁk *(g. do o.)* ‖ *V.* SUGGERIR.

Ministro, *s. m.* kâmdâr, kâmgâr, kâṁkarî; majatdâr, âskârî; misâcho âkolt (*do port.* ACOLYTO), munyâri, sevkarî. ‖ *V.* EMBAIXADOR. ‖ *—de Estado,* kârbhârî, râjkârbhârî, maṁtrî, pradhân, sachiv. *Primeiro —*, pradhânmaṁtrî, mahâmaṁtrî, vajîr. *Ministros do Senhor,* Devâche munyârî. ‖ *— da morte, V.* CARRASCO; *(fig.)* ghâtâcheṁ kâm *n.*

Minoração, *s. f.* deṁvauṇî, deṁvṇî *f.*, uṇâv *m.*, kamtî; *(fig.) V.* ALLIVIO.

Minorar, *v. t.* uṇo-, thoḍo karuṁk, deṁvauṁk, halkâvuṁk, khâlâvuṁk; haḷuvâvuṁk, haḷusâvuṁk, thaṁḍâvuṁk. ‖ *V.* CONSOLAR.

Minorativo, *a.* uṇo-, thoḍo karcho, deṁvauṁcho.

Minoria, *s. f.* lahân saṁkhyâ, thoḍî gaṇtî *f.;* alpapaksh, ardhyâuṇo lok *m.*

Minotauro, *s. m.* mhaisâsûr *m.*

Minucia, *s. f. V.* MINUDENCIA.

Minuciosamente, *adv.* bârkâyen, kisaun, kâḍiyenkâḍî.

Minuciosidade, *s. f.* bârkây, kisauṇî *f.*, ativistâr *m.* ‖ *V.* MINUDENCIA.

Minucioso, *a.* bârkâyecho, bârîk, sûkshmadrishṭi; bârkâyen sâṁglalo,- kelalo, vistârâdik, savistâr.

Minudencia, *s. f.* bârîk-, kirkoḷ vast *f.*, kuskûṭ, kuspaṭ, naṁg *n.*, suṁṭo *m.*, nânâprakâr *m. pl.; (fig.)* bârkây, bârik dishṭ *f.*, bârik vichâr *m.* ‖ *V.* BAGATELLA.

Minuete, *s. m.* minuyet *f.*

Minuir, *v. t. V.* DIMINUIR.

Minusculo, *a.* bhav dhâkṭo, supûr, chillar, *sukûm.

Minuta, *s. f.* minût *n.*, kharḍo, masudo *m.*, gaṇtî, yâd *f.*

Minutador, *a. e s. m.* kharḍo-, masudo kartalo.

Minutar, *v. t.* kharḍo-, masudo karuṁk *(g. do o.)*

Minuto, *s. m.* minût, paḷ, palak *m.;* khîṇ *n.*, nimish *m.;* kalâ *ou* kaḷâ *(— de grau) f.* ‖ *Contar os — (fig.)* vâṭ paḷevûn râvuṁk. *Em um —*, khiṇâbhitar. ‖ *a. V.* DIMINUTO.

Mio, *s. m.* myâu *m.*

Miolada, *s. f.* monjâticho meṁdû; râṁdhlalo meṁdû *m.*

Mioleira, *s. f.* meṁdû *m.; (fig.)* gnyân *n.*, mat *f.* ‖ *V.* MIOLADA.

Miolo, *s. m.* meṁdû; garbh, girabh moy, movḷo, gar *(us. Sav.) m.; (fig.)* buddh, mat *f.* ‖ *Dar no —*, taklen vachuṁk,- riguṁk. *Dar volta o —*, taklî phiruṁk. *Dar volta aos miolos,* pisâvuṁk. *Fazer os miolos em agua,* taklî jharauṁk. *Queimar os miolos,* meṁdû phârân usḷâvuṁk.

Mioloso, mioludo, *a.* girabhân bharlalo, girbhâlo.

Mira, *s. f.* makhî *ou* mokî, laksh *f.; (fig.)* arth, irâd; kârân, abhiprây *m.*, tâtparya *n.* || *Estar á —*, telûn-, pâldek râvumk.

Miraculosamente, *adv.* acharyâmnîm, devkarnen.

Miraculoso, *a. V.* MILAGROSO.

Miradoiro, *s. m. V.* MIRANTE.

Miragem, *s. f.* chitr, mrigajâl *n.*, mrigâbhâs *m.; (fig.)* mâyâ, bhûl *f.*

Miramento, *s. m.* telnî *f.*, tarjûn palevnem *n.*

Mirante, *s. m.* vayrthân palevumcho jâgo, manoro *m.*, prâsâdaśrimg *n.*

Mirão, *s. m.* kheltalyâmk paletalo; telnâr.

Mira-olho, *a.* palevumk baro, dolyâmt vetalo. || *V.* APPETITOSO.

Mirar, *v. t.* tarjûn palevumk, dolc lâvumk,- orkumk *(d. do o.)*, telumk, dekhumk; *apontar:* jokhumk *(d. do o.)*, mokumk, tipâvumk; *observar:* palevumk, nihâlumk, nirekhumk; *desejar:* âśevumk âśâ karumk,- dharumk *(g. do o.)*, atrekumk *(d. do o.)* || *v. i.* jokhumk, tîr *(do port.* TIRO) karumk. || *V.* OLHAR *e* ATTENDER. || *v. r.* mirvumk, âplî sâvlî palevumk; murgatumk, lobhdumk.

Mirificamente, *adv.* ajâpâmnîm, vichitrîm.

Mirificar, *v. t.* ajâpâmcho-, vichitr karumk; ajâpâvumk, ajâp karumk.

Mirifico, *a.* ajâpâmcho, vismit, vismitvamt, vichitr. || *V.* EXCELLENTE.

Mirmidão, *s. m.* râmdhpyâcho lâmbto, khatpatyo.

Mirra, *s. f.* bol, raktbol, gamdhras *m.* || *s. m.* sukatyo-, bhâgatyo manîs. || *V.* AVARO.

Mirrado, *a.* suklalo, suko; sukatyo, bhâgatyo; âmvallalo, chirmutlalo.

Mirrador, *a.* sukaitalo.

Mirrar, *v. t.* gamdhras ghâlumk *(l, in do o.)*, raktbolân melaumk; *(fig.)* sukaumk, karpaumk; bhâgaumk, homjlâvumk, chirmutâvumk. || *v. i. e r.* sukumk, karpumk; bhâgûn kâmto jâvumk, sukatumk; homjlumk, holumk; chirmutumk, âmvlomk.

Mirreo, *a.* gamdhrasâcho.

Misanthrophia, *s. f.* manushyâchî ghân *f.*, lokâcho kâmtâlo, jandvesh, manushyadvesh *m.*, nirdulkh *n.* || *V.* HYPOCONDRIA.

Misanthropico, *a.* jandveshâcho; jandveshî; ekmulo, nirdulkhî.

Misanthropo, *s. m.* manushyadveshî, jandveshî, janvairî. || *V.* MELANCHOLICO. || *a. V.* MISANTHROPICO.

Miscellanea, *s. f.* anekasamgrahagramth *m.*, prakîrn; *(fig.)* charbat, chavchav *n.*, khitkhutlo *m.*, nânâprakâr *m. pl.;* barsî, misalnî *f.*, misal *m.*

Miscibilidade, *s. f.* miśranîyatâ *f.*

Miscivel, *a.* mislûmyeso, miśranîya.

Miseração, *s. f. V.* COMMISERAÇÃO.

Miseramente, *adv. V.* MISERAVELMENTE.

Miserando, *a.* kâkulatvâno, churchuryâmcho, chadphadyâmcho.

Miseravel, *a. V.* MISERANDO; *despresivel:* kirkol, ladgo, kamâśîl, bhikârdo, hâgirdo; *desgraçado:* daldiro, kanishth, bâpudo, bâbdo; *pobre:* garîb, bichâro, lâchâr, anarthî; *avaro:* kâmjûs, himto, chûto. || *V.* MALVADO.

Miseravelmente, *adv.* daldîrpanîm, nirbhâgîm; himtepanîm, châtepanîm.

Miseria, *s. f.* durdaśâ, durgati, kanishthây, âpad *f.* daldîrpan, akalyân *n.;* halhale, hâl, hâlahvâl, upadre, atâs, katâs *m. pl.*, bhikârpan, daldir, garîbpan, anarthpan; himtepan, châtepan *n.*, hichimichî *f.* || *V.* BAGATELA *e* FRAGILIDADE.

Misericordia, *s. f.* kâklat, kâklût, kâkût, dayâ, kanvâlây, kurpâ; dharmsâl *f.* || *Obras de —*, divâlyo karnyo. *Pedir —*, kâkût kar mhan mâgumk.

Mirericordiosamente, *adv.* kâkutîn, dayen.

Misericordioso, *a.* kâkuticho, kâklatvamt, kâkulatchâr, kâkulatdâr, dayâl, dayâlû, dayâdîk, dayâvamt, kanvâlo.

Misero, *a.* nirbhâgî; avdaśî, akalyânî, bâbdo, daldiro, garîb, anâth, bichâro.

Missa, *s. f.* mîs *n.*, *pujâ *f.*

Missagra, *s. V.* CARLINDEU *e* VISAGRA.

Missal, *s. m.* misâl, *pujepatr *n.*

Missanga, *s. f.* pirduko *f. pl.*

Missão, *s. f.* dhâdnem *n.*, pâthaunî *f.;* dûtpan, dûtkarm *n.*, havâlo, niyog *m.;* dûtmamdalî *f.;* misâmv *n.*

Missar, *v. i. (ant.)* mîs sâmgumk,- âykumk.

Misseiro, *a. e s. m.* misâm âykatalo.

Missil, *a.* sodûn mârcho.

Missionar, *v. i.* misâmv-, dharmdûtâchem kâm karumk. || *v. t.* (kristâmvpan) praghat karumk.

Missionario, *s. m.* misyonâr, dharmdût.

Missiva, *s. f.* chiṭṭ *f.*, rokho *m.*
Missivo, *a.* dhâḍcho, pâṭhaumcho; sodcho, phemkcho.
Mistão, *s. f. V.* MISTURA.
Mistela, *s. f.* pamch *n.* ‖ *V.* MISTIFORIO.
Mister, *s. m.* dhâmdo, udyam *ou* udim, udyog *m.; kâm n.,* châkrî *f.* ‖ *Haver* —, jây jâvumk, garaj âsumk. *Ser* —, garaj jâvumk. *É* —, jây, garaj. *Não se faz* —, garaj nâm.
Mistico, *a. V.* MISTO *e* CONTUGIO.
Mistiforio, *s. m.* chârkuṭo *m.*, charbaṭ, chavchav *n.*, ghâṇ *f.*
Misto, *s. m.* misaḷ *m.*, bhel *f.* ‖ *a.* misaḷ, *miśrit.
Mistura, *s. f.* meḷaunî, misaḷnî *f.*; kâlavṇem *n.*, ḍhavaḷ; misaḷ *m.*, barsî, bhel *f.*, samyog; misaḷlalo saro; *cruzamento:* varṇasamkar *m.* ‖ *A* —, barâbarî. *De* —, misḷûn, barsûn; sâmgâtâ, barâbarî. *Sem* —, nigaḷ, nirbhel *ou* nibhel *(aa.)*
Misturada, *s. f. V.* MISTIFORIO.
Misturado, *a.* misaḷlalo, miśrit; bhel âslalo, barsilalo.
Misturar, *v. t.* meḷaumk, misḷumk, barsumk, bhelumk, bhel ghâlumk *(l. in do o.)*, ekṭhâvumk; kâlamik, ḍhavḷumk, kalsumk. ‖ *v. n.* meḷumk, misḷomk, ekṭhâvomk.
Misturavel, *a. V.* MISCIVEL.
Mitigação, *s. f.* uṇo karṇem, demvanṇem; śaman *n.*, bujvaṇ *f.*, utâr *m.*
Mitigador, *a. e s. m.* uṇo-, haḷû kartalo, bujauṇâr.
Mitigar, *v. t. abrandar:* lohu karumk, thamḍâvmik, nivḷâvumk, nivaumk; *alliviar:* narmâvumk, śamanâvumk, mamdâvumk, śâmtaumk, godśâvumk; bhâgaumk *(sêde, fome)*. ‖ *V.* ATTENUAR.
Mitigativo, *a.* śamanâ-, lohu karcho, śâmtaumcho.
Mitigavel, *a.* śamanâ-, ṭhamḍ jâvumcho; bhâgcho.
Mitra, *s. f.* mitr *n.*, bispâcho top *m.* ‖ *V.* UROPYGIO.
Mitrado, *a.* top âslalo; top ghâlcho adkikâr âslalo.
Mitral, mitriforme, *a.* top kaso.
Miuça, miuçalha, *s. f.* kuṭko, kapo, kapṭo, sumṭo *m.*
Miudamente, *adv.* kuṭkyâmnim, sumṭyâmnim; *(fig.)* bârkâyen, vistârim, kisaun; *(fig.) V.* CUIDADOSAMENTE.
Miude, *a. V.* MIUDO.

Miudear, *v. t.* bârkâyen sâmgumk, kisaumk, vistârumk, bârik kâmtumk.
Miudeza, *s. f.* supurây, kirkoḷây; *(fig.)* bârkây, chatrây *f.* ‖ *V.* MESQUINHARIA. ‖ -s, *pl.*, phâmṭedevse, nânâprakâr *m. pl.*, bârik vichâr *m.*; khaṭarphaṭar *n.*, âlopâlo *m.*, kuskaṭâm *n. pl.*; sâvjâchyâ poṭâmtlem *n.*
Miudo, *a.* bârik, supûr, lahân, kirkoḷ, chilvamt, chillar; *(fig.)* bârik, bârkâyecho, sûkshmadṛishṭi. ‖ *V.* AMIUDADO *e* MINUCIOSO. ‖ *Caça miuda*, lahân śikârî *f. Chumbo* —, bârik munisâmv *m. pl. Compras e vendas miudas*, kirkoḷ vikrî *f. Familia miuda*, burgîm *n. pl.*, dhâkṭe *m. pl. Gente ou arraia miuda*, uṇo lok *m.*, luḷem *n. A* —, bhomvûn bhomvûn, ghaḍiye ghaḍiye, vâramvârîm. *Por* —, *ou pelo* —, *V.* MINUCIOSAMENTE. ‖ -s, *pl.* khurdo *m.*; kuṭke, sumṭe *m.*; poṭâmtlem, âmtâmpimtâm *n. pl.*
Mixordia, *s. f.* charbaṭ, chavchav, chârkhamḍ *n.*; chârkuṭo, khitkhutlo *m.*
Mnemonica, *s. f.* smaraṇavidyâ *f.*
Mnemonico, *a.* smaraṇavidyecho.
Mnemotechnia, *s. f.* smaraṇopâyavidyâ *f.*
Mó, *s. f.* peḍ, vâu *n.*, phâtar *f.*; ghâṭṇo, ragḍo, gumḍsuṇo *(— superior) n.*; tâmḍî, râs *f.*, ḍomgar, lomḍho *m.* ‖ — *de gente*, tâmḍi, urpamj *f.*
Moafa, *s. f. V.* BEBEDEIRA.
Moagem, *s. f.* daḷṇî *f.*, daḷap; vâṭap, kuṭaṇ *n.*
Mobil, mobile, *a. V.* MOVEL. ‖ *s. m. V.* MOTOR *e* MOTIVO.
Mobilar, *v. t.* mustâykî ghâlumk *(d. ou l. do o.)*, mâmḍumk.
Mobilia, *s. f.* gharâchî mustâykî, gharguṭî, gharvaḍ, sâmagrî *f.*, sâmaṇ *n.*, saramjâm *m.*
Mobilario, *a.* saramjâmâcho, gharvadicho. ‖ *V.* MOVEL.
Mobilidade, *s. f.* gatiyagyatâ *f.*, gatiguṇ *m.*; *(fig.)* chamchaḷây, asthiti *f.*, athirpaṇ *n.*
Mobilização, *s. f.* phauj tayâr,- rujû karṇem *n.*
Mobilizar, *v. t.* (phauj) jujâk tayâr karumk.
Moca, *s. f. V.* CACETE *e* PETA.
Moça, *s. f.* cheḍûm *n.*, burgî bâil *f.*; râvailalem, châkar *n.*
Mocada, *s. f.* ṭoṇo, bhetko *m.*
Mocadão, *s. m.* mukdam.
Moçalhão, *s. m. V.* MOCETÃO.
Mocanco, mocanqueiro, *a. V.* MOQUENCO.

Mocanquice, *s. f.* chaḍk aprûbây *f.*, lâg *m. pl.*, bâbâputâ mhaṇṇeṁ,- karṇeṁ *n.* *V.* MOMICE.

Moção, *s. f.* hâlauṇî; hâlṇî, gati *f.*, gaman, sâraṇ, *n.;* dachko, dhako *m.*, vedan; kâryasûchakabhâshaṇ *n.*

Mocetão, *s. m.* dâṁḍgo cheḍo, ghoḍo *(fig.)*, pâṭî *(fig.)*

Mocetona, *s. f.* dâṁḍgeṁ cheḍûṁ *n.*, ghoḍî *(fig.)*

Mochadura, *s. f.* kâpṇî, luṁḍṇî, muṁḍhṇî, boḍkâvṇî *f.*

Mochar, *v. t.* kâpuṁk, kâtruṁk, hâṇuṁk, luṁḍuṁk, muṁḍhuṁk, boḍkâvuṁk, boḍko karuṁk.

Mochila, *s. f.* thailî *f.;* bokseṁ *n.;* pâkhar *m.; (fig.) V.* CORCOVA. || *Encher a — (fig.)*, poṭ tâṇuṁk. *Fazer a — (fig.)* vâṭechî bejmî-, peṁḍoḷeṁ karuṁk.

Mocho, *a.* boḍko, śiṁgâṁ nâslalo; luṁḍo, muṁḍho. || *Leão —*, dâvlâṁ nâslalo sîṁv. *Cavallo —*, kân nâslalo ghoḍo. *Arvore mocha*, boḍkeṁ jhâḍ. *Navio —*, luṁḍeṁ-, kuṁve nâslaleṁ târûṁ. || *s. m.* ghûg, gugûm *(us. Can.)*; chaukî, tâṁbret *(port.) f.*

Mocidade, *s. f.* tarṇepaṇ *n.*, tarṇî parây *f.;* tarṇedhâkṭe *m. pl.; (fig.)* dâṁḍgây *f.*, ṭoṇkepan *n.*

Moço, *s. m.* tarṇodhâkṭo, cheḍo, burgo. || *V.* CREADO. || *a.* tarṇo, burgo.

Moçoila, *s. f.* dâṁḍgeṁ cheḍûṁ *n.*

Moda, *s. f.* mod, châl, rît, dastûr *f.*, rivâj, śiristo, prachâr, paripâṭh; âkâr, jinnas *m.*, tahrâ *f.* || *V.* MODINHA. || *Dar a —*, châl karuṁk. *Estar na —*, chaluṁk, vasuṁk. *Passar de —*, parno jâvuṁk, pâṭhî pâḍuṁk. *A —*, châlîpramâṇeṁ.

Modalidade, *s. f.* âkâr, bhâv *m.*

Modelação, *s. f.* âkârṇî, vaḷauṇî *f.*

Modelador, *a. e s. m.* âkâr-, sâṭho kartalo.

Modelar, *v. t.* âkâr-, sâṭho karuṁk *(g. do o.)*, âkâruṁk, ghaḍuṁk, vaḷauṁk. || *V.* CONFORMAR. || *v. r.* pramâṇeṁ-, sâṁgḍe chaluṁk.

Modelo, *s. m.* model, namuno, sâṁcho, nakśo *m.;* dekh *f.*, pratimân *n.*

Moderação, *s. f.* dâmûn-, odhûn dharṇeṁ *n.*, âṭâpṇî; narmây, âṭpaṇî *f.*, âṭâp *m.; reducção:* deṁvauṇî *f.*, uṇo-, thoḍo karṇeṁ *n.; compostura:* maryâd, akkal *f.* || *V.* MEDIOCRIDADE.

Moderadamente, *adv.* maryâdîn, mîtmer saṁbhâḷûn; sumârân, titlyâ-purteṁ.

Moderado, *a.* maryâdîcho, maryâdîk, samjik; *moderado:* sumârâcho, mâjoḷo; *razoavel:* mîtmer âslalo, purto, nemast.

Moderador, *a. e s. m.* âṭâptalo, damâvṇâr; maryâdîn vasaitalo.

Moderantismo, *s. m.* parimitâchâravâd *m.*

Moderar, *v. t.* purto-, phâvo titlo-, nemast karuṁk; damâvuṁk, âṭpuṁk *ou* âṭâpuṁk; uṇo-, thoḍo karuṁk, deṁvauṁk. || *v. r.* maryâd saṁbhâḷuṁk, aṇbhoguṁk, âṭpoṁk, bâḍguṁk.

Moderativo, *a.* damâvuṁcho, âṭâpuṁcho.

Moderavel, *a.* âṭpoṁ-, bâḍgûṁ yeso.

Modernamente, *adv.* hâlîṁ; *saṁpratîṁ, sadhyâṁ.

Modernice, *s. f.* navî rît,- châl *f.*

Modernismo, *s. m.* nave châlîchî odh *f.*

Modernista, *s. m. e f.* nave châlik-, vastûk lobhdalalo.

Modernizar, *v. t.* nave rîtîcho karuṁk, nave châlir hâḍuṁk.

Moderno, *a.* hâlîṁcho, navo, aprâchîn; âtâṁcho, *saṁprat. || *A moderna*, âtâṁche châlîpramâṇeṁ. || *s. m. pl.* âtâṁcho lok *m.*

Modestamente, *adv.* garvâviṇeṁ, lahânvikâyen; maryâdîn, mitîn; lahânpaṇiṁ.

Modestia, *s. f.* nirabhimân, vinay *m.;* lajj, bhiḍâ *ou* bhiḍ *f.*, paddo, âḍpaddo *m.*, maryâd, mânsugî *f.* || *V.* MEDIANIA.

Modesto, *a.* nirgarvî, nirabhimânî, nirahaṁkâr, vinayî; lajjecho, lajjîshṭ, bhiḍecho, maryâdîcho, maryâdîk, mânsugecho; garib, bâbḍo; sumârâcho, châlto, titlyâ purto.

Modicamente, *adv.* thoḍeṁ, mâtseṁ, ileṁ; kasrîn, jagaun.

Modicar, *v. t.* uṇâvuṁk, thoḍâvuṁk, uṇo-, thoḍo karuṁk, deṁvâuṁk.

Modicidade, *s. f.* thoḍepaṇ, halkepaṇ, uṇepaṇ, supûrpaṇ *n.*

Modico, *a.* ilo, iloso, thoḍo, halko; titlyâ purto, supûr, sumârâcho, kasrîcho, kasrî.

Modificação, *s. f.* badal, phirṇî, badlap, partan *n.*, pâlaṭ; rûpbhed *m.*, rûpâṁtar *n.;* svasthâvṇî, narmâvṇî *f.*

Modificador, *a. e s. m.* phiraitalo, badalṇâr.

Modificar, *v. t.* badluṁk, phirauṁk, pâlṭuṁk, vikruṁk; narmâvuṁk, svasthâvuṁk, damâvuṁk; rûpâṁtar-, vikriti karuṁk *(g. do o.)*

Modificativo, *a.* badalcho, phiraumcho.

Modilho, *s. m.* ovî, jhot *f.*

Modinha, *s. f.* modîjñ, pad *n.*

Modismo, *s. m. V.* IDIOTISMO.

Modista, *s. f.* bâylâmchî nesaṇ kartalî, darjîṇ.

Modo, *s. m.* âkâr, prakâr; bhesh *m.*, bhâs, dastî, parî; *pratica:* châl, rît, parvaḍ *f.*, mârg; *qualidade:* jinnas *m.*, jât; *moda:* rît *f.*, bhesh; *meio:* upây, âkâr *m.; commedimento:* maryâd, mâṇsugî; *destreza:* mâmḍṇî, hikmat *f.; (phil.)* viśeshavasturûp *n.*, viśeshadravyaprakâr *m.; (gram.)* rûp *n.; (mus.)* râg *m.*, râgiṇî *f.* ‖ — *de fallar*, ulaumchî bhâs *f.* — *de pensar*, jaṇekâchî chimtnâ *f.*, yojan *n.* — *de ser*, janmaviśesh. — *de vida*, poṭâcho upây, udyam. *Com bom* —, bare bhâshen. *A* —, kaso. *A seu* —, âple bhâshen,- parîm. *Ao* — *de*, pramâṇem, jinnsân. *De* — *que ou por* — *que*, he bhâshen kî, he parîm kî. *Pelo* —, asem distâ,- disûn yetâ. *Sobre* —, jabar, bhav chaḍh. ‖ **-s**, *pl.* rît, ravis; mâṇsugî, maryâd *f.*, vinay *m.*

Modorra, *s. f.* mâdan *n.*, jhâmp jhâmk *f.*, jhomp *n.*, kumbhakarṇanîd *f.; (fig.) V.* APATHIA.

Modorral, *a.* jhâmp hâḍcho, nidrâkârak.

Modorrar, *v. t.* jhâmpâvumk, jhomp hâḍumk *(d. do o.)* ‖ *V.* ATORDOAR.

Modorrento, **modorro**, *a.* mâdan lâglalo, jhâmpâḷo; *(fig.) V.* ESTUPIDO.

Modulação, *s. f.* svar kâḍhṇem *n.*, svarṇî *f.;* svarbhed, khomch *m.; (fig.) V.* MELODIA.

Modulador, *a. e s. m.* svarṇâr, svarân ghâtalo.

Modular, *v. t.* ṭâḷo badlûn gâvumk, sûr badlûn vâjaumk, svarumk, svarbhed karumk *(g. do o.);* kirkirâvumk.

Modulo, *s. m.* mâslo, namuno *m.* ‖ *V.* MODULAÇÃO. ‖ *a. V.* HARMONIOSO.

Moeda, *s. f.* nâṇo *m.*, mohar, mudrâ *f.* ‖ — *falsa*, khoṭo nâṇo,- duḍû *m.*

Moedagem, *s. f.* nâṇe peṭṇem, mohar mârṇem; nâṇe peṭchem mol *n.*

Moedeira, *s. f.* sonârâchem kuṭchem âût; *(fig.) V.* CANCEIRA.

Moedeiro, *s. m.* nâṇe peṭṭalo, ṭâmksâḷyo.

Moedor, *a. e s. m.* vâṭpî, daḷpî; *(fig.) V.* IMPORTUNO.

Moedura, *s. f.* vâṭap, daḷap *n.*, daḷṇî, kuṭṇî *f.*, kuṭaṇ, maḷap *n.*

Moega, *s. f.* dâmtyâchem girgirem, vairaṇem *n.*

Moela, *s. f.* pâkhrâcho tisro gâmjo *m.*

Moenda, *s. f.* dâmtem *m.*, ghiraḍ *f.*, vâṇ *n.;* ghâṇo *m.;* daḷchem mol *n.*, daḷtalyâcho vâmṭo *m.* ‖ *V.* MOEDURA.

Moendeiro, *s. m. V.* MOLEIRO.

Moente, *a.* daḷto. ‖ *s. m.* ghâṭṇo *m.*

Moer, *v. t.* daḷumk, ghirḍumk, bharḍumk, vâṭumk, kargâmṭâvumk, kuṭumk, kâmḍumk, maḷumk; châbumk, rovamthumk; *repisar:* ghoḷaumk, jharaumk; *fatigar:* kashṭi-, puro karumk; *ralar:* jîv khâvumk,- hârpît karumk *(g. do o.); sovar:* dâḍâvumk, kuṭumk. ‖ *v. i.* (ghâṇo, dâmtem) chalumk. ‖ *v. r.* kashṭî jâvumk, puro jâvumk *(d. do s.);* duḥkh-, khamt bhogomk *(d. do s.)*

Mofa, *s. f.* kemḍṇî, tomḍṇî, bemḍâvṇî, cheshṭây *ou* keshṭây phebaḍây, bâgaḍây, ṭhaṭhṭhâ *f.*, khebaḍ, phakâmḍ *n.*, maskaryo *f. pl.*, kemkḍâm *n. pl.*, teste *m. pl.;* kemḍṇecho mâl *m.*, bembryâchem kâpaḍ *n.*

Mofador, *a. e s. m.* kemḍṇâr, khebaḍî; kemḍṇecho.

Mofar, *v. t.* bâtâvumk, bâtsâvumk. ‖ *v. i.* kemḍumk, tomḍumk, bemḍâvumk, bhâso karumk *(g. do o.)* ‖ *v. r.* bâtevumk, bâtsevumk, bâto yevumk,- mâmḍomk *(d. do s.)*, *ghâmsevumk.

Mofatra, *s. f.* kapaṭkhamḍ, chorkarâr *m.*

Mofatrão, *s. m.* chorkarârî.

Mofento, *a. V.* MOFOSO *e* MOFINO.

Mofina, *s. f.* daḷdirî-, galyî-, bobâṭyî bâil *f.;* nirbhâg, daḷdîr *n.; (fig.) V.* AVAREZA.

Mofinamente, *adv.* nirbhâgîm; *(fig.)* bhikârpaṇîm.

Mofino, *a.* kapâlphuṭko, nirbhâgî, nirdaivo, daḷdiro; kanishṭh, bichâro, hâgirḍo, anudâr, kripaṇ; âḍâmgî, âḍṇâḍî, kamâśîl.

Mofo, *s. m.* bâto, buro *m.*, chiṭî. ‖ *Cheiro de* —, bâtsâṇ, ubsâṇ *ou* ubṭâṇ *f.* *Não crear* — *(fig.)*, phudṇem nâ temkumk *(g. do s.)* *De* —, *ou a* —, phârîk kari nâstânâ.

Mofoso, *a.* bâto mâmḍlalo, bâtyâcho, chiṭyo paḍlalo.

Mogangueiro, *s. m.* moḍâmoḍi-, tomḍâm kartalo, moḍyo.

Moganguice, *s. f.* tomḍâm *n. pl.*, moḍî *f. pl.*, moḍâmoḍ *(redup.) f.*

Mogão, **mogo**, *s. m.* nîs. simecho phâtar *m.*

Mogiganga, *s. f.* monjâtîṁcho bhesh ghetalyâṁcho nâch *m.* ‖ *V.* MOMICE.

Mogorim, *s. m. (bot.)* mogrî *(planta) f.;* mogreṁ *(flor) n.*

Moimento, *s. m.* kuṭaṇ, vâṭap *n.* ‖ *V.* CANÇAÇO e MAUSOLÉO.

Moinante, *a.* phestâṁkâr, khelgaḍyo. ‖ *V.* MADRAÇO.

Moinha, *s. f.* kûṭ, guḷeṁ *n.; pitho,* churo *m.*, chûr *n.;* ghâṁsṇî, jharauṇî *f.* ‖ *V.* MOLINHA.

Moinho, *s. m.* daḷcheṁ yaṁtr, dâṁteṁ *n.*, ghiraḍ *f.;* vâṇ *n.;* ghâṇo *m.; (fig.)* poṭyo, khâvgo. ‖ *Levar a agua ao seu —,* âplyâ phoṁḍâr mâtî oḍhuṁk. *Com aguas passadas não moem moinhos,* jâleṁ teṁ jâleṁ.

Moio, *s. m.* moy *f.*

Moirama, *s. f.* mairâṁcho gâṁv,- jamo *m.*

Moirão, *s. m.* meḍ, khuṁṭî *f.*

Moirar, *v. i.* mîṭh mâṁḍoṁk.

Moiraria, *s. f.* mairâṁcho vâḍo *m.*

Moirejar, *v. i.* hâtpâṁy dâḍâvuṁk,- jharauṁk, kashṭâvoṁk, kashṭî jâvuṁk.

Moiresco, moirisco, *a.* mairâṁcho, musalmânî.

Moirisma, *s. f.* mairâṁchî samurt,- urpaṁj *f.*

Moirismo, *s. m.* mairâṁcho lok *m.*

Moiro, *s. m.* mair, musalmân; anbhâvârthî. *Trabalhar como um —, V.* MOIREJAR. ‖ *a.* mairâṁcho, musalmânî.

Moirouço, *s. m. V.* MONTÃO.

Moita, *s. f.* jhilkûṭ *n.*, jhâḍkuṭâṁ *n. pl.* ‖ *— carrasco,* gapchip.

Moitão, *s. m.* gâḍî, kapî *f.* ‖ *n.*, ghol *m.*

Moiteira, *s. f.* jhilkuṭâṁcheṁ rân *n.*

Mola, *s. f.* mol *n.*, kâṁṭo, sârak *m.*, kalâ, kamâṇ; *feto:* gâṁṭh *f.* piṁḍ *(fig.)* jîv, dam *m.* ‖ *— real,* mukhelî yaṁtr *n.; (fig.)* pailo kâraṇ *m. Ter pancada na —,* taklecho âṁkḍo gavḷuṁk *(g. do s.)*

Molada, *s. f.* pâjchyâ rahâṭâcheṁ udak *n.*

Molagem, *s. f.: de —,* kashṭâṁviṇeṁ, ukâḷyâr.

Molambo, *s. m. (brasil.) V.* FARRAPO.

Molar, *a.* vâṭcho, kuṭcho. ‖ *Dentes malares,* dâḍhyo *f. pl.*

Moldação, moldagem, *s. f.* mayeṁ-, rupneṁ sâṁchyân kâḍhneṁ *n.*

Moldado, *s. m.* nakśîkâm *n.*

Moldador, *s. m.* sâṁche-, sâṭhe kartalo.

Moldar, *v. t.* sâṁchyân-, musîn ghâluṁk,- otuṁk; namuno karuṁk *(g. do o.); (fig.)* âkâr divuṁk *(d. do o.)*, ghaḍuṁk, rachuṁk; jaḍuṁk, sarîkaruṁk. ‖ *v. r.* âkâr-, bhesh ghevuṁk; sarîjâvuṁk, jaḍoṁk.

Molde, *s. m.* mûs, otṇî, âyṭî, avṭî, *f.*, sâṁcho, ṭhaso; namuno, âkâr *m.; (fig.) V.* EXEMPLAR. ‖ *De —,* veḷâr; jây taseṁ, kâmâk upkârteṁ.

Moldura, *s. f.* nakśo *m.*, birvaṇ; chaukaṭ *f.*, sâṭho, sâṁgaḍ *m.*

Molduragem, *s. f.* sâṭhe ghâlṇeṁ; nakśe karṇeṁ; nakśîkâm *n.*

Moldurar, *v. t.* sâṭho-, chaukaṭ ghâluṁk *(d. do o.);* naksuṁk, birauṁk.

Moldureiro, *s. m.* sâṭhe-, chaukaṭî kartalo; vaḷaṁtî biraitalo.

Mole, *s. f.* âkârmân *n.;* vhaḍ vast *f.*, vhaḍleṁ ghar *n.*

Molecula, *s. f.* aṇu, kaṇo *m.*, kaṇî *f.; (fig.)* suṁṭo *m.*, kuskûṭ *n.*

Molecular, *a.* aṇûcho.

Moleira, *s. f.* ghâṇekârṇ, daḷpîṇ, vâṭpîṇ.

Moleiro, *s. m.* ghâṇekâr, vâṭpî, daḷpî.

Moleque, *s. m.* khâpurḍo.

Molestador, *a. e s. m.* duḥkhauṇâr, kashṭâvṇâr.

Molestamente, *adv.* kashṭâṁnnîṁ, ghâsîn.

Molestamento, *s. m.* kashṭ deneṁ *n.*, kashṭâvṇî; ghâs *f.*, kashṭ, dagdag, aṭâs *m. pl.*

Molestar, *v. t.* (piḍâ) lâguṁk *(d. do o.);* duḥkhauṁk, dâḍâvuṁk, badauṁk, mâruṁk; ijâ-, piḍâpîḍ divuṁk *(d. do o.)*, kashṭâvuṁk, dagdagâvuṁk, khichḍî khâvauṁk *(d. do o.)*, śeṁpḍer pâṁy davruṁk, *(g. do o.)*, khupuṁk, vaḷvaḷâvuṁk, beṁâvuṁk; bejâr karuṁk, vâj hâḍuṁk *(d. do o.)*

Molestia, *s. f.* piḍâ, baḷaḷîk, vyâdhi *f.*, rog *m.;* duḥkh, ghâs *f.*, kashṭ, dagdag, upadre *m. pl.*, naḍ, bejârây, *f.* ijâ, kaḷpiḍâ *f.*

Molesto, molestoso, *a.* kashṭâṁcho, ghâsîcho, upadravî, dagdâṁcho. ‖ *V.* IMPORTUNO e NOCIVO.

Moleta, *s. f.* ghâṭṇo *m.*

Molha, molhadela, *s. f.* bhijṇeṁ, bhijap *n.*

Molhada, *s. f.* bharo, peṁḍho *m.*

Molhado, *a.* bhijlalo. ‖ *s. m.* bhijlalî svât *f.* ‖ *Chover no — (fig.)* daryâṁt pâus.

Molhadura, *s. f.* bhijṇeṁ, bhijap; śeḷ *f.; (fig.)* kapâk *(litt.* PARA O COPO).

Molhagem, *s. f.* bhijatghâlṇeṁ *n.*

Molhamento, *s. m.* bhijap *n.*

Molhança, molhanga, *s. f.* chaḍh polov *m.;* pâtaḷ kaḍhî *f.*, pachakvaṇî *n.*

Molhar, *v. t.* bhijaumk, timaumk; olâvumk, olo karumk. ‖ — *a palavra,* tâḷyâr ghâlumk. — *a sua sopa,* tomḍ-, hât ghâlumk. ‖ *v. r.* bhijumk, timumk, olevumk.

Molhe, *s. m.* dhako, bâmdh, dhamdhamo *m.*, ḍhakśî *f.*

Molhelha, *s. f.* jumvâpomdâk ghâlchî peḷî; chumaḷ *f.*

Molhe-Molhe, *s. m. V.* MOLINHA.

Mólho, *s. m.* moḷî *ou* mavḷî, vemṭî *f.*, ghoms, buchko *m. Aos mólhos,* chumbyâmuîm.

Môlho, *s. m.* kaḍhî *f.*, polov *m.*, umaṇ, âmb, bhijauṇem *n.* ‖ *Pôr de* —, bhijatghâlumk.

Moliana, *s. f.: cantar a* —, buddh śikaumk.

Molição, *s. f.* neṭ, trâṇ *n.*

Molinete, *s. m.* girgiryâchem dâr *n.*

Molinha, *s. f.* śiḍśiḍo, śiḍśiḍo pâus *m.*

Molinhar, *v. t.* thoḍo thoḍo daḷumk-, vâṭumk. ‖ *v. i.* thoḍo thoḍo daḷomk; śiḍśiḍumk.

Molinheira, *s. f.* ghiraḍ *f.*, pâṇrahâṭ *n.;* lâmb śiḍśiḍo *m.*

Molinheiro, *s. m.* śiḍśiḍo; śitoḍo *m.*

Molinhoso, *a.* śitoḍyâcho.

Molinilho, *s. m.* lahân dâmtem *n.*

Molinote, *s. m.* supurlo ghâṇo *m.*

Mollangueirão, *s. m. e a.* armanâmtlo âḷśî.

Mollar, *a.* maû sâlîcho; bhâvârthî.

Molle, *a.* maû, mavâḷ, naram, luglugît, dabdabît, luḷluḷît, barko; maûsâr, maûso *(dim.)*; *(fig.)* memgo, meṇâcho, śeṇâmeṇâcho. ‖ *Molle molle,* lohu lohu, sâvkâś.

Molleira, molleirinha, *s. f.* ṭâḷû, ṭâḷî *f.* ‖ *Pôr o sal na* —, jîv khâvumk. *Ter já a* — *dura (fig.)* taklen nâ vachumk. *Ser duro de* —, taklî jaḍ jâvumk *(g. do s.)*

Molleja, *s. f.* gâbaḷ *n.;* śukṇyâmcho gû *m.* ‖ *Crear* —, gâbḷâm phuṭumk *(d. do s.)*, mâtumk; *(fig.)* âḷśî jâvumk.

Mollemente, *adv.* maûpaṇim, narmâyen; memgepaṇim, sâvkâśâyen.

Mollenga, mollengão, *a.* jabar âḷśî,- sust: kâḷîj-, chhâtî nâslalo.

Mollete, *s. m.* luglugît umḍo *m.*

Molleza, *s. f.* maûpaṇ *n.*, maûsâṇ, mavây, mavâḷây, narmây, luglugitây *f.;* memgepaṇ *n.*, mamdây, âḷsây *f.*

Mollicia, mollicie, *s. f. V.* MOLLEZA; *(fig.) V.* VOLUPTUOSIDADE.

Molliço, *s. m.* kolû, tâmṭ *m.;* sâḷ *f.*

Mollificação, *s. f.* maû karṇem, maûsâvṇî, mavâḷṇî. *f.*

Mollificante, *a.* maû-, naram karcho, mridukârak.

Mollificar, *v. t.* maû-, naram karumk, maûsâvumk, mavâḷumk; *(fig.)* narmâvumk, śâmtaumk. ‖ *v. r.* maû-, naram jâvumk.

Mollificativo, *a.* mavârîcho, śamak.

Mollificavel, *a.* maû karûmyesârko.

Molluria, *s. f.* maûpaṇ *n.;* śeḷer *m.* ‖ *Fazer as coisas pela* —, dâg dînâstânâ kâmâm karumk. ‖ *s. m.* pârko manîs.

Mollusco, *s. m.* kartyâchî mâsḷî *f.*

Molo, *s. m. (ant.) V.* CARREGAÇÃO.

Molosso, *s. m.* śuṇo, kutro; *(fig.)* pumḍ, pemḍhâro *m.*

Momentaneamente, *adv.* khiṇân, khiṇâbhitar; ghaḍiye ghaḍiye.

Momentaneo, *a.* ekâ khiṇâcho, eke ghaḍiyecho, khîṇbhar; hâlâyto, sardyâcho. ‖ *V.* EPHEMERO.

Momento, *s. m.* khîṇ *n.*, palak, nimish, paḷ *m.*, matrâ, ghaḍî *f.;* veḷ, vagat; samyog, kâḷ *m.;* *(fig.)* bisât, parvâ *f.*, mol *n. Num* —, khiṇâbhitar. *Por momentos,* khîṇbhar, mâtso *(decl.)*

Momice, *s. f.* tomḍ *n.*, mukhvaṭo, âmgbhamg *m.*, bagḍe *m. pl.*, phetyo *f. pl.;* *(fig.) V.* DISSIMULAÇÃO.

Momo, *s. m.* tomḍâm *m. pl.*, moḍî, phetyo *f. pl.;* nakalî nâṭak *n.;* *(fig.) V.* ESCARNEO.

Mona, *s. f.* bâil keldem *n.;* *amuo:* rusṇî, perlusâṇ; *cabeça:* taklî; *bebedeira:* bebdikây *f.*

Monachal, *a.* maṭhvâsâcho.

Monachato, monachismo, *s. m.* maṭhvâs *m.*

Monada, *s. f.* keldepaṇ *n.;* keldîm *n. pl.*, vâmdrâmchî urpamj *f.*

Mónadas, *s. f. pl.* mâtrâm, aṇumâtrâm *n. pl.*

Monandro, *a. (bot.)* ekâ kesrâcho.

Monarcha, *s. m.* râjâ, rây pâtśây, adhipati.

Monarchia, *s. f.* ekrâjsattâ *f.*, ekrâjśâsau, ekâdhipatya; râj *n.*

Monarchicamente, *adv.* pâtśâypaṇîm, pâtśâyken.

Monarchico, *a.* râjâcho, râyâcho, pâtśâyâcho.

Monarchismo, *s. m.* ekrâjsattâmat *n.*

Monarchista, *s. m.* ekrâjśâsanpakshapâtî.

Monaria, *s. f.* keldyâṁcho chuṁbo *m.* *V.* MOMICE.
Monastical, monastico, *a.* maṭhvâsâcho.
Monasticamente, *adv.* maṭhvâsîṁ, maṭhvâsyâṁche rîtîn.
Monção, *s. f.* târûṁ hâṁkârcho samay,- vâv; *(fig.)* saṁyog *m.*
Monco, *s. m.* beṁbro, śeṁbûr *m.*, kirmeṁ *n.*
Moncoso, *a.* beṁbryâcho, kirmyân bharlalo; *(fig.)* meḷo, aḷśikano.
Monda, *s. f.* naḍṇî *f.*; naḍṇecho veḷ-, samay *m.*; taṇ *n.*
Mondadeira, *s. f.* naḍpîṇ.
Mondadeiro, mondador, *s. m.* naḍpî, ṅaḍṇâr, naḍṇekâr.
Mondadura, *s. f.* naḍṇî *f.*; naḍṇecho kâḷ *m.*; naḍlaleṁ taṇ *n.*
Mondar, *v. t.* naḍuṁk, śetâṁtleṁ taṇ kâḍhuṁk, vakhruṁk: *(fig.)* bheṁḍuṁk, nitaḷ karuṁk.
Mondonga, *s. f.* boṁdrî-, bhâṇśirî bâil.
Mondongo, *s. m.* poṭâṁtleṁ *n.*; boṁdro-, bhâṇśiro manîs.
Mondongueiro, *s. m.* monjâtîchyâ poṭâṁtleṁ viktalo; *(fig.)* kirkoḷ-, halkeṁ kâm kartalo, mahâr.
Monelha, *s. f.* *(naut.)* kuṁvyâcho veṁṭo *m.*
Monetario, *a.* nâṇyâṁcho. ‖ *s. m.* nâṇyâṁcho jamo,- saṁgraha; nâṇyâṁcho chitrgraṁth *m.*
Monete, *s. m.* *V.* FARRIPA.
Monge, *s. m.* maṭhvâsî; vanaprasth, jogî, sanyâsî.
Mongil, *s. m.* maṭhvâsiṇechî nesaṇ *f.*
Monha, *s. f.* nesaṇecheṁ-, keṁs bâṁdhcheṁ bâhuleṁ *n.*
Monho, *s. m.* chuṁvar *f.*, purn: kemsâṁcheṁ phit, âṁgvaḷ *n.*
Monir, *v. t.* *(ant.)* *V.* AVISAR.
Monitor, *s. m.* upadeśak; padser.
Monitoria, *s. f.* sarkârî tâkîd *f.*; upadeś *m.* ‖ *V.* ADMOESTAÇÃO.
Monitorial, *a.* sarkâre tâkidîcho; upadeśâcho.
Monja, *s. f.* maṭhvâsîṇ.
Mono, *s. m.* vâṁdar, keldo *m.*, keldeṁ *n.*; *(fig.)* phasaṇ, nâḍ *f.* ‖ *Pregar um* —, hâtâṁt, pâḷâṁbo divuṁk. ‖ *a.* keldyâcho. *V.* SENSABORÃO.
Monocarpo, *a.* *(bot.)* ekaphal.
Monocephalia, *s. f.* eke takleche̐ṁ jaṁvaḷ *n.*
Monocephalo, *a.* ekamastak.
Monoceronte, *s. m.* *V.* UNICORNIO.

Monochromatico, *a.* ekraṁgî.
Monochromo, *s. m.* ekraṁgî chitr *n.*
Monochordio, *s. m.* ektârî vâjaṁtr *n.*, ektâr, ektâro *m.*
Monocotyledonio, *a.* *(bot.)* ekdâḷî, ekdal.
Monoculo, *a.* ekḍoḷyo, kâṇo, eknetr. ‖ *s. m.* ekâ ḍolyâcheṁ okl *n.*
Monodia, *s. f.* ekâ ṭâḷyâcheṁ gît *n.*
Monodico, *a.* *V.* MONOTONO.
Monodante, *a.* ekdâṁt âslalo, ekadaṁt.
Monogamia, *s. f.* ekapatnîvrat *n.*
Monogamo, *a. e s. m.* ekapatnî.
Monogastrico, *a.* ekâ gâṁjyâcho, ekajaṭhar.
Monogramma, *s. m.* mudrâlekh *m.*
Monographia, *s. f.* ekapadârthavarṇan *n.*
Monographo, *s. m.* ekâpadârthavarṇanî.
Monolitho, *s. m.* ekâ phâtrâcho khâṁbo, ekapâshâṇastaṁbh *m.*
Monologo, *s. m.* eklyâcheṁ ulauṇeṁ. svagatabhâshaṇ *n.*
Monomachia, *s. f.* dvaṁdvayuddh *n.*
Monomania, *s. f.* ekavishayabhram *m.*
Monomaniaco, *a.* ekavishayabhrâṁt.
Monometro, *s. m.* ekajâtipadakâvya *n.*
Monopetalo, *a.* *(bot.)* eke pâkḷecho, ekadalak.
Monopolio, *s. m.* makto, gutto *m.*, gâḍî, khotî *f.*: mâl âḍâvṇeṁ *n.*
Monopolista, *s. m.*, **monopolizador**, *a. e s. m.* maktedâr, guttekâr, khot; sâṭyâcheṁ sâṭeṁ ghetalo, mâl âḍâytalo, âḍâvṇâr.
Monopolização, *s. f.* sâṭyâcheṁ sâṭeṁ gheṇeṁ, mâl âḍâvṇeṁ.
Monopolizar, *v. t.* sâṭeṁ mâruṁk *(d. do o.)*, sâṭyâcheṁ sâṭeṁ ghevuṁk *(g. do o.)*, âḍâvuṁk; makto-, gutto ghevuṁk *(g. do o.)*
Monospermo, *a.* ek bî âslalo, ekabîj.
Monostrophe, *s. f.* ekaślokakâvya *n.*
Monosyllabico, *a.* ekâkshar.
Monosyllabo, *a.* ekâkshar. ‖ *s. m.* ekakshar *n.* ‖ *Fallar por monosyllabos*, gunguṇuṁk, gunguṇûn ulauṁk.
Monotheismo, *s. m.* ekeśvaravâd *m.*, ekeśvaramat *n.*
Monotheista, *a. e s. m. e f.* ekeśvaravâdî.
Monotonia, *s. f.* eksvar *m.*, ekśriti *f.*, eksûrpaṇ *n.*: ekprakâr, ekvyâpâr *m.*

Monotono, *a.* eksvarâcho, eksvar, eksûr, eksuro; ekâ jinnsâcho,- prakârâcho. || *V.* ENFADONHO.

Monsenhor, *s. m.* svâmî.

Monstro, *s. m.* chihnem̐, adbhut, viparem̐; *(fig.)* jam̐gâḍ *n.*, arishṭ; râkhas, râkshas, râvaṇ *m.*

Monstruosamente, *adv.* adbhutim̐, akaṭvikaṭ.

Monstruosidade, *s. f.* viparîtây *f.*, vilakshaṇpaṇ; adbhut; cham̐ḍâḷpaṇ *n.*, *abhisktây *f.*

Monstruoso, *a.* adbhut, vilakshaṇ, viparît; digam̐bar, akaṭvikaṭ, atikây; virûp,-vidrûp, vikaṭ.

Monta, *s. f.* jamo, ekam̐darî *f.*; mol *n.*; bhâr *m.*, biśât *f.* || *V.* LANÇO.

Montada, *s. f.* ghoḍyâr basṇem̐ *n.*

Montado, *a.* ghoḍyâr baslalo. || *Cavallo* —, ghaḍesvâr. || *s. m.* dhukar charchi svât *f.*

Montagem, *s. f.* basṇem̐ *n.*; tayârî, mâm̐ḍâvaḷ *f.*

Montanha, *s. f.* parvat, ḍom̐gar, giri; *(fig.)* ḍom̐gar *m.*, râs *f.*

Montanheira, *s. f. V.* MONTADO.

Montanheiro, *s. m. V.* MONTANHEZ.

Montanhesco, *a.* parvatâcho, ḍom̐grâcho, ḍom̐grî.

Montanhez, *a.* ḍom̐grî, rânyo, ghâṭvaḷ. || *s. m.* ḍom̐grî, ghâṭyo.

Montanhoso, *a.* ḍom̐gar âslalo, ḍom̐grâm̐cho.

Montanistica, *s. f.* dhâtuśodhanavidyâ *f.*

Montanistico, *a.* dhâtuśodhanâcho.

Montano, *a.* ḍom̐grî; ḍom̐grâm̐cho; *(fig.) V.* BRAVO.

Montante, *s. m.* moṭî tarvâr *f.*; jamo *m.*, ekam̐darî; bhartî. || *a.* chaḍhto.

Montão, *s. m.* pum̐jo, mâch, ḍom̐gar *m.*, râs *f.* || *Em* —, pum̐jyân, râśîn. *Aos montões*, râśîm̐nîm̐, khâm̐ḍyâm̐nîm̐.

Montar, *v. t.* basum̐k *(l. sup. do o.)*; vayr davrum̐k,- ghâlum̐k; *aprômptar:* tayârî-, mâm̐ḍâvaḷ karum̐k *(g. do o.)*, mâm̐ḍum̐k. || *V.* ORÇAR. || — *um cabo*, ṭom̐k balâm̐ḍum̐k. — *uma pedra*, thîk basaum̐k.- kham̐chaum̐k. — *a roupa*, dhaṇâchîm vastrâm̐ mejum̐k. || *v. i.* ghoḍyâr basum̐k; bharom̐k, bharon yevnum̐k; *chegar a:* pâvum̐k, chaḍhum̐k; *aproveitar:* upkârum̐k, lâbhum̐k. || *v. r.* basum̐k; chaḍhum̐k.

Montaraz, *a. V.* MONTEZ.

Montaria, *s. f.* moṭî śikârî *f.*; śikârecho jâgo *m.*; moṭî śikârî mârṇem̐, ḍom̐gar kâḍhṇem̐ *n.*; pâradhvidyâ *f.*: śikârîkârâm̐cho jamo *m.*; *(fig.) V.* ASSUADA. || *V.* REMONTA.

Monte, *s. m.* ḍom̐gar, parvat, giri, kaṇo *m.*; rân. jam̐gaḷ; pum̐jo, mâch *m.*, râs *f.*; jamo, chum̐bo *m.* || *Montepio*, dharmmam̐ḍaḷî *f.* *A* —, râśîn; vaylyâvayr. *Aos montes*, khâm̐ḍiyâm̐nîm̐, uphâḷyân. *De* — *a* —, âspâs. || -**s**, *pl.* *V.* CORDILHEIRA.

Montéa, *s. f.* gharâcho-, târvâcho nakśo *m.*

Monteada, *s. f. V.* MONTARIA.

Monteador, *s. m.* ḍom̐grâvaylo pârdhî,- śikârîkâr.

Montear, *v. t.* ḍom̐grâr-, rânâm̐t mârum̐k. || *v. i.* śikârek-, kâsâk *(do port.* CAÇA) bhom̐vum̐k.

Montearia, *s. f. V.* MONTARIA.

Monteira, *s. f.* pârdhîṇ; topî *f.*

Monteiria, *s. f.* dom̐gar râkhchem̐ kâm *n.*

Monteiro, *s. m.* rânâm̐tlo pârdhî,- śikârîkâr; ḍom̐garrâkhṇo. || *a.* moṭe śikârecho.

Monteria, *s. f. V.* MONTARIA.

Montez, *a.* rânâm̐tlo, rânyo, rângaṭ, jam̐gḷî, rân *(em comp.)* || *Porco* —, rândhukar *m.*

Montezinho, montezino, *a.* rânâcho, ḍom̐grî. || *V.* MONTEZ *e* RUSTICO.

Monticola, *a. s. m. e f.* ḍom̐grî, parvatavâsî.

Monticulo, *s. m.* ḍom̐grî, murḍî *f.*

Montivago, *a.* rânâm̐t bhom̐vtalo.

Montuoso, *a. V.* MONTANHOSO; *(fig.)* um̐chsakal, um̐chkhâl.

Montureiro, *s. m.* kairâm̐t ustitalo.

Monturo, *s. m.* kairâcho ḍom̐gar, ukar *ou* ukîr *m.*, gâir *f.*

Monumental, *a.* yâdgirecho, kîrtistam̐bhâcho; uttam, nâvâḍhîk.

Monumento, *s. m.* âṭhvaṇûk, yâdgirî *f.*, kîrtistam̐bh *m.*; kautik ghar,- mam̐dir *n.* || *V.* MAUSOLÉO *e* LEMBRANÇA. || -**s**, *pl.* dâkhle *m. pl.*, lekhpatrâm̐ *n. pl.*

Moquear, *v. t.* (mâs) âṭiyer sukaum̐k.

Moquem, *s. m. (brasil.)* mâs sukaum̐chî âṭî *f.*

Moquenco, moquenqueiro, *a. e s. m.* âḷśî, sust, pej *(fig.)*, bhâjî *(fig.)*; lâgâḷo, vidyo.

Moquenquice, *s. f.* lâg, kum̐pâs *(do port.* COMPASSO) *m. pl.* || *V.* MOMICE.

Mór, *a.* mahâ. || *V.* MAIOR.

Mora, *s. f. V.* DEMORA.

Morada, moradia, *s. f.* ghar, ṭhikâṇ, ṭhikâṇem̐, bihrâḍ *ou* biḍâr, makân *n.*, gharvâs, thâro, rahivâs, âśram, vasi *m.*, vastî; râvṇî, thârâvṇî *f.* || — *eterna*, sâsṇâchî jîṇ *f.* *A ultima* —, phomḍ *m.*, simiter *f.*

Morado, *a.* jâmbḷo.

Morador, *a. e s. m.* râvṇâr, gharvâsî, vâsî, bihrâḍî.

Moral, *s. f.* morâl *n.*, nît, nîtividyâ *f.*, nîtiśâstr, arthaśâstr *n.*, nay; âchâr, dharmâchâr *m.*, dharmpaṇ *n.* || *s. m.* amtashkarṇ *ou* amtashkân *n.*, *âtmadhâtu *m.*; atmyâchem *n.* || *a.* nîticho, nîtiśâstrâcho; atmyâcho, *âtmadhâtûcho; *relativo aos bons costumes:* sukritâcho; sadâchârâcho, sunîticho; *que tem bons costumes:* nîtivamt, dharmâchârî, sadâchârî, bare ravisecho.

Moralidade, *s. f.* nît, damḍananîti *f.*, nîtiśâstr; dharmatva, dharmpaṇ *n.*, nyây; dharmâchâr, sadâchâr, nîtimârg, *m.*, satkriti *f.*; tâtparya *n.*, abhiprây, bhâvârth, ras *m.*

Moralista, *a. e s. m. e f.* nît śikauṇâr, nîtiśâstrî, nityupadeśak.

Moralização, *s. f.* barî ravîs śikauṇem, barî dekh deṇem *n.*; satkriti *f.*, sadâchâr *m.*

Moralizador, *a.* bare ravisecho, bare dekhicho. || *s. m,* nît-, ravîs śikauṇâr, nityupadeśak.

Moralizar, *v. t.* nît-, ravîs śikaumk (*d. do o.*), barî dekh divumk (*d. do o.*); nayârth-, nyâyârth divumk (*g. do o.*); tâtparya-, garbh divumk,- dâkhaumk (*g. do o.*) || *v. i.* nîtitark-, nîtivichâr karumk.

Moralmente, *adv.* nîtiśâstrâpramâṇem, nîtîn; dharmâchârân; yuktîn. || — *impossivel,* sambhav nâslalo.

Morar, *v. i.* râvumk, ṭhikumk, ghar-, ṭhikâṇ âsumk (*g. do s.*)

Moratoria, *a.* rîṇ phârîk karumk vâydo dilalo *m.*

Moratorio, *a. V.* DILATORIO.

Morbidez, morbideza, *s. f.* rogîpaṇ, asvasthpaṇ *n.*, vikâr *m.*; majurây, mamjuḷây *f.* (*fig.*) *V.* LANGUIDEZ.

Morbido, *a.* piḍevamt, pideshṭ, rogyo, vâyṭâkâr, vikârî; piḍecho, rogâcho; rogî, bhalâykek vâyṭ; madhur, majûr, mamjûḷ. || *V.* LANGUIDO.

Morbifico, morboso, *a.* rogî, rogkârak, bhalâykek vâyṭ.

Morbo, morbus, *s. m. V.* DOENÇA.

Morcego, *s. m.* pâkho *m.*, vâgûḷ (— *pequeno*) *n.*

Morcella, *s. f.* limgîs. *n*

Mordaça, *s. f.* guḍdo, chombḍo *m.*

Mordacidade, *s. f.* châbkarây *f.*, châbrepaṇ *n.*; khâvumcho guṇ *n.*; tikhaṭây, tirbaṭâṇ, tiksâṇ, nibrâsâṇ; kharkasây, khoḍî kâḍhṇem *n.*, khar apvâd *m.* || *V.* MURMURAÇÃO.

Mordaz, *a.* châbro, châbkar; *picante:* tik, tikhaṭ, nibar, churchurît, mirmirît, tirbaṭ; *corrosivo:* khâvumcho, khâto; (*fig.*) châbkar, kharkas, dikkati. || *V.* ASPERO.

Mordazmente, *adv.* tiksâṇîn.

Mordedela, *s. f. V.* MORDEDURA.

Mordedor, *a. e s. m.* châbtalo, châbṇâr, ghâmsâvṇâr.

Mordedura, *s. f.* ghâms-, dâmt mârṇem *n.*, ghâmsâvṇî, châbṇî *f.*; ghâms, dâms *m.*

Mordente, *a.* châbro; kûms lâytalo, kumsâḷo, sumkâḷo; châbkar, kharkas, khâvumk yetâso distalo. || *s. m.* pâmkîṭ ramg *m.*

Morder, *v. t.* châbumk, dâmt-, ghâms mârumk (*d. do o.*), dâmtâvumk, ghâmsâvumk; *fazer doer:* duḥkhaumk, duḥkh divumk (*d. do o.*); *corroer, ralar:* khâvumk, kâmtaumk; *espicaçar:* châḷvaumk, chiḍaumk; *criticar:* khoḍî kâḍhumk (*d. do o.*), tahrâ dharumk (*d. do o.*); khâvumk, vâvḍoryo karumk (*g. do o.*) || *v. i.* châbumk, dâmt lâvumk; rûch ghevumk, châkumk; duḥkhaumk, kûms-, sûmk topumk. || *v. r.* âpṇâk châbumk,- ghâmsâvumk; phaḍphaḍumk, kaḍkaḍumk.

Mordicação, *s. f.* chaḍchaḍṇî, chuḷchuḷṇî, mirmirṇî *f.*

Mordicante, mordicativo, *a.* chuḷchuḷît, mirmirît.

Mordicar, *v. t.* châbumk, ghâmsâvumk. || *V.* PUNGIR.

Mordicamento, *s. m.* (*ant.*) *V.* MORDEDURA e REMORSO.

Mordixim, morexim, morixim, *s. m.* maḍśî *f.*

Mordomado, *s. m.* **mordomia, mordomice,** *s. f.*, kârbhârîpaṇ *n.*, arthâdhikâr *m.*

Mordomar, *v. t.* chalaumk, vasaumk, jâḷvumk, kârbhâr-, jâvoṇî karumk (*g. do o.*) || *v. i.* kârbhârî jâvumk, kârbhârîpaṇ chalaumk.

Mordomo, *s. m.* mordom, mukdam, kârbhârî, modî, arthâdhikârî. || — *da festa,* pirjemt (*do port.* PRESIDENTE).

Morena, *s. f.* sâmvḷî bâil.

Morenado, *a.* kâḷso-, sâmvḷo jâlalo.

Moreno, *a.* sâmvḷo, kâḷso, kâḷsâr.

Morfanho, *a. V.* FANHOSO.

Morgada, *s. f.* morgâdiṇ.
Morgado, *s. m.* morgâd *m.*
Moribundo, *a.* marumk âslalo, marto, martalo; sartalo. ‖ *s. m.* marṇâr.
Morigeração, *s. f.* mâṇsugen vâḍhauṇeṁ, barî ravîs śikauṇeṁ *n.; maṇ*sugî, ravîs, barî rît *f.*
Morigerado, morigero, *(poet.) a.* mâṇsugecho, ravisecho, bare rîtîcho.
Morigerar, *v. t.* barî ravîs-, rît śikauṁk *(d. do o.)*, mâṇsugen vâḍhauṁk, manushyâḷo karuṁk. ‖ *v. r.* bare rîtîn chaluṁk, barî vâṭ ghevuṁk, mâṇsuguecho jâvuṁk.
Morilhão, *s. m.* bâṁb *m.*
Moringue, *s. m.* kujo *ou* khujo *m.*
Mormacento, *a.* theṁbâsârko; *(fig.)* gajgajît.
Mormaço, *s. m.* damaḷ *n.*, gajgajṇî *f.*
Mormente, *adv.* adhik-, chaḍh-, bhav karûn *ou* karn, chaḍhâvat, viśesh.
Mormo, *s. m.* theṁb *m.*
Mormoso, *a.* theṁb jâlalo,- âslalo.
Mornar, *v. t. V.* AMORNAR.
Mornidão, *s. f.* śeḷmoḍây, ubmoḍây *f.; (fig.) V.* FROXIDÃO.
Morno, *a.* śeḷmoḍo, ubmoḍo, ubaṭ, ûnso; *(fig.)* śeḷo, meṁgo, maṁd.
Morosamente, *adv.* sâvkâśâyen, lâṁbâyen.
Morosidade, *s. f.* lâṁbây, sâvkâśî *ou* sâvkâśây; maṁdây *f.*
Moroso, *a.* lâṁbâyecho, sâvkâśâyecho; maṁd, meṁgo, jaḍ.
Morouço, *s. m.* phâtrâṁcho puṁjo *m.*
Morphea, *s. f. V.* ELEPHANTIASE.
Morphina, *s. f.* âphinâcho ark *m.*
Morphologia, *s. f.* bhûtarûpâṁtar; śabdarûpâṁtar *n.*
Morphologico, *a.* bhûtarûpâṁtarâcho; śabdarûpâṁtarâcho.
Morraça, *s. f.* sâryâcho chikal *m.*; pachakvaṇî *n.*
Morrão, *s. m.* muram, turam *n.*; kâjvo, kâjḷo *m.*
Morraria, *s. f.* kaṇyâṁchî-, murḍyâṁchî hâr *f.*
Morrediço, *a.* maruṁk pâvlalo, marto.
Morredoiro, *a.* martalo; vinâśî.
Morredor, *a. V.* MORTAL.
Morrer, *v. i.* maruṁk; saruṁk (*litt.* ACABAR), bhâyr paḍuṁk (*litt.* CAHIR FÓRA), jîv sâṁḍuṁk (*litt.* ABANDONAR A VIDA), prâṇ soḍuṁk (*litt.* EXHALAR O ESPIRITO), thaṁḍ jâvuṁk, thaṁḍâvoṁk (*litt.* ESFRIAR-SE), saṁpuṁk (*litt.* FINALIZAR-SE), gat jâvuṁk (*litt.* PASSAR-SE), aṁtruṁk (*litt.* APARTAR-SE), goḍâk vachuṁk (*litt.* IR PARA JAGRA), paṁḍharek vachuṁk (*litt.* IR PARA A CIDADE DE PANDHARPUR), hâṁkâroṁk (*litt.* SAHIR DO PORTO), usḷoṁk (*litt.* ESTALAR), khapuṁk (*litt.* CONSUMIR-SE), nimuṁk (*litt.* CESSAR, FINAR-SE), hoḍeṁ tâṁḍuṁk (*litt.* REMAR O BARCO). ‖ — *por alguem*, jîv divuṁk. — *sem dizer ai Jesus*, Sâhebâ pâv mhaṇa nâstânâ maruṁk. — *para o mundo*, saṁsâr sâṁḍuṁk, saṁsârâk pâṭh karuṁk. — *em vida (fig.)*, jîvâr yevuṁk *(d. do s.)* — *a rir ou de riso (fig.)*, hâṁsuṁk maruṁk. *Estar a — por alguma coisa (fig.)* jîv sâṁḍuṁk. *Fazer* —, marṇâk pâvauṁk; *(fig.)* jîv khâvuṁk. *Ha viver e* —, bareṁ vâyṭ âsâ. ‖ *v. t.* (marṇ) maruṁk. ‖ *s. m. V.* MORTE.
Morrião, *s. m.* top *m.*, jillîm *f.*, śirastrâṇ *n.*
Morrinha, *s. f.* kathalî; marî *f.*
Morrinhento, morrinhoso, *a.* kathalî jâlalo.
Morro, *s. m.* ḍoṁgrî, murḍî *f.*, kaṇo *m.*
Morsegão, *s. m.* ghâṁs, dâṁs *m.* ‖ *V.* BELLISCÃO.
Morsegar, *v. t.* ghâṁsân kâḍhuṁk, ghâṁsâvuṁk; dâṁtâṁnîṁ moḍuṁk,-toḍuṁk.
Morso, *s. m. (poet.) V.* MORDEDURA.
Morta, *s. f.* melalî bâil; bâylecheṁ maḍeṁ *n.*
Mortagem, *s. f.* khâṁp, khâṁch *f.*
Mortal, *a.* marṇ âslalo, marṇâdîk-aṁtvaṁt, nâśvaṁt, *mrityâdîk, *murtîv; *mortifero:* marṇâcho, mârcho, jîv kâḍhcho, mârekâr, prâṇghâtkî, prâṇnâśak; *encarniçado:* khar, nibar, kharkas. ‖ *Peccado* —, mahâpâp, makâpâtak *n.* ‖ *s. m.* manîs, prâṇî, prâṇyo.
Mortalha, *s. f.* khapaṇ; sigârrâṁcheṁ kâgad *n.* ‖ -s, *pl. (ant.) V.* ENTERRO.
Mortalidade, *s. f.* marṇâdîkpaṇ *n.*, marchoguṇ, maraṇdharm *m.*; mârekârpaṇ *n.*; marṇâchî sâṁt *f.*
Mortalmente, *adv.* maroso *(decl.)*, jîv vachoso *(decl.)*, prâṇghâtîṁ. ‖ *Peccar* —, mahâpâtak âdaruṁk. *Odear* —, jabar jaḷuṁk.
Mortandade, *s. f.* mârî, mârâmârî *(redup.)*, kattal *f.*, mâraṇ *n.*, saṁhâr *m.*; marṇâchî sâṁt *f.*, marṇâcho mâro *m.*
Morte, *s. f.* marṇ, nirvâṇ *n.*, mriti *f.*, nishprâṇ, nirjîv *m.*; *(fig.) V.* RUINA. ‖ — *violenta*, mort *f.*, prâṇghât *m.*, durma-

raṇ n. — *personificada*, kâḷ, yam m. *De* —, *V.* MORTALMENTE. *Para a vida e para a* —, sâsṇâk. *Isto não é* — *de homem*, hâmtûm saṁsâr buḍanâ.

Mortecôr, s. f. phiko raṁg m.

Morteiro, s. m. khajno m.

Mortesinho, s. m. (*ant.*) *V.* CADAVER.

Morticinio, s. f. *V.* MATANÇA.

Mortiço, a. marto; melo, phiko, bâvko; jhiḷmiḷît, bikbikît.

Mortifero, a. mârekâr, mârcho, prâṇnâśak, jîv kâḍhcho.

Mortificação, s. f. khâst, piḍâpîḍ, duḥkh, ijâ f., dagdag m. pl. ‖ *V.* ENTORPECIMENTO e GANGRENA. ‖ — *da carne*, daṁḍaṇ *ou* daṁḍvaṇ f., tapas m., upâstâpâs m. pl.

Mortificador, a. e s. m., **mortificante**, a. khâst- ijâ ditalo; bahirâytalo, mâs mârtalo.

Mortificar, v. t. (âṁg) mâruṁk, saḍauṁk, bahirâvuṁk; duḥkh-, ijâ divuṁk (*d. do o.*), duḥkhauṁk, dagdagâvuṁk, kisrâvuṁk; moḍûn ghâluṁk, boḍkâvuṁk; daṁḍuṁk, daṁḍaṇuṁk, damâvuṁk. ‖ v. r. daṁḍaṇ karuṁk, âṁg mâruṁk; khaṁt dharuṁk, duḥkh bhogoṁk (*d. do s.*); âkâṁtuṁk, uchaṁbaḷ jâvuṁk.

Mortificativo, a. *V.* MORTIFICANTE.

Morto, a. melalo, nirjiv, nishprâṇî, gat jâlalo; melo, phiko. ‖ *V.* ANCIOSO. ‖ *Ter o corpo* —, âṁg dharoṁk; (*fig.*) âṁgâcheṁ tus jâvuṁk. *Não ter onde cahir* —, vikh khâvûn martalo mhaṇlyâr, damḍî nâṁ. ‖ s. m. *V.* CADAVER.

Mortorio, s. m. marṇ, pretkarm, pretkârya n.; (*fig.*) oso m. ‖ *Estar em* —, koṇâk ughḍâs nâsuṁk (*g. do s.*) *Ficar em* —, pâḍ urumk; (*fig.*) kaḍâsek uruṁk.

Mortualha, s. f. maḍyâṁchî râs f. ‖ *V.* EXEQUIAS.

Mortuario, a. marṇâcho, melalyâṁcho. ‖ *Casa mortuaria*, marṇâcheṁ ghar n.

Mortuorio, s. m. *V.* MORTORIO.

Morugem, s. f. *V.* MURUGEM.

Morxama, s. f. vas âslalî mâsâchî kât f.

Mosaico, s. m. chauraṁgî-, pâṁchraṁgî kâm, vichitr jaḍankâm. ‖ a. chauraṁgî, pâṁchraṁgî.

Mosca, s. f. mûs m., mâśî f. ‖ *Andar ás moscas*, hât pâṁghrûn bhoṁvuṁk. *Apanhar moscas* (*fig.*), tus kâṁḍuṁk. *Estar com a* — (*fig.*) nâ ṭhikuṁk, nâ thâruṁk. *Papar moscas*, toṁḍ ughṭeṁ ghâlûn âsuṁk.

Moscada, s. f. jâyphaḷ n.

Mascadeira, s. f. jâyphaḷî f.

Moscadeiro, s. f. chamar m.

Moscado, a. parmaḷit. ‖ *Noz moscada*, jâyphaḷ n.

Moscão, s. m. guvârḍo mûs m., gomâśî f.

Moscar, v. i. e r. muśâṁnîṁ châḷvûn paḷuṁk; (*fig.*) kûs mâruṁk, nâṭâk jâvuṁk.

Moscardo, s. m. *V.* TAVÃO.

Mosqueado, a. śirbo, chiṭyo.

Mosquear, v. t. chiṭyo ghâluṁk (*d. do o.*), chiṭyâḷo karuṁk.

Mosqueiro, s. m. musâṁchî svât f.; mûs dharcheṁ âydan,- bascheṁ kâgad,- pân n.; jâḷiyecheṁ dhâṁpṇeṁ n. ‖ a. musâṁnîṁ châḷvatalo.

Mosquetaço, s. m., **mosquetada**, s. f. tubakâcho phâr m.

Mosquetaria, s. f. baṁdukâṁcho-, baṁdukyâṁcho, choṁbo,- chuṁbo m.; ârmâṁche (*port.* ARMA) phâr m. pl.

Mosquete, s. m. châpâcheṁ baṁdûk, moṭeṁ tubak n.

Mosquetear, v. t. e i. phâr mâruṁk.

Mosqueteiro, s. m. baṁdukyo, tubakî śipây.

Mosquiteiro, s. m. masurî f.

Mosquito, s. m. jaḷâr f., kimûs m. *ou* n., musak n.

Mossa, s. f. loḷo, dâg, gâṁj, dâḍâvṇî, chep; khâṁch, kaḷâśî f.; (*fig.*) *V.* IMPRESSÃO.

Mossegão, s. m. *V.* MORSEGÃO.

Mossegar, v. t. *V.* MORSEGAR.

Mostarda, s. f. sâṁsûṁ n., mohrî f.; mustârd n.; (*fig.*) *V.* ESTIMULO. ‖ — *de S. Bernardo*, bhûk f. *Subir a* — *ao nariz*, taklek piṁt chaḍhuṁk, chîḍ yevuṁk, châḷvuṁk.

Mostardal, s. m. sâṁsvâṁcheṁ śet n.

Mostardeira, s. f. sâṁsov, mohrî f.; sâṁsvâṁchyâ piṭhyâcho âydan n.

Mostardeiro, s. m. sâṁsvâṁ viktalo, sâṁsvâṁkâr.

Mosteiro, s. m. maṭh, âśram m.

Mosto, s. m. dâkhâṁcho ras m.

Mostra, s. f. dâkhauṇî, dâkhauṇ; *signal:* kurû f., khûṇ, chihneṁ; *aspecto:* rûp n., âkâr m.; *exemplar:* mostr n., namuno. ‖ — *de gente*, âḍaṁbar, parivâr m. *A* —, sabhemâjâr, tiṁtyâr. *Ficar á* —, dishṭîpaḍuṁk. ‖ **-s**, pl. rûp n., âkâr m.

Mostrador, *a.* dâkhaitalo, dâkhauṇo. ‖ *s. m.* ghaḍyâḷâchî tabkaḍî; chaukî *f.; dâkhaumcho mâmḍ m.*

Mostrar, *v. t.* dâkhaumk, *dâvumk; dâkhaun divumk. ‖ — *as costas,* paḷumk. ‖ *v. r.* âpṇâk dâkhaumk; âkâr-, rûp ghevumk; dakhal-, praghaṭ jâvumk; dishṭîpaḍumk.

Mostrengo, *s. m.* bhobḷo *(fig.) m.,* dudhkem *(fig.) n.* ‖ *V.* ESTAFERMO.

Mota, *s. f.* bâmdh, dhamdhamo *m.;* bharvaṇ *f*

Mote, *s. m.* vâkya *n.;* mudrâlekh *m.* ‖ *V.* MOTEJO.

Motejador, *a. e s. m.* cheshṭâykâr, maskarekâr, kemḍṇâr, phakâmḍî, khebaḍî, phetyâmkâr.

Motejar, *v. t.* kemḍumk, tomḍumk, bhâmḍumk, cheshṭâvumk. ‖ *v. i.* maskaryo-, keshṭâyo karumk.

Motejo, *s. m.* cheshṭây *ou* keshṭây, maskarî, bhagal, kemḍṇî, tomḍṇî *f.,* khebaḍ, phakâmḍ *n.,* phetyo, śeṭyo *f. pl.,* prakâr *m. pl.*

Motete, *s. m.* varm, marm, chakaṭ *n.; (mus.)* motet *f.*

Motilidade, *s. f.* chalanaśakti *f.,* gatiguṇ *m.*

Motim, *s. f.* bamḍ, râjik *n.,* râjbhamg, *bhed; khaḷbaḷ, ghaḷbaḷ *m.*

Motinação, *s. f. V.* AMOTINAÇÃO.

Motivador, *a.* nimitt-, prastâv ditalo ‖ *s. m. V.* CAUSADOR.

Motivar, *v. t.* utpann karumk, upjaumk, nirmumk; varvumk, kâraṇ-, nimitt jâvumk *(g. do o.);* kâraṇ-, nimitt sâmgumk *(g. do o.)*

Motivo, *s. m.* kâraṇ *n.,* kâraṇ *m.,* nimitt *n.,* sabab, misav, prastây *ou* prastâv, arth, hetu *m.,* *lekhâ *f.* ‖ *a.* châlak, prayojak.

Moto, *s. m. V.* MOTE *e* MOVIMENTO.

Motor, *s. m.* chalauṇâr, bhomvḍâvṇâr, loṭṇâr, tolṇâr; phuslâvṇâr, phumkṇâr, uṭhauṇâr. ‖ *a.* châlak, sârak, bhomvḍâytalo.

Motreco, *s. m.* kuṭko, kapo *m.*

Motriz, *a. e s. f.* chalaitalî, bhomvḍâytalî, sârakî.

Motu-proprio: *de ou por —,* âpśîm, âpśyâm, âpâp, âpkhuśim.

Mouçâo, *s. f. (ant.) V.* MONÇÃO.

Moucarrice, *s. f. V.* MOUQUICE.

Mouchão, *s. m.* beṭ *n.;* jumvlî *f.;* huḍo *m.,* temb *n.*

Mouco, *a.* bahiro, bherḍo, kepo.

Mouquice, mouquidão, *s. f.* bahirepaṇ, bherḍepaṇ, kepepaṇ *n.*

Movediço, *a.* hâlto, ḍaumḍaḷo, ḍaumḍaḷît; hâlâyto, suṭo; *(fig.) V.* INCONSTANTE.

Movedor, *a. e s. m.* phuslâvṇo, huskaṇṇo, phuḍe kâḍhṇâr.

Movel, *a.* ghaṭṭ-, thîr nâslalo, athîr, hâlâyto, jamgam; *(fig.)* badalto, phirto, uḍto, chamchaḷ. ‖ *Bens moveis,* jimdgî, gharjimdgî *f.,* jamganmâl *m.* ‖ *Festa —,* badaltî parab *f.* ‖ *s. m.* pailo kâraṇ *m.,* âdikâraṇ, mûḷ *n.;* gharvaḍecho nag *m.,* ghargutechî vast *f.* ‖ *Primeiro —,* vastâd, mukhelî.

Movente, *a.* hâlaito, chalaito, châlak, sârak. ‖ *Bens moventes,* sâmagrî *f.,* jamgammâl *m.,* sâmaṇ *n.*

Mover, *v. t.* hâlaumk, chalaumk, bhomvḍâvumk, dolaumk; *remover:* gavḷâvumk, sarkâvumk, kaḍsarâvumk; *suscitar:* ustûn-, śodhûn kâḍhumk, uprâsumk; *causar:* karumk, upjaumk; *estimular:* huskaumk, phulaumk, uṭhaumk; *perturbar:* phiraumk, uchambaḷâvumk; *induzir:* phuslâvumk, vaḷaumk, oḍhumk; *commover:* mavâḷumk, kaḷvaḷâvumk. ‖ *— o passo,* chalumk. *— a voz,* ulaumk. ‖ *v. i.* chalumk, vachumk. ‖ *V.* ABORTAR. ‖ *v. r.* hâlumk; chalumk, bhomvumk; vachumk; gavḷumk; ḍaumḍaḷumk; mavâḷomk. ‖ *V.* DETERMINAR-SE.

Movimento, *s. m.* hâlṇî, chalṇî, phirṇî; châl, gat; *animação:* jâg *f.,* ghanghaṇ; *sentimento:* bhâv *m.,* kalpanâ, vâsanâ; *evolução de exercito:* kavâit; *agitação:* gaḍbaḍ *f.,* bobâḷ, ghaḷbaḷ *m.* ‖ *De seu proprio —,* âpsyâm, âpkhuśen. *Estar em —,* chalat âsumk, vâvrumk. *Pôr em —,* hâlaumk, chalaumk; *(fig.)* darvaḍâvumk; phuḍe loṭumk; huśâr karumk. ‖ -s, *pl.* hâvbhâv *m. pl.,* âmgbhamg *m. Os — populares,* parjecho uṭhâv *m.*

Movito, *s. m. V.* ABORTO.

Movivel, *a. V.* MOVEL.

Moxama, *s. f.* khârem *n.*

Moxameiro, *s. m.* khârem kartalo va viktalo *m.;* khârem karchî svât *f.*

Moxinifada, *s. f. V.* MIXORDIA.

Mu, *s. m.* kachar, khemchar *m.*

Muar, *a.* kachrâcho. ‖ *s. m.* kachar *m.*

Muchacha, *s. f.* chedûm *n.*

Muchacharia, *s. f.* burgyâmchî tâmḍî-, urpamj *f.*

Muchacho, *s. m.* cheḍo *m.*

Muchinga, *s. f. V.* SOVA *e* EXCREMENTO.

Mucilagem, *s. f.* chikaṭvaṇ *n.*, chîk, pâṁk, dîk *m.*
Mucilaginoso, *a.* chikaṭ, chikâḷo, dikâḷo.
Muco, *s. m.*, **mucosidade,** *s. f.* maḷ *n.;* śeṁbûr, beṁbro *m.*, kirmeṁ *n.;* âṁv *f.*, jharaṇ *n.*
Mucoso, *a.* maḷâcho.
Muda, *s. f.* badlap; dusreṁ ghar karneṁ, ṭhikâṇ badalṇeṁ; thaklalyo monjâtî badalṇeṁ *n.;* vâṭer badluṁchyo monjâtî *f. pl.;* pâkhâṁ-, laṁv badalṇeṁ,- jhaḍṇeṁ *n.* ‖ *Estar na* — *(fig.)* miṭî nâ ughḍuṁk, muṁko-, gapchip râvuṁk.
Mudada, *s. f. (ant.)* badlap *n.*
Mudadiço, *a. V.* MUDAVEL.
Mudador, *a. e s. m.* badaltalo, phirauṇâr.
Mudamente, *adv.* ulai nâstânâ, muṁkepaṇîṁ.
Mudança, *s. f.* badalṇî *f.*, badlap *n.;* pâlaṭ *m.*, phirṇî *f.*, partan *n.;* badlî *f.*
Mudar, *v. t.: deslocar:* badluṁk, kâḍhuṁk, gavḷâvuṁk; *afastar:* sarkâvuṁk, kaḍsarâvuṁk, pelyân kâḍhuṁk; *substituir:* badluṁk, dusro karuṁk; *alterar:* partuṁk, phirauṁk,- pâlṭuṁk, vikruṁk; *inverter:* partuṁk, parto karuṁk; *transformar:* badluṁk, rûp-, âkâr pâlṭuṁk. ‖ — *a casa,* dusreṁ ghar ghevuṁk, dusreṁ ṭhikâṇ karuṁk. — *a penna,* pâkhâṁ soḍuṁk, pâkhâṁ jhaḍuṁk *(g. do s.)* ‖ *v. i.* dusre svâter râvuṁk; badloṁk. ‖ — *de côr,* raṁg badloṁk *(g. do s.)* — *de especie ou de figura,* âkâr-, rûp badloṁk *(g. do s.)* — *de estado,* kâjâr-, lagn javuṁk, — *de proposito ou de tenção,* man badluṁk. — *de vida,* dusreṁ jîṇeṁ ghevuṁk. ‖ *v. r.* dusre svâter vachuṁk,- râvuṁk, ṭhikâṇ-, thâro badluṁk; badloṁk, dusro jâvuṁk, phiruṁk.
Mudavel, *a.* badalto, phirto, pâlaṭ; *(fig.)* chaṁchaḷ, athîr, adhîr, ḍauṁḍaḷo.
Mudavelmente, *adv.* athîrpaṇîṁ, ḍauṁḍaḷûn, thâra nâstânâ.
Mudez, mudeza, *s. f.* monepaṇ; muṁkepaṇ; *(fig.)* jâgmâg nâsṇeṁ, chîṁv paḍṇeṁ, ogepaṇ *n.*
Mudo, *a.* mono; muṁko, ugo *ou* ogo
Mugeira, *s. f.* śevṭyâṁcheṁ pâger,- jâḷ *n.*
Mugem, *s. m.* śevto *m.*, śevṭâḷî *(dim.) f.*, śevaḷ *(aug.) n.*
Mugido, *s. m.* haṁbevṇeṁ *n.*
Mugir, *v. i.* haṁbevuṁk, haṁbâ karuṁk; *(fig.)* bob mâruṁk, ârḍuṁk; jhanjhaṇuṁk. ‖ *v. t. V.* MUNGIR.
Mugueira, *s. f.* śevṭâḷî *f.*
Mui, *adv. V.* MUITO.
Muito, *a.* jâyto, chaḍh, bhav, bahut, khûp, mast, pushkaḷ *ou* phushkaḷ, bhârî, udaṁḍ, sabâr, phâr *(us. N. C.);* ati *(em comp.)* ‖ *Muitas vezes,* jâyte-, sabâr pâvṭhî. ‖ *adv.* chaḍh, jâyteṁ, bhav, jabar, bhârîṁ. ‖ *Ter em* —, chaḍh lekhuṁk,- mân divuṁk. — *bem!* jabar bareṁ, khabardâr, śâbâs.
Mula, *s. f.* kachrî *f.*, bâilkachar *m.*
Muladar, *s. m. V.* ESTERQUEIRA.
Mulato, *a. e s. m.* mulâṭ; kâḷo, sâṁvḷo.
Muleta, *s. f.* thoṁṭyâcho dâṁḍo *m.*, kubḍî *f.*, pâṁgûḷghoḍo *m.;* moḍkûl *n.; (fig.)* teṁko *m.*
Muletada, *s. f.* kachrâṁcho hiṁḍ *m.*
Muleteiro, *s. m.* kacharkâr.
Muletim, *s. f.* supurleṁ śiḍ *n.*
Mulher, *s. f.* bâil manîs *f. e n.*, bâil, strî, nârî, narî, bâyo, bâykû *(us. entre os hindús); esposa:* bâil, patîṇ, kâṁtâ, gharkârṇ *ou* gharkârîṇ (*litt.* DONA DE CASA); bâykû, mâgârîṇ *(us. entre os hindús).* ‖ — *de armas,* phâṁiṁdî. — *de casa,* barî gharkârṇ, gharvasthî bâil. *Ser* —, bâil-, hokal jâvuṁk.
Mulheraça, *s. f.*, **mulherão,** *s. m.* moṭî-, kutal bâil, naṁdâ.
Mulherengo, *a. e s. m.* bâilâṁḍo, bâibolo, haḍgo.
Mulheril, *a.* bâylâṁcho, strîjâtîcho; bâilâṁḍo.
Mulherilmente, *adv.* bâylâṁparîṁ, bâylâṁche bhâsheṇ.
Mulherinha, *s. f.* ṇuṇî bâil *f.;* kalvâṁt *n.*, śiṁdaḷ bâil.
Mulherio, *s. m.* bâylâṁcho jamo,- chuṁbo *m.;* bâiljât, strîjât *f.*
Muliado, *a.* saṁkarjâtîcho; *(fig.) V.* MONSTRUOSO.
Muliebre, *a. V.* MULHERIL.
Mulo, *s. m.* kachar *ou* kheṁchar *m.*
Mulsa, *s. f.*, **mulso,** *s. m. V.* HYDROMEL.
Multa, *s. f.* mûlt *n.*, daṁḍ *m.*, khaṁḍṇî *f.*
Multar, *v. t.* mûlt-, daṁḍ ghâluṁk *(d. do o.),* multârkaruṁk, daṁḍuṁk.
Multiangular, *a.* bahukoṇ.
Multicapsular, *a.* bahupuṭh.
Multicolor, multicor, *a.* bahuraṁgî, nânâvarṇ, vichitr.

Multidão, *s. f.* jamo, punjo, chumbo, chombo, gaṇ, kaḷap, gol *m.*, urpamj; tâmḍî, khet, râs *f.*, ḍomgar *m.*; pushkaḷây *f.*, uphâḷem, bahutpaṇ *n.*, loṭ, mâro *m.* ‖ *V.* POPULACHO.

Multifario, *a.* jinnasvâr, nânârûp, bahuprakâr.

Multifido, *a.* bahuśâkh.

Multiflor, *a.* jâytyâm phulâmcho, bahupushp.

Multifluo, *a.* loṭâmnîm vâhvtalo, bahuvâhak.

Multiforme, *a.* bahurûpî, nânârûp, jinnasvâr, vividh.

Multigeno, *a.* bahujâti.

Multiloquo, *a.* bahubhâshî, pharpharo, barbaro.

Multimodo, *a.* nânâprakâr, bahuvidhi.

Multinomino, *a.* bahunâmak.

Multiparo, *a.* bahuprasav.

Multipede, *a.* bahupad, bahupâd.

Multipetalo, *a.* bahudal.

Multiplicação, *s. f.* vâḍhauṇî, chaḍhauṇî *f.*, chaḍh-, jâyto karṇem; chaḍhap, bahutpaṇ; guṇṇem, guṇan *n.*, guṇâkâr *m.*, amkpûrṇ *n.*

Multiplicadamente, *adv.* vâḍhaun, chaḍhaun.

Multiplicador, *s. m.* guṇak, amkpûrak. ‖ *a.* gaṇṇâr; chaḍhaitalo.

Multiplicando, *s. m.* guṇyâmk *m.*, guṇya *n.*

Multiplicar, *v. t.* chaḍh-, adhik karumk, chaḍhaumk, vâḍhaumk; guṇumk. ‖ *v. i. e r.* chaḍhumk, vâḍhumk; upjumk.

Multiplicativo, *a.* vâḍhaumcho, chaḍhaucho.

Multiplicavel, *a.* vâḍhaumyeso; guṇya.

Multiplice, *a.* jinnasvâr, nânârûp, vividh.

Multiplicidade, *s. f.* jinnasvârpaṇ, bahutpaṇ *n.*, nânâprakâr *m.* ‖ *V.* ABUNDANCIA.

Multiplo, *a. e s. m.* guṇâkâr, âdhâr *m.*

Multipotente, *a.* bahuśaktik.

Multisciente, multiscio, *a.* jâytem jâṇo âslalo, bahujña.

Multisono, *a.* bahunâd, nânâdhvani, bahudhvani.

Multivago, *a.* himḍṇo, bahuchar.

Multivio, *a.* bahumârg.

Mumia, *s. f.* suklalem maḍem, sugamdharakshitaśav; *(fig.)* martem-, jitem maḍem *n.*

Mummificação, *s. f.* maḍem parmaḷâṇ sukauṇem; suklalem maḍem; *(fig.)* hâḍ âni kât jâṇem *n.*

Mumificador, mumificante, *a.* maḍem sukaitalo; bhâgaitalo.

Mumificar, *v. t.* (maḍem) parmaḷâṇ sukaumk. ‖ *v. r.* sukumk; *(fig.)* sukûn kâmṭo jâvumk.

Mundanal, *a.* *V.* MUNDANO.

Mundanalidade, *s. f.* *V.* MUNDANIDADE.

Mundanalmente, mundanamente, *adv.* prapamchim; vishayîm.

Mundanario, *a.* *V.* MUNDANO.

Mundanidade, *s. f.* samsârîkpaṇ, vishayîpaṇ *n.*; samsârâcho mog, prapamch *m.*

Mundano, *a.* samsârâcho, samsârî, samsârik; prapamchi, vishayî.

Mundicia, mundicie, *s. f.* *V.* LIMPEZA.

Mundificação, *s. f.* nitaḷ-, nirmaḷ karṇem *n.*; nitḷây, nirmaḷây *f.*

Mundificante, mundificativo, *a.* nitaḷ-, nirmaḷ-, śuddh karcho; *(fig.)* sudhârcho.

Mundificar, *v. t.* nitaḷ-, nirmaḷ karumk, nirmaḷumk.

Mundo, *s. m.* jag, jagat, viśv, brahmâṇḍ *n.*; samsâr *m.*, prithûm, prithvî *ou* prithivî *f.*; lok *m.*, bhuvan; *humanidade:* manushyakûḷ *n.*, manushyagaṇ, janlok; *opinião publica:* lokvâd *m.*, lokmat *n.*; *gente:* lok, sabâr lok; *classe social:* varg *m.*, jât; *vida presente:* bhûlokâchî vastî *f.*, samsâr, bhav; *vida mundana:* samsâr, prapamch, samsârmârg *m.* ‖ *V.* MULTIDÃO. ‖ *O outro* —, dusro samsâr, parlok *m.* *Os tres mundos,* trilokî *f.*, tribhuvan *n.* *Pratica do* —, samsârâchî-, lokrîtîchî oḷakh *f.* *Todo o* — *é um,* saglyâ samsârâchî ekach rît. *Atirar ao* —, *V.* ABANDONAR. *Entregar-se ao* —, samsârâk lobhdumk,- vemg mârumk. *Ganhar mundos e fundos,* saglo samsâr âplo karumk. *Morrer para o* —, samsâr sâmḍumk, samsârâk pâṭh karumk. *Ver* —, samsâr bhomvumk,- gâḷumk. ‖ *a.* nitaḷ, nirmaḷ, śuddh, nirlep.

Mungir, *v. t.* dûdh kâḍhumk *(g. do o.)*, dohumk; *(fig.)* piḷumk.

Munheca, *s. f.* maṇkaṭ *n.*

Munição, *s. f.* koṭṭbamdî, taṭbamdî *f.*; jujâchem sâman *n.*, phaujîchî mustâykî,- bejmî, yuddhasâmagrî *f.*, dârûguḷo; *chumbo miudo:* munisâmv, chcharro *m.* ‖ *V.* MANTIMENTO.

Municionamento, *s. m.* phaujîcheṁ purvaṇ *n*, saṁjauṇî *f.*
Municionar, *v. t.* purauṁk, purvaṇ karuṁk *(g. do o.)*, saṁjauṁk.
Municipal, *a.* kâṁbrâcho, sanadîgâṁvâcho, nagarî. ‖ *Camara* —, kâṁbr *n.*
Municipalidade, *s. f.* nagarpâlakâ *f.*, kâṁbr; kâṁbrâcheṁ ghar *n.* ‖ *V.* MUNICIPIO.
Municipe, *a. e s. m.* nagarvâsî, nagarjaṇ.
Municipio, *s. m.* prâṁt, jihlo, kâsbo; kâsbyâcho lok *m.*
Munificencia, *s. f.* udârpaṇ, dânsûrpaṇ, audarya *n.*
Munificente, **munifico**, *a.* udâr, dânśûr, dhanad, mahâtmik.
Munir, *v. t.* puranṁk, saṁjauṁk; tayâr karuṁk, jây tyo vastû divuṁk *(d. do o.)*; koṭṭbaṁdî-, taṭbaṁdî karuṁk *(d. do o.)* ‖ *V.* ACAUTELAR. ‖ *v. r.* upây-, ilâj ghevuṁk, garaj teṁ ghevûn râvuṁk.
Munus, *s. m. V.* CARGO.
Muradal, *s. m.* kachryâcho ḍoṁgar *m.*
Murador, *a. e s. m.* uṁdîr mârtalo.
Mural, *a.* durgâcho, bhiṁtiyecho.
Muralha, *s. f.* durîg, koṭṭ *n.*, taṭ; pâgâr *m.*
Murar, *v. t.* durîg kâḍhuṁk *(d. do o.)*, pâgâr ghâluṁk *(d. do o.)*; *(fig.)* aḍuṁk, âḍâvuṁk. ‖ *v. i.* uṁdrâk pâlat karuṁk.
Murça, *s. f.* mûrs *f.*
Murcha, *s. f.* bâvṇeṁ *n.*
Murchar, *v. t.* bâvauṁk, sukauṁk. ‖ *v. i. e r.* bâvuṁk, sukuṁk, mâvḷuṁk, maruṁk; *(fig.)* bâvuṁk, maû jâvuṁk, viṭkaḷuṁk; duśchit-, chiṁteshṭ jâvuṁk, gaḷûn paḍuṁk.
Murchecer, *v. t.* bâvauṁk. ‖ *v. i.* bâvuṁk.
Murchidão, *s. f.* bâvṇeṁ, sukṇeṁ *n.*; *(fig.) V.* DESFALLECIMENTO.
Murcho, *a.* bâvlalo, bâvko, suklalo, suko, sukaṭ, mlân; *(fig.)* meṁgo, maṁd; chiṁteshṭ, duśchit.
Mureira, *s. f. V.* ESTRUMEIRA.
Murganho, *s. m.* uṁdurlî, hâḍlî *f.*
Murmulho, *s. m.* lahârâṁchî gâj *f.*
Murmur, *s. m. V.* MURMURO e MURMURAÇÃO.
Murmuração, *s. f.* murmurâsâṁv, vâyṭ ulauṇeṁ *n.*, chahâḍî *ou* châḍî, niṁdâ *f.*, apavâd, kuvâd *m.*

Murmurador, *a. e s. m.* saḷsaḷît, sursurît, guṇguṇo; vâyṭ ulauṇo, chahâḍyo, niṁdest, apavâdî, kuvâdî.
Murmurante, *a.* guṇguṇo, khaṇpaṇo; murmurto, saḷsaḷît.
Murmurar, *v. t.* guṇguṇûn-, phutphutûn sâṁguṁk. ‖ *v. i.* murmuruṁk, guṇguṇuṁk, sursuruṁk, saḷsaḷuṁk, puṭpuṭuṁk, buḍbuḍuṁk, burburuṁk; *resmungar:* guṇguṇuṁk, muṇmuṇuṁk, kuṇkuṇuṁk, khaṇpaṇuṁk, dhusdhusuṁk, kurmuruṁk; *dizer mal:* vâyṭ-, nâṁvâr ulauṁk, niṁdâ karuṁk, khoḍî kâḍhuṁk, apavâduṁk. ‖ *v. imp.* khabar âsuṁk,- chaluṁk.
Murmurativo, *a.* vâyṭ ulaitalo, niṁdâ kartalo; niṁdecho, apavâdâcho.
Murmurinho, **murmurio**, *s. m.* murmurî *f.*, saḷsaḷo, sursur, karkar *m.*; kâṇkûṇ, karkar, gâḍgûḍ, gujguj *n.*; guṇguṇî, phutphutṇî, muṇmuṇṇî, murmurṇî; phuṇphuṇṇî, phaṇphaṇṇî, kurmurṇî, dhusdhusṇî *f.*
Murmúro, *s. m.* guṇguṇî, phutphutṇî *f.*; saḷsaḷo, sursur *m.*
Múrmuro, *a. (poet.)* guṇguṇo, guṇguṇît, sursurît, saḷsaḷît.
Murmuroso, *a.* murmurto, saḷsaḷît, khaḷkhaḷît.
Muro, *s. m.* durîg *n.*, pâgâr; pâro; *(fig.)* âdhâr, âsar *m.*
Murra, *s. f.* dhagâcheṁ khat *n.*
Murraça, *s. f.*, **murro**, *s. m.* mûṭh, bûk *f.*, dhumko, gamo, dhapko *m.*
Murugem, *s. f. (bot.)* uṁdrâcho kâṇ *m.*
Mururé, *s. m. (bot.)* dhaveṁ śâḷak *n.*
Musa, *s. f.* sarasvatî, kâvyadevatâ; kavitâśakti; kavitâ *f.*, kâvya *n.*; *(bot.)* keḷ *f.*, keḷaṁbo *m.*
Musal, *a.* kâvyadevatecho.
Muscivoro, *a.* mûs khâtalo.
Muscoso, *a. V.* MUSGOSO.
Musculação, *s. f.* châlan *n.*
Musculado, *a.* peśyo âslalo; motyâṁ gâtrâṁcho.
Muscular, *a.* mâṁsapeśecho, peśecho, snayûcho.
Musculatura, *s. f.* sâvrâṁ, gâtrâṁ; ghaṭṭ daṁḍâṁ,- gâtrâṁ *n. pl.*, nibar âṁglaṭ *f.*
Musculo, *s. m.* mâṁsapeśî, peśî *f.*, snâyu *m.*, sâvar *n. ou f.*
Musculosidade, *s. f.* snâyupaṇ *n.* ‖ *V.* MUSCULATURA.
Musculoso, *a.* snayûcho, peśyâṁcho; ghaṭṭ, trâṇî, jarâvar, baḷkaṭ.
Museu, *s. m.* kautukasaṁgrahâlay *n.*

Musgo, *s. m.* śeḷo *m.*

Musgoso, musguento, *a.* śelo âslalo, śeḷyân bharlalo, śeḷyâcho; śeḷo kaso.

Musica, *s. f.* mûjg *n.*, susvaravidyâ, gaṁdharvavidyâ, saṁgîtavidyâ, vâdyavidyâ *f.*; gâyan, vâjap; *bandu de musicos:* mûjg, beṁd (*do ingl.* BAND) *n.*, bâjo (*us. entre os hindús*) *m.* ‖ — *instrumental*, vâjap. — *vocal*, gâyan, gît. — *sagrada*, satgît *n.*

Musical, *a.* susvaravidyecho, saṁgîtâcho.

Musicalmente, *adv.* saṁgîtâpramâṇeṁ.

Musicar, *v. i.* gâvuṁk va vâjauṁk.

Musico, *a.* mujgâcho, saṁgîtâcho; (*fig.*) susvar. ‖ *s. m.* mûjg, vâjpî, vâjaṁtrî; gâyak, gâṇâr, gaṁdharv.

Musicomania, *s. f.* saṁgîtamad *m.*

Musicomano, *s. m.* saṁgîtâk pisâvlalo,- bhullalo.

Musiquear, *v. i. V.* MUSICAR.

Musequim, *s. m.* halko-, bâjârî vâjaṁtrî.

Mussitação, *s. f.* oṁṭhâṁchî kaḍkaḍî *f.*

Musulmanismo, *s. m.* musalmânî samurt *f.*, -dharm *m.*

Musulmano, *a.* musalmânî. ‖ *s. m.* musalmân.

Mutabilidade, *s. f.* badalcho guṇ *m.*, asthiratâ *f.*, athîrpaṇ *n.*

Mutação, *s. f.* badalṇî *f.*; badlap, phirṇeṁ *n.*, pâlaṭ *m.*; athîrpaṇ *n.*, chaṁchaḷây *f.*

Mutatorio, *a.* badluṁk-, phirauṁk upkârto.

Mutavel, *a. V.* MUDAVEL.

Mutilação, *s. f.* luṁḍṇî, muṁḍhṇî; muṁḍhây *f.*, muṁḍhepaṇ, luṁḍepaṇ *n.*

Mutilador, *a. e s. m.* vikaḷtalo, luṁḍṇâr, muṁḍhṇâr.

Mutilar, *v. t.* âṁg kâtruṁk (*g. do o.*), âṁgchhed karuṁk (*g. do o.*), vikaḷuṁk; luṁḍuṁk, muṁḍhuṁk, hâṇuṁk; (*fig.*) kâtruṁk; deṁvauṁk, uṇâvuṁk.

Mutilo, *a. e s. m.* luṁḍo, muṁḍho, vikaḷ

Mutismo, *s. m. V.* MUDEZ.

Mutuação, *s. f.* ushṇeṁ deṇeṁ *n.*; parasparatâ, ekmekî, sadalbadal *f.*

Mutuado, *a.* ushṇo.

Mutualidade, *s. f.* parasparatâ, ekmekî *f.*

Mutuamente, *adv.* parasparîṁ, ekmekîṁ, ekmekâk.

Mutuante, *a. e s. m.* ushṇo ditalo; sadalbadal kartalo.

Mutuar, *v. t.* ekmekâk-, parasparîṁ divuṁk, badluṁk, sadalbabal karuṁk (*g. do o.*); ushṇo divuṁk; ushṇo ghevuṁk,- mâguṁk.

Mutuario, mutuatario, *s. m.* ushṇo ghetalo,- mâgtalo.

Mutuo, *a.* paraspar, ekmekâcho *ou* ekâmekâcho, ekmek. ‖ *s. m.* ushṇeṁ deṇeṁ,- gheṇeṁ *n.*

Muxara, *s. f. V.* ASYLO.

Myalgia, *s. f.* snâyuvedan *n.*

Myographia, myologia, *s. f.* snâyuvarṇan *n.*

Myope, *a. e s. m. e f.* moṭve dishṭîcho, alpadṛishṭicho, gajadṛishṭi.

Myopia, *s. f.* moṭvî dishṭ, alpadṛishṭi, gajadṛishṭi *f.*

Myotomia, *s. f.* snayuchhed *m.*

Myriade, *s. f.* dahâ hajâr *m. pl.*, daśasahasra *n.*; (*fig.*) koṭi *f.*

Myrmidão, *s. m. V.* MIRMIDÃO.

Myrobalano, *s. m.* (*bot.*) harḍo *m.*

Myrrha, *s. f. V.* MIRRA.

Mystagogo, *s. m.* maṁtropadeśak, saṁskârî. ‖ *V.* MENTOR.

Mysterio, *s. m.* mister, paik *m.*; gûḍh *ou* gûṭh, marm *n.*

Mysteriosamente, *adv.* gûḍhân; guptîṁ.

Mysterioso, *a.* gûḍhâcho, guṭhâcho, gûḍh, nigûḍh, gûḍhârth, akaḷ; goṁṭâḷyâcho; gupit, gupto.

Mystica, *s. f.* paramârthaśâstr; dhyânâchâr *m.*

Mysticamente, *adv.* paramârthaśâstrapramâṇeṁ; dhyânâchârîṁ.

Mysticidade, *s. f.* gûḍhpaṇ *n.*; atibhakti *f.*

Mysticismo, *s. m.* paramârthabhâv; dhyânâchâr *m.*; gûḍhârthpaṇ *n.*

Mystico, *a.* gûḍhâcho, gûḍhârth, gupto; bhaktivaṁt, dhyânî; baro, ruchîk; mâṇkulo. ‖ *V.* ALLEGORICO. ‖ *s. m.* dhyânî, bhaktichâr.

Mystificação, *s. f.* nadar bâṁdhṇeṁ, bhûl ghâlṇeṁ *n.*, phasauṇî, nâḍ *f.*

Mystificador, *a. e s. m.* phoṭauṇo, phasauṇo, nâḍṇâr.

Mystificar, *v. t.* phoṭauṁk, phasauṁk, nâḍuṁk, bhûl ghâluṁk (*d. do o.*), nadar bâṁdhuṁk (*g. do o.*)

Mythicamente, *adv.* purâṇkathepramâṇeṁ.

Mythico, *a.* purâṇkathecho. ‖ *V.* FABULOSO.

Mythismo, *s. m.* purâṇkathâśâstr *n.*

Mytho, *s. m.* purâṇkathâ *f.* ‖ *V.* CHIMERA.

Mythologia, *s. f.* puraṇ; purâṇśâstr *n.*

Mythologicamente, *adv.* purâṇîṁ.

Mythologico, *a.* purâṇâcho; purâṇâṁtlo.

Mythologismo, *s. m. V.* MYTHISMO.

Mythologista, mythologo, *s. m.* purâṇî, purâṇśâstrî.

N

N, *s. m.* chaudâveṁ akshar (*n,* ṁ), *f.*

Nababo, *s. m.* nabâb.

Nabal, *s. m.* śalgamâṁcho maḷo.

Nabiça, *s. f.* śalgamâchî tarṇîṁ pâṇâṁ *n. pl.*

Nabo, *s. m.* śalgam *m.,* śikhâmûḷ *n.; (fig.)* doḍo manîs. ‖ *Comprar nabos em sacco (fig.),* paḷe nâstânâ ghevuṁk.

Nação, *s. f.* lok, deślok *m.,* jât *f.,* *janpad *m.;* prajâ *f.;* râshṭr *n.,* deś; koṇkṇo lok *m.* ‖ *V.* PATRIA.

Nacar, *s. m.* motyâchî śiṁpî *f.,* muktâsphoṭ; kirmijî-, rasraśît raṁg *m.*

Nacarado, nacarino, *a.* paṁvḷo, rasraśît.

Nacarar, *v. t.* paṁvḷo karuṁk.

Nacibo, *s. m.* nasîb *n.*

Nacional, *a.* lokâcho, deśâcho, deśî, râshṭrik, sarvarâshṭrik; svadeśâcho. ‖ *s. m.* deśî-, mulkî manîs, deśkâr.

Nacionalidade, *s. f.* deśîpaṇ, janmasthân *n.;* svataṁtrdeś *m.,* svataṁtrrâshṭr *n.*

Nacionalizar, *v. t.* deśî-, mulkî karuṁk; deśajâdhikâr divuṁk *(d. do o.)* ‖ *v. r.* deśî-, deśkâr jâvuṁk.

Nacionalmente, *adv.* deśîpaṇîṁ; râshṭrâudeśîṁ.

Naco, *s. m.* kuṭko, kapo, laṁbo *m.*

Nada, *s. m.* abhâv *m.,* nâstikî *f.,* *nyâsepaṇ; kâṁynâṁ, kâṁych *n.* ‖ *V.* BAGATELA. ‖ *Não servir de —, não prestar para —,* kityâk upkârnâ jâvuṁk. *Não se dar — a alguem,* kâṁy nâ paḍuṁk. *Ter em —, estimar em —,* kâṁy mol nâ divuṁk. *Ha —,* âtâṁch, rigvo *(decl.) Por —,* mâtr, mâtso *(decl.) Um tudo —,* iloso, mâtso. *Não ter — de,* kâṁy nay. *Antes de mais —,* saglyâ-âdîṁ, rokḍo *(decl.)* ‖ *adv.* nâṁ, nâṁ kî nâṁ, kaddhîṁch nâṁ. ‖ *— de novo,* sadâṁcheṁch, kâṁy phaḷ nâṁ.

Nadador, *a. e s. m.* pevnâr.

Nadadura, *s. f.* pevṇî *f.*

Nadante, *a.* pevṇo, piyeto; upheto, ubhto.

Nadar, *v. i.* pevuṁk, piyevuṁk, piyuṁk; uphevuṁk, ubhuṁk, taruṁk; *(fig.)* buḍuṁk, bharoṁk. *Ficar a —,* (âṁgâvleṁ) nâchuṁk; thaṭâkuṁk. *— em grande agua,* sukḷân jiyevuṁk. *— em secco,* nâ tharuṁk. *— sem bexigas,* âple asṭhaṁgîṁ karuṁk. *Estar a —,* nakḷuṁk, nâ samjuṁk.

Nadega, *s. f.* kulo *m.,* ḍhuṁg, ḍhuṁgaṇ *n.* ‖ -s, *pl.* bukâṇo *m.,* phudneṁ *n.,* gâṁḍ *f.*

Nadegada, *s. f.* kulyâṁr mâṛṇeṁ; phudṇeṁ âpṭaṇeṁ *n.*

Nadegudo, *a.* moṭyâṁ kulyâṁcho, kulero.

Nadegueiro, *a.* kulyâṁcho.

Nadinha, *s. m.* iloso, mâtso *(aa.)* ‖ *Um —,* mâtso.

Nadir, *s. m.* adhar, adhobiṁdu *m.,* adhodiśâ *f.*

Nadivo, *a. V.* NATIVO.

Nado, *s. m.* pevṇî *f.* ‖ *A —,* pevûn; uphevûn. ‖ *a.* jâlalo, jalmalalo. ‖ *Sol —,* dîs udelalo. *Ser já sol —,* dîs udevuṁk, ugavuṁk.

Nafego, *a.* ek kulo lahân âslalo (ghoḍo).

Naiade, *s. f.* jaladévatâ *f.*

Naife, *a.* karḍo.

Naipe, *s. m.* chitr *n.; (fig.) V.* EGUALHA.

Nalga, *s. f. V.* NADEGA.

Nalgada, *s. f. V.* NADEGADA.

Namoração, *s f.* mogâche lâg, hâvbhâv *m. pl.,* śṛiṁgâr *m.,* dostî *f.*

Namorada, *s. f.* priyâ, dhagaḍî.

Namoradamente, *adv.* śṛiṁgârân; vhaḍâ mogân.

Namoradeira, *s. f.* mogâk peṭlalî-, śṛiṁgârî bâil.

Namoradeiro, *a. e s. m.,* **namoradiço,** *a.* mogâk lâglalo,- peṭlalo, bâylâṁk lobhdatalo,- bhultalo, śṛiṁgârî.

Namorado, *a.* bhulailalo; bhullalo, śṛiṁgârit. ‖ *V.* AMOROSO. ‖ *s. m.* dhagaḍ, dost, kâṁt, ramaṇ, jâr, upapati; khoḍo *m.,* beḍî *f.*

Namorador, *a. e s. m.* bhulauṇo, bhulauṇâr, śṛiṁgâr-, hâvbhâv kartalo; mogâḷ, prîtivaṁt.

Namoramento, *s. m. V.* NAMORAÇÃO.

Namorar, *v. t.* bhulaumk, bhûl ghâlumk *(d. do o.)*, lâg-, hâvbhâv karumk *(d. do o.)*, pâṭhî lâgumk *(g. do o.)*, mirvumk *(d. do o.)*, śṛimgârumk; kâḷij odhumk,- vamdâvumk *(g. do o.)*, lobhdâvumk; *(fig.)* âśevumk, atrekumk *(d. do o.)* ‖ — *as paredes*, polke lâg-, gamje karumk. ‖ *v. r.* bhulumk, lobhdumk, mogâk lâgumk,- peṭumk. ‖ — *de si*, âpṇakach murgaṭumk,- mânavumk.

Namoricar, *v. t. e i.* vaylyâvayr bhulaumk.

Namorico, *s. m.* uḍtî bhulaumî, chaltî mirvaṇ *f.*, dhâmvte-, vaylyâvayle lâg,- gamje *m. pl.*

Namoro, *s. m.* bhulaumî, bhûl, mirvaṇ, rati *f.*, dhagaḍpaṇ *n.*, śṛimgâr *m.*

Namoxim, *s.* namas *f.*

Nana, *s. f.* tâtâ *m.* ‖ *Fazer* —, hâllo karumk; tâtâ karumk.

Nanar, *v. i.* tâtâ karumk.

Nanico, *a.* biṭimglo, chimno.

Nanja, *adv.* kaddhîmch nâm, kednâch nâm, kasemch nâm.

Não, *adv.* nâ *ou* nâm *(nega a existencia ou o estado; ex.:* to baro nâm, *elle não está bom)*; nâmch, nâm kî nâm, kaddhîmch nâm *(emph.)*; nahi, nay, nîm, nom, nûm, nûmy *(nega a qualidade; ex.:* to baro nay, *elle não é bom)*; chhe, chhat, phûm *(int.)* ‖ *Quando* —, nâ jâlyâr, nâ tar. *A* —, nâ jâyt jâlyâr. — *mais*, puro. *Pois* —? kharemch, kityâk nâm? — *menos*, tasoch, titlo. ‖ *s. m.* nâm mhaṇṇem *n.*, nâkâr *m.*

Napeas, *s. f. pl.* vanadevatâ.

Napeiro, *a.* nidro, jemo. ‖ *V.* INERTE.

Naphta, *s. f.* naphtel *n.*

Narcisar-se, *v. r.* âpṇâkach bhulumk,- murgaṭumk; pehrâvumk, mirvumk, gamje karumk.

Narciso, *s. m.* gamjekâr, pehrâvekâr, mirvanâr.

Narcose, *s. f.*, **narcotismo,** *s. m.* gumgî, jhâmp *f.*

Narcotico, *a.* gumgecho, jhâmp hâḍcho. ‖ *s. m.* gumgechem okhat *n.*

Narcotina, *s. f.* âphinâcho ark *m.*

Narcotizar, *v. t.* gumg karumk, jhompâvumk; *(fig.) V.* ENFADAR.

Nardino, *a.* jaṭâmâmsecho.

Nardo, *s. m.* jaṭâmâmsî *f.*

Narigada, *s. f.* nâk mârṇem *n.*

Narigão, *s. m.* nâkoṭo *m.*, nâkoṭem *n.* ‖ *a. V.* NARIGUDO.

Narigudo, *a.* nâkalyo, nâkyo.

Narina, *s. f.* nâkâcho pûḍ *m.* ‖ **-s,** *pl.* nâk *n.*

Nariz, *s. m.* nâk, ghrâṇ *(p. us.) n.* ‖ *V.* OLFACTO. ‖ — *aquilino*, garuḍnâk. *Canna do* —, nâkâcho dâmḍo,- vâmso *m. Ponta ou lobulo do* —, nâkâchî temhî *f. Cahir de* —, nâk dharṇîr âpṭumk. *Metter o* —, toṁḍ ghâlumk. *Cantar ou falar pelo* —, nâkyâm gâvumk va ulaumk. *Ser senhor do seu* —, koṇâchî parvâ nâ karumk. ‖ **-es,** *pl. V.* VENTAS. ‖ *Dar com os* — *na porta*, dâr dhâmplalem meḷumk *(d. do s.) Dar com os* — *num sedeiro*, hâtâmt pâḷâmbo,- koyamḍo.

Narração, *s. f.* sâmgṇî, mhaṇṇî *f.*, kathan, varṇan, kîrtan, nirûpaṇ *n.*; kathâ *ou* kamthâ, hakikat, goshṭ, gajâl, khabar *f.* ‖ *V.* CONTO.

Narrado, *s. m.* sâmglalem, kathan *n.*, gajâl *f.*

Narrador, *a. e s. m.* sâmgṇâr, kamthî, kamthâkâr.

Narrar, *v. t.* sâmgumk, kathumk, nirûpumk.

Narrativa, *s. f.* sâmgṇî *f.*; kathan, varṇan *n.*; kamthâ, goshṭ, kahâṇî, kâdambarî *f.*

Narrativamente, *adv.* nirûpûn.

Narrativo, *a.* kathecho, goshṭîcho; bârkâyen sâmglalo,- sâmgtalo.

Nasal, *a.* nâkâcho; nâkyo, śimro, guṇgṇît; *(gram.)* anunâsik. ‖ *s. m. e f.* anunâsikvarṇ *n.*

Nasalação, *s. f.* anunâsik karṇem *n.*

Nasalar, *v. t.* anunâsik karumk, nâkân svarumk,- uchchârumk.

Nasalmente, *adv.* nâkân, nâkyâm, guṇguṇûn.

Nascedoiro, *s. m.* jalmâchî svât *f.*

Nascença, *s. f.* jâṇem *n.*, jalm; upaj, udev *m.* ‖ *A* —; jâvumchyâ veḷâr, janmakâḷim. *De* —, *V.* INNATO. *Morrer á* — *(fig.)*, muḷîm bighḍumk.

Nascente, *a.* jâto, jâtalo; mâmḍtalo, upjatalo. ‖ *s. m.* udemtî, ugavtî, pûrv *f.* ‖ *s. f.* jhar *f.*; *(fig.)* nidhân, ghar *n.*

Nascer, *v. i.* jâvumk, janmumk *ou* jalmumk, utpann jâvumk, utpannumk, sambhavumk; upjumk, nipjumk; *germinar:* jâvumk, kirlumk; *apparecer no horizonte:* udevumk, ugavumk; *apontar:* jâvumk, phuṭumk. ‖ *Fazer* —, jâyso karumk, upjaumk.

Nascida, *s. f.* ṭumbar, duḥkhâṇem *n.*, kemsoḷî *f.*

Nascidiço, *a. V.* NATURAL.

Nascido, *a.* jâlalo, jalmalalo. ‖ *s. m. V.* NASCIDA.

Nascimento, *s. m.* jâṇeṁ, janan *n.*, janm *ou* jalm, bhav, prabhav, saṁbhav, upaj, prasav *m.*, prasavpaṇ *n.*, utpatti, bhûti; saṁsarṇî *f.*, araṁbh *m.*, mûḷ *n.* ‖ *V.* GERAÇÃO. ‖ *De* —, jalmân.

Nasciturо, *a. e s. m.* poṭâṁt âslalo.

Nascivel, *a.* jâvûṁyeso.

Nassa, *s. f.* khaṇ *f.*

Nassada, *s. f.* khaṇîṁt dharlalî mâsḷî *f.*

Nastro, *s. m.* nâḍo, dâl *m.*, pâṁtî, viṇî *f.*, âṁgvaḷ *n.*

Nata, *s. f.* dudhâchî sây; *(fig.)* nivaḍ *f.* ‖ — *da terra, V.* NATEIRO.

Natação, *s. f.* pevṇî.

Natadeira, *s. f.* dudhâṇî *f.*

Natado, *a.* sây mâṁḍlalo; chiklân-, kharvaḍîn bharlalo.

Natal, *a.* jalmâcho. ‖ *Paiz* —, janmadeś, svadeś, âplo gâṁv *m.* ‖ *s. m.* jalmâcho dîs *m.*; natâl *n.*

Natalicio, *a.* janmâcho, jalmâcho; jalmâchyâ disâcho.

Natatorio, *a.* pevṇyâcho. ‖ *s. m.* pevṇyâchî khaṇ *f.*

Nateirado, *a. V.* NATADO.

Nateiro, *s. m.* chikal, gâḷ *m.*, kharvaḍ, rebaḍ *f.*

Natento, *a.* sây mâṁḍlalo; kârâcho chikal-, gâḷ âslalo; tupâḷ. ‖ *V.* FERTIL.

Natio, *s. m.* rân *n.*

Nativamente, *adv.* jalmân, sayaṁbhân, sayaṁbhîṁ.

Natividade, *s. f.* janm *ou* jalm *m.* ‖ *V.* HOROSCOPIO.

Nativo, *a.* jalmâcho, jâtîcho; sayaṁbhâcho, svabhâvik; mulkî, deśî, deśâcho. ‖ *Agua nativa,* jharîcheṁ udak.

Nato, *a.* jâlalo, jalmalalo. ‖ *V.* NATURAL.

Natura, *s. f. (ant.) V.* NATUREZA.

Natural, *a.* jalmâcho, sayaṁbhâcho, svabhâvâcho, svabhâvik, prakritîcho, jâtîcho, baḍicho, bhâvik, sahaj, prakrit; *regular:* ritîcho, châlîcho, nyâyâcho, mârgâcho, vâjbî, yathâkram; *desaffectado:* sâdho, saraḷ, ujû; *espontaneo:* sahaj, âpâp; *oriundo:* mulkî, deśî; *terreno:* saṁsârâcho, saṁsârâṁtlo. ‖ *Filho* —, poṭâcho-, anîj burgo, vivâhâjat putr. *Morte* —, âpleṁ marṇ, sumaraṇ. *Philosophia* —, padârthaśâstr, padârthamâtraśâstr *n.* *Fazer* —, *V.* NATURALIZAR. ‖ *s. m.* mulkî, deśî, deśkâr; *indole:* svabhâv *m.*, sayaṁbh, śîl *n.*, baḍ, kâletrî *f.* ‖ *V.* ORIGINAL. ‖ *Ter bom* —, bare baḍîcho jâvuṁk. *Ao* —, *V.* NATURALMENTE.

Naturalidade, *s. f.* svabhâvikpaṇ, sahajatva; saraḷpaṇ, ujûpaṇ; janmasthân *n.*, janmabhûṁy *f.* ‖ *V.* NATURALIZAÇÃO.

Naturalismo, *s. m.* sayaṁbhâchî daśâ *f.*, svabhâvikpaṇ; sahajajñân *n.*

Naturalista, *s. m. e f.* padârthaśâstrajña, sthâvarajaṁgamavichârî.

Naturalização, *s. f.* desajâtâdhikâr deṇeṁ; deśî-, mulkî karṇeṁ *n.*

Naturalizar, *v. t.* deśajâtâdhikâr divuṁk *(d. do o.)*, deśî-, mulkî karuṁk; âploso-, gâṁvṭî karuṁk; *habituar:* rahâṭauṁk, aḷsauṁk. ‖ *V.* ADAPTAR. ‖ *v. r.* deśî jâvuṁk.

Naturalmente, *adv.* sayaṁbhân, sayaṁbhîṁ, sayaṁbhâpramâṇeṁ; sâdhepaṇîṁ, ujûpaṇîṁ; sahaj, âpâp. ‖ *V.* PROVAVELMENTE.

Natureza, *s. f.* *universo:* jag, viśv *n.*, srishṭi, bhûmaṁḍaḷ *f.*; *creador:* rachṇâr, viśvakartâ *m.*; *essencia:* sayaṁbh *n.*, svabhâv, bhâv, janm *ou* jalm, svadharm *m.*, prakrit, jât, vastuśakti *f.*, tattv, sattv, svarûp; *indole:* śîl *n.*, baḍ, kâletrî; *ordem natural:* nît, rît, châl *f.*, mârg, nyây, kram *m.*; *intestinos:* poṭ *n.* ‖ *Por* —, sayaṁbhân.

Naturismo, *s. m. V.* NATURALISMO.

Nau, *s. f.* jujâcheṁ târûṁ; tarâṁḍeṁ, galbat *n.*, savdo *m.*

Naufragante, *a. e s. m. e f.* phuṭlalyâ târvâvaylo. ‖ *V.* NAUFRAGOSO.

Naufragar, *v. i.* (târûṁ) phuṭuṁk, bhetuṁk; buduṁk; tarâṁḍeṁ phuṭuṁk *(g. do s.)*; *(fig.)* nâs-, dhûḷdaśâ jâvuṁk *(g. do s.)* ‖ *V.* MALLOGRAR-SE.

Naufragio, *s. m.* târûṁ phuṭṇeṁ,-bhetṇeṁ *n.*, târûṁphûṭ *f.*, naukâbhaṁg; *destroço:* ibâḍ *m.*, dhûḷdaśâ, duṁbḍî *f.* ‖ *V.* INFORTUNIO.

Naufrago, *a. e s. m.* târûṁ phuṭlalo, phuṭlalyâ târvâvaylo. ‖ *V.* NAUFRAGOSO.

Naufragoso, *a.* târûṁ phoḍcho, târvâṁ phuṭṭalo; *(fig.)* saṁkaṭâcho, dhakyâcho.

Naulo, *s. m.* nor, utâr *m.*, târ *f.*

Naumachia, *s. f.* naukâyuddh, nâvikayuddh *n.*

Naumachico, *a.* naukâyuddhâcho.

Nausea, *s. f.* oṁkâro, abko *(us. Sal.)* *m.*, umaḷ, kaḷmaḷ *f.*; daryâ lâgṇeṁ *n.*; *(fig.)* kâṁṭâḷo *m.*, vîṭ, aḷśik.

Nauseabundo, nauseante, *a.* oṁkâryâcho, umaḷ-, kaḷmaḷ bhâḍcho; (*fig.*) kâṁṭâḷvâṇo, aḷśikaṇo, okhoṭo, oukhaṭo, ghâṇero, ghâṇerḍo, amaṅgaḷ, hâgirḍo, pojḍo.

Nauseado, *a.* daryâ lâglalo; oṁkâro-, vîṭ âylalo.

Nausear, *v. t.* oṁkâro-, umaḷ hâḍuṁk (*d. do o.*): (*fig.*) kâṁṭâḷâvuṁk, viṭâvuṁk. ‖ *v. i. e r.* oṁkâro yevuṁk (*d. do s.*), abkevuṁk; kâṁṭâḷuṁk, kâṁṭâḷo-, vîṭ disuṁk (*d. do s.*), viṭevuṁk, aḷśikevuṁk.

Nauseativo, nauseoso, *a.* oṁkâryâcho; kâṁṭâḷyâcho, viṭecho.

Nauseento, *a.* viṭâḷvaṁt, viṭâḷo.

Nauseosamente, *adv.* oṁkâryân; kâṁṭâḷyân.

Nauta, *s. m.* târvaṭi, khalâśî, laśkarî, tâṁḍeḷî.

Nautica, *s. f.* târvâṁ chalauṁchî vidyâ, naukâchâlanavidyâ *f.*

Nautico, *a.* târvâṁ chalauṁcho; tarâṁḍyâṁcho. ‖ *Arte nautica*, naukâchâlanavidyâ *f. Apparelhos nauticos*, târvâṁchiṁ yaṁtrâṁ *n. pl.* ‖ *s. m.* târvâṁchî samjoṇî âslalo.

Nava, *s. f.* mâḷ *n.*

Naval, *a.* târvâṁcho, galbatâṁcho, nâvya; târvâṁ chalauṁcho. ‖ *Guerra* —, daryâṁtleṁ juj *n.*

Navalha, *s. f.* vâkhar *m.* ‖ -s, *pl.* rândhukrâche bhâyr sarlale dâṁt *m. pl.*, suyelâṁ *n. pl.*

Navalhada, *s. f.* vâkhrâcho ghây *m.*

Navalhado, *a.* vâkhrâche dhâricho, vâkhar kaso.

Navalhar, *v. t.* vâkhrân kâtruṁk,- châṁchâvuṁk, vâkhar mâruṁk (*d. do o.*), vâkhrâvuṁk.

Navalhudo, *a.* suḷeryâṁ dâṁtâṁcho, vâkhardâṁtâṁcho.

Nave, *s. f.* devasthânâchî tâvḍî *f.*; (*ant.*) târûṁ, tarâṁḍeṁ *n.*; (*fig.*) *V.* TEMPLO.

Navegação, *s. f.* târvân yeṇeṁ,- vachṇeṁ *n.*, daryâṁtli vyâj (*do port.* VIAGEM), saphar,- naukâyâtrâ *f.* ‖ *V.* NAUTICA.

Navegador, navegante, *s. m. e a.* galbatâr bhoṁvtalo, târvâṁ vetalo, sapharî, samudragâmî; târûṁ chalaitalo, nâvâḍî, mâlîm, nâvik.

Navegar, *v. i.* târvân-, pâṭmâren vachuṁk,- yevuṁk, târvâr chaluṁk, daryâṁt bhoṁvuṁk; (târûṁ) chaluṁk, hâṁkâroṁk; târûṁ chalauṁk. ‖ *v. t.* târvân vharuṁk; balâṁḍuṁk.

Navegavel, *a.* târûṁ chalcho, tarâṁḍeṁ vachosârko, nâvya.

Naveta, *s. f.* nâvet *f.*,- dhuṁpâḷ *n.*

Navicular, naviforme (*poet.*), *a.* târvâchyâ âkârâcho, naukâkriti.

Navifrago, *a.* (*poet.*) *V.* NAUFRAGOSO.

Navigabilidade, *s. f.* nâvyapaṇ *n.*

Navio, *s. m.* târûṁ, galbat, tarâṁḍeṁ, juṁgaṭ, gurab *n.*, savdo *m.*, pâtmâr *f.* ‖ — *de guerra*, jujâcheṁ târûṁ, ârmar (*do port.* ARMADA) *n.* — *mercante*, yepârâcheṁ târûṁ. — *de fogo*, agninaukâ *f.*

Neblina, nebrina, *s. f.* dhuṁkaṭ, muhreṁ *n.*; (*fig.*) *V.* ESCURIDÃO.

Nebulosa, *s.* nekhatrâṁcheṁ kûp *n.*

Nebulosidade, *s. f.* kupâṁ mâṁḍṇeṁ *n.*, kupâṁ *n. pl.*: maḷbhaṭ *f.*; (*fig.*) *V.* OBSCURIDADE.

Nebuloso, *a.* kupâṁ mâṁḍlalo, kupâṁcho, maḷbhaṭîcho; gair, khadaḷ; samjo nâslalo, avghaḍ. ‖ *V.* SOMBRIO.

Necear, *v. i.* pisâyo ulauṁk, nâkâjâlaleṁ sâṁguṁk.

Necedade, *s. f.* doḍepaṇ *n.*, durbuddh, durmat; pisây *f.*, khuḷepaṇ, mûrkhepaṇ *n.* ‖ *V.* DISPARATE.

Necessaria, *s. f. V.* LATRINA.

Necessariamente, *adv.* avaś jâvûn, chuka nâstânâ, garjevatîṁ.

Necessario, *a.* khachît jâvṁcho, chuka nâstânâ ghaḍcho, avaś; *indispensavel*: garjecho, chuka-, suṭa nâslalo, agati, jarûr; *inevitavel*: vâtâvûṁ-, nistarûṁ najo âslalo, durnivâr; *não livre*: daivavasyâcho, daivapar, hâtâṁt nâslalo; *immutavel*: badla nâslalo, avikâr, nirvikâr; *preciso*: garjecho, kâj; *util*: upkârâcho, phaḷâcho. ‖ *E* —, jây, garaj. ‖ *s. m.* garjecheṁ kâm *n.* ‖ *V.* NECESSIDADE.

Necessidade, *s. f.* avaśyapaṇ, chuka nâslaleṁ kâm *n.*; daivâcho vaso *m.*, adrishṭ, daivaparpaṇ; durnivârpaṇ *n.*; garaj, garjsarj, agat, jarûri *f.*, darkâr *m.*, kâj *n.* ‖ *V.* MISERIA. ‖ *Fazer uma* —, mutuṁk. *Fazer as suas necessidades*, udkâḍe-, parsâkaḍe-, bhâyr basuṁk.

Necessitado, *a.* garjek paḍlalo, garjevaṁt, agatî; baḷ kelalo. ‖ *s. m.* dubḷo, garjedâr.

Necessitante, *a.* garaj âslalo.

Necessitar, *v. t.* garaj âsuṁk,- paḍuṁk (*d. do s., g. do o.*), jây jâvuṁk (*d. do s., s. do o.*); garjek ghâluṁk, agatî karuṁk, poṭ mâruṁk (*g. do o.*); garjecho-, avaś karuṁk. ‖ *V.* CONSTRANGER. ‖ *v. i.* garjek paḍuṁk, garjevuṁk, aṭâsuṁk-, upadryâṁk sâṁpḍuṁk; jây-, garaj jâvuṁk (d. do s.)

Necessitoso, *a.* garjevaṁt, garjedâr, agatî.

Necrologia, *s. f.*, necrologio, *s. m.* mṛitajanavṛittâṁt *n.*, melalyâṁchî yâd *f.*

Necrologico, *a.* melalyâṁche yâdîcho.

Necromancia, *s. f.* pretasiddhi, bhûtvidyâ, kuvidyâ, asatvidyâ *f.*

Necromante, *a. e s. m. e f.* pretasiddhijña, bhûtvidyâ chalaitalo.

Necromantico, *a.* bhûtvidyecho; pretasiddh.

Necrophago, *a.* maḍîṁ-, ḍhorâṁ khâtalo.

Necropole, *s. f.* pretabhûmi, masaṇ *f.*

Necropsia, *s. f.* pretaparîkshâ *f.*

Necroterio, *s. m.* moḍiṁ davarcheṁ ghar *n.*, pratasâlâ *f.*

Nectar, *s. m.* amṛit *n.*; *(fig.) V.* DELICIA.

Nectario, *a.* amṛitâcho.

Nediez, *s. f.* gulgulitây, tuṭṭuḍitây || *V.* ALVURA.

Nedio, *a.* gulgulît, tuṭṭuḍît, luklukît, tutîṁ; tuḷtuḷît, tiḷtiḷît.

Nefando, *a.* aḷsikaṇo, onkhaṭo, ghor, atidushṭ, paḷît *ou* paḷishṭ; khoṭo, nashṭo; *contrario á natureza:* sayaṁbââḍ. || *V.* SACRILEGO.

Nefario, *a.* jabar khoṭo,- nashṭo, ghor, atidushṭ.

Nefas: *por fas ou por* —, âḍveṁubheṁ, nyâyîṁanyâyîṁ.

Nefasto, *a.* amaṁgaḷ, aprasaun, abhadr; duḥkhâcho, hâlâcho, dagdagâṁcho.

Nega, *s. f. V.* NEGAÇÃO.

Negaça, *s. f.* âṁs *n.*, ghâṁs *m.*; lâg, gamje *m. pl.*, bhûl; phoṭkirî dâkhauṇ *f.* || *Fazer* —, bhulauṁk, phuslâvuṁk, phulauṁk.

Negação, *s. f.* nâṁ-, nay mhaṇṇeṁ *n.*, nâkâr *m.*; *carencia:* nâṁ jâṇeṁ *n.*, abhâv *m.*; *recusa:* nâkâ mhaṇṇeṁ, partiṇeṁ, partan *n.*, iṁkâr *(us. Can.) m.* || *V.* INAPTIDÃO.

Negaccador, negaceiro, *a. e s. m.* gaṁje-, lâg kartalo, bhulauṇo, phulauṇo, phuslâvṇo.

Negacear, *v. t.* lâg-, gamje karuṁk *(d. do o.)*, bhulauṁk, phuslâvuṁk, phulauṁk, koṁbo kâḍhuṁk *(d. do o.)*, phulâṁ mâḷuṁk *(d. do o.)* || *v. i.* lâg-, gamje karuṁk.

Negador, *a. e s. m.* nâṁ mhaṇtalo, negârjâtalo.

Negalho, *s. m.* sutâchî guḷî, tâṇî, ṭikeṭ (*do ingl.* TICKET) *f.*, *nagvalo *m.*; *cordel:* sutlî, dorî *f.*; *(fig.)* kuṭko, suṁṭo *m.*; guṭḷlî *f.*

Negamento, *s. m. V.* NEGAÇÃO.

Negar, *v. t.* negârjâvuṁk, nâṁ-, nay mhaṇuṁk, nâ-, nay mhaṇ sâṁguṁk, nâkâruṁk; *recusar:* negârvachuṁk (*litt.* IR NEGAR), nâṁ mhaṇuṁk, nâ divuṁk (*litt.* NÃO DAR), nâ âykuṁk (*litt.* NÃO ATTENDER); *não reconhecer:* negârjâvuṁk, nâ oḷkhuṁk, *mikhîrvachuṁk, *vimukhuṁk; *prohibir:* âḍvâruṁk, manâkaruṁk; *repudiar:* sâṁḍuṁk, soḍuṁk, pâṭh karuṁk *(d. do o.)* || — *a pés juntos,* nâṁ mhaṇ bhâsuṁk. || *v. r.* râjî-, kabûl nâ jâvuṁk, kânâr nâ ghevuṁk (*litt.* NÃO TOMAR SOBRE A ORELHA), pâṭhî saruṁk (*litt.* RECUAR); dishṭî nâ paḍuṁk, lipuṁk. || — *a si mesmo,* âplî khuśî nâ karuṁk, âplî âs mâruṁk. — *a si por outrem,* âpṇâhaun dusryâk lekhuṁk.

Negativa, *s. f.* nâkâr; nâkârâcho śabd,- paksh *m.*

Negativamente, *adv.* nâṁ mhaṇûn, nâkârân.

Negativo, *a.* nâkârâcho, nishedhâcho; abhâvâcho, abhâvrûp; *prohibitivo:* baṁd-, manâ karcho.

Negatorio, *a.* nâṁ-, nay mhaṇcho.

Negavel, *a.* nâṁ mhaṇûmyeso, nâkârâcho.

Negligé, *s. m.* boṁdrepaṇ *n.*

Negligencia, *s. f.* visar, chûk; beparvâ, bephikîr *f.*, pramâd *m.* || *V.* MENOSPREZO.

Negligenciar, *v. t.* beparvâ-, bephikîr karuṁk *(g. do o.)*, parvâ-, phikîr nâsuṁk *(d. do s., g. do o.)*, visruṁk, beśârmâyen soḍuṁk.

Negligente, *a.* parvâ-, phikîr nâslalo, beśârmî, bechatur; âḷsî, sust, jaḍ.

Negligentemente, *adv.* beparvâ-, bephikîr karûn; âḷsâyen.

Negociação, *s. f.* yepâr karṇeṁ *n.*; châlibolî, bolibhâs *f.* || *V.* NEGOCIO. || *Fazer* —, yepâr karuṁk.

Negociador, *s. m.* kâm kartalo, kârbhârî, munîm, kârkûṇ.

Negociamento, *s. m.* dhâṁdo, udyam *ou* udîm *m.* || *V.* NEGOCIAÇÃO *e* NEGOCIO.

Negociante, *s. m.* yepârkâr, yepârî, yerjârî, vyavahârî, vehârî, śeṭkâr, sâvkâr, mâlkâr.

Negociar, *v. i.* yepâr-, udyam karuṁk, vyavahâruṁk; châlîbolî-, bolîbhâs karuṁk. ‖ *v. t.* meḷanṁk, sâṁpḍâvuṁk; jâvoṇî-, vyavasthâ karuṁk (*g. do o.*), âṭpuṁk; *pactuar:* bolî-, khaṁḍ karuṁk (*g. do o.*), boluṁk, khaṁḍuṁk; *vender:* vikuṁk; *apparelhar:* âyto-, tayâr karuṁk.

Negociata, *s. f.* nâḍicho yepâr, chorkhaṁḍ *m.*

Negociavel, *a.* vikûṁyeso, vikcho, vikrecho.

Negocio, *s. m.* negos, vyâpâr, vepâr *ou* yepâr, vyavahâr *ou* vehâr, udyam, udem *ou* udîm, yerjâr, devghev; dhâṁdo, udyog *m.*, kâm, kâj, kârya *ou* kâryeṁ *n.*, kriyâ; rahâṭ, rahâṭâvaḷ *f.* ‖ *V.* CONTRACTO. ‖ *Fazer* —, negos-, yepâr karuṁk; bareṁ joḍuṁk. *Fazer seu* —, âplîṁ kâmâṁ barîṁ karuṁk, âplo saṁsâr paḷevuṁk. *Homem de* —, *V.* NEGOCIANTE. *Homem de* — *ou para* —, yepârâcho-, jâḍjoḍîcho manîs. *Casa de* —, vastrâṁcho-, lugṭâṁcho mâṁḍ. *Negocios mundanos*, jaṁjâḷ, prapaṁch *m. pl.*

Negociosamente, *adv.* dhâṁdalîn; sudsuḍâyen.

Negocioso, *a.* yepârâṁnîṁ bharlalo,- budlalo, dhâṁdalî *ou* dhâṁdalyo, jaṁjâḷo; sudsudît, śitâb.

Negra, *s. f.* khâparleṁ *n.*; kâkâ (*tratamento honorifico*) *f.*

Negraço, *s. m.* khâpro.

Negral, *a.* kâḷso, kâḷsâr.

Negralhão, *s. m.* muśâṁ khâprî.

Negraria, *s. f.* khâpryâṁchî urpaṁj *f.*

Negregado, *a. V.* INFAUSTO.

Negregoso, *a.* chaḍh kâḷo, kâḷo koḷso (*litt.* NEGRO COMO O CARVÃO).

Negregura, *s. f. V.* NEGRURA.

Negrejante, *a.* kâḷo jâto; kâḷo.

Negrejar, *v. i.* kâḷo jâvuṁk,- disuṁk, kâḷok mâruṁk (*d. do s.*); kâḷok karuṁk; (*fig.*) duḥkh paḍuṁk (*l. sup. do s.*), duḥkh mâkhuṁk; duḥkh-, trâs divuṁk.

Negridão, *s. f. V.* NEGRURA.

Negrilho, *s. m.* laṁvecheṁ kâḷeṁ âni karḍeṁ lugaṭ *n.*; khâpurḍo.

Negro, *a.* kâḷo; kâḷso, kâḷsâr (*dim.*); kâḷokâcho; kâḷeṁ neslalo; duḥkhâcho; *medonho:* bhirâṁkûḷ, bhesurvâṇo, akrâḷ; *infausto:* amaṁgaḷ, aprasann, abhadr. ‖ *s. m.* khâprî (*do port.* CAFRE); dâdâ (*tratamento honorifico*); kâḷo raṁg; kâḷok *m.* ‖ *V.* ESCRAVO. ‖ *Trabalhar como um* —, hâtpâṁy ḍâḍâvuṁk, kashṭâvoṁk.

Negror, *s. m.* kâḷok gîḍ *m.* ‖ *V.* NEGRURA.

Negrume, *s. m.* kâḷîṁ kupâṁ *n. pl.*; (*fig.*) khaṁt, duśchitây *f.*, udâspaṇ *n.* ‖ *V.* NEGRURA.

Negrura, *s. f.* kâḷsâṇ, kâḷbâṇ *n.*; kâḷok, aṁdhak, aṁdhakâr *m.*; (*fig.*) khoṭepaṇ, nashṭepaṇ; khat, kaḷaṁk *n.*

Nelumbo, *s. m.* (*bot.*) kamaḷ (*planta*) *f.*; (*flor*) *n.*

Nem, *adv.* nâ, nâṁ; paṇ *ou* pûṇ naṁ (*ex.: nem o vi*, tâkâ hâṁveṁ dekhuṁk pûṇ nâṁ). ‖ *conj.* -y nâ (*ex.:* — *eu* — *elle*, hâṁvay nâ, toy nâ). ‖ — *mais* — *menos*, barâbar, adhik uṇeṁ nâ. — *que*, -y (*ex.:* — *que tu me desses muito dinheiro*, tuveṁ mâkâ jâyte duḍû dilyâray. *Que* —, paras, adhik.

Nemine-discrepante, ekmanîṁ, sammatîn.

Nemoral, *a.* rânâcho, araṇyâcho.

Nemoroso, *a.* jhâḍâṁnîṁ bharlalo.

Néné, *s. m.* bâbulo, bâbû *m.*, bâḷseṁ (*us. Can.*) *n.*

Nenhum, *a.* koṇ nâ, koṇach nâ, koṇ pûṇ nâ, kâṁyck nâ; koṇay nâ.

Nenhumamente, *adv.* kaseṁch nâ.

Nenhures, *adv.* (*p. us.*) khaiṁch nâ.

Nenia, *s. f.* śokgît *n.*

Nenuphar, *s. m.* (*bot.*) kamaḷ (*planta*) *f.*; (*flor*) *n.*

Neologia, *s. f.* navo śabd-, naveṁ mat âpkarṇeṁ *n.*, nûtanaśabdâsray *m.*, nutanamatasevan *n.*

Neologico, *a.* navyâ śabdâcho,- matâcho.

Neologismo, *s. m.* navo śabd, nûtanaśabd *m.*; naveṁ mat, nûtanamat *n.*

Neologista, neologo, *a. e s. m.* nûtanaśabdasevî, nûtanaśabdâśrayî; nûtanamatasevî.

Neophyto, *s. m.* navo kristâṁv; navaśishya, navśîk.

Neoterico, *a.* navo, návsar, hâlîṁcho, nutan.

Nephrite, *s. f.* âṁtrekośâchî duḥkh,- sûj *f.*, kaṭipâk, mûtrapiṁḍarog *m.*

Nephritico, *a.* âṁtrekośâcho, mûtrapiṁḍâcho; kaṭirog jâlalo.

Nepote, *s. m.* bhâcho.

Nepotismo, *s. m.* bhâchyâṁk vaṁḍavṇeṁ; soyryâṁchî-, ishṭâṁchî khuśâmat karṇeṁ *n.*

Neptuniano, neptunino, neptunio, *a.* daryâcho, samudrâcho.

Neptuno, *s. m.* varuṇ *m.; (poet.) V.* MAR.

Nequicia, *s. f. V.* MALDADE.

Nereida, *s. f.* jaladevî.

Nerval, nerveo, *a. V.* NERVOSO.

Nervino, *a.* taṁtûṁcho, śirâṁtarâṁcho; śirâṁtarâṁk lâgto.

Nervo, *s. m.* nerv *ou* ner *m.*, śirâṁtar *n.*, śir *f.*, taṁtu, majjâtaṁtu, chetanâtaṁtu *m.; (fig.)* ghaṭṭây, baḷkaṭî *f.*, baḷ; dhair *n.*, chhâtî *f.; sâr m.*, mûḷ *n.; (bot.)* pânâchyo śiro *f. pl.*

Nervopathico, *a.* majjârogâcho.

Nervosamente, *adv.* tavkyân, trâṇân; tiḍkûn, phaḍphaḍûn.

Nervosidade, *s. f.* majjâtaṁtupaṇ *n.*, majjâtaṁtuśakti *f.; majjâtaṁtuvikâr m.;* śirâṁtarâṁ *n. pl.* ‖ *V.* FORÇA e NERVOSISMO.

Nervosismo, *s. m.* majjâtaṁturog *m.*, nervâṁchî piḍâ *f.*

Nervoso, *a.* śirâṁtarâṁcho, majjâtaṁtûṁcho; śirâḷ, taṁtyâḷ; nerv jâlalo, majjâtaṁturogî, kâṁpśîl; ghaṭṭ, tâṇ, baḷkaṭ; dṛiḍh, nibar. ‖ **-s**, *pl. V.* NEVROPATHIA.

Nervudo, *a.* śirâḷ, taṁtyâḷ. ‖ *V.* MUSCULOSO.

Nervura, *s. f. (bot.)* pânâṁchyo-, pâkḷyâṁchyo śiro *f. pl.*

Nesciamente, *adv.* neṇârpaṇîṁ; pisâyen.

Nescidade, *s. f. V.* NECEDADE.

Nescio, *a.* gnyân-, mat nâslalo, neṇâr, doḍo, phoko, achitt, achatur, durbuddh; pisâṭ, mûḍh, mûrkh. ‖ *s. m.* neṇâr manis, piso.

Nesga, *s. f.* kaḷî, paṭṭî; *(fig.)* loy, śîr *f.*

Neta, *s. f.* nât.

Neto, *s. m.* nâtû *m.;* nâtrûṁ *(sem designação de sexo) n.* ‖ **-s**, *pl.* nâtrâṁ *n. pl.*, nâtûpaṇṭû *m. pl.* ‖ *a.* nitaḷ, nirmaḷ, sâph.

Neutral, *a.* bhâyr âslalo,- râvlalo, bhâylo, sam, ubhaysâdhâraṇ; udâsîn, sambuddhi.

Neutralidade, *s. f.* udâspaṇ *n.*, udâsînbhâv *m.*, ubhaysâdhâraṇpaṇ, sâmya *n.*, sambuddhi *f.*

Neutralização, *s. f.* udâsîn-, ubhaysâdhâraṇ karṇeṁ; mârṇeṁ *n.*, tejobhaṁg, vîryanâś *m.*

Neutralizar, *v. t.* udâsîn-, sam karuṁk; mâruṁk, nirbaḷî karuṁk, baḷ moḍuṁk *(g. do o.)*, vîryanâś karuṁk *(g. do o.)* ‖ *v. r.* udâsîn jâvuṁk; baḷ-, tej moḍoṁk *(g. do s.)* ‖ *V.* ANNULLAR-SE.

Neutralmente, *adv.* udâspaṇîṁ, keṇeṁ vaḷo nâstânâ.

Neutro, *a.* bhâyr râvlalo, bhâylo, udâsîn, udâs, ubhaysâdhâraṇ, sambuddhi; liṁg nâslalo, aliṁg, buḷo, śaṁḍ; *(gram.)* napuṁsak *(nome —)*, akarmak *(verbo —)*.

Nevada, *s. f.* tushâr jâṇeṁ,- paḍṇeṁ *n.;* barphâchî râs *f.*

Nevado, *a.* himân-, barphân bharlalo; dhavo phûl *(litt.* BRANCO COMO A FLOR); thaṁḍ gâr; barphân thaṁḍâylalo.

Nevar, *v. t.* himâṁ bharuṁk; barphân thaṁḍâvuṁk. ‖ *v. i.* barph-, tushâr paḍuṁk; *(fig.)* dhavo jâvuṁk; keṁs pikuṁk *(g. do s.)*

Nevasca, *s. f.* barphâcheṁ moḍ *n.*

Neve, *s. f.* barph *ou* baraph, him *n.*, tushâr *m.*, pâlvî *f.;* nibar thaṁḍ *n.* ‖ *V.* SORVETE. ‖ *Frio de —*, thaṁḍ gâr. *Coração de —*, phâtrâcheṁ kâḷij.

Neveira, *s. f.* barphâchî svâṭ; udkâcheṁ baraph jâvuṁchî bâṁy *f.;* barphâcheṁ yaṁtr *n.*

Neveiro, *s. m.* baraph viktalo.

Neviscar, *v. i.* bârîk him-, tushâr paḍuṁk.

Nevoa, *s. f.* moṭo dav, dhuṁkaṭ *m.*, muhreṁ, kûp *n.*, maḷbhaṭ *f.;* kâḷok, âṁdhâr *m.;* ḍoḷyâṁchî sâî *f.* ‖ *Ir-se em —*, udkâṁt-, paskaṭyâṁt vachuṁk. *Ter nevoas nos olhos (fig.)*, ḍoḷyâṁr kâḷok-, dhaḷmâṁ yevuṁk; ḍoḷe âjûn nâ ughḍuṁk.

Nevoaça, *s. f. V.* NEVOEIRO.

Nevoado, *a.* dhuṁvreṁt bharlalo.

Nevoar-se, *v. r.* dhuṁvreṁt bharoṁk; kupâṁ yevuṁk *(l. sup. do s.)*

Nevoeiro, *s. m.* dhuṁvrî *f.*, dhukeṁ, muhreṁ *n.*, *kupâr *m.*, kupâṁ *n. pl.: (fig.)* kâḷok gîḍ *m.*

Nevoento, *a.* kupâṁ mâṁḍlalo, dhuṁvrecho; *(fig.) V.* OBSCURO.

Nevoso, *a.* barphâcho, himâcho. ‖ *V.* NEVOENTO.

Nevralgia, *s. f.* nervâṁchî piḍâ *f.*, nervâṁ *n. pl.*, majjâtaṁtuvyathâ, taṁtuduḥkh *f.*

Nevralgico, *a.* taṁtuduḥkhîcho.

Nevrino, nevritico, *a.* taṁturog baro karcho.

Nevrite, *s. f.* taṁtusûj *f.*

Nevrographia, *s. f.* majjâtaṁtuvarṇan *n.*

Nevrologia, *s. f.* majjâtaṁtuśâstr *n.*

Nevropathia, nevrose, *s. f.* majjâtaṁtupiḍâ *f.*, taṁturog *m.*

Nevrotico, *a.* taṁturogâcho. ‖ *V.* NEVRINO.

Nevrotomia, *s. f.* majjâtaṁtuchhed *m.*

Nexo, *s. m.* lagtî *f.*, saṁbaṁdh, saṁyog *m.*, sannidhân *n.*, saṁdhi *f.*

Nica, *s. f.* kirkoḷ-, damḍechî vast *f.*, kuskûṭ *n.* ‖ *V.* TRAPAÇA.

Nicada, *s. f.* boṁch mârṇeṁ *n.*

Nicar, *v. t. e i.* boṁch mâruṁk *(d. do o.)*, toṁchuṁk, choṁchuṁk.

Nicho, *s. m.* devmâḷî, devḷî *f.*, kurkûṭ, kaṁtrel, konâḍeṁ *n.*; khaṇ; *(fig.)* jâgo, huddo *m.*

Nicles, *adv.* *V.* NADA.

Nicociana, *s. f.* oḍhcheṁ pân *n.*

Nicotina, *s. f.* pânâcheṁ vikh *n.*

Nicotino, *a.* *V.* SOPORIFERO.

Nicromancia, *s. f.* *V.* NECROMANCIA.

Nictação, *s. f.* ḍoḷe bikbikṇeṁ *n.*

Nidificação, *s. f.* ghaṁṭer karṇeṁ *n.*

Nidificar, *v. i.* ghaṁṭer karuṁk.

Nidoroso, *a.* vâs âsḷalo, vâsâḷ; bâtyâcho, bâtsâṇîcho.

Nigromancia, *s. f.* *V.* NECROMANCIA.

Nigromante, *s. m. e f.* *V.* NECROMANTE.

Nihilismo, *s. m.* bhasm, abhâv *m.*; nâstikî *f.*

Nilgó, *s. m.* nîlgây *f.*

Nimbifero, **nimboso**, *a.* *V.* CHUVOSO.

Nimbo, *s. m.* pâvsâcheṁ kûp *n.* ‖ *V.* AUREOLA.

Nimiamente, *adv.* bhav chaḍh,-adhik, bhârîṁ.

Nimiedade, *s. f.* agḷepaṇ *n.*, adhikây *f.*, atirek, viśesh *m.*, phuskaḷây *f.*, uphâḷeṁ *n.*

Nimio, *a.* agḷo, adhik; chaḍh, bhârî, jâstî, amaryâdî.

Nina, *s. f.* *V.* NANA *e* ARRUELA.

Ninar, *v. t.* hâllo karuṁk,- mhaṇuṁk *(d. do o.)* ‖ *v. i.* tâtâ karuṁk.

Ningrimanços, *s. m. pl.* âgrâchîṁ âutâṁ *n. pl.*

Ninguem, *pron.* koṇ ek nâ, koṇach nâ, koṇ nâ.

Ninhada, *s. f.* ghaṁṭerâṁtlîṁ tâṁtyâṁ *n. pl.*; ghaṁṭerâṁtle pile *m. pl.*; ekâ vyâḷyâchîṁ porâṁ *n. pl.*; *(fig.)* *V.* VIVEIRO *e* COITO.

Ninharia, *s. f.* anarth, kirkuso, kispuro, *suvâs *m.*, kuskûṭ, kuspaṭ, kavaṁṭ, kirkoḷpaṇ *n.*, kirkoḷây, damḍî, mâtî, *alpavast *f.*, bikârbhâso *f. pl.*

Ninhego, *a.* ghaṁṭerâṁt dharḷalo.

Ninho, *s. m.* ghaṁṭer *m.*; vyevuṁchi svât, ḍhol *f.*; âvaybâpâycheṁ ghar, kuḷâr *n.*; aplo gâṁv, svadeś; *(fig.)* âsar, âḍosâcho jâgo *m.*; vivar, kûṭ *n.*

Nini, *s. f.* bâyuleṁ *n.*

Niquento, *a.* khoḍyo, khoḍyâḷo, kimchaṇo, khaṇpaṇo.

Niquice, *s. f.* khoḍyâḷepaṇ, kimchaṇepaṇ *n.*

Nitente, *a.* *V.* NITIDO *e* RESISTENTE.

Nitidamente, *adv.* prajvaḷân, laklakân; nitaḷâyen.

Nitidez, **nitideza**, *s. f.* tiḷtiḷî, liklikî *f.*, laklak, prajvaḷ, prakâś *m.*; nitḷây, mirmaḷây *f.*; *(fig.)* *V.* PUREZA.

Nitido, *a.* tiḷtiḷît, laklakît, jhagjhakit, chakchakît, prajvaḷit; nitaḷ, nirmaḷ, śuddh.

Nitrado, *a.* sormiṭhâcho.

Nitrato, *s. m.* yavkhâr *m.*

Nitreira, *s. f.* sormiṭhâchî khaṇ *f.*

Nitrico, *a.* surâkhârâcho.

Nitrido, *s. m.* khaṁkâḷṇî *f.*

Nitridor, *a. e s. m.* khaṁkâḷṇo, khaṁkâḷṇâr.

Nitrificação, *s. f.* surâkhâr jâṇeṁ *n.*

Nitrificar, *v. t.* surâkhâr-, sormîṭh karuṁk *(g. do o.)* ‖ *v. r.* surâkhâr jâvuṁk; sormiṭhâṁt bharoṁk.

Nitrir, *v. i.* khaṁkâḷuṁk. ‖ *s. m.* khaṁkâḷṇî *f.*

Nitro, *s. m.* surâkhâr *m.*, sormîṭh *n.*

Nitroso, *a.* sormiṭhâcho.

Niveal, *a.* pâvsâḷo; himâṁt jiyetalo.

Nivel, *s. m.* saṁthaḷ paḷevuṁcheṁ yaṁtr *n.*, pâṇsâḷ; sapâṭî *f.*, saṁthaḷ; *(fig.)* bhâv *m.*, daśâ; barâbarî *f.*, sârkepaṇ *n.* ‖ *V.* NORMA. ‖ *Ao* —, barâbar.

Nivelador, *a. e s. m.* sârko-, barâbar kartalo.

Nivelamento, *s. m.* sârko-, barâbar karṇeṁ; sârkepaṇ *n.*, barâbarî *f.*

Nivelar, *v. t.* pâṇsâḷîn mejuṁk; sapâṭ-, sârko-, barâbar karuṁk, sapâṭuṁk, thâpuṁk; *(fig.)* deśvâṭ-, gharṭhâṇ karuṁk *(g. do o.)*

Niveo, *a.* himâcho, barphâcho; dhavo phûl, *kâśmirâdik.

Nó, *s. m.* gâṁṭh *f.*, phâs, kaṭ; *(astr.)* upagraha *m.*; *(bot.)* guṁj, khaḍuṁ, per, *n.*; *(naut.)* daryâṁtlo kos *m.*; *rosca da serpente:* koṁḍḷeṁ *n.*; *(fig.)* gâṁṭh *f.* ‖ — *cego,* nibar-, moṭî gâṁṭh. — *corredio,* nisargâṁṭh. *Nós dos dedos,* boṭâṁchiṁ perâṁ *n. pl.* — *da garganta,* saṁkeṁ *n.* — *gordio,* gûḍhâchî gâṁṭh; *(fig.)* gâṁṭh, ke *f.* —

na tripa, V. VOLVOLO. *Pôr um — na garganta,* tomḍ bâṁdhuṁk. *Ter um — na garganta,* saṁkeṁ dharoṁk. *Bordão de nós,* khaḍvâṁcho beto.

Nobiliarchia, *s. f.* kuḷjaṇpustak *n.*

Nobiliario, *s. m.* kuḷjaṇpustak *n.* ‖ *a.* abhijâtîcho, kuḷiyecho.

Nobiliarista, *s. m. e f.* kuḷjaṇgraṁthkâr.

Nobilitação, *s. f.* kuḷîvaṁt karṇeṁ *n.*, uṁchâvṇî *f.*

Nobilitante, *a.* uṁchâytalo, thorâytalo.

Nobilitar, *v. t.* kuḷîvaṁt-, mahâkul karuṁk; uṁchâvuṁk, vayr kâḍhuṁk, thorâvuṁk.

Nobre, *a.* vhaḍle kuḷiecho, vhaḍlo, kuḷîvaṁt, mahâkul, abhijât, ârya; *illustre:* uṁch, vhaḍ, thar, moṭo; *brioso:* mâṇsugecho, vhaḍlyâ manâcho. ‖ *V.* MAJESTOSO *e* BRAVO. ‖ *s. m.* kuḷjaṇ, âmîr.

Nobrecer, *v. t. e i. V.* ENNOBRECER.

Nobrecimento, *s. f. V.* ENNOBRECIMENTO.

Nobremente, *adv.* kuḷjaṇâparîṁ, mâṇsugen; udârmanîṁ.

Nobreza, *s. f.* kuḷî, abhijât *f.*, mahâkulpaṇ, vhaḍpaṇ; uṁchpaṇ, vartepaṇ *n.*, thorây, mâṇsugî, dhajâ; vhaḍlî-, moṭî jât *f.* ‖ *V.* EXCELLENCIA.

Noção, *s. f.* oḷakh, khabar *f.*, jñân *n.*; kalpanâ, bhâvanâ; mûḷâchî-, mûḷtattvâchî oḷakh *f.*

Nocente, *a. V.* NOCIVO.

Nochatro, *s. m.* navsâgar *m.*

Nocional, *a.* oḷkhîcho.

Nocivamente, *adv.* vâyṭ karûn, nashṭân.

Nocividade, *s. f.* vâyṭ, nashṭ, dushṭpaṇ, avkaṭpaṇ *n.*

Nocivo, *a.* vâyṭ, dushṭ, avkaṭ, nashṭo, nashṭâdîk, nâśivaṁt, *nashivaṁt, apakârî, nâḍ, ghâtkî.

Noctambulismo, *s. m.* râtricharpaṇ *n.*

Noctambulo, *a.* râtrichar. ‖ *s. m. V.* SOMNAMBULO.

Nocticolor, *a.* kâḷo.

Noctiluca, *s. f. (poet.) V.* LUA.

Noctivago, *a.* râtrichar.

Nocturnal, nocturno, *a.* râtrîcho, râtîcho, râtcho.

Nodal, *a.* gâṁṭhîcho.

Nodo, *s. m. (astr.)* upagraha *m.*

Nodoa, *s. f.* khat, kaḷaṁk *n.*, meḷ *m.*, *lâṁchchan; *(fig.)* khat, lâseṁ *n.*, dâg *m.*

Nodosidade, *s. f.* guṁjaṭpaṇ *n.*

Nodoso, *a.* gâṁṭhâḷ, khaḍvâṁcho, guṁjaṭ.

Nodulo, *s. m.* lahân gâṁṭh *f.*, supurleṁ khaḍûṁ *n.*

Noduloso, *a.* khaḍvâṁcho.

Noete, *s. m.* karmal *n.*

Nogada, *s. f.* âkroṭâcheṁ phûl *n.*; âkroṭâchî miṭhây *f.*

Nogado, *s. m.* âkroṭâṁcheṁ khâjeṁ *n.*

Nogal, nogueiral, *s. m.* âkroṭâṁcheṁ rân *n.*

Nogueira, *s. f.* âkroṭ *m.*

Noitada, *s. f.* savaṁdrât *f.*; jâgraṇ *n.* ‖ *V.* INSOMNIA.

Noite, *s. f.* râtr *ou* rât, *niśâ *f.*; kâḷok, âṁdhâr *m.* ‖ *V.* NOITADA. ‖ — *e dia,* dis rât. — *fechada,* bharrât. — *de luar,* châṁdnyâchî rât. — *velha,* madhyâhnrât. *Alta —, a alta —,* madhyânhrâtî. *O astro da —,* chaṁdrîm. *Côr de —,* kâḷo. *Meia —,* madhyâhn *f.* *Levar a —,* rât kâḍhuṁk. *Fazer — em algum logar,* vastî karuṁk, vastek râvuṁk. *Fazer-se —,* rât jâvuṁk. *Velar ou desvelar a —,* saglî rât jâgo râvuṁk. *A bocca ou boquinha da —, ao cahir da —,* tinsânâ. *A —, de —,* râtcheṁ. *Boas noites,* Dev barî rât divûṁv.

Noitecer, *v. i. V.* ANOITECER.

Noitinha, *s. f.* tinsân *f.* ‖ *A —,* tinsânâ.

Noiva, *s. f.* hokal, navri.

Noivado, *s. m.* kâjâr (*do port.* CASAR), lagn, vahrâḍ *n.*, vivâha; yavar *m.*; kâjârâcheṁ jevaṇ *n.*

Noivar, *v. i.* hoklek va navryâk bheṭuṁk.

Noivo, *s. m.* navro, varet, var. ‖ -s, *pl.* navro hokal.

Nojado, *a.* viṭelalo, kâṁṭâḷlalo, kâṁṭâḷo distalo.

Nojento, *a.* aḷśikaṇo, kâṁṭâḷvâṇo, kâṁṭâḷyâcho.

Nojo, *s. m.* oṁkâro, abko; kâṁṭâḷo *m.*, viṭ; duḥkh, khaṁt *f.*, jâḷ, saṁtâp *m.*; *lucto:* duḥkh *n.* ‖ *Tomar —,* duḥkh ghevuṁk,- mâkhuṁk. *Estar de —,* duḥkhâṁt âsuṁk.

Nojosamente, *adv.* viṭen, abkyân, kâṁṭâḷyân.

Nojoso, *a.* kâṁṭâḷvâṇo, aḷśikaṇo; vâjecho, bejârâyecho; duḥkh mâkhlalo,- ghetlalo.

Nolição, *s. f.* nâkâ jâṇeṁ *n.*, nâkhuśî *f.*

Nomada, *a.* ek ghar-, ṭhikâṇ nâslalo, himḍṇo, asthiravâs. || *A vida* —, phirtyâm gomvlyâmchî jiṇ. || **-s,** *pl.* asthiravâsalok, thâryâvîṇ bhomvtalo lok *m.*

Nome, *s. m.* nâmv, nâm, abhidhân; *fama:* nâmv, nâmvrûp; *(gram.)* nâm *n.*, samjñâ *f.*, samketśabd *m.* || — *proprio,* âplem nâmv; viśeshnâm *n.* — *collectivo,* samghavâchak. — *appellativo,* sâmânyanâm. *Alcançar um* —, nâmv karuṁk, yaś hâḍuṁk. *Chamar nomes,* gâḷî samvuṁk. *Conhecer de* —, nâmvân oḷkhuṁk. *Dar o seu* —, âplem nâmv divuṁk,- sâmguṁk. *Dar* —, nâmv ghâluṁk,- divuṁk. *De* —, nâmvâcho *(decl.)* *Em* —, nâmvîm, nâmvân, nâmvâr.

Nomeação, *s. f.* nomeâsâmv, yojaṇ *n.*, nimyârṇî, nemṇî, nemṇûk, yojaṇûk *f.*

Nomeada, *s. f.* nâmv, yaś *n.*, kîrti, sukîrti *f.*

Nomeadamente, *adv.* nâmv ghevûn, viśeshîm. || *V.* NÓRMENTE.

· **Nomeado,** *a.* nâmv ghetlalo; nâvâḍhik, nâvâḍhgo, yaśasvî, sukîrtivamt.

Nomeador, nomeante, *a. e s. m.* nemtalo, yojaṇâr.

Nomeadura, *s. f. V.* NOMEAÇÃO.

Nomear, *v. t.* nâmv ghevuṁk,- kâḍhuṁk,- uchchâruṁk *(g. do o.)*; nâmvân ulo karuṁk, ulo mâruṁk *(d. do o.)*, pâchâruṁk; nomeârkaruṁk, nimyâruṁk, nemuṁk, yojuṁk. || *v. r.* nâmv ghevuṁk, âpṇâk mhaṇuṁk,- pâchâruṁk; âplem nâmv sâmguṁk,- uchchâruṁk.

Nomenclador, *s. m.* paribhâshikaśabdasamgraha kartalo.

Nomenclatura, *s. f.* śabdakoś; paribhâshikaśabdasamgraha *m.* || *V.* CATALOGO.

Nomina, *s. f.* relikâmchî *(port.* RELIQUIA) pothî *f.*

Nominação, *s. f.* nâmv deṇem *n.*, namârop *m.*

Nominal, *a.* nâmvâcho. || *Chamada* —, nâmvân âpauṇem. *Adjectivo* —, guṇśabd.

Nominalmente, *adv.* nâmv ghevûn,- pâchârûn; nâmvâpurtem, bhâylyânach.

Nominativo, *a.* nâmvâcho. || *s. m.* prathamâ *f.*, karttâ *m.*

Nomographia, nomologia, *s. f.* dharmaśâstr, nyâyśâstr *n.*

Nona, *s. f. (ant.) V.* FREIRA.

Nonada, *s. f.* kuskûṭ, kavanṭ *n.*, kispuro, potero, anarth, suvâs *m.*, mâtî, deḍ damdechî vast *f.*

Nonagenario, *a. e s. m.* ṇay varshâmcho manis.

Nonagesima, *s. f.* ṇayvo vâmṭo,- amś *m.*

Nonagesimo, *a.* ṇayvo.

Nones, *s. m. pl.* geḍem *n.*

Nono, *a.* navo. || *s. m. (ant.) V.* FRADE.

Non-plus-ultra, *s. m.* sîmâ *f.*

Nora, *s. f.* sûn *f.*; udkâchem rahâṭ, rahâṭgâḍgem *n.*

Nordeste, *s. m.* aiśânî, pûrvottar *f.* || *a.* aiśânecho.

Nordestear, *v. i.* aiśâner vaḷomk; pûrvottarîn vachuṁk.

Norma, *s. f.* nyam *ou* nem, nyây, kânû, kram, vidhi, prayog *m.*, prayojan; *exemplo:* pramâṇ *n.*, dekh; *teor de vida:* châl, ravis, rît *f.*

Normal, *a.* nemâcho, kramâcho, yathâvidhi; pramâṇik, dekhîcho. || *Eschola* —, pamtojî karchî sâḷ.

Normalidade, *s. f.* yathâvidhipaṇ; pramâṇikpaṇ *n.*

Normalmente, *adv.* nyamân, nyâyîm, yathâvidhi, rîtîpramâṇem.

Normativo, *a.* nyam-, rît karcho.

Noroeste, *s. f.* vâyvî *f.* || *a.* vâyvecho.

Noroestear, *v. i.* vâyver vaḷomk, vâyvîm vachuṁk.

Norte, *s. m.* uttar, uttardiśâ, *satas *f.*, baḍag *(us. Can.)*; *vento do* —: uttrâṇ *ou* utrâṇ; *estrella polar:* dhruvanakshatr *n.*; *(fig.)* vâṭ *f.*, mârag *m.* || *Perder o* —, rânâmt paduṁk *(litt.* CAHIR NO DESERTO). || *a.* uttarîcho, uttar.

Nós, *pron.* âmî *ou* âmîm.

Nos, *pron.* âmkâm.

Nosocomial, nosocomico, *a.* rogîśâlecho.

Nosogenia, *s. f.* rogotpatti *f.*

Nosographia, *s. f.* rogavarṇan, roganidânaśâstr *n.*

Nosographico, *a.* rogavarṇanâcho.

Nosologia, *s. f.* rogaśâstr, pîḍâśâstr; roganidânaśâstr *n.*

Nosologico, *a.* rogaśâstrâcho.

Nosomania, *s. f.* piḍechem pisem *n.*, vyâdhimad *m.*

Nosso, *a.* âmcho, âmgelo. || **-s,** *s. m. pl.* âmcho lok *m.*, âmche *m. pl.*, âmchîm *n. pl.*

Nostalgia, *s. f.* âplyâ gâmvâche ubâḷ *m. pl.*, svadeśadarśanapiḍâ *f.*

Nostalgico, *a.* svadeśâk ubâḷlalo.

Nota, *s. f.* chihnem̐, khûṇ *n.*, khuṇâ, kurû, niśâṇî *f.*, lakheṇ *n.*, gurt *m.*; *commentario:* not *n.*, ṭîko, ṭîp *m.*, kroḍpatr *n.*; *apontamento:* ṭîp *m.*, yâd, chaktî *f.*; *exposição summaria:* âṭâp, sam̐kshep *m.*; *reputação:* nâm̐v *n.*, kîrti *f.*; *defeito:* khat *n.*, bim̐g; *observação:* ughḍâs *m.*, dhyân *n.*, laksh *f.*; *registo:* daphtar; *bilhete de dinheiro:* not *n.*, rokho *m.*; *carta:* patr, kâgad *n.*, chiṭṭ *f.*; *(mus.)* svar, sûr *m.* || *Tomar* —, ughḍâs dharum̐k.

Nota-bene, chatrây kar, chitt dî, paḷe.

Notabilidade, *s. f.* viśeshpaṇ; uttampaṇ, śreshṭhpaṇ *n.*; vhaḍ-, uttam manîs.

Notação, *s. f.* âm̐kṇî, paripâṭî *f.*

Notado, *a.* khuṇâylalo, chihnem̐ kelalo. || *V.* NOTAVEL.

Notador, *a. e s. m.* paḷetalo, teḷtalo; tarjitalo, khoḍî kâḍhtalo. || *V.* ANNOTADOR.

Notar, *v. t.* khûṇ-, niśâṇî karum̐k (*g. do o.*) khuṇâvum̐k, âm̐kum̐k; ṭipum̐k, ṭâm̐chum̐k, ṭîko karum̐k (*d. do o.*), mâm̐ḍum̐k; *observar:* paḷevum̐k, lakshum̐k, chatrây karum̐k (*g. do o.*); *censurar:* notârkarum̐k, tarjum̐k, khoḍî kâḍhum̐k (*d. do o.*), tahrâ dharum̐k (*d. do o.*); *tomar conta de:* yâd karum̐k (*g. do o.*), ughḍâs dharum̐k (*g. do o.*), dhyânâm̐t dharum̐k; *lançar no livro de notas:* daphtarâm̐t baraum̐k. || *V.* ARGUIR e DICTAR.

Notario, *s. m.* tâbelyâm̐v, dabîr.

Notavel, *a.* viśesh, samaraṇâcho, lakshya; jabar, chaḍh, bhârî; mast, jâyto; prasiddh, nâvâḍhgo; uttam, śreshṭh.

Notavelmente, *adv.* viśesh; uttampaṇîm̐; jabar, bhav.

Notho, *a.* (*ant.*) *V.* ESPURIO.

Noticia, *s. f.* oḷakh, khabar, ḍâg, puśî, vâjpuśî, suddî, sûchanâ; *novidade:* notîs, khabar, gajâl, vârttâ *f.*, vartamân, janvâd *m.*; *noção:* oḷakh *f.*, ṭhâvak *m.*, dhyân *n.*; *lembrança:* ughḍâs, âthav *m.* || *V.* APONTAMENTO e HISTORIA.

Noticiador, *a. e s. m.* khabar ditalo, khabaryo.

Noticiar, *v.* kaḷît karum̐k, kaḷaum̐k, gamaum̐k; khabar divum̐k (*g. do o.*), khabar kasî sâm̐gum̐k.

Noticiario, *s. m.* vârttâmâlâ *f.*

Noticiarista, *s. m.* khabro ditalo,-baraitalo.

Notificação, *s. f.* kaḷauṇî, jâṇauṇî *f.*, dakhal karṇem̐ *n.*

Notificar, *v. t.* khabar divum̐k (*g. do o.*), dakhal-, prasiddh karum̐k, kaḷaum̐k, jâṇaum̐k.

Notificativo, notificatorio, *a.* dakhal karcho, kaḷaum̐cho.

Noto, *s. m.* (*poet.*) dakhîṇ *n.*, dakshiṇavâyû *m.* || *a.* oḷkhîcho, kaḷît, dakhal, praghaṭ.

Notoriamente, *adv.* dekhtâm̐ *ou* dekhtem̐, prasiddhpaṇîm̐, kaḷît-, praghaṭ jâvûn.

Notoriedade, *s. f.* prasiddhi *f.*, prasiddhpaṇ, praghaṭpaṇ *n.*

Notorio, *a.* kaḷît, ughṭo, dakhal, dekhat, prasiddh, praghaṭ, jagprasiddh.

Nova, *s. f.* khabar, vârttâ, bâtmî *f.*, vartamân, janvâd, vṛittâm̐t *m.*

Novação, *s. f. V.* INNOVAÇÃO e RENOVAÇÃO.

Novador, *a. e s. m. V.* INNOVADOR.

Novamente, *adv.* navyân, dusryân, dusrîm̐, navgatîm̐, partûn, punar, punaḥ, punatî, asâ taso (*decl.*)

Novato, *s. m.* navo śikpî, navśik, navśishya; navsar-, kachcho manîs, phok. || *a.* navo, navsar, anabhyâsî.

Nove, *a. pl.* nav.

Novecentos, *a. pl.* navśîm̐ *ou* nayśîm̐.

Novedio, *s. m.* phâm̐ṭo *m.*

Novel, *a.* navo, navsar, navso; navśik, anabhyâsî; kachcho, doḍo, pârko.

Novella, *s. f.* kathâ, kahâṇî, kalpitkathâ, kâdam̐barî *f.*, akhyâṇ; (*fig.*) gap, tâl *n.*, cham̐vḷî *f.*

Novelleiro, *a.* khabaryo, khabrâm̐cho dhagaḍ; (*fig.*) tâlyo, gapî. || *s. m. V.* NOVELLISTA.

Novellista, *s. m.* kalpitkathâ baraitalo, kathâkâr, kam̐thî.

Novelo, *s. m.* sutâchî guḷî-, kâm̐ḍî *ou* kâṇî *f.*, guṇem̐ *n.*, *nagvalo *m.*; kem̐sâm̐chem̐ julap *n.*; (*fig.*) *V.* ENREDO.

Novembro, *s. m.* novem̐br, kârttik mârgaśîrsh *m.*

Novena, *s. f.* noven, *navrat *n.*; nav dîs *m. pl.*

Novenal, *a.* novenâcho; navâm̐ disâm̐cho.

Novenario, *s. m.* novenâchem̐ pustak *n.*

Noveno, *a.* navo, navyâ disâcho.

Noventa, *a. pl.* ṇay, navat.

Noviça, *s. f.* umedvâr maṭhvâsîṇ, abhyâsiṇ, navśik.

Noviciado, *s. m.* navśikpaṇ, navśishyapaṇ; navśishyâṁchem ghar *n.; (fig.) V.* APPRENDIZAGEM.

Noviciaria, *s. f.* navśikâṁchem ghar, navchhâtramaṭh *m.*

Noviciario, *a.* navśishyâcho, abhyâsyâcho.

Noviço, *s. m.* navśik, navśishya, navchhâtr, umedvâr maṭhvâsî; umedvâr, abhyâsî, navo. ‖ *a. V.* INEXPERIENTE.

Novidade, *s. f.* navepaṇ, navem; *raridade:* navalpaṇ, naval *n.*, apûrvây *f.*; *mal:* nashṭ, vâyṭ *n.*, jhoḍjapâṭ *m.*; *fructos novos:* navem phaḷ, pik *n.* ‖ *V.* NOVA.

Novilha, *s. f.* pâḍî *f.*, pâḍûk *n.*

Novilho, *s. m.* pâḍko, pâḍkulo.

Novilunar, *a.* âmâsecho.

Novilunio, *s. m.* âmâs *f.*

Novissimamente, *adv.* hâlîm, thoḍoch veḷ jâlo, nikto *(decl.)*

Novissimo, *a.* bhav-, chaḍh navo; nimâṇo, nimṇo. ‖ -s, *m. pl.* nimâṇe śevaṭ *m. pl.*

Novo, *a.* navo, tâjo, nûtan *(p. us.)*; navsar, navso *(dim.)*; *moço:* tarṇo, dhâkṭo; *outro:* dusro, navo, âṇîṁk ek; *desconhecido:* navo, anoḷkhato, ankhato, âthvo, parko; *renovado:* navo, dusro, partûn kelalo; *não usado:* navo, koro; *singular:* anavo, âthvo; *inexperto:* navo, anabhyâsî. ‖ *De* —, navyân, dusryân, partûn; paile pâvṭhî; hâlîm. *Em* —, amânat, apûṭ, ansûṭ *(aa.)*

Noxio, *a. V.* NOCIVO.

Noz, *s. f.* âkroṭ *m.* ‖ — *da India*, nârl *m.* — *moscada*, mâyphaḷ. — *vomica*, kâjryâchem phaḷ *n.* *Dá Deus nozes a quem não tem dentes*, vaḍâk jâlîm vaḍphaḷâṁ, kâvḷyâk jâlîm ruvâṁ.

Nozilhão, *s. f. V.* INCHAÇÃO *e* LOBINHO.

Nu, *a.* nâgḍo, viṁgḷo, ughṭo, nagn *(poet.)*, beṭâḷ *(diz-se só do homem)*; avastr, nirvastr (*litt.* SEM ROUPA); *descalço, descoberto:* ughṭo; *desfolhado:* jhaḍlalo, boḍko; *falto de adorno natural:* boḍko, luṁḍo, muṁḍho. ‖ — *em pêlo ou em pelote*, nâgḍo beṭâḷo, viṁgḷo. *Estar* — *de todo*, âṁgâk ghâluṁk nâsuṁk *(d. do s.)* *Dizer a verdade nua e crua*, sat tem saṭâsaṭ sâṁguṁk. *Pôr a* —, ughṭo-, sabhemâjâr karuṁk. *Ficar a* —, ughṭo jâvuṁk.

Nuamente, *adv.* nâgḍepaṇîṁ, nâgḍo *(decl.)*; sâdhepaṇîṁ.

Nuance, *s. f.* lahar *f.*

Nubente, *a. e s. m. e f.* kajâr-, lagn jâtalo; navro *m.*, navrî, hokal *f.*

Nubil, *a.* kâjârâcho, lagnâcho, vivâhya.

Nubilar, *v. t.* kupâṁnîṁ bharuṁk. ‖ *V.* ESCURECER. ‖ *s. m.* khaḷyâk temkûn âslalem pâlem *n.*

Nubilidade, *s. f.* kâjârâchî pirây, lagnaparây *f.* ‖ *V.* PUBERDADE.

Nubiloso, *a. V.* NEBULOSO.

Nubivago, *a.* kupâṁr bhoṁvtalo; *(fig.) V.* ELEVADO.

Nublado, *a.* kupâṁ mâṁḍlalo, kupâṁnîṁ bharlalo; kâḷokâcho; *(fig.)* gair, avghaḍ. ‖ *V.* TRISTE.

Nublar, *v. t.* kupâṁnîṁ bharuṁk; *(fig.)* kâḷok-, aṁdhak ghâluṁk *(l. sup. do o.)*; duśchit karuṁk. ‖ *v. r.* kupâṁ mâṁḍoṁk *(d. do s.)*; *(fig.)* kâḷok paḍuṁk *(l. sup. do s.)*, duśchit-, chiṁteshṭ jâvuṁk.

Nubloso, *a.* kupâṁnîṁ bharlalo.

Nuca, *s. f.* kâṁṭhem *n.*, mân, gachchî *f.*

Nução, *s. f. V.* CONSENTIMENTO.

Nuciforme, *a.* âkroṭ kaso.

Nucleal, **nuclear**, *a.* movḷyâcho, moyâcho.

Nucleo, *s. m.* movḷo, moy *m.*; koy *(— de manga) f.*; saṁchayâspad *n.*; mâj; sâr *m.*; *(fig.) V.* EMPORIO.

Nudação, *s. f.* nâgḍo karṇem,- jâṇem, nâgḍepaṇ *n.*

Nudamente, *adv.* nâgḍepaṇîṁ.

Nudez, **nudeza**, *s. f.* nâgḍepaṇ, viṁgḷepaṇ; luṁḍepaṇ, muṁḍhepaṇ; sâdhepaṇ, akapaṭ *n.* ‖ *V.* INDECENCIA.

Nudipede, *a. V.* DESCALÇO.

Nuelo, *a.* hâlîṁ-, nikto jâlalo; pâkhâṁ nâ phuṭlalo.

Nueza, *s. f. V.* NUDEZ.

Nuga, *s. f. V.* NINHARIA.

Nugação, *s. f.* polko tark, doḍo abhâs *m.*

Nugacidade, *s. f.* halkepaṇ, kirkoḷpaṇ *n.*, kirkoḷây *f.*, nirarth *m.*; phuskepaṇ, polkepaṇ; nâkâ jâlalem, ruchsvâd nâslalem *n.*

Nugativo, **nugatorio**, *a.* phusko, polko, anarth, vyarth *ou* verth, nirartho, halko.

Nullamente, *adv.* phaḷâvîṇ, vyarthpaṇîṁ, vâyâṁ.

Nullidade, *s. f.* nishphaḷpaṇ *ou* nirphaḷpaṇ *n.*, nishphaḷây *ou* nirphaḷây, mahakubî *f.*, vyarthpaṇ *ou* verthpaṇ, pokḷepaṇ, polkepaṇ, anarthpaṇ; nâsṇeṁ *n.*, abhâv *m.;* bâbat manîs. ‖ *V.* FRIVOLIDADE.

Nullo, *a.* nishphaḷ *ou* nirphaḷ, vyarth *ou* verth, pokḷo, nirbaḷ, radd; *vão:* beshṭo, beṭho, phoṭkiro; *inepto:* bâbat, pa'to, dagaḍyo. ‖ *V.* NENHUM.

Numaria, *s. f.* mudrâvidyâ, nâṇakavidyâ *f.*

Numario, *a.* nâṇakavidyecho, mudryâṁcho.

Nume, *s. m.* dev *m.*, devatâ *f.* ‖ — *tutelar,* ishṭadevatâ.

Numeração, *s. f.* âṁkṇî, gaṇtî *f.*, gaṇan *n.*, lekh *m.;* âṁkâṁchî mâṁḍṇî *f.*, saṁkhyâparimâṇ *n.*

Numerado, *a.* âṁklalo; âṁkâṁpramâṇeṁ mâṁḍlalo.

Numerador, *s. m.* aṁś, lav *m.;* âṁkṇâr, gaṇṇâr, mejpî.

Numeral, *a.* saṁkhyecho, saṁkhyâsaṁbaṁdhî; âṁkâṁcho, âṁkî; *(gram.)* saṁkhyâvâchak.

Numeralmente, *adv.* saṁkhyen, âṁkâṁnîṁ.

Numerar, *v. t.* âṁkuṁk, âṁkâṁnîṁ mâṁḍuṁk,- sâṁguṁk; mejuṁk, lekhuṁk. ‖ *V.* APRECIAR.

Numerario, *s. m.* nâṇe, nagad duḍû *m. pl.* ‖ *a.* nâṇyâṁcho, duḍvâṁcho.

Numerativo, *a. V.* NUMERAL.

Numeravel, *a.* mejûṁyeso, gaṇcho, gaṇya.

Numericamente, *adv.* saṁkhyen, gaṇten.

Numerico, *a.* saṁkhyecho, sâṁkhya, saṁkhyâvishayak; âṁkâṁcho, âṁkḍyâṁcho.

Numero, *s. m.* numr *m.*, saṁkhyâ; *collecção de unidades:* saṁkhyâ, gaṇtî *f.*, gaṇ, dhaḍo; *conta certa:* sumâr *m.*, saṁkhyâ *f.; algarismo:* âṁk, âṁkḍo *m.; multidão:* jâyteṁ, phuskaḷ *n.*, saṁkhyâ, râs *f.; classe:* varg *m.*, prakaraṇ *n.; exemplar de jornal:* mumr, âṁk *m.; (gram.)* vachan; ekavachan (— *singular); dvivachan (— dual); anekavachan, bahuvachan (— plural) n.; metro:* chhaṁd, tâḷ *m.*, pad *n.* ‖ *O maior —, V.* MAIORIA. *Fazer —*, lekhâk mâtr upkâruṁk.

Numerosamente, *adv.* chadhe saṁkhyen, vhaḍe gaṇten, phushkaḷâyen.

Numerosidade, *s. f.* vhaḍ saṁkhyâ, phushkaḷây *f.;* bhavpaṇ *n.*

Numeroso, *a.* pushkaḷ *ou* phushkaḷ, jâyto, sabâr. ‖ *V.* MELODIOSO.

Numiforme, numismal, *a.* nâṇyâsârko, nâṇakâkṛiti.

Numisma, *s. m.* âdlo nâṇo *m.*

Numismata, numismatista, *s. m. e f.* nâṇakavidyâjña, nâṇakavidyânusârî.

Numismatica, *s. f.* nâṇakavidyâ, mudrâvidyâ *f.*

Numismatico, *a.* nâṇakavidyecho; nâṇyâṁcho, nâṇakasaṁbaṁdhî.

Numismatographia, *s. f.* nâṇakavarṇan *n.*

Numular, *a. V.* NUMISMAL.

Numularia, *s. f. V.* NUMARIA.

Nunca, *adv.* kaddhîṁ nâṁ, kaddhîṁkâḷ nâṁ; kaddhiṁch nâṁ, kednâch nâṁ *(emph.),* ekaṁdar, jalmân, jalmâṁtarîṁ, *kadâchit; *em algum tempo:* kednâ paṇ. ‖ *V.* NÃO. ‖ — *mais,* ânîṁk kaddhiṁch.

Nuncia, *s. f.* khabar ditalî, dûtî.

Nunciativo, *a.* khabrecho, kaḷauṁcho, dakhal karcho.

Nuncio, *s. m.* kaḷauṇâr, jâṇauṇâr, dût, châr, pâtmâr; dharmâdhyakshadût. ‖ *V.* PRENUNCIO.

Nuncupação, *s. f.* toṁḍân-, uttrân dâyjî nemṇeṁ *n.*

Nuncupativamente, *adv.* mukhvatîṁ, toṁḍîṁ.

Nuncupativo, *a.* toṁḍâcho, uttrâcho, toṁḍpâśî.

Nuncupatorio, *a. V.* DEDICATARIO.

Nupcial, *a.* lagnâcho, vahrâḍâcho.

Nupcias, *s. f. pl.* lagn, vahrâḍ, saṁbaṁdh *n.*, vivâha, vavar *m.* ‖ *V.* ESPONSAES.

Nutação, *s. f.* ghuṁvaḷ, girgirî *f.* ‖ *V.* OSCILLAÇÃO.

Nutante, *a. V.* OSCILLANTE.

Nutar, *v. i.* hâluṁk, doluṁk, jeluṁk, ḍauṁḍaḷuṁk.

Nuto, *s. m.* taklen hoy mhaṇṇeṁ, taklî modṇeṁ *n.; (fig.) V.* VONTADE.

Nutrição, *s. f.* posaṇ, posṇeṁ *n.*

Nutricio, *a. V.* NUTRITIVO.

Nutrido, *a.* poslalo, pushṭ, gulgulît.

Nutridor, *a. e s. m.* postalo, posṇâr.

Nutriente, nutrimental, *a.* posauṁcho, paushṭik.

Nutrimento, *s. m.* posṇî *f.;* posaṇ; bharaṇ, udarposhaṇ *n.*, pushṭi *f.*

Nutrir, *v. t.* posuṁk, pratipâḷuṁk; posauṁk, mâtauṁk; *augmentar:* vâḍhauṁk, chaḍhauṁk; *conservar:* bâḷguṁk, vâgauṁk; *educar:* lahân vhaḍ karuṁk, vâgauṁk. ‖ — *esperanças,* âśâ dharuṁk. ‖ *v. r.* khâvuṁk, jevuṁk; posoṁk, âṁgâk lâguṁk,- vasuṁk *(g. do s.),* bharoṁk; vâguṁk.

Nutritivo, *a.* posaumcho, ghaṭṭâyecho, ghaṭṭ, paushṭik.

Nutriz, *s. f. (poet.) V.* AMA.

Nuvem, *s. f.* kûp, maḷabh, âbhâḷ *ou* âybaḷ *n.*, megh; *negrume:* kâḷok, âmdhâr; *novelo de fumo:* dhumvrâcho loṭ; *novelo de pó:* dhurḷo *m.*; *grande multidão:* birem *n.*, loṭ, lomḍho; ḍomgar *m.*, râs *f.* ‖ *Entre as nuvens,* maḷbhâr. *Cahir das nuvens,* avchitt pâvumk. *Elevar ás nuvens,* maḷbhâk temkaumk. *Ir ás nuvens,* vayr vayr vachumk; *(fig.) V.* IRRITAR-SE. *Tomar a — por Juno,* begaṭ tî bhâmgâr mhaṇ samjumk.

Nuvioso, *a. V.* NUBLADO.

Nycticora, *s. f. V.* MOCHO.

Nympha, *s. f.* jalavanadevatâ, divyastrî, devkanyâ, svargastrî, devî; *(fig.)* sumdarî, parî *f.*, strîratn *n.*

Nymphea, *s. f. (bot.) V.* GOLFÃO.

Nympheu, *a.* svargastrîcho.

Nymphomania, *s. f.* aticharṇâ *f.*

Nystagmo, *s. m.* jemen doḷe bikbikṇem *n.*

O

O, pamdhrâvem akshar *(o)*, *m.*

Ó, *int.* he *ou* e, ho *ou* o, ai *ou* vay; âgâ *(honorifico para um velho)*; âge *(honorifico para uma velha)*; âgo *(menos cortez, para mulheres)*; âre *(familiar entre os eguaes e commum aos inferiores, honorifico para uma mulher não velha).* ‖ *art. V.* A. ‖ *pron.* tâkâ *ou* tekâ *m.*, tikâ *f.*, tem *n.*

Oacaju, *s. m. (bot.) V.* CAJU.

Oasis, *s. m.* oḷvaṇ *f.*, ramyasthal *n.*

Obcecação, *s. f.* kurḍepaṇ, âmdhḷepaṇ; *(fig.)* dhâmpaṇ *n*, âmdhârî.

Obcecado, *a.* kurḍo, âmdhḷo, ḍoḷephuṭko; *(fig.)* gnyânâr kâḷok âylalo, amdhakî, avichârî.

Obcecar, *v. t.* kurḍo-, âmdhḷo karumk; *(fig.)* gnyânâr kâḷok hâḍumk *(g. do o.)*; mat phiraumk *(g. do o.)*, piso karumk.

Obduração, *s. f.* nibar karṇem,-jâṇem *n.*; *(fig.)* dâruṇây, nishṭurây *f.*, nishṭurpaṇ *n.*, pâpnigraha *m.*

Obdurado, *a.* nibar-, kaṭhîṇ jâlalo; *(fig.)* dâruṇ, nishṭur.

Obdurar, *v. t.* nibar phâtar-, bhâjaḍ karumk. ‖ *v. i.* nibar-, kaṭhîṇ jâvumk; *(fig.)* kâḷij nibar jâvumk *(g. do s.)*, pâtkân kaṭevumk,- kosmevumk, dâruṇ-, nishṭur jâvumk.

Obedecer, *v. i.* mânumk, âykumk, pratipâḷumk, uttar âykumk, uttrâk mân divumk, khâlto jâvumk, anusarumk; pâḷumk, pâḷo divumk *(— á ordem, á lei)*: *ceder:* bâḍgumk, âṭpomk; *vergar:* bhâgâvomk, vamdavumk. ‖ *— o barco á corrente,* vâhaṇîpramâṇem chalumk. ‖ *v. r.* âplemch chalaumk, âplich khuśî karumk.

Obediencia, *s. f.* mâṇṇem, âykaṇem *n.*, pâḷo, mân *m.*, parvâ *f.*; khâltepaṇ *n.*; *auctoridade:* padvî, sattâ *ou* sattyâ *f.* ‖ *V.* HOMENAGEM. ‖ *Estar á — de alguem,* dusryâ khâl âsumk, dusryâchyâm goṭyâmk paḍumk.

Obediencial, *a.* pâḷyâcho.

Obediente, *a.* âykatalo, mântalo, pâḷo ditalo; khâlto, vinayî, anusarî.

Obedientemente, *adv.* khâlto jâvûn, khâltepaṇîm.

Obeliscal, *a.* manoryâcho.

Obelisco, *s. m.* manoro, minâr *m.*, kâtar *f.*

Oberar, *v. t.* riṇâmt bharumk. ‖ *v. r.* riṇâmt bharomk,- buḍumk.

Obesidade, *s. f.* medorog *m.*, moṭây, pushṭi *f.*, phugrepaṇ *n.*

Obeso, *a.* moṭo, mâsâḷ, phugro, sujmodit, dhanyo.

Obfirmado, *a.* kaṭhîṇ, bhâjaḍ, haṭhî, âplyâ vâdyâcho.

Obfirmar, *v. i. (p. us.) V.* OBSTINAR-SE.

Obice, *s. m.* aḍ, aḍkaṇ, âḍkhaḷ, gâmṭh *f.*, âḍmeḷem, vighn *n.*, pratibamdh, bâdh *m.*

Obito, *s. m.* marṇ *n.*

Obituario, *a.* marṇâcho. ‖ *s. m.* melalyâmchî paṭṭî,- śivḍî; marnâchî sâmt *f.*

Objecção, *s. f.* âḍ, phâmṭ, śamkâ *f.*, takrâr, akshep, nirâs, parvâd *m.*, âḍvem *n.*; âḍkhaḷ, aḍ, harkat *f.*, bâdh *m.*

Objectar, *v. t.* âḍâvumk, âḍvo karumk, viruddhumk, akshepumk.

Objectivação, *s. f.* vishayî-, sâttvik karṇem *n.*

Objectivamente, *adv.* vishayîṁ; sattvîṁ.

Objectivar, *v. t.* vishayî-, sâttvik karuṁk.

Objectividade, *s. f.* sâttvikpaṇ *n.*

Objectivo, *a.* vishayî, vishaysaṁbaṁdhî; *(gram.)* karmapadavishayak. ‖ *s. m.* vishay, abhiprây, matlab *m.*

Objecto, *s. m.* vishay, arth *m.; coisa:* vast *f.*, nag, ḍâgiṇo; *assumpto:* prasaṁg, padârth, prastâv *m.*, prakaraṇ; *motivo:* kâraṇ, nimitt *n.*, kâraṇ; *designio:* irâd, bhâv, ṛitu, abhiprây *m.; (gram.)* karm, karmpad *n.*

Objurgação, *s. f.* gâṁjṇî, hiṁḍsaṇî, solṇî *f.*

Objurgar, *v. t.* gâṁjṇuṁk, hiṁḍsuṁk, tarjuṁk, soluṁk, paṭṭî-, sol divuṁk *(d. do o.)*

Objurgatoria, *s. f.* sol *n.*, paṭṭî, jupâṭî *f.*

Objurgatorio, *a.* gâṁjṇecho, niṁdecho.

Oblação, *s. f.* boli *f.*, yajña *n.;* bheṭ *f.*, samarpaṇ *n.*

Oblata, *s. f.* devbheṭ, bali *f.*, ârgh *m.*

Obliqua, *s. f.* âḍvî regh *f.*

Obliquamente, *adv.* tirkas, tiḍveṁ, âḍvo *(decl.)*

Obliquar, *v. i.* âḍvo chaluṁk; *(fig.)* *V.* TERGIVERSAR.

Obliquidade, *s. f.* âḍvepaṇ, vâṁkḍepaṇ *n.*, vâṁk, bâg *f.; (fig.)* kubuddhipaṇ, kusḍepaṇ *f.*, kurṇâṭikây *f.*

Obliquo, *a.* âḍvo, tiḍvo, tiḍko, tiṁkḍo, âḍvotiḍvo, tirkas, vakr, vâṁkyo, bâgâḷ; *(fig.)* kubuddhi, kapaṭî, kusḍo, kurṇâṭî, kuṭâḷo.

Obliteração, *s. f.* pusṇî, ghâṁsṇî *f.*, pusap, ghâṁsap *n.*

Obliterar, *v. t.* visrâvuṁk; pusuṁk, pusûn kâḍhuṁk, ghâṁsuṁk, jharauṁk; choṁḍuṁk, bharuṁk. ‖ *v. r.* pusoṁk, ghâṁsoṁk, jharoṁk; choṁḍoṁk, bharon yevuṁk.

Oblongifolio, *a. (bot.)* lâṁbâṁ pânâṁcho, dîrghaparṇ.

Oblongo, *a.* lâṁboḍo, lâṁbelo. ‖ *V.* OVAL.

Obnoxio, *a.* doshî, sadosh; *baixo:* kamâśîl, hiḍîs, pâjî, hîṇ: *nefasto:* dushṭ, nashṭo, anishṭ.

Oboé, *s. m.* oboy *m.*

Obolo, *s. m.* damḍî *f.; (fig.)* dharm *m.*, bhîk *f.;* chaṁdo, vâṁṭo *m.*

Oboveo, oboval, obovoide, *a.* vâylyân chaḍh vâṭkuḷo.

Obra, *s. f.* kâm, karm, kâryeṁ, kartab, kartûb *n.*, karṇî, kṛiti, kriyâ *f.: trabalho:* vâvar, dhâṁdo *m.*, kâm, kâj *n.; ardil:* ghâḍâmoḍ, ṭhakvidyâ, chorbuddh *f.; composição litteraria:* graṁth *m.*, pustak *n.; estructura:* bâṁdhâvaḷ *f.* ‖ — *grossa,* karḍeṁ-, kacheṁ kâm. *Fazer* —, kâm-, guṇ karuṁk. *Fazer — por,* pramâṇeṁ,- chaluṁk. *Pôr em* —, karuṁk, sâdhuṁk. *Temos* —*!* goṁdhaḷ âsâ. — *de,* sumâr, adhik uṇeṁ. ‖ -s, *pl.* kartubâṁ *n. pl.;* bâṁdhcho yepâr *m.*, gharâcho vâvar *m.* ‖ *Mestre de* —, gharâchyâṁ vâvrâḍyâṁcho vastâd. — *de marinheiro,* khâlâśyâcheṁ kâm. — *de misericordia,* dayâḷyo karṇyo. — *no ar,* pâṁkâcheṁ maḷabh.

Obrada, *s. f. V.* OBLATA.

Obrador, *a. e s. m.* kartalo, karṇâr, ghaḍṇâr, kriyâkâr. ‖ *s. m. V.* OBREIRO.

Obragem, *s. f.* kasabîcheṁ kâm *n.*, girvaḍ *f.* ‖ *Pedra de* —, bâṁdhcho phâtar *m.* *Mesa de* —, vâvrâcheṁ chavraṁg *n.*

Obrante, *a.* kartalo, sâdhak, guṇak, guṇvaṁt.

Obrar, *v. t.* karuṁk, ghaḍuṁk, sâdhuṁk, âchâruṁk, *saṁcharuṁk. ‖ *v. i.* chaluṁk; kâm-, vâvar karuṁk; gûṇ-, phaḷ yevuṁk *(g. do s.);* bhâyr-, hâguṁk jâvuṁk *(d. do s.)*

Obreia, *s. f.* obrey, chaktî, pâpḍî *f.*

Obreira, *s. f.* vâvrâḍiṇ, kriyâkârṇ *f.*, kâmereṁ *n.*

Obreiro, *s. m.* karṇâr, kriyâkâr, śilpî; vâvrâḍî, kâmelî, mâṇây.

Obrepção, *s. f.* laṭik arjî *f.*

Obrepticiamente, *adv.* nâslaleṁ sâṁgûn,- baraun.

Obrepticio, *a.* nâslaleṁ sâṁgûn,- phoṭaun sâṁpḍâylalo.

Obriga, obrigação, *s. f.* karuṁk lâvṇeṁ; karcheṁ paḍṇeṁ,- jâṇeṁ *n.; dever:* kâydo *m.*, karm, kartûb *n.; favor:* upkâr, âbhâr *m.; escriptura,* gâhâṇpatr *n.* ‖ *V.* OFFICIO. ‖ — *religiosa.* vrat *m. ou n. Cumprir com as suas obrigações,* âple kâyde pâḷuṁk. *Estar em* —, upkârâṁniṁ âsuṁk.

Obrigado, *a.* kâydyâcho, karuṁk lâylalo, karcho jâlalo; suṭa-, chuka nâslalo, garjecho; baḷ kelalo; upkârî, âbhârî. ‖ *Muito* —, Dev bareṁ karûṁv,- jâṁv.

Obrigador, *a. e s. m.* karuṁk lâytalo, baḷ kartalo; *(fig.)* upkârśîl, paropkârî, bhalo.

Obrigamento, *s. m.* karumk lâvneṁ, bâṁdhṇeṁ; karcheṁ paḍṇeṁ *n.*, kâydo *m.*

Obrigante, *a. e s. m. e f. V.* OBRIGADOR.

Obrigar, *v. t.*: *penhorar:* upkârâṁnîṁ bâṁdhuṁk,- bharuṁk, upkâr karuṁk *(d. ou l. sup. do o.)*; *forçar:* baḷ karuṁk *(d. do o.)*, baḷân karuṁk lâvuṁk *(d. do o.)*; *preceituar:* kâydo ghâluṁk *(d. do o.)*, pharmâvuṁk, bhâṁdhuṁk; *impellir:* odhuṁk, phuḍe kâḍhuṁk; *empenhar:* gâhâṇ davruṁk. ‖ *v. r.* âpṇâk bâṁdhûn divuṁk, nem ghevuṁk, uttar divuṁk; jâmîn râvuṁk, âpṇâcher ghevuṁk.

Obrigatoriamente, *adv.* kâydo ghâlûn, pharmâvûn; baḷân.

Obrigatorio, *a.* kâydyâcho, pharmaṇâcho; baḷâcho.

Obscenamente, *adv.* pojaḍpaṇân.

Obscenidade, *s. f.* pojaḍ, pojaḍpaṇ, aḷśik, bursepaṇ *n.* ‖ *V.* LASCIVIA.

Obsceno, *a.* pojḍo, aḷśikaṇo, burso, pâḍ *(us. Can.)*; toṁḍśiṁḍal *(diz-se só de pessoas)*.

Obscuração, *s. f. (astr.)* ast *m. ou n.*

Obscuramente, *adv.* kâḷokân, ujvâḍâviṇeṁ; *(fig.) V.* HUMILDEMENTE.

Obscurante, *a.* kâḷok kartalo.

Obscurantismo, *s. m.* kâḷokâṁt âsṇeṁ *n.*; *(fig.)* nirvṛiddhidaśâ *f.*; asaṁvṛiddhimat *n.*

Obscurantista, *a. e s. m. e f.* asaṁvṛiddhimatapakshî.

Obscurantizar, *v. t.* boṁtho-, burso karuṁk.

Obscurecer, *v. t.* kâḷok karuṁk *(d. do o.)*, kâḷok ghâluṁk *(l. sup. do o.)*, kâḷokâvuṁk, âṁdhâruṁk; *(fig.)* kâḷok ghâluṁk. ‖ *V.* DESLUSTRAR. ‖ *v. i. e r.* kâḷok yevuṁk,- paḍuṁk *(l. sup. do s.)*, âṁdhâroṁk; *(fig.)* khatâvoṁk, dâg paḍuṁk-, lâguṁk *(d. do s.)*

Obscurecido, *a.* kâḷokâcho, kâḷok paḍlalo, ujvâḍ nâslalo; *(fig.)* ughḍâs nâslalo.

Obscurecimento, *s. m.* kâḷokâvṇî, âṁdhârṇî *f.*; kâḷok paḍṇeṁ *n.*; âṁdhâr, aṁdhakâr *m.*

Obscuridade, *s. f.* kâḷok, aṁdhak, aṁdhakâr, âṁdhâr *m.*; *(fig.)* avghaḍây *f.*, gairpaṇ; uṇepaṇ *n.*, kirkoḷây *f.* ‖ *Estar ou viver na* —, sâṁdhîṁt jiyevuṁk, koṇsyâṁt basuṁk.

Obscuro, *a.* kâḷokâcho, kâḷok âslalo,- paḍlalo, aṁdhak; gair, kâḷso, kâḷsâr, pusko; *pouco intelligivel:* gâḍh, avghaḍ, durbodh; *occulto:* gûḍh, gupto, apraghaṭ, aprasiddh; *indistincto:* gair, aḷmaḷît; *pouco conhecido:* sâṁdhîṁtlo, manushyâṁnîṁ bhoṁva nâslalo; *baixo:* kirkoḷ, uṇo, halko; *pouco frequentado:* âḍvâṭecho, sâṁdhîcho.

Obsecração, *s. f.* vinati *ou* vinaṁtî *f.*, prârthan *n.*

Obsecrar, *v. t. (p. us.)* prârthûn mâguṁk, prârthan-, vinati karuṁk *(d. ou g. do o.)*, vinauṁk.

Obsequente, *a.* khâlto, mântalo; prasann, bareṁdekhto, dhârjaṇo; bhiḍest, vinayî, vaṁdanśîl.

Obsequia, *s. f. V.* FUNERAES.

Obsequiador, *a. e s. m.* sanimân kartalo, khuśâmatî, ârjavî.

Obsequiar, *v. t.* khuśâmat-, sanimân-, moymân karuṁk *(g. do o.)*, sanimânuṁk, keḷauṁk, parkaṁduṁk; bheṭauṁk, bheṭ karuṁk *(d. do o.)*; upkâr karuṁk *(d. ou l. sup. do o.)*

Obsequio, *s. m.* objek, śiristo, ârjav, sanimân *m.*, khuśâmat, pâṁg *f.*, upkâr, âbhâr, moymân *m.*, naman, samarpaṇ *n.*

Obsequiosamente, *adv.* moymânân, upkârân.

Obsequiosidade, *s. f.* ârjavîpaṇ, khuśâmatîpaṇ *n.*, parkaṁdnî *f.*

Obsequioso, *a.* śiristo kartalo, sanimânî, upkârî, parkaṁdtalo; upkârâṁcho, moymânâcho; *(fig.) V.* CONDESCENDENTE.

Observação, *s. f.* paḷevṇî, tarjaṇî, nirîkshâ, parikshâ, *prachiti; chatrây, yâd, tahrâ *ou* tahryâ *f.* ‖ *V.* OBSERVANCIA *e* CENSURA. ‖ *Estar em* —, teḷûn âsuṁk; pâḷdek âsuṁk.

Observadamente, *adv.* teḷûn, parîkshen, tarjûn.

Observador, *a. e s. m.* pâḷtalo, saṁbhâḷṇâr, saṁbhâḷî, pratipâḷî, pâḷak; paḷevṇâr, teḷṇâr; parîkshâvaṁt, nirîkshak; *critico:* tahrâ dartalo, tarjitalo, khoḍî kâḍhtalo.

Observancia, *s. f.* pâḷṇeṁ, pâḷap, pâḷaṇ *n.*, pâḷo, pratipâḷ *m.*, pratipâḷan *n.*, saṁbhâḷ *m.*, saṁbhâḷṇî, châlauṇî *f.*, âcharaṇ.

Observante, *a. e s. m.* samurt saṁbhâḷtalo, kâyde pâḷtalo, pâḷak, châlauṇâr *ou* chalauṇâr.

Observar, *v. t.* pâḷuṁk, saṁbhâḷuṁk, pratipâḷuṁk, châlauṁk, bâḷguṁk, mânuṁk, âchâruṁk, âykuṁk; paḷevuṁk, teḷuṁk, tarjuṁk, tarjûn-, chatrâyen paḷevuṁk; nirekhuṁk, parîkshuṁk; tahrâ dharuṁk, âḍ ulauṁk, khoḍî kâḍhuṁk, ehatrây karuṁk. ‖ V. COPIAR. ‖ v. r. ehatrâyen chaluṁk, âplem paḷevuṁk.

Observatorio, s. m. târâṁgaṇ n., vedhaśâlâ f.

Observavel, a. paḷevûṁyeso, paḷevuṁcho, lakshya.

Obsessão, s. f. piḍâpîḍ, ijâ f., dhumâḷo m.; devchârâche trâs m. pl., devchâr pâṭhî lâgṇem n.

Obsesso, a. trâs-, piḍâpîḍ dilalo, kichḍâylalo. ‖ s. m. devchâr pâṭhî lâglalo, bhûtavaśya.

Obsessor, a. e s. m. piḍâpîḍ ditalo, ubgauṇo, trâsṇâr.

Obsidente, a. e s. m. veḍho ghâltalo, veḍhṇâr; ubgauṇo, kichḍâvṇo.

Obsidional, a. veḍhyâcho.

Obsoleto, a. purâtan, parṇo, âdlo, gatakâlik.

Obstaculo, s. m. aḍ, aḍchaṇ, âḍ, âḍkaṇ, naḍ, âḍkhaḷ, harkat f., vighn, âḍvaṇ, âḍmeḷem n., virodh, bâdh, pratibaṁdh, peṁcho, saṁrodh m.

Obstante, a. âḍ yetalo, manâ kartalo. ‖ *Não* —, âstânâ, asem âstânâ, tarî pûṇ.

Obstar, v. i. âḍ yevuṁk, aḍuṁk, âḍâvuṁk; manâ-, baṁd karuṁk, manâvuṁk, âḍvâruṁk, viruddhuṁk, karuṁk nâ divuṁk.

Obstetrica, obstetricia, s. f. garbhamochanavidyâ f., dâipaṇ n.

Obstetrical, obstetricio, obstetrico, a. garbhamochanâcho, garbhamochanasaṁbaṁdhi, dâipaṇâcho.

Obstetriz, s. f. V. PARTEIRA.

Obstinação, s. f. saḷ, aḍ, mâṁj, mastî f., haṭh, vâdo, abhimân m.

Obstinadamente, adv. saḷîn, vâdyân, haṭh karûn.

Obstinado, a. vâdyo, âplyâ vâdyâcho, âple buddhîcho, saḷî, haṭhî, jâḷgo, abhimânî, temelî, dâruṇ; kâḍho nâslalo.

Obstinar, v. t. dâruṇ-, saḷî karuṁk. ‖ v. r. tem-, saḷ karuṁk, âplemch dharuṁk, temch jharauṁk, âplem moṭem karuṁk.

Obstricto, a. arnilalo, taḍtaḍâylalo; karuṁk paḍlalo.

Obstringir, v. t. arnuṁk, taḍtaḍâvuṁk, arnûn bâṁdhuṁk.

Obstrucção, s. f. purṇî, choṁdṇî, muṁdhṇî f., rodh, avrodh m.

Obstructivo, a. ehoṁduṁk baro, rodhak, purcho.

Obstructor, a. e s. m. choṁdṇâr, muṁdhtalo, rodhak.

Obstruir, v. t. puruṁk, choṁduṁk, muṁdhuṁk, baṁd karuṁk, dhâṁpuṁk, rodhuṁk; aḍuṁk, âḍâvuṁk; karuṁk nâ divuṁk, aḍchuṁk, âḍkhaḷî ghâluṁk *(d. do o.)* ‖ v. r. choṁdoṁk, puroṁk, muṁdhoṁk, baṁd jâvuṁk; bharon yevuṁk.

Obstupefacção, s. f. V. ESTUPEFACÇÃO.

Obstupefacto, a. V. ESTUPEFACTO.

Obtemperação, s. f. V. OBEDIENCIA.

Obtemperar, v. i. mânuṁk, pratipâḷuṁk; kabûl-, râjî jâvuṁk; khâltepaṇân jâb divuṁk.

Obtenção, s. f. meḷauṇî, sâṁpḍâvṇî, saṁpâdṇî; gaṁvsaṇî, meḷṇî, meḷvaṇ, sâṁpaḍṇî, âpti f., âgam m. ‖ V. IMPETRAÇÃO.

Obtentor, a. e s. m. gaṁvsitalo, meḷauṇâr, sâṁpḍâvṇâr.

Obter, v. t. meḷauṁk, sâṁpḍâvuṁk, saṁpâduṁk, joḍuṁk, tâṁkuṁk; meḷuṁk, gaṁvsuṁk, sâṁpḍuṁk *(vv. ii., d. do s., s. do o.)*; pâvuṁk, ghaḍuṁk *(ab.* kaḍe *do s., s. do o.)* ‖ V. IMPETRAR.

Obtestar, v. t. gvâhî karuṁk *(d. do o.)*; prârthuṁk, prârthûn mâguṁk.

Obtundente, a. dâḍâytalo.

Obtundir, v. t. dâḍâvuṁk, peṁchuṁk; muṁḍho-, dhaṁkaṭo karuṁk.

Obturação, s. f. barâbar dhâṁpṇem n., sâṁdhṇî; muṁdhṇî, purṇî f.

Obturador, a. muṁdhuṁk-, bharuṁk upkârto. ‖ s. m. muṁdhehem yaṁtr; dhâṁpṇem n.

Obturante, a. muṁdhcho, dhâṁpcho, baṁd karcho.

Obturar, v. t. barâbar dhâṁpuṁk, sarikaruṁk, sâṁdhuṁk; puruṁk, choṁduṁk, muṁdhuṁk.

Obtusamente, adv. boṁthepaṇîn.

Obtusangulo, a. viśâlkoṇâcho.

Obtusão, s. f. muṁḍhepaṇ, boṁthepaṇ; meṁgepaṇ n.

Obtuso, a. muṁḍho, boṁtho, dhamkaṭo, uthaḷ, domas nâslalo; *(fig.)* boṁtho, jaḍ, maṁd, maṁdamati. ‖ *Angulo* —, viśâlkoṇ m.

Obumbração, s. f. kâḷok, âṁdhâr; *(fig.)* gnyânâcho kâḷok m., âṁdhârî f.

Obumbrar, v. t. kâḷok-, sâvḷî karuṁk *(d. do o.)*, kâḷok-, sâvḷî ghâluṁk *(l. sup. do o.)*; *(fig.)* dhâṁpuṁk, gupit davruṁk. ‖ v. r. kupâṁ-, kâḷok yevuṁk,- paḍuṁk *(l. sup. do s.)*; bâso-, phiko-, nistej jâvuṁk. ‖ V. COBRIR-SE.

Obuz, *s. m.* khajno *m.*
Obvenção, *s. f.* âḍ lâbh *m.*
Obverso, *a. V.* ANVERSO.
Obviar, *v. i.* mukhâr yevuṁk, phulyâṁt râvuṁk; âḍ yevuṁk, âḍâvuṁk. ‖ *v. t.* vâṭâvuṁk, vâruṁk, nivâruṁk, ṭâḷuṁk, chukauṁk.
Obviavel, *a.* vâṭâvûṁyeso, vâruṁcho, ṭâḷuṁcho.
Obvio, *a.* kaḷît, dakhal, ughḍâpo, ughṭo, praghaṭ, śashṭ *(us. Can.)*
Ocar, *v. t.* pokhḷo karuṁk.
Ocarina, *s. f.* mâtiyechî pirlûk *f.*
Occasião, *s. f.* kâjâṁv, samay, saṁyog, prasaṁg, avsar, vagat *m.*, veḷ *f.*; kâraṇ *n.*, kârân, misav, prastây *ou* prastâv, ṭhâv *m.*, prayojan, nimitt *n.*; avkâś, veḷ *m.*, tâṁk, phursat *ou* khursad *f.* ‖ *Grandes occasiões,* vhaḍ dîs *m. pl.*; mahâ saṁkaṭ *n.* *Perder a —,* chukuṁk-, suṭuṁk divuṁk. *Por — de,* veḷâr, kâḷîṁ.
Occasionador, *a. e s. m.* misav-, prastây ditalo, utpann kartalo, nimittkâr, prayojak.
Occasional, *a.* saṁyogâcho, prayojanâcho, samâyik; adrishṭâcho, daivyogâcho; avchitt, akalpit; âgaṁtuk, kednây ghaḍtalo.
Occasionalidade, *s. f.* daivyogpaṇ, avchittpaṇ, âgaṁtukpaṇ *n.*
Occasionalmente, *adv.* prasaṁgîṁ; akasmât, daivîṁ.
Occasionar, *v. t.* misav-, araṁbh jâvuṁk *(g. do o.)*, utpann karuṁk, ubhâruṁk, bhâvâḍuṁk.
Occaso, *s. m.* astam, astamtî *f.*, dis mâvaḷṇeṁ *n.*; *(fig)* śevaṭ, aṁt *m.*; gharṭhâṇ, nisaṁṭan *n.*
Occidental, *a.* astamtecho, paśchim. ‖ *s. m. pl.* astamtecho lok, paśchimlok *m.*
Occidente, *s. m.* astam, astamtî, paśchim *ou* pakhîm, mâvḷat, vâruṇî *f.*
Occiduo, *a. V.* OCCIDENTAL.
Occipicio, occiput, *s. m.* taklecho pâṭhlo bhâg *m.*, śiraḥprishṭh *n.*
Occipital, *a.* śiraḥprishṭhâcho.
Occlusão, *s. f.* dhâṁpṇeṁ, baṁd karṇeṁ *n.*
Occluso, *a.* dhâṁplalo, baṁd.
Occorrencia, *s. f.* bheṭ, bheṭâbheṭ *f.*, meḷ *m.*, meḷṇî, paḍṇî; ghaḍṇî, goshṭ, hakikat, veḷ, garaj *f.*, mât, vrittâṁt *m.*, vartamân *n.*
Occorrente, *a.* jâto, ghaḍto, paḍto, yeto.
Occorrer, *v. i.* bheṭuṁk, phuḍe-, mukhâr yevuṁk, pâvuṁk, dishṭî paḍuṁk, meḷuṁk, âḍḷuṁk, âḍkhaḷuṁk, sâṁpḍuṁk; *lembrar:* manâṁt-, dhyânâṁt yevuṁk, âṭhavuṁk, suchuṁk; *succeder:* jâvuṁk, ghaḍuṁk, vartuṁk, yevuṁk, paḍuṁk; *coincidir:* barâbarî yevuṁk, ekṭhâṁy paḍuṁk, meḷuṁk, lâguṁk; *remediar:* garaj karuṁk, garjek pâvuṁk.
Occultação, *s. f.* lipauṇî; lipṇî; guptây *f.*, guptepaṇ *n.*; jirauṇî *f.*; *(astr.)* samâgam *m.*
Occultador, *a. e s. m.* lipaitalo, lipauṇo, gupt davartalo.
Occultamente, *adv.* lipaun, guptîṁ, choryâṁ.
Occultante, *a. V.* OCCULTADOR.
Occultar, *v. t.* lipauṁk, gupuṁk, gupto-, gupit davruṁk, dhâṁpuṁk, jhâṁkuṁk *(p. us.)*, jhâṁkuḷuṁk *(p. us.)* ‖ *v. r.* lipuṁk, gupit râvuṁk,-uruṁk, daḍpuṁk.
Occulto, *a.* liplalo, lipto, gupto, gupit; gûḍh, nigûḍh, guṁâṇî, gûḍhârth, akaḷit, aprasiddh. ‖ *Sciencia occulta,* gâḍhvidyâ, chorvidyâ, bhûtvidyâ, asatvidyâ *f.*
Occupação, *s. f.* aḍṇî, âḍâvṇî, dharṇî, âṭâpṇî, vahivâṭ *f.*, gheṇeṁ *n.*, bhog; dhâṁdo, udyam, udyog, yepâr, vâvar, vyavahâr *m.*, kâm, kârya, kâryeṁ *n.*, dhâṁdal *f.*
Occupado, *a.* âḍâylalo, aḍlalo; udyamî, kâmî, kâmâcho, dhâṁdalyo. ‖ *Estar —,* kâmâr âsuṁk, kâm-, vâvar âsuṁk *(d. do s.)*
Occupador, *a. e s. m.* âḍâytalo, dharṇâr, bhogṇâr.
Occupar, *v. t.* âḍâvuṁk, aḍuṁk, aḍûn dharuṁk, âṭpuṁk; *apossar-se:* âplo karuṁk, dhanî jâvuṁk *(g. do o.)*, vahivâṭuṁk, bhogâvaḷ ghevuṁk *(g. do o.)*, bhoguṁk; *habitar:* râvuṁk, ṭhikuṁk, ṭhikâṇ karuṁk *(l. do o.)*; *conquistar:* jikuṁk, jikûn ghevuṁk; *encher:* bharuṁk, veḍhuṁk, vyâpuṁk; *consumir o tempo:* vharuṁk, lâguṁk *(d. do s., s. do o.)*, khâvuṁk; *exercer:* chalauṁk, vahivâṭuṁk, bhoguṁk; *tomar o logar de:* ghevuṁk, chalauṁk; *ter:* âsuṁk *(d. do s., s. do o.)*, meḷuṁk *(id.)*; *entreter:* veḷ kâḍhuṁk *(g. do o.)*, chitt-, mau uruṁk *(l. sup. do s., g. do o.)*; *empregar:* kâm-, vâvar divuṁk *(d. do o.)*, kâmâk-, vâvrâk lâvuṁk, râvauṁk, vâpruṁk; *tornar gravida:* gurhvâr karuṁk. ‖ *v. i.* gurhvâr jâ-

vuṁk. ‖ *v. r.* vâvruṁk, kâm karuṁk, yerjâruṁk; khabar karuṁk.

Occursar, *v. i. (p. us.)* bheṭuṁk, mukhâr-, phuḍe yevuṁk.

Oceanico, *a.* samdirâcho; samdirâṁtlo.

Oceanides, *s. f. pl.* samudradevatâ.

Oceano, *s. m.* samudr *ou* samdîr, sâgar, mahâsâgar, vhaḍlo daryâ *m.*, kâḷeṁ pâṇîṁ *n.*; *(fig.)* râs *f.*, ḍoṁgar, loṭ *m.*

Ochlocracia, *s. f.* prajâtaṁtr *n.*

Ochlocratico, *a.* prajâtaṁtrâcho.

Ochraceo, *a.* haḷduvoso.

Ochrasia, *s. f.* haḷduvepaṇ *n.*

Ocio, *s. m.* visâvo, avsar, avkâś *m.*, phursat, beṭhelî *f.* ‖ *V.* OCIOSIDADE.

Ociosamente, *adv.* beṭho *(decl.)* beshṭo *(decl.)*, kâṁy kari nâstânâ.

Ociosidade, *s. f.* bekârpaṇ, nishkâmpaṇ, rikâmpaṇ *n.*, beṭhelî *f.*, nirudyog *m.*

Ocioso, *a.* bekâr, beṭho, beshṭo, akâmî, nishkâmî, nirudyogî, rikâmo, ugo *ou* ogo, kâmvâvr nâslalo; âḷsî, sust, kheḷgaḍyo; *inutil:* nishphaḷ *ou* nirphaḷ, upkâra-, lâbha nâslalo; *desnecessario:* garaj nâslalo, vyarth *ou* verth, sâbsubo.

Oco, *a.* pokhaḷ, pokhḷo, pokhar, rito, rikâmo; polko, polo, vâṁjho; *(fig.)* pokso, poteryâcho, phusko. ‖ *Cabeça oca,* guḍguḍlalî taklî. *Ser — de cabeça,* takleṁt meṁdû nâsuṁk *(g. do s.)*

Ocre, *s. m.* kâv, lokhaṁḍîkâv, sonkâv *(— vermelho)*; haḷduvî mâtî *f.*

Ocreoso, *a.* kâvecho, kâvesârko.

Octacordo, *a.* ashṭatâr, ashṭataṁtu.

Octaedrico, octaedriforme, *a.* ashṭatal, ashṭapailû.

Octaedro, *s. m.* ashṭatalapadârth *m.*

Octaeteride, *s. f.* ashṭavarsh, âṭhsâl *n.*

Octan, *a.* âṭhoḷo. ‖ *s. f.* âṭhoḷo jar *m.*

Octo, *pref.* ashṭ.

Octofido, *a.* ashṭabhâg.

Octogenario, *a.* aiśîṁ varshâṁ âslalo. aśîtik. ‖ *s. m.* aiśyâṁ varshâṁcho manîs.

Octogesimo, *a.* aiśîṁvo.

Octogonal, *a.* ashṭakoṇ, ashṭakoṇî.

Octogono, *a.* ashṭakoṇ. ‖ *s. m.* ashṭakoṇ *m.*

Octonario, *a.* ashṭacharaṇ.

Octopetalo, *a.* ashṭadal.

Octopode, *a.* ashṭapad.

Octosyllabo, *a.* ashṭâkshar.

Octuplo, *a.* âṭhpaṭ, ashṭaguṇ.

Oculado, *a.* ḍoḷe âslalo, ḍoḷero.

Ocular, *a.* ḍoḷyâṁcho, dishṭîcho. ‖ *Testemunha —,* sâkshî.

Ocularmente, *adv.* ḍoḷyâṁnîṁ.

Oculiforme, *a.* ḍoḷyâsârko, netrâkṛiti.

Oculista, *s. m.* ḍoḷyâṁcho vaij, netravaidya; oklâṁkâr.

Oculistica, *s. f.* ḍoḷyâṁcheṁ vaijipaṇ *n.*, netrarogavidyâ *f.*

Oculo, *s. m.* durbîṇ *f.*; gavaksh *m.* ‖ -s, *pl.* okl, châlîspatr, upanetr *(p. us.)* *n.*, ârsî *f.*, chaśmâ *(p. us.) m.*

Oculoso, *a.* ḍoḷero.

Ode, *s. f.* gajal *m.*, geyakavau, pad *n.*

Odiar, *v. t.* jaḷuṁk *(d. do o.)*, dveshuṁk, dvesh karuṁk,- dharuṁk *(g. do o.)*, vâṭ dekhuṁk *(d. do o.)*; kâṁṭâḷuṁk *(d. do o.)*, vîṭ disuṁk *(d. do s., g. do o.)*, viṭevuṁk *(d. do o.)*, abkevuṁk, *vesaṇuṁk.

Odiento, *a.* dveshî, âdâvatî, kuṭâḷo, kusḍo, kaḍvo, kapaṭî; dveshâcho, râgâcho.

Odio, *s. m.* dvesh *m.*, âdâvat, kusḍây, duśmânkây *f.*, vair, *vesaṇ *n.*; kâṁṭâḷo *m.*, vîṭ, aḷsik *f.* ‖ *V.* DESPREZO.

Odiosamente, *adv.* dveshiṁ, jaḷûn, âdâvatîn.

Odiosidade, *s. f.* dveshbhâv *m.*

Odioso, *a.* dveshâcho, kuṭâḷo, onkhaṭo, amaṁgaḷ, *vesaṇâcho; kâṁṭâḷyâcho, kâṁṭâḷvâṇo.

Odontalgia, *s. f.* dâṁtphoḍ *f.*, dâṁtsûḷ *m.*

Odontalgico, *a.* dâṁṭsuḷâcho.

Odontiase, *s. f.* dâṁt phuṭṇeṁ *n.*

Odontite, *s. f.* maḷechî sûj *f.*

Odontographia, *s. f.* daṁtavarṇan *n.*

Odontoide, odontoideu, *a.* daṁtâkâr, daṁtâkṛiti.

Odontologia, *s. f.* daṁtataṁtr, daṁtaśâstr *n.*

Odontologista, *s. m.* daṁtaśâstrî.

Odontose, *s. f. V.* DENTIÇÃO.

Odontotechnia, *s. f.* daṁtavidyâ *f.*

Odor, *s. m.* baro vâs, parmaḷ, suvâs, gaṁdh, svâd; damdam *m.*

Odorante, odorifero, odorifico, odoroso, *a.* parmaḷit, sugaṁdh, sugaṁdhik, damdamît.

Odorifumante, *a. (poet.)* parmaḷit dhuṁvrâcho.

Odre, *s. m.* dâbo *m.*, burleṁ *n.*; *(fig.)* dhudkeṁ *(fig.)*; bebdo. suṇḍo.

Odreiro, *s. m.* dâbekâr.
Oenanthal, *s. m.* eraṁḍeḷâcho ark *m.*
Oenanthico, *a.* saryâchyâ parmaḷâcho.
Oenologia, *s. f.* drâkshârasavidyâ *f.*
Oenologista, oenologo, *s. m.* drâkshârasavidyâjña.
Oeste, *s. m.* astamtî, paśchim *f.*; bhâylem vârem *n.*
Offegante, offegoso, offeguento, *a.* kharsetalo, dhâpetalo; *(fig.)* *V.* ANCIOSO.
Offegar, *v. i.* kharsevuṁk, dhâpevuṁk, bembevuṁk, vaylyâvayr jîv vachuṁk *(g. do s.)*
Offego, *s. m.* kharas, dhâp *f.*, dam *m.*, khaḷsâṁ *n. pl.*
Offendedor, *a. e s. m.* vâyṭ kartalo, aprâdhî, anyâyî, gunyâṁvkâr.
Offender, *v. t.* akmân-, aprâdh-, vâyṭ karuṁk *(d. do o.)*, akmânuṁk, aprâdhuṁk, abhichâruṁk; *ferir:* duḥkhauṁk, ghây karuṁk,- ghâluṁk *(d. do o.)*, topuṁk; *chocar:* vâyṭ disasem karuṁk, rusauṁk; *transgredir:* moḍuṁk, bhaṁgauṁk. ‖ *V.* DESGOSTAR. ‖ — *a memoria de alguem,* nâṁv ubhauṁk. — *a Deus,* Devâcher chukuṁk, pâtkâṁ âdaruṁk. ‖ *v. r.* vâyṭ disuṁk *(d. do s.)*, duḥkh bhogoṁk *(d. do s.)*; âpṇâkach vâyṭ karuṁk.
Offendiculo, *s. m.* nisarchî vast; *(fig.)* aḍchaṇ, âḍkhaḷ *f.*
Offendido, *a.* vâyṭ kelalo, nashṭ jâlalo. ‖ *s. m.* gârâṇemkâr.
Offensa, *s. f.* vâyṭ-, nashṭ karṇem, vâyṭ *n.*, apmân *ou* akmân. apkâr, anyây, âjñâv *m.*, behurmat, birâmat; ehûk *f.*, aprâdh, gunyâṁv *m.*, pâtak, pâp *n.* ‖ — *corporal,* âṁg duḥkhauṇem, âṁgâk duḥkh deṇem *n.*
Offensão, *s. f.* juj, yuddh *n.*
Offensiva, *s. f.* uprâḷo, ghâlo *m.*
Offensivamente, *adv.* uprâḷûn, chaḍhâv karûn.
Offensivo, *a.* chaḍhâvâcho, uprâḷyâcho, parâkramak; vâyṭ-, nashṭ karcho, anyâyî, akmânâcho.
Offenso, *a. V.* OFFENDIDO.
Offensor, *a. e s. m. V.* OFFENDEDOR.
Offerecedor, *a. e s. m.* ditalo, samarpitalo; bheṭauṇâr.
Offerecer, *v. t.* divuṁchyâk karuṁk, divuṁk âsuṁk,- kâḍhuṁk; divuṁk, bheṭ karuṁk *(g. do o.)*, samarpuṁk, vopuṁk; *mostrar:* dâkhauṁk, ḍolyâṁmukhâr ghâluṁk; *immolar:* homuṁk, hom karuṁk *(g. do o.)*; *dedicar a Deus:* bheṭauṁk, samarpuṁk, nivedhuṁk, bali karuṁk *(g. do o.)*; *suggerir:* ughḍâs karuṁk, manâṁt hâḍuṁk. ‖ — *o braço,* hât divuṁk. — *o combate:* jujuṁk âpauṁk. — *a mão de esposo ou de esposa:* kâjârâk-, lagnâk mâguṁk. — *a missa,* mîs sâṁguṁk. — *os seus serviços,* kâm karuṁk tayâr âsuṁk. ‖ *v. r.* dishṭî paḍuṁk, disuṁk, dekhûn yevuṁk; *prestar-se:* tayâr âsuṁk, rujû-, râjî jâvuṁk; *vir á memoria:* manâṁt yevuṁk, ughḍâs jâvuṁk *(g. do s.)*; *proporcionar-se:* meḷuṁk, sâṁpḍuṁk. ‖ *V.* ARRISCAR-SE. ‖ — *em sacrificio,* âplî bheṭ karuṁk.
Offerecimento, *s. m.* divuṁchyâk karṇem, divuṁk kâḍhṇem; deṇem, bheṭ karṇem; samarpaṇ *n.*, bheṭauṇî *f.* ‖ *V.* OFFERTA.
Offerenda, *s. f.* bheṭ, bali *f.*, samarpaṇ *n.*
Offerente, *a. e s. m.* ditalo; samarpitalo, bheṭauṇâr.
Offerta, *s. f.* bheṭ *f.*, deṇem, dât, darśan, dhâḍṇem; samarpaṇ *n.*, bali *m. ou f.*, *naived *m.*
Offertamento, *s. m. V.* OFFERECIMENTO *e* OFFERTA.
Offertar, *v. t.* bheṭ karuṁk *(g. do o.)*, bheṭauṁk, samarpuṁk, dhâḍuṁk.
Offeso, *a. (ant.) V.* OFFENDIDO.
Officiador, *a. e s. m. V.* OFFICIANTE.
Official, *a.* sarkârî, sarkârâcho, adhikârâcho, kalamî; darbârî, ḍaulî, daṁbhî; *burocratico:* chiṭnisî. ‖ *s. m.* kâmdâr, kâmgâr, yepârî; lahân-, sakailo kâmdâr, kâmelî; adhikârî, huddekâr, amaldâr, kamâvisdâr, jamâdâr; ophśâl, sardâr, subedâr. ‖ — *de justiça,* nâyk, pedo. — *maritimo,* malim, mukdam. — *mechanico, V.* ARTIFICE.
Officialato, *s. m.* ophśâlpaṇ, sardârpaṇ *n.*
Officialidade, *s. f.* sardârgaṇ *m.*, ophśâl *m. pl.*
Officialmente, *adv.* sarkârâchyâ hukumân; sarkârînâtyân; adhikârân.
Officiante, *a.* kâm-, pujâ kartalo. ‖ *s. m.* ophisyâr kartalo, mukhyaguru, śrîsabhâguru, pujârî, yajamân *(p. us. nesta accepção)*.
Officiar, *v. n.* ophisyâr karuṁk, kâm chalauṁk; ophis-, hukûmpatr barauṁk,- dhâḍuṁk.
Officina, *s. f.* kâmâchem,- vâvrâchem ghar *n.*, mâṁḍ, kârkhâṇo *m.*, sâḷ *f.*, karmasthân; paḍghar *n.*, paḍsâḷ *f.*

Officinal, *a.* mâṁḍâcho, sâḷîṁtlo, kârkhâṇyâṁtlo; dukânâṁtlo.

Officio, *s. m.* kâydo *m.*, kâm, karm, kartab *n.;* jâgo, adhikâr, huddo; yepâr, dhâṁdo, udyam *ou* udîm, udyog *ou* udeg *m.*, kasab *f.; ophîs m.;* hukûmpatr, adhikârpatr *n.* ‖ *Outro officio!* dusreṁ kâm paḷe, heṁ jâynâ tujekaḍe! *Fazer o — de,* kâm karuṁk. *Fazer o seu —,* âplo kâydo pâḷuṁk. ‖ -s, *pl.* âdhâr *m.*, majat *f.*

Officiosamente, *adv.* śiristyân, âpkhuśen.

Officiosidade, *s. f.* upkârîpaṇ, vinayîpaṇ *n.*, khuśecho śiristo *m.*, meharbânî *f.*

Officioso, *a.* upkârî, upkârâdik, bhiḍest, vinayî, vaṁdanśîl; upkârâcho, śiristyâcho; khâsgî, khâsgat. ‖ *V.* GRATUITO.

Offuscação, *s. f.*, offuscamento, *s. m.* kâḷokâvṇî; dipâvṇî, dipṇî *f.; (fig.) V.* OBCECAÇÃO.

Offuscar, *v. t.* kâḷok karuṁk *(d. do o.),* kâḷokâvuṁk, âṁdhâruṁk, kupâvuṁk; dipâvuṁk, chakauṁk; *encobrir:* lipauṁk, dhâṁpuṁk, gupit davruṁk; *turvar:* kâḷok-, ḍoymâṁ hâḍuṁk *(l. sup. do o.); fazer diminuir:* deṁvauṁk, halkâvuṁk; *desvirtuar:* khatâvuṁk, meḷauṁk; *fazer esquecer:* visrâvuṁk, visar ghâluṁk *(g. do o.)* ‖ *v. r.* dipuṁk, chakuṁk, jhâṁkuḷuṁk; mâvḷuṁk, bâso-, phiko jâvuṁk; kâḷok yevuṁk *(l. sup. do s.),* âṁdhâroṁk.

Oh, *int.* o, ho, aho, oho, ohoho, ah, ah, hâṁ, haṁhaṁ, âbâ, âbbâ, âbâre, bhâ, arere, û, is, us, ais, oy.

Oinolado, oinoleo, *s. m.* saryâcho malam *m.*

Oira, *s. f. V.* TONTURA.

Oirar, *v. i.* pisâvoṁk, khubhdaḷuṁk, bhramuṁk; ghuṁvḷuṁk, bhirmiruṁk.

Oiro, *s. m.* bhâṁgâr, soneṁ, suvarṇ, svarṇ, kanak, kâṁchan *n.; (fig.)* bhâṁgârâcho nâṇo, varâ; duḍû hâṭko *m.*, dhan gireskây *f.;* bhâṁgârâcho raṁg *m.* ‖ *Coisa de —,* uttam-, nâjûk vast. *Fio de —,* bhâṁgârâcho paḍ *m.*, jar *m. ou f. Mina de —,* sonyâchî khaṇ *f.; (fig.)* savan *n.*, sukhâchî jhar *f.* — *falso,* khoṭeṁ-, phoṭkireṁ bhâṁgâr. — *fino,* soneṁbhâṁgâr, soḷâveṁ *n.* — *em folhas,* sonerî varakh *m.* — *de liga,* kûṭsvarṇ. — *mate,* khaḍkhaḍît-, kharbarît bhâṁgâr. — *virgem ou bruto,* karḍeṁ bhâṁgâr. — *é o que — vale,* hattî vâṁchlyâray laksh, melyâray laksh. *Nem tudo o que luz é —,* jhagjhaktâ itleṁy bhâṁgâr nay. ‖ -s, *pl.* air *m. pl.*

Oitante, *s. m.* maṁḍaḷîcho âṭhvo vâṁṭo,- aṁś *m.*

Oitão, *s. m.* kuśîchî bhîṁt *f.*

Oitava, *s. f.* âṭhvo vâṁṭo,- aṁś *m.;* aitâv *ou* aitâḍ, varâtûk *(— de peso);* âṭhkeṁ *(medida de capacidade de solidos);* navṭâṁg *(medida de capacidade de liquidos); (poet.)* ashṭacharaṇ *n.; (mus.)* âṭhvo ṭâḷo *m.* ‖ — *de festa,* aitâv *n.*

Oitavado, *a. V.* OCTOGONO.

Oitavar, *v. t.* ashṭakoṇ-, âṭh baglâṁcho karuṁk; âṭhkaḍe vâṁṭuṁk.

Oitavario, *s. m.* âṭhvaḍo *m.*

Oitaveiro, *a. e s. m.* âṭhvo phârîk kartalo.

Oitavo, *a.* âṭhvo. ‖ *s. m.* âṭhvo vâṁṭo, âṭhvo *m.* ‖ *Livro em —,* âṭhvarkhî pustak *n.*

Oiteiro, *s. m.* ḍoṁgrî *f.*, ḍoṁgar, giri *(p. us.) m.*

Oitenta, *a.* aiśîṁ. ‖ *Ou oito ou —,* va sagḷeṁ va kâṁych.

Oitentão, *a. e s. m.* aiśyâṁ varshâṁcho, aśîtik.

Oito, *a.* âṭh, ashṭ *(em comp.)*

Oitocentos, *a.* âṭhśîṁ.

Ola, *s. f.* chuḍet, marl *n.*

Olá, *int.* ai *ou* oy, o *ou* ho; bhâ, haṁkaṁ.

Oleado, *a.* meṇtelâcho. ‖ *s. m.* meṇkâpaḍ *n.*

Oleagineo, oleaginoso, *a.* telâcho, telkaṭ.

Olear, *v. t.* telâvuṁk, tel kâḍhuṁk,- lâvuṁk *(d. do o.)*

Oleifero, oleificante, *a.* tel jâto, telâcho.

Oleila, *s. f.* tail, tel *n.*

Olente, *a. V.* OLOROSO.

Oleo, *s. m.* tel, tail *n.*, ol *f.* ‖ — *essencial,* ark *m.* — *de coco,* khabrel, nârlel. — *de gergelim,* tiḷel. — *de mostarda,* sâṁsvel *n. Cheiro de —,* telsâṇ, telṭâṇ *f. Os Santos oleos,* sâṁtol *f. Pintura a —,* tailchitr *n.*

Oleographia, *s. f.* tailchitravidyâ *f.;* tailchitr *n.*

Oleographico, *a.* tailchitrâcho.

Oleol, *s. m.* tail *n.*

Oleolato, *s. m.* ark *m.*

Oleosidade, *s f.* telkaṭây *f.*

Oleoso, *a.* telâcho, telkaṭ, telaṭ, telsâr; buḷbuḷît, chuḷchuḷît.

Olfacção, *s. f.* huṁgṇî *f.*

Olfactivo, *a.* humgcho, humgnecho, humgumk upkârto.

Olfacto, *s. m.* humgnî *f.*; humgcho vishay *m.*, ghrâṇemdriya, ghrâṇ *n.*

Olga, *s. f. V.* LEIRA.

Olha, *s. f.* dâṭ kâld *m.*; kâldâchî vas *f.*

Olhada, olhadela, olhadura, *s. f.* paḷevṇî, dekhṇî, teḷṇî, dishṭ *f.*

Olhado, *a.* dekhlalo. ‖ *Mal* —, vâyṭ dekhlalo, aḷśikaṇo. ‖ *s. m.* dishṭ *f.* ‖ *Dar* —, dishṭ karumk. *Mau* —, vâyṭ dishṭ,- nadar *f.*

Olhador, *a. e s. m.* paḷetalo, teḷṇâr.

Olhal, *s. m.* gavâksh *m.*

Olhalva, *s. f.* dupikî jamîn *f.*

Olhar, *v. t.* paḷevumk, dekhumk, teḷumk, chavumk *(us. Sal.)*, bagumk *(us. N. C.)*, dishṭ-, nadar ghâlumk *(l. sup. do o.)*, ḍoḷe lâvumk *(d. do o.)*; *estar em frente de:* mukhâr-, phuḍe âsumk *(g. do o.)*; *estar voltado do lado de:* vaḷumk, partumk *(d. do o.)*; *ponderar:* paḷevumk, chimtumk; *cuidar de:* paḷevumk, khabar ghevumk *(g. do o.)*; *estar á vista de:* dishṭi paḍumk; *reputar:* samjumk, dharumk. ‖ *v. i.* ḍoḷe ghâlumk, dishṭ lâvumk; paḷevumk, lekhumk; parvâ karumk, khabar ghevumk; âsumk. ‖ — *por*, râkhumk, bâḷgumk. — *para o dia de ámanhã*, phuḍâr paḷevumk. — *para as mulheres*, bâylâmk bhulaumk. — *por si*, chatrâyen chalumk. — *sobre*, vayr âsumk. *Não — a despesas*, duḍvâmchem tomd nâ paḷevumk. *Não — a nada*, ḍoḷe dhâmpûn chalumk. ‖ *v. r.* âpṇâk paḷevumk. ‖ *s. m.* paḷevṇî, teḷṇî; dishṭ *f.*

Olheiras, *s. f. pl.* ḍoḷmâm *ou* ḍoymâm *n. pl.*, *umkirḍe *m. pl.*

Olheiro, *s. m.* paḷevṇâr, teḷṇâr, râkhṇâr, dekhrekhyo; bomb *m.*, jhar *f.*

Olhento, *a.* ḍoḷe-, gîr âslalo.

Olhetado, *s. m.* dâkhecho ḍevso *m.*

Olhete, *s. m.* lahân ḍoḷo *m.*

Olhibranco, *a.* dhavyâm ḍoḷyâmcho.

Olhinegro, *a.* kâḷyâm ḍoḷyâmcho.

Olhizaino, *a. V.* ZANAGA.

Olhizarco, *a.* gârsyâm ḍoḷyâmcho, gârso, gârsulo.

Olho, *s. m.* ḍoḷo *m.*, netr, nayan, lochan *n.*; *(fig.)* dishṭ, drishṭi, nadar *f.*; *ocello:* ḍoḷo, mugûḍ; *gotta de gordura:* vasecho thembo uphelalo *m.*; *furo da agulha:* birdem, nâk; *aro das ferramentas:* medem, nedem; *orificio do anus:* bhomk *n.*; *buraco de massas:* ḍoḷo, gîr; *abertura circular nos tectos ou paredes:* gavâksh *m.*, dhârem *n.*; *buraco da ficira:* gîr *m.*; *buraco da mó:* tomḍ *n.*; *rebento:* ḍoḷo, kirl, taḍo. ‖ — *de agua*, udkâcho bomb *m.* — *de gato*, *V.* ONYX. — *nu*, mekhḷo ḍoḷo. — *vivo*, śiḍukây *f.* *Abrir os olhos ao dia ou á luz*, jâvumk, jalmumk. *Arregalar os* —, ḍoḷe orkumk. *Baixar os* —, ḍoḷe pomdâk ghâlumk. *Tirar os — da cara*, soḷumk, luṭumk. *Custar os — da cara*, mahâragh paḍumk,- suṭumk. *Dar de olho*, ḍoḷe moḍumk. *Deitar poeira nos olhos*, dishṭ bâmdhumk. *Dormir com um olho aberto e outro fechado*, nidtâso karumk; ghaḍye ghaḍye jâgo jâvumk. *Encher o* —, ḍoḷe-, jîv dhâdasî karumk. *Estar com o — aberto ou álerta*, ḍoḷyâmt teḷ ghâlûn râvumk. *Irem-se os olhos em alguma coisa*, ḍoḷyâmnîm vachumk *(s. da coisa)*. *Levantar os — ao céo*, svargâk ḍoḷe lâvumk. *Pregar olho*, ḍoḷo lâgumk *(g. do s.)*, nîd paḍumk *(d. do s.)* *Não pregar* —, pâtyâk pâtem nâ lâgumk. *Querer a alguem como aos seus olhos*, jivâ itlem karumk. *Ser todo olhos*, jâgrit râvumk, chitt divûn âsumk. *Ter deante dos olhos (fig.)*, taklen gholumk. *Ter bom* —, mâmḍnî-, hikmat âsumk *(d. do s.)* *Ter lume no* —, jiyevumk; *(fig.)* bârik dishṭ-, chatrây âsumk *(d. do s.)* *Ter — de aguia ou de lynce*, ghidhâchî dishṭ âsumk *(d. do s.)* *Ter olhos de gata morta*, bâse ḍoḷe âsumk *(d. do s.)* *Ter — em si*, chatrâyen chalumk. *Ter o — ou os olhos sobre alguem ou nalguem*, dishṭ davrumk. *Ter peneira ou poeira nos olhos (fig.)*, ḍoḷyâmk sây mâmḍomk *(g. do s.)* *Trazer de* —, pâlad karumk. *Vento pelo* —, tomḍâvaylem vârem. *Ver com bons olhos*, nadremt vachumk *(g. do s., s. do o.)* *A* —, dishṭin, naḍren, meji-, jokhi nâstânâ. *Até aos olhos*, mâthem paryâmt. *A olhos vistos*, dekhatrûpim, sabhemâjâr. ‖ **-s**, *pl. V.* OCULOS.

Olhudo, *a.* ḍoḷero.

Olibano, *s. m.* lobhân, berojo, ûḍ *m.*

Oligarchia, *s. f.* alpajanaprabhutva *n.*

Oligarchico, *a.* alpajanaprabhutvecho.

Oliva, *s. f. (poet.)* âjeton, jitavrikshâchem phaḷ *n.*; âjetîn *f.*

Olivaceo, *a.* âjetonâchyâ ramgâcho.

Olival, olivedo, *s. m.* âjetinîmchem rân *n.*

Olivar, *a.* âjetonâsârko.

Oliveira, *s. f.* âjetîn *f.*, jitavṛiksha *m.*
Ollaria, *s. f.* kuṁbhârkhâṇo *m.*
Olleiro, *s. m.* kuṁbhâr.
Olmeiro, olmo, *s. m.* vâṁvḷo (*— da India) m.*
Olor, *s. m.* (*poet.*) parmaḷ, damdam *m.*
Oloroso, *a.* (*poet.*) parmaḷit, damdamît, surabhî.
Olvidar, *v. t.* visruṁk, visar ghevuṁk. ‖ *v. r.* visar paḍuṁk (*d. do s.*), ughḍâs-, âṭhav nâsuṁk (*d. do s.*)
Olvido, *s. m.* visar *f.*, ughḍâs-, âṭhav nâsnem *n.*
Olympiada, *s. f.* chârsâl *n.*
Olympo, *s. m.* (*poet.*) *V.* CÉO.
Omega, *s. m.* (*fig.*) *V.* FIM.
Omeleta, *s. f.* tâṁtyâṁcho âlobelo *m.*
Ominar, *v. t.* *V.* AGOIRAR.
Ominoso, *a.* âchârâcho, śâkunik; abhadr, amaṁgaḷ.
Omissão, *s. f.* varjaneṁ *n.*, soḍṇî, khaḷauṇî, vagaḷṇî, âṁtrâvṇî, chukauṇî *f.*; akarm, acharaṇ, adarśan; chûk, visar, kasar *f.* ‖ *Peccado de —*, aṁtarnecheṁ pâtak *n.*
Omisso, *a.* soḍlalo, kari nâstânâ davarlalo, varjit; akarmî, aṁtarit.
Omittir, *v. t.* soḍuṁk, davruṁk, varjuṁk, khaḷauṁk, gaḷauṁk, vagaḷuṁk, khâvuṁk; aṁtrâvuṁk, chukauṁk, visruṁk, beparvâ-, bephikîr karuṁk (*g. do o.*)
Omni, *pref.* sarv.
Omnibus, *s. m.* janrath *m.*
Omnicolor, *a.* sarvaraṁgî, vichitṛ.
Omniforme, *a.* sarvarûpî.
Omnigenere, *a.* sarv jâtîṁcho.
Omnimodamente, *adv.* sagḷyâṁ prakârâṁnîṁ; akhaṁḍitpaṇîṁ.
Omnimodo, *a.* sarvprakârâṁcho, sarvprakâr, sarvavidh; akhaṁḍit, aparamit.
Omniparente, *a.* sarvakarttâ.
Omnipatente, *a.* sarvprasiddh, sarvlaukik.
Omnipotencia, *s. f.* sarvpadvedârpaṇ *n.*, sarvakâryaśakti *f.*
Omnipotente, *a.* sarvpadvedâr, sarvhukumdâr, sarvkarṇâr, sarvsamarth, sarvaśaktik. ‖ *s. m.* *V.* DEUS.
Omnipresença, *s. f.* vyâpti *f.*, trailokyavistâr *m.*
Omnipresente, *a.* sarvavyâpak, sarvavyâpî.
Omnisciencia, *s. f.* sarvjâṇârpaṇ, sarvajñân *n.*
Omnisciente, *a.* sarvjâṇâr, sarvajña, sarvavedi.
Omnivago, *a.* sarvag, sarvabhramak.
Omnivomo, *a.* sarvavamak.
Omnivoro, *a.* sarvabhojî.
Omophago, *a.* *V.* HOMOPHAGO.
Onagro, *s. m.* rânġâḍhûṁ *n.* ‖ *V.* BURRO.
Onça, *s. f.* oṁs *n.*, soḷâvo *m.*; (*zool.*) chitto *m.*
Onda, *s. f.* lahâr *n.*, osâḍ, lâṭ *f.*, taraṁg, helkâvo; maujo (*— grande*); daryâ *m.*, daryâcheṁ pâṇî *n.*; (*fig.*) râs *f.*, loṭ; loṁḍho *m.*, urpaṁj; chîḍ *f.*, jâḷ *m.* ‖ *V.* ONDULAÇÃO.
Ondado, *a.* *V.* ONDEADO.
Onde, *adv.* kkaiṁ, khaiṁsar; jaiṁ (*conj.*) ‖ *Por —*, khaiṁchyân, keṇeṁ. *— quer que*, khaiṁsaray. *D'onde*, khaiṁcho (*decl.*), khaiṁsarlo (*decl.*), khaiṁ thân,- saṭyâṁ (*interrogativos*); thaiṁcho (*decl.*), thaiṁsarlo (*decl.*), thaiṁ thân-, saṭyâṁ. *De — em —*, pais pais, pelyân pelyân; aṁtryâ pairyân, âmâse punve.
Ondeado, ondeante, *a.* laharî, uṁchnîch.
Ondear, *v. i.* lahârâṁ moḍoṁk (*d. do s.*), helâvuṁk, helkâvuṁk; laharî jâvuṁk; (*fig.*) *V.* AGITAR-SE. ‖ *v. t.* laharî karuṁk.
Ondulação, *s. f.* helâvo, helkâvo, utâr chaḍh *m.*, osâḍ; lahar *f.*; uṁchnîchpaṇ *n.*
Ondulado, ondulante, onduloso, *a.* uṁchnîch, uṁchkhâl; laharî.
Ondular, *v. i. e t.* *V.* ONDEAR.
Ondulosamente, *adv.* laharîṁ.
Onerar, *v. t.* bhâr-, ojheṁ ghâluṁk (*l. sup. do o.*), bhârâvuṁk; kâydo ghâluṁk (*d. do o.*) ‖ *V.* OPPRIMIR. ‖ *v. r.* âpṇâcher bhâr-, kâydo ghevuṁk; chaḍh-, bhav bharoṁk.
Onerario, *a.* ojhyâcho, ojhelî.
Onerosamente, *adv.* bhârân, kâydyân.
Onerosidade, *s. f.* bhârpaṇ *n.*, jaḍây *f.*
Oneroso, *a.* bhârâdik, bhârî, jaḍ; bhâr-, kâydo âslalo. ‖ *Contracto —*, kâydyâcho khaṁḍ,- karâr *m.* ‖ *V.* INCOMMODO.
Onomancia, *s. f.* nâmâksharabhavishyavidyâ *f.*
Onomastica, *s. f.* nâmalekh *m.*

Onomastico, *a.* viśeshaṇâmâcho. ‖ *Dia* —, sâṁtâchyâ nâṁvâcho dîs.
Onomatico, *a.* nâṁvâcho.
Onomatologia, *s. f.* nâmavidyâ *f.*
Onomatopaico, **onomatopico**, *a.* anukaraṇâcho.
Onomatopéa, *s. f.* anukaraṇ *n.*, anukaraṇaśabd *m.*
Ontogonia, *s. f.* prâṇasattvavidyâ *f.*
Ontologia, *s. f.* bhûtavichâr *m.*, sattvavidyâ, tattvamâtramimâṁsâ *f.*
Ontologico, *a.* bhûtavichârâcho, tattvamâtrasaṁbaṁdhî.
Ontologista, *s. m.* bhûtavichârî, sattvamâtravichârî.
Onus, *s. m.* bhâr *m.*, ojheṁ *n.*; jaḍ kâydo, bhârî daṁḍ *m.*, bharkuṭî *(fig.)*
Onyx, *s. m.* gomed, śivadhâtu, śilemaṇi *m.*
Onze, *a. pl.* ikrâ. ‖ *Estar entre as dez e as* —, kâtrîr âsuṁk, kâṭâṁdûr dharuṁk; pâṭhî phuḍe saruṁk, ḍaṁḍaḷuṁk.
Onzena, *s. f.* ikrâṁcho lâbh *m.*, bhârî- jaḍ kalâṁtar, khistechem vyâj *n.*
Onzenar, **onzenear**, *v. i.* bhârî-, bhav kalâṁtar,- vyâj vharuṁk. ‖ *V.* MEXERICAR.
Onzenario, *a.* chaḍhâ kalâṁtarâcho, khistechyâ vyâjâcho. ‖ *a. e s. m.* *V.* ONZENEIRO.
Onzeneiro, *a. e s. m.* adhik kalâṁtar ghetalo, âṭhvaḍkâr, khistî. ‖ *V.* MEXERIQUEIRO.
Onzenice, *s. f.* lâṁvḍepaṇ, kusḍepaṇ *n.*, kusḍây, lâṁvḍây *f.*
Onzeno, *a.* ikrâvo.
Opa, *s. f.* op *f.*, *pairâṇeṁ *n.* ‖ *V.* MANTO.
Opacidade, *s. f.* prakâśâbhedyatâ *f.*, apârdarśakpaṇ *n.*; ghaṇ sâvḷî *f.*
Opaco, *a.* âspâs-, ârpâr disa nâslalo, apârdarśak, prakâśâbhedya; kâḷokâcho, aṁdhak. ‖ *Sombra opaca*, ghaṇ sâvḷî *f.* *Trevas opacas*, kâḷok gîḍ *m.*
Opala, *s. f.* śivadhâtu *m.*
Opalescencia, *s. f.* śivadhâtûcho raṁg-, prajvaḷ *m.*
Opalescente, **opalino**, *a.* śivadhâtûchyâ raṁgâcho,- prajvaḷâcho.
Opção, *s. f.* viṁchûn kâḍhneṁ *n.*, viṁchṇî; khuśî, marjî, ichchhâ, khâtar, pasaṁtî *f.* ‖ *Direito de* —, viṁchcho adhikâr *m.*, -sattâ *ou* sattyâ *f.*
Opera, *s. f.* saṁgît, nâṭaṇ *n.*; saṁgîtaraṁg *m.*, saṁgîtaśâlâ *f.*
Operação, *s. f.* karṇeṁ *n.*, karṇî, kriyâ, kṛiti, âdarṇî, châlauṇî *f.*, âcharaṇ *n.*; mâṁḍâvaḷ, vahivâṭ, kamây *f.*; kâm, karm *n.*, yepâr *m.*; śastrakriyâ *f.*, kâtrap, phâḷṇeṁ; *(arith.)* saṁkhyâkarm; *(comm.)* vyâpârkarm; *(milit.)* senâkarm *n.*, kavâît *f.*
Operado, *a. e s. m.* phâḷlalo, kâtarlalo manîs.
Operador, *a.* kartalo, karṇâr, kartû. ‖ *s. m.* phâḷcho vaij, śastropachâr kartalo.
Operante, *a.* karuṁk baro, âdaruṁk upkârto; guṇvaṁt.
Operar, *v. t.* karuṁk, âdaruṁk, châlauṁk, sâdhuṁk; phâḷuṁk, topuṁk, kâtruṁk. ‖ *v. i.* guṇâk paḍuṁk, lâguṁk; chaluṁk. ‖ *v. r.* jâvuṁk, ghaḍuṁk, vartuṁk.
Operario, *s. m.* vâvrâḍî, mânây, kashṭâṁkâr, kâmkârî, gaḍî, bigârî; kâmelî, karmakâr, kriyâkâr.
Operativo, *a.* karṇecho, kâmâcho; guṇâṁcho, karmakâr, kârak.
Operatorio, *a.* mâṁḍâvaḷîcho, kamâyecho; śastrakriyecho. ‖ *Medicina operatoria*, śastravaidpaṇ *n.*
Operavel, *a.* karûṁyeso; phâḷcho, kâtarcho.
Operculado, *a.* dhâṁpṇîṁ âslalo, dhâṁpṇyâcho.
Opercular, *a.* dhâṁpuṁk upkârto.
Operculo, *s. m.* dhâṁpṇeṁ *n.*
Operetta, *s. f.* lahân-, châlteṁ saṁgît *n.*
Operoso, *a.* kashṭâṁcho, śramâcho, suḍsuḍît, śitâb.
Ophiasis, *s. f.* uṁdrî *f.*
Ophidio, *a.* sarap kaso, sarpâkṛiti. ‖ -s, *m. pl.* sarpajât *f.*
Ophiologia, *s. f.* sarpavidyâ *f.*
Ophiologico, *a.* sarpavidyecho.
Ophiophago, *a. e s. m.* sarpabhojî.
Ophtalmia, *s. f.* netrarog *m.*, ḍoḷyâṁchî piḍâ *f.*
Ophtalmico, *a.* netrarogâcho.
Opiaceo, **opiado**, *a.* âphîn âslalo, âphinâcho.
Opiar, *v. t.* âphîn ghâluṁk,- misḷuṁk *(l. in do o.)*
Opiato, *s. m.* âphinâcheṁ okhat *n.*
Opifice, *s. m. (p. us.)* *V.* ARTIFICE.
Opimo, *a.* uttam, śreshṭh, chokh, nâjûk; pushkaḷ *ou* phushkaḷ, mast, khûp, jâyto.
Opinante, *a. e s. m.* vâdî, matvâdî; matâdhikâr âslalo.

Opinar, *v. t. e i.* samjuṁk, dharuṁk, chiṁtuṁk, nihâḷuṁk, mat karuṁk, disuṁk *(d. do s.).*

Opinativo, *a.* matâcho, nihâḷâcho, samjoṇecho. ‖ *Questão opinativa,* samjoṇepramâṇeṁ karcheṁ kâm.

Opinavel, *a.* mat karcho, âpṇâk distâ taso dharcho; matâcho, tarkâcho, âvâṁkyâcho.

Opinião, *s. f.* mat *n.*, samjoṇî, chiṁtṇâ, buddh, mhaṇṇî *f.*, vâdo, nihâḷ, abhiprây, âvâṁko, vichâr, tark, hiśob *m.*, âlochan *n.* ‖ *V.* PRESUMPÇÃO. ‖ — *concorde,* sammat *n.* — *differente,* vikalp. — *opposta,* matbhed *m.* — *publica,* lokmat. *Ter boa — de alguem,* baro-, bareṁ disuṁk,- lâguṁk *(d. do s.),* mânoṁk *(d. do s.)*

Opiniatico, opinioso, *a.* âplyâ vâdyâcho, vâdyo, vâdelî, svamatvâḍî, haṭhvâdî. ‖ *V.* ORGULHOSO.

Opio, *s. f.* âphîn *m.*

Opiparo, *a.* bhav molâcho, kharchâdîk; pushkaḷ, mast, khûp, sapûrṇ; ḍaulâcho, dabâjyâcho; chokh, nâjûk; chamchamît, ḍhaṇḍhaṇît, ghaṇghaṇît, ṭhaṇṭhaṇît.

Opisthographo, *a.* doslyân va pâṭhlyân barailalo. ‖ *s. m.* pâṭhlyân barailaleṁ kâgad *n.*

Oppilação, *s. f. V.* OBSTRUCÇÃO.

Oppilante, oppilativo, *a.* choṁḍcho, purcho, bharûn hâḍcho.

Oppilar, *v. t. V.* OBSTRUIR.

Opponente, *a.* âḍ-, parto yetalo, âḍ, parto, virodhî.

Oppor, *v. t.* âḍ ghâluṁk,- davruṁk, âḍâvuṁk, aḍuṁk; mukhâr-, phuḍyâṁt davruṁk; viruddhuṁk, akshepuṁk, partuṁk, parteṁ-, âḍ sâṁguṁk. ‖ *V.* CONFRONTAR. ‖ — *resistencia,* jhoṁbuṁk, jhaḍjhaḍâvuṁk, phuḍo karuṁk. ‖ *v. r.* âḍ yevuṁk, kabûl-, râjî nâ jâvuṁk, aḍchaṇ-, âḍkhaḷ ghâluṁk.

Opportunamente, *adv.* prasaṁgân; baryâ veḷâr.

Opportunidade, *s. f.* baro veḷ,- samay, saṁyog, prasaṁg, avsar, avkâś, samkâḷ *m.*, saṁdhi, lâykî *f.*

Opportunismo, *s. m.* prasaṁgânusâramat, samayasevanamat *n.*

Opportunista, *a. e s. m. e f.* samayânusârî.

Opportuno, *a.* samayâcho, saṁyogâcho, sâmayik, veḷâk baro,- upkârto, phâvoto, lâyk, prâptakâl.

Opposição, *s. f.* âḍ âsneṁ,- yeṇeṁ *n.*; âḍ, âḍkhaḷ, aḍ, aḍchaṇ *f.*, virodh, avrodh, akshep, pratikâr *m.*, pratikriyâ, harkat, viparîtây, phâṁṭ *f.*, pratikarm *n.* ‖ *V.* DISCORDANCIA. ‖ *Fazer —,* âḍ yevuṁk, naḍî ghâluṁk.

Opposicionista, *a. e s. m. e f.* âḍ yetalo, virodhî, aḍchaṇṇâr.

Oppositivo, *a. V.* OPPOSTO.

Oppositor, *a. e s. m.* âḍ yetalo,- yeṇâr, virodhî, prativâdî.

Oppostamente, *adv.* âḍveṁ, parteṁ, uphrâṭeṁ.

Opposto, *a.* âḍvo, parto; mukhâvelo, samorcho, apar; virodhî, viruddh, vairâchârâcho; viparît, avkaṭ, ulṭo, uphrâṭo. ‖ *s.* ~~*m.*~~- partî vast *f.*, âḍveṁ kâm *n.*

Oppressão, *s. f.* piḷṇeṁ, julûm karṇeṁ, trâs deṇeṁ *n.*; julûm, trâs, dhumâḷo *m.*, ijâ, piḍâpîḍ, jabardastî, jabarî, jâstî, jidd *(us. Can.) f.*, upadrave *ou* upadre, dagdag *m. pl.*; râjîk; bharûn yeṇeṁ, vaylyâvayr jîv vachṇeṁ. ‖ — *de forças,* moḍon paḍṇeṁ, jîv-, baḷ tuṭṇeṁ *n.*

Oppressivo, *a.* julumâcho *ou* julmâcho, jabardast, upadravî.

Oppresso, opprimido, *a.* piḷlalo, julmâk sâṁpaḍlalo, trâsâk-, upadryâṁk paḍlalo; *(fig.)* thaklalo, gaḷlalo, bebaḷ.

Oppressor, *a. e s. m.* piḷtalo, julûm kartalo, jabardast; prajâpîḍak, âgdhâḍ *(fig.)*

Opprimir, *v. t.* bhâr-, ojheṁ ghâluṁk *(l. sup. do o.),* bhârâvuṁk, peṁchuṁk; trâs-, piḍâpîḍ divuṁk *(d. do o.),* julûm karuṁk *(d. do o.),* julmuṁk, upadryâṁk ghâluṁk, dagdagâvuṁk, vaḷvaḷâvuṁk, kashṭâvuṁk, raḍauṁk, aḍchuṁk *ou* aḍchauṁk; thakauṁk, baḷ toḍuṁk *(g. do o.)*; bharûn hâḍuṁk.

Opprobrio, *s. m.* phajatî *ou* phajat, beâbrû, niṁdâ, behurmat *f.*, apvâd, apmân *ou* akmân *m.*, badlâm *n.* ‖ *V.* OBJECÇÃO.

Opprobrioso, *a.* niṁdecho, niṁdak, apvâdâcho, lajjecho, akîrtecho.

Oppugnação, *s. f.* ghâlo, uprâḷo *m.*, dhâḍ *f.*; virodh *m.*

Oppugnador, *a. e s. m.* uprâḷtalo, ghâlo ghâlṇâr, jujârî; virodhî.

Oppugnar, *v. t.* paḍuṁk *(l. sup. do o.),* ghâlo ghâluṁk *(d. do o.),* uprâḷuṁk; jhaḍjhaḍâvuṁk, jhoṁbuṁk *(ab. kaḍe do o.),* gaḷo dharuṁk,- piḷuṁk *(litt.* AFOGAR O PESCOÇO; *g. do o.)*; âḍ yevuṁk *(d. do o.),* viruddhuṁk, âḍâvuṁk, aḍchuṁk.

Optar, *v. i.* vimchûn-, śodhûn kâḍhuṁk *(v. t.)*

Optativamente, *adv.* śodhûn kâḍhûn, vimchûn.

Optativo, *a.* khuśî dâkhaumcho, ichchhâbodhak.

Optica, *s. f.* dṛishṭividyâ *f.*, dṛikśâstr *n.* ‖ *V.* PERSPECTIVA.

Opticamente, *adv.* dṛishṭividyen.

Optico, *a.* dṛishṭividyecho; dishṭîcho, nadrecho. ‖ *s. m.* dṛikśâstrî; dishṭîchîṁ yaṁtrâṁ kartalo.

Optimates, *s. m. pl.* śreshṭh-, moṭe manis *m. pl.*, mukhyalok *m.*

Optimismo, *s. m.* uttamatâvâd *m.*

Optimista, *a.* uttamatâvâdâcho. ‖ *s. m. e f.* uttamatâvâdî.

Optimo, *a.* bhav-, chaḍh baro, uttam, śreshṭh, sattam, param, prakṛishṭ, dulabh *ou* dulap.

Opulencia, *s. f.* chaḍh gireskây, padestây, sapuṇikây, saṁpat, saṁpatti, lakshmî, śrîmaṁtî, daulat; mahimâ *f.*, dabâjo; *(fig.)* mât *m.*, vâḍh *f.*

Opulentamente, *adv.* sapuṇikâyen, saṁpattîn.

Opulentar, *v. t.* saṁpattivaṁt-, sapuṇîk karuṁk, gireskâyen bharuṁk,-puruṁk.‖ *v. r. e i.* gireskâyen bharoṁk, padest-, lakshmîvaṁt jâvuṁk; bharoṁk, uphâḷuṁk.

Opulento, *a.* bhav gireshṭh, dhanvaṁt, dhanishṭh saṁpattivaṁt, lakshmîvaṁt, sapuṇîk, padest, hajârkâr, poṭḷekâr, śrîmaṁt, saṁpann, âstik, arthvaṁt, chakravatî; *copioso:* mast, jâyto, udaṁḍ, phushkaḷ; *cheio de fórmas:* mâtlalo, bharlalo, poslalo; *que se passa na opulencia:* sapuṇikâyecho, saṁpattîcho.

Opusculo, *s. m.* lahân pustak *n.*, nibaṁdh *m.*, pothî *f.*

Ora, *conj.* ghaḍyek; pûṇ, hyâbhâyr. ‖ *adv.* âtâṁ, sardyâ, turût. ‖ *De — avante ou em deante,* hyâphuḍe, hyâmukhâr. — *pois,* aseṁ âstânâ,. aseṁ tar, aseṁ jâvûn.

Oração, *s. f. (gram.)* vâkya *n.*, gathâ, phâṁkî, yukti *f.*; ulauṇeṁ, bhâshaṇ, pravachan *n.*, sabhâvâd *m.*; orâsâṁv, mâgṇeṁ, prârthan, gârâṇeṁ *n.*, vinati *ou* vinaṁtî *f.*, bhrâman.‖ — *mental,* samaraṇ, dhyân *n.*, nihâḷ. — *vocal,* jap *m.*, hardâs *f.* — *funebre,* śokvâd, kriyâvâd *m.* — *dominical,* Amchyâ Bâpâ *f.* *Fazer* —, rajârkaruṁk (*do port.* REZAR), mâgṇîṁ mhaṇuṁk, prârthan karuṁk.

Oracional, *a.* vâkyâcho, gathecho.

Oracular, *a.* prasâdâcho, praśnâcho, śâkuṇîk.

Oraculo, *s. m.* prasâd *m. ou f.*, praśn, śakun *m.*; devvâṇî, âkâśvâṇî *f.* ‖ *Divindade que dá o* —, prasâdâcho dev *m.*, prasâdadevatâ *f.*; *palavra infallivel:* âptavachan, abhyuktavachan *n.*; *pessoa de auctoridade:* Dev kaso ulaitalo, bhav buddhvaṁt manis, âptavachanî, abhyuktavachanî. ‖ *Fallar como um* —, Dev kaso ulauṁk, sat teṁ sâṁguṁk.

Orada, *s. f. V.* ERMIDA.

Orador, *s. m.* baro ulauṇâr,- bolṇâr, pravachaṇâr, prasaṁgapaṁḍit; sabhâvâdî, sabhâpaṁḍit. ‖ — *sagrado,* sermâṁv sâṁgtalo pâdrî.

Orago, *s. m.* orâg, igarjecho sâṁt; *(fig.) V.* ORACULO.

Oral, *a.* toṁḍâcho, mukhâcho; toṁḍâpâsî, toṁḍâtoṁḍâṁtlo; *(gram.)* mukhatîya.

Orangotango, *s. m.* vanmânush, rânmânush *(litt.* HOMEM DO MATTO).

Orar, *v. i.* sabhâvâd-, prasaṁg karuṁk, sabhemâjâr ulauṁk, diskûrs (*port.* DISCURSO) karuṁk; rajâr-, gârâṇeṁ-, vinati karuṁk, mâgṇîṁ mhaṇuṁk. ‖ *v. t.* mâguṁk, prârthuṁk, vinauṁk, samaruṁk.

Ora-sus, *int. V.* SUS.

Orate, *s. m.* piso, khuḷo, pato, divanâ *(us. Sav.)* ‖ *Casa de orates (fig.),* pisyâṁcheṁ râj *n.*

Oratoria, *s. f.* sabhâpravachanavidyâ, pravachanavidyâ, alaṁkâravidyâ *f.*, sabhâpâṁḍitya, śabdachâturya; kîrtan *n.*

Oratoriamente, *adv.* pravachanavidyen.

Oratorio, *a.* pravachanâcho, sabhâpâṁḍityâcho, alaṁkarâvidyecho. ‖ *s. m.* orator, devmâḷî *f.*, prârthanâlay; *(mus.)* kîrtan *n.*

Orbe, *s. m.* gol, biṁb, mâṁḍ *m.*, maṁḍaḷ *f.*; târâ *m.* ‖ — *terraqueo ou terrestre, V.* TERRA.

Orbicola, *a. V.* COSMOPOLITA.

Orbicular, *a.* vâṭkuḷo, vâṭâṁguḷo, golâkâr, gol.

Orbicularmente, *adv.* vâṭkuḷâyen, pheren.

Orbita, *s. f.* pherî, maṁḍaḷ *f.*, grahamârg, grahapath *m.*; *(anat.)* ḍoḷyâcheṁ biḷ,- ghar; *(fig.)* prakaraṇ *n.*, ilâkho *m.*

Orbitario, *a.* ḍoḷyâchyâ biḷâcho.

Orbivago, *a. (poet.)* saṁsâr gâḷtalo,- bhoṁvtalo.

Orça, *s. m.* ghoṁs *m.* ‖ *Metter á — ou ir á —, V.* BOLINAR.

Orçador, *a. e s. m.* ajmâsî, âkârṇâr.

Orçamental, *a.* ajmâsâcho, âkârâcho, sumârâcho.

Orçamento, *s. m.* ajmâs *ou* adṁâs, sumâr, âkâr *m.*, aṭkaḷ *f.* ‖ *Comer á mesa do —*, sarkârî pâg khâvuṁk.

Orçar, *v. t.* ajmâs-, sumâr karuṁk *(g. do o.)*, ajmâsuṁk, âkârṇuṁk, aṭkaḷuṁk. ‖ *v. i.* ghoṁs vachuṁk; *(fig.)* pâvuṁk, teṁkuṁk.

Orchata, *s. f.* kâḷiṁgâchyâṁ biyâṁcho ras *m.*

Orchestra, *s. f.* vâjaṁtryâṁcho jâgo *n.*, vâditrasthân; vâjaṁtryâṁcho meṭo,- tâko, vâditragaṇ *m.*, beṁḍ *(do ingl.* BAND) *n.*

Orchide, *s. f. (bot.)* kâṇphoḍeṁ *n.*

Orco, *s. m. (poet.)* yamkaṁḍ *n.*, yampurî *f.*, narak *m.*

Ordeiro, *a. e s. m.* nemâcho, niyamî, kramâcho isḥṭ.

Ordem, *s. f.* ord, vyavasthâ, paraṁparâ, mâṁḍâvaḷ, paripâṭî *f.*, kram, anukram *m.*, mâṁḍap *n.*; niyam *ou* nem, mârg *m.*, rît, parvaḍ, paddhat, moḍ; *funccionamento regular:* vyavasthâ, baṁdobast, barî gat,- sthiti *f.*, sârko âkâr *m.*; *boa administração:* jâvoṇî *ou* jâḷvaṇî, barî vasauṇî,- châlauṇî; *classe:* jât *f.*, varg, vaṛṇ, gaṇ; *lei:* kâydo, kânû, vidhi *m.*, śâsan *n.*, samurt; *mandado:* ord, pharmâvṇî *f.*, pharmaṇ *n.*, hukûm, sanad, saṁdeś, nirop *m.*, tâkît, âjñâ; *especie:* jât *f.*, jinnas; *maneira:* prakâr *m.*, parî, bhâs; *fileira:* hâr, oḷ, regh; *serie:* paraṁparâ, parvaḍ *f.*; *companhia de religiosos:* mârg, paṁth *m.*; *sacramento:* ord, pavitr padvî, dîkshâ; *(comm.)* varât *f.*, rokho *m.* ‖ *— hierarchica*, vihlevârî *f.* *Estar na —*, sârko-, sâmko âsuṁk,- chaluṁk. *Estar na — do dia*, ulauṁk divuṁk, gâjuṁk. *Estar em —*, niṭ-, barâbar âsuṁk. *Estar por —*, pâḷiye pramâṇeṁ âsuṁk, âplyâ jâgyâr râvuṁk,- uruṁk. *Estar á — ou ás ordens*, khâl-, âdhîn âsuṁk. *Por —*, phâvote parîṁ, kramân. *Fóra de —*, vayrsakal, âḍveṁtiḍveṁ, vâṁkḍeṁtiṁkḍeṁ. *Debaixo de —, dentro de —*, hârin, barâbar. *Em boa —*, sâvkâśâyen, barepaṇîṁ. *Ordem!* khabardâr!

Ordenação, *s. f.* mâṁḍap *n.*, mâṁḍṇî, mâṁḍâvaḷ, ḍâḷṇî, rachṇî, svasthâvṇî, vyavasthâ, baṁdobast, paraṁparâ, paripâṭî, sthiti *f.*; niyam, nem, hukûm, kukûmnâmâ, kânû, kâydo *m.*, pharmâvṇî *f.*; ordî deṇeṁ *n.*

Ordenadamente, *adv.* ordîn, kramân, paripâṭîn.

Ordenado, *a.* mâṁḍlalo, ṭhâkṭhîk, ṭhikṭhâk; niroplalo, pharmâylalo. ‖ *s. m.* pâg *(port.)*, talab *n.*, musâro *m.*

Ordenador, *a. e s. m.* mâṁḍtalo, ḍâḷṇâr; sthâpṇâr; pharmâytalo, nemṇâr, kukûmdâr.

Ordenamento, *s. m. V.* ORDENAÇÃO *e* ORDEM.

Ordenança, *s. f. (ant.)* jujâcho lok *m.*, phauj *f.*; *(milit.)* senâvidhi *m.* ‖ *V.* LEI.

Ordenar, *v. t.* mâṁḍuṁk, ḍâḷuṁk, ṭharâvuṁk, svasthâvuṁk, rachuṁk; lâvuṁk, pharmâvuṁk, nemuṁk, nimyâruṁk, sthâpuṁk; ordî-, pavitr padvî-, dîkshâ divuṁk *(d. do o.)* ‖ *v. r.* ordî ghevuṁk; niṭ jâvuṁk, sârko râvuṁk, barâbar âsuṁk.

Ordenavel, *a.* mâṁḍûṁyeso, ḍâḷcho, ṭharâvuṁcho.

Ordenhador, *a. e s. m.* dûdh kâḍhtalo, dubhṇâr.

Ordenhar, *v. t.* dûdh kâḍhuṁk *(g. do o.)*, dubhuṁk, dohuṁk.

Ordinal, *a. (gram.)* kramavâchak (saṁkhyâ).

Ordinando, *a. e s. m.* ordî-, dharmapad ghetalo.

Ordinante, *a. e s. m.* dharmapad-, dikshâ ditalo.

Ordinariamente, *adv.* châlṭepaṇîṁ, châlîpramâṇeṁ, bhav karn. ‖ *V.* FREQUENTEMENTE.

Ordinario, *a.* châlîcho, châlîsâṁgdo. sadâṁcho, châlto, chalto, paddhatîcho, vyâvahârik; *frequente:* sadâṁcho, ghaḍiyeghaḍiyecho, vâraṁvârâcho; *mediocre:* chalto, sâdhâraṇ, nemast, khuṁṭo; *de pouco valor:* kirkoḷ, halko, uṇo, gâṁvṭo; *grosseiro:* uṇo, uṇe jâticho, boṁtho. ‖ *De —, V.* ORDINARIAMENTE. ‖ *s. m.* sadâṁcheṁ kâm *n.*; châl *f.*; dispaṭo girâs *m.*; dharmâdhyaksh, bisp.

Ordir, *v. t. V.* URDIR.

Oreada, oreade, *s. f. (poet.)* vandevatâ *f.*

Orelha, *s. f.* kâṇ, *karṇ *m.* ‖ *— do arado*, nâṁgrâchî jibh *f.* *Andar á — de alguem*, kânâṁt phuṁkuṁk. *Andar de — á escuta*, kân lâvuṁk,- phulauṁk. *Estar empenhado até ás ore-*

lhas, riṇâṁt buḍuṁk. *Fazer orelhas ou ouvidos de mercador,* kânmâtreṁ karuṁk. *Ter espirito santo de —,* kânâṁt phuṁktalo âsuṁk. *Ficar ou andar de orelhas cahidas,* śeṁkreṁ gaḷuṁk, takli poṁdâk paḍuṁk. *Torcer a orelha,* jîbh châbuṁk. *Até ás orelhas,* pâṁyâchî nâkshî tî mâthyâcho keṁs paryâṁt; *(fig.)* ekdam, nibel.

Orelhado, *a.* kân âslalo.

Orelhão, *s. m.* kân oḍhuṇeṁ *n.*

Orelheira, *s. f.* monjâtiche kân; dhukrâche râṁdhlale kân *m. pl.*

Orelhudo, *a.* kânyo, kânâḷo. ‖ *V.* CABEÇUDO. ‖ *s. m.* *V.* BURRO.

Oreographia, *s. f. V.* OROGRAPHIA.

Oressa, *s. f. V.* BRISA.

Orfan, *a.* porkî, anâth. ‖ *s. f.* por *n.*, porkî *f.*

Orfanado, *s. m. V.* ORFANIDADE.

Orfanar, *v. t.* porko karuṁk.

Orfanidade, *s. f.* porkepaṇ, anâthpaṇ *n.*, porây *f.*; porâṁ *n. pl.*

Orfanologia, *s. f.* anâthataṁtr *n.*; porâṁcho kârkhâṇo *m.*

Orfanologico, *a.* porâṁcho.

Orfão, *a.* porko, anâth; *(fig.)* âdhâr nâslalo, mekhḷo. ‖ *s. m.* por, porko.

Organeiro, *s. m.* orgâṁ kartalo.

Organico, *a.* sâṁdhe âslalo, sâṁdhyâṁcho, âṁgâcho, iṁdriyavaṁt, iṁdriyâṁcho; baḍîcho, prakṛitîcho, âṁgâk jhomlalo.

Organismo, *s. m.* iṁdriyaviśishṭ *n.*, sâṁdhyâṁchî ghaḍvaṇ, ghaḍâvaḷ; baḍ *f.*, âṁg *n.*

Organista, *s. m. e f.* organist, org vâjaitalo, vaṁśîvâdak.

Organização, *s. f.* iṁdriyaviśishṭakaraṇ *n.*; ghaḍṇî, rachṇî, mâṁḍâvaḷ, sṛishṭi; baḍ, prakṛit *f.*

Organizador, *a. e s. m.* ghaḍṇâr, mâṁḍâvaḷ-, vyavasthâ kartalo.

Organizar, *v. t.* iṁdriyavaṁt-, âṁgi karuṁk; *(fig.)* ghaḍuṁk, mâṁḍuṁk, rachuṁk, mâṁḍâvaḷ-, vyavasthâ karuṁk *(g. do o.)* ‖ *v. r.* ghaḍoṁk, mâṁḍoṁk, jamoṁk, âkâr-, rûp-, gat ghevuṁk.

Organizavel, *a.* ghaḍûṁyeso, ghaḍcho, mâṁḍcho.

Organogenesia, *s. f.* sâdhanajanan *n.*, karaṇasṛishṭi *f.*

Organographia, *s. f.* sâdhanavarṇan, iṁdriyavarṇan *n.*

Organoide, *a.* aṁgâkṛiti.

Organopathia, *s. f.* karaṇarog *m.* aḍîchî piḍâ *f.*

Organsim, *s. m.* mâgâr reśmâcho pailo dhâgo *m.*

Orgão, *s. m.* sâdhan, karaṇ, karmasâdhan; âṁg, dâḍaḷ, iṁdriya *n.*, sâṁdho; *(fig.)* upây *m.*, dvâr, mukh; *(mus.)* org *n.*, vaṁśî *f.* ‖ *V.* INTERMEDIARIO.

Orgasmo, *s. m.* kaḍh *n.*, âveś, ukaḷ *m.*, ukḷî *f.*

Orgia, *s. f.* pânotsav *m.*; pojḍyâṁcheṁ jâgraṇ, dhumśâṇ; *(fig.)* tirrâj, tuphân, râjik *n.*

Orgiaco, *a.* dhumśâṇâcho.

Orgulhar, *v. t.* garvî karuṁk, ahaṁkârân bharuṁk; phulauṁk. ‖ *v. r.* garvân bharoṁk, ahaṁkâruṁk, abhimânuṁk; phuluṁk, ḍaul-, baḍây karuṁk,- dâkhauṁk.

Orgulho, *s. m.* garv, mîpaṇ *n.*, dam, ahaṁkâr, atimân *m.*, phaḍâ, baḍây; ûb, iśîm *f.*, mân, abhimân.

Orgulhosamente, *adv.* garvân, abhimânân, ahaṁkârîṁ.

Orgulhoso, *a.* garvî, atimânî, ahaṁkârî, abhimânî, damdâr.

Orientação, *s. f.* udeṁtî paḷevṇeṁ,- dâkhauṇeṁ *n.*; *(fig.)* chalauṇî *f.*, vâṭ-, mârag dâkhauṇeṁ *n.*; oḷakh, samjoṇî, kaḷâkaḷ *f.*

Orientador, *a. e s. m.* chalaitalo, vâṭ dâkhauṇâr.

Oriental, *a.* udeṁtecho, pûrv, pûrvecho. ‖ **-es,** *s. m. pl.* pûrvecho lok *m.*

Orientalidade, *s. f.* pûrvpaṇ *n.*

Orientalismo, *s. m.* pûrvlolâchî daśâ,- dekh *f.*

Orientalista, *s. m. e f.* pûrvlokâchî bhâs-, vidyâ oḷkhatalo, pûrvadeśîyabhâshâjña.

Orientar, *v. t.* udeṁtî dâkhauṁk,- khuṇâvuṁk; mukhyadiśâṁk sarîkaruṁk; *(fig.)* chalauṁk, mârgâr hâḍuṁk,- kâḍhuṁk, vâṭ dâkhauṁk *(d. do o.)* ‖ *v. r.* âpaṇ khaiṁ âsâ to paḷevuṁk, svâtechî oḷakh ghevuṁk; *(fig.)* mârgâr yevuṁk, -saruṁk, kaḷâkaḷ-, khabar ghevuṁk.

Oriente, *s. m.* udeṁtî, ugavtî, pûrv, pûrvdiśâ, prâchî *f.*, muḍla *(us. Can.)* *n.*; pûrvdeś *m.*; *(fig.)* *V.* COMEÇO. ‖ *a.* udayî, udaymân.

Orificio, *s. m.* mukh, toṁḍ, dvâr, dâr, vivar *n.*

Origem, *s. f.* mûḷ *n.*, araṁbh, adi, upaj, saṁbhav *m.*, utpatti; jhar *f.*, ghar *n.*, hetu; *motivo:* kârâṇ, misav, prastâv *m.*, nimitt *n.* ‖ *V.* NASCIMENTO *e* ETYMOLOGIA.

Originador, *a. e s. m.* araṁbh-, upaj

ditalo, utpann kartalo, kâraṇkâr, nimittkâr.

Original, *a.* muḷâcho, arambhâcho, pailo, pratham, śurvecho (*us. Can.*); asal, apûrv, apûrvasiddh. ‖ *V.* ESTRAVAGANTE. ‖ *Peccado* —, sayambhâcheṁ pâtak. ‖ *s. m.* asal —, khâśâ vast *f.*; mûḷ, mûḷpatr *n.*, mûḷprat *f.*; mûḷgraṁth *m.*, asal pustak *n.* ‖ *V.* MODELO.

Originalidade, *s. f.* prathampaṇ, asalpaṇ; apûrvpaṇ *n.*, apûrvây *f.*

Originalmente, *adv.* asalpaṇîṁ, apûrvpaṇîṁ.

Originar, *v. t.* utpann-, śurû karuṁk, araṁbh divuṁk (*d. do o.*), araṁbhuṁk, kâḍhuṁk, nipjâvuṁk.‖ *v. r.* jâvuṁk, utpann jâvuṁk, nipjuṁk, araṁbhoṁk, saṁbhavuṁk, saṁsaruṁk, yevuṁk, uṭhuṁk.

Originariamente, *adv.* muḷîṁ, araṁbhîṁ.

Originario, *a.* muḷân-, jalmân âslalo (*ex.: originario da India*, muḷân Hiṁdusthânâcho); muḷâcho, jalmâcho, sayaṁbhâcho.

Orilha, *s. f.* ḍâgiṇyâchî bhoṁvar *m.*, -dhâr *f.*

Orion, orionte, *s. m.* (*astr.*) mṛigaśîrsh *n.*

Oriundo, *a* mulkî, deśî, gâṁvâcho.

Orla, *s. f. rebordo:* kâṁṭh *m.*, dhâr; *faixa:* śir, loy-, *margem:* taḍ, dhaḍ, deg; *cercadura:* deg, bâṇî, kâṇṭî *f.*, padar *m.*; *bainha:* meṭaṇ, maḍhaṇ *f.*

Orlado, *a.* deg-, bâṇî âslalo.

Orladura, *s. f.* deg lâvneṁ *n.*, maḍhṇî, meṭṇî; deg, bâṇî, dhaḍ, *f.* ‖ *V.* FILETE.

Orlar, *v. t.* deg-, bâṇî lâvuṁk (*d. do o.*); bhoṁvar ghâluṁk, -mârûṁk (*d. do o.*); maḍhuṁk, meṭuṁk, deg meṭuṁk (*g. do o.*).

Ornador, *a. e s. m.* neṭaitalo, śiṁgârṇâr.

Ornamentação, *s. f.* neṭauṇi, saṁjauṇî; śiṁgârchî vidyâ, -hikmat; śiṁgârâchî mâṁḍâvaḷ, *f.* ‖ *V.* ORNATO.

Ornamentador, *a. e s. m.*, **ornamentista**, *s. m. e f.* śobhaitalo, śṛiṁgârṇâr, saṁjauṇâr.

Ornamental, *a.* alaṁkârâcho, śṛiṁgârâcho, neṭauṁk baro.

Ornamentar, *v. t.* śobhauṁk, śṛiṁgâruṁk, alaṁkâruṁk, saṁjauṁk.

Ornamento, *s. m.* śṛiṁgârṇî, neṭauṇî, śobhauṇî; śṛiṁgâr, śiṁgâr, alaṁkâr, saṁjok *m.*; ḍâgîṇo, nag *m.*; (*fig.*) śobh *f.*, bhûshaṇ *n.* ‖ — *s. p. V.* PARAMENTOS.

Ornar, *v. t.* neṭauṁk, śobhauṁk, śṛiṁgâruṁk, śiṁgâruṁk, alaṁkâruṁk, bhushauṁk, śobh divuṁk (*d. do o.*), chokhaṭâvuṁk, saṁskâruṁk, sudhâruṁk; (*fig.*) yaś *ou* yes hâḍuṁk (*d. do o.*), nâṁv vâḍhauṁk (*g. do o.*), mânâk pâvauṁk.‖ *v. r.* neṭuṁk, âpṇâk śiṁgâruṁk.

Ornato, *s. m.* neṭ, śṛiṁgâr, śiṁgâr, sâj *m.*, bhûshaṇ, âbhâraṇ *n.*; alaṁkâr, śabdâlaṁkâr *m.*

Ornear, ornejar, *v. i.* (gâḍhûṁ) raḍuṁk, — ârḍuṁk.

Orneio, ornejo, *s. m.* gâḍhûṁ raḍṇeṁ *n.*

Ornithologia, *s. f.* pakshividyâ *f.*

Ornithologico, *a.* pakshividyecho.

Ornithologista, *s. m. e f.*, **ornithologo**, *s. m.* pakshividyâjña.

Oroginia, *s. f.* parvatajanan *n.*

Orographia, *s. f.* parvatavarṇan *n.*

Orographo, *s. m.* parvatavarṇanî.

Orologia, *s. f.* parvatabhâvavidyâ *f.*

Orphão, *a. e s. m. V.* ORFÃO.

Orpheico, *a. V.* MUSICAL.

Orraca, *s. f.* urrâk, arâk, mâḍel *n.*, mâḍâcho saro *m.*

Orthodoxamente, *adv.* śâstrânusârîṁ, nîj samurtîpramâṇeṁ.

Orthodoxia, *s. f.* śâstrânusâr; kharo bhâvârth, sanmârg *m.*, nîj samurt *f.*

Orthodoxo, *a.* nije samurtîcho, saumârgâcho; śâstrânusârî. ‖ *s. m.* sanmârgî, śâstrânusârî.

Orthoepia, *s. f.* nîṭ uchchâr, śuddhochchâr *m.*

Orthogonal, orthogono, *a.* samakoṇ.

Orthographar, *v. i.* aksharanyâsâpramâṇeṁ barauṁk.

Orthographia, *s. f.* aksharanyâs, varṇanyâs, varṇavichâr *m.*, śuddhalihiṇeṁ *n.* ‖ *Erro de* —, varṇanyâsachûk *f.*

Orthographicamente, *adv.* niṭâṁ aksharâṁnnîṁ, varṇanyâsîṁ.

Orthographico, *a.* śuddhalihiṇyâcho, varṇanyâsâcho. ‖ *Signaes orthographicos*, baryâ barpâchîṁ chihnîṁ, -khuṇâṁ *n. pl.*

Orthographista, *a. e s. m. e f.*, **orthographo**, *a. e s. m.* varṇanyâsî; śuddhalihiṇeṁ jâṇo âslalo.

Ortholexia, *s. f.* śuddhochchâr *m.*

Orthologia, *s. f.* śuddhochchâravidyâ *f.*, varṇavichâr *m.*

Orthologico, *a.* śuddhochchâravidyecho.

Orthopedia, *s. f.* gâtrasamakaraṇavidyâ *f.*
Orthophonia, *s. f.* svaraśuddhividyâ *f.*
Ortivo, *a.* udeto, udayî.
Orto, *s. m.* udev *m.*, ugavtî *f.*; *(poet.)* *V.* NASCIMENTO.
Orvalhada, *s. f.* śeḷ *f.*, tushâr *m.*
Orvalhado, *a.* davâṁt bharlalo, dav baslalo,- lâglalo.
Orvalhar, *v. t.* davâṁt bhijauṁk,- bharuṁk; śiṁvrâvuṁk, śitoḍâvuṁk. ‖ *v. i.* dav paḍuṁk; *(fig.)* śiḍśiḍuṁk, śitoḍuṁk. ‖ *v. r.* davâṁt bharoṁk,- bhijuṁk; olo jâvuṁk, bhijuṁk.
Orvalho, *s. m.* dav, tushâr; śiṭoḍo, śiṁvar *m.*
Orvalhoso, *a.* davâcho.
Oscillação, *s. f.* jeḷṇî, jel, jelay *f.*, dol *m.*, doḷṇî, jhoṁpay *f.*, helkâvo, helâvo *m.*; *(fig.)* ḍauṁḍaḷṇî, kâṁkaṭṇî.
Oscillante, *a.* ḍauṁḍaḷit, athir.
Oscillar, *v. i.* henemteneṁ hâluṁk, doluṁk, jeluṁk, ulâṁḍoṁk, helkâvuṁk; *(fig.)* halkaṁḍuṁk, kâṁkaṭuṁk, thartharuṁk; ḍauṁḍaḷuṁk, pâṭhîphuḍe saruṁk.
Oscillatorio, *a.* jeltalo, jelîcho; ḍauṁḍaḷit, ḍauṁḍaḷo; *(fig.)* *V.* VACILLANTE.
Oscitação, *s. f.* jâṁbhâvṇî *f.*
Oscitante, *a.* jâṁbho yetalo.
Oscitar, *v. i.* *V.* BOCEJAR.
Osculação, *s. f.* umâṁv deṇeṁ, chuṁban *n.*
Osculador, *a.* umâṁv ditalo, chuṁban kartalo.
Oscular, *v. t.* *V.* BEIJAR.
Osculatorio, *a.* chuṁbanâcho.
Osculo, *s. m.* umâṁv, umo, chuṁb *m.*, chuṁban *n.*, boṁchî *f.*
Osga, *s. f.* pâl, śekuṇî *f.*
Osmologia, *s. f.* sugaṁdhavidyâ *f.*
Ossada, *s. f.* hâḍâṁchî râs; hâḍvaḷ *f.*, pâṁjro *m.*; ghaḍâvaḷ, *f.*; gharṭhâṇ *n.*
Ossamenta, *s. f.* hâḍvaḷ *f.*
Ossaria, *s. f.* hâḍâṁcho puṁjo,- choṁbo *m.*
Ossario, *s. m.* hâḍâṁcheṁ ghar, śavâlay *n.*
Ossatura, *s. f.* hâḍâṁcho pâṁjro *m.*, hâḍvaḷ *f.*
Osseo, *a.* hâḍâcho, asthimay;
Ossiculado, *a.* hâḍâṁ-, hâḍkuṭâṁ âslalo.
Ossicular, *a.* hâḍkûṭ kaseṁ.
Ossiculo, *s. m.* lahân hâḍ, hâḍkûṭ *f.*
Ossifero, *a.* hâḍâṁ âslalo.
Ossificação, *s. f.* hâḍ jâṇeṁ *n.*, asthibhâv *m.*
Ossificado, *a.* hâḍ jâlalo; hâḍâṁch âslalo, hâḍyo.
Ossificar, *v. t.* hâḍ karuṁk *(g. do o.)*; *(fig.)* *V.* ENDURECER. ‖ *v. r.* hâḍ jâvuṁk *(g. do s.)*.
Ossifico, *a.* hâḍâṁk baro, asthikar. ‖ *V.* OSSIFICADO.
Ossiforme, *a.* hâḍâsârko, asthyâkṛiti.
Ossifrago, *a.* hâḍâṁ phoḍtalo.
Ossinho, *s. m.* *V.* OSSICULO.
Ossivoro, *a.* hâḍâṁ khâtalo, asthibhojî.
Osso, *s. m.* hâḍ, asthi *(p. us.)* *n.* ‖— *de correr*, meṁdvâcheṁ-, meṁdû âslaleṁ hâḍ. — *difficil de roer*, avghaḍ-, kaṭhiṇ kâm. *Em carne e* —, ashṭaṁgîṁ. *Em* —, mekhḷo, muṭhâviṇo (monjât); *(fig.)* luṁḍo, muṁḍho. *Moer os ossos a alguem*, hâḍâṁcho ras kâḍhuṁk; jîv-, hâḍmâs khâvuṁk. *Não ha carne sem* —, kiṭâvineṁ bhâṁgâr nâṁ. *Roer um* —, hâḍ chiṁvuṁk; *(fig.)* dâh phoḍlîṁ, dâhy vâṁjhâṁ. ‖ -s. *pl.* melalyâ manushyâchîṁ hâḍâṁ *n. pl.*, maḍeṁ *n.*
Ossuario, *s. m.* *V.* OSSARIO.
Ossudo, *a.* hâḍâḷ, hâḍyo.
Ossudo, *a.* *V.* OSSEO.
Ostaga, *s. f.* *(naut.)* dor, âṁjo *m.*
Ostalgia, *s. f.* hâḍâṁchî duḥkh, asthipîḍâ *f.*
Ostensão, *s. f.* dâkhauṇeṁ *n.*, dâkhauṇ *f.* ‖ *V.* OSTENTAÇÃO.
Ostensivamente, *adv.* bhâylyân, bhâylyâbhâyr.
Ostensivel, ostensivo, *a.* dâkhauṁcho, dâkhauṇecho, prasiddh.
Ostensivelmente, *adv.* dâkhauṇen, dekhatrûpîṁ.
Ostensor, *a. e s. m.* dâkhaitalo, dâkhauṇo, dâkhauṇâr.
Ostentação, *s. f.* dâkhauṇeṁ *n.*, dâkhauṇ, vhaḍvî, vhaḍvîk, vhaḍvikây, baḍây *ou* baḍâyk, mirvaṇ, mijâs, *f.*, ḍaul, âḍaṁbar, tarâṁṭh, ahaṁkâr, âv *m.*, gauje *m. pl.*
Ostentador, *a.* dâkhauṁcho, dâkhauṇecho, ḍaulâcho. ‖ —, *s. m.* dâkhauṇâr, mirvaṇâr, baḍâykhor, ḍaulî, âḍaṁbarî.
Ostentar, *v. t.* dâkhauṁk, dâkhauṇ-, baḍây-, phaḍâ karuṁk *(g. do o.)*; prakâśauṁk, dabâjyân dâkhauṁk. ‖ *v. r.* âpṇâk dâkhauṁk, mirvuṁk; laklakuṁk.

Ostentativo, *a.* dâkhaumcho; badâyecho.
Ostentosamente, *adv.* dabâjyân, ḍaulân, mirvûn.
Ostentoso, *a.* dâkhaunecho, mirvanecho, dabâjyâcho, ḍaulâcho.
Ostrogenia, *s. f. V.* OSSIFICAÇÃO.
Ostrographia, *s. f.* asthivarṇan *n.*
Ostrologia, *s. f.* asthiśâstr *n.*
Ostrologo, *s. m.* asthiśâstrî.
Ostronomia, *s. f.* asthichhedan *n.*
Ostrozoario, *a. e s. m. V.* VERTEBRADO.
Ostiario, *s. m.* dârrâkhṇo, dvârpâl; chautyâ grâvâcho pâdrî.
Ostiolado, *a. (bot.)* girâmcho.
Ostiolo, *s. m. (bot.)* gîr *m.*
Ostra, *s. f.* kâlûm *n.*; karabh (*— pequena*) *f.*
Ostraceo, *a.* kâlvâsârko.
Ostracino, *a.* kâlvâchyâ karpâr jiyetalo.
Ostracismo, *s. m. (fig.)*, bhâyrâvṇî *f.*, bhâyro karṇem *n.*
Ostraria, *s. f.* kâlvâmchî râs *f.*
Ostricultura, *s. f.* kâlvâm posṇem *n.*
Ostreiforme, *a.* kâlûm kasem.
Ostreira, *s. f.* kâlvâm jâvumchî svât; kâlî *f.*
Ostreiro, *a.* kâlvâm kâḍhcho. ‖ *s. m.* kâlvâmkâr.
Ostrifero, *a.* kâlvâm jâtalo.
Otalgia, *s. f.* kânâmchî phoḍâphoḍ, kânphoḍṇî *f.*
Otolilho, *s. m.* mâsḷechyâ kânâmtlo phâtar *m.*
Ou, *conj.* va, kî, *athavâ; nâ jâlyâr.
Ouçâo, *s. f.* romvto, kiram *m.*
Ourejar, *v. i.* khubhdaḷumk.
Ourela, *s. f. V.* MARGEM e ORLA.
Ourelo, *s. m.* deg, bâṇî, kâṇeṭî *f.*
Ouriçar, *v. t.* (kems) phulaumk; kumsâḷo-, khaḍbaḍît karumk. ‖ *v. r.* phulumk, ubho jâvumk.
Ouriço, *s. m.* kumsâḷem phaḷ *n.* ‖ *— do mar*, mâmḍaḷî *f.*, mâmḍaḷo *m.*
Ourina, *s. f. (e deriv.) V.* URINA.
Ourives, *s. m.* sonâr; śeṭ (*honorifico*); sonârḍo (*depreciativo*).
Ourivesaria, *s. f.* sonârâcho mâmḍ,- pasro *m.*
Ouro, *s. m. V.* OIRO.
Ouropel, *s. m.* begaṭ, sanîbegaṭ, sanîpitûḷ *f.*; (*fig.*) laṭîk ḍaul, phoṭkiro dabâjo *m.*
Ousadamente, *adv.* dhairân, marden, prabaḷûn.
Ousadia, *s. f.*, ousamento, ousio, *s. m.* dhair, nirvâṇ *n.*, mardî, chhâtî, himmat, prabaḷây *f.*
Ousado, *a.* dhairyavamt, mardivamt, nirvâṇî, bâmkḍo, himmatî. sûr.
Ousar, *v. t.* marden-, chhâtîn karumk, kâḷîj jâvumk. ‖ *V.* EMPREHENDER.
Outar, *v. t. V.* JOEIRAR.
Outeiro, *s. m. V.* OITEIRO.
Outiva, *s. f. V.* OUVIDO. ‖ *De —*, âykûn, âykalâm mhaṇ.
Outo, *s. m.* kharvaḍ *f.*
Outonada, *s. f.* śaratkâḷ *m.*, śarad *f. ou n.*; śardâchem pîk *n.*
Outonal, outoniço, *a.* śardecho *ou* śardâcho.
Outonar, *v. t.*: *— as terras*, pailyâ pâvsâr bhûmy nâmgrumk.
Outono, *s. m.* śarad *f. ou n.*, śaratkâḷ *m.* ‖ *— da vida*, utartî pirây *f.*
Outorga, *s. f.*, outorgamento, *s. m.* denem, dân, samarpaṇ, inâm *n.*, bheṭ; kablât, patkarṇî *f.*, anumân, anumat *n*
Outorgadamente, *adv.* kablâtîn; denyân, bheṭen.
Outorgante, *a. e s. m. e f.* ditalo, deṇâr; kablât ditalo, kabûl jâtalo; patkarṇâr.
Outorgar, *v. t.* divumk, samarpumk, bheṭ karumk (*g. do o.*); patkarumk, samanumk, niropumk, kabûl jâvumk (*d. do o.*).
Outrem, *pron.* dusro manîs, dusro, pelo.
Outro, *a. differente:* dusro, dujo, vegḷo, apar, itar, anya, amtar (*em comp.*; *ex.:* bhâshâmtar, *outra lingua*); *egual:* âmek, ânîmk, dusro; *qualquer:* dusro, yer, pelo, dusro koṇay; *restante:* yer, varchil; *immediato:* dusro. ‖ *— dia ou noutro dia*, thoḍech dîs jâle, kâl pair; dusryâ disâ. *— tempo*, âdîm, mâgâm. *— tanto*, ânîmk titlem. *Um e —*, doghay, hoy âni toy. *Uns e outros*, sagḷe, tamâm. *Um ou —*, ho va to, koṇ ek, ek koṇ. *Temos outra!* hem ânîmk phâvo jâlem! *Como o — que diz*, lok mhaṇtâ tyâpramâṇem. *Por outra*, dusre bhâshen, dusryâm uttrâmnîm, mhaṇge. ‖ *— s, pl.* yer, dusre, *pl.*, pelo *sing.*
Outr'ora, *adv.* âdîm, mâgâm, pûrvîm, pûrvkâḷîm; pitâm (*us. Sal.*)
Outrosim, *adv.* ânîmkay, tasemch, yervîm.
Outubro, *s. m.* otûbr, âśvina- kârttik *m.*
Ouvida, *s. f.* âykaṇî *f.*, âykaṇem, śravaṇ *n.* ‖ *Saber de —*, âykûn jâṇo jâ-

vuṁk. *Testemunha de* —, âykalaleṁ sâṁgtalo gvâhî.

Ouvido, *s. m.* kân *n.*, karṇ *(p. us.)*, śravaṇ *n.*, śriti *f.*; kâno *m.* ‖ *Applicar o* —, kân divuṁk,- lâvuṁk. *Chegar aos ouvidos*, kânâṁvaylyân vachuṁk. *Dar ouvidos*, sat mânuṁk; kânâr ghevuṁk. *Fazer ouvidos de mercador*, kânmâtreṁ karuṁk. *Negar os ouvidos*, kân nâ divuṁk. *Ser todo ouvidos*, chitt divûn âykuṁk. *Ter bom* —, bareṁ âykoṁk *(d. do s.)* *Ter os ouvidos cheios*, kânpe phuṭuṁk,- usḷuṁk *(g. do s.)*. *Ter — de persevejo*, pais thâu âykuṁk.

Ouvidor, *s. m.* âykaṇâr; mansubîdâr, dharmâdhikârî.

Ouvidoria, *s. f.* mansubîdârpaṇ *n.*

Ouviela, *s. f.* saṁgrî, vahâḷî *f.*

Ouvinte, *a. e s. m. e f.* âykatalo, âykaṇâr, śrotî.

Ouvir, *v. t.* âykuṁk; âykûn ghevuṁk, kân divuṁk *(d. do o.)* ‖ — *de confissão*, kumsâr karuṁk.

Ova, *s. f.* per, gâbhoḷî *f.*

Ovação, *s. f.* nâvâḍhṇî, śâbâskî *ou* śebâskî *f.*

Ovado, oval, *a.* aṁḍâkâr, aṁḍâkṛiti.

Ovante, *a.* jaytvaṁt, jayî. ‖ *V.* JUBILOSO.

Ovar, *v. i.* tâṁtyâṁ ghâluṁk; perî-, gâbhoḷî phuṭuṁk *(d. do s.)*.

Ovariano, ovarico, *a.* aṁḍaśayâcho, aṁḍaśayasaṁbaṁdhî.

Ovario, *s. m.* aṁḍaśay *m.*, phûl *n.*

Ovariotomia, *s. f.* aṁḍaśayachhedan *n.*

Ovarite, *s. f.* aṁḍaśayadâha *m.*

Oveiro, *s. m.* aṁḍaśay, tâṁtyâṁcho biyâḷo *m.*

Ovelha, *s. f.* meṁḍhî, śeḷî *f.*, meṁḍhrûṁ *n.*

Ovelheiro, *s. m.* śeḷiyâṁcho râkhṇo.

Ovelhum, *a.* meṁḍhiyecho. ‖ *Gado* —, meṁḍhrâṁ *n. pl.* meṁḍhryâṁcho hiṁḍ *m.*

Ovem, *s. m. (naut.)* kuṁvyâcheṁ dor *n.*

Ovençal, *s. m. (ant.)* vasûldâr.

Oveo, *a.* tâṁtyâṁ âslalo, tâṁtyâṁcho. ‖ *V.* OVAL.

Ovidrio, *s. m.* meṁḍhryâṁcho goṭho,- hiṁḍ *m.*

Ovificação, *s. f.* tâṁtyâṁ jâṇeṁ, aṁḍajanan *n.*

Oviforme, *a.* aṁḍâkâr, aṁḍâkṛiti.

Ovil, *s. m.* śeḷiyâṁcho-, meṁḍhryâṁcho goṭho *m.*

Ovino, *a.* śeḷiyecho, meṁḍhryâcho.

Oviparidade, *s. f.*, oviparismo, *s. m.* aṁḍaprasav *m.*

Oviparo, *a.* aṁḍaj, aṁḍaprasû, dvij. ‖ *s. m.* dvij.

Ovivoro, *a.* tâṁtyâṁ khâtalo, aṁḍabhojî.

Ovo, *s. m.* tâṁtîṁ, kavaṁṭ; aṁḍ *(p. us.)* *n.*, âṁḍ *(p. us. nesta accepção)* *n.*; *(fig.)* *V.* GERMEN. ‖ *Um — por um real*, savây phuṁkyâ. *Estar cheio como um* —, duḍvâṁnîṁ bharoṁk.

Ovogenia, *s. f.* aṁḍajanan *n.*, aṁḍaprasav *m.*

Ovoide, *a. V.* OVAL.

Ovologia, *s. f.* aṁḍavidyâ *f.*

Ovulação, *s. f.* per phuṭṇeṁ *n.*

Ovulado, *a.* perîche kaṇe âslalo.

Ovular, *a.* koṁbyechyâ tâṁtyâsârko.

Ovuliforme, *a.* kaṇero.

Ovulo, *s. m.* lahân tâṁtîṁ; aṁḍabij *n.*, tâṁtyâcho kaṇo *m.*

Oxalá, *int.* puro *(litt.* BASTA*)*, Devâk mânoṁv,- puṭvûṁv.

Oxeu, *s. m.* sâvjâk uṭhauṇeṁ *n.*

Oxoleo, *s. m.* śirkyâcheṁ okhat *n.*

Oxycrato, *s. m.* śirkyâcheṁ pâṇîṁ *n.*

Oxydabilidade, *s. f.* kalmevuṁche guṇ *m.*

Oxydação, *s. f.* kalmevṇî *f.*

Oxydar, *v. t.* kalam karuṁk,- hâduṁk *(d. do o.)*, kalmâvuṁk.‖ *v. r.* kalam yevuṁk,- mâṁḍoṁk *(d. do s.)*, kalmevuṁk.

Oxydavel, *a.* kalmevûṁyeso.

Oxydo, *s. m.* kalam, tâṁb *f.*

Oxygenação, *s. f.* kalmevṇî *f.*

Oxygenar, *v. t. e r. V.* OXYDAR.

Oxygenio, *s. m.* prâṇvâyu *m.*

Oxygono, *a.* laghukoṇ.

Oxymel, *s. m.* śikaṁjî *f.*

Ozagre, *s. m. V.* USAGRE.

Ozena, *s. f.* nâkâcheṁ chavaṁd *n.*

Ozone, *s. m.* vijâcho prâṇvâyu *m.*

Ozonizar, *v. t.* vidyutprâṇvâyûn misḷuṁk.

P

P, soḷâvem akshar *(p, fem.)*
Pá, *s. f.* pât *f.;* kâhilâto *m.* || *Ficar á* —, upadryâṁk paḍuṁk.
Pabulo, *s. m. V.* PASTO.
Paca, *s. f. V.* FARDO.
Pacatamente, *adv.* śâṁtipaṇîṁ, svasthâyen.
Pacatez, *s. f.* śâṁti *f.*, śâṁtipaṇ, svasthan, svasthpaṇ *n.*, svasthây, svasthi *f.*, bhalepaṇ *n.*
Pacato, *a.* śâṁt, svasth, bhalo, thaṁḍ.
Paceiro, *a. e s. m. V.* CORTEZÃO.
Pachá, *s. m.* pâchâ; *(fig.)* hukûmdâr, padvedâr; tâvdârkâr.
Pacharil, *s. m.* bhât *n.;* jiresâḷ *f.*
Pachola, *s. m.* âḷśî, sust; bhâsâḷo, yaṁtrî.
Pacholice, *s. f.* pisây *f.*, âḍṇâḍpaṇ; pojaḍ, pojaḍpaṇ *n.;* âḷsây, sustî *f.*
Pachorra, *s. f.* phursat *ou* khursad, usarpat, sâvkâśây, sâvkâśî, maṁdây, thaṁḍây, *f.* || *V.* INDOLENCIA.
Pachorrento, *a.* thaṁḍ, maṁd, jaḍ, śitaḷ; sâvkâśâyecho, phursatîcho.
Pachouchada, *s. f.* nâkâjâlalem, ṭonkepaṇ, âḍṇâḍpaṇ; pojḍem uttar, śevaḍ *n.*
Pachiderme, *a.* dâṭe kâtîcho, moṭyâ châmdyâcho. || **-s**, *s. m. pl.* moṭyâ châmdyâchyo monjâtî *f. pl.*
Paciencia, *s. f.* sosṇây, sosṇikây, śâṁti *f.*, śâṁtîpaṇ, dhairya *ou* dhair, *khem *n.*, dhîr; takas *m.*, usarpat, sabar *f.* ||*Paciéncia!* sosûn ghevuṁcheṁ. *Fazer perder a* —, tiḍauṁk, châḷvauṁk. *Perder a* —, tiḍuṁk, châḷvuṁk, chadhuṁk. *Tenha* —, takas kâḍh. *Ter* —, daṁ-, sabar khavuṁk.
Paciente, *s. m. e f.* sosṇâr, sosṇikâyecho manîs, tolṇar, ṭâḷṇâr; vâyṭâkâr, pidevaṁt; marṇâcheṁ pharmaṇ pâḷtalo; *(gram.)* karmapad *n.* || *a.* sosîk, sosṇîk, dhairyavaṁt, dhirâdik, śâṁt, *khem.
Pacientemente, *adv.* sosṇikâyen, takas kâḍhûn.
Pacificação, *s. f.* śâṁtvaṇ, svasthâvṇî, śâṁti *f.*, samâdhân, śaman *n.;* sallo, sameṭ *m.*, saṁdhi *f.*
Pacificador, *a. e s. m.* śâṁtvaṇ kartalo, svasthâvṇâr.
Pacificar, *v. t.* śâṁtauṁk, thârâvuṁk, śamanâvuṁk, śamanâ-, thaṁḍ karuṁk, samjâvuṁk. || *v. r.* thaṁḍ-, śamanâ jâvuṁk, thâruṁk, saṁjoṁk.
Pacifico, *a.* śâṁt, śamanâ, svasth, *svasthkâr, suchitt, thaṁḍ, sosṇikâyecho, samâdhânâcho.
Paço, *s. m.* maṁdir, arman *n.*, havelî, *f.;* râvûḷ, râjkûḷ, râjmaṁdir *n.*, râjvâḍo *m.;* râjmaṁḍaḷ, râjsabhâ *f.*
Pacote, *s. m.* peḷo, puḍo *m.*
Pacovio, *a. e s. m. V.* ESTUPIDO.
Pactario, *a. e s. m.* khaṁḍ-, bolî kartalo, khaṁḍkâr.
Pactar, *v. t. V.* PACTUAR.
Pacto, *s. m.* khaṁḍ; kaṭ *m.*, bolî, gâṁṭh *f.* || — *nu*, toṁḍâcho khaṁḍ *m.*, bolî, châlîbolî. — *por escriptura*, kablât *f.*
Pactuar, *v. t.* khaṁḍuṁk, boluṁk, bodhuṁk. || *v. i.* khaṁḍ-, bolî karuṁk. || *V.* TRANSIGIR.
Pada, *s. f.* uṁḍyâchî guḷî *f.; (fig.)* suṁṭo *m.*, naṁg *n.*
Padaria, *s. f.* paderkhaṇ *n.*
Padecedor, *a. e s. m.* duḥkh bhogtalo, duḥkhî, kashṭî, dagdagî.
Padecente, *a. V.* PADECEDOR. || *s. m. e f.* marṇâcheṁ pharmaṇ pâḷtalo.
Padecer, *v. t.* (duḥkh, kashṭ) bhoguṁk, kâḍhuṁk, bhogoṁk *(d. do s., s. do o.);* sosuṁk, ṭâḷuṁk. || *v. i.* dagdag kâḍhuṁk, dagdaguṁk, kashṭâvoṁk; vâyṭâṁt-, piḍeṁt âsuṁk, piḍâ jâvuṁk *(d. do s.).* ||— *da cabeça*, takḷî barî nâsuṁk *(g. do s.).*
Padecimento, *s. m.* duḥkh, vyathâ *ou* vethâ, ghâs *f.*, kashṭ, trâs, dagdag *m. pl.*, upadravo *ou* upadro, viklab *m.* || *V.* DOENÇA.
Padeira, *s. f.* uṁḍekârṇ.
Padeiro, *s. m.* pader, uṁḍekâr.
Padejar, *v. t.* pâtîn ustuṁk; âsduṁk. || *v. i.* paderâcheṁ kâm-, uṁḍe karuṁk.
Padejo, *s. m.* ustiṇeṁ, âsuḍṇem; paderâcheṁ-, uṁḍyâṁcheṁ kâm *n.*
Padieira, dârvaṁṭo *m.*, toraṇ *n.*
Padiola, *s. f.* ghaseṁ *n.*
Padrão, *s. m.* namuno, sâṁcho *m.*, pratimân *n.*, âkriti; nakśî *f.*, chitr *n.;* *titulo authentico*, asal dâkhlo; *monumento:* khâṁbo, jaykhâṁbo, kîrtistaṁbh *m.*, chhatrî *f.* || *V.* MARCO.
Padrasto, *s. m.* bâplo, savtîbâp: doṁgar *m.*, doṁgrî, murḍî *f.*

Padre, *m. (ant.)* bâp, bâpûy; pâdrî, guru, pujârî, purohit, dharmopadeśak. *Os santos padres*, śâstrapraviṇ.

Padreca, *s. m.* padurḍo.

Padre-nosso, *s. m.* Âmchyâ Bâpâ; komtâcho moṭo phoḍo *m.*

Padrinho, *s. m.* padan *ou* padin, dharmbâp, dharmapitâ, *(fig.)* śekây, sârathi. || — *de casamento*, dheḍo.

Padroado, *s. m.* dharmâdây divuṁcho adhikâr; pâdroâd *m.*

Padroeira, *s. f.* dharmâdâyâchî adhikâriṇ; *(fig.)* sârathiṇ, śekây.

Padroeiro, *s. m.* dharmâdâyâcho adhikârî; devasthân-, maṭh bâṁdhlalo; *(fig.)* pâḷak, sârathi, śekây.

Pae, *s. m.* pây, bâp, bâpûy, pitâ, tât; dâdâ, âpâ, bâbâ, bâ, guru; *(fig.)* ghaḍṇâr, rachṇâr. || — *de familia*, kuṭuṁbî, gharvâsî. — *da mentira*, — *do mal*, devchâr. — *da vida*, bhalo vhaḍil. *Nosso Pae*, Sâheb.

Paga, *s. f.* pâg, *n.*, pagâr, muśâro *m.*, majurî *f.*, talab, phârikpaṇ, vetan, pratiphaḷ *n.*; *(fig.)* *V.* AGRADECIMENTO.

Pagador, *a. e s. m.* pâg-, talab ditalo, phârik kartalo; pâgâdor. || *Desculpas de mau* —, riṇkâryâchiṁ nibâṁ *n. pl.*

Pagadoria, *s. f.* majurikhâṇo *m.*

Pagamento, *s. m.* pâg-, majurî deṇeṁ, phârikpaṇ *n.*; kûlî, majurî, phaḍśâ *(us. Can.) f.*

Paganismo, *s. m.* mûrtipûjâ *f.*, koṁkaṇpaṇ, anbhâvârthpaṇ *n.*

Pagante, *a. e s. m. e f.* phârik kartalo,- karṇâr.

Pagão, *a. e s. m.* kuḍyâṁ devâṁk bhajtalo, mûrtipûjak, koṁkṇo, anbhâvârthî.

Pagar, *v. t.* phârik karuṁk, pâg-, phârikpaṇ divuṁk *(g. ou d. do o.)* || — *o tributo á natureza*, maruṁk, bhâyr paḍuṁk; sayaṁbhâcho phaḷ bhoguṁk. *Elle m'o pagará*, tâkâ dâkhain. || — *v. i.* phârik karuṁk. || — *por*, dusryâpâsvat sosuṁk. — *de contado*, nagad-, kachkachit phârik karuṁk. — *na mesma moeda*, ghetlâṁ tyâ mâpân divuṁk. — *com lingua de palmo*, jivâr yevûn phârik karuṁk. || *v. r.* âpleṁ pâg ghevuṁk; bharûn ghevuṁk *(v. t.)*. || *Fazer-se pagar*, oḍhûn dharuṁk, dâgûn-, dâṭûn divuṁk.

Pagavel, *a.* phârik karcho.

Pagear, *v. t. V.* APAGEAR.

Pagella, *s. f.* bhâg, vâṁṭo *m.* || *Pagar ás pagellas*, vâṁṭyâṁnîṁ-, khisten phârik karuṁk.

Pagem, *s. m.* porgo, gaḍî, naphar.

Pagina, *s. f.* pâjn, pâseṁ, pân, prisṭh, pûṭh, patr *n.*, varakh *m.* || — *em branco*, aprâp pân.

Paginação, *s. f.* pâsiṁ mâṁḍṇeṁ *n.*

Paginar, *v. t.* pâsiṁ âṁkâṁnîṁ mâṁḍuṁk *(g. do o.)* || *v. i.* pâsiṁ karuṁk,- ghaḍuṁk.

Pago, *a.* phârik kelalo; phârikpaṇ meḷlalo. || *s. m. V.* PAGA.

Pagode, *s. m.* devûḷ *n.*; kuḍo dev; varâ *m.*; *(fig.)* dhumśâṇ *n.*, tamâśo *m.*

Paguilha, *s. m. e f.* phârik kartalo.

Pai, *s. m. V.* PAE.

Paina, *s. f.* sâṁvaricho kâpûs *m.*; sâṁvar *f.*

Painço, *s. m.* kâṁgû *m.*

Painel, *s. m.* pâynel, chitr *n.*

Paio, *s. m.* pây *m.*

Paiol, *s. m.* dârûkhâṇo *m.*; koṭhâr *n.*, koṭhî *f.*

Paioleiro, *s. m.* dârûkhâṇekâr.

Pairar, *v. t. (ant.) V.* PARAR. || — *o tempo*, *V.* TEMPORIZAR. || *v. i. (naut.)* lohu lohu chaluṁk; hereṁ ghevuṁk; umkaḷuṁk, vayr-, mâthyâr âsuṁk; jâvuṁk-, ghaḍuṁk âsuṁk; *(fig.)* pâṭhî phuḍe saruṁk.

Pairo, *s. m. (naut.)* târûṁ śiḍâṁ soḍûn râvṇeṁ *n.* || *Andar ao* —, hâṁkâro nâstânâ râvuṁk.

Paixão, *s. f.* pâyśâṁv *n.*, bhâv, ras, râg, atirâg, âveś, manovikâr, manastâp, saṁtâp *m.*, khar vaṁdavṇî *f.*; *amor:* mog, kâm, mad *m.*; *magua:* duḥkh, khaṁt *f.*, viklab *m.*; *predilecção:* oḍh, âsthâ, utkaṁṭhâ *f.* || *V.* PARCIALIDADE. || — *de Christo*, Svâm Jejû Kristâche kashṭ *m. pl.*

Paiz, *s. m.* gâṁv, deś, mulûk *m.*, râshṭr *n.*, diśâ *f.* || *V.* PATRIA.

Paizagem, *s. f.* gâṁvâchî dishṭ *f.*; bhûpradeśâcheṁ chitr *n.*

Paizagista, **paizista**, *s. m. e f.* bhûpradeśâcho chitârî.

Paizano, *a. e s. m.* ekâ gâṁvâcho,- deśâcho, ekadeśî, sadeś; pâyjân, śipây nay âslalo.

Pala, *s. f.* pâl *n.*, pâkhoṭo *m.*; thik *n.*; *(fig.)* *V.* PETA.

Palacego, *a. V.* PALACIANO.

Palaciano, *a.* râjmaṁdrâcho, râvuḷâṁtlo; darbârî. || *s. m.* râjmaṁḍaḷik, râjpurush, darbârî manis.

Palacio, *s. m.* palâs, havelî *f.*, maṁdir, arman, râvûḷ *n.*, prâsâd *m.*

Paladar, *s. m.* ṭâḷû, ṭâḷî; *(fig.)* rûch *f.*, svâd *m.* ‖ *Ao — de alguem*, ruchîpramâṇeṁ

Paladino, *s. m.* hiṁḍno svâr; *(fig.)* mardikâr, tâṇ manîs; nibar pâḷak.

Palafrem, *s. m. (ant.)* taṭû *m.*

Palafreneiro, *s. m.* taṭûvâlo.

Palamenta, *s. f. (ant.)* hoḍyâche sagḷe vale *m. pl.*; nâḷîṁcheṁ sâmaṇ *n.*

Palanca, *s. f.* khuṁṭyâṁcho bâṁdh *m.*; meḍ, khuṁṭî *f.*

Palancar, *v. t.* khuṁṭyâṁchyâ bâmdhân aḍuṁk.

Palanco, *s. m.* śiḍ ubhârcheṁ dor *n.*

Palanfrorio, *s. m. V.* PALAVREADO.

Palangana, *s. f.* palgaṇ, vâṭeṁ *n.*; kâṁso *m.*

Palanque, *s. m.* târâṁgaṇ,* uṁchasthan *n.* ‖ *V.* PALANCA. ‖ *Ver os toiros de —, (fig.)* jîv râkhûn paḷevuṁk.

Palanquim, *s. m.* pâlkî, doḷî *f.*

Palatal, palatinal, *a.* ṭâḷûcho, ṭâḷvecho; tâlvya.

Palatino, *a.* ṭâḷûcho, ṭâḷvecho.

Palato, *s. m. V.* PALADAR.

Palavra, *s. f.* uttar *n.*, śabd *m.*; *faculdade de falar:* ulauṇeṁ *n.*, vâchâ; *licença de falar:* ulauṁk rajâ *f.*; *discurso:* ulauṇeṁ *n.*, bol, ukti *f.*; *promessa verbal:* uttar *n.*, bhâs; *declaração:* sâṁgṇî, kaḷauṇî *f.* ‖ *Arrastar as palavras*, uttrâṁ pâṭḷâvuṁk. *A arte de —, V.* RHETORICA. *Contar as proprias palavras*, mejûn ulauṁk. *Dar a —*, ulauṁk divuṁk. *Dar a sua —*, uttar divuṁk. *Não dar —*, miṭî nâ ughḍuṁk. *Faltar á sua —*, âpleṁ uttar na pâḷuṁk. *Passar —*, âykaleṁ uttar dusryâk sâṁguṁk. *Pedir a —*, ulauṁk rajâ mâguṁk. *Retirar a —*, ugo râvuṁk lâvuṁk. *Ter a —*, ulauṁk sattyâ âsuṁk *(d. do s.)*. *Ter —*, uttrâcho manîs jâvuṁk. *Ter dom de —*, baro ulauṁk. *De —*, toṁḍâtoṁḍîṁ. *Nem uma —!* gapchip! *— por —*, uttrân uttar. *Sob —*, uttrâkhâl. *Palavra!* khareṁch.

Palavrada, *s. f.* pojḍeṁ uttar *n.*; polkî dâṭâvṇî *f.*, śâpatâṁ *n. pl.*

Palavrão, *s. m.* jaḍ uttar *n.* ‖ *V.* PALAVRADA.

Palavreado, *s. m.* jhâṁkṇî, pharpharṇî, baḍbaḍṇî *f.*; tuṭkîṁ-, polkîṁ uttrâṁ *n. pl.* ‖ *Ter bom —*, baro-, kachkachît ulauṁk; *(fig.)* śâpatâṁnîṁ phoṭauṁk.

Palavreador, palavreiro, *a. e s. m.* vâchâḷ, pharpharo, barbaro.

Palavrinha, *s. f.* bârîk uttar *n.*

Palavrorio, *s. m.* pharpharṇî, bât *f.*, chakâṭâṁ *n. pl.*

Palavroso, *a.* sukyâṁ-, polkyâṁ uttrâṁcho; pharpharo, baḍbaḍyo.

Palco, *s. m.* maṁch; raṁg *m.*

Paleaceo, *a.* taṇâcho, taṇvî.

Palear, *v. t.* dakhal-, kaḷit karuṁk, dâkhauṁk.

Paleoethnologia, *s. f.* purâṇajâtiśâstr *n.*

Paleographia, *s. f.* prâchînalekhavidyâ *f.*

Paleographo, paleologo, *s. m.* prâchînalekhajña.

Palerma, *a. e s. m. e f.* pisâṭ, gaḷyo, pato, navyâṇṇay.

Palestra, *s. f.* raṁgâṁgaṇ, mallâṁgaṇ *n.*, âkhâḍo; tâlîm *m.*; kustî; gajâl châvḍî *f.*, âlâp *m.*, phâṁphâṁ *n. pl.*

Palestrar, *v. i.* gajâlmât karuṁk, châvḍî mâruṁk.

Paleta, *s. f.* raṁgpâṭî *f.*, varṇapatr *n.*

Paletot, *s. m.* pâsoḍî *f.*

Palha, *s. f.* taṇ, triṇ, tâḍ, gavat *n.*; *(fig.)* kispuro, potero *m.* ‖ *Dar —*, gulyo phoṭauṁk, kolyâcheṁ śiṁg lâvuṁk. *Por dá cá aquella —*, damḍeche vastûpâsûn.

Palhabote, *s. m.* dukâṭhî galbat *n.*

Palhaçada, *s. f.* soṁg, phakâṇḍ *n.*

Palhaço, *a.* taṇâcho, taṇvî; taṇân bharlalo. ‖ *s. m.* bhaṁḍ, bahurûpî.

Palhada, *s. f.* kûṭ *n.*; *(fig.)* bachbachṇî, pharpharṇî *f.*

Palhagem, *s. f.* taṇâchî râs *f.*

Palhal, palhar, *s. m.* kolvâcheṁ ghar, khoṁpaṭ *n.*

Palhegal, *s. m.* taṇâchî jamîn *f.*

Palheirão, *s. m.* vhaḍleṁ kuḍeṁ *n.*; *(fig.)* tuṭkeṁ ulaitalo.

Palheireira, *s. f.* rotâṁ kâḍhtalî.

Palheireiro, *a. e s. m.* taṇ-, gavat viktalo; kuḍiṁ kartalo; rotâṁ kâḍhtalo, roter.

Palheiro, *s. m.* taṇâcho goṭho *m.*, kuḍeṁ, pâleṁ *n.*

Palheta, *s. f.* pâlyet, piṁpârî *f.*, veḷ *n.*; rupyâchî pâṭî *f.* ‖ *V.* PALETA. ‖ *-s, pl.* moche *m. pl.* ‖ *Passar as —*, jhurî-, kâvaḍ kâḍhuṁk.

Palhetada, *s. f.* piṁpârecho nâd *m.* ‖ *Com ou em duas palhetadas*, jhaḍjhaḍît, saḍsaḍît, saṭ-, phaṭ karu.

Palhetão, *s. m.* châviyechî boṁch *f.*

Palhete, *a.* taṇâchyâ raṁgâcho.

Palhiço, *s. m.* kûṭ *n.* ‖ *a.* taṇâcho, taṇvî.

Palhinha, *s. f.* taṇâchî âsî *f.*, taṇâcho kuṭko *m.*; rotâṁ *n. pl.* || *Cadeira de* —, rotâṁchî kadel *f.*

Palhoça, palhota, *s. f.*, **palhote,** *s. m*, khoṁp, khoṁpṭî *f.*

Paliçada, *s. f.* khuṁṭyâṁvaḷ, khuṁṭyâvay, vayvâḍ *f.*, âḍo, meḍekâṭ *m.* || *V.* LIÇA.

Paligenesia, *s. f.* *V.* RENASCIMENTO.

Palinodia, *s. f.* *V.* RETRACTAÇÃO.

Palinuro, *s. m.* *(poet.)* *V.* PILOTO.

Palitar, *v. t.* kisauṁk.

Paliteiro, *s. m.* kâḍiyo kartalo *m.*; kâḍiyâṁchem âydan *n.*

Palito, *s. m.* kâḍî *f.*, hîr *ou* vîr *m.*; *(fig.)* sukaṭyo-, kiḍkiḍit manîs. || *Palitos phosphoricos,* âgîchyo kâḍyo. *Servir de* —, keṁḍnecho mâl jâvuṁk.

Palladio, *s. m.* *(fig.)* râkhaṇ *f.*, saṁbhâḷ *m.*

Palliação, *s. f.* nib sârṇeṁ, nîb; śaman *n.*, haḷuvây *f.*

Palliador, *a. e s. m.* nîb sârtalo, raṁgauṇâr; śamanâytalo.

Palliar, *v. t.* veshuṁk, veshṭuṁk, nîb sâruṁk *(g. do o.)*, nimitt sâṁguṁk *(g. do o.)*, lipaun-, dhâṁpûn davruṁk; haḷuvâṭuṁk, narmâvuṁk, śamanâvuṁk; lâṁbâvuṁk, phuḍe vharuṁk,- davruṁk. || *v. i.* lâṁbâyo karuṁk.

Palliativo, *a.* śamânâcho, mavârecho, śamak. || *s. m.* piḍâ deṁvauṁcheṁ okhat *n.*, śamak vishay; sardyâcho ilâj, baḷ moḍcho upây *m.* || *V.* DELONGA.

Pallidez, *s. f.* pâṁḍhrepaṇ *n.*, dhavsâṇ *f.*, nistejpaṇ *n.*

Pallido, *a.* dhavso, dhavsâr, pâṁḍhro, haḷduvoso, niḷvaṁt, aṁdhak; phiko, nistej, vivarṇ, ubhro.

Pallio, *s. m.* pâl, mâṁḍvî *f.*, śej *m.*

Pallor, *s. m.* *(poet.)* *V.* PALLIDEZ.

Palma, *s. f.* chuḍet *n.*; mâḍ, tâḍ *m.*; *(fig.)* *V.* VICTORIA. || — *da mão,* taḷhâṭ *ou* taḷâṭ, taḷvo *m.* || *Dar a* — *a alguem,* varto karuṁk. *Levar ou ganhar a* —, jayt vharuṁk, varto jâvuṁk. *Ter ou sustentar na* — *da mão,* hâtâr kheḷauṁk. *Trazer nas palmas ou nas palminhas,* gaḷyâṁt-, kâpsâṁt ghâluṁk. *Bater ou dar as palmas,* ṭâḷyo peṭuṁk.

Palma-Christi, *s. m.* *(bot.)* eraṁḍ *f.*

Palmada, *s. f.* ṭâḷî *f.*; thâpaṭ *n.*

Palmar, *v. t.* choruṁk, sutlâvuṁk. | *s. m.* bhâṭ, bhâṭleṁ, kuḷâgar *n.* || *a.* taḷhâtâcho; vetbhar; *(fig.)* moṭo, udaṁḍ.

Palmatoada, *s. f.* pâlmatorîcho phâr *m.*, pâlmator *f.*

Palmatoria, *s. f.* pâlmator, thâpṭî *f.*; vâtasthân *n.* || *Dar mãos á* — *(fig.)* âplî chûk oḷkhuṁk.

Palmear, *v. t.* ṭâḷyo peṭuṁk *(d. do o)*; hâtân loṭuṁk (hoḍeṁ) || *v. i.* ṭâḷyo peṭuṁk.

Palmeira, *s. f.* mâḍ *m.*

Palmejar, *v. i.* *V.* PALMEAR.

Palmeta, *s. f.* thâpî *f.*; nâḷicheṁ pâchâreṁ *n.*

Palmifero, *a.* mâḍâṁcho; mâḍâṁnîṁ bharlalo.

Palmilha, *s. f.* pâlmî, jibhlî *f.*, meyâcheṁ poṁd *n.* || *Andar em palmilhas,* meyâṁnîṁ-, pâṁyâṁnîṁ bhoṁvuṁk.

Palmilhadeira, *s. f.* meyâṁcheṁ poṁd ghâltalî.

Palmilhar, *v. t.* pâṁyâṁnîṁ bhoṁvuṁk; pâlmî-, poṁd ghâluṁk *(d. do o.)*

Palmipede, *a.* boṭân kâtin lâgûn pâṁy âslalo.

Palmito, *s. m.* chuḍet *n.*; kuṁvâḷo *m.*, kau; śivḍî *f.*

Palmo, *s. m.* vet *f.* || — *a* —, ilo ilo, thoḍo thoḍo.

Paloma, palomba, *s. f.* *(mar.)* dor *n.*

Palomadura, *s. f.* śiḍâchî śivaṇ *f.*

Palomar, *s. m.* *(mar.)* sutlî *f.*, saḍo *m.* || *v. t.* (śiḍ) śivuṁk.

Palonço, *a. e s. m.* *V.* PARVO.

Palpação, *s. f.* sâṁspaṇî *f.*; hâtân dâṁpṇeṁ *n.*

Palpadela, *s. f.* *V.* APALPADELA.

Palpar, *v. t.* *V.* APALPAR.

Palpavel, *a.* sâṁspuṁcho, pośevûṁyeso, *(fig.)* ughḍo, ughḍâpo, praghaṭ.

Palpavelmente, *adv.* ughḍâpeṁ, dekhatrûpîṁ.

Palpebra, *s. f.* ḍoḷyâcheṁ pâteṁ *n.*, pâpḍî, pâkḷî *f.*

Palpebrado, *a.* pâtîṁ âslalo.

Palpebral, *a.* pâtyâṁcho.

Palpitação, *s. f.* dhaḍdhaḍî *f.*, dhaḍdhaḍo, ḍabḍab, ḍâbḍabo *m.*, dhusdhusṇî, khupkhupṇî, bukbukṇî *f.*

Palpitante, *a.* dhusdhusît, ḍabḍabît, khupkhupit; *(fig.)* jivo, tâjo.

Palpitar, *v. i.* uḍuṁk, phitphiṭuṁk, dhusdhusuṁk, ḍabḍabuṁk, khupkhupuṁk, usḷuṁk; *sobresaltar:* dhaḍdhaḍuṁk, tharthnruṁk, kalkaluṁk, kâṁpuṁk. || — *alguma coisa a alguem,* jâtaleṁseṁ-, ghaḍtaleṁseṁ disuṁk. || *v. t.* *V.* PRESENTIR.

Palpite, *s. m.* *V.* PALPITAÇÃO *e* PRESENTIMENTO.

Palpo, *s. m.* kiḍîchî miśî *f.*

Palra, *s. f.* ulauṇeṁ *n.*, gajâl *f.* mât *m.*

Palrador, *a. e s. m.* jhâṁkro, barbaro, pharpharo, bâtyo, bolṇo, gajâliṁcho dhagaḍ.

Palrar, *v. i.* samja nâstânâ ulauṁk; gajâl-, châvḍî mâruṁk; jhâṁkuṁk, bajbajuṁk, baḍbaḍuṁk, jibh vâryâr ghâluṁk.

Palraria, *s. f.* gajâl, bât; pharpharṇi, bajbajṇî *f.*

Palratorio, *s. m. V.* PARLATORIO.

Palrea, *s. f.* gaḷbaḷ, bobâḷ *m.*, bob *f.*

Palrear, *v. i. V.* PALRAR.

Palreiro, *a.* pharpharo, barbaro, baḍbaḍyo, jhâṁkro, vâchâḷ, jibhaṭ. || *V.* CHILREADOR.

Palrice, *s. f. V.* PALRARIA.

Paludoso, *a.* mâyṇâcho, chavṇâcho, taḷyâcho.

Palurdio, *a. e s. m. V.* ESTUPIDO.

Palustre, *a.* taḷyâcho; taḷyâṁtlo.

Pampanada, *s. f.* sukî baḍây *f.*

Pampano, *s. m.* dâkhecho kholo-, kholyâṁcho phâṁṭo; *(zool.)* pâṁpl, saraṁgûl *n.*, saraṁgo *m.*

Pampanoso, *a.* dâkhechyâṁ kholyâṁcho,- kholyâṁnîṁ bharlalo.

Pamphletario, pamphletista, *s. m.* chopḍyâṁkâr.

Pamphleto, *s. m.* chopḍî, vahî *f.*

Pampilho, *s. m.* aṁkuś; kuṁsâcho dâṁḍo *m.*

Pampineo, pampinoso, *a.* dâkhechyâṁ kholyâṁcho.

Panacéa, *s. f.* sagḷyâṁ piḍâṁk upkârteṁ okhat, sarvaushadhîchûrṇ *n.*, chiṁtâmaṇi *m.*

Panado, *a.* uṁḍyâcho piṭho lâylalo. || *Agua panada*, karpailalyâ uṁḍyâcheṁ udak.

Panaria, *s. f. (ant.) V.* CELLEIRO.

Panaricio, *s. m.* kor *n.*, nâkshî *f.*

Panca, *s. f.* lâṁkḍâcheṁ uṭâḷeṁ *n.* || *Ver-se ou andar em pancas*, goṁdhḷâk sâṁpḍuṁk, khâvṭyâk paḍuṁk, bârâ brestâr yevuṁk *(l. sup. do s.)*

Pança, *s. f.* dhan, ḍholkeṁ *n.*

Pancada, *s. f.* phâr, phaṭko, saṭko, dhako *m.*, dhaḍak, gussû *f.*; mâr, laḍho, karḍo, gamo *m.* || *V.* PULSAÇÃO. || — *de agua*, dhaḍak *f.* *Jogar a* —, lâṭâguṭî jâvuṁk *(g. do s.)*; mâr ghâluṁk. *De* —, eke pâvṭhîn, ekdam.

Pançada, *s. f.* poṭbhar, poṭ tâṇṇeṁ; poṭâr mârṇeṁ *n.*

Pancadaria, *s. f.* mâr, mârâmâr, phârâphâr *m.*, mârphâr *m.*, baḍvaṇ, phaphâvṇî *f.*

Panco, *s. m. V.* PANCA.

Pancarpia, *s. f.* vichitr jhelo *m.* || *V.* MISCELLANEA.

Pançudo, *a.* poṭyo, dhanyo.

Pandear, *v. i.* phugro jâvuṁk, phuguṁk, phuluṁk.

Pandectas, *s. f. pl.* smṛitisaṁhitâ *f.*

Pandega, *s. f.* mast piṇeṁjevṇeṁ, saryâcheṁ phest *n.*, pânotsav *m.*, dhumśâṇ, tavṇâspaṇ *n.*

Pandegar, *v. i.* mast piyevuṁk, bûchbhar mâruṁk, phest karuṁk.

Pandego, *s. m. e a.* phestâṁkâr, dhumśâṇî; tavṇâs, laphâṁgo.

Pandeireiro, *s. m.* halkyo kartalo,- vâjaitalo.

Pandeiro, *s. m.* halkî *f.*

Pandemonium, *s. m.* puṁḍâṁcheṁ kûṭ, tuphânî baṁḍ *n.*; *(fig.)* ghaḷbaḷyâcho jamo *m.*; tirrâj, jâgraṇ *n.*

Pandiculação, *s. f.* hâtpâṁy soḍûn pâtaḷṇeṁ *n.*

Pandilha, *s. f.* kûṭ, peṁḍeṁ, baṁḍ, phaṁd *n.*, kaṭ *m.* || *s. m. V.* PANDILHEIRO *e* VADIO.

Pandilheiro, *s. m.* kuṭkâr, phaṁdî, lachâṁḍî.

Pando, *a.* phugro, phuglalo, phullalo.

Pandorga, *s. f.* ramaṇ *n.*; namdâ *f.*

Panegyrico, *a.* stutîcho, varṇanâcho. || *s. m.* pavâḍo, stutivâd, *n.*, stutipâṭh *m.*, stotr, kîrtan, guṇvarṇan *n.*

Penegyrista, *s. m. e f.* stutipâṭhak, maṁgalpâṭhak, baṁdî *ou* vaṁdî.

Paneiro, *s. m.* vâḷyâṁcho pâṁṭulo *m.*

Panella, *s. f.* murneṁ, maḍkuḷ *n.*, maḍkî *f.*, maḍko, buḍkulo, kuṁbh *n.*, guḍsûl, kuṁḍleṁ, bhâṁḍ *n.*, hâṁḍî *f.*, tapleṁ *n.*

Panellada, *s. f.* maḍkîbhar *f.*, murneṁbhar, bhâṁḍbhar *n.*

Panellinha, *s. f.* maḍkûl, buḍkuleṁ, murnuleṁ; kûṭ, peṁḍeṁ *n.* || *São da mesma* —, ekmekâk oḷkhatât te. *Desmanchar ou desfazer a* —, kûṭ bighḍâvuṁk.

Pangaio, *s. m.* paṁgây *m.*

Panhota, *s. f.* uṁḍyâchî guḷî *f.*

Panico, *a.* bheṁkḍâvṇecho, beshṭyâ bhyâcho. || *Terror* —, dachko, tharthâro *m.* || *s. m.* tharkâṁp *f.*, dhaḍdhaḍo *m.*

Paniculo, *s. f.* phulâṁcho turo *m.*

Paniculado, panicular, *a.* turyâcho, chûḍyâcho.

Panificação, *s. f.* uṁḍe karṇeṁ *n.*

Panificar, *v. t.* uṁḍe karuṁk *(g. do o.)*.

Paniguado, *s. m. V.* APANIGUADO.

Pannal, *s. m.* guṭhlâvuṁcheṁ *n.* ‖ — *de palha*, taṇâcho, guṭhlo *m.*; *(fig.)* pato, gaḷyo.

Pannejamento, *s. m.* mûrtîchî-, chitrâchî nesaṇ *f.*

Pannejar, *v. t.* nesauṁk, nesaṇ âkâruṁk,- chitruṁk *(g. do o.)* ‖ *v. i.* śîḍ phasphasuṁk.

Panninho, *s. m.* bârîk dhaveṁ lugaṭ *n.*

Panno, *s. m.* lugaṭ, kâpaḍ, vastr *n.*, paṭ; phâṭko *m.*, phâl *f.*; târvâchîṁ śiḍâṁ *n. pl.* ‖ *Ter muito — para mangas*, dukaḷ nâ paḍuṁk, tûṭ nâsuṁk. *A todo o —*, saglyâ baḷân,- neṭân.

Panoplia, *s. f.* sarvâṁg kavach *n.*; hatyârâṁcho ḍâḷ *m.*

Panorama, *s. m.* pânorâm *m.*, sarvadigdarśak chitr *n.* ‖ *V.* PAISAGEM.

Panrear, *v. i.* âḷsây karuṁk, beshṭo âsuṁk, bekâr bhoṁvuṁk.

Panria, *s. f.* âḷsây, sustî *f.* ‖ *s. m.* âḷśî, sust.

Pantafaçudo, *a.* gâlero.

Pantalonas, *s. f. pl. (ant.)* kâlsâṁv; ijâr *n.*

Pantana, *s. f.* ‖ *Dar em —*, pâḍ jâvuṁk, moḍoṁk, ibâḍ jâvuṁk *(g. do s.)*. *Dar com alguma coisa em —*, hogḍâvuṁk, ibâḍ karuṁk, vâṭek lâvuṁk.

Pantanal, *s. m.* vhaḍ mâyṇ *n.*

Pantano, *s. m.* mâyṇ, chavaṇ *n.*, khoṁḍ, gajnî *(us. Can.) f.*

Pantanoso, *a.* khoṁḍî âslalo, chavṇâṁcho.

Pantear, *v. i.* keshṭâyo-, khebaḍâṁ karuṁk.

Pantheismo, *s. m.* jagadiśvaravâd, viśvadevatâvâd, abhedavâd, abhedabhâv *m.*

Pantheista, *s. m.* jagadiśvaravâdî, abhedavâdî, viśvadevatâvâdî. ‖ *a.* jagadmatâcho.

Pantheon, *s. m.* sarvadevâlay; *(fig.)* vhaḍlyâṁ-, śreshṭhâṁ manushyâṁk purcheṁ ghar *n.*

Panthera, *s. f.* bibyovâgh, bibḷovâgh, bibṭovâgh, bibḷo *m.*

Panthographo, *s. m.* âkâr uṭarcheṁ yaṁtr *n.*

Pantometro, *s. m.* koṇamâpanayaṁtr *n.*

Pantomima, *s. f.* mukesoṁg, mugdhanâṭya *n.*, nakal *f.* ‖ *V.* PANTOMINA.

Pantomimico, *a.* mukesoṁgâcho.

Pantomimo, *s. m.* makesaṁgâḍî, nakalî.

Pantomina, pantominice, *s. f.* gauḍbeṁgâl, tarḍak *n.*

Pantomineiro, *a. e s. m.* gauḍbeṁgâlî, tarḍakî.

Pantufa, *s. f.* pâpûs *m.*; namdâ *f.*

Pantufo, *s. m.* pâpûs *m.*; gulgulît-, dhanyo manîs.

Panturra, *s. f.* dhan, ḍholkeṁ *n.* ‖ *V.* ORGULHO.

Panturrilha, *s. f.* poṭrî *f.*

Pão, *s. m.* uṁḍo *m.*, roṭî *f.*; grâs *ou* girâs *m.*, ann, udarposhaṇ *n.*, paḍ *f.*; gahaṁ *m.* ‖ — *bento*, bejñâr uṁḍo. — *celeste*, — *do céo*, — *dos anjos*, *da alma*, Sâheb. — *de ló*, pâṁḍelo. — *quotidiano*, — *nosso de cada dia*, dispaṭo girâs; *(fig.)* sadâṁcheṁ kâm. *Comer — de alguem*, goṭyâṁk paḍuṁk. *Comer o — que o diabo amassou*, upadryâṁk paḍuṁk. *Ficar a — e laranja*, daḷdîr yevuṁk *(l. sup. do s.)*. *Não merece o — que come*, jevṇâk bâd. *Pôr a — e agua*, pejer davruṁk; *(fig.)* poṭâr mâruṁk. *Arvore do —*, nirpaṇas *m.*

Papa, *s. m.* pâp saheb, *śiromaṇi. ‖ *s. f.* ukaḍlaleṁ piṭh *n.* ‖ -s, *pl.* pâp *n*, kâlo *m.* ‖ *Fazer em —*, chek karuṁk, maḷuṁk; kuṭuṁk, moḍûn ghâluṁk.

Papá, *s. m.* pâpâ, bâ, tât.

Papa-assorda, *s. m. e f.* meṁgo, jemo, âḷśî.

Papada, *s. f.* gardan; gâbaḷ *n.* ‖ *V.* PAPEIRA.

Papado, *s. m.* pâpâ sâhebâchî padvî *f.* śiromoṇyâcheṁ râj *n.*

Papafigo, *s. m.* haḷduvo *m.*

Papafina, *s. m.* nikleṭ. ‖ *a.* ruchîk, svâdîk; *(fig.)* nâjûk, aprûb, chakhoṭ. ‖ *V.* RIDICULO.

Papagaia, *s. f.* bâil kîr *m.*

Papagaio, *s. m.* kîr; saraṁgo; *(bot.)* chirḍo *m.*

Papa-gente, *s. m. V.* PAPÃO.

Papaguear, *v. t. e i.* kirâbhâshen ulauṁk,- mhaṇuṁk; anuvâduṁk.

Papa-jantares, *s. m. e f.* jevṇâṁk bhoṁvtalo, parânnabhojî.

Papal, *a*, pâpâ sâhebâcho.

Papa-leguas, *s. m. e f.* bhav chaltalo, vâṭ ṭâṁktalo.

Papalino, *a.* pâpâ sâhebâcho.

Papalva, *s. f.* sâdhî-, bhoḷî bâil.

Papalvo, *s. m.* sâdho-, bâbat manîs.

Papa-moscas, *s. m. e f. (fig.)*. *V.* BASBAQUE.

Papão, *s. m.* ghoṁgo, âû, âûlo, bâû *m.*

Papar, *v. t. e i.* khâvuṁk; am-, amâ-, mâm karuṁk.

Paparicar, *v. t. e i.* bhoṁvûn bhoṁvûn jevuṁk,- khâvuṁk.

Paparicos, *s. m. pl.* âprûbây *f.*, lâlan *n.*; bujvaṇ, śâṁtvaṇ *f.* || *V.* GULODICES.

Paparraz, *s. m.* (*bot.*) śikekâyecho lîm *m.*

Paparrotada, paparrotagem, *s. f.* dhukrâṁcheṁ khâṇ, ḍhoṇ *n.* || *V.* BAZOFIA.

Paparrotão, *s. m.* boḍâykhor, tâvdârkâr, mijâskâr.

Paparrotice, *s. f.* tâvdârkî, baḍây, mijâs, pachurḍân *f.*

Papa-tabaco, *s. m.* dhumṭî khûp oḍhtalo.

Papaya, *s. f.* papây *f.*

Papazana, *s. f.* bhojan, bhâteṁ, mâhâḷ *n.*, bhojanotsav *m.*

Papear, *v. i.* baḍbaḍuṁk, bajbajuṁk, jhâṁkuṁk.

Papeira, *s. f.* vâḷûk, gâlguṁḍ *n.*

Papel, *s. m.* kâgad; *escripto, documento:* kâgad, patr, patrîk; (*theatr.*) soṁg *n.* || *Confiar ao —*, kâgdâr ghâluṁk,- mâṁḍuṁk. *Ficar no —*, barailâṁ thaiṁ uruṁk. *Papeis publicos*, vartamânpatrâṁ *n. pl.*, pholî (*do port.* FOLHA) *f. pl.*

Papelada, *s. f.* kâgdâṁ, patrâṁ *n. pl.*, kâgadpatr *n.*, patrâvaḷ *f.*

Papelão, *s. m.* pâpelâṁv *m.*, dâṭ-, moṭeṁ kâgad, pushṭipatr *n.*; (*fig.*) *V.* PASPALHÃO.

Papelaria, *s. f.* kâgdâṁpenâṁcho mâṁḍ *m.*

Papeleira, *s. f.* barauṁcheṁ mej *n.*

Papeleta, *s. f.* bîjak, ghoshaṇpatr *n.* || *V.* LIVRETE.

Papeliço, *s. f.* kavḷî, choṁbdî *f.*

Papelinho, *s. m.* supurleṁ kâgad *n.* || **-s,** *pl.* kâgdâṁcho churo *m.* || *Fazer —*, (*fig.*) nâkâjâlaleṁ karuṁk.

Papelista, *a. e s. m. e f.* kâgdâṁ bâḷgitalo; âdlyâṁ patrâṁchî pusî kartalo.

Papelotes, *s. m. pl.* kâgdâṁchyo kavḷyo *f. pl.*

Papelucho, *s. m.* halkeṁ kâgad; kirkoḷ vartamânpatr *n.*

Papilionaceo, *a.* pisoḷyâsârko.

Papismo, *s. m.* pâpâ sâhebâchî sattyâ *f.*

Papista, *a. e s. m. e f.* pâpâ sâhebâcho adhikâr mâṇtalo.

Papo, *s. m.* gâṁjo; gâl; phugo *m.* || *V.* PAPEIRA. || *Andar em papos de aranha*, darvaḍuṁk, âpṭoṁk daptoṁk. *Fallar de —*, ahaṁkârân ulauṁk.

Papoilà, *s. f.* khaskhas *f.*

Papudo, *a.* moṭyâ gâṁjyâcho; (*fig.*) phugro, bâbro.

Papulo, *s. f.* dâdaḍ *n.*, puraḷ *m.*

Papuloso, *a.* dâḍḍâṁcho.

Papyraceo, *a.* kâgdâsârko.

Paquebote, *s. m.* (*ant.*). *V.* PAQUETE.

Paquete, *s. m.* (*ant.*) pâtmârî; (*mod.*), ṭappâl âgboṭ *f.*, ḍâkechem târûṁ *n.* || *Papel —*, bârîk kâgad.

Par, *a.* sâṁgḍo, sarso, purto; doḍo. || *Numero —*, phâḍeṁ. *Sem —*, sâṁgḍo nâslalo, anupam. *Pares ou nones*, gedeṁ phâḍeṁ. || *s. m.* pâr, joḍ, joḍo *m.*, joḍî, juṁvḷî *f.*, ghovbâil *n.*, ubhayvargâṁ *n. pl.*; ekâ tolâcho-, sâṁgḍo manîs, sampadesth; âmir, umrâv. || *De — em —*, śekânśek, ekdam. *A — ou — a —*, kuśik, baglek. *A —*, barâbar, sâṁgḍe; teṁkûn, lâgîṁ. *A — de*, mukhâr, phuḍe. *A — ou aos —*, doḍogh.

Para, *prep. Exprime-se pela fórma radical ou pelo dativo; ex.: foi para casa*, ghârâ gelo; *voltou para Lisboa*, Lijbovâk partalo. *Antes do infinito, equivale ao suffixo* -uṁk *ou* -chyâk; *ex.: para escutar*, âykuṁk; *joga para se distrahir*, veḷ kâḍhchyâk *ou* kâḍhuṁk kheḷtâ. *Antes do adverbio, inclue-se no mesmo adverbio; ex.: para cima*, vayr; *para baixo*, sakal *ou* saklâ; *para dentro*, bhitar; *para fóra*, bhâyr; *para onde*, khaiṁ; *para quando*, kednâ; *para sempre*, sadâṁkâl. || *Estar —*, âsuṁk; *ex.: está para ir*, vachuṁk âsâ. *— que*, -chyâk (*ex.: para que se faça*, karchyâk); kityâk (*ex.: para que fazes isto?* heṁ kityâk kartây?)

Parabem, *s. m.* parbeṁ *n.*, naṁdauṇî *f.*, dhanyavâd *ou* dhinvâs *m.*, pratinaṁdan *n.* || *Dar os parabens* parbeṁ divuṁk, naṁdauṁk, dhinvâsuṁk, pratinaṁduṁk.

Parabola, *s. f.* drishṭâṁt *n.*, vapâr *ou* opâr *f.*, nidarśan, âkhyân; (*geom.*) samakakshachinna, anuvritt *n.*

Parabolicamente, *adv.* drishṭâṁttân, vapârîn.

Parabolico, *a.* drishṭâṁtâcho; drishṭâṁtarûp; anuvrittâcho.

Parachronismo, *s. m.* nyunakâlanirûpaṇ *n.*

Paracleto, *s. m.* Spritsâṁt; (*fig.*) sûchak; śekây.

Parada, *s. f.* râvṇî, thâṁbṇî *f.*, ṭhikṇeṁ *n.*, thop *m.*; ṭhâṇ, peneṁ *n.*, thâro *m.*; pârâd *n.*, kavâît *f.*; jâṁvo *m.* || *V.* PAUSA.

Paradeiro, *s. m.* ṭhikâṇ, makham, ṭhâṇ *n.*

Paradigma, *s. m. (gram.)* pratimâ *f.*, namuno *m.*; dhâturûpamâlikâ *f.*

Paradisiaco, *a.* vaikuṁṭhâcho, vaikuṁṭhâṁtlo; *(fig.)* bhav baro.

Parado, *a.* baṁd, manâ, thâṁblalo.

Paradoiro, *s. m. V.* PARADEIRO.

Paradoxal, *a.* lokaviruddhabhâsâcho, viruddhamatâcho.

Paradoxo, *a. V.* PARADOXAL. ‖ *s. m.* lokaviruddhabhâs *m.*, viruddhamat *n.*

Parafusador, *a. e s. m.* bhoṁvarkhaṁḍ ghâltalo; dhuṁḍâḷṇâr, tapâsṇâr.

Parafusar, *v. t.* bhoṁvarkhaṁḍ ghâluṁk, -lâvuṁk *(d. do o.)*, maḷsuduṁk. ‖ *v. i.* taklen ghoḷauṁk, teṁch chiṁtuṁk, yojan karuṁk; dhuṁḍâḷuṁk, tapâsuṁk *(vv. tt.)*.

Parafuso, *s. m.* bhoṁvarkhaṁḍ, bhoṁvarsuḍî, maḷsuḍî.

Paragem, *s. f.* ṭhikâṇ *n.*, thâro *m.*; râvṇî, ṭhikṇî *f.*

Paragrapho, *s. m.* kalam, vâkya *n.*, khaṁḍ, bhâg *m.*

Paraiso, *s. m.* bhûvaikuṁṭh, bhûmivaikuṁṭh; vaikuṁṭh *n.*, svarg *m.*

Parallactico, *a.* śîghrâcho.

Parallaxe, *s. f.* śîghr *m.*, laṁban *n.*

Parallela, *s. f.* samâṁtararekhâ, samâṁtararesha *f.*

Parallelamente, *adv.* samâṁtarîṁ.

Parallelismo, *s. m.* samâṁtarbhâv *m.*, samâṁtaratâ *f.*

Parallelo, *a.* samâṁtar; *(fig.)* barâbar, sârko, sarî. ‖ *s. m.* akshavṛitt *n.*, *(fig.)* sar, rujvâṭ, barâbarî *f.* ‖ *Pôr em —*, sarî karuṁk.

Parallelogrammo, *s. m.* samâṁtarachaturbhaj *m.*

Paralogismo, *s. m.* âbhâs, siddhâṁtâbhâs, arthâbhâs, atark, kutark *m.*, ayukti *f.*

Paralta, *s. m. e f.* phaldarây, kâsphîs, neṭko, phiṭphiṭo, gaṁjckâr, pehrâvekâr, vastravilâsî, baḍâykhor.

Paraltice, *s. f.* gamje, *m. pl.*, pehrâvo *m.*, mirvaṇ, baḍây *ou* baḍâyk *f.*

Para-luz, *s. m.* ujvâḍâcho âḍos *m.*

Paralvilho, *s. m.* pâṁprel, âḍâṁgî, lâpîṭ, phaldarây.

Paralysar, *v. t.* dharuṁk, dharoso karuṁk; *(fig.)* baṁd karuṁk, baḷ moduṁk *(g. do o.)* ‖ *v. i. e r.* dharoṁk, âr jâvuṁk, -mâruṁk *(d. do s.)*; meṁgo-, bebaḷ jâvuṁk, gaḷuṁk.

Paralysia, *s. f.* âr *(do port.* AR*) f.*, âṁgpât, svâp *m.* ‖ *V.* ENTORPECIMENTO.

Paralytico, *a.* âr jâlalo, ârecho. ‖ *s. m.* ârkâr, guḷâṁkâr.

Paramentar, *v. t.* vastrâṁ ghâluṁk *(d. do o.)*, neṭauṁk, śṛiṁgâruṁk, alaṁkâruṁk. ‖ *v. r.* nesuṁk, neṭuṁk, śiṁgâr ghaluṁk.

Paramento, *s. m.* neṭ, śṛiṁgâr *ou* śiṁgâr, alaṁkâr *m.*; chiryâchî tâslalî kûs *f.* ‖ -s, *pl.* pavitr vastrâṁ *n. pl.*

Páramo, *s. m.* saḍo *m.*, maidân *n.*

Parança, *s. f.* thâṁbṇî, khaḷṇî *f.*, virâm *m.*

Paranympha, *s. f.* deḍî.

Paranympho, *s. m.* deḍo, pâvṇo.

Parapeito, *s. m.* varaṁḍ *n.*, pâḷ *f.*, oṭo, dhako *m.*

Parapharnaes, *s. m. pl.* deṇeṁ, strîdhan, aṁdaṇ *(us. Can.) n.*

Paraphrase, *s. s.* ṭîko *m.*, vivaraṇ, vyâkhyâ, *f.*

Paraphrasear, *v. t.* ṭîko-, vivaraṇ karuṁk *(g. do o.)*, vivaruṁk.

Paraphraste, *s. m.* vivaraṇ kartalo, ṭîkckâr.

Paraphrastico, *a.* ṭikyâcho, vivaraṇâcho.

Paraplegia, *s. f.* sakailyâ dhaḍâchî âr *f.*

Parar, *v. i.* râvuṁk, ubho râvuṁk, thop jâvuṁk, thâruṁk, thâṁbuṁk, visaṁbuṁk, sthirâvoṁk, vaṭaṁguṁk; *residir:* râvuṁk, ṭhikuṁk; *não ter seguimento:* baṁd-, manâ jâvuṁk, khaḷuṁk, niduṁk *(litt.* DORMIR). ‖ *v. t.* ubho karuṁk, râvauṁk, thâṁbauṁk, puro-, manâ karuṁk sâṁvrâvuṁk, vâruṁk; dhirâvuṁk, thârâvuṁk, khaḷauṁk; *aparar:* âḍâvuṁk, nisrâvuṁk.

Pára-raios, *s. m.* vîj âḍâvuṁcheṁ yaṁtr *n.*

Parasceve, *s. f.* nimâṇo śukrâr *m.*

Paraselene, *s. m.* chaṁdrâcho mâṁḍ *m.*

Parasita, *a.* dusryâ varvîṁ jiyetalo, dusryâk lâgûn vâṁchtalo. ‖ *s. m. e f.* luṁchak *(animal) n.*; beṁdar *f.*, bâṁḍgûḷ *(planta —) n.*; *(fig.)* lâṁbto, parânnabhojî.

Parasitico, *a.* beṁdrîcho; luṁchakâcho.

Parasitismo, *s. m.* lâṁbtepaṇ; luṁchakpaṇ *n.*

Parau, *s. m.* paḍav *m.*

Paravante, *s. m. (naut.)* târvâcho phuḍlo bhâg *m.*

Pára-vento, *s. m.* pratidâr *n.*

Parca, *s. f.* kâḷ *m.*; *(fig.)* maraṇ *n.*

Parcamente, *adv.* kârasthânân, kasrîn, jagaun.

Parceiro, *a.* sâṁgḍo, eksârko, barâbarîcho. ‖ *s. m.* bhâgelî, bhâgidâr; saṁvgaḍî, saṁvgaḍo, gaḍo. ‖ *V.* COMPANHEIRO.

Parcal, *s. m.* bhâṭî *f.*

Parcella, *s. f.* kuṭko, suṁṭo; *(arith.)* aṁś, bhâg, vibhâg *m.*

Parcellar, *v. t.* aṁś-, bhâg karuṁk *(g. do o.)*, vâṁṭuṁk, vibhâguṁk. ‖ *a.* aṁśâṁcho, vibhâgâṁcho.

Parceria, *s. f.* bhâg *m.*, bhâgidârî; bhâgî *f.* ‖ — *agricola*, kuṁḷyâcho khaṁḍ *m.* *Ir de* —, sâṁgâtâ vachuṁk, barâbarî âsuṁk.

Parche, *s. m.* ghaḍî; ṭiklî *f.*, ṭiklo *m.*

Parcial, *a.* aṁśâcho, vâṁṭyâcho, bhâgâcho; ardhakuro, ardho, ekâṁgî, apûrṇ; taraphdâr, pakshapâtî, asam, eke vâṭeṁt vaḷtalo,- vaṁḍavtalo, toṁḍâk paḷevûn ulaitalo.‖ *s. m. e f.* taraphdâr (taraphdârîṇ *f.*)

Parcialidade, *s. f.* taraphdârî *f.*, pakshapât, paksh *m.*, asambuddh *f.* ‖ *V.* PARTIDO.

Parcializar, *v. t.* ardhkuro-, ekâṁgî karuṁk; eke vâṭeṁt vaṁḍâvuṁk. ‖ *v. r.* taraphdâr jâvuṁk; bhâg-, vâṁṭo ghevuṁk.

Parcialmente, *adv.* vâṁṭyâṁnîṁ, thoḍo thoḍo *(decl.)*, ilo ilo *(decl.)*; ardhkuro *(decl.)* ekâṁgîṁ, pakshiṁ; pakshapâtân, toṁḍ paḷevûn, eke vâṭeṁt vaḷûn.

Parcimonia, *s. f.* kasar, jagâsaṇ *f.*, kârasthân *n.*, sugrât, niyam, katarbet, alpavyay *m.*

Parcimoniosamente, *adv.* jagaun, kasrîn, kârasthânîṁ.

Parcimonioso, *a.* kârasthânî, kasrî, gharvasthî, alpavyayî.

Parco, *a.* thoḍyâ kharchâcho,- khâṇâcho, niyamî; jagâsaṇecho, kârasthânî.

Pardacento, **pardaço**, *a.* gobroso.

Pardal, *s. m.* chimṇo *m.*, śerûk *n.*, girbajî *(us. Sal. e Can.) f.*

Pardau, *s. m.* aśrapî *ou* asurpî *f.*

Pardessus, *s. f.* *V.* SOBRETUDO.

Pardieiro, *s. m.* gharṭhâṇ.

Pardo, *a.* gobro, dhavo meḷkuṭo. ‖ *Homem* —, mulât.

Pardoca, *s. f.* chimṇî, chiḍî *f.*

Pardoso, *a.* bhav gobro.

Pardusco, *a.* gobroso.

Pareas, *s. f. pl.* vâr *f.*; garbhaveshṭan *n.*; khaṁḍṇî *f.*, karbhâr *m.*

Parecença, *s. f.* sârkepaṇ, sâmkepaṇ, sarûp *n.*, sarûpây, *f.*

Parecer, *v. i.* disuṁk, disûn yevuṁk, vâṭumk *(us. N. C.)* ‖ — *bem*, bareṁ disuṁk,- lâguṁk, puṭavuṁk. ‖ *v. r.* sârko-, sâmko disuṁk. ‖ *s. m.* âkâr *m.*, rûp; mat *n.*, vâdo, abhiprây *m.*, samjoṇî *f.*, âlochan *(us. Can.) n.* ‖ *Ter um bom* —, baro disuṁk. *Ao* —, distâ tyâ pramâṇeṁ.

Parecido, *a.* sârko, sâmko. ‖*Pessoa bem parecida*, rûpest-, śobhit manîs.

Paredão, *s. m.* moṭî vaḷaṁt *f.*, moṭo pâgâr *m.*

Parede, *s. f.* bhîṁt, vaḷaṁt *ou* vaṇat *f.*, pen *(— de casa) n.*; pâgâr, pâro *m.* ‖ — *mestra*, mâjvaḷaṁt. *Entre paredes*, gharâbhitar. *Paredes meias*, bhâgâchî bhîṁt. *Dar com a cabeça pelas paredes*, taklî phoḍûn ghevuṁk; uchaṁbaḷ jâvuṁk, khubhdaḷuṁk. *Fazer* —, gûḍhmeḷ-, kaṭ karuṁk. *Levar á* —, kân vaḷuṁk, śeṁḍî kâpuṁk. *Pôr os pés á* —, nâ âṭpoṁk, nâ bâḍguṁk, âpleṁch dharuṁk,- jharauṁk.

Parelha, *s. f.* jot *n.*, sâṁgaḍ *m.*; mât *ou* mâṁt *f.* ‖ *Fazer* —, joḍ-, sâṁgaḍ karuṁk; sâṁgḍo jâvuṁk. *Correr parelhas*, sâmko-, barâbar jâvuṁk.

Parelhamente, *adv.* taseṁch, tech parîṁ.

Parelho, *a.* eksârko, eke tahrecho.

Paremia, *s. f.* drishṭâṁt *n.*, opâr *f.*

Paremiologia, *s. f.* mhaṇṇyâṁcheṁ pustak *n.*, nyâyasaṁgraha *m.*

Parenese, *s. f.* upadeś, prasaṁg *m.*

Parenetica, *s. f.* prasaṁgavidyâ *f.*; upadeśasaṁgraha *m.*

Parenetico, *a.* upadeśâcho, upadeśî.

Parenta, *a. e s. f.* soyrî.

Parentado, *a.* *V.* APARENTADO.

Parente, *s. m.* soyro, maṁtîr *(— em geral)*; dâyjî, baṁdhu *ou* baṁdh, baṁdhubhâv, bhâvbaṁdh, gotrî, gotrbaṁdhu, gotraj, gotrsaṁbaṁdhî, ekraktsaṁbaṁdhî, svajan, baṁdhujaṇ *(agnato)*; nâtedâr, saṁbaṁdhî *ou* samaṁdhî, lagtî, âptasaṁbaṁdhî *(cognato)*. ‖ *a.* soyro; ekâraktâcho, ekâgotrâcho, gotrî; lagtî, saṁbaṁdhî, *(fig.)* *V.* SIMILHANTE.

Parenteiro, *a. e s. m.* soyryâṁcho isht, soyryâṁchyâ mogâcho.

Parentela, *s. f.* soyredhâyre *m. pl.* soyrîṁdhâyrîṁ *n. pl.*, gotr *n.*, saṁsat *f.*,

Parentesco, *s. m.* soyrîk, soyrigat, maṁtrikây, *f.*, doro *m.*; bhâubaṁdhkî *f.*, dâyjîpaṇ, gotrsaṁbaṁdh, ekraktasaṁbaṁdh; nâteṁ, saṁbaṁdh *ou* samaṁdh *n.*, lagtî *ou* lagat *f.*, padar *m.*; *(fig.)* *V.* CONNEXÃO *e* SIMILHANÇA.

Parenthese, parenthesis, *s. m. e f.* kuṁḍalî *f.*, kaṁs *m.*; kuṁḍaleṁtleṁ vâkya, nikshiptavâkya *n.* ‖ *Abrir um* —, âḍkathâ âḍâvuṁk,- sâṁguṁk; kuṁḍalî ughḍuṁk. *Fechar o* —, âḍkathâ saṁpauṁk; kuṁḍalî dhâṁpuṁk. *Entre parenthesis*, âḍkatheṁ; eke vâṭeṁ,- kusîn.

Pareo, *s. m. (ant.)* dhâṁvcho kheḷ *m.*; pailo dhâṁvtalyâcheṁ inâṁ *n.*; vaḍhâ *f.* ‖ *Correr o* —, ekâmekâkaḍe vaḍhâ mâruṁk.

Parga, *s. f.* śeṁḍyâr kâḍhlaleṁ kuḍeṁ *n.*

Pargo, *s. m. (zool.)* chaṇâṁk *f.*

Parhellio, *s. m.* sûryâbhâs, mithyâsûrya *m.*

Paria, *s. m.* pâryâ; *(fig.)* chaṁḍâḷ.

Parida, *a. f.* bâḷaṁt.

Paridade, *s. f.* sârkepaṇ, sâmkepaṇ *n.*; upamâṇ, anumân *m.*

Parideira, *a. f.* vyevuṁk âslalî.

Paridura, *s. f. V.* PARTO.

Parietal, *a.* bhiṁticho, vaḷaṁticho; kuśîcho. ‖ *Plantas parietaes*, ghoḍepâvlâṁ, *n. pl.*

Pariforme, *a.* sâmkya rupâcho, samâkâr.

Parilidade, *s. f. V.* PARIDADE.

Pari passu, *adv.* barâbarî.

Parir, *v. t.* prasûṭ jâvuṁk, prasavuṁk, janmauṁk, bâḷaṁt jâvuṁk *(d. do o.)*; vyevuṁk *(diz-se só de animaes)*.

Parla, *s. f. V.* CONVERSA.

Parlamentar, *a.* maṁtraṇasabhecho. ‖ *s. m.* râjmaṁtrî.

Parlamentario, *a.* saṁdhisaṁbhâshaṇâcho. ‖ *s. m.* saṁdhisaṁbhâshî.

Parlamentear, *v. i.* sollyâchî khabar karuṁk, sollyâcheṁ ulauṁk, saṁdhisaṁbhâshaṇ karuṁk; ekvaṭ karuṁk vâvruṁk.

Parlamento, *s. m.* pârlâmeṁt *m.*, maṁtraṇasabhâ, râjsabhâ *f.*

Parlapatão, *a. e s. m.* śâpatâṁ sâṁgtalo, ḍhoṁgî, gauḍbeṁgâlî; jhâṁkro, bahubhâshî.

Parlapatice, *s. f.* śâpatâṁ, śâstraṁ, ḍhoṁgâṁ, *n. pl.*, gauḍbeṁgâl *n.*

Parlar, *v. i. V.* PALRAR.

Parlatorio, *s. m* pârl *(do port.* PARLA), âlâpasthân *n.* ‖ *V.* CONVERSA.

Parnão, *a. V.* IMPAR.

Parnaso, *s. m.* kavitâ *f.*; kâvyasaṁgraha; kavîgaṇ *m.*

Parochia, *s. f.* igraj *(do port.* IGREJA); phirgaj *(do port.* FREGUESIA), pâṁḍhrî *f.*, gâṁv, paurohityadeś *m.*, paurohityabhûmi *f.*

Parochial, *a.* phirgajecho, pâṁḍhrecho. ‖ *Igreja* —, phirgajechî igraj *f.*

Parochiano, *a. e s. m.* phirgej, grâmvâsî *(p. us.)*.

Parochiar, *v. t. e i.* vigâr jâvuṁk,- âsuṁk, vigârkî chalauṁk *(g. do o.)*.

Parocho, *s. m.* vigâr *(do port.* VIGARIO), grâmguru, grâmyajak, purohit, * bâpâsthâṇik.

Parodia, *s. f.* vinodârthânukaraṇakavitâ *f.*, anukaraṇâkâvya *n.*; maskarechî nakal, keldâvṇî *f.*

Parodiar, *v. t.* maskarechî nakal karuṁk *(g. do o.)*; keldâvuṁk.

Parodista, *s. m. e f.* vinodârthânukaraṇakavitâ kartalo.

Parola, *s. f.* sukîṁ uttrâṁ *n. pl.*, polke śabd *m. pl.*; pharpharṇî, baḍbaḍṇî, jhâṁk; gajâlmât, châvḍî *f.*

Parolador, *a. e s. m.*, **paroleiro**, *s. m.*, jhâṁkro, pharpharo, barbaro, baḍbaḍyo, bajbajo.

Parolar, parolear, *v. i.* jibh mâḷâr ghâluṁk, toṁḍ vâhvuṁk *(g. do s.)*, jhâṁkuṁk, pharpharuṁk, barbaruṁk, pachpachuṁk, toṁḍâḷuṁk.

Paronomasia, *s. f.* ślesh *m.*

Paronychia, *s. f. V.* PANARICIO.

Paronymia, *s. f.* saṁsvaratâ *f.*

Paronymico, *a. V.* PARONYMO.

Paronymo, *a.* samsvar, sammûḷ. ‖ *s. m.* samsvarśabd, sammûḷśabd *m.*

Paropsia, *s. f.* dṛishṭivikâr, *m.*

Parotida, *s. f.* kânśîr *f.*, talâdhâr *m.*

Paroxismo, *s. m.* jhaṭko, chaḍhâv, bhâr, veg *m.*, pâḷî, bhar *f.* ‖ *Os ultimos paroxismos*, mârṇâchyo oḍhî.

Parque, *s. m.* ramṇo *m.*, mṛigayâbhûmi *f.*; *(milit.)* tophkhâṇo *m.*

Parra, *s. f.* dâkhecho kholo *m.*; *(fig.)* *V.* BAZOFIA. ‖ *Muita — e pouca uva (fig.)* ḍoḍo pho.

Parrana, *a.* halko, kachcho; boṁdro, bhâṇśiro.

Parrar-se, *v. r.* (dâkh) pâlevuṁk; phâṁkâruṁk.

Parreira, *s. f.* mâṭvâchî dâkh *f.*, dâkhîcho mâṭav *m.* ‖ *Sumo da* —, saro.

Parreiral, *s. m.* dâkhâṁchyâṁ mâṭvâṁchyo hârî *f. pl.*

Parricida, *a. e s. m.* bâpâyk mârtalo, pitṛighâtkî.

Parricidio, *s. m.* pitṛighât *m.*

Parrudo, *s. m.* ghâtṇo *(fig.)*
Partasana, *s. f. (ant.)* bhâlo *m.*
Parte, *s. m.* pârt *f.*, bhâg, vâṁṭo, aṁś, kuṭko, kapṭo *m.; região do corpo:* âṁg, dhaḍ *n.*, kaḍ *f.*, *fracção:* kuṭko, vâṁṭo, hisso *m.*, takshîṁ, *f.*, *divisão do livro:* pârt *f.*, vâṁṭo *m.*, śâkh *f.*; *ponto:* vishay *m.*, prakaraṇ *n.*; *(mus.)* pârt *f.*, vâṁṭo *m.*; *(theatr.)* soṁg *n.*; *litigante:* vâdî, vâdyo, pakshegâr niyâyî; dâvekâr, taṁṭekâr; *contractante:* karârî, bolî kartalo *m*, kûḷ *n.*; *partido:* paksh *m.*, pârt, vâṭ *f.*, *sitio:* jâgo, deś, prâṁt *m.*, svât; *banda:* kûs, kaḍ, bâjû, diśâ; *participação:* khabar, kaḷauṇî, jâṇauṇî; *communicação do crime:* dâd *f.*; gârâṇeṁ *n.*; *partilha:* vâṁṭo, hisso, aṁś *m.* ‖ *Dar — de alguem,* gârâṇeṁ karuṁk, dâd divuṁk. *Dar — de fraco,* beṁ mhaṇuṁk, âṁg kâḍhuṁk. *Fazer bem a sua —,* âplo kâydo baro pâḷuṁk. *Fazer — de,* bhitar saruṁk,- yevuṁk, bhâgâ âsuṁk. *Ir por partes,* kramân karuṁk. *Não saber — de si,* âplo ughḍâs nâsuṁk *(d. do s.)*. *Pôr ou deixar de —,* kaḍâsek-, kuśîn davruṁk, soḍuṁk. *Pôr alguem de —,* khabar nâ karumk. *Ter —,* vâṁṭo-, bhâg âsuṁk *(d. do s.)*. *Ter partes com o diabo,* devchâr lâguṁk *(d. do s.)*. *Tomar á boa —,* bareṁ-, sâmkeṁ dharuṁk. *Tomar á má —,* vâṁkḍeṁ dharuṁk,- ghevuṁk. *Tomar —,* riguṁk, bhâg ghevuṁk, boṭ-, toṁḍ ghâluṁk. *A —,* kuśîn, ekvaśîṁ, kâḍhûn, kuśîn davrûn; âplyâ vâṁṭyân. *Da — de,* vâṭeṁt. *Da — ou por — de alguem,* nâṁvân, nâṁvîṁ. *De —,* pais, pelyân; kuśîn. *Ser — á —,* doslyân; ekmekîṁ. *Em —,* ardhyân, thoḍyân. *Em grande —,* chaḍh-, bhav karn. *Fóra — ou de fóra —,* soḍûn, kâḍhûn. *Por partes,* pâtḷâvûn, kisaun. ‖ **-s**, *pl.* guṇ, satguṇ *m. pl.*, deṇîṁ *n. pl.*
Parteira, *s. f.* vaijîṇ, dâi *f.*
Parteiro, *s. m.* bâḷaṁterâcho vaij.
Partejamento, *s. m.* bâḷaṁt karṇeṁ *n.*
Partejar, *v. t.* bâḷaṁt karuṁk, bâḷaṁterâk âsuṁk *(g. do o.)*.
Partição, *s. f. V.* DIVISÃO.
Participação, *e. f.* khabar deṇeṁ *n.*, kaḷauṇî, jâṇauṇî *f.*; vâṁṭo-, bhâg gheṇeṁ *n.*, lâbhṇî *f.*
Participador, *a. e s. m.* khabar ditalo, kaḷaitalo, gamauṇâr, jâṇauṇâr. ‖ *V.* PARTICIPANTE.
Participante, *a.* vâṁṭo-, bhâg ghetalo, bhâgelî, bhâgidâr, vâṁṭelî.
Participar, *v. t.* khabar divuṁk *(g. do o.)*, kaḷauṁk, jâṇauṁk, gamauṁk. ‖ *v. i.* vâṁṭo-, bhâg ghevuṁk, bhâgelî jâvuṁk, bhâg âsuṁk *(d. do s.)*; sarî jâvuṁk, meḷuṁk; ek sayaṁbh-, sâmke guṇ âsuṁk *(d. do s.)*, sambhâv jâvuṁk.
Participavel, *a.* kaḷauṁcho; bhâg karcho.
Participe, *a. e s. m. V.* PARTICIPANTE.
Participial, *a.* kṛidaṁtâcho.
Participio, *s. m.* sakâlakṛidaṁt, kṛidaṁt *m.*
Particula, *s. f.* kaṇî *f.*, kaṇo, suṁṭo, raj, rajmâtr, vâs *m.*, naṁg; pârtîkl *n.*; *(gram.)* avyay *m.*
Particular, *a.* asâdhâraṇ, avyâpak, viśesh, kherît, ekpakshî, pratyek, thoḍyâṁcho, ekjaṇâcho; khâśâ, khâsgî; *minucioso:* barîk, savistâr, vistârâdîk; *singular:* viśesh, aprûb; adhik, chaḍh. ‖ *Amigo —,* prâṇmitr, vhaḍ ishṭ. *Creado —,* khâsgî châkar. *Em —,* kherît, kuśîn. ‖ *s. m.* asâdhâraṇpaṇ *n.*, viśesh *m.*; kalam, prakaraṇ *n.*, goshṭ *f.*; sarkârî châkrî nâslalo, anadhikârî; khâsgî châkar; amko, phalâṇo, gomâjî. ‖ *V.* BALDA. ‖ **-es**, *pl. V.* PORMENORES.
Particularidade, *s. f.* asâdhâraṇpaṇ; viśeshguṇ, viśeshbhâv; ativistâr *m.*, bârkây *f.*
Particularização, *s. f.* viśeshvarṇan *n.*, viśeshṇî *f.*
Particularizar, *v. t.* viśeshvarṇan karuṁk *(g. do o.)*, viśeshuṁk, bârkâyen-, kisaun sâṁguṁk; amko mhaṇ sâṁguṁk, nâṁv ghevuṁk *(g. do o.)*, kherît ughḍâs karuṁk *(g. do o.)*. ‖ *v. r.* viśesh-, varto jâvuṁk.
Particularmente, *adv.* kherît, viśeshîṁ, viśesh, *naphargatî; bhav-, adhik karûn.
Partida, *s. f.* vachṇî *f.*, vachṇeṁ, prayâṇ, gaman *n.*, hâṁkârṇî; kheḷâchî pheḍî *f.*; vikcho va ghevuṁcho mâl *m.*; *sarau:* paṁgat, maṁḍaḷî, phaḷî; *gente armada:* ṭoḷî, tukḍî; *pirraça:* bhagal *f.*, ḍhoṁg *n.* ‖ *Perder a —,* phasuṁk.
Partidario, *a. e s. m.*, **partidista**, *a. e s. m. e f.* pâṭhlâvkâr, pakshegâr, pakshapâtî, sapaksh, taraphdâr, pakshâcho.
Partido, *a.* phuṭko; gelalo. ‖ *s. m.* pârtîd, paksh, taraph, taḍ *m.*, mat *n.*, taraphdârî, kaḍ, vâṭ; *expediente:* vâṭ, taḍ *f.*, ilâj, upây; *vantagem:* âdây *ou* âdâv, lâbh, phaḷ *m.* ‖ *Bom —,* âdâvâcheṁ kâm; bareṁ kâjâr. *Estar de melhor —,* **adhik** baro âsuṁk. *Medico de*

—, kâmâk-, châkrek lâylalo vaij. *Tomar o — de alguem,* vâṭ ghevuṁk. *Tirar —,* phaḷ kâḍhuṁk.

Partidoiras, *s. f. pl.* pâkhoṭyâbhitarlîṁ pâkhâṁ *n. pl.*

Partidor, *a. e s. m.* vâṁṭṭalo, vâṁṭpî, vâṁṭṇâr.

Partilha, *s. f.* vâṁṭap, pârtil *n.*, dâybhâg, dây; vâṁṭo, aṁś *m.*‖ *V.* APANAGIO.

Partilhar, *v. t.* vâṁṭe-, bhâg karuṁk *(g. do o.),* vâṁṭuṁk.‖ *v. i.* bhâg-, vâṁṭo ghevuṁk.

Partimento, *s. m. (ant.). V.* DIVISÃO.

Partir, *v. t.* kuṭke karuṁk *(g. do o.),* moḍuṁk, phoḍuṁk, dośiṁ karuṁk, ugḷâvuṁk, tuṭauṁk, vighaṭuṁk, kâtruṁk, hâṇuṁk, chheduṁk; vâṁṭuṁk. ‖ *V.* SULCAR. ‖ *— a cabeça,* taklî phoḍuṁk,- pulâvuṁk. *— a contenda ao meio,* doslyânay soḍûn divuṁk. ‖ *v. i.* vâṭek lâguṁk, vachuṁk, hâṁkâroṁk; pelyân saruṁk, kaḍsaruṁk; *ter origem:* araṁbhoṁk, jâvuṁk; *provir:* yevuṁk, bhâyr saruṁk.‖ *A — de,* thân, satyâṁ. ‖ *v. r.* moḍoṁk, phuṭuṁk, tuṭuṁk, verevuṁk, śevuṁk, dośiṁ jâvuṁk; vachuṁk; kûs mârumk.

Partitivo, *a*, vâṁṭṭalo; vâṁṭyâcho.

Partivel, *a.* dośiṁ-, kuṭke karûṁyeso; vâṁṭcho.

Parto, *s. m.* bâḷaṁter *m.*, suṭkâ, suṭî; vît *(— dos animaes) f.; (fig.) V.* PRODUCTO.

Parturição, *s. f.* sahaj bâḷaṁter *m.*

Parturiente, *a. e s. f.* bâḷaṁt.

Parva, *s. f.* sakâḷcheṁ lahân khâṇ, alpabhojan *n.*

Parvajola, *s. m. e f.* pisâṭ, gaḷyo.

Parvalheira, *s. f. V.* PROVINCIA.

Parvamente, parvoamente, *adv.* pisepaṇîṁ, gnyânâviṇeṁ.

Parvidade, *s. f.* lahânây *f.*, lahânpaṇ *n.*; thoḍepaṇ *n.*

Parvo, *a.* lahân, supurlo; pisâṭ, phoko, mûrkho, mûḍh, dagaḍyo, achatur, ajñânî, abuddhî, durmat, durbuddh, gaḷyo, vedjhaṁy. ‖ *s. m.* piso, pato, divâṇâ, navyâṇṇay.

Parvoa, *a. e s. f.* pisâṭ, pisî, gaḷyî bâil.

Parvoeirar, parvoejar, *v. i.* pisâyo karuṁk, pisepaṇâṁ ulauṁk.

Parvoiçada, parvoice, *s. f.* pisây *f.*, pisepaṇ, mûrkhepaṇ, veḍpaṇ, ajñân, ajñânpaṇ *n.*, abuddh, durbuddh, achaturây, mûḍhây *f.*

Parvulez, *s. f.* burgepaṇ *n.*, bâḷdaśâ *f.*

Parvulo, *s. m.* burgo, bâḷ, bâbulo. ‖ *a.* supûr, supurlo.

Pascasio, *a. e s. m. V.* PATETA.

Pascentar, *v. t. e r. V.* APASCENTAR.

Pascer, *v. t.* charauṁk; *(fig.)* khuśî karuṁk. ‖ *v. i. e r.* charuṁk.

Paschal, *a.* pâskâṁcho.

Paschoa, *s. f.* pâskâṁ *n. pl.*, pâskâṁcheṁ phest *n.*‖ *Cara de —,* hâṁsteṁ mukh.

Paschoela, *s. f.* pâskâṁ uprâṁtlo âytâr *m.*

Pascigo, *s. m. (ant.) V.* PASTIO.

Pasmaceira, *s. f.* thaṭâkṇî, ghâbrây *f.*

Pasmadamente, *adv.* thaṭâkûn.

Pasmado, *a.* jabar ajâp jâlalo, thaṭâklalo, vismit.

Pasmar, *v. t.* ajâp karuṁk, ajâpâvuṁk, thaṭâkâvuṁk.‖ *v. i.* ajâp jâvuṁk, ajâpuṁk; jhiṁt mâruṁk *(d. do s.),* siṁtîd *(do port.* SENTIDO) uḍuṁk *(g. do s.).* ‖ *v. r.* thaṭâkuṁk, ghâbruṁk.

Pasmatorio, *s. m. V.* PASMACEIRA.

Pasmo, *s. m.* ajâp, acharyeṁ, adbhut *n.*, chamatkâr *m.*, viparîtây *f.* ‖ *V.* DELIQUIO.

Pasmosamente, *adv.* ajâpâṁnîṁ, acharyâṁnîṁ.

Pasmoso, *a.* ajâpâṁcho, vismit, adbhut, *abhinav.

Paspalhão, *a. e s. m.* piso, khuḷo, gaḷyo.

Paspalhice, *s. f.* pisây *f.*, pisepaṇ *n.*

Paspalho, *s. m. V.* PASPALHÃO e ESPANTALHO.

Pasquim, *s. m.*, **pasquinada**, *s. f.*, niṁdâpatr *n.*, nîṁdecho pavâḍo, upahâsalekh *m.*

Pasquinar, *v. i.* niṁdâpatr karuṁk. ‖ *v. t.* niṁdâpatrân gâṁjuṁk.

Passa, *s. f.* pâs, kismîs; sukeṁ phaḷ *n.*

Passa-culpa, *s. m. e f.* dayâḷ-, kaṇvâḷo manîs.

Passada, *s. f.* pâṁval, pâṁvaṭ, ḍhâṁg *n.* ‖ *Perder as passadas,* beshṭo vâvruṁk.

Passadeira, *s. f.* vahâḷâṁtlyâṁt vachuṁk phâtar ghâlale *m. pl.*, pâvṭhaṇî *f.*; naḷyâṁ va iṭyâṁche ghârâr pâuṁḍe *m.*; pâṁytaḷ; vâḷo *m.* | *V.* BRAÇADEIRA.

Passadiço, *s. m.* pâsâdîs *f.*, praveśmârg *m.*‖ *a. V.* TRANSITORIO.

Passado, *a.* jâlalo, ghaḍlalo, gelalo, gat, gujarlalo, pâṭhlo, âdlo; *atordoado:* nindalo, guṁg, virârjâlalo; *sêcco:* sukailalo, suko.|| *Passados tres annos,* tîṇ varshâṁ jâtoch. — *o chafariz,* jhar kâḍhtoch. || *s. m.* pâṭhleṁ *n.;* gelalo kâḷ, gatkâḷ *m.* || -s, *V.* ANTEPASSADOS.

Passador, *a.* vetalo. || *s. m.* vâṭsûr; vharṇâr; khoṭe duḍû chalaitalo *m.;* galṭî, châhîṇ *f.* || *V.* DESENCAMINHADOR.

Passageiramente, *adv.* vaylyâvayr, chalteṁ, ubhteṁ, mâtseṁ.

Passageiro, *a.* chalto, ubhto, vaylyâvayrcho, ghaḍiyecho, doṁ disâṁcho, hâlâyto, athîr, naśvar, utpannvinâśî; châlto, mâtso.|| *s. m.* vâṭsûr, mârgî; utâr, utârî, târkâr.

Passagem, *s. f.* vachṇî, chalnî, châl, gat, gujartî *f.*, saṁkram; *logar de* —, mârag, praveśmârg *m.*, vâṭ *f.*, dvâr *n.;* utâr, pâr *m.*, târ (— *do rio*); *preço de* —: pâsâj *f.*, nar *m.*, bhâḍeṁ; *ponteado:* sût bharṇeṁ; *trecho:* ṭhikâṇ *n.*, sthal *n.*, jâgo *m.; caso:* kâm *n.*, goshṭ, gamat *f.* || *De* —, vaylyâvayr, mâtseṁ; vâryâr.

Passal, *s. m.* vigârâcheṁ (*do port.* VIGARIO) bhâṭ,- śet *n.*

Passamanar, *v. t.* jarpâṭiyen-, reśîmpâṁtiyen saṁjauṁk,- neṭauṁk.

Passamanaria, *s. f.* jarpâṭiyecheṁ kâm *n.;* reśîmpâṁtiyâṁcho mâṁḍ *m.*

Passamaneiro, *s. m.* jarpâṭyo-, reśîmpâṁtyo kartalo, -viktalo.

Passamanes, *s. m. pl.* jarpâṭî, reśîmpâṁtî *f.*

Passamento, *s. m.* marṇ *n.;* marṇâchî taṇ *f.*

Passante, *a.* adhik, agḷo.

Passapé, *s. m.: fazer* —, paḷuṁk, jhurî-, kâvaḍ kâḍhuṁk.

Passaporte, *s. m.* pâsâport *f.*, parvâṇo, ravâṇo, kaul *m.*, dastak *n.*, râhdârî *f.*

Passar, *v. t.* pâsârjâvuṁk, baḷâṁḍuṁk, kâḍhuṁk, pârjâvuṁk, utruṁk; gâḷuṁk, pâṭhî ghâluṁk, -soḍuṁk; *transportar:* vharuṁk, utruṁk; *entregar:* divuṁk, hâtâṁt ghâluṁk, âdhîn karuṁk; *impingir:* halmuṁk, khapauṁk; *descartar-se:* nisrâvuṁk, gaḷauṁk; *pôr em circulação:* chalauṁk; *expedir:* divuṁk, pharmâvuṁk; *lavrar:* barauṁk, karuṁk; *communicar:* kaḷauṁk; *traspassar:* topuṁk; *coar:* gâḷuṁk; *peneirar:* châhiṇî ghâluṁk; *enfiar:* ghâluṁk, guṁtuṁk; *ultrapassar:* baḷâṁḍuṁk, utruṁk; *fazer deslizar:* oḍhuṁk; *consumir tempo:* kâḍhuṁk, gujrâvuṁk, pâsârkaruṁk; *servir durante algum tempo:* kâḍhuṁk; *seccar ao sol:* vatâk ghâluṁk; *seccar ao calor:* bhâjuṁk; *padecer:* sosuṁk, kâḍhuṁk; *gosar:* bhoguṁk. || — *pelas armas:* phârâṇ mâruṁk. — *por alto:* vaylyâvayr karuṁk; chitt nâ divuṁk; visruṁk. — *contrabando:* choryâṁ mâl vharuṁk. — *á espada:* tarvârîn mâruṁk. — *exame:* paḷevuṁk. — *uma lettra de cambio:* huṁḍî utruṁk. — *bem ou mal a noite:* barî va vâyṭ rât kâḍhuṁk. — *os olhos ou a vista:* dishṭ ghâluṁk. — *o pé:* paḷuṁk, saṭkuṁk, kûs mâruṁk. — *em silencio:* soḍuṁk, sâṁḍuṁk, aṁtrâvuṁk. — *o tempo:* veḷ kâḍhuṁk. || *v. i.* utroṁk, baḷâṁḍoṁk; vachuṁk; *cessar:* saruṁk, thâṁbuṁk; *morrer:* bhâyr paḍuṁk, maruṁk; *ser sanccionado:* thiruṁk; *ser approvado:* pâsârjâvuṁk, suṭuṁk; *ser supportavel:* chaluṁk; *circular:* chaluṁk; *decorrer:* gujruṁk, chaluṁk, vachuṁk, saruṁk; *resumar:* pâjhruṁk, paghḷuṁk; *viver:* jiyevuṁk, dîs kâḍhuṁk; *estar (com relação á saude):* pâsârjâvuṁk, âsuṁk, disuṁk (*d. do s.*); *succeder:* jâvuṁk, ghaḍuṁk. || — *a,* khabar karuṁk; jâvuṁk pâvuṁk. — *de,* adhik jâvuṁk. *Não* — *de,* vayr nâ jâvuṁk. — *por,* vachuṁk; sâṁpḍuṁk; bhoguṁk (*v. t.*). — *por ou como,* jâvuṁk sodhuṁk; kaso disuṁk. — *pela cabeça,* takleṁt yevuṁk. — *de cavallo a burro,* ghoḍyâvaylo reḍyâr vaeḥuṁk. — *por cima de,* chitt nâ divuṁk; parvâ nâ karuṁk. — *despercebido,* khabar nâsuṁk (*g. do s.*). — *de mão em mão,* hâtâhâtîṁ bhoṁvuṁk. — *de memoria ou de ideia,* visruṁk, ughḍâs nâsuṁk. — *d'esta vida para a melhor. V.* MORRER. *Passe!* jâṁv, bareṁ âsâ. *Deixar* —, vachuṁk divuṁk; soḍûn divuṁk. *Passa fóra,* baḷâv ghevûn vach. || *v. r.* vachuṁk, vâṭ ghevuṁk; *acontecer:* ghaḍuṁk, jâvuṁk; *gastar-se o tempo:* saruṁk, jâvuṁk.

Passaredo, *s. m.* śukṇyâṁcheṁ bireṁ *n.;* pakshinjât *f.*

Passareira, *s. f. V.* AVIARIO.

Passarinhada, *s. f. V.* PASSAREDO.

Passarinhar, *v. i.* śukṇîṁ mâruṁk, -dharuṁk bhoṁvuṁk. || *V.* VADIAR.

Passarinheiro, *s. m.* śukṇîṁ mârtalo, pâkhrâṁcho pârdhî.

Passarinho, *s. m.* supurleṁ-, lahân śukṇeṁ *n.*

Passaro, *s. m.* śukṇeṁ, savṇeṁ (*us. Sal. e Ilh.*), pâkhrûṁ *n.*

Passarola, *s. f.* vhaḍleṁ śukṇeṁ *n.*, pakhî *m.*

Passatempo, *s. m.* mauj, gamat, krîḍâ, khaspây *f.*, kheḷ, vinod *m.*

Passavante, *s. m.* agragâmî, vaṁḍî.

Passe, *s. m.* rajâ *f.*; pâs, parvâṇo, ravâṇo *m.*; chiṭṭ *f.* ‖ -s, *pl.*, nadar bâṁdhṇeṁ *n.*

Passeadoiro, *s. m.* bhoṁvchî svât, bhoṁvḍecho jâgo *m.*

Passeador, *a. e s. m.*, **passeante**, *a. e s. m. e f.*, bhoṁvtalo, bhoṁvḍekâr; hiṁḍṇo.

Passear, *v. t.* bhoṁvḍâvuṁk, bhoṁvuṁk-, bhoṁvḍek vharuṁk. ‖ *v. i.* pâsey karuṁk,- mâruṁk, bhoṁvuṁk, hiṁḍuṁk, phiruṁk.‖ *Mandar* —, âṁbḍuṁk, bemân karuṁk. ‖ *v. r.* bhoṁvuṁk, hiṁḍuṁk.

Passeata, *s. f.* lahân bhoṁvḍî *f.*

Passeio, *s. m.* pâsey, bhoṁvḍî *f.*, biṁḍan, phirṇeṁ *n.*; bhoṁvchî svât; pâṁyvâṭ *f.* ‖ *Dar um* —, ek pâsey-, bhoṁvâḍo mâruṁk.

Passeira, *s. f.* khaḷeṁ, âṁgaṇ *n.*

Passeiro, *a.* lohu lohu chaltalo, jaḍ chàlîcho, maṁd.

Passento, *a.* charto, bharto.

Passe-passe, *s. m.* *V.* PRESTIDIGITAÇÃO.

Passibilidade, *s. f.* sosṇây, sosṇikây *f.*, sukhaduḥkhayogyepaṇ; nirvyâpârpaṇ *n.*

Passim, *adv.* ghaḍye ghaḍye, sabâr pâvṭhî.

Passional, *s. m.* *V.* MARTYROLOGIO

Passiva, *s. f.* karmaṇivâchya *n.*

Passivamente, *adv.* âḍ yenâstânâ, sosûn; (*gram.*) karmaṇivâchyân; (*fig.*) *V.* INDIFFERENTEMENTE.

Passivar, *v. t.* (*gram.*) karmaṇivâchyarûp divuṁk (*d. do o.*).

Passivel, *a.* sukhduḥkh bhogtalo, sukhaduḥkhavedî, sukhaduḥkhayogya.

Passividade, *s. f.* nirvyâpârpaṇ, nishkriyapaṇ *n.*

Passivo, *a.* ghetalo, sostalo, sosûn ghetalo, karmapâtr; ogo-, hât pâṁghrûn râvtalo, nishkriya, nirvyâpâr; (*gram.*) karmaṇi. ‖ *Voz passiva*, karmaṇivâchya *n.*

Passo, *s. m.*-ḍhemp, ḍhâṁg, pâṁval *n.*, meṭ (*us. Can.*), châṁṭ (*us. Can.*) *n.*, ṭâṁch *f.*, kadam *m.*; *andamento do cavallo:* châl *f.*; *pègada:* pâṁval, meṭ *n.*, pâṁvḍo *m.*; *passagem estreita:* pâj, ghâṭî; *estreito:* khâḍ *f.*; *conjunctura:* kâḷ, prasaṁg *m.*,; *assumpto:* kâm *n.*, vishay; *successo da Paixão de Christo:* pâs *m.* ‖ *V.* CASO. ‖ — *extremo*, kâḷ *m.*, aḍchaṇ *f.*, ghoreṁkâr *m. pl.* *Andar no mesmo* —, barâbarî-, sâṁko chaluṁk. *Ceder* —, vâṭ divuṁk. *Contar os passos*, pâṁvlâṁ mejûn chaluṁk. *Dar passos para alguma coisa*, upây ghevuṁk. *Dobrar o* —, pâṁy ukluṁk. *Vigiar os passos*, pâldek âsuṁk. *O primeiro* —, araṁbh *m.*, mudal *n.* *Tomar o — a alguem*, phuḍe saruṁk. *A cada* —, ghaḍiye ghaḍiye, bhoṁvûn bhoṁvûn. *A dois passos*, teṁkûn, lâgîṁch. — *a* —, pâṁvlâṁ uḍaun. *Ao — que*, -nâ (*ex.: ao passo que fazia isto*, heṁ kartânâ). *Ao mesmo* —, tednâṁch, tyâch vaktâr.

Pasta, *s. f.* maḷlaleṁ pîṭh, piṭhâcheṁ pâteṁ, chikaṭvaṇ *n.*, khaḷ *f.*, kâlo *m.*; tagaḍ, lagaḍ, patreṁ *n.*, pâṭî *m.*; pâst, jujḍân *m.*; râjkârbhâryâchî padvî *f.*; (*fig.*) meṁgo manîs.

Pastagem, *s. f.* *V.* PASTO.

Pastar, *v. i.* charuṁk; (*fig.*) bhoguṁk (*v. t.*) ‖ *v. t.* charauṁk; khâvuṁk.

Pastejar, *v. i.* charuṁk; khâvuṁk.

Pastel, *s. m.* vaḍo, puḍo *m.*, nevrî *f.*, * parkaṁdeṁ; (*fig.*) charbaṭ *n.*

Pastelão, *s. m.* eṁpâd (*do port.* EMPADA) *n.*

Pastelaria, *s. f.* miṭhâyecheṁ kâm *n.*; miṭhâyecho pasro *m.*

Pasteleiro, *s. m.* miṭhâykâr.

Pastilha, *s. f.* sâkrîchî pâpḍî *f.*, padak *n.*

Pastio, *s. m.* charvo *m.*, charvaṇ, charaṇ *f.*, goṁvaḷ *n.*; charav, châro *m.*; charṇî *f.*, charṇeṁ *n.*

Pasto, *s. m.* charav, châro *m.*, châr *f.*; khâṇ, bhûs *n.* ‖ *Casa de* —, kâjdepâst *n.*, khâṇâvaḷ, sarâî *f.*

Pastor, *s. m.* râkhṇo, goṁvḷî, dhangar, gopâḷ; (*fig.*) vigâr, dharmopadeśî, guru.

Pastora, *s. f.* gorvâṁ rakhtaleṁ, râkhṇeṁ *n.*, goṁvḷiṇ *f.*

Pastoral, *a.* râkhṇyâcho, goṁvḷyâcho.‖ *s. m.* pâstorâl, bispâcheṁ patr *n.*

Pastorear, *v. t.* râkhuṁk, charvâk vharuṁk; (*fig.*) chalauṁk, jatan karuṁk (*g. do o.*).

Pastorela, *s. f.* râkhṇyâṁcheṁ gâyan,- vâjap *n.*

Pastoril, *a.* goṁvḷyâcho, gorvâṁrâkhṇyâcho; (*fig.*) *V.* RUSTICO.

Pastoso, *a.* luglugît, chikaṭ.

Pastrano, *s. m.* dhâṁgaḍ, bhaskâ-purî, arbaṭ.
Pastura, *s. f. (ant.) V.* PASTO.
Pastural, *a. (ant.)* charvâcho.
Pata, *s. f.* bâil hâṁs *n.*; monjâticho pâṁy,- khûr *m.*, lâṭ *f.*; moṭo pâṇy,- pâṁvo *m.*, gâtak *n.*, gât *m.* ‖ *Á* —, pâṁyâṁnîṁ, chalûn.
Pataca, *s. f.* pâtâk *n.*
Patacho, *s. m.* doṁ kuṁvyâṁcheṁ târûṁ *n.*
Patachoca, *s. f.* namdâ *f.*
Pataco, *s. m.* châlîs resâṁcho nâṇo *m.* ‖ -s, *pl.* duḍû, paise *m. pl.*
Patacoada, *s. f.* tâvdârkî, polkî baḍây,- phaḍâ, mijâs *f.*
Patada, *s. f.* lâṭ, khoṭ *f.*, phâpar *m.*; *(fig.)* pisepaṇ, âḍnâḍpaṇ; luchchepaṇ, kusḍepaṇ *n.* ‖ *Dar* —, nâkâjâlaleṁ ulauṁk,- karuṁk.
Patamar, *s. m.* iskâḍîcho-, śiḍiye-cho mâtho; pâṁykâgdî, pâtmâr *m.*; pâtmârî *f.*
Patamaz, *a. e s. m.* phoṭkiro bhakt, polkyâ devaspaṇâcho, dharmadhvajî.
Patarata, *s. f.* pâtrât, baḍây *ou* baḍâyk, tâvdârkî, mâṁḍṇî *f.*, guṁgurn *n.*, śâpatâṁ *n. pl.* ‖ *s. m. e f.*, pâtrâter, baḍâykhor, tâvdârkâr.
Pataratear, *v. i.* pâtrât karuṁk; śâpatâṁ-, guṁgurnâṁ sâṁguṁk.
Patarateiro, *a. e s. m.* pâtrâter, baḍâykhor; sâpatâṁ sâṁgtalo.
Pataréo, *s. m. (p. us.)* śiḍiyecho mâ-tho *m.*
Pata-roxa, *s. f.* śirbî morî *f.*
Patau, *s. m.* pato, gaḷyo, doḍo.
Patavina, *s. f.* kuskûṭ, naṁg *n.*
Pataz, *s. m.* vâṁdar, mâkaḍ *m.*
Pateada, *s. f.* lâṭ-, khoṭ mârṇeṁ; pâṁy baḍauṇeṁ *n.*
Patear, *v. i.* lâṭ-, khoṭ mâruṁk, lâṭâvuṁk, phâprâvuṁk; khapuṁk, boḍkâvoṁk, beṁ mhaṇuṁk; phasuṁk, hâtâṁt koyṁḍo jâvuṁk *(y. do s.)* ‖ *v. t.* pâṁyâṁnîṁ huryo karuṁk *(d. do o.)*.
Pateca, *s. f.* kâḷiṁg *n.*
Patego, *a. e s. m. V.* PATETA.
Pateguice, *s. f. V.* PARVOICE.
Pateiro, *s. m.* hâṁsâṁ râkhtalo.
Patejar, *v. i. V.* PATINHAR.
Patela, *s, f. V.* ROTULA.
Patelha, *s. f.* sukâṇvâcheṁ mûḷ *n.*
Patena, *s. f.* pâteṇ, *pavitr ta-gaḍ *n.*
Patente, *a.* ughṭo, ughḍo; ughḍâpo, dakhal, praghaṭ, prasiddh. ‖ *Panno* —, dhavî elephâṁt *f.* ‖ *s. f.* paṭṭo, sanad, parvâṇo, râjlekh; rokho *m.*, chiṭṭ; das turî *f.*
Patentear, *v. t.* ughḍuṁk, ughṭo karuṁk; ughḍâpo-, praghaṭ karuṁk, prakâśauṁk. ‖ *v. r.* ughṭo-, ughḍâpo jâvuṁk, praghaṭoṁk.
Patentemente, *adv.* ughḍâpeṁ, dekhdekhîṁ.
Pateo, *s. m.* âṁgaṇ, râjâṁgaṇ, âvâḍ *n.*
Paternal, *a.* bâpâycho; bâpâsârko, *bâpâsthânîk.
Paternalmente, *adv.* bâppaṇîṁ.
Paternidade, *s. f.* bâppaṇ, pitṛitva, pitṛisaṁbaṁdh *n.*
Paterno, *a.* bâpâycho, pitâcho; bâpâyvâṭeṁtlo.
Pater-noster, *s. m.* Âmchyâ-Bâpâ *f.*
Patesca, *a.*: *roda — ou de —*, âkheṁ khâṁblyâṁvîṇ châk *n.*
Pateta, *s. m. e f.* piso, khuḷo, pato, divâṇâ.
Patetear, *v. i.* piso jâvuṁk, pisâyo karuṁk.
Patetice, *s. f.* pisây, khuḷây *f.*, khu-ḷepaṇ *n.*
Patheticamente, *adv.* kâḷîj pho-ḍûn, kaṇvâḷûn, halkaṁḍûn.
Pathetico, *a.* karuṇ, vedhak, drâ-vak, kâḷij phoḍcho, halkaṁḍâvuṁcho. ‖ *s. m.* karuṇây *f.*, saṁtâp, manastâp; ras, karuṇaras *m.*
Pathologia, *s. f.* nidân, rognidân, rognidânśâstr, śârirak *n.*
Pathologico, *a.* nidânâcho, rogni-dânśâstrâcho.
Pathologista, *s. m. e f.* rognidân-śâstrî.
Patibular, *a.* gaḷâcho. ‖ *Cara* —, chorâcheṁ toṁḍ.
Patibulo, *s. m.* gaḷ *m.*, phâśî *f.*
Patifaria, *s. f.* labâḍî, labâḍkî *f.*, luchchepaṇ *n.*
Patife, *a. e s. m.* labâḍ, luchcho *ou* luṁcho, sodo, durâtmo.
Patilha, *s. f.* pâṭî *f.*, veḷ *n.*
Patim, *s. m.* śiḍiyecho-, iskâḍîcho lahân mâtho; barphâr chalcho mocho *m.*; khaḍâvo *f. pl.*
Patina, *s. f.* kalam *f.*
Patinador, *a. e s. m.* barphâr chal-talo.
Patinagem, *s. f.* barphâr chalṇeṁ *n.*
Patinar, *v. i.* barphâr nisrûn cha-luṁk,- kheḷuṁk.
Patinhar, *v. i.* udkâṁt kheḷuṁk,- nâchuṁk.

Patinho, *s. m.* supurlem hâms *n.; (fig.) V.* PATETA.

Pato, *s. m.* pât *m.*, hâms, batak *(p. us.)* ‖ — *real*, râjhâms *n.* — *bravo*, âḍ *f.; (fig.) V.* PARVO.

Patola, *s. f.* reśmî lugaṭ *n.* ‖ *a. e s. m. V.* ESTUPIDO.

Patranha, *s. f.* gap, tâl *n.*, chamvḷî *f.*, kavamt, gumgurn, gauḍbemgâl *n.*, śâpatâm, tarḍakâm *n. pl.*

Patranheiro, *a. e s. m.* tarḍakî, gauḍbemgâlî, tâlyo, gapî, gapîst.

Patrão, *s. m.* mukhelî, nâyk, sâvkâr, śeṭh; mest *(do port.* MESTRE), vastâd; tâmḍel, mâlîm; dhanî, yajmân, gharkâr. ‖ *V.* PATRONO.

Patria, *s. f.* âplo gâmv,- deś, svadeś, svasthân, janmasthân, adhishthân, ghardâr *n.*, janmabhûmy *f.* ‖ *A — celeste*, svargarâj. *A mãe —*, svasthân *n.*

Patriarcha, *s. m.* pâtryârk, mûḷpurush, adipurush, gotrapati; gurujaṇ, vṛiddhajan; mukhyapurohit.

Patriarchado, *s. m.* mukhyapurohitâchî padvî,- sattyâ *f.*, mukhyapurohitpaṇ; pâtryârkâchem râj *n.*

Patriarchal, *a.* mûḷpurushâcho; pâtryârkâcho, mukhyapurohitâcho; gurujaṇâcho. ‖ *s. f.* pâtryârkâchî se *f.*

Patriciado, **patriciato**, *s. m.* kulînpaṇ *n.*, kulînbhâv *m.*

Patricio, *a. e s. m.* ekadeśî, sadeś, gâmvbhâv, pâtrîs; kulîn, kulînjan.

Patrimonial, *a.* vatanâcho, vatanî, pitrâstecho.

Patrimonio, *s. m.* dây *m.*, dâyj, vatan, pitṛidân *n.*, pitrâstî, mirâs; pâtrimon *f.*

Patrio, *a.* âplyâ gâmvâcho, svadeśâcho. ‖ *V.* PATERNO.

Patriota, *s. m. e f.* ekadeśî; svadeśabhakt.

Patrioticamente, *adv.* âplyâ gâmvâchyâ mogân, svadeśabhaktîn.

Patriotico, *a.* âplyâ gâmvâchyâ mogâcho, svadeśâcho isht.

Patriotismo, *s. m.* âplyâ gâmvâcho mog *m*, svadeśabhakti, svadeśaprîti *f.*, deśâbhimân *m.*

Patroa, *s. f.* dhanîṇ, gharkârṇ, yajmân.

Patrocinador, *a. e s. m.* âdhârî, sârathi, pâḷak, majatvamt, kaivârî.

Patrocinar, *v. t.* râkhumk, âdhârumk, sârathumk.

Patrocinio, *s. m.* âdhâr, âsar, kaivâr *m.*, pâḷaṇ, sârathipaṇ *n.*, sâsây, śiphâras *f.*

Patrona, *s. f.* tosdân *n.*, goldânî; sârathîṇ, âśkârîṇ.

Patronado, *s. m. V.* PADROADO.

Patronagem, *s. f.*, **patronato**, *s. m. V.* PATROCINIO.

Patronear, *v. i.* vastâd kaso ulaumk. ‖ *v. t.* mukhelî kaso chalaumk; majat-, âdhâr divumk *(d. do o.).*

Patrono, *s. m.* śekây, sârathî, âdhârî, âśkârî, râkhṇo; pâtron *(santo protector)*; vakîl.

Patronymico, *a.* apatyavâchak.

Patruça, *s. f. (zool.)* bumyârî *f.*

Patrulha, *s. f.* romd *(do port.* RONDA) *n.*, gast *f.*, talâvo *m.*

Patrulhar, *v. i.* romd-, gast karumk. ‖ *v. t.* romd ghâlumk *(d. do o.).*

Patudo, *a.* moṭyâm gâtakâmcho.

Patulea, *s. f.* uṇo lok *m.*, luḷem *n.*

Patulo, *a. (poet.) V.* PATENTE.

Patuscada, *s. f.* tamâśo *m.*, dhumśâṇ, ramaḷ *n.*

Patusco, *a. e s. m.* sukhâḷo, maujekâr, phestâkâr *(do port.* FESTA); nikḷeṭ, kheḷgaḍyo.

Pau, *s. m.* lâmkûḍ *n.*; dâmḍo, ṭoṇko, beto *m.*, bet, rot *n.*, baḍî *f.* ‖ *V.* CHIFRE. ‖ *Estar aos paus*, kâkho vayr kâḍhumk, phakîr jâvumk. *Estar a meio —*, ardhyâk paḍumk. *Levar tudo a —*, jhagḍûn-, dâmḍgâyen karumk. ‖ **—s**, *pl.*, pâv *n. pl.*

Paúl, *s. m. V.* PANTANO.

Paulada, *s. f.* saḍko, phaṭko, bhetko, ṭoṇo *m.*

Paulatinamente, *adv.* thoḍem thoḍem, ilem ilem, mâtsem mâtsem.

Paulatino, *a.* thoḍo thoḍo, ilo ilo, mâtso mâtso, sâvkâśâyecho.

Paulista, *s. m.* pâvlîst.

Paulito, *s. m.* mokchî baḍî *f.*

Pauperismo, *s. m.* dubḷepaṇ *n.*, durbaḷkây *f.*; dubḷo lok *m.*

Pauperrimo, *a. sup.* bhav dubḷo.

Pausa, *s. f.* osâro, visavo, avasar, virâm, khamḍ *m.*, usarpat; tûṭ, thâmbṇî *f.*, thop *m.*; *(mus.)* lay, thâk *f.* ‖ *V.* LENTIDÃO.

Pausadamente, *adv.* sâvkâśâyen, lâmbâyen.

Pausado, *a.* sâvkâśâyecho, lâmbâyecho, lohu lohu, mâtso mâtso. ‖ *Pronuncia pausada*, pâtailalo uchchâr.

Pausar, *v. t.* davrumk, ghâlumk. ‖ *v. i.* thâmbumk, ugo râvumk; dam khâvumk, visavumk, visambumk.

Pauta, *s. f.* rekhâmchem kâgad *n.*; paṭṭî, śivḍî *f.*

Pautado, *a.* regho âslalo, reghâmcho, âmklalo; paṭṭiyer ghâlalo, mâmḍlalo. || *V:* REGULAR.

Pautal, *a.* paṭṭiyecho, śivḍer mâmḍlalo,- ghâlalo.

Pautar, *v. t.* risko (*do port.* RISCA) mârumk (*d. do o.*), regho odhumk (*d. do o.*), reghumk, âmkumk, *rîsh mârumk; chalaumk, mâmḍumk. || *V.* RELACIONAR.

Pauzinho, *s. m.* supurlî baḍî *f.* || *Mover os pauzinhos,* sutrâm bhomvḍâvumk, tikṭîm mâmḍumk.

Pavana, *s. f.* ekâ jinnsâcho nâch *m.*; (*fig.*) paṭṭî *f.*, sal *n.* || *Tocar a — a alguem,* mâr divumk.

Pavão, *s. m.* mor *m.* || *Cobrir-se com pennas de —,* śemkrem phulaumk.

Paveia, *s. f.* âḍav *m.*, chuḍî *f.*; pâlem, pemḍkûl *n.*

Pavez, *s. m.* âmgâ edo ḍhâl; târvâcho meḍekoṭ *m.*

Pavezada, *s. f.* meḍekoṭâmcho âḍos *m.*

Pavezar, *v. t.* meḍekoṭ karumk (*d. do o.*); (târûm) neṭaumk.

Pavido, *a.* bhiyelalo; bhejûḍ.

Pavieira, *s. f. V.* PADIEIRA.

Pavilhão, *s. m.* tambû, mamḍap; ḍero, sejo, chamḍrâvo, *m.*, mâmḍvî *f.* || *V.* BANDEIRA. || — *da orelha,* bhâylo kân *m.*, veshṭan *n.*

Pavimentar, *v. t.* phaḷîm mârumk (*d. do o.*), iṭe ghâlumk (*d. do o.*).

Pavimento, *s. m.* pharasbamḍî, chirebamḍî; mâḷoy *f.*

Pavio, *s. m.* vâṭ, daśîr *f.*; meṇâcho rol (*do port.* ROLO) *m.* || *De fio a —,* śekânśek.

Pavôa, *s. f.* morî *f.*

Pavonaço, *s. m.* jâmbhḷo ramg *m.*

Pavonada, *s. f.* mor śempâḍo phulauṇem *n.*; (*fig.*) phaḍâ, mijâs *f.*

Pavonear, *v. t.* neṭaumk, śrimgârumk; baḍây dâkhaumk (*g. do o.*), mijâs karumk (*g. do o.*). || *v. r.* phurphurumk, phulumk, gamje karumk.

Pavor, *s. m.* tharthari *f.*, thartharo, kalkalo, dardaro, dhaḍḍhaḍo, bhedro *m.*, dhâstî *f.*

Pavorosa, *s. f.* âkâmtâchî khabar *f.*

Pavorosamente, *adv.* thartharyân.

Pavoroso, *a.* thartharyâmcho.

Paz, *s. f.* sallo, taha *m.*, samdhi *f.*; svasth, svasthpaṇ *n.*, svasthây; sâvkâśây, śâmti, phursat *f.*, samâdhân, sukh *n.*, thâr *m.* || *V.* SILENCIO. || *Deixar em —,* iv nâ khâvumk; khabar nâ karumk. *Estar em —,* bâd jâvumk, ghârâ âsumk (*fig.*); barem paḍumk (*d. do s.*).

Pazada, *s. f.* khorembhar *n.*, pâtbhar *f.* || *V.* LAMBADA. || — *de agua,* dhaḍak *f.*

Pé, *s. m.* pâmy, pâo, domko, gâṭ *m.*, gâṭak, charaṇ, pad (*p. us. nesta accepção*); bârâ âkamḍyâmchem mâp *n.*; *base:* pâmy, khûr; thar, taḷ; *pilar:* khâmbo *m.*; *vinhaço:* soryâchem gadaḷ; *parte do verso:* charaṇ *n.*, pâd, gaṇ *n.*; *estado de um negocio:* âkâr *m.*, daśâ *f.*; (*fig.*) *V.* MOTIVO. || — *de altar,* âltârâcho muśâro *m.* — *de cabra,* pâray *f.* — *de cantiga. V.* PRETEXTO. — *de folha ou de flor,* demṭ *m.* — *leve,* pâmysûṭ. — *de meia,* meyâcho domko *m.*; (*fig.*) gâmṭh (*fig.*), padar (*fig.*). — *de planta,* mûḷ, mûmḍ *n.* — *de vento,* jhoḍ, jhoḍpo *m.* — *de vinho,* mûr *f.*, gadaḷ. *Agua de —,* jharîchem udak *n.* *Cem pés. V.* CENTOPEIA. *Ajoelhar ou deitar-se aos pés,* pâmyâm paḍumk. *Andar a —,* chalûn-, pâmyvâṭen vachumk. *Andar de — ou em —,* ubho chalumk; (*fig.*) balâyken-, mâṇkulo âsumk. *Andar a — coxinho,* kumṭhûn chalumk. *Calcar aos pés,* gudhḍâvumk, mastumk. *Caminho de — posto,* maḷḷalî vâṭ. *Comprar ou vender fructos em —,* jhâḍâr ghevumk va vikumk. *Dar com —,* khoṭ mârumk. *Estar em —,* ubho âsumk. *Pôr-se a —,* uṭhumk, ubho râvumk. *Tomar —,* pâmy temkumk (*g. do s.*); (*fig.*) tharumk. *Em —, de —,* ubho. *A — firme,* khumṭ. *A — quedo,* nîṭ, hâla nâstânâ; (*fig.*) bhiye nâstânâ. *Em — de guerra,* jujâk tâyâr. — *ante —,* pâmval vâjai nâstânâ. *Ao — de,* sarśem sarśim. *Do — para a mão,* eke ghaḍiyen; gadgaḍit. *A pés de cavallo,* dhâmvdhâvim.

Peaça, *s. f.* kânî *f.*

Peageiro, *s. m.* jakâtkâr.

Peagem, *s. f.* jakât *f.*

Peanha, *s. f.* peḍ *n.*, pîṭh *m.*

Peanho, *s. m. V.* QUILHA.

Peão, *s. m.* pedo, pâyik; piyâdo *m.*, piyâdem *n.*

Pear, *v. t.* khoḍo ghâlumk (*d. do o.*).

Peça, *s. f.* kuṭko, kaṇṭo, vâmṭo, bhâg, amś; *parte de collecção:* nag, ḍâgiṇo *m.*, rakam, bâbat *f.*; *teia:* thâṇ, sanamg *n.*, tâko; *moeda:* bhâmgârâcho nâṇo; *documento:* lekh *m.*, patrik, *obra manual ou mechanica:* jinnas *m.*, vast *f.*; *drama:* nâṭak *n.* || *V.* LOGRO. || — *de artilharia,* nâḷ, toph *m.*, bhâmḍem. — *de* *caça*, mârlaleṁ sâvaj. — *de musica*, barailaleṁ git. *De uma só* —, akhaṁḍ. *Em* —, saglo *(a.)*. — *por* —, ekân ek, kuśîn kuśîn.

Pecamente, *adv.* pisâyeu, galyepaṇîṁ, chatrâyevîn.

Pecar, *v. i.* chiṁbuṁk, chiṁbaṭuṁk, lâseṁ paḍuṁk *(d. do s.)*.

Peccadaço, *s. m.* vhaḍleṁ pâtak *n.*

Peccadilho, *s. m.* lahân pâtak *n.*, halko aguṇ *m.*

Peccado, *s. m.* pâtak, pâp *n.*; dosh, aprâdh, guṇyâṁv, adharm *m.*, dushkarm, akarm *n.*, dushkriti *f.* ‖ — *mortal*, mahâpâtak. — *original*, sayaṁbhâcheṁ pâtak, mûḷpâp, jalmapâp. — *venial*, upapâtak.

Peccador, *a. e s. m.* pâtkî, pâpî, doshî, aprâdhî, khoṭo, guṇyâṁvkâr.

Peccadora, *s. f.* pâtkiṇ, pâpîṇ, guṇyâṁvkârîṇ *ou* guṇyâṁvkâru.

Peccadoraço, *s. m.* vhaḍ pâpî, pâpishṭh.

Peccaminosamente, *adv.* pâpân; pâpâchârîṁ.

Peccaminoso, *a.* pâtkâcho, apradhâcho; pâpî, pâpâchârî.

Peccante, *a. e s. m. e f.* pâtkâk lâglalo,- gaṁvsalalo, pâpśîl, pâpâchârî; aib-, aguṇ âslalo.

Peccar, *v. i.* pâtak karuṁk,- âdaruṁk; guṇyâṁv karuṁk, chukuṁk, chûk jâvuṁk *(g. do s.)*.

Peccavel, *a.* pâtkâṁt paḍcho, pâp karcho.

Pecego, *s. m.* saptâlû *n.*

Pecegueiro, *s. m.* saptâlcheṁ jhâḍ *f.*

Pecha, *s. f.* aib *m.*, khoḍ *f.*, aguṇ, avguṇ nirguṇ *m.*, khat *n.*

Pechincha, *s. f.* beshṭo lâbh, phuṁkaṭcho âdâv *m.*, savan *n.*

Pechinchar, *v. t.* râva nâstânâ meḷuṁk *(d. do s., s. do o.)*. ‖ *v. i.* savan pikuṁk *(g. do s.)*, chiṁti nâstânâ sukh meḷuṁk *(d. do s.)*.

Pechincheiro, *a. e s. m.* kashṭâṁviṇeṁ nâṇe śodhtalo, inâmâcho isht. ‖ *V.* CHUPISTA.

Pechisbeque, *s. m.* phoṭkireṁ bhâṁgâr *n.*

Pechoso, *a.* aguṇ-, aib âslalo, avguṇî, khoḍyo; khoḍî kâḍhtalo, kharkas.

Pechote, *s. m.* kheḷâr chuktalo, kheḷuṁk'bareṁ kaḷa nâslalo; doḍo, kachcho, phoko.

Peciolado, peciolar, *a. (bot.)* deṁṭ âslalo.

Peciolo, *s. m.* deṁṭ *m.*

Peco, *s. m.* chiṁbaṭây *f.*, vâṁjhepaṇ, lâseṁ *n.*; aib, aguṇ *m.* ‖ *a.* chiṁbaṭ, vâṁjho; *(fig.)* gaḷyo, khuḷo, mûḍh, nirbuddhi.

Peçonha, *s. f.* vikh *n.*

Peçonhentar, *v. t.* *V.* ENVENENAR.

Peçonhento, *a.* vikhâḷo, vikhâro, vikhâḷ.

Pecuaria, *s. f.* kalapavidyâ *f.*

Pecuario, *a.* gorvâvâsrâcho.

Pecuinha, *s. f.* pîṁpîṁ; varm *n.*, virmâr *m.*

Peculato, *s. m.* hât mârṇeṁ *n.*, tanâkhorî *f.*, abhilâsh *m.*

Peculiar, *a.* âplo, khâśâ, khud, viśesh, asâdhâraṇ, -ch *(ex.:* Pedrûchoch, *peculiar de Pedro)*.

Peculiaridade, *s. f.* asâdhâraṇpaṇ *n.*, viśesh, viśeshguṇ, svadharm *m.*

Peculiarmente, *adv.* asâdhâraṇpaṇîṁ, viśeshîṁ.

Peculio, *s. m.* âplyâṁ kashṭâṁche duḍû *m. pl.*, burgyâṁbâḷâṁcheṁ dhan *n.*: pot, gâṁṭh *f.*, padar, kevo *m.*; bhâṁḍâr *n.*

Pecunia, *s. f.* duḍû, paise *m. pl.*

Pecuniario, *a.* duḍvâṁcho.

Pecunioso, *a.* duḍvâṁkâr, nâṇekâr, poṭḷekâr, lakshmivaṁt, damdâr.

Pedaço, *s. m.* kuṭko, kapo, kapṭo, ravo, karvo, phâḷo, tukḍo *(us. N. C.) m.*, śîr; ghaḍî *f.*, iloso veḷ *m.* ‖ — *de asno*, reḍo *(litt.* BUFALO*)*, bail *(litt.* BOI*)*. *Cahir a pedaços*, koṁsḷuṁk, gaḷuṁk, galgaḷuṁk. *Fazer em pedaços*, kuṭkyâṇ kuṭke karuṁk. *Fazer alguem em pedaços, (fig.)* vâvdoryo karuṁk *(g. do o.)*. *A pedaços*, pais pais, pelyân pelyân.

Pedagio, *s. m.* jakât *f.*

Pedagogia, *s. f.* paṁtojîpaṇ, bâlśikshya *n.* ‖ *V.* PEDANTISMO.

Pedagogico, *a.* bâlśikshyâcho, paṁtojîcho.

Pedagogista, *s. m. e f.* bâlśikskyaśâstrî.

Pedagogo, *s. m.* paṁtojî, bâlśikshak, bâlpâṭhak. ‖ *V.* AIO *e* PEDANTE.

Pedal, *s. m.* pâṁyâṁnîṁ hâlauṁcho vâjaṁtrâcho bhâto *m.*

Pedante, *s. m.* jâṇvâyechî baḍây dâkhauṇâr, vidyâmirauṇâr, vidyâgarvî, paṁḍitamânî, pâṁḍityamânî. ‖ *a.* *V.* PEDANTESCO.

Pedantear, *v. i.* jâṇvây mirauṁk, vidyecho ḍaul karuṁk.

Pedanteria, *s. f.* jâṇvâyechî baḍây *f.*, vidyecho ḍaul *m.*, pâṁḍityadarśan *n.*

Pedantescamente, *adv.* vidyâ miraun, jâṇvây dâkhaun.

Pedantesco, *a.* pâṁḍityamânyâcho; ḍaulâcho, dâkhauṇecho.

Pedantismo, *s. m. V.* PEDANTERIA.

Pedernal, *s. m.* taḷap *n.*

Pederneira, *s. f.* taḷap *n.*; ujo pâḍcho phâtar *m.*

Pedestal, *s. m.* khâṁbhyâcho pâṁy, pîṭh *m.*, baskâ *f.*, peḍ, staṁbhapad *n.*

Pedestre, *a.* pâṁyâṁnîṁ chaltalo, pâdachârî, pâdagâmî; ubho âslalo.

Pedestremente, *adv.* pâṁyâṁnîṁ, chalûn.

Pedicellado, *a.* (*bot.*) maṁjarecho,

Pedicello, *s. m.* (*bot.*) maṁjarî *f.*

Pediculado, *a.* (*bot.*) deṁṭâcho.

Pedicular, *a.* uvâṁnîṁ bharlalo, uvero.

Pediculo, *s. m.* (*bot.*) deṁṭ *m.*

Pedicuro, *s. m.* pâṁyâṁcho vaij. ‖ *V.* CALLISTA.

Pedida, *s. f.* (*ant.*) *V.* PEDIDO.

Pedido, *a.* mâglalo. ‖ *s. m.* mâgṇeṁ, prârthan *n.*; mâglalî vast *f.*; khap *m.*

Pedidor, *a. e s. m.* (*p. us.*) mâgtalo, mâgṇâr. ‖ *V.* MENDIGO.

Pediforme, *a.* pâdâkâr.

Pedigonho, *s. m. V.* PEDINCHÃO.

Pediluvio, *s. m.* pâṁy udkâṁt dharṇeṁ, pâdaprakshâlan *n.*

Pedinchão, pedintão, *a. e s. m.* khaṇpaṇûn mâgtalo, khaṇpaṇo.

Pedinchar, *v. t. e i.* khaṇpaṇûn-, pâḷâṁk lâgûn mâguṁk, khaṇpaṇuṁk, keṁvkeṁv karuṁk.

Pedintaria, *s. f. V.* MENDICIDADE.

Pedinte, *a. e s. m. e f.* mâgtalo, mâgto, mâgṇâr, arthî, prârthî, śaraṇârthî; bhikârî.

Pedir, *v. t.* mâguṁk, prârthuṁk, arthuṁk. ‖ — *pelo amor de Deus*, Devâkhâtîr-, dharmâk mâguṁk. *Ficar a — chuva*, upadryâṁk paḍuṁk.

Peditorio, *s. m.* dharmâk mâgṇeṁ; prârthûn mâgṇeṁ *n.*

Pedometro, *s. m.* pâṁval mejcheṁ yaṁtr *n.*

Pedra, *s. f.* phâtar (— *em geral*); guṁḍo, dhaṁḍo, dagaḍ (— *pequena, fragmento de* —) *m.*; phâtar, śiḷâ (— *grande e lisa, loisa*) *f.*; chiro, chiro phâtar (— *de cantaria*); pâshâṇ *ou* pâkhaṇ (— *preta*); *quadro de madeira pintada de preto*, kâḷî phaḷî; *tabola, peça de jogo:* phâturlî, ghulî *f.*; *pedaço de substancia solida:* khaḍo, peḍo; *agua no estado solido:* karo, karvo; *calculo:* mûtkhaḍo *m.* ‖ — *angular*, bunyâdicho phâtar. — *de escandalo*, khoṭe dekhîcho kârâṇ. — *fundamental*, muḷâcho-, bunyâḍîcho phâtar *m.*; (*fig.*) muḷ *n.* — *de fuzil*, chakmakâcho phâtar *m.* — *hume*, phaṭkî *f.* — *iman*, chuṁbak. — *da lei ou de amolar*, niśâṇo *m.*, śâṇî *f.* — *philosophal*, parîs. — *pomes*, mohro *m.*, — *preciosa*, ratn, keṁp *n.*, maṇi. — *de raio*, kupâcho phâtar. — *de sal*, miṭhâcho kaṇo. — *solta*, suṭo phâtar. — *de toque*, kas *m.*, orkal. — *tumular*, phoṁḍâchî phâtar *f.*

Pedrada, *s. f.* phâtar mârṇeṁ *n.*; phâtrâcho phâr *m.*

Pedrado, *a.* phâtar ḍâḷlalo; chiṭyâḷo.

Pedranceira, *s. f.* phâtrâṁcho ḍoṁgar *m.*

Pedraria, *s. f.* chiro, chiro phâtar *m.*; ratnâṁ *n. pl.*

Pedregal, *s. m.* saṁkraṭ *f.*

Pedregoso, *a.* saṁkraṭ, guṁḍyâṁcho, phâtrâṁcho.

Pedregulhento, *a.* saṁkraṭ, śeṁkâryâcho.

Pedregulho, *s. m.* saṁkâro *ou* śeṁkâro; guṁḍo *m.*, karap *n.*

Pedreira, *s. f.* khaṇ, chirekhâṇ, ṭâṁk *f.*, taḷap *n.*

Pedreiro, *s. m.* pidrer *ou* pidrel, gaṁvḍo, chirekâṁtî. ‖ — *livre*, bhûtkhâṇekâr.

Pedrez, *a.* phâtrâsârko; dhavo kâḷo, śirbo.

Pedrisco, *s. m.* kare, karve *m. pl.*

Pedroiço, *s. m.* phâtrâṁchî râs *f.*, guṁḍyâṁcho ḍoṁgar *m.*

Pedroso, *a.* phâtrâsârko, phâtrâcho, dagaḍî, pâshâṇî.

Pedunculado, peduncular, pedunculoso, *a.* deṁṭâcho, deṁṭ âslalo.

Pedunculo, *s. m.* deṁṭ *m.*, turmaṇ (— *do pimentão*) *n.*

Pêga, *s. f.* dharṇeṁ; dharcheṁ *n.*; beḍî *f.* ‖ *V.* DESAVENÇA.

Pègada, *s. f.* pâṁval, pâṁvaṭ, pad *n.*, *gât *m.*; (*fig.*) *V.* VESTIGIO. ‖ *Ir nas pègadas*, pâṭhâpâṭhî vachuṁk, pâṭhî lâguṁk.

Pegadiço, *a.* lâgcho, chikaṭ, pâṁkîṭ, pâṁkâcho; (*fig.*) khaṇpaṇo, kichḍâvṇo, ubgauṇo. ‖ *V.* CONTAGIOSO.

Pegadilha, *s. f. V.* ALTERCAÇÃO.

Pegado, *a.* lâglalo, baslalo; kuṁḍlyâk lâglalo, vayṇelalo; *continuo:* kâḍho nâslalo, ekdaḷ, dhârîn; *contiguo:* sarso, sarśeṁ-, teṁkûn âslalo; *que* *creou raizes:* pâḷâṁ ghetlalo; *desavindo:* aṁtarlalo; *que não anda (cavallo):* lâglalo, dharlalo. ‖ — *á sua opinião,* âplyâ vâdyâcho.

Pegador, *a. e s. m.* dhartalo, dharṇâr, ghaṭṭ dhartalo.

Pegadura, *s. f.* dharṇeṁ, lâyṇeṁ; lâgṇeṁ, basṇeṁ *n.*

Pegajoso, *a.* lâgcho; chikchikit, kichkichit, chikaṭ, pâṁkiṭ, luklukit; *(fig.) V.* IMPORTUNO.

Pegamasso, *s. m.* chikṭi, chikchikî, kichkichî *f.: (fig.)* gajâliṁcho dhagaḍ, bâtmâro.

Pegamento, *s. m.* lâvṇeṁ, basauṇeṁ *n.;* lâgṇî, basṇî *f.*

Peganhento, *a. V.* PEGAJOSO.

Pégão, *s. m.* vhad hairî *f.*, -ṭhâv *m.*

Pegão, *s. m.* pegâṁv *m.*, peḍ *n.*, pustî *f.:* vâdaḷ *n.*, jhoḍpo *m.*

Pegar, *v. t.* lâvuṁk, basauṁk, mâruṁk, chikṭâvuṁk, pâṁkâvuṁk; dharuṁk, ghaṭṭ dharuṁk; *communicar:* lâvuṁk. ‖ — *fogo,* ujo lâvuṁk, âg ghâluṁk. ‖ *v. i.* lâguṁk, basuṁk; chikṭuṁk, pâṁkuṁk; dharuṁk *(v. t.); fixar-se:* lâguṁk, dharoṁk; *lançar raizes:* pâḷ ghevuṁk; *impedir:* âḍâvuṁk, manâvuṁk; *dar bom resultado:* sukḷâk paḍuṁk, phaḷ yevuṁk *(g. do s.); principiar:* hâtâṁt dharuṁk, karuṁk lâguṁk; *ser contiguo,* lâguṁk, teṁkûn âsuṁk. ‖ — *na palavra,* uttar mânuṁk; uttrâk dharuṁk. — *no somno,* jem yevuṁk, -paḍuṁk *(d. do s.). Isto não pega,* heṁ dharo nâ, heṁ chala nâ. ‖ *v. r.* lâguṁk; basuṁk; vayṇevuṁk, kuṁḍḷyâk lâguṁk; *não querer andar:* lâguṁk, *ser contagioso:* lâguṁk; *ser seguido:* dharoṁk, dâṁteṁ mâṁḍuṁk. ‖ — *de palavras,* toṁḍâk toṁḍ jâvuṁk *(g. do s.).* — *com alguem,* jhoṁbuṁk, jhagḍuṁk; âdhâr sodhuṁk. *Não tem nada em que se lhe pegue,* tâkâ kiṭ-, khat nâ. *Não tem por onde se lhe pegue,* tâkâ taklîy nâ, śeṁpḍîy nâ.

Pego, *s. m.* hairî *f.*, khol ṭhâv *m.*

Pegueiro, *s. m.* râḷ kâḍhtalo.

Peguilho, *s. m.* lâgchî- pâṁkchi vast; âḍkhaḷ, aḍchaṇ *f.:* toṁḍâk lâvuṁchem *n.*

Peguinhar, *v. t. (ant.)* mastuṁk, gudhḍâvuṁk; *(fig.)* tiḍâvuṁk, châḷvauṁk. ‖ *v. i.* toṁḍ ghâluṁk, tahrâ dharuṁk, thâr nâ divuṁk.

Pegulhal, *s. m.* hiṁḍ, kalap *m.*

Pegulho, *s. m. V.* PECULIO.

Pegureira, *s. f.* gorvâṁ râkhṇeṁ *n.*

Pegureiro, *s. m.* râkhṇo, goṁvḷî, dhangar, gopâḷ.

Peia, *s. f.* khoḍo *m.; (fig.) V.* OBSTACULO.

Peidar, *v. i. e r.* pâd mâruṁk.

Peido, *s. m.* pâd *m.*

Peidorrada, *s. f.* pâdâr pâd *m. pl.*

Peidorrear, *v. i. e r.* pâd mâruṁk.

Peidorreiro, *a. e s. m.* pâdro.

Peita, *s. f.* loṁch *m.*, bhijauṇî *f.*

Peitar, *v. t.* loṁch khâvauṁk,- ghâluṁk *(d. do o.),* loṁchuṁk, bhijauṁk, hât dâmuṁk *(g. do o.).*

Peiteiro, *a. e s. m.* loṁch ghâltalo, loṁchṇâr.

Peitilho, *s. m.* petîl *m.;* khamsâcheṁ harḍeṁ *n.*

Peito, *s. m.* pet *m.*, harḍeṁ *n.*, chhâtî *f.*, ûr *m.;* thân, stân *(p. us.) n.;* dudhû, momo *(loc. infant.) m.* ‖ *V.* ALMA, VOZ e CORAGEM. ‖ *Crear aos peitos,* dûdh divuṁk. *Pôr o —,* mâtheṁ mâruṁk. *Tomar a —,* bhâr ghevûn karuṁk, kâḷij-, iklo davruṁk *(l. do o.).* — **a** —, harḍyâk harḍeṁ teṁkaun. *Do —,* kâḷjâṁt thân. *De — feito,* bare bhâshen chiṁtûn, nichev karûn.

Peitoral, *a.* harḍyâcho, chhâtiyecho; harḍyâk baro. ‖ *s. m.* harḍyâk bareṁ okhat *n.*

Peitoril, *s. m. V.* PARAPEITO.

Peixão, *s. m.* mâso *m.*

Peixe, *s. m.* mâsḷî *f.*, nisteṁ *ou* nusteṁ, mâhureṁ *n. ou* mâhurâ *(us. N. C.),* matsya *(p. us.) m.*, bavśeṁ *(— pequeno),* memeṁ *(loc. infant.) n.*

Peixeira, *s. f.* mâsaḷkârṇ, nistekârṇ, bernî.

Peixeiro, *s. m.* mâsaḷkâr, nistekâr.

Peixelim, *s. m.* karmaṭ *n.*, bavśeṁ *n.*

Pejada, *a. f.* garbhesth, garhvâr.

Pejado, *a.* bharlalo; lajjlalo, lajjishṭ; âḍâylalo, aḍlalo.

Pejamento, *s. m.* âḍâvṇî, aḍṇî, âḍkhaḷ *f.*

Pejar, *v. t.* bharuṁk, âḍâvuṁk, aḍuṁk. ‖ *v. i.* garhvâr-, garbhesth jâvuṁk, garbh saṁbhâḷuṁk. ‖ *v. r.* bharoṁk, aḍoṁk; lajjuṁk, lajj disuṁk,- bhogoṁk *(d. do s.).*

Pejo, *s. m.* lajj, maryâd, śarm *f.* ‖ *Ter —,* lajj disuṁk *(d. do s.).*

Pela, *prep. V.* POR.

Péla, *s. f.* pel, cheṁḍû *m.*

Pelado, *a. e s. m.* laṁv nâslalo; khardo. ‖ *Rato —, (fig.)* kâṭhû-, chyâd manîs.

Pelador, *a. e s. m.* laṁv kâḍhtalo.

Peladura, *s. f.* lamv kâḍhṇem *n.;* umdrî *f.*

Pelagem, *s. f.* monjâtichî lamv *f.*

Pelago, *s. m.* vhaḍlo-, bhâylo daryâ, samdir *m.;* rahâḷ *n.*, hairî *f. (fig.) V* IMMENSIDADE.

Pelame, *s. m. V.* PELAGEM.

Pelar, *v. t.* lamv kâḍhumk *(g. do o.)*.

Peleja, *s. f.* juj, yuddh *n.*, laḍhây *f.*, samgrâm *m.*

Pelejador, *a. e s. m.* jujtalo, jujârî, samgrâmî, yodhî.

Pelejar, *v. i.* juj mârumk, jujumk, laḍhây-, samgrâm karumk, yodhumk; *(fig.)* âḍ yevumk, nâ paḍumk *(d. do s.)* ‖ *V.* ALTERCAR.

Pelhanças, pelharancas, *s. f. pl. V.* PELLANGA.

Pelicano, *s. m.* pâṃkoḷî *m.*

Pelintra, *s. m. e f.* bhikârḍo, hâgirḍo, chomḅḍo.

Pelintrice, *s. f.* bhikârbhâso *f. pl.*, chomḅḍepaṇ *n.*

Pella, pelladura, *s. f.* kât kâḍhṇem *n.*, solṇî *f.*

Pellador, *a. e s. m.* kât kâḍhtalo, solnâr.

Pellame, *s. m.* châmdyâmchî kamây *f.;* châmâm, châmḍîm *n. pl.*

Pellanga, pellangana, *s. f.* kâtḍî *f.*, kâtḍem *n.*

Pellar, *v. t.* kât kâḍhumk *(g. do o.)*: solumk. ‖ *v. r.* kât vachmumk,- gaḷumk *(g. do s.)*. ‖ — *por alguma coisa,* jîv sâmḍumk, iklo davrumk. — *de medo,* thartharumk.

Pellaria, *s. f.* châmḍîm *n. pl.;* châmḍyâmcho mâmḍ *m.*

Pelle, *s. f.* kât, châmḍî *f.*, charm *(p. us.) n : involucro de fructos:* sâl *f.*, karḷ *n.*, sarl *n.; partes da pelle pendentes:* kâtḍyo; *pelle separada do corpo:* châm, châmḍem *n.; odre:* dâbo *m.* ‖ *Estar na — de alguem,* dusryâche svâter-, daśer âsumk. *Não caber na — de contente,* khuśiyen nâ thârumk. *Não ter senão a — e o osso,* hâḍ âni kât mât âsumk *(d. do s.)*. *Tirar a —,* kât kâḍhumk; *(fig.)* solumk, lâṭumk. *Em —,* nâgḍo *(a.)*.

Pelleiro, *s. m.* châmâm kamâytalo va viktalo, châmhâr, châmḍekâr.

Pellica, *s. f.* châmḍî *f.*

Pelliça, *s. f.* bârke châmḍechem vastr *n.*

Pellico, *s. m.* bakḍyâchyâ châmḍyâchem âmgvastr *n.*

Pellicula, *s. f.* bârik kât *f.*

Pelliqueiro, *s. m.* châmḍyo kamâytaḷo va viktalo.

Pelo, *prep. V.* POR.

Pêlo, *s. m.* lamv *f.*, rom *m.* ‖ *Ir ao — a alguem,* mâr ghâlumk. *Ter pêlos no coração,* kâḷjâk kems phuṭumk *(g. do s.)*. *Vir a —,* upkârâk paḍumk, kâmâk yevumk. *Em —,* nâgḍo *(a.)*.

Peloiro, *s. m.* guḷî *f.*, guḷo *m.; śaharâchyâ kâmâchem prakaraṇ n.*

Peloso, *a.* lamvero, lamvryo.

Pelota, *s. f.* lahân chemḍû *m.;* guḷî *f.*

Pelotada, *s. f.* bârphâchyo guḷyo mârṇem *n.*

Pelotão, *s. m.* guḷo; palṭaṇecho bhâg,- vâmṭo *m.*

Pelote, *s. m. (ant.)* âmglem *n.* ‖ *Andar em —,* nâgḍo bhomvumk.

Pelotica, *s. f.* bhorap, tamtr, chet, chetan, gârud, nâḍepen, imdrajâḷ *n.*

Pelotiqueiro, *s. m.* bhorpî, gâroḍî, tamtrakâr, nâḍekâr.

Pelourada, *s. f.* guḷyâcho phâr *m.*

Pelourinho, *s. m.* sûḷ, mânkhoḍo *m.*

Pelucia, *s. f.* lamvechem lugaṭ *n.*

Peludo, *a.* lamvero, lamvryo, kemsâḷo, kemsâḷ.

Pelugem, *s. f.* lamv *f.*

Peluginoso, *a.* lamvecho, lamvero.

Pelve, pelvis, *s. f. (anat.)* khâlchem poṭ *n.*, omṭî *f.*, vastipradeś *m.*

Pelvico, *a.* vastipradeśâcho.

Pena, *s. f.* pen *n.*, khâst, śikshâ *f.*, damḍ *m.*, damḍan, *yâdal; *soffrimento:* duḥkh, piḍâ, ghâs, vyathâ *ou* vethâ *f.*, kashṭ, kaṭ, viklab; upadro *m.*, vedan *n.; tristeza:* duḥkh, khamt *f.*, samtâp, śok; *lastima:* chadphaḍo *m.*, chutchure *m. pl.; dó:* kâkût, dayâ, karuṇây *f.* ‖ *Não valer a —,* nâ puranmk. *Valer a —,* phâvo jâvumk.

Penadamente, *adv.* duḥkhîn, khamtîn, vedanân.

Penado, *a.: alma penada,* pargatorîmtlo atmo *m.*

Penal, *a.* damḍâcho, śiksheeho, śikshânîya.

Penalidade, *s. f.* damḍanîti *f.;* damḍabhâv; damḍ *m.*, śikshâ *f.*, pen *n.*

Penalizar, *v. t.* duḥkh-, piḍâ divumk *(d. do o.)*, samṭâpumk.

Penão, *s. m. V.* GALHARDETE.

Penar, *v. t.* duḥkh divumk *(d. do o.)*; duḥkhaumk, samtâpaumk, trâsumk, dagdagâvumk. ‖ *v. i. e r.* duḥkh bhogomk *(d. do s.)*, dagdagumk, chaḍphaḍumk. ‖ *s. m.* duḥkh *f.*, kashṭ *m. pl.*, samtâp *m.*

Penates, *s. m.* ârâghhyadevatâ, ghardevatâ, kuḷdevatâ *f. pl.;* âplo gâṁv *m.*, ghardâr *n.*

Penca, *s. f.* chudet *n.;* nâkoṭo *m.*

Pencudo, *a.* nâkaḍyo.

Pendanga, *s. f.* hâlâytem-, âḍecheṁ kâm *n.*, kityâkay upkârchî vast *f.;* beṁbryâcheṁ kâpaḍ *n.*

Pendão, *s. m.* bâvṭo *m.*, dhajâ, guḍî, patâk; kurû, khuṇâ *f.*, khûṇ *n.* ‖ *O — das quinas*, phiraṁgî bâvṭo.

Pendencia, *s. f.* umkaḷṇî *f.;* jhagḍeṁ, vâdhaṁg, dusaṁg *n.*

Pendenciar, *v. i. (p. us.)* V. ALTERCAR.

Pendente, *a.* umkaḷto, lâṁbto, pâlso, oṇavlalo, sarpaṭo; nâ todlalo, nivâḍo kari nâslalo, kharkaṭo. ‖ *V.* IMMINENTE. ‖ *s. m.* pened *f.;* âṁblo, karâb (*do port.* CRAVO), kâp (*us. Can.*) *m.*

Pender, *v. i.* umkaḷuṁk, lâṁbuṁk; *depender:* khâl-, âdhin âsuṁk; *descahir:* lakuṁk, kaluṁk, oṇavuṁk; *estar para cahir:* gaḷuṁk-, paḍuṁk âsuṁk; *ter predilecção:* vaṁdavuṁk, lâguṁk. ‖ *— de um fio,* kâṁṭyâr âsuṁk. ‖ *v. t.* umkaḷâvuṁk, lâṁbauṁk; lakauṁk, (*fig.*) bâvauṁk. ‖ *v. r.* teṁkuṁk, bhâr ghâluṁk.

Pendericalhos, *s. m. pl.* V. PENDURICALHOS.

Pendor, *s. m.* pâlsaṇ, deṁvaṇeṁ *n.;* bâg, vaṁdavṇî, kal, vâsaṇâ *f.*, vaṇav, vaḍav, tol *m.*, avadhan *n.*

Pendula, *s. f.* loḷiyecheṁ ghaḍyâl *n.*

Pendular, *a.* loḷyâcho.

Pendulo, *a.* lâṁbto, umkaḷto. ‖ *s. m.* loḷo *m.*, loḷî *f.*

Pendura, *s. f.* umkaḷṇî, umkaḷ *f.*, lâṁbaṇ, śiṁkeṁ *n.*

Pendurar, *v. t.* umkaḷâvuṁk, lâṁbauṁk. ‖ *v. r.* lâṁbuṁk, umkaḷuṁk.

Penduricalhos, *s. m. pl.* âṁble *m. pl.*, lâṁbaṇâṁ *n. pl.*

Penedia, *s. f.* khaḍpâṁchî svât *f.;* khaḍap *n.*

Penedo, *s. m.* khaḍap *n.*

Peneira, *s. f.* châhîṇ *f.* ‖ *Tem — nos olhos,* ḍoḷyâṁṇ daymâṁ-, kâḷok yevuṁk (*g. do s.*)

Peneiração, *s. f.* châhiṇî ghâlṇeṁ *n.*, châḷṇî *f.*

Peneirada, *s. f.* châhîṇbhar; châḷṇî, gaḷauṇî *f.*

Peneirador, *a. e s. m.* châhiṇî ghâltalo, châḷṇâr.

Peneirar, *v. t.* châhiṇî ghâluṁk, gaḷauṁk, châḷuṁk; girauṁk. ‖ *v. r.* gaḷuṁk; (*fig.*) chaḷbaḷuṁk, huḷhuḷuṁk.

Peneireiro, *s. m.* châhiṇikâr.

Peneiro, *s. m.* pîṭh gaḷauṁcheṁ yaṁtr *n.;* mûs-châbaṇâṁ jâvuṁchyâk jâḷî *f.*

Penetrabilidade, *s. f.* bhedyatâ, pravcśyatâ *f.*

Penetração, *s. f.* bhedṇî, ghusṇî *f.*, saṁchâr *m.;* (*fig.*) bârkây, achirkây, samjikây, sukshmabuddhi *f.*

Penetrador, *a.* V. PENETRANTE.

Penetraes, *s. m. pl.* bhitarlî-, kâḷokâchî kûḍ *f.*, abhyaṁtar *n.*

Penetrante, *a.* bhedtalo, bhedak, jhomtalo; (*fig.*) bârîk, mârmik, samjîk, sukshmabuddhi, dîrghadrishṭi.

Penetrar, *v. t.* vidhuṁk; bheduṁk, jhomuṁk, khamuṁk, roṁbuṁk, ghusuṁk, śiruṁk, saṁchâroṁk (*vv. ii.*); riguṁk, bhitar saruṁk (*vv. ii.*); samjuṁk, dhyânâṁt yevuṁk (*g. do s., s. do o.*). ‖ *— alguem,* ṭhâv ghevuṁk (*g. do o.*). ‖ *v. i.* bhitar saruṁk, riguṁk; (*fig.*) arth-, ṭhâv ghevuṁk. ‖ *v. r.* V. COMPENETRAR-SE.

Penetrativo, *a.* rigtalo, bhedak.

Penetravel, *a.* rigcho, jhomcho, bhedanîya, pravcśya.

Penha, *s. f.* khaḍap, taḷap *n.*

Penhasco, *s. m.* sûḷ khaḍap, vhaḍ khaḍap *n.*

Penhascoso, *a.* khaḍpâṁcho.

Penhor, *s. m.* pijñor *m.*, gâhâṇ, târaṇ *n.*, aḍav (*us. Can.*) *m.;* (*fig.*) V. GARANTIA.

Penhora, *s. f.* japt karṇeṁ, kabaj *n.*

Penhorado, *a.* japt kelalo; (*fig.*) upkârî, dhinvâsî.

Penhorar, *v. t.* japt karuṁk, kol dharuṁk (*g. do o.*); uttar divuṁk (*g. do o.*), bhâsâvuṁk; khuśâmat karuṁk (*g. do o.*), upkârâṁnîṁ bâṁdhuṁk. ‖ *v. r.* upkâr mâṇuṁk,- âṭhauṁk.

Penicillo, *s. m.* ekśaṁkh *m.*

Penico, *s. m.* doṇ *m.*, tast *n.*

Peninsula, *s. f.* dvîpakalp, uḷvo *m.*, saṁyogabhûmi *f.*

Peninsular, *a.* dvîpakalpâcho. ‖ *s. m.* dvîpakalpavâsî.

Peniqueira, *s. f.* uśyâkaḍśilo chauk *m.*

Penis, *s. m.* liṁg *m.*

Penisco, *s. m.* V. PINHÃO.

Penitencia, *s. f.* pâtkâchî duḥkh,- khaṁt *f.*, anutâp, paśchâttâp *m.;* prâśchit, prâjît *ou* pirâjît; daṁḍaṇ *ou* daṁḍvaṇ *f.*, tapas. ‖ *Sacramento de —,* kumsâr (*do port.* CONFESSAR) *n.*

Penitencial, *a.* anutâpâcho; prâjitâcho. ‖ *s. m.* anutâpapaddhati *f.*

Penitenciar, *v. t.* prâjît divuṁk-, pharmâvuṁk *(d. do o.)*. ‖ *v. r.* prâjît-, daṁḍaṇ karuṁk.

Penitenciaria, *s. f.* prâyaśchittasabhâ *f.*

Penitenciária, *s. f.* prâyaśchittaśâlâ *f.*, kârâgâr *n.*

Penitenciario, *s. m.* kârâgâravâsî. ‖ *a. V.* PENITENCIAL.

Penitente, *a. e s. m. e f.* pâtak raḍtalo, prâjît kartalo, anutâpî, paśchâttâpî, tapasvaṁt.

Penna, *s. f.* pâkh; pen, kalam *n.*, lekhṇî *f.* ‖ — *de aço,* pensîl *(do ingl.* PENCIL) *n. Leve como a* —, lohu pâkh. *Pegar na* —, baraurhk lâguṁk.

Pennacho, *s. m.* turo, chûḍo *m.*

Pennada, *s. f.* pen, ṭâṁk *n.*; lekhṇîbhar *f.*

Pennado, pennifero, pennigero, pennudo, *a.* pâkhâṁ âslalo, pâkhâṁḷo.

Penniforme, *a.* pâkhâsârko.

Pennugem, *s. f.* taḍe *m. pl.*, dâṁḍepâkhâṁ *n. pl.*, laṁv *f.*; kâpûs *m.*

Pennugento, *a.* kâpsâḷo.

Pennujar, *v. i.* taḍe phuṭuṁk *(d. do s.)*, dâṁḍepâkhâṁ yevuṁk *(d. do s.)*.

Penol, *s. m. (naut.)* parbaṇâcheṁ ṭoṁk *n.*

Penosamente, *adv.* duhkhîn, kashṭâṁnîṁ.

Penoso, *a.* duḥkhâcho, duḥkhîcho, kashṭâṁcho, saṁtâpâcho, ghâsîcho, ghâsivaṁt, dagdagâṁcho, upadravo, kaṭhîṇ.

Pensador, *a. e s. m.* chiṁttalo, chiṁtṇâr; bâḷgauṇâr; posṇâr. ‖ *Socio ou parceiro* —, gorvâṁ postalo bhâgidâr. *Livre* —. śâstradveshî.

Pensamentar, *v. t.* yojuṁk, gaṇuṁk.

Pensamento, *s. m.* chiṁtan *n.*, chiṁtnâ, chiṁtṇî, chiṁtâ *f.*, yojan; *idéa:* kalpanâ *f.*, kalpaṇ, bhâvan *n.*, bhâv, bhâs, tark *m.*; *faculdade de pensar:* man, chitt, dhyân *n.*; *sollicitude:* kâḷjî, chiṁtâ, âsthâ, khâtîr *f.*; *designio:* arth, abhiprây, saṁkalp *m* ‖ *Vir ao* —, manâṁt yevuṁk. *Nem por pensamentos,* chiṁtneṁt paryâṁt nâ.

Pensante, *a.* chiṁttalo.

Pensão, *s. f.* peṁsâṁv, pensîl *(do ingl.* PENSION) *n.*, vṛitti *f.*, baiṭhâpagâr *(us. N. C.) m.*; uṁbaḷî, tainâd *(us. Can.) f.*, *sarît *n.*; *foro:* śidâv *m.*, pat *n.*; *o que se paga nos collegios:* khâṇâvaḷ, jevṇâvaḷ *f.*; *(fig.) V.* ENCARGO *e* INCOMMODO.

Pensar, *v. i.* chiṁtuṁk, kalpuṁk, yojuṁk, nihâḷuṁk; *julgar:* samjuṁk, kalpuṁk, disuṁk *(d. do s.)*; *raciocinar:* tarkuṁk, vichâr karuṁk; *fazer tenção:* man karuṁk, manâṁt dharuṁk; *ter cuidado:* chiṁtuṁk; husko disuṁk *(d. do s.)*. ‖ *Sem* —, chiṁti nâstânâ; avchitt; sahaj. ‖ *v. t.* chiṁtuṁk, kalpuṁk, yojuṁk. ‖ — *um animal,* posuṁk, jatan karuṁk *(g. do o.)*. — *uma creança:* bâḷguṁk, saṁbhâḷ-, parâmaś karuṁk *(g. do o.)*. — *uma ferida:* kurârkaruṁk. ‖ *s. m. V.* PENSAMENTO.

Pensativo, *a.* chiṁtner âslalo, chiṁteshṭ, dhyânî.

Pensil, *a.* lâṁbto, uṁkaḷto.

Pensionar, *v. t.* pat-, bhâr ghâluṁk *(d. ou l. do o.)*; peṁsâṁv divuṁk *(d. do o.)*; kashṭâvuṁk, dagdagâvuṁk.

Pensionario, *a.* peṁsâṁvâcho. ‖ *V.* PENSIONISTA.

Pensioneiro, *a. e s. m.* śidâv-, pat phârik kartalo.

Pensionista, *a. e s. m. e f.* peṁsâṁvkâr, vṛittibhojî, basûn pâg \khâtalo, baiṭhâpagârî; khâṇâvaḷ phârik kartalo śikpî.

Penso, *s. m.* bâḷgaṇ, jatan *f.*, saṁbhâḷ *m.*

Penta, *pref.* paṁcha.

Pentagono, *s. m.* paṁchakoṇ *m.*

Pentagramma, *s. f.* paṁcharekhâ *f.*; paṁchâkshar *n.*

Pentamero, *a.* paṁchakhaṁḍ.

Pentametro, *a. e s. m.* paṁchacharaṇ *a. e s. m.*

Pente, *s. m.* dâṁtoṇî, phaṇî, likhoṇî (— *fino*) *f.*

Penteadela, *s. f. V.* PENTEADURA.

Penteado, *s. m.* ugailale keṁs, bâṁdhlale keṁs *m. pl.*

Penteador, *a. e s. m.* ugaitalo, oḷevṇâr *m.*; oḷevuṁcheṁ vastr *n.*

Penteadura, *s. f.* ugauṇî, oḷevṇî *f.*

Pentear, *v. t.* ugauṁk, oḷevuṁk, (keṁs) bâṁdhuṁk. ‖ *v. r.* âple keṁs ugauṁk, -bâṁdhuṁk; *(fig.)* pâlad-, karyâ karuṁk.

Pentieiro, *s. m.* dâṁṭoṇekâr.

Penultimo, *a.* niṃâṇyâ âdlo, upâṁtyo.

Penumbra, *s. f.* apûrṇachhâyâ, khaṁḍachhâyâ, sâvḷîsî *f.* ‖ *Ficar na* —, *(fig.)* kâḷokâṁt-, pâṭhî paḍuṁk.

Penuria, *s. f.* dukaḷ *m.*, daḷdîr *n.*, asvasthi *f.*

Peonagem, *s. f.* pede *m. pl.*, pâṁydaḷ *n.*

Peor, *a. e adv.* adhik vâyṭ,- khoṭo, pâshṭ.

Peora, *s. f.* jaḍ jâṇeṁ *n*, jaḍâvṇî *f.*

Peoramento, *s. m.*, **peoria**, *s. f.* pâshṭpaṇ *n.*

Peorar, *v. t.* pâshṭ karuṁk; jaḍâvuṁk. ‖ *v. i.* pâshṭ-, adhik vâyṭ jâvuṁk; jaḍâvoṁk.

Pepinal, *s. m.* tavśyâṁcho maḷo *m.*

Pepineira, *s. f.* tavśyâṁcho maḷo; biyâḷo *m.; (fig.) V.* PECHINCHA.

Pepineiro, *s. m.* tavśiṇ *f.*

Pepino, *s. m.* tavśeṁ *m.;* tavśîṇ *f.*

Pepolim, *a.* thoṁṭo.‖ *A* —, kuṁṭhûn.

Peptico, *a.* pâçhak.

Pequenez, pequeneza, *s. f.* lahânpaṇ, supûrpaṇ, dhâkṭepaṇ *ou* dhâklepaṇ; moṭvepaṇ; *(fig.)* uṇepaṇ, thoḍepaṇ, halkepaṇ *n.*

Pequenino, *a.* bhav supûr, iloso, dhâkṭulo, chinkulo, piṭkulo, biṭko, biṭiṁglo. ‖ *s. m. V.* MENINO.

Pequeno, *a.* lahân, supûr, supurlo, dhâkṭo *ou* dâkhlo, sân, sânulo, ilo, chillar *(us. Can.)*, *idulo; *que está na infancia:* burgo, lahân, neṇṭo; *de estatura menor:* moṭvo, dhâkṭo, chiko, chimṇo. ‖ *Em* —, burgepaṇiṁ. ‖ *s. m.* burgo *m.*, bâḷ *m. e n.*, por *n.* ‖ -s, *pl.* lahânuṇo lok *m.*

Pequenote, *a.* lahânso. ‖ *s. m.* burgo, cheḍo, cheḍko.

Pequerrucho, *a. e s. m.* sânulo, chikulo; bâbulo.

Pequice, *s. f.* gaḷyepaṇ, khuḷepaṇ *n.*, khuḷây, mûḍhây *f.* | *V.* BIRRA.

Per, *prep. V.* POR.

Pera, *s. f.* per *n.* ‖ *Tem para peras*, jâyte aṭâs kâḍheṁo âsât.

Perada, *s. f.* perâd *n.*

Peral, *a.* perâcho.‖ *s. m.* perîṁcheṁ rân *n.*

Peralta, *V.* PARALTA.

Peralvilho, *V.* PARALVILHO.

Perante, *prep.* mukhâr, hujîr, samar, rubrûb.

Percalçar, *v. t. (ant.)* joḍuṁk.

Percalço, *s. m.* âḍ joḍ, chipṭî *f.*, âḍâv *m.;* yepârâche kashṭ *m. pl.*

Perceber, *v. t.* oḷkhuṁk, oḷakh paḍuṁk *(d. do s., g. do o.)*, disuṁk *(d. do s., s. do o.)*, *comprehender:* samjuṁk, jâṇo jâvuṁk, jâṇuṁk, umjuṁk, chiṁtûn sâruṁk, ṭhâv ghevuṁk *(g. do o.)*, ṭhâvuṁk; *ouvir:* âykuṁk; *divisar:* baro paḷevuṁk; *receber (ordenados):* ghevuṁk, khâvuṁk. ‖ *Deixar* —, dâkhaun divuṁk, kaḷauṁk.

Percebimento, *s. m.*, **percepção**, *s. f.* oḷakh, *f.*, darśan *n.;* samjaṇî, samaj, umjaṇî *f.*, ṭhâvak *m.;* paḷevṇî *f.*, âykaṇeṁ *n.*

Percentagem, *s. f.* śekḍyâvayr dasturî *f.*

Perceptibilidade, *s. f.* vishayavedanaśakti *f.*

Perceptivel, *a.* oḷkhuṁcho, samjacho, vedya.

Perceptivelmente, *adv.* samjûṁyeseṁ, kaḷaseṁ.

Perceptivo, *a.* oḷkhîcho, samjaṇecho, umjaṇecho.

Percha, *s. f.* kâṭhî; dâṁḍî *f.*

Percorrer, *v. t.* chalûn-, dhâṁvûn kâḍhuṁk, bhoṁvuṁk. ‖ *V.* ESQUADRINHAR. ‖ — *com a vista*, dishṭ ghâluṁk *(l. sup. do o.)*, ḍoḷe bhoṁvḍâvuṁk *(id.)*

Percuciente, *a.* topeho, baḍauṁcho, ghây karcho.

Percurso, *s. m.* mârg *ou* mârag *m.* gati, sarṇî *f.*

Percussão, *s. f.* baḍauṇî, dâḍâvṇî, topṇî; âḍaḷṇî *f.;* dachko *m.*

Percussor, percutidor, *a. e s. m.* toptalo, mârṇâr, baḍauṇâr.

Percutir, *v. t.* mâruṁk, baḍauṁk, dâḍâvuṁk, topuṁk.

Perda, *s. f.* sâṁḍṇî, gaḷṇî, hârpaṇ *f.;* nâś *m.*, naśaṇ, nashṭ *n.*, hâṇî, khutî, aṁtar *f.*, aṁtaratv *n.;* nuksân *ou* nuskân *n.*, toṭo *m.*, tûṭ, ghas, ghasaṇ *f.;* gharṭhân, nisaṁṭan *n.* ‖ *Sem — de tempo*, veḷ kâḍhi nâstânâ, rokḍoch.

Perdão, *s. m.* bogsaṇeṁ, khem *n.*, mâphî, suṭkâ, bakhśîs *f.* ‖ *Peço* —, gunyâṁv bogas, vâyṭ disûṁ nâkâ.

Perder, *v. t.* sâṁḍuṁk *ou* sâṁḍauṁk, hârpuṁk; pirderjâvuṁk, aṁtruṁk *(v. i., s. do o.)*, vachuṁk *(id.)*, hâtâṁtlo suṭuṁk *(id.)*, âp nâsuṁk *(id.)*; *não ganhar:* pirderjâvuṁk, hogḍâvuṁk, hâruṁk; *não aproveitar:* soḍûn divuṁk, pirderkaruṁk; *desperdiçar:* bighḍâvuṁk, bhaṁgauṁk, nâśuṁk, vâṭek lâvuṁk; *deixar esquecer:* chukuṁk, visruṁk; *soffrer damno:* tûṭ-, toṭo yevuṁk *(d. do s., g. do o.)*, nuskân jâvuṁk,- paḍuṁk *(id.)* ‖ — *o appetite*, rûch nâsuṁk *(d. do s.)*, rûch kâḍhoṁk *(g. do s.)* — *o conceito*, nâṁv hogḍâvuṁk. — *a côr*, raṁg badloṁk *(g. do s.)*; kalkaluṁk. — *a Deus*, Dev aṁtruṁk *(d. do s.)* — *a esperança*, âśâ sâṁḍuṁk. — *a estribeira*, rânâṁt paḍuṁk. — *a fala*, vâchâ dharoṁk (g. do s.). — o juizo, mat phiruṁk (g. do s.). — a memoria, ughḍâs nâsuṁk (d. do s.). — os passos ou as passadas, beshṭo vâvruṁk. — pé, pâṁy nâ lâguṁk (g. do s.); rânâṁt paḍuṁk. — o somno, nîd khaḷuṁk (g. do s.). — tempo, veḷ kâḍhuṁk. — terreno, pâṭhî uruṁk. — o tino ou a tramontana, pisâvoṁk. — os sentidos, jhîṁṭ mâruṁk (d. do s.); khubhdaḷuṁk. — a vez, pâḷî chukauṁk. — a vida, bhâyr paḍuṁk, maruṁk. — a vista, kurḍo jâvuṁk. — de vista, ḍoḷyâṁ âḍ paḍuṁk (g. do s., s. do o.); khabar nâsuṁk (d. do s., g. do o.). || v. i. pirderjâvuṁk, toṭo yevuṁk (d. do s.), nuskân bhogoṁk (d. do s.). || Pela bocca perde o peixe, âplyâ toṁḍân mâsḷî martâ. || v. r. pirderjâvuṁk, nâśuṁk, bhaṁguṁk, bighḍuṁk. || — por alguem, jîv sâṁḍuṁk. — de riso, hâṁsûn harḍeṁphûṭ jâvuṁk.

Perdição, s. f. pirdisâṁv n., sâṁḍṇî, hârpaṇî f.; nâś, satyanâś m.; durgati f., kumârg m.

Perdida, s. f. V. PERDA.

Perdidamente, adv. phaḷâvîṇ, vâyâṁ; bhârîṁ, bhav chaḍh.

Perdidiço, a. sâṁḍoṁk baro; bhoṁvûn bhoṁvûn sâṁḍtalo.

Perdido, a. sâṁḍlalo; visarlalo; mogân bharlalo,- bhullalo. || Homem —, avdisâ lâglalo-, nashṭo manîs, Mulher perdida, V. PROSTITUTA.

Perdigão, s. m. dâdlo titar m.

Perdigoto, s. m. lahân titar; (fig.) thiṁpiyecho śitoḍo m.

Perdigueiro, s. m. titar mârcheṁ śuṇeṁ n. || a. titar mârcho.

Perdimento, s. m. V. PERDIÇÃO.

Perdivel, a. aṁtarûṁyeso, jâyt nâ jâyt tasalo.

Perdiz, s. f. titar, kavḍo, kapiṁjal m., koṁkârî f.

Perdoador, a. e s. m. bogsitalo, bogasṇâr.

Perdoar, v. t. bogsuṁk, soḍuṁk, mâph karuṁk; niraprâdhuṁk. || Deus lhe perdoe, Devân tâchî kâkût karchî.

Perdoavel, a. bogsuṁcho, mâph karcho.

Perdulario, a. hogḍâvṇo, ibâḍyo, vîdhḷo, divâḷkhor, vikshepî.

Perduração, s. f. lâṁb tagṇeṁ, ajarpaṇ n.

Perduravel, a. tagṇâr, tagcho, thîr, ajar, śâsvat.

Perduravelmente, adv. ajarpaṇîṁ, śâsvatîṁ.

Perecedoiro, perecedor, a. sartalo, gat jâtalo, vinâśî, nâśivaṁt, aṁtvaṁt, naśvar.

Perecer, v. i. saruṁk, gat-, kabâr (do port. ACABAR) jâvuṁk; maruṁk.

Perecimento, s. m. sarṇî f., naśaṇ n., nâś m.

Peregrinação, s. f. jâtrâ, tîrthjâtrâ f.; pais vachṇeṁ n., muśâpharî f. || A — d'este mundo, saṁsârâṁtlî jîṇ f.

Peregrinador, a. e s. m., **peregrinante**, a. e s. videśî, pardeśî, pravâsî.

Peregrinamente, adv. âthvepaṇîṁ, navalân; uttampaṇîṁ.

Peregrinar, v. t. jâtrek bhoṁvuṁk. || v. i. bhâylyâṁ gâṁvâṁk vachuṁk, pardeśuṁk, pardeśî jâvûn bhoṁvuṁk; jâtrek-, tîrthâk vachuṁk; (fig.) V. DIVAGAR.

Peregrino, s. m. jâtrekâr, tîrthak; pardeśî, muśâphar. || a. bhâylo, parko, âthvo; uttam, śreshṭh, aprûb.

Pereira, s. f. per f.

Pereiral, s. m. periṁcheṁ rân n.

Peremptoriamente, adv. nikshûn, khachît, ekdam.

Peremptorio, a. sâph, sarsarît, charchârît, khaṁḍit, saṁgin.

Perennal, perenne, a. sadâṁcho, sadâṁkâḷâcho, niraṁtar, akhaṁḍit, ajarâvar, sarvakâḷiṇ, nitya.

Perennalmente, perennemente, adv. sadâṁkâḷ, sarvakâḷ, niraṁtarîṁ.

Perennidade, s. f. niraṁtarpaṇ, ajarâvarpaṇ n., śâśvatî f.

Per fas et nefas, adv. kaseṁy jâṁv, aseṁ jâṁv taseṁ, baryân jâṁv vâyṭân.

Perfazer, v. t. bhar karuṁk (g. do o.), bharuṁk; saṁpâduṁk, puro-, purto karuṁk, saṁpauṁk; karuṁk, pâḷuṁk.

Perfazimento, s. m. saṁpâdṇî, saṁpauṇî, śâttî f.

Perfectibilidade, s. f. saṁpûrṇ jâvuṁcho guṇ m., saṁpûrṇiyatâ f.

Perfectivel, a. sudhâroṁyeso, pûrṇ-, saṁpûrṇ jâvuṁcho.

Perfectivo, a. saṁpûrṇ karcho, sudhârcho.

Perfeição, s. f. saṁpâdṇî, saṁpṇî, siddhi, saṁpûrṇây, paripûrṇây, paripûrtti, pûrtti, nigutây f., pûrṇpaṇ, uttampaṇ, śreshṭhpaṇ; sulakhiṇ n., guṇ, suguṇ m.

Perfeiçoar, v. t. V. APERFEIÇOAR.

Perfeitamente, *adv.* saṁpûrṇâyeṇ, purteṇ, saṁpâdûn; bhav-, jabar bareṁ, bare bhâsheṇ.

Perfeito, *a.* sarvbaro, pûrṇbaro; puro, purto, pûrṇ, saṁpûrṇ, paripûrṇ, nigût, siddh, akhoḍ, saṁgin, sâṁg; pakko, nipuṇ, pravîṇ, saṁpann, gâḍho; *(gram.)* siddh.

Perfidamente, *adv.* âbghâtân, viśvâsghât karûn.

Perfidia, *s. f.* apghât *ou* âbghât, ghât, viśvâsghât, viśvâsbhaṁg *m.*, dagal, labâḍî, phiturî *f.*, phitûrpaṇ *n.*, mas *(us. Can.) m.*

Perfido, *a.* ghâtkî, apghâtî *ou* âbghâtî, kuḍo, khoṭo, gaḷekâpo, phituryo, viśvâsghâtkî.

Perfil, *s. m.* ardhe taklecheṁ vaḷaṇ,- chitr; eke kuśîcheṁ-, kaḍecheṁ rûp *n.;* baglâcho âkâr *m.* ‖ *De —*, eke kuśîn, baglân.

Perfilar, *v. t.* ekâ ardhân chitruṁk, ardhâkâr kâḍhuṁk *(g. do o.)*; *alinhar:* hârîr kâḍhuṁk,- mâṁḍuṁk; *aprumar:* khuṁṭ-, ubho karuṁk. ‖ *v. r.* khuṁṭ-, nîṭ râvuṁk. ‖ *— com alguem*, karyâ karuṁk.

Perfilhação, *s. f.*, **perfilhamento**, *s. m.* dharmputr-, posko putr karṇeṁ *n.*

Perfilhador, *a. e s. m.* putr karûn ghetalo, dharmputr kartalo.

Perfilhar, *v. t.* putr karûn ghevuṁk, dharmputr-, posko putr karuṁk.

Perfulgente, *a.* laklakît, jhagjhakît, prajvaḷit.

Perfumado, *a.* parmaḷît, surabhi.

Perfumador, *a.* parmaḷâytalo, parmaḷ ghâltalo. ‖ *s. m.* parmaḷâchî paṇṭî *f.*

Perfumadura, *s. f.* parmaḷâvṇî *f.*

Perfumar, *v. t.* parmaḷâvuṁk, parmaḷ lâvuṁk *(d. do o.)*,- ghâluṁk *(d. ou l. do o.)*, vâsâvuṁk.

Perfumaria, *s. f.* parmaḷâṁcho mâṁḍ *m.;* parmaḷ *m. pl.*

Perfume, *s. m.* parmaḷ, damdam, suvâs, sugaṁdh; *preparado aromatico:* parmaḷ *m.;* phulel *(— de flores)*; gaṁdhel *(— esp. de sandalo) n.*

Perfumeiro, *s. m.*, **perfumista**, *s. m. e f.* parmaḷ viktalo, gaṁdhî, sugaṁdhî, attârî.

Perfunctoriamente, *adv.* vaylyâvayr, burḍûn.

Perfunctorio, *a.* vaylyâvayr-, kelâ mhaṇuṁk kelalo, athir.

Perfuração, *s. f.* topṇî, koṁkṇî, vidhṇî *f.*

Perfurador, *a. e s. m.* topṇâr; topuṁk-, vidhuṁk upkârto.

Perfurante, *a.* topcho, koṁkcho. ‖ *Instrumento —*, topcheṁ hatyâr *n.*

Perfurar, *v. t.* topuṁk, vidhuṁk, koṁkuṁk.

Pergaminheiro, *s. m.* charmapatr kartalo va viktalo.

Pergaminho, *s. m.* charmapatr *n.* ‖ -s, *pl. (fig.)* kulachihnapatrâṁ, kulachihnâṁ *n. pl.*

Pergunta, *s. f.* vichârṇeṁ *n.*, vichâr, savâl *m.*, *pusṇî *f.*, nimgaṇeṁ *ou* nimgiṇeṁ *(us. Sal.)*, praśn *(p. us.) n.*

Perguntador, *a. e s. m.* vichârtalo, vichârṇâr, nimgitalo; ghaḍiye ghaḍiye vichârtalo. ‖ *V.* INDAGADOR.

Perguntar, *v. t.* vichâruṁk, nimguṁk *(us. Sal.)*, *pusuṁk; khabar ghevuṁk *(g. do o.)*, pusî karuṁk *(g. do o.)*. ‖ *v. i.* vichâr karuṁk, savâl ghâluṁk. ‖ *— por*, khabar ghevuṁk.

Perianthо, *s. m. (bot.)* pushpaliṁgâvaraṇ *n.*

Peribolo, *s. m.* gharâcheṁ âṁgaṇ *n.*

Pericardino, *a.* hṛidâśayâcho.

Pericardio, *s. m. (anat.)* hṛidâśay *m.*

Pericardite, *s. f.* hṛidâśayâchi suj,- duḥkh *f.*

Pericarpico, *a.* bîjakośâcho.

Pericarpo, *s. m. (bot.)* bîjakoś *m.*

Pericia, *s. f.* karâmat, marâmat, yukti, hikmat, mardî, nigutây *f.*, kasab, sugraṇpaṇ *n.*

Periclitante, *a.* jokhâk-, śaṁkek sâṁpaḍlalo, riskâr *(do port.* RISCO)-, perigâṁt âslalo.

Periclitar, *v. i. V.* PERIGAR.

Pericranio, *s. m.* kapâlâvaraṇ *n.*

Perigalho, gaḷyâ va khâḍkechî kâtḍî *f.*

Perigar, *v. i.* perigâṁt-, riskâr âsuṁk, jokhâk-, śaṁkek sâṁpḍuṁk, kâḷ yevuṁk *(l. sup. do s.)*.

Perigeu, *s. m. (astr.)* nîchasthân *n.*

Perigo, *s. m.* perîg, kâḷ, bhay *m.*, bheṁ, jokhîm *n.*, jokh, ḍag, dhako, prasaṁg, saṁdhev *m.*, śaṁkâ *f.* ‖ *V.* ABORTO. ‖ *Expor ao —*, riskâr *(do port.* RISCO)-, saṁkaṭâṁt ghâluṁk. *Estar em —*, perigâṁt âsuṁk, kâḷ yevuṁk *(l. sup. do s.)*. *— de vida*, prâṇsaṁkaṭ, prâṇsaṁdhev *m.*, apamṛityu *n.*

Perigosamente, *adv.* bhayân, saṁkaṭân, jivâr yevûn.

Perigoso, *a.* perigâcho, riskâcho, bhayâcho, bhaykar, sabhay, jokhmî, jokhmâcho.

Perihelio, *s. m. (astr.)* śîghrochch *m.*
Perimetria, *s. f.* sîmâsûtramâpan *n.*
Perimetrico, *a.* sîmâsûtrâcho.
Perimetro, *s. m.* sîmâsûtr *n.*
Perimir, *v. t. (for.)* toḍuṁk, kâḍhûn uḍauṁk.
Perineo, *s. m.* gâṁḍ *f.*
Periodicamente, *adv.* nemlalyâ velâr, kâlniyamân, tovaḷtovaḷîṁ.
Periodicidade, *s. f.* kâlniyampaṇ *n.*
Periodico, *a.* samayâcho, samayik, yugâcho; nemlalyâ kâḷâcho, kâlniyamâcho, nitya *ou* nite, tyâch velâr-, samayâr ghaḍto,- partato. || *s. m.* vârttâpatr, vartamânpatr, kâgad *n.*
Periodiqueiro, *a. e s. m. V.* JORNALISTA.
Periodo, *s. m.* samay, kâl *ou* kâḷ, veḷ, pallo *m.*, kârgat; *(astr.)* pherî *f.*, phero *m.*; *(chron.)* kâlmân, kâlchakr, chakr, yug *n.*, kâlgaṇ *m*; *(med.)*, avasthâ *f.*, piḍeche daśecho veḷ *m.*; *(gram.)* phâṁkî, gâthâ *f.*, pûrṇvâkya *n.* || — *de vida*, parây *ou* pirây *f.*, vay *n.*
Periosteo, *s. m. (anat.)* asthitvach *f.*
Peripecia, *s. f.* badlap *n.*, vikriti *f.*; naval *n.*, avchitt gosht *f.*, chiṁti nâslaleṁ kalam *n.*
Peripheria, *s. f.* ghero, veḍho; gâḍo *m.*
Periphrase, *s. f.* girkâṁḍo, uttrâṁcho bhoṁvâḍo *m.*, vakrokti *f.*
Periphrastico, *a.* girkâṁḍyâcho.
Peripneumonia, *s. f. (med.)* popsâchî duḥkh *f.*, phupphusadâh *m.*
Periquito, *s. m.* kirâṁṭî *f.*
Perisperma, *s. m. (bot.)* biyecheṁ sarl,- karl *n.*
Perissologia, *s. f.* śabdâtirek *m.*
Peristylo, *s. f.* staṁbhapaṁkti; khâṁbyâṁchî devḍî *f.*
Perito, *a.* jâṇṭo, pakko, sâṁdhno, sugraṇ, mardikâr, mardivaṁt, karâmatî, kasabî, nipuṇ, abhyâsî, parîkshâvaṁt.
Peritoneu, peritonio, *s. m.* vap *f.*, aṁtraveshṭan *n.*
Peritonite, *s. f.* vapechî duḥkh *f.*
Perjuramente, *adv.* laṭîk śapûthân, apramâṇîṁ; śapûth moḍûn.
Perjurar, *v. t. V.* ABJURAR. || *v. i.* jurâmeṁt-, śapûth moḍuṁk; laṭîk-, phoṭkiro śapûth divuṁk, phoṭkireṁ pramâṇ-, apramâṇ karuṁk.
Perjurio, *s. m.* śapûth moḍneṁ; apramâṇ karṇeṁ *n.*; laṭîk śapûth *m.*, phoṭkireṁ pramâṇ, apramâṇ *n.*
Perjuro, *a. e s. m.* śapûth moḍlalo; laṭîk śapûth ditalo, phoṭkireṁ pramâṇ kartalo, apramâṇîk, kûṭsâkshî, phoṭkiro gvâhî.
Perlonga, *s. f.* lâṁbây *f.*, taḍav *m.* || -S, *pl.* jhâṁkṇî *f.*, charpaṭ *n.*
Perlongar, *v. t.* lâṁbâyen vachuṁk *(g. do o.)*; lâṁbâyen teṁkuṁk *(d. do o.)*. || *v. i. e r.* kuśîn-, baglen vachuṁk.
Perlustrar, *v. t.* tarjûn bhoṁvûn kâḍhuṁk, paḷevûn baḷâṁḍuṁk.
Perluxo, *a. V.* PROLIXO.
Permanecente, *a. V.* PERMANENTE.
Permanecer, *v. i.* nite âsuṁk, taguṁk, uruṁk, râvuṁk, ṭhikuṁk, thâruṁk, thiruṁk.
Permanencia, *s. f.* tagṇî, urṇî râvṇî, ṭhikṇî *f.*; thirpaṇ, thîrsaṇ, śâśvat *n.*, śâsvati *f.*
Permanente, *a.* sadâṁ-, bhav kâḷ âstalo,- urtalo, tagtalo, thîr, aḍhaḷ, śâśvat, nitya *ou* nite; karârî, khud.
Permanentemente, *adv.* thîrpaṇîṁ, śâśvatîṁ; khuḍ.
Permeabilidade, *s. f.* bhedcho guṇ *m.*, bhedyatâ, bhedanagamyatâ *f.*
Permear, *v. t.* madhlyân vachuṁk lâvuṁk; madheṁ ghâluṁk-, khaṁchauṁk, rigauṁk, vyâpuṁk, topuṁk. || *v. i.* madheṁ âsuṁk, riguṁk, bheduṁk. || *V.* SOBREVIR.
Permeavel, *a.* bhedcho, rîg âslalo, rigâcho.
Permeio, *de —*: madheṁ, madhekat. || *Metter-se de —*, madheṁ yevuṁk; âḍâvuṁk.
Permissão, *s. f.* rajâ, parvângî *f.*, anumat *n.*, anumân, nirop *m.*, niropṇeṁ, nirmaṇ *n.*, hukûm *m.*; sattâ *ou* sattyâ, âpkhuśî *f.*
Permissivamente, *adv.* karuṁk divûn, rajen.
Permissivel, *a.* karuṁk divuṁcho, puṭayṭo, sattecho.
Permissivo, *a.* rajâ ditalo, anumatâcho.
Permittir, *v. t.* rajâ-, hukûm divuṁk *(g. do o.)*, niropuṁk, anumânuṁk, nirmuṁk, divuṁk *(com outro verbo, ex.:* karuṁk divuṁk, *permittir fazer)*. || *É permittido*, -yet *(ex.:* sâṁgûṁyet, *é permittido dizer)*, harkat nâṁ. *Deus permitta*, Devâk jây jâṁv.
Permuta, permutação, *s. f.* **badal**, sadalbadal, badalṇî *f.*, badlap, prâtidân, paridân *n.*, *(arith.)* aṁkpâś *m.*
Permutador, *a. e s. m.* **badaltalo**, badal kartalo.

Permutar, *v. t.* badlumk, badal karumk *(g. do o.)*, badlek divumk. || *V.* PARTILHAR.

Perna, *s. f.* pern *n.*, pâmy, domko *m.*, tâmgḍî, jâmghlî *f.*; ḍhâmgo *m.* || *Dar á —*, nâchumk; gaḍgaḍyâm-, daḍâm chalumk. *Dar ás pernas*, paḷumk, jhurî kâḍhumk. *Estar de — extendida*, pâmy soḍûn basumk. *Extender a —*, pâmy uklumk. *Jogar com — de pau*, monyâ-, mumkyâ saṁgaḍyân kheḷumk. *Á — solta*, sâvkâśâyen.

Pernaça, *s. f.* moṭo pâmy, -domko *m.*

Pernada, *s. f.* ḍhâmg *n.*; rukhâcho khâmdo *m.*

Pernalto, *a.* dhâmgâḷo. || **-as**, *s. f. pl.*, ḍhâmgâḷim pâkhruvâm *n. pl.*

Pernão, *a.* vikhaṇ. || *Par ou —*, geḍem phâḍem (kheḷ).

Pernear, *v. i.* domke baḍaumk,-âpṭumk; uḍumk, uḍkaṇâm ghâlumk; lâṭâvumk, phâprâvumk.

Pernicie, *s. f. V.* ESTRAGO.

Perniciosamente, *adv.* nashṭân, vâyṭân.

Pernicioso, *a.* vâyṭ, nashṭâdîk, dushṭ, apkârî, nâśivamt.

Pernicurto, *a.* moṭvyâm-, supurlyâm domkyâmcho.

Pernil, *s. m.* domkḷî *f.* || *Esticar o —*, marumk, goḍâk vachumk.

Pernilongo, *a.* lâmbâm domkyâmcho, ḍhâmgâḷo.

Perninha, *s. f.* jâmghlî *f.*

Perno, *s. m.* châkdâmḍo, âmkh *m.*; âḍî *f.*

Pernoitar, *v. i.* rât kâḍhumk, vastek râvumk.

Pero, *s. m.* *per *n.* || *Estar são como —*, mâṇkulo-, rokh âsumk.

Perola, *s. f.* motîm, muktâphaḷ *n.*

Peroleira, *s. f. V.* MADREPEROLA.

Peroração, *s. f.* kathopasaṁhâr, bhâshaṇopasaṁhâr *m.*; saṁpâḍṇî *f.*

Perorador, *a. e s. m. V.* ORADOR.

Perorar, *v. i.* kathopasaṁhâr karumk, bhâshaṇ saṁpâḍumk; gârâṇem karumk.

Perpassar, *v. i.* baglen-, kuśîn vachumk; vâṭ ghevumk, mârgâk lâgumk. || *V.* DECORRER.

Perpendicular, *a.* ubho, niṭ, nîṭ ubho, saraḷ ubho, khumṭ. || *s. f.* lamb, lambak *m.*

Perpendicularidade, *s. f.* nîṭ ubhepaṇ *n.*, saralatâ *f.*

Perpendicularmente, *adv.* ubho *(a.)*, nîṭ.

Perpendiculo, *s. m.* oḷambyâmcho doro *m.*

Perpetração, *s. f.* (pâtak) karṇem *n.*, âdarṇî *f.*

Perpetrador, *a. e s. m.* kartalo, âdarṇâr.

Perpetrar, *v. t.* (pâtak, gunyâmv) âdarumk, karumk.

Perpetua, *s. f. (bot.)* perpet *(planta) f.*; *(flor) n.*

Perpetuação, *s. f.* niramtar-, śâśvat karṇem, śâśvatîkaraṇ *n.* || *V.* PERPETUIDADE.

Perpetuador, *a. e s. m.* śâśvat-, sâsṇâcho kartalo.

Perpetuamente, *adv.* śâśvatîm, śâśvat, niramtarîm, sadâmkâl, sâsṇâk.

Perpetuar, *v. t.* sâśvat-, akhamḍit karumk, *sâsṇumk. || *v. r.* sadâmkâl tagumk, śâśvat jâvumk.

Perpetuidade, *s. f.* śâśvatî *f.*, śâśvat, sâsaṇ, niramtarpaṇ, akhamḍitpaṇ *n.*, akhamḍitây *f.*, thîrpaṇ, ajarâvarpaṇ, nityapaṇ *n.*

Perpetuo, *a.* niramtar, nitya *ou* nite, śâśvat, śâśvatik, sâsṇâcho, akhamḍit, ajarâvar, sadâmcho, ekâmt, sarvkâḷîṇ, pârampârik; sagḷe jinîcho, parâybhar.

Perplexamente, *adv.* ḍaumḍaḷûn, pâṭhî phuḍe sarûn.

Perplexão, perplexidade, *s. f.* ḍaumḍaḷây *f.*, athîr man, athîrpaṇ *n.*, śamkâ *f.*, dubhâv *m.* || *V.* AMBIGUIDADE.

Perplexo, *a.* ḍaumḍaḷît paṭhî phuḍe sartalo, athîr, dubhâvî, laharî.

Perquisição, *s. f. V.* INVESTIGAÇÃO.

Perra, *s. f. (ant.)* kolgem *n.*

Perraria, *s. f.* thuklâvṇî, kichḍâvṇî, châḷauṇî, bhagal *f.*

Perrice, *s. f. V.* TEIMOSIA *e* PERRARIA.

Perro, *s. m.* śuṇem, kutrem *n.*, kutro *m.* || *Dar-se a perros*, tiḍumk, châḷvumk. || *a.* gâḍh, ghaṭṭ. || *V.* OBSTINADO.

Perruma, *s. f.* kumḍyâchî poḷî *f.*

Persa, *a. e s. m.* irâṇî.

Perscrutação, *s. f.* chaukaśî, tapâsṇî *f.*, vichâr; dhumḍâḷo *m.*

Perscrutador, *a. e s. m.* chaukasdâr, tapâsî, dhumḍâḷṇâr.

Perscrutar, *v. t.* tapâsumk, chaukasumk, dhumḍâḷumk, vichâr-, vâjpuśî karumk *(g. do o.)*; śodh-, ṭhâv ghevumk *(g. do o.)*.

Perscrutavel, *a.* tapâsûmyeso, dhumḍâḷcho.

Persecução, perseguição, *s. f.* dhumâḷo *m.*, piḍâpîḍ, ijâ, gâmjṇî, kashṭâvṇî, dagdagâvṇî, saṁtâpṇî *f.*; kashṭ, dagd, trâs *m. pl.*

Perseguidor, *a. e s. m.* piḍâpîḍ-, trâs ditalo, dhumâḷtalo, saṁtâpṇâr.

Perseguimento, *s. m.* pâṭhâpâṭhî lâgṇeṁ *n.*

Perseguir, *v. t.* pâṭh ghevuṁk *(g. do o)*, pâṭhâpâṭhî-, pâḷâṁk, lâguṁk *(g. do o.)*; khâvuṁk, jîv khâvuṁk *(g. do o.)*, dhumâḷuṁk, kashṭâvuṁk, dagdagâvuṁk, raḍauṁk, gâṁjuṁk, ijâ-, trâs divuṁk *(d. do o.)*, saṁtâpauṁk. ‖ *V.* IMPORTUNAR *e* PUNIR.

Persevejo, *s. m.* bhikûṇ *m.*

Perseverança, *s. f.* chikaṭây *f.*, chikaṭpaṇ yatna *n.*, udyog, udyam *m.*; thîrpaṇ, thirâsaṇ *n.*, thirây *f.*, dhîr, dam, neṭ *m.*, dhair, dhiryeṁ *n.*, sthiti, achaṁchaḷây, saṁsthâ *f.*

Perseverante, *a.* udyogî, yatnî, udyamî, chikaṭ; thîr, dhairyavaṁt, dhiryavaṁt, dhirâdîk, achaṁchaḷ.

Perseverantemente, *adv.* udyogîṁ, yatnîṁ, thîrpaṇîṁ.

Perseverar, *v. i.* chikaṭûn râvuṁk; thîr âsuṁk, thiruṁk, tharuṁk.

Persiana, *s. f.* khiḍkechî kaṭsarî *f.*

Persico, *a.* irâṇî, phârśî.

Persignar-se, *v. r.* khurîs kâḍhuṁk, sâṁtâ khursâche karuṁk,- mhaṇuṁk.

Persistencia, *s. f.* chikaṭây *f.*, udyog *m.*, thîrpaṇ *n.*

Persistente, *a.* chikaṭ, achaṁchaḷ, yatnî, udyogî.

Persistir, *v. i.* ghâṁsuṁk, jharauṁk *(vv. tt.)*, lâgûn âsuṁk, peṭuṁk. ‖ *V.* PERSEVERAR.

Persolver, *v. t.* nigêt-, nipaṭ phârîk karuṁk.

Personagem, *s. f. e m.* vhaḍlo manîs, gṛihasth, mahâjan, śreshṭhjan *m.*, vyakti *f.*; soṁg, rûp *n.*, vesh *m.*

Personalidade, *s. f.* ashṭâṁg, janatva *n.*, vyakti *f.*; khudpaṇ, khâsgîpaṇ; lâvûn ulauṇeṁ, marmabhâshaṇ, akmânâcheṁ uttar *n.*

Personalização, *s. f.* viśeshṇî *f.*, koṇ jaṇ to dâkhauṇeṁ *n.*

Personalizar, *v. t.* amko jaṇ mhaṇ dâkhauṁk, koṇ manîs to sâṁguṁk. ‖ *V.* PERSONIFICAR. ‖ *v. i.* nâṁvâr-, varmâṁnîṁ ulauṁk, akmân karuṁk, nâṁv ghevûn vâyṭ ulauṁk.

Personificação, *s. f.* manushyaguṇârop, janatvârop; jaṇrûp *n.*; namuno *m.*, dekh *f.*

Personificar, *v. t.* jaṇ kaso karuṁk, janatvârop karuṁk *(d. do o.)*; jaṇrûp divuṁk *(d. do o.)*; namuno-, dekh jâvuṁk *(g. do o.)*. ‖ *V.* PERSONALIZAR.

Perspectiva, *s. f.* yathâdarśanachitralekhan; darśan *n.*, dishṭ; âs, âśâ *f.* ‖ *Ter em —*, âpṇâk meḷtaleṁ mhaṇ râvuṁk, âśâ karuṁk.

Perspicacia, *s. f.* bârkây, barkamây, sukshmabuddhi, chatrây, śiḍukây *f.*, matiprakarsh *m.*

Perspicaz, *a.* bârîk, śiḍûk, chatur, khol, śahâṇo, achirkâyecho, sukshmabuddhi.

Perspicazmente, *adv.* bârkâyen, śiḍukâyen.

Perspicuidade, *s. f.* ughḍâpepaṇ, sashṭpaṇ, nirmaḷpaṇ *n.*

Perspicuo, *a.* ughṭo, ughḍâpo, sashṭ, nirmaḷ, samjuṁk baro.

Persuadimento, *s. m.* *V.* PERSUASÃO.

Persuadir, *v. t.* samjâvuṁk, manâṁt ghâluṁk,- khaṁchauṁk; mavâḷuṁk, mathuṁk, vaḷauṁk, kânâṁt phuṁkuṁk *(g. do o.)*, koṁbo kâḍhuṁk *(d. do o.)*. ‖ *V.* ACONSELHAR. ‖ *v. r.* samjuṁk, manâṁt ghevuṁk,- dharuṁk.

Persuadivel, *a.* samjâvûṁyeso, soṁpepaṇîṁ samjato.

Persuasão, *s. f.* samjâvṇî, mavâḷâvṇî, mathṇî, vaḷauṇî; samjoṇî, bhâvanâ, khâtar *f.*, nichev *m.*

Persuasiva, *s. f.* samjâvuṁchî-, bhoḷâvuṁchî mâṁḍṇî *f.*

Persuasivel, persuasivo, *a.* mavâḷuṁcho, khâtrîcho, samjoṇecho, samjâvuṁk upkârto.

Persuasor, *a. e s. m.* samjâvṇâr, mavâḷṇâr.

Persuasoria, *s. f.* samjâvuṁcho tark *m.*

Persuasorio, *a.* *V.* PERSUASIVO.

Pertença, *s. f.*, **pertence,** *s. m.* lâgtî-, phâvotî vast *f.*, upaskar *m.*, saṁbaṁdhî sâmaṇ; vitt *n.*, âstî *f.* ‖ *V.* ATTRIBUIÇÃO.

Pertencente, *a.* -cho *(ex.: pertencente a Pedro,* Pedrûcho), lâgto, lâgî, saṁbaṁdhî.

Pertencer, *v. i.* âsuṁk *(g. do o. indir.; ex.: esta casa pertence a Francisco,* heṁ ghar Frâṁskâcheṁ âsâ; *ou simplesmente:* heṁ ghar Frâṁskâcheṁ); *ser devido ou merecido:* phâvo jâvuṁk, phâvuṁk, yeveṁ âsuṁk *ou* jâvuṁk; *ser da competencia; referir-se:* lâguṁk, paḍuṁk.

Pertiga, *s. f.* *V.* PIRTIGA.

Pertinacia, *s. f.* mastî, saḷ *f.*, haṭh, vâdo *m.*, tem *m. pl.*

Pertinaz, *a.* âplyâ vâdyâcho, jâḷgo, laṁchaṭ, saḷî haṭhî.

Pertinazmente, *adv.* tem karûn, saḷîn.

Pertinente, *a.* kâmâk yeto, -paḍto, yukt, prâsaṁgik, lâyk. ‖ *V.* CONCERNENTE.

Perto, *adv.* lâgîṁ, lâgśîṁ, teṁkûn, baglek, muryâṁt. ‖ — *de, prep.*, sarśeṁ *ou* sarśîṁ, sarîṁ, pâsîṁ, javaḷ (*us. N. C.*); *pouco menos de,* sumâr, -so (*decl., ex.:* śeṁbharso, *perto de cem*); *a ponto de,* âsuṁk (*com outro verbo; ex.:* maruṁk âslo, *estava perto de morrer*). ‖ *De — ou ao —*, teṁkûn, lâgîṁ; (*fig.*) bhitar sudâ. ‖ -s, *s. m. pl.* teṁkûn paḷevuṁche gûṇ *m. pl.*

Pertucha, *s. f. V.* PORTUCHA.

Pertuchar, *v. t. V.* PORTUCHAR.

Perturbação, *s. f.* uchaṁbaḷâvṇî, halkaṁḍâvṇî; uchaṁbaḷṇî, halkaṁḍṇî, kalkalṇî; uchaṁbaḷây, vyâkuḷây, asvasthi *f.*, asvasthpaṇ, hairâṇ *n.*, saṁtâp, upadravo *ou* upadro, âkâṁt; taḷmaḷo, gaḷbaḷ; goṁdhaḷ *m.*, tîḍ *f.*

Perturbadamente, *adv.*, âkâṁtûn, kalkalûn.

Perturbado, *a.* uchaṁbaḷ, halkaṁḍlalo; gâbharlalo, lajjlalo.

Perturbador, *a. e s. m.* uchaṁbaḷâvṇâr, tuphânkâr; ghuspâvṇo.

Perturbar, *v. t.* uchaṁbaḷâvuṁk, halkaṁḍâvuṁk, kalkalâvuṁk, saṁtâpauṁk, âkâṁtâvuṁk, thâr nâ divuṁk (*d. do o.*); *interromper:* ghuspâvuṁk, goṁdhḷâvuṁk; *envergonhar:* lajjauṁk, lajjek ghâluṁk, gâbhrâvuṁk. ‖ *v. r.* uchaṁbaḷuṁk, halkaṁḍuṁk, kalkaluṁk, saṁtâpuṁk, âkâṁtuṁk, bobâḷuṁk, vyâkûḷ-, uchaṁbaḷ jâvuṁk; *envergonhar-se:* lajjuṁk, gâbhruṁk.

Perturbativo, perturbatorio, *a.* uchaṁbaḷâvuṁcho, halkaṁḍâvuṁcho.

Peru, *s. m.* perûṁ *n.*

Perua, *s. f.* bâil perûṁ *n.*

Peruca, *s. f. V.* CABELLEIRA.

Perversamente, *adv.* khoṭepaṇîṁ, nashṭepaṇîṁ.

Perversão, *s. f.* phirauṇî *f.*, khoṭo-, vâyṭ karṇeṁ *n.*, bhashṭâvṇî *f.*; khoṭopâḍ jâṇeṁ *n.* ‖ *V.* PERVERSIDADE.

Perversidade, *s. f.* khoṭây *f.*, khoṭepaṇ, nashṭepaṇ, kusḍepaṇ *n.*, kusḍây *f.*, vâṁkḍepaṇ, kubuddhipaṇ *n.*, durbuddh *f.*, durmârg *m.*

Perverso, *a.* vâyṭ, vâyṭoḷo khoṭo, nashṭo, âḍvâṭyo, vâṁkḍo, vakr, kusḍo, kuṭâḷo, kubuddhi, âḍjâî, âḍgât, bhrashṭ, durmârgî.

Perversor, pervertedor, *a. e s. m.* phirauṇâr, vâyṭ- khoṭo kartalo.

Perverter, *v. t.* phirauṁk, bhashṭâvuṁk, khoṭo-, nashṭo-, vâṁkḍo karuṁk; *transtornar:* vâṁkḍo-, parto karuṁk, uphrâṭuṁk, bighḍâvuṁk; *desvirtuar:* parto dharuṁk, haḷuvâṭuṁk. ‖ *v. r.* vâyṭoḷo-, nashṭo jâvuṁk, vâṁkḍo chaluṁk, âḍmârgân vachuṁk.

Pervicacia, *s. f. V.* PERTINACIA.

Pervicaz, *a.* (*ant.*) *V.* PERTINAZ.

Pervio, *a.* rîg âslalo, rigûṁyeso, praveśya, bhedya, bhedanîya; ughṭo, dekhat, dekhto, dakhal.

Pesada, *s. f.* ek jokhbhar *n.*

Pesadamente, *adv.* bhârân; *vagarosamente:* sâvkâś, lohu lohu; *trabalhosamente:* kashṭâṁnîṁ, kaṭhiṇâyen; *com pesar:* jivâr yevûn; duḥkhîn. ‖ *V.* GRAVEMENTE.

Pesadelo, *s. m.* sapṇân kâḷîj taḷmaḷṇeṁ, sapṇâcheṁ bheṁ; vâyṭ sapaṇ, kusvapna *n.*; guṁgî, jhâṁp, jhâṁk, bhramît *f.*, bhram *m.*; saṁkîrṇây *f.*; (*fig.*) pâtkâcho khuris *m.*

Pesado, *a.* jaḍ, bhârî, bhârâdik; *difficil:* avghaḍ, kaṭhîṇ; *molesto:* nibar, khar; *lento:* jaḍ, maṁd; *de difficil digestão:* jaḍ, poṭphugo. ‖ — *de annos,* khaṭâro, doṁkro. — *de cuidados:* saṁsâr mâthyâr paḍlalo, jaṁjâḷâṁk sâṁpaḍlalo. *Homem* —, moṭo-, bhârâdik manis. *Ser — a alguem,* paḍuṁk (*com loc. sup.*).

Pesador, *a. e s. m.* jokhtalo, toldâr.

Pesadumbre, pesadume, *s. m.* bhâr *m.*, ojheṁ *n.*; ubgaṇ, vâj; duḥkh, khaṁt, saṁkîrṇây *f.*

Pesagem, *s. f.* jokhṇî *f.*, jokh *n.*

Pesa-leite, *s. m.* dugdhaparîkshâyaṁtr *n.*

Pesa-licor, *s. m.* rasamâpanayaṁtr *n.*

Pesame, *s. m.* pâchârṇeṁ, pâchârap *n.* ‖ *Dar os pesames,* pâchâruṁk.

Pesar, *v. t.* jokhuṁk, tukuṁk, toluṁk, vajan karuṁk.- paḷevuṁk (*g. do o.*), bhârâvuṁk; jokhoṁk, vajan jâvuṁk (*g. do s.*); (*fig.*) ghoḷauṁk, tol paḷevuṁk (*g. do o.*), vichâr karuṁk (*g. do o.*). ‖ — *as palavras,* mejûn ulauṁk. ‖ *v. i.* bhâr ghâluṁk, jaḍ jâvuṁk; (*fig.*) duḥkh-, saṁtâp disuṁk.- bhogoṁk (*g. do s.*), jâḷ lâguṁk (*g. do* *s.)* ‖ — *na balança (fig.)*, bhârâdik-, vajandâr jâvumk. — *sobre*, paḍumk *(com l. sup.)*. *Em que pese a alguem*, vâyṭ dislyâray. ‖ *v. r.* amtrâḷim dharomk,- râvumk; âplem vajan paḷevumk; *(fig.)* âplo tol paḷevumk.

Pesar, *s. m.* duḥkh, khamt, khâst, piḍâ, manahpîḍâ *f.*, manastâp, samtâp, jâḷ, śok, viklab *m.*, kashṭ *m. pl.* ‖ *A —*, khusebhâyr, jivâr yevûn. *A — de. V.* APESAR.

Pesarosamente, *adv.* duḥkhîn, samtâpân.

Pesaroso, *a.* duḥkhvamt, duḥkhest, duśchit, khamtî. ‖ *V.* ARREPENDIDO.

Pesca, *s. f.* mâsḷî mârṇem *n.*, pâgṇî, garevṇî; dharlalî-, mârlalî mâsḷî *f.*; udkâmtlem kâḍhṇem *n.* ‖ *Andar á — (fig.)* sâmpḍâvumk-, gamvsumk bhomvumk, pâguer mârumk.

Pescadaria, *s. f.* mâsḷecho timṭo *m.*

Pescadeiro, *s. m.* mâsaḷkâr, nistekâr, dhîvar.

Pescado, *s. m.* mâsḷî *f.*

Pescador, *s. m.* khârvî, pâgî, koḷî, gâbdî *ou* gâbtî, dhîvar. ‖ *a.* mâsḷecho mâsḷî mârcho; mâsḷî mârtalo.

Pescar, *v. t.* (mâsḷî) mârumk, dharumk, pâgumk; garevumk *(— com anzol)*; kâḍhumk *(— ameijoas, coral)*; *obter ardilosamente:* sâmpḍâvumk, sutlâvumk; *ver de relance:* dishṭ paḍumk *(g. do s., l. sup. do o.)*; *sondar:* kaḷâkaḷ-, ṭhâv ghevumk; *entender:* samjumk, âṭâpumk. ‖ *v. i.* mâsḷî mârumk; oḷakh âsumk *(d. do s.)*.

Pescaria, *s. f.* mâsḷî mârṇem, pâgchem kâm *m.*; mâsḷechî râs *f.*

Pescoçada, *s. f.*, **pescoção**, *s. m.* gachâmḍî, gachchî, *bokâmḍî *f.*, ardhachamdr *m.*

Pescoceira, *s. f.* gomgṭho *m.*

Pescoço, *s. m.* gaḷo, gomgṭho *m.*, gomgṭhî *(dim.)*, mân *f.*, gardan, kâmṭhem *n.*

Pescoçudo, *a.* moṭyâ gaḷyâcho, gaḷero.

Pesebre, *s. m.* khâvaṇ *f.*

Peso, *s. m.* jaḍây *f.*, bhâr, dhaḍo, *quantidade determinada pela balança:* bhâr, tol, tûk *m.*, vajan; *o que determina a quantidade:* vajan, jokh, jokhmâp; *carga:* ojhem, chepaṇ *n.*, bhâr *m.*, bharkuṭî *f.*; *importancia:* bhâr, kevo *m.*, biśât *f.* ‖ *De —*, jhaḍ-, phaṭ kan. *Em —*, sagḷo meḷûn.

Pespegar, *v. t.* mârumk, divumk, lâvûn kâḍhumk, oḍhûn divumk.

Pespego, *s. m.* dusryâk aḍchitalo *m.*, naḍ *f.*

Pesponto, *s. m. V.* POSPONTO.

Pesqueira, *s. f.*, **pesqueiro**, *s. m.*, mâsḷî mârchî svât *f.*

Pesquisa, *s. f.* śodhṇî, śodh, sûd, pusî; tapâsṇî *f.*, tapâs, jhâḍo, dhumḍâḷo, vitark *m.*, chaukaśî, mimâms *f.*

Pesquisador, *a. e s. m.* śodh kartalo, sûd ghetalo; tapâsṇâr, dhumḍâḷṇâr.

Pesquisar, *v. t.* śodhumk, śodh karumk *(g. do o.)*, sûd-, khabar ghevumk *(g. do o.)*; tapâsumk, chaukasumk, dhumḍâḷumk, vitarkumk.

Pessimamente, *adv.* jabar vâyṭpaṇîm, khoṭepaṇîm.

Pessimo, *a.* jabar vâyṭ, bhav khoṭo.

Pessoa, *s. f.* jaṇ *m.*, vyakti *f.*; manîs, asâmî, prâṇî, *prâṇyo *m.*; kûḷ, boḍ; *(theatr.)* somg, rûp *n.*; *(gram.)* purush (uttamapurush, *primeira —*; dvitîya purush, *segunda —*; tritîya purush, *terceira —*) *m.* ‖ *A — do rei*, pâtśây, rây *m.* — *civil ou moral*, kûḷ. *Em —*, ashṭamgîm, svâmgîm.

Pessoal, *a.* jaṇâcho, manushyâcho; âplo, khâśâ, khâsgî, khud, sva- *(pref.)* ‖ *s. m.* lok *m.*

Pessoalmente, *adv.* ashṭamg, ashṭamgîm, svâmgîm.

Pestana, *s. f.* âskiṭî *f.*, pâpḍeche kems *m. pl.*; pestân *n.*, paṭṭî *f.* ‖ *Queimar as pestanas (fig.)*, nâk ghamsḍumk.

Pestanejar, *v. i.* (ḍoḷe) miṭmiṭâvumk, biṭbiṭâvumk. ‖ *Sem —*, kâmy hâla nâstânâ.

Pestanejo, *s. m.* biṭbiṭâvṇî, miṭmiṭâvṇî *f.*

Pestanudo, *a.* lâmbâm-, vhaḍhyâm âshiṭiyâmcho.

Peste, *s. f.* pest, mârî, marî, marîk *f.*, marak *m.*, morlem *n.*, piḍâ, dhâm, dhâḍ, vyâdhi; jarî, jarîmarî *(febre epidemica)*; śirśirî, śirlî *(cholera)*; *(fig.)* kaḷpiḍâ, balây *f.*, kalâmṭ *n.* ‖ *V.* FEDOR.

Pestiferamente, *adv.* mârî lâvûn,- hâḍûn.

Pestifero, *a.* marîcho *ou* mariyecho. vasyâcho. ‖ *V.* PERNICIOSO.

Pestilencia, *s. f.* vasyâchî piḍâ *f.* ‖ *V.* PESTE.

Pestilencial, **pestilencioso**, **pestilente**, **pestilento**, *a.* maryecho. dhâmîcho. ‖ *Doença —*, marî; vasyâchî-, jaḍ piḍâ *f.*

Pestilencialmente, *adv.* marîm. morlyân, dhâmîn.

Pestilo, *s. m.* dârâchî khîḷ *f.*

Pesunho, *s. m.* dhukrâcho pâṁy *m.*

Peta, *s. f.* phoṭ, chaṁvḷî *f.*, tâl, gap, ḍhoṁg; koytuleṁ *n.* ‖ *V.* LULA.

Petala, *s. f.*, **petalo**, *s. m.* pâkḷi, phakḍî, dal *ou* daḷ *(p. us.) m.*

Petaliforme, *a.* pâkḷî kasî.

Petalino, *a.* pâkḷecho.

Petardo, *s. m.* dârvecho guḷo *m.*

Petear, *v. i.* phoṭî mâruṁk,- sâṁguṁk, phoṭauṁk, tâlâṁ-, gapâṁ ghâluṁk, phoṭâsî mâruṁk.

Petechias, *s. f. pl. (med.)* tâṁbḍiṁ dâḍḍâṁ *ou* dâḍḷâṁ *n. pl.*

Petegar, *v. t.* koytulyân kâtruṁk.

Peteiro, *s. m.* phoṭkiro, tâlyo, gapî, phoṭâs.

Petição, *s. f.* mâgṇeṁ, prârthan *n.*, hardâs; arjî, yâd, darkhâst *(us. Can.) f.*

Peticego, *a. e s. m.* moṭve dishṭîcho, alpadrishṭi.

Petigriz, *s. f. (zool.)* chânî *f.*

Petimetre, *a. e s. m. V.* PARALTA.

Petinga, *s. f.* sûpurlo târlo *m.*, karmaṭ *n.*

Petipé, *s. m.* jokhâchî kâṁb *f.*

Petisca, *s. f.* mokcho kheḷ *m.*

Petiscar, *v. t. e i.* ṭâḷyâr ghâluṁk, âṁblâvuṁk, châkuṁk, miṭiyo mârûn khâvuṁk; vaylyâvayr jâṇuṁk, lep âsuṁk *(d. do s., g. do o.)*, lepḍâvuṁk; chakmakân ujo pâḍuṁk.

Petisco, *s. m.* goḍghâṁs *m.*, ruchîcheṁ khâṇ, pakvânn, paṁchâmrit; chakmak *n.*

Petisecco, *a.* sukoso, sukaṭ.

Petitorio, *a.* mâgṇyâcho, arjecho. ‖ *s. m. V.* PEDITORIO.

Peto, *a.* tirso, tirvo, vâṁkḍe dishṭîcho.

Petrechar, *v. t.* dârûguḷyân puruṁk,- saṁjauṁk; tayâr karuṁk, kamâvuṁk.

Petrechos, *s. m. pl.* jujâcheṁ sâmaṇ *n.*, dârûguḷo *m.*; mustâykî *f.*

Petreo, *a.* phâtrâcho, dagaḍî, phâtar kaso.

Petrificação, *s. f.* phâtar karṇeṁ, pâshâṇîkaraṇ; phâtar jâṇeṁ *n.*, pâshâṇapariṇâm *m.*; *(fig.) V.* INCRUSTAÇÃO.

Petrificar, *v. t.* phâtar-, dagaḍ karuṁk *(g. do o.)*; thaṭâkâvuṁk; *(fig.) V.* INCRUSTAR. ‖ *v. r.* phâtar jâvuṁk; *(fig.)* thaṭâkuṁk.

Petrifico, *a.* phâtar karcho.

Petrina, *s. f. (ant.)* harḍeṁ *n.*; paṭṭo, bâṁd *m.*; kamar *f.*

Petrographia, *s. f.* pâshâṇavarṇan *n.*

Petrographico, *a.* pâshâṇavarṇanâcho; phâtrâṁcho.

Petroleo, *s. m.* petrol *f.*, bhûmitel *n.*, śilâras *m.*

Petroso, *a. V.* PETREO.

Petulancia, *s. f.* mast,- mastî, dâṁḍgây *f.*, dâṁḍgepaṇ, ugrapaṇ, mastepaṇ *n.*, mad, atimân *m.*, saḷ, amaryâd *f.*

Petulante, *a.* masto, bâḍgo, saḷî, dâṁḍgo, amaryâdî, nilâjro, tavṇâs, ugr, avinayî.

Petulantemente, *adv.* mastepaṇîṁ, dâṁḍgâyen.

Peuga, *s. f.* moṭvo mey *m.*

Peugada, *s. f.* pâṁval *n.* ‖ *Ir na* —, pâṭhî vachuṁk, pâṭhâpâṭhî lâguṁk.

Pevide, *s. f.* bî *f.*, koṁbiyecho rog *m.*; luḍbepaṇ *n.*; kâjvo *ou* kâjḷo *m.*

Pevidoso, *a.* biyo âslalo, biyâḷ; luḍbo.

Pevitada, *s. f.* biyâṁcho ras *m.*

Pez, *s. f.* kîl *m.*, râḷ *f.*

Pezinho, *a.* kilâchyâ raṁgâcho (ghoḍo).

Pezar, *s. m. V.* PESAR.

Phaeton, *s. m.* choṁ châkâṁchî ughṭî ghâḍî *f.*

Phalange, *s. f.* phauj; *(fig.)* urpaṁj, paṁgat *f.*; *(anat.)* boṭâcheṁ per *n.*

Phalangeta, *s. f. (anat.)* boṭâcheṁ nimâṇeṁ per *n.*

Phalanginha, *s. f. (anat.)* boṭâcheṁ dusreṁ per *n.*

Phanal, *s. m. V.* FANAL.

Phantasia, *s. f.* kalpanâśakti, tarkśakti, kalpanâ *f.*; *ficção:* kalpaṇ *n.*, kalpanâsrishṭi; *pensamento:* chiṁtnâ, kalpanâ *f.*, bhâs *m.*; *capricho:* lahar, khoḍ, mauj, phaṁtajî *(mais us. no pl.) f.* ‖ *Nome de* —, âpṇeṁ rachlaleṁ nâṁv. *Objecto de* —, vichitr vast *f.*, naval *n.* *Ter phantasias*, khoḍî âsuṁk *(d. do s.)*

Phantasiar, *v. t.* kalpuṁk, manâṁt gholauṁk, yojuṁk.

Phantasiosamente, *adv.* chiṁtnen, kalpaṇân.

Phantasioso, *a.* phaṁtajkâr, kalpaṇî, yojano, chhaṁdî, laharî; kalpaṇecho, chiṁtnecho.

Phantasista, *a.* âplyâch manâṁtleṁ kartalo, âpleṁch dhartalo.

Phantasma, *s. m.* bhâs, âbhâs, drishṭâv *m.*, chhâyâ *f.*; nâsâṁv, pret *n.*, bhût *m.*; *pessoa macilenta:* marteṁ maḍeṁ *n.*, gihro, *m.*; *o que tem só a apparencia do que deveria ser:* sâvḷî, chhâyâ *f.*

Phantasmagoria, *s. f.* bhâsadarśanavidyâ; *(fig.)* mâyâ, asaṁbhavatkalpanâ *f.*
Phantasmagorico, *a.* bhâsadarśanâcho; *(fig.)* phoṭkîro, bâshkaḷ, asat.
Phantasticamente, *adv.* kalpaṇân; navlân.
Phantastico, *a.* kalpanccho, takleṁtlo; phoṭkiro, asat, nâṁvâcho; navlâcho, vichitr.
Pharisaico, *a. (fig.)* pokḷe bhaktecho, ḍhoṁgâcho.
Pharisaismo, *s. m. (fig.)* *V.* HYPOCRISIA.
Phariseu, *s. m. (fig.)* dharmadhvajî, ḍhoṁgî, daṁbhî.
Pharmaceutico, *s. m.* butikâr *(do port.* BOTICARIO), potekâr *(do ingl.* APOTHECARY). ‖ *a.* butkâṁtlo; aushadhakriyecho.
Pharmacia, *s. f.* aushadhakaraṇavidyâ, aushadhakriyâ *f.*; butîk *(do port.* BOTICA) *n.*
Pharmacograhia, *s. f.* aushadhavarṇan *n.*
Pharmacologia, *s. f.* aushadhataṁtr *n.*
Pharmacopéa, *s. f.* okhtâṁ kuṭcheṁ pustak *n.*, aushadhakriyâkalp *m.*
Pharmacopola, *s. m.* butikâr.
Pharol, *s. m.* phârol, manoro, dîpastaṁbh *m.*; *(fig.)* divṭî, ujvâḍî *f.* *(fig.)* ‖ *V.* GUIA.
Pharoleiro, *s. m.* phâroler.
Pharynge, *s. f.* annmârgâcho vaylo bhâg *m.*
Phase, *s. f.* disṇeṁ, darśan *n.*, kaḷâ, jorgat *f.*; âkâr *m.*, rûp *n.*
Phebeo, *a. (poet.)* sûryâcho.
Phebo, *s. m. (poet.)* ravi, sûrya *m.*
Phenix, *s. f.* svabhasmajanmapakshî *m.*; *(fig.)* naval, prakaraṇ *n.*
Phenomenal, *a.* iṁdriyavishayâcho; ajâpâṁcho, navlâṁcho, adbhut, apûrv, aprûb.
Phenomenalidade, *s. f.* chamatkârpaṇ *n.*
Phenomeno, *s. m.* iṁdriyavishay, drishṭîvishay; chamatkâr, utpât, arishṭ *m.*, naval, adbhut, achariyeṁ, dheṁḍ *n.*
Philanthropia, *s. f.* janprîti *f.*, paropakâr, dândharm *m.*, dayâ *f.*
Philanthropicamente, *adv.* janprîtîn, dayen.
Philanthropico, *a.* janprîticho, paropkârâcho; manushyâḷo.

Philanthropo, *a. e s. m.* manushyâḷo, paropkârî, joganmitr, janpriya, paranishṭ, dânsûr.
Philarmonica, *s. f.* mûjg *(do port.* MUSICA), beṁḍ *(do ingl.* BAND), vâditragaṇ *n.*
Philaucia, *s. f.* âplepaṇ *n.*, svârth, âpsvârth, âtmasaṁtosh *m.*‖ *V.* BAZOFIA.
Philaucioso, *a.* svârthî, âpsvârthî, âpsaṁtoshî.
Philippica, *s. f.* bhartsanavâkya, bhartsanabhâshaṇ *n.*
Philologia, *s. f.* śabdavidyâ *f.*, śabdaśâstr, bhâshâtattv *n.*
Philologico, *a.* śabdaśâstrâcho.
Philologista, *a. e s. m. e f.*, philologo, *s. m.* śabdasâstrî, bhâshâtattvajña.
Philomatico, *a.* śâstrapriya, śâstramitr.
Philomela, *s. f. (poet.)* *V.* ROUXINOL.
Philosophal, *a.* *V.* PHILOSOPHICO. ‖ *Pedra* —, rasâyanâcho gûḍh, parîs *m.*
Philosophar, *v. i.* tarkuṁk, vivekuṁk, tattvaśodh karuṁk.
Philosophia, *s. f.* tattvavidyâ *f.*, tattvajñân, darśan; jñân *ou* guyân *n.*
Philosophicamente, *adv.* tattvajñânâpramâṇeṁ.
Philosophico, *a.* tattvajñânâcho, tâttvik.
Philosophismo, *s. m.* phoṭkireṁ tattvajñân, kudarśan *n.*
Philosopho, *s. m.* jñânanishṭh; tattvajñânî, jñânî, tarkî; anbhâvârthî; udâs, udâsîn.
Philotechnico, *a.* kalâmitr.
Philtro, *s. m.* *V.* FILTRO.
Phleborrhagia, *s. f.* śîr tuṭṇeṁ *n.*
Phlebotomia *s. f.* śîr mârṇeṁ *n.*
Phlegmão, *s. m. (med.)* sûj *f.*, bukaḍ *n.*
Phlegmasia, *s. f. (med.)* *V.* INFLAMMAÇÃO.
Phleugma, *s. m. e f.* kaph *m.*; dharkal *m.*; *(fig.)* thaṁḍây, śitaḷây *f.*
Phleugmatico, *a.* kaphâcho, kaphprakritîcho; *(fig.)* thaṁḍ, śitaḷ.
Phonalidade, *s. f.* dhvanibhâv *m.*
Phonetica, *s. f.* *V.* PHONOLOGIA.
Phoneticamente, *adv.* dhvaniśâstrâpramâṇeṁ.
Phonetico, *a.* dhvanisaṁbaṁdhî, śâbdik.
Phonica, *s. f.* dhvanividyâ *f.*
Phonico, *a.* ṭâḷyâcho. ‖ *Signaes phonicos*, śabdachihnaṁ *n. pl.*

Phonologia, *s. f.* dhvaniśâstr *n.*, svaravidyâ *f.*

Phonologo, *s. m.* svaraśâstrî.

Phonemetria, *s. f.* dhvanimâpan *n.*

Phosphorear, *v. i.* jhigjhikuṁk.

Phosphoreira, *s. f.* âgkâḍiyâṁcho ḍabo *m.*

Phosphoreo, *a. V.* PHOSPHORICO.

Phosphorescencia, *s. f.* mithyadîpti *f.*, mithyâgni; prajvaḷ *m.* ‖ — *do mar*, jhaḷ *f.*

Phosphorescente, *a.* prajvaḷît.

Phosphorico, *a.* phosphorâcho; jhigjhikît; *(fig.)* râgisht, jâḷgo, chiḍro; avghaḍ, goṁdhḷâcho.

Phosphoro, *s. m.* phosphor *n.*; âgîchî kâḍî, gaṁdhaphkâḍî, kâḍî *f.*

Photographar, *v. t.* retrât-, âlokalekhya kâḍhuṁk *(g. do o.)*; *(fig.)* bârkâyen varṇuṁk.

Photographia, *s. f.* âlokalekhyavidyâ *f.*

Photographo, *s. m.* âlokalekhyakâr.

Phrase, *s. f.* vâkya, vachan *n.* ‖ *Fazer phrases*, uttrâṁ ghaḍsuṁk,- ḍâḷuṁk.

Phraseado, *s. m.* ulauṁcho-, baraṁcho prakâr,- saṁpradây *m.*, vâkyarachanâ *f.*

Phraseador, *a. e s. m.* vâkyarachanâ kartalo.

Phrasear, *v. i.* vâkyarachanâ karuṁk-, ghaḍsuṁk.

Phraseologia, *s. f.* vâkyavidyâ; vâkyarachanâ *f.*; saṁpradây *m.*; polkeṁ ulauṇeṁ *n.*

Phraseologico, *a.* vâkyavidyecho, vâkyâṁcho.

Phrenesi, *s. m. V.* FRENESI.

Phrenite, *s. f.* *(med.)* sannipâtajvar *m.*

Phrenologia, *s. f.* kapâlalakshaṇavidyâ *f.*, kapâlasâmudrik *n.*

Phrenologista, *s. m. e f.*, **phrenologo**, *s. m.* kapâlalakshaṇavidyâjña.

Phthisica, *s. f. V.* TISICA.

Phylacterio, *s. m. V.* TALISMAN.

Phylloide, *a.* *(bot.)* parṇâkâr.

Phyllophago, *a.* *(zool.)* parṇabhojî.

Physica, *s. f.* padârthaśâstr, sthûlapadârthavijñân; *(ant.)* vaijipaṇ *n.*

Physicamente, *adv.* sayaṁbhiṁ; sthûlapadârthabhâvîṁ; kuḍîn, ashṭaṁgîṁ.

Physico, *a.* anâtma, anâtmik, kuḍîcho, dehadik, mûrtivaṁt, sthûl; sayaṁbhâcho, yathâkram; padârthaśâstrâcho. ‖ *s. m.* âkâr *m.*, rûp, vaḷaṇ *n.*; padârthaśâstrajña; *(ant.)* *V.* MEDICO.

Physiognomonia, *s. f.* mukhasâmudrik *n.*

Physiologia, *s. f.* prâṇiguṇadharmavidyâ *f.*, prâṇidharmaguṇaśâstr *n.*

Physiologico, *a.* prâṇiguṇadharmavidyecho.

Physiologista, *s. m. e f.*, **physiologo**, *s. m.* prâṇiguṇadharmavidyâjña.

Physionomia, *s. f.* mukh, *toṁḍvaḷaṇ *n.*, sayâ, *sây *f.*, sârkeṁ, raṁgrûp; rûp *n.*, âkâr *m.*; baḍ, âṁglaṭ *f.*

Physionomico, *a.* sayecho, toṁḍvaḷaṇâcho; baḍîcho.

Physionomista, *s. m. e f.* mukhasâmudrik.

Phytographia, *s. f.* *(bot.)* vṛikshavarṇan *n.*

Phytographo, *s. m.* vṛikshavarṇanî.

Phytologia, *s. f. V.* BOTANICA.

Pia, *s. f.* pî; koḷaṁbî, koṭaṁbî *f.*

Piacular, *a.* *(ant.)* *V.* EXPIATORIO.

Piada, *s. f. V.* PIADO e REMOQUE.

Piadinha, *s. f. V.* REMOQUE.

Piado, *s. m.* raḍṇeṁ *n.*, raḍṇî, chiṁvchiṁvṇî *f.*, pyâṁvpyâṁv, piṁpîṁ *n.* ‖ *V.* PIEIRA.

Piamater, *s. f.* *(ant.)* mastishkâvaraktvachâ *f.*

Piamente, *adv.* bhakten, bhaktibhâvân; bhoḷepaṇîṁ.

Pianista, *s. m. e f.* pyân vâjaitalo.

Piano, *s. m.* pyân *m.* ‖ *adv.* sâvkâś; *(fig.)* lohu lohu.

Pião, *s. m.* bhoṁvro *m.*

Piar, *v. i.* piṁpiṁ karuṁk, chiṁvchivuṁk, raḍuṁk. ‖ *Não poder* —, ṭâḷo basuṁk *(g. do s.)*; *(fig.)* toṁḍ ughḍûṁ najo jâvuṁk.

Piara, *s. f.* dhukrâṁcho-, ghoḍiyâṁcho hiṁḍ *m.*; urpaṁj *f.*, lamaṇ *n.*

Pica, *s. f.* vâyṭ vastû (mâtî, gobar) khâvuṁchî rûch *f.*; *(ant.)* *V.* PIQUE.

Picaceo, *a.* vâyṭe ruchicho.

Picada, *s. f.* topṇeṁ *n.*, phâḍ *m.*; kûṁs lâgṇeṁ *n.*, *(fig.)* *V.* DESGOSTO. ‖ *V.* BICADA.

Picadeira, *s. f.* pikâṁdar, kudḷeṁ *n.*; ṭâṁkî *f.*

Picadeiro, *s. f.* ghoḍyâṁk śikauṁcho jâgo *m.*, aśvaśikshâśâlâ, aśvaśâlâ *f.*

Picadella, *s. f. V.* PICADA.

Picado, *a.* toplalo, toṁchlalo; girâṁcho; *(fig.)* tiḍlalo, châḷvalalo. ‖ *Mar* —, phullalo-, khadaḷ daryâ. ‖ *s. m.* ṭâṁkṇî; śâkutî *f.*

Picador, *a.* toptalo; śiṁdlalo. ‖ *s. m.* topṇâr; ghoḍyâṁk śikauṇâr; châbûksvâr; aśvaśikshak, ghoḍyâr basuṁk śikaitalo.

Picadura, *s. f.* topṇî *f.*, topṇeṁ *n.*; phâḍ, ghây *m.*

Picaflor, *s. m. (zool.)* lâlâ *m.*

Picamilho, *s. m.* joṁdhḷyâṁchî bhâkrî khâtalo; *(fig.)* âṁbil jevtalo.

Picanço, *s. m. (zool.)* pâḍâvî, kuhrâḍo *m.*

Picante, *a.* toptalo, toṁchtalo; tik, tirbaṭ, mirmirît, churchurît, jaḷjaḷît, ulpo, âg ujo, kaḍak, kaṭûk, kaṭûr; chanchaṇît, charcharît.

Picão, *s. m.* pikâṁv, kudḷo *m.*

Pica-pau, *s. m. V.* PICANÇO.

Pica-peixe, *s. m.* iṁdvo, kirkiro *m.*

Picar, *v. t.* topuṁk khupuṁk, chimkuṁk *(— com os dedos)*; châṁchâvuṁk *(espicaçar)*; kûṁś lâvuṁk,- bharuṁk *(ferretoar; d. do o.)*; *bicar:* toṁchuṁk, choṁchuṁk; *abrir buracos em:* topuṁk; *escalavrar:* ṭâṁkuṁk; *repicar:* śiṁduṁk; *molestar:* duḥkhauṁk, trâs divuṁk *(d. do o.)*; *estimular:* châḷvauṁk, huskauṁk; *irritar:* tîḍauṁk, tâpauṁk; *causar comichão:* khâvuṁk. ‖ *— a lingua, a bocca,* jibh-, toṁḍ ulpâvuṁk; churchuruṁk, mirmiruṁk, jaḷuṁk *(vv. ii., s. do o., i. do o.)*, *— um objecto nos leilões,* lâvṇer adhik karuṁk. *— o anzol,* garî phârâvuṁk. *— terra,* taḍîk lâguṁk. ‖ *v. i.* ghoḍyâk âr mâruṁk; (mâsḷî) âṁs ghevuṁk. ‖ *v. r.* topoṁk *(d. do s.)*, roṁboṁk, *(d. do s.)*, khupuṁk *(d. do s.)*; *(fig.)* vâyṭ disuṁk *(d. do s.)*, rusuṁk; phuluṁk (daryâ). ‖ *V.* GABAR-SE.

Picaramente, *adv.* charbuddhîn.

Picardia, *s. f.* charbuddh, labâḍî *f.*, luchchepaṇ, hiṇpaṇ *n.* ‖ *V.* PIRRAÇA.

Picarescamente, *adv.* nakalîṇ.

Picaresco, *a.* hâṁsyâcho, nakalî, amaryâdî.

Picareta, *s. f.* kudḷeṁ *n.*

Picaria, *s. f.* aśvavidyâ; aśvaśâlâ *f.*

Picaro, *a.* khoṭo, nashṭo, chorṭo; nâkkâtro, śimro. ‖ *V.* RIDICULO.

Piçarra, *s. f.* kachro, kaṁkar *m.* ‖ *V.* PEDREIRA.

Piçarral, *s. m.* kachryâchî svât *f.*

Piçarroso, *a.* kachryâcho.

Picarso, *a.* gobroso.

Piceo, *a.* kilâcho.

Pichel, *s. m.* padkî *f.*, mogho *m.*

Pichelaria, *s. f.* kalhaycheṁ kâm, jastkâm *n.*

Picheleiro, *s. m.* moghekâr; kalhaycheṁ kâm kartalo.

Pichelingue, *s. m.* chor, nâgauṇo.

Picho, *s. m. V.* PICHEL.

Pichorra, *s. f.*; boṁchîcho mogho *m.*

Pico, *s. m.* śikhar, kaṇo, gâṭhmâtho, agr *m.*, ḍoṁgrâchî murḍî *f.*, kuṭ *n.*; domas *m.*, kûṁs, sûṁk *n.* ‖ *V.* PIQUE.

Picoso, *a.* uṁch uṁch; murḍyâṁcho, kaṇyâṁcho.

Piceta, *s. f.* sûḷ *m.*

Picote, *s. m.* laṁvecheṁ moṭeṁ lugaṭ *n.*

Picotilho, *s. m.* laṁvecheṁ bârîk lugaṭ *n.*

Picoto, *s. m.* ḍoṁgrâchî murḍî; phâtrâṁchî kâtar *f.*

Picuinha, *s. f.* pîṁpîṁ, pîṁvpîṁv *n.* ‖ *V.* REMOQUE.

Piedade, *s. f.* devaspaṇ, bhaktipaṇ *n.*, bhakti, devbhakti, dharmâsakti *f.*, sâdhupaṇ *n.*; karuṇây, dayâ, dulabhây, kâkulat *ou* kâkût *f.*, kaḷvaḷo. ‖ *— filial,* putradharm *m.*, âvaybâpâychî bhakti. ‖ *Por —,* dayâdayâ, kâkût kar. *Sem —,* kâkutîvîṇ, chutchure nâstânâ.

Piedosamente, *adv.* bhakteṇ; dayeṇ, kâkutîn.

Piedoso, *a.* devaspaṇâcho, bhaktivaṁt, dharmśîl, paramârthî; karuṇ, dulabh *ou* dulap, kâkulatchâr *ou* kâkulatdâr, dayâḷ, dayâḷîk, dayâvaṁt.

Piegas, *s. m. e f. e a.* bâbulo, śeṇâmeṇâcho maṇîs, aprûbâyecho poṭḷo; khoḍyâḷo, kiṁchaṇo.

Pieguice, *s. f.* kiṁchaṇepaṇ, khoḍyâḷepaṇ; bâibolpaṇ *n.*

Pieira, *s. f.* khaḷsâṁ *n. pl.* ‖ *Ter —,* khaḷsâṁ mâruṁk *(d. do s.)*.

Piela, *s. f. V.* BEBEDEIRA.

Pifano, pifaro, *s. m.* pîphṇ *n.*, pirlûk *f.*, pâṁvo *m.*

Pifio, *a.* halko, kirkoḷ, hîṇ, nîch.

Pigarro, *s. m.* ṭâḷyâk sal lâgṇeṁ *n.*

Pigmento, *s. m.* leṇeṁ *n.*

Pigmeu, *V.* PYGMEU.

Pilado, *a.* kâṁḍlalo; sollalo.

Pilador, *a. e s. m.* kâṁḍtalo, solṇâr.

Pilão, *s. m.* musaḷ, kâṁḍaṇ *n.*

Pilar, *v. t.* kâṁḍuṁk, phârâvuṁk, phâr ghâluṁk *(d. do o.)*; soluṁk, karlâvuṁk.

Pilar, *s. m.* khâṁbo, manoro, staṁbh *m.*

Pilastra, *s. f.* chavrâs khâṁbo *m.*

Pildar, *v. i.* jhurî-, kâvaḍ kâḍhuṁk, paḷuṁk.

Pilé, *a. e s. m. V.* ASSUCAR

Pileca, *s. f.* ghoḍkeṁ *n.*

Pilha, *s. f.* ḍâḷ, peḷo, mâch, puṁjo *m.*; râś *f.* || — *de sal*, khâr kaṭûk vast. *Em pilhas*, ḍâḷâṁnîṁ, râśiṁnîṁ.

Pilhagem, *s. f.* nâgauṇ, lût, puṁḍây *f.*, puṁḍâvcṁ, bûṭ *n.*

Pilhante, *a. e s. m. e f.* nâgauṇo, luṭṇâr.

Pilhar, *v. t.* charuṁk, nâgauṁk, luṭuṁk, bûṭ lâvuṁk *(d. do o.)*; *(fig.)* dharuṁk, meḷuṁk *(d. do s., s. do o.)*; lâguṁk *(id.)*, jâvuṁk *(id.)*.

Pilheira, *s. f.* peḷyâṁchî-, mâchâṁchî svâṭ *f.*: gobrâcheṁ kharu *n.*

Pilheiro, *s. m.* udkâcho sâṁṭho *m.*

Pilheria, *s. f.* sai *f.*, saisvâd, chaṭko, varm *m.*

Pilho, *s. m.* nâgauṇo, chorṭo.

Piloada, *s. f.* musḷâcho phâr *m.*, kâṁḍap *n.*

Piloso, *a. V.* PELUDO.

Pilota, *s. f.* harḍeṁphûṭ jâṇeṁ *n.*, âṁgmoḍ *f.* || *V.* PERDA.

Pilotagem, *s. f.* sukâṇeṁkârâcheṁ kâm *n.*, *mâlimây *f.*

Pilotar, pilotear, *v. t. e i.* târûṁ chalauṁk.

Piloto, *s. m.* sukâṇeṁkâr, sukâṇeṁ dhartalo, nâvik, baṁdarvâṭâḍî, karṇadhâr *(p. us.)*, *mâlîm; *(fig.)* sârathi.

Pilrete, *s. m.* pilkaṇ, boḍ *n.*

Pilula, *s. f.* pîrl *n.*, guḷî, guṭî *f.*

Pilular, *a.* guḷî kasî.

Pimenta, *s. f. (bot.)* mirvel *f.*; mirîṁ. || *Hortelam pimenta*, pipirmîṭ *(do ingl.* PEPPERMINT) *n.*, pudinâ *m.*

Pimental, *s. m.* mirveḷîṁcho maḷo *m.*

Pimentão, *s. m. (bot.)* mirsâṁg *f.*

Pimenteira, *s. f.* mirvel *f.*; miryâcheṁ âydan *n.*

Pimento, *s. m. V.* PIMENTÃO.

Pimpão, *a. e s. m.* vâghmâro, mard; sâjro, śobhavṇo, neṭko, kâlavṇo.

Pimpar, *v. i.* mirvuṁk, baḍâyk dâkhauṁk, phaḍâ karuṁk.

Pimpolho, *s. m.* dâkhecho phâṁṭo,- koṁb *m.*: *(fig.)* gulgulît burgo.

Pimponice, *s. f.* mirvaṇ, tâvḍârkî *f.*, tarâṁṭh *m.*

Pina, *s. f.* vâṁk, adhekaḍ *n.*

Pinaça, *s. f.* paṁḍeḷ *m.*, hoḍî *f.*

Pinaculo, *s. m.* kaḷas, śikhar *m.*, śriṁg *n.*; sûḷ, suḷko *m.*, *mâṭhaṁg *n.*; *(fig.)* mâtho *m.*

Pinasio, *s. m.* ârso khaṁbchauṁchî khâṁblî *f.*

Pinça, *s. f.* chimṭo *m.*, gâvî, sâṁḍas *f.*

Pinção, *s. m. V.* PINÇOTE.

Pincaro, *s. m.* mâtho *m.*, takśî *f.*

Pincel, *s. m.* piṁsel, kalam *n.*, lekhṇî, tûli, pili, biṁbî, kuṁchî: pisuṁḍî (— *de cairo) f.*; chitr *n.*

Pincelada, *s. f.* lekhṇecho-, kuṁchecho hât *m.* || *Dar a ultima* —, saṁpauṁk, śâttî pâvauṁk.

Pincelar, *v. t.* kalamân chitruṁk.

Pinceleiro, *s. m.* kulchyo kartalo va viktalo.

Pincha, *s. f. V.* GALHETA.

Pinchar, *v. t.* ḍhakluṁk, dhakuṁk, loṭuṁk, uḍauṁk.|| *v. i.* uḍuṁk, nâchuṁk, uḍkaṇâṁ ghâluṁk.

Pincho, *s. m.* uḍkaṇ *n.*, uḍî *f.*

Pinçote, *s. f. (naut.)* bâv *f.*

Pinga, *s. f.* theṁbo; *(fig.)* saro *m.* || *Estar com a* —, khaḷauṁk.|| *s. m.* phakîr *(fig.)*, hâtân daṁḍî dharo nâslalo.

Pingadeira, *s. f.* vasechyâṁ theṁbyâṁcheṁ âydan *n.*: theṁbevṇî; paṁvtalî vast *f.*; surecho mâḍ *(fig.) m.*

Pingado, *a.* theṁbyâṁnîṁ bharlalo || *Gato* —, *V.* GATO

Pingadeiro, *s. m. V.* PINGADEIRA.

Pingalhete, *s. m.* bârik khiḷo *m.*

Pingalim, *s. m.* bârîk châbûk *m.*

Pingante, *a.* paṁvto. || *s. m.* hâtâṁt daṁḍî nâslalo.

Pingar, *v. t.* theṁbe ghâluṁk *(l. sup. do o.)*, theṁbâvuṁk; vâhvuṁk *(s. do o., adj. do s.; ex.: o nariz pingava sangue*, nâkâṁtleṁ ragat vâhvtâleṁ). || *v. i.* paṁvuṁk, theṁbevuṁk, ṭhipkuṁk, gaḷuṁk; śiḍśiḍuṁk.

Pingente, *s. m.* âṁblo *m.*

Pingo, *s. m.* theṁbo, ṭipo, ṭhipko: *mucosidade nasal:* beṁbro *m.*; *gordura:* charab, vas *f.*

Pingoso, *a.* theṁbetalo.

Pingue, *a.* moṭo, gulgulit; supiki, suphaḷ. || *V.* RENDOSO.

Pinguela, *s. f.*, **pinguelo**, *s. m.* phâskî *f.*

Pinha, *s. f.* saraḷâcheṁ phaḷ *n.*; *(fig.)* kheṁch, kheṭ, chiraṁgaṭ *f.*, chuṁbo, choṁbo *m.* || *V.* CABEÇA. || *Em* —, chuṁbyâṁnîṁ.

Pinhal, pinheiral, *s. m.* saraḷâcheṁ-, devdârâcheṁ rân *n.*

Pinhão, *s. m.* saraḷâchyâ phaḷâcho moy *m.*

Pinheiro, *s. m.* saraḷ, devdâr *m.*

Pinho, *s. m.* pijṇ, saraḷâcheṁ lâṁkûḍ,- phaḷeṁ *n.*

Pinhoada, *s. f.* saraḷâchyâ phaḷâche sâkrâylale moy *m. pl.*

Pinhoca, pinhola, *s. f. V.* CANGALHO.

Pinhota, *s. f.* phulâṁcho ghoṁs *m.*
Pinnatifido, *a. (bot.)* pâkhâṁsârkyâṁ pânâṁcho.
Pinnula, *s. f. (bot.)* chuḍṭî *f.*
Pino, *s. m.* samo, khamadhya *n.*; *(fig.)* mâtho *m.*, takśî *f.* || *No — do dia*, bhargatyâ veḷâr. *A —*, khuṁṭ, nîṭ ubho.
Pinoguaçu, *s. m. (bot.)* papây *f.*
Pinote, *s. m.* monjâtîcheṁ uḍau *n.*
Pinotear, *v. i.* uḍan mâruṁk, uḍûn lâṭâvuṁk.
Pinta, *s. f.* ṭibo, ṭiko *m.*, lâseṁ; rûp *n.*, âkâr *m.* || *V.* PINTAINHA.
Pintado, *a.* piṁtârlalo, raṁgî; nâjûk, uttam, śreshṭh. || *Ficar —*, phasuṁk, hâtâṁt koyṁḍo jâvuṁk *(g. do s.)*.
Pintainha, *s. f.*, **pintainho**, *s. m.* lahân pîl *n.*, pilâcho bachḍo *m.*
Pintalegrete, *a. e s. m. V.* CASQUILHO.
Pintalgado, *a.* nânâvarṇan, vichitr.
Pintalgar, *v. t.* vichitr karuṁk, nânâparîṁ raṁgauṁk.
Pinta-monos, *s. m.* kachelo-, doḍo chitârî.
Pintar, *v. t.* piṁtâruṁk, piṁtârkaruṁk, chitruṁk, chitâruṁk, raṁgauṁk, raṁg divuṁk,- kâḍhuṁk *(d. do o.)*; *descrever:* varṇuṁk, varṇan karuṁk *(g. do o.)*. || *V.* ILLUDIR. || *v. i.* raṁg ghevuṁk. || *v. r.* dekhûn yevuṁk, disuṁk; toṁḍâk raṁg kâḍhuṁk.
Pinto, *s. m.* bako, bachḍo *m.*, supurleṁ pîl *n.*
Pintor, *s. m.* piṁtor, chitârî, chitrkâr; raṁgauṇâr, raṁgkâr.
Pintora, *s. f.* chitârîṇ.
Pintura, *s. f.* piṁtûr, piṁtâreheṁ kâm, chitrakarm *m.*, chitrakriyâ, chitraṇî *f.*; *obra:* piṁtûr *ou* piṁtâr, chitr *n.*, nakśo; raṁg *m.*, raṁgṇî *f.*, raṁjan; *(fig.)* varṇan *n.*
Pinturesco, *a. V.* PITTORESCO.
Pio, *s. m.* pîṁ, pîṁpîṁ *n.* || *Nem —*, hûṁ nâ kûṁ!, gapchip!
Pio, *a.* devaspaṇâcho, bhaktivaṁt, *bhaktivaṁchaḷ, puṇyaśîl, karmanishṭ, bhajaṇî, sâdhu; dharmvaṁt, dharmî, dharmishṭ; bhaktecho, bhaktibhâvâcho. || *Estabelecimento —*, dharmsâḷ *f.*
Piolharia, *s. f.* uvâṁcheṁ mâleṁ; *(fig.)* daḷdîr, phakîrpaṇ *n.*
Piolheira, *s. f. (bot.)* śikekây *f.*, *(fig.)* gûḍh *m.*; damḍechî vast *f.*
Piolheiro, *a.* uvo jâvuṁcho, uvo jâvuṁk baro.
Piolhento, **piolhoso**, uvâṁnîṁ bharlalo, uvero.
Piolho, *s. m.* û; ehirû *(— do corpo) f.*; kuṁkuḍso *m.*
Pioz, *s. m.* śukṇyâchyâ pâṁyâchî vâvḷî *f.* || *V.* PEIA.
Pipa, *s. f.* pîp *n.*
Pipal, *s. f. (bot.)* piṁpaḷ *m.*
Piparote, *s. m.* chirpûṭ, tiṭîch *f.*
Pipi, *s. m.* pîṁpîṁ *n.*
Pipia, *s. f.* pîṁpârî *f.* || *Voz de —*, kinnro ṭâḷo *m.*
Pipiar, **pipilar**, **pipitar**, *v. i.* pîṁpîṁ karuṁk, chiṁvchivuṁk.
Pipo, *s. m.* lahân pîp *n.*; doṁsâchî naḷî *f.*
Pipote, *s. m.* supurleṁ pîp *n.*
Pique, *s. m. (ant.)* bhâlo *m.*; tiksâṇ, tikhaṭây, tirbaṭâṇ *f.*; varn *n.*, chuṭko *m.*, śiṇâchîṁ uttrâṁ *n. pl.* || *Estar a — de*, jâvuṁk âsuṁk. *Ir a —*, buḍuṁk, kharîk vachuṁk; *(fig.)* bhaṁguṁk, bighḍuṁk. *Metter a —*, buḍauṁk, poṁḍâk ghâluṁk. *Ter a —*, manâṁt âsuṁk *(g. do s., s. do o.)*, karuṁk vâvruṁk. *A —*, nîṭ ubho, khuṁṭ; *(fig.)* kâḷâr.
Piqueiro, *s. m. (ant.)* bhâlekâr.
Piquete, *s. m.* talâvo *m.*
Piranga, *s. f.* durbaḷkây *f.*, garîbpaṇ, daḷdir *n.* || *Andar á —*, daḷdiro-, garîb jâvuṁk.
Pirange, *s. m.* soṁ châkâṁchî gâḍî *f.*
Pirar-se, *v. r.* kûs mâruṁk, nâṭâk jâvuṁk.
Pirata, *s. m.* daryâṁtlo chor, châṁcho *m.*; châṁchyâṁcheṁ târûṁ *n.*
Piratagem, *s. f.* châṁchyâṁchî lûṭ,- nâgauṇ *f.*
Pirataria, *s. f.* châṁchepaṇ *n.*; puṁḍây *f.*, puṁḍâveṁ *n.*
Piratear, *v. i.* daryâṁt luṭuṁk, châṁchepaṇ karuṁk *f.*
Piratico, *a.* châṁchyâcho.
Pires, *s. f.* pîr, *f.*
Pirraça, *s. f.* ḍhoṁg *n.*, bhagal *f.*, dâvo *m.*
Pirtiga, *s. f. (ant.)* dâṁḍo *m.*
Pirtigo, *s. m.* dâṁḍî *f.*
Pirueta, *s. f.* ghuṁvâḷî *f.*, bhoṁvar *m.*; *(fig.)* uḍan *n.*, uḍî *f.* || *Fazer piruetas (fig.)* phigrâṁ *(port.* FIGURA) karuṁk; seṁpâḍo bhoṁvḍâvuṁk, nâ thiruṁk, -ṭhikuṁk.
Piruetar, *v. i.* ekâ doṁkyâr bhoṁvâḍoṁk, bhoṁvar mâruṁk; uḍuṁk.
Pisa, *s. f.* gudhḍâvṇî, mastaṇî *f.*; dâkho pâṁyâṁnîṁ maḷneṁ *n.*; mâr, phâr, peṁḍho *m.*, phâpâvṇî, dâḍâvṇî, kuṭṇî, gussî *f.*

Pisada, *s. f.* pâṁval *n.;* mâg *n.* ‖ *V.* PISADELA. ‖ *Seguir as pisadas,* dekh ghevuṁk.

Pisadela, *s. f.* gudhḍâvṇî, maḷṇî *f.*

Pisador, *a. e s. m.* maḷṇâr, cheṁchṇâr, mastitalo.

Pisadura, *s. f.* mastaṇî, maḷṇî *f.;* dâg, loḷo *m.* ‖ *V.* CONTUSÃO.

Pisa-flores, *s. m.* bâibolo.

Pisa-mansinho, *a. e s. m.* chyâd, kâṭhû.

Pisão, *s. m.* baḍauṇo *m.*

Pisar, *v. t.* gudhḍâvuṁk, mastuṁk, masḷuṁk *(us. Sal.),* mâḍauṁk, pâṁy davruṁk,- ghâluṁk *(l. sup. do o.);* pâṁyâṁtaḷâ maḷuṁk; pâṁyâr pâṁy davruṁk; chirḍuṁk, cheṁchuṁk, chepuṁk, peṁchuṁk; *moer:* maḷuṁk, kuṭuṁk, kharḍuṁk, kâṁḍuṁk, gargaṭuṁk, dâḍâvuṁk, murḍuṁk; *espancar:* baḍauṁk, mâr divuṁk,- ghâluṁk *(d. do o.),* tâṁb kâḍhuṁk *(g. do o.),* tus karuṁk *(g. do o.),* phâr divuṁk *(d. do o.),* dâḍâvuṁk, saṭkâvuṁk, phâpâvuṁk; *offender:* duḥkhauṁk, duḥkh-, trâs divuṁk *(d. do o.),* saṁtâpauṁk. ‖ — *aos pés (fig.),* beparvâ karuṁk *(g. do o.),* pâṭh karuṁk *(d. do o.).* — *uma terra,* pâṁy davruṁk,- ghâluṁk.‖ *v. i.* doṁko davruṁk; chalûn vachuṁk; mirvûn chaluṁk.

Pisca, *s. f.* kaṇî *f.,* kaṇo; suṁṭo *m.,* kuskûṭ, tus *n.* ‖ *V.* CHISPA.

Piscadela, *s. f.* ḍoḷe moḍṇeṁ *n.*

Piscar, *v. t.* (ḍoḷe) moḍuṁk, miṭmiṭâvuṁk.

Piscatorio, *a.* mâsḷî mârcho,- dharcho, pâgcho.

Pisces, *s. m. (astr.)* mîn *m.*

Piscicultura, *s. f.* mâsḷî posṇeṁ *n.,* matsyaposhaṇavidyâ *f.*

Piscina, *s. f. (ant.)* mâsḷiyecheṁ taḷeṁ *n.;* taḷoy, pakharṇ; bâtijmâchî pî *(port.) f.*

Pisco, *a.* ḍoḷe miṭmiṭâvṇo. ‖ *Ter os olhos piscos,* ḍoḷe miṭmiṭâvuṁk.

Piscoso, *a.* mâsḷiyen bharlalo.

Pisco, *s. m. (bot.)* moṭo vâṭoṇo *m.*

Piso, *s. m.* châl, chalneṁ *n.;* dharṇ, jamîn; mâḷoy *f.*

Pisoar, *v. t.* (lugaṭ) baḍauṁk.

Pisoeiro, *s. m.* baḍauṇâr.

Pista, *s. f.* mâg *m.;* khûṇ, niśâṇeṁ *n.;* ghoḍyâṁche dauḍîchî vâṭ *f.* ‖ *Andar ou ir na —,* pâlad karuṁk, pâṭh ghevuṁk. *Perder a —,* ḍoḷyâṁ âḍ paḍuṁk *(g. do s.),* khabar nâsuṁk *(d. do s.).*

Pistacia, *s. f. (bot.)* pistâ *m.*

Pistillaceo, pistilloso, *a.* garbhakesarâcho.

Pistillo, *s. m. (bot.)* garbhakesar, strîkesar *m.*

Pistola, *s. f.* pistol *n.,* tamaṁcho *m.*

Pistolada, *s. f.* pistolâcho phâr *m.*

Pistolete, *s. m.* lahân tamaṁcho *m.*

Piston, *s. m. (mus.)* piston *n.*

Pita, *s. f.* pâtyâchî vâvḷî *f.* ‖ *V.* PITEIRA.

Pitada, *s. f.* chimṭî; *(fig.)* chimṭîbhar *f.* ‖ *Não vale uma — de tabaco,* deḍ damḍî phâvonâ *(d. do s.).*

Pitança, *s. f. (ant.)* rasâṁv *(port.* RAÇÃO), bhâteṁ *n.,* paḍ *f.;* paṁchâmṛit *n.* ‖ *V.* MEZADA.

Pitar, *v. t. (brasil.)* *V* CACHIMBAR.

Piteira, *s. f. (bot.)* pâteṁ *n.; (fig.)* *V.* BEBEDEIRA.

Piteireiro, *a. e s. m.* *V.* BEBERRÃO.

Pitéo, *s. m.* ruchîcheṁ khâṇ *n.,* goḍghâṁs *m.,* pakvânn, paṁchâmṛit *n.*

Pito, *s. m.* *V.* FRANGO *e* CACHIMBO.

Pitorra, *s. f.* bhoṁvro. ‖ *s. m. e f.* moṭo manîs, teṁḍû, ghâṭṇo *m.*

Pitosga, *a.* *V.* MYOPE.

Pittoresco, *a.* chitrâcho; chitrâsârko; chitruṁk baro.

Pituita, *s. f.* kaph *m.,* âṁv *f.*

Pituitaria, *s. f.* kaphâcheṁ bîn *n.*

Pituitario, *a.* kaphâcho, âṁvecho.

Pituitoso, *a.* kaphân bharlalo.

Piuga, *s. f.* *V.* PEUGA.

Pivete, *s. m.* agarbattî, javâḍî *f.*

Piveteiro, *s. m.* agarbattechî paṇṭî *f.*

Placa, *s. f.* pâṭî *f.,* chhâp, patreṁ, tagaḍ *n.,* paṭṭo, billo *m.*

Placabilidade, *s. f.* sâṁtvanîyatâ; thaṁḍây, śitaḷây *f.*

Placar, *s. m.* billo *m.*

Placavel, *a.* śâṁtauṁyeso, sâṁtvanîya, mavâḷ.

Placenta, *s. f. (anat.)* garbhaveshṭan *n.*

Placentario, *a.* garbhaveshṭanacho.

Placidamente, *adv.* śâṁtîn, thaṁḍâyen.

Placidez, *s. f.* thaṁḍây *f.,* maûpaṇ; śâṁtipaṇ *n.,* śâṁtî, śitaḷây *f.*

Placido, *a.* maû, thaṁḍ, nivaḷ; śâṁt, svasth.

Placito, *s. m.* paṭkarṇî *f.,* mânap, anumat *n.;* bolî *f.,* khaṁḍ, karâr *m.* ‖ -s; *pl. (p. us.)* *V.* APHORISMOS.

Plaga, *s. f. (poet.)* *V.* REGIÃO.

Plagiario, *s. m.* graṁthâcho chor, śabdachor.

Plagiato, plagio, *s. m.* gramthachorî, śabdachorî *f.*
Plaina, *s. f.* kisuḷî, beṭû *f.*, ramdho *m.*
Plaino, *s. m. V.* PLANICIE.
Plana, *s. f.* varg, gaṇ *m.*, daśâ *f.*
Planalto, *s. m.* mâṭh *f.*, mâḷ *n.*
Planamente, *adv.;* sapâṭ, suḷsuḷît; *(fig.)* ughḍâpem; sâdhepaṇîm; śuddhamanîm.
Planear, planejar, *v. t.* nakśo kâḍhumk *(g. do o.)*, âkârumk; yojumk, kalpumk.
Planeta, *s. m.* graha, vâr, khechar, kheṭ *m.*
Planetario, *a.* grahâmcho, grahavishayak.
Planeza, *s. f.* sapâṭî, suḷsuḷiṭây *f.*
Planicie, *s. f.* sapâṭî, samthaḷ, saḍo *m.*, maidân, mâḷ *n.*
Planimetria, *s. f.* samthaḷmâpanavidyâ *f.*
Planispherio, *s. m.* sapâṭ golchitr *n.*
Plano, *a.* sapâṭ, sârko, chepṭo, nisaḷ, suḷsuḷît, samân, *mâṭh, thapkaṭo; dakhal, ughḍâpo, sâdho, sâph, prasiddh. ‖ *Superficie plana,* kshetr *n.*, taḷ *m.* ‖ *s. m.* nakśo, namuno *m.;* maslat, kalpanâ, tajvît *f.*, upây *m.* ‖ *V.* PLANICIE. ‖ *Ir por um — inclinado,* goḍâk vachumk. *De —,* śekâńsek.
Planta, *s. f.* jhâḍ *n*, vanaspati, aushadhî *f.*, taruv *(p. us.) m.;* rompî *f.*, rompo *(— pequena);* nakśo, âkâr; taḷvo, taḷpâmy, charaṇtaḷ *m.*
Plantação, *s. f.* lâvṇî *f.*, lâvṇem, lâvaṇ *n.*, rovṇî *f.;* parśûm *n.*, maḷo *m.*, bâg *f.*, bhâṭ, bhâṭlem, âgar, phaḍ *n.*
Plantador, *a. e s. m.* lâytalo, rovṇâr.
Plantar, *v. t.* lâvumk, rovumk, rompumk, *ṭhavumk; *fincar:* purumk, nemaumk, rombumk; *assentar:* basaumk, ṭhevumk; *erigir:* ubhârumk, ukhumk; *estabelecer:* ṭharâvumk, ghaḍumk. ‖ *v. r.* khumṭ râvumk, ṭharumk, pâmkumk. ‖ *a.* taḷvyâcho.
Plantio, *s. m. V.* PLANTAÇÃO.
Plantula, *s. f. (bot.)* komb *m.*
Planura, *s. f. V.* PLANALTO.
Plasmar, *v. t.* kheḍîchî-, mâtiyechî mûrti karumk *(g. do o.).*
Plastica, *s. f.* bâhulîm karchî vidyâ, âkârvidyâ *f.*
Plasticidade, *s. f.* âkâr-, rûp ghevumcho guṇ *m.*, rûpgheṇem *n.*
Plastico, *a.* ghaḍcho, rûp divumcho,- ditalo; boṭâmnîm vaḷaumcho.
Plataforma, *s. f.* sopo; mamch; oṭo *m.*
Platéa, *s. f.* nâṭakgharâcho vasro *m.*
Platibanda, *s. f.* âḍo, pâgâr; khâmḍolyâcho bhomvar *m.*
Platonico, *a.* kalpanecho, manâmtlo.
Plausibilidade, *s. f.* anumânayogyatâ *f.;* arthâbhâs, satyâbhâs *m.*
Plausivel, *a.* mânapâcho, puṭvaṇecho; mânavcho, yukt, baro disto.
Plausivelmente, *adv.* puṭavsârkem, barc bhâshen; phâvote parîm.
Plaustro, *s. m. (ant.)* ughṭo gâḍo *m.*
Plebe, *s. f.* uṇo lok, dhâpodhupo *m.*, luḷem *n.*, aḍâṇjât *f.*
Plebeidade, *s. f.*, **plebeismo,** *s. m.* aḍâṇjâtpaṇ, akulajpaṇ *f.*, luḷyâchî daśâ *f.;* halko-, hîṇ śabd *m.*
Plebeu, *a.* âḍjâtîcho, luḷyâcho, nîch. ‖ *s. m.* uṇo manîs, akulaj.
Plebiscito, *s. m.* prajânumat *n.*
Pleiada, pleiade, *s. f.* varg, gaṇ *m.* ‖ **-s,** *pl* kâthyo *f. pl.*, kṛittikâ *f.*
Pleitar, *v. i. V.* PLEITEAR.
Pleiteador, *a. e s. m.*, **pleiteante,** *a. e s. m. e f.*, nyâyî, vâdî, khaṭlekâr.
Pleitear, *v. t.* dâvo-, khaṭlo karumk *(g. do o.)* nîtîn-, divâṇâmt mâgumk, vivâdumk, tarkumk. ‖ *v. i.* demâmd-, nyây karumk.
Pleito, *s. m. V.* LITIGIO.
Plenamente, plenariamente, *adv.* bhar, bharûn, sarvathâ.
Plenario, *a.* bhar, sampûrṇ.
Plenilunar, *a.* punvecho.
Plenilunio, *s. m.* punav *f.*
Plenipotencia, *s. f.* bharpadvî, pûrṇsattâ *f.*, pûrṇsâmarthya *n.*
Plenipotenciario, *s. m.* kulkârbhârî, mahâdût. ‖ *a.* pûrṇaśaktiyukt.
Plenitude, *s. f.* bhar, samṛiddhi, pûrṇây, sampûrṇây, paripûrṇây, paripûrtti *f.*, bhartipaṇ, tarpaṇ *n.*
Pleno, *a.* bhar, pûrṇ, sampûrṇ, paripûrṇ, samṛiddh. ‖ *A —,* bharûn, sarvathâ.
Pleonasmo, *s. m.* svârth, śabdaprakarsh *n.* ‖ *V.* SUPERFLUIDADE.
Pleonastico, *a.* śabdaprakarshâcho, svârth.
Plethora, *s. f.* pimtrakt, raktapitt *n.;* atipushṭi *f,*
Plethorico, *a.* raktapittâcho; atipushṭ.
Pleura, *s. f. (anat.)* urastvach *f.*
Pleural, *a.* urastvachecho.
Pleurisia, *s. f.*, **pleuriz,** *s. m. (med.)* vâydaman *n.*, urograha, pârśvasûl *m.*
Pleuritico, *a.* vâydamanâcho; vâydaman jâlalo, urograharogî.

Plica, *s. f.* doḍî, kavḷî, ghaḍî *f.;* udattchihna *n.*

Plicar, *v. t.* doḍuṁk, moḍuṁk; udattchihna ghâluṁk *(d. do o.).*

Plintho, *s. m. (archit.)* peḍ *n.*

Plombagina, *s. f.* chîm, chitrak *m.*

Pluma, *s. f.* pâkh *n.;* pâkhâṁcho turo, śikhar *m.*

Plumaceiro, *s. m. V.* PLUMISTA.

Plumacho, *s. m.* ghoḍyâcho turo,- chûḍo *m.* ‖ *V.* PLUMAGEM.

Plumagem, *s. f.* pâkhûṁ; saṁjauṁ-chîṁ-, mâḷchîṁ pâkhâṁ *n. pl.*

Plumbeo, *a.* śiṁsyâcho; śiṁsyâchyâ raṁgâcho.

Plumilha, *s. f.* lahân pâkh *n.*

Plumista, *s. m. e f.* pâkhâṁ kamâytalo va viktalo.

Plumoso, *a.* pâkhâṁ âslalo, pâkhâṁcho, pâkhâḷo.

Plumula, *s. f. (bot.)* biyecho koṁb *m.*

Plural, *a. (gram.)* anekavachanâcho. *s. m.* anekavachan, bahuvachan *n.*

Pluralidade, *s. f. (gram.)* anekavachanpaṇ; anekpaṇ *n.;* agḷo lok, adhikpaksh *m.*

Pluralizar, *v. t.* anekavachan· karuṁk *(g. do o.).*

Pluriarticulado, *a.* bahusaṁdhi, chaḍhâṁ sâṁdhyâṁcho.

Pluridentado, *a.* chaḍhâṁ dâṁtâṁcho, bahudaṁt.

Plusquam, *adv.* adhik, agḷo *(a.)*

Plutocracia, *s. f.* dhanasattâ *f.*, dhanâdhikâr *m.*

Plutonico, *a. (geol.)* ujyâcho.

Pluvial, *a.* pâvsâcho, pâvsâḷo. ‖ *s. m.* pluvyâl *n.*

Pluviatil, *a. V.* PLUVIAL.

Pluvimetro, pluviometro, *s. m.* vṛishṭimâpanayaṁtr *n.*

Pluvioso, *a. V.* CHUVOSO.

Pneuma, *s. m.* śvâs *m.*

Pneumatica, *s. f.* vâyuvidyâ *f.*, vâyuśâstr *n.*

Pneumatico, *a.* vâyûcho.

Pneumonia, pneumonite, *s. f.* vâydaman *n.*

Pneumonico, *a.* vâydamanâcho; vâydaman jâlalo.

Pó, *s. m.* dhûḷ *f.*, dhurḷo; piṭho, gudhḍo *m.*, pûḍ *f.*, kûṭ, tus; *(fig.)* kuskûṭ, kuspaṭ *n.*, potero *m.* ‖ *Fazer em —, (fig.)* pûḍ-, dhûḷdaśâ karuṁk *(g. do o.). Oiro em —,* chokh vast *f.;* bhalo manis. *Sacudir o — a alguem (fig.),* tâṁb kâḍhuṁk. ‖ -s, *pl.*, piṭho *m.* ‖ *— de sapatos,* ghaṁs *f.*

Pobre, *a.* dubḷo, durbaḷ, durbaḷo· garîb, anarth, anarthî, daḷdiro, daḷidro, nirdhanî, dîn, bichâro, kaṁgâḷ; *infeliz:* bâbḍo, daḷdiro, nirbhâgî, anâth. ‖ *s. m. e f.* dubḷo manîs, dhâpodhupo, bhikârî.

Pobremente, *adv.* durbaḷkâyen.

Pobretão, *s. m.* bhikârḍo, bhikâryâṁcho rây, phakîr.

Pobrete, *a.* durbaḷso.

Pobreza, *s. f.* durbaḷkây, durbaḷây *f.*, durbaḷpaṇ, garîbpaṇ, daḷdir; daḷîdr, nirdhan anarthpaṇ *n.*, anarth *m.* ‖ *— de sangue.* ‖ *V.* ANEMIA.

Poça, *s. f.* koṁḍ *n.*, oṁḍo, khoṁḍvo *m.*, chavaṇ *n.*

Poção, *s. f.* pivaṇ, piṇeṁ, pân; piyevuṁcheṁ okhat *n.*

Poceiro, *s. m.* varlo; bâṁy mârtalo.

Pocema, *s. f. (brasil.)* bobâḷ, galbaḷ *m.*, bob *f.*

Pocilga, *s. f.* gûḍh *m.*

Poço, *s. m.* bâṁy *f.* ‖ *— de sciencia,* vidyânagarî.

Poda, podadura, *s. f.* bheṁḍṇî, khasî, sâḷṇî *f.;* bheṁḍṇecho samay *m.*

Podadeira, *s. f.*, **podão**, *s. m.* koytî *f.*, beṁdurleṁ *n.*

Podador, *a. e s. m.* bheṁḍṇâr, khasî kartalo.

Podagra, *s. f.* pâṁyâṁcho vâtrog *m.*

Podar, *v. t.* bheṁḍuṁk, bheṁḍsuṁk, boḍkâvuṁk, kalam-, khasî karuṁk *(g. do o.),* vistâr mâruṁk *(g. do o.),* ṭaḷâliyo kâtruṁk *(g. do o.).*

Podenga, *s. f.* kolgeṁ *n.*

Podengo, kutro *m.*

Poder, *v. t.* yevuṁk *(i. do s.; ex.: posso fazer,* majyân karûṁ yetâ), jâvuṁk *(ab. do s.; ex.: não posso fazer;* maje kaḍe *ou* lâgîṁ jây nâ), tâṁkuṁk *(d. do s.),* śakuṁk *(d. do s.).* ‖ *v. i.* baḷ-, kuvet-, sattyâ âsuṁk *(d. do s.),* ghaḍuṁk *(ab. do s.),* karuṁk jâvuṁk *(ab. do s.); ser possivel:* jâvuṁk, ghaḍuṁk *(ex.: póde ser,* jâyt ghaḍat; *não póde ser,* jâvûṁ najo). ‖ *Não — deixar de ser,* jâlyâ bagar râvûṁ najo. *Não — comsigo,* hâtpâṁy gaḷuṁk *(g. do s.). Até mais não —,* jâtâ-, ghaḍtâ titleṁ.

Poder, *s. m.* śâkti *ou* sakat, tâṁk, kuvet, tâkat tâkît, sâmarthî *f.*, baḷ *n.*, hât, makhdûr, avâṁko, parâkram, jor; *faculdade:* guṇ *m.*, śakti; *auctoridade:* padvî, sattâ *ou* sattyâ *f.*, adhikâr *m.; dominio:* dhanîpaṇ, svâmîpaṇ, svâmîtva *n.: influencia:* vaso, pâṁysar *m.*, baḷ *n.; governo:* râjvadkî *f.*, rajvaḍo; *exercito:* dalbhâr *m.*, baḷ; *efficacia:* baḷ *n.*, guṇ; *procuração:* mukhtyârnâmâ; *meios:* upây, ilâj; *importancia:* bhâr, prabhâv; *multidão:* loṁḍho *m.*, urpaṁj *f.* ‖ — *espiritual:* dharmâdhikâr *m.*, dharmasattâ *f.*; — *temporal,* prapaṁchâdhikâr. *Um* — *do mundo,* lokâcho loṁḍho. *Em* — *de,* hâtâṁt. *Ter em seu* —, hâtâṁt âsuṁk. *A* — *de,* udesîṁ. ‖ **-es,** *pl. V.* PROCURAÇÃO.

Poderio, *s. m.* bhav śakti *f.*, chaḍh baḷ *n.*, samarthpaṇ pratâp *m.*, padestây; sattyâ *f.*, adhikâr *m.*

Poderosamente, *adv.* baḷân, parâkramân.

Poderoso, *a.* śakt, śaktivaṁt, samarth, baḷkaṭ, baḷâḍîk, jorâvar; pratâpî, parâkramî, padest, padvedâr, hukûmdâr, mâlvaṁt, chakravatî; tejâcho, jivaṭ, driḍh, baḷâcho. ‖ *Todo* —, *V.* OMNIPOTENTE.

Podice, *s. f.* phudneṁ *n.*

Podoa, *s. f. V.* PODADEIRA.

Podometro, padamâpanayaṁtr *n.*

Podre, *a.* kuslalo, kûs paḍlalo, kusḍo, saḍlalo, saḍo. ‖ — *de rico,* gireskâyen bharlalo. ‖ **-s,** *s. pl.* aguṇ *m. pl.*, khoṭepanâṁ *n. pl.*

Podridão, *s. f.* kûs, kusḍây *f.*, kusap, kusḍepaṇ, *kusatrapaṇ *n.*

Poedeira, *s. f.* tâṁtyâṁ ghâltalî (koṁbî), tâṁtyâṁvaylî.

Poedeiros, *s. m. pl.* tiṁterâṁtlo (*do port.* TINTEIRO) per *m.*

Poeira, *s. f.* dhûḷ *f.*, dhurḷo *m.* ‖ *Deitar* — *nos olhos,* toṁḍâk pânâṁ bâṁdhuṁk. *Morder a* —, dharṇîr śevṭoṁk, âpṭoṁk.

Poeirada, *s. f.* dhûḷvaḍ *f.*

Poeirento, *a.* dhuḷîṁt bharlalo, dhuḷero.

Poema, *s. m.* kâvya, kavan *n.*, kavitâ *f.*

Poemeto, *s. m.* lahân kavan, alpakâvya *n.*

Poente, *s. m. V.* OCCIDENTE. ‖ *a. (ant.)* paḍto ‖ *Sol* —, dis mâvaḷneṁ *n.*

Poento, *a. V.* POEIRENTO.

Poesia, *s. f.* kavitâ *f.*, kavitva, kavît *n.*, kavitâvidyâ *f.*; lahân kavan *n.*

Poeta, *s. m.* kavi, *kavikâr.

Poetaço, poetastro, *s. m.* kukavi.

Poetar, *v. t. e i.* kâvya-, kavît karuṁk (*g. do o.*).

Poetica, *s. f.* kavitâvidyâ, ślokarachanâ *f.*

Poeticamente, *adv.* kaviteche ritîn.

Poetico, *a.* kaviteeho, kâvyâcho, kâvya; rasik, kâvyarasbharit.

Poetisa, *s. f.* kavîṇ.

Poetizar, *v. i.* kâvya karuṁk. ‖ *v. t.* kavitârûp karuṁk.

Poia, *s. f.* chepṭo uṁḍo *m.*; leṁḍo *m.*

Poial, *s. m.* puyâl *n.*, sopo, oṭo *m.*

Poideira, *s. f.* ghâṁsṇo *m.*

Poir, *v. t. V.* POLIR; (*fig.*) ghâṁsuṁk, jharauṁk.

Pois, *conj.* tar, dekhûn. ‖ *adv.* paṇ *ou* pûṇ; ekûn, tar; aseṁ tar. ‖ — *que, V.* PORQUE. ‖ — *sim,* bareṁ tar, jâṁv. — *não!* bare âsâ, kasalo dubhâv. *Ora* —, hyâ pâsvat, -prasaṁgîṁ.

Poisada, *s. f.* peṇeṁ, makhaṁ; pujâḍ, bihrâḍ *ou* biḍâr; ṭhikâṇ, ghar *n.* ‖ *V.* CHOUPANA.

Poisadeiro, *s. m.* phudneṁ *n.*, bukâṇo *m.*, kule *m. pl.*

Poisadoiro, *s. m.* peṇeṁ, bihrâḍ *n.* ‖ *V.* POISADEIRO.

Poisar, *v. t.* davruṁk, ghâluṁk. ‖ — *as armas,* juj baṁd karuṁk. — *os joelhos em terra, V.* AJOELHAR. — *os olhos sobre,* teḷuṁk. — *o pé,* pâṁy, teṁkauṁk. ‖ *v. i.* tharuṁk; basuṁk; bihrâḍ-, peṇeṁ karuṁk; râvuṁk, âsuṁk. ‖ *V.* REPOISAR. ‖ *v. r.* râvuṁk; vastek râvuṁk, rât kâḍhuṁk.

Poisio, *s. m.* pâḍ davarṇeṁ *n.*; paḍît jamîn *f.* ‖ *a.* paḍît, pâḍ, pâḍaṁg.

Poiso, *s. m.* thâr, thâro *m.*; dâṁtyâcheṁ sakaileṁ peḍ *n.* ‖ *V.* ANCORADOIRO. ‖ *Tomar* —, *V.* ANCORAR.

Poja, *s. m.* śiḍâcheṁ sakaileṁ ṭoṁk; śiḍ partuṁcheṁ dor *n.*

Pojante, *a.* baryâ vâryân hâṁkârto (târûṁ).

Pojar, *v. i.* (*ant.*) târvâvaylo deṁvuṁk, taḍik yevuṁk.

Pojo, *s. m.* utârghâṭ *m.*

Pola, mulâcho phâṁṭo *m.*

Póla, *s. f. V.* TUNDA.

Polainas, *s. f. pl.* poṭriyâṁcheṁ trâṇ *n.*

Polar, *a.* dhruvâcho; dhruvâkaḍcho. ‖ *Estrella* —, dhruvanakshatr. *Circulo* —, dhruvavritt *n.*

Polaridade, *s. f.* dhruvâbhimukhaśîlatâ *f.*

Poldra, *s. f.* tarnî ghoḍî *f.*; mulâcho upkârnâslalo phâṁṭo, *m.* ‖ **-s,** *pl. V.* ALPONDRAS.

Poldril, *s. m.* burgyâṁ ghoḍyâṁcho-, śiṁgyâṁcho goṭho *m.*

Poldro, *s. m. V.* POTRO.

Polé, *s. m.* gâḍî, kopî *f.* ‖ *Dar tratos de* —, mâr-, phâr divuṁk.

Poleame, *s. m.* kopîsâmaṇ *n.*

Polear, *v. t.* jerbaṁd divuṁk *(d. do o.)*, kuṭuṁk, mâr khâvauṁk *(d. do o.)*.

Poleeiro, *s. m.* gâḍyo kartalo va viktalo.

Poleiro, *s. m.* thâro, aḍḍo *m.*; pâṁj *f.*, kuṁkḍâṁcho gûḍh *m.* ‖ *Estar no —, (fig.)* uṁch âsuṁk. *Falar de —,* śâstrâṁ sâṁguṁk.

Polemica, *s. f.* vivâd, vâdvivâd, parvâḍ *m.*

Polemico, *a.* vâdvivâdâcho, parvâdâcho.

Polemista, *a. e s. m. e f.* vivâdî, vâdvivâdî.

Polha, *s. f. (ant.) V.* GALLINHA; *(fig.) V.* RAPARIGA.

Polhastro, *s. m. (ant.)* koṁblo *m.*; *(fig.) V.* MOCETÃO.

Polichinello, *s. m.* bâhuleṁ *n.*; *(fig.) V.* BOBO.

Policia, *s. f.* râjnît, śaharâchî baṁdobast, gâṁvâchî vyavasthâ; pulîs; *(ant.)* mâṇsugî, sunîti; maryâd *f.*, âdarmân *m.* ‖ *s. m.* pulisecho śipây, pulîs *m.*

Policiado, *a.* pulisen râkhlalo. ‖ *V.* CULTO.

Policial, *a.* pulisecho.

Policiar, *v. t.* râkhuṁk, râkhaṇ karuṁk *(g. do o.)*. ‖ *V.* CIVILIZAR.

Polidamente, *adv.* upachârân, sunîtîn, maryâdîn.

Polidez, *s. f.* upachâr, âdarmân *m.*, maryâd, sunîti *f.*

Polido, *a.* ujaḷ, nitaḷ, nisaḷ, suḷsuḷit, tuḷtuḷît, tiḷtiḷît; mâṇsugecho, upachârî, âdarî, maryâdîcho, maryâdîk, kriyâvaṁt.

Polidor, *a. e s. m.* ujaḷṇâr, ghâṁstalo, opauṇâr.

Polidura, *s. f.* ujaḷṇî, ghâṁsṇî *f.* ‖ *V.* POLIMENTO.

Polilha, *s. f.* sâṇas *f.*

Polim, *s. m.* ekâ pâṁyân uḍṇeṁ *n.*

Polimento, *s. m.* chakchakî, tiḷtiḷî, op *f.*; pulimeṁt *m.*

Polir, *v. t.* ujḷuṁk, ghâṁsuṁk, nitḷâvuṁk, opauṁk, op divuṁk *(d. do o.)*; *(fig.)* saṁkaruṁk, sudhâruṁk. ‖ *v. r.* ujḷoṁk, nitaḷ-, tiḷtiḷît jâvuṁk; *(fig.)* sudhâroṁk.

Politica, *s. f.* râjnîti, râjrît, râjvidyâ *f.*, râjkârbhâr, râjnay *m.*, râjkâm *n.*; *civilidade:* upachâr *m.*, mâṇsugî, maryâd, sunîti; *fineza:* bârkây, barkamây, śiḍukây *f.*

Politicamente, *adv.* râjnîtîn; upâchârân; bârkâyen.

Politicão, *s. m.* moṭo râjkârnî.

Politicar, *v. i.* râjkâmâchî khabar karuṁk.

Politico, *a.* râjnîticho, râjkârbhârîk; upachârî, mâṇsugecho, chaughâṁtlo. ‖ *s. m.* râjnîtijña, râjkârṇî; *(fig.) V.* FINORIO.

Polka, *s. f.* polk *n.*

Polkar, *v. i.* polk nâchuṁk.

Pollegada, *s. f.* polgâd, âṁgûḷ *n.*, âkaṁdo *n.*

Pollegar, *s. m.* âkaṁḍo. ‖ *a. dedo —,* âkaṁḍo.

Pollen, *s. m. (bot.)* raj, parâg *m.*

Pollicitação, *s. f. V.* PROMESSA.

Pollinico, *a.* rajâcho.

Pollução, *s. f.* khatâvṇî; bhashṭâvṇî, aśuddhi *f.*, dûshaṇ; khat *n.*, meḷ, bâṭ, viṭâḷ; *(med.)* svapnadosh, dhâtusrâv *m.*

Polluir, *v. t.* meḷauṁk, khatâvuṁk, bursâvuṁk; bhashṭâvuṁk, apavitr-, oṁvḷo karuṁk. ‖ *v. r.* khatâvoṁk; bhashṭuṁk.

Polluto, *a.* meḷlalo, khatâvlalo, burso; aśuddh, apavitr, doshî, bâṭgo, oṁvḷo.

Polmão, *s. m.* sûj *f.*, loḷo *m.*

Polme, *s. m.* kâlo, chik *m.*

Polo, *s. m.* dhruv. ‖ *— arctico,* uttaradhruv. *— antarctico,* dakshiṇadhruv *m.* *Elevação do —,* dhruvonnati *f.*

Polpa, *s. f.* phaḷâcheṁ mâs *n.*, girabh *m.*; mâs; *(fig.)* vajan *n.*, bhâr *m.*

Polposo, polpudo, *a.* girbhaḷo, mâsâḷ, gabgabît, dabdabît.

Poltrão, *a.* bhejûḍ, kâkûḍ. ‖ *V.* INERTE. ‖ *s. m.* gâṁḍû, chombḍo maṇîs.

Poltrona, *s. f.* pultran, sukhâsan *n.*, mâṁch *m.*

Poltronear, *v. i.* bhejûḍ-, kâkûḍ jâvuṁk; hâtpâṁy soḍuṁk, hât pâṁghrûn basuṁk.

Poltronear-se, *v. r. V.* REPOLTREAR-SE.

Poltroneria, *s. f.* bhejuḍây, kâkuḍây *f.*, chombḍepaṇ *n.*

Polvarinho, *s. m. V.* POLVORINHO.

Polvilhar, *v. t.* piṭho mâruṁk, śiṁvrâvuṁk *(d. do o.)*.

Polvilhos, *s. m. pl.* keṁsâṁk mârcho piṭho; *(fig.)* piṭho *m.*

Polvo, *s. m.* sadâbebo *m.*

Polvora, *s. f.* dârû *f.* ‖ *Estar como uma —,* ujo kaso jâvuṁk.

Polvorim, *s. m.* bârîk dârû *f.*

Polvorinho, *s. m.* polvoriñû, tośdân *n.*, * beṁḍî *f.*

Polvorista, *s. m. e f.* dârû kartalo, dârûkâr.

Polvorosa, *s. f. Andar em —*, gadbaḍuṁk, âpṭoṁk dapṭoṁk. *Pôr os pés em —*, kâvaḍ-, jhurî kâḍhuṁk. *Pôr alguma coisa em —*, ibâḍ karuṁk *(g. do o.)*, vâṭek lâvuṁk. *Dar com tudo em —*, gharâ derâchî vâṭ lâvuṁk.

Polvoroso, *a.* dhuḷero, dhuḷîṁt bharlalo.

Poly, *pref.* bahu, anek.

Polyandria, *s. f.* bahubhartṛitva *n.*

Polyandrico, *a.* bahubhartṛitvâcho.

Polyanthéa, *s. f.* pushpasaṁchay *m.*

Polyarchia, *s. f.* bahupurusharâjya *n.*

Polychromo, *a.* bahuraṁgî, vichitr.

Polyedrico, *a. (geom.)* bahutal.

Polyedro, *a. (geom.)* bahutal. ‖ *s. m.* bahutalapadârth *m.*

Polygala, *s. f. (bot.)* nival *f.*

Polygamia, *s. f.* bahupatnîtva; bahubhartṛitva *n.*

Polygamico, *a.* bahupatnîtvâcho.

Polygamo, *a. e s. m.* bahupatnî; bahubhartṛi.

Polyglotta, *a. e s. m. e f.* bahubhâshâjña; bahubhâsh, anekabhâsh.

Polygonal, *a.* bahukoṇ, *n.*

Polygono, *s. m. (geom.)* bahukoṇ *m.*, bahvasrâkṛiti *f.*

Polygraphia, *s. f.* nânârthavarṇan *n.*; vividhagraṁthasaṁgraha *m.*; gûḍhâksharavidyâ *f.*

Polygrapho, *s. m.* nânârthavarṇanî.

Polymathia, *s. f.* bahuvidyâjñân *n.*

Polymatho, *a. e s. m.* bahuvidyâjña.

Polymite, *a.* bahuraṁgî (lugaṭ).

Polymorphia, *s. f.*, **polymorphismo**, *s. m.* bahurûpaguṇ *m.*

Polymorpho, *a.* bahurûp, anekâkâr.

Polyonimo, *a.* bahunâm.

Polypetalo, *a.* bahudal.

Polypodio, *a. (zool.)* bahupâd. ‖ *s. m. (bot.)* beṁdar *f.*

Polysperma, *a.* bahubîj.

Polysyllabico, *a.* bahvakshar.

Polysyllabo, *a. e s. m.* bahvakshar *n.*

Polytechnico, *a.* bahuvidyâ. ‖ *Eschola polytechnica*, bahuvidyâsâlâ *f.*

Polytheismo, *s. m.* bahudevavâd *m.*, bahudevamat *n.*

Polytheista, *a. e s. m. e f.* bahudevavâdî.

Poma, *s. f. (poet.)* thân *n.*

Pomada, *s. f.* pomâd, malam *n.*, sugaṁdh *m.*

Pomar, *s. m.* phaḷâṁchî bâg, vâṭî *f.*, moḷo *m.*, kuḷâgar *n.*

Pomareiro, *a.* kuḷâgarâcho. ‖ *s. m.* kuḷâgar vasaitalo.

Pomba, *s. f.* pârvîṇ *f.*, bâil pârvo *m.*

Pombal, *s. m.* pârvyâṁchem ghar *n.*

Pombinho, *s. m.* lahân parvo, pârvyâcho pilo; parvyâcho raṁg *m.* ‖ *Estar —*, saro taklek chaḍhuṁk *(g. do s.)*.

Pombo, *s. m.* pârvo, kabudar *m.* ‖ *— torquez*, rânpârvo.

Pomeridiano, *a.* sâṁjecho, donpârâ uprâṁtlo.

Pomes, *a.: pedra —*, mohro *m.*

Pomifero, *a.* phaḷâṁcho.

Pomo, *s. m.* vâṭkuḷeṁ moṭeṁ phaḷ *n.*

Pompa, *s. f.* dabâjo, ḍaul, tarâṁṭh, âḍambar *m.*, vhaḍvî, vhaḍvîk, *f.*

Pompear, *v. i.* vhaḍvîk-, baḍây dâkhauṁk, dabâjo karuṁk, mirvuṁk ‖ *v. t.* baḍâyen dâkhauṁk.

Pomposamente, *adv.* dabâjyân, ḍaul karûn.

Pomposo, *a.* dabâjyâcho, baḍâyecho, vhaḍvikecho, ḍaulî.

Pomulo, *s. m. (anat.)* śaṁkh *m.*

Ponche, *s. f.* poṁch, kupṭeṁ *n.*

Poncheira, *s. f.* kupṭyâcheṁ âydan *n.*

Ponderação, *s. f.* nihâḷ, vichâr, vivek *m.*, chiṁtâ; jaḍây *f.*, bhâr *m.*

Ponderadamente, *adv.* nihâḷûn, manâṁt ghoḷaun.

Ponderador, *a. e s. m.* nihâḷtalo, gaṇṇâr.

Ponderar, *v. t.* manâṁt ghoḷauṁk, nihâḷuṁk, gaṇuṁk, vichâr karuṁk *(g. do o.)*, chiṁtuṁk, dhyânuṁk, vivekuṁk, dhuṁḍâḷuṁk. ‖ *v. i.* nihâḷ-, vichâr karuṁk.

Ponderativo, *a.* nihâḷâcho, vivekâcho, vichârâcho.

Ponderavel, *a.* nihâḷuṁcho, manâṁt dharcho, -ghoḷauṁcho; jokhûṁyeso.

Ponderosamente, *adv.* bhârân, bhârîṁ, jaḍâyen.

Ponderoso, *a.* jaḍ, bhârâḍîk, bhârî, vajandâr.

Pondra, *s. f. V.* ALPOMDRA.

Ponente, *a. V.* POENTE.

Poney, *s. m.* tuṭû *m.*

Pongo, *s. m. (zool.)* vanmânush *m.*

Ponta, *s. f.* poṁt, ṭoṁk, sûṁk, kûṁs *n.*, domas *m.*, suḷkî, aṇî, teṁbî *f.*, agr; pâlaṁv, padar *m.*, deg *(— de pano) f.*; *angulo:* koṇso *m.*; *chifre:* śiṁg *n.*; *resto de cigarro:* poṁt. ‖ *— do dia, V* U

ORA. — *de terra*, ṭoṁk. *Ter alguem de* —, jaḷuṁk. *A — da espada*, tarvârîn; *(fig.)* baḷân, julûm karûn. *De — á* —, śekânśek.

Pontada, *s. f.* kaḷâ, tiḍak, phoḍâphoḍ *f.*

Pontal, *s. m.* ṭoṁk *n.*; târvâchyâ muḷâcho bhâg *m.* ‖ *a.*: *pregos pontaes*, vhaḍle khiḷe *m. pl.*

Pontalete, *s. m.* dhiro *m.*, dhâraṇ *n.*, digî *f.*

Pontão, *s. m.* meḍ, digî *f.*, khuṁṭo; hoḍyâṁcho pâṭo *m.*; pâṁphaḷeṁ *n.*

Pontapé, *s. m.* khoṭ *ou* khoṁṭ *f.*, phâpar *m.*

Pontarelo, *s. m.* moṭo ṭâṁko *m.*

Pontaria, *s. f.* poṁtârî, mokṇî *f.*, baṁdûk johkṇeṁ *n.*; *(fig.)* *V.* ALVO. ‖ *Fazer* —, jokhuṁk.

Ponta-secca, *s. f.* dâbaṇ *n.*

Ponte, *s. f.* pâṭo, sâṁkav; târvâcko majlo *m.* ‖ — *de barcas*, hoḍyâṁcho sâṁkav. — *levadiça*, ukalcheṁ pâṁphaḷeṁ.

Ponteado, *a.* ṭibâylalo. ‖ *s. m.* khuṇâylalo-, âṁklalo âkâr, -nâkśo *m.*

Ponteagudo, *a.* domsâḷo, domas âslalo, tikhaṭ.

Pontear, *v. t.* ṭibe ghâluṁk *(d. do o.)*, ṭibâvuṁk, âṁkuṁk; ṭâṁkuṁk, dhâgo mâruṁk, -bharuṁk *(d. do o.)*.

Ponteira, *s. f.* śimlî, âṇas *f.*

Ponteiro, *s. m.* poṁter, hât, kâṁṭo *m.*; barailaleṁ dâkhauṁchî baḍî *f.*; chirṇeṁ *n.* ‖ *a.* toṁḍâcho, mukhâvaylo (vâv).

Pontificado, *s. m.* mukhyapurohitpaṇ *n.*, śiromaṇyâcho adhikâr *m.*

Pontifical, *a.* mukhyapurohitâcho, śiromaṇyâcho. ‖ *s. m.* saṁskâraśâstr *n.*, paddhati *f.*

Pontifice, *s. m.* dharmâcho mukhyâdhikârî, mukhyapurohit, *śiromaṇi. ‖ *Summo* —, *V.* PAPA.

Pontificio, *a.* śiromaṇyâcho; pâpâsâhebâcho.

Pontilha, *s. f.* sûṁk, kûṁs *n.*

Pontilhar, *v. t.* *V.* PONTOAR.

Pontinha, *s. f.* lahân kûṁs; kûṁsbhar, kuskûṭ *n.* ‖ *Andar em pontinhas de pés*, pâṁval vâjai nâstânâ chaluṁk. *Andar de — com alguem*, jaḷuṁk. *Andar nas pontinhas*, mirvuṁk, neṭuṁk. *Ser das pontinhas*, kâṭhû-, mâṁḍuekâr jâvuṁk.

Pontinho, *s. m.* lahân ṭibo; ṭâṁcho *m.* ‖ *Ser de pontinhos*, dhajecho-, nemaḷ jâvuṁk.

Ponto, *s. m.* poṁt, ṭâṁko, ṭâṁcho, phâro; *pinta:* ṭibo, ṭiko, ṭiklo *m.*, ṭiklî; *grau:* pâyrî *f.*; *furo:* gîr; *signal orthographico:* poṁt, biṁdu *m.*, pûj *n.*; *fim:* śevaṭ; *logar fixo:* nemlalo jâgo; *tempo marcado:* sâṁglalo veḷ; *assumpto:* prasaṁg, vishay *m.*; *estado:* daśâ, gat *f.*; *parte de discurso, de sciencia:* prakaraṇ, kalam *n.*, goshṭ *f.*; *o essencial:* garjecheṁ kâm *n.*; *erro na lição:* chûk; *nota de frequencia:* hâjireehî śivḍî; hajirî *f.*; *(theatr.)* nâṭkyâṁk suchaitalo; *grau de consistencia:* poṁt. ‖ — *de apoio*, teṁko *(litt. e fig.)* *m.* — *cardeal*, diśâ *f.* — *central:* mâj *m.* — *final*, virâmachihneṁ *n.*; *(fig.)* śevaṭ *m.* — *de mira*, makhî *ou* mokî *f.* — *de partida*, muḍal *n.* — *de vista*, drishṭi, dîshṭ *f.*, lakshya *n.* *Homem de* —, âbrûeho manîs. *Baixar de* —, sakal paḍuṁk. *Ahi bate o* —, thaiṁ kî sagḷeṁ âsâ. *Dar um — na bocca*, toṁḍ dhâṁpuṁk. *Estar a — de*, pâvuṁk, âsuṁk *(ex.: estar a ponto de morrer*, maruṁk âsâ *ou* pâvlâ). *Estar em bom* —, jây taso âsuṁk. *Não dá — sem nó*, âdâvâvineṁ śidî phoḍi nâ. *Não perder o* —, saṁyog nâ soḍuṁk. *Pôr* —, saṁpâduṁk. *Pôr os pontos nos ii (fig.)*, saṭâsaṭ sâṁguṁk. *Pôr-se em — com alguem*, jhagḍuṁk. *Subir de* —, chaḍhuṁk. *Tomar por* —, âplo mân davruṁk. *A* —, barâbar; tayâr. *Chegar a* —, baro pâvuṁk. *A — de*, pâvûn, lâgûn âsûn. *A — ou a tal — que*, itlo kî, he bhâshen kî. *De todo o* —, sarvathâ, jhâḍûn, pusûn. *Em* —, barâbar, jûst *(port.* JUSTO). *No mesmo* —, tyâch vaktâr. — *por* —, ekân ek. ‖ -s, *pl.* vishay, prasaṁg *m.*

Pontoada, *s. f.* domas mârṇeṁ, domsiṇeṁ *n.*

Pontoar, *v. t.* phâre mâruṁk *(d. do o.)*: dhâgo bharuṁk *(d. do o.)*; meḍdigî lâvuṁk *(d. do o.)*; ṭike-, ṭibe mâruṁk *(d. do o.)*.

Pontuação, *s. f.* ṭibe ghâlṇeṁ, virâmachihnâṁkan *n.*

Pontual, *a.* sârko, barâbar suṭî, uttrâcho, vaktaśîr, nemaḷ, niyamanishṭh; kâydo saṁbhâḷtalo, khaḍkhaḍît, saḍsaḍît.

Pontualidade, *s. f.* sârkepaṇ, suṭîpaṇ; vaktaśîrpaṇ *n.*, niyamanishṭhpaṇ *n.*: saḍsaḍitây *f.*

Pontualmente, *adv.* barâbar, sârkeṁ, jûst, nîṭ.

Pontuar, *v. t.* ṭibe ghâluṁk *(d. do o.)*, virâmachihnîṁ karuṁk *(d. do o.)*.

Pontudo, *a.* domas âslalo, donısâḷo; khaḍkhaḍit, kharbarit; *(fig.)* nimdecho, akmânâcho.

Popa, *s. f.* verem *n.*

Populaça, *s. f.*, **populacho,** *s. m.* uṇo lok, dhâpodhupo *m.*; luḷem *n.*

População, *s. f.* lok *m.*, prajâ *f.*

Popular, *a.* lokâcho, prajecho; lokâk mânto, lokprîtîcho, janapriya; saglyâmk kaḷlalo, laukik. ‖ *V.* DEMOCRATICO. ‖ *Tornar —*, *V.* POPULARIZAR. ‖ *s. m.* prajâtamtrapakshapâtì; uṇo manis, akulaj.

Popularidade, *s. f.* lokprîti, janprîti *f.*

Popularização, *s f.* lokâk kaḷaunem, praghaṭ karṇem *n.*

Popularizar, *v. t.* lokâk kaḷaumk, laukik karumk, praghâṭumk. ‖ *v. r.* laukik-, praghaṭ jâvumk; lokâk mânomk.

Popularmente, *adv.* laukikpaṇân.

Populeo, *a.* *(poet.)* hivarâcho.

Populoso, *a.* lokân bharlalo, bharvastecho, bahupraj.

Por, *prep.*: *mediante:* udeśim, varvîm; *a favor de:* khâtîr, pâsûn, pâsvat, pâsat; *em consequencia de:* pâmyân, pâmysarân, pâsûn, prasamgîm; *causa efficiente: exprime-se pelo inst. (ex.: foi morto pelo creado,* châkrân mârlo); *logar:* -lyân *ou* -chyân *(ex: passou por Bombaim,* Bumbaychyân gelo; *a agua sae pelas fendas,* dhâḷîmtlyân udak bhâyr sartâ); *tempo:* -âmt, -înt *(ex.: por um anno,* ekâ varshâmt; *por uma noite,* eke râtîmt); *especificação: exprime-se pelo inst. do primeiro subst. (ex.: palavra por palavra,* uttrân uttar; *casa por casa,* gharân ghar); *em nome de:* nâmvân; *em logar de:* badlek, svâter. ‖ *Ser —*, âsumk *(ex.: sou por dizer-lhe,* hâmv tukâ sâmgumk âsâm). — *Deus,* Devâpâsvat. — *aqui,* hâmgâchyân, hâmgâsarlyân, hevśîn, hiṇyâm. — *alli,* tevśîn, tiṇyâm, thaimchyân. — *baixo,* sakailyân, khâylyân. — *cima,* vaylyân. — *fóra,* bhâylyân.

Pôr, *v. t.* ghâlumk, davrumk, ṭhevumk, sthâpumk; *estabelecer:* ṭhevumk, mâmḍumk, ghaḍumk; *abrir ao uso do publico,* ughḍumk, ghâlumk (mâmḍ, dukân); *reduzir a um estado:* ghâlumk; *introduzir:* bhitar ghâlumk, rigaumk; *offerecer em lanço:* chaḍhaumk; *dedicar:* bheṭaumk; *fazer consistir:* âṭâpumk, davrumk; *apromptar:* tayâr karumk, mâmḍumk; *vestir:* ghâlumk, nesumk; *enfeitar-se com:* ghâlumk; maḷumk *(— flores, joias na cabeça):* suvumk *(— manilhas de vidro); gastar tempo:* kâḍhumk; *impor:* ghâlumk, thâpumk; *suppor:* dharumk, samjumk; *imputar:* ghâlumk, thâpumk *(com l. sup. de pessoa); notar (censurando):* kâḍhumk (khoḍî, chukî); *trasladar:* utrumk; *applicar:* lâvumk; *plantar.* lâvumk, ghâlumk; *largar:* soḍumk ‖ *= em acção,* chalaumk. — *no altar (fig.),* Dev karumk. — *á bocca,* tomḍâk lâvumk. — *a braços,* jhagḍumk lâvumk. — *casa,* gharâchî mâmḍâvaḷ-, ghor karumk; kâjâr jâvumk. — *num chaos,* gomdhaḷ karumk *(g. do o.).* — *ás costas,* pâṭhîr mârumk. — *na cruz,* khursâr kâḍhumk. — *deante,* mukhâr ghâlumk. — *em debandada,* dispaṭ karumk *(g. do o.).* — *á dependura,* umkaḷâvumk. — *a direito,* sâmko karumk. — *e dispor,* ghaḍumk âni moḍumk. — *em duvida,* dubhâv dharumk *(g. do o.).* — *á espada,* tarvârîn mârumk. — *no fio (fig.),* upadryâmk ghâlumk; mârumk. — *em fogo (fig.),* ujo lâvumk, halkamḍâvumk — *em força ou em vigor,* chalaumk, châlû karumk. — *os joelhos em terra,* dimbhî moḍumk,- ghâlumk. — *as mãos,* hât jaḍumk. — *as mãos em,* hât uklumk, mârumk; hât lâvumk. — *á morte,* jivîm mârumk. — *oculos,* okl lâvumk. — *patente,* ughḍo-, ughḍâpo karumk. — *em ordem,* ḍâḷumk, mâmḍumk. — *em pés de verdade,* sat kasem karûn dâkhaumk. — *em postas,* kuṭkyân kuṭke karumk *(g. do o.).* — *em pratica,* karumk, sâdhumk. — *a sacco,* lûṭ lâvumk *(d. do o.).* — *o sêllo,* mohar mârumk; *(fig.)* sampâdumk. — *silencio,* ugo râvumk lâvumk. *Não tirar nem —*, ekach jâvumk, harkat nâsumk. *Sem tirar nem —*, barâbar, justach. ‖ *v. r.* râvumk, âsumk; lâgumk, âḍâvumk *(v. t.); sumir-se no horizonte:* mâvḷumk, astamumk; *apresentar-se:* disumk, jâvumk; *poisar:* basumk. ‖ — *em armas,* jujumk tayâr jâvumk. — *de atalaia,* pâldek râvumk. — *d'avante:* phuḍyâmt yevumk; âḍ yevumk. — *á cabeceira (fig.),* mâthyâr chaḍhumk,- basumk. — *de cama,* âmthuḷnâr paḍumk. — *em campo,* jujumk tayâr jâvumk. — *a cavallo,* ghoḍyâr basumk. — *em contacto,* samvkumk. — *de conversa,* gajâl karumk lâgumk. — *fóra,* bhâyr sarumk. — *ao largo,* pais sarumk,- bhomvumk. — *á mesa,* mejâr basumk. — *de parte ou fóra,* kuśin râvumk. — *aos pés de alguem,* pâmyâm paḍuṁk. — *de pé ou em pé,* ubho râvuṁk. — *a salvo,* vâṭâvoṁk. — *de vigia,* râkhûn âsuṁk. *Pôr de olhos,* paḷevṇeṁ. *Pôr do sol,* dîs dhârîr paḍṇeṁ *n.*

Porão, *s. m.* târvâchî koṭhî *f.*, ghâmtaro *m.*

Porca, *s. f.* dhukarṇ; mâdî, navrî *f.*

Porcada, *s. f.* dhukrâṁcho hiṁḍ *m.*; dhukarpaṇ *n.*

Porcalhão, *a. e s. m.* aḷśikaṇo, kâṁṭâḷvâṇo, bâṁgḍo, bâṁgar.

Porção, *s. f.* kuṭko, tukḍo, vâṁṭo, bhâg, khaṁḍ, hisso *m.*, takshîm *f.*

Porcaria, *s. f.* dhukarpaṇ, mahârpaṇ *n.*, aḷśik, paḷiṭây *f.*; *(fig.)* barbaṭeṁ kâm *n.*, phoṁtlo *m.* ‖ *Dizer porcarias,* pojaḍpaṇâṁ ulauṁk.

Porcariço, *s. m. V.* PORQUEIRO.

Porcellana, *s. f.* chinî âydan, phuslâṇ *n.*

Porcino, *a.* dhukrâcho. ‖ *Animal —,* dhukar.

Porcionario, *s. m.* vâṁṭekâr, vâṁṭelî, aṁśî; dharmâdâyâcho bhâg âslalo.

Porcionista, *s. m. e f.* âplo kharch vidyâmaṭhâk phârîk kartalo śikpî.

Porciuncula, *s. f. (ant.)* suṁṭo *m.*

Porco, *s. m.* dhukar *m. e n.*, salag (— *capado, us. Sal. e Ilh.*) *m.*; dhukrâcheṁ mâs *n.* ‖ — *montez,* rândhukar. ‖ *a.* meḷo, burso; hîṇ, aḷśikaṇo; bâṁgḍo, pojḍo; *(fig.) V.* TRAPALHÃO.

Porco-espim, porco-espinho, *s. m.* sâḷ *f.*

Porejar, *v. t.* laṁveṁtlyân vâhvauṁk. ‖ *v. i.* laṁveṁtlyân vâhvuṁk.

Porém, *conj.* paṇ, pûṇ, paraṁt.

Porfia, *s. f.* jhagḍeṁ, toṁḍâtoṁḍ *n.*, bhâshâbhâsh, paijâ, hujat, jhoṁbâjhoṁbî, vaḍhâvaḍh *f.*, *vâdhaṁg; thîrpaṇ, dhair *n.*, udyog *m.* ‖ *V.* TEIMA. ‖ *Á —,* vaḍhâvaḍhîṁ, uḍâuḍîṁ; thâṁba nâstânâ; bâḍga-, kâḍho nâstânâ; jhoṁbûn, jhagḍûn.

Porfiadamente, *adv. V.* Á PORFIA.

Porfiado, *a.* jhoṁbaḷo, hujatîn kelalo, paijecho.

Porfiador, *a. e s. m.* jhagaḍtalo, paijâdâr, *vâdhaṁgyo; laṁchaṭ, vâtaḍ, haṭhî.

Porfiar, *v. i.* jhagḍuṁk, jhoṁbuṁk; bhâsuṁk, ghâṁsuṁk, jharauṁk *(vv. tt.)*; hujat kheḷuṁk, jujuṁk.

Porfido, *s. m. V.* PORPHYRO.

Porfiosamente, *adv.* ghâṁsûn, jharaun, dâṁteṁ mâṁḍûn.

Porfioso, *a.* jhagḍekâr, vivâdśîl; ghâṁsṇo, jharauṇo, haṭhî, saḷî. ‖ *V.* ATURADO.

Por isso, *conj.* hyâ pâsvat, dekhûn.

Pormenor, *s. m.* tapsîl, vistâr, bârîk vichâr, paripâṭh *m.*, bâbat *f.*

Poro, *s. m.* romkup *m.*, laṁvecheṁ mûḷ *n.*

Por ora, *adv.* sardyâ, âtâṁ.

Porosidade, *s. f.* romakupapaṇ; pâjhartepaṇ *n.*

Poroso, *a.* romakupâcho, romakupayukt; pâjharto.

Phorphyrização, *s. f.* piṭho karṇeṁ *n.*

Porphyrizar, *v. t.* bârîk piṭho karuṁk *(g. do o.)*.

Porphyro, *s. m.* nibar saṁgmarmar *m.*

Porquanto, *conj.* mhaṇûn, mhûṇ, kityâk mhaṇlyâr.

Porque, *conj.* dekhûn, mhûṇ, mhaṇûn, kityâk, kityâk tar. ‖ *s. m.* kâraṇ, sabab *m.*

Porqueira, *s. f.* dhukrâṁcho gûḍh *m.*; dhukrâṁ postalî ‖ *V.* PORCARIA.

Porqueiro, *s. m.* dhukrâṁkâr. ‖ *a.* dhukrâcho.

Porquidade, porquidão, *s. f.* dhukarpaṇ, meḷepaṇ, bursepaṇ *n.*

Porquinha, *s. f.* dhukurleṁ *n.*

Porquinho, *s. m.* dhukurlo *m.*

Porrão, *s. m. V.* MORINGUE.

Porretada, *s. f.* saṭyâcho phâr *m.*

Porrete, *s. m.* toṇo, saṭo *m.*

Porriginoso, *a. (med.)* kharbyâcho.

Porro, *s. m. (bot.)* rânlasûṇ *f.*

Porta, *s. f.* dâr, der, dvâr *(p. us.) n.*, darvâjo *m.*, bâgîl *(us. Can.)*; kavaḍ; *casa:* ghar *n.*; *accesso:* rîg, praveś *m.* ‖ *Á — fechada,* gûḍhmeḷân, choryâṁ. *De — em —,* derân der, gharân ghar. *Portas a dentro ou de portas a dentro,* gharâbhitar; bhitarlyân. — *falsa,* chordâr. *Portas da eternidade,* marṇ *n.* ‖ *Portas travessas,* âḍvyo vâṭo *f. pl.*, âḍ upây *m. pl.* — *trazeira,* mâgîlder. *Bater á —,* derâr mâruṁk; *(fig.)* lâgîṁ pâvuṁk. *Bater á outra —,* dusro upây śodhuṁk, dusrî vâṭ ghevuṁk. *Deixar uma — (fig.),* vâṭ davruṁk. *Estar á — (fig.),* uṁbrâr âsuṁk, derâṁt pâvuṁk. *Estar ás portas da morte,* marṇâche taṇîr pâvuṁk. *Forçar a —,* dâr phoḍuṁk, -nikḷâvuṁk; *(fig.)* baḷân bhitar saruṁk. *Morar ao pé da —,* śejârâk râvuṁk. *Morar — com —,* gharâkuśîk râvumk. *Tomar as portas,* dârâṁ aḍuṁk.

Porta, *pref.* -dhar.
Porta-bandeira, *s. m.* bâvṭekâr, guḍidhar, niśâṇḍâr.
Porta-clavina, *s. f.* baṁdukâchî vâḍî *f.*
Portada, *s. f.* dârvaṁṭo *m.* ‖ *V.* FACHADA.
Portador, *a. e s. m.* portâdor *m. e n.*, vharṇâr. ‖ — *de lettra*, huṁḍî vharûn dâkhaitalo.
Porta-estandarte, *s. m.* dhvajdhar, guḍîdhar.
Portageiro, *s. m.* jakâtdâr, jakâtkâr.
Portagem, *s. f.* jakât *f.*
Portal, *s. m.* dârvaṁṭo *m.*, toraṇ *n.*; muro, phuḍo; gaiṁḍo *m.*
Porta-lapis, *s. m.* chimâchî naḷî *f.*
Portaló, *s. m.* târvâchî śiḍî *f.*
Porta-maça, *s. f. V.* MACEIRO.
Porta-machado, *s. m.* kuhrâḍyâcho śipây.
Porta-novas, *s. m.* khabaryo.
Portanto, *conj.* hyâ pâsûn, hyâ pâsvat, mhaṇûn, mhaṇge, prasaṁgîṁ.
Portão, *s. m.* dârvaṁṭo *m.*
Porta-pennas, *s. m.* penâcho dâṁḍo *m.*
Portar, *v. i. V.* APORTAR. ‖ *v. r.* chaluṁk, âcharuṁk, vartuṁk.
Portaria, *s. f.* dârvaṁṭo *m.*, mukhsâḷ; portârî *f.*, sarkârî patr *n.*, hukûmnâmâ *m.*
Porta-sacco, *s. m.* ghoṁgḍekâr.
Portatil, *a.* vharuṁk baro,- lohu, soṁpepaṇîṁ vharcho; lahân, supûr, supurlo; mâṁḍcho moḍcho, ghaḍcho nikḷâvuṁcho.
Porta-voz, *s. m.* karṇo *m.*
Porte, *s. m.* vharap, vâhṇeṁ *n.*; vâhṇâvaḷ *f.*, bhâḍeṁ *n.*; ṭappâlâcho kharch *m.*; *modo de proceder:* châl *f.*, naḍteṁ, charit *n.*; *aspecto:* âkâr, raṁg *m*, rûp; *tonelagem:* târvâcheṁ ojheṁ *n.* ‖ *V.* IMPORTANCIA. ‖ — *da voz*, *V.* TIMBRE.
Porteira, *s. f.* der râkhtalî; dârvanâchî bâil; kavaṁḍî *f.*
Porteiro, *s. m.* porter, derrâkhṇo, dârvan, dârpâl.
Portella, *s. f.* mârgâcho koṇso *m. V.* PORTAL.
Portelo, *s. m.* kavaṁḍî *f.*
Portento, *s. m.* ajâp, naval, acharyeṁ, vismit, adbhut *n.*, viparîtây *f.*, śakun *m. e n.*; utpât, arisht, upasarg *m.*
Portentosamente, *adv.* acharyâṁnîṁ, ajâpâṁnîṁ.
Portentoso, *a.* ajâpâṁcho, acharyâṁcho, acharyavaṁt.
Portico, *s. m.* darvâjo, dârvaṁṭo *m.*, devḍî, paḍvî, mukhsâḷ *f.*
Portilho, *s. m.* lahân khâḍ, khaḷî *f.* ‖ *V.* BRECHA.
Portinhola, *s. f.* lahân dâr *n.*, bolsâcho pâkhoṭo *m.*
Porto, *s. m.* baṁdar *ou* baṁdîr *n.*; khâḍ *f.*; *(fig.)* âsar *m.* ‖ *Chegar a — e salvamento*, sâlâmatî pâvuṁk. *Surgir no —*, khâḍîṁt bhitar saruṁk, baṁdrâk pâvuṁk. *Tomar ou ferrar —*, nâṁgar ghâluṁk,- uḍauṁk.
Portucha, *s. f. (ant.)* śikiyecho vâḷo *m.*
Portuchar, *v. t. (naut.)*, kavḷuṁk (śiḍ).
Portuguez, *a. e s. m.* phiraṁgî (phiraṁgîṇ *f.*); pâṭh phuḍo nâslalo, khaḍkhaḍît.
Portuoso, *a.* baṁdrâṁnîṁ bharlalo.
Porventura, *adv.* ghaḍiyek, gây, gî, bî.
Provindoiro, *a.* phuḍlo, jâtalo, ghaḍtalo. ‖ -s, *s. m. pl.* phuḍlo lok *m.*, mâgirlyo pîṁḍkâ *f. pl.*
Porvir, *s. m.* phuḍâr, phuḍlo kâḷ *m.*
Posição, *s. f.* sthân, adhishṭhân *n.*, jâgo *m.*, svât, sthiti; *disposição:* mâṁḍaval *f.*, mâṁḍap *n.*; *attitude:* âkâr *m.*, ṭhâṇ, rûp *n.*, âṁgsthiti; *estado:* daśâ, avasthâ, gat; *(arith.)* ishṭarâśi *f.* ‖ — *social*, jâgo *m.*, daśâ *f.* *Estar em — de*, tâṁk âsuṁk, tâṁkuṁk *(d. do s.)*.
Positivamente, *adv.* khareṁch, suṭâveṁ; khachît, khaṁḍit.
Positividade, *s. f.* kharepaṇ; khachîtpaṇ *n.*
Positivismo, *s. m.* parîkshâmat *n.*, nirîkshâvâd *m.*
Positivista, *a.* parîkshâmatâcho. ‖ *s. m. e f.* nirîkshâvâdî.
Positivo, *a.* kharo, sat, yathârth; sâph, sasht; khachît, khaṁḍit; hâlâyto, ghaḍlalo. ‖ *Homem —*, khareṁ teṁ śodhtalo manîs, satâcho isht. ‖ *s. m.* khareṁ teṁ, sat; âdâvâcheṁ kâm *n.*
Posologia, *s. f.* aushadhaparimâṇasûchan *n.*
Pospasto, *s. m. V.* SOBREMESA.
Pospelo, *s. m.: a —*, laṁve âḍ, pratilom; parteṁ; baḷân.
Pospontar, *v. t.* doḍto phâro mâ ruṁk *(d. do o.)*.
Posponto, *s. m.* pismat, doḍto phâro *m.*
Pospor, *v. t.* pâṭhî ghâluṁk, mâgśe lâvuṁk; *adiar:* pâṭhî davruṁk; *pos-*

tergar: moḍuṁk; *desprezar:* beparvâ karuṁk *(g. do o.)*, soḍuṁk.

Posposição, *s. f.* pâṭhî ghâlṇeṁ,-davarṇeṁ, -urṇeṁ *n.*

Pospositivo, *a. (gram.)* śabdayogî.

Posposto, *a.* pâṭhî davarlalo, soḍlalo.

Posquete, *s. m. (naut.) V.* MORA.

Possança, *s. f.* baḷ, samarthpaṇ, śakti, ghaṭṭây; prabaḷây, padvî *f.*

Possante, *a.* ghaṭṭ, śakt, śaktivaṁt, jorâvar; jabar, mardecho, nibar; prabaḷ, padvecho, padest, chakravatî.

Posse, *s. f.* pos, bhogṇî, bhogâvaḷ *f.*, bhog, bhogvaṭo *m.* ‖ **-s,** *pl.*, vitt *m.*, pot *f.*, mâl *m.* ‖ *V.* APTIDÃO.

Posseiro, *a. e s. m.* bhâgidârâṁchyâ nâṁvân bhogtalo.

Possessão, *s. f.* bhogâvaḷ *f.*; deśâṁtar râjphâṁṭo *m.*; dusht, piseṁ *n.*

Possessivo, *a. (gram.)* saṁbaṁdhavâchak.

Possesso, *a.* devchâr-, piseṁ lâglalo, piso, bhûtâvishṭ.

Possessor, *a. e s. m. V.* POSSUIDOR.

Possessorio, *a.* bhogâvaḷîcho.

Possibilidade, *s. f.* saṁbhav *m.*, saṁbhâvanâ, saṁbhûti *f.* ‖ **-s,** vitt *n.*, âstî; tâṁk, kuvet *f.*

Possibilitar, *v. t.* jâyseṁ karuṁk, jâtâ mhaṇ dâkhauṁk.

Possivel, *a.* jâyso, ghaḍaso, jâvuṁcho, ghaḍcho, saṁbhâvya, saṁbhût; karûṁyeso, sâdhcho, śakya. ‖ *É —*, jâyt, jâvûṁye. *Não é —*, jây nâ, ghaḍa nâ. ‖ *s. m.* jâyt teṁ *n.*, ghaḍchî vast *f.*

Possuido, *a.* bhoglalo. ‖ *— do demonio, V.* POSSESSO.

Possuidor, *a e s. m.* bhogtalo, bhogṇâr; hâtâṁt-, padrâk âslalo, bâḷgaṇâr.

Possuir, *v. t.* hâtâṁt-, padrâk âsuṁk *(g. do s., s. do o.)*, ṭhâṁy-, lâgîṁ-, kaḍe âsuṁk *(rad. do s., s. do o.)*, bâḷguṁk; bhoguṁk, vasauṁk, vahivâṭuṁk, bhogâvaḷ âsuṁk *(d. do s., g. do o.)*; *conter:* âṭpuṁk, âsuṁk *(l. in do s., s. do o.)*; *ter o dominio:* sattyâ-, adhikâr âsuṁk *(d. do s., g. do o.)*. ‖ *v. r.* jhomuṁk *(d. do s.)*; samjoṁk *(d. do s.)*.

Posta, *s. f.* post *n.*, kapo, ravo, laṁbo-lodo, phâḷo *m.*, phod, śed *f.*; *correio:* post, ṭappâl *n.*; dâṁk *f.* ‖ *Cavallos de —*, dâṁkîche ghode *m. pl.* — *de sangue*, raktâcheṁ kâlûṁ *n.* *Apanhar uma boa —*, baro jâgo meḷuṁk *(d. do s.)*. *Fazer em postas,* kuṭke karuṁk, karvaṇâvuṁk.

Postal, *a.* postâcho, ṭappâlâcho

Postar, *v. t.* davruṁk, ghâluṁk. ‖ *v. r.* râvuṁk.

Post-data, *s. f.* phuḍlî târîkh *f.*

Post-datar, *v. t.* phuḍlî târîkh ghâluṁk *(d. do o.)*.

Post-diluviano, *a.* paryâlyâ uprâṁtlo,- mâglo.

Poste, *s. m.* khuṁṭo *m.*, khuṁṭî, meḍ *f.*; khâṁbo, staṁbh, sûḷ, suḷko

Postejar, *v. t.* postâṁ-, kape ruṁk *(g. do o.)*.

Postema, *s. f. V.* APOSTEMA.

Postergação, *s. f.* pâṭhî ghâlṇeṁ beparvâ karṇeṁ *n.*

Postergar, *v. t.* pâṭhî davruṁk,-ghâluṁk; varjuṁk, aṁtrâvuṁk, beparvâ karuṁk *(g. do o.)*, pâṭh karuṁk *(d. do o.)*.

Posteridade, *s. f.* saṁsat, saṁchat *f.*, saṁṭân *n.*; phuḍlyo pîṁḍkâ *f. pl.* ‖ *V.* FUTURO.

Posterior, *a.* pâṭhlo, uprâṁtlo, mâgcho, mâglo, mâgîrlo; *que está atraz:* pâṭhlo. ‖ *s. m.* kule *m. pl.*, phudneṁ *n.*, bukâṇo *m.*

Posterioridade, *s. f.* pâṭhlepaṇ, mâglepaṇ *n.*

Postero, *a.* phuḍlo. ‖ **-s,** *s. m.* phuḍlyo pîṁḍkâ *f. pl.*

Posthumo, *a.* melyâ uprâṁtlo; bâpûy martoch jâlalo (burgo); melyâ uprâṁt chhâplalo (pustak).

Postiça, *s. f. (naut.)* târvâchyâ kaṇyâk chaḍhailalîṁ phaḷîṁ *n. pl.*

Postiço, *a.* chaḍhailalo, âḍe lâylalo; âḍcho, hâlâyto; phoṭkiro.

Postigo, *s. m.* khiḍkî *f.*; derâmadheṁ lahân der *n.*

Postilhão, *s. m.* ghodyâvaylo kâgdî.

Postilla, *s. f.* postîl *n.*, kâḍṭîl *(do port.* CARTILHA) *f.*; ṭiko *m.*, bhâshya; kroḍpatr *n.*

Posto, *a.* ghâlalo, davarlalo. ‖ *Bem —*, śobhit, mâṇkulo; baro dâkhailalo *Sol —*, dîs paḍṇeṁ,- astamṇeṁ *n.* ‖ *s. m.* jâgo *m.*, svât; chaukî *f.*, thâṇeṁ *n.*; adhikâr, darjo, huddo *m.* ‖ *Estar no seu —*, âplyâ jâgyâr âsuṁk. *Estar tudo a postos,* âp-âplyâ jâgyâr âsuṁk; sagleṁ tayâr âsuṁk. ‖ *— que,* jarî, jarîtar.

Postres, *s. m. pl. V.* SOBREMESA.

Post-scripto, *s. m.* tâjâkalam, kroḍpatr *n.*, paśchâtlekh *m.*

Postulação, *s. f.* prârthaṇ *n.*

Postulado, *s. m.* svîkṛitapaksh *m.*, ishṭakalpanâ *f.*

Postulante, *a. e s. m. e f.* prârthûn mâgtalo.

Postular, *v. i.* prârthûn mâgumk.

Postura, *s. f.* âmgâchî daśâ, -rît, âmgsthiti *f.*, âsan *n.*, mudro, âkâr *m.*; kombiyechîm eke pâvṭhîchîm tâmtyâm *n. pl.*; kâmrâcho kâydo *m.*

Potassa, *s. f.* khâr *m.*

Potassio, *s. m* khârâcho dhâtu *m.*

Potavel, *a.* pyevumcho, piyevumk baro.

Pote, *s. f.* pot *f.*, kujo, kaḷso *m.*

Potea, *s. f.* lâmbî *f.*

Potencia, *s. f.* baḷ *n.*, śakti *f.*, samarthpaṇ *n.*, pratâp, tol *m.*; *robustez:* baḷ, tej *n.*, ṭrâṇ *m.*; *auctoridade:* padvî, sattyâ; *faculdade:* śakti *f.*, guṇ *n.* ‖ *V.* NAÇÃO.

Potencial, *a.* sambhavî, sambhâvya; *(gram.)* śakya.

Potencialmente, *adv.* sambhavîm.

Potentado, *s. m.* pâtśây, mahârâjâ; sattâpurush.

Potente, *a.* samarth, śakt; chakravatî, hukûmdâr, padvecho, sattecho; *energico:* nibar, ghaṭṭ; *efficaz:* baḷvamt, guṇâdîk, baḷkaṭ.

Potentemente, *adv.* baḷâṇ, tejân; pratâpân.

Poterna, *s. f.* koṭṭâchem chordâr *n.*

Potestade, *s. f.* baḷ, samarthpaṇ *n.*, parâkram, pratâp; damdâr, padest *m.* ‖ *V.* POTENTADO.

Poto, *s. m. (poet.) V.* BEBIDA.

Potrea, *s. f.* pachak, pachakvaṇî *n.*

Potro, *s. m.* ghoḍyâcho pilo, śimgo, lumgo *m.*, ghoḍkûl *n.*

Pouca-vergonha, *s. f.* nirmaryâd, belajj *f.* ‖ *V.* PATIFARIA.

Pouco, *a.* thoḍo, ilo, alp *(p. us.)*. *Ha —*, rigvo *(decl.)*, mâtso veḷ jâlo. *Um —*, mâtso *(decl.)*. ‖ *adv.* thoḍem, thoḍo *(decl.)*, mâtso *(decl.)*. — *a —, ou — e —*, thoḍem thoḍem, mâtsem mâtsem, tike tike, lohu lohu. — *mais ou menos*, adhik uṇem. *Por —*, mâtso. *Homem para —*, kirkoḷ mânîs. *Fazer — de*, bemân karumk.

Poucochinho, *a.* bhav thoḍo, iloso, svalp.

Poupa, *s. m.* śemḍî *f.*

Poupado, *a.* jagaitalo, kârasthânî.

Poupador, *a. e s. m.* jagauṇâr, kasrî, samrakshaṇâr, avech, alpavyayî.

Poupar, *v. t.* râkhûn-, jagaun kharchumk; jagaumk, râkhumk, samrakshumk, sambhâḷumk, bâḷgumk, ṭhevumk; *omittir:* soḍumk, pâlṭumk; *evitar:* vâṭâvumk, chukaumk. — *palavras*, jokhûn ulaumk. — *passos*, âmg râkhumk,- kâḍhumk. — *o tempo*, beshṭo nâ râvumk, veḷ nâ kâḍhumk. — *o inimigo*, duśmânâk vâyṭ nâ karumk. *Não — ninguem*, koṇâk nâ soḍumk. ‖ *v. i.* kârasthân-, jagauṇ karumk. ‖ *v. r.* âmg kâḍhumk, kûs mârumk, chukaumk, âplevaylem nisrâvumk *(vv. tt.)*.

Poupudo, *a.* śemḍî âslalo, śemḍyâḷo.

Pouquidade, pouquidão, *s. f.* thoḍepaṇ; uṇepaṇ *n.*, uṇây *f.*

Pousar, *v. t. e i. V.* POISAR.

Pouta, *s. f. (mar.)* pemkh *n.*

Poutar, *v. t.* pemkhân dharumk,- sambhâḷumk.

Povo, *s. m.* lok *m.*, jât; prajâ *f.*, rayt *n.*, *janpad; uṇo lok. ‖ *Ondas de —*, lokâcho lomḍho *m.*

Povoação, *s. f.* ekâ jâgyâcho-, gâmvâcho lok; lok âslalo gâmv *m.*

Povoado, *s. m.* kheḍem *n.*, kheḍegâmv, vâḍo *m.*

Povoador, *a. e s. m.* vasaitalo, vasauṇâr, deśkâr.

Povoar, *v. t.* lokân vasaumk-, bharumk, vasto karumk; bharumk.

Praça, *s. f.* chauk *m.*, chaupeṭ *f.*, maidân *n.*; *mercado:* pemṭh, âmgaḍ, sâmt *f.*, timṭo, bâjâr; *corpo de negociantes e banqueiros:* chauk *m.*; *circo:* ramg, phaḍ *n.*; *hasta publica:* pâvṇî *f.*; *militar que não é official:* śipây; *local de trens de aluguer:* bhâḍyâchyâm gâḍiyâmcho jâgo. ‖ — *de armas*, kavâyṭecho jâgo *m.*; dârûguḷyâchî svât *f.* — *do commercio*, sâvkârâmcho chauk *m.* — *de guerra*, koṭṭ. — *do pão*, umḍyâchem pomd *n.* *Trens de —*, bhâḍyâchyo gâḍyo *f. pl.* *Assentar —*, śipây jâvumk. *Sahir á — (fig.)*, dishṭî paḍumk. *Ir á —*, pâvṇer vachumk-, paḍumk.

Pradaria, *s. f.* kurṇâmchî hâr *f.*

Prado, *s. m.* kuraṇ *ou* kuyaṇ, maidân *n.*, kâs *m.*

Pradoso, *a.* kuraṇâmcho.

Praga, *s. f.* gâḷ *f.*, savo, śirâp *m.*, śive *m. pl.*, durvâchâ *f.*; kalâmṭ, marlem *n.*, marak *m.*, marîk, dhâḍ, mârî, vyâdhi, khâst; balây, naḍ *f.*

Pragana, *s. f.* kûms, kusaḷ, kemsar *n.*

Pragmatica, *s. f.* paddhat *f.*, rivâj *m.*

Praguejador, *a. e s. m.* savtalo, kiḍe omktalo.

Praguejamento, *s. m.* savṇî *f.*; gâḷî *f. pl.*, śive *m. pl.*

Praguejar, *v. i.* savuṁk, gâḷî savuṁk, kiḍe oṁkuṁk (*litt.* VOMITAR BICHOS), śive divuṁk, *śirâpuṁk. ‖ *v. t.* savuṁk, khepuṁk.

Praguento, *a.* gâḷî savtalo, toṁḍśiṁdaḷ, durmukhî. ‖ *V.* MALDIZENTE.

Praia, *s. f.* prây, veḷ, taḍ, deg *f.*, tîr *n.*

Prancha, *s. f.* kâṁḍ *n.*, kâṁḍî; parâṁch *f.*, pâṁphaḷeṁ *n.*; tarvaṁchî pâṭh *f.*

Pranchada, *s. f.* tarvâreche pâṭhîcho phâr *m.*

Pranchão, *s. m.* moṭeṁ pâṁphaḷeṁ *n.*

Prancheta, *s. f.* phaḷeṁ *n.*; ghaḍî *f.*

Pranteadeira, *s. f. V.* CARPIDEIRA.

Pranteador, *a. e s. m.* raḍṇâr, raḍkulo, vilâpî.

Prantear, *v. t.* raḍuṁk, śokuṁk. ‖ *v. i.* raḍuṁk, vilâpuṁk. ‖ *v. r.* âpṇâk raḍuṁk, chaḍphaḍuṁk.

Pranto, *s. m.* raḍṇî *f.*, raḍṇeṁ, rudan *n.*, vilâp *m.*

Prata, *s. f.* rupeṁ *n.*, châṁdî (— *pura*) *f.*; rupyâcho nag, -nâṇo *m.* ‖ *De* —, rupyâcho, rupeṁ kaseṁ.

Prateação, *s. f.* rupeṁ kâḍhṇeṁ, op deṇeṁ *n.*

Prateado, *a.* ruperî, mulâmî.

Prateador, *a. e s. m.* rupeṁ kâḍhtalo, rupyâchî op ditalo.

Pratear, *v. t.* rupeṁ kâḍhuṁk (*d. do o.*), rupyâchî op divuṁk (*d. do o.*), rupyâcho mulâm divuṁk (*d. do o.*).

Prateleira, *s. f.* basyâṁcho chauk; khaṇ *m.*

Pratica, *s. f.* gajâl, gajâlmât *f.*, ulauṇeṁ, bolṇeṁ *n.*, âlâp; sabhâvâd, saṁvâd *m.*, saṁkathan *m.*; *experiencia:* kasrat, vahivâṭ, vṛitti, saṁvay, rahâṭ, luḷî *f.*, vaj, pâṭh, abhyâs *m.*, abhyasan *n.*; *applicação das regras:* kriyâ, kṛiti *f.*, vyapâr *ou* yepâr, âchâr *m.*, âcharaṇ, sevan *n.*; *cumprimento:* pâḷṇî *f.*, pratipâḷ *m.*, pratipâḷan *n.*; *usança:* châl, rît, vahivâṭ *f.*, vyavahâr, saṁpradây, rivâj, mârg *m.* ‖ *Pôr em* —, karuṁk, châlauṁk. *Vir á* —, jâvuṁk, ghaḍuṁk; kâmâk yevuṁk.

Praticamente, *adv.* karûn, dâkhaun, kriyen; rîtîpramâṇeṁ.

Praticante, *a. e s. m.* abhyâsî, vyavahârî, sevî.

Praticar, *v. t.* ulauṁk, mhaṇuṁk; karuṁk, âdaruṁk, âchâruṁk, *saṁcharuṁk; *exercer:* châlauṁk, chalauṁk, vahivâṭuṁk, vâpruṁk; *exercitar:* abhyâs karuṁk (*g. do o.*), abhyâsuṁk, ghoḷauṁk, duvâḷuṁk. ‖ *v. i.* gajâl karuṁk, ulauṁk, boluṁk; lâgbhâg âsuṁk (*d. do s.*).

Praticavel, *a.* karûṁyeso, karcho, salav, soṁpo, sukar, sulabh; vachûṁyeso, gamya.

Pratico, *a.* kriyecho, karṇecho, vahivâṭecho; abhyâsî, rahâṭlalo, aṇbhog âslalo, kuṭlalo. ‖ *Modo* —, soṁpî vâṭ *f.*, châlto upây *m.*

Pratinho, *s. m.* lahân basî *f.*, tabak *n.*; (*fig.*) keṁḍṇecho mâl *m.*

Prato, *s. m.* basî (*do port.* BACIA) *f.*, tâṭ, tabak, bâsan, bhâjan *n.*; prât *ou* parât *m.*, pakvânn *n.*, prakâr, padârth *m.* ‖ — *de balança:* tâṭ, tagaḍ, parḍeṁ *n.* ‖ -s, *pl.* kâṁsâḷîṁ *n. pl.*

Pravidade, *s. f. V.* MALDADE.

Praxe, *s. f.* châl, rît, vahivâṭ; paddhat *f.*, rivâj *m.*; châlauṇî, sâdhṇî *f.*

Praxista, *a. e s. m. e f.* rît-, paddhat kaḷtalo,- saṁbhâḷtalo, dharmavidyâjña.

Prazente, *a. V.* APRAZIVEL.

Prazentear, *v. t.* bhulauṁk, phulauṁk, phulâṁ mâḷuṁk (*litt.* ENFEITAR DE FLORES). ‖ *v. r.* khuśî jâvuṁk, bhuluṁk, murgaṭuṁk.

Prazenteiramente, *adv.* khuśî jâvûn, ânaṁdân, saṁtoshân.

Prazenteiro, *a.* khuśî jâlalo, kuśâl, ânaṁdbharit, ânaṁdî *ou* anadî, saṁtoshî, ullâsî, naṁdanîk, harkhit, tushṭ; dulabh, madhur, ramya.

Prazer, *s. m.* khuśî, kuśâlî *f.*, kuśâlpaṇ, sukh *n.*, saṁtosh, ânaṁd *ou* anad, harkh, mod, ullâs *m.*, ullâsan *n.*, mauj, marjî, tushṭi, naṁdî *f.* ‖ *V.* DIVERTIMENTO. ‖ *A bel* —, jây taseṁ, khuśepramâṇeṁ.

Prazer, *v. i. V.* AGRADAR.

Prazimento, *s. m. V.* APRAZIMENTO.

Prazo, *s. m.* veḷ, vâydo, pallo *m.*, mudat *f.* ‖ *V.* EMPHYTEUSE.

Pre, *pref.* pûrva, pûrv.

Préa, *s. f. V.* PRESA.

Preamar, *s. f.* subhâṁbhartî *f.*, subhâṁpâṇî *n.*

Preambular, *a.* prastâvanecho. ‖ *v. t.* prastâvanâ karuṁk (*d. do o.*).

Preambulo, *s. m.* prastâvanâ *f.*, paribhâs *m.*, sadar *n.*

Prear, *v. t.* ghaṭṭ dharuṁk, sâṁpḍâvuṁk.

Prebenda, *s. f.* dharmâdây *m.*; (*fig.*) bhav joḍî âni thoḍyâṁ kashṭâṁchî châkrî *f.*

Prebendado, *a. e s. m.* dharmâdây bhogtalo.

Precação, *s. f.* mâgṇeṁ *f.*, vinati *f.*

Precariamente, *adv.* athîrpaṇîṁ, sardyâ.

Precario, *a.* doṁ disâṁcho, hâlâyto, athîr; avghaḍ, aḍchaṇecho; aśakt, bebaḷ.

Preçario, *s. m.* darechî paṭṭî *f.*

Precatadamente, *adv.* chatrâyen, huśârkâyen.

Precatado, *a.* huśâr, chatur, jâgṛit, sâvadh.

Precatar, *v. t.* chatrâvuṁk, śiḍkâvuṁk. || *v. r.* chatrâvoṁk, śiḍkâvoṁk, huśâr râvuṁk, chatrâyen chaluṁk; tayâr âsuṁk, upây ghevuṁk.

Precatario, *a.* mâgṇyâcho, prârthanâcho, prârthak.

Precaução, *s. f.* âdîṁch ghetlalo upây, pûrvopây *m.*, chatrây *f.*

Precaucionar-se, *v. r. V.* PRECAVER-SE.

Precaver, *v. t.* chatrâvuṁk, śiḍkâvuṁk. || *v. r.* upây ghevuṁk, tayâr râvuṁk, tayârî karuṁk.

Prece, *s. f.* mâgṇeṁ, prârthan, gârâṇeṁ *n.*, vinatî. || -s, *pl.* pres, hardâs *f.*

Precedencia, *s. f.* âdlepaṇ, agragaman; pailepaṇ *n.*, agramân *m.*, pradhânkî *f.*

Precedente, *a.* âdlo, pâṭhlo, pûrv.

Preceder, *v. t. e i.* âdiṁ âsuṁk *(rad. do o.)*, mukhâr-, phuḍe vachuṁk *(rad. do o.)*, âdîṁ pâvuṁk *(rad. do o.)*; varto jâvuṁk.

Preceito, *s. m.* upadeś, vidhi, kalp *m.*, sûtr *n.*, rît *f.*; kâydo *m.*

Preceituar, *v. t.* pharmâvuṁk, upadeśuṁk. || *v. i.* upadeś divuṁk; rît dâkhauṁk; kâydo ghâluṁk.

Preceptivamente, *adv.* vidhîn, kâydo ghâlûn.

Preceptivo, *a.* kâydyâcho, vidhirûp, vidhimay.

Preceptor, *s. m.* guru, upadeśak, śikshak, bâlśikshak.

Precessão, *s. f. V.* PRECEDENCIA. || *— dos equinoxios,* ayanâṁś *m.*, vishuvâyan *n.*

Precinta, *s. f.* pâṭ *m.*; pâṭî *f.*

Precintar, *v. t.* pâṭ-, pâṭî ghâluṁk *(d. do o.)*.

Preciosidade, *s. f.* aparûbây, uttamây, amolikây; molâdîk vast *f.*

Precioso, *a.* vhaḍâ-, chaḍhâ molâcho, molâdîk, amol, amolîk, aprûb; uttam, sattam.

Precipicio, *s. m.* kaḍo, kaḍso, khaṁdak *m.*, ḍegas; hairî *f.*, pâtâḷ, rahâḷ *n.*; *(fig.)* arishṭ, avdhaṁḍo *m.*, saṁkaṭ *n*

Precipitação, *s. f.* śevṭineṁ, sakal uḍauṇeṁ *n.*; śevṭaṇî, uḍkî; utâvḷây, hurmaṭây, dhaḍpaḍ, dhaḍbaḍ; *(chim.)* basṇî *f.* || *V.* INCONSIDERAÇÃO.

Precipitadamente, *adv.* utâvḷâyen, avichârîṁ.

Precipitado, *a.* utâvḷo, hurmaṭ, dhaḍbaḍyo, avichârî. || *s. m. (chim.)* poṁdâk baslaleṁ *n.*

Precipitante, *a.* śevṭitalo, uḍaitalo.

Precipitar, *v. t.* sakal uḍauṁk, śevṭuṁk; ḍhakluṁk, loṭuṁk; darvaḍâvuṁk, gaḍgaḍâvuṁk. || *v. i. (chim.)* poṁdâk-, taḷâ basuṁk. || *v. r.* uḍkî mâruṁk, śevṭoṁk; baḷân-, neṭân paḍuṁk; dhâṁvuṁk, gaḍgaḍyâṁ vachuṁk; utâvḷo jâvuṁk, dhaḍpaḍuṁk.

Precipite, *a.* paḍuṁk âslalo; dhâṁvro, gaḍgaḍît.

Precipitoso, *a.* kaḍyâṁcho; kaḍso kaso; *(fig.)* utâvḷo, hurmaṭ, bechatur, avichârî; neṭâcho, kaḍak.

Precipuo, *a. V.* PRINCIPAL.

Precisado, *a.* garjevaṁt, garjedâr; dubḷo, durbaḷ.

Precisamente, *adv.* barâbar, nîṭ, sutrâr; khaṁḍit, khachît.

Precisão, *s. f.* garaj, garj-sarj, agat *f.*, kâm, kâj *n.*, darkâr *m.* || *V.* EXACTIDÃO. || *Fazer uma —,* mutuṁk, hâguṁk.

Precisar, *v. t.* garaj âsuṁk,- paḍuṁk *(d. do s., g. do o.)*; barâbar-, nîṭ sâṁguṁk; amko mhaṇûn kaḷauṁk. || *v. i.* garjedâr jâvuṁk; kâm paḍuṁk *(d. do s.)*. || *v. r.* jây jâvuṁk.

Preciso, *a.* garjecho, kâmâcho, kâj; *exacto:* barâbar, nîṭ, sutî; *formal:* khachît, khaṁḍit.

Precito, *a. e s. m.* devtyakt; yamkaṁḍâṁt paḍlalo.

Preclaro, *a.* uttam, nâvâḍhgo, prasiddh, śreshṭh; śobhit, rûpest.

Preço, *s. m.* pres *m.*, mol *n.*, kimat *f.*; *recompensa:* punyaphaḷ, pratiphaḷ; *valia:* mol, vajan *n.* || *Preços correntes:* dar, dhâraṇ, pâḍ *f.*, bhâv *m.* || *A — de oiro,* mahâragh ujo. *A todo o —,* kitleṁy paḍûṁv, śeṁ thaiṁ savây śeṁ; *(fig.)* kiteṁy jâṁv. *Fazer —,* mol-, vâṁṭpan karuṁk. *Pôr —,* dar bâṁdhuṁk. *Não ter —,* mol nâsuṁk *(d. do s.)*. *Ter em —,* mol divuṁk, mânuṁk.

Precoce, *a.* âgas, haḷvo; *(fig.)*, burgepaṇîṁ buddhiprakâśâcho, bâlprauḍh.

Precocemente, *adv.* âgse.

Precocidade, *s. f.* âgaspaṇ, halvepaṇ *n.*; burgepaṇîṁ buddhiprakâś *m.*, bâlprauḍhi *f.*

Precognito, *a.* âdîṁch kaḷlalo, pûrvakaḷît.

Preconceber, *v. t.* pûrvîṁ-, âdîṁch kalpuṁk,- manâṁt dharuṁk.

Preconcebido, *a.* âdîṁ kalpilalo, pûrvakâlpit; tarki nâstânâ manâṁt dharlalo.

Preconceito, *s. m.* pûrvakalpanâ *f.*, pûrvatark; âchâr *m.*

Preconização, *s. f.* nâvâḍhṇî *f.*, varṇan *n.*

Preconizador, *a. e s. m.* nâvâḍhṇâr, varṇanî.

Preconizar, *v. t.* nâvâḍhuṁk, bhav varṇuṁk, uklûn ḍharuṁk.

Precursor, *a. e s. m.* mukhâr vetalo, agragâmî; phuḍe kaḷaitalo, pûrvasûchak, prâgbhâvî.

Predecessor, *s. m.* *V.* ANTECESSOR.

Predefinição, *s. f.* nirmiti *f.*, nirmaṇ *n.*

Predefinir, *v. t.* nirmuṁk.

Predestinação, *s. f.* nirmiti *f.*, pûrvyojan *n.*

Predestinado, *a. e s. m.* Devân viṁchlalo, sâsṇâchyâ sukhâk nirmilalo.

Predestinar, *v. t.* nirmuṁk, pûrvyojuṁk; (Dev) viṁchuṁk.

Predeterminação, *s. f.* pûrvsaṁkalp, pûrvniśchay, pûrvavidhi *m.*, pûrvyojan; Devâchem nirmaṇ *n.*, devnirmiti *f.*

Predeterminar, *v. t.* nirmuṁk.

Predial, *a.* sthâvarâcho, gharbhâṭâcho, śetbhâṭâcho.

Predica, *s. f.* sermâṁv *(port.)*, dharmopadeś *m.*, dharmaghoshaṇ *n.*

Predicado, *s. m.* guṇ, lakshaṇ *ou* lakheṇ; deṇem, vṛidân; *(gram.)* vâchya, viśeshaṇ *n.*, viśeshak *m.*

Predicamentar, *v. t.* varg karuṁk *(g. do o.)*, kramân davruṁk.

Predicamento, *s. m.* padârth, varg, kram *m.*

Predicativo, *a.* dharmopadeśâcho.

Predicção, *s. f.* âdîṁ-, pailem sâṁgṇem *n.*, bhâkṇî *f.*; bhavishya *n.*

Predicto, *a.* âdîṁ-, vayr sâṁglalo.

Predilecção, *s. f.* chaḍh-, adhik mog *m.*, aprûbây, ôḍh *f.*, chhaṁd *m.*

Predilecto, *a. e s. m.* adhik-, chaḍhâ mogâcho, aprûbâyecho; bhav ruchîcho; kâḷjâcho goṁḍo *(fig.) m.*

Predio, *s. m.* sthâvar mâḷ *m.*, sṭhâvar, gharbhâṭ. ‖ — *rustico*, kuḷâgar, bhâṭ, bhâṭlem, śet, śetbhâṭ. — *urbano*, ghar, ṭhikâṇ *n.*

Predispor, *v. t.* âdîṁ, mukhâr tayâr karuṁk, tayâr karûn davruṁk.

Predisposição, *s. f.* tayârî, mâṁḍâvaḷ; âdlî oḍh *f.*, vaḷaṇ *n.*, pravṛitti *f.*

Predizer, *v. t.* âdîṁ-, pailem sâṁguṁk va kaḷauṁk, bhâkuṁk.

Predominação, *s. f.* prabaḷ-, varto jâṇem *n.* ‖ *V.* PREDOMINIO.

Predominador, *a. e s. m.* varto manîs, pradhân.

Predominante, *a.* prabaḷ, baḷkaṭ, varto, pradhân, mukhya.

Predominar, *v. i.* adhik baḷ-, sattya âsuṁk *(d. do s.)*, varto-, prabaḷ jâvuṁk, pradhânkî chalauṁk.

Predominio, *s. m.* adhik satty, prabaḷây, mukhyatâ, pradhânkî *f.*, prâdhânya, vartepaṇ *n.*, chaḍhvaḍh *f.*; jor *m.*, baḷ *n.*

Preeminencia, *s. f.* pradhânkî, mukhyatâ, vhaḍvî *f.*, uttampaṇ, śreshṭhpaṇ, vartepaṇ, agḷepaṇ *n.*

Preeminente, *a.* vaylo, varto, mukhya, pradhân; uttam, śreshṭh, viśesh.

Preempção, *s. f.* pailo vikto ghevuṁcho adhikâr *m.*

Preencher, *v. t.* bharuṁk; *completar:* sâdhuṁk, saṁpâduṁk; *cumprir:* pâḷuṁk; *exercer cargo:* chalauṁk.

Preestabelecer, *v. t.* âdîṁ mâṁḍuṁk,- tharâvuṁk; pailem nemuṁk.

Preexcellencia, *s. f.* bhav uttampaṇ, śreshṭhpaṇ *n.*

Preexcellente, *a.* bhav uttam, śreshṭh.

Preexistencia, *s. f.* pûrvjanm *ou* pûrvjalm, pûrvbhâv *m.*

Preexistente, *a.* pûrvjanmâcho pûrvbhût.

Preexistir, *v. i.* âdîṁ-, pûrvîṁ âsuṁk.

Prefação, *s. f.* âdîṁ ulauṇem, pûrvbhâshaṇ *n.* ‖ *V.* PREFACIO.

Prefaciar, *v. t.* prastâvanâ karuṁk, -barauṁk *(d. do o.)*.

Prefacio, *s. m.* prastâvanâ *f.*, paribhâs, upanyâs *m.*, pûrvâṁg *n.*

Prefeito, *s. m.* prephet, padser; vhaḍil; purâdhipati.

Preferencia, *s. f.* viṁchûn kâḍhṇem, adhik mol deṇem; vhaḍlepaṇ *n.*, mukhyatâ *f.*

Preferente, *a. e s. m.* viṁchûn kâḍhtalo.

Preferir, *v. t.* vimchûn kâḍhuṁk, adhik mânoṁk,- baro disuṁk *ou* lâguṁk *(d. do s., s. do o.)*; oḍhoṁk *(d. do o.)*, vaṁdavuṁk *(d. do o.)*. || *v. i.* adhik mânoṁk.

Preferivel, *a.* vimchûn kâḍhcho, adhik baro, uttam.

Prefiguração, *s.f.* âdîṁ dâkhauṇeṁ, pûrvadarśan *n.*

Prefigurar, *v. t.* mukhâr-, âdîṁ dâkhauṁk, pratirûp karuṁk *(g. do o.)*.

Prefinir, *v. t. (for.)* âdîṁ nemuṁk.

Prefixação, *s. f.* âdîṁ nemṇeṁ, nirmiṇeṁ *n.*

Prefixar, *v. t.* âdîṁ-, pailem nemuṁk,- nirmuṁk, mukhâr nivâḍuṁk. || *V.* PRESCREVER.

Prefixo, *a.* nemlalo, nirmilalo.|| *s. m.* upasarg *m.*

Prefulgente, *a.* jhagjhakît, laklakît, prajvaḷît.

Prefulgir, *v. i.* prajvaḷuṁk, laklakuṁk; âdîṁ jhagjhakuṁk.

Prega, *s. f.* preg *n.*, dodî, dodtî, ghaḍî, peṭî *f.*, padar *m.*; moḍ, mirî *f.*

Prègação, *s. f.* sermâṁv sâṁgṇeṁ *n.*; sermâṁv, prasaṁg *m.*, upaśâṁ *n.*

Pregadeira, *s. f.* suyo ṭâṁchṇyo lâvuṁcheṁ uśeṁ *n.*

Pregador, *a. e s. m.* khiḷâvṇâr, khiḷe mârtalo.

Prègador, *s. m.* pregâdor, prasaṁgâr, upadeśak, dharmopadeśî.

Pregadura, *s. f.* eke vastûche khiḷe *m. pl.*, khiḷyâṁcho saṁjog *m.*

Pregagem, *s. f.* khiḷâvṇî *f.*

Pregão, *s. m.* pergâṁv, ḍâṁgoro, dâṁḍoro; sâd *m.*, hâk *f.*, ghoshaṇ *n.* || -ões, *pl.* kâjârâchyo chiṭṭî *f. pl.*

Pregar, *v. t.* khiḷâvuṁk, khiḷe mâruṁk *(d. do o.)*; *fixar:* jaḍuṁk, basauṁk; *fitar:* (doḷe) lâvuṁk; *pespegar:* mâruṁk, oḍhûn divuṁk; *fazer pregas:* doḍuṁk, moḍuṁk, miryo ghâluṁk *(d. do o.)*. ||— *susto*, kalkalâvuṁk. —*peça*, pesârmâr karuṁk, phasauṁk. —*petas*, gapâṁ ghâluṁk. *Não — olho*, pâtyâk pâteṁ nâ lâguṁk *(g. do s.)*. || *v. i.* loṭuṁk, śevṭuṁk.|| *v. r.* thaiṁch râvuṁk,- ṭhikuṁk, khuṁṭo puruṁk.

Prègar, *v. t.* (sermâṁv) sâṁguṁk; varṇuṁk, vâkhâṇuṁk. || *v. i.* sermâṁv sâṁguṁk, prasaṁg karuṁk; *(fig.)* bob mâruṁk, ârḍuṁk.|| — *aos peixes*, omtyâ kaḷsyâr udak.

Pregaria, *s. f.* eke vastûche khiḷe *m. pl.*, khiḷesâmaṇ *m.*; khiḷyâṁcho kârkhâṇo *m.*

Prego, *s. m.* khiḷo, saḷo *m.* || *Pôr no* —, pijñor davruṁk.

Pregoar, *v. t. V.* APREGOAR.

Pregoeiro, *s. m.* pergâṁv ghâltalo, ḍâṁgoro phiraitalo; pârpatî *(— das communidades agricolas)*; pâvṇer ghâltalo, pâvṇâr.

Pregueadeira, *s. f.*, **pregueador**, *s. m.* doḍcheṁ-, pregâṁ ghâlcheṁ âut *n.*

Preguear, *v. t.* pregâṁ ghâluṁk *(d. do o.)*, doḍuṁk, moḍuṁk.

Pregueiro, *s. m.* khiḷe kartalo va viktalo, khiḷekâr.

Preguiça, *s. f.* âḷsây, sustî, maṁdây, jaḍây *f.*

Preguiçar, *v. i.* âḷsây karuṁk, âḷsevuṁk, âḷsâyen vâvruṁk.

Preguiceira, *s. f. V.* PREGUICEIRO.

Preguiceiro, *s. m.* âḍ paḍcho mach *m.* || *a. V.* PREGUIÇOSO.

Preguiçosamente, *adv.* âḷsây karûn, âḷsâyen.

Preguiçoso, *a.* âḷsî, sust; maṁd, jaḍ.

Preia, *s. f. V.* PRESA.

Preitear, *v. t.* namaskâr karuṁk *(d. do o.)*, satkâr karuṁk *(g. do o.)*; *(ant.) V.* PLEITEAR.

Preitejar, *v. t. V.* PREITEAR.

Preito, *s. m.* râjvaṁdan *n.*, râjbhaktî; sevâ, pujâ *f.*, namaskâr, satkâr, praṇâm, abhivâd *m.* || *V.* PACTO.

Prejudicador, *a. e s. m.* nashṭ kartalo, apkârî.

Prejudicar, *v. t.* nashṭ-, vâyṭ karuṁk *(d. do o.)*, nuskân-, toṭo divuṁk *(d. do o.)*, * nuskânuṁk, nâśuṁk, bâdhuṁk, duṁbḍâvuṁk; uṇâvuṁk, mol deṁvauṁk *(g. do o.)*.

Prejudicial, *a.* vâyṭ, nashṭâdîk, avkaṭ, nâśivaṁt, apkârî, duṁbaḍecho nuskâṇâcho, toṭyâcho.

Prejudicialmente, *adv.* nuskânân, nashṭân.

Prejuizo, *s. m.* nashṭ, vâyṭ, nuskân *n.*, toṭo, apkâr, nâś *m.*, duṁbaḍî, khuṭî, ghas, ghasaṇ; pûrvkalpanâ *f.*, pûrvtark *m.* || *Em* —, vâyṭ karûn, nuskân divûn. *Sem — de*, vâyṭ kari nâstânâ.

Prelação, *s. f. V.* PREFERENCIA.

Prelada, *s. f.* mâṭhâdhikârîṇ.

Preladia, *s. f. V.* PRELAZIA.

Prelado, *s. m.* dharmâdhyaksh svâmî, * śreshṭh; maṭhâdhikârî.

Prelaticio, *a.* svâmyâcho, svâmîcho; mâṭhâdhikâryâcho.

Prelatura, **prelazia**, *s. f.* dharmâdhyakshyâcho jâgo *m.*, svâmîchî padvî, * śreshṭhikây *f.*

Prelecção, *s. f.* pâṭh *m.*, pâṭhan *n.*

Preleccionar, *v. t.* pâṭhan karuṁk *(d. do o.)*. ‖ *v. i.* pâṭh-, pâṭhan karuṁk.

Prelibação, *s. f.* châkṇeṁ *n.*, pûrvbhog *m.*

Prelibar, *v. t.* paileṁ châkuṁk, rûch ghevuṁk *(g. do o.)*.

Preliminar, *a.* pailo, pûrvîṁcho, mukhâvaylo, upakramâcho. ‖ **-es**, *s. m. pl.* upakramâcho vishay *m.*, pûrvâṁg *n.* ‖ *V.* PREFACIO.

Prelio, *s. m. (poet.) V.* BATALHA.

Prelo, *s. m.* chhâpcheṁ yaṁtr, chhâpyaṁtr *n.*

Preludiar, *v. t.* mudal ghâluṁk *(d. do o.)*, tayârî-, kamây karuṁk *(g. do o.)*. ‖ *v. i.* pûrvavâdan karuṁk.

Preludio, *s. m.* pûrvraṁg, pûrvrûp, mudal; *(mus.)* pûrvraṁg, pûrvavâdan *n.* ‖ *V.* PREAMBULO.

Preluzir, *v. i.* âdîṁ prajvaḷuṁk; laklakuṁk. ‖ *V.* SOBRESAHIR.

Prema, *s. f. (ant.) V.* PRESSÃO *e* PENA.

Premar, *v. t. (ant.) V.* OPPRIMIR.

Prematuramente, *adv.* veḷâ-, kâḷâ âdîṁ, âgse.

Prematuridade, *s. f.* âgaspaṇ; akâḷpaṇ *n.*

Prematuro, *a.* âgas, samâyâ âdîṁ ghaḍlalo, apûrṇakâl, akâḷ.

Premeditação, *s. f.* âdîṁ chiṁtṇeṁ *n.*, pûrvsaṁkalp *m.*, pûrvkalpanâ, pûrvyojanâ *f.*

Premeditador, *a. e s. m.* âdîṁ chiṁttalo,- nihâḷṇâr.

Premeditar, *v. t.* âdîṁ chiṁtuṁk,- nihâḷuṁk, paileṁch yojûn davruṁk.

Premente, *a.* dâṁtalo, cheptalo.

Premer, *v. t.* dâmuṁk, chepuṁk, peṁchuṁk; âṁvḷuṁk, arnuṁk; piḷuṁk, murḍuṁk.

Premiador, *a. e s. m.* inâm ditalo.

Premiar, *v. t.* inâm-, phaḷ divuṁk *(d. do o.)*.

Premio, *s. m.* prem *m.*, inâm, uchit *n.*, phaḷ *m.*, puṇyaphaḷ, karmphaḷ *n.*

Premissa, *s. f.* pûrvapaksh, âdyapaksh *m.*, pratijñâ *f.*; uttarapaksh *(— menor) m.*

Premoção, *s. f.* devsûchan *n.*

Premonitorio, *a. (med.)* sûchak.

Premunir, *v. t.* chatrâvuṁk, śidkâvuṁk; âdîṁch vâṭâvuṁk. ‖ *v. r.* chatrây karuṁk, tayâr-, âyto âsuṁk.

Prenda, *s. f.* deṇeṁ, dân, vṛidân *n.*, bheṭ *f.*, var; guṇ, satguṇ, suguṇ, sugurvo *m.*, sulakhiṇ *n.*; yukti, hikmat *f.*

Prendado, *a.* bheṭ kelalo; sulakhiṇî, satguṇî, guṇest; yuktîcho, hikmatîcho; mâṇsugecho.

Prendar, *v. t.* bheṭ karuṁk *(d. do o.)*, inâm divuṁk *(d. do o.)*; sulakhiṇâṁ-, satguṇ divuṁk *(d. do o.)*. ‖ *V.* PREMIAR.

Prender, *v. t.* bâṁdhuṁk; *capturar:* ghaṭṭ dharuṁk, prej *(do port.* PRESO) karuṁk; *impedir:* dharuṁk, âḍâvuṁk. ‖ *v. i.* pâḷâṁ ghevuṁk; lâguṁk, teṁkuṁk. ‖ *v. r.* ghaṭṭ dharoṁk; lâguṁk, basuṁk, tharuṁk, ghâṁs ghevuṁk; *embaraçar-se:* ghuspuṁk, goṁdḷuṁk; *preoccupar-se:* man davruṁk, husko karuṁk.

Prenhado, prenhe, *a.* gâbhṇo *ou* gâmṇo *(animal —)*; garhvâr, garbhest *(mulher —)*; *(fig.)* bharlalo, buḍlalo.

Prenhez, prenhidão, *s. f.* garhvâchâr *m.*, garbhestpaṇ; gâmṇepaṇ *n.*

Prenoção, *s. f.* âdlî oḷakh *f.*, pûrvajñân *n.*, pûrvabodh *m.*

Prenome, *s. m.* paileṁ-, âdleṁ nâṁv, pûrvanâm *n.*

Prenominar, *v. t.* paileṁ nâṁv divuṁk *(d. do o.)*; pailyâ nâṁvâṇ pâchâruṁk,- ulo karuṁk.

Prensa, *s. f.* chepaṇ *n.*, chhâp *m.*, kapâṭ *n.*; ghâṇo *(— de oleo ou assucar)*; charak *(— de assucar) m.* ‖ *— typographica*, chhâpyaṁtr *n.* ‖ *Metter numa — (fig.)*, chepuṁk, peṁchuṁk.

Prensar, *v. t.* yaṁtrân chepuṁk,- peṁchuṁk; murḍuṁk, chirḍuṁk.

Prenunciação, *s. f.* âdîṁ kaḷauṇeṁ *n.*, bhâkṇî *f.*

Prenunciador, *a. e s. m.* âdîṁ kaḷaitalo.

Prenunciar, *v. t.* âdîṁ-, mukhâr kaḷauṁk, bhâkuṁk.

Prenuncio, *s. m.* pûrvrûp *n.*, śakun, praśn *m.*

Preoccupação, *s. f.* pûrvkalpanâ; khar chiṁtnâ *f.*, nibar nihâḷ; husko *m.*, aśâṁti *f.*

Preoccupar, *v. t.* husko divuṁk *(d. do o.)*, chiṁtner davruṁk; man dharuṁk *(g. do o.)*, chitt oḍhuṁk *(g. do o.)*. ‖ *v. r.* husko âsuṁk *(d. do s.)*, huskevuṁk; chiṁtner âsuṁk.

Preopinante, *a. e s. m. e f.* dusryâṁ âdîṁ vâdo sâṁgtalo, pûrvvâdî; pailo ulauṇâr.

Preopinar, *v. i.* erâṁ âdîṁ mat sâṁguṁk.

Preordenação, *s. f.* pûrvavidhi *m.*, pûrvyojan; Devâcheṁ nirmaṇ *n.*, devnirmiti *f.*

Preordenar, *v. t.* âdîṁ nemuṁk,-yojuṁk, pûrvyojuṁk; nirmuṁk.

Preparação, *s. f.* tayâr-, âyto karneṁ *n.;* siddhi, lâykî *f.,* âytepaṇ *n.,* kamây, marâmat *f.;* âyteman (*— do animo*) *n.*

Preparado, *a.* tayâr, âyto. ‖ *s. m.* râṁdho, pâk *m.,* rasâyan *n.*

Preparador, *a. e s. m.* tayâr karṇâr, kamâytalo, saṁbhârkâr, saṁbhârî.

Preparamento, *s. m. V.* PREPARAÇÃO *e* PREPARATIVO.

Preparar, *v. t.* tayâr-, âyto karuṁk, saṁkaruṁk, sudhâruṁk; *armar:* mâṁḍuṁk, saṁjauṁk, uprâsuṁk; *planear:* yojuṁk, rachuṁk; *formar por processo:* kamâvuṁk, kamây-, marâmat karuṁk. ‖ *— um animal,* cheṁchuṁk, kapâṁv (*port.* CAPÃO) karuṁk. *— uma causa,* nyâyâchyâ kharchâk duḍû ṭhevuṁk. *— um medicamento,* okhat kuṭuṁk. *— as terras,* sâgavaḷ-, kamây karuṁk. ‖ *v. r.* tayâr-, âyto jâvuṁk, tayârî-, mustâykî karuṁk; saṁjuṁk, neṭuṁk.

Preparativo, *a.* tayâr karcho *ou* kartalo. ‖ *s. m.* tayârî *f.,* sâj, saṁbhâr *m.,* mustâykî *f.,* sâmaṇ *n.*

Preparatoriamente, *adv.* tayârî-, kamây karûn; âdîṁ, mukhâr.

Preparatorio, *a.* tayâr-, lâyk kartalo,-kamâytalo; âdlo, pûrvîṁcho. ‖ -s, *s. m. pl.* pûrvavidyo *f. pl.*

Preparo, *s. m.* tayârî, kamây, lâykî *f.;* sâj *m.,* sâmaṇ *n.,* mustâykî *f.;* (*for.*) kharchâk davarlale duḍû *m. pl.*

Preponderancia, *s. f.* adhik vajan *n.,* adhik bhâr *m.;* (*fig.*) pradhânkî, prabaḷây, adhikây *f.,* agḷepaṇ *n.*

Preponderante, *a.* chaḍhâ bhârâcho, adhikbhârî; (*fig.*) prabaḷ, agḷo, adhik, pradhân.

Preponderar, *v. i.* adhik bhâr âsuṁk (*d. do s.*), adhikbhârî jâvuṁk; (*fig.*) adhik tol-, mol âsuṁk (*d. do s.*), prabaḷ jâvuṁk.

Preponente, *a. e s. m. e f.* mukhâr-, phuḍe ghâltalo.

Prepor, *v. t.* mukhâr-, phuḍe ghâluṁk,- davruṁk; viṁchûn kâḍhuṁk.

Preposição, *s. f.* phuḍe ghâlṇeṁ; nemṇeṁ *n.;* (*gram.*) upasarg *m.*

Prepositivo, *a.* (*gram.*) upasargâcho, aupasargik.

Preposito, *s. m.* man, chitt *n.,* vishay, abhiprây *m.*

Preposteração, *s. f.* uphrâṭṇî *f.,* viparîtkram *m.*

Preposterar, *v. t.* uphrâṭuṁk, viparît karuṁk.

Prepostero, *a.* parto, uphrâṭo, viparîtkramâcho.

Prepotencia, *s. f.* adhik padvî *f.,* atibaḷ, prabaḷ *n.,* prabaḷây, pradhânkî; jabardastî *f.,* dhumâḷo *m.*

Prepotente, *a.* prabaḷ, atibaḷî, pradhân; jabardast.

Prepucio, *s. m.* (*anat.*) mukhî, boṁḍî *f.*

Prerogativa, *s. f.* visesh padvî, -sattyâ *f.,* hakk *m.*

Presa, *s. f.* baṁdîkhaṇî, kaidîṇ (*us. Sav.*); dharṇî, lûṭ *f.;* luṭîcho mâl *m.;* kâyâ, śikârî *f.; dente canino:* śuṇcro dâṁt *m.* ‖ *V.* REPRESA. ‖ *Fazer — de,* ghaṭṭ dharuṁk. *Fazer —,* ghaṭṭ-, nibar jâvuṁk.

Presagiador, *a. e s. m.* pûrvśûchan dâkhaitalo, âchârî.

Presagiar, *v. t.* âchâruṁk, śakunuṁk; jâvuṁche âdîṁ sâṁguṁk, bhâkuṁk. ‖ *V.* PRESENTIR.

Presagio, *s. m.* śakun, praśn, âchâr; apśakun (*— mau*) *m.* ‖ *V.* PREVISÃO.

Presagioso, *a.* śakunâcho, śakunîk, praśnâcho.

Presago, *a.* âchârî, śakunî, nalbato.

Presbyopia, *s. f.,* **presbytismo,** *s. m.* pais adhik bareṁ paḷevṇeṁ *n.*

Presbyta, *a. e s. m. e f.* pais adhik paḷetalo.

Presbyterado, *s. m.* gurupaṇ *n.*

Presbyteral, *a.* gurûcho.

Presbyterio, *s. m.* vigârâcheṁ ghar; kapelmor (*do port.* CAPELLA-MÓR) *n.*

Presbytero, *s. m.* sâserdot, misâcho pâdrî, guru.

Presciencia, *s. f.* bhavishyajñân, pûrvajñân *n.,* ghaḍtalyâchî oḷakh, jâtalyâchî khabar *f.*

Presciente, *a.* phudlî oḷakh âslalo, bhavishyajñânî, pûrvajñânî.

Prescito, *a. e s. m. V.* PRECITO.

Prescrever, *v. t.* nemuṁk, karuṁk lâvuṁk; pharmâvuṁk, sâṁguṁk, (okhat) divuṁk. ‖ *v. i.* junevahivâṭen nirphaḷ jâvuṁk, -aṁtruṁk; parṇo jâvuṁk, châlîbhâyr paḍuṁk.

Prescripção, *s. f.* nem, hukûm, kâydo *m.;* pharmâvṇî; (*jur.*) junîvahivâṭ *f.,* lâṁb bhogvaṭo *m.;* prâchîn châl *f.*

Prescriptivel, *a.* pharmâvuṁcho; bhogûn joḍcho, junevahivâṭen sâṁpḍâvuṁcho.

Prescripto, *a.* nemlalo, pharmâylalo; junevahivâṭen nirphaḷ kelalo.

Presença, *s. f.* hujîr, hâjirî *f.*, * darusan; rup, toṁḍ, mukh *n.*, âkâr *m.*; âṁglaṭ *f.*, âṁgvaṭo *m.* ‖ — *de espirito*, sâvadhpaṇ *n.*, śitaḷây *f.* *De* — *á* —, rubrub, toṁḍâtoṁḍîṁ. *Em* — *de*, dekhûn, paḷevûn, mukhâr. *A* — *ou na* — *de alguem*, mukhâr, hujîr, samor.

Presencial, *a.* hâjirecho, mukhâr kelalo ‖ *Testemunha* —, dekhlalo gvâhî, sâkshî.

Presencialmente, *adv.* kâjîr âsûn, âplyâ ḍoḷyâṁnîṁ dekhûn, ashṭaṁgîṁ.

Presenciar, *v. t.* kâjîr âsuṁk (*d. do o.*), âplyâ ḍoḷyâṁṇîṁ dekhuṁk,-paḷevuṁk.

Presentação, *s. f. V.* APRESENTAÇÃO.

Presentaneamente, *adv.* eke ghaḍiyen, gaḍgaḍît.

Presentaneo, *a.* ghaḍiyecho, khiṇâcho, khîṇbhar; samâyik, lâyk.

Presentar, *v. t.* dâkhauṁk; divuṁk. ‖ *v. r. V.* APRESENTAR-SE.

Presente, *a.* hujîr-, mukhâr âslalo, hujirlo, hâjîr, rujû (*p. us. nesta accep.*); *actual:* âtâṁcho, hâlîṁcho; chalto (*dia, mez*); *este mesmo:* ho; (*gram.*) varttamân, vidyamân. ‖ *Estar* —, hujîr-, hâjîr âsuṁk. *Fazer* —, kaḷauṁk, khabar divuṁk. *Ter* —, ughḍâs âsuṁk. (*d. do s., g. do o.*), *Ao* — *ou de* —, âtâṁ, sardyâ. ‖ *s. m.* âtâṁcho kâḷ,- samay; (*gram.*) varttamânkâl *m.*; *offerta:* bheṭ, poḷî *f.*, dân, uchit, ojheṁ, darśan, samarpaṇ *n.*

Presenteador, *a. e s. m.* bheṭ karṇalo, ditalo.

Presentear, *v. t.* divuṁk (*d. do o.*), dhâḍuṁk (*d. do o.*), bheṭauṁk (*d. do o.*), bheṭ karuṁk (*d. do o.*), samarpuṁk (*d. do o.*), opuṁk (*d. do o.*).

Presentemente, *adv.* âtâṁ; sardyâ, sâṁprat, turût.

Presentimento, *s. m.* âdîṁ umjaṇeṁ, -samjaṇeṁ, bhân *n.*, bhâs, vikalp *m.*, pûrvbhâvanâ, pûrvkalpanâ *f.*, âchâr *m.*

Presentir, *v. t.* âdîṁ samjuṁk,-umjuṁk, ḍubḍub-, âchâr âsuṁk (*d. do s., g. do o.*), ḍubḍubuṁk, achâroṁk, śiḍkuṁk (*vv. ii.*); pais thân âykuṁk, -dekhuṁk. ‖ *V.* CONJECTURAR.

Presepe, presepio, *s. m.* goṭho *m.*; pirjep *f.*

Preservação, *s. f.* râkhaṇ *f.*, saṁrakshaṇ, pâḷaṇ *n.*, saṁbhâḷ, bachâv *m.*, jagauṇî *f.*, jagṇeṁ, târaṇ *n.*

Preservador, *a. e s. m.* râkhṇâr, saṁbhâḷṇâr, saṁbhâḷî, jagauṇâr, tagauṇâr, pâḷak.

Preservar, *v. t.* râkhuṁk, saṁrakshuṁk, saṁbhâḷuṁk, jagauṁk, tagauṁk bachâvuṁk, târuṁk, pâḷuṁk, râkhaṇ-, saṁbhâḷ karuṁk (*g. do o.*).

Preservativo, *a.* râkhtalo, râkhcho, saṁbhâḷcho. ‖ *s. m.* râkhaṇ *f.*, okhat, rakshaṇasâdhan *n.*

Presidencia, *s. f.* mukhelîpaṇ *f.*, sardârkî, nâykî *f.*, adhikâr *m.*

Presidencial, *a.* mukhelyâcho, sabhâpatîcho.

Presidente, *s. m.* pirjeṁt, mukhelî, mukhya, sardâr, nâyk; adhikârî, kârbhârî; sabhâpati (— *de assembléa*). ‖ *a.* mukhelî.

Presidiar, *v. t.* phauj davruṁk (*l. do o.*), phaujîn râkhuṁk.

Presidiario, *a.* killyâche phaujîcho. ‖ *s. m.* killyâr veṭhik vâvartalo.

Presidio, *s. m.* koṭṭâchî phauj; killerâkhaṇ *f.*; killo *m.*, koṭṭ *n.*; (*fig.*) *V.* AUXILIO.

Presidir, *v. i.* pirjeṁt-, mukhelî jâvuṁk; mukhâr-, phuḍe âsuṁk, nâykî-, sardârkî chalauṁk. ‖ *v. t.* chalauṁk.

Presiganga, *s. f.* baṁdkhaṇîcheṁ târûṁ *n.*

Presigo, *s. m.* bhâkrî bhijauṁcheṁ *n.*; dhukrâchî charab *f.*

Presilha, *s. f.* lîg (*do port.* LIGA) *n.*, phâso, bâṁdh *m.*

Preso, *a.* bâṁdhlalo; dharlalo; baṁdkhaṇîṁt âslalo, prej. ‖ *s. m.* baṁdîkhaṇo, kaidî (*us. Sav.*).

Pressa, *s. f.* veg *m.*, saḍsaḍitây, jhaḍjhaḍî; tâkît *f.*, darvaḍ *ou* darvaḍo, saṁbhram *m.*, utâvḷây *f.*, utâvaḷpaṇ *n.*; âkâṁt *m.*, aḍchaṇ *f.* ‖ *Coisa de* —, garjecheṁ kâm. *Dar-se* —, darvaḍuṁk. *A* —, vegîṁ, saḍsaḍît, jhaḍjhaḍît, jhaḍkan, daḍâṁ (*us. Sal.*). *A toda a* —, vegîṁ vegîṁ.

Pressão, *s. f.* chep, chepṇî, dâmṇî *f.*; (*fig.*) bhâr, neṭ *m.*, baḷ *n.*

Pressurosamente, *adv.* darvaḍyân, gaḍgaḍît; suḍsuḍâyen.

Pressuroso, *a.* jhaḍjhaḍît, saḍsaḍît, tartarit, turturît; utâvḷo *ou* utâvḷî, urmaṭ, saṁbhramî, darvaḍyâcho; huḷhuḷo, dhaḍbaḍyo, uchaṁbaḷ. ‖ *V.* DILIGENTE.

Prestação, *s. f.* deneṁ *n.*, vapṇî; paṭṭî *f.*, châṁdo *m.*; vâydyân phârik karṇeṁ *n.*; riṇâcho vâṁṭo *m.*

Prestadio, *a.* upkârî, upkârâdîk, paropkârî; upkârâcho, âdâvâcho, kâmâcho, upayogî.

Prestamente, *adv.* *V.* PRESTEMENTE.

Prestamento, *s. m.* deṇeṁ *n.*

Prestamista, *s. m. e f.* kalâṁtarî, vyâjî.

Prestança, *s. f. (ant.) V.* PRESTIMO.

Prestancia, *s. f.* vartepaṇ, uttampaṇ, vhaḍlepaṇ *n.*

Prestante, *a.* upkârî, upayogî, kâmâcho; uttam, śreshṭh, varishṭ.

Prestar, *v. t.* divuṁk; ushṇo-, udhâr divuṁk. ‖ *— juramento,* pramâṇ karuṁk. *— homenagem,* satkâr-, abhivâd karuṁk. *— ouvidos,* kân divuṁk. ‖ *v. i.* upkâruṁk, upkârâk paḍuṁk, kâmâk yevuṁk. ‖ *v. r.* upkâruṁk; tayâr-, rujû âsuṁk. ‖ *V.* CONDESCENDER.

Prestativo, *a. V.* PRESTADIO.

Prestemente, prestesmente, *adv.* vegîṁ, gaḍgaḍit, saḍsaḍît, jhaḍâjhaḍ.

Prestes, *a.* tayâr, rujû, râjî; saḍsaḍît, sansaṇît; rokḍo. ‖ *Fazer-se —,* tayâr-, rujû jâvuṁk. ‖ *adv. V.* PRESTEMENTE.

Presteza, *s. f.* saḍsaḍltây, dhâṁdalây *f.*, dhâṁdalpaṇ; suḍsuḍpaṇ *n.*, suḍsuḍây, śitâbî *f.* ‖ *Com —, V.* PRESTEMENTE.

Prestidigitação, *s. f.* ghâḍvidyâ, nâḍvidyâ *f.*, gauḍbeṁgâl *n.*

Prestidigitador, *s. m* ghâḍi, nâḍvidyo, gauḍbeṁgâlî.

Prestigiação, *s. f.* bhorap, nâḍepen, taṁtr *n.*

Prestigiador, *s. m.* bhorpî, taṁtrakâr. ‖ *V.* PRESTIDIGITADOR.

Prestigio, *s. m.* mâyâ, bhûl, nadarbhûl *f.; (fig.)* raṁjan, mohan *n.* ‖ *Ter —,* bhâr-, tol âsuṁk *(d. do s.).*

Prestigioso, *a.* mâyecho, mâyârûp, bhulîcho; *(fig.)* bhârâdik, vajandâr.

Prestimano, *s. m. V.* PRESTIDIGITADOR.

Prestimo, *s. m.* upayog *ou* upeg, âdây *ou* âdâv, phaḷ *m.*, upkârpaṇ, puṇya *ou* puṇyeṁ *n.;* majat *ou* madat *f.*, śiristo *m.* ‖ *Sem —,* upkâra nâslalo, kâmâk ye nâslalo.

Prestimonio, *s. m.* dharmâdâyâcho vâṁṭo, -aṁś *m.*

Prestimoso, upkârâk paḍtalo, kâmâk yetalo, upkârâdik.

Prestito, *s. m.* pursâṁv *(do port.* PROCISSÃO) *n.*, svârî, diṁḍî, jâtrâ; varât *(— de casamento) f.;* saṁyân *(— funebre) n.*

Presto, *a. V.* PRESTES. ‖ *De —,* rokḍoch *(decl.).*

Presumido, *a.* dharlalo, samjalalo. ‖ *V.* PRESUMPÇOSO.

Presumidor, *a. e s. m.* dhartalo, samjaṇâr.

Presumir, *v. t.* samjuṁk, dharuṁk, chiṁtuṁk, kalpuṁk, ajmâsuṁk, anumânuṁk, disuṁk *(d. do s., s. do o.).* ‖ *v. i.* ahaṁkâruṁk, phuluṁk, phuguṁk, phaḍâ karuṁk.

Presumivel, *a.* manâṁt dharcho, ajmâsûṁyeso.

Presumpção, *s. f.* dharṇeṁ, samjaṇeṁ *n.*, anumâṇ, tark *m.*, kalpanâ *f.;* ahaṁkâr, abhimân *m.*, garv *n.*, mâṁj, kharmastî *f.*

Presumpçoso, *a.* garvî, ahaṁkârî, abhimânî, mâtgo.

Presumptivo, *a.* anumânâcho, ânumânik, tarkâcho; jâvuṁk âslalo, jâytso distalo. ‖ *Herdeiro —,* sayaṁbhîṁ dâyjî jâtalo. *Herdeiro — da coroa,* yuvarâj.

Presunto, *s. m.* perjûṁt *m.*

Presuppor, *v. t.* âdiṁ kalpuṁk, dharuṁk, pûrvakalpanâ karuṁk *(g. do o.);* samjuṁk divuṁk.

Presupposição, *s. f.* pûrvakalpánâ, pûrvabhâvanâ *f.*

Presupposto, *a.* âdiṁ kalpilalo. ‖ *s. m.* pûrvakalpanâ *f.;* arth, saṁkalp *m.*, nimitt *n.* ‖ *V.* PRETEXTO.

Pret, *s. m.* śipâyâṁchî diskulî *f.*

Preta, *s. f.* khâparleṁ *n.*

Pretenção, *s. f.* śodh, śodhṇî *f.;* dâvo, ilâkho *m.*, bird; man, âlachan, yojan *n.* ‖ *V.* PRESUMPÇÃO. ‖ **-ções,** *pl.* phaḍâ, mijâs *f.*

Pretencioso, *a. e s. m.* uṁch taklecho, garvâṁt bharlalo, damdâr, abhimânî.

Pretendedor, *a. e s. m.*, **pretendente,** *a. e s. m. e f.* śodhtalo, śodhṇâr; âpṇâk dâvo âsâ mhaṇ samjatalo, birdî.

Pretender, *v. t.* śodhuṁk; mâguṁk; jây jâvuṁk *(d. do s., s. do o.),* âśevuṁk; samjuṁk, kalpuṁk, saṁkalpuṁk. ‖ *— a mão de uma mulher,* kâjârjâvuṁk śodhuṁk. ‖ *v. i.* vâvruṁk, udyog karuṁk.

Pretendida, *a. e s. f.* kâjârjâvuṁk śodhlalî, hokal.

Pretenso *a.* śodhlalo; samjalalo, chiṁtnecho.

Pretensor, *a. e s. m. V.* PRETENDENTE.

Preterição, *s. f* kuśîn davarṇeṁ *n.*, soḍnî, aṁtrâvṇî, vagaḷṇî *f.*

Preterir, *v. t.* kuśîn davruṁk, soḍuṁk, sâṁḍuṁk, aṁtrâvuṁk, vagaḷuṁk, paro ghâluṁk.

Preterito, *a.* pâṭhlo, âdlo, gelalo. || *s. m. (gram.)* bhûtakâl *m.*

Preterivel, *a.* aṁtrâvûṁyeso, soḍcho, sâṁḍcho.

Preternatural, *a.* sayaṁbhâvarto, adbhut.

Pretextar, *v. t.* nîb ghevuṁk,- sâruṁk *(g. do o.)*, nibâvuṁk.

Pretexto, *s. m.* nîb, nimitt, mîs, soṁg, chhidr *n.*, veslı, tapsîl *m.* || *A — de,* nibân.

Pretidão, *s. f.* kâḷsâṇ, kâḷbân *f.*

Preto, *a.* kâḷo; kâḷso, kâḷsâr *(dim.)*. || *s. m.* kâḷo manîs, khâprî; kâlo raṁg *m.* || *Pôr o — no branco,* kâgdâr ghâluṁk, baraun divuṁk.

Pretorio, *s. m.* râjâṁgaṇ *n.*

Prevalecer, *v. i.* varto jâvuṁk, vartuṁk, adhik bhâr-, baḷ âsuṁk *(d. do s.)*. || *v. r.* âḍâv-, phaḷ kâḍhuṁk; uprâsuṁk, kalpuṁk.

Prevaricação, *s. f.* kâydo moḍneṁ,- nâ pâḷncṁ *n.*, apâḷo *m.*; nâḍbuddh *f.*, matibhram *m.*

Prevaricador, *a. e s. m.* kâydo moḍtalo,- moḍṇâr.

Prevaricar, *v. i.* kâydyâr âḍ yevuṁk, kâydo moḍuṁk. || *v. t. V.* PERVERTER.

Prevenção, *s. f.* tayârî, mâṁḍâvaḷ; chatrây, guptây *f.*, pûrvopây *f.*; pûrvakalpanâ *f.* || *De —,* vâyṭâ baryâk, phuḍârâk.

Prevenidamente, *adv.* chatrâyen, âdîṁ chiṁtûn.

Prevenido, *a.* chatur, śiḍûk, huśâr, sâvadh. || *V.* DESCONFIADO.

Preveniente, *a.* âdîṁ pâvtalo. || *Graça —,* pûrvakṛipâ *f.*

Prevenir, *v. t.* tayâr karuṁk, mâṁḍâvaḷ-, tayârî karuṁk *(g. do o.)*, phuḍâruṁk; *avisar:* âdîṁ sâṁguṁk, chatrâvuṁk, śiḍkâvuṁk; *chegar antes:* âdîṁ-, mukhâr pâvuṁk; *evitar:* vâṭâvuṁk, ṭâḷuṁk, vâruṁk, nivâruṁk; *impedir:* âḍâvuṁk, manâvuṁk; *indispor:* kûṁs bharumk, -moḍuṁk *(d. do o.)*, aṁtrâvuṁk; *dispor a favor:* vaṁḍâvuṁk, mavâḷuṁk || *— as intenções,* man pârkhuṁk. *— as ordens,* sâṁgche âdîṁ karuṁk.

Preventivamente, *adv.* nivârchyâk, ṭâḷchyâk.

Preventivo, *a.* nivârcho, ṭâḷcho, vâṭâvuṁcho.

Prever, *v. t.* âdîṁch paḷevuṁk mukhâr-, phuḍe dekhuṁk, phuḍâvuṁk; sumâr-, ajmâs karuṁk *(g. do o.)*. || *V.* PROGNOSTICAR.

Previamente, *adv.* âdîṁ, paileṁ, mukhâr, phuḍe, pûrvîṁ.

Previço, *s. m. V.* PREVISO.

Previdencia, *s. f.* âdîṁ paḷevṇeṁ,- oḷkhaṇeṁ *n.*, dûrdṛishṭi, dîrghadṛishṭi, bhavishyadṛishṭi *f.*, pûrvajñân *n.*; ajmâs, sumâr *m.* || *V.* PRECAUÇÃO.

Previdente, *a.* âdîṁ paḷetalo,- oḷkhatalo, dûrdarśî; chatur, śiḍûk; śahâṇo, achirkâyecho.

Previdentemente, *adv.* chatrâyen, phuḍe paḷevûn.

Previo, *a.* âdlo, âdîṁcho, pûrv.

Previsão, *s. f.* dîrghadṛishṭi *f.*, pûrvajñân *n.* || *V.* CAUTELA.

Previso, *s. m. (ant.)* jaiśî, gaṇak.

Previsto, *a.* âdîṁ dekhlalo, -kaḷlalo; sâṁgûn davarlalo; chatur, śiḍûk.

Prezado, *a.* aprûbâyccho, chaḍhâ mogâcho, kâḷjâcho.

Prezador, *a. e s. m.* mântalo, aprûbây kartalo.

Prezar, *v. t.* prîti-, mog-, aprûbây karuṁk *(g. do o.)*, atrekuṁk *(d. do o.)*, lobhdumk *(d. do o.)*; mânuṁk, samânuṁk, mân divuṁk *(d. do o.)*, uklûn dharuṁk. || *v. r.* âbrû saṁbhâḷuṁk, iśîṁ râkhuṁk; badâyk dâkhauṁk, phaḍâ karuṁk, mân bhoguṁk.

Prezavel, *a.* mân-, âdar phâvoto,- mânâdîk, samânuṁcho.

Prima, *s. f.* prîm *f. ou n.*; bâpalbahîṇ, chultîbahîṇ; âtebahîṇ; mâvśîbahîṇ *f.*; *corda:* prîm *n.*, supûr taṁtî *f.* || *V.* PRIMO.

Primado, *s. m.* pradhânkî *f.*, mukhelîpaṇ, pailepaṇ *n.*; pradhânopâdhyâyâchî padvî *f.*

Primar, *v. i.* pailo-, mukhelî jâvuṁk; uttam-, śreshṭh jâvuṁk.

Primario, *a.* mukhelî, mukhya, pradhân, mâl *(em comp.)*; pailo, prathamlo, apûrv, muḷâcho, tattvâcho, âdi *(em comp.)*. || *Instrucção primaria,* pailî śikauṇ, mûltattvaśikshâ *f.*

Primavera, *s. f.* vasaṁt *m.* || *A — da vida,* tarṇî pirây *f.*

Primaz, *s. m.* primâj, pradhânopâdhyây, mukhyapurohit.

Primazia, *s. f.* pradânopâdhyâyâchî padvî *f.*; vhaḍlepaṇ, vartepaṇ *n.*, pradhânkî *f.* || *V.* PRIMOR.

Primeiramente, *adv.* pailem̃, paile svâter, pratham.

Primeiro, *a.* pailo, pratham, prathamlo, mâl *(em comp.)*, âdi *(em comp.)*. ‖ *adv.* pailo *(decl.)*, âdîm̃, mukhâr. ‖ *De* — pailem̃ch. — *que*, âdîm̃. *Á primeira*, pailyâ phârâk, rokḍoch.

Primevo, *a.* pûrvîl, pûrvilo, purâtan, pûrvkâḷâcho.

Primicias, *s. f. pl.* pailem̃-, prathamlem̃ phaḷ, mâlphaḷ, navem̃ *n.*; *(fig.)* pailo lâhh, -guṇ *m.*

Primigenio, primigeno, *a.* prathamlo, pûrvilo.

Primiparo, *a.* paile pâvṭhî vyetalo.

Primitiva, *s. f.* pailo samay, mûḷkâḷ *m.*

Primitivamente, *adv.* muḷîm̃, purâtanîm̃.

Primitivo, *a.* pailo, prathamlo, muḷâcho, purâtan, pûrvîl, pûrvilo, siddh.

Primo, *s. m.* prim, bam̃dhu *ou* bam̃dh; bâpalbhâv, chultobhâv *(filho do thio paterno)*; âytehhâv *(filho da thia paterna)*; mâmebhâv *(filho do thio materno)*, mâvśîbhâv *(filho da thia materna)*. ‖ *a. V.* PRIMEIRO.

Primò, *adv.* pailem̃, paile svâter.

Primogenito, *a. e s. m.* mâlgaḍo.

Primogenitor, *a. e s. m.* pûrvaj.

Primogenitura, *s. f.* mâlgaḍepaṇ *n.*

Primor, *s. m.* uttam-, sam̃pûrṇ vast *f.*; ḍaul, dahâjo *m.*, thorây; sam̃pûrṇây *f.*, uttampaṇ *n.*, sam̃skâr *m.*; śobh, nâjukây *f.*

Primordial, *a.* pailo, muḷâcho, aram̃bhâcho, asal.

Primordialmente, *adv.* muḷîm̃, aram̃bhîm̃.

Primordio, *s. m.* aram̃bh *m.*, mûḷ, mudal *n.*

Primorosamente, *adv.* nâjukâyen, uttampaṇîm̃.

Primoroso, *a.* uttam, śreshṭh, nâjûk, chakk, sam̃pûrṇ, śobhit.

Princesa, *s. f.* kum̃var, kumârî, râjkumârî. ‖ *V.* SOBERANA.

Principado, *s. m.* kum̃varpaṇ; mâm̃dalikrâj *n.*

Principal, *a.* pailo, prathamlo, param, pradhân, mukhya, mukhâvelo, śreshṭh, aṭṭal, mâl *(em comp.)*, âdi *(em comp.)*; muḷâcho, mûḷtattvâcho, tattvâcho. ‖ *s. m.* mukhelî, mâlgaḍo, sardâr, nâyk *m.*; mudal, mûḷ, mûḷdhan *n.*

Principalidade, *s. f.* mukhelîpaṇ *n.*, pradhânkî *f.*, śreshṭhpaṇ, vartepaṇ *n.*; moṭo-, mukhelî lok *m.*

Principalmente, *adv.* adhik karûn, bhav karn, adhik.

Principe, *s. m.* kum̃var, râjkum̃var, kumâr, râjkumâr, râjputr; rây, râjâ, pâtśây; sâmam̃t, mâm̃ḍalik. ‖ — *real*, mahâkumâr.

Principescamente, *adv.* rây kaso; dahâjyân, daulatîn.

Principesco, *a.* râyâcho, râjâcho; kum̃vrâcho.

Principiador, *a. e s. m.* aram̃bhṇâr, śurû kartalo.

Principiante, *a. e s. m.* navo, navśik, abhyâsî.

Principiar, *v. t.* âḍâvum̃k, aram̃bh-, mudal ghâlum̃k *(d. do o.)*, aram̃bhum̃k, śurû karum̃k. ‖ *v. i.* lâgum̃k, aram̃bhom̃k, śurû jâvum̃k.

Principio, *s. m.* aram̃bh *m.*, mudal *n.*, muhurtt *ou* mrit, âdi *m.*, śrî *f.*; *causa primaria:* âdikâraṇ, mûḷ, bîj *n.*; *acto de principiar:* âḍâvṇî; aram̃bhṇî *f.*; *norma:* sûtr *n.*, nyây, niyam, utsarg *m.* ‖ *A* —, aram̃bhîm̃, muḷîm̃; pailem̃. *Desde o* —, pailem̃ thân, mudlân. ‖ -**s**, *pl.* pailî jîṇ, pratham parây; *educação:* ravîs, mâṇsugî *f.*; *elementos:* tattv, mûḷ, mûḷtattv, bîj, sûtr *n.*; mûḷgram̃th *m.*

Prior, *s. m.* maṭhâdhikârî, maṭhâdhipati, maham̃t. ‖ *V.* PAROCHO.

Priora, *s. f. V.* PRIOREZA.

Priorado, priorato, *s. m.* maham̃tpaṇ, maṭhâdhipatipaṇ *n.*

Prioral, *a.* maham̃tâcho.

Prioreza, *s. f.* maṭhâdhikârîṇ, mâṭhasvâmîṇ.

Prioridade, *s. f.* pailepaṇ, mâlgaḍepaṇ, âdlepaṇ *n.*; agramân *m.*

Prisão, *s. f.* ghaṭṭ dharṇem̃ *n.*, dharbâm̃dh *m.*; *encarceramento:* prijâm̃v *n.*, ham̃dî, bam̃daḍî *f.*; *laço:* bâm̃dhap, bâm̃dhan *n.*, bâm̃dhpâs *m.*; *obstaculo:* gom̃dh, naḍ, aḍchaṇ; *carcere:* bam̃dî khaṇ *ou* bam̃dhkhaṇ, bam̃daḍî, *f.*

Prisco, *a. (poet.) V.* ANTIGO.

Prisioneiro, *s. m.* prej, bam̃dîkhaṇo; yuddhadâs.

Prisma, *s. m.* tripârśvakâch *m.*, krakachâyat *n.*; *(fig.)* âkâr *m.*, rûp *n.*

Prismatico, *a.* krakachâyatâcho.

Pristino, *a. (poet.) V.* PRIMITIVO.

Privação, *s. f.* am̃trâvṇî; am̃tarṇî *f.*, varjaṇem̃, nâsnem̃ *n.*, hânî *f.*, nâś *ou* nâs, abhâv *m.* ‖ -**ções**, *pl.* dagdag, upadre, upâstâpâs, kaṭâs *m. pl.*, tahânbhûk *f.*

Privada, *s. f. V.* LATRINA.

Privadamente, *adv.* kuśîn, ekâṁtîṁ kherît.

Privado, *a.* khâśâ, khâsgî, khud, padarcho; kherît, gupit, gupto. ‖ *Em* —, kherît, ekâṁtiṁ. ‖ *s. m.* jîvprâṇ *m.*, prîtipâtr *n.*

Privança, *s. f.* lagtî, salgî *f.*, sannidhân *n.*

Privar, *v. t.* aṁtrâvuṁk, varjuṁk, nâgauṁk; âḍâvuṁk, aḍchuṁk. ‖ *v. i.* salgî âsuṁk (*d. do s.*), * sannidhânuṁk. ‖ *v. r.* soḍuṁk, soḍûn divuṁk, pelyân ghâluṁk (*vv. tt.*).

Privativamente, *adv.* kuśîn, kkerît.

Privativo, *a.* khâśâ, khâsgî, khâsgat; (*gram.*) abhâvasûchak.

Privilegiado, *a.* hakk-, adhikâr âslalo, viśiṣṭ, mânkarî; (*fig.*) aprûb, uttam, śreshṭh.

Privilegiar, *v. t.* adhikâr-, hakk divuṁk (*d. do o.*).

Privilegio, *s. m.* hakk, adhikâr, mân *m.*, sattâ *ou* sattyâ; viśeshsattyâ *f.*; guṇ *m.*

Pró, *adv.* hoypakshîṁ. ‖ *s. m.* âdâv, phaḷ *m.*, phaidâ *f.* ‖ *A* — *ou em* —, khâtîr, upkârâk.

Proa, *s. f.* nâḷ *ou* nâv, âṇi, aṇyeṁ; (*fig.*) mukh *n.*, phuḍo; ahaṁkâr *m.*, garv *n.*, phaḍâ *f.*

Proar, *v. i.* *V.* APROAR.

Probabilidade, *s. f.* saṁbhav *m.*, saṁbhâvanâ *f.*

Probabilismo, *s. m.* saṁbhavamat *n.*

Probabilista, *s. m. e f.* saṁbhavapakshî.

Probante, *a.* *V.* PROVANTE.

Probatorio, *a.* pramâṇâcho, pramâṇîk.

Probidade, *s. f.* kharepaṇ *n.*, satvatî *f.*, sadâchâr, pramâṇikpaṇ *n.*

Problema, *s. m.* vâd, praśn *m.*, kṛitya *n.*; (*fig.*) gûḍh *m.*, humâṇeṁ, *n.*

Problematicamente, *adv.* praśnân; dubhâvîṁ.

Problematico, *a.* praśnâcho; dubhâvâcho, aniśchit.

Problematizar, *v. t.* aniśchit karuṁk, dubhâvâr ghâluṁk.

Probo, *a.* kharo, niṭ, sadâchârî, pramâṇik, puṇyavaṁt, dharmavaṁt.

Proboscida, *s. f.* hattyâcheṁ soṁḍ *n.*; soṁḍî *f.*

Procacidade, *s. f.* *V.* INSOLENCIA.

Procedencia, *s. f.* araṁbh, saṁbhav, upaj *m.*, saṁsarṇî *f.*, yeṇeṁ, mûḷ *n.*

Procedente, *a.* âylalo, upjalalo.

Proceder, *v. i.* chaluṁk, châluṁk, phuḍe saruṁk, vachuṁk; *succeder:* jâvuṁk, ghaḍuṁk; *comportar-se:* chaluṁk; *ter origem:* yevuṁk, jâvuṁk, upjuṁk, nipjuṁk; (*jur.*) divâṇâṁt-, nitîṁt ghâluṁk, proses (*do port.* PROCESSO)-, vyavahâr karuṁk. ‖ — *a alguma coisa*, lâguṁk, âḍâvuṁk (*v. t.*). ‖ *s. m.* *V.* PROCEDIMENTO.

Procedido, *a.* châlîcho. ‖ *Bem* —, barc châlîcho, mâṇsugecho. *Mal* —, vâyṭe châlîcho, nashṭo.

Procedimento, *s. m.* châl, vahivâṭ *f.*, naḍteṁ, charit âcharaṇ *n.*, karmdharm *m.* ‖ *V.* PROCESSO.

Procella, *s. f.* moḍ, vâdaḷ, tuphân; (*fig.*) tuphân, tirrâj *n.*, ghaḷbaḷ *m.*

Procelloso, *a.* vâdaḷyo, vâdaḷâcho, tuphânî.

Proceres, *s. m. pl.* râjbiḍe, sardâr, mahâjan.

Processamento, *s. m.* vyavahâr *m.*

Processal, *a.* vyavahârâcho.

Procissão, *s. f.* *V.* PROCEDENCIA.

Processar, *v. t.* proses-, vyavahâr karuṁk (*l. sup. do o.*), vyavahâruṁk.

Processional, *a.* jâtrecho, diṁḍiyecho.

Processionalmente, *adv.* diṁḍiyen, jâtren.

Processionario, *s. m.* yâtrâpaddhati *f.*

Processo, *s. m.* gati *ou* gat, châl, pravṛitti *f.*; kram, anukram *m.*, rahâṭ, rît, paripâṭî, paddhat *f.*; (*for.*) proses, vyavahâr, khaṭlo *m.*; vyavahârâchiṁ kâgdâṁ *n. pl.* ‖ — *do tempo*, kâlgati. *Metter em* — *V.* PROCESSAR.

Procidencia, *s. f.* (*med.*) gaḷṇî *f.*

Procissão, *s. f.* pursâṁv *n.*, diṁḍî, jâtrâ, svârî; (*fig.*) hâr, oḷ *f.*

Proclama, *s. m.* kâjârâchî chiṭṭ *f.*

Proclamação, *s. f.* hâkâvṇî; praghaṭṇî, nâvâḍhṇî *f.*; ghoshaṇ *n.*, ḍâṁgoro, dâṁḍoro *m.*; ghoshaṇpatr *n.*

Proclamador, *a. e s. m.* hâkâvṇâr ḍâṁgoro phirauṇâr; ḍâṁgoryo, ghoshak; nâvâḍhṇâr.

Proclamar, *v. t.* hâkâvuṁk, ghoshaṇ karuṁk (*g. do o.*), ḍâṁgoro phirauṁk (*g. do o.*); praghaṭuṁk, prakâśauṁk; nâvâḍhuṁk, gâjauṁk. ‖ *v. r.* âpṇâk hâkâvuṁk, âpleṁ ghoshaṇ karuṁk; nâvâḍhoṁk.

Procrastinação, *s. f.* lâṁbây, âvjâv *f.*; kâḷâv *m.*, dîrgh *n.*

Procrastinador, *a. e s. m.* lâṁbâyo kartalo, lâṁbâvṇâr. ‖ *V.* MOROSO.

Procrastinar, *v. t.* lâṁbâvuṁk, dîrghâvuṁk, pâṭhî ghâluṁk, phuḍe davruṁk, kâḷâvuṁk. ‖ *v. i.* lâṁbâyo karuṁk, veḷ lâvuṁk.

Procreação, *s. f.* utpatti *f.*, prasav *m.*, janan *n.*

Procreador, *a. e s. m.* jalm ditalo, utpann kartalo, janmauṇâr, janak.

Procrear, *v. t.* jalm divuṁk, janmauṁk *ou* jalmauṁk, utpann karuṁk, prasavuṁk, upjauṁk, nipjâvuṁk; *(fig.)* jâyso karuṁk, vâḍhauṁk, chaḍhauṁk. ‖ *v. i.* jâvuṁk, upjuṁk, nipjuṁk; vâḍhuṁk, chaḍhuṁk.

Procura, *s. f.* śodhṇî, śodh, sûd, suddî *f.* ‖ *Andar ou ir em — ou á —*, śodhuṁk, sudîk bhoṁvuṁk.

Procuração, *s. f.* prokurâsâṁv *n.*, adhikâr *m.*, sattyâ, mukhtyârî *f.*; mukhtyârnâmâ *m.* ‖ *— geral,* kulmukhtyârî *f.*

Procuradeira, *s. f.* śodhtalî, śodhṇârṇ, tapâsṇârṇ.

Procurador, *a.* śodhtalo, sûd ghetalo. ‖ *s. m.* prokurâdor, vakîl, mukhtyâr, dalâl, vârcho.

Procuradoria, *s. f.* vakîlpaṇ, mukhtyârpaṇ *n.*; mukhtyârkhâṇo *m.*

Procurar, *v. t.* śodhuṁk, śodh karuṁk *(g. do o.)*, sûd ghevuṁk *(g. do o.)*, paḷevuṁk; vâvruṁk. ‖ *— uma pessoa,* śodhuṁk-, vichâruṁk vachuṁk. *— sua vida,* udarposhaṇ śodhuṁk. *— com a vista,* dishṭ bhoṁvḍâvuṁk. ‖ *v. i.* vakîlpaṇ chalauṁk. ‖ *— por,* vichâruṁk, khabar ghevuṁk.

Procuratoria, procuratura, *s. f.* vakîlpaṇ, mukhtyârpaṇ *n.*

Procuratorio, *a.* vakilâcho, mukhtyârâcho.

Prodigador, *a. e s. m. V.* PRODIGALIZADOR.

Prodigalidade, *s. f.* udhaḷ *f.*, vechîkpaṇ, viksheppaṇ, arthdûshaṇ *n.*, divâḷkhorî *f.* ‖ *V.* PROFUSÃO.

Prodigalizador, *a. e s. m.* bhav kharchitalo, hogḍâvṇâr.

Prodigalizar, prodigar, *v. t.* bhav kharchuṁk, udhḷuṁk, hogḍâvuṁk, vikshepuṁk; *(fig.)* bharûn-, loṭûn divuṁk. ‖ *V.* ARRISCAR.

Prodigamente, *adv.* udhḷûn, vikshepûn; bharûn, loṭûn.

Prodigio, *s. m.* acharyem, ajâp, naval, adbhut, vismit, dheṁḍ, śakun *n.*, utpât *m.*, viparîtây *f.*

Prodigiosamente, *adv.* navlâṁnîṁ, ajâpâṁnîṁ.

Prodigioso, *a.* ajâpâṁcho, acharyâṁcho, acharyavaṁt, navlâṁcho, vismit, vismitvaṁt; vichitr, apûrv.

Prodigo, *a.* udhḷo, vîdhḷo, kharchîk, vechîk, vikshepî, hogḍâvṇo, ibâḍyo, divâḷkhor. ‖ *V.* GENEROSO. ‖ *s. m.* divâḷkhor, hogḍâvṇâr.

Proditor, *s. m. V.* TRAIDOR.

Proditorio, *a. V.* TRAIÇOEIRO.

Prodromo, *s. m.* prastâvanâ *f.*; mûḷ, mudal; *(fig.)* ekâ jaṇâcheṁ paileṁ pustak *n.*, asalgraṁth *m.* ‖ **-s,** *pl.* roglakshaṇâṁ *n. pl.*

Producção, *s. f.* upjauṇî, jalmauṇî, rachṇî nirmiti; utpatti *f.*, jalm, saṁbhav, upaj, prasav *m.*, prasavpaṇ; pîk *(— de cereaes e legumes)*; *(for.)* dâkhauṇeṁ, dakhal karṇeṁ *n.*

Producente, *a.* utpann kartalo, upjaitalo. ‖ *V.* CONCLUDENTE.

Productibilidade, *s. f.* saphaḷpaṇ, phaḷâdikpaṇ *n.*

Productivamente, *adv.* phaḷân, âdâvân.

Productivel, *a.* jâyso, upjuṁcho. ‖ *V.* PRODUCTIVO.

Productivo, *a.* saphaḷ, phaḷâdîk; pikâvo, supikâcho. ‖ *V.* LUCRATIVO.

Producto, *s. m.* utpann *n.*, upaj, nipaj, prasav *n.*, phaḷ *m. e n.*, huṭâvaḷ *(us. Can.) f.*; *(arith.)* guṇâkâr, phaḷ *m.*

Productor, produzidor, *a. e s. m.* utpann kartalo; kâḍhṇâr, ghaḍṇâr, rachṇâr; joḍṇâr.

Produzir, *v. t.* jalmauṁk, upjauṁk, nipjâvuṁk, divuṁk, prasavuṁk, jâvuṁk *(s. do o., d. do s.)*; *fazer:* karuṁk, ghaḍuṁk, uprâsuṁk; *apresentar:* dâkhauṁk, mukhâr hâḍuṁk. ‖ *— effeito:* guṇ paḍuṁk *(g. do s.)*. *— resultado,* phaḷ yevuṁk *(g. do s.)*.

Produzivel, *a.* utpann jâvuṁcho.

Proeiro, *s. m. (mar.)* nâv râkhtalo.

Proejar, *v. i. (naut.)* taḍik lâguṁk,-pâvuṁk.

Proemial, *a.* prastâvanecho.

Proemiar, *v. t. V.* PREFACIAR.

Proeminencia, *s. f.* bhâyr sarṇeṁ; ḍhuṁg *n.*, uṁchây *f.* ‖ *V.* COMORO.

Proeminente, *a.* bhâyr sarlalo, ḍhuṁg âslalo, ḍhuṁgâḷ, ḍhuṁgâḷo; *(fig.)* uṁch, uttam.

Proemio, *s. m. V.* PREFACIO.

Proeza, *s. f.* parâkram, pratâp, purushârth, mât *m.*

Profanação, *s. f.* bâṭ, bâṭauṇî *f.*, bhashṭpaṇ, apavitrpaṇ *n.*; dûshaṇ *n.*, aśuddhi *f.*

Profanador, *a. e s m.* bâṭauṇâr, bhashṭâvṇo.

Profanamente, *adv.* apavitrpaṇîṁ, saṁsârîṁ.

Profanar, *v. t.* bâṭauṁk, bhashṭâvuṁk, viṭâḷuṁk, doṁsauṁk, apavitr-, bhrashṭ karuṁk.

Profanidade, *s. f.* dharmniṁdâ, bhashṭâvṇî *f.*

Profano, *a.* saṁsârî, saṁsârîk, prâpaṁchik; apavitr, bhrashṭ, dharmniṁdak, dharmdvèshî; pojḍo; bhâylo.‖ *V.* SECULAR.

Proferir, *v. t.* ulauṁk, mhaṇuṁk; uchchâruṁk, boluṁk, uchchâr karuṁk *(g. do o.)*; praghaṭ karuṁk, praghaṭuṁk, (pharmaṇ) mâruṁk.

Professar, *v. t.* dakhal karuṁk, uchchâruṁk, âṁgîkaruṁk, kabûl karuṁk, vaduṁk; *exercer:* châlauṁk, dhâṁdo-, udyog karuṁk *(g. do o.)*; *ensinar:* śikauṁk, pâṭhuṁk; *seguir (religião, seita):* châlauṁk; *fazer votos:* maṭhvâsî va maṭhvâsîṇ jâvuṁk *(g. do o.)*. ‖ *v. i.* maṭhvâsî jâvuṁk.

Professo, *a.* maṭhvâsî jâlalo; *(fig.)* rahâṭlalo, kuṭlalo. ‖ *s. m.* maṭhvâsî.

Professor, *s. m.* prophesor, mestîr *(do port.* MESTRE), śeṇay, guru, vastâd, pâṭhak, paṁḍit.

Professora, *s. f.* mestîrṇ, śikauṇârṇ, pâṭhakî.

Professorado, *s. m.* pâṭhakpaṇ, gurupaṇ, paṁḍitpaṇ *n.;* mestîr *m. pl.*

Professoral, *a.* śeṇaycho.

Proficiencia, *s. f.* pakkî oḷakh *f.*, pravîṇpaṇ, nipuṇpaṇ *n.*, praveś *m.*

Proficiente, *a.* pakko, pravîṇ, nipuṇ, khabardâr, samarthvaṁt, gâḍho.

Proficientemente, *adv.* khabardâr, pravîṇpaṇîṁ.

Proficuamente, *adv.* âdâvân, phaḷân, lâbhân.

Proficuidade, *s. f.* âdâv, phaḷ, lâbh *m.*, hâśîl *f.*, hâśîlpaṇ *n.*

Proficuo, *a.* âdâvâcho, phaḷâcho.

Profissão, *s. f.* uchchâraṇ, âṁgîkaraṇ *n.*, âṁgîkâr, udgâr *m.;* châlauṇî; dhâṁdo, udyog, vyavahâr, bhesh *m.*, kasab *f.*, bird *ou* barad *n.*‖ *De —,* bheshâcho; aṭṭal.

Profissional, *a.* dhâṁdyâcho, vyavahârâcho.

Profitente, *a.* châlaitalo.

Profligação, *s. f.* dhûḷdaśâ, nâsâḍî, dispaṭ *f.*

Profligado, *a.* dhûḷdaśâ-, dispaṭ kelalo; *(fig.)* nashṭo, khoṭo.

Profligador, *a. e s. m.* nâsâḍî kartalo, dispaṭâvṇâr.

Profligar, *v. t.* ḳoṁsḷâvuṁk, gaḷgaḷâvuṁk; dhûḷdasâ-, nâsâḍî karuṁk *(g. do o.)*, dispaṭâvuṁk.

Pro-forma, *adv.* śiristyâk, upachârâk, kelâṁ mhâṇ.

Profugo, *a.* pardeśî, paḷpaṭo.

Profundador, *a. e s. m.* kholâytalo; dhuṁḍâḷṇâr.

Profundamente, *adv.* khol; chaḍh, bhav, jâyto.

Profundar, *v. t.* kholâvuṁk, khol karuṁk; *(fig.)* dhuṁḍâḷuṁk, ṭhâv ghevuṁk *(g. do o.)*.‖*v. i. e r.* khol jâvuṁk, kholâvoṁk; *(fig.)* bhitar riguṁk, jhomuṁk, khaṁchoṁk.

Profundas, *s. f. pl.* khar *f.*, ṭhâv; pâtâḷ, narak *m.*

Profundez, profundeza, profundidade, *s. f.* kholây, koḍî, guṁḍây *(us. Can.)*; avghaḍây, gûḍhây *f.;* pravîṇpaṇ, pakkepaṇ *n.*

Profundo, *a.* khol, oṁḍ, gaṁbhero, ned *(us. Ilh.)*, guṁḍ *(us. Can.)*; *investigador:* gâḍho, ghaṇ, pravîṇ; *intenso:* jabar, khar nibar; *difficil:* avghaḍ, gûḍh, nigûḍh. ‖ *s. m.* kholây *f.*, pâtâḷ, yamkaṁḍ *n.;* daryâchî khar *f.;* daryâ *m.* ‖ *adv.* khol, kholâyen.

Profundura, *s. f. V.* PROFUNDEZA.

Profusamente, *adv.* pushkaḷâyen, subhâm.

Profusão, *s. f.* udhaḷ *f.*, bhav kharch *m.*, sadaḷây, sadaḷṇî; pushkaḷây *ou* phushkaḷây, paripûrtti, paripûrṇây, sîmâ, samṛiddhi *f.*, ragḍo *ou* ragâḍo, loṁḍho *m.*

Profuso, *a.* kharchâdîk, vechîk udhḷo, sadaḷ, ḍhasaḷ; khûp, pushkaḷ *ou* phushkaḷ, subhâm, chaḷchaḷît, samṛiddh, paripûrṇ. ‖ *V.* PROLIXO.

Progenie, *s. f.* saṁsat, saṁchaṭ, prajâ *f.*, saṁtân *n.* ‖ *V.* ASCENDENCIA.

Progenito, *a. e s. m. (poet.)* bijâcho; pût.

Progenitor, *s. m.* bâp, bâpûy. ‖-es, *pl.* pûrvaj, bijpurush, mûḷpurush *m. pl.*

Progenitura, *s. f. V.* PROGENIE.

Progne, *s. f. (poet.) V.* ANDORINHA.

Prognosticação, *s. f.* bhâkṇî *f.*, pûrvasûchan *n.*

Prognosticador, *a. e s. m.* bhâkṇâr, âchârî, pûrvasûchak.

Prognosticar, *v. t.* âdîṁ-, pûrvîṁ sâṁguṁk,- dâkhauṁk, bhâkuṁk, śakunuṁk, âchâruṁk.

Prognostico, *s. m.* bhâkṇî *f.*, ghaḍtalyâcho sumâr, -ajmâs; âchâr, śakun, praśn *m.*, lakshaṇ *ou* lakheṇ, chihnem̃, khûṇ, jyotish *n.; (med.)* paribhâs *m.*

Prognostico, *a.* pûrvasûchak.

Programma, *s. m.* pûrvalekh *m.;* sûchîpatr *n.* ‖ *V.* PROJECTO.

Progredimento, *s. m. V.* PROGRESSO.

Progredir, *v. i.* phuḍe chalum̃k,-sarum̃k, phuḍârom̃k; chaḍhum̃k, vâḍhum̃k, sudhârom̃k.

Progressão, *s. f.* chalnî, gati, phuḍârṇî *f.*, kram; *(math.)* chay *m.;* śreḍhî (— *arithmetica) f.;* guṇottar (— *geometrica) n.* ‖ — *ascendente,* chaḍhtî śreḍhî. — *descendente,* utartî śreḍhî.

Progressista, *a.* kramâcho, vṛiddhîcho. ‖ *s. m.* kramâcho isht, kramapakshî

Progressivamente, *adv.* phuḍe phuḍe sarûn, ilo ilo chalûn, kramân.

Progressivo, *a.* phuḍe phuḍe chaltalo, -sartalo, kramâcho, kramik; adhik adhik, chaḍh chaḍh; chayâcho.

Progresso, *s. m.* phuḍe chalnem̃, -vachṇem̃ *n.*, gati *ou* gat, krâm̃ti *f.*, kram; *desenvolvimento:* chaḍhâv *m.*, vâḍh, vṛiddhi, sam̃vṛiddhi; *aperfeiçoamento:* sudhârṇî, phuḍârṇî, sam̃skârṇî, guṇavṛiddhi; *vantagem:* bhartîkâḷ *f.*, âḍây *ou* âḍâv *m.*‖ — *do tempo,* kâlgati *f.* *Fazer progressos,* phuḍe sarum̃k. *Ir em* —, chaḍhûn vachum̃k.

Prohibição, *s. f.* manâkarṇem̃ *n.*, manây, âḍvârṇî, âḍâvṇî *f.*, varjaṇem̃ *n.*

Prohibidor, *a. e s. m.* âḍvârṇâr, âḍâytalo.

Prohibir, *v. t.* manâkarum̃k, manâvum̃k, âḍvârum̃k, âḍâvum̃k, vârum̃k, varjum̃k, nishedhum̃k.

Prohibitivo, prohibitorio, *a.* âḍvârcho, manâkarcho.

Proiz, *s. m. ou f.* taḍîk hoḍem̃ bâm̃dhchem̃ dor *n.*

Projecção, *s. f.* soḍûn mârṇem̃ *n.*, uḍauṇî, phem̃kṇî *f.;* ḍhum̃g *n.*, kam̃gro; nakśo *m.*

Projectação, *s. f.* kam̃gro *m.*, ḍhum̃g *n.*

Projectar, *v. t.* mârum̃k, soḍum̃k, soḍûn mârum̃k, uḍaum̃k, phem̃kum̃k; ghâlum̃k; nakśum̃k, âkârum̃k; yojum̃k, karum̃k chim̃tum̃k.

Projectil, *a.* soḍcho, soḍûn mârcho. ‖ *s. m.* dûrvedhî śastr, soḍûn mârchem̃ astr *n.*, guḷo *m.*, guḷî *f.*

Projectista, *s. m. e f.* yojaṇâr, bârîk gaṇṇâr.

Projecto, *s. m.* yojan, kalpaṇ *n.*, kalpanâ, yukti, tajvît, maslat, hukkî *f.*, upây; masudo, namuno *m.* ‖ *V.* EMPREZA.

Projectura, *s. f. (archit.)* kam̃gro *m.*, ḍhum̃g *n.*

Prol, *s. m.* âḍâv, phaḷ *m.*‖ *Em — de,* pâsvat, khâtîr.

Prolação, *s. f.* uchchâraṇ *n.*, uchchâr *m.* ‖ *V.* DELONGA.

Prolapso, *s. m. (med.)* bhram̃ś; gudbhram̃ś, âm̃gpât *m.*, âgrûm̃, (— *do recto);* âm̃gpât *n.*, garbhâśayabhram̃ś (— *do utero) m.*

Prole, *s. f.* burgîm̃bâḷâm̃ *n. pl.*, kuṭum̃b *m.*, sam̃sat *f.*

Prolegomenos, *s. m. pl.* paribhâs *m.*, pûrvâm̃g *n.*, pûrvapiṭhikâ *f.*

Prolepse, *s. f.* pûrvakham̃ḍan *n.*

Proletariado, *s. m.* vâvrâḍî, kulî *m. pl.;* vâvrâḍyâm̃chî daśâ,- gat *f.*

Proletario, *s. m.* vâvrâḍî, kâmkârî, kulî. ‖ *a.* vâvrâḍyâm̃cho.

Prolfaça, *s. m. ou f. (ant.) V.* PARABEM.

Prolifero, *a. V.* PROLIFICO.

Prolificação, *s. f.* phaḷauṇî, prasavśîlatâ *f.*

Prolificar, *v. i.* prasavśîl-, phaḷâḍîk jâvum̃k; kuṭum̃bâḷ jâvum̃k.

Prolifico, *a.* bijâcho, kuṭum̃bâḷ, prasavśîl, garbhakar; phaḷâḍîk, phaḷvam̃t, biyâḷyâcho.

Prolixamente, *adv.* vistârîm̃, châḍhâm̃ uttrâm̃nim̃.

Prolixidade, *s. f.* vistâr, ativistâr, ativâd *m.*, charpaṭ, dîrghasûtr *n.;* lâm̃bây *f.*

Prolixo, *a.* bhav chaḍh, bhârî; vistârâḍîk, ativistârâcho, chaḍhâm̃ uttrâm̃cho, dîrghasûtr; ativâḍî, charpaṭyo, * pâlâḷî; lâm̃b, dîrgh.

Prologar, *v. t.* prastâvanâ karum̃k *(d. do o.).*

Prologo, *s. m.* prastâvanâ *f.;* paribhâs *m.; (theatr.)* nâm̃dî *f.*, pûrvram̃g *m.*

Prolonga, *s. f.* lâm̃bây *f.*, uśîr, kâḷâv, taḍov *(us. Can.) m.*

Prolongação, *s. f.* lâm̃bâvṇî, dîrghâvṇî; lâm̃bây, lâm̃bî *f.*

Prolongadamente, *adv.* lâm̃bâyo karûn, veḷ kâḍhûn.

Prolongado, *a.* lâm̃b, dîrgh, dîg; vâḍhailalo, chaḍhailalo.

Prolongador, *a. e s. m.* lâm̃bâvṇâr, dirghâytalo.

Prolongamento, *s. m.* lâm̃bâvṇî, lâm̃bî; chaḍhauṇî, vâḍh *f.*

Prolongar, *v. t.* lâṁb karuṁk, chaḍhauṁk, vâḍhauṁk; lâṁbâvuṁk, dîrghâvuṁk, kâḷâvuṁk. || *v. r.* lâṁb jâvuṁk, lâṁbî âsuṁk *(d. do s.)*; chaḍh taguṁk, -uruṁk, dîrghuṁk; teṁkûn vachuṁk. || — *com alguem,* âṁgâr-, tuṭûn yevuṁk.

Proloquio, *s. m.* mhaṇṇî, opâr *f.*, nyây *m.*

Proluxidade, *s. f. V.* PROLIXIDADE.

Proluxo, *a.* neṭko, kâsphîs, phiṭphiṭo. || *V.* PROLIXO.

Promanar, *v. i.* upjuṁk, nipjuṁk, yevuṁk.

Promessa, *s. f.* bhâshâvṇî, bhâsh, bhâk, bolî, vâchâ *f.*, uttar *n.*, karâr, vâydo *m.*; âṁgvaṇ *f.*, vrat *m. e n.*

Promettedor, *a.* bhâshâytalo; bhâshecho; baryâ phuḍârâcho; *(fig.)* baryâ phaḷâcho, maṁgaḷ, bhadr. || *s. m.* bhâshâvṇâr, âṁgvaṇ kartalo.

Prometter, *v. t.* bhâshâvuṁk, ditâṁ mhaṇuṁk, bhâsh-, uttar divuṁk *(g. do o.)*; âṁgvaṇ karuṁk *(g. do o.)*; âśâ divuṁk *(g. do o.)*. || — *mundos e fundos,* saṁsâr ditâṁ mhaṇuṁk. || *v. i.* bhâsh-, uttar divuṁk; baro jâytso disuṁk, bareṁ mukh dâkhauṁk.

Promettida, *s. f.* hokal, navrî *f.*

Promettido, *s. m.* bhâshâylalo. || *Estar* —, ulauṇeṁ jâvuṁk, kâjârâcheṁ uttar divuṁk. || *s. m.* bhâshâylaleṁ *n.*; navro.

Promettimento, *s. m.* bhâshâvṇî, bhâsh *f.*, uttar *n.*

Promiscuamente, *adv.* misḷûn, barsûn, ekṭhâṁy karûn.

Promiscuidade, *s. f.* misaḷ *m.*, barsî bhel *f.*, nirviśeshpaṇ *n.*

Promiscuo, *a.* misaḷlalo, barsilalo, miśrit, nirviśesh.

Promissão, *s. f. V.* PROMESSA.

Promissivo, promissorio, *a.* uttrâcho, bhâshecho.

Promittente, *a. e s. m. e f.* uttar ditalo, bhâshâvṇâr.

Promoção, *s. f.* châlauṇî, vṛiddhi *f.*, puraskâr *m.*; vayr kâḍhṇeṁ *n.*, ukalṇî, vâḍhauṇî, chaḍhauṇî *f.*

Promontorio, *s. m.* ṭoṁk *n.*

Promotor, promovedor, *a. e s. m.* chalaitalo, châlauṇâr, puraskârî.

Promover, *v. t.* chalauṁk, châlaumk; vâḍhauṁk, chaḍhauṁk; vayr kâḍhuṁk, ukluṁk, ubhârumk; phuḍe vharuṁk, phuḍâruṁk.

Promptamente, *adv.* saṭ karn, jhaḍ karn, vegîṁ.

Promptidão, *s. f.* rokḍepaṇ *n.*, saḍsaḍitây; suḍsuḍây, huśârkî *ou* huśârî, śitâbî *f.*

Prompto, *a.* rokḍo, saḍsaḍît, jhaḍjhaḍît, kaḍkaḍît, saḷsaḷît; *diligente:* suḍsuḍît, huśâr, śitâb; *atilado:* bârîk, śiḍûk, huśâr; *preparado:* tayâr, rujû, hâjîr, râjî, yuktichâr. || *Num — ou de —,* khiṇâbhitar, eke ghaḍiyen.

Promptuario, *s. m.* arthasâranidhi; śâstrasâragraṁth *m.*

Promulgação, *s. f.* praghaṭ karṇeṁ *n.*, praghaṭṇî, prakâśauṇî, prasiddhi *f.*, ghoshaṇ, * sabishṭaṇeṁ *n.*; prakâś, *m.*

Promulgador, *a. e s. m.* praghaṭṇâr, prakâśak.

Promulgar, *v. t.* praghaṭ-, prasiddh karuṁk, praghaṭuṁk, prakâśauṁk, ghoshaṇ-, prakâś karuṁk *(g. do o.)*, * sabishṭuṁk.

Pronação, *s. f.* omtepaṇ *n.*

Prono, *a. (poet.)* omto, poṭ dharṇîk teṁkaun âslalo. || *V.* PROPENSO.

Pronome, *s. m.* sarvanâm *n.*

Pronominal, *a.* sarvanâmâcho.

Pronubo, *a. (poet.)* navryâhoklecho; mâlo, hovḷo.

Pronuncia, *s. f.* uchchâr, ullekh *m.*; *(for.)* doshârop *m.*

Pronunciação, *s. f.* uchchâraṇ *n.*, uchchâr, varṇochchâr *m.*, bolî *f.*

Pronunciado, *a.* doshârop kelalo; dakhal, viśesh.

Pronunciamento, *s. m.* kalpaṇeṁ, phirṇeṁ *n.*, uṭhâv *m.*

Pronunciar, *v. t.* uchchâruṁk, uchchâr karuṁk *(g. do o.)*, boluṁk; dakhal-, uṁchaṭ karuṁk; *(for.)* doshârop karuṁk *(g. do o.)*. || *s. r.* kalpuṁk, uṭhuṁk, phiruṁk.

Propagação, *s. f.* paraṁparotpatti, kramikotpatti; *(fig.)* vâḍhauṇî, chaḍhauṇî, vṛiddhi, abhivṛiddhi *f.*, prasâr *ou* pasar, vistâr *m.* || *A — da fé,* samurt praghaṭṇeṁ *n.*, dharmaprakâś *m.*

Propagador, *a. e s. m.* vistârtalo, praghaṭṇâr.

Propaganda, *s. f.* prasâr, vistâr; śâstraprasâr *m.*, taṁtraprasâraṇ *n.*; śâstraprasârasabhâ *f.*

Propagandista, *s. m. e f.* prasârî, vistârṇâr.

Propagar, *v. t.* janmân-, prasârân chaḍhauṁk, kramotpattîn vâḍhauṁk; *(fig.)* vâḍhauṁk chaḍhauṁk; pasruṁk, vistâruṁk, peruṁk; praghaṭuṁk, prakâśauṁk, phâṁkauṁk. || *v. r.* chaḍhuṁk, vâḍhuṁk; pasroṁk, vistâroṁk; phâṁkuṁk; vasyân lâguṁk.

Propalar, *v. t.* praghaṭuṁk, âvâḍâk karuṁk, (khabar) phuṁkuṁk.

Propodeutica, *s. f.* pûrvaśikshâ *f.*, pûrvaśâstr *n.*

Proponder, *v. i.* oṇavuṁk, oṇav ghevuṁk,- ghâluṁk; vaṁdavuṁk, lavkuṁk, toloṁk; *(fig.)* oḍhoṁk, oḍh-, kal âsuṁk *(d. do s.)*, kaluṁk, vaḷoṁk.

Propensão, *s. f.* oṇav, vaṇav *ou* vaḍav *m.; (fig.)* vaṁdavṇî, oḍh, kal, ḷuḷî, vâsauâ, vaḷṇî *f.*, vaḷaṇ *n.*, tol *m.*

Propenso, *a.* vaṁdavlalo, vaḷlalo, lâglalo, oḍh âslalo.

Prophecia, *s. f.* prophesî, bhâkṇî *f.*, bhaviskya *n.*, horo *m.*

Propheta, *s. m.* prophet, phuḍâr sâṁgtalo, bhâkṇâr, bhavishyavâdî, bhavishyabhâshî. ‖ *V.* ADIVINHO.

Prophetar, *v. t. V.* PROPHETIZAR.

Propheticamente, *adv.* prophet kaso, bhavishyâṇ, bhâkûn.

Prophetico, *a.* bhâkṇecho, bhâvishyâcho; phuḍâr sâṁgtalo.

Prophetiza, *s. f.* bhavishyavâdîṇ.

Prophetizador, *a. e s. m. V.* PROPHETA.

Prophetizar, *v. t.* bhâkuṁk. ‖ *v. i.* bhavishya-, phuḍâr sâṁguṁk.

Prophylatico, *a. (med.)* piḍâ vâṭâvuṁcho, rogṇivârak.

Prophylaxia, *s. f. (med.)* raghnivâraktaṁtr *n.*

Propiciação, *s. f.* prasann karṇeṁ, prasâdan, ârâdhan, mandharṇî, manvaḷauṇî, śâṁti *f.; prâyaśchit, prâśchit *ou* pirâjît *n.*

Propiciador, *a. e s. m.* prasann kartalo, prasannâr; prasâdak, ârâdhak.

Propiciamente, *adv.* prasann jâvûn, prasâdân.

Propiciar, *v. t.* prasann-, anukûl karuṁk, vaḷauṁk, ârâdhuṁk, prasâduṁk, śâṁtauṁk.

Propiciatorio, *a.* prasann-, anukûḷ karcho, prasâdak, śâṁtik.

Propicio, *a.* prasann, anukûl, dhârjaṇo, śiv, śubh, kalyâṇî, abhîshṭ. ‖ *V.* OPPORTUNO.

Propina, *s. f.* chipṭî, chirîmirî, dasturî, tasrîb *f.*

Propinação, *s. f.* piyevuṁk deṇeṁ,- lâvṇeṁ *n.*

Propinador, *a. e s. m.* piyevuṁk ditalo.

Propinar, *v. t.* piyevuṁk divuṁk,- lâvuṁk; *(fig.) V.* MINISTRAR.

Propinquidade, *s. m. V.* PROXIMIDADE.

Propinquo, *a. V.* PROXIMO.

Proponente, *a. e s. m. e f.* mukhâr ghâltalo, nihâḷâk dâkhaitalo, bolṇâr.

Propor, *v. t.* mukhâr-, phuḍe ghâluṁk, mhaṇuṁk, boluṁk, prastâv karuṁk *(g. do o.); suggerir:* suchauṁk, dâkhauṁk; *offerecer como preço:* itleṁ ditâṁ mhaṇuṁk; *fazer o proposito de:* nichavuṁk, nichav karuṁk *(g. do o.)*, yojuṁk, manâṁt dharuṁk,- hâḍuṁk. ‖ *v. r.* râjî jâvuṁk, kartâṁ mhaṇuṁk; jâvuṁk-, karuṁk śodhuṁk. ‖ *V.* INTENTAR.

Proporção, *s. f.* parimâṇ, pramâṇ *n.*, hiśob, âṁdâjo, bet *m.; dimensão:* jokh, mâp; *symetria:* saṁyog, meḷ, bet *m.*, saṁdhân *n.; (arith.)* anupât *m.* ‖ *Á — ou em —*, pramâṇeṁ. ‖ **-ções**, *pl.*, mâp, parimâṇ *n.*; vhaḍây *f.*

Proporcionadamente, *adv.* pramâṇeṁ, pramâṇân.

Proporcionado, *a.* pramâṇâcho, saṁyogâcho, barâbar, jokhto, samtol.

Proporcionador, *a. e s. m.* sarî-, barâbar kartalo.

Proporcional, *a.* sarî, barâbar, parimit; anupâtâcho.

Proporcionalidade, *s. f.* barâbarî, sar *f.*

Proporcionalmente, *adv.* pramâṇeṁ, barâbar.

Proporcionar, *v. t.* sarî-, barâbar karuṁk; divuṁk. ‖ *v. r.* sarî-, barâbar jâvuṁk, paḍuṁk, lâguṁk; meḷuṁk, sâṁpḍuṁk.

Proporcionavel, *a.* sarî karcho.

Proposição, *s. f.* vâkya *n.*, phâṁkî *f.; thema:* prakaraṇ *n.*, biṁb, paksh, pûrvapaksh; *theorema:* siddhâṁt *m.*

Propositadamente, *adv.* man karûn, yojûn.

Proposito, *s. m.* nichav, nem, saṁkalp; arth, bhâv, irâd, matlab, âśay, abhiprây, man, yojan, nimitt *n.; mira:* vishay, arth; *tino:* śahâṇepaṇ *n.*, achirkây *f.* ‖ *A —*, phâvote parîṁ, jây taseṁ; heprasaṁgîṁ. *A que —?* kityâ pâsvat? *A — de,* pâsvat, pâsîṁ. *De —*, jâṇo jâvûn, jây mhaṇ, bare bhâshen chiṁtûn. *Com —*, ravisen, mânsugen. *Fôra de —*, kâmâk ye nâstâṇâ, upkârâk paḍa nâstânâ.

Proposta, *s. f.* mhaṇṇeṁ, bolṇeṁ, vachan *n.* ‖ *V.* OFFERECIMENTO.

Proposto, *s. m.* badlek davarlalo, badlî.

Propriagem, *s. f.* chepyâmcho kârkhâṇo *m.;* chepyâmchem kâm *n.*

Propriamente, *adv.* barâbar, sârkem, yuktipaṇim; *especialmente:* adhik karn, chadhâvat; *pessoalmente:* ashṭamgîm; *litteralmente:* mûlârthâpramâṇem. ‖ — *dito,* nîṭ-, sutrî mhaṇlalo. *Falar* —, sârkem-, barâbar ulaumk.

Propriedade, *s. f.* guṇ, dharm *(p. us. nesta accep.) m.,* lakshaṇ *ou* lakheṇ *n.; bom emprego da palavra:* niṭây, yukti *f.,* yuktipaṇ, lâykpaṇ *n.,* lâykî *f.; direito de posse:* dhanîpaṇ *n.;* mâlkî, sattâ *ou* sattyâ *f.,* adhikâr *m.; bens de raiz:* śetbhâṭ, gharbhâṭ *n.,* vastî, jamîn, bhûmy *f.*

Proprietaria, *s. f.* dhanîṇ, bhâṭkârṇ.

Proprietario, *s. m.* dhaṇî, mâlkâr, sâttâdhârî, khâvamd; bhâṭkâr, jamîndâr, bhûmykâr.

Proprio, *a.* âplo, âpṇâcho, âp *(em comp.),* âp-âplo *(redupl.),* sva *(em comp.); não promiscuo:* khâśâ, khâsgî, khâsgat, khud, asâdhâraṇ, padarcho; *em pessoa:* paryâmt *(posp.), -ch (ex.: é tão maldizente que nem a si proprio poupa,* itlo jibhaṭ kî âpṇâkach *ou* âpṇâk paryâmt soḍi nâ); *conveniente:* nîj, salav, sam, nîṭ, sarî, uchit, lâyk, durûst, yukt, yogya; *exacto:* barâbar, sârko, sutî; *(gram.)* mûḷârthak, nîj. ‖ *Nome* —, viśeshnâm. *A propria,* bârkâyen ulaun; barâbar. ‖ *s. m.* svabhâv *m.;* muddam pâṭhailalo manîs.

Propugnaculo, *s. m.* burîmj *m.,* koṭṭ *n.; (fig.) V.* SUSTENTACULO.

Propugnador, *a. e s. m. V.* DEFENSOR.

Propugnar, *v. i.* jhagḍumk, jhomhumk. ‖ *v. t.* râkhumk, târumk, sambhâḷumk.

Propulsão, *s. f.* ḍhakal[illegible], loṭṇî *f.*

Propulsar, *v. t.* loṭumk, ḍhaklumk.

Propulsivo, propulsor, *a.* loṭcko.

Propulsor, *s. m.* loṭchem-, ḍhakalchem yamtr *n.*

Pro-rata, *adv.* eekâk phâvo tyâpramâṇem.

Proroga, prorogação, *s. f.* lâmbâvṇî, dîrghâvṇî *f.,* mukhâr-, phuḍe davarṇem *n.*

Prorogar, *v. t.* lâmbâvumk, dîrghâvumk, adhik veḷ-, vâydo divumk; mukhâr-, phuḍe davrumk.

Prorogativo, *a.* lâmbâvumcho; vâydo chaḍhaumcho.

Prorogavel, *a.* dîrghâvûmyeso.

Proromper, *v. i.* suṭumk, usḷumk, phuṭûn yevumk, baḷân-, neṭân bhâyr sarumk.

Prosa, *s. f.* gâthâ *f.,* gadya; *(fig.)* châltem kâm *n.*

Prosador, *s. m.* gâthâgramth baraitalo, gâthik.

Prosaicamente, *adv.* gâthen; *(fig.)* sâdhepaṇîm.

Prosaico, *a.* gâthecho, gadyarûp; *(fig.)* sâdho, châlto.

Prosaismo, *s. m.* gadyarûp; sâdhepaṇ, châltepaṇ *n.*

Prosapia, *s. f.* pilgî, kuḷî *f.,* vamś, gotr *m.; (fig.)* baḍây, mijâs, phaḍâ *f.,* ḍaul *m.*

Prosar, *v. i.* gâthâ karumk.

Proscenio, *s. m. V.* PALCO.

Proscrever, *v. t.* deśâmtarî karumk, pardeśumk, nirvâsumk; *expulsar:* bhâyr ghâlumk, bhâyro karumk, nishedhumk; *abolir:* moḍumk, kâḍhûn uḍaumk; *prohibir:* âḍvârumk, vârumk.

Proscripção, *s. f.* kâḷyâ pâṇyâk dhâḍṇem, nirvâsan *n.,* nirvâs *m.;* bhâyrâvṇî; moḍṇî; âḍvârṇî *f.*

Proscripto, *a.* kâḷyâ pâṇyâk dhâḍlalo; bhâyrâylalo. ‖ *s. m.* nirvâsî, vivâsî, deśâmtarî.

Proscriptor, *a. e s. m.* deśâmtarî kartalo, bhâyrâvṇâr.

Prosecução, proseguição, *s. f.,* **proseguimento,** *s. m.* phuḍe vharṇem *n.,* châlauṇî *f.*

Proseguidor, *a. e s. m.* châlauṇâr.

Proseguir, *v. t.* phuḍe-, mukhâr vharumk, chalaumk, châlaumk; (vâṭ) ghevumk; uprâmt mhaṇumk. ‖ *v. i.* phuḍe vachumk, -sarumk.

Proselytismo, *s. m.* svadharmâk hâḍchî hurbhâ *f.*

Proselyto, *s. m.* paradharmâśrayî, navo śîs; pâṭhlâvkâr.

Prosodia, *s. f.* susvar, sûchchâr *m.;* svaravidyâ *f.;* chhamd *m.,* chhamdśâstr *n.*

Prosodicamente, *adv.* svaravidyepramâṇem.

Prosodico, *a.* svaravidyecho, sûchchârâcho.

Prosopopéa, *s. f.* manushyaguṇârop *m.*

Prospecto, *s. m.* âkâr, ramg *m.,* rûp *n.;* nakśo; prospekt, pûrvalekh *m.*

Prosperamente, *adv.* bhâgîn, bhâgyân; kurpen, prasâdân.

Prosperar, *v. i.* sukh-, bhâg meḷumk *(d. do s.),* namdumk, vasumk, mâṁḍoṁk, jamuṁk, paṁḍharî pikuṁk (g. do s.); baro chaluṁk, chaḍhuṁk; phaḷ yevuṁk (g. do s.), sukḷâk paḍuṁk. ‖ v. t. naṁdauṁk, vasauṁk.

Prosperidade, s. f. bhâg n. ou f., bhâgya ou bhâgyeṁ, sukh, kalyâṇ, naṁdan, chaḍhvaḍh n., barkat, siddhi, ṛiddhi, samṛiddhi, vṛiddhi, bhûti, saṁpatti ou saṁpad, śrî, lakshmî f., * vṛidân n., kshem m.

Prospero, a. sukhî, sukhâḷo, kalyâṇî, saṁpann, saṁpattivaṁt, vasto, naṁdto, kuśâl, śrîmân, samṛiddh, bhadr. ‖ V. PROPICIO.

Prosternação, s. f. V. PROSTRAÇÃO.

Prosternar, v. t. e r. V. PROSTRAR.

Prostibulo, s. m. kâmâchârghar, śiṁdaḷghar n.

Prostituição, s. f. bhâḍyâk deṇeṁ,- bhoṁvṇeṁ; kalvaṁtâcheṁ jiṇeṁ n., chediyechî daśâ,- jiṇ, śiṁdaḷkî f., chedyâḷepaṇ, kasab; (fig.) chaṁḍâḷpaṇ n., luṁchây f. ‖ V. PROFANAÇÃO.

Prostituidor, a. e s. m. bhâḍyâk-, kâmchârâk ditalo; bhashṭâytalo.

Prostituir, v. i. bhâḍyâk-, kâmchârâk divuṁk; (fig.) bhasṭâvuṁk, dûshaṇ karuṁk (g. do o.). ‖ v. r. chedi-, kalvaṁt jâvuṁk, savârek vachuṁk, âpṇâk bhâḍyâk divuṁk; (fig.) luṁcho-, chaṁḍâḷ jâvuṁk, âpleṁ nâk kâtruṁk, isîm-, nâṁv hogḍâvuṁk, lajj bhâjûn khâvuṁk.

Prostituta, s. f. cheḍî f., kalâvaṁt ou kalvaṁt n., vesyâ f.

Prostração, s. f. pâṁyâṁ paḍṇeṁ, ghâṇ gheṇeṁ n., sarpaṭṇî f.; baḷ-, âṁg tuṭṇeṁ n.; aśaktây ou askatây, gaḷṇî f. ‖ — do espirito, jîv âṁbaṭ jâṇeṁ, meṁgepaṇ n., vishâd m.

Prostrado, a. sarpaṭ paḍlalo; (fig.) aśakt ou askat, bebaḷ, meṁgo, maṁd.

Prostrar, v. t. bhûṁy uḍauṁk, śevṭuṁk, sarpaṭâvuṁk; (fig.) moḍûn ghâluṁk, baḷ moḍuṁk (g. do o.), aśakt-, meṁgo karuṁk. ‖ v. r. pâṁyâṁ-, sarpaṭ paḍuṁk, ghâlûn ou ghâṇ ghevuṁk, sarpaṭuṁk, sâshṭâṁguṁk; (fig.) taklî poṁdâk ghâluṁk, khâlto jâvuṁk.

Protagonista, s. m. e f. sûtradhâr, mukhyasoṁgâḍî; (fig.) vastâd, mukhelî, pradhân.

Protase, s. f. nâṁdî, prastâvanâ f.

Protecção, s. f. râkhaṇ f., târaṇ, pâḷaṇ, saṁrakshaṇ, gopan, śaraṇ n., saṁbhâḷ, kaivâr; âdhâr, dhîr, âlâśro m., majat, sahây ou sâsây f. ‖ Tomar sob a sua —, âdhâr-, hât divuṁk.

Protector, a. e s. m. râkhṇâr, saṁbhâḷṇâr, pâḷak, âdhârî, âskârî, sârathi.

Protectorado, s. m. pararâshṭrâdhâr m.

Protectoral, a. pararâshṭrâdhârâcho.

Protectorio, a. râkhṇecho, saṁbhâḷtalo, saṁbhâḷî.

Protegedor, a. e s. m. V. PROTECTOR.

Proteger, v. t. râkhuṁk, saṁrakshuṁk, saṁbhâḷuṁk, pâḷuṁk, pratipâḷuṁk, râkhaṇ-, saṁbhâḷ karuṁk (g. do o.), âdhâr-, majat divuṁk (d. do o.), âdhâruṁk, nivâruṁk; âsrâvuṁk, âsar divuṁk (d. do o.).

Protegido, a. e s. m. âdharâkhâl âslalo, âśrit.

Protelação, s. f. lâṁbâvṇî, dîrghâvṇî f., lâṁbaṇ, dîrgh n.

Protelar, v. t. lâṁbâvuṁk, dîrghâvuṁk, kâḷâvuṁk.

Protervamente, adv. mastepaṇîṁ; dâruṇâyen.

Protervia, s. f. nirlajj, amaryâd, laṁpaṭây, nirbhîḍ, mast f., mastepaṇ n.; nishṭurây, dâruṇây f., krûrpaṇ n.

Protervo, a. nâkkâtro, lajj nâslalo, nilâjro, lâpîṭ, tavṇâs, masto, bâḍgo; nishṭur, dâruṇ, krûr, nirdayî, mhârû.

Protestação, s. f. V. PROTESTO.

Protestador, a. e s. m. bhâsûn sâṁgtalo, bhâsṇâr; bhâsṇecho

Protestante, a. e s. m. protestâṁt. ‖ V. PROTESTADOR.

Protestantismo, s. m. protestâṁtâṁchî samurt f.

Protestar, v. t. bhâsûn sâṁguṁk, bhâsuṁk, thirâsuṁk, pratijñâ karuṁk (g. do o.); bhâs divuṁk (g. do o.). ‖ v. i. protest karuṁk,- mâruṁk, anyây mhaṇ-, kâydyâ âḍ mhaṇ kaḷauṁk.

Protesto, s. m. bhâsṇî, pratijñâ, thirâsaṇ, avdhâraṇ; bhâs deṇeṁ, nichev karṇeṁ n.; portest, nâkâr, nishedh, m.

Proto, pref. pratham.

Protocollo, s. m. neṁgraṁth m.; paddhati f., vidhânasaṁgraha m.

Protogonista, s. m. e f. V. PROTAGONISTA.

Protomartyr, s. m. pailo mârtir, prathamadharmârthaṁṛit.

Protonotario, s. m. pratham dabîr, mukhelî kârkûn.

Prototypo, s. m. mûḷ, mûḷrûp n., prakṛit f., pratimâu n.

Protrahimento, s. m. V. DELONGA.

Protrahir, *v. i.* lâṁbâvuṁk, kâḷâvuṁk. ‖ *V.* ADIAR.

Protuberancia, *s. f.* khaḍûṁ, ḍhuṁg, uṁchaḍ *n.*, uṁchây *f.*

Protuberante, *a.* bhâyr sarlalo,- -âylalo, ḍhuṁg âslalo, uṁch, uṁchaṭ.

Prova, *s. f.* prov *n.*, purâvo, dâkhlo *m.*, pramâṇ *n.*; *mostra:* dâkhauṇ *f.*, khûṇ *n.*: *exame, ensaio:* parikshâ, pratîti *f.*; *transe:* upadro, aṭâs *m.*; châkṇeṁ (— *de comida ou bebida*) *n.*; chukî kâḍkuṁk chhâplalo khardo (— *typographica*): (*arith.*) tâḷo *m.*, upapatti *f.* ‖ *Fazer — de*, dâkhauṁk, dâkhaun divuṁk. *Tirar a — a*, parîkshâ karuṁk. *A — de*, kuṭlalo, aḷsolalo; khabardâr (*aa.*). *A — de agua*, udak bheda nâslalo, abhedya. *A — de fogo*, ujo lâga nâslalo. *De* —, ghaṭṭ, uibar; rahâṭlalo. (*aa.*). *Acima de toda a* —, nirvivâd, dubhâvâviṇo (*aa.*).

Provação, *s. f.* parikshâ *f.*; châkṇeṁ *n.*: dagd, kashṭ, aṭâs *m. pl.*

Provadamente, *adv.* pramâṇân.

Provado, *a.* rahâṭlalo, aḷsolalo; kaḷlalo, dakhal, ughḍâpo, ânumânik.

Provador, *a. e s. m.* dâkhaun ditalo; parikshâvaṁt; châkṇâr.

Provadura, *s. f.* châkṇeṁ, jibher ghâlṇeṁ; châkcheṁ *n.*

Provança, *s. f.* *V.* PROVA *e* PROVAÇÃO.

Provar, *v. t.* dâkhaun divuṁk, karûn divuṁk,- dâkhauṁk, purâvo-, dâkhlo divuṁk (*g. do o.*), sthâpuṁk, pratipâduṁk; *procurar:* paḷevuṁk, śodhuṁk; *experimentar:* parikshâ karuṁk (*g. do o.*), parikshuṁk, pârkhuṁk, kasâ lâvuṁk; *soffrer:* bhoguṁk, kâḍhuṁk, sosuṁk; *fazer conhecer:* dâkhauṁk, kaḷauṁk, gamauṁk; *conhecer o sabor:* châkuṁk, jibher ghâluṁk, svâduṁk; *comer ou beber pouco:* toṁḍâṁt ghâluṁk, âṁblâvuṁk; *conhecer por experiencia propria:* aṇbhog âsuṁk (*d. do s., g. do o.*). ‖ — *vestuario*, ghâlûn paḷevuṁk.

Provavel, *a.* pramâṇ diviṁyeso, kharoso, pratipâdya; jâytso, ghaḍatso, saṁbhâvya.

Provavelmente, *adv.* saṁbhâviṁ, bhav-, adhik karûn, disûn yevûn.

Provecto, *a.* phuḍe sarlalo; jaito, jaikûṭ, ḍoṁkro, kadaṁkâḷo; (*fig.*) gavaḷlalo, kuṭlalo. ‖ *Edade provecta*, mhâtârî pirây *f.*

Provedor, *s. m.* puraṇṇâr, saṁjauṇâr, modi.

Provedoria, *s. f.* modipaṇ *n.*

Proveito, *s. m.* naphâ, joḍ, prâpti *f.*, âdây *ou* âdâv, upaj, uipaj *m.*, utpaun, yeṇeṁ *n.*; phaḷ *ou* phoḷ, lâbh, upayog, upeg *ou* upheg, upkâr *m.*, phaidâ, hâśil *f.*, kâśilpaṇ, hit *n.* ‖ *Fazer* —, upkârâk yevuṁk,-.paḍuṁk.

Proveitosamente, *adv.* âdâvân, phaḷâṇ.

Proveitoso, *a.* naphecho, joḍîcho, prâpt, âdâvâcho; phaḷâdik, suphaḷ, upegacho, upkârâcho, hitakar.

Proveniencia, *s. f.* âylale vastûcho jâgo,- mulûk; dusryâ gâṁvâcho mâl *m.*; (*fig.*) *V.* ORIGEM.

Proveniente, *a.* âylalo, upjalalo, nipjalalo.

Provento, *s. m.* joḍ, naphâ, chipṭî *f.*, âdâv, phaḷ *m.*

Prover, *v. t.* mâṁḍuṁk, tayâr karuṁk; puraṇuṁk, saṁjauṁk, saṁrakshuṁk, hâḍûn divuṁk. ‖ *V.* ORNAR. ‖ — *uma pessoa*, jâgo divuṁk (*d. do o.*). — *um logar*, jâgo bharuṁk. — *de remedio*, *V.* REMEDIAR. ‖ *v. i.* saṁbhâḷ-, râkhaṇ karuṁk, upây, ghevuṁk; pâvuṁk. ‖ *v. r.* purvaṇ-, saṁjog karuṁk, jây teṁ ghevuṁk.

Proverbial, *a.* mhaṇṇiyecho, âhṇyâcho; dakhal, prasiddh.

Proverbialmente, *adv.* opârîn.

Proverbio, *s. m.* mhaṇṇî, opâr, gâthâ *f.*, nyây *m.*, âhṇeṁ, vachan *n.*

Providamente, *adv.* achirkâyen, chatrâyen.

Providencia, *s. f.* phuḍârâchî achirkây,- khabar,- boṁdh, dûrdrishṭi, dîrghadrishṭi; Devâchî mâṁḍâvaḷ,- karṇî *f.*, iśvarataṁtr *n.*; Dev, Parameśvar; *prevenção:* upây, ilâj *m.* ‖ *Dar ou tomar-*, upây ghevuṁk. *Ser a — de alguem*, garjâṁk pâvuṁk.

Providencial, *a.* achirkâyecho, phuḍârâche boṁdhîcho; devkarṇecho; saṁyogâcho, baro kâmâk paḍto.

Providencialmente, *adv.* upkârâk paḍûn, kâmâk yevûn; barepaṇiṁ.

Providenciar, *v. i.* upây ghevuṁk,- ghâluṁk, tajvit karuṁk. ‖ *v. t.* tayâr-, âyto karuṁk.

Providente, *a.* upây ghetalo, tajvit kartalo. ‖ *V.* PROVIDENCIAL.

Providentemente, *adv.* tajviteṁt, achirkâyen.

Provido, *a.* garaj-, jây teṁ âslalo; bharlalo.

Próvido, *a.* dûrdarśî, sadhâṇî, sâvchit. ‖ *V.* CIRCUMSPECTO.

Provimento, *s. m.* tayâr karṇeṁ, mâṁḍṇeṁ *n.;* purauṇî, saṁrakshaṇî *f.*, purvaṇ *n.;* purumeṁt, varav *m.*, bejmî, gharbejmî; chatrây, achirkây *f.* ‖ *V.* NOMEAÇÃO.

Provincia, *s. f.* mahâl, prâṁt, subho, khaṁḍ *m.*, maṁḍaḷ *f.*, * dîp; kheḍegâṁv, gâṁv *m.*, âḍgaḷ *f.;* ekâ deśâche koṁveṁt *m. pl.*, deśamaṭhagaṇ *m.; (fig.)* kâm, prakaraṇ *n.*

Provincial, *a.* prâṁtâcho, mahâlâcho. ‖ *V.* PROVINCIANO. ‖ *s. m.* deśamaṭhagaṇâdhikârî.

Provincialismo, provincianismo, *s. m.* gâṁvṭî uttar *n.*, -uchchâr *m.*

Provinciano, *a.* prâṁtâṁtlo, kheḍegâṁvâcho; gâṁvṭo, gâṁvṭî, rângaṭ *ou* rânaṭ. ‖ *s. m.* kheḍegâṁvâcho manuîs, gaṁvâr.

Provindo, *a.* âylalo, upjalalo. ‖ *V.* ORIGINARIO.

Provir, *v. i.* yevuṁk, upjuṁk, nipjuṁk, jâvuṁk, saṁsaruṁk, araṁbhoṁk.

Provisão, *s. f.* bejmî, sâmagrî *f.*, purav, varav; âhâr *m.*, ann, annpâṇî, udarposhaṇ *n.;* sâṁṭho; *ordem:* hukûm, kâydo *m.; carta do governo:* sarkârîpatr, hukûmpatr, śâsanpatr *n.* ‖ *Provisões de guerra:* dârûguḷo *m.*, jujâchî sâmagrî *f.*

Provisional, *a.* śâsanpatrân kelalo. ‖ *V.* PROVISORIO.

Provisionalmente, *adv. V.* PROVISORIAMENTE.

Provisionar, *v. t. V.* APROVISIONAR.

Provisioneiro, *s. m. (ant.) V.* PROVISOR *e* FORNECEDOR.

Provisor, *s. m.* bejmî kartalo, vavav puṁjâytalo, purauṇâr; provijor.

Provisorado, *s. m.*, **provisoria**, *s. f.*, purauṇârâcheṁ kâm *n.;* provijorâcho jâgo *m.*

Provisoriamente, *adv.* châltyâ kâmâk, amânîpaṇîṁ.

Provisorio, *a.* châltyâ kâmâcho, chaltyâ kâḷâcho, âtâṁche garjecho, amânî, hâlâyto, sardyâcho.

Provocação, *s. f.* chetauṇî, châḷauṇî, chiḍauṇî; châḷvaṇî, chiḍ, uchaṁbaḷây; gâṁjṇî, niṁdâ *f.*, akmân *m.* ‖ *V.* DESAFIO.

Provocador, *a. e s. m.* châḷauṇâr, tiḍauṇâr, chetauṇâr. ‖ *V.* PROVOCANTE.

Provocante, *a.* tiḍaitalo, châḷaitalo; chiḍauṁcho, chetauṁcho, huskauṁcho. ‖ *V.* TENTADOR.

Provocar, *v. t. excitar:* chetauṁk, uṭhauṁk, huskauṁk; *desafiar:* jhagḍuṁk-, jujuṁk âpauṁk, haḍkuṁk; *estimular:* phuslâvuṁk, phulauṁk; *insultar:* mân kâḍhuṁk *(g. do o.)*, kâtruṁk, soluṁk; *exasperar:* châḷauṁk, tiḍauṁk, kiḍâvuṁk, râg hâḍuṁk *(d. do o.); originar:* upjauṁk, nipjâvuṁk, araṁbh divuṁk *(d. do o.); attrahir:* hâḍuṁk, âpṇâcher âpauṁk; *convidar com blandicias:* koṁbo kâḍhuṁk *(d. do o.)*, phuḷauṁk, phulâṁ mâḷuṁk.

Provocativo, provocatorio, *a.* châḷauṁcho, chetauṁcho.

Proxeneta, *s. m. V.* CORRETOR.

Proximamente, *adv.* lâgîṁ, sarśeṁ, teṁkûn, baglek; hâlîṁ, toḍech dîs jâle; thoḍyâṁ disâṁnîṁ, phâlyâ parvâṁ; sumâr, adhik uṇeṁ.

Proximidade, *s. f.* lâgsâr, sannidhân, saṁsarg *m.*, lagat *f.* ‖ **-s**, *pl. V.* ARREDORES.

Proximo, *a.* lâgîṁ-, teṁkûn-, sarśeṁ âslalo, lâgśilo, lâgîṁcho, sarśilo, baglecho, saṁsargî, śejârî, śejârcho; *que está a chegar, a acontecer:* pâvuṁk, ghaḍuṁk-, lâgîṁ âslalo; *o periodo a seguir:* phuḍlo, phâlyâcho, dusro. ‖ *V.* IMMEDIATO. ‖ — *futuro,* phâlyâcho, phuḍlo. — *passado,* kâlcho, pâṭhlo. *Parente* —, lâgśilo soyro. ‖ *s. m.* âplo pelo, âylo pelo. ‖ *adv.* lâgîṁ, baglek.

Prudencia, *s. f.* dirghadrishṭi, samjikây, chaturây *ou* chatrây, tajvît *f.;* śahâṇepaṇ *n.*, achirkây, karâmat *f.*

Prudencial, *a.* samjikâyecho, tajvitecho; śahâṇo, karâmatî.

Prudencialmente, *adv. V.* PRUDENTEMENTE.

Prudente, *a.* dûrdarśî, dîrghadrishṭi, samjik, tajvitecho, tajvitvaṁt, pâṭhî phuḍe paḷetalo, chatur; śahâṇo, vivekî, buddhvaṁt, karâmatî. ‖ *V.* MODERADO.

Prudentemente, *adv.* samjikâyen, chatrâyen, śahâṇepaṇîṁ.

Pruido, *s. m. V.* PRURIDO.

Pruir, *v. t.* kharjûṁso karuṁk, kharaj hâḍuṁk *(d. do o.); (fig.) V.* ESTIMULAR. ‖ *v. i.* khâvuṁk, kharjuṁk, kuchkuchuṁk, luvluvuṁk; *(fig.)* huḍhuḍuṁk, hurhuruṁk, huḷhuḷuṁk, chaḷbaḷuṁk.

Prumo, *s. m.* purîm, oḷaṁbo, laṁb; buḍîd, ṭhâv, gaḷ *m.; (fig.)* śahâṇepaṇ *n.*, chatrây *f.*, vivek *m.* ‖ *A* —, khuṁṭ, nîṭ ubho.

Prurido, *s. m.* kharjuṇeṁ *n.*, kharaj, chuḷchuḷṇî; *(fig.)* hurlûk, huḍhuḍî, hukkî *f.*

Pruriente, pruriginoso, *a.* kharjutalo, chuḷchuḷṇo.

Prurigo, *s. m.* hurhûr, hurhuro *m.*

Prurir, *v. t. e i. V.* PRUIR.

Psalmear, *v. t. e i. V.* PSALMODIAR.

Psalmico, *a.* stotrâcho; gîtrûp.

Psalmista, *s. m.* stotrakâr.

Psalmo, *s. m.* sṭotr, gît *n.*

Psalmodia, *s. f.* stotragân *n.*, paṁchpadî *f.*

Psalmodiar, *v. i.* stotr gâvuṁk. || *v. t.* stotrâṁche rîtîn gâvuṁk,- pâṭhuṁk.

Psalterio, *s. m.* stotragraṁth *m.*

Pschiu, *s. m.* śîv *m.*

Pseudo, *a.* laṭik, phoṭkiro.

Pseudonymo, *s. m.* phoṭkireṁ nâṁv, mithyânâm *n.* || *a.* phoṭkiryâ-, laṭikâ nâṁvâcho.

Psiuh, *s. m.* śîv *m.*

Psora, *s. f. V.* SARNA.

Psychico, *a.* atmyâcho.

Psychologia, *s. f.* âtmatattvavidyâ *f.*, adhyâtmaśâstr *n.*

Psychologico, *a.* âtmatattvavidyecho, adhyâtmaśâstrâcho.

Psychologista, *s. m. e f.* âtmatattvavidyâjña.

Ptarmico, *a. (med.)* śiṁkâṁcho.

Ptyalismo, *s. m. (med.)* lâv gaḷṇeṁ *n.*

Pua, *s. f.* kâṁṭo, ḍevso, domas *m.*, kûṁs *n.*; suḷkî; âr, toṁchṇî *f.*

Puberdade, *s. f.* umed, javânî, pirây, umârî *f.*, tarṇepaṇ *n.*, varshâṁ *(litt.* ANNOS) *n. pl.*

Pubere, *a.* tarṇo, varshâṁcho, pirâyer pâvlalo.

Pubescencia, *s. f.* laṁv *f.*, kâpûs *m.* || *V.* PUBERDADE

Pubescente, *a.* kâpsâḷo, laṁvero. || *V.* PUBERE.

Pubico, *a.* vastîcho.

Pubis, *s. f. (anat.)* vasti *f.*

Publicação, *s. f.* praghaṭ-, prasiddh karṇeṁ *n.*, praghaṭṇî *f.*, ghoshaṇ *n.*; chhâpṇî *f.*; chhâplaleṁ pustak *n.*

Publicador, *a. e s. m.* praghaṭ kartalo; chhâpṇâr.

Publicamente, *adv.* praghaṭ-, dakhal karûn; saglyâṁ mukhâr, sabhemâjâr.

Publicano, *s. m.* jakâtdâr.

Publicar, *v. t.* praghaṭ-, prasiddh-, * sabishṭ karuṁk, praghaṭuṁk, prakâśauṁk, ghoshaṇ karuṁk *(g. do o.)*; âvâḍâk karuṁk, ṭeṁḍek lâvûn bhoṁvuṁk; chhâpuṁk *ou* śâpuṁk.

Publicidade, *s. f.* praghaṭpaṇ *n.*, laukik *m.*, ujâgarî, prasiddhi, phâṁk *f.*

Publicista, *s. m. e f.* nîtiśâstrî.

Publico, *a. popular:* prajecho, lokâcho, laukik; *commum:* saglyâṁcho, samestâṁcho, chaughâṁcho *(litt.* PERTENCENTE A QUATRO), dâhjaṇâṁcho *(litt.* DE DEZ PESSOAS), sâdhâraṇ; *que diz respeito ao governo:* sarkârî; râshṭrâcho; *notorio:* ughṭo, dekhat, dakhal, praghaṭ jagpraghaṭ, prasiddh, * sabishṭ. || *Em* —, sabhemâjâr. *Pôr em* —, dâhjaṇâṁmukhâr ghâluṁk, âvâḍâk karuṁk; sabhemâjâr toṁḍâr pâḍuṁk. || *Opinião publica,* lokmat *n.* || *s. m.* lok *m.*, chaugh *m. pl.*

Pucara, *s. f.*, pucaro, *s. m.*, pûkr, mogh, guḷam *n.*

Pucarinha, *s. f.* guḷmî *f.* || *Estar de casa e* —, vastek âni jevṇâk râvuṁk.

Pudendo, *a.* lajjecho. || *As partes pudendas,* âṁg, guptâṁg, nâgveṁ *n.*

Pudibundo, *a.* lajjishṭ.

Pudicamente, *adv.* lajjen, maryâdîn, niyamân.

Pudicicia, *s. f.* maryâd, nishkaḷaṁkây, śarm *f.*, akâmîpaṇ *n.*, niyam *m.*

Pudico, *a.* maryâdîcho, mânsugecho, nishkaḷaṁkî, nishkâmî, akâmî, niyamî.

Pudim, *s. m.* puḍiṁg *(do ingl.* PUDDING) *n.*

Pudor, *s. m.* lajj, śarm, maryâd; mânsugî, iśîm *f.* || *V.* PUNDONOR.

Puericia, *s. f.* burgepaṇ, bâḷpaṇ *n.*, bâḷbhâv *m.*

Pueril, *a.* burgyâṁcho, burgepaṇâcho. || *V.* FUTIL.

Puerilidade, *s. f.* burgepaṇ, neṇṭepaṇ *n.* || *V* BANALIDADE.

Puerilmente, *adv.* burgepaṇîṁ, bâḷdaśen.

Puerpera, *a. e s. f.* bâḷaṁt.

Puerperal, *a.* bâḷaṁterâcho. bâḷaṁt *(em comp.)*.

Puerperio, *s. m.* bâḷaṁtpaṇ, prasûṭpaṇ *n.*, bâḷaṁter *m.*

Pugilato, *s. m.* bukâbukî, muṭhâmuṭhî *f.*

Pugilista, *s. m. e f.* muṭhiṁnîṁ jujtalo, mushṭiyodhi.

Pugna, *s. f.* juj, yuddh *n.*, laḍhây *f.*

Pugnacidade, *s. f.* jujârîpaṇ; bhâṁgḍepaṇ *n.*

Pugnar, *v.* jujuṁk, laḍhây mâruṁk; jhagḍuṁk; jhoṁbuṁk.

Pugnaz, *a.* jujârî, jhagḍekâr, bhâṁgḍo.

Pujança, *s. f.* jabar baḷ, atibaḷ *n.*, parâkram, vikram; *vigor:* jor, dam *m.*, tej *n.*; *magnitude:* pratâp, hujûr *m.*, thorây; *brio:* mardî *f.*, dhair, purushatva *n.*

Pujante, baḷâdîk, parâkramî, bhav samarth; pratâpî, damdâr, hukûmdâr; mardkâr, mardivamt, dhairyavamt; ahamkârî, abhimânî.

Pujar, *v.* jikumk, varto jâvumk *(d. do o.)*; mol chaḍhaumk *(g. do o.)*.

Pula, *s. f. V.* APOSTA.

Pulante, *a.* uḍto, uḍkaṇâm ghâltalo. || *V.* CABULA.

Pular, *v. i.* uḍumk, uḍkî mârumk, uḍkaṇâm ghâlumk, nâchumk; *pulsar com vehemencia:* uḍumk, phaṭphaṭumk, phiṭphiṭumk; *medrar:* vegîm vâḍhumk, posomk, mâṭumk. || — *de contentamento,* khuśen chaḷbaḷumk, murgaṭumk, bhurkaṭumk.

Pulchritude, *s. f. (poet.) V.* FORMOSURA.

Pulchro, *a. (poet.) V.* BELLO.

Pulga, *s. f.* ulak, huḷhuḷî *f.* || *Estar com a* —, huḷhuḷumk, uchambaḷumk.

Pulgão, *s. m.* kîḍ *f.*

Pulgo, *s. m.* dâdlî ulak *f.*

Pulgoso, pulguento, *a.* ulkâmnîm bharlalo.

Pulguedo, *s. m.* ulkâmcho chombo, -biyâḷo *m.*

Pulha, *s. f.* phakâmḍ, khebaḍ *n.*, bhâso *f. pl.*; tâḷ, gap *n.*, chamvḷî *f.*; pojḍem uttar, śevaḍ *n.* || *a* bomdro, phikîr nâslalo; bhâṇśiro, pojḍo. || *s. m.* gâmḍû, chombḍo.

Pulhamente, *adv.* chombḍepaṇîm.

Pulhice, *s. f.* chombḍepaṇ; bhâṇśirpaṇ, hînpaṇ *n.*

Pulir, *v. t. V.* POLIR.

Pullulancia, *s. f.* neṭân kirlaṇem *n.*, phuṭṇî *f.*; uday *ou* udev *m.*

Pullulante, *v.* baḷâu kirlatalo, phuṭûu yetalo.

Pullular, *v. i.* baḷâu-, neṭân kirlumk, phuṭumk, rujumk, ugavumk, vâphumk, âmkrevumk, pâlevumk; *(fig.)* kuchkuchît jâvumk, buchbuchumk, uphâḷumk.

Pulmão, *s. m.* popîs *n.*

Pulmoeira, *s. f.* ghoḍyâ khemchryâchyâ popsâchî piḍâ *f.*

Pulmonar, *a.* popsâcho.

Pulmonia, *s. f. V.* PNEUMONIA.

Pulo, *s. m.* uḍî, uḍkî *f.*, uḍaṇ, uḍkaṇ, dhâmgaṇ *n.* || *Dar pulos,* phaḍphaḍumk, dhaḍbaḍumk. *Dar pulos de contente,* nâchumk, uḍumk, bhurkaṭumk. *De um* —, ekâ ḍhempâṇ,- dhâmgâṇ, gaḍgaḍît, jhaḍjhaḍit. *Em dois pulos,* ek dhâmv mârûn.

Pulpito, *s. m.* pulpût, mamch *m.*, sadar *(us. Sal.) f.*, upadeśâsan, prasamgâsan *n.*

Pulsação, *s. f.* loṭṇî, ḍhakalṇî; uḍṇî, dhusdhusṇî, khupkhupṇî, phiṭphiṭṇî *f.*

Pulsar, *v. t.* loṭumk, ḍhaklumk; vâjaumk, boṭâm mârumk *(d. do o.)*. || *v. i.* uḍumk, dhusdhusumk, khupkhupumk, bukbukumk, phiṭphiṭumk, phaṭphaṭumk, usḷumk.

Pulsatil, *a.* dhusdhusît, khupkhupît, phiṭphiṭo.

Pulsatorio, pulsativo, *a.* ḍabḍabyâcho, dhaḍdhaḍyâcho; dhusdhusît, phiṭphiṭo. || *Dor pulsativa,* phoḍâphoḍ *f.*, chaṇchaṇo *m.*

Pulseira, *s. f.* niḷo *m.*, âṇas *f.*

Pulso, *s. m.* maṇkaṭ; nâḍ uḍṇem *n.*, nâḍ *f.*; *(fig.)* baḷ *n.*, śakti *ou* sakat *f.* || *Ter bom* —, barîm daḍâm âsumk. *Homem de* —, jorâvar manîs. *Obra de* —, pakkem kâm. *Bater o* —, nâḍ phiṭphiṭumk. *Tomar o* —, nâḍ paḷevumk. *A todo o* —, saglyâ baḷân.

Pulvereo, *a. (poet.)* dhuḷîcho, dhuḷero, dhûḷvamt.

Pulverização, *s. f.* chûr-, pûḍ karṇem *n.*, kuṭâvṇî, vâṭṇî; pûḍ, chûr *f.*

Pulverizador, *a. e s. m.* kuṭṇâr, vâṭṭalo. || *s. m.* ghâṭṇo *m.*

Pulverizar, *v. t.* piṭho-, pûḍ-, chûr karumk *(g. do o.)*, kuṭumk, vâṭumk; piṭho mârumk *(d. do o.)*; *(fig.)* dhûḷdaśâ-, nâsâḍî karumk *(g. do o.)*. || *V.* REFUTAR.

Pulveroso, *a.* dhuḷîcho, dhuḷero.

Pulverulencia, *s. f.* dhuḷîmt bharṇem *n.*

Pulverulento, *a.* dhuḷîmt-, piṭhyâmt bharlalo.

Puncção, *s. m.* topaṇ *n.* || *s. f. V.* PICADA.

Punccionar, *v. t. (cirur.)* topumk.

Puncçoar, *v. t.* vidhumk.

Punceta, *s. f.* chirṇem *n.*

Punctura, *s. f.* phâḍ *m.*

Pundonor, *s. m.* maryâd, iśîm, ijat, âbrû, mâṇsugî, lajj *f.*

Pundonorosamente, *adv.* âbrûn, iśîm râkhûn.

Pundonoroso, *a.* âbrûcho, âbrûvamt, maryâdîcho, mânâdîk, iśîm sambhâḷtalo, -râkhtalo.

Pungente, *a.* tîk, tirbaṭ, ulpo, mirmirît, churchurît, jaḷjaḷît, kaḍak; âg ujo *(muito —)*; *(fig.)* chaḍchaḍît, chanchaṇît, sansaṇît, kaḍak, upadravî.‖ *V.* OFFENSIVO.

Pungimento, *s. m.* duḥkh deṇeṁ, -bhogṇeṁ *n.*; chaṭko *m.*, phoḍâphoḍ; *(fig.)* ḍuḥkh, khaṁt *f.*, jâḷ, saṁtâp *m.* ‖ *V.* ESTIMULO.

Pungir, *v. t.* topuṁk, khupuṁk; jaḷuṁk, churchuruṁk, mirmiruṁk *(vr. ii., s. do o., i. do s.)*, ulpâvuṁk; duḥkh divuṁk, duḥkhauṁk, kaḷvaḷâvuṁk, saṁtâpauṁk.‖ *V.* INCITAR.‖ *v. i.* (khâḍ) phuṭuṁk.

Pungitivo, *a. V.* PUNGENTE.

Punhada, *s. f. V.* MURRO.

Punhado, *s. m.* mûṭhbhar, mûṭh *f.*, chapko, bachko *m.*

Punhal, *s. m.* suro, khaṁjiro, bichvo *m.*, kaṭâr *f.*

Punhalada, *s. f.* khaṁjiryâcho phâr,- ghây; *(fig.)* dachko, dhako *m.*

Punho, *s. m.* mûṭh, mushṭi *f.*, chapko; *copos:* paraṁj *m.*; *cabo:* tharûṁ *n.*; *peça de vestuario:* pûjñ *f.* | *Lagrimas como punhos:* duḥkhâṁchc vaṭhaṁbe. *Pelo proprio —*, âplyâ hâtân.

Punição, *s. f.* khâst lâvṇeṁ, śikshâ deṇeṁ *n.*; khâst, śikshâ, *yâdaḷ *f.*, daṁḍ *m.*, daṁḍan *n.*

Puniceo, *a.* *(poet.)* dâlîṁbâchyâ raṁgâcho, rasraśît, lâl.

Punico, *a.* aviśvâsâcho, aviśvâsî, phoṭkiro, laṭik.

Punidor, *a. e s. m.* khâst lâytalo, śikshâ ditalo, tâḍauṇâr.

Punir, *v. t.* khâst lâvuṁk *(d. do o.)*, śikshuṁk, daṁḍuṁk, tâḍauṁk. ‖ *v. i.* sûḍ ghevuṁk; jujuṁk.

Punitivo, *a.* śikshecho, khâstîcho.

Punivel, *a.* khâst-, śikshâ phâvo âslalo, daṁḍanîya.

Pupilla, *s. f.* porkî *f.*, por *n.*; ḍoḷyâṁtlî bâhulî *f.*, târo *m.* ‖ *V.* NOVIÇA.

Pupillagem, *s. f.* porâṁchî bâḷgaṇ *f.*

Pupillar, *a.* porâṁcho, porkyâṁcho, porâṁvishayî.

Pupillo, *s. m.* por, porko.

Puramente, *adv.* nitaḷâyen, nirmaḷâyen; mâtr, phakat.

Purava, *s. f.* puḍveṁ *n.*

Pureza, *s. f.* nitaḷây, nirmaḷây *f.*, nitaḷpaṇ, nirmaḷpaṇ, nirmaḷatva *n.*, nigaḷây *f.*, nirbhelpaṇ *n.*; śuddhi, chokhaṭây; nishkaḷaṁkây *f.*, nishkaḷaṁkpaṇ *n.* ‖ *V.* PERFEIÇÃO. ‖ *— da linguagem,* bhâshecheṁ śuddhpaṇ, -śistpaṇ *n.*

Purga, *s. f.* pûrg *n.*, bhâyrî *f.*, rech, julâb *m.*

Purgação, *s. f.* nitḷâvṇî, śuddhauṇî; pâpanishkriti *(— de peccado) f.*; bhâyr *n.*

Purgante, *a.* rechak, bhâyrecho. ‖ *s. m. V.* PURGA.

Purgar, *v. t.* nitaḷ-, nirmaḷ karuṁk, nitḷâvuṁk, nirmaḷuṁk; prâśchit *ou* pirâjit karuṁk *(g. do o.)*, phârîkpaṇ divuṁk *(g. do o.)*; bhâyrî divuṁk *(d. do o.)*; bhâyr jâvuṁk *(d. do o., i. do s.)*. *— uma lingua,* bhâs śuddh-, nirmaḷ karuṁk. ‖ *v. i.* (ghây, duḥkhâṇ) vâhvuṁk. *v. r.* bhâyrî ghevuṁk.

Purgativo, *a.* bhâyrecho, rechak. ‖ *V.* PURIFICATIVO. ‖ *s. m. V.* PURGANTE.

Purgatorio, *a. V.* PURGATIVO. ‖ *s. m.* purgator *f.*, bhairavayâtanâsthân *(p. us.) n.*

Puridade, *s. f.* *(ant.)* *V.* PUREZA e SEGREDO. ‖ *A —*, gûḍhân, guptîṁ, kânâṁt kân ghâlûn.

Purificação, *s. f.* nitaḷ karṇeṁ *n.*, nitḷâvṇî, nirmaḷṇî, śuddhauṇî; nitḷây, nirmaḷây, śuddhi *f.*; pavitrpaṇ *n.*, saṁskâr *m.*‖ *— de Nossa Senhora,* kaṁdaycheṁ phest *(do port.* FESTA DAS CANDEIAS) *n.*

Purificador, *a. e s. m.* nitaḷ kartalo, nirmaḷṇâr. ‖ *s. m.* sâṁgîjñ *(port.* SANGUINHO) *m.*

Purificante, purificativo, purificatorio, *a.* nitaḷ karcho, śodhak; pavitr karcho, saṁskârâcho, pâvan.

Purismo, *s. m.* śuddhabhâshânusâr *m.*

Purista, *a. e s. m. e f.* śuddhabhâshânusârî.

Puro, *a.*: *não misturado:* nigaḷ, nirbhel *ou* nibhel, kharo, nîj, asal, apûṭ, nirlep, keval; *limpo:* nitaḷ, nirmaḷ, amaḷ, chokh, sâph, śuchi, nivaḷ, pâk *(p. us.)*; *immaculado:* khat-, pâp nâslalo, śuddh, nishkaḷaṁk, akaḷaṁk; *innocente:* neṇṭo, sudo; *casto:* nishkaḷaṁk *ou* nikḷaṁk, nishkaṇo, niyamî; *santo:* pavitr, pâvan; *mero:* nirbhel, theṭ, keval; *correcto:* śuddh, śist, nirdosh. ‖ *— de,* mekhḷo.

Purpura, *s. f.* jâṁbhḷo raṁg; tâṁbḍo raṁg *m.*; jâṁbhḷeṁ lugaṭ *n.* ‖ *— hemorrhagica,* pitûḷ phuṭṇeṁ *n.*

Purpurado, *a.* jâṁbhḷo, kelalo,-raṁgailalo; jâṁbhḷo; jâṁbhḷeṁ neslalo. ‖ *s. m.* kârdyâl.

Purpurar, *v. t.* jâṁbhḷo raṁg divuṁk *(d. do o.)*; kârdyâl karuṁk.

Purpurear, *v. t.* jâṁbhḷo raṁg divuṁk *(d. do o.)*, jâṁbhḷo raṁgauṁk, -karuṁk. ‖ *V.* AVERMELHAR. ‖ *v. i. e r.* tâṁbḍo lâl jâvuṁk, tâṁbḍo raṁg ghevuṁk, tâṁbḍevuṁk. ‖ *V.* CORAR.

Purpurejar, *v. t. V.* PURPUREAR.

Purpureo, purpurino, *a.* jâṁbhḷo, tâṁbḍo lâl.

Purpurizar, *v. t. e r. V.* PURPUREAR.

Purulento, *a.* puvâcho, reṁdîcho.

Pururuca, *s. f. (brasil.)* âḍsar, śyâḷeṁ *(us. Can.) n.*

Pus, *s. m.* pû *m.*, reṁd *f.*

Pusillanime, *a.* bhikûṭ, bhivkuṭo, bheṁkro, gâbhro, abaḷî, adhir, nâmard, hâgro *(chul.)*, ulkechyâ kâḷjâcho *(litt.* DO CORAÇÃO DE PULGA*)*.

Pusillanimidade, *s. f.* bhikûṭpaṇ, bheṁkrepaṇ, adhair, apdhair, abaḷ, halkepaṇ *n.*, gâbhrây, nâmardî *f.*

Pustula, *s. f.* phoḍ *m.*, puḷi *f.*, rûṁ, chavaṁd *n.*; *(fig.) V.* CORRUPÇÃO.

Pustulado, pustulento, *a.* phoḍ jâlalo, puḷyo phuṭlalo, ruvâṁ paḍlalo, puḷero.

Pustuloso, *a.* phoḍâṁcho, puḷiyâṁcho, ruṁyâṁcho.

Puta, *s. f.* cheḍî *f.*, kalâvaṁt *ou* kalvaṁt *n.*

Putativamente, *adv.* samjûn, lekhûn, dharûn.

Putativo, *a.* dharlalo, samjalalo, lekhlalo, mânlalo.

Putrefacção, *s. f.* kûs *f.*, kusap, * kusatrpaṇ *n.*, kusṇî, saḍṇî *f.*

Putrefaciente, putrefactivo, putrefactorio, *a.* kusaitalo, kusauṁcho, kusṇecho.

Putrefacto, *a.* kuslalo, saḍlalo.

Putrefazer, *v. t.* kusauṁk. ‖ *v. r.* kusûn yevuṁk, kusuṁk lâguṁk.

Putrescencia, *s. f.* kusuṁk lâgṇeṁ *n.*

Putrescente, *a.* kusuṁk,- saḍuṁk lâglalo.

Putrescivel, *a.* kusûṁyeso.

Putrido, *a.* kuslalo, kûs paḍlalo, saḍko, saḍlalo. ‖ *Febre putrida. V.* TYPHOIDE.

Putrificar, *v. t. e r. V.* PUTREFAZER.

Puxada, *s. f.* oḍhṇî *f.*; paileṁ kheḷlaleṁ kârt *n.* ‖ *Fazer uma* —, paileṁ kârt-, pân kheḷuṁk.

Puxadinho, *a. e s. m.* neṭko, pehrâvekâr.

Puxado, *a.* tâṇlalo; loṭlalo; neṭko; âṭlalo; mahâragh. ‖ *Vir* —, taklek chaḍhuṁk (saro), khovuṁk.

Puxante, *a.* oḍhtalo, tâṇtalo; tîk, jîbh pâchetalo.

Puxão, *s. m.* oḍh *f.*, dachko *m.* ‖ — *de orelhas*, kân oḍhṇeṁ *n.*, kâṁvkâṁv *m.*

Puxar, *v. t.* oḍhuṁk; *arrancar:* uchkaṭuṁk; *estirar:* tâṇuṁk; *conchegar:* oḍhûn ghevuṁk; *avivar:* oḍhûn divuṁk; *reclamar:* śodhuṁk; *irritar:* châḷauṁk; *estimular:* huskauṁk; *excitar o appetite de beber:* saro mâguṁk. ‖ — *um bofetão*, thâp ghâluṁk, thâpaṭ vâjauṁk. — *uma carta*, pailo kheḷuṁk. — *á fieira*, jaṁtrâṁt ghâluṁk; *(fig.)* odhûn karuṁk. — *a roupa*, dhanâchyâṁ vastrâṁchyo miryo kâḍhuṁk. ‖ *v. i.* oḍhuṁk *(v. t.)*; *propender:* oḍhoṁk; *custar caro:* mahâragh suṭuṁk; *fazer menção:* khabar karuṁk; *rebentar:* phuṭuṁk, vâḍhuṁk, phâṁkâruṁk.. ‖ — *para alguem*, vaḷoṁk. — *por alguem (fig.)*, oḍhûn vharuṁk; tiḍauṁk. — *da bolsa ou pela bolsa*, phârik karuṁk. — *da cachimonia*, chiṁtuṁk, nihâḷuṁk. — *pelos seus direitos*, âpleṁ śodhuṁk. — *pela lingua*, ulauṁk lâvuṁk. — *do peito*, barḍeṁphûṭ karuṁk,- jâvuṁk. — *de perna*, kuṁṭhuṁk. — *por ou de (arma)*, kâḍhuṁk, hâtâṁt ghevumk, hât ghâluṁk. — *por si*, phuḍe saruṁk vâvruṁk,- kashṭâvoṁk. — *pela voz*, ârḍuṁk, bob mâruṁk. *Ir puxando*, kaḍsaruṁk, kûs mâruṁk; *(fig.)* goḍâk vachuṁk, bhâyr paḍuṁk. ‖ *v. r.* neṭoṁk, pehrâvuṁk.

Puxar, *v. i.* śel kâḍhuṁk,- oḍhuṁk; chaḍh śijuṁk, dâṭ jâvuṁk; dhagân (ghây) sukuṁk. ‖ *v. t.* baro-, chaḍh śijauṁk, âṭauṁk.

Puxativo, *a.* rûch hâḍcho, jibh pâchecho.

Puxavante, *s. m.* dhako, dachko *m.*

Puxo, *s. m.* nitham *f.*, poṭsûḷ *m.*

Pygmeu, *s. m.* buṭno, ṭheṁgṇo, khuṁṭo, vâman.

Pyra, *s. f.* saraṇ *n.*, chitâ *f.*

Pyramidal, *a.* nimuḷto, sûchyâkâr; *(fig.) V.* COLOSSAL.

Pyramidalmente, *adv.* kâtar kasî; *(fig.)* bhav chaḍh.

Pyramide, *s. f.* doṁsâcho chaurâs khâṁbo, -sûḷ *m.*, kâtar *f.*, sûchyagrastaṁbh *m.*

Pyritologia, *s. f. (med.)* jvaraśâstr *n.*

Pyrexia, *s. f. (med.)* jar *m.*

Pyrico, *a.* chitecho.

Pyrilampo, *s. m.* kâjulo *m.*

Pyrite, *s. f.* suvarṇamukhî *f.*
Pyrolatria, *s. f.* agnipûjâ *f.*
Pyrologia, *s. f.* agniśâstr *n.*
Pyromancia, *s. f.* agniśakunavidyâ *f.*
Pyrophoro, *s. m.* sahaj peṭchî vast *f.*
Pyropo, *s. m.* agniraṁg *m.*
Pyrosis, *s. f.* *V.* AZIA.
Pyrotechnia, pyrotechnica, *s. f.* agnikrîḍâvidyâ, dârûsâmaṇ karchî vidyâ *f.*
Pyrotechnico, *a.* agnikrîḍâvidyecho; dârûkâmâcho. ‖ *s. m.* phoger (*do indo-port.* FOGUEIRO).
Pyrotico, *a.* ulpo. ‖ *s. m.* ulpâvuṁchî vast *f.*
Pyrrhonico, *a.* saglyâcho dubhâv dhartalo, aviśvâsî, saṁdigdhamati. ‖ *V.* TEIMOSO.
Pyrrhonismo, *s. m.* sarvaśaṁsayamat, aviśvâsamat *n.* ‖ *V.* OBSTINAÇÃO.
Pythoniza. *s. f.* *V.* PROPHETIZA.

Q

Q, satrâveṁ akshar (*k, fem.*).
Quaderna, *s. f.* *V.* CADERNO. ‖ **-s**, *pl.* châklî *f.*
Quadernado, *a.* (*bot.*) chârpânî; chatushpushp.
Quadra, *s. f.* chauk *m.*, chaukoṇ; chaukaḍî *f.*: (*fig.*) samay, kâḷ *m.*
Quadrado, *a.* chaukoṇo. ‖ *Raiz quadrada*, vargmûl. ‖ *s. m.* samchatushkoṇ, chaukhaṁḍo, chauk *m.*, chaukaṭ *f.*: (*milit.*) koṭ; (*arith.*) varg *m.*, kṛiti *f.*
Quadrador, *a. e s. m.* chaukoṇo kartalo.
Quadradura, *s. f.* *V.* QUADRATURA.
Quadragenario, *a. e s. m.* châḷisâṁ varshâṁcho.
Quadragesima, *s. f.* châḷis dîs *m. pl.*: (*ant.*) *V.* QUARESMA.
Quadragesimal, *a.* karejmâcho; châḷisâṁ disâṁcho.
Quadragesimo, *a.* châḷisvo.
Quadrangulado, quadrangular, *a.* chatushkoṇ, chaukoṇo, chaurâs.
Quadrangularmente, *adv.* chaurâsiṁ, chaukoṇiṁ.
Quadrangulo, *s. m.* chaukoṇ *s. m. ou f.*, chauk *m.*, chaupeṭ *f.*
Quadrante, *s. m.* trijyâ *f.*, trijyâyaṁtr, sûryayaṁtr; chhâyâyaṁtr, śaṁkuyaṁtr *n.*
Quadrar, *v. t.* chaurâs karuṁk, chaukhaṁḍâvuṁk. ‖ *v. i.* paḍuṁk, lâguṁk, salavuṁk, sâjuṁk; sarî jâvuṁk; sobhuṁk, puranuk, puṭavuṁk.
Quadratico, *a.* chaukoṇâcho, chaukoṇo.
Quadratura, *s. f.* padasâṁsthân; olyâvaylem̃ chitr *n.* ‖ — *do circulo*, ghaḍa najo âslaleṁ kâm.
Quadrela, *s f.* (*ant.*) *V.* QUADRILHA e COURELLA.
Quadri, *pref.* chatush, chatur.
Quadri-alado, *a.* choṁ pâkhurlâṁcho, chatushpaksk.
Quadricapsular, *a.* choṁ ḅoṁḍâṁcho, chatushbîjakoś.
Quadricolor, *a.* choṁ raṁgâṁcho, chaturvarṇ.
Quadricula, *s. f.* gaṁṭ *n.*
Quadriculado, *a.* gaṁṭâṁcho. ‖ *Papel* —, âḍveṁ ubheṁ rekhlaleṁ kâgad *n.*
Quadricular, *v. t.* gaṁṭâṁ karuṁk (*d. do a.*).
Quadriculo, *s. m.* gaṁṭ *n.*
Quadridentado, *a.* choṁ dâṁtâṁcho, chaturdaṁt.
Quadriennal, *a.* chârchâr varshâṁcho, chausâlî, châturvarshik.
Quadriennio, *s. m.* châr varshâṁ *n. pl.*, chârsâl, chaturvarsh *n.*
Quadrifendido, quadrifido, *a.* chaturbhâg.
Quadrifloreo, *a.* choṁchoṁ phulâṁcho, chatushpushp.
Quadrifolio, *a.* chârpânî.
Quadriforme, *a.* chaturâkâr.
Quadriga, *s. f.* choṁ ghoḍyâṁchî gâḍî *f.*
Quadrigeminado, choṁchoṁ joḍâṁcho.
Quadrigumio, *a.* chârdhârî.
Quadril, *s. m.* peṁkaṭ, beṁḍ *n.*, beṁḍî (*dim.*), kaḍ *f.*, beṁgḍeṁ (*deprec.*) *n.*
Quadrilateral, *a.* chaukoṇo, chaturbhuj.
Quadrilatero, *a.* *V.* QUADRILATERAL. ‖ *s. m.* chatushkoṇ *m.*
Quadrilha, *s. f.* svârî; urpaṁj, ṭoḷî *f.*, gaṇ *m.*; kvâdrîl *n.* ‖ *V.* ESQUADRILHA. ‖ — *de ladrões*, chorâṁcheṁ peṁḍeṁ, baṁḍ *n.* — *de cães*, śikârîśuṇyâṁcho puṁjo *m.*

Quadrilheiro, *s. m.* pâyik, śipây; chorâṁchyâ peṁḍyâṁtlo.

Quadrilobado, **quadrilobulado**, *a.* choṁ bukaḍâṁcho.

Quadriloculado, **quadrilocular**, *a.* choṁ girâṁcho.

Quadrilongo, *a. e s. m.* samâṁtarachaturbhuj *a. e s. n.*

Quadringentesimo, *a.* chârśiṁvo.

Quadripartição, *s. f.* chaturbhâg *m.*

Quadripartido, **quadripartito**, *a.* chaturbhâg, chaturvidh, chapaḍo, chaturaṁg.

Quadripennado, *a.* choṁ pâkhurlâṁcho, chatushpaksh.

Quadrisyllabico, **quadrisyllabo**, *a.* chaturakshar.

Quadrivio, *s. m.* tiṁṭo, doḍomârag *m.*

Quadro, *s. m.* chaukoṇ; chauk *m.*, phaḍ, gaṁṭ; pâynel *(port.)*, sâṁchyâchem chitr *n.*, chaukaṭ; *mappa, lista:* paṭṭî, śivḍî *f.*; *representação:* chitr *n.*, nakśo *n.*; *exposição:* dâkhauṇ *f.*; *grupo:* jamo, gaṇ *m.* ‖ *V.* QUADRADO.

Quadrumano, *a.* chaturhast.

Quadrupedante, *a.* choṁ pâṁyâṁnîṁ chaltalo; ghoḍyâr bastalo; paśrâṁcho, paśûṁcho.

Quadrupedar, *v. i.* chârav pâṁy baḍauṁk.

Quadrupede, *a.* chaukhuro, choṁ pâṁyâṁcho, chaupâṁyî, chatushpad. ‖ *s. m.* paśu, saraṁg *m.*, paśrûṁ *n.*

Quadruplicação, *s. f.* chaturguṇ karṇeṁ *n.*

Quadruplicadamente, *adv.* chaupaḍûn.

Quadruplicado, *a.* chaturguṇ kelalo, chaupaḍlalo.

Quadruplicar, *v. t.* chaupaṭ-, chaturguṇ karuṁk, chaupaḍuṁk.

Quadruplo, *a.* chaupaṭ, chaupaḍo *ou* chapaḍo, chaturguṇ. ‖ *s. m.* chauguṇ *m.*

Qual, *a. e pron.* koṇ, koṇto, khaiṁcho *(interrog.)*; kasalo, kaso *(interrog.)*; jo *(relat.)*; jaso *(correl.)*. — ... —, koṇ ek koṇ ek. — *a* —, koṇ adhik koṇ uṇo, vaḍhâvaḍhîṁ *(adv.)*.

Qualidade, *s. f.* guṇ *m.*, lakheṇ; *caracter:* sayaṁbh, svarûp *n.*, svabhâv; *laia:* jinnas, prakâr *m.*, jât *f*; *cargo:* jâgo *m.*, svât *f.* ‖ *Pessoa de* —, vhaḍe kuḷiyecho. *Na* — *de*, nâṁvîṁ. *De* — *que*, he parîṁ kî.

Qualificação, *s. f.* guṇ-, nâṁv deṇeṁ, -âropṇeṁ *n.*; yogyatâ, lâykî *f.*, lâykpaṇ *n.* ‖ *V.* APRECIAÇÃO.

Qualificadamente, *adv. V.* CIRCUMSTANCIADAMENTE.

Qualificado, *a.* guṇî, guṇâḍik, guṇest; yukt, lâyk; varto, vhaḍlo. ‖ *Pessoa qualificada*, uttam-, śreshṭh manîs.

Qualificador, *a. e s. m.* guṇ-, nâṁv ditalo, -sâṁgtalo.

Qualificar, *v. t.* guṇ-, nâṁv divuṁk,- sâṁguṁk,- âropuṁk; lekhuṁk, gaṇuṁk; uttam-, prasiddh karuṁk, nâvâḍhuṁk; vayr kâḍhuṁk.

Qualificativamente, *adv.* guṇ-, jât dâkhauṇ, -âropûn.

Qualificativo, *a.* guṇ-, jât dâkhauṁcho, âropuṁk upkârto; lâyk-, yukt karto.

Qualificavel, *a.* guṇ-, jât sâṁgûṁyeso, gaṇûmyeso.

Qualitativo, *a. V.* QUALIFICATIVO.

Qualquer, *a.* koṇay, kasaloy, bhalto. ‖ — *outro*, koṇay dusro,- er. — *que*, koṇay jâṁv.

Quamanho, *a. (ant.)* kedo, kedo vhaḍ.

Quando, *adv. e conj.*, kednâ, kedhvâṁ, kaiṁ; jednâ jedhvâṁ, javaḷ, jaiṁ, jaiṁsar. ‖ *Ainda* —, tarî tar. *Até* —, ketûn. *De* — *em* —, aṁtryâ pairyân, âmâse punve; veḷâveḷiṁ, ghaḍiye ghaḍiye. — *menos*, tarî pûn. — *muito*, bhavach tar. — *quer que*, kednây. *Senão* —, avchitt, gap kan.

Quantia, *s. f.* jamo *m.*, rakam, ekaṁdarî *f.* ‖ *Sem* —, gaṇtî nâstânâ, hispâbhâyr.

Quantidade, *s. f.* parimâṇ, pramâṇ, mân, mâp *n.*, dhaḍo; jamo, puṁjo, choṁbo *m.*, rûs; *(gram.)* mâtrâ. ‖ — *conhecida*, vyaktarâśî. — *indeterminada*, avyaktarâśi *f.* — *negativa*, riṇ *n.*

Quantioso, *a.* jâyto, phushkaḷ, sabâr, mast. ‖ *Homem* —, hajârkâr.

Quantitativamente, *adv.* parimâṇân, mâp lekhûn.

Quantitativo, *a.* parimâṇâcho, mâpâcho.

Quanto, *a.* kitlo, kitko; jitlo, jitko. ‖ *adv.* kitlo, jitlo *(decl.)*; *conforme:* pramâṇeṁ. ‖ — *antes*, tâṁktâ itleṁ vegîṁ. — *mais*, kitleṁ tar; adhik kan. — *a*, vishayiṁ *ou* viśîṁ, saveṁ. *Em* —, mhaṇasar. *Por em* —, sardyâ. *Por* —, dekhûn. *Com* —, jarî tar.

Quão, *adv. V.* QUANTO.

Quarenta, *a.* châḷis.

Quarentão, *a. e s. m.* chiḷisâṁ varshâṁcho.

Quarentena, *s. f.* don viso,- koḍî (*litt.* DUAS VINTENAS) *s. pl.*; karemten *n.*, rog paḷevuṁcho khuṭvo *m.* ‖ *V.* QUARESMA. ‖ *Pôr uma noticia de* —, sat mhaṇ nâ dharuṁk. *De* —, paḷevuṁchyâk, khabar ghevuṁchyâk.

Quarentenar, *v. i.* karemten karuṁk.

Quarentenario, *a.* châḷisâṁ (disâṁcho, varshâṁcho). ‖ *a. e s. m.* karemten kartalo.

Quarentesimo, *a.* châḷisvo.

Quarentona, *a. e s. f.* châḷisâṁ varshâṁchî.

Quaresma, *s. f.* karejm *n.*

Quaresmal, *a.* karejmâcho.

Quaresmar, *v. i.* karejmâṁt ekbhakt dharuṁk.

Quarta, *s. f.* chauto *m.*; kâṛṭ *ou* kâṭ (— *do quartilho*) *n.*; kaḷso *m.*, śiḍî *f.* ‖ *V.* QUARTA-FEIRA.

Quartado, *a.* choṁcho. ‖ *Pão* —, choṁ piṭhâṁcho uṁḍo *m.*

Quarta-feira, *s. f.* budhvâr *m.*

Quartan, *s. f.* chauturo jar *m.* ‖ *a.* chauturo.

Quartanario, *s. m.* kvârtenâr. ‖ *a. e s. m.* (*ant.*) chauturo jar lâglalo.

Quartanista, *s. m.* chautyâ varshâcho śikpî.

Quartapisa, *s. f.* dusryâ raṁgâchî deg *f.*

Quartau, *s. m.* taṭû *m.*

Quarteado, *a.* chauśiṁ kelalo; choṁ raṁgâṁcho. | *Cavallo* —, taṭû.

Quartear, **quartejar**, *v. t.* chauśiṁ karuṁk, chaute karuṁk (*g. do o.*); choṁ raṁgâṁnîṁ mâṁḍuṁk.

Quarteirão, *s. m.* paṁchvîs *a. pl.*; vaṭhâr, vaḍo *m.*

Quartel, *s. m.* kartel *n.*, chhâvṇî (*us. Sav.*) *f.*; *morada:* ṭhikâṇ, ghar *n.*, thâro; *quarta-parte:* chauto, pâv *m.*; *trimestre:* tîn mahine *m.*; *quantia paga por trimestre:* kartel *n.*; (*fig.*) *V.* ABRIGO. ‖ — *de saude* (*fig.*), âsar, âśram, thâr. — *de um seculo*, pâvśekḍo. — *da vida*, pirâyecho chauto vâṁṭo *m. Não dar* —, thâr nâ divuṁk. *Pedir* —, majat-, kâkût mâguṁk. *Tomar* —, ṭhikuṁk, ṭhikâṇ karuṁk.

Quarterão, *s. m.* mestisâ âni goryâcho burgo.

Quarteto, *s. m.* chaupadî ślok *m.*; chaughâṁchî paṁgat *f.*

Quartetto, *s. m.* choṁ ṭâḷyâṁchem gâyan; chaughâṁchem vâjap *n.*

Quartilho, *s. m.* śer *m.*

Quarto, *a.* chauto. ‖ *s. m.* chauto, vâṁṭo,- bhâg, chauto, pâv; *quarta parte da hora:* kvârt, pâvtâs *m.* (*us. Sav. e Can.*); savây, pâvṇe (*ex.:* savây don, *duas horas e um quarto*; pâvṇe tin, *duas horas e tres quartos*); *divisão de casa:* kûḍ *m. ou f.*; *divisão do dia ou da noite:* pahâr *m.*; *bala de chumbo:* phaḍ *n.*; *parte de vestido:* phâl *f.* ‖ *Livro em* —, chaubaṁdî pustak *n.* — *crescente*, vâḍhto chaṁdr *m.* — *mingoante*, utartîkalâ *f. Estar de* —, pahâr karuṁk.

Quartola, *s. f.* ardheṁ pîp *n.*

Quartzico, **quartzifero**, **quartzoso**, *a.* phaṭikâcho.

Quartzo, *s. m.* kupâcho phâtar, phaṭik, kâchmaṇi *m.*

Quasi, *adv.* lâgîṁ, teṁkûn, baglek; *com pouca differença:* bhavach karûn, mâtso uṇo (*a.*); *pouco mais ou menos:* adhik uṇo, sumâr; *por um pouco:* kaso (*decl.*). ‖ — —, mâtso. — *que*, nîṭ ulaun; kharepaṇîṁ.

Quasi-contracto, *s. m.* khaṁḍkaso, karârkaso *m.*

Quasimodo, *s. m.* pâskâṁvaylo âytâr *m.*

Quaternado, *a.* (*bot.*) châchâr.

Quaternario, *a.* choṁcho; chaurâs; (*chim.*) choṁ dhâtûṁcho; (*mus.*) kvâternâr.

Quaternidade, *s. f.* chatushk *n.*

Quaterno, *a.* choṁcho.

Quatorze, *a.* chaudâ.

Quatarzeno, *a.* chaudâvo.

Quatr'alvo, *a.* châray pâṁy dhave âslalo (ghoḍo).

Quatriduano, *a.* choṁ disâṁcho.

Quatriduo, *s. m.* châr dîs *m. pl*, chaturdivas *m.*

Quatrim, *s. m.* (*ant.*) damḍî *f.*

Quatro, *a.* châr; chaugh (*pessoas*).

Quatrocentos, *a.* chârśiṁ.

Que, *pron.* jo (jî, jeṁ). ‖ *O* —, kiteṁ... teṁ, teṁ (*aquillo que, ex.:* kiteṁ tukâ jây teṁ mâg *ou* tukâ jây teṁ mâg, *pede o que queres*); jo koṇ (*aquelle que*); jeṁ (*a qual coisa*). ‖ *Pelo* —, *em vista do* —, hyâ pâsvat, dekhûn, mhaṇûn. ‖ *interrog.* kiteṁ, kây; *de que qualidade:* kasalo; *quanto:* kitlo. ‖ — *é de*, kiteṁ jâleṁ. ‖ — *int.* âbâ. ‖ *s. m.* ek kiteṁ *n.*; (*fig.*) ke, aḍchaṇ, naḍ *f.* ‖ *adv.* kây, kitlo (*decl.*). ‖ *conj.* kî; mhaṇ (*com inversão de proposição; ex.:* âpṇâk nâkâ mhaṇ sâṁgtâ, *diz que não quer*; *ou, por ellipse*, âpṇâk nâkâ mhaṇtâ, *não quer, diz*); haun (*mais que ou do que*).

|| *Como* —, parîṁ, bhâshen. *Sem* — *nem para* —, aseṁch, vâryâr.

Quebra, *s. f.* phoḍnî, moḍnî; phuṭnî, phûṭ, phâṭ *f.*, khaṁḍan *n.*, bhaṁg *m.*; *dobra:* moḍ, mirî; *desfalque:* tûṭ *f.*, toṭo *m.*; *transgressão:* moḍnî, mâḍaunî; *interrupção:* aṁtar *f.*, khaṁḍ *m.*; *fallencia:* divâḷeṁ *n.* || *V.* QUEBRADA. || *Dar* — *á palavra*, uttar moḍuṁk. *Dar ou soffrer* —, tûṭ yevuṁk *(g. do s.)*, tuṭuṁk; *(fig.)* moḷ deṁvuṁk, nuskân yevuṁk. *Dar* — *a*, thâṁbauṁk, baṁd karuṁk. *Sem* —, thâṁba nâstânâ, nirâṁtarîṁ.

Quebra-cabeça, *s. m. ou f.*, târaṁbaḷ *f.*, trâs; gaspârgoṁdhaḷ, ghoṁṭâḷo *m.*

Quebrada, *s. f. V.* LADEIRA.

Quebradamente, *adv.* avchitt, gaḍ-, phaṭ kan.

Quebradeira, *s. f.* karâṁḍây, piḍâpîḍ *f.*, trâs *m.*; kâḍâmaḍ, âṁgmoḍ *f.* || — *de cabeça. V.* QUEBRA-CABEÇA.

Quebradela, *s. f.* phoḍnî, moḍnî; puṭnî, moḍ *f.*

Quebradiço, *a.* phuṭko, phuṭkar, moḍkaḷ, tuṭko, phusphuśit, kuskuśit. || *V.* DEBIL.

Quebrado, *a.* moḍlalo, phuṭlalo; moḍkar, moḍko, phuṭko; divâḷeṁ kâḍhlalo, divâḷyo, bâṁkruṭî *(do ingl.* BANKRUPT); *(fig.)* moḍon paḍlalo, bebaḷ, aśakt. || *Aguas quebradas*, bhâṁg *m.* *Olhos quebrados*, doḷemoḍ *f.* || *s. m. V.* QUEBRADA *e* FRACÇÃO.

Quebrador, *a. e s m.* moḍṇâr, phoḍtalo, vidhvaṁsî.

Quebradura, *s. f.* moḍnî. phoḍnî *f.*; phoḍap, moḍap *n.*; *(med.) V.* HERNIA

Quebra-esquinas, *s. m. V.* VADIO.

Quebra-luz, *s. m. V.* ABAT-JOUR.

Quebra-mar, *s. m.* ḍhakśî, thop *f.*

Quebramento, *s. m.* moḍnî *f.*, moḍap *n.*; *(fig.)* âṁgmoḍ, bebaḷây *f.*

Quebrança, *s. f.* khaḍpâr lahâr phuṭnem *n.*

Quebra-nozes, *s. f.* aḍkito *m.*

Quebrantado, *a.* moḍon paḍlalo, hâtpâṁy gaḷlalo.

Quebrantador, *a. e s. m.* moḍṇâr, moḍtalo.

Quebrantamento, *s. m.* moḍnî; *(fig.)* moḍ, moḍâmoḍ, kaḍmaḍ, kâḍâmaḍ *f.*, âṁgbhaṁg *m.*

Quebrantar, *v. t.* moḍuṁk, koṁsḷâvuṁk, gaḷgaḷâvuṁk; *infringir:* moḍuṁk, mâḍauṁk; *amansar:* damâvuṁk; *debilitar:* aśaktâvuṁk, bebaḷ-, meṁgo karuṁk. || *v. r.* bebaḷ-, aśakt jâvuṁk, baḷ tuṭuṁk *(g. do s.)*, hâtpâṁy gaḷuṁk *(g. do s.)*, moḍon paḍuṁk; dishṭ jâvuṁk *(d. do s.)*, ḍoḷe lâguṁk *(d. do s.)*.

Quebranto, *s. m.* dishṭ *f.*, ḍoḷelâgṇeṁ *n.*; *(fig.) V.* LANGUIDEZ. || *Deitar ou dar* —, dishṭ karuṁk.

Quebrar, *v. t.* moḍuṁk, phoḍuṁk, bhetuṁk, vidhvaṁsuṁk, kuṭke karuṁk *(g. do o.)*, uglâvuṁk, verâvuṁk; *dobrar:* moḍuṁk, doḍuṁk; *torcer:* moḍuṁk, vaḷuṁk, vaḷ ghâluṁk *(d. do o.)*; *interromper:* toḍuṁk, khaṁḍuṁk; *violar:* moḍuṁk, mâḍauṁk; *domar:* damâvuṁk; *alquebrar:* moḍûn ghâluṁk, aśaktâvuṁk; *annullar:* kâḍhûn uḍauṁk. || — *os grilhões*, sûṭ jâvuṁk. — *a ira*, râg nivḷâvuṁk. — *o jejum*, jinvâr moḍuṁk. — *lança*, jhoṁbuṁk, jhagḍuṁk. — *os olhos*, dipâvuṁk. — *os ouvidos*, kân phoḍuṁk, kânpe uslâvuṁk. — *promessa ou palavra*, uttar moḍuṁk. — *o respeito*, mân nâ divuṁk. — *um segredo*, gûḍh phoḍuṁk. — *o somno*, nîd moḍuṁk,- khhaḷauṁk. || *v. i.* divâḷeṁ-, bâṁkrûṭ kâḍhuṁk, tâṁbḍî topî ghâluṁk *(litt.* TRAZER BARRETE VERMELHO); *ter hernia:* aṁtargaḷ jâvuṁk *(d. do s.)*; *perder o peso:* tuṭuṁk, tûṭ yevuṁk *(g. do s.)*; *fazer angulo:* vaḷoṁk; *cortar as relações:* aṁtruṁk, kaḍsaruṁk. || *A corda quebra sempre pelo mais fraco*, piṁjlalyâṁt pâṁy. — *por tudo*, koṇâk nâ bâḍguṁk,- âṭpoṁk. — *por si*, soḍûn divuṁk. || *v. i. e r.* moḍoṁk, phuṭuṁk, bhetuṁk, verevuṁk; baḷ moḍoṁk *(g. do s.)*, nivuṁk, deṁvuṁk; âṁg tuṭuṁk,- moḍoṁk *(g. do s)*, gaḷuṁk, boḍkâvoṁk. || *V.* REFLECTIR-SE. || *v. r.* doḍoṁk, moḍoṁk, moḍî karuṁk; moḍon paḍuṁk.

Quebreira, *s. f.* vaḷ, kaḍmaḍ *f.*

Quebro, *s. m.* oṇav, vaḍav *m.* || *V.* TRINADO.

Quéda, *s. f.* paḍap *n.*, paḍnî, gaḷnî, jhaḍnî *f.*; *ruina:* gharṭhâṇ *n.*, bhaṁgasthaḷ; *falta:* gunyâṁv *m.*, chûk *f.*; *declive:* pâlsaṇ, deṁvaṇeṁ *n.*; *desvio:* kaḍsarnî, vaḷnî; *propensão:* vaṁḍavnî, oḍh *f.* || *Dar uma* —, paḍuṁk, śevṭoṁk; *(fig.)* dubḷo jâvuṁk. *Ir de* —, deṁvûn vachuṁk.

Quedar, *v. i. e r.* ubho râvuṁk, thop jâvuṁk; thâṁbuṁk, nâ chaluṁk.

Quêdo, *a.* ugo *ou* ogo, thop; meṁgo, maṁd; thaṁḍ, nivaḷ. || — *e* —, lohu lohu.

Queijar, *v. i.* kej karuṁk.
Queijaria, *s. f.* kejâṁcho dhâṁdo.
Queijeira, *s. f.* kejkârṇ *f.;* kej karchem̐ ghar *n.*
Queijeiro, *s. m.* kejkâr.
Queijo, *s. m.* kej, paner *(p. us.) m.*
Queima, *s. f.* ulpâvṇî, lâsṇî; ulpaṇî, jaḷṇî *f.*
Queimação, *s. f. V.* QUEIMA; *(fig.)* trâs *m.*, piḍâpîḍ *f.*
Queimada, *s. f.* rân ulpâvṇem̐ *n.;* kumerî *f.;* ulpalalem̐ rân *n.*
Queimadela, *s. f. V.* QUEIMADURA.
Queimado, ulpalalo, lâslalo; karpalalo, sâvḷo; karpaṭ, suklalo, suko. ‖ *s. m.* karpaṭâṇ, dâḍhsûṇ *f.*
Queimador, *a. e s. m.* ulpâytalo, lâsṇâr; ujo ghâltalo, âg lâytalo.
Queimadura, *s. f.* ulpâvṇî, lâsṇî *f.;* lâsap, jaḷap *n.*, ulap; lâs, dâg, ujyâcho ghây *m.*
Queimamento, *s. m.* peṭauṇî; peṭṇî *f.*, ujo lâgṇem̐ *n.*
Queimante, *a.* ulpâytalo, ulpo; mirmirît, churchurît, tik ujo.
Queimão, *s. m.* kimâṁv *m.*
Queimar, *v. t.* ulpâvuṁk, lâsuṁk, jaḷauṁk, jaḷuṁk, jâḷuṁk, peṭauṁk, âg-, ujo lâvuṁk,- ghâluṁk; karpauṁk, dâḍhsâvuṁk; *crestar:* karpauṁk, kâḷo karuṁk; *escaldar:* ulpâvuṁk; *seccar:* sukauṁk, bhâjuṁk; *(fig.)* hogḍâvuṁk, vâṭek lâvuṁk *(litt.* PÔR Á RUA). ‖ *v. i.* jaḷuṁk, taḷtaḷuṁk; khatkhatuṁk. ‖ *v. r.* ulpuṁk, lâsoṁk, jaḷoṁk, peṭuṁk, ujo-, âg lâguṁk *(d. do s.);* karpuṁk; tâpuṁk, kaḍkaḍuṁk, râgâr jâvuṁk.
Queima-roupa, *s. f. Á —*, rubrub.
Queimo, queimor, *s. m.* mirmirî, churchurṇî, tikhaṭây *f.*
Queimoso, *a.* ulpo, kaḍak.
Queixa, *s. f.* raḍṇî, piraṁgaṇî, chaḍphaḍṇî, hurhurṇî *f.;* śîṇ, dâvo *m.;* vâyṭ disṇem̐, barem̐ nâ lâgṇem̐; gârâṇem̐ *n.*, dâd, keś *f.* ‖ *V.* DOENÇA. ‖ *Fazer —*, keś karuṁk, keśî sâṁguṁk, dâd divuṁk.
Queixada, *s. f.* dâḍhmaṇ *n.*, dâḍh *f.*
Queixal, *a. e s. m.* dâḍhî *f.*
Queixar-se, *v. r.* raḍuṁk, piraṁguṁk, parvuṁk, hurhuruṁk; śîṇ karuṁk, râg dâkhauṁk; keś-, gârâṇem̐ karuṁk, phiryâd divuṁk; dâd divuṁk, âpṇâk kitem̐ jâtâ tem̐ sâṁguṁk.
Queixeiro, *a.: dente —*, akkaldâḍhî, nimâṇî dâḍhî *f.*
Queixo, *s. m.* dâḍhmaṇ *n.*, dâḍh *f.* ‖ *Ficar de — cahido*, pâkhâṁ kavḷuṁk *(litt.* ENCOLHER AS AZAS).
Queixosa, *s. f.* śîṇ kartalî, śiṇkârṇ; phiryâdiṇ, pûrvvâdiṇ.
Queixosamente, *adv.* raḍûn, piraṁgûn, chaḍphaḍûn.
Queixoso, *a.* raḍkuḷo, piraṁgaṇo; râgâr jâlalo, vâyṭ dislalo. ‖ *s. m.* śîṇ kartalo, śiṇkâr; phiryâdî, pûrvvâdî.
Queixudo, *a.* dâḍhâḷ.
Queixume, *s. m.* raḍṇî, piraṁgaṇî, parvaṇî, hurhurṇî *f.*, hâybûy karṇem̐ *n.;* śîṇ *m.*
Quejando, *a.* kasalo; tasalo, sâmko.
Quelha, *s. f.* eharî, khaḷî; aśîr vâṭ *f.*
Quem, *pron.* koṇ, jo koṇ. ‖ *— quer que*, koṇay.
Quenga, *s. f. (brasil.)* karṭî *f.*
Quente, *a.* ûn *ou* ûhn, khar; kaḍak, ushṇ; gajgajît, garam; nibar, jabar. ‖ *V.* PICANTE. ‖ *Coração —*, mogâḷ kâḷij. *Estar —*, taklek chaḍhuṁk *(litt.* SUBIR Á CABEÇA; *g. do s.)*, tâpuṁk. *Estar com o miolo —*, chaḍhuṁk. ‖ *s. m. Estar no —*, âṁthuḷṇâr âsuṁk.
Quentura, *s. f.* uhnsâṇ, ûb, kharây, tâp *f.*, trâs, dhag; uhnâḷ *m.*, garmî *f.;* jar *m.*, tâp *m. ou f.; (fig.) V.* FERVOR.
Quer, *conj.* va. ‖ *Como — que*, kaseṁy. *Quando — que*, kednây. *Onde — que*, khaiṁsaray. *Por onde — que*, khaiṁchyânay. *O que — que*, kiteṁy. *Quem —*, koṇay. *Se —*, paṇ, pûṇ. *— sim — não*, asem̐ jâṁv tasem̐.
Querela, *s. f.* phiryâd, dâd *f.*, gârâṇem̐ *n.*, parivâd; vivâd *m.*, jhagḍem̐ *n.*, taṁṭo *m.*
Querelado, *s. f.* prativâdî, uttarvâdî.
Querelador, querelante, *a. e s. m.* phiryâdî, vâdî, gârâṇeṁkâr.
Querelar, *v. i.* gârâṇem̐ karuṁk, phiryâd divuṁk. ‖ *v. r. V.* QUEIXAR-SE.
Quereloso, *a. e s. m. V.* QUEIXOSO.
Querena, *s. f.* târvâcho udkâ poṁdlo bhâg *m.;* gaj bharṇem̐ *n.*, darajbaṁdî *f.* ‖ *Virar o navio de —*, eke kusîn târûṁ ghâluṁk. *Virar de — (fig.)*, kûs mâruṁk, kâvaḍ kâḍhuṁk.
Querenar, *v. t. V.* CALAFATAR.
Querença, *s. f.* barem̐ dekhṇem̐ *n.*, barem̐ karchî khuśî *f.*, mog *m.*
Querençoso, *a.* barem̐ dekhto,- mâgto, mogâḷ, pritivaṁt; ichchhâvaṁt.
Querente, *a.* jây âslalo, śodhtalo.
Querer, *v. t.* khuśî âsuṁk *(d. do s.)*, śodhuṁk, chiṁtuṁk; *precisar de:* jâyjâvuṁk *(d. do s., s. do o.)*, garaj âsuṁk *(d. do s., g. do o.); desejar:* âśevuṁk, ichchhuṁk, śodhuṁk; *exigir:* śo-

dhuṁk; *pretender:* jâyjâvuṁk. ‖ *V.* AMAR. ‖ — *bem,* bareṁ dekhuṁk. — *mal,* vâyṭ dekhuṁk. — *crer,* sat mhaṇ dharuṁk, sat mânuṁk. *Quero o que quero,* mâkâ kiteṁ jây teṁ hâṁv jâṇoṁ. — *dizer,* sâṁguṁk karuṁk; mhaṇge. — *parecer,* disûn yevuṁk. *Sem* —, khuśebhâyr, nâkâ âstânâ. *Não* —, nâkâ jâvuṁk. *Querendo,* jây jâlyâr. ‖ *v. i.* khuśî âsuṁk *(d. do s.)*; mog karuṁk. ‖ *v. r.* ṛâvuṁk śodhuṁk. ‖ *s. m.* khuśî, ichchhâ *f.* ‖ *A seu* —, *por seu* —, âple khuśen, jây mhaṇ.

Querido, *a.* mogâcho, prîtîcho, aprûbâyecho, priya, laḍivâl. ‖ *s. m.* ishṭ, sajan.

Querimonia, *s. f. (ant.) V.* QUERELA.

Querulo, *a. (poet.)* raḍko, raḍkulo.

Quesito, *s. m.* savâl, vichâr *m.*, vichâraṇ, nimgiṇeṁ *(us. Sal.) n.*, pusî *f.*, praśn *m.*

Questão, *s. f.* vichârṇî *f.*, vichâr, savâl; *thema:* vâd, vâdvishay, vivâdvishay; *disputa:* vâd, vivâd *m.*, bhâshâbhâsh *f.*; *dissedencia:* kestâṁv, jhagḍeṁ, khaṭleṁ *n.*, taṁṭo *m.*

Questionado, *a.* vâdâcho vivâdâcho; jhagḍyâcho.

Questionador, *a. e s. m.* vichârṇâr, vichârî, vivâdśîl.

Questionar, *v. t.* vâduṁk, vivâduṁk, vichâr karuṁk *(g. do o.)*, tarkuṁk. ‖ *v. i.* kestâṁv karuṁk, jhagḍuṁk, jhagḍeṁ mâṁḍuṁk.

Questionario, *s. m.* praśnamâlâ *f.*

Questionavel, *a.* vivâdâcho, dubhâvâcho.

Questiuncula, *s. f.* lahân-, âdâv nâslalo taṁṭo *m.*

Questuario, *a. e s. m.* lâbh mât śodhtalo, joḍir ikhlo âslalo.

Questuoso, *a.* lâbhâcho, âdâvâcho, joḍîcho.

Quiabeiro, quiabo, *s. m. (bot.)* beṁḍo *m.*

Quiçá, *adv.* ghaḍiyek, ekâdo *(decl.)*, mustâ, gây, bi, kadâchit.

Quichotada, quichotice, *s. f.* sukî baḍây,- phaḍâ, polkî mijâs *f.*

Quicio, *s. m. V.* GONZO.

Quidam, *s. m.* gomâjî.

Quiddidade, *s. f. V.* ESSENCIA.

Quiescente, *a.* thaṁḍ, hâlo nâslalo, thîr, achal.

Quietação, *s. f.* thaṁḍây *f.*, svasthpaṇ, śaman *n.*

Quietamente, *adv.* ugo râvûn, thaṁḍâyen.

Quietar, *v. t. e r. V.* AQUIETAR.

Quiete, *s. f. (poet.) V.* SOCEGO.

Quietismo, *s. m.* śâṁti *f.*, śam *m.*

Quietista, *a. e s, m. e f.* vedâṁtî.

Quieto, *a.* hâla nâslalo, thîr, achal, niśchal; *socegado:* thaṁḍ, śamanâ, svasth; *sereno:* thaṁḍ, śîtaḷ, nirvât; *pacifico:* śâṁt, śamanâ, sâbdo, suchitt; *que não faz bulha:* ugo *ou* ogo, thaṁḍ. ‖ *Ficar* —, ugo râvuṁk.

Quietude, *s. f.* manâchî thaṁḍây *f.*, svasthpaṇ *n.*

Quigila, *s. f. V.* QUISILIA.

Quilatação, *s. f.* kasâk lâvṇeṁ, kas paḷevṇeṁ *n.*, kasṇî *f.*

Quilatar, *v. t. V.* AQUILATAR.

Quilate, *s. m* bhâṁgârâ- ratnâṁchî daśâ *f.*; oṁsâcho chovisvo vâṁṭo *m.*; *(fig.)* uttampaṇ, śreshṭhpaṇ *n.*, nâjukây, chakhoṭây *f.*

Quilateira, *s. f.* ratnâṁchî châḷîṇ *f.*

Quilha, *s. f, (naut.)* kaṇo *m.*, pâṭaṇ *n.*

Quilhar, *v. t.* pâṭaṇ ghâluṁk *ou* ghaḍuṁk *(g. ou d. do o.)*.

Quina, *s. f.* koṇso; paṁjo *m.*

Quinado, *a.* pâṁpâṁch.

Quinar, *v. i.* paṁchak karuṁk.

Quinario, *a.* pâṁchâṁcho, paṁchak.

Quinau, *s. m.* kinâv *m.*, chûk kâḍhṇeṁ *n.*

Quindecagono, *s. m.* paṁchadaśakoṇ *m.*

Quindenio, *s. m.* pâṁchsâl *n.*

Quindim, *s. m.* moḍâmoḍ *f.*, gamjo *m.*

Quinhentesimo, *a.* pâṁyśîṁvo.

Quinhão, *s. m.* vâṁṭo, bhâg, hisso *m*, takshim *f.* ‖ *Entrar a* —, bhâgâ râvuṁk, bhâg ghevuṁk.

Quinhentista, *s. m.* soḷâvyâ śekḍyâcho; pakkî bhâs baraitalo.

Quinhentos, *a. pl.* pâṁyśîṁ.

Quinhoar, *v. t. V.* AQUINHOAR.

Quinhoeiro, *s. m.* bhâgeli, bhâgidâr, vâṁṭelî.

Quinino, *s. m.* kinîn *m.*

Quinquagenario, *a. e s. m.* pannâsâṁ varshâṁcho.

Quinquagesima, *s. f.* pannâsvo vâṁṭo, -aṁś *m.*

Quinquagesimo, *a.* pannâsvo.

Quinque, *pref.* paṁcha.

Quinquedéntado, *a.* paṁchadaṁt.

Quinquefoliado, *a.* paṁchaparṇ.

Quinquennal, *a.* pâṁchâṁ varshâṁcho, pâṁchsâlî.

Quinquennio, *s m.* pâṁchsâl *n.*

Quinquilharia, *s. f.* maṇer *m.*

Quinquilheiro, *s. m.* maṇerî.

Quinta, *s. f.* kuḷâgar, gharbhâṭ *n.*, baṁglo *m.*

Quintado, *a.* pâṁchvo kâḍhlalo.

Quintador, *a. e s. m.* pâṁchvo kâḍhtalo.

Quinta-essencia, *s. f.* sâr *m.*, tattv *n.*

Quinta-feira, *s. f.* brestâr *ou* birestâr *m.*

Quintal, *s. m.* durîg, gharâ baglecheṁ parsûṁ *n.*; maṇ *m.*

Quintalejo, *s. m.* lahân durig *n.*; dhaḍo (vajan) *m.*

Quintan, quintano, *a.* pâṁpâṁchâṁ disâṁcho (jar).

Quintan, *s. f. (ant.),* **quintão,** *s. m.* parsûṁ *n.*

Quintar, *v. t.* pâṁchvo vâṁṭo kâḍhuṁk *(g. do o.)*, pâṁpâṁchâṁtlo ek kâḍhuṁk.

Quinteira, *s, f.* muṁdkârṇ *ou* muṇkârṇ *n.*

Quinteiro, *s. m.* muṁdkâr, muṁdkârî *ou* muṇkâr, muṇkârî *m.*, kûḷ *n.*

Quinteto, *s. m.*, **quintilha,** *s. f.* pâṁchpadî ślok *m.*

Quintetto, *s. m.* pâṁch jaṇâṁcheṁ gâyan *ou* vâjap *n.*

Quinto, *a.* pâṁchvo. ‖ *s. m.* pâṁchvo vâṁṭo *m.*

Quintuplicação, *s. f.* paṁchguṇ karṇeṁ *n.*

Quintuplicadamente, *adv.* paṁchguṇîṁ.

Quintuplicado, *a.* paṁchguṇ kelalo.

Quintuplicador, *a. e s. m.* paṁchguṇ kartalo.

Quintuplicar, *v. t.* paṁchguṇ karuṁk. ‖ *v. r.* paṁchguṇ jâvuṁk.

Quintuplo, *a.* paṁchguṇ, pâṁchpaḍo. ‖ *s. m.* paṁchguṇ *m.*

Quinze, *a. pl.* poṁdhrâ.

Quinzena, *s. f.* poṁdhras *f.*; dâḍlyâcheṁ âṁgvastr *n.*

Quinzenal, *a.* poṁdhrasîcho.

Quinzenalmente, *adv.* poṁdhrasîṁ, poṁpoṁdhrâṁ disâṁnîṁ.

Quiproquo, *s. m.* chûk *f.*, ślesh *m.*

Quisilar, *v. t.* kijilâṁ ghâluṁk *(d. do o.)*, châḷauṁk, tiḍauṁk *f.* ‖ *v. i. e r.* châḷvuṁk, tiḍuṁk, tiḍkuṁk, chaḍhuṁk, tâpuṁk.

Quisilento, *a.* kijiler, kijilâṁ ghâltalo; jaḷsar, tiḍko.

Quisilia, *s. f.* kijil *n.*, nâkhuśî, napaḍ; duśmânkây *f.*, dusaṁg *n.*, virodh *m.* ‖ *V.* ABORRECIMENTO.

Quisto, *a.* mogâcho, aprûbâyecho.

Quita, quitação, *s. f.* riṇâcheṁ bogsaṇeṁ *n.*, soḍ, sûṭ, mâphî, uttîrṇpaṇ; soḍicheṁ patr, phârkat *n.*, soḍchiṭṭ *f.*

Quitado, *a. V.* QUITE.

Quitador, *a. e s. m.* soḍṇâr, sûṭ kartalo.

Quitamento, *s. m. V.* QUITAÇÃO *e* DIVORCIO.

Quitança, *s. f. V.* QUITAÇÃO.

Quitanda, *s. f.* tiṁṭo, bâjâr *m.*, sâṁt *f.*

Quitar, *v. t.* soḍuṁk. sûṭ-, uttîrṇ karuṁk, bogsuṁk; *evitar:* vâṭâvuṁk; *tolher:* âḍâvuṁk; *tirar:* kâḍhuṁk; *perder:* sâṁḍuṁk. ‖ *V.* DESQUITAR-SE.

Quita-sol, *s. m. (ant.) V.* GUARDA-SOL.

Quite, *a.* sûṭ. riṇâṁmokhḷo, uttîrṇ.

Quitemente, *adv.* sûṭ-, mokhḷo jâvûn, uttîrṇpaṇîṁ.

Quito, *a. V.* QUITE.

Quociente, *s. m. (arith.)* bhâg, phaḷ *m.*

Quota, *s. f.* vâṁṭo, bhâg; châṁdo *m.*, paṭṭî *f.*

Quotidianamente, *adv.* disândîs, disâchedisâ.

Quotidiano, *a.* dispaṭo, disâdispaṭo, disâdisâcho.

Quotizar, *v. t. e r. V.* COTIZAR.

R

R, aṭhrâveṁ akshar *(r, fem.)*.

Rã, *s. f. V.* RAN.

Rabada, *s. f.* mâsḷechî śeṁpḍî *f.*; gorvâche śeṁpḍekaḍsileṁ mâs *n.*; seṁdî *f.*; *(ant.) V.* POPA.

Rabadão, *s. m. (ant.)* râkhṇo, dhangar, goṁvḷî.

Rabadela, *s. f.* mâsaḷkârâk vika nâstânâ urlalî mâsḷî *f.* ‖ *V.* RABADILHA.

Rabadilha, *s. f.* bukâṇo *m.*

Rabado, *a.* śeṁpḍi âslalo.

Rab'alva, *s. f. (zool.)* kurur *m.*

Rab'alvo, *a.* dhave śeṁpḍecho.

Rabana, *s. f.* ḍuṁḍumeṁ *n.*

Rabanada, *s. f.* śeṁpḍecho phâr. ‖ — *de vento,* jhoḍpo *m.*

Rabanal, *s. m.* muḷyâṁcho maḷo *m.*

Rabanete, *s. m.* lahân muḷo *m.*

Rabano, rábão, *s. m.* mulo *m.*
Rabão, *a.* lâṁḍo.
Rab'avento, *adv.* vâryâpramâṇeṁ (uḍuṁk).
Rabaz, *a.* kâḍhn vhartalo.
Rabbi, **rabbino**, **rabboni**, *s. m.* judevâṁcho guru.
Rabeador, *a.* śeṁpḍi hâlauṇo; *(fig.) V.* INQUIETO.
Rabeadura, *s. f.* śeṁpḍî hâlauṇeṁ *n.*; *(fig.) V.* DESASSOCEGO.
Rabear, *v. i.* śeṁpḍi hâlauṁk; *(fig.)* chaḷbaḷuṁk, ghusḷuṁk, taḷmaḷuṁk; phaḍphaḍuṁk, dhaḍbaḍuṁk.
Rabeca, *s. f.* rebek, rabak *n.*, sâraṁgî; taṇâchî lepḍî *f.* ‖ *Rabecas do casamento (fig.)*, kachebache *m. pl.* *Tocar — (fig.)*, âphragiṁ mân kâḍhuṁk.
Rabecada, *s. f.* rebek vâjauṇeṁ *n.*; *(fig.)* gâṁjṇî *f.*, sol; mân kâḍhṇeṁ *n.*
Rabecão, *s. m.* rebekâṁv, boṁkâṁv *m.*
Rabeira, *s. f. V.* RASTO e RABEIRO.
Rabeiro, *s. m.* guḷeṁ *n.*
Rabejar, *v. t.* (bailâche) śeṁpḍek dharuṁk *(g. do o.)*. ‖ *v. i.* âṁgvastr loḷaun vharuṁk.
Rabelo, *s. m. V.* RABIÇA.
Rabequista, *s. m. e f.* rebekîst.
Rabia, *s. f. V.* HYDROPHOBIA.
Rabiça, *s. f.* ruṁbḍî *f.* ‖ *— brava (bot.)*, râṁnuḷo *m.*
Rabichão, *a. V.* RABÃO.
Rabicho, *s. m.* seṁḍî; *(fig.)* nâḍ, naḍ *f.*, khâvṭeṁ *n.*
Rabico, *a.* alarkâcho.
Rabicurto, *a.* moṭve śeṁpḍecho.
Rabido, *a. V.* RAIVOSO.
Rabifurcado, *a.* chirlalyâ śeṁpâḍyâcho.
Rabigo, *a.* śitâb, suḍsuḍît, jivaṭ.
Rabil, *s. m.* tuntuneṁ, sarâṁgeṁ *n.*
Rabilongo, *a.* lâṁbe śeṁpḍecho.
Rabinice, *s. f.* tîḍpaṇ *n.*, chaḷbaḷ, ghusaḷṇî *f.*
Rabino, *a.* tîḍ, âḍṇâḍî, chaḷbaḷyo, ghusaḷṇo.
Rabioso, *a. V.* RAIVOSO.
Rabisca, *s. f.* vâṁkḍî regh *f.*; khardo, varkhaḍo *m.* ‖ *Fazer rabiscas*, kharḍuṁk.
Rabiscadeira, *s. f.* kaṇśyo va phaḷâṁ urlaliṁ puṁjâytalî.
Rabiscador, *a. e s. m.* urlaliṁ phaḷâṁ pujâytalo; kharḍitalo, kharḍekâr.
Rabiscar, *v. i.* regho oḍhuṁk; kharḍuṁk, varkhaḍuṁk. ‖ *v. t.* varkhaḍûn barauṁk. ‖ *V.* REBUSCAR.
Rabisco, *s. m. V.* RABISCA e REBUSCO.
Rabisecco *a.* vâṁjh, nirphaḷ.
Rabo, *s. m.* seṁpḍi, śeṁp *f.*, śeṁpûṭ *(dim.) n.*, śeṁpḍo *(aug.)*; śeṁpâḍo *(— das aves)*; *(fig.)* bukâṇo *m.*, phudneṁ *n.* ‖ *Metter o — entre as pernas*, śeṁpḍi kavḷuṁk. *Aqui torce a porca o —*, hâṁgâ ki sagḷo goṁdhaḷ âsâ. *De cabo a —*, śekânsek.
Raboleva, *s. m.* kâgḍâ va lugṭâchî śeṁpḍî *f.*; *(fig.)* lâṁbto.
Rabona, *a.* lâṁḍî (lâṁḍeṁ, *n.*). ‖ *s. f.* kasâg *(do port.* CASACA) *n.*
Raboso, *a.* lâṁbe śeṁpḍecho.
Rabotar, *v. t.* raṁdho mâruṁk *(d. do o.)*, raṁdhuṁk.
Rabote, *s. m.* raṁdho *m.*
Rabudo, *a.* śeṁp-, śeṁpâḍo âslalo; lâṁbâ śeṁpâḍyâcho.
Rabuge, **rabugem**, *s. f.* śunyâṁchî kharaj; *(fig.)* tiksâṇ, jaḷsâṇ *f.*
Rabugento, *a.* kharjuvâḷo; jâḷgo, jaḷsar, perlûs, kurṭo.
Rabugice, *s. f.* perlusâṇ *f.*, jâḷgepaṇ, keṁvkeṁv *n.*
Rabujar, *v. i.* khâvuṁk yevuṁk, jaḷuṁk, phaṇphaṇuṁk, jâḷgo jâvuṁk.
Rabula, *s. m.* tarḍakî; nâḍgo vakîl; jhâṁkro, baḍbaḍyo.
Rabulão, *s. m.* chakâṭâṁ-, śâpatâṁ sâṁgtalo, jhâṁkro, pharpharo.
Rabular, *v. i.* śâpatâṁ- guṁgurnâṁ sâṁguṁk; tarḍakâṁ-, aḍkâṁnâḍkâṁ karuṁk.
Rabularia, **rabulice**, *s. f.* tarḍak, taṭḍhoṁg *n.*, aḍkâṁnâḍkâṁ; śâpatâṁ, guṁgurnâṁ *n. pl.*, tâvḍârkî *f.*
Raça, *s. f.* kuḷî *f.*, kûḷ, soyn, ghar, gharâṇeṁ *n.*, vaṁś, bîj, biyâḷo, gotr *m.*; jât *f.*, varṇ *n.*; *(fig.) V.* DESCENDENTE. ‖ *A — humana*, janpad *m.*, manushyakûḷ *n.* *— de viboras (fig.)*, chorṭyâṁcheṁ kûḷ. *Cavallo de —*, baryâ biyâḷyâcho ghoḍo. *— diversa*, parjât *f.*
Ração, *s. f.* rasâṁv, bhâteṁ *n.*, paḍ, chaṁḍî, bhûs *f.*, śer *m.*; monjâtîcheṁ eke pâvṭhîcheṁ khâṇ *n.* *Estar á meia —*, ardhyâk paḍuṁk,- uruṁk.
Racha, *s. f.* dhâḷ, ver, phûṭ, phuṭoḷî, chîl, chîr, bhagaḷ, betâv; taḍo, solpo *m*
Rachadeira, *s. f.* koytulî *f.*
Rachado, *a.* verelalo, ugaḷlalo, phuṭoḷyâṁcho.
Rachador, *a. e s. m.* jaḷo phoḍtalo.
Rachadura, *s. f.* phoḍṇî *f.*, phoḍap, chirap *n.* ‖ *V.* RACHA.
Rachar, *v. t.* phoḍuṁk, ugḷâvuṁk, chiruṁk, verâvuṁk, solpâvuṁk, uslâ-

vumk. || — *com pancadas,* kutumk, kumkumâvumk, dâḍâvumk. *Frio de* —, himvâḷo *m.*, kaḍkaḍî *f.* *Vento de* —, jhaṇjhaṇît vârem *n.* || *v. i. e r.* phuṭumk, verevumk, śevumk, ugḷumk, chiromk, pâmtevumk.

Ráchis, *s. f. (anat.),* kaṇo; *(bot.)* kaṇśecho dâmḍo *m.*

Rachitico, *a.* khiḷkhiḷit, laṭpaṭit, ḍaḷmaḷit; *(fig.)* jhiḷmiḷit, viḷviḷit, nistej. || *s. m.* khiḷkhiḷit manis; *(fig.)* hoḷlalo, bhâgaṭyo, sukaṭyo.

Rachitismo, *s. m.,* **rachite,** *s. f.* khiḷkhiḷî *f.*, latpaṭitpaṇ *n.*; *(fig.)* jhiḷmiḷî, viḷviḷitây *f.*

Racimado, *a.* ghomsâmcho; ghoms kaso.

Racimifero, *a. (poet.)* ghoms jâtalo.

Racimifloro, *a. (bot.)* ghomsâmnim phulâm jâtalo.

Racimiforme, *a.* ghoms kaso.

Racimo, *s. m.* ghoms.

Racimoso, *a.* ghomsâmcho, ghomsâḷo.

Raciocinação, *s. f.* tarkiṇem *n.*; tark, vichâr *m.*

Raciocinador, *a. e s. m.* tarkitalo, tarkî, târkik; gaṇṇâr.

Raciocinar, *v. i.* tark karumk, tarkumk, anumânumk. || *V.* CALCULAR.

Raciocinativo, *a.* tarkvidyecho, tarkâcho.

Raciocinio, *s. m.* tark, vichâr *m.*, tarkvidyâ; buddh, tarkśakti *f.* || *V.* OBJECÇÃO.

Racionabilidade, *s. f.* tarkśakti, jñânśakti *f.*, buddhiguṇ *m.*

Racional, *a.* buddh-, gnyân âslalo, mativamt, chittvamt, tarkjña, tarkśaktîcho, tarkśaktik, yukt, vâjbî, lâyk, nîṭ; samjik. || *s. m.* jñânî *ou* gnyânî, buddhisampann *m.*; upapatti *f.*

Racionalidade, *s. f.* tarkśakti, jñânśakti; yukti, lâykî *f.*

Racionalismo, *s. m.* kâraṇvâd, hetuvâd *m.*

Racionalista, *a.* kâraṇvâdâcho. || *s. m.* hetuvâdî, kâraṇvâdî.

Racionalmente, *adv.* gnyânpramâṇem; tarkân; yuktim, nîṭ.

Racionavel, *a. V.* RAZOAVEL.

Racioneiro, raçoeiro, *a.* bhâtem-, śer ghetalo.

Raconto, *s. m. (ant.) V.* NARRATIVA.

Radiação, *s. f. V.* IRRADIAÇÃO.

Radiado, *a.* trijyâmcho; pâṭâmcho, pâṭ âslalo.

Radial, *a.* kâmbîcho.

Radiante, *a.* kirṇâmcho, ujvâḍik, laklakît, jhagjhakît, prajvaḷit, chakchakît; rasraśit.

Radiar, *v. i.* jhagjhakumk, laklakumk, prajvaḷumk. || *v. t. V.* AUREOLAR.

Radicação, *s. f.* pâḷ gheṇem *n.*, pâḷâmbṇî *f.*

Radicado, *a.* pâḷâm ghetlalo.

Radical, *a.* muḷâcho, pâḷâcho; *(fig.)* muḷâcho, arambhâcho, asal. || *Cura* —, muḷâmt piḍâ moḍṇem *n.* *Folhas radicaes,* muḷâchîm pânâm *n. pl.* *Vicio* —, sayambhâcho aguṇ, svabhâvâguṇ *m.* || *s. m. (gram.)* mûḷ *n.*

Radicalmente, *adv.* muḷîm, muḷâmt thân; nibhel, ekdam, nipaṭ.

Radicante, *a. (bot.)* pâḷâmbe jâtalo.

Radicar, *v. t.* rombumk; *(fig.)* khamchaumk. || *v. r.* pâḷâm ghevumk, pâḷâm phuṭumk *(d. do s.)*; *(fig.)* khamchomk, rombomk, rigumk.

Radicivoro, *a.* mûlabhojî.

Radicoso, radiculado, *a.* pâḷâmcho, pâḷâḷ.

Radicula, *s. f.* supurlem pâḷ *n.*, muḷî *f.*

Radio, *s. m. (anat.)* kâmb; *(geom.)* trijyâ *f.*

Radiosamente, *adv.* jhagjhakûn, laklakûn; *(fig.)* ânamdân, murgaṭûn.

Radioso, *a.* dîptibharit, dîptivamt, prajvaḷit; *(fig.)* ânamdbharit, samtoshî, ullâsî.

Raer, *v. t.* nitaḷ karumk; oḍhnyân oḍhumk va pumjâvumk.

Rafa, *s. f.* bhukecho rakhrakho *m.* || *V.* MISERIA.

Rafado, *a.* bhukest; dubḷo, garib; *(fig.)* virvirît (lugaṭ).

Rafar, *v. t.* virvirâvumk. || *v. r.* virvirumk, virvirit jâvumk.

Rafeiro, *a. e s. m.* kutro *m.*

Rafiar, *v. t. (ant.). V.* TECER *e* AFAGAR.

Ragueira, *s. f.* târûm taḍik bâmdhchem dor *n.*

Raia, *s. f.* regh, rekhâ *f.*, pâṭ *m.*; sarad, sîm *f.*; *(zool.)* vâgaḷ, vâgaḷem *n.* || *Dar* — *(fig.),* chukumk; lajjek paḍumk. *Passar as raias,* agḷo-, hispâbhâyr jâvumk.

Raiado, *a.* regho-, pâṭ âslalo; *(fig.)* miśrit, vevegḷyâm-, nânâparimchyâm vastûmnim ghaḍsilalo.

Raiano, *a. e s. m.* saradîcho.

Raiar, *v. i.* kirṇâm ghâlumk, laklakumk, prajvaḷumk, jhagjhakumk; udevumk, ujvâḍumk, dishṭî paḍumk. || *v. t.*

pâṭ ghâlumk *(d. do o.)*; reghumk, risko-, regho mârumk *(d. do o.)*.

Raigota, *s. f.* supurlem pâḷ *n.*, muḷî *f.*; *(fig.)* nâkśechem kûms *n.*

Raigotoso, *a.* lahâṇâm pâḷâmcho.

Rainha, *s. f.* ṛâṇî, râjpatnî.

Raio, *s. m.* kirṇ *n.*, raśmi *(p. us.)*; vîj, vajr *m.*, jhagal, vidyut *(p. us.)*, *(geom.)* trijyâ *f.*, vyâśârdh *n.*; *(fig.)* avdhamḍo, utpât *m.* ‖ *Raios da roda*, châkâchyo khâmblyo *f. pl.* *Raios de sangue*, raktâchî kîṭ *f.*

Raiva, *s. f.* (śuṇyâ, mâjrâchî) pisây *f.*, alark; râgâcho kaḍh, krodh, kîmv, kop *m.*, tiḍak; *desejo vehemente:* oḍh, khurî, hurlûk, hukkî; *grande odio:* jaḷṇî *f.*, jâḷ *m.* ‖ *Ter — a alguem*, jaḷumk, paḷevûm najo jâvumk.

Raivar, **raivecer**, *v. i.* kopumk, krodhumk, tiḍkumk, peṭumk; huḍhuḍumk, hurhurumk.

Raivença, *s. f.* nâkâ jâlalo kop, beshṭo kîmv; burgyâcho râg *m.*

Raivento, *a.* *V.* RAIVOSO.

Raivinha, *s. f.* kurmurî, ubgaṇ *f.*

Raivosamente, *adv.* kimvân, tiḍken, kopûn.

Raivoso, *a.* pisâvlalo; râgâbharit, râgishṭ, kopî, kimvâbharit. ‖ *Tosse raivosa*, śuṇemkhamklî *f.*

Raiz, *s. f.* mûḷ, mûmd, pâḷ *n.*, muḷî *f.*, dâv *n.*; *(gram.)* prakṛit, śabdayoni *f.*, dhâtu *m.*; *base:* mûḷ, pomd *n.*, bumdhâro *m.*; *origem:* mûḷ, bij, mudal *n.*, arambh, âdi; *ligação:* kaṭ, ekvaṭ, bâmdhpâs *m.* ‖ *Raizes aereas*, pâḷâmbe *m. pl.* — *de uma quantidade*, mûḷ. — *quadrada*, pad. *Bens de* —, gharbhâṭ, śetbhâṭ *n.*, sthâvar *m.* *Lançar raizes*, pâḷâm ghevumk. *Saber de* —, mûḷ paryâmt jâṇo jâvumk *(g. do o.)*. *A — da carne*, âmgâk temkûn.

Raizada, *s. f.*, **raizame**, *s. m.* pâḷâmcho śemḍo *m.*

Raja, *s. f.* *V.* FAIXA.

Rajá, *s. m.* râjâ.

Rajada, *s. f.* jhoḍpo, jhoḍ *m.*, vâryâchî moḷî *f.* ‖ — *de colera*, kaḍkaḍo. — *de eloquencia*, śabdâmcho loṭ *m.*

Rajado, *a.* *V.* RAIADO.

Rajar, *v. t.* pâṭ ghâlumk *(d. do o.)*, regho karumk *(d. do o.)*, reghumk; *(fig.)* *V.* ENTREMEAR.

Rala, *s. f.* *V.* ROLÃO.

Ralaço, *a.* *V.* RELASSO.

Ralar, *v. t. e r.* *V.* RALLAR.

Ralé, *s. f.* jât *f.*, jinnas; uṇo lok *m.*, luḷem *n.*

Raleado, *a.* *V.* RALO.

Raleadura, *s. f.* pâtaḷ karṇem, jâṇem *n.*, pâtḷây *f.*; dâkhechîm phulâm pâlven gaḷṇem *n.*

Releamento, *s. m.* *V.* RALEADURA *e* RALEIRO.

Ralear, *v. t.* pâtaḷ-, bârîk karumk; châḷ karumk *(d. ou l. do o.)*. ‖ *v. i. e r.* pâtaḷ-, virvirît jâvumk.

Raleira, *s. f.* **raleiro**, *s. m.* châḷ *n.*

Raleza, *s. f.* pâtḷây, bârkây *f.*

Ralhação, *s. f.* *V.* RALHO.

Ralhador, **ralhão**, *a. e s. m.* gâmjṇâr, darkâvṇo, vâdhamgyo.

Ralhar, *v. i.* gâmjumk, darkâvumk, himḍsumk, bhâmḍumk, savumk, khâvṇumk yevumk *(litt.* VIR COMER*)*. ‖ — *com alguem*, tâmb kâḍhumk *(litt.* DESENFERRUJAR*)*, solumk *(litt.* DESCASCAR*)*, bobâṭ karumk.

Ralho, *s. m.* gâmjṇî, darkâvṇî *f.*, bobâṭ karṇem, bhâmḍaṇ, vâdhamg *n.*, gâḷ, paijâ *f.*

Rallação, *s. f.* trâs, samtâp *m.*, piḍâpîḍ *f.*, karkar *m. pl.*

Rallado, *a.* kâmtlalo; ubgolalo, duśchit.

Rallador, *a.* trâsâmcho, samtâp ditalo ‖ *s. m.* kâmtṇem *n.*, âḍoḷo *m.*

Ralladura, *s. f.* kâmtṇem *n.*; *(fig.)* duḥkh, piḍâpîḍ; ubgaṇ, vâj *f.*

Rallar, *v. t.* kâmtumk; kisumk, piṭho,- chûr karumk *(g. do o.)*; *(fig.)* dagd-, kashṭ divumk *(d. do o.)*, trâsumk, kichḍâvumk, samtâpaumk. ‖ *v. r.* duḥkh-, khamt bhogomk *(d. do s.)*, dagdagumk, vaḷvaḷumk. ‖ *Não se* —, parvâ nâ karumk, husko-, parvâ nâsumk *(d. do s.)*.

Rallo, *s. m.* kâmtṇem; chahiṇîchem pomd; girâmchem patrem *n.*

Ralo, *a.* pâtaḷ, bârîk; sarbarît *(diz-se só de liquidos)*; virvirît, chirchirît *(pano —)*.

Rama, *s. f.* vistâr *m.*, khâmdyo, ṭaṇâḷyo *f. pl.* ‖ *Algodão em* —, kisâilalo kâpûs *m.* *Cera em* —, karḍem meṇ *n.* *Pela* —, vaylyâvayr.

Ramada, *s. f.* vistâr; khâmdo; maṭav, mamḍap, khâmdiyâmcho âḍos *m.*

Ramadan, *s. m.* ramjân *n.*

Ramado, *a.* ṭahâḷyo âslalo, pâlelalo, vistârâdîk.

Ramagem, *s. f.* vistâr *m.*, khâmdyo *f. pl.*; phulâmpânâmcho lugṭâr nakśo *m.*

Ramal, *s. m.* pad, sar *m.*; gâmthaṇ, śimkaḷ *f.*; mârgâcho phâmṭo; topiyecho goṁḍo *m.;* gophiṇîchîṁ ṭoṁkâṁ,-poṁtâṁ *n. pl.*

Ramalhada, *s. f.* ṭahâḷyâṁchî râs *f.;* ṭahâḷyâṁcho bobâḷ,- saḷsaḷ *m.*

Ramalhar, *v. i.* ṭahâḷyo hâlauṁk,-saḷsaḷâvuṁk; (jhâḍ) saḷsaḷuṁk, karkaruṁk. || *v. t.* saḷsaḷâvuṁk, karkarâvuṁk. || *s m.* saḷsaḷ *m.*

Ramalhete, *s. m.* râmâlyet *f.*, jhelo, buchko *m.;* mâḷâ *ou* mâḷâ *f.*

Ramalheteira, *s. f.* jhelekârṇ, phulkârṇ.

Ramalho, *s. m.* khâṁdo *m.*

Ramalhudo, *a.* pâlyâṁ bharlalo, phâṁkârlalo; jâytyâṁ phâṁṭyâṁcho; sarsarît, charcharît, karkarît. || *Olhos ramalhudos*, lâṁbâṁ âskiṭyâṁche ḍoḷe.

Ramaria, *s. f. V.* RAMA.

Rameira, *s. f. V.* PROSTITUTA.

Rameiro, *a.* jhâḍâr uḍuṁk śiktalo (śukṇeṁ).

Ramentos, *s. m. pl. (ant.)* urlaleṁ; ushṭeṁ (— *de comida) n.*

Ramerrão, *s. m.* sadâṁcheṁ pad, ekach pad *n.*

Ramificação, *s. f.* phâṁṭe *m. pl.;* phâṁkârṇî *f.*

Ramificado, *a.* phâṁṭe âslalo, phâṁṭyâṁcho; phâṁkârlalo.

Ramificar, *v. t.* phâṁṭe-, vâṁṭe karuṁk *(d. do o.)*, vâṁṭuṁk. || *v. r.* phâṁṭe phuṭuṁk *(d. do s.)*, khâṁḍe jâvuṁk *(d. ou g. do o.);* phuṭuṁk.

Ramiforme, *a.* ṭahâḷo kaso.

Raminho, *s. m.* ṭahâḷî, khâṁḍî *f.;* supurlo buchko *m.*

Ramo, *s. m.* khâṁdo *m.*, khâṁḍî, ṭahâḷî *f.*, ṭahâḷo, phâṁṭo; *palmito bento:* râṁ *m.*, śivḍî *f.; secção:* phâṁṭo, bhâg *m.*, prakaraṇ, âṁg *n.; divisão de familias:* śâkhâ *f.: descendente:* pâḷ *n.; ataque de doença:* jhaṭko, jhapâṭo; *cada uma das peças de lençol:* phâṭko *m.*, phâl *f.; taberna:* dukân *n.* || *V.* RAMALHETE. || — *de gente*, urpaṁj, mâṁt *f.* *Entregar o* —, hâtâṁt ṭahâḷo. divuṁk (pâvṇecho).

Ramosidade, *s. f.* vistâr, phâṁkâr *m.*, phâṁkârṇî *f.*

Ramoso, *a.* pâlo âslalo; ṭahâḷyâṁnîṁ bharlalo, phâṁkârlalo, vistârâdik.

Rampa, *s. f.* pâj, ghâṭî *f.*, pâlsaṇ *n.*

Rampante, *a.* upâṁyî âslalo.

Ramudo, *a. V.* RAMOSO.

Ramusculo, *s. m.* ṭahâḷî, khâṁḍî *f.*

Ran, *s. f.* mâṁḍûk, bebûk, bhek *(p. us.) m.*, mâṁḍkî, bedkî *(dim.) f.;* mâṁḍko, bedko *(aug.) m.*

Rançar, rancescer, *v. i.* khuṁṭevuṁk, khuṁṭo jâvuṁk.

Ranchada, *s. f.* urpaṁj *f.*, gaṇ *m.*

Rancheiro, *s. m.* râṁch kartalo. || -s, *pl.* eke basoṁt jevtale, sahabhojî, bisoche manîs *m. pl.*

Ranchel, *s. m.* peṁḍeṁ *n.*, thoḍi urpaṁj *f.*

Rancho, *s. m.* urpaṁj *f.*, peṁḍeṁ *n.*, gaṇ, kalap *m.;* râṁch *f.*, gaṇânn *n.;* bisî *f.;* vâvrâḍyâṁcheṁ peṁḍeṁ *n.* *Fazer* —, bhâgâ râvuṁk. *De* —, sâṁgâtâ, vâṁgḍâ.

Rancido, rancio, *a. V.* RANÇOSO.

Ranço, *s. m.* khaṁvṭâṇ, khuṁṭsâṇ, bevsâṇ; bâtsâṇ *f.*

Rancor, *s. m.* dvesh, matsar *m.*, kapaṭ, kusḍepaṇ *n.*, poṭâṁtlo râg *m.*

Rancorosamente, *adv.* kusḍepaṇîṁ, dveshîṁ.

Rancoroso, *a.* dveshî, matsarî, kapaṭî, daṁśî, kusḍo, kaḍvo.

Rançoso, *a.* khuṁṭ, khuṁṭo, khavaṁṭ, khuṁṭelalo; *(fig.)* parṇo, juno, jharlalo. || *V.* DESENXABIDO.

Rancura, *s. f. V.* RANCOR.

Ranganula, *s. f. V.* AVERSÃO.

Rangedor, rangente, *a.* charcharît, sarsarît, sursurît, karkarît.

Ranger, *v. i.* karkaruṁk, charcharuṁk, sarsaruṁk. || *v. t.* karkarâvuṁk, (dâṁt) kirlâvuṁk.

Rangido, *s. m.* karkar *m.*, charcharṇî, kachkachṇî *f.*

Ranho, beṁbro, śeṁbûr *ou* śeṁbûḍ *m.*, âṁv *f.*

Ranhoso, *a.* beṁbryâcho; nâk pusî nâslalo, nâk vâhvuṁk ditalo.

Ranhura, *s. f.* phalyâchî khâṁch *f.*, khâṁp *n.*

Ranilha, *s. f.* nevar *m.*

Rapa, *s. m.* bharṇo, poṭyo.

Rapace, *a.* nâgauṇo, luṭâro.

Rapacidade, *s. f.* luṭârepaṇ, chorṭepaṇ *n.*, chorchî saṁvay *f.*

Rapadela, *s. f. V.* RAPADURA.

Rapado, *a.* tâslalo; muḷân kâtarlalo, boḍko.

Rapadoira, *s. f.* kharvado *m.*

Rapadura, *s. f.* kharvaḍṇî *f.*, tâsṇeṁ, tâsap *n.*, kâpṇî, kâpaṇ; kharvaḍ *f.*, kharpaneṁ *n.*

Rapagão, *s. m.* dâṁḍgo burgo, ghoḍo (*litt.* CAVALLO).

Rapante, *a.* kharpitalo; pâṁyâṁnîṁ khaṇtalo; nâgauṇo, chorṭo.

Rapão, *s. m.* kair-, chikal puṁjâytalo.

Rapapé, *s. m.* dimbî modṇem *n.*, namaskâr *m.* ‖ -s, *pl.* lâg *m. pl.*, dhumpâvṇî *f.* ‖ *Fazer* —, phulaumk, phuslâvumk, phulâm mâḷumk.

Rapar, *v. r.* kharpumk, kharvaḍumk, kharḍumk; tâsumk, kâpumk, boḍkâvumk; luṭumk, sutlâvumk; *(fig.)* mârumk, jiv kâḍhumk *(g. do o.)*. ‖ — *os pés á porta (fig.)*, partyân domko nâ davrumk. *Frio de* —, hâḍâm phoḍchem hîmv. — *fome, sede*, bhûk-, tahân jâytî sosumk.

Rapariga, *s. f.* chalî, lemkî *f.*, burgem, cheḍûm *n.*

Rapa-tachos, *s. m.* kumḍḷîm pustaḷo,- lemvtalo, bharṇo, poṭṇo.

Rapaz, *s. m.* burgo, chalo, cheḍo, jhîl, por, lemk. ‖ *a. V.* RAPACE.

Rapazelho, rapazete, rapazinho, *s. m.* chedko, porṭo.

Rapazia, *s. f. (p. us.) V.* RAPAZIO.

Rapaziada, *s. f.* burgepaṇ, burgyâmchem kâm *n.* ‖ *V.* RAPAZIO.

Rapazio, *s. m.* burgyâmchî urpamj,- mâmt *f.*, cheḍyâmcho chombo *m.*; burge *m pl.*

Rapazola, *s. m.* vâḍhlalo burgo, vhaḍ cheḍo; burgepaṇâm âslalo.

Rapazote, *s. m. V.* RAPAZETE.

Rapé, *s. m.* chimṭî, dhumṭî, pûḍ *f.*

Rapidamente, *adv.* vegîm vegîm, gaḍgaḍit, jhaḍ-, saṭ kan.

Rapidez, *s. f.* veg *m.*, saḍsaḍitây, jhaḍjhaḍî, jaldî *f.*

Rapido, *a.* vegâcho, jhaḍjhaḍit, saḍsaḍit, gaḍgaḍit, jalad, śîghr. ‖ *V.* MOMENTANEO.

Rapina, *s. f.* lûṭ, nâgauṇ *f.*; nâgauṇecho mâl *m.* ‖ *Ave de* —, monjâtî khâtalem, śukṇem *n.*, paśubhojî pakshî *m.*

Rapinador, rapinante, *a. e s. m.* luṭṇâr, nâgauṇo, chorṭo.

Rapinar, rapinhar, *v. t.* luṭumk, nâgaumk; chorumk, sutlâvumk, hât-, biṭkî mârumk *(d. do o.)*, bûṭ lâvumk *(d. do o.)*.

Raposa, *s. f.* kolî *f.*; *(fig.)* ghoḍo *(litt.* CAVALLO*) m.*; kâṭhû-, chyâd manîs, buddhîcho śimso.

Raposeira, *s. f.* vatân âmg tâpṇem *n.*, uhnâḷ *m.*; susth nîd *f.* ‖ *V.* EMBRIAGUEZ.

Raposeiro, *a. e s. m.* kolyâchem śimg âslalo, kâṭhû, vidyo.

Raposia, *s. f.* koḷyâchî buddh *f.*; kapaṭvidyâ, nâḍ *f.*

Raposinhar, *v. i.* kolyâchyo buddhî sâmgumk.

Raposinhos, *s. m. pl.* ghurṭâṇ *f.*

Raposo, *s. m.* kolo; *(fig.)* mâmḍṇekâr, chorbuddhyo.

Raptador, *a. e s. m. V.* RAPTOR.

Raptar, *v. t.* (bail, cheḍûm) chorumk, ghevûn vachumk. ‖ *V.* RAPINAR.

Rapto, *s. m.* kanyâharaṇ, strîharaṇ *n.*, strîchorî *f.*; âhlâd, ullâs, brahmânamd *m.* ‖ *V.* ROUBO.

Raptor, *a. e s. m.* strîchor, cheḍûm chorûn vhartalo.

Raramente, *adv.* thoḍe pâvṭhî, kednây, ekâdâ, kvachit.

Rarear, *v. t.* pâtaḷ karumk. ‖ *v. i.* pâtaḷ-, thoḍo jâvumk.

Rarefacção, *s. f.* pâtḷâvṇî; pâtḷây; phâmsaḷṇî *f.*

Rarefaciente, rarefactivo, *a.* pâtḷâvumcho, phâmsḷâvumcho.

Rarefactivel, *a.* phâmsḷûmyeso.

Rarefacto, *a. V.* RAREFEITO.

Rarefazer, *v. t.* pâtaḷ-, sûkshm karumk, pâtḷâvumk phâmsḷâvumk. ‖ *v. r.* pâtaḷ jâvumk, phâmsḷumk.

Rarefeito, *a.* pâtaḷ jâlalo; pâtaḷ, bârîk, phâmsaḷlalo.

Rareza, *s. f.* asâdhâraṇpaṇ *n*; pâtḷây, bârkây *f.*

Raridade, *s. f.* viraḷpaṇ, asâdhâraṇpaṇ, thoḍepaṇ *n.*; apûrvây, aprûbây *f.*; naval *n.*, durlabh vast; pâtḷây, bârkây, virviritây *f.*

Raro, *a.* thoḍo, pâtaḷ, uthaḷpâtaḷ, viraḷ, asâdhâraṇ, durlabh; *singular:* aprûb, apûrv, vesesh, uttam ‖ *V.* RALO. ‖ *adv.* bhav thoḍe pâvṭhî, kednây.

Rasa, *s. f.* kuḍav *m.*; kâpchî dâmḍî *f.* ‖ *Pôr a* —, nâmv ubhaumk *(g. do o.)*, lajj kâḍhumk *(g. do o.)*, kâtrumk.

Rasadura, *s. f.* kâpṇî *f.*; kâpûn kâḍhlalem *n.*

Rasamente, *adv.* kâpûn, muḷîm; *(fig.) V.* INTEIRAMENTE.

Rasar, *v. t.* kâpumk; kâmṭh paryâmt bharumk; dharnîbarâbar karumk, sapâṭumk; temkûn-, lâgûn vachumk *(d. do o.)*. ‖ *v. r. V.* ARRASAR-SE.

Rasca, *s. f.* toḷ (jâḷ); *(fig.)* lâbh, vâmṭo *m.*

Rascada, *s. f.* gomdhaḷ *m.*, aḍchaṇ, khâmch *f.*

Rascador, *s. m.* râspâṇem *n.*

Rascadura, *s. f.* jhemjarṇî *f.*, jhemjrap *n.*, gâmj; kharvaḍ *f.*

Rascante, *a.* tik (saro).

Rascão, *s. m.* pârpal, himḍṇo; *(ant.) V.* PAGEM.

Rascar, *v. t.* tâsumk, kharpumk.

Rascoa, *s. f.* râṁdhpîṇ, jhâḍpîṇ; *(ant.)* V. AIA e MERETRIZ.

Rascoeiro, *s. m.* V. RASCÃO.

Rascunhar, *v. t.* khardo-, masudo karuṁk *(g. do o.)*, âkâr-, nakśo kâḍhuṁk *(g. do o.)*; baraunk.

Rascanho, *s. m.* khardo, masudo; âkâr, nakśo *m.*

Rasgadamente, *adv.* sadsadit, charcharît, sarsarît; doṁy hâtâṁnîṁ, udârpaṇîṁ.

Rasgadela, *s. f.* V. RASGÃO.

Rasgado, *a.* piṁjlalo, phâṁṭlalo; *largo:* ruṁd, vhaḍ, moṭo; *aberto:* ughṭo; *extenso:* vistârâdik; *generoso:* udâr. ‖ *Cumprimentos rasgados*, vhaḍlo salâm, bhav upachâr *m. Festas rasgadas*, ghanghaṇit phest *n. Lettra rasgada*, moṭiṁ aksharâṁ *n. pl. Olhos rasgados*, viskaḷ ḍoḷe *m. pl. Falar —*, saṭâsaṭ-, charcharît ulauṁk.

Rasgador, *a. e s. m.* piṁjṇâr; piṁjro.

Rasgadura, *s. f.*, **rasgamento**, *s. m.* piṁjṇî *f.*, chirap *n.* ‖ V. RASGÃO.

Rasgão, *s. m.* phâḷo *m.*, phâḷî, chîr, phâṁṭ *f.*

Rasgar, *v. t.* piṁjuṁk, phâṁṭauṁk, phâḷuṁk, phâḍuṁk, chiruṁk, viskaṭâvuṁk; kâtruṁk, chheduṁk, ughḍuṁk. ‖ *v. i. e r.* piṁjoṁk, phâṁṭuṁk, phâḷoṁk, viskaṭuṁk; *descobrir-se:* dishṭî paḍuṁk; *extender-se:* vistâroṁk, pasroṁk; *separar-se:* dośîṁ jâvuṁk, kuśîn saruṁk; *affligir-se:* kaḷvaḷuṁk taḷmaḷuṁk, vaḷvaḷuṁk.

Rasgo, *s. m.* regh, rekhâ *f.*, ṭâṁk *n.*; vhaḍ karṇî *f.*, kautîk kartûb *n.*, parâkram *m.* ‖ V. RASPÃO. ‖ *De um —*, ekdam, eke pâvṭhin.

Raso, *a.* muḷân kâtarlalo, tâslalo, kâplalo; *rasteiro:* thapkaṭo, sarpaṭo; *plano:* sapâṭ, sâṁko, sârko; *cheio:* upaṭ bharlalo; *não acogulado:* kâplalo; *lizo:* luṁḍo, muṁḍho, sâdho; *parvo:* doḍo, gaḷyo. ‖ *Campo —*. V. PLANICIE. *Assento —*, teṁkyâviṇeṁ baskâ *f. Navio —*, kuṁvyâṁviṇem-, uthal târûṁ *n. Olhos rasos*, ghâgrelale ḍoḷe *m. pl. Sapato —*, moṭvo-, chepṭo moṁcho. *Soldado —*, sâdho śipây. *Signal —*, bharkhûṇ *n. Taboa rasa (fig.)*, pato, khuḷo. *Ir tudo —*, saglyâchî phoḍmoḍ jâvuṁk. *Pôr alguem —*, soluṁk, kâtruṁk, vâvdoryo karuṁk *(g. do o.)*. ‖ *s. m.* sapâṭî *f.*, mâḷ *n.*

Rasoira, *s. m.* kâpchî dâṁḍî; *(ant.)* kâpṇî *f.*

Rasoirado, *a.* kâplalo; *(fig.)* khâḍ kelalo. keṁs kâtarlalo; luṭlalo.

Rasoirar, *v. t.* kâpuṁk; *(fig.)* sapâṭuṁk, sârko-, barâbar karuṁk.

Raspa, *s. f.* kisûḷ, kharvaḍ *f.*, kharpaṇeṁ *n.*, kis *m.* ‖ V. RASPADEIRA.

Raspadeira, *s. f.* râspâṇeṁ *n.*; kharvaḍo, ghâṁsṇo *m.*

Raspador, *a. e s. m.* kharvaḍtalo, tâspî. ‖ V. RASPADEIRA.

Raspadura, *s. f.* tâsṇeṁ, tâsap, kharpaṇeṁ, ghâṁsap *n.* ‖ V. RASPA.

Raspão, *s. f.* gâṁj, jheṁjarṇî *f.* ‖ *De —*, âḍvo *(a)*.

Raspar, *v. t.* kharḍuṁk, kharvaḍuṁk, karpuṁk, kisuṁk, tâsuṁk, ghâṁsuṁk, pusuṁk; âḍvo mâruṁk,-baḍauṁk. ‖ V. ARRANHAR. ‖ *v. i.* kharpuṁk, nâkshyo oḍhuṁk. ‖ *v. r.* jhurî-, kâvaḍ kâḍhuṁk, kûs mâruṁk.

Rastão, *s. m.* dâkhecho sarpaṭ bel *m.*

Rastear, *v. t. e i.* V. RASTEJAR.

Rasteiro, *a.* sarpaṭo; thapkaṭo; *(fig.)* châlto, chilvaṁt, halko, lîn.

Rastejador, *a. e s. m.* mâg śodhṇo, umgaṇo, huṁgî.

Rastejadura, *s. f.* V. RASTEJO.

Rastejante, *a.* sarpaṭo.

Rastejar, *v. t.* mâg śodhuṁk,- ghevuṁk *(g. do o.)*, pâlaḍ karuṁk *(d. do o.)*, pâṭhî lâguṁk *(g. do o.)*, anusaruṁk, huṁguṁk, umguṁk; *(fig.)* V. INVESTIGAR. ‖ *v. i.* sarpaṭyâṁ-, barbaryâṁ chaluṁk, sarpaṭuṁk, loḷuṁk, charuṁk; thapkaṭuṁk, dharṇîr pasroṁk; *(fig.)* vaylyâvayr chiṁtuṁk va ulauṁk; halko-, kirkoḷ jâvuṁk.

Rastejo, *s. m.* mâg gheṇeṁ, pâlaḍ karṇeṁ *n.*, umgaṇî; sarpaṭṇî, loḷṇî, charṇî *f.*, sarpaṭyâṁ chalneṁ *n.*; *(fig.)* ardhakurî oḷakh *f.*

Rastilho, *s. m.* dârvecho mâg *m.*; sutûr *n.*

Rasto, *s. m.* mâg *m.*; *(fig.)* khûṇ, khâṅkhûn, phâṁphûṁ *n.*, dâkhlo *m.* ‖ *De rastos ou a rastos*, sarpaṭyâṁ, barbaryâṁ. *De rastos*, upadryâṁk, daḷdirâk. *Pôr alguem de rastos*, loḷauṁk, ghâṇauṁk.

Rastolho, *s. m.* V. RESTOLHO.

* **Rastrear, rastrejar**, *v. t. e i.* V. RASTEJAR.

Rastreiro, *a.* V. RASTEIRO.

Rastro, *s. m.* mâg *m.*; râṁpaṇ *f.*; *(ant.)*. V. ANCINHO.

Rasura, *s. f.* barailalyâcheṁ pusap, -ghâṁsap *n.*; kisûḷ *f.*

Rata, *s. f.* bâil uṁdîr *m.*, uṁdurli *f.* ‖ *V.* ARGANAZ. ‖ *Pro* —, ceklyâk paḍtâ tyâpramâṇeṁ, vâṁṭyâṁnîṁ.

Ratada, *s. f.* uṁdrâcho ghaṁṭer *m.* ‖ *V.* RATICE.

Ratado, *a.* uṁdrâṁnîṁ châṁchây-lalo,- kâṁtailalo.

Ratanhia, *s. f. (bot.)* diṁḍo *m.*

Ratão, *s. m.* vhaḍlo uṁḍîr, kaḷiṁ-dîr *m.* ‖ *a. e s. m.* nakali, vinodî, mau-jekâr.

Rataplan, rataplão, *s. m.* reṁg-ṭeṁg *n.*

Ratar, *v. t.* châṁchâvuṁk, kâṁ-tauṁk, dâṁtâvuṁk.

Ratazana, *s. f.* uṁdurlî *f.*; kaḷiṁ-dîr. ‖ *a. e s. m. e f.* hâṁsyâṁcho mâl *m.*; phakâṁḍî, vinodî.

Rateação, *s. f.*, **rateamento**, *s. m.* *V.* RATEIO.

Rateadamente, *adv.* phâvo tyâpra-mâṇeṁ.

Rateado, *a.* vâṁṭyâṁnîṁ dilalo.

Rateador, *a. e s. m.* vâṁṭṇâr, vâṁṭpî.

Ratear, *v. t.* phâvo teparîṁ vâṁ-ṭuṁk, vâṁṭûn divuṁk, yeveṁ teparîṁ divuṁk.

Rateio, *s. m.* vâṁṭṇî, vibhâgṇî *f.*, vâṁṭûn deṇeṁ *n.*

Rateiro, *a.* uṁdîr mârtalo,- mârcho (mâjar, śuṇeṁ).

Ratice, *s. f.* phakâṁḍ, âḍṇâḍpaṇ *n.*, bhâso *f. pl.*; phîs, phiskaṇ *n.*

Ratificação, *s. f.* maṁjûr karṇeṁ *n.*, thirâvṇî *f.*, satyaṁkâr, anumân *m.*, anumat *n.*

Ratificado, *a.* maṁjûr kelalo.

Ratificar, *v. t.* thîr-, maṁjûr ka-ruṁk, thirâvuṁk *ou* thirauṁk, satyaṁ-kâr karuṁk *(g. do o.)*, anumânuṁk, kharâvuṁk.

Ratificavel, *a.* maṁjûr karcho.

Ratina, *s. f.* ukallale laṁvecheṁ lugaṭ *n.*

Ratinar, *v. t.* (lugṭâchî) laṁv uklûn vaḷuṁk.

Ratinhar, *v. t.* bhav vâṁṭpaṇ ka-ruṁk *(g. do o.)*, khaṇpaṇuṁk. ‖ *v. i.* ichimichî karuṁk.

Ratinheiro, *a.* uṁdrâṁcho.

Ratinho, *s. m.* lahân uṁdîr *m.* ‖ *a.* uṁdrâṁcho.

Rato, *s. m.* uṁdîr, iṁdûr *m.*, chi-choṁdar (— *almiscarado*). ‖ — *do Egy-pto ou de Pharaó*, muṁgas *n.* — *de ar-mario*, ckaukâcho-, khâṇâcho chor. — *de bibliotheca*, pustakâṁ partitalo. — *de sacristia*, igrajâṁnîṁ bhoṁvtalo. — *sabio*, śâpatâṁ sâṁgtalo *Estar como — no queijo*, susth-, kuśâl âsuṁk. *Esper-teza de* —, polkî jâṇvây. *A montanha pariu um* —, kâṁsârâcheṁ śuṇeṁ ahaṁkârûn melâṁ.

Ratoeira, *s. f.* râter, uṁdrâcho sâṁ-pḷo *n.*, ḍhoṇkureṁ *n.* ‖ *V.* CILADA. ‖ *Ca-hir na* —, phâsâk paḍuṁk,- sâṁpḍuṁk.

Ratona, *a. e s. f.* phakâṁḍî bâil, bhâsâḷî.

Ratoneiro, *s. m.* lahân chor, bhâṁṭo.

Ratonice, *s. f.* chorî *f.*

Raudal, *s. m. (ant.)* *V.* CAUDAL.

Ravinhoso, *a.* *V.* RAIVOSO.

Raz, *a.*: *agua-raz*, devdârâcho ark *m.*

Razão, *s. f.* chitt *n.*, buddh, mat, tarkśakti; *equidade:* nît *f.*, nyây *m.*, yukti, lâykî *f.*; *motivo:* rajâṁv, nimitt, kâraṇ *n. ou* kârâṇ, prastâv, arth, sabab, hetu *m.*; *prova:* pramâṇ *n.*, dâkhlo *m.* ‖ — *eterna*, Devâchî nît *f.* — *publica:* lokmat *n.* *Com* —, kharepaṇîṁ, bare bhâshen. *Contra toda a* —, nit nivâḍo nâstânâ. *Estado de* —, buddhiprakâś *m.* *Sem mais* —, ânîṁk chiṁti nâstânâ. *Cahir na* —, śiḍkâvoṁk. *Dar* —, kha-bar-, arth divuṁk. *Dar — a alguem*, samânuṁk, varṇuṁk. *Dar — de si*, âpṇâk nirâprâdhî karuṁk; âplî kha-bar divuṁk; jâb divuṁk. *Dar por* —, kâraṇ kaso dâkhauṁk. *Entrar na* —, samjik jâvuṁk. *Perder a* —, mat phi-ruṁk *(g. do s.)*, siṁtîd *(do port.* SEN-TIDO) uḍuṁk *(g. do s.)*. *Recobrar a* —, gnyânâr-, siṁtidâr paḍuṁk. *Trazer, chamar á* —, samjâvuṁk. *Vir á* —, ka-bûl jâvuṁk, bâḍguṁk. *A — de*, pramâ-ṇeṁ. *De* —, teparîṁ. *Em — de*, pâsvat, pâsûn, khâtîr. *Sem* —, kârâṇâvineṁ, beshṭeṁch, sâbsubeṁ. ‖-ões, *pl.* jhag-ḍiṁ *n. pl.*, taṁṭe *m. pl.* *Travar-se de* —, toṁḍâtoṁḍ jâvuṁk *(g. do s.)*, jhagḍîṁ mâṁḍuṁk.

Razoadamente, *adv.* nîtîn, rîtîn.

Razoado, *s. m. e a.* *V.* ARRAZOADO.

Razoamento, *s. m.* tark, vâd *m.*, bhâshaṇ *n.*

Rasoar, *v. i.* *V.* ARRAZOAR.

Razoavel, *a.* chittvaṁt, buddhvaṁt, nîticho, nîṭ, vâjbî, lâyk, yoge; sumârâ-cho, mâjoḷo.

Razoavelmente, *adv.* nîṭ, phâvo te-parîṁ, bare bhâshen, ṭhîk.

Razzia, *s. f.* dhâḍ, puṁḍây *f.*, puṁ-ḍâveṁ, râjik *n.*; *(fig.)* julûm *m.*, jabar-dastî, ijâ *f.*

Re, *pref.* navyân, dusryân, partûn, punar; parat, paraspar, ekmekâk, prati.

Ré, *s. f.* prativâdîṇ, gunyâṁvkârṇ *f.*; târvâcho pâṭhlo bhâg *m.*; *(mus.)* re *f.*, ṛishabh *m.* ‖ *Pôr ou deixar de* —, pâṭhî davruṁk; *(fig.)* sarkâvuṁk, kaḍâsek davruṁk.

Reabertura, *s. f.* navyân-, dusryân ughaḍṇeṁ *n.*

Reabrir, *v. t.* navyân-, dusryân ughḍuṁk. ‖ *v. i. e r.* navyân ughḍoṁk,- ughṭo jâvuṁk.

Reacção, *s. f.* ulaṭ *m*, pratikriyâ, pratikṛiti, pratikarṇî *f.*

Reaccender, *v. t.* dusryân peṭauṁk, perauṁk; chetauṁk, kiḍâvuṁk, huskauṁk. ‖ *v. r.* naveṁ baḷ ghevuṁk, navyân phuluṁk.

Reaccionario, *a. e s. m.* svatantrâ-rakt.

Reaccusação, *s. f. V.* RECRIMINAÇÃO.

Reaccusar, *v. t. V.* RECRIMINAR.

Reacquisição, *s. f.* navyân joḍṇeṁ,- meḷauṇeṁ *n.*; punarâpti *f.*

Reactivo, *a.* pratikârak.

Readmissão, *s. f.* navyân gheṇeṁ *n.*

Readmittir, *v. t.* navyân ghevuṁk, partûn rig divuṁk *(d. do o.)*.

Readquirir, *v. t.* navyân joḍuṁk, partûn meḷauṁk, dusryân sâṁpḍâvuṁk, * hâtâsuṁk.

Reagente, *a. e s. m.* pratikârak.

Reaggravar, *v. t.* navyân jaḍâvuṁk, dusryân bhârâvuṁk.

Reagir, *v. i.* pratikâr-, pratikriyâ karuṁk, partuṁk *(v. t.)*, âḍ yevuṁk. ‖ *V.* RESISTIR e REFLUIR.

Real, *a.* kharo, khâśâ, asal, sat, sâtvik, tattvâcho; *(jur.)* sthâvar; râjâcho, pâtśâyâcho, râj *(em comp.)*. ‖ *s. m.* ryâl, res, savây duḍû. — *de agua*, jakâṭ *f.* ‖ *Não ter* —, damḍî-, kavḍî nâsuṁk *(ab. do s.)*.

Realçado, *a.* ukallalo, ubhâr; *(fig.)* vhaḍ, varto, jabar baro.

Realçar, *v. t.* vayr kâḍhuṁk ukluṁk, ubhâruṁk, uṁchâvuṁk; chaḍhauṁk, vâḍhauṁk, śobhauṁk. ‖ *v. r.* uṁch jâvuṁk, vayr, saruṁk.

Realce, **realço**, *s. m.* chaḍh dîpti, adhik prabhâ *f.*; vhaḍ yaś *n.*, śobh, chokhaṭây *f.*

Realegrar, *v. t.* navyân saṁtoshâvuṁk. ‖ *v. r.* dusryân khuśî jâvuṁk.

Realejo, *s. m.* ryâlej *f.*

Realengo, *a. V.* REGIO.

Realeza, *s. f.* pâtśâykî *f.*, pâtśâypaṇ, râjpaṇ, râjya *n.*

Realidade, *s. f.* kharepaṇ, âsepaṇ, sat, tattv, sattv *n.*, satbhâv, tattvârth *m.*, sattâ *f.* ‖ *Na* —, khareṁch.

Realismo, *s. m.* tattvavâd *m.*; svabhâvikpaṇ; râjsattâmat *n.*

Realista, *a. e s. m.* tattvavâdî; satyânusârî, tattvânusârî; rajsattâpakshapâtî.

Realização, *s. f.* sâdhṇî, ghaḍṇî *f.*; vikûn duḍû karṇeṁ *n.*

Realizado, *a.* jâlalo, ghaḍlalo.

Realizar, *v. t.* karuṁk, sâdhuṁk; vikûn duḍû karuṁk. ‖ *v. r.* jâvuṁk, ghaḍuṁk.

Realizavel, *a.* jâvûṁyeso, ghaḍcho.

Realmente, *adv.* khareṁch, kharepaṇiṁ; râjâchyâ prakârân.

Reanimação, *s. f.* jiv bharṇeṁ,- gheṇeṁ, sajîvan *n.*

Reanimado, *a.* jîv ghetlalo, sajîv; chittâr paḍlalo.

Reanimador, *a. e s. m.* jîv bhartalo; *(fig.)* baḷ-, traṇ ditalo.

Reanimar, *v. t.* jiv bharuṁk *(d. do o.)*, sajiv karuṁk, dhair divuṁk *(d. do o.)*; chittâr kâḍhuṁk, chetauṁk. ‖ *v. r.* jîv bharoṁk *(d. do s.)*, -ghevuṁk, jivaṭ jâvuṁk; jhâṁpîṁtlo-, bhramitiṁtlo uṭhuṁk, sairâṇâr pâḍuṁk, sairâṇâṁt yevuṁk.

Reapparecer, *v. i.* partûn-, dusryân dishṭî paḍuṁk.

Reapparição, *s. f.* partûn dishṭî paḍṇeṁ *n.*

Reassumir, *v. t.* partûn-, navyân ghevuṁk; âsâ taseṁ chalauṁk.

Reassumpção, *s. f.* navyân gheṇeṁ,- dharṇeṁ *n.*

Reataduras, **reatas**, *s. f. pl. (mar.)* kaḍiṁ *n. pl.*

Reatar, *v. t.* partûn-, dusryân bâṁdhuṁk; *(fig.)* sâṁdhuṁk.

Reavisado, *a.* bhav chatûr,- śiḍûk.

Reavisar, *v. t.* navyân kaḷauṁk, partûn jâṇauṁk.

Reaviso, *s. m.* dusrî kaḷaṇṇî, navî chatrây *f.*

Rebaixa, *s. f.* molâchî tûṭ *f.*, uṇâv *m.*

Rebaixado, *a.* chaḍh deṁvlalo, adhik poṁḍâk paḍlalo; lajj ubhlalo, mân ghelalo. ‖ *V.* VIL.

Rebaixamento, *s. m.* khâlâvṇî, deṁvauṇi *f.*; deṁvṇeṁ, deṁvap *n.* ‖ *V.* AVILTAMENTO.

Rebaixar, *v. t.* adhik khâlâvuṁk,- deṁvauṁk; *(fig.)* uṇo-, kirkoḷ karuṁk ‖ *v. i.* deṁvuṁk, poṁḍâk paḍuṁk; mol deṁvuṁk (*g. do s.*), tûṭ-, uṇâv yevuṁk (*d. do s.*). || *v. r.* kirkoḷ-, hîṇ jâvuṁk, nâk kâtruṁk (*litt.* CORTAR O NARIZ).

Rebaixo, *s. m.* pâkheṁ, pâlsâṇ *n.*; khâṁch, khâṁchṇî; sârṇî *f.* || *V.* ABAIXAMENTO.

Rebalsar, *v. i. e r. V.* ESTAGNAR-SE.

Rebanhada, *s. f.* vhaḍ hiṁḍ, hiṁḍâṁcho jamo *m.*

Rebanhar, *v. t. V.* ARREBANHAR.

Rebanhio, *a.* hiṁḍâṁt bhoṁvtalo.

Rebanho, *s. m.* hiṁḍ, kalap *m.*, dhan *n.*

Rebaptismo, *s. m.* navo bâvtijm *m.*

Rebaptizar, *v. t.* navyân bâvtîjm divuṁk (*d. do o.*).

Rebarba, *s. m.* kûṁs *n.*

Rebarbar, *v. t.* kuṁsâṁ kâḍhuṁk (*g. do o.*), suḷsuḷit karuṁk.

Rebate, *s. m.* ghâlo, mâro *m.*, dhâḍ, jhoṁpay, puṁḍây; *signal:* bob, hâk, kuî *f.*; *ameaço:* khûṇ *n.*, dâkhauṇ; *desconto:* bâd deṇeṁ *n.*; uṇâv *m.*, tûṭ *f.* || *V.* EMBATE. || — *falso,* phoṭkirî khabar. *Dar* —, bob mâruṁk, ulo karuṁk; duśmânâchî khabar divuṁk; (*fig.*) dubhâv ghâluṁk, jâtaleṁseṁ dâkhauṁk; ughḍâs karuṁk, manâṁt hâḍuṁk.

Rebatedor, *a. s. m.* baḍaitalo; bhâṁjṇâr. || *V.* CAMBISTA.

Rebater, *v. t.* partûn partûn baḍauṁk, dâḍâvuṁk, kâṁḍuṁk; *repellir:* loṭuṁk, ḍhakluṁk; *reprimir:* âṭâpuṁk, dâṁâvuṁk; *refutar:* khaṁḍuṁk, bhâṁjuṁk, pâḍuṁk; *destruir:* moḍuṁk, n rdâḷuṁk; *censurar:* beshṭâvuṁk, tarjuṁk; *descontar:* bâd divuṁk; uṇâvân badluṁk (duḍû). || *V.* ARREBITAR. || *v. i. V.* PULSAR.

Rebatimento, *s. m.* baḍauṇî; pâḍṇî; moḍṇî *f.* || *V.* DESCONTO.

Rebatinha, *s. f.* jhagḍyâchî vast *f.*, vivâdâcheṁ kâm *n.*, taṁṭyâcho mâl *m.* || *Atirar dinheiro á* —, jhoṁbûn ghevuṁk duḍû uḍauṁk. *Vender ás rebatinhas,* pâvṇer vikuṁk. *Ás rebatinhas,* jhoṁbûn, jhagḍûn, uḍâuḍiṁ.

Rebeca, *s. f. V.* RABECA.

Rebeldaria, *s. f. V.* REBELDIA.

Rebelde, *a.* pâtśâyâr kalpalalo-, phiṙlalo, phitûr, phituryo, râjdrohî; *indocil:* âṭpo nâslalo, belebâṇ, anâvar, durdhar; *obstinado:* saḷî, haṭhî, dâruṇ; *bravo:* ugr, bujaṭ; *arduo:* avghaḍ, saṁkashṭ; *difficil de curar:* bhâjaḍ, nibâr, nirupây. || *Metaes rebeldes,* kaḍho nâslale dhâtu *m. pl.* || *s. m.* kalpaṇâr, phirṇâr, phitûr, baṁḍ.

Rebeldia, *s. f.* baṁḍây *f.*, phiturî *n.*; (*fig.*) saḷ *f.*, haṭh; viroḍh, pratikâr *m.*

Rebellão, *a.* âṭpo-, bâḍga nâslalo; âplyâ vâdyâcho,- buddhîcho, vâdyo.

Rebellar, *v. t.* phituruṁk, uṭhauṁk (*com l. sup*). || *v. r.* kalpuṁk, phituroṁk, uṭhuṁk.

Rebellião, *s. f.* kalpaṇî, baṁḍây, phiturî *f.*, baṁḍ, phitûrpaṇ *n.*, râjdroha, râjbhaṁg *m.*; âḍ yeṇeṁ *n.*, avrodh, virodh *m.*

Rebem, *s. m.* rebeṁ *n.*, jerbaṁd *m.*

Rebentão, *s. m.* muḷâcho phâṁṭo *m.*; duḥkhâṇ, duḥkhâṇeṁ *n.*; (*fig.*) *V.* FILHO.

Rebentar, *v. i.* phâr jâvuṁk (*g. do s.*); âṁkrevuṁk, koṁbevuṁk, phâṁṭevuṁk, phâṁṭe phuṭuṁk (*d. do s.*), phuṭuṁk, taṁvrevuṁk, phuluṁk; *romper:* suṭuṁk, phuṭuṁk; *soar com força,* jhaṇjhaṇuṁk, saṇsaṇuṁk, ṭhaṇṭhaṇuṁk; *estalar:* phuṭuṁk, usḷuṁk, kuṭke jâvuṁk (*g. do s.*); *manar:* vâhvuṁk, baṁbhâḷuṁk; *suppurar:* phuṭuṁk, puleṇâ yevuṁk; *apparecer:* gap kan dishṭî paḍuṁk; *estar atulhado:* upaṭ bharoṁk; *apparecer pustulas:* phuṭuṁk, ruṁvâṁ jâvuṁk (*d. do s.*). || — *de fome,* bhuken maruṁk. — *de gordo,* moṭâyen phutâso disuṁk, tuḍtuḍuṁk. — *o mar,* lahârâṁ phuṭuṁk. — *de riso,* hâṁsûn harḍeṁphûṭ jâvuṁk. *Comer até* —, poṭ tâṇuṁk. — *por alguma coisa,* atrekuṁk, hudhuḍuṁk. || *v. t.* phâr karuṁk (*g. do o.*); phoḍuṁk, usḷâvuṁk, uglâvuṁk.

Rebentina, *s. f.* (*ant.*) râgâcho kaḍh *m.*, tiḍak, chîḍ *f.*

Rebento, *s. m.* âṁkar, âṁkrî, koṁbrî *f.*, koṁb, phâṁṭo, ḍîr, kirl *m.*

Rebique, *s. m. V.* ARREBIQUE.

Rebitar, *v. t.* vaylyân partuṁk, (khilyâcheṁ) kûṁś bâgâvuṁk; vaylyân vaḷuṁk.

Rebite, *s. m.* kûṁs bâgâvṇeṁ *n.*

Rebo, *s. m. V.* CASCALHO.

Reboante, *a.* ghaṇghaṇît, ṭhaṇṭhaṇît, saṇsaṇît.

Reboar, *v.* ghaṇghaṇuṁk, khaṇkhaṇuṁk, ṭhaṇṭhaṇuṁk, jhaṁjhamuṁk, gâjuṁk, sâdevuṁk, nâḍuṁk garojuṁk.

Rebocado, *a.* chuno kâḍhlalo; pâgyân vhelalo.

Rebocador, *a. e s. m.* chuno kâḍhtalo, gilâvekâr *m.*; pâgyân oḍhchî âgboṭ *f.*

Rebocadura, *s. f.* chuno kâḍhṇeṁ; pâgyân oḍhṇeṁ *n.*
Rebocar, *v. t.* chuno-, gilâvo kâḍhuṁk *(d. do o.)*; pâgyân oḍhuṁk,- vharuṁk.
Reboco, *s. m.* reṁvchuno, gilâvo *m.*
Rebolado, *s. m.* peṁkaṭ-, beṁḍ moḍṇeṁ *n.*
Rebolão, *a. V.* FANFARRÃO.
Rebolar, *v. t.* gaḍgaḍâvuṁk, gargarâvuṁk, gaḍgaḍâvûn vharuṁk; bhoṁvḍâvuṁk, phirauṁk. ‖ *v. i. e r.* gadgaḍuṁk, gargaruṁk, loḷuṁk; beṁḍ hâlauṁk, peṁkaṭ moḍuṁk.
Rebolaria, *s. f. V.* BRAVATA.
Rebolear, *v. t. e r. V.* REBOLAR.
Reboleira, *s. f.* pâjchyâ phâtrâcho kas; ghol *m.; ś*etâchî ghaṇ svât *f.*
Reboleiro, *s. m.* vhaḍ koblem *n.;* ghol *m.*
Rebolindo, *adv.: ir, vir —,* darvaḍyân vachuṁk,- yevuṁk.
Rebolo, *s. m.* rabar, sâṇ *n.*, śâṇi *f.*, niśâṇo *m.*
Rebombar, *v. t. V.* RIMBOMBAR.
Rebombo, *s. m. V.* RIMBOMBO.
Reboque, *s. m.* pâg̃eṁ, dor *n.* ‖ *Levar a —,* pâgyân oḍhûn vharuṁk; *(fig.)* oḍhûn-, baḷ karûn vharuṁk.
Reboquear, *v. t.* pâgyân oḍhuṁk,- vharuṁk.
Reborado, *s. m.* roḍ *f.*, pû *m.*
Rebordão, *a.* rânyo, jaṁgḷî (jhâḍ), rân *(em comp.)*.
Rebordo, *s. m.* vaḷlalo-, bhâyr sarlalo kâṁṭh *m.*
Rebotalho, *s. m.* gâḷ, gâḷo, kair *m.*, gadaḷ *n.*, nivaḍ *f*
Rebotar, *v. t.* dhâr moḍuṁk *(g. do o.)* ‖ *v. r.* dhâr moḍoṁk *(g. do s.)*; vâjevuṁk, ubgoṁk.
Rebraço, *s. m. (ant.)* daṁḍatrâṇ *n.*
Rebramar, *v. i.* baḷân garojuṁk; *(fig.)* ṭhaṇṭhaṇuṁk, khaṇkhaṇuṁk; ârḍuṁk, kirḍuṁk.
Rebrilhar, *v. i.* bhav jhagjhakuṁk, laklakuṁk.
Rebrotar, *v. i.* dusryân âṁkrevuṁk,- phuṭuṁk.
Rebuçado, *a.* boṁth ghetlalo, toṁḍ dhâṁplalo; gupît, gupto. ‖ *s. m.* toṁḍâr pâlaṁv kâḍhlalo, boṁth ghetlalo manîs; rebusâd, kâgdâṁt guṭhlâylalo sâkrîcho khaḍo *m.*
Rebuçar, *v. t.* (toṁḍ) dhâṁpuṁk, (toṁḍâr) kâḍhuṁk, ghâluṁk, pâlaṁv oḍhuṁk, muskaṭuṁk; *(fig.)* veshṭuṁk, veshuṁk, bheshuṁk. ‖ *v. r.* âpleṁ toṁḍ dhâṁpuṁk, boṁth ghevuṁk; veshṭoṁk, bhesh-, rûp badluṁk, dusro âkâr ghevuṁk.
Rebuço, *s. m.* toṁḍâr kâḍhcho pâlaṁv *m.*, mukaṭcheṁ lugaṭ *n.*, boṁth *f.; (fig.)* phoṭkiro bhesh *m.*, soṁg, ḍhoṁg, kapaṭrûp *n.*
Rebuliço, *s. m.* gaḷbaḷ, khaḷbaḷ, ghaṇghaṇ, bobâḷ *m.*, gaḍbaḍ *f.*, laṭpaṭ *n.;* tâṁḍî, urpaṁj *f.* ‖ *V.* DESORDEM.
Rebulir, *v. t.* partûn partûn kâlauṁk; *(fig.)* niṭâvuṁk, sudhâruṁk. ‖ *Ir ou ir-se rebulindo,* jhurî-, kâvaḍ kâḍhuṁk.
Rebusca, *s. f.* navyân śodhṇeṁ; urlaḷîṁ phaḷâṁ puṁjâvṇeṁ *n.*
Rebuscado, *a.* navyân śodhlalo; *(fig.)* neṭailalo, alaṁkṛit, saṁskṛit.
Rebuscar, *v. t.* navyân śodhuṁk; jhâḍâr urlaḷîṁ phaḷâṁ puṁjâvuṁk; *(fig.) V.* APRIMORAR.
Rebusco, *s. m. V.* REBUSCA.
Recachar, *v. t.* (tarvâr) ubhrâvuṁk. ‖ *v. r.* karyâ-, phaḍâ karuṁk.
Recacho, *s. m.* karyâ, phaḍâ *f.*
Recadista, *s. m. e f.* khabar-, rokho vhartalo.
Recado, *s. m.* rekâd, rokho, nirop, saṁdeś, kukûm *m*, sâṁgṇî, vijbî; beshtâvṇî, jupâṭi *f.*, sol *n.* ‖ *V.* RECATO. ‖ -s, *pl.* rekâd, ughḍâs *m.*
Reçaga, *s. f. (desus.). V.* RETAGUARDA.
Recahida, *s. f.*, **recahimento**, *s. m.* dusryân paḍṇeṁ *n.;* (piḍechî) partaṇî, ulaṭ *f.*
Recahidiço, *a.* soṁpepaṇîṁ paḍtalo, paḍro.
Recahir, *v. i.* navyân-, parton paḍuṁk; paḍuṁk, yevuṁk.
Recalcadamente, *adv.* upaṭ.
Recalcado, *a.* upaṭ-, kheṁchûn bharlalo.
Recalcador, *a. e s. m.* kheṁchtalo; maḷpî. ‖ *s. m.* kheṁchṇo *m.*
Recalcadura, *s. f.*, **recalcamento**, *s. m.* kheṁchûn bharṇeṁ *n.*
Recalcar, *v. t.* kheṁchûn-, cheṁchûn bharuṁk; maḷuṁk, mastuṁk, mâḍauṁk; *(fig.)* dâmûn dharuṁk, âṁvḷuṁk, âṭpuṁk.
Recalcitrante, *a. e s. m.* belebâṇ, phaṭiṁg, anâvar, puṁḍ, baṁḍî. ‖ *V* OBSTINADO.
Recalcitrar, *v. i.* khoṭ-, lâṭ mâruṁk, lâṭâvuṁk; *(fig.)* beparvâ karuṁk, sâṁglaleṁ nâ âykuṁk, pâḷo nâ divuṁk, uttar moḍuṁk, partoṁk, phiruṁk. ‖ *V.* TEIMAR.

Recalque, *s. m. V.* RECALCAMENTO.

Recamado, *a.* naksilalo, kastyâcho, buṭiyâṁcho; śṛiṁgârlalo, neṭailalo.

Recamadura, *s. f. V.* RECAMO.

Recamar, *v. t.* kasto kâḍhuṁk *(d. do o.)*, buṭyo karuṁk *(d. do o.)*, birauṁk, naksuṁk; *(fig.)* śṛiṁgâruṁk, neṭauṁk, alaṁkâruṁk. ‖ *V.* ENTREMEAR.

Racamara, *s. f.* bhitarlî-, kâḷokâchî kûḍ; gharguṭî, khâṭlîpoṭlî; *(fig.)* gupît svât, sâṁdh *f.*

Recambiar, *v. t.* âsâ taso dhâḍuṁk, partûn-, parat dhâḍuṁk, partuṁk.

Recambio, *s. m.* partiṇeṁ, parat dhâḍneṁ *n.*

Recambo, *s. m.* kheḷâchî phedî *f.*; gaḍyâṁcheṁ badlap *n.*

Recamo, *s. m.* kasto *m.*, nakśî, birvaṇ *f.*; *(fig.)* alaṁkâr, śṛiṁgâr *m.*

Recantação, *s. f.* navyân-, moḍîṁnîṁ gâṇeṁ *n.* ‖ *V.* RETRACTAÇÃO.

Recantar, *v. t.* dusryân-, moḍîṁnîṁ gâvuṁk; sabhemâjâr ulailaleṁ partuṁk.

Recanto, *s. m.* sâṁdh, âḍsâṁdh *f.*; *(fig.)* gupît jâgo, chorkhaṇ *m.*

Recapitulação, *s. f.* saṁkshep, âṭâp *m.*

Recapitular, *v. t.* thoḍyâṁ uttrâṁnîṁ navyân sâṁguṁk, âṭâpûn divuṁk, saṁkshepuṁk.

Recapturar, *v. t.* dusryân ghaṭṭ dharuṁk.

Recata, *s. f. (p. us.) V.* REBUSCA.

Recatadamente, *adv* maryâdîn; guptîṁ, choryâṁ.

Recatado, *a.* maryâdîcho, maryâdîk, bhiḍest; śahâṇo, chatur, phikrîcho. ‖ *V.* OCCULTO.

Recatar, *v. t.* saṁbhâḷuṁk, râkhuṁk; lipauṁk, gupît davruṁk. ‖ *v. r.* chatrâyen-, maryâdîn chaluṁk; *(fig.)* lipuṁk, lipûn râvuṁk.

Recato, *s. m.* chatrây, achirkây, śiḍukây; maryâd, bhîḍ *ou* bhiḍâ, kadar *f.*, paḍdo, âḍpadar; *segredo:* gûḍh *ou* gûṭh *m.*, marm *n.* ‖ *V.* ESCONDRIJO.

Recavar, *v. t.* partûn khaṇuṁk; *(fig.)* jharauṁk, ghaṁsṭuṁk.

Recavem, *s. m.* gâḍiyechyâ chaukâcho pâṭhlo bhâg *m.*

Recear, *v. t.* bhiyevuṁk *ou* bhiyuṁk, śaṁkuṁk. ‖ *v. i. e r.* bhay-, bheṁ disuṁk *(d. do s.)*, bhiyevuṁk, bhedruṁk, śaṁkuṁk.

Recebedor, *a. e s. m.* ghetalo, gheṇâr; gheṇekâr, patkâr, ukâḷekâr, sâhîr *(us. Can.)*.

Recebedoria, *s. f.* patkârpaṇ; pat phârîk karcheṁ ghar *n.*, vasûlkhâṇo *m.*

Receber, *v. t.* ghevuṁk; kâṅghevuṁk *(— por força)*; *soffrer:* bhoguṁk; *casar:* kâjâr-, lagn karuṁk *(g. do o.)*; *admittir no uso:* oḷkhuṁk, patkaruṁk; *admittir como bom:* mânoṁk *(d. do s., s. do o.)*, baro disuṁk *(id.)*. ‖ *— convite*, âpauṇeṁ ghevuṁk. *— a morte*, maruṁk. ‖ *v. r.* kâjârjâvuṁk.

Recebimento, *s. m.* gheṇeṁ, ghevap; resper, lagn, vahrâḍ *n.*

Receio, *s. m.* bhay *m.*, bheṁ *n.*, śaṁkâ, *bheyâbhrâṁti *f.*; ḍubḍub, ḍubḍubo, dhabdhab, saṁdhev *m.*

Receita, *s. f.* yeṇeṁ, utpann *n.*, udev, jamo, praveś, vasûl *m.*; reset *n.*, pharmâvṇî *f.*

Receitar, *v. t.* pharmâvuṁk; *(fig.) V.* ACONSELHAR. ‖ *v. i.* reset karuṁk.

Receituario, *s. f.* aushadhakriyâkalp *m.*; pharmâvṇyo *f. pl.*

Recem-casado, *a. e s. m.* hâlîṁ kâjârjâlalo.

Recem-chegado, *a. e s. m.* rigvo pâvlalo.

Recem-convertido, *a. e s. m.* navo kristâṁv.

Recem-nado, *(poet.)*, **recem-nascido**, *a. e s. m.* hâlîṁ jâlalo.

Recem-vindo, *a. e s. m.* hâlîṁ-, rigvo âylalo.

Recendente, *a. V.* FRAGRANTE.

Recender, *v. t.* (parmaḷ) ghâluṁk, soḍuṁk. ‖ *v. i.* damdamuṁk, parmaḷuṁk, parmaḷ-, damdam yevuṁk,- paḍuṁk *(g. do s.)*.

Recennar, *v. t.* op bharuṁk *(d. do o.)*, bhâṁgâr lâguṁk nâ thaiṁ kâḍhuṁk *(d. do o.)*.

Recenseado, *a. e s. m.* gaṇlalo.

Recenseador, *a. e. s. m.* gaṇtalo, gaṇṇâr.

Recenseamento, *s. m.* gaṇtî *f.*, gaṇan *n.*

Recensear, *v. t.* gaṇuṁk, gaṇtî karuṁk *(g. do o.)*; rujvâṭuṁk, rujû-, sarî karuṁk.

Recenseio, *s. m. V.* RECENSEAMENTO.

Recente, *a.* hâlîṁcho, thoḍyâṁ disâṁcho, thoḍyâ kâḷâcho, tâjo, navo, navsar, navoso.

Recentemente, *adv.* hâlîṁ, nikto *(decl.)*, thoḍo kâḷ jâlo.

Receosamente, *adv.* bhyân, bhiyûn, ḍubḍubyân.

Receoso, *a.* bhyâṁt âslalo, bheyâbhît, bhejûḍ; śaṁkecho, ḍubḍubît, dubhâvî.

Recepção, *s. f.* ghenem̐, ghevap *n.*; saṁbhâvanâ, satkriti *f.*, sanimân *m.*

Receptação, *s. f.* choriyecho mâl lipaunem̐ *n.*

Receptaculo, *s. m.* ghar *n.*, sâṁṭhvaṇ *f.*; âydan, pâtr *n.* ‖ *V.* REFUGIO.

Receptador, *a. e s. m.* choriyecho mâl lipaitalo.

Receptar, *v. t.* (dusryân chorlalo mâl) lipauṁk.

Receptibilidade, receptividade, *s. f.* chetanâśakti *f.*

Receptivel, *a.* ghevûṁyeso, ghetlyâr baro.

Receptivo, gheto, ghevuṁk baro. ‖ *V.* IMPRESSIONAVEL.

Receptor, *a. e s. m.* ghetalo, gheṇâr *m.*: sâṁṭhvaṇ *f.*

Recesso, *s. m.* ekâṁt *m.*, eksurî svât, âḍsâṁdh *f.*

Rechan, *s. f. (ant.)* mâṭh *f.*, mâḷ *n.*

Rechassar, *v. t.* loṭûn ghâluṁk, pâṭhî partuṁk, ḍhaklûn uḍauṁk, jhaḍjhaḍâvuṁk, phaḍphaḍâvuṁk; khaṁḍuṁk, bhâṁjuṁk.

Rechasso, *s. m. (p. us.)*, loṭûn ghâlṇem̐, ḍhaklûn uḍaunem̐ *n.*

Recheadamente, *adv.* bharûn, upaṭ.

Recheado, *a.* bharlalo. ‖ *s. m. V.* RECHEIO.

Recheadura, *s. f.* bharṇî *f.*, bharap *n.*. choṁdṇî *f.*

Rechear, *v. t.* bharuṁk; choṁduṁk, khem̐chûn-, chem̐chûn bharuṁk. ‖ *v. r.* upaṭ bharoṁk, choṁdoṁk; *(fig.)* mâṁḍoṁk, giresth jâvuṁk.

Rechego, *s. m.* âḍo (śukṇiṁ) mâruṁk lipcho âḍos *m.*

Rechiar, *v. i.* chiṁvchîvuṁk, bhav kirkiruṁk.

Rechinante, *a.* saṇsaṇît, chaṇchaṇît, ḍhaṇḍhaṇît.

Rechinar, *v. t.* chumchumuṁk, chaṇchaṇuṁk, saṇsaṇuṁk.

Rechino, *s. m.* chaṇchaṇo, saṇsaṇo, ṭhaṇṭhaṇ *m.*

Rechonchudo, *a.* gulgulit, tuḍtuḍit. ḍumṇo, dhâṭo moṭo, chem̐ḍû, tem̐ḍû.

Recibo, *s. m.* recib *m.*, rasîd, pâvtî *f.*

Recidivo, *a.* parton pâtkâṁt-, chukâṁt paḍtalo.

Recife, *s. m.* daryâṁtlem̐ khaḍap *n.*

Recifoso. *a.* khaḍpâṁnîṁ bharlalo.

Recingir, *v. t.* dusryân bâṁdhuṁk.

Recinto, *s. m.* âvâḍ *n.*, vaṭhâr, aḍlalo jâgo, ghero, phero *m.*

Recipê, *s. m.* pharmâvṇî *f.*, reset *n.*

Recipiente, *a.* ghetalo. ‖ *s. m.* âydan, bâsan *n.*

Reciprocação, *s. f. V.* RECIPROCIDADE.

Reciprocamente, *adv.* parasparim̐, ekmekâk.

Reciprocar, *v. t.* ekmekâk-, parasparîṁ divuṁk, saḍalbadal karuṁk *(g. do o.)*, badluṁk. ‖ *v. r.* ekmekâk lâguṁk, -paḍuṁk.

Reciprocidade, *s. f.* ekmekî, parasparatâ *f.*, parasparbhâv *m.*

Reciproco, *a.* paraspar, ekmek, ekmekâcho.

Recita, *s. f.* nâṭak, naṭan *n.*

Recitação, *s. f.* paṭhan, kîrtan *n.*, pâṭh, udgâr, tarâṁṭh, anuvâd *m.*

Recitado, *a.* udgârlalo, paṭhit.

Recitador, recitante, *a. e s. m.* udgârî, pâṭhak, paṭhaṇkâr.

Recitar, *v. t.* vhaḍlyân-, tarâṁṭhân vâchuṁk, dabâjyân ulauṁk, udgâruṁk, paṭhuṁk, paṭhan karuṁk *(g. do o.)*. ‖ *V.* NARRAR.

Reclamação, *s. f.* partem̐ ulauṇem̐ *n.*, prativâd, virodh *m.*, pratijñâ *f.*; âplem̐ śodhṇem̐ *n.*

Reclamador, *a. e s. m.*, **reclamante**, *a. e s. m. e f.*, âḍ ulaitalo, prativâdî; âplem̐ śodhtalo.

Reclamar, *v. i.* partem̐-, âḍ ulauṁk *(com l. sup.)*, âḍ yevuṁk *(com d.)*, pratijñâ-, virodh karuṁk, prativâduṁk. ‖ *v. t.* dâvyân-, hakkân mâguṁk, âplem̐ śodhuṁk: jây jâvuṁk *(d. do s., s. do o.)*, garaj âsuṁk *(d. do s., g. do o.)*: (śukṇyâṁk) âpauṁk.

Reclamo, *s. m.* âpauṇem̐, ulo mârṇem̐ *n.*, ulo *m.*; bhûl *f.*, âkarshaṇ; pâkhrâṁk âpauṇem̐; âpaun vhartalem̐ śukṇem̐ *n.*

Reclinação, *s. f.* tem̐kauṇem̐, tem̐kṇem̐ *n.*; oṇav *m.*

Reclinadamente, *adv.* âḍvo *(decl.)*, pâlso *(decl.)*, oṇav ghâlûn.

Reclinar, *v. t.* vaṁḍâvuṁk, bâgâvuṁk; tem̐kauṁk, davruṁk. ‖ *v. r.* vaṁḍavuṁk, bâgâvoṁk, bâg ghevuṁk, oṇav ghâluṁk, tem̐kuṁk; *(fig.)* âḍ paḍuṁk. ghâṇ ghevuṁk, taklî tem̐kauṁk.

Reclinatorio, *s. m.* tem̐kṇem̐, tem̐kchem̐ uśem̐ *n.*, gadî *f*, maṁch *m.*

Recluir, reclusar, *v. t. (p. us.)*. *V.* ENCERRAR.

Reclusão, *s. f.* baṁd karṇeṁ va râvṇeṁ, aḍûn davarṇeṁ, dhâṁpûn âsṇeṁ; ekâṁt âsṇeṁ *n.* ‖ *V.* CARCERE.

Recluso, *s. m.* prej (*do port.* PRESO) kelalo, baṁd davarlalo; maṭhâṁt dhâṁplalo.‖ *s. m.* baṁdikhaṇo; ekâṁtvâsî, dhâṁpûn-, aḍûn âslalo.

Recobramento, *s. m. V.* RECUPERAÇÃO.

Recobrar, *v. t* nayân meḷuṁk,- sâṁpḍuṁk *(d. do s., s. do o.)*, partûn sâṁpḍâvuṁk, hâtâsuṁk, sâṁvrâvuṁk *ou* sâṁvruṁk, dusryân ghevuṁk.‖ *v. r.* nîṭ-, sâṁko jâvuṁk, ujḷoṁk; baro jâvuṁcho, utroṁk, utârâṁt paḍuṁk, sâṁvroṁk, jîv bharoṁk *(d. do s.)*.

Recobravel, *a.* navyân sâṁpḍâvuṁcho,- ghevuṁcho, hâtâsuṁcho.

Recobrir, *v. t.* dusryân dhâṁpuṁk.

Recobro, *s. m.* navyân meḷṇeṁ,- gheṇeṁ *n.*, punarlâbh *m.*

Recocto, *a. (p. us.)* dusryân śijailalo; karpalalo.

Recognição, *s. f. V.* RECONHECIMENTO.

Recoitar, *v. t.* âgṭyâṁt ghâluṁk (maû karchyâk).

Recoito, *a.* âgṭyâṁt maû kelalo.

Recolher, *v. t.* kâḍhuṁk, kâḍhûn davruṁk, puṁjâvuṁk, ekṭhâṁy karuṁk; *reunir:* ekṭhâṁy-, puṁjî karuṁk; *arrecadar:* bhitar ghâluṁk,- ghevuṁk; *receber em recompensa:* lâbhuṁk *(d. do s., s. do o.)*, phaḷuṁk *(id.)*; *acolher:* bihrâḍ-, âsar divuṁk *(d. do o.)*, ghevuṁk, âśramuṁk; *sepultar:* puruṁk, mâtiyek lâvuṁk; *encolher:* kavḷuṁk, âṁvḷuṁk; *resumir:* âṭpuṁk, saṁkshepuṁk; *tirar da circulação:* puṁjîkarûn ghevuṁk, châlîṁtlo kâḍhuṁk; *tomar:* ghevuṁk, dharuṁk. ‖ *V.* INFERIR. ‖ — *ar*, viśvâs dharuṁk. — *a rede*, anin oḍhuṁk. — *as velas*, śiḍâṁ kavḷuṁk. — *o ultimo suspiro*, martalyâche ḍoḷe dhâṁpuṁk. ‖ *v. i.* ghârâ partoṁk,- yevuṁk. ‖ *v. r.* partoṁk, parton yevuṁk, âplyâ ghârâ-, gâṁvâ yevuṁk; bhitar saruṁk, riguṁk; *reflectir:* dhyânuṁk, nihâḷuṁk; *ir para a cama:* niduṁk vachuṁk; *abrigar-se:* âsrâk râvuṁk, âsar śodhuṁk; *retirar-se do mundo:* saṁsâr sâṁḍuṁk, maṭhâṁt riguṁk.‖ — *aos bastidores (fig.)*, ghârâ vachuṁk; ugo râvuṁk. — *ao silencio*, jâb nâ divuṁk. — *com Deus*, Devâk bheṭuṁk.

Recolhida, *s. f.* partan, nivartan *n.*; maṭhvâsiṇ.

Recolhidamente, *adv.* ekâṁt, eksûrpaṇîṁ; bhitarlyâbhitar, choryâṁ.

Recolhido, *a.* ekâṁt, eksûr; gupto, muṁko, ghûm.

Recolhimento, *s. m.* partaṇeṁ, partan *n.*; puṁjâvṇî, kavaḷṇî; *meditação:* samâdhi *f.*, dhyân; *poisada:* bihrâḍ *ou* biḍâr *n.*, âsar *m.*; *pudor:* maryâd, lajj *f.*, paḍdo *m.*, *casa de retiro:* ekâṁt ghar *n.*

Recolho, *s. m.* hâskârsuskâr *m.*

Recomeçar, *v. t.* navyân âḍâvuṁk.

Recommendação, *s. f.* târîph, śiphâras *f.*, guṇvarṇan *n.* ‖ *V.* ADVERTENCIA.‖ -ões, *pl.* rekâd *(port.)* ughḍâs; salâm *(entre os mahometanos)*, râmrâm *(entre os hindús) m.*

Recommendado, *a.* karuṁk sâṁglalo, -lâylalo. ‖ *s. m.* śiphâras âslalo, śiphârasî, âśrit.

Recommendador, *a. e s. m.* sâṁgtalo, kaḷauṇâr; târîphdâr.

Recommendar, *v. t* karuṁk sâṁguṁk,- lâvuṁk, sâṁgûn davruṁk,- divuṁk, opuṁk; *pedir com instancia:* prârthûn sâṁguṁk,- mâguṁk; *aconselhar como proveitoso:* mânauṁk, guṇ varṇuṁk *(g. do o.)*, âdâv kaḷauṁk,- dâkhauṁk *(g. do o.)*; *advertir:* kaḷauṁk, jâṇauṁk; *pedir para favorecer:* -pâsvat mâguṁk *(rad. do o.)*, târîph-, śiphâras karuṁk *(g. do o.)*; *transmittir os cumprimentos:* ughḍâs divuṁk, vichârlâ mhaṇ sâṁguṁk ‖ *v. r.* âlâśro-, majat mâguṁk, pâṁg sodhuṁk; nâvâḍhoṁk, yaś hâḍuṁk.

Recommendavel, *a.* tushṭivaṁt, mânâdîk, nâvâḍhîk, yogya.

Recompensa, recompensação, *(p. us.) s. f.* phaḷ *m.*, puṇyaphaḷ, karmphaḷ, pratiphaḷ, pratidân, inâm *n.*, pratikâr *m.*, pratikṛiti *f.*‖ *V.* INDEMNIZAÇÃO.

Recompensador, *a. e s. m.* phaḷ-, inâm ditalo.

Recompensar, *v. t.* phaḷ-, inâm divuṁk *(d. do o.)*, kelaleṁ phârîk karuṁk, phârikpaṇ divuṁk *(d. do o.)*, pratidivuṁk ‖ *V.* INDEMNIZAR. ‖ *v. r.* âplo vâvr-, âple kashṭ phârîk karuṁk,- bharûn ghevuṁk.

Recompensavel, *a.* phaḷâcho, inâm phâvo âslalo.

Recompor, *v. t.* navyân ghaḍuṁk,- mâṁḍuṁk; ekṭhâṁy karuṁk, lâgîṁ kâḍhuṁk. ‖ *v. r.* parton jamuṁk-, lâguṁk. ‖ *V.* RECONCILIAR-SE.

Recomposição, *s. f.* navyân ghaḍṇeṁ,- jamṇeṁ *n.*

Reconcavo, *s. m.* ḍhol, pokharṇ *f.*, bhuṁyâr *n.* ‖ *V.* ENSEADA.

Reconcentração, *s. f.* jamâvṇî, puṁjâvṇî; jamṇî *f.*, puṁjî-, ekṭhâṁy jâṇeṁ. ‖ — *do espirito*, aṁtardhyân *n.*, samâdhi *f.*

Reconcentrar, *v. t.* ekâ jâgyâr jamâvuṁk,- ekṭhâvuṁk; kâḷjâṁt-, âple bhitar davruṁk. ‖ *v. r.* jamuṁk, ekṭhâṁy jâvuṁk; nibar-, dâṭ-, tîk jâvuṁk, pikuṁk; ekâṁt jiyevuṁk, koṇsyâk basuṁk; dhyânishṭh jâvuṁk.

Reconciliação, *s. f.* samaj, samjût, saṁdh, saṁdhi *f.*, ekvat, meḷ, milâph *m.*; khuśechem kumsâr *n.*

Reconciliado, *a. e s. m.* prâjitâvarvîṁ ijarjemâteṁt ghetlalo; kumsâr jâlalo.

Reconciliador, *a. e s. m.* lâgîṁ kâḍhtalo, ekṭhâṁy kartalo.

Reconciliar, *v. t.* lâgîṁ kâḍhuṁk, ekṭhâṁy karuṁk, samjâvuṁk, ekvaṭuṁk, meḷauṁk, saṁdhuṁk; sarîkaruṁk, ghaḍsuṁk; kumsâr karuṁk. ‖ *v. r.* ekṭhâṁy jâvuṁk, lâgîṁ saruṁk, bareṁ lekhuṁk. — *comsigo mesmo*, aṁtashkarṇ nitaḷ karuṁk. — *com Deus*, Devâkaḍe bogsaṇeṁ mâguṁk.

Reconciliatorio, *a.* ekvaṭuṁcho, meḷauṁcho.

Reconciliavel, *a.* lâgîṁ sarcho, samjîk.

Recondito, *a.* gupît, gupto, gûḍh, agam, khol. ‖ *s. m.* gupît-, bhitarlî svât *f.*, aṁtargarbh *m.*

Reconditorio, *s. m. V.* ESCONDRIJO.

Reconducção, *s. f.* parat vharṇeṁ; pâṭhî partiṇeṁ, partaṇ; phuḍe vharṇeṁ *n.*, phuḍârṇî *f.*

Reconduzir, *v. t.* parat vharuṁk,- divuṁk, partûn divuṁk, partuṁk, pâṭhî dhâḍuṁk; phuḍe vharuṁk,- chalauṁk, phuḍâruṁk; navyân padvî-, adhikâr divuṁk *(d. do o.)*; pâvauṁk.

Recongraçar, *v. t. e r. V.* RECONCILIAR.

Reconhecer, *v. t.* oḷkhuṁk; hoy mhaṇuṁk, mânuṁk, âṁgikaruṁk, kharo-, baro mhaṇ samjuṁk, kabûl karuṁk; *examinar;* paḷevuṁk, khabar-, kaḷâkaḷ ghevuṁk *(g. do o.)*: *declarar:* dakhal karuṁk, khabar divuṁk *(g. do o.)*, kaḷauṁk; *agradecer:* (upkâr) mânuṁk, âṭhauṁk. ‖ *v. r.* âpṇâk oḷkhuṁk; âplo guṇyâṁv oḷkhuṁk.

Reconhecidamente, *adv.* upkâr âṭhaun, dhinvâsîṁ; dakhal, kaḷît.

Reconhecido, *a.* upkâr mântalo, upkârî, dhinvâsî, âbhârî.

Reconhecimento, *s. m.* oḷkhaṇeṁ *n.*, oḷakh *f.*; mânap, âṁgikaraṇ *n.*; kaḷâkaḷ-, khabar gheṇeṁ; dakhal karṇeṁ *n.*, kaḷauṇî *f.*; upkâr mânṇeṁ, upkârpaṇ *n.*, dhinvâs *m.* ‖ *V.* RECOMPENSA. ‖ — *de um filho*, pût mhaṇ oḷkhaṇeṁ *n.*

Reconhecivel, *a.* oḷkhûṁyeso.

Reconquista, *s. f.* navyân jikṇeṁ *n.*; partûn jiklalo deś *m.*

Reconquistar, *v. t.* dusryân jikuṁk,- joḍuṁk.

Reconstituinte, *a.* navyân ghaḍtalo. ‖ *s. m.* jiv bharcheṁ okhat *n.*

Reconstituir, *v. t.* partûn ghaḍuṁk,- mâṁḍuṁk.

Reconstrucção, *s. f.* naveṁ bâṁdhap; naveṁ ghar *n.*

Reconstruir, *v. t.* navyân bâṁdhuṁk; partûn sâmko karuṁk.

Recontar, *v. t.* partûn mejuṁk; sâṁguṁk, kathuṁk.

Reconto, *s. m.* bhâlyâchî mûṭh *f.* ‖ *V.* NARRAÇÃO.

Recontro, *s. m.* juj, saṁgrâm *n.*, laḍhây; âdaḷṇî *f.*, dachko *m.*; bheṭâbheṭ *f.*

Reconvenção, *s. f. (jur.)* âḍnyây *m.*; *(fig.) V.* RECRIMINAÇÃO.

Reconvir, *v. t.* âḍnyây-, phiryâd karuṁk *(l. sup. do o.)*; *(fig.)* parteṁ toṁḍâr mâruṁk,- pâḍuṁk.

Recopilação, *s. f.* âṭâp, saṁkshep; saṁgrah *m.* ‖ — *de leis*, kâydyâṁcho jamo,- bharṇo *m.*

Recopiladamente, *adv.* âṭâpûn.

Recopilador, *a. e s. m.* âṭâptalo, saṁkshepî: dusryâṁnîṁ barailaleṁ puṁjâytalo.

Recopilar, *v. t.* âṭâpuṁk, saṁkshepuṁk; jamâvuṁk, ekṭhâṁy karuṁk.

Recordação, *s. f.* manâṁt hâḍṇeṁ, ughḍâs karṇeṁ; rekordâsâṁv, samaraṇ *n.*; ughḍâs, âṭhav *m.*, yâd *f.*

Recordador, *a. e s. m.* ughḍâs kartalo, âṭhauṇâr.

Recordar, *v. t.* manâṁt ghoḷauṁk,- hâḍuṁk, âṭhauṁk, guṇuṁk, samaruṁk. ‖ *v. r.* ughḍâs-, âṭhav âsuṁk *(d. do s.)*, âṭhavuṁk *(d. do s.)*.

Recordativo, *a.* ughḍâsâcho, ughḍâs karcho.

Recordo, *s. m.* ughḍâs *m.*

Recorrente, *a.* âdhâr-, majat śoḍhtalo, śaraṇâgat. ‖ *s. m.* rekûrs kartalo.

Recorrer, *v. t.* gholauṁk, châḷuṁk, ekân ek paḷevuṁk. || *v. i.* śaraṇâ vachuṁk, âdhâr-, majat śodhuṁk,- mâguṁk; upeg karuṁk, upây ghevuṁk; rekûrs karuṁk.

Recortado, *a.* kaṁgryâṁcho. || *s. m.* kaṁgryâṁcheṁ kâm *n.*

Recortar, *v. t.* kaṁgre karuṁk *(g. do o.)*, kaṁgryâṁnîṁ kâtruṁk; *(fig.)*. *V.* ENTREMEAR.

Recorte, *s. m.* kaṁgre karṇeṁ *n.*; kaṁgro *m.*, kamaḷ *n.*

Recortilha, *s. f. V.* CORTILHA.

Recostado, *a.* pâṭhlyân teṁklalo, âḍ paḍlalo.

Recostar, *v. t.* vaṁdâvuṁk, bâgâvuṁk; teṁkauṁk, davruṁk, lâvuṁk. || *v. r.* pâṭhlyân teṁkuṁk, âḍ râvuṁk,- paḍuṁk.

Recosto, *s. m.* teṁko *m.*; *(ant.)*. *V.* ENCOSTA.

Récova, *s. f. V.* RÉCUA.

Recóva, *s. f. V.* RECOVAGEM.

Recovado, *s. m. V.* RECOVO. || *Viver de —*, hât pâṁghrûn basuṁk, bekâr bhoṁvuṁk.

Recovagem, *s. f.* kâbâḍ *n.*: pâṭhâḷ *m. pl*, kâbâḍmonjâtî *f. pl.*; kâbâḍyâchî khep *f.*; phaujîcheṁ sâmaṇ vhartalo-, vâhtalo lok; vâhcho khaṁḍ *m.*; vâhchî paṁgat *f.*

Recovar, *v. t.* (sâmaṇ, mâl) vâhuṁk, vharuṁk.

Recoveiro, *s. m.* kâbâḍî.

Recovo, *s. m.* âḍ âsṇeṁ *n.* || *Estar de —*, koṁpar teṁkauṁ vaṁdavuṁk.

Recozer, *v. t.* dusryân-, bhav śijauṁk; âgṭyâṁt ghâlûn nivauṁk. || *v. i. e r.* bâso-, śeḷo jâvuṁk.

Recozimento, *s. m.* dusryân śijauṇeṁ; âgṭyâṁt ghâlṇeṁ *n.*

Recreação, *s. f. V.* RECREIO.

Recreador, *a. V.* RECREATIVO.

Recrear, *v. t.* navyân rachuṁk; *alegrar:* khuśî-, kuśâl karuṁk, saṁtosh divuṁk *(d. do o.)*, saṁtoshâvuṁk, ânaṁdâvuṁk; *divertir:* kheḷauṁk, ramauṁk, raṁjauṁk; *alliviar do trabalho:* śâṁtauṁk *ou* saṁtauṁk, narmâvuṁk. || *v. r.* kheḷuṁk, ramuṁk, saṁtoshuṁk, parkaṁdoṁk, visavuṁk.

Recreativo, *a.* kheḷâcho, tamâśyâcho, saṁtoshâvuṁcho, gamtî, raṁjak.

Recreio, *s. m.* kheḷ, tamâśo, vinod *m.*, mauj, gamat, khaspây; khuśî, kuśâlî, sâvkâśây *f.*, saṁtosh *m.* || *Hora de —*, kheḷcho veḷ.

Recrementicio, *a.* maḷâcho.

Recremento, *s. m.* maḷ *n.*, gâḷ *m.*

Recrescente, *a.* chaḍhchaḍh jâto, chaḍhûn veto; adhik baḷân yeto.

Recrescer, *v. i.* navyân phuṭuṁk,- vâḍhuṁk; adhik-, chaḍhît jâvuṁk, chaḍhuṁk, chaḍhûn vachuṁk. || *V.* SOBEJAR.

Recrescidamente, *adv.* chaḍhît jâvûn, chaḍhûn; navyâ baḷân,- tavkyân.

Recrescimento, *s. m.* navyân vâḍhṇeṁ, adhik jâṇeṁ, chaḍhap *n.*, chaḍhâv *m.*, adhikây *f.*

Recrestar, *v. t.* partûn taḷsâvuṁk,- hurḍuṁk; karpauṁk, jaḷauṁk.

Recriminação, *s. f.* parteṁ toṁḍâr pâḍṇeṁ *n.*, pratyapavâd, pratyârop *m.*

Recriminador, *a. e s. m.* paratvâdî, paratphiryâdî; partûn ditalo, pratyapavâdî.

Recriminar, *v. t.* partûn divuṁk, parteṁ toṁḍâr pâḍuṁk,- mâruṁk, parto gunyâṁvkâr karuṁk, tyâch mâpân phârîk karuṁk *(d. do o.)*.

Recriminatorio, *a.* toṁḍâr mârcho, pratyapavâdâcho.

Recru, *s.* nibel harvo.

Recrudescencia, *s. f.* jaḍ jâṇeṁ *n.*, jaḍâvṇî *f.* || *V.* RECRESCIMENTO.

Recrudescente, *a.* jaḍâvlalo, jaḍ jâlalo, chaḍhît.

Recrudescer, *v. i.* jaḍ jâvuṁk, jaḍâvoṁk, chaḍhuṁk.

Recruta, *s. m.* navo śipây. || *s. f.* jamâbaṁdî; navyâ śipâyâchî śikauṇ *f.*

Recrutamento, *s. m.* śipâyâṁchî jamâbaṁdî *f.*

Recrutar, *v. t.* śipây karuṁk, śipây jâvuṁche paṭṭiyer barauṁk; *(fig.)* âpauṇ-, bhulauṇ vharuṁk.

Recta, *s. f.* niṭ regh, saraḷ rekhâ *f.*

Rectal, *a.* maḷâśayâcho.

Rectamente, *adv.* nîṭ, sâṁkeṁ, barâbar.

Rectangular, *a.* saṁkoṇ.

Rectangularidade, *s. f.* saṁkoṇpaṇ *n.*

Rectangulo, *a. e s. m.* saṁkoṇ *m.*

Rectidão, *s. f.* niṭây *f.*, sârkepaṇ, sâṁkepaṇ; saraḷpaṇ, kharepaṇ, pramâṇikpaṇ *n.*, nît *f.*, sadâchâr, nyây *m.*

Rectificação, *s. f.* nîṭ-, sârko karṇeṁ *n.*, niṭâvṇî, niṭây; ujaḷṇî, sudhârṇî, śuddhi *f.* || *V* DESTILLAÇÃO.

Rectificador, *a. e s. m.* sârko-, sâṁko kartalo, niṭâvṇâr, sudhârṇâr.

Rectificar, *v. t.* nîṭ-, sâṁko-, saṁ karuṁk, niṭâyuṁk; *emendar:* sârko-, nîṭ karuṁk, chukî-, khoḍî kâḍhuṁk

(g. do o.), sudhârumk, śuddhaumk, sârkâvumk. || — um liquido, partûn bâṭṭiyek lâvumk.

Rectificativo, a. śuddhaumcho, sudhârcho.

Rectificavel, a. nîṭ-, sârko karûmyeso.

Rectilineo, a. (geom.) saraḷ.

Rectitude, s. f. V. RECTIDÃO.

Recto, a. nîṭ, ujû, sutî, sutrî, saraḷ, sam; ubho, nîṭ ubho, khuṁṭ; (fig.) nîṭ, sârko, sâmko, barâbar, ṭhik, sam, samân, baro, śuddh, satchârî, chângo, pramâṇîk, puṇyavaṁt, puṇyaśil, dharmvaṁt, nitivaṁt; râstî, durûst (us. Can.). || s. m. (anat). malâśay m.

Rectriz, s. f. śukṇyâchyâ śeṁpâḍyâcheṁ lâṁb pâkh n.; ubhî vâṭ f., nîṭ mârag m.

Recua, s. f. V. RECUO.

Récua, s. f. kâbâḍyâṁ monjâtîṁchî mâṁt,- hâr f.; kâbâḍ n.; (fig.) luḷeṁ n., uṇo lok m.

Recuada, s. f. pâṭhî partaṇeṁ n. || Ás recuadas, pâṭhî parton.

Recuamento, s. m. V. RECUO.

Recuar, v. a. pâṭhî saruṁk,- partoṁk; pâṭhḷyân partoṁk; toloṁk (peça, espingarda). || v. t. pâṭhî loṭuṁk,- partuṁk.

Recubito, s. m. âḍ âsṇeṁ,- paḍṇeṁ, ghâṇ gheṇeṁ n.

Recuidar, v. i. manâṁt jharauṁk,- gholauṁk (vv. tt.).

Reçumar, reçumbrar, v. t. e i. || V. RESUMAR.

Recunhar, v. t. navyân ṭasuṁk.

Recuo, s. m. pâṭhlyân-, pâṭhî partaṇeṁ; tolṇeṁ n., tol m.

Recuperação, s. f. partûn meḷauṇeṁ,- meḷṇeṁ n., hâtâsṇî f., punarlâbh m.

Recuperador, a. e s. m. navyân sâṁpḍâytalo, -meḷauṇâr.

Recuperar, v. t. navyân meḷauṁk, partûn sâṁpḍâvuṁk, (sâṁḍlalo) meḷuṁk (d. do s., s. do o.), gaṁvsuṁk (idi), dusryân joḍuṁk,- jikuṁk, sâṁvrâvuṁk, * hâtâsuṁk. || — o tempo perdido, veḷ kâḍhlalo bharuṁk. || v. r. V. RESTAURAR-SE.

Recuperativo, a. navyân meḷauṁcho,- joḍcho.

Recuperavel, a. meḷûṁyeso, parton sâṁpaḍcho.

Recurso, s. m, upây. ilâj m., gat, vâṭ, kalpanâ, yukti f.: meios pecuniarios: duḍû, paise m. pl.; invocação do auxilio: âdhâr mâgṇeṁ, âlâśro śodhṇeṁ, śaraṇâ vachṇeṁ n.; soccorro: âdhâr m., majat f.; refugio: âsar, âśro m., śaraṇ; remedio: okhat n.; (jur.) rekûrs m., âpelâsâṁv n.|| Homem de recursos, yuktivaṁt-, hikmatkâr manîs. Em ultimo, nimâṇo ilâj kaso.

Recurvado, recurvo, a. bâgâvlalo, vâṁkḍo, tiḍo, vakr.

Recurvar, v. t. partûn bâgâvuṁk; vaṁdâvuṁk, vaḷuṁk. || v. r. bâgâvoṁk, vaṁdavuṁk, bâg ghevuṁk,- ghâluṁk.

Recusa, recusação, s. f. nâkâ mhaṇṇeṁ, partiṇeṁ, partaṇ n., nâkârṇî f., nâkâr, nished, iṁkâr (us. Can.), nirâs m., nirasaṇ n.

Recusador, a. e s. m., **recusante**, a. e s. m. e f. nâkâ mhaṇtalo, partilalo, nâkârṇâr.

Recusar, v. t. partuṁk, nâkâ mhaṇuṁk, nâkâ jâvuṁk (d. do s., s. do o.), nâkâruṁk, nirasuṁk; nâ divuṁk, nâṁ mhaṇuṁk, hât jhâḍuṁk (d. do o.), não admittir: pelyân ghâluṁk, bhâyrâvuṁk, nâ ghevuṁk; evitar: nisrâvuṁk, vâṭâvuṁk. || V. OPPOR-SE. || v. r. hât jhâḍuṁk, nâ âṭpuṁk, nâ bâḍguṁk, kân nâ hâlauṁk, kabûl nâ jâvuṁk; nâ chalnuṁk, dharoṁk (monjât).

Recusavel, a. nâkârcho, partuṁcho, partûn divuṁcho.

Redacção, baraun mâṁḍṇeṁ, kâgdâr ghâlṇeṁ, barap n.; vartamânpatr baraitale m. pl.; vartamânpatr barauṁcheṁ ghar n.

Redactor, s. m. barauṇâr, barpî; redâktor, phol śâptalo.

Redada, s. f. jâḷ mârṇeṁ n.

Redar, v. t. (jâḷ) mâruṁk, uḍauṁk; dusryân divuṁk. || v. t. e i. V. RODAR.

Redarguição, s. f. partûn deṇeṁ, toṁḍâr mârṇeṁ,- pâḍṇeṁ n.

Redarguidor, a. e s. m. partûn ditalo, pratyapavâdî.

Redarguir, v. t. partûn divuṁk, tyâch mâpân phârik karuṁk, partûn toṁḍâr mâruṁk,- pâḍuṁk.

Rede, s. f. jâḷ n., jâḷî, kâṇṇî, kâṁṭâḷî f., pâgar n.; tecido de malha, de arame: jâḷî, red f.: (fig.) V. ARMADILHA. || — varredora, râṁpaṇ ou râṁpṇî f. Cahir na — (fig.), jâḷâk sâṁpḍuṁk, phâsâk paḍuṁk.

Redea, s. f. lagamâchî vâḍî,- dorî, rasmî, aṇîn; (fig.) jâḷoṇî, châlauṇî f.; vâsan n.|| Dar — larga, soḍûn divuṁk, avkâś divuṁk. Soltar a — a alguem, sûṭ-, mekhḷo karuṁk, jây taseṁ karuṁk divuṁk. *Tomar as rédeas (fig.)*, âpḷyâ hâ...nt ghevuṁk, jâvoṇî karuṁk. *A — solta*, khuśepramâṇeṁ, jây taseṁ, śirṭobhiḍto nâstânâ. *Com a — na mão*, śahâṇcpaniṁ, vivekiṁ.

Rédefolle, *s. f.* koblem *n.*

Redeiro, *s. m.* jâḷâṁ-, jâḷyo kartalo, jâḷyâṁkâr.

Redemoinhar, *v. t. V.* REMOINHAR.

Redemoinho, *s. m. V.* REMOINHO.

Redempção, *s. f.* soḍvaṇ *f.*, târaṇ, uddharaṇ *n.*, uddhâr *m.* ‖ *Sem —*, ilâjâvîṇ, upây nâstânâ.

Redemptor, *s. m.* soḍvaṇâr *ou* soḍauṇâr, târak, uddhârî.

Redenho, *s. m. (anat.)* aṁtrâvaraṇ *n.*

Redhibição, *s. f.* viktalyâk partûn deṇeṁ *n.*

Redhibir, *v. t.* vikap nirphaḷ karuṁk *(g. do o.)*, bareṁ nay mhaṇ viktalyâk partuṁk.

Redhibitorio, *a.* parat divuṁcho. ‖ *Vicios redhibitorios*, vikpâcho khaṁḍ moḍche aguṇ *m. pl.*

Redigir, *v. t.* barauṁk, baraun mâṁḍuṁk, kagdâr ghâluṁk.

Redil, *s. m.* goṭho *m.* ‖ *O — da igreja*, igraj mâthechem gap *n.*

Redimir, *v. t. V.* REMIR.

Redintegrar, *v. t. V.* REINTEGRAR.

Redivivo, *a.* jîvaṁt-, jivo jâlalo; navyân dishṭî paḍlalo.

Redizer, *v. t.* âsâ taseṁ-, partûn sâṁguṁk, duvâḷuṁk.

Redobradamente, *adv.* chaupaṭûn, chaupaṭ.

Redobrado, *a.* chaupaṭ; dupeṭ; jabar chaḍh.

Redobramento, *s. m.* chaupaṭṇî *f.*; chaḍhâv, ḍoṁgar *m.*, râs *f.*

Redobrar, *v. t.* dusryân doḍuṁk; chaupaṭ karuṁk, chaupaṭuṁk; bhav chaḍhauṁk, -vâḍhauṁk. ‖ *V.* REPETIR. ‖ *v. i. e r.* chaḍhuṁk, chaḍhchaḍh jâvuṁk, chaḍhûn vachuṁk.

Redobre, *a.* chaupaṭ. ‖ *V.* VELHACO.

Redobro, *s. m. V.* QUADRUPLO.

Redoiça, *s. f.* hiṁduḷo *ou* hiṁdḷo, dol *m.*, jel *f.*

Redoiçar, *v. i. e r.* hiṁdḷoṁk, doluṁk, jeluṁk, chumkaḷuṁk.

Redolente, *a. (poet.) V.* ODORIFERO.

Redoma, *s. f.* kâjechem vâṭkuḷem dhâṁpṇeṁ *n.*, kâjecho śiṁso *m.* ‖ *Metter-se numa — (fig.)*, kâpsâṁt âsuṁk, phulâṁnîṁ basuṁk.

Redomoinho, *s. m. V.* REMOINHO.

Redondamente, *adv.* bhoṁvtîṁ, bhoṁvârîṁ; saḍsaḍît, ughḍâpeṁ; ekdam, nigût, nibel. ‖ *Cahir —*, śevṭoṁk.

Redondear, *v. t. (p. us.). V.* ARREDONDAR.

Redondela, *s. f.* lahân rahâṭ,- châk *n.*

Redondeza, *s. f* vâṭkuḷây, vâṭâṁguḷây *f.*, vâṭkuḷepaṇ *n.*; jag, saṁsâr *m.*

Redondil, *a. V* REDONDO.

Redondilha, *s. f.* saptâkshar charaṇ, -pad *n.*

Redondo, *a.* vâṭkuḷo, vâṭâṁguḷo, chakrâkâr, vrittâkâr; *espherico:* vâṭkuḷo, vâṭâṁguḷo, gol, golâkâr; *cheio:* bharlalo; *gordo:* moṭo; *curvo:* bâgâḷ. ‖ *V.* COMPLETO. ‖ *Conta redonda*, thok rakam *f. Numero —*, bhar âṁk *m. Lettra redonda*, chhâpî akshar *n. Em —*, bhoṁvtîṁ, bhoṁvârîṁ. ‖ *adv. V.* REDONDAMENTE.

Redor, *s. m.* bhoṁvâr, bhoṁvtaṇ *f.* ‖ *Em —, de —, ao —, em de —*, bhoṁvtîṁ, bhoṁvârîṁ, sabhavtî, sabhaṁvtîṁ. *Ao — de*, sumâr, adhik-uṇeṁ.

Redra, *s. f.* dusryân mûḷ ustiṇeṁ *n.*

Redrar, *v. t. e i.* (dâkhechem) dusryân mûḷ ustuṁk.

Reducção, *s. f.* uṇo-, thoḍo karṇeṁ, -jâṇeṁ, alpîkaraṇ *n.*, jirauṇî, jirṇi, âṁvaḷṇî *f.*, deṁvap, uṇepaṇ *n.*; âṭâp, saṁkshep *n.*; phirṇeṁ, badlap *n.* ‖ *V.* SUJEIÇÃO.

Reducente, *a. V.* REDUCTIVO.

Reductibilidade, *s. f.* moṭvo-, uṇo jâvuṁcho guṇ *m.*, alpîkaraṇîyatâ *f.*

Reductivamente, *adv.* âṭâpûn, âṁvḷûn.

Reductivel, *a.* uṇo-, thoḍo jâysârko, âṁvḷoṁcho.

Reductivo, *a.* âṭâpuṁcho, âṁvḷuṁcho, jirauṁcho.

Reducto, *s. m.* bhitarleṁ koṭṭ *n.*; aḍlalo jâgo *m.*

Reductor, *a. V.* REDUCTIVO.

Redundancia, *s. f.* adhikây *f.*, agḷepaṇ *n.*, aparimitây *f.*, atirek *m.* ‖ *V.* PLEONASMO.

Redundante, *a.* adhik, agḷo, chaḍh, bhârî, amaryâdî, aparimit.

Redundantemente, *adv.* adhik, bhârîṁ, hispâbhâyr

Redundar, *v. i.* bharon otoṁk,-uruṁk; adhik-, agḷo jâvuṁk, uphâḷuṁk; jâvuṁk, ghaḍuṁk. ‖ *— em*, jâvuṁk pâvuṁk, utroṁk, phaḷuṁk.

Reduplicação, *s. f.* chaupaṭṇî; chaḍhauṇî *f.*, chaḍhap *n.*, chaḍhâv; pratiśabd *m.*, dvitv *n.*

Reduplicado, *a.* chaupaṭ; dupeṭ.

Reduplicar, *v. t.* chaupaṭumk; dunumk, duṇâvumk; chaḍhnumk; vâḍhaumk.

Reduplicativo, *a.* pratiśâbdik.

Redura, *s. f. V.* RODURA.

Reduzido, *a,* uṇo, thoḍo, alp.

Reduzir, *v. t.: restituir á fórma primitiva:* âslo taso karumk, âdle daśer pâvaumk; *diminuir:* uṇo-, thoḍo karumk, uṇâvumk, demvaumk, utrumk; *resumir:* âṭâpumk, samkshepumk; *abrandar:* demvaumk, nivaumk, nivḷâvumk; *restringir:* âmvḷumk, arnumk; *trocar:* badlumk, badal karumk *(g. do o.); levar a um certo estado:* pâvaumk, vharumk; *sujeitar:* khâlto karumk, damâvumk; *subjugar:* jikumk, ghevumk; *constranger:* baḷ karumk, baḷân karumk lâvumk *(d. do o.); attrahir:* oḍhumk, hâḍumk; *converter:* karumk *(g. do o.),* rûpâmtar karumk *(g. do o.); separar:* viskaṭâvumk; *corrigir:* sâmko-, niṭ karumk; *levar ao seu logar:* âslo thaim basaumk. ‖ — *a dinheiro:* vikûn duḍû karumk. — *alguem a expressão mais simples,* tomḍ kâḍhumk *(g. do o.);* bhikek pâvaumk. — *á ultima extremidade,* upadryâmk ghâlumk, bhamgasthaḷ karumk *(g. do o.).* — *a pó,* dhûḷdaśâ karumk *(g. do o.).* — *ao silencio,* tomḍ dhâmpumk *(g. do o.).* ‖ *v. r.* uṇo-, thoḍo jâvumk, âmvḷomk, jirumk; pâvumk. ‖ *V.* MITIGAR-SE.

Reduzivel, *a. V.* REDUCTIVEL.

Reedificação, *s. f.* navem bâmdhap *n.*

Reedificador, *a. e s. m.* navyân bâmdhtalo.

Reedificar, *v. t.* navyân bâmdhumk, dusryân ghaḍumk.

Reeleger, *v. t.* partûn vimchumk.

Reelegivel, *a.* partûn vimchûn kâḍhcho.

Reeleição, *s. f.* partûn vimchṇem *n.,* dusrî nivaḍṇî *f.;* navem cleysâmv *n.*

Reeleito, *a. e s. m.* dusryân vimchlalo,- vimchûn kâḍhlalo.

Reembolsar, *v. t.* (âple duḍû) parat-, bharûn ghevumk.‖ — *alguem,* parat divumk *(d. do o.),* phârik karumk *(d. do o.).*‖ *v. r.* phârik karûn ghevumk, devem tem hâtâmt yevumk,- paḍumk *(g. do s.).*

Reembolso, *s. m.* duḍû partûn deṇem, rîṇ phârik karṇem *n.*

Reempossar, *v. t.* navyân bhogâvaḷ divumk *(d. do o.).*

Reencher, *v. t.* âsâ taso bharumk. ‖ *V.* PREENCHER.

Reencontrar, *v. t.* navyân meḷumk,- bheṭumk *(d. do s., s. do o.).* ‖ *v. r.* dusryân bheṭumk.

Reencontro, *s. m.* navî-, dusrî bheṭ *f.*

Reenlaçar, *v. t.* dusryân gâmṭhâvumk,- vemṭumk.

Reenviar, *v. t.* partûn dhâḍumk.

Reenvidar, *v. t. V.* REVIDAR.

Reexportação, *s. f.* navyân pargâmvâk vharṇem *n.*

Reexportador, *a. e s. m.* partûn bhâylyâ deśâk vhartalo.

Reexportar, *v. t.* (mâl) partûn gâmvâbhâyr vharumk, navyân pardeśâk pâṭhaumk.

Refalsadamente, *adv.* kapaṭim, ḍhomgân.

Refalsado, refalseado, *a.* kapaṭi, kuṭâḷo *ou* kurṭâḷo, laṭik, phoṭkiro, ḍhomgî, ghâtkî.

Refalsamento, *s. m.* kapaṭ, ḍhomg *n.,* labâḍî, ghâḍâmoḍ *f.,* ghât *m.*

Refalsear, *v. t.* ṭhakumk, nâḍumk, ghât ghevumk *(g. do o.).*

Refazedor, *a. e s. m.* navsartalo.

Refazer, *v. t.* partûn karumk; *concertar:* sârko-, niṭ karumk, navsarumk; *emendar:* chukî kâḍhumk *(g. do o.),* śuddhaumk, sudhârumk; *reedificar:* navyân bâmdhumk; *formar de novo:* dusryân ghaḍumk; *reanimar:* jiv bharumk *(d. do o.),* ghaṭṭâvumk; *engordar:* moṭo karumk, mâtaumk; *prover:* puraumk, garaj tem divumk *(d. do o.); resarcir:* bharûn divumk. ‖ *v. r.* jiv bharomk *(d. do s.),* gat yevumk *(d. do s.),* ghaṭṭây meḷumk *(d. do s.); descançar:* basumk, visavumk; *encher-se de novo:* âsâ taso bharomk; *supprir-se:* purvaṇ-, bejmi karumk.

Refazimento, *s. m.* navyân karṇem *n.,* navsarṇî *f.;* bharûn deṇem, pratiphaḷ *n.* ‖ *V.* RESTABELECIMENTO.

Refece, *a. V.* INFAME.

Refectivo, refectorio, *a. (med.)* ghaṭṭâyecho.

Refega, *s. f. V.* REFREGA.

Refegado, *a.* peṭiyâmcho.

Refegar, *v. t.* peṭyo ghâlumk,- moḍumk *(d. do o.).*

Refego, *s. m.* repheg, peṭî, ghaḍî, doḍî, moḍ *f.*

Refeição, *s. f.* baḷ bharṇem *n.,* ghaṭṭâvṇî *f.;* jevaṇ, bhojan *n.,* jevo; upâhâr *m.,* khâṇ *n.*

Refeito, *a.* navyân kelalo, navsarlalo; jîv-, gat ghetlalo, ghaṭṭ jâlalo. ‖ *V.* ROBUSTO.

Refeitorio, *s. m.* rephetor, jevvuṁchî kûḍ *f.*, jevṇâcheṁ ghar *n.*, bhojanabhûmi *f.*

Refem, *s. m.* ol *f.*

Refender, *v. t.* navyân čhiruṁk; śiro karuṁk *(g. do o.)*; naksuṁk, biraumk, kasto kâḍhuṁk *(d. do o.)*.

Refendimento, *s. m.* partûn chirṇeṁ *n.*; dhâḷ; uṁch naksi *f.*

Referencia, *s. f.* sâṁgṇî *f.*, kathan *n.*; kathâ *ou* kaṁthâ, goshṭ; *relação:* lagtî *f.*, saṁbaṁdh, saṁdhân; *insinuação:* sûchan *n.*, iśâro *m.*, iśârat *f.* ‖ *Em ou com — a,* saveṁ, sarîṁ, vishayîṁ, saṁbaṁdhîṁ.

Referenda, *s. f.* saî karṇeṁ *n.*; râjkârbhâryâchî saî *f.*

Referendar, *v. t.* jabâbdârî saî ghâluṁk *(l. sup. do o.)*, âplyâ niśâṇân thiraumk; *(ant.)* vâko-, hakikat karuṁk *(g. do o.)*.

Referendario, *s. m.* âplyâ niśâṇân thirâytalo. ‖ *V.* RELATOR.

Referente, *a.* lâgto, paḍto; vishayîṁ *ou* vishîṁ, saṁbaṁdhîṁ *(posp.)*.

Referido, *a.* sâṁglalo, pâṭhî mhaṇlalo; dakhal kelalo.

Referimento, *s. m.* *(p. us.)* sâṁgṇî *f.*, kathan *n.*

Referir, *v. t.* sâṁguṁk, kathuṁk, nirupuṁk; *applicar:* lâvuṁk, bheṭauṁk; *attribuir:* ghâluṁk *(com l. sup.)*, thâpuṁk *(id.)*, âropuṁk; *comparar:* sarî karuṁk. ‖ *V.* ALLEGAR. ‖ *v. r.* khabar-, sûchanâ karuṁk, ughḍâs kâḍhuṁk; lâguṁk, paḍuṁk.

Refertar, *v. i.* jhagḍuṁk, jhoṁbuṁk; viruddhuṁk.

Referver, *v. i.* dusryân-, chaḍh khatkhatuṁk; *fermentar:* phiṇphiṇuṁk, âṁbṭevuṁk; *excitar-se:* khatkhatuṁk, uchaṁbaḷuṁk; *estrondear:* saḷsaḷuṁk, bobâḷ karuṁk. ‖ *v. t.* bhav khatkhatâvuṁk; âṁbṭâvuṁk.

Refestela, *s. f.*, **refestelo,** *s. m.* phest *(port.)*, dhumśâṇ *n.*, tamâśo *m.*, mauj: kuśâlî *f.*, susthpaṇ *n.*

Refestelado, *a.* susth, kuśâl.

Refestelar-se, *v. r.* mirvuṁk, ramuṁk, nâchuṁk uḍuṁk, ramaṇ karuṁk; pâṁy soḍûn basuṁk, peṁdroṁk, susth âsuṁk.

Refiar, *v. t.* partûn vaḷuṁk.

Refilador, *a. e s. m.* khâvuṁk yetalo, châbkar.

Refilar, *v. i.* navyân ghaṭṭ dharuṁk; châbtalyâk châbuṁk, ghâṁs mârtalyâk ghâṁsâvuṁk, khâvuṁk yevuṁk; *(fig.)* jhaḍjhaḍâvuṁk, jhoṁbuṁk, loṭûn ghâluṁk; partûn divuṁk, uttar moḍuṁk, âṁgâr yevuṁk.

Refilhar, *v. i.* dusryân âṁkrevuṁk,-phâṁṭevuṁk.

Refilho, *s. m.* navo phâṁṭo *m.*

Refinação, *s. f.* nitaḷ-, nigaḷ karṇeṁ *n.*, śodh, śodhṇî; śuddhi, nigaḷây *f.*

Refinadamente, *adv.* sudhârûn; oḍhûn, tâṇûn.

Refinado, *a.* nitaḷ, nirmaḷ, nirbhel, nigaḷ, lîk; *(fig.)* jabar, tâṇ, aṭṭal. ‖ *V.* AFFECTADO. ‖ *Ladrão —,* aṭṭal chor. *Mentiroso —,* phoṭkiryâṁcho bâpûy.

Refinador, *a. e s. m.* nitaḷ-, nirbhel kartalo, śodhṇâr.

Refinadura, *s. f.* *V.* REFINAÇÃO.

Refinamento, *s. m.* nibar bârkây, jabar barkamây *f.* ‖ *V.* REFINAÇÃO *e* REQUINTE.

Refinar, *v. t.* nitaḷ-, nirmaḷ karuṁk, meḷ kâḍhuṁk *(g. do o.)*, saṁkaruṁk, śodhuṁk *(p. us. nesta accep.)*; nibar-, lîk karuṁk; *(fig.)* sudhâruṁk, saṁjauṁk, saṁpûrṇ-, śuddh karuṁk. ‖ *v. i.* nibar-, bhârî jâvuṁk; *(fig.)* nirmaḷ-, śuddh jâvuṁk. ‖ *v. r.* nitaḷ-, nigaḷ jâvuṁk; *(fig.)* ujḷoṁk, sudhâroṁk.

Refinaria, *s. f.* *(p. us.)* (sâkar) nitaḷ karcheṁ ghar *n.*

Refino, *s. m.* *V.* REFINAÇÃO.

Reflectidamente, *adv.* chiṁtûn, nihâḷûn.

Reflectido, *a.* *V.* CIRCUMSPECTO.

Reflectidor, *a.* parâvṛitt kartalo, phâṁkaitalo. ‖ *s. m.* ârso *m.*

Reflectir, *v. t.* pâṭhî partuṁk,- vaḷuṁk; (ujvâḍ) uḍauṁk, phâṁkauṁk, parâvṛitt karuṁk; *retratar:* pratibiṁb karuṁk *(g. do o.)*, rûp-, âkâr ghevuṁk *(g. do o.)*; *repetir:* anusaruṁk, gâjauṁk; *(fig.)* dâkhauṁk, dâkhaun divuṁk. ‖ *v. i. e r.* pâṭhî partoṁk,- yevuṁk, phâṁkuṁk, pratibiṁbuṁk; *incidir:* paḍuṁk, basuṁk; *pensar:* bare bhâshen chiṁtuṁk, nihâḷuṁk, dhyânuṁk, yojuṁk, vivekuṁk; *communicar-se:* lâguṁk.

Reflectivo, *a.* vivekî, vichârî, yojanâcho.

Reflector, *a. e s. m.* *V.* REFLECTIDOR.

Reflexamente, *adv.* yojûn, nihâḷûn.

Reflexão, *s. f.* pâṭhî partaṇeṁ, -vaḷṇeṁ *n.*; phâṁkuî, phâṁk *f.*, pratibiṁb *m.*: chiṁtṇî, chiṁtnâ *f.*, vichâr, vivek, nihâḷ *m.*, yojan, dhyân, âlochan *n.*, saṁkhyâ, mimâṁs; *observação:* tahrâ, chatrây *f.*, takrâr *m.*

Reflexibilidade, *s. f.* parâvarttanîyatâ *f.*

Reflexivel, *a.* parâvarttanîya, phâṁkcho.

Reflexivo, *a.* vichârî, viveki; *(gram.)* karmaṇivâchya *(verbo —) n.*

Reflexo, *a.* parat phâṁklalo, parâvritt, pratibiṁbit, pratibiṁbâcho; *(bot.)* vaḷlalo, kavaḷlalo; *(gram.)*. *V.* REFLEXIVO. ‖ *V.* INDIRECTO. ‖ *s. m.* parâvarttan *n.*, pratibiṁb, trâs *m.*, trâsaṇ *n.*

Reflorescer, reflorir, *v. i.* dusryân phuluṁk,- phuṭuṁk; *(fig.)* baḷ ghevuṁk, phuluṁk.

Reflorido, *a.* dusryân phullalo.

Refluente, refluo, *a.* parat vâhvto.

Refluir, *v. i.* parat vâhvuṁk; bharon yevuṁk; *(fig.) V.* RETROCEDER.

Refluxo, *s. m.* pâṇî vaḷṇeṁ, -partaṇeṁ, suktî oḍhṇeṁ *n.*, bhâṁg *m.* ‖ *O fluxo e — da sorte*, râjghaḍe *m. pl.*

Refocilamento, *s. m.* âṁg ghcṇeṁ, jîv bharṇeṁ, gat yeṇeṁ *n.*, ghaṭṭây, gat *f.*; ghaṭṭâyechî vast *f.* ‖ *V.* RECREIO.

Refocilante, *a.* ghaṭṭây divuṁcho, ghaṭṭâyecho.

Refocillar, *v. t.* ghaṭṭâvuṁk, baḷ-, trâṇ divuṁk *(d. do o.)*; thâr divuṁk *(d. do o.)*, visâvuṁk, śâṁtauṁk. ‖ *v. r.* baḷ ghevuṁk, jîv bharoṁk *(d. do s.)*, ghaṭṭ jâvuṁk, gat yevuṁk *(d. do s.)*; viśrâmuṁk, visavuṁk, peṁdroṁk ‖ *V.* REFESTELAR-SE.

Refogado, *a.* phoḍṇâ dilalo. ‖ *s. m.* phoḍṇ *n.*

Refogar, *v. t.* phoḍṇâ divuṁk.

Refolhado, *a.* kholyâṁnîṁ revaḍḷalo; peṭiyâṁcho, ghaḍiyâṁcho; *(fig.)* kapaṭî, kuṭâḷo, ḍhoṁgî.

Refolhamento, *s. m. V.* REFOLHO.

Refolhar, *v. t.* kholyâṁnîṁ-, pâṇâṁnîṁ guṭhlâvuṁk; *(fig.)* lipauṁ-, dâṁûn davruṁk, veshṭuṁk.

Refolho, *s. m.* ghaḍî, peṭî, doḍî *f.*; *(fig.)* kapaṭ, ḍhoṁg, phoṭkirpaṇ, bâshkaḷpaṇ *n.*

Reforçadamente, *adv.* chaḍhâ baḷân, navyâ trâṇân.

Reforçado, *a.* dâṭ-, moṭo kelalo; chaḍhailalo, ghaḍsilalo; baḷî, baḷishṭh, dâṁḍgo, ghaṭṭ.

Reforçar, *v. t.* adhik moṭo-, nibar-, ghaṭṭ karuṁk; baḷ divuṁk *(d. do o.)*, ghaṭṭâvuṁk. ‖ *v. i. e r.* ghaṭṭ-, nibar jâvuṁk, baḷ-, trâṇ ghevuṁk, thoruṁk, mâṁḍoṁk.

Reforço, *s. m.* baḷ chaḍhauṇeṁ *n.*, purâv; âdhâr *m.*, majat, sâsây, kumak; pushṭi *f.*

Reforma, *s. f.* dusreṁ rûp *n.*, navo âkâr, pâlaṭ *m.*; baro karṇeṁ.- jâṇeṁ *n.*, sudhârṇî, ujaḷṇî *f.*; sâṁko karṇeṁ *n.*, niṭâvṇî, śuddhauṇî *f.*; purvaṇ *n.*, sarbharâ *f.* ‖ *V.* APOSENTAÇÃO.

Reformação, *s. f.* badaḷṇî *f.*; baro-, sârko karṇeṁ *n.*, śuddhi *f.*

Reformado, *s. m.* rephormâd, baiṭhâpagârî śipây.

Reformador, *a. e s. m.* niṭâytalo, sudhârṇâr.

Reformar, *v. t.* dusreṁ rûp-, vegḷo âkâr divuṁk *(d. do o.)*, pâlṭuṁk, badluṁk; *melhorar:* sudhâruṁk, ujḷuṁk, adhik baro karuṁk; *rectificar:* sâṁko-, nîṭ karuṁk, niṭâvuṁk, śuddhauṁk; *reorganizar:* navyân ghaḍuṁk, navsaruṁk; *reduzir:* deṁvauṁk, uṇo karuṁk; *restabelecer:* âslo taso karuṁk; *abastecer:* purauṁk, saṁrakshuṁk; *aposentar:* rephorm-, baiṭhâpagâr divuṁk *(d. do o.)*. ‖ *v. r.* sâṁko-, nîṭ jâvuṁk, mârgâr yevuṁk; bcjmî karuṁk.

Reformativo, reformatorio, *a.* sudhârcho, niṭâvuṁcho.

Reformavel, *a.* sudhârûṁyeso, niṭâvûṁye sârko.

Reformista, *s. m. e f.* sudhârṇâr.

Refracção, *s. f.* vakragatî *f.*, vakrîbhavan *n.*

Refractar, *v. t. V.* REFRANGER.

Refractario, *a.* puṁḍ, baṁḍ, phaṭîṁg, bâdgo, dâṁḍgo; *teimoso:* vâdyo, saḷî, haṭhî, jâḷgo, dâruṇ; *indomavel:* adamya, anâvar, bhâjaḍ, âṭpo-, bâḍga nâslalo; *que resiste á acção physica:* lâga nâslalo, ghe nâslalo. ‖ *s. m.* paḷpaṭo.

Refractivo, refrangente, *a.* phirauṇo, vakragati karcho.

Refracto, *a.* phirlalo, vaḷlalo.

Refranger, *v. t.* phirauṁk, vâṁkauṁk, vâṁkḍo karuṁk. ‖ *v. r.* phiruṁk, vaḷoṁk; phâṁkuṁk.

Refrangibilidade, *s. f.* vakragatiguṇ *m.*

Refrangivel, *a.* phircho, vaḷcho.

Refransear, *v. i. (p. vs.)*. *V.* GRACEJAR.

Refrão, *s. m. V.* ESTRIBILHO.

Refreadamente, *adv.* maryâdîn, âṭâpûn.

Refreado, *a*, dâmûn dharlalo, daḍpâylalo. ‖ *V.* COMMEDIDO.

Refreadoiro, *s. m. (ant.) V.* FREIO.
Refreador, *a. e s. m.* âṭpûn-, dâmûn dhartalo, daḍpâvṇâr.
Refreamento, *s. m.* dâmûn dharṇeṁ *n.*, daḍpâvṇî *f.*, ârekh *m.*; damṇî, daḍpaṇî *f.*
Refrear, *v. t.* lagamân chalauṁk; damâvuṁk, daḍpâvuṁk, dâmûn dharuṁk, âṭpuṁk, ârekhuṁk, arnuṁk, jirauṁk. ‖ *V.* MODERAR. ‖ *v. r.* damuṁk, daḍpuṁk, âṭpoṁk, sâṁvroṁk, bâḍguṁk. ‖ *V.* ABSTER-SE.
Refrega, *s. f.* juj *n.*, laḍhây *f.*, saṁgrâm *n.* ‖ — *de vento*, jhoḍ, jhoḍpo *m.*
Refreio, *s. m.* dabâv, dam *m.*, vâsau, daḍpâvṇeṁ *n.*
Refrescada, *s. f. V.* REFRESCATA.
Refrescamento, *s. m.* thaṁḍâvṇî; thaṁḍây, śitaḷây *f.* ‖ *V.* REFRESCO.
Refrescante, *a. V.* REFRIGERANTE.
Refrescar, *v. t.* thaṁḍ-, śitaḷ karuṁk, thaṁḍâvuṁk, śitaḷâvuṁk; jîv bharuṁk *(d. do o.)*, ghaṭṭây dıvuṁk *(d. do o.)*, śâṁtauṁk. ‖ *v. i.* thaṁḍ-, śitaḷ jâvuṁk, nivuṁk; purvaṇ-, bejmî karuṁk; śamanâ jâvuṁk. ‖ *v. r.* thaṁḍ jâvuṁk, thaṁḍâvoṁk, nivuṁk; baḷ gheyuṁk, chetuṁk.
Refrescata, *s. f.* thaṁḍ jâṇeṁ. thaṁḍ disṇeṁ *n.*
Refrescativo, *a. V.* REFRIGERANTE.
Refresco, *s. m.* thaṁḍây, śitaḷây *f.*; thaṁḍâyecheṁ khâṇ *ou* pivaṇ; jibher ghâlcheṁ, âṁblâvuṁcheṁ *n.*, phaḷâr; *viveres:* varav *m.*, bejmî *f.*; *reforço:* purâv *m.*, kumak *f.* ‖ *V.* ALLIVIO.
Refrigeração, *s. f.* thaṁḍâvṇî *f.*; thaṁḍ jâṇeṁ *n.* ‖ *V.* RESFRIAMENTO.
Refrigerante, refrigerativo, *a.* thaṁḍâyecho, thaṁḍso, śitaḷ. ‖ *s. m.* thaṁḍâyecheṁ *n.*
Refrigerar, *v. t.* thaṁḍ karuṁk, thaṁḍâvuṁk, śitaḷâvuṁk. ‖ *V.* CONSOLAR. ‖ *v. r.* thaṁḍ jâvuṁk, thaṁḍâvoṁk; śamanâ-, śâṁt jâvuṁk, svasthuṁk, samâdhân bhoguṁk.
Refrigeratorio, *a. V.* REFRIGERANTE.
Refrigerio, *s m.* jiv thaṁḍ jâṇeṁ, thaṁḍây bhogṇeṁ *n.*; thaṁḍây, śitaḷây *n.*; samâdhân, svasthpaṇ *n.*
Refringente, *a. V.* REFRACTIVO.
Refrondescer, *v. i.* navyân pâlevuṁk,- phâṁkâruṁk.
Refugado, *a.* pelyân ghâlalo, soḍlalo, varjilalo.
Refugador, *a. e s. m.* varjitalo, vagaḷṇâr.
Refugar, *v. t.* bareṁ vâyt śoḍhûn-' pelyân kâḍhuṁk, vâyṭ teṁ soḍuṁk; varjuṁk, vagaḷuṁk, nirasuṁk.
Refugiado, *a. e s. m.* paḷûn bhoṁvtalo, lipûn râvtalo; videśî, deśâṁtarî; śaraṇâgat, śaraṇârthî.
Refugiar-se, *v. r.* (jîv saṁbhâḷuṁk) paḷûn vachuṁk,- râvuṁk, śaraṇâ vachuṁk, thâr śodhuṁk; âsrâk-, âdosâk râvuṁk; *(fig.)* âdhâr-, dhîr śodhuṁk.
Refugio, *s. m.* thâr, âsar *ou* âsro, trâṇ *ou* tarâṇ *m.*, śaraṇ, mâher *n.*; *recurso:* upây, ilâj *m.*, nidân *n.*; *auxilio:* âdhâr *m.*, majat, sâsây *f.*
Refugir, *v. i.* âso taso paḷuṁk; pâṭhî partoṁk, -saruṁk.
Refugo, *s. m.* sâṁḍlaleṁ, soḍlaleṁ, pelyân ghâlaleṁ, bhâyr uḍailaleṁ *n.*; kair, kachro *m.*; urlaleṁ *n.*
Refulgencia, *s. f.* prajvaḷ, laklak *m.*, liklikî, prabhâ, kâṁti *f.*
Refulgente, *a.* prajvaḷît, laklakît, liklikît, jhagjhakît, rasraśît.
Refulgir, *v. i.* prajvaḷuṁk, jhagjhakuṁk, laklakuṁk, liklikuṁk, rasrasuṁk; *(fig.)* nâvâdhoṁk, yaś hâḍuṁk, uttam jâvuṁk.
Refundar, *v. t.* adhik kholâvuṁk.
Refundição, *s. f.* dusrî otṇî,- kaḍhauṇî *f.*; *(fig.)* navo âkâr *m.*, dusreṁ rûp *n.*
Refundir, *v. t.* dusryân otuṁk,- kaḍhauṁk, dusryâ âydanâṁt ghâluṁk,- bharuṁk; dusryân ghaḍuṁk, navyân karuṁk,- sudhâruṁk, âkâr badluṁk *(g do o.)*. ‖ *v. i.* jamuṁk, âṁvḷoṁk, jiruṁk. ‖ *v. r.* navyân kadhoṁk; badloṁk. ‖ *V.* SUMIR-SE.
Refusar, *v. t. V.* RECUSAR.
Refutação, *s. f.* khaṁḍan, chhedan *n.*, bâdh, nirâs *m.*, moḍ, pâḍṇî *f.*
Refutador, *a. e s. m.* khaṁḍtalo, pâḍṇâr.
Refutar, *v. t.* pâḍuṁk, khaṁḍuṁk, moḍuṁk, chheduṁk, laṭîk-, khoṭamhaṇ dâkhauṁk.
Refutatorio, *a.* khaṁḍanâcho, bâdhâcho.
Refutavel, a. khaṁḍûṁyeso, pâḍcho, bâdhâcho.
Rega, *v. t.* śiṁpṇeṁ *n.*, śiṁvar *m.*
Regabofe, *s. m.* dhumśâṇ *n.*, ghaṇghaṇît mauj *f.*
Regaçar, *v. t. V.* ARREGAÇAR.
Regaço, *s. m.* oṁṭî *ou* uṁṭî *f*, gap *n.*; usko, osuṁgo *m.*, mâṁḍ *f.*; *(fig.)* gap, abhyaṁtar *n.*

Regadeira, *s. f. (p. us.). V.* REGUEIRA.

Regadia, *s. f.* śiṁpṇeṁ *n.*

Regadio, *a.* śiṁpṇyâcho. ‖ *s. m.* śiṁpṇeṁ *n.*

Regador, *a. e s. m.* śiṁptalo, śiṁpṇekâr. ‖ *s. m.* śiṁpṇo *m.*

Regadura, *s. f.* śiṁpṇeṁ *n.*

Regaladamente, *adv.* sukhân, kuśâlen; jâyteṁ, bharûn.

Regalado, *a.* aprûbâyen keḷailalo, naṁdit, saṁtusht; kuśâl, sukâḷo; mast, jâyto, phushkaḷ. ‖ *V.* AGRADAVEL.

Regalador, *a. e s. m.* keḷaṇṇâr, naṁdauṇâr; khuśî-, saṁtoshî kartalo

Regalão, *a. e s. m.* bareṁ khâto jevto, poṭâr ikhlo âslalo, sukhâṁt jiyetalo, sukâḷo munîs.

Regalar, *v. t.* baro keḷauṁk, naṁdauṁk, parkaṁduṁk, mâṇsugî karuṁk *(g. do o.)*; khuśî karuṁk, sukh divuṁk *(d. do o.)*, saṁtoshâvuṁk; bheṭ karuṁk *(d. do o.)*, bheṭauṁk *(d. do o.)*. — *a alma,* jîv dhâdasî karuṁk. ‖ *v. r.* sukhâṁt jiyevuṁk, sukh bhoguṁk, saṁtoshuṁk, saṁtusht jâvuṁk; goḍgoḍseṁ khâvuṁk, kuṁṭh jâvuṁk *(g. do s.)*; jabar khuśî jâvuṁk, murgaṭuṁk, parkaṁdoṁk.

Regalengo, *a. V.* REGUENGO.

Regalia, *s. f.* râjpadvî, râjsattâ *f.*, pâtśâyâcho adhikâr *m.* ‖ *V.* PRIVILEGIO.

Regalice, regaliz, *s. f. (bot.) V.* ALCAÇUZ.

Regalista, *s. m. e f.* pâtśâyâcho adhikâr râkhtalo, rajsattâpâlak.

Regalo, *s. m.* sukhâcheṁ-, sukḷâcheṁ jiṇeṁ; kuśâlpaṇ, sukh *n.*, saṁtosh *m.*; ruchîcheṁ khâṇ, paṁchâmrit, pakvâun goḍgoḍseṁ *n.* ‖ *V.* PRESENTE.

Regalona, *a. e s. f.* sukhâṁtjiyetalî, sukâḷî bâil. ‖ *A —,* sukḷâṇ.

Regalorio, *s. m.* mahâḷ, dhumśâṇ *n.*

Reganhar, *v. t. V.* RECUPERAR.

Regar, *v. t.* śiṁpuṁk, udak ghâluṁk *(d. do o.)*; *borrifar:* śiṁvar mâruṁk *(d. do o.)*, śiṁvrâvuṁk, śitoḍâvuṁk. ‖ *V.* MOLHAR.

Regata, *s. f.* naukâkrîḍâ *f.*

Regatão, *a.* khaṇpaṇo, vâṁṭpaṇî. ‖ *s. m.* kirkaḷ vikṇâr, pasarkâr.

Regatar, *v. t.* kirkaḷ vikuṁk.

Regatas, *s. f. pl.* chel *f.*

Regateador, *a. e s. m.* khaṇpaṇo, vâṁṭpaṇî.

Regatear, *v. t.* bhârîṁ molâvuṁk, kimchuṁk, vâṁṭpaṇ karuṁk *(g. do o.)*; *(fig.)* jivâr yevûn karuṁk, hichimichî karûn divuṁk. ‖ *v. i.* khaṇpaṇuṁk, vâṁṭpaṇ-, kimchaṇeṁ karuṁk, oḍhûn dharuṁk; jharauṁk, ghâṁsuṁk.

Regateio, *s. m.* vâṁṭpaṇ, khaṇpaṇ, khaṇpaṭ, kimchaṇeṁ *n.*

Regateira, *s. f.* mâsaḷkârṇ, nistekârṇ *f. ou n.*, yâṇî; vârveṁkârṇ, phaḷkârṇ; *(fig.)* bhiḍ nâslali-, pojḍî bâil.

Regateria, regatia, *s. f.* mâsaḷkarṇâcho-, vârveṁkârṇîcho udyam,-dhâṁdo *m.*

Regato, *s. m.* vahâḷî *f.*, vahâḷ *m.*

Regedor, *a. e s. m.* chalaitalo, vasaitalo, adhikârî; rejedor, pâṭel, *grâmaṇî.

Regedoria, *s. f.* rejedorî, pâṭelkî *f.*, pâṭelpaṇ *n.*

Regelado, *a.* gâr jâlalo, śiṁkelalo; *(fig.)* thaṁḍ gâr.

Regelador, regelante, *a.* thaṁḍâytalo, thaṁḍ gâr kartalo.

Regelar, *v. t., i. e r. V.* GELAR.

Regelo, *s. m.* śiṁkevṇî, jamṇî *f.*; karve, kare *m. pl.*; *(fig.)* thaṁḍây *f.*, udâspaṇ *n.*

Regencia, *s. f.* chalauṇî, jâḷvaṇî, vasauṇî, vahivâṭ, baṁdobast *f.*; râjpratinidhicho adhikâr *m.*; râjpratinidhimaṁḍaḷ *f.*

Regeneração, *s. f.* navyân karṇeṁ *n.*; punarjalm *m.*, navî jiṇ *f.*; *(fig.)* mârgâr kâḍhṇeṁ, -yeṇeṁ, baro-, nîṭ jâṇeṁ, uddharaṇ *n.*

Regenerador, *a. e s. m.* navyân kartalo; nîṭâvṇâr, uddhârî.

Regenerando, *a.* parton-, baro jâvuṁk âslalo; bâvtîjm ghevuṁcho.

Regenerante, *a.* navyân kartalo; mârgâr kâḍhtalo.

Regenerar, *v. t.* partûn jalmauṁk, punarjalm divuṁk *(d. do o.)*; *(fig.)* mârgâr kâḍhuṁk,- hâḍuṁk, nîṭ-, sâṁko karuṁk; aṇbhogâvuṁk. ‖ *v. r.* parton jâvuṁk, navyân ghaḍoṁk; *(fig.)* mârgâr yevuṁk,- saruṁk, nîṭ-; baro jâvuṁk, anbhoguṁk.

Regenerativo, *a.* navyân karcho,-ghaḍcho.

Regente, *a. e s. m.* chalaitalo, jâḷvaṇî kartalo, adhikârî; râjpratinidhî; mukhelî, vastâd.

Reger, *v. t.* chalauṁk, jâvuṁk, jâḷvaṇî karuṁk *(g. do o.)*, vasauṁk, vahivâṭuṁk; râj karuṁk,- vasauṁk *(g. do o.)*; *leccionar:* śikauṁk; *(gram.)* mâguṁk. ‖ *v. r.* chaluṁk, vasuṁk, âplî jâḷvaṇî-, vahivâṭ karuṁk.

Regerar, *v. t. V.* REGENERAR.

Regia, *s. f. (poet.)* râjmaṁdir, râvûḷ *n.*, havelî *f.*

Regiamente, *adv.* pâtśây kaso, pâtśâypaṇîṁ.

Região, *s. f.* deś, prâṁt, mulûk *m.*, râshṭr, chakr *n.*, sarad, diśâ, dik; *(anat.)* kaḍ *f.*, âṁg *n.*; *(fig.)* thar. ‖ — *do sepulcro*, phoṁḍ *m.*

Regicida, *s m. e f.* râjghâtkî.

Regicidio, *s. m.* râjghât, râjvadh *m.*

Regime, regimen, *s. m.* chalauṇî, vasauṇî; râjvyavasthâ; baṁdobast, vyavasthâ, jâḷvaṇî *f.*; *modo de viver:* rît, ravîs *f.*; *dieta:* path *n.*; *(gram.)* adhikâr *m.*, kârak *n.* ‖ *V.* REGULAMENTO.

Regimental, *a* paltaṇccho.

Regimento, *s.* jâḷvaṇî, *ou* jâvoṇî, mâṁḍâvaḷ *f.*, kârbhâr; nem, nyây, kânû *m.*; path *n.*; *(milit.)* rejimeṁt *m.*, paltaṇ *f.*

Regio, *a.* râjâcho, pâtśâyâcho; sarkârî; *(fig.) V.* SUMPTUOSO.

Regional, *a.* diśecho, prâṁtâcho.

Regirar, *v. t.* bhoṁvḍâvuṁk, girgirâvuṁk, ghuṁvḷâvuṁk. ‖ *v. i.* ghuṁvḷuṁk, bhoṁvuṁk.

Regiro, *s. m.* bhoṁvar, bhoṁvâḍo *m.*

Registador, *a. e s. m.* baraun davartalo, pustakâr mâṁḍtalo; daphtardâr *(p. us.)*.

Registar, registrar, *v. t.* pustakâr mâṁḍuṁk, baraun davruṁk; dâkhlo karuṁk *(g. do o.)*, lâvûn divuṁk; *marcar:* lâvuṁk, lâvûn davruṁk, paṭṭî karuṁk *(g. do o.)*; khunâvuṁk, niśâneṁ ghâluṁk *(d. do o.)*.

Registo, registro, *s. m.* pustakâr mâṁḍṇeṁ, paṭṭiyer barauṇeṁ *n.*; lekh, jâbto *m.*; paṭṭî, śivḍî *f.*, daphtar; *signal:* niśâṇ, khûṇ *n.*; *imagem do santo:* rejîst, sâṁt *m.*

Rego, *s. m.* tâs *n.*, varo *m.*, char, charî, haḷî *f.*; mâg *m.*; mirî *f.* ‖ — *do cabello*, mâgo *m.*

Regoadura, *s. f.* charyo mârṇeṁ *n.*; charyo; phuṭoḷyo *f. pl.*; âṁgâche kâtre *m. pl.*

Regoar, *v. t. e r. V.* ARREGOAR-SE.

Regolfo, *s. m. machina de —, (ant.). V.* TURBINA.

Regoliz, *s. m. (bot.). V.* ALCAÇUZ.

Regorgear, *v. t. V.* GARGANTEAR.

Regorgitação, *s. f.* partaṇeṁ; bharon otṇeṁ *n.*

Regorgitar, *v. t.* (bhitarleṁ, gâṁjyâṁtleṁ) partuṁk, bhâyr uḍauṁk, oṁkuṁk. ‖ *v. i.* parton yevuṁk; bharon otoṁk.

Regosijar, *v. t* khuśî karuṁk, saṁtosh divuṁk *(d. do o.)*, saṁtoshâvuṁk, ânaṁdâvuṁk. ‖ *v. r.* khuśî jâvuṁk, saṁtosh bhogoṁk *(d. do s.)*, saṁtoshuṁk, ullâsuṁk, murgaṭuṁk, atrekuṁk, uḍuṁk.

Regosijo, *s. m.* khuśî, kuśâlî, murgaṭṇî *f.*, saṁtosh, ânaṁd, ullâs; utsav *m.*, mauj *f.*

Regougar, *v. i.* kuî ghâluṁk, huṁkevuṁk; guṇguṇuṁk, guṇguṇûn ulauṁk.

Regougo, *s. m.* kuî, huṁkevṇî *f.*

Regra, *s. f.* niyam *ou* nem, kâydo, kânû, vidhi, prayog *m.*, prayojan, sutr *n.*, chak *f.*; *modelo:* pramâṇ *n.*, dekh; *moderação:* mitmer, maryâd; *linha escripta:* regr, oḷ, regh, rekhâ, gîṭ *(us. Can.) f.*; *(arith.)* saṁkhyâkarm *n.* ‖ *V.* REGUA *e* MENSTRUO. ‖ *Estar em —*, barâbar-, sâmko âsuṁk. *Isto é de —*, asî châl,- dastûr. *De —, em — ou por via de —*, châlî pramâṇeṁ, adhik karn. ‖ -s, *pl.* chiṭṭ *f.*, don oḷî *(litt.* DUAS LINHAS) *f. pl.*

Regraciar, *v. t. (ant.)* bhârîṁ mânuṁk.

Regradamente, *adv.* kâydyân; maryâdîn.

Regrado, *a.* rekhlalo; sârko, barâbar, nîṭ, sam; maryâdicho, mâṇsugecho, vinayî.

Regrador, regrão, *s. m. V.* REGUA.

Regrante, *a.* maṭhvâsî.

Regrar, *v. t.* âṁkuṁk, rekhuṁk, rekhṭuṁk, risko *(do port.* RISCA) mâruṁk *(d. do o.)*, regho-, giṭî oḍhuṁk *(d. ou l. do o.)*; svasthâvuṁk, nemuṁk, chalauṁk. ‖ *v. r.* sâmko-, nîṭ chaluṁk, maryâd saṁbhâḷuṁk.

Regraxar, *v. t.* bhâṁgârâr va rupyâr chitruṁk.

Regressão, *s. f. V.* REGRESSO.

Regressar, *v. i.* partoṁk, parton yevuṁk, pâṭhî partoṁk.

Regressivamente, *adv.* pâṭhî sarûn; pâṭhlyân.

Regressivo, *a.* pâṭhî sartalo,- vaḷtalo, partatalo.

Regresso, *s. m.* parton yeṇeṁ, pâṭhî partaṇeṁ, partan *n.*; ilâj, upây *m.*

Regreta, *s. f.* supurlî rekhṇî *f.*

Regua, *s. f.* âṁkṇî, rekhṇî, rekhaṭṇî, kâṁb, pâvt *(do port.* PAUTA) *f.*

Regueifa, *s. f.* goṁhâṁcheṁ kâṁkaṇ *n.*

Regueifeira, *s. f.* goṁhâṁchîṁ kâṁknâṁ kartalî va viktalî.

Regueira, *s. f.*, **regueiro**, *s. m.* vahâḷî, saṁgrî (*do port.* SANGRIA) *f.*

Reguengo, *a.* pâtśâyâcho, râj (*em comp.*). ‖ *s. m.* (*ant.*) pâtśâyâchî khâsgî âstî *f.*, râjgâṁv *m.*, râjjamîn *f.*

Reguengueiro, *a.* pâtśâyâche âstecho. ‖ *s. m.* pâtśâyâcho muṁdkârî.

Reguingar, *v. t.* jâb divuṁk (*d. do o.*), pratipâḷ karuṁk (*d. do o.*).

Regulação, *s. f.* châlauṇî, svasthâvṇî, nemṇî *f.* ‖ *V.* REGULAMENTO.

Regulado, *a.* kâydyâ pramâṇeṁ kelalo; sâmko chaltalo.

Regulador, *a. e. m.* sâmko chalaitalo, nîṭ kartalo, nemṇâr. ‖ *s. m.* barâbar chalauṁcheṁ yaṁtr *n.*

Regulamentar, *a.* vyavasthecho, baṁdobastîcho. ‖ *v. t.* *V.* REGULAR.

Regulamentario, *a.* *V.* REGULAMENTAR.

Regulamento, *s. m.* regulâmeṁt *m.*, vyavasthâ, baṁdobast *f.*, ṭharâv, nem, kânûjâbto *m.*

Regular, *v. t.* rîtîn-, kâydyâ pramâṇeṁ chalauṁk; svasthâvuṁk, ṭharâvuṁk, nemuṁk, vyavasthâ-, baṁdobast karuṁk (*g. do o.*); sâmko-, nîṭ karuṁk; *moderar:* damâvuṁk, âṭpuṁk. ‖ *v. i.* nîṭ âsuṁk, sâmko chaluṁk; lâguṁk, paḍuṁk (*d. do s.*). ‖ *v. r.* chaluṁk. ‖ *a.* kâydyâ purto, kâydeśîr, nemâ sârko, rîtîcho, nemâcho, kramâcho, sutrî, saṁpradâyâcho, yathâvidhi yathâkram; *natural:* sayaṁbhâcho, prakṛitîcho; *uniforme:* sâmko, sârko, barâbar; *exacto:* nîṭ, sutrî; *mediano:* sumârâcho, mâjoḷo; *que vive em communidade religiosa:* maṭhvâsî.

Regularidade, *s. f.* kâydeśîrpaṇ, sârkepaṇ, sâmkepaṇ *n.*; bet, kram, anukram *m.*; barâbarî, niṭây *f.* ‖ *V.* PROPORÇÃO.

Regularização, *s. f.* nîṭ karṇeṁ *n.*, niṭâvṇî; niṭây *f.*

Regularizar, *v. t.* nîṭ karuṁk, niṭâvuṁk, mârgâr kâḍhuṁk,- hâḍuṁk. ‖ *v. r.* nîṭ-, sâmko jâvuṁk, mârgâr yevuṁk,- saruṁk, sâmkî âṁdî ghevuṁk.

Regularmente, *adv.* kâydyâ pramâṇeṁ, rîtîn, phâvote pariṁ, kramân; barâbar, sutâr. ‖ *V.* MEDIANAMENTE.

Regulo, *s. m.* râṇo, râv, râjâ.

Regurgitar, *v. t. e i.* *V.* REGORGITAR.

Rehabilitação, *s. f.* navyân padvî-, adhikâr deṇeṁ,- hâtâsṇeṁ; manushyâṁt kâḍhṇeṁ,- yeṇeṁ; uddharaṇ *n.*

Rehabilitador, *a. e s. m.* navyân adhikâr ditalo; mân bhartalo.

Rehabilitar, *v. t.* adhikâr-, hakk-, sattyâ partûn divuṁk (*d. do o.*); âdle daśek-, mânâk pâvauṁk, mân bharuṁk (*g. do o.*); *declarar innocente:* nirapradhî karuṁk; *regenerar:* mârgâr kâḍhuṁk, nîṭ karuṁk, aṇbhogâvuṁk. ‖ *v. r.* adhikâr-, sattyâ hâtâsuṁk; baro jâvuṁk, aṇbhoguṁk, mârgâr yevuṁk.

Rehaver, *v. t.* *V.* RECUPERAR.

Rei, *s. m.* pâtśây, râjâ, rây, râv, râṇo, prajâpati, adhipati, bhûpati, nṛipati, nṛip. ‖ — *dos animaes,* — *do deserto,* mṛigarâj, siṁv. — *dos metaes,* bhâṁgâr, soneṁ. — *dos reis,* parameśvar, sarveśvar *ou* sarveśpar. — *da natureza,* — *da creação,* manîs, purush. *Ter o* — *na barriga,* kavḍe pârve sâṁguṁk, moṭeṁ dharuṁk. *Ter palavra de* —, ulailaleṁ nâ badluṁk,- partuṁk. *Viver como um* —, pâtśây kaso jiyevuṁk, khâvûn jevûn Khalpâ itlo âsuṁk.

Reigada, *s. f.* tiṇo *m.*

Reima, *s. f.* *V.* RHEUMA.

Reimpressão, *s. f.* navî śâpṇî *f.*

Reimprimir, *v. t.* dusryân-, navyân śâpuṁk *ou* chhâpuṁk.

Reinação, *s. f.* dhumśâṇ, jâgraṇ *n.*, tamâśo *m.*

Reinadio, *a. e s. m.* lâpîṭ, tavṇâs, phaldarây.

Reinado, *s. m.* râj, râjvaṭ *n.*, rajvaḍo, amal *m.*

Reinante, *a.* râj chalaitalo; mukhelî, mukhya.

Reinar, *v. i.* râj karuṁk, râjvaṭ chalauṁk; *preponderar:* vastâd-, prabaḷ jâvuṁk, bhav tol âsuṁk (*d. do s.*); *vigorar:* chaluṁk, châlîr âsuṁk; *grassar:* paḍuṁk; *sobresahir:* varto jâvuṁk; *apparecer:* dishṭî paḍuṁk, yevuṁk; *gracejar:* kheḷuṁk, maskaryo karuṁk. ‖ — *o silencio,* chiṁv paḍuṁk. — *nos corações:* kâḷjâṁt riguṁk.

Reincidencia, *s. f.* navyân-, parton paḍṇeṁ, toch gunyâṁv dusryân karṇeṁ *n.*

Reincidente, *a.* navyân paḍtalo, dusryân kartalo.

Reincidir, *v. i.* parton-, dusryân paḍuṁk; dusryân chukuṁk.

Reinel, **reinicola**, **reinol**, *a.* râjyâcho, râshṭrâcho.

Reino, *s. m.* râj, râjya, *râje, râshṭr *n.* ‖ — *mineral,* dhâtujâti. — *vegetal,* tṛiṇajâti. — *animal,* jîvjâti *f.*

Reintegração, *s. f.*, **reintegro**, *s. m.* âdle daśer ghâlṇeṁ,- davarṇeṁ *n.*; hâtâsṇî *f.*, punarlâbh *m.*

Reintegrar, *v. t.* âdle daśer ghâlumk,- pâvaumk, navyân bhogâvaḷ divumk (*d. do o.*); dusryân nemumk. ‖ *v. r.* âplo jâgo hâtâsumk,- navyân ghevumk, âple svâter partomk.

Reintrante, *a.* bhitarlyân sartalo,- partatalo.

Reira, *s. f.* pâṭhîchî duḥkh *f.* ‖ -s, *pl.* bemḍ, pemkaṭ *n.*

Reis, *s. m. pl.* res *m. pl.*

Reiteração, *s. f.* partûn karṇem, ugâḷṇî, ujaḷṇî, dusârṇî *f.*, vâramvâr *m.*

Reiteradamente, **reiterativamente**, *adv.* bhomvûn bhomvûn, partûn partûn, navyân navyân, ghaḍiye ghaḍiye vâramvârim.

Reiterar, *v. t.* partûn-, navyân karumk, dusârumk, ugâḷumk, ujḷumk.

Reiteravel, *a.* navyân kareho, dusâreho, ugâḷumeho.

Reitor, *s. m.* reytor; vigâr.

Reitorado, *s.m.*, **reitoria**, *s.f.* reytorâchem kâm *n.*, reytorkî; vigârkî, *f.*

Reivindicação, *s. m.* âplem nitîn śodhṇem; âplem bhogṇem,- meḷaun gheṇem *n.*, hâtâsṇî *f.*

Reivindicador, *a. e s. m.* âplem śodhtalo.

Reivindicar, *v. t.* âplem nitîn śodhumk, -kâḍhn ghevumk; (*fig.*) navyân sâmpḍâvumk,- meḷaun ghevumk; hâtâsumk, parat ghevumk.

Reixa, *s. f.* phaḷî; lokhamḍâchî pâtî *f.* ‖ *V.* REJA.

Reixilo, *s. m.* bakuḍlo; dhukurlo *m.*

Reja, *s. f.* kaṭhḍo *m.*, kaḍsarî *f.*

Rejeição, *s.f.* partiṇem *n.*, phirauṇî, nâkârnî *f.*, nâkâr, nirâs, nyâs *m.*, varjaṇem *n.*, soḍṇî, bhâyrâvṇî *f.*

Rejeitar, *v. t.* bhâyr uḍaumk, soḍumk, kuśîn davrumk; *recusar:* partumk, nâkârumk, phiraumk, varjumk, nirasumk, jhâḍumk; *negar:* âḍ yevumk, imkâr karumk; *expellir:* soḍûn divumk, uḍaumk; *desprezar:* beparvâ karumk, nâ lekhumk; *vomitar:* omkumk, partumk; *repellir:* bhâyrâvumk, pelyân ghâlumk.

Rejeitavel, *a.* nâkârcho, soḍeho.

Rejeito, *s. m. V.* JARRETA.

Rejubilar, *v. i. e r.* kuśâlbharit jâvumk, murgaṭumk, ullâsumk, ânamdumk. ‖ *v. t.* kuśâlbharit karumk, ânamdâvumk.

Rejuvenescer, *v. t., i. e r. V.* REMOÇAR.

Rela, *s. f.* (*zool.*) kâmjîṇ mâmḍkî, phetkî *f.*

Relação, *s. f.*: *rol:* paṭṭî, śivḍî *f.*; *narração:* sâmgnî, hakikat, kathâ *ou* kamthâ *f.*, kathan *n.*; *noticia:* khabar, gosht; *connexão:* lagtî *f.*, nâtem, sambamdh, sannidhân *n.*, doro, bhâv *m.*; *tribunal:* relâsâmv *n.* ‖ -ões, *pl.*, lâgbâg *m.*, nâtem *n.*, soyrigat *f.*

Relacionar, *v. t.* paṭṭî karumk (*g. do o.*), śivḍer mâmḍumk; sarî karumk, lâvumk. ‖ *V.* NARRAR. ‖ *v. r.* lâgumk, meḷumk, bheṭumk.

Relamber, *v. t.* navyân lemvumk.

Relamborio, *a.* svâd nâslalo, viras, châelhûr, sarbarit; âḷśî, sust. ‖ *s. m. V.* PREGUIÇA.

Relampadejar, **relampaguear**, **relampear**, **relampejar**, *v. t.* jhaglâvumk, jhaglevumk, jhaglâṇem-, jhagal mârumk.

Relampago, *s. m.* jhaglâṇem *n.*, jhagal *f.*, chakk *n.*, vîj; (*fig.*) laklak *m.*, jhaḷ *f.*

Relançar, *v. t. V.* RELANCEAR.

Relance, *s. m.* ḍoḷe-, dishṭ ghâlṇem *n.*; jhaḷkâ *f.* ‖ *De* —, eke jhaḷken, eke ghaḍiyen, thû mhaṇtâ mhaṇasar.

Relancear, *v. t.* (ḍoḷe, dishṭ) ghâlumk, -bhomvḍâvumk (*l. sup. do o.*). ‖ *s. m. V.* RELANCE.

Relapsão, **relapsia**, *s. f.* pâtkâmt-, śâstrvirodhâmt parton paḍṇem *n.*, ulṭî *f.*

Relapso, *a. e s. m.* parton paḍlalo. ‖ *V.* CONTUMAZ.

Relasso, *a. V.* RELAXADO.

Relatar, *v. t.* sâmgumk, kathumk; paṭṭiyer ghâlumk, śivḍer mâmḍumk; ughḍâs karumk (*g. do o.*).

Relativamente, *adv.* sambamdhîm, vishayîṁ *ou* vishîm.

Relativo, *a.* vishayak, vishayî, sambamdhî, lâgî; sâpeksh, sasambamdhî; (*gram.*) tatpadâpekshî. ‖ *V.* ACCIDENTAL.

Relator, *s. m.* sâmgṇâr; hakikat kartalo.

Relatorio, *s. m.* vâko *m.*, hakikat *f.*, varttamânlekh *m.*

Relaxação. *s. f.* dilây, saḍaḷây, saḍaḷṇî; jaḍây *f.*, memgepaṇ *n.*; *desmazelo:* beparvâ, bephikîr; *depravação:* amaryâd *f.*, khoṭepaṇ, bomdrepaṇ *n.*

Relaxadamente, *adv.* bomdrepaṇîm, beparvâ karûn.

Relaxado, *a.* dil, saḍiḷ; memgo, mamd; beparvî, bomdro; amaryâdî, mânsugi nâslalo, lâpîṭ.

Relaxador, *a. e s. m.* dilâytalo; soḍṇâr.

Relaxamento, *s. m. V.* RELAXAÇÃO.

Relaxar, *v. t.* dîl karuṁk, dilâvuṁk, saḍaḷâvuṁk, (baḷ, tej) uṇâvuṁk, meṁgo, maṁd karuṁk; *dispensar:* soḍuṁk, sûṭ karuṁk; *perdoar:* bogsuṁk, mâph karuṁk; *attenuar:* deṁvauṁk, halkâvuṁk; *enervar:* boḍkâvuṁk, moḍûn ghâluṁk. ‖ — *o ventre,* bhâyr jâvuṁk *(l. do s.).* ‖ *v. r.* bebaḷ-, aśakt jâvuṁk, baḷ tuṭuṁk *(g. do s.); bephikîr* karuṁk; boṁdro jâvuṁk; maryâd-, mâṇsugî nâsuṁk *(d. do s.),* lâpîṭ-, bâṁgar jâvuṁk.

Relaxo, *a. V.* RELAXADO.

Relé, *s. f. V.* RALÉ.

Relegar, *v. t.* gâṁvâbhâyr ghâluṁk, deśâṁtaruṁk; *(fig.)* pais davruṁk, bhâyrâvuṁk.

Releixo, *s. m.* pâgârâcheṁ ḍhuṁg *n.;* khaṁdakâvaylî aśîr vâṭ; pâgârâk teṁkûn nâṁgri nâslalî jamîn; vâklrâchî-, suriyechî dhâr *f.*

Relembrança, *s. f. V.* LEMBRANÇA.

Relembrar, *v. t.* ughḍâs karuṁk *(g. do o.),* manâṁt hâḍuṁk, samaruṁk.

Relentar, *v. i.* śeḷer paḍuṁk. ‖ *v. t.* śeḷerân bhijauṁk. ‖ *v. r.* śeḷerân bhijuṁk,- bharoṁk.

Relento, *s. m.* râtchî śeḷ *f.;* śeḷer *m.* ‖ *Ao* —, śeḷerâk.

Reler, *v. t.* partûn-, navyân vâchuṁk.

Reles, *a.* halko, uṇo, kirkoḷ.

Relevado, *a.* bogsilalo; uttam, śreshṭh. ‖ *V.* CONVEXO. ‖ *s. m. V.* RELEVO.

Relevador, *a. e s. m.* bogsitalo, mâph karṇâr.

Relevamento, *s. m.* bogsaṇeṁ *n.*

Relevancia, *s. f.* bhâr *m.*, vajan *n.;* âdâv *m.* ‖ *Com* —, âdâvân, phaḷân.

Relevante, *a.* bogsitalo, bogsuṁcho; bhâyr-, vayr sarlalo, uṁchaṭ; vhaḍ, uṁch, jabar. ‖ *s. m.* garjecheṁ, garaj teṁ *n.*

Relevar, *v. t.* bogsuṁk, mâph karuṁk, niraprâdhuṁk, pâṭhî ghâluṁk; vayr kâḍhuṁk, ukluṁk, uṁchâvuṁk. ‖ *V.* ALLIVIAR. ‖ *v. i.* phâvuṁk, puṭavuṁk; garaj âsuṁk, jây jâvuṁk. ‖ *v. r.* vayr saruṁk, ukloṁk.

Relevo, *s. m.* uṁchâḍ, ḍhuṁg; goṁdekâm *n.*, nakśî; *(fig.)* śobh, śobhitây *f.* ‖ *Pôr em* — *(fig.),* vayr kâḍhuṁk, ukluṁk, ubhâruṁk.

Relha, *s f.* nâṁgrâchî jagal *f.*

Relhada, *s. f.* vâḍiyccho phâr *m.*

Relho, *s. m.* vaḷlalî vâḍî *f.* ‖ *a.* vâtaḍ, nibar, kaṭhîṇ.

Relhote, *s. m.* jaglî *f.*

Relicario, *s. m.* relikâṁcheṁ buset *n.*, śavâchî ḍabî *f.*

Relicitar, *v. t. e i.* dusryân pâvṇer ghâluṁk.

Religar, *n. t.* partûn-, arnûn bâṁdhuṁk, taḍtaḍâvuṁk.

Religião, *s. f.* samurt, śâstrsamurt, dharm, mârg; *piedade:* dharm *m.*, bhakti, devbhakti *f.; ordem religiosa:* mârg, paṁṭh *m.*

Religiosamente, *adv.* bhaktin, bhaktibhâvân; *(fig.)* barâbar, sutrîṁ.

Religiosidade, *s. f.* devaspaṇ, dharmśîlpaṇ, bhaktipaṇ, sâdhupaṇ *n.*, dharmâchâr *m.*

Religioso, *a.* samurtîcho, dharmâcho, śâstrâcho; devaspaṇâcho, dharmvaṁt, dharmâchârî, dharmśîl, bhaktivaṁt, * bhaktivaṁchaḷ, bhajanî, karmaṇishṭh, karmishṭh, karmśîl, sâdhu; maṭhâcho; *(fig.). V.* SAGRADO. ‖ *s. m.* maṭhvâsî, jogî, muni.

Relimar, *v. t.* navyân kânsuṁk; *(fig.)* ujḷuṁk, sudhâruṁk.

Relinchão, *a.* khaṁkâḷṇo.

Relinchar, *v. i.* khaṁkhâḷuṁk, khaṁkâruṁk.

Relincho, *s. m.* khaṁkâḷṇî, kheṁkâḷṇî, khiṁkâḷî *f.*

Relinga, *s. f.* śiḍâchî dorî *f.*

Relingar, *v. t. e i.* śiḍâk dorî lâvuṁk,- śivuṁk.

Reliquia, *s. f.* relîk *f.*, śav, mṛitaśarîr *n.;* śesh *m.*

Rella, *s. f.* phâskî *f*

Relogio, *s. m.* reloj *f.*, ghaḍyâḷ *n.*

Relojoaria, *s. f.* ghaḍyâḷkâm *n.;* ghaḍyâḷâṁcho kârkhâṇo, -pasro *m.*

Relojoeiro, *s. m* relojer, ghaḍyâḷâṁ kartalo,- viktalo, ghaḍyâḷkâr.

Reloucado, *a.* bharpiso.

Reluctancia, *s. f.* nâkhuśî, akhuśî, anichchhâ, mhaśâgat, beśârmây, vîṭ *f.*, apriyapaṇ, vipriya *n.;* dvesh *m.* ‖ *V.* REPUGNANCIA.

Reluctante, *a.* nâkhuśî, vimati, beśârmî, mhaśâgatî. ‖ *V.* RESISTENTE.

Reluctar, *v. i.* jhoṁbuṁk, aḍuṁk.

Relumbar, *v. i. V.* RESPLANDECER.

Reluzente, *a.* jhagjhakît, jhigjhikît, laklakît, * kâśmirâdik.

Reluzir, *v. i.* jhagjhakuṁk, jhigjhikuṁk, laklakuṁk, rasrasuṁk, prakâśuṁk, prajvaḷuṁk.

Relva, *s. f.* taṇ, tṛiṇ *(p. us.),* gavat *n.*

Relvar, *v. t.* taṇ ghâluṁk,- ḍâḷuṁk *(l. do o.).* ‖ *v. r. e i.* V. RELVEJAR.

Relvejar, *v. i.* taṇ kirluṁk *(l. do s.).*

Relvoso, *a.* taṇân bharlalo, taṇvî.

Remada, *s. f.* valyâcho phâr *m.* ‖ *V.* REMADURA.

Remado, *a.* valâylalo; vale âslalo

Remador, *a. e s. m.* valekâr, tâṁḍelî.

Remadura, *s. f.* valâvṇî, tâṁḍṇî *f.*

Remanchão, *a.* lâṁbâvṇo, sâvkâśâyecho, âṁgjaḍ.

Remanchar, *v. i.* râvuṁk, kâḷâv karuṁk, pâṭhî uruṁk. ‖ *v. r.* lâṁbâyo-, uśîr karuṁk, veḷ kâḍhuṁk,- moḍuṁk. ‖ *v. t. V.* DELONGAR.

Remancho, *s. m.* sâvkâśây, usarpat *f.*, kâḷâv, taḍav *(vs. Can.) m.*

Remanecente, remanente, remanescente, *a.* urlalo, urto, urlosurlo, bâkî, bâkiyecho, uphâḷ; ushṭo *(— de comida).* ‖ *s. m.* urlaleṁ *n.*, ûr, bâkî *f.*, śesh *m. ou n.*

Remanecer, remanescer, *v. i.* uruṁk, râvuṁk; adhik-, bâkî jâvuṁk.

Remangar, *v. i. e r. V.* ARREMANGAR.

Remansado, *a* thaṁḍ; *(fig.)* meṁgo, maṁd. ‖ *V.* SOCEGADO.

Remansar-se, *v. r.* thaṁḍ-, ugo râvuṁk, usarpat karuṁk.

Remansear, *v. i. e r. V.* REMANSAR-SE. ‖ *s. m.* thâr *m.* svasthây *f.*

Remanso, *s. m.* thâṁbṇî, khaḷṇî *f.*, baṁd jâṇeṁ *n.*; *socego:* thâr, visâvo *m.*, svasthi *f.*; *retiro:* âsar, thâro *m.*, bihrâḍ *ou* biḍâr *n.*

Remansoso, *a. V.* REMANSEADO.

Remar, *v. t.* tâṁḍuṁk, valâvuṁk. ‖ *v. i.* valâvuṁk, valo mâruṁk; *(fig.)* pâkhoṭe hâlauṁk, uḍuṁk; piyevuṁk; kashṭî jâvuṁk, vâvruṁk. ‖ *— contra a maré,* beshṭo vâvruṁk,- kashṭâvoṁk, hârpit jâvuṁk. ‖ *v. r.* tâṁḍoṁk.

Remascar, remastigar, *v. t.* châbḍâvuṁk, rovaṁthuṁk.

Rematação, *s. f.* saṁpauṇî, saṁpâḍṇî *f.*

Rematadamente, *adv.* ekdam, nibel, nipaṭ.

Rematado, *a.* saṁplalo, saṁpâḍlalo; bhav vhaḍ, jabar chaḍh, subhâm, bhârî.

Rematador, *a. e s. m.* saṁpâḍtalo, saṁpauṇâr.

Rematar, *v. t.* saṁpauṁk, saṁpâḍuṁk, âṭpuṁk, śâttî pâvauṁk, purauṁk; mâthyâr-, takśiyer davruṁk *(g. do o.),* turo karuṁk,- kâḍhuṁk *(d. do o.).* ‖ *v. i.* saṁpâḍoṁk, kabâr jâvuṁk *(do port.* ACABAR).

Remate, *s. m.* saṁpṇî, saṁpâḍṇî, śâttî *f.*, âṭâp *m.*, sâṁdhan *n.*; śikhar, kaḷas, mâtho, śeṁḍo, turo *m.*, khoḷ; *(fig.)* bhar, bhargati *f.*, chaḍhâv *m.* ‖ *V.* RESULTADO. ‖ *Pôr ou dar —,* saṁpâḍuṁk, śâttî pâvauṁk, nimâṇo hât mâruṁk. *Em —,* śekîṁ, śevṭîṁ.

Remedar, *v. t. V.* ARREMEDAR.

Remediado, *a.* okhat dilalo; jevuṁk khâvuṁk-, dispaṭo girâs âslalo.

Remediador, *a. e s. m.* okhat-, upây ditalo.

Remediar, *v. t.* okhat divuṁk *(d. do o.),* upây karuṁk,- divuṁk *(d. do o.),* piḍâ moḍuṁk *(g. do o.),* baro-, sâmko karuṁk, jagauṁk; *soccorrer:* âdhâr-, majat divuṁk *(d. do o.),* pâvuṁk *(d. do o.),* garjek pâvuṁk *(g. do o.)*; *abastecer:* purauṁk, saṁrakshuṁk; *atalhar:* nivrâvuṁk, vâṭâvuṁk. ‖ *v. r.* purvaṇ-, garaj karuṁk, upây ghevuṁk, âpleṁ paḷevuṁk.

Remediavel, *a.* upây-, ilâj âslalo.

Remedição, *s. f.* partûn mejṇeṁ, naveṁ mejap *n.*

Remedio, *s. m.* okhat, aushad, vaidîk *n.*; upây, ilâj, pratikâr *m.*, vâṭ, gat *f.* ‖ *V.* AUXILIO.

Remedir, *v. t.* partûn mejuṁk.

Remedo, *s. m. V.* ARREMEDO.

Remeiro, *a.* valâvuṁk baro (hoḍeṁ). ‖ *s. m* tâṁḍelî, valekâr.

Remela, *s. f.* ḍoḷyâcho buro,- gû *m.*, chipaḍ, chipḍeṁ *n.*, por *f.*

Remelado, remeleiro, remeloso, *a.* chipḍo, chipṭo,

Remelar, *v. i.* (ḍoḷe) vâhvuṁk.

Remembrar, *v. i. (ant.). V.* RELEMBRAR.

Rememoração, *s. f.* âṭhvaṇ *f.*, âṭhav *m.*

Rememorar, *v. t.* âṭhvaṇ karuṁk *(g. do o.),* âṭhauṁk.

Rememorativo, *a. V.* COMMEMORATIVO.

Rememoro, *a. (poet.)* ughḍâs-, âṭhav âslalo.

Remendadamente, *adv.* tavyâṁnîṁ, ghaḍsûn.

Remendado, *a.* tave mârlalo, ghaḍsilalo, tavyâṁcho; śirbo, chiṭyâḷo.

Remendão, *a. e s. m.* tave mârtalo; kachcho-, bâbat vâvrâḍî; boṁdro, junerdo.

Remendeira, *s. f.* tave mârtalî, ghaḍsitalî.

Remendeiro, *a. e s. m.* tave mârtalo, ghaḍsiṇâr.

Remendo, *s. m.* tavo, kapo *m.*, paṭṭî; gâbḍî *(— de coiro ou madeira) f.* ‖ *V.* MALHA.

Remendona, *s. f.* ghaḍsitalî; boṁdrî, junerḍî.

Remenicar, *v. t. V.* REFILAR.

Remerecer, *v. t.* bhav phâvo jâvuṁk *(d. do s., s. do o.)*.

Remessa, *s. f.* dhâḍṇeṁ, dhâḍap *n.*, pâṭhauṇî *f.*; dhâḍlaleṁ *n.*

Remessão, *s. m. V.* ARREMESSÃO.

Remessar, *v. i.* âpṭoṁk, śevṭoṁk. ‖ *v. t. e r. V.* ARREMESSAR.

Remesso, *s. m. V.* ARREMESSO.

Remettedura, *s. f.* ghâlo, uprâlo *m.*

Remettente, *a e s. m. c f.* dhâḍṇâr, pâṭhauṇâr.

Remetter, *v. t.* dhâḍuṁk, pâṭhauṁk, dhâḍûn *ou* dhâṇ divuṁk; *encommendar:* âdhîn karuṁk, hâtâṁt divuṁk; *adiar:* phuḍe davruṁk,- vharuṁk. ‖ *v. i. V.* ARREMETTER. ‖ *v. r.* dusryâche âdhîn âpṇâk karuṁk, âpṇâk samarpuṁk; kabûl jâvuṁk, hoy mhaṇuṁk. ‖ *V.* REFERIR-SE.

Remettida, *s. f.*, **remettimento**, *s. m. V.* ARREMETTIDA.

Remexer, *v. t.* navyân misḷuṁk, ḍhavḷuṁk, châḷuṁk, kolsuṁk, vagaruṁk. ‖ *v. i. e r.* hâluṁk, ghusḷuṁk, chaḷbaḷuṁk, ḍhavḷoṁk.

Remexida, *s. f. V.* BALBURDIA.

Remexido, *a.* châḷlalo, ḍhavaḷlalo; ḍhavḷo, chaḷbaḷo.

Remição, *s. f.* soḍauṇî, soḍvaṇ *f.* ‖ *V.* QUITAÇÃO.

Remido, *a. e s. m.* gulâmpaṇâṁtlo soḍailalo, baṁdîsûṭ.

Remidor, *a. c s. m. V.* REDEMPTOR.

Remige, *a.* tâṁdtalo, valâytalo. ‖ *Pennas remiges. V.* REMIGIO. ‖ **-s**, *s. f. pl. V.* REMIGIO.

Remigio, *s. m.* pâkhoṭyâṁchîṁ lâṁbâṁ pâkhâṁ *n. pl.*; pâkhoṭe baḍauṇeṁ *n.*

Remigração, *s. f.* pailyâ thâryâr partaṇeṁ, svadeśâk yeṇeṁ *n.*

Remigrar, *v. i.* pailyâ jâgyâr-, thâryâr partoṁk, âplyâ gâṁvâk-, svadeśâk yevuṁk.

Remilhão, reminhol, *s. m.* sâkar ḍhavaḷchî doy *f.*

Reminiscencia, *s. f.* smaraṇaśakti, yâd, dhârṇâ *f.*; ughḍâs, âṭhav *m.*, âṭhvaṇ *f.*, smaraṇ *ou* samaraṇ; manâṁt âḍaḷṇeṁ *n.*, jhaḷkâ *f.*

Remir, *v. t.* soḍauṁk, soḍumk, târuṁk, uddharuṁk; *indemnizar:* bharûn divuṁk; *expiar:* phârîkpaṇ divuṁk *(g. do o.)*, nistaruṁk; *libertar do onus:* soḍauṁk, mekhḷo karuṁk. ‖ *— um penhor,* soḍauṁk. ‖ *v. r.* suṭuṁk; vâṭâvoṁk; deveṁ phârîk karuṁk. ‖ *V.* REHABILITAR-SE.

Remirar, *v. t.* dusryân paḷevuṁk; teḷuṁk, ḍoḷe lâvuṁk *(d. do o.)*. ‖ *v. r.* partûn partûn âpṇâk teḷuṁk.

Remissa, *s. f.* remîs *n.* ‖ *Ficar de —, (fig.)* phuḍârâk uruṁk. *Pôr de —,* phuḍe-, mâgîr davruṁk.

Remissamente, *adv.* meṁgepaṇîṁ, dilâyen.

Remissão, *s. f.* dayâ, kâkût *f.*; *perdão:* bogsaṇeṁ *n.*, mâphî, sûṭ, suṭî, soḍ, soḍḍoḍ; pâpamukti *(— só de peccado)*; *intermissão:* khavaḷṇî *f.*, khaṁḍ, aṁtro *m.*; *frouxidão:* meṁgepaṇ *n.*, maṁdây, sustî; *remessa:* dhâḍṇî, pâṭhauṇî *f.*; *allivio:* utâr, ukâl *m.*; *diminuição de intensidade:* dilây *f.*, kamipaṇ *n.* ‖ *Sem —,* khaḷa-, chuka nâstânâ.

Remissivel, *a.* bogsûṁyeso, bogsuṁcho.

Remissivo, *a.* saṁbaṁdhî, lagtecho, lâgî.

Remisso, *a.* dîl, jaḍ, jaḍâ hâtâcho; sust, beśârmî, âḷsî, meṁgo, maṁd; *que perdeu a intensidade:* dîl, kamî, baḷ moḍlalo, gaḷlalo.

Remissorio, *a. (for.)* mâph karcho, niraparâdhâcho.

Remittencia, *s. f. (med.)* khaḷṇî, kâḍhṇî *f.*, aṁtro *m.*

Remittente, *a.* kâḍhto, vecho yevuṁcho. ‖ *Febre —,* vishamjvar *m.*

Remittir, *v. t.* bogsuṁk, mâph karuṁk; soḍuṁk, soḍûn divuṁk; dilâvuṁk, dîl soḍuṁk, deṁvauṁk, halkâvuṁk. ‖ *v. i. (med.)* kâḍhoṁk, deṁvuṁk, nisruṁk. ‖ *v. r.* deṁvuṁk, uṇo-, dîl jâvuṁk.

Remivel, *a.* soḍauṁcho.

Remo, *s. m.* valo *m.*, valî *(— pequeno) f.* ‖ *Picar o —,* baḷân tâṁḍuṁk.

Remoçado, *a.* tarṇo-, burgo jâlalo; *(fig.)* baḷ-, trâṇ ghetlalo.

Remoçador, *a. e s. m.* **remoçante**, *a.* tarṇo karcho,- kartalo; baḷ-, trâṇ ditalo, pushṭikar.

Remoção, *s. f.* kuśîn-, pelyân kâḍhṇeṁ, -davarṇeṁ, sarkâvṇî, kaḍsarâvṇî *f.*, sâraṇ, nirasan *n.*

Remocar, *v. t.* toṁḍâr pâḍuṁk,- mâruṁk.

Remoçar, *v. t.* tarṇo-, burgo karuṁk; baḷ-, tej divuṁk *(d. do o.)*. ‖ *v.*

i. e r. tarṇo-, burgo jâvuṁk; jîv-, baḷ ghevuṁk.

Remodelação, *s. f.* navyân âkârṇî *f.*; navo âkâr *m.*

Remodelar, *v. t.* navyân âkâruṁk,-vaḷuṁk.

Remoedura, *s. f.* rovaṁth *m.*

Remoela, *s. f. V.* SURRIADA.

Remoer, *v. t.* dusryân daḷuṁk,- maḷuṁk; rovaṁthuṁk; kichḍâvuṁk, karkarâvuṁk, kân phoḍuṁk *(g. do o.)*. ‖ *V.* REPISAR. ‖ *v. r.* kaḍkaḍuṁk, phaḍphaḍuṁk, chaḍphaḍuṁk.

Remoinhar, *v. i.* bhoṁvre karuṁk, bhoṁvar ghâluṁk,- mâruṁk, kuśîk bhoṁvuṁk, ghuṁvḷuṁk, ghuṁvâḷyo ghâluṁk.

Remoinho, *s. m.* bhoṁvar *m.*, ghuṁvâḷî *f.*; bhoṁvro *m.*, bhramaṇ, chakr *n.*; jhoḍpo *m.*, vâvṭaḷ; keṁsâṁcho-, taklecho bhoṁvro *m.*

Remoinhoso, *a.* bhoṁvryâṁcho, ghuṁvaḷtalo.

Remolar, *s. m.* vale kartalo.

Remolhar, *v. t.* dusryân bhijauṁk; bhijat-, phugat ghâluṁk, phugauṁk. ‖ *v. i. e r.* bhijuṁk, phuguṁk.

Remolho *s. m.* phugat-, bhijat ghâlṇeṁ *n.*; phugṇî *f.* ‖ *Estar de — (fig.)*, âṁthuḷṇâr paḍuṁk. *Pôr de — V.* REMOLHAR.

Remondagem, *s. f.* dusrî naḍṇî *f.*

Remondar, *v. t.* dusryân naḍuṁk.

Remonta, *s. f.* navyâṁ ghoḍyâṁchî bejmî *f.* ‖ *V.* REPARAÇÃO.

Remontado, *a.* uṁch, ubhâr; paisilo, pais-, dûr âslalo; ḍoṁgrâr liplalo; *(fig.)* uṁch, uttam, śreshṭh.

Remontar, *v. t.* uṁch ukluṁk, ubhâruṁk; pais davruṁk; (ghoḍyâṁcheṁ) purvaṇ karuṁk; navî kaplâd ghâluṁk *(d. do o.)*. ‖ *v. i. e r.* vayr vachuṁk,- ukloṁk, ubhâroṁk; ḍoṁgar ghevuṁk, parvatâr lipuṁk.

Remonte, *s. m.* uṁchasthân *n.*; paisilo jâgo *m.*; navî kaplâd *(do port.* CAPELLADA) ghâlṇeṁ *n.*

Remoque, *s. m.* âhṇeṁ, varm *n.*, chuṭko, uparodh *m.*

Remoqueador, *a. e s. m.* âhṇîṁ mârtalo, varmâṁnîṁ ulaitalo, uparodhî.

Remoquear, *v. i.* âhṇeṁ mâruṁk, varmâṁnîṁ-, lâvûn ulauṁk.

Remora, *s. f. (zool.)* ek mâsḷî *f.*; *(fig.) V.* OBSTACULO.

Remordaz, *a.* châbkar, châbro.

Remordedor, *a. e s. m.* châbṇâr, châbkar; *(fig.)* toṁchtalo, rovaṁthitalo.

Remorder, *v. t.* partûn châbuṁk; châbḍâvuṁk; *aboccanhar:* ulauṁk *(l. sup. do o.)*, (mân) kâḍhuṁk; *atormentar:* khâvuṁk, kâṁtauṁk, rovaṁthuṁk, toṁchuṁk, khupuṁk. ‖ *v. i.* châbḍâvuṁk, ghâṁsâvuṁk; teṁch jharauṁk. ‖ *V.* RESMUNGAR. ‖ *v. r.* âpṇâk ghâṁsâvuṁk; *(fig.) V.* RALAR-SE.

Remordimento, *s. m.* châbṇî *f.* ‖ *V.* REMORSO.

Remoroso, *a.* âḍâytalo, aḍchaṇecho, aḍî ghâltalo.

Remorso, *s. m.* aṁtashkarṇâcho kiḍo *(litt.* BICHO DE CONSCIENCIA) *m.*, aṁtashkarṇâchî kâṁtauṇî-, churchurî *f.*, manastâp, anutâp, paśchâttâp *m.*

Remotamente, *adv.* âdlyâ kâḷâr, pûrvkâḷîṁ; pais, dûr; paisilyân.

Remoto, *a.* âdlyâ kâḷâcho, -samayâcho, purvilo, purvîl; paisilalo, pais âslalo, dûrcho. ‖ *V.* MEDIATO.

Remover, *v. t.* gavḷâvuṁk, kâḍhuṁk, pelyân kâḍhuṁk, sarkâvuṁk, kaḍsarâvuṁk svâtevaylo uṭhauṁk,- badluṁk; *apartar:* pais-, pelyân ghâluṁk, paisâvuṁk, bhâyrâvuṁk; *evitar:* ṭâḷuṁk. nirasuṁk, vâruṁk, phiṭauṁk; *demittir:* kâḍhuṁk, bhâyr ghâluṁk. ‖ *V.* REMEXER.

Removimento, *s. m. V.* REMOÇÃO.

Removivel, *a.* kâḍhûṁyeso, gavḷâvuṁcho.

Remudar, *v. t.* dusryân badluṁk.

Remuneração, *s. f.* phaḷ *m.*, karmphaḷ, pratiphaḷ, inâm, phârîkpaṇ *n.*

Remunerador, *a. e s. m.* phaḷ-, inâm ditalo.

Remunerar, *v. t.* phaḷ-, phârîkpaṇ divuṁk *(d. do o.)*, phârîk karuṁk.

Remunerativo, remuneratorio, remuneroso, *a.* phaḷ-, âdâv ditalo.

Remuneravel, *a.* inâm-, phaḷ phâvo âslalo.

Remurmurar, *v. i.* bhav murmuruṁk,- sursuruṁk.

Remurmurio, *s. m.* murmurî *f.*, sursûr *m.*

Remusgar, *v. i. V.* RESMUNGAR.

Renal, *a.* aṁtrakośâcho, pâriyecho.

Renascença, *s. f.* punarjanm *ou* punarjalm, navo jîv *m.*; naveṁ baḷ, -tej *n.*

Renascente, *a.* parton jâto.

Renascer, *v. i.* navyân-, parton jâvuṁk; naveṁ baḷ ghevuṁk; parton yevuṁk,- dishṭî paḍuṁk; navyân phuluṁk,- pâlevuṁk. ‖ *V.* REHABILITAR-SE.

Renascimento, *s. m. V.* RENASCENÇA.

Renato, *a.* dvij, dvijanmâ.

Renda, *s. f.* remd *n.*, jâḷî *f.*, dâl; *rendimento:* udev, âdây *ou* adâv, jamo, praveś *m.*, yeṇem, utpann, hâśîlpaṇ *n.*, hâśîl, huṭâvaḷ *(us. Can.) f.; mahasûl (— publica) m.; aluguel:* bhâḍem; remd *n.*, dhâro, sâro, vasûl *m.*, gheṇ *(us. Can.) f.*

Rendado, *a.* remd-, jâḷî lâylalo.

Rendar, *v. t. (ant.). V.* ARRENDAR.

Rendavel, *a. V.* RENDOSO.

Rendedoiro, *a.* phaḷ divumcho, âdâv âslalo.

Rendedura, *s. f. (p. us.) V.* RENDIÇÃO.

Rendeira, *s. f.* remd kartalî va viktalî, remdkârṇ; remdâk-, dhâryâk ditalî va ghetalî.

Rendeiro, *s. m.* patkâr, ukâḷekâr, vasûldâr, sâhîr *(us. Can.)*; remder, mumdkârî *ou* muṇkârî *m.*, kûḷ, rayt *n.*; remdkâr *(arrendatario de fructos)*; remdâk ditalo; maktedâr, khot.

Render, *v. t. vencer:* jikumk, âple khâl hâḍumk, âṭpumk; *entregar:* âdhîn karumk, hâtâmt ghâlumk; *prestar:* divumk, (châkrî) karumk; *substituir:* svâter-, jâgyâr râvumk *(g. do o.)*, badlî karumk *(g. do o.)*; *subornar:* lomch khâvaumk *(d. do o.)*, bhijaumk; *fatigar:* boḍkâvumk, moḍûn ghâlumk; *commover:* mavâḷumk, kaṇvâḷâvumk; *dar como lucro:* utpann karumk, lâbhaumk; *dedicar:* bheṭaumk, bheṭ karumk *(g. do o.)*; *dominar:* damâvumk, hâtâkhâl hâḍumk. ‖ *— a alma,* prâṇ soḍumk, jîv vachumk *(g. do s.)*. *— fama,* mân-, yaś hâḍumk. *— graças,* ârghâm divumk, upkâr âṭhaumk. *— honras,* namaskâr,- salâm karumk. *— obediencia, V.* OBEDECER. ‖ *v. i.* phuṭumk, usḷumk, ugaḷumk, verevumk, moḍomk; vamdavumk, gaḷumk, pomdâk paḍumk; *ficar affectado de hernia:* naḷâmchî piḍâ jâvumk *(d. do s.)*. ‖ *v. r.* âpṇâk soḍûn divumk, âplî śemḍî hâtâmt divumk, âṭpomk, bâḍgumk, damumk; dagumk, boḍkâvomk, thakumk, pâkhâm kavḷumk; *ficar penhorado,* upkâr mânumk,- âṭhaumk. ‖ *V.* QUEBRAR-SE. ‖ *— aos annos,* mhâtâro jâvumk; utromk. *— á discreção,* duśmânâk jây tasem karumk âpṇâk divumk. *— ao somno,* nidûn paḍumk, nîd lâgumk *(d. do s.)*.

Rendição, *s. f.* jikṇî, âṭpaṇî *f.*; deṇem, samarpaṇ; duśmâṇâchyâ hâtâmt paḍṇem *n.*; *(ant.). V.* RESGATE.

Rendidura, *s. f.* phûṭ, phuṭoḷî *f.*

Rendidamente, *adv.* memgepaṇîm, beśârmâyen.

Rendido, *a.* dusryâchyâ hâtâmt paḍlalo, parâdhîn; dhyânî, samâdhisth; memgo jâlalo, thaklalo; naḷ jâlalo.

Rendilha, *s. f.* bârîk remd *n.*, -jâḷî *f.*, kâmṭo *m.*; jâḷî kasî nakśî,- birvaṇ *f.*

Rendilhado, *a.* jâḷiye sârke birvaṇecho; kamgryâmcho.

Rendilhar, *v. t.* bârîk naksumk, birvaṇen bharumk. ‖ *V.* RECORTAR.

Rendimento, *s. m.* remdimemt, âdâv, jamo *m.*, upjaṇ, haśîlpaṇ, yeṇem *n.*; âmgmoḍ, kaḍmaḍ *f.* ‖ *V.* RENDIÇÃO. ‖ **-s,** *pl.* âdâv, lâbh *m.*, joḍ *f.* ‖ *V.* CUMPRIMENTOS.

Rendosamente, *adv.* âdâvân, phaḷân, hâśîlpaṇîm.

Rendoso, *a.* âdâvâcho, phaḷâdîk, bare joḍîcho.

Renegado, renegador, *a. e s. m.* âplem śâstrsamurt sâmḍlalo; komkṇo jâlalo, dharmatyâgî, dharmabhrashṭ; phitûr; nashṭo, khoṭo.

Renegar, *v. t. e i.* âplem śâstrsamurt sâmḍumk; komkṇo jâvumk, bbâvârth soḍumk, *mukhîrvachumk; pelyân ghâlumk, bhâyrâvumk. ‖ *V.* ARRENEGAR.

Renga, *s. f. V.* RENQUE.

Rengalho, *s. m.* nakśeviṇem remd *n.*, -jâḷî *f.*

Rengo, rengue, *s. m.* malmal viṇchem sût *n.*.

Renhido, *a.* jhomblalo, jhombûn-, uḍâuḍîm kelalo, hujatîcho, paijecho; jhaḍjhaḍit, phaḍphaḍît; *(fig.) V.* SANGRENTO.

Renhimento, *s. m. V.* PORFIA.

Renhir, *v. t.* jhombumk, hujatîn-, uḍâuḍîm karumk, jhombûn ghevumk,- karumk. ‖ *V.* TRAVAR. ‖ *v. r.* jhagḍumk, jujumk, hujat kheḷumk.

Reniforme, *a.* pâriye sârko.

Renitencia, *s. f.* ghâmsṇî, jharauṇî *f.*, udyog, yatn *m.*

Renitente, *a.* ghâmsṇo, jharauṇo, vâdyo, âplyâ vâdyâcho, yatnî, udyogî.

Renitir, *v, i.* âplemch dharumk, temch jharaumk, haṭh-, saḷ karumk. ‖ *V.* RESISTIR.

Renome, *s. m.* nâmv, nâmvrûp, yaś *ou* yeś *n.*, kîrti, sukîrti *f.*, laukik *m.*

Renova, *s. f. V.* RENOVO.

Renovação, *s. f.*, **renovamento,** *s. m.* navyân karṇem *m.*, navsarṇî *f.*, uddharaṇ, pratisamâdhân *n.*; ujaḷṇî, sudhârṇî. ‖ *V.* AUGMENTO.

Renovador, *a. e s. m.* navyân kartalo, uddhârî, uddhârṇâr, sudhârṇâr.

Renovar, *v. t.* navo-, navo kaso karuṁk, navyân-, partûn karuṁk, navsaruṁk, uddharuṁk; sudhâruṁk, ujḷuṁk; *substituir:* badluṁk; *corrigir:* sâmko-, niṭ karuṁk; *repetir:* dusâruṁk, dusryân karuṁk; *recomeçar:* navyân âḍâvuṁk, partûn araṁbhuṁk; *restaurar:* ghaṭṭây-, baḷ divuṁk. ‖ — *conhecimento,* navî oḷakh karuṁk. — *as feridas,* ghây huskauṁk; *(fig.)* ghâyâr limbo piḷuṁk. — *na memoria,* man̄îṁt ghoḷauṁk. ‖ *v. i.* phuṭuṁk, pâlevuṁk, phuluṁk; dishṭî paḍuṁk. ‖ *V.* SUCCEDER-SE. ‖ *v. r.* navo kaso-, navoso jâvuṁk; navyân jâvuṁk; sudhâroṁk, baro jâvuṁk. ‖ — *a lua,* âmâs jâvuṁk. — *a memoria,* ughḍâs yevuṁk.

Renovo, *s. m.* âṁkrî, koṁbrî, taṁvrî *f.*, phâṁṭo, koṁb, kirl, ḍir *m.* ‖ -s, *pl.* naveṁ *n.*

Renque, *s. m.* âḷ, âḷi, oḷ, hâr, loy, regh, âvali *f.*

Rentar, *v. i.* karyâ karuṁk, khâḍâr hât oḍhuṁk, miśî târâṁṭuṁk; âṁgâr-, khâvuṁk yevuṁk. ‖ *V.* NAMORAR.

Rente, *a.* lâglalo, teṁklalo. ‖ *adv.* muḷân, muḷîṁ, thâryâ. ‖ — *com, de ou a,* barâbar, lâgûn, teṁkûn.

Rentear, *v. t.* (keṁs, laṁv) muḷân kâtruṁk, kâpuṁk.

Rentura, *s. f.* barâbar mokṇî *f.*

Renuir, *v. t. V.* RECUSAR.

Renuncia, renunciação, *s. f.* nâkâ mhaṇṇeṁ *n.*, nâkâr *m.;* soḍṇî *f.*, tyâg, utsarg, nyâs *m.*

Renunciador, *a. e s. m.*, **renunciante,** *a. e s. m. e f.* nâkâ mhaṇtalo, soḍṇâr, tyâgî.

Renunciar, *v. t. e i.* nâkâ mhaṇuṁk, nâkâruṁk, partuṁk, pelyân ghâluṁk; soḍuṁk, tyâguṁk, sanyâsuṁk, pâṭh karuṁk *(d. do o.).* ‖ *V.* RENEGAR.

Renunciavel, *a.* soḍcho, nâkârcho, tyâguṁcho.

Renutrir, *v. t.* navyân posauṁk,- mâtauṁk. ‖ *v. i.* dusryân posoṁk.

Renzilha, *s. f. V.* RIXA.

Réo, *s. m.* rev, jabâbî, prativâdi, uttarpakshî; gunyâṁvkâr, aprâdhî. ‖ — *de morte,* marṇâcheṁ pharmaṇ phavo jâlalo.

Reordenação, *s. f.* navî mâṁḍṇî,- mâṁḍâvaḷ *f.*

Reordenar, *v. t.* navyân-, âsâ taso mâṁḍuṁk.

Reorganização, *s. f.* dusrî ghaḍṇî,- rachṇî; navî mâṁḍâvaḷ,- ghaḍvaṇ *f.*

Reorganizador, *a. e s. m.* navyân ghaḍtalo.

Reorganizar, *v. t.* navyân ghaḍuṁk, partyân rachuṁk.

Repagar, *v. t.* navyân-, khûp phârîk karuṁk.

Repanhar, *v. t. V.* ARREPANHAR.

Reparação, *s. f.* sârko-, nîṭ karṇeṁ *n.*, navsarṇî, sudhârṇî, marâmat *f.;* phârikpaṇ, pariyorpaṇ *n.*, pariyor, parihâr *m.*

Reparadeira, *a. e s. m.* tarjûn paḷetalî, sagḷyâr dishṭ ghâltalî.

Reparador, *a. e s. m.* sârko kartalo, sudhârṇâr; phârîkpaṇ ditalo; tarjûn paḷetalo, tarjiṇâr.

Reparar, *v. t.* sârko-, sarî karuṁk, navsaruṁk; *renovar:* dusâruṁk, navoso karuṁk; *aperfeiçoar:* sudhâruṁk, ujḷuṁk; *corrigir:* niṭâvuṁk, śuddhauṁk; *satisfazer:* bharûn divuṁk, sâṁvrâvuṁk, phârîkpaṇ divuṁk *(g. do o.)*; *fortificar:* ghaṭṭây-, baḷ divuṁk *(d. do o.)*, thorâvuṁk; *resguardar:* âsrâvuṁk; *(ant.) V.* SOCCORRER. ‖ — *o golpe,* phâr nistaruṁk,- vâṭâvuṁk. ‖ *v. i.* teḷuṁk, tarjûn paḷevuṁk; chatrây karuṁk, chitt divuṁk. ‖ *v. r.* âsroṁk, âsrâk yevuṁk,- râvuṁk. ‖ — *das perdas,* nuskân bharûn ghevuṁk.

Reparatorio, *a.* phârîkpaṇâcho, pariyorâcho.

Reparavel, *a.* navsarcho, niṭâvuṁcho; tarjuṁcho.

Reparecer, *v. i. V.* REAPPARECER.

Reparo, *s. m.* navsarṇî, sudhârṇî, marâmat; tarjaṇî *f.*, nihâḷ; *obra de defesa:* âḍos, âsar; *remedio:* upây, ilâj *m.* ‖ *V.* CURATIVO. ‖ *Fazer — em,* tarjuṁk, tahrâ dharuṁk, chitt divuṁk.

Repartição, *s. f.* vâṁṭṇî *f.*, vâṁṭap *n.;* vâṁṭo, aṁś *m.;* repartisâṁv *n.*, sâḷ, kacherî *f.*, karmasthân *n.*

Repartidamente, *adv.* vâṁṭûn, vâṁṭyâṁnîṁ.

Repartideira, *s. f.* vâṁṭpîṇ.

Repartidor, *a. e s. m.* vâṁṭṇâr, vâṁṭpî; *(arith.) V.* DIVISOR.

Repartimento, *s. m.* vâṁṭṇî *f.*, vâṁṭap *n.;* khaṇ; kûḍ *m.*

Repartir, *v. t.* vâṁṭe karuṁk *(g. do o.)*; vâṁṭuṁk, vâṁṭûn divuṁk; *(arith.)* bhâṁjuṁk, bhâguṁk. ‖ *v. r.* dosiṁ jâvuṁk, phâṁṭe jâvuṁk *(g. do s.)*.

Repartivel, *a.* vâṁṭûṁyeso.

Repassado, *a.* bhedlalo, jhomlalo.

Repassar, *v. t.* partûn bhoṁvḍâvuṁk; dusryân paḷevuṁk; *(fig.)* bhedauṁk, jhomauṁk, phugauṁk, bharuṁk. || — *com a memoria*, mânâiṁt hâḍuṁk, ughḍâs karuṁk. || *v. i.* *V.* RESUMAR. || *v. r.* bhijuṁk, timuṁk, phuguṁk; charuṁk; *(fig.)* bharoṁk, bheduṁk, jhomuṁk, lâguṁk *(d. do s.)*.

Repastar, *v. t.* navyân charauṁk. || *v. r.* poṭ ṭâṇuṁk, bhûs mâruṁk.

Repasto, *s. m.* jâyto charav; jevaṇ, bhojan *n.*; paṁgat *f.*

Repatriação, *s. f.* âplyâ gâṁvâk partaṇeṁ, svadeśâgaman *n.*

Repatriar, *v. t.* âplyâ deśâk dhâḍuṁk. || *v. r.* âplyâ gâṁvâk-, ghârâ yevuṁk,- partoṁk.

Repelão, *s. m.* dhako, dachko *m.* || *V.* ASSALTO. || *De* —, jhaḍ-, saṭ kan; thâryâch.

Repelar, *v. t.* *V.* ARREPELAR.

Repellente, *a.* pelyân loṭtalo; *(fig.)* aḷśikaṇo, kâṁṭâḷvâṇo.

Repellir, *v. t.* pelyân loṭuṁk, oḍhbhar uḍauṁk, loṭûn ghâluṁk, koluṁk, vagaḷuṁk, partuṁk. || *V.* REJEITAR *e* EXPULSAR.

Repelo, *s. m.*: *a* —, jhiṁjhḍâvûn, phâphḍûn.

Repenicado, *a.* saṇsaṇît, ṭhaṇṭhaṇit, ḍhaṇḍhaṇît; châṁchâylalo; kaṁgryâṁcho.

Repenicar, *v. i.* ṭhaṇṭhaṇuṁk, ḍhaṇḍhaṇuṁk, ghaṇghaṇuṁk, saṇsaṇuṁk. || *v. t.* châṁchâvuṁk, khupuṁk; kaṁgre karuṁk *(d. do o.)*.

Repente, *s. m.* avchitt kâm, -uttar *n.*, hâjirjabâb *m.*, avchittây; sahaj karṇî, hukkî *f.*, jhaṭko *m.* || *Ter repentes*, chîḍ-, kaḍh âsuṁk *(d. do s.)*. *Ter bons repentes*, lahar-, chuṭko âsuṁk *(d. do s.)*. *De* —, avchitt, akasmât, gaḍ-, gap-, phaṭ kan.

Repentinamente, *adv.* *V.* DE REPENTE.

Repentino, *a.* avchitt, achaṁbit, râva-, chiṁti nâslalo, akaḷît.

Repentista, *a. e s. m. e f.* hâjirjabâbî, jâpsâlî, laharî, gaḍ kan sâṁgtalo,- kartalo; kâgad paḷenâ phuḍe gâtalo,- vâjaitalo.

Repercussão, *s. f.*, **repercusso**, *s. m. (p. us.)*, partaṇeṁ, vaḷṇeṁ, pratisaraṇ *n.*, pratibiṁb; pratiśabd, pratidhvani *m.*; *(med.)* poṭâṁt piḍâ oḍhṇeṁ *n.* || *V.* CHOQUE.

Repercutir, *v. t.* partuṁk, vaḷauṁk; phâṁkauṁk *(— a luz)*; gâjauṁk *(— o som)*; poṭâṁt piḍâ oḍhuṁk. || *v. i. e r.* partoṁk, vaḷoṁk, pâṭhî saruṁk; gâjuṁk; phâṁkuṁk.

Reperguntar, *v. t.* partûn vichâruṁk, -nimguṁk.

Repertorio, *s. m.* sûchî, jaṁtrî; paṭṭî, śivḍî *f.*; *almanach:* paṁchâṁg *n.*; *collecção de leis:* vidhisaṁgraha; *conjuncto de dramas, de musicas:* nâṭakâṁcho-, gâyanâṁcho bharṇo *m.*; *pessoa muito versada*, vidyânagarî.

Repesar, *v. t.* dusryân jokhuṁk.

Repeso, *s. m.* dusrî jokhṇî; dusryân jokhchî svât. || *a.* *V.* ARREPENDIDO.

Repetenado, *a.* garvî, ahaṁkârî, atimânî; peṁdarlalo, pâtaḷlalo, pâṁy soḍûn baslalo.

Repetenar-se, *v. r.* *V.* REFOLTREAR-SE.

Repetencia, *s. f.* dusârṇî, duvârṇî *f.*; *(med.)* âṁgâr dosh dishṭî paḍṇeṁ *n.*

Repetente, *a.* partûn kartalo. || *a. e s. m.* navyân śiktalo.

Repetição, *s. f.* partûn-, navyân mhaṇṇeṁ,- karṇeṁ *n.*, dusârṇi, duvârṇî, ugâḷṇî, ujaḷṇî, avṛitti *f.*, vâraṁvâr; anuvâd *m.*, punarukti *f.*; dusryân mhaṇlaleṁ mhaṇṇeṁ, dusryân kelaleṁ karṇeṁ; paṭhan *n.* || *Relogio de* —, jabâbî ghaḍyâl.

Repetidamente, *adv.* bhoṁvûn bhoṁvûn, partûn partûn, vâraṁvârîṁ, ghaḍiye ghaḍiye.

Repetido, *a.* dusryân-, partûn mhaṇlalo,- kelalo, vâraṁvârâcho.

Repetidor, *a. e s. m.* partûn mhaṇtalo,- kartalo, dusârṇâr; anuvâdî, anuvâdak; pâṭhak.

Repetimento, *s. m. (p. us.)*. *V.* REPETIÇÃO.

Repetir, *v. t.* dusryân-, partûn karuṁk, dusâruṁk, duvâruṁk, ugâḷuṁk, ujḷuṁk; navyân-, dusryân mhaṇuṁk,- sâṁguṁk, duvâḷuṁk, anuvâduṁk, ghokuṁk; gâjauṁk, sâdauṁk; dusryân teṁch śikuṁk. || *v. i. e r.* dusryân jâvuṁk. -ghaḍuṁk, partoṁk, parton-, dusryân yevuṁk.

Repicador, *a. e s. m.* châṁchâvṇo, châṁchâvṇâr; ṭûṁkî.

Repicagem, *s. f.* châṁchâvṇî, śiṁdṇî; ṭaṁkṇi *f.*

Repicaponto, *s. m.*: *de* —, nâjukâyen, chokhaṭâyen.

Repicar, *v. t.* châṁchâvuṁk *ou* tâṁchâvuṁk; suṁṭe karuṁk *(g. do o.)*, bârîk kâtruṁk, śiṁduṁk; ṭâṁkuṁk; (ghâṁṭ) mâruṁk, oḍhûṁk; (ghâṁṭlî) vâjaumk, khaṇkhaṇâvumk.‖ *v. i.* (ghâmṭ) oḍhomk, jâvumk.

Repimpadamente, *adv.* susth basûn va paḍûn, pâṭḷûn, pemdron.

Repimpado, *a.* susth baslalo, -âḍ paḍlalo, pemdarlalo, pâṭaḷlalo.

Repimpar, *v. t.* (poṭ) tâṇumk. ‖ *v. r.* bharomk, chomdomk; pemdroṁk, pâṭḷomk, domke soḍûn basumk.

Repinchar, *v. i.* usḷumk, uḍumk.

Repintar, *v. t.* navyân chitrumk.

Repique, *s. m.* repik *f.*, ghâmṭ mârṇem, -oḍhṇem *n.*

Repiquete, *s. m.* kaḍso, kaḍo, sûḷ *m.*

Repisa, *s. f.* maḷṇî, mastaṇî, mâḍauṇî *f.*

Repisar, *v. t.* navyân maḷumk,- mastumk,- mâḍaumk; partûn partûn sâmgumk, temch jharaumk.

Replantação, *s. f.* dusrî lâvṇî *f.*

Replantar, *v. t.* dusryân-, navyân lâvumk.

Repleção, *s. f.* bhar, bhargat *f.* ‖ *V.* PLETHORA.

Replenado, *a. V.* TERRAPLENADO.

Repleno, *s. m. V.* TERRAPLENO.

Repleto, *a.* upaṭ bharlalo, taḍtaḍlalo, tâṇlalo; gulgulit, ḍumṇo, pushṭ.

Replica, *s. f.* uttar *n.*, jâp, jâb, pratijâb, prativâchâ *f.*, jabâb, pratipâḷ, prativâd *m.*

Replicação, *s. f.* pratipâḷ karṇem, partem sâmgṇem *n.*, prativâd *m.*, punarbhâshaṇ *n.*

Replicador, *a. e s. m.* pratipâḷ kartalo, jâb ditalo, prativâdî.

Replicar, *v. t* partem sâmgumk, jâb-, uttar divumk *(d. do o.)*, prativâdumk. ‖ *v. i.* pratipâḷ karumk, tomḍ divumk; bhâmjumk, khamḍumk *(vv. tt.)*.

Repoisadamente, *adv.* sâvkâśâyen, samâdhânîm.

Repoisado, *a.* thamḍ, śitaḷ, samâdhânî.

Repoisar, *v. t.* davrumk, ṭhevumk, temkaumk; svasthâvumk, susth-, samâdhânî karumk. ‖ — *os olhos ou a vista,* doḷe lâvumk, dishṭ davrumk. ‖ *v. i.* basumk, visavumk, viśrâmumk, vaṭamgumk; *dormir:* niḍumk; *estar em poiso:* pâḍ-, paḍît âsumk; *estar sepultado:* phomḍâmt âsumk; *assentar (o liquido):* basumk, nisevumk.

Repoiso, *s. m.* thâr, avsar, visâvo, viśrâm, *sarm *m.*; samâdhân *n.*; thamḍây, sâvkâśây, svasthi, suchittây, usarpat *f.*; nîd, jem *f.* ‖ — *eterno,* sâsṇâcho viśrâm.

Repolegar, *v. t.* maḍhumk, moṭî meṭaṇ mârumk *(d. do o.)*.

Repolego, *s. m.* moṭî meṭaṇ *f.*; empâḍâr piṭhâcho doro *m.*

Repolhal, repolhudo, *a.* vâṭkuḷo, guḷyâ sârko; gulgulît, ḍumṇo.

Repolho, *s. m.* repolh *m.*, vâṭkuḷî kov *f.*, karam kâmdo *m.*; *(fig.)* bhobḷo *(litt.* ABOBORA*)*, ghâṭṇo *(litt.* MÓ*)*.

Reponta, *s. f.* navem pomt-, ṭomk. ‖ — *da maré,* bhartî yeṇem,- yevumk lâgṇem *n.*

Repontar, *v. t.* eke svâter vharumk,- hâḍumk. ‖ *v. i.* dishṭî paḍumk, udevumk; (bail, memdhro) mârumk yevumk, karyâ karumk; âmgâr yevumk, khâvumk yevumk. ‖ — *a maré,* bhartî yevumk.

Repor, *v. t.* partûn ghâlumk, -divumk; bharûn divumk, bhar karumk *(g. do o.)*; âḍle daser davrumk. ‖ *v. r.* âḍle daser yevumk,- pâvumk, âsâ taso jâvumk.

Reportação, *s. f.* maryâd, mâṇsugî, bhiḍâ *ou* bhîd *f.*, vinay *m.*

Reportado, *a.* maryâdîcho, mâṇsugecho, vinayî, bhiḍest. ‖ *V.* PACIENTE.

Reportamento, *s. m.* sûchanâ *f.*, sûchan; sûchanpatr *n.* ‖ *V.* REPORTAÇÃO.

Reportar, *v. t.* mâṇsugecho karumk, damâvumk, âṭpumk; lâvumk, ghâlumk *(com l. sup.)*. ‖ *V.* ALCANÇAR. ‖ *v. r.* maryâd sambhâḷumk, âṭpomk, aṇbhogumk; iśârat-, sûchan karumk, khuṇâvumk, khabar karumk.

Reposição, *s. f.* partûn davarṇem, navyân ghâlṇem; duḍû bharṇem *n.*

Repositorio, *s. m.* davarchî svât, sâmṭhvaṇ *f.*, sâmṭho, koṭhâr, nidhi *m.*, nidhân; vidhinidhân *m.*

Reposta, *s. f.* kheḷâchyâ mâmḍâr âsât title duḍû bharṇem *n.* ‖ *V.* RESPOSTA.

Repostaria, *s. f.* dosî-sare karchem ghar *n.*

Reposte, *s. m. (ant.)* mustâykechem ghar *n.*, koṭhî *f.*

Reposteiro, *s. m.* reposter, paḍdo, âḍpaḍdo *m.*; paḍdekâr; *(ant.)* râvuḷâchî mustâykî râkhtalo.

Repotrear-se, *v. r.* pemdromk, pâṭḷumk, pasron-, domke soḍûn basumk.

Repouso, *s. m. V.* REPOISO.

Repovoar, *v. t.* dusryân-, partûn lokân bharumk.

Repregar, *v. t.* navyân-, nibrân khiḷâvumk; khiḷyâmnîm samjaumk.

Reprego, *s. m.* navî khiḷâvṇî *f.*

Reprehendedor, *a. e s. m.* himḍsitalo, gâṁjṇâr, niṁdâkâr.

Reprehender, *v. t.* bobâṭ karuṁk (*d. do o.*), gâṁjuṁk, hiṁḍsuṁk, beshṭâvuṁk, bhâṁḍuṁk, taṭkaruṁk, niṁduṁk, tâḍauṁk, jhâḍuṁk (*litt.* VARRER), tâṁb kâḍhuṁk (*litt.* DESENFERRUJAR), khâvuṁk (*litt* COMER).

Reprehendimento, *s m.*, **reprehensão**, *s. f.* bobâṭ karṇeṁ *n*, gâṁjṇî. hiṁḍsaṇî, beshṭâvṇî, niṁdâ, paṭṭî, taṭkarṇî, tâḍauṇî, jhâḍṇî, jupâṭî *f.*, dapâṭo *m.*, garhaṇ, dûshaṇ *n.*

Reprehensivel, *a.* niṁdâ phâvo âslalo, gâṁjcho, doshî, dûshya.

Reprehensivelmente, *adv.* niṁdâ phâvo jâvûn, doshîṁ.

Reprehensor, *a.* gâṁjṇecho, niṁdecho. ‖ *s. m. V.* REPREHENDEDOR.

Represa, *s. f.* thâṁbṇî, sâṁvarṇî; mâṇas *f.*, bâṁdh *m.*, dhaṇ *n.*; (*fig.*) loṭ, loṁḍho *m.*, uphâḷeṁ *n.*; sâṁṭho, ḍoṁgar (*fig.*) *m.*; *base de estatua:* baskâ *f.*, peḍ *n.*; *assento arrumado ao muro:* sopo *m.*; (*naut.*) partûn kâḍhn ghetlaleṁ târûṁ *n.* ‖ *V.* REPRESSÃO.

Represadamente, *adv.* dâmûn dharûn, sâṁvrûn.

Represado, *a.* dâmûn dharlalo, âṭâplalo. ‖ *Agua represada,* sâṁṭhavlaleṁ udak *n.*

Represador, *a. e s. m.* dâmûn dhartalo, âṭâpṇâr, âḍâytalo, kâḍhn ghetalo.

Represadura, *s. f.* duśmânâk luṭṇeṁ *n.*, luṭâlûṭ *f.*, pratipîḍan *n.*

Represalia, *s. f.* tyâch mâpân duśmânâk phârik karṇeṁ, pratipîḍan, pratikarm *n.*, pratikâr *m.*

Represar, *v. t.* dâmûn dharuṁk, dâmuṁk, sâṁvruṁk *ou* sâṁvrâvuṁk, thâṁbauṁk; (udak) aḍuṁk, bâṁdh ghâluṁk (*d. do o.*), ghaṭṭ karuṁk; *soffrear:* âṭâpuṁk, oḍhûn dharuṁk, damâvuṁk; *enclausurar:* baṁd karuṁk, aḍûn-, bâṁdhûn davruṁk; *embargar:* âḍâvuṁk, manâvuṁk, manâ karuṁk; *embargar os despojos:* (luṭlaleṁ) kâḍhn ghevuṁk, ghaṭṭ karuṁk, partûn sâṁpḍâvuṁk.

Representação, *s. m.* dâkhauṇ *f.*, dâkhauṇeṁ, darśan *n.*; namuno, nakśo, âkâr, rûpkâr *m.*, rûpṇeṁ *ou* rûpḍeṁ; reprejeṁtâsâṁv *n*, sâṁgṇî, vinati *ou* vinaṁtî, arjî, yâdî *ou* yâḍ; saṁpâdṇî, batâvṇî *f.*, soṁg *n.*, kautâṁ (*— comica*) *n. pl.*; *apparato:* ḍaul, dabâjo *m.* ‖ *V.* AUCTORIDADE. ‖ *Despeza de —,* jâgyâchyâ dabâjyâcho kharch *m.* *Direito de —,* vakilî *f.* *Homem de —,* vhaḍ-, damdâr manîs.

Representador, *a. e s. m.* dâkhauṇâr; arjîdâr; soṁgâṁ kartalo.

Representante, *a.* dâkhauṁcho, dâkhauṇecho. ‖ *s. m. e f.* dusryâchyâ nâṁvân âslalo, vakîl, vârcho, pratinidhi. ‖ *V.* EMBAIXADOR.

Representar, *v. t.* dâkhauṁk, ḍolyâṁ mukhâr ghâluṁk; *retratar:* âkâruṁk, chitruṁk; *descrever:* varṇuṁk; *ser a imagem de:* rûp dâkhauṁk (*g. do o.*), âkâr ghevuṁk (*g. do o.*); *expor:* sâṁguṁk, arjî-, vinaṁtî karuṁk (*g. do o.*), niveduṁk; *ser procurador de:* nâṁviṁ-, svâter âsuṁk (*g. do o.*), vakîl jâvuṁk (*g. do o.*), badlek âsuṁk (*g. do o.*); *ser embaixador de:* râjdût jâvuṁk (*g. do o.*); *parecer ter:* dâkhauṁk; âsâso disuṁk (*d. do s., s. do o.*); *desempenhar:* karuṁk, sâdhuṁk; (*theatr.*) soṁg-, vesh *ou* bhesh ghevuṁk (*g. do o.*), batâvuṁk, saṁpâduṁk, karuṁk. ‖ *v. i.* arjî-, yâd karuṁk; bhesh ghevuṁk. ‖ *v. r.* manâṁt disuṁk, âṭhavuṁk; rûp ghevuṁk.

Representativo, *a.* dâkhauṇecho; sthâniṁ âslalo.

Representavel, *a.* dâkhauṁyeso; âkârcho.

Representear, *v. t.* partî bheṭ karuṁk (*d. do o.*).

Represo, *a.* navyân dharlalo; ghaṭṭ kelalo.

Repressão, *s. f.* thârâvṇî, âḍvârṇî, dâmṇî, damâvṇî, âṭâpṇî, daḍpâvṇî *f.*; baṁd, dam, ârekh *m.*, damṇî, âṭpaṇî, âḍkhiḷ, maryâd *f.*

Repressivo, *a.* daḍpâvuṁcho, maryâdicho.

Repressor, **reprimidor**, *a. e s. m.* thârâytalo, âḍvârṇâr, damâvṇâr.

Reprimir, *v. t.* baṁd karuṁk, thâṁbauṁk, thârâvuṁk; *occultar:* dâmûn dharuṁk, jirauṁk, lipauṁk; *impedir:* âḍvâruṁk, daḍpâvuṁk, damâvuṁk; *soffrear:* âṭpuṁk *ou* âṭâpuṁk, dâmuṁk, ârekhuṁk, nivauṁk, nivḷâvuṁk. ‖ *V.* PUNIR. ‖ *v. r.* baṁd jâvuṁk, thâṁbuṁk, dharoṁk; damuṁk, âṭpoṁk, bâḍguṁk, daḍpuṁk; *retrahir-se:* pâṭhî saruṁk, ugo râvuṁk.

Reprimivel, *a.* damâvuṁcho, âṭpûṁyeso.

Reprobo, *a. e s. m.* Devân sâṁḍlalo, devtyakt; yamkaṁḍâṁt paḍlalo; (*fig.*) *V.* MALVADO.

Reproducção, *s. f.* navyân karṇeṁ, -jâṇeṁ, punarjanaṇ *n.*, punarutpatti *f.*, navo prasav *m.*; *(fig.)* barâbar nakal, nîṭ prat *f.* ‖ *V.* RETRATO.

Reproductivel, *a. V.* REPRODUZIVEL.

Reproductivo, *a.* dusryân upjauṁcho, navo prasav karcho.

Reproduzir, *v. t.* navyân karuṁk,-jaumauṁk, partûn upjauṁk; navyân dâkhauṁk, dusryân dakhal karuṁk; navyân sâṁguṁk va barauṁk. ughḍâs-, âṭhav karuṁk *(g. do o.)*; partûn śâpuṁk. ‖ *V.* COPIAR. ‖ *v. r.* navyân jâvuṁk, -dishṭî paḍuṁk; utpatti karuṁk, viyevuṁk. ‖ *V.* MULTIPLICAR-SE.

Reproduzivel, *a.* navyân karcho,-jalmauṁcho; parat karcho.

Reprofundar, *v. t.* navyân kholâvuṁk.‖ *v. i.* buḍuṁk, kharik vachuṁk.

Reprometter, *v. t.* partûn bhâshâvuṁk.

Repromissão, *s. f.* paraspar bhâsh; parat bhâshâvṇî *f.*

Reprova, reprovação, *s. f.* soḍṇî, bhâyrâvṇî *f.*, nâkâr, anaṁgîkâr; ghoḍo *(litt.* CAVALLO) *m.*, reprovâsâṁv *(— no exame) n.*; *(fig.)* niṁdâ, tarjaṇî *f.*

Reprovadamente, *adv.* nâkârân.

Reprovado, *a.* soḍlalo, pelyân ghâlalo, nâpasaṁt; ghoḍo paḍlalo. ‖ *s. m.* reprovâd.

Reprovador, *a. e s. m.* nâpasaṁt kartalo, nâkârṇâr, bhâyrâytalo; niṁdâvaṁt.

Reprovar, *v. t.* pelyân-, paro ghâluṁk, bhâyrâvuṁk, soḍuṁk, nâkâruṁk, nâpasaṁt karuṁk; reprovârkaruṁk, ghoḍo ghâluṁk *(d. do o.)*; yaṁkaṁdâṁt ghâluṁk; *(fig.)* niṁduṁk, tarjuṁk, beshṭâvuṁk.

Reprovavel, *a.* niṁduṁcho, tarjuṁcho.

Repruir, reprurir, *v. t.* jabar kharaj karuṁk *(d. do o.)*, luvluvâvuṁk; *(fig.)* huskauṁk, chetauṁk.‖ *v. i.* kharjuṁk, luvluvuṁk, khâvuṁk, tiḷtiḷuṁk.

Reptação, *s. f.*, **reptamento,** *s. m.* jhagḍuṁk âpauṇeṁ *n.*

Reptador, reptante, *a. e s. m.* jujuṁk âpaitalo, paijâdâr.

Reptar, *v. t.* jhagḍuṁk-, jujuṁk âpauṁk, haḍkuṁk. ‖ *V.* ACCUSAR.

Reptil, *a. e s. m.* jivâḷ, jivâṇeṁ *n.*, pâṁyâkhâlcho jiv *m.*, sarpaṭî moṇjât *f.*

Repto, *s. m.* jhagḍuṁk âpauṇeṁ *n.*, haḍkaṇî *f.*

Republica, *s. f.* lokâdhipatya, prajâtaṁtr *n.*

Republicanismo, *s. m.* prajâtaṁtrapakshapâtîpaṇ; prajâtaṁtramat *n.*

Republicano, *a.* lokâdhipatyâcho, prajâtaṁtrâcho. ‖ *s. m.* prajâtaṁtrapakshapâtî.

Republico, *a.* prajechyâ âdâvâcho, lokahitakar. ‖ *s. m.* lokahitânurakt; prajâtaṁtrapakshî.

Repudiação, *s f. V.* REPUDIO.

Repudiante, *a. e s. m.* bâylek soḍtalo.

Repudiar, *v. t.* (bâylek) soḍuṁk, kâjâr moḍuṁk *(litt.* ANNULLAR O CASAMENTO), kuśîn saruṁk *(litt.* SEPARAR-SE).

Repudio, *s. m.* kâjâr moḍṇeṁ, bâylek soḍṇeṁ *n.*

Repugnador, *a. e s. m.* nâkâ mhaṇtalo, nirastalo; virodhî.

Repugnancia, *s. f.* virodh, virodhbhâv pratikâr *m.*, viparîtây; *aversão:* nâkhuśî, akhuśî, anichchhâ, vîṭ, beśârmây *f.*, dvesh, viklab *m.*; *obstaculo:* aḍ, naḍ, aḍchaṇ *f.* ‖ *V.* INCOMPATIVEL.

Repugnante, *a.* vâṁkḍo, âḍ, viruddh, virodhî, viparît, uphrâṭo; kâṁṭâḷvâṇo, aḷśikaṇo, onkhoṭo, pojḍo.

Repugnar, *v. t.* nâkâ mhaṇuṁk, partuṁk, partûn divuṁk. ‖ *v. i.* âḍ yevuṁk, nâ âykuṁk, kabûl nâ jâvuṁk, viruddhuṁk; vâyṭ disuṁk, baro nâ lâguṁk, vîṭ-, kâṁṭâḷo disuṁk *(g. do s.)*; âḍ yevuṁk, viparît jâvuṁk, pâ lâguṁk, nâ paḍuṁk.

Repullular, *v. i.* navyân kirluṁk,-phuṭuṁk,- pâlevuṁk.

Repulsa, *s. f. V.* RECUSA.

Repulsão, *s. f.* nirasṇî *f.*, nâkâr; kâṁṭâḷo *m.*, vîṭ *f.*; pratisâraṇ *n.*, pratisârakguṇ *m.*

Repulsar, *v. t.* pelyân-, loṭûn ghâluṁk, dispaṭ karuṁk *(g. do o.)*; loṭuṁk, ḍhakluṁk, oḍhbhar uḍauṁk; *recusar:* nâkâruṁk, nirastuṁk, nâ âykuṁk, nâ karuṁk; *repercutir:* partuṁk, pâṭhî loṭuṁk.

Repulsivo, *a.* kâṁṭâlvâṇo, viṭâḷvaṁt; pratisârak, nivârak.

Repurgação, *s. f.* dusrî niṭḷây *f.*

Repurgar, *v. t.* dusryân niṭḷâvuṁk,-nirmaḷuṁk.

Reputação, *s. f.* samjaṇî, dharṇî, chiṁtṇî *f.:* nâṁv, nâṁvrûp, yaś *n.*, âbrû, ijat, kîrti, sukîrti, * hurmat *f.*

Reputar, *v. t.* dharuṁk, mânuṁk, samjuṁk, chiṁtuṁk, gaṇuṁk, lekhuṁk; mân-, yaś divuṁk *(d. do o.)*. ‖ *V.* ESTIMAR e AVALIAR. ‖ *v. r.* âpaṇ... mhaṇ chiṁtuṁk,- samjuṁk.

Repuxado, *a.* pâṭhî oḍhlalo, partilalo; saṁskṛit, saṁgîn, nâjûk.

Repuxar, *v. t.* pâṭhî oḍhuṁk, partuṁk; oḍhuṁk, tâṇuṁk; khoḷ karuṁk,-ghâluṁk *(d. do o.)*. ‖ *v. i.* baṁbhâḷuṁk, pichpichuṁk.

Repuxo, *s. m.* boṁb, loṭ, baṁbhâḷ; châprîs *(do port.* CHAFARIZ) *m.: (archit.)* vaḷaṁtîchî khoḷ; pustî *f.*, dhiro *m.* ‖ *V.* RECUO. ‖ *Fazer a agua* —, baṁbhâḷuṁk, pichpichuṁk.

Requebrado, *a.* lâgâḷo, gaṁjyâṁcho, doḍlalo, moḍlalo.

Requebrador, *a. e s. m.* lâg-, gaṁje kartalo, gaṁjekâr, lâgyo, bhulauṇo.

Requebrar, *v. t.* moḍuṁk, moḍâmoḍî karuṁk *(g. do o.)*; lâg-, gaṁje karuṁk *(d. do o.)*, bhulauṁk. ‖ *v. r.* doḍoṁk, moḍoṁk, kaṁgre karuṁk.

Requebro, *s. m.* doḍṇî, moḍ, moḍâmoḍ *f.*, lâg, gaṁje *m. pl.*

Requeijão, *s. m.* dahîṁ *ou* daṁy *n.*

Requeimação, *s f.* karpauṇî, dâḍhsâvṇî; dâḍhsâṇ *f.*, karpaṇ *n.*

Requeimado, *a.* karpalalo; vatân bhâjlalo; sukaṭ.

Requeimar, *v. t.* karpauṁk, dâḍhsâvuṁk; bhâjuṁk, taḷsuṁk, sukauṁk; mirmirâvuṁk, ulpâvuṁk. ‖ *v. i.* tik-, tirbaṭ jâvuṁk, tik lâguṁk, mirmirâvuṁk, ulpâvuṁk.

Requeime, *s. m.* tiksâṇ, tirbaṭâṇ, tikhaṭây *f.*

Requentar, *v. t.* navyân tâpauṁk, dusryân śijauṁk; bhav śijauṁk, jâyto kaḍhauṁk. ‖ *v. r.* taḷsoṁk; dhuṁvruṁk, vârḍevuṁk, dâḍhsuṁk.

Requeredor, requerente, *a. e s. m.* vinaṁtî kartalo, arjîdâr.

Requerer, *v. t.* rekererkaruṁk, rekrimeṁtâṁ-, arjen mâguṁk, arthuṁk, nîtîṁt-, adhikâryâkaḍe mâguṁk; *exigir:* satten-, hakkân mâguṁk; *pretender:* śodhuṁk, jâyjâvuṁk *(d. do s., s. do o.)*; *precisar:* garaj â ṁk, -paḍuṁk *(d. do s., g. do o.)*. ‖ *V.* REQUESTAR.

Requerimento, *s. m.* rekrimeṁt *m.*, arjî, yâdî, darkhâst *(us. Can.) f.*, arthan *n.*

Requesta, *s. f.* jhagḍeṁ, juj *n.*, laḍhây *f.*: *(ant.) V.* PETIÇÃO.

Requestar, *v. t.* śodhuṁk, śodhuṁk bhoṁvuṁk; prârthuṁk, prârthûn mâguṁk; (bâylâṁk) bhulauṁk, lâg karuṁk *(d. do o.)*, phuslâvuṁk.

Requiem, *s. m.* rekyâṁv *n.* ‖ *Missa de* —, marṇâcheṁ mîs. *Padre de* —, neṇâr pâdrî.

Requintado, *a.* alaṁkṛit, saṁskṛit, sudhârlalo; uttam, śreshṭh; chaḍh, bhârî, sabhâr. ‖ *V.* AFFECTADO.

Requintar, *v. t.* sudhâruṁk, saṁskâruṁk, alaṁkâruṁk, neṭauṁk, nigutâvuṁk, tiḷtiḷâvuṁk, bârkâvuṁk. ‖ *v. i. e r.* bhav chaḍhuṁk, uṁch-, nibar jâvuṁk; sudhâroṁk, uttam-, nâjûk jâvuṁk, tiḷtiḷuṁk.

Requinte, *s. m.* bhav saṁskâr *m.*, nâjukây, saṁpûrṇây *f.*, uttampaṇ *n.*

Requisição, *s. f.* mâgṇeṁ *n.*

Requisitar, *v. t.* satten-, sarkâre châkrek mâguṁk.

Requisito, *s. m.* jây teṁ *n.*, garjechî vast *f.*

Requisitoria, *s. f.* adhikâryâk pâṭhailaleṁ hukûmpatr *n.*

Requisitorio, *a.* sattechyâ-, sarkâryâ mâgṇyâcho.

Resaber, *v. t.* nigût jâṇojâvuṁk, barî oḷakh âsuṁk *(d. do s., g. do o.)*. ‖ *v. i.* bhav svâd âsuṁk *(d. do s.)*.

Resabiado, *a.* bujaṭ, ghâbro; ubgalalo, vâjelalo.

Resabiar, *v. i. e r.* vâs yevuṁk,-lâguṁk *(d. do s.)*; *(fig.)* vâyṭ disuṁk *(d. do s.)*, rusuṁk, ubgoṁk.

Resabido, *a.* bareṁ kaḷtalo, jâṇâr, jâṇto.

Resabio, *s. m. V.* RESAIBO.

Resaca, *s. f.* parteṁ lahâr, phugeṁ *n.*, ghoṁṭâḷo *m.*; bhartechî khâḍ *f.*

Resahir, *v. i.* bhâyr saruṁk, ukloṁk.

Resaibo, *s. m.* vâyṭ svâd,- vâs *m.*; khûṇ, chihneṁ *n.* ‖ *V.* RESENTIMENTO.

Resaltar, *v. t.* vayr kâḍhuṁk, uṁchâvuṁk, ukluṁk. ‖ *v. i.* uḍkaṇâṁ ghâluṁk. -mâruṁk; bhâyr saruṁk, ukloṁk.

Resaltear, *v. t.* partûn uprâḷuṁk.

Resalto, *s. m.* uṁchâḍ, dhuṁg, bhâyr sarlaleṁ âṁg: usaḷṇeṁ, parton yeṇeṁ *n.*

Resalva, *s. f.* śodh *f.*, śuddhilekh *m.*, sûchîpatr; soḍpatr, abhaypatr *n.*; pâvti *f.* ‖ *V.* CLAUSULA e RESERVA.

Resalvar, *v. t.* pâvtî-, soḍpatr divuṁk *(d. do o.)*: soḍuṁk, vâṭâvuṁk, nivâruṁk. ‖ *V.* RESERVAR. ‖ *v. r.* suṭuṁk, vâṭâvoṁk; chatrây-, tajvît karuṁk.

Resaque, *s. f.* partî huṁḍî *f.*

Resarcimento, *s. m.* bharûn deṇeṁ, phârîkpaṇ, hânipuraṇ *n.*

Resarcir, *v. t.* bharûn divuṁk, phârîkpaṇ divuṁk *(g. do o.)*.

Resaudação, *s. f.* parasparnaman, pratinamau *n.*

Resaudar, *v. t.* parat-, dusryân namuṁk, pratinaman karuṁk *(d. do o.).*

Rescaldado, *a.* bhav khar,- tâplalo, khar kîl.

Rescaldamento, *s. m.* dusryân tâpaunem,- tâpnem *n.*

Rescaldar, *v. t.* dusryân tâpauṁk,- unhvaṇyân ulpâvuṁk; bhav ukḍuṁk,- khatkhatâvuṁk.

Rescaldeiro, *s. m.* unhvaṇyâchî basṇ *f.* ‖ *V.* BRAZEIRO.

Rescaldo, *s. m.* unhâḷ, trâs; murmuro *m.*

Rescender, *v. t. e i. (e seus deriv.). V.* RECENDER.

Rescindir, *v. t.* kâtruṁk, toḍuṁk, piṁjuṁk; moḍuṁk, kâḍhuṁk, nirasuṁk, radd karuṁk.

Rescisão, *s. f.* moḍṇî *f.*, bhaṁg *m.*, nirasau, radd *n.*

Rescrever, *v. t.* partûn barauṁk.

Rescripção, *s. m.* lekh phârik kareḷo hukûm *m.*

Rescripto, *s. m.* Pâpâ sâhebâchem patr *n.*

Reseccar, *v. t.* bhoṁvûn bhoṁvûn sukauṁk; karpauṁk. ‖ *v. r.* bhav sukuṁk, dâḍhevuṁk.

Resecco, *a.* bhav suko.

Resellar, *v. t.* dusryân mohar mâruṁk *(d. do o.).*

Resemeadura, *s. f.* dusrî vaṁpṇî *f.*

Resemear, *v. t.* dusryân vaṁpuṁk.

Resenha, *s. f.* gaṇtî, jaṁtrî *f.*, jâbto *m.*

Resenhar, *v. t.* gaṇtî karuṁk *(g. do o.),* gaṇuṁk.

Resentido, *a.* vâyṭ dislalo, ruslalo, perlûs; âchâr âslalo; kusuṁk lâglalo (phaḷ)

Resentimento, *s. m.* vâyṭ disṇem, vâyṭbharem *n.*, dvesh, rusvo, râg, śiṇ *m.*, perlusâṇ, nâkhuśî *f.*

Resentir, *v. t.* dusryân duḥkh disuṁk *(d. do s., g. do o.).* ‖ *v. r.* vâyṭ disuṁk *(d. do s.),* vâyṭ vharuṁk,- mânuṁk, râgâr jâvuṁk, rusuṁk, śiṇuṁk; kaḷuṁk *(d. do s.),* gaṁuṁk *(d. do s.);* phaḷuṁk *(d. do s.),* lâguṁk *(d. do s.).*

Resequido, *a.* suklalo, suko; dâḍho; bhâgaṭyo, chirmuṭlalo.

Resequir, *v. t.* sukauṁk, śokauṁk.

Reserva, *s. f.* ṭhevṇî *f.*, ṭhevṇem *n.*; ṭhevo, sâṁṭho *m.*; *(milit.)* râkhûn davarlalî phauj *f.*; *circumspecção:* paḍdo, âḍpaḍdo *m.*, bhîḍ, ghaṇây, guptây *f.*; *clausula:* kalam, prakaraṇ *n.* ‖ *Ficar (alguem) de —,* ugo râvuṁk, kâṁy nâ mhaṇuṁk. *Ficar (alguma coisa) de —,* phuḍârâk uruṁk. *Fundo de —,* phuḍârâcho sâṁṭho. *Ser de —,* kâḷjâṁt kusḍây davruṁk, manâṁt vâyṭ dharuṁk. *De —,* râkhûn, bâḷgûn, phuḍârâk. *Ter de —,* vâyṭâbaryâk davruṁk. *Sem —,* prastâvâviṇem, kâṁy pâṭhî davri nâstânâ.

Reservação, *s. f.* davarṇî, ṭhevṇî; tar *f.*, saṁket *m.*

Reservadamente, *adv.* guptâyen. oḍhûn dharûn.

Reservado, *a.* ghaṇ, ghûm, jaḍ, bhârâdîk, khol, muṁko; gupto, gupît; kurṭo, kusḍo. ‖ *V.* DESTINADO.

Reservador, *a. e s. m.* ṭhevṇâr, bâḷgûn davartalo.

Reservar, *v. t.* davruṁk, ṭhevuṁk, râkhuṁk, bâḷguṁk, saṁbhâḷuṁk, râkhûn-, saṁbhâḷûn davruṁk; *adiar:* phuḍe-, mâgîr davruṁk; *preservar:* nivâruṁk, saṁbhâḷuṁk; *destinar:* nemuṁk, davruṁk; *demorar:* davruṁk. ‖ *v. r.* râvuṁk, pâṭhî râvuṁk.

Reservatario, *a.* davartalo, ṭhevtalo.

Reservativo, *a.* ṭhevṇeeho, sâṁṭhyâcho.

Reservatorio, *s. m.* koṭhâr, nidhân *n.*, koṭhî *f.*; sâṁṭhvaṇ *f. ou n.*, taḷem.

Resfolegado, *a.* susth, svasth, kuśâl, samâdhânî.

Resfolegadoiro, *s. m.* vâyumârg *m.*, vâyudvâr *n.*, vâryâcho naḷ *m.*

Resfolegar, resfolgar, *v. t.* śvâs soḍuṁk, śvâsuṁk; *(fig.)* viśrâmuṁk, visavuṁk, dam khâvuṁk.

Resfolego, *s. m.* śvâs, viśvâs, uchchhvâs, usâs, dam *m.*

Resfriado, *a.* thaṁḍ jâlalo; thaṁḍ gâr; *(fig.)* deṁvlalo, nivlalo. ‖ *s. m. V.* RESFRIAMENTO.

Resfriadoiro, *s. m.* thaṁḍâvuṁchî svât *f.*

Resfriador, *a. e s. m.* thaṁḍâytalo, thaṁḍâvṇâr. ‖ *s. m.* thaṁḍâvuṁchem âydan *n.*

Resfriamento, *s. m.* thaṁḍâvṇî *f.*; thaṁḍ *n.*, thaṁḍî, thaṁḍây, sardî *f.*; *(fig.)* deṁvṇem, nivṇem *n.*

Resfriar, *v. t.* thaṁḍâvuṁk, thaṁḍ karuṁk; *(fig.)* deṁvauṁk, nivauṁk, utruṁk. ‖ *v. i. e r.* thaṁḍ jâvuṁk; thaṁḍâvoṁk, thaṁḍ jâvuṁk *(d. do s.);* *(fig.)* thaṁḍ jâvuṁk, nivuṁk, hurbhâ moḍoṁk *(g. do s.).*

Resgatador, *a. e s. m.* soḍvaṇâr, sòdauṇâr, uddhârî.

Resgatar, *v. t.* soḍauṁk, soḍaun ghevuṁk, uddharuṁk; *cumprir:* pâḷuṁk, pâḷo divuṁk *(d. do o.); obter:* ghevuṁk, joḍuṁk; *expiar:* phârîkpaṇ divuṁk *(g. do o).* ‖ *v. r.* âplî soḍvaṇ karuṁk, suṭuṁk, sûṭ jâvuṁk.

Resgatavel, *a.* soḍauṁcho.

Resgate, *s. m.* soḍauṇî, soḍvaṇ *f.*, uddharaṇ *n.*, uddhargati *f.*, nistar; daṁḍ, khaṁḍ *m.*, soḍṇâvaḷ *f.* ‖ *V.* QUITAÇÃO.

Resguardado, *a.* śahâṇo, chatur, śiḍûk, achirkâyecho.

Resguardar, *v. t.* râkhûn davruṁk, saṁbhâḷuṁk, bâḷguṁk; *cobrir:* dhâṁpuṁk, âḍos karuṁk *(d. do o.)*, âḍosâvuṁk; *abrigar:* âsrâvuṁk, âsramuṁk, saṁbhâḷuṁk; *poupar:* jagauṁk, vâṭâvuṁk; *cumprir:* pâḷuṁk, pâḷo divuṁk *(d. do o.); vigiar:* râkhuṁk. ‖ *v. i.* paḷevuṁk, lekhuṁk, gaṇuṁk *(vv. tt.)* ‖ *v. r.* âpṇâk râkhuṁk, âplo saṁbhâḷ karuṁk; pathâr âsuṁk.

Resguardo, *s. m.* râkhaṇ *f.*, saṁbhâḷ *m.*, pâḷaṇ *n.*; *meios de defesa:* âḍos, âsar, âsro *m.*; *cuidado:* boṁdh, phikîr; *precaução:* chatrây, achirkây *f.*; *dieta:* path *n.*; *decoro:* akkal, maryâd, iśiṁ *f.*; *acatamento:* mân, âdar, satkâr; *protecção:* âdhâr *m.*, majat *f.* *Sem —*, pâṭh phuḍo nâstânâ, saṭâsaṭ. *De —*, phuḍârâk, vâyṭâbaryâk. *Ter de —*, bâḷgûn davruṁk. *Ter — na comida*, poṭâk bareṁ kartâ teṁch khâvuṁk.

Resiccação, *s. f.* sukauṇî; sukṇî, dâḍḥ *f.*, rakhrakho *m.*

Resiccado, *a.* suklalo, dâḍho.

Resiccar, *v. t.* bhav sukauṁk, taḷsuṁk, rakhrakhâvuṁk.

Residencia, *s. f.* ghar, ṭhikâṇ *ou* ṭhikâṇeṁ, ṭhâṇ *ou* thân, adhishṭhân, makam, ṭhâvṭhikâṇ *n.*, thâro, vâs, gharvâs, rahivâs *m.*, vastî, râvṇî *f.* ‖ *V.* SINDICANCIA.

Residente, *a.* râvtalo, râvṇâr, gharvâsî, vâsî, rahivâsî.

Residir, *v. i.* râvuṁk, âsuṁk, vasuṁk; *existir:* âsuṁk.

Residual, *a.* soṇâcho.

Residuo, *a.* urlalo, bâkiyecho, varchîl. ‖ *s. m.* urlaleṁ *n.*, ûr, bâkî *f.*, śesh; sop, goḍo *m.*, sai *f.*, chiṁvaḍ *n.*

Resignação, *s. f.* soḍûn deṇeṁ *n.*, soḍṇî *f.*, utsarg, tyâg *m.*; jâgo-, châkrî soḍṇeṁ *n.*; adhikârtyâg, nyâs *m.*; *(fig.)* râjî, sosṇikây, titikshâ *f.*

Resignadamente, *adv.* sosṇikâyen, râjî jâvûn.

Resignado, *a.* soḍlalo; *(fig.)* sosṇîk, sosûn vhartalo,- ghetalo.

Resignante, *a. e s. m.* soḍtalo, soḍṇâr, tyâgî

Resignar, *v.* soḍuṁk, soḍûn divuṁk, tyâguṁk, nyasuṁk, sanyâsuṁk. ‖ *v. r.* sosûn ghevuṁk-, vharuṁk, ṭâḷuṁk, râjî jâvuṁk.

Resignatario, *a. e s. m.* jâgo soḍlalo.

Resignavel, *a.* soḍcho, soḍûṁyeso.

Resilição, *s. f.* *V.* RESCISÃO.

Resilir, *v. t.* *V.* RESCINDIR.

Resina, *s. f.* rejin *n.*, râḷ *f.*, ḍâṁbar *ou* ḍâmar, sarjjaras *m.*

Resinado, resinento, *a.* râḷîcho.

Resinar, *v. t.* râḷ kâḍhuṁk *(d. do o.)*; rejîn lâvûṁk *(d. do o.)*.

Resinga, *s. f.* jhagḍeṁ, toṁḍâtoṁḍ *n.*

Resingão, resingueiro, *a. e s. m.* jhagḍekâr, taṁṭekâr.

Resingar, *v. i.* jhagḍuṁk, khaṭpaṭuṁk, taṁṭe karuṁk. ‖ *V.* RESMUNGAR.

Resinifero, *a.* râḷ jâtalo.

Resinificar, *v. t.* râḷ karuṁk *(g. do o.)*. ‖ *v. r.* râḷ jâvuṁk *(g. do s.)*.

Resinoso, *a.* râḷîcho, râḷ âslalo.

Resipiscencia, *s. f.* chûk oḷkhaṇeṁ, dukh dharṇeṁ, aṇbhog gheṇeṁ *n.*

Resistencia, *s. f.* âḍ yeṇeṁ *n.*, aḍṇî, âḍâvṇî *f.*, virodh, nirodh, pratiyog, pratikâr; iṁkâr *m.*, pratibaḷ, pratikarm *n.*; *(fig.)* âḍkhaḷ, aḍchaṇ *f.* ‖ *V.* INERCIA.

Resistente, *a.* âṭpo-, bâḍga nâslalo, virodhî, pratiyogî; ghaṭṭ, nibar, driḍh. ‖ *V.* TEIMOSO.

Resistir, *v. i.* na kâḍhoṁk, nâ âṭpoṁk, nâ bâḍguṁk, viruddhuṁk, âḍ yevuṁk, -râvuṁk, âḍâvuṁk, vâruṁk, aḍuṁk; *durar:* taguṁk, uruṁk. ‖ *V.* RECUSAR-SE.

Resistivel, *a.* viruddhcho, âḍ yevûṁyeso.

Reslumbrar, *v. i.* *V.* TRANSLUZIR.

Resma, *s. f.* rejm *n.*, kâgdâṁcho peḷo *m.*

Resmonear, *v. t. e i.* *V.* RESMUNGAR.

Resmoninhador, resmungador, resmungão, *a. e s. m.* guṇguṇo, khaṇpaṇo, phaṇphaṇo, phuṇphuṇo.

Resmoninhar, *v. i.* *V.* RESMUNGAR.

Resmuda, *s. f.* *V.* MUDANÇA.

Resmungar, *v. t.* guṇguṇûn mhaṇuṁk. ‖ *v. i.* guṇguṇuṁk, muṇmuṇuṁk, phanphaṇuṁk, phuṇphuṇuṁk, kurkuruṁk, kuṇkuṇuṁk, kirkiruṁk, ghurghuruṁk.

Resoante, *a.* khaṇkhaṇît, ghaṇghaṇît, ḍhaṇḍhaṇît, saṇsaṇît, jhaṇjhaṇît, ṭhaṇṭhaṇît.

Resoar, *v. t.* gâjauṁk, nâdauṁk, sâdâvuṁk; *(fig.)* vâjauṁk. ‖ *v. i.* ghaṇghaṇuṁk, ḍhaṇḍhaṇuṁk, jhaṇjhaṇuṁk, saṇsaṇuṁk, ṭhaṇṭhaṇuṁk, chaṇchaṇuṁk. khaṇkhaṇuṁk, jhaṁjhaṇuṁk, ghuṁghumuṁk; gâjuṁk, nâduṁk, vâjuṁk. ‖ — *aos ouvidos,* kânâṁt paḍuṁk, kânâvaylyân vachuṁk.

Resobrar, *v. i.* jâytem uruṁk.

Resolto, *a,* suṭlalo, tuṭlalo.

Resolução, *s. f.* niśchay *ou* nichev, nem, karâr, saṁkalp, ṭharâv, nirdhâr *m.,* nirdhâraṇ, nirṇaṇ; *coragem:* dhair *n.,* dam, neṭ, dhîr *m.,* himmat *f.; designio:* yojan, kalpan *n.,* maslat; *solução:* pheḍṇî *f.,* lâpan *n.; decomposição:* viskaṭṇî, vighaṭṇî; *absorpção:* jirṇî, viṭkaḷṇî *f.*

Resolutamente, *adv.* niśchit, dhairân, neṭân.

Resolutivo, *a. e s. m. V.* RESOLVENTE.

Resoluto, *a.* dhirâdîk, dhairyavaṁt, thîr, khaḍkhaḍît, damdâr.

Resolutorio, *a.* viṭkaḷâvuṁcho; nemâcho.

Resoluvel, *a.* soḍcho, suṭcho; pheḍûṁyeso.

Resolvente, *a.* viṭkaḷâvuṁcho, jirauṁcho. ‖ *s. m.* viṭkaḷcheṁ okhat, drâvaṇ *n.,* drâvak *m.*

Resolver, *v. t.* mûltattvâṁ soḍauṁk *(g. do o.),* vighaṭuṁk, viskaṭuṁk; *mudar:* badluṁk; *desfazer (o tumor):* viṭkaḷâvuṁk, jirauṁk; *dar solução:* pheḍuṁk, arthuṁk, duvâḷuṁk, arth sâṁguṁk *(d. do o.),* saṁjoṇî divuṁk *(g. do o.),* pârkhuṁk; *decidir:* ṭharâvuṁk, nivâḍuṁk, toḍuṁk; *determinar:* saṁkalpuṁk, nichevuṁk, man karuṁk.‖ *v. i.* jiruṁk, viṭkaḷuṁk. ‖*v. r.* viskaṭoṁk, mûltattvâṁ jâvuṁk *(g. do s.);* man-, nichev karuṁk; karuṁk *(com outro verbo; ex.: resolveu-se a ir:* vachuṁk *ou* vecheṁ keleṁ); viṭkaḷuṁk, jiruṁk; *converter-se:* jâvuṁk *(g. do s.); derreter-se:* viruṁk, karguṁk; *consistir:* âṭâpoṁk.‖ — *em pó, em fumo,* udkâṁt-, vâryâr vachuṁk. — *em pranto,* raḍuṁk lâguṁk.

Resolvido, *a.* duvâḷlalo; niśchit; tayâr, âyto.

Resonancia, *s. f.* nâd-, âvâj chaḍhṇeṁ *n.,* bharnâd; pratinâd, pratiśabd *m.*

Resonante, *a.* âvâj chaḍhauṁcho, nâd vâḍhauṁcho, anunâdî; *(fig.)* gâjtalo, sâdâvtalo, ghuṁghumît.

Resonar, *v. t. V.* RESOAR.‖ *v. i.* ghorevuṁk, ghoreṇî yevuṁk *(d. do s.).*

Resorpção, *s. f.* navyân ghoṭṇeṁ *n.;* oḍhṇî, jirauṇî *f.*

Resorver, *v. t.* navyân ghoṭuṁk; oḍhuṁk.

Respaldar, *v. t. V.* APLANAR.

Respaldo, *s. m.* kadelîcho teṁko *m.;* suḷsuḷît karṇeṁ *n.,* sapâṭṇî *f.*

Respançadura, *s. f.,* respançamento, *s. m.* ghâṁsṇî *f.*

Respançar, *v. t.* (barailalem) ghâṁsuṁk.

Respectivamente, *adv.* vishayîṁ *ou* visîṁ, sarîṁ, saṁbaṁdhîṁ; ekmekâk, parasparîṁ; paḍtâ taseṁ, phâvo taseṁ.

Respectivo, *a.* âp-âplo, ek-eklyâcho, jâcho tâcho; vishayî, saṁbaṁdhî; phâvo to, lâbhtâ to, paḍtâ to.‖ *V.* RESPEITOSO.

Respeitabilidade, *s. f.* mânâdîkpaṇ *n.,* âbrû, ijat, hurmat, bhârdastî *f.*

Respeitado, *a.* mânlalo, mânâdîk; hât koṇ lây nâslalo, apûṭ.

Respeitador, *a. e s. m.* mân ditalo, mânṇâr, âdarṇâr; pâḷṇâr, châlauṇâr.

Respeitar, *v. t.* mân divuṁk *(d. do o.),* mânuṁk, bhîḍ dharuṁk *(g. do o.),* -âsuṁk *(d. do s., g. do o.),* âdaruṁk; lekhuṁk, mejuṁk; *cumprir:* pâḷuṁk, châlauṁk, saṁbhâḷuṁk; *não fazer damno a:* vâyṭ nâ karuṁk *(d. do o.),* hât nâ lâvuṁk; *aturar:* sosuṁk, ṭâḷuṁk; *estar voltado para:* paḷevuṁk, lâguṁk *(d. do o.).* ‖ *v. i.* âsuṁk; lâguṁk, paḍuṁk, saṁbaṁdh âsuṁk *(d. do s.).* ‖ *Pelo que ou no que respeita,* visîṁ, saveṁ. ‖ *v. r.* mân bhoguṁk, âbrû râkhuṁk, ijat saṁbhâḷuṁk.

Respeitavel, *a.* mânâcho, mânâdik, mânyo, âbrûcho, âbrûvaṁt, mânsugecho, ijatîcho, maryâdîcho, hurmatî, śishṭ; jabar, nibar; bhârî, bhârâdik.

Respeitavelmente, *adv.* mâṇsugen, âbrûn.

Respeito, *s. m.* vishay *m.,* prakaraṇ *n.,* goshṭ, bâbat; *apreço:* apekshâ, khâtîr *f.,* mol *n.; acatamento:* mân, satkâr, âdar *m.,* bhîḍ *ou* bhiḍâ, maryâd, parvâ *f.; relação:* saṁbaṁdh, sannidhân *n.* ‖ *Coisa de* —, bhârâdîk,- molâdîk vast. *Dizer* —, lâguṁk, paḍuṁk, yevem jâvumk. *A — de, com — a, — a,* sarîm, viśîm, savem. *A este —*, hyâ khâtir, hyâ vayr. *Em — de*, mukhâr, phuḍe. *Salvo o —*, mân râkhûn, bhîḍ sambhâḷûn. || *V.* OBEDIENCIA. || **-s**, *pl.* vichârṇî, pâchârṇî *f.*, salâm, râmrâm *(entre os hindûs) m.*

Respeitosamente, *adv.* bhiḍen, maryâdîn.

Respeitoso, *a.* mânâcho, mânâdîk; bhiḍecho, maryâdîk, mân ditalo. || *V.* CORTEZ.

Respiga, *s. f.*, **respigo,** *s. m.* kaṇśyo vimchṇem,- pumjâvṇem *n.*

Respigadeira, *a. e s. f.* kaṇśyo vimchtalî.

Respigador, *a. e s. m.* kaṇśyo pumjâytalo; barem tem śodhûn kâḍhtalo.

Respigadura, *s. f.* pumjâylalyo kaṇśyo *f. pl.* || *V.* RESPIGA.

Respigão, *s. m.* nâkshechem kûms *n.*

Respigar, *v. t.* kaṇśyo va kaṇsâm (lumvûn urlalim) pumjâvumk,- vimchumk; *(fig.)* (barem tem) śodhûn-, gâḷûn kâḍhumk.

Respingador, respingão, *a. e s. m.* lâṭâvṇâr, lâṭî mârtalo; partûn ditalo, jabâbî.

Respingar, *v. i.* partûn divumk, bejâr jâvûn ulaumk, sâmglalem nâ âykumk, pâlo nâ dîvumk; lâṭ mârumk, lâṭâvumk; kiṭḷâm usḷumk *(g. do s.)*, charcharumk; (udak) usḷumk, pichpichumk, pachpachumk.

Respingo, *s. m.* partûn deṇem, nâ âykaṇem, nâ pâḷṇem, moḍṇem *n.*; lâṭ; usaḷṇî,-charcharṇî; pichpichṇî *f.*

Respirabilidade, *s. f.* śvâspaṇ *n.*, śvâsguṇ *m.*

Respiração, *s. f.* śvâs, uchchhvâs, usâs, viśvâs, dam; hâskârsuskâr *(— profunda), m.*

Respiradoiro, *s. m.* uchchhvâs *ou* usâs, vâyumârg *m.*

Respirador, *a.* śvâsâcho, śvâsumk upkârto. || *s. m.* śvâsayamtr *n.*

Respiramento, *s. m.* bâph, śuskâr; *(fig.)* viśrâm, visâvo *m*

Respirar, *v. t.* uchchhvâsân ghevumk, oḍhumk; *exhalar:* (parmaḷ, vâs) soḍumk, ghâlumk; *expellir:* soḍumk, uḍaumk; *patentear:* dâkhaumk, dakhal karumk; *annunciar:* kaḷaumk, dâkhaun divumk; *desejar:* atrekumk; *gosar:* bhogumk. || *Ir — o ar patrio,* âplyâ gâmvâk vachumk. || *v. i.* uchchhvâsumk, śvâsumk, viśvâsumk, śvâs soḍumk; huskârumk, suskârumk *(— com força); descançar:* dam khâvumk, viśrâmumk, usarpat karumk. || *V.* TRANSPIRAR. || *— o vento,* vârem jhuḷjhuḷumk. || *s. m. V.* RESPIRAÇÃO.

Respiratorio, *a.* uchchhvâsâcho.

Respiravel, *a.* śvâsûmyeso.

Respiro, *s. m.* uchchhvâs, śvâs *m.*; dhârem *n.*; vâyumârg; vâryâ va dhumvrâcho naḷ *m.*; *(fig.). V.* DESCANÇO.

Resplandecencia, *s. f.* prajvaḷ, laklak, prakâś, ujvâḍ *m.*, kâmti *f.*

Resplandecente, *a.* prajvaḷit, laklakît, ujvâḍik, kâmtivamt, diptivamt.

Resplandecentemente, *adv.* prajvaḷûn, laklakân.

Resplandecer, *v. i.* prajvaḷumk, laklakumk, jhagjhakumk, jhigjhigumk, prakâśumk, rasrasumk; *(fig.)* mirvumk, vayr sarumk. || *v. t.* ujvâḍ ghevumk *(g. do o.)*; *(fig.)* śobhaumk, prakâśaumk.

Resplandor, resplendor, *s. m.* laklak, prakâś *m.*, chakchakî *f.*; mukuṭ *m.*, tejomamḍaḷ; *(fig.)* śobh *f.*, yaś *n.*

Resplendecer, resplender, *v. i. V.* RESPLANDECER.

Resplendente, *a. V.* RESPLANDECENTE.

Respondão, *a. e s. m.* partûn ditalo, jibhaṭ, jabâbî, uttrâk âḍ yetalo.

Respondedor, *a. e s. m.* jâb ditalo, pratipâḷ kartalo. || *V.* RESPONDÃO.

Respondencia, *s. f.* yepârâchî joḍ, naphâ *f.* || *V.* CORRESPONDENCIA.

Respondente, *a.* jâb-, uttar ditalo, pratipâḷ kartalo. || *s. m. e f.* prativâdî, pratipakshî, jâpsâlî.

Responder, *v. t.* repost-, jâb-, jabâb-, uttar divumk *(d. do o.)*, pratipâḷ karumk *(d. do o.)*, tomḍ divumk *(litt.* DAR A BOCCA; *d. do o.)*, prativâdumk, partem-, âḍ sâmgumk. || *v. i.* repost karumk, parat baraumk; lâgumk, paḍumk, jamumk, sarijâvumk; *oppor-se:* âḍ yevumk; *ficar fronteiro:* mukhâr-, samor âsumk; *respingar:* partûn divumk, uttar moḍumk. || *V.* RESPONSABILIZAR-SE. || *— com sete pedras.* khâvumk yevumk, âmgâr yevûn ulaumk. *— por si,* âplem sâmgumk, âplî khabar karumk. *— por alguem,* âpṇâcher ghevumk, jâmîn râvumk. *— torto,* kemḍûn sâmgumk.

Respondona, *s. f.* partûn ditalî, dâybhar jîbh âslalî.

Responsabilidade, *s. f.* jabâbdârî, jâmînkî *f.*, havâlo *m.*

Responsabilizar, *v. t. (p. us.)* jabâbdâr karumk. || *v. r.* jabâbdâr-, jâbśâlî jâvuṁk, jâmîn râvuṁk, âpṇâcher ghevuṁk.

Responsar, *v. t. e i.* respoṁs mhaṇuṁk; vâyṭ ulauṁk *(g. do o.)*.

Responsavel, *a.* jâbsâlî, jabâbdâr. ‖ *Ficar —*, âplyâ mâthyâr ghevuṁk.

Responsivo, *a.* pratijâbecho.

Responso, responsorio, *s. m.* respoṁs *m.*

Resposta, *s. f.* repost, uttar, parat uttar *n.*, jâb *ou* jâp, partijâb, prativâchâ *f.*, jabâb, jâbsâl, pratiśabd *m.*, pratipâḷ *m. ou f.* ‖ *V.* REFUTAÇÃO. ‖ *Ter — para tudo,* saglyâṁt toṁḍ ghâluṁk.

Respostada, *s. f.* bhiḍeviṇeṁ jâb *f.*, jibhaṭ uttar *n.*

Resquicio, *s. f.* suṁṭo *m.*, naṁg, kuskûṭ *n.* ‖ *V.* GRETA.

Restabelecer, *v. t.* âdle daśer davruṁk,- ghâluṁk, âslo taso karuṁk; navyân ghaḍuṁk, -ṭharâvuṁk, sudhâruṁk, niṭâvuṁk, ujḷuṁk; sâṁvruṁk *ou* sâṁvrâvuṁk. ‖ *V.* REINTEGRAR. ‖ *v. r.* âslo taso jâvuṁk, sâṁvroṁk; baro jâvuṁk, gat-, âṁg ghevuṁk.

Restabelecimento, *s. m.* navyân ghaḍneṁ, -ṭharâvṇeṁ *n.*, sudhârṇî, sâṁvarṇî; punargati *f.*, pratisamâdhân, baro jâṇeṁ *n.*

Restagnação, *s. f.* udak âḍâvṇeṁ, -sâṁvrâvṇeṁ; dhan *n.*, udkâcho sâṁṭho *m.*

Restampa, *s. f.* dusrî śâpṇî *f.*

Restampar, *v. t.* dusryân śâpuṁk.

Restante, *a.* urlalo, chaḍh jâlalo, varchîl, bâkî, bâkiyecho, śishṭ, urlosurlo. ‖ *s. m.* urlaleṁ *n.*, ûr, bâkî *f.*, śesh; er *ou* yer, dusro *m.*

Restar, *v. i.* âsuṁk, uruṁk, taguṁk; *sobejar:* uruṁk, adhik-, bâki jâvuṁk; *faltar para fazer:* karcheṁ âsuṁk; *faltar para completar:* uruṁk. ‖ *v. t.* devo jâvuṁk.

Restauração, *s. f.* navyân gheṇeṁ,-sâṁpḍâvṇeṁ *n.*, hâtâsṇî; navsarṇî, niṭâvṇî *f.*, sâmko karṇeṁ; baro jâṇeṁ, baḷ gheṇeṁ; moḍlaleṁ ghar sâmkeṁ karṇeṁ; svataṁtrpaṇ hâtâsṇeṁ *n.*

Restaurador, *a. e s. m.* sâmko kartalo, navsarṇâr; hâtâsṇâr.

Restaurante, *a.* ghaṭṭâyecho, ghaṭṭây ditalo. ‖ *s. m.* khâṇâvaḷ *f.*, pujâd *(do port.* POISADA*)*; ghaṭṭâyecheṁ khâṇ, -piyaṇ *n.*

Restaurar, *v. t.* parat ghevuṁk, navyân sâṁpḍâvuṁk, hâtâsuṁk; *concertar:* sâmko-, niṭ karuṁk, navsaruṁk, ujkhruṁk; *reintegrar:* âslo taso karuṁk, âdle daśer-, jâgyâr partuṁk; *renovar:* navyân-, partûn karuṁk; *pôr em bom estado:* baro-, sâmko karuṁk; ghaṭṭây divuṁk *(d. do o.)*, ghaṭṭ karuṁk; *restituir ao poder:* navyân râj-, padvî divuṁk *(d. do o.)*. ‖ *v. r.* baḷ-, gat ghevuṁk, ghaṭṭ jâvuṁk.

Restaurativo, *a.* ghaṭṭây-, tej ditalo, ghaṭṭâyecho.

Restauravel, *a.* sâmko karûṁyeso, navsarcho.

Reste, *s. m. V.* RISTE. ‖ *s. f. V.* RESTEA.

Restea, *s. f.* moḷi *ou* mavḷî *f.*; kirṇ *n.*

Restellar, *v. t.* (saṇ) ugauṁk, kisauṁk.

Restello, *s. m.* saṇâchî ḍâṁṭoṇî *f.*

Resteva, *s. f. V.* RESTOLHO.

Restinga, *s. f.* bhâṭ *f.*, khâṁḍvo, huḍo *m.*

Restinguir, *v. t.* navyân pâlauṁk.

Restituição, *s. f.* restituyisâṁv *ou* restrusâṁv, parat deṇeṁ, partiṇeṁ, pratidân, phârîkpaṇ *n.*, bâvaḍṇî *(us. Can.) f.* ‖ *V.* RESTABELECIMENTO.

Restituidor, *a. e s. m.* parat ḍitalo, partitalo.

Restituir, *v. t.* parat-, partûn divuṁk, partuṁk, pratidivuṁk, phârîk karuṁk, bâvaḍuṁk *(us. Can.)*; âslo taso karuṁk, âdlyâ jâgyâr ghâluṁk. ‖ *v. r.* partoṁk; purvaṇ karuṁk.

Restituivel, *a.* parat divuṁcho.

Restitutorio, *a.* pratidânâcho.

Resto, *s. m.* urlaleṁ *n.*, ur, bâkî *f.*, śesh *m.*; er, dusre, varchîl *m. pl.*; *o que fica por dizer:* er, varchîl *n.*; *(arith.)* bâkî *f.* ‖ *Tratar de —*, parvâ nâ karuṁk *(d. do o.)*, bemân karuṁk. *De —*, hyâbhâyr, hyâvayr. ‖ -s, *pl.* urlaleṁ, ushṭeṁ, sâṁḍlaleṁ; gharṭhâṇ, nisaṁṭan. ‖ *— mortaes,* maḍeṁ *n.*

Restolhada, *s. f.* dhânyâchîṁ muḷâṁ *n. pl.*; bhâtoḍe *m. pl.*; *(fig.)* ghanghan, ṭhanṭhan *m.*

Restolhar, *v. t.* urlalyo kaṇsyo puṁjâvuṁk; *(fig.)* bobâḷ karuṁk.

Restolho, *s. m.* luṁvûn urlaleṁ muḷ *n.*, taḍo; bhatoḍo *(— de arroz) m.* *Andar ao —*, luṁvlalyâ śetâṁt charuṁk.

Restribar, *v. i.* nâ kâḍhoṁk, âpleṁch dharuṁk,- moṭeṁ karuṁk. ‖ *v. r.* teṁkûn-, ghaṭṭ râvuṁk.

Restricção, *s. f.* parimiti, mît, maryâd, âḍkhîḷ *f.*, âṁvḷap *n.*, âḷo *m.*

Restrictamente, restrictivamente, *adv.* âṁvḷûn, oḍhûn, dharûn.

Restrictivo, *a.* âmvaḷtalo.

Restricto, *a.* âmvaḷlalo, aśîr, samaryâd; *(gram.)* yogarûḍh.

Restringencia, *s. f.*, **restringimento**, *s. m.* âmvaḷṇî *f.*, âmvḷap *n.; (fig.) V.* RIGOR.

Restringente, *a.* âmvaḷcho. ‖ *s. m.* âmvaḷchem okhat *n.*

Restringir, *v. t.* maryâd-, bâmdh ghâlumk *(d. do o.)*, ârekhumk, pariṃiti-, âḷo karumk *(d. do o.)*, âḍâvumk; âmvḷumk, aśirâvumk, âṭâpumk, uṇâvumk; *(med.)* âmvḷumk; *(gram.)* yogarûḍh karumk *(g. do o.)*. ‖ *v. r.* âmvḷomk, oḍhomk, uṇo jâvumk; âṭpomk, bâḍgumk, damumk.

Restringivel, *a.* âmvḷumcho, âmvḷûmyeso.

Restrugir, *v. i.* sâdâvomk, gâjumk, sausaṇumk.

Restucar, *v. t.* navo gilâvo kâḍhumk *(d. do o.)*.

Resudação, *s. f.* dusro ghâm; nijhar, pâjhar *m.*

Resudar, *v. i.* navyân umevumk, dusryân ghâmevumk; nijhrumk, pâjhrumk, gaḷumk. ‖ *v. t.* gaḷaumk, pajhrâvumk, nijhrâvumk.

Resulta, *s. f.*, **resultado**, *s. m.*, **resultancia**, *s. f. (desus.)* phaḷ *ou* phoḷ, upaj, nipaj, pariṇâm, udev, arth, prayog *m.*, prayojan *n.;* joḍ, naphâ *f.* ‖ *V.* DECISÃO. ‖ *Dar em —*, phaḷ yevumk *(g. do s.)*. *Não ter —*, nirphaḷ jâvumk, paskaṭyâmt vachumk.

Resultante, *a.* âylalo, nipajlalo, utpann, anusârî.

Resultar, *v. i.* yevumk, jâvumk, upjumk, nipjumk, utpann jâvumk, utpannumk, phaḷ yevumk; phaḷumk, lâgumk, paḍumk.

Resumação, *s. f.* nijhar, pâjhar, pigaḷ, âgoḷ *m.*

Resumar, **resumbrar**, *v. t.* pâjhrumk, pigḷumk *(vv. ii., g. do s., s. do o.)*. ‖ *v. i.* pâjhrumk, nijhrumk, paghḷumk. âgoḷomk; *(fig.)* disûn yevumk, dishṭî paḍumk.

Resumidamente, *adv.* âṭâpûn, samkshepîm.

Resumido, *a.* âṭâplalo, âṭâpûn sâmglalo, samkshepâcho.

Resumidor, *a. e s. m.* âtâptalo, samkshepṇâr.

Resumir, *v. t.* âṭpumk *ou* âṭâpumk, samkshepumk, samgrahumk, thoḍyâm uttrâmnîm sâmgumk va baraumk, sasâr-, samâs karumk *(g. do o.)*; uṇâvumk, thoḍo karumk. ‖ *v. r.* âṭpomk, âṭâpomk; thoḍo-, uṇo jâvumk.

Resumo, *s. m.* âṭâp, samkshep, sasâr, samâs, goshvâro, bâd, samgraha, vemcho, sârgramth, sârârth *m.* ‖ *Em —*, thoḍyâm uttrâmnîm, samkshepîm.

Resumpção, *s. f. V.* REASSUMPÇÃO.

Resumpta, *s. f. V.* RESUMO.

Resumptivo, *a. (ant.)* ghaṭṭâyecho (okhat).

Resupino, *a.* udhâro.

Resurgir, *v. i.* jîvamt jâvumk, melalyâmtlo uṭhumk; *(fig.) V.* APPARECER.

Resurreição, *s. f.* punarjîvit, pratijîvan, jîvamtpaṇ *n.; (fig.) V.* RESTABELECIMENTO.

Resurtir, *v. i.* usḷumk, uḍumk.

Resuscitação, *s. f.* jîvo karṇem, jîv bharṇem, samjîvan *ou* samjîṇ. pratijîvan *n.; (fig.) V.* RENOVAMENTO.

Resuscitador, *a. e s. m.* jîvo-, jîvamt kartalo.

Resuscitar, *v. t.* jîvo-, jîvamt karumk, navyân jîv bharumk *(d. do o.)*, melalyâmtlo uṭhaumk, punarjîvit divumk *(d. do o.)*; *(fig.)* navyân châlîr hâḍumk, âsâ taso karumk. ‖ *v. i.* jîvo-, jîvamt jâvumk, melalyâmtlo uṭhumk; *(fig.)* baryâmtlo vâṭâvomk, -suṭumk. ‖ *v. r.* âple padveu jîvo jâvumk.

Resvaladeiro, *s. m.* nisraṭ *f.*

Resvaladiço, **resvaladio**, *a.* nisarṭo, bulbulît, sulsuḷit; *(fig.) V.* PERIGOSO.

Resvaladoiro, *s. m.* nisraṭ *f.*

Resvaladura, *s. f.* nisarṇî *f.*

Resvalante, *a.* nisartalo, ḍamḍaḷtalo, gâlgaḷtalo.

Resvalar, *v. t.* nisrâvumk. ‖ *— um pé*, pâmy nisrumk *(g. do s.)*; *(fig.)* pâmy vâmkḍo paḍumk *(g. do s.)*. ‖ *v. i.* nisrumk, nisaṭumk, ghasrumk, sarkumk, sarpaṭumk, gaḷumk, nisrûn vachumk. ‖ *V.* FUGIR ‖ *— em erro ou culpa*, chukîmt paḍumk, gunyâmvâk sâmpḍumk. *— um pé*, pâmy nisrumk *(litt. e fig.)*.

Retabulo, *s. m.* retâbl, âltâr *m.*

Retaguarda, *s. f.* pâṭh *f.*, pâṭhlo bhâg *m.; (milit.)* pichhâḍî *f.*, harol *m.* ‖ *Á —*, pâṭhlyân, mâglyân. *Ficar á —*, pâṭhî urumk.

Retalhador, *a. e s. m.* phâsṇâytalo, châmchâvṇâr. ‖ *V.* RETALHEIRO.

Retalhadura, *s. f.* kuṭke karnem *n.;* châmchâvṇî, karvaṇâvnî *f.;* phâsaṇ *n.*

Retalhar, *v. t.* kâtrumk, kuṭke-, phâḷe karumk *(g. do o.)*, phâḷumk, śimdumk, chirumk; châmchâvumk, karvaṇâvuṁk karvaṇâṁ ghâluṁk *(d. do o.)*, phâsṇâvuṁk, phâsṇâṁ mâruṁk *(d. do o.)*; *sulcar:* nâṁgruṁk; *separar:* do-śiṁ karuṁk, vâṁṭe-, kuṭke karuṁk *(g. do o.)*; *(ant.)* kirkoḷ vikuṁk.

Retalheiro, *s. m.* kirkoḷ viktalo.

Retalho, *s. m.* retâl *f.*; kuṭko, phâḷo *m.* ‖ *Mercador ou vendedor de* —, kirkoḷ yepârî, kirkoḷ viktalo. *Vender a* —, kirkoḷ vikuṁk.

Retaliação, *s. f.* ulaṭ, phed *f.*, pratikarm *n.*, vairśuddhi *f.*

Retaliar, *v. t.* tyâch mâpân phârik karuṁk, ulaṭ-, phed karuṁk *(d. do o.)*, ghetlâṁ tasem parṭuṁk.

Retardação, *s. f.* lâṁbâvṇî, kâḷâvṇî; lâṁbây *f.*, kâḷâv, uśîr, taḍov *(us. Can.) m.*; meṁgepaṇ *n.*, jaḍây, maṁdây *f.* ‖ *V.* ADIAMENTO.

Retardadamente, *adv.* sâvkâśâyen, uśîr karûn, veḷ kâḍhûn.

Retardado, *a.* sâvkâśâyecho, jaḍ, meṁgo, maṁd. ‖ *Carta retardada*, veḷâr pâva nâslali chiṭṭ.

Retardador, *a. e s. m.* lâṁbâvṇâr, lâṁbâvṇo; phuḍe davartalo.

Retardamento, *s. m.*, **retardança**, *s. f. V.* RETARDAÇÃO.

Retardão, *a.* meṁgo, jaḍ.

Retardar, *v. t.* lâṁbâvuṁk, kâḷâvuṁk, dirghâvuṁk; *adiar:* phuḍe-, mâgîr davruṁk, -vharuṁk; *atrazar:* pâṭhî davruṁk,- ghâluṁk; *tornar vagaroso:* meṁgo-, jaḍ karuṁk, maṁdâvuṁk; *diminuir:* deṁvauṁk, unâvuṁk. ‖ *v. i.* lohu chaluṁk; uśîr-, kâḷâv karuṁk, veḷ kâḍhuṁk; pâṭhî uruṁk, mâgîr pâvuṁk.

Retardatario, *a.* pâṭhî urtalo, veḷâbhâyr pâvtalo, uśîr-, kâḷâv kartalo.

Retardativo, **retardio**, *a.* meṁgo, maṁd, jaḍ.

Retelhadura, *s. f.* navyân śivṇeṁ, nave naḷe ghâlṇeṁ *n.*

Retelhar, *v. t.* (ghar) navyân śivuṁk, nave naḷe ghâluṁk *(d. do o.)*.

Retem, *s. m.* bharîk-, vâyṭâbaryâk davarlaleṁ *n.* ‖ *Armazem de* —, bâḷguṁchî koṭhî *f.*

Retemperar, *v. t.* naveṁ pânvaḷ divuṁk *(d. do o.)*; *(fig.)* ujkhuruṁk, saṁskâruṁk, sudhâruṁk; ghaṭṭ-, nibar karuṁk, ghaṭṭâvuṁk.‖ *v. r.* ghaṭṭ-, nibar jâvuṁk, baḷ ghevuṁk, mâṁḍoṁk.

Retenção, *s. f.* âpṇâkaḍe davarṇeṁ, -ṭhevṇeṁ, bâḷgiṇeṁ *n.*, dharṇî, taḍvaṇ *(us. Can.)*, râkhaṇ *f.*; uśîr, kâḷâv, taḍov *(us. Can.)*: *(med.)* rodh *m.*, dharṇeṁ *n.* ‖ *V.* RETENTIVA.‖ — *de urina*, mûtrarodh *m.*, aśmarî *f.* *Direito de* —, ghaṭṭ karcho hakk *m.*, -padvî *f.*

Retentiva, *s. f.* dhâraṇâ, dhâraṇâśakti *f.*

Retentivo, *a.* dharcho; baṁd karcho, âḍâvuṁcho.

Retentor, *a. e s. m.* dusryâcheṁ davartalo; ghaṭṭ dhartalo,- kartalo.

Reter, *v. t.* (dusryâcheṁ) âpṇâkaḍe davruṁk,- bâḷguṁk,- ṭhevuṁk, taḍauṁk *(us. Can.)*; *guardar:* râkhuṁk, saṁbhâḷuṁk, bâḷguṁk; *segurar:* ghaṭṭ dharuṁk, saṁbhâḷuṁk; *ter debaixo de prisão:* ghaṭi-, baṁd karuṁk; *conter:* âṭpuṁk, dâmûn dharuṁk, thâṁbauṁk; *impedir:* âḍâvuṁk, dharuṁk; *ter de cór:* manâṁt davruṁk; *represar:* bâṁdhuṁk, bâṁdhûn-, aḍûn dharuṁk. ‖ *v. r.* ubho râvuṁk; thâṁbuṁk; âṭpoṁk, damuṁk.

Retesado, *a.* tâṇ, taḍtaḍît.

Retesar, *v. t.* tâṇuṁk, oḍhuṁk, taḍtaḍâvuṁk. ‖ *v. r.* tâṇoṁk, tâṇ-, taḍtaḍît jâvuṁk.

Retesia, *s. f. V.* CONTENDA.

Reteudo, *a.* *(ant.)* *V.* RETIDO.

Reticencia, *s. f.* ugo râvṇeṁ, nâ sâṁgṇeṁ, muṁkepaṇ *n.*

Reticulação, *s. f.* jâḷîrûp *n.*

Reticulado, reticular, retiforme, *a.* jâḷîrûp, jâḷî kasî; jâḷiyecho.

Retido, *a.* davarlalo, dharlalo, dâmlalo, âḍâylalo.

Retina, *s. f.* netradarpaṇ *n.*

Retingir, *v. t.* dusryân raṁgauṁk.

Retinido, *s. m.* tiṇṭiṇ, kiṇkiṇ, khiṇkhiṇ *n.*

Retininte, *a.* tiṇṭiṇît, kiṇkiṇît, saṇsaṇît, khaṇkhaṇît.

Retinir, *v. i.* tiṇṭiṇuṁk, kiṇkiṇuṁk, khiṇkhiṇuṁk, khaṇkhaṇuṁk, saṇsaṇuṁk, jhaṇjhaṇuṁk; *(fig.)* sâdâvoṁk, gâjuṁk. ‖ *s. m. V.* RETINIDO.

Retintim, *s. m.* ṭhaṇṭhaṇ, ḍhaṇḍhaṇ, saṇsaṇo *m.*

Retinto, *a.* navyân raṁgailalo; *(fig.)* khar, nibar. | *s. m.* kâḷo kâḷo raṁg *m.*

Retira, *(p. us.)*, **retirada**, *s. f.* kaḍsarṇeṁ, pâṭhî sarṇeṁ; paḷṇeṁ *n.* | *V.* RETIRO. ‖ *Bater em* —, *ir se de* —, *pôr-se de* —, paḷuṁk, pâṭh vaḷuṁk.

Retiradamente, *adv.* kuśin, ekâṁtîṁ, ekvaśîṁ.

Retirado, *a.* ekâṁt, ekvaḍo, âḍ âslalo, sâṁdhîṁtlo; sarkârî kâm nâslalo, âplyâ ghârâ baslalo.

Retiramento, *s. m.* pâṭhi sarṇeṁ; eksûrpaṇ *n.*

Retirar, *v. t.* pâṭhi kâḍhuṁk, -oḍhuṁk; *levantar:* ukluṁk, kâḍhuṁk; *recolher:* kavḷuṁk, âṁvḷuṁk; *remover:* pelyân kâḍhuṁk, kaḍsarâvuṁk, sarkâvuṁk, gavḷâvuṁk; *deixar de dar:* baṁd karuṁk, âṇîṁk nâ divuṁk; *lucrar:* kâḍhuṁk, joḍuṁk; *salvar de:* vâṭâvuṁk, nivâruṁk. ‖ — *a sua palavra,* âpleṁ uttar badluṁk. ‖ *v. i. e r.* pelyân-, pais-, pâṭhî saruṁk, kaḍsaruṁk, * mâgsaruṁk; *fugir:* paḷuṁk, paḷâpaḷ ghevuṁk; *ir para um retiro:* riguṁk, bhitar saruṁk, ekâṁtiṁ jiyevuṁk; *recolher-se:* bhitar vachuṁk; *desistir:* paṭhi saruṁk, âṁg kâḍhuṁk (*litt.* TIRAR O CORPO); *sahir de serviço, de sociedade:* bhâyr saruṁk, soḍuṁk (*v. t.*).

Retiro, *s. m.* ekâṁt jâgo, konso *m.*, eksurî svât *f.*, asaṁgasthal, rân, araṇeṁ *n.* ‖ *V.* RETIRADA.

Retocador, *a. e s. m.* ujaḷtalo, ujkhurṇâr. ‖ *s. m.* ujaḷṇo.

Retocar, *v. t.* navyân hât lâvuṁk (*d. do o.*); ujḷuṁk, ujkhuruṁk; sâṁko-, sârko karuṁk, niṭâvuṁk.

Retoiçador, retoição, *a. e s. m.* nâchro, bhurkaṭ, dhaḍbaḍyo, haḍbaḍyo, gaḍbaḍo, uchaṁbaḷ, huḷhuḷo, ghusaḷṇo.

Retoiçar, *v. i. e r.* loḷuṁk, bhurkaṭuṁk huḷhuḷuṁk, gaḍbaḍuṁk, nâchuṁk, ghusḷuṁk.

Retoiço, *s. m.* bhurkaṭṇî, huḷhuḷṇî, ghusaḷṇî *f.*

Retomar, *v. t.* partûn ghevuṁk.

Retoque, *s. m.* ujaḷṇî, ujkhurṇî, niṭâvṇî *f.*; nimâṇo hât mârṇeṁ *n.*

Retorção, retorcedura, *s. f.* vaḷṇeṁ *n*, vaḷ *m.*

Retorcer, *v. t.* partûn-, bhav vaḷuṁk, partuṁk. ‖ — *o caminho,* pâṭhî partoṁk. — *os olhos,* doḷe bhoṁvḍâvuṁk. — *a bocca,* toṁḍ vâṁkḍeṁ karuṁk. ‖ *v. r.* parton vaḷoṁk, bhoṁvûn bhoṁvûn partoṁk. ‖ *V.* CONTORCER-SE.

Retornamento, *s m.*, **retornança**, *s. f.* (*desus.*) partaṇeṁ, partan *n.*

Retornar, *v. i.* partoṁk, parton yevuṁk.

Retornello, *s. m.* dhrupad, pâlavpad, svaraikya *n.*

Retorno, *s. m.* partan, parat yeṇeṁ; *troco:* vâṭâv; *troca de mercadoria:* badlecho mâl; *recompensa:* parto upkâr *m.*, phârikpaṇ, pratiphaḷ *n.*

‖ *Besta, carruagem de —,* rikâmo bail,-gâḍo *m.*

Retorquir, *v. t. e i.* parteṁ âḍ sâṁguṁk, viruddhuṁk, jâb divuṁk.

Retorta, *s. f.* koṁkeṁ; koṁkyâcheṁ âydan *n.*

Retorto, *a.* poṁdlyân vaḷḷalo, sakailyân partalalo.

Retraçar, *v. t.* kuṭuṁk, kûṭ-, tus karuṁk (*g. do o.*). ‖ *v. r.* (*ant.*) âṁvḷoṁk, kavḷoṁk.

Retracção, *s. f.* oḍhṇî, âṁvaḷṇî; kavaḷṇî *f.*, vaḷap *n.*, saṁkoch *m.*

Retraço, *s. m.* taṇâcheṁ kûṭ; gorvân sâṁḍlaleṁ taṇ *n.*

Retractação, *s. f.* ulailaleṁ partiṇeṁ, phirauṇeṁ, uttar pâṭhî kâḍhṇeṁ *n.*, uktâsvîkâr *m.*

Retractador, *a. e s. m.* ulailaleṁ partilalo, uktâsvîkâr kartalo.

Retractar, *v. t.* (ulailaleṁ) partuṁk, badluṁk, khaṁḍuṁk, phirauṁk. ‖ *v. r.* uttar pâṭhî kâḍhuṁk, sâṁglaleṁ khareṁ nay mhaṇuṁk, âplo guṇyâṁv oḷkhuṁk.

Retractil, *a.* âṁvaḷcho, kavaḷcho.

Retractibilidade, *s. f.* âṁvaḷcho guṇ *n.*, saṁkochaśîlatâ *f.*

Retractivo, *a.* âṁvaḷḷato, oḍhtalo.

Retrahido, *a.* pâṭhî kâḍhlalo; dharlalo; (*fig.*) gupto, ghaṇ, muṁko, ghûm; eksuro, ekvaḍo.

Retrahimento, *s. m.* pâṭhî kâḍhṇeṁ,- sarṇeṁ, partiṇeṁ, partaṇ; *isolamento:* eksûrpaṇ, ekâṁtpaṇ *n.*; *reserva:* kâṁkaṭṇî, bhiḍ, ghaṇây, guptây *f.*; *fugida:* paḷṇeṁ; *contracção:* vaḷṇeṁ âṁvḷap *n.* ‖ *V.* RETIRO.

Retrahir, *v. t.* pâṭhî kâḍhuṁk, partuṁk, pâṭhî saruṁk lâvuṁk; *occultar:* lipauṁk, dâṁpûn-, dhâṁpûn dharuṁk; *tolher:* âḍâvuṁk, maṇâvuṁk; *desviar:* kaḍsarâvuṁk, sarkâvuṁk; *tornar reservado:* gupto karuṁk, kâṁkaṭâvuṁk. ‖ — *a promessa,* âpleṁ uttar moḍuṁk, uttrâk mân nâ divuṁk. ‖ *v. r.* pâṭhî saruṁk, -partoṁk; âṁvḷoṁk, kavḷoṁk; kâṁkaṭuṁk, ghûm jâyuṁk; âpleṁ uttar moḍuṁk.

Retranca, *s. f.* monjâticheṁ khoḍ *n.*

Retransir, *v. t.* bhedauṁk, bharuṁk; bheduṁk (*d. do o.*).

Retratador, *a. e s. m.* retrât kâḍhtalo, âkârî.

Retratar, *v. t.* retrât-, rûpkâr kâḍhuṁk (*g do o.*), chitruṁk, âkâruṁk; dâkhauṁk. ‖ *V.* DESCREVER. ‖ *v. r.* âplo rûpkâr kâḍhumk lâvuṁk; rûp-, âkâr disuṁk (g. do s.); dekhûn-, disûn yevuṁk, disuṁk.

Retratista, s. m. e f. retrât kâḍhtalo, chitârî, chitrkâr.

Retrato, s. m. retrât, rûpkâr m., chitr, rûpak, rûpṇeṁ, pratirûp n., pratikṛiti, pratimâ f.; âkâr m., varṇan n. || V. MODELO.

Retreta, s. f. śipâyâṁchî sâṁjechî hâjirî; pâykhiḷo nitaḷ kartalî f. || V. RETRETE.

Retrete, s. m. (desus.). V. RETIRO. || s. m. e f. V. LATRINA.

Retribuição, s. f. pâg (do port. PAGA), phârîkpaṇ n., majurî, kulî f., muśâro m.; inâm, pratidân, pratiphaḷ, puṇyaphaḷ, karmphaḷ, * sarît n. || V. AGRADECIMENTO.

Retribuidor, a. e s. m. phârik kartalo, inâm ditalo.

Retribuir, v. t. inâm divuṁk (d. do o.), pratidivuṁk. || V. PAGAR.

Retrilhar, v. t. maḷuṁk; gudhḍâvuṁk, mâḍauṁk.

Retrincado, a. kapaṭî, kubuddhi, kurṭo.

Retrincar, v. t. e i. navyân châbuṁk; âḍveṁ-, parteṁ dharuṁk,-ghevuṁk.

Retro, pref. prati, parat. || s. m. ârteṁ barailaleṁ pân n. || adv. pâṭhî. || Venda a —, partûn vikto gheṇeṁ n. || int. pâṭhî, pais.

Retroacção, s. f. gatakâlâpekshâ, bhûtâpekshâ f.

Retroactivamente, adv. bhûtâpekshîṁ.

Retroactividade, s. f. gatakâlâpekshîpaṇ n.

Retroactivo, a. gatakâlâpekshî, bhûtâpekshak.

Retroar, v. i. V. RETUMBAR.

Retrocados, s. m. pl. V. TROCADOS.

Retrocedente, a e s. m. e f. pâṭhî partatalo, -vaḷtalo, pratigâmî; partûn soḍtalo.

Retroceder, v. i. pâṭhî partoṁk,- vaḷoṁk, ulṭuṁk. || V. RETROGRADAR. || — no intento, chiṁtlaleṁ nâ karuṁk || v. t. parteṁ soḍuṁk.

Retrocedimento, s. m. V. RETROCESSO.

Retrocessão, s. f. partaṇeṁ; (for.) parteṁ-, partûn soḍṇeṁ; (med.) bhitar oḍhṇeṁ n.

Retrocessivo, a. partitalo, vaḷtalo: parat soḍcho.

Retrocesso, s. m. pâṭhî partaṇeṁ,- sarṇeṁ, partau, vaḷṇeṁ; oḍhṇeṁ n. || V. RECAHIDA.

Retroflexão, s. f. pâṭhî vaḷṇeṁ,- doḍṇeṁ n.

Retrogradação, s. f. partan, pâṭhî chalṇeṁ n.; (astr.) vakragati f.

Retrogradamente, adv. parton, pâṭhî chalûn,- vaḷon

Retrogradar, v. i. partoṁk, pâṭhî saruṁk,- chaluṁk,- vaḷoṁk, ulṭuṁk; vakrîṁ vachuṁk.

Retrogrado, a. pâṭhî chaltalo, partatalo, pratigâmî; ulṭo, viparitgatîcho; (astr.) vakr, vakragati.

Retroseguir, v. i. V. RETROGRADAR.

Retrospectivamente, adv. pâṭhî dishṭ ghâlûn, pâṭhleṁ paḷevûn.

Retrospectivo, a. pâṭhleṁ paḷetalo, mâglo vichâr kartalo, anudarśan.

Retrospecto, s. m. pâṭhlyâchî dishṭ f., mâglo vichâr m., anudarśan n.

Retrotrahir, v. t. pâṭhî oḍhuṁk,- vharuṁk.

Retrovender, v. t. (ant.) parat-, âsâ taso vikuṁk.

Retrovendição, s. f. (ant.) parat vikṇeṁ n.

Retroz, s. m. reśmî sût n., -dâgo m.

Retrozaria, s. f. suyâṁ sutâṁcho mâṁḍ, maṇer m.

Retrozeiro, s. m. suyo suṭâm viktalo, maṇerî.

Retrucar, v. t. parat sâṁguṁk, jâb divuṁk (d. do o.), pratipâḷ karuṁk (d. do o.).

Retruque, s. m. V. REPRESALIA.

Retumbante, a. ghaṇghaṇit, ghumghumit, ṭhaṇṭhaṇit, jhaṇjhaṇit, saṇsaṇit, ḍhaṇḍhaṇit.

Retumbar, v. t. ghaṇghaṇuṁk, ṭhaṇṭhaṇuṁk, ghumghumuṁk, saṇsaṇuṁk. ḍhaṇḍhaṇuṁk, jhaṇjhaṇuṁk, khaṇkhaṇuṁk, ghoṁghevuṁk. || v. t. sâdâvuṁk, gâjauṁk.

Retumbo, s. m. gâj f., sâd, âvâj m. || V. ESTRONDO.

Retundir, v. t. damâvuṁk, âṭpuṁk, oḍhûn dharuṁk.

Reuma, s. f. V. RHEUMA.

Reunião, s f. ekṭhâṁy karṇeṁ n., ekṭhâvṇî, jamâvṇî, puṁjâvṇî f.; jamo, puṁjo, choṁbo, yog; meḷ, samâj, madan, ektâr m, paṁkat ou paṁgat, maṁḍaḷ, maṁḍaḷî, sabhâ, baiṭhak f. | V. CONFERENCIA.

Reunir, v. t. ekṭhâṁy-, puṁjî karuṁk, puṁjâvuṁk, ekṭhâvuṁk, jamâvuṁk, samsuṁk; meḷauṁk, ekvaṭuṁk; *convocar:* âpaun hâḍuṁk, puṁjî karuṁk. ‖ *v. i.* ekṭhâṁy jâvuṁk, meḷuṁk. ‖ *v. r.* jamuṁk, ekṭhâvoṁk, ekvaṭoṁk; ekṭhâṁy-, puṁjî jâvuṁk.

Revalidação, *s. f.* navî ṭharâvṇî *f.*, partûn maṁjûr karṇeṁ *n.*

Revalidar, *v. t.* navyân ṭharâvuṁk,-ghaṭṭ karuṁk, âsa taso thirâvuṁk, kâim karuṁk.

Revedor, *a. e s. m. V.* REVISOR.

Revel, *a. e s. m. e f.* divâṇâṁt âpailyâr ye nâslalo, nîtidârâche durâyek âṭpo nâslalo, haṭhî nyâyî, * hamtamî. ‖ *V.* REBELDE.

Revelação, *s. f.* dakhal-, ughḍâpo karṇeṁ *n*, kaḷauṇî, jâṇauṇî, sâṁgṇî, praghaṭṇî *f.*; ughḍâpeṁ kelaleṁ *n.*, oḷakh; *prova:* dâkhauṇ *f.*, dâkhlo *m.*; *divulgação:* phoḍṇî, toṁḍâḷṇî; smriti *ou* samurt, dev-oḷakh (— *divina*) *f.*

Revelador, *a. e s. m.* kaḷît kartalo, gamauṇâr, praghaṭṇâr, prakâśak.

Revelar, *v. t.* dakhal-, kaḷit-, ughḍâpo karuṁk, kaḷauṁk, gamauṁk, jâṇauṁk, sâṁguṁk, vaduṁk; dâkhauṁk, dâkhaun divuṁk; phoḍuṁk, toṁḍâḷuṁk (— *segredos*). ‖ *v. r.* ughḍâpo jâvuṁk, kaḷuṁk, gamuṁk; dishṭî paḍuṁk, dekhûn yevuṁk.

Revelão, *a. V.* REBELLÃO.

Revelho, *a. e s. m.* mâlmhâtâro, ḍoṁkro, khaṭâro.

Revelia, *s. f.* nîtidârâchî durây nâ mâṇṇeṁ *n.*, gairhâjirî, * hamtamây *f.* ‖ *A* —, haṭhî vâdelyâ vâṁṭeṁ. *Deixar correr á — (fig.)*, parvâ nâ karuṁk, biśât nâsuṁk (*d. do s.*).

Revellir, *v. t.* (*med.*) phâṁsḷâvuṁk, viṭkaḷâvuṁk.

Revenda, *s. f.* dusrî vikrî *f.*; ekâk viklaleṁ dusryâk vikṇeṁ *n.*

Revendão, *a. e s. m.* vikuṁk ghetalo.

Revendedor, revendilhão, *a. e s. m.* partûn viktalo.

Revender, *v. t.* partûn-, duśryân vikuṁk.

Revendição, *s. f.* dusryân vikṇeṁ *n.*

Revenerar, *v. t.* bhav mânuṁk, -âdaruṁk.

Rever, *v. t.* navyân-, dusryân paḷevuṁk; parîkshuṁk, tapâsuṁk, dhuṁḍâḷuṁk, śodhuṁk. ‖ *v. i.* pâjhruṁk, nijhruṁk, pigḷuṁk; (*fig.*) dishṭî paḍuṁk, dekhûn yevuṁk; kaḷît-, dakhal jâvuṁk. ‖ *v. r.* âpṇâkach paḷevuṁk,-lobhduṁk; murgaṭṇuṁk, mirvuṁk.

Revera, *s. f. V.* DECISÃO.

Reverberação, *s. f.* ujvâḍ pâḍṇeṁ *n.*; phâṁkṇî *f.*, parâvarttan *n.*

Reverberante, *a.* ujvâḍ pâḍtalo, phâṁkaitalo.

Reverberar, *v. t.* (ujvâḍ) pâḍuṁk, phâṁkauṁk; ujvâḍâvuṁk, laklakâvuṁk. ‖ *v. i.* phâṁkuṁk, prajvaḷuṁk.

Reverberatorio, *a.* ujvâḍ pâḍeho, phâṁkṇeeho.

Reverbero, *s. m.* ujvâḍ paḍṇeṁ, parâvarttan *n.*, phâṁk *f.*, kirṇ *n.*; ulmâḷ, trâs, dhag *m.*; ujvâḍâcheṁ tagaḍ *n.* ‖ *V.* BRILHO.

Reverdecer, *v. t.* pâlâvuṁk; pâchvo raṁg divuṁk (*d. do o.*); (*fig.*) tarṇo karuṁk, ghaṭṭâvuṁk. ‖ *v. i.* pâlevuṁk, phâṁkâruṁk; (*fig.*) tarṇo-, ghaṭṭ jâvuṁk, naveṁ baḷ ghevuṁk. ‖ *V.* DESENVOLVER-SE.

Reverencia, *s. f.* satkâr, âdar *m.*, âdaran, naman, bhajaṇ, vaṁdan *n.*, śraddhâ (*p. us.*) *f.*; namaskâr, praṇâm, praṇipât, oṇav; (*fig.*) mân *m*, bhiḍ *ou* bhiḍâ *f.* ‖ *Fazer* —, naman karuṁk, taklî moḍuṁk.

Reverenciador, *a. e s. m.* âdarî, praṇâmî.

Reverencial, *a.* âdarâcho, namanâcho.

Reverenciar, *v. t.* âdaruṁk, satkâruṁk, namaskaruṁk, bhajuṁk, praṇâmuṁk, vaṁduṁk; (*fig.*) mân divuṁk (*d. do o.*), bhiḍ dharuṁk (*g. do o.*), bhiḍâ âsuṁk (*d. do s., g. do o.*).

Reverenciosamente, *adv.* âdarân, satkârân.

Reverencioso, *a.* vaṁdanî. bhidest, bhav maryâdik; upachârî, darbârî.

Reverendas, *s. f. pl.* niropâcheṁ patr *n.*

Reverendissimo, *a.* vhâḍâ mânâcho, bahupûjya.

Reverendo, *a.* satkâr phâvo âslalo, pûjya, mânyo, vaṁdavaṁt. ‖ *a. e s.* pâdr.

Reverente, *a.* bhajaṇî, vaṁdaṇî, vaṁdanśîl.

Reverentemente, *adv.* satkârân, âdarmân karuṁk, namaskârân.

Reversal, *a.* bhâsh-, uttar thirâvuṁcho. ‖ *Carta* —, upkârâk upkâr karchi chiṭṭ.

Reversão, *s. f.* partan, parat yeṇeṁ *n.*

Reversar, *v. t. e i. V.* VOMITAR.

Reversivel, reversivo, *a.* partoṁcho, parton yevuṁcho.

Reverso, *a.* parat âylalo, partalalo; parto; *(fig.)* *V.* PERNICIOSO. ‖ *s. m.* partî kûs, pâṭh *f.*; partem̃ *n.*

Reverter, *v. i.* partom̃k, parton yevum̃k; lâbhum̃k, phaḷum̃k.

Revertivel, *a.* *V.* REVERSIVEL.

Revessa, *s. f.* partem̃ vâhvtalem̃ pâṇîm̃ *n.*

Revessar, *v. t. e i.* *V.* ARREVESSAR.

Revesso, *a.* parto, partalalo; *(fig.)* vaḷlalo, vaḷ paḍlalo.

Revestimento, *s. m.* nesauṇî, nesṇî, nesaṇ *f.*; dhâm̃pṇem̃, âvaraṇ *n.*

Revestir, *v. t.* navyân nesaum̃k; vayr ghâlum̃k; nesam̃k, neṭam̃k; *cobrir:* dhâm̃pum̃k; *tomar:* ghevum̃k. ‖ — *de pompa*, dabâjyân-, daulân karum̃k. — *de formalidades*, phâvo te rîtîn karum̃k. ‖ *v. r.* nesum̃k, vastrâm̃-, âm̃gâvlîm̃ ghâlum̃k; neṭum̃k; pâm̃ghrum̃k; *apparentar:* bhesh ghevum̃k.

Revez, *s. m.* partî kûs, pâṭh *f.*; âḍvo-, pâlso phâr *m.*; *vicissitude:* râjghaḍe *ou* rahâṭghaḍe *m. pl.*, pher *m.*; *contrariedade:* kanishṭhây *f.*, jaḍjakhîm *n.* ‖ *V.* REVEZAMENTO. ‖ *Revezes da fortuna*, târam̃baḷ, durgati *f.* *Revezes do mar*, moḍâm̃, vâḍaḷâm̃ *n. pl.* *A revezes*, pâḷiyen. *Ao* —, partem̃, uphrâṭem̃; durdaśen. *De* —, âḍvem̃, pâlsem̃. *Em* —, ardho âḍ paḍûn.

Revezadamente, *adv.* pâḷiyen, sadalbadlen, parvaḍîn.

Revezado, *a.* pâḷiyecho, adalbadal; paraspar.

Revezador, *a. e s. m.* pâḷî kartalo, pâḷiyekâr.

Revezamento, *s. m.* pâḷî, pâlaṭ, sadalbadal *f.*

Revezar, *v. t.* pâḷî karum̃k *(g. do o.)*; pâḷiyek-, badlek davrum̃k. ‖ *v. r.* pâḷî-, pâḷiyen karum̃k; badlom̃k, âsâ taso jâvum̃k, phirum̃k. ‖ — *do cavallo*, ghoḍo badlum̃k.

Revezilho, *s. m.* meyâcho parto phâro *m.* ‖ *De* —, parto, âḍvo *(aa.)*.

Revezo, *s. m.* charav *m.* ‖ *a.* *V.* REVERSO.

Revidar, *v. t.* (pan, paij) dusryân dupeṭ karum̃k; *(fig.)* *V.* OBJECTAR. ‖ *v. i.* vâyṭ kelalyâk adhik vâyṭ karum̃k.

Revide, *s. m.* paṇâchî dusrî dupaṭ *f.*

Revigorar, *v. t.* ânîm̃k baḷ-, ghaṭṭây divum̃k. ‖ *v. i. e r.* ânîm̃k baḷ ghevum̃k.

Revimento, *s. m.* pâjhar, nijhar *m.*

Revinda, *s. f.* parat yeṇem̃, partaṇem̃, partan *n.*

Revindicta, *s. f.* suḍâcho sûḍ *m.*

Revingar, *v. t.* navyân sûḍ ghevum̃k *(g. do o.)*.

Revir, *v. i.* yevum̃k, partom̃k, parton yevum̃k.

Reviramento, *s. m.* partiṇem̃; partan; *(fig.)* phirṇem̃ *n.*, pâlaṭ *m.*, vikriti *f.*

Revirar, *v. t.* navyân partum̃k; parto karum̃k; pelyân kâḍhum̃k, -vharum̃k. ‖ — *os passos*, pâṭhî partom̃k. — *o dente (fig.)*, dâm̃t pâjum̃k, karyâ karum̃k. — *os olhos*, ḍoḷe moḍum̃k. ‖ *v. i.* partom̃k, vaḷom̃k; parton yevum̃k. ‖ *V.* REPONTAR. ‖ *v. r.* dusryân partom̃k. ‖ — *sobre os calcanhares*, pâṭhlyâm̃ pâm̃yâm̃nîm̃ partom̃k. ‖ *V.* ACOMMETTER.

Revira-volta, *s. f.* bhom̃var *m.*, ghum̃vâḷî *f.*, ekâ dom̃kyâr partaṇem̃ *n.*

Revirete, *s. f.* rasâḷ jabâb, chuṭko *m.*

Revisão, *s. f.* partûn-, bârkâyen paḷevṇem̃, anudarśan *n.*, tapâsṇî, śodh *f.*; chhâplalyâchyo chukî-, -guṇdosh kâḍhṇem̃ *n.*

Revisceração, *s. f.* âm̃g bharṇem̃ *n.*

Revisitação, *s. f.* dusrî bheṭ *f.*

Revisitar, *v. t.* dusryân bheṭum̃k *(d. do o.)*.

Revisor, *a. e s. m.* partûn paḷetalo, tapâsṇâr. ‖ *s. m.* guṇdosh kâḍhtalo, gram̃thguṇdashvivechak.

Revisorio, *a.* tapâsṇecho.

Revista, *s. f.* paḷevṇî, chaukaśî, tapâsṇî, parîkshâ; *(for.)* revîst; *(milit.)* revîst, senâparîkshâ *f.* ‖ *Passar* —, *V.* REVISTAR.

Revistar, *v. t.* chaukaśî-, vichâr karum̃k *(g. do o.)*, tapâsum̃k; (phauj) paḷevum̃k.

Revisto, *a.* navyân paḷelalo; śodh kelalo, chukî kâḍhlalo, śuddh.

Reviver, revivescer, reviviscer, *v. i.* parton jiyevum̃k, marûn uṭhum̃k, jivo-, jîvam̃t jâvum̃k; *(fig.)* jîv ghevum̃k, jîv bharom̃k *(d. do s.)*; dishṭî paḍum̃k. ‖ *v. t.* manâm̃t hâḍum̃k,- ghoḷaum̃k, âṭhaum̃k.

Revivificação, reviviscencia, *s. f.* jivo karṇem̃; punarjîvit *n.*

Revivificar, *v. t.* jivo-, sajîṇ karum̃k, jîv bharum̃k *(d. do o.)*; tej-, baḷ divum̃k *(d. do o.)*; kurpem̃t kâḍhum̃k. ‖ *v. r.* *V.* REVIVER.

Revoar, *v. i.* navyân uḍum̃k, parat uḍum̃k, uḍûn bhom̃vum̃k; *(fig.)* vayr uklom̃k.

Revocação, *s. m.* parat âpauṇem̃ *n.*

Revocar, *v. t.* parat âpaum̃k, parton ye mhaṇum̃k; âpaun hâḍum̃k; jîv bharumk, tej-, trâṇ divumk (d. do o.). || V. REVOGAR. || — em duvida, dubhâvâr davrumk, dubhâv ghâlumk (d. do o.).

Revocatorio, a. V. REVOGATORIO.

Revogação, s. f. radd karnem, moḍnem, khamḍan n., phirauṇî f.; radd n., nirâs m.

Revogador, a. e s. m., revogante, a. moḍtalo, radd kartalo, phirauṇâr.

Revogar, v. t. kâḍhn uḍaumk, moḍumk, partumk, khamḍumk, phiraumk, radd karumk, nirasumk.

Revogatoria, s. f. nirâspatr n.

Revogatorio, kâḍhtalo, moḍtalo.

Revogavel, a. kâḍhûn uḍaumcho, radd karcho.

Revogavelmente. adv. thirâyeviṇem, jây teduâm moḍûn.

Revolcar, v. t. V. REBOLCAR.

Revolta, s. f. revolt, bamḍ, phitûrpaṇ n., phiturî f., phitvo, râjdroha m., kâṭkây (us. Can.) f. || V. TUMULTO.

Revoltador, a. e s. m. kalpatalo, phitûr, bamḍ.

Revoltante, a. phituryo, kalpatalo; (fig.) kâmṭâḷo hâḍtalo, trâs ditalo, ragat kaḍhaumcho.

Revoltar, v. t. phiturumk, uṭhaumk, kalpaumk; (fig.) kâmṭâḷo hâḍumk, jabar vâyṭ disumk (d. do o.), ragat kaḍhaumk (litt. FAZER FERVER O SANGUE; g. do o.). || v. r. kalpumk; phituroṁk, uṭhumk, ukloṁk; (fig.) taḷmaḷumk, kaḍkaḍumk, ragat kaḍhumk (g. do s.).

Revoltear, v. t. girgirâvumk, ghumvḷâvumk, bhomvḍâvumk. || v. i. ghumvâḷyo ghâlumk, ghumvḷumk, girgirumk.

Revolto, a. ḍhavaḷlalo, châḷlalo, partilalo; torcido: sakailyân vaḷlalo, pomdchyân partalalo; que gira: girgirtalo, bhomvtalo; turvo: khadaḷlalo, domslalo; agitado: khubhdaḷlalo, uchambaḷ; tumultuoso: khaḷbaḷlalo, kalpalalo.

Revoltoso, a. kalpalalo, phituryo, râjdrohî.

Revolução, s. f. phirnem, bamḍ n., phiturî f., phitvo, adhikârtyâg; râjyâcho pâlaṭ m., râjyaparivarttan n.; agitação: gaḷbaḷ, khaḷkhaḷ; perturbação de funcção organica: vikâr m; gyro: chakr, bhramaṇ n.; (astr.) gati, chakragati f.

Revolucionamento, s. m. phirauṇî, phiturî f., uṭhâv m.

Revolucionar, v. t. ḍhavḷumk, châḷumk; phiturumk, kalpaumk; pâlṭumk, badlumk. || v. r. kalpumk, uṭhumk (com l. sup.); chaḷbaḷumk, halkamḍumk.

Revolucionariamente, adv. kalpûn, phitvyân.

Revolucionario, a. bamḍâcho, phitvyâcho; kalpalalo, phituryo. || s. m. phitûr, bamḍ.

Revolutear, v. i. ghumvḷumk, bhomvumk; (fig.) hâlumk, uchambaḷumk, chaḷbaḷumk. || s. m. chaḷbaḷ, uchambaḷây f., khaḷbaḷ m.

Revoluto, revolutoso, kavaḷlalo, partalalo.

Revolvedor, a. e s. m. bhomvḍâytalo, ghumvḷâvṇâr, kalpaitalo.

Revolver, v. t. bhomvḍâvumk, phiraumk, ghumvḷâvumk; remexer: partumk, châḷumk, ḍhavḷumk, uphrâṭumk, vagarumk; maḷumk, lâṭumk, murḍumk, loḷaumk; examinar mexendo: partumk, ustumk, usaumk, dhumḍâḷumk. || V. AMOTINAR. || — no pensamento, gholaumk, mathumk. — a terra, kharumk, ustumk. — os olhos, ḍoḷe bhomvḍâvumk. || v. i. bhomvar mârumk, bhomvâḍo ghâlumk; ghusḷumk, khubhdaḷumk. || v. r. phirumk, bhomvumk, bhramumk, ghumvḷumk, partoṁk; uchambaḷumk, khubhdaḷumk, aḍmaḍumk, tustusumk. || V. DECORRER.

Revólver, s. m. pistol (port.) n.

Revolvimento, s. m. phirnem, bhramaṇ n, bhomvar; châḷ, ḍhavaḷ; khaḷbaḷ, gaḷbaḷ m.

Revôo, s. m. dusri uḍṇî f.

Revulsão, s. f. pâlaṭ m., ulaṭ f.

Revulsar, v. t. pâlṭumk, ulṭumk, phâmsḷâvumk.

Revulsivo, revulsorio, a. phâmsḷâvumcho, ulṭumcho.

Rexa, s. f. khiḍkecho kaṭhḍo m.

Rêz, s. f. gorûm, dhor, pasrûm n.

Rêz, a. mulâmt katarlalo, kâplalo, tâslalo. || adv. mulân, mulim. || Ao — de, lâgûn, temkûn; barâbar.

Reza, s. f. rajâr, prârthan n., vinati ou vinamtî f., jap (p. us.) m.

Rezador, a. e s. m. rajâr kartalo, prârthî.

Rezar, v. t. rajârkarumk, mhaṇumk; sâmguṁk; guṇguṇumk. || v. i. pârthan-, vinati karumk, japumk; muṇmuṇumk.

Rez-do-chão, s. m. bhûmyghar n. || Ao , dharṇîbarâbar.

Réz-véz, adv. barâbar, jûst (do port. JUSTO).

Rhagadas, s. f. pl. hât va pâmy phuṭṇem n.

Rhapsodia, *s. f.* suṭî kavitâ *f.; visaṁgat* bhâshaṇ *n.*

Rhapsodico, *a.* visaṁgat, abaddh.

Rhapsodista, *s. m. e f.* visaṁgat kavitâ kartalo.

Rhetorica, *s. f.* alaṁkâravidyâ, pravachanavidyâ *f.;* alaṁkâratamtr; subhâshhaṇ *n.* ‖ *Figuras de* —, śabdâlaṁkâr, alaṁkâr *m.* ‖ *Fazer* —, kavḍepârve sâṁguṁk.

Rhetoricamente, *adv.* alaṁkâravidyen.

Rhetoricar, *v. i.* alaṁkâravidye pramâṇeṁ ulaṁk va barauṁk, alaṁkâr karuṁk.

Rhetorico, *a.* alaṁkâravidyecho; alaṁkârî. ‖ *s. m.* alaṁkâravidyâjña, alaṁkârî.

Rheuma, *s. f.* rogvaṇî *n.*

Rheumatico, *a.* rogvaṇyâcho; vâtrogâcho; vâtrogî. ‖ *s. m.* vâtrogî. ‖ *V.* RHEUMATISMO.

Rheumatismal, *a.* vâtrogâcho, vâyâcho.

Rheumatismo, *s. m.* remâtijm, vây, vât, vâtrog, dhanurvât. ‖ — *articular,* saṁdhivât *m.*

Rheumoso, *a.* rogvaṇyâcho.

Rhinalogia, *s. f.* nâkâchî duḥkh *f.*

Rhinoceronte, *s. m.* gaṁḍ *m.*, gaṁḍmerûṁ, gaṁḍrûṁ *n.* ‖ *Chifre de* —, khaḍg *m.*

Rhinorrhagia, *s. f.* nâkâṁtlyân ragat vâhvṇeṁ *n.*

Rhinorrhea, *s. f.* nâk vâhvṇeṁ *n.*

Rhizantho, *a. (bot.)* mulâṁt jâtalo.

Rhizographia, *s. f. (bot.)* pâlavarṇan *n.*

Rhizophago, *a.* pâlabhojî.

Rhombico, rhombiforme, *a.* vishamachaturasra.

Rhombo, *s. m. (geom.)* vishamachaturasra *n.*, vishamachaturbhuj *m.*

Rhonco, *s. m.* ghargharî *f.*

Rhuibarbo, *s. m.* rubârb *m.*, revas-*n.*, revchinî *f.*

Rhum, *s. m.* ram *n.*

Rhythmica, *s. f.* tâlavidyâ *f.*

Rhythmico, *a.* tâlâcho, tâlbaṁd.

Rhythono, *s. m.* tâl *m.*, mâp *n.*

Ria, *s. f.* naṁhîcheṁ toṁḍ *n.*

Riacho, *s. m.* lahân naṁhî, poṁy *f.*

Riba *s. f.* taḍ; naṁhî sarśilî ḍoṁgrî *f.;* mâtho *m.* ‖ *Em* —, vayr.

Ribaldaria, ribaldia, *s. f.* nâḍ, dagal, ṭhakbâjî *f.*, kapaṭ, bâshkaḷpaṇ *n.*

Ribaldo, *a. e s. m.* nâḍgo, kapaṭî, dagalbâjî, chorṭo, ghâtkî.

Riba-mar, *s. f.* daryâchî taḍ, veḷ *f.* ‖ *Á* —, taḍîr.

Ribança *(desus.),* **ribanceira,** *s. f.* kaḍsyâchî taḍ *f.*

Ribeira, *s. f.* poṁy *f.*, vhaḍlo vahâḷ *m.;* khâjan *n.;* naṁhî kaḍsilo mâsḷecho tiṁṭo *m.; (ant.)* târvâṁ sârkîṁ karchî taḍ *f.*

Ribeirada, *s. f.* udkâcho loṭ *m.;* vahâḷî *f.*

Ribeirinha, *s. f.* vahâḷî, saṁgrî *f.*

Ribeirinho, *a.* naṁhîṁt jiyetalo, bhoṁvtalo; naṁhî baglek râvtalo. ‖ *s. m.* reṁv vâhytalo kâbâḍî.

Ribeiro, *s. f.* vahâḷ *m.*

Ribete, *s. m.* pâṭ *m.*, paṭṭî; poṁy *f.*

Ribombar, *v. i.* *V.* RIMBOMBAR.

Ribombo, *s. m.* *V.* RIMBOMBO.

Ricaço, *a. e s. m.* vhaḍ giresth, hajârkâr, lâkhâṁcho dhanî.

Ricamente, *adv.* gireskâyen; *(fig.)* dabâjyân, ḍaulân.

Ricanho, *a. e s. m.* sugrâtî giresth.

Riçar, *v. t.* (keṁs) vaḷuṁk. ‖ *V.* ENRIÇAR.

Richarte, *a. e s. m.* teṁḍû, ghâṭṇo (*litt.* MÃO DE GRAL).

Ricino, *s. m. (bot.)* eraṁḍ. ‖ *Semente de* —, eraṁḍî *f.* *Oleo de* —, eraṁḍel *ou* enḍel *n.*

Rico, *a.* giresth, dhanvat, âsto, âstik, arthvaṁt, lakshmîvaṁt, saṁpattivaṁt, sapuṇik, chakravatî, padest, daulatdâr; *abundante:* bharlalo, saṁpaṇn *(em comp.),* may *(em comp.); fertil:* pikâcho, pikâḷo; *precioso:* uṁchâ molâcho, amolîk; *esplendido:* thor, uttam, dabâjyâcho; *satisfeito:* kuśâl, saṁtoshî. ‖ *s. m.* giresth, ḍuduvâṁkâr, hajârkâr. ‖ *Mau* —, hiṁṭo giresth.

Riço, *s. m.* (keṁsâṁcheṁ) pûrn; vaḷḷale laṁvecheṁ lugaṭ *n.*

Ricochetar, *v. i.* âḍḷûn usḷuṁk.

Ricochete, *s. m.* âḍḷûn usaḷṇeṁ, basûn uḍṇeṁ *n.* ‖ *De* —, parton, parton yevûn; âḍvo *(a.),* pâlso *(a.).*

Rico-homem, *s. m.* gṛihasth, damdâr, hajârkâr.

Ridente, *a.* hâṁsto, hâṁstyâ mukhâcho. ‖ *V.* VICEJANTE.

Ridiculamente, *adv.* nirarthîṁ, śobhrobh nâstânâ.

Ridicularia, *s. f.* hâṁsyâcheṁ kâm, kartûb *n.;* kirkoḷ vast- *f.*, mol *n.*, nirarth *m.*

Ridicularisar, ridiculizar, *v. t.* keṁḍuṁk, toṁḍuṁk, cheshṭâyo-, naklâṁ karuṁk *(g. do o.),* hurrevḍî-, soṁg karuṁk *(g. do o.)*, viṭaṁbuṁk. ‖ *v. r.* kemḍnecho-, hâṁsyâṁcho mâl jâvuṁk.

Ridiculo, *a.* hâṁsyâcho, kemḍnecho, vilakshaṇ; kirkoḷ, halko, nirarthî *ou* nirartho, pokhḷo. ‖ *s. m.* hâṁsyâcho manîs, kemḍnecho mâl *m.*; hâṁsyâcho aguṇ *m.*, nirarthî khoḍ; kemḍnî, toṁḍnî *f.* ‖ *Metter a —*, kemḍuṁk, kemḍnecho-, hâṁsyâcho mâl karuṁk. *Prestar-se ao —*, hâṁsyâcho mâl jâvuṁk.

Ridor, *a. e s. m.* hâṁstalo, hâṁsṇâr, phakâṁḍî, khebaḍî.

Rifa, *s. f.* sortî *ou* soḍtî ghâlṇeṁ *n.* ‖ *V.* RIFADA.

Rifada, *s. f.* ekâ raṁgâchyo gaṁjiphî *f. pl.*, ekâ korâchiṁ *(port.* CÔR), kârtâṁ *(port.* CARTA) *n. pl.*

Rifador, *a. e s. m.* sortî ghâltalo.

Rifão, *s. m.* mhaṇṇî, opâr *f.*, âhṇeṁ *n.*, * ślok *m.*

Rifar, *v. t.* sortî *ou* soḍtî ghâluṁk *(d. do o.)*.

Rigidamente, *adv.* kharâyen, kharkasâyen.

Rigidez, *s. f.* nibrây, nibrâsâṇ, kaṭhiṇây *f.*, tâṭho *m.*, tâṭhepaṇ *f.*; kharây, bârkây *f.*, sutrîpaṇ *n.*; kharkasây, dâruṇây, tiksâṇ *f.*, karḍepaṇ *n.* ‖ *— cadaverica*, vâtaḍây *f.*

Rigido, *a.* nibar, ghaṭṭ, kaṭhîṇ; tâṭho, bhâjaḍ, vâtaḍ; khar, dâruṇ, kharkas, karḍo.

Rigoliz, *s. f. V.* REGOLIZ.

Rigor, *s. m.* baḷ *n.*, ghaṭṭây *f.*, jor, neṭ, tol *m.*; *inflexibilidade:* tâṭhepaṇ *n.*, bhâjaḍây, vâtaḍây; *severidade:* kharkasây, dâruṇây, nishṭurây; *exactidão:* kharây, bârkây *f.*; sutrîpaṇ *n.*; *sentido preciso:* nîṭ arth *m.*; *auge do frio:* kâkaḍî *f.*; hiṁvâḷo; *intenso calor:* kaḍh *m.*, bhargatî garmî *f.* ‖ *Em —*, *V.* RIGOROSAMENTE.

Rigorismo, *s. m.* kharkasây, kharây *f.*, karḍepaṇ *n.*; nibar nît *f.*

Rigorista, *a. e s. m. e f.* kharkas, khar manîs.

Rigorosamente, *adv.* kharkasâyen, kharây dâkhaun,- khâvaun; barâbar, nîṭ.

Rigorosidade, *s. f.* kharkasây kharây *f.*, karḍepaṇ *n.*

Rigoroso, *a.* nibar, khar, kharkas, khaḍchar *ou* khaḍtar, kaḍkaḍit, karḍo; *cruel:* dâruṇ, nishṭur; *difficil de supportar-se:* kaṭhîṇ, nibar; *minucioso:* bârîk, sutî; *exacto:* barâbar, nîṭ.

Rijamente, *adv.* nibrân, neṭân; vhaḍlyân.

Rijeza, *s. f.* nibrây, nibrâsâṇ, ghaṭṭây, bhâjaḍây, kaṭhiṇây; kharây, dâruṇây *f.*

Rijo, *a.* nibar, ghaṭṭ, bhâjaḍ, tâṭho, vâtaḍ; *robusto:* baḷâdik, ghaṭṭ, dâṁḍgo; *intenso:* nibar, khar, jabar; *severo:* nirvâṇî, kaṭhiṇ, khar. ‖ *— de animo*, nirvâṇî, dhairyavaṁt, chhâtîdâr. *De —*, nibrân, baḷân; vhaḍlyân, moṭyâ ṭâḷyân. ‖ *adv. V.* RIJAMENTE.

Rilhador, *a. e s. m.* dâṁsâvṇo, kâṁtauṇâr.

Rilhadura, *s. f.* dâṁsâvṇî, kâṁtauṇî *f.*

Rilhar, *v. t.* kâṁtaun khâvuṁk, kâṁtauṁk, dâṁsâvuṁk, kuḍkuḍâvuṁk; guṇguṇûn khâvuṁk.

Rilheira, *s. f.* sonârâchî âytî *f.*

Rilheiro, *s. m.* udkâcho bhoṁvro; peṁḍko *m.*

Rim, *s. m.* pârî *f.*, âṁtrekoś *m. pl.*, gurd *m.* ‖ -s, *pl.* peṁkaṭ *n.*, kaṭi *f.* ‖ *Dor nos —*, *V.* LUMBAGO.

Rima, *s. f.* yamak *m. ou n.*; *fenda:* dhâḷ, ver *f.*; *pilha:* peḷo, puṁjo *m.* ‖ -s, *pl.* charaṇ *m. pl.*, padâṁ *n. pl.*

Rimado, *a.* yamakâcho.

Rimador, *a. e s. m.* yamakâṁ kartalo, padâṁ ghaḍtalo, kavi.

Rimance, *s. m. (ant.) V.* XACARA.

Rimar, *v. t.* (padâṁ) ghaḍuṁk, (kavitâ, kavan) karuṁk ‖ *— olhos com bugalhos*, vâyṭ ślok karuṁk; *(fig.)* âlopâlo sâṁguṁk. ‖ *v. i.* yamak paḍuṁk,- meḷuṁk *(g. do s.)*; *(fig.)*, sarî jâvuṁk.

Rimbombar, *v. i.* gâjuṁk, sâdâvoṁk; gaḍgaḍuṁk *(o trovão)*.

Ribombo, *s. m.* gâj *f.*, sâd; gaḍgaḍ, gaḍgaḍo *m.*

Rimoso, *a.* dhâḷiṁcho, verelalo, phuṭoḷyo paḍlalo.

Rincão, *s. m.* konso *m.*

Rinchada, *s. f. V.* CACHINADA.

Rinchão, *a.* khaṁkâḷṇo, hisṁṇo.

Rinchar, *v. i.* khaṁkâḷuṁk, khaṁkâruṁk, khiḷkhiḷuṁk, hiṁsuṁk. ‖ *s. m. V.* RINCHO.

Rinchavelhada, *s. f.* hâṁsyâṁcho khaḷkhaḷ *m.*

Rincho, *s. m.* khaṁkâḷṇî, khiḷkhiḷṇî, hiṁsṇî *f.*

Ringir, *v. i. V.* RANGER.

Rinhão, *s. m. V.* RIM e GORDURA.

Rio, *s. m.* naṁhî *ou* nhaṁy, nad, siṁdhu. gaṁgâ *f.* ‖ *Braço de —*, naṁhicho phâṁṭo. *— de eloquencia*, śabdâṁcho loṭ *m.* *Os rios correm para o mar*, daryânt pâus.

Ripa, *s. f.* kâṁb, koṁḍṇî *f.; (ant.) V.* RIBA.

Ripado, *a.* piṁjârlalo. ‖ *s. m.* kâṁbâvṇî *f.*, kâṁbî *f. pl.*

Ripal, *a.* kâṁbiṁcho (khiḷo).

Ripançar, *v. t.* guṁṭhâvuṁk; kharvaḍuṁk. ‖ — *o linho*, saṇ piṁjâruṁk,- ugauṁk.

Ripanço, *s. m.* piṁjṇî, phaṇî *f.; ancinho:* dâṁto, guṁṭho, kharvaḍo; *preguiceiro:* âḍ paḍcho mach *m.*, sukhâsan *n.; pachorra:* sâvkâśây, phursad *ou* khursad *f.; livro de semana santa:* ripâṁs *m.* ‖ *V.* RIPADO. ‖ *Estar de* —, beshṭo âsuṁk, hât pâṁghrûn basuṁk. *Fazer as coisas com* —, mhasâgatîn kâm karuṁk. *Tocar o* —, mâr ghâluṁk, châr vâjauṁk.

Ripar, *v. t.* piṁjâruṁk; kharvaḍuṁk; kâṁbî mâruṁk *(d. do o.)*; kâṁbî karuṁk *(g. do o.)*.

Ripiado, *a.* bedyâṁcho.

Ripio, *s. m.* purṇecho beḍo; padâcho bharîcho śabd, âlele *m.*

Riqueza, *s. f.* gireskây *f.*, dhan, dhangireskây *(redup.)*, vitt, âstepaṇ *n.*, saṁpatti *ou* saṁpat, sapuṇikây, daulat, lakshmî, jâḍjoḍ, padestây *f.*, arth, duḍû, hâṭko, duḍûhâṭko *(redup.)*; *(fig.)* loṭ *m.*, uphâḷeṁ *n.*, saṁpûrṇây *f.*; ḍaul, dabâjo *m.*

Rir, *v. i.* hâṁsuṁk, hâṁso mâruṁk; hâṁstâso disuṁk, hâṁsteṁ mukh âsuṁk *(d. do s.)*; keṁḍuṁk, cheshṭâyo-, khebaḍâṁ karuṁk. — *a bandeiras despregadas*, kâkâḍâṁ mâruṁk, hâṁsyâṁcho khaḷkhaḷ karuṁk. — *até rebentarem as ilhargas*, hâṁsûn poṭâṁt duḥkh yevuṁk *(g. do s.)*. — *na cara ou nas barbas*, toṁḍuṁk. — *á socapa*, lipaun hâṁsuṁk. *Fazer* —, hâṁsauṁk. ‖ *v. t.* hâṁsuṁk *(d. do o.)*. ‖ *v. r.* hâṁsuṁk; *(fig.)* piṁjuṁk, toṁḍ ughḍuṁk *(litt.* ABRIR A BOCCA). ‖ *s. m. V.* RISO.

Risada, *s. f.* hâṁsṇeṁ *n.*, hâṁso *m.*; kâkâḍ *n.*

Risbordo, *s. m.* târvâche kuśîcheṁ ḍâr *n.*

Risca, *s. f.* rîsk, regh, rekhâ, gîṭ *(us. Can.) f.*; mâgo, bhâṁg *(— de cabellos) m.* ‖ *V.* SULCO. ‖ *Á* —, jûst *(port.* JUSTO), barâbar, sâṁkeṁ.

Riscado, *a.* reghâṁcho, pâṭâṁcho. ‖ *s. m.* phophḷyâṁcheṁ lugaṭ *n.*

Riscador, *a. e s. m.* regho mârtalo, reghṇâr *m.*; reghṇî *f.*

Riscadura, *s. f.*, **riscamento**, *s. m.* reghṇeṁ *n.*; regh *f.*

Riscar, *v. t.* risko-, regho mâruṁk,- oḍhuṁk *(d. do o.)*, reghuṁk, rekhuṁk; *apagar com riscos:* kâtruṁk, chiruṁk, pusuṁk; *eliminar:* mekhuṁk, chheduṁk; *marcar:* âṁkuṁk, khuṇâvuṁk; *expulsar:* kâtrûn uḍauṁk, bhâyr ghâluṁk. ‖ *v. i.* aṁtruṁk. ‖ *v. r.* pusoṁk; gaḷuṁk; kuśîn-, bhâyr saruṁk.

Risco, *s. m* rîsk, regh *f.*, phâṁṭo *m.*; âṁkṇî *f.*; khardo, nakso; *perigo:* rîsk, bhay, kâḷ, ḍag, dhako, jokh, saṁdhev *m.*, jakhîm; apamṛitya *(— grave) n.* ‖ *Á ou com — de*, dubhâvâr, saṁdhevân. *A todo o* —, jarûr, gaḷâr jîv ghâlûn.

Risibilidade, *s. f.* hâṁscho guṇ *m.*, hâsanaśakti *f.*

Risivel, *a.* hâṁsauṁcho; hâṁscho, hâṁsyâcho.

Risivelmente, *adv.* hâṁscheṁ jâvûn,- paḍûn.

Riso, *s. m.* hâṁsṇeṁ *n.*; hâṁso *m.*; keṁḍṇî, toṁḍṇî *f.* ‖ — *alvar*, pisyâcho hâṁso. *Causar* —, hâṁsuṁk lavuṁk. *Metter a* —, khebaḍâṁ karuṁk. *Morrer de* —, hâṁsûn harḍemphûṭ jâvuṁk. *Ter bocca de* —, hâṁsteṁ mukh âsuṁk *(d. do s.)*.

Risonhamente, *adv.* hâṁsûn, khuśî jâvûn.

Risonho, *a.* hâṁsto, hâṁstyâ mukhâcho; khuśî, prasann, ullâsî, âṇaṁdî; *deleitoso:* goḍ, dulabh, naṁdanik. ‖ *V.* ESPERANÇOSO.

Risota, *s. f.* keṁḍṇecho hâṁso, hâṁsyâṁcho mâl; hâṁsyâṁcho khaḷkhaḷ *m.*

Risote, *s. m. e a.* khebaḍî, phakâṁḍî.

Rispidamente, *adv.* kharâyen, dâruṇâyen.

Rispidez, rispideza, *s. f. s. f.* kharây, kharkasây, dâruṇây *f.*, karḍepaṇ *n.*; kharkharitây *f.*

Rispido, *a.* khar, kharkas, khaḍchar, dâruṇ, ugr; khaḍkhaḍit, kharkharît, kharbarît, charcharît.

Riste, *s. m.* bhâlyâcho lâg, ghoḍo *m.*

Rito, *s. m.* rît, parvaḍ, kriyâ *f.*, karm, devkârya, anushṭân; âcharaṇ, vidhân *n.*, vidhi, âchâr, saṁskâr, niyam, sevâdharm *m.* ‖ *V.* CULTO.

Ritornello, *s. m.* dhrupad *n.*

Ritual, *a.* rîticho, saṁskârâcho, vidhirûp. ‖ *s. m.* paddhat *f.*, saṁskârśâstr *n.*, karmavidhi, prârthanamârg *m.*

Ritualismo, *s. m.* karmapaddhati *f.*; rîticho mog *m.*

Ritualista, *s. m.* saṁskârśâstrî; rîtik saṁvkalalo.

Ritualmente, *adv.* rîti pramâṇeṁ.

Rival, *a.* savto, pratiyogi, virodhî, spardhî, *isâḷû. ‖ *s. m.* pratiyogî, pratipaksh, harîph.

Rivalidade, *s. f.* savtepaṇ *n.*, isâḷo, saṁghaṭṭ, hevo *m.*, dusaṁg *n.*, khâṁdâkhâṁd *m.;* hariphî; sar, dekhodekhî, vaḍhâvaḍh; âdâvat, duśmânkây *f.*, virodh *m.*, vair *n.* ‖ *V.* CIUME.

Rivalizar, *v. i.* jujuṁk, dusaṁguṁk, ekâmekâr paḍuṁk, viruddhuṁk; varto-, adhik jâvuṁk śodhuṁk; sarî jâvuṁk, lâguṁk. ‖ *v. t.* dusaṁgâvuṁk, vaḍhâvaḍhîk ghâluṁk; sarî karuṁk, toluṁk.

Rixa, *s. f.* jhagḍeṁ *n.*, taṁṭo, khaṭlo, vivâd *m.*, lâṭâguṭî, kaḷ, pheṭ *(do ingl.* FIGHT*) f.* *Andar de* —, aṁtruṁk, dusaṁguṁk, nâ paḍuṁk *(d. do s.).*

Rixador, *a. e s. m.*, **rixoso**, *a.* jhagḍekâr, taṁṭekâr, jujârî, vâdhaṁgyo, vivâdî.

Rixar, *v. i.* jhagḍuṁk, jujuṁk, taṁṭe karuṁk, bhâṁḍuṁk, vivâduṁk.

Rizes, **rizos**, *s. m. pl.* *(naut.)* śiḍâṁchyo śikiyo *f. pl.*

Roaz, *a.* roṁvthûn khâtalo, girâstalo. ‖ *V.* DESTRUIDOR.

Robalo, *s. m.* *(zool.)* râṁvas *m.*

Roble, *s. m.* *(bot.)* siṁdûr *m.*

Roboração, *s. f. V.* CORROBORAÇÃO.

Roborante, **roborativo**, *a.* baḷ divuṁcho, ghaṭṭâyecho; *(fig.)* thîr karcho, thirâvuṁcho.

Roborar, *v. t.* baḷ divuṁk *(d. do o.)*, ghaṭṭâvuṁk; *(fig.)* thirâvuṁk, dṛiḍhâvuṁk, ṭharâvuṁk.

Roboredo, *s. m.* siṁdurâṁcheṁ râṇ *n.*

Robustamente, *adv.* ghaṭṭâyen, baḷân, trâṇân.

Robustecer, *v. t.* ghaṭṭâvuṁk, baḷ-, trâṇ divuṁk *(d. do o.).* ‖ *v. i. e r.* ghaṭṭ jâvuṁk, gat-, baḷ ghevuṁk; *(fig.)* chaḍhuṁk, thoruṁk.

Robustez, **robusteza**, **robustidão**, *s. f.* ghaṭṭây, gat, dâṁḍgây *f.*, dâṁḍgepaṇ; *(fig.)* tej, baḷ *n.*, trâṇ *m.*

Robusto, *a.* ghaṭṭ, jarâvar, dâṁḍgo, trâṇî, baḷkaṭ, sabaḷ, mardikâr; *sadio:* baḷkaṭ, rokh, mâṇkulo; *solido:* nibar, akhaṁḍ; *grosso:* moṭo, dhamkaṭo; *intenso:* thîr, kaṭhîṇ; *firme:* thîr, dṛiḍh.

Roca, *s. f.* bhoṁvrî *f.*; khaḍap *n.*; *(naut.)* kuṁvyâche bhomvtaṇechî khâṁblî *f.*

Roça, *s. f.* bheṁḍṇî; ghâṁsṇî *f.*: rân, isoḷeṁ *n.*, ghol *m.*; śet *n.*, bhûṁy *f.*

Rocada, *s. f.* bhoṁvrîbhar sût *n.;* bhoṁvrecho phâr *m.*

Roçadela, *s. f. V.* ROÇADURA.

Roçado, *a.* bheṁḍlalo. ‖ *s. m.* râṇâṁtlî bakhaḷ *f.*

Roçadeira, *a. e s. f.* rân mârchî koytî, pâyḷ *(us. N. C.) f.*

Roçador, *a.* bheṁḍuṁk upkârto. ‖ *s. m.* bheṁḍṇâr, râṇ mârtalo.

Roçadura, *s. f.* ghâṁsṇî, jharauṇî; jheṁjarṇî, gâṁj *f.*

Roçagante, *a.* dharṇîr loḷtalo (nesaṇ).

Roçagar, *v. i. V.* ROÇAR.

Rocal, *s. m.* gaḷesarî *f.*

Rocalha, *s. f.* pirḍûk *f.*, phoḍo *m.*

Roçamento, *s. m. V.* ROÇADURA.

Roçar, *v. t.* bheṁḍuṁk, bheṁḍsuṁk, kâtruṁk, (rân) mâruṁk; *friccionar:* ghâṁsuṁk, ghaṁsṭuṁk, kâṁdruṁk; *gastar (fato):* jharauṁk, laṁv kâḍhuṁk *(g. do o.).* ‖ *v. i. e r.* ghâṁsoṁk, jharuṁk, jharkaṭuṁk, ghasruṁk, ghaṁsṭoṁk, jheṁjruṁk.

Rocega, *s. f.* nâṁgar pâgṇeṁ; nâṁgar pâgcheṁ dor *n.*

Rocegar, *v. t.* (daryâṁt paḍlalyo vastû) pâguṁk.

Roceiro, *s. m.* rân bheṁḍṇâr; kuḷvâḍî.

Rocha, *s. f.* khaḍap, taḷap *n.* ‖ *Coração de* —, pâkhaṇî kâḷîj.

Rochaz, *a.* khaḍpâṁnîṁ jâtalo,-jiyetalo.

Rochedo, *s. m.* khaḍap *n.*

Rocheiro, *a. V.* ROQUEIRO.

Rociada, *s. f.* dav *m.* ‖ *V.* CHUVEIRO.

Rociar, *v. t.* davâṁt bhijauṁk,-bharuṁk; *(fig.)* śiṁvrâvuṁk, śitoḍâvuṁk. ‖ *v. i.* dav paḍuṁk; śitoḍuṁk śiḍśiḍuṁk.

Rocim, *s. m.* taṭû *m.;* ghoḍkûl *n.*

Rocinante, *s. m.* ghoḍkeṁ, ghoḍkûl *n.*

Rócio, *s. m.* dav, tushâr *m.*

Rocio, *s. m.* vhaḍ chanpeṭ *f.*, -chauk *m.*

Rocioso, *a.* davâcho.

Rooló, *s. m.* roklo *m.*, âṁgleṁ *n.*

Roda, *s. f.* rod, châk, chakr; rahâṭ *(— de machina) n.; volta:* bhoṁvâḍo, bhoṁvar; *circulo de pessoas:* mâṁḍ *m.*, maṁḍaḷî, paṁgat *f.; talhada de fructos:* kâp *n.*, chaktî *f.; circumferencia:* ghero, phero, âṭo *m.; cercadura:* bhoṁvtaṇ *f.; cylindro de loteria:* sortîṁcheṁ rahâṭ; *espaço de tempo:* poṭ *(ex.: na roda do anno,* varshâpoṭîṁ) *n.;*

cauda: śeṁpâḍo. || — *fatal,* lakṭo *m.*, — *da fortuna,* saṁsârâche râjghaḍe *m. pl. Andar a —,* sortî kâḍhuṁk. *Desandar a — (fig.),* lakṭo phuṭuṁk. *Fazer —,* bhoṁvtiṁ râvuṁk. *De —, em —, á —,* bhoṁvtiṁ, sabhavtiṁ. *Em — viva,* thâṁba nâstânâ, phudneṁ teṁkai nâstânâ. *Untar as rodas,* hât dâmuṁk *(litt.* APERTAR A MÃO), loṁch khâvauṁk,- ghâluṁk.

Rodado, *a.* châk-, ghero âslalo; chakrâkâr. || *Chão —,* châkâche mâg âslalî jamîn. *Medida rodada,* kâplaleṁ mâp. || *s. m.* ghâgryâcho ghero,- âṭo *m.*

Rodagem, *s. f.* rahâṭâṁ *n. pl.*

Rodamontada, *s. f. V.* BRAVATA.

Rodante, *a.* bhoṁvto, girgirto.

Rodapé, *s. m.* bâjechyâṁ khurâṁcho paḍḍo *m.*

Rodar, *v. t.* bhoṁvḍâvuṁk, ghuṁvḷâvuṁk, girgirâvuṁk; rahâṭâchi khâst divuṁk *(d. do o.).* || *V.* RODEAR. || *v. i.* bhoṁvuṁk, bhoṁvtiṁ chaluṁk, girgiruṁk, ghumvḷuṁk; châkâṁr bhoṁvuṁk; *cahir rebolando-se:* gaḍgaḍûn-, dhaḍbaḍûn paḍuṁk; *ennovelar-se:* revḍoṁk, kavḷoṁk; *andar em carro:* gâḍiyen bhoṁvuṁk; *fazer circulo:* bhoṁvtiṁ âsuṁk,- râvuṁk. || *Roda! (int.),* balâv ghevûn vach, vâṭek lâg. || *s. m.* gaḍgaḍ *m.* || *V.* DECURSO.

Rodar, *v. t. e i.* oḍhṇyân puṁjâvuṁk,- ekṭhâṁy karuṁk.

Rodeamento, *s. m.* veḍhṇî *f.*; veḍho, bhoṁvâḍo *m.*

Rodear, *v. t.* bhoṁvtiṁ bhoṁvuṁk *(g. do o.),* veḍhuṁk, veshṭuṁk; *fazer rodar:* bhoṁvḍâvuṁk; *cercar:* aḍuṁk, veṁṭuṁk; *percorrer em diversos sentidos:* heṇeṁteṇeṁ-, vayrsakal bhoṁvuṁk. || *v. r.* âple bhoṁvtiṁ ghevuṁk,- davruṁk. || — *de boa gente,* baryâ lokâ madheṁ bhoṁvuṁk. || *s. m. V.* RODEIO.

Rodeio, *s. m.* aḍṇî, veḍhṇî, veṁṭṇî *f.*; bhoṁvâḍo, veḍho, phero *m.*, girmeṭ *n.*; *circumloquio:* girkâṁḍo *m.*, charpaṭ *n.*, vakrokti *f.* || *V.* SUBTERFUGIO.

Rodeira, *s. f.* gâḍyâṁchî vâṭ *f.*; gâḍyâṁcho mâg *m.*

Rodeiro, *a.* châkâṁk upkârto. || *s. m.* châkâṁcho joḍ *m.*

Rodelhas, *s. f. pl. (naut.)* dorâṁche vâḷe *m. pl.*

Rodella, *s. f.* vâṭkuḷeṁ lagaḍ,- pâteṁ *n.*; vâṭî *f.*; vâṭkuḷo ḍhâl *m.*

Rodelleiro, *a. e s. m.* ḍhâlkâr.

Rodelo, *s. m. V.* TOMBA.

Rodeta, *s. f.* lahân châk *n.*

Rodete, *s. f.* sutâchî gâḍi *f.*

Rodicio, *s. m.* saitichem *(do port.* AÇOITE), chakr *n.*

Rodilha, *s. f.* chuṁbaḷ *f.*, nivṇeṁ; bhâṇśireṁ *n.*

Rodilhão, *s. m.* moṭî chuṁbaḷ *f.*; lahân châk *n.*

Rodilhar, *v. t. V.* ENRODILHAR.

Rodizio, *s. m.* khurâchî gâḍî *f.*

Rodo, *s. m.* oḍhṇeṁ, garḍî phaḷeṁ *(us. Can.) n.* || *A —,* râśiṁnîṁ, khâṁḍiyâṁnîṁ.

Rodofolle, *s. m. V.* REDEFOLLE.

Rodoiça, *s. f.* chuṁbaḷ *f.*

Rodopelo, *s. m. V.* RODOPIO. || *Ao —,* bhoṁvtaṇîṁ, bhoṁvryân.

Rodopiar, *v i.* ghuṁvâḷyo ghâluṁk, bhoṁvar mâruṁk, girgiruṁk.

Rodopio, *s. m.* ghuṁvâḷî *f.*, bhoṁvar; keṁsâṁcho bhoṁvro *m.*; ghuṁvaḷ, birmirî *f.* || *Andar num —,* ghuṁvâḷyo ghâluṁk; phudneṁ nâ teṁkauṁk.

Rodovalho, *s. m. (zool.)* bhuṁyârî *f.*

Rodura, *s. f.* oḍhṇyân puṁjâvṇeṁ *n.*, oḍhṇî *f.*

Roedor, *a.* kâṁtauṇo, châṁchâvṇo; *(fig.)* khâtalo, roṁvṭhitalo, kiḍâvṇo. || *Verme —,* aṁtashkarṇâcho kiḍo *m.* || -es, *m. pl.* kâṁtauṇyo monjîtî *f. pl.*

Roedura, *s. f.* kâṁtauṇî, châṁchâvṇî, dâṁsâvṇî; jheṁjarṇî *f.*, jheṁjrap *n.*

Roel, *s. m. V.* ARRUELA.

Roer, *v. t.* châṁchâvuṁk, dâṁsâvuṁk, kâṁtauṁk, karḍuṁk, korâvuṁk, roṁvthuṁk; *mascar:* châbḍâvuṁk; *causar attrito:* jheṁjrâvuṁk; *corroer:* khâvuṁk, jharauṁk; *minar:* roṁvthuṁk. || *Dar um osso a — (fig.),* hâḍ uḍauṁk. || *v. i.* korâvuṁk, kâṁtauṁk *(vv. tt.).*

Rofo, *a.* karḍo, kharkharit, khaḍbaḍit. || *s. m.* mirî, doḍî *f.*

Rogações, *s. f. pl.* mâyâchyo ladinîṁ *(litt.* LADAINHAS DE MAIO) *f. pl.*

Rogador, *a. e s. m.* mâgtalo, mâgṇâr, mâgṇekâr, prârthak.

Rogal, *a.* âgṭyâcho; chitecho.

Rogar, *v. r.* mâguṁk, prârthûn mâguṁk, prârthuṁk, vinauṁk. || *Fazer-se — ou rogado,* prârthuṁk lâvuṁk. — *pragas,* gâḷî savuṁk. || *v. i.* mâguṁk, prârthan karuṁk, pâṁyâṁ paḍuṁk *(litt.* CAHIR AOS PÉS).

Rogativa, *s. f.* mâgṇeṁ, prârthan *n.*

Rogativo, *a.* mâgṇyâcho, prârthanâcho, vinaticho.
Rogatoria, *s. f.* prârthan *n.*, vinati *f.*
Rogeira, *s. f. V.* RAGEIRA.
Rogo, *s. m.* mâgṇeṁ, prârthan *n.*, vinati *ou* vinaṁtî *f.* || *A —*, mâgṇyân.
Rojador, *a. e s. m.* barbarît chaltalo, sarpaṭṭalo.
Rojão, *s. m.* sarpaṭṇî, sarpaṭ; bhâjlale charbechî phoḍ *f.* || *A — ou de —*, barbarît barbaryâṁ, sarpaṭûn.
Rojar, *v. t.* oḍhûn-, loḷaun-, barbaryâṁ vharuṁk, sarpaṭâvuṁk; *arrojar:* uḍauṁk, loṭuṁk. || *v. i. e r.* sarpaṭuṁk, barbaryâṁ chaluṁk, -vachuṁk, loḷuṁk. || *s. m. V.* ROJO.
Rojo, *s. m.* sarpaṭ, sarpaṭṇî, loḷṇî *f.* || *A — ou de —*, barbaryâṁ, barbarît.
Rol, *s. m.* rol *m.*, paṭṭî, śivḍî *f.*, patr *n.*, nagjhâḍo *m.* || *A —*, kâgdâr mâṁḍûn, paṭṭiyer ghâlûn.
Rola, *s. f.* kavḍo *m.*
Rolante, *a.* bhoṁvto, girgirto.
Rolão, *s. m.* rolâṁv *m.*, gahâṁcheṁ kaṇereṁ piṭh *f.*
Rolar, *v. t.* ghuṁvḷâvuṁk, girgirâvuṁk, bhoṁvḍâvuṁk, phirauṁk; loṭuṁk, loṭûn-, loḷaun vharuṁk, gaḍgaḍâvuṁk. || *v. i. e r.* gaḍgaḍyâṁ-, loḷûn-, loṭon vachuṁk, gaḍgaḍuṁk; loḷuṁk, sarpaṭuṁk; *encapellar-se:* phuluṁk (daryâ); *fazer-se em rolo:* kavḷomk, kavḷo jâvuṁk *(g. do s.)*; *cantar (a rola):* kuṭûr ghâluṁk.
Rolda, *s. f. (ant.) V.* RONDA.
Roldana, *s. f.* gâḍî, kopî *f.*
Roldão, *s. m.: de roldão*, gaḍgaḍyâṁ, gaḍbaḍyâṁ.
Roldar, *v. t. V.* RONDAR.
Roleiro, *a.* phirto, ghuṁvaḷto. || *Mar —*, khubhḍallalo daryâ.
Roleta, *s. f.* paṇkheḷâcheṁ mej *n.*
Rolete, *s. m.* kavḷî *f.* || *— de canna*, perâṁ madhleṁ usheheṁ kâṁḍ *n.*
Rolha, *s. f.* guḍḍî *f.*, guḍḍo *(— grande) m.*, choṁbḍî, boṁt *f.*
Rolhado, *a.* guḍḍî mârlalo.
Rolhar, *v. t.* guḍḍî mâruṁk *(d. do o.)*.
Rolheiro, *s. m.* guḍḍyo kartalo, guḍḍyâṁkâr; udkâcho loṭ,- loṁḍho *m.* || *V.* PAVEIA.
Rolho, *a.* gulgulit, tuḍtuḍit, tutîṁ.
Roliço, *a.* kavḷo kaso; vâṭkûḷo; gulgulit, phugro, dumṇo, ṭumṭumit.
Rolo, *s. m.* rol, gol *m.*, kâṁḍî, lâṭṇî; kavḷî *f.*, kavḷo, bhiḍo *m.*, vaḷî, guṁḍâḷî, surḷî *f.*; guṁḍeṁ *(— de corda) n.*; *pacote:* peḷo *m.*, poṁḍhî *f.*, poṁḍoḷeṁ *n.*: *pavio de cera:* rol; *vagalhão:* kavḷo; *remoinho:* kavḷo; *macho de rola:* dâdlo kavḍo *m.*
Romagem, *s. f. V.* ROMARIA.
Roman, *s. f.* ḍâḷiṁb *n.*
Romana, *s. f.* ekâ tâṭâchi tâgḍî, ektâṭî *f.*
Romança, *s. f* jhâṁjhû *m.*
Romance, *s. f.* româṁs, kâdaṁbarî *f.*, thotâṁḍ, bhaṁḍpurâṇ, mâhâtmya *n.*; *fabula:* kahâṇî, kathâ, kalpitakathâ *f.*
Romancear, *v. t.* prakṛit bhâshen utruṁk; kâdaṁbarî karuṁk *(g. do o.)*; (parbhâsheche śabd) ghevuṁk.
Romanceiro, *s. m. V.* CANCIONEIRO.
Romancismo, *s. m.* kalpitakathâ *f.*
Romancista, *s. m. e f.* kâdaṁbarî kartalo,- sâṁgtalo, thotâṁḍî, nakalyo.
Romanesco, *a. V.* ROMANTICO.
Romania, *s. f.: de —*, ekâ phârân, gaḍ karûn.
Romanico, *a.* Romche rîticho.
Romanista, *s. m.* Romcheṁ dharmśâstr jâṇâr; lâtiṁ bhâshechyo prakṛitbhâsho jâṇâr.
Romanizar, *v. t.* Romche rîtin karuṁk; Romchyâṁ aksharâṁnîṁ barauṁk. || *V.* ROMANTIZAR.
Romanticamente, *adv.* kâdaṁbaren, kahâṇî kasî.
Romanticismo, *s. m. V.* ROMANTISMO.
Romantico, *a.* kâdaṁbarecho, thotâṁḍî, vilakshaṇ; adbhutapriya.
Romantismo, *s. m.* kâdaṁbarîrit *f.*
Romantizar, *v. t.* kâdaṁbarî-, thotâṁḍ karuṁk *(g. do o.)*.
Romanza, *s. f.* jhâṁjhû *m.*
Romanzeira, *s. f. (bot)* ḍâḷiṁb *f.*
Romaria, *s. f.* jâtrâ, tîrthjâtrâ *f.*
Rombamente, *adv.* barbaṭûn, kharḍûn; doḍepaṇîṁ.
Rombo, *a.* domas nâslalo,- moḍlalo, dhamkaṭo, maṇkuṭo; *(fig.)* boṁtho, jaḍ, uthaḷ, achitt, doḍo. || *s. m.* ḍoṁplo, bhoṁto, piṁpḷo *m.*, khâṁḍ; hât mârṇeṁ *n.*, sutlâvṇî *f.* || *V.* ARROMBAMENTO.
Romeira, *s. f.* jâtrekârṇ *f.*; moṭvo jhubo *m.*
Romeiro, *s. m.* jâtrekâr, tîrthak.
Rompante, *a.* utâvḷî, hurmaṭ; phiṭphiṭo, garvî, ahaṁkârî. || *s. m.* neṭ, kaḍh. *m.*, lâṁv *f.*, tiḍak *f.*
Rompedor, *a. e s. m.* toḍṇâr, phâḷtalo, piṁjtalo.
Rompedura, *s. f.* toḍṇî, moḍṇî *f.*, kuṭke karṇeṁ; piṁjṇeṁ, phâḷṇeṁ *n.*
Rompente, *a.* toḍtalo; âṁgâr yetalo, ghâlo ghâltalo.

Romper, *v. t.* todunik, dośinn karunik, modunik, phodunik, kutke karunik *(g. do o.)*, viskaṭârunk; *rasgar:* pinjunik, phâḷunik, phâḍunik, chhedunik; *sulcar, arrotear*, nâmgrunik, kâsunik; *penetrar:* topunik, khomunik, rigunik *(l. in do o.)*; *interromper:* moḍunik, khaḷaunik, *pisar:* maḷunik, mastunik; *infringir:* moḍunik; *desbaratar:* nâsâḍî karunik *(g. do o.)*, jikunik; *principiar:* arambhunik, âḍâvunik. ‖ — *as algemas, os ferros (fig.)*, sûṭ jâvunik. — *lanças*, jujunik. — *mattos*, rân mârunik,- bhendunik. — *segredo*, gûḍh phoḍunik.‖ *v. i.* âṅgâr paḍunik, uprâḷunik; *penetrar:* rigunik, bhitar sarunik; *começar:* lâgunik, śurû jâvunik; *apparecer:* phaṭ kan disunik; *provir:* jâvunik, yevunik; *surgir:* dishṭî paḍunik, udevunik; *prorromper:* phaṭ,- saṭ kan sarunik.‖ — *com alguem*, duśmân jâvunik, jhagḍunik. ‖ *v. r.* tuṭunik, moḍonik, phuṭunik, viskaṭunik, tiskaṭunik; pinjonik; *fenderse:* ugḷunik, dośinn jâvunik; *cessar:* moḍunik, thâmbunik. ‖ *s. m.* udevṇî, ugvaṇ *f.*

Rompimento, *s. m.* tûṭ, phûṭ *f.*; khâvṭem, khâṇḍ; dusang *n.*, tanto *m.* ‖ *V.* DESTROÇO.

Romular, *s. m. V.* REMOLAR.

Ronca, *s. f.* ghorevṇî, gharghari; tâvdârkî, mijâs, phaḍâ *f.*; garyâncho joḍ *m.*

Roncador, *a. e s. m.* ghorevṇâr; gharghartalo; *(fig.) V.* FANFARRÃO.

Roncadura, *s. f. V.* RONCO.

Roncar, *v. i.* ghorevunik, ghargharunik, ghurmevunik; ghonghevunik, gâjunik *(— o mar)*. ‖ *V.* BLAZONAR.

Roncaria, *s. f.* ghorevṇî, ghurmevṇî *f.* ‖ *V.* BRAVATAS.

Ronçaria, *s. f.* manḍchâl, manḍgati, manḍây *f.*, dhimepaṇ; mengepaṇ *n.*, âḷsây, jaḍây *f.* ‖ *V.* INCURIA.

Roncear, *v. i.* jaḍâyen chaḷunik; mengepaṇîn kâm karunik, veḷ kâḍhunik, lâmbâyo karunik.

Ronceiramente, *adv.* manḍâyen, jaḍâyen, mengepaṇîn.

Ronceiro, *a.* dhimo, manḍchâlîcho, manḍgaticho; manḍ, mengo, âḷśî, jaḍ.

Roncice, *s. f.* jaḍây *f.*, mengâpaṇ *n.*

Ronco, *a. (ant.) V.* ROUCO. ‖ *s. m.* ghorevṇî; ghurmî, gharghari; gâj, ghonghevṇî *(— do mar)*: *(fig.)* tâvdârkî, mijâs *f.*

Roncolho, *a.* ekâ âmḍâcho, eke pâriyecho.

Ronda, *s. f.* ronḍ *n.*, gast, pherî *f.*; pheryâcho nâch *m.*

Rondador, *a. e s. m.* ronḍ kartalo, gastkarî.

Rondão, *s. f.*: *de —*, *V.* ROLDÃO.

Rondar, *v. t. e i.* ronḍ-, gast karunik *(d. do o.)*, pherî mârunik *(d. do o.)*; *vigiar:* râkhunik, râkhaṇ karunik *(g. do o.)*; *passar em volta de:* bhonvtîn bhonvunik *(rad. do o.)*; bhonvâḍe ghâlûn tarjunik.

Ronha, *s. f.* saḍî, kathlî *f.*, vâḍem *n.* ‖ *V.* VELHACARIA.

Ronhoso, *a.* saḍî jâlalo, saḍlalo. ‖ *V.* MALICIOSO.

Ronqueira, *s. f.* kaḷśâm *n. pl.*, gharghari *f.*

Ronquenho, *a.* ghoretalo, gharghari lâglalo.

Ronquidão, *s. f.*, **ronquido**, *s. m.* gharghari *f.*

Roque, *s. m.* hattî *m.* ‖ *Sem rei nem — (fig.)*, śirṭobhiḍto nâstânâ, ubhantarîn.

Roqueiro, *a.* khaḍpâcho; khaḍpâr âslalo; khaḍpâ sârko; bhonvrer sûṭ kâmtaitalo.

Roquete, *s. m.* roket *f.*; tikṭem *n.* ‖ *Em —*, trikoṇîn.

Ror, *s. m.* râs, tâmḍî *f.*, ḍongar *m.*

Rorante, **rorejante**, *a. (poet.)*, davâcho.

Rorejar, *v. t. (poet.)*, (dav) gaḷaunik; śinvrâvunik. ‖ *v. i.* gaḷunik.

Rorido, *a. (port.)*, davâmt bhijlalo.

Rorifero, *a. (poet.)*, davâcho.

Rosa, *s. f.* roj *n.*, gulâb *m.*, gulâbphûl *n.*; gulâbî rang *m.* ‖ — *de oiro* bhângârâchem roj. *Agua de rosas*, gulâbî pâṇîm *n.* *Essencia de rosas*, attar *n* *Mar de rosas*, thanḍ daryâ. *Nadar em maré de rosas*, sukhâmt jiyevunik. ‖ *a* gulâbî.

Rosaceo, *a.* gulâb kaso; gulâbrangî

Rosado, *a.* gulâbî, gulâbrangî; rojâncho.

Rosal, *s. m.* gulâbâmcho maḷo *m.*

Rosalgar, *s. m.* manśîḷ *f.*

Rosalgarino, *a.* manśiḷâcho.

Rosario, *s. m.* rujây, kont *(do port* CONTAS), kontmâḷâ, mâḷâ, japmâḷâ, samaraṇî *f.*; *(fig.) V.* ENFIADA.

Rosca, *s. f.* nâgmoḍ *f.*, revaḍ *n.* vaḷ *m.*; konḍḷem, kavaḷnem *ou* kavṇem *n.*; vaḷlalo unḍo *m.*‖ *V.* BEBEDEIRA.

Roscido, *a.* *(poet.)*, davaṁt bhijlalo.
Roscio, *s. m.* dav *m.*
Roscioso, *a.* davâcho.
Roseira, *s. f.* roj *f.*, gulâb *m.*, gulâbâcheṁ jhâḍ *n.*
Roseiral, *s. m.* *V.* ROSAL.
Roseo, *a.* gulâbî.
Roseta, *s. f.* chakr; karet *(do port.* CARRETA); kamaḷ *n.*
Rosete, *a.* gulâbiso.
Rosicler, *a.* lâl, rasraśît. ‖ *s. m.* tâṁbḍo raṁg *m.* ‖ *V.* COLLAR.
Rosnadela, rosnadura, *s. f.* guṇguṇṇî, muṇmuṇṇî, phutphutṇî *f.*
Rosnador, *a. e s. m.* guṇguṇo, phutphuttalo.
Rosnar, *v. t.* phutphutûn sâṁguṁk, guṇguṇûn mhaṇuṁk; guptiṁ kaḷauṁk. ‖ *v. i.* guṇguṇuṁk, muṇmuṇuṁk, phutphuṭuṁk; phurphuruṁk.
Rosquilha, *s. f.*, **rosquilho**, *s. m.* vaḷḷalî loḷî *f.*
Rostir, *v. t.* toṁḍ dâḍâvuṁk,- phoḍuṁk *(g. do o.)*.
Rosto, *s. m.* toṁḍ, mukh, vadan, sârkeṁ *n.*, rûpkâr *m ;* mukhkamaḷ *(poet.)*; muskar, muskaṭ, muskeṁ, soṁḍ *(deprec.)*; *frente:* mukh, toṁḍ *n.*, phuḍo, muro; *aspecto:* rûpkâr, âkâr *m.* ‖ *Dar de* —, bheṭâbheṭ jâvuṁk *(g. do s.)*; *(fig.)* toṁḍâr mâruṁk,- pâḍuṁk; partûn divuṁk. *Fazer* — *a*, muro karuṁk, samor âsuṁk. — *a* —, toṁḍâtoṁḍiṁ. *No* — *de*, toṁḍâr; mukhâr.
Rostrado, *a.* boṁch âslalo.
Rostriforme, *a.* boṁchî sârko.
Rostrilho, *s. m.* *(bot.)* kirlalale biyecheṁ pâḷ *n.*
Rostro, *s. m.* choṁch, boṁch *f.*; târvâcheṁ ṭoṁk *n.*
Rota, *s. f.* : *peleja:* juj *n.*, laḍhây; *desbarate:* nâsâḍi, mârâmârî; *rumo:* daryâṁtlî vâṭ *f.*, jalamârg *m.*; *junco:* rot, vet *n.* ‖ *Rota-batida*, vegîṁvegiṁ, thâṁba nâstânâ.
Rotação, *s. f.* girgirṇeṁ, phirṇeṁ *n.*, chakragati *f.*, bhoṁvar, bhoṁvâḍo *m.*; chakr *n.*, pheḍî *f.*
Rotador, *a.* bhoṁvḍâytalo, ghuṁvḷâytalo.
Rotamente, *adv.* ughḍâpeṁ, dekhatrûpiṁ
Rotante, *a.* girgirto, phirto.
Rotar, *v. i.* phiruṁk, bhoṁvar mâruṁk, bhoṁvâḍo ghâluṁk.
Rotativo, *a.* bhoṁvtalo, phirtalo.
Rotatorio, *a.* chakragatîcho, chakragâmî.
Rotéa, *s. f.* *V.* ARROTÉA.
Roteador, *a. e s. m.* kâs kâḍhṇâr, kâso.
Roteadura, *s. f.* kâsṇî *f.*, kâskâm *n.*
Rotear, *v. t. e i.* târûṁ chalauṁk. ‖ *v. t.* *V.* ARROTEAR.
Rotearia, *s. f.* kâskâm *n.*, kâmgat *f.*
Roteiro, *s. m.* naukâgativarṇan *n.*; *(fig.)* *V.* NORMA.
Rotiforme, *a.* chakrâkṛiti.
Rotim, *s. m.* rot *n.*
Rotina, rotineira, *s. f.* sadâṁchî vâṭ *f.*, pâṁyâṁ taḷcho rasto, saṁvayecho mârg *m.*; *(fig.)* châl, ekchâl, rît *f.*, paripâṭh, rivâj, kram *m.*
Rotineiramente, *adv.* châli pramâṇeṁ, paripâṭhiṁ.
Rotineiro, *a.* châlto, châlîcho; ekchâlî, ekmârgî. ‖ *s. m.* ekmârgî, paripâṭhî.
Roto, *a.* tuṭlalo; phuṭko; piṁjlalo; moḍlalo; boṁdro, junerḍo.
Rotula, *s. f.* jhiḷmiḷî; *(anat.)* diṁbhiyechî vâṭî *f.*
Rotulado, *a.* lâkhoṭo-, jhiḷmiḷî âslalo.
Rotular, *v. t.* lâkhoṭo ghâluṁk *(d. do o.)*, chaktî mâruṁk *(d. do o.)*.
Rotulo, *s. m.* lâkhoṭo, nâmlekh *m.*, âṁkpaṭṭî, chakṭî, kurû *f.*; girâṁcheṁ patreṁ *n.*
Rotunda, *s. f.* golghar *n.*
Rotundicollo, *a.* vâṭkuḷyâ-, golâkâr gaḷyâcho.
Rotundidade, *s. f.* vâṭkuḷây; *(fig.)* moṭây *f.*
Rotundifolio, *a.* *(bot.)* vâṭkuḷyâṁ pânâṁcho.
Rotundiventre, *a.* dhanyo.
Rotundo, *a.* vâṭkuḷo, vâṭâṁguḷo, golâkâr; moṭo, gulgulit.
Rotura, *s. f.* *V.* RUPTURA.
Roubador, *a. e s. m.* nâgauṇo, luṭṇâr, chor.
Roubar, *v. t.* nâgauṁk, choruṁk,
Roubo, *s. f.* nâgauṇ, chorî, lûṭ *f.*, puṁḍâveṁ *n.* ‖ *V.* RAPTO.
Roncamente, *adv.* ghogrepaṇiṁ.
Rouco, *a.* ṭâḷo baslalo, baslalyâ ṭâḷyâcho, ghogro, svarbhagn. ‖ *V.* ROUFENHO.
Roufenho, *a.* śimro, nâkyâṁ ulaitalo; dabdabît, sarâṁṭlalo.
Roupa, *s. f.* rop *m.*, lugaṭ, kâpaḍ, vastr *ou* vastûr; âṁgvastr *ou* âṁgostar, âṁgâvleṁ, vasan *n.*, nesaṇ *f.* ‖ — *branca*, poṁdchî-, bhitarlî nesaṇ. — *de cama*, âṁthuḷṇ-pâṁghrûn. — *de fran-*

cezes, vâṭevaylo mâl. *Chegar a — ao corpo*, dâḍâvuṁk, tâṁb kâḍhuṁk. *Estar em roupas menores*, khamsâ-ijârâṁt âsuṁk. *Ser fraca —*, titlyâ purto jâvuṁk. *A queima-roupa*, rubrub.

Roupagem, *s. f.* nesaṇ *f.*, âṁgâvlîṁ *n. pl.*, vasan *n.*

Roupão, *s. m.* kabây *f.*, âṁgleṁ *n.*

Roupar, *v. t. e r. V.* ENROUPAR.

Rouparia, *s. f.* âṁgâvlîṁ, vastrâṁ *n. pl.;* kâpḍâṁcho mâṁḍ *m.;* nesaṇecheṁ ghar *n.*

Roupavelheiro, *s. f.* parṇîṁ vastrâṁ viktalo.

Roupeira, *s. f. e a.* âṁgâvlîṁ saṁbhâḷtalî, vastrâṁ paḷetalî.

Roupeiro, *s. m.* âṁgâvlîṁ saṁbhâḷtalo, âṁgvastrâṁ râkhtalo.

Roupeta, *s. f.* lob *(do port.* LOBA) *m.*

Roupinhas, *s. f. pl.* choḷî *f.*

Rouquejar, *v. i.* ṭâḷo basuṁk *(g. do s.)*, sarâṁṭuṁk.

Rouquenho, *a.* ṭâḷo baslaloso, mâtso ghogro.

Rouquice, rouquidão, *s. f.* ṭâḷo basṇeṁ, ghogrepaṇ *n.*, sarâṁṭo *m.*

Rouxinol, *s. m. (zool.)* boṁchurḍî *f.*, bulbûl *(indiano) m.*

Roxeado, *a.* jâṁbhḷoso.

Roxear, *v. t.* jâṁbhḷo karuṁk. ‖ *v. i.* jâṁbhḷo jâvuṁk.

Roxo, *a.* roś, jâṁbhḷo. ‖ *s. m.* jâṁbhḷo raṁg *m.*

Rua, *s. f.* mârag, rasto *m.* ‖ *Deitar á — (fig.)*, vâṭer ghâluṁk. *Ficar na —*, vâṭer paḍuṁk. *Rapaz da —*, pârpaḷ. *Mulher da —*, cheḍî, bâjârî bâil. *Pôr alguem na —*, gharâbhâyr ghâluṁk; suṭkâ divuṁk.

Ruante, *a.* śeṁpâḍo phulaitalo (mor).

Ruão, *a. e s. m.* śirbo (ghoḍo).

Rubefacção, *s. f.* kiṇevṇî.

Rubente, rubeo, *a. V.* RUBRO.

Rubi, *s. m.* rubîṁ, mâṇîk *n.*, mâṇkî *(— pequeno) f.*, lâḷ *m.*, yâkût *n.*

Rubicundo, *a*, tâṁbḍo, rasraśit.

Rubidez, *s. f. V.* RUBOR.

Rubido, *a. (poet.) V.* RUBRO.

Rubificação, *s. f.* tâṁbḍo karṇeṁ,-jâṇeṁ, ṭâṁbḍepaṇ *n.*

Rubificante, *a.* tâṁbḍo karcho.

Rubificar, *v. t.* tâṁbḍo karuṁk, ṭâṁḍâvuṁk. ‖ *v. i. e r.* tâṁbḍo jâvuṁk.

Rubiginoso, *a.* kalmelalo.

Rubim, *s. m. V.* RUBI.

Rubor, *s. m.* tâṁbḍo raṁg *m.*, tâṁbḍây; *(fig.)* lajj, maryâd *f.*

Ruborização, *s. f.* tâṁbḍo karṇeṁ,-jâṇeṁ *n.*

Ruborizar, *v. t.* tâṁbḍo karuṁk. ‖ *v. r.* tâṁbḍo jâvuṁk; *(fig.)* lajjuṁk.

Rubrica, *s. f.* tâṁbḍî mâtî, kâv *f.;* tîtl *(do port.* TITULO) *m.*, sadar *(p. us.); nota em lettras vermelhas:* tâṁbḍyâṁ aksharâṁcheṁ khûṇ; *regra de cerimonia:* prârthanapaddhatisûtr *n.*, vidhi *m.; firma:* niśâṇî, khuṇâ, kurû *f.;* śikko *m.*

Rubricador, *a. e s. m.* khuṇâvṇâr, niśâṇî kartalo.

Rubricar, *v. t.* kâven khuṇâvuṁk; niśâṇî-, kurû karuṁk *(l. sup. do o.)*.

Rubricista, *s. m.* satkriyâjña, prârthanapaddhati samjatalo,- śikaitalo.

Rubro, *a.* tâṁbḍo tâmbḍo, lâl, tâṁbḍo lâl.

Ruço, *a. V.* RUSSO.

Rude, *a.* karḍo, kachcho, koro, barbaṭo; *rigoroso:* nibar, khar, kaṭhîṇ; *rispido:* kharkas, kaḍvo, tik; *estupido:* doḍo, arbaṭ, bâḍgo, masto, bhaskâpurî, dhâṁgaḍ, durmukhî.

Rudemente, *adv.* tiksâṇîn; mastepaṇîṁ, mânsugî nâstânâ.

Rudez, rudeza, *s. f.* karḍepaṇ *n.;* kharkasây *f.;* doḍepaṇ, arbaṭpaṇ, mástepaṇ, khâparpaṇ, dâṁḍgepaṇ *n.*

Rudimentar, *a.* mûḷtattvâcho, mûḷsûtrâcho.

Rudimentos, *s. m. pl.* mûḷtattv, mûḷsûtr, bîj, kâraṇ *n.*, paribhâs; araṁbh *m.*, mûḷ *n.;* mûḷgraṁth *m.*

Rudo, *a. V.* RUDE.

Rufador, *a. e s. m.* taṁbor vâjaitalo.

Rufar, *v. t.* (taṁbor) vâjauṁk; chuṇyo ghâluṁk *(d. do o.)*, chuṇuṁk. ‖ *v. i.* (taṁbor) vâjoṁk.

Rufião, *s. m.* bâylâṁ pâsûn jhagaḍtalo; cheḍiyâṁnîṁ poslalo; kuṁṭaṇ, bhaḍvo.

Rufiar, *v. i.* bâylâṁ pâsûn jhagḍuṁk; kuṁṭaṇkî chalauṁk.

Rufio, *s. f. V.* RUFIÃO.

Rufista, *s. m. V.* RUFADOR.

Rufo, *s. m.* toṁbrâcho, -ḍholkyâcho âvâj *m.*, reṁgṭeṁg; boṭâcheṁ vâjap *n.;* chuṇyâṁchî paṭṭî; chuṇî, mirî *f.* ‖ *a. V.* RUIVO.

Ruga, *s. f.* mirî, chirmî *f.* ‖ *Ter rugas na cara*, kapâlâk miryo ghâluṁk; *(fig.)* kaṭhîṇ jâvuṁk.

Ruge-ruge, *s. m.* saḷsaḷo; phuṁkâro *m.*

Rugido, *s. m.* garoj, ḍheṁkar *m.*

Rugidor, *a. e s. m.*, **rugiente,** *a.* garojtalo, dhemknâr.

Rugifero, *a. (poet.)* miriyâmcho.

Rugir, *v. i.* dhemkrumk, ḍarkumk, garojumk, gurkumk; jhanjhaṇumk, saḷsaḷumk; ârḍumk, kirḍumk. ‖ *v. t.* oḍhûn vharumk, loḷaumk. ‖ *s. m.* garoj; jhaṇjhaṇo, saḷsaḷo *m.*

Ruido, *s. m.* nâd, âvâj, bobâḷ *m.*, bob *f.*, gaḷgaḷ; ṭhaṇṭhaṇ, ghaṇghaṇ *m.*, *bulicio:* jâg, jâgmâg, gaḍbaḍ; *fama:* khabar *f.*, phumkâro; *fausto:* ḍaul, dabâjo *m.* ‖ *Fazer* —, bobâḷ karumk; *(fig.)* gâjaumk, sâdâvumk.

Ruidosamente, *adv.* bobâḷ karûn, bob mârûn.

Ruidoso, *a.* bobâḷâcho, ṭhaṇṭhaṇît, ghaṇghaṇît, ḍhaṇḍhaṇît, saṇsaṇît; ḍaulâcho, dabâjyâcho, chamchamît.

Ruim, *a.* vâyṭ, vâyṭoḷo, khoṭo, nashṭo, pâḍ *(us. Can.)*, hîṇ, kanishṭh, âḍjâî; *podre:* kuslalo, saḍlalo, pâḍ; *somenos:* halko, uṇo, kharâb.

Ruina, *s. f.* gharṭhâṇ, nisamṭan, pâḍ *n.*; *destruição:* nâsâḍî, dhûḷdaśâ, deśvâṭ, mâtî *f.*, nâś, samhâr, vidhvams *m.*, naśan *n.*; *perda da fortuna, da felicidade:* satyanâś, bhamgasthaḷ *m.*, khuṭî *f.* ‖ **-s,** *pl.* moḍon urlalem, pâḍ *n.*

Ruinaria, *s. f.* moḍon paḍlalem, osâḍ, pâḍ *n.*

Ruindade, *s. f.* khoṭepaṇ, nashṭepaṇ *n.*, kanishṭhây; kaḍvây *f.*, kusḍepaṇ *n.*

Ruinoso, *a.* moḍomk âslalo; komsaḷlalo; gaḷgaḷlalo; nashṭâdik, nuskâṇâcho.

Ruir, *v. i.* komsḷumk, gaḷgaḷumk, moḍon paḍumk, sevṭomk; dhâmvûṇ vachumk, loṭon paḍumk.

Ruiva, *s. f. (bot.)* âdrâvaylem jhâḍ *(litt.* PLANTA DO ADRO*) n.*, mamjishṭh *m.*

Ruividão, *s. f. (p. us.)* pimgḷo ramg *n.*

Ruivo, *a.* pimgḷo. ‖ *s. m. (zool.)* ghoḷ *f.*

Rulo, *s. m.* kuṭûr *m.*

Ruma, *s. f. (p. us.)* mâch, peḷo *m.*, râs *f.*

Rumar, *v. t.* (târûm) vâṭek lâvumk.

Ruminaçao, ruminadura, *s. f.* rovamth, romth *m.*

Ruminador, *a. e s. m.* romvthitalo, rovamthâcho.

Ruminadoiro, *s. m.* bhâmḍem *n.*

Ruminante, *a.* romvthitalo. ‖ **-s,** *s. m. pl.* rovamthâchyo monjâtî *f. pl.*

Ruminar, *v. t. e i.* rovamthumk, romthumk, châbḍâvumk; *(fig.)* manâmt ghoḷaumk.

Rumo, *s. m. (naut.)* hokyâcho battisvo vâmṭo *m.*, diśâ; *(fig.)* târvâchî vâṭ *f.*, mârg *m.*; rît, gat *f.* ‖ — *de vida (fig.)*, udyam, udem *ou* udim, poṭâcho upây *m.* *Metter ou pôr a* —, vâṭek lâvumk, mârgâr hâḍumk,- kâḍhumk. *Tomar* — *(fig.)*, châkrî meḷumk *(d. do s.)*, udarposhaṇ sâmpḍâvumk. *Sem* —, vâryâr, ubhamtarîm.

Rumor, *s. m* âvâj, nâd *m.*, gâḍgûḍ *n.*. sursuro, bobâḷ, gaḷbaḷ; phumkâro, lokvâd, jaṇvâd *n*, ḍâg *f.*, phâmphûm, khâṇkhûṇ *n.*

Rumorejar, *v.* sursurumk, sarsarumk, saḷsaḷumk; *(fig.)* khabar chalumk, phumkâro âsumk.

Rumorejo, *s. m.* sursuro, saḷsaḷ *m.*

Rumrum, *s. m.* phâmphûm *n.*, phumkâro *m.*

Rupia, *s. m.* rupay, rupyâ *m.*

Rupicola, *a.* khaḍpâmnim jiyetalo.

Ruptil, *a.* phuṭṭalo, tuṭṭalo.

Ruptorio, *a.* phomt karchem âut *n.*

Ruptura, *s. f.* tuṭṇem, phuṭṇem, moḍnem, bhetnem *n.*; phûṭ, dhâḷ *f.*, khâmḍ, khâvṭem; dusamg *n.*, bhed *m.*; tûṭ, moḍ *f.* ‖ *V.* HERNIA.

Rural, *a.* śetâcho, śetkâmâcho; khedegâmvâcho, bhâyrgâmvâcho.

Ruricola, *a.* śetâmt jiyetalo; śetkâmtî.

Rurigena, *a. e s. m. e f.* śetâmt jâtalo.

Rusga, *s. f.* jhagḍem *n.*, kustî, lâṭâguṭî *f.*; dharbâmdh *m.*

Russar, *v. t.* gobroso karumk. ‖ *v. i.* gobroso-, mhâtâro jâvumk; (kems) pikumk yevumk.

Russo, *a.* dhavsâr, dhavso, gobroso; dhave-kâḷe kems âslalo.

Rusticamente, *adv.* jamgḷepaṇîm; karḍepaṇîm.

Rusticar, *v. i.* khedegâmvâmt jiyevumk, bhâṭâmt dis kâḍhumk.

Rusticidade, *s. f.* rânaṭpaṇ, jamgḷepaṇ, gamvârpaṇ; arbaṭpaṇ, bursepaṇ, khâparpaṇ *n.*, avinay *m.*

Rustico, *a.* śetâcho, śetâmtlo, bhâṭâmtlo, khedegâmvcho; jamgḷî, rânyo, rânâmtlo; arbaṭ, dhâmgaḍ, barbaro, burso, gâmvṭo, avinayî. ‖ *s. m.* khedyo, gamvâr.

Rustiquez, rustiqueza, *s. f. V.* RUSTICIDADE.

Rutilancia, *s. f.* prajvaḷ *ou* prajaḷ, laklak *m.*, kâmtî *f.*

Rustilante, rutilo, *a.* chakk, jhagjhakît, laklakît, prajvaḷît, dîptivamt.

Rutilar, *v. t.* prajvaḷâvumk, laklakâvumk, jhaḷjhaḷâvumk. || *v. i.* chakchakumk, laklakumk, jhagjhakumk, prajvaḷumk, jhaḷjhaḷumk, rasrasumk.

Ruvinhoso, *a.* kosmelalo, romṭo lâglalo; *(fig.)* kâmy manâ ye nâslalo, bhar jây nâslalo, kumṭh bharo nâslalo, âpâpî.

S

S, *s. m.* ekuṇisvem akshar *(s, fem.)*.

Sabão, *s. m.* sâbû, sâbâmv. || *Bola de* —, sâbvâcho buḍbuḍo *m.*; *(fig.)* pâmkâchem maḷabh *n.*

Sabbadeador, *a. e s. m.* śaṇvâr sambhâḷtalo.

Sabbadear, *v. i.* śaṇvâr sambhâḷumk.

Sabbado, *s. m.* śaṇvâr *ou* sanvâr *m.*

Sabbatico, *a.* śaṇvârâcho.

Sabbatina, *s. f.* pâṭhsâḷichem yuddh *n.*; *(fig.)* vivâd *m.*

Sabbatino, *a.* pâṭhsâḷîchyâ yuddhâcho; śaṇvârâcho.

Sabbatismo, *s. m.* śaṇvâr sambhâḷṇem *n.*

Sabbatizar, *v. i. V.* SABBADEAR.

Sabedor, *a. e s. m.* jâṇo jâlalo; jâṇâr, jâṇto.

Sabedoramente, *adv.* jâṇo jâvûn; jâṇtikâyen.

Sabedoria, *s. f.* jâṇvây, jâṇtikây *f.*, jâṇârpaṇ; śahâṇepaṇ *n.*, buddh, mat, akkal *f.* || — *increada ou eterna*, sâsṇâchî jâṇtikây. — *das nações*, mhaṇṇyo, opârî *f. pl.*

Sabença, *s. f.* jâṇvây, pakkî oḷakh *f.*

Saber, *v. s.* jâṇumk, jâṇo jâvumk, oḷkhumk, oḷakh-, khabar âsumk *(d. do s., g. do o.)*, samjumk, umjumk, bodhumk; kaḷumk, gamumk *(d. do s., s. do o.)*. || — *ser homem*, mardî-, hikmat dâkhaumk. — *viver*, dîs kâḍhumk jâṇumk. *Dar a* —, gamaumk, kaḷaumk. *Fazer* —, kaḷaumk, khabar divumk. *Não* — *a quantas anda*, rânâmt paḍumk, ghuspumk, gomdhḷumk. *Não* — *de si*, jhimṭ mârumk *(d. do s.)*, birmirumk. *Não* — *qual é a sua mão direita*, bhâkrek keṇem boḍîk tem neṇumk. *Vir a saber-se*, gamumk, kaḷumk. *Sei lá!, eu sei cá!, quem sabe!* koṇ jâṇo! *Que sei eu?* ânîmk kitem sâmgûmv? *Sabe que mais?* ânîmk kitem jâṇoy? *A* —, mhaṇge *ou* mhaṇje. || *v. i.* jâṇumk, jâṇo jâvumk; svâdumk, lâgumk. || — *bem*, barem lâgumk. — *de*, khabar-, oḷakh âsumk *(d. do s.)*. || *s. m.* jâṇvây *f.*, jñân, pâmḍitya *n.*, vidyâ *f.*; śahâṇepaṇ *n.*

Saberete, *s. m.* vaylyâvaylî oḷakh polkî jâṇvây *f.* || *V.* ASTUCIA.

Sabiamente, *adv.* jâṇtikâyen, vidyen; śahâṇepaṇîm, buddhîn.

Sabichão, *a. e s. m.* moṭo jâṇto, sâbdo.

Sabichona, *a. e s. m.* sâbdî bâil.

Sabidamente, *adv.* gamlale parîm, saglyâmk kaḷûn. || *V.* SABIAMENTE.

Sabido, *a.* jâṇo jâlalo, kaḷlalo, gamlalo, ṭhâvko, ṭhâvo, dakhal; jâṇâr, pamḍit.

Sabio, *a.* jâṇâr, jâṇto, buddhivamt, buddhisampann, śahâṇo, sagnyân, samjik; buddhicho, gnyânâcho, jâṇtikâyecho. || *s. m.* jâṇâr, vidyâkâr, pamḍit.

Sable, *s. m.* kâḷo ramg *m.*

Saboaria, *s. f.* sâbvâmcho kârkhâṇo, -mâmḍ *m.*

Saboeira, *s. f.* sâbû viktalî *f.*, sâbvâchem âydan *n.*; *(bot.)* rimṭhî, rimgî *f.*

Saboeiro, *s. m.* sâbû kartalo va viktalo *m.*; *(bot.)* rimgî, rimṭhî *f.*

Sabonete, *s. m.* parmaḷît sâbû *m.*; *(fig.)* sal *n.*, paṭṭî *f.*

Sabor, *s. m.* svâd *m.*, rûch, sai; parî *f.*, jinnas *m.* || *Viver a* —, khuśe pramâṇem jiyevumk. *A* — *de*, khuśe pramâṇem. jây tasem.

Saborear, *v. t.*: *dar sabor:* svâd divumk *(d. do o.)*; *causar bom sabor:* baro lâgumk *(d. do o.)*, ruchumk *(d. do o.)*; *provar:* châkumk, rûch ghevumk *(g. do o.)*, svâdumk; *comer com prazer:* miṭî mârûn khâvumk; *tornar appetitoso:* goḍ-, ruchîcho karumk; *lamber os beiços a:* miṭyo mârumk *(d. do o.)*, âmvdhumk *(d. do o.)*; *gozar:* samtoshân bhogumk. || *v. r.* ruchîn khâvumk; *(fig.)* lobhdumk, murgaṭumk.

Saborido, *a. V.* SABOROSO.

Saborosamente, *adv.* svâdân, ruchîn, goḍâyen.

Saboroso, *a.* svâdâcho, svâdik, svâdû, ruchîcho, ruchîk, * ruchikâr, goḍ, goḍvo; *(fig.) V.* AGRADAVEL.

Saborra, *s. f. V.* SABURRA.

Sabre, *s. f.* sâbr *f.*, tego, vakrakhaḍg *m.*

Sabugal, *s. m.* jiṇyâṁcheṁ rân *n.*
Sabugo, *s. m. (bot.)* jiṇyâcho girabh; jiṇo *m.;* nâkśechem-, śeṁpḍechyâṁ keṁsâṁcheṁ mûḷ *n.* ‖ — *do milho*, joṁdḷyâchyâ boṁḍâcheṁ ghar.
Sabugueiro, *s. m. (bot.)* jiṇo *ou* diṇo *m.*
Sabujice, *s. f.* choṁbḍepaṇ, ârjavîpaṇ *n.*, charaṇasevâ *f.*
Sabujo, *s. m.* śikârecheṁ śuṇeṁ *n.; (fig.)* choṁbḍo, gâṁḍû, ârjavî.
Sabuloso, *a. V.* AREENTO.
Saburra, *s. f.* buro, burburo *m.*
Saburrar, *v. t. (mar.)* nilimyân bharuṁk.
Saburrento, saburroso, *a.* buryân bharlalo.
Saca, *v. t.* kâḍhṇeṁ *n;* khap *m.;* lahâr taḍik yeṇeṁ *n.*
Saca-balas, *s. m.* guḷyo kâḍhcheṁ âut *n.*
Saca-buxa, *s. m.* karṇo *m.*‖ *V.* SACA-TRAPO.
Sacada, *s. f.* pargâṁvâk mâl vharṇeṁ; sâkâd *n.*, osrî *f.*, sajjo *m.;* paḍvî *f.* ‖ *V.* SACÃO.
Sacadela, *s. f.* oḍhṇi, oḍh *f.;* garî phârâvṇeṁ *n.*
Sacado, *a.* kâḍhlalo. ‖ *s. m.* huṁḍî phârîk kartalo.
Sacador, *a. e s. m.* sâkâdor, patkâr, vasûldâr; huṁḍî ditalo, huṁḍîvâlo.
Saca-filaça, *s. m.* nâḷicho bhoṁkarṇo *m.*
Saca-fundo, *s. m. V.* TIRA-FUNDO.
Sacalão, *s. m.* dachko, gachko *m.*
Sacalinha, *s. f. V.* CAMBAPÉ.
Saca-metal, *s. m.* śiḍâcheṁ dâbhaṇ *n.*
Saca-molas, *s. m.* dâṁt kâḍhcheṁ âut *n.;* kachcho dâṁtâṁcho vaij.
Sacão, *s. m.* ghoḍyâchî chaukaṇî *f.* ‖ *V.* EMPUXÃO
Saca-peloiro, *s. m. V.* SACA-TRAPO.
Sacar, *v. t.* kâḍhuṁk, oḍhûn kâḍhuṁk, toḍuṁk, uchkaṭuṁk: pâḍuṁk (— *dentes*); kâṁḍhghevuṁk *ou* kâṇghevuṁk. ‖ — *uma lettra*, huṁḍî karuṁk. ‖ *v. i.* oḍhûn kâḍhuṁk *(v. t.)*.
Saca-rolhas, *s. m.* sâkârol, guḍḍî kâḍhṇo *m.*
Saca-trapo, *s. m.* baṁdukâchî guḍḍî kâḍhcho âspâv *m.*
Sacca, *s. f.* sâk, goṇ *m.*
Saccaria, *s. f.* goṇâṁchî râs *f.*
Saccharifero, *a.* sâkrîcho.
Saccharificação, *s. f.* sâkar karṇeṁ,- jâṇeṁ *n.*
Saccharificar, *v. t.* sâkar karuṁk *(g. do o.)*. ‖ *v. r.* sâkar jâvuṁk *(g. do s.)*.
Saccharino, *a.* sâkrîcho, sâkar âslalo; goḍ.
Saccharose, *s. f.* sâkar *f.*
Sacco, *s. m.* sâk, goṇ *m.*, poteṁ, bokseṁ, chil *n.*‖ — *de viagem*, bokseṁ, peṁḍoḷeṁ *n.*
Saccola, *s. f.* bokseṁ *n.*, haḍpî, bhutî *f.*
Saccolejar, *v. t.* phâphḍuṁk.
Saccomano, *s. m. (ant.)* luṭṇî, lûṭ *f.*
Saccomão, *s. m. (ant.)* luṭâro, puṁḍ.
Sacerdocio, *s. m.* pâdrîpaṇ, gurupaṇ *n.*, yâjñikî *f.;* yâjñikgaṇ *m.*
Sacerdotal, *a.* gurûcho, pujâryâcho, yâjñikî.
Sacerdote, *s. m.* sâserdot, pâdrî, guru; pujârî, bhaṭ, yâjak, yâjñik.
Sacerdotiza, *s. f.* pujâriṇ, bhaktîṇ, devî.
Sacha, sachadura, *s. f.* khaṇṇî *f.*, ustiṇeṁ *n.*
Sachador, *a. e s. m.* khaṇtalo, ustitalo.
Sachar, *v. t.* khaṇuṁk, kudḷîn ustuṁk.
Sacho, *s. m.* kudaḷ *f.*
Sachola, *s. f.* kudḷeṁ *n.*, khorâṁṭî *f.*
Sacholar, *v. t.* khorâṁṭuṁk.
Saciado, *a.* dhâdasî, kuṁṭh jâlalo, âs bhâglalo.
Saciar, *v. t.* bhâgauṁk, purauṁk, bhar-, kuṁṭh karuṁk *(g. do o.)*, (tahân, bhûk) mâruṁk. ‖ *v. r.* bhâguṁk, kuṁṭh-, bhar jâvuṁk *(g. do s.)*, dhâdasî jâvuṁk, bharoṁk.
Saciavel, *a.* bhâgcho, dhâdasî jâvuṁcho.
Saciedade, *s. f.* bhâgṇî, bhâg, bhar, kuṁṭh, * tṛipti *f.*, * tṛiptipaṇ, tarpaṇ, dhâdaspaṇ; uphâḷeṁ *n.*, purav *f.*, sukaḷ *m.* ‖ *V.* FASTIO. ‖ *A* —, paṭbhar, jây titleṁ, kuṁṭh jâysar.
Saco, *s. m. (desus.)* lûṭ *f.*, luṭîcho mâl *m.* ‖ *Dar* —, *V.* SAQUEAR.
Sacra, *s. f.* sâkr *n.*
Sacramentado, *a. e s. m.* nimâṇe sâkrâmeṁt ghetlalo. ‖ *Jesus-sacramentado*, Sâheb.
Sacramental, *a.* saṁskârâcho, saṁskârasaṁbaṁdhî.
Sacramentalmente, *adv.* saṁskârîṁ, saṁskârân.
Sacramentar, *v. t.* sâkrâmeṁt divuṁk *(d. do o.)*; kumsâr karuṁk; pavitr-, îśvarî karuṁk. ‖ *v. r.* sâkrâmeṁt ghevuṁk.

Sacramentario, *s. m.* saṁskârapustak *n.*

Sacramento. *s. m.* sâkrâmeṁt; saṁskâr *m.; (ant.) V.* JURAMENTO.

Sacrario, *s. m.* sakrar; *(fig.)* pavitr svât *f.*

Sacrificador, sacrificante, *a. e s. m.* yajmân, yajak.

Sacrifical, *a.* yâjñâcho, yajñasaṁbaṁdhî.

Sacrificar, *v. t.* yajñ-, hom-, bali karuṁk *(g. do o.)*, bheṭauṁk, samarpuṁk; *renunciar:* soḍuṁk, pâṭh karuṁk *(d. do o.)*; *pôr em risco:* dubhâvâr-, kâḷâr ghâluṁk; *desprezar:* parvâ nâ karuṁk, nâ lekhuṁk. ‖ *v. i.* yajñ-, medh karuṁk.‖ *v. r.* âplî bheṭ karuṁk; âplo jiv-, prâṇ divuṁk, âpṇâk saṁkaṭâr ghâluṁk.

Sacrificativo, sacrificatorio, *a.* yajñâcho, balîcho.

Sacrificavel, *a.* yajñ karcho, medhya, yâjya.

Sacrificio, *s. m.* sâkriphîs, yajñ, hom *m.*, bali *ou* baḷî *f.*, medh, yâg *m.;* samarpaṇ *n.*, bheṭ *f.; (fig.)* kashṭ bhogṇeṁ, dagd kâḍhṇeṁ *n.*

Sacrifico, *a. e s. m. (poet.) V.* SACRIFICADOR.

Sacrilegamente, *adv.* bhasṭâvûn, apavitrpaṇiṁ.

Sacrilegio, *s. m.* sâkrilej *m.*, puṇyavastudûshaṇ *(p. us.) n.*, bâṭ *f.*, bhashṭpaṇ, apavitrpaṇ; dûshaṇ *n.*

Sacrilego, *a.* bhashṭâvṇo; apavitr, bhrashṭ. ‖ *s. m.* puṇyavastudoshî.

Sacripanta, sacripante, *a. e s. m. e f.*, bhâṇśiro, chaṁḍâḷ.

Sacrista, sacristão, *s. m.* sâkristâṁv, mirṇî *ou* miraṇ *(do port.* MEIRINHO*)*.

Sacristan, *s. f.* sâkristîṇ; sâkristâṁvâchî bâil.

Sacristania, *s. f.* sâkristâṁvâcheṁ kâm *n.*

Sacristia, *s. f.* sâkristî *f.*

Sacro, *a.* Devâcho, pavitr; *(fig.)* mânâdik, abhiyukt. ‖ *Historia sacra,* pavitr kathâ *f. Osso —,* peṁkṭâcheṁ hâḍ *n.*

Sacrosanto, *a.* bhav pavitr, archit.

Sacudida, sacudidela, sacudidura, *s. f.*, **sacudimento,** *s. m.* hâlauṇî, jhâḍṇî, phâphaḍṇî *f.*, dhako, dachko, gachko *m.;* hâḷṇî, phaḍphaḍṇî, jhiṁjhaḍṇî, sadsaḍṇî *f.*

Sacudidamente, *adv.* jhâḍûn, phâphḍûn; *(fig.)* saṭâsaṭ, saḍsaḍît.

Sacudido, *a.* saḍsaḍît, suḍsuḍît, phaḍphaḍît

Sacudidor, *a. e s. m.* kachkachâytalo, phâphaḍṇâr, jhiṁjhaḍṇâr.

Sacudir, *v. t.* hâlauṁk, phâphḍuṁk, jhâḍuṁk, jhaḍjhaḍâvuṁk, kachkachâvuṁk, jhiṁjhḍâvuṁk; *arremessar:* mâruṁk, soḍuṁk, usḷâvuṁk; *fazer tremer:* hâlauṁk, kâṁpauṁk, halkaṁḍâvuṁk; *repellir:* loṭuṁk, pelyân uḍauṁk; *deitar abaixo:* pâḍuṁk, (jhâḍ) hâlauṁk.‖ — *o jugo,* sûṭ jâvuṁk, hâtâṁtlo suṭuṁk. — *o somno,* jâgo jâvuṁk.‖ *v. r.* hâluṁk, jhaḍpoṁk, jhiṁjhḍuṁk.

Sadiamente, *adv.* bhalâykeṁ.

Sadio, *a.* baro, rokh, mâṇkulo, khabardâr, arogî, nirogî, susth, svasth, sâvadh, sâvdhân, animân; bhalâykecho, hitkar, pathya.

Safado, *a.* kâḍhlalo; jharlalo; lajj nâslalo, iśiṁ hogḍâylalo.

Safanão, *s. m.* dachko, gachko *m.;* parteṁ thâpaṭ *n.*

Safar, *v. t.* bhâyr-, oḍhûn kâḍhuṁk, koṁchauṁk; choruṁk, sutlâvuṁk; mekhḷo karuṁk, mekhḷâvuṁk; jharauṇk, ghâṁsuṁk. ‖ *v. r.* paḷuṁk, jhuri-, kâvaḍ kâḍhuṁk; jharuṁk; mekhḷo jâvuṁk.

Safara, *s. f.* śeṁkraṭ *f.*

Safardana, *s. m.* bhâṇśiro, boṁdro.

Safaro, safio, *a.* râṇaṭ, jaṁglî; pâḍ, paḍît, sûn; *(fig.)* arbaṭ, amaryâdî, avinayî.

Safo, *a.* mekhḷo, rito; sûṭ, vâṭâvlalo; jharlalo, chirchirît, piṁjkar.

Safões, *s. m. pl.* chaḷṇeṁ *n.*

Safra, *s. f.* airaṇ; naveṁ, pîk *n.* ‖ *Anno de —,* sukḷâcheṁ varas.

Safradeira, *s. f.* medeṁ karcho âspâv *m.*

Saga, *s. f.* ghâḍîṇ, lâṁvsaṭ *f.;* jhâṁjhû *m.*

Sagacidade, *s. f.* bârkây, chatrây, huśârkî, śiḍukây, achirkây, kârkuṇây, karâmat, tikhaṭây, vidyâ, dîrghadṛishṭi *f.*, śahâṇepaṇ *n.*

Sagaz, *a.* bârik, chatur, huśâr, śiḍûk, tikhaṭ, karâmatî, hikmatîcho, umjik, yuktivaṁt, vidyâvaṁt, kâṭhû, khoṭ, śahâṇo, dîrghadṛishṭi.

Sagazmente, *adv.* bârkâyen, chatrâyen.

Saginar, *v. t. V.* ENGORDAR.

Sagittado, sagittal, *a.* bâṇ-, bhâlo kaso.

Sagittario, *a.* tirkâmṭî âslalo, dhanubaṁd. ‖ *s. m.* dhanudhar, bhâldekâr; *(astr.)* dhanu, dhan *m.*

Sagittifero, *a.* *(poet.)* tîrbaṁd, dhanvî.

Sagração, *s. f.* saṁskâr *m.*, pratishṭhâ *f.*, pavitrpaṇ *n.*

Sagradamente, *adv.* saṁskârân; pavitrpaṇîṁ.

Sagrado, *a.* sâgrâd, saṁskrit, abhishikt; Devâcho, pavitr, îśvarî, archit, devbhaktecho; moḍûṁ-, hât lâvûṁ najo âslalo, saśapath, abhedya.‖ *s. m.* pavitr vast *f.*; kshatr *n.*

Sagrar, *v. t.* bejñâr *(do port.* BENZER) karuṁk, saṁskâruṁk, pratishṭhuṁk, pavitr karuṁk; bîsp karuṁk, abhishekuṁk.

Sagu, *s. m.* sâgû *m. pl.*

Saguão, *s. m.* râjâṁgaṇ *n.*

Saguate, *s. m.* sâguvât, bheṭ *f.*

Sagueiro, *s. m.* *(bot.)* sâgvâṁcheṁ jhâḍ *n.*

Sahida, *s. f.* bhâyr sarneṁ *n.*; *porta:* vâṭ *f.*, dâr *n.*; *venda:* vikrî *f.*, khap; *expediente:* upây, ilâj *m.*, vâṭ; *sortida contra o inimigo:* dhâḍ *f.*, ghâlo. ‖ *A — do anno,* varshâcho śevaṭ *m.* — *em terra,* utarṇeṁ *n.* *Dar* — arth sâṁguṁk, duvâruṁk; nîb sâruṁk.

Sahido, *a.* bhâyr ghelalo; bhâyr sarlalo. ‖ *Andar* —, mâtuṁk. *Andar muito* —, ghârâ nâ ṭhikuṁk.

Sahimento, *s. m.* iṁter *(do port.* ENTERRO) *m.*, nikhipiṇeṁ, saṁyân *n.*

Sahinte, *a.* sarto.

Sahir, *v. t.* bhâyr saruṁk,- vachuṁk, nighuṁk; kaḍsaruṁk, sarkuṁk, pelyân-, paro saruṁk; *realçar:* baro disuṁk,- śobhuṁk; *retirar-se:* vachuṁk; *escapar-se:* vîrṭâvoṁk; *apparecer:* dishṭî paḍuṁk; *publicar-se:* bhâyr saruṁk, praghaṭ jâvuṁk; *provir:* yevuṁk; *nascer:* jâvuṁk; *romper:* dishṭî paḍuṁk, udevuṁk; *vir a ser:* jâvuṁk, utroṁk, *acontecer:* ghaḍuṁk; *caber:* meḷuṁk, sâṁpḍuṁk ‖ — *alem de,* adhik-, varto jâvuṁk. — *com,* lâbhuṁk *(d. do s.)*, meḷuṁk *(d. do s.)*. — *em,* jâvuṁk *(g. do s.)*. — *a alguem,* âḍ yevuṁk; utroṁk, kaso disuṁk. — *ao caminho a alguem,* vâṭ aḍuṁk. — *ao encontro,* meḷuṁk yevuṁk, bheṭuṁk. — *bem,* bareṁ jâvuṁk, phaḷ paḍuṁk; baro suṭuṁk. — *mal,* bighḍuṁk, phiskaṭuṁk; phasuṁk. — *a campo,* jujuṁk bhâyr saruṁk. — *do captiveiro,* suṭuṁk. — *á cara,* toṁḍâr disuṁk. — *caro,* mahâragh suṭuṁk. — *de doença,* piḍeṁtlo uṭhuṁk. — *da idéa, da memoria,* takleṁtleṁ vâhvuṁk. — *ao inimigo,* uprâḷuṁk. — *á luz,* jâvuṁk, dishṭi paḍuṁk, bhâyr saruṁk. — *da madre ou do leito,* vayr yevuṁk. — *do mergulho,* uphevuṁk. — *da mesa,* mejâvaylo uṭhuṁk. — *fóra de si,* chaḍhuṁk, tâpuṁk — *a publico,* praghaṭ jâvuṁk. — *com a sua,* âpleṁ sâṁguṁk. — *em terra ou a terra,* deṁvuṁk, utroṁk. — *torto,* parteṁ-, vâṁkḍeṁ jâvuṁk. — *em vão,* vâryâr vachuṁk, udkâṁt paḍuṁk.‖ *v. t.* bhâyr vachuṁk *(rad. do s)*. ‖ *v. r.* suṭuṁk, sûṭ-, mekhḷo jâvuṁk; *afastar-se:* kaḍsaruṁk; *alcançar:* gaṁvsuṁk, sâṁpḍâvuṁk. — *bem de,* phaḷuṁk *(d. do s.)*, phaḷ kâḍhuṁk. — *mal de,* phasuṁk, bhaṁguṁk.

Saia, *s. f.* sây *f.*, ghâgro *m.* ‖ — *de malha,* chilkat *n.*

Saiaguez, *s. m.* jaṁgḷî, dhâṁgaḍ.

Saial, *s. m.* *(ant.)* moṭo âṁgarkho *m.*

Saião, *s. m.* *(ant.)* *V.* ALGOZ.

Saibo, *s. m.* vâyṭ svâd *m.*

Saibrão, *s. m.* reṁvechî mâtî *f.*

Saibreira, *s. f.*, **saibro,** *s. m.* moṭî reṁv *f.*, kaṁkar *m.*

Saibroso, *a.* kaṁkrâcho.

Saimel, *s. m.* *(archit.)* kamâṇîcho pailo phâtar *m.*

Sainete, *s. m.* kashṭâṁcheṁ inâm *n.*, duhkhichî bujvaṇ; rûch, sai *f.*

Sainha, *s. f.* *V.* SALINA.

Sainho, *s. m* *(ant.)* jhubo *m.*

Saio, *s. m.* *(ant)* âṁgharkho *m.*

Saiote, *s. m.* moṭvî sây *f.*

Sair, *v. i.* *V.* SAHIR.

Sal, *s. m.* mîṭh, lavaṇ *(p. us.) n.*; khâr *m.*; *(fig.)* miṭhmirehî, tikhaṭmiṭh *n.*, sai *f.* ‖ — *amargo,* sâlâmârg *n.*

Sala, *s. f.* sâl *n.*, vasro *m.*; sabhâ, sadar, kacharî *f.*

Salabardia, *s. f.* *V.* SENSABORIA.

Salada, *s. f.* sâlâd *n.*, karam *f.* ‖ *Fazer em — (fig.)*, dâḍâvuṁk, kuṭuṁk, ras kâḍhuṁk.

Saladeira, *s. f.* sâlâḍâcheṁ âydan *n.*

Salamaleque, *s. m.* salâm *m.* ‖ *Fazer salamaleques,* salâm karuṁk; phulâṁ mâḷuṁk.

Salamandra, *s. f.* *(zool.)* śirlî *f.*

Salão, *s. m.* sadar *f.*, vasro, raṁgmahâl; bâṁbar *m.*

Salario, *s. m.* muśâro, rojmaro *m.*, pâg *(do port.* PAGA), majurî, kulî *f.*

Salaz, *a.* pojḍo, bâṁgḍo, bemaryâdî.

Salchicha, *s. f.* *V.* SALSICHA.

Saldar, *v. t.* (bâkî) phârîk karuṁk, chukauṁk, toḍuṁk, phaḍśâ karuṁk (*us. Can.*); bâkî kâḍhuṁk,- paḷevnuṁk (*g. do o.*). ‖ — *as contas (fig.)*, sûḍ-, bharûn ghevuṁk.

Saldo, *s. m.* bâkî, śilak *f.* ‖ — *a favor*, ghevem̃. — *contra*, devem̃ *n.*

Salé, *s. f.* miṭhâchem̃ mâs *n.*

Saleiro, *s. m.* miṭhâchem̃ âydan *n.*; mîṭh viktalo, miṭhkâr.

Salema, *s. m.* salâm *m.*

Salepo, *s. m.* sâlmiśrî *f.*

Saleta, *s. f.* vasrî *f.*

Salga, *s. f.* miṭhâk lâvṇem̃,- mârṇem̃, khâro karṇem̃ *n.*, khârâvṇî *f.*

Salgadamente, *adv.* khâr karûn.

Salgadeira, *s. f.* miṭhâk lâvuṁcho koṇpho va koṭuṁbo *m.*

Salgado, *a.* miṭhâcho, khâro, lavaṇ; khâr, khâraṭ. ‖ *V.* CARO.

Salgadura, *s. f V.* SALGA.

Salgalhada, *s. f.* chârkuṭo *m.*, charbaṭ, châvchâv *n.*

Salgar, *v. t.* mîṭh ghâluṁk,- lâvuṁk (*d. do o.*); miṭhâk lâvuṁk,- mâruṁk, khâro karuṁk, khârâvuṁk, miṭhâvuṁk, karmuṁk.‖ *v. r.* khâr-, khâro jâvuṁk.

Sal-gemma, *s. m.* śeṁdheloṇ *n.*, upras *m.*

Salgueiral, *s. m.* iṁpḷîṁchem̃ rân *n.*

Salgueiro, *s. m.* (*bot.*) iṁpaḷ *f.*

Salicultura, *s. f.* miṭhâchî kamây *f.*

Saliente, *a.* bhâyr âylalo, -sarlalo, uṁchaṭ; (*fig.*) nâvâḍhgo, uttam, śreshṭh. ‖ *Tornar-se* —, prabaḷuṁk.

Salificar, *v. t.* mîṭh-, khâr karuṁk (*g. do o*). ‖ *v. r.* mîṭh-, khâr jâvuṁk (*g. do s.*).

Salificavel, **salinavel**, *a.* miṭh jâvûm̃ yeso.

Salina, *s. f.* âgar, miṭhâgar *m.*

Salinação, **salinagem**, *s. f.* miṭh jâṇem̃,- pikṇem̃ *n.*

Salineiro, *s. m.* âgrî, mîṭhgâvḍo.

Salino, *a.* miṭhâcho, khâro, lâvaṇik.

Salitração, *s. f.* sormiṭh jâṇem̃ *n.*

Salitrado, *a.* sormîṭh âslalo, surâkhârâcho.

Salitral, *s. m.* sormiṭhâchî khaṇ *f.*

Salitrar, *v. t.* surâkhâr karuṁk (*g. do o.*); sormîṭh ghâluṁk (*l. in do o.*), -lâvuṁk (*d. do o.*).

Salitre, *s. m.* sâlitri *f.*, sormîṭh *n.*, surâkhâr *m.*

Salitreiro, *s. m.* sormîṭhkâr.

Salitrização, *s. f.* sormiṭh karṇem̃,- jâṇem̃- *n.*

Salitrizar, *v. t. V.* SALITRAR. ‖ *v. r.* sormîṭh jâvuṁk (*g. do s.*).

Salitroso, *a.* surâkhâr âslalo, sormiṭhâṁt bharlalo.

Saliva, *s. f.* thiṁpî, nithû, thûk, lâḷ *f.*

Salivação, *s. f.* thiṁpî yeṇem̃, lâḷ gaḷṇem̃ *n.*

Salivante, *a.* thiṁpi hâḍtalo.

Salivar, *a.* thiṁpiyecho, lâḷîcho. ‖ *v. i. V.* CUSPIR.

Salivoso, *a.* thiṁpiyecho, lâḷîcho: nithûṁt bharlalo, lâḷî sârko.

Salmoeira, *s. f.*, **salmoeiro**, *s. m.*, khâryâ mâsâcho doṇ va koṇpho *m.*

Salmoeirar, *v. t. V.* SALMOIRAR.

Salmoira, *s. f.* miṭhâcho khaḷ *m.*; khârem̃ mâs, khârem̃ *n.*; khaḷâcho doṇ *m.* ‖ *Estar de* —, miṭhâk,- khaḷâṁt âsuṁk; (*fig.*) chiraṁgaṭoṁk, kheṁchâkheṁch âsuṁk.

Salmoirar, *v. t.* miṭhâk mâruṁk,- ghâluṁk, -lâvuṁk, khârâvuṁk.

Salobre, **salobro**, *a.* khârso, khârsâr, châchûr.

Saloio, *a. e s. m. V.* RUSTICO.

Salpicado, *a.* miṭhâcho, mîṭh lâglalo; (*fig.*) chiṭiyâṁcho, chiṭyâḷo: śirbo. ‖ *V.* ENTREMEADO.

Salpicador, *a. e s. m.* mîṭh mârtalo; śiṁvrâvṇâr.

Salpicadura, *s. f.* mîṭh mârṇem̃ *n.*; śiṁvrâvṇî; chiṭî *f.*

Salpicão, *s. m.* pây (*do port.* PAIO) *m.*

Salpicar, *v. t.* miṭh mâruṁk,- śiṁvrâvuṁk (*d. do o.*); śitoḍâvuṁk, śiṁvrâvuṁk; (*fig.*) (theṁbyâṁnîṁ, chiklân) bharuṁk, loḷauṁk, chiṭyo ghâluṁk,- basauṁk (*d. do o.*); pais pais davruṁk,- ghâluṁk. ‖ *V.* INFAMAR.

Salpico, *s. m.* chiṭî *f.*, chiklâchem̃ khat *n.*, śitoḍo, jhaḍ; miṭhâcho kaṇo *m.*

Salpimenta, *s. f.* mîṭhmirîṁ *n.*

Salpimentar, *v. t.* mîṭhmirîṁ ghâluṁk,- lâvuṁk (*d. do o.*).

Salpresar, *v. t.* mîṭh mâruṁk,- śiṁvrâvuṁk.

Salpreso, *a.* miṭhâcho, mîṭh mârlalo,- lâylalo.

Salsa, *s. f.* (*bot.*) âypo (*do port.* AIPO), *f. pl.*, pâslî (*do ingl.* PARSLEY) *f.*, ajmodo *m.*

Salsada, *s. f. V.* MISTIFORIO.

Salsa-parrilha, *s. f.* (*bot.*) kavaḷkâṁṭî *f.*, kârâpû *m.*; uparsâḷ (— *indiana*) *f.*

Salseira, *s. f.* kaḍhiyecho kâṁso *m*

Salseirada, *s. f.*, **salseiro**, *s. m.* dhaḍak *f.*

Salsicha, *s. f.* limgîs *(do port.* LINGUIÇA) *n.*

Salsichão, *s. f.* moṭem limgîs *n.*

Salsicharia, *s. f.* limgisâmcho yepâr *m.*

Salsicheiro, *s. f.* limgisâm-, dhukrâchem mâs viktalo.

Salsinha, *s. m.* pej *(fig.)*, bhâjî *(fig.) f.*

Salso, *a. V.* SALGADO.

Salsugem, *s. f.* khâro chikal *m.*; khârsâṇ *f.*

Salsuginoso, *a.* khâryâ chiklâcho; khârsâṇîcho.

Saltada, *s. f.* uḍṇem, uḍkaṇ *n.*, uḍî *f.*; ghâlo *m.*, jhaptî *f.* ‖ *V.* CORRERIA.

Saltado, *a.* bhâyr âylalo.

Saltador, *a. e s. m.* uḍtalo, uḍṇâr.

Saltante, *a.* uḍto.

Saltão, *a. e s. m.* uḍkaṇâm ghâltalo, uḍyo mârtalo, nâchro.‖ *s. m. (zool.)* pirtaḷ *m.*, gauśî *f.*; ṭoḷ *m.*

Saltar, *v. i.* uḍumk, uḍkî-, uḍaṇ mârumk; uḍkaṇâm ghâlumk, nâchumk, nâchumk uḍumk; *rebentar:* usḷumk; *apear-se:* demvumk; *assaltar:* uḍumk *(com loc. sup.)*, paḍumk *(id.)*. ‖ — *aos ares*, uklûn dharumk, tiḍkumk. — *de contente*, bhurkaṭumk, uḍumk. — *fóra*, usḷumk. — *aos olhos ou á vista*, ḍoḷyâmt vachumk. — *na sella*, ghoḍyâr basumk. — *em terra*, demvumk. *Fazer* —, usḷâvumk. *Ler a* —, khaḷaun vâchumk. ‖ *v. t.* uḍumk; khaḷaumk, amtrâvumk.

Saltarello, *a.* uḍto, uḍtalo.

Saltatriz, *a.* uḍto.

Salteada, *s. f. V.* ASSALTO.

Salteado, *a.* avchitt dharlalo, uprâḷlalo; luṭlalo; âḍvo; khaḷailalo. ‖ *Saber de cór e* —, âḍvo-ubho-, pâḷâm paryâmt jâṇo jâvumk.

Salteador, *a. e s. m.* uprâḷṇâr, jhaḍjhaḍâytalo; pumḍ, pemḍhâro.

Salteamento, *s. m. V.* ASSALTO.

Saltear, *v. t.* avchitt uprâḷumk, paḍumk *(l. sup. do o.)*, jhaḍjhaḍâvumk; *saquear:* luṭumk, nâgaumk; *tomar de improviso:* âkâmtâvumk, kalkalâvumk, gaḍ-, phaṭ karn yevumk.‖ *v. i.* luṭumk, pumḍây karumk. ‖ *v. r.* kalkalumk, âkâmtumk, âmg kâḍhumk.

Salteiro, *s. m.* lâmkḍâchyo khoṭo mochyâmk kartalo.

Salterio, *s. m. V.* PSALTERIO.

Saltigrado, *a.* uḍûn chaltalo.

Saltimbanco, *s. m.* bhorpî, gâroḍî.

Saltitante, *a.* uḍto, phiṭphiṭo. ‖ *V.* BULIÇOSO.

Saltitar, *v. i.* bhomvûn bhomvûn uḍumk, phiṭphiṭumk, phaṭphaṭumk.

Salto, *s. m.* uḍṇî, uḍî, uḍkî, uḍaṇ, uḍkaṇ, dhâmgaṇ *n.*; lûṭ, pumḍây *f.*, pumḍâvem *n.* ‖ — *da bota*, mochyâchî khoṭ *f.* — *mortal*, tâḍîmiḍiyechem uḍkaṇ. *Andar a* —, luṭumk bhomvumk, pumḍây karumk. *Pôr-se de* —, pâlad karumk. *Quebrar o* — *a*, uḍkaṇ chukaumk. *De* —, uḍkaṇ mârûn, ḍhempâṇ; *(fig.)* avchitt, gaḍ karn. *De* — *a* —, uḍkaṇâmnîm.

Saluberrimo, *a.* bhalâykek bhav baro, bhav nirogî.

Salubre, *a.* bhalâykek baro, bhalâykecho, nirogî, pathya, sâvadh, sâtvik, pushṭikar.

Salubridade, *s. f.* nirogîpaṇ, sâvadhpaṇ *n.*, nirog *m.*

Saludador, *a. e s. m.* mamtravaid.

Saludar, *v. t.* mamtrâmnim-, rajârkarûn *(do port.* REZAR) baro karumk.

Salutar, *a.* bhalâykecho, pathya; samâdhânâcho, hitkar; âtmadhâtûcho, paramârthâcho.

Salutarmente, *adv.* barem-, hit karûn.

Salutifero, *a. (poet.) V.* SAUDAVEL.

Salva, *s. f.* sâlv *n.*, salâmichî sarbattî *f.*: tabak *n.*, tabakḍî *f.* ‖ *V.* RESALVA.

Salvação, *s. f.* vâṭâvṇî, nivârṇî; soḍvaṇ *f.*, târaṇ *n.*, uddhâr *m.*, uddhârgat; mukti *f.*, sâlvâsâmv *n.* ‖ *Boias de* —, *V.* SALVA-VIDAS. *Cuidar na* — *da alma*, âplyâ atmyâchem paḷevumk. *Entrar o navio a* —, târûm taḍik-, salâmatî pâvumk.

Salvador, *a. e s. m.* vâṭâytalo, nivârṇâr; târak, uddhârî, soḍvaṇâr.

Salvados, *s. m. pl.* daryâmtlo mâl vâṭâylalo *m.*

Salvaguarda, *s. f.* abhaypatr *n.*, kaul; *(fig.)* âdhâr, temko *m.* ‖ *V.* RESALVA.

Salvaguardar, *v. t.* râkhumk, sambhâḷumk, târumk; chatrâvumk, śiḍkâvumk. ‖ *V.* GARANTIR *e* RESALVAR.

Salvamento, *s. m.* nivârṇî, vâṭâvṇî, sambhâḷṇî *f.*, târaṇ *n.*, bachâv *m.*; sambhâḷâchî svât *f.* ‖ *Porto e* —, salâmatî pâvṇem *n.*; *(fig.)* barkat, siddhi, arthasiddhi, kâryasiddhi *f.*‖ *A* —, salâmatî, sukhân.

Salvante, *a.* vâṭâytalo, râkhtalo.

Salvar, *v. t.* vâṭâvuṁk, nivâruṁk, sodauṁk, târuṁk, bachâvuṁk, saṁrakshuṁk; *conservar:* jagauṁk, bâḷguṁk, vâṁchauṁk; *defender:* râkhuṁk, saṁbhâḷuṁk; *vencer (espaço, distancia):* baḷâṁḍuṁk; *gulgar:* uduṁk; *resalvar:* prastâv-, saṁket ghâluṁk (*g. do o.*); *dar saude a:* baro karuṁk; *dar a salvação eterna a:* târuṁk, uddharuṁk, soḍaumk. ‖ *V.* SAUDAR.‖ *v. i.* sâlv-, sarbattî divuṁk.‖ *v. r.* vâṭâvoṁk, suṭuṁk, nivâroṁk; âdhârâk vachuṁk; sâlvârjâvuṁk, svargâr vachuṁk, mukti joḍuṁk. ‖ — *em agua de bacalhau,* mâtso chukuṁk, baryâṁtlo suṭuṁk. — *a nado,* piyevûn vâṁchuṁk.

Salvaterio, *s. m.* târaṇ, nivâraṇ *n.*, nistar *m.*

Salvavel, *a.* târuṁcho, vâṭâvûṁ yeso.

Salva-vidas, *s. f.* udkâṁtlo vâṭâvuṁcho upây *m.*, trâṇ-vast *f.*

Salve, *int.* svasti, namaskâr, namo, jayjay.

Salve-Rainha, *s. f.* Sarv-varṇitâṁ *f.*

Salveta, *s. f.* divyâ poṁdcheṁ tâṭ *n.*

Salvo, *a.* vâṭâvlalo, suṭlalo, saṁrakshit; nirvighn, nirbhay; *intacto:* dhaḍ, âkho, akhaṁd; *favoravel:* prasann, hitkar; *que obteve a salvação eterna:* sâlvâr- jâlalo, uddharlalo. ‖ *Pôr a —,* saṁbhâḷuṁk, râkhuṁk. *A —,* sûṭ, salâṁatî. *A seu —,* sukhân, kuśâl. — *seja!* Sâhebâ, pâv' ‖ *prep.* bhâyr, vâṁchûn.

Salvo-conducto, *s. m.* kaul *m.*, abhaypatr *n.*; (*fig.*) *V.* ISENÇÃO.

Samarra, *s. f.*, **samarro,** *s. m.* pâdrîṁchî kabây *f.*

Sambarco, *s. m.* parṇo mocho *m.*

Sambenito, *s. m.* pâkhaṁḍyâṁk mâruṁk vharcheṁ âṁgleṁ *n.*

Sambuca, *s. f.* (*ant.*) kinnarî *f.*

Sambuco, *s. m.* pâtmârî *f.*

Samicas, *s. m.* bhâjî (*fig.*), pej *f.*

Samo, *s. m. V.* ALBURNO.

Sanar, *v. t.* baro karuṁk, piḍâ moḍuṁk (*g. do o.*), pekauṁk; (*fig.*) sâṁdhuṁk, nîṭ-, sârko karuṁk.

Sanativo, *a.* baro karcho, pekauṁcho; (*fig.*) ilâjâcho.

Sanavel, *a.* baro jâvuṁcho, pekcho; (*fig.*) *V.* REMEDIAVEL.

Sancadilha, *s. f. V.* CAMBAPÉ.

Sancarrão, *a.* phoṭkiro bhakt.

Sancção, *s. f.* daṁḍ *m.*, śâsan; pramâṇ *n.*, âdhâr, âsro *m.* ‖ — *real,* râjśâsan.

Sanccionador, *a. e s. m.* pramâṇ ditalo, kabûl kartalo.

Sanccionar, *v. t.* kabûl-, pasaṁt karuṁk, pramâṇ-, âdhâr-, âsro divuṁk (*d. do o.*).

Sanco, *s. m.* jhâṁglî *f.*

Santa-sanctorum, *s. m. V.* SANTUARIO.

Sandalia, *s. f.* chepal *n.*, cheplî, pâdukâ *f.*

Sandalo, *s. f.* (*bot.*) chaṁdan, śrîkhaṁḍ, gaṁdh; raktachaṁdan, raṁjan (— *vermelho*) *n.*

Sandejar, *v. i.* pisâyo sâṁguṁk, galyo jâvuṁk.

Sandeu, *a. e s. m.* gaḷyo, pato, khuḷo, pisâṭ, mûrkh, mûḍh, durmat, achatur.

Sandia, *a. e s. f.* pisî, gaḷiyî, mûrkh.

Sandiamente, *adv.* galyepaṇîṁ.

Sandice, *s. f.* gaḷiyepaṇ, khuḷepaṇ, mûrkhpaṇ *n.*, achaturây, mûḍhây *f.*

Sandicino, *a.* (*p. us.*) tâṁbḍo lâl.

Sandio, *a.* gaḷyâcho, patyâcho.

Saneamento, *s. m.* nitaḷ karṇeṁ *n.*, nitḷâvṇî; nirmaḷây, śuddhi; (*fig.*) niṭâvṇî *f.*, sâmko karṇeṁ *n.* ‖ *V.* CURA.

Sanear, *v. t.* nitaḷ-, nirmaḷ karuṁk, bhalâykek baro karuṁk; kamâvuṁk; *reparar:* nîṭ-, sâmko karuṁk. ‖ *v. i.* kâḷjâṁt riguṁk.

Sanefa, *s. f.* reśmî pâṭ *m.*; âḍphaḷeṁ *n.*

Sangra, *s. f.* reṁdvaṇî *n.*

Sangradoiro, *s. m.* śîr mârchî svât *f.*; mâgâcheṁ mûḷ *n.*

Sangrador, *a. e s. m.* śîr mârtalo, śîrkâr.

Sangradura, *s. f.* śîr mârṇeṁ *n.* ‖ *V.* SANGRADOIRO.

Sangrar, *v. t.* śîr mâruṁk (*d. do o.*), -soḍuṁk (*g. do o.*); (udak, dîk) kâḍhuṁk (*g. do o.*); *limpar:* pusuṁk, pusûn vharuṁk; *extorquir dinheiro:* piḷuṁk; *atormentar:* kâṁtauṁk, khâvuṁk; *debilitar:* baḷ moḍuṁk,- toḍuṁk (*g. do o.*), aśaktâvuṁk. ‖ *v. i.* ragat vâhvuṁk (*g. do s.*); (*fig.*) *V.* GOTTEJAR. ‖ *v. r.* śîr mâruṁk,- mâruṁk divuṁk. ‖ — *em saude* (*fig.*), garaj nâstânâ upây ghevuṁk.

Sangrante, *a.* ragat vâhvtalo.

Sangrento, *a.* jâyteṁ ragat vâhvlalo, raktapâtâcho, raktasrâvî; ragtâṁt bharlalo, raktâṁbar.

Sangria, *s. f.* śîr mârṇeṁ *ou* soḍṇeṁ; śîrecheṁ ragat *n.*; saṁgrî *f.*, udkâcho mâg *m.*; soryâ, sâkrî âni udkâcheṁ pivaṇ *n.* ‖ *V.* EXTORSÃO.

Sangue, *s. m.* rakt, ragat *n.*, śeṁdûr *(p. us.) m.* ‖ *V.* ESTIRPE. ‖ *Homem de —*, puṁḍ, gaḷekâpo; kuḷiyecho manîs. *Chorar lagrimas de —*, khaṁtîbharit duḥkhâṁ gâḷuṁk. *Estar na massa do —*, sayaṁbhâcho guṇ jâvuṁk. *Fazer —*, ragat vâraunk; *(fig.)* kharây khâvaunk. *Fazer a alguem — de bugio*, âṁtâṁ-piṁtâṁ khâvuṁk, jiv hârpit karuṁk. *Ferver o — a alguem*, ragat śiṁvśivuṁk. *Ficar sem pinga de —*, aṁtarmâḷâ partoṁk *(g. do s.)*, jhiṁt mâruṁk *(d. do s.)*. *Gelar-se o — nas veias*, hâlvo sukuṁk, tharthâruṁk. *Suar —*, harḍeṁphûṭ-, hârpit jâvuṁk.

Sangueira, *s. f.* raktâcheṁ koṁḍ *n.*, raktâcho baṁbhâḷ *m.*: mârlale moṇjâticheṁ ragat vâhvlaleṁ *n.*

Sangrento, *a.* raktâṁt bharlalo, raktâḷo; hiṁsak, raktapriya.

Sanguesuga, *s. f.* jaḷû *f.*; *(fig.)* guḍveṁ *(fig.)*, luṁchak *(fig.) n.*

Sanguifero, *a. (poet.)* raktâḷ, raktâḷo; raktavâhî.

Sanguificação, *s. f.* raktotpatti *f.*. ragat jâṇeṁ *n.*

Sanguificar, *v. t.* ragat karuṁk *(g. do o.)*. ‖ *v. r.* ragat jâvuṁk *(g. do s.)*

Sanguificativo, sanguifico, *a.* ragat karcho, raktî.

Sanguinação, *s. f. V.* ELABORAÇÃO.

Sanguinariamente, *adv.* ragat vâraun; *(fig.)* nishṭurpaṇiṁ, dâruṇâyen.

Sanguinario, *a.* khunî; hiṁsak. raktapriya; nishṭur, dâruṇ.

Sanguineo, *a.* raktâcho, raktî, raktâḷo, raktabharit; *(fig.)* raktavarṇ. ‖ *V.* SANGUINOLENTO.

Sanguinho, *s. m.* sâṁgijû, * pavitr âṁgso *m.*

Sanguinidade, *s. f. V.* CONSAGUINIDADE.

Sanguino, *a.* ragat vârauṁcho; khunâcho. ‖ *V.* SANGUINEO.

Sanguinolencia, *s. f.* raktâṁt bharṇeṁ; ragat vâhvṇeṁ *n.*, raktapât *m.*: *(fig.) V.* CRUELDADE.

Sanguinolentamente, *adv.* ragat vâraun, raktâcho baṁbhâḷ karûn.

Sanguinolento, *a.* raktâcho, raktâṁt misaḷlalo,- bharlalo, raktabharit; raktî, raktasrâvî, raktapâtâcho; *(fig.) V.* CRUEL.

Sanguinoso, *a.* raktâcho, raktâḷ, raktâḷo.

Sanguisedento, *a. (poet.)* raktâk tahânelalo, raktapriya. hiṁsak, hiṁsâḷû.

Sanha, *s. f.* krodh, kaḍkaḍo, kîṁv *m.*, chiḍ *f.*

Sanhedrim, *s. m. V.* SYNHEDRIM.

Sanhoso, sanhudo, *a.* krodhivaṁt, râgâbharit, râgishṭ, kiṁvâbharit; *(fig.)* khubhdaḷlalo, phullalo.

Sanhudamente, *adv.* kaḍkaḍyân, kiṁvân.

Sanidade, *s. f.* sâvadhpaṇ, animânpaṇ, śuddhisthiti *f.*

Sanie, *s. f.* raṁd ou reṁd, las *f.*, ragatpû *m.*

Sanioso, *a.* ragatpuvâcho, reṁdîcho, lasicho.

Sanitario, *a.* bhalâykî saṁbhâḷcho, rogṇivâraṇâcho.

Sanja, *s. f.* mâg *m.*, charî *f.*

Sanjar, *v. t. e i.* charyo mâruṁk *(d. do o.)*.

Sanmente, *adv.* bhalâyken, sâvadhpaṇiṁ.

Sansadorninho, *a. e s. m.* labâḍ, kapaṭî.

Sanskritista, *s. m. e f.* saṁskṛit jâṇo âslalo, saṁskṛitbhâshâjña.

Sanskrito, *s. m.* saṁskṛit bhâs *f.* ‖ *a.* saṁskṛit bhâsheche, saṁskṛit.

Santa, *s. f.* bhaktîṇ, bhâgevaṁt, sâṁtiṇ.

Santamente, *adv.* pavitrpaṇiṁ; bhakten.

Santanario, santão, santarrão, *a. e s. m.* phoṭkiro-, ḍhoṁgî bhakt, dharmadhvajî.

Santeiro, *a.* saṁtî, bhakt. ‖ *s. m.* sâṁt kartalo,- viktalo.

Santidade, *s. f.* pavitrpaṇ, sovḷepaṇ; sâṁtipaṇ, sâdhupaṇ bhâgevaṁtpaṇ, bhaktipaṇ *n.*, bhakti, śuddhi *f.* ‖ *Sua —*, Pâp Sâheb.

Santificação, *s. f.* pavitr karṇeṁ, pavitrikaraṇ; pavitrpaṇ *n.*, antaḥśuddhi *f.* ‖ *— dos domingos e dias de festa*, âytâr-saṁt saṁbhâḷṇeṁ *n.*

Santificado, *a.* pavitr kelalo, saṁt jâlalo. ‖ *Dia —*, saṁt *m.*

Santificador, *a. e s. m.* pavitr kartalo, pâpnâśak.

Santificante, *a.* pavitr-, bhâgevaṁt karcho, saṁskârâcho.

Santificar, *v. t.* pavitr karuṁk, saṁskâruṁk; bhâgevaṁt-, śuddh karuṁk. ‖ *— os dias*, saṁt saṁbhâḷuṁk. *— o nome de Deus*, Devâcheṁ nâṁv pâchâruṁk,- varṇuṁk. Devâk mân divuṁk, devastuti karuṁk. ‖ *— v. r.* pavitr-, bhâgevaṁt jâvuṁk, Devâchî kurpâ joḍuṁk.

Santigar, *v. t. V.* BENZER. ‖ *v. r.* Saṁtâ- khursâche kâḍhuṁk.

Santilão, *s. m. V.* SANTÃO.

Santimonia, *s. f.* bhaktîcho ḍaul, daṁbh *m.*, ḍhoṁg *n.*, bhagal, bhaktimudrâ *f.*

Santimonial, *a.* phoṭkiro bhakt, daṁbhî, ḍhoṁgî, bhagalî.

Santissimo, *a.* bhav pavitr. ‖ *s. m.* Sâṁṭîsm, Sâheb.

Santo, *a.* sâṁt, saṁt, saṁtî, pavitr, śuddh, sovḷo, sâdhu, pâvan; bhaktivaṁt, * bhaktivaṁchaḷ, bhagavaṁt, bhâgevaṁt. ‖ *V.* BENEFICO. ‖ *Campo* —, simiter *f.* *O — padre,* Pâp Sâheb. *Os santos oleos,* sâṁtol *f.* *Dia* —, saṁt *m.* *O logar* —, devasthân *n.* *A terra santa,* Palestinâcho deś *m.* ‖ *s. m.* sâṁt, saṁt, bhakt, bhâgevaṁt; ṛishi, sâdhu, muni *(entre os hindús).*

Santola, *s. f. (zool.)* kurlo *m.*

Santoral, *s. m.* saṁtacharitapustak *n.*

Santuario, *s. m.* gâbhâro, garbhâro; pavitr jâgo *m.*, mahâlay, pavitrâlay, devasthân, bhaktisthân, kshetr; śaraṇ, âśrayasthân *n.*, âśram *m.*

São, *a.* sâṁv; bhalâykeṁt âslalo, piḍâśiḍâ nâslalo, bhalâykecho, baro, rokh, khabardâr, mâṇkulo, baḷkaṭ, arogî, nirogî, animân, dhâṭomoṭo, * praṇâmî; *que está em bom estado:* dhoḍ, âkho, akhaṁḍ; *saudavel:* bhalâykecho, hitkar, pathya; *justo:* nîj, nîṭ, kharo; *incolume:* rokh, mâṇkulo, nirvighn; *puro:* nikhoḍ, nigaḷ, nirmaḷ. ‖ — *e escorreito,* khabardâr, kuśâl. *A — e salvo,* vâyṭâ-vighnâvîṇ, salâmatî. ‖ *s. m.* bhalâykecho manîs *m.*; dhoḍ *n.* ‖ *Pôr ou metter no* —, muḷâṁt baro karuṁk, âslalo taso karuṁk.

São-Miguel, *s. m. (fig.)* luṁvṇî *f.*; pîk; savaṇ *n.*, sarkaḷ *m.*

Sapa, *s. f.* khoryâkudḷîcheṁ kâm; khoreṁ *n.*

Sapador, *a. e s. m. (milit.)* khoryâcheṁ kâm kartalo.

Sapal, *s. m.* sâpâl *m.*, khâjan *n.*, bhâṭ, gojṇî *(us. Can.) f.*

Sapar, *v. i.* khoryân ustuṁk, khaṇuṁk.

Sapata, *s. f.* thapkaṭo mocho *m.*; pâṭiyecheṁ âḍbhareṁ *n.* ‖ *Feijões de* —, sâṁgisahit ukaḍlale aḷsâṁde. — *da parede,* bunyâdicho vaḷaṁtîbhâyr urlalo vâṁṭo *m.*, sapât *n.*

Sapatada, *s. f.* mochâvṇî *f.*, mochyâcho phâr *m.*

Sapataria, *s. f.* châmhârvâḍo *m.*; châmhârkî *f.*; mochyâṁcho mâṁḍ *m.*

Sapateada, *s. f.* moche baḍauṇeṁ *n.*; mochyâṁcho nâd *m.*

Sapatear, *v. i.* mocho-, mochyâṁnîṁ mâruṁk; moche baḍauṁk,- vâjauṁk.

Sapateira, *s. f.* sapterâchî bâil, châmhârṇ.

Sapateiro, *s. m.* sapter, châmhâr, mochî; châmhârḍo *(deprec.).*

Sapateta, *s. f.* chinel *(port.) n.*; mochyâcho-, chinelâcho âvâj *m.*

Sapatilho, *s. m. (naut.)* lokhaṁḍâcho vâḷo *m.* ‖ — *da canna de assucar,* ushcheṁ paileṁ pâteṁ *n.*

Sapato, *s. m.* mocho, pâpûs *m.*

Sape, *int.* shûṭ!

Saphira, *s. f.* nîl, nîlkâṁt *m.*, nîḷratn *n.*

Sapido, *a.* goḍ, ruchîk.

Sapiencia, *s. f. V.* SABEDORIA.

Sapiencial, *a.* jâṇtikâyecho.

Sapiente, *a. V.* SABIO.

Sapinhos, *s. m. pl.* ghaṁse *m. pl.*

Sapo, *s. m.* rân-mâṁḍkî *f.*, châmarḍel *n. e f.*

Saponaceo, *a.* sâbvâsârko, sâbû kaso.

Saponaria, *s. f. (bot.)* riṁṭhî, riṁgî *f.*

Saponario, *a.* sâbvâcho.

Saponificação, *s. s.* sâbû karṇeṁ,- jâṇeṁ *n.*; sâbû karchî vidyâ *f.*

Saponificar, *v. t.* sâbû karuṁk *(g. do o.).* ‖ *v. r.* sâbû jâvuṁk *(g. do s.).*

Saporifero, saporifico, *a.* svâdîk, ruchîk, ruchîcho, goḍ.

Saque, *s. m.* lûṭ, nâgauṇ, puṁḍây *f.*, puṁḍâveṁ; *(comm.)* huṁḍî karṇeṁ *n.*; huṁḍî *f.*

Saqueador, *a. e s. m.* luṭṇâr, luṭâro.

Saquear, *v. t.* luṭuṁk, lûṭ lâvuṁk *(d. do o.)*, nâgauṁk.

Saqueio, *s. m.* luṭṇeṁ *n.*, lûṭ *f.*

Saqueto, *s. f.* pothî, chirî *f.*

Saquilada, *s. f. (ant.)* gaḷaṁ luṁvṇeṁ *n.*

Saquinho, saquitel, *s. m.* pothî, chirî, thaili *f.*

Sarabanda, *s. f.* phugḍî; *(fig.)* jupâṭî *f.*, sal *n.*

Sarabandear, *v. i.* phugḍî nâchuṁk. ‖ *v. t.* nâchauṁk.

Sarabatana, *s. f. V.* BUZINA.

Sarabulhento, sarabulhoso, *a.* kharkharît, khaḍbaḍît; phoḍâṁnîṁ bharlalo, phoḍyo.

Sarabulho, *s. m.* bâsanâmchî khadkhaditây,- kharbaritây *f.; (fig.) V.* BOSTELA.

Saracote, *s. m.* ghusalnî, chalbal *f.*, hulhulepan *n.; (fig.)* loknî, dolnî *f.*

Saracoteador, *a. e s. m.* ghusalno, hulhulo, chalbalyo, nâchro; ghârâbhâyr henem tenem bhomvtalo.

Saracotear, *v. t.* hâlaumk, dolaumk nâchaumk.|| *v. i.* nâ thirkumk, phudnem nâ temkaumk, ghuslumk, henem tenem bhomvumk. || *v. r.* hâlumk dolumk, hulhulumk, chalbalumk, gadbadumk.

Saracoteio, *s. m. V.* SARACOTE.

Saragoça, *s. f.* kâle lamvechem dût lugat *n.*

Saraiva, saraivada, *s. f.* karo, karvo *m.*, gâr *f.*; kare padnem *n.; (fig.)* pâus, simvâl *m.*

Saraivar, *v. i.* kare-, gâr padumk. || *v. t.* kare mârumk *(d. do o.)*.

Saramago, *s. m. (bot.)* ran-mulo *m.*

Saramantiga, *s. f. V.* LAGARTIXA.

Saramantulo, *s. m.* mervâchem tarnem simg *n.*

Sarambeque, *s. m.* khâpryâmcho nâch *m.*

Sarambura, *s. f. V.* SARAMPURA.

Saramenho, *a. V.* SERAMENHO.

Sarampelo, sarampo, *s. m.* hurhurem, govrem, sursurem *n.*

Sarampura, *s. f.* Saharâmpûrchem lugat *n.*

Sarandalha, *s. f.* kair, kastal *m.*, *(fig.)* âdjât *f.*, lulem *n.*

Sarapanel, *s. m.* thapkatî kamân *f.*

Sarapantão, *a.* nânâramgî, vichitr.

Sarapantar, *v. t.* bujaumk, gâbhrâvumk, kalkalâvumk. || *v. r.* kalkalumk, gâbhrumk, bujumk.

Sarapatel, *s. m.* sarpatel *n.*

Sarapintado *a.* lâsîm âslalo; nânâvarn, bahuramgî.

Sarapintar, *v. t.* chityo-, tiklyo ghâlumk *(d. do o.)*, chityâlo karumk.

Sarar, *v. t.* baro karumk, pekaumk; *(fig.) V.* CORRIGIR. || *v. i. e r.* baro jâvumk, pekumk, pidâ modomk *(g. do s.)*.

Sarau, *s. m.* nâtak *n.*, nâch *n.*

Sarça, *s. f.* kâmtî *f.*

Sarçal, *s. m.* kâmtiyâmchem rân *n.*

Sarcasmico, sarcastico, *a.* chutkyâcho, varmî, aprodhî, tikhat.

Sarcasmo, *s. m* chutko, chatko, thoso, aprodh, akshep *m.*, varm *n.*, vakrokti *f.*

Sarcasticamente, *adv.* varmîm, aprodhîm.

Sarcocele, *s. f. e s. m. (med.)* pâriyechem duhkhânem, bûr *n.*

Sarcoidéo, *a.* mâmsâkriti.

Sarcologia, *s. f.* mâmsavidyâ *f.*

Sarcoma, *s. m.* vâlûk *n.*, mâmsavriddhi *f.*

Sarcomatoso, *a.* vâlûk âslalo; vâlkâcho.

Sarcomphalo, *s. m.* bombhlechem pok *n.*

Sarcophago, *s. m. V.* TUMULO. || *a.* mâmsabhojî.

Sarçoso, *a. V.* ESPINHOSO.

Sarcotico, *a.* mâs bharcho, -bharûn hâdcho.

Sarda, *s. f.* lâsem *n.*, tiklî; *(zool.)* bâmgdî *f.*

Sardanisca, *s. f. V.* LAGARTIXA.

Sardão, *s. m.* vhadlî pâl *f.*

Sardento, *a.* lâsim-, tiklyo âslalo.

Sardinha, *s. f.* târlo *m.*; târlî *(— pequena) f.* || *Estar como a — em tijela,* chiramgatomk, lep kasî lâgumk. *Tirar a — com a mão do gato,* dusryâk galâk ghâlûn âplim kâmâm karumk.

Sardinheira, *s. f.* târle viktalî.

Sardinheiro, *a.* târlyâmcho. || *s. m.* târle viktalo.

Sardio, *s. m.* âraktak *m.*

Sardonica, *s. f.*, **sardonyx,** *s. m.* gomed *m.*

Sardo, *a.* lâsyâchyâ ramgâcho; lâsîm âslalo.

Sardonico, *a.* gomedâcho. || *Riso —,* balân kâdhlalo hâmso, kapatî hâmso *m.*

Sardoso, *a. V.* SARDENTO.

Sargenta, *s. f. V.* SARGETA.

Sargentear, *v. i.* sârjemtâchem kâm karumk; *(fig.)* ghuslumk, âptomk daptomk.

Sargento, *s. m.* sârjemt, havâldâr, * hetekâr.

Sargeta, *s. f.* samgrî *(do port.* SANGRIA), sârnî *f.*, parvo *m.*; bârîk sârj *f.*

Sargo, *s. f.* chanâmk *f.*

Saribanda, *s. f. V.* SARABANDA.

Sarilhar, *v. t. V.* ENSARILHAR.

Sarilho, *s. m.* charak, chavo *m.*; ghumvâlî *f.* || *Andar num —,* gadbadumk, bobâlumk. *Pôr as armas em —,* bamdukâm jadumk.

Sarja, *s. f.* phâsan; sârj *n.*

Sarjação, sarjadura, *s. f.* phâsnâm mârnem; phâsan *n.*

Sarjador, *a. e s. m.* phâsnâm mârtalo; phâsno *m.*

Sarjar, *v. t.* phâsumk, phâsan mârumk *(d. do o.)*.

Sarmentaceo, sarmenticio, sarmentifero, sarmentoso, *a.* belâṁcho, bel âslalo.
Sarmento, *s. m. (bot.)* bel *m.;* śirpûṭ *n.*
Sarna, *s. f.* kharaj *f.*
Sarnento, sarnoso, *a.* kharjuḷo, kharjuvâḷo; *(fig.)* maû jâlalo, paṁvṭo.
Sarpar, *v. t. (mar.)* ukluṁk. ‖ *v. i.* hâṁkâroṁk.
Sarrabulhada, *s. f.* jayteṁ sarpatel *n.;* khejo, khitkhutlo *m.* ‖ *V.* BALBURDIA.
Sarrabulho, *s. m.* sarpatel.
Sarraceno, *a.* arbî, arbasthânî.
Sarrafaçador, *a. e s. m.* urbaḍûn kâtarlalo.
Sarrafaçadura, *s. f.* châṁchâvûn-, urbaḍûn kâtarṇeṁ *n.*, kharvaḍṇî *f.*
Sarrafaçal, *s. m.* urbaḍṇâr, kharvaḍṇâr; kachcho vâvrâḍî, doḍo kâmkarî.
Sarrafaçar, *v. i.* dhamkaṭyâ âvtân kâtruṁk,- chiruṁk; urbaḍuṁk, kharvaḍuṁk. ‖ *v. t. V.* SARJAR.
Sarrafão, *s. f. V.* VIGOTA.
Sarrafar, *v. t.* phâlî karuṁk *(g. do o.).* ‖ *V.* SARRAFAÇAR.
Sarrafo, *s. m.* phâl, kâṁb *f.*
Sarrafusca, *s. f.* gaḍbaḍ *f.*, gaḷbaḷ *m.*, tirrâj *n.*
Sarrão, *s. m.* poteṁ, bokseṁ *n.*
Sarrento, *a.* buryâcho.
Sarrido, *s. m.* gharghar̂î, ghor *f.*
Sarro, *s. m.* buro, burburo *m.;* mûr, *f.*
Sarta, *s. f. (mar.) V.* ENXARCIA.
Sartan, *s. f. V.* SERTAN.
Sartal, *s. m. V.* ENFIADA.
Saruga, *s. f.* kaṇśccheṁ kûṁs *n.*
Sasão, *s. f. V.* SAZÃO.
Sassar, *v. t. V.* PENEIRAR.
Satan, Satanaz, *s. m.* saitân *m.*
Satanicamente, *adv.* saitânâparîṁ, devchârpaṇîṁ.
Satanico, *a.* saitânâcho. ‖ *V.* DIABOLICO.
Satellite, *s. m. (astr.)* upagraha; *(fig.)* lâṁbto, pedo *m.*
Satira, *s. f.* niṁdecho pavâḍo, chuṭko *m.*, avgît *n.*
Satiricamente, *adv.* chuṭkyân, marmîṁ.
Satirico, *a.* chuṭkyâcho, avgitâcho, marmî, chhadmî; *(fig.)* tikhaṭ, châbkar.
Satirizar, *v. t.* chuṭko-, avgît karuṁk *(g. do o.)*: *(fig.)* kûṁsâṁ lâvuṁk *(d. do o.)*, kichḍâvuṁk.
Satisfação, *s. f.* sâtisphâsâṁv, tarpaṇ *n.*, bhâgauṇî, purav, tushṭi, khuśî, kuśâlmati, kuṁṭh; kuśâlî *f.*, kuśâlpaṇ, dhâdaspaṇ, samâdhân, sukh *n.*, saṁtosh *m.; reparação do peccado:* pâtkâṁcheṁ phârikpaṇ *n.*, pâpanishkṛiti *f.; pagamento:* phârikpaṇ *n.*, pheḍ; *indemnização:* bhar, bharaṇ *f.*, parihâr, pariyor *m.*, pariyorpaṇ *n.; desempenho:* pâḷo, pratipâḷ *m.*, nishkṛiti *f.* ‖ *Dar — a alguem,* bharûn divuṁk, gunyâṁv bogsûn mâguṁk. *Tomar satisfações,* bharûn-, sûḍ ghevuṁk. *A sua —,* âple khuśe pramâṇeṁ, âpṇâk jây taseṁ.
Satisfactoriamente, *adv.* jây taseṁ, kuśe pramâṇeṁ, dhâdaspaṇîṁ.
Satisfactorio, *a.* dhâdaspaṇâcho, saṁtoshâcho, khâtrecho, khâtarpasaṁt; purto, saysumârâcho; phârikpaṇâcho.
Satisfazer, *v. i.: bastar:* puro jâvuṁk, pâvuṁk; *procurar a saciedade:* bhâgauṁk *(v. t.)*, kuṁṭh karuṁk; *contentar:* khuśî karuṁk, saṁtosh divuṁk, mâruṁk; *convir:* upkâruṁk, pâvuṁk, lâguṁk; *cumprir:* pâḷuṁk *(v. t.)*, pâḷo divuṁk; *reparar o peccado:* phârikpaṇ divuṁk. ‖ *v. t.* karuṁk, sâdhuṁk; *saciar:* bhâgauṁk, puraumk; *pagar:* phârik karuṁk, pâvauṁk, pheḍuṁk; *indemnizar:* bhar karuṁk,- bharuṁk, bharûn divuṁk; *contentar:* khuśî karuṁk, saṁtoshâvuṁk, mânauṁk; *convencer:* saṁjâvuṁk, manâṁt ghâluṁk. ‖ — *uma necessidade,* garaj karuṁk, garjek pâvuṁk. ‖ *v. r.* âs bhâgauṁk, kuṁṭh karuṁk, dhâdasî jâvuṁk; phârik karûn-, bharûn ghevuṁk; khuśî jâvuṁk.
Satisfeito, *a.* khuśî, samâdhânî, dhâdasî, kuśâl, tript.
Sativo, *a.* vaṁpcho, vaṁpṇecho.
Satrapa, *s. m.* sattâpurush, mâṁḍaleś; *(fig.)* sardâr, bahâdûr.
Satrapear, *v. i.* dam dâkhauṁk, padest jâvuṁk.
Saturabilidade, *s. f.* romrom bharcho guṇ *m.*
Saturação, *s. f.* kuṁṭh jâṇeṁ, âs bhâgṇeṁ; romrom bharṇeṁ, atipûraṇ *n.*
Saturador, *a. e s. m.* dhâdasî kartalo; âs bhâgauṇâr.
Saturante, *a.* soshak.
Saturar, *v. t.* bharuṁk, kuṁṭh karuṁk *(g. do o.)*, âs bhâgauṁk *(g. do o.)*, dhâdasî karumk; romrom bharuṁk, -bhijauṁk, umḷuṁk. ‖ *v. r.* romrom bharoṁk, umḷoṁk; kuṁṭh jâvuṁk *(g. do s.)*, poṭ bharoṁk *(g. do s.)*, poṭ tâ-

ṇuṁk; dhusdhusuṁk, tustusuṁk. || *V.* LOCUPLETAR-SE.

Saturavel, *a.* romrom bharcho.

Saturnal, *s. f. (fig.)* pojḍyâṁcheṁ jâgraṇ, dhumśâṇ *n.* || **-es**, *pl.* hoḷî *f.*, śimgo *(— dos hindús) m.*

Saturnino, *a.* śanîcho; śiṁsyâcho.

Saturno, *s. m. (astr.)* śani, maṁd *m.*

Satyra, *s. f. V.* SATIRA.

Satyrião, *s. m. (bot.)* kânphoḍeṁ *n.*

Satyro, *s. m.* pojḍo, nâkkâtro, bâṁgḍo.

Saudação, *s. f.* pâchârṇeṁ, pâchrap, salâm karṇeṁ, naman, abhivâdan *n.*, abhivâd, namaskâr, salâm, praṇâm, praṇipâṭ *m.*

Saudade, *s. f.* ubâḷ, chaṭko *m.*, ghor *f.*

Saudador, *a. e s. m.* salâm-, namaskâr kartalo, abhivâdî, praṇâmî.

Saudante, *a.* pâchârtalo, vichartalo, praṇâmî.

Saudar, *v. t.* salâm-, râmrâm-, namaskâr karuṁk *(d. do o.)*, pâchâruṁk, vichâruṁk, namuṁk, namaskaruṁk, praṇâmuṁk, praṇipâṭuṁk; varṇuṁk, naṁdauṁk. || *s. m. V.* SAUDAÇÃO.

Saudavel, *a.* bhalâykek baro, bhalâykecho, hitkar, pathya, nirogî. || *V.* VANTAJOSO.

Saudavelmente, *adv.* bhalâykek upkârûn.

Saude, *s. f.* sâvûd, bhalây, bhalâykî *f.*, arog, ârâm, praṇâm *m.*; *brinde:* sâvûd *f.*

Saudosamente, *adv.* ubâḷân.

Saudoso, *a.* ubâḷ distalo, ubâḷâṁcho; ubâḷ hâḍtalo.

Savana, *s. f.* maraḍ *n.*, saḍo *m.*

Saveiro, *s. m.* paṁdeḷ *m.*; paṁdeḷ chalaitalo.

Savel, *s. m. (zool.)* peḍ *f.*

Saxatil, *a.* phâtrâṁnîṁ jâtalo.

Saxeo, *a.* phâtrâcho, khaḍpî.

Saxicola, *a.* phâtrâṁniṁ jiyetalo.

Saxifrago, *a.* phâtar phoḍtalo.

Saxoso, *a.* phâtrâṁnîṁ bharlalo.

Sazão, *s. f.* ṛitu, masam; *(fig.)* avsar, samay, saṁyog *m.*

Sazoar, *v. t. V.* SAZONAR.

Sazonado, *a.* piklalo, -piko, aṁburko; *(fig.) V.* EXPERIMENTADO.

Sazonar, *v. t.* pikauṁk, piko karuṁk; *(fig.)* sarî-, ruchik karuṁk. || *v. i. e r.* pikuṁk, aṁburkevuṁk; *(fig.) V.* APERFEIÇOAR-SE.

Sceleradamente, *adv.* khoṭepaṇîṁ, nashṭepaṇîṁ.

Scelerado, *a.* bhav khoṭo, mahâpâtkî, mahâpâpî, ghor, adharmî, dushkarmî, atidushṭ.

Scena, *s. f.* praveś *m.*, soṁg *n.*; *palco:* raṁg, âkhâḍo *m.*, *representação:* nâṭak *n.*, kautâṁ *n. pl.*; *scenario:* raṁgsajjâ; *arte dramatica:* nâṭakvidyâ; *espectaculo:* dâkhauṇ *f.*, drishṭivishay *m.*; *logar onde se passa alguma acção:* bhûmi *f.*, sthal *n.* || *V.* DESCOMMEDIMENTO. || *A — comica, V.* COMEDIA. *A — lyrica, V.* OPERA. *A — tragica, V.* TRAGEDIA. *Apparecer em — (fig.)*, nâvâḍhoṁk, śiriṁ saruṁk. *Trocarem-se as scenas*, pheḍî badloṁk. *Pôr em —*, raṁgâr dâkhauṁk. || **-s**, *pl. V.* SCENARIO. || *Fazer — (fig.)*, phigrâṁ *(do port.* FIGURA*)*-, kautâṁ karuṁk; iśim hogḍâvuṁk, nâṁv buḍauṁk.

Scenario, *s. m.* raṁgsajjâ *f.*

Scenico, *a.* nâṭkâcho, raṁgâcho.

Scenographia, *s. f.* raṁgachitravidyâ; nakśividyâ *f.*

Scenographico, *a.* raṁgachitravidyecho.

Scenographo, *s. m.* raṁgachitârî.

Scepticamente, *adv.* dubhâvân, saṁśayân.

Scepticismo, *s. m.* aviśvâsamat *n.*; saglyâcho dubhâv, sarvasaṁśay *m.*

Sceptico, *a.* aviśvâsâcho; saglyâcho dubhâv dhartalo, saṁdigdhamati. || *s. m.* aviśvâsî, dubhâvî.

Sceptro, *s. m.* râjdaṁḍ *m.*, râjkâṭî, betkâṭî *f.*, râjlakshaṇ *n.*; *(fig.)* pâtśây; adhikâr *m.*; thorây, pradhânkî *f.* || *Empunhar o —, V.* REINAR.

Schema, *s. m.* maslat *f.*, bet, nakśo, sâṁcho *m.*

Schematico, *a.* maslatîcho, betâcho, nakśyâcho.

Schisma, *s, m. V.* SCISMA.

Schisto, *s. m.* khaḍî *f.*

Schistoso, *a.* khaḍiyecho.

Sciatica, *s. f.* peṁkṭâchî duḥkh, kaṭiśirâvedanâ *f.*

Sciatico, *a.* kaṭiśirecho, śroṇisaṁbaṁdhî.

Sciencia, *s. f.* oḷakh, khabar, jâṇtikây, jâṇvây, jâṇârpaṇ, jñân *ou* gnyân, śikap *n.*, paṁḍitây; vidyâ *f.*, śâstr *n.* || *— espiritual*, âtmavidyâ. *Meia —*, ardhkurî jâṇvây. *De — certa*, pakkî oḷakh âsûn, barî kaḷâkaḷ ghevûn.

Sciente, *a.* jâṇâr, jâṇto; khabar-, oḷakh âslalo. || *Fazer —*, kaḷît karuṁk. *Ficar —*, kaḷuṁk *(d. do s.)*, gamuṁk *(d. do o.)*.

Scientemente, *adv.* jâṇo jâvûn, oḷakh âsûn.

Scientificamente, *adv.* vidye pramâṇeṁ, vidyâkramân.

Scientifico, *a.* śâstrâcho, vidyecho, vidyâvaṁt; vidyâsûtrânusârî.

Scintilla, *s. f. V.* CENTELHA.

Scintillação, *s. f.* jhagjhakî, liklikî *f.*, chakchak *m.*, lakk *n.*; *(fig.)* prajvaḷ, prakâś *m.*

Scintillante, *a.* jhagjhakît, jhigjhigît, liklikît, chakchakît, bikbikit; *(fig.)* prajvaḷit, kâṁtivaṁt.

Scintillar, *v. i.* jhagjhakuṁk, jhigjhiguṁk, jhigjâvuṁk, jhaḷjhaḷuṁk, chakchakuṁk, liklikuṁk, laklakuṁk, bikbikuṁk; prajvaḷuṁk, prakâśuṁk. ‖ *s. m. V.* SCINTILLAÇÃO.

Sciographia, *s. f.* sâvḷen veḷ paḷcvuṁchî vidyâ *f.*

Scirro, *s. m. V.* CIRRO.

Scisma, *s. m.* dharmbhed, śâstrbhed, mârgbhed *m.*; phûṭ *f.* ‖ *s. f.* khar chiṁtnâ *f.*, nibar nihâḷ *m.*; phoṭkireṁ yojan *n.*

Scismatico, *a.* matbhedâcho; matbhedak, dharmbhedak, śâstrbhedî. ‖ *V.* APPREHENSIVO.

Scismar, *v. t.* manâṁt ghoḷauṁk, chiṁtneṁt hâḍuṁk, dhyânuṁk, kalpuṁk. ‖ *v. i.* bhramuṁk, jalpuṁk.

Scisão, *s. f.* bhed, vegḷâchâr *m.*, dusaṁg *n.*, phûṭ *f.*

Scissura, *s. f.* dhâḷ, phuṭoḷî *f.* *(fig.)* dusaṁg *n.*, bhed *m.*

Se, *conj.* jar, jartar; tar *(posp.)*, jâlyâr *(litt.* SE FOR; *posp.)*, -lyâr *(ex.:* vâṁchlyâr, *se viver;* melyâr, *se morrer).* ‖ — *mesmo*, — *bem que*, jarî. jarîtar. — *comtudo*, — *pelo menos*, jarîpaṇ. — *não*, nâ tar, nâ jâlyâr. — *quer*, paṇ, tarîpaṇ.

Se, *pron.* âpṇâk. ‖ *V.* SI.

Sé, *s. f.* se *f.*, mukhyadevasthân *n.*

Seara, *s. f.* śet *n.*, śetî *f.*, * thaṁb *n.*

Seareiro, *s. m.* śet vaṁptalo, śetkâmî, śetkâmtî.

Seba, *s. f.* daryâṁtlo śeḷo *m.*

Sebaceo, *a.* charbecho.

Sebe, *s. f.* âḍo *m.*, aḍap *n.*, vayvâḍ; vagî, vaṁy *(us. Can.) f.*

Sebenta, *s. f.* karṭo *m.*

Sebento, *a.* charbecho; vasen bharlalo. meṇkaṭ; meḷkuṭo, bhâṇśiro.

Sebo, *s. m.* charab, vas *f.*, mâdeṁ *n.*

Seboso, *a* charbecho, vasecho.

Seca, *s. f.* karâṁdây, vâj, ubgaṇ *f.*, karkar *m. ou n.* ‖ *s. m.* pharpharo, barbaro, jhâṁkro.

Secante, *a. e s. m. e f.* vâjecho, ubgaṇecho; vâj hâḍtalo; karkaro, pharpharo. ‖ *s. f. (geom.)* chhedan reshâ *f.*

Secar, *v. t.* vâj hâḍuṁk *(d. do o.)*, ubgaṇ divuṁk *(d. do o.)*, kân phoḍuṁk *(g. do o.)*, jiv khâvuṁk *(litt.* COMER A VIDA; *g. do o.).*

Sécca, *s. f.* dhâḍ, sukî dhâḍ *f.*

Sécca, *s. f.* sukat-, vâḷgat ghâlṇeṁ *n.*

Seccação, *s.* s. sukauṇî; sukṇî *f.*, sukap *n.*

Seccadoiro, *s. m.* sukvaṇ *f.*, sukat ghâlcheṁ ghar *n.*

Seccagem, *s. f.* sukap *n.*

Seccamente, *adv.* sukepaṇiṁ; kordepaṇiṁ; thaṁḍâyen, śeḷmoḍiṁ.

Seccante, *a.* sukaitalo. ‖ *s. m.* sukauṁcheṁ tel *n.*

Secção, *s. f.* kâtarṇî *f.*, chhedan, kâtrap *n.*; vâṁṭo, bhâg; adhyây *ou* adhyâv, khaṁḍ, varg, sarg *m.*, kâṁḍ, prakaraṇ, kalam *n.*, śâkhâ *ou* śâkh *f.*; *(geom.)* mârg *m.*

Seccar, *v. t.* sukauṁk, vâḷgauṁk; dhagauṁk, sekauṁk *(— ao fogo)*; *exgottar:* sukauṁk, âṭauṁk; *murchar:* bâvauṁk. ‖ *v. i. e r.* sukuṁk, vâḷguṁk; śekoṁk, dhaguṁk; śokuṁk *(— a voz).*

Seccarrão, *a.* bhav śuko.

Seccatura, *s f. V* SÉCCA.

Seccional, *a.* khaṁḍâcho, prakaraṇâcho

Secco, *a.* suko; sukaṭ *(dim.)*; dâḍho *(muito —)*; kordo *(us. restrict.)*; bhurkaṁḍ *(terra —)*; *friavel:* khuḍkhuḍît, khaḍkhaḍît; *murcho:* bâvko; *magro:* sukaṭyo; *(fig.)* aiṇî, niras, chachûr, chappo *(us. Can.).* ‖ *V.* RISPIDO. ‖ *Ama secca*, âyâ *(do port.* AIA). ‖ *Batalha secca*, jujâcheṁ soṁg. *Resposta secca*, aiṇî jâb. *Riso* —, phoṭkiro hâṁso. *Vento* —, jhaṇjhaṇît vâro. *A* —, jevṇâvîṇ. *Em* —, sukaṭer. *Ás seccas*, suko. ‖ -s, *m. pl.* sukyo-, mâp hyo vastû *f. pl.*

Seccura, *s. f.* sukap, sukepaṇ, kordepaṇ; *(fig.)* châchûrpaṇ, chappepaṇ; muṁḍepaṇ; vâṁjhpaṇ *n.*

Secia, *s. f.* khoḍ, mâṁj *f.*; guṇ *m.*; lakshaṇ *n.*; pehrâvekârṇ, pâtaḷî *(fig.)*, nevrî *(fig.).*

Secio, *a. e s. m.* pehrâvekâr, neṭko, kâsphîs, phaldarây.

Secreção, *s. f.* kâḍhṇeṁ, bhâyr uḍauṇeṁ *n.*; kuḍîcho meḷ *m.*

Secreta, *s. f. V.* LATRINA.

Secretamente, *adv.* guptîṁ, gûḍhân; choryâṁ, bhitar sudyâṁ.

Secretaria, *s. f.* sekretârî, kacherî *f.*

Secretària, *s. f.* baraumchem-, khaṇâṁchem mej *n.;* bâil chiṭnîs; gûḍhâchî bâil.

Secretariado, *s. m.* chiṭnisî *f.*, dabîrpaṇ *n.*

Secretariar, *v. i.* chiṭuisî chalauṁk, chiṭnîs jâvumk.

Secretario, *s. m.* sekretâr, chiṭnîs, dabîr, munśî, śiristedâr, chitrgupt. ‖ *V.* CONFIDENTE.

Secreto, *a.* gupto, gupit, gûḍh, gûḍhâcho, apraghaṭ; *que guarda segredo:* gupest, khol; *que não é apparente:* chor *(em comp.; ex.:* chordar, *porta secreta,* chorvâṭ, *caminho secreto); recondito:* aṁtasth, gumânî. ‖ *V.* DISSIMULADO. ‖ *s. m. (ant.) V.* SEGREDO. ‖ *Em —, V.* SECRETAMENTE.

Secretorio, *a. (anat.)* utpâdak.

Sectario, *a.* matâcho, paṁthâcho. ‖ *s. m.* śâkhâmârgî, pâṭhlâvkâr, śîs; anusârî, lâṁbto.

Sectil, *a.* kâtrûṁ yeso.

Sector, *s. m.* vichhedak, vṛittâṁś, vṛittakhaṁḍ *m.*

Secular, *a.* śatakâcho; śeṁbharyâṁ varshâṁnîṁ ghaḍtalo; sabârâṁ varshâṁcho, kadamkâḷo; saṁsârî, saṁsârîk, prapaṁchî, vyavahârî; prapaṁchâcho, apavitr. ‖ *Braço —,* saṁsârâṁtlî nît. ‖ *s. m.* sekulâr, saṁsârî, gṛihasth *(p. us.).*

Secularidade, *s. f.* saṁsârîkpaṇ *n.*, saṁsârâsakti, prapaṁchâsakti *f.* ‖ -s, *pl.* saṁsâryâṁchîṁ kartubâṁ *n. pl.*

Secularização, *s. f.* saṁsârîk-, apavitr karṇeṁ,- jâṇeṁ *n.*

Secularizar, *v. t.* saṁsârîk-, apavitr karuṁk; maṭhvratâṁtlo soḍuṁk. ‖ *v. r.* saṁsârî-, gṛihasth jâvuṁk, maṭhâṁtlo bhâyr saruṁk.

Secularmente, *adv.* śatakâṁuiṁ.

Seculo, *s. m.* śeṁbhar varshâṁ *n. pl.*, śatak *n.*, śekḍo; bhav kâḷ; yug; saṁsâr *m.*, saṁsârâṁtlî jiṇ *f.* ‖ *O — futuro,* sâsṇâchî jiṇ. *Por todos os seculos dos seculos,* sâsṇâchyâ sâsṇâk.

Secundar, *v. t.* hât-, kumak divuṁk *(d. do o.),* sârathuṁk; samânuṁk, vâkhâṇuṁk.

Secundariamente, *adv.* dusre svâter, pâṭhlyân, sakailyâu.

Secundario, *a.* dusro, sakailo, pâṭhlo, apradhân, amukhya; uṇe garjecho, bharîcho, bharîk upkârto, nemast.

Secundinas, *s. f. pl.* vâr *f.*, garbhâśay *m.*

Secundò, *adv.* dusre svâter.

Secundo-genito, *a. e s. m.* dusro putr *ou* pût.

Securiforme, *a. (zool.)* kuhrâḍeṁ kaseṁ.

Seda, *s. f.* sed, reśîm; reśmâcheṁ lugaṭ *n.;* ver. ‖ *— crua,* koraṭ *f.* ‖ -s, *pl.* saraḍkeṁs, saḍ *m. pl.*

Sedaceiro, *s. m.* châhiṇîcheṁ lugaṭ vinṭalo.

Sedaço, *s. m.* châhiṇîcheṁ-, ghaḷtecheṁ lugaṭ *n.*

Sedal, *a.* kuṇtyâcho, bhoṁkâcho, gâṁḍîcho.

Sedalha, *s. f. V.* SEDELA.

Sedar, *v. t. V.* ASSEDAR.

Sedativo, *a.* duḥkh deṁvauṁcho, thaṁḍ karcho, śamak.

Sêde, *s f.* taḥân *ou* tân, tṛishâ *(p. us.);* tânecho sarâṁṭo,- rakhrakho *(— intensa) m.; (fig.)* taḥân *f.*, sos *m.* ‖ *— de alma,* atmyâche atrek,- âṭeviṭe *m. pl. — de sangue,* ragtâchî tân,- oḍh. *Fazer —,* tân hâḍuṁk. *Matar a —,* tân bhâgauṁk,- mâruṁk. *Não dar uma — de agua,* ḍoḷyâṁr udak nâ mâruṁk. *Ter —,* tahânevuṁk *ou* tânevuṁk, tân lâguṁk *(d. do s.).*

Sède, *s. f.* mukhyâdhyakshyâchî padvî *f.;* sthân, ṭhân, ṭhikâṇ; *(anat.)* chakr *n*, maṁḍaḷ *f.; (ant.)* baskûr, âsan *n.* ‖ *— Apostolica,* Romchî igraj.

Sedear, *v. t.* kuṁchiyen nitaḷ karuṁk (bhâṁgâr, rupeṁ).

Sedeiro, *s. m.* piṁjṇî, phaṇî *f.*

Sedela, *s. f.* garevuṁcho saraḍ *m.*

Sedenho, *s. m.* sedejñ, phoṁt *f.*

Sedentariamente, *adv.* basûn, âṁg nâ hâlaun.

Sedentario, *a.* basûn âslalo, âṁg hâlai nâslalo; koṇsyâk baslalo, gharâṁtlo bhâyr sara nâslalo; basûn vâvartalo, baskâṁnî. ‖ *Vida sedentaria,* basûn kâḍhcheṁ jiṇeṁ.

Sedente *(poet.)*, sedento, *a.* tânelalo, tâneslṭ.

Sedeùdo, *a.* saraḍ kase keṁs âslalo, saḍâṁcho.

Sedição, *s. f.* baṁḍ *n.*, baṁḍây *f.*, phitvo, râjbhaṁg *m.*, kâṭkây *(us. Can.) f.*, * uchchâv *m.*

Sediciosamente, *adv.* baṁḍâyen, baṁḍ karûn.

Sedicioso, *a.* baṁḍî, baṁḍ, phituryo, râjdrohî, kâṭkâygâr *(us. Can.)*, * uchchâvî; baṁḍâcho.

Sediço, *a.* sâmṭhlalo; kuslalo, saḍlalo; *(fig.)* parno, jharlalo; saglyâmk kaḷlalo,- dakhal.
Sedimentação, *s. f.* thar jâṇem *n.*
Sedimentar, **sedimentario**, *a* tharâmcho.
Sedimento, *s. m.* khar *f.*, gâḷ *m.*; mûr, mureti, maḍḍi *(us. Can.) f.*; thar *m.*
Sedimentoso, *a.* murecho; tharâmcho.
Sedoso, *a.* sedâcho, reśmâcho; saḍ âslalo, saḍâmcho.
Seducção, *s. f.* phuslâvṇî, bhulvaṇ. bhûl, phituri *f.*, phitvo *m.*, * mâvlaṇ; *(fig.)* mohan, ramjan *n.*‖ *Espirito de* —, devchâr.
Seductor, *a. e s. m.* bhulauṇo, phuslâvṇo, phituryo; bâylâmk bhûl ghâltalo.
Sedulo, *a. V.* DILIGENTE.
Seduzimento, *s. m. (p. us.) V.* SEDUCÇÃO.
Seduzir, *v. t.* nâḍumk, ṭâḷumk, phiturumk, phitaumk; phuslâvumk, bhulaumk, bhûl ghâlumk *(d. do o.)*, mamtrumk; *(fig.)* bhârumk, murgaṭâvumk, oḍhûn vharumk.
Seduzivel, *a.* bhulaumcho, bhulaum yeso.
Sega, **segada**, *s. f.* lumvṇî; pikâvaḷ *f.*
Segadoiro, *a.* lumvumk pâvlalo, -jâlalo; lumvumk upkârto, lumvcho.
Segador, *a. e s. m.* lumvṇâr, lumvpî.
Segadura, *s. f. V.* SEGA.
Segar, *v. t.* lumvumk; *(fig.)* kâtrumk, kâpumk.
Segarrega, *s. f.* kîḍ *f.*
Sega-vidas, *a. e s. m. (poet.)* jâytyâmcho jîv kâḍhtalo, gaḷekâpo.
Sege, *s. f.* gâḍi *f.*, rath *m.*
Segeiro, *s. m.* gâḍiyekâr.
Segetal, *a.* śctâmt jâtalo.
Segmentar, **segmentario**, *a.* vṛittakhamḍâcho.
Segmento, *s. m.* kapo, kuṭko, vâmṭo, bhâg; *(geom.)* vṛittakhamḍ, mamḍalabhâg *m.*, dhanushya *n.*
Segnicia, **segnicie**, *s. f.* âḷsây, mamdây *f.*, memgepaṇ *n.*
Segredar, *v. i.* gûḍh sâmgumk.‖ *v. t.* segredân-, gûḍhân sâmgumk, phutphutûn mhaṇumk, kânâmt phumkumk.
Segredeiro, *a.*, **segredista**, *a. e s. m. e f.* gûḍh sâmgtalo; gûḍh sambhâḷtalo, amtasthî, guptest, gûḍhâcho manîs.
Segredo, *s. m.* segred, gûḍh *ou* gûṭh, bhed *m.*, guptkathâ, guptgoshṭ *f.*, marm, amtesth; gûḍhân-, phutphutûn sâmglalem; bamd ghar *n.*, gupit jâgo, chorkhaṇ *m.*‖ *Em* —, gûḍhân, guptim. *Ter em* —, dhâmpûn-, lipaun davrumk.
Segregação, *s. f.* kuśin kâḍhṇem, vimghaḍ karṇem; kuḍîcho meḷ jamṇem, -bhâyr sarṇem *n.*
Segregadamente, *adv.* kuśîn, veveglim.
Segregar, *v. t.* veglo-, vimghaḍ karumk, vighaṭumk *ou* vimghaḍumk, kuśîn kâḍhumk,- davrumk, vimchûn kâḍhumk; (kuḍimtlo meḷ) bâyr uḍaumk. ‖ *v. r.* kuśin-, bhâyr sarumk, kaḍsarumk; nikḷumk, komchumk.
Segregaticio, *a.* kuḍichyâ meḷâcho.
Segregativo, *a.* kuśin kâḍhcho, vimghaḍcho.
Seguida, *s. f. V.* SEGUIMENTO. ‖ *De — ou em* —, tyâ barâbar, tyâch veḷâr, rokḍoch.
Seguidamente, *adv.* ekdaḷ, niramtarim, thâmba nâstânâ; rokḍoch, tyâ uprâmt, pâṭhlyân.
Seguido, *a.* châlicho, châlto; phuḍlo, dusro, tyâ pelo; niramtar, pâramparik.
Seguidor, *a. e s. m.* pâṭhî vetalo,- lâgtalo, pâṭhlâgî; pâṭhlâvkâr, anusârî.
Seguimento, *s. m.* pâṭhî vachṇem *n.*, pâṭhlâg *m.*, anusaraṇ *n.*; śeshbhâg, urlalo vâmṭo *m.*; chalṇî, vahivâṭ *f.*
Seguinte, *a.* tyâ pelo,- mâglo, dusro, uprâmtlo; ho, ho sakailo; phuḍlo, phâlyâcho.‖ *s. m.* hem, hem phuḍlem *n.*
Seguintemente, *adv. V.* SEGUIDAMENTE.
Seguir, *v. t.* pâṭhî-, pâṭhlyân-, mâgîr-, uprâmṭ vachumk *(r. do o.)*, pâṭh ghevumk *(g. do o.)*; *acompanhar:* sâmgâtâ-, vâmgḍâ vachumk *(g. do o.)*, barâbarî vachumk *(r. do o.)*; *estar sob a direcção de:* khâl âsumk *(r. do o.)*; *perseguir:* pâṭhi-, pâṭhâpâṭhî lâgumk *(r. do o.)*, dharumk vachumk; *occorrer depois:* mâgîr jâvumk,- ghaḍumk,- yevumk *(r. do o.)*; *favorecer:* pâvumk *(d. do o.)*, lâbhumk *(d. do o.)*; *estar immediatamente proximo a:* temkûn-, lâgûn âsumk, -yevumk *(d. do o.)*; *examinar:* paḷevumk, chitt divumk *(d. do o.)*; *percorrer:* (vâṭ) ghevumk; *adherir a:* pâṭhlâv karumk *(g. do o.)*, anusarumk; châlaumk; *imitar:* dekh ghevumk *(g. do o.)*, anusarumk; *praticar:* châlaumk, âchârumk, pâḷumk; *prose-*

guir em: chalâumk, phuḍe vharumk; *professar:* châlaumk, sevumk, dhâmdo-, udyog karumk *(g. do o.)*. || *v. i.* phuḍe sarumk,- vachumk, vâṭ ghevumk; *succeder:* mâgîr yevumk,- jâvumk. || *A — (adv.)*, ekdaḷ, thâmba nâstânâ. || *v. r.* mâgîr yevumk, -dishṭî paḍumk; *decorrer:* jâvumk, vachumk; *resultar:* ghaḍumk, jâvumk, yevumk.

Segunda-feira, *s. f.* somâr *m.*

Segundamente, *adv.* dusre svâter.

Segundar, *v. t. V.* SECUNDAR.

Segundeiro, *a. V.* SECUNDARIO.

Segundo, *a.* dusro, dujo. || *V.* SECUNDARIO. || *Segunda intenção*, kusḍe man, mhaṇṇî ek âni ṭhevṇi ek. *Sem —*, saglyâm varto, anuttar *(aa.)*. || *s. m.* segumd *m.*, vikalâ *f.* || *prep.* pramâṇem, sâmgḍe. || *conj.* jasem. || *— que*, pramâṇem. *A — (ant.)*, jasem. || *adv.* dusre svâter, dusrem.

Segundo-genito, *a. e s. m.* dusro putr.

Segunda-genitura, *s. f.* dusryâ putrâchî daśâ *f.*

Seguração, *s. f.* ghaṭṭ karṇem *n.*, thirâvṇî *f.*; ghaṭṭ râvṇem,- thirṇem *n.* || *V.* SEGURO.

Segurador, *a. e s. m.* sambhâḷṇâr, bâḷgiṇâr.

Seguramente, *adv.* nashṭâviṇem, nirbhayîm, salâmatî; dubhâv nâstânâ.

Segurança, *s. f.* thâr, abhay, nirbhay *m.*, nirbhaypaṇ, thirâsaṇ *n.*; *certeza:* nirdhâr, bharvâmso, abhay *m.*, khâtrî *ou* khâtîr; *firmeza:* ghaṭṭây *f.*, trâṇ; *esteio:* temko, âdhâr; *fiador:* jâmîn, jâmîndâr *m.*; *caução:* jâmînkî *f.*, aḍav *(us. Can.)*; *afoiteza:* dam *m.*, umed, mardî *f.* || *Carta de —*, *V.* SEGURO. || *Com —*, bhyâviṇem, bhem-, bhay nâstânâ. *Para —*, vâyṭâ-baryâk, vâyṭvighn vâṭâvumchyâk.

Segurar, *v. t.* ghaṭṭ dharumk, -karumk, tharâvumk, thirâvumk, ghaṭṭâvumk; *capturar:* ghaṭṭ dharumk; *assegurar:* sugûr karumk, sambhâḷumk, bâḷgumk; *tornar livre de risco:* râkhumk, râkhaṇ-, bamdobast karumk *(g. do o.)*; *certificar:* khachît-, khamḍit sâmgumk, thirâsumk, bhâsumk; *animar:* jîv bharumk *(d. do o.)*, śamanâ karumk, thârâvumk; *pôr no seguro:* vimo karumk *(d. do o.)*; *dar carta de segurança:* kaul divumk *(d. do o.)*. || *v. r.* ghaṭṭ-, thîr râvumk,- âsumk, tharumk; âplo jîv râkhumk,- sambhâḷumk, âsrâk âsumk; vimo karumk; kaul ghevumk.

Segure, *s. f.* kuhrâḍ *f.*, kuhrâḍem *n.*

Segurelha, *s. f.* dâmtyâchî modhlî khumṭî *f.*

Segureza, seguridade, *s. f. V.* SEGURANÇA.

Seguro, *a.* sugûr, nirbhayî, upadryâmviṇo, nirvighn, bhyâmekhḷo; *confiado:* dubhâvâviṇo, damdâr, umedvâr; *convicto:* bhâvârth-, khâtrî âslalo, niśchit; *firme:* ghaṭṭ, thir, hâla nâslalo; *preso:* ghaṭṭ dharlalo; *prudente:* śahâṇo; *solido:* nibar, ghaṭṭ; *infallivel:* chuka-, phira nâslalo; *indubitavel:* khachît, khamḍit; *posto no seguro:* vimo kelalo; *que inspira confiança:* viśvâsâcho; *poupado:* himṭo, châṭo; *prenhe:* gâmṇo. || *Logar —*, âsar *m.* *Metter em logar —*, ghaṭṭ dharumk. *Ter por —*, dubhâv nâsumk *(d. do s.)*. *A seu —*, salâmatî. || *s. m.* vimo *ou* bimo; *salvo-conducto:* kaul *m.*, abhaypatr *n.*; *caução:* jâmînkî *f.*, aḍav; *protecção:* âdhâr *m.*, majat *f.* || *Carta de —*, abhaypatr. *Ir pelo —*, chatrâyen chalumk. || *adv.* riskâvîn, chatrâyen. || *Em — ou sobre —*, bhyâviṇem, nashṭâviṇem.

Seio, *s. m.*: *sinuosidade:* vâmk, moḍ *f.*, vaḷan *n.*; *bojo:* kâpḍâcho phugo *m.*; *mamma:* thân *n.*; *a parte da veste que cobre o peito:* paḍḍo *m.*, chhâtî *f.*; *peito:* harḍem *n.*, ûr *m.*, chhâtî *f.*; *mente:* man, poṭ, amtashkarṇ; *interior:* poṭ, abhyamtar *n.*, garbh; *centro:* mâj, madhyam *m.*; *gremio:* gap *n.*, mamḍaḷî; *enseada:* khaḷî *f.*, koḷ *n.*; *utero:* kûś *f.*, garbhâśay, garbhakoś *m.* || *O — de Abrahão*, limb. *O — da Egreja*, igraj mâtechem gap. *O — da Gloria*, svargarâj. || *-s*, *pl.* thânâm *n. pl.*

Seis, *a. pl.* so.

Seiscentos, *a. pl.* soyśim.

Seisdobro, *a. e s. m. V.* SEXTUPLO.

Seita, *s. f.* mat *n.*, pamth; matbhed *m.* || *V.* PARTIDO.

Seitoso, *a. (desus.) V.* TRAHIDOR.

Seiva, *s. f.* ras, sâr *m.*; *(fig.)* baḷ, tej, trâṇ *n.*

Seivoso, *a.* rasâḷ, rasbharit.

Seixada, *s. f. V.* PEDRADA.

Seixal, *s. m.* gumḍyâmchî svât *f.*

Seixo, *s. m.* gumḍo, dhomḍo *m.*, phâturlî *f.*

Seixoso, *a.* gumḍyâmcho, dhomḍyâmnim bharlalo.

Selecção, *s. f.* vimchap *n.*, vimchṇî, nivaḍṇî *f.* || *Fazer —*, vimchumk, vimchûn kâḍhumk.

Selecta, *s. f.* vemcho *m.*

Selectivo, *a.* vimchṇecho.
Selecto, *a.* vimchûn kâḍhlalo, nivaḍlalo; *(fig.)* nâjûk, chokh, uttam. ‖ *Logares selectos*, vemcho *m.*
Selenico, *a.* chamdrâcho.
Selenita, *s. m.* chamdravâsî.
Selenites, *s. m. ou f.* kupâcho phâtar *m.*
Selenographia, *s. f.* chamdravarṇan *n.*
Selenose, *s. m. (med.)* nâkshechî ṭiklî *f.*
Sella, *s. f.* jîn *n.*, khogîr *m. ou n.*; *(ant.)* bâvḷyâmchî kadel *f.* ‖ *Cavallo da* —, dâvyâ hâtâcho gâḍiyecho ghoḍo.
Sellada, *s. f.* doṃgrâmcho vaḷ *m.*
Sellado, *a.* jîn ghâlalo; śikko mârlalo, chhâpî; *(fig.)* vâmk âslalo, vâmkyo. ‖ *Papel* —, selâd phol *(do port.* FOLHA). ‖ *s. m.* âyinḍ *f.*
Selladoiro, *s. m.* jîn ghâlchî svât *f.*
Sellador, *a. e s. m.* jîn ghâltalo; śikko mârtalo, sopekâr, chhâpkâr, chhâpârî.
Sellagão, *s. m.* thapkaṭem jîn *n.*
Sellagem, *s. f.* śikko-, sopo mârṇem *n.*, chhâpṇî *f.*
Sellar, *v. t.* jîn-, khogîr ghâluṃk *(d. do s.)*; śikko-, sopo-, mohar mâruṃk,- ghâluṃk *(d. do o.)*, chhâpuṃk, mudrâvuṃk; *rematar:* sampâduṃk, śâttî pâvauṃk; *cerrar:* dhâṃpuṃk, baṃd karuṃk; *confirmar:* thirâvuṃk, tharâvuṃk.
Sellaria, *s. f.* khogîrâmcho dhâṃdo,- mâṃḍ *m.*; ghoḍyâchem sâmaṇ *n.*
Selleiro, *a.* ghoḍyâr baro bastalo. ‖ *Cavallo* —, jinâcho ghoḍo.‖ *s. m.* khogîr kartalo, jingâr.
Sellim, *s. m.* selim *f.*, jîn *n.*
Sello, *s. m.* sel, śikko, mudro, sopo *m.*, mohar *f.*, chhâp *n.*, chhapo; râjmudro *m.*, morttab (— *real*) *n.*; *impressão:* mohar *f.*, sopo, ṭhaso *m.*; *signal:* chihnem, niśâṇem, khûṇ *n.* ‖ — *postal*, ṭikeṭ *(do ingl.* TICKET) *f.* *Imposição de* —, mohar-, sopo mârṇem *n.* *Imposto de* —, sopyâcho daṃḍ, sopo *m.* *Pôr o* —, sopo mâruṃk, mohar ghâlṇuṃk; *(fig.)* sampauṃk.
Sellote, *s. m.* lahân jîn *n.*
Selva, *s. f.* rân, jaṃgaḷ, isoḷem *n.*
Selvagem, *a.* rânâmtlo. rânyo, rânaṭ, rân *(em comp.)*, jamglî; barbaro, arbaṭ; *(fig.)* mâmgro, ugr, krûr; doḍo, bomtho. ‖ *s. m. e f.* jamglî manîs, barbaro, bhill, kirât, mâṃg.
Selvagineo, selvagino, *a.* rânâmtlo, rân *(em comp.)*; rânâmtle monjâtîcho, rânjanâvarâcho.
Selvagismo, *s. m.*, **selvageria**, *s. f.* rânaṭpaṇ, jamglîpaṇ; *(fig.)* krûrpaṇ, arbaṭpaṇ *n.*, ugrây *f.*
Selvaticamente, *adv.* jamglîpaṇîm; krûrpaṇîm, mâṇsugîm nâstânâ.
Selvatico, *a.* rânâcho, rânâmtlo, rânyo; *(fig.)* bomtho, burso, avinayî, kachcho.
Selvatiqueza, *s. f. (desus.)* *V.* SELVAGERIA.
Selvoso, *a.* jamglâcho, isoḷyâcho.
Sem, *prep.* vîṇ, viṇem, vâchûn *ou* vâmchûn, virahit *ou* viret, bagar, śivây, nâstânâ *(litt.* SEM TER, HAVER); bhâyr. ‖ — *ceremonia*, barem distâ tasem. — *conto*, mîtmer nâstânâ. — *duvida*, dubhâvâvîṇ. — *fim*, śevaṭâvîṇ, thâmba nâstânâ. — *mais*, itlyân puro karûn, ânîmk sâmga nâstânâ. — *medida*, mâpâvîṇ. — *numero*, gaṇtî nâstânâ. — *que*, bagar, virahit. — *que nem para que*, beshṭemch, sâbsubem. — *tir-te nem guar-te*, kaḷai nâstânâ; bhiḍevîṇ.
Semana, *s. f.* sumân *n*, sâtvaḍo, âṭhvaḍo, hâpto *(us. Can.) m*, sâṭoḷem, śaptak *(p. us.) n.*, vâr *m.* ‖ — *santa*, sumân samt. *Estar de* —, âpleṃ sumân-, -sâṭoḷem karuṃk.
Semanal, *a.* sumânâcho, âṭhvaḍyâcho, sâṭoḷyâcho.
Semanalmente, *adv.* dar-âṭhvaḍyân, sumânâchyâ sumânân.
Semanario, *a.*, âṭhvaḍyâcho; darsâṭoḷyâcho. ‖ *s. m.* sâṭoḷem vartamânpatr *n.*; sumânkâr.
Semaneiro, *a.* *V.* SEMANAL.
Semblante, *s. m.* toṃḍ, mukh, vadan, mukhkamaḷ *ou* mukhamaḷ; *(fig.)* rûp, sârkem *n*, âkâr *m.* ‖ *Fazer — de*, rûp ghevuṃk.
Sembrar, *v. i. (ant.)* *V.* PARECER.
Semceremonia, *s. f.* bhiḍ-, âdaropachâr nâsṇem *n.*, nirupachâr *m.*, arît *f.*
Semea, *s. m.* gahâmchem tus *n.*
Semeação, *s. f.* vampṇî *f.*
Semeada, *s. f.* vamplalem śet,- bim *n.*
Semeado, *a.* vamplalo. ‖ *s. m.* *V.* SEMEADA.
Semeadoiro, *a.* vampṇek baro,- upkârto. ‖ *s. m.* vampchem śet.
Semeador, *a. e s. m.* vampṇâr, rovṇâr; *(fig.)* âvâḍâk kartalo. ‖ *s. m.* vampchem yamtr *n.*

Semeadura, *s. f.* vaṁpṇî, vaṁp, rovṇî; vaṁplalî jamîn *f.*

Semear, *v. t.* vaṁpuṁk, rovuṁk, paruṁk, * ṭhavuṁk *ou* ṭhavamṁk; *esparzir:* śiṁpḍâvuṁk, vâraṁk; *entremear:* khovuṁk, khaṁchaṁk; *propalar:* âvâḍâk karuṁk, teṁkḍek lâvûn bhoṁvuṁk, praghaṭuṁk; *fomentar:* peruṁk *ou* peraṁk, phuṁkuṁk.

Semeavel, *a.* vaṁpṇecho, vaṁpuṁk baro.

Semeiologia, *s. m. V.* SEMIOLOGIA.

Semel, *s. m. (ant.) V.* GERAÇÃO.

Semelhança, *s. f.* sârkepaṇ, eksârkepaṇ, sâmkepaṇ *n.* sar, sarûpây *f.*, sarûp; sârkeṁ *n*, pratimâ; upamâ *f.*, upaṁ *n.* ‖ *A* —, sâṁgḍe, pariṁ, bhâshen, kaso *(decl.)*.

Semelhante, *a.* sârko, sâmko, sâṁgḍo, eksârko, sarso, sarûpî, samân, barâbar, sarî, sam, kaso *(ex.: Dev* kaso, *semelhante a Deus)*, -so *(ex.:* putrso, *semelhante ao filho)*, rûp *ou* rûpî *(em comp.)*; *tal:* taslo *ou* tasalo, aslo *ou* asalo, aso. ‖ *s. m* âplo pelo. ‖ *O nosso* —, âmcho pelo.

Semelhantemente, *adv.* sâṁgḍe, pariṁ, pramâṇeṁ; taseṁcho, tech bhâshen, -pariṁ.

Semelhar, *v. t.* -so-, kaso disuṁk. ‖ *v. i. e r.* sâmko-, sârko disuṁk; sarîjâvuṁk, lâguṁk.

Semelhavel, *a.* sarî-, sam karcho, upamâcho.

Semelhavelmente, *adv. V.* SEMELHANTEMENTE.

Semen, *s. m. V.* SEMENTE *e* ESPERMA.

Semental, *a.* biyâcho; bijâcho, biyâḷyâcho.

Sementar, *v. t. (desus.) V.* SEMEAR.

Semente, *s. f.* biṁ, bij *n.*; bî *f.*; *(fig.)* biyâḷo *m*, mûḷ *n*.

Sementeira, *s. f.* biṁ *n.*, rov *m.*; vaṁpcheṁ śet *n.*; *(fig.) V.* ORIGEM.

Sementeiro, *s. m.* biyâcheṁ bokseṁ *n.* ‖ *V.* SEMEADOR.

Semestral, *a. V.* SEMESTRE.

Semestre, *a.* soṁ mahinyâṁcho; sosoṁ mahinyâṁcho. ‖ *s. m.* so mahine *m. pl.*, ardheṁ varsh; soṁ mahinyâṁcheṁ pâg, -bhâḍeṁ *n*.

Semestreiro, *a.* soṁ mahinyâṁcho.

Sem-fim, *a.* agaṇit, akhaṁḍit. ‖ *s. m.* agaṇitây *f.*, mituṇer nâslaleṁ *n*.

Semi, *pref.* ardh, nim.

Semianime, *a.* ardho melalo, ardhomelo, ardhyâ jivâcho; jhiṁṭ mârlalo, jiv gelalo.

Semibreve, *s. f. (mus.)* dîrghasvar *m.*

Semicadaver, *s. m.* marteṁ maḍeṁ *n.* ‖ *Ser* —, ardho maruṁk.

Semichas, *s. f. pl.* kapûn-, mâp bharon urlaleṁ *n.*, ûr *f.*

Semicircular, *a.* ardho vâṭkuḷo, ardhavrittâkriti.

Semicirculo, *s. m.* ardhî maṁḍaḷ *f.*, ardhavritt, vrittârdh *n.*

Semicupio, *s. m.* kaṭinâhâṇ *n.*

Semicylindrico, *a.* nimgol *m.*

Semideusa, *s. f.* upadevî.

Semideus, *s. m.* upadev, divyamânush.

Semidiametro, *s. m.* ardhavyâs *m.*

Semidisco, *s. m.* ardhabiṁb *m.*

Semidobrado, *a.* ardho doḍlalo.

Semidouto, *a. e s. m.* ardhkuro śiklalo, ardhnipuṇ.

Semifendido, *a.* ardho chirlalo.

Semifluido, *a.* pâtaḷ, chikaṭ.

Semihomem, *s. m.* ardhamânush.

Semi-interno, *a. e s. m.* disâcho râvtalo (śikpî).

Semilunar, *a.* ardhachaṁdrâkâr, ardhachaṁdrâkriti.

Semilunio, *s. m.* chaṁdrapaksh *m.*

Semimorto, *a.* ardhomelo, ardhyâ jivâcho; *(fig.)* jhiḷmiḷit.

Seminação, *s. f. (bot.)* rajpât *m.*

Seminal, *a.* biyecho, biyâcho; bijâcho, dhâtûcho; *(fig.) V.* PRODUCTIVO.

Seminario, *s. m.* âvaṇ *ou* âyṇ *n.*; siminâr *f.*, maṭh, vidyâmaṭh, jñânmaṭh *m.* ‖ *a. (desus.) V.* SEMINAL.

Seminarista, *s. m.* siminârist, maṭhvâsî.

Semi-nu, *a.* ardho nâgḍo, ardhkuro neslalo.

Seminulo, *s. m.* bârik biṁ *n.*

Semi-official, *a.* sarkârî kaso.

Semiographia, *s. f.* chihnavarṇan *n.*

Semiologia, *s. f. (med.)* rogachihnataṁtr *n.*

Semi-parente, *a.* soyro kaso.

Semi-pedal, *a.* ardhyâ chavḍyâcho.

Semi-pleno, *a.* ardho bharlalo, ardhapûrṇ.

Semi-putrido, *a.* kusuṁk lâglalo.

Semitom, *s. m. (mus.)* mûrchchhnâ *f.*

Semivivo, *a.* ardhyâ jivâcho, martâso, meloso.

Semivogal, *s. f.* ardhasvar *m.*

Sem-nome, *a. e s. m. e f. V.* ANONYMO.

Sem-numero, *a.* V. INNUMERAVEL. ‖ *s. m.* râs (*litt.* MONTÃO) *f.*, ḍoṁgar (*litt.* MONTE) *m.*

Semola, *s. f.* piṭhâchî roḍ *f.*

Semoto, *a.* (*poet.*) V. APARTADO.

Semovente, *a.* âple ashṭaṁgîṁ chaltalo, svairî. ‖ *Bens semoventes*, jîvdhan *n.*

Sempar, *a.* sarîviṇo, anupam, apratim, apûrv.

Sempiterno, *a.* V. ETERNO.

Sempre, *adv.* sadâṁ, sadâṁch (*emph.*), sadiṁ, sadâṁkâl, sarvadâ, sadâsarvadâ, sarvkâl, nitya, *nite, *nitekâl, akhaṁḍitpaṇîṁ, akhaṁḍiṁ, *tâgâyt; *todavia:* tarî, tarî paṇ, asciṁ âstânâ; *emfim:* śekîṁ, śevaṭîṁ. ‖ — *que*, title pâvṭhî. *Para* —, sadâṁkâl, sâsṇâk. *Para todo o* —, sadâsarvadâ, sâsṇâchyâ sâsṇâk. *Quasi* —, bhav karn, nan vâṁṭe.

Semrazão, *s. f.* serejâṁv *n.*, anyây, aprâdh *m.*, ayukti *f.*, nâkâ jâlaleṁ *n.*

Semsabor, *a.* rûch, -svâd nâslalo, nisvâdik; châchûr, viras, chappo.‖ *s. m. e f.* śobhrobh nâslalo, aiṇî-, chappo manîs.

Semsaborão, *a. e s. m.* V. SEMSABOR.

Semsaboria, *s. f.* nisvâd *m.*, châchûrpâṇ, chappepaṇ; rûch nâslaleṁ-, barbaṭeṁ khâṇ; (*fig.*) charpaṭ *n.*, sukî gajâl; avdisâ, karâṁdây *f.*; jadjakhiṁ *m.*

Sem-sal, *a.* miṭhâviṇo, aḷṇî *ou* aiṇî; (*fig.*) châchûr, chappo.

Sem-segundo, *a.* ekloch, sâṁgḍo nâslalo, advitîya.

Sena, *s. f.* chhakko, uparchhakko *m.*

Senado, *s. m.* râjsabhâ, vṛiddhasabhâ; (*ant.*) nagarsabhâ, -nagarchâvḍî *f.*

Senador, *s. m* râjsabhâsad, râjmaṁtrasabhâsad; (*ant.*) V. VEREADOR.

Senal, *a.*: *diamante* —, karḍeṁ âni bârîk vajr *n.*

Senão, *conj.* nâṁ tar, nâṁ jâlyâr; *mas:* paṇ *ou* pûṇ; *excepto:* bagar, kâḍhûn. ‖ — *quando*, avchitt, gap kan. ‖ *s. m.* khoḍ, tiḍ, phâṁṭ *f.*, aib *m.*

Senario, *a.* soṁcho.

Senatorial, senatorio, *a.* vṛiddhasabhecho.

Senda, *s. f.* aśîr vâṭ, âḍvâṭ; (*fig.*) vâṭ, châl *f.*, mârg *m.*

Sendal, *s. m.* bârîk boṁth *f*

Sendeiro, *a. e s. m.* ghoḍkeṁ, ghoḍkûl *n.*: (*fig.*) choṁbḍo, gâṁḍû, hâgirḍo.

Sendos, *a. pl.* (*ant.*) âp-âpṇâk, darckâk.

Sene, *s. m.* (*bot.*) sonâmukhî.

Senectude, *s. f.* mhâtârpaṇ *n.*

Senescal, *s. m.* râjmukdam, kârbhârî.

Sengo, *a.* kapaṭî, chorvidyo; śiḍûk, chatur, śahâṇo.

Senha, *s. f.* khûṇ, chihneṁ, lakshaṇ *n.*, gurt *m.*; pâvtî *f.*

Senhor, *s. m.* dhani, pati, svâmî *ou* svâm, nâṭh, prabhu, sattâdhârî, îśvar, khâvaṁd, adhipati; *pessoa nobre:* miyâ, sardâr, râv, âmir; *amo:* sâheb, svâmî, dhanî; *tratamento cortez:* sâheb; *marido:* pati, gharkâr; *Deus:* Svâmî, parmeśvar, sarveśvar; *a hostia consagrada:* Sâheb. ‖ *O Senhor ou Nosso Senhor*, Svâm Jejû Krîst. *Descançar no regaço do* —, svargâr vachuṁk. *O dia do* —, âytâr. *Estar* — *de*, hâtâṁt âsuṁk (*g. do s.*); (*fig.*) barî oḷakh âsuṁk (*d. do s.*). *Estar* — *de si*, chittâr-, sairâṇâṁt âsuṁk. *Fazer-se* — *de*, sâṁpḍâvuṁk, âple âdhîn karuṁk. *Ficar* — *do campo*, jayt vharuṁk; koṇâk nâ âṭpoṁk. *Grande* —, dobâjyâcho manîs. *Ser* — *de si*, âple sattecho jâvuṁk.

Senhora, *s. f.* dhaniṇ, svâmiṇî *ou* svâmiṇ, sâhebiṇ; *tratamento:* bâî, sâhebiṇ; *esposa:* patiṇ, gharkârṇ; *proprietaria:* dhaniṇ, mâlkiṇ, ‖ *A Senhora ou Nossa Senhora*, Sâhebiṇ.

Senhoraça, *s. f.* moṭî sâhebîṇ.

Senhoraço, *s. m.* damdâr-, ḍaulâcho manîs.

Senhoreador, *a. e s. m.* sattâdhârî, adhikârî.

Senhorear, *v. t.* jikuṁk, ghevuṁk, jikûn ghevuṁk; vâsanâ ghâluṁk (*d. do o.*), dhanî jâvuṁk (*g. do o.*); *estar sobranceiro:* vayr-, mâthyâr âsuṁk (*g. do o.*). ‖ *v. i.* sattyâ-, adhikâr âsuṁk (*d. do s.*), padvî chalauṁk. ‖ *v. r.* V. ASSENHOREAR-SE.

Senhoria, *s f.* dhanîpaṇ, svâmîpaṇ, svâmitv *n.*, mâlki, sattyâ; jamindârî, jâhgîr; ghardhaniṇ, gharâchi mâlkiṇ *f.*

Senhoriagem, *s. f.* salâmî *f.*

Senhorial, *a.* dhanyâcho, paticho.

Senhoril, *a.* sâhebâcho, svâmyâcho; (*fig.*) thor, prauḍh, pratâpâcho.

Senhorilmente, *adv.* pratâpân, thorâyen.

Senhorio, *s. m.* dhanîpaṇ, svâmîpaṇ *n.*, sattâ *ou* sattyâ *f.*, adhikâr *m.*; jamîndârî, jâhgîr *f.*; jamîndâr, bhûmykâr; ghardhanî, gharmâlik.

Senhorita, *s. f.* sâhebulem *n.*
Senil, *a.* mhâtâro, jaito, jaikûṭ; mhâtârpâṇâcho.
Senilidade, *s. f.* mhâtârpaṇ *n.*, utârprây *f.*; sairbair jâṇem, barlpaṇ *n.*
Senio, *s. m.* (*desus.*) *V.* VELHICE.
Senior, *a.* vhaḍlo.
Seno, *s. m.* (*geom.*) jyâ *f.*
Sensação, *s. f.* kalnâ, vedanâ *f.*, vedan, iṁdriyajñân *n.*, iṁdriyabodh; saṁbhram, âveś, dhako *m.* ‖ *V.* SENSIBILIDADE. ‖ *Fazer* —, jhomuṁk, lâguṁk; halkaṁḍâvuṁk.
Sensatamente, *adv* akklen, śahâṇepaṇiṁ, achirkâyen.
Sensatez, *s. f.* akkal, achirkây, tajvit, chatrây *f.*, śahâṇepaṇ *n.*
Sensato, *a.* śahâṇo, saṁjik, akklecho, achirkâyecho, tajvitecho, buddhvaṁt, chatur.
Sensibilidade, *s. f.* kalnâ, iṁdriyaśakti; chetanâ, saṁjñâ, śuddhi (*p. us. nesta accep.*) *f.*, sâvâdhpaṇ *n.*; *susceptibilidade:* mavâḷây, karuṇây *f.*, manushyepaṇ *n.*
Sensibilizar, *v. t.* mavâḷuṁk, kaṇvâḷâvuṁk, kalkaṁḍâvuṁk ‖ *v. r.* mavâḷoṁk, kaṇvâḷuṁk, kaḷvaḷuṁk, dayâ-, chutchure disuṁk (*d. do s.*).
Sensiente, *a* iṁdriyaśaktik, chetan, chetanî.
Sensificar, *v. t.* chetaṁuṁk, sâvadh karuṁk.
Sensitiva, *s. f.* (*bot.*) lajjechem jhâḍ *n.*, lajjrî *f.*
Sensitivo, *a.* iṁdriyâṁcho, vishayâṁcho; chetan, sachetan, imdriyaśaktik; (*fig.*) karuṇ, sovḷo, maṁjûḷ; chetaṁcho, huskaṁcho.
Sensivel, *a.* vishay-, vishve âslalo, vishayâṁcho, iṁdriyaśaktik, chetan, jâṇto (*p. us. nesta accep.*); *facilmente impressionavel:* sovḷo, komal, goḍo, duḥkhro; *perceptivel pelos sentidos:* vishayî, vishvyâṁk lâgto, iṁdriyavishay, vyakt; *que produz impressão moral:* manâṁt bharto, kâḷjâṁt jhoṁto, aṁtashkarṇâṁt bhedto; *que tem muita sensibilidade:* dardî, nâjûk, huśâr; *compassivo:* dayâḷ, karuṇ, maû, majûr; *doloroso:* duḥkhicho; *manifesto:* dakhal, disto; *apreciavel:* vhaḍ, jabar. ‖ *Ser — a alguma coisa:* lâguṁk (*d. do s.*), ḅharoṁk (*d. do s.*), kaḷvaḷuṁk; mavâḷoṁk, kaṇvâḷuṁk.
Sensivelmente, *adv.* vishayîṁ, chetanen; ughḍâpeṁ, dekhat, kaḷit.
Sensivo, *a.* *V.* SENSIVEL.

Senso, *s. m.* akkal, buddh, saṁjikây *f.*, jñân *ou* gnyân, sairâṇ *n.* ‖ — *commum*, akkal *f.*, laukikjñân *n.* — *intimo*, *V.* CONSCIENCIA. — *moral*, vâyṭâbaryâchî oḷakh *f.*, nîtijñân *n.* *Bom* —, achirkây, tajvit *f.*
Sensorio, *a.* iṁdriyavaṁt, vishayâṁcho. ‖ *s. m.* chetanâśay *m.*
Sensual, *a.* iṁdriyâṁcho, vishayâṁcho; vishayî, iṁdriyavaṁt, kâmârthî, laṁpaṭ; madâcho, kuḍicho, dehadhâtûcho.
Sensualidade, *s. f.* vishayipaṇ; vishayasukh *n.* ‖ *V.* LUXURIA.
Sensualismo, *s. m.* iṁdriyakalpanâraṁbhamat; vishayasukhamat; vishayîpaṇ *n.*
Sensualista, *s. m. e f.* iṁdriyakalpanâraṁbhamat châlaitalo; vishayî, chaṁdanahausî. ‖ *a.* iṁdriyakalpanâraṁbhamatâcho.
Sensualizar, *v. t.* vishayî-, laṁpaṭ karuṁk ‖ *v. r.* laṁpaṭ-, kâmârthî jâvuṁk, maduṁk.
Sensualmente, *adv.* vishayîṁ, vishayasukhân.
Sentar, *v. t.* basauṁk, basuṁk lâvuṁk. ‖ *v. r.* basuṁk; (*fig.*) thâruṁk, lâguṁk.
Sentença, *s. f.* mhaṇṇî, opâr, nîti *f.*, nyây *m.*, vachan, vâkya, pûrṇavâkya, sûtr, uksham; seṁteṁs, pharmaṇ *n.*, nirṇay, nivâḍo, nirvâd, phaisâl *ou* phaisâlo (*us. Can.*) *m.*
Sentenciador, *a. e s. m.* seṁteṁs mârtalo, nivâḍo kartalo.
Sentenciar, *v. i.* seṁteṁs mâruṁk, pharmaṇ divuṁk, nivâḍo-, phaisâlo karuṁk; (*fig.*) âplem man-, mat sâṁguṁk. ‖ *v. t.* seṁteṁs divuṁk, -ghâluṁk (*d. do o.*), nirṇay-, phaisâlo karuṁk (*g. do o.*), nivâḍuṁk, nirvâduṁk, pharmâvuṁk; seṁteṁs mâruṁk (*d. do o.*), pharmaṇ divuṁk (*d. do o.*).
Sentenciosamente, *adv.* nivâḍyân; tajviten, buddhîn.
Sentencioso, *a.* nirṇayâcho, nivâḍyâcho; mhaṇṇyâṁcho, opârîṁcho; âhṇyâṁniṁ-, uttrâṁ mejûn ulaitalo; nyây kaso, sutrî.
Sentidamente, *adv.* duḥkhîn, śiṇân.
Sentido, *s. m.* vâyṭ dislalo,- lâglalo, śiṇlalo, râgâr jâlalo; *triste:* chiṁtesht, khaṁtibharit; *lamentoso:* duḥkhâbharit, śokâcho; *meio podre:* kusuṁk lâglalo, maû-, poṁvṭo jâlalo. ‖ *Dar se por* —, śiṇ karuṁk, kurmuruṁk, rusuṁk. ‖ *s. m.* vishay *ou* vishvo *m.*, iṁdriya;

faculdade de sentir, imdriyajñân *n.*, imdriyabodh; *sentimento:* ras, rasbodh *m.; bom senso:* akkal *f.*, sairâṇ, gnyân *n.; intuito:* arth, abhiprây, padârth *m.; cuidado:* achirkây, phikîr *f.; significação:* arth, śabdârth, aksharârth *m.; explicação:* samjoṇî *f.*, vivaraṇ *n.; direcção:* vâṭ; *modo:* parî *f.*, prakâr *m.* ‖ — *accommodaticio*, lâylalo arth *m.*, arthânusaṁdhân *n.* — *restricto ou rigoroso*, śabdârth. — *litteral*, śâbdabodh *m.* — *vulgar*, lokamat *n. Forçar ou inverter o —*, arth odhuṁk,- vaḷuṁk. *Trazer no —*, man-, chitt davruṁk *(l. sup. do o.)*. ‖ -s, *pl.* vishayasukh *n.*, kâmârth *m.;* mat, buddh *f.* ‖ *Applicar os —*, saglem chitt divuṁk, ikhlo davruṁk. *Mortificar os —*, âṁg mâruṁk, daṁḍaṇ karuṁk. ‖ *int.* chatrây!

Setimental, *a.* bhâvik, rasik, rasbharit; bhâvânusârî, rasânusârî.

Sentimentalismo, *s. m.* rasikpaṇ, bhâvikpaṇ *n.;* rasânusâr *m.*

Sentimentalista, *a.* rasânusârâcho. ‖ *s. m. e f.* rasânusârî, rasânukârî.

Sentimentalmente, *adv.* rasân, bhâvân.

Sentimento, *s. m.* iṁdriyaśakti, kalnâ; *impressionabilidade:* chetanâśakti, karuṇây, mavâḷây; *percepção:* kalpanâ *f.*, mat, man *n.*, abhipay; *affecção:* bhâv, ras, bhog; *desgosto:* semtimeṁt, śiṇ *m.*, khaṁt, duḥkh *f.* ‖ -s, *pl.* man, kâḷîj *n.;* barî prakṛit *f.* ‖ *V.* PRESAMES.

Sentina, *s. f. (naut)* ghâmtaro; pâykhilo, kâkûs *m.*, hâgrî *f.; (fig.)* khâtaṇ, koṁḍ *n.*

Sentinella, *s. f.* pahârekâr *ou* pahârkâr, chaukidâr; *(fig.)* râkhṇo, râkhṇâr. ‖ *Estar de —*, pahâro karuṁk; *(fig.)* teḷuṁk, pâlad karuṁk. *Quarto de —*, pahâro *m. Render as sentinellas*, chaukidâr badluṁk.

Sentir, *v. t.* bhoguṁk, bhogoṁk *(d. do s., s. do o.)*, lâguṁk *(id.)*, disuṁk *(id.)*, jâvuṁk *(id.): reconhecer:* kaḷuṁk *(id.)*, gamuṁk *(id.); suppor:* disuṁk *(id.); aperceber-se de:* gamuṁk *(id.)*, khabar meḷuṁk *(d. do s., g. do o.); comprehender:* kaḷâkaḷ meḷuṁk *(id.)*, samjuṁk; *lamentar:* duḥkh disuṁk *(d. do s., g. do o.); soffrer:* sosuṁk, bhoguṁk; *julgar:* disuṁk *(d. do s., s. do o.); levar a mal:* vâyṭ disuṁk *(id.); resentir-se:* lâguṁk *(id.); conhecer por certos indicios:* vâs yevuṁk *(d. do s., g. do o.)*. ‖ *Dar a — ou fazer —*, gamauṁk, kaḷauṁk. — *falta*, nâṁ mhaṇ gamuṁk *(d. do s.);* garaj jâvuṁk, -paḍuṁk *(d. do s.)*. — *a falta*, nâṁ mhaṇ duḥkh bhogoṁk *(d. do s.)*. *Não — a falta*, garaj-, taṁṭo nâsuṁk *(d. do s.)*. *Dizer o que sente*, manâṁt-, kâḷjâṁt âsâ teṁ sâṁguṁk. ‖ *v. i.* kalnâ-, iṁdriyajñân âsuṁk *(d. do s.)*.‖ — *bem ou mal de alguem*, bareṁ va vâyṭ disuṁk. ‖ *v. r.* disuṁk *(d. do s.)*, lâguṁk *(d. do s.);* vâyṭ disuṁk *(d. do s.)*, râgâr jâvuṁk. ‖ *s. m. V.* SENSIBILIDADE.

Senzala, *s. f. V.* CENZALA.

Separação, *s. f.* kuśin karṇeṁ, -kâḍhṇeṁ *n.*, vighaḍṇî *f.:* vighaḍ *m.*, tûṭ, phûṭ, phâṭ, vegḷik *f.*, vegḷepaṇ *n.*, bhed, viyog *m.; afastamento:* pais sarṇeṁ *n.*, tyâg *m.: cessação de amizade:* ḍusaṁg *n.*, phâṁṭ *f.*

Separadamente, *adv.* kuśin, dośiṁ, vegḷo *(decl.)*.

Separado, *a.* vegḷo, viṁghaḍ, suṭo, nirâḷo. ‖ *Em —*, kuśin.

Separador, *a. e s. m.* kuśin-, vegḷo kartalo, bhedṇâr.

Separar, *v. t.* kuśin-, dośiṁ-, vegḷo-, vighaḍ *ou* viṁghaḍ karuṁk, kuśin-, pelyân kâḍhuṁk, vegḷâvuṁk, vighaṭuṁk *ou* viṁghaḍuṁk, viskaṭâvuṁk; bheduṁk, toḍuṁk, phâṁṭuṁk, phoḍuṁk. ‖ *v. r.* kuśin-, pelyân saruṁk,-jâvuṁk, kaḍsaruṁk, dośiṁ-, vegḷo jâvuṁk; *partir-se:* bhetuṁk, tuṭuṁk, phuṭuṁk; *despegar-se:* komchuṁk, viskaṭuṁk, nikḷuṁk; *afastar-se:* kuśin-, vegḷo saruṁk.

Separatista, *a.* svatâṁtrâcho. ‖ *s. m. e f.* svataṁtrapakshî.

Separativo, separatorio, *a.* vegḷo karto, kuśin kâḍhto.

Separavel, *a.* vegḷâvûṁ yeso, kuśin sara sârko, bhedya.

Sepia, *s. f.* sadâmâṁḍkecho kâḷo raṁg *m.*

Seposição, *s. f. (ant.) V.* SUPPLICA.

Septemplice, *a.* saptaguṇ.

Septemvirato, *s. m.* sâtâṁchî paṁchât, saptajanasabhâ *f.*

Septenario, *a.* sâtâṁcho.‖ *s. m.* sâtoḷeṁ, saptak *n.*

Septennial, *a.* sâtâṁ varshâṁcho, saptavarshâcho.

Septennio, *s. m.* sât varshâṁ *n. pl.*, saptavarsh *n.*

Septentrião, *s. m.* uttar *f.*

Septentrional, *a.* uttarîcho, uttar *(em comp.)*.

Septicemia, *s. f.* ragat kusṇeṁ *n*

Septico, *a.* kusaitalo, kusaumcho.

Septicolle, *a.* *(poet.)* sât ḍomgar âslalo, saptagiri.

Septicorde, *a.* *(poet.)* saptatâr.

Septiforme, *a.* saptâkâr, saptâkriti.

Septisono, *a.* *(poet.)* saptanâd.

Septivoco, *a.* *(poet.)* saptasvar.

Septo, *s. m.* *(anat.)* viṭap, paḍḍo *m.*

Septuagenario, *a. e s. m.* sattarâm varshâmcho, sattarî.

Septuagesima, *s. f.* karejmâ âdlo tisro âytâr *m.*

Septuagesimo, *a.* sattarvo.

Septuplicar, *v. t.* sâtpaḍo karumk, sâptaḍumk. ‖ *v. r.* sâtpaḍo jâvumk.

Septuplo, *a.* sâtpaḍ, sâtpaḍo. ‖ *s. m.* satpaguṇ *m.*

Sepulcral, *a.* phomḍâcho; *(fig.)* phomḍâmtlo-, madyâcho kaso; bhirâmkûḷ. ‖ *Loisa ou pedra* —, phomḍâchî phâtar *f.*

Sepulcrario, *s. m.* phomḍâmcho jâgo *m.*

Sepulcro, *s. m.* sepûlkr, phomḍ *m.*, dhupem *n.*, samâdhi *f.*

Sepultador, *a. e s. m.* purṇâr, nikhipitalo.

Sepultar, *v. t.* purumk, nikhipumk, mâtiyek lâvumk; *(fig.)* purumk, lipaun davrumk; buḍaumk. ‖ *v. i.* puromk; *(fig.)* phomḍâmt paḍumk; buḍumk.

Sepulto, *a.* purlalo.

Sepultura, *s. f.* purnem, nikhipinem *n.*; phomḍ *m.*, kabar *f.*; *(fig.)* marṇ *n.* ‖ *Dar á* —, mâtiyek lâvumk. *Deixar á* —, visrumk, ughḍâs nâ karumk *(g. do o.)*.

Sepultureiro, *s. m.* *V.* COVEIRO.

Sequaz, *a. e s. m.* pâṭhlâvkâr *ou* pâṭhlâvgâr, anusârî, śis *ou* śims, sapaksh.

Sequeiro, *s. m.* suko, dhâḍo. ‖ *s. m.* sukaṭ, dhâḍî jamin. ‖ *Terrenos do* —, śimpa nâslalî, bhûmy.

Sequela, *s. f.* paṭhlâg *m.*, anusaraṇ *n.*; śeshbhâg, uttarbhâg, pariṇâm *m.*; hâr, śimkaḷ *f.* ‖ *V.* BANDO.

Sequencia, *s. f.* pâṭhî vachnem, anusaraṇ *n.*, pâṭhlâg; urlalo vâmṭo, śeshbhâg *m.*; parvaḍ, devaḍ, hâr, paramparâ *f.*

Sequente, *a.* *V.* SEGUINTE.

Sequer, *adv.* paṇ, tarî paṇ. ‖ *Nem* —, paṇ nâm.

Sequestração, *s. f.* japt karṇem, kol ṭhevṇem *n.*, japtî *f.*, kabaj; ekvaḍo-, kuśîn davarṇem *n.*

Sequestrador, *a. e s. m.* japtî kartalo; ekvaḍo davartalo.

Sequestrar, *v. t.* japt karumk, japtî-, kabaj karumk *(g. do o.)*, kol dharûn ṭhevumk; ekvaḍo-, vimghaḍ davrumk, pelyân kâḍhumk, bamd karumk; mekhlâvumk, kuśîn davrumk; anyâyim kâḍhumk.

Sequestravel, *a.* japt karcho.

Sequestro, *s. m.* japtî *f.*, kabaj *n.*, kol *m.*; *a coisa sequestrada:* kabaj *n.*, kol, japtecho mâl *m.*; *isolamento:* ekvaḍepaṇ, mekhḷepaṇ; *retenção illegal:* anyâyim aḍṇem,- bamd karṇem *n.* ‖ *Levantar o* —, japtî kâḍhumk.

Sequidade, sequidão, *s. f.* *V.* SECCURA.

Sequilho, *a.* sukem ânî phuṭem khâjem *n.*

Sequinhoso, *a.* *(desus.)* *V.* SECCO.

Sequiosamente, *adv.* tânen; atrekâmnim.

Sequioso, *a.* tânelalo, tâneshṭ, tân lâglalo; suko, dâḍho; *(fig.)* atreklalo, asosî.

Sequito, *s. m.* parivâr, sâmgâtâcho lok *m.*, savârî *f.*, varaṇ *n.*

Ser, *v. subst.* âsumk, vartumk, jâvumk, * hovumk; *acontecer:* jâvumk, ghaḍumk; *custar:* paḍumk *(d. do s.)*. ‖ *Omitte-se geralmente este verbo no presente do indicativo; ex.:* hâmv baro, *eu sou bom;* te vâyt, *elles são maus;* hem kharem nay, *isso não é verdade.* ‖ *Não* —, nâsumk. — *com,* sâmgâtâ-. kaḍe âsumk. — *contra,* âḍ âsumk. — *de,* -cho *(ex.: este livro é de Pedro,* hem pustak Pedrûchem; *é homem de sciencia,* vidyecho manîs). *Será!* jâyt. *Seja!* jâmv. — *de aviso, de opinião ou de parecer que,* disumk *(d. do s.)*. — *de crer,* sat mânumchem. — *por Deus,* Devâcho upkâr. — *de dura,* tagcho. — *de fé,* bhâvârthâcho jâvumk. — *homem,* mardecho manîs jâvumk. — *homem para,* tâmk-, kuvet âsumk *(d. do s.)*. — *o mesmo,* ekach âsumk,- jâvumk. — *nada,* kâmy nay jâvumk. — *senhor de si,* âplo dhanî-, râjâ jâvumk. *Essa é boa!* hem barem âsâ! *Não póde* —, jây nâ, jâvûm najo. *Seja o que for,* kitemy jâmv. *Seja como for,* kasemy jâmv. *Fosse como fosse,* kasemy jâlâm jâmv. *Seja qual for,* koṇay jâmv. *Por quem é!* tujyân! ‖ *s. m.* vast *f.*, bhût *m.*, sattv; *essencia:* tattv, sattv, sayambh *n.*, svabhâv *m.*; *existencia:* âsepaṇ, âstepaṇ, vartan, âsan *n.*, bhâv, satbhâv; *nascimento:* janm *ou* jalm *m.; realidade:* kharepaṇ, sat *n.*, satbhâv *m.* ‖ *O Ser dos seres, o Ser supremo,* parmeśvar. *— pensante, — intelligente,* manis, purush. *Em —,* bharemch; khapâviṇ.

Serafin, *s. m. V.* XERAFIM.

Serão, *s. m.* râtcho vâvr *m.; râtchyâ kâmâchî majurî f.;* râtcho khel *m.*, jâgraṇ *n.*

Seraphico, *a.* serâphimcho. *V.* MYSTICO.

Seraphim, *s. m.* serâphiṁ, * mogâcho bhaḍvo; *(fig.)* bhav suṁdar manîs.

Serapilheira, *s. f.* goṇ *m.*, goṇî *f.;* moṭeṁ lugaṭ *n.*

Sereia, *s. f.* matsyakanyâ, ardhîbâil mâsḷi; *(fig.)* pâtaḷî *(fig.)*, suṁdarî, mohinî. ‖ *Voz de —,* goḍgaḷo.

Serenada, *s. f. V.* SERENATA.

Serenagem, *s. f.* kujṭâṇechyo vastû vâḷgat ghâlṇeṁ *n.*

Serenamente, *adv.* thaṁḍâyeṇ, śâṁtîn.

Serenar, *v. t.* (maḷabh) nitaḷ-, nivaḷ karuṁk; *(fig.)* thaṁḍ-. śamanâ karuṁk; śâṁtauṁk, samjâvuṁk. ‖ *v. i. e r.* thaṁḍ-, śamanâ jâvuṁk, śamanuṁk.

Serenata, *s. f.* gharâbhâyr râtcheṁ saṁgît *n.*

Serenidade, *s. f.* śitaḷây, nivaḷây, nitaḷây; *(fig.)* thaṁḍây, śâṁti *f.*

Sereno, *a.* nitaḷ, nivaḷ, śitaḷ, kupâṁ nâslalo; *(fig.)* thaṁḍ śamanâ, śâṁt. ‖ *Gotta serena,* timir *n.* ‖ *s. m.* śeḷer *m.*

Seresma, *s. f.* boṁdrî-, bhâṇśirî bâil, mhas *(fig.)*.

Serial, *a.* kramik, hârîcho

Seriamente, *adv.* kharepaṇîṁ, satbhâvîṁ; bhâvîṁ.

Sericeo, *a. (poet.)* reśmî.

Sericicola, *s. m. e f.*, **sericicultor**, *a. e s. m.* koḷisare postalo; reśmecheṁ kâm kartalo.

Sericicultura, *s. f.* resmî kâm *n.*, -dhâṁdo *m.*

Serico, *a.* reśmecho, reśmî.

Serie, *s. f.* hâr, sâṁkaḷ, mâlâ *ou* mâḷâ, devaḍ, parvaḍ, lay, regh, paraṁparâ *f.*, kram *m.*

Seriedade, *s f.* gaṁbherepaṇ, bharkampaṇ; kharepaṇ *n.*, satyabhâv *m.*, saraḷpaṇ *n.*, sadâchâr; bhâr *m.*, bhârdastî, biśât *f.*

Serigaita, *s. f. V.* SIRIGAITA.

Serigueiro, *s. m. V.* SIRGUEIRO.

Seriguilha, *s. f.* karḍe laṁvecheṁ lugaṭ *n.*

Seringa, *s. f.* sirîṁg *n.*, pichkârî, chipnaḷî *ou* chiknaḷî *f.*, naḷ *m.* ‖ *s. m. e f.* phaṇphaṇo, khaṇpaṇo, kichḍâvṇo.

Seringação, *s. f.* naḷ-, chiknaḷî mârṇeṁ *n.; (fig.)* karkar *m. pl.*, phaṇphaṇî *f.*, khaṇpaṇ *n.*

Seringada, *s. f.* pichkârecheṁ pâṇî *n.*

Seringadela, *s. f. V.* SERINGAÇÃO.

Seringar, *v. t.* chiknaḷiyen ghâluṁk,- mâruṁk; chiknaḷî-, pichkârî mâruṁk *(d. do o.)*; *(fig.)* karkarâvuṁk, kichḍâvuṁk, karkar karuṁk *(d. do o.)*.

Seringatorio, *a.* pichkârecho. ‖ *s. m.* pichkârecheṁ pâṇî, -okhat *n.*

Serio, *a.* ser, bharkam, gaṁbhero, bhârâdik, kharepaṇâcho, ek-don nâslalo; *positivo:* kharo, nirâḷo, khachît, khaṁḍit; *que convem ás pessoas serias:* mâṇsugechyâṁ manushyâṁk puraitalo,- puṭavtalo; *importante:* bhârî, bhârâdik, arthâdik. ‖ *Falar —,* kharyân ulauṁk. *Tomar a —,* pârvâ karuṁk *(g. do o.)*, biśât âsuṁk *(d. do s., g. do o.)*; vâyṭ-, moṭeṁ dharuṁk, râgâr jâvuṁk. ‖ *s. m. V.* SERIEDADE. ‖ *Sahir do — ou do seu —,* hâṁsuṁk-kheḷuṁk; âplî saṁvay moḍuṁk, saṁvayeâḍ kiteṁ karuṁk. *A —,* kharepaṇîṁ, suṭâveṁ. ‖ *adv.* khareṁch.

Sermão, *s. m.* sermâṁv, dharmopadeś *m.*, * upśâm; ravîs śikauṇeṁ *n.*, dâṭâvṇî *f.*

Sermonario, *s. m.* dharmopadeśâṁcho bharṇo *m.;* sermâṁv ghaḍtalo.

Seroada, *s. f. V.* SERÃO.

Seroar, *v. i.* râtcho vâvruṁk.

Serodio, *a.* mâgśecho, mâgśî, vâṁygaṇo; uśrâṁ yetalo.

Serosidade, *s. f.* las, reṁd *f.*, raktâḷeṁ udak, raktâṁtleṁ pâṇî *n.;* charmasâr *m.*

Seroso, *a.* lasicho; udkâḷo.

Serpe, *s. f. (poet.) V.* SERPENTE.

Serpeante, *a.* saṙpaṭûn-, nâgmoḍîn chaltalo.

Serpear, *v. i.* sarpaṭûn-, ghaṁsṭon-, barbaryâṁ-, loḷûn chaluṁk, sarpaṭuṁk, ghaṁsṭoṁk; *(fig.)* vaḷat-, vâṁkat-, nâgmoḍîn chaluṁk, vâṁkuṁk; vaḷ ghevuṁk, heṇeṁ-teṇeṁ vaḷoṁk.

Serpejante, **serpentante**, *a.* barbaryâṁ chaltalo, sarpaṭ.

Serpejar, **serpentar**, *v. i. V.* SERPEAR.

Serpentaria, *s. f. (bot.)* sâpûs *f.*

Serpente, *s. f. V.* COBRA. ‖ *A — infernal,* devchâr.

Serpentear, *v. i. V.* SERPEAR.

Serpentiforme, *a.* sarpâkriti.

Serpentina, *s. f. (bot.)* sâpûs *f.*; serpemtîn *n.*

Serpentino, *a.* sarpâcho.

Serra, *s. f.* kharvamt *f.*; ḍomgar, parvat, ghâṭ; *(zool.)* viśvaṇ *m.* ‖ — *de mão*, kharvamtî *f.*

Serrabulho, *s. m. V.* SARAPATEL.

Serração, *s. f.* chirap *n.*

Serradela, *s. f.* kharvamtîcho phûr *m.*

Serradiço, *a.* chirumk âyto (lâmkûḍ).

Serrador, *a. e s. m.* chirpî.

Serradura, *s. f.* chirṇem, chirap *n.*; chirpâcho piṭho. kispuro, kirkuso, bhuskuro *m.*

Serrafaçar, *v. i. V.* SARRAFAÇAR.

Serragem, *s. f.* chirap *n.*

Serralhar, *v. t.* lohârâ parîm karumk. ‖ *v. i.* khaṭkhaṭâvumk, khaṭpaṭâvumk, gaḍgaḍâvumk.

Serralheria, *s. f.* lohârâchî sâḷ *f.*

Serralheiro, *s. m.* pherrer *(port.)*, lohâr, kâmâr, âchârî.

Serralho, *s. m.* musalmânâmchem râjmamdir; strîghar *n.*, ramgmahâl, bhogvâs *m.*, nâṭakśâḷ *f.*; *(fig.) V.* LUPANAR.

Serrana, *s. f.* ḍomgrî-, jamglî bâil.

Serrania, *s. f.* ḍomgarsarî *f.*, ghâṭ *m.* ‖ *Serranias do mar*, lahârâmche mauje.

Serranice, *s. f.* ḍomgryâcho prakâr *m.*, ḍomgripaṇ, jamglipaṇ *n.*

Serrano, serrão, *a. e s. m.* ghâṭyo, ḍomgrî, jamglî.

Serrar, *v. t.* chirumk, kharvamtumk *(p. us.)*.

Serraria, *s. f.* chirchî mâmḍâvaḷ *f.*

Serratil, *a.* kharvamti sârko.

Serrazina, *s. f.* kemvkemv, khaṇpaṇ, khaṇpaṭ *n.*, piḍâpiḍ, karâmḍây. ‖ *a. e s. m. e f.* khaṇpaṇo, kichḍâvṇo, vâj hâḍtalo, bejâr kartalo.

Serrazinar, *v. t. V.* IMPORTUNAR.

Serreado, *a.* kharvamt kasî.

Serrear, *v. t.* kharvamtîche dâmtre kase karumk.

Serreo, *a.* kharvamtî sârko.

Serridenteo, *a.* kharvamtîche dâmtre kase.

Serril, *a.* ḍomgrâcho, ḍomgrî.

Serrilha, *s. f.* kâmṭyâmchî nakśî *f.*; nâṇyâcho kâmṭh *m.*

Serrilhar, *v. t.* kâmṭyâmchî nakśî karumk *(d. do o.)*.

Serrino, *a. V.* SERRATIL.

Serro, *s. m.* umch ḍomgar, parvat *m.*

Serrote, *s. m.* lahân kharvamt, kharvamtî *f.*

Sertan, *s. f.* kâhil *f.*

Sertanejo, *a.* daryâ-, śahârâ paisilo, samudradûrasth, madhyadeśâcho, jamglâmtlo. ‖ *s. m.* jamglî.

Sertão, *s. m.* samudradûrasthân *n.*, madhyadeś *m.*, jamgaḷ *n.*

Sertum, *s. m.* choḷi *f.*

Serva, *s. f* dâsî, baṭik *f.*, baṭkûr; châkarṇ, râvailalem, cheḍûm *n.*, sevkiṇ *f.* ‖ — *de Deus*, *V.* FREIRA.

Servente, *a. e s. m.* châkar, sevak, * naphar.

Serventia, *s. f.* upyog *ou* upeg *m.*, kâm *n.*: servemtî, vâṭ, palamḍî *f.*, pravesmârg *m.* ‖ *V.* SERVIDÃO. ‖ *Dar* —, vâṭ jâvumk, vachumk upkârumk.

Serventuario, *s. m.* badlecho châkar,--vâvrâḍî, badlî, vârcho.

Serviçal, *a.* śiristo kartalo, sanimâmî, khuśâmatî, upkârî. kâmâk-, châkrek âyto; châkrâcho, sevakâcho. ‖ *s. m.* châkar, sevak.

Serviçalmente, *adv.* śiristo karûn, khuśâmatîn.

Servicial, *a. V.* SERVIÇAL.

Serviço, *s. m.* servîs *ou* sirvîs, châkrî, sevâ *f.*, sevaṇ *n.*, vâvr, pâṭhlâv; *prestimo:* upeg, âdây *ou* âdâv *m.*, kâm *m.*; *favor:* upkâr. siristo *m.*; *serventia:* vâṭ. yevumchî-vechî svâṭ *f.*; *celebração do officio divino:* devesâmv *(port.) n.*, pûjopachâr *m.*; *apparelhos que servem:* ekâ kâmâchyo vastû *f. pl.* ‖ — *domestico*, gharâchî châkrî *f.*, gharkâm *n.* — *salariado*, rojgâr. *Bons serviços*, upkâr *m.* *Mau* —, nuskânâchem kâm *n.* *Pessoa do* —, châkar.

Servidão, *s. f.* gulâmpaṇ, dâspaṇ *n.*, bamdgî *f.*; svatamtranâś; *(jur.)* dusryâchyâ âdâvâk jamnî va ghârâcho kâydo *m.*

Servidiço, *a.* parṇo jâlalo, jharlalo.

Servido, *a.* kâmâk lâylalo, upeg kelalo; jharlalo, parṇo. ‖ *Ser* —, mânomk *(d. do s.)*.

Servidor, *s. m.* servidor, châkar.

Servidora, *s. f.* servidor, châkarṇ, râvailalem *n.*

Servil, *a.* châkrâcho, gulâmâcho; dâspaṇâcho, gulâmpaṇâcho; uṇo, halko, kirkoḷ.

Servilha, *s. f.* târle pâgchem hodem *n.*

Servilheiro, *s. m.* târle pâgtalo.

Servilheta, *s. f.* râvailalem, chedum *n.*; *(ant.)* vahân *f.*, chepal *n.*

Servilheteiro, *s. m.* *(desus.)* râvailalyâmk bhulaitalo.

Servilismo, *s. m.* dâspan, gulâmpan *n.*, gulâmgiri *f.*; hînpan, unepan; pâmydharnem *n.*, charanasevâ, vetasavritti *f.*

Servilmente, *adv.* châkar kaso, âplo mân sâmdûu, âbrû nâstânâ, pâmyâchî vahân jâvûn.

Serviola, *s. f.* *(naut.)* nâmgar ukalchem âdem *n.*

Servir, *v. i.* gulâm-, dâs jâvumk; châkrî-, sevâ-, kâm karumk, châkrek âsumk, vâvrumk; *ser util:* sirvîrjâvumk, kâmâk yevumk, upkârâk padumk, upkârumk, upegumk, chalumk. ‖ *Pôr alguem a* —, châkrek lâvumk. *Pôr a — (roupa)*, ghâlumk ‖ *v. t.* châkrî karumk *(g. do o.)*, châkrek âsumk *(g. do o.)*, sevumk; *ministrar:* vâmtumk, divumk, ghâlumk; *pôr sobre a mesa*, mejâr ghâlumk; *seguir:* pâlumk, châlaumk ‖ *v. r.* mânoimk *(d. do s.)*, barem disumk *(d. do s.)*, khusî jâvumk *(g. do s.)*; *aproveitar-se:* âdâv-, lâbh kâdhumk, âplyâ kâmâk lâvumk; *tomar (comida ou bebida):* kâdhumk, ghevumk.

Servo, *s. m.* gulâm, dâs; châkar, naphar, râvaylalo, gadî, sevak, kimkar.

Serzideira, *s. f.* tuntalî, raphû kartalî.

Serzidor, *a. e s. m.* raphû kartalo, tunnâr.

Serzidura, *s. f.* tunnem *n.*, raphû *m. ou f.*

Serzir, *v.* tunumk, raphû karumk *(d. do o.)*; *(fig.)* ghadsumk, jadumk.

Sesamo, *s. m.* *(bot.)* til *m.*

Sesgo, *a.* âdvo, pâlso, vâmkdo, tirso.

Sesma, *s. m.* *(ant.)* savo vâmto *m.*

Sesmar, *v. t.* *(ant.)* (padit bhûmy) vâmtumk, nisâvumk.

Sesmaria, *s. f.* padit bhûmy *f.* ‖ *Dar* —, vampnek divumk.

Sesmeiro, *s. m.* kâmtî, kâmat.

Sesmo, *s. m.* padit bhûmy *f.*; padit bhumyîcho vâmto *m.*

Sesqui, *pref.* ded.

Sesquipedal, *a.* dedpâmval lâmb.

Sessão. *s. f.* sesâmv, jûmt *(do port.* JUNTA) *n.*, sabhâ, ba thak *f.*, mel; sabhâkâl *m.*

Sessar, *v. t.* *(brasil.)* châhinî ghâlumk.

Sessenta, *a. pl.* sâth.

Sessil, *a.* *(bot.)* demt nâslalo.

Sesso, *s. m.* phudnem *n.*, kule *m. pl.*; gâmd *f.*

Sesta, *s. f.* jevnâ uprâmtlî nîd *f.*; donpârâcho visâvo; bhargato vel *m.* ‖ *Dormir a* —, jevnâ uprâmt nidumk,- ghân ghevumk.

Sestear, *v. i.* jevtoch nidumk. ‖ *v. t.* bhargatyâ velâr sâvlek hâdumk (gorvâmk).

Sestro, *a.* dâvo; *(fig.)* nalbato, âchârâcho ‖ *s. m.* khod, mâmj *f.*, aib, dosh *m.* ‖ *V.* SISTRO.

Sestroso, *a.* khodyo, aibî.

Setaceo, *a.* sadâmcho.

Sete, *a.* sât, sapta *(em comp.)*. ‖ — *vezes*, sâtî. *A — chaves*, sât gâmthî mârûn, sâtâm châvyâm bhitar. ‖ *s. m.* saptâmk *m.*

Setecentos, *a. pl.* sâtsim.

Sete-estrello, *s. m.* *V.* PLEIADES.

Setembro, *s. m.* setembr, bhâdrapad-âsvin *m.*

Setemezinho, *a.* sâtolo.

Seteno, *s. m.* *(desus.)* sâtolem *n.*

Setenta, *a. pl.* sattar.

Setial, *s. m.* samjailalî baskâ *f.*

Setifero, setigero, *a.* *(poet.)* resmî.

Setiforme, *a.* resme sârko.

Setim, *s. m.* setim *f.*, âtlâ *m.*

Setimo, *a.* sâtvo. ‖ *s. m.* sâtvo *m.*

Setimoso, *a.* âtlâ kaso; tultulit, luglugît.

Setoira, *s. f.* koytî *f.*, vilo *m.*

Setta, *s. f.* bân, sar, tir, bhâlo, virmâr *m.*, bâldî *f.*

Settada, *s. f.* bânâcho phâr, -ghây *m.*

Settear, *v. t.* *V.* ASSETEAR.

Setteira, *s. f.* bânmâr, mâr *m.*

Setteiro, *s. m.* *V.* FRECHEIRO.

Seu, *a.* âplo, âpnâcho, âpnâgelo, tâcho, tâgelo, tâmcho, tâmgelo, hâcho, hâgelo, hâmcho, hâmgelo. ‖ *De* —, âplo, padarcho. *O — a — dono*, jâchem tâkâ. *Não ter um momento de* —, ek ghadî pan beshto nâsmk. *Ficar na sua*, âplemch dharumk. *Dizer na sua*, samjumk divumk, sâmgumk karumk. *Uma das suas*, âplî pisây.

Seve, *s. f.* *V.* SEIVA.

Severamente, *adv.* kharâyen, kharkasâyen; barâbar, sûtrîm.

Severidade, *s. f.* kharây, kharkasây, tiksân *f.*, nishturpan, kardepan *n.*; jadây, nibrây, kathinây *f.* ‖ *V.* PONTUALIDADE.

Severo, *a.* khar, khadchar, khadtar, tik, kharkas, kadak, kardo, nishtur;

nibar, jabar, kaṭhîṇ, kaḍkaḍît, jaḍ.‖ V. SERIO.

Sevicia, *s. f.* dâruṇây, piḍâpiḍ *f.*, dagdag *m. pl.*, nishṭurpaṇ *n.*

Seviciar, *v. t.* piḍâpiḍ divuṁk *(d. do o.)*, kharây khâvauṁk *(d. do o.)*. dâruṇâyen chalauṁk.

Sevo, *a.* mârkar, nirduḥkhî, kharkas, mhârû; dâruṇ, nishṭur, krûr, nirdaivo.

Sexagenario, *a. e s. m.* sâṭhâṁ varshâṁcho, sâṭhî.

Sexagesima, *s. f.* karejmâ âdlo dusro âytâr; sâṭhvo vâṁṭo,- aṁś *m.*

Sexagesimal, *a.* sâṭhvyâcho.

Sexagesimo, *a.* sâṭhvo.

Sexangulado, sexangular, *a.* shaṭkoṇ.

Sexentesimo, *a.* soyśiṁvo.

Sexdigital, *a.*, **sexdigitario,** *a. e s. m.* soṁ boṭâṁcho, soboṭyo, sâṁgaḷyo.

Sexennal, *a.* sosoṁ varshâṁnîṁ ghaḍtalo, sosâlî.

Sexennio, *s. m.* so varshâṁ *n. pl.*, sosâl *n.*

Sexifero, *a.* liṁgâcho.

Sexma, *s. f. V.* SESMA.

Sexo, *s. m.* liṁg *m.*, jât; manushyajâti. ‖ *O — forte*, purushjât, narajâti. *O bello —, o — fraco*, strîjât *f.*

Sexta, *s. f.* donpâr *m.*

Sexta-feira, *s. f.* śukrâr *m.* ‖ — *santa*, nimâṇo śukrâr.

Sextante, *s. m.* vṛittashashṭâṁś, vṛittashaḍbhâg *m.*; sûryayaṁtr.

Sextavado, *a. V.* HEXAGONAL.

Sextavar, *v. t.* shaṭkoṇ-, shaṭpailu kâtruṁk, shaṭkoṇâkṛiti karuṁk *(g. do o.)*.

Sextilha, sextina, *s. f.* sopadî ślok *m.*

Sexto, *a.* sovo. ‖ *Ter peccado no —*, sovyâ upadeśâr pâtak âsuṁk *(d. do s.)*.

Sextuor, *s. m. (mus.)* so jaṇâṁcheṁ gâyan va vâjap *n.*

Sextuplo, *a.* sopaḍo, shaḍguṇ. ‖ *s. m.* sak *n.*, shaḍguṇ *m.*

Sexual, *a.* liṁgâcho, liṁgavishayî. ‖ *Relações sexuaes, V.* COPULA.

Sexualidade, *s. f.* liṁgpaṇ *n.*

Sexualismo, *s. m.* liṁgbhâv *m.*

Sezão, *s. f. (med.)* kulkulyâcho-, kâḍhto-yeto jar *m.* ‖ *V.* SESÃO.

Sezonatico, *a.* jariyecho (gâṁv); jar lâglalo.

Si, *pron V.* SE. ‖ *De —*, âpṇâcho; âpaṇach. *Cada um de per —*, eeklo. *De — para —*, âple bhitar. *De per —*, veveglo. *Comsigo*, âpṇâkaḍe, âpṇâlâgiṁ. *Em —*, âplechṭhâṁy. *Por —*, âpsiṁ *ou* âpśyâṁ, âplyâpiṁ, âpâp, âple ashṭaṁgiṁ, âpṇeṁ. *Estar sobre —*, âple âdhin âsuṁk. *Tomar sobre —*, âpṇâcher ghevuṁk.

Si, *s. m. (mus.)* si *f.*, nishâd *ou* nikhâd *m.*

Sialismo, *s. m. (med.)* bhav lâḷ *f.*

Siba, *s. f.* sadâmâṁḍkî *f.*, sadâbebo *m.*

Sibilação, *s. f.* phivaṇ ghâlṇeṁ *n.*, phivaṇ *f.*

Sibilante, *a.* chipchipît, chapchapît, pichpichît, jhaṇjhaṇît, śiṇsiṇît; *(gram.)* ushmo.

Sibilar, *v. i.* phivaṇ-, śivaṇ ghâluṁk; pichpichuṁk, chipchipuṁk, jhiṇjhiṇuṁk, śiṇśiṇuṁk.

Sibilo, *s. m.* phivaṇ, śivaṇ *f.*

Sibylla, *s. f.* bhavishyavâdîṇ; *(fig.)* lâṁvsaṭ.

Sibyllino, *a.* samja nâslalo, gûḍhâcho, gupto.

Sic, *adv.* aseṁ, aseṁch.

Sicario, *s. m.* bhâḍyâcho khunî; *(fig.)* mârekâr, gaḷekâpo, martikâr.

Siccativo, *a. V.* SECCANTE.

Sicrano, *s. f.* phaláṇo, gomâjî, bukâṁv.

Sideração, *s. f. V.* FULMINAÇÃO.

Sideral, sidereo, siderico. *a.* târâṁcho.

Siderico, *a.* lakhaṁḍî.

Siderographia, *s. f.* tikyâr kâṁtaṇṇeṁ *n.*

Siderotechnia, *s. f.* lokhaṁḍâcho vâvr *m.*, lohakarm *n.*

Sigalho, *s. m.* ghâṁs, kuṭko *m.*

Sigillação, *s. f.* mohar mârṇeṁ *n.*; mohar *f.*; *(desus.) V.* MARCA.

Sigillar, *v. t. (desus.) V.* SELLAR.

Sigillo, *s. m. V.* SINETE *e* SEGREDO. ‖ — *sacramental ou da confissão*, kuṁsârâcho gûḍh *m.*

Sigla, *s. f.* nâṁvâcheṁ paileṁ akshar *n.*

Signa, *s. f. V.* BANDEIRA.

Signaculo, *s. m. V.* SELLO.

Signal, *s. m.* ughḍâsâcheṁ chihṇeṁ, sûchak *n.*, âṭhvaṇûk *f.*; sinâl *n.*, kurû, khuṇâ *f.*, khûṇ, chihṇeṁ, niśâṇ *n.*, niśâṇî *f.*, lakshaṇ *ou* lakheṇ, khâṇkhûṇ *n.*, gurt; *aceno:* iśâro *m.*, iśârat, saṁjñâ, haḍkaṇ *f.*, khûṇ *n.*; *marca:* âṁk, ṭiko *m.*, dhajâ *f.*; *ferrete:* dâg *m.*; *assignatura:* saî, dastakhat *f.*; *mancha na pelle:* tîḷ *m.*, lâseṁ *n.*: *cicatriz:* mâu;

vergão: gâñj *f.*, loḷo *m.*; *arrhas:* sinâl, sinâlpatr *n.*, sachkâr, isâro; *presagio:* śakun, praśu *m.*‖ *Dar* —, sûchak-, khûṇ divuṁk; karuṅk lâvṅik. *Dar — de si,* âplî khabar divṅik *Não dar — de vida,* melâso disuṁk. ‖ -es, *pl.* ghâṁṭ oḍh-ṇeṁ, ghâṁṭo mârṇeṁ *n.*

Signalar, *v. t. V.* ASSIGNALAR.

Signaleiro, *s. m. (naut.)* niśâṇâṁ kartalo.

Signataria, *s. f.* nâṁv baraitalî, niśâṇkâru.

Signatario, *a. e s. m.* nâṁv baraitalo, saî karṇâr, niśâṇkâr.

Significação, *s. f.* kaḷauṇî, gamanṇî, samjâvṇî *f.*; arth, abhiprây *m.*; *signal:* khûṇ, lakheṇ; *expressão:* vachan *n.*, uchchâr *m* ‖ *V.* SIGNIFICADO.

Significado, *a.* arthalalo. ‖ *s. m.* signiphikâd. samjoṇi *f.*, arth, padârth, śabdârth, aksharârth *m.* ‖ *Tirar significados,* signiphikâd kâḍhuṁk.

Significador, *a. e s. m.* arthitalo, gamaitalo, sûchak, darśak; arthvaṁt, arthâdîk.

Significante, *a. V.* SIGNIFICATIVO.

Significar, *v. t.* khûṇ âsuṁk *(g. do o.)*, khuṇâvṅik, suchauṅk; arth-. bhâv âsuṁk *(d. do s., g. do o)*, arth-, samjoṇî divuṁk *(g. do o.)*; samjuṅk divuṅk, dâkhaṅik, kaḷauṅk, gamauṅk. ‖ *V.* INTIMAR.

Significativamente, *adv.* arthân, abhiprâyân.

Significativo, *a.* dâkhaitalo, gamaitalo, sûchak, darśak; arthâcho, arthvaṁt, arthâdik, sârthak, bhârî, samarth.

Signo, *s. m. (astr.)* râsî *f.*; *(mus.)* svar, sûr *m.*

Sigralho, *s. f. (zool.)* kâvḷî *f.*

Silenciar, *v. t.* ugo râvauṅk, toṁḍ kâḍhuṁk, -bâṁdhuṅk *(g. do o.)*.

Silencio, *s. m.* ugo râvṇeṁ, -râvap, ugepaṇ, muṅkepaṇ, monepan *n.*, gupchupî *f.*; *falta de ruido:* chiṁv, nivâṁtpaṇ *n.*; *estado de inacção:* thaṁdây. śitaḷây *f.* ‖ *V.* SEGREDO *e* PAUSA. ‖ — *da lei,* kâydyâchî khaḷṇî. — *mortal,* chiṁv paḍṇeṁ *n. As horas de* —, râtcho veḷ *m.*, madhyâhnrâtr *f. Guardar* —, toṁḍ dhâṁpuṅk, gûḍh saṁbhâḷuṅk. *Impor ou pôr* —, toṁḍ bâṁdhuṁk, ugo râvauṅk. *Passar em* —, soḍuṅk, aṁtrâvuṁk. *Em ou com* —, gapchip. hûṁkûṁ kari nâstânâ. ‖ *int.* chapp! chipp! chipp râv! gupp! gapchip! gupchup!

Silenciosamente, *adv.* gapchip ugo râvûn, monepaṇiṁ, jâg kari nâstânâ.

Silencioso, silente, *a. (poet.)* ugo *ou* ogo, muṅko, mono, gupchup, ghûm; jâgnâg nâslalo, nivâṁt, chiṁv paḍlalo.

Silex, *s. m.* taḷap *n.*

Silha, *s. f. (desus.) V.* CADEIRA.

Silhão, *s. m.* khaṁdakâ madhleṁ bâṁdhap *n.*

Silhar, *s. m.* chaurâs phâtar *f.*

Silharia, *s. f.*: *obra de* —, bhâylyân phâtrî basailaleṁ bâṁdhap *n.*

Silhueta, *s. f.* rûpâche sâvḷecho âkâr *m.*

Silicioso, *a.* taḷpâcho.

Silingornio, *a.* ṭhakî, ḍhoṁgî.

Siliqua, *s. f.* sâṅg *ou* śeṁg *f.*

Siliquoso, *a.* sâṁgo âslalo.

Silva, *s. f.* jhil *f.*; *(fig.)* charbaṭ *n.*

Silvado, *s. m.* jhilkûṭ *n.*

Silvano, *a.* ḍoṁgrî, jaṅgḷî. ‖ *s. m.* jaṅgḷî manis.

Silvar, *v. i.* phivaṇ ghâluṅk, phiḷphiḷuṅk, kiḷaṁch mâruṁk.

Silvatico, *a. V.* SELVATICO.

Silvedo, *s. m. V.* SILVADO.

Silveira, *s. f.* jhîl *f.*

Silvestre, *a.* rânyo, rânâṁtlo, rângaṭ, rânaṭ, rân *(em comp.)*. *V.* RUDE.

Silvicola, *a. e s. m. e f.* vanvâsî, rânyo, vanasth

Silvicultura, *s. f.* vanvidyâ *f.*

Silvo, *s. m.* phivaṇ, śivaṇ, śeḷoṇî; phiḷphiḷî, kiḷaṁch *f.*

Silvoso, *a.* jhiliṅcho.

Sim, *adv.* hoy *ou* vhoy, hâṁ *ou* âṁ, huṁ *ou* huṁh, bareṁ *(litt.* BEM), jâyt *(litt.* SERÁ). ‖ *Não diz — nem não,* hoyy mhaṇa nâ nayy mhaṇa nâ. *Pois sim!* jâṁv! âsûṁv! *Um ... sim outro não,* ek sâṁḍûn ek, ek vikhaṇ ek. *Um dia — outro não,* pairyân.

Simia, *s. f.* keldeṁ *n.*

Simil, *a. (poet.) V.* SEMELHANTE.

Similar, *a.* sârko, eksârko, sâṁgḍo, sam. ‖ *s. m.* sâṁgḍî vast *f.*

Similaridade, *s. f.* sâṁgḍepaṇ, sârkepaṇ *n.*

Simile, *s. m.* dâkhlo, dṛishṭâṁt *m.*, upam *n.*

Similitudinario, *a.* sâṁgḍo, sâṁko.

Simio, *s. m. V.* MACACO.

Simonia, *s. f.* pavitrâṁ vastûṁ î vikrî *f.*

Simoniaco, *a.* pavitr vastû vikeho. -viktalo.

Simonte, *s. m. e a. (tabaco —)* chokh pânâchî dhumṭî *f.*

Simplacheirão, *a. e s. m.* bhav bhoḷo, bâbat.

Simples, *a.* nirbhel, śuddh, keval; *não dobrado:* ekvaḍo *ou* ekaḍo; *sem mistura:* sudo, chokh, nigaḷ, nirbhel *ou* nibhel; *facil:* sompo, saraḷ, ujû, bâḷbodh; *mero:* sâdho, korḍo, keval; *só:* eklo; *ordinario:* khunṭo, sâdhâraṇ, sâdho; *ingenuo:* bhoḷo, sâḷobhoḷo, bâbḍo, sâbdo, sâdho, bâḷbodh, nishkapaṭî; *boçal:* uthaḷ, bhâvârthî, doḍo, kachcho; *modesto:* sâdho, bâbḍo, garîb; *natural:* sâdho, khumṭo, mumḍho, lumḍo. ‖ *Á — vista,* doḷe lâvûn, dishṭ ghâlûn; *(fig.)*; tarkâviṇem, ughḍâpem. ‖ *s.* buṭî *f.; (kamâṇîcho)* sâtho *m.*

Simplesmente, *adv.* sâdhepaṇîm, nibhel; saraḷpaṇim, sompepaṇîm; ekbhâvim, nishkapaṭîm; *unicamente:* phakat, sahaj, ervîm, maktâ.

Simpleza, *s. f.* sâdhepaṇ, nirbhelpaṇ; bhoḷepaṇ, bâbḍepaṇ; sâbdepaṇ, doḍepaṇ *n.*

Simplices, *s. m. pl.* jhâḍpâlo *m.*, buṭyo *f. pl.;* dhâtu *m. pl.*, tattvâm *n. pl.*

Simplicidade, *s. f.* nirbhelpaṇ, śuddhpaṇ; sompepaṇ; saraḷpaṇ; sâdhepaṇ, sâdhâraṇpaṇ, bhoḷepaṇ, bâbḍepaṇ. sâbdepaṇ, akapaṭ *n.*, ekbhâv *m.;* bhâvârthipaṇ, kachchepaṇ, doḍepaṇ; mumḍhepaṇ *n.*

Simplicista, *a. e s. m.* jhâḍ okhtî, jhâḍpâlyâcho vaij.

Simplister, *adv.* simplister.

Simplificação, *s. f.* saraḷ-, sompo karṇem *n.*

Simplificador, *a. e s. m.* saraḷ-, sâdho kartalo.

Simplificar, *v. t.* sâdho-, saraḷ-, sompo karumk. ‖ *v. r.* sâdho-, sompo jâvumk.

Simplorio, *a.* bâbat, sâdho, doḍo, bomtho, pisâṭ.

Simulação, *s. f.* baḷyâm karṇem, phoṭkîrpaṇ, nirâkârpaṇ; ḍhomg, somg *n.*, bhesh *m.*

Simulacro, *s. m.* kuḍo dev *m.*, mûrti *f.;* bâhulem *n.*, putḷo *m.; fingimento:* somg. ḍhomg *n.*, vyâj *m.; van representação:* mâyâ, phoṭkirî dâkhauṇ *f.*

Simuladamente, *adv,* baḷyâm, ḍhomgân. kapaṭîm.

Simulado, *a.* baḷyâm kelalo, phoṭkiro; ḍhomgî, kapaṭî.

Simulador, *a. e s. m.* baḷyâm kartalo, bhesh-, somg ghetalo, kapaṭî.

Simulamento, *s. m. V.* SIMULAÇÃO.

Simular, *v. t.* baḷyâm-, ḍhomgân karumk, somg-, bhesh ghevumk *(g. do o.)*, * kapaṭumk; bhâylyân dâkhaumk, ḍaul-, dâkhauṇ karumk *(g. do o)*. ‖ *V.* ARREMEDAR.

Simulatorio, *a.* ḍhomgâcho, somgâcho, kapaṭî.

Simultaneamente, *adv.* ekâ veḷâr, vaktâr, barâbarî.

Simultaneidade, *s. f.* ekâ veḷâr jâṇem *n.*, eksamay, ekkâḷ *m.*, barâbarî *f.*

Simultaneo, *a.* ekâ veḷâr jâtalo, ghaḍtalo, barâbarcho, ekâ samayâcho, samkâlik.

Sina, *s. f.* daiv, nasib *n.*, lakṭo *m.* ‖ *V.* BANDEIRA.

Sinapico, *a.* sâmsvâmcho.

Sinapismo, *s. m.* sinâpîjm, sâmsvâmcho lep *m.*

Sinapizar, *v. t.* sâmsvâmcho piṭho ghâlumk *(l. do o.)*; sinâpîjm ghâlumk *(d. do o.)*.

Sincelo, sincello, *s. m. V.* CARAMELO.

Sinceiro, *s. m. (poet.) V.* SALGUEIRO.

Sinceramente, *adv.* kharepaṇîm, bhâvârthân, śuddhamatîm, manbhâvim, bhoḷepaṇîm.

Sinceridade, *s. f.* akapaṭ, nishkapaṭ, kharepaṇ *n.*, bhâv, bhâvârth, ekbhâv, manbhâv *m.*, nîj man, saraḷpaṇ, bhoḷepaṇ *n.*

Sincero, *a.* akapaṭî, nishkapaṭî, kharo, sâdho, nîj, suṭâvo; bhoḷo, bhoḷyâ manâcho, sâḷobhoḷo, haḷbaḷo, śuddhamati, satyavâdî, bhâvik, bhâvârthî. saraḷ, ujû, śitaḷ.

Sincerro, *s. m. (brasil)* koblem *n.*

Sincipital, *a.* ṭâḷvecho.

Sinciput, *s. m. (anat.)* ṭâḷî, ṭâḷû *f.*, kapâl *n.*

Sinecura, *s. f.* vâvrâviṇo phaḷâdîk jâgo *m.*, nâmvâchî châkrî *f.;* chadhâ âdâyâ âni thoḍyâm kashṭâmcho jâgo *m.*

Sinecurista, *s. m. e f.* nâmvâchî châkrî kartalo, basûn pâg khâtalo.

Sineira, *s. f.* ghâmṭikârṇ *f.;* ghâmṭîmcho torrîr jâgo *m.*

Sineiro, *s. m.* ghâmṭ vâjaitalo, -mârtalo, ghâmṭikâr.

Sine-qua-non, *V.* CONDIÇÃO.

Sineta, *s. f.* ghâmṭlî.

Sinete, *s m.* śikko, mudro *m.*, chhâp *n.*, mohar *f.*

Singel, *s. m. V.* CINGEL.

Singellamente, *adv.* sâdhepaṇiṁ, śṛiṁgârâviṇeṁ, alaṁkârâvâṁchûn; ekbhâvîṁ, nishkapaṭiṁ.

Singellez, singelleza, *s. f.* sâdhepaṇ, muṁḍhepaṇ, luṁḍepaṇ, mekhḷepaṇ; bhoḷepaṇ, bâbḍepaṇ, akapaṭ *n.*, śitaḷkây *f.*

Singello, *a.* ekvaḍo *ou* ekaḍo; *desprovido de enfeites:* sâdho, śṛiṁgârâmekhḷo, alaṁkârâviṇo, muṁḍho, luṁḍo; *ingenuo:* sâdho, bhoḷo, bâbḍo, akapaṭî, neṇṭo; *puro:* śuddh, nirmaḷ.|| *Ao* —, *V.* SINGELLAMENTE. *As singellas,* ekvaḍo, ekloch *(aa.)*.

Singradura, *s. f.* hâṁkârṇî; dîsbhar târûṁ challalî vâṭ *f.*

Singrante, *a* hâṁkârto, hâṁkâroṁk âslalo. || *Vender* —, târvâr ghâlûn vikuṁk.

Singrar, *v. i.* *(naut.)* hâṁkâroṁk, daryâṁt chaluṁk.

Singular, *a.* eklyâcho, ekjaṇâcho; ekḷo, ekaḍo; *distincto:* uttam, śreshṭh, varto; *especial:* viśesh, asâdhâraṇ; *sem par:* apûrv *ou* aprûb, anupam, anavo, ekmâtr; *não vulgar:* âthvo, durlabh, nirâḷo, viparît, ekprakâr; *excentrico:* âḍgât, vegḷechso, ekâch jinsâcho; *assombroso:* acharyâṁcho, ajâpâṁcho, adbhut. || *Combate* —, dvaṁdvayuddh. *Numero* —, ekavachan *n.*

Singularidade, *s. f.* ekaḍepaṇ; uttampaṇ, śreshṭhpaṇ; asâdhâraṇpaṇ *n.*; apûrvây *ou* aprûbây; viparîtây *f.*, nirâḷepaṇ; ṭoṇkepaṇ *n.*, khoḍ *f.*; *coisa singular:* navâl, adbhut *n.*

Singularizar, *v. t.* viśesh-, varto karuṁk, viśeshuṁk, *ekaḍuṁk. || *v. r.* uttam-, varto jâvuṁk, nâvâḍhoṁk.

Singularmente, *adv.* ekvaḍepaṇîṁ; viśeshîṁ; chaḍh, jabar, khûp.

Singulto, *s. m.* *V.* SOLUÇO.

Sinistramente, *adv.* abhadrpaṇîṁ, amaṁgaḷpaṇîṁ; akrâḷpaṇîṁ.

Sinistrar, *v. i.* mâryâk-, vighnâk sâṁpḍuṁk, nashṭâk paḍuṁk.

Sinistro, *a.* dâvo; abhadr, amaṁgaḷ, aprasann; *que infunde receio:* akrâḷ, bhayaṁkar; *malvado:* khoṭo, nashṭo. || *s. m.* vighn, jhâḍjhapaṭ *n.*, mâro, ghât *m.* || *V.* DAMNO.

Sino, *s. m.* ghâṁṭ *f.* || *Andar num* —, *estar mettido num* —, kuśâl-, dhâdasî âsuṁk, savan pikuṁk *(g. do s.)*.

Sinople, *s. m.* pâchvo raṁg *m.*

Sinuado, *a.* *(zool.)* vâṁkḍyâṁ pâṭâṁcho.

Sinuosidade, *s. f.* vâṁkḍepaṇ *n.*, tiḍây, vâṁk, moḍ *f.*, revaḍkoṁkeṁ *n.*; phugo *m.* || *V.* TERGIVERSAÇÃO.

Sinuoso, *a.* vâṁkḍo, vâṁkicho, vâṁkyo, vakr, âḍvotiḍvo, nâgmoḍicho; *(fig.)* nâḍgo, vâṁkḍo.

Sinzel, *s. m.* *V.* CINZEL.

Siphão, *s. m.* vâṁkḍî naḷî.

Sirage, *s. m.* tiḷel *n.*

Sirenico, *a.* *(poet.)* matsyakanyecho; *(fig.)* *V.* ENCANTADOR.

Sirga, *s. f.* pâg, pâgeṁ; pâgyân oḍhṇeṁ *n.* || *Andar á* — *de alguem,* śeṁpḍî dharûn bhoṁvuṁk. *Puxar á* —, *V.* SIRGAR.

Sirgar, *v. t.* pâgyân oḍhuṁk,- oḍhûn vharuṁk (hoḍeṁ).

Sirgaria, *s. f.* pâgyâṁchî râs *f.*; pâgyâṁcho dhâṁdo, -mâṁḍ *m.*

Sirgideira, *s. f.* *(naut.)* dor *n.*, âṁjo *m.*

Sirgilim, *s. m.* *V.* GERGELIM.

Sirgo, *s. m.* koḷisaro, kośkâr *m.*; *(ant.)* *V.* SEDA.

Sirgueiro, *s. m.* sirgîr, reśmî sûtdorî kartalo.

Sirguilha, *s. f.* *V.* SERIGUILHA.

Siricaia, *s. f.* dûdh sâkrî âni tâṁtyâṁnîṁ kaḍhailaleṁ *n.*

Sirigaita, *s. f.* hâlavṇî-, dhavḷî-, nâchrî bâil; kâṭhû-, chatur bâil.

Sirio, sirius, *s.* *(astr.)* lubdhak, lubdhaktârâ *m.*

Siroposo, *a.* *V.* XAROPOSO.

Sisma, *s. f.* *V.* SCISMA.

Sisa, *s. f.* *V.* CISA.

Sismico, *a.* dharṇîkâṁpîcho.

Siso, *s. m.* buddh, mat, akkal *f.*, takleṁ, śahâṇepaṇ, jñân *ou* gnyân, *vichhekheṇ *n.* || *Dente do* —, akkal dâḍhî. *De* —, khareṁch; śahâṇepaṇîṁ, chatrâyen.

Sisorio, *s. m.*: *de* —, buddhîn, tajviten, chatrâyen.

Sistro, *s. m.* halkî *f.*

Sisudez, sisudeza, *s. f.* śahâṇepaṇ *n.*, achirkây, chatrây, tajvît, karâmat, barkamây *f.*

Sisudo, *a.* śahâṇo, mativaṁt, buddhicho poṭlo *(litt.* TROUXA DO SISO), buddhisaṁpann, karâmatî, akklecho, achirkâyecho.

Sitiado, *a.* veḍhlalo. || *s. m.* veḍho ghâlalo.

Sitiador, sitiante, *a.* e *s. m.* veḍho ghâltalo, veḍhnâr.

Sitial, *s. m.* diṁbhî ghâluṁk uśyâcho maṁch *m.*

Sitiar, *v. t.* veḍhuṁk, veḍho ghâluṁk *(d. do o.)*, aḍuṁk.

Sitibundo, *a. (port.) V.* SEQUIOSO.

Sitio, *s. m.* jâgo *m.*, svât *f.*, ṭhâṇ, ṭhikân, âdhishṭhâṇ *n.*, * ṭhây; *cerco:* veḍho, saṁrodh *m.*

Sitiologia, *s. m.* annvidyâ *f.*

Sito, *a.* âslalo, sthit.‖ *s. m. V.* RAFIO.

Situação, *s. f.* sthân *ou* ṭhâṇ, âsan *n.*, sthiti *ou* sthit; *disposição:* mâṁḍâvaḷ *f.*, mâṁḍap *n.*; *sitio:* jâgo *m.*, svât *f.*, ṭhikâṇ *n.*; *condição:* dasâ, gat, avasthâ *f.*, * bhaus *m.*

Situar, *v. t.* davruṁk, ghâluṁk; mâṁḍuṁk, bâṁdhuṁk. ‖ *v. r.* âsuṁk, râvuṁk, uruṁk.

Sô, *s. m. V.* SENHOR.

Só, *a.* ek, eklo, ekvaḍo *ou* ekaḍo, eksuro, saḍo; ekach, ekloch, -ch *(ex.: só elle*, toch). ‖ *V.* SIMPLES. ‖ *adv.* mâtr *ou* mât, phakat, maktâ. ‖ *A sós*, ekloch; âple bhitar. ‖ *s. m.* ekjaṇ, ekloch manîs.

Soabrir, *v. t.* mâtso ughḍuṁk.

Soada, *s. f.* savan *n.*, svar, nâd, âvâj; *barulho:* bobâḷ *m.*; bob *f.* ‖ *V.* BOATO.

Soado, *a.* nâdlalo; gâjlalo, sâdâvlalo; nâvâḍhgo, kîrtivaṁt.

Soalha, *s. f.* khiḷkhuḷo *m.*

Soalhado, *s. m.* mâḷoycheṁ mader *n.* ‖ *V.* SOBRADO.

Soalhar, *v. t.* khiḷkhuḷe vâjauṁk *(g. do o.)* ‖ *V.* ASSOALHAR.

Soalheira, *s. f.* vatâcho kaḍh, rakhrakho *m.*, unhet *n.*

Soalheiro, *a.* vatâk âslalo, vat bastalo.‖ *s. m.* vatâchî-, vâtâk baschî svât *f.*; dîs astamche kaḍcheṁ doṁgrâcheṁ pâlsaṇ *n.*; bekâryâṁchî châvḍî *f.*

Soalho, *s. m. V.* SOALHEIRO e SOLHO.

Soante, *a.* nâdî, vâjto, gâjto. ‖ *Mal* —, besûr, apsvar; *(fig.)* âykûṁ najo âslalo.

Soar, *v. i.* vâjuṁk, gâjuṁk, nâduṁk, koṁkevuṁk, ghoṁghevuṁk; *divulgar-se:* gâjuṁk, phuṁkâroṁk; *cantar (a ave):* raḍuṁk; *ser pronunciada (a lettra):* svar âsuṁk *(d. do s.)*: *impressionar os ouvidos:* kânâṁk baro lâguṁk; *agradar:* mânoṁk, baro lâguṁk. ‖ — *a alguma coisa*, disuṁk. — *a hora*, ghaḍi pâvuṁk, kâḷ yevuṁk. — *a ultima hora*, marṇâche taṇîr pâvuṁk. — *alguma noticia aos ouvidos ou nos ouvidos*, kânâylyâṁ vachuṁk. — *um rumor*, phuṁkâro-, khabar âsuṁk. *Fazer* — *bem alto*, gâjauṁk, nâvâḍhuṁk. ‖ *v. t.* vâjauṁk; *(fig.)* gâjauṁk, sâdâvuṁk, varṇuṁk, nâvâḍhuṁk.

Sob, *prep.* khâl, khâlâ, sakal, saklâ. ‖ *Sob-color ou sob côr*, nibâṁ.

Soba, *s. m.* khâpryâṁcho râjâ.

Sobalçar, *v. t.* vayr kâḍhuṁk, uṁchâvuṁk; *(fig.)* ukluṁk, ubhâruṁk, uklûṁ dharuṁk.‖ *v. r.* uṁch-, vhaḍ jâvuṁk; phuluṁk.

Sobcapa, *V.* SOCAPA.

Sobeira, *s. f.* berîche sakaile naḷe *m. pl.*

Sobejadamente, **sobejamente**, *adv.* jabar chaḍh, bhâriṁ, khûp.

Sobejar, *v. i.* adhik jâvuṁk, chaḍhuṁk, uruṁk, uphâḷuṁk. ‖ *s. r.* âplî bharkuṁṭh karuṁk, jây tyâ varteṁ âsuṁk *(d. do s.)*.

Sobejidão, *s. f.* adhikây, phushkaḷây *f.*, aglepaṇ, uphâḷeṁ *n.*, atirek *m.*

Sobejo, *a.* agḷo, adhik, uphâḷ, chaḍh jâlalo, pâvûṇ urlalo, varchil; chaḍh, bhârî, jâstî. ‖ *adv. V.* SOBEJAMENTE. ‖ *De* —, *V.* SOBEJAMENTE.‖ **-s**, *m pl.* bâkî *f.*, urlaleṁ; ushṭeṁ *(— de comidas) n.*

Soberana, *s. f.* râṇî, râjpatnî.

Soberanamente, *adv.* pâdśâyken; pâdśâypaṇiṁ; adhikârâṇ. satten.

Soberania, *s. f.* pâdśâykî, mukhyasattâ *f.*, sarvâdhikâr *m.*; pâdśâypaṇ; chakr *n.*; *(fig.)* padvî, sattyâ *f.* ‖ *V.* ALTIVEZ.

Soberanizar, *v. t.* pâdśây karuṁk *(d. do o.)*; *(fig.)* maḷbhâk teṁkauṁk.

Soberano, *a.* bhav uṁch,- thor, param. uttam, śreshṭh, pradhân, mukhya; pâdśâyâcho, rajâcho; *poderoso:* padvedâr, hukûmdâr, chakravatî; *altivo:* damdâr, ahaṁkârî. ‖ *O — architecto do universo:* Dev, parameśvar.‖ *s. m.* râjâ, mahârâj. adhirâj, rây, pâdśây, prajâpati, bhûpati, nṛipati, adhipati, sattâpurush.

Soberba, *s. f.* garv *n.*, ahaṁkâr, abhimân, atimân, mad, daṁbh *m.*

Soberbaço, **soberbão**, *a. e s. m.* bhav garvî, suberḍo.

Soberbamente, *adv.* garvâṇ, ahaṁkârâṇ.

Soberbete, *a. e s. m.* garvîso.

Soberbia, *s. f.* chaḍh garv *n.*

Soberbo, *a.* suberb, garvî, ahaṁkârî, atimânî; chakk, chokhaṭ, nâjûk, suṁdar, śobhit.

Soberboso, *a.* garvî.

Sobnegar, *v. t. V.* SONEGAR.

Sobole, *s. f. V.* GOMMO e DESCENDENCIA.

Soborralhadoiro, *s. m.* kharnâcho jhâḍo *m.*

Soborralhar, *v. t.* murmuryâṁt bhâjuṁk.

Soborralho, *s. m.* murmuryâcho dhag *m.*

Sob-pé, *s. m. V.* SOPÉ.

Sobpôr, *v. t.* poṁdâk ghâluṁk. ‖ *v. r.* poṁdâk râvuṁk.

Sobra, *s. f.* urlaleṁ, chaḍhlaleṁ *n.*, ûr, bâkî *f.*, śesh *m.*, ushṭeṁ *n.* ‖ *De —*, jâyteṁ, jabar chaḍh, khûp, mast.

Sobraçar, *v. t.* kâkhek mâruṁk; *(fig.)* âdhâr-, teṁko divuṁk *(d. do o.)*. ‖ *— alguem*, hât divûn chalauṁk. ‖ *v. r.* veṁg mâruṁk. ‖ *— com alguem*, hât divûn chaluṁk.

Sobradamente, *adv.* adhik, chaḍh, bhârîṁ.

Sobradar, *v. t.* mâḷoy karuṁk *(d. do o.)*, pâṭuṁk.

Sobrado, *a.* chaḍh jâlalo, adhik, jâstî; bharlalo, uphâḷ. ‖ *s. m.* mâḷoy, mâḷî *f.*, mâḷo *m.*, pâṭṇî *f.*

Sobrancear, *v. i.* vayr âsuṁk.

Sobranceiro, *a.* vayr âslalo, vaylo; vayr thân-, bârke dishṭîn paḷetalo; varto, udâs, udâsîn, nirvâṇî. ‖ *V.* ARROGANTE. ‖ *adv.* vayr; anâdariṁ, mijâsen, ahaṁkârân.

Sobrancelha, *s. f.* bhaṁvî, bhaṁvaî *f.*

Sobranceria, *s. f.* vartepaṇ, nirvâṇ *n.*, udâsînbhâv *m.*; mast, mijâs *f.* ‖ *V.* ORGULHO.

Sobrar, *v. i.*: *estar sobranceiro:* vayr âsuṁk, varto jâvuṁk; *sobejar:* adhik jâvuṁk, chaḍhuṁk; *restar:* uruṁk.

Sobrazar, *v. t.* iṁgḷe poṁdâk ghâluṁk *(r. do o.)*.

Sobre, *prep.* vayr, upar, varto *(decl.)*, -r *(ex.:* mâthyâr, *sobre a cabeça)*, -cher *(ex.:* tâcher, *sobre elle*, âpṇâcher, *sobre si)*; *entre:* bhitar, poṭîṁ; *conforme:* pramâṇeṁ. ‖ *— a terra*, prithumiṁt, saṁsârâṁt. *Beber — o dente*, khây nâstânâ piyevuṁk. *Estar um navio — ferro*, nâṁgrâr âsuṁk. *Estar — armas*, jujuṁk tayâr âsuṁk. *Ir ou correr — alguem*, pâlad karuṁk, pâṭh ghevuṁk. *Voltar — si*, bhoṁvar mâruṁk. *Voltar — os seus passos*, âsâ taso partoṁk. ‖ *pref.* ati, adhik.

Sobreabundante, *adv. V.* SUPERABUNDANTE.

Sobreaguado, *a.* uḍkâṁṭ buḍlalo.

Sobrealcunha, *s. f.* dusreṁ âḍnâṁv *n.*

Sobreanca, *s. f. V.* XAIREL.

Sobrearco, *s. m.* dârvaṁṭo *m.*, taraṇ *n.*

Sobreaviso, *s. m.* âdîṁ kaḷauṇeṁ *n.*, sûchanâ, tâkîd *f.* ‖ *Estar de —*, chatrâyen râvuṁk.

Sobrebailéo, *s. m.* paḍver paḍvî *f.*

Sobrebainha, *s. f.* potyâcheṁ bhâyleṁ astar *n.*

Sobrebico, *s. m.* boṁchîcheṁ vayleṁ kûṁs *n.*

Sobrecabado, *a.* uṁch, varto.

Sobrecarga, *s. f.* adhik bhâr *m.*, bhârî ojheṁ; ojhyâk chaḍhailaleṁ; adhik mol *n.*; ojheṁ monjâtîr arnuṁcho pâṭ *m.* ‖ *s. m.* târvâchyâ mâlâchî jâḷvaṇî kartalo, kârṇî.

Sobrecarregar, *v. t.* bhav-, chaḍh bharuṁk; bhav chaḍhauṁk, adhik karuṁk; peṁchuṁk, bhârâvuṁk.

Sobrecasaca, *s. f.* sobrekâjâk *n.*, jhubo *m.*

Sobreceleste, sobrecelestial, *a.* svargâvaylo, divya.

Sobrecellente, *a.* adhik, chaḍh, bhârî. ‖ *s. m.* garjebhâyleṁ *n.* ‖ *De —*, adhik, garjebhâyr, sâṁṭhyâk.

Sobrecenho, *s. m.* bhaṁvyo *f. pl.*; râgisht toṁḍ, durmukh; soṁḍ, muskar, muskaṭ *n.*

Sobrecéo, *s. m.* sobresev, chaṁdrâvo, sejo *m.*, mâṁḍvî *f.*; jhoṁpḷeṁ *(— do berço)* *n.*

Sobrechegar, *a. i. V.* SOBREVIR.

Sobrecheio, *a.* suyen-, chaḍh bharlalo.

Sobreclaustra, *s. f.*, **sobreclaustro**, *s. m.* maṭhâcheṁ vayleṁ râjâṁgaṇ *n.*

Sobrecoberta, *s. f.* dusrî chhâvṇî *f.*

Sobrecopa, *s. f.* dhâṁpṇeṁ *n.*

Sobrecu, *s. m.* bukâṇo *m.*

Sobredental, *a.* dâṁtâṁvaylo.

Sobredente, *s. m.* dâṁtâvaylo dâṁt, dâṁtâr dâṁt âylalo *m.*

Sobredicto, *a.* vayr-, âdîṁ-, śirîṁ sâṁglalo.

Sobredivino, *a.* atidivya.

Sobredoirar, *v. t.* vaylyân-, bhâylyân bhâṁgâr kâḍhuṁk *(d. do o.)*; *(fig.)* netauṁk, śobhauṁk; phulâṁ mâḷuṁk *(fig.; d. do o.)*.

Sobreeminencia, *s. f.* chaḍh vartepaṇ, sarvśreshṭhpaṇ, varchaśv *n.*

Sobreeminente, *a.* bhav varto, varchaśvî, sarvśreshṭh.

Sobreentender, *v. i. V.* SUPERINTENDER.

Sobreerguer, *v. t.* dusryâ vayr uklumk.

Sobreestar, *v. i. V.* SOBRESTAR.

Sobreexaltar, *v. t.* bhav vayr kâḍhumk, chaḍh parkaṁdumk, maḷbhâk temkaumk.

Sobreexcedente, *a. V.* SOBREXCELLENTE.

Sobreexceder, *v. t. e i.* bhav adhik-, varto jâvumk.

Sobreexcellencia, *s. f.* chaḍh uttampaṇ, sarvśreshṭhpaṇ *n.*

Sobreexcellente, *a.* bhav uttam, -śreshṭh, sarvśreshṭh, sarvottam.

Sobreface, *s. f. (ant.) V.* SUPERFICIE.

Sobrafoleaceo, *a. (bot.)* pânâvayr âslalo.

Sobregoverno, *s. m.* mukhelî vastâdkî *f.*

Sobrehumano, *a.* manushyâvarto, atimânush.

Sobrejacente, *a.* vayr âslalo.

Sobrejuiz, *s. m. (ant.)* vaylo mausubîdâr.

Sobrelevado, *a.* adhik umch, varto; *(fig.)* mahâragh.

Sobrelevar, *v. t.* adhik umch jâvumk *(r. do o.)*, vayr âsumk *(r. do o.)*; *erguer:* uklumk, ubhârumk; *vencer:* jikumk, tarumk, pâṭhî ghâlumk kânâmk vâmygîm bâmdhumk *(g. do o.)*. ‖ *V.* SUPPORTAR. ‖ *v. i.* chaḍh-, adhik jâvumk; vâjvarumk. ‖ *v. r.* vayr vachumk, -sarumk, bhav ukloṁk; varto-, uttam jâvumk.

Sobreloja, *s. f.* paile mâḷoy sakailo mâḷo, pasryâcho mâḷo *m.*

Sobrelotação, *s. f. (naut.)* dâstânâ adhik ojhem *n.*

Sobremaneira, *adv.* mitmer uâs tânâ, hiśbâbhâyr; bhav chaḍh, khûp, ati *(em comp.)*.

Sobremanhan, *s. f.* dis udevumcho veḷ, udev *m.*

Sobremão, *s. m.* moujâtichyâ pâmyâchem bukaḍ *n.* ‖ *De* —, bhâr ghevûn, saglyâ kâḷjân; sâvkâśâyen, usarpatîn; bharûn, uphâḷyân. ‖ *Encommendar de* —, bhav varṇumk.

Sobremaravilhar, *v. t.* bhav ajâp karumk, thaṭâkâvumk. ‖ *v. r.* thaṭâkumk, viśmit jâvumk.

Sobremesa, *s. f.* sobremej *n.*, phaḷâr *m.*, mukhaśuddhi *f.*

Sobrenadar, *v. i.* udkâvayr yevumk, uphevumk.

Sobrenatural, *a.* sayaṁbhâvarto, adbhut, divya, acharyâmcho; bhav vhaḍ, jabar.

Sobrenaturalidade, *s. f.* sayaṁbhâvartepaṇ, acharyepaṇ *n.*

Sobrenaturalmente, *adv.* sayaṁbhâvartepaṇîṁ.

Sobrenome, *s. m.* âḍnâmv, upanâmv, kulnâmv *n.*, * paik *m.*

Sobrenomear, *v. t.* âḍnâmv ghâlumk, -divumk *(d. do o.)*.

Sobreolhar, *v. t.* bhujâvaylyân paḷevumk; bemânân teḷumk.

Sobreosso, *s. m.* âḍ vâḍhṇem *n.*

Sobrepaga, *s. f.* chirîmirî, chipṭî, dasturî *f.*

Sobreparto, *adv.* bâḷamterâ uprâmt. ‖ *s. m.* bâḷamterâ uprâmtlî piḍâ *f.*

Sobre-pé, *s. m.* pâmyâr hâḍ vâḍhlalem *n.*

Sobrepelliz, *s. f.* sobrepilij *f.*, * pavarṇem *n.*

Sobrepensado, *a.* bhav nihâḷlalo. ‖ *adv.* bare bhâshen chimtûn, jây mhaṇ.

Sobrepensar, *v. i.* bhârîm chimtumk, dhyân karumk. ‖ *v. t.* manâmt gholamk,- jharaumk, nihâḷumk.

Sobrepeso, *s. m.* adhik bhâr *m.*, chaḍh vajan *n.*

Sobrepor, *v. t.* vayr ghâlumk, -davrumk; *dobrar por cima:* vaylyân dodumk, -moḍumk; *accrescentar:* chaḍhaumk, ânîmk karumk. ‖ *v. r.* vayr basumk,- râvumk; uprâmt yevumk, -ghaḍumk.

Sobreposição, *s. f.* vayr ghâlṇem,- davarṇem *n.*; chaḍhauṇî *f.*

Sobreposse, *adv.* jabar chaḍh, bhârim, adhik.

Sobreposto, *a.* vayr ghâllalo. ‖ -s, *s. m. pl.* vaylo śṛiṁgâr,- śiṁgâr *m.*

Sobrepratear, *v. t.* vaylyân rupem kâḍhumk *(d. do o.)*.

Sobrepujamento, *s. m.*, **sobrepujança,** *s. f.* aglepaṇ *n*, adhikây, * agaḷtor, phushkaḷây *f.*, uphâḷem; vartepaṇ, uttampaṇ *n.*

Sobrepujante, *a.* aglo, adhik, chaḍh, uphâḷ, mast, phushkaḷ, khûp; uttam, śreshṭh.

Sobrepujantemente, *adv.* bhârim, uphâḷyân; vartepaṇîṁ.

Sobrepujar, *v. t. e i.* umch-, vayr âsumk *(r. do o.)*; vâjvarumk *(d. do o.)*, mâthyâr basumk *(g. do o.)*, kolumk, dâmt pâḍumk *(g. do o.)*, śemḍi kâpumk *(g. do o.)*, varto jâvumk *(d. do o.)*.

Sobrerestar, *v. i.* dusryâ uprâṁt uruṁk,- vâṁchuṁk.

Sobrerolda, *s. m. e f. V.* SOBRERONDA.

Sobreroldar, sobrerondar, *v. t. e i.* gast râkhuṁk; *(fig.) V.* ESPREITAR.

Sobreronda, *s. f.* gastechî râkhaṇ *f.* ‖ *s. m. e f.* gast râkhtalo. ‖ *De* —, pâlad karûn, dekhâdekhîn.

Sobrerosado, *a.* gulâbîso.

Sobresahir, *v. i.* bhâyr-, vayr saruṁk, ukloṁk; varto jâvuṁk, vâjvaruṁk; dishṭî paḍuṁk, ḍolyâṁnîṁ vachuṁk *(litt.* ENTRAR NOS OLHOS).

Sobresalente, sobreselente, *a. V.* SOBRECELLENTE.

Sobresaltado, *a.* kalkallalo, âkâṁtlalo; nîdmoḍo, nidsuro.

Sobresaltar, *v. t.* avchitt bheṭuṁk *(d. do o.)*, gaḍ kan yevuṁk *(d. ou l. sup. do o.)*, avchitt dharuṁk; *assustar:* kalkalâvuṁk, âkâṁtâvuṁk, kâṁpauṁk, thartharâvuṁk. ‖ *V.* OMITTIR. ‖ *v. r.* âṁg kâḍhuṁk *(litt.* TIRAR O CORPO), kâḷîj uḍuṁk *(litt.* SALTAR O CORAÇÃO; *g. do s.)*, kâḷîj kach jâvuṁk *(g. do s.)*, kalkaluṁk, âkâṁtuṁk, bujuṁk.

Sobresaltear, *v. t.* âṁgâr yevuṁk, -paḍuṁk *(g. do o.)*, avchitt uprâḷuṁk. ‖ *v. r.* kalkaluṁk, ghâbruṁk.

Sobresalto, *s. m.* kach jâṇeṁ, kâḷîj uḍneṁ *n.*, daehko, dhako; *susto:* kalkalo, âkâṁt, dhaḍdhaḍo; *assalto:* avchitt uprâḷo, ghâlo *m.*, dhâḍ; *confusão:* gaḍbaḍ *f.*, khaḷbaḷ *m.* ‖ *De* —, avchitt, gaḍ kan, akasmât. *Em* —, kalkalûn, thartharûn. *Sem* —, thaṁḍâyen, śitaḷâyen.

Sobresarar, *v. t.* vaylyâvayr pekauṁk. ‖ *v. i.* mâtso pekuṁk, peklâso disuṁk.

Sobrescrever, *v. t.* vayr barauṁk; lâkhoṭyâr barauṁk *(g. do o.)*.

Sobrescripto, *s m.* chiṭṭîcheṁ kâp *(do port.* CAPA) *n.*, lâkhoṭo; patto *m.*, chiṭṭîr baraiḷaleṁ nâṁvgâṁv *n.*

Sobresello, *s. m.* dusro sopo,- śikko *m.*

Sobresemear, *v. t.* vaṁplalyâr vaṁpuṁk, navyân vaṁpuṁk.

Sobreser, *v. i. V.* SOBRESTAR.

Sobresignal, *s. m.* ncsaṇer kurû,- khuṇâ *f.*

Sobresoleira, *s. f.* uṁbrâcheṁ phaḷeṁ *n.*

Sobresperar, *v. i. e t.* atrekûn râvuṁk *(d. do o.)*, vâṭ teḷuṁk *(g. do o.)*.

Sobrestante, *a.* vayr âslalo; pâṭh ghetalo. ‖ *s. m. V.* OLHEIRO.

Sobrestar, *v. i.* thâṁbauṁk, khaḷauṁk, baṁd karuṁk, davruṁk, soḍuṁk *(vv. tt.)*, thâṁbuṁk, râvuṁk; *estar imminente:* yevuṁk âsuṁk,- pâvuṁk. ‖ *V.* PERSEGUIR.

Sobresubstancial, *a.* tattvâvarto.

Sobretarde, *s. f.* tinsân *f.*, biḷbiḷteṁ *n.*

Sobreteima, *adv.* saḷîn, haṭhân.

Sobreterrestre, *a.* dharṇîvaylo.

Sobretoalha, *s. f.* vaylo tuvâlo *m.*

Sobretudo, *s. m.* âṁgarkho, chogo. ‖ *adv.* adhik karûn *ou* karn, chaḍhâvat.

Sobrevença, *s. f. (ant.)* avchitt yeṇeṁ *n.*

Sobrevento, *s. m. (na t.)* avchitt vâv *m.* ‖ *V.* SURPRESA.

Sobreveste, *s. f.* vayleṁ vastr *n.*

Sobrevestir, *v. t.* vayr nesuṁk; vayr ghâluṁk, thâpuṁk.

Sobrevigiar, *v. t.* paḷevuṁk, dekhrekh karuṁk *(g. do o.)*.

Sobrevir, *v. i.* mâgîr-, uprâṁt yevuṁk; gaḍ kan-, avchitt pâvuṁk.

Sobrevivencia, *s. f.* mâgîr vâṁchṇeṁ *n.*

Sobrevivente, *a. e s. m. e f.* dusryâ mâgîr vâṁchlalo; vâṭâvlalo.

Sobreviver, *v. i.* dusryâ mâgîr vâṁchuṁk,- jiyevuṁk; uprâṁt uruṁk,- jaguṁk.

Sobrexceder, *v. t. e r. V.* SOBREEXCEDER.

Sobrexcellente, *a. V.* SOBRECELLENTE.

Sobrevivo, *a. V.* SOBREVIVENTE.

Sobriamente, *adv.* alpabhojanân; niyamân, maryâdîn.

Sobriedade, *s. f.* alpabhojan, thoḍeṁ khâṇ-pivaṇ *n.*, alpâhâr; niyam *m.*, maryâd *f.*

Sobrinha, *s. f.* subrîjñ, putaṇî, dhuvḍî; bhâchî. ‖ *Cf.* SOBRINHO.

Sobrinho, *s. m.* subrîjñ, putaṇayo, * putraṇî *(filho do irmão de macho ou do irmão do marido)*, bâcho *(filho da irman ou da irman do marido ou do irmão de femea)*.

Sobrio, *a.* thoḍyâ khâṇâ-jevṇâcho, alpabhojanî; niyamî; kârasthânî, jagâsaṇecho.

Sobrolho, *s. m. V.* SOBRANCELHA. ‖ *Carregar o* —, ḍoḷe orkuṁk.

Soca, *s. f. (brazil.)* ushcheṁ dusreṁ pîk *n.* ‖ *Não ter* —, damḍî nâsuṁk *(ab. kaḍe ou lâgîṁ do s.)*.

Socado, *a.* muṭhâylalo.|| *Homem* —, gulgulît,- moṭo manîs.

Socadura, *s. f.* pîṭh maḷneṁ *n.*

Socairo, *s. m. (naut.)* ubhârûn urlaleṁ dor *n.; (fig.)* âḍos, âsar *m.* || *Ir no* —, pâṭh ghevuṁk. *Ao* —, muḷîṁ; *(fig.)* âḍosâk; *(naut.)* târvâchyâ pâṭhlyân.

Socalcar, *v. t.* maluṁk; mastuṁk, mâḍauṁk.

Socalco, *s. m.* phaḍ *n.*

Socanera, *a. e s. m.* gauḍbeṁgâlî, chorbuddhyo, ghâḍvidyo. ||. *Á* —, chorbuddhîn, chorṭepaṇîṁ.

Socapa, *s. f.: de ou á —:* choryâṁ, lipaun; lohu, pâṁval vâjai nâstânâ; nibân.

Socar, *v. t.* muṭhî mâruṁk *(d. do o.)*, muṭhâvuṁk, dhumkâvuṁk; *amassar:* maḷuṁk; *calcar:* kheṁchuṁk; *apertar:* arnuṁk.

Socarrão, *a. e s. m.* taṭḍhoṁgî, gauḍbeṁgâlî, labâḍ.

Socava, *s. f.* bhuṁyâr *n.*, ḍhol *f.*

Socavar, *v. t.* poṁdchyân khaṇuṁk, pokhruṁk.

Sòcco, *s. m.* khaḍâv *f.;* peḍ *n.;* baskâ *f.*

Soccorredor, *a. e s. m.* pâvtalo, majat ditalo, âdhârî, âśkârî.

Soccorrer, *v. t.* hât-, âdhâr-, majat divuṁk *(d. do o.)*, pâvuṁk *(d. do o)*. || *v. r.* âdhâr-, kumak śodhuṁk, śaraṇâ vachuṁk; upây-, ilâj śodhuṁk.

Soccorrido, *a. e s. m.* âdhâr-, majat dilalo.

Soccorrimento, soccorro, *s. m.* âdhâr, âśkâr, sâharo, dhîr *m.*, dhiryeṁ, śaraṇ *n.*, kumak, majat; bhîk *f.*

Socega, *s. f.* nîd paḍuṁk piyelalo saro *m.*

Socegadamente, *adv.* svasthpaṇîṁ, sâvkâśâyen.

Socegado, *a.* susegâd, thaṁḍ, svasth, svasthvaṁt, śâṁt, śitaḷ, suchitt.

Socegador, *a. e s. m.* thaṁḍ-, śamanâ kartalo, svasthâvṇo.

Socegar, *v. t.* thaṁḍ-, śamanâ karuṁk, thaṁḍâvuṁk, śamanâvuṁk, svasthâvuṁk, thârâvuṁk. || *v. i. e r.* thaṁḍ-, śamanâ jâvuṁk, thaṁḍâvoṁk, svasthuṁk, thâruṁk.

Socego, *s. m.* suseg, thâr, visâvo *m.*, sâvkâśây, phursat, suchittây, svasthi *f.*, svasthpaṇ, samâdhân *n.*

Sociabilidade, *s. f.* sobatî *f.*, sâṁgâtpaṇ *n.*, milâph, sakhyabhâv *m.*, ja nasaṁgasakti *f.* || *V.* URBANIDADE.

Sociabilizar, *v. t.* manushyâṁt kâḍhuṁk, manushyâḷo karuṁk.

Social, *a.* saṁgatîcho, paṁktîcho; sâṁgâtpaṇâcho, milâphî, chaughâṁtlo, sakhyabhâvâcho. || *O ser* —, sâṁgâtâ jiyetalo.

Socialismo, *s. m.* sâmânyasvâmitvamat *n.*

Socialista, *a.* sâmânyasvâmitvamatâcho. || *s. m. e f.* sâmânyasvâmitvamatapakshî.

Socializar, *v. t.* sâṁgât-, paṁgat karuṁk *(g. do o.)*, bhâgâ karuṁk,-davruṁk.

Socialmente, *adv.* sâṁgâtâ, bhâgâ.

Sociar, *v. i. V.* ASSOCIAR-SE.

Sociavel, *a.* sobatecho, saṁgtîcho, milâphî, manushyâḷo, manushyâṁtlo; *(fig.)* mâṇsugecho, vinayî, upachârî.

Sociedade, *s. f.* saṁgat, paṁkat *ou* paṁgat *f.*, saṁg sâṁgât, samâgam; *companhia:* ekvaṭ, meḷ *m.*, maṁḍaḷî, paṁgat *f.; parceria:* bhâg *m.*, bhâgidârî *f.; communicação:* saṁg, lâgbhâg *m.* || *Em* —, sâṁgâtâ, bhâgâ.

Societario, *a. e s. m.* sabhâsad, sâṁgâtî.

Socio, *s. m.* saṁgatî, sâṁgâtî, sobatî, asâmî; bhâgelî, bhâgidâr, vâṁṭekâr; gaḍo, gaḍî, saṁgaḍî. || *a.* sabatecho, paṁktîcho.

Sociologia, *s. f.* lokayâtrâvidyâ *f.*

Sociologico, *a.* lokayâtrâvidyecho.

Sòcọ, *s. m.* mûṭh, bûk *f.*, dhumko, gamo *m.*

Socolipé, *s. m. V.* POSPELO.

Socolor, *adv.* nibân, âkârân.

Socordia, *s. f. (desus.) V.* COBARDIA e PREGUIÇA.

Soda, *s. f.* kâpot *m.*, ruchak *n.;* sarjî *f.*, sarjikhâr *m.;* sod *n.*

Sodalicio, *s. m.* paṁkat *ou* paṁgat; dharmabaṁdhutvî, baṁdhumaṁḍaḷî *f.*

Soda-water, *s. f.* soḍâvaṭar, sod *n.*

Sodico, *a.* kâpotâcho.

Sodomia, *s. f.* gudamaithun, puṁmaithun *n.*

Sodomico, sodomitico, *a.* puṁmaithunâcho.

Sodomita, *s. m.* gudamaithun kartalo.

Soeiras, *s. f. pl. (ant.)* châlî *f. pl.*, lokâchâr *m. pl.*

Soer, *v. i. V.* COSTUMAR.

Soerguer, *v. t.* mâtso ukluṁk, thoḍoso vayr kâḍhuṁk. || *v. r.* mâtso uṭhuṁk.

Soez, *a.* kirkoḷ, halko, uṇo.

Sofá, *s. m.* suphâ, maṁch, palaṁg *m.*
Soffreada, soffreadura, *s. f.* ghoḍyâchî rasmî oḍhṇeṁ *n.*
Soffreamento, *s. m.* *V.* SOFFREADURA; *(fig.)* *V.* REPRESSÃO.
Soffrear, *v. t.* rasmî-, anîn oḍhuṁk *(g. do o.)*; *(fig.)* dâmûn dharuṁk, âḍâvuṁk. ‖ *v. r.* *V.* REPRIMIR-SE.
Soffredor, *a. e s. m.* sośîk, sosṇîk, sosṇâr, ṭâḷṇâr, tolṇâr.
Soffrer, *v. t.* sosuṁk, sahuṁk, kâḍhuṁk, ṭâḷuṁk, kaṁṭhuṁk, (duḥkh, kashṭ) bhoguṁk. ‖ *v. r.* damuṁk, âṭpoṁk, thâruṁk.
Soffridamente, *adv.* sosṇikâyen, śâṁtipaṇiṁ.
Soffrido, *a.* sosṇîk, sosṇikâyecho, śâṁt. *Mal* —, sosṇikây-, takas nâslalo, asosṇîk.
Soffrimento, *s. m.* sosṇeṁ, bhogṇeṁ, kâḍhṇeṁ *n.*; duḥkh, ghâs *f.*, kashṭ, trâs, dagdag *ou* dagd *m. pl.*; sosṇây *ou* sosṇikây *f.*, takas *m.*
Soffrivel, *a.* sosûṁyeso, ṭâḷcho; sumârâcho, asotaso, titlyâ purto.
Soffrivelmente, *adv.* sosûṁye parîṁ; purtepaṇiṁ.
Sofraldar, *v. t.* deg-, sakailo pâlaṁv ukluṁk,- vayr kâḍhuṁk *(g. do o.)*; *(fig.)* poṁdcheṁ paḷevuṁk ukluṁk.
Sofregamente, *adv.* asosîṁ, lobhân.
Sofrego, *a.* asosî, laṁpaṭ, bharkitalo, rakshitalo; *avido:* lobhî, sośî, abhilâshî, kâmuk; *impaciente:* huḷhuḷo, takas nâslalo, sosṇikâyeviṇo.
Sofreguice, sofreguidão, *s. f.* asoso *m.*, asospaṇ, poṭârpaṇ *n.*; lobh, sos, abhilâsh, chhaṁd *m.*, khurkhurî *f.*
Soga, *s. f.* veṁṭo, tivḍo *m.*
Sogra, *s. f.* sâsû, mâṁy. ‖ *V.* RODILHA.
Sogro, *s. m.* mâṁv, sâsro. ‖ *Pae do — ou da sogra*, âjesâsro. *Mãe do — ou da sogra*, âjesâsû. *Irmão do — ou da sogra*, phâgûr-mâṁv. *Irman do — ou da sogra*, phâgûr mâṁy.
Soguilha, *s. f.* *V.* TORÇAL.
Soidade, *s. f. (ant.)* *V.* SOLEDADE.
Soidão, *s. f. (ant.)* *V.* SOLIDÃO.
Soido, *s. m.* *V.* SONIDO.
Soirée, *s. f.* *V.* SARAU.
Sol, *s. m.* sûrya, ravi, aditya, divas *ou* dîs *m.*; *a luz do —:* vat, unhet; *astro:* nakhetr *ou* nekhetr *n.*, târâ; *resplendor:* prakâś, ujvâḍ *m.*, prabhâ *f.*; *grande talento:* jñânsâgar; *(mus.)* paṁcham *m.* ‖ *Adorar o — que nasce (fig.)*, vhaḍvek pâvlalyâk namaskâr karuṁk. *Fazer —*, vat yevuṁk,- paḍuṁk,- âsuṁk. *Pôr-se o —*, dis dhârir paḍuṁk,- mâvḷuṁk. *Tirar o — a alguem*, sâvḷî karuṁk, vat âḍâvuṁk. *Tomar o —*, vatâk râvuṁk,- basuṁk. *Ao —*, vatâk. *Ao pôr ou cahir do —*, tinsânâṁ. *De — a —*, dîsbhar.
Sola, *s. f.* kamâylaleṁ châmḍeṁ,- châm *n.*; nâṁgrâchî dâṁḍî, dhûr *f.*; *parte inferior do calçado:* sol *n.*, taḷ; *planta do pé:* taḷvo, charantaḷ *m.* ‖ *Não chegar ás solas dos sapatos*, vahânâṁk nâ pâvuṁk.
Solano, *s. m.* dakhîṇ vâv *m.*; *(bot.)* kaṁchî *f.*
Solapa, *s. f.* pokharṇ, pokhar *f.* ‖ *V.* MANHA. ‖ *Á* —, choryâṁ.
Solapadamente, *adv.* choryâṁ, lipaun, gupît.
Solapado, *a.* pokharlalo; gupto, gupît. ‖ *Chaga solapada*, vaylyân peklaleṁ rûṁ *n.*
Solapamento, *s. m.* pokharṇî; pokhar *f.*
Solapar, *v. t.* pokhruṁk, pokhrûn khaṇuṁk, phoṁḍâvuṁk; *(fig.)* gaḷgaḷâvuṁk, koṁsḷâvuṁk. ‖ *v. r.* ḍholiṁt lipuṁk; lipuṁk, gupît râvuṁk.
Solar, *v. t.* solâṁ-, taḷ ghâluṁk *(d. do o.)*. ‖ *v. i.* solâr-karuṁk. ‖ *a.* taḷvyâcho; sûryâcho, saur, sâvan. ‖ *s. m.* kulasthân, maṁdir *n.*
Solarengo, *a.* kulasthânâcho.
Solau, *s. m.* śokagît *n.*
Solas, *adv.*: *a —:* eklo, ekvaḍo *(decl.)*, ek-mâtr.
Solavanco, *s. m.* dachko, gachko, dhako *m.*
Solda, *s. f.* khârsaṁdh, kastûr *m.*, pânvaḷ *n.*; *(bot.)* śrîpad *f.*
Soldada, *s. f.* pâg *n.*, muśâro *m.*, majurî *f.* ‖ *V.* RECOMPENSA. ‖ *Homem de —*, muśârkâr, majurkâr. *Á —*, majurek, muśâryâk.
Soldadeiro, *a. e s. m. (desus.)* majurkâr, muśârkâr.
Soldadesca, *s. f.* śipâylok *m.*, laśkar *n.*
Soldadesco, *a.* śipâyâṁcho.
Soldado, *s. m.* soldâd, śipây, laśkarî, pâyik, sainik, pâklo *(— europeu)*; sojer *(— inglez; do ingl.* SOLDIER*)*.
Soldador, *a. e s. m.* pâṁstalo, sâṁdhṇâr.
Soldadura, *s. f.* kasturî *f.*, pâṁsap, pânas, sâṁdhap, sâṁdhkâm, jaḍap *n.*, ghaḍsaṇî *f.* ‖ *V.* SOLDA.
Soldão, *s. m.* *V.* SULTÃO.

Soldar, *v. t.* pâṁsuṁk, pâṁsauṁk, kasturuṁk, jaḍuṁk, sâṁdhuṁk, saṁdhuṁk, ghaḍsuṁk. || *V.* SALDAR. || *v. i.* pâṁsoṁk, jaḍoṁk, sâṁḍhoṁk; bharon yevuṁk (ghây).

Soldo, *s. m.* śipâyâṁchî kulî, -mâjurî *f.*|| *Trazer a —*, śipâykâm karuṁk davruṁk.

Solecismo, *s. m. (gram.)* apaprayog, aprayog *m.; (fig.)* chûk *f*,

Soledade, *s. f.* asaṁg *m.*, eksûrpaṇ, ekvaḍepaṇ; mâḷ *n.*, saḍo *m.*

Sol-e-dó, *s. m.* gâyan; halkeṁ vâjap *n.*

Soleira, *s. f.* uṁbar, uṁbro; rikâbecho pâṁyḍo.

Solemne, *a.* dabâjyâcho, ḍaulâcho, vhaḍvikâyecho; samâraṁbhâcho, devkâryâcho, parbecho, phestâcho *(do port.* FESTA); *majestoso:* gaṁbhîr *ou* gaṁbhero, saṁbhramî; *grave:* gaṁbhero, bharkam.

Solemnemente, *adv.* dabâjyân, samâraṁbhân, gaṁbherepaṇiṁ.

Solemnidade, *s. f.* dabâjo, ḍaul *m.;* gaṁbherepaṇ, gaṁbhîrpaṇ *n.; festa:* utsav, samâraṁbh *m.*, parab *f.*, maṁgal, * parvaṇ *n.; formalidades:* rît, paddhat *f.*, saṁskâr *m.*

Solemnização, *s. f.* dabâjyân-, samâraṁbhân karṇeṁ *n.*

Solemnizador, *a. e s. m.* samâraṁbh-, parab kartalo.

Solemnizar, *v. t.* samâraṁbhân-, dabâjyân karuṁk, samâraṁbhuṁk, parab-, utsav karuṁk *(g. do o.)*.

Solercia, *s. f.* nâḍvidyâ, ghâḍvidyâ, kapaṭvidyâ, chorbuddh *f.*

Solerte, *a.* nâḍgo, chorbuddhyo, ghâḍî, gauḍbeṁgâlî. || *V.* DILIGENTE.

Soles, *s. m.* jûṁ *n.*

Soleta, *s. f. V.* PALMILHA.

Solettração, *s. f.* aksharâṁ jaḍṇeṁ *n.*, varṇarachnâ *f.*, varṇanyâs *m.*

Solettrar, *v. t.* suletrâr-karuṁk, aksharâṁ jaḍuṁk,- sâṁguṁk *(g. do o.)*, varṇarachnâ karuṁk *(g. do o.)*; *ler pausadamente:* aksharâṁ mejûn vâchuṁk; *ler mal:* goṁdhûn-, ghuspûn vâchuṁk. || *v. i.* suletrâr-karuṁk.

Solevantar, solevar, *v. t.* mâtso uklumk, ilo ubhâruṁk. || *v. r.* mâtso-, baḷân uṭhuṁk.

Solfa, *s. f.* solph *n.*, svar, sûr *m.* || *V.* SOLFEJO.

Solfar, *v. t.* (pustakâchîṁ pânâṁ) chikṭâvuṁk, basauṁk. || *v. t. e i. V.* SOLFEJAR.

Solfatára, *s. f.* gaṁdhakâchî jamîn *f.*

Solfejação, *s. f. (desus.) V.* SOLFEJO.

Solfejar, *v. t. e i.* sarigam karuṁk *(g. do o.)*.

Solfejo, *s. m.* sarigam *f.; sarigamechem* pustak *n.*

Solfista, *s. m. e f.* sarigam kartalo; gâyak.

Solha, *s. f. (zool.)* buṁyârî *f.; (fig.)* thâpaṭ *n.*

Soalhado, *s. m. V.* SOALHO.

Soalhadura, *s. f. V.* ASSOALHADURA.

Soalhar, *v. t. V.* ASSOALHAR.

Solheiro, *s. m. V.* SOALHEIRO.

Solho, *s. m.* pâṭṇî, taktpośî; mâḷoy *f.*, mâḷo *m.; (zool.)* buṁyârî *f.*

Solicitação, *s. f.* phuslâvṇî, bhulauṇî *f.;* mâgṇeṁ, prârthan *n.*, minat, vinauṇî *f.*

Solicitador, *a. e s. m.* mâgtalo, vinauṇâr, prârthak. || *s. m.* vakîl.

Solicitamente, *adv.* jâgṛitâyen, mehnatîn.

Solicitante, *a. e s. m.* mâgṇâr, prârthak.

Solicitar, *v. t.* phuslâvuṁk, phulauṁk, bhulauṁk; *rogar:* prârthuṁk, prârthûn mâguṁk, vinauṁk; *provocar:* huskauṁk, chetauṁk; *buscar:* śodhuṁk. || *v. i.* vakilî chalauṁk, vakil kaso arjî karuṁk.

Solicito, *a.* jâgṛit, phikîrvaṁt, sâvadh, huśâr, chyâḍ, suḍsuḍit, mehnatî, śitâb, udyogi, * hâṇvirdhikâr; *receoso:* huskyâcho, chiṁtecho; kâḷjecho.

Solicitude, *s. f.* jâgṛitây, huśârkî, phikîr, parvâ, mehnat, suḍsuḍây, dhâṁdalây, jatnây *f.*, udyog *m.*, * hâṇvirdhî; chiṁtâ, kâḷji, âsthâ, khâtîr *ou* khâtrî, parâmaś, jagâsaṇ *f.*, jaṁjâḷ, chaṭko, husko *m.* || *V.* ATTENÇÃO.

Solidamente, *adv.* ghaṭṭ, nibar, thîrpaṇiṁ.

Solidão, *s. f.* eksûrpaṇ, ekvaḍepaṇ *n.*, asaṁg, ekâṁtvâs *m.; ermo:* araṇeṁ, ayrâṇ, jaṁgaḷ *n.*

Solidar, *v. t. e r. V.* SOLIDIFICAR.

Solidariamente, *adv.* ek jâvûn, sagle meḷûn; saglyâṁche jabâbdâren.

Solidariedade, *s. f.* ekmekâchî jabâbdârî, paraspar jâmînkî; gâṁṭh *f.*, ekvaṭ *m.*

Solidario, *a.* paraspar jabâbdâr, ekmekâcho jâbsâlî.

Solidarizar, *v. t.* paraspar jâbsâlî karuṁk. || *v. r.* paraspar jâbsâlî-, jabâbdâr jâvuṁk.

Solideo, *s. m.* solidev *m.*, supurlî kâḷî topî *f.*

Solidez, *s. f.* ghaṭṭây, ghaṇây, nibrây; ghaṭṭây, kaṭhiṇây, nibrây, nibrâsâṇ; dṛiḍhây, thirây *f.*, thîrpaṇ *n.* || *V.* DURAÇÃO.

Solidificação, *s. f.* ghaṭṭ-, nibar jâṇeṁ *n.*; jamcho guṇ.

Solidificar, *v. t.* ghaṭṭ-, nibar karuṁk, jamauṁk; *(fig.)* thirâvuṁk, ṭharâvuṁk, dṛiḍhâvuṁk. || *v. r.* ghaṭṭ-, nibar jâvuṁk; śiṁkevuṁk, âṁvḷoṁk; thîr-, dṛiḍh jâvuṁk, ṭharuṁk.

Solido, *a.* ghaṭṭ, nibar, ghaṇ, adrav; *massiço:* akhaṁḍ, âkho, ekâṁgî, apûṭ, bâbro; *consistente:* ghaṭṭ, nibar, saṁgîn, majbûṭ; *substancial:* ghaṭṭâyecho, suko (khâṇ); *duravel:* tagcho, tagto; jagto; *firme:* thîr, dṛiḍh; *robusto:* moṭo, dâṁḍgo. || *s. m.* ghaṭṭ kâm *n.*, thîr vast *f.*; ghan *m.*

Solifugo, *a. (poet.)* vatâcho paḷtalo, kâḷokâṁt bhoṁvtalo, sûryabhît.

Soliloquio, *s. m.* eklyâcheṁ ulauṇeṁ, svagatabhâshaṇ, âtmabhâshaṇ *n.*, gunguṇî *f.*

Solimão, *s. m. V.* SUBLIMADO.

Solinhadeira, *s. f.* kudḷo *m.*

Solinhar, *v. t.* sutâr kâtruṁk,- chiruṁk.

Solio, *s. m. (poet.) V.* THRONO.

Solipede, *a.* ekkhur, ekśaph. || *s. m.* ekkhur monjât *f.*

Solista, *s. m. e f.* sol gâtalo,- vâjaitalo.

Solitaria, *s. f. V.* TENIA.

Solitariamente, *adv.* asaṁgîṁ, eksûrpaṇîṁ.

Solitario, *a.* eklo, ekvaḍo, ekaḍo, ekaṭo, saḍo, eksuro, eksûr, ekâṁtvâsî, ekâṁtsevî; ekâṁt, nirjaṇ, araṇyâcho, jaṁgḷî. || *s. m. V.* ANACHORETA.

Solo, *s. m.* bhûṁy, dharṇ, dhartarî, jamin *f.*; *(mus.)* sol *m.*, ekâcheṁ gâṇeṁ va vâjauṇeṁ *n.*

Sol-posto, *s. m.* dîs paḍneṁ *n.*

Solsticial, *a.* ayanâṁtâcho.

Solsticio, *s. m.* ayanâṁt *m.*, ayan *n.*, saṁkraṁti *f.* || — *boreal*, uttarâyaṇâṁt. — *austral*, dakshiṇâyaṇâṁt.

Sôlta, *s. f.* soḍneṁ *n.*; monjâtîcho khoḍo; *(fig.)* bâṁdhpâs *n.* || *Quebrar as sôltas*, maryâd nâ saṁbhâḷuṁk, lajj bhâjûn khâvuṁk.

Soltador, *a. e s. m.* sodtalo, soḍṇâr.

Soltamente, *adv.* soḍûn, mekhḷepaṇîṁ, saṭâsaṭ; bhiḍeviṇeṁ, maryâd nâstânâ.

Soltar, *v. t.* soḍuṁk, mekhḷâvuṁk; *disparar:* soḍûn mâruṁk, soḍuṁk, mâruṁk; *pôr em liberdade:* soḍuṁk, sûṭ karuṁk, suṭkâ divuṁk *(d. do o.)*; *abrir:* soḍûn divuṁk, vâhvuṁk divuṁk; *laxar:* dilâvuṁk, dîl soḍuṁk; *desenrolar:* soḍuṁk, usauṁk, mekhḷâvuṁk; *proferir:* mhaṇuṁk, ulauṁk; *desobrigar:* soḍuṁk, sûṭ karuṁk. || — *ancora*, nâṁgar uḍauṁk. — *a lingua*, jîbh mâḷâr ghâluṁk. — *risada*, hâṁso mâruṁk. — *suspiros*, suskâr soḍuṁk. — *as tranças*, keṁs soḍuṁk,- mekhḷe karuṁk. — *a voz*, toṁḍ ughḍuṁk. || *v. i.* vâṭek lâguṁk, vâṭ ghevuṁk. || *v. r.* suṭuṁk, sûṭ-, mekhḷo jâvuṁk. || — *em doestos*, kiḍe oṁkuṁk. — *em palavras*, toṁḍ vâhvauṁk.

Solteira, *s. f.* âṁkuvâr, anûḍhâ *f.*; solter *(deprec.) n.*

Solteiramente, *adv.* âṁkuvârpaṇîṁ, mekhḷepaṇîṁ.

Solteirão, *a. e s. m.* vâḍhlalo âṁkuvâr, mhâtâro âṁkuvâr.

Solteiro, *a. e s. m.* âṁkuvâr, anûḍh, ṭhoḷyo, mekhḷo.

Solto, *a.* suṭlalo, mekhḷo, sûṭ, mukt; *desunido:* suṭo, saḍo; *quite:* sûṭ, uttîrṇ; *dissoluto:* lampaṭ, chaṁchaḷ, sodo. || *Lingua solta*, jibhaṭ manîs. *Verso* —, muktaprâs ślok. *Vida solta*, amaryâdî jîṇ. *Dormir a somno* —, susth niduṁk. *Á solta ou ás soltas*, jây taseṁ, maryâd-, śirṭobhiḍto nâstânâ.

Soltura, *s. f.* soḍṇî, suṭṇî *f.*, mekhḷepaṇ *n.*; soḍ, soḍvaṇ, suṭkâ, mukti; *desembaraço:* saḍsaḍitây, śitâbî, huśârkî *f.*; *arrojo:* neṭ, ṭol; *dissolução:* kâmâchâr *m.*, luṁchây, dâṁḍgây *f.* || *V.* SOLUÇÃO E DIARRHÉA.

Solubilidade, *s. f.* tevuṁcho guṇ *m.*, drâvyatâ *f.*

Solução, *s. f.* phedṇî *f.*, pârkhaṇeṁ, lâpan *n.*; *decisão:* nivâḍo, nirṇay, tîrp *(us. Can.)*; *terminação:* śevaṭ *m.*, saṁpâdṇî *f.*; *interrupção:* khâṁḍ, khâvṭeṁ *n.*, aṁtar *f.*, *pagamento:* phârîkpaṇ *n.*; *dissolução:* tevṇî, kaḍhṇi *f.*, virap, drâvaṇ; *o liquido de dissolução:* pâṇî, vaṇî *(em comp.)*.

Soluçar, *v. i.* hiṁṭevuṁk, khivṇyo-, bâko yevuṁk *(d. do s.)*. || *v. t.* hiṁṭevûn mhaṇuṁk. || *s. m. V.* SOLUÇO.

Soluço, *s. m.* hiṁṭî, khivṇî, bâk *f.*; suskâr *m.*; *(fig.) V.* FREMITO.

Soluçoso, *a.* khivṇyâṁcho.

Solutivo, *a.* viraumcho, khirauṁcho; *(med.)* bhâyṛecho.

Soluto, *s. m.* pâṇî *n.*

Soluvel, *a.* pheḍuṁcho, duvâḷcho; kaḍhasârko, khirasârko, drâvya.

Solvabilidade, solvencia, *s. f.*, phârîk karcho upây *m.*

Solvavel, *a.* phârîk karuṁk tâṁk âslalo.

Solvente, *a.* phârîk karto.

Solver, *v. t.* pheḍuṁk, duvâḷuṁk, pârkhuṁk; *dissolver:* khirauṁk, kaḍhauṁk, virghauṁk; *pagar:* phârîk karuṁk, bharûn divuṁk.

Som, *s. m.* nâd, âvâj, sâd, śabd, dhvani, svar *m.*‖ *V.* voz.‖ *Cantar ao — de instrumento:* vâjaṁtrâ pramâṇeṁ gâvuṁk. *Dizer alto e bom —*, sabhemâjâr sâṁguṁk. *Sem tom nem —*, rûchsvâd nâstânâ. *Ao — de*, sâṁgâtâ.

Somada, *s. f. V.* ASSOMADA.

Somatologia, *s. m.* śarîravidyâ *f.*

Sombra, *s. f.* sâvḷî, chhâyâ *f.*; *escuridão:* kâḷok, âṁdhak *m.*; *defeito:* khat *n.*, aib *m*; *espectro:* chhâyâ, apachhayâ *f.*; *protecção:* âsar, âdhâr; *abat-jour:* divyâcho âḍos; *segredo:* gûḍh *m.* ‖ *Estar á —*, sâvḷek âsuṁk; *(fig.)* baṁdkhaṇîṁt paḍuṁk. *Estar na —*, konsyak âsuṁk. *Nem por sombras*, kaseṁch nâ. *Pôr á — (fig.)*, baṁdkhaṇîṁt ghâluṁk. ‖ -s, *pl. V.* ESCURIDÃO.

Sombreado, *a.* sâvaṭâcho. ‖ *Logar —*, sâvaṭ *n.*

Sombrear, *v. t.* sâvḷi-, kâḷok ghâluṁk *(l. sup. do o.)*, âṁdhâruṁk.

Sombreireiro, *s. m. V.* CHAPELEIRO.

Sombreiro, *s. m.* chepeṁ *(do port.* CHAPÉO); satrî *f.*

Sombrejar, *v. t. V.* SOMBREAR.

Sombrela, *s. f.* kaṇḍo *m.*

Sombrinha, *s. f.* supurlî satrî *f.*

Sombrio, *a.* sâvḷecho; kâḷokâcho; sâvaṭ; *triste:* radkuḷo, khaṁtibharit; *baço:* kâḷoso, gair, jhiḷmiḷît; *carrancudo:* kurṭo, kurṭâḷo, ghûm. ‖ *s. m.* sâvaṭ *n.*

Sombroso, *a.* sâvḷecho, sâvaṭ.

Someiro, *s. m.* âḍbhareṁ *n.*

Somenos, *a.* halko, uṇo, nemast, sumârâcho, asotaso, utâr, kirkoḷ, âḷo, apradhân, amukhya.

Sómente, *adv.* maktâ, phakat, mâtr.

Somitegaria, somiticaria, *s. f.* hiṁṭepaṇ, châṭepaṇ *n.*

Somitego, somitico, *a.* hiṁṭo, châṭo, kâṁjûs, pâṁkîṭ, gâḍh, arn, avech.

Somma, *s. f.* ekaṁdarî *f.*, jamo, sumâr, jamlâ *(us. Can.)*, oṭṭû *(us. Can.) m.*; gaṇan *n.*, rakam; râśi, saṁkhyâ *f.*, hiśob; *abundancia:* loṭ, loṁḍho *m.*, râs *f.*, uphâḷeṁ *n.* ‖ *V.* RESUMO. ‖ *— total*, terîj *m. ou f.*

Sommar, *v. t.* jamâvuṁk, ekṭhâṁy karuṁk, jamo-, ekaṁdar karuṁk *(g. do o.)*; *(fig.)* jamo divuṁk, pâvuṁk *(d. do o.)*. ‖ *V.* RESUMIR.

Sommatorio, *s. m.* terîj *n. ou f.*, makhlâśî *f.*

Somnambula, *s. f.* nidrâchârîṇ.

Somnambulismo, *s. m.* nidrâchâr *m.*, nidrabhramaṇ *n.*

Somnambulo, *a. e s. m.* nideṁt bhoṁvtalo, nidrâchârî.

Somnata, somneca, *s. f. V.* SONECA.

Somnial, *a.* sapṇâṁcho.

Somnifero, *a.* nîd hâḍtalo, nidrâkar, nidrâkârak.

Somniloquo, *a.* nideṁt ulaitalo, nidrabhâshî.

Somno, *s. m.* nîd, nidrâ *(p. us.)*, jem *f.*, tâtâ *(loc. infant.) m.*‖ *— cheio*, bharnîd. *— de chumbo*, gâḍhnîd, âsurî nidrâ. *— eterno*, *— da morte*, marṇâchî **nîd.** *Meio —*, *— leve*, âbaḷ *n.* *Cahir de —*, jemen paḍuṁk, jemevuṁk. *Dormir o — de esquecimento*, visar paḍûṁk *(g. do s.)*. *Dormir o — de innocencia*, susth niduṁk. *Entregar-se ao —*, niduṁk. *Pegar no —*, nîd paḍuṁk, -yevuṁk *(d. do s.)*. *Perder o —*, nîd khaḷuṁk *(g. do s.)*.

Somnolencia, *s. f.* nidsurepaṇ *n.*, nidestây *f.*; jhoṁp, jem, âbaḷ *n.*; bhram *m.*, bhramît *f.*

Somnolento, *a.* nidecho; nidsuro, nidest, bhramishṭ; nîd hâḍcho, nidrâkar; *lento:* meṁgo, maṁd, jaḍ.

Sonancia, *s. f.* nâd, âvâj, sâd *m.*

Sonante, *a.* vâjto, nâdâcho, nâdî, sansaṇît, jhiṇjhiṇît, jhaṇjhaṇît, kaḍkaḍît, gudguḍo. ‖ *Metal —*, nâṇo *m.*, mohar *f.* *Reduzir a metal —*, vikûn duḍû karuṁk.

Sonarento, *a. V.* SOMNOLENTO.

Sonata, *s. f.* vâjpâcheṁ kâgad *n.*

Sonda, *s. f.* buḍid, gaḷ; ṭhâv *m.* ‖ *V.* ALGALIA e PESQUIZA.

Sondador, *a. e s. m.* ṭhâv ghetalo. ‖ *V.* INDAGADOR.

Sondagem, *s. f.* ṭhâv gheṇeṁ,- paḷevṇeṁ *n.*; *(fig.)* śodh, chaukaśî *f.*

Sondar, *v. t.* ṭhâv ghevuṁk,- paḷevuṁk *(g. do o.)*, ṭhâvuṁk, buḍidân mejuṁk; *(fig.)* śodh karuṁk *(g. do o.)*, dhuṁḍâḷuṁk.

Sondareza, *s. f.* buḍidâchî dorî *f.*

Soneca, *s. f.* nîd, jem *f.;* nidecho veḷ *m.* ‖ *Fazer uma* —, âḍ paḍuṁk, ghâṇ ghevuṁk.
Sonega, *s. f. V.* SONEGAÇÃO. ‖ *A* —, guptîṁ, choryâṁ.
Sonegação, *s. f.* lipauṇeṁ, dâmûn dharṇeṁ *n.*
Sonegadamente, *adv.* lipaun davrûn, choryâṁ, chorṭepaṇîṁ.
Sonegado, *a.* lipaun davarlalo.‖ -s, *s. m. pl.*, jâbtyâk chukailalyo vastû *f. pl.*
Sonegador, *a. e s. m.* lipaun davartalo, dâkhlyâk chukaitalo.
Sonegamento, *s. m. V.* SONEGAÇÃO.
Sonegar, *v. t.* (jâbtyâk, dâkhlyâk) chukauṁk, lipauṁk, lipaun davruṁk, dâmûn dharuṁk; sutlâvuṁk, hât mâruṁk *(d. do o.)*, bûṭ lâvuṁk *(d. do o.)*. ‖ *v. r.* hukumâk chukuṁk,- lipuṁk.
Sonetear, *v. i.* gîtikâ karuṁk.
Soneteiro, *a. e s. m.*, sonetista, *a. e s. m. e f.* gîtikâ-, chîj kartalo.
Soneto, *s. m.* gîtikâ, chîj *f.*
Songa-monga, *s. m. e f.* kurṭo, gauḍbeṁgâḷî.
Sonhado, *a.* sapṇâṁtlo; taklemtlo, mâyecho.
Sonhador, *a. e s. m.* sapṇetalo; laharî, kalpaṇî, yojano.
Sonhar, *v. i.* sapṇevuṁk, sapaṇ paḍuṁk *(d. do s.)*; kalpuṁk, manâṁt ghalauṁk *(vv. tt.)*, chitt-, ikhlo davruṁk. ‖ — *com alguem*, sapṇâṁt disuṁk *(d. do s.)*. ‖ *v. t.* sapṇâṁt dekhuṁk,- paḷevuṁk, sapṇâṁt disuṁk *(d. do s., s. do s.)*; samjuṁk, yojuṁk, pârkhuṁk. ‖ — *um sonho*, sapaṇ paḍuṁk *(d. do o.)*. ‖ *s. m. V.* SONHO.
Sonho, *s. m.* sapaṇ *n.*, drishṭây; *devaneio:* kalpanâ *f.*, svapnaprapaṁch *m.; coisa van:* mâyâ *f.*, bhâs *m.*
Sonico, *a.* svarâcho, śâbdik.
Sonido, *s. m. V.* SOM e ESTRONDO.
Sonoite, *s. f. (desus.)* tinsân *f.*, biḷbiḷteṁ *n.*
Sonometria, dhvanimâpanavidyâ *f.*
Sonometro, *s. m.* dhvanimâpanayaṁtr *n.*
Sonoramente, *adv.* nâdân, âvâjân, khaṇkhaṇît.
Sonoridade, *s. f.* nâdîpaṇ, vâjtepaṇ *n.;* khaṇkhaṇitây, saṇsaṇitây *f.*
Sonoro, sonoroso, *a.* vâjto, nâdâcho, nâdî; khaṇkhaṇît, ṭhaṇṭhaṇît, saṇsaṇît, jhamjhamît, gumgumît; *(fig.)* gaṁbhero, susvar, maṁjûḷ.

Sonsa, sonsice, *s. f.* kubuddhipaṇ *n.*, chorbuddh, nâḍvidyâ, kapaṭây *f.*
Sonso, *a.* kubuddhi, chorbuddhyo, chyâd, kapaṭî, * ṭagûḷ.
Sonsonete, *s. m.* ṭâḷyâchî moḍ *f.*
Sopa, *s. f.* sop, sûp *(p. us.)*; bhijailalo uṁḍyâcho kuṭko *m.* ‖ *Bebado como uma* —, saryâcheṁ guḍveṁ. *Estar molhado como uma — ou feito numa* —, bhijûn kâlo jâvuṁk. ‖ -s, *pl.* jevaṇ, ann; udarposhaṇ. *Estar ás — de alguem*, dusryâchyâṁ goṭyâṁk paḍuṁk.
Sopada, *s. m.* mast sop *m.*
Sopão, *a. e s. m. V.* BEBERRÃO.
Sopapo, *s. f.* thâp *f.*, thâpaṭ *n.;* mûṭh *f.*
Sopé, *s. m.* mûḷ *n.*, taḷ, pâṁysar *m.* ‖ *Ao* —, muḷîṁ.
Sopeador, *a. e s. m.* daḍpâytalo, damâvṇâr.
Sopeamento, *s. m.* gudhḍâvṇî; daḍpâvṇî, damâvṇî, dabâvṇî *f.*, dabâv, ârekh *m.*
Sopear, *v. t.* pâṁyâṁ poṁdâk ghâluṁk, mastuṁk, gudhḍâvuṁk; âṭpuṁk *ou* âṭâpuṁk, damâvuṁk, daḍpâvuṁk, ârekhuṁk. ‖ *V.* HUMILHAR.
Sopeira, *s. f.* terrîn *(port.* TERRINA) *n.;* râṁdhpîṇ *f.*
Sopeiro, *a.* sopâcho. ‖ *Prato* —, soper *m.* ‖ *a. e s. m.* sopâcho ishṭ, sopâk lobhdatalo; dusryâchyâṁ goṭyâṁk paḍlalo.
Sopesar, *v. t.* hâtân bhâr paḷevuṁk *(g. do o.)*; hâtân jokhuṁk, -kheḷauṁk; bhâr saṁbhâḷuṁk *(g. do o.)*. ‖ *V.* CONTRAPESAR. ‖ *v. r.* sârko râvuṁk, sam thiruṁk.
Sopeso, *s. m.* jokhṇî *f.*, hâtân kheḷauṇeṁ *n.*
Sopetarra, *s. f.* uṁḍyâcho kuṭko *m.*
Sopetear, *v. t. e i.* (uṁḍo) bhoṁvûn bhoṁvûn bhijauṁk; *(fig.) V.* GOSAR.
Sophá, *s. f. V.* SOFÁ.
Sophisma, *s. m.* âbhâs, pratibhâs, atark, dustark, kutark *m.*, hujat *f.*
Sophismar, *v. i.* âbhâsân ulauṁk,- tarkuṁk, dustark karuṁk. ‖ *v. t.* âbhâsân phoṭauṁk, hujatîṁ nâḍuṁk; âḍveṁ ghevuṁk,- dharuṁk, satâcho raṁg divuṁk *(d. do o.)*; *(fig.) V.* LOGRAR.
Sophista, *a. e s. m. e f.* âbhâsvâdî, hujatî.
Sophistaria, sophisteria, *s. f.* âbhâsvâd *m.*, hujatîcheṁ ulauṇeṁ *n.*
Sophistica, *s. f.* âbhâsvidyâ *f.*
Sophisticação, *s. f.* hujat karṇeṁ, -kheḷṇeṁ *n.;* chaḍh bârkây *f.*. marm *n.*

Sophisticamente, *adv.* âbhâsîṁ, kutarkân.

Sophisticar, *v. t.* âbhâsân phoṭâuṁk, hujat karuṁk *(g. do o.)*, sât pâṁch karuṁk *(g. do o.)*; barsuṁk, bhel ghâluṁk *(d. do o.)*.‖ *v. i.* âbhâsân ulauṁk, hujat kheḷuṁk.

Sophistico, *a.* âbhâsâcho, atark; âbhâsvâdî.

Sophomania, *s. f.* jâṇtikâycchî baḍây *f.*

Sophomano, *a. e s. m.* âpaṇ jâṇto mhaṇ dhartalo, jñâuadhvaji.

Sopista, *a. e s. m. e f.* sopâcho isht.

Sopitar, *v. t.* nidâvuṁk, nîd hâḍuṁk *(d. do o.)*; *acalmar:* thaṁḍâvuṁk, śâṁtauṁk; *adormentar:* jaḍ-, meṁgo karuṁk, maṁdâvuṁk; *embalar com promessas:* âśâ divuṁk *(d. do o.)*.

Sopito, *a.* nidlalo, jem paḍlalo; baḷ modhalo, meṁgo; nindalalo.

Sopontar, *v. t.* (uttrâ sakal) biṁdu-, poṁt mâruṁk.

Sopor, *s. m.* jhoṁp *n.*, jhâṁp, bhramît, kuṁbhakarṇanîd; guṁgî *f.*

Soporado, *a.* jhâṁp lâgalo, bhramît paḍlalo; guṁg jâlalo; nidrâkârak.

Soporativo, *a.* nidâvuṁcho, nîd hâḍcho, nidrâkârak, nidrâkârî; lâgro; *(fig.)* vâj hâḍcho, bejâr karcho. ‖ *s. m.* nîd hâḍcheṁ okhat; *(fig.)* vâjecheṁ kâm

Soporifero, **soporifico**, *a.* *V.* SOPORATIVO.

Soporizar, *v. t.* nidâvuṁk *ou* nidauṁk; guṁg karuṁk.

Soporoso, *a.* jhâṁpîcho, guṁgecho; nidsuro, bhramisht.

Soportal, *s. m.* *V.* ATRIO.

Soprano, *s. m.* *V.* TIPLE.

Soprar, *v. t.* phuṁkuṁk, phuṁk mâruṁk *(d. do o.)*; *apagar com sopro:* phuṁk mâruṁk *(d. do o.)*; *encher de ar:* phuṁkuṁk, phuṁkin bharuṁk; *dizer em voz baixa:* kânâṁt phuṁkuṁk. ‖ *v. i.* phuṁk mâruṁk; (vâreṁ) yevuṁk, suṭuṁk, * vârevuṁk.

Sopresar, *v. t.* ghaṭṭ dharuṁk; *(fig.)* bhulauṁk.

Sopro, *s. m.* phuṁk *f.*; *halito:* bâph, svâs, uchchhvâs *ou* usâs, dam *m.*; *aragem:* bârîk vâreṁ *n.*, vâryâchî loy *f.*; *influxo:* vaso, tol; *som:* nâd, âvâj *m.*

Soqueira, *s. f.* ushcheṁ mûḷ *n.*

Soqueixar, *v. t.* dâḍhmaṇâk bâṁdhuṁk.

Soqueiro, *s. m.* dâḍhmaṇâcheṁ bâṁdhap *n.*

Soquete, *s. m.* gaj *m.*

Soquetear, *v. t.* gajân kheṁchuṁk.

Sorar, *v. t.* tâk karuṁk *(g. do o.)*.

Sordes, *s. m.* pû *m.*, reṁd *f.*

Sordicia, *s. f.* *V.* SORDES *e* SORDIDEZ.

Sordidamente, *adv.* aḷśiken, pojaḍpaṇîṁ, maryâdîvinâ.

Sordidez, **sordideza**, *s. f.* meḷ, ukîr *m.*, aḷśîk *f.*, pojaḍ; nîchpaṇ, halkepaṇ, kirkoḷpaṇ; châṭepaṇ, himṭepaṇ *n.*

Sordido, *a.* meḷo, meḷkuṭo, aḷśikaṇo, kâṁṭâḷvâṇo, paḷit; *vil:* kirkoḷ, halko, nîch, hîṇ, hiḍis; *indecente:* pojḍo, bâṁgḍo; *mesquinho:* châṭo, himṭo; *cevandija:* nâkkâtro, bhâṇśiro.

Sorites, *s. m.* tarkaparaṁparâ *f.*

Sorna, *a. e s. m. e f.* âṁgjaḍ, meṁgo, maṁd, âḷśî, sust, bebo *(litt.* SAPO), pej *(litt.* CANJA). ‖ *s. f.* jaḍây, maṁdây, sustî, âḷsây, mhasâgat *f.*, meṁgepaṇ, bebepaṇ *n.* ‖ *V.* SONECA.

Sornar, *v. i.* mhasâgat-, âḷsây karuṁk, âṁg râkhuṁk.

Sorneiro, *a.* jemo, âṁgjaḍ.

Sôro, *s. m.* raktâṁtleṁ udak; dudhâcheṁ udak, dahyâṁtleṁ pâṇî, tâk *n.*

Soror, *s. f.* mâdr *(do port.* MADRE).

Sorosidade, *s. f.* raktâṁtleṁ pâṇî *n.*, raktadrav *m.*

Soroso, *a.* tâkaṭ.

Sorrabar, *v. t.* pâṭhlyân bhoṁvuṁk *(g. do o.)*, śeṁpḍî dharuṁk *(g. do o.)*; *(fig.)* *V.* BAJULAR.

Sorrate, *s. m.: de —*, choryâṁ.

Sorrateiramente, *adv.* choryâṁ, guptîṁ, lipaun.

Sorrateiro, *a.* gupto, gupît, chorṭo, karâmatî.

Sorrelfa, *s. f.* nâḍgepaṇ *n.*, nâḍbuddh, chorbuddh *f.* ‖ *Á —*, nâḍgepaṇîṁ, chorbuddhîn, chorṭepaṇîṁ. ‖ *a. e s. m. e f.* nâḍgo, chorbuddhyo, kâṭhû. ‖ *V.* AVARENTO.

Sorridente, *a.* hâṁsto, hâṁstyâ mukhâcho, smit; prasaun, dhâṛjaṇo, kalyâṇî.

Sorrir, *v. i. e r.* lohu-, aṁburkeṁ hâṁsuṁk; *alegrar-se:* khuśî jâvuṁk, murgaṭuṁk. ‖ *v. i.* baro, disuṁk,- lâguṁk, mânoṁk; *ser propicio:* prasann jâvuṁk, phuluṁk. ‖ *s. m.* *V.* SORRISO.

Sorriso, *s. m.* aṁburko hâṁso *m.*, hâṁsteṁ mukh *n.*

Sorte, *s. f.* lakṭo *m.*, nasîb, adrishṭ *n.*, daivdaśâ, pâḷî *f.*; *accidente:* daiv *n.*, yog, daivyog *m.*; *ventura:* dhâṛjaṇeṁ, bhâg *n.*, hâtguṇ *m.*; *condição:* daśâ, gat *f.*; *azar:* daiv *n.*, daivgat; *papel de loteria:* sort *ou* soḍt, chiṭṭ *f.*; *esphera ou dado:* phâso, śakun; *fim:* śevaṭ, aṁt *m.*; *infelicidade:* avdaśâ *ou* avdisâ *f*, nirdaiv *n.*; *especie:* jât, tahrâ *f.*, jinnas, prakâr *m.*; *maneira:* parî, bhâs *f.*, âkâr; *quinhão:* vâṁṭo, bhâg, aṁś; *ponto de ganhar:* paṇ *m.* || *Caber, tocar ou cahir em —*, lakṭyân phâvo jâvuṁk. *Deitar sortes, lançar em —*, phâse uḍauṁk. *Estar em — ou com —, ter —*, ḍhârjaṇeṁ-, bhâg âsuṁk *(d. do s.)*. *Tirar á —*, sortî-, chiṭṭî, ghâluṁk. *Tirar em — ou por*, sortîn kâḍhuṁk. *D'esta —*, aseṁ, he bhâshen, he parîṁ. *De — que*, aseṁ kî, he parîṁ kî.

Sorteadamente, *adv.* sortîṁnîṁ, chiṭṭîṁnîṁ.

Sorteado, *a.* sortîn kâḍhlalo; śipây jâvuṁk sort paḍlalo. || *V.* VARIADO.

Sorteador, *a. e s. m.* sortî ghâltalo, chiṭṭîṁnîṁ vâṁṭtalo.

Sorteamento, sorteio, *s. m.* sortî-, chiṭṭî ghâlneṁ *n.*; sortî *f. pl.*; mâṁḍâvaḷ, ḍâḷnî *f.* || *V.* SORTIMENTO.

Sortear, *v. t.* sortîn-, chiṭṭîn kâḍhuṁk; sortî-, chiṭṭî ghâluṁk *(d. do o.)*; mâṁḍuṁk, ḍâḷuṁk.

Sortela, sortelha, *s. f.* vâḷo, âṁkḍo *m.*

Sortida, *s. f.* dâr *ou* der; vedhlalyâ koṭṭâṁtlo bhâyr sarneṁ, vedho modṇeṁ *n.*; *passagem:* khiḍkî *f.*; *investida;* ghâlo, uprâḷo *m.*

Sortido, *a.* purailalo, purvaṇ keḷalo; jinnsâṁcho, jinnasvâr, nânâparîṁcho.

Sortilegio, *s. m.* maṁtravidyâ, asurîvidyâ, ghâḍvidyâ, kuvidyâ *f.*, iṁdrajâḷ, kaṁvṭâl *n.*, abhichâr *m.*

Sortilego, *s. m.* ghâḍî, kaṁvṭâlî, abhichârî.

Sortilha, *s. f. (ant.) V.* ANEL.

Sortimento, *s. m.* jinnasvâr vâstûṁcho jamo, -mâṁḍ *m.*; mâlâcheṁ purvaṇ-, saṁrakshaṇ *n.*

Sortir, *v. t.* purvaṇ karuṁk *(g. do o.)*, puraurik, saṁrakshuṁk; *variar:* vichitr-, veveglo karuṁk; *obter por sorte:* sortîn meḷuṁk *(d. do s., s. do o.)*. || *v. r.* purvaṇ-, sarbharâ karuṁk. || *v. i. V.* SURTIR.

Sorumbatico, *a.* muṁko, kurṭo, ghûm.

Sorvado, *a.* kusuṁk lâglalo, maû jalalo.

Sorvalhada, *s. f.* phaḷâṁchî dharṇir râs *f.*

Sorvar, *v. i.* (phaḷ) kusuṁk lâguṁk, maû jâvuṁk.

Sorvedoiro, *s. m.* udkâcho bhoṁvro *m.* || *V* ABYSMO.

Sorvedura, *s. f* ghoṭnî *f.*

Sorver, *v. t.* ileṁ ileṁ piyevuṁk, ghoṭuṁk *ou* ghoṁṭuṁk, bhurkuṁk, bhurkâvuṁk, bhurke mâruṁk *(d. do o.)*, âṁvḍhevuṁk; *chupar:* chiṁvuṁk, luṁchuṁk; *absorver:* oḍhuṁk, jiruṁk *(d. do s., s. do o.)*; *submergir:* buḍauṁk, kharîk ghâluṁk; *aspirar (ar):* oḍhûn ghevuṁk, huṁguṁk. || *v. r.* buḍuṁk, poṁdâk-, kharîk vachuṁk.

Sorvete, *s. m.* śarbat *n.*

Sorveteira, *s. f.* thaṁḍ gâr karcheṁ âydan *n.*

Sorvo, *s. m.* ghoṭnî *ou* ghoṁṭṇî *f.*; ghoṭ *ou* ghoṁṭ, bhurko *m.*

Sósinho, *a.* eklo, ekṭo, ekloch, ekmâtr; eksuro.

Soslaio, *s. m.*: *de —*, âḍveṁ, tirseṁ, pâlseṁ.

Sosquinar, *v. t. V.* INCLINAR.

Sosso, *a.* chunyâviṇeṁ bâṁdhlalo (vaḷaṁt).

Sossobra, *s. f. V.* SOSSOBRO.

Sossobrado, *a.* partalalo, omto; budlalo; bhitar ghâlalo.

Sossobrar, *v. t.* omtuṁk, omto ghâluṁk; ârtuṁk partuṁk; vayr-sakal châluṁk; *afundar;* buḍauṁk, kharîk ghâluṁk; *metter por dentro:* bhitar ghâluṁk; *(fig.)* âkâṁtâvuṁk, kalkalâvuṁk. || *v. i.* buḍuṁk, kharîk vachuṁk; âṁg kâḍhuṁk *(litt.* TIRAR O CORPO), âkâṁtuṁk, kâṁkaṭuṁk, ghâbruṁk; gaḷuṁk, gaḷûn paḍuṁk, moḍoṁk. || *v. r.* omtoṁk; vayr-sakal vachuṁk; *(fig.)* kâṁkaṭuṁk, gaḷûn-, moḍon paḍuṁk.

Sossobro, *s. m.* omtaṇeṁ *n.*; buḍnî; *perigo:* pâḷî *f.*, kâḷ *m.*, saṁkaṭ *n.*; *desalento:* kâṁkaṭnî, halkaṁḍnî *f.*, âkâṁt, kalkalo *m.*

Sota, *s. f.* sot *n.*; avkâś *m.*, phursat *ou* khursat *f.* || -s, *pl.* gâḍiyechyâṁ phuḍlyâṁ ghoḍyâṁcho joḍ *m.* || *s. m.* gâḍiyechyâ dâvyâ ghoḍyâr bastalo châkar; vastâd, mukhelî.

Sotaalmirante, *s. m.* dusro âlmirâṁt.

Sotacapitanea, *s. f.* jujâcheṁ mukhelî târûṁ *n.*

Sotacapitão, *s. m.* dusro kapît, upanâyk.

Sotache, *s. m. ou f.* aśîr nâḍo *m.*

Sotacocheiro, *s. m.* dusro gâḍîvâlo.

Sotaina, *s. f.* loḅ *(do port.* LOBA) *m.*

Sotamestre, *s. m.* dusro tâmḍel.
Sotão, *s. m.* nimâṇî mâḷoy *f.*, mâḷo *m.*; bhûmyghar *n.* ‖ *Ter macaquinhos no —*, taklî gudguḍumk *(d. do s.)*.
Sotapiloto, *s. m.* dusro sukâṇemkâr, upakarṇadhâr.
Sotaque, *s. m. V.* REMOQUE.
Sotaventear, *v. t* vârya âḍ partumk (târûm).‖ *v. i. e. r.* vâryâ âḍ partomk.
Sotavento, *s. m. (naut.)* vâryâ partî bâṇ *f.*
Sotea, *s. f. (desus.)* varâmd *n.*
Soterramento, *s. m.* purṇî *f.*, purap *n*, nemṇî *f.*
Soterraneo, *a. V.* SUBTERRANEO.
Soterrar, *v. t.* purumk, nemumk *ou* nemaumk; *(fig.) V.* ATERRAR. ‖ *v. r.* puromk, nemomk.
Sotoar, *s. m. V.* SANTOR.
Sotocapitão, *s. m. V.* SOTACAPITÃO.
Sotomestre, *s. m. V.* SOTAMESTRE.
Sotopiloto, *s. m. V.* SOTAPILOTO.
Sotopor, *v. t.* pomdâk-, sakal ghâlumk. ‖ *V.* PRETERIR.
Sotrancão, *a.* kapaṭî, mumkepaṇîm kâmâm kartalo.
Sotrancar, *v. t. V.* ABARCAR.
Soturno, *a.* mumko, ugo, ghûm; jaḍ, durman, duśchit, duḥkhest. ‖ *V.* LUGUBRE. ‖ *Dia —*, ghûm dis.
Souto, *s. m.* isoḷem *n.*, ghol *m.*
Sova, *s. m.* mâr, phâr, pemḍho, korḍo *m.*
Sovaco, *s. m.* kâkh *ou* khâmkh *f.*
Sovadura, *s. f.* maḷṇî *f.*, maḷap *n.*, lâṭṇî *f.*
Sovar, *v. t.* maḷumk, lâṭumk, murḍumk; baḍaum, kdâḍâvumk, tâmb-, ras kâḍhumk *(g. do o.)*, peṭumk, phâr divumk *(d. do s.)*, mâr ghâlumk *(d. do o.)*.
Sovela, *s. f.* ârî *f.*, topaṇ, suyel *n.*; tâmvrî *(— fina) f.*, ‖ *A —*, nîṭ ubho.
Sovelada, *s. f.* ârî topṇem *n.*
Sovelão, *s. f.* moṭî ârî *f.*
Sovelar, *v. t.* âriyen topumk; *(fig.) V.* FURAR.
Soveleiro, *s. m.* âryo viktalo.
Sovina, *s. f.* taḍas *m.*, pâchârem *m.* ‖ *a. e s. m. e f.*, himṭo, ehâṭo, kâmjûs, sugrâtî, gâḍh, pâmkîṭ.
Sovinada, *s. f.* ârî lâyṇem,- topṇem *n.*; virmâr *m.*
Sovinar, *v. t.* topumk, vimdhumk; *(fig.) V.* MOLESTAR.
Sovinaria, *s. f.* himṭepaṇ, ehâṭepaṇ *n.*, sugrât *m.*
Sparadrapo, *s. m.* emprâsâchem *(do port.* EMPLASTRO) lugaṭ *n.*
Specimen, *s. m.* namuno, mâslo *m.*
Specularia, *s. f. V.* CATOPTRICA.
Spleen, *s. m.* vishâd *m.*
Splenargia, *s. f.* jarḍechî duḥkh *f.*, plihavedan *n.*
Splenetico, *a.* vishâḍî.
Splenite, *s. f.* jarḍechî sûj, jarḍîkavḷî *f.*
Statu-quo, *s. m.* âdlî-, tîch daśâ *f.*
Sua, *a. V.* SEU.
Suado, *a.* ghâm âylalo, umelalo.
Suadoiro, *s. m.* umevṇî *f.*, ghâm yeṇem, -gaḷṇem; ghâmâchem okhat *n.*
Suador, *a. e s. m.* ûm hâḍtalo, ghâm kâḍhtalo.
Suão, *a. e s. m.* dakshiṇ, dakhîṇ (vârem) *a. e s. n.*
Suar, *v. i.* umevumk, ghâmevumk, ûm-, ghâm yevumk *(d. do s.)*; tevumk, śeḷ yevumk *(d. do s.)*; *(fig.)* kashṭî-, harḍemphûṭ jâvumk. ‖ *Dar que —*, kashṭâvumk, jîv hârpît karumk. ‖ *v. t.* umevumk; kashṭâmnîm joḍumk. ‖ *v. r. V.* GOTTEJAR.
Suarda, *s. f.* lugṭâchî-, lamvechî khaḷ *f.*
Suarento, *a.* umelalo, ghâmâmt budlalo.
Suasivo, suasorio, *a. V.* PERSUASIVO.
Suave, *a.* goḍ, goḍvo, madhur, majûr, ramya; priyavâdî, madhusrâvî *(fala —)*; damdamît, gamgamît *(cheiro —)*; *meigo:* dulabh *ou* dulap, bhalo, śâmt; *ameno:* lavlavît, śitaḷ; *leve:* lohu, haḷû; *delicado:* nâjûk, somvaḷ, komaḷ.
Suavemente, *adv.* goḍâyen, madhurâyen; lohu, haḷû.
Suavidade, *s. f.* goḍsâṇ, goḍây, goḍvây, goḍi, madhurây, majurây; dulabhây *f.*, bhalepaṇ, mogâḷpaṇ *n.*; lavlavitây śitaḷây *f.*; atmyâchem sukh *n.*, prem *m.*, devkripâ *f.*
Suavizar, *v. t.* goḍsâvumk; madhur-, lohu karumk, narmâvumk.
Subacido, *a.* âmbaṭso.
Subaereo, *a.* amtrâḷâ sakailo.
Subalado, *a.* pâkhurlâm kasîm âslalo.
Subalar, *a*, pâkhoṭyâm sakailo.
Subalternação, *s. f.* khâlṭepaṇ, parâdhînpaṇ; pâḷî karṇem *n.*
Subalternadamente, *adv.* parâdhînpaṇîm.
Subalternado, *a. V.* SUBALTERNO.

Subalternar, *v. t.* hâtâkhâl davruṁk, parâdhîn karuṁk; badluṁk, badal karuṁk *(g. do o.)*. ‖ *v. i. e r.* ekâmekâchî pâḷî-, badlî karuṁk.
Subalternidade, *s. f.* parâdhînpaṇ, hukamîpaṇ *n.*
Subalterno, *a.* hâtâkhâlcho, parâdhîn, hukamî; khâlcho, sakailo. ‖ *s. m.* paradhîn-, apradhân manîs.
Subaquatico, *a.* udkâṁtlo, udkâpoṁdlo.
Subarrendamento, *s. m.* dusryân bhâḍyâk-, reṁdâk *(do port.* RENDA*)* deṇeṁ *n.*
Subarrendar, *v. t.* bhâḍyâcho bhâḍyâk divuṁk, dusryân-, navyân reṁdâk divuṁk.
Subarrendatario, *a. e s. m.* bhâḍyâcho bhâḍyâk ghetalo.
Sub-chefe, *s. m.* dusro mukhelî, upanâyk.
Subciniricio, *a.* gobrâṁtlo. ‖ *Côr subciniricia,* gobro raṁg.
Sub-classe, *s. f.* vargâcho varg *m.*
Subclavicular, subclavio, *a.* *(anat.)* saryâṁ poṁḍlo.
Subcorrente, *s. f.* poṁdchî vâhṇ *f.*
Subcutaneo, *a.* *(anat.)* kâtî-, châmḍe poṁdcho.
Subdelegação, *s. f.* dusrî opṇî *f.*, punarṇiyog; lahân kârkhâṇo *m.*
Subdelegado, *a. e s. m.* dusro mukhtyâr, upapratinidhi.
Subdelegante, *a.* âplo havâlo dusryâk ditalo.
Subdelegar, *v. t.* (âplo havâlo) dusryâk divuṁk, dusryân opuṁk, punarṇiyog karuṁk *(g. do o.)*.
Subdelegavel, *a.* punarṇiyog karcho, dusryân opuṁcho.
Subdiaconato, *s. m.* subdyâknâchî padvî,- daśâ *f.*
Subdiacono, *s. m.* subdyâkn.
Sub-direcção, *s. f* upanâykâchî padvî *f.*; upâṁg, upaprakaraṇ *n.*
Sub-director, *s. m.* dusro mukhelî, upanâyk.
Subdito, *a. e s. m.* khâlto, parâdhîn, hukamî; prajâ *f.*, rayt *n.*
Subdividir, *s. f.* partûn vâṁṭuṁk, ânîṁk vâṁṭe karuṁk *(g. do o.)*, aṁśâṁś-, pratibhâg karuṁk *(g. do o.)*. ‖ *v. r.* ânîṁk-, dusre vâṁṭe jâvuṁk *(g. do s.)*.
Subdivisão, *s. f.* vâṁṭyâcho vâṁṭo, dusro vâṁṭo, aṁśâṁś, pratibhâg *m.*
Subdivisionario, *a.* pratibhâgâcho.
Subemphyteuse, *s. f.*, **subemprazamento,** *s. m.* sâsṇâcheṁ sâsaṇ *n.*, dusro kaul *m.*
Subemphyteuta, *s. m. e f.* dusro kaulî.
Subemphyteucar, subemprazar, *v. t.* dusryân śidâvâk divuṁk, dusro kaul karuṁk *(g. do o.)*.
Subentender, *v. t.* umjuṁk, samjuṁk, pârkhuṁk; ardhkuro sâṁguṁk, -kaḷauṁk.
Subentendido, *a.* dakhal kari nâstânâ samjalalo. ‖ *s. m.* manâṁt dharlaleṁ *n.*
Suberba, *s. f. (e deriv.) V.* SOBERBA.
Sub-especie, *s. f.* jâtîchî jât, pratijâti *f.*, dusro prakâr *m.*
Subestabelecer, *v. t. V.* SUBSTABELECER.
Subfretar, *v. t.* dusryân-, partûn norâk divuṁk.
Subhastação, *s. f.* pâvṇer ghâlṇeṁ *n.*
Subhastar, *n. t.* (riṇkârâchî âstî nîtîn) pâvauṁk, pâvṇer ghâluṁk.
Subida, *s. f.* chadhṇî vaḷganî; chaḍhtî, ghâṭî *f.*
Subidamente, *adv.* bhav uṁch, thorâyen.
Subido, *a.* uṁch, ubhâr; chaḍh, bhârî, varto; *(fig.)* uttam, śreshṭh.
Subimento, *s. m.* chaḍhṇî *f.*; chaḍhâv *m.*, vâḍh *f.* ‖ *V.* DEMASIA.
Subintendente, *s. m.* dusro kârbhârî, upâdhikârî.
Subir, *v. i.* chadhuṁk, vayr vachuṁk,- saruṁk vaḷguṁk; ubhâroṁk, uṁchâvoṁk; *chegar até:* pâvuṁk; *fazer subida:* uṁch jâvuṁk; *crescer:* vâḍhuṁk. ‖ *v. t.* chadhuṁk; ubhâruṁk, vayr kâḍhuṁk,- vharuṁk.
Subitamente, subitaneamente, *adv.* avchitt, akasmât, saṭ-, phaṭ kan.
Subitaneo, *a.* avchitt akaḷit.
Subito, *a.* avchitt, achaṁbit, akaḷit, râva nâslalo. ‖ *s. m.* avchittây *f.*; jhaṭko, kaḍh *m.* ‖ *V.* ASSALTO. ‖ *adv.* avchitt, râva-, chîṁti nâstânâ. ‖ *De —,* saṭ-, phaṭ kan.
Subjacente, *a.* sakal-, poṁdâk âslalo, khâlcho, sakailo.
Subjectivamente, *adv.* adhikaraṇasaṁbaṁdhîṁ.
Subjectivar, *v. t.* adhikaraṇanishṭh karuṁk.
Subjectividade, *s. f.* adhikaraṇasaṁbaṁdhitâ *f.*, adhikaraṇpaṇ *n.*

Subjectivo, *a.* adhikaraṇanishṭh, adhikaraṇasaṁbaṁdhî, adhishṭhânanishṭh. ‖ *Caso* —, *V.* NOMINATIVO.

Subjugação, *s. f.* jikṇî, damâvṇî *f.*, vaśîkaraṇ *n.*

Subjugador, *a. e s. m.* jiknâr, vâsan ghâltalo.

Subjugar, *v. t.* jikuṁk, damâvuṁk, khâlto karuṁk,- davruṁk, vâsanâ ghâluṁk *(d. do o.)*, jayt vharuṁk *(l. sup. do o.)*; *reprimir:* âṭpuṁk, dâmûn dharuṁk, daṁḍaṇ karuṁk *(g. do o.)*.

Subjuncção, *s. f.* jaḍap *n.*, ghaḍsaṇ *f.*

Subjunctivo, *a. (gram.)* saṁśayârthâcho. ‖ *s. m.* saṁśayârth *m.*

Sublevação, *s. f.* uthâv, phitvo, râjbhaṁg *m.*, baṁḍ *n.*

Sublevador, *a. e s. m.* uṭhaunâr, phiraunâr.

Sublevar, *v. t.* vayr kâḍhuṁk, ubhâruṁk, ukluṁk; uṭhauṁk, phiraumk, phituruṁk. ‖ *v. r.* uṭhuṁk, kalpuṁk, partoṁk.

Sublimação, *s. f.* ubhârṇî, ukalṇî *f.*; *(fig.)* *V.* PURIFICAÇÃO.

Sublimado, *a.* ubhârlalo, ukallalo; *(fig.)* uṁch, uttam; nitaḷ kelalo, nirmaḷ. ‖ *s. m.* raskapûr *(— corrosivo) m.*

Sublimar, *v. t.* ukluṁk, ubhâruṁk, uṁchâvuṁk; thor-, uttam karuṁk; *(fig.)* nitḷâvuṁk, nirmaḷuṁk. ‖ *v. r.* thor-, uttam jâvuṁk, thoruṁk, vhaḍvek pâvuṁk.

Sublimavel, *a.* nirmaḷûṁ yeso.

Sublime, *a.* uṁch, ubhâr, varto; uttam, śreshṭh, prauḍh; nâjûk, chakk.

Sublimemente, *adv.* uttampaṇîṁ, śreshṭhpaṇîṁ.

Sublimidade, *s. f.* uṁchây *f.*, vartepaṇ; uttampaṇ, śreshṭhpaṇ *n.*, mahimâ, prauḍhî *f.*

Sublinear, *a.* oḷî sakailo, oḷîṁ madhlo.

Sublingual, *a.* jibhe sakailo.

Sublinha, *s. f.* uttrâ sakailî regh-, rîsk *(do port.* RISCA*) f.*

Sublinhar, *v. t.* poṁḍâk-, khâlîṁ regh-, gîṭ oḍhuṁk,- mâruṁk *(d. do o.)*.

Sublocação, *s. f.* bhâḍyâcheṁ bhâḍyâk deṇeṁ *n.*

Sublocar, *v. t.* dusryân bhâḍyâk divuṁk.

Sublunar, *s. f.* chaṁdrâtaḷcho; saṁsârâṁtlo. ‖ *Mundo* —, pṛithûm *f.*, saṁṣâr *m.*

Submarino, *a.* daryâṁtlo, samdirâṁtlo.

Submergir, *v. t.* buḍauṁk. ‖ *v. r.* buḍuṁk.

Submergivel, submersivel, *a.* buḍûṁ yeso, buḍcho.

Submersão, *s. f.* buḍauṇî; buḍṇî; buḍtî *f.*

Submerso, *s. m.* buḍlalo.

Submetter, *v. t.* khâlto-, âdhîn karuṁk, poṁḍâk ghâluṁk, damâvuṁk, âṭpuṁk. ‖ *v. r.* khâlto jâvuṁk, khâl râvuṁk, âṭpoṁk, damuṁk.

Submettimento, *s. m. V.* SUBMISSÃO.

Subministração, *s. f.* purauṇî *f.*, deṇeṁ *n.*

Subministrador, *a. e s. m.* ḍitalo, puraunâr.

Subministrar, *v. t.* divuṁk, puraumk, garaj-, bhar karuṁk *(g. do o.)*.

Submissão, *s. m.* khâlto karṇeṁ, -jâṇeṁ; âdhînpaṇ, khâltepaṇ *n.*

Submisso, *a.* khâlto, lîn, vinayî, kukamî.

Subordinação, *s. f.* khâltepaṇ, âdhînpaṇ, parâdhînpaṇ *n.*, pâṁg *f.*

Subordinadamente, *adv.* khâltepaṇîṁ, pâṁgîn.

Subordinado, *a.* khâlto, pâṁgîcho, parâdhîn, hukamî; lagtecho, saṁbaṁdhî, apradhân. ‖ *s. m.* khâlto-, parâdhîn manîs; hâtâkhâlcho, châkar.

Subordinador, *a. e s. m.* khâlto kartalo, hâtâkhâl davartalo; lagtî kartalo, lâytalo.

Subordinante, *a.* lagtî kartalo, lagtecho.

Subordinar, *v. t.* khâlto-, âdhîn karuṁk, hâtâkhâl-, pâṁgîk davruṁk, vâsanâ ghâluṁk *(d. do o.)*; lâvuṁk, teṁkauṁk. ‖ *v. r.* khâlto jâvuṁk, parâdhîn âsuṁk; lâguṁk.

Subornação, *s. f.*, subornamento, suborno, *s. m.* bhijauṇî, dâmṇî *f.*; loṁch *m.*

Subornador, *a. e s. m.* loṁch khâvaitalo, loṁchṇâr, bhijauṇâr.

Subornar, *v. t.* loṁch khâvauṁk,- ghâluṁk *(d. do o.)*, loṁchuṁk, bhijauṁk *(litt.* MOLHAR*)*, dâmuṁk *(litt.* APERTAR*)*, hât dâmuṁk *(g. do o.)*, toṁḍ bâṁdhuṁk *(litt.* TAPAR A BOCCA; *g. do o.)*.

Subrepção, *s. f.* kapaṭî dâkhlo *m.*, mâvechî-, ḍhoṁgâchî arjî *f.* ‖ *V.* FURTO.

Subrepticiamente, *adv.* kapaṭîṁ, aḍkâṁnâḍkâṁnîṁ.

Subrepticio, *a.* kapaṭân-, labâḍen meḷlalo, aḍkâṁnâḍkâṁcho; choriyecho, nâgauṇecho.

Subrogação, *s. f.* badlek ṭhevṇeṁ, -davarṇeṁ *n.;* badal *f.*

Subrogador, *a. e s. m.*, **subrogante, subrogatorio,** *a.* badlek davartalo, badal kartalo, badaltalo.

Subrogar, *v. t.* badlek davruṁk, badluṁk, * paḍsaruṁk; dusryâcher utruṁk. ‖ *v. r.* badlek râvuṁk, dusryâchî pâḷî karuṁk; âpṇâcher ghevuṁk, -utruṁk.

Subscrever, *v. t.* sakal-, khâlâ barauṁk, sayîn-, dastakhatîn patkaruṁk, -anumânuṁk. ‖ *v. i.* mânavuṁk *(d. do s.)*, puṭvuṁk *(d. do s.)*, kabûl-, râjî jâvuṁk; suskrever-karuṁk, paṭṭiyer divuṁk va divuṁcheṁ karuṁk; pustakâṁ ghevuṁchîṁ karuṁk. ‖ *v. r. V.* ASSIGNAR-SE.

Subscripção, *s. f.* saî, dastakhat *f.;* suskrisâṁv *n.*, chaṁdo *m.*, paṭṭî, varganî, vaṁtigî *(us. Can.) f.*, varâḍo *(us. Can.) m.*

Subscriptor, *a.* nâṁv baraitalo, saî kartalo, ‖ *s. m.* suskritor, vaṁtekâr, varganîdâr, vaṁtigegâr *(us. Can.).*

Subsecção, *s. f.* dusro varg, pratikhaṁḍ *m.*

Subsecivo, *a.* urlalo, adhik jâlalo. ‖ *V.* SECUNDARIO. ‖ *Horas subsecivas,* visâvyâcho veḷ,- kâḷ, bascho-, kheḷcho vagat *m.*

Subsecutivamente, *adv.* ekâmckâ pâṭhî, pâraṁparîṁ.

Subsecutivo, *a. V.* CONSECUTIVO.

Subseguir, *v. t. (desus.)* pâṭhî yevuṁk,- âsuṁk *(d. do o.).* ‖ *v. r.* teṁkûn-, lâgûn yevuṁk.

Subsequencia, *s. f.* mâgîr yeṇeṁ, mâglepaṇ, anugaman, anuyân *n.*

Subsequente, *a.* mâgîr âylalo,- jâlalo, mâgcho, mâglo, uprâṁtlo, pâṭhlo, phuḍlo, pelo, dusro.

Subsequentemente, *adv.* mâgîr, pâṭhlyân, uprâṁteṁ, niraṁtarîṁ.

Subserviencia, *s. f.* pâṁy dharṇeṁ,- dhuṇeṁ *n.*, charaṇasevâ, gulâmgirî, vetasavṛitti *f.*

Subserviente, *a.* dusryâchî khuśî kartalo; dusryâ pramâṇeṁ chaltalo, gulâm jâtalo, vetasavṛitti.

Subsidiado, *a.* duḍuvâṁcho âdhâr ghetalo, âlâśryâcho.

Subsidiar, *v. t.* âdhâr-, kumak-, hât divuṁk *(d. do o.);* duḍuvâṁcho âlâśro divuṁk *(d. do o.)*, duḍû divuṁk *(d. do o.).*

Subsidiariamente, *adv.* majatîn, âlâśryân; bharîk, bhartek.

Subsidiario, *a.* upkârî, upkârâcho, kumkecho, sahâyî; bharîcho, bhartecho, purvaṇâcho.

Subsidio, *s. m.* âdhâr *m.*, majat, kumak *f.;* duḍuvâṁcho âlâśro, -upkâr *m.*

Subsistencia, *s. f.* âsṇeṁ, âstepaṇ, sattv *n.*, bhâv, satbhâv *m.; estabilidade:* thîrpaṇ *n.*, tagṇî, sthiti *f.; sustento:* udarposhaṇ, jîvit, upajîvan *n.*, gujâro *m.*, jiṁdgî, paḍ *f.*

Subsistente, *a.* âsto, âslalo, vartatalo, sâtvik.

Subsistir, *v. t.* âsuṁk, vartuṁk, saṁbhavuṁk; jiyevuṁk, vâṁchuṁk; taguṁk, uruṁk, chaluṁk.

Subsolo, *s. m.* poṁdlî dharṇ *f.*

Substabelecer, *v. t.* budlek-, dusryâche svâter davruṁk; dusryâcher utruṁk.

Substabelecimento, *s. m.* badlek davarṇeṁ; dusryâcher utarṇeṁ *n.*

Substancia, *s. f.* vast *f.*, padârth, arth *m.*, sattv, dravya; *realidade:* tattv *n.*, tattvârth; *essencia:* sâr, garbh, tattvârth; *resumo essencial:* sâr, * sasâr *m.; corpo:* mûrti, vast *f.*, dravya *n.; sentido:* arth, bhâv, abhiprây *m.; força:* baḷ *n.*, ghaṭṭây *f.; riqueza:* dhan *n.*, gireskây, âstî, saṁpat. ‖ — *espiritual,* âtmadhâtu *f. Medicamento em* —, nîj okhat. *Em* —, âṭpûn, thoḍyâṁ uttrâṁṇîṁ, sasârîṁ.

Substanciado, *a.* sâr-, ghaṭṭây kâḍhlalo; âṭâplalo.

Substancial, *a.* vastûcho, vastuvaṁt, mûrtivaṁt; sârâcho, arthâcho, dhâtûcho, bhârî; ghaṭṭ, ghaṭṭâyecho.

Substancialidde, *s. f.* sattv *n.*, sattâ *f.;* sâr *m.*

Substancialismo, *s. m.* sattvamat *n.*

Substancializar, *v. t.* padârth-, tattv mhaṇ dharuṁk,- lekhuṁk; sâr kâḍhuṁk *(g. do o.).*

Substancialmente, *adv.* sattvîṁ, tattvîṁ; sârân, sasârîṁ.

Substanciar, *v. t.* ghaṭṭâyecheṁ khâṇ divuṁk *(d. do o.);* ghaṭṭ karuṁk, baḷ divuṁk *(d. do o.); (fig.)* âṭâpûn-, sasârîṁ sâṁguṁk.

Substancioso, substantifico, *a.* ghaṭṭ, ghaṭṭâyecho, baḷ-, gat divuṁcho, pushṭikar.

Substantificar, *v. t.* mûrti-, âkâr divuṁk *(d. do o.).*

Substantivadamente, substantivamente, *adv.* viśeshyaprakârîṁ, nâmîṁ.

Substantivar, *v. t.* viśeshya karuṁk *(g. do o.)*.

Substantivo, *a.* dravyavâchak. ‖ *s. m.* viśeshya, nâm, nâṁv *n.*, dravyavâchak *m.*

Substatorio, *a.* mauâvuṁcho, baṁd karuṁk lâvuṁcho.

Substituição, *s. f.* badlî *f.*, badlap *n.*

Sustituido, *s. m.* dusryân pâḷî-, badal ghetlalo.

Substituinte, *a.* badal kartalo, badlecho.

Substituir, *v. t.* svâter-, jâgyâr âsuṁk,- râvuṁk *(g. do o.)*; pâḷî-, kâm karuṁk *(g. do o.)*; badlek davruṁk,- âpauṁk; badluṁk, * paḍsaruṁk.‖ *v. r.* âplî badlî karuṁk, âple svâter davruṁk *(v. t.)*.

Substituto, *a.* badlecho, vârâcho *ou* vârcho, amânî. ‖ *s. m.* badlî, vârcho, pratinidhi, * paḍsar.

Substractum, *s m.* poṁdcho thar *m.*

Substrucção, *s. f.* bunyâd *f.*

Subsulano, *a. e s. m.* taḍyeṁ vâreṁ, taḍyeṁ *n.*

Subtender, *v. t.* poṁdâ pâtḷâvuṁk *(g. do o.)*.

Subterfugio, *s. m.* nîb, chhidr *n.*, khiḍkî, chor-khiḍkî *f.*, chor-upây *m*

Subterraneo, *a.* dharṇî poṁdlo,- bhitarlo, dharṇîṁtlo. ‖ *s. m.* bhuṁyâr, rahâḷ, taḷghar *n.*

Subterrar, *v. t. V.* SOTERRAR.

Subterreo, *a.* dharṇî taḷcho,- poṁdcho, dharṇîṁtlo.

Subtil, *a.* bârîk, pâtaḷ, sûkshma, kichkaṭ, bhav supûr; *penetrante:* nibar, lâgto, chaḍhto; *(fig.)* bârîk, vidyâvaṁt, sûkshmabuddhi, hikmatkâr, * ṭagûḷ.

Subtileza, subtilidade, *s. f.* bârkây, pâtḷây, supurây; *(fig.)* bârkây, sûkshmabuddhi, vidyâ, hikmat, kârkuṇây *f.*; marm *(— de argumento) n.*

Subtilização, *s. f.* bârîk karṇeṁ *n.*, bârkâvṇî *f.*; bârîk tarkiṇeṁ *n.*, vitark *m.*

Subtilizador, *a. e s. m.* bârkâytalo; ghâṁstalo, vitarkî.

Subtilizar, *v. t.* bârîk-, pâtaḷ karuṁk, bârkâvuṁk. ‖ *v. i.* bârîk tarkuṁk, -ganuṁk, vitarkuṁk.

Subtilmente, *adv.* bârîk, bârkâyen.

Subtitulo, *s. m.* dusro tîtl *m.*, dusreṁ sadar *n.*

Subtracção, *s. f.* choriye kâḍhneṁ, sutlâvṇî, chorî; kâḍhnî *f.*, nâṁ kârṇeṁ *n.*; *(arth.)* bâdbâkî, vajâbâkî *f.*, vivar *n.*

Subtractivo, *a.* kâḍhcho, kâḍhṇecho; vivarâcho.

Subtrahir, *v. t.* choriye-, nâḍîn kâḍhuṁk; choruṁk, sutlâvuṁk, hât mâruṁk *(d. do o.)*; kâḍhuṁk, nâṁ kâruṁk, pelyân davruṁk, kaḍsarâvuṁk; *(arith.)* bâd-, vajâ karuṁk, kâḍhuṁk. ‖ *v. r.* pâṭhî saruṁk, kûs maruṁk, pelyân saruṁk, paḷuṁk.

Suburbano, *a.* śaharâ baglecho, upanagrâcho.

Suburbio, *s. m.* śaharâchî sarad *f.*, upanagar, upapur *n.*, nagaropâṁt *m.*

Subvenção, *s. f.* duḍuvâṁcho âlâśro,- âdhâr *m.*

Subvencional, *a*, âlâśryâcho.

Subvencionar, *v. t.* duḍû-, duḍuvâṁcho âlâśro divuṁk *(d. do o.)*.

Subventaneo, *a. (desus.) V.* INFECUNDO.

Subversão, *s. f.* moḍṇî *f.*, moḍap *n.*, nâs, vidhvaṁs *m.*, gharṭhâṇ *n.*, nâsâḍî; phirauṇî, bhashṭâvṇî *f.* ‖ *V.* REBELDIA.

Subversivo, *a.* moḍuṁcho, nâś-, nâsâḍî karcho, nâśivaṁt, nashṭâdîk.

Subversor, subvertidor, *a. e s. m.* moḍtalo, moḍûn ghâltalo, vidhvaṁsî.

Subverter, *v. t.* moḍuṁk, moḍûn ghâluṁk, nâś-, nâsâḍî karuṁk *(g. do o.)*, bighḍâvuṁk; *submergir:* buḍauṁk, kharîk ghâluṁk. ‖ *V.* PERVERTER. ‖ *v. r.* moḍoṁk, moḍon paḍuṁk, gaḷgaḷuṁk; buḍuṁk. ‖ *V.* PERVERTER-SE.

Subvertimento, *s. m. V.* SUBVERSÃO.

Sucar, *v. t. V.* CHUPAR.

Sucção, *s. f.* chiṁvṇî, châṭṇî, luṁchṇî *f.*

Succedenho, *s. m. V.* SUCCESSO.

Succeder, *v. i.* mâgîr-, pâṭhî yevuṁk,- jâvuṁk; *ser substituido:* svâter-, jâgyâr yevuṁk,- râvuṁk; *acontecer:* jâvuṁk, ghaḍuṁk, vartuṁk; *produzir effeito:* sukḷâk-, guṇâk paḍuṁk, phaḷuṁk, phaḷ yevuṁk *(g. do s.)*, lâguṁk. ‖ *v. r.* pâṭhî-, mâgîr-, -lâgûn yevuṁk,- jâvuṁk.

Succedido, *a.* jâlalo, ghaḍlalo. ‖ *s. m. V.* SUCCESSO

Succedimento, *s. m. V.* SUCCESSO *e* SUCCESSÃO.

Successão, *s. f.* mâgîr-, pâṭhî yeṇeṁ, -jâṇeṁ *n.*; hâr, paraṁparâ, parvaḍ, devaḍ *f.*, kram, anukram; *transmissão:* uttarâdhikâr, dâyâcho hakk; *herança:* dây *m.*, dâyj, vatan *n.*; *geração:* vaṁś *m.*, vaṁśâvali *f.* ‖ *— legitima*, kâydyâcheṁ dâyj. *— testamenta-*

ria, maranpatrâcheṁ dâyj *n. Direito de* —, dâyâdhikâr *m.*

Successivamente, *adv.* ekâmekâ pâṭhî, ekâmekâk lâgûn, -teṁkûn, hârîn, pâraṁparîṁ, khaḷa nâstânâ; kramân, anukramân.

Successivel, *a.* dusryâche svâter yevuṁcho.

Successivo, *a.* ekâ pâṭhî ek, ekpâṭhî *ou* ekâpâṭhî, paraṁpar, paraṁparecho, pâraṁparik, kramâcho, kramik, anukramâcho, kramagat. ‖ *V.* HEREDITARIO.

Successo, *s. m.* śevaṭ, pariṇâm, phaḷ *m.*; *acontecimento:* ghaḍṇî, goshṭ, vârttâ *f.*, vartamân; *resultado favoravel:* yaś, jayt *n.*, siddhi, barkat *f.* ‖ *Ter o seu — ou o seu bom —*, barî suṭkâ meḷuṁk *(d. do s.)*.

Successor, *a. e s. m.* mâgîr-, pâṭhî yetalo, -âylalo, pâṭhlo, mâgcho, kramânuyâyî, susesor.

Successorio, *a.* dâyâdhikârâcho.

Succino, *s. m.* triṇamaṇi *m.*

Succintamente, *adv.* âṭâpûn, thoḍyâṁ uttrâṁnîṁ, saṁkshepîṁ.

Succinto, *a.* saṁkshepâcho, saṁkshipt, thoḍyâṁ uttrâṁcho.

Succo, *s. m.* ras, drav; *(fig.)* sâr *m.* ‖ *V.* GORDURA.

Succoso, *a.* rasâcho, rasâḷ, rasâḷo, rasbharit.

Succubo, *a.* poṁdâk niḍtalo, -pâtaḷtalo.

Succulento, *a.* rasbharit, rasvaṁt, rasik, saras, jâras; luklukît, gulgulît, charbecho, vasecho.

Succumbir, *v. i.* poṁdâk paḍuṁk; vâṁkuṁk, ḍaguṁk; moḍon paḍuṁk, gaḷuṁk, bâḍguṁk, hâtpâṁy kavḷuṁk. ‖ *V.* MORRER.

Succursal, *s. f.* dhâṁdyâcho-, kârbhârâcho phâṁṭo *m.*

Sucia, *s. f.* peṁḍeṁ, kûṭ *n.*, sodemaṁḍaḷ *f.*

Suciar, *v. i.* kûṭ-, peṁḍeṁ karuṁk.

Sudação, *s. f.* umevṇî, ghâmevṇî *f.*

Sudario, *s. m.* ghâm pusṇeṁ, -puscheṁ *n.*; *(fig.)* dâkhauṇ *f.* ‖ *V.* MORTALHA. ‖ *O santo* —, rost *(do port.* ROSTO).

Sudatorio, *a. V.* SUDORIFICO.

Sudeiro, *s. m. (desus.)* ghâm pusṇeṁ *n.*

Sudoeste, *a.* dakshiṇapaschim, nairṛitecho. ‖ *s. m.* nairṛitî *f.*; nairṛitecheṁ vâreṁ *n.*

Sudorifero, *a.* ghâm hâḍcho, ghâmâvuṁcho.

Sudorifico, *a.* ghâm hâḍche,- kâḍhcho, svedakar. ‖ *s. m.* ghâm kâḍhcheṁ okhat, svedan *n.*

Sudoriparo, *a.* ghâmâcho, svedajanak.

Sudro, *s. m.* śûdr.

Sueste, *a.* dakshiṇapûrvecho, âgyâcho. ‖ *s. m.* dakshiṇapûrvâ, agney *f. ou* âgyeṁ; âgyeṁ vâreṁ *n.*, vilyo *m.*

Sueto, *s. m.* suṭîdîs *m.*, suṭî *f.*; *(fig.) V.* FOLGA.

Sufficiencia, *s. f.* jây titleṁ, purem *n.*, purav *f.*, saṁjog *m.*; kuvet, hikmat, yukti, barkamây *f.*

Sufficiente, *a.* jây-, garaj titlo, purto, puro, puroso, pâvto; baroso, mâjoḷo, titlyâ purto; *habil:* mardikâr, hikmatkâr, sugaraṇ. ‖ *Ser* —, purojâvuṁk, pâvuṁk.

Sufficientemente, *adv.* purtem, jây titleṁ.

Suffixo, *s. m.* pratyay *m.*, utarâkshar *n.*

Suffocação, *s. f.* ghuspaṭâvṇî, miḍmiḍâvṇî; ghuspaṭṇî, miḍmiḍṇî, usmaṭṇî *f.*, śvâsrodh *m.*; ubas, ḍhâp *f.* ‖ *V.* ESTRANGULAÇÃO.

Suffocador, *a. e s. m.*, **suffocante**, *a.* ghuspaṭâylalo, miḍmiḍâvṇo, śvâs kâḍhtalo.

Suffocar, *v. t.* phugâr-karuṁk *(do port.* AFOGAR), ghuspaṭâvuṁk *ou* ghusmaṭâvuṁk, miḍmiḍâvuṁk, usmaṭâvuṁk; *matar por asphyxia:* phugârkarûn mâruṁk, gaḷo murḍuṁk, -piḷuṁk *(g. do o.)*; *reprimir:* dâmûn dharuṁk, dâmuṁk; *extinguir:* âṭâpuṁk, peṁchuṁk, bhaṁgauṁk. ‖ *v. r.* ghuspaṭuṁk *ou* ghusmaṭuṁk, miḍmiḍuṁk, usmaṭuṁk, phugâr-jâvuṁk; ghaṭṭ dharoṁk, dharon uruṁk, damuṁk.

Suffocativo, *a.* miḍmiḍâvṇo, ghuspaṭâvṇo, dâṁtalo, oḍhûn ḍhartalo.

Suffraganeo, *a. e s. m.* ârsebispâchyâ hâtâkhâlcho.

Suffragar, *v. t.* âplo vot *(do port.* VOTO)-, sammati divuṁk *(d. do o.)*, patkaruṁk, anumânuṁk; (melalyâṁ khâtîr) mâguṁk, mâgṇîṁ karuṁk.

Suffragio, *m.* vot deṇeṁ *n.*, sammatiprakâś *m.*; patkarṇî *f.*, anumat *n.*, anumân *m.*; melalyâ khâtîr mâgṇeṁ, -mîs *n.*, -bhîk *f.*

Suffumigação, *s. f.*, **suffumigio**, *s. m.* bâph lâvṇeṁ, -deṇeṁ, dhuṁvar ghâlṇeṁ *n.*

Suffusão, *s. f. (med.)* vâhvṇî, vyâpṭî *f.*

Sugador, *a. e s. m.* chiṁvtalo, châṭṇâr.

Sugar, *v. t.* chiṁvuṁk, châṭuṁk; kâḍhuṁk, oḍhûn kâḍhuṁk, oḍhuṁk. ‖ *V.* EXTORQUIR.

Suggerir, *v. t.* suchauṁk, manâṁt hâḍuṁk (*litt.* TRAZER Á MENTE), kânâṁt ghâluṁk (*litt.* METTER NO OUVIDO), ughḍâs karuṁk (*litt.* LEMBRAR; *g. do o.*).

Suggestão, *s. f.* sûchan *n.*, sûchanâ, śikauṇ *f.*

Suggestivo, *a.* suchaitalo, sûchak.

Sugillação, *s. m.* (*med.*) dâg, lolo *m.*, gâṁj.

Sugo, *s. m. V.* SUARDA.

Suicida, *s. m. e f.* âtmaghâtkî, âpṇâk mârtalo.

Suicidar-se, *v. r.* âpṇâk mâruṁk, âplo jîv kâḍhuṁk, jîv divuṁk, âtmaghât karuṁk.

Suicidio, *s. m.* jîv deṇeṁ, âplo jîv kâḍhṇeṁ, âtmaghât, âpghât *m.*, sahamaraṇ *n.*

Suino, *a.* dhukrâcho. ‖ *Gado* —, dhukrâṁ *n. pl.* ‖ *s. m.* dhukar *m.*

Suissa, *s. m.* gâlo *m.*

Sujamente, *adv.* meḷân, aḷśiken, pojaḍpaṇîṁ.

Sujar, *v. t.* meḷauṁk, meḷo karuṁk, khatâvuṁk, loḷauṁk, bharuṁk, kâṁṭâḷâvuṁk, khâtoḍâvuṁk, chiklâvuṁk. ‖ *v. i.* hâguṁk. ‖ *v. r.* meḷuṁk, meḷo jâvuṁk, khatâvoṁk, loḷuṁk, bharoṁk; pojaḍpaṇâṁ karuṁk.

Sujeição, *s. f.* khâltepaṇ, âdhînpaṇ, parâdhînpaṇ, parataṁtr *n.*; bhiḍ *ou* bhiḍâ *f.*

Sujeita, *s. f.* phalâṇî, amkî.

Sujeitador, *a. e s. m.* khâlto kartalo, âdhîn davartalo.

Sujeitar, *v. t.* khâlto-, âdhîn-, svâdhîn-, parâdhîn karuṁk, khâl davruṁk, vâsanâ ghâluṁk (*d. do o.*), jikuṁk. ‖ *v. r.* khâlto-, parâdhîn jâvuṁk, khâl râvuṁk.

Sujeito, *a.* khâlâ-, sakal âslalo; khâtlo, âdhîn, parâdhîn, hukamî, parataṁtr; *obediente:* khâlto; *naturalmente disposto:* yogyo, jogo, lâgto. ‖ *s. m.* phalâṇo, gomâjî; jaṇ, manîs, asâmî *m.*, kûḷ *n.*; (*gram.*) karttâ *m.* ‖ *V.* ASSUMPTO *e* SUBDITO.

Sujidade, *s. f.* sujidâd *f.*, meḷ, mevaḷ, chikal, kâṁṭâḷo *m.*, aḷśîk; hâkh, kâk (*loc. infant.*) *f.*, pojaḍ; onkhaṭeṁ, bursepaṇ, mahârpaṇ; maḷ *n.*

Sujo, *s. m.* sûj, meḷo, meḷkuṭo, meḷkaṭ, kâṁṭâḷvâṇo, chikalvâṇo, aḷśikaṇo, burso, gadaḷ; (*fig.*) bhâṇśiro, pojḍo, onkhaṭo, hiḍîs, amaṁgaḷ.

Sul, *s. m.* sûl *m.*, dakhiṇ *n.*, dakshiṇâ *f.*; dakhîṇ vâreṁ *n.* ‖ *a.* dakhîṇ, dakhiṇî, dâkshiṇ.

Sulano, *s. m.* dakhîṇ vâreṁ *n.*

Sulaventear, *v. i. V.* SOTAVENTEAR.

Sulavento, *s. m. V.* SOTAVENTO.

Sulcado, *a.* nâṁgarlalo; (*fig.*) chirlalo, miryo paḍlalo.

Sulcar, *v. t.* nâṁgruṁk, charyo-, haḷyo mâruṁk,- karuṁk (*d. do o.*); (*naut.*) (lahârâṁ kâtrûn) vachuṁk, (daryâṁtlyân) vachuṁk; (*fig.*) miryo ghâluṁk (*d. do o.*), chirmuṭâvuṁk.

Sulco, *s. m.* tâs *n.*, charî, haḷî, * pâḷ; khâṁchṇî *f.* ‖ *V.* RUGA.

Sulfatado, *a.* morchût âslalo.

Sulfatar, *v. t.* morchût ghâluṁk, -misḷuṁk (*l. in do o.*).

Sulfato, *s. m.* sulphât, morchût *m.*

Sulfur, *s. m. V.* ENXOFRE.

Sulfurar, *v. t. V.* ENXOFRAR.

Sulfureo, sulfurico, sulfurino, sulfuroso, *a.* gaṁdhakâcho, gaṁdhakî; gaṁdhakâcho vâs âslalo.

Sulfureto, *s. m.* kajjlî (— *de mercurio*) *f.*

Sultana, *s. f.* sultânâchî râṇî.

Sultão, *s. m.* sultân.

Sulvento, *s. m.* dakhîṇ vâreṁ, dakhîṇ *n.*

Sumaca, *s. f.* pâtmârî *f.*, machvo *m.*

Sumarento, *a.* rasâḷ rasbharit.

Sumição, *s. f.*, **sumiço**, *s. m.* naśaṇ, adarśan, sâṁḍṇeṁ *n.* ‖ *Levar sumiço*, nâṭâk jâvuṁk, dishṭî nâ paḍuṁk.

Sumidiço, *a.* nâ jâvnṁcho, sompepaṇîṁ sâṁḍcho,- jircho..

Sumidoiro, *s. m.* sârṇî, morî *f.*, naḷ *m.*, rahâḷ *n.*; vastû sâṁḍcho jâgo *m.*; (*fig.*) mutchî svât, -khaḷî *f.*

Sumidura, *s. f. V.* DESAPPARECIMENTO.

Sumilhar, *s. m.* râjpaḍdekâr.

Sumir, *v. t.* nâ- nâṁch karuṁk; *submergir:* buḍauṁk; *esconder:* lipauṁk, dhâṁpuṁk; *consumir:* sevuṁk; giḷuṁk, khâvuṁk, jirauṁk; *destruir:* dhûḷdaśâ-, deśvâṭ karuṁk (*g. do o.*), bhasmuṁk; *apagar:* pusuṁk, mekhuṁk. ‖ *v. r.* nâ-, nâṭâk jâvuṁk, nasuṁk, saṭkuṁk; lipuṁk; jiruṁk, âṭuṁk, * achuṁk; pusoṁk; *extinguir-se:* pâlovuṁk; *encovar-se:* oḍhoṁk, bhitar vachuṁk; *soterrar-se:* puroṁk, nemoṁk. ‖ — *a voz*, ṭâḷo basuṁk, gaḷo dharoṁk.

Summa, *s. f.* sâr, garbh *ou* girabh; sasâr, âṭâp, bâḍ, samâs, saṁgraha *m.* ‖ *V.* SOMMA. ‖ *Em —*, âṭâpûn, sasârîṁ.

Summamente, *adv.* sasârîṁ, samâsîṁ; bhav chaḍh, bhârîṁ.

Summariamente, *adv.* saṁkshepîṁ, âṭâpûn; paripâṭeviṇeṁ, paddhatîviṇeṁ.

Summariar, *v. t.* âṭâpuṁk, saṁkshepuṁk, saṁgrahuṁk.

Summario, *s. m.* âṭâp, saṁkshep, samâs, sasâr, goshvâro, saṁgraha *m.* ‖ *a.* saṁkshepâcho, samâsâcho; âṭâplalo, paripâṭeviṇo.

Summidade, *s. f.* mâtho, śikhar, kaḷas *m.*, takśi *f.*; *(fig.)* vhaḍ-, uttam manîs.

Summista, *s. m. e f.* âṭâp-, samâs kartalo, saṁkshepṇâr.

Summo, *a.* bhav uṁch, -thor, param; varto, uttam, śreshṭh; bhârî, chaḍh, jâyto. ‖ *—Pontifice,* Pâp Sâheb, * śiromaṇi. ‖ *s. m. V.* CIMO.

Summula, *s. f.* lahân sasâr, supurlo âṭâp *m.*

Sumo, *s. m.* ras, âgoḷ, dîk; niro *m.*, sûr, mâḍî *(— de palmeira).*

Sumoso, *a.* rasâcho, rasâḷ.

Sumpção, *s. f.* sevṇî, grâsṇî *ou* girâsṇî, gilṇî *f.*

Sumpto, *s. m.* kharch, vech *m.*

Sumptuario, *a.* kharchâcho, vechâcho.

Sumptuosamente, *adv.* chaḍhâ kharchân; dabâjyân, ḍaulân.

Sumptuosidade, *s. f.* kharchâcheṁ kâm *n.*, kharchâdîk yepâr; dabâjo, ḍaul *m.*, sapuṇikây *f.*

Sumptuoso, *a.* chaḍhâ kharchâcho, kharchâdîk, molâdîk; sapuṇîk, dabâjyâcho, ghaṇghaṇît, ḍhaṇḍhaṇît.

Sundeque, *s. m. V.* BOFETÃO.

Suor, *s. m.* ghâm *m.*, um *f.*, sved *(p. us.)*; nijhar, pâjhar *m.*; *(fig.)* dagdkashṭ *m. pl.*, ghâs-ûm *f.* ‖ *— copioso,* ghâmâche loṭ *m. pl.* *—frio,* śeḷî ûm.

Superabundancia, *s. f.* pushkaḷây, adhikây, sîmâ, saṁpûrṇây *f.*, saṁpûrṇpaṇ, uphâḷeṁ *n.*, atirek *m.*

Superabundante, *a.* pushkaḷ *ou* phushkaḷ, uphâḷ, adhik, bhârî, sabâr.

Superabundantemente, *adv.* pushkaḷâyen, bhârîṁ, uphâḷîṁ.

Superabundar, *v. i.* bhav-, pushkaḷ jâvuṁk, uphâḷuṁk, bharon uruṁk.

Superar, *v. t.* jikuṁk, jaytuṁk, taruṁk, damâvuṁk; ṭâḷuṁk, nirdâḷuṁk; utruṁk. ‖ *V.* EXCEDER.

Superavel, *a.* damâvuṁcho, jikcho; ṭâḷcho.

Supercilio, *s. m. (poet.) V.* SOBRANCELHA.

Supereminencia, *s. f.* vhaḍ uṁchây *f.*; vartepaṇ, śreshṭhpaṇ *n.*, thorây *f.*

Supereminente, *a.* bhar uṁch, -thor; varto, uttam, śreshṭh, pradhân.

Superexcreção, *s. f.* bahûtsarg *m.*

Superfetação, *s. f.* garbhâr garbh *m*; *(fig.) V.* REDUNDANCIA.

Superficial, *a.* taḷâcho, vaylo, bhâylo, bhâylyâ âṁgâcho, * bâhîj; vaylyâvaylo, varkarṇî, bhâylyâbhâylo, uthaḷ, toṁḍâpurto.

Superficialidade, *s. f.* vaylepaṇ, bhâylepaṇ, * bâhîjpaṇ; varkarṇîpaṇ *n.*, uthaḷây *f.*

Superficialmente, *adv.* taḷâr, dhârîr, bhâylyân; bhâylyâbhâyr, vaylyâvayr.

Superficie, *s. f.* vayleṁ-, bhâyleṁ âṁg *n.*, taḷ *m.*, dhâr; *(fig.)* varkhaḍṇî *f.*, pâtaḷ lep *m.* ‖ *A — da terra,* yâ saṁsârâṁt. *A —*, dhârîr.

Superfino, *a.* bhav nâjûk, chaḍh uttam, pakko.

Superfluidade, *s. f.* adhikây *f.*, agḷepaṇ *n.*, atirek *m.*; garaj nâslaleṁ, garjebhâyleṁ *n.*

Superfluo, *a.* garaj nâslalo, garjebhâylo, adhik, agḷo, jâstî, atirekâcho. ‖ *V.* INUTIL. ‖ *s. m.* garaj nâslaleṁ *n.*

Superintendencia, *s. f.* paḷevṇî, dekhrekh, chaukaśî *f.*, kârbhâr *m.*, kâryadarśan; kârbhâryâcheṁ kâm *n.*; kârbhârîkhâṇo *m.*

Superintendente, *s. m.* paḷevṇâr, dekhrekhî, kârbhârî.

Superintender, *v. t. e i.* paḷevuṁk, râkhuṁk, dekhrekh-, chaukaśî karuṁk *(g. do o:).*

Superior, *a.* vaylo, uparcho, uṁchlo; adhik, agḷo, varto, chaḍh, vhaḍlo; pakko, param, śreshṭh. ‖ *s. m.* vhaḍîl, mâlgaḍo; mahaṁt.

Superiora, *s. f.* vhaḍil, maṭhsvâmiṇî, maṭhâdhikâriṇî.

Superiorato, *s. f.* maṭhâdhikâr *m.*, mahaṁtpaṇ *n.*

Superioridade, *s. f.* agḷepaṇ *n.*, adhikây; uṁchây *f.*, vartepaṇ; vhaḍpaṇ, vhaḍlepaṇ, uttaṁpaṇ, śreshṭhpaṇ, chaḍhvaḍh *n.*

Superiormente, *adv.* vaylyân, uparchyân; uttampaṇîṁ, śreshṭhpaṇîṁ, vhaḍlepaṇîṁ.

Superlativamente, *adv.* atiśayârthavâchyân; bhârîṁ chaḍh, śreshṭhpaṇîṁ.

Superlativo, *a.* atiśayârthvâchak; *(fig.)* śreshṭh, param, nissîm. ‖ *s. m.* atiśayârthavâchya *n.* ‖ *No* —, nissîm, bhârîṁ.

Supernal, superno, supero, *a.* vaylo, varto, bhav uṁch, uṁchasth; *(fig.)* *V.* EXCELLENTE.

Superposição, *s. f.* vayr ghâlṇeṁ *n.*

Superpurgação, *s. f.* chaḍh vâhvṇeṁ, -bhâyr jâṇeṁ *n.*

Supersensivel, *a. e s. m.* vishayâṁ varto.

Superstição, *s. f.* atibhakti *f.*, atyâchâr, âchâr *m.*; dharmkhûḷ *n.*; śakunâdiviśvâs *m.*; *(fig.)* chaḍh bârkây, kharây *f.*

Supersticiosamente, *adv.* atibhakten, âchârân; *(fig.)* jabre bârkâyen.

Supersticiosidade, *s. f.* atibhaktibhâv *m.*

Supersticioso, *a.* atibhaktecho, atyâchârî, âchârî, dharmkhuḷo; śakunbhoḷo; *(fig.)* bhav bârîk,- khar.

Superstite, *a. V.* SOBREVIVENTE.

Supersubstancial, *a.* vhaḍe ghaṭṭâyecho, chaḍhâ sârâcho.

Supervacaneo, supervacuo, *a. V.* SUPERFLUO.

Supervenção, superveniencia, *s. f.* mâgîr-, pâṭhî yeṇeṁ *n.*

Superveniente, *a.* mâgîr-, pâṭhlyân yetalo.

Supervivencia, *s. f. V.* SOBREVIVENCIA.

Supervivente, *a. V.* SOBREVIVENTE.

Supetão, *s. m.*: *de* —, *V.* SUBITAMENTE.

Supinação, *s. f.* udhâro paḍṇeṁ *n.*

Supinamente, *adv.* bhârîṁ, jabar.

Supino, *a.* uṁch, ubhâr; udhâro, uṭâṇo; *(fig.)* bhav chaḍh, jabar, bhârî.

Suppedaneo, *s. m.* pâṁysar *m.*, padâsan; *peanha:* peḍ *n.*; *(fig.)* *V.* BASE.

Suppeditar, *v. t. V.* SUBMINISTRAR.

Supplantação, *s. f.* gudhḍâvṇî, mastaṇî, mâḍauṇî *f.*; śevṭiṇeṁ *n.*, âpaṭṇî jikṇî *f.*

Supplantador, *a. e s. m.* mastilalo; jiktalo.

Supplantar, *v. t.* gudhḍâvuṁk, mastuṁk, mâḍauṁk, pâṁyâṁ taḷâ ghâluṁk; bhûṁy uḍauṁk, śevṭuṁk; varto jâvuṁk *(d. do o.)*, vâjvaruṁk *(d. do o.)*, jikuṁk; *(fig.)* *V.* HUMILHAR.

Supplementar, supplementario, *a.* bharîcho, bhartecho, puraunecho.

Supplementarmente, *adv.* bharîk, puraunen.

Supplemento, *s. m.* puraunî, bharaṇ, bhartî, bhar; chaḍhauṇî *f.*; kroḍpatr *n.*

Supplente, *a. e s. m.* bharîcho, vârcho, badlî.

Suppletivo, suppletorio, *a.* bharîcho, bharaṇecho.

Supplica, *s. f.* prârthan, arthan, gârâṇeṁ *n.*, minat, hardâs; arjî, darkhâst *(us. Can.)* *f.*

Supplicação, *s. f.*, **supplicamento**, mâgṇeṁ, prârthan *n.*, vinati *f.*

Supplicado, *a.* mâglalo, prârthlalo. ‖ *s. m.* prativâdî.

Supplicante, *a. e s. m. e f.* mâgtalo, prârthak, prârthî, mâgto, mâgṇâr, mâgṇekâr, arthî, arjîdâr.

Supplicar, *v. t.* mâguṁk, prârthuṁk, arthuṁk, vinauṁk.

Supplicatorio, *a.* mâgṇyâcho, prârthanâcho.

Supplice, *a.* mâgto, mâgtalo, śaraṇagat; mâgṇyâcho, vinatîcho. ‖ *V.* HUMILDE.

Suppliciado, *a. e s. m.* gaḷâr mârlalo; nibar khâst dilalo.

Suppliciar, *v. t.* marṇâchî śikshâ-, jabar khâst divuṁk *(d. do o.)*; *(fig.)* vaḷvaḷâvuṁk, saṁtâpauṁk.

Supplicio, *s. m.* marṇâchî-, kuḍîchî śikshâ *f.*; *(fig.)* vaḷvaḷe, chaḍphaḍe, jerbaṁd; dagd-kashṭ *m. pl.*, ghâs *f.*

Suppontar, *v. t.* (uttrâ poṁdâk) ṭibe ghâluṁk, -mâruṁk.

Suppor, *v. t.* manâṁt yojuṁk,- dharuṁk,- tarkuṁk, bhâvanâ-, kalpanâ karuṁk *(g. do o.)*; kalpuṁk, chiṁtuṁk, samjuṁk, ajmâsuṁk; *inventar:* ghaḍuṁk, rachuṁk; *presuppor:* âsâso dâkhauṁk, dâkhaun divuṁk.

Supportação, *s. f.* sosṇî, ṭâḷṇî; sosṇikây *f.*

Supportar, *v. t.* bhâr ghevuṁk *(g. do o.)*, âpṇâcher ghevuṁk, dharuṁk, saṁbhâḷuṁk, vâhuṁk; *tolerar:* sosuṁk, sosûn ghevuṁk, sahuṁk, kaṁṭhuṁk, niṁduṁk, taḍ kâḍhuṁk *(g. do o.)*; *aguentar:* nistaruṁk, ṭâḷuṁk, toluṁk, niṁduṁk.

Supportavel, *a.* sosûṁ yeso, ṭâḷcho.

Supporte, *s. m.* teṁko *m.*, teṁkî, dharṇî, pustî *f.*, dhiro *m.*

Supposição, *s. f.* kalpanâ, bhâvanâ *f.*, bhâvan *n.*, tark, avâṁko, ajmâs, upanyâs *m.*, ishṭakalpanâ *f.*, yojan *n.*; chiṁtnî, chiṁtnâ, samjaṇî; rachṇî, ghaḍṇî; thâpṇî, ghâlṇî *f.* ‖ *de nome*, phoṭkireṁ nâṁv gheṇeṁ. — *de pessoa*, ekâche svâter dusro ḍâkhauṇeṁ *n.*

Suppositicio, suppositivo, *a.* khupsilalo, kapaṭâcho; phoṭkiro; ḍhoṁgî.

Suppositorio, *s. m.* bhoṁkâṁt ghâlcheṁ okhat *n.*

Supposto, *a.* dharlalo, kalpilalo, kalpit; phoṭkiro, kuḍo, ḍhoṁgâcho. ‖ — *que*, dharûn, samjûn. ‖ *s. m. V.* SUBSTANCIA *e* SUPPOSIÇÃO.

Suppressão, *s. f.* mekhṇî, kâḍhṇî, moḍṇî *f.*, bhaṁg, vidhvaṁs *m.*, radd; *(med.)* baṁd jâṇeṁ *n.*, thâṁbṇî *f.*, avrodh *m.* ‖ *V.* OMISSÃO.

Suppressivo, suppressorio, *a.* radd karcho, kâḍhûn uḍauṁcho.

Suppridor, *a. e s. m.* purauṇâr, bhartalo, bhar kartalo.

Supprimento, *s. m.* purauṇî, bhar *f.*, purvaṇ *n.* ‖ *V.* EMPRESTIMO.

Supprimir, *v. t.* kâḍhuṁk, kâḍhûn uḍauṁk, radd karuṁk, kâtruṁk; daḍpâvuṁk, jirauṁk, khâvuṁk, lipauṁk. ‖ *V.* ANNULLAR.

Supprir, *v. t.* bharuṁk, purauṁk, purvaṇ karuṁk *(g. do o.)*; *substituir:* badli-, pâḷî karuṁk *(g. do o.)*, svâter âsuṁk, -râvuṁk *(g. do o.)*; *prover:* garaj karuṁk *(g. do o.)*, (jâyteṁ) divuṁk, saṁjauṁk, saṁrakshuṁk. ‖ *v. i.* upkârâk yevuṁk,- paḍuṁk, garjek pâvuṁk, lâbhuṁk; *acudir:* pâvuṁk, âdhâr-, majat divuṁk; *fazer as vezes:* pâḷî karuṁk; *substituir-se:* âple badlek davruṁk, -divuṁk; *subrogar-se:* badal karuṁk.

Supprivel, *a.* purauṁ yeso, bhar âslalo, bharaṇecho; okhat-, upây âslalo, ilâjâcho.

Suppuração, *s. f.* pikṇeṁ *n.*, puḷevṇî, puvaḷṇî *f.*

Suppurante, *a.* puleṇâ âylalo.

Suppurar, *v. i.* pikuṁk, puleṇâ yevuṁk, pulevuṁk, puvaḷuṁk.

Suppurativo, *a.* puleṇâ hâḍcho, pikauṁcho. ‖ *s. m.* pulâvuṁcheṁ okhat, pulaṇ *n.*

Suppuratorio, *a. V.* SUPPURATIVO.

Supputação, *s. f. (desus.) V.* COMPUTO.

Supputar, *v. t. (desus.) V.* CALCULAR.

Supra, *pref.* vayr, upar.

Supracitado, *a.* vayr sâṁglalo,-khuṇâylalo.

Supradicto, *a. V.* SOBREDICTO.

Supranatural, *a. V.* SOBRENATURAL.

Supranaturalismo, *s. m.* sayaṁbhâvartepaṇ, adbhutamat *n.*

Supranumerado, *a.* vayr âṁklalo.

Supranumerario, *a* lekhâbhâyḷo, adhik, agḷo.

Suprasensivel, *a. V.* SUPERSENSIVEL.

Supremacia, *s. f.* mukhelîpaṇ *n.*, mukhyatâ, pradhânkî *f.*, prâdhânya, pailepaṇ, vartepaṇ, śreshṭhpaṇ *n.*

Supremo, *a.* saglyâṁ uṁch, -varto, mukhelî, param, śreshṭh, pradhân, mukhya, saṁpûrṇ; *divino:* Devâcho, svargâvaylo; *ultimo:* nimâṇo, śevaṭâcho. ‖ *Dia* —, nimâṇo dìs. *Hora suprema*, marṇâchî ghaḍî. *Ser* —, paraméśvar, sarveśvar *ou* sarveśpar.

Sura, *s. f.* sûr *f.*

Surdamente, *adv.* muṁkepaṇiṁ; choryâṁ, guptîṁ, guptpaṇîṁ.

Surdear, *v. i.* bherepaṇ ghevuṁk, bhero kaso disuṁk.

Surdez, *s. f.* bherepaṇ, bahirepaṇ, kepepaṇ *(us. Can.) n.*

Surdina, *s. f.* sûr-, nâd devauṁcheṁ yaṁtr, svaramaṁdakaraṇayaṁtr *n.* ‖ *Á* —, gapchip, bhitarlyâbhitar, pâṁval vâjai nâstânâ.

Surdir, *v. i.* bhitarlo saruṁk; bhâyr yevuṁk, dishṭî paḍuṁk, disuṁk; udkâṁtlo vayr yevuṁk, uphevuṁk; hâṁkâroṁk, (târûṁ) chaluṁk; *(fig.) V.* PROVIR.

Surdo, *a.* bhero, bahiro, kepo *(us. Can.)*; bherḍo, bahirâṭ *(dim.)*; *pouco sonoro:* gunguṇît, muṇmuṇît; *silencioso:* muṁko; *secreto:* gupto; *(fig.) V.* INEXORAVEL. ‖ *Á surda ou ás surdas*, lipaun, bhitarlyâbhitar, guptîṁ.

Surdo-mudo, *a. e s. m.* bhero âni mono.

Surgidoiro, *s. m. V.* ANCORADOIRO.

Surgir, *v. i. (naut.)* taḍîk-, baṁdrâk pâvuṁk, nâṁgar uḍauṁk; *vir ao lume da agua:* udkâr yevuṁk, uphevuṁk; *apparecer:* dishṭî paḍuṁk; *elevar-se:* ukloṁk, ubhâroṁk; *chegar:* pâvuṁk, yevuṁk; *crescer:* vhaḍlo jâvuṁk, vâḍhuṁk; *accordar:* jâgo jâvuṁk, uṭhuṁk. ‖ — *á mente*, ughḍâs yevuṁk *(g. do s.)*, manâṁt yevuṁk.

Suro, *a.* śeṁpḍî nâslalo, lâṁḍo.

Surprehendente, *a.* gap kan jâlalo, avchitt, akaḷît; ajâpâṁcho, navlâṁcho, vîparît. ‖ *V.* EXCELLENTE.

Surprehendentemente, *adv.* navlâṁnîṁ, chokhaṭâyen.

Surprehender, *v. t.* gamai-, kaḷai nâstânâ dharuṁk, avchitt-, akasmât yevuṁk,- paḍuṁk *(l. sup. do o.)*; choryâṁ-, nâḍiṁ sâṁpḍâvuṁk; *(fig.)* *V.* ESPANTAR.

Surpresa, *s. f.* avchitt dharṇeṁ *n.*, avchittây; thaṭâkṇî, halkaṁḍṇî *f;* ajâp, acharyeṁ, kautûk, adbhut *n.* ‖ *De* —, avchitt, akasmât, kaḷa nâstânâ.

Surpresar, *v. t. V.* SURPREHENDER.

Surpreso, *a.* avchitt dharlalo; chaklalo, kalkallalo.

Surra, *s. f.* mâr *m.*, baḍauṇî, phâpâvṇî *(us. Sal.) f.*

Surrado, *a.* jharlalo, ghâṁslalo; parṇo, juno.

Surrador, *a. e s. m.* châmâṁ kamâylalo, châmhâr.

Surramento, *s. m.* kamâvṇî, râṁpauṇî *f.*

Surrão, *s. m.* châmḍyâchî bhutî, -poti *f.;* juner *n.*

Surrar, *v. t.* (châmâṁ) kamâvuṁk, râṁpauṁk, * kurkurâvuṁk; mâruṁk, baḍauṁk, phâpâvuṁk. ‖ *v. r.* jharuṁk, ghâṁsoṁk.

Surratear, *v. t. V.* SURRIPIAR.

Surrateiro, *a. V.* SORRATEIRO.

Surriada, *s. f.* śiḷkî *f.* ‖ *V.* ASSUADA.

Surriba, *s. f.* âḷeṁ *n.*

Surribar, *v. t.* âḷeṁ mâruṁk *(d. do o.)*, mûḷ ustuṁk *(g. do o.)*.

Surripiar, *v. t.* choruṁk, sutlâvuṁk, kâḍhuṁk, sutlî-, biḍkî-, hât mâruṁk *(d. do o.)*, bûṭ lâvuṁk *(d. do o.)*.

Surtida, *s. f. V.* SORTIDA.

Surtir, *v. t.* jâvuṁk *(d. ou g. do s., s. do o.)*, nipjâvuṁk, upjauṁk. ‖ *v. i.* phaḷuṁk, phaḷ yevuṁk *(g. do s.)*, guṇ paḍuṁk *(d. do s.)*, upjuṁk, nipjuṁk; phaḷ-, guṇ kâḍhuṁk.

Surto, *a.* baṁdrâṁt âylalo, nâṁgar ghâlalo. ‖ *s. m.* uḍṇî *f.*

Sus! *int.* khabardâr!

Susceptibilidade, *s. f.* grahaṇaśakti, vedanakshamatâ *f.*, lâgrepaṇ, duḥkhrepaṇ; râgîpaṇ, sovḷepaṇ, komaḷpaṇ *n.* ‖ *V.* IDIOSYNCRASIA.

Susceptibilizar-se, *v. r.* rusuṁk, kurmuruṁk, râgâr jâvuṁk.

Susceptivel, *a.* ghevûṁ yeso, jâvûṁ yeso, grâhî; lâgro, duḥkhro; komaḷ, sovḷo, râgî.

Suscitação, *s. f.*, **suscitamento**, *s. m.* upjauṇî, uṭhauṇî; chetauṇî; sûchanâ *f.*

Suscitador, *a. e s. m.* suchaitalo, sûchak, huskauṇâr.

Suscitar, *v. t.: fazer nascer:* jâyso karuṁk, uṭhauṁk, upjauṁk, nipjâvuṁk; *provocar:* hâḍuṁk, huskauṁk, araṁbh-, nimitt divuṁk *(d. do o.)*; *oppor:* âḍ karuṁk,- hâḍuṁk, mukhâr ghâluṁk; *excitar:* chetauṁk, uṭhauṁk, huskauṁk. ‖ *V.* SUGGERIR.

Suserania, *s. f.* râjâdhirâjpaṇ; râjeṁdrarâjya *n.*

Suserano, *s. m.* râjâdhirâj, râjeṁdr. ‖ *a.* râjeṁdrâcho.

Suso, *prep. (desus.)* vayr; âdîṁ; pâṭhî.

Suspeição, *s. f.* nîtidârâchyâ dharmanyâyâcho dubhâv *m.*

Suspeita, *s. f.* suspet *f.*, dubhâv, saṁśay, vikalp, saṁdeha *ou* saṁdhev, kubhâv *m.*, gumân *n.*, śaṁkâ *f.* ‖ *Lançar suspeitas*, dubhâv dharuṁk, vâyṭ chiṁtuṁk.

Suspeitador, *a. e s. m.* dubhâv dhartalo, gumânî, saṁśayî.

Suspeitar, *v. t.* manâṁt yevuṁk,- riguṁk *(g. do s., s. do o.)*, dharuṁk, huṁguṁk, kalpanâ-, bhâvanâ karuṁk *(g. do o.)*; gaṇuṁk, lekhuṁk. ‖ *v. i.* dubkâv-, śaṁkâ âsuṁk *(d. do s.)*, dubhâvoṁk, śaṁkuṁk, duḥśvâsuṁk.

Suspeito, *a.* aviśvâsâcho, śaṁkecho, dubhâvâcho; pârko, pâtyevûṁ najo âslalo; kharo-, nîj disa nâslalo. ‖ *Dar por* —, viśvâsâcho nay mhaṇ kaḷauṁk. *Andar* —, dubhâv dharuṁk, śaṁkâ âsuṁk *(d. do s.)*. *Porto* —, piḍâ paḍlyâseṁ distaleṁ baṁdar; *(fig.)* khareṁ-, bareṁ kûḷ nay âslalo.

Suspeitosamente, *adv.* aviśvâsân, śaṁken.

Suspeitoso, *a.* saṁśayî, śaṁkî, gumânî. ‖ *V.* SUSPEITO.

Suspender, *v. t.* lâṁbauṁk, umkaḷâvuṁk; thâṁbauṁk, khaḷauṁk; *fazer parar:* puro-, baṁd-, manâ karuṁk, râvauṁk; *adiar:* phuḍe davruṁk,- vharuṁk; *retardar:* pâṭhî davruṁk; *privar do cargo:* suspeṁs-, amânat karuṁk; *ter em suspensão:* dubhâvâr davruṁk. ‖ — *a ancora*, nâṁgar ukluṁk. — *as armas*, sallo karuṁk. — *os pagamentos*, divâḷeṁ kâḍhuṁk. ‖ *v. r.* umkaḷuṁk, umkaḷ mâruṁk, lâṁbuṁk; thâṁbuṁk, baṁd jâvuṁk; râvuṁk, uruṁk. ‖ — *dos labios de alguem*, chittân-, hurbhen âykuṁk.

Suspensão, *s. f.* umkaḷ *f.*, lâṁbaṇ *n.;* thâṁbṇî, khaḷṇî, mahakubî; manây *f.*, puro karṇeṁ,- jâṇeṁ; **suspeṁsâṁv**, amânatpaṇ *n.; incerteza:* aniśchay, vikalp, ḍubḍubo *m.* || *V.* PAUSA e ENLEIO. || — *de armas, V.* ARMISTICIO.

Suspensivo, *a.(for.)* thâṁbauṁcho, baṁd davarcho.

Suspenso, *a.* lâṁbto, umkalto; thâṁblalo, baṁd-, manâ jâlalo, mahakûb; *irresoluto:* ḍaṁḍaḷît, athîr, adhîr. || *Phrase suspensa,* ardhyâ arthâcheṁ vachan.

Suspensorio, *a.* baṁd karcho. || *s. m.* suspeṅsor *m.*

Suspicaz, *a. V.* SUSPEITOSO.

Suspirado, *a.* atrekâṁcho.

Suspirador, *a. e s. m.* suskârtalo; atrektalo.

Suspirar, *v. t.* suskârûn mhaṇuṁk; atrekuṁk *(d. do o.).* || *v. i.* suskâruṁk, uchchhvâsuṁk *ou* usâsuṁk, huskâruṁk, suskâr soḍuṁk. || *V.* SUSSURRAR. || — *por,* atrekuṁk, hudhuduṁk, âṁvḍhevuṁk.

Suspiro, *s. m.* uchchhvâs *ou* usâs, suskâr, huskâr *m.* || *V.* ESPIRACULO. || *Dar o ultimo* —, prâṇ soḍuṁk. — *dos jardins (bot.),* mereṁḍ *f.*, eṁdraks *m.*

Suspiroso, *a.* suskârâṁcho; atrekâṁcho.

Sussurrante, *a.* sursurît, jhiṇjhiṇît, saḷsaḷît.

Sussurrar, *v. i.* sursuruṁk, sarsaruṁk, saḷsaḷuṁk, jhiṇjhiṇuṁk, phusphusuṁk, kurkuruṁk; gujgujuṁk, guṇguṇuṁk, muṇmuṇuṁk.

Sussurro, *s. m.* sursur, sarsaro, saḷsaḷo, karkar *m.*, kurkur; gâḍgûḍ, kâṇkûṇ *n.*, gujguj *n. ou f.*, guṇguṇî, jâg *f.*

Sustancia, *s. f. V.* SUBSTANCIA.

Sustar, *v. t. e i.* baṁd-, manâ karuṁk, thâṁbauṁk, khaḷauṁk.

Sustatorio, *a.* manâ karcho, thâṁbauṁcho.

Sustentação, *s. f.* posṇî *f.*, pratipâḷ, saṁbhâḷ *m.*, anndân *n.* || *V.* SUSTENTO e SUSTENTACULO.

Sustentaculo, *s. m.* âdhâr, teṁko, dhiro *m.*, dhâraṇ *n.*; dhîr, dâṁḍo, âsar *m.* || *V.* FUNDAMENTO.

Sustentador, *a. e s. m.* postalo, posṇâr, pratipâḷak; âskârî, âdhârî. || *V.* NUTRITIVO.

Sustentamento, *s. m. V.* SUSTENTAÇÃO.

Sustentante, *a.* postalo, pâḷak.

Sustentar, *v. t.* dharuṁk, vâhuṁk, âdhâr-, âsar divuṁk *(d. do o.); amparar:* teṁko divuṁk *(d. do o.),* paḍuṁk nâ divuṁk; *escorar:* digî mâruṁk *(d. do o.); conservar:* jagauṁk, saṁbhâḷuṁk, ṭhevuṁk; *alimentar:* posuṁk, saṁbhâḷuṁk, saṁbhâḷ karuṁk *(g. do o.),* bâḷguṁk, lahân-vhaḍ karuṁk; *emparelhar:* toluṁk, ṭâḷuṁk, sarî jâvuṁk *(d. do o.); ajudar:* saṁbhâḷuṁk, râkhuṁk; *animar:* baḷ-, trâṇ divuṁk; *supportar:* ṭâḷuṁk, niṁduṁk, âsrâvuṁk; *conservar:* chalauṁk, jagauṁk, saṁbhâḷuṁk; *resistir:* phuḍo karuṁk *(d. do o.),* nistaruṁk; *pelejar por.:* jujuṁk *(ab. do o.),* hatyârâṁnîṁ saṁbhâḷuṁk; *tomar a defesa de:* râkhuṁk, âdhâr divuṁk *(d. do o.); defender com razões:* susteṁtâr-karuṁk, purauṁk, sthâpuṁk, pratipâduṁk; *certificar:* bhâsuṁk, bhâsûn sâṁguṁk, thirâvuṁk. || *v. r.* ghaṭṭ râvuṁk, thiruṁk, tharuṁk; chaluṁk, jaguṁk, taguṁk; jiyevuṁk, poṭ bharuṁk.

Sustentavel, *a.* târûṁ yeso, pratipâḷuṁcho.

Sustento, *s. m.* susteṁt, âhâr *m.*, ann, annpâṇî, posaṇ, udarposhaṇ, khâṇ, khâṇ-jevaṇ, bhojan, upajîvan *n.*, paḍ; jagauṇî *f.*, saṁbhâḷ *m.* || *V.* ARRIMO.

Suster, *v. t.* dharuṁk, vâhuṁk, saṁbhâḷuṁk, ghaṭṭ dharuṁk; *refrear:* âṭpuṁk, dâmûn dharuṁk, daḍpâvuṁk; *oppor-se a:* nistaruṁk, loṭuṁk. || *V.* ALIMENTAR. || *v. r.* ghaṭṭ-, thîr râvuṁk, thiruṁk; *ter-se em pé:* ubho râvuṁk; *conter-se:* damuṁk, âṭpoṁk, bâḍguṁk. || *V.* PARAR.

Sustimento, *s. m.*, **sustinencia,** *s. f. (desus.)* ghaṭṭ râvṇeṁ *n.*, thirṇî, tharṇî *f.*; kharchâche duḍû *m. pl.*

Sustinente, *a. (desus.)* dhartalo, saṁbhâḷtalo.

Susto, *s. m.* bhedro, dachko *m.*, dhâstî *f.*; husko, dhaḍdhaḍo *m.*

Susueste, *s. m.* âgyeṁ vâreṁ *n.*

Susurro, *s. m. V.* SUSSURRO.

Suta, *s. f.* guṇo *m.*

Sutache, *s. m. ou f. V.* SOTACHE.

Sutura, *s. f.* śivaṇ, kaḷâśî, saṁdhi *f.*

Sutural, *a.* śivṇecho, saṁdhîcho.

Suxar, *v. t. (ant.) V.* AFROUXAR.

Suxo, *a. (ant.) V.* BAMBO.

Sybarita, *a. e s. m. e f. (fig.)* vishayî, bhogî, chaṁdanahausî, kâmî.

Sybaritico, *a.* vishayî, bhogâcho.

Sybaritismo, *s. m.* vishayyâchî daśâ,- jîṇ *f.*

Sycophanta, *s. m.* parivâdî, chahâḍyo, lachâṁḍî. || *V.* PATIFE.

Syllaba, *s. f.* sîlb, akshar *ou* akher *n.* || — *breve,* laghvakshar. — *composta,* joḍâkshar. — *longa,* dîrghâkshar.

Syllabação, *s. f.* aksharâṁnîṁ vâchneṁ *n.*

Syllabada, *s. f.* svarâchî chûk *f.*, aksharabhram *m.*

Syllabario, *s. m.* beâhâ *m.*, bârâkhaḍî *f.*

Syllabicamente, *adv.* aksharâṁnîṁ, aksharîṁ.

Syllabico, *a.* aksharâcho, aksharî, akherî.

Syllabus, *s. m.* sarâṁś, sârgraṁth *m.*

Syllogismo, *s. m.* nyây, avayavî *m.*

Syllogistico, *a.* nyâyâcho, nyâyî.

Syllogizar, *v. t.* nyâyân tarkuṁk. ‖ *v. i.* nyây karuṁk.

Sylphide, *s. f.*, **sylpho**, *s. m.* parî, tanvaṁgî.

Symbolica, *s. f.* chihnavidyâ *f.*

Symbolicamente, *adv.* chihnyâṁnîṁ, khuṇâṁnîṁ.

Symbolico, *a.* chihnyâcho, khuṇâcho, lâkshaṇik, sâṁketik.

Symbolismo, *s. m.* chihnataṁtr *n.*; lakshaṇavidyâ *f.*

Symbolização, *s. f.* khuṇâṁṇîṁ dâkhauṇeṁ, chihnadarśan *n.*

Symbolizador, *a. e s. m.* niśâṇiyâṁnîṁ dâkhaitalo, khuṇâvṇâr.

Symbolizar, *v. t.* lakshaṇâṁnîṁ arthuṁk, chihnyâṁnîṁ dâkhauṁk; khûṇ-, niśâṇî jâvuṁk,- vartuṁk *(g. do o.)*. ‖ *v. i.* khuṇâṁnîṁ ulauṁk va barauṁk.

Symbolo, *s. m.* chihṇeṁ, khûṇ, lakshaṇ *ou* lakheṇ, vyaṁjan *n.*, kurû, niśâṇî *f.*, dhvaj, gurt *(us. Can.)*; bhâvârthsâr *m.*, bhâvârthpaddhati *f.* ‖ — *apostolico*, sat-mâṁtâṁ *f.*

Symetria, *s. m.* saṁyog *m.*, âkârśuddhi, barâbarî *f.*; *(fig.)* *V.* HARMONIA.

Symetricamente, *adv.* saṁyogân.

Symetrico, *a.* saṁyogâcho, âkârśuddh, barâbar, sârko, sâmko; *(fig.)* sutrî, kramik.

Symetrizar, *v. t.* saṁyog karuṁk *(g. do o.)*, jaḍuṁk, saṁyogân. karuṁk. ‖ *v. i.* lâguṁk, jaḍoṁk.

Sympathia, *s. f.* vaṁdavṇî, kal *f.*; vaḷan *n.*, moypâs *m.*, aprûbây *f.*; dusryâcheṁ sukhduḥkh bhogṇeṁ,- âsneṁ *n.*, kaṇvâḷây *f.*, kaḷvaḷo *m.*

Sympathicamente, *adv.* moypâsân; kâḷvaḷyan.

Sympathico, *a.* moypâsâcho, kaṇvâḷâyecho, aprûbâyecho, aprûb, dulabh, priya. ‖ *V.* SYMPATHIZANTE.

Sympatizante, *a.* sukhduḥkh âslalo, kanvâḷo, samduhkhî.

Sympathizar, *v. i.* kaṇvâḷuṁk, aprûbây disuṁk *(d. do s.)*, kâḷij vaḷoṁk,- oḍhoṁk *(g. do s.)*.

Symphonia, *s. f.* svarmeḷ *m.*, tânmân; saṁgît *n.*

Symphonista, *s. m. e f.* saṁgît ghaḍtalo,- kartalo.

Symptoma, *s. m.* piḍecheṁ khûn, roglakshaṇ; khûn, lakshaṇ *ou* lakheṇ, chihneṁ, sûchak, rûpak *n.*, niśâṇî *f.*, gurt *(us. Can.)* *m.*

Symptomatico, *a.* khuṇâcho, sûchak. ‖ *Doença symptomatica*, dusre piḍecheṁ khûṇ.

Symptomatologia, *s. f.* roglakshaṇataṁtr *n.*

Symptose, *s. f.* *V.* ATROPHIA.

Synagoga, *s. f.* judevâṁchî bhajaṇsabhâ *f.*, -devasthân *n.*

Synalepha, *s. f.* saṁdhi *f.*

Synallagmatico, *a*: *contracto* —, parasparâ kâydyâcho khaṁḍ,- karâr *m.*

Synchronico, **synchrono**, *a.* ekâ kâḷâcho, ekkâlik, saṁkâlî, saṁkâlik. ‖ *Methodo* —, saṁkâlik kram.

Synchronismo, *s. m.* saṁkâlîpaṇ, ekkâlikpaṇ *n.*, yog *m.*

Synchronista, *a. e s. m. e f.* saṁkâlikkramânusârî.

Synchronizar, *v. t.* saṁkâlikkramân kathuṁk, -varṇuṁk.

Synchyse, *s. f* *(gram.)* uttrâṁcheṁ charbaṭ *n.*

Syncopal, *a.* jhiṁṭîcho.

Syncopar, *v. t.* (madhleṁ akshar) kâḍhuṁk, toḍuṁk; *(fig.)* kâtruṁk, uṇâvuṁk, deṁvauṁk.

Syncope, *s. f.* *(med.)* jhiṁṭ, ghuṁvaḷ, ghâytaḷ *f.*; *(gram.)* madhyâksaralop *m.*

Syncopizar, *v. i.* jhiṁṭ mâruṁk *(d. do s.)*. ‖ *v. t.* jhiṁṭ hâduṁk,- yesî karuṁk *(d. do o.)*.

Syncraneano, *a.* *(anat.)* vaylyâ dâḍhmaṇâcho.

Syncretico, *a.* nânâmatasaṁyogâcho.

Syncretismo, *s. m.* nânâmatasaṁyog *m.*

Synderese, *s. f.* aṁtashkarṇâcho kiḍo *m.*

Syndesmographia, **syndesmologia**, *s. f.* *(anat.)* saṁdhibaṁdhanataṁtr *n.*

Syndesmotomia, *s. f.* *(anat.)* saṁdhibaṁdhanachhedan *n.*

Syndicação, **syndicancia**, *s. f.* chaukaśî, tapâsṇî, vâjpuśî *f.*

Syndicado, syndicato, *s. m.* chaukasdârâchem kâm *n.*

Syndicante, *a. e s m.* chaukasdâr, tapâsî.

Syndicar, *v. t. e i.* chaukaśî-, tapâs karumk *(g. do o.)*, chaukasumk, tapâsumk.

Syndico, *s. m.* vakîl; chaukasdâr.

Synedoche, *s. f.* upalakshan *n.*

Synerese, *s. f. (gram.)* aksharasaṁdhi *f.*

Synhedrim, synhedrio, *s. m.* judevâṁchî dharmasabhâ *f.*

Synodal, synodico, *a.* dharmâdhyakshasabhecho.

Synodo, *s. m.* dharmâdhyakshasabhâ, parshad *f.*

Synonymia, *s. f.* samârthpaṇ, śabdasâmya *n.*

Synonymica, *s. f.* samânârthavidyâ *f.*

Synonymico, *a.* samânârthâcho, upaśabdâcho.

Synonymo, *a.* ekâ arthâcho, ekârth, samârth, samânârthak. ‖ *s. m.* ekârth, samânârth, upaśabd *m.*

Synopse, *s. f.* tarjumo, gośvâro, saṁkshep *m.*

Synoptico, *a.* tarjumyâcho, saṁkshipt.

Syntactico, *a.* vâkyarachnecho, vâkyayojanecho.

Syntagma, *s. m. V.* COLLECÇÃO.

Syntaxe, *s. f.* vâkyarachnâ, vâkyayojanâ, śabdarachnâ, padarachnâ *f.*; padarachnagraṁth *m.*

Synthese, *s. f.* saṁyog *m.*, saṁyojan *n.*; *(fig.) V.* RESUMO.

Syntheticamente, *adv.* saṁyogân.

Synthetico, *a.* saṁyogâcho, saṁyogrûp.

Synthetizar, *v. t.* saṁyog karumk *(d. do o.)*, saṁyojumk; *(fig.) V.* RESUMIR.

Syphilis, *s. f.* garmî *f.*, kurmet *n.*, bhâylî piḍâ *f.*

Syphilitico, *a.* kurmetâcho; bhâylî piḍâ lâglalo.

Syrtes, *s. m. pl.* bhâṭyo *f. pl.*; *(fig.) V.* PERIGO.

Systaltico, *a.* hṛitpiṁḍasaṁkochâcho.

Systema, *s. m.* bet *m.*, anusaṁdhân *n.*, maslat *f.*, sâṁcho, nakśo; *methodo:* kram, anukram *m.*, paripâṭî, paraṁparâ, paddhat; *modo:* rît, parî *f.*, prakâr *m.*; *habito:* châl, saṁvay; *(anat.)* śarîrprakṛiti *f.*, śarîr *n.* ‖ *Por —*, châlîn; chimtûn, nihâḷûn.

Systemar, *v. t. V.* SYSTEMATIZAR.

Systematicamente, *adv.* betân, paripâṭen.

Systematico, *a.* betâcho, kramâcho; *(fig.)* kramân-, rîtîn kartalo, niyamî.

Systematização, *s. f.* kram-, bet karṇeṁ *n.*

Systematizar, *v. t.* anukramâr hâḍumk, -ghâlumk, kram karumk *(g. do o.)*, anukramumk.

Systolar, systolico, *a.* hṛitpiṁḍasaṁkochâcho.

Systole, *s. f.* hṛitpiṁḍasaṁkoch *m.*

T

T, *m.* visveṁ akshar *(t, fem.)*.

Tá, *int.* bas! puro! davar teṁ!

Tabacal, *s. m.* pânâcho maḷo *m.*

Tabacaria, *s. f.* pânâcho pasro *m.*

Tabaco, *s. m.* pânâcheṁ jhâḍ; pân, oḍhcheṁ pân *n.*, dhuṁkṭî *(us. Sal.) f.*, taṁbâkû *(us. N. C.) m.*, dhuvarpân *(us. Can.) n.*; dhumṭî, pûḍ, chimṭî *f.*, tapkîr *(— em pó)*. ‖ *Talo de —*, deṁṭo *m.* *Fumar ou cheirar —*, oḍhumk.

Tabaquear, *v. i.* dhumṭî oḍhumk. ‖ *v. t.* oḍhumk. ‖ *— o caso*, dhumṭî oḍhûn âykumk.

Tabaqueira, *s. f.* dhumṭechî bûl,-ḍabî *f.*, tapkîr *m.* ‖ -s, *pl.*, nâkâche pûḍ *m. pl.* ‖ *Ir ás — de alguem*, ek vâjaumk, ek oḍhûn divumk.

Tabaqueiro, *a. e s. m.* dhumṭî kartalo, -oḍhtalo. ‖ *Lenço —*, dhumṭecho leṁs *m.*

Tabaquista, *s. m. e f.* chaḍh dhumṭî oḍhtalo, puḍîcho dhagaḍ.

Tabardilho, *s. m.* kâḷjar *m.*

Tabardo, *s. m. (ant.)* ghoṁgḍî, ghoṁgrupe *f.*

Tabaréo, *s. m.* kachcho śipây; *(fig.)* boṁtho vâvrâḍî.

Tabaxir, *s. m.* darjyâchî khaḍî, tavkhîr *f.*

Tabefe, *s. m.* tâṁtyâṁ âni sâkrîn śijailaleṁ dûdh *n.*; dudhâcho kâlo *m.*; *(fig.)* lâtaḍ, thâpaṭ *n.*

Tabella, *s. f.* paṭṭî, śivḍî *f.* ‖ *Por —*, âḍveṁ, uphrâṭeṁ.

Tabelliado, *s. m. V.* TABELLIONADO.
Tabellião, *s. m.* tâbelyâṁv *ou* tablyâṁv, dabîr *(p. us.)*, * chitragupt.
Tabellioa, *a.: lettra* —, moṭîṁ aksharâṁ *n. pl.*
Tabellionado, tabellionato, *s. m.* tablyâṁvâcheṁ kâm, dabîrpaṇ *n.*
Taberna, *s. f.* dukân, gaḍaṁg *(us. Can.) n.*
Tabernaculo, *s. m.* tâbernâkl, devmaṁḍap *m.; (fig.) V.* RESIDENCIA.
Tabernal, *a.* dukânâcho; *(fig.) V.* SUJO.
Tabernario, *a.* dukânâcho; *(fig.)* dukânkârâcho.
Taberneiro, *s. f.* dukânkâr; *(fig.)* meḷo manis.
Tabi, *s. f.* lahari tâphtâ *m.*
Tabica, *s. f.* chirchyâ lâṁkḍâcheṁ pâchâreṁ *n.*
Tabicar, *v. t.* pâchâreṁ mâruṁk *(d. do o.).*
Tabido, *a.* kuslalo, saḍlalo, saḍo.
Tabifico, *a.* kusauṁcho.
Tabique, *s. m.* kâṁbiṁ âni chunyâchî vaḷaṁt *f.* ‖ *V.* DIVISORIA.
Tabizar, *v. t. V.* ONDEAR.
Tabla, *s. f. V.* CHAPA.
Tablado, *s. m.* raṁg; maṁch *m.*
Taboa, *s. f.* phaḷeṁ *n.*, phaḷî *f.*, takto *m.: quadro de pintura:* chitr *n.; indice:* jaṁtrî, sûchî *f.*, paribhâs; *mappa:* nakśo *m.; mesa:* mej *n.* ‖ *Taboas da lei:* Moyjeche paṭe *m. pl.* — *rasa (fig.)*, doḍo-, kachcho manîs. — *de salvação (fig.)*, ilâj, upây *m.*
Taboada, *s. f.* tabâd *m.*, âṁkjâḷ *n.*, sârṇî *f.* ‖ *V.* INDICE.
Taboado, *s. m.* phaḷyâṁchî râs *f.;* jaḍlaḷiṁ phaḷiṁ *n. pl.*
Taboão, *s. f.* tabâṁv *m.*, moṭeṁ phaḷeṁ *n.*
Taboinha, *s. f.* phaḷî *f.*
Tabola, *s. f.* tâbl *n.*, kheḷchî ghulî *f.*
Tabolado, *s. m.* phaḷyâṁcho âḍo *m.;* taktpośî *f.*
Tabolagem, *s. f.* kheḷâcheṁ ghar *n.*
Tabolão, *s. m.* sonârâcho mâṁḍ *m.*
Tabolar, *a.* phaḷyâcho; nakśyâcho.
Taboleiro, *s. f.* tabler, chaupaṭ, paṭ *m. ou f.* ‖ *V.* PATAMAR. ‖ — *de jardim*, khâṁḍoḷeṁ, khâṁḍoḷ, âyaṇ *n.*
Taboleta, *s. f.* takto *m.*, dhajâ, pâṭî *f.;* mâṁḍ *m.; (fig.) V.* SIGNAL.
Tabu, *s. m. (brasil.)* olî sâkar *f.*
Tabúa, *s. f. (bot.)* lahvî *f.* ‖ *Vá á* —, oṁvâḷon-, balâv ghevûn vach.
Taburno, *s. m.* pâṁvḍo *m.*
Taça, *s. f.* pâtr, pivaṇpâtr, kop *(do port. copo) n.*
Tacada, *s. f.* koyaṁḍyâcho phâr *m.*
Tacanhamente, *adv.* daḷdirân, kâṁjûspaṇîṁ.
Tacanharia, tacanhice, *s. f.* daḷidr *ou* daḷdir, luṁchepaṇ, kâṁjûspaṇ, bhikârpaṇ *n.*
Tacanhear, *v. i.* bhikârbhâso karuṁk; nâḍî ghâluṁk.
Tacanho, *a.* daḷdiro *ou* daḷidro, bhikârḍo, kâṁjûs, luṁcho, châṭo; kirkoḷ, halko. ‖ *V.* VELHACO.
Tacaniça, *s. f.* pâkheṁ *n.*
Tacão, *s. m.* mochyâchî khoṭ *ou* khoṁṭ *f.*, khûr *m.*, * châmâchî châklî *f.*
Taceira, *s. f.* sonârâcho mâṁḍ *m.*
Tacha, *s. f.* khat, kaḷaṁk *n.;* bârîk khiḷo *m.*, gulmekh; *(fig.)* khoḍ *f.*, aguṇ, nirguṇ, aib *m.* ‖ *Pôr* —, khoḍî kâḍhuṁk.
Tachada, *s. f.* kâhilbhar *f.*
Tachador, *a. e s. m.* khoḍî kâḍhtalo.
Tachão, *s. m.* moṭî gulmekh *f.*
Tachim, *s. m.* pustakâchî potî *f.*
Tachinha, *s. f.* bârîk gulmekh *f.*
Tacho, *s. m.* kâhil, kaḍhaî, tavlî *f.*, kuṁḍleṁ *n.*
Tachonar, *v. t.* gulmekhiṁnîṁ saṁjaṁṁk; *(fig.) V.* MESCLAR.
Tachygraphia, *s. m.* saṁkshiptalipi *f.*
Tachygraphico, *a.* saṁkshiptalipecho.
Tachygrapho, *s. m.* saṁkshiptalipen baraitalo.
Tacitamente, *adv.* guptîṁ, arthâṁt, uttrâṁviṇeṁ.
Tacito, *a.* nâ uchchârlalo, gupto, arthasiddh, phalit. ‖ *V.* SILENCIOSO.
Taciturnamente, *adv.* muṁkepaṇîṁ, ghûm râvûn.
Taciturnidade, *s. f.* monepaṇ, muṁkepaṇ, ugepaṇ, guptpaṇ *n.*, guptây, gupchupî *f.;* chiṁteshṭpaṇ, kurṭepaṇ *n.*
Taciturno, *a.* mono, muṁko, ugo, gupto, gupît, gupchup; chiṁteshṭ, ghûm, kurṭo.
Taco, *s. m.* koyaṁḍo; choṁbḍo, guḍḍo *m.*, guḍḍî *f.*
Tactear, *v. t.* pośevuṁk, sâṁspuṁk, âphuḍuṁk *ou* âphḍuṁk, hât oḍhuṁk *(l. sup. do o.);* * sparśuṁk; *(fig.)* kaḷâkaḷ ghevuṁk *(g. do o.)*, pusî karuṁk *(g. do o)*, dhuṁḍâḷuṁk. ‖ *V.* ENSAIAR.
Tactica, *s. f.* kavâît, sainyarachnâ; *(fig.)* mâṁḍṇî, hikmat, barkamây *f.*

Tactico, *a.* kavâytecho, sainyarachnecho. || *s. m.* mamdṇekâr, hikmatkâr.

Tactil, *a.* sâmspûm yeso, âphḍumcho; sâmspaṇecho, sparśanâcho.

Tactilmente, *adv.* pośevûn, hât lâvûn.

Tacto, *s. m.* sâmspaṇem, sparśan, sparśemdriya; *percepção:* sparśan, sâmspûn oḷkhaṇem, sparśajñân *n.*; *acto de apalpar:* sâmspaṇî, pośevṇî âphaḍ *f.*, hât lâvṇem, sparśan *n.*; *(fig.)* yukti, kaḷâ, kasab; oḍh, kal *f.* || *Pelo—*, pośevûn, hât lâvûn.

Tactura, *s. f.* sâmspaṇî *f.*, âphuḍṇem *n.*

Taes, *m.* khuro.

Tafetá, *s. m.* tâphetâ, tâphtâ *m.*

Tafia, *s. f.* ushchî pheṇî *f.*

Taful, *a.* alamkârî, ḍaulî, sâjro, lavlavît. || *s. m.* kâsphîs, phaldarây, neṭko, baḍâykhor, phîṭ, komblo *(litt.* GALLISPO), polkîst *(de* POLKA), dâmḍî *(do ingl.* DANDY); jugâdor *(do port.)*, kheḷgar, kheḷâcho dhagaḍ.

Tafular, *v. i.* baḍây-, dabâjo dâkaumk, ḍaul karumk, dâmḍî mârumk, neṭumk, pehrâvumk.

Tafularia, *s. f.* neṭkepan *n.*, pehrâvo *m.*, baḍây, dâmḍî *f.*, polk *n.* || *Casa de —*, kheḷâchem ghar. *Por —*, ḍaulân, dabâjyân, khaspâyen.

Tafulhar, *v. t.* chombḍo mârumk *(d. do o.)*, chomḍumk.

Tafulho, *s. m.* *V.* TAPULHO.

Tafulice, *s. f.* *V.* TAFULARIA.

Tafulo, *a.* *V.* TAFUL.

Tagana, *s. f.* śevṭo *m.*, śevaḷ *n.*

Tagantada, *s. f.* korḍyâcho phâr *m.*

Tagantar, *v. t.* *(ant.)* korḍe divumk *(d. do o.)*, jerbamd mârumk *(d. do o.)*, phaṭkâvumk.

Tagante, *s. m.* *(ant.)* *V.* AÇOITE.

Tagarela, *a. e s. m. e f.* pharpharo, bajbajo, barbaro, chaumchâḷ, bâtyo, gaḍbaḍo, ativâdî, vâjtî ghâmṭ *(litt.* SINO A TOCAR). || *s. f.* bob *f.*, bobâḷ *m.*, gaḍbaḍ *f.*

Tagarelar, *v. i.* pharpharumk, barbarumk, bajbajumk, bât-, châvḍi-, gajâl mârumk, ghargharumk, jalpumk, ativâdumk, jîbh mâḷâr ghâlumk, jîbh pamvumk *(g. do s.)*.

Tagarelice, *s. f.* pharpharṇî, barbarṇî, bajbajṇî, châvḍî *f.*, ativâd *m.*

Tagaté, *s. m.* pośevṇî *f.*, hât oḍhṇem *n.*

Tagico, *a.* *(poet.)* Tejnadîcho.

Tagide, *s. f.* Tejnadîchî devkanyâ *f.*

Taimado, *a.* kâṭhû, chyâd, phaṭlîmg, âḍjâî.

Tainha, *s. f.* sevṭo *m.*, śevṭâḷî *(dim.)* *f.*, śeveḷ *(aug.)* *n.*

Taipa, *s. f.* tâyp *n.*, mâtiyechî bhimt. || *— de sebe*, śimd *f.*

Taipal, *s. m.* bhimtechî mâtî khemchcho sâṭho *m.* || **-es**, *pl.* mâmḍ dhâmpchîm-, gâḍyâchî bhomvtaṇ umchâvumchîm phaḷîm *n. pl.*

Taipão, *s. m.* vhaḍlem dhâmpṇem *n.* || *V.* TAIPAL e TAPUME.

Taipar, *v. t.* (bhimtecho sâṭho) baḍaumk,- khemchumk; mâtiyen bâmdhumk.

Taipeiro, *s. m.* mâtiyechyo bhimtyo bhâmdhtalo.

Taixa, *s. f.* *V.* TAXA.

Tal, *a.* aso, asalo, taso, tasalo; *este:* ho; *aquelle:* to; *isso:* hem; *aquillo:* tem; *semelhante:* hyâsârko, tyâsârko, hyâjinnsâcho,- prakârâcho; *algum:* ek koṇ, amko. || *— e —*, ho va to. *— qual ou — e qual*, eksârko, barâbar; *— ou qual*, adhik uṇo, saysumâr. *Outro —*, tyâdusro. *Um — sujeito*, phalâṇo. *Que —?* kitem sâmgtaloy? kasem distâ? *Não ha —*, asem nay.

Tala, *s. f.* kâmbaṭ, tâbl *(do port.* TABOLA); charyo mârṇem. || **-s**, *pl.* *(fig.)* khâvṭem *(fig.)* *n.*, kâmch *(fig.)* *f.*, upadre, halâhal *m. pl.*

Talabarte, *s. m.* paḍḍâlem *n.*, paṭṭo *m.*

Talador, *a. e s. m.* ibâḍṇâr, nâś kârtalo.

Talagarça, *s. f.* kimtân *n.*

Talamento, *s. m.* ibâḍ, nâś, bhamg *m.*

Talante, *s. m.* khuśî, ichchhâ *f.* || *A —*, khuśe pramâṇem, jây tasem.

Talão, *s. m.* khoṭ *ou* khomṭ *f.*; muḷâcho bel *m.*; pâvtechem ardh *n.*

Talão-balão, *s. m.* ṭâmv-ṭâmv; doldol *n.*

Talar, *v. t.* mâg karumk *(d. do o.)*, udkâk charyo mârumk *(g. do o.)*; *(fig.)* ibâḍ-, nâś karumk *(g. do o.)*, ibâḍumk, nâśumk, dhûḷdaśâ-, deśvâṭ karumk *(g. do o.)*. || *— as arv res*, jhâḍâm kâtrumk,- bhûmy uḍaumk. || *a.* khoṭ paryâmt pâvtalo.

Talco, *s. m.* abhrak *m.*; *(fig.)* *V.* OUROPEL.

Taleiga, *s. f.* poṭî *f.*

Taleigada, *s. f.* poṭîbhar *f.*

Taleigo, *s. m.* chirî *f.*

Talentão, *s. m.* suvidyo manîs, buddhîcho poṭlo.

Talento, *s. m.* tâleṁt *m.*, jabar gnyân, * mâṇeṁ *n.*, nibar buddh, bârîk mat,- akkal, barkamây, kalpanâ-śakti; mardî, yukti, hikmat *f.*, guṇ, vaj *m.*; gnyânâcho śiṁso (*litt.* FRASCO DE INTELLIGENCIA), buddhîcho poṭlo (*litt.* TROUXA DE JUIZO), vidyânagarî *ou* vijânagarî (*litt.* CIDADE DE SABEDORIA); (*ant.*) *V.* VONTADE.

Talentoso, *a.* jabar kapâj (*do port.* CAPAZ), buddhivaṁt, buddhisaṁpann, suvidyo, sagnyân, yuktivaṁt, tarkî.

Talha, *s. f.* korṇî, khodṇî, kaḷâsî, nakśî *f.*, khodkâm; korûn kâḍhlaleṁ *n.*, khodchuro *m.*; *pau marcado por golpes:* khâṁpâylalî baḍi *f.*; *cartada;* kheḷâcho hât; *corda:* âṁjo *m.*, dor *n.*; *vaso:* kujo, buḍkulo; (*ant.*) daṁḍ *m.* ‖ — *fina,* bârîk birvaṇ *f.* *Obra de* —, khodkâm, nakśecheṁ kâm *n.* ‖ *Operação da* — *V.* CYSTOTOMIA.

Talhada, *s. f.* śîr, śeḍ *f.*, kâp *n.*

Talhadeira, *s. f.* kâtar *f.*

Talhadia, *s. f.* chirpyâ lâṁkḍâcheṁ kâtrap *n.*

Talhado, *a.* kâtarlâlo; khodlalo; sarî kelalo, yukt, nirmilalo. ‖ *Bem* —, suṁdar, śobhit, rûpvaṁt. — *de molde,* baro lâgto,- basto, sarî jâto. — *a pique,* kaḍsyâcho.

Talhador, *a. e s. m.* kâtartalo, kâtrî *m.*; mâs kâtarchî surî,- basî *f.*

Talhadura, *s. f.* kâtarṇî *f.*, kâtrap *n.*

Talhafrio, *s. m.* lâṁkûḍ kâṁtauṁcheṁ âut *n.*

Talhamar, *s. m.* târvâcheṁ ṭoṁk *n.*

Talhamento, *s. m.* kâtarṇî, kâpṇî *f.*

Talhante, *a.* kâtarto, kâtarcho, dhârîcho. ‖ *s. m. V.* TALHAMAR.

Talhão, *s. m.* mâjoḷo, kuṇgo *m.*

Talhar, *v. t.* kâtruṁk, kâtro ghâluṁk (*d. do o.*), khâṁpâvuṁk, khâṁp mâruṁk (*d. do o.*), chiruṁk; *entalhar:* kâṁtauṁk, koruṁk, khoduṁk; *cortar á medida:* tâlyâr-karuṁk, kâtruṁk; *ajustar o preço:* dar karuṁk (*g. do o.*); *predestinar:* nirmuṁk, pûrvyojuṁk. ‖ *v. i.* (dûdh) phuṭuṁk, chayobayo jâvuṁk (*d. do s.*). ‖ — *por largo ou ao largo,* vâṁṭpaṇ nâ karuṁk. ‖ *v. r.* verevuṁk, chiroṁk, kâtroṁk; (dûdh) phuṭuṁk.

Talharia, *s. f.* buḍkulyâṁchî râs *f.*; kâtre; kuṇge *m. pl.*, phaḍâṁ *n. pl.*

Talharim, *s. m.* pîṭhâchîṁ pâtîṁ *n. pl.*

Talhe, *s. m.* âṁglaṭ *f.*, âṁgvaṭo *m.*, giḍâr *n.*; ghaḍaṇ *f.*, âkâr *m.*, rûp *n.*

Talher, *s. m.* surî-kâṁṭo (âni kulyer). ‖ — *de galhetas,* sâler (*do port.* SALEIRO) *m.*

Talho, *s. m.* kâtro, ghây, hatyârâcho phâr *m.*, karvaṇ; *côrte de carne:* mâsâcheṁ kâtrap, -vâṁṭap; *cepo do cortador:* mâs kâtarcheṁ lâṁkûḍ; *feição:* rûp *n.*, âkâr *m.*; *desbaste de arvores:* bheṁḍṇî; *cessação:* thâṁbṇî *f.*, virâm *m.* ‖ *V.* AÇOUGUE. ‖ *Talhos de arrozaes,* mâg *m. pl.* *Talhos de sal,* phaḍâṁ *n. pl.* — *de vida,* poṭâcho upây *m.*, jiṇeṁ *n.* *Dar* —, toḍuṁk, saṁpâduṁk. *A* — *de,* lâgîṁ, teṁkûn. *A* — *de fouce,* kâmâk yevûn, upkârâk paḍûn.

Talião, *s. m.*: *pena de* —, ulaṭ daṁḍ *m.*, pratikarm *n.*, gunyâṁvâ sârkî khâst *f.*

Taliga, *s. f. V.* TALEIGA.

Talim, *s. m.* paḍḍâleṁ *n.*, paṭṭo *m.*

Talinga, *s. f.* (*naut.*) dor *n.*, âṁjo *m.*

Talingadura, *s. f.* bâṁdhap *n.*

Talingar, *v. t.* (*naut.*) bâṁdhuṁk.

Talionar, *v. t.* ulaṭ khâst divuṁk (*d. do o.*).

Talionato, *s. m.* ulaṭ khâst *f.*, pratikarm *n.*

Talisca, *s. f. V.* GRETA.

Talisman, *s. m.* toṭko *m.*, kavach, yaṁtr, taṁtr *n.*

Talismanico, *a.* kavchâcho, toṭkyâcho.

Talitre, talitro, *s. m.* chirpûṭ *f.*

Talo, *s. m.* deṁṭ, dâṁḍâro; deṁṭo (— *de tabaco*); hîr *ou* vîr (*de palma*) *m.*; (*archit.*) khâṁbyâcheṁ kâṁḍ *n.*

Taloso, *a.* deṁṭâḷ, deṁṭâḷo; deṁṭâcho.

Talparia, *s. f.* kapâlâvaraṇâcheṁ duḥkhâṇeṁ *n.*

Taluda, *s. f.* sortîṁcho pailo prem *m.*

Taludão, *s. m.* dâṁḍgo burgo, muśâm, khaḍpo.

Taludar, *v. t.* pâlso karuṁk, pâlsâvuṁk.

Talude, *s. m.* pâlseṁ bâṁdhap, pâlsaṇ *n.*

Taludo, *a.* nibrâ deṁṭâcho; dâṁḍgo, muśâm.

Talvez, *adv.* ekâdo (*decl.*), ekhâdâ *ou* ekâdâ, ekhâdâveḷ *ou* ekveḷ, veḷek, ghaḍiyek, mustâ, prasaṁg *ou* prasaṁgatâ, bî, kadâchit, pakshîṁ, gây (*interrogativo*), koṇ jâṇo (*litt.* QUEM SABE), jâyt (*litt.* PÓDE SER), jâvuṁk puro (*us. Can.*).

Tamanca, *s. f.*, **tamanco**, *s. m.* khaḍâv *f.*, chirîp *(do port.* CHIRIPO*)* *n.*

Tamanhão, *a.* moṭo, dâṁḍgo.‖ *s. m.* muśâm, golyâṁv.

Tamanhinho, *a.* bhav dhâkṭo, supurlo. ‖ *Ficar — de alguma coisa*, bhiyevuṁk, bheṁ disuṁk *(d. do s.)*.

Tamanho, **tamanino**, *a.* edo, tedo, itlo-, titlo vhaḍ, titlo, titko; vhaḍ, uṁch, thor. ‖ *s. m.* vhaḍây, moṭây, lâṁbî-ruṁdî *f.*, âkâr *m.*

Tamanquear, *v. i.* khaḍâvâṁṇîṁ bhoṁvuṁk.

Tamara, *s. f.* khâjûr *m.*; khârak *ou* kharkî *(— secca e dura) f.*

Tamareira, *s. f. (bot.)* khâjûrmâḍ *m.*, khâjurî *f.*

Tamarindal, *s. m.* chiṁchâṁcheṁ rân *n.*

Tamarindeiro, **tamarineiro**, **tamarinheiro**, *s. m. (bot.)* chiṁch *f.*; chiṁchulo *(dim.) m.*

Tamarindo, **tamarinho**, *s. m. (bot.)* chiṁch, âṁblî *(p. us. nesta accepção)*; *fructo:* chiṁch; âṁbtâṇ *ou* âṁbsâṇ *(— descascado e desbagulhado) f.*; *bagulho:* chiṁchro *m.*: *gommo:* boṭeṁ *n.*

Tambaca, *s. f.*, **tambaque**, *s. m.* **tâṁbak** *n.*

Tambem, *adv. e conj.* taseṁch, ânîṁk, **âni** *(posp.; ex.:* hâṁv âni, *tambem eu)*, **legûn** *(posp.)*, sudâ *(posp.)*, -hî *ou* -y *(ex.:* tohî *ou* toy, *tambem elle;* baroy, *tambem bom)*.

Tambo, *s. m.* lagnâchî parab *f*, kâjârâcheṁ phest *n.*; *(ant.)* *V.* THALAMO.

Tambor, *s. m.* taṁbor, ḍhol, ḍamru *m.*, paḍgham *n.*; taṁbor vâjaitalo, taṁborkâr, ḍholkyo; lokhaṁḍâcho gol; *(anat.)* kânâcho paḍdo *m.*

Tamborete, *s. m.* tâṁbret, chaukî, chavay *f.*

Tamboril, *s. m.* ḍholkeṁ, murdaṁg *n.*

Tamborilar, *v. i.* taṁbor kaso vâjauṁk.

Tamborileiro, *a. e s. m.* murdaṁgî.

Tamborilete, *s. m.* rabaṇ *n.*, halkî *f.*

Tamborim, *s. m. V.* TAMBORIL.

Tamiça, *s. f.* vâvḷî *f.*

Tamiceiro, *s. m.* vâvḷyo kartalo va viktalo.

Tamiz, *s. m.* reśmî gaḷtî *f.*

Tamizar, *v. t.* lugṭân gâḷuṁk; *(fig.)* *V.* DEPURAR.

Tamoeiro, *s. m.* isâḍeṁ *n.*, dhûr, **dâṁḍî**; kânî *f.*, dâveṁ *n.*

Tampa, *s. f.* dhâṁpṇeṁ *ou* dhâṁkṇeṁ *n.*, mâṁḍ *f.*, peṁḍ *n.*

Tampão, *s. m.* guddo, boṁto *m.*

Tampo, *s. m.* borlâcheṁ kuśîcheṁ dhâṁpṇeṁ; karṭeṁ.‖ **-s**, *pl.* takleṁ *n.*, belko *m.* ‖ *Metter os — dentro*, takleṁ phoḍuṁk.

Tam-tam, *s. m.* ṭam-ṭam *n.*

Tanado, *a.* kâḷso, sâvḷo.

Tanchão, *s. m.* khuṁṭ, purlalo phâṁṭo *m.*; meḍ, dhirî *f.*

Tanchar, *v. t.* (khuṁṭ-, meḍ) puruṁk, lâvuṁk *(d. do o.)*.

Tanchoal, *s. m.* khuṁṭâṁcho jâgo *m.*

Tanchoeira, *s. f. V.* TANCHÃO.

Taneco, *s. m. V.* DIABO.

Tanga, *s. f.* tâṁg; dhotîr *n.*, kâshṭî, laṁgoṭî *f.*

Tangado, *a.* dhotîr neslalo.

Tanganhão, *s. m.* khâpryâṁk vikuṁk va ghevuṁk bhoṁvtalo; mâl phulaitalo (adhik vikuṁk).

Tangar, *v. t.* dhotîr-, khâshṭî nesauṁk. ‖ *v. r.* dhotîr-, laṁgoṭî nesuṁk.

Tangedoiras, *s. f. pl.*, **tangedoiros**, *s. m. pl.* bhâtyâche dâṁḍe *m. pl.*

Tangedor, *s. m.* vâjpî, vâjaṁtrî; âṁṭauṇâr, âṁbuḍṇâr.

Tangefolles, *s. m.* bhâto phuṁktalo; *(fig.)* ulauṁk lâytalo.

Tangencia, *s. f. (geom.)* teṁkṇî, lâgṇî *f.*, sparśan *n.* ‖ *Linha de —*, sparśarekhâ *f.*

Tangencial, *a.* sparśarekhecho.

Tangente, *a.* vâjaitalo, vâjtalo; *(geom.)* sparśarekhecho. ‖ *s. f.* sparśarekhâ, saṁpâtareshâ *f.* ‖ *Escapar pela —*, kuṁsâk chukuṁk, baryâṁtlo vâṭâvoṁk.

Tanger, *v. t.* vâjauṁk; (bhâto) phuṁkuṁk. ‖ *— bestas*, âṁṭauṁk, âṁbuḍuṁk. ‖ *v. i.* vâjuṁk; vâjauṁk; *(fig.)* lâguṁk, paḍuṁk. ‖ *s. m.* vâjap; vâjaṁtr *n.*

Tangerina, *s. f. (bot.)* sanârîṁg *n.*

Tangerineira, *s. f. (bot.)* sanârîṁgîṇ *f.*

Tangivel, *a. V.* PALPAVEL.

Tanglomanglo, *s. m. V.* BRUXARIA.

Tangomão, *s. m. V.* TANGANHÃO.

Tangueiro, *s. m.* kâshṭî, laṁgoṭî *f.* ‖ *a.* laṁgoṭecho. ‖ *Panno —*, laṁgoṭecheṁ lugaṭ *n.*

Tanho, *s. m. (ant.)* maṇay *f.*

Tanino, *s. m.* tânîn *m.*

Tanjão, *s. m.* âṁgjaḍ, âṁgrâkhyo.

Tanoa, *s. f. V.* TANOARIA.

Tanoar, *v. i.* pipâṁcheṁ kâm karuṁk,- chalauṁk.

Tanoaria, *s. f.* pipâṁcho kârkhâṇo,- dhâṁdo; pipkârâṁcho vâḍo *m.*

Tanoeiro, *s. m.* pipâṁ kartalo, pipâṁkâr.

Tanque, *s. m.* taḷay, khaṇ *f.*, taḷeṁ *n.*

Tanso, *a. e s. m.* pato, gaḷyo, khuḷo.

Tantito, *a.* iloso, supurlo. ‖ *s. m.* ileṁseṁ *n.*, suṁṭo *m.*

Tanto, *a.* itlo, itulo, itko, titlo, titko; edo, tedo. ‖ *s. m.* vâṁṭo, kuṭko *m.*; pâuṭh *f.* ‖ *Um —*, itleṁ, titleṁ. — *por —*, titlyâk titleṁ. *Outro —*, ânîṁk titleṁ. ‖ *adv.* titleṁ. ‖ *Em —*, itleṁ. *Algum —*, mâtso, iloso. — *como*, taso. *Tanto... tanto...*, aso... jaso... *Por —*, dekhûn, hyâpâsûn. *Não — assim*, titleṁ nay. — *que*, nâ phuḍe, kî nâ (*ex.*: pâvo nâ phuḍe, pâvlo kî nâ, *assim que chegou*). *Com — que*, jâlyâr, jâlyârach. — *melhor*, titleṁ bareṁ. *Se —*, bhavach tar, titleṁch tar.

Tão, *adv.* itlo (*decl.*), titlo (*decl.*). ‖ — *só ou sómente*, mâtr, maktâ, phakat.

Tão-balalão, *s. m.* ṭâṁv-ṭâṁv *n.*

Tapa, *s. f.* monjâṭichyâ khurâchî bhoṁvtaṇ; nâḷîchî mâṁḍ *f.* ‖ *V.* BOFETADA.

Tapabocca, *s. f.* toṁḍâr mârṇeṁ (ulai nâ jâvuṁk) *n.*

Tapada, *s. f.* mṛigabhûmi *f.*, kaṁḍkeṁ, âvâḍ *n.*, ramṇo, kâs *m.*

Tapadeiro, tapadoiro, *s. m.* dhâṁpṇeṁ *ou* dhâṁkṇeṁ *m.*

Tapado, *a.* boṁṭho, doḍo, mûrkh, mûḍh.

Tapador, *s. m.* dhâṁpṇeṁ *n.*; mâṁḍ *f.*

Tapadura, *s. f.* dhâṁpṇî *f.*; dhâṁpcheṁ, dhâṁpṇeṁ *n.*, gâbḍî *f.*; âḍo, pâgâr *m.*

Tapagem, *s. f.* âḍo ghâlṇeṁ *n.*, aḍṇî *f.*; âḍo, âḍos *m.*

Tapamento, *s. m.* dhâṁpṇî *f.*; baṁd karṇeṁ *n.* ‖ *V.* TAPUME.

Tapa-olhos, *s. m. V.* BOFETÃO.

Tapar, *v. t.* dhâṁpuṁk *ou* dhâṁkuṁk; *entupir:* muṁdhuṁk, choṁduṁk; *arrolhar:* guḍḍî mâruṁk (*d. do o.*); *fazer tapagem:* aḍuṁk, âḍo ghâluṁk (*d. do o.*), baṁd karuṁk. ‖ *v. r.* dhâṁpoṁk; baṁd jâvuṁk.

Tapeçar, *v. t. V.* ATAPETAR.

Tapeçaria, *s. f.* satraṁgî, tivâsî *f.*, * paṭsûr *m.*

Tapeceiro, *s. m.* satraṁgî kartalo va viktalo; tivâsyo basaitalo.

Tapessar, tapetar, *v. t. V.* ATAPETAR.

Tapete, *s. m.* tâpet, tivâsî, satraṁji *ou* satraṁgî, âtharî, taḷâchî *f.*, jamkhâṇo *m.*

Tapigo, *s. m.* âḍo *m.*, vayvâḍ *f.*

Tapioca, *s. f.* tâpyok *n.*

Tapiz, *s. m.* (*ant.*) *V.* TAPETE; (*fig.*) taṇân bharlalî jamîn *f.*

Tapizar, *v. t.* satraṁjî ghâluṁk (*d. ou l. sup. do o.*), tivâsuṁk; (*fig.*) âṁthruṁk *ou* âṁthḷuṁk. ‖ *v. i.* bharoṁk, âṁthḷoṁk.

Tapona, *s. f.* dhapko, phaṭko *m.*, thâpaṭ *n.*

Tapulho, *s. m.* guḍḍo, choṁdo, boṁto *m.*, gâbḍî, choṁbḍî *f.*

Tapume, *s. m.* âḍo *m.*, aḍap *n.*, vayvâḍ, vaṁy (*us. Can.*) *f.*

Taque-taque, *s. m.* ṭap-ṭap *m.*

Tara, *s. f.* pher *m.*, bârdân *n.*; tûṭ *f.*; (*fig.*) *V.* DEFEITO.

Taralhão, *s. m.* (*fig.*) huḷhuḷo, ghusaḷṇo.

Taramela, *s. f.* khîḷ *f.*; barbarî bâil. ‖ *Dar á —*, barbaruṁk, pharpharuṁk, bajbajuṁk. *Soltar a —*, baḍbaḍuṁk lâguṁk, jîbh mâḷâr ghâluṁk. ‖ *s. m.* barbaro, pharpharo, vâjtî ghâṁṭ (*litt.* SINO A TOCAR).

Taramelar, taramelear, *v. i.* bajbajuṁk, jhâṁkuṁk, baḍbaḍuṁk.

Tarampatão, *s. m.* ḍumḍum *m.*, reṁgṭeṁg *n.*

Tarantula, *s. f.* (*zool.*) vikhâḷo vâṇî *m.*

Tarar, *v. t.* pher kâḍhuṁk va paḷevuṁk (*g. do o.*); pher âṁkuṁk,- khuṇâvuṁk (*g. do o.*).

Tarara, *s. f.* sûp *n.*

Tarasca, *s. f.* lâṁvsaṭ, râkhsîṇ.

Tarasco, *a.* kharkas, ugr.

Tardada, *s. f. V.* TARDANÇA.

Tardador, *a. e s. m.* usîr-, kâḷâv kartalo; lâṁbâyecho, meṁgo, maṁd.

Tardamente, *adv. V.* TARDIAMENTE.

Tardamento, *s. m.*, **tardança,** *s. f.* lâṁbây karṇeṁ *n.*, lâṁbây *f.*, usîr, kâḍâv *ou* kâḷâv (*us. Sal.*), taḍov (*us. Can.*) *m.*, gujrî, sâṁj *f.*, aveḷ *m.*

Tardão, *s. m. V.* TARDADOR.

Tardar, *v. t.* lâṁbâvuṁk, kâḷâvuṁk, dîrghâvuṁk, kâlâvuṁk. ‖ *v. i.* lâṁbây karuṁk, veḷ kâḍhuṁk; usîr-, kâḷâv-, taḍov karuṁk, mâgśevuṁk. ‖ *Não —*, lâgîṁ yevuṁk,- pâvuṁk. — *a fala a alguem*, uttar nâ suṭuṁk, ludbevuṁk. *Sem mais —*, rakḍoch (*decl.*)

Tarde, *s. f.* sâṁj *f.*, sâṁjveḷ, paratveḷ, tînpahâr (*litt.* TRES HORAS DA TARDE) *m.*, tinsâṁj *ou* tinsân *f.* || *A* —, sâṁje. || *adv.* uśirâṁ *ou* usrâṁ, veḷâbhâyr, aveḷîṁ. || *Ser* —, veḷ-, upây nâsuṁk. *Fazer-se* —, tinsâṁj-, uśîr jâvuṁk. *Mais* —, mâgîr, uprâṁt. *De — em* —, aṁtryâ-pairyân. *Quem torto nasce — ou nunca se endireita,* śuṇyâchî śeṁpḍî sadâṁch vâṁkḍî.

Tardeza, *s. f.* mhosâgat, âḷsây, maṁdây *f.*

Tardiamente, *adv.* uśîr-, kâḷâv karûn, veḷ kâḍhûn, usrâṁ; mhosâgatîn, maṁdâyen.

Tardião, *a.* *V.* TARDIO.

Tardigrado, *a.* (*poet.*) maṁdagati.

Tardinheiro, *a. e s. m.* lâṁbâvṇo, mhosâgatîcho; lâṁbâyâṁcho manîs.

Tardio, *a.* maṁd, meṁgo, âṁgjaḍ, sust; usrâṁ yetalo,- pâvtalo, veḷâbhâylo; veḷ lâgtalo, -moḍtalo. || *V.* SERODIO.

Tardo, *a.* lâṁbâvṇo, lâṁbâyecho; maṁd, âḷśi, sust; jaḍ, jaḍe taklecho. || *V.* EXTEMPORANEO. || *s. m.* *V.* DIABO.

Tardonho, *a.* *V.* TARDIO.

Tardoz, *s. f.* tâsi nâslalî phâtrâchî kûs *f.*

Taréa, *s. f.* mâr, laḍho, phaṭko *m.*

Tarecada, *s. f.* bobâl *m.*, gaḍbaḍ *f.*; parṇeṁ sâmaṇ *n.*, phuṭkarâṁ *n. pl.*

Tareco, *a.* huḷhuḷo, tîḍ, âvjâḷî, aḍmaḍyo. || -s, *m. pl.* vâṭlî-thâlî, hâṁḍîmaḍkî *f.*, chillar sâmaṇ, khaṭarbaṭar *n.*

Tarefa, *s. f.* vâydyâcheṁ-, amkyâ veḷân karcheṁ kâm; khaṁḍkâm *m.*, makto; (*fig.*) dhâṁdo, vâvar *m.*, kâm, kâj *n.* || — *de azeite,* telâcho jhâmṇo *m.*

Tarega, *s. m.* parṇyo vastû-, khaṭarbaṭar viktalo.

Tarelo, *s. m.* bachbacho, pachpacho, baḍbaḍyo.

Targana, *s. f.* *V.* TAINHA.

Tarifa, *s. f.* jakâtîchî paṭṭî *f.*, nirakhnâmâ *m.*; dhârṇîchî śivḍî, dar *f.*

Tarifar, *v. t.* dar-, dhâraṇ bâṁdhuṁk, -basauṁk (*g. do o.*); jakât ghevuṁk (*g. do o.*).

Tarima, *s. f.* śejyâchî gâdî *f.* || *V.* TARIMBA.

Tarimba, *s. m.* śipâyâcheṁ khâṭleṁ *n.*, -maṁch *m.*

Tarimbeiro, *a. e s. m.* maṁchâr nidtalo; (*fig.*) pojḍo, bâṁgar.

Tarja, *s. f.* deger chitr *n.*, -naksî; kâḷî deg *f.*

Tarjado, *a.* deger chitrilalo, -saṁjailalo.

Tarjeta, *s. f.* bârîk saṁjailalî deg *f.*

Tarlatana, *s. f.* astarâcheṁ moṭeṁ lugaṭ *n.*

Taroca, *s. f.* *V.* TAMANCO.

Tarolo, *s. m.* soval *n.*, sovlî *f.*

Tarouca, *s. f.* barḷâr paḍlalî, gaḷiyî.

Tarouquice, *s. f.* baraḷṇî, barḷusâṇ *f.*, gaḷyepaṇ *n.*

Tarraçada, *s. f.* kâṁsobhar, moghobhar *m.*

Tarracha, *s. f.* bhoṁvarkhaṁḍ, maḷsuḍî *f.*; *cunha:* pâchâreṁ, kayâḍûṁ *n.*

Tarrada, *s. f.* kaḷsulobhar *m.*

Tarrafa, *s. f.* pâger, jâḷ; (*fig.*) phaṭeṁ, phaṭkûr *n.*

Tarrafar, tarrafear, *v. i.* pâguṁk, jâḷ mâruṁk,- uḍauṁk.

Tarratão, *s. m.* (*zool.*) râjhâṁs *n.*

Tarraz-borraz, *adv.* goṁdhḷân, gaḍbaḍîn.

Tarro, *s. m.* kaḷsulo.

Tarso, *s. m.* (*anat.*) pâṁyâcho pâṭhlo bhâg *m.*, khoṭ *f.*

Tartamelear, tartamudear, *v. i.* luḍbevuṁk, gâgevuṁk, totreṁ ulauṁk.

Tartamelo, tartamudo, *a.* gâgyo, luḍbo, totro, choṁchro.

Tartarear, *v. i.* *V.* TARAMELAR.

Tartareo, tartarico, *a.* (*poet.*) yamkaṁḍâcho, narakî.

Tartarizar, *v. t.* saryâchyâ buryân misḷuṁk.

Tartaro, *s. m.* saryâcho-, dâṁtâṁcho buro,- burburo; (*poet.*) narak *m.*, yamkaṁḍ *n.*

Tartaroso, *a.* saryâchyâ buryâcho.

Tartaruga, *s. f.* (*zool.*) kâṁsav, kûrm (*us. N. C.*) *m.*; kâṁsuleṁ (*dim.*) *n.*; kâṁsay (*aug.*) *f.*; kâṁsvâcheṁ karṭeṁ *n.*

Tartuficar, *v. t.* ḍhoṁguṁk, ḍhoṁgâṁnîṁ photauṁk.

Tartufice, *s. f.* *V.* HYPOCRISIA.

Tartufo, *s. m.* *V.* HYPOCRITA.

Tarugar, *v. t.* taḍas mâruṁk (*d. do o.*), taḍsauṁk.

Tarugo, *s. m.* châḷo, taḍas *m.*

Tasca, *s. f.* dukân, gaḍaṁg *n.*

Tascar, *v. t.* (saṇ) baḍauṁk, phâphḍuṁk. || — *o freio,* (ghoḍo) lagam châbuṁk. — *escuma,* (râṁdhukar) dâṁtâṁtlyân pheṇevuṁk.

Tasco, *s. m.* saṇâcho gâbho,- kâbḷo *m.*

Tasquinha, *s. f.* saṇbaḍavṇo *m.*

Tasquinhar, *v. t. e i.* saṇ baḍaumk,-phaphâvumk. ‖ *V.* COMER.

Tassalho, *s. m.* lambo, moṭo kapo *m.*

Tatâ, *s. m. V.* PAPÁ.

Tataraneta, *s. f.* śeṇṭî, nipaṇtî.

Tataraneto, *s. m.* śeṇṭû, nipaṇtû.

Tataranha, *a. e s. m. e f.* ghâbro, kâkûḍ.

Tataranhar, *v. i.* ghâbrumk, kâkuḍumk, ghuspumk, gomdhḷumk.

Tartaranho, *a. e s. m. V.* TATARANHA.

Tartaravó. *s. f.* nipaṇjî.

Tartaravô, *s. m.* nipaṇjo.

Tartaro, *a. V.* TARTAMUDO.

Tate, *int.* chatrâyen! khabardâr!

Tatibitate, *a. e s. m. e f. V.* GAGO.

Tatuagem, *s. f.* gomdhlem *n.*

Tatuar, *v. t.* gomdhumk.

Tau, *adv.* ṭoho.

Taureo, taurino, *a.* bailâcho.

Tauricephalo, *a.* bailâchem taklecho, vṛishabhamastak.

Tauricida, *a.* bail mârtalo, vṛishabhavadhak.

Tauricorno, *a.* bailâchîm śimgâm âslalo.

Tauriforme, *a.* bail kaso, vṛishabhâkṛiti.

Tauro, *s. m. (astr.)* vṛishabh *m.*

Tauromachia, *s. f.* bailâm kaḍe jujchî vidyâ, vṛishabhakrîḍâ *f.*

Tauromachico, *a.* vṛishabhakrîḍecho.

Tautochronismo, *s. m. V.* SYNCHRONISMO.

Tautochrono, *a. V.* SYNCHRONICO.

Tautologia, *s. f.* anuvâd, auulâp *m.*, punarukti *f.*

Tautologico, *a.* punaruktecho, anuvâdâcho.

Tauxia, *s. f.* bhâmgârâ va rupyâchem jaḍaṇkâm *n.*

Tauxiado, *a.* bhâmgârân khamchailalo.

Tauxiar, *v. t.* tikyâr va lokhamḍâr bhâmgârân va rupyâu khamchaumk, -jaḍumk.

Tavanez, *a.* hulhuḷo, uchambaḷ, śitâb, suḍsuḍît.

Tavão, *s. m.* gorvâmcho mûs *m.*, gomâśî *f.*

Taverna, *s. f. V.* TABERNA.

Tavola, *s. f.* kheḷâcho mâmḍ *m.*

Tavolagem, *s. f.* TABOLAGEM.

Taxa, *s. f.* dar, dhâraṇ *f.*, dhâro, nirakh, bhâv, pâḍ *m.*; paṭṭî, śivḍî *f.*; *imposto:* sâro, kâṇû, damḍ *m.*; *(fig.) V.* TERMO.

Taxação, *s. f.* dar bâmdhṇem; paṭṭî basauṇem; damḍ ghâlṇem *n.*

Taxadamente, *adv.* parimitîm, âṭpûn, mîtmeren.

Taxador, *a. e s. m.* dar bâmdhtalo, bâmdh-, maryâd ghâltalo.

Taxar, *v. t.* dar-, dhâraṇ bâmdhumk *(g. do o.)*, bhâv basaumk *(g. do o.)*, bhâvumk; *moderar:* âṭpumk, uṇâvumk, thoḍâvumk; *fixar (porção ou quantidade):* nemumk, ṭharâvumk, bâmdhumk; *ter na conta:* dharumk, lekhumk; *alcunhar:* nâmv divumk *(d. do o.)*, pâchârumk. ‖ *v. r.* âpṇâk lekhumk,- gaṇumk.

Taxativo, *a.* âṭpitalo, bâmdhtalo, parimitîcho, maryâdîcho.

Taxidermia, *s. f.* monjâtîcho bhâto bharchî vidyâ *f.*

Taxologia, *s. f.* vargâvargîvidyâ *f.*

Taxonomia, *s. f.* vargâvargîtark *m.*

Taxonomico, *a.* vargâvargecho, vibhevârecho. ‖ *s. m.* vargâvargî kartalo.

Te, *pron.* tukâ.

Té, *prep. V.* ATÉ.

Teada, *s. f.* lugṭâcho nag *m.*, sanamg *n.*

Teagem, *s. f.* lugaṭ, kâpaḍ, viṇlalem vastr *n.*; jâḷirûp kât *f.*

Tear, *s. m.* mâg, tâṇo *m.* ‖ *— do relogio,* ghaḍyâlâchîm yamtrâm *n. pl.*

Teca, *s. f. (bot.)* sâylo, sâg, sâgvân; duḍû *m.*, âstî *f.*

Tecedeira, *s. f.* viṇpîṇ.

Tecedor, *a. e s. m.* viṇpî, viṇṇâr, viṇtalo.

Tecedura, *s. f.* viṇap *n.*, vîṇ, vaḷṇî *f*, vaḷap *n.*

Tecelagem, *s. f.* viṇpyâchem kâm *n.*, viṇcho dhâmdo *m.* ‖ *V.* TECEDURA.

Tecelania, *s. f.* viṇcho kârkhâṇo *m.*, girṇî *f.*

Tecelão, *s. m.* viṇpî, viṇṇâr, vaḷṇâr, kashṭî, * tây.

Tecer, *v. t.* viṇumk, vaḷumk, kâḍhumk; *compor entrelaçando:* ghaḍsumk, vaḷumk; *coordenar:* ghaḍumk, rachumk; *armar:* mâmḍumk; *ornar:* samjaumk, neṭaumk. ‖ *v. r.* vaḷomk, vemṭomk; *(fig.)* mâmḍomk, jamumk.

Technica, *s. f.* kalechî mâmḍâvaḷ, -kamây *f.*

Technicamente, *adv.* kalâvidhî pramâṇem, paribhâshen.

Technico, *a.* kalecho; vidyecho; sâmketik, lakshaṇîk. ‖ *s. m.* kâm-, kalâ samjatalo, śilpî.

Technologia, *s. f.* kalâvidyâ; paribhâs *f.*

Technologico, *a.* paribhâshecho.

Tecido, *s. m.* viṇlaleṁ kâpaḍ, vaḷlaleṁ lugaṭ, sanaṁg, viṇap *n.; ghaḍvaṇ, ghaḍsanî f.* ‖ *a.* viṇlalo, vaḷlalo; mâṁḍlalo, ghaḍsilalo.

Tecimento, *s. m. V.* TECEDURA.

Tecla, *s. f.* tekl, ghar *n.* ‖ *Tocar na — (fig.)*, barâbar mokuṁk.

Teclado, *s. m.* teklâṁ, gharâṁ *n. pl.*

Tecto, *s. m.* pâṭos, śikhar *m.*, chhâvṇî *f.*, pâkeṁ *n.*, nîv *m.; (fig.)* ghar, ṭhikâṇ *n.;* âsar *m.* ‖ *Viver debaixo do mesmo —*, ekâch gharâṁt râvuṁk.

Te-Deum, *s. m.* tedeṁv *m.*

Tedio, *s. m.* vâj, ubgaṇ, bejârây; vîṭ, arûch *f.*, śram *m.*

Tedioso, *a.* bejârâyecho, vâjecho, śramâcho.

Tefe-tefe, *s. m.* dhaḍḍhaḍo; *(fig.)* mogâcho rakhrakho *m.*

Tegão, *s. m. V.* TREMONHA.

Tegumento, *s. m.* âvaraṇ, kavach *n.*

Teia, *s. f.* viṇlaleṁ lugaṭ, kâpaḍ, sanaṁg, thâṇ *n.*, tâko *m.; estructura:* ghaḍvaṇ, bâṁdhâvaḷ; *enredo:* ghaḍvaṇ *f.*, vastu *n.; serie:* hâr, śiṁkaḷ *f.; liça:* raṁgaṇ, raṁgâṁgaṇ *n.; divisoria de grades:* aḍlalî svât *f.* ‖ *— de aranha*, gairam *m.*

Teiga, *s. f.* pâṁṭlî, pâṁṭî *f.*

Teima, *s. f.* tem *n.*, haṭh *m.*, saḷ, aḍ, mâṁj, hujat, * hamtamây *f.*

Teimar, *v. i.* tem-, saḷ karuṁk, teṁch jharauṁk, âpleṁch dharuṁk.

Teimosamente, *adv.* saḷîn, haṭh karûn.

Teimosia, *s. f.* temelîpaṇ, haṭhîpaṇ, jâḷgepaṇ *n.;* vâdo, abhimân *m.*, mastî *f.*

Teimosice, *s. f. V.* TEIMA.

Teimoso, *a.* temelî, saḷî, haṭhî, mâṁjkâr, vâdyo, âplyâ vâdyâcho, bâṁkḍo, jâḷgo; *(fig.)* kâdho nâslalo, bâdga nâslalo.

Teiró, *s. m.* nâṁgrâcheṁ pâṇ *n.; (fig.)* vâdo *m.*, jâḷgepaṇ *n.*

Teiroga, *s. f. V.* TEIRÓ.

Tejadilho, *s. m.* gâḍiyecho chaṁdrâvo, -sejo *m.*

Tela, *s. f.* lugaṭ, sanaṁg, vastr; chitarcheṁ lugaṭ; chitr *n.; teia de justas:* âkhâḍo *m.*, raṁgaṇ; *vestido:* âṁgvastr *n.*, nesaṇ *f.* ‖ *Estar na — da discussão*, vivâdâr âsuṁk.

Telegramma, *s. m.* telegrâm, târ *m.*

Telegraphar, *v. i.* târ dhâduṁk.

Telegraphia, *s. f.* târ-kâmâchî vidyâ, taṁtr-ṭappâlvidyâ *f.*

Telegraphicamente, *adv.* târân.

Telegraphico, *a.* târâcho; târân dhâḍlalo. ‖ *Estação telegraphica*, târâcheṁ ghar,- thâṇ *n. Linha telegraphica*, târâchî sarî *f. Poste —*, târâcho khâṁbo *m.*

Telegraphista, *s. m. e f.* târacheṁ kâm kartalo, târkâr.

Telegrapho, *s. m.* târ *n.*, taṁtrṭappâl *n.*

Telemetria, *s. f.* aṁtaramâpanavidyâ *f.*

Telephonia, *s. f.* dhvanitaṁtravidyâ *f.*

Telephonico, *a.* dhvanitaṁtravidyecho; dhvanitaṁtrâcho.

Telephone, telephono, *s. m.* dhvanitaṁtr *n.*

Telescopico, *a.* durbiṇîcho; durbiṇîn distalo.

Telescopio, *s. m.* durbîṇ *f.*

Telha, *s. f.* naḷo *m.;* kailî *(— pequena de gancho) f.; (fig.) V.* MANIA. ‖ *Casa de — van*, phorrâviṇeṁ naḷyâṁcheṁ ghar. *Estar debaixo de —*, gharâ bhitar âsuṁk. *De telhas abaixo*, ghârâṁt; hyâsaṁsârâṁt.

Telhado, *s. m.* chhâvṇî *f.*, pâṭos *m.;* gharâche naḷe *m. pl.;* gharâcheṁ dhâpṇeṁ *n.*

Telhador, *s. m.* naḷe kartalo, naḷekâr; naḷe ḍâḷtalo, naḷyâṁnnîṁ śivtalo.

Telhadura, *s. f.* naḷe ghâlṇeṁ *n.;* naḷe karchî svât *f.*

Telhal, *s. m.* naḷyâṁcho âvo *m.*

Telhar, *v. t.* naḷe ghâluṁk,- ḍâḷuṁk *(d. do o.)*, naḷyâṁnnîṁ śivuṁk.

Telheira, *s. f.* naḷekhâṇo, kuṁbhârkhâṇo *m.*

Telheiro, *s. m.* naḷyâṁcho kuṁbhâr, naḷekâr; phakat naḷyâṁcho pâṭos *m.*

Telhice, *s. f. V.* MANIA.

Telhinhas, *s. f. pl.* kailyo *f. pl.*

Telho, *s. m.* kailecheṁ dhâṁpṇeṁ *n.*

Telhudo, *a.* mâṁjkâr, phaṁtajkâr, khoḍyo.

Telilha, *s. f.* bârîk lugaṭ *n.*

Teliz, *s. m.* pâkhar *m.*

Temão, *s. m.* bâv *f.;* sukâṇeṁ, karṇ *(p. us.) n.;* dhûr *f.; (fig.) V.* DIRECÇÃO.

Temblar, *v. t.* (vâjaṁtrâṁ) sarî karuṁk, svar meḷauṁk *(g. do o.)*.

Temedoiro, *a. (ant.) V.* TEMIVEL.

Temente, *a.* bhirâṁtîcho, bhejûḍ. ‖ *— a Deus*, devbhirâṁtîcho, puṇyaśîl.

Temer, *v. t., i. e r.* bhiyevuṁk, bhivuṁk, bheṁ-, bhirâṁt disuṁk *(d. do s.)*, kâṁpuṁk. ‖ *Fazer-se* —, bheṁ dâkhauṁk, bheṁkḍâvuṁk.

Temerariamente, *adv.* utâvḷâyen, avichârîṁ.

Temerario, *a.* utâvḷo, hurmaṭ, avichârî, bechatur, dâṁḍgo; avichârâcho, utâvḷâyecho; kâraṇ nâslalo. ‖ *V.* AUDACIOSO.

Temeridade, *s. f.* utâvaḷpaṇ *n.*, utâvḷây, hurmaṭây, dâṁḍgây *f.*, dâṁḍgepaṇ *n.*, avichâr *m.*, bechatrây *f.*

Temerosamente, *adv.* bhiyevûn, bhayân, dhaḍḍhaḍûn.

Temeroso, *a.* bhaykar, bheṁsûr, karâl, ghor; bhejûḍ, bhivkuṭo, bheṁ lâglalo,- bhedlalo, bhirâṁtîcho.

Temido, *a.* bhiyelalo; bhaykar, bheṁ-, bhay dâkhaitalo.

Temivel, *a.* bhaykar, bhesurvâṇo, karâl, dâruṇ.

Temivelmente, *adv.* bhayân, karâlpaṇîṁ.

Temoneira, *s. f. (naut.)* bâvecho gîr *m.*

Temoneiro, *s. m.* sukâṇeṁdâr, tâṁḍel, târak.

Temor, *s. m.* bheṁ *n.*, bhay *m*, bhrâṁti *ou* bhirâṁt, * bheyâbhrâṁti *f.*, dhabdhab *m.* ‖ *V.* RESPEITO.

Tempera, *s. f.* pâṇî, pânvaḷ *n.*; *estylo:* rît *f.*, prakâr; *indole:* prakṛit, baḍ *f.*; *cunha:* pâchâreṁ *n.* ‖ *V.* TEMPERATURA.

Temperadamente, *adv.* maryâdîn, niyamân.

Temperado, *a.* pânvaḷâcho; maryâdîk, samjîk; naram. ‖ *V.* DELICADO.

Temperador, *a. e s. m.* maû-, naram kartalo, damâvṇâr; pânvaḷ ditalo.

Temperamento, *s. m.* prakṛit *f.*, sayaṁbh *n.*, svabhâv, bhâv *m.*; kâletrî, baḍ *f.*, śîl *n.*; *commedimento:* maryâd, bhiḍâ, mâṇsugî *f.*; *combinação:* saṁyog, meḷ *m.* ‖ *V.* TEMPERATURA.

Temperança, *s. f.* niyam *m.*, mitâcharaṇ; alpabhojan, mitbhojan *n*, alpâhâr *m.*, mitpân, thoḍeṁ jevneṁ-pineṁ *n.* ‖ *V.* PARCIMONIA.

Temperante, *a.* niyamî, maryâdîk. ‖ *V.* CALMANTE.

Temperar, *v. t.: adubar:* sarî karuṁk, mîṭhmirîṁ ghâluṁk *(d. ou l. do o.)*; *abrandar:* halko-, naram karuṁk, narmâvuṁk; *dar consistencia (ao metal):* pâṇî-, pânvaḷ divuṁk *(d. do o.)*; *avigorar:* ghaṭṭâvuṁk, ghaṭṭ-, nibar karuṁk; *moderar:* âṭpuṁk, damâvuṁk; *conciliar:* samjâvuṁk, lâgîṁ kâḍhuṁk, ekṭhâṁy karuṁk. ‖ *V.* AFINAR. ‖ *v. i.* paḍuṁk *(d. do s.)* meḷuṁk. ‖ *v. r.* âṭpoṁk, bâḍguṁk, damuṁk; ghaṭṭ jâvuṁk, baḷ ghevuṁk.

Temperatura, *s. f.* havo *m.*, havâ *f.*; ushṇamân, gharmapramâṇ *n.*

Tempereiro, *s. m.* tâṇyâchî-, udkâchyâ rahâṭâchî âḍî *f.*

Temperie, *s. f. V.* TEMPERATURA.

Temperilha, *s. f.* garmî va thaṁḍî narmâvuṁcheṁ, śamak *n.*

Temperilho, *s. m.* lagamâchî vâḍî dharcho prakâr; moṭo masâlo *m.*

Tempero, *s. m.* teṁpr, jireṁ-mireṁ, mirîṁ *n.*, masâlo, saṁbhâr, karḍyâs; *(fig.)* upây, ilâj *m.*

Tempestade, *s. f.* moḍ, tuphân, vâdaḷ *n.*; *(fig.)* khaḷbaḷ *m.*, gaḍbaḍ *f.*, tirrâj *n.*

Tempestear, *v. t.* jhaḍjhaḍâvuṁk, phaphâvuṁk. ‖ *v. i.* khaḷkhaḷuṁk, jhaḍjhaḍuṁk, phaḍphaḍumk.

Tempestivamente, *adv.* baryâ veḷâr, veḷîṁ.

Tempestivo, *a. V.* OPPORTUNO.

Tempestuar, *a. i.* bobâḷ-, gaḍbaḍ karuṁk; *(fig.)* dhaḍbaḍuṁk, taḷmaḷuṁk, phaḍphaḍuṁk.

Tempestuosidade, *s. f.* vâdaḷyepaṇ *n.*, umâḍ *f.*

Tempestuoso, *a.* tuphânâcho, moḍâcho, vâdaḷyo; *(fig.)* khadaḷ, khubhdaḷlalo, taḷmaḷît.

Templo, *s. m.* teṁpl *m.*, devûḷ, devasthân, devmaṁdir, dharmmaṁdir, mahâlay *n.*, prâsâd *m.*

Tempo, *s. m.* teṁp, kâl *ou* kâḷ, veḷ, samay; *estação:* samay, prasaṁg, vakt *ou* vagat *m.*; *ensejo:* veḷ *f.*, saṁyog, avsar; *horas de lazer:* veḷ, vagat *m.*, phursat *ou* khursat *f.*; *(gram.)* kâl; *(mus.)* tâl *ou* tâḷ *m.*, gati *ou* gat *f.* ‖ *Ha* —, veḷ jâlo; âdîṁ. *Ir com o* —, samayâ pramâṇeṁ chaluṁk. *Matar o* —, veḷ kâḍhuṁk. *Passar o* —, dîs kâḍhuṁk. *Passar bom* —, sukhâṁt jiyevuṁk. *Perder o* —, veḷ kâḍhuṁk, -hogḍâvuṁk. *Um* —, ekâ veḷâr, ek pâuṭh. *A* —, veḷâr, baryâ veḷâr; tâḷâr, tâḷ dharûn. *A seu* —, veḷechyâ veḷâr. *Ao mesmo* —, *a um* —, eke veḷer,- ghaḍiyer; *(fig.)* barâbar, ekṭhâṁy. *Com* —, sâvkâśâyen, phursatîn. *De — a* —, veḷeche veḷe, kedṇây. *Em* —, veḷâr; âdîṁ, mâgâṁ. *Fóra do* —, veḷâbhâyr, akâḷîṁ. *Ao — que,* jednâ; tednâ *(posp.)*.

‖ -s, *pl.* samay, yug *m.*‖ *Os — que correm,* âtâṁcho samay. — *doirados,* suklâcho kâḷ. *Ha que — !* jâyto temp-, kâḷ jâlo. *Até á consummação dos —,* saṁsâr saro paryâṁt. *Atrás dos — — veem,* sadâṁkâl saṁyog âsâ.

Temporada, *s. f.* sabâr kâḷ *m.*

Temporal, *a.* kâḷâcho, vaktâcho, sarto, hâlâyto, chaṁchaḷ; saṁsârâṁtlo, saṁsârâcho, saṁsârî, prapaṁchî; prapaṁchâcho, apavitr; kânsulâcho. ‖*s. m.* vâdaḷ, mod; kânsulâchem hâd *n.*

Temporalidade, *s. f.* saṁsârgat, chaṁchaḷây *f.*, anityapaṇ, hâlâytepaṇ *n.*; gharsaṁsâr, saṁsâr *m.* ‖ -s, *pl.* dakshiṇâ; jod *f.*

Temporalizar, *v. t. V.* SECULARIZAR.

Temporalmente, *adv.* prapaṁchîṁ, saṁsârpaṇîṁ. ‖ *V.* TEMPORARIAMENTE.

Temporaneo, *a. V.* TEMPORARIO.

Temporão, *a.* samayâ âdiṁ ghadtalo,- jâtalo, âgas; apûrṇakâl, akâḷ.

Temporariamente, *adv.* choṁ disâṁk, thodyâ kâḷâk, hâlâytepaṇîṁ, amânipaṇîṁ.

Temporario, *a.* kâḷâcho, veḷâcho; doṁ disâṁcho, thodyâ kâḷâcho, hâlâyto, amânî, sardyâcho, chaṁchaḷ, anitya, sarto.

Temporas, *s. f. pl.* tempr, kâ'-tempr *n.*

Temporização, *s. f.*, **temporizamento,** *s. m.* veḷ kâḍhṇem *n.*, lâṁbây, âvjâv *f.*; veḷ-, saṁyog paḷevṇem *n.*

Temporizador, *a. e s. m.* veḷ kâḍhtalo, lâṁbây kartalo, lâṁbâvno.

Temporizar, *v. t.* phude davruṁk,- vharuṁk, lâṁbâvuṁk, kâḷâvuṁk, dirghâvuṁk. ‖ *v. i.* veḷ kâḍhuṁk kâḷâv-, tadov karuṁk; veḷek-, saṁyogâk râvuṁk, samayâ pramâṇem chaluṁk. ‖ — *com alguem,* pramâṇem chaluṁk.

Temulencia, *s. f. V.* EMBRIAGUEZ.

Temulento, *a.* bebdo (*do port.* BEBEDO), sarekâr, sûr-, saro piyetalo, chemḍ.

Tenacidade, *s. f.* ghaṭṭây, chikaṭây, pâṁkiṭây; (*fig.*) dṛiḍhây, bhâjaḍây *f.*, thîrpaṇ *n.* ‖ *V.* AVAREZA.

Tenaz, *a.* ghaṭṭ, ghaṇ, majbût; *difficil de arrancar:* bhâjaḍ, dṛiḍh, thîr; *viscoso:* chikaṭ, pâṁkîṭ, loṁchaṭ; *firme:* ghaṭṭ, nibar, thîr; *aferrado:* karârî, bhâjaḍ, vâdyo, * hamtamî. ‖ *V.* AVARENTO. ‖ *s. f.* chimṭo, sauṇo *m.*, sâṁdas *f.*; kuṁṭcho ḍhâṁgo *m.*

Tenazmente, *adv.* thîrpaṇîṁ, dṛiḍhâyen; vâdyân.

Tença, *s. f.* vṛitti *f.*, baiṭhâpagâr, paṭṭo *m.*

Tenção, *s. f.* teṁsaṁv, maṇ, kalpaṇ, yojan *n.*, matlab; *assumpto:* arth, padârth, vishay *m.*; *divisa:* dhajâ *f.*, chihnem, lakheṇ; (*for.*) nyâymat; (*ant.*) jhagḍeṁ, dusaṁg *n.* ‖ — *da lei,* kâydyâcho abhiprây. *Fazer —, V.* TENCIONAR.

Teneeiro, *s. m.* (*ant.*) paṭṭo ukâḷtalo.

Tencionar, *v. t.* teṁsâṁv-, man karuṁk (*g. do o.*), manâṁt hâḍuṁk, kalpuṁk, yojuṁk, karuṁk (*com outro verbo*). ‖ *v. i.* nyâymat baraumk.

Tencionario, *s. m.* vṛitti-, paṭṭo âslalo.

Tencioneiro, tençoeiro, *a. V.* PERTINAZ.

Tenda, *s. f.* pasro *ou* pasâro, mâṁḍ, gâdî, âṁgaḍ; râvṭî *f.*, taṁbû *m.*

Tendal, *s. m.* târvâcho mâṭav-, told *m.*; iaṁv kâpehî svâṭ *f.*

Tendão, *s. m.* śir *f.*, śirâṁtar, saṁdhibaṁdhan *n.* ‖ — *de Achilles,* davaṇśir *f.*

Tendedeira, *s. f.* piṭh lâṭchem phaḷem *n.*

Tendeiro, *s. m.* pasarkâr, mâṁḍkâr, âṁgaḍkâr, gâṁdî, gâdîkâr.

Tendencia, *s. f.* oḍh, kal *f.*, tol *m.*, vaḷaṇ *n.*

Tendente, *a.* vaḷtalo, oḍhtalo, vaṁdavtalo.

Tender, *v. t.* uḍaṁk, pasruṁk; phugauṁk, phulauṁk. ‖ — *o pão,* piṭh lâṭuṁk, uṁḍe karuṁk. ‖ *v. i.* vaṁdavuṁk, oḍhoṁk, kaluṁk, vaḷoṁk, toloṁk. ‖ *V.* EXTENDER-SE.

Tendilha, *s. f.* lahân râvṭî *f.*

Tendilhão, *s. m.* teṁdilyâṁv, ḍero, chaṁdravo *m.*, piṁjrî *f.*

Tendinoso, *a.* śirâṁtarâṁcho.

Tendola, *s. f.* kirkaḷ pasro *m.*

Tenebricosidade, *s. f.* âṁdhârî *f.*, aṁdhakpaṇ *n.*, ḍolyâṁ va matîcho kâḷok *m.*

Tenebricoso, *a.* (*p. us.*) âṁdhârecho (bhirmirî), kâḷok hâḍcho.

Tenebrosidade, *s. f.* aṁdhakâr, âṁdhâr *m.* ‖ *V.* CERRAÇÃO.

Tenebroso, *a.* kâḷokâcho, aṁdhakî, aṁdhak; (*fig.*) avghaḍ, gûḍh, gâḍh; akrâḷ, ghor, paḷit.

Tenencia, *s. f.* nâybî *f.*; nâybâchem ghar *n.*

Tenente, *s. m.* nâyb, pratinidhi; teṇemt.

Tenesmo, *s. m.* nitham *f.; veg m.*

Tenesmodico, *a.* nithamecho.

Tenia, *s. f.* damt *m.*

Tenifugo, *a.* damtâmcho, damtâmk baro.

Tenor, *s. m.* madhyasavan, dvitîyasavan *n.*, dusro-, * mâjvo ṭâḷo *m.; tenor; (ant.) V.* TEOR.

Tenotomia, *s. f.* samdhibamdhanachhedan *n.*

Tenramente, *adv.* tarṇepaṇîm, somvḷepaṇîm. || *V.* TERNAMENTE.

Tenreira, *s. f. (ant.) V.* VITELLA.

Tenreiro, *a. V.* TENRO. || *s. m. (ant.) V.* BEZERRO.

Tenro, *a.* tarṇo, somvḷo, komaḷ, maû; *(fig.)* nâjûk, dulabh, naram. || *V.* RECENTE. || *Tenra edade,* tarṇî pirây *f.*, burgepaṇ *n.*

Tenrura, *s. f.* tarṇepaṇ, somvḷepaṇ; burgepaṇ *n.*

Tensamente, *adv.* oḍhûn, tâṇûn.

Tensão, *s. f.* oḍhṇî, tâṇṇî *f.*, tâṭho *m.*, tâṭhepaṇ *n.*, taḍtaḍṇî *f.*, *(fig.)* chaḍh chitt *n.*

Tensivo, *a.* oḍhṇecho, tâṇcho.

Tenso, *a.* tâṇlalo, tâṇ, tâṭho; *(fig.)* lâglalo, samvkalalo.

Tenta, *s. f.* saḷaî, * kurkulî *f.*

Tentação, *s. f.* temtâsâmv, ṭâḷṇî, nâḍ, bhûl; âḍchimtnâ; jabar ruch, oḍh *f.*

Tentaculo, *s. m. (zool.)* miśî *f.*

Tentador, *a. e s. m.* ṭâḷṇâr, nâḍtalo; bhulauṇo. || *V.* DEMONIO.

Tentame, tentamen, *s. m.* pelî, parîkshâ *f.*, yatn prayatn, udyog *m.*

Tentamento, *s. m. V.* TENTATIVA.

Tentante, *a.* bhulauṇo, bhûl ghâltalo, phuslâvṇo.

Tentar, *v. t.* temtâr-karumk, nâḍumk, ṭâḷumk, ṭâḷṇî hâḍumk *(d. do o.)*, ṭâḷnemt ghâlumk; bhulaumk, bhûl ghâlumk *(d. do o.)*, phuḷaumk, phuslâvumk, kombo kâḍhumk *(d. do o.); procurar saber de:* paḷevumk, kaḷâkaḷ-, thâv ghevumk *(g. do o.); intentar:* yojumk, manâmt hâḍumk,- dharumk, karumk *(com outro verbo); experimentar:* pârkhumk, parîkshumk, parîkshâ karumk *(g. do o.); buscar:* śoḍhumk, udyog-, yatn karumk *(g. do o.).* || *— o animo de alguem,* man paḷevumk. *— a Deus,* Devâcher kalpumk. *— a paciencia,* usarpat nâ divumk. || *v. r.* temtârjâvumk, nâḍomk, ṭâḷnemt paḍumk, bhulumk; lobhdumk, âmvḍhevumk. || *V.* AVENTURAR-SE.

Tentativa, *s. f.* udyog, yatn, prayatn *m.*, pelî, parikshâ *f.* || *— do crime,* aprâdhâcho arambh.

Tentativo, *a.* bhulauṇo, phuslâvṇo.

Tenteador, *a. e s. m.* sâmspatalo, sâmspaṇo; parîkshâvamt.

Tentear, *v. t.* saḷayen paḷevumk; *tactear:* sâmspumk âphḍumk, hât lâvumk *(d. do o.); examinar:* parîkshumk, dhumḍâḷumk, tapâsumk; *calcular:* ajmâsumk, sumâr paḷevumk *(g. do o.); dar tento:* chitt divumk *(d. do o.)*, chatrây karumk *(g. do o.); dirigir com tento:* hikmatîn-, mâmḍṇen karumk,- chalaumk; *palliar:* veshumk, veshṭumk, loṭûn vharumk; *marcar com tentos:* temt-, bomd kâḍhumk *(g. do o.).* || *— uma creança,* burgyâk chalumk śikaumk.

Tento, *s. m.* achirkây, chatrây, śiḍukây, phikîr, huśârkî *f.*, chitt, gumân *n.*; temt *m.*, bomd *n.*, chaktî *f.* || *V.* CALCULO. || *Dar —,* śiḍkâvomk, chatrâvomk. *Ter ou pôr —,* chitt divumk, parvâ karumk. *A —,* chatrâyen, phikirîn. *Sem —,* chittâviṇem, phikîr nâstânâ, avichârîm.

Tentorio, *s. m.* tambû *m.*

Tenue, *a.* pâtaḷ, bârik, sûkshm, viraḷ; supûr, chillar; *fraco:* aśakt *ou* askat, nirbaḷî; *de pouco valor:* kirkoḷ, halko, uṇo.

Tenuemente, *adv.* pâtḷâyen, pâtaḷ.

Tenuidade, *s. f.* pâtḷây, bârkây *f.*, viraḷpaṇ *n.*; *(fig.) V.* ESCASSEZ.

Tenuifloro, *a. (bot.)* supurlyâm phulâmcho, laghupushp.

Tenuifoliado, *a. (bot.)* lahânâm pânâmcho, laghuparṇ.

Tenuipede, *a. (zool.)* supurlyâm pâmyâmcho, laghucharaṇ.

Tenuipenne, *a. (zool.)* pâkhurlâmcho, laghupaksh.

Teor, *s. m.* arth, bhâv, abhiprây, matlab; *norma:* niyam *ou* nem, kânû, kram; *modo:* prakâr *m.*, parî, bhâs *f.*

Tepe, *s. m.* chhâp *f.*

Tepez, *a. V.* TEIMOSO.

Tepidamente, *adv.* śeḷmoḍâyen; *(fig.)* mamḍâyen.

Tepidez, *s. f.*, **tepor,** *s. m.* śeḷmoḍây, ubmoḍây; *(fig.)* beśârmây, saḍaḷây, mamḍây *f.*

Tepido, *a.* ubmoḍo, śelmoḍo, ûnso, ubaṭ, ubecho; *(fig.)* beśârmî, saḍaḷ, mamd, jaḍ.

Ter, *v. t.* âsumk *(d. ou ab.* **kaḍe** *ou* lâgîm *do s., s. do o.); segurar:* dharuṁk, saṁbhâḷuṁk, bâḷguṁk; *alcançar:* meḷuṁk *(d. do s., s. do o.)*, lâbhuṁk *(id.)*, sâṁpḍâvuṁk, joḍuṁk; *abranger:* âṭpuṁk *ou* âṭâpuṁk; *trajar:* nesuṁk, ghâluṁk; *soffrer:* jâvuṁk *(d. do s., s. do o.)*, (tân, bhûk) lâguṁk *(id.)*, (bheṁ, bhay) disuṁk *(id.)*, (jar) yevuṁk *(id.)*; *conservar:* davruṁk, saṁbhâḷuṁk; *deter:* râvauṁk, ubho karuṁk; *reprimir:* dâmuṁk, âṭpuṁk; *procurar, produzir:* âsuṁk *(d. do s., s. do o.)*, jâvuṁk *(id.)*. — *em*, mânuṁk, mol divuṁk *(d. do o.)*. — *por*, dharuṁk, samjuṁk. — *de*, jâvuṁk *ou* jây jâvuṁk *(d. do s.)*, paḍuṁk *(d. do s.)*. — *que*, jây-, garaj jâvuṁk *(d. do s.)*; disuṁk *(d. do s.)*, âṭhavuṁk *(d. do s)*. *Não* —, nâsuṁk *(d. do s., s. do o.)*, nâ jâvuṁk *(id.)*. — *que fazer*, karcheṁ-, kâm âsuṁk *(d. do s.)*. — *fim*, saruṁk, saṁpuṁk. — *por fim*, arth-, kârâṇ âsuṁk *(d. do s.)*. — *mão em*, dâmûn dharuṁk, saṁbhâḷuṁk. — *de sua mão*, hâtâkhâl davruṁk, râkhuṁk. — *da sua mão*, âple ṭhâṁy âsuṁk. — *mãos para*, tâṁk-, kuvet âsuṁk. — *na mão*, hâtâṁt âsuṁk. — *as mãos debaixo dos braços*, hât pâṁghrûn basuṁk. — *pela mão*, hât divuṁk; *(fig.)* chalauṁk. — *pé*, vegiṁ chaluṁk. — *ao pé de si*, sarseṁ-, teṁkûn-, baglek âsuṁk. — *em pé*, ubho dharuṁk. — *a peito*, kâḷîj davruṁk *(l. sup. do o.)*. — *para si*, chiṁtuṁk, samjuṁk. — *por si*, âple ṭhâṁy-, vâṭen âsuṁk. — *vista de*, dekhuṁk, paḷevuṁk. — *em vista*, chitt divuṁk. ‖ *v. i.* bhâr-, mol âsuṁk, toloṁk. ‖ *v. r.* ghaṭṭ-, nîṭ râvuṁk; *parar:* râvuṁk, thâṁbuṁk; *refrear-se:* bâḍguṁk, âṭpoṁk; *confiar:* pâtyevuṁk; *reputar-se:* âpṇâk dharuṁk, -samjuṁk. ‖ — *em pé*, ubho-, nîṭ râvuṁk. *Não se poder* —, dauṁḍaḷuṁk, lavkuṁk. — *em si*, damuṁk. ‖ -es, *s. m. pl. V.* BENS.

Terça, *a.:* — *feira*, maṁgḷâr; — *parte*, tisro vâṁṭo *m.* ‖ *s. f.* tisro vâṁṭo, tisro; ters (— *da herança*) *m.* ‖ -s, *pl.* tisre *m. pl.*

Terçado, *s. m.* tarsâd, tarvâr *f.*, khaḍg *m.*, * koṁgal, khâṁḍeṁ *n.* ‖ *a.* tîṇ vastûṁnîṁ barsilalo; jaḍlalo.

Terçador, *a. e s. m. V.* MEDIANEIRO.

Terça-feira, *s. f.* maṁgḷâr *ou* muṁgḷâr *m.*

Terçan, *a. ou s. f.* tijâṁtro, pairo jar *m.*

Terçar, *v. t.* (tîn vastû) meḷauṁk, misḷuṁk, barsuṁk; *dividir por tres*, tisre-, tîn vâṁṭe karuṁk *(g. do o.)*; *cruzar:* jaḍuṁk. ‖ — *cal*, chuno reṁven âni udkân kâṁḍuṁk. ‖ *v. i.* jujuṁk, khâtîr vâvruṁk. ‖ *V.* INTERCEDER.

Terçaria, *s. f. (ant.) V.* INTERCESSÃO.

Terceira, *s. f.* madhesthîṇ; *(fig.) V.* ALCOVITEIRA.

Terceiramente, *adv.* tisre svâter, tisreṁ.

Terceiro, *a.* tisro. ‖ *s. m.* madesth; dalâl; *(fig.) V.* ALCOVITEIRO.

Tercena, *s. f. V.* TERSENA.

Tercenario, *s. m.* ters-, tisro vâṁṭo âslalo.

Tercentesimo, *a.* tinśiṁvo.

Tercetto, *s. m.* tînpadî ślok *m.*; teghâṁcheṁ gâyan va vâjap *n.*

Terciario, *a.* tisro, tisre svâter aslalo; tisryâ ghaḍpâcho.

Terciodecimo, *a.* terâvo.

Tercionario, *a. e s. m.* pairo jar lâglalo.

Terço, *s. m.* tisro vâṁṭo, tisro; ters *m.*

Terçô, *a. (ant.)* tisro (pilo).

Terçol, *s. m.* âṁdullî, ḍoṁgarpuḷî *f.*

Terebinthina, *s. f.* naktel, talpitel *(do ingl.* TURPENTINE).

Terebinthinado, *a.* naktelân misaḷlalo.

Terebrante, *a.* toptalo, domsitalo.

Terebrar, *v. t. V.* PERFURAR.

Teredem, *s. m. (zool.)* roṁṭo *m.*

Tergeminado, *a. (bot.)* tîṁ pânâṁcho, triparṇ.

Tergemino, *a.* tipaḍo.

Tergiversação, *s. f.* pâṭh partineṁ,-karṇeṁ; nîb sârṇeṁ; nîb, chhidr *n.*, sâtpâṁch *n. pl.*

Tergiversador, *a. e s m.*, **tergiversante**, *a.* nîb sârtalo, sât-pâṁch kartalo.

Tergiversar, *v. i.* pâṭh partuṁk, -karuṁk; *(fig.)* nîb sârṇuṁk,- sâṁguṁk, sâṭ-pâṁch karuṁk, girkâṁḍyân ulauṁk.

Terminação, *s. f.* saṁpâdṇî, saṁpauṇî; saṁpṇî *f.*, śevâṭ, aṁt; *(gram.)* aṁt, aṁtvarṇ, pratyay *m.*

Terminal, *a.* aṁtâcho; nisâṁcho.

Terminante, *a.* saṁpauṁcho, nivâḍyâcho; khaṁḍit, khachît.

Terminantemente, *adv.* ekdam, nikshûn, khachît.

Terminar, *v. t.* saṁpauṁk, saṁpâduṁk, kabâr-karuṁk *(do port.* ACABAR); śevaṭ jâvuṁk *(g. do o.)*; ṭoṁkâk âsuṁk *(g. do o.)*. ‖ *V.* DEMARCAR. ‖ *v. i.*

e r. kabâr -jâvuṁk, saṁpuṁk, saṁpâdoṁk, saruṁk; śevaṭ-, aṁt âsuṁk *(d. do s.)*; *(gram.)* aṁt jâvuṁk *(g. do s.)*. ‖ *v. r.* merek âsuṁk, lâguṁk, pâvuṁk,

Terminativo, *a.* niśchit, sarsarît, sâph, khachît.

Termino, *s. m.* mer, mît, sìm *f.*

Terminologia, *s. f.* paribhâs, saṁpradây *m.*

Termita, *s. f. (zool.)* vâḷoy *f.*

Termo, *s. m.* nîs *m.*, sìm, mit, maryâd; *fim:* saṁpâdṇî âkher *f.*, śevat, aṁt *m.*, itiśrî *f.*; *prazo:* vâydo, pallo *m.*, mudat; *modo:* châl, parî *f.*, prakâr; *vocabulo:* śabd *m.*, uttar, nâṁv, abhidhân *n.*; *redacção:* śabdarachnâ, vâkyayojanâ; *estado:* daśâ, gat; *circumvizinhança:* sarad *f.*, śejâr, lâgsâr; *(for.)* dâkhlo, lekh *m.*; *(math.)* pad *n.* ‖ — *de comparação,* saṁcho vishay *m.* — *medio,* sumâr. *Meios termos,* ardhkuṁ uttrâṁ, sât-pâṁch *n. pl.* — *proprio,* nij arthâcho śabd. — *de villa ou de cidade,* adhikâryâcho prâṁt *m.* *Em breves termos,* thoḍyâ veḷân; thoḍyâṁ uttrâṁnim; soṁpepaṇiṁ. *Em termos habeis,* barepaṇiṁ, phâvo te pariṁ. *Estar com termos,* bhîḍ dâkhauṁk, mâṇsugen chaluṁk. *Pôr ou fazer* —, saṁpâduṁk, śâttî pâvauṁk. *Pôr-se em ou com termos,* śamanâ jâvuṁk, thâruṁk. *Sem* —, aṁtâvîṇ, mîtmer nâstânâ. *A termos ou em* —, daśer, gatîr.

Ternamente, *adv.* kaṇvâḷâyen, dulabhâyen.

Ternario, *a.* tiṁcho. ‖ *Compasso* —, ternâr *m.*

Terneira, *s. f. V.* VITELLA.

Terneiro, *s. m. V.* BEZERRO.

Terno, *s. m.* tern; teghâṁcho joḍ *m.* ‖ *a.* kaṇvâḷo, karuṇ, dayâḷ, komaḷ, kurpevaṁt, mâyâḷ, mavâḷ, dulabh, kâkulatchâr, mâyârûpî. ‖ *V.* LASTIMOSO.

Ternura, *s. f.* kaṇvâḷây, karuṇây, dulabhây, dayâ, dayâmayâ, mavâḷây, kurpâ *f.*, moymog, prem *m.*, komaḷpaṇ *n.*

Terra, *s. f.* prithvî *ou* prithivî, prithûm, dhartarî, dharṇ, bhûmi *ou* bhûṁy, vasuṁdharâ; *solo:* jamîn, bhûṁy, dharṇ; *pó:* dhûḷ *f.*; *povoação:* gâṁv, deś *m.*; *herdade:* bhûṁy *f.*, bhâṭ *n.*; *patria:* âplo gâṁv, svadeś; *região:* deś, prâṁt *m.*, *campo:* śet *n.*, bhûṁy; *mundo:* prithûm *f.*, saṁsâr *m.*; *barro:* mâtî *f.* ‖ *Por* —, pâṁyvâṭen, maḷiṁ. *Por mar e* —, jaḷiṁmaḷiṁ. — *firme, V.* CONTINENTE. — *de promissão,* sukhâcho deś; *(fig.)* vaikuṁṭh. — *santa,* judevâṁcheṁ râshṭr. — *vegetal,* kâḷî-, kârâchî mâtî. — *virgem,* khaṇa va vaṁpi nâslalî jamin. *A* — *fria,* phoṁḍ. *Chegar á* —, taḍik pâvuṁk. *Comer* —, mâtî khâvuṁk, kashṭâṁnim jiyevuṁk. *Dar em* —, bhûṁy uḍauṁk, moḍuṁk. *Dar com o nariz em* —, omto paḍuṁk, dharṇîr nâk phoḍuṁk. *Dar á* —, puruṁk, nikhipuṁk. *Ir ou vir á* —, utroṁk; *(fig.)* bighḍuṁk, phiskaṭuṁk. *Correr terras,* saṁsâr gâḷuṁk. *Metter ou pôr na* —, lâvuṁk, rovuṁk. *Pôr em* —, utruṁk. *Pôr ou deitar por* —, bhûṁy uḍauṁk, śevṭuṁk; *(fig.) V.* DESACREDITAR. *Pôr pé em* —, utroṁk. *Coisa de* —, gâṁvṭî vast. *Coisa de fóra da* —, bhâyli-, dusryâ gâṁvâchî vast. — *a* —, toḍî lâgîṁ, dharṇîk teṁkûn.

Terraço, *s. m.* dhâbeṁ *n.*, gachchî, agâśî *f.*

Terrada, *s. f.* lahân târûṁ *n.*

Terradego, *s. m.* âṁgḍicho-, bâjârâcho jâgo *m.*; âṁgḍicheṁ bhâḍeṁ *n.*

Terrado, *s. m.* gachchî, agâśî; peṭlalî mâḷoy *f.* ‖ *V.* TERRADEGO. ‖ *a.* peṭlalo, gachchecho.

Terral, *s. m.* taḍyeṁ *n.* ‖ *a.* taḍyo.

Terrantez, *a.* mulkî, deśâcho, gâṁvṭo.

Terrão, *s. m. V.* TORRÃO.

Terraplenagem, *s. f.* bhar deṇeṁ *n.*; bhar *f.*

Terraplenar, *v. t.* bhar divuṁk *(d. do o)*, mâtiyen bharuṁk.

Terrapleno, *s. m.* bhar dilalî jamîn; sapâṭî *f.*

Terraqueo, *a.* jalasthalamay, prithvecho, dhartarecho. ‖ *O globo* —, prithvî *f.*, bhûgol *m*, bhûmimaṁḍaḷ *f.*

Terreal, *a.* prithumecho, bhûlokâcho, saṁsârâcho, saṁsârâṁtlo.

Terrear, *v. i.* dharṇ mekhḷî-, luṁḍî disuṁk.

Terreiro, *s. m.* chaupeṭ *f.*, maidân; âṁgaṇ, khaḷeṁ *ou* khaḷ *n.*; âkhâḍo *m.* ‖ *Chamar a* — *(fig.), V.* DESAFIAR. *Fazer* —, svât mekhḷî karuṁk. ‖ *a. (p. us.) V.* TERREO.

Terrejola, *s. f V.* TERRIOLA.

Terremoto, *s. m.* dharṇîkâṁp, bhûmikâṁp *f.*

Terrenal, *a. V.* TERRENO.

Terrenamente, *adv.* saṁsârîṁ, prapaṁchîṁ.

Terrenho, *a.* dhartarecho, prithumecho. ‖ *Vento* —, taḍiyeṁ vâreṁ. ‖ *s. m.* taḍiyeṁ *n.*

Terreno, *a.* prithvecho, dharnîcho; samsârik, bhûlokâcho; mâtiyechyâ ramgâcho. || *s. m.* jamîn, bhûmy, svât, dharn *f.*

Terrento, *a.* mâtiyechyâ ramgâcho; mâtiyen misallalo, -bharlalo.

Terreo, *a.* dharnîcho, bhumyecho; bhumy-, dharnîr âslalo. || *V.* MUNDANO.

Terrestre, *a.* dharnîcho, bhumyecho; samsârâcho, samsârâmtlo, samsârîk; dharnîr jâtalo,- jiyetalo, bhûchar, bhûmy *(em comp.)*. || *Paraiso* —, bhûvaikumth *n.*

Terribilidade, *s. f.* akrâlpan, bhaykarpan *n.*

Terriço, *s. m.* kârâchî mâtî *f.*

Terricola, *a. e s. m. e f.* bhûchar, dharnîr jiyetalo.

Terrificante, *a.* bhaykar, bhemkdâytalo, ghor.

Terrificar, *v. t.* bhemkdâvumk, bhejdâvumk, thartharâvumk, kâmpaumk.

Terrifico, *a. V.* TERRIFICANTE.

Terrigeno, *a.* bhûmy jâlalo, samsârâmt jalmalalo, bhûmij.

Terrina, *s. f.* terrîn *n.*

Terriola, *s. f.* khedegâmv *m.*, khedem *n.*

Terrisono, *a.* akrâl nâdâcho, krûrsvar.

Territorial, *a.* deśâcho, râshtrâcho, mulkî.

Territorio, *s. m.* deś *m.*, râshtr, râj *n.* || *V.* COMARCA.

Terrivel, *a.* bhaykar, bhesurvâno, akrâl, karâl, krûr, ghor, dârun, vikat, kâmperyâcho; nibar, jabar, bhârî.

Terrivelmente, *adv.* bhedryân, akrâlpanîm; bhârîm, jabar.

Terroada, *s. f. V.* TORROADA.

Terror, *s. m.* jabar bhem *n.*, vhad bhay, bhedro, thartharo, kalkalo, dhaddhado, kâmpero, âkâmt, trâs *m.*, bhirâmt, dhâstî *f.*; *objecto de pavor:* bhay *m.*, bhaykâran *n.*

Terrorismo, *s. m.* bhîtirâjyavidhi *m.*, bhyâchem râj *n.*

Terrorista, *a e s. m. e f.* bhaykar, bhesurvâno; bhîtirâjyapakshî. || *V.* PESSIMISTA.

Terrorizar, *v. t.* bhemkdâvumk, thartharâvumk, kalkalâvumk, kadkadâvumk, kâmpaumk, âkâmtâvumk.

Terroso, terrulento, *a.* mâtiyen misallalo; mâtiyecho; mâtî kasî distalo; mâtiyechyâ ramgâcho.

Tersena, *s. f.* kothâr *m.*, kothî *f.*

Terseneiro, *s. m.* kothârî.

Terso, *a.* nital, nirmal, sâph, ujallalo, sulsulit, tultulit; *(fig.)* śuddh, chokh, asal.

Tersol, *s. m. V.* TERÇOL.

Tertulia, *s. f. V.* ASSEMBLÉA.

Tesamente, *adv.* tadtadâvûn; nibrân, balân.

Tesão, tesidão, *s. f. V.* TESURA.

Tesar, *v. t. V.* EXTESAR.

Teso, *a.* tân, tadtadît; *inteiriçado:* vâtad; *immovel:* hâla nâslalo; *duro:* nibar, ghatt; *violento:* jabar, sansanît, thanthanît; *intrepido:* chhâtîdâr, nirvânî; *ingreme:* kadsyâcho, sûl; *constante:* udyogî, dhairyavamt. || *Homem* —, kathîn-, bhâjad manîs.|| *s. m.* kadso *m.*, ghâtî *f.* ||*adv. V.* TESAMENTE || *Em* —, nibrân, odhûn dharûn.

Tesoira, *s. f.* kâtar *f.*

Tesoirada, *s. f.* kâtrîcho phâr; kâtro *m.*

Tesoirar, *v. t.* kâtrîn kâtrumk.

Tesoirinha, *s, f.* supurlî kâtar *f.*; dâkhecho tâno *m.*

Tessera, *s. f.* phâso *m.*

Tessitura, *s. f. V.* CONTEXTURA.

Testa, *s. f.* kapâl, lalât, mûrdhân, adrisht *(p. us. nesta accep.)*, * nidhal; *cabeça:* taklem *n.*, taklî *f.*; *vanguarda:* phudo, muro *m.*, mukh *n.* || — *coroada*, *V.* SOBERANO. *Fazer* —, *V.* RESISTIR. *Franzir a* —, kapâlâk miryo ghâlumk.

Testaça, *s. f.* vhadlem kapâl *n.*

Testaceo, *a.* kartem âslalo, kartyâcho, śimpiyecho.

Testaçudo, *a.* vhadlyâ kapâlâcho; *(fig.) V.* TEIMOSO.

Testada, *s. f.* mer, sîm *f.* || *Varrer a sua* —, *V.* JUSTIFICAR-SE.

Testador, *a. e s. m.* maranpatr kartalo, mrityulekh karnâr.

Testamental, *a.* maranpatrâcho.

Testamentaria, *s. f.* maranpatr pâltalyâcho adhikâr *m.*

Testamentario, testâmemtâcho, maranpatrâcho. || *s. m.* maranpatrâvarvîm dâyjî.

Testamenteiro, *s. m.* maranpatr pâltalo.

Testamento, *s. m.* testâmemt *m.*, maranpatr, mritapatr *n.*, mritalekh, mrityulekh *m.*

Testar, *v. t.* maranpatrâr davrumk. || *V.* ATTESTAR. || *v. i.* testâmemt-, mritalekh karumk; sâkshî divumk.

Testeira, *s. f.* phudo, muro *m.*, mukh *n.*; ghodyâchyâ kapâlâchî samjauṇî *f.;* kapâlâcheṁ lugaṭ; mukhâcheṁ phaḷeṁ *n.*

Testemunha, *s. f.* testimûjñ *m.*, gvâhî *m. e f.*, sâkshî, sâkshîdâr (sâkshîdârṇ *f.*) *m.*, śâhidî *(us. Can.) m. e f.;* paḷevṇâr, dekhtalo. ‖ — *ocular,* dekhlalo gvâhî, sâkshî, sâksh. — *de ouvido,* âykalalo gvâhî. *Inquirir testemunhas,* gvâhî kâḍhuṁk. *Ser* —, dekhuṁk, paḷevuṁk. *Sem testemunhas,* gupît, choryâṁ.

Testemunhador, *a. e s. m.* gvâhî-, dâkhlo ditalo.

Testemunhal, *a.* gvâhyâcho; sâkshecho.

Testemunhar, *v. t.* dâkhlo divuṁk *(g. do o.),* dakhal karuṁk, dâkhaṁk. ‖ *v. i.* gvâhî-, sâkshî divuṁk.

Testemunhavel, *a.* sâkshek upkârto, sâkshecho.

Testemunho, *s. m.* gvâhî *ou* gvâhikî, sâkshî, * sâkhî, śâhidî *(us. Can.) f.;* chihneṁ, khûṇ, lakhen *n.*, * mudây *f.* ‖ *Falso* —, laṭik gvâhî. — *de consciencia,* aṁtashkarṇâchî jâp. — *dos sentidos,* vishayâṁchî oḷakh. *Dar* —, dâkhlo divuṁk.

Testico, *s. m.* kharvaṁtîchî muṭh *f.*

Testicular, testiculoso, *a.* âṁḍâcho, pâriyecho.

Testiculo, *s. m.* aṁḍ *ou* âṁḍ *m.*, âṁḍkulî *(dim.),* pârî *ou* pâray, koy *f.*, koś *m.*

Testificação, *s. f.* sâkshî, gvâhikî *f.*, dâkhlo *m.*

Testificador, *a. e s. f.* dâkhlo ditalo.

Testificar, *v. t.* dâkhlo divuṁk *(g. do o.),* dakhal karuṁk; thirâsuṁk, bhâsuṁk, kharâvuṁk.

Testigo, *s. m. V.* TESTEMUNHA.

Testilho, *s. m.* peṭecho phuḍo *m.*

Tèsto, *s. m.* mâtiyecheṁ dhâṁpṇeṁ *n.*, mâtiyechî mâṁḍ *f.* ‖ *V.* TESTICO. ‖ — *de boi,* kharḍo. ‖ -s, *pl.* belko, śiṇâṇo *m.*

Têsto, *a.* ghaṭṭ, nibar, thîr, dṛiḍh, nirbhayî; cheshṭâyo sosi nâslalo.

Testudo, *a.* vhaḍlyâ kapâlâcho; *(fig.) V.* CABEÇUDO.

Tesura, *s. f.* tâṭhepaṇ *n.*, tâṭho *m.*, tâṇpaṇ; ghaṭṭây *f.*, baḷ *n.*, neṭ *m.*

Teta, *s. f.* thân, stan *n.;* boṁb, âṁchaḷ *m.*

Tetania, *s. f.* dhankuṭî *f.*

Tetano, *s. m.* dhankî *ou* dhaṇkî *f.*, dhanurvât *m.*

Tetas, *s. m.* bâibolo, choṁbḍo.

Teterrimo, *a.* bhav vikrâḷ, atighor.

Tetim, *s. m.* gilâvâcho jinnas *m.*

Tetra, *pref.* chatush, chatur.

Tetracordio, *s. m.* chatushtaṁtu vîṇo *m.*

Tetradactylo, *a. (zool.)* choṁ boṭâṁcho, chaturâṁgulî.

Tetraedrico, *a.* chatushpârśv.

Tetraedro, *s. m. (geom.)* chatushpârśv *m.*

Tetragonal, *a.* chaukoṇî, chatushkoṇ.

Tetragono, *a. V.* TETRAGONAL. ‖ *s. m.* chatushkoṇ *m.*

Tetragramma, *a.* choṁ aksharâṁcho. ‖ *s. m.* chaturvarṇ *n.*

Tetramero, *a.* chaturbhâg.

Tetrametro, *s. m.* chatushpadaślok *m.*

Tetrapetalo, *a. (bot.)* chaupâkḷî.

Tetraphyllo, *a. (bot.)* chaupânî, chatushparṇ.

Tetrapede, *a. (zool.)* chaupâṁyî.

Tetraptero, *a. (zool.)* choṁpâkhurlâṁcho, chatushpaksh.

Tetrarcha, *s. m.* uparâjâ.

Tetrasyllabo, *a.* chaturakshar.

Tetrico, *a.* kurṭo, ghûm, tirsuvâd; bhesurvâṇo, akrâḷ, vikaṭ.

Tetro, *a.* kâḷo, aṁdhak, khatâḷo.

Tetudo, *a.* vhaḍlyâṁ boṁbâṁcho.

Teu, *a.* tujo, tugelo. ‖ *Os teus,* tumchîṁ *n. pl.*

Teúdo, *a. (ant.) V.* TIDO.

Texto, *s. m.* graṁthâcheṁ vachan, -vâkya; mûḷ, pratik *n.*, mûḷgraṁth; test *m.*, pavitr pustâkâchîṁ uttrâṁ *n. pl.*

Textual, *a.* vâkyâcho, vâchanik.

Textualmente, *adv.* asal uttrâṁnîṁ, vachanîṁ.

Textuario, *s. m.* mûḷgraṁth *m.* ‖ *a. V.* TEXTUAL.

Textura, *s. f.* viṇap; viṇlaleṁ lugaṭ *n.* ‖ *V.* CONTEXTURA.

Tez, *s. f.* bhâylî kât *f.*

Thalamo, *s. m.* kâjâryâṁcho palaṁg *m.; (fig.)* kâjâr, lagn *n.*

Thaumaturgo, *a. e s. m.* acharyâṁ kartalo, adbhutkarmak.

Theatral, *a.* nâṭakâcho, nâṭkî.

Theatralmente, *adv.* nâṭakâparîṁ.

Theatrista, *s. m. e f.* soṁgâḍî, raṁgchar; nâṭakâk-, jâgrâk saṁvkalalo.

Theatro, *s. m.* tyâtr *m.*, nâṭakśâḷ, raṁgśaḷ *f.;* nâṭak *n.*, jâgar; *(fig.)* âkhâḍo, raṁg *m.*, raṁgaṇ *n.* ‖ *V.* MODELO. ‖ *Figuras de* —, soṁgâḍî. *Peça de* —, nâṭak.

Thebaida, *s. f. (fig.)* araṇeṁ, rân *n.*
Theina, *s. f.* châvecho ark *m.*
Théista, *a. e s. m. e f.* îśvaravâdi, âstik.
Thema, *s. f.* paksh, pûrvapaksh *m.*, pratijñâ *f.;* vachan, vâkya *n.*, vidhi *m.;* paṭhśâḷicheṁ bhâshâṁtar *n.*, nibaṁdh; *(fig.)* vishay, biṁb, prasaṁg, adhikâr *m.*, prakaraṇ; *(gram.)* mûl *n.*
Theocracia, *s. f.* îśvarakarttṛikarâjya, îśvaraprabhutv *n.*
Theocrata, *s. m.* îśvaraprabhutvâcho jaṇ *m.*
Theocraticamente, *adv.* îśvaraprabhutve pramâṇeṁ.
Theocratico, *a.* îsvaraprabhutvâcho.
Theodicea, *s. f.* îśvarasattvaśâstr *n*, devprakṛitividyâ *f.*
Theogonia, *s. f.* devotpatti *f.*
Theogonico, *a.* devotpattecho.
Theologal, *a.* devjñânâcho, paramârthavidyecho. ‖ *Virtudes theologaes,* bhâvârth, bharvâṁso âni mog.
Theologia, *s. f.* devjñân *n.*, tattvavidyâ, paramârthavidyâ *f.;* vedâṁt *(— dos hindús) m.* ‖ — *dogmatica,* tattvajñân. — *moral,* nîtiśâstr, dharmaśâstr *n.* — *revelada,* śṛiti *ou* samurt *f.*
Theologicamente, *adv.* tattvavidyen, vedâṁtîṁ.
Theologico, *a.* devjñânâcho, paramârthavidyecho.
Theologizar, *v. i* devjñanyâparîṁ ulauṁk, śâstrâṁ sâṁguṁk.
Theologo, *s. m.* tyolg, devjñânî, tattvavid, paramârthavidyâjña; vedâṁtî.
Theomania, *s. f.* devpiseṁ *n.*
Theomaniaco, *s. m.* devpiseṁ lâglalo, devkhuḷo.
Theophania, *s. f.* devprasiddhi *f.*, îśvaraprakaṭikaraṇ *n.*
Theorema, *s. m.* siddhâṁt *m*, pramey *n.*
Theoretico, *a.* yuktecho, upapattecho, kalpanecho.
Theoria, theorica, *s. f.* yukti, upapatti *f.*, śâstr *n.*, kalpanâ *f.*, tark, anumân *m.*, dakśaṇ; mat *n.*, vâd *m.*
Theoricamente, *adv.* kalpanen, anumânân.
Theorico, *a.* kalpanecho, kâlpanik, mânsik. ‖ *s m.* śâstrî, dakśaṇî; laharî, chiṁtnecho manîs.
Theorista, *s. m.* kalpanâ kartalo; kalpanâśîl.
Theosebia, *s. f.* devpûjâ *f.*
Theosophia, *s. f.* devjñân *n.*
Theosophico, *a.* devjñânâcho.
Theosophismo, *s. m.* devjñânmat *n.*
Theosopho, *s. m.* devjñânî.
Therapeuta, *s. m.* vaij, okhtî.
Therapeutica, *s. f.* piḍâ moḍchî vidyâ, rogśamanavidyâ *f*, aushadhopachârprakaraṇ *n.* ‖ *V.* CURA.
Therapeutico, *a.* rogśamanavidyecho; rognivârak.
Theriacologia, *s. f.* vishaprâṇîvidyâ *f.*
Theriaga, *s. f.* vikhâcheṁ okhat, vishâvshadh; okhat *n.*
Therma, *s. f.* unhâḷeṁ, unhereṁ.
Thermal, *a.* ûnh, ushṇ.
Thermalidade, *s. m.* udkâcho unhâḷ *m.*
Thermantico, *a.* ushṇakârak.
Thermico, *a.* garmecho, ushṇâcho.
Thermologia, *s. f.* ushmatâtaṁtr *n.*
Thermometria, *s. f.* ushmatâmâpan *n.*
Thermometro, *s. m.* ushṇamân, śîtoshṇamâpakayaṁtr *n.*
These, *s. f.* paksh, pûrvapaksh, biṁb *m.*, pratijñâ *f.*
Thesoirado, *s. m.* tijrerkî *f.*, dhanâdhikâr, jâmdârî *f.*
Thesoiraria, *s. f.* bhâṁdâr, dhanasthân *n.*, khajno, jâmdârkhâṇo, koś *m.* ‖ *V.* THESOIRADO.
Thesoireiro, *s. m.* tijrer, potekâr, bhâṁḍârî, jâmdâr, dhanâdhikârî, kośnâyk.
Thesoiro, *s. m.* duḍvâṁcho sâṁṭho, hâṭkyâcho puṁjo *m.*, dhanâchî râs *f.*, kevo, koś, nidhi *m.*, nidhân, bhâṁḍâr *n.;* hâṁḍo *m.*, tapleṁ *(— achado) n.;* ṭhevnî *f.*, ṭhevo *m.*, koṭhâr *(logar do —);* khajno *m.*, bhâṁdâr, poteṁ *n.*, râjkoś *(logar do — publico) m.; coisa de muito apreço;* ratn, motîṁ; *repositorio:* koś, bharṇo, nidhi *m.; manancial:* jhar *f.* ‖ — *publico,* râjkoś. — *de reserva,* sâṁṭho *m.*, sâṁṭhvaṇ *f. Thesoiros de Baccho,* saro. *Thesoiros de Ceres,* dhâṇo *m. Thesoiros de Flora,* phûl-chamaḷ *n. Thesoiros da terra,* dharṇîcheṁ pîk *n.*
Theurgia, *s. f.* prasâd; adbhutvidyâ *f*
Theurgico, *a.* prasâdîcho.
Theurgista, *s. m. e f.,* **theurgo,** *s. m.* prasâdkâr, adbhutvidyâjña.
Thia, *s. f.* âkay, kâkâ *(irman do pae);* mâvśî *(irman da mãe);* mâvśî-mâmy *(irman mais velha da mãe);* mâvśî, chultî *(mulher do irmão do pae);* vhaḍlî-

mâūy *(mulher do* vhaḍlo-pây); dhâkṭî-mâūy *(mulher do* dhâkṭo-pây); mâmî, mâvḷaṇ *(mulher do irmão da mãe)*. *Thia-avó*, âjekâkâ, âjemâvśî. *Ficar para* —, âṁkuvâr râvuṁk.

Thio, *s. m.* tîv, bâplo, kâkû, chulto *(irmão do pae)*; vhaḍlo-pây *(irmão mais velho do pae)*; dhâkṭo pây *(irmão mais novo do pae)*; mâm, mâmâ, mâmû, mâvḷo *(irmão da mãe)*; mâvso *(marido da irman da mãe)*. ‖ *Fazer-se — ou fazer de* —, bobâṭ karuṁk, gâṁjuṁk.

Thoracico, *a.* chhâtecho, urâcho.

Thorax, *s. m. (anat.)* chhâtî *f.*, ûr *m.*

Threno, *s. m.* śokagît *n.*, vilâp *m.*

Throno, *s. m.* tron *m.*; gâdî, râjgâdî *f.*, śiṁhâsan, nripâsan, râjâsan *n.*, râjpâṭ *m.*; *(fig.)* râjpaṇ *n.*, râjpadvî *f.*; râjâ, pâtśây *m.*

Thuribulario, *a. e s. m.* dhuṁpâvṇâr; *(fig.) V.* ADULADOR.

Thuribulo, *s. m.* turíbl *m.*, dhuṁpâtṇeṁ, dhuṁpâvṇeṁ *n*

Thuriferario, *a. e s. m.* dhuṁpâṭṇeṁ dhartalo, dhuṁpâvṇeṁdhâr.

Thurifero, *a.* dhûṁp jâtalo, dhûpakar.

Thurificação, *s. f.* dhuṁpâvṇî *f.*

Thurificador, thurificante, *a. e s. m.* dhuṁpâytalo.

Thurificar, *v. t. V.* INCENSAR.

Thuringia, *s. f. (bot.) V.* TORONJA.

Tiara, *s. f.* mukuṭ, śirtâj *m.*; *(fig.)* Pâpâ Sâhebâchî padvî *f.*

Tibia, *s. f. (anat.)* pâṁyâcho naḷo *m.*

Tibial, *s. m.* naḷyâcho.

Tibiamente, *adv.* dilâyen, maṁdâyen.

Tibieza, *s. f.* śeḷmoḍây, nbmoḍây; *(fig.)* saḍaḷây, maṁdây, dilây; beśarmây, śeḷmoḍây *f.*

Tibio, *a.* śeḷmoḍo, nbmoḍo, ubaṭ; *(fig.)* saḍaḷ, dil, maṁd, naram; beśârmî, śeḷmoḍo.

Tiborna, tibornice, *s. f. V.* MIXORDIA.

Tição, *s. m.* iṁgḷo *m.*, keṁḍ, kalit *n.*, kaltî *f.*

Tiçoada, *s. f.* kaltâcho phâr; *(fig.)* phâr, laḍho *m.*

Tiçoeiro, *s. m.* kâhilâto *m.*

Tiçonado, *a. V.* TISNADO.

Tic-tac, *s. m. V.* TIQUE TAQUE.

Tido, *a.* âslalo.

Tigela, *s. f.* kâṁso, mâlto *m.*‖ — *de casa*, tijâl, koḍeṁ *n.* ‖ *Homem de meia* —, halko manîs.

Tigelada, *s. f.* kâṁsobhar *m.*; śekśek *n.* ‖ *Em* —, misḷûn, ekâmekâcher paḍûn.

Tigelinha, *s. f.* panṭî *f.*

Tigrado, *a.* bibṭo, śirbo.

Tigre, *s. m. (zool.)* vâgh, sârdûl *m.*; vâghaṭ *(dim.) n.*; vâghîṇ *(femea) f.*; *(fig.)* vâgh, râkhas. ‖ *a.* bibṭo.

Tigrino, *a.* vâghâcho; bibṭo.

Tijoleira, *s. f.* tijulî *f.*

Tijoleiro, *s. m.* iṭekâr.

Tijolo, *s. m.* tijulo, îṭ, iṭo *m.*, mop *n.* ‖ *Doce de* —, perâḍ *n.*

Til, *s. m.* tîl, anusvâr *m.*; *(fig.) V.* BAGATELLA.

Tilhá, *s. m. (naut.)* majlo *m.*

Tilhado, *a.* majlo âslalo.

Tilintar, *v. i. V.* TLINTAR.

Timão, *s. m. V.* TEMÃO.

Timbaleiro, *s. m.* ḍhol vâjaitalo, nagârjî.

Timbales, *s. m. pl.* ḍhol, nagâro, duṁdu *m.*, dumḍumeṁ *n.*

Timbrado, *a.* dhajâ-, chihnem âslalo, chihnyâcho.

Timbrar, *v. t.* dhajâ-, barad ghâluṁk *(d. ou l. sup. do o.)*; khuṇâvuṁk. sopo mâruṁk *(d. do o.)*. ‖ *V.* CENSURAR, ‖ *v. i.* ahaṁkâr karuṁk, yaś vharuṁk, mânavuṁk.

Timbre, *s. m.* kulachihna *n.*, dhajâ *f.*, bird *ou* barad; chihneṁ, lakheṇ *n.*; sopo, śikko; *som:* nâd, svar *ou* sûr *m.*, *honra:* yaś *n.*, âbrû; *auge:* simâ *f.*, śikhar *m.*

Timbroso, *a.* ahaṁkârî, abhimânî.

Timidamente, *adv.* bhiyevûn, kâkuḍûn.

Timidez, *s. f.* bhejuḍây, kâkuḍây, âṁkhuḍây, ghâbrây *f.*, adhîr *m.*

Timido, *a* bhejûḍ, bhivkûṭ, bheṁkro, *bhesar, bhîru, bujaṭ, bujro, adhîr, kâṁpro; kâkûḍ, âṁkhûḍ, ghâbro. ‖ *V.* FRACO.

Timoneiro, *s. m. V.* TEMONEIRO.

Timoratamente, *adv.* bhiyevûn, âṁg kâḍhûn, bhirâṁtin.

Timorato, *a.* bhejûḍ, bhivkûṭ; bhirâṁtîcho, devbhirâṁtîcho; śaṁkî, dubhâvi.

Tim-tim, *adv.: tim-tim por tim-tim*, ekân ek, kusknṭân kuskûsṭ, kisann, bârkâyen.

Tina, *s. f.* tîṇ, lâṁkḍî gaṁgâḷ *n.*; doṇ *m.*

Tinada, *s. f.* tîṇbhar *n.*, doṇbhar *m.*

Tinalha, *s. f.* saryâcho doṇ *m.*

Tinca, *s. f. (zool.) V.* TENCA.

Tincal, *s. m.* ṭâṁkaṇkhâr *m.*, * muśî *f.*
Tincaleira, *s. f.* ṭâṁkaṇkhârâchem âydan *n.*
Tinello, *s. m.* châkar jevṇnchî kûḍ *f.*
Tineta, *s. f.* vâdo *m.*, mâṁj, lnkkî; oḍh, kal *f.* ‖ *V.* TEIMOSIA.
Tingar-se, *v. r.* *V.* FUGIR.
Tingidor, *a. e s. m.* raṁgaunâr.
Tingidura, *s. f.* raṁgauṇî *f.*, raṁgaṇ *n.*
Tingir, *v. t.* tiṁjîr-karuṁk, raṁg divuṁk *(d. do o.)*, raṁgauṁk; kâḷo-, tâṁbḍo karuṁk.‖ *v. r.* raṁguṁk, raṁg ghevuṁk, raṁg yevuṁk *(d. do s.)*.
Tinha, *s. f.* kharbeṁ *n*, jânvây, vichvî *f.*; *(fig.)* *V.* DEFEITO.
Tinhoso, *a.* vichvî jâlalo, kharbyâcho; *(fig.)* aḷśikaṇo, kâṁṭâḷvâṇo.
Tinido, *s. m.* tiṇṭîṇ *n.*, kiṇkiṇî *f.*, saṇsaṇo, jhaṇjhaṇo *m.*
Tinidor, *a. e s. m*, **tininte,** *a.* tiṇtiṇît, kiṇkiṇît, saṇsaṇît, jhaṇjhaṇît, chaṇchaṇît.
Tinir, *v. i.* tiṇtiṇuṁk, kiṇkiṇuṁk, khiṇkhiṇuṁk, chaṇchaṇuṁk, jhaṇjhaṇuṁk, saṇsaṇuṁk, ḍhaṇḍhaṇuṁk; (kân) khaṇkhaṇuṁk.
Tino, *s. m.* sayaṁbhâchem gnyân *n.*, svabhâvik buddh; achirkây, śiḍukây, bârkây, mat; oḷakh, samjoṇî *f.* ‖ *V.* TINA. ‖ *Dar — de*, kaḷuṁk *(d. do s.)*, oḷkhuṁk. *Não dar — de si*, sairâṇâṁt nâsuṁk. *Perder o —*, ghâbruṁk, goṁdhḷuṁk. *A —*, sumârân. *Sem —*, chittâviṇem.
Tinote, *s. m.* *V.* CEREBRO.
Tinta, *s. f.* tiṁt *n.*, śâi, mashî *f.*, patrâṁjan *n.*; raṁg, râṁp *m.*, varṇ; *(fig.)* kuskûṭ *n.*, loy *f.*
Tinteiro, *s. m.* tiṁter *m*, daut *f.*
Tinto, *a.* raṁgailalo; raṁg âslalo, raṁgî; *(fig.)* meḷlalo. ‖ *Vinho —*, tiṁtâcho saro, tiṁt *m.*
Tintor, *s. m.* *V.* TINTUREIRO.
Tintura, *s. f.* raṁgauṇî, raṁgṇî *f.*, raṁgaṇ *n.*; raṁg, âgoḷ *m.*, gaṁdh *n.*; ark, nishkarsh; *(fig.)* raṁg, râṁp, vâs *m.*
Tinturaria, *s. f.* raṁgauṇîchî vidyâ *f.*; raṁgaṇkhâṇo *m.*
Tintureira, *s. f.* raṁgârîṇ.
Tintureiro, *a. e s. m.* raṁgauṇâr, raṁgârî.
Tio, *s. m.* *V.* THIO.
Tiorba, *s. f.* vhaḍlo vîṇo *m.*
Tiple, *s. m.* gaḷî, kinnarî *f.*, uchchasavan *n.*; tîpl, kinnro gâyk.
Tipoia, *s. f.* jâḷiyechî doḷî; moḍkar gâḍî *f.*

Tiquo, *s. m.* polyâchî kaṇ, -taṁtuduḥkh *f.*; viśeshguṇ, viśeshprakâr *m.*
Tique-taque, *s. m.* ṭaṭ-ṭaṭ, dhaḍdhaḍ *m.*
Tique-tique, *s. m.* ṭiṭ-ṭiṭ, śiṭ-śiṭ *m.*
Tira, *s. f.* tîr, phâḷo *m.*, phâḷî, chiṁdhî, vâvdorî, śed, śîr; paṭṭî, bân *f.*, pâṭ *m.* ‖ *Fazer em tiras*, vâvdoryo-, kuḍkyân kuḍke karuṁk. *Á —*, vegîṁ, daḍâṁ *(us Sal.)*.
Tiracollo, *s. m.* paḍḍâḷem *n.* ‖ *Pôr a —*, bhujâr pâlso ghâluṁk.
Tirada, *s. f.* kâḍhṇî *f.*; pargâmvâk mâl dhâḍṇem,- vharṇem *n.*; lâṁb vâṭ *f.*; chaḍh kâḷ *m.*; jâyteṁ ulauṇem *n.* ‖ *De uma —*, thâṁba nâstânâ, ekdam.
Tiradeiras, *s. f. pl.* ushchyâ ghâṇyâchyo doryo *f. pl.*
Tirador, *a. e s. m.* kâḍhtalo; oḍhtalo; jaṁtrân oḍhtalo; śâplalyo pholî yaṁtrâṁtlyo kâḍhtalo.
Tiradura, *s f.* kâḍhṇî *f.*
Tira-fundo, *s. f.* moṭo girbo *m.*
Tiragem, *s. f.* kâḍhṇî *f.*; jaṁtrân oḍhṇem; patrâṁ śâpṇem *n.*
Tira-linhas, *s. m.* regho mârcho âspâv *m.*
Tiramento, *s. m.* kâḍhṇî *f.*, kâḍhap *n.*
Tiramola, *s. f.* *(naut.)* hât lâvṇem *n.*
Tirante, *a.* kâḍhto, oḍhto; -so disto *(ex.: tirante a vermelho*, tâṁdoso disto), sârko; *exceptuado:* kâḍhûn, kuśîn davrûn. ‖ -s, *s. m.* oḍhaṇ; tirâṁṭ *f.* ‖ — *do andor*, âṁdaláche vâṁse *m. pl.*
Tirão, *s. m.* oḍhûn kâḍhṇem, oḍhap *n.*; lâṁb vâṭ *f.*
Tira-que-tira, *adv.* saṭâsaṭ, thâṁba nâstânâ.
Tirar, *v. t.* kâḍhuṁk; oḍhuṁk; oḍhûn kâḍhuṁk; *arrecadar:* ghevuṁk; *atirar:* mâruṁk; *exportar:* bhâyr vharuṁk; *emittir:* soḍuṁk. ‖ — *avante*, phuḍe vharuṁk,- chalauṁk. — *os boccados da bocca (fig.)*, poṭ mâruṁk. — *uma espinha da garganta (fig.)*, śamanâ karuṁk. — *á feira ou pela feira (fig.)*, sudhâruṁk. — *linhas*, regho mâruṁk. — *á luz*, śâpuṁk. — *nota*, khabar ghevuṁk. — *os olhos (fig.)*, jiv khâvuṁk. — *a palavra a alguem*, ulauṁk lâvuṁk; uttar ghevuṁk. — *pão*, ann-, paḍ kâḍhuṁk. — *á praça*, dâkhauṁk. — *o preso á justiça*, nitîṁtlo nivrâvuṁk. — *sons de*, vâjauṁk. — *o ventre da miseria*, poṭ tâṇuṁk; *(fig.)* dhâdasi jâvuṁk. ‖ *v. i.* oḍhuṁk *(v. t.)*; *ter visos de:* disuṁk; *atirar:* mâruṁk *(v. t.)* ‖ — *atraz*,

pâṭhî saruṁk. — *por ou de*, kâḍhuṁk. *Não* —, harkat nâsuṁk. *Tira lá!* kaḍsar, pelyân sar. ‖ *v. r.* bhâyr saruṁk; kaḍsaruṁk; *livrar-se*, âpṇâk kâḍhuṁk, suṭuṁk. ‖ — *de cuidados*, huskyâmekhḷo jâvuṁk. — *do sentido*, visar paḍuṁk (*d. ou g. do s.*), manâṁtlo vachuṁk.

Tira-teimas, *s. m.* śikshecho upây *m.*

Tira-testa, *s. m.* ghoḍyâchyâ kapâlâcho saṁjog *m.*

Tira-tira, *adv.* saṭâsaṭ, phaṭâphaṭ.

Tirete, *s. m.* saṁdhirekhâ *f.*

Tiriciado, *a.* kâykay jâlalo.

Tiritana, *s. f.* boṁth *f.*

Tiritante, *a.* âṁkhuḍtalo, kâkuḍtalo, kaḍkaḍtalo.

Tiritar, *v. i.* kaḍkaḍuṁk, kâkuḍuṁk, âṁkhuḍuṁk, kulkuluṁk, kuḍkuḍuṁk, hiṁvâḍuṁk, śiṁvśivuṁk, dâṁtâr dâṁt basuṁk (*g. do s.*).

Tiro, *s. m.* soḍûn mârṇeṁ; phâr mârṇeṁ *n.*: phâr; *bala:* guḷo *m.*, guḷî; *alcance:* oḍh *f.*, pallo; *logar onde se apprende a atirar:* phâr mâruṁk śikcho jâgo *m.*; *calabre de jungir:* kânî *f.*, dâveṁ; *remoque:* varm *n.*, chuṭko *m.*; *acto de puxar por carro:* oḍhṇî. ‖ *Animal de* —, gâḍiyechî monjât *f.* — *de cavallos*, ghoḍyâṁcho joḍ. — *cego*, moki nâslalo phâr *m.* *Estar a* —, baṁdûk joḍuṁk. *De um* —, ekâ phârân.

Tirocinio, *s. m.* śâgirdî, śishyepaṇ *n.*, abhyâs *n.*

Tiroteio, *s. m.* phârârphâr, phârâṁcho mâro *m.* ‖ — *de ditos*, uttrâkuttar *n.*

Tisana, *s. f.* tijân *n.*, pej *f.*

Tisica, *s. f.* khevâd *f.*, kshay *m.*

Tisico, *a. e s. m.* khevâdkâr; (*fig.*) bhâgaṭyo, sukaṭyo.

Tisna, tisnadura, *s. f.* lâseṁ, kâḷeṁ khat *n.*

Tisnado, *a.* kâḷo jâlalo, lâseṁ paḍlalo, karpalalo.

Tisnar, *v. t.* kâḷo karuṁk, karpauṁk; (*fig.*) meḷauṁk, khatâvuṁk. ‖ *v. r.* kâḷo jâvuṁk, lâsîṁ paḍuṁk (*d. do s.*), karpuṁk, jaḷuṁk; (*fig.*) meḷuṁk.

Tisne, *s. m.* lâseṁ *n.*, karpalalî kât *f.*, karpaṇ *n.*

Titan, *s. m.* daitya *ou* dait.

Titanico, *a.* daityâcho.

Titela, *s. f.* pâkhrâchyâ hardyâcheṁ mâs *n.*

Titere, *s. m.* sûtrîbâhuleṁ *n.* ‖ *V.* PALHAÇO.

Titerear, *v. i.* bâhulîṁ kheḷauṁk, nâchauṁk.

Titereiro, *a. e s. m.* bâhulîṁ nâchaitalo, sûtradhâr.

Tithonia, *s. f.* (*poet.*) *V.* AURORA.

Titi, *s. f.* *V.* THIA.

Titillação, *s. f.*, **titillamento**, *s. m.* kâtkutlyo karṇeṁ *n.*: kâtkutlî, kutulî, chuḷchuḷṇî *f.*

Titillante, *a.* kutulyo kartalo va jâtalo; ḍabḍabît, khupkhupît.

Titillar, *v. t.* kutulyo karuṁk (*d. do o.*); (*fig.*) *V.* LISONGEAR. ‖ *v. i.* kâtkutlyo jâvuṁk (*d. do s.*), chuḷchuḷuṁk. ‖ *V.* PALPITAR. ‖ *a.* kâkhecho (śîr).

Titilloso, *a.* *V.* TITILLANTE.

Titubação, titubeação, *s. f.* ḍauṁḍaḷṇî; luḍbevṇî *f.*, luḍbepaṇ *n.*

Titubar, titubear, *v. i.* ḍauṁḍaḷuṁk, lavkuṁk; luḍbeṁ ulauṁk, gâgevuṁk; (*fig.*) pâṭhî phuḍe saruṁk, dubhâvuṁk, śaṁkuṁk.

Titubeante, *a.* luḍbo, totro.

Titulado, *a.* adhikâr-, ilâkho âslalo, adhikârî.

Titular, *a. e s. m.* kuḷiyecheṁ bird âslalo, kuḷjaṇ, âmîr. ‖ *Bispo* —, nâṁvâcho bîsp. ‖ *v. t.* nâṁv divuṁk (*d. do o.*): dâvo-, hakk divuṁk (*d. do o.*); paṭṭyâr barauṁk.

Tituleiro, *s. m.* (*ant.*) *V.* INSCRIPÇÃO.

Titulo, *s. m.* nâṁlekh *m.*, śironâm *n.*, âṁkpaṭṭî *f.*; tîtl *m.*, nâṁv, * nâṁveṁ *n.*, sadar *f.*; *denominação honorifica:* bird *ou* barad, mânâcheṁ nâṁv *n.*, kitâb *m.*; *reputação:* nâṁv, yaś; *motivo:* nimitt *n.*, kârâṇ, misav *m.*; *pretexto:* nîb, mîs, soṁg *n.*; *direito:* dâvo, hakk, adhikâr, ilâkho; *documento:* dâkhlo, lekh *m.*, patr *n.* ‖ *A* — *de*, nâṁvân, nibân.

Tlim, *s. m.* tîṇ *n.*

Tlintar, *v. i.* tîṇ jâvuṁk, tiṇtiṇuṁk, khiṇkhiṇuṁk. ‖ — *com dinheiro*, duḍû vâjauṁk.

Tò, toh, *int.* bîsh.

Toa, *s. f.* pâgeṁ, dor *n.* ‖ *Á* —, asoch, sairbair, ubhaṁtarîṁ. *Andar á* —, asoch-, vâryâr bhoṁvuṁk. *Andar á* — *de alguem*, śodhuṁk bhoṁvuṁk. *Levar um cavallo á* —, doriyen ghoḍyâk naṁhîṁtlyân vharuṁk.

Toada, toadilha, *s. f.* nâd, âvâj *m.*, savan; *rumor:* phâṁphûṁ *n.*, phuṁkâro; *entoação:* svar, sûr *m.*, râgiṇî *f.*; *musica:* gâyan, saṁgît *n.* ‖ *Nesta* —, he bhâshen, hyâ prakârân.

Toalha, *s. f.* tuvâlo *m.*, mejâcheṁ chadar; tuvâlo *m.*, âṁgpusṇeṁ, hâtpusṇeṁ, varak (*p. us.*) *n.*, rumâl *ou* urmâl *m.*

Toalhete, *s. m. (p. us.) V.* GUARDANAPO.

Toante, *a.* nâdî, vâjto.

Toar, *v. i.* gâjuṁk, sâdâvoṁk, vâjuṁk; *convir:* puraumk, puṭavuṁk; *parecer:* disuṁk, lâguṁk.‖ — *bom,* baro disuṁk,- lâguṁk. — *mal,* baro nâ lâguṁk.

Toca, *s. f.* ḍhol *f*, bîḷ, vivar *n.; (fig.)* khoṁp, jhoṁpḍî *f.*

Tocadela, *s. f.* hât lâvṇeṁ,- lâgṇeṁ *n.*, teṁkṇî *f.* ‖ *V.* TOCATA.

Tocado, *a.* hât lâylalo, sâṁspalalo; kusuṁk lâglalo, maû jâlalo, poṁvṭo; saro lâglalo, -chaḍhlalo.

Tocador, *a. e s. m.* vâjaitalo, vâjpî, vâjaṁtrî.

Tocadura, *s. f.*, **tocamento,** *s. m.* hât lâvṇeṁ *n.*, sâṁspaṇî, âphaḍ; vâjauṇî, vâjṇî *f.*

Tocante, *a.* lâgto, paḍto, phâvoto, saṁbaṁdhî; kâḷîj phoḍcho, karuṇ, drâvak. ‖ *No* —, saṁbaṁdhiṁ, vishayîṁ *ou* viśîṁ.

Tocar, *v. t.* hât lâvuṁk *(d. do o.)*, âphḍuṁk *ou* âphuḍuṁk, sâṁspuṁk, sparśuṁk; lâvuṁk, teṁkauṁk, lâguṁk *(d. do o.)*, teṁkuṁk *(d. do o.)*; *tanger:* vâjauṁk, ṭâḷauṁk; *abranger:* âṭpuṁk *ou* âṭâpuṁk; *impressionar:* lâguṁk *(d. do o.)*, jhoṁbuṁk *(d. do o.)*, bharoṁk *(d. do o.)*, *excitar:* halkaṁḍâvuṁk, huskauṁk, uṭhauṁk; *mencionar:* ughḍâs karuṁk *(g. do o.)*, sâṁguṁk, paṭhuṁk; *chegar a* —, pâvuṁk *(d. ou l. do o.)*, teṁkuṁk *(d. do o.)*; *aprimorar:* sudhâruṁk, nigutâvuṁk; *ferir:* topuṁk, lâguṁk *(d. do o.)*; *confinar com:* teṁkuṁk *(d. do o.)*; lâguṁk *(d. do o.)*; *bater:* baḍauṁk. ‖ — *o oiro ou a prata,* kasâ lâvuṁk. ‖ *v. i.* lâguṁk, teṁkuṁk; *pertencer:* paḍuṁk, lâguṁk, lekhuṁk, phâvuṁk, phâvo jâvuṁk. ‖ — *na honra,* mân kâḍhuṁk. — *na corda sensivel,* śeṁpḍer pâṁy davruṁk. — *na chaga ou no vivo,* ghâyâr niṁbû piḷuṁk. — *com o dedo,* boṭân dâkhauṁk; *(fig.)* teṁkûn âsuṁk. *Vá a pedra a quem* —, phâvo tâkâ bujûṁv, -phaḷûṁv. *Pelo que me toca,* maje viśîṁ,- ṭhâṁy. *O que me toca,* mâkâ lâbhtâ teṁ. *Os que me tocam,* majîṁ, maje gharchîṁ.‖ *v. r.* teṁkuṁk, lâguṁk; kusuṁk lâguṁk, maû jâvuṁk, poṁvṭevuṁk; *(fig.)* mavâḷuṁk, halkaṁḍuṁk. ‖ — *da pinga,* saro lâgûṁk,- chaḍhuṁk *(d. do s.)*.

Tocarola, *s. f.* hât deneṁ *n.*

Tocata, *s. f.* tokâd, vâjap *n.*

Tocha, *s. f.* brâṁdâṁv *(port.) m.*, moṭî vât; ujvâḍî, chûḍ, divṭî *f.*, kâkaḍo; ujvâḍ, prakâś. ‖ — *de alva,* śukr *m.*

Tocheira, *s. f.*, **tocheiro,** *s. m.* tocher *m.*, kâstisâl *(port.)* vâtasthân *(p. us.) n.*

Tocho, *s. m. (ant.) V.* CACETE.

Toco, *s. m.* kâtarlalyâ jhâḍâcheṁ mûḷ *n.*; *cacete:* ṭoṇko, toṇo, soṭo; *coto:* vâtîcho kuṭko *m.*

Todavia, *adv. e conj.* aseṁ âstâṁ,- âstânâ, tarî, paṇ, pûṇ.

Todo, *a.* saglo, sâro, âkho, * samagr, bhar *(em comp.; ex.:* bhardîs, *todo o dia)*, savaṁd *(us. só com dia ou noite)*; saglo, samast *ou* samest, sarv *ou* sarvay, sakaṭ *ou* sagaṭ; tamâm *(us. só no plural)*. ‖ *Todos os oito dias,* âṭhâṁ âṭhâṁ disâṁnîṁ. *Todos os mezes,* mahinyâchyâ mahinyâ. *A toda a pressa,* vegîṁ vegîṁ, dhâṁvdhâvîṁ. *Ao* —, sakaṭ meḷûn. *De* —, sarvathâ; ekdam, agdîṁ. *De* — *em* —, sâreṁpureṁ, bhar. *Em toda a parte,* sarvaṭhâṁy, sarvatah. ‖ *s. m.* samest *n.*, samudây *m.*

Todo-nada, *s. m. V.* TUDO-NADA.

Todo-poderoso, *a. e s. m.* sarvpadvedâr, sarvhukumdâr, sarvkarṇâr, sarvsamarth.

Tofel, *s. m. V.* ADUFE.

Toga, *s. f.* chogo *m.*; nitidârâcheṁ âṁgleṁ *n.*; *(fig.) V.* MAGISTRATURA. ‖ *Vestir a* —, mansubîdâr jâvuṁk.

Togado, *a.* chogekâr. ‖ *s. m. V.* MAGISTRADO.

Toiça, *s. f.* ushcheṁ mûḷ *m.*

Toilette, *s. f.* nesaṇ *f.*, poṁrâvo *m.* ‖ *Fazer a sua* —, hât-toṁḍ dhuvûn nesuṁk, śiṁgâr ghâluṁk. ‖ *s. m. V.* TOUCADOR.

Toira, *s. f.* vâṁjh gây *f.*

Toirada, *s. f.* bailâṁcho hiṁḍ,- kheḷ *m.*

Toirão, *s. m. (zool.)* muṁgasjât *f.*; *(fig.)* bâṁgar *(fig.)*.

Toiraria, *s. f.* gaḍbaḍ *f.*, bobâḷ *m.*, tirrâj *n.*

Toireador, *a. e s. m.* pâḍyâṁ kaḍe jujtalo, bailâṁcho kheḷ kartalo.

Toirear, *v. t.* (bailâk) kheḷauṁk. ‖ *v. i.* bailâ kaḍe jujuṁk, vṛishabhayuddh karuṁk.

Toireio, *s. m.* bailâṁ kaḍe jujṇeṁ, vṛishabhayuddh *n.*

Toireiro, *s. m. V.* TOIREADOR.

Toirejar, *v. t. e i. (p. us.) V.* TOIREAR.

Toiril, *s. m.* goṭho *m.*

Toirinha, *s. f.* pâḍiyâṁcho kheḷ; *(fig.)* keṁḍṇecho mâl *m.*

Toiro, *s. m.* bail, pâḍo, bâṁgar, vṛishabh *ou* ṛishabh *(p. us.)*, gono *(mais us. fig.)*, gavo *(— silvestre)*; *(astr.)* vṛishabha; *(fig.)* bâṁgar *m.* ‖ -s, *pl.*, bailâṁcho kheḷ *m*, vṛishabhakrîḍâ *f.*

Tóla, *s. f.* belko, śiṇâṇo *m.*

Tolamente, *adv.* pisâyen, mûrkhpaṇîṇ, gaḷyepaṇîṇ.

Tolan, *s. f. V.* LOGRO.

Tolda, *s. f.* told, śejo, chhâṁdvo *m*, guḍhî *f*, varak *n.*; tarvâcho pailo majlo *m.*

Toldado, *a.* guḍhiyen dhâṁplalo; *turvo:* khadaḷlalo; *nublado:* kupâṁ mâṁḍlalo; *embriagado:* saro lâglalo, kâtrîr âslalo.

Toldar, *v. t.* told-, chhâṁdvo ghâluṁk *(d. do o.)*, guḍhî tâṇuṁk,- mâruṁk *(d. do o.)*; *cobrir:* dhâṁpuṁk, sâvḷî karuṁk *(d. do o.)*; *annuviar:* kupâṁnîṁ dhâṁpuṁk, -bharuṁk, maḷbhaṭ karuṁk *(d. do o.)*; *obscurecer:* kâḷok hâḍuṁk *(l. sup. do o.)*, âṁdhâruṁk.‖ *v. r.* ḍhavḷoṁk, khadḷuṁk; kupâṁ mâṁḍoṁk *(d. do s.)*, damaḷ jâvuṁk; *(fig.) V.* EMBRIAGAR-SE.

Toldo, *s. m.* told, chhâṁdvo, ḍero, paddo *m.*

Toledo, *s. m.*, toleima, *s. f.* pisepaṇ, khuḷepaṇ *n.*, khuḷây *f.*

Toleirão, *a.* bharpiso, pisyâṁcho râjâ *(litt.* REI DOS TOLOS)

Tolejar, *v. i.* pisâyo karuṁk,- sâṁguṁk, jhâṁkuḷuṁk.

Tolerada, *s. f. V.* MERETRIZ.

Toleradamente, *adv.* karuṁk divûṇ, sosûṇ.

Tolerancia, *s. f.* karuṁk deṇeṁ, nâ âḍâvṇeṁ, sosûn gheṇeṁ *n.*, niṁdṇî; sosṇikây, sabar *f.*, takas *m.*

Tolerante, *a.* nâ âḍâytalo, sosṇik, samjik, anukûl.

Tolerar, *v. t.* karuṁk divuṁk, nâ âḍâvuṁk, nâ manâvuṁk, nâkâ nâ mhaṇuṁk, niṁduṁk, sosûn ghevûn,- ṣaharuṁk, sosuṁk, sahuṁk.

Toleravel, *a.* sosûṁ yeso, samjik, kanvâḷo; sumârâcho, purto.

Toleravelmente, *adv* sosûṇ, takas kâḍhûn.

Tolete, *s. m. (naut.)* doṇeṁ, chulet *n*

Tolsteira, *s. f. (naut.)* doṇyâcho gîr *m.*

Tolhedura, *s. f.* śikârechyâṁ pâkhrâṁcho gû *m.*

Tolheita, *s. f.* âḍkhaḷ, aḍchaṇ *f.*

Tolher, *v. t.* âḍâvuṁk, aḍuṁk, âḍvâruṁk; kâḍhuṁk, aṁtrâvuṁk, varjuṁk; *paralysar:* dharuṁk, dharoso karuṁk. ‖ *v. r.* dharoṁk, guḷâṁkâr jâvuṁk.

Tolhido, *a.* âḍâylalo; dharlalo, guḷâṁkâr.

Tolhimento, *s. m.* âḍâvṇî, âḍvârṇî; âḍkhaḷ; dharṇî *f.*, âbgûl jâṇeṁ *n.*

Tolice, *s. f.* pisây *f.*, pisepaṇ, khuḷepaṇ *n.*, khuḷây, mûḍhây *f.*, mûrkhpaṇ, gaḷyepaṇ *n.*

Tolina, *s. f.* pisyâk phoṭauṇeṁ *n.*

Tolinar, *v. t.* (pisyâk) phoṭauṁk, phasaṁk.

Tolineiro, *s. m.* pisyâk phoṭaitalo, pisyâchîṁ khebaḍâṁ kartalo.

Tolle, *s. m.*: *tomar o —*, paḷâpaḷ ghevuṁk.

Tolo, *a.* gaḷyo, piso, ḍagaḍyo, khuḷo, mûrkh, doḍo; anarth, nirarth, nâkâ jâlalo; *(fig.) V.* PASMADO.

Tolontro, *s. m.* ṭuṁbar *n.*; bî, pâr *f.*

Tom, *s. m.* ṭâḷo, svar, nâd, âvâj, dhvani; *elevação da voz:* svar; *estylo:* prakâr *m.*, rît; *(mus.)* mûrchchhanâ *f.*; *(pint.)* raṁg; *visos:* akâr *m.*, rûp *n.*; *teor:* arth, bhâv; *modo de dizer ou escrever:* âkâr *m.*, bhâs *f.*; *vigor:* baḷ, tej, trâṇ *n.* ‖ *Bom —*, barî ravîs, mâṇsugî *f.*, śuddhopachâr *m.* *Dar o — na sociedade*, dekh divuṁk. *Em — de*, pariṁ, bhâshen. *Mudar de —*, ṭâḷo-, âkâr badluṁk. *Sem — nem som*, śobhrob nâstânâ, saisvâdâviṇeṁ. *Em todos os tons*, sagḷyâṁ prakârâṁnîṁ.

Tomada, *s. f.* gheṇeṁ; jikûn gheṇeṁ; ghaṭṭ dharṇeṁ *n.*

Tomadete, *a.* saro lâglalo.

Tomadia, *s. f.* gheṇeṁ; dharṇeṁ *n.*; dharlalo-, âḍâylalo mâl *m.*

Tomadiço, *a* râgishṭ, kopishṭ, tiḍṇâr, jâḷgo.

Tomado, *a.* ghetlalo; *possuido:* lâglalo, jhomlalo; *offendido:* râgâr jâlalo, vâyṭ dislalo; *atacado de doença:* dharlalo, bharlalo. ‖ *— de vinho*, saro lâglalo,- chaḍhlalo. ‖ -s, *s. m. pl.* phâre, point *(port.) m pl.*

Tomador, *a. e s. m.* ghetalo, gheṇâr.

Tomadote, *a.* saro lâglalo.

Tomadura, *s. f.* jheṁjarlalo ghây *m.*, jheṁjarṇî *f.*

Tomamento, *s. m.* gheṇeṁ *n.*

Tomar, *v. t.* ghevuṁk; *agarrar:* dharuṁk, saṁbhâḷuṁk; *conquistar:* jikuṁk, jikûn ghevuṁk; *arrebatar:* kâṁḍhghevuṁk *ou* kâṇghevuṁk; *ap-*

prehender: ghaṭṭ dharuṁk; *accommetter:* lâguṁk *(d. do o.)*, jhomuṁk *(d. do o.)*, bharoṁk *(d. do s.)*; *recolher:* ghevuṁk, ghevûn vachuṁk; *occupar:* âḍâvuṁk, aḍuṁk, aḍûn dharuṁk; *consumir (tempo):* kâḍhuṁk, khâvuṁk; *alugar:* ghevuṁk; *estorvar:* âḍâvuṁk; *puxar para si:* oḍhuṁk, oḍhûn ghevuṁk; *comer:* ghevuṁk, khâvuṁk; *beber:* ghevuṁk, piyevuṁk, mâruṁk; *aspirar:* oḍhuṁk; *desejar muito:* atrekuṁk *(d. do o.)*, âṁvḍhevuṁk; *considerar:* dharuṁk, lekhuṁk; *sentir:* bhoguṁk; bhogoṁk *(d. do s., s. do o.)*.‖ — *agua benta:* âlmet lâvuṁk. — *animo ou alento:* baḷ ghevuṁk, kâḷij karuṁk. — *banho,* nâhuṁk, âṁgoḷî karuṁk. — *em consideração,* lekhuṁk, mol divuṁk. — *em conta:* koṁtâk-, lekhâk dharuṁk. — *de côr. V.* DECORAR. — *fogo,* ujo lâguṁk; *(fig.)* âb ghevuṁk, phuluṁk. — *folego,* dam khâvuṁk. — *gosto a,* lobhduṁk, murgaṭuṁk, saṁvkuṁk. — *o gosto,* châkuṁk, rûch ghevuṁk. — *ás mãos,* ghaṭṭ dharuṁk, sâṁpḍâvuṁk. — *marido,* — *mulher,* kâjâr-jâvuṁk. — *alguem de ponta,* jaḷuṁk. — *sentido ou tento,* chitt divuṁk. — *terra,* taḍik pâvuṁk, utroṁk. — *por testemunha,* gvâhî karuṁk. — *as de Villa Diogo,* kâvaḍ-, jhurî kâḍhuṁk. — *o vôo,* uḍuṁk lâguṁk. — *vulto,* chaḍhuṁk, vistâroṁk. *Tomára eu!* koṇ mâkâ dît! ‖ *v. i.* vachuṁk, vâṭ ghevuṁk. ‖ *v. r.* bhogoṁk *(d. do s.)*, lâguṁk *(d. do s.)*; *embeber-se:* jiruṁk *(d. do s.)*, jhomuṁk *(d. do s.)*. ‖ *V.* EMBEBEDAR-SE.

Tomate, *s. m. (bot.)* belvâṁgeṁ, ṭomaṭ *(do ingl.* TOMATO*) n.*

Tomateiro, *s. m. (bot.)* belvâṁgî *f.*

Tomba, *s. f.* châmḍyâcho tavo *m.*

Tombadilho, *s. m. (naut.)* veryâcho vaylo majlo *m.*

Tombador, *a. e s. m.* bhûṁy uḍaitalo, -paḍtalo; jâbto kartalo.

Tombamento, *s. m. V.* TOMBO.

Tombar, *v. t.* (jamîn) mejuṁk, pâlâvuṁk, mero paḷevuṁk *(g. do o.)*; śivdî karuṁk *(g. do o.)*; *derrubar:* bhûṁy uḍauṁk, paḍauṁk *(us. Can.)*, sevṭuṁk. ‖ *v. i.* koṁsḷuṁk, koṁsḷûn-, koṁchûn paḍuṁk; gaḷgaḷuṁk, śevṭoṁk; *declinar:* ḍhakloṁk, ḍagluṁk; *(fig.) V.* RETUMBAR.‖ *v. r.* eke kusîn paḍuṁk, lavkuṁk, vaṁḍâvoṁk.

Tombo, *s. m.* paḍnî, śevṭoṇî, âpṭoṇî *f.*; jâbto, ṭîp *m.* ‖ *Andar aos tombos,* âpṭoṁk dapṭoṁk, harḍeṁphûṭ jâvuṁk, moḍon paḍuṁk. *Tombos dos dados,* phâse uḍauṇeṁ. *Aos tombos dos dados (fig.),* vâryâr, ubhaṁtarîṁ. *De — em —,* paḍûn paḍûn, âpṭon dapṭon. *Torre do —,* râjdaphtarkhâṇo *m.*

Tombola, *s. f.* paṇkheḷ *m.*

Tomento, *s. m.* saṇâcheṁ tâḍ, burkal *n.*; *(bot.)* laṁv *f.*

Tomentoso, *a. (bot.)* laṁvecho.

Tomo, *s. m.* tom, pustakâcho bhâg, -khaṁḍ *m.*, pustak; *(fig.)* mol *n.*, bisât *f.*, bhâr *m.*‖ *Homem de — e tombo,* khaḍâghâṁṭ, khadpo. *Ser o segundo — de alguem,* sâṁgḍo jâvuṁk.

Tona, *s. f.* sâl *f.*, sarl *n.*, kât *f.*; bârîk lep *m.* ‖ *A —,* dhârîr.

Tonadilha, *s. f.* ḍay *f.*

Tonal, *a. (mus.)* svarâcho, surâcho.

Tonalidade, *s. f.* svarbhâv *m.*

Tonalmente, *adv.* surâ pramâṇeṁ.

Tonante, *a.* gaḍgaḍo kartalo, gaḍgaḍâytalo; *(fig.)* ṭhaṇṭhaṇît, saṇsaṇît.

Tonar, *v. i. (ant.) V.* TROVEJAR.

Tondinho, *s. m. (archit.)* vâṭkuḷo sâṭho *m.*

Tone, *s. m.* hoḍeṁ *n.*

Tonel, *s. m.* vhaḍleṁ pîp *(do port.* PIPA*) n.*, doṇ *m.*, * âtnî *f.*; *(fig.)* saryâcheṁ guḍveṁ *n.*

Tonelada, *s. f. (naut.)* târvâcheṁ mâp; *(fig.)* pîpbhar *n.*

Tonelagem, *s. f.* dâstân *n.*

Tonelaria, *s. f. V.* TANOARIA.

Tonia, tonicidade, *s. f.* ghaṭṭây *f.*, tejpaṇ *n.*

Tonica, *s. f. (mus.)* svar, sûr *m.*

Tonico, *a.* ghaṭṭ, ghaṭṭâyecho, tattvâdîk, dhâtûcho, tejaskar; *(gram.)* svarit. ‖ *s. m.* ghaṭṭâyecheṁ, dîpan *n.*

Tonificado, *a.* ghaṭṭ jâlalo, tejvaṁt.

Tonificante, *a.* tejaskar, baḷ-, ghaṭṭây divuṁcho.

Tonificar, *v. t.* ghaṭṭ karuṁk, ghaṭṭây-, tej divuṁk *(d. do o.)*.

Tonilho, *s. m.* savan *n.*

Tonismo, *s. m. V.* TETANO.

Tonitruante, tonitruo, tonitruoso, *a.* gaḍgaḍâytalo.

Tono, *s. m.* ṭâḷo; svar, nâd *m.*; uḍteṁ gâyan *n.*

Tonsar, *v. t. (ant.) V.* TOSQUIAR.

Tonsilla, *s. f. (anat.)* bîṇ *n.*

Tonsillar, *a.* binâcho.

Tonsura, *s. f.* laṁv kâpṇeṁ; keṁs-, khâḍ tâsṇeṁ *n.*; pâdrîcho kurov *m.*

Tonsurado, *a.* laṁv-, keṁs kâtarlalo; *(fig.)* pâdrî jâlalo. ‖ *s. m.* pâdrî.

Tonsurar, *v. t.* laṁv kâpuṁk *(g. do o.)*; keṁs kâtruṁk *(g. do o.)*; kurov karuṁk *(d. ou g. do o.)*.

Tonta, *s. f.* belko, śiṇâṇo, khardo *m.*

Tontear, *v. i.* barḷâr paḍuṁk, barḷuṁk, sairbair jâvuṁk, jhâṁkḷuṁk; ghuṁvḷî yevuṁk, -mâruṁk *(d. do s.)*, bhirmiruṁk; *cabecear:* taklî moḍuṁk, bokîṁ mâruṁk; *(fig.)* V. PERTURBAR-SE.

Tonteira, tonteria, tontice, *s. f.* sâṭhî *f.*, barḷ, barḷpaṇ; veḍpaṇ *n.*, khuḷây *f.* ‖ *V.* TONTURA.

Tonto, *a.* toṁt, sairbair jâlalo, barḷâr paḍlalo, barḷ; khuḷo, gaḷyo, veḍjhaṁy; ghuṁvaḷ âylalo, bhirmirlalo. ‖ *V.* ATTONITO. ‖ *Ás tontas,* chitt dî nâstânâ, chatrâyeviṇeṁ, veḍpaṇîṁ.

Tontura, *s. f.* ghuṁvaḷ, bhirmirî, mirmirî *f.*

Topada, *s. f.* pâṁy âdaḷṇeṁ, -âḍkhaḷṇeṁ *n.* ‖ *V.* CHOQUE. ‖ *Dar — (fig.)*, pâṁy vâṁkḍo paḍuṁk *(g. do s.)*, chûk karuṁk.

Topar, *v. t.* meḷuṁk *(d. do s., s. do o.)*, bheṭuṁk *(id.)*. ‖ *v. i.* pâṁy âḍḷuṁk, -âḍkhaḷuṁk; *deparar:* meḷuṁk *(d. do s.)*, bheṭuṁk *(d. do s.)*, sâṁpḍuṁk *(d. do s.)*; *bater:* basuṁk, lâguṁk.

Topaz, *s. m.* Mâlâkâcho mestîs kristâṁv.

Topazio, *s. m.* pushparâg *ou* pushparâj *m.*

Tope, *s. m.* âdaḷṇî, âḍkhaḷṇî, basṇî, âpaṭṇî *f.*; mâtho, śikhar, kaḷas, śeṁḍo *m.*, takśî, chûḍ; *embaraço:* âḍkhaḷ, aḍchaṇ *f.*; *(fig.)* V. CUMULO.

Topetada, *s. f.* taklî âdaḷṇeṁ,- basṇeṁ *n.* ‖ *V.* MARRADA.

Topetar, *v. i.* vayr teṁkuṁk,- pâvuṁk, jîv khâvuṁk.

Topete, *s. m.* śeṁḍî *f.*; *(fig.)* V. CACHIMONIA. ‖ *Fazer soar o —,* ijâ divuṁk.

Topeteira, *s. f.* V. TESTEIRA.

Topetudo, *a.* śeṁḍî âslalo, śeṁḍyâḷo.

Topica, *s. f.* prakaraṇavidyâ.

Topico, *a.* jâgyâcho, svâtecho, ekadeśî; prakaraṇâcho, vishayâcho; *(med.)* bhâylyân lâvuṁcho (okhat). ‖ *Divindade topica,* grâmadev. *Logares topicos,* jâṇo jâlalyo vastû *f. pl.*, sâmânyajñân *n.* ‖ *s. m.* piḍâ âsâ thaiṁ lâvuṁcheṁ okhat; *(fig.)* okhat *n.*, ilâj; vishay, prasaṁg, prastâv, arth, padârth *m.*, prakaraṇ *n.*

Tôpo, *s. m.* mâtho, kaḷas *m.*, takśî *f.* ‖ *V.* EXTREMIDADE.

Tópo, *s. m.* dachko, dhako *m.*, âdaḷṇî *f.*

Topographia, topologia, *s. f.* sthânavarṇan, viśeshasthalavarṇan *n.*

Topographicamente, *adv.* sthânavarṇanîṁ, sthalavarṇanavishayîṁ.

Topographico, *a.* sthânavarṇanâcho, sthalavarṇanâcho.

Topographo, *s. m.* sthânavarṇanî.

Toponymia, *s. f.* sthânâbhidhân *n.*

Toque, *s. m.* teṁkṇî, lâgṇî *f.*, lâg *m.* *apalpamento:* sâṁspaṇî, âphaḍ *f.*, hât lâvṇeṁ, sparśaṇ; *acto de tanger:* vâjap *n.*, vâjṇî *f.*; *vestigio:* khûṇ, chihneṁ; *inspiração:* sûchan *n.*, sûchanâ *f.*; *embate:* dhako, dachko; *esmero:* neṭ, alaṁkâr *m.*; *remoque:* âhṇeṁ, varm; *(pint.)* hât bhoṁvḍâvṇeṁ *n.*, sudhârṇî *f.* ‖ *Pedra de —,* kas *m.*; *(fig.)* mâp, jokh *n.* ‖ *A — de caixa,* tâktin. *Ser corrido a — de caixa,* phajatîu bhâyr ghâluṁk *Ao — das Ave-Marias,* Âve-Maryer.

Toque-emboque, *s. m.* cheṁḍvâcho kheḷ *m.*

Torar, *v. t.* kâṁḍâṁ-, karâṁḍyo karuṁk *(g. do o.)*.

Torçal, *s. m.* reśmî doro,- paḍ *m.*

Torçalado, *a.* reśmyâṁ doryâṁnîṁ saṁjailalo.

Torção, *s. f.* vaḷṇî *f.*, vaḷaṇ *n.*, vaḷ *m.*

Torcedela, *s. f.* V. TORCEDURA.

Torcedor, *a. e s. m.* vaḷtalo, vaḷṇâr, peṁchtalo. ‖ *s. m.* vaḷcho âspâv *m.* ‖ *V.* GARROTE.

Torcedura, *s. f.* vaḷṇî *f.*, vaḷap *n.*, vaḷ *m.*, peṁch; tirpaṇî *(— de pé ou mão) f.*

Torcer, *v. t.* vaḷuṁk, peṁchuṁk, piḷuṁk; *desviar:* pelyân kâḍhuṁk, sarkavuṁk; *inclinar:* bâgâvuṁk, vaṁḍâvuṁk, moḍuṁk; *deslocar:* vaḷuṁk, peṁchuṁk, tirpâvuṁk; *sujeitar:* damâvuṁk, dâmûn dharuṁk; *dispor:* phulauṁk, phuslâvuṁk; *desviar do sentido natural:* vaḷuṁk, oḍhuṁk; *enrolar:* kavḷuṁk, revḍuṁk. ‖ *— o caminho,* vâṁkḍî vâṭ ghevuṁk. *— o nariz,* toṁḍ vâṁkḍeṁ karuṁk. *— o passo,* pâṭhî partoṁk. *— o pescoço,* gaḷo piḷuṁk. *— o rosto,* toṁḍ vaḷuṁk; paḷuṁk. *Dar o braço a —,* bâḍguṁk, âṭpoṁk. *Aqui torce a porca o rabo,* hâṁgâ ki sagḷo goṁdhaḷ âsâ. ‖ *v. i.* vaḷoṁk, âḍvo saruṁk,- vachuṁk; bâgâvoṁk, vaṁḍâvoṁk. ‖ *v. r.* vaḷoṁk, bâg ghevuṁk; âṭpoṁk, bâḍguṁk; âḍvo-, vâṁkḍo chaluṁk. ‖ *V.* CONTRAHIR-SE.

Torcicollo, *s. m.* vâṁkḍî vâṭ *f.*, revaḍkoṁkeṁ; mâu dharṇeṁ, kaṇ yeṇeṁ *n.*; *(fig.)* *V.* AMBIGUIDADE.

Torcida, *s. f.* vât, daśîr *f.*

Torcidamente, *adv.* vâṁkḍeṁ, vâṁkîn; vaḷûn, oḍhûn.

Torcido, *a.* vâṁkḍo, vâṁkyo, vakr, âḍvotiḍvo; vaḷḷalo. ‖ *Escada torcida*, vaḷḷalo śiḍî. *Olhos torcidos*, tirse ḍoḷe; *(fig.)* nirduḥkhî dishṭ. *Rosto* —, vâṁkḍeṁ toṁḍ, -mukh. *Ter a vista torcida*, vâṁkḍî dishṭ âsuṁk.

Torcilhão, *s. m.* *V.* TORÇÃO.

Torcimento, *s. m.* *V.* TORCEDURA.

Torçol, *s. m.* âṁdullî, doṁgarpuḷi *f.*

Torculo, *s. m.* phaṭik ujaḷcheṁ yaṁtr *n.*

Torda, *s. f.* bâil-gaḷer *n.*

Tordilho, *a.* gaḷerâchyâ raṁgâcho.

Tordo, *s. m.* gaḷer *n.* ‖ *Cahir como tordos*, âṁbâḍe kase paḍuṁk.

Toreutica, *s. f.* khodvidyâ *f.*

Toribios, *s. m. pl.* tasbî *f.*

Tormenta, *s. f.* jabar moḍ, vâdaḷ, tuphân *n.*; *(fig.)* gaḍbaḍ *f.*, gaḷbaḷ *m.*, tirrâj *n.*

Tormentar, *v. t.* *V.* ATORMENTAR.

Tormento, *s. m.* duḥkh-, ijâ deṇeṁ *n.*; dagd, kashṭ, upadre, âṭeviṭe, vaḷvaḷe *m. pl.*, ijâ, khâst, pîḍâpîḍ, kaḷpîḍâ, karganî, yâtnâ *f.*, dhumâḷo *m.*; *tratos:* jerbaṁd *m. pl.*, mâr, mâro *m.*, khâst *f.* ‖ *Metter a tormentos*, jerbaṁd-, mâr divuṁk.

Tormentorio, *a.* moḍâṁcho, tuphâṇî, vâdaḷyo.

Tormentoso, *a.* *V.* TORMENTORIO; *(fig.)* kashṭâṁcho, upadryâṁcho.

Torna, *s. f.* badlechî bâkî deṇeṁ *n.*

Tornaboda, *s. f.* partavaṇ *n.*

Tornada, *s. f.* partaṇeṁ, partan *n.*; barlâchî guḍḍî kâḍhtânâ saro vâhvtâ to *m.*

Tornadiço, *a.* âplî samurt sâṁḍtalo, dharmbhrashṭ; dusryâ dhanyâchî châkrî kartalo.

Tornadoira, tornadura, *s. f.* vaḷcho-, bâgâvuṁcho âspâv *m.*

Tornador, *s. m.* *V.* TORNEADOR.

Torna-fio, *s. m.* lokhaṁḍâchî śâṇî *f.*

Tornar, *v. t.* partuṁk; *restituir:* parat-, partûn divuṁk, partuṁk; *dar em torna:* badleche bharîk divuṁk; *responder:* partûn divuṁk, jâb-, uttar divuṁk *(d. do o.)*; *traduzir:* utruṁk, bhâshâṁtar karuṁk *(g. do o.)*; *fazer:* karuṁk; *imputar:* ghâluṁk, thâpuṁk *(com l. sup. de pessoa)*; *dar volta ao arco:* âṭo karuṁk *(g. do o.)*. ‖ *v. i.* partoṁk, parton yevuṁk, pâṭhî partoṁk; *repetir:* dusryân-, navyân karuṁk; *mudar de rumo:* vaḷoṁk, âḍ saruṁk; *mudar de idéa:* man badluṁk. ‖ *v. r.* partoṁk, parat yevuṁk; jâvuṁk, utroṁk. ‖ — *a si*, chittâr yevuṁk.

Tornasol, *s. m.* *(bot.)* sûryakamaḷî *(planta)* *f.*; sûryakamaḷ *(flor)* *n.*

Torna-viagem, torna-volta, *s. f.* partaṇeṁ, partan *n.*, partî khep *f.*

Tornavoda, *s. f.* *V.* TORNABADA.

Torneado, *a.* kâṁtailalo, charki; vâṭkuḷo, vâṭâṁguḷo.

Torneador, *a. e s. m.* kâṁtauṇâr, kâṁtârî. ‖ *s. m.* châk karcho maṁch,-ghoḍo *m.*

Torneamento, *s. m.* kâṁtauṇî; vâṁk, bâg *f.*

Tornear, *v. t.* kâṁtauṁk; vâṭkuḷo karuṁk; *circumdar:* bhoṁvtiṁ âsuṁk,-bhoṁvuṁk *(g. do o.)*, bhoṁvâḍo ghâluṁk *(d. do o.)*. ‖ *v. i.* bhâlâytî karuṁk.

Torneavel, *a.* kâṁtauṁ yeso.

Torneio, *s. m.* bhâlâytî, karvalî, karolî *f.*; kâṁtkâm *n.*; vâṭkuḷây *f.*

Torneira, *s. f.* pipâchî châvî, naḷi *f.*

Torneiro, *s. m.* kâṁtârî, kâṁtkâmî.

Tornejo, *s. f.* gâḍyâchyâ châkâcheṁ pâchâreṁ *n.*

Tornejado, *a.* vâṭkuḷo, vâṭâṁguḷo, goḷ; vâṁkyo, bâgâḷ.

Tornejamento, *s. m.* bâgâvṇî *f.*, vâṁkyo karṇeṁ *n.* ‖ *V.* CURVATURA.

Tornejar, *v. t.* bâgâvuṁk, bâg ghâluṁk *(d. do o.)*, vâṁkauṁk. ‖ *v. r.* bâgâvoṁk, vâṁk-, bâg ghevuṁk, vâṁkuṁk.

Tornel, *s. m.* gîrgireṁ *n.*

Tornilheiro, *a.* paḷpaṭo (śipây).

Tornilho, torninho, *s. m.* supurlo chark *m.*

Torniquete, *s. m.* rahâṭâcho gaṁḍo *m.* ‖ *V.* TORNO.

Torno, *s. m.* chark, nâraṁd *m.*; barlâchî châvî *f.*; *volta:* bhoṁvar, bhoṁvâḍo; *cavilha:* taḍas. ‖ — *de agua*, baṁbhâḷ *m.* ‖ *Em* —, bhoṁvtiṁ, bhoṁvtaṇîṁ.

Tornozêlo, *s. m.* pâṁyâcho khubo *m.* ‖ *Homem de tres tornozelos*, khaḍâghâṁt manîs.

Toro, *s. m.* kâṁḍ *n.*; karâṁḍî *f.*; *tronco do corpo:* dhaḍ *n.*; *cepo:* manḳuṭo, karvo; *(archit.)* vâṭkuḷo sâṭho *m.*; *(ant.)* *V.* LEITO.

Toronja, *s. f.* *(bot.)* toroṁj *(planta)* *f.*; *(fructo)* *n.*

Toroso, *a.* mâsâḷ, luglugit, gulgulit. || *V.* ROBUSTO.

Torpe, *a.* pojḍo, paḷiṭ *ou* paḷishṭ, laṁpaṭ, doshî, pâḍ *(us. Can.)*: *asqueroso:* aḷśikaṇo, kâṁṭâḷvâṇo; *sujo:* meḷo, khatâvḷalo; *ignobil:* bhikârḍo, hîṇ, dvâḍ. || *V.* TORPENTE.

Torpecer, *v. i. V.* ENTORPECER-SE.

Torpemente, *adv.* pojaḍpaṇîṁ, paḷiṭâyeṁ; mâṇsugeviṇeṁ, maryâd nâstânâ.

Torpente, *a.* bahirâytalo, guṁg-, jaḍ kartalo.

Torpeza, torpidade, *s. f.* pojaḍ, pojaḍpaṇ *n.*, paḷiṭây *ou* paḷishṭây, laṁpaṭây; nirmaryâd, nirbhîḍ *f.*; *(fig.) V.* SELVAGERIA.

Torpido, *a.* bahirelalo, guṁg, jaḍ, maû, meṁgo.

Torpor, *s. m.* sustî, âṁgsustî, guṁgî, kâkḍî, jaḍây *f.*, meṁgepaṇ *n.*; *(fig.)* atmyâchî âḷsây, beśârmây *f.*

Torquez, *s. f. V.* TENAZ.

Torra, *s. f.* bhâjṇî, huraḍṇî *f.*

Torrada, *s. f.* torrâr-kelalî-, taḷsilalî phâtî *f.*

Torrado, *a.* bhâjlalo, ubjalalo; vatân suklalo, suryâṇo; *(fig.)* karpalalo, suklalo.

Torrão, *s. m.* teph *n.*, ḍiphaḷ *m.* chhâp; *terreno:* svât, jamîn *f.*; *pedaço:* khaḍo, kuṭko. || *O — natal*, svadeś, âplo gâṁv *m.* || -ões, *pl.*, śetbhâṭ *n.*

Torrar, *v. t.* sukaunk, karpauṁk; torrâr-karuṁk, bhâjuṁk, taḷsuṁk, hurḍuṁk, ubjauṁk, kurkurâvuṁk.

Torre, *s. f.* torr *f.*, gopur, buruṁj *m.*, koṭṭ *n.*

Torreado, *a.* buruṁj âslalo; torr kasî.

Torreante, *a.* gopur kaso.

Torreão, *s. m.* buruṁj *m.*

Torrear, *v. t.* buruṁj bâṁdhuṁk *(d. do o.)* || *v. i.* bhav ubhâroṁk.

Torrefacção, *s. f.* bhâjṇî, taḷsaṇî, ubjauṇî *f.*

Torrefacto, *a.* torrâr-kelalo, taḷsalalo, kurkurit.

Torreira, *s. f.*: *— do sol*, vatâcho kaḍh,- trâs; bhargato veḷ *m.*

Torrejar, *v. t. V.* TORREAR.

Torrencial, *a.* loṭâcho, loṁḍhyâcho.

Torrencialmente, *adv.* loṭâṁṇîṁ.

Torrente, *s. f.* nibar vâhaṇ *f.*, loṭ, loṁḍho, vahâḷ; *(fig.)* loṭ *m.*, uphâḷeṁ *n.* || *Chuva em torrentes*, loṭâṁcho pâus. *Chover a torrentes ou em torrentes*, pâus otoṁk.

Torrentoso, *a.* loṭâcho, loṁḍhyâcho; *(fig.)* khubhdaḷḷalo, tuphânî.

Torresmo, *s. m.* bhâjlalc charbecho ravo *m.*

Torrido, *a.* bhav ûn,- khar, kaḍak, ushṇ. || *Zona torrida*, ushṇakaṭibaṁdh *m.*

Torrificar, *v. t.* bhâjuṁk, kurkurâvuṁk, ubjauṁk.

Torroada, *s. f.* tephâṁchî râs *f.*; tephâṁcho mâr *m.*

Torso, *s. m.* mukhvaṭo, śirobhâg *m.* || *a.* vaḷlalo.

Torta, *s. f.* tort *n.*, kâyloḷî *f.*

Torteira, *s. f.* kâtk *n.*

Tortelos, *a. e s. m. V.* ZAROLHO.

Torticollo, *s. m. V.* TORCICOLLO.

Torto, *a.* vâṁkḍo, vâṁkḍo-tiṁkḍo, tiḍko, tiḍo, âḍvo, âḍvo-tiḍvo; *vesgo:* tirso; *(fig.)* vâṁkḍo, anyâyî, nîṭ nâslalo, nâlâyk. || *A — e a direito*, vâṁkḍeṁ-tiṁkḍeṁ, âḍveṁ-ubheṁ. || *adv.* vâṁkḍeṁ.

Tortos, *s. m. pl.*: *dor de —*, bâḷaṁtichyâ poṭâchî duḥkh *f.*

Tortual, tortueiral, *s. m.* bhoṁvrecheṁ peḍ; telâchyâ ghâṇyâcheṁ tikṭeṁ *n.*

Tortulho, *s. m. (bot.)* âḷaṁbeṁ *ou* âyaṁbeṁ *n.*, bhûṁykâṇ, bhûṁyphoḍ *m.*: *(fig.)* ghâṭṇo *(fig.)*, cheṁḍû *(fig.)*.

Tortuosamente, *adv.* vâṁkḍeṁ, âḍveṁ.

Tortuosidade, *s. f.* vâṁkḍepaṇ *n.*, tiḍây; tîḍ, vâṁk; *(fig.)* vâṁkḍî vâṭ *f.*, vâṁkḍepaṇ *n.*

Tortuoso, *a.* vâṁkḍo, âḍvo, âḍvotiḍvo, vâṁkyo, vakr; *(fig.)* âḍvâṭyo, vâṁkḍo, anyâyî.

Tortura, *s. f.* vâṁk, bâg, vaḷṇî; *angustia:* duḥkh *f.*, saṁtâp *m.*, kashṭ, vaḷvaḷe; *tormento:* jerbaṁd *m. pl.*, mâr *m.*, ijâ *f.*

Torturante, *a.* vaḷvaḷyâcho, saṁtâpâcho, trâsî.

Torturar, *v. t.* jerbaṁd mâruṁk *(d. do o.)*, khâst divuṁk *(d. do o.)*; *(fig.)* dagdagâvuṁk, vaḷvaḷâvuṁk, jîv khâvuṁk *(litt.* COMER A VIDA; *g. do o.)*.

Torulo, *s. m. (bot.)* sâṁgecho buko *m.*

Torvação, *s. f.*, **torvamento**, *s. m.*, uchaṁbaḷây, vyâkuḷây *f.*, kalkalo, âkâṁt; *agastamento:* râgâcho kaḍkaḍo, krodh *m.*, tiḍak *f.*; *aspecto carrancudo:* kâḷeṁ-, âṁbaṭ toṁḍ, kurṭepaṇ *n.*

Torvamente, *adv.* toṁḍ vâṁkḍeṁ-, kâḷeṁ kârûn, kurṭepaṇîṁ.

Torvar, *v. t.* kâḷok hâḍuṁk *(g. sup. do o.)*; uchaṁbaḷâvuṁk, kalkalâvuṁk. ‖ — *de susto,* âkâṁtâvuṁk, kâṁpauṁk. ‖ *v. i.* kalkaluṁk, uchaṁbaḷuṁk, âkâṁtuṁk; toṁḍ kâḷeṁ karuṁk, toṁḍâr kâḷok paḍuṁk *(g. do s.)*, ghûm âsuṁk. ‖ *V.* AGASTAR-SE.

Torvelinho, torvelino, *s. m.* bhoṁvro *m.*

Torvo, *a.* bhirâṁkûḷ, bhesurvâṇo, akrâḷ; râgishṭ, kopî.

Tosa, *s. f.* mâr *m.*, peṁḍhe *m. pl.*, jhoḍpaṭṭî, phâpâvṇî *(us. Sal.) f.*; *(fig.) V.* REPREHENSÃO.

Tosador, *a. e s. m.* mâr ghâḷṇâr, baḍaitalo; kâpṇâr.

Tosadura, *s. f.* mâr ghâḷṇeṁ *n.*; kâpṇî *f.*

Tosão, *s. m.* meṁḍhryâchî laṁv *f.*

Tosar, *v. t.* laṁv kâpuṁk, -kâtruṁk *(g. do o.)*; mâr ghâluṁk *(d. do o.)*, ras kâḍhuṁk *(g. do o.)*, dâḍâvuṁk, phâpâvuṁk *(us. Sal.)*; *(fig.)* rovaṁthuṁk, khâvuṁk.

Toscamente, *adv.* karḍepaṇîṁ; kachchepaṇîṁ, barbaṭûn.

Toscanejar, *v. i.* jemevuṁk, jâṁbhâyo kâḍhuṁk, bakîṁ mâruṁk.

Toscar, *v. t. V.* PERCEBER.

Tosco, *a.* karḍo, koro, asaḍik, dhaṇgaṭ; *grosseiro:* moṭo, kachcho, barbaṭo, boṁtho, doḍo, tuṭko, jharjharît; *rude:* arbaṭ, dhâṁgaḍ; *inculto:* pâḍ, śûn. ‖ *Em* —, karḍepaṇîṁ.

Tosquia, *s. f.* kâpaṇ, kâpṇî *f.*; kâpṇecho samay *m.*; *(fig.) V.* CENSURA.

Tosquiadela, *s. f.* kâpṇî *f.*; *(fig.) V.* TOSA.

Tosquiado, *a.* laṁv kâplalo; keṁs kâḍhlalo, taklî tâslalo.

Tosquiador, *a. e s. m.* kâpṇâr, laṁv kâptalo.

Tosquiadura, *s. f. V.* TOSQUIA.

Tosquiar, *v. t.* (laṁv) kâtruṁk, kâpuṁk; *(fig.)* soluṁk, piḷuṁk.‖ — *arvores (fig.),* vistâr mâruṁk.

Tosse, *s. f.* khoṁklî, khâṁk, khâk. ‖ — *secca,* usmaṭ *f.*

Tossegoso, tossicoso, *a.* khoṁklî lâglalo, khâṁkârṇo.

Tossidela, *s. f.* khoṁkṇî, khâṁkârṇî *f.*

Tossir, *v. t.* khoṁkûn-, khoṁkleṁ uḍauṁk. ‖ *v. i.* khoṁkuṁk, khâṁkâruṁk, khoṁklî yevuṁk *(d. do s.)*.

Tosta, *s. f. V.* TORRADA.

Tostadela, tostadura, *s. f.* kurkurâvṇî, huraḍṇî *f.*, karpaṇ *n.*

Tostado, *a.* mâtso bhâjlalo, karpaṭ; vatân-, dhagân karpalalo. ‖ *V.* ESCURO.

Tostão, *s. m.* pávlo *m.*

Tostar, *v. t.* mâtso bhâjuṁk,- karpauṁk, kurkurâvuṁk, hurḍuṁk, ujyâr davruṁk, dhagâk dharuṁk: kâḷo karuṁk, karpauṁk. ‖ *v. r.* bhâjuṁk, kurkuruṁk, karpuṁk.

Toste, *a. (ant.)* ilo, thoḍo.‖ *adv.* vegîṁ, rokḍoch.

Total, *a.* saglo, sarv, samast; puro, sâro-puro, pûrṇ, bhar *(em comp.)*.‖ *s. m.* ekaṁdarî, berij *f.*, jamo, jamlâ, oṭṭû *(us. Can.) m.*

Totalidade, *s. f.* sarvasv, sagḷeṁ *n.*

Totalização, *s. f.* bhar-, pûrṇ karṇeṁ *n.*

Totalizar, *v. t.* bhar-, pûrṇ karuṁk; saglo ajmâs karuṁk *(g. do o.)*.

Totalmente, *adv.* nibel, agdîṁ, nigût, nipaṭ, sarvathâ, thâryâ, jhâḍûn, sâph, bilkûl.

Totilimundi, *s. m.* jagatchitramâlâ *f.*; vichitr puṁjo *m.*

Tótó, *s. m.* peṭo *m.*

Touca, *s. f.* kânkulây; boṁth *f.*; muḍâso *m.*; *(fig.) V.* BEBEDEIRA.

Toucado, *a* kânkulây âslalo; *(fig.)* revaḍlalo, aḍlalo. ‖ *s. m.* bâylâṁche taklechî saṁjaṇ *f.*, kâjaḷkuṁkûṁ *n.*

Toucador, *a. e s. m.* keṁs sârke kartalo; saṁjauṇâr. ‖ *s. m.* keṁs ugauṁcheṁ mej *n.*; kâjaḷkuṁkvâchî kûḍ; kânkulây *f.*

Toucar, *v. t.* boṁth-, kânkulây ghâluṁk *(d. do o.)*; (keṁs) ugauṁk, olevuṁk; *enfeitar:* nesauṁk, neṭauṁk, mâḷuṁk, śiṁgâr ghâluṁk *(d. do o.)*. ‖ *v. r.* keṁs bâṁdhuṁk; taklecho śiṁgâr ghâluṁk; *(fig.) V.* ADORNAR-SE.

Toucinheiro, *s. m.* charab-, dhukrâcheṁ mâs viktalo.

Toucinho, *s. m.* tusîn *n.*, dhukrâchî charab *f.*

Tougue, *s. m.* turkâṁcho bâvṭo *m.*

Toupeira, *s. f. (zool.)* chichoṁdar *f.*; *(fig.)* supurlyâṁ ḍolyâṁcho manîs; doḍo-, boṁtho manîs.

Touro, *s. m. V.* TOIRO.

Touta, *s. f.* boḍ *n.*, boḍko, belko *m.*

Touteador, *a. e s. m.* pisâyo kartalo, jhâṁkuḷlalo.

Toutear, *v. i.* pisâyo sâṁguṁk,- karuṁk, jhâṁkuḷuṁk.

Touticada, *s. f.* takler pâṭhlyân mârṇeṁ *n*

Toutiço, *s. m.* taklecho pâṭhlo bhâg *m.*, śiraḥprishṭh *n.* || *V.* CACHAÇO. || *Homem de —,* buddhîcho śiṁso.

Toxico, *a.* vikhâḷo. || *s. m.* vikh *n.*

Toxicographia, *s. f.* vishavarṇan *n.*

Toxicologia, *s. f.* vishaśâstr *n.*

Trabal, *a.* pâṭiyâṁcho (khiḷo).

Trabalhadamente, *adv.* kashṭâṁnîṁ; hikmatîn, mâṁḍnen.

Trabalhadeira, *a. e s. f.* vâvrâchî bâil, kashṭâṁkâṛṇ, kashṭîṇ, yepârîṇ *f.*, kâmercṁ *n.*

Trabalhado, *a.* mâṁḍnen-, hikmatîn kelalo; kashṭâṁcho, kashṭî.

Trabalhador, *s. m.* kashṭî, kashṭâṁkâr; vâvrâḍî, kâmelî, bigârî, yepârî, yerjârî. || *a.* kâmî, mehnatî.

Trabalhão, *s. m.* jabar khashṭ *m. pl.*, ghâs *f.*

Trabalhar, *v. t.* vâvrâk lâvnuṁk; *pôr em obra:* kâm karuṁk,- chalauṁk *(g. do o.); fazer com cuidado:* bhâr ghevûn-, hikmatîn karuṁk, mâṁḍnen ghaḍuṁk; *ralar:* kashṭâvuṁk, dagdagâvuṁk.|| *v. i.* vâvruṁk, vâvr-, kâm-, yepâr karuṁk, hât-pâṁy hâlauṁk; *esforçar-se:* kashṭâvoṁk, kashṭ ghevuṁk,- kâḍhuṁk, mehnat karuṁk; *cogitar:* chiṁtuṁk, nihâḷuṁk, manâṁt ghoḷauṁk; *funccionar:* chaluṁk, bhoṁvuṁk. || — *como um negro,* hât-pâṁy jharauṁk,- dâḍâvuṁk. — *por jornal,* majurek vâvruṁk.

Trabalheira, *s. f.* jabar kashṭ, dagd *m. pl.*, ghâs, dhâvdhûp *f.*

Trabalho, *s. m.* kâm, kâj *n.*, vâvr, dhâṁdo, yepâr, udyog, bigâr *(p. us.)*, kâryeṁ *n.*; kâṁgat *(— do campo); labutação:* dhâṁdal, mehnat, kasrat, maśâgat, dhâvdhûp *ou* dhâvdhupaṭ *f.*, kashṭ *m. pl.*; *confecção:* karṇî, ghaḍṇî, ghaḍvaṇ *f.*; *obra feita:* kâm, kâryeṁ *n.*, kriti *f.*; *obra litteraria:* graṁth *m.*, pustak *n.*; *obra artistica:* girvaḍ *f.* || — *manual,* — *braçal,* hâtkâm. — *material,* hâtâṁ-pâṁyâṁcheṁ kâm. *Casa de —,* kâmâcheṁ-, vâvrâcheṁ ghar *n.*, kârkhâṇo *m.*

Trabalhosamente, *adv.* kashṭâṁnîṁ, kasratîn; mehnatîn, hikmatîn.

Trabalhoso, *a.* kashṭâṁcho, ghâsîcho, maśâgatî.

Trabelho, *s. m.* kharvaṁtîcheṁ kâṁbaṭ *n.*; chaturaṁgâchî ghuḷî *f.* || *V.* PEIA. || *Sem trelho nem —,* aseṁch, vaylyâvayr, ubhaṁtarîṁ.

Trabucada, *s. f.* jurâṁṭecho phâr *m.*

Trabucador, *s. m.* kashṭî, udyogî, dhâṁdalî.

Trabucar, *v. t.* yaṁtrân phâtar mâruṁk *(d. do o.)*; (târûṁ) omtuṁk, ulâṁḍuṁk. || *V.* AGITAR. || *v. i.* (târûṁ) omtoṁk, ulâṁḍoṁk; kashṭ kâḍhuṁk, âṁg hâlauṁk, hât-pâṁy dâḍâvuṁk.

Trabuco, *s. m.* phâtar uḍauṁcheṁ yaṁtr *n.*; jurâṁṭî *f.*

Trabusana, *s. f.* moḍ, vâdaḷ, tuphân *n.* || *V.* INDIGESTÃO.

Traça, *s. f. (zool.)* sâṇas *f.*; nakśo, namuno, bet *m.*; *disposição:* kaḷâ *ou* kaḷ, ghaḍvaṇ; *designio:* kalpanâ, maslat, tajvît *f.*, yojan *n.*, upây, ilâj; *modo:* prakâr, âkâr *m.*; *(fig.) V.* ARDIL.

Traçado, *s. m.* âṁkṇî, âkârṇî *f.*; nakśo, nanumo *m.*

Traçador, *a. e s. m.* âṁkṇâr, âkârî; *(fig.)* yojano, ghaḍṇâr.

Tracalhaz, tracanaz, *s. m.* moṭo kuṭko, laṁbo *m.*

Traçamento, *s. m.* âṁkṇî, rekhṇî *f.*; âkâr, nakśo *m.*

Traçar, *v. t.* kâḍhuṁk, mâruṁk, odhuṁk, âṁkuṁk, rekhuṁk; *esboçar:* âkâruṁk, naksuṁk, chitâruṁk; *projectar:* yojuṁk, kalpuṁk; *compor, machinar:* ghaḍuṁk, rachuṁk, uprâsuṁk; *pôr de travez:* khâṁdâr uḍauṁk; *roer (a traça):* khâvuṁk. || *v. r. e i.* sâṇas khâvuṁk.

Tracção, *s. f.* odhṇî *f.*, âkarshaṇ *n.*

Tracejar, *v. i.* oḷî-, rekho mâruṁk, risko *(do port.* RISCA) oḍhuṁk.

Trachéa, *s. f. (anat.)* narḍeṁ *n.*, śvâsmârg *m.*, saknaḷî *f.*

Tracheal, tracheano, *s. m.* narḍyâcho.

Tracheotomia, *s. f.* narḍeṁ phâḷṇeṁ, śvâsmârgachhedan *n.*

Tracista, *a. e s. m. e f.* nakśo-, namuno kartalo; yojan ditalo, upây sâṁgtalo, yojano.

Traço, *s. m.* rîsk *(port.)*, regh, rekhâ, gîṭ *(us. Can.) f.*; *lineamentos:* toṁḍrûp, toṁḍvaḷaṇ *n.*, rûprekhâ *f.*; *rasto:* mâg, dâkhlo *m.*, phâṁphûṁ *n.*; *successo:* goshṭ, vârttâ *f.*

Tracto, *s. m.* jamîn *f.*, taḷ, pradeś; *extensão:* vistâr, prasâr *m.*, lâṁbî; *intervallo:* aṁtar *f.*, khâvṭeṁ *n.* || *V.* DECURSO.

Tractorio, *a.* âkarshaṇâcho.

Tradear, *v. t.* burmyân topuṁk.

Tradição, *s. f.* kathâ *ou* kaṁthâ, lokkathâ, jaṇkathâ, toṁḍkathâ, smṛiti *ou* samurt *(p. us. nesta accepção) f.*, pâraṁpar; *entrega:* hâtâṁt deṇeṁ, âdhîn karṇeṁ *n.*

Tradicional, *a.* toṁḍpâśî, paraṁparâgat, paraṁpar, pâraṁparik.

Tradicionalismo, *s. m.* lokkathâsakti *f.*, toṁḍkathânusâr *m.*

Tradicionalista, *s. m. e f.* toṁḍkathânusârî.

Tradicionalmente, *adv.* toṁḍpâśîṁ, pâraṁparîṁ.

Tradicionario, *a. e s. m.* lokkathânusârî.

Trado, *s. m.* barmo *ou* birmo *m.*

Traducção, *s. f.* bhâshâṁtar *n.*, tarjumo, utâr *m.*, utraṇ, paḷṭaṇem; utarlaleṁ pustak *n.* ‖ *V.* SIGNIFICAÇÃO.

Traductor, traduzidor, *(p. us.) a. e s. m.* utarṇâr, bhâshâṁtar kartalo.

Traduzir, *v. t.* trâdujîr-karuṁk, utruṁk, bhâshâṁtar-, tarjumo karuṁk *(g. do o.)*, * paṭṭuṁk; *manifestar:* kaḷauṁk, dâkhauṁk; *explanar:* arth sâṁguṁk *(g. do o.)*, duvâḷuṁk. ‖ *v. r.* dakhal jâvuṁk, disûn yevuṁk, kaḷuṁk.

Traduzivel, *a.* utrûṁ yeso.

Trafegar, *v. i.* yepar karuṁk; kashṭâvoṁk, ghâs kâḍhuṁk, âpṭoṁk dapṭoṁk. ‖ *v. t. V.* GALGAR.

Trafego, *s. m.* yepâr, udîm, * yerjâr *m.*; *lida:* kashṭ *m. pl.*, dhâvdhûp *f.*; *(fig.) V.* CONVERSAÇÃO.

Trafeguear, *v. i. V.* TRAFEGAR.

Traficancia, *s. f.* nâḍicho udîm, chor-yepâr *m.*; *(ant.)* yepâr karṇeṁ *n.*

Traficante, *a. e s. m. (ant.)* yepârî, vehârî, udyamî. ‖ *V.* EMBUSTEIRO.

Traficar, *v. t. e i.* yepâr-, udîm karuṁk *(g. do o.)*, vyavahâruṁk, chor-yepâr karuṁk.

Trafico, *s. m. V.* COMMERCIO.

Tragadeiro, *s. m. V.* GUELA; *(fig.) V.* ABYSMO.

Tragadoiro, *s. m. V.* SORVEDOIRO.

Tragador, *a. e s. m.* gilṇâr, girâsṇâr, rakshitalo.

Tragamento, *s. m.* gilṇî, ghoṭṇî *f.*

Traga-moiros, *s. m.* vâghmâro, pahilvân.

Tragar, *v. t.* giḷuṁk, rakshuṁk, grâsuṁk *ou* girâsuṁk; ghoṭuṁk *ou* ghoṁṭuṁk; *soffrer:* sosûn vharuṁk, kaṁṭhuṁk; *olhar com avidez:* doḷe lâvuṁk *(d. do o.)*; *sorver:* odhuṁk.

Tragedia, *s. f.* duḥkhâcheṁ-, duḥkhapariṇâmak nâṭak *n.*; *(fig.)* avdhaṁḍo, hâl *m.*, âpad *f.*

Tragico, *a.* duḥkhapariṇâmaknâṭkâcho; *(fig.)* kâḷâcho, arishṭâcho, duraṁt. ‖ *s. m.* duḥkhapariṇâmanâṭak kartalo, -baraitalo.

Trago, *s. m.* ghoṭ *ou* ghoṁṭ *m.*

Trahimento, *s. m. V.* TRAIÇÃO.

Trahir, *v. t.* ghât karuṁk,- ghevuṁk *(g. do o.)*, gaḷo kâpuṁk *(g. do o.)*, vikuṁk; pâḷo nâ divuṁk *(d. do o.)*, viśvâsghât karuṁk *(g. do o.)*; *revelar:* (ghûḍ) phoḍuṁk, dakhal karuṁk; *fazer falhar:* bighḍâvuṁk, bhaṁgauṁk; *exprimir mal:* vâṁkḍeṁ-, dusreṁ mhaṇuṁk. ‖ *v. r.* âplo ghât ghevuṁk, nâkâ âstânâ kaḷauṁk.

Traição, *s. f.* trâyisâṁv *n.*, ghât, apghât *ou* âbghât, viśvâsghât, viśvâsbhaṁg . dagal, phiturî *f.*, phitûrpaṇ *n.*; *infidelidade no amor:* vyabhichâr *m.* ‖ *V.* EMBUSCADA. ‖ *A* —, âbghâtân, ghât ghevûn.

Traiçoeiramente, *adv.* âbghâtân, phitureṇ, gaḷo kâpûn.

Traiçoeiro, *a.* ghâtkî, phituryo, dagalbâjî, kapaṭî.

Traidor, *a. e s. m.* ghâtkî, apghâtkî *ou* âbghâtî, gaḷekâpo, phiturî, bhedî, phitûr.

Traidora, *s. f.* ghâtkîṇ, bhedîṇ, âbghâtâchî bâil.

Traidoramente, *adv.* âbghâtîṁ, dagaleṇ.

Trajar, *v. t.* nesuṁk, ghâluṁk, veshuṁk. ‖ *v. i. e r.* nesuṁk, pehrâvuṁk, neṭuṁk. ‖ *s. m. V.* TRAJO.

Traje, *s. m. V.* TRAJO.

Trajecto, *s. m.* chalchî vâṭ *f.*, tâṁkcho mârag *m.*

Trajectoria, *s. f.* vâṭ *f.*, mârag, rasto *m.*

Trajo, *s. m.* nesaṇ, nesaṇî *f.*, vastr, âṁgvastr *n.*, pehrâvo, sâj, vesh *ou* bhesh *m.*

Tralha, *s. f.* pâgchî jâḷî *f.*; jâḷiyecho ḍoḷo *m.*

Tralhar, *v. t.* jâḷî mâruṁk *(d. do o.)*, -uḍauṁk *(l. do o.)*.

Tralho, *s. m.* supulî jâḷî *f.*

Tralhoada, *s. f.* kachro, kastaḷ *m.*

Trama, *s. f.* vâṇo *m.*, pûrṇ *n.*; motem resmî sût *n.*; moṭo doro *m.*; lugaṭ, kâpaḍ, vastr *n.*; *(fig.) V.* ARDIL. ‖ *s. m.* kûṭ, lachâṁḍ, taṁtr, yaṁtr, kârasthân *n.*, nâḍ *f.*, chatur upây *m.*

Tramador, *a. e s. m.* viṇpî, vaḷpî; uprâslato, kârasthânî, lachâṁḍî.

Tramar, *v. t.* vaḷuṁk, viṇuṁk; uprâsuṁk, mâṁḍuṁk, yojuṁk; (lachâṁḍ) rachuṁk, ghâluṁk.

Trambolho, *s. m. V.* TRABELHO.

Trambolhada, *s. f.* śiṁkaḷ, gâṁthaṇ *f.*

Trambolhão, *s. m.* âpṭoṇeṁ, śevṭoṇeṁ *n.*‖ *Dar ou levar um* —, âpṭoṁk, śevṭoṁk; *(fig.)* dhako basuṁk *(d. do s.)*, phajat jâvuṁk *(g. do s.)*. ‖ *Andar aos trambolhões*, âpṭoṁk dapṭoṁk; gaḍgaḍûn vachuṁk; *(fig.)* upadryâṁk sâṁpḍuṁk,- paḍuṁk.

Trambolhar, *v. i.* gaḍgaḍûn-, loḷûn vachuṁk; tuṭkeṁ-, khâvûn ulauṁk.

Trambolho, *s. m.* gorvâcho khoḍo *m.*; śiṁkaḷ *f.*, ghoṁs, peḷo *m.*

Tramela, *s. f. V.* TARAMELA.

Tramelo, *s. m.* *(zool.)* supurlo uṁdîr *m.*

Tramite, *s. m.* vâṭ, mârg *m.*; *(fig.)* vâṭ, âṁḍî *f.*, upây *m.*

Tramoia, *s. f.* vidyâ, ṭhakvidyâ, chorbuddh *f.*, aḍkâṁnâḍkâṁ *n. pl.*

Tramolhada, *s. m.* mâyṇ *n.*

Tramontana, *s. f.* uttrâṇ, uttarvâreṁ; dhruvanakshatr *n.*; *(fig.)* uttarmârg *m.* ‖ *Perder a* —, vâṭ chukuṁk; *(fig.)* goṁdhḷuṁk, rânâṁt paḍuṁk *(lit.* CAHIR NA BRENHA).

Tramontar, *v. i.* dîs dhârîr paḍuṁk,- astamuṁk. ‖ *s. m.* astam, astamtî *f.*

Trampa, *s. f.* gû *m.*, maḷ, pojaḍ; *(fig.)* naṁg *n.*, nirarth *m.*, deḍ damḍechî vast *f.*; *(ant.) V.* TRAPAÇA.

Trampão, *a.* *(ant.) V.* TRAPACEIRO.

Trampear, *v. i.* *(ant.)* nâḍuṁk, phasauṁk, bhûl ghâluṁk.

Trampista, *s. m.* *(ant.) V.* TRAMPOLINEIRO.

Trampolina, *s. f.* labâḍi, dagal, nâḍ, ṭhakṇî *f.*, prapaṁch *m.*, aḍkâṁnâḍkâṁ *n. pl.*

Trampolinar, *v. i.* aḍkâṁnâḍkâṁ-, gauṇḍbeṁgâlâṁ karuṁk, ṭhakuṁk, nâḍuṁk, nâḍ ghâluṁk.

Trampolineiro, *a. e s. m.* labâḍ, nâḍgo, dagalbâjî, gauṁḍbeṁgâlî, chorṭo.

Trampolinice, *s. f.* nâḍgepaṇ, chorṭepaṇ *n*

Tramposo, *a.* guvârḍo, hâgirḍo; *(ant.) V.* TRAPACEIRO.

Tranar, *v. t.* (uaṁhî) piyevûn utruṁk,- pâr jâvuṁk.

Tranca, *s. f.* âḍno, âḍâṁbo *m.*, âḍvaṇ, uṭâḷeṁ *n.*, âḍkhîḷ *f.*; *(fig.) V.* OBSTACULO. ‖-s, *pl.* pâṁy, doṁke *m. pl.* ‖ *Dar ás* —, kâvaḍ kâḍhuṁk, jhurî mâruṁk.

Trança, *s. f.* pâṁtî, veṇî, triveṇî, veṁṭî *f.*, veṁṭo *m.*

Trançadeira, *s. f.* nâḍo *m.*

Trançado, *a.* viṇlalo. ‖ *s. m.* pâṁtyo *f. pl.*; nâḍo *m.*

Trancafiar, *v. t. V.* TRINCAFIAR.

Trancafio, *s. m.* TRINCAFIO.

Trancar, *v. t.* âḍno-, âḍâṁbo ghâluṁk, -oḍhuṁk *(d. do o.)*, âḍâṁbuṁk; *riscar:* pusuṁk, kâtruṁk, *(fig.) V.* TERMINAR.

Trançar, *v. t.* pâṁtî ghâluṁk *(d. do o.)*, veṁṭuṁk.

Trancaria, *s. f.* moṭîṁ lâṁkḍâṁ *n. pl.*, karve *m. pl.*

Trancarruas, *s. m.* vâghmâro, pahilvân.

Trance, *s. m. V.* TRANSE.

Trancelim, *s. m.* reśmî-, sonî veṇî *f.*; bhâṁgârâcho paḍ *m.*

Tranco, *s. m.* ghoḍyâcheṁ uḍaṇ *n.* ‖ *Aos trancos*, uḍûn, uḍkaṇâṁ mârûn.

Trangalhadanças, *s. m.* lâṁb teṁkḍî manis.

Trangola, *s. m.* mâḍ kaso manîs.

Tranqueira, *s. f.* meḍekoṭ, kaṭhḍo *m.*

Tranqueiro, *s. m.* meḍ, digî *f.*

Tranqueta, *s. f.* khîḷ *f.*

Tranquia, *s. f. V.* TRANQUEIRA.

Tranquibernar, *v. i.* ṭhakuṁk, nâḍuṁk, nâḍî karuṁk.

Tranquiberneiro, *a. e s. m.* nâḍgo, ṭhakî, daṁbhî.

Tranquibernia, **tranquibernice**, *s. f.* nâḍ, dagal, ṭhakṇî *f.*, daṁbh *m.*

Tranquilha, *s. f.* âḍ-dâṁḍo *m.*‖ *Por tranquilhas*, âḍvâṭeṇ.

Tranquilllamente, *adv.* śâṁtîn, svasthpaṇîṁ.

Tranquillidade, *s. f.* śâṁti, nityaśâṁti, thaṁḍây *f.*, śâṁtpaṇ, svasthaṇ, svasthpaṇ *n.*, svasthây, svasthi, suchittây *f.*, śaman *n.*

Tranquillizar, *v. t.* śamanâ karuṁk, śamanâvuṁk, thârâvuṁk, svasthâvuṁk, śâṁtauṁk, thaṁḍâvuṁk. ‖ *v. r.* śamanâ-, thaṁḍ jâvuṁk, śamanuṁk, thâruṁk, thârvuṁk.

Tranquillo, *a.* thaṁḍ, śamanâ, śâṁt, svasth, samâdhânî; suchitt, nirupadrav, prasann.

Transacção, *s. f.* khaṁḍ, karâr *m.*; toḍbolî, soḍḍoḍ *f.*; yepâr, vyavahâr *m.*

Transacto, *a.* pâṭhlo, gelalo, âdlo.

Transactor, *a. e s. m.* soḍḍoḍ kartalo; vyavahârî.

Transbordar, *v. i. V.* TRASBORDAR.

Transcendencia, *s. f.* varteрaṇ, uttampaṇ *n.*, adhikây *f.*; bhâr *m.*, vajan *n.*, bisât *f.*

Transcendental, *a. V.* TRANSCENDENTE.

Transcendentalmente, *adv.* vartepaṇîṁ, uttampaṇîṁ.

Transcendente, *a.* varto, param, uttam, uṁch; *perspicaz:* bârîk, śidûk, chatur.

Transcender, *v. t.* varto jâvuṁk (*d. do o.*), aṁtruṁk (*d. do o.*), kaluṁk. ‖ *v. i.* adhik-, aglo jâvuṁk, chaḍhuṁk, vayr saruṁk.

Transcoação, transcolação, *s. f.* galṇî, pâghalṇî *f.*; pâjhar, nijhar *m.*

Transcoar, transcolar, *v. t. e i.* galuṁk, pâjhruṁk, nijhruṁk, pigluṁk (*vv. ii.*).

Transcorrer, *v. i. V.* DECORRER.

Transcrever, *v. t.* utruṁk, nakal-, prat karuṁk (*g. do o.*).

Transcripção, *s. f.* utarṇî; nakal, parat, tâlîk *f.*, utâro, tarjumo *m.*

Transcripto, *a.* utarlalo, nakali.

Transcriptor, *a. e s. m.* utarṇâr, parat kartalo.

Transcurar, *v. t. V.* DESCURAR.

Transcursão, *s. f.*, **transcurso**, *s. m.* pâr jâṇeṁ *n.*, baḷâṁḍṇî; gujarṇî, sarṇî, gati *f.*

Transcursar, *v. t. e i.* pâr jâvuṁk, baḷâṁḍuṁk, chalûn-, dhâṁvûn kâḍhuṁk.

Transe, *s. m.* kâḷ, jokh, prasaṁg *m.*, saṁkaṭ; *combate:* juj, saṁgrâm *n.* ‖ *V.* AFFLICÇÃO. ‖ *A todo o* —, saglyâ baḷân, kitemy jâṁv,- ghaḍûṁv, vâṁchlyâr melyâr. — *da morte*, marṇâchî taṇ *f.*

Transeunte, *a. V.* TRANSITORIO. ‖ *s. m.* vâṭsûr, vâṭecho manîs, mârgî.

Transferencia, *s. f.* kâḍhûn vharneṁ, sthânâṁtar; badlap *n.*, badal; utarṇî *f.*

Transferidor, *a. e s. m.* badaltalo, utarṇâr.

Transferir, *v. t.* kâḍhûn vharuṁk, dusryâ jâgyâr badluṁk; châkrecho badluṁk; *adiar:* phuḍe vharuṁk, mukhâr davruṁk; *traspassar:* utruṁk, kâḍhuṁk (*com l. sup. de pessoa*), âdhîn karuṁk, havâluṁk. ‖ — *as palavras*, alaṁkârî karuṁk. ‖ *v. r.* dusryâ jâgyâr vachuṁk.

Transferivel, *a.* vharûṁ yeso; badalcho, utarcho.

Transfiguração, *s. f.* rûp-, âkâr badalṇeṁ; rûpâṁtar *n.*, rûpbhed, vikâr *m.*, dehâṁtar *n.*

Transfiguradamente, *adv.* rûp-, âkâr badlûn, rûpâṁtarîṁ.

Transfigurado, *a.* badallalo, vikṛit, vikṛitrûp. ‖ *s. m.* badlap, rûpâṁtar *n.*

Transfigurador, *a. e s. m.* rûp badaltalo, rûpâṁtar kartalo.

Transfigurar, *v. t.* âkâr-, rûp badluṁk (*g. do o.*), sayâ pâlṭuṁk (*g. do o.*), rûpâṁtar karuṁk (*g. do o.*); (*fig.*) badluṁk, pâlṭuṁk, phirauṁk. ‖ *v. r.* âpleṁ rûp badluṁk, sayâ partoṁk (*g. do s.*), dusro âkâr ghevuṁk.

Transfiguravel, *adv.* rûp badalcho, vikârya.

Transfixão, *s. f.* âspâs topṇeṁ *n.*, vidhârṇî *f.*

Transformação, *s. f.* rûpbhed, rûpvikâr *m.*, rûpâṁtar *n.*; vikâr, pâlaṭ *m.*, vikṛiti *f.*, badlap *n.*

Transformador, *a. e s. m.*, **transformante**, *a.* rûpâṁtar kartalo, badalṇâr.

Transformar, *v. t.* rûp-, âkâr badluṁk (*g. do o.*), rûpâṁtar karuṁk (*g. do o.*); badluṁk pâlṭuṁk, phirauṁk. ‖ *v. r.* navo âkâr-, bhesh ghevuṁk, badloṁk. ‖ *V.* DISFARÇAR-SE.

Transformativo, *a.* badaltalo, pâlṭuṁcho.

Transfretano, *a.* samudrâpalikaḍcho.

Transfuga, *a. e s. m. e f.* palpaṭo śipây, phitûr.

Transfugir, *v. i.* duśmânâche phaujîn riguṁk, palpaṭo jâvuṁk.

Transfundir, *v. t.* dusryâ âydanâṁt otuṁk; bharuṁk, saṁchâruṁk. ‖ *v. r.* badloṁk, duro jâvuṁk.

Transfusão, *s. f.* dusryâ âydanâṁt otṇeṁ *n.*; saṁchâr *m.* ‖ — *do sangue*, ekâcheṁ ragat dusryâchyâ âṁgâṁt bharṇeṁ *n.*

Transgredir, *v. t.* phuḍe vachuṁk (*v. do o.*), baḷâṁḍuṁk; moḍuṁk, mâḍauṁk, bhaṁg karuṁk (*g. do o.*).

Transgressão, *s. f.* moḍṇî, mâḍauṇî *f.*, bhaṁg *m.*

Transgressivo, *a.* moḍtalo. ‖ *V.* IRREGULAR.

Transgressor, *a. e s. m.* kâydo moḍtalo, mâḍauṇâr.

Transhumanar, *v. t.* manushyâḷo karuṁk.

Transhumancia, *s. f.* charvâchyâ jâgyâcheṁ badlap *n.*

Transhumante, *a.* dusryâ charvâk vetalo (*hind*).

Transhumar, *v. t.* dusryâ charvâk ghâluṁk,- vharuṁk. ‖ *v. r.* dusryâ charvâk vachuṁk.

Transição, *s. f.* gati, gujartî *f.*, saṁkram *m.*, sthânâṁtar; badlap *n.*

Transido, *a.* bhedro lâglalo, bheyâbhît, tharthar̤lalo, kalkallalo.

Transigencia, *s. f.* soḍḍoḍ karṇeṁ *n.*, toḍ *f.*; dil soḍṇeṁ, soḍûn deṇeṁ *n.*, khuśâmat *f.*

Transigente, *a. e s. m. e f.* soḍḍoḍ kartalo; dîl soḍtalo, kânâr ghetalo, vaṁdanśîl.

Transigir, *v. t.* barepaṇîṁ (davo) toḍuṁk, soḍḍoḍ karuṁk *(g. do o.)*, ‖ *v. i.* soḍûn divuṁk, dîl soḍuṁk, kânâr ghevuṁk *(vv. tt.)*, lâgîṁ saruṁk.

Transigivel, *a.* soḍḍoḍ karcho.

Transir, *v. t.* bheduṁk, bharuṁk, saṁchâruṁk; tharthar̤âvuṁk, kalkalâvuṁk, kâṁpauṁk.

Transitar, *v. i.* vachuṁk, chaluṁk, bhoṁvuṁk, bhoṁvûn kâḍhuṁk *(v. t.)*; dusre daśek vachuṁk,- pâvuṁk.

Transitavel, *a.* vachûṁ sârko, chalûṁ yeso.

Transitivamente, *adv.* sakarmak kaso.

Transitivo, *a. (gram.)* sakarmak. ‖ *V.* PASSAGEIRO.

Transito, *s. m.* vachṇî, chalṇî *f.*, saṁkram; *passagem:* mârag *m.*, vâṭ *f.*; *mudança:* pâlaṭ *m.*, badlap *n.*‖ *V.* MORTE.

Transitoriamente, *adv.* chalteṁ, ubhteṁ, athîrpaṇîṁ.

Transitorio, *a.* chalto, ubhto, ghaḍiyecho, doṁ disâṁcho, athîr, naśvar, aḍriḍh, utpannvinâśî.

Translação, *s. f.* dusryâ jâgyâr vharṇeṁ,- vâhṇeṁ, jâgo badalṇeṁ; rûpak, upam *n.*, rûpakśabd *m.*‖ *V.* TRADUCÇÃO.

Transladar, *v. t. V.* TRASLADAR.

Translatamente, *adv.* rûpakân, upamîṁ.

Translaticio, translato, *a. V.* METAPHORICO.

Translucidez, *s. f.*, **transluzimento,** *s. m. V.* TRANSPARENCIA.

Translucido, transluzente, *a. V.* TRANSPARENTE.

Translumbrar, *v. t. (p. us.) V.* DESLUMBRAR.

Transluzir, *v. i.* âspâs prajvaḷuṁk, prakâśabhedya jâvuṁk; dusryâṁtlyân jhagjhakuṁk; *(fig.)* dishṭî paḍuṁk, disûn yevuṁk. ‖ *v. r.* disuṁk, kaḷuṁk, gamuṁk.

Transmalhar, *v. t. e r. V.* TRESMALHAR.

Transmarino, *a. V.* ULTRAMARINO.

Transmeavel, *a.* utrûṁ yeso, pâr jây sârko; *(med.) V.* TRANSPIRAVEL.

Transmigração, *s. f.* deśâṁtarîṁ vachṇeṁ, bihrâḍ badalṇeṁ, deśâṁtar *n.*; punarjanm, dusro jalm *m.*, janmâṁtar *n.*

Transmigrador, *a. e s. m.*, **transmigrante,** *a.* deśâṁtarîṁ vetalo, deśâṁtarî, bihrâḍ badaltalo.

Transmigrar, *v. t.* ghar-, gâṁv badluṁk *(g. do o.)*. ‖ *v. i.* dusryâ gâṁvâk vachuṁk, deśâṁtar karuṁk; ghar-, ṭhikâṇ badluṁk, dusryâ jâgyâr râvuṁk; dusryân jâvuṁk,- jalmuṁk, janmâṁtar ghevuṁk. ‖ *v. r.* pargâṁvâk vachuṁk, dusre svâter ṭhikâṇ karuṁk.

Transmissão, *s. f.* dhâḍṇeṁ *n.*, pâṭhauṇî; châlauṇî *f.*, saṁchâr *m.*; utarṇeṁ *n.*‖ — *hereditaria,* sayaṁbhâcho-, pûrvajâṁcho guṇ *m.*

Transmissibilidade, *s. f.* saṁchârcho guṇ *n.*

Transmissivel, *a.* utarcho; saṁchârcho; dhâḍûṁ yeso.

Transmissivelmente, *adv.* utrûn; saṁchârûn.

Transmissivo, transmissor, transmissorio, *a.* saṁchârtalo, châlaitalo.

Transmittir, *v. t.* vharuṁk, vâhuṁk, vachuṁk divuṁk, châlauṁk *ou* chalauṁk; *enviar:* dhâḍuṁk, pâṭhauṁk; *noticiar:* kaḷauṁk, gamauṁk, dakhal karuṁk; *communicar:* lâvuṁk, saṁchâruṁk; pasruṁk; *exhalar:* soḍuṁk, ghâluṁk; *passar para outrem:* utruṁk, kâḍhuṁk *(com l. sup. de pessoa)*. ‖ — *á posteridade,* saṁstîk pâvauṁk. ‖ *v. r.* lâguṁk, saṁchroṁk; pasroṁk; vachuṁk.

Transmontano, *a.* ḍoṁgrâpelo; *(fig.)* uṁch, ubhâr.

Transmontar, *v. t.* (ḍoṁgar) baḷâṁḍuṁk. kâḍhuṁk; *(fig.)* bhav agḷo-, adhik jâvuṁk.‖ *v. i. V.* TRAMONTAR.‖ *v. r.* paḷuṁk, nâṭâk jâvuṁk. ‖ — *o sol,* dîs dhârîr paḍuṁk,- astamuṁk.

Transmudação, *s. f.*, **transmudamento,** *s. m. V.* TRANSMUTAÇÃO.

Transmudar, transmutar, *v. t.* parâdhîn karuṁk, dusryâcher utruṁk; *converter:* badluṁk, pâlṭuṁk, phirauṁk; *alterar:* vegḷo-, dusro karuṁk, badluṁk. ‖ *V.* TRANSFERIR. ‖ *v. r.* badloṁk, pâlṭoṁk.

Transmutabilidade, *s. f.* badalcho guṇ *m.*, vikârpaṇ *n.*

Transmutação, *s. f.* pâlaṭ *m.*, badlap, rûpâṁtar *n.* ‖ *V.* TRANSFERENCIA.

Transmutativo, *a.* rûpâṁtar karcho, badaltalo.

Transmutavel, *a.* badlo sârko, phirauṁcho.

Transnadar, *v. t.* piyevûn baḷâṁḍuṁk,- pâr jâvuṁk; piyevûn vharuṁk.

Transnominação, *s. f.* rûpakaśabd *m.*

Transordinariamente, *adv.* châlî-, rîtî bhâyr.

Transordinario, *a.* châlî-, rîtî bhâylo, asâdhâraṇ, uphrâṭo.

Transparecer, *v. i.* bhedûn-, dusryâṁtlyân disuṁk; mâtso-, iloso disuṁk; jhagjhakuṁk, prajvaḷuṁk; *(fig.)* dishṭî paḍuṁk, disûn yevuṁk.

Transparencia, *s. f.* prakâśabhedyatâ, kiraṇabhedyatâ *f.*, ujvâḍ bhedṇeṁ *n.*

Transparentar, *v. t.* prakâśabhedya karuṁk; dakhal-, ughḍâpo karuṁk.

Transparente, *a.* ujvâḍ-, kirṇâṁ bhedtalo, prakâśabhedya, kiraṇabhedya, * taḷtaḷit; ughḍâpo, ṭhâvo, ṭhâvko.

Transparentemente, *adv.* ughḍâpîṁ, dekhteṁ.

Transpassar, *v. t., i. e r.* *V.* TRASPASSAR.

Transpiração, *s. f.* gâmevṇî, umevṇî; ûm *f.*, gâm *m.*

Transpiradeiro, *s. m.* *(p. us.)* *V.* PORO.

Transpirar, *v. t.* laṁvemtlyân uḍauṁk, -bhâyr ghâluṁk. ‖ *v. i.* laṁvemtlyân vachuṁk, -bhâyr saruṁk; umevuṁk, gâmevuṁk; *(fig.)* dishṭî paḍuṁk, gamuṁk; bhâyr saruṁk. ‖ *V.* DIVULGAR-SE.

Transpiravel, *a.* umemtlyân bhâyr sarcho; umevuṁcho.

Transplantação, *s. f.* padsaṇṇî, lâvṇî *f.*, lâvap; thâro-, ṭhikâṇ badalṇeṁ *n.*; *(fig.)* *V.* TRADUCÇÃO.

Transplantador, *a. e s. m.* paḍsitalo, lâvṇâr.

Transplantar, *v. t.* dusre svâter lâvuṁk, padsuṁk *ou* padsauṁk.

Transplante, *s. m.* *V.* TRASPLANTAÇÃO.

Transpor, *v. t.* baḷâṁḍuṁk, kâḍhuṁk, gâḷuṁk; jâgyâcho badluṁk, sadalbadal-, ulaṭâpâlaṭ karuṁk *(g. do o.)*. ‖ *V.* EXCEDER. ‖ *v. r.* *V.* DESAPPARECER.

Transportação, *s. f.* vharṇeṁ, vharap, vâhṇeṁ *n.* ‖ *V.* TRANSPORTAMENTO.

Transportamento, *s. m.* âhlâd, bhramânaṁd *m.*, samâdhi *f.*

Transportar, *v. t.* vharuṁk, haruṁk, vâhuṁk; *mudar:* badluṁk, pâlṭuṁk; *trasladar:* utruṁk, bhâshâṁtar karuṁk *(g. do o.)*; *enlevar:* hirauṁk, mirauṁk, ânaṁdabharit karuṁk. ‖ *v. r.* vachuṁk; murgaṭuṁk, -lobhdhuṁk, bhramuṁk.

Transportavel, *a.* vharûṁ yeso.

Transporte, *s. m.* vharṇeṁ, vharap, vâhṇeṁ *n.*; *carro:* gâḍî *f.*, gâḍo *m.*, yân, vahan *n.*; *passagem de conta:* lekhâcho utâro; *manifestação de paixão:* kaḍh, jhapâṭo, tavko *f.*, uchaṁbaḷây *f.*; *enthusiasmo:* âhlâd, ullâs, paramânaṁd, bhramânaṁd *m.*, phulṇî *f.*

Transposição, *s. f.* baḷâṁḍṇî *f.*, pâr jâṇeṁ *f.*; jâgyâchî sadalbadal,- ulaṭâpâlaṭ *f.*

Transtornadamente, *adv.* phiskaṭâvûn, goṁdhḷâṇ.

Transtornar, *v. t.* partuṁk, ârtuṁk partuṁk, gaḷgaḷâvuṁk, ḍhavḷuṁk; *desorganizar:* bhaṁgauṁk, phiskaṭâvuṁk, vighaṭuṁk, goṁdhaḷ-, phajat karuṁk *(g. do o.)*; *torrar:* phirauṁk, kâḷok hâḍuṁk *(l. sup. do o.)*. ‖ *V.* DESFIGURAR. ‖ *v. r.* bhaṁguṁk, phiskaṭuṁk; goṁdhḷuṁk uchaṁbaḷuṁk, halkaṁḍuṁk.

Transtorno, *s. m.* phiskaṭṇî, viskaṭṇî *f.*, bhaṁg, bhaṁgasthaḷ, goṁdhaḷ; halâhal, ghoreṁkâr *m.*, phajiti *ou* phajat *f.*, hairân *n.*

Transtrocar, *v. t.* *V.* INVERTER.

Transubstanciação, *s. f.* dravyâṁtar, pariṇâmâṁtar; uṁḍo âni saro Svâm Jejû Kristâchî kûḍ jâṇeṁ *n.*

Transubstancial, *a.* dusri vast jâtalo.

Transubstanciar, *v. t.* dusrî vast-, dravyâṁtar karuṁk *(g. do o.)*. ‖ *v. r.* dusrî vast jâvuṁk.

Transudação, *s. f.* umevṇî, gâmevṇî; ûm *f.*, gâm; nijhar, pâjhar, âgoḷ *m.*

Transudar, *v. i.* (ûm) vâhvuṁk, otoṁk; gâmevuṁk, umevuṁk; pâjhruṁk, nijhruṁk, âgoḷoṁk, hoḷuṁk; *(fig.)* dishṭî paḍuṁk; gaḷuṁk.

Transumpto, *s. m.* nakal, parat *f.*, tarjumo; namuno *m.*, pratimâ *f.*

Transvazar, *v. t.* otuṁk, rataṁuṁk; rito karuṁk. ‖ *v. r.* otoṁk, vâhvoṁk.

Transverberar, *v. t.* (ujvâḍ) uḍauṁk, phâṁkauṁk; *(fig.)* *V.* REVELAR. ‖ *r. i.* (ujvâḍ) paḍuṁk, phâṁkuṁk; *(fig.)* *V.* APPARECER. ‖ *v. r.* laklakuṁk, phâṁkuṁk.

Transversal, *a.* âḍvo, vâṁkḍo.|| *s.f.* âḍvî regh *f.*

Transversalidade, *s. f.* âḍvepaṇ *n.*

Transversalmente, *adv.* âḍ, âḍveṁ, pâlseṁ.

Transverso, *a.* âḍvo, vâṁkḍo, pâlso.

Transverter, *v. t. V.* TRANSTORNAR e TRASLADAR.

Transviar, *v. t.* vâṁkḍe vâṭen vharuṁk, âḍmârguṁk; *(fig.)* nâḍuṁk, bhûl ghâluṁk *(d. do o.)*, bhashṭâvuṁk.|| *v. r.* vâṭ chukuṁk; vâyṭ-, pâḍ jâvuṁk, (kâydyâcho) kaḍsaruṁk.

Transvio, *s. m. V.* EXTRAVIO.

Trapa, *s. f.* monjâtî dharcho khoṁḍvo *m.*

Trapaça, *s. f.* nâḍkhaṁḍ *m.*, charbolî; labâḍî *ou* labâḍkî, nâḍ, dagal, mâv, ṭhakbâjî, phoṭvaṇ, ghâḍâmoḍ, kapaṭvidyâ *f.*, kapaṭ, chorṭepaṇ, bâshkaḷpaṇ, gauḍbeṁgâl, kaḷvaṁchan, taṁtr, taṭḍhoṁg *n.*, prapaṁch *m.*, aḍkâṁnâḍkâṁ *n. pl.*

Trapaçador, *a. (p. us.) V.* TRAPACEIRO.

Trapaçaria, *s. f.* tarpâspaṇ, nâḍgepaṇ, taṭḍhoṁg *n.*

Trapacear, *v. t.* nâḍuṁk, phasauṁk, ṭhakuṁk, chakauṁk. || *v. i.* taṭḍhoṁgâṁ karuṁk, nâḍî ghâluṁk, gauḍbeṁgâlâṁ ghevûn bhoṁvuṁk.

Trapaceiro, trapacento, *a.* tarpâser, nâḍgo, labâḍ, chorṭo, bâshkaḷ *(us. Sal.)*, daṁbhî, ṭhaknâr, phaṭiṁg *ou* phaṭliṁg, taṭḍhoṁgî, titâlî *ou* titâlyo.

Trapalhada, *s.f.* juncrâṁchî-, boṁdrâṁchî râs; *(fig.)* tâṁḍî, urpaṁj; târaṁbaḷ *f.*, khaḷbaḷ *m.* || *V.* EMBUSTE.

Trapalhado, *a.* sâṁko âṁvḷo nâslalo (dûdh).

Trapalhão, *s. m.* vhaḍleṁ juner, phaṭkûr *n.; (fig.)* junerḍo, boṁdro, bhâṇsiro; ghâbro, tuṭko. || *V.* TRAPACEIRO.

Trapalhice, *s. m.* juner, phaṭkûr, phaṭeṁ; *(fig.)* taṭḍhoṁg, gauḍbeṁgâl, chor-kâm *m.*

Trape, *int.* ṭoho, ḍoho!

Trapear, *v. i.* (śiḍ) kuṁvyâr basuṁk.

Trapeira, *s. f.* kolveṁ, dhâreṁ *n.;* sâvjâṁchî mânas *f.;* boṁdrâṁ viktalî.

Trapeiro, *s. m.* boṁdrâṁ-. âṁgoṭyo viktalo.

Trapejar, *v. i. V.* ESTRALEJAR.

Trapeziforme, trapezoidal, *a.* vishamachaturbhuj.

Trapezio, *s. m.* vishamachaturbhuj; hiṁḍuḷo *m.*

Trapezoide, *a.* vishamachaturbhuj kaso. || *s. m.* samalaṁbachaturbhuj *m.*

Trapiche, *s. m.* hâṁkârchyâṁ vastûṁcheṁ ghar *n.*

Trapilho, *s. m.* âṁgoṭî *ou* âṁgṭî *f.*

Trapo, *s. m.* âṁgoṭî, chiṁdhî, phâḷî *f.*, bhâṇsireṁ *n.*, * âṁgso *m.;* juner, boṁdar, phaṭeṁ *n.* || *Ter lingua de trapos*, tuṭkeṁ-, goṁdhḷûn ulauṁk.

Trapola, *s. f.* sâvjâṁchî mânas *f.* || *a. e s. m. e f.* taṭḍhoṁgî, nâḍgo, phaṭiṁg *ou* phaṭliṁg.

Trapuz, *s. m.* ḍaḷa *m.*

Traque, *s. m.* phâr *m.;* phugoṭî *f.:* pâd *m.*

Traquear, *v. t. V.* TRAQUEJAR.

Traqueiro, a. pâd mârtalo, pâdro.

Traquejar, *v. t.* pâṭhî dhâṁvuṁk *(r. do o.)*, pâṭh ghevuṁk *(g. do o.)*. || *v. i.* pâd mâruṁk, pâduṁk.

Traquete, *s. m. (mar.)* phuḍlyâ kuṁvyâcheṁ vhaḍleṁ śiḍ *n.*

Traquinada, *s. f.* bob, gaḍbaḍ *f.*, gaḷbaḷ, ghaṅghaṇ *m.*

Traquinar, *v. i.* gaḷbaḷuṁk, gaḍbaḍ-, bobâḷ karuṁk, tiḍpaṇâṁ karuṁk, aḍmaḍuṁk, dhaḍbaḍuṁk.

Traquinas, *a. e s. m. e f.* tiḍ, huḷhuḷo, aḍmaḍyo, dhaḍbaḍyo, âvjâḷî, anâḍî *ou* âḍnâḍî.

Traquinice, *s. f.* tiḍpaṇ, âḍnâḍpaṇ, ṭonkepaṇ, âḍâṁgpaṇ *n.*

Traquitana, *s. f.* gâḍî *f.*

Trasanthontem, *adv.* âver.

Trasbordamento, *s. m.* bharon otṇeṁ *n.*

Trasbordar, *v. t.* bhâyr otoṁk, -saruṁk *(r. do o.)*. || *v. i.* bharon otoṁk,-vâhvuṁk; *(fig.)* uphâḷuṁk; vâhvuṁk.

Trascamara, *s. f.* bhitarlî kûḍ *f.*

Trascurar, *v. t. V.* DESCUIDAR.

Trasfega, trasfegadura, *s. f.*, **trasfego**, *s. m.* dusryâ âydanâṁt otṇeṁ *n.*, otṇî, rataunî *f.*

Trasfegador, *a. e s. m.* otnâr.

Trasfegar, *v. i.* dusryâ âydanâṁt otuṁk. || *v. i. (ant.) V.* LIDAR.

Trasflor, *s. m.* miṇyâr bhâṁgâr *n.*

Trasfogueiro, *s. m.* râṁdhṇâṁtleṁ pâṭhleṁ lâṁkûḍ *n.*

Trasfolear, *v. t. (pint.) V.* ESTREZIR.

Trasgo, *s. m.* nâsâṁv, pret *n.*, lâṁv *f.*, bhût, niśâchar, piśâch *m.*

Trasguear, *v. t.* bhûtpaṇ karuṁk, nâsâṁv kaseṁ disuṁk.

Trasladação, *s. f.* dusryâ jâgyâr vharṇeṁ, sthânâṁtar *n.*, sthânapâlaṭ; pâlaṭ *m.*, badalṇî *f.*; bhâshâṁtar *n.*, tarjumo *m.* ‖ *V.* ADIAMENTO.

Trasladador, *a. e s. m.* dusryâ jâgyâr badaltalo, vharṇâr. ‖ *V.* TRADUCTOR *e* COPISTA.

Trasladar, *v. t.* dusryâ jâgyâr vharuṁk,- badluṁk, sthânâṁtar karuṁk (*g. do o.*); *adiar:* phuḍe vharuṁk, mukhâr davruṁk; *traduzir:* utruṁk, bhâshâṁtar karuṁk (*g. do o.*); *copiar:* utruṁk, nakal-, prat karuṁk (*g. do o.*); *dar sentido metaphorico:* sarûpak karuṁk; *passar para outro:* utruṁk, badluṁk, pâlṭuṁk. ‖ *v. r.* utroṁk, badloṁk, pâlṭoṁk.

Traslado, *s. m.* nakal, parat, tâlik *f.*; namuno, bet *m.*

Traslar, *s. m.* râṁdhṇî pâṭhlî svâṭ *f.*

Trasmontar, *v. t.* baḷâṁḍuṁk, pâr jâvuṁk.

Traspassação, *s. f.* parâdhîn karṇeṁ, hakk utarṇeṁ *n.*; topṇî, vidhṇî *f.*

Traspassamento, *s. m.* baḷâṁḍṇî *f.*, pâr jâṇeṁ *n.*; *transgressão:* moḍṇî, mâḍauṇî *f.*; *demora:* usîr, kâḷâv, taḍov (*us. Can.*) *m.*; *morte:* marṇ *n.* ‖ *V.* TRASPASSAÇÃO.

Traspassar, *v. t.* utruṁk, baḷâṁḍuṁk, pâr jâvuṁk; *passar atravez:* âspâs vachuṁk (*r. do o.*); *furar:* topuṁk, vidhuṁk; *violar:* moḍuṁk, mâḍauṁk; *retardar:* phuḍe vharuṁk,- davruṁk; *exceder:* adhik-, varto jâvuṁk; *alhear:* utruṁk (*com l. sup. de pessoa*), âdhîn karuṁk. ‖ *V.* TRADUZIR *e* COPIAR. ‖ *v. i.* dusre svâter vachuṁk, utroṁk. ‖ *v. r.* bharoṁk, bhedoṁk; *desmaiar:* kâṁtruṁk, kâṅśiruṁk. ‖ *V.* FINAR-SE.

Traspasse, *s. m.* dusryâcher utarṇeṁ,- kâḍhṇeṁ *n.* ‖ *V.* FALLECIMENTO.

Traspasso, *s. m. V.* TRASPASSAMENTO.

Traspés, *s. m.* vâṁkḍo pâṁy *m.*, vâṁkḍeṁ pâṁval *n.* ‖ *Dar —*, lakuṁk, lavkuṁk.

Traspilar, *s. m.* pâṭhlo khâṁbo *m.*

Trastalhão, *s. m.* nag *m.*; (*fig.*) phaṭiṁgâṁcho râjâ, sodyâṁcho bâpûy.

Traste, *s. m.* trâst, gharvaḍecho nag *m.*, ghargutechî vast *f*; hâṁḍîmaḍkî, jiṁdgî (*collectivamente*) *f.*; (*fig.*) *V.* MAROTO.

Trastejar, *v. i.* halko-, chillar yepâr karuṁk; (*fig.*) luchchepaṇâṁ-, sodepaṇâṁ karuṁk.

Trasto, *s. m.* târ *m.*, tâṁtî *f.*

Trasvisto, *a.* âḍ pâḷelalo; (*fig.*) *V.* ODIOSO.

Tratada, *s. f.* chorbuddh, kapaṭvidyâ, nâḍ *f.*, taṭḍhoṁg *n.*

Tratado, *s. m.* bolî *f.*, karâr, niyam, samay; sallo, taha (*— de paz*); graṁth, nibaṁdh *m.*, śâstr, taṁtr, pustak *n.*

Tratador, *a. e s. m.* chalaitalo, châlauṇâr; graṁth kartalo, taṁtrî.

Tratamento, *s. m.* chalauṇî, châlauṇî, vâgauṇî, châl, vahivâṭ; *acolhimento:* keḷauṇî *f.*, parkaṁd, sanmân, upachâr *m.*; *passadio:* udarposhaṇ, khâṇ-jevaṇ, ann-pâṇî *n.*; *curativo:* trâtâmeṁt, upachâr *m.*, kriyâ *f.*; *titulo:* nâṁv, barad *n.*

Tratantada, **tratantice**, *s. f. V.* VELHACARIA.

Tratante, *a. e s. m. c f.* nâḍgo, chorṭo, ghâḍvidyo; (*ant.*) *V.* NEGOCIANTE.

Tratar, *v. t.* hât lâvuṁk (*d. do o.*), sâṁspuṁk, śparsuṁk, âphḍuṁk, hâtân dharuṁk,- gholauṁk; châlauṁk, chalauṁk, vâgauṁk, vasauṁk, vahivâṭuṁk; *travar relações com:* trâtâr-jâvuṁk (*ab.* kaḍe *ou* lâgîṁ *do o.*), oḷakh karuṁk, -chalauṁk (*g. do o.*), châlîbolî âsuṁk (*d. do s.*, *ab. do o.*); *dar titulo a:* pâchâruṁk, tîtl divuṁk (*d. do o.*); *executar.:* karuṁk, sâdhuṁk; *curar:* trâtâr-karuṁk, upachâr-, vaidîk karuṁk (*g. do o.*), okhat divuṁk (*d. do o.*); *discutir:* ghoḷauṁk, mathuṁk, tarkuṁk, khabar karuṁk (*g. do o.*); *contractar:* khaṁḍ-, bolî karuṁk (*g. do o.*), khaṁḍuṁk; *alimentar:* posuṁk, bâḷguṁk, vâgauṁk; *hospedar:* keḷauṁk, parkaṁduṁk, upachâr karuṁk (*g. do o.*). ‖ *— de alto*, bemân karuṁk, mijâs dâkhauṁk. — *por alto*, vaylyâvayr khabar karuṁk (*g. do o.*), sasâriṁ sâṁguṁk. — *de amores*, bhulauṁk. — *armas*, hatyârâṁ vahivâṭuṁk. — *livros*, pustakâṁk peṭuṁk. ‖ *v. i.* paḷevuṁk, khabar karuṁk; *discorrer falando ou escrevendo:* ulauṁk, barauṁk, ghoḷauṁk (*v. t.*); *esforçar-se:* lâguṁk; *proceder:* trâtâr-jâvuṁk, chaluṁk; *conviver:* chaluṁk, bhoṁvuṁk; *negociar:* kâm-, yepâr karuṁk; *cuidar do doente:* vâyṭ kâḍhuṁk. ‖ — *com alguem mão por mão*, hâtâṁt-hât ghâlûn bhoṁvuṁk. ‖ *v. r.* âple bhalâykecheṁ paḷevuṁk, âple piḍechî-, âplyâ jivâchî khabar ghevuṁk; jiyevuṁk, chaluṁk, vasuṁk. ‖ — *á grande*, dabâjyân-, vhaḍviken jiyevuṁk.

Tratavel, *a.* chalamcho, vahivâṭumcho; bhalo, sugam, dulabh, mogâḷ.

Tratavelmente, *adv.* bhalepaṇim, dulabhâyen.

Tratear, *v. t.* khâst-, jerbamd divumk *(d. do o.)*, saṭkâvumk, phaṭkâvumk, duḥkhamk.

Trato, *s. m.* hât lâvṇem, hâtân gholauṇem *n.*; chalauṇî, châlauṇî, vâgauṇî, vahivâṭ *f.*; *convivencia:* trât *m.*, châlîbolî *f*, lâgbhâg, samsarg *m.*, salgî, gajâl *f.*: *alimentação:* khâṇ-jevaṇ, ann-pâṇî, udarposhaṇ *n.*; *procedimento:* châl, vahivâṭ *f.*, naḍtem *n.*: *cortezia:* mânsugî, maryâd *f*, vinay; *commercio:* yepâr, vyavahâr, udyam *ou* udîm, devghev *m.* ‖ *Gente de* —, yepârkâr, yepârî *m. pl.* *Negociante de grosso* —, sâvkâr, śeṭh. ‖ **-s,** *pl.* jerbamd *m. pl.*, dhumâḷo *m.*, ijâ *f.* ‖ *Dar — a*, jerbamd divumk, -mârumk. *Dar — á imaginação*, manâmt gaṇumk, taklî ghamsṭumk. *Pôr a* —, *V.* TORTURAR.

Traumatico, *a.* ghâyâcho.

Traumatismo, *s. m.* ghây *ou* ghâv *m.*

Trauta, *s. f.* śikârecho mâg *m.*

Trautear, *v. t. e i.* gâvumk; *(fig.)* *V.* APOQUENTAR.

Trava, *s. f.* âḍbharem *n.* ‖ *V.* PEIA. ‖ — *da cruz*, khursâche hât, -khâmd *m. pl.*

Travação, *s. f.* jaḍṇî, ghaḍsaṇî, phârâvṇî; *connexão:* samdhi *f.*, samyog *m.*, lagtî *f.*; *ligação de traves:* pâṭyo sâmgḍâvṇem, -jaḍṇem *n.* ‖ *V.* COMMUNICAÇÃO.

Travacontas, *s. m.* hiśobâcho-, lekhâcho tamṭo *m.*

Travadamente, *adv.* jaḍûn, sâmgḍâvûn; neṭân, tavkyân.

Travadeira, travadoira, *s. f.* kharvamtîche dâmtre bâgâvumcho âspâv *m.*

Travado, *a.* jaḍlalo, phârâylalo; *começado:* mudal ghâlalo, arambh dilalo; *encarniçado:* neṭâcho, tavkyâcho, jhadjhaḍît; *embaraçado:* âḍkhaḷîmcho, aḍchaṇecho. ‖ *V.* INTIMO. ‖ **-s,** *s. m. pl.* jhaḍpo *m.*, tuphân *n.*

Travadoiro, *s. m.* khoḍo ghâlchî pâmyâchî svât *f.*

Travador, *a. e s. m.* jaḍṇâr; sâmgḍâvṇâr, phârâytalo. ‖ *V.* TRAVADOIRA.

Travadura, *s. f.*, **travamento,** *s. m.* sâmgḍâvṇî, phârâvṇî, bâmdhṇî *f.*

Traval, *a.* pâṭiyecho.

Travanca, *s. f.* âḍkhaḷ, aḍchaṇ, aḍ, naḍ *f.*

Travancar, *v. t.* *V.* ATRAVANCAR.

Travão, *s. f.* khoḍo *m.*, khoḍ; uṭâḷem *n.*

Travar, *v. t.* jaḍumk, ghaḍsumk, phârâvumk, sâmgḍâvumk, śirkâvumk; *pear:* khoḍo ghâlumk *(d. do o.)*; *agarrar:* ghaṭṭ dharumk; *principiar:* mudal ghâlumk *(d. do o.)*, arambh divumk *(d. do o.)*, âḍâvumk, surû karumk *(us. Can.)*; *amargurar:* âmbaṭ-, kaḍû karumk, kaḍvâvumk; *cruzar:* jaḍumk, doḍumk; *obstruir:* aḍîmk, âḍâvumk. ‖ — *batalha*, juj mâmḍumk, jujumk lâgumk. — *lucta*, jhagḍumk. — *o passo*, pâmy oḍhumk. — *a serra*, kharvamtîche dâmtre vaḷumk. ‖ *v. i.* kaḍû lâgumk, torṭân yevumk *(g. do s.)*; *causar dissabor:* duḥkh divumk, duḥkhamk, jîv âmbaṭ karumk; *lançar mão:* hât ghâlumk; *puxar:* oḍhumk *(v. t.)*; *segurar:* ghaṭṭ dharumk *(v. t.)*; *atear:* lâgumk, peṭumk. ‖ *v. r.* jaḍomk, ghaḍsomk, ekṭhâmy jâvumk; lâgumk.

Trave, *s. f.* pâṭî *f.*

Travejamento, *s. m.* pâṭyo ghâlṇem *n.*

Travejar, *v. t.* pâṭyo ghâlumk, -basaumk *(d. do o.)*

Travento, *a.* torto, torṭânicho.

Travessa, *s. f.* âḍî *f.*, âḍ-phaḷem, uṭâḷem *n.*; âḍvo mârag, âḍ-mârg *m.*, âḍ-vâṭ, gallî *f.*; *padieira:* dârvamṭo *m.*, toraṇ *n.*; *limite:* mer, sîm; *pente comprido:* kapâlâchî dâmtoṇî *f.*; *prato comprido:* palgaṇ *(do port.* PALANGANA) *n.* ‖ *V.* TRAVESSIA. ‖ — *da cruz*, khursâche hât *m. pl.*

Travessamente, *adv.* tîḍpaṇîm, âḍâmgpaṇîm.

Travessão, *a.* âḍvo. ‖ *Vento* —, parto vâv *m.* ‖ *s. m.* moṭem âḍ-phaḷem *n.* ‖ — *da balança*, tâgḍechî dâmḍî *f.*

Travessar, *v. t.* *V.* ATRAVESSAR.

Travessear, *v. i.* tîḍpaṇâm karumk, âvjâḷî jâvumk.

Travesseira, *s. f.* supurlem uśem *n.*

Travesseiro, *s. m.* uśem *n.* ‖ *V.* SAIMEL.

Travessia, *s. f.* baḷâmḍṇî, utarṇî *f.*; âḍvo-, parto vâv *m*

Travesso, *a.* âḍvo; *lateral:* kuśîcho, baglecho; *collateral:* chulat, phâgûr; *buliçoso:* tîḍ, âvjâḷî, âḍâmgî, âḍṇâḍî. ‖ *Mão travessa:* taḷhâtâchem mâp *n.* *Mar* —, parto daryâ *m.* *Porta travessa*, kuśîchem dâr. *Prato* —, palgan *(do port.* PALANGANA) *n.* *Por uma mão travessa*, vetek.

Travessura, *s. f.* tîḍpaṇ, âḍṇâḍpaṇ, âḍâṁgpaṇ *n.*, âḍâṁgây *f.*, titâl *m.*

Travez, *s. m.* âḍvepaṇ, vaṁkḍepaṇ, tirsepaṇ *n.*; kûs, bagal, kaḍ *f.* || *Dar comsigo de —*, hogḍuṁk, bighḍuṁk. *Dar a — com um negocio*, kâm bhaṁgauṁk,- phiskaṭâvuṁk. *Ir a — de*, dusryâ parto vachuṁk. *Olhar de —*, pâlso-, tirso paḷevuṁk. *Ver tudo de — ou ao —*, sagḷeṁ âḍveṁ-, parteṁ ghevuṁk. *A — ou ao —*, âspâs, ârpâr. *De —, em —*, âḍvo, pâlso.

Travinca, *s. f.* khâṁblî *f.*; âṁkḍo *m.* || *V.* CLAVICULA.

Travo, *s. m.* torṭâṇ, turaṭpaṇ *n.*, kashây; *(fig.)* kaḍuvây, kaḍsâṇ *f.*

Travoela, *s. f.* girbo *m.*

Travoso, *a. V.* TRAVENTO.

Traz, *prep.* pâṭhî, pâṭhlyâṇ. || *Para —*, pâṭhî. *De —*, pâṭhlyâṇ. *A —*, pâṭhî. || *int.* ṭoho, ḍoho. || *Zás traz*, taṭphaṭ.

Trazedor, *a. e s. m.* hâḍtalo, hâḍṇâr.

Trazeira, *s. f.* pâṭhlo bhâg,- vâṁṭo *m.*, mâgil *n.*, pichhâḍî *f.*

Trazeiro, *a.* pâṭhlo, mâgilo, mâgcho. || *s. m.* phudneṁ *n.*, kule *m. pl.*

Trazer, *v. t.* hâḍuṁk; *vestir:* ghâluṁk, nesuṁk. || *— na bocca*, toṁḍâṁt âsuṁk (*g. do s.*). *— no coração*, kâḷjâṁt ghâluṁk. *— alguem entre dentes*, jaḷuṁk. *— entre mãos*, hâtâṁt dharuṁk, -ghevuṁk. *— nas mãos*, âsuṁk (*ab. kade do s.*). *— á memoria*, ughḍâs hâḍuṁk,- karuṁk. *— os olhos em*, ḍoḷe lâvuṁk, dishṭ davruṁk; *(fig.)* mirvuṁk, murgaṭuṁk. *— no olho*, ḍoḷo davruṁk, pâlaḍ karuṁk. *— deante dos olhos*, chitt-, man davruṁk. *— nos olhos*, atrekuṁk, lobhduṁk. *— a origem*, yevuṁk, upjuṁk. *— de presente*, bheṭ karuṁk. *— de renda*, bhâḍyâk ghevuṁk. *— no seio (fig.)*, lipaun davruṁk; âṭpuṁk. *— vestido*, ghâluṁk.

Trazida, *s. f. (p. us.)*, **trazimento**, *s. m.* hâḍṇeṁ *n.*

Tre, *pref.* tri, ti.

Trebelhar, *v. i. (ant.)* kheḷuṁk, nâchuṁk-nduṁk.

Trebelho, *s. m.* burgyâṁcho kheḷ,-nâch *m.* || *V.* TRABELHO.

Trebolha, *s. f. (ant.)* saryâcho vhaḍlo dâbo *m.*

Trecentesimo, *a. e s. m.* tinśîṁvo.

Trecheio, *a. (p. us.)* chaḍh-, upaṭ bharlalo. || *A —*, bhârîṁ, subhâm.

Trecho, *s. m.* kâḷgati, kâḷâṁtar *f.*; jâgyâcho kuṭko, -kapo *m.*; *passagem:* ṭhikâṇ, sthal *n.*, jâgo *m.* || *A — ou a trechos*, kedṇây, âṁtryâ-pairyâṇ, kâḷâṁtarîṁ. *A pouco —*, mâtso uprâṁt.

Tredo, *a.* ghâtkî, apghâtî, gaḷekâpo; kapaṭî, ḍhoṁgî.

Trefego, **trefo**, *a.* kâṭhû, chyâḍ, chatur; tîḍ, âḍṇâḍî.

Tregeitador, *a. e s. m.* moḍî-kartalo, moḍyo, hâlavṇo.

Tregeitar, *v. i.* âṁg moḍuṁk, moḍî karuṁk.

Tregeito, *s. m.* moḍ, moḍâmoḍ *f.*, âṁgbhaṁg *m.*, bagḍe *m. pl.*

Tregua, *s. f. (mais us. no pl.)* sallo, taha *m.*, saṁdhi; phursat, aṁtar *f.*, khâṁḍ *m.* || *V.* FERIAS. || *Não dar treguas*, phursat-, avkâś nâ divuṁk. *Dar treguas a*, thâṁbauṁk.

Treina, *s. f.* śikârî mâruṁk saṁvay karcheṁ khâṇ; *(fig.)* sadâṁcheṁ khâṇ,-jevaṇ *n.*

Treinar, *v. t.* (śikârek saṁvkauṁk sâvjâk) khâṇ divuṁk; *(fig.)* saṁvay karuṁk (*d. do o.*), saṁvkauṁk.

Treita, *s. f.* mâg *m.*, pâṁval, khûṇ *n.*; *(fig.) V.* EXEMPLO. || *V.* TRETA.

Treitento, *a.* nâḍgo, ṭhakî, dagalbâj, taṭdhoṁgî.

Treito, *a.* rahâṭlalo, kuṭlalo, saṁvay-, vaj âslalo.

Trejurar, *v. i.* tîn pâvṭhî śapuṭh divuṁk. || *v. t.* sabârâṁ śapuṭhâṁnîṁ thirâsuṁk.

Trela, *s. f.* śikârî-śuṇyâchî vâḍî *f.* || *Dar —*, avkâś-, rajâ divuṁk; ulauṁk lâvuṁk; lâg kânâr ghevuṁk. *Roer na —*, phaḍphaḍuṁk, dhaḍbaḍuṁk. *Soltar a —*, vâḍî-, dorî soḍuṁk; *(fig.)* jây teṁ karuṁk divuṁk.

Trelho, *s. m.* tupâchî ravî *f.*

Trem, *s. m.* savârî *f.*, parivâr *m.*; sâmaṇ *n.*, mustâykî; *carruagem:* gâḍî; *vestuario:* nesaṇ *f.*

Trema, *s. m.* trem *m.*, asaṁdhisvarachihna *n.*

Tremar, *v. t.* (sutâṁ) soḍuṁk, usauṁk, viskaṭâvuṁk; trem ghâluṁk,-mâruṁk (*d. do o.*).

Tremebundo, *a. (poet.)* kâṁpro, thartharlalo. || *V.* ASSUSTADOR.

Tremecem, *a. V.* TREMEZ.

Tremedal, *s. m.* mâyṇ *n.*, châḷ, khâtoḍ *f.*; *(fig.)* pâtkâṁcheṁ khâtaṇ-, koṁḍ *n.*

Tremedor, *a. e s. m.* kâṁptalo, kâṁpṇâr bhiyetalo

Tremelicar, *v. i. V* TREMULAR e GAGUEJAR

Tremelica, *a. e s. m. e f.* kâṁpro, bhivkûṭ, ulkechyâ kâḷjâcho *(litt.* O QUE TEM CORAÇÃO DE PULGA).

Tremelicar, *v. i.* âṁkhuḍuṁk, kâkuḍuṁk; kâṁpuṁk.

Tremelicoso, *a. V.* TREMULO.

Tremeluzir, *v. i.* jhiḷmiḷuṁk.

Tremendamente, *adv.* bhayân, akrâḷîṁ.

Tremendo, *a.* bhayâcho, bhaykar, akrâḷ; *grande:* jabar, bhârî, bhav vhaḍ; *que infunde tremor:* bhirâṁtîcho, bhesurvâṇo.

Tremente, *a.* kâṁptalo, bhiyetalo.

Tremer, *v. t.* bhiyevuṁk *ou* bhivuṁk, śaṁkuṁk, bheṁ-, śaṁkâ âsuṁk *(d. do s., g. do o.)*; hâlauṁk, kâṁpauṁk. ‖ *v. i.* kâṁpuṁk, kalkaluṁk, thartharuṁk, dhaḍḍhaḍuṁk, kaḍkaḍuṁk; *tiritar:* âṁkhuḍuṁk, kaḍkaḍuṁk, kulkuluṁk; *arrecear-se:* bhiyevuṁk, kalkaluṁk. ‖ — *como varas verdes,* thartharuṁk, poṭâṁt hâlvo sukuṁk *(g. do s.)*.

Tremez, tremezinho, *a.* tîṁ mahinyâṁcho; tin mahine tagtalo; tîṁ mahinyâṁnîṁ piktalo.

Tremidamente, *adv.* kâṁpûn; hâlûn, ḍauṁḍaḷûn.

Tremido, *s. m.* kâṁpṇî, kâṁp; nâgmoḍî-regh *f.*

Tremó, *s. m.* tremo, doṁ janelâṁ madhlo ârso *m.*, -mej *n.*

Tremolar, *v. t. e i. V.* TREMULAR.

Tremolo, *s. m. (mus.)* kirkirṇî *f.*; kirkiro ṭâḷo *m.*

Tremonado, *s. m.* dâṁtyâṁtleṁ pîṭh gaḷcheṁ âydan *n.*

Tremonha, *s. f.* dâṁtyâcheṁ vairaṇeṁ *n.*

Tremor, *s. m.* kâṁp, kaḍkaḍî, dhaḍdhaḍî, thartharî *f.*; kâṁpero, tharthâro, dhaḍḍhaḍo (— *intenso)*; *temor:* kalkalo, bhedro *m.* ‖ — *de terra,* dharṇîkâṁp *f.*

Trempe, *s. f.* tipâṁyî lokhaṁḍâchî chûl *f.*; teghâṁcho sâṁgaḍ *m.*; *(naut.)* tikṭeṁ *n.*

Tremulamente, *adv.* kâṁpûn, kâṁperyân, hâlûn.

Tremulante, *a.* hâltalo, doldolît.

Tremular, *v. t.* hâlauṁk; kâṁpauṁk. ‖ *v. i.* kâṁpuṁk, hâluṁk, nâchuṁk, śiṁvśivuṁk. ‖ *V.* VACILLAR.

Tremulina, *s. f.* lahar *f.*

Tremulo, tremuloso, *a.* kâṁptalo, kâṁpro, hâltalo; ḍauṁḍaḷit. ‖ *V.* TIMIDO. ‖ -**s**, *s. m. pl.* hâltâphlor *m. pl.*

Tremura, *s. f.* kâṁp, thartharî *f.* ‖ -**s**, *pl.* kâṁpero, kalkalo, âkâṁt *m.*

Trena, *s. f.* reśmî vâ bhâṁgâr-sutâcho nâḍo *m.*; bhoṁvryâchî sutlî *f.*

Trenó, *s. m.* châkâṁviṇî gâḍî *f.*

Trepadeira, *s. f.* vâl, vel.

Trepadoiro, *s. m.* chaḍhchî svât *f.*

Trepador, *a. e s. m.* chaḍhtalo; nâdyâr nâchtalo, * dorâcho perṇî. ‖ *Vinho* —, taklek chaḍhtalo saro.

Trepanação, *s. f.* hâḍâṁ koṁkṇeṁ *m.*

Trepanar, *v. t.* (hâḍâṁ) koṁkuṁk.

Trepano, *s. m. (cir.)* hâḍâṁ koṁkcho âspâv *m.*

Trepar, *v. t.* chaḍhuṁk. ‖ *v. i.* chaḍhuṁk, vaḷguṁk, ârûḍhuṁk *(p. us.)*. ‖ *v. r.* chaḍhuṁk.

Trepidação, *s. f.* bhiṇeṁ, bheṁ *n.*, kâṁkaṭṇî *f.*, ḍubḍub *m.*; *(med.)* kâṁp. ‖ — *do solo,* lahân dharṇîkâṁp *f.*

Trepidamente, *adv.* bhiyevûn, kâṁkaṭûn.

Trepidante, *a.* kâṁptalo, hâltalo; bhiyetalo; *(fig.)* pâṭhî-phuḍe sartalo, ḍauṁḍaḷît.

Trepidar, *v. i.* bhivuṁk *ou* bhiyevuṁk, kâṁpuṁk, kâṁkaṭuṁk; -ḍubḍubuṁk, ḍabḍabuṁk, ḍauṁḍaḷuṁk.

Trepidez, *s. f.* kâṁp *f.*, bheṁ *n.*, kalkalo *m.*

Trepido, *a.* kâṁptalo, kâṁpro, bhiyetalo, bhejûḍ.

Treplica, *s. f.* jâbîk jâb *f.*, ulatjabâb *m.*, pratyuttar, parteṁ uttar *n.*, uttarpaksh *m.*

Treplicar, *v. t.* parteṁ uttar divuṁk *(d. do o.)*, pratyuttar karuṁk *(d. do o.)*.

Tres, *a.* tîṇ; tegh *ou* tîgh *(diz-se só de pessoas)*.

Tresandar, *v. t.* pâṭhî chalauṁk; goṁdhḷâvuṁk, bhaṁgauṁk, phiskaṭâvuṁk; ghâṇauṁk. ‖ *v. i.* ghâṇuṁk, ghâṇ yevuṁk *(g. do s.)*.

Tresavô, *s. m. V.* TRISAVÔ.

Trescalar, *v. t. V.* CHEIRAR.

Tresdobrado, *a.* tibrâd, tiḍo, tipaḍo.

Tresdobradura, *s. f.* tipaḍṇî *f.*; tiḍepaṇ *n.*, tighaḍî *f.*

Tresdobrar, *v. t.* tiḍo-, tipaḍo karuṁk, tipaḍuṁk, tipaṭuṁk. ‖ *v. i.* tipaḍo jâvuṁk, tipaḍoṁk.

Tresdobre, tresdobro, *s. m.* tipaṭ *f.*

Tresfolegar, *v. i.* kharsevuṁk, dhâpevuṁk.

Tresgastar, *v. t.* bhav kharchuṁk

Tresjurar, *v. i. V.* TREJURAR.

Tresler, *v. i.* partem vâchumk; vâchûn piso-, virâr jâvumk.

Treslido, *a.* vâchûn piso jâlalo.

Tresloucadamente, *adv.* pisâyen, khuḷâyen.

Tresloucado, *a. e s. m.* piso, khuḷo, gaḷyo.

Tresloucar, *v. t.* pisâvumk, piso karumk. || *v. i.* piso jâvumk, pisâvomk, jhâmkuḷumk, śîr phirumk *(g. do s.)*.

Tresmalhar, *v. t.* (jâḷiyeche ḍoḷe) chukaumk, gomdhḷâvumk; sâmḍumk, paḷumk divumk; dispaṭâvumk. || *v. i.* himḍâmtlo paḷumk, dispaṭumk; kaḍsarumk, âḍvâṭumk. || *v. r.* jâḷâmtlo gaḷumk; dispaṭumk, himḍâmtlo sâmḍomk,- kaḍsarumk.

Tresmalho, *s. m.* typaḍyâm ḍoḷyâmchem jâḷ; himḍâmtlo paḷṇem,- sâmḍṇem *n.;* âḍvâṭṇî, kaḍsarṇî, gairhâjirî *f.*

Tresmudar, *v. t. (ant.) V.* TRANSMUDAR.

Tresneto, *s. m. V.* TRINETO.

Tresnoitado, *a.* âdlyâ disâcho (udak).

Tresnoitar, *v. i.* râṭ khaḷaumk, savamd rât jâgo râvumk, nîd khaḷumk *(g. do s.)*.|| *v. t.* nîd khaḷaumk *(g. do o.)*.

Treso, *a.* kusḍo, kusḍyâ kâḷjâcho, kuṭâḷo.

Trespanno, *s. m.* tipaḍyâ sutâchem lugaṭ *n.*

Trespassar, *v. V.* TRASPASSAR.

Tresuar, *v. i.* bhav umevumk, ghâm vâhvumk *(g. do s.)*, ghâmâche loṭ yevumk *(d. do s.)*.

Trestampar, *v. t, (p. us.) V.* DISPARATAR.

Tresvariado, *a.* jhâmkuḷlalo, barḷâr paḍlalo; jhâmpîcho.

Tresvariar, *v. i.* jhâmpumk, jhâmkuḷumk, barḷâr paḍumk, mat-, śîr phirumk *(g. do s.)*.

Tresvario, *s. m.* jhâmp, jhâmkuḷṇî, baraḷṇî *f.*

Tresvoltear, *v. t.* tîn pâvṭhî ghumvḷâvumk,- bhomvḍâvumk.

Treta, *s. f.* ṭhakvidyâ, chorvidyâ, kapaṭvidyâ, vidyâ, nâḍ *f.*, aḍkâmnâḍkâm *n. pl.*

Treva, *s. m. (mais us. no pl.)* kâḷok, amdhakâr, amdhak, âmdhâr; kâḷok gîḍ *(— densa); (fig.)* gnyânâcho kâḷok *m.*, âmdhârî *f.* || *O espirito ou anjo das trevas,* devchâr. *Quarta feira de trevas,* nimâṇo budhvâr *m. Região das trevas,* yamkamḍ *n. Ao cahir das trevas,* rât jâvumchyâ vaktâr. *Nas trevas,* guptîm, choryâm.

Trevo, *s. m. (bot.)* tirep, pîk; kamodî *(— indiano)*; âmbuṭî *(— azedo) f.*

Trevoso, *a. V.* TENEBROSO.

Treze, *a. pl.* terâ; terâvo. || *Estar nos seus —,* âplem moṭem dharumk.

Trezena, *s. f.* terâmcho sâmgaḍ, terâsamg *m.;* terâ disâmchî bhakti *f.*

Trezeno, *a.* terâvo.

Trezentos, *a. pl.* tinśîm.

Tri, *pref.* tri, ti.

Triade, *s. f.* trikûṭ *n.*

Triaga, *s. f.* vikhâchem okhat, nirvikh, vishâvshadh *n.*

Triagueiro, *s. m.* nirvikh kartalo.

Triangulação, *s. f.* tikoṇî karṇem *n.*

Triangulado, *a.* tikoṇî.

Triangular, *v. t.* tikoṇî karumk. || *a.* tikoṇî, trikoṇ, *-tirsuḷo.

Triangularmente, *adv.* trikoṇîm.

Triangulo, *s. m.* trikoṇ, tribhuj *m.*, trikoṇsî *f.;* tikṭem *n.; (mus.)* tryâmgl *m.* || *— equilatero,* samatribhuj. *— escaleno,* vishamatribhuj. *— isosceles,* dvisamatribhuj. *— rectangulo,* samakoṇ trikoṇ *m.*

Triarchia, *s. f.* trirâjya, tirrâj *n.*

Triarticulado, *a. (zool.)* tîm perâmcho.

Tribasico, *a.* tîm dhâtûmcho.

Tribu, *s. f.* jât *f.*, kûḷ *n.*, varg, varṇ *m.*, * vamś *n.*

Tribulação, *s. f.* kashṭ *m. pl.*, samtâp, dhumâḷo *m.*, kharg *n.*, duḥkh, kalpîḍâ, vipatti *f.* || *O dia da — geral,* nimâṇe jhaḍtecho dis.

Tribulo, *s. m. (bot.)* gokharṇ *f.*

Tribuna, *s. f.* tribûn, agrâsan, umchasthân *n.* || *V.* PALANQUE. || *A — sagrada,* pulpûtr *m.*, sadar *f.*

Tribunal, *s. m.* nyâyâsan, dharmâsan *n.;* nyâysabhâ, dharmsabhâ *f.*, darbâr *m.* || *O — de Deus,* Devâchî nît. *O — de penitencia,* kumsador *f.*

Tribuneca, *s. f.* kacherî, châvḍî *f.*

Tribuno, *s. m.* prajecho sabhâvâdî.

Tributal, *a.* karbhârâcho, damḍ âslalo.

Tributar, *v. t.* śumkâpoṭîm divumk, * gheṇî divumk *(g. do o.)*; khamḍṇî-, karbhâr ghâlumk *(d. do o)*; *prestar:* divumk, samarpumk, bheṭaumk. || *v. r. V.* COTIZAR-SE.

Tributario, *a. e s. m.* kar-, śumk phârik kartalo, * gheṇikâr, * keṇikâr; sâmamt.

Tributeiro, *s. m. (ant.)* patkâr.
Tributo, *s. m.* karbhâr *m.*, khaṁḍṇî *f.*, khaṁḍap *n.*; daṁḍ, sâro, kar *m.*, śulk *ou* śuṁk *n.*, sarkârpaṭṭî *f.*
Trica, *s. f. V.* CHICANA.
Tricana, *s. f.* gâṁvṭe bâylecho ghâgro *m.*; gâṁvṭî bâil.
Tricapsular, *a. (bot.)* tribîjakoś.
Tricellular, *a. (bot.)* tîṁ girâṁcho,- gharâṁcho.
Tricephalo, *a. e s. m.* trimastak.
Tricesimo, *a. V.* TRIGESIMO.
Trichego, *s. m. (zool.)* gâdo *m.*
Trichiase, trichiasis, *s. f.* âskiṭyo partoṇeṁ *n.*
Trichina, *s. f. (zool.)* ekâ jinnsâcho daṁt *m.*
Trichinose, *s. f.* daṁtâṁchî pîḍâ *f.*
Trichoide, *a.* keṁs kaso, keśâkâr.
Trichotomia, *s. f.* tribhâg *m.*
Tricipite, *a. (poet.)* trimastak.
Triclinio, *s. m. (ant.)* jevuṁchî kûḍ, bhojanaśâlâ *f.*
Tricolor, tricoloreo, *a.* tîṁ raṁgâṁcho, trivarṇ.
Tricorne, *a.* tîṁ śiṁgâṁcho, -domsâṁcho, triśriṁg.
Tricornio, *s. m.* tîṁ domsâṁcheṁ-, konsyâṁcheṁ chepeṁ *n.*
Tricuspide, *a. (bot.)* tîṁ domsâṁcho, tryagr.
Tridactylo, *a. (zool.)* tîṁ boṭâṁcho, tryaṁguli.
Tridente, *a.* tîṁ dâṁtâṁcho, tridaṁt. ‖ *s. m.* triśûl, triśikh *m.*; *(fig.)* samudrarâjya *n.*; samdîr, daryâ *m.*
Tridenteo, *a.* tridaṁt, triśûlâcho.
Triduo, *s. m.* tridin, pairo *m.*; tîṁ disâṁchî bhakti, tridinapûjâ *f.*
Triedro, *a.* tripailû.
Triennado, triennio, *s. m.* tisâl, trivarsh *n.*; tisâlî jâgo *m.*, -châkrî *f.*
Triennal, *a.* tîṁ varshâṁcho, trivarshî, tisâlâcho, tisâlî.
Trietrico, *a.* trivarshî.
Trieteride, *s. f.* trivarsh *n.*
Trifauce, *a. (poet.)* trikaṁṭh.
Trifido, *a. (bot.)* tiphâṁṭî.
Trifloro, *a. (bot.)* tripushp.
Trifoliado, *a. (bot.)* tipânî, triparṇ.
Trifolio, *s. m. (bot.) V.* TREVO.
Triforme, *a.* trividh, trirûp.
Trifurcado, *a.* tikhâṁḍî, tiphâṁṭî.
Trifurcação, *s. f.* tiphâṁṭo *m.*
Trifurcar, *v. t.* tiphâṁṭî karuṁk. ‖ *v. r.* tiphâṁṭî jâvuṁk.
Triga, *s. f.* darvaḍ, saṁbhram *m.*, tâkît *f.*; *(ant.)* tîṁ ghoḍyâṁchî gâḍî *f.*
Trigado, *a. V.* ATRIGADO.
Trigamia, *s. f.* trisaṁbaṁdh, trilagn *n.*
Trigamilha, *s. f.* gahâṁ âni joṁdhlyâṁcho uṁḍo *m.*
Trigança, *s. f. V.* AZAFAMA.
Trigemeo, *a. e s. m.* tijaṁvḷo; tiphâṁṭî (taṁtu).
Trigemino, *a.* triguṇ, tipaḍo.
Trigesimo, *a.* tisvo.
Triglotta, *a.* tîṁ bhâsâṁcho, tribhâshî. ‖ *s. m.* tîn bhâso jâṇâr, tribhâshâjña.
Trigo, *s. m. (bot.)* gahaṁ *m.*
Trigono, *a. V.* TRIANGULAR.
Trigonometria, *s. f.* trikoṇamitî *f.*
Trigonometrico, *a.* trikoṇamitiyecho.
Trigosamente, *adv.* darvaḍyân, tâktîn.
Trigoso, *a. (ant.)* gaḍgaḍyo, utâvḷî.
Trigramma, *s. m.* tryakshar śabd *m.*
Trigueiro, *a.* sâvḷo, kâḷgo. ‖ -a, *s. f.* sâvḷî bâil.
Triguenho, *a.* gahâṁcho.
Trilateral, *a. V.* TRILATERO.
Trilatero, *a.* tribhuj. ‖ *s. m. V.* TRIANGULO.
Trilha, *s. f.* maḷṇî, gudhḍâvṇî *f.*; *vestigio:* mâg *m.* ‖ *V.* TRILHO. ‖ *Dar na —*, man pârkhuṁk. *Seguir a — de alguem,* dekh ghevuṁk.
Trilhada, *s. f.* maḷṇî *f.*, mastiṇeṁ *n.*
Trilhado, *a.* maḷlalo; peṁchlalo; *usual:* châlto, kaḷlalo, sagḷe jâṇot âslalo; *talado:* mâḍailalo, ibâḍ kelalo; *exercitado:* kuṭlalo, rahâṭlalo.
Trilhador, *a.* maḷtalo; maḷcho. ‖ *s. m.* maḷṇekâr, maḷpî; maḷcho âspâv *m.*
Trilhadura, *s. f.*, **trilhamento,** *s. m.* maḷṇî; gudhḍâvṇî; peṁchṇî *f.*
Trilhar, *v. t.* maḷuṁk; kuṭuṁk, kuṭke karuṁk *(g. do o.)*; *calcar:* gudhḍâvuṁk, mastuṁk, mâḍauṁk; *marcar por rastos:* mâg ghâluṁk *(d. do o.)*, maḷuṁk; *bater:* baḍauṁk; *deixar pégada em:* pâṁval lâvuṁk *(d. do o.)*, -davruṁk *(l. sup. do o.)*; *seguir:* chaluṁk, ghevuṁk; *sulcar:* lahârâṁ kâtrûn vâchuṁk *(g. do o.)*. ‖ *— um pé,* pâṁy peṁchuṁk, tirpâvuṁk. *— o termo da vida,* marṇâche taṇîr pâvuṁk. *— caminho,* vâṭ mekhḷî karuṁk.
Trilho, *s. m.* maḷcho dâṁto *m.*; tupâchî ravî; *(fig.)* vâṭ *f.*, mârg, vidhi *m.*
Trilhoada, *s. f. (ant.)* gahaṁ maḷcho gâḍo *m.*
Trilice, *a.* tîn-sutî.

Trilingue, *a.* tîṁ-bhâshî; tîn bhâso ulaitalo.

Trilitteral, trilittero, *a.* tîṁ aksharâṁcho, tryaksharak.

Trillado, *a.* sarâṁṭlalo. ‖ *s. m.* sarâṁṭo *m.*

Trillar, *v. t. e i.* sarâṁṭûn gâvuṁk, sarâṁṭuṁk.

Trillião, *s. m.* prayutaghan *n.*

Trillo, *s. m.* sarâṁṭo *m.*

Trilobado, *a. (bot.)* tidâḷî.

Trilogia, *s. f.* tibhâgî kavitâ *f.*; trikûṭ *n.*

Trilogo, *s. m.* tribhâshan *n.*

Trilongo, *a.* trigurvaksharak.

Trimembre, *a.* tryâṁg, trigâtr.

Trimensal, trimestral, *a.* tîṁ mahinyâṁcho, traimâsik; tîṁ tîṁ mahinyâṁcho.

Trimestralmente, *adv.* tîṁ tîṁ mahinyâṁnîṁ.

Trimestre, *s. m.* tîn mahine *m. pl.*, pâvvarsh *n.*

Trimetro, *a. e s. m.* tripâd, tricharaṇ (ślok).

Trinado, *s. m.* sarâṁṭo, kaṁpsvar *m.* ‖ *V.* GORGEIO.

Trinalidade, *s. f.* tipaḍepaṇ, triguṇpaṇ *n.*

Trinar, *v. t.* sarâṁṭûn gâvuṁk, kirkirâvuṁk.‖ *v. i.* sarâṁṭuṁk, kîrkiruṁk, kaṁpsvar karuṁk. ‖ *V.* CHILREAR. ‖ *Ficar a —*, kâṁy nâ samjuṁk.

Trinca, *s. f. (naut.)* dorâcho veṁṭo *m.* ‖ *Pôr o navio a —*, *V.* ORÇAR.

Trincadeira, *s. f.* khâṇeṁ; khâvuṁcheṁ *n.* ‖ *V.* PECHINCHA.

Trincado, *a.* dâṁtâṁnîṁ kâtarlalo; dorân bâṁdhlalo; *(fig.) V.* ASTUTO.

Trinca-espinhas, *s. m.* sukaṭyo-, bâgaṭyo munîs, teṁkḍî *(fig.)*, kâṁṭo *(litt.* ESPINHO).

Trincafiar, *v. t.* sullen bâṁdhuṁk; *(fig.)* ghaṭṭ dharuṁk.

Trincafio, *s. m.* sutlî, dorî; *(fig.)* chorbuddh, ghâḍvidyâ *f.*

Trincar, *v. t.* dâṁtâṁnîṁ kâtruṁk; châbuṁk, kuḍkuḍâvuṁk; khâvuṁk; *(mar.)* dorân bâṁdhuṁk. ‖ *v. i.* kuḍkuḍuṁk, kurkuruṁk, khaḍkhaḍuṁk; khâvuṁk. ‖ *v. r.* âpṇâk châbuṁk, -ghâṁs mâruṁk; *(fig.)* phaḍphaḍuṁk, dhaḍbaḍuṁk, taḷmaḷuṁk. ‖ *— a amarra*, bâṁdhap kâtroṁk.

Trincha, *s. f.* tâsṇî; śîr *f.*, kâp *n.* ‖ *V.* TRINCHEIRA.

Trinchador, *a. e s. m.* mâs kâtartalo.

Trinchante, *a.* kâtartalo, kâtarcho. ‖ *s. m.* mâs kâtarṇâr *m.*; mâs kâtarchî surî *f.*

Trinchão, *s. m. V.* TRINCHANTE.

Trinchar, *v. t.* mâs kâtruṁk, -vâṁṭuṁk; (meṭaṇer) kâtar mâruṁk.

Trincheira, *s. f.* khaṁdak *m.*, khaḷî, charî *f.*

Trincheirar, *v. t. e r. V.* ENTRINCHEIRAR.

Trinchete, *s. f.* râṁpî *f.*

Trincho, *s. m.* mâs kâtarcheṁ âydan,- kâṁ *n.*; mâs kâtarchî mâṁḍṇî *f.*; kej *(do port.* QUEIJO) karcheṁ phaḷeṁ *n.*; *(fig.)* saṁpo upây *m.* ‖ *Dar com o —*, pârkhuṁk, mokûn kâḍhuṁk.

Trinco, *s. m.* dârâchî bhitarlî khîḷ *f.*; khîḷivineṁ dârâcheṁ tâḷeṁ *n.*; boṭâṁchî chiṭkî *f.*

Trincolejar, *v. i. V.* TLINTAR.

Trincolhos, *s. m. pl.* burgyâṁcho kheḷ *m.*

Trindade, *s. f.* triṁdâd *f.*, vyaktitrayaikatva *(não é us.) n.*; trimûrti *(— hindú) f.*; trikûṭ *n.*

Trinervado, trinerveo, *a. (bot.)* tîṁ śirâṁcho (pân).

Trineta, *s. f.* nipaṇṭî, śeṇṭî *f.*; śeṇṭûr, nipaṇṭûṁ, nipaṇṭarûṁ *n.*

Trineto, *s. m.* nipaṇṭû *ou* nipaṇṭo, śeṇṭû.

Trino, *a.* tipaḍo, triguṇ, trinak. ‖ *s. m. V.* TRINADO.

Trinomine, *a. (poet.)* trinâm.

Trinomio, *s. m.* tripad *n.* ‖ *a.* tripad.

Trinque, *s. m.* parṇyo vastû vikchî oṇ, -dâṁḍî *f.* ‖ *Andar no —*, ḍâṁḍî *(do ingl.* DANDY) mâruṁk, phîṭ nesuṁk. *Coisa de —*, apûṭ-, nâjûk vast.

Trinquete, *s. m. (mar.)* nâvekaḍśilo kuṁvo *m.*

Trinta, *a. pl.* tîs.

Trintanario, *s. m.* gâḍiyecheṁ dâr ughaḍtalo châkar.

Trintario, *s. m.* tisvyâ diśâchî va tisâṁ diśâṁchî melalyâchî kriyâ *f.*; melalyâ pâsûn ekdaḷ tîs misâṁ *n. pl.*

Trintena, *s. f.* tisvo vâṁṭo, tisvo; tisâṁcho sâṁgaḍ *m.*

Trio, *s. m.* teghâṁcheṁ gâyan va vâjap; trikûṭ *n.*, trayî *f.*

Tripa, *s. f.* âṁtkiḍî, jhaḷî, aṁtarmâḷâ, gâṁydaḷî *(— delgada) f.* ‖ *Comer á — forra*, gâṁydaḷî bharuṁk. *Fazer alguma coisa á — forra*, kashṭâṁvineṁ hâtâṁt nâṇe. *Fazer das tripas coração*, kâḷij karuṁk. *Vomitar as tripas*, âṁtâṁ-piṁtâṁ oṁkuṁk.

Tripagem, tripalhada, *s. f.* âṁtkiḍyo, jhaḷyo *f. pl.*

Tripartido, *a.* tribhâg, tipaṭ.

Tripartir, *v. t.* tisîṁ karuṁk.

Tripartivel, *a.* tisîṁ karûṁ yeso.

Tripé, tripeça, *s. f.* tipâṁyî *f.*, tripad *n.*, * tivây; *(fig.)* châṁmârkî *f.*

Tripecinha, *s. f.* lâhân tipâṁyî *f.* ‖ *Dançar as trepecinhas,* bhav nâchuṁk; *(fig.)* khâvṭyâk paḍuṁk, mâṁḍkek sâṁpḍuṁk.

Tripeiro, *s. m.* âṁtkiḍyo viktalo,- khâtalo.

Tripetalo, *a. (bot.)* tridal.

Tripetrepe, *adv.* pâṁval vâjai nâstânâ.

Triplamente, *adv.* tipaṭîṁ, tîn pâvṭhî.

Triphtongo, *a. e s. m. (gram.)* tryachk *n.*

Triple, *a. V.* TRIPLICE.

Triplicação, *s. f.* tipaḍṇî *f.*

Triplicadamente, *adv.* tipaḍûn, tipaṭûn.

Triplicado, *a.* tiḍto, tipaḍo.

Triplicar, *v. t.* tipaṭuṁk, tipaḍuṁk, tiḍto karuṁk. ‖ *v. i. e r.* tipaḍoṁk, tiḍto jâvuṁk.

Triplicada, *s. f.* tisrî nakal,- parat *f.*

Triplice, *a.* tipaḍo, tiḍto.

Triplicidade, *s. f.* tipaḍepaṇ *n.*, tipeṭ *m.*

Triplo, *a.* tipaḍo, tipaṭ, tipeṭ, triguṇ. ‖ *s. m.* tipeṭ *m.*

Tripó, *s. m.* châmâche baskechî tipâṁyî khursî *f.*

Tripode, *s. f.* tipâṁyî baskâ, tipâṁyi *f.*, tripad *n.*

Tripodo, *a.* tipâṁyî.

Tripudiante, *a.* nâchtalo.

Tripudiar, *v. i.* pâṁy baḍaun,- oḍhûn nâchuṁk; *(fig.)* nâchuṁk, uḍuṁk, nâchuṁk-uḍuṁk; aguṇâṁnîṁ) loḷuṁk.

Tripudio, *s. m.* phugaḍî *f.*, jhamjhamâṭ *m.*; *(fig.) V.* CRAPULA.

Tripulação, *s. f.* ekâ târvâche khalâśî *m. pl.*, nâvâḍilok, nâvikalok *m.*

Tripulante, *s. m.* târvaṭî, nâvâḍî, khalâśî.

Tripular, *v. t.* khalâśyâṁnîṁ saṁjauṁk, târvaṭî purauṁk *(d. do o.).*

Triquestroques, *s. m. pl.*, ślesh *m. pl.*, uttrâṁcho kheḷ *m.*

Triquete, *s. m.: a cada —*, ghaḍiye ghaḍiye, ṭâṁchîche ṭâṁchîk, bhoṁvûn bhoṁvûn.

Triquetraque, *s. m. (ant.)* gâmâṁv *(port.)*; girgireṁ *n.*

Triquetraz, *s. m. V.* TRAQUINAS.

Triquetro, *a.* tibâjû.

Triramoso, *a. (bot.)* tikhâṁḍî; tribhâg.

Trirectangulo, *a.* samatrikoṇ.

Triregno, *s. m.* trirâjya *n.*; Pâpâ Sâhebâcho mukuṭ *m.*

Trireme, *s. f.* tîṁ valyâṁ-hârîṁcheṁ târûṁ *n.*

Tris, *pref.* tri, ti.

Trisannual, *a.* tisâlî, tîṁ varshâṁcho, trivarshî.

Trisavô, *s. m.* nipaṇjo.

Trisavó, *s. f.* nipaṇjî.

Trisca, *s. f.* jhagḍeṁ *n*, taṁṭo, vivâd *m.*, lâṭâguṭî *f.*

Triscar, *v. i.* jhagḍuṁk, vivâduṁk, jujuṁk. ‖ *V.* ENREDAR.

Trisecção, *s. f.* tîn vâṁṭe karṇeṁ *n.*, tibhâgṇî *f.*

Trismo, *s. m.* dâḍhmaṇaṁ dharṇeṁ *n.*

Trisperma, *a. (bot.)* tîṁ goṭiyâṁcho.

Triste, *a.* asvasth, udâs, udâsîn, saṁkîrṇ, khaṁtî, khaṁtibharit, duḥkhâbharit, duśchit, durman, chiṁtesht; duḥkhecho, amaṁgaḷ, abhadr; *plangente:* raḍko, raḍkuḷo, kâḷyâ toṁḍâcho; *sombrio:* kâḷoso, gair; *infeliz:* nirbhâgî, daḷdiro; *insignificante:* kirkoḷ, halko. ‖ *Ter um — jantar,* bareṁ nâ jevuṁk. *Ter o vinho —*, saro piyevûn chiṁtesht jâvuṁk.

Tristemente, *adv.* khaṁtîn, duschit-, udâs jâvûn, udâspaṇîṁ; raḍûn; nirbhâgîṁ.

Tristeza, *s. f.* asvasthpaṇ, udâspaṇ, duśchitpaṇ, duśchitây, khaṁt, manaḥpîḍâ, dhâstî *f.*, durman, raḍkuḷepaṇ; nirbhâg *n.*

Tristonho, *a.* raḍko, raḍkuḷo, kâlyâ toṁḍâcho, toṁḍâr kâḷok paḍlalo, duḥkhvaṁt, duḥkhest; duḥkh divuṁcho, duḥkhâcho.

Tristura, *s. f. V.* TRISTEZA.

Trisulco, *a.* tîṁ doṁsâṁcho, triśûl.

Trisyllabico, *a.* tîṁ aksharâṁcho, tryakshar, tryaksharî.

Trisyllabo, *s. m.* tryaksharîśabd *m.* ‖ *a. V.* TRISYLLÁBICO.

Tritão, *s. m.* samudradev.

Tritono, *s. m. (mus.)* trisvarâṁtar *n.*

Tritura, trituração, *s. f.*, **trituramento,** *s. m.* pûḍ karṇeṁ *n.*, kuṭṇî vâṭṇî; pûḍ, chûr *f.*

Triturar, *v. t.* pûḍ karuṁk (*g. do o.*), kuṭuṁk, vâṭuṁk; baḍauṁk, ras kâḍhuṁk (*g. do o.*); (*fig.*) *V.* AFFLIGIR.

Trituravel, *a*, kuṭûṁ yeso, pûḍ karcho.

Triumphador, *a. e s. m.* jayt vhartalo, jiknâr; jaytvaṁt, jayî, jetri.

Triumphal, *a.* jayotsâvâcho; jaytâcho.

Triumphante, *a.* jaytvaṁt, jayî; *pomposo:* dabâjyâcho, ḍaulî; *jubiloso:* utsavâcho, ullâsî, harkhit.

Triumphantemente, *adv.* jayotsavân, jayt vharûn.

Triumphar, *v. t.* (*p. us.*) jikuṁk, jaytuṁk. ‖ *v. i.* jayt vharuṁk, jayt meḷuṁk (*d. do s.*), yaś hâḍuṁk; âḍkhaḷî nistaruṁk, phaḷ kâḍhuṁk. ‖ *V.* GLORIAR-SE.‖ — *do tempo*, bhav vâṁchuṁk,-taguṁk, ajarâvar jâvuṁk ‖ *v. r.* âpṇâk damuṁk.

Triumpho, *s. m.* jayotsav *m.*, jaytâchî mirvaṇ, jayyâtrâ; jikṇî *f.*, jay, vijay *m.*, jayt, *jaytpad; *exito glorioso:* yaś *ou* yeś *n.*, siddhi: *oração:* śâbâskî, nâvâḍhṇî *f.*, jayânaṁd; *jubilo:* ullâs, harkh, utsav *m.* ‖ *Arco de* —, toraṇ *n.* *Carro de* —, jayrath *m.* *Em* —, jayotsavân; dabâjyân, ḍaulân.

Triumviral, *a.* trikuṭajaṇâcho.

Triumvirato, *s. m.* trinaraprabhutva, teghâmcheṁ râj, tirrâj *n.*

Triumviro, *s. m.* tirrâjâcho jaṇ *m.*

Trivial, *a.* châlto, chalto, châlicho *ou* châlcho, sadâṁcho; halko, kirkoḷ, sâdho, nemast, sádhâraṇ, laḍgo.

Trivialidade, *s. f.* châltepaṇ, sâdhepaṇ; halkepaṇ, kirkoḷpaṇ *n.*, kirkoḷây; kirkoḷ vast *f.*

Trivialmente, *adv.* châltepaṇiṁ, sâdhâraṇpaṇîṁ.

Trivio, *s. f.* tiḍo mârag, tiṁṭo *m.*

Triz, *s. m.*: *por um* —, mâtso, mâtriso. ‖ *Estar por um* —, paḍuṁk-, maruṁk âsuṁk. *Escapar por um* —, mâtso-, vetek-, âṁglâk chukuṁk.

Troada, *s. f.* phârâṁcho âvâj, nâḷiṁcho nâd; gaḍgaḍ, gaḍgaḍo *m.*

Troante, *a.* ṭhaṇṭhaṇit, ḍhaṇḍhaṇit, ghaṇghaṇit.

Troar, *v. i.* gaḍgaḍuṁk, gájuṁk; ghaṇghaṇuṁk, ṭhaṇṭhaṇuṁk, ḍhaṇḍhaṇuṁk. ‖ *s. m.* ṭhaṇṭhaṇo, ghaṇghaṇ *m.*

Troca, *s. f.* badalṇî, badal *f.*, badlap; paridân, pratidân *n.*; *escambo:* vâṭâvṇî *f.*; (*fig.*) *V.* COMPENSAÇÃO. ‖ — *de palavras*, uttrâk uttar, toṁḍâk toṁḍ. — *por* —, sadalbadal.

Troça, *s. f.* (*mar.*) parbâṇâcheṁ dor *n.*; *multidão:* choṁbo, loṭ *m.*; *mofa:* cheshṭây *ou* keshṭây, toṁḍṇî, keṁḍṇî *f.*, khebaḍ *n.* ‖ *Fazer* —, dhumsâṇ karuṁk. *Fazer* — *de alguem*, keshṭâyo-, phakâṁḍâṁ karuṁk.

Trocadamente, *adv.* parteṁ, partûn; badlûn.

Trocadilho, *s. m.* śleshâlaṁkâr, ślesh *m.*, vakrokti *f.*

Trocado, *a.* badallalo, badal, adalbadal. ‖ -s, *s. pl.* *V.* TROCADILHO.

Trocador, *a. e s. m.* badalṇâr; vâṭâylalo.

Trocar, *v. t.* badluṁk, badlek divuṁk, badal-, pratidân karuṁk (*g. do o.*), pratidivuṁk; *inverter:* partuṁk, ulṭuṁk; *reciprocar:* ekmekâk divuṁk,-dhâḍuṁk; *encruzar:* jaḍuṁk. ‖ — *dinheiro*, duḍû vâṭâvuṁk.‖ *v. r.* badloṁk.

Troçar, *v. t. e i.* cheshṭâyo-, khebaḍâṁ karuṁk (*g. do o.*), toṁḍuṁk.

Trocas-baldrocas, *s. f. pl.* aḍkâṁnâḍkâṁ *n. pl.* chornâḍ *f.*

Troca-tintas, *s. m.* kachcho chitârî; bhâṇśiro-, kirkoḷ manîs.

Trocavel, *a.* badlûṁ yeso, badlecho, pratidânâcho.

Trochada, *s. f.* laḍho, phaṭko *m.*

Trochado, *a.* ghaṭṭ-, nibar kelalo. ‖ *s. m.* âḍlî reśmî lugṭâr birvaṇ *f.*

Trochaico, *a.* galpadâcho. ‖ *s. m.* galpadi ślok *m.*

Trochar, *v. t.* ghaṭṭâvuṁk, ghaṭṭ-, nibar karuṁk.

Trochemoche, *adv.* âḍveṁ-tiḍveṁ, akramiṁ.

Trocheu, *s. m.* galpad *n.*

Trocho, *s. m.* toṇo, toṇko, beto *m.*

Trochoela, *s. f.* (*zool.*) tâṭo *m.*

Trociscação, *s. f.* gulyo karṇeṁ *n.*

Trociscar, *v. t.* kuṭûn gulyo karuṁk.

Trocisco, *s. m.* kuṭlalyâ okhtâchî guḷî *f.*

Trocista, *a. e s. m. e f.* khebaḍî, phakâṁḍî.

Troco, *s. m.* khurdo, vâṭâv *m.*, moḍ *f.*; (*fig.*) *V.* REPLICA.‖ *A* — *ou em* — *de*, badlek.

Troço, *s. m.* toṇo, korḍo *m.*; *nisan:* (*milit.*) toḷî *f.*, thavo *m.*; *porção de gente:* urpaṁj *f.*, choṁbo *m.* ‖ *A troços*, khaḷûn, aṁtariṁ.

Trofa, *s. f.* kaṇḍo *m.*

Trogalho, *s. m.* *V.* ATILHO.

Troglodyta, *a. e s. m. e f.* ḍholiṁniṁ jiyetalo.

Trolha, *s. f.* thâpî *f.* || *s. m.* gaṁvḍo; *(fig.)* bhikârḍo, phakir.

Trom, *s. m.* nâḷicho sâd, ḍumḍum *m.*; *(ant.)* nâḷ *f.*

Tromba, *s. f.* *(zool.)* soṁḍ *n.*; soṁḍî *f.*; muṁḍho *(— de agua) m.*; *(fig.)* muskar, muskaṭ *n.*; *(ant.)* *V.* TROMPA. || *Estar de —*, toṁḍ kâḷeṁ karuṁk. *Fazer —*, toṁḍ vâṁkḍeṁ karuṁk.

Trombada, *s. f.* soṁḍ mâruṇeṁ *n.*

Trombão, *s. m.* vhaḍlo karṇo *m.*

Trombejar, *v. i.* soṁḍ hâlauṁk,- mâruṁk; *(fig.)* toṁḍ kâḷeṁ-, vâṁkḍeṁ karuṁk.

Trombeta, *s. f.* turnet *n.*, turturî, kâḷ. * nepherî *f.* || *s. m.* kâḷî.

Trombeteiro, *s. m.* kâḷî, karṇekâr.

Tromblom, *s. m.* uṁch chepeṁ *n.*

Trombone, *s. m.* troṁbon *m.*

Trombudo, *a.* soṁḍyo; *(fig.)* *V.* CARRANCUDO.

Trompa, *s. f.* turam *n.*, karṇo *m.*

Tronante, *a.* *V.* TROANTE.

Tronar, *v. i.* *V.* TROAR.

Troncar, *v. t.* *V.* TRUNCAR.

Tronchado, *a.* kâtarlalo, kâplalo, lâṁḍo.

Tronchar, *v. t.* muḷân kâtruṁk, kâpuṁk, muṁḍhuṁk.

Troncho, *a.* lâṁḍo, luṁḍo, muṁḍho. || *s. m.* muṁḍh, luṁḍ *n.*

Tronchudo, *a.* deṁṭâḷ, deṁṭâḷo.

Tronco, *s. m.* kâṁḍ *n.*, karâṁḍî *f.*; *ramo:* khâṁdo *m.*: *a parte mais grossa do corpo:* kâṁḍ, dhaḍ, luṁḍ *n.*; *travão:* khoḍo *m.*, khoḍ *n.*; *carcere:* baṁdkhaṇ *f.*, turûṁg *(us. Sar. e Can.)*; *(mar.)* kuṁvo *m.*; *(fig.)* khoḍ *n.*; doḍo-, boṁtho manis. || *— de geração*, pûrvaj, mûḷpurush, bîjpurush, kuḷkâr.

Tronco, *a.* muṁḍho, luṁḍo, lâṁḍo.

Troneira, *s. f.* *V.* BOMBARDEIRA.

Tronqueiro, *s. m.* *V.* CARCEREIRO.

Tropa, *s. f.* phauj *f.*, laśkar *n.*, dal, daḷ, dalbhâr, senâbhâr *m.*, senâ *f.*, sainya *n.*; urpaṁj *f.*, jamo, gaṇ *m.*

Tropeada, *s. f.* pâṁvlâṁcho sâd *m.*

Tropear, *v. t.* pâṁy baḍauṁk,- vâjauṁk.

Tropeçamento, tropeção, *s. m.* âdaḷṇî, âḍkhaḷṇî *f.*

Tropeçar, *v. i.* âḍḷuṁk. âḍkhaḷuṁk: *errar:* chukuṁk, vitharuṁk: *incorrer:* paḍuṁk; *hesitar:* dauṁdaḷuṁk.

Tropeço, *s. m.* âḍkhaḷ; *(fig.)* âḍkhaḷ, aḍchaṇ. || *Pedra de — (fig.)*, aḍchaṇ *f.*

Tropeçudo, *a.* bhav âdaḷtalo, âḍkhaḷyo.

Tropego, *a.* dharlalo, guḷâṁkâr, pâṁy-jaḍ, thoṁṭo. || *— de lingua*, jaḍe jibhecho.

Tropeiro, *s. m.* kâbâḍî.

Tropel, *s. m.* urpaṁj, tâṁḍî *f.*, loṭ, loṁḍho, kalap; *confusão:* bobâḷ, goṁdhaḷ *m.*, gaḍbaḍ; *grande quantidade:* râs *f.*, ḍoṁgar *m.* || *De — ou em —*, goṁdhḷâṇ, gaḍbaḍûn.

Tropelia, *s. f.* gaḍbaḍ, bob *f.*, bobâḷ *m.*, dhumsâṇ *n.*; *(fig.)* nâḍ, chorvidyâ, dagal *f.* || *V.* TRAVESSURA.

Trophéo, *s. m.* jaytâcheṁ khûṇ, jayachihna; *(fig.)* jayt *n.*, jay *m.*

Tropical, *a.* krâṁtisimecho, krâṁtivṛittâcho.

Tropicão, *s. m.* ghoḍo âdaḷṇeṁ *n.*

Tropicar, *v. i.* bhoṁvûn bhoṁvûn âdḷuṁk (moṇjât).

Tropico, *s. m.* *(astr.)* krâṁtisîmâ, ayanasimâ *f.*, krâṁtivṛitt. || *— do Cancer*, karkavṛitt. *— de Capricornio*, makaravṛitt *n.*

Tropo, *s. m.* rûpak, upam *n.*, upachâr *m.*

Tropologia, *s. f.* rûpakataṁtr; dṛishṭâṁtabhûshaṇ *n.*

Tropologico, *a.* rûpakataṁtrâcho; rûpakâcho.

Troquel, *s. m.* mohar mârcho sopo *m.*

Trotador, *a. e s. m.*, **trotão**, *s. m.* duḍûduḍû chaltalo. duḍḍûḍṇâr.

Trotar, *v. i.* duḍkî- duḍûduḍû chaluṁk, daḍḍaḍuṁk.

Trote, *s. m.* duḍkî, duḍkîchâl *f.*

Troteiro, *a. e s. m.* duḍûduḍû chaltalo; gâḍiye phuḍe veṭalo svârî; *(ant.)* *V.* POSTILHÃO.

Trouxa, *s. f.* poṭlî, poṭolî *(us. Sal.) f.*

Trouxada, *s. f.* poṭlo, poṭolo *m.*

Trouxe-mouxe, *adv.* *V.* TROCHE-MOCHE.

Trova, *s. f.* pad *n.*

Trovador, *s. m.* padâṁ ghaḍtalo.

Trovão, *s. m.* gaḍgaḍo *m.*, gaḍgaḍ *m. ou f.*

Trovar, *v. t. e i.* padâṁ ghaḍuṁk; ślok karuṁk.

Trovejante, *a.* gaḍgaḍtalo; ghaṇghaṇît, ṭhaṇṭhaṇîṭ.

Trovejar, *v. i.* gaḍgaḍuṁk, gaḍgaḍo yevuṁk,- mâruṁk, taḍtaḍuṁk; *fazer trovões:* gaḍgaḍâvuṁk, gaḍgaḍe karuṁk; *ribombar:* ṭhaṇṭhaṇuṁk, ghaṇghaṇuṁk, ḍhaṇḍhaṇuṁk; *bradar:* garojuṁk, ukḷûn dharuṁk. || *v. t.* soḍuṁk, mâruṁk. || *s. m.* gaḍgaḍ, gâj *f.*

Troviscar, *v. i.* *V.* TROVEJAR.

Trovista, *s. m.* padâṁ ghaḍṇâr.

Trovoada, *s. f.* gaḍgaḍyâṁcho ṭhanṭhaṇo, gaḍgaḍyâr gaḍgaḍo; *estrondo:* bobâḷ, ghaṅghaṇ *m.*, bob; *sarabanda:* paṭṭi *f.*, sol *n.*

Trovoar, *v. i.* *V.* TROVEJAR.

Trovoso, *a.* ṭhanṭhaṇît, ghaṅghaṇît.

Troxe-moxe, *adv.* *V.* TROCHE-MOCHE.

Truanaz, *s. m.* *V.* TRUÃO.

Truanear, *v. i.* phakâṁḍâṁ karuṁk, keldâvuṁk.

Truanesco, *a.* phakâṁḍyâcho, keldâvṇecho.

Truania, truanice, *s. f.* keldâvṇî *f.*, phakâṁḍ, yaṁtr *n.* ‖ *V.* EMBUSTE.

Truão, *s. m.* phakâṁḍî, yaṁtrî, bhâsâḷo, bhâṁḍo.

Trucar, *v. i.* trûk mâruṁk.

Trucidar, *v. t.* vaḷvaḷâvûn mâruṁk.

Trucilar, *s. m.* gaḷer raḍṇeṁ *n.*

Truculencia, *s. f.* dâruṇây, nishṭurây *f.*, nishṭurpaṇ *n.*

Truculento, *a.* dâruṇ, nishṭur, krûr, nishkaruṇ.

Trugimão, *s. m.* dubhâshî.

Truncadamente, *adv.* kuṭkyâṁṇîṁ; vikhaṇ, ardhkuro (*decl.*).

Truncado, *a.* kâtartalo; *incompleto:* vikhaṇ, tuṭko, ardhkuro; *mutilado:* luṁḍo, muṁḍho, vikaḷ.

Truncamento, *s. m.* kâtarṇî, muṁḍhṇî, luṁḍṇî *f.*

Truncar, *v. t.* kâtruṁk, kâpuṁk, luṁḍuṁk, muṁḍhuṁk, bhâṇuṁk; *omittir:* khaḷauṁk, gaḷauṁk. ‖ — *v. r.* vikhaṇ-, muṁḍho jâvuṁk.

Truncatura, *s. f.* luṁḍṇî, muṁḍhṇî *f.*; muṁḍhepaṇ, luṁḍepaṇ *n.*

Trunfa, *s. f.* munḍâso *m.*: keṁsâṁcheṁ mâleṁ *n.*

Trunfar, *v. i.* truṁph kheḷuṁk; (*fig.*) pradhân-, mukhelî jâvuṁk.

Trunfo, *s. m.* truṁph *m.*: (*fig.*) pradhân. mukhelî.

Trupitar, *v. i.* (*p. us.*) *V.* ESTREPITAR.

Truque, *s. m.* trûk *f.*

Truz, *int.* ṭoho, ḍoho. ‖ — —, ṭoṭo. ‖ *s. m.* ghab, dhapko *m.* ‖ *De* —, uttam, nâjûk (*ua.*).

Tu, *pron.* tûṁ.

Tua, *a.* *V.* TEU.

Tuaca, *s. f.* *V.* SAGU.

Tuba, *s f.* (*poet.*) *V.* TROMBETA.

Tubagem, *s. f.* naḷ *m. pl.*: naḷ ghâlṇeṁ *n.*

Tubara, tubera, (*bot.*), muṁḍli, kâṁḍlî *f.*

Tubarão, *s. m.* magar, moro *m.*

Tuberculado, *a.* gâṁṭhâḷ.

Tuberculização, *s. f.* phoḍ jâṇeṁ *n.*

Tuberculizar, *v. t.* phoḍ karuṁk (*d. do o.*). ‖ *v. r.* phoḍ jâvuṁk (*d. do s.*).

Tuberculo, *s. m.* phoḍ *m.*, gâṁṭh; (*bot.*) muṁḍlî, kaṅgî *f.*

Tuberculose, *s. f.* khevâd *f.*

Tuberculoso, *a.* phoḍâṁcho; muṁḍlyâṁcho. ‖ *Tisica tuberculosa,* phoḍâṁchî khevâd *f.* ‖ *s. m.* khevâḍkâr.

Tuberiforme, tuberoide, *a.* muṁḍlî kasî, kaṁdâkṛiti.

Tuberosidade, *s. f.* ḍhuṁg *n.*, gâṁṭh *f.*

Tuberoso, *a.* ḍhuṁgâḷ, gâṁṭhâḷ; (*bot.*) muṁḍlyâṁcho, kâṁdlyâṁcho.

Tubiforme, *a.* naḷî kasî, nalikâkṛiti.

Tubo, *s. m.* tûb, naḷ, paṁdeḷ *m.*, naḷî, nâḍî; (*anat.*) dhamnî, nâḍî, nâḍ *f.*

Tubulação, *s. f.* naḷ mâṁḍṇeṁ, -ḍâḷṇeṁ *n.*

Tubulado, *a.* naḷâcho.

Tubuladura, *s. f.* naḷâche phâṁṭe *m. pl.*

Tubular, *a.* naḷâ sârko, naḷî kasî.

Tubuloso, *a.* naḷiyecho; naḷâ sârko.

Tudo, *pron.* sagḷeṁ, sagaṭ, sarvam *n.* ‖ *Estar por* —, sagḷyâk râji âsuṁk. *Ser* —, mukhelî-, vastâd jâvuṁk. *Ser* — *um,* sagaṭ meḷûn ekach jâvuṁk. *Em — e por* —, sagaṭ meḷûn, sarvataḥ. *Mais que* —, saglyâ âdiṁ, paile svâter.

Tudo-nada, *s. m.* mâtseṁ, mâtrîseṁ, ileṁseṁ *n.*

Tufado, *a.* phuglalo; (*fig.*) *V.* VAIDOSO.

Tufão, *s. m.* tuphân *n.*, jhaḍ *m.*, vâdaḷ *n.*

Tufar, *v. t.* phugauṁk, phulauṁk, peṁdruṁk. ‖ *v. i.* phuguṁk, phuluṁk; phuge jâvuṁk (*d. do s.*), peṁdroṁk; (*fig.*) phuguṁk, garvân bharoṁk. ‖ *v. r.* phuguṁk, phuluṁk; (*fig.*) *V.* ENSOBERBECER-SE.

Tufo, *s.* phusphusit phâtar, mohro *m.*: *porção de lan aberta:* phullali laṁv *f.*: *parte convexa do turbante:* turo, chûḍ, buchko; *bolhão de agua:* budbuḍo; *monticulo:* vâṭkuḷo chuṁbo, śeṁḍo; *fofo dos vestidos:* phugo *m.*, peṁd *n.*

Tufoso, *a.* phuglalo, phullalo.

Tugir, *v. i.* phuṭphuṭuṁk, phuṭphuṭûn uḷauṁk. ‖ *Não — nem mugir,* gapchip râvuṁk, miṭî nâ ughḍuṁk.

Tugurio, *s. m.* khoṁp, khoṁpṭi, jhoṁpḍî *f.*; (*fig.*) *V.* ABRIGO.

Tuin, *s. m.* (*zool.*) kirâṁṭi *f.*

Tuitivo, *a.* râkhtalo, saṁbhâḷtalo.

Tulha, *s. f.* âthaṇ, koḷaṁbî; râs *f.*, puñjo *m.*

Tulle, *s. m.* virvirît lugaṭ *n.*

Tumba, *s. f.* phoṁḍ; tûṁb *m.*, tirḍî, kirḍî, tiḍbiḍî *f.* ‖ *O que o berço dá, a — o leva*, jâlalyâcho guṇ melyâ bagar khaṁḍo nâ. ‖ *s. m. e f.* kapâlphuṭko, nirbhâgî; khel lâga nâslalo. ‖ *int.* ghab! dab!

Tumbeiro, *s. m.* tûṁb vhartalo, khâṁdkâr.

Tumbice, *s. f.* nirbhâg *n.*, avdaśâ, durgati *f.*

Tumecencia, *s. f.* sûj *f.*, dâdaḍ *n.*

Tumecente, *a.* sujtalo, sujro.

Tumecer, *v. t. e r. V.* INTUMESCER.

Tumefacção, *s. f.* sujṇî, sûj *f.*

Tumefaciente, tumeficante, *a.* sujaitalo, sûj hâḍtalo.

Tumefacto, *a.* sujlalo, sujmoḍiṭ.

Tumefazer, tumeficar, *v. t.* sujauṁk. ‖ *v. r.* sujuṁk, phuguṁk.

Tumento, *a.* sujlalo, sujro.

Tumidamente, *adv.* sujûn, phugûn.

Tumidez, *s. f.* sûj, phûg *f.*

Tumido, *a.* sujlalo, sujmoḍit, moṭo, phugro; *(fig.) V.* ORGULHOSO.

Tumor, *s. m.* ṭuṁbar, dhuṁg, duḥkhâṇeṁ *n.*, bakûl *m.*, gâṁṭh, sûj *f.*

Tumoroso, *a.* sujlalo, phuglalo.

Tumular, *a.* dhupyâcho, phoṁḍâcho. ‖ *v. t V.* SEPULTAR.

Tumulo, *s. m.* dhupeṁ *n.*, chhatrî *f.*, phoṁḍ *m.*; maṛṇ *n.*

Tumulto, *s. m.* baṁḍ, râjik, tirrâj *n.*, râjbhaṁg *m.*, kâṭkây *(us. Can.) f.*; *alvoroto:* khaḷbaḷ, haḷkhaḷ, baḷbaḷ, gaḷbaḷ *m.*, khaṭpaṭ *n.*; *confusão:* gadbaḍ *f.*, halâhal, goṁdhaḷ; *bulicio:* bobâḷ *m.*, dhâṁdal, jâg; *desassocego:* uchaṁbaḷây, kalkaṁḍṇî *f.*, taḷmaḷe *m. pl.* ‖ *Em —*, bobâḷûn, gaḍbaḍûn.

Tumultuar, *v. t.* phiraṁk, uṭhauṁk, châḷvauṁk; *(fig.)* gâjauṁk sâḍâvuṁk. ‖ *V.* AGITAR. ‖ *v. i.* phirtuṁk, kalpuṁk, uṭhuṁk, uprâsuṁk; *agitar-se:* taḷmaḷuṁk, umâḷuṁk, chaḷbaḷuṁk; *estrondear:* khaḷkhaḷuṁk, khaḷbhaḷuṁk, gaḷbaḷuṁk, gaḷgaḷuṁk, khaṭpaṭuṁk. ‖ *s. m. V.* MOTIM.

Tumultuariamente, tumultuosamente, *adv.* bobâḷûn, gaḍbaḍîn.

Tumultuario, tumultuoso, *a.* baṁḍâcho, râjikâcho; bobâḷâcho, gaḍbaḍîcho, dhâṁdalî.

Tuna, *s. f.* vâydeśpaṇ, hiṁḍaṇ *n.* ‖ *Ir ou andar á —*, hiṁḍuṁk, vâydeś jâvuṁk.

Tunante, *a. e s. m.* vâydeś, hiṁḍuo, pârpaḷ.

Tunda, *s. f.* korḍe, phaṭke *m. pl.*, mâr *m.*, jhoḍpaṭṭî, phâpâvṇî *(us. Sal.) f.*

Tunica, *s. f.* tûnk, âṁgleṁ *n.*

Tuniquete, *s. m.* supurleṁ âṁgleṁ *n.*

Tunnel, *s. m.* bhuṁyârâchî vâṭ, taḷvâṭ *f.*

Tuno, *s. m. V.* TUNANTE.

Turba, *s. f.* lokâcho loṁdho, -loṭ *m.*, tâṁḍî, urpaṁj; chûjm *(do port.* CHUSMA*) n.* ‖ *Em —*, urpaṁjîn, tâṁḍiyen.

Turbação, *s. f.* kâḷokâvṇî *f.*; kâḷok; khadaḷ, doṁs; *confusão:* goṁdhaḷ *m.*, gaḍbaḍ *f.*, tuphân; *desassocego:* asvasthpaṇ *n.*, uchaṁbaḷây, halkaṁḍây, taḷmaḷṇî *f.*

Turbadamente, *adv.* uchaṁbaḷûn, halkaṁḍûn.

Turbado, *a.* uchaṁbaḷ, asvasth.

Turbador, *a. e s. m. V.* PERTURBADOR.

Turbamento, *s. m. V.* TURBAÇÃO.

Turbamulta, *s. m.* ramaḷ, lamaṇ *n.*, urpaṁj *f.*

Turbante, *s. m.* muḍâso, chuḍo *m.*, pagḍî *f.*, pâgoṭeṁ *n.*

Turbar, *v. t.* ghûm karuṁk, kâḷok hâḍuṁk *(l. sup. do o.)*; khadḷâvuṁk, khadaḷ-, doṁs karuṁk, doṁsauṁk; *agitar:* ḍhavḷuṁk, khubhdaḷâvuṁk; *transtornar:* goṁdhḷâvuṁk, bighḍâvuṁk; *inquietar:* uchaṁbaḷâvuṁk, halkaṁḍâvuṁk, ghâbrâvuṁk. ‖ *v. r.* ghûm-, gair jâvuṁk; khadḷuṁk, doṁsoṁk; *(fig.)* âkâṁtuṁk, kalkaluṁk. ‖ *V.* INQUIETAR-SE.

Turbativo, *a.* asvasth karcho, bighḍâvuṁcho.

Turbido, *a.* ghûm; khadaḷ, gadaḷ, meḷo; âkâṁtâcho, kalkalyâcho.

Turbilhão, *s. m.* vâryâcho bhoṁvro *m.*, vâvṭaḷ *f.*, vâdaḷ *n.*, chakravât; bhoṁvro *m.*, chakr, bhramaṇ *n.*

Turbina, *s. f.* udkâ poṁḍâk girgirtaleṁ rahâṭ *n.*

Turbinoso, *a.* girgirtalo, chakragatîcho.

Turbulencia, *s. f.* huḷhuḷepaṇ *n.*, kuskusî, urmaṭây, uchaṁbaḷây *f.*; baṁḍ *n.*, puṁḍây, dâṁḍgây, kâṭkây *(us. Can.) f.*

Turbulento, *a.* baṁḍî, puṁḍ, dhumâḷyo, dâṁḍgo; goṁdhḷâcho, baṁḍâcho; *buliçoso:* huḷhuḷo, nâḍ, urmaṭ, ghusaḷṇo.

Turca, *s. f. V.* BEBEDEIRA.

Turco, *s. m. (naut.)* nâṁgar ukalcheṁ âḍeṁ *n.* ‖ *a. e s. m.* turkaṇî.

Turfa, *s. f.* satrinabhûmitel *n.*

Turfeira, *s. f.* gavatâchî jamîn *f.*

Turgencia, turgescencia, turgidez, *s. f.* sûj, phûg *f.*, phugo *m.*

Turgente, *a.* phuglalo, phullalo.

Turgescente, *a.* sujaitalo, sujauṁcho, phulaitalo. ‖ *V.* TURGIDO.

Turgescer, *v. i. e r.* sujuṁk, phuguṁk, phuluṁk. ‖ *v. t.* sujauṁk, phugauṁk.

Turgido, *a.* sujlalo, sujaṭ; sujmoḍit, phugro; *(fig.) V.* EMPOLADO.

Turgimão, *s. m.* dubhâshî.

Turma, *s. f.* lamaṇ, ramaḷ *n.*, urpaṁj *f.*, gol *m.*; tûrm, peṁḍeṁ *n.*, paṁkti *ou* paṁgat *f.* ‖ *Em —*, loṁḍhyân, urpaṁjîn.

Turno, *s. m.* pâḷiyecho lok *m.*, phediyeche gaḍe *m. pl.*; pâḷî, phedî, veḷ, pâuṭh, khep *f.* ‖ *Por seu —*, âple pâḷiyen.

Turpiloquio, *s. m.* pojḍeṁ uttar *n.*, amaṁgalśabd *m.*

Turqueza, *s. f.* peroj *m.*

Turquezado, *a.* perojâchyâ raṁgâcho.

Turra, *s. f.* sal *f.*, haṭh, vâdo; jhagḍeṁ, toṁḍâk toṁḍ; kapâl mârṇeṁ *n.*

Turrão, *a. e s. m.* saḷî, haṭhî, vâdyo; jhagḍekâr.

Turrar, *v. i.* sal-, tem karuṁk; jhagḍuṁk; kapâlân-, taklen jujuṁk.

Turrifrago, *a. (poet.)* buruṁj koṁslâytalo.

Turrigero, *a. (poet.)* burûṁg vâhâytalo.

Turrista, *s. m. e f. V.* TURRÃO.

Turturino, *a. (poet.)* kavḍyâcho.

Turvação, *s. f.*, **turvamento**, *s. m. V.* TURBAÇÃO.

Turvar, *v. t.* doṁsauṁk, khadaḷâvuṁk, gadaḷ karuṁk; kâḷok hâḍhuṁk *(l. sup. do o.)*, gair karuṁk.‖ *— o juizo*, mat phirauṁk, gnyânâr kâḷok hâḍuṁk. ‖ *v. i.* doṁsoṁk, khadḷuṁk; *(fig.) V.* AGASTAR-SE. ‖ *v. r.* gadaḷ-, khadaḷ jâvuṁk, gadḷuṁk, khâtoḍuṁk; gair-, phiko jâvuṁk; *(fig.)* chaḍhuṁk, tâpuṁk, tiḍkuṁk.

Turvejar, *v. i.* khadaḷ jâvuṁk, doṁsoṁk, gadḷuṁk.

Turvo, *a.* khadaḷ, gadaḷ, doṁs, ḍhoṇ; uchaṁbaḷ, asvasth.‖ *Olhos turvos*, ghâgre ḍoḷe. ‖ *s. m. V.* TURBAÇÃO.

Tutano, *s. m.* tutân *n.*, meṁdû, * tutîs; *(fig.)* garbh *ou* girabh, sâr *m.*

Tutuar, *v. t.* tûṁ mhaṇ pâchâruṁk

Tutela, *s. f.* bâḷgaṇ, râkhaṇ *f.*, saṁrakshaṇ *n.*; *(fig.)* âdhâr, âsar *m.*

Tutelado, *a. e s. m.* râkhṇekhâl âslalo.

Tutelar, *a.* saṁrakshaṇâcho, bâḷgaṇecho; râkhtalo, vâgaitalo.‖ *Anjo —*, bhaḍvo râkhṇo. ‖ *v. t.* râkhuṁk, bâḷguṁk, vâgauṁk; *(fig.) V.* DEFENDER.

Tutor, *s. m.* tutor, râkhṇâr, bâḷgiṇâr, pitristhân, * bâpâsthânik; *(fig.)* âdhârî, âlâśro ditalo.

Tutorar, tutorear, *v. t.* saṁbhâḷuṁk, vâgauṁk, bâpâsthânik jâvuṁk *(d. do o.)*.

Tutoria, *s. f.* tutorâcheṁ kâm *n.*; rakshâdhikâr *m.*; *(fig.) V.* AMPARO.

Tympanal, tympanico, *a.* kânpyâcho.

Tympanismo, *s. m.*, **tympanite, tympanização**, *s. f.* poṭ phugṇeṁ, gulmodar *n.*, gulmavât, guḷo *m.*

Tympanitico, *a.* gulmavâtâcho; poṭ phuglalo.

Tympanizar, *v. t.* poṭ phugauṁk *(g. do o.)*, poṭâṁt guḷo ghâluṁk *(g. do o.)*. ‖ *v. r.* poṭ phuguṁk,- ghaṭṭ jâvuṁk; poṭâṁt guḷo yevuṁk, gulmovât jâvuṁk *(d. do s.)*.

Tympano, *s. m.* kânpo, kânâcho paḍdo *m.*; *(mus.) V.* TIMBALES.‖ **-s**, *pl.* kânpe, kân *m. pl.*

Typho, *s. m.* kâḷjar *m.*

Typhoemia, *s. f.* raktavikâr *m.*

Typhoide, typhoidêo, *a.* kâḷjarâcho.

Typhomania, *s. f.* kâḷjarâchî jhâṁk *f.*

Typhoso, *a.* kâḷjarâcho. ‖ *s. m.* kâḷjar lâglalo.

Typicamente, *adv.* viśeshîṁ, asâdhâraṇpâṇîṁ.

Typico, *a.* viśeshak, asâdhâraṇ; lâkshaṇik, sâṁketik, chihnyâcho, bodhak.

Typo, *s. m.* namuno, sâṁcho, nakśo *m.*; bhâvanâ *f.*, svarûp; *individuo:* kûḷ *n.*, jaṇ *m.*; *symbolo:* khûṇ, chihneṁ, lakheṇ; *caracter de imprensa:* chhâp *ou* śâp *n.*, ṭhaso *m.*

Typochromia, *s. f.* vichitr chhâpṇî *f.*

Typographia, *s. f.* chhâpchî vidyâ *f.*; chhâpkhâno *m.*, chhâpkhâṇ *n.*

Typographicamente, *adv.* chhâpṇechyâ prakârân.

Typographico, *a.* chhâpṇecho; chhâpkhâṇyâcho.

Typographo, *s. m.* chhâpṇâr, chhâpârî.

Tyranna, *s. f.* dârṇy-, nishṭur bâil; vâyṭ-, śiṁdaḷ jibh *f.*|| *Soltar a —*, dusryâcher vâyṭ ulauṁk.

Tyrannete, *s. m.* julûmdâr, julmî adhikârî.

Tyrannia, *s. f.* julmâchem râj, râjik, anyâyaśâsan, prajâpîḍan *n.*, râjdroha *m.*, * daṁḍvat *n.*; *oppressão:* julûm *m.*, jabardastî; *barbaridade:* dârûṇây, nishṭurây *f.*

Tyrannicamente, *adv.* julmân, jabardastîn.

Tyrannicida, *s. m.* prajâpîḍakaghâtkî.

Tyrannicidio, *s. m.* julûmdârâk mârṇem *n.*, prajâpîḍakaghât *m.*

Tyrannico, *a.* julmâcho. julmî, *julmît, jabardast, jorâvar; dâruṇ, nishṭur.

Tyrannizador, *a. e s. m.* julûm kartalo, julûmdâr.

Tyrannizar, *v. t.* julûm karṇuṁk *(d. do o.)*, julmuṁk; pîḍâpîḍ divuṁk *(d. do o.)*, kashṭâvuṁk, dagdagâvuṁk.

Tyranno, *s. m.* râj baḷkâvṇâr, râjyâpahâr, julûmdâr, julmî râjâ, prajâpîḍak; mârkar, kharkas manis *m.*, âgdhâḍ *f.*|| *a.* dâruṇ, nishṭur, julmâcho.

Tyrio, *a. (poet.)* jâṁbḷo (rang).

Tzar, *s. m.* Rusyâ-râshṭrâcho pâtśây.

U

U, *s. m.* ekvisem akshar âni pâṁchvo svar *(u, û, fem.)*.

Uberdade, *s. f.* supîkpaṇ *n.*, suphaḷây *f.*; *(fig.)* uphâḷem *n.*, sukaḷ *m.*; gireskây, daulat *f.*

Ubere, *a. (poet.)* suphaḷ, supîk. || *V.* ABUNDANTE. || *s. m.* boṁb *m.*; oṁṭî *f.*

Uberrimo, *a.* bhav pikâvo,- phaḷâdik, supikî.

Ubertoso, *a. (poet.)* supikî, suphaḷ.

Ubi, *s. m.* ṭhikâṇ *n*, ṭhâro *m.*

Ubicação, *s. f.* ṭhikâṇ karṇem *n.*

Ubiquação, *s. f.* vyâptiguṇ *m.*

Ubiquidade, *s. f.* vyâpti *f.*, sarvavyâpakatva, sarvataḥ âsṇem *n.*

Ubiquo, *a.* sarvavyâpak, sarvatrasth, sarvataḥ âslalo.

Ucharia, *s. f. V.* HUCHARIA.

Udometria, *s. f.* vṛishṭimâpan, paḍlalyâ pâvsâchem mejap *n.*

Udometro, *s. m.* vṛishṭimâpanayaṁtr *n.*

Ufa, *int.* âbâ! âbâre! || *Á —*, subhâm, jâytem.

Ufanamente, *adv.* ahaṁkârân, mân; mânatvân.

Ufanar, *v. t.* ânaṁdâvuṁk, murgaṭâvuṁk, mutauṁk *(chul.)*. || *v. r.* murgaṭuṁk, phuluṁk, ahaṁkâruṁk, mutuṁk *(chul.)*.

Ufania, *s. f.* murgaṭṇî, mirvaṇ, âtmatushṭi, mâṁj *f.*; ahaṁkâr *m.*, mîpaṇ, * mânmânatva *n.* || *V.* BIZARRIA.

Ufano, ufanoso, *a.* murgaṭlalo, phullalo, âtmatushṭ, mâṁjkâr; ahaṁkârî, abhimânî.

Ui, *int.* hûy!

Uivador, *a. e s. m.* kuî ghâltalo, huṁkevṇâr.

Uivar, *v. i.* huṁkevuṁk, kuî ghâluṁk; *(fig.)* bob mâruṁk, kiṁvcḷuṁk, ârḍuṁk. || *s. m.* huṁkevṇî *f.*

Uivo, *s. m.* huṁkî, kuî *f.*

Ukase, *s. m.* Rusâṁchyâ pâtśâyâchem śâsan *n.*

Ulcera, *s f.* rûṁ, vraṇ *ou* varaṇ, * vaṇ, chavaṁḍ, bhagaṁḍaḷ, kivaṇ *n.*, bhagaṁdar *m.*

Ulceração, *s. f.* varaṇ jâṇem, kivaṇ paḍṇem; rûṁ, bhagḍaḷ *n.*

Ulcerar, *v. t.* rûṁ-, varaṇ ghâluṁk *(d. do o.)*; *(fig.)* kâḷjâk ghây ghâluṁk,- dâg divuṁk *(g. do o.)*. || *V.* CORROMPER. || *v. i. e r.* rûṁ paḍuṁk *(d. do s.)*, varaṇ jâvuṁk; *(fig.)* kâḷij lâsuṁk *(g. do s.)*, dâg lâguṁk *(d. do s.)*.

Ulcerativo, *a.* vraṇâcho; ruvâṁ ghâltalo.

Ulceroide, *a.* rûṁ kasem, vraṇâkriti.

Ulceroso, *a.* kivṇâcho; ruvâṁ-, kivṇâṁ paḍlalo, vraṇî, ghâyâḷ.

Ulema, *s. m.* turkaṇyâṁcho dharmaśâstrî.

Uliginario, *a.* mâyṇâṁt kirlatalo. || *V.* ULIGINOSO.

Uliginoso, *a.* pachpachît; śeḷvaṭ.

Ulmeiro, ulmo, *s. m. (bot.)* vâṁvḷo *(— da India m.*

Ulna, *s. f. (ant.) V.* BRAÇA *e* CUBITO.

Uloncia, *s. f. (med.)* maḷâṁchî sûj *f.*

Ulterior, *a.* phuḍlo: uprâṁtlo, mâgirlo; pelekaḍcho, mukhâvaylo, uttar *(em comp.)*.

Ulterioridade, *s. f.* phuḍlepaṇ; mâgirlepaṇ *n.*

Ulteriormente, *adv.* mâgîr, uprâṁt, uprâṁtaṁ, upar; śevṭîṁ.

Ultimadamente, *adv.* śekîṁ, śevṭîṁ, śevaṭ paryâṁt.

Ultimamente, *adv.* nimâṇeṁ, śevṭîṁ, âkher; hâliṁ, thoḍo kâḷ jâlo.

Ultimar, *v. t.* âṭpuṁk, saṁpâḍuṁk, śâttî pâvauṁk.

Ultimatum, *s. m.* nimâṇeṁ uttar *n.*, nidâṇâcho śabd, sarśevaṭ *m.*

Ultimo, *a.* nimâṇo *ou* nimṇo: *final:* śevṭâcho, aṁtâcho *ou* aṁticho, aṁtim; *que precede immediatamente o tempo actual:* gelo, kâlcho, pâṭhlo.|| *A ultima hora,* marṇâchi ghaḍi, -taṇ. *Ultima contade,* martalyâchi nimâṇî khuśi. *Pena ultima,* marṇâchi śikshâ *f.* || *Á ultima ou ás ultimas,* âkher, nimâṇe daśer; sevaṭ paryâṁt. *Na ultima ou nas ultimas,* vhaḍâ daḍdirâk; nimâṇe tanîr. *Em ultima analyse,* sasârim, âṭâpûn. *Em — logar,* nimâṇeṁ. *Por —,* śekîṁ, śevṭîṁ.

Ultra, *pref.* upar.

Ultrajado, *a* bemân kelalo, akmânâk ghâlalo.

Ultrajador, *a. e s. m.* akmân kartalo. apmânî, b mânî, niṁdâkâr.

Ultrajante, *a.* apmânî, akmânâcho, niṁdecho.

Ultrajar, *v. t.* akmân-, bemân karuṁk *(d. do o.)*, apmânuṁk *ou* akmânuṁk, kâtruṁk *(litt.* CORTAR), soluṁk *(litt.* ESFOLAR), toṁḍâr thiṁpi uḍauṁk *(litt.* CUSPIR NA FACE; *g. do o.)*, viṭauṁbuṁk.

Ultrage, *s. m.* apmân *ou* akmân, bemân, pachmân, anâdar *m.*, dhiṁḍ, niṁdâ *f.*

Ultrajoso, *a.* akmânâcho, bemâni, mân kâḍbcho.

Ultramar, *s. m.* ultrâmâr *m*, samudrapalikaḍ *f.*

Ultramarino, *a.* samudrapalikaḍcho, daryâpelo.

Ultramontano, *a.* ḍoṁgrâpelo. parvatâpalikaḍcho; Pâpâ Sâhebâcho sattânusârî.

Ultrapassar, *v. t.* pelyân vachuṁk *(r. do o.)*, baḷâṁḍuṁk. || *V.* EXCEDER.

Ultrice, ultriz, *a. f.* *(poet.)* sûḍbharûn ghetalî.

Ululação, *s. f.*, **ululado,** *s. m.* huṁkevṇî. huṁkî; kiṁvchaṇî *f.*

Ululador, *a. e s. m.*, **ululante,** *a.* huṁkevṇo, kiṁvchatalo.

Ulular, *v. i.* huṁkevuṁk; kiṁvchuṁk; *(fig.)* raḍuṁk. || *v. t.* kiṁvchûn mhaṇuṁk. || *s. m. V.* ULULAÇÃO.

Um, *a.* ek; *simples:* ekach, eklech; *equal:* eksârko, eksâṁgḍo. || *— certo,* ek koṇ. *— por —, ou — a —,* ceklo, ekân ek. *— ... outro ...,* ek... ek... *— e outro,* doghay. *— ao outro,* ekmekâk. *— e meio,* deḍ. *Uns e outros,* sagḷe. *Á uma,* sagaṭ meḷûn, ekṭhâṁy.

Umbella, *s. f.* satrî *f.*

Umbigo, *s. m.* *(anat.)* boṁblî, boṁbî *f.*; pok *(— crescido;* pokyo, *o que o tem)* *n.*

Umbilicado, *a.* boṁble sârko.

Umbilical, *a.* boṁblecho. || *Cordão —,* nâḷeṁ *n.*

Umbratico, *a.* *(poet.)* mâyârûpî, kalpanecho, aprasiddh.

Umbratil, *a.* upam, drishṭâṁtâcho.

Umbria, *s. f.* *(poet.)* sâvaṭ; astamtekaḍcheṁ ḍoṁgrâcheṁ pâlsaṇ *n.*

Umbrifero, umbroso, *a.* sâvaṭ, sâvḷecho; vistârlalo, phâṁkârlalo; *(fig.)* kâḷokâcho, aṁdhak.

Unanimar, *v. t.* ekchittâcho-, ekmatîcho karuṁk; ekvaṭuṁk, ekṭhâṁy karuṁk. lâgiṁ kâḍhuṁk.

Unanime, *a.* ekmanâcho, ekchittâcho, sammat, sambhâv.

Unanimemente, *adv.* sammatîn, ekmanân.

Unanimidade, *s. f.* ekman, ekchitt, ekya *n.*, ekmat, sabuddhi, sammati *f.*

Una-voce, *adv.* eke jâben, sammatîn.

Uncção, *s. f.* ragaḍṇi, lepṇi *f*, mâkhṇî mâkhap. *mardan *n.*: mavâḷây. dulabhây *f.* || *Extrema —,* sâṁtesâṁv *(do port.* SANTA UNCÇÃO) *n.*

Unciforme, *a.* nâkshî kasî.

Uncinado, *a.* nâkshî âslalo, nâkshecho; bâgâḷ. vâṁkyo, vakr.

Uncirostro, *a.* *(zool.)* vâṁkḍe-, bâgâḷ boṁchîcho.

Unctuosamente, *adv.* ragḍûn, lepân; dulabhâyen, prîtimogân.

Unctuosidade, *s. f.* chikaṭây, buḷbuḷitây *f.*

Unctuoso, *a.* charbecho, vasecho; chikaṭ, buḷbuḷît; *(fig.)* mavâḷ, dulabh, godo.

Undação, *s. f. V.* INUNDAÇÃO.

Undante, *a.* laharâṁ kartalo; *(fig.)* udkân bharlalo. || *V.* ONDULANTE.

Undecagono, *s. m.* *(geom.)* ekadaśakoṇ *m.*

Undecimo, *a.* ikrâvo.

Undicola, *a. e s. m. e f.* jalvâsî, jalchar.

Undiflavo, *a. (poet.)* piṁgḷyâṁ laharâṁcho.

Undisono, *a. (poet.)* laharâṁchyâ nâdâcho.

Undivago, *a. (poet.)* laharâṁṁr bhoṁvtalo.

Undoso, *a.* laharâṁcho, laharâṁnîṁ bharlalo, laharî.

Undular, *v. i. V.* ONDULAR.

Undulosamente, *adv.* lahariṁ.

Unduloso, *a.* laharî, uṁchuîch, nâgmoḍîcho.

Ungido, *a.* ragaḍlalo; sâṁtesâṁv lâylalo. ‖ *s. m.* pavitr tel lâylalo manis.

Ungir, *v. t.* ragḍuṁk, lepuṁk, mâkhuṁk, * marduṁk; pavitr tel,- sâṁtesâṁv lâvuṁk *(d. do o.)*. ‖ *v. r.* âpṇâk ragḍuṁk.

Unguial, *a. (anat.)* nâksheeho. ‖ *Matriz* —, nâksheeheṁ mûḷ; *phalange* —, nâksheeheṁ per *n.*

Unguentaceo, unguentario, *a.* malamâcho, lepâcho.

Unguento, *s. m.* malam, lep *m.*, mâkhaṇ *n.*

Unguifero, *a.* nâkshyo âslalo.

Unguiforme, *a.* nâkshe sârko.

Unguinoso, *a. V.* OLEOSO.

Ungulado, *a.* nâkhûṭ âslalo.

Unha, *s. f. (anat.)* nâkshî *f.*, nâkhûṭ *n.*; kurḷecho ḍhâṁgo *m.* ‖ *V.* GARRA. ‖ — *da ancora*, nâṁgrâcho ḍhâṁgo. *Unhas de fome*, châṭo-, kâṁjûs manis. — *de granbesta*, vâḍhlalî nâkshî, nâkûṭ. *Com unhas e dentes*, hât-pâṁy dâḍâvûn, âṁg moḍûn. *Cortar as unhas rentes (fig.)*, hichimichî karuṁk. *Dar á* —, boṭâṁ gaḷauṁk. *Estar na* —, hâtâṁt âsuṁk. *Fazer as unhas*, nâkshyo kâtruṁk. *Levar nas unhas*, kâṁḍh ghevuṁk. *Não tardar uma* — *negra*, jâvuṁk âsuṁk. *Pelas unhas se conhece o leão*, tûp khâtalyâcheṁ rûp kaḷtâ. *Por uma* — *negra*, mâtso, ekâ sutâk. *Roer as unhas (fig.)*, huḍhuḍuṁk, luslusuṁk. *Ter unhas na palma das mãos*, chorcho guṇ âsuṁk *(d. do s.)*. *Tirar as unhas*, hât pelyân kâḍhuṁk. *Untar as unhas a alguem (fig.)*, hât ḍâmuṁk, loṁch khâvauṁk. *A unhas*, hât-pâṁy jharaun, harḍeṁphûṭ jâvûn. *A unhas de cavallo*, dhâṁvdhâvîṁ. ‖ -s, *pl.* hât *m.*; *(fig.)* padvî, sattyâ *f.* ‖ *Cahir nas unhas*, hâtâṁt sâṁpḍuṁk.

Unhada, *s. f.* nâkshî lâvṇeṁ,- oḍhṇeṁ *n.*, nâkshâvṇî *f.*

Unhão, *s m. (mar.)* dorâchî ghaḍsaṇ,- nâṇâvṇî *f.*

Unhar, *v. t.* nâkshâvuṁk, nâkshyo mâruṁk,- oḍhuṁk *(d. do o.)*, phâpsuṁk, burḍuṁk, dâvlî mâruṁk *(d. do o.)*. ‖ — *ancoras*, nâṁgar phârâvuṁk.

Unheiro, *s. m.* kor *n.*, nâkshî *f.*

Uni, *pref.* eka, ek.

Unialado, *a.* ekâ pâkhoṭyâcho, ekapaksh.

Uniangulado, *a.* ekâ koṇsyâcho, ekakoṇ.

União, *s. f.* ekṭhâṁy karṇeṁ *n.*, ekṭhâvṇî, jaḍṇî *f.*; ekvaṭ, yog, saṁyog, saṁg *m.*, saṁdhi, saṁdh, yukti *f.*; *concordia:* ekvaṭ, meḷ, kaṭ *m.*, ekî *f.*, * ekatr *m.*, * ekatraṇ, * ekatrpaṇ; *casamento:* lagn, saṁbaṁdh *n.* ‖ *V.* PACTO. ‖ *Traço de* —, saṁdhirekhâ *f.*

Uniarticulado, *a.* ekâ perâcho.

Unicamente, *adv.* phakat, mâtr, kevaḷ.

Unicapsular, *a. (bot.)* ekâ boṁḍâcho, ekapuṭh.

Unicaule, *a. (bot.)* ekâ kâṁḍâcho.

Unico, *a.* ekach *ou* ekûch, eklo, ekloch, ekvaḍo *ou* ekaḍo; *singular:* apûrv *ou* aprûb, anupam, anavo; *superior:* uttam, śresḥṭh.

Unicolor, *a.* ekraṁgî.

Unicorne, *a.* ekśiṁgî. ‖ *s. m.* ekśriṁg, gaṁḍ *m.*, gaṁḍrûṁ, gaṁḍmerûṁ *n.*

Unicornio, *s. m. (zool.) V.* UNICORNE.

Unidade, *s. f.* ekpaṇ, ekya *n.*, ekî *f.*; ek, ekâṁk *(— numerica) m.*; *(fig.) V.* UNIÃO.

Unidamente, *adv.* ekṭhâṁy; ekvaṭân, saṁyogân.

Unido, *a.* jaḍlalo, ekvaṭlalo; sâṁgâtâcho, barâbarcho; teṁklalo, lâglalo.

Unificação, *s. f.* ekṭhâvṇî, meḷauṇî *f.*; ekvaṭ *m.*

Unificar, *v. t.* ekṭhâvuṁk, jamâvuṁk, ek karuṁk. ‖ *V. v. r.* ek-, ekṭhâṁy jâvuṁk.

Unifloro, *a. (bot.)* ekâ phulâcho, ekapushp.

Unifoliado, unifolio, *a. (bot.)* ekpânî, ekaparṇ.

Uniformar, *v. t. e r. V.* UNIFORMIZAR.

Uniforme, *a.* ekphormâcho *(do port.* FÓRMA, ekrûp, eksârko, ekâch jinnsâcho; *semelhante:* sârko, barâbar, sam, aviśesh. ‖ *s. m.* phârd *(port.) n.*, ekech tahrecho sâj *m.*, sarkârî nesaṇ *f.*

Uniformemente, *adv.* eksârkeṁ, ekâch jinnsân.

Uniformidade, *s. f.* eksârkepaṇ, ekrûp, sampaṇ *n.*, aviśesh *m.*

Uniformização, *s. f.* eksârko karṇeṁ; eksârkepaṇ *n.*

Uniformizar, *v. t.* eksârko-, ekrûp karuṁk. ‖ *v. r.* uniphorm-, phârd nesuṁk, -ghâluṁk.

Unigenito, *a.* ekloch jalmalalo, ekmuḷo. ‖ *s. m.: o Unigenito de Deus,* Devâcho ekloch Putr.

Unilateral, *a.* eke kuśîcho, ekapaksh.‖ *Contracto —*, ekâkach bâṁdhcho khaṁḍ, -karâr *m.*

Unilobado, unilobulado, *a.* ekdâḷî.

Unilocular, *a.* ekâ girâcho.

Unimano, *a.* ek hât âslalo, ekahast.

Unioculado, *a.* ekâ doḷyâcho, kâṇo, ekanetr.

Uniparo, *a.* pâvṭhîk ek viyetalo.

Unipedal, *a.* ek pâṁy âslalo, ekacharaṇ, ekapâd.

Unipersonal, unipessoal, *a.* *(gram.)* akartṛik.

Unipetalo, *a. (bot.)* ekdal.

Unir, *v. t.* ek-, ekṭhâṁy karuṁk, ekṭhâvuṁk, meḷauṁk; *fazer adherir:* jaḍuṁk, ghaḍsuṁk, sâṁdhuṁk, lâvuṁk, yoguṁk; *associar:* ekṭhâṁy kâḍhuṁk,- hâḍuṁk, ekvaṭuṁk, ·ekvaṭ karuṁk *(g. do o.)*, saṁghaṭṭuṁk; *casar;* lagn karuṁk *(g. do o.)*, kâjâr-karuṁk *(d. do o.)*.‖ *v. i.* lâguṁk, meḷuṁk. ‖ *v. r.* ek-, ekṭhâṁy jâvuṁk, ekṭhâvoṁk; jaḍoṁk, sâṁdhoṁk; meḷuṁk, ekvaṭoṁk, ekṭhâvoṁk, ekvaṭ karuṁk; kâjâr-jâvuṁk, âpleṁ lagn-, saṁbaṁdh karuṁk.

Unisexuado, unisexual, *a.* ekliṁg.

Unisonancia, *s. f.* svarmeḷ, ektâḷ, eksvar *m.*, ekśṛiti *f.*

Unisonante, *a. V.* UNISONO.

Unisono, *a.* ektâḷâcho, eksvar. ‖ *Em —*, ekâ tâḷyân. ‖ *s. m.* svarmeḷ *m.*

Unitivo, *a.* ekṭhâvuṁcho, meḷauṁcho, jaḍcho.

Univalve, *a. (zool.)* eke śiṁpiyecho, ekaśaṁk.

Universal, *a.* saglyâṁcho, samestâṁcho, sarvâṁcho, sâdhâraṇ, sarvsâdhâraṇ, sarvlaukik; saglyâ kâmâk upkârto; saglyâṁ vastûṁchî oḷakh âslalo; saglyâṁ jâgyâṁcho, sarvgat, sarvvyâpak.‖ *Em —*, sarvsaṁbaṁdhîṁ, sarv âṭâpûn.

Universalidade, *s. f.* sarvsâdhâraṇpaṇ *n.*, sarvsaṁbaṁdhitâ, sarvîyatâ *f.*, sarvâcho jamo *m.*

Universalização, *s. f.* saglyâṁcho-, sâdhâraṇ karṇeṁ; sarvsâdhâraṇpaṇ *n.*

Universalizar, *v. t.* sâdhâraṇ karuṁk, samestâṁk lâbhauṁk, saglyâṁk vistâruṁk.‖ *v. a.* sâdhâraṇ-, sarvlaukik jâvuṁk.

Universalmente, *adv.* sarvsaṁbaṁdhîṁ, samestâṁk lâbhûn.

Universidade, *s. f.* universidâd *f.*, sarvvidyâlay *n.*, śâlâsamâj *m.*

Universitario, *a.* sarvvidyâlayâcho. ‖ *s. m.* sarvvidyâlayâcho jaṇ.

Universo, *a.* sarv, saglo, samast. ‖ *s. m.* jag *n.*, viśv, brahmâṁḍ, brahmagol *m.*, trilokî *f.;* saṁsâr *m.*, pṛithûm, pṛithvî *f.;* manushyakûḷ *n.*, manushyajât *f.*, * janpad *m.*

Univocação, *s. f.* anekârthaśabd; sambhâv *m.*

Univoco, *a.* anekârth, veglyâṁ arthâṁcho (śabd); eke jâtîcho, sambhâv.

Uno, *a.* eklo, ekloch, ekach *ou* ekûch.

Unoculo, *a.* kâṇo, ekanetr.

Untadela, untadura, *s. f*, ragaḍṇî *f.*, ragḍap, mâkhap *n.*

Untador, *a.* e *s. m.* ragaḍṇâr, mâkhtalo, leptalo.

Untar, *v t.* vas-, tel lâvuṁk *(d. do o.)*, ragḍuṁk, mâkhuṁk, lepuṁk, * mṛiduṁk. ‖ *— o carro ou as rodas do carro, — as unhas ou as mãos (fig.)*, hât dâmuṁk, loṁch khâvauṁk. ‖ *v. r.* âpṇâk tel lâvuṁk,- ragḍuṁk.

Unto, *s. m.* charab, vas *f.*

Untoso, *a.* charbecho, vasecho.

Untura, *s. f.* ragaḍṇî *f.;* ragḍap, ragaḍcheṁ tel *n.*, lep *m.*

Upa, *s. f.* ghoḍyâcheṁ uḍkaṇ *n.* ‖ *As upas,* uḍûn, uḍkaṇâṁ mârûn; jhagḍûn ‖ *int.* ûḍ! chaḍh!

Uraca, *s. f.* urâk, pachak *n.*, pachko saro *m.*

Uracão, *s. m. V.* FURACÃO.

Uranographia, *s. f.* nakshatravarṇan, khagolavarṇan *n.*

Uranologia, *s. f.* jyotish *n.*, nakshatravidyâ *f.*

Uranometria, *s. f.* târâmâpanavidyâ *f.*

Uranometro, *s. m.* târâmâpanayaṁtr *n.*

Urbanamente, *adv.* mâṇsugen, upachârân.

Urbanidade, *s. f.* śahârîpaṇ *n.; (fig.)* mâṇsugî, maryâd, sunîti *f.*, sujanatva *n.*

Urbanita, *a. e s. m. e f.* śahârâṁt jiyetalo, nagarvâsî.

Urbanizar, *v. t.* śahârî karuṁk; *(fig.)* manushyâṁt kâḍhuṁk, manushyâḷo karuṁk. ‖ *v. r.* manushyâḷo-, mâṇsugecho jâvuṁk.

Urbano, *a.* śahârâṁtlo, nagarî; *(fig.)* chaughâṁtlo, manushyâḷo, mâṇsugecho, maryâdîk, maryâdîcho, âdarî.

Urco, *s. m.* vhaḍlo ghoḍo *m.*

Urdideira, *s. f.* viṇpiṇ.

Urdidor, *a. e s. m.* viṇpî, vaḷṇâr, kashṭî; *(fig.)* mâṁḍtalo, rachtalo.

Urdidura, *s. f.* viṇap, vaḷap *n.*, vaḷṇî *f.;* tâṇo; *(fig.)* taṁtr, yaṁtr, mâṁḍap *n.*

Urdimaças, urdimalas, *s. m. e f.* nâḍgo, chorbuddhyo, ṭhakî, yaṁtrî.

Urdir, *v. t.* vaḷuṁk, viṇuṁk, kâḍhuṁk; *(fig.)* rachuṁk, mâṁḍuṁk, ghaḍuṁk.

Urdume, *s. m. V.* URDIDURA.

Uretere, *s. m. (anat.)* naḷî, mûtranalikâ *f.*

Ureterico, *a.* naḷiyecho.

Urethra, *s. f. (anat.)* mutâṭṇeṁ, mûtradvâr *n.*, mûtramârg *m.*

Urethral, *a.* mutâṭṇyâcho.

Urethralgia, *s. f.* mutâṭṇyâchî phoḍâphoḍ *f.*

Urethrite, *s. f.* mutâṭṇyâchî sûj *f.*

Urgencia, *s. f.* tâkît, jarûrî, garaj, aḍchaṇ *f.*, darvaḍo *m.*

Urgente, *a.* garjecho, tâktîcho, jarûrecho, neṭâcho. ‖ *V.* IMMINENTE.

Urgentemente, *adv.* tâktin, jarûren, darvaḍyâṇ.

Urgir, *v. i.* garaj rakḍî jâvuṁk, aḍchaṇ paḍuṁk, tâkît jâvuṁk, darvaḍ âsuṁk; *estar imminente:* jâvuṁk-, ghaḍuṁk âsuṁk, teṁkûn yevuṁk; *apertar:* paḍuṁk, lâguṁk.‖ *v. t.* aḍchauṁk, aḍchaṇek-, peṁchyâk ghâḷuṁk, peṁchuṁk.

Urina, *s. f.* mût, mutvaṇî *ou* mutoṇî, vâṭoṇî *n.*

Urinar, *v. i.* mutuṁk; pâṁchvuṁk *(— a miudo);* chaḷchaḷît mutuṁk, phaḷphaḷuṁk *(— copiosamente).* ‖ *v. t.* mutauṁk, mutuṁk lâvuṁk.

Urinario, *a.* mutâcho. ‖ *Meato —,* mutṇeṁ *n.*

Urinol, *s. m.* urnol *m. ou* urnel *n.*, doṇ; mutcho jâgo *m.*, mûtrasthân *n.*

Urinoso, *a.* mutâcho.

Urna, *s. f.* ḍabo *m.*, peṭûl *n.; (ant.)* ghâgar *f.;* maḍyâchyâ gobrâcheṁ bhâṁḍ *n.*

Urnario, *a.* ḍabyâ sârko.

Urocrisia, *s. f.* mûtraparîkshâ *f.*

Urodynia, *s. f. (med.)* mutâcho jâḷ, mûtradâha *m.*

Uropygio, *s. m. (zool.)* pâkhrâṁcho bukâṇo *m.*

Uroscopia, *s. f.* mûtraparîkshâ, mûtrachikitsâ *f.*

Urose, *s f. (med.)* mutâṭṇyâcho rog, mûtramârgarog *m.*

Urrar, *v. i.* ḍheṁkuṁk, ḍheṁkruṁk, ḍheṁkar,- garoj ghâluṁk, garojuṁk. ‖ *v. t.* ḍheṁkûn mhaṇuṁk.

Urro, *s. m.* garoj, ḍheṁkar, ḍheṁk *m.; (fig.)* kiraḍ, kiḷaṁch *f.*

Ursa, *s. f.* bâil âsvel *n.; (astr.)* ṛuksh *m.* ‖ *— maior,* saptaṛishi *ou* saptarshî *m. pl.*, khâṭleṁ. *— menor,* dhruvapuchchha *n.*

Ursino, *a.* âsvelâcho.

Urso, *s. m.* âsvel *n.*, bhâlû *m.*

Urticação, *s. f.* khâjkulî lâvṇeṁ *n.*

Urticante, *a.* jaḷaitalo, michmichît.

Urticaria, *s. f. (med.)* pitûḷ *f.*

Urtiga, *s. f. (bot.)* khâjkulî, âjkulî, khâtkhutlî *f.* ‖ *Ter urtigas na consciencia,* aṁtashkarṇ khâvuṁk. *Deitar ás urtigas,* bhâyr-, oḍhbhar uḍauṁk, sâṁḍuṁk, soḍuṁk.

Urtigar, *v. t.* khâtkhutlî lâvuṁk,- ghâluṁk *(d. do o.).* ‖ *v. r.* khâjkulyo lâguṁk *(d. do s.).*

Usado, *a.* ujâr-kelalo, kâmâk lâylalo, chalicho; *affeito:* rahâṭlalo, aḷsolalo; *gasto:* parṇo, juno.

Usagre, *s. m. (med.)* vichvi, jânvây *f.*

Usança, *s. f.* châl, ekchâl, vahivâṭ, dastûr, parvaḍ, paddhat, saṁvay *f.*, âchâr, rivâj, vyavahâr *m.*‖ *— de familia,* kuḷkarm *n. — popular,* jaṇâchâr *m.* ‖ *A —,* châlî-, rîti pramâṇeṁ.

Usar, *v. t.* kâmâk lâvuṁk, chalauṁk, ghoḷauṁk, vahivâṭuṁk, vyavahâruṁk, bhaḷsuṁk *(us. Can.); costumar:* saṁvay-, châl âsuṁk *(d. do s., g. do o.); servir-se de:* ujâr-karuṁk, upeg karuṁk *(g. do o.);* bhoguṁk, sevuṁk; *trazer habitualmente:* ujâr-karuṁk, ghâluṁk, nesuṁk; davruṁk (miśi, lâṁb keṁs); *gastar:* ghâṁsuṁk, jharauṁk, parṇo karuṁk. ‖ *v. i.* upeg karuṁk; châl-, rît âsuṁk *(d. do s.);* chaluṁk, châl ghevuṁk. ‖ *v. r.* parṇo jâvuṁk, jharuṁk

Usavel, *a.* karûṁ-, ghâlûṁ yeso, châl-, prayog âslalo.

Useiro, *a.* saṁvay-, châl âslalo, vajâcho.‖ *Ser — e rezeiro,* rahâṭuṁk, kuṭuṁk, vaj âsuṁk *(d. do s.).*

Uso, *s. m.* châlauṇî *ou* chalauṇî *f.*; ûj, upeg, prayog *m.*, prayojan *n.*, vahivâṭ, bhogṇî, bhogâvaḷ; *habito particular:* saṁvay, luḷî *f.*, vaj *m.*; *practica geral:* châl, rît *f.*, mârg, rivâj; *exercicio:* abhyâs, vaj *m.*, luḷî *f.*, *utilidade:* kâm *n.*, upayog *m.*: *pratica particular:* rahâṭ, châl, aḷsoṇ; *experiencia do mundo:* saṁsârâchî oḷakh; *moda:* châl, rît, dastûr *f.* ‖ *V.* USUFRUCTO. ‖ *Pôr ou trazer ao —*, kâmâk lâvuṁk. *Ao — de,* kâmâk. *A —*, châlî-, rîtî pramâṇeṁ.

Ustão, *s. f.* lâsṇî, ulpaṇî *f.*; *(cir.)* dâg *m.*

Ustorio, *a* ulpâvûṁcho.

Usual, *a.* châlîcho, châlto, rîtîcho, saṁvaycho, vyavahârî.

Usualmente, *adv.* sadâṁche châlîn, chaḍhâvat, bhav karn.

Usuario, *a. e s. m.* bhogâvaḷ âslalo, bhogâvaḷî.

Usucapião, *s. m. (ant.)* bhogâvaḷîvarvûṁ dhanîpaṇ *n.*

Usucapiente, *a. e s. m.* bhogâvaḷîn dhanî jâlalo.

Usucapir, *v. t.* bhogâvaḷîn dhanî jâvuṁk *(g. do o.).*

Usufructo, *s. m.* phaḷbhog, bhog, bhogvaṭo *m.*, bhogâvaḷ, gheṇ *(us. Can.) f.*

Usufructuar, *v. t. V.* USUFRUIR.

Usufructuario, *a.* bhogâvaḷîcho, phaḷbhogâ ho. ‖ *a. e s. m.* bhogâvaḷ-, phaḷbhog âslalo, bhogâvaḷî, gheṇkâr *(us. Can.).*

Usufruir, *v. t.* bhogâvaḷ âsuṁk *(d. do s., g. do o.),* bhoguṁk, khâvuṁk *(litt.* COMER).

Usura, *s. f.* kalâṁtar, vyâj *n.*, vâḍh *f.*, lâbh, dhanprayog *m.*; khistyâcheṁ vyâj *n.* ‖ *Pagar com —*, lâbhâu-, vyâjân phârik karuṁk; *(fig.)* ghetlyâ haun chaḍh divuṁk.

Usurar, *v. i.* kalâṁtarâk-, lâbhâk duḍû divuṁk.

Usurariamente, *adv.* chaḍhâ vyâjân,- lâbhân.

Usurario, *a* vyâjâcho. vâḍhîcho. ‖ *a. e s. m.* vyâjî, kalâṁtarî, lâbhî; khistî, âṭhvaḍkarî.

Usureiro, *a. e s. m. V.* USURARIO.

Usurpação, *s f.* baḷkâvṇî, dapaṭṇî, hirauṇî *f.*; râjyâpahâr *m.*

Usurpador, *a. e s. m.* baḷkâytalo, dapaṭṇâr; râjyâpahârî.

Usurpar, *v. t.* baḷkâvuṁk, dapaṭuṁk, hirauṁk, baḷkâvûn ghevuṁk, anyâyiṁ-, baḷân âplo karuṁk, kâṇghevuṁk.

Ut, *s. m. (mus.) V.* DÓ.

Utar, *v. t. V.* JOEIRAR.

Utensilio, *s. m.* âspâv *m.*, âut, hatyâr, śastr; sâmaṇ *n.*, sâmagrî. ‖ *Utensilios de cozinha,* hâṁḍî·moḍkî *f.*

Uteralgia, *s. f.* kusvyâchî phoḍâphoḍ *f.*

Uterino, *a.* garbhâcho, kusvyâcho; ekâ poṭâcho, ekodar, samânodar, sahaj. ‖ *Furor —*, aticharṇâ *f. Irmão —*, bâpalbhâu. *Irman uterina,* bâpalbahîṇ.

Utero, *s. m.* garbh, garbhakoś, garbhâśay, kusvo *m.*, poṭ, udar *n*, kûś; oṁṭî *(— do gado).*

Uteromania, *s. f.* aticharṇâ *f.*

Uteroscopia, *s. f.* garbhaparîkshâ *f.*

Uterotomia, *s. f.* garbhâśayachhedan *n.*

Util, *a.* kâmâcho. âdâvâcho, upkârâcho, upkârâk paḍcho, upayogî *ou* upegî, prayogâcho, prayojanâcho. ‖ *Dia —*, vâvrâcho dîs. *Tempo —*, kâydyâcho samay. ‖ *s. m.* upkârcheṁ kâm *n.*, kâmâchî vast *f.*

Utilidade, *s. f.* âdây *ou* âdâv, upayog *ou* upeg, prayog *m*, kâm *n.*; phaidâ *f.*, lâbh, phaḷ *m.*

Utilitariamente, *adv.* âdâv-, lâbh lekhûn.

Utilitario, *a.* âdâvâcho, upegâcho: âdâv-, lâbh saglyâṁt śodhtalo. ‖ *s. m.* âdâyadharmaśâstrî.

Utilitarismo, *s. m.* âdâyamat *n.*, âdâyadharm *m.*

Utilização, *s. f.* kâmâk lâvṇeṁ, phaḷ kâḍhṇeṁ *n.*

Utilizar, *v. t.* kâmâk-, âdâvâk lâvuṁk, upeg karuṁk *(g. do o.),* phaḷâk ghâluṁk. ‖ *V.* LUCRAR. ‖ *v. i.* kâmâk yevuṁk, upkârâk paḍuṁk. ‖ *v. r.* phaḷ kâḍhuṁk, âpṇâk lâbhauṁk *(v. t.).*

Utilizavel, *a.* âdâvâk paḍcho. phaḷ kâḍhcho.

Utilmente, *adv.* âdâvân, upegân, phaḷân.

Utopia, *s. f.* kâlpanikrâjyanîti; *(fig.)* âlâmârkî, kalpanâsrishṭi, mâyârûpî kalpanâ *f.*, polkiṁ śâpatâṁ *n. pl.*

Utopico, *a.* kalpanâsrishṭîcho.

Utopista, *a.* kâlpanikrâjyanîticho. ‖ *s. m. e f.* âlâmâṁkyo kartalo. śâpatâṁ rachtalo. kalpanâchatur, kalpaṇik.

Utricular, *a.* girâ sârko.
Utriculo, *s. m. (anat.)* gîr *m.*, chîl *f.*, svalpakoś *m.; (bot.)* gîr *m.*
Utriculoso, *a.* girâṁcho.
Utriforme, *a.* dâbo kaso.
Uva, *s. f. (bot.)* dâkh, * drâkshâ *f.*
Uvaça, *s. f.* dâkhâṁchî râs *f.*
Uvada, *s. f.* dâkhâṁcho murâṁbo *m.*
Uvido, *a. (desus.) V.* HUMIDO.
Uvifero, *a.* dâkho jâtalo.
Uviforme, *a.* dâkhechyâ kaṇyâ sârko.
Uvula, *s. f. (anat.)* paḍjibh, poṭjîbh *f.*, loḷo *m.*
Uvular, *a.* paḍjibhecho.
Uxoriano, *a.* kâjâre bâylecho.

V

V, *s. m.* bâvisveṁ akshar *(v, fem.)*.
Vacação, *s. f.* ritepaṇ, rikâmpaṇ, śûnpaṇ *n.;* avkâś *m.*, suṭî, beṭhelî *f.*
Vacancia, *s. f.* mekhḷepaṇ, rikâmpaṇ *n.*, śûnyatâ *f.;* rikâmpaṇâcho kâḷ, -samay *m.*
Vacante, *a.* beshṭo *ou* beṭho, rito, rikâmo, khâlî *(us. N. C.)*.
Vacar, *v. i.* rito-, rikâmo-, beshṭo âsuṁk, -jâvuṁk; (kâmâk) lâguṁk, peṭuṁk, saṁvkuṁk.
Vacatura, *s. f. V.* VACANCIA.
Vacca, *s. f.* gây; pâḍi *(— nova) f.;* gâyrûṁ *(deprec.);* âṁbâṁ *(loc. infant.) n.;* gâvlî, mâvlî *(termos de carinho) f.;* gâycheṁ mâs *n.; (fig.)* surecho mâḍ *(fig.) m.* || *Tornar ou voltar á — fria,* gajâl kelalyâk partoṁk.
Vaccada, *s. f.* gâyâṁcho hiṁḍ *m.*
Vacca-loira, *s. f. (zool.)* aḷsî *f.*
Vaccaria, *s. f.* gâyâṁcho hiṁḍ *m.*, gâyrâṁ; gorvâṁ *n. pl.;* gâyâṁcho goṭho *m.*, gosthân *n.*
Vaccaril, *a. (ant.)* gâycho; gorvâcho, ḍhorâcho.
Vaccina, *s. f.* vâsîn *n.*
Vaccinação, *s. f.* vâsîn karṇeṁ *n.*
Vaccinado, *a. e s. m.* vâsîn kelalo.
Vaccinador, *a. e s. m.* vâsîn kartalo *m.;* vâsinâcheṁ śastr *n.*
Vaccinal, vaccinico, *a.* vâsinâcho.
Vaccinar, *v. t.* vâsîn karuṁk *(d. do o.)*.
Vaccum, *a.: gado —,* gorvâṁ, ḍhorâṁ *n. pl.*, gorûṁ-vâsrûṁ *n.*
Vacillação, *s. f.* hâlṇî, ḍauṁḍaḷṇî, dolṇî, gaḷgaḷṇî, ulâṁḍṇî; *(fig.)* ḍauṁḍaḷṇî *f.*, ghoḷ, vikalp *m.*, athirpaṇ, * vâdhaṁg *n.*
Vacillante, *a.* hâltalo, hâlto hâlâyto, ḍauṁḍaḷit *ou* ḍauṁḍaḷo, uklâṁbo, uplâṇo, lavko *(fig.)* athîr, ḍauṁḍaḷo, adhîr, dubhâvî. || *V.* PRECARIO.
Vacillar, *v. i.* hâluṁk, ḍauṁḍaḷuṁk, gaḷgaḷuṁk, lavkuṁk, ulâṁḍuṁk; *(fig.)* pâṭhî phuḍe saruṁk, ḍauṁḍaḷuṁk kâṁkaṭuṁk, dubhâvoṁk, * bheṁbaḷuṁk. || *v. t. (p. us.)* hâlauṁk, gaḷgaḷâvuṁk; *(fig.)* ḍauṁḍaḷâvuṁk, dubhâvâr ghâluṁk.
Vacillatorio, *a.* lavko, ḍauṁḍaḷit. || *V.* HESITANTE.
Vacuidade, *s. f.* ritepaṇ, rikâmpaṇ *n.*, śûnyatâ, pokhḷây *f.; (fig.) V.* VAIDADE.
Vacuo, *a.* rito, rikâmo, śûnya *ou* śûn, pokhḷo, phusko. || *s. m.* śûnya *n.*, pokhḷây *f.;* âkâś; *(fig.)* avkâś, visâvo *m.*
Vadeação, *s. f.* pâr jâṇeṁ, utarṇeṁ *n.*
Vadear, *v. t.* pâr jâvuṁk, (naṁhî) pâṁyâṁnîṁ utruṁk.
Vadeavel, *a.* pâr jâvûṁ yeso.
Vade-mecum, *s. m.* śikpyâcheṁ pâst *(port.)*, jujdân; hâtpustak *n.;* sâṁgâtâchî vast *f.* || *V.* LEMBRETE.
Vadeoso, *a. V.* VADOSO.
Vade-retro, *int.* pâṭhî sar! paḷ!
Vadiação, vadiagem, vadiice, *s. f.* hiṁḍaṇ, pârpaḷpaṇ; bekârpaṇ *n.*
Vadiamente, *adv.* pârpaḷpaṇîṁ.
Vadiar, *v. i.* hiṁḍuṁk, heṇeṁ-teṇeṁ bhoṁvuṁk, jhaḷpuṁk, vâryâr dîs kâḍhuṁk, pârpaḷ jâvuṁk; bekâr bhoṁvuṁk, kâm-dhâṁdo nâsuṁk *(d. do s.)*.
Vadio, *a. e s. m.* vâydeś, hiṁḍṇo, pârpaḷ; pâṁprel, luchcho; bekâr, beṭho, nishkâmî.
Vadoso, *a.* pârâcho, pâr âslalo; bhâṭiyâṁcho.
Vaga, *s. f.* vhaḍleṁ lahâr *n.*, maujo *m.; vacancia:* rikâmpaṇ *n.*, beshṭo-, rikâmo jâgo; *ensejo:* saṁyog, avsar; *multidão:* loṁḍho *m.*, tâṁḍî *f.* || *V.* OCIO.
Vagabundear, *v. i.* saṁsâr gâḷuṁk, vâryâr bhoṁvuṁk, khaiṁ nâ ṭhikuṁk. || *V.* VADIAR.
Vagabundo, *a. e s. m.* vâgâbûṁd, ghar-dâr nâslalo, vâydeś, pardeśî.
Vagação, *s. f. V.* VAGUEAÇÃO.

Vagada, *s. f. V.* VACANCIA.

Vagado, *s. m.* jhîñt, ghuñval, tirmirî, bhirmirî, ghâytal *f.*

Vagalhão, *s. m.* lahârâcho ḍoṅgar, maujo *m.*

Vagalume, *s. m. (zool.)* kâjulo *m.*

Vagamente, *adv.* aḷmaḷit, puḷpuḷit, gairpaṇîṅ.

Vagamundear, *v. i. V.* VAGABUNDEAR.

Vagamundo, *a. V.* VAGABUNDO.

Vaganau, *a. (ant.)* himḍno, vâydeś; vâvrâḍî, kâmelî, bhâḍelî *(us. Sal.).* || *V.* MAGANÃO.

Vagancia, *s. f. V.* VACANCIA.

Vagante, *a.* himḍno, bhramî, vâryâr bhomvtalo. || *V.* VACANTE. || *s. f. V.* VACATURA.

Vagar, *s. m.* usarpat, phursat *ou* khursat, sâvkâśây *ou* sâvkâśî, tâṅk, mamdây *f.*, thâr, veḷ; avkâś, avsar, vâv, visâvo; *ensejo:* samyog, samay *m.* || *Quem tem — faz colheres,* beshṭo ṭhayî phudnem tâsî. *De —,* sâvkâśâyen, thoḍem thoḍem, mâtsem mâtsem; lohân, bobâḷ kari nâstânâ || -es, *pl.* lâmbâyo *f. pl.*|| *v. i.* beshṭo-, rikâmo jâvuṁk; *sobrar:* chaḍhuṁk, uruṁk; *faltar:* nâm-, uṇo jâvuṁk; *occupar-se:* lâguṁk, peṭuṁk; *andar errante:* himḍuṁk, bramuṁk; jhaḷpuṁk, heṇem-teṇem bhomvuṁk; *correr á ventura:* vâryâr-, udkâr bhomvuṁk, ubhuṁk, uphevuṁk; *circular:* chaluṁk, phiruṁk. || *v. t.* beshṭo-, khâlî karuṁk, (jâgo) soḍuṁk; bhomvuṁk, phiruṁk, gâḷuṁk.

Vagarosa, *s. f.* bamdkhaṇ *f.*

Vagarosamente, *adv.* lâmbâyen, phursatîn, mamdâyen; sâvkâśâyen; lohân.

Vagaroso, *a.* mamd, meṅgo, jaḍ; sâvkâśâyecho, lolu, dhimo.

Vage, vagem, *s. f.* sâṅg, śeṅg *f.*

Vagido, *s. m.* jâlalyâ burgyâchem radnem, bâlrudan *n.*, bâḷâchî kiḷamch *f.; (fig.)* radṇem, rudan *n.*

Vagina, *s. f.* yoni *f.*

Vaginal, *a.* yonîcho; dâḷyâ sârko.

Vaginiforme, *a.* dâḷem-, meṇ kasem.

Vagir, *v. i.* (burgem) raḍuṁk, kimvchuṁk; *(fig.) V.* GEMER. || *s. m. V.* VAGIDO.

Vago, *a.* betho *ou* beshṭo, rito, rikâmo, khâlî; pâḍ, pâḍaṅg; *errante:* himḍno, bhramî, phirast; *indefinido:* aḷmaḷit, puḷpuḷit, albelo, gairso; *confuso:* guṅguṇît, phuṇphuṇît, apraghaṭ. || *V.* VERSATIL. || *Horas vagas,* beshṭo-, bascho veḷ *m.*, phursat *f. De —,* kâmâvîṇ, bekâr. *Olhos vagos,* bhomvtale doḷe, thira nâslalî dishṭ. || *s. m.* aḷmaḷitây *f.*, gairpaṇ *n.*

Vagueação, *s. f.* himḍṇem, himḍan, bhramaṇ *n.; agitação constante:* taḷmaḷe *m. pl.*, uchambaḷây; *distracção:* âḍchimtnâ *f.*, pramâd *m.; ociosidade:* bekârpaṇ *n.*, betheḷî *f.*

Vaguear, *v. i.* himḍuṁk, jhaḷpuṁk, phiruṁk, bhramuṇk; vâryâr-, heṇemteṇem bhomvuṁk; *andar ocioso:* bekâr bhomvuṁk, ukâḷyâr dîs kâḍhuṁk; *ser inconstante:* nâ ṭhikuṁk, nâ thiruṁk, chaḷbaḷuṁk; *boiar:* piyevuṁk, uphevuṁk, udkâr ubhuṁk. || *v. t.* chalûn kâḍhuṁk, gâḷuṁk, bhomvuṁk. || *s. m. V.* VAGUEAÇÃO.

Vaguejar, *v. i. V.* VAGUEAR.

Vaia, *s. f.* cheskṭây *ou* keshṭây, kemḍṇî, maskarî, śeṭî *f.*, kemkḍâm *n. pl.*, teste *m. pl.*

Vaidade, *s. f.* vyarthpaṇ, pokhḷepaṇ, karḍepaṇ, athirpaṇ *n.*, phusphusitây *f.; vangloria:* abhimân, ahamkâr *m.*, pokhḷembharaṇ *n.*, baḍây *ou* baḍâyk *f.; ostentação:* ḍaul, dabâjo *m.; coisa van:* polkî vast *f.*, nirarth *m.* || *Vaidades da lingua,* sukî baḍây, jibhechî mijâs *f.*

Vaidosamente, *adv.* baḍâyen, abhimânân.

Vaidoso, *a.* abhimânî, ahamkârî, baḍâykhor, pokso.

Vaivem, *s. m.* komsḷâvumchem yamtr *n.; (fig.)* rahâṭghaḍe, râjghaḍe *m. pl.*, anukram *m.; (ant.) V.* INTRIGA. || *Movimento de —,* jel, jelay *f. Dar —,* loṭuṁk, ḍhakluṁk.

Valdevinos, *s. m.* himḍṇo, pârpaḷ; bhikârḍo, bhâṇśiro.

Vale, *s. m.* vâl, ṭappâlâchî humḍî *f.*

Vale, *s. m.* âdes *(do port.* ADEUS), salâm *m.* || *int.* svasti.

Valedoiro, valedor, *a. e s. m.* sârathi, âdhârî, âśkârî, śekây.

Valentão, *a. e s. m.* baḷishṭh, mard, śûr; vâghmâro, pahilvân. || *V.* PARLAPATÃO.

Valente, *a.* baḷî, baḷvamt, prabaḷ, gâḍho, parâkramî, samarth, nirvâṇî; ghaṭṭ, baḷkaṭ, khabardâr. || *V.* EFFICAZ. || *V.* CAMPEÃO.

Valentemente, *adv.* marden, parâkramân.

Valentia, *s. f.* mardî, chhâtî, prabaḷây, samarthây *f.*, vikram *m.*, śûrpaṇ, mâhâtmya *n.*; parâkram, mât *m.*, mahâkârya; baḷ *n.*, neṭ, trâṇ *m.*

Valentoṇa, *a. e s. f.* mardikârṇ, śûrastrî. ‖ *A* —, baḷân, julûm karûn.

Valer, *v. i.* mol-, kimat âsuṁk *(d. do s.)*, phâvuṁk *(d. do s.)*, phâvo jâvuṁk *(d. do s.)*; *ter credito:* bisât-, bhâr âsuṁk *(d. do s.)*; *aproveitar:* upkâruṁk, upkârâk paḍuṁk, -yevuṁk; *auxiliar:* pâvuṁk, garjek pâvuṁk, âdhâr-, majat divuṁk; *ter validade:* vâl âsuṁk, baḷ âsuṁk *(d. do s.)*, upayogî jâvuṁk, chaluṁk; *mostrar-se apto:* kuvet-, tâṁk âsuṁk. ‖ — *mais ou antes,* adhik baro. — *a pena,* phâvo jâvuṁk. *Valha a verdade,* sat ulaun, kharem tem sâṁgûn; kharem tem jâṁv. *A* —, kharepaṇîṁ. *Tanto vale,* ekach, titlyâ purto. *Ou coisa que valha,* va tasalem dusrem. ‖ *v. t.* joḍuṁk, meḷauṁk, phâvo karuṁk. ‖ *v. r.* âplyâ kâmâk lâvuṁk, phaḷ-, âdâv kâḍhuṁk; *ter valor:* mardî-, chhâtî âsuṁk *(d. do s.)*. ‖ *Fazer-se* —, âplî bisât dâkhauṁk; yaś hâḍuṁk; phaḷ kâḍhuṁk.

Valeroso, *a. V.* VALOROSO.

Valete, *s. m.* koṁd *(port.)*, pradhân *m.*

Valetudinario, *a.* piḍevaṁt, piḍest gâṁṭhîk piḍâ âslalo, rogyo; piḍecho aśakt, gat ghetalo.

Valhacoito, *s. m.* thâr, âsar *m.*; kûṭ, vivar *n.*, lipṇî *f.*; âdhâr, âśram *m.*, trâṇ *n.* ‖ *V.* DISFARCE.

Valia, *s. f.* mol *n.*, kimat; dar, dhâraṇ *f.*; *prestimo:* mol *n.*, âdâv; *protecção:* âdhâr *m.*, majat, kumak; *importancia:* bisât *f.*, vajan *n.*, bhâr *m.* ‖ *V.* VALIMENTO.

Validação, *s. f.* thir-, upayogî karṇeṁ *n.*

Validade, *s. f.* thîrpaṇ, thîrsaṇ, upayogipaṇ *n.*, dṛiḍhây *f.*, vyavahârasâmarthya *n.*

Validamente, *adv.* dṛiḍhâyen, thîrpaṇîṁ.

Validar, *v. t.* chalaso-, thîr-, dṛiḍh karuṁk, thirâvuṁk.

Válido, *a.* ghaṭṭ. nibar, mardivaṁt, saṁgîn, dṛiḍh; *são:* bhalâykecho, rokh, mâṅkulo, khabardâr; *que tem valor:* molâcho, molâdik; *legal:* vyavahârî, upayogî, vyavahârâcho; *energico:* nibar, tikhaṭ; *proveitoso:* upkârâcho, âdâvâcho.

Valido, *a.* âdhâr-, kumak dilalo; *querido:* mogâcho, prîtivaṁt. ‖ *s. m.* dast *m.*, prîtipâtr *m.*

Valimento, *s. m.* mol, vajan *n.*, bisât *f.*; *influencia:* bhâr, tol *m.*; *privança:* lagtî, salgî, dastî; *intercessão:* sâsây, marjî, majat *f.*, sârathipaṇ *n.*

Valiosamente, *adv.* molân; thirpaṇîṁ, dṛiḍhâyen.

Valioso, *a.* molâcho, molâdik; uṁchâ molâcho, bhav molâdik; vyavahârâcho, upayogî.

Valla, *s. f.* khaḷi, charî *f.*, khaṁdak; phoṁḍ *m.*

Vallada, *s. f.* vhaḍleṁ voḷ *n.*, lâṁb daro *m.*

Vallado, *s. m.* bâṁdh, pâgâr, âḍo *m.*; aḍlaleṁ parsûṁ,- bhâṭ *n.*

Vallador, *a. e s. m.* charyo mârtalo, bâṁdh ghâltalo.

Vallar, *v. t.* charyo-, khaḷyo mârauṁk *(d. ou l. do o.)*; âḍo ghâluṁk *(d. do o.)*, aḍuṁk; khaṁdak karuṁk *(d. do o.)*; *(fig.)* *V.* RODEAR.

Valle, *s. m.* voḷ *m. ou n.*, khoreṁ *n.*, daro *m.*; thaḍî *ou* thaḍ (— *ao longo do rio*) *f.* ‖ — *de lagrimas,* duḥkhâṁcheṁ koṁḍ *n.* *Correr montes e valles (fig.),* saṁsâr partuṁk; hât-pâṁy jharauṁk.

Valleira, *s. f.* charî *f.*

Valleiro, *s. f.* lahân khaḷî *f.*

Valleta. *s. f.* saṁgrî *(do port.* SANGRIA), vahâḷi *f.*

Vallo, *s. m.* pâgâr *m.*, pâḷ *f.*; *liça:* âkhâḍo *m.*; *valla:* khaḷi *f.*; *vallado:* bâṁdh *m.*

Valor, *s. m.* mol *n.*, kimat, dhâraṇ, pâḍ *f.*; *merecimento:* mol *n.*, pâḍ, bisât *f.*, vajan *n.*, tol *m.*; *coragem:* mardî, himmat *f.*, baḷ, nirvâṇ *n.*, nirbhay, vikram, parâkram, pratâp *m.*, purushatv *n.* ‖ *V.* PACIENCIA.

Valorosamente, *adv.* marden, vikramân

Valorosidade, *s. f.* śûrpaṇ *n.*, mardikây; ghaṭṭây *f.*

Valoroso, *a.* mardikâr, mardivaṁt, kâḷjâvaṁt, dhirâdik, nirbhayî, nirvâṇî; nibar, tikhaṭ; *(ant.)* *V.* VALIOSO.

Valsa, *s. f.* vâls *n.*

Valsar, *v. i.* vâls nâchuṁk.

Valva, *s. f.* śiṁpî *f.*

Valvula, *s. f.* jibhâḷî.

Vampiro, *s. m. (zool.)* ragat chiṁvtalo pâkho; râkhas *m.*; *(fig.)* dubḷyâṁk piḷûn khâtalo.

Van, *a. f. V.* VÃO.

Vandalico, *a.* mâṁgâcho, barbaryâcho; *(fig.)* moḍtalo, deśvâṭ kartalo.

Vandalismo, *s. m.* arbaṭpaṇ, khâparpaṇ *n.*; *(fig.)* moḍ-phoḍ, dhûḷdaśâ *f.*

Vandalo, *a.* barbaro, arbaṭ, rânaṭ; *(fig.)* moḍtalo, gharṭhâṇ kartalo. ‖ *s. m.* mâṁg, bhill.

Vangloria, *s. f.* baḍây, mijâs, âtmatushṭi, vhaḍvî, vhaḍvik, vhaḍvikây, davlat *(us. Can.) f.*, mîpaṇ, bharaṇ, pokhḷeṁbharaṇ, pokhaḷpaṇ *n.*, abhimân, durabhimân, ahaṁkâr *m.*

Vangloriar, *v. t.* phulauṁk, phugauṁk, garvân bharuṁk. ‖ *v. r.* baḍây dâkhauṁk, phaḍâ karuṁk, ahaṁkâruṁk, abhimânuṁk, phuluṁk.

Vangloriosamente, *adv.* baḍâyen, vhaḍvikâyen, vhaḍvik dâkhaun.

Vanglorioso, *a.* baḍâykhor, ahaṁkârî, abhimânî, âḍaṁbarî, raṁgdâr, laphâṁgo.

Vanguarda, *s. f.* phaujîcho muro, -phuḍo *m.*, laśkarâchî mohar, binî *f.*, senâmukh *n.* ‖ *Fileira da* —, mukhâvelî hâr *f.* *Ir na* —, mohrek-, phuḍe vachuṁk.

Vanguejar, *v. i.* ḍaṁḍaluṁk, lakuṁk, nisruṁk.

Vaniloquamente, *adv.* vâryâr-, nâkâ jâlalem ulaun.

Vaniloquencia, *s. f.* pokhḷem-, polkeṁ ulauṇeṁ, vyarthabhâshaṇ *n.*; jhâṁknî, barbarṇî, baḍbaḍṇî *f.*

Vaniloquio, *s. m. (p. us.)* jhâṁk *f.*, nâkâ jâlalem uttar *n.*, vyarthśabd *m.* ‖ *V.* DISPARATE.

Vaniloquo, *a.* vâryâr-, nâkâ jâlaleṁ ulaitalo, jhâṁkro, pharpharo, barbaro. ‖ *V.* BAZOFIO.

Vanmente, *adv.* beshṭeṁ, sâbsubo *(decl.)*, phuṁkaṭ, vâryâr, vâyâṁ.

Vantagem, *s. f.* vartepaṇ, varishṭhpaṇ, varchaśva, uttampaṇ, śreshṭhpaṇ *n.*; *deanteira:* mohar, samorî *f.*, muro, phuḍo; *proveito:* âḍây *ou* âḍâv, phaḷ, lâbh, upayog, upeg *ou* upheg, upkâr, udev, guṇ *m.*, bareṁ, hit, hâśîl *ou* hâśilpaṇ, utpann *n.*, prâpti, naphâ *f.*; *victoria:* jayt, yaś *ou* yeś *n.*

Vantajosamente, *adv.* âḍâyân, phaḷân, naphen.

Vantajoso, *a.* âḍâvâcho, phaḷâcho, phaḷâdik, suphaḷ, upkârâcho, naphecho, upayogî, hitakar, guṇâdik.

Vão, *a.* pokhaḷ *ou* pokhḷo, pokhar, rito, vâv, polo, polko, vâṁjho; *phantastico:* kalpanecho, takleṁtlo, varyâvaylo. akâraṇ, nirarth *ou* nirartho; *baldado:* beshṭo *ou* beṭho, sâbsubo, phuṁkyâcho, vyarth *ou* verth, nîras; *futil;* phusko, polko, anarth, nirartho; *enganador:* dâkhauṁcho, phoṭkiro, laṭik. ‖ *V.* VAIDOSO. ‖ *Sahir* —, bighḍuṁk, udkâṁt paḍuṁk *(litt.* CAHIR NA AGUA), vâryâr vachuṁk *(litt.* IR PELOS ARES). *Em* —, vâryâr, teṁka nâstâṇâ; beshṭeṁ, phuṁkaṭ, aseṁch. ‖ *s. m.* pokhar, pokhaḷ, sâṁṭh, *f.*, vâv *m.*, bhoṁk *n.*, rito jâgo *m.*

Vapido, *a. (poet.) V.* INSIPIDO.

Vapor, *s. m.* bâph *m.*, ûb; dhuṁvrî *f.*, muhreṁ *n.*; vâpor *m.*, agboṭ *(litt.* BARCO DE FOGO, boṭ *do ingl.* BOAT) *f.* ‖ *A* —, bâphâchyâ neṭân; *(fig.)* vegîṁvegîṁ, dhâṁvdhâvîṁ, darvaḍyân. ‖ **-es**, *pl.* taklek chaḍhlalo saro *m.*, saryâchî kâtar *f.*

Vaporação, *s. f.* ûb-, bâph vachṇeṁ, -suṭṇeṁ *n.*

Vaporar, *v. t*, (parmaḷ, dhuṁvar) soḍuṁk. ‖ *v. i. e r.* dhuṁvruṁk, daṁdamuṁk.

Vaporifero, *a.* bâphâcho; dhuṁvrecho.

Vaporização, *s. f.* bâph karṇeṁ,-jâṇeṁ *n.*

Vaporizador, *a. e s. m.* bâph kartalo, ubhaitalo. ‖ *s. m.* bâph karcheṁ âydan *n.*

Vaporizar, *v. r.* bâph karuṁk *(g. do o.)*, ubhauṁk. ‖ *v. r.* bâph jâvuṁk *(g. do s.)*, ubhuṁk.

Vaporosamente, *adv.* bâphân, dhuṁvren.

Vaporoso, *a.* bâphâcho, vâshpamay, vâshparûp; bârîk, sûkshma, virvirît; *(fig.)* garván phuglalo,- phullalo.

Vaqueano, *a. (brasil.)* vâṭ dâkhaitalo.

Vaqueiro, *s. m.* gorvâṁ-râkhṇo, goṁvḷî *m.*; *(ant.)* râkhṇyâchî nesaṇ *f.* ‖ *a.* gorvâṁcho.

Vaqueta, *s. f.* bârîk châmḍeṁ *n.*; toṁbrâchî baḍî, ṭiprî *f.*, ṭipṇeṁ *n.*, chop *f.* ‖ *V.* VARETA.

Vara, *s. f.* bel *m.*, vâl *ou* vel *f.*, jhaṁp, śireṁ; vetr, bet, rot *n.*, beto, dâṁḍo, ṭonko *m.*, baḍî, kâṭhî; betkâṭhî *(redup.)*; *auctoridade:* padvî, sattyâ *f.*, adhikâr; *açoite:* korḍo, soṭo; *medida:* vâr, gaj *m.*, jârd *n.*; *corda de vento:* vâro *m.* ‖ — *de barco*, kâṭhi, mân *f.* — *do castello*, koṭṭâcho kaḷas,- śikhar *m.* — *ou varinha de condão*, betkâṭhî; *(fig.)* acharyâṁchî vidyâ *f.* — *de porcos*, dhukrâṁcho biṁḍ *m.* — *de varejar*, teṁkḍî *f.*, śiṁtâreṁ *n.* *A real* —, râjkâṭhî *f.*, râjdaṁḍ *m.*; *(fig.)* râjpadvî *f.* *Corrido á* —, nit pâṭhî lâglalo. *Salto á* —, dâṁḍyâr uḍkâṇ *n.* *Vigario da* —, vigâr-vâr. *Empunhar a —*, adhikâr arambhumk, -chalaumk. *Largar a —*, sattyâ-, padvî sodumk. *Passar a — a alguem*, âple badlek davrumk. *Passar pelas varas*, sâṭiyer-, saitâr kâḍhumk. *Ter —*, lâmb âsnmk. *Tremer como varas verdes*, thartharumk, kâmpero yevumk *(d. do s.)*.

Varação, *s. f.* śivâvṇî *f.* ‖ *V.* VARADOIRO.

Varada, *s. f.* ṭoṇko mârṇem *n.*, rotâvṇî *f.*

Varado, *a.* śivâylalo; toplalo; *(fig.) V.* ATTONITO.

Varadoiro, *s. m.* śivâvumchî svât *f.*; *(fig.)* gajâlîcho-, châvḍecho jâgo *m.*

Varador, *s. m.* pipâm gajân mejtalo.

Varal, *s. m.* dâmḍî; dhûr *f.*

Varaneada, *s. f. V.* VERDASCADA.

Varanda, *s. f.* varâmd *n.*, oṭî, osrî, paḍvî *f.*

Varão, *s. m.* dâdlo, purush, nar, manîs; vâḍhlalo dâdlo, mânây; *homem valoroso:* vîr, śûr, marad *m.*; *vara de ferro:* vâmslî, lokhamḍâchî khâmblî *f.*

Varapau, *s. m.* dâmḍo, ṭoṇko, beto *m.*

Varar, *v. t.* dâmḍâvumk, ṭoṇkâvumk, rotâvumk; *traspassar:* topumk, vidhumk; *pôr em secco:* śivâvumk; *fazer encalhar:* śirkâvumk; *fazer sahir:* bhâyr ghâlumk; *passar além de:* balâmḍumk, pâr jâvumk; *aterrar:* thartharâvumk, kalkalâvumk. ‖ *v. i.* taḍîr paḍumk, śirkumk; pelyân vachumk ‖ *V.* SAHIR.

Vardasca, *s. f. V.* VERDASCA.

Vareagem, *s. f. (ant.)* vârân mejṇem *n.*

Varear, *v. t. (ant.)* vârân-, gajân mejumk.

Vareiro, *s. m.* chirchyâ lâmkḍâcho ghoḍo *m.*

Vareja, *s. f.* gomâśechî likh *f.* ‖ *V.* VAREJO. ‖ *Pôr — em alguem*, lachâmḍ-, baglâmṭ ghâlumk.

Varejador, *a. e s. m.* jhâḍ baḍaitalo; jhâḍo ghetalo.

Varejadura, *s. f.*, varejamento, *s. m.* jhâḍâm baḍauṇem *n.*, jhaḍauṇî, phâphaḍṇî *f.*

Varejão, *s. m.* lâmb kâṭhî, temkḍî *f.*

Varejar, *v. t.* (phaḷâmchem jhâḍ) baḍaumk, (phaḷâm) jhaḍaumk, phâphḍumk; *atacar com artilharia:* śiḷko mârumk *(d. do o.)*; *fustigar:* baḍaumk, kashṭâvumk, ijâ divumk *(d. do o.)*; *revistar:* jhâḍo ghevumk *(g. do o.)*, jhâḍumk; *medir ás varas:* vârâmnîm mejumk. ‖ *v. i.* phâr mârumk; (vârem) jhanjhaṇumk, suṭumk.

Varejeira, *s. f. (zool.)* gomâśî *f.*

Varejo, *s. m.* baḍauṇı, jhaḍauṇî, jhaḍvaṇ *f.*; mâlâcho jhâḍo *m.*, jhaḍtî; śiḷkî *f.*, phâr *m. pl.*; *(fig.) V.* REPREHENSÃO.

Varela, *s. f.* devûḷ *n.* ‖ *V.* VARETA.

Vareta, *s. f.* bârik baḍî *f.*, -roṭ *n.*; vâret *f.*, gaj *m.* ‖ *— de guarda-sol*, vâret *f.*, khaḍo *m.* *— do leque*, âyṇyâchem veḷ *n.* *— do tambor*, ṭiprî *f.*, chopo *m.*

Varga, *s. f.* khâjaṇ *n.*

Vargem, *s. f. V.* VARZEA.

Variabilidade, *s. f.* chamchaḷây *f.*, athîrpaṇ *n.*; *(gram.)* vibhaktiguṇ *m.*

Variação, *s. f.* badalṇî *f.*, badlap *n.*, pâlaṭ *m.*; chamchaḷây *f.*, athîrpaṇ *n.*

Variadamente, *adv.* vichitrpaṇîm, nânâparîm.

Variado, *a.* badallalo; vichitr, nânârûp; *allucinado:* virâr-jâlalo, phirlalo, jhâmkuḷlalo, barḷ. ‖ *V.* DIVERSO.

Variamente, *adv.* jinnasparîm *ou* jinnsâmparîm, nânâprakârîm, vegegḷepaṇîm, parâmparîm.

Variante, *a.* badalto, phirto; chamchaḷ, athîr; vegḷo, dusro, dusre jâtîcho. ‖ *V.* DELIRANTE. ‖ *s. f.* pâṭh, aparpâṭh *m.*, pâṭhâmtar *n.*; amtar *f.*, bhed *m.*, vegḷepaṇ *n.*; dusro âkâr-, nakśo *m.*

Variar, *v. t.* badlumk, phiraumk, pâlṭumk. ‖ *V.* VARIEGAR. ‖ *v. i.* vegḷo-, dusro jâvumk, badlomk, phirumk, pâlṭomk; vichitr-, jinnasvâr disumk; *ser inconstante:* nâ thirumk, nâ ṭhikumk, chamchaḷ jâvumk; *não ser conforme:* sarî nâ jâvumk, nâ lâgumk, amtrumk. ‖ *V.* ALLUCINAR-SE. ‖ *v. r.* badlomk, vegḷo jâvumk. ‖ *V.* REVEZAR-SE. ‖ *s. m. V.* VARIAÇÃO.

Variavel, *a.* badaltalo, phirtalo, chamchaḷ, athîr; *(gram.)* vibhaktîcho.

Variavelmente, *adv.* jinnsâm bhâsâmnîm; badlûn, phirûn.

Varicella, *s. f.* uḍtem asukh *n.*

Varicocele, *s. m.* bûr *n.*

Varicoso, *a.* śiro sujlalo, śirâḷ.

Variedade, *s. f.* vichitrpaṇ, vichitr, bahurûp *n.*, nânâprakâr *m. pl.*; *multiplicidade:* jinnasvârpaṇ, bahutpaṇ; *inconstancia:* athîrpaṇ *n.*, chamchaḷây *f.*; *subdivisão de especie:* bhed *m.* ‖ *V.* ALTERNATIVA.

Variegação, *s. f.* jinnasramg *m. pl.*, bahuramgîpaṇ, vichitrpaṇ *n.*

Variegado, *a.* jinnsâṁ raṁgâṁcho, bahuraṁgî, chitr, vichitr, nânâpariṁcho, nânâvarṇan, bahurûpî, * misaḷ. ‖ *V.* DIVERSO.

Variegar, *v. t.* jinnsâṁ raṁgâṁcho-, vichitr karuṁk.

Varinha, *s. f.* bârik rot,- jhaṁp *n.* ‖ — *de condão*, betkâṭhî *f.*

Varino, *s. m.* jhubo *m.*, pâsoḍî; hoḍî, pât *f.*

Vario, *a.* vegḷo, vevegḷo, aṁtarik, aṁtarâdik, kherît, itar; jinnasvâr, nânâ, nânâpariṁcho, nânârûp, parâṁpariṁcho, vividh, pariparîcho, * pari kar; *matizado:* tharâṁcho, vichitr, jinnsâṁcho; *numeroso:* tamâm, phuskaḷ, bahut; *voluvel:* chaṁchaḷ, athîr, uḍto; *hesitante:* ḍauṁḍaḷit, thira nâslalo. ‖ *V.* DELIRANTE.

Variola, *s. f.* asukh (*litt.* INFELICIDADE), âṁgchem (*litt.* DO CORPO) *n.*, devî (*litt.* DEUSA), baḷṇik *ou* bahiṇiṁg (*litt.* DOENÇA) *f.*

Variolar, *a.* askhâche phoḍ kase.

Variolico, varioliforme, *a.* askhâcho, devecho.

Varioloide, *s. f.* uḍteṁ-, thoḍeṁ asukh *n.*

Varioloso, *a.* askhâcho, baḷṇik jâlalo. ‖ *s. m.* askhâkâr.

Variz, *s. f.* sujlalî śir *f.*

Varleto, *s. m.* (*ant.*) *V.* LACAIO.

Varloas, *s. f. pl.* darajbaṁdyechyâ târvâchiṁ doraṁ *n. pl.*

Varoa, *s. f.* (*p. us.*) bâil, strî; śûrastrî.

Varola, *s. f.* bârîk rot, jhaṁp *n.*

Varonia, *s. f.* dâdlepaṇ, purushatv, vîrya; purushavaṁś, naravaṁś *n.*

Varonil, *a.* dâdlyâcho, purushâcho; mardivaṁt, mardikâr, śûr, prabaḷ. ‖ *V.* HEROICO.

Varonilidade, *s. f.* dâdlepaṇ, purushatv *n.*

Varonilmente, *adv.* dâdlo-, mâṇây kaso, marden, chhâten.

Varrão, varrasco, *s. m.* barrâṁv, cheṁchi nâslalo dhukar *m.*

Varredeira, *s. f.* (*mar.*) *V.* VARREDOIRA.

Varredela, *s. f.* kair kâḍhṇeṁ *n.*, jhâḍṇî *f.* ‖ *V.* VARREDURA.

Varredoira, *a. e s. f.* (*mar.*) phuḍlyâ kuṁvyâcheṁ lahân śîḍ *n.* ‖ *Rede* —, harbal *n.*

Varredoiro, *s. m.* khornâchi sâraṇ *f.*, jhâḍo *m.*

Varredor, *a.* jhâḍtalo. ‖ *Rede varredora*, harbal *n.* ‖ *s. m.* jhâḍpî, kair kâḍhtalo; bhaṁgî. ‖ *V.* VARREDOIRA.

Varredura, *s. f.* kair kâḍhṇeṁ, jhâḍap *n.*, jhâḍṇî *f.*; kair, kastav *ou* kastaḷ. ‖ -s, *pl.* kair *m.*; jevṇâcheṁ ushṭeṁ *n.*

Varrer, *v. t.* jhâḍuṁk, sâraṇ mâruṁk (*d. do o.*), kair kâḍhuṁk (*g. do o.*); *limpar:* nitaḷ-, nirmaḷ karuṁk; *despejar:* rito karuṁk, dhuvuṁk; *roçar:* jhâḍuṁk; *fazer esquecer:* manâṁtlo kâḍhuṁk, -ubhauṁk; *expulsar;* bhâyr ghâluṁk.‖ *v. i.* aṁtruṁk, kâbârjâvuṁk.‖ *v. r.* jhaḍuṁk, vigḷuṁk, mâvḷuṁk; manâṁtlo gaḷuṁk.

Varrido, *a.* piso, khuḷo, mat phirlalo. ‖ — *de vergonha*, lajj bhâjûn khelalo. *Doido* —, bharpiso. ‖ *s. m.* *V.* VARREDURA.

Varudo, *a.* lâṁbâ kâṁḍâcho.

Varzea, *s. f.* śet, kshetr (*p. us.*), śetbhât, bhâtśet *n.*, bhûṁy *f.*

Varzino, *a.* śetâcho; śetâṁtlo.

Vasa, *s. f.* khar *f.*, ṭhâv; chikal, bâṁbar *m.*; vâj (— *de jogo*) *n.*

Vasca, *s. f.* oḍh *f.*, peṭko. ‖ -s, *pl.* oṁkâro *m.*, umaḷ, kaḷmaḷ *f.*, abko (*us. Sal.*) *m.*

Vascolejador, *a. e s. m.* kachkachâytalo, hâlauṇâr,

Vascolejamento, *s. m.* hâlauṇî, kachkachâvṇî *f.*

Vascolejar, *v. t.* hâlauṁk, kachkachâvuṁk, (maḍtel) vâjauṁk; (*fig.*) *V.* PERTURBAR.

Vasconcear, *v. i.* tuṭkeṁ-, tuṭke bhâshen ulauṁk; (*fig.*) maskaren ulauṁk. ‖ *v. t.* tuṭkeṁ sâṁguṁk.

Vasconço, *s. m.* tuṭkî bhâs *f.*

Vascoso, *a.* oḍhî suṭlalo,- mârlalo; oṁkâro-, abko âylalo.

Vascoense, *s. m.* *V.* VASCONÇO.

Vascular, *a.* (*anat.*) nâḍiyâṁcho.

Vasculhar, *v. t.* jhâḍuṁk, jhâḍo mâruṁk (*d. do o.*).

Vasculho, *s. m.* jhâḍo *m.*; boṁdro, bhâṇśîrô manîs.

Vasento, *a.* chiklâcho, bâṁbrâcho, pachpachît, chikchikît.

Vasilha, *s. f.* âydan, madtel *n.*; doṇ *m.*, pîp (*port.*) *n.* ‖ *Cheirar á* —, âydanâcho vâs yevuṁk (*d. do s.*).

Vasilhame, *s. m.* âydanâṁ; pipâṁ (*port.*) *n. pl.*

Vaso, *s. m.* âydan, bhâṁḍ, bhâjan, pâtr, budhḷeṁ *n.*, sâṁṭhvaṇ *n. ou f.*; vâj *m.*, kuṁḍî (— *de flores*); *bispote:*

urnol (*do port.* URINOL), doṇ *m.*; *navio:* jujâchem târûm *n.*, manvar (*do ingl.* MAN-OF-WAR) *m.*; (*anat.*) nâḍî *ou* nâḍ, dhamuî *f.* || *V.* DÓ.

Vasoso, *a.* *V.* VASENTO.

Vasqueiro, *a.* tirvo; tirso; (*fig.*) durlabh; (*p. us.*) omkâryâmcho; oḍhîmcho. || *Dar de* —, âḍvo-, pâlso mâruṁk.

Vasquejar, *v. i.* oḍhî yevuṁk,- sutuṁk,- mâruṁk (*d. do s.*), taḷmaḷuṁk; omkâro yevuṁk (*d. do s.*), poṭâmt kâḷvuṁk (*g. do s.*).

Vasquinha, *s. f.* (*ant.*) vâskîṇ *n.*, ghâgro *m.*; (*modern.*) choḷî *f.*

Vassalla, *s. f.* rayt *f.*, kûḷ *n.*

Vassallagem, *s. f.* raytpaṇ, âdhînpaṇ *n.*, * gasvasây *f.*; *preito:* râjvamdaṇ *n.*, râjbhakti *f.*; namaskâr, satkâr *m.*; *grande quantidade de vassallos:* sabâr rayt *m. pl.* || *Prestar* —, satkâr karuṁk.

Vassallar, *v. t.* rayt mhaṇ dâkhauṁk.

Vassallo, *s. m.* mokâsdâr; rayt *m.*, kûḷ *n.*, prajâ *f.*, * gasvasî, * janpad (*collectivamente*) *m.* || *a.* khâlto, hukamî, parâdhîn.

Vassoira, *s. f.* sâraṇ *f.*, jhâḍo *m.*

Vassoirada, *s. f.* sâraṇ mârṇeṁ *n.*

Vassoireiro, *s. m.* sâraṇî kartalo,- viktalo.

Vassoirinha, *s. f.* supurlî sâraṇ *f.*

Vastamente, *adv.* vistârîm, lâmbdîgh; bhârîm, jâytem.

Vastar, *v. t.* (*e deriv.*) *V.* DEVASTAR.

Vasteza, vastidão, *s. f.* vhaḍây, vhaḍ lâmbî-rumdî *f.*, vistâr *m.*, akhamḍitpaṇ *n.*, akhamḍitây, aparimitây *f.*

Vasto, *a.* bhav vhaḍ, lâmb-rumd, lâmb-dîgh, vistârâdîk, aparimit, akhamḍit, vistîrṇ; chadh, jâyto, bhârî, phuskaḷ.

Vate, *s. m.* *V.* PROPHETA *e* POETA.

Vaticinação, *s. m.* phuḍâr sâmgṇem *n.*, bhâkṇî *f.* || *V.* PROPHECIA.

Vaticinador, *a.* e *s. m.*, **vaticinante**, *a.* phuḍâr sâmgtalo, bhâkṇâr, bhavishyavâdî, śakunî.

Vaticinar, *v. t.* ghaḍche âdîm sâmguṁk,- kaḷauṁk, bhâkuṁk, âchâruṁk, śakunuṁk.

Vaticinio, *s. m.* bhâkṇî *f.*; bhavishya, śakun *n.*, horo *m.*

Vau, *s. m.* pâr *m.*; bhâṭî *f.*; (*fig.*) *V.* ENSEJÓ. || *Madeira a* —, lâmkḍâmcho sâmgaḍ. *Fazer* —, pailo pâr jâvuṁk. *Não achar* —, pâr nâ meḷuṁk (*d. do s.*); (*fig.*) upây nâsuṁk (*d. do s.*). *Tentar o* —, pâr paḷevuṁk,- śodhuṁk; (*fig.*) ṭhâv ghevuṁk. *Vaus cegos* (*naut.*), bhâṭyo *f. pl.*

Vazabarris, *s. m.* khaḍpâmchî taḍ *f.*; (*fig.*) bhâmḍârâmcho jâgo, ṭhevo *m.* || *Dar com alguem em* —, gharṭhâṇ karuṁk; jîv kâḍhuṁk. || *Dar com tudo em* —, saglem hogḍâvuṁk,- vâṭek lâvuṁk, ghar dhuvuṁk (*fig.*).

Vazador, *a. e s. m.* ottalo, otṇâr; bhâmgâr va rupeṁ kaḍhaitalo, otârî; châm komkcho âspâv *m.*, topaṇ *n.*

Vazadura, *s. f.* otṇî *f.*; otchem kâm; otlaleṁ udak *n.*

Vazamento, *s. m.* otṇî *f.*

Vazante, *a.* ottalo. || *s. f.* sukti *f.* || *V.* VAZÃO. || — *da lua*, utartîkalâ *f.*

Vazão, *s. f.* otṇî, rataunî; halmaṇî *f.*, khap *m.* || *Dar* —, âṭâpuṁk *ou* âṭpuṁk, sampauṁk.

Vazar, *v. t.* otuṁk *ou* vatuṁk, vâruuṁk, rataumk (*us. Sal.*); *desaguar:* vâhvauṁk; *embeber:* puruṁk, khomuṁk; *privar expremendo:* piḷuṁk; *tornar vazio:* rito karuṁk, omtuṁk; *furar:* komkuṁk, (ḍoḷo) phoḍuṁk; *fundir:* otuṁk, kaḍhauṁk. || *v. i.* otoṁk; vâhvuṁk; *refluir:* (suktî) oḍhoṁk, (pâṇî) partoṁk; *sahir:* bhâyr saruṁk,- yevuṁk. || *v. r.* rito jâvuṁk; vâhvuṁk. || — *em sangue*, ragat vâhvuṁk (*d. do s.*).

Vaziador, *a.* chaḍh thâpetalo.

Vaziamento, *s. m.* chaḍh thâpevṇî *f.* || *V.* ESVAZIAMENTO.

Vaziar, *v. t.* *V.* ESVAZIAR. || *v. i.* chaḍh thâpevuṁk.

Vazio, *a.* rito, rikâmo, khâlî, śunya; *desguarnecido de moveis:* rito, lumḍo, mumḍho; *deshabitado:* beṭho *ou* beshṭo, mekhḷo, śûn; *destituido:* phâmko, vâmjho, vâmjhaṭ; *vão:* polko, pokhḷo; *sem importancia:* vyarth *ou* verth, anarth. || *s. m.* polkepaṇ, pokhḷepaṇ, ritepaṇ *n.*; (*anat.*) âyamḍ, kaḍ *f.* || -s, *pl.* kuśî, kaṭvo *f. pl.*

Veação, *s. f.* śikârî *f.*; śikârechem pakvaṇ *n.*

Veada, *s. f.* bâil merûm *n.*

Veado, *s. m.* merûm, haraṇ *n.*, mrig (*p. us.*); sambar *m.*, chitaḷ, bhemkrem (*especies de* —) *n.*

Veador, *s. m.* *V.* VIADOR; (*ant.*) *V.* CAÇADOR.

Vearia, *s. f.* śikârechem ghar *n.*

Vectação, *s. f.* gâḍiyer- ghoḍyâr bhomvṇem, -vharṇem, vahan, yân *n.*

Vectatorio, *a.* vahanâcho, yânâcho, gâḍyâcho.

Vedação, *s. f.* âḍvârṇî *f.*, manâ karṇeṁ; aḍap *n.*, âḍo, pâgâr *m.*

Vedado, *s. m. (ant.)* *V.* COITO.

Vedador, *a. e s. m.* manâ kartalo, âḍvârṇâr, vârṇâr.

Vedar, *v. t.* manâ karuṁk, manâvuṁk, vâruṁk, âḍvâruṁk, nâkâ mhaṇuṁk, nishedhuṁk; *obstar:* âḍâvuṁk, aḍuṁk, aḍchuṁk; *estancar:* sâṁvruṁk *ou* sâṁvrâvuṁk, thâṁbauṁk, baṁd karuṁk. || *v. i. e r.* thâṁbuṁk, baṁd jâvuṁk, sâṁvroṁk.

Vedas, *s. m. pl.* ved *m. pl.*

Vedico, *a.* vedâṁcho, śraut.

Vedor, *a. e s. m.* paḷevṇâr, teḷṇâr; dekhrekhî, kârbhârî, khâsnîs, adhikârî, ukâḷekâr, * mutâlîk.

Vedoria, *s. f.* kârbhâr *m.*, dekhrekh, khâsnisî *f.*, kârbhârkhâṇo *m.*, kacherî *f.*

Vedro, *a. (ant.)* *V.* VELHO.

Vegetabilidade, *s. f.* vanaspatipaṇ *n.*

Vegetação, *s. f.* jhâḍâṁchî vâḍh,-vâḍhây, muḷâpânâṁchî vâḍh *f.*; jhâḍâṁ *n. pl.*, triṇajât *f.*

Vegetal, *s. m.* jhâḍ *n.*, vanaspati, aushadhî *f.* || *a.* jhâḍâṁcho, vanaspatîcho. || *Reino* —, triṇajâti. *Terra* —, kârâchî-, kâḷî mâtî *f.*

Vegetalidade, *s. f.* triṇadaśâ *f.*

Vegetalizar, *v. t.* jhâḍ kaseṁ-, jhâḍâ sârko karuṁk.

Vegetante, *a.* kometalo, âṁkretalo, vâḍhtalo.

Vegetar, *v. i.* (jhâḍ) jiyevuṁk, kirluṁk, komevuṁk, âṁkrevuṁk, vâḍhuṁk, phuṭuṁk, koṁb-, âṁkrî yevuṁk *(d. do s.)*; *(fig.)* monjâte sârko jiyevuṁk. || *v. t.* (jhâḍ) vâḍhauṁk, posauṁk, mâtauṁk

Vegetativo, *a.* vâḍhaitalo, posaitalo; vâḍhtalo, postalo; jhâḍâṁk âni prâṇyâṁk lâgto,- paḍto.

Vegetavel, *a.* jiyetalo, vâḍhtalo, postalo.

Vegete, *s. m* laphâṁgo mhâtâro.

Vegeto, *a.* posaitalo, mâtaitalo; lavlavît, gulgulît, dhâṭomoṭo.

Vehemencia, *s. f.* neṭ, veg, jor, jhapâṭo, taḍâko, dhaḍâko, tavko *m.*, jhaḍjhaḍî; *intensidade:* kharây, tikhaṭây *f.*, kaḍakpaṇ, baḷ *n.*, *ardor:* umâḷo, khatkhato *m.*, śitâbî, utâvḷây; *rigor:* nibrây, jaḍây, dâruṇây *f.*; *instancia:* prârthan *n.*, vinati *f.*

Vehemente, *a.* neṭâcho, jorâcho, taḍâkyâcho, jhaḍjhaḍît, jhamjhamit; nibar, jabar, kaṭhiṇ, saḍik, khar, tikhaṭ, kaḍak; umâḷyâcho, drâvak, utsuk, śitâb, utâvḷo, âveśî, ushṇ.

Vehementemente, *adv.* tavkyân, neṭân; kharâyen, kaḍakpaṇiṁ; umâḷyân, prârthûn.

Vehiculo, *s. m.* vahan, vâhan, yân *n.*; gâḍo *m.*, gâḍî; mârg *m.*, vâṭ *f.*, dvâr *ou* dâr *n.*

Veia, *s. f. (anat.)* śîr, dhamnî, nâḍ *(p. us. nesta accep.)*; *tendencia:* oḍh, kaḷ *f.*, vaḷaṇ; *caracter:* śîl, naḍteṁ *n.*, bhâv, guṇ; *communicação:* mârg *m.*, vâṭ; *(bot.)* śîr *f.* || *V.* VEIO. || *Estar de — ou com —*, hurbher âsuṁk. *Estar em — de felicidade,* sukhân bharoṁk. *Gelar-se o sangue nas veias,* ragat sukuṁk. *Não ter sangue nas veias,* kâlîj nâsuṁk *(d. do s.)*.

Veiga, *s. f.* śet *n.*, ker *m.*, * maidân *n.*

Veio, *s. m.* śîr *f.*, diro, ḍoḷo *m.*; *ribeiro:* vahâḷî *f.*, vahâḷ; *eixo:* châkḍâṁḍo *m.*, ghâgreṁ; *(fig.)* mûḷ *n.*, pâṁysar *m.*

Vela, *s. f.* jâgraṇ *n.*, jâgritây *f.*; *sentinella:* pahârekâr, pahârkâr *m.*; *rolo para allumiar:* vât; meṇvât *(— de cera)*; charbechî vât *(— de estearina) f.* || *Estar de* —, jâgo râvuṁk.

Vela, *s. f. (naut.)* śîḍ; *(fig.)* târûṁ, galbat *n.* || *Andar á* —, śîḍâṁnîṁ chaluṁk; *(fig.)* khamsâṁt bhoṁvuṁk. *Dar — ao vento,* śîḍ phulauṁk. *Dar á* —, hâṁkâroṁk; *(fig.)* *V.* AUSENTAR-SE. *Fazer força de* —, saglîṁ śîḍâṁ tâṇuṁk; *(fig.)* saglyâ baḷân vâvruṁk. *Fazer-se de — ou á* —, hâṁkâroṁk, (târûṁ) vâṭek lâguṁk; *(fig.)* paḷuṁk, kâvaḍ kâḍhuṁk. *Ir á* —, śîḍâr vachuṁk; *(fig.)* saḍsaḍît chaluṁk. *Metter velas,* śîḍâṁ chaḍhauṁk. *Passar o vinho pela* —, saro gâḷuṁk. *Á* —, nâgḍo, viṁglo *(aa.)*; khamsâṁt.

Velação, *s. f.* kâjârâcheṁ beṁsâṁv, lagnâcheṁ âśîrvachan *n.*

Velacho, *s. m. (naut.)* phuḍlyâ kuṁvyâcheṁ śîḍ *f.*

Velador, *s. m.* jâgo râvtalo; pahâro kartalo; mâṁsob *(do port.* MANCEBO), divyâcho khâṁbo *m.* || *a.* jâgo, jâgṛit; *(fig.)* nîd kâḍhtalo.

Veladura, *s. f.* jâgo râvṇeṁ *n.*; raṁgâcho bârîk hât *m.*

Velame, *s. m.* śîḍâṁchî râs *f.*; ekâ târvâchîṁ saglîṁ śîḍaṁ *n. pl.*; *(fig.)* *V.* VÉO.

Velamen, *s. m.* ol *f.*, olchem *n.*

Velamento, *s. m.* dhâmpṇî, veshṇî *f.; pâmghurchem ou pâmghurṇem n.;* paḍdo, vyâj *m.*

Velar, *v. t.* olîn dhâmpuṁk, pâmghruṁk, paḍdo ghâluṁk *(d. do o.), encobrir:* dhâmpuṁk; *tornar menos claro:* phiko-, jhilmiḷit karuṁk; *occultar:* lipauṁk, veshṭuṁk. ‖ *v. r.* toṁḍ lugṭân dhâmpuṁk, toṁḍâr pâlaṁv kâḍhuṁk, pâmghruṁk; dhâmpoṁk, lipuṁk; *annuciar se:* kâḷoso jâvuṁk, kâḷok paḍuṁk *(l. sup. do s.).* ‖ *V.* ACAUTELAR-SE.

Velar, *v. t.* râkhuṁk, pahâro karuṁk *(d. do o.);* jâgo râvûn kâḍhuṁk; *(fig.) V.* PATROCINAR. ‖ — *um doen'e,* vâyṭâkârâpâsûn jâgo râvuṁk. ‖ *v. i.* jâgo-, nida nâstânâ râvuṁk; *conservar-se acceso:* peṭlalo âsuṁk; *interessar-se:* khâtîr vâvruṁk, phikîr âsuṁk *(d. do s.); exercer vigilancia:* jâgṛit âsuṁk,- râvuṁk.

Velatura, *s f. V.* VELADURA.

Velear, *v. t. (naut.)* śiḍâṁ purauṁk *(d. do o.).*

Veleira, *s. f.* mâdrîṁchyâ koṁvoṁtâ bhâylî châkarṇ.

Veleiro, *a.* śiḍâṁr baro chaltalo; baro ghoḷtalo. ‖ *s. m.* śiḍâṁ kartalo, śiḍâṁkâr; maṭhâ bhâylo châkar.

Velejar, *v. i.* śiḍâr chaluṁk.

Veleta, *s. f. V.* CATAVENTO.

Velha, *s. f.* mhâtârî *f.*, mhâturḍeṁ *(deprec.).* ‖ *Arco da* —, daṁḍûbâl *n. Coisas do arco da* —, navlâiṁ *n. pl. Contos de velhas,* kahânyo *f. pl.*

Velhaca, *s. f.* soḍî-, ṭhakî bâil, nâḍgî.

Velhacada, *s. f.* luchchepaṇ, sodepaṇ *n.*, labâḍî *f.;* sodyâṁcho choṁbo *m.*

Velhacamente, *adv.* chorbuddhîn, luchchepaṇîṁ.

Velhacão, *s. m.* sodyâṁcho bâpûy, luchchyâṁcho râjâ.

Velhacaria, *s. f.* labâḍi *ou* labâḍkî, ṭhakbâjî *f.*, cheṭ, cheṭaṇ, gâuḍbeṁgâl, luchchepaṇ, sodepaṇ *n.*

Velhaças, *s. m.* ḍoṁkro, khaṭâro.

Velhacaz, *s. m. V.* VELHACÃO.

Velhaco, *a. e s. m.* labâḍ, chorbuddhyo, chorṭo, ṭhakî, nâḍgo, taṭḍhoṁgî; pâjî, phaṭîṁg *ou* phaṭlîṁg, âḍjâî, * laṁḍî; sodo, luchcho, bhâḍyo.

Velhada, *s. f.* mhâtâryâchem kâm, mhâtârpaṇ *m.;* mhâtâryâṁcho jamo *m.*

Velhancão, *a. e s. m. V.* VELHACÃO.

Velhancaria, *s. f.* mhâtâryâchem mhaṇṇem,- kartûb.

Velhão, *a. e s. m.* mhâtârḍo, bako, ḍoṁkro.

Velhaquear, *v. i.* nâḍgepaṇâṁ-, luchchepaṇâṁ karuṁk, labâḍ-, sodo jâvuṁk. ‖ *v. t.* ṭhakuṁk, nâḍuṁk, phoṭauṁk, phasauṁk.

Velhaquesco, *a.* taṭḍhoṁgyâcho, luchchyâcho.

Velhaqueta, *a. e s. f.* nâḍgîsî, chorṭîsî.

Velhaquete, *a. e s. m.* taṭḍhoṁgîso, phaṭlîṁgso.

Velharia, *s. f.* mhâtârpaṇ *n.;* parṇî vast, âdlî châl *f.*

Velhentado, *a. V.* AVELHENTADO.

Velhice, *s. f.* mhâtârpaṇ *n.*, mhâtârî-, utâr prây, prây *f.*, * vṛiddhpaṇ; parṇepaṇ *n.*

Velho, *a.* parṇo, juno, jûn, juṇâṭ, bhav kâḷâcho, purâtan; *edoso:* mhâtâro, prâyecho, kârgatîcho. varshî, * vṛiddh; kadamkâḷo, ḍoṁkro, khaṭâro, jaraṁṭh, jaito *(muito —); antiquado:* âdlo, pûrvîṁcho, mâgâṁcho; *usado:* parṇo, jharlalo, ghâṁslalo; *de maior edade:* vhaḍlo, vhaḍ. ‖ *O filho mais* —, mâlgaḍo pût. *Lua velha,* utartîkalâ. *Noite velha,* phâṁteṁ. *Fazer-se* —, mhâtâro-, parṇo jâvuṁk. *Morrer de* —, mhâtâro jâvûn maruṁk. ‖ *s. m.* mhâtâro, mâlmhâtâro. *Contos de velhos,* mhâtâryâṁchîṁ śâpatâṁ.

Velhori, *a.* gobro (ghoḍo).

Velhota, *a. e s. f.* mhâtârî, jarḍî; mhâturḍî, mochyâṁchî mhâtârî.

Velhote, *a. e s. m.* mhâtâro, mhâturḍo; mâṇkulo-, kâybaro mhâtâro.

Velhusca, *s. f.* mhâtârḍî.

Velhusco, *a. e s. m.* mhâtârḍo.

Velhustro, *s. m.* mâlmhâtâro, kadamkâḷo.

Velifero, *a. (poet.)* śiḍâṁ âslalo.

Velilho, *s. m.* kapardhûl, dhûrkapûr *m.*

Velino, *a. e s. m.* tuḷtuḷit kâgad *n.*

Velivago, *a. (poet.)* śiḍâr chaltalo.

Velleidade, *s. f.* mâtsî khuśî, khuśechî kal, oḍh; marji, hukkî *f.* ‖ *V.* INCONSTANCIA.

Vellicação, *s. f.* chimṭo kâḍhṇem *n.;*

Vellicar, *v. t. V.* BELLISCAR.

Vellificativo, *a* tirbaṭ, tikhaṭ, mirmirît, churchurît.

Vello, *s. m.* meṁḍhryâṁchî laṁv *f.;* laṁvechem châm *n.* ‖ — *do oiro, V* VELLOCINO.

Vellocino, *s. m.* bhâṁgârâche laṁvecho meṁḍhro *m.*

Vellorios, *s. m. pl.* pirḍuko *f. pl.*

Velloso, *a.* lamvecho, lamvero.

Velludinho, *s. m.* bârîk makhmal; *(bot.)* velûd *m.*

Velludo, *s. m.* velûd, makhmal.‖ -s, *pl. (bot.)* velûd *m.* ‖ *a. V.* VELLOSO.

Velocidade, *s. f.* dhâmvrepaṇ *n.*, turturitây; turturî, jaldî *f.*, veg, * lâvm.

Velocipede, *a.* dhâmvro.‖ *s. m.* pâmyâmnim chalaumchem duchâkî yân *n.*

Veloz, *a.* dhâmvro, châlûk, turturît, jalad, vegâcho; vegîm sartalo, dhâmvtalo, nâṭâk jâtalo.

Venabulo, *s. m. V.* DARDO.

Venado, *a.* śiro-, dore âslalo.

Venal, *a.* vikcho, vikrecho; lomchro, lomchkhor; śirecho.

Venalidade, *s. f.* lomchkhorî *f.*, lomchrepaṇ *n.*

Venatorio, *a.* pâradhîcho, śikârecho. ‖ *Arte venatoria*, pâradhvidyâ *f.*

Vencedor, *a. e s. m.* jiktalo, jiknâr, jetri. ‖ *V.* VICTORIOSO.

Vencelho, *s. m. V.* VINCELHO.

Vencer, *v. t.* jikumk, jaytumk; *conseguir:* vemser-jâvumk, jikumk, joḍumk; *receber de ordenado:* joḍumk, meḷaumk; *exceder:* adhik-, varto jâvumk *(d. do o.)*; *dominar:* damaumk, âtpumk; *acabrunhar:* gaḷaun ghâlumk, bharomk *(d. do o.)*; *attingir:* tâmkumk, utrumk; *executar:* śâttî pâvaumk, karûn uḍaumk; *aguentar:* tolumk, nimdumk; *domesticar:* moḍumk, peṭaumk; *persuadir:* samjâvumk, lâgîm hâḍumk. ‖ *V.* TERMINAR. ‖ *Deixar-se* —, âykumk, kânâr ghevumk. ‖ *v. r.* âpṇâcher jayt vharumk, damḍaṇ karumk.

Vencida, *s. f.* jikṇî *f.*; jayt *n.*, jay *m.* *Levar de* —, jikumk, bhamg-, nâsâdî karumk *(g. do o.)*.

Vencimento, *s. m.* jiknî *f.*; jayt *n.*, jay *m.* ‖ *V.* ORDENADO.

Vencivel, *a.* jikûm yeso, jikcho, jikṇecho, jey.

Venda, *s. f.* vikṇî, vikrî *f.*, vikro; pasro, mâmḍ *m.*, dukân; *faixa de cobrir os olhos:* doḷe-dhâmpaṇ *n.*; *(fig.) V.* CEGUEIRA. ‖ *Estar á* —, vikumk âsumk. *Pôr á* —, vikumk davrumk. *Ter — nos olhos (fig.)*, nâ samjumk, dhyânâmt nâ yevumk. *Tirar a — dos olhos*, ḍoḷe ughṭe karumk.

Vendagem, *s. f.* vikap *n.*, vikrî *f.*; vikpâchî dasturî *f.*

Vendar, *v. t.* (ḍoḷe) dhâmpumk, dhâmpaṇ ghâlumk *(d. do o.)*; *(fig.)* kâḷok hâḍumk *(l. sup. do o.)*.

Vendaval, *s. m.* vâdaḷ, moḍ *n.*

Vendavel, *a.* vikcho; khapâcho, bare vikrecho.

Vendedeira, *s. f.* vikrekârṇ.

Vendedoiro, *s. m.* vikchî svât *f.*

Vendedor, *a. e s. m.* viktalo, vikṇâr; vikrekâr.

Vendeiro, *s. m.* dukânkâr.

Vender, *v. t.* vikumk, vikto divumk, khapaumk; *trahir:* vikumk. ‖ *V.* PROSTITUIR.‖ — *por atacado*, sâṭyân vikumk. — *por miudo*, kirkoḷ vikumk. — *saude*, jabar barî bhalâykî âsumk *(d. do s.)*. *Ter para dar e* —, jâytem âsumk *(d. do s.)*. ‖ *v. r.* âpṇâk vikumk; vikomk.

Vendido, *a.* viklalo, vikto dilalo; *(fig.)* phaslalo, ghâtâk sâmpaḍlalo. ‖ *Estar — (fig.)*, bâmdhon-, khuśebhâyr âsumk. *Ficar — (fig.)*, ajâp jâvumk, thaṭâkumk; phasumk.

Vendilhão, *s. m.* vikrekâr; vikumk bhomvtalo.

Vendivel, *a. V.* VENDAVEL.

Veneficio, *s. m.* vikh kamâvṇem,-ghâlṇem *n.*

Venefico, *a. V.* VENENOSO.

Venenifero, *a.* vikh jâtalo.

Veneno, *s. m.* vikh, vish *(p. us.) n.*, halâhal *(p. us.) m.* ‖ *V.* MALIGNIDADE. ‖ *Deitar — (fig.)*, âḍvem-, vâmkḍem dharumk, -ghevumk.

Venenosamente, *adv.* vikhân.

Venenosidade, *s. f.* vikhâḷepaṇ *n.*, vikhâr *m.*

Venenoso, *a.* vikhâcho, vikhâḷo, vikhâro; *(fig.)* kusḍo, kusḍyâ kâḷjâcho; kaḍvo, kaṭûk.

Venera, *s. f.* śimpo, śamkh; billo *m.*, bhûshaṇ *n.*

Venerabilidade, *s. f.* thorây *f.*, thorpaṇ *n*, mânyatâ, pûjyatâ *f.*

Venerabundo, *a.* bhav vamdaṇî,-âdarî, praṇâmî, śaraṇârthî.

Veneração, *s. f.* bhajaṇ *n.*, namaskâr, âdar, śaraṇârth, praṇîpât *m.*, śraddhâ *(p. us.) f.*; vhaḍ mân *m.*, vamdan *n.*

Veneradamente, *adv.* bhajûn, vamdûn, namaskârân.

Venerador, *a. e s. m.* bhajṇâr, namaskârî, praṇâmî, praṇipât kartalo; śaraṇârthî.

Venerando, *a.* thor, vamdavamt, mânyo, namaskârâcho, guru *(p. us. nesta accep.)*.

Venerar, *v. t.* bhajumk, pujumk, âdarumk, namaskarumk, namumk, praṇipâtumk; vamdumk, bhav mân divumk *(d. do o.)*, bhiḍ dharumk *(g. do o.)*.

Veneravel, *a.* thor, archit, vaṁdvaṁt, mânâcho, mânyo; bhâgevaṁt, pûjya.

Veneravelmente, *adv.* âdarân, bhajaṇân; thorâyen.

Venereo, *a.* madâcho, saṁbhogâcho, maithunâcho; garmecho, kurmetâcho. ‖ *Mal* —, ushṇ, kurmet *n.*

Venero, *a.* ratecho; śukrâcho. ‖ *Estrella venera*, śukr *m.*

Veneta, *s. f.* pisâyecho jhaṭko *m.*, khurî (*do port.* FURIA), girgirî, lahar, mâṁj, phaṁtajî (*do port.* PHANTASIA) *f.*, vâdo *m.*, vâdeṁ *n.*

Venia, *s. f.* rajâ *f.*; *perdão:* bogsaṇeṁ *n.*, mâphî bakshîs (*p. us.*); *reverencia:* naman, vaṁdan *n.*, oṇav *m.*

Veniaga, *s. f.* vikcho mâl, yepâr *m.*; (*fig.*) *V.* TRAFICANCIA. ‖ *Fazer* —, pâvṇer ghâluṁk.

Veniagar, *v. t. e i.* yepâr-, udîm karuṁk (*g. do o.*); chor-yepâr karuṁk.

Venial, *a.* soṁpepaṇîṁ bogsuṁcho. ‖ *Peccado* —, upapâp, upapâtak *n.*

Venialidade, *s. f.* upapâp *n.*, lahân chûk *f.*

Venialmente, *adv.* upapâpîṁ.

Venida, *s. f.* (*ant.*) yeṇeṁ *n.*; avchitt ghâlo, darvaḍo *m.* ‖ *V.* CUIDADO.

Venifluo, *a.* (*poet.*) śirâṁnîṁ bhoṁvtalo.

Venoso, *a.* (*anat.*) śirâṁcho; śirâṁnîṁ bharlalo, śirâḷ.

Venta, *s. f.* pûḍ *m.* ‖ -s, *pl.* nâk *n.*; (*fig.*) *V.* CARA.

Ventana, *s. f.* (*ant.*) *V.* JANELLA.

Ventanear, *v. t.* vâreṁ ghâluṁk (*d. do o.*); (*fig.*) phâphḍuṁk, jhâḍuṁk; baḍauṁk.

Ventaneira, **ventania**, *s. f.* vâro, jhaḍpo *m.*

Ventapôpa, *adv.* veryâśilyâ vâryân; (*fig.*) bhâgîn, sukhân.

Ventar, *v. i.* vâreṁ mâruṁk,- suṭuṁk; jhaḍkan yevuṁk, -jâvuṁk; (*fig.*) prasann jâvuṁk.

Ventarola, *s. f.* âyṇo *m.*, jhaḍpaṇeṁ *n.*

Ventigeno, *a.* (*poet.*) vâreṁ kartalo, vâyujanak.

Ventilabro, *s. m.* sûp *n.*

Ventilação, *s. f.* vâryâ deṇeṁ, vârâvṇî, ubhauṇî *f.*; vâreṁ deṇeṁ *n.*, ubhaḷṇî *f.*; (*fig.*) *V.* DISCUSSÃO.

Ventilador, *s. m.* vâryâcheṁ yaṁtr *n.*, pâṁkhâ *m.*

Ventilante, *a.* vâreṁ ditalo; vâryân ubhtalo.

Ventilar, *v. t.* vâryâ divuṁk,- ghâluṁk, vârâvuṁk, ubhauṁk; *arejar:* ubhaḷuṁk, jhaḍpuṁk, vâreṁ divuṁk (*d. do o.*); (*fig.*) ghoḷauṁk, śodhuṁk.

Ventilativo, *a.* vâreṁ divuṁcho,- ghoḷauṁcho.

Vento, *s. m.* vâreṁ *n.*, vâv, vâro (*aug.*), vât (*p. us. nesta accep.*), vâyu (*p. us.*), pavan (*poet.*), mârut (*poet.*) *m.*; *flatulencia:* vây *m. ou f.*, vâtrog *m.*; *faro:* huṁgṇî; *coisa van:* vâryâchî vast *f.*, pokhḷeṁ kâm *n.* ‖ — *contrario*, parteṁ vâreṁ. — *feito ou de feição:* bareṁ-, sâmkeṁ vâreṁ. — *do largo*, bhâyleṁ vâreṁ. — *do mar*, daryâcheṁ vâreṁ. — *ponteiro:* ubheṁ vâreṁ. — *da terra:* taḍyeṁ vâreṁ. *Chapéu de tres ventos*, tîṁ koṇsyâṁcheṁ chepeṁ. *Filho do* —, ghar-dâr nâslalo. *Pé de* —, vâdaḷ *n.*, jhaḍpo *m.* *Andar com todos os ventos* (*fig.*), sagḷeṁ sârkeṁ jâvuṁk (*d. do s.*). *Dar ventos a alguem*, phulauṁk, koṁbo kâḍhuṁk. *Falar de* —, ubhaṁtarîṁ ulauṁk. *Furtar o* — *a alguem*, upadryâṁk ghâluṁk. *Ir contra o* —, vâryâ âḍ vachuṁk. *Ir de* — *em pôpa*, baryâ vâryân hâṁkâroṁk; (*fig.*) sagḷeṁ prasann jâvuṁk (*d. do s.*). *Ir-se com o mesmo* —, tech vâṭen partoṁk. *Tomar ventos*, huṁguṁk. *Por ares e ventos*, ubhaṁtarîṁ, vâryâr.

Ventoinha, *s. f.* *V.* CATAVENTO.

Ventor, *s. m.* baro huṁgṇecheṁ śuṇeṁ *n.*

Ventosa, *s. f.* veṁtoj *m.*, tubḍî *f.*

Ventosidade, *s. f.* vaykarây *f.*, vây *f. ou m.*, vâv *m.*

Ventoso, *a.* vâryâcho; vâreṁ bastalo; vâykar, vâytûḷ; (*fig.*) pokhḷo, polko. ‖ *V.* JACTANCIOSO.

Ventral, *a.* poṭâcho, udarâcho.

Ventre, *s. m.* (*anat.*) poṭ, udar *n.*, kuchî; kûś *ou* kûs *f.*, kusav, garbh *m.* ‖ *Baixo* —, vasti *f.* *Filhos de um* —, jaṁvḷe *m. pl.* *Prisão de* —, poṭ ghaṭṭ jâṇeṁ. *Soltura de* —, bhâyr suṭṇeṁ. *Trazer o diabo no* —, chaḍhuṁk, tâpuṁk, ukal-davar karuṁk.

Ventrecha, *s. f.* *V.* VENTRISCA.

Ventricular, *a.* kośâcho.

Ventriculo, *s. m.* (*anat.*) koś; gâṁjo *m.*, gâṁṭh *f.*

Ventrilavado, *a.* dhavsyâ poṭâcho (ghoḍo).

Ventriloquia, *s. f.* gâruḍvâṇî *f.*

Ventriloquo, *a. e s. m.* gâruḍvâḍî.

Ventrisca, *s. f.* mâsḷechyâ poṭâcho kapo *m.*

Ventrudo, *a.* poṭyo, dhauyo.

Ventura, *s. f.* daiv, nasîb, adrishṭ *n.*, lakṭo *m.*; sudaiv, bhâg, subhâgyapaṇ, bhâgevaṁtpaṇ, hitpaṇ, bhadr, kaḷyâṇ *n.*, svasti, bhûti, barkat, riddhi, prâpti, kuśâlî *f.*, khem; *risco:* jakhîm *n.*, kâḷ, jokh *m.* ‖ *Pôr em* —, jakhmâr ghâlumk, daivâr davruṁk. *Á* —, daivîṁ, chiṁti-, viṁchi nâstânâ. *Por* —, bî, gî, gây *(posp.)*. *Sem — de mim,* hâṁv kapâlphuṭko!

Venturo, *a.* phuḍe yetalo, phuḍlo, anâgat, yeṇâr, bhavishya.

Venturosamente, *adv.* bhâgîn, kalyâṇân, sukhân.

Venturoso, *a.* subhâgî, sabhâgî, sudaiv, kalyâṇî, lakshmîvaṁt, śiv, śrîmân, kuśâl, bhâgevaṁt, svasth, prâpt, sukhâcho; jakhmâcho, saṁdhevâcho, kâḷâcho.

Venus, *s. f.* rati *f.*; *(fig.)* strîratn *n.*; *(astr.)* śukr *m.*; *(ant.)* *V.* COBRE.

Venusto, *a.* *V.* FORMOSO.

Véo, *s. m.* dhâṁpcheṁ lugaṭ *n.*, ol; vev, takler ghâlchî jâḷi, oḍhṇî *f.*; *cortina:* paḍdo, âḍpaḍdo *m.* ‖ — *da morte,* marṇâchî taṇ *f.* — *da noite,* kâḷok *m.* — *do paladar,* poṭjibh *f.*

Ver, *v. t.* paḷevuṁk *(exprime todas as accepções)*, dekhuṁk, teḷuṁk, chavuṁk *(us. Sal.)*, baguṁk *(us. N. C.)*, disuṁk *(d. do s., s. do o.)*, dishṭi paḍuṁk *(id.)*. ‖ *Fazer* —, kaḷauṁk; dâkhaun divuṁk. *Deixar* —, dâkhauṁk. — *de longe (fig.)*, mukhâr paḷevuṁk. — *com ambos os olhos,* doḷe lâvûn paḷevuṁk. — *pelos olhos de outrem,* dusro sâṁgtâ teṁ dharuṁk. *Não tem que* —, dubhâv nâ. ‖ *v. r.* âpṇâk paḷevuṁk, chavuṁk; âsuṁk. — *doido,* virâr-jâvuṁk, jîv hârpît jâvuṁk *(g. do o.)*. — *em talas,* khâvṭyâk sâṁpḍuṁk, khâṁchîk paḍuṁk. ‖ *s. m.* *V.* OPINIÃO.

Veracidade, *s. f.* kharepaṇ; khareṁ, sat *n.*, satyavâd *m.*

Vera-effigie, *s. f.* nîj pratirûp *n.*

Veramente, *adv.* khareṁ, suṭâveṁ.

Veranico, veranito, *s. m.* lahân gîm *m.*

Verão, *s. m.* gîm, unhâḷ *m.*

Veras, *s. f. pl.* sat *n.*, kharyo vastû *f. pl.* ‖ *De* —, debrâs, khareṁch, satbhâvîṁ.

Veraz, *a.* kharo, sat ulaitalo, satyavâdî, satyabhâshî, bhâvik, sâtvik, satyârthî, satyevaṁt.

Verba, *s. f* kalam, prakaraṇ *n.*; *apontamento:* ṭîko, ṭîp *m.*, ṭâṁchṇî; *parcella:* bâb *f.*, aṁś, bhâg; *quantia:* jamo *m.*, rakam *f.*

Verbal, *a.* toṁḍâcho, toṁḍpâśî, śabdâcho; *(gram.)* kriyâpadâcho, dhâtusâdhit.

Verbalizar, *v. t.* dhâtusâdhit karuṁk.

Verbalmente, *adv.* toṁḍân, mukhîṁ, toṁḍpâśîṁ.

Verberação, *s. f.* *V.* FLAGELLAÇÃO.

Verberar, *v. t.* saitâr *(do port.* AÇOITAR*)* kâḍhuṁk, châbkâvuṁk, jhaṁpâvuṁk, sâṭ-, jerbaṁd mâruṁk *(d. do o.)*; *(fig.)* gâṁjuṁk, hiṁḍsuṁk, beshṭâvuṁk. ‖ *v. i.* *V.* REVERBERAR. ‖ *v. r.* âpṇâk jhaṁpâvuṁk,- châbkâvuṁk.

Verberativo, *a.* jhaṁpâvuṁcho, saṭkâvuṁcho.

Verbete, *s. m.* yâdîcheṁ kâgad *n.*, ṭîko, ṭîp *m.*

Verbi-gratia, *adv.* mhaṇge *ou* mhaṇje.

Verbo, *s. m.* kriyâpad *n.*; śabd *m.*, uttar *n.* ‖ *V.* ELOCUÇÃO. ‖ *O — divino,* Devâcho Putr, Dev-śabd. — *transitivo,* sakarmak kriyâpad. — *intransitivo,* akarmak kriyâpad. — *passivo,* karmaṇi kriyâpad. — *causal,* preraṇ kriyâpad *n.* *Raiz de* —, dhâtu. *Taboa de verbos,* dhâtupâṭh *m.* *De verbo ad verbum,* uttrâṇ uttar.

Verbosamente, *adv.* chaḍhâṁ uttrâṁnîṁ, pharpharûn.

Verbosidade, *s. f.* pharpharṇî, baḍbaḍṇî *f.*, śabdavistâr *m.*

Verboso, *a.* chaḍhâṁ uttrâṁcho, śabdavistârâcho, jhâṁkro, pharpharo. ‖ *V.* FACUNDO.

Verdacho, *s. m.* pâchvo raṁg *m.* ‖ *a.* pâchvo.

Verdade, *s. f.* sat, * sate, khareṁ, suṭâveṁ, tattv *n.*, satyârth, paramârth *m.*, satyatâ *f.*; *sinceridade:* kharepaṇ, nîj man *n.*, bhâvârth; *axioma:* siddhâṁt *m.*, tattv; *maxima:* sûtr *n.*, nyây *m.*; *copia fiel:* asal nakal *f.* ‖ *Em — ou na* —, khareṁch. — *é que,* heṁ khareṁ, khareṁ jâvûn.

Verdadeiramente, *adv.* khareṁ, tattvîṁ, suṭâveṁ; nîṭ, barâbar.

Verdadeiro, *a.* kharo, sat, * sate, suṭâvo, tattvâcho, * sâchâr; *authentico:* asal, pramâṇîk; *genuino:* nîj, khâśâ; *puro:* nirbhel *ou* nibhel, apûṭ, nigaḷ; *sincero:* kharo, bhâvik, paramârthî. ‖ *s. m.* khareṁ, tattv *n.*

Verdasca, *s. f.* jhaṁp, rot *n.*

Verdascada, *s. f.* jhaṁp mârṇeṁ *n.*

Verdascar, *v. t.* jhampâvunk, rotân mârunk.

Verdasco, *a.* torṭo (saro).

Verde, *a.* verd, pâchvo *ou* pâmchvo hirvo *(us. N. C.)*; *não maduro:* doḍo, tarṇo, harvo, kachcho; *não secco:* olo, jivo, jito; *inexperiente:* doḍo, kachcho; *tenro:* sukûm, kovḷo, maû, madhur. ‖ *s. m.* pâchvo ramg *m.*; *prazer:* khuśî *f.*, ânand *m.*; *sangue guisado:* râmdhlalem ragat *n.* ‖ *Andar ao* —, charumk, charvâk âsumk. *Não deixar* — *nem secco*, dhûḷdaśâ-, deśvâṭ karamk.

Verdeal, *a.* pâchvoso.

Verdear, verdecer, verdejar, *v. i.* pâchvo jâvumk, pâchvo-, hirvo ramg ghevumk.

Verde-cré, *s. m.* bhâmgârâr pâchvo ramg *m.*

Verde-gaio, verdegal, *a.* pâchvoso, hirvoso.

Verde-mar, *a.* pâchvoso. ‖ *s. m.* pâchvoso ramg *m.*

Verde-montanha, *s. m.* pâchvo-niḷo ramg *m.*

Verde-negro, *a.* bhav pâchvo, pâchvo-kâḷo.

Verdete, *s. m.* kalam *f.*; kalmicho ramg *m.*

Verdizella, *s. f.* mânsemt âms lâvumchî baḍî *f.*

Verdoengo, *a.* pâchvoso, tarṇo, harvaṭ.

Verdor, *s. m.* jhâḍâcho pâchvo ramg *m.*, harvây *f.*; harvepaṇ, jitepaṇ; *(fig.)* baḷ, tej *n.*, trâṇ *m.* ‖ *Verdores da mocidade*, burgepaṇâchim tiḍpaṇâm *n. pl.*

Verdugo, *s. m.* phâśidâr, mâmg, kasâb; *(fig.)* nishṭur manis, mhârû *f.*

Verdura, *s. f.* pâchvo ramg *m.*, harvây, niḷvaṭ *f.*; tarṇepaṇ, kachchepaṇ; *hortaliça:* verdûr, vârvem *n.*, śâk, tarkârî, śâk-bhâjî *f.*; *vegetaes:* jhâḍâm *n. pl.*, vanaspati *f.* ‖ *V.* VIGOR. ‖ *Verduras da mocidade*, burgepaṇâchim âḍnâḍpaṇâm *n. pl.*

Verêa, *s. f. (ant.) V.* VEREDA.

Vereação, *s. f.* vasaunî, jâḷvaṇî *f.*; viryâsâmv *n.*; viryâdorâmcho jamo *m.*, kâmr *n.*

Vereador, *s. m.* vasauṇâr, jâḷvaṇâr; viryâdor.

Vereação, *s. f.* viryâdorâchem kâm *n.*, -dhâmdo *m.*

Verear, *v. t.* vasaumk, jâḷvumk, jâvoṇî karumk *(g. do o.)*.

Verecundia, *s. f. V.* VERGONHA.

Verecundo, *a. V.* VERGONHOSO.

Vereda, *s. f.* aśir vâṭ, âḍvâṭ, pâmyvâṭ, pâmyḍ *f.*; *(fig.) V.* RUMO.

Veredictum, *s. m.* pamchât *f.*, phaisâlo *m.*

Verga, *s. f.* jhamp, rot *n.*; pâtî *f.*; *(naut.)* parbâṇ. ‖ — *da porta*, toraṇ *n.*, dârvâmṭo *m.*

Vergado, *a.* bâg paḍlalo, bâgâḷ.

Vergal, *s. m.* ghoḍyâk gâḍiyek bâmdhchî vâdî *f.*

Vergalhada, *s. f.* jhamp-, rot mârṇem *n.*, jhampâvṇî; lokhamḍâchî chaurâs pâtî *f.*, ‖ *V.* VERGÃO.

Vergalhão, *s. m.* moṭo châbûk *m.*

Vergalho, *s. m.* śel, śeph *n.*; śelâcho châbûk; kordo, jerbamd *m.* ‖ *V.* PATIFE.

Vergame, *s. m.* parbâṇâm *n. pl.*

Vergão, *s. m.* moṭem jhamp *n.*; loḷo, dâg *m.*, dâdaḍ *n.*, gâmj *f.*

Vergar, *v. t.* bâgâvumk, vamdâvumk, bâg ghâlumk *(d. do o.)*; *(fig.)* damâvumk, âṭâpumk; mavâḷumk, kaṇvâḷâvumk. ‖ *v. i.* bâgâvomk, bâg ghevumk, bâg paḍumk *(d. do s.)*, vamdumk; *(fig.)* damumk, âṭpomk, bâḍgumk; lâgîm yevumk, modon paḍumk.

Vergasta, *s. f.* châbûk, jerbamd *m.*, jhamp *n.*; *(fig.)* korḍo, soṭo *m.*

Vergastada, *s. f.* châbkâcho phâr *m.*, jhampâvṇî *f.*

Vergastar, *v. t.* châbkâvumk, rotâvumk, jhampâvumk; âmbḍumk, dispaṭâvumk.

Vergel, *s. m.* maḷo *m.*, bâg, vâṭı *f.*

Vergonha, *s. f.* lajj, śarm, maryâd; *opprobrio:* phajat, beâbrû *f.*, badlâm; *acto indecoroso:* lajjechem kâm *n.* ‖ *V.* ACANHAMENTO. ‖ *Quem não tem* — *todo o mundo é seu*, lajj nâslalyâcho saglo sam sâr. *Ser* — *de alguem*, lajjek ghâlumk. ‖ -s, *pl.* nâgvem, guptâmg *n.*

Vergonhosa, *s. f. (bot.)* lajjrî *f.*

Vergonhosamente, *adv.* nâk kâtrûn, lajj bhâjûn khâvumk.

Vergonhoso, *a.* lajjecho, lajjîshṭ, maryâdik; nilâjro, nâkkâtro, pojḍo. ‖ *V.* INDECOROSO. ‖ *Partes vergonhosas*, nâgvem, âmg, guptâmg *n.*

Vergontea, *s. f.* bel, phâmṭo *m.*; târvâchî digî *f.*; *(fig.)* burgo *m.*, pâl *n.*

Vergontear, *v. i.* phâmṭe-, bel phuṭumk *(d. do s.)*.

Vergueiro, *s. m.* jhamp, rot *n.*; âspâvâchî mûṭh *f.*; *(naut.)* moṭem dor *n.*

Veridicamente, *adv.* sat ulaun, kharepaṇîm.

Veridicidade, *s. f.* sat ulauṇeṁ *n.*, satyavâd *m.*; kharepaṇ *n.*

Veridico, *a.* sat ulaitalo, -sâṁgtalo, satyavâdî, kharo, bhâvik, pramâṇîk, satyevaṁt, sâtvik.

Verificação, *s. f.* chaukaśi, vâjpuśî, kaḷâkaḷ, rujvâṭ *f.*, satyaṁkâr *m.*; ghaḍṇeṁ, jâṇeṁ *n.*

Verificador, *a.* e *s. m.* chaukaśî-, rujvâṭ kartalo, chaukasdâr, tapâsî.

Verificar, *v. t.* sat jâlyâr paḷevuṁk, chaukaśî kâruṁk (*g.* do *o.*), chaukasuṁk, tapâsuṁk, rujvâṭuṁk, satyaṁkâr karuṁk (*g.* do *o.*); sat karuṁk, sat karûn dâkhauṁk, ubheṁ karuṁk. ‖ *V.* CORROBORAR. ‖ *v. r.* ghaḍuṁk, jâvuṁk.

Verificativo, *a.* rujvâṭuṁk upkârto.

Verificavel, *a.* rujû karcho, satyaṁkârâcho.

Verisimil, *a.* *V.* VEROSIMIL.

Verisimilhança, verisimilidade, verisimilitude, *s. f.* *V.* VEROSIMILHANÇA.

Verme, *s. m.* kîḍ-mûy *f.*, kṛimi; kiḍo *m.* ‖ — *roedor*, sâṇas *f.* — *intestinal*, daṁt. — *da consciencia*, aṁtaskarṇâcho kiḍo *m.*

Vermelhaço, vermelhante, *a.* tâṁbsâr, tâṁbso.

Vermelhar, *v. t.* tâṁbḍo karuṁk. ‖ *v. i.* tâṁbḍo jâvuṁk, tâṁbḍevuṁk.

Vermelhão, *s. m.* śeṁdûr; śeṁdurâcho raṁg *m.*

Vermelhidão, *s. f.* tâṁbsâṇ, tâṁbḍâṇ *n.*, tâṁbḍo raṁg *m.*

Vermelho, *a.* tâṁbḍo, lâl, tâṁbḍo lâl (*muito* —). ‖ *Fazer-se* —, lajjuṁk. ‖ *s. m.* tâṁbḍo raṁg.

Vermicida, *a.* e *s. m.* daṁt mârcho, kṛimighna; daṁtâṁcheṁ-, kiḍîṁcheṁ okhat *n.*

Vermicular, *a.* kiḍyâṁcho; kiḍyâṁ sârko.

Vermiculo, *s. m.* lahân kiḍo *m.*

Vermiforme, *a.* kiḍyâ sârko, kṛimyâkṛiti.

Vermifugo, *a.* e *s. m.* *V.* VERMICIDA.

Verminação, *s. f.* daṁt jâṇeṁ *n.*

Verminado, *a.* kîḍ lâglalo.

Verminoso, *a.* kiḍyâṁcho, kiḍe paḍlalo, kiḍyâṁṇîṁ bharlalo; daṁtâṁcho.

Vermivoro, *a.* (*zool.*) kiḍe-, kiḍî khâtalo, kṛimibhoji.

Vernação, *s. f.* âṁkrechyâṁ pânâṁchi kavḷî; pâlevṇî *f.*; palevuṁcho samay *m.*

Vernaculidade, *s. f.* deśipaṇ *n.*; pakkî-, nîj bhâs, śuddhabhâshâ *f.*, supralâp *m.*

Vernaculo, *a.* deśî, mulkî; (*fig.*) śuddh, nirdosh, ṭhîk.

Vernal, verno, *a.* vasaṁtâcho, vasaṁtî.

Verniz, *s. m.* vernij *f.*, rogaṇ, raṁgî tel *n.*

Vero, *a.* *V.* VERDADEIRO.

Veronica, *s. f.* veronk *f.*, sârkeṁ *n.*, ârlûk *f.*; toṁḍ, mukhkamaḷ *n.*

Ver-o-peso, *s. m.* jokheheṁ ghar *n.*

Verosimil, *a.* kharo distalo, kharoso, jâytso, ghaḍatso, saṁbhâvya.

Verosimilhança, *s. f.* satseṁ, khareṁseṁ *n.*, saṁbhav *m.*, saṁbhâvanâ *f.*

Verosimilmente, *adv.* khareṁseṁ disûn, saṁbhavîṁ.

Verrina, *s. f.* gâṁjṇecheṁ ulauṇeṁ va barap, niṁdâbhâshaṇ *n.*, jhapâṭo *m.*, jhupâṭî *f.*

Verrucal, *a.* châṁkuḷâcho.

Verrucaria, *s. f.* (*bot.*) *V.* TORNASOL.

Verruga, *s. f.* châṁkûḷ *m.*

Verrugoso, verruguento, *a.* châṁkûḷ âslalo; châṁkûḷ kaso.

Verruma, *s. f.* rûm *n.*, girbo *m.*, topaṇ *n.*

Verrumão, *s. m.* barmo, birmo *m.*

Verrumar, *v. t.* girbyân topuṁk,-koṁkuṁk; (*fig.*) jiv khâvuṁk (*g.* do *o.*), ijâ-, pîḍâpîḍ divuṁk (*d.* do *o.*). ‖ *v. i.* girbyân koṁkuṁk; (*fig.*) nihâḷuṁk, dhyânuṁk.

Versa, *s. f.* kob *f.* ‖-s, *pl.* kobîchîṁ pânâṁ *n.* *pl.*; bhâjî *f.*; (*fig.*) polkîṁ uttrâṁ *n.* *pl.*

Versado, *a.* kuṭlalo, rahâṭlalo, nipuṇ, pravîṇ, abhyâsî, jâṇto.

Versal, *s. m.* vhaḍlyâ aksharâcho ṭhaso *m.*

Versalete, *s. m.* dhâkṭyâ aksharâcho ṭhaso *m.*

Versalhada, *s. f.* charaṇâṁchi râs-, gâṁthaṇ *f.*; karḍîṁ charaṇâṁ *n.* *pl.*, kacheche ślok *m.* *pl.*

Versão, *s. f.* partiṇeṁ, omtiṇeṁ; bhâshâṁtar, utran *n.*, tarjumo; *variante:* graṁth, pâṭh, pâṭhbhed *m.*, pâṭhâṁtar *n.*; *boato:* phuṁkâ *f.*; phuṁkâro, lokvâd *m.*; (*astr.*) gati, chakragati *f.*

Versar, *v. t.* châlauṁk, abhyâsuṁk, vahivâṭuṁk, ghoḷauṁk. ‖ *v. i.* chaluṁk, ghoḷuṁk, bhoṁvuṁk. ‖ *V.* VERSEJAR.

Versaria, *s. f.* *V.* VERSALHADA.

Versatil, *a.* chañchaḷ, athîr, adhir, tirtiro, badaltalo, phirto, varyâvaylo.
Versatilidade, *s. f.* chañchaḷây *f.*, athîrpaṇ, tirtirepaṇ *n.*
Verseira, *s. f. (ant.)* vârveṁkârṇ.
Versejador, *a. e s. m.* ślok-, padâṁ kartalo, padyakâr.
Versejadura, *s. f.* ślok karṇeṁ, -ghaḍṇeṁ *n.*
Versejar, *v. i.* ślok karuṁk, padâṁ ghaḍuṁk,- rachuṁk. ‖ *v. t.* ślokâṁt utruṁk, charaṇâṁ karuṁk (*g. do o.*).
Verseto, *s. m.* ovî *f.*
Versicolar, *a.* vichitr, bahuraṅgî.
Versiculo, *s. m.* kalam *n.*; ovî *f.*
Versificação, *s. f.* ślok-, padâṁ karṇeṁ *n.*, ślokarachnâ, padarachnâ *f.*, kâvyakaraṇ *n.*; kavitâvidyâ *f.*
Versificador, *a. e s. m.* ślok kartalo, -ghaḍtalo kavi.
Versificar, *v. i. e t.* *V.* VERSEJAR.
Versifico, *a.* ślokâṁcho, charaṇâṁcho; padarachnecho.
Versista, *a. e s m. e f.* phuṭe-, halke ślok kartalo.
Verso, *s. m.* pad, charaṇ *n.*, ślok *m.*: kavitâ *f.*, kavan *n.*; partî kûs *f.*
Versucia, *s. f.* *V.* ASTUCIA.
Versudo, *a.* pânâṁnîṁ bharlalo, phâṁkârlalo; (*fig.*) laṁvero. ‖ *V.* CARRANCUDO.
Versuto, *a.* *V.* SAGAZ.
Vertebra, *s. f. (anat.)* maṇko, ṭâṁko, ṭâṁcho *m.*
Vertebrado, *a.* maṇke âslalo. ‖ **-s**, *s. m. pl.* maṇkyâṁchyo monjâtî *f. pl.*
Vertebral, *a.* maṇkyâṁcho. ‖ *Columna* —, kaṇo *m.*
Vertebroso, *a.* maṇke âslalo, maṇkyâṁcho.
Vertedoiro, *s. m. (naut.)* karleṁ *n.*
Vertedor, *a.* ottalo, rataitalo. ‖ *s. m.* udak oteheṁ âydaṇ *n.*, chiṁbû *m.*, thâlî *f.*, âgvâdor (*do port.* AGUADOR).
Vertedura, *s. f.* otṇî, rataunî *f.*: bharon otlaleṁ *n.*
Vertente, *a.* ottalo. ‖ *Aguas vertentes*, pâḷsaṇâcheṁ udak, pânvaṭ *n.* ‖ *s. f.* ḍoṁgrâcheṁ pâlsaṇ *n.*, ojhro *m.*
Verter, *v. t.* otuṁk *ou* vatuṁk, vâraunk, ratauṁk (*us. Sal.*), rakauṁk (*us. Sal.*); vâhvauṁk, gaḷauṁk; *esparzir*: vârauṁk, vikiruṁk; *traduzir*: utruṁk, pâlṭuṁk. ‖ — *lagrimas*, duhkhâṁ gaḷauṁk. — *sangue*, ragat vâhvuṁk (*g. do s.*): (*fig.*) duḥkh bhogoṁk (*d. do s.*), kâḷij lâsuṁk (*g. do s.*). ‖ *v. i.* vâhvuṁk; gaḷuṁk; otoṁk.

Vertical, *a.* ubho, niṭ ubho. ‖ *Circulo* —, drishṭimaṇḍal *n.* *Ponto* — *V.* ZENITH. ‖ *s. f.* laṁb, laṁbak *m.*
Verticalidade, *s. f.* ubhepaṇ, saraḷpaṇ *n.*
Verticalmente, *adv.* ubho (*decl.*), nîṭ, niṭ-ubho.
Vertice, *s. m.* mâtho, śikhar, kaḷas *m.*
Verticidade, *s. f.* eke kuśîn vaḷcho guṇ *m.*
Vertigem, *s. f.* ghuṁvaḷ, girgirî, birmirî, tirmirî, mirmirî; (*fig.*) bhûl, bhulvaṇ *f.*, pramâd *m.* ‖ *V.* DELIQUIO.
Vertiginosamente, *adv.* tavkyân, dhâṁvdhâvîṁ.
Vertiginoso, *a.* ghuṁvḷi yetalo,- mârtalo; ghuṁvaḷ hâḍtalo; girgirtalo, chakragaticho; jhaḍjhaḍît, taḍâkyâcho, neṭâcho; (*fig.*) bhûl ghâltalo, gnyânâr kâḷok hâḍtalo.
Vesania, *s. f.* pisây, khuḷây *f.*, murkhepaṇ *n.*
Vesano, *a.* piso, khuḷo, mûrkh, mûḍh.
Vesco, *a.* khâvuṁk baro-, upkârto, khâvuṁcho.
Vesgo, *a.* tirvo, tirso, mârso, kânso; *obliquo*: tirso, pâlso.
Vesguear, *v. i.* tirvo jâvuṁk, tirseṁ paḷevuṁk; (*fig.*) vâyṭ dekhuṁk.
Vesgueiro, *a.* tirso, pâlso, âḍvo.
Vesicação, *s. f.* kâskâcho phoḍ *m.*
Vesical, *a.* paskaṭyâcho.
Vesicante, *a.* phoḍ kâḍhcho. ‖ *s. m.* phoḍ kâḍhcheṁ okhat *n.*
Vesicatorio, *a.* phoḍ kâḍhcho. ‖ *s. m.* kâsk (*do port.* CAUSTICO), prosphoṭak (*p. us.*) *m.*, phoḍ kâḍhcheṁ okhat *n.*
Vesicula, *s. f.* phoḍ *m.*, puḷi; (*anat.*) pothi *f.*
Vesicular, vesiculoso, *a.* phoḍâṁcho, puḷiyâṁcho.
Vespa, *s. f. (zool.)* kuṁbhârṇ, bhramarî *f.*
Vespão, *s. m. (zool.)* gâṁdhil *ou* gâṁjil *m.*
Vespeiro, *s. m.* gâṁjilâṁcheṁ mâleṁ *n.*; kuṁbhârṇyâṁcho chuṁbo *m.*
Vesper, *s. m.* *V.* VESPERO.
Vespera, *s. f.* sâṁj *f.*, sâṁjkâḷ; âdlo dîs *m.* ‖ **-s**, *pl.* vespr, sayaṁbhajan *n.* ‖ *Estar em* —, karuṁk-, jâvuṁk âsuṁk.
Vesperal, *a.* sâṁjecho. ‖ *s. m.* sayaṁbhajanapustak *n.*
Vespero, *s. m. (astr.)* śukr *m.*; sâṁj *f.*; (*fig.*) *V.* POENTE.
Vespertino, *a.* sâṁjecho, sâṁjkâḷâcho, sâṁdhya; śukrâcho. ‖ *Astro* —, śukr *m.*

Vessada, *s. f.* supikî vaḷ; *geira:* khuṁṭ *m.* ‖ *V.* VESSADELA.

Vessadela, *s. f.* khol nâṁgarṇeṁ *n.*

Vessadoiro, *s. m.* nâṁgarchî sattyâ; nâṁgarṇî *f.*

Vessar, *v. t.* khol nâṁgruṁk.

Vestal, *s. f. (fig.)* âṁkuvâr bâil, kanyâstrî.

Veste, *s. f (mais us. no pl.)* nesaṇ *f.*, âṁgvastr *ou* âṁgastar, vastr *n.*, âṁgâvleṁ *n.*, vesh *m.*

Vestia, *s. f.* kuḍteṁ *n.*, ḍaglo, cholo *m.: choḷî f.*

Vestiaria, *s. f.* âṁgâvlyâṁchî kûḍ *f.*

Vestiario, *s. m. (ant.)* âṁgâvlîṁkâr.

Vestibulo, *s. m.* devḍî, oṭî *f.*

Vestido, *a.* neslalo. ‖ *s. m.* nesaṇ *f.*, âṁgâvleṁ, âṁgvastr, vastûr *n.; vestîd (— de mulher) m.*

Vestidura, *s. f.* nesaṇ *f.*, âṁgleṁ *n.*

Vestigio, *s. m.* pâṁval *n.*, mâg *m.*, meṭ *(us. Can.)*; *(fig.)* khûṇ, khâṇkhûṇ, phâṁphûṁ; gharṭhâṇ, nisaṁṭaṇ *n.* ‖ *Seguir os vestigios*, dekh ghevuṁk.

Vestimenta, *s. f.* nesaṇ *f.*, âṁgleṁ, vastr. ‖-s, *pl.* vestimeṁt *n.*, pavitr nesaṇ *f.*

Vestimenteiro, *s. m.* vestimeṁtâṁ kartalo.

Vestir, *v. t.* nesaṁuṁk, ghâlnuṁk; *envolver-se em:* nesuṁk, ghâlnuṁk; *adornar:* saṁjaṁuṁk, neṭaṁuṁk; *tingir-se:* raṁg ghevuṁk *(g. do o.)*; *tingir:* raṁg divuṁk *(d. do o.)*; *encobrir:* veshṭuṁk, lep kâḍhnuṁk *(d. do o.)* ‖ *v. r.* nesuṁk. ‖ *V.* EMBUIR-SE.

Vestoria, *s. f. V.* VISTORIA.

Vestuario, *s. f.* nesaṇnî, nesaṇ, neschî mustâykî *f.*, sâj, pehrâvo *m.*, âṁgâvlîṁ *n. pl.*

Veterenice, *s. f.* lâṁb châkrî, abhyâsavṛiddhây *f.*

Veterano, *a.* śipâyken kuṭlalo; *(fig.)* rahâṭlalo, abhyâsavṛiddh. ‖ *s. m.* jûn śipây, śipâyken mhâtâro; moḍkar śipây.

Veterinaria, *s f.* janâvarâṁcheṁ vaijîpaṇ *n.*, paśuvaidîk *f.*

Veterinario, *a.* paśuvaidikecho. ‖ *s. m.* janâvarâṁcho vaij, pasuvaid, śâlotrî.

Vetiver, *s. m. (bot.)* vâḷerûṁ *n.*

Veto, *s. f.* âḍvârṇî, maṇây *f.*, nishedh *m.*

Vetustade, *s. f.* mhâtârepaṇ, adlepaṇ, parṇepaṇ *n.*

Vetusto, *a.* âdlo, parṇo, âdîṁcho, pûrvâṁcho, mâgâṁcho, pûrv; bhav juno, mhâtâro, jaito.

Vexação, *s. f.* trâs-, ijâ deṇeṁ *n.*, gâṁjṇî; jabarî, jabardastî, ijâ, pîḍâpîḍ, naḍ *f.*, dhumâḷo, julûm, trâs *m.*, trâsaṇ *n.;* lajj *f.*

Vexador, *a. e s. m.* trâs ditalo, jîv khâtalo, trâsṇâr, julûmdâr.

Vexame, *s. m.* upadravo, trâs *m.*, ijâ *f.*; akmâu *n.*; lajjechem kâm *n.*

Vexante, *a.* lajj kartalo, lajjek ghâltalo.

Vexar, *v. t.* pîḍâpîḍ- ijâ-, trâs divuṁk *(d. do o.)*, trâsuṁk, upadryâṁk ghâlnuṁk, julûm karuṁk *(d. do o.)*, dagdag-, kashṭ divuṁk *(d. do o.)*, dagdagâvuṁk, kashṭâvuṁk, jîv khâvuṁk *(litt.* COMER A VIDA; *g. do o.)*, dhumâḷuṁk, vaḷvaḷâvuṁk, duḥkhaṁuṁk, raḍaṁuṁk, gâṁjuṁk, jâḷuṁk, kâṁtaṁuṁk, karkarâvuṁk, kisrâvuṁk, grâsuṁk, gaḷo dharuṁk,- piḷuṁk *(litt.* TORCER O PESCOÇO; *g. do o.)*; *fazer envergonhar:* lajjaṁuṁk, lajjek ghâluṁk. ‖ *v. r.* lajjuṁk, lajjek paḍuṁk; kurmurmuṁk, rusuṁk.

Vexativo, **vexatorio**, *a.* trâsâṁcho, kashṭ-, dagdag divuṁcho.

Vexillario, *s. m. (ant.) V.* PORTA-BANDEIRA.

Vexillo, *s. m. (ant.) V.* ESTANDARTE.

Vez, *s. f.* veḷ, samay, saṁyog *m.*; pâṇṭh, pâḷî, phedî, vârî *f.*, vâr *m.*, phâṁtâ *(us. Sal.)*, pârâ *(us. Can.)*, khep *f.*; *pequena porção:* thoḍo, iloso *(aa.)*. ‖ *Chegou a sua —*, pâḷî-, kâḷ yevuṁk *(com l. sup.)*. *Estar á —*, âple pâḷiyek râvuṁk *Fazer as vezes de*, svâter râvuṁk, -âsuṁk. *Ás vezes ou por vezes*, kedṇây, ekâdâ, ekâdâ veḷâ, thoḍe pâvṭhî. *Cada — mais*, pâvṭhîche pâvṭhî chaḍh. *De — em quando*, kedṇây, aṁtryâ-pairyân, âṁâse-puṇvek. *De —*, eke pâvṭhîn, ekâ phârâk, ekdam; baryâ veḷâr,- samayâr. *D'esta —*, he pâvṭhî, hyâ phârâk. *Em — de*, svâter. *Uma —*, ek pâvṭhî; ekech pâvṭhî. *Uma — que*, dekhûn *(posp.)*, mhaṇûn *(posp.)*.

Vezar, *v. t. e r. V.* AVEZAR.

Vezeira, *s. f.* dhukrâṁcho hiṁḍ,- kaḷap *m.*

Vezeiro, *a.* saṁvay-, khoḍ âslalo.

Vezo, *s. m.* vaj *m.*, saṁvay, châl; khoḍ *f.*

Via, *s. f.* vâṭ *f.*, mârag, rasto; *direcção:* mârg *m.*, vâṭ; *ducto:* naḷî *f.*, naḷ, mârg; *meio:* upây, ilâj *m.*, vâṭ; *modo:* vâṭ, rît, châl. || *Vias de facto,* lâṭâguṭî, mârâmârî *f.*, mâr *m.* — *ferrea,* âggâḍiyechî vâṭ. — *lactea,* âkâśgaṁgâ, âkâśnadî *f.*, devpath. — *ordinaria (for.),* sâdâṁcho vyavahâr *m.*, ubhî châl *f.* — *sacra,* vyâsâkr *m.* *Pôr em* —, vâṭek lâvuṁk. *Por* — *de,* varvîṁ, udeśîṁ. *Por* — *de regra,* châlî pramâṇeṁ, chaḍhâvat. *Por* — *maritima,* daryâṁtlyân.

Viação, *s. f.* chalneṁ *n.*, châl *f.*; vâṭo *f. pl.*, raste *m. pl.*

Viador, *s. m.* vâṭsûr, muśâphar; saṁsârâṁt jiyetalo manis, svargagâmî; raṇiyecho kârbhârî. || *V.* VEADOR.

Viaducto, *s. m.* pâṭo, sâṁkaḷ *m.*

Viageiro, *a.* vâṭecho. || *s. m.* vâṭsûr, mârgî. || *V.* PEREGRINO.

Viagem, *s. f.* vyâj, vâṭ *f.*, mârg (— *por terra*); khep (— *de ida e volta*); vyâj, muśâpharî *f.*, jalyân (*p. us.*), paiṇ (*us. Can.*) *n.*

Viajador, *a. e s. m.* (*p. us.*), **viajante,** *a. e s. m. e f.* vyâj kartalo, vâṭsûr, mârgî, muśâphar, sapharî.

Viajar, *v. i.* vyâj-, muśâpharî karuṁk, pais-, deśâṁtarîṁ vachuṁk. || *v. t.* bhoṁvuṁk. || — *terras,* saṁsâr gâḷuṁk,- partuṁk.

Viajata, *s. f.* maujechî bhoṁvḍî *f.*

Viajor, *s. m.* *V.* VIAJANTE.

Vianda, *s. f.* khâṇ; mâskaṁḍ *n.* || -s, *pl.* pakvanâṁ *n. pl.*

Viandante, *a. e s. m. e f.* vâṭsûr, mârgî.

Viandar, *v. i.* vâṭ ṭâṁkuṁk, bhoṁvuṁk, bhramuṁk.

Viandeiro, *a. e s. m.* baryâṁ khâṇâṁcho; khâṇâr, khâvgo, poṭyo.

Viatico, *s. m.* vâṭechî bejmî *f.*, mârgkharch, tânbhûklâḍû *m.*, śidorî *f.*; (*fig.*) Sâheb *m.*

Viatura, *s. f.* vahan, yân *n.*, gâḍî *f.*

Viavel, *a.* âḍkhaḷ-, aḍchaṇ nâslalo, jâvûṁ-, ghaḍûṁ yeso; (*m d.*) jiyevûṁ yeso (garbh).

Viba, *s. f.* ûsh *f.*

Vibora, *s. f.* phurseṁ *ou* khurseṁ *n.*, kâṁṭî (*litt.* ESPINHEIRO) *f.*

Vibordo, *s. m.* (*mar.*) târvâchî bâṇ *f.*

Vibração, *s. f.* hâlaṇî, hâlṇî, dolṇî, jel; kâṁpṇî, kâṁp, śiṁvśivṇî *f.*

Vibrante, *a.* kâṁptalo, jeltalo, jhaṁjhaṁit. || *Pulso* —, phaḍphaḍit nâḍ *f.* *Voz* —, khaṇkhaṇit ṭâḷo *m.*

Vibrar, *v. t.* hâlauṁk, bhoṁvḍâvuṁk, jelauṁk, ubhrâvuṁk; *dedilhar:* boṭâṁ mâruṁk (*d. do o.*), vâjauṁk; *arremessar:* soḍuṁk, mâruṁk, soḍûn mâruṁk; *fazer soar:* sâdâvuṁk, vâjauṁk; *communicar:* saṁchruṁk, bharuṁk. || — *os olhos,* ḍoḷe orkuṁk. — *raios e coriscos,* kiṭlâṁ usḷâvuṁk. *Fazer* —, vâjauṁk; jelauṁk; (*fig.*) halkaṁḍâvuṁk. — *luz,* ujvâḍ phâṁkauṁk. — *raios,* kirṇâṁ ghâluṁk. || *v. i.* hâluṁk, kâṁpuṁk, śiṁvśivuṁk, jeluṁk, doluṁk; *tocar:* vâjuṁk; *echoar:* gâjuṁk, sâdâvoṁk.

Vibratil, vibratorio, *a.* jelicho, doltalo.

Vibratilidade, *s. f.* jelcho guṇ *m.*

Vibratoriamente, *adv.* jelûn, dolûn.

Vibratorio, *a.* jelicho, jeltalo, doltalo, śiṁvśivṇo.

Vibrissas, *s. f. pl.* nâkâṁtle keṁs *m. pl.*

Viçado, *a.* poslalo, mâtlalo.

Viçar, *v. t. e i.* *V.* VICEJAR.

Vicarial, *a.* vigârkecho.

Vicariato, *s. m.* vigârkî *f.*; vigârâcheṁ ghar *n.*

Vice, *pref.* upa, dusro.

Vice-almirante, *s. m.* lahân âlmirâṁt.

Vice-chanceller, *s. m.* dusro-, khâlto śikkekâr.

Vice-consul, *s. m.* dusro-, lahân vakîl.

Vice-governador, *s. m.* dusro adhikârî, upanâyk.

Vicejante, *a.* lavlavît, ṭakṭakît, tâjo; (*fig.*) śriṁgârlalo, alaṁkrit.

Vicejar, *v. i.* ṭakṭakît-, lavlavît jâvuṁk, ṭakṭakuṁk, posoṁk, mâtuṁk. || *v. t.* posauṁk, mâtauṁk, ṭakṭakît-, lavlavît karuṁk.

Vicejo, *s. m.* ṭakṭakî, posṇî *f.*, mât *m.*

Vice-legado, *s. m.* upadût.

Vice-mordomo, *s. m.* badlecho kârbhârî.

Vice-morte, *s. f.* marṇâcheṁ rûp *n.*

Vicennal, *a.* visâṁ visâṁ-, dar visâṁ varshâṁcho.

Vicennio, *s. m.* vis varshâṁ *n. pl.*

Vice-presidente, *s. m.* upâdhikârî, upâdhyâksh.

Vice-rainha, *s. f.* uparâjâchî patîṇ.

Vice-rei, *s. m.* râjkâmî, uparâj, râjpratinidhi, râjedhâr.

Vice-reinado, *s. m.* râjpratinidhipaṇ *n.*

Vice-reinar, *v. i.* râjpratinidhipaṇ chalauṁk.

Vice-reitor, *s. m.* upamaṭhsvâmî.

Vice-versa, *adv.* partûn, partem, ulṭûn.

Viciação, *s. f.* vâyṭ karṇem, bhashṭâvṇî, bighḍâvṇî; bighaḍṇî *f.*, dûshaṇ *n.*

Viciado, *a.* aguṇ-, khoḍ âslalo, dushṭ, pâḍ *(us. Can.)*.

Viciador, *a. e s. m.* dushṭ-, pâḍ kartalo, bhashṭâvṇo, bighḍâvṇâr.

Viciamento, *s. m.* *V.* VICIAÇÃO.

Viciar, *v. t.* vâyṭ-, pâḍ karuṁk, bhashṭâvuṁk, bighḍâvuṁk, dûshaṇ karuṁk *(g. do o.)*; *annullar:* moḍuṁk, bhaṁgauṁk, radd karuṁk; *falsificar:* khoṭo-, laṭik karuṁk, barsuṁk, bhel ghâluṁk *(d. do o.)*. ‖ *v. r.* vâyṭ-, khoṭo jâvuṁk, bighḍuṁk, bhashṭâvoṁk.

Vicinal, *a.* śejârâcho, śejârcho; saradîcho. ‖ *Caminho* —, gâṁvvâṭ *f.*

Vicio, *s. m.* dosh, aib, bhiṁg *m.*, avlakheṇ, hîṇ *n.*: anît *f.*, anyây, adharm; *falta habitual:* vis, khoṭo guṇ aguṇ, avguṇ, durguṇ, nirguṇ, apaguṇ *m.*, khoḍ, vibhakti, * khyâlî *f.* ‖ *V.* VICIAÇÃO.

Viciosamente, *adv.* aguṇân, durguṇîṁ.

Viciosidade, *s. f.* aguṇpaṇ, durguṇpaṇ.

Vicioso, *a.* vâyṭ, dushṭ, pâḍ *(us. Can.)*, bhashṭâylalo; aguṇî, avguṇî, durguṇî, nirguṇî, nilakheṇî, khoḍyo, khoḍkâr, aibî.

Vicissitude, *s. f.* anukram *m.*, anuvṛitti, pâḷî *f.*, pâlaṭ, pher *m.* ‖ *V.* EVENTUALIDADE. ‖ *Vicissitudes da vida,* rahâṭghaḍe, râjghaḍe *m. pl.*, ulaṭâpâlaṭ *f.*, kâḷchakr *n.*

Vicissitudinario, *a.* anukramâcho, rahâṭghaḍyâṁcho.

Viço, *s. m.* jhâḍâcho kâr,- śâr, mât *m.*, ṭakṭakî, lavlavitây, posṇî *f.*; *ardor:* mât *m.*, musmusî, masti; *exuberancia:* gat, lukluki *f.*, jiv *m.*, tej *n.*, * kayâ; *regalo:* aprûbây *f.*, chaḍh moypâs *m.* ‖ *Cavallo de muito* —, musmusît-, masto ghoḍo.

Viçosamente, *adv.* kârân, lavlavitâyen, mâtân.

Viçoso, *a.* ṭakṭakit, ṭukṭukit, tâjo, sârâcho, mâtlalo, poslalo; luklukît, rasraśit, tejvaṁt, raṁgdâr, musmusît; aprûbâyecho, kâpsâṁt-, phulâṁmṇîṁ ghâlalo. ‖ *V.* FOGOSO.

Victima, *s. f.* bali *ou* baḷi *m. ou f.*, balîcho paśu; *(fig.)* dhumâḷyâcho-, durgatîcho mâl *m.*

Victimar, *v. t.* mârûn bheṭauṁk, bali karuṁk *(g. do o.)*: *(fig.)* mâruṁk, jiv kâḍhuṁk. ‖ *V.* DAMNIFICAR. ‖ *v. r.* âplî bheṭ-, bali karuṁk, âplo jiv divuṁk.

Victimario, *s. m.* *(ant.)* yajamân; yâjak, bali kartalo. ‖ *a.* balîcho.

Victor, *int.* jayjay! śâbâs!

Victoria, *s. f.* jikṇî *f.*, jay *m.*, jayt, * jaytpad, yaś *n.*, śebay *f.* ‖ *int.* jayjay!, śâbâs!

Victoriar, *v. t.* jayjay mhaṇuṁk *(d. do o.)*, śebay mâruṁk *(d. do o.)*; *(fig.)* nâvâḍhuṁk, vâkhâṇuṁk.

Victoriosamente, *adv.* jaytân, jayîṁ.

Victorioso, *a.* jaytvaṁt, jayî, jikṇâr, jayt vhartalo.

Victrice, *s. f.* *(poet.)* jaytvaṁt.

Vida, *s. f.* jiv, prâṇ, jivprâṇ *(redup.)* *m.*, jivit, jivitv *n.*; *existencia:* jiv *m.*, jinem, jivaṇ, jivit *n.*, jivdaśâ *f.*; *modo de existir:* jiṇem *n.*, vartaṇûk, sthiti *f.*; *sustento:* udarposhaṇ, ann, annpâṇî *n.*; *occupação:* châl *f.*; âcharaṇ *n.*, udyam *ou* udim *m.*; *vitalidade:* chetanâ, jivśakti, prâṇśakti *f.*; *animação:* jiv, raṁg *m.*, tej *n.*; *essencia:* sâr, sasâr *m.*; *edade:* jiṇ, prây *ou* pirây *f.*, âukh *n.* ‖ — *de cão,* upadryâṁchem jinem. — *christan,* devbhirâṁtîchem jiṇem. — *civil,* grihasthâṁchî jiṇ. — *eterna,* sâsṇâchî jiṇ, akhaṁḍit jivit. — *futura,* dusrî jiṇ. — *de negro,* mhârâchem jinem. — *de porco,* jevuṁchem-khâvuṁchem jiṇem. *Concessão em duas vidas,* doṇ piṁḍkâṁchem dân, -samarpaṇ *n.* *Modo de* —, poṭâcho upây *m.* *Fazer — com alguem,* sâṁgâtâ jiyevuṁk. *Ganhar a* —, poṭ soḍauṁk. *A boa* —, hât-pâṁy soḍûn, hât pâṁghrûn. *Em* —, vâṁcha paryâṁt, jiṇiṁt. *Por minha* —, jivâchyân, majyân. *Para a — e para a morte,* sâsṇâk, sarvsarvataḥ.

Vidar, *v. t.* *(ant.)* dâkho lâvuṁk,- rovuṁk *(l. do o.)*.

Vide, *s. f.* dâkhecho bel *m.*; dâkh *f.*; *(anat.)* nâḷem *n.*

Videira, *s. f.* *(bot.)* dâkhechem jhâḍ *n.*, dâkh *f.*

Videiro, *a. e s. m.* udyamî, udyogî.

Vidente, *s. m. e f.* phuḍâr paḷetalo, bhâkṇâr, bhavishyavâdî; aṁtarjñânî. ‖ *s. m.* bârîk dishṭ âslalo, dirghadrishṭi.

Vidonho, *s. m.* dâkhecho phâṁṭo *m.*

Vidraça, *s, f.* ârsyâṁcho sâṁcho *m.*, -janel, bhiṁg *n.*

Vidraçaria, *s. f.* gharâche sagḷe ârse *m. pl.*

Vidraceiro, *s. m.* ârse ghâltalo, -viktalo, ârsekâr. ‖ *Massa de* —, chikî *f.*

Vidrado, *a.* kâj-, lâkhvaṇ lâylalo; *(fig.)* phiko, nistej.

Vidrar, *v. t.* kâj-, lâkhvaṇ lâvuṁk,- basauṁk *(d. do o.)*; *(fig.)* bâso-, phiko karuṁk. ‖ *v. r.* bâso-, nistej jâvuṁk.

Vidraria, *s. f.* kâjkhâṇo *m*; kâjkâm *n.*; ârsyâṁcho yepâr,- mâṁḍ *m.*

Vidreiro, *s. m.* kâṁch-, ârse kartalo, kâṁchkâr.

Vidrante, *a.* kâjesârko, ârso kaso; bâso, phiko; *(fig.)* *V.* QUEBRADIÇO.

Vidrilho, *s. m.* kâṁchmaṇi, kâjecho phoḍo *m.*

Vidrino, *a.* kâjecho; ârso kaso.

Vidro, *s. m.* vîdr *m.*, kâṁch *ou* kâj *f.*; ârso *m.*, bhiṁg *n.*; *frasco:* budhlî, śiṁslî; *(fig.)* phuṭkar vast *f.*; jaḷsar manîs.

Vidroso, *a.* *V.* VIDRENTO.

Viduaĺ, *a.* vidhvâpaṇâcho, râṁḍpaṇâcho.

Vieira, *s. f.* jâtrekârâcho śiṁpo *m.*

Vieiro, *s. m.* doro, doḷo *m.*

Viella, *s. f.* pâṁyvâṭ, âḍvâṭ, pâṁyḍ, bîd *f.*

Viez, *s. m.* vâṁk, vâṁkḍî âṁḍi; âḍvî paṭṭî *f.* ‖ *Ao* —, pâlso, âḍvo *(aa.)*.

Viga, *s. f.* pâṭî *f.*

Vigairaria, *s. f.* vigârkî *f.*

Vigamento, *s. f.* gharâchyo saglyo pâṭyo *f. pl.*; pâṭiyâṁchî jaḍṇî *f.*, sâṭho *m.*

Vigar, *v. t.* pâṭyo ghâluṁk *(d. do o.)*.

Vigario, *s. m.* badlî, vârcho; vigâr.

Vigente, *a.* chalto, châlîr âslalo.

Viger, *v. i.* chaluṁk, châlîr âsuṁk.

Vigesimo, *a.* visvo. ‖ *s. m.* visvo vâṁṭo, visvo *m.*

Vigia, *s. f.* vijî, râkhaṇ, terlûk; jâgritây; *sentinella:* vijî *f.*, pahâro, chauki *f.*: *espia de barco:* hoḍyâk hoḍeṁ bâṁdhcheṁ dor *n.* ‖ *V.* GUARITA. ‖ *Estar de* —, teḷûn râvuṁk, vâṭ paḷevuṁk, pâlad karuṁk. ‖ **-s,** *pl.* daryâṁtlîṁ khaḍpâṁ *n. pl.* ‖ **-s,** *m. pl.* pahârkâr, chaukîdâr, terl *m. pl.*

Vigiador, *a. e s. m.* râkhṇâr, râkhṇo, teḷṇâr, paḷetalo. ‖ *V.* CUIDADOSO.

Vigiante, *a.* râkhtalo, jâgrit, jâgsûr.

Vigiar, *v. t.* râkhuṁk, râkhaṇ karuṁk *(g. do o.)*, pâlad karuṁk *(d. do o.)*, paḷevuṁk, teḷuṁk, chatrây karuṁk *(d. do o.)*. ‖ *v. i.* jâgo-, jâgrit râvuṁk, doḷyâṁt tel ghâḷûn râvuṁk; pahâro karuṁk; *(fig.)* jatan-, parâmaś karuṁk. ‖ *v. r.* âpṇâk râkhuṁk, âplo jîv saṁbhâḷuṁk, âplî chatrây karuṁk.

Vigieiro, *s. m. (ant.)* terl.

Vigilancia, *s. f.* jâgritây, husârki *f.*, sâvadhpaṇ *n.*; chatrây, śiḍukây *f.* ‖ *V.* ZELO.

Vigilante, *a.* jâgo, jâgrit, jâgsûr, huśâr, sâvadh, sâvadhân; chatur, śiḍûk.

Vigilantemente, *adv.* jâgritâyen, śiḍukâyen.

Vigilar, *v. t. e i.* *V.* VIGIAR.

Vigilia, *s. f.* jâgraṇ *n.*, jâg *f.*; pahâr; parbe âdlo dîs *m.*

Vigor, *s. m.* baḷ *n.*, baḷkaṭî, ghaṭṭây, dâṁḍgây, * kayâ *f.*, sattv; *energia:* tej, trâṇ *n.*, jîv, dam, ras, tarâṇ; *esforço:* neṭ, tavko, tol; *valia:* guṇ *m.*, baḷ *n.* ‖ *Estar em* —, chaluṁk. *Pôr em* —, châlû karuṁk, chalauṁk.

Vigorante, *a.* baḷ divuṁcho, ghaṭṭâyecho.

Vigorar, *v. t.* ghaṭṭ karuṁk, baḷ-, trâṇ divuṁk *(d. do o.)*; nibar karuṁk. ‖ *v. i.* ghaṭṭ jâvuṁk, baḷ-, gat ghevuṁk; chaluṁk, châlîr âsuṁk.

Vigorisar, *v. t.* ghaṭṭ karuṁk, baḷ divuṁk *(d. do o.)*. ‖ *v. r.* baḷ ghevuṁk, ghaṭṭ jâvuṁk.

Vigorosamente, *adv.* baḷâṇ, tavkyâṇ, neṭâṇ, chapâchap, jhaḍâjhaḍ, jhapjhapâṁ, jarjarit, charcharit.

Vigoroso, *a.* ghaṭṭ, baḷî, baḷkaṭ, tâṇ, dâṁḍgo; jivaṭ, tejvaṁt, damdâr, trâṇî, kaḍkaḍit, suḍsuḍit; saḍsaḍit, jhaḍjhaḍit.

Vigota, *s. f.*, **vigote,** *s. m.* lahân pâṭî *f.*

Vil, *a.* thoḍyâ molâcho, kirkoḷ, halko, damḍecho; *mesquinho:* uṇo, lahân, laḍgo, kirkoḷ; *abjecto:* kamâśîl, itar, hîṇ, nashṭo, nîch, kanishṭh, pâjî, ounkhaṭo, hiḍis, uṇoduṇo *(redup.)*, durjan, hâgirḍo, dvâḍ; *torpe:* pojḍo, paḷiṭ, mâṁgro, aḷśikaṇo, pâḍ *(us. Can.)*.

Vileza, *s. f.* kirkoḷây *f.*, halkepaṇ, uṇepaṇ, itarpaṇ, lahânpaṇ, dvâḍpaṇ, nashṭepaṇ, hiṇpaṇ, chaṁḍâḷpaṇ *n.*

Vilhancete, *s. m.* *V.* VILLANCETE.

Vilhanesca, *s. f.* *(ant.)* gopakâvya *n.*, day *f.*

Vilificar, *v. t.* halko-, kirkoḷ karuṁk, halkâvuṁk.

Vilipendiador, *a. e s. m.* mân kâḍhtalo, bemân kartalo.

Vilipendiar, *v. t.* mân kâḍhuṁk *(g. do o.)*, bemân karuṁk, pachmânuṁk, haḷuvâṭuṁk, ânadaruṁk.

Vilipendio, *s. m.* bemân, ânadar, tiraskâr *m.*, beparvâ *f.*

Vilipendiosamente, *adv.* bemânâṇ, beparvâ karûn.

Vilipendioso, *a.* bemânâcho, bemânî, akmânâcho, mân kâḍhcho.
Villa, *s. f.* lahân śahar *n*, nagarî *f.*, kasbe, grâm; baṁglo *m.*
Villa-diogo, *s. m.: dar ás de* —, paḷuṁk, jhurî-, kâvaḍ kâḍhuṁk.
Villan, *s. f. V.* VILLÃO.
Villanaço, villanaz, *a. e s. m.* luchcho, labâḍ, soḍo.
Villanagem, *s. f.* luchchepaṇ, soḍepaṇ *n.*; luchchyâṁcho jamo *m.*
Villancete, *s. m.* jhot, ovî *f.* ‖ *V.* CHACOTA.
Villanesco, *a.* luchchyâcho, avinayî, arbaṭ.
Villania, *s. f.* luchchepaṇ, soḍepaṇ, hîṇpaṇ, bursepaṇ *n.*, labâḍkî *f.*; châṭepaṇ, himṭepaṇ *n.*
Villanmente, *adv.* luchchepaṇîṁ, hîṇpaṇîṁ.
Villão, *a.* upanagrâṁt jiyetalo, nagarî; *(fig.)* gâṁvṭî, khedegâṁvcho, jaṁgḷî, rânaṭ; *grosseiro:* burso, arbaṭ, avinayî; *baixo:* luchcho, masto, labâḍ, uṇo, kirkoḷ. ‖ *V.* PLEBEU. ‖ *s. m.* khedegâṁvcho manîs, gâṁvṭî; uṇo manis, akulaj; soḍo, durâtmo, chaṁḍâḷ, choṁbḍo; châṭo, himṭo. ‖ — *ruim*, akkleviṇo manîs, bâṁgar, mhârû.
Villar, *s. m. (ant.)* khedeṁ *n.*, khedegâṁv *m.*
Villete, villoria, *s. f.*, **villorio**, *s. m.* lahân nagarî *f.*, halko kasbe *m.*
Villoa, *a. e s. f. V.* VILLÃO.
Villosidade, *s. f.* laṁverepaṇ *n.*
Villoso, *a.* lâṁvero, keṁsâḷo.
Vilmente, *adv.* kirkoḷâyen, halkepaṇîṁ, hîṇpaṇîṁ; thoḍyâ molân.
Vilta, *s. f. (ant.)* bemân, pachmân, akmân *m.*
Viltança, *s. f. (ant.) V.* AVILTAMENTO.
Viltar, *v. t. (ant.) V.* AVILTAR.
Vime, *s. m.* vâḷuṁjicheṁ jhaṁp,- tâḍ *n.*; vâḷuṁj *f.* ‖ *V.* VIMEIRO.
Vimeiro, *s. m. (bot.)* vâḷuṁj *f.*, vâḷuṁjicheṁ jhâḍ *n.* ‖ *V.* VIMIEIRO.
Vimieiro, *s. m.* vâḷuṁjiṁcheṁ rân *n.*
Vimineo, vimoso, *a.* vâḷuṁjicho.
Vinaceo, *a. V.* VINEO.
Vinagrado, *a.* śirko âslalo.
Vinagrar, *v. t. e i. V.* AVINAGRAR.
Vinagre, *s. m.* vinâgr *f.*, śirko *m.*
Vinagreira, *s. f.* śirkyâcheṁ âydan *n.*
Vinagreiro, *s. m.* śirko kartalo va viktalo.
Vinario, *a.* saryâcho.
Vincada, *s. f. V.* VINCO.
Vincar, *v. t.* moḍuṁk, doḍuṁk, mirî-, mâg ghâluṁk *(d. do o.)*.
Vincelho, vincilho, *s. m.* veṁṭo *m.*
Vinco, *s. m.* moḍ, doḍ, mirî *f.*; kâtro; mâg *m.*, charî *f.*
Vinculado, *a.* bâṁdhlalo; vaṁśaparaṁparâgat-, śâsvat kelalo.
Vinculador, *a. e s. m.* bâṁdhûn davartalo, vaṁśaparaṁparâgat kartalo.
Vincular, *a.* vaṁśaparaṁparâgat.
Vincular, *v. t.* bâṁdhuṁk, bâṁdhûn davruṁk, gâṁṭhâvuṁk; *segurar a posse de,* bhogâvaḷ saṁbhâḷuṁk *(g. do o.)*; *impor obrigação a,* kâydo ghâluṁk *(d. do o.)*; *fazer inalienavel:* vaṁśaparaṁparâgat karuṁk. ‖ *v. r.* âpṇâk bâṁdhuṁk; sadâṁkâl taguṁk, -uruṁk, śâsvat jâvuṁk.
Vinculativo, vinculatorio, *a.* bâṁdhcho, gâṁṭhâvuṁcho.
Vinculavel, *a.* gâṁṭhâvûṁ yeso; vaṁśaparaṁparâgat karcho.
Vinculo, *s. m.* bâṁdhap *n.*, bâṁdhpâs, veṁṭo; *(fig.)* doro *m.*, sûṭ *n.*, lagṭi *f.*, saṁbaṁdh, ekatraṇ, ekatrapaṇ *n.*; *bens vinculados:* vaṁśaparaṁpâgat âsti *f.*
Vinda, *s. f.* yeṇeṁ, pâvṇeṁ *n.* ‖ *Dar as boas vindas,* baro âyloy-, pâvloy mhaṇuṁk.
Vindicação, *s. f.* hakkân parat mâgṇeṁ; satteṁ śodhṇeṁ; dosh nivâraṇ *n.*; *castigo:* khâst, śikshâ *f.*; *(ant.) V.* VINGANÇA.
Vindicar, *v. t.* hakkân parat mâgṇuṁk,- ghevuṁk; satteṁ śodhuṁk; *justificar:* rujû-, kharo karûn dâkhauṁk, doshâṁtlo-, gunyâṁvâṁtlo saṁbhâḷuṁk; *castigar:* khâst lâvuṁk *(d. do o.)*, śikshâ divuṁk *(d. do o.)*.
Vindicativo, *a.* khâst lâytalo, śikshecho; nirapârâdhî karcho, doshnivârak.
Vindice, *a. e s. m. e f.* saṁbhâḷî, râkhṇâr, pâḷak, târak.
Vindicia, *s. f.* nîtîn bhogâvaḷ śodhṇeṁ *n.*
Vindiço, *a. V.* ADVENTICIO.
Vindicta, *s. f.* sûḍ gheṇeṁ, pratiphaḷ, pratikarm *n.*
Vindima, *s. f.* dâkho kâḍhṇeṁ *n.*; dâkho kâḍhcho samay *m.*; *(fig.) V.* COLHEITA.
Vindimadeira, *s. f.* dâkho kâḍhtalî.
Vindimadeiro, *a.*, **vindimador**, *a. e s. m.* dâkho kâḍhtalo.
Vindimadura, *s. f. V.* VINDIMA.
Vindimal, *a.* dâkho kâḍhṇyâcho.

Vindimar, *v. t.* dâkho kâḍhuṁk *(g. do o.)*, * pâḍuṁk; *(fig.)* nâsâḍi-, bhaṁgasthaḷ karuṁk *(g. do o.)*; mâruṁk, jîv kâḍhuṁk *(g. do o.)*. ‖ *v. i.* dâkho kâḍhuṁk.

Vindimo, *a.* dâkho pikchyâ samayâr jâlalo. ‖ *Cesto* —, pâṁṭeṁ *n.*

Vindo, *a.* âylalo; upjalalo, nipjalalo.

Vindoiro, *a.* phuḍe yetalo,- ghaḍtalo, phuḍlo, phuḍârcho. ‖ -s, *s. m. pl.* mâgirlo lok *m.*, phuḍlyo pîṁḍko *f. pl.*

Vineo, *a* *(poet.)* saryâcho.

Vingador, *a. e s. m.* sûḍ ghetalo, phârikpaṇ ditalo, pratikârak; khâst lâytalo.

Vingança, *s. f.* viṁgâṁs, sûḍ, phârikpaṇ, pratiphaḷ *n.*, pratikâr *m.*

Vingar, *v. t.* viṁgâṁs-, sûḍ ghevuṁk *(g. do o.)*, phârikpaṇ divuṁk *(d. do o.)*, pratikâr karuṁk *(d. ou g. do o.)*; *galardoar:* inâm-, phaḷ divuṁk *(d. do o.)*; *defender:* râkhuṁk, saṁbhâḷuṁk; *livrar:* nivâruṁk, vâṭâvuṁk. ‖ *v. r.* sûḍ-, bharûn ghevuṁk.

Vingar, *v. t.* pâvuṁk *(dat. ou rad. do o.)*: *ultrapassar:* baḷâṁḍuṁk, utruṁk: *trepar:* chaḍhuṁk; *alcançar:* âṭpuṁk, meḷauṁk. ‖ *v. i.* guṇ-, phaḷ yevuṁk *(g. do s.)*, sukḷâk paḍuṁk; vâḍhuṁk, posoṁk, vayr yevuṁk.

Vingativamente, *adv.* suḍân.

Vingativo, *a.* viṁgâṁs-, sûḍ ghetalo, daṁśî, aksî, gunyâṁv bogsi nâslalo, râg kâḷjâṁt davartalo.

Vinha, *s. f.* dâkhâṁcho maḷo *m.* ‖ *A — do Senhor,* igraj mâtecheṁ gap *n.*

Vinhaça, *s. f.* vâyṭ saro; saryâcho goḍo *m.*: saryâcheṁ uphâḷeṁ *n.* ‖ *V.* BEBEDEIRA.

Vinhaceo, *a.* saryâcho; saryâ sârko.

Vinhadeiro, *s. m.* *V.* VINHEIRO.

Vinhago, vinhal, *s. m.* dâkhâṁcho maḷo *m.*

Vinhão, *s. m.* baro-, nibar saro *m.*

Vinhataria, *s. f.* dâkhâṁcheṁ lâvap *n.*

Vinhateiro, *s. m.* dâkho lâytalo; saro kartalo. ‖ *a.* dâkho lâvuṁcho, dâkhâṁcho.

Vinhedo, *s. m.* dâkhâṁcho vhaḍ maḷo *m.*

Vinheiro, *s. m.* dâkhâṁcho maḷo rakhtalo.

Vinheta, *s. f.* kirvaṇ *f.*

Vinhete, *s. m.* pachko saro *m.*

Vinho, *s. m.* śaro *ou* soro *m*, śeḷî pej *(litt.* CANJA FRIA), dârû *(us. N. C.)*, drâkshâras *ou* drâkheras *(p. us.)*, madhu *(p. us.)* *m.*; *(fig.)* *V.* EMBRIAGUEZ ‖ *Estar com o —*, saro chaḍhuṁk,- lâguṁk *(d. do s.)*, kâtrîr âsuṁk. *Ter mau —*, saryân khubhdaḷuṁk.

Vinhoca, *s. f.* halko saro *m.*, pachakvaṇî *n.*

Vinhogo, *s. m.* *(ant.)* dâkhâṁchî-, saryâchî svât *f.*

Vinhote, *s. m.* pachakvaṇî; saryâk saṁvkalalo, sarekâr, surâṁdo.

Vinico, *a.* saryâcho.

Vinicola, *a.* dâkhâṁchyâ lâvpâcho.

Vinicultura, *s. f.* *V.* VITICULTURA.

Vinifero, *a.* dâkho jâtalo,- piktalo.

Vinificação, *s. f.* saro karchî vidyâ, saryâchî kamây *f.*

Vinolencia, *s. f.* bebdikây *f.*, cheṁḍpaṇ, sunḍepaṇ *n.*

Vinolento, *a.* bebdo *(do port.* BEBADO), sarekâr, surâṁdo, sunḍo.

Vinosidade, *s. f.* saryâcho guṇ *m.*

Vinoso, *a.* saryâcho, saryâchyâ svâdâ va raṁgâcho.

Vintaneiro, *a.* *(ant.)* visâṁ varshâṁcho. ‖ *Terra vintaneira,* vîs varshâṁ pâḍ âschî bhûṁy.

Vinte, *a. pl.* vîs. ‖ *Dar no —*, samjuṁk, śiḍkuṁk, chatrây jâvuṁk *(d. do s.)*.

Vintem, *s. m.* visres *m.*; *(fig.)* *V.* DINHEIRO. ‖ *Não ter —*, damḍî nâsuṁk *(ab. kaḍe do s.)*.

Vintena, *s. f.* vîs, koḍ *f.*; visvo *m.*

Vintenario, vinteneiro, *a.* visâṁ varshâṁcho.

Viola, *s. f.* vyol *n.*, vîṇo *m.* ‖ *Metter a — no sacco,* toṁḍ dhâṁpuṁk, ugo râvuṁk.

Violação, *s. f.* moḍṇî, mâḍauṇî *f.*; bhaṁg; gunyâṁv, aprâdh *m.*, akarm, dushkarm; dûshaṇ, kanyâdushaṇ *n.* ‖ *V.* PROFANAÇÃO.

Violaceo, *a.* jâṁbḷo.

Violador, *a. e s. m.* moḍtalo, mâḍauṇâr; bhashṭâytalo; kanyâdûshak.

Violão, *s. m.* vhaḍleṁ vyol *n.*

Violar, *v. t.* moḍuṁk, mâḍauṁk, toḍuṁk, bhaṁgauṁk; *profanar:* bhashṭâvuṁk, viṭâḷuṁk; *attentar contra o pudor de:* hât lâvuṁk *(d. do o.)*, dûshaṇ karuṁk *(g. do o.)*. ‖ *— carta,* dusryâche chiṭṭir kiteṁ âsâ teṁ paḷevuṁk. *— segredo,* gûḍh phoḍuṁk.

Violavel, *a.* moḍuṁcho.

Violeiro, *s. m.* vyolâṁ kartalo, viktalo va vâjaitalo, vîṇekâr.

Violencia, *s. f.* neṭ, veg, jor, tavko taḍâko, jhapâṭo: *intensidade:* taḍâko, dhaḍâko; chanchano, chaḍchaḍo (— *de dor)*; *oppressão:* julûm *m.*, jabardasti, jabarî *f.*; *constrangimento:* baḷ *n.*, julûm *m.*

Violentado, *a.* baḷ kelalo.

Violentador, *a. e s. m.* baḷ-, julûm kartalo.

Violentamente, *adv.* baḷân, jabardasten, oḍhûn tâṇûn.

Violentar, *v. t.* baḷ karuṁk *(d. do o.)*, baḷân karuṁk lâvuṁk *(d. do o.)*; *estuprar:* baḷân bhashṭâvuṁk, dapṭuṁk, dûshaṇ karuṁk *(g. do o.)*; *arrombar:* nikḷâvuṁk, galgaḷâvuṁk, koṁsḷâvuṁk; *torcer o sentido de:* vaḷuṁk, oḍhuṁk. ‖ *v. r.* âpṇâkach baḷ karuṁk.

Violento, *a.* jabar, kaḍak, neṭâcho, jhapâṭyâcho, jhaḍjhaḍit; *agitado:* taḷmaḷit, phaḍphaḍit, dhaḍbaḍyo; *vehemente:* âveśî, chanchaṇît, utsuk, nibar; *arrebatado:* chiḍro, jaḷsar, râgishṭ; *oppressivo:* julmâcho, jabardast; *que fôrça:* baḷâcho, baḷ karcho; *injusto:* samurtî-, nîtî âḍ, anyâyî. ‖ *Morte violenta,* apghâtâchem marṇ. *Pôr mãos violentas,* hât ukluṁk.

Violete, *a.* jâṁbḷo. ‖ *s. m.* jâṁbḷo raṁg *m.*

Violetta, *s. f.* vhaḍlem rebek.

Violinista, *s. m. e f. V.* RABEQUISTA.

Violino, *s. m. V.* RABECA.

Violoncello, *s. m.* dhâkṭo rebekâṁv *m.*

Vipereo, viperino, *a.* phursyâcho; phursyâ sârko; vikhâḷo.

Vir, *v. i.* yevuṁk; *chegar:* pâvuṁk; *estar occupado:* bharon yevuṁk; *regressar:* partoṁk, parton yevuṁk; *acontecer:* yevuṁk, pâvuṁk; *nascer:* jâvuṁk; *descer:* deṁvuṁk; *entrar:* bhitar saruṁk; *acudir:* pâvuṁk; *apparecer:* yevuṁk, dishṭî paḍuṁk; *proceder:* yevuṁk. ‖ — *a accordo,* kabûl-, râjî jâvuṁk. — *ás armas,* jujuṁk lâguṁk. — *a braços,* jujuṁk. — *ao cabo,* pâvuṁk; saṁpâḍuṁk. — *vir ás carreiras,* dhâṁvûn yevuṁk. — *a effeito,* jâvuṁk, ghaḍuṁk. — *de fazer,* karûn yevuṁk. — *á luz,* jâvuṁk; praghaṭ jâvuṁk. — *ás mãos,* jhagḍuṁk. — *á mão ou ás mãos de alguem,* hâtâṁt pâvuṁk. — *ao mundo,* jâvuṁk, saṁsârâṁt dishṭî paḍuṁk. — *á prora,* karûn paḷevuṁk. — *a saber-se,* kaḷuṁk, gamuṁk. — *a ser,* jâvuṁk. — *a ser a mesma coisa,* ekach jâvuṁk. — *sobre,* paḍuṁk *(com l. sup.).* — *ter com alguem,* meḷuṁk yevuṁk. — *com o vento,* avchitt pâvuṁk. — *a zinir,* dhâṁvdhâvîṁ yevuṁk. *Coisa por —,* ghaḍchem-, phuḍlem kâm. ‖ *v. r.* yevuṁk.

Vira, *s. f.* vâdî *f.* ‖ *V.* SETTA.

Viração, *s. f.* bârîk vârem *n.*, lahar *f.*, maṁdavâyu *m.*

Virador, *s. m. (naut.)* oḍhûn hâḍchem dor *n.*

Virago, *s. f.* dâdlyâ sârkî bâil, phâmiṁdî.

Viramento, *s. m.* partiṇem *n.*; vaḷṇî *f.*

Virar, *v. t.* vaḷuṁk, partuṁk; *pôr do avesso,* partuṁk, uphrâṭuṁk; *tornear:* bhoṁvâḍo ghâluṁk *(d. do o.).* ‖ — *a cabeça a alguem,* taklî phirauṁk. — *os calcanhares,* paḷuṁk. — *a casaca (fig.),* badloṁk, dusrî kûs ghevuṁk. — *de golpe,* ghaṭ karn partuṁk. ‖ *v. i.* partoṁk; *rebellar-se:* partoṁk, uṭhuṁk; *olhar para:* phuḍe âsuṁk. ‖ *v. r.* partoṁk, vaḷoṁk; uphrâṭoṁk, ulâṁḍoṁk; bhoṁvuṁk, bhoṁvâḍe ghâluṁk. ‖ — *para alguem (fig.),* śaraṇâ yevuṁk.

Viravolta, *s. f.* bhoṁvar, bhoṁvâḍo *m.*, ghuṁvâḷî; *cambalhota:* tâḍîmiḍî *f.*; *(fig.) V.* VICISSITUDE.

Virente, *a.* niḷvaṭîcho, ṭakṭakît, lavlavît; *(fig.)* poslalo, mâṁḍlalo.

Virga-ferrea, *s. f.* julûm *m.*, jabardastî, âgdhâḍ *f.* ‖ *Á —,* julûm karûn, kharkasâyen.

Virgem, *s. f.* âṁkuvâr, kanyâ, kumârî *ou* kuṁvar *(p. us. nesta accep.)*; Âṁkuvâr Marî; *(astr.)* kanyâ *f.* ‖ *a.* âṁkuvâr, nishkaḷaṁk, nirmaḷ, nitaḷ; *isento:* mekḷo, sûṭ; *sincero:* bhoḷo, nîj, saraḷ; *não estreado:* apûrv *ou* aprûb, ansûṭ, koro. ‖ *Floresta —,* manîs riglo nâslalem araṇem *n.* *Terra —,* kadiṁ vaṁpi nâslalî bhûṁy *f.*

Virginal, *a.* âṁkuvârîcho, âṁkuvârvaṁt. ‖ *V.* CASTO.

Virginalmente, *adv.* âṁkuvârpaṇiṁ.

Virgindade, *s. f.* âṁkuvârpaṇ *n.*; *(fig.) V.* PUREZA.

Virgineo, *a. V.* VIRGINAL.

Virgo, *s. m. (astr.)* kanyâ *f.*

Virgula, *s. f.* virgûl *ou* vîrgl *m.*, ek virâmachihnem *n.* ‖ *Não alterar nem uma —,* barâbar-, sutiṁ utruṁk.

Virgular, *v. t. e i.* vîrgl mâruṁk *(d. do o.).*

Virgulta, *s. f. (poet.)* jhaṁp *n.*

Viridante, viridente, *a. V.* VIRENTE.

Viril, *a.* purushâcho, dâdlyâcho, mânâyâcho, pauruṣh; ghaṭṭ, mardivaṁt, dhairyavaṁt. ‖ *Edade* —, bhar-prây *f.*, mâṇâypaṇ *n.* *Membro* —, liṁg *m.* ‖ *s. m.* kâṁchîchî ḍabî *f.*

Virilha, *s. f.* mâṁḍîcho sâṁdho *m.*, goḍeṁ âṁg *n.*, jâṁgh *f.*

Virilidade, *s. f.* purushpaṇ, purushatv, dâdlepaṇ *n.*; bhar-prây *f.*, mâṇâypaṇ; baḷ, dhair *n.*, mardî *f.*

Virilmente, *adv.* dâdlo kaso; baḷân, marden.

Viripotente, *a.* kâjârâcho; ghaṭṭ, baḷâdîk, trâṇî, dhairyavaṁt, mardikâr.

Virola, *s. f.* vâḷo *m.*, kaḍeṁ *n.*

Viroso, *a.* vikhâcho, vikhâḷo. ‖ *V.* NAUSEABUNDO.

Virotada, *s. f.* bhaldecho ghây *m.*

Virotão, *s. m.* bhâlo *m.*

Virote, *s. m.* bhâldî *f.*, bâṇ, śar *m.* ‖ *Olhar pelo* —, chatrâyen chaluṁk.

Virtal, *s. m.* kûḷ *n.*

Virte, *s. m.* kuḷâṁchî, śivḍî,- paṭṭî *f.*

Virtual, *a.* guṇ âslalo, śaktivaṁt, baḷâcho, saṁbhavî.

Virtualidade, *s. f.* śaktipaṇ *n.*, saṁbhâvyatâ *f.*

Virtualmente, *adv.* saṁbhavîṁ, śaktipaṇîṁ.

Virtude, *s. f.* guṇ, suguṇ, satguṇ, saguṇ *m.*, sulakhiṇ, lakheṇ; sukṛit, puṇyeṁ *n.*, satkṛiti, nît *f.*, dharm, sadâchâr, puṇyachâr; *força moral:* guṇ, dhîr *m.*, dhair *n.*, kuvet *f.*; *castidade:* nirmaḷpaṇ, nishkaḷaṁkpaṇ *n.*; *efficacia:* guṇ, phaḷ *m.*; *validade:* baḷ *n.* ‖ *Mulher de* —, ghâḍîṇ; vaijîṇ. *Em — de ou por — de,* udeśîṁ, pâṁysarâṇ. ‖ -s, *pl.* bhaḍvyâṁcho ek dalbhâr *m.*

Virtuosamente, *adv.* guṇân, sukṛitân, suguṇpaṇîṁ.

Virtuose, *s. m.* gâṇyâ-vâjpâcho dhagaḍ.

Virtuoso, *a.* guṇâṁcho, guṇest, guṇâdîk, guṇvaṁt, guṇî, suguṇî, satguṇî, saguṇî, puṇyavaṁt, puṇyakṛit, sukṛit, sukarmî, bhalo, sâdhu, bhâṁgârâcho (*litt.* AUREO); nishkaḷaṁk, nishkaṇo, niyamî; dhirâdîk, dhairyavaṁt, nirvâṇî; guṇâcho, phaḷâdîk, suphaḷ.

Virulencia, *s. f.* vikhâcho vaso,- jhapâṭo, vikhâr *m.*; (*fig.*) tikhaṭây, tiksâṇ *f.*, kaḍakpaṇ *n.*

Virulentamente, *adv.* vikhârâṇ; tiksâṇen.

Virulento, *a.* vikhârâcho, vikhâḷo, âgyo; (*fig.*) tikhaṭ, tîk, tiksâṇîcho, kaḍak.

Virus, *s. m.* vîkh *n.*

Visagem, *s. f.* toṁḍâṁ *n. pl.*, vâṁkḍeṁ toṁḍ *n.*, toṁḍâchî moḍ; boṁḍâvṇî, leṁḍâvṇî *f.*; (*ant.*) *V.* CARA.

Visagia, visagra, *s. f. V.* BISAGRA.

Visão, *s. f.* dishṭ, dṛishṭi (*p. us.*); *acção de ver:* dishṭ *f.*, darsan *ou* darusan *n.*, paḷevṇî, dekhṇî *f.*, disṇeṁ *n.*; *aspecto:* dishṭ, najar *ou* nadar *f.*; *sonho sobrenatural:* dṛishṭâṁt, dṛishṭâv *m.*, * dṛishṭây *f.*, darśan; *espectro:* nâsâṁv *n.*, bhâs *m.*, chhâyâ *f.* ‖ -ões, *pl. V.* CHIMERAS.

Visar, *v. t.* ḍoḷe lâvuṁk (*d. do o.*), dishṭ ghâluṁk (*l. sup. do o.*), nadar davruṁk (*l. sup. do o.*); *apontar a:* jokhuṁk (*d. do o.*), jaḍuṁk (*d. do o.*); *pôr o visto:* niśâṇeṁ ghâluṁk (*l. sup. do o.*). ‖ *v. i.* vaḷoṁk, oḍhoṁk, maṇ davruṁk.

Vis-a-vis, *adv. e prep.* mukhâr, samor. ‖ *s. m.* mukhâvaylo manîs, phuḍe âslalo; phuḍyâṁtlo joḍ *m.*

Viscera, *s. f.* bhitarleṁ âṁg, âṁt; poṭâṁtleṁ *n.*, aṁtarmâḷâ *f.* ‖ -s, *pl.* âṁtâṁpiṁtâṁ *n. pl.*, jhaḷyo *f. pl.*; (*fig.*) *V.* AMAGO.

Visceral, visceroso, *a.* aṁtarmâḷecho, âṁtâṁcho.

Visceralmente, *adv.* bhitar sudâ, abhyaṁtarîṁ.

Viscidez, *s. f. V.* VISCOSIDADE.

Viscido, *a. V.* VISCOSO.

Visco, *s. m.* (*bot.*) beṁdar *f.*; pâṁk, dîk *m.*; (*fig.*) *V.* ENGODO.

Viscondado, *s. m.* viskoṁdpaṇ *n.*

Visconde, *s. m.* viskoṁd.

Viscosidade, *s. f.* pâṁkṭây, chikaṭây, chikchikî, kichkichî, luklukî *f.*, chikaṭpaṇ *n.*

Viscoso, *a.* pâṁkîṭ, chikchikîṭ, kichkichîṭ, chikaṭ, loṁchaṭ, luklukîṭ; pâṁkâcho, pâṁkân-, dikân bharlalo.

Viseira, *s. f.* mukhvaṭo, mukhṭop *m.*; (*fig.*) trâṇ *n.* ‖ *V.* ASPECTO. ‖ *Ficar ou estar de — cahida,* rusuṁk, toṁḍ kâḷeṁ karuṁk, phasuṁk.

Visgo, *s. m. V.* VISCO.

Visguento, *a. V.* VISCOSO.

Visibilidade, *s. f.* dekhṭepaṇ, disṭepaṇ *n.*

Visionario, *a.* dṛishṭâṁtâcho, chhâyecho, mâyecho, manâṁtlo; kalpaṇî, laharî. ‖ *s. m.* bhâs-, nâsâṁv dekhtalo. ‖ *V.* UTOPISTA.

Visita, *s. f.* vijît *n.*, bheṭṇî, bheṭ *f.*, darśan (*us. Can.*); paḷevuṁk yeneṁ,- vachṇeṁ *n.*, paḷevṇî *f.* ‖ *V.* VISITADOR. ‖ — *de pesames,* pâchârṇeṁ *n.*

Visitação, *s. f.* bhetṇî, paḷevṇî *f.*
Visitador, *a. e s. m.* bhetuṁk-, paḷevuṁk vetalo, paḷevṇâr; chaukasnîs.
Visitante, *a. e s. m. e f.* bhetṇâr; paḷevuṁk vetalo.
Visitar, *v. t.* vijitâr- karuṁk, bhetuṁk-, meḷuṁk-, paḷevuṁk vachuṁk, -yevuṁk, khabar ghevuṁk *(g. do o.)*, bhetuṁk *(d. do o.)*, meḷuṁk *(d. do o.)*; paḷevuṁk, pâchâruṁk. ‖ — *as egrejas*, sât igarjo bhoṁvuṁk.
Visite, *s. m.* kutâṁv *m.*
Visiva, *s. f.* disht, drishṭi, nadar *f.*
Visivel, *a.* disto, dekhto, paḷevûṁ yeso, drisht, driśya; dekhat, ughḍâpo, praghaṭ.
Visivelmente, *adv.* dekhtepaṇîṁ, dekhatrûpiṁ.
Visivo, *a.* dishṭîcho; disto, dekhto.
Vislumbrar, *v. t.* jhaḷkuṁk *(d. do s., s. do o.)*, dishṭi paḍuṁk *(id.)*, jhiḷmiḷit dekhuṁk; sumârân samjuṁk, ardhkuro oḷkhuṁk. ‖ *v. i.* jhiḷmiḷuṁk; jhaḷkuṁk, disuṁk.
Vislumbre, *s. m.* jhiḷmiḷṇî *f.*, jhiḷmiḷit ujvâḍ, maṁdaprakâś *m.*; jhaḷkâ, loy; *parecença:* sâvḷî *f.*, mâtseṁ sarûp; *signal:* khûṇ *n.*, iśârat *f.* ‖ *V.* CONJECTURA.
Viso, *s. m.* *(ant.)* disht, nadar *f.*; *apparencia:* raṁg *m.*, rûp *n.*; *indicio:* khuṇâ, kurû *f.*, chihneṁ *n.*; *leve tintura:* sâvḷî, loy *f.*, vâs *m.*; *reminiscencia:* jhaḷkâ, yâd *f.*, âṭhav; *cabeço:* kaṇo, mâtho *m.*
Visonha, *s. f.* bhesurvâṇeṁ nâsâṁv *n.*, chhâyâ *f.*
Viso-rei, *s. m. V.* VICE-REI.
Visorio, *a. V.* VISUAL.
Vispere, *int.* chal! vâṭek lâg! balâv ghevûn vach! ‖ *Fazer* —, kâvaḍ kâḍhuṁk, nâṭâk jâvuṁk.
Vista, *s. f.* paḷevṇî, dekhṇî, teḷṇî, disht, nadar *f.*, diṭho *m.*, darsan *ou* darusan *n.*; *sentido de ver:* disht, drishṭi *f.*, nayan *n.*, ḍoḷe; *apparelho visual:* doḷe, netr *m. pl.*; *panorama:* dishṭîcho padârth, drishṭivishay *m.*; *quadro:* jâgyâcheṁ chitr *n.*; *designio:* arth, irâd, abhiprây *m.*; *maneira de ver:* samjoṇî *f.*, mat *n.*: *tira de tela:* dusryâ raṁgâchî paṭṭî. ‖ — *curta*, moṭvî disht *f.*; *(fig.)* thoḍeṁ gnyân *n.*; alpabuddhi. — *do entendimento*, śukshmabuddhi, bârkây, barkamây. — *de theatro*, raṁgsajjâ *f.* *Ponto de* —, paḷevuṁcho uṁch jâgo; *(fig.)* kalp, paksh *m.* *Segunda* —, aṁtardrishṭi *f.* *Segundas vistas*, dusreṁ man, gupît yojan *n.* *Affirmar a* —, ḍoḷe ghâṁsûn paḷevuṁk. *Dar uma* —, disht ghâluṁk. *Dar — a alguem*, ḍoḷe divuṁk. *Dar — a alguma coisa*, paḷevuṁk. *Dar nas vistas*, ḍoḷyâṁnîṁ vachuṁk. *Estar á* —, ḍoḷyâṁ mukhâr âsuṁk, dishṭi paḍuṁk. *Fazer* —, ḍoḷyâṁnîṁ vachuṁk, baro disuṁk. *Pagar á* —, patradarśanîṁ phârîk karuṁk. *Perder-se de* —, ḍoḷyâṁ âḍ jâvuṁk. *Pôr a — em*, ḍoḷe lâvuṁk, teḷuṁk. *Pôr á* —, ḍoḷyâṁ mukhâr davruṁk. *Tirar a — a alguem*, paḷevuṁk nâ divuṁk, disht âḍâvuṁk. *A primeira* —, paḷenâ phuḍe, paile dishṭîr. *A — ou em — de*, pramâṇeṁ. *A — de*, mukhâr, hujîr. — *d'isto*, aseṁ jâvûn, hyâ pâsvat. ‖ -s, *pl.* man, yojan *n.*, kalpanâ *f.*; chitrâṁ *n. pl.*
Visto, *s. m.* adhikâryâcheṁ dâkhlyâr niśâṇeṁ *n.* ‖ *a.* paḷelalo, dekhlalo, drisht; jâṇâr, samjatalo. ‖ — *que*, dekhûn *(posp.)*, mhaṇûn *(posp.)*.
Vistor, *s. m. V.* LOUVADO.
Vistoria, *s. f.* vistorî, śodh, avekshâ; paḷevṇî, chaukaśî *f.*
Vistosamente, *adv.* baro-, śobhit disûn, alaṁkârân.
Vistoso, *a.* baro disto, dekhṇo; darśanî, ḍaulî, alaṁkrit, dabâjyâcho.
Visual, *a.* dishṭîcho, drishṭîcho, nadrecho, ḍoḷyâcho.
Visualmente, *adv.* dishṭîn, nadren, ḍoḷyâṁnîṁ.
Vital, *a.* jivâcho, prâṇâcho; jivâk baro, prâṇkar. ‖ *V.* ESSENCIAL. ‖ *Principio* —, prâṇdhâtu *m.* *Questão* —, bhârî kâm *n.*
Vitalicio, *a.* mara paryâṁt tagtalo, janmayug, ekjanmî.
Vitalidade, *s. f.* jitepaṇ, jîvitv *n.*: prâṇśakti, jîvśakti, chetanâ *f.*; jiv, prâṇ *m.*
Vitalmente, *adv.* prâṇîṁ, jîvitvîṁ; ekjanmîṁ.
Vitando, *a.* *(ant.)* vâṭâvuṁcho.
Vitatorio, *a.* nivârcho.
Vitella, *s. f.* vâsrûṁ, pâḍkuleṁ; vâsrâcheṁ mâs, -châm *n.*
Vitellifero, *a.* maṁḍaḷ âslalo.
Vitellino, *a.* maṁḍaḷîchyâ raṁgâcho. ‖ *Membrana vitellina*, maṁḍaḷîchî kât *f.*
Vitello, *s. m.* pâḍkulo *m.*: tâṁtyâche maṁḍaḷîche kaṇe *m. pl.*
Viticola, *a.* dâkhâṁchyâ lâvpâcho. ‖ *s. m. V.* VITICULTOR.
Viticomado, *a.* *(poet.)* dâkhechîṁ pânâṁ takler âslalo.

Viticultor, *a. e s. m.* dâkho lâytalo.

Viticultura, *s. f.* dâkho lâvṇeṁ, dâkhâṁcheṁ lâvap *n.*

Vitifero, *a.* dâkho jâtalo; dâkhâṁk baro.

Vitreo, *a.* kâṁchîcho; *(fig.)* ârso kaso, nirmaḷ.

Vitrescibilidade, *s. f.* kâṁch jâvuṁcho guṇ *n.*

Vitrescivel, *a.* kâṁch jâvûṁ yeso.

Vitrificação, *s. f.* kâṁch karṇeṁ,-jâṇeṁ *n.*

Vitrificar, *v. t.* kâṁch karuṁk *(g. do o.).* ‖ *v. r. e i.* kâṁch jâvuṁk *(g. do s.).*

Vitrificavel, *a.* kâṁch jâvûṁ yeso.

Vitrina, *s. f.* mâṁḍâcho ârsyâṁcho chauk *m.*

Vitriolado, vitriolico, *a.* morchutâcho, hirâkasâcho.

Vitriolizar, *v. t.* morchût karuṁk *(g. do o.).*

Vitriolo, *s. m.* morchût. ‖ — *azul,* hirâkas *m.*

Vitualha, *s. f.* tâṁdûḷ-goṭo, varav *m.*, ann-pâṇî, jevaṇ-khâṇ *n.*, bejmî *f.*

Vitualhar, *v. t.* bejmî karuṁk *(g. do o.),* tâṁḍûḷ-goṭo puraṁk *(d. do o.),* ann-pâṇî divuṁk *(d. do o.).*

Vitulo, *s. m.* pâḍkulo *m.*

Vituperação, *s. f.* bobâṭ karṇeṁ *n.*, gâṁjṇî; keṁḍṇî *f.*, bemân karṇeṁ *n.*

Vituperador, *a. e s. m.* beshṭâvṇo, gâṁjṇâr; keṁḍṇâr, toṁḍṇâr.

Vituperar, *v. t.* gâḷî savuṁk *(d. do o.),* śive-, sol divuṁk *(d. do o.),* hiṁḍsuṁk, keṁḍuṁk, soluṁk *(litt.* DESCASCAR), tâsuṁk *(litt.* RAPAR); *reprehender:* gâṁjuṁk, beshṭâvuṁk, niṁduṁk, doshuṁk; *desprezar:* bemâu karuṁk *(d. do o.),* beparvâ karuṁk *(g. do o.),* haḷuvâṭuṁk.

Vituperavel, *a.* niṁdâ phâvo âslalo, doshî.

Vituperio, *s. m.* gâḷî savṇeṁ, hiṁḍsaṇî, keṁḍṇî; gâḷ, dhûḷpaṭṭî *f.*, śive *m. pl.*, dapâṭo, akmân *m.; gâṁjṇî, beshṭâvṇî, niṁdâ; beparvâ *f.*, bemân; *acção deshonrosa:* dosh *m.*, badlâm, nashṭepaṇ, khoṭepaṇ *n.*

Vituperiosamente, vituperosamente, *adv.* akmânâu, behurmatîu, hiṁḍsûn.

Vituperioso, vituperoso, *a.* akmânâcho, bemânâcho, apakîrtecho.

Viuva, *s. f.* râṁḍ, râṁḍravlî; râṁḍgî *f.*, râṁḍgeṁ *(deprec.)*; râṁḍûl *(dim.) n.*; boḍkî *(deprec., entre os hindús),* vidhâṁv *(us. Can.),* *vidhvâ *f.*

Viuvar, *v. i.* râṁḍ jâvuṁk.

Viuvez, viuveza *(ant.), s. f.* râṁḍpaṇ, vidhvâpaṇ, vidhâṁvpaṇ; *(fig.)* eksûrpaṇ *n.*

Viuvo, *s. m.* râṁḍ, râṁḍgo *(deprec.),* vidhâṁv *(us. Can.).* ‖ *a.* râṁḍ, vidhâṁv; *(fig.)* eksuro, eksûr; lâṁḍo.

Viva, *int.* vîvâ! śebay! jayjay! bareṁ jâṁv! svasti! ‖ *s. m.* vivâ, śâbâskî, śebay *f.*

Vivacidade, *s. f.* jivaṭpaṇ *n.*, ṭakṭakî, huśârkî *f.*; *promptidão e ardor:* ullâsîpaṇ, tej *n.*, suḍsuḍây, saḍsaḍây, śitâbî, hurmaṭây; *vigor:* trâṇ, neṭ, jor. ‖ — *do colorido,* rasraśit raṁg *m.* — *de espirito,* achirkây, sukshmabuddhi.

Vivamente, *adv.* huśârkeu, jivaṭpaṇîṁ; neṭân, trâṇân; saḍsaḍît, kaḍkaḍît, jhaḍjhaḍît.

Vivandeira, *s. f.* varav peṁṭhîr viktalî; śipâyâṁk khâvuṁcheṁ-piyevuṁcheṁ vikuṁk bhoṁvtalî.

Vivandeiro, *s. m.* khâvuṁcheṁ-piyevuṁcheṁ vikuṁk bhoṁvtalo.

Vivaz, *a.* jivaṭ, huśâr, khabardâr; chaḍh vâṁchtalo, âukhvaṁt; ullâsî, suḍsuḍît, śitâb; nibar, jabar, tejvaṁt. ‖ *Planta* —, jâytîṁ varshâṁ tagtaleṁ jhâḍ *n.*

Vivedoiro, *a.* chaḍh vâṁchtalo, âukhvaṁt, chiraṁjivî, dîrghajivî. ‖ *V.* DURADOIRO.

Vivedor, *a.* chaḍh vâṁchtalo; âplyâ jivâcheṁ-, poṭâcheṁ paḷetalo.

Viveiro, *s. m.* poscho jâgo *m.*, pâlanasthân; âyaṇ *n.*, tarvo *(— de plantas) m.*; pakshiśâlâ *(— de aves) f.*; matsyakuṁḍ *(— de peixes) n.*; *(fig.)* sâṁṭho, biyâḷo *m.*, mâleṁ, vivar *n.*

Vivenda, *s. f.* bihrâḍ karṇeṁ, râvṇeṁ, ṭhikṇeṁ; bihrâḍ, makân, ṭhikâṇ, ghar *n.*; *modo de vida:* udyam *ou* udîm, yepâr *m.*; *passadio:* udarposhaṇ *n.*, paḍ *f.*

Vivente, *a.* jivo, jito, jivaṁt. ‖ *s. m.* prâṇî, jito jîv *m.*

Viver, *v. i.* jiyevuṁk, *jivuṁk, jivo-, jito âsuṁk; *continuar em vida:* vâṁchuṁk, vâguṁk, jaguṁk; *habitar:* râvuṁk, ṭhikâṇ-, vastî karuṁk; *alimentar-se:* khâvûn âsuṁk, khâvuṁk; *procurar a subsistencia:* poṭ bharuṁk, paḍ soḍauṁk; *conviver:* bhoṁvuṁk, madheṁ-, barâbarî jiyevuṁk; *durar:* taguṁk, uruṁk. ‖ *O tempo em que vivemos,* âtâṁcho samay. — *pelo amor de Deus,* bhîk mâgûn dîs kâḍhuṁk. — *bem ou mal,* baro va vâyṭ chaluṁk. — *no seu* *canto,* âple jhomṗḍemt âsumk. — *em commum,* ekṭhâmy râvumk. — *em dieta,* pathâr âsumk. — *á discreção,* mâthyâr dîs, pâmyâm taḷâ savḷî. — *em familia,* konsyâk basumk. *Fazer* —, vâmchaumk, jîv bharumk. — *fidalgamente,* sukḷân jiyevumk. — *da graça ou pela graça de Deus,* Devâchyâ âdhârân-, samkashṭîm jiyevumk. — *da sua industria,* vâvrûn poṭ bharumk. — *de industria,* gauḍbemgâlâmnîm dîs kâḍhumk. — *a larga,* sukḷân jiyevumk. — *á lei de nobreza,* dabâjyân jiyevumk. *Regra de bem* —, barî ravîs *f.*, mânsugechem jiṇem *n.* — *de suas mãos,* vâvrûn poṭ bharumk. — *de nada,* bhav thoḍem jevumk. — *em paz,* sukhân jiyevumk. *Saber* —, dîs kâḍhumk jâṇo jâvumk. — *como Deus é servido,* aṭâsâmnim-, dagdagâmnîm jiyevumk. — *sobre si,* âplyâ kustâr jiyevumk. *Ter de que* —, udarposhaṇ-, dispaṭo girâs âsumk *(d. do s.)* ‖ *v. t.* jiyevumk, kâḍhumk; bhogumk. ‖ *v. r.* âsumk, dîs kâḍhumk. ‖ *s. m.* jîvit, jiṇem *n.*

Viveres, *s. m. pl.* tâmdûḷ-goṭo, dhâṇo *m.*, ann-pâṇî, annâdi *n.*

Viveza, *s. f. V.* VIVACIDADE.

Vivido, *a.* jivaṭ, ṭakṭakît, ṭukṭukît, tejvamt; *fulgurante:* laklakît, chakchakît, jhagjhakît; *que tem côres vivas:* rasraśît, laklakît.

Vividoiro, *a.* âukhvamt, dîrghajîvî.

Vivificação, *s. f.* jîv deṇem, jîvdân; jîv bharṇem *n.*

Vivificador, *a. e s. m.* jîv ditalo,- bhartalo.

Vivificante, vivificativo, vivifico, *a.* jîv divumcho,- bharcho, jîvprad.

Vivificar, *v. t.* jîv divumk-, bharumk *(d. do o.)*, * jîvâvumk, chetaumk; *(fig.) V.* ALENTAR. ‖ *v. r.* jîv ghevumk, jîv bhoromk *(d. do s.)*; baḷ-, gat ghevumk, posomk.

Viviparo, *a. (zool.)* jivaj, jarâyuj. ‖ *s. m.* jîvaj prâṇî *m.*

Vivisecção, *s. f.* jivo phâḷṇem *n.*

Vivo, *a.* jivo, jito, jîvamt; *cheio de vivacidade:* jivaṭ, ramgdâr, huśâr, sudsudît, sadsadît; *forte:* nibar, jabar, tikhaṭ. ‖ *Carne viva,* kâtîvinem mâs. *Chaga viva,* chaḍchaḍît rûm *n.*; *(fig.)* kâḷjâcho dâg; aṭâs *m. Sangue* —, nitaḷ ragat *n.* *Á viva força,* baḷân, julûm karûn. *Ao* —, kharemch, suṭâvem, tattvîm. ‖ *s. m.* prâṇî, jito jîv *m.*; kâtîpomdlem mâs; *amago:* marm *n.*; *cordão:* kordâmv, doro *m.* ‖ *Offender ao* —, kâḷjâk ghây ghâlumk. *Vai grande differença do* — *ao pintado,* âykalalem ek, dekhlalem dusrem.

Vivorio, *s. m.* vivâ mârṇem *n.*, śebay *f.*

Vizinhança, *s. f.* śejârpaṇ *n.*, lâgsâr, śejâr, śejârsâmâr *(redup.)*; *os vizinhos:* śejârâcho lok *m.*, śejârî *m. pl.*; *logares proximos:* lâgsâr, bhomvargâmv *m.*, sarad *f.*; *(fig.) V.* ANALOGIA.

Vizinhar, *v. t. (ant.)* śejârâk râvumk *(g. do o.)*, * śejârumk; merek âsumk *(g. do o.)*. ‖ *v. i.* śejârî jâvumk; temkumk, lâgumk.‖ *v. r.* śejârâk-, lâgsârâk yevumk.

Vizinho, *a.* śejârâcho, lâgśîlo, sarśîlo; *analogo,* sarso, sârkoso; *proximo (parente):* lâgśîlo. ‖ *s. m.* śejârî, śejârîsâmârî *(redup.)*, * śejî, vâsârî *(us. Can.)*; gharâbo *m.*, ghar *n.*

Vizir, *s. m.* vajîr.

Vizirado, vizirato, *s. m.* vajirî *f.*

Voador, *a. e s. m.* uḍtalo, uḍṇâr; uḍto.

Voadura, *s. f.* uḍṇî *f.*

Voante, *a.* uḍto.

Voar, *v. i.* uḍumk; *correr:* dhâmvumk, dhâmvdhâvim vachumk; *sumir-se:* ubhumk; *decorrer:* dhâmvumk; *não estar fixo:* uḍumk; *estalar:* usḷumk. ‖ — *nas azas da fama,* âvâḍâk jâvumk.

Voaria, *s. f. (ant.)* pâkhrâm *n. pl.*; pâkhrâmchî śikârî *f.*

Voborde, *s. m. (naut.)* bâṇ *f.*

Vocabulario, *s. m.* koś, śabdakoś, śabdasamgraha *m.*

Vocabularista, vocabulista, *s. m. e f.*, kośkâr.

Vocabulo, *s. m.* śabd *m.*, vachan, uttar *n.*

Vocação, *s. m.* âpauṇem, vimchûn kâḍhṇem *n.*; vaṃdavṇî, oḍh, kal *f.*

Vocal, *a.* ṭâḷyâcho, vâchecho, vâṇecho; *oral:* tomḍâcho, tomḍâpâśî. ‖ *Musica* —, gâyan, gân *n.*

Vocalização, *s. f.* gâyanâchî guṇguṇî *f.*

Vocalizar, *v. t.* guṇguṇûn gâvumk.

Vocalmente, *adv.* tomḍpâśîm, tomḍâtomḍîm.

Vocativo, *s. m. (gram.)* sambodhan *n.*

Você, tûm.

Vociferação, *s. f.* bob mârṇem *n.*; bob, bobâṭ, ârad, kirad *f.*, gaḷbaḷ, khaḷkhaḷ *m.*

Vociferador, *a. e s. m.*, **vociferante,** *a.* bobyo, bobâṭyo, galbaḷyo.

Vociferar, *v. t.* ârḍûn sâṁguṁk. || *v. i.* bob mâruṁk, bobâṭuṁk, bobhâṇuṁk, ârḍuṁk, kirḍuṁk, vârkuṁk, ukḷûn dharuṁk. || — *contra alguem,* bobâṭ karuṁk, tâṁb kâḍhuṁk *(litt.* DESENFERRUJAR.).

Voda, *s. f V.* BODA.

Voejar, *v. i.* lâgîṁ-lâgîṁ uḍuṁk.

Voejo, *s. m.* pîṭh-, piṭho ubhṇeṁ *n.*

Voga, *s. f.* valâvṇî, tâṁḍṇî; *(fig.)* praghaṭṇî, prasiddhi *f.*, prachâr *m.;* nâṁv, vaś *n.*, laukik *m.*|| *Andar na* —, mâtuṁk, mât yevuṁk *(d. do s.); nâvâḍhoṁk. Dar a* —, ḍhakluṁk. *Estar em* —, chaluṁk, châlîr âsuṁk. *Pôr em* —, chalauṁk, châlîr hâḍuṁk. *Á — arrancada,* vegîṁ valâvûn.

Voga-ávante, *s. m. (naut.)* valekâr, tâṁḍelî.

Vogal, *s. f. (gram.)* svar, ach *m.* || *s. m.* sammatîcho, sâmâjik, meṁbr *(port.).*

Vogante, *a.* udkâr chaltalo.

Vogar, *v. i.* valyâṁnîṁ-, tâṁḍon chaluṁk; udkâr chaluṁk,- nisruṁk; (khabar) chaluṁk; châlîr âsuṁk.|| *v. t.* valâvuṁk; (daryâ) bhoṁvuṁk, gâḷuṁk.

Vogue, *s. m.* hoḍeṁ *n.*

Volante, *a.* uḍto; ghaṭṭ nâslalo, hâlâyto, athîr; ṭhikâṇ nâslalo, bhoṁvto, phirto; *(fig.) V.* INCONSTANTE. || *Vida* —, bhoṁvḍecheṁ jiṇeṁ *n.* || *s. m.* valâṁt *f.*, kapardhûl, dhûrkapar *m.*

Volantim, *s. m. V.* VOLATIM.

Volataria, volateria, *s. f.* pâradhvidyâ *f.*

Volatear, *v. i.* pâkhoṭe baḍauṁk, lâgîṁ-lâgîṁ uḍuṁk.

Volatil, *a.* uḍto; ubhto, uḍûn vetalo; *(fig.)* thira nâslalo, athîr, chaṁchaḷ. || *s. m. V.* AVE.

Volatilidade, *s. f.* uḍcho-, ubhcho guṇ *m.*

Volatilização, *s. f.* ubhauṇî; ubhṇî, uḍṇî *f.*

Volatilizante, *a.* ubhaito; ubhto.

Volatilizar, *v. t.* ubhauṁk, ubhaso karuṁk. || *v. i. e r.* ubhuṁk, ubhûn-, uḍûn vachuṁk.

Volatim, *s. m.* nâḍekâr, nâḍebhorpî, * perṇî.

Volcão, *s. m. V.* VULCÃO.

Volição, *s. f.* khuśî yeṇeṁ, jây jâṇeṁ *n.*, khuśechî kaḷ,- oḍh *f.*, saṁkalp *m.*

Volitar, *v.* uḍuṁk, uḍûn bhoṁvuṁk.

Volitivo, *a.* khuśecho, saṁkalpâcho.

Volivel, *a. (p. us.)* jây jâvûṁ yeso, saṁkalpaśaktik.

Volta, *s. f.* vaḷṇî *f.*, vaḷaṇ, partiṇeṁ; *regresso:* partan, nivartan, parton yeṇeṁ va vachṇeṁ; *mudança:* phirṇeṁ *n.*, pâlaṭ *m.*; *troca:* badlap *n.*, badal *f.*; *giro:* bhoṁvâḍo, bhoṁvar, phero, vaḷso *m.*; *serviço de recados:* bhoṁvḍî, chalchî châkrî; *mudança de opinião:* badalṇî *f.*, bhed, pher; *explicação:* arth *m.*, samjoṇî *f.*; *borda do cabeção:* volt *n.*; *raspilha:* râṁpî *f.*; *curva:* vaḷaṇ *n.*, vâṁk, moḍ *f.*; *curva de espiral:* vaḷ *m.*; *feitio arqueado:* koṁkeṁ; *estribilho:* dhrupad *n.*; *(fig.) V.* REPLICA; *(ant.) V.* BRIGA. || *Uma — de cordel,* ek viḷkho. — *de dinheiro,* moḍ. *Voltas de mão,* ghâḍvidyâ. *Voltas do mundo,* saṁsârâṁtle râjghaḍe. *Voltas de Andreza,* beshṭo vâvr. — *em redondo,* bhar-phero. — *do anno,* bharvaras. — *do mez,* bhar-mahino. *Dar — á chave,* châvî bhoṁvḍâvuṁk. *Dar — a alguma coisa,* okhat divuṁk *(fig.)*; arth sâṁguṁk. *Dar voltas,* bhoṁvuṁk; *(fig.)* pâvṭhî ghâluṁk. *Dar voltas na cama,* âṁthuḷṇâr loḷuṁk. *Estar de* —, partoṁk, parton yevuṁk. *Estar de — com alguem,* jhagḍuṁk. *Fazer* —, pâṭhî partoṁk. *Fazer a — de,* bhoṁvâḍo ghâluṁk. *Fazer-se noutra* —, dusrî vâṭ ghevuṁk. *Ir dar uma* —, bhoṁvuṁk vachuṁk, bhâyr sarûn yevuṁk. *Ir de* —, parton vachuṁk. *Ter* —, partûn divuṁcho jâvuṁk. *Á* —, barâbarî, sâṁgâtâ. *Á — de,* partotânâ, partotoch. *Á — de ou por — de,* yetoch, pâvtoch. *De* —, barâbarî. *De — com,* misḷûn, lâgûn. *Em — de,* bhoṁvtiṁ. *Na — do correio,* chiṭṭ ghetoch paḷyâ ṭappâlân.

Volta-cara, *s. f.* toṁḍ vaḷṇeṁ,- partiṇeṁ *n.*|| *Fazer* —, pâṭh partuṁk, kûs mâruṁk, paḷuṁk.

Voltar, *v. t.* vaḷuṁk, partuṁk; *apresentar pelo verso:* partuṁk, ulṭuṁk; *pôr do avesso:* partuṁk, parto karuṁk; *tornear:* bhoṁvâḍo ghâluṁk *(d. do o.)*; *applicar:* lâvuṁk; *mudar:* pâlṭuṁk, phirauṁk; *restituir:* partuṁk, parat divuṁk, pratidivuṁk; *dar em demasia:* moḍ-, bâkî divuṁk *(g. do o.)*; *responder:* jâb divuṁk *(d. do o.)*, pratipâḷ karuṁk *(d. do o.)*.|| *Pedra de* —, pâjcho phâṭar *m.*, sâṇî *f.* — *alguem,* phirauṁk; bhulauṁk. — *a culpa,* gunyâṁv ghâluṁk,- thâpuṁk. — *os passos,* pâṭhî partoṁk.|| *v. i.* partoṁk, parton-, parat yevuṁk, pratiyevuṁk; *reapparecer:* dusryân dishṭi paḍuṁk, navyân yevuṁk; *ricochetar:* pâṭhî vaḷoṁk-, partoṁk; *replicar:* jâb divuṁk; *girar:* bhoṁvuṁk, bhoṁvâḍe, ghâluṁk; *repetir:* partûn-, dusryân karuṁk; *mudar de rumo:* vaḷoṁk.|| — *por*, śodhuṁk yevuṁk. — *a si*, jiv yevuṁk *(g. do s)*, sairâṇâṁt paḍuṁk. — *sobre si*, pâṭhî partoṁk; bhoṁvâḍo-, ghuṁvâḷî ghâluṁk. — *sobre alguem*, parton âṁgâr vachuṁk. || *v. r.* vaḷoṁk, partoṁk; heṇeṁ-teṇeṁ partoṁk, loḷuṁk. || *V.* RECORRER e INVESTIR. || — *contra alguem*, kalpuṁk. — *para Deus*, Devâcho âdhâr śodhuṁk. *Não saber para onde* —, bobâḷuṁk, kâmâṁt buḍuṁk.

Voltarete, *s. m.* voltâret *f.*

Volteador, *a. e s. m.* bhoṁvâḍe ghâltalo, bhoṁvar mârtalo. || *V.* FUNAMBULO.

Volteadura, *s. f.* bhoṁvḍâvṇî *f.*; bhoṁvâḍe ghâlṇeṁ *n.*

Voltear, *v. t.* bhoṁvḍâvuṁk, phirauṁk, girgirâvuṁk. || *v. i.* bhoṁvâḍo-, ghuṁvâḷî ghâluṁk, bhoṁvar mâruṁk; bhoṁvtûṁ bhoṁvuṁk; nâḍyâr kheḷuṁk, -nâchuṁk.

Volteio, *s. m.* bhoṁvâḍo, bhoṁvar *m.*, ghuṁvâḷî *f.*; nâḍepeṇ *n.*

Volteiro, *a.* bhoṁvto, phirto, thira nâslalo; *(ant.) V.* RIXOSO.

Voltejar, *v. t. (e deriv.) V.* VOLTEAR.

Voltivolo, *a.* girgirto phirto; *(fig.)* chaṁchaḷ, athîr.

Volubilidade, *s.f.* bhoṁvṇeṁ, phirṇeṁ, girgirṇeṁ, hâlâytepaṇ; athîrpaṇ *n.*, chaṁchaḷây *f.*||— *de lingua*, jibhechî tushtuṇî *f.*, vâchâḷpaṇ *n.*

Volumaço, *s. m.* moṭo graṁth *m.*, khâṁḍvyâ edeṁ pustak *n.*

Volume, *s. m.* graṁth *m.*, pustak *n.*; pustakâcho bhâg,- khaṁḍ *m.*, pustak *n.*; *pacote:* peḍo, puḍo *m.*, peṁḍhî *f.*; *quantidade:* loṭ, loṁḍho *m.*, râs; *tamanho:* vhaḍây, moṭây *f.*, vistâr *m.*

Voluminoso, volumoso, *a.* moṭo, vhaḍ, vistârâdik, ghamśân; chaḍhâṁ pustakâṁcho.

Voluntariamente, *adv.* âple khuśen, âpkhuśen, âpṇâk jây mhaṇ.

Voluntariedade, *s. f.* svataṁtrpaṇ *n.*, âpkhuśî *f.*, saṁkalp; âplo vâdo *m.*

Voluntario, *a.* svataṁtr, kâmchâr; *procedente da vontade*, khuśecho, saṁkalpâcho, jây mhaṇ kelalo; *caprichoso:* âplyâ vâdyâcho, âpleṁch dhartalo,- kartalo. || *s. m.* khuśecho śipây, -śikpî.

Voluntariosamente, *adv.* âplyâ vâdyân, âpleṁch dharûn,- chalaun, saḷ-, teṁ karûn.

Voluntarioso, *a.* âplyâ vâdyâcho, vâdyo, temelî, haṭhi, saḷî, hukkyo âslalo, laharî.

Volupia, *s. f.* kâmchâr, kâmbhâv *m.*, laṁpaṭây *f.*

Voluptuario, *a.* kâmchârî, kâmârthî, mâṁgro; vishayî, maujekâr, maujecho isht, kuḍîr ikhlo, âslalo. || *Despezas voluptuarias*, sukhâcho-, maujecho kharch *m.*

Voluptuosamente, *adv.* vishaysukhân, kâmchârân.

Voluptuosidade, *s. f.* kâmchâr *m.*, kâmpaṇ, sodepaṇ; kuḍîcheṁ sukh, vishaysukh, vishayîpaṇ *n.*; saṁtosh, ânaṁd, ullâs *m.*

Voluptuoso, *a.* saṁtoshî, dulabhî, goḍ; kuḍîcho, madâcho, kâmchârâcho; kâmî, kâmuk, kâmârthî, laṁpaṭ, vishayî.

Voluta, *s. f. (zool.)* saglyâ karlâchî śiṁpî *f.*

Volutabro, *s. m.* khâtaṇ, koṁḍ; *(fig.)* pojaḍpaṇ, sodepaṇ *n.*

Volutear, *v.* bhoṁvâḍe-, ghuṁvâḷyo ghâluṁk, bhoṁvtûṁ bhoṁvuṁk. || *s. m.* bhoṁvâḍo, bhoṁvar *m.*

Voluvel, *a.* bhoṁvto, phirto, girgirto, hâlâyto; *(fig.)* thira-, ṭhika nâslalo, athîr, adhîr, chaṁchaḷ, tirtiro, vâryâvaylo.

Volva, *s. f. (bot.)* aḷaṁbyâcho boṁgo *m.*

Volver, *v. t.* ḍhavḷuṁk, châḷuṁk, partuṁk; *meditar:* ghoḷauṁk, nihâḷuṁk; *rolar:* oḍhûn-, loḷaun vharuṁk. || *V.* VOLTAR. || *v. i. e r.* nechaṁbaḷuṁk, taḷmaḷuṁk, dhaḍbaḍuṁk; *decorrer:* gujruṁk, jâvuṁk; ghaḍuṁk. || *V.* VOLTAR. || *s. m.* bhoṁvṇeṁ, phirṇeṁ. || *V.* DECURSO. || — *de olhos*, doḷe partiṇeṁ, dishṭ ghâlṇeṁ *n.*

Volvo, volvulo, *s. m.* âṁtkiḍî vaḷṇeṁ,- uphrâṭṇeṁ *n.*, âṁtkiḍechî gâṁṭh *f.*, udâvartt *m.*

Vomer, *s. m. (anat.)* nâkâchyâṁ puḍâṁcheṁ hâḍ *n.*

Vomica, *a.: noz* —, kâjryâcheṁ phaḷ *n.*

Vomição, *s. m. V.* VOMITO.

Vomil, *s. m. V.* GOMIL.

Vomitado, *s. m.* oṁklaleṁ *n.*

Vomitador, *a. e s. m.* oṁktalo.

Vomitar, *v. t.* oṁkuṁk, oṁkûn uḍauṁk, toṁḍâṁtlyâṅ partuṁk, *udharuṁk; bhâyr ghâluṁk, soḍûn divuṁk; *(fig.)* oṁkuṁk.

Vomitivo, vomitorio, *a.* oṁkcho. ‖ *s. m.* vomitor *f.*, oṁkehem okhat.

Vomito, *s. m.* oṁkṇî, oṁk; *materias vomitadas:* oṁk *f.*, oṁklalem *n.*

Vontade, *s. f.* khuśî *ou* khośî, ichchhâ, marjî, saṁkalpaśakti; *intenção:* khuśî *f.*, man *n.*, saṁkalp, ehhaṁd *m.*; *appetite:* rûch, oḍh; *prazer:* marjî *f.*, ullâs, saṁtosh *m.* ‖ *Boa* —, marjî *f. Má* —, dvesh *m. Ser senhor da sua* —, svatraṁtr jâvuṁk, śirṭobhiḍto nâsuṁk (*d. do s.*). *Ultima* —, martalyâchî nimâṇî khuśî *f.*, maraṇpatr *n. A* —, khuśe pramâṇeṁ, jây taseṁ, sukhsaṁtoshân. *De* — *ou por* —, jây mhaṇ, âpkhuśen. *Com* —, khuśen, ruchîn; hurbhen, umedîn. *A* — *do vento,* vâryâ pramâṇeṁ. *Contra* —, khuśe bhâyr, nâkâ jâvûn, baḷân. *Pôr em sua* —, manâṁt dharuṁk,- hâḍuṁk. *Não ter* — *sua,* dusryâk jây teṁ karuṁk, nichav nâsuṁk. *Estar á sua* —, âpṇâk jây taso râvuṁk; nâ ghâbruṁk.

Vôo, *s. m.* uḍṇî *f.* ‖ *Ave de alto* —, uṁch uḍtalem śukṇem *n.*

Voracidade, *s. f.* asoso *m.*, asospaṇ, poṭârpaṇ, khâvgepaṇ *n.*, laṁpaṭây *f.*; *(fig.)* lobh, sos, chhaṁd *m.*

Voragem, *s. f.* udkâcho bhoṁvro *m.*, hairî *f.*, bhramaṇ; rahâḷ *n.*, patâḷ *m.*; nirvâṇ *n.*

Voraginoso, *a.* bhoṁvryâcho; rahâḷâṁcho; giḷtalo, girâstalo.

Voraz, *a.* giḷtalo, girâstalo; asosî, sosî, khâvgo, laṁpaṭ, udaraṁbhar; *(fig.)* giḷtalo, bhasm kartalo.

Vorazmente, *adv.* giḷûn, asosyân.

Vortice, *s. m.* bhoṁvro *m.*; chakr *n.*, vâvṭaḷ *f.*

Vorticoso, *a.* bhoṁvtalo, girgirtalo.

Vortiginoso, *a.* bhoṁvryâcho, vâvṭaḷîcho.

Vos, *pron.* tumkâṁ.

Vós, *pron.* tumîṁ.

Vossé, vossemecê, tûṁ.

Vosso, *a.* tumcho, tumgelo.

Votação, *s. f.* vot-, sammati deṇeṁ *n.*: votâṁcho jamo *m.*

Votante, *a. e s. m. e f.* vot-, sammati ditalo.

Votar, *v. t.* votâṁnîṁ viṁchuṁk, sammatîn nemuṁk; âṁgvaṇ karuṁk (*g. do o.*), âṁgauṁk; *outorgar:* divuṁk, vapuṁk; *consagrar:* bheṭauṁk, samarpuṁk; *destinar:* lâvuṁk, vapuṁk. ‖ *v. i.* vot-, sammat divuṁk. ‖ *v. r.* âplî bheṭ karuṁk, âpṇâk bheṭauṁk,- samarpuṁk.

Votivo, *a.* âṁgvaṇcho, vratâcho, saṁkalpâcho.

Voto, *s. m.* vot, saṁkalp *m.*, âṁgvaṇ *f.*, vrat *m.*; *promessa:* bhâsh, bhâshâvṇî, âṇbhâsh; *offerenda:* bheṭ *f.*, samarpaṇ; *supplica:* prârthan *n.*, vinati *ou* vinaṁtî *f.*; *desejo ardente:* atrek, âṭeviṭe *m. pl.*, tân, oḍh *f.*; *suffragio:* vot, vâṁgaḍ *m.*, sammati *f.*; *parecer:* vâdo *m.*, samjoṇî *f.*, âlochan (*us. Can.*) *n.* ‖ *Fazer* — *de,* bhâsh-, uttar divuṁk. *Fazer votos por,* Devâlâgîṁ mâguṁk, atrekuṁk. *Ter* —, vot-, vâṁgaḍ âsuṁk (*d. do s.*). *Ter* — *na materia,* pakkî oḷakh âsuṁk (*d. do s.*).

Voz, *s. f.* ṭâḷo, śabd, svar, âvâj, dhvani; *faculdade de emittir sons:* ṭâḷo, gaḷo *m.*; *faculdade de falar:* vâchâ, vâṇî; *grito:* bob, kiḷaṁch, âraḍ *f.*; *(mus.)* savan *n.*; voj, kâṁtor, gâykî; *ordem dada em voz alta:* hukumâcho uchchâr; *boato:* phuṁkâro *m.*, phuṁkâ; *supplica:* mâgṇeṁ, prârthan; *palavra:* uttar *n.*, śabd; *ruido:* âvâj, nâd, sâd *m.*; *(gram.)* vâchya. ‖ — *activa,* karttrivâchya, parasmaipad. — *passiva,* karmaṇivâchya, bhâvavâchya *n.* — *da consciencia,* aṁtashkarṇâchî jâp *f.* — *de instrumento:* vâjaṁtrâcho nâd. — *de peito,* poṭâṁtlo ṭâḷo. — *em grita,* bob. — *surda,* guṇguṇît ṭâḷo. *Tom ou som de* —, ṭâḷo, svar. *Correr* —, khabar chaluṁk. *Dar vozes,* bob mâruṁk. *Levantar a* —, vhaḍlyân ulauṁk. *Ter* —, voj-, ṭâḷo âsuṁk; vot-, vâṁgaḍ âsuṁk (*d. do s.*). *Não ter* — *activa nem passiva,* kâṁy nâ paḍuṁk,- yevem nâsuṁk (*d. do s.*). *Tomar a* —, ulauṁk lâguṁk. *São mais as vozes que as nozes,* uaḍṇî thoḍî, paṇ kaṇḍo moṭo. *A vozes,* bob mârûn, ârḍûn. *A uma* —, ekmanân. *A meia* —, *em* — *baixa,* lohân, phutphutûn. *Ao alcance da* —, ulobhar.

Vozeador, *a. e s. m.* bob mârtalo, bobyo, bobâṭyo.

Vozeamento, *s. m. V.* VOZERIA.

Vozear, *v. i.* bob-, vel mâruṁk, bobâṭuṁk, ârḍuṁk, kirḍuṁk, vârkuṁk, gaḷbaḷuṁk. ‖ *v. t.* ârḍûn sâṁguṁk, kirḍûn mhaṇuṁk. ‖ *s. m. V.* VOZERIA.

Vozearia, *s. f.* gaḷbaḷ *m.*, gaḍbaḍ *f.*

Vozeio, *s. f.* bob *f.*, bobâḷ *m.*

Vozeirão, *s. m.* moṭo-, ḍhanḍhaṇît tâḷo *m.*

Vozeiro, *a. e s. m.* barbaro, baḍbaḍyo, pharpharo. || *s. m. V.* VOZEIRÃO.

Vozeria, *s. f.* bob, bobât, ârad, kirad, vel *f.*, śivâdo *m.*

Vulcanico, *a.* jvâlâmukhecho, agniparvatâcho; *(fig.)* kaḍak, âg kasî.

Vulcanizar, *v. t. V.* CALCINAR; *(fig.)* châḷvaumk, chetaumk, huskaumk. || *v. r.* châḷvumk, chaḍhumk, tâpumk.

Vulcano, *s. m.* viśvakarmâ, devśilpî.

Vulcão, *s. m.* agniparvat *m.*, jvâlâmukhî; *(fig.)* âgdhâḍ; tâplalî taklî *f.* || *Estar sobre um — (fig.)*, gupît kâḷ yevumk *(l. sup. do s.)*.

Vulgacho, *s. m.* luḷem *n.*, âḍjât, aḍânjât *f.*

Vulgado, *a. V.* NOTORIO.

Vulgar, *a.* lulyâcho, aḍânjâticho; *não nobre:* uṇo, nîch, akulaj; *commum:* châlto, laḍgo, sâdho, sâdhâraṇ, sadâmcho; *baixo:* halko, kirkoḷ, hîn. || *Linguas vulgares*, prâkṛit bhâso. *Traduzir ou verter em —*, gâmvche-, âmche bhâshen utrumk. *O — dos homens, o — da gente*, châlto lok, dhâpodhupo *m.* || *v. t. V.* DIVULGAR.

Vulgaridade, *s. f.* châltepan, sâdhepaṇ *n.*; âlopâlo *m.*; saglyâmk kaḷlalem kâm *n.*, châltî vast *f.*; kirkoḷ-, nîch manîs.

Vulgarismo, *s. m.* aḍânjâtichî châl *f.*, akulajpaṇ *m.*; halko śabd, apaśabd *m.*

Vulgarização, *s. f.* sâdhâraṇ karṇem *n.*; praghaṭṇî, prasiddhi *f.*; deśîbhâshen utarṇem *n.*

Vulgarizador, *a. e s. m.* praghaṭ-, prasiddh kartalo, praghaṭṇâr.

Vulgarizar, *v. t.* châlto-, halko karumk; praghaṭumk, kaḷît-, prasiddh karumk; âmche bhâshen-, deśîbhâshen utrumk. || *v. r.* laukik-, châlto jâvumk, saglyâmk kaḷumk; halko-, laḍgo-, kirkoḷ jâvumk.

Vulgarmente, *adv.* châltepaṇîm, sâdhâraṇpaṇîm.

Vulgo, *s. m.* uṇo-, nîch lok, dhâpodhupo *m.*, aḍânjât *f.*

Vulgò, *adv. V.* VULGARMENTE.

Vulneração, *s. f.* ghâyâvṇî *f.*, ghây ghâlṇem *n.*; ghây *ou* ghâv *m.*

Vulneral, *a. V.* VULNERARIO.

Vulnerante, *a.* toptalo, ghây ghâltalo.

Vulnerar, *v. t.* ghây ghâlumk *(d do o.)*, ghâyâvumk, topumk; *(fig.)* dâg divumk *(d. do o.)*, jabar vhaḍ akmân karumk *(d. do o.)*.

Vulnerario, *a.* ghâyâk baro, ghây pekaumcho.

Vulnerativo, *a.* ghây ghâlcho, ghâltalo.

Vulneravel, *a.* topûm yeso, ghây paḍcho. || *O lado — (fig.)*, nâgvem chhidr *n.*

Vulnifico, *a.* kâtarcho, topcho, ghây ghâlcho.

Vulpino, *a.* koliyecho; *(fig.)* kâṭhû chyâd; nâḍgo, chorṭo.

Vulto, *s. m.* tomḍ, mukh, mukhkamaḷ *n.*; *figura:* âkâr, rûpkâr; *coisa parecida a homem:* manîs kaso, manîsse *m.*; *estatua:* mûrti *f.*, bâhulem *n.*, *volume:* loṭ, lomḍho; *notabilidade:* vhaḍthor manîs *m.*; *importancia:* mol, vajan *n.*, bisât *f.* || *Coisa de —*, bhârîumchâ molâchî vast. *Atirar a —*, jokhi nâstânâ phâr mârumk. *Dar —*, chaḍhaumk, vâḍhaumk. *Fazer —*, moṭe jâvumk. *Medrar em —*, vâḍhumk, vhaḍ jâvumk. *Olhar a —*, teḷi nâstânâ ḍoḷe ghâlumk. *Tomar —*, âkâr-, mûrti ghevumk; bhârî-, bisâticho jâvumk. *A —*, vaylyâvayr, sarâsarîm.

Vultoso, *a.* moṭo, vhaḍ, thor.

Vultuosidade, *s. f. (med.)* tomḍâchî sujmoḍitây *f.*

Vultuoso, *a.* tomḍâcho sujmoḍit.

Vulturino, *a.* gidhâcho *ou* ghidâcho.

Vulva, *s. f. (anat.)* yoni, bhagṭî *f.*

Vulvar, vulvario, *a.* yonîcho.

Vurmo, *s. m.* pû, ragatpû *m.*, remd *f.*

W

W, *s. m.* porkem akshar *(v, fem.)*.

Wagon, *s. m.* âggâḍiyechî ek gâḍî *f.*

Wagonete, *s. m.* âggâḍiyecho gâḍo *m.*

Water-proof, *s. m.* nigaḷtî pâsoḍî *f.*

Whisky, *s. m.* viskî *f.*

Whist, *s. m.* vîst *m.*

X

X, *s. m.* tevisem akshar *(ksh, ś. s, j, fem.).*

Xacara, *s. f.* jhâmjhû *m.*

Xacoco, *a. e s. m.* sâdho, châchûr, rûch-svâd nâslalo; kâkûḍ, ghâbro. ‖ *V.* ENXACOCO.

Xadrez, *s. f.* satramg *ou* satramj *m.*, chaturamg, budbaḷ *m.; taboleiro:* champaṭ, paṭ *m.; tecido:* kuṇgyâmchem lugaṭ *n.* ‖ *Em —*, kuṇgyâmnîm.

Xadrezar, *v. t.* kuṇgyâmnîm ghaḍumk,- ghaḍsumk.

Xaguão, *s. m. V.* SAGUÃO.

Xairel, *s. m.* pâkhar *f.*

Xalmas, *s. f. pl.* gâḍyâ va hoḍyâchyo khuṇṭyo (ojhem,- mâl sambhâḷchyâk) *f. pl.*

Xamate, *s. m.* mât *f.*

Xaque, *s. m. V.* CHEQUE.

Xaquear, *v. t. (ant.)* mât divumk *(d. do o.); (fig.)* khâmchik ghâlumk, śemḍî kâpumk *(litt.* CORTAR O RABICHO; *g. do o.).*

Xaqueca, *s. f. V.* ENXAQUECA.

Xaquema, *s. f.* pâṭ karchem lugaṭ *n.* ‖ *V.* CABRESTO.

Xara, *s. f.* śar *m.* ‖ *V.* ESTEVA. ‖ *Ir direito como uma —*, nîṭ ubho chalumk, bâṇ kaso vachumk.

Xarafim, *s. m. V.* XERAFIM.

Xarão, *s. m. V.* CHARÃO.

Xaraque, *s. m. (ant.)* maidân *n.*

Xarel, *s. m. V.* XAIREL.

Xareta, *s. f.* pâgchem jâḷ *n.; (naut.)* târvâchî jâḷî *f.*

Xaretar, *v. t. (naut.)* jâḷiyâmnîm samjaumk.

Xaropada, *s. f.* eke pâvṭhîk piyevumchem śarbat *n.;* śarbatâchî râs; kashây *f.*, kaḍho *m.*

Xaropar, *v. t.* śârop-, kaḍho divumk *(d. do o.).*

Xarope, *s. m.* śârop *f.*. pamk *ou* pâmk *m.*, śarbat *n.;* kaḍho *m.*, kashây *f.;* châṭan *n.*, kâkai *f.*

Xaroposo, *a.* pamkâcho; pâmkîṭ, chikchikît.

Xarouco, *s. m.* taḍyem vârem *n.*

Xarques, *s. m. (brasil.)* vatâk mâs sukailalem *n.*

Xarquear, *v. t.* (mâs) vatâk sukaumk.

Xauter, *s. m.* arbasthânî vâṭ dâkhaitalo.

Xendi, *s. f.* śemḍî *f.*

Xenographia, *s. f.* parabhâshâksharavarṇan *n.*

Xenographo, *s. m.* parabhâshâksharavarṇanî.

Xenologia, *s. f.* parlokâchî vastî âḍvârṇem *n.*, paralokanishedh *m.*

Xeque, *s. m.* musalmânâmcho rây.

Xerafim, *s. m.* aśrapî *ou* asurpî *f.*

Xerasia, *s. f. (med.)* kems vâḍhanâ jâvumchî pîḍâ *f.*

Xerem, *s. m.* jomdhḷyâmchem daḷlalem pîṭh *n.*

Xerga, *s. f.* karḍem lugaṭ *n.: (brasil.)* gorvâcho mûṭh *m.*

Xergão, *s. m. V.* ENXERGÃO.

Xeringosa, *s. f. V.* COLICA.

Xerographia, *s. f. (med.)* sukyâ khâṇâchem path *n.*

Xerophthalmia, *s. f. (med.)* suko netrarog *m.*

Xerva, *s. f. V.* CANHAMO.

Xeura, *s. f. (mar.) V.* ESCANTILHÃO.

Xira, *s. f.* khâṇ *n.*

Xirô, *s. m. (brasil.)* mâs *m.*, taru *n.*

Xô, *int.* ho!, hoho!

Xofrango, *s. m. (zool.)* kurur *m.*

Xylite, *s. f.* lâmkḍâcho ark *m.*

Xylographia, *s. f.* lâmkḍâr khodṇîvidyâ *f.*

Xylographico, *a.* lâmkḍâr kâmtailalo,- khodlalo.

Xylographo, *s. m.* lâmkḍâr kâmtaitalo, -khodtalo.

Xylolithe, *s. f.* phâtar jâlalem lâmkûḍ *n.*

Xylophagia, *s. f.* lâmkûḍ rovamthiṇem *n.*

Xylophago, *s. m. (zool.)* lâmkûḍ rovamthitalo kîmi *m.*

Xylophono, *s. m.* lâmkḍâchem vâjamtr *n.*

Y

Y, *s. m.* chovisem akshar (*y, fem.*).
Yandon, *s. m.* (*zool.*) vhadle jâtîcho śahâmrig *m.*
Yard, *s. f.* jârd *n.*
Ybamarato, *s. m.* (*brasil.*) *V.* coqueiro.
Ypsiloide, *s. f.* (*anat.*) taklechyâ kartyâchî śivaṇ *f.*
Ypsilon, *s. m.* ya *f.*

Z

Z, *s. m.* paṁchvisem akshar (*j, jh, fem.*).
Zabaneira, *s. f.* nâkkâtrî bâil.
Zabra, *s. f.* hoḍî *f.*, hoḍem *n.*
Zabumba, *s. f.* ḍhol *m.*
Zaburro, *a.*: *milho* —, moṭo joṁdhḷo *m.*
Zagaia, *s. f.* (*e deriv.*) *V.* azagaia.
Zagal, *s. m.* râkhṇo, goṁvḷî; vastâdâkhâlcho.
Zagala, *s. f.* gorvâṁ-râkhṇeṁ *n.*
Zagalejo, zagaleto, *s. m.* lahân râkhṇo.
Zagalote, *s. m.* (*ant.*) baṁdukâchî guḷî *f.*
Zagunchada, *s. f.* khâṁḍyâcho ghây; (*fig.*) virmâr, varm *n.*
Zagunchar, *v. t.* khâṁdyân topuṁk; (*fig.*) khâvuṁk, jerbaṁd divuṁk (*d. do o.*); âhṇîṁ mâruṁk (*d. do o.*), kichḍâvuṁk.
Zaguncho, *s. m.* khâṁḍeṁ *n.*
Zaino, *a.* telyo (ghoḍo); (*fig.*) muṁko, ghûm, ghaṇ.
Zambro, *a.* pâṁgo, pâṁgḷo, vâṁko.
Zambuco, *s. m.* (*ant.*) machvo *m.*
Zambujeiro, *s. m.* (*bot.*) *V.* azambujeiro.
Zampar, *v. t.* bharkuṁk, bakshuṁk, rakshuṁk; tâṇûn bharuṁk, tâṇuṁk, choṁduṁk.
Zanaga, *a. e s. m. e f.* tirvo, tirso, mârso.
Zanga, *s. f.* nâkhuśî, napaḍ, aprîti, piṁḍaḷnî *f.*, râg, dvesh *m.*; *mau humor:* ubgaṇ, vâj, beśârmây *f.*; *mau agouro:* vâyṭ śakun, apśakun *n.*, âchâr *m.*
Zangado, *a.* dveshî, virodhî, napaḍit; râgâr jâlalo, râg âylalo, chaḍhḷalo, tiḍlalo; ubgaṇo, vâj, âylalo, beśârmî.
Zangador, *a. e s. m.* râg hâḍtalo; ubgauṇo.
Zangalho, *s. m.* *V.* zagaralhão.
Zangano, *s. m.* dalâl; parṇyo-, kirkoḷ vastû viktalo, maṇerî. || *V.* chocarreiro.
Zangão, *s. m.* (*zool.*) gâṁjil *ou* gâṁdhîl *m.*; (*fig.*) luṁchak; ubgauṇo, vâj hâḍtalo, jiv khâtalo. || *V.* zangano.
Zangar, *v. t.* râg hâḍuṁk (*d. do o.*), tiḍauṁk, tâpauṁk, châḷvauṁk; *enfadar:* ubgauṁk, vâj hâḍuṁk (*d. do o.*), bejâr karuṁk. || *V.* enguiçar. || *v. r.* râgâr jâvuṁk, râg yevuṁk (*d. do s.*), râgevuṁk, râg karuṁk, chiḍuṁk, pesuṁk, piṁḍaḷuṁk.
Zangaralhão, *s. m.* lâṁb teṁkḍî manîs, arishṭ.
Zangarrear, *v. t. e i.* satâr besûr vâjauṁk; ḍheṁkûn gâvuṁk.
Zanguizarra, *s. f.* satârâcheṁ besûr vâjap *n.* || *V.* algazarra.
Zangurriana, *s. f.* *V.* bebedeira.
Zão-zão, *s. m.* keṁvkeṁv *n.*, karkar *m.*
Zape, *s. m.* laḍho, phaṭko *m.*
Zapete, *s. m.* *V.* truque.
Zarabatana, *s. f.* phuṁkchî lâṁb naḷî *f.*
Zaragalhada, *s. f.* lamaṇ, ramaḷ *n.*, urpaṁj *f.*
Zaragotoa, *s. f.* (*bot.*) tûpmiryâṁcheṁ jhâḍ *n.*
Zaranza, *a. e s. m. e f.* jaḷvây, âḍnâḍî, vâryâr bhoṁvtalo.
Zarcão, *s. m.* śeṁdûr *m.*
Zarco, *a.* ghâro, gârsulo, niḷo. || *Cavallo* —, dhavyâṁ ḍolyâṁcho ghoḍo.
Zarelha, *s. f.* ghusaḷnî bâil, huḷhuḷî.
Zarelhar, *v. i.* ghusḷuṁk, huḷhuḷuṁk, chaḷbaḷuṁk.
Zarelho, *s. m.* huḷhuḷo, ghusaḷṇo, chaḷbaḷyo.
Zargucho, *s. m.* *V.* zaguncho.
Zarolho, *a.* *V.* vesgo.
Zarpar, *v. t.* (*naut.*) *V.* sarpar.

Zarro, *s. m. (naut.)* tîṁ phâṁṭyâṁchem dor *n.*
Zavra, *s. f. (mar.)* hoḍî, pât *(us. Can.), f.*
Zaz, zaz-traz, *int.* ḍab! phaṭ! saṭ!
Zazerino, *a.* tikyâcho.
Zebra, *s. f. (zool.)* vangardabh *m.*
Zebral, *a.* pâṭâṁcho.
Zebrar, *v. t.* pâṭ ghâluṁk *(d. do o.).*
Zebruno, *a.* telyo.
Zebu, *s. m. (zool.)* jebû *m.*
Zedoaria, *s. f. (bot.)* kûv, kachar *m.;* âṁbe-haḷad, ran-hâḷad *f.*
Zeimão, *a. e s. m.* bhâṇśiro, hâgirdo.
Zelador, zelante, *a. e s. m.* boṁdh-, saṁbhâḷ kartalo, râkhṇâr, bâḷgiṇâr.
Zelar, *v. t.* râkhuṁk, saṁbhâḷuṁk, bâḷguṁk; parâmaś-, boṁdh karuṁk *(g. do o.),* phikrîn vasauṁk.
Zelo, *s. m.* khar mog *m.*, atrek *m. pl.*, murgaṭṇî; *cuidado:* boṁdh, phikîr, âsthâ; *empenho:* hurbhâ, suḍsuḍây *f.*, umâḷo, utsav *m.* ‖ -s, *pl. V.* CIUME.
Zelosamente, *adv.* âsthen, boṁdhîn, hurbhen.
Zeloso, *a.* âsthecho, âsthik, phikrîcho, utsuk. ‖ *V.* CIUMENTO.
Zelote, *a.* suke phikrîcho, polke âsthecho.
Zelotypia, *s. f. (desus.)* matsar *m.*, nirduḥkh *n.*, moṭî âdâvat *f.;* mogâcho ḍubḍub, premasaṁśay *m.*
Zenir, *v. i. V.* ZUNIR.
Zenith, *s. m. (astr.)* mâthem *n.*, samo, khamadhya; *(fig.)* mâtho, kaḷas *m.*
Zenithal, *a.* khamadhyâcho.
Zephyro, *s. m.* vâryâchî loy, lahar *f.*, maṁdavâyu *m.*
Zerbo, *s. m. V.* ZIRBO.
Zeribanda, *s. f. V.* SARABANDA.
Zeribando, *s. m.* jerbaṁd *m.*
Zero, *s. m.* pûj, śunya *n.*, biṁdu *m.* ‖ *Ficar reduzido a —,* kâkho vayr kâḍhuṁk, mâthyâr hât davruṁk; udkâṁt-, paskatyâṁt vachuṁk.
Zerumbete, *s. m. (bot.)* rân-âlem *n.*
Zetetica, *s. f.* hetukram *m.*
Ziguezague, *s. m.* revaḍkoṁkem *n.;* nâgmoḍichî vâṭ *f.* ‖ *Fazer ziguezagues,* lavkuṁk.
Ziguezigue, *s. m.* girgirem *n.; (fig.)* huḷhuḷo, chaḷbaḷyo.
Zimarra, *s. f. V.* SAMARRA.
Zimborio, *s. m. (archit.)* ghumaṭ *n.*, kaḷas *m.*
Zimbrar, *v. t.* phaṭkâvuṁk, saṭkâvuṁk, soṭâvuṁk. ‖ *v. i.* (târûṁ) helkâvuṁk.
Zimbro, *s. m.* dav, śeḷer *m.*
Zinabre, *s. m. V.* AZINHAVRE.
Zinas, *s. f. pl.* bhargato veḷ, bhâr *m.*
Zincar, *v. t.* jast ghâluṁk *(d. do o.).*
Zinco, *s. m.* jast *n.* ‖ *Sulfato de —,* sapet morchût *m.*
Zingamocho, *s. m.* vâryâcho koṁbo,- bâvṭo; mâtho, kaḷas, śikhar *m.*
Zingrar, *v. i. V.* ESCARNECER.
Zinir, *v. i. V.* ZUNIR.
Zirbo, *s. m. (anat.) V.* PERITONEU.
Zirgilim, *s. m. V.* GERGELIM.
Zizania, *s. f. V.* SIZANIA.
Zoada, *s. f.* ghanghaṇ, sanṣaṇo *m.*
Zoanthropia, *s. f.* âpaṇ monjât mhaṇ chiṁtchem pisem *n.*
Zoar, *v. i.* khaṇkaṇuṁk, saṇsaṇuṁk, ghaṇghaṇuṁk.
Zodiacal, *a.* râśichakrâcho, bhachakrâcho.
Zodiaco, *s. m. (astr.)* râśichakr, bhachakr *n.; (fig.)* sâṁkaḷ, śiṁkaḷ *f.*
Zoilo, *s. m.* kharkas, hujatî, chahâḍyo, lâṁvḍo.
Zoina, *a. e s. m.* nindalalo, guḍguḍlalo manîs.
Zombadeira, *s. f.* maskarekârṇ, cheshṭâykârṇ.
Zombador, *a. e s. m.* phakâṁḍî, khebaḍî, maskarekâr, cheshṭâykâr, yaṁtrî.
Zombar, *v. i.* cheshṭâyo-, maskaryo karuṁk, keṁḍṇuṁk, cheshṭâvuṁk, hâṁsuṁk; nâ bhiyevuṁk, parvâ nâ karuṁk, nâ kâḍhoṁk; phoṭauṁk, phasauṁk *(vv. tt.).* ‖ *V.* TRIUMPHAR.
Zombaria, *s. f.* cheshṭây *ou* kheshṭây, keṁḍṇî, maskarî, bagal *(us. Sal.),* bâgaḍây *f.*, phakâṁḍ, khebaḍ *n.*
Zombeirão, *a. e s. m. V.* ZOMBADOR.
Zombetear, *v. i. V.* ZOMBAR.
Zombeteiro, *a. e s. m.* khebaḍî, phakâṁḍî; maskarecho, baglecho.
Zona, *s. f.* pâṭ, paṭṭo, bâṁd *(port.); (geogr.)* bhûkaṭibaṁdh; *região:* deś *m.*, maṁḍaḷ *f.*
Zonchadura, *s. f.* chikaṁdar loṭṇem *n.*
Zonchar, *v. i.* chikaṁdar loṭuṁk.
Zoncho, *s. m.* chikaṁdar *m.*
Zoographar, *v. t.* (monjâtî) chitruṁk.
Zoographia, *s. f.* paśuvarṇan, prâṇivarṇan; paśuchitr *n.*
Zoographo, *s. m.* paśuvarṇanî.
Zoolatria, *s. f.* paśupûjâ *f.*
Zoolitho, *s. m.* phâtar jâlalî monjât *f.*, paśupâshâṇ *m.*

Zoologia, *s. f.* prâṇividyâ *f.*, paśvâdiśâstr *n.*
Zoologico, *a.* prâṇividyecho.
Zoologista, zoologo, *s. m.* prâṇividyâjña, prâṇividyâvaṁt.
Zoophytico, *a.* jârecho.
Zoophyto, *s. m.* *(zool.)* jâr *m. ou f.*
Zootaxia, *s. f.* prâṇyâṁchî vargâvargî *f.*
Zootechnia, *s. f.* monjâti poschî,- vâḍhauṁchî mâṁḍṇî, prâṇyutpattividyâ *f.*
Zootomia, *s. f.* prâṇiśârîr *n.*; prâṇivyavachhedh *m.*
Zopo, *s. m.* âbgûl manis.
Zorra, *s. f.* choṁchâkî thapkaṭo gâḍo *m.*; *(zool.)* mhâtârî koḷî *f.*; *(mar.)* chaurâs phâtar; *(fig.)* bebo *(litt.* SAPO) *m.*, mhas *(litt.* BUFALA) *f.*, jaḍ manîs.
Zorreiro, *a. e s. m.* maṁḍagati, jaḍâ âṁgâcho, âṁg-jaḍ, sust.
Zorro, *s. m.* *(zool.)* kolo *m.*‖ *a. e s. m.* kâṭhû, chyâḍ, buddhîcho poṭlo. ‖ *V.* ZORREIRO.‖ *De* —, barbarît, barbaryâṁ, sarpaṭyâṁ.
Zote, *a. e s. m.* pato, gaḷyo, pisâṭ.
Zotismo, *s. m.* patepaṇ, gaḷyepaṇ *n.*
Zoupeiro, *a.* saḍsaḍit chala nâslalo, pâṁy ukla nâslalo, âbgûl; âḷśî, meṁgo, âṁgrâkhyo.
Zuarte, *s. m.* niḷeṁ lugaṭ, maritîṁt *n.*
Zumba, *int.* ḍaba! gaba!
Zumbaia, *s. f.* saḷâm, namaskâr *m.* ‖ *Fazer zumbaias (fig.)*, lâg karuṁk, phulâṁ mâḷuṁk *(litt.* ENFEITAR COM FLORES).
Zumbar, *v. i. V.* ZUMBIR.
Zumbido, *s. m.* gujguj, guḍguḍ, guṁjṇî *f*, ghoṁghoṁ *m.*; kânâṁchî kaṇkaṇṇî *f.*, kânâṁt vâjṇeṁ *n.*
Zumbir, *v. i.* guṁjuṁk, gujgujuṁk, ghoṁghevuṁk.
Zumbo, *s. m.* gujgujṇî, maṇmaṇṇî *f.*
Zumbrir-se, *v. r.* vaṁdavuṁk, bâgâvoṁk, oṇavuṁk; *(fig.)* pâṁyâṁ paḍuṁk, pâṁy dharuṁk.
Zum-zum, *s. f.* gujgujṇî, gujguj *f.*, ghûṁghûṁ; *(fig.)* phâṁphûṁ, khâṇkhûṇ *n.*, phuṁkâro *m.*
Zunido, *s. m.* ghûṁghûṁ, ghoṁghoṁ, phoṁphoṁ *n.*, koṁkevṇî, ghoṁghevṇî *f.*
Zunidor, *a.* ghoṁghetalo, jhaṇjhaṇît, sansaṇît.
Zunir, *v. i.* ghoṁghevuṁk, koṁkevuṁk, guṁjuṁk, ghûṁ jâvuṁk, jhaṇjhaṇuṁk, sansaṇuṁk, khaṇkhaṇuṁk.
Zurracha, *s. f.* târîcheṁ hoḍeṁ *n.*, târ, pât *f.*
Zurrador, *a. e s. m.* ârḍatalo.
Zurrapa, *s. f.* pachak, pachakvaṇî *f.*
Zurrar, *v. i.* (gâḍhûṁ) raḍuṁk, ârḍuṁk.
Zurraria, *s. f.* âraḍṇî, kiraḍṇî, *f.*
Zurro, *s. m.* gâḍhûṁ raḍṇeṁ *n.*; gâḍhvâchî kiraḍ,- âraḍ *f.*
Zurzidela, zurzidura, *s. f.* phaṭkâvṇî, saṭkâvṇî, phâpâvṇî *(us. Sal.) f.*; mâr *m*, phaṭke, laḍhe *m. pl.*
Zurzir, *v. t.* jhaṁpâvuṁk, châbkâvuṁk, phaṭkâvuṁk, saṭkâvuṁk, saṭke-, phaṭke divuṁk *(d. do o.)*; baḍauṁk, mâr divuṁk, ghâluṁk *(d. do o.)*; *(fig.)* dagdagâvuṁk, vaḷvaḷâvuṁk, duḥkh divuṁk *(d. do o.)*.
Zygoma, *s. m.* *(anat.)* gâlâcheṁ hâḍ *n.*
Zygomatico, *a.* gâlâchyâ hâḍâcho.
Zymotico, *a.* phugîcho, khamirâcho.
Zymologia, zymotechnia, *s. f.* khamirâchî vidyâ *f.*
Zymologico, zymotechnico, *a.* khamirâche vidyecho.

APPENDICES

APPENDICE I

A

Abarrotamento, *s. m.* âḍiṁ ghâlṇeṁ,- bharṇeṁ; kheṁchûn bharṇeṁ *n.;* choṁḍṇî, kheṁch *f.*

Abbadado, *s. m. (ant.) V.* ABBADIA.

. **Aborticio,** *a. V.* ABORTIVO.

Abrazante, *a. V.* ABRAZADOR.

Absorvedouro, *s. m. V.* SORVEDOURO.

Aburrar-se, *v. r.* chiṁteshṭ-, gaḷyo jâvuṁk.

Abuta, *s. f. (ant.)* ḍabo *m.*, ḍâbî *f.*

Acabaçado, *a.* dudhîṁ kaseṁ.

Acabo, *s. m. V.* ACABAMENTO.

Acabramar, *v. t.* (bailâcho) pâṁy śiṁgâṁk bâṁdhuṁk.

Acajú, *s. m. (bot.) V.* CAJÚ.

Açalmar, *v. t.* bejmî puraumk *(d. do o.)*, purvaṇ karuṁk *(g. do o.)*.

Acamurçar, *v. t.* bheṁkryâcheṁ chaṁḍeṁ kaseṁ kamâvuṁk.

Acanhador, *a. e s. m.* ghâbrâytalo, lajjck ghâltalo.

Acarapinhar, *v. t. V.* ENCARAPINHAR.

Acaridar, *v. t.* dayâ dâkhauṁk *(d. do o.)*, dharm karuṁk *(d. do o.)*. || *v. r.* dayâ âsuṁk *(d. do s.)*, kâḷîj vaḷoṁk *(g. do s.)*.

Acastanhado, *a.* telyo.

J **Acastellar,** *v. t.* koṭṭâ sârko karuṁk; koṭṭân- saṁjauṁk. || *v. r.* koṭṭâṁt riguṁk; trâṇ ghevuṁk.

Acaule, *a. (bot.)* kâṁḍ nâslalo.

Acceite, *s. m. (comm.)* huṁḍî âpkarṇeṁ *n.*, sakâr *m.* || *a. V.* ACCEITO.

Accendivel, *a.* peṭcho, peṭa sârko.

Accessit, *s. m.* âkṣesît *m.*

Accidentação, *s. f.* uṁchsakalpaṇ *n.*

Accidentario, *a. (ant.) V.* ACCIDENTAL.

Accionista, *s. m. V.* ACCIONARIO.

Acephalia, *s. m.* mastakahîṇpaṇ *n.*

Acerejar, *v. t.* paṭkaḷâcho raṁg divuṁk *(d. do o.)*. || *v. r.* paṭkaḷâcho raṁg ghevuṁk.

Acertamento, *s. m.* basauṇî, ghaḍsaṇî; basṇî *f.*

Achadiço, *a.* meḷuṁk soṁpo.

Acoimador, *a. e s. m.* bâr bâṁdhtalo; gâṁjṇâr.

Açoitadura, *s. f.* saitâr kâḍhṇeṁ, sâṭ mârṇeṁ *n.*

Acolchoadeiro, acolchoador, *a. e s. m.* rû-, kâpûs bhartalo.

Acolheita, *s. f. V.* ACOLHIDA.

Acolytar, *v. t.* âkolt karuṁk *(d. do o.)*; sâṁgâtâ bhoṁvuṁk *(g. do o.)*.

Acommunar-se, *v. r. V.* MANCOMMUNAR-SE.

Aconselhador, *a. e s. m.* buddh ditalo, upadeśak.

Acossamento, *s. m.* pâṭhî-, pâḷâṁk lâgṇeṁ *n.*

Acotiar, *v. t.* sadâṁkâl nesuṁk,- ghâluṁk. || *V.* FREQUENTAR.

Açougaria, *s. f. V.* AÇOUGADA.

Acridio, *a.* ṭoḷ kaso. || **-s,** *s. m. pl., (zool.)* ṭoḷ *m. pl.*, ṭoḷî *f.*

Açudada, *s. f.* dharṇbhar udak *n.*

Acurvamento, *s. m.* vaṁḍâvṇî, bâgâvṇî; bâg *f.*

Adegueiro, *s. m.* koṭhârî, gudâṁv râkhtalo.

Adelfa, *s. f. (bot.) V.* LOENDRO.

Adelgaçador, *a. e s. m.* bârîk kartalo, pâjṇâr.

Adereçar, aderençar, *v. t. V.* ENDEREÇAR.

Adoçamento, *s. m.* godsâvṇî, sâkrâvṇî *f.*

Adormentador, *a. e s. m.* nîd hâdtalo; bahirâytalo.

Adua, *s. f. (ant.) V.* REBANHO.

Adubador, *a. e s. m.* sambhârtalo; kamâvṇâr.

Adulterador, *a. e s. m.* barsitalo, bhel ghâltalo.

Aeriamente, *adv.* vâryâr, aṁtrâḷiṁ; *(fig.)* vâryâr, beshṭeṁch, ubhaṁtarîṁ.

Afemeado *(ant.)*, **afeminado,** *a. V.* EFFEMINADO.

Afilador, *s. m. V.* AFERIDOR.

Aforamento, *s. m.* âphrâmeṁt *m.*, śidâvâchî jamîn *f.*, sâsaṇ *n.*, gheṇ *(us. Can.) f.*

Afrouxelado, *a.* kâpsâḷo.

Agilitar, *v. t.* suḍsuḍit-, śiṭâb karuṁk, rahâṭauṁk.

Agir, *v. t.* karuṁk, chalauṁk, jâḷvuṁk.

Aglosso, *a.* jîbh nâslalo, ajihv.

Agoiral, *a.* śakunâcho, praśnâcho, śakunî.

Agoiro, *s. m.* śukuṇyâchyâ raḍṇyâcho śakun; śakun, praśn; apśakun, âchâr *(mau —) m.* ‖ *Ave de mau — (fig.)*, nalbato manis.

Agorentar, *v. t.* deg kâtruṁk *(g. do o.)*; uṇâvuṁk, thoḍo karuṁk.

Agrapim, *s. m. V.* ALAMAR.

Agrisalhar, *v. t.* (keṁs) dhavo karuṁk, pikauṁk. ‖ *v. r.* (keṁs) dhavo jâvuṁk, pikuṁk.

Agrodoce, *a. V.* AGRIDOCE.

Agrupamento, *s. m.* puṁjâvṇî, mâṁḍṇî *f.*

Alabão, alavão, *a. e s. m.* dudhâcho (bakḍo, vâsrûṁ); dudhâchyâṁ śeḷiyâṁcho hiṁḍ *m.*

Alamarado, *a.* phâsyâṁnîṁ saṁjailalo.

Albardilha, *s. f.* lahân mûṭh *m.*

Albarrada, *s. f.* suṭyâṁ phâtrâṁcho pâgâr,- pâro; âḍo *m.*, aḍap *n.*; kujo *ou* khujo *m.*

Albificação, *s. f.* dhavsâṛṇî *f.*

Albogue, alboque, *s. m.* karṇo *m.*, kâv *f.*

Albornoz, *s. m.* barṇûs *m.*

Albuminuria, *s. f. (med.)* baḷâchî mûr *f.*

Alçadura, *s. f.*, **alçamento,** *s. m.* ukalṇî, ubhârṇî *f.*

Alcandorar-se, *v. r.* ubhâroṁk, uṁch vachuṁk,- basuṁk.

Alçaperna, *s. f. V.* CAMBAPÉ.

Alcárcova, *s. f.* pâvsâchyâ udkâcheṁ taḷeṁ *n.*

Alcatra, *s. f.* gorvâcheṁ beṁḍ *n.*

Alcatroamento, *s. m.* kîl-, ḍâmar kâḍhṇeṁ *m.*

Alcavala, *s. f.* bâr *m.*; jakâtîcho julûm *m.* ‖ *V.* TRAFICANCIA.

Alcorca, *s. f.* khaḷî, charî *f.*

Alcorça, *s. f.* nitaḷ sâkrîcho kâlo *m.*

Aldeola, aldeota, *s. f.* supurlo gâṁv *m.*, kheḍeṁ *n.*

Alecrim, *s. m. (bot.)* âlekrî *f.*; âlekrîṁ *(flor) n.*

Alectorio, *a.* koṁbyâcho.

Alegria, *s. f.* khuśî *ou* khośî *f.*, saṁtosh, ânaṁd *ou* anad, harkh, ullâs, âhlâd *m.*, sukh, kuśâlpaṇ *n.*, kuśâlî, tushṭi, saṁtushṭây, naṁdî; mauj *f.*, ntsav *m.*

Alfageme, *s m. (ant.) V.* ARMEIRO.

Alfenim, *s. m.* dhave sâkrîcheṁ khaṭkhaṭeṁ *n.*; kirpaṁj manîs.

Alfeninado, *a.* kirpaṁj, maû, menâcho *(litt.* CEREO*)*.

Alga, *s. f. (bot.)* śeḷo *m.*

Algeroz, *s. m.* pâṁvḷyâṁchyâṁ udkâcho naḷ *m.*

Algozaria, *s. m.* nishṭurpaṇ, mhârûpaṇ *n.*

Alhas, *s. pl.*: *palhas —*, lasṇîcho pâlo; *(fig.)* kispuro, potero *m.*

Alhures, *adv. (ant.)* dusre svâter.

Alizares, *s. m pl.* vaḷaṁtî bhoṁvṭaṇiṁ mârlalyo kâṁbî *f. pl.*; vaḷaṁtî muḷâche nile iṭe *m. pl.*

Alquilador, *s. m.* ghoḍe bhâḍyâk ditalo; ghoḍyâṁcho yepâr kartalo.

Alquilaria, *s. f.* ghoḍyâṁcho yepâr *m.*

Alteravel, *a.* badalto, phirto.

Alterosamente, *adv.* thorâyen; garvân.

Altriz, *a. V.* ALIMENTICIO.

Alvoroçamento, alvorotamento, *s. m.* akâṁtâvṇî; khaḷbaḷâvṇî *f.*; âkâṁt; khaḷbaḷ *m.*, hurbhâ *f.*

Amargoseira, *s. f. (bot.)* niṁb *m.*, niṁbâcheṁ jhâḍ *n.*

Ambreada, *s. f.* phoṭkiro aṁbar *m.*

Amendoal, *s. m.* bâdâmiyâṁcho maḷo *m.*

Amestrador, *a, e s. m.* śikauṇâr, gavḷâytalo.

Ameos, *s. m. (bot.)* oṁvo *m.*, bâlśep *f.*

Amortalhadeira, *s. f.* melalyâmk nesaitalî.

Amortalhador, *s. m.* maḍyâmk nesaitalo.

Amortecimento, *s. m.* bahirepaṇ; memgepaṇ; phikepaṇ *n.*

Amputar, *v. t.* (âmg, gâtr) kâpumk, kâtrumk; *(fig.)* kâtrumk, uṇâvumk.

Amulatado, *a.* mulât kaso.

Anachronico, *a.* âdlyâ kâḷâcho, parṇe châlicho.

Ananazeiro, *s. m. (bot.)* ânanes *f.*

Anesthesia, *s. f. (med.)* bahirevṇî *f.*, bahirepaṇ *n.*

Anodonte, *a.* dâmt nâslalo, damtahîn.

Antarctico, *a.* dakshiṇadhruvâcho. ‖ *Polo —*, dakshiṇadhruv *m.*

Antiphrase, *s. f.* viparît lakshaṇâ *f.*

Anzolo, *s. m.* âmjliyâmchem kâmkaṇ *n.*

Apodrentar, *v. t. V.* APODRECER.

Apoutar, *v. t. (mar.)* pemkhâk bâmdhumk. ‖ *v. i.* pemkh uḍaumk.

Appellante, *s. m. e f.* âpelâsâmv kartalo.

Appellatorio, *a.* âpelâsâmvâcho.

Apresador, *a. e s. m.* ghaṭṭ dhartalo, dharṇâr.

Aprisco, *s. f.* goṭho *m.*; ḍhol *f.*, bîḷ *n.*; khomp, khompṭî *f.*; gap *(— da egreja) n.*

Arabista, arabizante, *s. m.* arabî bhâshek peṭlalo.

Arameiro, *s. m.* sariyâmchem kâm kartalo.

Architectural, *a.* bâmdhâvaḷicho, ghaḍpâcho.

Arcote, *s. m.* tâmbyâchem kîṭ *n.*

Ardentia, *s. f.* daryâchî jhaḷ *f.*

Arguidor, *a. e s. m.* bobâṭ kartalo, beshṭâvṇâr.

Armorial, *s. m.* kulachihnapustak *n.*

Arraigada, *s. f. (anat.)* jibhecho kâmdo *m.*

Arrobe, *s. m.* murâmbo *m.*

Arrofo, *s. m.* jâḷâchyâ mâthyâcho gîr *m.*

Arrolar, *v. i.* hâllo karumk.

Artezoar, artezonar, *v. t.* (bobdâr) kirvaṇ karumk.

Arula, *s. f.* supurlo âltâr,- vedî *m.*

Aruspice, *s. m.* âmtâmcho śakunî.

Ascoma, *s. f.* valo ghâmso nâ jâvumchem châmḍem *n.*

Assem, *s. m.* gorvâche mânî baglechem mâs *n.*

Astatico, *a.* asthîr, athîr.

Atavismo, *s. m.* vamśaguṇ *m.*, vaslât *f.*

Atrophia, *s. f.* hoḷṇî, remjṇî, sukṇî, jhimjṇî *f.*

Aurito, *a.* kânyo.

Auscultar, *v. t.* harḍyâk kân lâvumk *(g. do o.)*.

Autolatria, *s. f.* âplî pûjâ, âtmapûjâ *f.*

Avellarios, *s. m. pl.* pirḍukâmche paḍ,- sar *m. pl.*; *(fig.) V.* NINHARIAS.

Avessas, *s. f. pl.*: *ás avessas*, partem, uphrâṭem.

Avestruz, *s. m. ou f. V.* ABESTRUZ.

Avicularia, *s. m.* pâkhrâm postalo.

Avindor, *s. m. (ant.)* madhesth.

Azicho, *s. m. V.* CAPARROSA.

B

Baia, *s. f.* ghoḍvaṇîchem âḍbharem *n.*

Balieira, *s. f.*, **balieiro**, *s. m.* tivmâse mârchem tarâmḍem *n.*

Balordo, *s. m.* doḍo manîs, reḍo *(litt.* BUFALO*)*.

Balso, *s. m. (mar.)* dorâcho nisar nâslalo viḷkho *m.*

Baluma, *s. f. (mar.)* śiḍâche meṭaṇîchî dorî *f.*

Bananal, *s. m.* keḷîmcho maḷo *m.*

Banquetador, *a. e s. m.* pamkatî-, jevṇâm ditalo.

Barateiro, *a.* savây viktalo. ‖ *s. m.* kheḷghoḍyâmchem inâm ghetalo.

Barbosinho, *s. m.* monjâticho ghomso *m.*; pâkhûrl *n.*

Barjoleta, *s. f.* châmḍyâchem pemḍoḷem *n.*

Basico, *a.* muḷâcho, pâmysarâcho.

Bastimento, *s. m. (ant.) V.* ABASTECIMENTO.

Bengalada, *s. f.* ṭonko mârṇem *n.*, dâmḍâvṇî *f.*

Benzilhão, *s. m. V.* BENZEDEIRO.

Berma, *s. f.* kâmṭhâvaylî aśîr vâṭ *f.*

Bestiaga, *s. f.* kirkoḷ monjât *f.*

Bestializar, *v.* .. *V.* BESTIFICAR.

Bigenito, *a.* dvij.

Billoto, *s. m.* kâṁḍ *n.*, karâṁḍî *f.*, karvo *m.*

Bireme, *s. f.* doṁ valyâṁchî hoḍî *f.*: *(ant.)* doṁ valyâṁ-hârîṁcheṁ târûṁ *n.*

Bisca, *s. f.* bisk *n.*; *(fig.) V.* REMOQUE.

Boroa, *s. f.* joṁdhḷyâṁcho uṁḍo *m.*; joṁdhḷyâṁcheṁ khâjeṁ *n.*

Botilhão, *s. m. (bot.)* śeḷo *m.*

Brejoso, *a.* mâyṇâcho, châḷîcho.

Briol, *s. m. (naut.)* śîḍ kavaḷcheṁ dor *n.*

Bronze, *s. m.* kâṁseṁ *n.*, pitûḷ; kâṁsyâchî mohar; *(fig.)* ghâṁṭ; nâḷ *f.* ‖ *Ter coração de* —, pâkhṇâcheṁ kâḷij âsuṁk *(d. do s.)*.

Bruneto, *a.* sâvḷoso.

Bullario, *s. m.* bulâṁcho veṁcho *m.*

Burnu, *s. m.* burṇûs *m.*

C

Cabeçalho, *s. m.* gâḍyâchî dâṁḍî *f.*; vartamânpatrâ va pustakâcheṁ nâṁv, sadar *n.* ‖ *V.* CABECEIRA.

Cabeção, *s. m.* gol *(do port.* GOLLA*)* *n.*, gaḷo *m.*: ghoḍyâcheṁ muskeṁ; mukhpatr; *(ant.)* uśeṁ *n.*

Cachaço, *s. m.* mân, gachchî *f.*, kâṁṭeṁ, gardan *n.*

Cachalote, *s. m. (zool.)* mâso *m.*

Cacologia, *s. f.* kuvâkya *n.*

Cadente, *a.* paḍto. ‖ *Estrella* —, ulkâ *f.*, târâ *m.*

Cadexo, *s. m.* reśmî kâṇî,- tâṇî *f.*; keṁsâṁcheṁ julap *n.*

Calefrio, *s. m. V.* CALAFRIO.

Califa, *s. f.* khalipho.

Cambudo, *a.* kel âslalo, kelâcho.

Cancaborrada, *s. f.* âḍṇâḍpaṇ, ṭoṇkepaṇ *n.*

Cango, *s. m.* sop *m.*

Careza, *s. f.* mahârghây *f.*

Carugem, *s. f. V.* CARCOMA.

Carusma, *s. f.* phuṁktâṇâ gobar usaḷtâ to.

Castigador, *a. e s. m.* khâst lâytalo, śikshâ ditalo, śikshak.

Catalepsia, *s. f.* stabdhavâyu *m.*

Cataracta, *s. f.* dhodhâṇî *f.*, gaskaso *m.*

Cavallada, *s. f.* reḍepaṇ, bâṁgarpaṇ, tavṇâspaṇ *n.*

Cavia, *s. f. (zool.)* chinî dhukar *m.*

Caviar, *s. f.* khârî gâbhoḷî,- per *f.*

Cavouco, *s. m. V.* CAPOUCO.

Celebrizar-se, *v. r.* nâvâḍhoṁk, yaś hâḍuṁk, âpleṁ nâṁv gâjauṁk.

Celeumar, *v. i.* ârḍuṁk, bob mâruṁk, śivâḍo ghâluṁk.

Chibantear, *v. i.* phaḍâ karuṁk, mijâs-, baḍây dâkhaûṁk.

Chichelo, *s. m.* parṇo mocho *m.*

Chifanga, *s. f. V.* CARCERE.

Chineleira, *s. f.* chinelkârṇ.

Choupal, *a.* hivarâṁcheṁ râu *n.*

Choupaneiro, *a. e s. m.* khoṁpṭeṁt râvtalo, jhoṁpḍeṁt jiyetalo.

Chronicidade, *s. f.* piḍechî junây, -lâṁbây *f.*

Cidral, *s. m.* mahâḷîṁgâṁcho maḷo.

Circumdar, *v. t.* aḍuṁk, veḍho-, bhoṁvâḍo ghâluṁk *(d. do o.)*.

Coacquisição, *s. f.* bhâgâ joḍṇeṁ, -hâtâsṇeṁ *n.*

Colherim, *s. m.* thâpî *f.*

Colleirinho, *s. m. V.* COLLARINHO.

Commerciavel, *a.* yepârâk upkârtalo.

Compleicional, *a.* âṁglaṭîcho, sayaṁbhâcho.

Complice, *a. e s. m. V.* CUMPLICE.

Computista, *s. m.* paṁchâṁg kartalo, paṁchâṁg kâr.

Conceptivo, conceptual, garbhsaṁbhavâcho.

Concordatorio, *a. e s. m.* karârî, milâphî

Condemnador, *a. e s m.* pharmaṇ ditalo, daṁḍ ghâltalo, śikshâ lâytalo.

Condor, *s. m. (zool.)* vhadle jâtîcho gîdh *m.*

Confessado, *s. m.* amkyâ pâdrîlâgîṁ sadâṁkâl kumsâr jâtalo.

Confluir, *v. i.* vâhvûn meḷuṁk (nadî), saṁgâmî jâvuṁk.

Consolavel, *a.* bujva sârko, sasthuṁcho.

Consultação, *s. f. V.* CONSULTA.

Contendedor, contendente, contendor, *a. e s. m.* jhagḍekâr, vivâdî, taṁṭekâr.

Contracosta, *s. f.* pelî taḍ *f.*

Contrafeitiço, *s. f.* parteṁ phitîs *n.*, âḍ-bhârṇî *f.*

Contramalha, *s. f.* jâḷiyer jâḷi *f.*

Convalidação, *s. f. V.* CONFIRMAÇÃO.

Convicioso, *a.* gâḷî savlalo, śive oṁktalo.
Coronide, *s. f. V.* REMATE.
Cosquear, *v. t. V.* FUSTIGAR.
Coval, *s. m.* phoṁḍ *m.*; phoṁḍachem mol; śetâchem verîk *n.*
Covão, *s. m.* vhaḍlem khoṁḍkûl *n.*; mâsḷecho karaṁḍ *m.*
Cousa, *s. f. V.* COISA.
Covarde, *a. V.* COBARDE.
Crespina, *s. f.* rovaṁthâche monjâtîchem dusrem bhâṁḍem *n.*
Crestacolmeias, *s. m.* mhoṁv kâḍhtalo.
Croquinhas, *s. f. pl.: sentar-se em* —, ukaḍyâṁ basuṁk.
Crucificado, *s. m.* khursâr mârlalo; Svâm Jejû Krîst.
Cruciar, *v. t. V.* ATORMENTAR.
Cunhete, *s. m.* maṇeryâchem peṭûl *n.*; dârû-guḷyâchî peṭ *f.*
Curujeira, *s. f. V.* PARDIEIRO.
Cynegetica, *s. f.* pâradhvidyâ *f.*

D

Dala, *s. f.* vaḷ, daro; *(naut.)* târvâche bâṇîcho paṁdeḷ *m.*
Debatidura, *s. f.* dhaḍbaḍṇî, taḷmaḷṇî *f.*
Debolar, *v. t.* kavaṁchâṁ kâḍhuṁk *(g. do o.)*.
Deca, *pref.* daśa.
Decasyllabo, *a.* daśâkshar.
Declivio, *s. m. V.* DECLIVE.
Deformador, *a. e s. m.* apâṁg-, vidrûp kartalo.
Deitado, *a.* âḍ âslalo, -paḍlalo, ghâṇ ghetlalo.
Deliquar, *v. t.* virauṁk, khirauṁk. ‖ *v. r.* viruṁk.
Delitescencia, *s. f. (med.)* pîḍâ oḍhṇeṁ,- jirṇeṁ *n.*
Dentrifico, *a. V.* DENTIFRICIO.
Derivativo, derivatorio, *(med.) a.* phâṁsḷâvuṁcho, ulṭuṁcho.
Derramadamente, *adv.* uphâḷyân, loṭâṁnîṁ.
Desacotoar, *v. t.* lajj sâṁḍuṁk lâvuṁk. ‖ *v. i.* lajj hogḍâvuṁk,- bhâjûn khâvuṁk.
Desagoniar, *v. t.* śamanâvuṁk, thârâvuṁk. ‖ *v. r.* thaṁḍ-, śamanâ jâvuṁk, thâruṁk.
Desalfaiar, *v. t.* sâmaṇ-, mustâykî kâḍhuṁk *(g. do o.)*.
Desamavel, *a.* bhalepaṇ-, vinay nâslalo.
Desamortização, *s. f.* dharmabaṁdhutvechem vît kâḍhṇem *n.*
Desamparadamente, *adv.* nirâdhârîṁ, âlâśryâ viṇeṁ.
Desapaixonadamente, *adv.* nirâgîṁ, sambuddhîṁ.
Desarborizar, *v. t.* jhâḍâṁ unṭuṁk,- kâtruṁk *(l. do o.)*.
Desarrolhar, *v. t.* guḍḍî kâḍhuṁk *(g. do o.)*.
Desarticular, *v. t.* sâṁdho soḍauṁk *(g. do o.)*; sâṁdhyâr kâtruṁk.
Desassistir, *v. t.* nâ pâvuṁk *(d. do o.)*, âdhâr-, âlâśro-, hât nâ divuṇk *(d. do o.)*.
Desatacar, *v. t.* soḍuṁk; rito karuṁk, uspuṁk.
Desaventura, *s. f. V.* DESVENTURA.
Desbandeirar, *v. t.* bâvṭe kâḍhuṁk *(g. ou l. do o.)*.
Desbeiçar, *v. t.* kâṁṭh moḍuṁk,- phoḍuṁk *(g. do o.)*.
Descaroçador, *a. e s. m.* byo kâḍhtalo, karlâytalo. ‖ *s. m.* karlâvuṁcho âspâv *m.*
Descargar, *v. t. V.* DESCARREGAR.
Descocado, *a.* mûrkh, gaḷyo; nilâjro, tavṇâs, lâpîṭ.
Descolmar, *v. t.* kolû kâḍhuṁk,- usaṁk *(g. do o.)*.
Descolorante, descorante, *a.* raṁg kaḍhtalo,- ubhaitalo.
Descommungar, *v. t.* eskomunyâṁv kâḍhuṁk *(g. do o.)*.
Descoroçoamento, *s. m.* hât-pâṁy gaḷṇem, baḷ moḍṇem *n.*, saṁkîrṇây *f.*
Descriminar, *v. t.* gunyâṁvâṁtlo soḍauṁk.
Desditosamente, *adv.* nirbhâgîṁ, nirdaivân.
Desembarque, *s. m.* târvâvaylo deṁvauṇeṁ, utâraṇ *n.*; utarṇî.
Desencantador, *a. e s. m.* bhûl moḍtalo, maṁtr kâḍhtalo.
Desencarapinhar, *v. t.* (kems) suḷsuḷît karuṁk.
Desencravilhar, *v. t.* soḍuṁk; *(fig.)* aḍchaṇeṁtlo kâḍhuṁk.
Desengraçadamente, *adv.* śobhrobh nâstânâ, karḍepaṇîṁ.

Desenliçar, *v. t.* usauṁk, viskaṭâvuṁk, soḍauṁk.

Desentupimento, *s. m.* ughṭo karṇeṁ *n.*, uspaṇî *f.*

Desenxoframento, *s. f.* goṁdhak kâḍhṇeṁ *n.*

Desencommungar, *v. t. V.* DESCOMMUNGAR.

Desgraçada, *s. f.* nirbhâgî bâil; *(fig.)* cheḍî *f.*

Desinflammar, *v. t.* sûj kâḍhuṁk *(g. do o.)*; *(fig.)* hurbhâ deṁvauṁk *(g. do o.)*. || *v. r.* sûj deṁvuṁk,- jiruṁk,- vachuṁk *(g. do s.)*.

Desinfluir, *v. t.* moḍâvuṁk, nivḷâvuṁk.

Desorganizador, *a. e s. m.* ghaḍvaṇ moḍtalo, vighaṭṇâr.

Desobstructivo, desobstruente, *a.* rito kartalo, mekhḷâvṇo.

Despartir, *v. t.* dośiṁ karuṁk, kuśîn kâḍhuṁk.

Desprevenção, *s. f.* chatrây nâsṇeṁ *n.*, avichâr *m.*

Desqualificar, *v. t.* ~uṇ kâḍhuṁk *(g. do o.)*, upkâra nâṁ‿ karuṁk.

Dessaber, *v. t. V.* ESQUECER.

Dessaboroso, *a.* rûch nâslalo, vâyṭâ svâdâcho.

Desvaliar, *v. t.* mol kâḍhuṁk *(g. do o.)*, uṇo karuṁk.

Detençoso, *a.* lâṁbâyo kartalo, veḷ kâḍhtalo, meṁgo, maṁd.

Devaneador, *a. e s. m.* kalpaṇîk, âlâmârkyo kartalo.

Diaba, diàboa, *s. f.* devchâr bâil, lâṁvsaṭ *f.*

Dilatador, dilatante, *a.* pasarcho, vistârcho.

Diligenciar, *v. t.* karuṁk vâvruṁk, upây ghevuṁk *(d. do o.)*, mâṁḍṇî karuṁk *(d. do o.)*.

Dintel, *s. m.* dârvaṁṭo *m.*, toraṇ *n.*, gaṇeśpaṭṭî *f.*

Diplopia, *s. f.* dodî dishṭ *f.*

Dipode, *a.* don pâṁy kose âslalo.

Diptero, *a.* doṁ pâkhurlâṁcho, dvipaksh.

Diras, *s. f. pl.* gâḷî *f. pl.*, śive *m. pl.*

Discretamente, *adv.* śahâṇepaṇîṁ, achirkâyen.

Disformidade, *s. f.* nirâkârpaṇ *n.*, vikaṭây *f.*

Ditosamente, *adv.* kalyâṇân, subhâgîṁ.

Dividimento, *s. m.* dubhâgṇî *f.*; khaṇ *m.*

Dolorifico, *a. V.* DOLOROSO.

Dondo, *a.* jharlalo, ghâṁslalo; maû (uṁḍo).

Dotador, *a. e s. m.* dot ditalo.

Dragagem, *s. f.* lâṭhîn uspaṇeṁ *n.*

Dryade, *s. f.* vandevatâ *f.*

Duche, *s. m.* udkâcho boṁb *m.*

Duodeno, *s. m. (anat.)* gâṁydaḷî *f.*

Dureiro, *a.* jaḍâ âṁgâcho, mâṁdagati.

Durião, *s. m. (bot.)* nirpaṇas *m.*

Dysphagia, *s. f. (med.)* giḷuṁchî âḍkhaḷ *f.*

Dysurico, *a.* aśmarecho. || *s. m.* aśmarî jâlalo.

E

Economato, *s. m.* mukdampaṇ *n.*, ukâḷo *m.*

Eculeo, *s. m.* jerbaṁdâṁcho ghoḍo; *(fig.)* mâro, dhumâḷo *m.*

Eczematico, *a.* hurhuryâcho; hurhuro phuṭlalo.

Egoismar, *v. i.* âpleṁch ulauṁk,- paḷevuṁk, âplîch khabar karuṁk, âplyoch tâvdârkyo sâṁguṁk.

Egualdade, *s. f.* sârkepaṇ, sâmkepaṇ *n.*, sar, barâbarî *f.*

Electro, *s. m.* bhâṁgârâ âni rupyâcheṁ hîṇ *n.*; *(ant.)* aṁbar *m*

Embarque, *s. m.* târvâr chadhauṇeṁ,- chadhṇeṁ *n.* || *Generos de —*, târvâchî bejmî *f.*

Embiscar, *v. i.* doḷe moḍuṁk.

Emboque, *s. m.* cheṁḍû girâṁt ghâlṇeṁ *n.*

Emmadeiramento, *s. m.* mader ghâlṇeṁ; mader *n.*

Emmagotar, *v. t.* chuṁbe karuṁk *(g. do o.)*. || *v. r.* chuṁbe-, choṁbe jâvuṁk *(g. do s.)*.

Emporcalhar, *v. t.* meḷauṁk, loḷauṁk. || *v. r.* meḷuṁk, loḷuṁk.

Encallar, encallir, *v. t.* (mas) ardhkuro bhâjuṁk.

Enfrestado, *a.* gîr-, ḍoṁpḷe âslalo. || *Dentes enfrestados*, suṭe dâṁṭ.

Engelhado, *a.* chirmuṭlalo, chiṁbaṭ; *(fig.)* ghâbro, kâkûḍ.

Engraçadamente, *adv.* suṁdarâyen, dulabhâyen.
Enterite, *s. f. (med.)* âṁtkiṭiyâṁchî sûj *f.*
Entoiçar, entoicerar, *v. i.* posoṁk, moṭo jâvuṁk; *(fig.) V.* ROBUSTECER.
Entranhadamente, *adv.* bhitarlyân, abhyaṁtarîṁ; *(fig.)* kâḷjân, chaḍhâ mogân.
Escaldador, *a. e s. m.* unhvaṇyân ulpâytalo; lâstalo. ‖ *s. m.* dhagṭeṁ *n.*
Escapule, *a.* kâydyâ mekhḷo, sûṭ, uttîrṇ.
Esculapio, *s. m.* dhanvaṁtarî; vaij.
Escuramente, *adv.* kâḷokân, gairpaṇiṁ.
Esmocar, *v. t.* ṭoṇkâvuṁk, soṭâvuṁk, baḍauṁk.
Espelhim, *s. m.* kâṁchîchî khaḍî *f.*
Espennicar, *v. t.* pâkhâṁ burḍuṁk *(g. do o.)*; neṭauṁk, śriṁgâruṁk; *(fig.) V.* ESMIUÇAR. ‖ *v. r.* (śukṇeṁ) pâkhâṁ kisauṁk; neṭuṁk, pehrâvuṁk.
Esphericamente, *adv.* golâkârân guḷyâbhâshen.
Esportella, *s. f.* pâṁṭulo *m.*
Esquentada, *s. f.* bhargato veḷ *m.* ‖ *Pela* —, darvaḍyân.
Estinha, *s. f.* dusre mhoṁv kâḍhṇeṁ *n.*
Estipulado, *a.* bolî kelalo. ‖ *s. m.* bollaleṁ *n.*, bolî *f.*
Estolhoso, *a.* muḷâṁt phâṁṭe jâtalo.
Estorvilho, *s. m.* supurlî âḍkhaḷ, aḍchaṇ *f.*
Estradiota, *s. f.* pâṁy tâṇûn ghoḍyâr basṇeṁ *n.*
Estrangulador, *a. e s. m.* gaḷphâs ditalo, gaḷo piḷṇâr.
Estremeção, *s. f.* âṁg kâḍhṇeṁ, kâḷij uḍṇeṁ *n.*, dachko *m.*
Estrupo, *s. m. V.* TROPEL.
Estupendamente, *adv.* ajâpâṁnîṁ, navlân.
Extendedura, *s. f.* pâṭḷâvṇî. pasarṇî, vistârṇî *f.*; *(ant.) V.* EXTENSÃO.

F

Facula, *s. f. (astr.)* sûryâ va chaṁdrâcheṁ kaḷaṁk *n.*
Fagar, *v. t. V.* AFAGAR.
Fantil, *a.* baryâ bijâ âni gidârâcho.
Favoritismo, *s. m.* prapaṁch, pakshapât *m.*, taraphdârî *f.*
Ferrejar, *v. i.* oleṭî kâtruṁk; châro kamâvuṁk; *(fig.)* yepâr-, udyam karuṁk, dhâṁdyâk lâguṁk.
Ferrinhos, *s. m. pl. (mus.)* tryâṁgl *(port.) m.*
Ferricocos, *s. m. pl.* khaṁdkâr *m. pl*
Fetiche, *s. m.* kuḍo dev *m.*
Figulino, *a.* kâlauṁcho, peṭcho (mâṭî); *(fig.)* jây to âkâr ghetalo ‖ *s. m. V.* ARGILLA.
Figuro, *s. m.* tavṇâs, lâpîṭ.
Francatripa, *s. m. ou f.* sutrî bâhuleṁ *n.*
Frieirão, *a.* aḷṇî *ou* aiṇî, châchûr.
Fruncho, *s. m. V.* FURUNCULO.
Fugateira, *s. f.* kâhilâto *m.*

G

Gagosa, *s. f.: á* —, kashṭâṁviṇeṁ, vâvra nâstânâ.
Galivar, *v. t.* phâvo to âkâr divuṁk (lâṁkḍâk).
Garimpeiro, *s. m.* vajrâṁ śodhtalo.
Garotil, *s. m. (naut.)* śiḍâchî takśî *f.*
Gasguento, gasguito, *a. V.* GAGO.
Gebo, *s. m. (zool.)* jebû *m.*
Gelatina, *s. f.* hâḍâṁcho ras *m.*
Golelheiro, *a. e s. m.* jhâṁkro, pharpharo, barbaro.
Gorgolhão, *s. m. V.* BORBOTÃO.
Gorgolhar, *v. i. V.* BORBOTAR.
Gottado, *a.* theṁbelalo.
Gradim, *s. m.* khodcho ghâṁsṇo *m.*
Granjola, *a. e s m. e f.* lâṭh kasî, uṁch mâḍ.
Granzal, *s. m.* chaṇyâṁcheṁ śet *n.*
Grassento, *a.* dabdabît, luklukît.
Greve, *s. f.* vâvryâḍyâṁchî phiturî *f.*
Grisalhar-se, *v. r.* dhavsâr jâvuṁk, pikuṁk lâguṁk (keṁs).
Grizeta, *s. f.* lâṁpdâche vâticheṁ tikṭeṁ *n.*
Guinde, *s. f.* giṁḍî *f.*

H

Hendecasyllabo, *a. e s. m.* ekdaśâkshar (ślok).
Hilo, *s. m. (bot.)* biycchî bomblî *f.*
Hippologia, *s. f.* aśvaśâstr, aśvatamtr *n.*
Hippotomia, *s. f.* aśvaśârîr *n.*
Hircino, *a.* memḍhryâcho.
Hordeolo, *s. m. V.* TERÇOL.

I

Illiçar, *v. t.* phoṭaumk, phasaumk, ṭhakumk.
Illutação, *s. f. (med.)* âmgâk bâmbar lâvṇem *n.*
Ilota, *s. m. (fig.)* pâryâ.
Immorigerado, *a.* maryâd-, mâṇsugî nâslalo, avinayî.
Impação, *s. f.* bharon yeṇem; poṭ taḍtaḍṇem *n.*
Incicatrizavel, *a.* peka nâslalo.
Incrassar, *v. t.* dâṭ karumk, dâṭâvumk.
Inculpavelmente, *adv.* gunyâmvâviṇem, aprâdh nâstânâ.
Indirigivel, *a.* chalaum najo âslalo.
Indivisivelmente, *adv.* dośîṃ-, kuśîm kari nâstânâ, abhedîm.
Indulgenciar, *v. t.* dulabhâyen chalaumk, kaṇvâḷumk *(d. do o.)*; bogsumk, soḍumk; duljems ghâlumk,- divumk *(d. do o.)*.
Inevidente, *a.* ughḍâpo nay âslalo, avyakt.
Inexigivel, *a.* satten mâgûm najo âslalo.
Infaustamente, *adv.* nirdaivîm, abhadrîm.
Inscientemente, *adv.* nakḷo âstânâ, neṇârpaṇîm.
Insulado, *a.* ekvaḍo, eksûr, saḍo.
Invertebrado, *a. e s. m. (zool.)* moṇke nâslalo (moṇjâṭ).
Invito, *a.* khuśî nâslalo, baḷ kelalo.

J

Jerarchia *s. f V.* HIERARCHIA.
Jeroglypho, *s. m. V.* HIEROGLYPHO.

L

Lana, *s. f.: questão de — caprina,* deḍ damḍecho tamṭo *m.*, kuskuṭâmchem jhagḍem *n.*
Lançaluz, *s. m. (zool.)* kâjulo *m.*
Lande, *s. f.* goḍphaḷ *n.*
Lapuz, *a. e s. m.* dodo, kacheho, dhâmgaḍ, bhaskâpurî.
Leixão, *s. f.* khaḍap *n.*
Levadente, *s. m.* ghâms mârṇem *n.*, ghâms, dâms *m.*; *(fig.)* sal *n.*, paṭṭî *f.*
Lisim, *s. f.* phâtrâcho doro *m.*
Logartenente, *s. m.* badlî, mutâlik, pratinidhi.
Loxa, *s. f.* madhuvaṇî *n.*

M

Maginar, *v. i. V.* SCISMAR.
Maiz, *s. m. (bot.)* mâko *m.*, buṭî *f.*
Maleza, *s. f.* jâyto ner *m.*, chaḍh naḍṇî *f.*
Malgastar, *v. t.* hogḍâvumk, ibâḍumk, vâṭek lâvumk.
Mammujar, *v. i.* ruchiviṇem lumchumk.

Mamposta, *s. f.* ghaṭṭ dharṇeṁ *n.* || *De* —, jây mhaṇ, chatrâyen.
Manapula, *s. f.* moṭo hât *m.*
Manente, *a.* urto, tagto.
Mandobre, *s. m.* vhaḍlo ghây,-phâḍ *m.*
Margueiro, *s. m.* kheḍ puṁjâytalo.
Marinheiraria, *s. f.* târvaṭyâṁcho dhâṁdo *m.*, khalâśyâṁcheṁ kâm *n.*
Mata-cães, *s. m.* śuṇîṁ mârcheṁ vîkh *n.*; *(fig.)* bekâr maṇis.
Mata-cavallo, *adv.*: *á* —, dhâṁv-dhâvîṁ, darvaḍyân.
Matinada, *s. f.* bobâḷ *m.*, bob, vel, gaḍbaḍ *f.*; jheṁjhurṭeṁ, phâṁṭeṁ *n.*
Melcatrefe, *s. m.* bhâṇśiro, boṁdro, hâgirdo.
Meliloto, *s. m. (bot.)* pîk *f.*
Mensorio, *s. m.* mejâchî mustây-kî *f.*
Mezena, *s. f. (naut.)* veryâcśileṁ śîḍ *n.* || *Mastro de* —, veryâcśilo kuṁvo *m.*
Migalheiro, *s. m.* kuskuṭâṁ kisai-talo, kimchaṇo.
Millipedes, milpés, *s. m. (zool.)* gaṭârli *f.*
Milolò, *s. m. (bot.)* ânon, râmphaḷ *n.*
Mimosa, *s. f. (bot.)* lajjrî *f.*
Mingacho, *s. m.* mâsḷî jivî davar-cheṁ dhudkeṁ *n.*
Miunças, *s. f. pl.* kirkoḷ-, chillar vastû *f. pl.*; supurlîṁ phaḷâṁ *n. pl.*
Moganga, *s. f. (bot.)* bhobḷo *m.*
Mofineza, *s. f.* daḷdir *n.*, durdaśâ *f.*; châṭepaṇ *n.*, sugrât *m.*
Mogno, *s. m. (bot.)* kâj *f.*
Moleja, *s. f.* śukṇyâṁcho gû *m.*
Moncar-se, *v. r.* nâk piḷuṁk, beṁ-bro kâḍhuṁk.
Moneta, *s. f. (naut.)* lahân sîḍ *n.*
Mordicão, *s. m.* chiṁṭo, gushṭo *m.*
Morescos, *s. m. pl.* kirvaṇ *f.*, khod-kâm *m.*
Morraca, *s. f.* lugṭâcho gubo *m.*
Mormaceira, *s. f. V.* MORMAÇO.
Mua, *s. f. V.* MULA.
Multi, *pref.* bahu.
Multivolo, *a.* jâyteṁ-, sabar śodh-talo, asosî.

N

Noli-me-tangere, *s. m. (bot.)* chirḍo *m.*; *(med.)* mâṁḍpuḷî, châḷ *f.*

O

Olé, *int. V.* OLÁ.
Offrenda, *s. f. V.* OFFERENDA.
Onusto, *a.* bharlalo, ojheṁ ghâlalo.
Opado, *a.* sujlalo, sujmoḍît, bal-balît.
Ordinaria, *s. f.* disâcho kharch *m.*; sadâṁcheṁ peṁsâṁv *n.*
Orgulhecer, *v. t. e i. V.* ORGULHAR.
Organologia, *s. f.* sâdhanavi-dyâ *f.*
Ortiga, *s. f. V.* URTIGA.
Otologia, *s. f.* karṇaśâstr *n.*
Outorgador, *a. e s. m. V.* OUTOR-GANTE.

P

Pacau, *s. m.* pâkâv *m.*
Pacò, *s. m. (zool.)* pâko *m.*
Pacobeira, *s. f. (bot.)* vhaḍlî keḷ *f.*
Padar, *s. m. V.* PALADAR.
Padrinhar, *v. t. V.* APADRINHAR.
Pai, *s. m. V.* PAE.
Palavrear, *v. i.* pharpharuṁk, baḍ-baḍuṁk, jîbh mâḷâr ghâluṁk.
Paleiforme, *a.* taṇ kaso, triṇâkâr.
Paleo, *pref.* purâṇa, prâchîna.
Pampilho, *s. m.* aṁkuś *m.*
Panadura, *s. f.* ushchyâ ghâṇyâ-cho âṁkh,- guṇo *m.*
Panderetas, *s. f. pl.*: *tosquiar ás* —, laṁv-, keṁs khâṁpâvuṁk.
Panneiro, *s. m.* kâpaḍyo.
Pantalão, *s. f. V.* BOBO.
Papeiro, *a. e s. m.* vâḷkâṁ âslalo.
Parear, *v. t.* (pipâcheṁ) jokh kâ-ḍhuṁk.

Parentear, *v. i.* soyro jâvuṁk.
Parolagem, *s. f.* jhâṁk, baḍbaḍṇî *f.*
Partitura, *s. f.* saṁgît *n.*
Passadio, *s. f.* udarposhaṇ, upajîvan *n.*, gujâro, âhâr *m.* ‖ *Ter bom —*, bareṁ khâvuṁk jevuṁk.
Parulida, *s. f. (med.)* poṭik *m.*
Passadoiros, *s. m. pl.* pâr jâvuṁche phâtar *m. pl.*, pâvṭhaṇî *f.*
Pecorear, *v. i.* śeḷerâṁt rât kâḍhuṁk.
Pegural, *a. V.* PASTORIL.
Pendorado, *a. V.* DECLIVOSO.
Pensadura, *s. f.* jatan, bâlgaṇ *f.*, saṁbhâḷ *m.*
Pentecostes, *s. m.* Spîrt Sâṁtâcho âytâr *m.*
Perrengo, *a.* jaḷsar, piṁtvegî, kopishṭ.
Pescaz, *s. m.* ruṁbḍeeheṁ pâchâreṁ *n.*
Pescarejo, *a.* mâsḷî mârcho, pâgcho.
Phebo, *s. f. (poet.)* chaṁdr, chaṁdrîm *m.*
Picaroto, *s. m. V.* CUME.
Pineo, *a.* saraḷâcho.
Piroga, *s. f.* ḍoṇ *f.*, paṁdeḷ *m.*
Plangente, *a.* raḍkulo, vilâpî; raḍṇyâcho.
Plumão, *s. m.* pâkhâṁcho turo *m.*
Poio, *s. m. V.* POIA e POIAL.
Polvorino, *a.* dârvecho.
Polygala, *s. f. (bot.)* negḷî *f.*
Polypo, *s. m. (med.)* nâkâṁtlo châmkûḷ *m.*
Pontoneiro, *s. m.* pâṭyâṁcheṁ kâm kartalo śipây.
Portuchos, *s. m. pl.* jaṁtrâche gîr *m. pl.*
Possilga, *s. f. V.* POCILGA.
Postiçamente, *adv.* hâlâytepaṇîṁ, âḍeeliyâu.
Postreiro, postremo, *a.* nimâṇo, nimṇo, śevṭâcho.
Postureiro, *s. m.* kâjaḷkuṁkûṁ viktalo.
Potagem, *s. f. V.* BEBIDA.
Prasme, *s. m. V.* BENEPLACITO.
Prematurar, *v. t.* veḷâ âdiṁ karuṁk.
Prepassar, *v. i.* phuḍe-, mukhâr vachuṁk.
Prescindir, *v. t.* manâṁt kuśîn karuṁk, chiṁtuen viṁghaṭuṁk *(vv. tt.)*; parvâ-, biśât nâ karuṁk, soḍuṁk *(v. t.)*, pâṭh karuṁk *(litt.* VOLTAR AS COSTAS).
Prima-dona, *s. f.* mukelî nâṭkî.
Prolongo, *s. m.* berîchî pâṁvḷî *f.*
Propagativo, *a.* pasartalo, peraṁcho.
Provete, *s. m.* dârveeheṁ baḷ paḷevuṁcho garnel *(do port.* GRANADA) *m.*
Proxeneta, *s. m. V.* CORRETOR.
Publica-fórma, *s. f.* pramâṇik nakal *f.*
Pugilo, *s. m.* chiṁṭîbhar *f.*
Puriforme, *a.* pû kaso.

Q

Quadrimestre, *s. m.* châr mahine *m. pl.*, varshâcho tisro *m.*
Quebrantoso, *s. m. V.* XOFRANGO.
Queijada, *s. f.* dudhâ-tâṁtyâṁcheṁ khâjeṁ *n.*
Questa, *s. f. V.* QUEIXA.
Quincalogo, *s. m.* igraj mâteche pâṁch upadeś *m. pl.*, âjñâpaṁchak *(p. us.) m.*

R

Raqueta, *s. f.* cheṁḍvâcheṁ kobleṁ *n.*
Reato, *s. m.* aprâdhyâchî daśâ *f.*; pâtkâchyâ phârîkpaṇâcho kâydo *m.*
Recental, *s. m.* tîṁ va choṁ mahinyâṁcho meṁḍhro *m.*
Recheio, *s. m.* rechey *m.*, bharaṇ, puraṇ *n.*, masâlo; choṁdo *m.*, bhar, bharvaṇ; *abundancia:* phushkaḷây *f.*, uphâḷeṁ *n.*; *peculio:* gâṁṭh, pot *f.*, padar *m.*
Reflexionar, *v. i.* manâṁt gholauṁk, nihâḷuṁk, chiṁtuṁk *(vv. tt.)*.
Refoucinhado, *a. V.* CARRANCUDO.
Regral, *a.* nemâcho, kâydyâ sârko.
Reiterativo, *a.* navyân kartalo, dusârtalo.

Relego, *s. m. (ant.)* loj *(do port.* LOJA) *n.*, koṭhî *f.*
Remelgado, *a.* ḍoḷyâchî pâpḍî partolalo.
Remendar, *v. t.* tave-, kape mârumk *(d. do o.)*, sârko karumk, ghaḍsumk.
Remugir, *v. i.* navyân garojumk; phaḍphaḍûn vel mârumk.
Repas, *s. f. pl.* pâtaḷ kems *m. pl.*
Repulso, *a.* pelyân ghâlalo, bhâyrâylalo.
Requife, *s. m.* kâmṭyâmcho paḍ *m.*
Rescindimento, *s. m. V.* RESCISÃO.
Rescisorio, *a.* moḍcho, bhamgaumcho.
Resesso, *a.* kuḍkuḍit, śeḷo (ramdo, khâjem).
Restillação, *s. f.* dusrî lâvṇî,-kâḍhṇî *f.*
Restillar, *v. t.* dusryân bhâṭṭiyek lâvumk, navyân kâḍhumk.
Rimula, *s. f.* bârîk dhâḷ, lahân ver *f.*
Rizar, *v. t. (naut.)* śikiyâmnîm kavḷumk.
Rugoso, *a.* miryo paḍlalo, miriyâmcho, chirmuṭlalo; kharkharît, kharbarît, khaḍkhaḍît.
Rumiar, *v. t. V.* RUMINAR.

S

Sabeismo, *s. m.* nakshatrapûjâ *f.*
Safa, *int.* pais!, chal! pelyân sar!
Sama, *s. f.* saraḷâchem pân *n.*
Samauma, *s. f. (bot.)* sâmvar *f.*
Samblador, *s. m.* jaḍpî, jaḍkâm kartalo.
Sambladura, *s. f.* jaḍaṇ, jaḍap *n.*, ghaḍsaṇî *f.*
Samblagem, *s. f.* jaḍkâm, jaḍankâm *n.*
Samblar, *v. t.* jaḍumk, sâmdhumk, ghaḍsumk.
Sanfona, *s. f.* sâmphon *n.*
Sanfoninar, *v. i.* sâmphon vâjaumk; *(fig.)* nâkâ âstânâ ulaumk, baḍbaḍumk; temch jharaumk,- ghâmsumk, vâj kâḍumk.
Sanga, *s. f. V.* ALGIRÃO.
Saro, *a. V.* GRISALHO.
Schedula, *s. f. V.* CEDULA.
Scilla, *s. f. (bot.)* koḷkâmdo *m.*
Scismatico, *a.* chimtner âslalo, chimtesht.
Sebasto, *s. m.* dusryâ ramgâcho kapo *m.*, vichitr lugaṭ *n.*
Sebentice, *s. f.* meṇkaṭpaṇ *n.*; meḷkuṭây *f.*
Segunda, *s. f. (mus.)* mûrchchhanâmtar; segûmd *n.*
Seisma, *s. f.*, **seismo**, *s. m.* sovo sovo vâmṭo *m.*
Senreira, *s. f. V.* ANTIPATHIA.
Sibitar, *v. i. (naut.)* jhaṇjhaṇumk, ghomghevumk, komkevumk.
Silo, *s. m.* gahâmchem taḷghar *n.*
Sinceiro, *s. m. V.* SALGUEIRO.
Sobcolor, **sobcôr**, *prep.* nibân, pâmysar dharûn.
Sobrelanço, *s. m.* umch lâms,- jâmvo *m.*
Sobremodo, *adv. V.* SOBREMANEIRA.
Suasão, *s. f. V.* PERSUASÃO.
Sugillar, *v. t.* gâmj oḍhumk *(d. do o.)*, loḷo ghâlumk *(d. do o.)*.
Sumauma, *s. f. (bot.)* sâmvar *f.*
Superfluamente, *adv.* garjebhâyr, jây tyâ adhik, agḷepaṇîm.
Supramundano, *a.* samsarâvarto; jabar uttam.
Supremamente, *adv.* vartepaṇîm, śreshṭhpaṇîm.
Sustenido, *s. m. (mus.)* sustinûd *f.*
Synonymizar, *v. t.* ekârth-, samârth karumk.
Syphilizar, *v. t.* garmî lâvumk *(d. do o.)*.

T

Tabolageiro, *s. m.* kheḷâchyâ gharâcho dhanî.
Tabelliar, *v. i.* tablyâmvâchem kâm karumk.
Ternado, *a.* tipaḍo.
Thoro, *s. m.* kâjâryâmcho palamg *m.*
Thug, *s. m.* ṭhak.
Tissu, *s. m.* jar *m. ou f.*, jarîlugaṭ *n.*

Tocadilho, *s. m.* tâblâṁcho khel *m.*
Toiruno, *a.* ardhkuro cheṁchlalo (pâḍo).
Tomoro, *s. m. V.* COMORO.
Tonoa, *s. f.* pipâṁ-borlâṁchî navsarṇî *f.*
Tornearia, *s. f.* kâṁtâryâṁcho vâḍo *m.*
Trapento, *a,* boṁdro, bhâṇśiro, junerḍo.
Trebucar, *v. i.* (hoḍeṁ) omtoṁk, partoṁk.

U

Umbreira, *s. f. V.* HUMBREIRA.
Una, *adv.: á la* —, ekâ veḷâr,-ṭâḷâr.
Uniloquo, *a.* ekâchyâch saṁmatâcho.
Usnea, *s. f.* jhâḍâṁcho śeḷo *m.*

V

Val, *s. m. V.* VALLE.
Vapular, *v. t. V.* AÇOITAR.
Velozmente, *adv.* vegîṁ-vegîṁ, turturît.
Vendição, *s. f. (p. us.). V.* VENDA.
Vidma, *s. f.* nâḷeṁ *n.*
Villota, *s. f.* halkî nagarî *f.*
Vinhaço, *s. m.* soro âslalo sop *m.*
Vinteno, *a.* visvo; visâṁ varshâṁcho.
Volitante, *a.* uḍto, uḍûn bhoṁvtalo.

Z

Zizaneiro, *s. m.,* **zizanista,** *s. m. e f.* lâṁvḍo, dusaṁgî.
Zizaniar, *v. i.* dusaṁg-, lâṁvḍâyo karuṁk, aṁtrâvuṁk.

APPENDICE II

अ A

अकरा akarâ, *a. c. pl.* Onze. Cf. **इकरा** ikarâ (mais *us.).* — *M.*

अकल्पित akalpita, *a. c.* Impensado, inopinado, imprevisto, accidental. — *S.*

अकाळें akâḷeṁ, *s. n.* Tempo bom, -claro, aberta, estiagem. — *A. jâvuṁka,* esçampar. — De **अ** e **काळो**.

अगाशी agâśî, *s. f.* Terraço, terrado, eirado. — *M.* — *S.* **आकाश**.

अघाडी aghâḍî, *s. f.* Frente; vanguarda. — *H.*

अघूम aghûma, *a. c.* Claro, sem cerração (tempo); *(fig.)* franco, lizo. — De **अ** e **घूम**.

अडकण aḍakaṇa, *s. m. V.* **अर्खंड** arkhaṁḍa. — *M.*

अडकितो aḍakito, *s. m.* Instrumento de partir areca; quebra-nozes; *(fig.)* censor. — *M.*

अडत्यो aḍatyo, *s. m.* Agente, factor, feitor. — *M.*

अढेकड aḍhekaḍa, *s. n.* Camba, pino. — *M.*

अणवाणी aṇavâṇî, *a. c.* Descalço. — *M. adv.*

अंतर aṁtara, *a. c.* Outro, diverso, differente, *(us. em comp., ex.: deśâṁtar,* outro país, estrangeiro). — *S.*

अंतरित aṁtarita, *a. c.* Omittido; intermittente. — *S.*

अदेख adekha, *a. c.* Invejoso. — *M.*

अधांतरीं adhâṁtarîṁ, *adv.* No ar, em cima do chão. — *M.*

अधिक अधिक adhika adhika, *a. c. e adv. redup.* Mais e mais; progressivamente. — *S.*

अनसूट anasûṭa, *a. c.* Não provado, não tocado, intacto; impolluto, incontaminado, intemerato: *(fig.)* virgem, casto. — *M.* — *S.* **अनुच्छिष्ट**.

अनात्मीक anâtmîka, *a. c. V.* **अनात्म** anâtma.

अनामत anâmata, *s. f.* Deposito, caução. — *V.* **अमानत** amânata. — *A.*

अन्नरस annarasa, *s. m.* Chylo; nutrimento, alimento. — *S.*

अन्नें anneṁ, *s. n.* Ferrado, meconio. — De **अन्न**?

अभयपत्र abhayapatra, *s. n.* Salvo-conducto, salvaguarda. — *S.*

अमारी amârî, *s. f.* Gavinha. — *M.*

अयाळ ayâḷa, *s. f.* Crina de cavallo. — *P.*

अर्खंड arkhaṁḍa, *s. m.* (mais *us. no pl.)* Arroz partido ao pilar. — De **अर्ध** e **खुंडक**.

अर्धूक ardhûka, *s. m.* Metade.—*M.* de अर्ध.

अर्धोळणी ardholaṇî, *a. c. comp.* meio insulso, ensosso, insipido.—*A.* *ulaumka*, falar insipidamente, com reserva.

अलबेलो alabelo, *a. (î, em).* Airado, livre, solto; vago, indefinido.—*H.*

अललय alalaya, *int.* Que quantidade! que abundancia!

अवांको avâmko, *s. m.* Poder, capacidade, aptidão; supposição, conceito; intenção.—*M.*

अश्मरी aśmarî, *s. f.* Retenção de urina, angurria, dysuria.—*S.* अश्मरि.

अस्तु astu, *indecl.* Seja, assim seja, amen.—*S.*

अळशी aḷaśî, *s. f. (zool.)* Vaccaloira.

अळसोण aḷasoṇa, *s. f.* Pratica, habito.—De अळसोंक.

आ Â

आकारमान âkâramâna, *s. m.* Mole, volume, grandeza.—*S.*

आखाडो âkhaḍo, *s. m.* Circo, arena, palestra, scena.—*H.*

आखात âkhâta, *s. n.* Golfo, enseada.—*S.*

आग्नेय agneya, *s. f.* (por *corr.* आग्येँ âgyem, *s. n.*) Sueste.—*S.*

आंचळ âmchaḷa, *s. m.* Teta.—*M.*

आंचांव âmchâmva, *s. m.* Compoteira, boião.—Do chinês?

आजकुली âjakulî, *s. f. V.* खाजकुली khâjakulî.

आटकी âṭakî, *s. f.* Aggregado de oito; jogo de meninas.—*M.* de आट.

आठवणूक âṭhavaṇûka, *s. f.* Monumento.—*M.*

आडखर्च âḍakharcha, *s. m. comp.* Despesa miuda, -eventual.—*M.*

आडद्दीस âḍdîsa, *s. m. comp.* Dia inopportuno, -inconveniente.

आडमार्गावुंक âḍamârgâvumka, *v. a.* Extraviar, desviar.—De आडमार्ग.

आडवाटुंक âḍavâṭumka, *v. i.* Desviar-se, extraviar-se, tresmalhar-se; prevaricar.—De आडवाट.

आडवेळ âḍaveḷa, *s. m. comp.* Tempo improprio.

आत âta, आते âte, *s. f.* Irman do pae, thia *(us. entre os hindús).*—*M.*

* आतनी âtanî, *s. f.* Tonel.

आथण âthaṇa, *s. f.* Lavadoiro; tulha.

आंधारमय âmdhâramaya, (por *corr.* आंध्रुबया âmdhrubayâ), *s. m.* Jogo de cabra cega.—De आंधार e *S.* मय.

आपआप âpaâpa, आपेआप âpeâpa, *adv. redup.*, आपल्यापीं âpalyâpîm, *adv.* Por si, espontaneamente; naturalmente.—De आपलो e आप.

आपलेपण âpalepaṇa, *s. n.* Amor proprio, egoismo.—De आपलो.

आपसो âpaso, *a. (î, em).* Movido pela propria vontade; espontaneo.—De आप.

आमरस âmras, *s. m.* Chymo.—*M.*

आयती âyatî, *s. f.* Tempo futuro; futuro.—*M.*

आयतो âyato, *s. m. (î, f.)* Enteado.—De आयतो *a.*

आरपार ârapâra, *adv. V.* आसपास âsapâsa.

आराम ârâma, *s. m.* Allivio, abrandamento, mitigação.—*P.*

आर्जवी ârjavî, *a. c.* Bajulador, sabujo.—Ârjavîpaṇa, *s. n.* Sabujice.—*M.* do *S.* आर्जव.

आलोचन âlochana, *s. n. (us. Can.)* Reflexão, consideração; parecer, opinião, juizo; intenção, intuito. — *S.*

आव âva, *s. m.* Ostentação, pompa; ardor, alacridade; arrojo, audacia. — *M.* — *S.* आकार.

आवेशी âvesî, *a. c.* Vehemente, intenso, violento. — De आवेश.

आवृत्ति âvṛitti, *s. f.* Giro; edição; repetição. — *S.*

आशेवुंक âsevumka, *v. c. t. e i.* Esperar; desejar, anhelar, almejar, aspirar; cobiçar, ambicionar. De आशा.

आसवडी âsavaḍi, *s. f.* Ausencia. — *S.* असन्निधि.

आळण âḷaṇa, **आळेण** âḷeṇa, **आयण** âyaṇa, *s. n.* Preparo de caril; molho; desenjoativo. — *M.* आल्लवण.

आळेवुंक âḷevumka, *v. c. i.* Coagular-se, coalhar.

इ I

इतको itako, *a. (î, em)*, **इतकोसो** itakoso, *a. (isî emsem)*. *V.* इतलो italo, इतलोसो italoso.

इंदूर imdûra, *s. m. Corr.* de उंदीर umdîra.

उ U

उकरडो ukaraḍo, *s. m.* Montão de lixo, monturo. — *M.*

उकल ukala, *s. m.* Elevação, exaltação; engrandecimento. — *M.*

उकाल ukâla, *s. m.* Allivio, remissão, mitigação. — *M.*

उडाउडी uḍâuḍî, *s. f. redup.* Contenda, altercação; porfia, emulação. — De उडी.

उडाळ uḍâḷa, *a. c.* Voluvel, versatil; desaffecto. — *M.* de उडुंक.

उणंग uṇamga, *s. f. (bot.) V.* सुरंग suramga.

उद्देश uddesa, *s. m.* Intenção, proposito, designio; designação, indicação, especificação. — Uddesim, *posp.* Por favor, por motivo, por causa de. — *S.*

उनाड unâḍa, *a. c.* Gazeador, gazeteiro, cabula. — Unâḍakî, *s. f.* Cabulice, gazeio. — Unâḍumka, *v. i.* Gazear, cabular. — *M.*

उपनगर upanagara, *s. n. V.* **उपपुर** upapura. — *S.*

उपस्कर upaskara, *s. m.* Coisa complementar, annexo, dependencia. — *S.*

उपायीं upâyîm, *adv.* Em postura rompante. — *M.*

उफाळ uphâḷa, *a. c.* Excedente, remanescente, sobejo; abundante, copioso, profuso. — *M.*

उफाळुंक uphâḷumka, *v. i.* Sobrar, sobejar; abundar, affluir; borbotar, jorrar; chammejar. — *M.*

उफेग uphega, *s. m. Corr.* de उपयोग upayoga.

उबगणो ubagaṇo, *a. (î, em)*. Zangado, amuado, mal humorado. — De उबगण.

उबमोडो ubamoḍo, *a. (î, em)*. Morno, tepido; tibio. — Ubamoḍâya, *s. f.* Mornidão, tepidez, tepor; tibieza. — De ऊब e मोडुंक.

उंबरेल umbarela, *s. n.* Pedra resaltada do limiar. — De उंबर.

उंबळी umbaḷî, *s. f.* Pensão, tença.

उभडुंक ubhaḍumka, *v. t.* Jorrar, borbotar. — *M.*

उभरावुंक ubharâvumka, *v. t.* Levantar, erguer; brandir, vibrar. — De उभार.

उमाडो umâḍo, *s. m.* Jorro, esguichadela; *(fig.)* impeto, impulso. — *M.*

उरचुंक urachumka, *v. i.*, **उरचौंक** urachaumka, *v. c. i.* Ter dejecções-camaras frequentes. — *Tu.*

उरदांडो uradâmḍo, *s. m. comp. (anat.)* Esterno. — *M.*

उलट ulaṭa, *s. f.* Reversão; reacção; retaliação; revulsão. — *H.*

उलटापालट ulaṭâpâlaṭa, *s. f.* Alternativa, vicissitude; desordem, confusão. — *M.*

उलटी ulaṭî, *s. f.* Inversão, troca; volta. — Ulaṭumka, *v. t.* Trocar, inverter; virar, voltar. — Ulaṭomka, *v. i.* Retrogradar, retroceder. — Ulaṭo, *a. (î, em).* Inverso, opposto. — *H.*

उलपो ulapo, *a. (î, em).* Picante, pungente, acre, ardente, inflammado. — De उलपुंक.

उलेंढालें ulemḍhâlem, *s. n.* Operação commercial, especulação. — *M.*

उळाळ uḷâḷa, *s. m. onom.* Bafo, bafejo. — Uḷâḷumka, *v. i.* Bafejar, soprar.

ऊ Û

ऊर ûra, *s. f.* Sobejo, sobra, resto. — *M.* — *S.* उर्वरित.

ए E

एकलग ekalaga, *adv.* Isoladamente, separadamente, á parte. — *M.*

एकलयो ekalayo, *a. (î, em).* Só, sósinho, solitario. — De एक.

एकेस्थांय ekesthâmya, *adv. V.* एकठांय ekaṭhâmya.

एडो eḍo, *s. m. V.* एडको eḍako. — *S.* एडक.

ऐ Ai

ऐत aita *(por corr.* एईत *îta), adv.* Talvez, por ventura. — *S.* दैवात.

ऐस aisa, *int.* Ah! oh! — *Tu.*

ओ O

ओढण oḍhaṇa, *s. n.* Tirantes de carruagem. — *M.* de ओढुंक.

ओंबी ombî, *s. f.* Espiga de trigo — *M.*

ओरवो oravo, *s. m.* Ancoragem; ancoradoiro. — *M.*

ओलचें olachem, *s. n.* Lençol, cobertor. — De ओल.

ओळंब oḷamba, *s. f.* Latido arrastado *(v. kâḍhumka).* — Oḷambumka, *v. i.* Ladrar esganiçadamente.

औ Au

औरस aurasa, *s. m.* Filho legitimo. — Aurasapaṇa, *s. n.* Legitimidade, legitimação. — *S.*

क Ka

कंगणी kamgaṇî, *s. f.* Cornija. — *M.*

कचकचावुंक kachakachâvumka, *v. c. onom.* Vascolejar, chocalhar.

कचर kachara, कचरो kacharo, *s. m. (bot.).* Zodoaria. — *M.* — *S.* कर्चूर.

कचाट kachâṭa, *s. n.* Intriga, machinação, enredo; especulação, aventura. — *M.*

कठडो kaṭhaḍo, *s. m.* Balustrada. — *M.* — *S.* काष्ठ.

कडवें kaḍavem, *s. n.* Estancia, estrophe, copla. — *M.*

कंथो kamtho, *s. m.* Vara da cegonha. — *S.* कंठ.

कपरधूल kaparadhûla, *s. m.* Volante, velilho. — *M.*

कापल kapila, *a. c.* Fulvo. — *S.*

कबर kabara, *s. f.* Sepultura, tumulo. — *A.*

करकोचो karakocho, *s. m. (zool.)* Grou. — *M.*

करगुंक karagumka, *v. i.* Derreter-se, liquefazer-se, liquescer. — Karagâvumka, *v. c.* Derreter, liquefazer. — *Tu.*

करवली karavalî, करोली karolî, *s. f.* Justa, torneio. — *H.*

करो karo, *s. m.* Granizo, saraiva, pedrisco. — *S.* करक.

कर्ज karja, *s. n.* Divida, debito. — *A.*

कलमबंदी kalamabaṁdî, *s. f.* Codigo; articulado. — *P.*

कलाबतू kalâbatû, *s. m.* Galão de oiro ou prata. — *H.*

कवासो kavâso, *s. m. (us. Sal. e Can.) V.* हातो hâto.

कसब kasaba, *s. n.* ou *f.* Occupação, emprego, profissão; arte, prenda, pericia, mestria, proficiencia; artificio, estratagema, expertcza; prostituição. — Kasabî, *a. c.* Dextro, perito; experto, manhoso. — *s. m.* Artifice, artista. — *A.*

कस्तर kastara, कस्तूर kastûra, *s. m. ou n.* Solda. — Kastaruṁka, *v. t.* Soldar. — Kasturî, *s. f.* Soldadura. — *M.*

कळ kaḷa, *s. f.* Gatilho. — *M.* — *S.* कला.

कळी kaḷî, *s. f.* Nesga, camba. — *S.* कली.

कांग kâṁga, *s. f.* Tanga; ganga. — *T., Tu.*

काठवट kâṭhavaṭa, *s. f.* Artcza, taboleiro. — *M.*

काढें kâḍheṁ, *s. n.* Emprestimo; penhor. — *M.* de काढुंक.

कात kâta, *pron. interr. (us. com kiteṁ, kaso).* E o mais, *et cetera.* — *S.* कियत्.

कानापिसें kânapiseṁ, *s. n. comp.* Credulidade, crendice. — *M.*

कानसो kânaso, *a. (î, eṁ) (us. Can.) V.* तिरव। tiravo. — De कान.

कांबट kâṁbaṭa, *s. n.* Tala, trabelho. — *M.*

काबाड kâbâḍa, *s. n.* Récua, carga de besta. — *M.*

कामटें kâmaṭeṁ, *s. n.* Bigorna de ferreiro. — De कामार.

कायदेशीर kâyadeśîra, *a. c.* Conforme á regra, regular, regulamentar, normal. — *A.*

कारणी kâraṇî, *s. m.* Sobrecarga do navio. — *M.* — *S.* कारण.

काळजेवुंक kâḷajevuṁka, *v. c. i.* Espavorir-se, amedrontar-se. — De काळजी.

काळवटी kâḷavaṭî, *s. f.* Lividez, livor. — *M.* de काळो.

काळसावळो kâḷasâvaḷo, *a. comp. (î, eṁ).* Tirante a preto, trigueiro. — *M.*

काळांतरीं kâḷaṁtarîṁ, *adv. comp.* No decurso do tempo, com o correr dos tempos; *(com neg.)* jámais, nunca. — *M.*

किचकिचुंक kichakichuṁka, *v. i. onom.* Ser pegajoso; pungir, picar.

किचट kichaṭa, *a. c.* Arduo, difficultoso; intricado, embaraçoso. — *M.* किचरट.

किमचणो kimachaṇo, *a. (î, eṁ).* Niquento; regatão. — De किमचुंक.

किरड kiraḍa, *s. f. onom.* Grito, berro, urro, brado. — Kiraḍâvuṁka, *v. c.* Fazer gritar, chorar em voz alta. — Kiraḍuṁka, *v. i.* Gritar, berrar, clamar, bradar.

किळबिळणी kiḷabiḷaṇî, *s. f. onom.* Alvorada, madrugada. — Kiḷabiḷuṁka, *v. i.* Alvorecer.

कुचकुचावुंक kuchkuchâvuṁka, *v. c. onom.* Bochechar.

कुंचुंक kuṁchuṁka, *v. t.* Escovar; limpar com pincel. — *M.* de कुंचो.

कुडकुडावुंक kuḍakuḍâvuṁka, *v. c. onom.* Trincar, rilhar.

कुडची kuḍachî, *s. f. (us. Sal.) V.* कुडटी kuḍaṭî.

कुंदी kuṁdî, *s. f.* Calandra. — *H.*

कुपारें kupárem̃, *s. n.* Bruega.— De कूप.

कुबडी kubaḍî, *s. f.* Muleta.—*M.*

कुरटेपण kuraṭepaṇa, *s. n.* Amuo, enfado. —*M.*

कुर्दंकाळ kurdam̃kâḷa, *s. m.* Homem temivel.—*S.* कृतांतकाल.

कुलपीगुळो kulapîguḷo, *s. m. comp.* Bomba.—*M.*

कुसुंबकरडी kusum̃bakaraḍî, *s. f. (bot.)* Carthamo, alaçor. *M.*—*S.* कुसुंभ.

कुंसाळ kum̃sâḷa, *a. c.*, कुंसाळो kum̃sâḷo, *a. (î, em̃).* Arestoso, barbudo.—De कूंस.

कूर्चो kûrcho, *s. m.* Cartilagem.— *S.* कूर्च.

कूवे kûva, *s. f. (bot.)* Zodoaria.

केथून kethûna, *adv. interr.* Até quando? até onde?—*K. thâṇ*, desde quando?

केंप kem̃pa, *s. n.* Rubi; onyx, chalcedonia; pedra preciosa. — *C., Tu.*

केबड kebaḍa, *s. f.* Especie de mosquito pequeno.

केंसपुळी kem̃sapuḷî, *s. f. comp.* Leicenço, bichoca.

केंसाळी kem̃sâḷî, *s. f.* Cabelleira, chinó, chorina.—De केंस.

कैवार kaivâra, *s. m.* Compasso; circulo.—*M.*

कोंडकें kom̃ḍakem̃, *s. n.* Tapada, cerrado, parque.—*M.*

कोरट koraṭa, *s. f.* Seda crua ou em rama.—*M.*

कोरूंक korum̃ka, *v. t.* Gravar, cinzelar, burilar.—Koraṇî, *s. f.* Buril, cinzel; burilada.—Koraṇâra, *s. m.* Gravador, cinzelador.—*M.*

कोळ koḷa, *s. n.* Bahia, enseada, esteiro.—*M.*

कोळिसरो koḷisaro, *s. m. (zool.)* Bicho de seda, bombyx.—*M.*

क्रूरपण krûrapaṇa, *s. n.* Crueldade, barbaridade; fereza, ferocidade; acrimonia, acerbidade.—De क्रूर.

ख Kha

खटरबटर khaṭarabaṭara, *s. n.* Miscellanea, mistiforio.—*M.*

खंडो kham̃ḍo, *s. m.* Estoque, florete.—*M.*

खणपणुंक khaṇapaṇum̃ka, *v. i.* Importunar, serrazinar; regatear.—*M.*

खरावुंक kharâvum̃ka, *v. c.* Affirmar, asseverar, certificar; confirmar, ratificar.—De खरो.

खरीप kharîpa, *s. n.* Caliça, cascalho.—*M.*

खर्कसाय kharkasâya, *s. f.* Severidade, rigidez, desabrimento.—De खर्कस.

खशी khaśî, *s. f.* Castração; poda, podadura.—*A.*

खाऊ khâû, *s. m.* Doce, guloseima; engodo, chamariz.—*M.* de खावुंक.

खांचणी khâm̃chaṇî, *s. f.* Canal; cannelura.—*M.*

खाजकुली khâjakulî, *s. f. (bot.)* Urtiga.—*M.*

खातरी khâtarî, खातीर khâtîra, *s. f. (us. Can.)* Cuidado, solicitude; respeito, consideração; certeza, convicção, segurança; cautella, caução, garantia.—*A.*

खारसंध khârasam̃dha, *s. m.* Solda.—*M.* de खार e सांधो.

खावंद khâvam̃da, *s. m.* Dono, senhor.—Khâvam̃dî, *s. f.* Senhorio, dominio.—*A.*

खिण्यां khiṇyáṁ, *adv. interr.* Por onde?

खिस्ती khistî, *a. e s. m.* Usurario, onzeneiro. — *A.*

खुटबो khuṭabo, *s. m.* Direito de ancoragem. — *M.*

खुरो khuro, *s. m.* Bigorna de ourives, taes. — *M.*

खेट्यो kheṭyo, *a. (î, eṁ).* Frequentador. — *M.*

खेम khema, *s. f. V.* क्षेम kshema.

खैं khaiṁ, (खीं khîṁ *em Sal.) v. irr. V.* खूंय khûṁya.

खैरात khairâta, *s. f.* Predio isento de contribuição. — *P.*

खोंक khoṁka, *s, f.* Acto de tossir, tossidela. — *M.*

खोगीर khogîra, *s. m. ou n.* Enxalmo, galapo; sella. — *P.*

खोड khoḍa, *s. n.* Travão, peia; arção. — *M.*

खोत्तकार khotakâra, *s. m.* Arrendatario; rendeiro. — *M.*

खोडुंक khoduṁka, *v. t.* Gravar, esculpir, burilar. — Khodaṇî, *s. f.* Gravadura, gravura. — Khodakâma, *s. n.* Esculptura, gravura, cinzeladura. — Khodaṇâra, *s. m.* Gravador, esculptor, cinzelador. — *H.*

ग Ga

गच्ची gachchî, *s. f.* Terraço, terrado. — *M.*

गज्नी gajanî, *s. f. (us. Can.)* Sapal. — *Tu.*

गंधी gaṁdhî, *s. m.* Perfumeiro, perfumista. — *S.* गंधिक.

गयाळ gayâḷa, *a. c.* Abandonado, deserto; emigrado; estupido, idiota, parvo. — *M.*

गरोदर garodara, गर्वदर garvadara, *a. c.* Gravido, prenhe *(v. jâvuṁka, yevuṁka).* — *S. m.* Gravidez, prenhez. — *M.* de *S.* गरृ e उदर.

गर्विष्ठ garvishṭha, *a. c. sup.* Muito soberbo, soberbaço, cheio de orgulho. — *S.*

गंवार gaṁvârâ, *s. m.* Camponez, rustico, provinciano. *H.*

गह्सर gahsara, *s. m.* Beira, beirado.

गळबंद gaḷabaṁd, *s. m. comp.* Gravata; cabresto. — *M.*

गळी gaḷî, *s. f.* Tiple, soprano (voz). — *M.* de गळा.

गळोबांध gaḷobâṁdh, *s. m. comp.* Cabeção.

गाजू gâjû, *s. m.* Cimento.

गाडें gâḍeṁ, *s. n.* Bolo do jogo. — *M.*

गाढो gâḍho, *a. (î, eṁ).* Valente, corajoso, denodado. — *H.*

गांधार gâṁdhâra, *s. m. (mus.)* Mi. — *S.*

गाभरुंक gâbharuṁka, *v. i. V.* घाबरुंक ghâbaruṁka.

गायतोंडो gâyatoṁḍo, *a. comp. (î, eṁ).* Arisco, esquivo *(us. entre os hindús).* — *M.*

गाशो gâśo, *s. m.* Caparazão, coxim. — *A.*

गाळ gâḷa, *s. m.* Sedimento, lia, pé. — *M.* de गाळुंक.

गिणटी giṇaṭî, *s. f. Corr.* de गणटी gaṇaṭî,

गिमशिलो gimaśilo, *a. (î, eṁ).* Produzido no verão (fructo, flor). — De गीम.

गिरवुंक giravuṁka, *v. t.* Traçar (lettras em secco), delinear. — *M.*

गीट gîṭa, *s. f. (us. Can.)* Linha, risca. — *C.*

गाड gîḍa, *s. m.: kâḷoka gîḍa*, escuridade densa, negror.

गुजगुजो gujagujo, *a. onom. (î, em)*. Alacoado, rechonchudo.

गुंडसुणो gumḍasuṇo, *s. m.* Mó de moinho.

गुंडाळुंक gumḍâḷumka, *v. t.* Cingir, envolver. — *M.*

गुदड gudaḍa, *s. m.* Cadarço, barbilho. — *M.*

गुणो guṇo, *s. m.* Esquadro, suta; eixo. — *M.*

गुफा guphâ, *s. f.* Cova, caverna. — *S.* गुंफा.

गुबारो gubâro, *s. m.* Bombarda, morteiro. — *P.*

गुमान gumâna, *s. m.* Duvida, suspeita; sentido, tento. — **Gumânî**, *a. c.* Suspeitoso; acautelado, avisado. — **Gumânîm**, *adv.* Attentamente, cuidadosamente. — *P.*

गुर्द gurda, *s. m.* Rim. — *S.*

गुलमेख gulamekha, *s. f.* Tacha, brocha. — *H.*

गोंडेरो gomḍero, *a. (î, em)*. O que tem borla, tufoso. — De गोंडो.

गोंधुंक-gomdhumka, *v. t.* Tatuar. — **Gomdhalem**, *s. n.* Tatuagem. — *M.*

गोपीचंदन gopîchamdana, *s. n.* Alvaiade. — *S.*

गोमाशी gomâśî, *s. f. (zool.)* Tavão; varejeira. — *S.* गोमशिका.

गोर gora, *s. f. (us. Can.)* Sepulchro, tumulo, cenotaphio.

गोरोचन gorochana, *s. n.* Bezoar, enterolithe. — *M.*

गोश्वारो gośvâro, *s. m.* Synopse, epitome; extracto, excerpto. — *P.*

घ Gha

घण ghaṇa, *s. m.* Martello de pena; marrão. — *S.* घन.

घरोटी gharoṭî, *s. f.* Bens de familia, cabedal commum. — *M.*

घसरट ghasaraṭa, *s. f.* Intercurso, communicação, trato. — *M.*

घांगरुंक ghâmgarumka, *v. i.* Espantar-se, assustar-se, atemorizar-se, acabrunhar-se. — *M.*

घाणो ghâṇo, *s. m.* Lagarada; moedura, moenda; porção que se pila de uma vez. — *M.*

घायतळ ghâyataḷa, *s. n.* Syncope, vagado. — *M.*

घालकाढ ghâlakâḍha, *s. f. comp.* Acção de pôr e tirar repetidas vezes; remexedura. — *M.*

घाळ ghâḷa, *a. c.* Azoinado, estonteado, atarantado *(v. jâvumka)*. — *M.*

घिगी ghigî, *s. f.* Aspa. — *M.*

घुघू ghughû, *s. m. onom.* Gemido da pomba, arrulho. — **Gh. karumka**, arrulhar, arrolar. — *M.*

घुलावुंक ghulâvumka, *v. c.* Engodar, alliciar, seduzir. — **Ghulâvaṇî**, *s. f.* Engodo, chamariz — *H.*

घुसडुंक ghusaḍumka, *v. t.* Usar mal, abusar; maltratar; inserir, intercalar, interpolar. — De घुसुंक.

घूंघूं ghûmghûm, *s. n. onom.* Zumzum, zunido.

घेवो ghevo, *a. (î, em)*. O que tem de ser recebido, ha de haver. — De घेवुंक.

घोगरो ghogaro, *a. (î, em)*. Rouco. — **Ghogarepaṇa**, *s. n.* Rouquidão — *M.*

च Cha

चक्र chakra, *s. m.* Quatro tangas (annás). — *C., Tu.*

चडचडीत chaḍachaḍîta, *a. c. onom.* Latejante; caustico. — *M.*

चंद्रस chaṁdrasa, *s. m.* Gomma copal, anime. — *M.*

चंद्रावो chaṁdrâvo, *s. m.* Docel, sobrecéo; pavilhão.

चमकी chamakî, *s. f.* Lentejoila; cravo de oiro. — *H.*

चरवो charavo, *s. m.* Campo de pastagem, pastio. — De चरव.

चांदो chaṁdo, चांद्यो chaṁdyo, *a.* Frontino (boi). — *M.*

चांपें chaṁpeṁ, *s. f.* Lobulo da orelha. — *S.* चंपक.

चामरडेल chámaraḍela, *s. n. ou f. (zool.)* Sapo. — *M.*

चामोटो chámoṭo, *s. m.* Correia, correão; *(fig.)* fona, sovina. — *M.* de चाम.

चाळ chála, चाळणपुळी chála-ṇapuḷî, *s. f.* Cancro. — *M.*

चाळो chálo, *s. m.* Tarugo. — *M.*

चिकलावुंक chikalávuṁka, *v. c.* Sujar, enlamear. — De चिकल.

चिकी chikî, *s. f.* Massa de vidraceiro. — *M.* — *S.* चिक्कण.

चित्तो chitto, *s. m. (zool.)* Onça, leopardo. — *M.* — *S.* चित्रक.

चित्रक chitraka, *s. m.* Graphite, plombagina. — *S.*

चिपड chipaḍa, चिपडें chipa-ḍeṁ, *s. n.* Remela. — **Chipaḍo, chipaṭo**, *a.* Remeloso. — *M.*

चिमकुंक chimakuṁka, *v. t.* Picar com os dedos; comprimir, expremer. — *M.* चिमटणें.

चिमखडो chimakhaḍo, *s. m.* Bodoque. — *M.*

चिवटो chivaṭo, *s. m.* Lona, linhagem. — *M.*

चुणी chuṇî, *s. f.* Prega, rufo. — **Chuṇuṁka**, *v. t.* Rufar, franzir, fazer pregas de. — *M.* — *S.* चूर्ण.

चुलेत chuleta, *s. n. (mar.)* Estropo. — *M.*

चेक cheka, *s. n. onom.* Substancia molle achatada, -pisada; papa *(v. karuṁka, jâvuṁka)*.

चैत्र chaitra, *s. m.* Primeiro mez do anno hindú (março-abril). — *S.*

चोप chopa, *s. f.* Baqueta, vaqueta. — *M.*

चौकचाल chaukachála, *s. f. comp.* Galope. — *M.*

छ Chha

छक्को chhakko, *s. m.* Sena. — *H.*

छंद chhaṁda, *s. m.* Vontade. — **Chhaṁdî**, *a. c.* Voluntarioso, phantasioso, caprichoso. — *S.*

छर्रो chharro, *s. m.* Chumbo, escumilha, munição; descarga. — *H.*

ज Ja

जगती jagatî, *s. f.* Mundo, terra, orbe terraqueo. — *S.*

जगम jagama, *s. f. (bot.)* *V.* जमंग jamaṁga. — *M.*

जंगी jaṁgî, *s. f.* Canhoneira. — *H.*

जंतरवाय jaṁtaravâya, *s. m.* Meteorismo causado por lombrigas. — Do *S.* जंतु e वायु.

जथुंक jathuṁka, *v. t.* Colligir, colleccionar; installar, inaugurar. — *M.* — *S.* यूथ *s.*

जपुंक japuṁka, *v. i.* Attender, mirar, observar. — *M.*

जफरन japharana, *s. f.* Ameixa.

जयरांट jayaráṁṭa, *a.* Alto de estatura, agigantado. — Do *S.* जयवान्.

जवखार javakhâra, *s. m. comp.* Nitrato de potassa. — *M.*

जळतो jaḷato, *a. (î, eṁ).* Ardente, abrasador, comburente. — De जळुंक.

जळवाय jaḷavâya, *a. c.* Doidivanas, estapafurdio. — Do *S.* जलव्याल.

जळुंक jaḷuṁka, *v. t.* Accender, queimar. — *S.* ज्वल्.

जाळवाय jâḷavâya, *s. f. comp.* Accesso de loucura, veneta; mania, telha.

जिल्हो jihlo, *s. m. (us. Can.)* Districto, comarca. — *A.*

जिव्हाळी jihvâḷî, *s. f.* Valvula, boccal, boquinha — *M.* de जीव e आलय.

जुजदान jujadâna, *s. n.* Carteira, pasta. — *M.*

जुंपुंक juṁpuṁka, *v. t.* Cangar, jungir. — De जुं.

जूग jûga, *s. n.* Club, assembléa, baudo, confederação. — *M.* — *S.* योग.

जेदोळ jedoḷa, *adv.* Pelo tempo que, durante o tempo que. — De जेदो e वेळ.

जोग joga, *s. m.* Ascetismo. — *M.* — *S.* योग *q. v.*

जोगो jogo, *a. (î, eṁ).* Apto, adequado, proprio, convèniente, idoneo. — De योग्य.

जोत jota, *s. f.* Luz, brilho, esplendor; força, vigor. — *S.* ज्योति.

झ Jha

झंपावुंक jhaṁpâvuṁka, *v. c.* Chibatar, vergastar. — De झंप.

झमझमाट jhamajhamâṭa, *s. m.* Fulia, tripudio. — *M.*

झमझमीत jhamajhamîta, *a. c. onom.* Clangoroso, retumbante; vehemente, vibrante. — Jhamajhamuṁka, *v. i.* Resoar, retinir, reboar.

झावळी jhâvaḷî, *s. f.* Rebento de coqueiro, palma anomala. — *M.*

झुपाती jhupâṭî, *s. f.* Exprobração, reprimenda, verrina. — De झपाटो.

झुळझुळुंक jhuḷajhuḷuṁka, *v. i. onom.* Ciciar, respirar (o vento).

झें jheṁ, *adv.* Em tanta quantidade, tão excessivamente. — *M.*

झोंपाळें jhoṁpâḷeṁ, *s. n.* Sobrecéo do berço. — De झोंपय.

ट Ṭa

टासो ṭâso, *s. m.* Sello, cunho. — *Corr.* de ठसा.

टिपरें ṭipareṁ, *s. n. V.* टिपरी ṭiparî. — *M.*

टीप ṭîpa, *s. m.* Nodoa, mancha *(v. lâvuṁka, lâguṁka).*

टेंगूळ ṭeṁgûḷa, *s. n.* Exerescencia, protuberancia. — *M.*

ठ Ṭha

ठसुंक ṭhasuṁka, *v. i.* Imprimir-se, gravar-se. — Ṭhasauṁka, *v. c* Imprimir, gravar, esculpir. — De ठसा.

ठोकुंक ṭhokuṁka, *v. t.* Bater, amolgar; beber muito (vinho). — Ṭhokaṇa, *s. n.* Amolgadura, mossa. — *M.*

ड Ḍa

डरकुंक ḍarakuṁka, *v. i. onom.* Coaxar, rugir, bramir. — *M.*

डरावुंक ḍarâvuṁka, *v. c. V.* दारावुंक dârâvuṁka. — *M.*

डिकिमाली ḍikimâlî, *s. f.* Resina, gomma. — *M.*

डिमडिम ḍimaḍima, *s. n. onom.* Som-, toque do tamboril. — *Âslo varav, khelo gimâ; pâvaśâ nâch re ḍimḍimâ:* tiveste viveres, comeste os no verão; agora, no inverno, dança ao som do tamboril. — *M.*

डेवसो ḍevaso, *s. m.* Pua, estrepe; *(fig.)* pormenor, detalhe. — *Devasyâṁka lâvuṁka,* chocalhar, mexericar.

डौंडळावुंक ḍauṁḍaḷâvuṁka, *v. c. onom.* Abalar, fazer vacillar; *(fig.)* tornar perplexo.

डौल्ली ḍaulî, *a. c.,* डौल्लाचो ḍaulâcho, *a. g.* Pomposo, faustoso; bizarro, garboso; vaidoso; bombastico, baroco. — *H.*

ढ Ḍha

ढेंकडो ḍheṁkaḍo, *s. m.* Berro de reprehensão, exprobração em grita *(v. mâruṁka).* — Ḍheṁkaḍuṁka, *v. i.* Reprehender em voz alta. — De ढेंक.

त Ta

तकरारी takarârî, *a. c.* Capcioso, cavilloso. — *A.*

तग taga, *s. f.* Cilha. — *C.*

तडोव taḍova, *s. m. (us. Can.)* Demora, tardança. — *C.*

§ तधीं tadhîṁ, *adv.* Então, naquelle tempo. — *H.*

तर tara, *s. f.* Condição, clausula, resalva. — *M.*

तरतरो tarataro, *s m.* Diamante facetado, brilhante. — *M.*

† तरपासेर tarapâsera, *a. c.* Trapaceiro.

† तरबाज tarabâja, *s. m. pl.* Trabalhos.

तललय talalaya, *s. f. onom.* Rebate de sinistro

तवखीर tavakhîra, *s. f.* Tabaxir. — *M.* — *S.* वकूतारा.

तंवरें taṁvareṁ, *s. n.* Camada esverdeada que se forma sobre a agua estagnada. — De तंवर.

तसबी tasabî, *s. f.* Toribios. — *A.*

तळो taḷo, *s. m. Corr.* de तवो tavo.

तांगूळ taṁgûḷa, *s. n.* Arrocho. — Taṁguḷuṁka, *v. t.* Arrochar.

ताजावुंक tajâvuṁka, *v. c.* Fazer andar a croque (barco). — De ताज.

ताजावुंक tajâvuṁka, *v. c.* Robustecer, avigorar, fortalecer. — De ताजा.

ताठेवुंक taṭhevuṁka, *v. c. i.* Falar muito rijo, berrar. — De ताठो.

तानमान tânamâna, *s. n.* Symphonia, harmonia; *(fig.)* proporção; opportunidade. — *S.*

तारीफ tarîpha, *s. f.* Louvor, applauso; recommendação. — *P.*

तारो târo, *s. m.* Pupilla do olho. — *S.* तारा.

तावड tâvaḍa, *s. f.* Azar, má sorte, contratempo *(v. yevuṁka).* — *M.*

तितर titara, *s. m.* Perdiz. — *S.* तित्तिर.

तिपट tipaṭa, *s. f.* Tresdobro. — *M.*

तिरबट tirabaṭa, *a. c.* Acre, agro, picante. — *S.* तिव्र.

तिळतिळीत tiḷatiḷîta, *a. c. onom.* Luzidio, luzente. — Tiḷatiḷuṁka, *v. i.* Luzir, brilhar; titillar.

तीर tîra, *s. m.* Setta. — *P.*

तुणुंक tuṇuṁka, *v. t.* Serzir. — Tuṇaṇeṁ, *s. n.* Serzidura. — *M.*

तुपाळो tupâlo, तुपो tupo, *a. (î, eṁ).* Manteigoso, butyraceo. — De तूप.

तुंबुरी tuṁburî, *s. f. (mus.)* Cavaquinho. — *A.*

तुरुंक turuṁka, *v. i.* Tufar, formar tufo; fazer-se em labareda. — Turauṁka, *v. c.* Tufar, entufar; fazer em labareda, -em lingua. — De तुरो.

तेजस्कर tejaskara, *a. c.* Tonico, tonificante. — *S.*

तेरीज terîja, *s. n. ou f.* Somma total, sommatorio. — *M.*

तेलूं telú, *s. m.* Oleo. — *T. kâḍhuṁka,* moer os ossos, derrear. — De तेल.

तैसो taiso, *a. (p. us.) V.* तसो taso. — *H.*

तोंडुली toṁḍulî, *s. f. dim.* Carinha; boquinha. — De तोंड.

तोबरो tobaro, *s. m.* Cevadeira, embornal. — *H.*

तोरटो toraṭo, *a. (î, eṁ).* Travento. — *S. m.* Cajú verde. — Toraṭâṇa, *s. f.* Sabor acre, travo. — *S.* तुवर.

थ Tha

थकलमकल thakalamakala, *a. c. redup.* Estonteado, azoinado. — De थकुंक.

थड thaḍa, थडी thaḍî, *s. f.* Valle ao longo do rio. — *M.* — *S.* तट.

थपथपीत thapathapîta, *a. c. onom.* Grosso, denso (liquido).

थलीक thalíka, *s. m.* Proprietario, senhorio; rico, abastado. — *M.* थलकरी.

थवो thavo, *s. m.* Troço, rancho, bando. — *M.*

थळुंक thaḷuṁka, *v. t.* Lavrar, cinzelar, entalhar. — Thaḷaṇî, *s. f.* Entalhadura, cinzeladura. — *M.*

थार्या thârya, *adv. V.* ठार्या ṭhâryâ.

थीं thîṁ, *adv. (us. Sal.) V.* थैं thaiṁ.

थेंब theṁba, *s. m.* Mormo. — *M.*

थोकडो thokaḍo, *a. (us. N. C.) V.* थोडो thoḍo. — *M.* थोडको.

थोकुंक thokuṁka, *v. i.* Ficar estupefacto, pasmar; comprazer-se, deleitar-se. — *M.*

थोतांड thotâṁḍa, *s. n.* Novella, romance. — Thotâṁḍî, *a. c.* Romantico. — *S. m.* Romancista. — *M.*

द Da

दंड daṁḍa, *s. n.* Braço. — *S.*

दंडु daṁḍu, *s. n.* Arco. — **D.** bâla, arco iris. — *Corr.* de धनु.

दणको daṇako, *s. m. onom.* Golpe, pancada sonora; tumulto, alvoroto; zanguizarra. — *M.*

दबो dabo, *s. m.* Emboscada, cilada. — *M.*

दमळ damaḷa, *s. n. V.* धुमळ dhumaḷa.

दर्जो darjo, *s. m.* Grau, posto, posição. — *A.*

दवडचाल davaḍachâla, *s. f. comp.* Galope. — *M.*

दवुंक davuṁka, *v. i.* Orvalhar, reciar. — De दव.

दश daśa, *a. p.* Dez *(us. em comp.)* — *S.*

दा dâ, दां dâṁ, *partic. posp.* Significa vez ou vezes com o numeral: *ekadâṁ,* uma vez. — *S.* दा.

दांडपट्टो dâṁḍapaṭṭo, *s. m.* Esgrima. — *M.*

दाढी dâḍhî, *s. f. (anat.)* Dente queixal. — *S.* दाढा.

दाम dâma, *s. m.* Dinheiro; preço. — Dâmadâra, *a. c.* Pecunioso, endinheirado. — *H.*

दारकस dârakasa, *s. f. comp.,*

दारकूंस dârakûṁsa, *s. n. comp.* Coiceira.

दाळें dâḷeṁ, *s. n.* Bainha. — *M.*

दिंभकुर्यां diṁbhakuryâṁ, *adv.* De joelhos *(us. com vv. de movimento: chaluṁka, vachuṁka, yevuṁka).* — De दिंभी.

दीक्षा dîkshâ, *s. f.* Iniciação *(v. karuṁka)*; ordem sacramental *(v. diruṁka)*; *(fig.)* comportamento, procedimento. — *S.*

दुकामी dukâmî, *a. c. comp.* O que tem dois usos, duas applicações; o que tem duas occupações. — *M.*

दुःखरो duḥkharo, *a.* (*î, eṁ*). Susceptivel de dor, sensivel. — *M.* de दुःख.

दुता dutâ, *s. f.* (*poet.*) Filha. — *S.* दुहिता.

दुधन dudhana, *s. n.* Mamma, teta. — De दूध.

दुधाणी dudhâṇî, *s. f.* Natadeira. — *M.* de दूध.

दुपतें dupateṁ, दुभतें dubhateṁ, *s. n.* Lacticinio. — *M.*

दुपेट dupeṭa, (*por corr.* दुपट dupaṭa), *s. m.* Sova prolongada, tunda bravia. — De दु e पेट *m.*

दुभोंक dubhoṁka, *v. r.* Apojar-se. — De दुभुंक.

दुमची dumachî, *s. f.* Atafal. — *P.*

दुराटुंक durâṭuṁka, *v. i.* Afreguezar-se. — Durâṭâvuṁka, *v. c.* Afreguezar.

दुर्जन durjana, *a.* Mau, malvado; vil, baixo. — *S.*

दुळुंक duḷuṁka, *v. t.* Binar. — Duḷaṇî, *s. f.* Binação. — De दुळो.

देखरेख dekharekha, *s. f.* Superintendencia, fiscalização. — Dekharekhî, *s. m.* Superintendente, fiscal, inspector. — *M.*

देणगी deṇagî, *s. f.* Donativo, dádiva; remuneração, recompensa; gratificação, gorgeta. — *M.* de दिवुंक.

† देमणो demaṇo, *s. m.* Demonio; biltre, cevandija.

देंवती deṁvatî, *s. f.* Descida, declive, inclinação. — De देंवुंक.

देवरुषी devarushî, *s. n.* Exorcista. — *M.* — *S.* देवर्षि.

देवस्की devaskî, *s. f.* Trato com o demonio, evocação, exorcismo; inquirição do oraculo. — *M.*

देवळी devaḷî, *s. f.* Nicho. — *M.* de देवूळ.

देही dehî, *a. c.* Corporeo, material; incorporado. — *S.*

दोगलो dogalo, *a.* (*î, eṁ*). Hybrido. — *M.*

दोणूल doṇûla, *s. n. dim.* Bacio, vaso de noite. — De दोण.

दोणें doṇeṁ, *s. n.* Tolete. — *C.*

दोशल्यान dośalyâna, *adv.* Por ambos os lados, de ambas as partes. — De दोशीं.

दौड dauḍa, *s. f.* Correria, incursão, irrupção; expedição; galope. — *H.*

ध Dha

धंकुंक dhaṁkuṁka, *v. t.* Picar, aguilhoar. — Dhaṁkaṇî, *s. f.* Aguilhoada, picada. — Dhaṁkaṇâra, *s. m.* Aguilhoador.

धंदो dhaṁdo, *s. m. Mais us.* धांदो dhâṁdo. — *H.*

धरण dharaṇa, (*por corr.* धर्न dharna), *s. n.* Açude. — *S.*

धर्यां dharyâṁ, *posp.* Desde, até, inclusive. — De धरुंक.

धर्ये dharye, धर्यो dharyo, *int.* Voz de chamar gado vaccum. — De धरुंक.

धवसारुंक dhavasâruṁka, *v. i.* Branquejar, alvejar. — De धवसो.

धवसावुंक dhavasâvuṁka, *v. c.* Branquear. — De धवसो.

धानीं dhânîṁ, *adv. Corr.* de ध्यानीं dhyânîṁ.

धाबें dhâbeṁ, *s. n.* Terraço, eirado. — *M.*

धिमो dhimo, *a.* (*î, eṁ*). Ronceiro, vagaroso.—*M.*

धुकरडो dhukaraḍo, *a.* (*î, eṁ*). Porco, immundo.—De धुकर.

धुकें dhukeṁ, *s. m.* Nevoeiro, cerração.—*M.*

धुंद dhuṁda, *a. c.* Inconsciente, insensivel.—*H.*

धुरळो dhuraḷo, *s. m.* Pó, poeira; nuvem-, camada de pó.—*M.* de धूळ.

धुराणी dhurâṇî, *s. f.* Canil, canzil, cangalho.—*M.* de धूर e आणी.

धुराडें dhurâḍeṁ, धुराळें dhurâḷeṁ, *s. n.* Chaminé.—*M.*

धूरकपूर dhûrakapûra, *s. n.* Volante, velilho.—*H.*

धैवत dhaivata, *s. m.* (*mus.*) Lá.—*S.*

ध्यास dhyâsa (*por corr.* धास dhâsa), *s. m.* Contemplação intensa, absorpção; anciedade de fazer, sofreguidão (*v. paḍuṁka*).—*S.*

न Na

नखी nakhî, *s. f.* Ponta recurvada; esporão; (*mus.*) unha.—Do *S.* नख.

नरकी narakî, *a. c.* Infernal, avernal, tartareo; fetido, fedorento.—De नरक.

नरमाडी naramâḍî, *s. f.* Engonço, gonzo.—*P.*

नलक nalaka, *s. n.* (*anat.*) Cartilagem.—*S.*

नलग nalaga, *s. f.* Desconnexão, desconcordancia, desconveniencia.—Nalagato, *a.* Desconnexo, desconcordante.—De नलगुंक.

नवत navata, *a. pl.* Noventa.—*S.* नवति.

नवशीं navaśiṁ, *a. c.* Novecentos.—De नव e शीं.

नाखूट nakhûṭa, *s. n.* (*deprec.*) Unha grossa; garra.—*S.* नख.

नागमोड nâgamoḍa, *s. f.* Espiral, sinuosidade.—*M.* de नाग e मोडुंक.

नाडो nâḍo, *s. m.* Nastro, trena, fita.—*M.*

नावड nâvaḍa, *s. f.* Desaffeição, desamor, desagrado, aversão, repugnancia.—*M.*

नावाडी nâvâḍî, *s. m.* Tripulante, marinheiro.—*M.* de नाव, *S.* नौ.

निको niko, *a.* (*î, eṁ*). Genuino, lidimo, puro, casto.—*P.*

निखररंग nikhararaṁga, *s. m.* Candencia, incandescencia.—Nikhararaṁgî, *a. c.* Candente, incandescente.—*M.*

निगुतावुंक nigutâvuṁka, *v. c.* Completar, fazer perfeito, aperfeiçoar.—De निगूत.

निगळतो nigaḷato, *a.* (*î, eṁ*). Impermeavel.—De नि e गळुंक.

निजावुंक nijâvuṁka, *v. c.* Apropriar, applicar, attribuir.—Ṇijâvaṇî, *s. f.* Apropriação.—De नीज.

निद्राळ nidrâḷa, *a. c. V.* निद्रो nidro.—*S.* निद्रालु.

निनडुंक ninaduṁka, *v. i.* Ficar atordoado, azoinar-se.—Ninadâvuṁka, *v. c.* Atordoar, aturdir, estontear.—Ninadaṇî, *s. f.* Atordoamento, aturdimento.—*C.*

निपणटी nipaṇaṭî, *s. f.* Trineta.—Nipaṇaṭurûṁ, *s. n.* Trineto ou trineta.—De निपणटू.

निरक्त nirakta, *a. c.* Exangue; pallido, livido.—*S.* नीरक्त.

निरेखुंक nirekhumka, *v. i.* Examinar, observar, espiar. — *M.* — *S.* निरीक्ष्.

निर्भोग nirbhoga, *s. m.* Privação de goso, carencia de fruição; abstenção, abstinencia. — *S.*

निर्वात nirvâta *(por corr.* निवात nivâta), *s. m.* Malacia. — *S.*

निवांत nivâmta, *a. c.* Quieto, silencioso, sem bulha. — *M.* — *S.* निवात.

निवाळें nivâlem, *s. n.* Cinta grossa de prata. — *Tu.*

निशाणुंक nisânumka, *v. t.* Marcar, assignalar. — De निशाण.

निस्सीम nissîma, *a.* Immensuravel, superlativo, excessivo. — *S.*

नीदमोड nîdamoda, *s. m. comp.* Interrupção de somno, estremunhamento; expertina. — Nîdamodo, *a.* Estremunhado.

नीव nîva, *s. m.* Lado do tecto; tecto. — *M.*

नेडें nedem, *(var.* मेडें medem), *s. n.* Furo de agulha; alvado. — *M.*

नेमळ nemala, *a. c.* Pontual, exacto, preciso; estricto, rigoroso. — *M.* de नेम.

नेवर nevara, *s. n.* Ranilha de cavallo. — *M.*

नैर्ऋती nairriti, *s. f.* Sudoeste. — *S.*

नोकानोक nokânoka, *s. f. redup.* Escaramuça. — *P.*

नौघण naughana, *s. f.* Linga. — *M.*

न्याहारी nyâhârî, *s. f. (p. us.)* Almoço. — *P.*

प Pa

पकारो pakâro, *(us. entre os negociantes) s. m.* Quarto de rupia. — *M.*

पटसूर patasûra, *s. m.* Damasco. — *S.* पट्ट, *panno.*

पट्टू pattû, *s. f.* Baeta. — *H.* — *S.* पट्ट.

पडजौंक padajaumka, *v. c.* Examinar, indagar, verificar. — Padajaunî, *s. f.* Indagação, averiguação. — *S.* प्रच्छ्.

पडदाळें padadâlem, *s. n.* Boldrié, talabarte, talim, tiracollo. — *H.*

पडव padava, पडवो padavo, *s. m.* Parau, barco. — *H.*

पडसाद padasâda, *s. m. comp.* Echo. — *M.*

पण pana, *s. n.* Jogo de azar; bolo do jogo; aposta. — *S.*

पत्तो patto, *s. m.* Sobrescripto, endereço, direcção. — *H.*

पन्नाशी pannâsî, *s. f.* Edade de cincoenta annos. — *A. c.* Quinquagenario. — *M.*

परजात parajâta, *s. f.* Casta differente, raça diversa. — *S.* परजाति.

परबाण parabâna, *s. n.* Verga, antenna. — *H.*

परवो paravo, *s. m.* Sargeta. — *M.*

परिणाम parinâma, *s. m.* Fim, conclusão; ultimo estado; bom resultado, feliz exito. — *S.*

परी parî, *s. f.* Fada. — *M.*

परीस parîsa, *s. m.* Pedra philosophal; eldorado. — *M.* — *S.* स्पर्श.

पर्याट paryâta, *a. c.* Inculto, safaro, baldio.

परिश्रम parisrama, *s. m.* Fadiga, cançaço, esfalfamento. — *S.*

पसो paso, *s. m.* Cavidade da mão com os dedos compridos, concha da mão (para conter agua, cereaes). — *M.*

पांकटाय pâmkatâya, *s. f.* Viscosidade. — De पांकोट.

पाखिटें pâkhitem, *s. m.* Rede de apanhar passaros.

पांग pâṁga, *s. f.* Entortadura de pernas. — **Pâṁgaḷuṁka**, *v. i.* Ser cambaio, -zambro. — Do *S.* पंगु.

पांघुरचें pâṁghurachem̃, *s. n.* Lençol, cobertor. — De पांघरुंक.

पाचेवुंक pâchevuṁka, *v. c. i.* Aguar (a bocca).

पाजुंक pâjuṁka, *v. i.* Roçar-se, esfregar-se pela corda. — *M.*

पाटणी pâṭaṇî, *s. f.* Soalho, sobrado. — *H.*

पाटळी pâṭaḷî, *s. f.* Pulseira de oiro, perolas, etc. — *M.*

पाठाळ pâṭhâḷa, *s. m.* Besta de carga. — *M.* de पाठ.

पाणक्यो pâṇakyo, *s. m.* Aguadeiro, açacal. — *M.*

पाणरहाट pâṇarahâṭa, *s. n. comp.* Azenha. — *M.*

पातशेवुंक pâtaśevuṁka, *v. c. i.* Tornar-se em chaga (sarna, bostela).

पानपोळी pânapoḷî, *s. f. comp.* Pasta de arroz frita e dobrada em quarto.

पानवळ pânavaḷa, *s. n.* Tempera, soldadura, solda. — *P. diruṁka,* temperar, aceirar.

पांयउतार pâṁya-utâra, *s. m. comp.* Vau. — *M.*

पांयचाल pâṁya-châla, *s. f. comp.* Andada, caminhada, jornada. — *M.*

पारवीण pâravîṇa, *s. f.* Pomba. — De पारवो.

पारिजात pârijâta, पारिजातक pârijâtaka, *s. m.* (tambem पारडी pâraḍî, *s. f.*) Arvore triste. — *S.*

पाल्लवो pâlavo, *a.* (*ì, em̃*). Ultimo fructo (pouco desenvolvido). — Do *S.* पल्लव.

पावठणी pâvaṭhaṇî, *s. f.* Alpondras, passadoiros. — *M.* de पांय.

पावशिलो pâvasilo, *a.* (*ì, em̃*). Produzido no inverno (flor, fructo). — De पाउस.

पासें pâsem̃, *s. n.* Pagina.

पाळ pâḷa, *s. f.* Furo na orelha para arrecadas; (*us. Sal.*) cabo do machado, da enxada, etc. — *S.* पालि.

पिंगट piṁgaṭa, *a. c.* Amarellento, amarellado. — *M.* — *S.* पिंग.

पिंतावुंक piṁtâvuṁka, *v. c.* Afelear. — De पिंत.

पिरागत pirâgata, *s. n.* Melhoras de saude, bom resultado do remedio. — *S.* प्रगति.

पिल्ली pilî, *s. f.* Pauzinho que se mette no furo da orelha para se não tapar.

पुडवें puḍavem̃, *s. n. Dholîr* rico.

पुढी puḍhî, *s. f.* Successão genealogica descendente, uma geração. — *M.* पिढी — *S.* पीठिका.

पुतळी putaḷî, *s. f.* Imagem, boneca; pupilla do olho. — *S.* पुत्तली.

पूस pûsa, *s. m.* Colostro de gado preparado com jagra. — *S.* पीयूष.

पेंडुंक peṁduṁka, *v. t. V.* पेंदरुंक peṁdaruṁka.

पेलो pelo, *s. m.* Chicara, chavena, copo. — *P.*

पैकडी paikaḍî, *s. f.* Alveolo do favo. — *M.*

पैलू pailû, *s. m.* Faceta. — *P.*

पैलो pailo, *a.* (*ì, em̃*). *V.* पेलो pelo. — *M.*

पोकसो pokaso, *a.* (*ì, em̃*). Fofo, flaccido, balofo; carcomido, carunchoso; vaidoso, vanglorioso. — **Pokasâvuṁka**, *a. c.* Afofar, abalofar; carcomir. — **Pokasevuṁka**, *v. c. i.* Afofar-se, abalofar-se. — De पोवळ?

पोंगट pomgaṭa, *a. c.* Corcovado, corcunda, giboso; curvado, vergado.— De पोंग.

पोटी poṭî, *s. f.* Capacidade, área.— De पाट.

पोंड pomḍa, *s. n.* Açude.—*M.*

पोर pora, *s. f.* Remela.

पोसौंक posaumka, *v. c.* Cevar, vegetar.—De पोसुंक.

प्रचार prachâra, *s. m.* Uso geral, voga.—*S.*

प्राचीन prâchîna, *a. c.* Oriental; antigo, primitivo.—*S.*

फ Pha

फटाको phaṭâko, *s. m. onom. (us. Sal.)* Foguete.

फळफळुंक phaḷaphaḷumka, *v. i. onom.* Jorrar, borbotar, esguichar, gorgolhar.—*M.*

फळभोग phaḷabhoga, *s. m.* Usufructo.—*S.* फलभोग.

फाठ phâṭha, *s. f. Corr.* de पाठ pâṭha.

फांतोडें phâmtoḍem, *s. n. V.* फांतें phâmtem.

फामिंदी phâmimdî, *s. f.* Virago, machão, mulher de armas.—*P.*

फितौंक phitaumka, *v. c.* Seduzir, alliciar, captar.—*A.*

फिरकी phirakî, *s. f.* Trinado, garganteio; giro; carrião.—*M.* de फिरुंक.

फिरफिरी phiraphirî, *s. f. onom.* Diarrhea, camaras.

† **फिल्याद** philyâda, *s. m.* Afilhado.

† **फिशाल** phiśâla, फिशाली phiśâlî, *s. m.* Official (artifice).

फिळफिळुंक phiḷaphiḷumka, *v. i. onom.* Silvar, assobiar.

फुगें phugem, *s. n.* Resaca.—*M.*

फुजिलाद phujilâda, *s. n.* Collar de oiro composto de fusis compridos.—Do port. *fusil.*

फुशारकी phuśârakî, फुशारी phuśârî *s. f. onom.* Jactancia, basofia, ufania.—Phuśârumka, *v. i.* Gloriar-se, jactar-se, blasonar.—*M.*

फोट्या phoṭyo, *a. (î, em).* Mentiroso, enganador.—*S.* फट.

ब Ba

बखर bakhara, *s. f.* Annaes, fastos, historia.—*M.*

बंती bamtî, *s. f. V.* वांती vâmtî.

बंदर bamdara (por *corr.* बंडीर bamḍîra), *s. n.* Porto, barra.—*P.*

बदसूर badasûra, *a.* Dissonante, desentoado, desafinado.—*P.*—*S.*

बंभाळुंक bambhaḷumka, *v. i.* Borbotar, jorrar; golfar, bofar.—De बंभाळ.

बरची barachî, *s. f.* Arpão.—*H.*

बलकी balakî, *s. f. (archit.)* Canelura.—*M.*

बळसावुंक baḷasâvumka, *v. t.* Acariciar, amimar.

बांक bâmka, *s. m.* Adaga.—*H.*

बार bâra, *s. m.* Carga de espingarda, explosão, estoiro; coima, alcavala.—*P.*—*S.* भार.

बारदान bâradâna, *s. f.* Frete, carregação.—*P.*

बारी bârî, *s. f.* Abertura para canhões, canhoneira.—*M.*

बिकबिकित bikabikita, *a. c. onom.* Chammejante, flammante, scintillante.—Bikabikumka, *v. i.* Chammejar, scintillar, chispar.—Bikabikâvumka, *v. c.* Scintillar; pestanejar, empiscar (*dole*—).

बिनी binî, *s. f.*, बिनो bino, *s. m.* Apostilla, nota marginal; summario; vanguarda. — *P.*

बिमो bimo, बीम bîma *(us. Can.)*, *s. m. V.* विमो vimo.

बिरकांडी birakamḍî, *s. f.* Lançadeira. — *M.*

बिशी bisî, *s. f.* Comida em commum, rancho. — *M.*

बिळबिळतें biḷabiḷatem, बिळबिळें biḷabiḷem, *s. n. onom.* Sobretarde, crepusculo.

बुटी buṭî, *s. f.* Erva medicinal, simples; lavor. — *H.*

बुटो buṭo, *s. m.* Florão, festão. — *H.*

बुद्बळ budabaḷa, *s. n.* Xadrez; peça de xadrez. — *M.* — *S.* बुद्धिबल्ल.

बुंधारो bumdhâro, *s. m.* Fundo, base, fundamento. — *M.*

बुबूळ bubûḷa, *s. n.* Globo-, bugalho do olho. — *M.*

बुरकूल्ल burakûla, *s. n.* Bouceira, tomento. — *M.*

बुळो buḷo, *a. (î, em).* Impotente. — Buḷepaṇa, *s. n.* Impotencia. — *M.*

बेत beta, *s. m.* Schema, plano, traça; systema, methodo. — Betumka, *v. c.* Traçar, esboçar; cortar, talhar; afeiçoar; lapidar. — *M.* — *S.* हेतु.

बेरीज berîja, *s. f.* Somma, total, totalidade. — *M.*

बेळें beḷem, *s. n.* Carrete. — *M.*

बेसूर besûra, *a.* Dissonante, desafinado. — *S. m.* Desafinação. — *H.*

बोखारो bokhâro, *s. m.* Copa, despensa. — *M.*

बोबाटुंक bobâṭumka, *v. i.* Clamar, vociferar, berrar. — De बोबाट.

बोयरो boyaro, *s. m.* Boia. — *M.*

बोळावो boḷâvo, *s. m.* Acompanhamento; escolta. — *M.*

भ Bha

भडटण bhaḍaṭaṇa, *s. f.* Fraqueza, debilidade, definhamento. — *Bhaḍaṭaṇâ yevumka*, debilitar-se, tornar-se fraco, -enfezado.

भडमार bhaḍamâra, *s. m.* Descarga de artilharia, canhoneio; fuzilaria. — *M.*

भरकम bharakama, *a. c.* Grave, serio, solemne. — Bharakamâyaṇ, *s. f.* Gravidade, seriedade.

भरणो bharaṇo, *s. m.* Collecção. — *M.* de भरुंक.

भरपिसो bharapiso, *a. (î, em).* Doido varrido. — De भरुंक e पिसो.

भल्लथैं bhalathaim, *adv.* Algures. — De भल्लतो e थैं.

भवटुंक bhavaṭumka, *v. t.* Repetir frequentemente, amiudar. — De भव.

भांग bhâmga, *s. m. ou f.* Canhamo indiano (Cannabis sativa); folhas seccas do mesmo; bangue. — *S.* भंगा.

भांडगो bhâmḍago, *a. (î, m).* Rixoso, bulhento, pugnaz. — Bhâmḍagepaṇa, *s. n.* Pugnacidade. — *M.*

भायल्याभायर bhâyalyâbhâyara, *adv. redup.* Por fóra, exteriormente; superficialmente. — De भायर.

भारुंक bhârumka, *v. t.* Encantar, enfeitiçar, fascinar, seduzir, captivar. — Bhâraṇî, *s. f.* Encantamento, fascinação, seducção; ensalmo, feitiço. — *M.*

भाल्लायती bhâlâyatî, *s. f.* Torneio, justa. — De भाल्ला.

भावडी bhâvaḍî, *s. m.* Liteireiro. — De भाउ.

*भावाडुंक bhâvâḍumka, *v. t.* Occasionar, causar. — De भाव.

भेतुंक bhetuṁka, *v. i.* Partir-se, quebrar, estalar. — *M.*

भेडुंक bheduṁka, *v. t.* Separar, desunir, desconjunctar. — De भेद.

भेरगो bherago, भेल्लगो bhelago, *s. m.* Espermatocele. — *M.*

भेल्लेपण bhelepaṇa, *s. n.* Bobice, jogralidade.

भेंसूर bheṁsûra, *a. c.* Temeroso, timido. — De भें.

भोगावळी bhogâvaḷî, *s. m.* Usufructuario, usuario. — De भोगावळ.

भोंवाडुंक bhoṁvâḍuṁka, *v. t.* Voltar, virar. — De भोंवाडो.

म Ma

मणेर maṇera, *s. m.* Bufarinha. — De मणि.

मरड marada, *s. n.* Descampado, campina.

मरवो maravo, मुरवो muravo, *s. m.* (*bot.*) Mangerona, amaraco. — *M.* — *S.* मरुवक.

मर्म marma, *s. n.* Poder occulto, qualidade secreta; membro vital, viscera; sentido occulto; subtileza. — *S.*

मस masa, *s. f.* Fuligem; mascarra; pinta, malha. — *M.* — *S.* मषी.

मसम masama, *s. f.* Monção, estação. — *A.*

मळी maḷî, *s. f.* (*us. Can.*) *V.* खोंपो khoṁpo.

माजोळो mâjoḷo, *s. m.* Talhão.

मातगो mâtago, *a.* (*î, eṁ*). Presumpçoso, vaidoso; desdenhoso. — De मात.

मादी mâdî, *s. f.* Femea do parafuso, porca. — *P.*

मानखोडो mânakhoḍo, *s. m.* Picote, pelourinho. — De मान e खोडो.

मानादीक mânâdîka, *a. c.* Honrado, honroso. — De मान.

मामरमुंडो mâmaramuṁḍo, *s. m.* O que mendiga a favor do hermaphrodita (que é considerado polluto). — *M.*

मालीक mâlîka, *s. m.* Proprietario, dono. — *A.*

माहेवर mâhevara, *s. m.* Mezada, mensalidade. — *M.*

मिया miyâ, *s. m.* Senhor, cavalheiro, pessoa de respeito. — *H.*

मिरासी mirâsî, *a. c.* Hereditario, avito. — *A.*

मीस mîsa, *s. n.* Pretexto, impostura; falsificação, imitação. — *M.* — *S.* मिष.

मुखवटो mukhavaṭo, *s. m.* Viseira, mascara, busto; visagem, feições. — *M.* de मुख.

मुठाण muṭhâṇa, *s. n.* Pandilha, quadrilha, sucia, matulagem. — *M.* de मूठ.

मुठो muṭho, *s. m.* Meada. — *M.* de मूठ.

मुंढ muṁḍha, *s. n.* Membro cortado, troncho. — *S.* मुंड.

मुणमुणुंक muṇamuṇuṁka, *v. i.* *onom.* Murmurar, resmungar, resmonear. — *Tu.*

मुनीस munîsa, *s. m.* *Corr.* de मनीस manîsa.

मुरडी muraḍî, *s. f.* Chave da torneira, etc. — De मुरडुंक.

मुशाफरी muśâpharî, *s. f.* Viagem, jornada. — *A.*

मुष्टि mushṭi, *s. f.* (*us. Can.*) Punho; punhado. — *S.*

मुसकटुंक musakaṭuṁka, *v. t.* Cobrir-, velar a cabeça, rebuçar. — *M.*

मूळपाप mûḷapâpa, *s. m.* Peccado original. — De मूळ e पाप.

** मृगजळ mṛigajala, *s. n.*, मृगाभास mṛigâbhâsa, *s. m.* Miragem, illusão de optica. — *S.*

मेण meṇa, *s. n.* Bainha da espada. — *P.*

मोय moya, *s. f.* Mãe. — *H.* — *S.* माता.

मोरचो moracho, *s. m.*, मोरचेबंदी morachebaṁdî, *s. f.* Bateria. — *P.*

मोहिनी mohinî, *s. f.* Mulher seductora, sereia. — *S.*

मोहीम mahîma, *s. f.* Facção, expedição. — *A.*

मौजेकार maujekâra, *s. m.* (*f. ârṇa*). Brincalhão, folgazão, galhofeiro. — De मौज.

मौजो maujo, *s. m.* Onda grande, vaga. — *A.*

म्हातुरडो mhâturaḍo, *a. V.* म्हातारडो mhâtâraḍo.

य Ya

यमपुरी yamapurî, *s. f.* Cidade de Yama: inferno, orco, averno. — *S.*

** याग yâga, *s. m.* Sacrificio. — *S.*

यादगिरी yâdagirî, *s. f.* Monumento, memoria, lembrança. — *P.*

यारी yârî, *s. f.* Cabrilha. — *P.*

** याज्ञिक yâjñika, *s. m.* Sacrificio. — Yâjñikî, *s. f.* Sacerdocio. *A. c.* Sacerdotal. — *S.*

येन्नांधर yennâṁdhara, *adv.* Até agora; tão cedo, tão de pressa. — De येन्नां e धरुंक.

येवें yeveṁ, *s. n.* Interesse, lucro, proveito, vantagem; credito (*v. âsuṁka, jâvuṁka*). — De येवुंक.

र Ra

रक्तनपूर raktanapûra, *s. f.* Anemia. — *M.* de रक्त e नपूर.

रक्तप्रिय raktapriya, *a. c.* Cruento, sanguinario. — *S.*

रक्तबोळ raktaboḷa, *s. m.* Myrrha, aloes. — *M.* de रक्त e बोळ.

रक्तांबर raktâṁbara, *a. c.* Sangrento. — *S.*

रकौंक rakauṁka, रतौंक rataûṁka, *v. c.* (*us. Sal.*) Vazar, verter, despejar.

रपाटुंक rapâṭuṁka, *v. t.* Arrancar com violencia, arrebatar; estuprar. — *M.*

रफू raphû, *s. m. ou f.* Serzidura, costura. — *P.*

† रस्पणें raspaṇeṁ, *n. r.* Raspadeira, rascador.

रसभरित rasabharita, *a. c.* Sumarento, succoso. — *S.*

राब râba, *s. f.* Caldà. — *M.*

रामबाण râmabâṇa, *s. m.* Remedio efficaz, especifico. — *S.*

रायबार râyabâra, *s. m.* (*us. Sal.* e *Can.*) Mediação, intervenção. — *Tu.*

रावकी râvakî, *s. f.* Realeza; fidalguia. — *M.*

रुसुंक rusuṁka, *v. i.* Resentir-se, melindrar-se, amuar-se. Rusauṁka, *v. c.* Zangar, desgostar, melindrar. — Rusavo, *s. m.* Resentimento, amuo, mau-humor. — *S.* रुष्.

रू Rû, *s. m.* Algodão cardado. *R. bharuṁka*, acolchoar. — Rûdâra, *a. c.* Acolchoado. — *H.*

रोध rodha, *s. m.* Obstrucção, impedimento, obstaculo; (*med.*) retenção. — Rodhaka, *a. c.* Obstructivo, impediente. — *S.*

ल La

लज्जरी lajjarî, *s. f. (bot.)* Sensitiva, vergonhosa. — De लज्जा.

लहर lahara, *s. f.* Convulsão, espasmo, estrebuxamento; aragem, bafagem, viração, zephyro; veneta, capricho, phantasia; undulação; pesadelo, incubo, ephialta *(jemechî —)*. — **Laharî**, *a. c.* Caprichoso, phantasioso, visionario; perplexo, vacillante; fluctuante, undulante. — *S.* लहरी.

लंवकर lamvakara, *a. c.* Pelludo, cabelludo. — De लंव.

लाखवण lâkhavaṇa, *s. f.* Lacre, resina, gomma; massa de vidrar. — *M.* de लाख.

लाखाळें lâkhâḷem, *s. n.* Lacreado. — De लाख.

लाजीम lâjîma, *s. m.* Direito, titulo; imposto, direitos de alfandega; emolumento, percalço. — *A.*

लाभौंक lâbhaumka, *v. c.* Communicar, applicar, dar parte de. — **Lâbhauṇî**, *s. f.* Communicação, applicação. — De लाभुंक.

लासणो lâsaṇo, *a. (î, em)*. Causticante, cauterizante. — De लासुंक.

लीक lîka, *a. c. onom.* Puro, genuino, lidimo, refinado; bello, lindo, primoroso.

लीद lîda, *s. f.* Excremento de elephante, de cavallo, de burro. — *H.*

लुब्धक lubdhaka, लुब्धकतारा lubdhakatârâ, *s. m. (astr.)* Sirio, canicula. — *S.*

लुवलुवावुंक luvaluvâvumka, *v. c. onom.* Repuir, repruir.

लुगदो lugado, *s. m.* Massa, pasta, papa. — *M.*

लुसलुसीत lusalusîta, *a. c. onom.* Viçoso, florido; expedito, diserto.

लेपडी lepaḍî, *s. f.* Chumaço, chumaceira, coxim. — *M.* de लेप.

लोंचखोर lomchakhora, *a. c.* Venal. — **Lomchakhorî**, *s. f.* Venalidade. — De लोंच.

लोधो lodho, *s. m.* Posta de carne, tassalho. — *H.*

लोळ्यो loḷyo, *a. (î, em)*. Roliço. *L. vâmso*, lata. — De लोळुंक.

व Va

वठंबो vaṭhambo, *s. m.* Gotta grossa, pingo. — De व्हड e थेंबो.

वंतेकार vamtekâra, *s. m. (f. ârṇa)*. Coherdeiro. — *M.*

वप vapa, *s. f.* Gelatina; peritoneu; gordura. — *S.* वपा.

वरखडो varakhaḍo, *s. m.* Garatuja. — *M.*

वरणी varaṇî, *a. c.* Ulceroso, pustuloso. — De वरण.

वराडो varâḍo, *s. m. (us. Can.)* Subscripção, collecta. — *Tu.*

वसलात vasalâta, *s. f.* Hereditariedade, atavismo. — *A.*

वस्तादी vastâdî, वस्तादकी vastâdakî. *s f.* Magistralidade; professorado. — *P.*

वळार vaḷâra, *s. m. (f. ârṇa)*. Manilheiro.

वळी vaḷî, *s. f.* Rolo, objecto cylindrico. — *M.* de वळुंक.

वळू vaḷû, *s. m.* Cavallo inteiro, garanhão — *M.*

वाघमूय vâghamûya, *s. f. comp. (us. Sal.) V.* कांटमूय kâmṭamûya.

वाटमारो vâṭamâro, *s. m. comp.* Intercepção. — *M.*

वाणो vâṇo, *s. m.* Trama de urdume. — *S.* वाणि.

वादें vâdem, *s. n.* Ronha. — *M.*

वायवी vâyavî, *s. f.* Noroeste. — *S.*

वारंवार vâramvâra, *s. m. redup.* Frequencia, repetição. — **Vâramvârácho,** *a. g.* Frequente, amiudado, repetido. — **Vâramvârîm,** *adv.* Frequentemente, amiudadamente. — De **वार** *m.*

वाव्ळ vâla, *s. n.* Crepe, fumo. — *M.*

वाव्हीम vâhîma, *s. n.* Cavalgadura. — *M.* de **वाव्हंक.**

वाळीत vâlîta, *a. c.* Excommungado. — *S. n.* Excommunhão. — *M.*

वाळुंज vâḷumja, *s. f. (bot.)* Vimeiro, vime. — *M.*

विजोड vijoḍa, *a. c.* Inadequado, desproporcionado; discordante, incompativel. — **Vijoḍapaṇa,** *s. m.* Desproporção; incompatibilidade. — *M.*

विडविडुंक viḍaviḍumka, *v. i. onom.* Apressar-se, açodar-se. — **Viḍaviḍo,** *s. m.* Açodamento, azafama; anhelo, anceio.

विंध vimḍha, *s. m.* Buraco, furo. — *M.* — *S.* **विद्र.**

विपारें vipârem, *s. n.* Monstro, portento. — *M.*

विमत vimata, *s. f.* Dissenso, desaccordo, desapprovação; aversão, repugnancia, desgosto. — *S.* **विमति.**

विमो vimo, *s. m.* Seguro. — *M.*

विरोदी virodî, *s. f.* Anel dos dedos do pé. — *M.*

विसराळू visarâḷû, *a. c.* Esquecido, esquecediço; descuidoso, negligente. — *M.* de **विसरुंक.**

वेगसरुंक vegasarumka, *v. i.* Accelerar-se, apressar-se. — **Vegasâvumka,** *a. c.* Apressar, accelerar. — De **वेग.**

वेंटाळो vemṭâḷo, *a. (î, em).* Enlaçado; caracolado (cabello). — De **वेंट.**

वैराणें vairaṇem, *s. n.* Canoira, dorneira, moega. — *M.*

व्यंग vyamga, *a. c.* Aleijado, estropeado, deforme; *(fig.)* incompleto, deficiente. — *S.*

** **व्यायाम** vyâyâma, *s. m.* Gymnastica. — *S.*

श Śa

शागिर्दी śâgirdî, *s. f.* Apprendizagem, tirocinio. — *P.*

शाळोत्री śâḷotrî, *s. m.* Veterinario, alveitar. — *M.* — *S.* **शालिहोत्र.**

शिंगो śimgo, *s. m.* Potro, poldro. — *M.*

शिंद śimda, *s. f.* Taipa de sebe. — *H.*

शिष्ट śishṭa, *a.* Ensinado, educado, docil; morigerado, honrado; nobre, decoroso. — **Śishṭâya,** *s. f.* Docilidade; morigeração; honradez; decoro, brio; preeminencia, excellencia. — *S.*

शुदीर śudîra, *s. m. Corr.* de **शूद्र.** śudra.

शूर śûra, *s. m.* Guerreiro, heroe; homem bravo, valente. — **Śûrapaṇa,** *s. n.* Heroismo, bravura, valentia. — *S.*

शेरो śero, *s. m.* Media, mediania; directorio, guia; norma, praxe. — *A.*

शेळवट śeḷavaṭa, *a. c.* Humido, uliginoso. — De **शेळ.**

शैत śaita, *s. n.* Catharro. — *S.* **शैत्य.**

स Sa

सकार sakâra, *s. m. (comm.)* Acceite. — **Sakârumka,** *v. t.* Acceitar, honrar. — *M.* — *S.* **स्वीकार.**

संकोच samkocha, *s. m.* Contracção, retracção, encolhimento; espasmo, convulsão; logar estreito, aperto; retrahimento, reserva. — **Samkochî,** *a. c.* Contractil, contractivel; espasmodico, convulsivo; acanhado, encolhido. — *S.*

संज्ञण samjaṇa, *s. f.* Adorno, ornato, enfeite. — De संज्ञुंक.

संज्ञोग samjoga, *s. m.* Apresto, apparelho; sufficiencia, abastança; economia, parcimonia. — **Samjogumka**, *v. t.* Fornecer. — *M.* — *S.* संयोग.

सड saḍa, *s. m.* Sedas de porco. — *M.*

सडी saḍî, *s. f.* Ronha. — *M.*

संदलो samdalo, *s. m.* Estuque, reboco. — *M.*

सनंग sanamga, *s. f.* Teia, teada; tela, tecido; peça, traste. — *M.*

सफेतो sapheto, *s. m.* Cerusa, alvaiade. — *P.*

संभोग sambhoga, *s. m.* Copula, coito, concubito. — *S.*

समारंभ samârambha, *s. m.* Celebração, solemnidade. — **Samârambhâcho**, *a. g.* Solemne, festivo. — **Samârambhumka**, *v. t.* Celebrar, solemnizar, festejar. — *S.*

समार्थ samârtha, *a.* Synonymo; significativo. — **Samârthapaṇa**, *s. n.* Synonymia. — *S.*

समेट sameṭa, *s. m.* Reconciliação, composição, accordo, pacificação. — *H.*

समोर samora, *adv. e posp.* Em frente, defronte, deante, do lado opposto, da parte contraria; em presença, perante, ante; direitamente, rectamente; verticalmente, perpendicularmente, a prumo. — **Samoracho**, *a. g.* Fronteiro, opposto. — **Samorî**, *s. f.* Fronte, frente, frontaria. — *M.* de स e मोव्हरो.

सरंज्ञाम saramjâma, *s. m.* Apparelho, apresto. — *P.*

सरस sarasa, *s. m.* Grude, colla, gelatina. — *P.*

सरिफी sariphî, *s. f.* Gatilho. — *M.*

सर्ज्ञी sarjî (tambem सर्ज्ञीखार sarjîkhâra, *s. m.*), *s. f.* Soda do commercio, carbonato neutro de soda. — *S.*

सर्वसर्वतः sarvasarvataḥ, *adv. comp.* Para todo o sempre, por todos os seculos.

सलामी salâmî, *s. f.* Fôro nominal, senhoreagem. — *H.*

सलावो salâvo, *s. f.* Filete de peixe.

सवतो savato, *a. (î, em).* Rival, competidor. — **Savatepaṇa**, *s. n.* Rivalidade. — *M.*

सवरग savaraga, *a. c.* Barato. — **Savaragâya**, *s. f.* Barateza. — *S.* समर्घ.

सळई salaî, *s. f.* Tenta. — *H.* — *S.* शलाका.

सागवळ sâgavaḷa, *s. f.* Aradura, lavoira, cultivo. — *M.*

सांगळ्यो sâmgaḷyo, *a. (î, em).* Sixdigital, sixdigitario. — *M.*

साज्ञरो sâjaro, *a. (î, em).* Loução, donairoso, bizarro, garboso; vistoso, apparatoso. — **Sâjarepaṇa**, *s. n.* Donaire, garbo, bizarria. — *M.* — *S.* सज्ज.

साठी sâṭhî, *a. c.* Sexagenario. — De साठ.

सांडसावुंक sâmḍasâvumka, *v. c.* Atenazar. — De सांडस.

सातरस sâtarasa, *s. m.* Vento brando, galerno. — *M.*

सारस sârasa, *s. m. (zool.)* Grou. — *S.*

सारो sâro, *s. m.* Rendimento collectavel, censo; imposto, contribuição, tributo. — *M.*

सावर sâvara, *s. n. ou f. (anat.)* Musculo, tendão. — *M.*

साव्हस sâhasa, *s. m.* Ousadia, audacia, atrevimento; arrebatamento, temeridade. — **Sâhasî**, *a. c.* Ousado, audacioso; arrebatado, arrojado. — *S.*

सुकट sukaṭa, *a. c. dim.* Um tanto secco. — सुको.

सुणेरो suṇero, *a. (î, em)*. Canino. — De सुणें.

सुतारुंक sutárumka, *v. c.* Alinhar. — De सूत.

सुपिकी supikî, सुपीक supîka, *a. c.* Fertil. ubertoso. — **Supîkapaṇa**, *s. n.* Fertilidade, uberdade. — *M.*

सुंब sumba, सुंबो sumbo, *s. m.* Casco de solipedes. — *H.*

सुंबो sumbo, *s. m.* Batoca, lanada. — *M.*

सुभो subho, *s. m.* Provincia. — *A.*

सुरबट surabaṭa, *a. c.* Appetitoso, saboroso, gostoso.

सुरमीठ suramîṭha, *s. n.* Gosto, graça. — De सूर e मीठ.

सुरळी suraḷî, *s. f.* Rolo. — *M.*

सुरांडो surâmḍo, *a. (î, em)*. Bebado, ebrioso, vinhoto. — De सूर *f.*

सुर्याणो suryâṇo, *a. (î, em)*. Torrado pelo sol. — De सूर्य.

सुस्थाय susthâya, *s. f.* Commodo. conforto. — De सुस्थ.

सूंक sûmka, *s. n. Corr.* de शुल्क śulka. — *Tu.*

सूर sûra, *s. n.* Nota de musica. tom. — *H.* — *S.* स्वर *q. v.*

सोडणावळ soḍaṇâvaḷa, *s. f.* Preço de remição, resgate. — De सोडुंक.

सोदेमंडळ sodemamḍaḷa, *s. f.* Malta, sucia. — *M.*

सोनकेळ sonakeḷa, *s. f. (bot.)* Especie de bananeira. — **Sonakeḷem**, *s. n.* Banana de superior qualidade, «figo de horta». — *M.*

सोनकुलें sonakulem, *s. n. dim.* *Somem pequeno.* — *Cf. M.* सोनकुला.

सोबत sobata, *s. f.* Companhia, sociedade; sociabilidade. — **Sobatîcho**, *a. g.* Sociavel. — **Sabatî**, *s. m.* Companheiro, socio. — *Jivâcho sabatî*, companheiro para a vida; amigo inseparavel. — *A.*

सोयशीं sayaśîm, *o. pl.* Seiscentos. De सो e शीं.

स्थावर sthâvara, *s. n.* Bens immoveis, predio. — *A. c.* Immovel, estacionario. — *S.*

**स्नायु snâyu, *s. m. (anat.)* Musculo. — *S.*

स्राव srâva, *s. m.* Exsudação. — **Srâvî**, *a. c.* Effluente. — *S.*

ह Ha

हडपो haḍapo, *s. m.* Caixa grande; bufete, armario na parede. — *M.*

हरिदास haridâsa, *s. m.* Panegyrista; legendario. — *M.*

हरीफ harîpha, *s. m.* Rival. emulo, antagonista. — **Hariphî**, *s. f.* Rivalidade. antagonismo. — *A.*

हळवो haḷavo, *a. (î, em)*. Precoce, temporão. — *M.*

हळुवावुंक haḷuvâvumka, *v. c.* Aligeirar, alliviar, mitigar; fazer pouco de, menosprezar. — De हळू.

हातपुस्तक hâtapustaka, *s. n. comp.* Manual, vade-mecum.

हाताळो hâtaḷo, *s. m.* Martello. — De हात.

हानिपुरण hânipuraṇa, *s. n.* Resarcimento. indemnização, reparação. compensação. — *S.*

हावभाव hâvabhâva, *s. m. pl.* Gestos. gesticulação; namoração; conjectura. — *M.*

हावरो hâvaro, *a. (î, em)*. Insaciavel, soffrego. avido; impaciente, insoffrido. — *M.*

हिचिमिची hichimichî, *s. f.* Mesquinharia, cainheza, miseria. — *M.*

हिंमत himmata, *s. f.* Animo, coragem, valor, intrepidez, ousadia, arrojo, resolução. — *A.*

हिरडी hiraḍî, *s. f.* Alveolo de dente. — *M.*

हिरडू hiraḍû, *s. f. V.* किरडू kiraḍû.

हिंसुंक himsumka, *v. i.* Rinchar, nitrir. — Himsaṇo, *a.* Rinchão. — *M.* — *S.* हेष्.

हुकमी hukamî, *a. c.* Sujeito, subdito, dependente, subalterno. — *H.*

हुरली hurali, *s. f. onom.* Vaia, apupo. — *M.*

हेलकावो helakâvo, हेलावो helâvo, *s. m.* Undulação, oscillação; arfagem. — Helakâvumka, helâvumka, *v. c. i.* Undular, ondular, oscillar; arfar, balançar. — *M.* — *S.* हेला, *jogo*.

हेवो hevo, *s. m.* Emulação, rivalidade. — *M.*

होंजळुंक homjaḷumka, *v. i.* Extenuar-se, definhar-se. — Homjaḷaṇî, *s. f.* Extenuação, atonia, colliquação. — De होळुंक.

होयकार hoyakâra, *s. n.* Consenso, assentimento. — *M.*

हौदो haudo, *s. m.* Andilhas. — *A.*

हौस hausa, *s. m.* Ardor, fervor, anceio. — Hausîm, *adv.* Ardentemente, anciosamente. — *A.*

ERRATAS

Pag.	Col.	Lin.	Erro	Emenda
1	2.ª	2	paṭṭû	paṭṭvâ
»	»	9	choryâm	choryâṁ
2	1.ª	28	moduṁk	moḍuṁk
»	»	33	paduṁk	paḍuṁk
»	2.ª	57	sarko	sârko
4	2.ª	24	dhol	ḍhol
5	2.ª	44	nirâsâ	ṇirâśâ
6	1.ª	36	moduṁk	moḍuṁk
»	»	54	viṭeṇî, abkeṇî	viṭevṇî, abkevṇî
7	2.ª	42	jodâkshar	joḍâkshar
8	1.ª	51	kaṁṭe	kâṁṭe
»	»	57	âṭâs	aṭâs
9	1.ª	17	odhṇî	oḍhṇî
10	1.ª	30	petâro	peṭâro
13	2.ª	38	putavṇî	puṭavṇî
14	1.ª	9	karûn, chiṁtîm	karûn chiṁtûn
15	2.ª	25	padûṁv	paḍûṁv
16	2.ª	20	sarko	sârko
17	2.ª	20	rû-, rudar	rû
18	2.ª	41	haṭhiṇây	kaṭhiṇây
19	2.ª	1	hat	hâṭ
21	1.ª	10	lulî	luḷî
23	»	19	jeṁ	jem
»	2.ª	43	nekhepuṁchî	nikhepuṁchî
29	2.ª	1	thapkatoṁk	thapkaṭoṁk
31	2.ª	49	saṁtoshuṁk	saṁtoshâvuṁk
32	2.ª	41	bhhatoḍeṁ	bhâtoḍeṁ
33	2.ª	55	doṁsitalo	domsitalo
34	1.ª	4	kâṁ	kâm
»	2.ª	13	pakhar	pâkhar
35	2.ª	19	uchchkâv	uchchhâv
36	1.ª	27	marûn	mârûn
37	1.ª	35	hukûṁ	hukûm
44	1.ª	4	bebaḷo	bebaḷ
45	2.ª	21	dhavsâvuṁk	dhavsâvuṁk. ‖ *v. i.*
46	1.ª	38	gharkarṇ	gharkârṇ
48	1.ª	7	AMARRILHA, *s. f.*	AMARRILHO, *s. m.*
49	1.ª	25	durgâol	durgâoḷ
57	1.ª	55	mâṁdoṁk	mâṁḍoṁk
58	1.ª	34	marûṁk	mâruṁk
59	1.ª	31	kâlâr	kâḷâr
60	1.ª	39	sriṁgârit	śṛiṁgârit

Pag.	Col.	Lin.	Erro	Emenda
60	2.ª	51	kuṁṭhuṁk	khuṁṭuṁk
67	2.ª	21	baṁd	boṁdh
72	2.ª	37	tirkâṁṭi	tirkâṁṭî
74	1.ª	35	redo	reḍo
76	2.ª	50	varyâr	vâryâr
78	2.ª	48	koḷuṁk	koluṁk
79	2.ª	45	âsadh	âsedh
84	2.ª	45	taṭho	tâṭho
87	2.ª	44	okhlecho	akklecho
88	2.ª	11	dhâḍ. râjik	dhâḍ *f.*, râjik *n.*
90	2.ª	1	upat	upaṭ
»	»	17	duṁchi	dumchî
100	2.ª	41	vâytbareṁ	vâyṭbareṁ
»	»	45	vîd	vîḍ
102	1.ª	15	BACCALAUREAMENTO	BACCALAUREATO
104	1.ª	57	khaḷkha	khaḷkhaḷ
118	2.ª	12	gaḍyekâr	gâḍyekâr
120	2.ª	17	BORRA	BORRA
121	2.ª	8	dhero	dhiro
123	1.ª	45	sabar	sabâr
127	2.ª	58	toṁd	toṁḍ
137	2.ª	34	aḍo	âḍo
143	1.ª	49	aimsatr	annsatr
159	1.ª	6	chavyâṁcho	châvyâṁcho
161	1.ª	32	marṁokti	marmokti
»	2.ª	41	jâpsâḷi	jâpsâli
163	2.ª	1	kâṁ	kâm
167	1.ª	25	râṁgâcho	raṁgâcho
170	2.ª	30	paldek	pâldek
173	1.ª	15	katâkatâ	kaṭâkaṭâ
»	»	28	sapeti	supeti
182	1.ª	3	vadanśil	vaṁdanśil
197	1.ª	26	akhûḍ	âṁkhûḍ
»	2.ª	19	lâṁv	laṁv
205	1.ª	22	sâdâṁcho	sadâṁcho
208	1.ª	44	dal	dâḷ
217	1.ª	46	chiṁṭuṁk	chiṁtuṁk
221	2.ª	22	pitvo	phitvo
227	2.ª	22	dâkho	dâkhlo
231	1.ª	29	khaskas	kharkas
233	2.ª	18	sûd	sûḍ
237	2.ª	47	vâḍi	vâḍî
242	1.ª	49	noḷkhi	noḷkhî
247	1.ª	9	sutuṁk	suṭuṁk
»	2.ª	31	sâṁko	sâṁko
252	2.ª	38	kâpal	kapâl
256	1.ª	7	aḍecho	âḍecho
»	»	37	pâḷuṁk	pâḷuṁk
»	2.ª	33	gaḍbaḍ	gaḍbaḍo
258	2.ª	42	nijâḍ	ujâḍ
263	2.ª	29	deśvât	deśvâṭ
264	1.ª	42	jhḍtecho	jhaḍtecho
265	1.ª	47	baruṁk	barauṁk
267	2.ª	12	thaṁba	thâṁba
269	2.ª	19	kajâr	kâjâr
270	1.ª	39	davaṇeṁ	davarṇeṁ
273	1.ª	2	kâṁtalî	kâṁttalî

Pag.	Col.	Lin.	Erro	Emenda
276	1.ª	16	bârâro	bârâvo
277	1.ª	29	jâjaumk	gâjaumk
281	2.ª	23	EMBARBEAR	EMBARBECER
284	1.ª	42	katarnem	kâtarnem
288	1.ª	31	bâyâmt	bâmyemt
301	1.ª	13	gamtâm	gamtâm
304	1.ª	36	bhijaṭ	bhijat
309	1.ª	12	nîyâ	nîya,
309	1.ª	29	tarvâche	târvâche
316	2.ª	12	vâmṭalo	vâmṭtalo
321	1.ª	42	âdhhaḷî	âḍkhaḷî
328	1.ª	41	photkiro	phoṭkiro
341	2.ª	55	ESTREMO	ESTRENUO
345	1.ª	15	ESVERRUMAR	ESVURMAR
»	2.ª	39	EUCHOLOGIA, *s. f.*	EUCHOLOGIO, *s. m.*
347	1.ª	39	chadhailalo	chadhaitalo
348	2.ª	8	vigḷyâch	vegḷyâch
352	1.ª	17	nukhḷâvumk	mekhḷâvumk·
362	1.ª	33	pavumk	pâvumk
374	2.ª	47	*port.*	*poct.*
375	2.ª	26	amtim	amtim
376	2.ª	17	barumk	baraumk
381	2.ª	30	parṇâkûr	parṇâkâr
382	1.ª	50	FORAMENTOSO	FORAMINOSO
390	1.ª	42	tâtho	tâṭho.
391	1.ª	8	jaḍay	jaḍây
407	1.ª	29	gulo	guḷo
408	1.ª	52	khâmḍumk	khâmḍumk
410	1.ª	49	mannem	mânnem
415	1.ª	19	châmḍvâchem	châmḍyâchem
421	1.ª	7	praṇâm	pranâm
423	1.ª	39	gaḷîm	galîm
»	2.ª	47	oḷo	olo
426	2.ª	34	purṭo	purto
427	2.ª	10	phâmtûm	phâmṭûm
433	2.ª	57	karumk	vharumk
441	1.ª	4	bâmd	bamd
450	2.ª	15	kalkepaṇ	halkepaṇ
452	1.ª	26	abhadranakshtr	abhadranakshatr
453	2.ª	56	galîm	galîm
454	1.ª	43	âpmân	apmân
456	2.ª	35	madhem	madhem
461	1.ª	1	olakh	oḷakh
466	2.ª	41	nimḍumk	nimdumk
480	1.ª	51	moḷ	mol
481	1.ª	41	kâmtalî	kâmttalî
494	1.ª	7	jâṇar	jâṇâr
496	2.ª	42	kâm	kâmb
500	1.ª	6	taramt	taramṭ
502	1.ª	29	dhḥkhâcho	duḥkhâcho
504	2.ª	47	kâm	kâm
512	2.ª	47	jâmûn, mânây;	(*omitte-se*)
514	2.ª	21	pemth	pemṭh
527	2.ª	33	pusph	pushp
535	2.ª	32	divâḷyo	dayâḷyo
539	1.ª	37	‖ *n.*, ghol *m.*	(*omitte-se*)
557	2.ª	14	himâm	himân

Pag.	Col.	Lin.	Erro	Emenda
558	2.ª	20	yavkhâr	javkhâr
562	2.ª	2	kajâr	kâjâr
570	1.ª	9	paśchiın	paśchim
572	1.ª	23	vaḷuṁk, partuṁk	vaḷoṁk, partoṁk
580	2.ª	31	OSSUDO	OSSUOSO
582	1.ª	57	OVIDRIO	OVIARIO
591	1.ª	7	PARCAL	PARCEL
599	1.ª	58	ìv	jìv
609	2.ª	24	khuḍ	khud
620	1.ª	48	PISCO	PISEO
625	2.ª	52	tuṭû	taṭû
630	1.ª	8	MORA	ENORA
»	2.ª	21	saṁṭân	saṁtân
634	2.ª	1	sṭhâvar	sthâvar
638	2.ª	57	châṁḍo	châṁdo
653	2.ª	52	iśiṁ	iśîm
659	1.ª	25	puṭṇî	phuṭṇî
664	1.ª	1	kutuṁk	kuṭuṁk
668	2.ª	16	karpuṁk	kharpuṁk
671	2.ª	31	phutâso	phuṭṭâso
675	1.ª	10	nayân	navyân
693	1.ª	53	phavo	phâvo
702	2.ª	53	dahhal	dakhal
712	2.ª	44	hisṁṇo	hiṁsṇo
737	2.ª	8	mâṇsugîṁ	mâṇsugî
741	1.ª	31	satpaguṇ	saptaguṇ
742	1.ª	18	abhipay	abhiprây
745	2.ª	32	SETIMOSO	SETINOSO
759	2.ª	33	ghalauṁk	ghoḷauṁk
762	1.ª	39	baḍauṁ,k	baḍauṁk
765	2.ª	17	buḍlek	baḍlek
774	1.ª	11	sarâṁs	sârâṁś
799	1.ª	9	vaḷlalo	vaḷlalî
803	1.ª	26	yepar	yepâr
»	2.ª	46	supulî	supurlî
»	»	54	uprâslato	uprâstalo
806	1.ª	11	davo	dâvo
809	2.ª	2	pâḷelalo	paḷetalo
815	1.ª	45	sullen	sutlen
831	2.ª	10	agboṭ	âgboṭ
»	»	42	tipnem	ṭiprem
834	1.ª	12	kâḷvuṁk	kâlvuṁk
840	1.ª	58	VEREAÇÃO	VEREAMENTO
841	1.ª	12	kâruṁk	karuṁk
846	1.ª	10	VIDRANTE	VIDRENTO
850	1.ª	17	bhaldecho	bhâldecho
854	2.ª	56	phâṭar	phâtar
860	1.ª	13	hâḷad	haḷad
»	2.ª	13	SIZANIA	CIZANIA